GW01003272

Schäfer
Wirtschaftswörterbuch

Band II: Deutsch–Englisch

Wirtschaftswörterbuch

Band II: Deutsch – Englisch

begründet von

Prof. Dr. Wilhelm Schäfer

herausgegeben von

Dr. Michael Schäfer

7., überarbeitete und erweiterte Auflage

Verlag Franz Vahlen München

ISBN 3 8006 2884 8

Satz: Hoffmann's Text Office, Tumblingerstr. 42, 80337 München
Druck: Druckerei C. H. Beck (Adresse wie Verlag)
Bindung: real Lachenmaier, Reutlingen
Umschlag: Bruno Schachtner, Dachau
Gedruckt auf säurefreiem, alterungsbeständigem Papier
(hergestellt aus chlorfrei gebleichtem Zellstoff)

Vorwort zur 7. Auflage

Nach einer für dieses Werk ungewöhnlich langen Zeitspanne liegt nun die siebte Auflage des Wörterbuches vor. Der Wortbestand der zugrunde liegenden Datenbank ist auf über 60 000 Einträge angewachsen – trotz der anhaltenden Tendenz zur Verwendung von Anglizismen in der deutschen Wirtschaftssprache.
Durch die Verzögerungen in der Fertigstellung des Manuskriptes geht mit der Neuauflage ein Wunsch vieler Benutzer in Erfüllung: Die beiden Bände erscheinen nun zeitgleich und mit identischem „Entwicklungsstand".
Mein herzlicher Dank gilt allen an der Entstehung der Neuauflage Beteiligten, in besonderer Weise aber Herrn *Hermann Schenk* vom Verlag Vahlen, der die Arbeiten mit viel Geduld, in der Schlußphase aber auch mit der nötigen Entschlossenheit begleitet und vorangetrieben hat.

*Michael Schäfer**

Vorwort zur 4. Auflage

Wer ein Wörterbuch der vorliegenden Art verfaßt, befindet sich in der fatalen Lage, daß er sich nicht ein für allemal auf den Lorbeeren etwa eines Standardwerkes der griechischen Mythologie ausruhen kann. Lebhaft bis stürmisch geht es in Praxis und Theorie der Wirtschaft zu. So kann auch ihre Sprache mit ihrem unaufhörlichen Strom begrifflicher Neubildungen nur ein Spiegelbild dieser Entwicklungen sein.
Die vorliegende 4. Auflage, die dem Benutzer nach relativ kurzer Zeit angeboten wird, ist wiederum das Ergebnis pausenlosen Aktualisierens: Fehler wurden ausgemerzt, Überholtes ausgeschieden, Neues (soweit erreichbar) hinzugenommen, der Kernbestand durchgesehen und wo immer möglich an den Stand der Technik (state of the art, science and technology) angepaßt. Diese Auflage bietet einige Tausend Neuzugänge an, die den Gesamtbestand auf etwa 50 000 Stichwörter bringen.
Der Anregung aus Benutzerkreisen folgend, wurden die für die 2. Auflage geschriebenen „Bemerkungen zur Lexikographie" nochmals abgedruckt, um das Verständnis für die innere Struktur eines solchen Wörterbuches zu fördern.
Mein Dank gilt meiner Frau, „provider of invisibles in limitless amounts", sowie Herrn *D. Sobotka,* München, wie stets an langer Leine lektorierend.

Wilhelm Schäfer

* *Anschrift: Matthias-Neuner-Weg 11, 83673 Bichl*

Der unter deutschen Gebildeten am
weitesten verbreitete Aberglaube
ist der, daß sie Englisch könnten.
Johannes Gross

Bemerkungen zur Lexikographie

Fachwörterbücher lassen sich einteilen nach dem Prinzip der Äquivalenz, der Definition, der Kollokation.

1. Äquivalenzwörterbuch

Äquivalenz bedeutet Gleichwertigkeit. Diese Beziehung wird von alters her genutzt für das Lernen von Vokabeln im elementaren und gehobenen Sprachunterricht. Der Lernende kennt zum Beispiel den Terminus „x" im Deutschen und sucht im Wörterbuch die englische Entsprechung „y", gläubig vertrauend, die beiden Ausdrücke seien gleichwertig, äquivalent.

Wir fragen uns indessen oft, warum wir von den nach dieser einfachen Methode gelernten Wörtern viele rasch vergessen, wie wir überhaupt ständig das Gefühl haben, zu wenig „Vokabeln" zu kennen. Gelänge es uns – so die Meinung –, weitere 10 000 oder gar 100 000 Vokabeln im Langzeitgedächtnis zu behalten, müßten die Schwierigkeiten des Hörens und Lesens, des Sprechens und Schreibens mit einem Schlage verschwinden. Offenbar funktioniert dies aber nicht, wie unermüdliche Vokabel-Lerner verdrießlich registrieren. Zweifler wird man leicht überzeugen: Man lege ihnen einen Text vor, der nicht eine unbekannte ‚Vokabel', enthält und den sie gleichwohl nicht entschlüsseln oder übersetzen können.

Daß endloses Vokabellernen das Hineinwachsen in eine fremde Sprache eher behindert. hat – neben anderen Faktoren – eine einfache Ursache: wir ordnen den Gegenständen, Vorgängen und Vorstellungen mehr oder weniger willkürlich Wörter zu. Der springende Punkt hierbei ist, daß die Zahl der Gegenstände samt ihrer Kombinationen praktisch *unbegrenzt* ist, während die Zahl der Wörter trotz täglicher Neubildungen zwar sehr groß, aber *begrenzt* ist.

Daraus folgt, daß die Wörter einer Sprache nicht mit nur je einem Gegenstand oder je einer Vorstellung besetzt werden können. Anders gesagt: Wörter sind zwangsläufig mehr- oder vieldeutig. Sollen aber Sprachen für alle Zwecke funktionieren, und sie tun es offensichtlich, müssen sie ihre Mehrdeutigkeit bewahren. Dies ist notwendige Bedingung jeder höheren Form von Sprachverwendung, bis hin zu den Meisterwerken der Weltliteratur.

Nun meinen viele Sprachbenutzer zu wissen, daß es Mehrdeutigkeit von Wörtern, Ausdrükken, Sätzen nur in der meist (Gott sei Dank) nicht genau definierten Alltags- sprache gebe.

Fachsprachen dagegen bemühten sich um strenge Logik, seien grammatisch einfach bis simpel, und die Bedeutung von Fachausdrücken sei eindeutig. Als klassisches Beispiel terminologischer Präzision könne etwa die Pariser Nomenklatur der Anatomie von 1955 gelten, die sich auf 1:1-Entsprechungen beschränke. Auch sonst werde in Fachsprachen auf stilistische Effekte, Anspielungen, gefühlsmäßig mitschwingende Nebenbedeutungen verzichtet, so daß Mehr- und Vieldeutigkeit ausgeschlossen sei.

Äquivalenzwörterbücher wären dann so etwas wie eine „Rosinen"-Sammlung. Die rasch gefundenen englischen Entsprechungen von „Gleitzeit", „Umsatzgewinnrate", „Wirtschaftsordnung" würden ausreichen, die Leerstellen im einfach gebauten Satz der Fachsprache zu füllen. Diese Meinung wird explizit oder implizit selbst von Fachleuten in Praxis und

Wissenschaft vertreten. Sie ist falsch, wie im zweiten Abschnitt gezeigt wird. Hier wäre noch anzumerken, daß die wichtigsten Wörter nicht immer auch die häufigsten sind.

2. Definitionswörterbücher

Wir gehen von der banalen Feststellung der Sprachlogik aus, daß Wörter gesprochen und geschrieben werden, also der sprachlichen Ebene zugehören. Scharf von ihnen zu trennen sind Begriffe, die man (philosophisch umstritten) als Denkinhalte bezeichnen kann. Das Verhältnis zwischen beiden wird durch den wichtigen Satz ausgedruckt: Das Wort benennt den Begriff. Die zwei Ebenen stehen in einem bestimmten Verhältnis zu einer dritten Ebene, auf der wir Gegenstände, Tatsachen, Sachverhalte vorfinden.

Aus Wörtern bilden wir zusammengesetzte Ausdrücke, Sätze und ganze Sprachen. Die zunehmende Kompliziertheit ändert nichts an dieser Grundstruktur.

Definitionswörterbücher werden in der Regel in einer Sprache geschrieben. Der Bearbeiter macht zu einem Ausdruck in zuverlässigen Primärquellen eine bereits vorhandene Definition ausfindig. Er stellt sie fest. Hätte ein Wissenschaftler einen neu aufgedeckten Sachverhalt zu definieren, würde er (als erster) die Definition formulieren, sie festlegen.

Eigentlich dürfte es keinen Zweifel geben, welcher der beiden Ebenen die Definition zugehört. Es kann nur die sprachliche sein: durch die Aufzählung definierender Hauptmerkmale wird der Begriff abgesteckt, fixiert, seine Vagheitszone eingeengt. Mit Hilfe der Definition wird aus der Menge der denkbaren Vorstellungen eine bestimmte Vorstellung abgegrenzt.

Einer der häufigsten sprachlogischen Fehler – mit einem hohen Grad an Resistenz – ist die angebliche Austauschbarkeit von ‚Wort' und „Begriff".[1] Der Satz Der ‚Begriff soziale Sicherheit wird in mehreren Bedeutungen gebraucht' ist logisch nicht statthaft. Was der Schreiber zum Ausdruck bringen wollte, ist folgendes: Der Terminus ‚soziale Sicherheit' muß wegen der (relativen) Wortarmut unserer Sprache mehrere Begriffe bezeichnen, die als abgrenzbare Merkmalebündel durchaus unterscheidbar definiert werden können (oder sollten). Das Wort, der Ausdruck, der Terminus ist mehrfach besetzt.

So hat es auch wenig Sinn, sich auf eine Debatte über ‚Eigentum' einzulassen, wenn nicht allen Diskutanten klar ist, über welchen der mehreren Begriffe geredet werden soll: den liberalen Eigentumsbegriff im Sinne der §§ 903ff. BGB, den Eigentumsbegriff des Art. 14 GG mit der dort verankerten Sozialbindung oder gar den Eigentumsbegriff des Pierre-Joseph Proudhon (‚la propriété c'est le vol'). Wer mit marxistisch-dialektischen Techniken vertraut ist, weiß, daß dort nichts so sehr gefürchtet wird wie begriffliche Eindeutigkeit und Klarheit.

Zur Verdeutlichung möge ein weiteres Beispiel aus der Sprache der Wirtschaft dienen. Der Ausdruck ‚Zwangsanleihe' benennt zwei Begriffe „Zwangsanleihe". Der ältere und häufigere wird definiert durch die Aufzählung folgender Merkmale:

„Zwangsanleihe $=_{df}$ Öffentliche Schuldaufnahme durch zwangsweisen Verkauf von Staatspapieren, deren Rückzahlungs- und Zinsbedingungen meist unvorteilhafter für die Gläubiger sind als eine Kreditvergabe auf dem freien Markt."[2]

Der zweite Begriff stammt aus der Diskussion über das Haushaltsdefizit der Bundesrepublik. Hier bezeichnet der Ausdruck ‚Zwangsanleihe' einen rückzahlbaren (?) unverzinslichen Zuschlag zur Einkommensteuer Besserverdienender.

---

1 Die Zugehörigkeit zur sprachlichen Ebene wird durch einfache Anführungszeichen (‚'), die zur begrifflichen Ebene durch doppelte Anführungszeichen („") kenntlich gemacht.

2 Zimmermann/Henke: Einführung in die Finanzwissenschaft, München [3]1982, S. 386.

Definitionswörterbücher sind Sammlungen solcher Begriffsbeschreibungen. Diese werden häufig ergänzt durch mehr oder weniger lange Begriffsexplikationen, das heißt weiterführende Erläuterungen. Definitionen sind in der Regel für den Fachmann als Gedächtnisstütze oder Formulierungshilfe oder für Lernende mit Grundwissen gedacht. Mit der oben zitierten Definition kann ja nur arbeiten, wer die definierenden Ausdrücke schon kennt, wer also über *„Staatspapiere", „öffentliche Schuldaufnahme", „Kreditvergabe auf dem freien Markt"* mittels entsprechender Definitionen Auskunft geben kann. Oft ungern gehört, aber richtig ist die Forderung, die systematische Erörterung von Definitionen gehöre nicht in methodologische Erörterungen über Begriffe, sondern sei in den entsprechenden Fachgebieten zu behandeln.

Im vorliegenden Wörterbuch wurde diesen Sachverhalten dadurch Rechnung zu tragen versucht, daß die englischen Entsprechungen deutscher Termini durch Kodierung einem oder mehreren Fachgebieten zugeordnet wurden. Der Fachmann weiß, daß diese Zuordnung nicht immer befriedigen kann. So wird etwa der Komplex der Abschreibung sowohl im Rechnungswesen als auch in der Finanzwirtschaft der Unternehmung behandelt.

Was zur allgemeinen Sprache der Wirtschaft gehört, darüber wird von Linguisten und sonstigen *cognoscenti* der allgemeinen und angewandten Sprachwissenschaft mit großem metasprachlichem Arsenal mehr oder weniger trefflich gestritten. Dieser Streit dürfte ausgehen wie das Hornberger Schießen: Im Einzelfall entscheiden Wissensstand und Erfahrung des Sprachbenutzers.

Über die Kodierung hinaus wurden einer größeren Zahl von englischen Einträgen Kurzdefinitionen, Beispiele, Synonymverweise, Angabe von Gesetzes-Fundstellen und sonstige Hinweise beigegeben, die es leichter machen, die Eignung eines bestimmten Stichwortes für einen vorgegebenen Kontext zu prüfen. Die Zahl der Definitionen und Beispiele mußte sich aus Raumgründen in Grenzen halten. Der Zufall spielte hierbei keine geringe Rolle. Das Ideal eines vollständigen zweisprachigen Definitionswörterbuches für alle Fälle begrifflicher Nicht-Äquivalenz ist technisch zwar möglich, aber über den Markt nicht zu finanzieren. Das folgende Schema veranschaulicht die besprochenen drei Ebenen:[3]

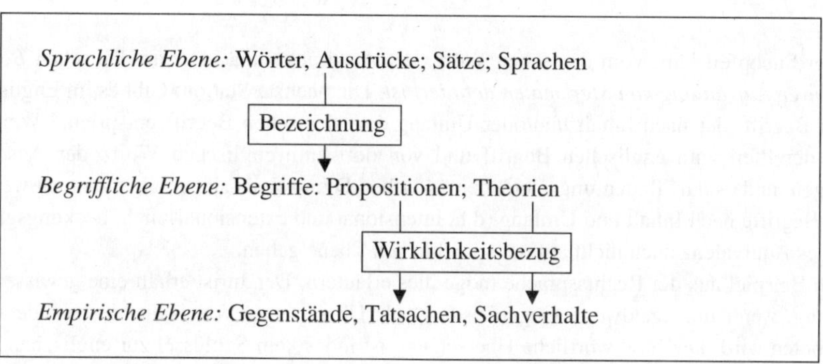

Der bisher unerwähnte Ausdruck ‚Proposition', für den es im Deutschen keine Entsprechung gibt, ist das begriffliche Gegenstück zum ‚Satz' – gewissermaßen ein „Satz an sich" (Bolzano).

[3] M. Bunge: Scientific Research I. Berlin-Heidelberg-New York 1967, S.58.

Die Gepflogenheit, dem Benutzer inhaltliche Gleichheit zu suggerieren, wenn Wörter und Ausdrücke in Ausgangs- und Zielsprache sich oberflächlich entsprechen, läßt sich einfach veranschaulichen:

deutscher Ausdruck = englischer Ausdruck

D ◄──► E

Auf dieser „nur“ sprachlichen Ebene lautet die einzige Frage zu Recht: gibt es für einen deutschen Ausdruck eine englische Entsprechung und umgekehrt? In Wirklichkeit gibt es eine logisch zwingende Stufenfolge, auch wenn diese häufig verdeckt wird durch Interferenzen anderer Informationskanäle (Expertenbefragung usw.):

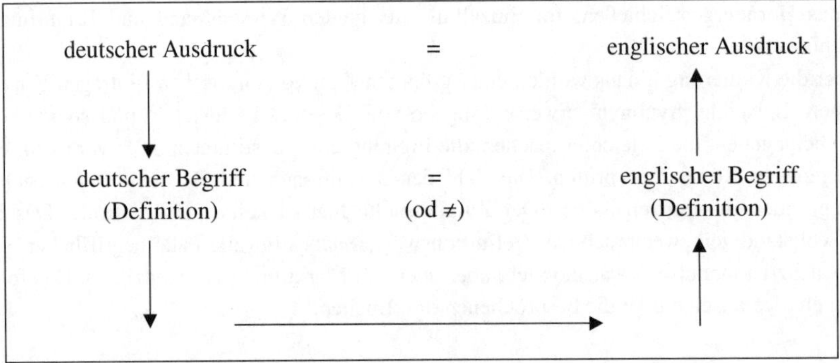

Der Suchpfeil läuft vom deutschen Wort oder Ausdruck zunächst zum deutschen *Begriff, der durch Aufzählung von Merkmalen definiert ist.* Die nächste Station: Gibt es im Englischen einen Begriff, der nach Inhalt und/oder Umfang dem deutschen Begriff entspricht? Wenn ja, wird der Pfeil zum englischen Begriff und von dort zum englischen Wort oder Ausdruck gezogen, und es darf Bedeutungsgleichheit zwischen D und E als sicher angenommen werden. Sind Begriffe nach Inhalt und Umfang (d.h. intensional und extensional) nicht deckungsgleich, kann es Äquivalenz auch nicht auf der sprachlichen Ebene geben.

Ein Beispiel aus der Rechtssprache möge dies erläutern. Der Jurist erhält eine gewisse Vorstellung, wenn ihm ‚geldwerte Gegenleistung‘ als Übersetzung von ‚valuable consideration‘ angeboten wird. Die bloß wörtliche Übersetzung ist indes kein Schlüssel zur englischen Consideration-Lehre. Benötigt er eine Definition und eine daran anschließende ausführlichere Begriffserläuterung, wird er wie in zahllosen anderen Fällen begrifflicher Nichtäquivalenz zur Fachliteratur greifen, in der Begriffe im systematischen Zusammenhang behandelt werden.

Zitiert sei aus Arthur Curtis in vielen Punkten überholter, in Anlage und Durchführung aber nach wie vor lesenswerter rechtsvergleichender Darstellung:

„Die Consideration ist eine der bedeutsamsten Eigentümlichkeiten des englischen Rechts … Es ist nicht möglich, den Begriff dieses technischen Ausdrucks … in einem einzigen Worte in einer anderen Sprache wiederzugeben … Aus dem Vertrag soll klar hervorgehen, daß das

Versprechen zu einer Leistung gemacht wurde gegen einen Vorteil oder Schaden, ein Unterlassen, eine Übernahme einer Verantwortung, mögen diese ‚Gegenleistungen' auch ohne greifbaren Wert sein … *Es ist nicht nötig, daß der Versprechende durch die Gegenleistung einen in Geld oder sonst objektiv wertbaren Vorteil erlangt* … (Hervorhebung vom Vf.) … Die Consideration kann sogar in der Verwandtschaft (z.B. in der bevorstehenden Ehe) oder in der Freundschaft bestehen. Ob die Consideration vorhanden ist, darüber steht dem Richter freies Ermessen zu. Genau fassen läßt sich der Begriff nicht, oft mögen Gefühlsmomente den Ausschlag geben."[4]

Auf schwachem Fuß steht also der Versuch, vom deutschen rechtstechnischen Begriffspaar Leistung-Gegenleistung her, das als Kernmerkmal stets die Vermögensmehrung enthält, eine Äquivalenzbeziehung zu „consideration" herzustellen. Unschädlich ist die Gleichsetzung nur, wenig eine bestimmte Teilmenge des englischen Begriffs dem deutschen Begriff gleichgesetzt werden kann. Dies ist im Einzelfall festzustellen, setzt jedenfalls die über Wort und Begriff hinausgehende Kenntnis beider Rechtssysteme voraus.

Auf die Spitze getrieben wird der begriffslogische Unverstand, wenn durch Umkehrung einer Karteikarte zum Beispiel die Übersetzung ‚geldwerte Gegenleistung' als deutscher Original-Terminus ausgegeben wird. Im Pfeilschema geschieht dabei folgendes:

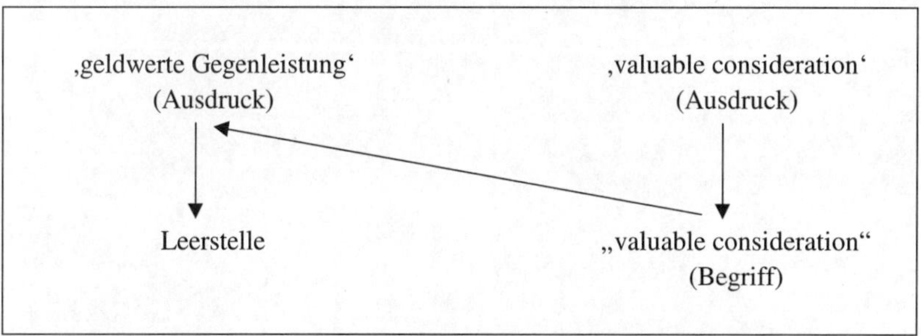

Begriffliche Äquivalenz wird vorgetäuscht, obgleich der Suchpfeil auf eine Leerstelle trifft. Der Leser, der bis hierher gefolgt ist, mag die Qualität von Fachwörterbüchern anhand des Gesagten selbst prüfen.

3. Kollokationswörterbücher

Diese Wörterbücher tragen dem Sachverhalt Rechnung, daß wir als ursprüngliche sinnvolle Einheiten der Sprache *Sätze* und nicht Wörter auffassen, Denn es sind Sätze und nicht Wörter, die wir im alltäglichen und wissenschaftlichen Sprachgebrauch behaupten und bestreiten (W. Stegmüller). Dies heißt, daß Kollokationswörterbücher über die Wort-Äquivalenz hinausgehen. Sie bieten zu Grundwörtern (= Basiseintragungen) sachlich und stilistisch passende Beiwörter (= Kollokatoren) an. Beispiel:

Kapitaldecke	= *Basis*
dünne	= *Kollokator.*

[4] A. Curtis, Englands Privat- und Handelsrecht, Band 2, Berlin 1927, S. 10-12.

Bei konsequenter Anwendung der Kollokationsmethode ergeben sich für den Wörterbuch-Hersteller gewisse Schwierigkeiten. Bevorzugt er die Wortfeldmethode, wird er in der Tat den Ausdruck auflösen und ‚Kapitaldecke' unter ‚K' einordnen und dort den oder die Kollokatoren angeben. In extremen Fällen wird ein Basis-Eintrag allerdings so aufgeschwemmt, daß der – stets eilige – Benutzer die Suche vorzeitig aufgibt.

Im vorliegenden Band mußte wegen des einmal gewählten Prinzips der durchgehenden Alphabetisierung ein anderer Weg beschritten werden, der nach Ansicht des Vf. den zeitlichen Zugriff verkürzt. So wird der Benutzer die Wendung *„dünne Kapitaldecke"* unter ‚d' finden, weil es sich um einen fixierten, dem Finanzfachmann bekannten Ausdruck handelt, der nicht zerlegt werden sollte:

dünne Kapitaldecke	= *slender*
	thin
	inadequate … capital base.

An die alphabetische Einordnung der nicht allzu zahlreichen Kollokatoren wird sich der Benutzer rasch gewöhnen.

Benutzerhinweise

1. Das gesamte Wortmaterial ist ausschließlich alphabetisch geordnet. Diese Regel gilt selbst für synkategorematische Ausdrücke.

2. Informationen, die über die semantischen Gleichungen hinausgehen, sind kursiv gedruckt. Als Kennmarken wurden benutzt:

US	US-amerikanisch
GB	britisch
bn	Milliarde
cf	vergleiche, vgl.
eg	z. B.
e–m	einem
e–n	einen
e–r	einer
e–s	eines
esp	besonders
fml	formal
ie	das heißt
i. e. S.	im engeren Sinne
infml	informell
i. w. S.	im weiteren Sinn
joc	scherzhaft
nF	neue Fassung
od	oder
opp	Gegensatz
pct	Prozent
pej	herabsetzend
pl	Plural
qv	siehe dort
sg	Singular
sl	Slang
syn	Synonym(e)
usu	in der Regel

3. Auf weitere Funktions-Kennzeichnungen sowie zusätzliche syntagmatische Hinweise wurde verzichtet.

4. Die Zugehörigkeit zur US-amerikanischen oder britischen Fachsprache wurde gekennzeichnet. Eine eindeutige Abgrenzung ist bekanntlich nicht immer möglich.

5. Die Schreibweise ist durchgehend amerikanisch. Ausgenommen von dieser vereinfachenden Regel sind natürlich die spezifisch britischen Termini.

Source Fields – Sachgebiete

AuW	International Trade
Bö	Securities Exchanges
Bw	Business Administration
com	General Commercial English
EDV	Data Processing
EG	European Communities
Fin	Business Finance/Banking
FiW	Public Finance
IndE	Industrial Engineering
IWF	International Monetary Fund
Kart	Competition Law
KoR	Cost Accounting
Log	Logic and Methodology
Math	Mathematics
MaW	Materials Management and Control
Mk	Marketing
OR	Operations Research
Pat	Industrial Property Rights
Pw	Personnel Management/Education
Re	Law
ReW	General Accounting
SeeV	Ocean Marine Insurance
SozV	Social Security
Stat	Statistics
StR	Law of Taxation
Vers	Insurance Industry
VGR	National Accounting
Vw	Economics
WeR	Negotiable Instruments
Zo	Customs and Excises

A

16-Bit-Farbtiefe *f* (EDV) high color *(ie, graphics device supports 65,536 colors; 32-Bit-Farbtiefe, qv)*

183-Tage-Klausel *f*
(StR, US) 183-day-rule *(ie, in double tax treaty)*
(ie, der in e–m Vertragsstaat ansässige Arbeitnehmer darf sich insgesamt nicht länger als 183 Tage während des betreffenden Kalenderjahres im anderen Staat aufhalten = Ausnahmeregelung Art 15 Doppelbesteuerungsabkommen USA/Bundesrepublik Deutschland; soll vorübergehenden Einsatz von Arbeitnehmern im anderen Vertragsstaat erleichtern)

20:80-Regel *f* (Mk) cf, Einkaufsmenge

24-Bit-Farbtiefe *f* (EDV) true color *(ie, graphics device supports 16,772,216 colors; 16-Bit-Farbtiefe, qv)*

3-D-Matrix *f* (EDV) 3-D array

AB (Re) = Ausführungsbestimmungen = Implementing Regulations

ab
(com) on or after *(ie, a certain date or year)*
– (US) from . . . onwards
– (US) as of
– (GB) as from

abändern
(com) to change
(ie, implies essential difference, loss of identity, or substitution of one thing for another)
– to alter
(ie, difference in some respect, without loss of identity)
– to modify
(ie, implies a difference that limits or restricts; it often suggests minor changes)
(com) to correct
– to rectify
(Re) to amend
– to revise

Abänderung *f*
(com) alteration
– change
– modification
– revision
(com) correction
– rectification
(Re) amendment *(eg, of a bill)*
– revision *(eg, of a judgment)*

Abänderungsantrag *m* **einbringen** (Re) to introduce an amendment

Abänderungsantrag *m* **zustimmen** (Re) to agree to an amendment

Abänderungsklage *f* (Re) civil action seeking to modify enforceable judgment for recurrent payments; Ziel ist Abänderung e–s Urteils, das zu wiederkehrenden Leistungen verurteilt hat; § 323 ZPO

Abänderungsklausel *f* (Re) derogatory stipulation *(ie, of a contract)*

Abänderungskündigung *f*
(Pw) notice of dismissal + offer for re-employment at less favorable terms, §§ 2, 8 KSchG
(ie, Kündigung des Vertrages, verbunden mit Angebot auf Abschluß e–s neuen Vertrages; syn, Änderungskündigung)

Abänderungsvertrag *m*
(Re) agreement to modify existing contract
(ie, gehört zu den vertraglichen Anpassungsregelungen, die im BGB nicht ausdrücklich vorgesehen sind; ergibt sich aus der allgemeinen Vertragsfreiheit; bleibt im Ggs zur Novation bestehen)

Abandon *m*
(com) relinquishment of a right in order to be discharged from a duty
(ie, um von (Zahlungs-)Verpflichtungen befreit zu werden; cf, Börsenterminhandel, Nachschußpflicht, Zubuße)
(Re) abandonment
(ie, Preisgabe e–s Gegenstandes, um sich gewissen Verpflichtungen od sonstigen Rechtsnachteilen im Zusammenhang mit diesem Gegenstand entziehen zu können; see below)
(Re) abandonment
(ie, of a share to a company if shareholder objects to change of AG into GmbH or vice versa, §§ 375, 383 AktG)
(SeeV) abandonment
(ie, surrender of insured property to the underwriter in return for full payment of sum insured, § 861 HGB)
(Vers) abandonment
(ie, right of transport insurer to pay or deposit the full amount of sum insured in order to disclaim any further liability)

Abandonerklärung *f* (SeeV) notice of abandonment
– abandonment clause
(ie, that ship will be abandoned to insurers if it should become a total loss)

Abandonist *m* (SeeV) abandoner

Abandonklausel *f* (SeeV) abandonment clause

abandonnieren
(Bö) to abandon *(ie, old-fashioned)*
(Vers) to abandon

Abandonrecht *n* (Re) right of abandonment

Abandonrevers *m*
(SeeV) declaration of abandonment
(ie, in transportation insurance; öffentlich beglaubigte Urkunde über den Rechtsübergang, die Vsnehmer beim Abandon des Vsnehmers dem Versicherer auf dessen Verlangen auszustellen hat)
(SeeV) abandonment acknowledgment
(ie, authenticated document of acknowledgment concerning the subrogation of rights occurring by reason of the notice of abandonment, § 871 HGB)

abarbeiten
(com) to work off
(eg, debts)

(EDV) to process/execute
(eg, a program)
Abarbeitung *f* (EDV) processing
Abbau *m*
(IndE) exploitation
(ie, Gewinnung von Erz, Kohle, Gas, Öl = extraction of ore, coal, gas, oil)
Abbaubetrieb *m*
(com) extractive enterprise
– extractive company
– natural resource company
(syn, Betrieb der Urproduktion, Gewinnungsbetrieb)
Abbau *m* **der Belegschaft**
(Pw) cutting down of workforce
– reduction of personnel
– job pruning
– slimming
(eg, upwards of 20,000 jobs)
– slashing of manning level
abbauen
(com) to reduce
(eg, prices, wages)
(com) to abolish gradually
(eg, tariffs, tax advantages)
(com) to work off
(eg, backlog of orders on hand)
(com) to run down
(eg, stocks)
(Fin) to repay
(eg, debt)
(Pw) to cut down
(eg, labor force)
– to slim
– to reduce
(AuW) to abolish
– to break down
– to dismantle
– to remove
(eg, Handelsschranken = trade barriers)
(IndE) to dismantle
– to disassemble
abbaufähige Betriebsfläche *f* (Bw) wasting asset
Abbaugerechtigkeit *f*
(Re) mineral right
– mining right
(ie, right equivalent to ownership of real property and existing under a servitude or easement = Grunddienstbarkeit)
Abbaukonzession *f*
(Bw) mining license
– operating license
– operating lease
Abbauland *n*
(StR) wasting assets
(ie, Betriebsflächen für Abbau der Bodensubstanz, wie Sand-, Kies-, und Lehmgruben, Steinbrüche, Torfstiche; mining land, quarries, gravel pits; assets diminishing in value commensurately with the removal of a natural product, § 34 I Nr 2a BewG)
Abbau *m* **nichttarifärer Handelshemmnisse**
(AuW) nontariff reductions
– dismantling of nontariff barriers
– removal of nontariff barriers
Abbaurecht *n*
(StR) mineral right
– mining right
(ie, grundstücksgleiches Recht zum Abbau von Mineralien durch Bergbau; Einzelheiten sind im Ertragsteuerrecht [§ 15 II 1 EStG] und im Substanzsteuerrecht [§§ 8, 9 GewStG] geregelt)
Abbauvertrag *m*
(Re) contract to extract
Abbau *m* **von Arbeitsplätzen**
(Pw) slimming jobs
– job pruning
– slashing manning levels
Abbau *m* **von Beschränkungen** (EG) abolition of restrictions
Abbau *m* **von Devisenreserven** (AuW) rundown of foreign exchange reserves
Abbau *m* **von Handelsschranken**
(AuW) abolition of
– breaking down
– dismantling
– lowering
– removal of . . . trade barriers
Abbau *m* **von Lagerbeständen**
(Vw) disinvestment in stocks
(Bw) inventory liquidation
– inventory drawdown
– inventory runoff
(opp, Lagerauffüllung, qv)
Abbau *m* **von Staatsverschuldung**
(FiW) reduction in government debt
– reduction in public debt
Abbau *m* **von Zöllen**
(AuW) abolition of tariffs
– elimination of customs duties
(AuW) reduction of customs duties
Abbau *m* **von Zollschranken** (AuW) removal of customs barriers
Abbauwirtschaft *f* (Bw) exploitation industry *(eg, mining)*
abberufen
(com) to recall
(ie, from office)
– to remove
– to withdraw
– to dismiss
(eg, board member)
Abberufung *f*
(com) dismissal
– recall
– withdrawal
(eg, from office)
Abberufung *f* **von Gesellschaftern**
(com) withdrawal of partners
withdrawal of shareholders
(ie, Abberufung durch Änderung des Gesellschaftsvertrages und durch gerichtliches Urteil; cf, §§ 117, 127 HGB)
abbestellen
(com) to cancel an order (for)
(com) to cancel a subscription (for)
(eg, a journal, magazine)
abbezahlen
(Fin) to pay off
– to pay by installments

Abbild *n* (EDV) image
Abbildbereich *m* (EDV) image area
Abbilddatei *f* (EDV) image file
Abbilddaten *pl* (EDV) image data
Abbilddefinition *f* (EDV) image definition
Abbild *n* **der Ätzvorlage** (EDV) artwork pattern
(eg, in CAD)
Abbilddokument *n* (EDV) image document
abbilden auf/in
(Math) to map into
– to transform into
Abbildkonfiguration *f* (EDV) image configuration
Abbildtextzeile *f* (EDV) image content line
Abbildtheorie *f* (Math) theory of mapping
Abbildumgebung *f* (EDV) image environment
Abbildung *f*
(Math) function
– mapping
– transformation
(ie, Abbildung od Funktion e–r Menge A in e–e Menge B ordnet jedem Element a genau ein Element b zu; mathematical correspondence that assigns exactly one element of one set to each element of the same or another set; der für die Analysis grundlegende Begriff der Funktion läuft nach dem heutigen Sprachgebrauch auf den der Abbildung hinaus)
Abbildverarbeitung *f* (EDV) image processing
Abbrechen *n*
(Stat) cutoff
(eg, of survey)
(com) breaking off
(eg, negotiations)
(com) tearing down
– pulling down
– dismantling
(syn, Abbruch)
(EDV) abortion
(EDV) truncation
abbrechen
(com) to break off
(eg, negotiations, talks)
(com) to tear down
– to pull down
(eg, ram-shackle building)
– to demolish
(EDV) to abort
(ie, job or system)
(EDV) to truncate
(ie, to suppress insignificant digits of a number; syn, abschneiden, abstreichen)
Abbrechen *n* **der Kausalkette** (Re) discontinued chain of causation
Abbrechfehler *m* (EDV) truncation error
abbröckeln
(Bö) to ease off
– to edge down
– to drift down
– to ease marginally
abbröckelnd
(Bö) slackening
– easing
– crumbling
Abbruch *m*
(com) break off
(eg, negotiations)
(Bw) demolition
(eg, buildings)
– dismantlement
(eg, plant and equipment)
(EDV) abnormal end
(ie, unübliche Beendigung e–s laufenden Programms durch Betriebssystem od Benutzer, meist bei Vorliegen e–s Fehlers)
Abbruch *m* **baulicher Anlagen** (Re) demolition of buildings *(ie, ist baugenehmigungspflichtig)*
Abbruchbetrieb *m*
(com) = Abbruchunternehmen
Abbrucherlöse *mpl*
(ReW) revenue from disposal of dismantled buildings, plant and equipment
– revenue from scrap disposal
Abbruchkosten *pl*
(ReW) cost of demolition
– cost of dismantling
– removal expenses
(ie, sind entweder Herstellungskosten des neuen Gebäudes oder sonst sofort abzugsfähige Betriebsausgaben)
Abbruchmaterial *n*
(com) demolition rubbish
– demolition waste
Abbruchmodus *m* (EDV) cancel mode
Abbruchpreis *m* (com) breakup price
Abbruchunternehmen *n*
(com) demolition contractor
– salvage company
– wrecker
(syn, Abbruchbetrieb)
Abbruchwert *m* (ReW) break-up value
abbuchen
(com) to debit
(eg, bank debited my account with $50; syn, belasten)
– to enter a debit against
– to take out of the books
(ReW) to charge off
(ie, as an expense or loss)
(ReW) to write off
(eg, bad debt as uncollectible; syn, ausbuchen)
(ReW) to close out
(eg, cost of plant removed)
Abbuchen *n* **e–r uneinbringlichen Forderung** (ReW) bad debt writeoff
Abbuchungsauftrag *m* (Fin) credit transfer instruction
Abbuchungsauftragsverfahren *n* (Fin) = Abbuchungsverfahren
Abbuchungsermächtigung *f* (Fin, US) preauthorized payment mandate
Abbuchungsverfahren *n*
(Fin) direct debiting service
– preauthorized payment method
(ie, Zahlungsverpflichteter gibt Auftrag an sein Kreditinstitut; cf, Einzugsermächtigungsverfahren)
ABC-Analyse *f*
(Bw) ABC (evaluation) analysis
(ie, Variante der Programmanalyse; qv; ferner Hilfsmittel der Planungsmethodik des Operations Research)

ABC-Analyse *f* **der Lagerhaltung**
(MaW) ABC inventory control system
– selective inventory control
– split inventory method
– usage value analysis
(ie, die einzelnen Materialarten werden nach ihrer relativen Bedeutung klassifiziert: Wert, Lagerbestandshöhe, Umschlaghäufigkeit, Reklamationsanteile od Herkunftsländer)
abdecken
(Fin) to repay
(eg, a credit or debt)
(Fin) to cover
(eg, a risk)
– to hedge
(ie, to take a defensive measure in order to safeguard portfolios against any dramatic fall in values)
(Bö) to conclude a covering transaction
(ie, in forward operations)
Abdeckerei *f*
(com, US) rendering plant
– (GB) knacker's yard
(ie, Anlage zur schadlosen Beseitigung von Tierkörpern)
Abdeckung *f* **des Marktes** (Mk) market coverage
abdingbar
(Re) *(provisions of contract are)* modifiable
(ie, may be subject to agreement to the contrary)
abdingbares Recht *n*
(Re) modifiable law
– flexible law
(ie, Geltung kann durch Vereinbarung zwischen Personen ausgeschlossen werden; Ggs. zwingendes Recht; it is part of ‚jus dispositivum', not of ‚jus strictum')
abdisponieren
(Fin) to transfer
(Fin) to withdraw
Abdisposition *f*
(Fin) transfer
(Fin) withdrawal
Abdruck *m*
(EDV) print
(ie, in text processing)
(com) copy
(com) reprint
(syn, Sonderdruck)
abelsche Gruppe *f*
(Math) abelian group
– commutative group
(ie, e–e Gruppe heißt a., wenn die in ihr definierte Verknüpfung kommutativ ist; group whose binary operation is commutative; eg, ab = ba in the group; syn, kommutative Gruppe, Modul)
abelsches Integral *n* (Math) abelian integral
Abendschule *f*
(Pw) evening school
– night school
Abendverkauf *m*
(Mk) night-time sales
– late opening
Aberdepot *n*
(Fin) deposit of fungible securities
(ie, bank need only return paper of same description and quantity)

A-Bereich *m* (EDV, Cobol) area a *(cf, DIN 66 028 Aug 1986)*
ab Fabrik
(com) ex works
– ex factory
– ex mill
abfahren
(com) to truck away
(IndE) to shut down
Abfahrtsdatum *n*
(com) date of sailing
(ie, beim Seeversand = in ocean shipping)
Abfallanalyse *f* (MaW) volume analysis of scrap, waste, and spoilage
Abfallaufkommen *n*
(MaW) solid waste production
– quantity discarded
Abfallberater *m* (com) waste disposal consultant
Abfallbeseitigung *f* (com) waste disposal
Abfallbeseitigungsanlage *f*
(IndE) solid waste plant
(ie, set up for processing and disposal)
Abfallbeseitigungsgesetz *n* (Re) Waste Disposal Law, as amended 5 Jan 1977
Abfallbörse *f* (com) exchange set up by German Chambers of Commerce for the purchase and sale of residues, waste, and rejects, such as paper, plastics, etc.
Abfall-Container *m* (com, US) dumpster
Abfallentsorgung *f* (com) waste disposal
Abfallentsorgungsanlage *f* (IndE) waste disposal plant
Abfallerzeugnis *n*
(com) byproduct
– product made from scrap, waste, or spoilage
– spinoff
Abfallgesetz *n* (Re) = Abfallbeseitigungsgesetz
Abfallmaterial *n*
(IndE) spoilage
(ie, products not meeting quality standards, sold for disposal value)
– waste
(ie, lost in manufacturing, no recovery value)
– scrap
(ie, residue from manufacturing, sold or reused)
Abfallmengenplanung *f*
(KoR) volume planning of waste, scrap, and spoilage
(ie, carried out by OR methods as part of direct materials planning in standard cost accounting)
Abfallpapier *n* (com) waste paper
Abfallprodukt *n* (Bw) = Abfallerzeugnis
Abfallrecht *n* (Re) law relating to waste disposal
Abfallstoffe *mpl* (IndE) waste material
Abfallstück *n*
(IndE) reject
– (infml) waster
Abfallverminderungsprämie *f*
(Pw) scrap-cutting bonus
(ie, an additional component of premium wage systems)
Abfallverwertung *f*
(com) disposition *(ie, sale or reuse)* of spoilage or scrap
(com) waste utilization

(ie, Gewinnen von Stoffen od Energie aus Abfällen, § 1 II AbfG)
Abfallwirtschaft *f*
(com) waste management
– waste control
(com) waste disposal industry
Abfassung *f* (com) formulation
Abfassung *f* **von Werbetexten** (Mk) copy writing *(syn, Werbetexten, Texten)*
Abfederungsmechanismus *m* (EG) cushion
abfertigen
(com) to attend
– to serve
– to wait on customers
(com) to deal with
– to process *(esp in public offices)*
(com) to dispatch
– to forward
– to expedite
(eg, consignment)
(Zo) to clear under customs procedure
– to clear through the customs
Abfertigung *f*
(com) dispatch
(ie, preparing, concluding, and implementing railroad transportation contract)
(Zo) customs clearance of goods
(OR) service unit
– service station
Abfertigung *f* **im Reiseverkehr** (Zo) control of tourist traffic
Abfertigungsart *f* (com) method of forwarding
Abfertigungsbeamter *m* (Zo) customs clearance officer
Abfertigungsbescheinigung *f* (Zo) certificate of acceptance
Abfertigungsgebühr *f*
(com) incidental railroad charges
(ie, other than actual freightage; eg, for loading and unloading)
(com) clearance fee
Abfertigungshafen *m* (com) port of clearance *(syn, port of departure)*
Abfertigungsnota *f* (com) despatch note
Abfertigungsprozeß *m* (OR) service process *(syn, queueing process)*
Abfertigungsrate *f* (OR) service rate
Abfertigungsreihenfolge *f* (OR) service order
Abfertigungsschalter *m* (Zo) passport control point
Abfertigungsspediteur *m*
(com) truck haulage carrier
(ie, appointed by a higher-level transportation authority under §§ 33–36 GüKG)
Abfertigungsstelle *f*
(com) freight office
– (GB) goods office
(OR) channel
– service point
– service station
– service unit
Abfertigungsvorschriften *fpl*
(com) forwarding regulations
(Zo) clearance regulations
Abfertigungszeit *f* (OR) service time *(syn, Bedienungszeit, Servicezeit)*
Abfertigungszollstelle *f* (Zo) office of clearance
Abfertigung *f* **von Waren** (Zo) customs clearance of goods
Abfertigung *f* **von Zollgut**
(Zo) customs clearance of goods
(ie, zum freien Verkehr, zu e–m Freigutverkehr, zu einem besonderen Zollverkehr)
Abfertigung *f* **zum Dauerverbleib** (Zo) clearance for home use
Abfertigung *f* **zum freien Verkehr beantragen** (Zo) to enter (goods) for consumption
Abfertigung *f* **zum zollrechtlich freien Verkehr** (Zo) release for free circulation
Abfertigung *f* **zum zoll- und steuerrechtlich freien Verkehr** (Zo) release for home use
Abfertigung *f* **zur Anweisung** (Zo) clearance for transit
Abfertigung *f* **zur Wiedereinfuhr**
(Zo) clearance on re-importation
– clearance on re-entry
AbfG (Re) = Gesetz über die Beseitigung von Abfällen
Abfinanzierung *f* (Fin) repayment of debt and/or equity
abfinden
(com, Re) to compensate
– to indemnify
(com) to buy off *(ie, cause sb to give up a claim)*
(Re) to settle with
(Fin) to pay off
– to satisfy *(eg, creditor)*
(com) to buy out *(ie, an established company, a partner)*
Abfindung *f*
(Re) indemnity
(ie, money compensation to settle a legal claim, either as a one-time payment or in installments)
(Fin) money compensation
(ie, beim Ausscheiden e–s od mehrerer Gesellschafter; Anspruch auf Anteil an Vermögenswerten und Vermögenszugang; zu regeln nach § 738 BGB; cf, auch: §§ 305, 330 AktG)
(Pw) dismissal pay
– severance pay
– terminal bonus
– terminal wage
– termination pay
– ex gratia payment
– lump-sum settlement
(ie, fixed by a labor court, § 10 KSchG)
– (infml) golden handshake
– (US, infml) golden parachute
Abfindungsangebot *n*
(com) offer of lump-sum compensation *(ie, in settlement of a claim)*
(com) offer of cash payment
(ie, unter bestimmten Umständen haben Minderheitsaktionäre Anspruch auf e–e Barabfindung; cf, § 305 AktG; minority shareholders may demand cash payment)
(Pw) retirement offer
– early retirement scheme
Abfindungsbefugnis *f* (Re) right to perform an obligation other than that originally stipulated, § 241 I BGB

Abfindungserklärung *f*
(Re) release
– declaration accepting indemnity in full settlement of claim
(Vers) release
(ie, document signed by insured stating that any further claims, present and future, are waived)
Abfindungsguthaben *n*
(Re) compensation
– amount of compensation
(ie, due to a partner at the time of his withdrawal from the partnership or company)
Abfindungsplan *m* (Pw) compensation scheme
Abfindungsvertrag *m* (Pw) termination agreement
Abfindungszahlung *f*
(Pw) redundancy payment
– severance pay
– termination pay
– payoff
– lump-sum payment
abflachen
(com) to level off
(eg, prices, rates; syn stabilize)
Abflachung *f* (com) weakening
Abfluß *m* (Fin) outflow *(ie, of funds)*
Abfluß *m* **liquider Mittel** (Fin) cash drain
Abflußquote *f*
(Mk) outflow rate
(ie, Anteil des Nachfragepotentials im Einzugsgebiet, der in andere Gebiete abfließt)
abfragbar (EDV) queriable
Abfrage *f*
(EDV) inquiry
– query
(ie, request for the retrieval of information from storage)
abfragebereit (EDV) ready for inquiry
Abfragedatei *f* (EDV) query file
Abfrage *f* **durch Beispiel** (EDV) query by example
Abfrageeinheit *f*
(EDV) inquiry unit
(ie, terminal that enables a user to query a computer and get a hard-copy answer)
Abfrageergebnis *n* (EDV) query result
abfragen
(EDV) to query
– to inquire
– to interrogate
(EDV) to scan
Abfrageplatz *m* (EDV) inquiry station
Abfrageprogramm *n* (EDV) inquiry program
Abfragesprache *f*
(EDV) query language
(ie, Programmiersprache für die Auswertung von Datenbeständen)
Abfragestation *f*
(EDV) inquiry station
– inquiry unit
(ie, remote terminal from which an inquiry may be sent)
Abfragesystem *n* (EDV) query system, QS
Abfragetaste *f* (EDV) „who are you" key
abfühlen
(EDV) to sense
– to read *(syn, abtasten)*
Abfühlstation *f*
(EDV) sensing station
– reading station
abführen (Fin) to pay over *(ie, to make formal payment; eg, to revenue authorities)*
Abgabe *f* (StR) cf, Abgaben
Abgabe *f* **der Steuererklärung** (StR) filing tax return
Abgabe *f* **der Zollanmeldung** (Zo) lodgment of the goods declaration
Abgabedruck *m*
(Bö) sales pressure
– selling pressure
(syn, Angebotsdruck)
Abgabefrist *f*
(com) due date
– filing date
– final date for acceptance
Abgabehoheit *f* (FiW) = Steuerhoheit
Abgabekurs *m* (Bö) issue price
Abgaben *fpl*
(StR) fiscal charges
– public charges
(ie, general term denoting all compulsory payments to public or quasi-public authorities; eg, taxes, duties, levies, dues)
(KoR) taxes and fiscal charges
(ie, treated as administrative overhead)
(Bö) sales (of securities)
Abgabenautonomie *f* (FiW) right of municipalities to levy taxes and duties
Abgabeneigung *f* (Bö) selling tendency
Abgabenerhebung *f*
(StR) collection of taxes (and other fiscal charges)
(Zo) collection of duties and taxes
abgabenfrei (StR) free of tax
abgabenfreie Einfuhr *f*
(Zo) duty and tax-free importation
– free admission
Abgabenfreiheit *f* (StR) exemption from taxes (and other fiscal charges)
Abgabenhoheit *f* (FiW) = Abgabenhoheit
Abgabenordnung *f*
(StR) German Fiscal Code
– general tax code
(ie, basic tax law, as amended in 1976, incorporating substantive and procedural provisions common to all special tax legislation)
Abgabenorientierung *f*
(Bw) tax-orientation of plant location
(ie, choice of location determined by general level of fiscal charges)
abgabenpflichtig
(StR) liable to pay taxes (*or* other fiscal charges)
– subject to payment of taxes
abgabenpflichtige Waren *fpl*
(Zo) chargeable goods
– dutiable goods
Abgabenquote *f*
(FiW) = Steuerquote, qv
(FiW) taxes and social security ratio
(drückt in Prozenten das Verhältnis aller Steuern und Sozialabgaben zum Bruttoinlandsprodukt aus; the percentage share of all taxes and social security contributions in the gross domestic product)

Abgabenschuldner *m* (StR) person liable to duties or taxes
Abgabenstruktur *f* (StR) tax structure
Abgabensystem *n*
(StR) system of levies
– taxation system
Abgabenvergünstigung *f* (AuW) preferential tariff treatment
Abgaben *fpl* **zollgleicher Wirkung** (Zo) charges equivalent to customs duties
Abgabepreis *m* (Mk) selling price *(ie, in retailing)*
Abgabesatz *m*
(com) amount of fiscal charges
(ie, in % of income)
(Fin) selling rate
(ie, charged by German Bundesbank for money market paper; opp, Rücknahmesatz)
Abgabetermin *m*
(com) due date
– filing date (for acceptance)
– time for filing
(eg, report, tax return)
Abgabe *f* **von Angeboten**
(com) submission of bids
– bidding
Abgabe *f* **von Spielbanken** (StR) tax on gambling casinos
Abgabe *f* **von Zollanmeldungen für bestimmte Zeiträume** (Zo) periodic lodgment of declarations
Abgabwert *f* **der Steuererklärung** (StR)
Abgang *m*
(com) loss of weight
(ie, due to storage)
(MaW) quantity issued
(ie, from stock)
(Bw) asset
(Pw) separation
– leave
(ie, termination of employment contract)
(Vers) termination
(ie, of policy)
Abgänge *mpl*
(ReW) disposals
– retirements
(eg, fixed assets, inventory items)
(Pw) leavers
(Vers) actual deaths
Abgänger *m* (OR) branch emanating from node
Abgangsalter *n* (Vers) age at expiry *(syn, Endalter)*
Abgangsbahnhof *m* (com) departure station
Abgangsdatum *n*
(com) date of dispatch
– date of forwarding
Abgangsflughafen *m* (com) airport of departure
Abgangshafen *m*
(Zo) port of clearance
– port of departure
Abgangskurve *f*
(Vers) mortality curve
– survivor-life curve
Abgangsland *n* (Zo) country of departure
Abgangsmitgliedstaat *m* (Zo) Member State of departure
Abgangsordnung *f*
(Bw) mortality sequence
(ie, of technical products, such as automobiles, railroad sleepers)
(Bw) mortality table
(ie, showing retirement sequence of fixed assets)
Abgangsort *m* (Zo) place of departure
Abgangsrate *f*
(Pw) separation rate
– layoff rate
Abgangsrechnung *f* (ReW) asset retirement accounting
Abgangstabelle *f*
(Stat) mortality table
– retirement table
Abgangswahrscheinlichkeit *f*
(Bw) mortality probability
(Vers) probability of exit
Abgangszeugnis *n* (Pw) school leaving certificate
Abgangszollstelle *f* (Zo) office of departure
Abgang *m* **von Gegenständen des Anlagevermögens** (ReW) disposal of fixed assets
Abgas *n*
(IndE) exhaust gas
(ie, leaves IC engine or gas turbine)
abgasarmes Auto *n* (com) low emission car
Abgaskontrolle *f* (IndE) emission control
Abgasnormen *fpl* (IndE) emissions standards *(ie, for new cars)*
Abgasvorschriften *fpl* (Re) exhaust emission standards
abgebende Buchhaltung *f* (ReW) transferring accounting unit
abgebender Sektor *m* (Vw) supplying sector *(ie, in input-output analysis)*
abgebendes Konto *n* (ReW) issuing account
abgebrochene Prüfung *f* (IndE) curtailed inspection
abgebrochene Rente *f* (Fin) curtate annuity
abgebrochene Stichprobenprüfung *f*
(IndE) curtailed sampling
– truncated sampling
abgeführte Gewinne *mpl* **aufgrund e–r Gewinngemeinschaft** (ReW) income transferred from profit pooling
abgekürzte Außenprüfung *f* (StR) summary examination, § 203 AO *(ie, of small businesses not subject to periodic review)*
abgekürzte Division *f* (Math) short division
abgekürzte Lebenserwartung *f* (Vers) reduced life expectancy
abgekürztes Zollverfahren *n* (Zo, US) summary judgment
abgekürzte Todesfallversicherung *f*
(Vers) term insurance
(syn, Risikoversicherung; ie, bei Tod während der Versicherungsdauer wird die vereinbarte Todesfallsumme fällig; bei Erleben des Ablauftermins wird keine Leistung fällig = life insurance for a stipulated term only; beneficiary receives the face value of the policy upon death, but nothing upon survival at completion of term; opp, Todesfallversicherung: straight-life insurance, qv)
abgekürzte Versicherung *f*
(Vers) endowment life insurance
(ie, payable to the insured at the end of the contract or covered period or to beneficiary if insured dies prior to maturity date)

abgekürzte zusammengesetzte Vergleichsbedingung *f* (EDV, Cobol) abbreviated combined relation condition *(cf, DIN 66 028)*
abgelagerte Ware *f* (com) seasoned goods
abgelaufene Frist *f* (com) expired term
abgelaufene Police *f* (Vers) expired policy
abgelaufenes Patent *n*
(Pat) lapsed patent
– expired patent
– extinct patent
abgelaufene Zeit *f* (Re) elapsed time
Abgeld *n* (Fin) discount *(syn, Disagio, Damnum)*
abgeleitete Bilanz *f*
(ReW) derived balance sheet
(ie, prepared from the commercial balance sheet but based on different valuation rules)
abgeleitete Firma *f* (Re) derived firm, §§ 21, 22 HGB
abgeleitete Informationsquelle *f* (Bw) source of processed information
abgeleitete Klasse *f* (EDV) derived class
abgeleitete Kostenarten *fpl*
(KoR) derived
– composite
– mixed
– secondary . . . cost types
abgeleitete Maßzahl *f* (Stat) derived statistic
abgeleitete Menge *f* (Math) (weak) derived set
abgeleitete Nachfrage *f*
(Vw) derived demand
– indirect demand
(ie, Nachfrage nach Produktionsfaktoren, die sich aus der N. auf dem Absatzmarkt ergibt = demand for input factors resulting from demand on sales markets; syn, derivative Nachfrage)
(Mk) derived demand
(cf, Investitionsgütermarketing)
abgeleiteter Anspruch *m* (Re) derivative claim
abgeleiteter Besitz *m* (Re) derivative possession
abgeleitete Rechtsvorschriften *fpl* (Re) secondary legislation
abgeleitete Rente *f* (SozV) derived pension *(ie, paid to the surviving spouse; cf, Teilhaberente)*
abgeleiteter Erwerb *m* (Re) derivative acquisition
abgeleiteter Produktionsfaktor *m* (Vw) derived factor of production
abgeleiteter Rechtserwerb *m* (Re) derived acquisition of a right or rights
abgeleitete Schrift *f* (EDV) derived font
abgeleitetes Einkommen *n* (Vw) derived income *(ie, other than primary income)*
abgeleitetes Ereignis *n* (OR) derived event
abgeleitete Steuerhoheit *f* (FiW) derived taxing power *(ie, delegated to subordinate governmental units, such as ‚Gemeinde', ‚Kreis')*
abgelten
(com) to pay in settlement of claim
– to satisfy
(eg, the tax liability of a seller)
Abgeltung *f* **der Verpflichtung** *f* (Fin) settlement
abgepackte Ware *f* (com) packaged goods *(opp, bulk goods)*
abgerechnete Leistungen *fpl* (ReW) invoiced sales
abgeschirmtes Kabel *n* (EDV) shielded cable
abgeschlossene Hülle *f* **e–r Punktmenge** (Math) closure of a set of points
abgeschlossene Menge *f* (Math) closed set *(syn, topologically closed set)*
abgeschlossenes Börsengeschäft *n* (Bö) round transaction
abgeschlossenes Studium *n* (Pw) full course of study *(eg, completed a . . . at a university)*
Abgeschlossenheitsbescheinigung *f*
(Re) separateness certificate
(ie, Wohnungseigentum ist nur an abgeschlossenen Räumen zulässig; dem Grundbuchamt zwecks Eintragung der Verwaltungsbehörde vorzulegen; §§ 3, 7 WEG)
abgeschwächte Nachfrage *f* (Vw) weaker demand
abgesicherter Modus *m* (EDV) safe mode
abgesonderte Befriedigung *f* (Re) preferential settlement of claim, §§ 47–52 KO
abgesonderter Gläubiger *m* (Re) creditor entitled to preferential settlement, § 4 KO
abgespeckte Version *f*
(com) slimmed-down version
– pared-down version
(eg, of car, computer program)
abgestimmte Betriebsgröße *f*
(IndE) balanced plant size
(ie, ancillary units laid out just to serve major unit, with no room for later expansion)
abgestimmte Intervention *f*
(Vw) joint intervention
(ie, by central banks on foreign exchange markets)
abgestimmtes Verhalten *n*
(Kart) concerted action
– concerted practice
– parallel behavior
(ie, ermöglicht wirksame Umgehung e–s Kartellverbots; meist formlose Verständigung durch ‚Frühstückskartell' od ‚Augenzwinkerkartell'; das durch die Novelle von 1973 eingefügte Verbot dient dem Schutz vor Umgehung des Kartellverbots nach § 1 GWB)
abgestimmtes Vorgehen *n* (EG) concerted approach
abgestufte Instrumente *npl* (Bw) graduated instruments
abgetretene Forderung *f*
(ReW) account receivable discounted
(ie, in factoring: contingent liability of seller up to time of payment by debtor)
(Re) assigned claim
abgetretener Bestand *m* (Fin) ceded portfolio
abgewanderter Bevölkerungsüberschuß *m* (Vw) population overspill
abgewertet (Fin) devalued
abgewickelt (com) closed out
abgleichen
(EDV) to collate
– to merge *(syn, mischen)*
(EDV) to match
Abgleichprüfung *f* (ReW) cross validation
Abgleichregel *f* (ReW) cross validation rule
abgrenzen
(com) to delimit
– to demarcate
– to define
(ReW) to charge to subsequent accounting years
– to accrue

Abgrenzung *f*
(ReW) accruals and deferrals
(ie, to reflect the lack of coincidence of the accounting period and the benefit period; syn, Rechnungsabgrenzung, qv)
(KoR) assignment of cost or expense not relating to accounting period or operating purpose
(com) definition
Abgrenzung *f* **der Verkäufe** (ReW) sales cut-off
Abgrenzung *f* **des Einkaufs** (ReW) purchase cut-off
Abgrenzung *f* **des Küstenmeeres** (Re) delimitation of the territorial sea
Abgrenzung *f* **regionaler Teilmärkte** (Mk) market zoning
Abgrenzungsbogen *m*
(ReW) reconciliation sheet
(ie, statistical statement showing allocation of expenses to financial and plant accounts)
Abgrenzungsbuchungen *fpl* (ReW) accruals entries
Abgrenzungsergebnis *n*
(ReW) result of expense allocation statement
(ie, showing accruals and deferrals)
Abgrenzungskonten *npl* (ReW) accounts receiving accruals and deferrals
Abgrenzungskriterium *n* (Log) delimitation criterion
Abgrenzungsposten *mpl* (ReW) items of accrual and deferral
Abgrenzungsrechnung *f* (ReW) statement of expense allocation
Abgrenzungssammelkonto *n* (ReW) account collecting accruals and deferrals
Abgrenzung *f* **von Zinsaufwand** (ReW) accrued intereset payable
Abgrenzung *f* **von Zinsertrag** (ReW) accrued interest receivable
Abgruppierung *f* (Pw) downgrading *(ie, of a job)*
abhaken (com) to tick off *(eg, items on a list)*
Abhakungszeichen *n*
(com) check
– tick
abhanden gekommene Sache *f*
(Re) movable thing either lost or stolen
(ie, ownership cannot be acquired from any person other than the true owner, § 935 BGB)
abhängig Beschäftigte *mpl* (Pw) = Abhängige
Abhängige *mpl*
(Pw) wage and salary earners
– wage earners and salaried employees
– persons in dependent employment
– employees
abhängige Beschäftigung *f* (Pw) dependent employment
abhängige Erwerbspersonen *fpl* (Stat) dependent labor force
abhängige Gesellschaft *f*
(com) dependent company
– controlled company
Abhängigenquote *f*
(Stat) dependency ratio
(ie, Verhältnis zwischen der Anzahl der Noch-nicht-Erwerbstätigen sowie der Nicht-mehr-Erwerbstätigen und der Anzahl der Personen im erwerbsfähigen Alter)
abhängiger Lieferant *m* (com) captive contractor
abhängiger Wartezustand *m*
(EDV) normal disconnected mode, NDM
(ie, bei der Datenübertragung = in data transmission)
abhängig Erwerbstätiger *m* (Stat) dependent worker
abhängiges Patent *n* (Pat) dependent patent
abhängige Stichprobe *f* (Stat) dependent sample
abhängiges Unternehmen *n*
(com) controlled enterprise
– dependent enterprise
(ie, rechtlich selbständiges Unternehmen, unter beherrschendem Einfluß e–s anderen Unternehmens, § 17 AktG)
abhängige Variable *f*
(Math) dependent variable
(Mk) dependent variable
(ie, nimmt auf die Größe Bezug, die als von e–r anderen Größe abhängig postuliert wird; in Experimenten spricht man auch von Treatment-Variablen)
Abhängigkeit *f*
(Re) dependency
(ReW) dependency
(ie, im Konzernrecht e–r der maßgeblichen Ausgangsbegriffe)
Abhängigkeitsanalyse *f* (KoR) analysis determining relation between costs and changes of plant parameters
Abhängigkeitsbericht *m*
(ReW) dependent company report
– dependence report
(ie, Kurzbezeichnung für den Bericht des Vorstandes über Beziehungen zu verbundenen Unternehmen nach §§ 312 ff AktG = management report disclosing relations to affiliated companies)
Abhängigkeitsprüfung *f* (ReW) dependence audit, § 313 AktG
Abhängigkeitsverhältnis *n* (Bw) relationship of dependence
Abhängigkeitsvermutung *f* (com) presumption of dependency
abheben
(Fin) to draw
– to withdraw *(ie, money from a bank account)*
Abhebung *f* (Fin) withdrawal
Abhilfe *f* (com, Re) relief
Abhilfemaßnahmen *fpl*
(com, IndE) corrective action
(ie, to eliminate non-conformance; syn, Korrekturmaßnahmen)
Abhilfemaßnahmen *fpl* **in Gang setzen**
(com) to instigate corrective action
– to take corrective action
Ab-Hof-Verkauf *m* (Mk) ex-farm selling *(ie, direct to final users)*
abholen
(com) to collect
– to pick up
(eg, parcels, consignment)
Abholgrossist *m* (Mk) cash and carry wholesaler
Abhollager *n* (com) call station *(syn, Depot)*
Abitur *n*
(com) secondary school final

(ie, the equivalent of two years of college in U.S., and of ‚A' level in GB; entitles successful candidate forthwith to matriculation at any German university)

Abiturient *m* (com) ‚gymnasium' graduate

Abiturzeugnis *n* (com) final secondary school leaving certificate

ab Kai (com) ex quay

ab Kai benannter Hafen (com) ex quay named port

ab Kai (unverzollt) (com) ex quay (duty on buyer's account)

ab Kai (verzollt) (com, *Incoterms*) ex quay duty paid (. . . named port of destination)

Abkommen *n*
(Re, bilateral) agreement
(ie, on economic, financial, technical matters, see Bd. I, ‚treaty')
(Re, multilateral) convention
(Note: the two terms are sometimes used interchangeably)

Abkommen *n* **mit den Gläubigern**
(Re) arrangement with creditors
– settlement with creditors

abkommensberechtigt (StR) covered by a (taxation) treaty

Abkommensberechtigung *f* (StR) availability of treaty relief

Abkommensfortentwicklung *f* (StR) treaty development

Abkommenskonflikt *m* (StR) treaty conflict

Abkommenskonten *npl*
(Fin) clearing accounts
(ie, aufgrund e–s zwischenstaatlichen Zahlungsabkommens bei e–r od mehreren Notenbanken geführt)

Abkommensmodell *n* (StR) Abkommensmodell *n*

Abkommensmuster *n* (Re) model treaty

Abkommensschutz *m*
(StR) treaty coverage
– treaty protection

Abkommen *n* **über den Europäischen Wirtschaftsraum** *m* (EG) Agreement on the European Economic Area

Abkommen *n* **über den Schutz des gewerblichen Eigentums** (Re) Convention for the Protection of Industrial Property

Abkommen *n* **über den Zollwert der Waren** (AuW) Convention on the valuation of goods for customs purposes

Abkommen *n* **zur Stabilisierung der Rohstoffpreise** (Vw) commodity stabilization agreement

Abkommen *n* **zur Vermeidung von Doppelbesteuerung** (StR) double taxation treaty

Abkömmling *m*
(com) offspring
(EDV) descendant

Abkoppeln *n*
(AuW) delinking
(ie, von Entwicklungsländern aus den internationalen Wirtschaftsstrukturen)

abkoppeln (com) to de-couple *(ie, Europe from U.S. interest rates)*

Abkopplungstheorie *f*
(SozV) decoupling theory
(ie, bei Ruhegeldanpassung an veränderte wirtschaftliche Verhältnisse bleiben die Rentensteigerungen der Sozialversicherungsrente grundsätzlich unberücksichtigt)

Abkopplungsthese *f*
(AuW) decoupling theorem
(ie, Entwicklungsländer sollen e–e binnenmarktorientierte Entwicklung anstreben; reduce their trade relations with industrialized countries to a minimum)

abkürzen
(com) to abbreviate
– to abridge
– to condense
– to shorten

Abkürzung *f*
(com) abbreviation
(com) abridgment *(syn, Verkürzung)*

Abl (EG) = Amtsblatt der Europäischen Gemeinschaften

Abladegeschäft *n*
(com) import transaction where shipping port is deemed to be the place of performance
(ie, Abladung ist Hauptpflicht des Verkäufers; echtes Abladegeschäft; see also: unechtes Abladegeschäft)

Abladegewicht *n*
(com) shipping weight
(com) unloading weight
(ie, determined by the carrier upon arrival at point of destination)

Abladehafen *m* (com) port of discharge

Abladeklausel *f*
(com) loading clause
(ie, Handelsklausel zwischen Käufer und Verkäufer, die Erfüllungsort, -zeit, Beförderungskosten betrifft; cf, Incoterms)

Abladeklauseln *fpl* (com) trade terms relating to transportation cost, place and time of fulfillment *(eg, cif, fob, freight prepaid etc.)*

Abladekosten *pl* (com) unloading charges

abladen
(com) to unload
– to discharge

Ablader *m*
(com) shipper
– forwarder
(ie, derjenige, der dem Verfrachter das Gut zur Beförderung übergibt; delivers goods to a carrier, §§ 563 ff HGB; idR sind Ablader und Befrachter identisch)

Abladerbindung *f*
(AuW) commitment to foreign supplier/forwarder
(ie, Einfuhr nur aufgrund e–s Vertrages mit e–m bestimmten ausländischen Lieferanten [Ablader] gestattet)

Abladung *f*
(com) unloading
– discharge
(ie, Heranschaffung des Ladegutes an das Schiff und Übernahme in dieses; Hauptpflicht des Verkäufers)

Abladungshafen *m* (com) port of discharge

Ablage *f*
(com) filing
(com) file system

(ie, systematic arrangements for storing office papers)
Ablage *f* **bezahlter Rechnungen** (ReW) paid invoice file
Ablagedatei *f* (com) suspension file
Ablagefach *n* (com) stacker
Ablagekorb *m*
(com) filing basket
– filing tray
– letter tray
Ablagemappe *f* (com) letter folder *(ie, folded cardboard used for holding loose papers)*
ab Lager
(com) ex store
– ex warehouse
(com, infml) off the shelf
ab Lager liefern (com) to deliver from stock
Ablagesystem *n* (com) filing system
Ablagevermerk *m* (com) filing stamp
Ablauf *m*
(Bw) operation
– (operational) sequence
– execution
– procedure
– process
(Re) expiration
– lapse
– termination
(WeR) maturity
(Pat) lapse
– expiration
(Vers) expiry
(ie, of life insurance policy)
Ablaufabschnitt *m* (IndE) phase of work flow *(eg, project stage, activity)*
Ablaufanalyse *f* (IndE) analysis of work flow
Ablaufanforderung *f* (EDV) sequence request
Ablaufauswahl *f* (EDV) sequence selection
ablaufbedingte Brachzeit *f*
(IndE) machine idle time
(ie, time during a work cycle when machine is idle, awaiting completion of manual work)
ablaufbedingte Wartezeit *f*
(IndE) unoccupied time
Ablaufbeschreibung *f* (EDV) description of operational sequence
Ablaufdauer *f* (IndE) time of operations flow
Ablauf *m* **der Gültigkeitsdauer der Einfuhrlizenz** (Zo) expiry of the period of validity of the import licence
Ablauf *m* **der Gültigkeitsdauer des Carnet** (Zo) expiry of the validity of the carnet
Ablaufdiagramm *n*
(com) flowchart
– flow diagram
– process chart *(sub-terms: Befehlsdiagramm, Datenflußplan, Programmablaufplan)*
(Stat) flow diagram
– route diagram
(IndE) straight-line scheduling
ablaufen
(Re) to expire
– to lapse
(EDV) to execute
– to run
Ablauf *m* **e–r Frist** (com) = Fristablauf
Ablauf *m* **e–s Patents** (Pat) lapse of a patent
Ablauf *m* **e–s Programms** (EDV) program run
Abläufe *mpl* **steuern** (IndE) to control processes
ablauffähig (EDV) executable
ablauffähiges Programm *n* (EDV) loadable program
ablauffähige Version *f* (EDV) runtime application
Ablauffrist *f* (com) time limit
Ablaufgraph *m*
(Stat) flow diagram
– route diagram
(IndE) straight-line scheduling
Ablaufhemmung *f*
(Re) suspension of the statute of limitations, § 205 BGB
(ie, period of limitations is extended for the duration of the suspending event)
ablaufinvariant
(EDV) re-entrant
– re-enterable
– sharable
(ie, Eigenschaft e–s Programms, für mehrere Benutzer bzw. andere Programme gleichzeitig [durch mehrere Befehlszeiger] arbeiten zu können; es darf sich während des Ablaufs nicht ändern)
Ablaufkontrolle *f* (IndE) flow control *(ie, in continuous manufacture)*
Ablauflinie *f* (EDV) flow line
Ablauforganisation *f*
(Bw, *roughly*) structuring of operations
(ie, in simple German defined as: ‚raumzeitliche Gestaltung der in allen Bereichen e–s organisatorischen Gebildes zur Aufgabenerfüllung erforderlichen Prozesse'; opp, Aufbauorganisation)
(Bw) work flow management
Ablaufplan *m*
(EDV) = Ablaufdiagramm
(IndE) flow chart
– flow diagram
– flow sheet
(ie, in der Reihenfolgeplanung = job shop sequencing)
(IndE) process plan *(eg, in quality assurance programs)*
Ablaufplanung *f*
(Bw) operations planning
– scheduling
– sequencing
(IndE) job shop scheduling *(ie, determining when and where each operation in the production process will be done; syn, Durchführungsplanung, Produktionsvollzugsplanung)*
Ablaufplanung *f* **mit überlappenden Phasen**
(IndE) lap phasing
– overlapped scheduling
– telescoping
Ablaufplanungsdilemma *n* (IndE) operations-planning dilemma
Ablaufprinzipien *npl*
(IndE) classification by type of manufacturing processes
(eg, job shop, flow line, automated production)
Ablaufprogramm *n* (IndE) operating cycle
Ablaufschaubild *n* (EDV) = Ablaufdiagramm

Ablaufschema *n* (EDV) = Ablaufdiagramm
Ablaufsteuerkarte *f* (EDV) job control card
Ablaufsteuerung *f*
(EDV) scheduler *(subterms: job scheduler + task scheduler)*
(EDV) sequential control
– timing mode
Ablaufteil *m* (EDV) executive (program)
Ablauftermin *m*
(Re) date of expiry
(Fin) due date
– date of maturity
Ablaufüberwacher *m*
(EDV) tracer
– tracing program
Ablaufverfolger *m* (EDV) = Ablaufüberwacher
Ablaufzeit *f* (EDV) run-down time
AblEG (EG) = Amtsblatt der Europäischen Gemeinschaften
ablegen (com) to file
ablehnen
(com, Re) to refuse *(ie, general word)*
– to reject *(ie, stronger implication)*
– to decline *(ie, more formal and courteous)*
Ablehngrenze *f*
(IndE) lot tolerance limit
– lot tolerance percent defective
– rejectable quality level
– rejection line
– limiting quality
Ablehnung *f*
(com, Re) refusal
– rejection
– decline
Ablehnung *f* **durch Gegenangebot** (Re) rejection by counter-offer
Ablehnung *f* **e–s Risikos** (Vers) rejection of risk
Ablehnungsbereich *m* (IndE) rejection region
Ablehnungsbescheid *m*
(Re) notice of denial
– notice of rejection
Ablehnung *f* **von Prämienerhöhungen**
(Vers) turndown on rate requests
(ie, by supervisory authority)
ableichtern
(com) to tranship
– to transship
(ie, to reload cargo, in whole or in part, from one ship to another)
ableitbar (Log) deducible *(syn, erzeugbar)*
Ableitbarkeit *f*
(Log, Math) deducibility
(Math) derivability
Ableitung *f*
(Log) inference *(ie, derivation of a proposition, the conclusion, from a set of other propositions, the premises)*
(Math) derivation
(Math) derivative
– differential quotient
(ie, function f which satisfies the equation f(uv) = uf(v) + vf(u))
Ableitung e–r Funktion
(Math) derivative of a function
– differential quotient
Ableitung *f* **höherer Ordnung** (Math) derivative of higher order
Ableitung *f* **nach der Zeit** (Math) time derivative
Ableitungsbeziehung *f* (Log) consequence
Ableitungsregel *f*
(Log) rule of inference
– transformation rule
(ie, any rule in its metalanguage of the form „from well-formed formulas of the form $A_1, A_2, \ldots, A_n$, it is permissible to infer a wff of the form B"; syn, Beweisregel, Deduktionsregel, Schlußregel)
Ablenkspulen *fpl* (EDV) deflection coils
Ablenkungsmanöver *n*
(com) diversionary tactics
– diversionary exercise
Ablenkungsweg *m* (com) indirect route
Ablichtung *f* (com) = Fotokopie
abliefern (com) to deliver *(eg, goods)*
Ablieferung *f* (com) delivery
Ablieferungsanzeige *f* (com) advice of delivery *(syn, Lieferanzeige)*
Ablieferungsbescheid *m*
(com) notice of delivery
– notification of delivery
Ablieferungsbescheinigung *f* (com) receipt of delivery
Ablieferungsfrist *f*
(com) time of delivery
– delivery period
Ablieferungsgewicht *n* (com) weight delivered
Ablieferungshindernis *n* (com) obstacle to delivery, § 437 HGB *(ie, if such obstacle arises, carrier shall notify the sender of the goods)*
Ablieferungskontingent *n* (com) delivery quota
Ablieferungsort *m*
(com) place of delivery
– place of destination
(ie, frequently identical with ‚Erfüllungsort' = place of performance)
Ablieferungspflicht *f* (com) obligation to deliver *(ie, mostly farm products)*
Ablieferungspreis *m*
(com) price of delivery
– delivery price
Ablieferungsprüfung *f* (IndE) user inspection
Ablieferungssoll *n* (com) delivery quota
Ablieferungstermin *m*
(com) date appointed
– date fixed
– date settled for delivery
ablösbar
(Fin) redeemable
– repayable
– refundable
ablösen
(Fin) to redeem
– to repay
Ablösung *f*
(Fin) discharge
– redemption
– repayment
(ie, in a single sum)
(Fin, Vers) commutation
Ablösung *f* **e–r Anleihe** (Fin) anticipatory redemption of a loan

Ablösungsanleihe *f*
(FiW) commutation
(ie, short-term bonds issued to creditors and equivalent to the depreciated debt of public borrowers)
Ablösungsbetrag *m*
(Fin) amount required for redemption
– redemption sum
Ablösungsfinanzierung *f*
(Fin) consolidation financing
(ie, Aufnahme von Eigenkapital zur Ersetzung von Fremdkapital; provision of equity capital to repay borrowed funds)
Ablösungsfonds *m* (Fin) sinking fund
Ablösungsrecht *n*
(Fin) equity of redemption
– right of redemption
(ie, of borrower to redeem property taken by a creditor)
(Re) right to avert seizure by satisfying the judgment debt on debtor's behalf, § 268 BGB
Ablösungsschuld *f* (Fin) commutation debt
Ablösungssumme *f*
(Re) redemption sum
(ie, paid to extinguish encumbrance, § 1199 ff BGB)
abmachen
(com) to arrange
– to make arrangements
Abmachung *f* (com) arrangement
Abmachung *f* **einhalten** (com) to honor an arrangement
Abmachung *f* **treffen**
(com) to make an arrangement
– to make an agreement
Abmahnschreiben *n* (com) deficiency notification letter
Abmahnung *f*
(Re) adhortatory letter
(ie, Hinweis auf vertragswidriges Verhalten des Vertragspartners und auf rechtliche Konsequenzen bei Fortdauer s–s Verhaltens; wichtigste Fallgruppe ist die verhaltensbedingte Kündigung im Arbeitsrecht; daneben vor allem beim Versicherungsvertrag sowie bei wettbewerbswidrigem Verhalten; written request to desist from alleged or actual violation of contractual or legal obligations)
Abmattung *f*
(com) dunnage
(eg, material laid beneath objects carried by rail or ship to prevent damage)
Abmelden *n*
(com) deregistration
(EDV) log-off
abmelden
(com) to deregister *(eg, automobile)*
(EDV) to sign off
– to log off/out
Abmeldung *f*
(com) withdrawal
– cancellation *(eg, of membership)*
– cancellation of registration
(EDV) sign-off
– log-off
Abnahme *f*
(com) purchase *(ie, of goods)*
– order
(com) acceptance *(ie, of goods by customer)*
(com) taking delivery
(com) collection *(of goods)*
(IndE) acceptance
– acceptance inspection
– acceptance test
– final inspection *(ie, of products ready for delivery)*
Abnahmeabschnitt *m* (Zo) voucher for customs control
Abnahmebeamter *m*
(IndE) quality inspector
– acceptance inspector
Abnahmebeauftragter *m* (IndE) inspector *(ie, sent by a customer)*
Abnahmebedingungen *fpl*
(IndE) acceptability standards
– conditions laid down for acceptance
Abnahmebereich *m* (IndE) acceptance region *(syn, Gutbereich)*
Abnahmebericht *m*
(IndE) acceptance report
– inspection report
Abnahmebescheinigung *f* (IndE) = Abnahmezeugnis, qv
Abnahme *f* **des Nutzungspotentials** (Bw) diminution of service yield *(ie, of depreciable assets)*
Abnahmegrenze *f*
(IndE) acceptance boundary
– acceptable quality level, AQL
Abnahme *f* **größerer Mengen**
(com) ordering of large quantities
– purchasing of large quantities
– bulk buying *(syn, Großeinkauf)*
Abnahmekontrolle *f* **mittels Stichproben**
(IndE) acceptance sampling
– sampling inspection
Abnahmekontrollkarte *f* (IndE) acceptance control chart
Abnahmelinie *f* (IndE) acceptance line *(opp, rejection line)*
Abnahmenormen *fpl* (IndE) acceptance criteria *(ie, standards for judging . . .)*
Abnahmepflicht *f* (com) obligation to take delivery *(ie, of merchandise tendered)*
Abnahmeprotokoll *n* (IndE) = Abnahmezeugnis, qv
Abnahmeprüfprotokoll *n* (IndE) certificate of acceptance *(syn, Abnahmezeugnis, qv)*
Abnahmeprüfung *f*
(IndE) inspection test *(ie, made by manufacturer)*
(IndE) acceptance test
– conformance test
(ie, made by customer)
Abnahmeprüfung *f* **nach qualitativen Merkmalen**
(IndE) inspection by attributes
Abnahmeprüfung *f* **nach quantitativen Merkmalen** (IndE) inspection by variables
Abnahmeprüfzeugnis *n* (IndE) acceptance test certificate *(cf, DIN 50 049)*
Abnahmepunkt *m* (IndE) witness point *(ie, in quality assurance)*
Abnahmestichprobenplan *m* (IndE) acceptance sampling plan

Abnahmetest *m*
(IndE) acceptance trial*(ie, of equipment by agents of purchaser to make sure that specified performance criteria have been met)*
(EDV) acceptance test
Abnahmeverpflichtung *f*
(com) purchase commitment
(com) acceptance duty
(Re) obligation to take delivery
Abnahmeverzug *m* (Re) = Gläubigerverzug, qv
Abnahmevorschriften *fpl*
(IndE) quality specifications
– acceptance standards
Abnahmezahl *f* (IndE) acceptance number
Abnahmezeugnis *n*
(IndE) acceptance certificate
– test certificate
– inspection report
– test report
(syn, Abnahmebescheinigung, Abnahmeprotokoll)
abnehmen
(com) to order
– to purchase *(eg, goods, merchandise, products)*
(com) to accept
– to take delivery *(ie, of goods)*
(Fin, infml) to soak
– (GB) to rush *(eg, how much did they rush you for that car?)*
(IndE) to accept *(opp, to reject)*
abnehmende Funktion *f* **e–r Variablen** (Math) decreasing function of a variable
abnehmende Grenzleistungsfähigkeit *f* **des Kapitals** (Vw) declining marginal efficiency of capital
abnehmende Grenzproduktivität *f* (Vw) diminishing marginal productivity
abnehmende Grenzrate *f* **der technischen Substitution** (Vw) diminishing marginal rate of substitution
abnehmende Niveaugrenzerträge *mpl* (Vw) diminishing returns to scale
abnehmender Grenznutzen *m* (Vw) diminishing marginal utility
abnehmende Skalenerträge *mpl* (Vw) diminishing returns to scale
Abnehmer *m*
(com) buyer
– purchaser
– customer
– client
(Bö) taker
(StR, VAT) recipient of a delivery *(ie, Empfänger e–r Lieferung)*
Abnehmerbefragung *f* (Mk) customer survey
Abnehmer *mpl* **finden** (com) to find a market
Abnehmerkredit *m* (Fin) = Kundenanzahlung, qv
Abnehmerkreis *m* (com) customers
Abnehmerland *n* (AuW) customer/importing . . . country
abnormale Krümmung *f* (Stat) allokurtosis
abnutzbare Betriebsmittel *npl* (Bw) depreciable plant assets
abnutzbare Güter *npl* (Bw) assets subject to depreciation *(syn, Nutzungsgüter)*
abnutzbares Anlagevermögen *n* (Bw) depreciable fixed assets
abnutzbare Wirtschaftsgüter *npl* **des Anlagevermögens** (Bw) depreciable fixed assets
Abnutzung *f*
(IndE) wear and tear
(ReW) depreciation
(ie, in the sense of diminution of service yield)
(StR) depreciation for tax purposes
(Vers) new for old
(ie, applying discount based upon depreciation of a new part that is installed in settlement of a claim)
Abnutzung *f* **durch Gebrauch** (Bw) wear and tear
Abnutzungseffekt *m* (com) wear-out effect
Abnutzungswert *m* (ReW) carrying rate of asset *(syn, Buchwert)*
Abonnement *n* (com) subscription
Abonnement kündigen (EDV) unsubscribe *v*
Abonnementsgeschäft *n*
(Mk) subscription business
(eg, üblich beim Zeitschriftenvertrieb)
Abonnementszeitschrift *f* (com) subscription magazine
Abonnent *m* (com) subscriber (to)
Abonnentenversicherung *f*
(Vers) subscribers' insurance
(ie, publisher of periodicals taking out policies on account of his subscribers)
abonnieren
(com) to subscribe (to)
– to take out a subscription
Abordnung *f* (Pw) transfer *(ie, of employee to another location)*
Abordnungsgeld *n* (Pw) living allowance *(ie, paid to an employee transferred to another duty station)*
Abraumbeseitigung *f*
(com) industrial reclamation
(IndE) removal of overburden
(ie, im Steinkohlen- und Braunkohlentagebau = in strip mining of hard coal and lignite)
abrechnen
(com) to account for
– to give an accounting
– to settle the accounts (with)
(com) to invoice
(ie, goods and services)
(ReW) to charge an account
(Fin) to clear
(eg, checks)
(Bö) to liquidate
– to settle
Abrechnung *f*
(com) accounting
– settlement of accounts
(com) statement of accounts
(com) invoicing
– billing
(Fin) clearing
(Bö) liquidation
– settlement
(Bö) contract note
Abrechnung *f* **des Einkaufskommissionärs** (com) account purchases (A/P)
Abrechnung *f* **des Verkaufskommissionärs** (com) account sales (A/S)
Abrechnungsbeleg *m* (ReW) voucher

Abrechnungsbereich *m* (ReW) accounting group *(ie, Gesamtunternehmen wird in Abrechnungsbereiche aufgeteilt, die wiederum in Kosten- und Leistungsstellen untergliedert werden)*
Abrechnungscomputer *m* (EDV) accounting computer
Abrechnungsdaten *pl* (com) account information
Abrechnungseinheit *f* (ReW) reporting subunit
Abrechnungskonto *n* (ReW) settlement account
Abrechnungskurs *m*
(Bö) making-up price
(Bö) settlement rate
Abrechnungsperiode *f*
(com) accounting period
(Bö, GB) account period
abrechnungsreife Leistungen *fpl* (ReW) accountable cost of unbilled contracts
Abrechnungsroutine *f* (EDV) accounting routine
Abrechnungssaldo *m* (Fin) clearing balance
Abrechnungsspitzen *fpl* (Bö) settlement fractions
Abrechnungsstellen *fpl*
(Fin) clearing offices
(ie, run by the Landeszentralbanken – central banks of the Laender)
Abrechnungsstufen *fpl* (KoR) levels of costing
Abrechnungssystem *n* (Fin) settlement system
Abrechnungstag *m*
(Bö) pay day
– settlement day
Abrechnungstermin *m* (Fin) due/settlement . . . date
Abrechnungsvaluta *f*
(Bö) settlement currency
(syn, Abrechnungswährung)
Abrechnungsverkehr *m*
(Fin) clearing system
– system of clearing transactions
(ie, set up to settle mutual accounts of banks, which arise from transfers, checks, bills, etc.)
Abrechnungswährung *f*
(Fin) accounting currency
(Bö) settlement currency
Abrechnungszeitraum *m*
(ReW) accounting period
(Bö) settlement period
Abrechnung *f* **von Zollverkehren** (Zo) settling of accounts in connection with special customs procedures
abreißen
(com) to tear down
– (GB) to pull down
– to demolish
(syn, abbrechen)
Abreißkalender *m* (com) sheet calendar
Abrollkosten *pl*
(com) cartage
– (US) drayage
Abruf *m*
(com) call-forward notice *(ie, instruction to send off consignment)*
(MaW) materials issue
– stock issue
– requisition
Abrufarbeit *f*
(Pw) call-off employment
(ie, Beschäftigung entsprechend dem betrieblichen Bedarf; cf, § 4 BeschFG)
Abrufauftrag *m*
(com) blanket order
– call order
abrufbar (Fin) callable
Abrufbetrieb *m* (EDV) polling mode
Abrufdatei *f* (EDV) demand file
abrufen
(com) to call off *(ie, goods ordered and ready for shipment)*
(Fin) to call *(ie, funds made available by a bank)*
(EDV) to call in
– to fetch from storage
Abruffrequenz *f*
(IndE) call-off frequency
(ie, in der produktionssynchronen Beschaffung)
Abrufmenge *f* (MaW) call-off amount *(ie, of materials)*
Abruf *m* **nach Bedarf** (com) call off as required
Abrufphase *f* (EDV) fetch cycle
Abrufprogramm *n* (EDV) calling programm
Abrufschein *m*
(com) call-off coupon
(eg, Fordern Sie Angebot an, per Telefon od mit diesem A.)
Abrufvertrag *m*
(com) call-off purchase agreement
(Pw) call-off agreement
(ie, as provided for in ‚Beschäftigungsförderungsgesetz': Form der kapazitätsorientierten variablen Arbeitszeit)
Abrufzeichen *n* (EDV) polling character
abrunden (Math) to round off
Abrüstung *f*
(com) arms reduction
– arms control
(ie, gerichtet auf Begrenzung, Verminderung od Einstellung von Aufrüstung)
Abrüstzeit *f* (IndE) dismantling time
abrutschen
(com) to go down
– to slide
– to slip down
– to slip off
– (infml) to nose downward *(eg, economy into recession)*
absacken (com) to plummet
Absahnpreis *m* (Mk) skim-off price
Absahnstrategie *f* (Mk) skimming strategy *(syn, Abschöpfungsstrategie)*
ABS-Anleihen *fpl*
(Fin, US) asset-backed securities
(ie, werden durch Poolen unterschiedlicher Aktiva besichert)
Absatz *m*
(com) sales volume
(ie, mengenmäßiges Verkaufsvolumen e–r Unternehmung innerhalb e–r Periode; Stücke, Volumen; Gewicht)
(Re) clause
(EDV) paragraph
(Mk) marketing
– selling
– distribution

(ie, Verkauf von Gütern gegen Entgelt)
(ReW) sales
– (GB) turnover *(ie, in terms of volume and money)*
Absatzaktivität *f* (Mk) marketing/sales . . . activity
Absatzanalyse *f* (Mk) sales analysis *(ie, part of market analysis)*
Absatzausschuß *m*
(Mk) marketing committee
– distribution committee
Absatzbarometer *n* (Mk) sales barometer
Absatzbedingungen *fpl*
(Mk) marketing conditions
– sales conditions
Absatzbelebung *f*
(com) sales resurgence
– revival of sales
Absatzbemühungen *fpl*
(Mk) marketing
– sales
– selling efforts
– selling endeavors
Absatzberater *m* (Mk) marketing consultant
Absatzbereich *m* (Mk) market coverage
Absatzbeschränkung *f* (Mk) sales restriction
Absatzbezirk *m*
(Mk) marketing area
– marketing territory
– distribution territory
Absatzbudget *n*
(Mk) sales budget
– volume budget
Absatzchancen *fpl*
(Mk) marketing opportunities
– sales opportunities
– sales prospects
– potential market
Absatzdirektor *m* (Mk) general sales manager
Absatz *m* **durch ein Kartell** (Kart) pool selling
Absatzeinbruch *m* (Mk) slump in sales
Absatzelastizität *f*
(Vw) sales elasticity
(ie, ratio of relative change of sales volume to relative change of commodity price)
Absatzentwicklung *f* (Mk) market development
Absatzergebnis *n*
(KoR) sales result
(ie, in standard costing = Plankostenrechnung: difference between standard mill cost and net revenue = Unterschied zw Standardselbstkosten und Reinerlös)
Absatzertrag *m*
(ReW) sales revenue
(opp, unrealisierter Ertrag: auf Lager genommene Güter = unrealized revenue from inventory additions)
Absatzerwartungen *fpl*
(Mk) sales anticipations
– sales expectations
Absatzfachmann *m*
(Mk) marketing man
– marketing specialist
absatzfähig
(Mk) marketable
– salable

Absatz *m* **festverzinslicher Wertpapiere** (Fin) bond sales
Absatzfinanzierung *f*
(Fin) sales financing
– customer financing
(ie, Finanzierung von Warenverkäufen od Dienstleistungen; Hilfe an nachgelagerte Unternehmen; syn, Kundenfinanzierung)
Absatzfinanzierungsinstitut *n* (Fin) = Faktor *m*, Factoring-Institut *n*
Absatz *m* **finden** (com) to find a market
Absatzflaute *f*
(com) dull sales
– flagging sales
– slack sales
– low level of sales
Absatzfonds *m* **der deutschen Land-, Forst- und Ernährungswirtschaft** (com) Sales Promotion Fund of the German Farming, Forestry, and Food Industries *(ie, established in 1969)*
Absatzförderung *f* (Mk) sales promotion *(ie, i.e.S. synonym zu Verkaufsförderung, sonst nicht mehr üblicher Ausdruck)*
Absatzforschung *f*
(Mk, US) marketing research
(Mk, GB) market research
Absatzfunktion *f*
(Mk) marketing activity
– selling activity
Absatzgebiet *n*
(Mk) distribution area
– market area
– sales area
– sales territory
– marketing outlet
– marketing area
– trading area
– outlet
Absatzgebietsstaffel *f*
(Mk) graduated prices
(ie, for identical products, fixed for each sales area)
Absatzgenossenschaft *f*
(Mk) cooperative marketing association
– marketing cooperative *(cf, § 1 1 3 GenG)*
Absatzgeschwindigkeit *f*
(Mk) rate of selling
(ie, number of units sold in a given period; eg, per week, month, etc.)
Absatzinformationssystem *n* (Mk) = Marketing-Informationssystem
Absatzkanal *m*
(Mk) channel of distribution
– distributive channel
– marketing channel
– trade channel
(syn, Absatzweg, Marktkanal)
Absatzkapazität *f*
(Mk) selling capacity
– sales potential
Absatzkartell *n*
(Kart) sales cartel
– distribution cartel
– marketing cartel
Absatzkette *f* (Mk) sales chain

Absatzkontingent *n*
(Mk) market quota
– sales quota
(syn, Absatzquote)
Absatzkontrolle *f*
(Mk) sales control
(eg, Angebotsbeschränkungen in Form von Absatzkontingenten, Andienungszwang, Vorschriften zur Produktmanipulation wie Denaturierung)
Absatzkosten *pl*
(Mk) marketing costs
– marketing expenses
– sales costs
– distribution costs
– distribution expenses
– cost of disposition
Absatzkrise *f* (Mk) slump in sales
Absatzlage *f*
(Mk) market situation
– sales position
Absatzleiter *m* (Mk) marketing
Absatzmangel *m* (Mk) lack of sales
Absatzmarketing *n* (Mk) sales marketing *(opp, Beschaffungsmarketing)*
Absatzmarkt *m*
(Vw) output market
(Mk) sales market
(ie, Konsumentenmarkt, Produzentenmarkt, Wiederverkäufermarkt, Öffentliche Betriebe; K-Markt, P-Markt, W-Markt, Ö-Markt)
Absatzmarktforschung *f* (Mk) sales market research
Absatzmarkt *m* **für industrielle Erzeugnisse** (Mk) industrial market
Absatzmenge *f*
(Mk) sales volume
– quantity sold
– amount of sales
Absatzmengenplan *m*
(Mk) volume budget
– budget of sales volume
(ie, part of overall sales planning)
Absatzmethoden *fpl*
(Mk) marketing methods
– distribution methods
– sales methods
– marketing techniques
– selling techniques
Absatzmittler *m*
(Mk) sales middleman
– distribution middleman
– marketing institution
(ie, rechtlich und wirtschaftlich selbständige Person od Institution, die Eigentum an den Waren erlangt; im Einzelhandel und Großhandel)
Absatzmöglichkeiten *fpl*
(Mk) sales potential
– potential market
Absatznetz *n* (Mk) sales network
Absatzorganisation *f*
(Mk) sales organization
– marketing organization
(syn, Marketingorganisation)
absatzorientiert (Mk) marketing-oriented
Absatzperiode *f* (Mk) selling period
Absatzphase *f* **nach Neuemission** (Bö) period of digestion
Absatzplan *m*
(Mk) distribution plan
– marketing plan
– sales plan
– sales budget
Absatzplanung *f*
(Mk) marketing planning
– sales planning
(Mk) marketing program
Absatzpolitik *f*
(Mk) distribution policy
– marketing policy
(ie, heute meist mit dem Marketingbegriff gleichgesetzt)
Absatzpotential *n*
(Mk) marketing potential
– sales potential
(ie, analoger Begriff zum Marktpotential auf Unternehmensebene: der erzielbare Absatz e–s Unternehmens)
Absatzpreis *m* (Mk) selling price
Absatzproduktion *f* (Mk) production of goods for an anonymous market
Absatzprognose *f*
(Mk) forward sales projection
– sales forecast
Absatzprogramm *n* (Mk) marketing program *(syn, Absatzplanung)*
Absatzprozeß *m*
(Mk) distribution process
– marketing process
Absatzquote *f*
(Mk) sales quota
– production quota
(ie, Quotient zwischen Absatzpotential und Produktionskapazität e–s Unternehmens)
Absatzradius *m* (Mk) geographic size of sales area
Absatzregion *f*
(Mk) market area
– marketing territory
Absatzreichweite *f*
(Mk) selling range
(ie, Möglichkeit zur räumlichen Ausdehnung des Geschäfts)
Absatzrisiko *n*
(Mk) marketing risk
– merchandising risk
Absatzrückgang *m*
(com) decrease in sales
– decline in sales
– drop in sales
– slump in sales
Absatzschwierigkeiten *fpl*
(Mk) marketing difficulties
– marketing problems
Absatzsegment *n* (Mk) marketing segment
Absatzsoll *n* (Mk) target sales *(ie, fixed for the various sales areas)*
Absatzstatistik *f* (Mk) sales/distribution . . . statistics
Absatzsteigerung *f*
(com) sales increase
– sales jump *(eg, to € 1.8bn)*

Absatzstellen *fpl*
(Mk) marketing institutions
– marketing agencies
Absatzstrategie *f*
(Mk) market strategy
– marketing strategy
– sales strategy
Absatzstudie *f* (Mk) market study
Absatzsystem *n* (Mk) distribution/marketing . . . system
Absatzvereinigung *f* (Mk) marketing association
Absatzverhältnisse *npl*
(Mk) market situation
market conditions
Absatzvolumen *n*
(Mk) sales volume
– volume of goods sold
Absatz *m* **von Massenerzeugnissen** (Mk) mass marketing
Absatzvorausschätzung *f* (Mk) = Absatzprognose *f*
Absatzweg *m* (Mk) = Absatzkanal
Absatzwirtschaft *f*
(Mk) marketing/distribution . . . *(ie, alle Institutionen zur Verwertung betrieblicher Leistungen)*
(Mk) marketing *(ie, the decision making process)*
absatzwirtschaftliche Kennzahlen *fpl* (Mk) marketing ratios
Absatzzahlen *fpl*
(Mk) sales figures
– market data
Absatzzeitenstaffel *f* (Mk) graduated prices *(ie, for identical seasonal goods)*
Absatzzentrum *n* (Mk) distribution center
Absatzziel *n* (Mk) sales goal
Absatzzielgruppe *f* (Mk) market target
Absatzzusammenschluß *m* (Mk) marketing association
Abschaffung *f* **von Beschränkungen** (EG) abolition of restrictions
Abschaffung *f* **von Zöllen**
(AuW) abolition of tariffs
– elimination of customs duties
abschalten (Pw, infml) to turn off *(ie, to become less involved in one's work)*
Abschaltung *f* (com) abandonment of service *(ie, public utility cuts off a customer)*
Abschichtungsbilanz *f*
(ReW) balance sheet of a partnership prepared when a partner retires
(ie, ist keine Erfolgsrechnung; nach hL ist sie Schuldanerkenntnis i.S.v. §§ 781, 782 BGB)
abschicken
(com) to send off
– to send out
– to forward
– to dispatch
– (US) to ship *(eg, a letter)*
Abschiedsrede *f*
(com, US) valedictory speech
– farewell speech
abschießen (com, infml) to zap *(eg, a project; syn, vereiteln)*
ab Schiff
(com) ex ship
–
(ie, Handelsklausel, die Teil der Incoterms ist; Ware muß lediglich an Bord des Schiffes zur Verfügung gestellt werden)
Abschirmwirkung *f* (StR) screening effect *(cf, Basisgesellschaft)*
Abschlag *m*
(com) price reduction
– reduction in price
(com) payment on account
– installment
(Fin) discount *(eg, on forward dollars)*
(Fin) payment of interim dividend
(Bö) markdown *(ie, of share prices)*
(Pw) advance pay
– advance wage
(StR) deduction
(StR) haircut
abschlägige Antwort *f* (com) refusal
abschlägiger Bescheid *m* (com) negative reply
Abschlagsdividende *f*
(Fin) interim dividend
– quarter dividend
– fractional dividend payment *(ie, im Gegensatz zu den USA in Deutschland nicht üblich; cf, aber § 59 I AktG; syn, Interimsdividende, Zwischendividende)*
Abschlagsrechnung *f* (com) progress payment invoice
Abschlagsverteilung *f* (Re) intermediate distribution of cash to creditors, § 149 KO
Abschlagszahlung *f*
(com) part payment
(com) payment on account
(com) progress payment
(Re) installment, § 266 BGB
Abschlagszahlung *f* **auf den Bilanzgewinn** (Fin) interim dividend
Abschleppwagen *m*
(com, US) tow truck
– (GB) breakdown van
– breakdown lorry
abschließen
(com) to close a deal
– to strike a bargain
(ReW) to close (out) an account
(Re) to conclude a contract
(Pw) to complete
– to finish *(eg, education or training course)*
abschließende Abnahmeprüfung *f*
(IndE) final checkout
– final inspection
abschließen über (ReW) to close into *(eg, nominal accounts into income statement)*
– to clear (account) through
Abschließungseffekt *m* (AuW) trade diverting effect
Abschluß *m*
(com) sales contract *(eg, § 94 HGB)*
(com) conclusion of a sale
(Re) conclusion of a contract
– making of a contract
(ReW) closing the accounts
(ReW) financial statements
– (GB) annual accounts
– financial accounts

(Bö) bargain *(eg, finalized by contract note)*
(Pw) wage settlement
Abschlußagent *m* (Vers) policy writing agent *(opp, Vermittlungsagent)*
Abschlußanalyse *f* (ReW) financial statement analysis
Abschlußanlage *f* (ReW) supplement to financial statement
Abschlußanweisung *f* (EDV, Cobol) close statement
Abschluß *m* **auf Abladung**
(Bö) transaction for delivery within a specified period
(ie, made on commodity exchanges)
Abschlußbedingungen *fpl* (Fin) closing conditions *(ie, loan agreement conditions)*
Abschlußbenachrichtigung *f* (ReW) closing statement
Abschlußbericht *m* (com) final report
Abschluß *m* **berichtigen** (ReW, GB) to adjust annual accounts
Abschlußbesprechung *f*
(com) final discussion
– final conference
(ReW) discussion of financial statement
Abschlußbindung *f*
(Mk) restraint in signing additional agreements
(eg, Vertriebsbindungen, Verwendungsbeschränkungen, Kopplungsvereinbarungen; cf, hierzu § 18 GWB)
Abschlußblatt *n* (ReW) = Abschlußübersicht
Abschlußbogen *m* (ReW) = Abschlußübersicht
Abschlußbuchung *f*
(ReW) closing entry
– final entry
Abschlußbuchungen *fpl* (ReW) annual closing entries *(ie, at the end of an accounting year)*
Abschluß *m* **der Bücher**
(ReW) closing the books
– to close off
Abschlußdividende *f*
(Fin) final dividend
– year-end dividend
Abschlüsse *mpl* **am Sekundärmarkt** (Fin) secondary dealings
Abschlüsse *mpl* **machen** (ReW) to prepare financial statements
Abschlußergebnis *n* (ReW) annual result
Abschluß *m* **e–s Geschäfts** (com) conclusion of a transaction
Abschluß *m* **e–s Kaufvertrages** (com) conclusion of a purchase order contract
Abschlußgebühr *f*
(com) sales charge
(com) initial leasing fee *(syn, Eintrittsgebühr)*
(Vers) acquisition fee
Abschlußgliederungsprinzip *n*
(ReW) principle of classifying accounts
(ie, Einteilung der Kontenklassen nach der Reihenfolge der einzelnen Positionen in Bilanz und Erfolgsrechnung; zB im IKR: Industriekontenrahmen; nicht im GKR: Gemeinschaftskontenrahmen, für den das Prozeßgliederungsprinzip gilt)
Abschluß *m* **in Euro**
(EG) euro trade
– euro-denominated trade
– euro deal
Abschluß *m* **in nationaler Währung**
(EG) national currency trade
– national currency trade
Abschluß *m* **in rollender od schwimmender Ware**
(Bö) transaction for delivery of goods in transit *(ie, made on commodity exchanges)*
Abschlusskappe *f* (EDV) terminator cap
Abschlußkonsolidierung *f* (ReW) consolidation of financial statements
Abschlußkonto *n* (ReW) closing account
Abschlußkosten *pl*
(Vers) acquisition cost
– initial expenses
Abschlußkurs *m* (Bö) contract price
Abschluß *m* **machen**
(ReW) to draw up a financial statement
– to make up a financial statement
– to prepare a financial statement
– (GB) to make up the accounts
Abschlußmakler *m* (Vers) acquisition agent *(syn, Abschlußvermittler)*
Abschluß *m* **mit Bestätigungsvermerk** (ReW) certified financial statement
Abschlußnormen *fpl* (Pw) rules written into collective agreements and dealing with the conclusion of new employment contracts
Abschlußposten *m* (ReW) balance-sheet item
Abschlußprämie *f* (com) „signature bonus“ *(ie, lump sum paid up for the privilege of getting any oil at all)*
Abschlußpreis *m*
(Bö) strike price
– striking price
Abschlußprovision *f*
(com) commission for business transactions concluded by commercial agent, § 87 HGB
(Vers) acquisition commission
– initial commission
Abschlußprüfer *m*
(ReW) balance sheet auditor
– statutory auditor
– *(often simply)* auditor
(ie, die Prüfung des Jahresabschlusses der AG erfolgt durch den von der Hauptversammlung gewählten A. nach §§ 316–324 HGB)
Abschlußprüfung *f*
(ReW) statutory balance sheet audit, §§ 316–324 HGB
– (GB) audit of annual accounts *(syn, Jahresabschlußprüfung)*
(Pw) final examination
– final
abschlußprüfungspflichtig (ReW) subject to annual statutory audit *(ie, refers to all but small AG's and GmbH's)*
Abschlußrechnung *f*
(ReW) final accounts
(Bö) settlement note
Abschlußsitzung *f* (com) closing session
Abschlußstatus *m* (ReW) closing status
Abschlußstichtag *m*
(ReW) balance sheet date
– closing date
– cutoff date
Abschlußtabelle *f* (ReW) = Abschlußübersicht

Abschlußtag *m*
(Bö) settlement day
– trade date
(ie, the date on which a trade is struck)
Abschlußtest *m*
(EDV) final program test
(ReW) condensed tabular statement of balance sheet figures
– (GB) balance sheet in schedule form
– work sheet
Abschlußübersicht *f*
(ReW) condensed tabular statement of balance sheet figures
(syn, Betriebsübersicht, Hauptabschlußübersicht)
Abschluß- und Prüfungskosten *pl* (ReW) financial statement and final audit fees
Abschlußunterlagen *pl*
(ReW) balance sheet and income statement
– balance sheet and profit and loss accounts
– financial statements
– reporting package
Abschlußvermittler *m* (Vers) acquisition agent *(syn, Abschlußmakler)*
Abschlußvertreter *m* (com) commercial agent authorized to sign sales contracts *(opp, Vermittlungsvertreter)*
Abschlußvollmacht *f* (Re) authority to transact business for a third party, § 164 I BGB
Abschlußvorschriften *fpl* (ReW) legal rules governing the closing of accounts, §§ 238–263 HGB
Abschlusswiderstand *m* (EDV) terminator
Abschlußzahlung *f*
(com) final payment
(Re, *also*) complete payment
(Fin) final installment
– final payment
(StR) final tax payment, § 36 IV EStG
Abschlußzeugnis *n* (Pw) school leaving certificate
Abschlußzwang *m*
(Re) obligation to accept contracts, § 453 HGB
(syn, Kontrahierungszwang)
Abschneiden *n* (EDV, Cobol) truncation
abschneiden
(EDV, Cobol) to truncate
(ie, suppress digits of a number which are not significant; cf, DIN 66 028)
Abschneideverfahren *n*
(Bw) cut-off principle
(ie, Abschneiden der für weniger relevant gehaltenen od schwer auszumachenden Teile e–r Grundgesamtheit)
Abschnitt *m*
(com) stub
(ie, counterfoil in a check book)
(WeR) bill of exchange
(Re) clause
– section
(Math) subset of ordered set where each element includes all smaller elements
(EDV) segment
(of a program)
(Vers) layer
(ie, Abschnitt od Tranche e–r Haftstrecke in der Rückversicherung)
Abschnitt *m* **der x-Achse** (Math) x-intercept
Abschnitt *m* **der y-Achse** (Math) y-intercept
Abschnitte *mpl*
(Fin) bills (of exchange)
(Fin) denominations
(eg, securities)
Abschnittsbesteuerung *f* (FiW) period-related taxation *(syn, periodenbezogene Besteuerung)*
Abschnittsfinanzierung *f* (Fin) segment financing
abschöpfen
(Mk) to absorb
– to skim off
– to siphon off *(ie, purchasing power)*
Abschöpfung *f*
(EG) variable export/import levy
– agricultural levy
(ie, Instrument der Agrarmarktordnung: ermöglicht Abschirmung des EG-Binnenmarktes vom Weltmarkt und damit Stabilisierung der EG-Agrarpreise; ist Steuer i.S. der Abgabenordnung; fließt in den Haushalt der Europäischen Gemeinschaften)
Abschöpfungserhebungsgesetz *n* (EG) Levy Imposition Law
abschöpfungsfrei (EG) exempt from agricultural levies
abschöpfungsfreie Einfuhr *f* (EG) free-of-levy import
Abschöpfungspreispolitik *f* (Mk) skimming-the-market policy
Abschöpfungssatz *m*
(EG) price-adjustment levy rate
(ie, Differenz zwischem dem von der EG festgelegten Einfuhrpreis und dem günstigsten Angebot der Drittländer)
Abschöpfungsstrategie *f* (Mk) = Absahnstrategie
Abschöpfungssystem *n* (EG) system of agricultural levies
Abschöpfungstarif *m* (EG) price-adjustment levy rate
Abschreckungsstrategie *f*
(Mk) strategy of deterrence
(ie, Ziel: Aufbau strategischer Markteintrittsbarrieren)
abschreibbare Kosten *pl* (ReW) depreciable cost
abschreiben
(ReW) to depreciate
– to write off
– to write down
– to charge off
– to charge depreciation
(eg, on properties)
(ReW) to deplete
(ReW) to amortize
(Vers) to write off *(ie, a policy)*
(Vers) to declare off
Abschreibepolice *f* (Vers) floater policy *(ie, special type of ‚laufende Versicherung', mostly in transportation)*
Abschreibung *f*
(ReW) depreciation
– writedown
– writeoff
(ie, all general terms)
(ReW) depreciation *(idR Anlagegüter)*
(ReW) depletion

(ie, Substanzverringerung: removal of material resources)
(ReW) amortization
(ie, immaterielle Aktiva)
(ReW) depreciation accounting
(ie, systematic, periodic writedown of cost = Anschaffungs- od Herstellungskosten of limited life assets = Anlagegüter mit begrenzter Nutzungsdauer)

Abschreibung *f* **auf Anlagevermögen** (ReW) depreciation of fixed assets and long-term investments

Abschreibung *f* **auf Basis der Produktion**
(ReW) production-basis method of depreciation
– service-output method
– unit-of-product method

Abschreibung *f* **auf Basis der Wiederbeschaffungskosten** (ReW) replacement method (of depreciation)

Abschreibung *f* **auf Basis von Produktionseinheiten** (ReW) unit-of-production method of depreciation

Abschreibung *f* **auf Beteiligungen**
(ReW) writedown of investments in shares of affiliated companies
– writeoff on trade investments

Abschreibung *f* **auf Betriebsanlagen** (ReW) depreciation of plant and equipment

Abschreibung *fpl* **auf den Geschäfts- oder Firmenwert** (ReW) amortization of goodwill

Abschreibung *f* **auf Finanzanlagen**
(ReW) depreciation on financial assets
– writedown of investments

Abschreibung *f* **auf Forderungen**
(ReW) allowance for bad or doubtful accounts
(ReW) writedown of uncollectible receivables
(ReW) valuation account
(ie, = Wertberichtigung, set up to account for estimated losses from receivables)

Abschreibung *f* **auf Gebäude** (ReW) building depreciation

Abschreibung *f* **auf Geschäftswert** (ReW) amortization of goodwill

Abschreibung *f* **auf immaterielle Anlagen**
(ReW) amortization of intangible assets
(ie, term used instead of ‚depreciation')

Abschreibung *f* **auf immaterielle Vermögenswerte**
(ReW) amortization of intangible fixed assets

Abschreibung *f* **auf Lagerräume** (ReW) depreciation of storerooms

Abschreibung *f* **auf Rentenbestand** (Fin) writeoff on fixed-income securities

Abschreibung *f* **auf Sachanlagen**
(ReW) fixed-asset depreciation
– depreciation of property, plant, and equipment

Abschreibung *f* **auf Warenbestände**
(ReW) depreciation of inventories
– inventory depreciation

Abschreibung *f* **auf Wertpapiere**
(Fin) write-off on securities portfolio
– writedowns of securities

Abschreibung *f* **auf Zugänge des Geschäftsjahres**
(Rew) depreciation on additions during the year

Abschreibung *f* **auf zweifelhafte Forderungen**
(ReW) bad debt expense
– bad debt write-off

Abschreibung *f* **aus bilanz- od finanzpolitischen Gründen**
(ReW) policy depreciation
– in-lieu depreciation

Abschreibungen *fpl*
(VGR) capital (asset) consumption
– provision for the consumption of fixed capital
(syn, Kapitalverschleiß)

Abschreibungen *fpl* **auf Finanzanlagen** (ReW) writedown of financial assets

Abschreibungen *fpl* **auf immaterielle Vermögensgegenstände** (ReW) amortization of intangible assets

Abschreibungen *fpl* **auf Sachanlagen** (ReW) depreciation of fixed assets

Abschreibungen *fpl* **auf Zugänge des Geschäftsjahres** (ReW) depreciation on additions made duringe the fiscal year

Abschreibung *f* **geringwertiger Wirtschaftsgüter**
(StR) writeoff of low-cost assets

Abschreibung *f* **mit konstanten Quoten** (ReW) straight-line depreciation

Abschreibung *f* **nach Maßgabe der Beanspruchung**
(ReW) production-basis method of depreciation
– production-unit-basis method
– service-output method
– unit-of-product method

Abschreibungsarten *fpl*
(ReW) methods of depreciation
(eg, balance sheet/imputed
– unit/group
– direct/indirect)

Abschreibungsaufwand *m*
(ReW) depreciation expense
– depreciation expenditures
(ie, depreciation base × depreciation rate)

Abschreibungs-Ausgangsbetrag *m*
(ReW) depreciation base
– cost to be depreciated
– depreciable cost
– service cost
(ie, total depreciation during useful life, excluding resale or salvage value)

Abschreibungsbasis *f* (ReW) = Abschreibungs-Ausgangsbetrag

Abschreibungsbedarf *m* (ReW) depreciation requirements

Abschreibungsbetrag *m*
(ReW) amount of depreciation
– depreciation allowance

Abschreibungsdauer *f*
(ReW) period of depreciation
(ie, Zeitraum, in dem abgeschrieben wird; abhängig von der technischen bzw. wirtschaftlichen Nutzungsdauer)

Abschreibungsergebnis *n*
(ReW) depreciation result
(ie, difference between commercial and cost-accounting depreciation allowances, zwischen handelsrechtlicher und kalkulatorischer Abschreibung)

Abschreibungserleichterungen *fpl* (StR) writeoff facilities

abschreibungsfähig
(ReW) depreciable and amortizable

(ie, depreciable used in connection with tangible fixed assets, while amortizable refers to intangible assets)
abschreibungsfähige Güter *npl* (ReW) depreciable assets
abschreibungsfähige Kosten *pl* **eines Wirtschaftsgutes** (ReW) depreciable cost
Abschreibungsfinanzierung *f* (Fin) ‚depreciation financing' *(ie, recovery of fixed-asset costs through depreciation charges)*
Abschreibungsfonds *m* (ReW) depreciation fund
Abschreibungsfunktion *f* (Bw) depreciation function
Abschreibungsgegenstand *m* (ReW) depreciation unit
Abschreibungsgesellschaft *f*
(Fin) depreciation company
– project write-off company
– company selling depreciation allowances
– tax loss company
(ie, Sonderform e–r Verlustzuweisungsgesellschaft zum Zwecke der vergleichsweise günstigen Beschaffung von ‚venture capital' für Anlagenfinanzierung: scheme offering tax savings by producing artificial accounting losses; cf, aber § 15a EStG)
Abschreibungsgrundlage *f* (ReW) depreciation base
Abschreibungskonto *n* (ReW) depreciation account
Abschreibungskorrektur *f* (ReW) adjustment for depreciation
Abschreibungskriterium *n* (ReW) depreciation criterion
Abschreibungsmethode *f*
(ReW) depreciation method
– depreciation procedure
Abschreibungsmöglichkeiten *fpl* (StR) write-off facilities
Abschreibungsplan *m*
(ReW) depreciation program
– depreciation schedule
Abschreibungspolitik *f* (ReW) depreciation policy
Abschreibungspräferenz *f* (ReW) special depreciation allowance
Abschreibungsprojekt *n*
(StR) tax-saving write-off project
(ie, high losses offered in the initial phases can be set against the individual's taxable income from other sources)
Abschreibungsprozentsatz *m* (ReW) depreciation rate
Abschreibungsquote *f*
(ReW) annual depreciation expense
– depreciation per period
Abschreibungsrechnung *f* (ReW) depreciation accounting
Abschreibungsrichtsätze *mpl*
(Bw) statistically observed useful lives of certain fixed assets
(StR) standard depreciation rates *(ie, recommended depreciation tables published by the Federal Ministry of Finance and classified by branches of commerce and industry)*
Abschreibungssatz *m* (ReW) rate of depreciation
Abschreibungssumme *f*
(ReW) depreciation charge
(ReW) depreciation base
– depreciable cost
– service cost *(ie, total depreciation during useful life, excluding resale or salvage value)*
Abschreibungstabellen *fpl*
(StR) depreciation-rate tables
– (US) guideline lives
Abschreibungsursachen *fpl*
(ReW) causes of expiration of fixed-asset cost
– factors of depreciation
(ie, technical, economic, legal)
Abschreibungsvergünstigungen *fpl* (StR) tax privileges in the form of special or accelerated depreciation
Abschreibungswagnis *n*
(ReW) depreciation risk
(ie, risk of premature retirement or loss of fixed assets, due to obsolescence and other factors; eg, fire)
Abschreibungswagniskonto *n* (ReW) depreciation risk account
Abschreibungszeitraum *m*
(ReW) depreciation period
– period of depreciation
Abschreibung *f* **unter Berücksichtigung von Zinseszinsen**
(ReW) annuity depreciation method
– equal-annual-payment method of depreciation
– compound-interest method of depreciation
Abschreibung *f* **vom Wiederbeschaffungspreis** (ReW) replacement method of depreciation *(ie, based on the cost of replacing assets actually in use)*
Abschreibung *f* **wegen Substanzverzehr** (ReW) amortization to account for depletion
Abschrift *f*
(com, Re) copy
(eg, business letter, entries of commercial register; § 238 II HGB, § 140 AO)
Abschriftladeschein *m* (com) duplicate bill of lading
Abschwächung *f*
(com) decline
– fall
(eg, in business activity or in the trend of capital investment)
(Bö) easing
– sagging *(ie, of prices)*
Abschwächung *f* **des Wachstums** (Vw) slowdown in economic growth
Abschwächungsmöglichkeiten *fpl* (Bö) downside potential
Abschwung *m*
(Vw) downturn
– downswing
(eg, of economic activity)
Abschwungphase *f* (Vw) contraction phase *(ie, of business cycle)*
absehbare Zeit *f*
(Re) forseeable future
(eg, in tax matters interpreted by the courts to mean „approximately six years")
absenden
(com) to send off
– to forward
– to dispatch

– (US) to ship *(eg, a letter)*
(syn, abschicken)

Absender *m*
(com) sender
(eg, of letters, parcels)
– consignor
(ie, concludes freight contract with carrier in his own name)

Absenderfreistempler *m*
(com) postage meter
– (GB) franking machine

Absendung *f* (com) dispatch

Absentismus *m*
(Pw) absenteeism
(ie, Zeiten der Nicht-Anwesenheit von Mitarbeitern während der Sollarbeitszeit; häufig nur das ‚Blaumachen'; Fehlzeiten sind dann: Krankenstand + Absentismus)

absetzbar
(Mk) marketable
– salable
(StR) tax deductible

Absetzbarkeit *f*
(Mk) marketability
– salability
(StR) tax deductibility

absetzen
(Mk) to sell
– to market
(StR) to deduct *(ie, for tax purposes)*
(EDV) to relocate

Absetzung *f* **für Abnutzung (AfA)**
(StR) tax depreciation
– tax writeoff
(ie, ordinary depreciation of income-producing assets, § 7 EStG; syn, steuerliche Abschreibung)

Absetzung *f* **für außergewöhnliche Abnutzung**
(StR) tax depreciation due to extraordinary wear and tear

Absetzung *f* **für außergewöhnliche technische oder wirtschaftliche Abnutzung**
(StR) extraordinary depreciation
(ie, due to unexpected wear and tear, incorrect estimate of useful life, § 7 EStG)

Absetzung *f* **für Substanzverringerung**
(StR) depletion allowance
(ie, expenses allowed for removal of natural resource; eg, coal, ore, peat, petroleum, § 7 VI EStG)
(ReW) depreciation allowance for wear and tear

absichern
(com) to guard against
– to cover against
(com) to provide cover against
– to provide security against
(Fin) to hedge against
(ie, to protect oneself financially)

Absicherungsfazilität *f*
(Fin) hedging facility *(eg, swaps, options, financial futures, NIFs, RUFs)*
– back-up facility

Absicht *f* **der Einnahmeerzielung** (StR) intent to realize receipts, § 2 I UStG

Absicht *f* **der Gewinnerzielung**
(Re) intent to realize profits
– gainful intent

Absichtsanfechtung *f* (Re) avoidance of transactions which a bankrupt concludes prior to the proceedings with the intent to damage his creditors, § 31 KO

Absichtserklärung *f*
(com) letter of intent
(ie, unverbindliche Zusage e–s Importeurs, Auftrag an Exporteur zu e–m späteren Zeitpunkt zu erteilen; kommt auch im Anlage- und Kreditgeschäft vor)

absolut (com) in absolute terms

absolute Abweichung *f* (Stat) absolute deviation

absolute Adresse *f*
(EDV) absolute address
– actual address
– direct address
– explicit address
– machine address
– specific address
(opp, symbolische, relative, virtuelle Adresse)

absolute Adressierung *f* (EDV) absolute addressing

absolute Einkommenshypothese *f* (Vw) absolute-income theory

absolute Häufigkeit *f* (Stat) absolute frequency *(syn, Besetzungszahl; opp, relative Häufigkeit)*

absolute Konstante *f* (Math) absolute constant

absolute Konvergenz *f*
(Math) absolute convergence
– unconditional convergence
(ie, unendlicher Reihen = of infinite series)

absolute Koordinaten *fpl* (EDV) absolute coordinates

absolute Kostenvorteile *mpl*
(Vw) absolute economics
(opp, scale economics)

absolute Mehrheit *f* (com) absolute majority

absolute Meistbegünstigung *f* (AuW) unconditional most-favored-nation treatment

absolute Minimalität *f* (OR) crash time

absolute Priorität *f*
(OR) preemptive priority
(ie, in waiting-line theory; opp, relative Priorität)

absoluter Betrag *m* (Math) absolute value

absoluter Fehler *m* (EDV) absolute error

absoluter Höchststand *m* (com) all-time high

absoluter Kostenvorteil *m*
(AuW) absolute advantage
(opp, komparativer Vorteil = comparative advantage)

absoluter Pfad *m* (EDV) absolute path

absoluter Tiefstand *m* (com) all-time low

absoluter Vorrang *m* (OR) = absolute Priorität

absolutes Glied *n* (Math) constant term

absolutes Maximum *n* (Math) absolute maximum

absolutes Minimum *n* (Math) absolute minimum

absolutes Recht *n*
(Re) absolute right
(ie, available against the whole world, equivalent to the English ‚jus ad rem'; syn, uneingeschränktes Recht)

absolutes Streuungsmaß *n* (Stat) absolute measure of dispersion

absolutes Zeigegerät *n* (EDV) absolute pointing device

absolute Unmöglichkeit *f* (Re) absolute impossibility
absolute Vorteilhaftigkeit *f*
(Fin) absolute profitability
(ie, of a capital spending project: Vorteilhaftigkeit e–r Investition gegenüber der Alternative unterlassen)
absolute Wahrscheinlichkeit *f* (Math) absolute probability
absolute Zahl *f*
(Math) absolute number
– abstract number
(syn, abstrakte Zahl, opp, benannte Zahl = concrete/denominate . . . number)
Absolutglied *n*
(Math) constant term
Absolutwert *m*
(Math) absolute value
– magnitude
– modulus
– numerical value
Absolutwert *m* **e–r Abweichung**
(Math) absolute deviation
(ie, the difference, without regard to sign, between a variate value and a given value)
Absolutwert *m* **e–r komplexen Zahl**
(Math) absolute value
– magnitude
– modulus . . . of a complex number
(ie, square root of the sum of squares of its real and imaginary part)
Absolvent *m*
(com) graduate
(ie, of any educational institution; in GB: restricted to university degree)
– diploma holder
Absonderung *f* (Re) right to preferential settlement of claim, §§ 47–52 KO
Absonderungsrecht *n* (Re) preferential right of creditor
absorbierender Bereich *m* (Stat) absorbing region
absorbierender Rand *m*
(Math) absorbing barrier
(syn, absorbierender Zustand, Absorptionsschirm)
Absorption *f*
(VGR) absorption
(ie, Konsum und Investition beanspruchter Teil des Sozialprodukts und des Imports = total spending of residents on domestic and foreign goods and services)
Absorptionseinlagen *fpl* (EG) absorption deposits
Absorptionskapazität *f*
(Vw) absorptive capacity
(ie, regionale od volkswirtschaftliche Transformationskapazität von Geld- in Realkapital; bestimmt durch Vorgaben des Planungsrechts, Engpässe bei der Planungskapazität der Verwaltung und des privaten Planungsgewerbes und durch Kapazitätsengpässe in der Bauwirtschaft; häufig bei 20 % des Sozialprodukts)
Absorptionsschirm *m* (Math) absorbing barrier
Absorptionstheorie *f*
(AuW) absorption appproach
(ie, Modellansatz zur Erklärung des Saldos der Leistungsbilanz)
abspecken (com, infml) to slim down *(eg, a business, an industry)*
absperren (com) to cordon off *(ie, an area)*
Absperrklausel *f*
(Pw) provision in a collective agreement stating that employers will only hire unionized workers *(ie, violates the Federal Basic Law)*
Absprache *f*
(com) arrangement
(Re) agreement
(Kart) gentlemen's agreement
– coordinated business practice
abspringen
(EDV) to branch
– to jump
(ie, to depart from normal sequence of instructions)
Abstand *m* (Re) indemnity payment
Abstand *m* **bei den kurzfristigen Zinsen** (EG, Fin) short-term interest rate differential
Abstandssumme *f*
(Re) compensation
– indemnity
absteigende Arbeitspartizipation *f* (Pw) descending worker participation *(eg, managerial functions carried out at workers' own level)*
absteigender Sortierbegriff *m* (EDV, Cobol) descending key
absteigend sortieren
(EDV) to sort in descending order
– to backsort
Absteigerung *f* (com) successive lowering of price at auction
abstellen
(Pw) to transfer temporarily
– to second
(ie, employee to another position)
(com) to remedy
– to rectify
(eg, defects, shortcomings)
abstellen auf (com) to focus on/upon
Abstellgleis *n*
(com) siding
– sidetrack *(ie, opening onto main track at both ends)*
(Pw, US, infml) Turkey farm, qv
Abstellung *f* (Pw) temporary transfer *(ie, of employee to another position)*
Abstempelung *f*
(Fin) official stamping of shares
(eg, on capital reduction, change of firm, reduction of bond interest)
Absterbeordnung *f*
(Stat) mortality table
(Vers) observed life table
Abstiegsmobilität *f* (Pw) downward mobility
abstimmen
(com) to vote
(ReW) to reconcile
(IndE) to calibrate *(syn, eichen)*
Abstimmkarte *f* (EDV) summation check card
Abstimmung *f*
(ReW) matching
– reconciliation
(ie, der Aufwands- und Ertragsrechnung zum Zwek-

ke der Periodenabgrenzung: Abgrenzungsposten – accruals and deferrals – werden als solche ausgewiesen)
(IndE) calibration *(syn, Eichung)*
Abstimmung *f* **der Beschäftigungspolitik** (EG) coordination of employment policy
Abstimmung *f* **der Steuerpolitik** (EG) coordination of tax policy
Abstimmung *f* **des Produktionsprogramms** (IndE) matching of production program
Abstimmung *f* **laufender Einnahmen und Ausgaben** (Fin) cash management
Abstimmungsbogen *m*
(ReW) reconciliation sheet
(ie, statistical statement showing allocation of expenses to financial and plant accounts; syn, Abgrenzungsbogen)
Abstimmungsdifferenz *f* (ReW) unreconciled balance
Abstimmungsmechanismus *m* (Bw) coordinating mechanism
Abstimmungsparadoxon *n* (Vw) voting paradox
Abstimmungsprozeß *m* (Bw) process of coordination
Abstimmungstermin *m*
(Fin) reconcilement date
(eg, Clearingzentrale überprüft Ausgleich aller Positionen)
Abstimmungsverfahren *n* (com) procedure on voting
Abstimmung *f* **zwischen Produktion und Lager** (IndE) production smoothing
Abstinenztheorie *f*
(Vw) abstinence theory of interest
(ie, Kapital- und Zinstheorie von William Nassau Senior)
abstoßen
(com) to sell off *(eg, merchandise)*
(Fin) to divest
– to sell off
– to shed
– to unload
(eg, security holdings, foreign assets, subsidiaries)
(Pw) to shed
(eg, labor)
(Bö) to job off
(ie, to sell cheaply)
Abstoßen *n* **von Aktien**
(Bö) bail out
– dumping
– unloading
(ie, at the earliest possible moment, with no regard for losses)
abstrahieren
(Log, Math) to abstract
– to generalize
Abstrakt *n*
(com) abstract
– summary
(syn, Kurzfassung, Referat, Abstract)
abstrakte Arbeitskräfte *fpl* (Pw) abstract labour
abstrakte Garantieverpflichtung *f* (Re) indemnity *(cf, aber ‚Garantie')*
abstrakte Klasse *f* (EDV) abstract class
abstrakter Begriff *m*
(Log) abstract concept
– abstract term
– abstraction
abstrakter Datentyp *m* (EDV) abstract data type
abstrakter Raum *m* (Math) abstract space
abstrakter Syntaxbaum *m* (EDV) abstract syntax tree
abstrakter Term *m* (Log) abstract term
abstrakter Vertrag *m*
(Re) abstract agreement
(ie, by which one of the parties incurs a liability without reference to the reason or motive inducing him to incur such liability; eg, Anweisung, Wechsel, Scheck, Inhaberschuldverschreibung)
abstraktes Rechtsgeschäft *n*
(Re) abstract (legal) transaction
(ie, one standardized by law to such an extent that the circumstances of the individual case can only to a very slight extent be taken into consideration in appreciating their legal consequences)
abstraktes Schuldversprechen *n*
(Re) abstract contractual performance
– abstract promise to perform
(ie, unilateral contract not tied to the underlying transaction)
abstrakte Syntax *f* (EDV) abstract syntax
abstrakte Zahl *f* (Math) abstract number *(syn, absolute Zahl, qv)*
Abstraktion *f*
(Log) abstraction
– generalization
Abstraktionsebene *f* (Log) = Abstraktionsniveau, qv
Abstraktionsniveau *n*
(Log) level of abstraction
– level of generalization
– level of generality
Abstraktionsstufe *f*
(Log) = Abstraktionsniveau
(EDV) refinement step *(ie, in program design)*
abstreichen (EDV) to truncate *(cf, DIN 9757 E)*
Absturz *m*
(EDV) system crash
– abnormal system end *(syn, Systemabsturz, qv)*
abstürzen (EDV) blow up *v*
Abszisse *f*
(Math) abscissa
(ie, horizontal coordinate of a point in a plane coordinate system = horizontale Koordinate e–s Punktes im ebenen Koordinatensystem; x-Koordinate; opp, Ordinate)
Abszissendifferenz *f* **zweier Punkte** (Math) run
Abtastbefehl *m* (EDV) scan command
Abtastbürste *f* (EDV) reading/sensing . . . brush
Abtasteinheit *f* (EDV) scanning unit
Abtasten *n* (EDV) scanning
abtasten (EDV) to scan
Abtaster *m* (EDV) scanner
Abtastfehler *m* (EDV) read(ing) error
Abtastgerät *n* (EDV) scanner
Abtastkopf *m* (EDV) sensing head
Abtastmatrix *f* (EDV) scan matrix
Abtastprogramm *n* (EDV) scan program
Abtastverfahren *n* (EDV) scanning method

Abtastvorrichtung *f* (EDV) scanner
Abteilung *f*
(Re) department
(ie, Haupteinheit in der Behördengliederung unterhalb der Behördenleitung und oberhalb der Referate und Dezernate sowie der Sachgebiete od Ämter)
(com) department
(ie, organisatorischer Teilbereich, qv; any division of a business enterprise)
Abteilung *f* **Einkauf** (com) purchasing department
Abteilungen *fpl* **außerhalb der Linienhierarchie** (Bw) collateral units *(eg, staff management units)*
Abteilung *f* **Forderungsinkasso** (Fin) collection department
Abteilungsbildung *f* (Bw) departmentation *(ie, Zusammenfassen von Stellen zu Abteilungen)*
Abteilung *f* **Schaden**
(Vers) claim department
– loss department
Abteilungserfolgsrechnung *f*
(KoR) profit center accounting
– activity accounting
– accounting by functions
Abteilungsfranchise *f*
(Mk) mini franchise
(ie, Franchisenehmer führt nur Teil s–s Gesamtunternehmens als franchisierte Abteilung)
Abteilungsgemeinkosten *pl*
(KoR) departmental overhead
– departmental expenses
– departmental burden
Abteilungsgewinn *m* (KoR) departmental profit
Abteilungsgliederung *f* (Bw) departmental structure *(ie, of an organization)*
Abteilungshandbuch *n*
(Bw) department manual
(ie, loose-leaf presentation of department work processes through texts and graphs)
Abteilungshierarchie *f* (Bw) departmental hierarchy *(ie, of an organization)*
abteilungsintern (Bw) intra-departmental
Abteilungskalkulation *f*
(KoR) departmental costing estimation
– departmental cost estimation
Abteilungskostenrechnung *f* (KoR) departmental costing
Abteilungsleiter *m*
(Pw) department(al) head
– head of department
– department manager
– department chief
– head of division
– superintendent
Abteilungsleitersitzung *f* (com) departmental meeting
Abteilungsorganisation *f* (Bw) departmental organization
Abteilungsrechner *m* (EDV) departmental computer
Abteilungsrechnung *f* (KoR) departmental costing
Abteilungsspanne *f* (KoR) departmental profit margin
abteilungsübergreifend (Bw) *(eg, problems)* cutting across departmental boundaries
Abteilungsumlage *f* (KoR) departmental charge
Abteilungsverrechnungssatz *m* (KoR) departmental rate
Abteilungszeichen *n*
(com) departmental code
(ie, used in correspondence to ensure speedy routing of incoming mail)
Abteilungszuschlag *m* (KoR) departmental rate
Abteilung *f* **Verkaufsförderung** (Mk) promotion services department
abtragen
(Math) to lay off
– to lay up
(Fin) to pay off (debt)
abtransportieren
(com) to truck away
abtrennbarer Optionsschein *m* (Fin) detachable warrant
abtrennen
(com) to detach
– to separate
– to sever
(Fin) to float off
– to spin off
(eg, as a separate company)
Abtrennklausel *f*
(Re) separability clause
(ie, recites that contract provisions are separable; the invalidity of one does not affect others; cf, salvatorische Klausel)
Abtrennungsregel *f*
(Log) law of detachment
(syn, Modus-Ponens-Regel; ein Beweis im Syllogismus kommt erst zustande, wenn man den modus ponens voraussetzt: wenn A, dann B; nun aber A, also B [Deduktion], wenn A, dann B, nun aber B, also A [Reduktion])
abtretbar
(Re) assignable
– transferable
Abtretbarkeit *f*
(Re) assignability
– transferability
abtreten
(Re) to assign *(eg, rights, claims)*
– to make an assignment
– to transfer
– to make over
– to set over
(Re) to convey *(ie, real estate)*
Abtretender *m*
(Re) assignor
– transferor
(syn, Zedent, Altgläubiger; opp, Abtretungsempfänger, Zessionar)
Abtretung *f*
(Re) assignment
(ie, im Recht der Schuldverhältnisse geregelt: rechtsgeschäftliche Übertragung e–r Forderung vom bisherigen Gläubiger, dem Zedenten, auf den neuen Gläubiger, den Zessionar; cf, §§ 398–413 BGB; in English law it includes transfers of all kinds of property, real or personal, including negotiable instruments, but usually intangible property such as mortgage, agreement of sale or partnership; syn, Zession)

Abtretung *f* **kraft Gesetzes**
(Re) assignment by operation of law
– (GB) assignment by act of law
Abtretungsanzeige *f* (Re) notice of assignment
Abtretungsempfänger *m*
(Re) assignee
– assign
– transferee
– *(Scot)* cessionary
(syn, Zessionar, Neugläubiger; opp, Abtretender, Zedent)
Abtretungserklärung *f* (Re) declaration of assignment
Abtretungsurkunde *f*
(Re) deed of assignment
– instrument of assignment
Abtretungsverbotsklausel *f* (Re) non-assignment clause
Abtretungsvertrag *m* (Re) contract of assignment
Abtretung *f* **und Übergabe** *f* (WeR) assignment and delivery
Abtretung *f* **von Bezugsrechten** (Fin) letter of renunciation
Abtretung *f* **von Forderungen** (Fin) assignment of accounts receivable
abundante Zahl *f*
(Math) abundant number
– redundant number
abverkaufen (com) to sell off
ab Vertragsunterzeichnung (Re) from the date the contract is signed
AbwAG (Re) = Abwasserabgabengesetz
abwägen gegen
(com) to balance against
– to balance with
– to weigh against
(ie, positive factors against negative factors)
abwählen (com) to vote out of office *(eg, chairman)*
abwälzen
(com) to pass on to *(eg, cost, taxes)*
– to shift
Abwälzung *f* (FiW) = Steuerüberwälzung
abwandern (Pw) to float off *(eg, workers)*
Abwärme *f* (IndE) waste heat
abwarten (Bö, infml) to stay on the sidelines
Abwärtsbewegung *f*
(com) downward movement
– downward slide
(eg, of prices)
(Vw) downtrend
– downward trend
Abwärtsdruck *m* **auf die Preise** (EG) debt deflation
Abwärts-Fusion *f*
(com) downstream merger
– downstairs merger
(ie, between parent and subsidiary, the latter being the surviving organization)
Abwärtskompatibilität *f* (EDV) downward compatibility
Abwärtslimit *n*
(Bö, US) circuit breaker
(eg, ein A. von 5 Punkten für die Eröffnungsphase)
Abwärtsstrukturierung *f* (EDV) top down design
Abwärtstrend *m*
(Stat) downtrend
(Fin) downside trend
– down market *(ie, in charting)*
Abwasser *n*
(IndE) waste water
– sewage
(ie, aus häuslichem, gewerblichem, industriellem, landwirtschaftlichem und sonstigem Gebrauch; aus bebauten Gebieten (built-up areas) abfließendes Niederschlagswasser: the fluid discharged from domestic, industrial, and medical sanitary appliances; sometimes surface water as from rain)
Abwasserabgabe *f*
(com) sewage levy
(ie, von den Ländern erhoben: imposed by the Laender = federal or provincial states)
Abwasserabgabengesetz *n*
(Re) Water Pollution Control Levy Law
(ie, idF vom 5.3.1987; legt Abwasserabgaben nach dem Verursacherprinzip (qv) fest; compulsory taxation whenever sewage is fed into stretches of water)
Abwasserbeseitigung *f*
(com) waste water disposal
– sewage disposal
Abwehranspruch *m* (Re) claim to protection against abridgment of legal rights, § 1004 BGB
Abwehrklage *f*
(Re) action brought to repel unlawful interference
– (civil law) actio negatoria/negativa
(ie, to safeguard an absolute right, such as property, property rights, etc.; umbrella term covering ‚Beseitigungsklage' and ‚Unterlassungsklage')
Abwehrklausel *f* (Re) clause inserted to defend unlawful interference
Abwehrkonditionen *fpl* (com) defensive conditions
(ie, resulting from full capacity operations)
Abwehrmaßnahmen *fpl* (com) insulating measures
(eg, against capital inflows)
Abwehrpreis *m* (Mk) keep-out price
Abwehrwerbung *f* (Mk) counter-offensive advertising
Abwehrzoll *m*
(AuW) protective tariff
– protective duty
(ie, Schutz vor billigen Konkurrenzprodukten aus dem Ausland; imposed to discourage foreign imports; syn, Schutzzoll)
abweichen
(com) to deviate (from)
– to depart (from)
– to stray (from)
abweichend
(com) divergent
– deviating
– digressing
– (infml) out-of-line
abweichende Meinung *f*
(Re) dissenting vote
– dissenting opinion
abweichendes Votum *n*
(Re) dissenting opinion

Abweichung *f*
(Math) azimuth
– polar angle *(ie, in polar coordinate system)*
(Stat) deviation
(KoR) variance
Abweichungsanalyse *f*
(Stat) analysis of variance, ANOVA
(KoR) cost variance analysis
– analysis of cost variances
Abweichungsindikator *m*
(Fin) divergence indicator
(ie, mißt Abweichung des ECU-Wertes vom ECU-Leitwert e–r Währung)
Abweichungsklausel *f* (SeeV) deviation clause
Abweichungskoeffizient *m* (Stat) coefficient of variation
Abweichungsschwelle *f*
(Fin) divergence threshold
(ie, 75% der maximal zulässigen Abweichung des ECU-Tageswertes vom ECU-Leitkurs; level at which central banks are expected to take corrective action; syn, Divergenzschwelle)
Abweichungsspanne *f* (AuW) divergence margin
Abweichungsverteilung *f* (KoR) allocation of variances
Abweichung *f* **von den Leitkursen** (EG) deviation from the central parities *(im Europäischen Währungssystem)*
Abweichung *f* **von der angestrebten Qualitätslage** (IndE) quality characteristic departure, QCD
Abweichung *f* **von Standardkosten** (KoR) standard cost variance
Abweichung *f* **zweiten Grades**
(KoR) composite variation
– incidental variation
Abweisung *f* **e–r Klage beantragen** (Re) to seek to have a case dismissed
Abwendung *f* **des Konkurses** (Re) avoidance of bankruptcy
abwerben
(com) to alienate
– to contract away
– to divert custom
(Pw) to bid away
– to entice away
– to hire away
– (infml) to poach
(syn, infml ausspannen)
Abwerber *m* (Pw) head hunter
Abwerbung *f*
(Mk) alienation
– contracting away *(ie, customers)*
– diverting custom
(Pw) bidding away
– enticing away
– hiring away
– (infml) poaching
– labor piracy
abwerfen
(Fin) to yield a profit
– to return a profit
(cf, einbringen)
ab Werk
(com) ex works
(ie, Handelsklausel, die Verkäufer verpflichtet, Ware auf s–m Grundstück zur Verfügung zu stellen; Teil der Incoterms)
– ex factory
– ex mill
– (US) ex *(point of origin)*
– free at point of dispatch
ab-Werk-Preis *m*
(com) price ex works
– price at factory
– mill price
abwerten
(Fin) to depreciate
– to devalue
Abwertung *f*
(Fin) currency depreciation
– currency devaluation
(ie, Herabsetzung des Außenwerts e–r Währung; verbilligt Exporte und verteuert Importe; official reduction of the exchange rate; syn, Devalvation)
(EG) downward realignment
Abwertung *f* **auf Fertigerzeugnisse** (ReW) inventory adjustments – finished goods
Abwertung *f* **auf Roh-, Hilfs- und Betriebsstoffe, Waren** (ReW) inventory adjustments – raw materials and supplies
Abwertung *f* **auf unfertige Erzeugnisse** (ReW) inventory adjustments – work in process
Abwertungen *fpl* (ReW) writedowns
Abwertungsdrohung *f* (EG) threat of devaluation
Abwertungskonkurrenz *f* (Fin) = Abwertungswettlauf
Abwertungsrisiko *f*
(EG) risk of depreciation
– risk of devaluation
Abwertungssatz *m* (Fin) rate of currency devaluation
Abwertungsspirale *f* (Fin) depreciation spiral
Abwertungsstrategie *f*
(Fin) depreciation strategy
Abwertungstrend *m*
(Vw) downward tendency
– depreciation tendency
abwertungsverdächtige Währung *f* (Fin) depreciation-prone currency
Abwertungswettlauf *m*
(Fin) competitive currency devaluation
(ie, währungspolitisches Verhalten der wichtigsten Welthandelsländer Anfang der 30er Jahre)
Abwertungszyklus *m* (Fin) devaluation cycle
Abwertung *f* **wegen Leihwarenrisiko** (ReW) adjustment for risk relating to equipment loaned to customers
Abwertung *f* **wegen Mengenrisiko** (ReW) adjustment for quantitative risk
Abwertung *f* **wegen Preisrisiko** (ReW) adjustment for price risk
Abwertung *f* **wegen Skonti und Niederstwert** (ReW) adjustment for cash discounts and lowest value
Abwertung *f* **wegen Sonderlager** (ReW) adjustment for special inventory risks
Abwertung *f* **wegen technischen Risikos** (ReW) adjustment for technical risks
Abwesenheitsprotest *m*
(WeR) protest for absence *(of drawer)*
(syn, Platzprotest, Wandprotest)

Abwesenheitsquote *f*
(Pw) rate of absenteeism
– absence rate
Abwesenheitsrate *f* (Pw) = Abwesenheitsquote
Abwesenheitszeit *f* (IndE) absence time
abwickeln
(com) to handle *(eg, order, business)*
– to process
– to carry out
– to deal with
(Re) to liquidate *(ie, a company)*
– to wind up
(Fin) to settle *(eg, transaction)*
– to complete arrangements *(eg, for a loan)*
Abwickler *m*
(Re) cf, Liquidator
– liquidating authority
Abwickler *m* **bestellen** (Re) to appoint a liquidator
Abwicklung *f*
(com) handling
– processing
(Re) liquidation
– (GB) winding up *(syn, Liquidation)*
(ie, in der Praxis hat sich anstelle des vom Gesetz vorgesehehen Ausdrucks A. die Bezeichnung ‚Liquidation' durchgesetzt)
(Bö) settlement
Abwicklung *f* **des Versicherungsgeschäfts** (Vers) conduct of insurance business
Abwicklungs-Anfangsvermögen *n* (Fin) net worth at beginning of winding-up
Abwicklungsbank *f* (Fin) liquidating bank
Abwicklungsbilanz *f*
(ReW) liquidating balance sheet
– (GB) winding-up accounts
(syn, Liquidationsbilanz)
Abwicklungs-Endvermögen *n* (Fin) net worth at end of winding-up
Abwicklungseröffnungsbilanz *f* (ReW) opening balance sheet of a business in liquidation
Abwicklungsfirma *f*
(Re) company in liquidation
(ie, übliche Zusätze „in Liquidation", „i.L.", „in Abwicklung"; cf, § 153 HGB, § 269 AktG)
Abwicklungsrisiko *n* (Fin) settlement risk
Abwicklungsschlußbilanz *f* (ReW) closing balance sheet of a business in liquidation
Abwicklungstag *m* (Bö) settlement date
Abwicklungstermin *m* (Bö) settlement date
Abwicklungsverfahren *n*
(Re) liquidation procedure
– winding-up procedure
Abwicklungszeit *f*
(com) handling time
– processing time
(eg, of order, of work on hand)
Abwicklungszeitraum *m*
(Re) liquidation period
– winding-up period
Abwicklung *f* **von Havarieschäden** (SeeV) adjustment of average losses
abwracken
(IndE) to scrap
– to break up
– to dismantle
Abwrackprämie *f*
(com) ship breaking premium
(ie, in der Binnenschiffahrt: inland waterway shipping; introduced in 1969 with doubtful results)
Abwrackung *f* (IndE) ship breaking
abzählbare Menge *f*
(Math) denumerable set
– enumerable set
– countable set
Abzählbarkeitsaxiom *n* (Math) axiom of countability
abzählbar unendlich
(Math) denumerably infinite
– enumerably infinite
– countably infinite
abzählbar unendliche Menge *f*
(Math) countably infinite
(ie, set which may be put in one-to-one correspondence with the positive integers)
abzahlen
(Fin) to pay off
– to pay by installments
Abzahlung *f* (com) payment of installments
Abzahlungs-Finanzierungsgesellschaft *f*
(ReW) finance company
– personal loan company
Abzahlungsgeschäft *n*
(com) installment contract
– installment sale
– (GB) hire purchase
– (GB, infml) the never never
(ie, sale of movable goods (a) which seller delivers to buyer and for which buyer pays in periodic payments; (b) which may be delivered in separate lots against payment by installment; (c) which may be the object of a continuing contract
Syn, Teilzahlungskauf, Ratenkauf, Abzahlungskauf
Note: German legal and commercial practice is different and should not be pressed into the conceptual framework, for instance, of the British Hire Purchase Act of 1965 or of comparable American arrangements)
Abzahlungshypothek *f*
(Fin) installment mortgage
– (US) constant payment mortgage
(ie, Rückzahlung in gleichbleibenden Tilgungsraten; with equal redemptions: principal increasing and interest decreasing; opp, Tilgungs- bzw. Annuitätenhypothek, qv)
Abzahlungskauf *m* (com) = Abzahlungsgeschäft
Abzahlungskredit *m*
(Fin) installment credit
(ie, Rückzahlung in gleichen Raten)
Abzahlungsperiode *f* (Fin) repayment period
Abzahlungspreis *m* (com) installment price
Abzahlungsrisiko *n* (Fin) hire purchase hazard
Abzahlungswechsel *mpl*
(Fin) installment bills of exchange
(ie, drawn for each separate installment under an installment sale; do not confuse with ‚Ratenwechsel' which is a multimaturity bill)
abzeichnen (com) to initial *(eg, letter, memo)*
AbzG (Fin) = Gesetz betreffend die Abzahlungsgeschäfte

abziehbar (com) deductible
abziehbare Aufwendungen *mpl* (StR) deductible expenditure
abziehbare Reisekosten *pl* (StR) deductible traveling expenses, § 119 III EStR
abziehbare Vorsteuerbeträge *mpl*
(StR) deductible portion of the prior turnover tax, § 15 III UStG
– deductible input tax
Abziehbild *n*
(com) decal
– decalcomania
– transfer picture
– transfer design
abziehen
(com) to deduct
– (infml) to knock off
(com) to divert
– to turn off
– to siphon off
(eg, traffic from common carriers)
(ReW) to net
(eg, loss against profit)
abzinsen (Fin) to discount
Abzinsung *f*
(Fin) discounting
– discounting process
(ie, Verfahren der Zinseszinsrechnung: Errechnung des Barwertes aus gegebenem Endbetrag mit Hilfe des Abzinsungsfaktors, qv; syn, Diskontierung; opp, Aufzinsung)
Abzinsungsfaktor *m*
(Fin) discount factor $(1 + i)^{-n}$
– conversion factor in compound discounting
(ie, Kehrwert des Aufzinsungsfaktors; syn, Diskontierungsfaktor)
Abzinsungspapier *n*
(Fin) discounted paper
(Fin) security sold at a discount
(ie, unverzinsliche Schatzanweisungen des Bundes (= U-Schätze), Sparbriefe; Zinsen für die gesamte Laufdauer werden vom zu zahlenden Preis abgezogen)
Abzinsungssatz *m*
(StR) discount rate allowed on advance payment of taxes
Abzinsungstabelle *f* (Fin) discount table
Abzug *m*
(com) deduction
(com) allowance
– discount
(ie, in the sense of ‚Nachlaß')
(IndE) penalty
(ie, in quality control)
Abzug *m* **alt für neu**
(Vers) discount new for old, § 86 VVG
(ie, based upon depreciation of a new part that is installed in settlement of a claim; discount approaches the wearing out of the item indemnified)
Abzüge *mpl* (Pw) deductions from wage or salary
abzüglich
(com) less
– net of *(eg, agreed price net of turnover tax)*
Abzugsbeträge *mpl* (StR) statutory deductions
abzugsfähig
(StR) allowable
– deductible *(eg, income-related expenses)*
abzugsfähige Ausgaben *fpl*
(StR) tax-deductible expenses
(ie, collective term covering ‚Betriebsausgaben, Werbungskosten, Sonderausgaben und außergewöhnliche Belastungen')
abzugsfähiger Betrag *m* (StR) allowable deduction
Abzugsfähigkeit *f* (StR) deductibility
Abzugsfranchise *f*
(Vers, US) compulsory deductible
– compulsory excess
(ie, Versicherung mit Selbstbeteiligung; mit absoluter od relativer [prozentualer] Abzugsfranchise; Anwendung: Kfz-Versicherung, KrankheitskostenV, SturmV)
Abzugskapital *n*
(Fin) capital items deducted from total
(ie, in determining the amount of operating capital needed = bei Ermittlung des betriebsnotwendigen Kapitals; scheinbar zinsloses Fremdkapital)
Abzugslimit *n* (Fin) withdrawal limit *(ie, of deposit accounts)*
Abzugsmethode *f*
(StR) exclusion method
(ie, exclusion of income from tax base to mitigate double taxation; used in all tax treaties signed by the Federal Republic of Germany; im Falle der Inkompatibilität von in- und ausländischen Steuern; cf, Freistellungsmethode, Anrechnungsmethode)
Abzugsteuer *f* (StR) withholding tax *(eg, Lohnsteuer, Kapitalertragsteuer)*
Abzugsteuern *fpl*
(StR) withholding taxes
– taxes stopped at source
(ie, taxes withheld from wages and salary and paid direct to the government; eg, wages tax, supervisory board tax, capital yield tax; syn, Quellensteuern; opp, veranlagte Steuern)
abzweigen
(com) to detour
(eg, taxes to other uses)
– to channel off
(eg, money for a different purpose)
Account-Manager *m* (Mk) account manager, AM
Achtergruppe *f* (com) Group of Eight, G-8 (Canada, France, Germany, Italy, Japan, Russia, UK and U.S.)
Achtstundentag *m* (Pw) eight-hour working day
A-conto-Zahlung *f* (com) payment on account
ActiveX-Steuerelement *n*
(com) ActiveX control
(ie, wiederverwendbare Softwarekomponente auf der Grundlage der ActiveX-Technologie; wird genutzt, um Web-Seiten mit zusätzlicher Funktionalität zu versehen)
ad acta legen
(com) to close off *(eg, plan, program)*
– to lay to rest
adaptive Regelung *f*
(EDV) adaptive control (system)
(subterms: gesteuerte a. R. + a. R. mit Rückführung = open loop adaptation + closed loop adaptation)

adaptive Regelung *f* **mit Rückführung** (EDV) closed loop adaptation
adaptives Filtern *n*
(Bw) adaptive filtering
(ie, bei e–r Prognose werden die Vergangenheitswerte nicht (wie bei gleitenden Mittelwerten od bei exponentieller Glättung) starr, sondern adaptiv gewichtet; die Gewichte werden iterativ berechnet)
adaptives System *n*
(EDV) adaptive system
(ie, Softwaresystem, das in der Lage ist, sein Verhalten aufgrund von gesammelten „Erfahrungen" anzupassen; eg, Expertensystem)
adäquater Kausalzusammenhang *m* (Re) adequate causal nexus
a dato (WeR) from the day of making out *(eg, a bill of exchange)*
ADB (com) = Allgemeine Deutsche Binnentransportbedingungen
Addierbefehl *m* (EDV) add instruction
addieren
(com) to add up
– to cast up
– to foot up
– (infml) to tot up
Addition *f*
(com) addition
– summation
– footing
Additionsanweisung *f* (EDV, Cobol) add statement
Additionssätze *mpl* **der Wahrscheinlichkeit** (Stat) addition theorems of probability
Additionsstreifen *m* (com) addition slip
Additionstabelle *f* (EDV) addition table
Additionstheorem *n* (Math) addition theorem
Additionsübertrag *m* (EDV) add carry
Addition *f* **von Matrizen** (Math) matrix addition
Addition *f* **von Zufallsvariablen** (Stat) addition of variates
additive Funktion *f* (Math) additive function
additive Grenzkosten *pl* (Vw) additive marginal cost *(Pigou)*
additive Gruppe *f*
(Math) additive group
(ie, e–e Gruppe, deren Verknüpfung mit ‚+' geschrieben wird)
additive Präferenzen *fpl* (Vw) additive
additiver Zufallsprozeß *m* (Stat) additive random walk process
Additivität *f* (Stat) additive property
Addressensammlung *f* (com) set of addresses
Adhäsionsverschluß *m* (com) adhesion flap *(ie, used for printed matter consignments)*
Adhäsionsvertrag *m* (Re) adhesion contract *(syn, Knebelungsvertrag, qv)*
ad hoc-Ausschuß *m* (com) ad hoc committee
ad-hoc-Verband *m* (Re) single-purpose association
Adjazenzmatrix *f* (Math) adjacency matrix
Adjungierte *f* **e–r Matrix**
(Math) adjoint of a matrix
– adjugate of a matrix
Adjunktion *f* (Log) inclusive disjunction
Adjustierung *f* (SeeV) adjustment of average
administrative Abwicklung *f* (com) administrative handling
administrative Handelshemmnisse *npl* (AuW) administrative barriers to trade
administrativer Protektionismus *m* (AuW) administrative protectionism *(eg, non-tariff trade barriers)*
administrierte Preisfestsetzung *f* (Vw) business-controlled pricing
administrierte Preisinflation *f* (Vw) administered price inflation
administrierter Preis *m*
(Vw) administered price
(eg, of water, electricity, gas; may rise even when demand is cooling down)
administrierter Zinssatz *m* (Vw) administered rate of interest
Adressat *m* (com) addressee
Adreßbereich *m* (EDV) address range
Adreßbuch *n* (EDV) index register
Adreßbus *m* (EDV) address bus
Adresse *f*
(com) address
(ie, designation of place of delivery)
(EDV) address
(ie, laufende Nummer für Speicherstellen: location where information is stored)
Adressenänderung *f* (EDV) address modification
Adressenangaben *fpl* (com) address information
Adressenarithmetik *f* (EDV) = Adreßrechnung
Adressenauswahl *f* (EDV) address selection
Adressendatei *f* (EDV) address file
Adressenerzeugung *f* (EDV) address generation *(syn, randomization)*
Adressenfeld *n* (EDV) address field
Adressenkapazität *f* (EDV) address capacity
Adressenliste *f*
(com) list of addresses
– mailing list
adressenloser Befehl *m*
(EDV) addressless address instruction
– zero address instruction
Adressenmodifikation *f* (EDV) address modification
Adressenrechnung *f* (EDV) address computation
Adressensystem *n* (EDV) address system
Adressenverlag *m*
(Mk) list broker
(ie, rents direct-mail lists to advertisers; syn, Adressenvermittler)
Adressenvermittler *m* (Mk) = Adressenverlag, qv
Adressenverzeichnis *n* (com) list of addresses
Adressenzuweisung *f* (EDV) address assignment
Adreßfehler *m* (EDV) addressing error
adressieren (com, EDV) to address
Adressierkarte *f* (com) address card
Adressiermaschine *f* (com) addressing machine
Adressiermethode *f* (EDV) addressing
Adressiersystem *n* (EDV) addressing system
Adressierungsart *f* (EDV) addressing mode
Adressierungsfehler *m* (EDV) addressing error
Adressierverfahren *n* (EDV) addressing
Adreßindex *m* (EDV) address index
Adreßkonstante *f* (EDV) address constant *(syn, ADCON)*
Adreßmarke *f* (EDV) address marker
Adreßmodifikation *f* (EDV) address modification

Adreßraum *m* (EDV) address space
Adreßraumverwaltung *f* (EDV) address space administration
Adreßrechnen *n*
(EDV) address arithmetic
– address computation
Adreßregister *n* (EDV) address register
Adreßschlüssel *m* (EDV, Cobol) actual key
Adreßspediteur *m* (com) receiving forwarding agent
Adressübergabe *f* (EDV) pass by address
Adressverzerrung *f* (EDV) address munging
Adresszuordnungstabelle *f* (EDV) address mapping table
ADS (SeeV) = Allgemeine Deutsche Seeversicherungsbedingungen
ADSp (com) = Allgemeine Deutsche Spediteurbedingungen
ad valorem-Zoll *m* (Zo) ad valorem customs duty
A/D-Wandler *m* (EDV) = Analog-Digital-Wandler
AE (com) = Ausfuhrerklärung
Aerogramm *n* (com) aerogram
aF (Re) = alte Fassung
Afa (StR) = Absetzung für Abnutzung
AfaA (StR) = Absetzung für außergewöhnliche Abnutzung
Afa-Nutzungsdauer *f* (StR) writeoff period *(ie, for income tax purposes)*
Afa-Tabellen *fpl*
(StR) tax depreciation tables
(ie, tables listing statutory economic lives of assets for the purpose of computing tax depreciation)
Affektionswert *m*
(com) fancy value
(ie, subjective value of a good higher than its objective value)
Affiche *f* (Mk) bill
Affidavit *n*
(Fin) affidavit
(ie, von e–r Bank abgegebene Erklärung zur Glaubhaftmachung e–s Rechts über Herkunft, Besitz, Eigentum e–s Wertpapiers; syn, Lieferbarkeitsbescheinigung, qv)
Affiliation *f*
(Bw) affiliation
(Fin) subsidiary bank
(ie, controlled by another large bank)
affine Abbildung *f* (Math) affine mapping
affine Funktion *f* (Math) affine function
affine Gruppe *f* (Math) affine group
affines Koordinatensystem *n* (Math) affine coordinate system
affine Transformation *f* (Math) affine transformation
AFG (Re) = Arbeitsförderunggesetz
Afrikanische Entwicklungsbank *f*
(Fin) African Development Bank, AfDB
(ie, 50 unabhängige afrikanische Staaten und 23 nicht-afrikanische Staaten; Sitz in Abidjan/Elfenbeinküste)
AfS (StR) = Absetzung für Substanzverringerung
AG
(com) = Aktiengesellschaft
(Re) = Amtsgericht
(Re) = Ausführungsgesetz
AGB (com) = Allgemeine Geschäftsbedingungen
AGBG (Re) = Gesetz zur Regelung des Rechts der Allgemeinen Geschäftsbedingungen
Agent *m*
(com) commercial agent
– sales agent
– sales representative
– selling agent
Agentenprovision *f* (com) agent's commission
Agentur *f*
(com) representation *(ie, of a firm by an agent)*
(com) branch office
(com) news agency
Agenturgeschäft *n* (com) agency business
Agenturhandel *m*
(com) agency trade
(ie, von Handelsunternehmen mit e–m Lieferanten abgeschlossene Agentur-, Kommissions- und Kommissionsagenturverträge)
Agenturvergütung *f* (com) agency commission
Agenturvertrag *m*
(Re) agency agreement
(ie, signed between commercial agent and principal = Unternehmer, § 84 HGB)
Agenturvertreter *m* (com) agency representative
Agenturwaren *fpl* (Zo) agency goods
A-Geschäft *n*
(Fin) installment credit granted to consumer directly
(cf, Teilzahlungskredit)
Agglomeration *f* (Vw) agglomeration *(ie, in location theory, A. Weber)*
Agglomerationsziffer *f* (Stat) agglomeration index
agglomerative Clusteranalyse *f*
(Mk) agglomerative cluster analysis
(ie, ermitteln e–e hierarchische Klassifikation)
Aggregat *n*
(Stat, Vw) aggregate
(IndE) set of machines
(eg, turbo-generator set)
Aggregation *f*
(Stat) aggregation
– summation
Aggregationsmethode *f* (Log) bottom-up method
aggregierte Börsenbewertung *f* (Bö) equity market capitalization
aggregierte Größen *fpl*
(Vw) aggregates
– broad totals
– economy-wide totals
aggregierter Index *m* (Stat) aggregative index number
aggregiertes Modell *n* (Vw) aggregative model
aggressiv
(Mk) aggressive
– thrusting
(Bw) fast expanding
– competing head-on
aggressive Absatzmethode *f* (Mk) hard-sell technique
aggressive Anlagepolitik *f* (Fin) aggressive investing policy
aggressive Preispolitik *f* (Mk) aggressive pricing policy
aggressiver Konkurrent *m*
(com) aggressive rival

– aggressive competitor
– aggressiveplayer
aggressives Marketing *n*
(Mk) aggressive marketing
– (infml) hell-for-leather marketing
aggressives Verkaufsgespräch *n* (Mk) high-pressure sales talk
aggressive Werbung *m*
(Mk) aggressive advertising
– (infml) blockbuster advertising
aggressiv expandieren (com) be set on an aggressively expansionary course
Agio *n*
(Fin) premium
(ie, 1. Preisaufschlag auf den Nennwert e–s Wertpapiers od den Paritätskurs e–r Devise; 2. Differenz zwischen zwei Kursen od zwischen dem Nennwert e–s Wertpapiers und s–m Kurswert; syn, Aufgeld; opp, Disagio)
(ReW, EG) share premium account
Agioanleihe *f*
(Fin) premium bond
(ie, Emissionskurs liegt über Nennwert; syn, Prämienanleihe; retired at maturity date at an amount above its par value; not permitted in US, but frequent in Europe)
Agio *n* **aus Aktienemission**
(Fin) premium on capital stock
– share premium
Agioerträge *mpl* (Fin) premiums received
Agiorücklage *f* (ReW) share premium reserve *(ie, not available for distribution)*
Agiotage *f*
(Fin) agiotage
(ie, business of dealing in foreign exchange)
(Fin, rare) agiotage
(ie, speculative dealing in securities)
Agioteur *m*
(Fin) agioteur
– foreign-exchange dealer
Agiotheorie *f* (Vw) agio theory of interest *(E. v. Böhm-Bawerk)*
agiotieren
(Fin) to deal in foreign exchange
(Fin, rare) to deal speculatively in securities
Agrarabgaben *fpl*
(EG) farm levies
(ie, Schutzinstrument gegenüber Drittlandseinfuhren von Agrarwaren)
Agrarabschöpfung *f* (EG) agricultural levy
Agrarbank *f* (Fin) agricultural bank
– farmers' bank
Agrarbevölkerung *f* (Vw) rural population
Agrareinfuhren *fpl*
(EG) agricultural imports
– agri-imports
Agrareinkommen *n* (EG) farm income
Agrarerzeugnisse *npl*
(EG) agricultural products
– farm goods
– farm products
Agrarexporte *mpl*
(EG) agricultural exports
– farm exports
– agri-exports
Agrarfonds *m* (EG) European Agricultural Guidance and Guarantee Fund, AEGGF
Agrargenossenschaft *f* (com) farm cooperative
Agrargeographie *f* (Vw) rural geography
Agrarimporte *mpl*
(EG) agricultural imports
– farm imports
– agri-imports
agrarische Rohstoffe *mpl* (com) agricultural commodities
Agrarkonjunktur *f* (Vw) cyclical movements in agricultural markets
Agrarkredit *m*
(Fin) agricultural credit
– agricultural loan
– farm credit
– farming credit
Agrarkreditinstitut *n* (Fin) = Agrarbank
Agrarkrise *f* (Vw) farm crisis
Agrarland *n* (Vw) agrarian country *(opp, industrial country)*
Agrarmarketing *n* (Mk) agricultural marketing
Agrarmarkt *m* (Vw) agricultural commodities market
Agrarmarktordnung *f* (EG) agricultural market organization
Agrarministerrat *m* (EG) Council of Agricultural Ministers
Agrarpolitik *f* (EG) agricultural policy
– farm policy
agrarpolitisch (EG) relating to farm policy
Agrarpreise *mpl*
(EG) agricultural prices
– farm prices
Agrarpreisregelung *f* (EG) farm price settlement
Agrarpreisrunde *f* (EG) annual farm prices round *(ie, im EG-Agrarministerrat)*
Agrarpreisstützung *f*
(EG) support of agricultural prices
(ie, by, Preis- und Abnahmegarantien, Exportsubventionen, Zölle, Abschöpfungen, Einfuhrkontingentierung, ‚Interventionskäufe')
Agrarpreissystem *n*
(EG) CAP system of prices
– farm price system
Agrarprodukte *npl*
(EG) agricultural products
– farm products
Agrarproduktion *f*
(EG) agricultural production
– farm production
Agrarquote *f* (Stat) ratio of farming population to total labor force
Agrarreform *f* (EG) agricultural reform
Agrarsektor *m*
(Vw) agricultural factor
– farming sector
(ie, umfaßt Landwirtschaft, Gartenbau, Weinbau, Forst- und Holzwirtschaft sowie Fischerei = farming, gardening, wine growing, forestry, fishery)
Agrarstatistik *f* (Stat) agricultural statistics
Agrarstruktur *f* (Vw) farm structure
Agrarsubvention *f*
(EG) agricultural subsidy
– farm subsidy

Agrarsubventionen *fpl*
(EG) agricultural aids
– farm aids
– aids to farmers
– farm supports
– agricultural subsidies
– farm subsidies
Agrarüberschüsse *mpl* (EG) farm product surpluses
Agrarvermarktung *f* (EG) marketing of farm products
Agrarverordnung *f* (EG) agricultural regulation
Agrarwaren *fpl* (EG) farm commodities *(syn, Marktordnungswaren)*
Agrarwirtschaft *f* (Vw) farming
Agrarwissenschaft *f* (Vw) agricultural economics
Agrarzölle *mpl*
(AuW) customs duties levied on exported and imported products
– agricultural duties
(ie, im grenzüberschreitenden Warenverkehr für landwirtschaftliche Erzeugnisse)
Agreement *n*
(Kart) agreement
(ie, mündliches eindeutiges Kooperationsangebot ohne schriftliche Vereinbarung; Formen: Frühstückskartell, Gentlemen's Agreement, Corner, Bietungsabsprache)
AG und Co. (Bw) combination of ‚Offene Handelsgesellschaft' and ‚Kommanditgesellschaft', qv.
AHB
(Fin) = Außenhandelsbank
(Re) = Allgemeine Haftpflichtbedingungen
ähnliche Kriterien *npl* (com) criteria of a similar nature
ähnlich geordnete Menge *f* (Math) similarly ordered set
Ähnlichkeitsverhältnis *n* (Math) ratio of similitude
AKA (AuW) = Ausfuhrkredit-Gesellschaft
Akademiker *m*
(Pw) person of university education
(ie, not an academic which in English is a person holding a teaching job at a college or university)
akademischer Grad *m* (Pw) university degree
AKA-Kredit *m* (Fin) medium or long-term export credit granted by AKA, qv *(cf, Plafond A, B und C)*
Akkommodation *f* (Stat) accommodation
Akkord *m*
(com) amicable settlement of dispute
– friendly settlement of dispute
(Re) composition proceedings
(IndE) piece work
Akkordabrechnung *f* (IndE) piece-work payroll accounting
Akkordarbeit *f*
(IndE) piecework
– (GB) task system of pay
– (GB) task wages
Akkordarbeiter *m* (IndE) piece worker
Akkordausgleich *m* (IndE) timeworkers' bonus
Akkordbrecher *m*
(IndE) job spoiler
– rate buster
– (infml) high flier
– (sl) rat
Akkordkarte *f* (IndE) job ticket
Akkordköpfen *n* (IndE) rate cutting *(ie, in piece work; syn, Akkordschere)*
Akkordlohn *m*
(IndE) piecework rate
– piecework wage
– piece rate
– payment by piece rates
(syn, Stücklohn)
Akkordlohnsatz *m*
(IndE) piece rate
– job rate
Akkordrichtarbeiter *m* (IndE) pace setter
Akkordrichtsatz *m*
(IndE) basic piece rate
(ie, amount earned at a normal pace per time unit)
Akkordschere *f*
(IndE) rate cutting
(ie, in piece work: Vorgabezeiten werden von vornherein so festgesetzt, daß Arbeitnehmer keine s–r Arbeitsleistung entsprechende Vergütung erreichen kann)
Akkordstundenanteil *m* (IndE) hours on incentive
Akkordsystem *n* (IndE) piecework system
Akkordzeit *f*
(IndE) allowed time
– incentive time
Akkordzettel *m* (IndE) piecework slip *(syn, Lohnzettel, Lohnschein)*
Akkordzuschlag *m* (IndE) bonus increment
akkreditieren (Fin) to open a letter of credit
Akkreditierung *f* (Fin) opening of a letter of credit
Akkreditiv *n*
(Fin) commercial letter of credit, CLC, clc
(ie, Auftrag an e–e Bank, aus e–m Guthaben des Auftraggebers e–m Dritten e–n bestimmten Geldbetrag auszuzahlen; meist gegen Übergabe bestimmter Dokumente;
= instrument drawn by a bank known as the credit-issuing bank (Akkreditivbank), on behalf of its customer, known as the principal (who guarantees payment to the issuing bank), authorizing another bank at home or abroad, known as the credit-notifying or negotiating bank (and usually the payer bank), to make payments or accept drafts by a fourth party, known as the beneficiary; Akkreditive werden wie folgt eingeteilt (classifications are not mutually exclusive):
1. Direction of shipment: export – import – domestic;
2. Security: documentary – clean;
3. Form of letter: straight – revolving;
4. Form of currency: dollar – sterling;
5. Cancellation: irrevocable – confirmed; irrevocable – unconfirmed; revocable – unconfirmed; vor allem im angelsächsischen Raum; Teilausnutzungen sind die Regel; frei übertragbar durch Indossament; Einlösungsstelle frei wählbar)
Akkreditivabrechnungskonto *n* (Fin) credit settlement account
Akkreditivanzeige *f* (Fin) notification of credit
Akkreditiv *n* **anzeigen**
(Fin) to advise a letter of credit
– to notify a letter of credit

Akkreditivauftraggeber *m*
(Fin) applicant
– (US) account party
(ie, credit is issued at the request and for the account of . . .; cf, eröffnende Bank und Begünstigter = issuer and beneficiary)
Akkreditivbank *f*
(Fin) credit-issuing bank
– opening bank
(ie, idR die Bank des Importeurs; syn, Eröffnungsbank)
Akkreditivbedingungen *fpl* (Fin) terms of a credit
Akkreditivbegünstigter *m* (Fin) beneficiary of a letter of credit
Akkreditiv *n* **bestätigen** (Fin) to confirm a credit
Akkreditivbestätigung *f* (Fin) credit confirmation
Akkreditivbevorschußung *f*
(Fin) anticipatory credit
– packing credit
– advance against a documentary credit
(cf, hierzu ‚Farbklauseln')
Akkreditiv *n* **brieflich eröffnen** (Fin) to open a credit by letter
Akkreditivdeckung *f* (Fin) credit cover
Akkreditivdokumente *npl*
(Fin) commercial credit documents *(eg, bill of lading, packing list, warehouse receipt)*
– L/C documents
Akkreditivermächtigung *f* (Fin) letter of authority
Akkreditiv *n* **eröffnen**
(Fin) to open a credit
– to issue a credit
– to establish a credit
Akkreditiveröffnung *f*
(Fin) issue of a letter of credit
– issuance of a letter of credit
– opening of a letter of credit
Akkreditivgeschäft *n* (Fin) documentary credit business
Akkreditiv *n* **hinauslegen** (Fin) = Akkreditiv eröffnen
Akkreditiv *n* **in Anspruch nehmen** (Fin) to draw on a letter of credit
Akkreditivinhaber *m* (Fin) holder of a letter of credit
Akkreditivklausel *f* (Fin) letter of credit clause
Akkreditiv *n* **mit aufgeschobener Zahlung** (Fin) deferred-payments credit
Akkreditivpartei *f* (Fin) party to a letter of credit
Akkreditiv *n* **stellen** (Fin) to open a letter of credit
Akkreditivstellung *f* (Fin) opening a letter of credit
Akkreditiv *n* **telegraphisch eröffnen** (Fin) to open a credit by cable
Akkreditivverpflichtung *f* (Fin) liability under a letter of credit
Akkreditivwährung *f* (Fin) currency of the credit
Akkreditivwährungsdeckungskonto *n* (Fin) foreign currency credit cover account
Akkumulation *f*
(Vw) accumulation
(ie, Marxist term for investment)
Akkumulationsquote *f* (Vw) rate of accumulation *(ie, obsolete for ‚investment ratio')*
akkumulierte Abschreibung *f* (ReW) accumulated depreciation

Akontozahlung *f* (com) payment on account
AKP-Länder *npl* (AuW) ACP countries *(ie, African, Caribbean, and Pacific States)*
akquirieren (Mk) to canvass (customers)
Akquisiteur *m*
(Mk) canvasser
– solicitor
Akquisition *f*
(Mk) sales canvassing
– acquisition
(ie, Gewinnung von Aufträgen/Kunden durch Außendienstmitarbeiter od Werber; vor allem in der Versicherungswirtschaft)
(com) acquisition of a company
(cf, Kauf von Anteilen, Kauf von Wirtschaftsgütern; vor allem in der Wendung M&A: mergers and acquisitions)
Akquisitionskosten *pl*
(Mk) canvassing costs
– sales development costs
(ie, Teil der Vertriebskosten zwecks Auftragserzielung; may be fixed or variable)
(Vers) acquisition cost
Akquisitionsvertrag *m* (com) = Übernahmevertrag, qv
Akte *f* (com) file *(ie, collection of papers on one subject)*
Aktendeckel *m* (com) folder
Akteneinsicht *f* (Re) inspection of records
aktenkundig (Re) on the record
aktenkundig machen (com) to place on record
Aktennotiz *f*
(com) memo
– memorandum
Aktenordner *m* (com) standing file
Aktenplan *m*
(com) filing plan
(ie, based on decimal classification)
Aktenschrank *m* (com) filing cabinet
Aktenvermerk *m* (com) memo
Aktenvernichter *m* (com) document shredder
Aktenzeichen *n*
(com) reference code *(ie, on letters)*
(com) file number
AktG (Re) = Aktiengesetz
Aktie *f*
(Fin) share
(ie, used in England and Canada)
– (GB) share
(Fin, US) stock
– share of stock
– share
(ie, much less commonly used)
(Fin) share certificate
– stock certificate
(ie, als Mitgliedsschaftsurkunde = evidence of ownership)
Aktie *f* **mittlerer Güte**
(Fin) medium grade stock
Aktien *fpl* **abrufen** (Fin) to call the stock
Aktienabstempelung *f*
(Fin) official stamping of shares
(eg, on capital reduction, change of firm, reduction of bond interest)
Aktien *fpl* **abstoßen** (Bö) to dump shares

Aktienagio *n*
(Fin) stock premium
– share premium
aktienähnliche Wertpapiere *npl* (Fin) equity-related securities
Aktienanalyse *f*
(Fin) equity research
(ie, Prognose von Aktienkursen durch Fundamentalanalyse und Chartanalyse)
Aktienarten *fpl*
(Fin) classes/types of shares
(ie,
1. nach Stückelung:
a. Summenaktien = par value shares;
b. Quotenaktien = no-par-value shares;
2. nach Eigentumsübertragung:
a. Inhaberaktien = bearer shares;
b. Namensaktien = registered shares;
3. Umfang der verbrieften Rechte:
a. Stammaktien = common stock, (GB) ordinary shares;
b. Vorzugsaktien = preferred stock, preference shares.
Siehe auch: eigene Aktien, Vorratsaktien, Belegschaftsaktien, alte/junge Aktien, Gratisaktien; Split-Aktien)
Aktienaufschlag *m* (Fin) = Aktienagio
Aktienausgabe *f* (Fin) issue of . . .shares/stock
Aktienausgabekosten *pl* (ReW) stock issue expenses
Aktien *fpl* **ausgeben**
(Fin) to issue shares
– to issue stock
Aktienaustausch *m*
(Fin) exchange of shares
– exchange of stock
Aktienbesitz *m* (Fin) equity holding
Aktienbesitz *m* **von Handel, Banken und Versicherungen** (Fin) institutional holdings
Aktienbestand *m*
(Fin) shareholding
– stockholding
– stock portfolio
Aktienbeteiligung *f*
(Fin) equity interest
– equity stake
Aktienbewertung *f*
(Fin) stock valuation
(Bö) stock market analysis
(cf, Fundamentalanalyse, technische Analyse)
Aktienbezugsrecht *n*
(Fin) stock purchase warrant
– (GB) stock right
– right
Aktienbezugsrechtsschein *m* (Fin) equity warrant
(syn, Aktien-Warrant)
Aktienbezugsschein *m* (Fin) stock allotment warrant
Aktienbörse *f*
(Bö) stock exchange
– stock market
(ie, organized market for the purpose of centralized trading in securities)
Aktienbuch *n*
(Fin) share register
– stock register, § 67 AktG
(syn, Aktionärsbuch)
Aktiendepot *n* (Fin) stock portfolio
Aktienderivative *npl* (Bö) equity-related derivative products
Aktiendisagio *n*
(Fin) stock discount
– share discount
Aktien *fpl* **einreichen** (Fin) to surrender share certificates
Aktien *fpl* **einziehen** (Fin) to call in shares
Aktieneinziehung *f*
(Fin) redemption of shares
– redemption of stock
§§ 237–239 AktG
(ie, Verfahren zur Herabsetzung des Grundkapitals)
Aktienemission *f*
(Fin) issue of shares
– issues of stock
– equity issue
– equity offering
– equity launch
(ie, Erstbegebung von Aktien)
Aktienemissions-Agio *n* (Fin) stock-issue premium
Aktienemissions-Disagio *n* (Fin) stock-issue discount
Aktienemissions-Kosten *pl* (Fin) stock-issue cost
Aktienemissions-Kurs *m*
(Fin) share offering price
– stock offering price
Aktien *fpl* **emittieren**
(Fin) to issue shares
– to issue stock
Aktienerwerb *m* (Fin) share acquisition
Aktienfinanzierung *f*
(Fin) common stock financing
– equity financing
– equity funding
(‚equity financing' may include funds generated in the business = ‚Selbstfinanzierung')
Aktienfonds *m*
(Fin) equity fund
– stock fund
– share-based investment fund
(opp, Rentenfonds = bond fund)
Aktienführer *m* (Bö) stock guide
Aktiengattung *f*
(Fin) class of shares
– class of stock
(ie, Aktien mit gleichen Rechten; in der Praxis unterscheidet man häufig zwischen Stamm- und Vorzugsaktien; vgl aber Vorzugsaktien ohne Stimmrecht nach 139 ff Akt)
Aktiengeschäft *n*
(Bö) equity business
– dealings in equity
Aktiengesellschaft *f*
(com) stock corporation
– (GB) public limited company, PLC, plc
– (US) corporation
(ie, with limited liability and quoted shares; cf, AktG vom 6.9.1965 idF vom 29.3.1983)
Aktiengesetz *n* (Re) German Stock Corporation Law

Aktienhandel *m*
(Bö) equity trading
– stock trading
Aktienhändler *m* (Fin) equity dealer
Aktienhausse *f* (Bö) surge in equities
Aktien *fpl* **im Sammeldepot**
(Fin) shares in collective deposit
(ie, bank serving as central depository for securites)
Aktienindex *m*
(Bö) stock (market) index, pl. indexes
(ie, bildet Kursentwicklung des Aktienmarktes od einzelner Aktiengruppen: Dow Jones Industrial (USA), Financial Times Ordinary (GB), CAC General Index (Frankreich), Swiss Performance Index (Schweiz), Hang Seng Index (Hongkong), Deutscher Aktienindex, DAX seit 1.10.1988; syn, Kursindex)
Aktienindexanleihe *f*
(Fin, GB) bull-and-bear bond
– (infml) heaven-and-hell bond
(ie, Rückzahlungskurs ist nicht bei 100%, sondern an die Entwicklung e–s Aktienindex gekoppelt; hat meist e–n Deckel, d. h. Kursanstieg und -verlust sind auf e–n maximalen Prozentsatz begrenzt; Anleihe besteht in der Regel aus zwei Tranchen: bull bond und bear bond)
Aktienindex-Arbitrage *f*
(Fin) stock index arbitrage
(ie, Differenzarbitrage durch Kauf von Aktien, Aktienindizes, Aktienindex-Terminkontrakte und gleichzeitigen Verkauf ähnlicher Werte in e–m anderen Marktsegment)
Aktienindex-Optionskontrakt *m*
(Bö, US) stock index option contract
(ie, puts and calls are traded on the Chicago Options Exchange (CBOE), the American Stock Exchange (AMEX), the Philadelphia Stock Exchange (PHLX), and the Pacific Stock Exchange (PSE); they are regulated by the Securities and Exchange Commission; Einführung auf DAX-Index für August 1991 geplant)
Aktienindex-Terminkontrakt *m*
(Bö) stock index futures contract
(ie, based not on the prices of individual stocks, but on broad-based stock market averages (Aktienindizes); not settled by the delivery of stocks but by cash settlement; other features are leverage, liquidity, and commissions)
Aktieninhaber *m*
(Fin) shareholder
– stockholder
– equity holder
– equity shareholder
Aktieninvestmentfonds *m* (Fin) common stock fund
Aktienkaduzierung *f* (Fin) forfeiture of shares, § 64 AktG
Aktienkapital *n*
(Fin) share capital of a company
– capital stock
(ie, Nominalkapital der AG, das in Aktien zerlegt ist; syn, Grundkapital; nach § 7 AktG mind 50 000 €)
Aktienkauf *m*
(Fin) purchase of shares
– purchase of stock
Aktienkaufplan *m* (Pw) stock purchase plan
Aktien *fpl* **konjunkturempfindlicher Unternehmen** (Fin) cyclical stocks
Aktienkurs *m*
(Fin) share price
– stock price
– equity price
– market price of share
Aktienkursindex *m* (Bö) = Aktienindex, qv
Aktienkursrisiko *n* (Bö) equity price risk *(ie, Verlustrisiko aufgrund von Schwankungen von Aktienkursen)*
Aktienmakler *m* (Fin) stockbroker
Aktienmarkt *m*
(Bö) equity market
– stock market
– share market
(ie, Handel in Aktien, der sich idR an der Börse vollzieht; Aktienmarkt + Rentenmarkt = Wertpapiermarkt)
Aktienmarktkapitalisierung *f* (Bö) stock market capitalisation
Aktienmehrheit *f*
(Fin) controlling portion of common stock
– majority of stock
Aktien *fpl* **mit Konsortialbindung** (Fin) shares under syndicate agreements
Aktiennennbetrag *m* (Fin) par value per share *(cf, § AktG)*
Aktiennotierung *f* (Bö) stock quotation
Aktienoption *f* (Fin) right to convert bonds into shares
Aktienpaket *n*
(Fin) block of shares
– parcel of shares
– (GB) line of shares
– (GB) block of shares
– (infml) chunk of stock
(ie, größerer Nominalbetrag von Aktien, der maßgeblichen Einfluß auf e–e Gesellschaft sichert)
Aktienplazierung *f* (Fin) equity placement
Aktienportefeuille *n*
(Fin) equity portfolio
– stock portfolio
(syn, Aktiendepot, Aktienbestand)
Aktienpreis *m* (Bö) share price
Aktienrecht *n* (Re) stock corporation law
aktienrechtliche Gliederungsvorschriften *fpl* (Re) rules of classification as established in the German Stock Corporation Law
aktienrechtliche Vorschriften *fpl* (Re) rules as established under the German Stock Corporation Law
Aktienrechtsreform *f* (Re) reform of German stock corporation law
Aktienrendite *f*
(Fin) equity return
– yield on shares
– stock yield
Aktienrückgabe *f* (Fin) surrender of shares
Aktienrückkauf *m*
(Fin) stock buyback
– stock repurchase
Aktiensparen *n* (Fin) equity saving
Aktienspekulation *f* (Bö) speculation in shares
– speculation in stock

Aktienspitzen *fpl* (Bö) fractional shares
Aktiensplit *m* (Fin) stock splitup
Aktien *fpl* **splitten**
(Fin) to split shares
– to split stock
Aktienstimmrecht *n*
(Fin) stock voting right
(ie, durch Aktie verbrieftes Mitgliedschaftsrecht, §§ 12, 134 I AktG)
Aktienstreubesitz *m* (Fin) (widely) scattered shareholdings
Aktientausch *m*
(Fin) exchange of shares
– stock swap
(ie, in acquisition or merger operation)
(Bö) equity switching
Aktienübernahme *f*
(Fin) stock takeover
– share acquisition
Aktienübertragung *f*
(WeR) transfer of shares
– transfer of stocks
Aktienumtausch *m*
(Fin) exchange of share certificates
(syn, Umtausch von Aktien)
Aktienurkunde *f*
(WeR) stock document
– share document
Aktienverkaufsstelle *f* (Fin, GB) share shop
Aktien-Warrant *m* (Fin) equity warrant
(syn, Aktienbezugsrechtsschein, qv)
Aktien *fpl* **zeichnen** (Fin) to subscribe to shares
Aktienzeichner *m*
(Fin) applicant for shares
– share applicant
Aktienzeichnung *f*
(Fin) application for shares
– subscription for shares
Aktienzertifikat *n* (WeR) = Aktienurkunde
Aktien *fpl* **zur Zeichnung auflegen** (Fin) to invite subscription to shares
Aktienzusammenlegung *f*
(Fin) share consolidation
– reverse stock split
(ie, bei Herabsetzung des Grundkapitals)
Aktienzuteilung *f*
(Fin) stock allotment
– share allotment
Aktie *f* **ohne Bezugsrecht**
(Bö) ex rights share
– ex rights stock
Aktionär *m*
(Fin) shareholder
– stockholder
– equity holder
– equity shareholder
Aktionäre *mpl* **abfinden** (Fin) to indemnify shareholders
Aktionäre *mpl* **einberufen** (Bw) to convene shareholders *(eg, to general meeting)*
Aktionärsbanken *fpl* (Fin) shareholding banks
Aktionärsbrief *m*
(com) shareholders' letter
– newsletter to shareholders
(eg, company stated in a . . .)

Aktionärsbuch *n* (com) = Aktienbuch, qv
Aktionärsdarlehen *n* (Fin) shareholder loan
Aktionärsgruppe *f* (com) shareholder group
Aktionärspflege *f*
(com) shareholder relations
– stockholder relations
– investor relations
Aktionärsrechte *npl*
(com) shareholders rights
– stockholders' rights
(ie, Teilnahme an der HV, Recht auf Dividende, Bezugsrecht, Anteil am Liquidationserlös)
Aktionärsvereinigung *f*
(com) association of shareholders
(eg, Deutsche Schutzvereinigung für Wertpapierbesitz e.V.)
Aktionärsversammlung *f* (com) stockholders' meeting
Aktionärsvertreter *mpl*
(com) stockholder representatives
(eg, in co-determination matters; banks in general stockholder meetings)
Aktionen *fpl* **zur Stützung von Währungen** (Fin) monetary support operations
Aktionseinheit *f*
(Bw) organization unit
– administrative unit
– job
Aktionsforschung *f*
(Bw) action research
(ie, Wissenschaftler und Praktiker bilden ein umfassendes Handlungssystem; vor allem eingesetzt bei Prozessen der Organisationsentwicklung)
aktionsorientierte Datenverarbeitung *f* (EDV) action-based data processing
Aktionsparameter *m*
(Vw) action parameter
– parameter of action
Aktionspunkt *m* (EDV, GUI) hot spot
Aktionswerbung *f*
(Mk) direct-action advertising
Aktiva *npl*
(ReW) assets
(ie, Anlagevermögen, Umlaufvermögen, aktive Rechnungsabgrenzung; § 266 HGB)
Aktivablage *f* (com) active file *(opp, dead file)*
Aktiva *npl* **monetisieren** (Fin) to monetize assets
Aktiv-Antizipation *f*
(ReW) accrued assets
– accrued expense
– accrued income
– accrued liabilities
aktive Abgrenzung *f*
(ReW) prepayment
– deferred charge
– deferred expenses
aktive Bevölkerung *f* (Pw) active population *(syn, Anteil der Bevölkerung in Arbeits- oder Angestelltenverhältnissen)*
aktive Finanzpolitik *f* (FiW) active fiscal policy *(ie, Finanzpolitik orientiert sich an der konjunkturellen Lage)*
aktive Handelsbilanz *f*
(AuW) favorable trade balance
– active trade balance

aktive Jahresabgrenzung *f*
(ReW) accruals
– accrued assets
– accrued income
– accrued revenue
aktive Kenntnis *f* (Mk) recall
aktive Leistungsbilanz *f* (AuW) surplus on current account
aktive Leitung *f* (EDV) active line *(ie, available for data transmission)*
aktive Lohnveredelung *f* (AuW) processing of goods for foreign account
aktive Rechnungsabgrenzung *f* (ReW) accruals *(ie, accrued assets/income/revenue)*
aktiver Hub *m* (EDV) active hub
aktiver Inhalt *m* (EDV) active content
aktiver Mitarbeiter *m* (Pw) active employee
aktiver Speicher *m* (EDV) active storage
aktiver Teilhaber *m* (Re) active partner
aktiver Transithandel *m* (AuW) active transit trade
aktive Rückversicherung *f* (Vers) active reinsurance
aktiver Veredelungsverkehr *m* (Zo) inward processing arrangements
aktiver Verrechnungssaldo *m* (Fin) credit balance on inter-branch account, § 53 II 2 KWG
aktives Fenster *n* (EDV, GUI) focus windows *(syn, Eingabefenster)*
aktives Menü *n* (EDV, GUI) active menu *(syn, aktuelles Menü)*
aktives Programm *n* (EDV) active program
aktive Veredelung *f*
(Zo) inward processing
(ie, durch Gemeinschaftsrecht geregelte Art der Zollbehandlung)
aktive Vertretung *f* (Re) active agency *(ie, agent makes a declaration of intent on his principal's behalf)*
aktive Zahlungsbilanz *f*
(AuW) active balance of payments
– favorable balance of payments
aktive Zelle *f* (EDV) active cell
Aktivfinanzierung *f*
(Fin) lending of funds to third parties
(ie, by banks or business enterprises)
Aktivforderung *f* (com) claim outstanding *(ie, no technical term in accounting)*
Aktivgeschäft *n* (Fin) lending business
aktiv gewerblich tätig (com) engaged in the active conduct of a trade or business
Aktivhandel *m* (AuW) foreign trade carried on by domestic firms *(opp, Passivhandel)*
Aktivhypotheken *fpl* (Fin) mortgage lendings
aktivieren
(ReW) to capitalize
– to recognize as an asset
– to carry as an asset
– to charge to capital
(opp, als Periodenaufwand verbuchen = to expense)
(EDV) to enable *(syn, einschalten)*
aktivierte Eigenleistungen *fpl*
(ReW) internally produced and capitalized assets
– company-produced additions to plant and equipment
– material, wages and overhead capitalized as additions to plant and equipment
(ReW, EG) work performed by the undertaking for its own purposes and capitalized
aktivierte Kosten *pl* (ReW) capitalized cost
Aktivierung *f*
(ReW) capitalization
– carrying as assets
(AuW) moving into surplus
– heading into surplus
(ie, said of balance of payments; opp, Passivierung)
aktivierungsfähig (ReW) . . . which may be capitalized
Aktivierungspflicht *f* (ReW) legal obligation to capitalize (*or* to itemize) assets in the balance sheet
aktivierungspflichtige Gemeinkosten *pl* (ReW) capitalized overhead (expense)
aktivierungspflichtiger Aufwand *m*
(ReW) expenditure to be capitalized
– capital expenditure
(ie, chargeable to assets; permanently and substantially increases the property value and therefore the earning power of a business; opp, erfolgswirksamer Aufwand = revenue expenditure)
Aktivierungsrecht *n*
(ReW) right to capitalize
(ie, certain assets; eg, discount, startup cost, acquired goodwill)
Aktivierungsverbot *n* (ReW) legal prohibition to capitalize *(ie, certain asset items)*
Aktivierungswahlrecht *n*
(ReW) option to capitalize
(eg, derivativer Firmenwert = purchased goodwill)
aktiv Innovierender *m* (Bw) change agent
aktivisch abgegrenzt (ReW) deferred
Aktivitätsanalyse *f* (OR) activity analysis
Aktivitätskennzahl *f* (Fin) activity ratio
Aktivitätsordnung *f*
(Vers) active life table
(ie, actuarial table showing number of persons of a specific age group that are still alive or gainfully employed)
Aktivitätsstrahl *m* (Math) activity ray
Aktivitätsvektor *m* (Math) activity vector
Aktivkonto *n* (ReW) asset account
Aktivkredit *m* (Fin) business lending to outside parties
Aktivlegitimation *f*
(Re) capacity to sue, § 50 ZPO
(ie, term is now extended to include the wider concept of ‚Sachbefugnis' = accrual of substantive claim to plaintiff)
aktiv legitimiert
(Re) capable of suing
– having capacity to sue
Aktiv-Management *n*
(Fin) asset management
(ie, Umschichtung von Aktiva; opp, liability management)
Aktivmatrix-LCD *n* (EDV) active matrix liquid crystal display *(ie, liquid crystal display in which each pixel is controlled by its own transistor(s); eg, TFT-LCD)*

Aktivposten *m*
(VGR) credit item *(ie, of balance of payments)*
(ReW) asset item
– asset unit
Aktivsaldo *m* (ReW) credit balance
Aktivsaldo *m* **der Zahlungsbilanz** (AuW) balance of payments surplus
Aktivseite *f* (ReW) asset side *(ie, of balance sheet)*
Aktivspeicher *m* (EDV) programmable read only memory, PROM
Aktivtausch *m* (ReW) accounting exchange on the assets side *(ie, of financial statements)*
Aktivum *n* (ReW) asset
Aktivvermögen *n*
(Fin) actual net worth
– actual assets
Aktivwechsel *mpl* (ReW) bills outstanding
Aktivwert *m* (ReW) asset value
Aktivzins *m* (Fin) interest charged
aktualisieren
(com) to update *(eg, operating figures)*
– to bring up to date
Aktualisierungsprogramm *n* (EDV) updating program
Aktualität *f* (com) immediacy *(eg, data produced weekly for greater . . .)*
Aktualitätsverlust *m* (com) loss of up-to-dateness
Aktuar *m*
(Vers) actuary
(syn, Versicherungsmathematiker, auch: Chefmathematiker e–r Versicherungsgesellschaft)
Aktuarwissenschaft *f* (Vers) = Versicherungsmathematik, qv
aktuelle Ertragslage *f* (Fin) current profitability
aktueller Adreßschlüssel *m* (EDV, Cobol) actual key
aktueller Benutzer *m* (EDV) current user
aktueller Datensatz *m* (EDV, Cobol) current record
aktuelle Seite *f* (EDV) current page
aktuelles Feld *n* (EDV) current field
aktuelles Fenster *n* (EDV, GUI) focus window *(syn, Eingabefenster)*
aktuelles Laufwerk *n* (EDV) default drive *(syn, Standardlaufwerk)*
aktuelles Menü *n*
(EDV) current menu
(EDV, GUI) active menu
(syn, aktives Menü)
aktuelles Programm *n*
(EDV) active program
– current program
aktuelle Zeile *f*
(EDV) current line
(ie, often highlighted = unterlegt)
aktuell verfügbar
(com) available on a current basis
– currently available
Akustikkoppler *m*
(EDV) acoustic coupler
(ie, tragbares Gerät, das zur Datenfernübertragung angeschlossen wird; Übertragungsleistung bei 300 bit/sec; kann anstelle e–s Modems benutzt werden)
akustische Anzeige *f* (EDV) audible alarm

akustischer Speicher *m*
(EDV) acoustic memory
– acoustic storage
– acoustic store
(ie, using the properties of an acoustic delay line)
AKV (IWF) = Allgemeine Kreditvereinbarungen
Akzelerationskoeffizient *m*
(Vw) acceleration coefficient
(eg, O in der Investitionsfunktion I(t) = O(dY/dt))
Akzelerationsprinzip *n*
(Vw) acceleration principle
(ie, fluctuation in consumption induces much greater fluctuation in derived demand for capital good; lineare Beziehung zwischen induzierten Nettoinvestitionen und Veränderungen der Nachfrage (Volkseinkommen); Anwendungen: Lagerhaltungszyklus und das Multiplikator-Akzelerator-Modell der Konjunkturtheorie)
Akzelerator *m*
(Vw) accelerator
(ie, ratio between induced consumption and induced investment)
Akzelerator-Multiplikator-Modell *n*
(Vw) accelerator-multiplier model
(ie, gibt Zusammenhang zwischen gewünschtem Sachkapitalbestand und erwartetem Produktionsvolumen an; Anwendung: Lagerhaltungszyklus und Multiplikator-Akzelerator-Modell der Konjunkturtheorie)
Akzelerator-Multiplikator-Wirkung *f* (Vw) accelerator-multiplier interaction
Akzelerator-Rückkopplung *f* (Vw) accelerator loop
Akzept *n*
(WeR) acceptance
(ie, Annahme durch „Querschreiben"; cf, Art. 21–29 WG; Akzeptarten: 1. Blankoakzept; 2. Teilakzept; 3. Avalakzept; 4. Vollakzept)
(Fin) accepted bill
(ie, der angenommene Wechsel selbst)
(Fin) acceptance
(ie, two kinds: trade acceptance and bankers acceptance = Warenwechsel und Bankakzept)
Akzept-Akkreditiv *n*
(Fin) acceptance credit
(ie, bei Vorlage der Dokumente: Akzeptierung des vom Exporteur auf die Bank gezogenen Wechsels)
Akzeptant *m*
(WeR) acceptor
(ie, primarily liable after acceptance, while drawer is secondarily liable; cf, UCC § 3-413; syn, Bezogener, Trassat = drawee)
Akzeptantenwechsel *m*
(Fin) acceptor's bill
(ie, Lieferantenkredit auf Wechselbasis; syn, Scheck-Wechsel-Verfahren, umgedrehter Wechsel, Umkehrwechsel)
Akzeptanz *f*
(com) acceptance
(Mk) market acceptance
Akzeptanzproblem *n* (EDV) problem of acceptance *(syn, mangelnde Nutzung)*
Akzeptaustausch *m*
(Fin) exchange of acceptances
(ie, Austausch von selbstdiskontierten eigenen Akzepten zwischen Banken)

Akzeptebuch *n*
(ReW) register of bills payable
(ie, Hilfsbuch der doppelten Buchführung)
Akzepte *npl* **im Umlauf** (Fin) acceptances outstanding
Akzeptgebühr *f* (Fin) acceptance charge
Akzept *n* **gegen Dokumente**
(com) acceptance against documents, D/A, d/a
(ie, Importeur erhält Ware erst, nachdem der Exporteur e–e Tratte auf den Importeur od die Importeurbank akzeptiert hat)
akzeptierbare Menge *f*
(EDV) acceptable set
– semi-calculable set
akzeptieren
(com) to accept
– to approve of *(eg, plan, proposal, scheme)*
(EDV) to accept *(opp, to reject)*
Akzeptkredit *m*
(Fin) acceptance credit
(ie, Bank akzeptiert einen vom Kreditnehmer auf sich gezogenen Wechsel und verpflichtet sich so zur Einlösung; clean credit facility for funding trade collections of acommodation finance; syn, Diskontkredit, Wechselkredit)
Akzeptleistung *f* (WeR) acceptance
Akzeptlinie *f*
(Fin) acceptance line
(ie, limit or ceiling of acceptance credit which a foreign bank allows a domestic bank for drafts of its customers)
Akzeptmeldung *f* (Fin) notification of acceptance
Akzeptobligo *n* (ReW) bills payable
Akzeptprovision *f* (Fin) acceptance commission
Akzepttausch *m* (Fin) = Akzeptaustausch
Akzeptumlauf *m*
(Fin) acceptances outstanding
– acceptance commitments
Akzeptverbindlichkeiten *fpl*
(Fin) acceptance liabilities
– acceptance commitments
(syn, Wechselobligo)
Akzeptverweigerung *f* (WeR) dishonor by nonacceptance
Akzeptvorlage *f* (WeR) presentation for acceptance
Akzession *f*
(com) accession
– acquisition
(eg, of books in library)
(Re) accession
– adherence
(ie, act of becoming joined to; eg, Greece to EEC)
Akzessorietät *f* (Re) quality of being accessory to *(eg, a principal obligation)*
akzessorisch (Re) accessory
akzessorische Sicherheit *f*
(Re) collateral security
– (GB) asset cover
(opp, persönliche Sicherheit = personal security)
akzessorische Verpflichtung *f* (Re) accessory undertaking
Akzisen *fpl*
(FiW) excise taxes
– indirect taxes *(eg, consumption taxes, customs duties)*

A-Länder *npl*
(AuW) A countries
(ie, Entwicklungsländer Afrikas und Asiens; cf, B-, C- und D-Länder)
Alarmeinrichtung *f* (EDV) alarm equipment
aleatorischer Vertrag *m*
(Re) aleatory contract
– hazardous contract
(ie, where the performance depends on an uncertain event; eg, insurance, engagement to pay annuity)
aleatorische Werbung *f*
(Mk) aleatory advertising
(eg, Verlosungen, Preisausschreiben)
Algebra *f* (Math) algebra
Algebra *f* **der Logik**
(EDV) Boolean algebra
– Boolean logic
algebraische Funktion *f* (Math) algebraic function
algebraische Gleichung *f* (Math) algebraic equation
algebraische Körpererweiterung *f*
(Math) algebraic extension of a field
– separable extension of a field
(syn, separable Körpererweiterung, Körpererweiterung 1. Art)
algebraisches Komplement *n*
(Math) algebraic complement
– cofactor
(ie, signed minor of an element of a square matrix)
algebraische Struktur *f* (Math) algebraic structure
algebraische Topologie *f* (Math) algebraic topology
algebraische Zahl *f*
(Math) algebraic number
(ie, root of an algebraic equation with integral coefficients = ganzzahlige Koeffizienten)
algebraisch irrationale Zahl *f* (Math) algebraic irrational number
ALGOL (EDV) = Algorithmic Language *(ie, high-level programming language)*
algorithmisch (EDV) algorithmic
algorithmische Linguistik *f* (EDV) computational linguistics
algorithmisieren (EDV) to algorithmize
Algorithmisierung *f* (EDV) algorithmization
Algorithmus *m*
(Math) algorithm
(ie, problem-solving procedure; effektives Berechnungsverfahren)
Alias *m* (EDV) alias *(syn, Zweitname)*
Aliud-Lieferung *f*
(Re) delivery of goods other than those ordered
(ie, does not constitute performance of contract)
Allbranchen-Versicherer *m*
(Vers) all-line insurer
(ie, Leben, Kranken, Sach, Haftpflicht)
Allbranchen-Versicherung *f*
(Vers) all-lines insurance
(Vers) all-lines insurance company
Alleinauftrag *m*
(com) exclusive contract
(eg, mit Verzicht auf das Recht des Auftraggebers, gleichzeitig die Dienste mehrerer Makler in Anspruch zu nehmen; cf, §§ 652–656e BGB)

Alleinbesitz *m* (Re) exclusive possession
Alleinbetrieb *m*
(com) one-man business
– sole proprietor
– (GB) sole trader
Alleineigentum *n* (Re) sole ownership
Alleineigentümer *m* (Re) sole owner
Alleinerbe *m* (Re) sole heir
Alleinfinanzierung *f* (Fin) sole financing *(opp, joint financing)*
Alleingesellschafter *m* (Bw) sole shareholder
alleiniger Abnehmer *m*
(com) sole buyer
(ie, franchise dealer for a specified sales district)
alleiniger Eigentümer *m* (Re) sole owner
alleiniger Erfinder *m* (Pat) sole inventor
alleiniges Eigentumsrecht *n*
(Re) sole ownership
– sole proprietorship
alleiniges Vertriebsrecht *n* (Mk) sole selling right
alleinige Zuständigkeit *f* (Re) exclusive jurisdiction
Alleininhaber *m*
(Re) sole holder
– sole owner
Alleinkonzessionär *m* (com) sole concessionaire
Alleinrecht *n* (Pat) exclusive right
Alleinstellung *f*
(Pat) unique position
(ie, special protection of a well-known trade mark on account of its unequaled nature)
Alleinsteuer *f* (FiW) single tax *(= impôt unique)*
Alleinverkaufsrechte *npl*
(com) sole and exclusive selling rights
– exclusive franchise
Alleinverkaufsvertrag *m* (Re) exclusive sales contract
Alleinvertreter *m*
(com) sole agent
– sole distributor
(ie, buys and sells in his own name and for his own account, seeking to make middleman's profit)
(Re) sole (and exclusive) agent *(opp, Gesamtvertreter)*
(Mk) exclusive distributor
Alleinvertretung *f*
(com) sole and exclusive agency
– sole and exclusive representation
(syn, Einzelvertretung)
Alleinvertrieb *m*
(Mk) exclusive marketing
(ie, by a sole agent, a sole proprietor, or a company-owned trading operation; syn, Exklusivvertrieb)
Alleinvertriebsabkommen *n* (Re) exclusive sales contract
Alleinvertriebsberechtigter *m* (com) exclusive distributor
Alleinwerbung *f* (Mk) individual advertising *(opp, Gemeinschaftswerbung)*
alle Rechte vorbehalten (Re) all rights reserved
Alles-oder-Nichts-Klausel *f* (Fin) all-or-nothing clause
Alles-oder-Nichts-Prinzip *n* (Re) all-or-nothing principle

Allfinanz *f*
(Fin) one stop finance
– financing services provided under one roof
(ie, möglichst umfassendes Angebot von Finanzdienstleistungen durch Kreditinstitute, Versicherungen, Nichtbanken; Möglichkeiten: Tochterunternehmen, Beteiligungen, Kooperationen)
allgemein
(com) general
– across-the-board
Allgemeinbegriff *m*
(com) general term
(Log) universal (concept)
allgemein-bejahendes Urteil *n*
(Log) universal affirmative
– A-proposition
allgemeine Arbeitslosigkeit *f* (Vw) general unemployment
allgemeine Bankgeschäfte *npl* (Fin) general banking operations
allgemeine Bedingungen *fpl* (Re) standard terms and conditions
Allgemeine Bedingungen *fpl* **für die Kraftverkehrsversicherung** (Vers) General Conditions Relating to Motor Vehicle Insurance
allgemeine Bemessungsgrundlage *f* (SozV) general basis of assessment
allgemeine Betriebskosten *pl* (KoR) general (operating) costs
Allgemeine Betriebswirtschaftslehre *f* (Bw, *roughly*) general business economics
allgemeine Bewertungsvorschriften *fpl* (StR) general valuation rules, §§ 1–16 BewG
Allgemeine Deutsche Binnentransportbedingungen *fpl* (com) General Domestic Transport Conditions
Allgemeine Deutsche Seeversicherungsbedingungen *fpl* (SeeV) General German Marine Insurance Conditions
Allgemeine Deutsche Spediteurbedingungen *fpl* (com) General German Forwarders' Conditions
allgemeine Erhöhung *f* (com) across-the-board increase *(eg, prices, wages)*
allgemeine Erklärungsfrist *f*
(StR) general due date for filing annual tax return, § 149 I AO
– filing period
(ie, within 5 months after the period or date unless otherwise specified)
allgemeine Geburtenziffer *f*
(Stat) crude birth rate
Allgemeine Geschäftsbedingungen *fpl*, **AGB**
(Re) General Standard Terms and Conditions
(ie, vorformulierte Vertragsbedingungen, die e–e Partei [der Verwender] der anderen Partei [Kunde] bei Vertragsabschluß stellt; nur Annahme oder Nichtannahme möglich; inhaltlich gleich sind Allgemeine Vertragsbedingungen)
allgemeine Geschäftskosten *pl*
(com) general business expense
(ie, nontechnical term for ‚administrative overhead')
allgemeine Havarie *f* (SeeV) general average
allgemeine Hilfsabteilung *f* (KoR) general service department

allgemeine Hilfskostenstelle *f*
(KoR) general indirect-cost center
– general service department
(eg, buildings, heating, welfare facilities)

allgemeine Kapitalgesellschaft *f*
(com) public(ly held) company
– public corporation

allgemeine Kostenstelle *f*
(KoR) general cost center
– service department
(ie, erbringen Leistungen für alle Teile des Unternehmens; eg, Energieerzeugung, Grundstücke, Gebäude; opp, Fertigungsstelle)

Allgemeine Kreditvereinbarungen *fpl* (IWF) General Arrangements To Borrow, GAB

Allgemeine Lieferbedingungen *fpl* (com) General Terms and Conditions of Delivery

allgemeine Lohnerhöhung *f* (Pw) across-the-board wage increase

allgemeine Preiserhöhung *f*
(Vw) general price increase
(Mk) across-the-board price increase *(ie, affecting all company products)*

Allgemeine Rollfuhrbedingungen *fpl* (com) General Cartage Conditions

allgemeiner Satz *m*
(Log) strictly universal statement
– all-statement
(opp, singulärer Satz)

allgemeiner Term *m* (Math) general term

allgemeiner Überblick *m*
(com) broad overview (of)
– general overview (of)

Allgemeine Schutzverletzung *f* (EDV) General Protection Failure, GPF *(ie, in protected mode a program tried to write into another programs memory area)*

allgemeines Glied *n* (Math) general term *(ie, of a series)*

allgemeine Sicherheitsrücklage *f* (Vers) contingency reserve

allgemeines Kindergeld *n* (SozV) general children's benefits

allgemeines Lohnniveau *n* (Vw) general wage level

allgemeine Sorgfaltspflicht *f* (Re) common duty of care

Allgemeines Präferenzsystem *n*
(AuW, US) Generalized System of Preferences, GSP
(ie, set up to promote exports from developing countries)

allgemeines Preisniveau *n* (Vw) general price level

allgemeines Rechnungswesen *n* (ReW) general accounting

Allgemeines Schuldrecht *n* (Re) general part of the law of obligations, §§ 241–432 BGB

allgemeines Tauschmittel *n* (Vw) general means of exchange

allgemeine Sterbeziffer *f*
(Stat) crude death rate
– crude mortality rate

allgemeine Steuer *f*
(FiW) general tax
– broad-based tax
(opp, spezielle Steuer = narrow-based tax)

allgemeine Steuermeßzahl *f* (StR) general basic rate, § 15 GrStG

allgemeine Steuermittel *pl*
(FiW) general revenue
– (infml) public purse
– (infml) public till

allgemeine Steuern *fpl*
(FiW) general taxes
– broad-based taxes

allgemeine Steuersenkung *f* (FiW) general cut in taxes

allgemeines Urteil *n* (Log) universal (proposition)

allgemeines Veräußerungsverbot *n* (Re) general prohibition to sell or otherwise dispose of individual assets, § 106 KO, § 59 VerglO

Allgemeines Wirtschaftsrecht *n* (Re) General Law of the Economy *(ie, juristic basis of economic activities)*

Allgemeines Zoll- und Handelsabkommen *n* (AuW) General Agreement on Tariffs and Trade, GATT

Allgemeine Tarifierungsvorschriften *fpl* **zum Schema des gemeinsamen Zolltarifs** (EG) Rules for the Interpretation of the Nomenclature of the Common Custom

allgemeine und Verwaltungskosten *pl* (KoR) general and administrative expenses

allgemeine Unkosten *pl* (com) general expense *(ie, obsolete term for ‚overhead')*

allgemeine Verbrauchsteuer *f* (StR) general consumption tax

Allgemeine Verkaufsbedingungen *fpl* (Re) General/Standard . . . Conditions of Sale

Allgemeine Verschuldung *f* (FiW) general debt

Allgemeine Versicherungsbedingungen *fpl* (Vers) General Insurance Conditions

Allgemeine Vertragsbedingungen *fpl* (Re) cf, Allgemeine Geschäftsbedingungen

allgemeine Volkswirtschaftslehre *f* (Vw) general economics

Allgemeine Vorschriften *fpl* **über die Zollsätze** (Zo) General Rules concerning duties

allgemeine Wirtschaftsdaten *pl* (com) general business statistics

allgemeine Wirtschaftslage *f*
(Vw) general business conditions
– general economic activity
– state of the economy

allgemeine Zinstendenz *f* (Vw) general interest tendency

Allgemeine Zollordnung *f*, **AZO** (Zo) General Customs Regulations
(ie, vom 29.11.1961)

Allgemeine Zollpräferenzen *fpl*
(Zo) General Preferences
(ie, vom 1.7.1971; für Halb- und Fertigwaren zugunsten der Entwicklungsländer; cf, General Systems of Preference, GSP)

Allgemeinheit *f*
(Re) general public
– public at large

Allgemeinheitsstufe *f*
(Log) level of generality
– level of universality

allgemeinstes Entscheidungsnetzwerk *n* (OR) generalized activity network

allgemein-verneinendes Urteil *n*
(Log) universal negative
– E-proposition
Allgemeinwohl *n* (Re) = Gemeinwohl, qv
Allklasse *f* (Log) universal class
Allokation *f* **der Ressourcen**
(Vw) resource allocation
– allocation of resources
Allokationsabteilung *f* (FiW) allocation branch *(Musgrave)*
Allokationseffekt *m* (Vw) allocative effect
Allokationseffizienz *f* (Vw) allocative efficiency
Allokationsfunktion *f* (Vw) allocative function
Allokationsmechanismus *m* (Vw) allocative mechanism
Allonge *f*
(WeR) allonge
– rider
(ie, strip of paper annexed to a bill of exchange, on which to write indorsements for which there is no room left on the instrument itself)
Alloperator *m*
(Log) universal quantifier
(ie, name given to the notation (x) prefixed to a logical formula A (containing the free variable x to express that A holds for all values of x) – usu for all values of x within a certain range)
Allphasen-Brutto-Umsatzsteuer *f* (StR) all-stage gross turnover tax *(ie, abolished on 31 Dec 1967)*
Allphasen-Netto-Umsatzsteuer *f*
(StR) all-stage net turnover tax
(ie, value-added tax, or VAT, introduced on 1 Jan 1968)
Allphasen-Netto-Umsatzsteuer *f* **mit Vorsteuerabzug** (StR) all-stage net turnover tax entitling ‚entrepreneur' to deduct prior turnover tax
Allphasensteuer *f* (FiW) all-stage (turnover) tax
Allsatz *m*
(Log) strictly universal statement
– all-statement
Allzweckrechner *m* (EDV) general-purpose computer
al pari
(Fin) at par
(ie, market price of security is equal to its face value)
alphabetischer Code *m* (EDV) alphabetic code *(syn, Alphacode)*
alphabetisches Zeichen *n*
(EDV, Cobol) alphabetic character
(ie, letter or space character; cf, DIN 66 028, Aug 1985)
Alphabetname *m* (EDV, Cobol) alphabet name *(ie, cf, DIN 66 028, Aug 1985)*
Alphabetsortierung *f* (EDV) alphabetic sort
Alphakanal *m*
(EDV) alpha channel
(ie, höherwertige 8 Bit in einer 32-Bit-Darstellung von Graphikpunkten; übernimmt in der Regel Funktionen zur Maskierung oder Farbmanipulation in Bildverarbeitungsprogrammen)
Alpha-Koeffizient *m* (Mk) alpha coefficient
alphanumerisch
(EDV) alphameric
– (Cobol) alphanumeric

alphanumerische Adresse *f*
(EDV) alphameric address
– alphanumeric address
alphanumerische Codierung *f*
(EDV) alphameric coding
– alphanumeric coding
alphanumerische Daten *pl*
(EDV) alphameric data
– alphanumeric data
alphanumerischer Code *m*
(EDV) alphameric code
– alphanumeric code
(ie, Zuordnungsvorschrift, die sich auf e–n Zeichenvorrat aus Dezimalziffern und den Buchstaben des Alphabets bezieht; coding system using combinations of numeric and alphabetic characters to represent data)
alphanumerischer Leser *m*
(EDV) alphameric reader
– alphanumeric reader
alphanumerisches Codesystem *n*
(EDV) alphameric coding system
– alphanumeric coding system
alphanumerisches Zeichen *n*
(EDV, Cobol) alphanumeric character
(ie, any character in a character set = Zeichenvorrat; cf, DIN 66 028, Aug 1985)
alphanumerische Tastatur *f* (EDV) alphanumeric keyboard
als Aufwand verrechnen
(ReW) to expense
– to charge against the operations of an accounting period
– to charge as present operating cost
als Gegenleistung (Re) in return for
Als-ob-Wettbewerb *m* (Kart) as-if competition
als Vertreter (Re) in representative capacity
als Zollwert der Waren anerkennen (Zo) to accept the price as the value of goods for customs purposes
Altbau *m* (com) old building
Altbausanierung *f*
(com) modernizing and refitting older buildings
(com) area rehabilitation *(ie, als Flächensanierung)*
Altbauwohnungen *fpl* (StR) older homes
alte Aktie *m* (Fin) old share *(opp, junge Aktie, qv)*
alteingesessenes Unternehmen *n* (com) old-established business
Altenquotient *m*
(com) elderly dependency ratio
(people over 64/people 15–64)
Altenteil *n* (StR) residential building (or part thereof) used by retired owner of an agricultural enterprise, § 34 III BewG
Altenteiler *m* (StR) retired owner (of an agricultural establishment), § 34 III BewG
Altentwertungsrate *f*
(Bw) falling rate of residual value
(ie, mit steigender Nutzungszeit und/oder steigender Absatzmenge verringert sich der Altwert)
ältere Erfindung *f* (Pat) prior invention
älterer Arbeitnehmer *m*
(Pw) older employee
– older worker
– elderly employee

älteres Patent *n* (Pat) prior patent
Alternativ-Auftrag *m* (Bö) either-or order
Alternative *f*
(com) alternative
(ie, one or the other of two conditions or courses of action)
(Log) alternative
– inclusive disjunction
(EDV) inclusive OR
alternative Kosten *pl* (Vw) opportunity costs *(cf, Opportunitätskosten)*
alternative Produktion *f*
(IndE) alternative production
(ie, in a multi-product plant where an increase in output of one product reduces the output potential of others)
alternativer Kapitalmarkt *m* (Fin) gray capital market *(syn, grauer Kapitalmarkt)*
alternativer Satzschlüssel *m*
(EDV) alternative record key
(ie, identifies a record within an indexed file; cf, DIN 66 028, Aug 1985)
alternative Substitution *f* (Bw) alternative substitution
Alternativfrage *f*
(Mk) closed question
– dichotomous question
– alternative question
Alternativhypothese *f* (Log) alternative hypothesis *(opp, null hypothesis)*
Alternativklausel *f* (Fin) *(obsolete for:)* Fakultativklausel, qv
Alternativkosten *pl* (Vw) opportunity costs *(cf, Opportunitätskosten)*
Alternativlösung *f* (com) alternative solution
Alternativplan *m*
(com) contingency plan
– alternative plan
Alternativplanung *f*
(com) contingency planning
– alternative planning
(syn, Schubladenplanung)
Alternativprogramm *n* (Bw) alternative program
Alternativsanierung *f*
(Fin) alternative reorganization
(ie, where members of a company may choose between voluntary prorata payments or reduction of par value of their shares)
Alternativsubstitution *f* (Vw) alternative substitution
Alternativtechnologie *f* (Vw) = Auffangtechnologie, qv
Alternativvorschlag *m*
(com) alternative suggestion
– alternative proposal
Alternativweg *m*
(EDV) alternative route
(ie, secondary route if primary route is unavailable)
alternierende Gruppe *f* (Math) alternating group
alternierende Reihe *f* (Math) alternating series
Altersaufbau *m*
(Bw) age ranking of fixed assets *(ie, based on year of acquisition)*
(Stat) age distribution
– age pattern
– age structure
Alterseinkommen *n* (Pw) retirement income
Altersentlastungsbetrag *m* (StR) old age percentage reduction, § 24 a EStG *(ie, maximum 40 percent, not exceeding € 1,908)*
Altersfreibetrag *m*
(StR) old age allowance
(ie, deductible by taxpayers who have completed age 64 prior to the next calendar year; cf, 32 VIII EStG)
Altersgliederung *f*
(Stat) age distribution
– age structure
Altersgrenze *f*
(Pw) age limit
– retirement age
Altersgruppe *f*
(com) age group
(Stat) age cohort
Altersgruppeneinteilung *f* (Stat) age grouping
Altershilfe *f* **für Landwirte** (SozV) farmers' old-age pension scheme
Alterslast *f* (FiW) elderly dependency ratio
Altersprofil *n* (Mk) age profile *(ie, of a product)*
Alterspyramide *f* (Stat) age pyramid
Altersrente *f* (SozV) old-age pension
Altersruhegeld *n*
(SozV) old-age pension
– retirement pension
– retired pay
(ie, Leistung der gesetzlichen Rentenversicherung)
Alterssicherung *f* (SozV) old-age protection
altersspezifisch
(Pw) age-specific *(eg, death rate)*
– by age
altersspezifische Sterbeintensität *f* (Vers) force of mortality
altersspezifische Sterbeziffer *f* (Stat) refined death rate
Altersstruktur *f* (Pw) = Altersaufbau
Altersübergangsgeld *n* (Pw) transitional benefits for early retirement
Alters- und Hinterbliebenenversicherung *f* (SozV) old age and dependants' insurance
Alters- und Hinterbliebenenversorgung *f* (SozV) old age, disabled, and survivors' social security system
Altersverteilung *f* (Bw) age distribution *(ie, of fixed assets)*
Alterszulage *f* (com) age addition
Altgeschäft *n* (Fin) pre-currency-reform issues
Altgläubiger *m* (Re) assignor *(syn, Abtretender, Zedent)*
Altlasten *fpl*
(Vw) inherited burdens
(ie, on the territory of the former German Democratic Republic; eg, infrastructure in deplorable condition, environmental damage out of all proportion, etc)
(FiW) pre-currency reform claims
Altlastzahlungen *fpl* (FiW) payments to meet restructuring costs run up before the 1969 reorganization of the West German coal industry
Altmaterial *n* (com) scrap

Altmaterialhändler *m* (com) scrap dealer
Altmaterialwert *m*
(ReW) scrap value
– salvage value
Altpapier *n*
(com) waste paper
(com) paper stock *(ie, raw material or merchandise)*
Altschulden *fpl*
(Fin) prior debt
– old debt
Altsparerwertpapiere *npl* (Fin) old savers' securities
Altsystem *n* (com) legacy system
Altwährung *f*
(EG) legacy currency
(ie, currency prior to entry into EMU)
Altwarenhandel *m* (com) second-hand trade
Altwert *m*
(Fin) residual value
(ie, Wert, den e–e Investition am Ende ihrer Nutzungszeit besitzt; syn Restwert)
Altzusagen *fpl* (ReW) pension promises predating the new law
Aluminiumindustrie *f*
(com) aluminum industry
– (GB) aluminium industry
(ie, this is what is generally called ‚Leichtmetallindustrie')
Ambivalenzkonflikt *m* (Bw) plus-minus conflict
ambulante Behandlung *f* (SozV) out-patient treatment
ambulanter Handel *m*
(Mk) itinerant selling
(ie, Teil des Einzelhandels: Hausierer, Markthandel, Straßenhandel; etwa 1 % am Gesamtumsatz des institutionellen Einzelhandels)
ambulantes Gewerbe *n* (com) itinerant trade
ambulante Versorgung *f* (SozV) medical care to out-patients
amerikanische Buchführung *f*
(ReW) columnar bookkeeping
– tabular bookkeeping
amerikanische Klassifikationsgesellschaft *f* **für die Schiffahrt** (com) American Bureau of Shipping, ABS
amerikanische Klausel *f*
(SeeV) American Clause
(ie, weitere Deckung durch den Versicherten verringert nicht die Haftung des Versicherers)
amerikanische Option *f*
(Bö) American option
(ie, kann während der gesamten Laufzeit ausgeübt werden; can be exercised on or before the fixed expiration date; opp, europäische Option, qv)
amerikanische Parität *f*
(AuW) American parity
(ie, indicates the equivalent in U.S. money of the foreign price of an internationally traded security)
amerikanischer Gewerkschaftsverband *m* (com) American Federation of Labor, AFL
amerikanischer Wirtschaftsverband *m* (com) American Economic Association, AEA *(entspricht in etwa dem deutschen Bundeswirtschaftsrat)*
amerikanischer Zinstender *m*
(Fin) US-style variable-rate tender
(ie, gewichteter Zuteilungsssatz, weighted allotment rate)
Amerikanisches Zuteilungsverfahren *n* (Fin) American auction
amerikanisches Zuteilungsverfahren *n*
(EG, Fin) American auction
- multiple-rate auction
am Markt vorbei produzieren (com) to fail to fill the needs of the market
Amoroso-Robinson-Relation *f* (Vw) Amoroso-Robinson relation *(ie, between marginal outlay and direct price elasticity)*
Amortisation *f*
(Fin) amortization
– repayment
(ie, gradual extinction of long-term debt according to an agreed plan)
(Fin) payback
– payoff
– payout
(ie, of investment projects)
(ReW) depreciation
(ie, of fixed assets)
Amortisationsanleihe *f*
(Fin) redemption loan
– refunding loan
(syn, Tilgungsanleihe)
Amortisationsdauer *f* (Fin) = Amortisationszeit
Amortisationsfonds *m*
(Fin) amortization fund
– redemption fund
– sinking fund
(syn, Tilgungsfonds)
Amortisationshypothek *f* (Fin) = Tilgungshypothek, qv
Amortisationsmethode *f*
(Fin) payback analysis
– payoff analysis
(ie, used in evaluating investment projects)
Amortisationsplan *m*
(Fin) amortization schedule
– redemption schedule
Amortisationsrechnung *f*
(Fin) payoff (time) method
(der Investitionsrechnung = preinvestment analysis; syn, Kapitalrückflußrechnung)
Amortisationszeit *f*
(Fin) period of redemption
– period of repayment
(Fin) payoff period
– payback period
– payout period
(ie, in der Investitionsrechnung = preinvestment analysis; syn, Kapitalrückflußdauer)
(Vers) payback/amortization . . . period
(ie, term used in the rating of per occurrence excess covers which represent the number of years at a given premium level which would be necessary to accumulate total premiums equal to the indemnity)
amortisierbar
(Fin) amortizable
– repayable
– redeemable

amortisieren
(com) to pay off
(eg, purchase has long paid off)
(Fin) to amortize
(ie, to retire debt gradually and as planned)
(Fin) to pay back
– to pay off
– to pay out
(ie, said of investment projects)
Amortisierung *f* (Fin) = Amortisation
Amt *n*
(Re) office
(ie, kleinste Verwaltungseinheit im Rahmen der Verwaltungsorganisation; Komplex von Wahrnehmungszuständigkeiten)
(Re, US) agency
(Pw) position
amtlich (Re) official
amtlich beglaubigt
(Re) legalized
– officially attested
– officially authenticated
amtlich bestellter Sachverständiger *m* (com) officially appointed expert
amtlich beurkundet (Re) officially recorded
amtliche Begründung *f* (Re) official substantiation
amtliche Bekanntmachung *f* (Re) official announcement
amtliche Börsennotiz *f* (Bö) official quotation
amtliche Finanzstatistik *f* (FiW) official financial statistics
amtliche Genehmigung *f* (Re) official approval
amtliche Güteprüfung *f* (Stat) government inspection
amtliche Hinterlegungsstelle *f* (Re) official depository
amtlich eingeführte Aktie *f*
(Bö) listed share
– officially quoted share
– share admitted to official stock exchange dealings
amtliche Notierung *f* (Bö) official quotation
amtliche Notiz *f* (Bö) = amtliche Notierung
amtliche Preisüberwachung *f* (Vw) official price surveillance
amtliche Prognose *f* (Vw) official forecast
amtlicher Börsenmakler *m* (Bö) official stock exchange broker
amtlicher Börsenpreis *m* (Bö) official exchange quotation
amtlicher Devisenkurs *m* (Fin) official foreign exchange quotation
amtlicher Handel *m*
(Bö) official dealings
– official trading
(ie, Börsensegment der zum amtlichen Handel zugelassenen Wertpapiere; syn, amtlicher Markt)
amtlicher Kurs *m*
(Bö) official rate of exchange
(Bö) official price
– official quotation
amtlicher Kursmakler *m* (Bö) official broker
amtlicher Markt *m* (Bö) = amtlicher Handel, qv
amtlicher Sachverständiger *m* (com) officially appointed expert
amtlicher Vordruck *m* (com) official form
amtlicher Wechselkurs *m* (Fin) official exchange rate
amtliches Kursblatt *n*
(Bö) official price list
– (GB) Official List
amtliche Statistik *f* (Stat) official statistics
amtliche Vorprüfung *f* (Pat) preliminary search
amtliche Währungsreserven *fpl* (Fin) official reserves
amtliche Wertpapierbörse *f*
(Bö) official stock exchange
– recognized stock exchange
amtlich nicht notierte Werte *mpl* (Bö) unlisted securities
amtlich notiert
(Bö) officially listed
– officially quoted
amtlich notierte Wertpapiere *npl*
(Bö) listed securities
– on-board stocks
amtlich vorgeschriebenes Muster *n*
(com) officially designated form
– officially required form
amtlich zugelassen
(Bö) officially listed
– officially quoted
amtlich zugelassener Makler *m* (Bö) official broker
amtlich zugelassener Wirtschaftsprüfer *m* (ReW) Accredited Chartered Accountant, ACA
Amtsblatt *n* **der Europäischen Gemeinschaften** (EG) Official Journal of the European Community
Amtsbonus *m* (com) advantage of incumbency
Amtsgericht *n*
(Re) local first-instance court
(ie, Gericht der ersten Instanz der ordentlichen Gerichtsbarkeit; Rechtsmittelzug geht an das Landgericht; hears cases involving minor offenses or smaller claims)
Amtsgespräch *n* (com) external call
Amtshaftungsklage *f* (Re) suit to establish liability of public authorities
Amtshandlung *f* **der Zollbehörden** (Zo) customs operation
Amtshilfe *f*
(Re) administrative assistance
(ie, durch e–e nicht-gerichtliche Behörde; cf, Rechtshilfe)
Amtsinhaber *m*
(Pw) incumbent
– holder of an office
Amtsmißbrauch *m* (Re) abuse of administrative authority
Amtspfleger *m* (Re) official guardian
Amtspflichtsverletzung *f* (Re) breach of official duties by civil (*or* public) servants, § 839 BGB
Amtsplatz *m* (Zo) place where the business of customs offices is usually conducted
Amtsstunden *fpl* (com) official hours
Amtszeit *f* (com) term of office
Amt *n* **übernehmen** (com) to assume an office
Analog-Bildschirm *m*
(EDV) analog monitor

– analog display
(ie, monitor with only one input signal; opp, RGB monitor, qv)
Analog-Digital-Wandler *m* (EDV) A/D converter
Analogleitung *f* (EDV) analog line
Analog-Modem *m* (EDV) analog modem
Analyse *f* **der strategischen Lücken des Unternehmens** (Bw) gap analysis
Analyse *f* **der strategischen Mission des Unternehmens** (Bw) mission analysis
Analyse *f* **der strategischen Möglichkeiten des Unternehmens** (Bw) opportunity analysis
Analyse *f* **der Umweltwirkungen**
(com) environmental impact analysis
(ie, of the extent of pollution or environmental degradation involved in a mining or processing project)
Analysenprobe *f* (Stat) test sample
Analysenzertifikat *n* (com) certificate of analysis
analysierende Entscheidungstheorie *f* (Bw) decision analysis
Analyst *m* (Fin) = Wertpapieranalytiker, qv
analytische Arbeitsbewertung *f*
(IndE) analytic job rating
– analytic job evaluation
analytische Definition *f* (Log) lexical definition
analytische Fortsetzung *f* (Math) analytic continuation
analytische Funktion *f*
(Math) analytic function
– regular function
analytische Geometrie *f* (Math) analytic geometry
analytische Methode *f* **der Arbeitsbewertung** (IndE) analytic job evaluation
analytischer Beweis *m* (Math) analytic proof
analytischer Satz *m*
(Log) analytic proposition
– analytic statement
(ie, one in which the predicate concept is included within the subject concept; requires no verification by experience; its sole criterion is the law of contradiction; opp, synthetischer Satz)
analytische Statistik *f* (Stat) inferential statistics
(syn, induktive, schließende Statistik)
Anarbeitung *f*
(Mk) incipient processing
(ie, Vorbereiten e–s Produkts auf den Einsatz, ohne Materialcharakter zu verändern)
Anbauten *mpl*
(com) additions to buildings
– attachments to buildings
(opp, detached buildings)
Anbauverfahren *n* (KoR) expense distribution transfer sheet
an Betriebsangehörige ausgegebene Aktie *f* (Pw) = Belegschaftsaktien *fpl*
Anbieter *m*
(com) supplier
(com) bidder
– tenderer *(ie, connoting a formal buying approach)*
(Mk) marketer
Anbieterabsprache *f*
(com) collusive bidding
– collusive tendering
anbieter-determinierte Preise *mpl* (Vw) inflexible prices
Anbietereinheit *f* (Mk) selling center
Anbietergemeinschaft *f*
(Mk) bidding association
(ie, projektbezogener Zusammenschluß mehrerer Anbieter zur gemeinsamen Projektabwicklung)
Anbrechnungskörbe *mpl* (StR) income baskets *(eg, allocation of income to specific . . .)*
Anden-Gruppe *f* (AuW) Andean Group *(ie, members are Bolivia, Colombia, Ecuador, Peru, and Venezuela)*
Andenmarkt *m* (AuW) Andean Common Market, ACM
Andenpakt *m*
(AuW) Andean Pact
(ie, successor organization of the Latin American Free Trade Zone)
an der Börse gehandelt (Bö) traded on the stock exchange
an der Börse notierte Aktie *f* (Bö) = börsennotierte Aktie *f*
Anderdepot *n*
(Fin) third-party security deposit
(ie, securities left to banks for safekeeping by lawyers, public accountants, and trust companies on behalf of their clients)
andere aktivierte Eigenleistungen *fpl* (ReW) other company-produced additions to plant and equipment
andere Verbindlichkeiten *fpl* (ReW) other undetermined liabilities
Anderkonten *npl* (Fin) client accounts
Anderkonto *n*
(Fin) escrow account
– third-party account
(ie, held in a bank by a trustee on behalf of third-party assets; Verfügung nur durch Treuhänder, nicht durch Person, für die das Konto geführt wird; nicht jedes Treuhandkonto ist ein Anderkonto)
Änderung *f* **der Sätze des gemeinsamen Zolltarifs** (EG) modification of duties of the common customs tariff
Änderung *f* **der Unternehmensform** (Re) transformation of legal form of business organization
Änderung *f* **der Vergleichsbasis** (StR) re-basing
Änderung *f* **der Zollsätze** (Zo) alteration of customs duties
Änderung *f* **des Beschäftigungsgrades** (Vw) change in the level of activity
Änderung *f* **des Steuerbescheides** (StR) alteration of tax assessment notice, § 172 AO
Änderungen *fpl* **der Bedarfsstruktur** (Vw) changes in tastes
Änderungen *fpl* **von versicherungsmathematischen Annahmen** (Vers) changes in actuarial assumptions
Änderungen *fpl* **vorbehalten** (com) subject to change without notice
Änderungsband *n*
(EDV) amendment tape
– change tape
– updating tape
Änderungsdatei *f*
(EDV) amendment file

– activity file
– change file
– transaction file
(syn, Bewegungsdatei, Fortschreibungsdatei)
Änderungsdaten *pl* (EDV) change data
Änderungsdatum *n* (EDV) amendment date *(ie, of a file or database record)*
Änderungsdienst *m* (EDV) updating service
Änderungsdienstprogramm *n* (EDV) patch utility
Änderungsgesetz *n* (Re) amending statute
Änderungskündigung *f* (Pw) = Abänderungskündigung, qv
Änderungslauf *m* (EDV) update run
Änderungsprogramm *n* (EDV) updating program
Änderungsrate *f* (com) rate of change
Änderungsroutine *f* (EDV) = Änderungsprogramm
Änderungssatz *m*
(EDV) amendment record
– change record
– transaction record
Änderungsvorschlag *m*
(com) proposal for modification
– proposal to modify
Änderung *f* **von Schätzwerten** (ReW) changes in accounting estimates
ÄndG (Re) = Gesetz zur Änderung
an die Börse *f* **gehen** (Bö) to go public
andienen
(com) to tender *(ie, goods)*
(Fin) to tender *(ie, documents)*
(SeeV) to advance a claim
Andienung *f* (com) tender of delivery
Andienungsrecht *n* (Bö) put option
Andienungszwang *m* (Mk) duty to tender delivery
Andockmechanismus *m* (EDV) docking mechanism
Andruck *m* (com) test print *(syn, Probedruck)*
aneignen, sich
(com) to acquire
(Re) to appropriate
Aneignung *f* (Re) acquisition of ownership by occupancy, § 958 BGB
an ein Zollamt anweisen (Zo) to clear for transit to a customs office
an Erfüllungs Statt
(Re) in lieu of performance
(ie, creditor accepts a substituted obligation in lieu of the promised act, § 364 I BGB)
anerkannter Ausbildungsberuf *m* (Pw) officially recognized training occupation
anerkannter Beleg *m* (ReW) approved voucher
anerkannter Verhaltenskodex *m* (com) approved code of practice, ACOP
Anerkenntnis *n*
(Re) acknowledgment of debt
(ie, takes it out of the Statute of Limitations, § 208 BGB)
Anerkennungsbedürfnis *n* (Pw) need of recognition
Anerkennungsstreik *m* (Pw) recognition strike
anfallen
(Fin) to accumulate *(eg, interest)*
– to accrue
Anfallsberechtigter *m*
(Re) person having a future interest in income
– remainderman
Anfängerkurs *m* (com) beginning course *(eg, in math)*
anfängliche Unmöglichkeit *f*
(Re) initial impossibility
– original impossibility
– impossibility ab initio
– impossibility at the time of making
– initial frustration
(syn, ursprüngliche Unmöglichkeit)
Anfangsadresse *f*
(EDV) starting address
– starting location
Anfangsauszahlung *f* (Fin) initial investment
Anfangsbelastung *f*
(Fin) initial debt service
(ie, including interest and repayment of principal)
Anfangsbestand *m*
(ReW) beginning inventory
(eg, of receivables)
– opening inventory
(MaW) level of initial inventory
Anfangsbilanz *f* (ReW) opening balance sheet
Anfangsdividende *f* (Fin) initial dividend
Anfangsereignis *n* (OR) initial event
Anfangsetikett *n* (EDV) header label
Anfangsfehler *m* (EDV) inherited error
Anfangsgehalt *n*
(Pw) commencing salary
– initial salary
– starting salary
Anfangsgewinne *mpl* (Bö) early gains
Anfangsglied *n* (Math) first term *(ie, of a series or progression = Reihe od Folge)*
Anfangsinvestition *f*
(Fin) initial investment
(opp, Erweiterungsinvestition, Folgeinvestition)
Anfangskapital *n*
(Fin) initial capital
– starting capital
– start-up funding
(Math) initial investment
– original principal, K_0
Anfangskennsatz *m*
(EDV, Cobol) file label
– header label
Anfangsknoten *m*
(Math) initial vertex
– starting node
Anfangskurs *m*
(Bö) first quotation
– opening price
(ie, for a security quoted in the variable market)
Anfangslader *m* (EDV) initial program loader
Anfangslohn *m*
(Pw) starting rate
– entrance rate
– hiring rate
Anfangsmarke *f*
(EDV) beginning of information marker
– load point
Anfangsnotierung *f* (Bö) = Anfangskurs
Anfangsrendite *f* (Fin) initial rate of return
Anfangssaldo *m* (ReW) opening balance
Anfangsstadium *n* (com) initial stage

Anfangsstellung *f* (Pw) entry-level job
Anfangstermin *m* (Re) dies a quo
Anfangsverteilung *f*
(Math) boundary distribution
– initial distribution
Anfangsverzinsung *f* (Fin) initial coupon
Anfangswert *m* (com) initial value
Anfangszeichen *n* (EDV) starting character
anfechtbar
(Re) contestable
(Re) avoidable
(Log) refutable
anfechtbare Behauptung *f* (Log) refutable assertion
anfechtbare Rechtshandlung *f*
(Re) voidable transaction
(ie, favoring or discriminating one or more creditors)
anfechtbarer Vertrag *m*
(Re) voidable contract
(ie, in the event of fraud, incompetence, or other sufficient cause)
anfechtbares Rechtsgeschäft *n*
(Re) voidable transaction
– voidable act-in-the-law
Anfechtbarkeit *f*
(Re) right of avoidance
(ie, rückwirkende Vernichtbarkeit e–s mangelhaften Rechtsgeschäfts durch Willenserklärung; bei Irrtum, Täuschung, Drohung; §§ 142 ff BGB)
Anfechtbarkeit *f* **wegen falscher Übermittlung** (Re) voidability due to incorrect transmission, § 120 BGB
Anfechtbarkeit *f* **wegen Irrtum** (Re) voidability due to error, § 119 BGB
Anfechtbarkeit *f* **wegen Täuschung od Drohung** (Re) voidability due to fraud or threat, § 123 BGB
anfechten
(Re) to challenge
– to contest *(eg, administrative act)*
(Re) to avoid
– to rescind
– to dispute *(eg, a contract)*
(Re) to oppose *(eg, a will)*
(Re) to appeal against *(eg, a judgment)*
Anfechtung *f*
(Re) challenge
– contestation
(Re) avoidance
– rescission
(ie, nachträgliche Beseitigung der Rechtsfolgen e–s Rechtsgeschäfts)
(Re) opposition
(Re) appeal
Anfechtung *f* **außerhalb des Konkurses** (Re) avoidance outside of bankruptcy proceedings
Anfechtungsfrist *f* (Re) period during which right of avoidance can be exercised, § 124 BGB
Anfechtungsgegner *m*
(Re) party subject to avoidance
– opposing party, § 143 BGB
Anfechtungsgesetz *n* (Re) Law Relating to the Avoidance of Debtor's Legal Transactions
Anfechtungsklage *f*
(Re, general) action for annulment
(Re) action for the invalidation of a contract *(= im Schuldrecht)*
(Re) action to set aside a conveyance *(= im Grundstücksrecht)*
(Pat) interference proceedings
(StR) action to vacate or modify an administrative decision, § 40 I FGO
– complaint directed at the extinction or modification of an administrative act
Anfechtungsklausel *f* (Re) avoidance clause
Anfechtungsrecht *n* (Re) right of avoidance
AnfG
(Re) = Anfechtungsgesetz
(in full : Gesetz betreffend die Anfechtung von Rechtshandlungen e–s Schuldners außerhalb des Konkursverfahrens)
Anforderung *f*
(EDV) intervention required
– request
Anforderungen *fpl*
(com) requirements
(Pw) task/job . . .
Anforderungsbetrieb *m* (EDV) contention mode
Anforderungsdefinition *f*
(EDV) requirements definition
(syn, Aufgabendefinition, Bedarfsbeschreibung)
Anforderungsprofil *n* (Pw) job specification
Anforderungsspezifikation *f* (EDV) cf, Plichtenheft
Anforderungsstufe *f*
(IndE) quality level
– quality program category
(ie, in quality assurance)
Anforderungszuverlässigkeit *f* (IndE) demand reliability *(ie, in quality assurance)*
Anfrage *f* (com) request for quote
Anfragezeichen *n* (EDV) enquiry character
Angaben *fpl*
(com) details
– particulars
– statement
Angaben *fpl* **über den Zollwert** (Zo) particulars relating to the value of goods for customs purposes
Angabepflicht *f* (ReW) disclosure requirement
Angabe *f* **von Ankaufs- und Verkaufskurs** (Bö) double-barrelled quotation
Angebot *n*
(com) offer
– quotation
– quote
– proposal
(ie, general terms)
(com) bid
– tender
(ie, terms in contract awarding)
(Re) offer
(syn, Offerte)
(Vw) supply
(opp, Nachfrage = demand)
Angebot *n* **einholen**
(com) to obtain an offer
– to send out requests for quotations
Angebot *n* **einreichen**
(com) to put out a proposal
– to submit a proposal

Angebot *n* **geht ein** (com) bid is received
Angebot *n* **ohne Festpreis** (com) subject bid
Angebotsabgabe *f* (com) tendering
Angebotsanalyse *f*
(com) comparative evaluation sheet
(ie, in bid analysis)
Angebotsänderung *f*
(com) change in supply
(Vw) shift in supply
Angebotsbearbeiter *m* (com) proposal writer
Angebotsbedingungen *fpl*
(com) terms of a bid
– terms of an offer
Angebotsdruck *m*
(Bö) selling pressure
– sales pressure
(Vw) supply push
(ie, Inflationsursache in der nichtmonetären Inflationstheorie)
Angebotseinholung *f* (com) request to submit offer
angebotselastisch (Bw) supply elastic *(eg, plant)*
Angebotselastizität *f*
(Vw) elasticity of supply
– supply elasticity
(ie, Abhängigkeit der angebotenen Menge x vom Preis e–s Gutes; opp, Preiselastizität)
Angebotseröffnung *f*
(com) bid opening
– opening of tenders
Angebotsformular *n* (com) bid form
Angebotsfunktion *f*
(Vw) supply function
(ie, Unterbegriffe: individuelle A. und gesamtwirtschaftliche A.)
Angebotsgarantie *f*
(com) tender guaranty
– tender bond
Angebotsgesetz *n* (Vw) law of supply
angebotsinduzierte Rezession *f* (Vw) supply induced recession
Angebotsinflation *f* (Vw) supply inflation
Angebotskalkulation *f* (com) cost estimating *(ie, on which supply offer is based)*
Angebotskurve *f* (Vw) supply curve
Angebotslücke *f* (com) supply gap
Angebotsmenge *f* (Vw) quantity supplied
Angebotsmonopol *n* (Vw) supply monopoly
Angebotsoligopol *n* (Vw) supply oligopoly
angebotsorientierte Wirtschaftspolitik *f*
(Vw) supply-oriented economic policy
– (US) supply side economics
Angebotspalette *f* (com) range of goods *(and/or services)* offered
Angebotspreis *m*
(com) offer price
– bid price
– quoted price
– price stated in bid
– price stated in tender
– supply price
Angebotsschock *m* (Bw) supply shock
angebotsseitig (com) supply-side
angebotsstarr (Bw) supply inelastic *(eg, plant)*
Angebotssteuerung *f* (Vw) supply management
Angebotstabelle *f* (Vw) supply schedule
Angebotsüberhang *m*
(Vw) = Angebotsüberschuß
(Bö) sellers over
– surplus of selling orders
Angebotsüberschuß *m*
(Vw) excess (in) supply
– excess of supply over demand
– surplus offers
Angebotsunterlagen *fpl* (com) tender documents
Angebotsverschiebung *f* (Vw) shift in supply
Angebotszeichnungen *fpl* (com) proposal drawings
Angebot *n* **und Annahme** *f* (Re) offer and acceptance *(ie, in contract law)*
Angebot *n* **und Nachfrage** *f* (Vw) supply and demand
Angebot *n* **verwerfen**
(com) to reject an offer
– to reject a bid
Angebot *n* **vorlegen**
(com) to submit an offer
– to submit a bid
Angebot *n* **zurückziehen** (com) to withdraw a bid
angefochtener Verwaltungsakt *m* (StR) contested administrative action, § 40 FGO
angeforderte Menge *f* (com) quantity requested
angegliedertes Unternehmen *n*
(com) affiliated enterprise
– associated enterprise
angekündigter Bezugspreis *m* (Mk) advertised price
Angeld *n* (Re) earnest money *(syn, Draufgabe)*
Angelegenheiten *fpl* **von gemeinsamem Interesse**
(EG) matter of common concern
angelernt (com) semi-skilled
angelernte Arbeitskräfte *fpl* (Pw) semi-skilled labor
angemessene Entschädigung *f*
(com) fair and reasonable compensation
(Re) just compensation
(eg, payable under condemnation proceedings = Enteignungsverfahren)
angemessene Frist *f* (Re) reasonable time
angemessene Frist *f* **setzen** (com) to set a reasonable period of time
angemessene Gegenleistung *f*
(Re) fair and reasonable consideration
– fair equivalent
angemessene Kapitalausstattung *f* (EG, Fin) capital adequacy
angemessene Kündigungsfrist *f* (Re) reasonable notice
angemessener Marktpreis *m*
(com) fair market value
– actual cash value
(ie, reasonable cash price obtained in the open market)
angemessener Preis *m*
(com) fair price
– reasonable price
– appropriate price
– bona fide price
angemessener Schadenersatz *m* (Re) fair damages
angemessener Wert *m* (ReW) fair value
angemessene Sorgfalt *f* (Re) reasonable care and skill

angemessenes Wachstum *n* (Vw) adequate rate of growth
angemessene Vergütung *f* (com) reasonable compensation
angemessene Verzinsung *f* (Fin) fair rate of return
Angemessenheit *f* **von Preisen** (com) appropriate nature of prices
angemessen reagieren (com) to respond adequately
angenommene Lieferung *f* (com) accepted lot *(of goods)*
angenommener Totalverlust *m* (SeeV) constructive total loss
angepaßte Bewertungsgrundlagen *fpl* **für die Kostenrechnung** (KoR) adjusted cost base, ACB
angepaßte Stichprobe *f* (Stat) balanced sample
angepaßte Technik *f* (Vw) adapted technology *(ie, in Entwicklungsländern)*
angepeiltes Wachstumsziel *n* (Vw) targeted growth rate
angeschlossene Bank *f* (Fin) affiliated bank
angeschlossenes Unternehmen *n* (com) = angegliedertes Unternehmen
angeschmutzte Ware *f* (com) shop-soiled goods
angespannte Finanzlage *f* (Fin) situation of strained resources
angespannte Haushaltslage *f*
(FiW) tight budget situation
– strained budget
angespannte Liquiditätslage *f* (Fin) tight liquidity position
angespannter Arbeitsmarkt *m* (Vw) tight labor market
angesparte Eigenmittel *pl* (Fin) personal resources saved
Angestellte *mpl* (Pw) clerical staff
Angestelltenversicherung *f* (SozV) salary earners' pension insurance
Angestellter *m*
(Pw) nonmanual employee
– salaried employee
– salary worker
– office worker
– (infml) white-collar worker
angestrebte Kapitalverzinsung *f* (Fin) target rate of return
angestrebte Mindestverzinsung *f* (Fin) required rate of return *(ie, in investment analysis)*
angestrebter Preis *m* (Mk) target price
angestrebtes Zielausmaß *n* (Bw) targeted goal accomplishment
angewandte Forschung *f*
(com) applied research
(opp, Grundlagenforschung = basic research)
angewandte Logik *f*
(Log) applied logic
(ie, there can be no applied logic in two cases:
1. where there is no discourse at all;
2. where discourse is present, but does not express an objective structure; this may occur in two ways:
(a) when the discourse is completely meaningless;
(b) when, although it is meaningful, it expresses only subjective states)
angewandte Mathematik *f* (Math) applied mathematics
angewandte Statistik *f* (Stat) applied statistics
angewandte Wirtschaftsforschung *f* (Vw) applied economic research
AngK (Re) = Gesetz über die Fristen für die Kündigung von Angestellten
Angleichung *f* (EG) alignment *(eg, of tax rates)*
Angleichung *f* **der Renditeveränderung auf den Aktienmärkten** (EG) convergence of returns on the stock markets
Angleichung *f* **von Zollsätzen**
(Zo) adjustment of tariff rates
– alignment of tariff rates
anglernter Arbeiter *m* (Pw) job-trained worker
angliedern (com) to affiliate (to)
Angliederung *f* (com) affiliation (to)
Angliederungsfinanzierung *f* (Fin) procurement of funds to finance a holding in, or the acquisition of, another company
angrenzende Küstenstaaten *mpl* (Re) adjoining coastal States
Angrenzer *m* (Re) abutting owner
Angriffsstrategie *f* (Mk) attack strategy
Angstappell *m* (Mk) fear appeal
Angstkäufe *mpl*
(com) panic buying
– scare buying
Angstklausel *f*
(WeR) no-recourse clause
(ie, Aussteller schließt Haftung für die Annahme aus; cf, Art 9 II 1 WG)
Angstverkäufe *mpl* (Bö) panic selling
Angurten *n* (com) seat-belt use
angurten
(com) to buckle up
– to strap in
anhaltend
(com) persistent
– sustained
anhaltende Kurserholung *f* (Bö) sustained rally
anhaltende Nachfrage *f* (com) persistent demand
anhaltende Nachfrageschwäche *f* (com) persistent weakness of demand
anhaltender Umschwung *m* (com) sustained reversal *(eg, in current transactions)*
Anhalten *n* **der Ware auf dem Transport** (Re) stoppage in transit *(see: Verfolgungsrecht)*
anhaltendes Exportwachstum *n* (Vw) sustained growth of exports
Anhaltepunkt *m*
(EDV) checkpoint
– conditional breakpoint *(syn, Fixpunkt)*
Anhang *m*
(com) appendix
(ReW) notes to the financial statements
(ie, bedeutsamste Änderung des neuen deutschen Bilanzrechts; cf, § 264 I 1 HGB; entspricht den angelsächsischen ‚notes'; Text: Die gesetzlichen Vertreter e–r Kapitalgesellschaft haben den Jahresabschluß . . . um e–n Anhang zu erweitern, der mit der Bilanz und der Gewinn- und Verlustrechnung e–e Einheit bildet, sowie e–n Lagebericht aufzustellen)
(WeR) allonge

– rider
(Re) codicil *(ie, supplement to a will)*
Anhängekalkulation *f* (KoR) cost estimate in which bases are not corrected if direct costs have changed
Anhängelast *f*
(com) trailer load
(ie, Gewicht des Anhängers + Belastung)
Anhänger *m*
(com) tag
(com) trailer
(ie, hinter e–m anderen Fahrzeug mitgeführt)
anhängiges Verfahren *n*
(Re) proceeding pending before a court
– lis pendens
Anhängigkeit *f* (Re) pendency
Anhang *m* **zum Konzernabschluß** (ReW) notes to the consolidated accounts
anheben
(com) to raise *(eg, prices)*
– to increase
– to lift
(Bö) to mark up
anheuern (Pw) to sign up *(ie, as a sailor)*
Anhörung *f*
(com) hearing
– consultation
(eg, there is no established system of informal consultation)
Anhörungen *fpl*
(Pw) consultation
(ie, Unterrichtung und Anhörung = information and consultation)
Anhörungsrecht *n* (Re) right to be heard
Anhörungsverfahren *n* (com) consultation procedure
animierte GIF-Graphik *f* (EDV) animated GIF
an Inhaber (WeR) payable to bearer
an Kapazitätsgrenzen stoßen (com) to bump up against capacity limits
Ankauf *m*
(com) acquisition/purchase . . . of goods in bulk, or of objects of value
(ie, securities, precious metals, real estate)
ankaufen
(com) to buy goods in bulk or objects of value *(eg, shares, grain)*
(Fin) to negotiate *(eg, a draft)*
Ankäufer *m*
(com) buyer
– purchaser
Ankaufermächtigung *f*
(com) authority to buy *(on behalf of a third party)*
(AuW) authority to pay
– authority to purchase
(Fin) order to negotiate
(ie, Form des Negoziierungskredits)
Ankaufskurs *m*
(Fin) buying rate
(ie, in the money market; opp, Abgabesatz = selling rate)
Ankaufspreis *m*
(com) buying-in price
(EG) intervention price *(ie, minimum price in EC farm policy)*
Ankaufsrecht *n*
(Re) right to acquire *(ie, nonlegal ambiguous term:)*
– unilateral offer for contract of sale held open for limited period of time
– preliminary agreement giving right to specific contract offer
– contract of sale subject to condition precedent that party entitled will use its rights
Ankaufssatz *m*
(Bö) check price
(Bö) = Ankaufskurs
Ankergebühr *f* (com, GB) = Ankergeld
Ankergeld *n* (com, GB) groundage *(ie, charge for anchoring in ports)*
Ankerland *n* (EG, Fin) anchor country
Ankerpunktmethode *f* (Mk) anchor point method
(ie, in der mehrdimensionalen Skalierung)
Ankerwährung *f* (AuW) anchor currency
anklagen wegen (Re) to charge for
anklicken (EDV, GUI) click *v*
ankommen bei (com, infml) to go down well with *(eg, product)*
ankreuzen
(com) „please check in appropriate space"
– to mark
Ankündigungseffekt *m*
(Vw, FiW) announcement effect
(ie, Wirkung der bloßen Ankündigung künftiger Aktivitäten)
Ankündigungsschreiben *n* (com) announcement letter
Ankündigung *f* **weiterer Beweisanträge** (Re) advice on evidence
Ankunftsmeldung *f* (com) arrival notice
Ankunftsrate *f* (OR) arrival rate
Ankunftszeit *f* (OR) arrival time
ankurbeln
(Vw) to boost *(ie, the economy)*
– to stimulate *(ie, economic activity)*
(Vw, infml) to pep up
– to give a shot in the arm
Ankurbelung *f*
(Vw) pump priming
(ie, of the economy by public sector spending)
Ankurbelungsmaßnahmen *fpl* (Vw) pump priming measures *(ie, to boost or pep up the economy)*
Ankurbelungspolitik *f* (Vw) reflationary policy
Anlage *f*
(com) enclosure *(ie, attached to a letter)*
– exhibit
(IndE) plant
(Fin) investment
Anlageberater *m*
(Fin) investment adviser
– investment consultant
– investment counsellor
Anlageberatung *f* (Fin) investment counseling
Anlageberatungsgesellschaft *f* (Fin) investment management company
Anlageberatungsvertrag *m* (Fin) investment advisory agreement
anlagebereite Mittel *pl* (Fin) idle balances (*or* funds) seeking investment
Anlagebereitschaft *f*
(Fin) readiness to invest

– willingness to invest
– propensity to invest
Anlagebestand *m*
(Fin) investment portfolio
– inventory of securities *(eg, carried by banks)*
Anlagebetrag *m* (Fin) amount invested
Anlagebewertung *f*
(Rew) fixed asset valuation
(Fin) evaluation of securities
(Fin) investment appraisal
– investment rating
Anlagebuchhaltung *f*
(ReW) plant records
– fixed-asset accounting
Anlagechance *f*
(Fin) investment outlet
– investment opportunity
Anlagedevisen *pl* (Fin, GB) investment currency
Anlagedispositionen *fpl* (Fin) investment decisions
Anlageerfolg *m* (Fin) = Anlageergebnis
Anlageergebnis *n* (Fin) investment performance
Anlageerträge *mpl* (Fin) investment income
Anlagefinanzierung *f* (Fin) investment financing
Anlageformen *fpl* (Fin) investment vehicles
Anlagegegenstand *m*
(ReW) fixed asset
(Bw) capital asset
Anlagegruppen-Ersatzpolitik *f* (Bw) group replacement policy
Anlagegüter *npl*
(Bw) capital assets
– (fixed) capital goods
Anlagegut *n* **mit begrenzter Nutzungsdauer** (Bw) limited-life asset
Anlageinstrumente *npl* (Fin) investment vehicles *(syn, Anlageformen)*
Anlageinvestitionen *fpl*
(VGR) gross fixed capital formation
(VGR) business capital spending
– fixed asset investment
– business outlay for plant and equipment
(Bw) capital equipment spending
– capital investment
– expenditures for plant and equipment
– outlays for fixed asset investment
Anlageinvestitionen *fpl* **des privaten Sektors** (VGR) private investment in plant and equipment
Anlageinvestitionen *fpl* **des Unternehmensbereichs** (VGR) business fixed investment
Anlageinvestitionsgüter *npl*
(Bw) capital goods
– investment goods
– industrial goods
– equipment goods
Anlage *f* **in Wertpapieren** (Fin) paper investment *(opp, gold)*
Anlagekapital *n*
(Bw) fixed assets
– capital assets
(ie, nontechnical term for ‚Anlagevermögen')
Anlagekäufe *mpl* (Fin) portfolio buying
Anlagekäufe *mpl* **des Publikums** (Fin) public investment buying
Anlagekonten *npl* (ReW) fixed-asset and investment accounts
Anlagekonto *n* (ReW) fixed-asset account
Anlagekonto *n* **im Investmentgeschäft** (Fin) open account
Anlagekredit *m*
(Fin) investment credit
(ie, zur Investition langfristig gebundenes Kapital = long-term borrowed capital for inancing production plant; syn, Investitionskredit)
Anlageland *n*
(com) country of investment
(eg, klassisches . . . deutscher Firmen sind die USA)
Anlagemöglichkeiten *fpl*
(Fin) investment outlets
– investment opportunities
– outlet for funds
Anlagen *fpl*
(IndE) plants
(ReW) fixed assets
(Fin) investments
Anlagenabgang *f* (Bw) fixed assets disposal
Anlagenabgänge *mpl*
(ReW) fixed assets retirements
– deductions during period
– disposals during period
– asset disposal
– asset retirement
Anlagenauslastung *f*
(Bw) factory operating rate
– capacity use in manufacturing
(ie, Auslastung im Fertigungsbereich)
Anlagenausmusterung *f*
(Bw) retirement of fixed assets
– retirement of plant and equipment
(ie, removal from service)
Anlagenbau *m*
(IndE) plant engineering and construction
– general plant construction
– project building
– systems engineering
Anlagenbauer *m*
(IndE) plant and equipment maker
– plant builder
Anlagenbeurteilung *f* (EDV) system evaluation
Anlagenbewertung *f*
(ReW) fixed asset appraisal
– fixed asset valuation
– asset valuation
Anlagenbuchhaltung *f*
(ReW) fixed-asset accounting
(ie, Teilgebiet der Anlagenrechnung)
(ReW) fixed-asset accounting department
(= für Sachanlagen)
(ReW) investment accounting department
(= für Finanzanlagen)
Anlagendeckung *f*
(Fin) equity-to-fixed assets ratio
– ratio of equity capital to fixed assets
Anlagendeckungsgrad *m*
(Fin) fixed-assets-to-net-worth ratio
– fixed assets + long-term debt to net worth ratio
(ie, horizontale Kapitalstruktur-Kennzahl, die Auskunft über strukturelle Liquidät, Kapitalkraft, Kreditwürdigkeit gibt)
Anlagenerhaltungsrücklage *f* (ReW) = Substanzerhaltungsrücklage

Anlagenerneuerung *f*
(Bw) renewal of plant and equipment
– replacement investment

Anlagenfinanzierung *f*
(Fin) plant and equipment financing
– investment financing
– provision of finance for renewed or expanded plant facilities

Anlagengeschäft *n*
(com) industrial plant business
(ie, umfaßt e–e auf die individuellen Probleme des Abnehmers ausgerichtete Kombination von Produkten zu kompletten Anlagen; opp, Produktgeschäft, Systemgeschäft)

Anlagengitter *n* (ReW) cf, Anlagenspiegel

Anlagen *fpl* **im Bau**
(ReW) plant under construction
(ReW, EG) tangible assets in course of construction

Anlagenintensität *f*
(Bw) capitalization ratio
(ie, Intensitätszahl der Vermögensanalyse: Anlagevermögen zur Bilanzsumme = fixed assets to balance sheet total; syn, Kapitalintensität)

anlagenintensiv
(Bw) capital intensive
(ie, gekennzeichnet durch hohen Anteil des Sachanlagevermögens in der Bilanz = production in which substantial use is made of fixed assets)

anlageninterne Codierung *f*
(EDV) absolute coding
– specific coding
(syn, Maschinencodierung, maschineninterne Codierung)

anlageninterner Code *m*
(EDV) absolute code
– specific code
(syn, Maschinencode)

Anlagenkartei *f*
(ReW) fixed asset card file
– unit assets records
– plant ledger
(ie, Form des Bestandsverzeichnisses: für jedes Anlagegut wird e–e Karte angelegt; ersetzt die körperliche Bestandsaufnahme [physical inventory] für steuerliche Zwecke)

Anlagenkonfiguration *f*
(EDV) system configuration
– hardware configuration

Anlagenkonto *n*
(ReW) fixed asset account *(ie, Sachanlagen)*
(ReW) investment account *(ie, Finanzanlagen)*

Anlagenkosten *pl* (Bw) asset-related cost
(ie, für Auswahl, Bereitstellung, Nutzung, Verbesserung und Ausmusterung von Anlagen = relating to the selection, availability, use, improvement, and retirement of fixed assets)

Anlagen *fpl* **Kraft, Licht, Heizung** (ReW) installations for power, light and heating

Anlagen-Marketing *n* (Mk) industrial marketing

Anlagennachweis *m* (ReW) fixed asset inventory

Anlagenorganisation *f* (Bw) product-group-oriented structure *(of a company)*

Anlagenpalette *f* (Fin) range of investment vehicles

Anlagenplanung *f* (Bw) planning for industrial installations

Anlagenprüfung *f* (ReW) asset review

Anlagenrechnung *f*
(ReW) fixed-asset accounting
– plant records
(ie, Teilgebiet des internen Rechnungswesens: meist auf Sachanlagegüter begrenzt)

Anlagenspiegel *m*
(ReW) fixed-asset movement schedule
(ie, Entwicklung der einzelnen Posten des Anlagevermögens, in der Bilanz od im Anhang darzustellen; im Ggs zu § 152 I 2 AktG wird der Bruttoanlagenspiegel gefordert: im 8-Spalten-Schema ist zu gliedern: Anschaffungs- und Herstellungskosten, + Zugänge, – Abgänge, ± Umbuchungen, + Zuschreibungen, – Abschreibungen, Buchwert Ende des Jahres, Buchwert Vorjahr; in der Literatur auch als ‚Anlagengitter' bezeichnet; cf, § 268 II HGB)

Anlagenstatistik *f* (Bw) fixed-assets statistics

Anlagenstreuung *f* (Fin) asset diversifiation

Anlagenüberträge *mpl* (ReW) fixed-asset transfers

Anlagen *fpl* **umbuchen** (ReW) to reclassify fixed assets

Anlagenumbuchungen *fpl* (ReW) reclassification of fixed assets

Anlagen *fpl* **umschichten** (Fin) to regroup investments

Anlagenumschichtung *f* (Fin) regrouping of investments

Anlagenwirtschaft *f* (Bw) fixed-asset management

Anlagenzugänge *mpl*
(ReW) asset additions *(ie, Sachanlagen)*
– addition of fixed asset units
– additions to plant and equipment
– additions to capital account
(ReW) additions to capital investments *(ie, Finanzanlagen)*

Anlagepapiere *npl*
(Fin) investment securities
(ie, für langfristige Kapitalanlage geeignet; eg, festverzinsliche Wertpapiere)

Anlageplanung *f* (IndE) plant layout and design

Anlagepolitik *f* (Fin) investment management policy

Anlageportfolio *n* (Fin) investment portfolio

Anlagepublikum *n*
(Fin) investing public
(Bö) buying public

Anlagerisiko *n* (Fin) investment risk

Anlagespezialist *m* (Fin) investment specialist

Anlagestrategie *f* (Fin) investment strategy *(cf, Portfolio Selection)*

Anlagestreuung *f* (Fin) investment diversification

anlagesuchendes Publikum *n* (Fin) investing public

Anlage *f* **umrüsten** (IndE) to refit plant

Anlage- und Ausrüstungsinvestitionen *fpl* (VGR) business investment in plant and equipment

Anlagevehikel *n* (Fin) = Anlageinstrumente

Anlagevermögen *n*
(ReW) fixed assets
(ie, intended for use on a continuing basis for the purpose of an undertaking's activities; Unterbe-

griffe nach § 266 HGB: Immaterielle Vermögensgegenstände = intangible assets; Sachanlagen = tangible assets; Finanzanlagen = financial assets; opp, Umlaufvermögen: current assets)
(Vw) = Kapitalstock, qv
Anlagevermögen *n* **zum Anschaffungswert** (ReW) fixed assets at cost
Anlagevermögen *n* **zum Nettobuchwert** (ReW) fixed assets valued at net book value
Anlageverwaltung *f* (Fin) investment management
Anlagevielfalt *f* (Fin) investment diversity
Anlagevolumen *n* (Fin) volume of assets invested
Anlagewagnis *n*
(ReW) depreciation risk
(ie, risk of premature retirement or loss of fixed assets, due to obsolescence and other factors; eg, fire)
(Fin) investment risk
Anlagewagniskonto *n* (ReW) depreciation risk account
Anlagewährung *f*
(Fin) investment currency
(ie, Währung, die auch von Ausländern zum Zweck der Geldvermögensbildung gewählt wird)
Anlageziel *n* (Fin) investment goal
Anlagezinsfuß *m*
(Fin) investment rate of interest
(ie, Zinsfuß, zu dem e–e Finanzinvestition am Kapitalmarkt vorgenommen wird; opp, Aufnahmezinsfuß)
Anlage *f* **zum Jahresabschluß** (ReW) exhibit to financial statements
Anlanden *n* (com) landing
Anlandevertreter *m* (com) landing agent *(ie, of a shipping company)*
Anlaufen *n*
(com) phase-in
(eg, programs, projects)
(IndE) starting
– startup
– launching
– breaking-in
(eg, of machine)
Anlaufhafen *m* (com) port of call
Anlaufkosten *pl*
(ReW) starting cost
– starting-load cost
– start-up cost
– start-up expense
– launching cost
– pre-operating expense
(ie, fallen vor Betriebseröffnung bei Gründung des Betriebs an; zB für Planung, Organisation, Werbung, Kapitalbeschaffung)
(KoR) breaking-in cost *(eg, of machine)*
Anlaufperiode *f* **der Entwicklung** (Vw) takeoff period
Anlaufphase *f* (com) start-up phase
Anlaufroutine *f* (EDV) start routine
Anlaufschritt *m* (EDV) start element
Anlaufstelle *f* (com) contact point
Anlaufverlust *m* (Bw) start-up loss
Anlaufverluste *mpl* (ReW) startup losses
Anlaufzeit *f*
(IndE) break-in period
– launching period
– start-up period
(ie, initial period of operation)
anlegen
(com, infml) to spend
(Fin) to invest
Anleger *m* (Fin) investor
Anlegerentschädigung *f* (Fin) investor compensation
Anlegerinteresse *n* (Fin) buying interest
Anlegerpublikum *n* (Fin) = Anlagepublikum
Anlegerrisiko *n* (Bö) investor's risk
Anlegerschutz *m* (Fin) investor protection
Anlehnungsmodell *n* (Fin) rescue model
Anleihe *f*
(Fin) loan
– (straight) bond
(ie, Aufnahme von Kredit gegen Schuldverschreibungen auf den Inhaber; Instrument der langfristigen Kreditfinanzierung; lautet über Gesamtbetrag und wird in Teilschuldverschreibungen zerlegt und verbrieft; large-scale long-term borrowing in the capital market against the issue of fixed-interest bearer bonds)
(Fin) bond issue
– bonds
Anleiheablösung *f* (Fin) redemption of a loan
Anleiheagio *n*
(Fin) bond premium
– loan premium
– premium on bonds
Anleihe *f* **auflegen**
(Fin) to launch a bond offering
– to float a loan
– to issue a loan
– to offer bonds for subscription
Anleihe *f* **aufnehmen**
(Fin) to contract a loan
– to raise a loan
– to take up a loan
Anleiheausstattung *f*
(Fin) terms of a loan
– bond features
(syn, Anleihebedingungen, Anleihekonditionen)
Anleihe *f* **bedienen** (Fin) to service a loan
Anleihebedingungen *fpl* (Fin) loan terms
Anleihe *f* **begeben** (Fin) = Anleihe auflegen, qv
Anleihe *f* **cum** (Bö) underlying bond
Anleihedienst *m* (Fin) loan debt service
Anleihedisagio *n*
(Fin) discount on bonds
– (GB) debenture discount
Anleiheemission *f*
(Fin) bond issue
– coupon issue
Anleihe-Emissionsagio *n*
(Fin) bond premium
– loan premium
Anleihe *f* **emittieren** (Fin) to float a bond issue
Anleiheerlös *m*
(Fin) bond yield
– loan proceeds
– avail
– (GB) debenture capital
Anleihefinanzierung *f* (Fin) bond financing

Anleihegeschäft *n* (Fin) bond issue operations
Anleihegläubiger *m*
(Fin) bond creditor
– bond holder
Anleiheinhaber *m* (Fin) bondholder
Anleihekapital *n*
(Fin) bond capital
– loan capital
– bond principal
Anleihekonsortium *n*
(Fin) bond syndicate
– loan syndicate
Anleihekonversion *f* (Fin) bond conversion
Anleihekosten *pl* (Fin) bond issue costs
Anleihekündigung *f* (Fin) call-in of a loan
Anleihekupon *m* (Fin) bond coupon
Anleihekurs *m* (Fin) bond price
Anleihekurs *m* **ohne Stückzinsen** (Fin) clean price
Anleihelaufzeit *f* (Fin) term of a loan
Anleihemantel *m* (Fin) bond certificate
Anleihemarkt *m* (Fin) bond market
Anleihe *f* **mit Endfälligkeit**
(Fin) bullet loan
– bullet issue
– bullet maturity issue
(calls for no amortization; commonly used in the Euromarket)
Anleihe *f* **mit kurzer Restlaufzeit** (Fin) short bond
Anleihe *f* **mit Optionsscheinen** (Fin) bond with warrants
Anleihe *f* **mit Umtauschrecht** (Fin) convertible bond
Anleihe *f* **mit unendlicher Restlaufzeit** (Fin) perpetual bond
Anleihe *f* **mit variablem Zinsatz** (Fin) = Anleihe *f* mit variabler Verzinsung
Anleihe *f* **mit variabler Verzinsung**
(Fin) floater
– floating rate note
(eg, minimum rate 7 per cent + ¼ pct over 6-months Libor)
Anleihe *f* **mit vorzeitiger Tilgungsmöglichkeit** (Fin) callable bond *(syn, Optionsanleihe, Tilgungsanleihe)*
Anleihemodalitäten *fpl* (Fin) = Anleiheausstattung
Anleihenauswahl *f* (Fin) bond selection
Anleihen *fpl*, **davon konvertibel** (ReW, EG) debenture loans, showing convertible loans separately
Anleihen *fpl* **der öffentlichen Hand** (Fin) public bonds
Anleihen *fpl* **ohne Zinssatz** (Fin) zero bonds *(ie, mostly much below par, medium term)*
Anleihe *f* **ohne Optionsscheine** (Fin) bond ex warrants
Anleihe *f* **ohne Wandelrecht** (Fin) straight bond
Anleihe *f* **ohne Zinseinschluß** (Fin) flat bond *(ie, accrued interest not included in the price)*
Anleihepolitik *f* (Fin) loan issue policy
Anleiheportefeuille *n* (Fin) bond portfolio
Anleiherechnung *f* (Fin) bond mathematics
Anleiherendite *f* (Fin) bond yield
– loan yield
Anleiherückzahlung *f* (Fin) bond redemption
Anleiheschuld *f*
(Fin) loan debt
– bonded debt
Anleiheschuldner *m* (Fin) loan debtor
Anleiheschuldverschreibung *f* (WeR) bond made out to order
Anleihestückelung *f* (Fin) bond denomination
Anleihe *f* **tilgen**
(Fin) to redeem a loan
– to repay a loan
Anleihetilgung *f*
(Fin) bond redemption
– loan redemption
Anleihetilgungsfonds *m* (Fin) sinking fund
Anleihetilgungsplan *m* (Fin) bond redemption schedule
Anleiheübernahmekonsortium *n* (Fin) underwriting syndicate
Anleiheumlauf *m* (Fin) bonds outstanding
Anleiheumschuldung *f*
(Fin) rescheduling of a loan
– bond rescheduling
Anleihe *f* **unterbringen** (Fin) to place a loan
Anleiheunterbringung *f* (Fin) placing of a loan
Anleiheverbindlichkeiten *fpl*
(Fin) bonded debt
– bonded indebtedness
– bonds (payable)
Anleiheverschuldung *f* (Fin) loan indebtendness
Anleihevertrag *m* (Fin) loan agreement
Anleiheverzinsung *f* (Fin) loan interest
Anleihevolumen *n* (Fin) bond volume
Anleihezeichner *m* (Fin) loan subscriber
Anleihezeichnungskurs *m* (Fin) loan subscription price
Anleihezinssatz *m* (Fin) loan interest rate
Anleihezuteilung *f* (Fin) loan allotment
anleiten (com) to train
Anleitungsmaterial *n* (com) training material
Anlernling *m* (Pw) trainee *(ie, in a semi-apprenticeship)*
Anlernsystem *n*
(Pw, infml) buddy system
(ie, unter Anleitung e–s erfahrenen Meisters)
anliefern (com) to deliver
Anlieferung *f* (com) delivery
Anlieger *m* (Re) abutting owner
Anliegerbeitrag *m* (FiW) = Erschließungsbeitrag
Anliegerstaat *m* (Re) bordering state
Anlocken *n* **von Kunden**
(Kart) baiting of customers
(eg, by unsolicited consignments, leading articles, bait and switch advertising)
Anmeldebildschirm *m* (EDV) log-in screen
Anmeldedatum *n*
(com) date of application
(Pat) filing date of application
Anmeldeformular *n*
(com) application form
– application blank
– registration form
Anmeldefrist *f*
(com) time limited for application
– time limited for registration
(Pat) filing period
Anmeldegebühr *f*
(com) application fee
– registration fee

(Pat) application fee
– filing fee
Anmeldekartell *n*
(Kart) application cartel
(ie, effective upon application submitted to the Federal Cartel Office, § 5 I GWB)
Anmeldekennwort *n* (EDV) log-on password
Anmelden *n* (EDV) log-on
anmelden
(com) to apply for
(com) to check in *(eg, hotel, airport)*
(com) to enter for *(eg, an examination)*
(Zo) to declare *(ie, goods for duty)*
(Re) to file for registration
– to register
(Re) to advance *(ie, a claim)*
– to lodge
– to put forward
– to submit
(Pat) to file *(ie, a patent application)*
(EDV) to sign on
– to log on
Anmeldepflicht *f*
(Re) legal obligation to register *(ie, with a public authority)*
(Kart) advance notification requirements
(cf, Fusionskontrolle)
anmeldepflichtig
(Kart) notifiable
– subject to notification
– subject to filing requirement
anmeldepflichtiges Gewerbe *n*
(Re) business subject to registration
– trade subject to registration
anmeldepflichtige Waren *fpl* (Zo) goods to declare
Anmeldeprinzip *n* (Pat) first-to-file doctrine *(opp, Erfinderprinzip, qv)*
Anmelder *m*
(com) applicant
(Re) declarant *(ie, person making a declaration or statement)*
(Pat) applicant
Anmeldeschluß *m*
(com) closing date
– deadline
– final deadline
– time limit for application
Anmeldestelle *f*
(com) filing office
– registration office
Anmeldesystem *n*
(Pat) registration system, § 3 PatG
(opp, Prüfsystem = pre-examination system as used in the U.S.)
Anmeldetermin *m*
(com) time fixed for application
– time fixed for registration
(Pat) latest filing date
Anmeldeunterlagen *fpl*
(com) application documents
– registration documents
(Pat) application documents
– application papers
Anmeldeverfahren *n* (com) application procedure
(Pat) patent application proceedings
Anmeldevordruck *m*
(com) registration form
(SeeV) declaration form
Anmeldevorschriften *fpl* (Pat) application requirements
Anmeldung *f*
(com) application
(Re) (filing for) registration
(Re) registry
(ie, place where register is kept)
(Re) advancement *(ie, of a claim)*
– putting forward
– submission
(Pat) patent application
(Kart) notification of cartel, § 9 II GWB
Anmeldung *f* **bei der Ankunft des Schiffes** (Zo) ship's arrival declaration
Anmeldung *f* **der Gesellschaft** (Re) application to record the company, § 36 AktG
Anmeldung *f* **der Ladung** (Zo) freight declaration
Anmeldung *f* **der Waren(ausfuhr)** (Zo) goods declaration (outwards)
Anmeldung *f* **der Waren(einfuhr)**
(Zo) goods declaration (inwards)
– (GB) entry of goods (on importation)
Anmeldung *f* **des Schiffes (Einfuhr)** (Zo) declaration of ship's particulars (inwards)
Anmeldung *f* **e–s ausgeschiedenen Teiles e–r Anmeldung** (Pat) divisional application
Anmeldung *f* **in e–m Verbandsland** (Pat) Convention application
Anmeldung *f* **nach Zusammenschluß** (Kart) post-merger notification, § 23 I GWB
Anmeldung *f* **offenlegen** (Pat) to disclose a patent application
Anmeldungsstau *m* (Pat) backlog of pending applications
Anmeldung *f* **von Kartellen** (Kart) notification of cartels
Anmeldung *f* **von Transporten** (Vers) declaration of consignments
Anmeldung *f* **vor Zusammenschluß** (Kart) pre-merger notification, § 24 a I GWB
Anmeldung *f* **zum gemeinschaftlichen Versandverfahren** (EG) declaration for Community transit
Anmeldung *f* **zurückweisen** (Pat) to refuse a patent application
Anmerkungen *fpl* **zum Jahreabschluß** (ReW) notes to financial statements
Annäherung *f* (Math) approximation
Annäherungskurs *m* (Bö) approximate price
Annahme *f*
(com) acceptance *(eg, goods, orders)*
– receipt
(com) assumption
– supposition
(IndE) acceptance *(ie, of submitted lots of goods in quality control)*
(Re) acceptance *(ie, following offer by contracting party; vorbehaltlose Bejahung e–s Antrags auf Abschluß e–s Vertrages)*
(Re) passage *(ie, enactment of bill into law)*
(WeR) acceptance
(ie, promise to pay by the drawee of a bill of exchange; syn, Akzept, Akzeptleistung)

Annahme *f* **an Erfüllungs Statt** (Re) acceptance in lieu of performance
Annahmeart *f* (com) acceptance type
Annahmebereich *m*
(IndE) accept region
– acceptance region
(syn, Gutbereich)
Annahmebestätigung *f* (com) acknowledgment of receipt
Annahmedokument *n* (MaW) acceptance document
Annahme *f* **einer Abfindung** (Fin) acceptance of lump sum settlement
Annahme *f* **erfüllungshalber** (Re) acceptance on account of performance
Annahmeerklärung *f* (Re) declaration of acceptance
Annahme *f* **e–r nicht geschuldeten Leistung** (Re) substituted mode of performance *(ie, in lieu of + on account of performance)*
Annahmefrist *f*
(com) time stated for acceptance
(Re) time within which offer must be accepted, § 147 BGB
Annahmefrist *f* **setzen** (com) to limit the time for acceptance
Annahmegrenze *f* (IndE) = Annahmezahl, qv
Annahmekennlinie *f* (Stat) operating characteristic
Annahmekontrolle *f* **durch Stichproben** (IndE) lot acceptance sampling
Annahmelinie *f* (IndE) acceptance line
Annahmelos *n* (IndE) acceptance lot
Annahmepflicht *f*
(com) duty to accept delivery
– duty to to take delivery
(ie, of merchandise tendered)
(Vers) obligation to accept application for insurance cover
Annahmeprüfung *f* (IndE) acceptance inspection
Annahmerichtzahl *f* (IndE) acceptance number
Annahmestichprobenplan *m* (IndE) acceptance sampling plan
annahmetauglich (IndE) acceptable *(ie, in quality control)*
Annahmetauglichkeit *f* (IndE) acceptability
Annahmevermerk *m* (com) note of acceptance
Annahme *f* **verweigern**
(com) to refuse to accept
– to refuse to take delivery
(Re) to refuse acceptance
(WeR) to dishonor
(ie, refuse or fail to accept or pay a negotiable instrument at maturity)
Annahmeverweigerung *f*
(com, Re) refusal to accept
– refusal of acceptance
– nonacceptance
Annahmeverzug *m*
(Re) default in acceptance, § 293 BGB
– default in accepting the delivery of goods
– *(civil law)* mora accipiendi
(syn, Gläubigerverzug)
Annahmewahrscheinlichkeit *f* (IndE) probability of acceptance
Annahmezahl *f*
(IndE) acceptable quality level, AQL
(ie, in statistical quality control; syn, Annahmegrenze, annehmbare Qualität, Gutgrenze)
(IndE) acceptance number
annehmbare Qualität *f*
(com) acceptable quality
(ie, fit for a particular purpose)
annehmbare Qualitätsgrenzlage *f*
(IndE) acceptable quality level, AQL
(syn, annehmbare Herstellergrenzqualität)
annehmbarer Container-Zustand *m* (com) acceptable container condition
annehmbarer Preis *m*
(com) reasonable price
– acceptable price
annehmbares Zuverlässigkeitsniveau *n*
(IndE) acceptable reliability level, ARL
(ie, in statistical quality control)
annehmen
(com) to accept *(eg, goods, orders)*
– to receive
(com) to assume
– to suppose
– to proceed on the assumption
(Re) to accept *(ie, an offer for contract)*
(Re) to pass *(ie, a bill)*
(WeR) to accept *(ie, a bill of exchange)*
(Stat) to accept
(Math) to take on
(eg, variables . . . integer values or whole numbers)
Annehmer *m*
(WeR) acceptor
(syn, Akezptant; same as drawee = Bezogener od Trassat)
Annonce *f* (Mk) advertisement *(syn, Anzeige)*
Annoncenexpedition *f*
(Mk) advertising agency
– advertising office
– space buyer
Annotation *f* (EDV) annotation *(ie, explanatory notes in flowcharting)*
Annuität *f*
(Fin) annuity
(ie, income payable at stated intervals; syn, Zeitrente)
(Fin) regular annual payment
(ie, periodisch zu zahlende stets gleichbleibende Rate auf e–e Kapitalschuld; covering interest and repayment of principal = Tilgungsquote und jährlicher Zins; Unterarten: gleichbleibende, fallende, steigende A.)
Annuitätenanleihe *f*
(Fin) perpetual bond
– annuity bond
(ie, bis zur Fälligkeit werden keine Zinsen gezahlt)
Annuitätendarlehen *n*
(Fin) annuity loan
(ie, repayable by annuities made up of interest plus repayment)
Annuitätenfaktor *m* (Fin) = Wiedergewinnungsfaktor, qv
Annuitätenhypothek *f*
(Fin) redemption mortgage
– (US) level-payment mortgage

(ie, debtor repays in equal annual installments; syn, Tilgungshypothek, Amortisationshypothek; cf, Verkehrshypothek)

Annuitätenmethode *f*
(Fin) annuity method
(ie, Variante der Kapitalwertmethode der dynamischen Investitionsrechnung = net present value method)

Annuitätenrechnung *f* (Fin) = Annuitätsmethode, qv

Annuitätsmethode *f* (Fin) annuity method *(ie, of preinvestment analysis)*

annullieren
(com) to cancel *(eg, an order)*
(Re) to avoid
– to declare null and void
– to rescind
(Re) to set aside *(eg, a judgment)*

annullierter Scheck *m*
(Fin) canceled check
– paid check
(ie, perforated or ink stamped)

Annullierung *f*
(com) cancellation
(Re) avoidance
– annulment
– rescission
(Re) setting aside

anomale Angebotskurve *f* (Vw) backward bending supply curve

anomale Nachfragekurve *f* (Vw) backward bending demand curve

Anomalie *f*
(Math) azimuth
– polar angle *(ie, in the polar coordinate system)*

anonymer Aktienbesitz *m*
(Fin) nominal holdings
(ie, through straw men, often in preparation of a takeover)

anonymes Konto *n*
(Fin) anonymous bank account
(ie, wird unter Code-Wort geführt; keine Identitätsprüfung bei Eröffnung; in Österreich zulässig)

anonymes Sparen *n*
(Fin) anonymous saving
(ie, by holder of passbook unknown to bank, not allowed in Germany, § 154 I AO)

an Order (WeR) to order

an Order ausstellen (WeR) to make out to order

Anordnung *f*
(Math) array
(ie, generic term = Sammelbegriff covering rows and columns)
(Math) = Ordnung, qv

Anordnungsmaßzahl *f* (Stat) order statistic

Anordnungspatent *n* (Pat) arrangement patent

Anordnungstest *m* (Stat) order test

anormale Häufigkeitskurve *f* (Stat) abnormal frequency curve

ANOVA (Stat) = Varianzanalyse, qv

anpassen
(com) to adjust
(eg, figures in the light of changing circumstances)
(com) to gear to
(com) to scale
(eg, taxes to earners' ability to pay)
(Bw) to shape
(eg, business to prevailing economic conditions)
(IndE) to customize

Anpassung *f* (com) adjustment *(eg, of plant to cyclical conditions)*

Anpassung *f* **der Trendlinie an den Kurvenverlauf** (Stat) fitting the trendline

Anpassungsbeihilfe *f*
(FiW) adjustment aid
– adjustment assistance

Anpassungsbemühungen *f* (Vw, EG) adjustment efforts

Anpassungsbereitschaft *f* (Pw) willingness to adapt *(eg, to changing conditions)*

Anpassungsdarlehen *n*
(Fin) adjustment loan
– renegotiated loan

Anpassungsfähigkeit *f* (Pw) action flexibility

Anpassungsgüte *f* (Stat) closeness of fit

Anpassungshilfe *f* (Vw) financial assistance to enterprises or industries to facilitate their adaptation to new economic conditions

Anpassungsinflation *f* (Vw) adjustment inflation

Anpassungsinvestition *f* (Fin) rationalization investment *(ie, to bring plant in line with changed conditions)*

Anpassungsmaßnahme *f* (com) adjustment measure

Anpassungsperiode *f* (Vw) period of adjustment

Anpassungsprozeß *m* (Vw) process of adjustment

Anpassungstransaktionen *fpl* (AuW) settling transactions

Anpassungszeitraum *m* (Vw) = Anpassungsperiode *f*

Anrainerstaat *m* (Re) littoral state *(ie, in Sea Law)*

anrechenbar (com, StR) creditable (against)

anrechenbarer Betrag *m* (StR) creditable amount

anrechenbare Steuer *f* (StR) creditable tax

anrechenbare Vorsteuer *f* (StR) recoverable input tax

anrechnen
(com) to credit against
– to set off
(com) to count against *(eg, a quota)*

Anrechnung *f*
(Re) mode of appropriation, § 367 BGB
(StR) imputation

Anrechnung *f* **auf mehrere Schulden** (Re) appropriation of performance where several obligations are outstanding

Anrechnung *f* **ausländischer Steuern** (StR) foreign tax credit

Anrechnung *f* **gezahlter Steuern** (StR) tax credit

anrechnungsberechtigt (StR) entitled to imputation credit

anrechnungsberechtigter Anteilseigner *m* (StR) shareholder entitled to an imputation credit

Anrechnungsbetrag *m* (StR) credit

Anrechnungserleichterung *f* (StR) relief via tax credit

anrechnungsfähiges Jahr *n* (SozV) year of coverage *(syn, Versicherungsjahr)*

anrechnungsfähige Versicherungsjahre *npl* (SozV) eligible insured years

Anrechnungshöchstgrenze *f* (StR) tax credit limitation
Anrechnungsmethode *f* (StR) tax credit method
Anrechnungsverfahren *n*
(StR) imputation system, § 27–47 KStG
(ie, Ziel ist die Vermeidung der Doppelbelastung ausgeschütteter Gewinne; in corporate income tax law; opp, split rate system)
(StR) tax credit system
(ie, applicable to foreign taxes)
Anrechnungswert *m* (com) accepted value
Anrechnungszeitraum *m* (StR) tax credit period
Anrechtsschein *m* (WeR) intermediate share certificate
Anrede *f* (com) salutation *(ie, in business letters)*
Anregungsphase *f*
(Bw) orientation phase
(ie, in decision theory: pointing up problems, perceiving problems requiring solutions)
Anreiz *m*
(Bw) incentive
– inducement
– spur
Anreizartikel *m*
(Mk) leader article
– inducement article
Anreizsystem *n*
(Pw) incentive system
(IndE) productivity incentive system
Anreiz *m* **zur Integration** (Bw) incentive to integrate
Anruf *m* **an Organisationsprogramm** (EDV) supervisor call
Anrufbeantworter *m*
(com) automatic answering set
– answering machine
anrufen
(com) to telephone
– to phone
– to call (up)
– (GB, infml) to give a ring
– to ring (up)
anrufender Teilnehmer *m* (EDV) calling party
Anrufer *m*
(EDV) calling party
– (GB) caller
Anruftaste *f* (EDV) request button
Ansager *m*
(com) newscaster
– (GB) newsreader
ansässig (Re) resident
Ansässige *mpl* **außerhalb des Euro-Währungsgebiets** (EG) non-euro area residents
Ansässige *mpl* **im Euro-Währungsgebiet** (EG) euro area residents
Ansässigkeit *f* (Re) residence
Ansässigkeitsstaat *m* (StR) State of residence
Ansatz *m*
(Log) approach
(ReW) amount reported
(ReW) valuation
(Fin) recognition
Ansatzfehler *m* (Math) error in equation
Ansatz *m* **und Elimination** *f* (Fin) recognition and dicontinuing recognition

anschaffen
(com) to buy
– to purchase
– to acquire
(Fin) to provide cover
(Fin) to remit
(Fin) to procure *(ie, bill of exchange)*
Anschaffung *f*
(com) acquisition
(com) delivery
(Re) acquisition
(ie, legal transaction involving transfer of movable things and negotiable instruments for a consideration)
(Fin) remittance
(Fin) provision of cover
Anschaffungsausgabe *f*
(Fin) investment outlay
(ie, in preinvestment analysis)
Anschaffungsdarlehen *n*
(Fin) personal loan
(ie, Ratenkredit; Laufzeit 2–6 Jahre; bis zu 20.000 €, bei entsprechender Sicherheit bis zu 75.000 €; medium-term installment credit extended to private individuals)
Anschaffungsgeschäfte *npl*
(StR) acquisition deals
– acquisition of securities
(ie, contractual transfer for a consideration through which the transferee acquires title to stocks and bonds, § 18 KVStG)
Anschaffungskosten *pl*
(com) purchase cost
– acquisition cost
(ReW) original cost
– historical cost
– initial cost
– (also simply:) cost
(ie, Anschaffungspreis und Anschaffungsnebenkosten; die GoB entscheiden, was als A. anzusehen ist; sie unterliegen der Aktivierungspflicht; other terms: first/asset/up-front . . . cost)
(ReW) costs of purchase
(Mk) costs of aquisition
Anschaffungskostenmethode *f* (ReW) cost method
Anschaffungskostenprinzip *n* (ReW) historical cost concept
Anschaffungskosten *pl* **von Investitionsobjekten**
(Fin) initial investment
– original cash outlay
– original cash investment
Anschaffungskredit *m* (Fin) medium-sized personal loan
anschaffungsnahe Aufwendungen *mpl*
(StR) purchase-related expenditure
(ie, gehören nicht zu den Anschaffungskosten)
anschaffungsnaher Aufwand *m* (ReW) expense following closely upon acquisition of asset
Anschaffungsnebenkosten *pl* (ReW) incidental acquisition cost
Anschaffungs- od Herstellungskosten *pl* (ReW) costs of acquisition or production
Anschaffungs- od Herstellungspreis *m* (ReW) cost price *(ie, component of acquisition cost)*

Anschaffungspreis *m*
(com) purchase price
(ReW) = Anschaffungskosten, qv
Anschaffungspreisminderungen *fpl* (ReW) purchase price reductions
Anschaffungswert *m*
(ReW) = Anschaffungskosten, qv
(Fin) net cash outflow *(ie, in preinvestment analysis)*
Anschaffungswert-Methode *f*
(Fin) cost value method
– legal basis method
(ie, method of evaluating permanent investments)
Anschaffungswertprinzip *n* (ReW) = Anschaffungskostenprinzip, qv
Anschaffungszeitpunkt *m* (ReW) date of acquisition
Anschauungen *fpl* **des Verkehrs** (StR) custom and usage, § 2 BewG
Anschauungsmaterial *n* (Mk) visual demonstration material
Anschauungs-Validität *f* (Mk) face validity
Anscheinsbeweis *m* (Re) prima facie evidence
(ie, gilt bis zur Widerlegung als Tatsachenvermutung = sufficient in law to raise a presumption of fact unless rebutted)
Anscheinsbeweis *m* **erbringen** (Re) to establish a prima facie case
Anscheinsvollmacht *f*
(Re) apparent authority
(ie, der Vertretene kennt das Handeln s–s Vertreters ohne Vollmacht nicht, hätte es aber bei pflichtgemäßer Sorgfalt kennen müssen; im deutschen System ist die Anerkennung der A. durch die Gerichte sehr umstritten; cf, BGHZ 65, 13)
Anschlag *m* (com) bulletin board notice
Anschlagflächen *fpl* (Mk) billboards
Anschlag *m* **machen** (com) to post a notice on the bulletin board
Anschlagsverzögerung *f* (EDV) BounceKeys
Anschlagtafel *f*
(com) bulletin board
– notice board
(Mk) billboard
– (GB) hoarding
Anschlagwerbung *f* (Mk) billboard advertising
anschließen
(com) to plug into
(eg, town into new motor highway, dp workstation into LAN)
Anschlußabsatz *m* (Mk) joint use of sales organization
Anschluß-Arbeitslosenhilfe *f* (SozV) follow-up unemployment assistance
Anschlußauftrag *m*
(com) follow-up order
– renewal order
– sequence order
(com, infml) add-on sale
(ie, made to a customer satisfied on earlier occasions)
Anschlußaufträge *mpl*
(Bö) follow-through orders
– follow-through support
– back-up support

Anschlußfinanzierung *f*
(Fin) follow-up financing
– ongoing finance
(ie, notwendig bei fristeninkongruenter Finanzierung: Kapitalüberlassungsdauer kürzer als die Kapitalbindungsdauer)
Anschlußflug *m* (com) connecting flight
Anschlußgeschäft *n*
(com) follow-up contract
(Bö) roll over deal
Anschlußgleis *n*
(com) siding
– sidetrack
(ie, opening onto main track at both ends)
(com) spur track
– stub track
(ie, connected to main track at one end only)
Anschlußkonkurs *m*
(Re) bankruptcy proceedings following failure of composition proceedings
(ie, unmittelbar nach dem Scheitern e–s Vergleichsversuchs eröffnet; cf, § 102 VerglO)
Anschlußkunde *m*
(Fin) client
(ie, company using the services of the factor: als Nachfrager des Factoring; syn, Klient)
Anschlußleitung *f* (EDV) access line
Anschlußmarkt *m* (Mk) after market *(ie, for replacements)*
Anschlußnorm *f*
(IndE) follow-up standard specification
(ie, one that allows replacement of machine parts of different origin; eg, standard fit systems, screw thread standardization)
Anschlußpfändung *f* (Re) renewed attachment of ‚thing' previously attached, §§ 826, 827 ZPO
Anschlußplanung *f* (Bw) follow-up planning
Anschlußspediteur *m* (com) connecting carrier
Anschlußstelle *f* (EDV) exit point
Anschlußtender *m* (Vw) follow-up tender
Anschlußwerbung *f* (Mk) follow-up advertising
Anschlußzone *f* (Re) contiguous zone *(ie, in Sea Law)*
Anschlußzone *f* **für die Zollkontrolle** (Zo) customs supervision zone
Anschlußzone *f* **für Fischereirechte** (Re) contiguous fishing zone
anschnallen
(com) to buckle up
– to belt up
– to strap in
Anschreibekonto *n*
(com) charge account
– (GB) account
anschreiben
(com) to charge to account
– (infml) to chalk up
Anschreibung *f* **über die Waren führen** (Zo) to keep a stock-account of goods
Anschrift *f* (com) address
Anschubfinanzierung *f* (Fin) knock-on financing
anschwärzende Werbung *f* (Kart) denigration *(ie, of competitive products in advertising)*
Anschwärzung *f*
(Kart) disparagement/slander . . .

– injurious/malicious . . . falsehood
(ie, making a false statement about a competitor's product)
ansetzen
(com) to estimate
– (infml) to put at
(ReW) to state
– to report
– to show
Ansichtsexemplar *n* (com) inspection specimen
Ansichtssendung *f*
(com) consignment on approval
– (GB, infml) . . . on áppro
(ie, merchandise taken but returnable at customer's option)
Anspannungsgrad *m*
(Fin) = Verschuldungsgrad *m*
(KoR) tightness
Anspannungsindex *m* (Vw) employment index *(ie, ratio of number of jobless and number of vacancies)*
Anspannungskoeffizient *m* (Fin) debt to total capital *(ie, balance sheet ratio)*
ansparen (com) to save up *(ie, by putting aside money regularly and for a specific purpose)*
ansprechen (com) make reference to *(ie, to a problem, right, etc)*
ansprechende Werbung *f* (Mk) appealing advertising
Ansprechpartner *m* (com) contact
Anspruch *m*
(com) claim
(Re) claim
(ie, Recht, von e–m anderen ein Tun od Unterlassen zu verlangen = legal capability to require a positive or negative act of another person; cf, § 194 I BGB)
(SozV) entitlement
Anspruch *m* **abweisen**
(Re) to dismiss a claim
– to reject a claim
Anspruch *m* **anerkennen** (Re) to admit/recognize . . .
Anspruch *m* **aufgeben**
(Re) to abandon a claim
– to give up a claim
– to renounce a cliam
– to waive a legal claim
– to disclaim
Anspruch *m* **auf Versicherungsleistung** (Vers) insurance claim
Anspruch *m* **aus Sachschaden** (Re) property claim
Anspruch *m* **aus unerlaubter Handlung**
(Re) tort claim
– claim arising out of an unlawful act
Anspruch *m* **aus Vertrag** (Re) contractual claim
Anspruch *m* **begründen** (Re) to substantiate a claim
Anspruch *m* **durchsetzen** (Re) to enforce a claim
Ansprüche *mpl* **aus dem Steuerschuldverhältnis** (StR) claims arising out of the government-taxpayer relationship, § 38 AO
Ansprüche *mpl* **Dritter** (Re) third-party claims
Ansprüche *mpl* **erlassen** (StR) to grant administrative relief
Ansprüche *mpl* **erlöschen** (Re) rights of claim are invalidated *(eg, by non-observance of . . .)*
Anspruch *m* **einklagen** (Re) to litigate a claim
Anspruch *m* **entsteht** (Re) claim arises
Anspruch *m* **erlischt**
(Re) claim expires
(eg, non-observance of . . . invalidates any rights of claim)
Anspruch *m* **geltend machen**
(Re) to advance a claim
– to assert a claim
– to bring forward a claim
– to prefer a claim
– to put forth a claim
Anspruch *m* **haben auf**
(Re) to have a claim to
– to be entitled to
anspruchminderndes Mitverschulden *n* (Re) comparative negligence
Anspruchsanpassung *f* (Mk) adjustment of aspiration level
Anspruchsberechtigter *m*
(Re) claimant
– beneficiary
Anspruchserhebungsprinzip *n*
(Vers) claims-made principle
(opp, Haftpflichtdeckung auf der Grundlage des Ereignisprinzips = occurrence principle)
Anspruchsgesellschaft *f* (Vw) entitlement society
Anspruchsgrundlage *f* (Re) subject-matter of a claim
Anspruchshäufung *f*
(Re) multiplicity of claims
– plurality of claims
(ie, against the same defendant, § 260 ZPO)
Anspruchsinflation *f* (Vw) entitlements mentality
(cf, Verteilungskampf)
Anspruchsniveau *n*
(Bw) aspiration level
(eg, Amortisationsdauer in der Betriebswirtschaft; syn, Zufriedenheitsniveau)
Anspruchsteller *m* (Re) claimant *(ie, one who may assert a right, demand, or claim)*
anspruchsvernichtend (Re) claim barring
Anspruchsverwirkung *f* (Vers) forfeiture of insurance claim
Anspruch *m* **verjährt** (Re) claim is barred
Anspruch *m* **zurückweisen**
(Re) to reject a claim
– repudiate a claim
Anstalt *f*
(Re) incorporated public-law institution
– institution under public law, § 196 BGB
anstellen
(com) to line up in a queue
(Pw) = einstellen, qv
Anstellung *f* **auf Lebenszeit**
(Pw) life tenure
– permanent tenure
Anstellung *f* **auf Probe** (Pw) hiring on probation
Anstellungsvertrag *m*
(Pw) contract of employment
– employment contract
– hiring contract
– service agreement
Anstieg *m*
(com) increase
– rise

– (infml) uphill climb *(eg, in interest rates is still in gear)*
Anstoß *m*
(com) initiative
– impact
Anstoßmultiplikator *m* (Vw) impact multiplier
Anstoßwirkung *f*
(Bw) knock-on impact *(eg, of a decision)*
(FiW) impact effect
anstreben
(com) to aim at
(eg, job, position, goal)
(com, fml) to aspire to
(eg, the job of vice president marketing)
an Subunternehmer vergeben
(com) to subcontract
– to farm out a contract
antagonistische Kooperation *f* (Bw) antagonistic cooperation
Anteil *m*
(Fin) share
(Fin) = Beteiligung
Anteil *m* **am Investmentfonds**
(Fin) share
– (GB) unit
Anteil *m* **an einer Kapitalgesellschaft** (ReW) stockholding in a corporation
Anteil *m* **der Bevölkerung in Arbeits- oder Angestelltenverhältnissen** (Pw) active population *(syn, aktive Bevölkerung)*
Anteil *m* **der geprüften Stücke** (IndE) average fraction inspected
Anteil *m* **der Kontingentsmenge** (Zo) quota share
Anteil *m* **des Warenhandels am Außenhandel** (AuW) commodity concentration
Anteile *mpl*
(Re) shares
(ie, term covers shares, interests, or participations in: AG, OHG, KG, BGB-Gesellschaft and other forms of associations as well as all foreign corporations, partnerships or associations)
Anteile *mpl* **an verbundenen Unternehmen**
(ReW, EG) shares in affiliated undertakings
– share capital in group companies
Anteile *mpl* **fehlerhafter Stücke in der Stichprobe**
(IndE) sample fraction defective
Anteil *m* **eines Gesellschafters an einer Personengesellschaft** (ReW) interest of a partner in a partnership
Anteile *mpl* **in Fremdbesitz** (com) minority interests
Anteil *m* **fehlerhafter Einheiten** (IndE) fraction defective
anteilig belasten (KoR) to charge pro rate
anteilige Befriedigung *f*
(Re) prorata payment
– prorata settlement
anteilige Finanzierung *f* (Fin) prorata financing
anteilige Gemeinkosten *pl* (KoR) prorated overhead
anteilige Kosten *pl* (KoR) prorated cost
anteilige Personalkosten *pl* (KoR) prorated employment cost
anteiliger Beitragswert *m* (SeeV) rateable contribution
anteiliger Betrag *m*
(com) proportionate amount
– prorated amount
anteiliger Bilanzverlust *m* (ReW) proportionate share in loss
anteiliges Eigentum *n*
(Re) proportionate ownership
(eg, of stock entitles the stockholder to four rights)
anteilige Zahlung *f* (Fin) prorata payment
anteilig geschichtete Stichprobe *f* (Stat) proportional stratified sampling
anteilig verrechnete Gemeinkosten *pl* (KoR) prorated overhead
anteilig verteilen (ReW) to prorate *(eg, cost over productive life of an asset)*
anteilig zu verrechnende Kosten *pl* (KoR) prorateable cost
anteilmäßige Konsolidierung *f* (EG, Fin) proportional consolidation
anteilmäßige Kostenumlage *f* (KoR) prorata apportionment of cost
anteilmäßige Verrechnung *f* (com) proration
anteilmäßige Zahlungen *fpl* (Fin) prorata payments
anteilmäßig verrechnen
(KoR) to absorb
– to prorate
– to spread through allocation (to)
Anteilpapier *n* (Fin) equity security
Anteilsaktie *f* (Fin) = Quotenaktie
Anteilsbesitz *m*
(Fin) investment holdings
(Fin) share ownership
Anteilschein *m*
(Fin) interim certificate
(ie, issued to shareholders prior to issuance of share certificates, § 8 IV AktG)
(Fin) investment fund share
(Fin) certificate of an investment trust
Anteilseigner *m*
(Fin) shareholder
– stockholder
– equity holder
(Fin) shareholder of a GmbH
(Fin) shareholder *(ie, of investment fund)*
– (GB) unitholder
Anteilseigner *m* **an einem Gemeinschaftsunternehmen** *n* (Bw) venturer
Anteilseignervertreter *mpl*
(Pw) stockholder side
– capital side *(ie, supervisory board members representing stockholders)*
Anteilsinhaber *m* (Fin) = Anteilseigner
Anteilskurs *m* (Fin) unit price
Anteilsmengen *fpl* **eines Kontingents** (Zo) volume of quota share
Anteilsrechte *npl* (Fin) equity interests
Anteilsschein *m*
(Fin) participating certificate
(ie, verbrieft Mitgliedschaftsrechte an e–r Gesellschaft; hierunter fallen auch: Optionsschein, Genußschein, Gewinnanteilschein, Zwischenschein)
(Fin) unit certificate
– share certificate
(ie, verbrieft e–n od mehrere Anteile am Investmentfonds)

Anteilsumlauf *m*
(Fin) shares outstanding
– (GB) units outstanding
Anteilszertifikat *n*
(Fin) share certificate
– (GB) unit certificate
Anteilszoll *m* (Zo) compensatory levy
Antezedens *n*
(Log) antecedent
– protasis
(ie, clause expressing the condition in a conditional statement; opp, Konsequens = apodosis)
Antidumpingverfahren *n* (AuW) anti-dumping procedure
Antidumping-Vorschrift *f*
(EG) antidumping provision
– antidumping rule
Antidumpingzoll *m*
(AuW) anti-dumping duty
– anti-dumping tariff
antiinflationär (Fin) counter-inflatonary
Anti-Inflationspolitik *f*
(Vw) anti-inflation policy
– inflation-fighting policy
Antilogarithmus *m* (Math) antilogarithm
Anti-Marginalist *m* (Vw) anti-piecemeal approacher
Anti-Marketing *n* (Mk) demarketing
Antiquariat *n*
(com) second-hand book selling
(com) second-hand book store
– (GB) second-hand book shop
(com) second-hand department
(ie, in a book store)
Antiselektion *f*
(Vers) adverse selection
– anti-selection *(syn, Gegenauslese)*
Antisubventionsverfahren *n* (EG) anti-subsidy procedure
Antitrust-Bewegung *f* (Vw) antitrust movement
Antitrust-Gesetzgebung *f*
(Kart, US) antitrust legislation
(ie, the three principal pieces of legislation are (1) Sherman Act of 1890, (2) Clayton Act of 1914, and (3) Federal Trade Commission Act of 1914)
Antitrustrecht *n*
(Kart) antitrust law
(Re, US) antitrust laws
(ie, laws intended to regulate or prohibit unfair competition and combinations in restraint of trade, including monopolies, cartels, trusts, and interlocking directorates, qv; its goal is to maintain and strengthen the free enterprise system by requiring competition in business; responsibility for the enforcement of AT laws is vested in the Antitrust Division of the Department of Justice and in the Federal Trade Commission)
Antivalenz *f*
(EDV) exclusive-OR operation
– non-equivalence operation
– anti-coincidence operation
(syn, Kontravalenz, ausschließendes ODER)
Anti-Viren-Programm *n* (EDV) anti-virus software
Antizensursoftware *f* (EDV) censorware
Antizipationsaufwand *m* (ReW) anticipated cost
Antizipationsläger *npl* (Bw) anticipation inventories
antizipative Aktiva *npl*
(ReW) accrued income
– accrued revenue
– accrued assets
(ie, items of revenue not received but earned; opp, antizipative Passiva, qv)
antizipative Passiva *npl*
(ReW) accrued expense
– accrued liabilities
(ie, expense incurred but not paid; opp, antizipative Aktiva, qv)
antizipative Posten *npl*
(ReW) accruals
(ie, der aktiven Jahresabgrenzung: accrued . . . revenue/income/assets)
antizipatives Sicherungsgeschäft *n* (Fin) anticipatory hedge
antizipative Zinsabgrenzung *f* (ReW) deferred interest
antizipierte Inflation *f*
(Vw) steady-state inflation
(ie, die konstante Inflationsrate wird im Durchschnitt aller Dispositionen korrekt antizipiert = inflatorisches Gleichgewicht)
antizipierter Vertragsbruch *m* (Re) anticipatory breach of contract
antizyklisch
(Fin) countercyclical
– anticyclical
– compensatory
antizyklische Finanzpolitik *f*
(FiW) countercyclical fiscal policy
– compensatory finance
(ie, konjunkturpolitisches Steuerungsmittel; cf, Art 109 II-IV GG)
antizyklische Haushaltspolitik *f* (FiW) anticyclical budgeting
antizyklische Politik *f*
(Vw) anticyclical policy
– countercyclical policy
antizyklische Werbung *f* (Mk) anticyclical advertising
antizyklische Wirtschaftspolitik *f*
(Vw) countercyclical economic policy
– anti-cyclical economic policy
(ie, measures to mitigate the effects of cyclical booms and recessions)
Antrag *m* (com) application
Antrag *m* **ablehnen**
(com) to reject a request
(Re) to dismiss a motion
Antrag *m* **auf Aktienzuteilung** (Fin) application for shares
Antrag *m* **auf Börseneinführung** (Bö) = Antrag auf Börsenzulassung
Antrag *m* **auf Börsenzulassung**
(Bö) application for listing
– listing application
Antrag *m* **auf Entlassungen**
(Pw) request for dismissal of redundant personnel
(ie, made to the local labor office)

Antrag *m* **auf Erlaß e–s Rechtshilfeersuchens** (Re, US) motion for issuance of letter rogatory
Antrag *m* **auf Eröffnung des Konkursverfahrens stellen**
(Re) to apply for bankruptcy proceedings
– to file a petition in bankruptcy
Antrag *m* **auf Fristverlängerung** (com) request for an extension of time
Antrag *m* **auf Konkurseröffnung** (Re) petition in bankruptcy
Antrag *m* **auf Konkurseröffnung stellen** (Re) to file a petition in bankruptcy
Antrag *m* **auf Lohnsteuerjahresausgleich** (StR) application for annual computation of wage tax
Antrag *m* **auf Rückerstattung** (com) refund request
Antrag *m* **auf Schluß der Debatte** (com) closure motion
Antrag *m* **auf Steuerrückerstattung stellen** (StR) to file a refund claim
Antrag *m* **auf Zollabfertigung für den freien Warenverkehr** (Zo) consumption entry
Antrag *m* **genehmigen** (com) to approve an application
Antragsannahme *f* (Vers) acceptance of proposal *(ie, agreement to give insurance cover against payment of premium)*
antragsberechtigt (Re) entitled to make an application
Antragsberechtigter *m* (com) party entitled to make an application
Antragsempfänger *m* (Re) offeree *(ie, in formation of contract)*
Antragsformular *n*
(com) application form
– application blank
– form of application
– proposal form
Antragsgegner *m* (Re) opposing party
Antragsgrund *m* (com) reason for application
Antrag *m* **stellen**
(com) to make an application
– to apply for
(Re) to file a petition
(StR) to file a claim *(eg, for a tax credit)*
Antragsteller *m*
(com) applicant
(SozV) claimant *(eg, demanding unemployment compensation)*
Antragsverfahren *n* (Re) filing procedure
Antriebsermüdung *f* (Pw) psychically-induced fatigue
Antriebskräfte *fpl*
(Vw) expansionary forces
– stimulating forces
– stimulus
Antrittsbesuch *m*
(com) „get-acquainted" visit
– first visit
Antrittsvorlesung *f* (Pw) inaugural lecture
Antwort bezahlt (com) answer prepaid
Antwortkarte *f* (com) business reply card
Antwortschein *m* (com) reply coupon
Antwortzeit *f*
(EDV) response time
(EDV) latency *(syn, Latenzzeit)*

anvisieren
(com) to zero in on
– to target at *(eg, consumer groups, market, opportunities)*
Anwachsung *f*
(Re) accrual
(ie, of company share to the other members, § 738 BGB)
anwählen (EDV) to dial up
Anwalt *m* (Re) = Rechtsanwalt
Anwaltsbüro *n* (Re) cf, Anwaltskanzlei
Anwaltsgebühren *fpl*
(Re) attorney's fees
– legal charges
Anwaltskammer *f*
(Re, appr) Bar Association
– (GB) Law Society *(ie, of solicitors)*
– (GB) General Council of the Bar *(ie, confined to barristers)*
Anwaltskanzlei *f*
(Re) law office
(Re) law firm
Anwaltssozietät *f*
(Re) law firm
– firm of lawyers
(ie, e–e Gesellschaft des bürgerlichen Rechts nach § 705 ff BGB; unterhält e–e gemeinsame Kanzlei)
Anwaltszwang *m* (Re) mandatory legal counsel *(ie, in court proceedings; syn, Vertretungszwang)*
Anwärterkreis *m* (Pw) recruiting sources *(ie, which may be external or internal)*
Anwartschaft *f*
(Re) right in course of acquisition
(Pw) legal right to future pension payments
– expectancy of future benefits
– beneficial estate
Anwartschaft *f* **auf Pension**
(SozV) vested right to future pension payments
– potential pension
(eg, a person accrues his maximum potential pension)
Anwartschaftsrecht *n* **auf Altersversorgung** (SozV) right to an old-age pension
anweisen
(com) to instruct
(Fin) to remit *(eg, amount of money)*
Anweisender *m* (WeR) drawer *(ie, person issuing an order to pay or to deliver a thing)*
Anweisung *f*
(com) instruction
(WeR) order to pay a sum of money or to deliver a thing
(eg, Scheck, gezogener Wechsel, kaufmännische Anweisung; cf, §§ 783–792 BGB)
(Zo) transit
(EDV) statement
Anweisungen *fpl* **entgegennehmen** (Pw) to take orders (from)
Anweisungsblatt *n* (Zo) transit sheet *(ie, comprises counterfoil and voucher = Stammabschnitt und Trennabschnitt)*
Anweisungsblock *m* (EDV) instruction block
Anweisungsempfänger *m* (WeR) payee *(ie, person to whom or to whose order payment or delivery is to be made)*

Anweisung *f* **zur Arbeitsunterbrechung** *f* (IndE) stop work order
anwenden
(com) to apply
(ie, to put to use for some practical purpose)
(Re) to apply
(ie, to put into effect or operation; eg, a law)
– bring (a new law) to bear *(gegen = against)*
Anwender *m*
(com) user
(EDV) user
(ie, setzt ein maschinelles Informationsverarbeitungssystem für eigene Aufgaben ein)
Anwenderfreundlichkeit *f* (EDV) usability *(ie, of a software program)*
Anwenderprogramm *n*
(EDV) applications program
– user program
(ie, unterstützt anwendungsorientierte Aufgabe; opp, Systemprogramm)
Anwenderschnittstelle *f* (EDV) user interface
Anwendersoftware *f*
(EDV) applications software
(EDV) user software
Anwendung *f*
(com) application
(EDV) application
– account
Anwendung *f* **der Zollsätze aussetzen** (Zo) to suspend collection of the duties applicable
Anwendung *f* **finden** (com) to find/have applications to *(eg, the study of ecosystems)*
Anwendungsbenutzer *m* (EDV) application user
Anwendungsbereich *m*
(com) scope of application
– area of application
(Re) scope
(eg, of a law)
Anwendungsbereichsbeschränkung *f* (Pat) field-of-use restriction
anwendungsbezogene Forschung *f*
(com) applied research
– action research
Anwendungsdatei *f* (EDV) application file
Anwendungsdaten *f* (EDV) application data
Anwendungsdatenbank *f* (EDV) application data base
Anwendungsdienstanbieter *m* (EDV) application service provider
Anwendungsentwickler *m*
(EDV) application developer
– application designer
Anwendungsentwicklung *f*
(Bw) application management
(IndE) application development
Anwendungs-Entwicklungsumgebung *f*
(EDV) application development environment
(ie, set of software tools for developing applications)
Anwendungsentwurf *m* (IndE) application design
Anwendungsfehler *m* (EDV) application error *(opp, system error)*
Anwendungsfenster *n* (EDV, GUI) application window
Anwendungsgebiet *n* (com) (field of) application
anwendungsgebundenes System *n*
(EDV) dedicated system
(ie, computer system built with a specific application in mind)
Anwendungsgenerator *m* (EDV) applications generator
Anwendungsinstallation *f* (EDV) application set-up
Anwendungsmenü *n* (EDV, GUI) application menu
anwendungsorientierte Informatik *f* (EDV) application-oriented computer science
Anwendungsprogramm *n* (EDV) application program
Anwendungsprogrammierer *m*
(EDV) application programmer
(syn, Organisationsprogrammierer)
Anwendungs-Programmiersprache *f*
(EDV) application development language
(opp, System-Programmiersprache)
Anwendungsschicht *f*
(EDV) application layer
(ie, in computer network)
Anwendungssoftware *f*
(EDV) applications software
– systems software
(cf, Software)
Anwendungssymbol *n* (EDV, GUI) application icon
Anwendungssystem *n* (EDV) applications system
Anwendungstechnik *f* (IndE) applications engineering
Anwendungstechniker *m* (IndE) applications engineer
Anwendungstitel *m* (EDV, GUI) = Titel
Anwerbegebühr *f* (Pw) recruitment fee
Anwerbeland *n* (Pw) recruitment country
anwerben (Pw) to recruit (labor)
Anwerbestopp *m*
(Pw) recruitment ban
– recruitment stop
Anwerbevereinbarung *f* (Vw) recruitment agreement *(ie, between two countries)*
Anwerbung *f* (Pw) recruitment
Anwesenheitskarte *f* (Pw) attendance card
Anwesenheitsliste *f*
(com) attendance sheet
– attendance register
Anwesenheitsprämie *f* (Pw) attendance bonus
Anwesenheitszeit *f*
(Pw) attendance time
(OR) attendance time *(ie, waiting time + processing time)*
anzahlen
(com) to pay down
– to make a down payment
(Re) to pay as a deposit
Anzahl *f* **in e–r Klasse** (Stat) absolute frequency
Anzahlung *f*
(com) advance payment
– down payment
– (customer) prepayment
(cf, Kundenanzahlung)
(Re) deposit (payment)
(Fin) cash deposit
Anzahlungen *fpl* **auf Anlagen** (ReW) installment payments for facilities

Anzahlungen *fpl* **finanzieren** (Fin) to fund down-payments
Anzahlungsgarantie *f*
(Fin) advance payment bond
– advance guaranty
– security bond for down payment
an Zahlungs Statt
(Re) in payment
– in lieu of payment
– *(civil law)* datio in solutum
Anzapfen
(Mk) tapping
(ie, Forderung zusätzlicher Leistungen des Lieferanten ohne entsprechende Gegenleistung)
Anzeige *f*
(Mk) advertisement
– (infml) ad
– (infml, GB) ádvert
(syn, Inserat, Annonce)
(EDV) indicator
Anzeige *f* **aufgeben** (Mk) to advertise
Anzeigedatei *f* (EDV) display file
Anzeigedaten *pl* (EDV) display data
Anzeigeelement *n*
(EDV) display element
– display primitive
Anzeigefeld *n* (EDV) display field
anzeigefreies Bauvorhaben *n* (Re) building project exempt from notification of authorities
Anzeigegerät *n* (EDV) indicating instrument
Anzeigegruppe *f* (EDV) display group *(syn, Segment)*
Anzeigehintergrund *m*
(EDV) background display
– background image
– static image
Anzeigelampe *f* (EDV) light
Anzeigemodus *m*
(EDV) display mode
(EDV) browse mode
(for database systems: opp, edit mode, syn, Übersichtsmodus)
Anzeigenabteilung *f* (Mk) advertising department
Anzeigenagentur *f* (Mk) advertising agency
Anzeigenakquisiteur *m* (Mk) advertisement canvasser
Anzeigenannahme *f* (Mk) advertising office
Anzeigenauftrag *m*
(Mk) advertising order
– space order
Anzeigenbeachtung *f* (Mk) ad-audience
Anzeigenbeilage *f*
(Mk) advertising insert
– advertising supplement
Anzeigenblatt *n*
(Mk) advertising journal
(Mk, infml) admag
Anzeigendienst *m* (Mk) advertising service *(syn, Werbedienst)*
Anzeigenerfolgskontrolle *f* (Mk) advertising control *(syn, Werbeerfolgskontrolle)*
Anzeigenexpedition *f* (Mk) advertising agency
Anzeigenfachmann *m*
(Mk) advertising specialist
– adman
Anzeigengeschäft *n*
(Mk) advertising business
(syn, Werbewirtschaft)
Anzeigengrundpreis *m*
(Mk) advertising base price
– open rate
Anzeigenkosten *pl*
(Mk) advertising charges
– advertising rates
– space costs
Anzeigenkunde *m* (Mk) advertising customer
Anzeigenmittler *m*
(Mk) advertising agency
– advertising office
Anzeigenmonopol *n* (Mk) advertising monopoly
Anzeigenplazierung *f* (Mk) advertisement positioning
Anzeigenplazierungen *fpl* (Mk) advertisement positioning
Anzeigenpreisliste *f* (Mk) advertising rate list
Anzeigenraum *m* (Mk) (advertising) space
Anzeigenraum *m* **buchen** (Mk) to book advertising space
Anzeigenraumvermittler *m*
(Mk) advertising space salesman
– space buyer
Anzeigenschluß *m* (Mk) copy deadline
Anzeigenspalte *f*
(Mk) advertisement column
– ad column
Anzeigen-Split *m* (Mk) split run advertising
Anzeigentarife *mpl* (Mk) advertising rates
Anzeigentermin *m* (Mk) copy deadline
Anzeigentext *m* (Mk) advertising copy
Anzeigentexter *m* (Mk) copy writer
Anzeigenvertrag *m* (Mk) advertising contract
Anzeigenvertreter *m*
(Mk) ad agent
– advertising representative
– advertising sales agency
Anzeigenwerbeleiter *m* (Mk) ad sales promotion manager
Anzeigepflicht *f*
(Re) duty to notify
– duty of notification
– duty to give notice
– duty of disclosure
(Kart) notification requirements
(ie, setzt eine gewisse wirtschaftliche Größenordnung des Zusammenschlusses voraus)
Anzeigepflicht *f* **bei Fusionen** (Kart) premerger notification duty
Anzeigepflichten *fpl*
(Re) reporting duty
– disclosing duty
anzeigepflichtiges Bauvorhaben *n* (Re) building project requiring notification of authorities
Anzeigeraum *m* (EDV) = Bildbereich, qv
Anzeigestelle *f* (EDV) display position
Anzeigesteuerung *f* (EDV) display control unit
Anzeigetafel *f* (Bö) quotations board
Anzeigevordergrund *m*
(EDV) foreground display
– foreground image
– dynamic image

Anziehen *n*
(com, Bö) firming up
– upturn
(eg, prices, interest rates)
anziehen
(Bö) to advance *(ie, prices)*
– to firm
– to move up
anzuwendende Berichtigung *f* (EG) corrective amount *(ie, applicable to the refund of. . .)*
AO (StR) = Abgabenordnung
AOAnpG (StR) = Gesetz zur Anpassung an die Abgabenordnung
AODV (EDV) = aktionsorientierte Datenverarbeitung
aperiodische Aufwendungen *mpl* (ReW) expenses not identified with a specified period
A-Phase *f* (EDV) execution phase *(syn, Ausführungsphase)*
API (EDV) = Programmierschnittstelle, cf
APL (EDV) = A programming language *(ie, high-level programming language)*
apodiktische Aussage *f*
(Log) apodictic statement
(ie, asserting that something must be the case; opp, assertorische und problematische Aussage)
apodiktisches Urteil *n* (Log) apodictic proposition
a posteriori-Wahrscheinlichkeit *f*
(Stat) posterior probability
– a posteriori probability
(opp, a priori-Wahrscheinlichkeit)
Apotheke *f*
(com) drugstore
– pharmacy
– (GB) chemist's (shop)
Apotheker *m*
(com) pharmacist
– (GB) dispenser
– dispensing chemist
applikationsübergreifende Kommunikation *f* (EDV) interapplication communication
A-priori-Schätzung *f* (Stat) extraneous estimate
a priori-Wahrscheinlichkeit *f*
(Stat) prior probability
– a priori probability
(opp, a posteriori-Wahrscheinlichkeit)
AQL-System *n*
(IndE) acceptable quality level system, DIN 40 080
(syn, annehmbare Qualitätsgrenzlage)
äquidistant (Math) equidistant
Äquidistanten *fpl*
(EDV, CAD) offset curves
(ie, besitzen gleichbleibenden Normalabstand zu e–r Ursprungskurve)
Äquipollenz *f* (Log) equipollence
äquivalente Binärstellen *fpl* (EDV) equivalent binary digits
äquivalente Mengen *fpl*
(Math) equivalent sets
– equinumerable sets
– equipotent sets
äquivalente Struktur *f*
(Math) equivalent structure
– indistinguishable structure
äquivalente Waren *fpl*
(Zo) equivalent goods
– equivalents
Äquivalenz *f*
(Log) equivalence
– biconditional
(ie, binary propositional connective = 2-stelliger Funktor der Aussagenlogik ‚if and only if', „iff"; syn, Bisubjunktion, Bi-Konditional, Valenz)
Äquivalenzbeziehung *f* (Log) equivalence relation
Äquivalenzglied *n*
(EDV) equivalence element
– coincidence element
Äquivalenzklasse *f* (Math) equivalence class
Äquivalenzoperator *m* (Log) iff, (–)
Äquivalenzprinzip *n*
(FiW) benefit(s) received principle
– compensatory principle of taxation
– cost-of-service principle
(Vers) principle of equivalence
Äquivalenzverkehr *m* (Zo) setting-off with equivalent goods
Äquivalenzverknüpfung *f*
(EDV) equivalence operation
– if and only if-operation
– matching
Äquivalenzziffer *f*
(KoR) weighting figure
(ie, applied in process cost accounting [= Divisionskalkulation] and in handling joint production [= Kuppelproduktion] in standard costing [= Plankostenrechnung] to find a common base for cost allocation)
Äquivalenzziffernrechnung *f*
(KoR) equivalence coefficient costing
(ie, für der Art nach ähnliche Produkte; durch Gewichtungs- od Wertigkeitsziffern wird die Kostenverursachung der Herstellung genauer erfaßt; Umrechnung auf e–e normierte Einheitssorte)
Äquivokation *f*
(Log) equivocation
(ie, an argument in which an equivocal expression is used in one sense in one premise and in a different sense in another premise or in the conclusion)
AR (com) = Aufsichtsrat
arabische Zahlen *fpl* (Math) Arabic numerals
ARB (com) = Allgemeine Rollfuhrbedingungen
ArbEG (Re) = Gesetz über Arbeitnehmererfindungen
Arbeit *f*
(Vw) labor
(ie, as one of the factors of production)
(Bw) work
(ie, labor × working time)
Arbeit *f* **annehmen** (Pw) to take employment
Arbeit *f* **aufnehmen**
(Pw) to take up work
– to take up employment
arbeiten an
(com) to work on
– (infml) to bite on *(eg, a tricky problem to bite on)*
Arbeiten *fpl* **außerhalb des Arbeitstaktes** (IndE) out-of-cycle work

arbeitendes Kapital *n*
(Fin) active capital
(ie, continuously employed in profit-making pursuits; opp, funds on the sideline)
Arbeiten *fpl* **mit Zeitrichtwerten** (IndE) controlled work
Arbeiten *fpl* **vergeben** (com) to contract out work
Arbeiter *m*
(Pw) worker
(ie, general term denoting varying degrees of qualification; eg, manual worker, research worker)
– laborer *(mostly heavy work)*
– hourly paid employee
– manual worker
– blue-collar worker
Arbeiteraktie *f* (Pw) employee share
Arbeiterin *f* (Pw) female worker
Arbeiterrentenversicherung *f* (SozV) invalidism and old-age insurance for wage earners
Arbeiterschutzgesetzgebung *f* (Re) protective labor legislation
Arbeiterselbstverwaltung *f* (Bw) autogestion
Arbeiterstunde *f*
(Pw) manhour
– manpower hour
Arbeiter *mpl* **und Angestellte** *mpl* (Pw) staff and operatives
Arbeitgeber *m* (Pw) employer
Arbeitgeberanteil *m* (SozV) employer's contribution
Arbeitgeber-Arbeitnehmer-Beziehungen *fpl* (Pw) employer-employee relations
Arbeitgeberbeitrag *m* (SozV) employer's contribution
Arbeitgeberdarlehen *n*
(Pw) loan by employer to employee
(ie, sind freiwillige Sozialleistungen)
Arbeitgeberkreise *mpl* (Pw) employers' circles
Arbeitgeber-Übergewicht *n* (Pw) employer supremacy *(ie, in matters of co-determination)*
Arbeitgeberverband *m* (com) employers' association
Arbeitgebervereinigung *f* (com) Employers' Federation
Arbeitnehmer *m*
(Pw) employee
(ie, Arbeiter, Angestellter oder ein zur Berufsausbildung Beschäftigter)
arbeitnehmerähnliche Person *f*
(Pw) employee-like person
(eg, freier Mitarbeiter bei Fernsehen, Heimarbeiter, Einfirmenvertreter)
Arbeitnehmeraktie *f* (Pw) employee share
Arbeitnehmeranteil *m* (SozV) employee's contribution
Arbeitnehmerbeteiligung *f* (Pw) employee participation
Arbeitnehmereinkommen *n*
(Pw) employee compensation
– employee earnings
Arbeitnehmer-Erfindervergütung *f* (StR) compensation received by an employee as an inventor
Arbeitnehmererfindung *f* (Pw) employee invention
(ie, made by one or several employees in the course of their employment, either on or off duty)
Arbeitnehmerflügel *m*
(Pw) worker wing
(ie, of a political party)
Arbeitnehmerhandbuch *n* (Pw) company information manual
Arbeitnehmerseite *f* (Pw) = Arbeitnehmervertreter
Arbeitnehmer-Sparzulage *f* (Pw) employee's savings premium
Arbeitnehmervertreter *mpl*
(Pw) board employee representatives
– employee-elected representatives on the supervisory board
– employee members
– members representing employees
– worker board members
– worker representatives
– labor side
Arbeitnehmervetreter *m*
(Pw) employee-elected representative
(ie, on company board of directors, as in German, co-determination' schemes)
Arbeitplatzrechner *m f* (EDV) workstation computer
Arbeitsablauf *m*
(Bw) operational sequence
– process
– sequence of operations
– sequence of work
– workflow
Arbeitsablaufabweichung *f* (KoR) nonstandard operation variance
arbeitsablaufbedingte Brachzeit *f* **bei Mehrstellenarbeit** (IndE) interference time
Arbeitsablaufbogen *m* (IndE) flow process chart
Arbeitsablaufdiagramm *n*
(IndE) flowchart
– labor explosion chart
(syn, Arbeitsablaufplan)
Arbeitsablaufgestaltung *f* (IndE) work flow structuring
Arbeitsablaufhandbuch *n* (Bw) procedures manual
Arbeitsablaufkarte *f* (IndE) route sheet
Arbeitsablauforganisation *f*
(IndE) work flow organization
(ie, term used in industrial plant organization to denote planning of job scheduling; opp, Strukturorganisation)
Arbeitsablaufplan *m*
(IndE) sequence of operations schedule
– work schedule
(IndE) labor explosion chart
(IndE) flowchart
(syn, Arbeitsablaufdiagramm)
Arbeitsablaufplanung *f* (IndE) work flow planning
Arbeitsablaufschaubild *n* (IndE) outline process chart
Arbeitsablaufskizze *f* (IndE) outline process chart
Arbeitsablaufstudie *f*
(IndE) analysis of work flow
– work flow study
Arbeitsamt *n*
(Pw) local Labor Office
(ie, a government-run employment agency)
– (GB) labour exchange

Arbeitsanalyse *f*
(IndE) job analysis
– position analysis
– task analysis
(ie, breakdown of job operations; syn, Arbeitszerlegung)
Arbeitsangebot *n* (Vw) labor supply
Arbeitsangebotskurve *f* (Vw) labor supply curve
Arbeitsanreicherung *f* (Pw) job enrichment
Arbeitsanreiz *m* (Vw) incentive to work
Arbeitsanweisungen *fpl*
(Pw) job instructions
– work assignments
– orders directing employees on their jobs
Arbeitsaufbau *m* (IndE) job analysis
Arbeitsaufgabe *f*
(IndE) job
– task
Arbeitsauftrag *m*
(IndE) job order
– shop order
– labor voucher
– operation ticket
– work order
– work ticket
– labor chit
Arbeitsauftragname *m* (IndE) job name
Arbeitsauftragnummer *f* (IndE) job number
Arbeitsband *n*
(EDV) work tape
– scratch tape
Arbeitsbedingungen *fpl*
(Pw) terms and conditions of employment
(eg, pay and hours of work)
Arbeitsbegleitpapiere *npl* (IndE) job routing documents
Arbeitsbelastung *f* (Pw) workload
Arbeitsbereich *m*
(Log) study
– field of attention
– field of concentration
(IndE) work area
– work space
(Pw) area of operations
Arbeitsbereichsbewertung *f*
(Pw) job evaluation
– job rating
Arbeitsbeschaffung *f* (Pw) job creation
Arbeitsbeschaffungsmaßnahmen *fpl*
(Pw) employment creating measures
– job creating measures
– job creating scheme
(Vw) make-work policies
Arbeitsbeschaffungsprogramm *n*
(Vw) job creation program
– job creating programm
– job fostering scheme
Arbeitsbeschaffungsprojekt *n* (Vw) make-work project
Arbeitsbeschreibung *f* (IndE) work specification
Arbeitsbestgestaltung *f* (Bw) measures taken to ensure optimum efficiency in combining labor, equipment, and materials
Arbeitsbewertung *f*
(Pw) job evaluation
– job rating
– (GB) labour grading
(ie, vergleichende Beurteilung von Arbeitsplätzen nach Anforderungen und Anforderungshöhen; appraisal of each job either by a point system or by comparison of job characteristics; used for establishing a job hierarchy and wage plans)
Arbeitsbewertungsschlüssel *m* (Pw) labour grading key
Arbeitsbeziehungen *fpl*
(Pw, roughly) industrial relations
– labor relations
(ie, Gesamtheit der Verhaltensweisen der Arbeitgeber/Arbeitnehmer, ihrer jeweiligen Vertreter sowie des Staates)
Arbeitsbildschirm *m* (EDV) working mask
Arbeitsblatt *n*
(ReW) work sheet
(EDV) work sheet
(ie, Tabelle im Rahmen e–s Tabellenkalkulationsprogramms)
Arbeitsblattdatei *f* (EDV) worksheet file
Arbeitsdatei *f*
(EDV) scratch file
– work file
Arbeitsdefinition *f* (Log) working definition
Arbeitsdiagramm *n* (EDV) flow diagram *(syn, Datenflußplan)*
Arbeitsdirektor *m*
(Pw) personnel director
(ie, union approved and appointed to the managing board)
– director of industrial relations
– *(for U.S. readers:)* vice president personnel
(Note that, worker director' is a convenient but incorrect translation)
Arbeitsdiskette *f* (EDV) working diskette
Arbeitsdokument *n* (com) work-in-process document
Arbeitsdurchlaufkarte *f* (IndE) operations routing sheet
Arbeitseignung *f* (Pw) aptitude for work
Arbeitseinheit *f*
(IndE) activity
– service unit
Arbeitseinkommen *n*
(Vw) earned income
– employment income
– service income
(opp, Besitzeinkommen = property income, unearned income)
Arbeitseinsatz *m*
(Pw) amount of work
– (Pw, infml) habit of getting stuck into work
Arbeitseinsatzplanung *f*
(IndE) manload planning
– workforce planning
Arbeitseinteilung *f* (Pw) work management
Arbeitseintrag *m* (IndE) work entry
Arbeitselement *n* (IndE) work element
Arbeitsentfremdung *f* (Vw) alienation from work
Arbeitsentgelt *n*
(Pw) employee compensation
– employee earnings
– employee pay

Arbeitsergiebigkeit *f* (Bw) labor productivity
Arbeitserlaubnis *f*
(Pw) employment permit
– work permit
(ie, issued to foreign workers)
– (Pw, US) labor certification
(ie, required before a permanent visa is issued)
Arbeitsermüdung *f*
(Pw) work fatigue
– fatigue due to work
Arbeitserprobung *f*
(Pw) aptitude test
(ie, for a period of up to 4 weeks, cost paid by Federal Labor Office)
Arbeitsertrag *m* (Vw) return to labor
Arbeitsessen *n*
(com) working lunch
– working dinner
Arbeitsethos *n* (Pw) work ethic
arbeitsfähig
(Pw) able to work
– capable to work
– employable
– fit for work
arbeitsfähige Mehrheit *f* (com) working majority
arbeitsfähiges Alter *n*
(Pw) working age
– employable age
Arbeitsfähigkeit *f*
(Pw) capacity to work
– fitness for work
Arbeitsfluß *m* (IndE) work flow
Arbeitsflußdarstellung *f* (IndE) route diagram
Arbeitsflußdiagramm *n* (IndE) operation flow chart
Arbeitsflußverwaltung *f* (EDV) work flow management
Arbeitsfolge *f*
(IndE) operating sequence
– sequence of work
Arbeitsfolge *f* **der Werkstattfertigung** (IndE) job shop sequencing
Arbeitsfolgen *fpl* (IndE) routings
Arbeitsfolgeplanung *f* (IndE) sequencing of operations
Arbeitsförderung *f*
(Vw) employment promotion
– work promotion
Arbeitsförderungsgesetz *n* (Re) Labor Promotion Law, of 1 July 1969
Arbeitsfortschritt *m*
(IndE) status of progress
– status of project
– work status
Arbeitsfortschritts-Ausweis *m* (com) work progress certificate
Arbeitsfortschritts-Diagramm *n* (IndE) progress chart
Arbeitsfortschrittsplanung *f* (IndE) progress planning
arbeitsfreie Zeit *f* (Pw) time off duty
Arbeitsfreude *f* (Pw) delight in work
Arbeitsfrieden *m*
(Pw) industrial peace
– labor-management peace
– peaceful labor relations

Arbeitsgang *m*
(IndE) work cycle
– pass
– run
(IndE) operation
(ie, abgeschlossener Arbeitsanteil, der von e–m Arbeitsträger (operator) an e–m Objekt durchgeführt wird)
Arbeitsgebiet *n*
(com) study area
– study field
– field of attention
– field of concentration
Arbeitsgemeinschaft *f*
(Re) special partnership
(Bw) joint venture (group)
– (ad hoc) consortium
(ie, adopted for specific schemes, mostly in the legal form of, joint venture')
(Pw) team
(Pw) study group
Arbeitsgemeinschaft *f* **der Deutschen Wertpapierbörsen** (Bö) Federation of German Stock Exchanges *(ie, formed in 1986)*
Arbeitsgemeinschaft *f* **der Verbraucherverbände** (com) Consumer Associations' Working Party
Arbeitsgemeinschaft *f* **selbständiger Unternehmer** (com) Association of Independent Businessmen
Arbeitsgericht *n* (Re) (first-instance) labor court
Arbeitsgerichtsbarkeit *f* (Re) labor jurisdiction
Arbeitsgesetzgebung *f*
(Re) labor legislation
– employment legislation
Arbeitsgestaltung *f*
(Bw) optimum combination of labor, equipment, and materials
(Bw) job design
– work structuring
Arbeitsgruppe *f*
(com) task force
– task group
– team
– working group
– working party
(Pw) gang
Arbeitsgruppe *f* **leiten** (com) to head a task force
Arbeitsguthaben *npl* (Pw) working balances
Arbeitshypothese *f* (Log) working hypothesis
Arbeitsintensität *f* (Bw) labor intensity *(ie, Verhältnis von Arbeitseinsatz zum Kapitalstock; Quotient aus Kapitalproduktivität und Arbeitsproduktivität)*
– labor hours per unit of output
arbeitsintensiv (Bw) labor intensive
Arbeitskampf *m*
(Pw) industrial conflict
– industrial dispute
– labor dispute
– industrial action
– industrial strife
Arbeitskampfmaßnahmen *fpl*
(Pw) industrial conflict measures
– job conflict measures
(ie, temporary action to enforce compliance with demands; such as a slowdown strike = Bummelstreik)

Arbeitskampfmaßnahmen *fpl* **ergreifen** (Pw) to take industrial action
Arbeitskampfrecht *n* (Re) labor dispute law
Arbeitskarte *f*
(IndE) operation card
– job card
– job sheet
– job ticket
– work ticket
(ie, records the times spent by individual workers, or the materials used on a particular job, or both)
Arbeitskenngröße *f* (IndE) performance characteristics
Arbeitskleidung *f* (Pw) working clothes
Arbeitskoeffizient *m* (Vw) labor-output ratio *(ie, reciprocal of labor productivity)*
Arbeitskolonne *f* (Pw) gang
Arbeitskontrolle *f* (IndE) = Fertigungsüberwachung, qv
Arbeitskoordinatensystem *n* (EDV, DAD) working space
Arbeitskopie *f* (EDV) working copy
Arbeitskosten *pl*
(Pw) labor cost
– employment cost
– bill for wages, salaries, and social cost
– sum total of wages and salaries + fringe benefits
(KoR) variable cost *(ie, fully determined by output or ‚labor')*
Arbeitskostentheorien *fpl*
(Vw) labor cost theories *(opp, production cost theories)*
Arbeitskraft *f*
(Bw) labor *(ie, as productive factor)*
(Pw) capacity to work
(Pw) employee
– worker
Arbeitskräfte *fpl*
(Pw) manpower
– workers
– labor
– labor force
– workforce
Arbeitskräfteabgang *m*
(Pw) labor wastage
– attrition
Arbeitskräfte *fpl* **abwerben**
(Pw) to bid away labor
– to entice away labor
– to hire away labor
Arbeitskräfteangebot *n* (Vw) labor supply
Arbeitskräfteangebotskurve *f* (Vw) labor supply curve
Arbeitskräfte-Auslastungskurve *f*
(Bw) workload curve
– workload graph
Arbeitskräftebedarf *m* (Pw) manpower requirements
Arbeitskräftebedarfs-Bericht *m* (Bw) manpower loading report
Arbeitskräftedefizit *n* (Vw) labor shortage
Arbeitskräfte *fpl* **einstellen**
(Pw) to hire
– to engage
– to add workers
– to add employees
– to take on labor
Arbeitskräfteengpaß *m*
(Vw) labor bottleneck
– manpower bottleneck
Arbeitskräftefluktuation *f*
(Pw) labor turnover
– employee turnover
– personnel turnover
– staff turnover
(syn, zwischenbetrieblicher Arbeitsplatzwechsel)
Arbeitskräfte *fpl* **horten** (Pw) to hoard labor
Arbeitskräfteknappheit *f* (Vw) = Arbeitskräftemangel
Arbeitskräfte-Leasing *n* (Pw) employee leasing
Arbeitskräftemangel *m*
(Vw) scarcity of labor
– shortage of labor
– manpower shortage
– tight labor market
Arbeitskräftenachfrage *f* (Vw) labor demand
Arbeitskräfteplanung *f* (Pw) manpower planning
Arbeitskräftepotential *n*
(Vw) manpower potential
– labor force potential
(ie, die erwerbsfähigen Personen der Gesamtbevölkerung = pool of workers)
Arbeitskräftereserve *f*
(Vw) manpower reserve
– labor reserve
arbeitskräftesparende Fertigung *f* (IndE) labor-saving production
Arbeitskräftestatistik *f*
(Stat) manpower statistics
– labor force statistics
Arbeitskräfteüberangebot *n*
(Vw) excess supply of labor
– excess supply of manpower
Arbeitskräfteüberschuß *m*
(Vw) labor surplus
– manpower surplus
Arbeitskräfteverknappung *f*
(Pw) labor shortage
– manpower shortage
Arbeitskräftewanderung *f*
(Vw) labor migration
– manpower migration
Arbeitskreis *m*
(com) working group
– working party
Arbeitsleben *n*
(Pw) working life
– occupational life
– professional life
Arbeitsleistung *f*
(IndE) output
(Pw) job performance
– performance level
Arbeitsleistungsabweichung *f*
(KoR) labor efficiency variance
– labor time variance
– labor usage variance
Arbeitsliste *f* (IndE) operating list

Arbeitslohn *m*
(Vw) wage(s)
(Vw) wage rate
(IndE) employment compensation
(StR) employment income *(ie, including wages, salaries, commissions, bonuses, etc.)*
arbeitslos
(com) unemployed
– jobless
– out of work
– off the payroll
– (infml) sitting on the sidelines of business
Arbeitslose *pl*
(com) unemployed
– jobless
– persons out of work
Arbeitslosengeld *n*
(SozV) unemployment benefit
– unemployment pay
(ie, früher Arbeitslosenunterstützung; derzeitige Höhe 68 % bzw 63 %; Dauer je nach Beitragszeit 104 bis 312 Tage, ältere Arbeitslose bis zu 624 Tagen; §§ 100 ff AFG idF des Gesetzes vom 15.5.1986)
Arbeitslosenhilfe *f*
(SozV) unemployment aid
– unemployment assistance
(ie, earlier term, Arbeitslosenfürsorge')
Arbeitslosenpflichtversicherung *f* (SozV) compulsory unemployment insurance
Arbeitslosenquote *f*
(com) unemployment rate
– jobless rate
(ie, ratio of jobless to total labor force)
Arbeitslosenschlangen *fpl* (Vw) lines of jobless workers
Arbeitslosenstatistik *f*
(Stat) unemployment statistics
– jobless tally
Arbeitslosenunterstützung *f* (SozV) cf, Arbeitslosengeld
Arbeitslosenversicherung *f* (SozV) unemployment insurance
Arbeitslosenversicherungsbeitrag *m* (SozV) unemployment insurance contribution
Arbeitslosenzahl *f*
(com) jobless total
– unemployment figure
– number of people out of work
– number of people unemployed
Arbeitsloser *m*
(com) jobless person
– unemployed person
– person out of work
arbeitsloses Einkommen *n*
(Vw) unearned income
– property income
(syn, Besitzeinkommen; opp, Arbeitseinkommen)
Arbeitslosigkeit *f*
(com) unemployment
– joblessness
(com) level of unemployment
– number of people out of work
Arbeitslosigkeit *f* **bekämpfen**
(com) to fight unemployment
– combat unemployment

Arbeitsmappe *f* (EDV) workbook
Arbeitsmarkt *m*
(Vw) job market
– labor market
– unemployment market
Arbeitsmarktabgabe *f*
(Vw) labor market levy
(ie, von Gewerkschaften geforderte Abgabe von Beamten [public sector employees] und Selbständigen [self-employed persons], abzuführen an die Bundesanstalt für Arbeit; zur Finanzierung der Arbeitsförderung)
Arbeitsmarktanpassung *f* (Vw) labor (*or* job) market adjustment *(ie, by removing bottlenecks or surpluses)*
Arbeitsmarktaussichten *fpl*
(Vw) employment outlook
– employment perspectives
– job outlook
– job perspectives
Arbeitsmarktbehörde *f*
(Vw) manpower administration
– labor administration
– labor market authorities
Arbeitsmarktdaten *pl* (Stat) labor market data
Arbeitsmarktentwicklung *f* (Vw) labor market development (*or* trend)
Arbeitsmarkterhebung *f* (Stat) labor force survey
Arbeitsmarktförderungsprogramm *n* (Vw) employment (promotion) scheme
Arbeitsmarktforschung *f* (Vw) labor market research
Arbeitsmarktgleichgewicht *n*
(Vw) labor market equilibrium
– labor market balance
Arbeitsmarktmonopol *n* (Vw) labor monopoly
Arbeitsmarktpolitik *f*
(Vw) labor market policy
– manpower policy
(ie, Träger sind: gesetzgebende Körperschaften, Bundesanstalt für Arbeit, Tarifparteien)
Arbeitsmarktreserve *f* (Vw) hidden labor potential
Arbeitsmarktsituation *f*
(Vw) labor market situation
– employment situation
– manpower situation
Arbeitsmarktstatistik *f*
(Vw) labor (market) statistics
– labor force statistics
Arbeitsmarkttheorie *f*
(Vw) labor market theory
– labor economics
Arbeitsmarktungleichgewicht *n*
(Vw) labor market disequilibrium
– labor market imbalance
Arbeitsmarktverhalten *n*
(Vw) labor market behavior
– labor force behavior
Arbeitsmarkt *m* **verstopfen**
(com, US) to clog the labor market
(ie, by minimum wage laws, shortages of skills, employment laws that penalizes firing and so deter hiring, etc)
Arbeitsmarktverwaltung *f* (Vw) = Arbeitsverwaltung

Arbeitsmedizin *f*
(Pw) industrial medicine
– occupational medicine
(ie, seeks to protect workers from hazards in the workplace)
Arbeitsmobilität *f*
(Vw) labor mobility
– mobility of labor
(ie, innerbetrieblich, zwischenbetrieblich, sektoral, regional, international, beruflich)
Arbeitsmöglichkeiten *fpl*
(Pw) employment opportunities
– job opportunities
Arbeitsmoral *f*
(Pw) work attitude
– on-the-job morale
– staff morale
Arbeitsnachweis *m* (Pw) daily performance record
Arbeitsniederlegung *f*
(Pw) stoppage of work
– industrial stoppage
– walkout
Arbeitsnorm *f* (Pw) labor standard
Arbeitsökonomik *f*
(Vw) labor economics
(ie, concerned with the relation between the worker and his job, with labor market and pay policies)
Arbeitsorganisation *f*
(Bw) work organization
(ie, Gestaltung und Verknüpfung einzelner Arbeitsplätze od Stellen von Unternehmen od öffentlichen Verwaltungen; bestimmt den Grad der Arbeitsteilung)
Arbeitsorientierung *f*
(Bw) labor orientation
(ie, in location theory = Standorttheorie)
Arbeitsortprinzip *n* (StR) place of work principle
Arbeitspapier *n*
(com) working paper
– exposure draft
(ie, document on which comments are invited from interested persons; Diskussionspapier)
Arbeitspapiere *npl*
(Pw) employee papers
– working papers
(ie, Lohnsteuerkarte; Sozialversicherungsnachweisheft; Arbeitserlaubnis/Arbeitskarte im Falle ausländischer Arbeitnehmer; wage tax card, social insurance card, employment permit for foreign workers)
arbeitsparende Technologie *f* (IndE) labor-saving technology
Arbeitsplan *m*
(IndE) schedule of job operations
(ie, based on drawings and design data; syn, Arbeitstückliste)
Arbeitsplanänderung *f* (IndE) manufacturing change
Arbeitsplaner *m* (IndE) work scheduler
Arbeitsplanung *f*
(IndE) work scheduling
(ie, produktbezogene Teilaufgabe der Fertigungsplanung, qv)
Arbeitsplanungsbogen *m*
(IndE) multiple activity chart
(OR) activity chart
Arbeitsplanungsformular *n* (OR) activity chart *(syn, Arbeitsplanungsbogen)*
Arbeitsplatz *m*
(com) job
– position
– post
(com) job
– job site
– workplace
– work center
– work station
– duty station
(ie, im Sinne von Einsatzort)
Arbeitsplatzanalyse *f*
(Pw) job analysis
– job description
Arbeitsplatzangebot *n*
(Vw) availability of jobs
– supply of jobs
(Pw) job offer
Arbeitsplatzbeschaffung *f* (com) job creation
Arbeitsplatzbeschreibung *f*
(Pw) job description
– job specification
Arbeitsplatz *m* **besetzen**
(com) to fill a job
– to fill a vacancy
Arbeitsplatzbesetzung *f* (Pw) filling vacant jobs
Arbeitsplatzbewertung *f*
(Pw) job evaluation
– job rating
– (GB) labour grading
(ie, appraisal of each job either by a point system or by comparison of job characteristics)
Arbeitsplatzbezogenheit *f* (Pw) job relatedness
Arbeitsplatzdatenbank *f*
(Pw) job data base
(ie, enthält Daten über bestehende und geplante Arbeitskräfte)
Arbeitsplatzdrucker *m* (EDV) terminal printer
Arbeitsplätze *mpl* **einsparen** (com) to shed jobs
Arbeitsplätze *mpl* **erhalten** (com) to preserve jobs
Arbeitsplätze *mpl* **gefährden** (Pw) to endanger jobs
Arbeitsplatzerhaltung *f* (com) preservation of jobs
Arbeitsplätze *mpl* **schaffen**
(com) to create jobs
– to generate jobs
Arbeitsplatzexport *m*
(AuW) job export
(ie, Verlagerung von Arbeitsstätten aus den Heimatländern multinationaler Unternehmen in Gastländer)
Arbeitsplatzförderung *f*
(Vw) job promotion
– promotion of jobs
Arbeitsplatzgarantie *f*
(Pw) job guaranty
– employment guarantee
Arbeitsplatzgestaltung *f*
(Pw) job engineering
– workplace layout
Arbeitsplatzgruppe *f* (IndE) work center
Arbeitsplatz *m* **haben**
(Pw) to have a job
– to hold a job

Arbeitsplatz-Klassifizierung *f* (Pw) job coding
Arbeitsplatzmangel *m*
(Vw) job scarcity
– job shortage
– lack of jobs
Arbeitsplatzmerkmal *n* (Pw) job characteristic
Arbeitsplatz *m* **ohne Aufstiegsmöglichkeiten** (Pw) dead-end job
Arbeitsplatzprofil *n* (Pw) job profile
Arbeitsplatzrechner *m*
(EDV) workstation
(ie, verfügt über größere Leistung als der Personalcomputer)
Arbeitsplatzrechner *m* **ohne Laufwerk**
(EDV) diskless workstation
(ie, workstation without data storage capability; used in networks for data security purposes)
Arbeitsplatzrechnerprogramm *n* (EDV) workstation program
Arbeitsplatzrisiko *n* (Pw) occupational hazard
Arbeitsplatzsicherheit *f*
(Pw) employment security
– job security
– job safety
Arbeitsplatzsicherung *f* (Pw) safeguarding of jobs
Arbeitsplatzsuche *f* (Pw) search for job
Arbeitsplatzteilung *f* (Pw) job sharing
Arbeitsplatzumsetzung *f* (Pw) job relocation
Arbeitsplatzuntersuchung *f* (Pw) job evaluation
(ie, durch Befragung, Dokumentenanalyse, Multimomentverfahren, Zeitstudien, Experimente)
Arbeitsplatz *m* **verlieren** (com) to lose a job
Arbeitsplatzverluste *mpl* (Pw) job losses
Arbeitsplatzvernichtung *f*
(com) job shedding
– job destruction
– abolition of jobs
Arbeitsplatzwahl *f* (Vw) job choice
Arbeitsplatzwechsel *m*
(com) job change
– job shift
Arbeitsproduktivität *f*
(Vw) labor productivity
– labor efficiency
(ie, ratio of output to labor input)
Arbeitsproduktivitäts-Abweichung *f* (KoR) labor productivity variance
Arbeitsprogramm *n* (EDV) working program
Arbeitspsychologie *f*
(Bw) industrial and organizational psychology
(ie, the term ‚industrial psychology' has a more limited meaning)
Arbeitsrecht *n*
(Re) labor law
– (GB) industrial law
(ie, regelt die Beziehungen zwischen Arbeitgeber und Arbeitnehmern; Rechtsgrundlage zB: Verfassung, Gesetz, Tarifvertrag, Betriebsvereinbarung, Arbeitsvertrag, Anordnung des Arbeitgebers; Unterbegriffe: kollektives/individuelles Arbeitsrecht)
arbeitsrechtliche Gesetzgebung *f* (Re) labor legislation
arbeitsrechtliche Streitigkeit *f* (Pw) = Arbeitsstreitigkeiten
arbeitsrechtliche Vorschriften *fpl* (Re) labor legislation rules
Arbeitsrückstand *m* (com) backlog of work
Arbeitsschein *m* (IndE) work slip
Arbeitsschluß *m*
(Pw) end of working day
(Pw, infml) knocking-off time
Arbeitsschutz *m*
(Pw) labor protection
– job protection
Arbeitsschutzbestimmungen *fpl* (IndE) industrial safety regulations
Arbeitsschutzgesetz *n*
(Re) labor protection law
– job protection law
Arbeitsschutzregelungen *fpl* (EG, Vw) employment protection regulations
Arbeitssicherheit *f*
(Pw) occupational safety
– on-the-job safety
Arbeitssitzung *f* (com) work session
arbeitssparende Technologie *f* (IndE) labor-saving technology
Arbeitsspeicher *m* (EDV) = Hauptspeicher
Arbeitsspeicherabzug *m* (EDV) main memory dump
Arbeitsspeicherbereich *m* (EDV) (main) memory area
Arbeitsspeicherblock *m*
(EDV) main memory block
– storage block
Arbeitsspeicherplatz *m* (EDV) (main) memory location
Arbeitsstatistik *f*
(Vw) labor (market) statistics
– labor force statistics
Arbeitsstätte *f* (Pw) place of work
Arbeitsstättenverordnung *f* (Re) Ordinance on Workplaces *(ie, issued in 1975)*
Arbeitsstelle *f* (Pw) = Arbeitsplatz
Arbeitsstreitigkeiten *fpl*
(Pw) industrial dispute
– labor dispute
– trade dispute
– industrial conflict
– industrial strife
(syn, Arbeitskampf)
Arbeitsstruktur *f*
(Pw) job structure
– work structure
Arbeitsstrukturierung *f*
(Pw) job redesign
– job structuring
– work restructuring
(ie, umbrella term covering job enrichment, job rotation, employee participation etc. in varying degrees)
Arbeitsstückliste *f*
(IndE) schedule of job operations
(ie, based on drawings and design data; syn, Arbeitsplan)
Arbeitsstudie *f* (IndE) time and motion study
Arbeitsstudium *n* (IndE) work study
Arbeitsstunde *f*
(com) manhour
(ie, work done by one man in one hour)

Arbeitssuche *f*
(Pw) job seeking
– job search
– job hunting
Arbeitssystem *n*
(IndE) work system
(ie, interpreted as a socio-technical system or as a man-machine control loop)
Arbeitstag *m*
(com) workday
– (GB) working day
(com) business day
– trading day
(Bw) stream day *(ie, day of real productive work)*
Arbeitstagung *f* (com) workshop
Arbeitstakt *m* (IndE) work cycle
Arbeitsteilung *f* (Vw) division of labor
Arbeitsüberwachung *f* (IndE) job control *(syn, Fertigungsüberwachung, qv)*
Arbeit *f* **suchen**
(com) to look for a job/for work
– to seek a job (*or* work)
Arbeitsuchender *m* (Pw) job seeker
Arbeitsumgebung *f*
(Pw) job environment
– job context
– work environment
Arbeitsumgebungsanalyse *f* (Pw) job environment analysis
Arbeitsumgebungsgestaltung *f* (Pw) design of job environments
arbeitsunfähig
(Pw) unfit for work *(ie, for the time being)*
(Pw) incapacitated
– unable to work
Arbeitsunfähiger *m* (Pw) disabled person
Arbeitsunfähigkeit *f*
(Pw) unfitness for work
(Pw) inability to work
– disability
Arbeitsunfall *m*
(Pw) industrial accident
– occupational accident
– work accident
Arbeitsunterbrechung *f*
(IndE) interruption of work
– work stoppage
– delay
Arbeitsunterbrechungsanweisung *f* (IndE) hold order
Arbeitsunterlagen *fpl* (com) working papers
Arbeitsunterteilung *f*
(IndE) job breakdown
– operation breakdown
(ie, into elements)
Arbeitsunzufriedenheit *f* (Pw) job dissatisfaction
Arbeitsurlaub *m*
(Pw) working vacation
(ie, managers and politicians sometimes claim to be in that frame of mind)
Arbeitsvereinfachung *f* (IndE) work simplification
Arbeitsverfahren *n* (com) working method
Arbeitsverhältnis *n*
(Pw) employer-employee relationship
– employment relationship

Arbeitsvermittlung *f*
(Pw) placement of employees *(ie, in Deutschland staatliches Monopol seit 1927; Träger heute die Bundesanstalt für Arbeit in Nürnberg)*
arbeitsvermittlungsfähig (Pw) employable
Arbeitsvermittlungsfähigkeit *f* (Pw) employability
Arbeitsvermögen *n*
(Vw) human capital
– human wealth
(ie, Summe aller Nettoausbildungsinvestitonen; oder: diskontierte Summe der durch Einsatz des Arbeitsvermögens erzielbaren künftigen Einkommen; part of the productive assets of the economy; syn, Humankapital)
arbeitsvernichtende Technologien *fpl* (IndE) job-displacing technologies
Arbeitsverrichtung *f* (IndE) task
Arbeitsverteilung *f* (Pw) assignment of activities
Arbeitsvertrag *m*
(Pw) employment contract
– labor contract
– service contract
– contract of employment
Arbeitsverwaltung *f*
(Vw) labor administration
– manpower administration
(Vw) labor market authorities
Arbeitsvolumen *n* (Vw) total number of man-hours worked
Arbeitsvorbereiter *m*
(IndE) process planning engineer
(IndE) work scheduler
Arbeitsvorbereitung *f*
(IndE) production scheduling
– operations scheduling
– process planning
– operation and process planning
– planning of process layout
– work scheduling
(ie, taktische und operative Planung, Steuerung und Überwachung aller Produktions-Aktivitäten; syn, Fertigungs-/Produktionsvorbereitung, cf, Übersicht S. 78)
(EDV) job preparation
Arbeitsvorgang *m*
(IndE) job
– operation
Arbeitsvorrat *m* (IndE) work load
Arbeitswertlehre *f* (Vw) labor theory of value
Arbeitswertlohn *m* (IndE) evaluated rate
Arbeitswilligkeit *f* (Pw) willingness to be employed
(ie, preferred term now: employability)
Arbeitswissenschaft *f*
(Bw, roughly) ergonomic (job) analysis
– ergonomics
– work sciences
(ie, wird in Deutschland umfassender verstanden als die Ergonomie; Betrachtungsweise ist technisch-ökonomisch, technisch-physiologisch und technisch-psychologisch; es gibt noch kein einheitliches Begriffssystem; cf, aber Bezug auf A. in §§ 90, 91 BetrVG 1972; relates to the structure and functions, to the analysis, measurement, evaluation and design of human-work systems)

Teilaufgaben der Arbeitsvorbereitung

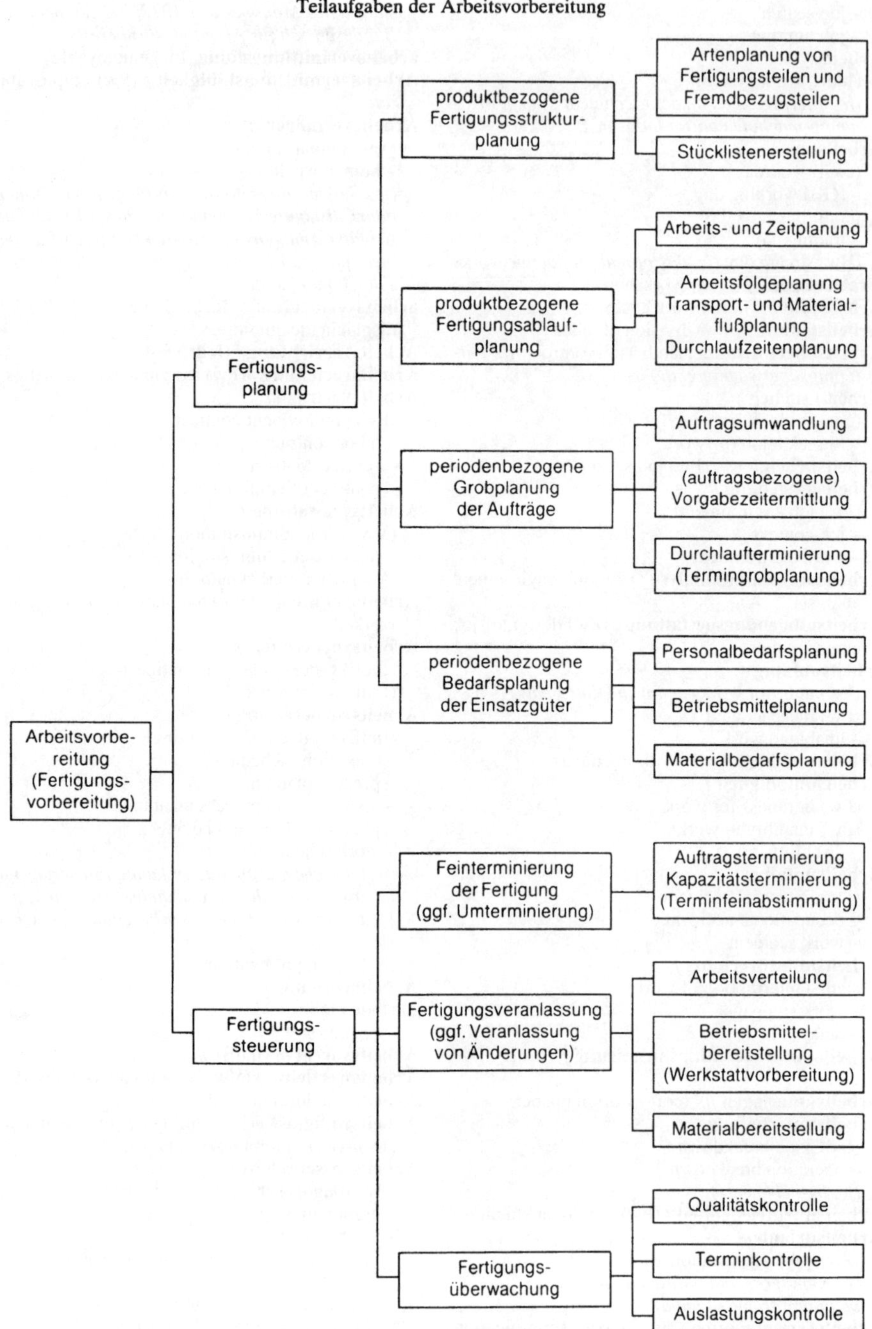

Quelle: Dichtl/Issing: Vahlens Großes Wirtschaftslexikon, 2. Aufl., München 1993, Bd. 1, S. 121

arbeitswissenschaftlich (Bw, roughly) relating to ergonomic job analysis
arbeitswissenschaftliche Erkenntnisse *fpl* (Bw) findings of ergonomic analysis
arbeitswissenschaftliches Erhebungsverfahren *n* (Bw) ergonomic job analysis procedure
Arbeitszeichnung *f* (IndE) working drawing
Arbeitszeit *f*
(Pw) hours of work
– working hours
– working time
– labor time
Arbeitszeitabweichung *f*
(KoR) labor efficiency variance
– labor time variance
– labor usage variance
(ie, between standard and actual direct labor hours)
Arbeitszeiterfassung *f* (Pw) attendance recording
Arbeitszeitkategorie *f* (Pw) working-time category *(eg, normal time, overtime)*
Arbeitszeitnachweis *m*
(IndE) time sheet
– time slip
Arbeitszeitordnung *f* (Re) Working Hours Code, of 30 April 1938
Arbeitszeitplan *m* (IndE) (schematic) job time plan
Arbeitszeitstudie *f* (IndE) work time study
Arbeitszeitverkürzung *f*
(Pw) cut in working time
– reduction of (working) hours
– shorter working hours
Arbeitszeitvorgabe *f*
(KoR) labor efficiency standard
– labor performance standard
– labor quantity standard
– labor time standard
(IndE) operation time standard
Arbeitszerlegung *f*
(IndE) job analysis
– breakdown of job operations
Arbeitszerlegung *f* **in Teilvorgänge** (IndE) element breakdown
Arbeitszerlegungsdiagramm *n* (IndE) break down structure
Arbeitszeugnis *n* (Pw) employment certificate
Arbeitszufriedenheit *f* (Pw) job satisfaction
Arbeitszuordnung *f* (Pw) assignment of activities
Arbeitszyklus *m*
(IndE) job cycle
(ie, time required to perform a discrete unit of work)
(EDV) operation cycle
ArbGG (Re) = Arbeitsgerichtsgesetz
Arbitrage *f*
(Fin) arbitrage
(ie, Ausnutzung von Preis-, Kurs- od Zinsdifferenzen zu e–m bestimmten Zeitpunkt an verschiedenen Börsenplätzen; Güter: Effekten, Termingeld, Devisen, Edelmetalle usw; cf, Differenzarbitrage, Ausgleichsarbitrage als Unterfälle der Raumarbitrage; buying a specified item money, foreign exchange, precious metals – or its equivalent in one market and simultaneously selling it in the same or other markets, for the differential or spread prevailing at least temporarily because of the conditions particular to each market)
(Re) arbitration
(eg, Hamburger freundschaftliche Arbitrage)
Arbitrage *f* **bei unternormalen Preis- od Kursdifferenzen** (Fin) backspread
Arbitragehändler *m* (Fin) arbitrage dealer
Arbitrage-Interventionspunkte *mpl* (Fin) arbitrage support points
Arbitrageklausel *f*
(Re) clause of arbitration
(AuW) arbitrage clause
Arbitragepreistheorie *f*
(Fin) arbitrage pricing theory, APT
(ie, Weiterentwicklung des Capital Asset Pricing Model)
Arbitragerechnung *f* (Fin) arbitrage calculation
Arbitragetransaktionen *fpl*
(Fin) arbitrage dealings
– arbitrage operations
– arbitrage transactions
Arbitrageur *m*
(Fin) arbitrager
– arbitrageur
– (GB) shunter
Arbitragewerte *mpl* (Bö) arbitrage stocks
Arbitrage *f* **zwischen zwei Parallelmärkten** (Fin, GB) shunting
arbitration matter (com) Schiedsgerichtssache *f*
Arbitriumwert *m*
(Bw) value of an enterprise as a whole
(ie, as determined by an arbitrating expert; syn, Schiedsspruchwert)
ArbPlSchG (Re) = Arbeitsplatzschutzgesetz
Architektengruppe *f* (com) architectural firm
Architektur *f* (EDV) architecture
Architekturkonzept *n* (EDV) architectural concept
Archivbit *n* (EDV) archive bit
(ie, file attribute that indicates whether file has been changed since last backup; syn, archive flag, archive attribute)
Archivkopie *f* (EDV) archival copy
Argand-Diagramm *n* (Math) Argand diagram
Arglist *f*
(Re) intention to deceive
(ie, term denoting acts made in violation of good faith; eg, any act done willfully by means of which damage is done to another in a manner contra bonos mores, § 826 BGB)
arglistig (Re) fraudulent
arglistiges Verschweigen *n* **e–s Fehlers** (Re) malicious silence with regard to a defect, § 463 BGB
arglistige Täuschung *f*
(Re) fraud
– misrepresentation intended to deceive
(ie, a legal transaction so induced is voidable at the option of the party deceived, § 123 BGB)
Argument *n*
(com) argument
(ie, for, against; strong, convincing, powerful, familiar)
(Math, Log) argument
Argumentation *f* (Log) line of reasoning
argumentationszugänglich
(Log) open to analytical argument
– open to logical reasoning

arithmetisch-degressive Abschreibung *f*
(ReW) sum-of-the-years-digit method of depreciation
(ie, jährliche Abschreibungsbeträge nehmen kontinuierlich zum Ende der Nutzungszeit um e–n jeweils konstanten Betrag ab; syn, digitale Abschreibung)

arithmetische Anweisung *f* (EDV) arithmetic statement *(cf, DIN 66 028, Aug 1985)*

arithmetische Einheit *f* (EDV) arithmetic . . . unit/element/section/organ *(syn, Rechenwerk)*

arithmetische Folge *f*
(Math) arithmetic progression
– arithmetic sequence

arithmetische Operation *f* (EDV) arithmetic operation

arithmetische Prüfung *f* (EDV) arithmetic (*or* mathematical) check

arithmetischer Ausdruck *m* (EDV, Cobol) arithmetic expression

arithmetischer Befehl *m* (EDV) arithmetic instruction

arithmetischer Durchschnitt *m* (Stat) = arithmetischer Mittelwert

arithmetische Reihe *f* (Math) arithmetic series

arithmetischer Lag *m* (Vw) arithmetic lag

arithmetischer Mittelwert *m*
(Stat) mean
– arithmetic mean
– arithmetic average
(ie, average or expected value; syn, arithmetisches Mittel)

arithmetischer Operator *m* (EDV) arithmetic operator

arithmetisches Element *n* (EDV) = arithmetische Einheit

arithmetisches Mittel *n* (Stat) = arithmetischer Durchschnitt

arithmetisches Unterprogramm *n* (EDV) arithmetic subroutine

Armenrecht *n*
(Re) right to cost exemption
(ie, in civil proceedings; now obsolete; cf, Prozeßkostenhilfe)

Armutsgrenze *f*
(SozV) poverty line
– poverty level

Arrangeurin *f*
(Fin) arranger
(ie, von Emissionen und syndizierten Krediten; syn, Konsortialführerin, Führungsbank)

Arrest *m*
(Re) attachment
– (GB) distraint
(ie, dient der Sicherung der Zwangsvollstreckung wegen e–r Geldforderung; §§ 916 ff ZPO)

Arrestbefehl *m*
(Re) writ of attachment
– attachment writ

Arrestbeschluß *m*
(Re) attachment order
– (GB) distraint order
(ie, secured or sued out to seize property, §§ 916 ff ZPO)

Arrestverfahren *n* (Re) attachment procedure

Arrestvollziehung *f* (Re, US) attachment execution

Arrondierungskauf *m* (com) rounding-off buying *(eg, real property, stock exchange securities)*

Artenschutzabkommen *n*
(Re) biodiversity Treaty
(ie, to protect the world's plants and animals)

Artikel *m*
(com) article (*or* item) of goods
– product
(Re) section *(ie, in laws or contracts)*
– article

Artikelanalyse *f* (Mk) item analysis

Artikelaufschlag *m* (Mk) item markup

Artikelbeschaffung *f* (Mk) item sourcing

Artikelcodingsystem *n* (Mk) = Artikelnumerierungssystem

Artikeldaten *pl* (Mk) article information

Artikeleinstandswert *m* (Mk) item cost

Artikel *m* **im Sonderangebot** (Mk) flash item

Artikelkarte *f* (com) item card

Artikelnumerierung *f* (EDV) item numbering *(ie, based on UPC and EAN)*

Artikelnumerierungssystem *n* (Mk) article coding system

Artikelnummer *f* (Mk) item number

Artikelnummerndatei *f* (Mk, US) master universal product (UPC) order file

Artikelposition *f* (Mk) stock keeping unit, SKU

Artikelprüfung *f* (Mk) item validation

Artikelsatz *m* (Mk) item record

Artikelspanne *f* (Mk) item-related profit margin *(ie, difference between purchase and sales prices of a single article)*

Artikelstammdatei *f*
(EDV) item master file
(EDV) article master file

Artikelstammsatz *m*
(EDV) item master record *(cf, Teilestammdatei)*
(EDV) article master record

Artikelstatistik *f*
(Mk) item analysis
– item history

Artikelstatus *m* (Mk) item status

Arzneimittelhersteller *m* (com) drug company *(syn, Pharmaunternehmen)*

Arzneimittelindustrie *f* (com) drugs industry

Arzneimittelmarkt *m* (Mk) pharmaceutical market

Ärztekammer *f*
(com, US) State Medical Board of Registration
– (GB) General Medical Council

Ärztemuster *n*
(Mk) free drug sample
(ie, said to be lavishly distributed to medical practitioners as a sales boosting measure)

ärztliches Gutachten *n* (Pw) medical report

Asiatische Entwicklungsbank *f*
(Fin) Asian Development Bank, ADB
(ie, Sitz in Manila, Philippinen)

ASP (EDV) Anwendungsdienstanbieter *m*

aspektorientierte Programmierung *f* (EDV) aspect oriented programming, AOP

Assekuradeur *m*
(Vers) authorized agent of insurer
(ie, wirkt beim Abschluß und der Abwicklung von TransportV mit)

Assekurant *m*
(Vers) insurer
– insurance company
(ie, German term now obsolete)
Assekuranz *f* (Vers) insurance industry
Assembler *m*
(EDV) assembler
– assembly program *(syn, Assemblierer)*
Assemblerprotokoll *n* (EDV) assembly list
Assemblersprache *f* (EDV) assembly language *(syn, Assembliersprache)*
assemblieren
(EDV) to assemble
(ie, to translate a source program into an object program; syn, übersetzen)
Assembliererprotokoll *n* (EDV) assembler listing
Assembliersprache *f* (EDV) = Assemblersprache
Assemblierinstruktion *f* (EDV) assembly instruction
assertorische Aussage *f*
(Log) assertoric statement
(ie, asserting that something is the case; opp, apodiktische und problematische Aussage)
assertorischer Eid *m* (Re) assertory oath
assertorisches Urteil *n* (Log) assertoric proposition
Asset Swap *m*
(Fin) asset swap
(ie, zur Steuerung von Aktiva; Grundform über e–n Zinsswap; Beispiel: Festsatzanleihe + Zinsswap = synthetischer Floater; cf, Liability Swap)
Assistent *m* (EDV) wizard
Assistenzarzt *m*
(Pw) assistant physician *(ie, employed by a hospital)*
– (US) intern
– (GB) houseman
assortieren (Mk) to assort *(ie, goods or commodities)*
Assoziationskoeffizient *m* (Stat) coefficient of association
Assoziationsrat *m* (EG) Association Council
assoziatives Gesetz *n* (Math) associative law
assoziiert (EG) to have (*or* to hold) associate status (with)
assoziiertes Gebiet *n* (EG) associated territory
assoziiertes Land *n* (EG) associated country
assoziiertes Mitglied *n* (EG) associate member
assoziiertes Unternehmen *n*
(Bw) associated undertaking
(ie, one over which another undertaking exercises a significant influence; cf, § 311 HGB)
Assoziierungsabkommen *n* (EG) agreement of association
Ast *m* (OR) tree arc
AStG (StR) = Außensteuergesetz
AStR (StR) = Außensteuerrecht
astronomische Höhe *f* (com) sky-scraping levels *(eg, prices remain at . . .)*
ASU (com) = Arbeitsgemeinschaft selbständiger Unternehmer
Asylant *m*
(Re) asylum seeker
– asylum applicant
Asylantrag *m* (Re) asylum application
Asylantrag *m* **stellen**
(Re) to apply for asylum
– to seek asylum
Asylbewerber *m*
(Re) asylum applicant
– asylum seeker
Asylrecht *n* (Re) right to seek asylum
asymmetrischer Schock *m* (Vw) asymmetric shock
asymmetrische Verteilung *f* (Stat) asymmetric distribution
Asymptote *f* (Math) asymptote
asymptotisch (Math) asymptotic
asymptotisch beste Schätzung *f* (Stat) asymptotically efficient estimate
asymptotische Eigenschaft *f* (Math) asymptotic property
asymptotische Entwicklung *f* (Stat) asymptotic expansion
asymptotische Methoden *fpl* (Math) asymptotic methods
asymptotische Normalität *f* (Stat) asymptotic normality
asymptotisch erwartungstreue Schätzfunktion *f*
(Stat) asymptotically unbiased estimator
asymptotische Streuungs-Kovarianz-Matrix *f* (Math) matrix of asymptotic variances and covariances
asymptotisches Verhalten *n* (Math) asymptotic behavior
asymptotische Verzerrung *f* (Stat) asymptotic bias
asynchrone Arbeitsweise *f*
(EDV) asynchronous mode
– asynchronous operation
asynchrone Kommunikation *f*
(EDV) asynchronous communication
(ie, Übermittlung von Informationen mit Zwischenlagerung auf e–m Speichermedium; Sende- und Empfangszeiten können auseinander liegen)
asynchrone Konjunkturzyklen *mpl*
(Vw) asynchronous business/economic cycles
– (GB) asynchronous trade cycles
asynchroner statischer Hauptspeicher *m* (EDV)
asynchronous static RAM
asynchroner Übertragungsmodus *m*
(EDV) asynchronous transfer mode, ATM
(ie, fast data transfer method; up to 155 Mbps)
Asynchronrechenanlage *f* (EDV) = Asynchronrechner
Asynchronrechner *m* (EDV) asynchronous computer
Asynchronübertragung *f* (EDV) asynchronous data transmission
Asynchronverfahren *n* (EDV) asynchronous method
ATA-Vorgang *m* (Zo) ATA-operation
Atelierleiter *m* (com) art manager
Atempause *f* (com) breathing space
Atomgesetz *n* (Re) Atomic Energy Law, as amended 31 Oct 1976
Atomindustrie *f* (IndE) nuclear power industry
atomistische Konkurrenz *f* (Vw) atomistic competition
Atomkraftwerk *n* (IndE) nuclear power station
Atommüll *m* (IndE) nuclear waste
Atomprogramm *n*
(Vw) nuclear energy program

(ie, to promote research and technological development)
Atomrisiko-Versicherung *f* (Re) nuclear risk insurance
Atomsatz *m* (Log) atomistic proposition
Atomwirtschaft *f* (com) nuclear-based industry
Atriumhaus *n* (com) patio dwelling
Attentismus *m* (Bö) wait-and-see attitude
Attest *n*
(com) doctor's certificate
– (GB) medical certificate
(ie, evidencing a person's temporary unfitness for work)
Attest *n* **ausstellen** (Pw) to write out a certificate
attraktive Ausstattung *f* (Fin) attractive terms *(eg, of bond)*
attraktives Produkt *n*
(Mk) attractive product
– (infml) sexy product *(ie, one strongly appealing to potential customers)*
attraktives Risiko *n*
(Vers) target risk
(ie, large, attractive risk that is considered a target for competing insurance companies)
Attribut *n*
(IndE) attribute
– qualitative characteristic
Attributbeschreibung *f* (EDV) attribute description
Attributenkontrolle *f*
(IndE) go-and-not-go gage
– sampling by attributes
Attributenmerkmal *n* (IndE) attribute
Attributenprüfung *f*
(IndE) attribute gage
– attribute test
– attribute testing
– inspection by attributes
Attributenvariable *f* (Math) attribute variable
attributive Prüfung *f*
(IndE) inspection by attributes
– attribute gage
– attribute test
– attribute testing
Attributtyp *m* (EDV) attribute type *(eg, binär, dezimal-fest, dezimal-gleit, Zeichen)*
ATV (Re) = Allgemeine technische Vorschriften für Bauleistungen
atypischer stiller Gesellschafter *m*
(com) nontypical silent partner
(ie, one who participates in the assets and capital of a business in addition to its profits and losses)
atypische stille Beteiligung *f* (com) atypical silent participation
atypische stille Gesellschaft *f*
(com) nontypical silent partnership
(ie, der Stille bedingt sich vertraglich e–e dem Geschäftsinhaber gleichrangige Stellung aus, jedoch ohne dingliche Beteiligung am Gesellschaftsvermögen und ohne Haftung; neuerdings häufig auch Kombination GmbH & Still.)
Audio-Kompression *f* (EDV) audio compression *(eg, nach dem MP3-Standard)*
auditieren (IndE) to audit *(ie, in der Qualitätssicherung = quality assurance procedures)*
auerhafte Wertminderung *f* (Fin) dimpairment
auf Abzahlung kaufen
(com) to buy on the installment plan
– (GB) to buy on hire purchase
aufaddieren
(com) to add up
– to sum up
– to foot up
– (infml) to tot up
auf Anfordern zahlbare Garantie *f* (Fin) demand guarantee
auf Antrag
(com) upon application
– upon request
(Re) upon the initiative *(eg, of relatives, a conservator is appointed by the court)*
aufarbeiten
(com) to work off *(eg, arrears of correspondence)*
(IndE) to recondition
– to rework
auf Baisse spekulieren (Bö) to sell a bear
Aufbaudarlehen *n* (Fin) reconstruction loan
aufbauen (com) to build up *(eg, firm, reputation)*
Aufbauorganisation *f* (Bw) company organization structure
Aufbau *m* **von Lagerbeständen**
(MaW) inventory buildup
– stockbuilding
aufbereiten (EDV) to edit
Aufbereitung *f*
(Stat) organization of data
(EDV) editing
Aufbereitungsfehler *m* (Stat) processing error
aufbessern (Pw) to raise *(ie, salary of a staff member)*
Aufbewahrungsfrist *f* (Re) retention period
Aufbewahrungsgebühr *f* (Fin) safe deposit fee
Aufbewahrungspflicht *f*
(ReW) duty (*or* obligation) to preserve books of account and other records for a specified period *(zehn Jahre für Hdlbücher, Inventare, Bilanzen, Lageberichte; im übrigen sechs Jahre; cf, § 257 HGB)*
aufbrauchen
(com) to use up
– to finish completely
aufbringen
(Fin) to raise money
– to put up money
– (infml) to cough up
– (infml) to stump up *(eg, an extra $50bn in finance)*
auf dem Dienstweg (com) through formal channels
auf dem laufenden sein (com) be abreast of *(eg, of current developments)*
auf dem Submissionswege (com) by tender
auf den Markt bringen (com) to put on the market
auf den Markt kommen
(com) to come to market
– to come off the line
auf den neuesten Stand bringen
(com) to bring up to date
– to update
auf der Tagesordnung *f* **stehen** (com) be on the agenda *v*

auf die Tagesordnung setzen (com) to put down on the agenda
aufdrängen (com) to pressure (customers) to take *(eg, a certain product)*
auf eigene Gefahr (com) at one's own risk (*or* peril)
auf eigene Kosten (com) at one's own charge
auf eigene Rechnung (com) on one's own account
aufeinander bezogene Ereignisse *npl* (Bw) related events
auf Eis legen (com, infml) to put *(a matter)* on ice
Aufenthaltsbeschränkung *f* (Re) limitation of residence
Aufenthaltserlaubnis *f* (Re) = Aufenthaltsgenehmigung
Aufenthaltsgenehmigung *f* (Re) residence permit *(ie, issued to a foreigner)*
Aufenthaltsort *m* (Re) (place of) residence *(ie, permanent address)*
Aufenthaltsverlängerung *f* (Re) extension of stay *(ie, issued to foreigners)*
auf erstes Anfordern (com) upon first demand
auffangen (com) to cushion the impact *(eg, of cost increases)*
Auffanggesellschaft *f*
(Bw) rescue company
(StR) = Basisgesellschaft, qv
Auffangklausel *f* (Re) catch-all provision
Auffangkonsortium *n*
(Fin) backing syndicate
– reconstruction syndicate
– support group
Auffanglinie *f* (Fin) back-up line *(syn, Stützungsfazilität)*
Auffangtechnologie *f*
(Vw) backstop technology
(ie, Verwendung nicht erschöpfbarer natürlicher anstelle erschöpfbarer Ressourcen: Sonnenergie, Kernfusion anstelle von Öl, Kohle; syn, Alternativtechnologie)
Auffassung *f* **vertreten** (com) to take the position (that . . .)
Auffordern *n* (EDV) prompting
auffordern (com) to request *(eg, to pay)*
Aufforderungsbetrieb *m* (EDV) normal response mode, NRM
Aufforderungsschreiben *n* (com) letter of invitation
Aufforderungszustand *m* (EDV) prompt mode *(cf, Systemanfrage)*
Aufforderung *f* **zur Einzahlung auf Aktien** (Fin) call on shares
aufforsten (com) afforest *v*
auffrischen
(com) to brush up *(eg, your English)*
– (US) to brush up on
auffrischende Ausbildung *f*
(Pw) booster training
– refresher training
– updating training
– upgraded training
Auffrischungskurs *m* (Pw) refresher course
Auffüllen *n* (EDV, Cobol) padding
auffüllen
(MaW) to accumulate inventories
– to build up inventories
– to replenish inventories (*or* stocks)
(EDV) to pad
Auffüllung *f* **von Lagerbeständen**
(MaW) inventory buildup
– accumulation of inventories (*or* stocks)
– stockbuilding
– replenishment of inventories (*or* stocks)
Auffüllzeichen *n* (EDV) pad character
Aufgabe *f*
(com) mailing *(eg, a letter)*
– (GB) posting
(com) task *(ie, work imposed by a person in authority or by an employer or by circumstance)*
(Re) discontinuance *(eg, of a business)*
(Pw) task
– job
– duty
– (work) assignment
(Math) problem
(Mk) inserting *(ie, an advertisement)*
(EDV) task
(Pat) abandonment *(ie, of patent right)*
Aufgabebescheinigung *f* (com) postal receipt
Aufgabe *f* **des Wohnsitzes** (Re) abandonment of domicile
Aufgabe *f* **e–r Anwartschaft** (StR) renunciation of an expectancy § 24 I b EStG
Aufgabe *f* **e–r Gewinnbeteiligung** (StR) renunciation of a right to a profit participation, § 24 I b EStG
Aufgabe *f* **e–r Stellung**
(Pw) abandonment of a position (*or* job)
(ie, no formal resignation)
Aufgabe *f* **e–r Tätigkeit** (StR) discontinuance of a taxable activity, § 24 I b EStG
Aufgabe *f* **e–s Gewerbebetriebes** (com) discontinuance of a commercial business
Aufgabemakler *m* (Bö) broker concluding a deal for his own account
Aufgabenanalyse *f* (Bw) functional analysis
Aufgabenbereich *m*
(Bw) area of responsibilities
– scope of responsibilities
– task area
(Pw) scope of position
(Pw) field of duties
– scope of duties
– line of duty
Aufgabendefinition *f* (EDV) requirements definition
Aufgabenerweiterung *f* (Pw) job enrichment
Aufgabengebiet *n* (Pw) = Aufgabenbereich
Aufgabengliederung *f* (Bw) task structuring *(syn, Objektgliederung)*
Aufgabenkatalog *m* **der Wirtschaftspolitik** (Vw) set of economic policy objectives (*or* targets)
aufgabenorientierte Budgetaufstellung *f* (FiW) mission budgeting
aufgabenorientierter Führungsstil *m* (Bw) task-oriented style of leadership *(R. Likert)*
aufgabenorientiertes Terminal *n* (EDV) job oriented terminal
aufgabenorientierte Variable *f* (Mk) task variable
Aufgabensammlung *f* (Math) collection of problems

Aufgabenstellung *f* (com) terms of reference
Aufgabenstrukturierung *f* (Pw) job structuring
Aufgabenteilung *f*
(Bw) division of responsibilities
(EDV) task sharing
Aufgabenträger *m* (Bw) ultimate unit of responsibility
Aufgaben *fpl* **übernehmen** (Pw) to take on responsibilities (*or* tasks)
Aufgabenveränderungs-Programm *n* (Pw) job readjustment program
Aufgabenvergrößerung *f* (Pw) job enlargement
Aufgabenverteilung *f*
(Pw) task assignment
– job assignment
(EDV) task assignment
Aufgabenverwaltung *f* (EDV) task management
Aufgaben *fpl* **wahrnehmen**
(com) to exercise functions
– to carry out tasks
Aufgabenziele *npl* (Bw) task goals
Aufgabenzuteiler *m* (EDV) task dispatcher
Aufgaben *fpl* **zuweisen** (Pw) to assign problems
Aufgabenzuweisung *f* (Pw) assignment of tasks
Aufgabeort *m*
(com) place of mailing
– (GB) place of posting
Aufgabeschein *m* (com) postal receipt
Aufgabestempel *m*
(com) date stamp
– postmark
Aufgabe *f* **übertragen**
(Pw) to assign a task
– to assign a job to
Aufgabe *f* **von Rechten**
(Re) parting with rights
– surrender of rights
Aufgabezeit *f* (com) time of dispatch
Aufgabe *f* **zuweisen** (Pw) to assign a task (to)
aufgeben
(com) to mail *(eg, letter, parcel)*
– (GB) to post
(com) to place *(eg, order, advertisement)*
(Re) to abandon *(eg, right, claim)*
– to give up
– to part with
– to renounce
– to waive
– to disclaim
(com) to close down a business
– to discontinue a business
– to give up a business
– to quit *(eg, a job)*
aufgebläht (com) bloated *(eg, staff; welfare state)*
aufgeblähte Bilanz *f* (ReW) blown-up balance sheet
aufgeblähte Software *f* (EDV) bloatware
Aufgebot *n* (Pat) public invitation to advance claims *(ie, following preliminary examination by Patent Office)*
Aufgebotssystem *n* (Pat) examination-plus-opposition system *(ie, grounds of opposition are ‚prior use' and ‚prior patent grant')*
Aufgebotsverfahren *n*
(Re) cancellation proceeding, § 72 I AktG
(Re) process of public notice, § 946 ZPO

auf Gefahr des Empfängers (com) at receiver's risk
auf Gefahr des Käufers (com) at buyer's risk
aufgegebenes Unternehmen *n* (Re) discontinued business
aufgegebenes Warenzeichen *n*
(Pat, US) abandoned trademark
(ie, non-use for two consecutive years is prima facie abandonment; 15 USC § 1127)
aufgeklärtes Eigeninteresse *n* (Bw) enlightened self-interest
aufgeklärte Unternehmensführung *f* (Bw) enlightened form of management
aufgelassenes Bergwerk *n* (com) abandoned mine
aufgelaufene Abschreibungen *fpl*
(ReW) accrued depreciation
– accumulated depreciation
aufgelaufene Dividende *f*
(Fin) accrued dividend
– accumulated dividend
(ie, on preferred stock)
aufgelaufene Gemeinkosten *pl* (KoR) accumulated overhead
aufgelaufener Buchgewinn *m* (ReW) accumulated book profit
aufgelaufener Verlust *m* (ReW) accumulated deficit
aufgelaufene Verschuldung *f* (Fin) accumulated debt
aufgelaufene Zineszinsen *mpl* (Fin) accrued compound interest
aufgelaufene Zinsen *mpl* (Fin) accrued interest *(syn, Stückzinsen, qv)*
aufgelaufene Zinsforderungen *fpl* (Fin) accrued interest receivable
aufgelaufene Zinsverbindlichkeiten *fpl* (Fin) accrued interest payable
Aufgeld *n*
(com) extra charge
– surcharge
(Fin) = Agio, qv
aufgelegt
(Fin) open for subscription
– issued for subscription
aufgenommene Gelder *npl*
(Fin) creditors' account
(ie, in bank balance sheet)
(Fin) borrowing by banks
(ie, to strengthen liquidity position; Zentralbankgeldaufnahme für bestimmte Zwecke; Laufzeiten bis zu 4 Jahren; syn, Nostroverpflichtungen)
aufgenommene langfristige Darlehen *npl*
(Fin) long-term borrowing
(ie, item on bank balance sheet)
aufgenommene Mittel *pl* (Fin) borrowed funds
aufgerufenes Programm *n*
(EDV) called program
(ie, object of a CALL statement; cf, DIN 66 028, Aug 1985)
aufgerufene Wertpapiere
(Fin) called-in securities
(ie, in e–r Sammelliste veröffentlichte Aktien und Schuldverschreibungen, die als verlorengegangen oder gestohlen gemeldet wurden)
auf Geschäftskonto (com) on expense account

auf Geschäftskosten reisen (com) to travel at company's expense
aufgeschobene Dividende *f* (Fin) deferred dividend
aufgeschobene Nachfrage *f* (Vw) deferred demand
aufgeschobene Prüfung *f* (Pat) deferred patent examination
aufgeschobene Rente *f*
(Fin) deferred annuity
– intercepted annuity
aufgeschobene Steuerverbindlichkeiten *fpl* (ReW) deferred tax liabilities
aufgeschobene Vergütungsvereinbarungen *fpl* (Pw) deferred compensation arrangements
aufgeschobene Versicherung *f* (Vers) deferred insurance
aufgeschobene Zahlung *f* (Fin) deferred payment
aufgestaute Nachfrage *f*
(Mk) pentup demand
– catch-up demand
auf Gewinnsteigerung spekulieren
(Bö) to buy earnings
– to buy growth
aufgliedern
(com) to break down
– to classify
– to itemize
Aufgliederung *f*
(com) breakdown
– classification
– itemization
Aufgliederung *f* **e–s Gesamtbetrages** (com) breakout
Aufgliederung *f* **in Matrizenform** (ReW) spread sheet
Aufgreifkriterien *npl* (Kart) leading indicators
aufhängen
(com) to put back the receiver
– to hang up
Aufhänger *m*
(com, infml) peg
(ie, fact or reason used as pretext or support)
(Mk, infml) sales anchor
(ie, to overcome buying resistance)
auf Hausse spekulieren
(Bö) to bull
– to go a bull
(ie, speculate for a rise in prices)
aufheben
(com) to close
(eg, meeting, debate)
– to end
– to terminate
(com) to unfix
(eg, SEC unfixed the brokerage commission in 1975)
(Vw) to lift
(eg, price controls)
(Zo) to abolish
(ie, customs duties)
(Pw) to call off
(ie, a strike)
(Re) to annul
– to avoid
– to cancel
– to rescind
– to nullify
– to terminate . . . a contract
(Re) o disaffirm
(eg, a legal transaction)
(Re) to set aside
(eg, a will)
(Re) to disaffirm
(eg, a decision)
– to reverse
(Re) to rescind
(ie, a judgment)
– to quash
– to set aside
– to strike down
(ie, decision of lower court)
(StR) to abolish
(ie, a tax)
– to lift
aufheben, sich (Math) to cancel (each other) out
Aufhebung *f* **der öffentlichen Bindung**
(Vw) deregulation
(ie, returning ‚regulated industries' to the private sector of the economy)
Aufhebung *f* **des Steuerbescheides** (StR) revocation of tax assessment notice, § 172 AO
Aufhebung *f* **des Wohnsitzes** (Re) discontinuance of residence, § 7 BGB
Aufhebung *f* **e–r Sitzung** (com) termination of a meeting
Aufhebungserklärung *f* (Re) declaration of avoidance *(eg, of a contract)*
Aufhebungsklage *f*
(Re) action for rescission
(ie, taking proceedings to have a contract judicially set aside)
(Re) action for cancellation
Aufhebungsvertrag *m* (Re) agreement to annul an obligatory relation
Aufhebung *f* **von Kreditkontrollen** (Fin) removal of credit controls
Aufhebung *f* **von Zöllen**
(AuW) abolition of tariffs
– elimination of customs duties
(syn, Abschaffung von Zöllen)
aufholen
(com) to catch up
– to gain ground
(com) to pick up *(eg, prices)*
(Bö) to rally
Aufholhypothese *f* (Vw) catching-up hypothesis
Aufholprozeß *m* (Vw) catching-up process
auf Inhaber ausstellen (WeR) to make out to bearer
auf Inhaber lauten (WeR) made out to bearer
auf Jahresbasis umgerechnet
(Stat) at an annual rate
– annualized
auf Jahresbasis umrechnen (com) to annualize
Aufkauf *m*
(com) buying up
(com) acquisition
– buying out/up
– takeover
aufkaufen
(com) to buy up

(ie, all the supplies of a commodity)
(com) to buy off/out/up
(ie, a business to gain complete control)
– to acquire
– to take over

Aufkäufer *m*
(com) buyer
– purchaser
(com) speculative buyer

Aufkaufhandel *m* (com) buying-up trade

aufklären
(com, fml) to educate
(eg, the public on the irresponsible spending of politicians)

Aufklärungspflicht *f* (Re) duty to warn *(ie, imposed on producer)*

Aufklebeadresse *f*
(com) mailing label
– gummed address label

Aufkleber *m*
(com) sticker
– adhesive label

Aufklebezettel *m* (com) adhesive label

Aufkommen *n* **an Finanzierungsmitteln** (Fin) inflow of financial resources

Aufkommen *n* **an Steuern** (FiW) revenue from taxes

aufkommen für
(com) to make good *(eg, damage)*
(com) to pay expenses
– to pay for

Aufkommenselastizität *f*
(FiW) elasticity of tax revenue
(syn, Steuerflexibilität)

Aufkommensentwicklung *f*
(Fin) revenue trend
– trend in revenues

auf Kredit
(com) on credit
– (infml) on the cuff
– (GB, infml) on tick
– (GB, infml) on the slate
(eg, put it on the slate)

auf Kredit bestellen
(com) to order on account (*or* credit)
– (GB, infml) to order on tick

auf Kredit kaufen (com) to buy on credit

auf Kredit verkaufen (com) to sell on credit terms

aufkündigen
(Re) to give notice to terminate
(eg, contract, lease)
(Fin) to call in
(eg, a loan)

Auflage *f*
(com) edition
(ie, of a book)
(com) circulation
(ie, of a newspaper)
(com) print run, press run
(syn, gedruckte Auflage)
(Bw) lot
– lot size
– batch
(syn, Los, Partie, Serie)
(Re) condition
(eg, imposed by a contract; eg, on condition that . . .)
(Kart) condition
(eg, Fusion mit bestimmten Auflagen genehmigen = allow merger to proceed subject to certain conditions)
(Re) requirement
(ie, by a public authority: to do or omit an act)
(Re, civil law) modus
(ie, qualification of restriction annexed to the conveyance of land)
(Re) burden
(ie, imposed by a testator)

Auflagendegression *f* (KoR) reduction of fixed setup cost per output unit *(ie, resulting from increased lot size)*

Auflagen *fpl* **erfüllen** (Re) to satisfy requirements

Auflagengarantie *f* (Mk) circulation guarantee

Auflagenhöhe *f*
(com) circulation
(ie, number of copies of each issue)

auf Lager
(com) in stock
– in store
– on hand

auf Lager haben (com) to have in stock

auf Lager produzieren (Bw) to manufacture for warehouse

auflassen (Re) to convey real property

Auflassung *f*
(Re) conveyance by agreement
– formal in rem transfer agreement
(ie, agreement on transfer of property between vendor and vendee, sale and transfer being distinct transactions, § 925 BGB)

auflaufen (com) to accrue *(eg, interest on bank account)*

auflaufend (Fin) accruing *(eg, interest)*

aufleben lassen (Re) to revitalize *(eg, a company)*

auflegen
(com) to put back the receiver
– to hang up
(Fin) to issue *(ie, a bond issue)*
– to float
– to launch
(Fin) to invite subscriptions
– to offer for subscription
(IndE) to run
(eg, a production lot)

Auflegung *f*
(Fin) issue
– floating
– launching

Auflegung *f* **zur öffentlichen Zeichnung**
(Fin) invitation for public subscription
– offer for public subscription

Auflieferer *m* (com) sender

aufliefern
(com) to send
– to dispatch
– to consign

Auflisten *n* (EDV) listing

auflisten (com) to list

Auflockerung *f* **der Geldpolitik** (Vw) relaxation of monetary policy

auflösen
(Re) to dissolve
(eg, a company)
(Re) to cancel
(eg, a contract)
(Kart) to break up
(ie, a cartel)
(Math) to solve
(eg, an equation)
(Fin) to close
(ie, one's account with a bank)
(Fin) to unlock
(ie, an investment)
(ReW) to retransfer
(ie, reserves, provisions)
– to return to source
– to release
– to appropriate
– to withdraw
– to write back
(Pw) to terminate
(ie, an employment contract; eg, by notice to quit)
auflösend bedingt (Re) subject to a condition subsequent
auflösende Bedingung *f*
(Re) condition subsequent, § 158 II BGB
(opp, aufschiebende Bedingung = condition precedent)
Auflösung *f*
(Re) dissolution
(ie, termination of a firm's existence followed by winding up)
(Kart) breaking up
(ie, of a cartel)
(Re) cancellation
(of a contract)
(Math) solution
(eg, of an equation)
(Fin) closing
(ie, an account)
(ReW) retransfer
(ie, of reserves, provisions)
– return to source
– release
– appropriation
– withdrawal
– writing back
(Pw) termination
(ie, of employment contract)
(EDV) resolution
(ie, of a video display screen; a high resolution has a very short distance between two adjacent points)
Auflösung *f* **der EWU** (EG) breakup of EMU
Auflösungsbeschluß *m* (Re) resolution to liquidate a business
Auflösungsfehler *m* (EDV) quantization error *(syn, Diskretisierungs-, Quantisierungsfehler)*
Auflösungsgraph *m* (Stat) explosion graph
Auflösungsgründe *mpl* (Re) statutory grounds for dissolution, § 131 HGB
Auflösungsklage *f*
(Re) action for dissolution
(ie, zwecks Auflösung e–r Personengesellschaft; cf, § 133 I, II HGB)
Auflösung *f* **von Rechnungsabgrenzungsposten** (ReW) amortization of accruals and deferrals
Auflösung *f* **von Reserven** (ReW) reversal of reserves
Auflösung *f* **von Wertberichtigungen und Rückstellungen** (ReW) reversal of allownaces and accruals
aufmachen (SeeV) to draw up *(ie, Dispache)*
Aufmachung *f*
(Mk) presentation
– getup
(Mk) layout
(ie, of printed material)
Aufmaßliste *f* (com) list of measurements
auf meine Rechnung, bitte!
(com, GB) Put it down, please
– Please book it to me
– Book it to my account
Aufmerksamkeitserreger *m* (Mk) attention getter
Aufmerksamkeitsfaktor *m* (Mk) attention factor
Aufnahme *f*
(Re) admission
(Fin) raising *(ie, funds, a loan)*
Aufnahmeantrag *m* (Re) application for admission
Aufnahmeantrag *m* **stellen**
(com) to apply for admission
(EG) to apply to join the Community
Aufnahmebedingungen *fpl* (Re) conditions for admission
aufnahmebereiter Markt *m* (com) receptive market
Aufnahme *f* **der Geschäftstätigkeit** (com) commencement of business operations
Aufnahme *f* **der Steuererklärung an Amtsstelle** (StR) oral declaration by taxpayer before the local tax office, § 151 AO
Aufnahme *f* **e–s Protokolls** (com) taking of minutes
aufnahmefähiger Markt *m*
(Bö) broad market
– ready market
(Mk) market capable to absorb
– market capable to take up
Aufnahmefähigkeit *f*
(Mk) absorptive capacity
(ie, of a market)
(Bö) absorbing capacity
– absorptive capacity
– market receptiveness
Aufnahmegebühr *f*
(com) admission fee *(ie, general term)*
(com) initiation fee
– (GB) entrance fee *(ie, paid on joining a club)*
Aufnahmegesuch *n* (com) application for admission
Aufnahme *f* **in die Kursnotiz** (Bö) listing
Aufnahmeinterview *n*
(Mk) initial interview
– intake interview
Aufnahmeland *n* (Vw) receiving country *(ie, for migrant workers)*
Aufnahme *f* **langfristigen Fremdkapitals** (Fin) long-term borrowing
Aufnahmeprüfung *f* (Pw) entrance examination
Aufnahme *f* **von Fremdkapital** (Fin) borrowing

Aufnahme *f* **von Fremdmitteln**
(Fin) borrowing external funds
– raising external funds
Aufnahme *f* **von Gütern** (com) inland collection *(ie, from exporter)*
aufnehmen
(Re) to introduce
(eg, provisions into a contract)
– to include
(Fin) to borrow
– to raise
– to take up
(ie, money, funds, loan)
(Fin) to accept
– to take up
(ie, documents)
(Mk) to absorb
– to accept
– to take up
(eg, products, merchandise)
aufnehmende Bank *f* (Fin) borrowing bank
aufnehmende Gesellschaft *f* (com) absorbing company
Auf- od Abschlag *m* **bei Aufträgen auf Bruchschluß** (Bö) trading difference
Aufprall *m* **des Schreib-/Lesekopfes auf die Plattenoberfläche** (EDV) head crash *(ie, bedeutet in der Regel die Zerstörung der Festplatte)*
Aufpreis *m*
(com) extra charge
– additional price
Aufpreis *m* **für Kassaware** (Bö) backwardation *(eg, auf den Metallmärkten)*
auf Probe
(com) on approval
(Pw) on probation
auf Pump (com, infml) on tick
auf Raten
(com, GB) on hire purchase
– (infml) on easy terms
aufrechnen
(Re) to offset
– to set off
(StR) to offset
(ReW) to balance against
– to counterbalance
– to offset
(eg, debits against credits)
– to match
(eg, € assets against € liabilities)
Aufrechnung *f*
(Re) offset
– setoff
(ie, element not of procedural but of substantive law; results in discharge of obligation, §§ 387 ff BGB)
(StR) offset
– setoff
(ie, of a tax against other tax liabilities, § 226 AO)
(ReW) offset
– setoff
– balancing against
– counterbalancing
Aufrechnungsdifferenz *f* (ReW) set-off difference *(eg, aus der Schuldenkonsolidierung)*
Aufriß *m* (IndE) elevation *(ie, projection on a vertical plane without perspective)*
Aufrißzeichnung *f*
(IndE) front view
– front elevation
Aufruf *m*
(EDV) call
(ie, transference of control to a closed subroutine)
(Bö) call
Aufrufbefehl *m* (EDV) call instruction
Aufrufbetrieb *m*
(EDV) polling mode
– selecting mode
aufrufen
(Vw) to call in
(ie, to remove banknotes from circulation)
(Fin) to call up
– to call in
(ie, for redemption)
(EDV) to call *(ie, execute a call)*
– to invoke *(eg, in UNIX)*
aufrufendes Programm *n*
(EDV) calling program
(ie, executes a CALL to another program; cf, DIN 66 028, Aug 1985)
Aufrufliste *f* (EDV) polling list
Aufrufsequenz *f* (EDV) = Abfragesequenz, qv
Aufruftaste *f* (EDV) calling key
Aufrufzeit *f* (EDV) call time
Aufrunden *n* (com) rounding off
aufrunden (com) to round off
aufrüsten (EDV) to upgrade *(syn, hochrüsten)*
auf Schadenersatz klagen (Re) to sue for damages
Aufschieben *n*
(com) putting off
– postponement
– delay
– deferment
aufschieben
(com) to put off (*or* back) *(till/until) (eg, decision, appointment, talks until year-end)*
– to postpone *(until/to)*
– to delay *(doing sth)*
– to defer
aufschiebend bedingt (Re) subject to a condition precedent
aufschiebend bedingte Lasten *fpl* (StR) conditional liabilities and burdens (on property), § 6 BewG
aufschiebende Bedingung *f*
(Re) condition precedent
– suspensive condition, § 158 BGB
(eg, it shall be a condition precedent to this contract that . . .)
aufschiebende Einrede *f*
(Re) dilatory defense
– dilatory exception
(syn, dilatorische od rechtshemmende Einrede)
aufschiebende Wirkung *f* (Re) suspensive effect
Aufschlag *m*
(com) extra charge
(com) premium
(com) recargo
(Mk) markup
(Fin) load

(ie, fee charged by open-ended investment company with purchase of new shares)
(Bö) markup
aufschlagen (com) to mark up *(ie, prices)*
Aufschlag *m* **für Bearbeitung** (com) service charge
Aufschlag *m* **für vorzeitige Tilgung**
(Fin) prepayment penalty
– (GB) redemption fee
(ie, fee charged for paying off a mortgage before maturity)
Aufschlag-Preiskalkulation *f* (Mk) = Aufschlagskalkulation
Aufschlagskalkulation *f*
(Mk) markup pricing
(ie, progressives Kalkulationsverfahren im Handel, bei dem mithilfe von Zu- und Abschlägen der Bruttoverkaufspreis ermittelt wird)
aufschließen
(IndE) to develop
(eg, land or natural resources)
Aufschließung *f*
(IndE) development work in mining
(ie, removal of overburden in strip mining, and shaft sinking in underground mining)
Aufschließungseffekt *m*
(AuW) trade creating effect
(syn, Handelsschaffung)
Aufschließungskosten *pl*
(com) development cost
(KoR) mine development cost
– mine development expense
(ie, capitalized and written off by the unit-of-product method)
Aufschließungsmaßnahmen *fpl* (com) land improvements
aufschlüsseln
(com) to break down
– to apportion
– to subdivide
– to classify
– to subclassify
Aufschlüsselung *f*
(com) breaking down
– apportionment
– allocation
– subdivision
– classification
– subclassification
Aufschlüsselung *f* **eines Kontos** (ReW) analysis of an account
aufschreiben
(com) to write down
– to put down
Aufschrift *f*
(com) name of business
– sign of business
(com) address
– label *(ie, in postal service)*
(com) inscription
Aufschub *m*
(com) delay
– deferment
– extension
Aufschubanmeldung *f* (Zo) deferment notification
Aufschubfrist *f* (Fin) time limit for payment
Aufschub *m* **gewähren**
(com) to grant a delay
– to grant a respite
Aufschubkonto *n* (Zo) deferment account
aufschwänzen (Bö) to corner *(syn, schwänzen)*
aufschwatzen (Mk) to talk (a customer) into taking sth
Aufschwung *m*
(Vw) (cyclical) upswing
– upturn
– turn-up
– burst of expansion
– business cycle expansion
auf Schwung bringen (com, infml) to bring up to snuff *(eg, sales staff, field force)*
Aufschwung *m* **der Aktienmärkte** (Bö) strong performance of the stock market
aufsetzen
(com) to draw up
(eg, letter, minutes, contract, advertisement)
(Re) to draft *(eg, a contract)*
Aufsetzpunkt *m* (EDV, Cobol) rerun point
auf Sicht
(WeR) at sight
– on demand
(ie, subject to payment upon presentation and demand)
Aufsichtsamt *n* (Re) supervisory office
Aufsichtsbehörde *f* (EG) supervisory authority
Aufsichtsführung *f* (Pw) supervision
Aufsichtsgremium *n* (com) supervisory body
Aufsichtsorgan *n*
(Bw) supervisory body
– supervisory organ
Aufsichtsrat *m*
(com) supervisory board
(ie, neben Vorstand und HV das dritte Organ der AG; bei GmbH fakultativ;
Note: This is the Central European version of the ‚board of directors'. It is not a component of a two-tier management system, but plays essentially the same advisory role as its American counterpart. Top managers cannot sit on the board)
Aufsichtsratsbericht *m* (ReW) supervisory board's annual report *(ie, prepared on the basis of management and audit reports, § 171 AktG)*
Aufsichtsratsmandat *n* (com) supervisory board seat
Aufsichtsratsmitglied *n*
(com) supervisory board member
– member of supervisory board
(ie, may be equated with the non-executive directors on an English board of directors)
Aufsichtsratsteuer *f*
(StR) directors' tax
(ie, deducted at source – Quellensteuer – from directors' fees receivable by nonresident members of supervisory board)
Aufsichtsratsvergütung *f*
(com) supervisory board fee
– payment to members of supervisory board
Aufsichtsratsvorsitzender *m* (com) chairman (*or* head) of the supervisory board
Aufsichtsregelungen *fpl* **für Großkredite** *mpl* (EG, Fin) rules for monitoring large exposures

Aufspaltung *f* (Stat) disaggregation
aufspannen
(Math) to occupy
– to span
aufspannender Baum *m* (OR) spanning tree
Aufstaulager *n*
(IndE) bottled-up store
(ie, in serial production where output per time unit is larger than that of subsequent operations)
aufsteigen
(Pw) to rise
– to be promoted
aufsteigende Arbeitspartizipation *f* (Pw) ascending worker participation *(ie, influence at levels above one's own)*
aufstellen
(com) to draw up
– to prepare
(eg, statement, balance sheet)
(IndE) to install
(eg, machinery)
(Pw) to post
(eg, to post pickets at the factory gate)
Aufstellen *n* **e–r Präferenzordnung**
(Vw) ordering of preferences
– ranking of preferences
Aufstellgerät *n* (com) floor-standing unit
Aufstellung *f*
(com) list
– breakdown
– schedule
(ReW) drawing up
– preparation
(eg, statement, balance sheet)
(IndE) installation
(eg, machinery)
(EDV) tabulation
(ie, a printed report)
Aufstellung *f* **des Jahresabschlusses**
(ReW) preparation of year-end financial statement
– (GB) drawing up of the annual accounts
Aufstellung *f* **e–s Inventars** (ReW) preparation (*or* taking) of an inventory, § 240 II HGB
Aufstellungsort *m* (com) installation site
Aufstellungszeichnung *f* (com) installation drawing
Aufstieg *m*
(Pw) advancement
– career development
– (fml) ascendancy
Aufstiegschancen *fpl*
(Pw) career development prospects
– scope for advancement
Aufstiegsmobilität *f* (Pw) upward mobility
Aufstiegsmöglichkeiten *fpl*
(Pw) career prospects
– career development prospects
– career growth opportunities
– scope for advancement
aufstocken
(com) to increase
(eg, credit by €10bn, reserves, liquid funds)
– to top up *(eg, pension)*
(Bw) to build up *(eg, inventory)*

Aufstockung *f* **des Grundkapitals** (Fin) increase of capital stock
Aufstockung *f* **e–s Zollkontingents** (Zo) quota increase
Aufstockungsaktie *f* (Fin) bonus share
Aufstockungs-Koeffizient *m* (ReW) revaluation coefficient
aufsuchen (com) to call on *(eg, a customer)*
aufsummieren
(com) to add up
– to sump up
– (infml) to tot up
aufsummieren über (Math) to sum over
aufsummierte Abweichung *f* (Stat) accumulated deviation
Aufsummierung *f*
(com) adding up
– summing up
(Math) summation
auftabellierbar (com) tabulable
auftabellieren
(com) to tabulate
– to put in tabular form
– to tabularize
– to formulate tabularly
Auftabellierung *f* (com) tabulation
auftauchen
(com) to emerge
(com) to arise *(ie, from, out of; difficulties, opportunities)*
aufteilen
(com) to break up
– to split up
– to apportion
– to allocate
(ReW) to divide
(eg, profits)
(Stat) to allocate
(ie, a sample)
(FiW) to apportion
(ie, tax revenues)
(Mk) to divide
(ie, a market)
– to partition
– (infml) to carve up
Aufteilung *f*
(com) allocation
– apportionment
– breakup
(ReW) division *(eg, of profits)*
(Stat) allocation *(eg, of a sample)*
(FiW) apportionment *(ie, of tax revenues)*
(Mk) division *(ie, of a market)*
– partition
– (infml) carving up
Aufteilung *f* **e–s Kontingents** (Zo) allocation of a tariff quota
Aufteilungsmaßstab *m* (StR) procedural rule governing the apportionment of taxes, §§ 268–280 AO
auf Termin kaufen (Bö) to purchase forward
Auftischgerät *n* (EDV) desk-top model
Auftrag *m*
(com) order
– purchase order
– sales order *(for)*

(Re) mandate
(ie, gratuitous contract by which one party undertakes to do something on behalf of the other without receiving any compensation = Gegenleistung; § 662 BGB)
(EDV) job
(syn, Abschnitt, Aufgabe, Bearbeitung)
Auftrag *m* **annehmen** (com) to accept an order
Auftrag *m* **ausführen**
(com) to carry out an order
– to complete an order
– to execute an order
– to fill an order
Auftrag *m* **bearbeiten** (com) to process an order
Aufträge *mpl* **ablehnen** (com) to turn away business
Aufträge *mpl* **abwickeln**
(com) to transact business
(com) to fill orders
– to handle orders
– to process orders
Aufträge *mpl* **beschaffen**
(com) to attract new business
– to solicit new business
– to canvass new orders
– to obtain noew orders
– to secure new orders
Aufträge *mpl* **hereinholen** (com) = Aufträge beschaffen
Aufträge *mpl* **hereinnehmen** (com) to take on business
Auftrag *m* **erhalten**
(com) to obtain an order
– to secure an order
(com) to win a contract
(ie, esp in construction and systems engineering)
Auftrag *m* **erteilen**
(com) to place an order (for)
– to award a contract
Aufträge *mpl* **weitervergeben**
(com) to job out
– to farm out contracts
Aufträge *mpl* **zu regulärem Festpreis** (com, US) straight-fixed-price contracts
Aufträge *mpl* **zurückhalten** (com) to cut back on orders
Auftrag *m* **für Kurssicherungsgeschäft** (Bö) hedging order
Auftraggeber *m*
(com) customer
– client
(Fin) principal
(Re) principal
(eg, in principal/broker relations)
(Re) mandant
(ie, person at whose request unremunerated services are performed, § 662 BGB)
(StR, VAT) recipient of another performance
(= Empfänger e–r sonstigen Leistung)
(EDV) user
Auftrag *m* **hereinholen** (com) to secure an order
Auftrag *m* **hereinnehmen** (com) to accept an order
Auftrag *m* **mit interessewahrender Ausführung** (Bö) not-held order
Auftragnehmer *m* (com) contractor

auftragsabhängige Kosten *pl* (KoR) cost traceable to a specific job order
Auftragsabrechnung *f*
(KoR) job order cost accounting
– accounting for job order costs
(EDV) job accounting
Auftragsabrechnungsdatei *f* (EDV) job account file
Auftragsabrechnungssystem *n* (com) job accounting system
Auftragsabwicklung *f*
(com) order filling
– order handling
– order processing
(EDV) job handling
Auftragsabwicklungssystem *n* (EDV) order processing system
auftragsähnliches Rechtsverhältnis *n* (Re) mandate, employment or other contractual relationship
Auftragsänderung *f* (com) change order
Auftragsaufgaben *fpl* **der Zollverwaltung** (Zo) functions of the customs administration carried out on behalf of other government bodies
Auftragsausführung *f* (com) job execution
Auftragsbearbeitung *f* (com) sales order processing
Auftragsbearbeitungsprogramm *n* (EDV) order handling program
Auftragsbeschaffung *f* (com) order getting
Auftragsbestand *m*
(com) backlog of orders
– level of orders
– volume of orders
– backlog order books
(eg, look relatively healthy)
– state of order book
– orders on hand
– unfilled orders
– orders on the book
– order book
Auftragsbestandskartei *f* (MaW) open purchase-order file
Auftragsbestätigung *f*
(com) acceptance of order
– acknowledgment of order
(ie, sent by seller to customer)
(com) confirmation of order
(ie, sent by buyer to vendor)
Auftragsbewegung *f* (com) statement of changes in order backlog
auftragsbezogen (EDV) job oriented
auftragsbezogen produzieren
(com) to make to order
– to produce to order
Auftragsbuch *n* (com) order book
Auftragsbuchführung *f* (com) order filing department
Auftragseingabe *f* (EDV) job input
Auftragseingabeband *n* (EDV) job input tape
Auftragseingang *m*
(com) booking of new orders
– incoming business
– incoming orders
– inflow of orders
– intake of new orders
– new orders

– order bookings
– order flow
– orders received
– orders taken
– rate of new orders
(eg, started to show slight improvement)
Auftragseingang *m* **aus dem Ausland** (com) foreign bookings
Auftragseingangs-Statistik *f* (Stat) statistics on orders received
Auftragsende *n*
(EDV) end of job
– end of run
Auftragserfassung *f* (EDV) (purchase) order entry
Auftragserteilung *f*
(com) placing an order
– placing of order
Auftragsferneingabe *f* (EDV) remote job entry, RJE
Auftragsfertigung *f*
(IndE) make-to-order production
(ie, im Gegensatz zur Markt- und Vorratsfertigung)
Auftragsfertigungsteil *n* (IndE) make-to-order product
Auftragsforschung *f*
(com) committed research
– contract research
– outside research
– sponsored research
Auftragsfreigabe *f*
(IndE) release of production order
(ie, Material steht bereit, Kapazitäten sind verfügbar, und höchste Dringlichkeit ist gegeben)
auftragsgebundene Forschung *f* (com) = Auftragsforschung, qv
auftragsgebundenes Material *n*
(MaW) alloted materials
– allocated materials
– apportioned materials
– applicable materials
– assigned materials
– obligated materials
– reserved materials
auftragsgemäß (com) as per order
Auftragsgeschäft *n* (Fin) commission business
Auftragsgröße *f* (Bw) lot size
Auftragsgruppen-Überwachung *f* (Bw) block control
Auftragskalkulation *f* (KoR) estimate of job order costs
Auftragskarte *f* (com) order card
Auftragskartei *f* (com) order file *(ie, comprising customer and production orders)*
Auftragskennzeichen *n* (com) job order code
Auftragskopf *m* (EDV) order header
Auftragskosten *pl* (KoR) job costs
Auftragskostenrechnung *f*
(KoR) job costing
– order costing
Auftragskostensammelblatt *n* (KoR) job cost sheet
Auftragskostenverfahren *n* (KoR) job order cost system
Auftragslage *f* (com) orders position
Auftragsloch *n*
(com) order gap
(ie, lack of orders over a period of time)

Auftragsmakro *n* (EDV) job macro
Auftragsmangel *m*
(com) lack of orders
– dearth of orders
Auftragsmaterial *n* (MaW) materials purchased to fill a particular order
Auftragsmeldung *f* (com) order note
Auftragsname *m* (EDV) job name
Auftragsnummer *f*
(com) order No.
(Fin) trade No.
Auftragspapiere *npl* (Fin) documents accepted for collection
Auftragsplanung *f*
(IndE) job order planning
(ie, part of production planning: made to smooth out fluctuations in plant utilization)
Auftragspolster *n*
(com) cushion of existing orders
– comfortable backlog of orders
– full order books
Auftragspriorität *f* (EDV) job priority
Auftragsprioritätssteuergerät *n* (EDV) job scheduler
Auftragsproduktion *f* (IndE) make-to-order production
Auftragsprofil *n* (EDV) workload
Auftragsreserven *fpl* (com) order backlog *(cf, Auftragsbestand)*
Auftragsrückgang *m*
(com) drop in orders
– drop-off in orders
– falling-off of orders
– order decline *(eg, in capital goods)*
Auftragsrückstand *m* (com) unfilled orders
Auftragsschritt *m* (EDV) job step
Auftragsschwemme *f*
(com) boom in orders
– (infml) deluge of orders
Auftragssprache *f* (EDV) = Auftragssteuersprache
Auftragssteuersprache *f* (EDV) job control language
Auftragssteuerung *f* (EDV) job control
Auftragssteuerungsstelle *f* (Kart) central order distribution agency
Auftragsstornierung *f* (com) cancellation of order
Auftragsstückliste *f* (IndE) order bill of materials
Auftragsterminierung *f* (IndE) order scheduling
Auftrag *m* **stornieren** (com) to cancel an order
Auftragsüberwachung *f* (com) order control
Auftragsumlaufzeit *f*
(EDV) elapsed time
– job around time
(syn, Verweilzeit)
Auftragsvergabe *f*
(com) contract award process
(com) placing of orders
Auftragsverteilung *f* **auf mehrere Lieferanten** (MaW) order splitting
Auftragsverwaltung *f*
(Mk) customer order handling
(Re) administration by the states *(= ‚Länder' acting as agents for the Federal Government)*
(EDV) job management
auftragsweise Kostenerfassung *f* (KoR) determination of costs by job order

Auftragswert *m*
(com) contract value
– order value
Auftragszeile *f*
(IndE) order line
(ie, Position e–s Auftrags mit Stückzahl und Preis)
Auftragszeit *f* (IndE) total process time
(ie, setup time + actual process time; vgl. Übersicht unten)
Auftragszusammensetzung *f* (KoR) job order setup
Auftrag *m* **vergeben**
(com) to give an order (for)
– to place an order (for)
(com) to award a contract
– to let out a contract
– to accept a bid
– to accept a tender
Auftrag *m* **zu Festpreisen** (com) fixed-price contract
(ie, no escalator clause)
Auftrag *m* **zur Bestandsauffüllung** (MaW) replacement order
Auftrag *m* **zu regulärem Festpreis** (com) straight fixed-price contract
Auftrag *m* **zur Nachbesserung**
(IndE) spoiled-work order
– rework order
Auftrag *m* **zur sofortigen Ausführung**
(Bö) immediate-or-cancel order
– carry out-or-cancel order
Auftriebskräfte *fpl*
(com) buoyant forces
– propellant forces
Aufzählungszeichen *n* (EDV) bullet
auf unbestimmte Zeit vertagen (com) to adjourn indefinitely
auf veränderte Bedingungen reagieren (Bw) to respond to changing circumstances
auf Veranlassung von (com) at the instance of
auf Vermögensausgleich gerichtetes Schuldrecht *n*
(Re) remedial obligatory right
Aufwand *m*
(com) cost
– expense
– expenditure
– outlay
(ReW) expense *(opp, Ertrag = revenue; cf, Aufwendungen)*
Aufwand *m* **für ungenutzte Anlagen** (ReW) carrying charges
Aufwandrückstellung *f*
(ReW) expenditure reserve
(ie, Vorsorge für konkrete künftige Aufwendungen, die vergangenen Geschäftsjahren zuzuordnen sind; auch in anderen EG-Mitgliedstaaten zulässig; eg, Reparaturen und Instandhaltungsarbeiten an eigenen Anlagen; unterlassener Forschungs- und Werbeaufwand; fällige Großreparaturen, die erst nach dem nächsten Geschäftsjahr ausgeführt werdem sollen; cf, § 249 II HGB im Ggs zu § 152 VII aF AktG)
Aufwandsart *f* (ReW) type of expense
Aufwandsausgleichskonto *n* (ReW) expense matching account
Aufwandsbuchung *f* (ReW) expense entry
Aufwandsentschädigung *f*
(com) expense allowance
– representation allowance
(com) reimbursement of expenses
aufwandsgleiche Ausgaben *fpl*
(ReW) revenue expenditure
(KoR) current-outlay costs

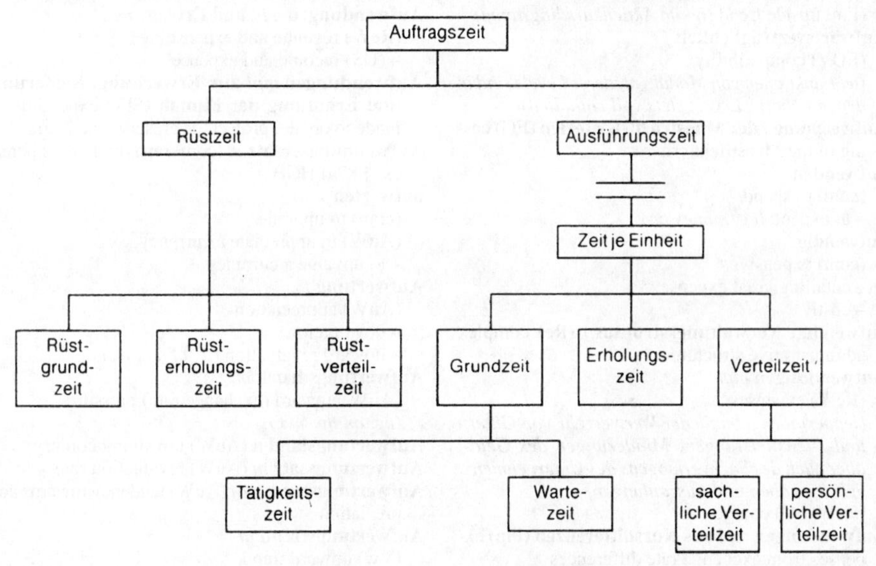

Quelle: Dichtl/Issing: Vahlens Großes Wirtschaftslexikon, 2. Aufl., München 1993, Bd. 1, S. 140

aufwandsgleiche Kosten *pl*
(KoR) current outlay costs
(syn, Istkosten der Gegenwart)
Aufwandskonto *n* (ReW) expense account
Aufwandskosten *pl* (KoR) current-outlay costs
Aufwandsposten *m* (ReW) expense item
Aufwandsteuer *f* (StR) expenditure tax
Aufwands- und Ertragskonsolidierung *f* (ReW) consolidation of revenue and expenditure *(ie, § 322 I 2 AktG; ab 1990: § 305 HGB)*
Aufwands- und Ertragskonten *npl*
(ReW) revenue and expense accounts
– nominal accounts
– (US) income accounts
Aufwands- und Ertragsrechnung *f* (ReW) = Gewinn- und Verlustrechnung
Aufwandszinsen *mpl*
(Fin) interest charges
– interst expenses
Aufwandszuschüsse *mpl* (FiW) grants related to income
Aufwand *m* **und Ertrag** *m*
(ReW) revenue and expense
– (US) income and expense
Aufwärtsentwicklung *f*
(com) rising trend
– upward trend
– rising tendency
– uphill trend
– upswing
aufwärtskompatibel
(EDV) upward compatible
(ie, Programm läuft auch auf neuen Versionen des Betriebssystems)
Aufwärtsstrukturierung *f* (EDV) bottom-up design
Aufwärtstrend *m*
(com) = Aufwärtsentwicklung
(Fin) upside trend *(ie, im Aktienkursdiagramm)*
Aufwärtsverträglichkeit *f*
(EDV) compatibility
(ie, Funktionen von Moduln niederer Levels sind in denen höherer Levels stets voll enthalten)
Aufweichung *f* **der Maastricht-Kriterien** (EG) easing of the Maastricht criteria
aufwenden
(com) to spend
– to expend *(eg, money on)*
aufwendig
(com) expensive
– entailing great expense
– costly
aufwendige Verwaltungsstruktur *f* (Re) complex administrative structure
Aufwendungen *mpl*
(ReW) expenses
(ie, periodengebundener Wertverzehr von Gütern und Dienstleistungen; Minderungen des Geld-, aber auch des Sachvermögens des Unternehmens; vgl. Ausgaben und Auszahlungen)
(ReW, EG) charges
Aufwendungen *mpl* **aus Kursdifferenzen** (Fin) expenses from exchange rate differences
Aufwendungen *mpl* **aus Verlustübernahme** (ReW) expense from loss transfers
Aufwendungen *mpl* **für Altersversorgung** (Pw) employee pension plan contributions
Aufwendungen *mpl* **für Arbeitsmittel**
(StR) expenses for tools and other professional necessities
(eg, work clothes, professional literature, § 9 I 6 EStG)
Aufwendungen *mpl* **für Arbeitszimmer** (StR) expenses associated with a work room at home
Aufwendungen *fpl* **für berufliche Weiterbildung**
(StR) educational expenses *(ie, to gain skills for a current job)*
Aufwendungen *mpl* **für die Berufsfortbildung**
(StR) educational expenses
(ie, expenses incurred for maintaining or improving existing skills needed in the taxpayer's profession or employment, § 10 I 7 EStG)
Aufwendungen *mpl* **für die Bewirtung** (StR) expenditures incurred in connection with the entertainment of persons other than employees, § 4 V No. 2 EStG
Aufwendungen *mpl* **für die Eigenkapitalbeschaffung** (Fin) commissions and expense on capital
Aufwendungen *mpl* **für die Errichtung und Erweiterung des Unternehmens** (ReW, EG) formation expenses
Aufwendungen *mpl* **für die Ingangsetzung und Erweiterung des Geschäftsbetriebs** (ReW) start-up and business expansion expenses
Aufwendungen *mpl* **für Fahrten zwischen Wohnung und Arbeitsstätte**
(StR) commuting expenses
(ie, for daily travel between home and place of work, § 9 I 4 EStG)
Aufwendungen *mpl* **für Forschung und Entwicklung** (Bw) spending on research and development
Aufwendungen *mpl* **für Geschäftsfreundebewirtung** (StR) entertaining expenses
Aufwendungen *mpl* **und Erträge** *mpl*
(ReW) revenue and expense
– (US) income and expense
Aufwendungen *mpl* **zur Erwerbung, Sicherung und Erhaltung der Einnah** (StR) expenditures made to create, protect, or preserve the income
Aufwendungsersatz *m* (com) repayment of expenses, § 87 d HGB
aufwerten
(com) to upgrade
(AuW) to appreciate a currency
– to upvalue a currency
Aufwertung *f*
(AuW) appreciation
– upvaluation
– upward revaluation *(ie, of a currency)*
Aufwertungsdruck *m*
(AuW) upward (exchange rate) pressure
(eg, on the $, £)
Aufwertungsland *n* (AuW) upvaluing country
Aufwertungssatz *m* (AuW) revaluation rate
Aufwertungstendenz *f* (AuW) tendency towards appreciation
Aufwertungstrend *m*
(Vw) upward trend
– appreciation trend
aufwertungsverdächtig (AuW) revaluation prone

Aufwuchs- und Fanggründe *pl* (com) maturing and fishing grounds
Aufzählungstyp *m* (EDV) enumerated data type
aufzehren
(com) to use up
– to clean out *(eg, savings)*
aufzeichnen
(com) to note
– to put down
– to record
(EDV) to record *(syn, speichern)*
Aufzeichnung *f* (EDV) recording
Aufzeichnung *f* **des Warenausgangs** (StR) records of merchandise sales, § 144 AO
Aufzeichnung *f* **des Wareneingangs** (StR) records of merchandise purchases, § 143 AO
Aufzeichnungen *fpl*
(com) notes
(ReW) books and records
– accounting records
Aufzeichnungsband *n* (EDV) log tape
Aufzeichnungsdichte *f* (EDV) recording density
Aufzeichnungsfehler *m* (EDV) recording error
Aufzeichnungsformat *n* (EDV) record format
Aufzeichnungsmedium *n* (EDV) recording medium
Aufzeichnungspflicht *f* (StR) legal obligation to keep books and records, §§ 140 ff AO
Aufzeichnungsträger *m* (EDV) = Aufzeichnungsmedium
auf Ziel kaufen (com) to buy on credit
aufzinsen
(Fin) to accumulate
– to compound *(opp, abzinsen = to discount)*
(Fin) to add unaccrued interest
Aufzinsung *f*
(Fin) accumulation
– act of compounding
(ie, Ermittlung des Endkapitals aus e–m Anfangskapital auf der Grundlage e–s bekannten Anlagezeitraums und e–s bestimmten Zinsfußes; periodic addition of interest to principal)
Aufzinsungsfaktor *m*
(Fin) accumulation factor
– compound amount of 1
(ie, formula $(1 + r)^n$ *applied to a principal amount bearing interest at* r *rate for the purpose of determining its total at the end of* n *periods; opp, Abzinsungsfaktor = discount factor)*
Aufzinsungspapier *n* (Fin) accrued-interest paper
Aufzinsungspapiere *npl* (Fin) securities sold at a premium
Aufzug *m*
(com, US) elevator
– (GB) lift
Aufzugsanlagen *fpl* (IndE) elevator equipment
Auf-Zu-Regler *m* (EDV) on-off controller
Augenblicksänderung *f* (Math) instantaneous rate of change
Augenblicksverband *m* (Re) single-purpose association
Augenblicksverzinsung *f* (Fin) continuous convertible interest
Augenscheinvalidität *f* (Mk) face validity
Augenzwinkerkartell *n* (Kart) = Frühstückskartell, qv

Auktion *f*
(com) sale at auction
– (GB) sale by auction
Auktionator *m* (com) auctioneer
Auktionshaus *n* (com) auction house
Auktionssystem *n* (com) system of establishing prices by auction
A-Urteil *n*
(Log) universal affirmation
– A-proposition
– material implication
(ie, equivalent of ‚subalternation' of traditional logic)
ausarbeiten
(com) to prepare
– to work out
Ausarbeitung *f*
(com) draft
– preparation
(com) paper
– memorandum
– memo
ausbaden (com, infml) be left holding the bag (*or* baby)
Ausbau *m* (Bw) plant extension
Ausbau *m* **der Fertigungskapazität** (Bw) upstepping of productive capacity
ausbauen
(Bw) to extend *(eg, plant facilities)*
– to expand
(EDV) to upgrade *(eg, PC)*
ausbaufähig (Bw) extensible
Ausbaugebiet *n* (Vw) structural-improvement region
Ausbaugewerbe *n* (com) fitting-out trade *(eg, plumbing, painting, etc.)*
Ausbaupatent *n* (Pat) improvement patent *(syn, Verbesserungspatent, Zusatzpatent)*
ausbedingen (Re) to stipulate
Ausbesserungen *fpl* (com) maintenance and repair work
Ausbeute *f*
(Bw) output
– yield
(Bw) yield coefficient
(ie, relation between usable output and processed output)
(Fin) distributable profit
(ie, of a mining company)
(Re) yield, § 99 BGB
Ausbeuteabweichung *f* (KoR) yield variation
Ausbeutesatz *m*
(Bw) rate of yield
(ie, in processing)
Ausbeutung *f* **auf Wettbewerbsbasis**
(Vw) competitive exploitation
(ie, of the oceans)
Ausbeutungsmißbrauch *m*
(Kart) exploitation of market power
– exploitative abuse of market power
(ie, Leistungen vorgelagerter Stufen werden nicht angemessen vergütet od für erbrachte Leistungen werden unangemessene Gegenleistungen verlangt)
Ausbeutungsrate *f* (IndE) yield rate
ausbieten (com) to put up for sale *(by auction)*

Ausbietung *f* (com) putting up for sale by auction
Ausbietungsgarantie *f* (Re) contractual obligation of a party in a forced sale to bid up to the amount of the mortgage so that the other party suffers no loss through a delinquent claim
ausbilden
(Pw) to teach
(ie, general word)
– to instruct
(ie, formal teaching)
– to educate
(ie, bring out latent capabilities)
– to train
(ie, targeted instruction and drill)
– to school
(ie, teach in specific skill; eg, well-schooled in economics and foreign languages)
Ausbildender *m*
(Pw) instructor
(Pw) enterprise or company in which apprentice is trained
Ausbildung *f*
(Pw) teaching
– instruction
– education
– training
– schooling
Ausbildung *f* **abschließen**
(Pw) to complete education
– to finish training
Ausbildung *f* **am Arbeitsplatz**
(Pw) on-the-job training
– on-the-site training
– desk training
Ausbildung *f* **außerhalb des Arbeitsplatzes** (Pw) off-the-job training
Ausbildungpolitik *f* (Pw) training and development policy
Ausbildungsabgabe *f* (Pw) apprenticeship levy
Ausbildungsabgabe *f* **einführen**
(Pw) to introduce a apprenticeship levy
– to impose a training levy
Ausbildungsabschlußprüfung *f* (Pw) final trainee examination
Ausbildungsbeihilfe *f*
(Pw) training allowance
(ie, paid to apprentice)
Ausbildungsbetrieb *m* (Pw) enterprise or company where apprentice is trained
Ausbildungsdauer *f* (Pw) length (*or* duration) of education of training
Ausbildungsförderung *f*
(Pw) promotion of vocational training
– promotion of professional training
Ausbildungsförderungsgesetz *n* (Pw) Federal Law on Education and Training Promotion
Ausbildungsfreibetrag *m*
(StR) education allowance
– deduction for educational expenses
Ausbildungsgang *m* (Pw) course of training
Ausbildungskosten *pl*
(Pw) training costs
(StR) educational expenses
Ausbildungslehrgang *m* (Pw) training course
Ausbildungsleiter *m* (Pw) training officer
Ausbildungsort *m*
(Pw) training site
(StR) town where training takes place
Ausbildungspersonal *n* (Pw) training personnel
Ausbildungsplatz *m* (Pw) training place
Ausbildungsplatz-Abzugsbetrag *m* (StR) deduction for creating training opening, § 24 b EStG
Ausbildungsplätze *mpl* (Pw) openings for apprentices
Ausbildungsplatzförderungsgesetz *n* (Re) Apprentice Hiring Law
Ausbildungsprogramm *n*
(Pw) training scheme
– training program
Ausbildungsstand *m* (Pw) level of training
Ausbildungsstätte *f*
(Pw) training shop
– training facilities
– training center
Ausbildungssystem *n* (Pw) education and training system
Ausbildungs- und Weiterbildungspolitik *f* (Pw) training and development policy
Ausbildungsvergütung *f* (Pw) trainee compensation
Ausbildungsversicherung *f* (Vers) educational endowment insurance
Ausbildungsvertrag *m* (Pw) training contract
Ausbildungswerkstatt *f* (Pw) training shop
Ausbildungszeit *f* (Pw) length (*or* duration) of training or education
Ausbildungszeiten *fpl* (Pw) periods of professional (*or* vocational) training
Ausblendbefehl *m*
(EDV) mask instruction
– extract instruction
Ausblenden *n*
(EDV) masking out
(EDV) reverse clipping
– shielding
ausblenden
(EDV) to mask out
– (EDV) to shield
(ie, in computer graphics)
Ausbreitungseffekt *m* (Vw) spread effect
Ausbringung *f*
(Bw) output
– production
– yield
Ausbringung *f* **bei Vollbeschäftigung** (Vw) full employment output
ausbuchen
(com) to debit
– to take out of the books
– to enter a debit against *(eg, bank debited my account with €50)*
(ReW) to charge off *(eg, as expense or loss)*
(ReW) to write off *(eg, bad debt as uncollectible)*
(ReW) to close out *(eg, cost of plant removed)*
– to abandon *(eg, take fixed asset from the books)*
Ausbuchung *f*
(com) debit
(ReW) charge off
(ReW) write off

(ReW) closing out
– elimination
(Fin) balancing
aus dem Erwerbsleben ausscheiden
(Pw) to leave the labor force
– to drop out of the labor force
– to withdraw from working life
aus dem Markt nehmen
(Fin) to take out of the market
– to soak up
aus der Notierung nehmen (Bö) to suspend a quotation
Ausdruck *m*
(com) expression
(Log) term
(EDV, Cobol) arithmetic expression
(EDV) printout
Ausdruck *m* **des Systems** (Log) well-formed formula, wff
ausdrückliche Bedingung *f* (Re) express condition
ausdrückliche Garantie *f* (Re) express guaranty
ausdrückliche Vereinbarung *f*
(Re) special arrangement
– express agreement
ausdrückliche Zusicherung *f* (Re) express warranty
ausdrücklich od stillschweigend
(Re) expressly or impliedly
– expressly or by implication
ausdrücklich vereinbaren (Re) to stipulate expressly
Auseinandersetzung *f*
(Re) division
– apportionment
(ie, of property – surplus or deficiency – among partners pro rata of their shares, §§ 730–735 BGB)
(Re) partition of an estate, § 2042 BGB
Auseinandersetzung *f* **e–r Gemeinschaft** (Re) partition of a community of interest
Auseinandersetzungsbilanz *f*
(ReW) balance sheet for settlement purposes
(ie, bei Ausscheiden e–s Gesellschafters zur Ermittlung des Auseinandersetzungsguthabens gebildet; division of property among members of partnership)
Auseinandersetzungsguthaben *n* (Re) credit balance of a retiring partner's capital account *(usu, plus his share of secret reserves resulting from an undervaluation of the business' fixed assets)*
Auseisung *f* (SeeV) de-icing
aus e–m Vertrag klagen (Re) to sue on a contract
Ausfall *m*
(Fin) financial loss
– loss
– deficiency *(eg, from default in payment, of receivables, sales revenue)*
(Mk) non-response rate
(IndE) failure *(ie, of machinery)*
– breakdown
(EDV) cutage
– failure
Ausfallbürge *m*
(Re) guarantor of collection
– (GB) deficiency guarantor
(ie, secondarily liable for the debt of the principal; opp, selbstschuldnerischer Bürge = surety)

Ausfallbürgschaft *f*
(Re) guaranty of collection
– (GB) deficiency guarantee
– (GB) indemnity bond
(ie, Bürge haftet nur für den Differenzbetrag, wenn der Gläubiger trotz Zwangsvollstreckung beim Schuldner e–n Ausfall gehabt hat; cf, §§ 765 ff BGB;
guarantor – Bürge – assumes only secondary/subsidiary liability: creditor must first exhaust his legal remedies against the principal debtor; he pays if the latter cannot; opp, selbstschuldnerische Bürgschaft = guaranty of payment, absolute guaranty, qv)
Ausfalldichte *f* (IndE) failure density
Ausfalldichtefunktion *f* (IndE) failure density function
Ausfälle *mpl* (Fin) loan losses
Ausfallforderung *f* (Re) claim of preferential creditor *(ie, in bankruptcy proceedings)*
ausfallgesichertes System *n* (EDV) fail-soft system
Ausfallhaftung *f* (Re) liability for non-collection
Ausfallhäufigkeit *f* (IndE) failure frequency
Ausfallhäufigkeitsverteilung *f* (IndE) failure frequency distribution
Ausfallklasse *f* (IndE) risk allowance group
Ausfallkriterien *npl* (IndE) failure criteria
Ausfallmuster *n*
(IndE) type sample *(cf, CSA Z 299)*
(com) reference pattern *(syn, Referenzmuster)*
Ausfallquote *f*
(IndE) failure quota
(Fin) loan chargeoff ratio
– default rate
(ReW) delinquency ratio
(ie, volume of outstanding delinquent accounts to sales for a specified period)
Ausfallrate *f*
(Mk) non-achievement rate
(ie, in surveys)
– failure rate
– non-response rate
(IndE) proportion of defectives
– refusal rate
(IndE) failure rate
Ausfallraten-Vertrauensgrenze *f* (IndE) assessed failure rate
Ausfallrisiko *n*
(Fin) risk of default
– risk of nonpayment
– non-payment risk
– delinquency risk
(ie, relating to receivables)
(Fin) loan loss risk
ausfallsicher (IndE) fail safe
ausfallsichere Betriebsweise *f* (EDV) fail safe mode
Ausfallsummenkurve *f* (IndE) cumulative failure curve
Ausfallursache *f*
(IndE) failure cause
– root cause
Ausfallverhalten *n* (IndE) failure behavior
Ausfallwahrscheinlichkeit *f* (IndE) probability of failure

Ausfallwahrscheinlichkeitsdichte *f* (IndE) failure probability density
Ausfallwahrscheinlichkeitsverteilung *f* (IndE) failure probability distribution
Ausfallwahrscheinlichkeit *f* **von Leitungen** (EDV) network reliability
Ausfallzeit *f*
(IndE) downtime
– outage time
(EDV) down time
– fault time
ausfertigen (Re) to write out *(eg, document, agreement, contract)*
Ausfertigung *f*
(com) copy *(ie, of official document)*
(com) counterpart *(eg, of bill of lading)*
Ausfertigungsgebühr *f*
(com) issue fee
(com) charge for making out *(eg, duplicate, copy)*
(Vers) policy issue fee
Ausfertigungstag *m* (com) day of issue
ausfindig machen (com) to scout out *(eg, ways to help)*
Ausfischung *f* (com) devastation of fishery resources
Ausflaggen *n* (com) sailing under a foreign flag
Ausfolgungsprotest *m* (WeR) protest for non-delivery *(ie, of bill of exchange)*
Ausfuhr *f*
(AuW) export
(ie, act of exporting)
– exportation
(AuW) export
(ie, article exported)
(AuW) exports
(ie, volume of goods exported)
Ausfuhrabfertigung *f* (Zo) clearance on exportation
Ausfuhrabgaben *fpl*
(EG) export levies
– duties at exportation
(ie, payable if world-market price levels are higher than Community prices)
Ausfuhrabschöpfung *f*
(EG) price adjustment levy
– export farm levy
(ie, imposed in order to keep prices at high EEC levels)
Ausfuhragent *m* (AuW) export agent
Ausfuhranmeldung *f*
(Zo) clearance on exportation
– (GB) entry outwards
Ausfuhrartikel *m*
(AuW) export article
– export item
Ausfuhrbescheinigung *f* (Zo) certificate of exportation
Ausfuhrbeschränkung *f* (AuW) export restriction
Ausfuhrbestimmungen *fpl* (AuW) export regulations
Ausfuhrbewilligung *f* (AuW) export license
Ausfuhrblatt *n*
(Zo) exportation sheet
(ie, Stammabschnitt und Trennabschnitt: counterfoil and voucher)
Ausfuhrbürgschaft *f*
(AuW) export guaranty
(ie, covers risks inherent in transactions with foreign governments; see also ‚Hermesdeckung')
Ausfuhrdokument *n* (AuW) export document
ausführen
(com) to carry out *(eg, an order)*
– to execute
– to fill
(AuW) to export *(syn, exportieren)*
ausführende Arbeit *f* (Bw) operative performance
ausführende Arbeitskraft *f* (Pw) operative
Ausführer *m*
(com) exporter
(ie, wer Waren nach fremden Wirtschaftsgebieten verbringt od verbringen läßt; Spediteur od Frachtführer ist nicht A.; cf, § 1 1 AWV)
Ausfuhrerklärung *f*, **AE**
(com) export declaration
(ie, der Versandzollstelle zur Ausfuhrabfertigung vorzulegen; dient der statistischen Erfassung der Ausfuhren)
Ausfuhrerlaubnis *f*
(AuW) export permit
– export license
Ausfuhrerlöse *mpl* (AuW) export earnings
Ausfuhrerlösschwankungen *fpl* (AuW) export revenue fluctuations
Ausfuhrerstattung *f* (EG) export refund *(ie, rebate of domestic tax to exporter)*
Ausfuhrfinanzierung *f* (AuW) export financing
Ausfuhrförderung *f*
(AuW) export promotion
(ie, sum total of measures designed to increase volume of exports of a particular country)
Ausfuhrförderungskredit *m* (AuW) export promotion credit
Ausfuhrförmlichkeiten *fpl* **erfüllen** (AuW) to carry out export formalities
Ausfuhrgarantie *f*
(AuW) export credit guaranty
(ie, covers risks inherent in transactions with private foreign firms; see also, Hermesdeckung')
Ausfuhrgenehmigung *f* (EG) export authorization
Ausfuhrgewährleistung *f* (AuW) export guaranty *(cf, Hermes-Deckung)*
Ausfuhr-Grundquote *f* (Zo) basic export quota
Ausfuhrgüter *npl*
(AuW) export commodities
– export goods
– exports
Ausfuhrhafen *m* (Zo) port of exit
Ausfuhrhandel *m* (AuW) export trade
Ausfuhrhändler *m* (AuW) export trader
Ausfuhrhändlervergütung *f* (AuW) refund of VAT to exporter
Ausfuhrkartell *n*
(Kart) export-promoting cartel
(syn, Exportkartell)
Ausfuhrkommissionär *m* (com) export commission agent
Ausfuhrkontingent *n* (AuW) export quota
Ausfuhrkontrolle *f*
(AuW) export control
(ie, pursuant to German foreign trade legislation)

Ausfuhrkontrollmeldung *f* (Zo) export notification for purposes of record
Ausfuhrkredit *m* (Fin) export credit
Ausfuhr-Kreditgesellschaft *f*
(AuW) Export Credit Company
(ie, set up in 1952 by a group of West-German credit institutions for medium and long-term export financing; abbr. AKA)
Ausfuhrkreditversicherung *f*
(Fin) export credit insurance
(ie, Hermes in Deutschland, ECGD in GB, Export-Import-Bank und Foreign Credit Insurance Association in USA; syn, Exportkreditversicherung)
Ausfuhrland *n*
(AuW) country of export
– exporting country
ausführlich beschreiben
(com) to describe in full detail
– to detail
ausführliche Bewerbung *f* (Pw) detailed application
ausführlicher Lebenslauf *m*
(Pw) detailed curriculum vitae
– career monograph
– detailed career history
– full career history
ausführlicher Prüfungsbericht *m* (ReW) accountant's detailed report
Ausfuhrlieferungen *fpl*
(StR) export deliveries
(ie, exempt from turnover tax, § 4 No. 1, § 6 UStG)
Ausfuhrlizenz *f*
(EG) export license
(ie, needed for farm products supplied to non-member countries)
Ausfuhrlizenz *f* **beantragen** (AuW) to file an application for an export license
Ausfuhrmarkt *m* (AuW) export market
Ausfuhrmeldung *f*
(AuW) export notification
(ie, submitted together with the export declaration, in the form of one copying set)
Ausfuhrmitgliedsstaat *m* (EG) Member State of export
Ausfuhr *f* **nach aktiver Veredelung** (Zo) exportation after inward processing
Ausfuhrnachweis *m*
(StR) evidence of export shipment
(ie, requirement for exemption from turnover tax, § 6 No. 3 UStG)
Ausfuhrort *m*
(AuW) place of dispatch
(Zo) exit point
Ausfuhrpapier *n* (Zo) export document
Ausfuhrprämie *f* (AuW) export bounty
Ausfuhrpreisbestimmung *f* (AuW) export price regulation, § 9 AWG
Ausfuhrpreisindex *m* (AuW) export price index
Ausfuhrquote *f* (AuW) export quota
Ausfuhrrisiko *n* (AuW) export risk
Ausfuhrschein *m* (AuW) export declaration as per § 8 AWV
Ausfuhrsendung *f* (AuW) export consigment
Ausfuhrsperre *f* (AuW) embargo on exports
Ausfuhrstatistik *f*
(AuW) export figures
(ie, foreign trade statistics about cross-frontier movement of goods)
Ausfuhrsubvention *f* (AuW) export subsidy
Ausfuhrtag *m* (com) day of exportation
Ausfuhrüberschuß *m* (AuW) export surplus
Ausfuhrüberwachung *f*
(AuW) export control
(ie, pursuant to German foreign trade legislation)
Ausführung *f*
(com) carrying out *(eg, of orders)*
– execution
(com) quality
Ausführungsanzeige *f* (Bö) contract note
Ausführungsbeispiel *n* (Pat) embodiment *(eg, of an invention)*
Ausführungsbestimmungen *fpl* (Re) implementing regulations
Ausführungsdatensatz *m* (EDV) activation record
Ausführungsebene *f* (Bw) operating level
Ausführungseinheit *f* (EDV) run unit
Ausführungsform *f*
(Pat) = Ausführungsbeispiel
(IndE) style
Ausführungsgeschäft *n* (Re) business transaction made by commission agent with a third party, of which he is to render an account to the principal, § 384 II HGB
Ausführungsgesetz *n* (Re) State Law Implementing a Federal Law
Ausführungsgrenzen *fpl* (com) scope of tender
Ausführungsphase *f*
(EDV) execution phase *(syn, A-Phase)*
(OR) contract-in-process phase
Ausführungsqualität *f*
(IndE) workmanship
(IndE) quality of conformance
(ie, Übereinstimmung zwischen Ausführungsplanung und tatsächlicher Ausführung; DIN 55 350, T. 11; syn, Qualität der Übereinstimmung)
Ausführungsverordnung *f* (Re) implementing ordinance
Ausführungszeichnung *f* (IndE) workshop drawing
Ausführungszeit *f*
(EDV) execution time
(ie, time during which actual work is carried out)
(IndE) setup time + portion of job time
Ausführungszyklus *m*
(EDV) execute cycle
– execute phase
Ausfuhrverbot *n*
(AuW) ban on exports
– export prohibition
– prohibition on exportation
Ausfuhrverbot *n* **wirtschaftlicher Art** (AuW) export prohibition imposed in the interest of the national economy
Ausfuhrvergütung *f*
(StR) export rebate
(ie, applicable until 1967 when VAT was introduced)
Ausfuhrvertrag *m*
(AuW) export contract
(ie, legal transaction by which a resident agrees to supply goods to a customer in a foreign country)

Ausfuhrvolumen *n*
(AuW) volume of exports
(ie, total value of goods and services sent out of the country)

Ausfuhr *f* **von Arbeitslosigkeit**
(Vw) transfer of unemployment to other countries
(ie, through beggar-my-neighbor policy)

Ausfuhr *f* **von Waren** (AuW) export of commodities

Ausfuhr-Vorfinanzierungsversicherung *f*
(Vers) insurance of export advance-financing
(ie, taken out to protect credit institute against the risk of exporter's insolvency)

Ausfuhrwaren *fpl* (AuW) goods to be exported

Ausfuhrzahlen *fpl*
(AuW) export figures
(ie, foreign trade statistics about cross-frontier movement of goods, broken down by types of commodities)

Ausfuhrzoll *m* (Zo) customs duty on exportation

Ausfuhr-Zolldeklaration *f* (Zo) export declaration

Ausfuhrzollförmlichkeiten *fpl* (Zo) customs export formalities

Ausfuhrzollstelle *f* (Zo) customs office of exports

ausfüllen
(com) to fill in
– to fill out *(ie, a form)*
– (GB) to fill in
– (GB, *nonstandard*) to fill up

Ausgabe *f*
(com) outlay
– expense
– expenditure
(com) copy, number
(eg, of magazine)
(Fin) issue
– issuance
(eg, shares)
(EDV) data output

Ausgabeanforderung *f* (EDV) output request

Ausgabeaufgeld *n*
(Fin) offering premium
(ie, excess of issue price over par value)

Ausgabebank *f*
(Vw) bank of issue
– issue bank

Ausgabebedingungen *fpl* (Fin) terms of issue

Ausgabebefehl *m* (EDV) output instruction

Ausgabebereich *m* (EDV) output area

Ausgabebetrag *m* (Fin) amount for which shares are issued

Ausgabebewilligung *f* (FiW) budget appropriation

Ausgabebildschirm *m* (EDV) display screen

Ausgabeblock *m* (EDV) output block

Ausgabebuch *n*
(ReW) cash book
– expense book

Ausgabecode *m* (EDV) output code

Ausgabedaten *pl* (EDV) output data

Ausgabeeinheit *f* (EDV) = Ausgabegerät

Ausgabeermächtigung *f*
(Fin) spending authority
(FiW, GB) total obligational authority, TOA
– (US) Budget Authority
(ie, Grundformen: appropriations, contract authority, borrowing authority; gelten im Dt nach dem Grundsatz der qualitativen Spezialität ausschließlich für die im Haushaltsplan genannten Zwecke; Übertragung auf andere Titel verboten)

Ausgabefunktion *f* (Vw) expenditure function

Ausgabegerät *n*
(EDV) output device
– output unit
(EDV) list device
(ie, zur Darstellung od zum Drucken von Daten; eg, Drucker)

Ausgabegewohnheiten *fpl* (Mk) spending habits

Ausgabegrenze *f*
(Fin) spending target
(FiW) budget ceiling *(ie, set forth in draft budgets)*

Ausgabekanal *m* (EDV) output channel

Ausgabekurs *m*
(Fin) issue price
– initial offering price *(syn, Emissionskurs)*

Ausgabekurve *f* (Vw) outlay curve

Ausgabeliste *f* (OR) analysis sheet

Ausgaben *fpl*
(com) expenditures
(ie, Zahlungsvorgänge und das Entstehen von Verbindlichkeiten (und Forderungen); nicht zu verwechseln mit Aufwendungen und Auszahlungen, qv)
(Fin) outflows *(ie, in preinvestment analysis)*

Ausgabenansätze *mpl* (FiW) expenditure estimates

Ausgabenbegrenzung *f* (FiW) spending limitation

Ausgabenbeleg *m* (ReW) disbursement voucher

Ausgabenbeschränkung *f* (Fin) cash limit *(syn, Barmittelbegrenzung)*

Ausgabenbewilligung *f* (FiW, Fin) budget appropriation

Ausgaben *fpl* **decken** (com) to cover expenses

Ausgabendisziplin *f* (FiW) restraint in expenditure

Ausgabeneigung *f* (Vw) propensity to spend

Ausgaben/Einnahmen *fpl* (ReW) outlays/receipts

Ausgaben *fpl* **einschränken**
(com) to curtail expenditures
– to cut expenditures
– to limit expenditures

Ausgaben-Entscheidung *f* (Mk) spending decision

Ausgaben *fpl* **erhöhen** (Fin) to step up spending

Ausgabe *f* **neuer Aktien** (Fin) issue of new shares

Ausgabenfunktion *f* (Vw) expenditure function

Ausgaben *fpl* **für Auslandsreisen**
(VGR) tourist outlays abroad
– spending of tourists abroad

Ausgaben *fpl* **für Hausverwaltung** (StR) expenses for housekeeping

ausgabengleiche Kosten *pl*
(KoR) cash-outlay costs
(ie, costs set equal to expenses; eg, taxes paid)

Ausgabengleichung *f* (Vw) spending equation

Ausgabengrenze *f*
(FiW) budget ceiling
– spending target
(eg, set forth in fiscal blueprint)

Ausgabenkompetenz *f* (FiW) spending power

Ausgaben-Konsum-Kurve *f* (Vw) expenditure-consumption curve

Ausgabenkurve *f* (Vw) outlay curve
Ausgabenkurve *f* **der Nachfrager** (Vw) demand-outlay curve
Ausgaben *fpl* **kürzen**
(com) to cut spending
– to make cuts in spending
– (infml) to put a lid on spending
– (infml) to clamp down on spending
Ausgabenkürzung *f* (FiW) spending cut
Ausgabenmultiplikator *m* (Vw) expenditure multiplier
Ausgabenplan *m*
(Fin) outgoing payments budget
(ie, part of overall financial budget)
Ausgabenpolitik *f* (FiW) spending policy
Ausgaben *fpl* **pro Kopf der Bevölkerung** (FiW) per capita expenditure
Ausgabenquote *f*
(FiW) quota of expenditure
– expenditure ratio
Ausgabenquote *f* **für Auslandsreisen** (VGR) travel ratio
Ausgaben *fpl* **reduzieren**
(com) to cut spending
– (infml) to tighten purse strings
Ausgabenreste *mpl* (FiW) unspent budget balances
Ausgabenschub *m* (FiW) sharp rise of expenditure
Ausgabensperre *f* (FiW) expenditure freeze
Ausgabensteuer *f*
(FiW) expenditure tax
(ie, imposed on use of income, described by N. Kaldor)
Ausgabenstruktur *f* (Vw) pattern of expenditure
Ausgabenwährung *f* (Vw) expenditure currency
ausgabenwirksame Periodenkosten *pl* (KoR) out-of-pocket expense
ausgabenwirksames Gesetz *n* (FiW) spending bill
Ausgabenzuweisung *f* (ReW) allocation of expenditure
Ausgabepreis *m* (Fin) issue price *(ie, of investment fund share)*
Ausgabeprogramm *n*
(EDV) output program
– output routine
Ausgabepufferspeicher *m* (EDV) output buffer
Ausgabesatz *m* (EDV) output record
Ausgabeschalter *m* (com) delivery counter
Ausgabeschreiber *m* (EDV) output writer
Ausgabespeicher *m* (EDV) output storage
Ausgabe *f* **von Gratisaktien**
(Fin) bonus issue
– scrip issue, qv
Ausgabewelle *f* (Vw) wave of expenditures
Ausgabewert *m* (Fin) issue price
ausgabewirksame (Perioden)kosten *pl*
(KoR) out-of-pocket cost
– out-of-pocket expense
Ausgang *m* **aus der Gemeinschaft** *f* (Zo) exit from the Community
Ausgänge *mpl* (Fin) outgoings
Ausgangsabfertigung *f* (Zo, GB) clearance outwards
Ausgangsabgaben *fpl* (StR) export duties and taxes
ausgangsabgabenpflichtig (StR) liable to export duties and taxes

Ausgangsdaten *pl*
(Stat) raw data
– source data
Ausgangs-Durchgangszollstelle *f* (Zo) office of exit en route
Ausgangsfinanzierung *f* (Fin) initial finance
Ausgangsfracht *f*
(com) freight out
– (GB) carriage outward
Ausgangsfunktion *f*
(OR) distributive function
– emitting function
– output function
Ausgangsgesamtheit *f* (Stat) parent population
Ausgangsgewicht *n* (Stat) base weight
Ausgangsgleichung *f* (Math) initial equation
Ausgangshypothese *f* (Log) starting assumption
Ausgangskapital *n* (Fin) initial capital
Ausgangskasse *f*
(Mk) checkout
(ie, Kassentisch mit Kasse im Ausgangsbereich e–r Verkaufsstelle)
Ausgangsknoten *m*
(OR) output code
– starting node
Ausgangslager *n*
(MaW) outgoing stores
(IndE) salable products store
– salable products inventory
(ie, Fertigerzeugnisse, Ersatzteile, Halbfabrikate, Handelswaren)
Ausgangsland *n* (AuW) country of departure
Ausgangsmatrix *f* (OR) original matrix
Ausgangspunkt *m* **der Trendlinie** (Stat) pivot of linear trend
Ausgangsraum *m* (Stat) sample space
Ausgangsrechnung *f* (com) sales invoice
Ausgangssprache *f* (Log) source language *(opp, Zielsprache = target language)*
Ausgangsstelle *f* (EDV) outconnector
Ausgangsstückliste *f* (IndE) master bill of materials
Ausgangsversand *m* (com) outward transit
Ausgangswährung *f* (Fin) base currency
Ausgangswert *m*
(Stat) basic dimension
(StR) basic value
(ie, of real estate or plot of land, comprising value of land, buildings, and external improvements)
Ausgangszahl *f* (com) benchmark figure
Ausgangszollsatz *m* (Zo) basic duty
Ausgangszollstelle *f*
(Zo) customs office outward
– customs office at point of exit
– office of exit
Ausgangszustand *m*
(EDV) initial state
(OR) starting state
ausgeben
(com) to spend
– to disburse
– to expend
– to lay out
– to pay out
(Fin) to issue
(eg, shares, banknotes)

ausgebucht
(com) booked up *(eg, for eight weeks ahead)*
(ReW) expensed
(ReW) charged off
– written off
ausgedehnte Befugnisse *fpl*
(Re) extensive powers
(eg, available to the Federal Cartel Office)
ausgedient
(com) worn out
(com, infml, GB) clapped out
(eg, equipment, vehicle)
(Pw) retired
ausgegebene Aktien *fpl* (Fin) issued shares
ausgegebenes Aktienkapital *n* (Fin) capital stock issued
ausgegebene Schuldverschreibungen *fpl* (FiW, EG) debt securities issued
ausgegebenes Kapital *n* (Bö) capital stock issued
ausgeglichener Baum *m* (EDV) balanced tree
ausgeglichener Fehler *m*
(Stat) balanced range of error
(ie, range of error in which the maximum and minimum possible errors are opposite in sign and equal in magnitude)
ausgeglichener Haushalt *m*
(FiW) balanced budget
– in-balance budget
– in-line budget
ausgeglichenes Budget *n* (FiW) = ausgeglichener Haushalt
ausgeglichenes Konto *n*
(ReW) account in balance
(ie, credits equal debits)
– closed account
ausgehen (com) to eat out in restaurants
ausgehende Post *f* (com) outgoing mail
ausgelastete Knoten *mpl* (OR) rejected nodes
ausgelegte Kredite *mpl*
(Fin) loans extended
– loans granted
ausgeloste Anleihe *f* (Fin) drawn bond *(ie, called for redemption by lot)*
ausgereift
(com) sophisticated
– fully operational
– mature *(eg, product)*
ausgeschiedenes Wirtschaftsgut *n*
(StR) replaced asset
– retired asset
(Abschn. 35 II EStR)
ausgeschlossener Aktionär *m* (com) expelled shareholder
ausgeschüttete Dividende *f* (Fin) declared dividend
ausgeschüttete Gewinnanteile *mpl* (StR) distributive share of profits
ausgeschütteter Gewinn *m* (Fin) distributed profit
ausgesetzte Steuerfestsetzung *f* (StR) suspended tax assessment, § 165 II AO
ausgesperrt (Pw) locked-out
Ausgestaltung *f* (com) basic features
Ausgestaltungsform *f* (Re) form
ausgewiesene eigene Mittel *pl*
(ReW) reported equity
(ie, as shown in the balance sheet)

ausgewiesener Gewinn *m*
(ReW) reported earnings
– reported income
ausgewiesenes Eigenkapital *n* (ReW) reported equity capital
ausgewiesenes Grundkapital *n* (ReW) capital stock disclosed in balance sheet
ausgewogene Stichprobe *f* (Stat) balanced sample
ausgezahlte Einkommen *npl* (VGR) income receipts
ausgezahlter Betrag *m* (Fin) amount paid out *(ie, to borrower)*
ausgezahlter Gewinnanteil *m* (Vers) bonus in cash
Ausgleich *m*
(com) balance
– compensation
– adjustment
– equalization
– settlement
– squaring
Ausgleich *m* **der Produktlebenszyklen** (Bw) life cycle balance
Ausgleich *m* **der Zahlungsbilanz**
(VGR) adjusting the balance of payments
(VGR) balance of payments equilibrium
Ausgleich *m* **der Zolltarife** (Zo) tariff harmonization
Ausgleich *m* **des Kapazitätsbedarfs** (OR) leveling of capacity requirements
Ausgleich *m* **durch Kauf/Verkauf** (Bö) evening up
Ausgleichen *n* (EDV) kerning *(ie, in text processing)*
ausgleichen
(com) to make up the difference
(com) to balance
(eg, an account)
– to compensate
(eg, for a loss)
– to equalize
(eg, incomes)
– to settle
(eg, an account, claim)
– to square
(eg, a debt)
– to offset
– to smooth out
(eg, cyclical fluctuations)
– to level out
(eg, differences)
ausgleichender Fehler *m* (ReW) offsetting error
Ausgleichsabgabe *f* (AuW) = Ausgleichszoll, qv
Ausgleichsabgaben *fpl* (StR) contributions under the equalization of burdens law
Ausgleichsamt *n*
(FiW) Equalization of Burdens Office
(ie, handling equalization cases on a lower administrative level, such as Land- and Stadtkreise)
Ausgleichsanspruch *m*
(Re) claim for adjustment
(made by a commercial agent, § 89 b HGB)
Ausgleichsanspruch *m* **des Handelsvertreters** (com) salesmen's compensation claim
Ausgleichsarbitrage *f* (AuW) foreign-exchange arbitrage seeking the lowest rates to pay off a claim
Ausgleichsbetrag *m* **Beitritt** (EG) accession compensatory amount

Ausgleichsbuchung *f*
(ReW) balancing entry
– offsetting entry
(ReW) charge back
Ausgleichsdividende *f* (Fin) equalizing dividend
Ausgleichsfaktor *m* (com) compensatory factor
Ausgleichsfinanzierung *f*
(IWF) Compensatory Financing Facility
(ie, support given mainly to primary-commodity-producing countries)
Ausgleichsfonds *m*
(Fin) equalizing fund
(ie, Ausgleichskasse bei Konzernen und sonstigen Unternehmenszusammenschlüssen, um Gewinne und Verluste zu regulieren, die durch die Konzernpolitik bei einzelnen Unternehmenseinheiten entstehen)
(FiW) Equalization Fund
(ie, special-purpose fund, part of Equalization of Burdens system, receives levies and funds from public-sector budgets)
(AuW) Exchange Stabilization Fund
– (GB) Exchange Equalisation Account
Ausgleichsforderungen *fpl*
(FiW) equalization claims
(ie, claims by banks and insurance companies against Federation and Laender, created by the West German Currency Reform)
Ausgleichsgesetz *n* **der Planung**
(Bw) law of balancing organizational plans
(ie, implies continuous appraisal of interrelated operating plans or financial programs and removal of discrepancies among them; the overall planning or master budgeting is subject to the constraints of the ‚minimum (bottleneck) sector')
Ausgleichskalkulation *f*
(com) compensatory pricing
(ie, Grundsatz der Preislinienpolitik; einzelne Produkte od Produktgruppen werden mit unterschiedlich hohen Kalkulationsaufschlägen belegt; syn, Mischkalkulation, Kompensationskalkulation)
Ausgleichskredite *mpl* (FiW) borrowing to smooth budgetary irregularities
Ausgleichskürzungen *fpl* (FiW) compensatory cuts
(eg, made elsewhere in the budget)
Ausgleichslager *n*
(MaW) buffer store
– equalization store
Ausgleichsleistung *f*
(FiW) equalization of burdens payment
(Fin) compensating payment
Ausgleichsmeßzahl *f*
(StR) equalization figure
(ie, per capita collection figure multiplied by the number of inhabitants of each state)
Ausgleichspolitik *f*
(Vw) offset policy
(ie, in der Umweltpolitik; cf, Kompensationslösungen)
Ausgleichsposten *m*
(ReW) balancing item
– compensating item
– offsetting item
– per contra item
(ReW) adjustment item
(eg, aus der Erstkonsolidierung = from initial consolidation)
Ausgleichsposten *m* **aus der Konsolidierung** (ReW) adjustment resulting from consolidation
Ausgleichsposten *m* **für Währungsumrechnungen** *fpl* (Fin) translation adjustment
Ausgleichsposten *m* **zur Auslandsposition** (VGR) balance on official settlements
Ausgleichsprämie *f*
(Pw) catch-up allowance
(IndE) compensating bonus
Ausgleichsrücklage *f*
(ReW) equalization reserve
– operating reserve
(ie, zur gleichmäßigen Verteilung ungleichmäßig anfallender Aufwendungen)
Ausgleichsteuer *f*
(StR) turnover equalization tax
(ie, under the former law imposed on imported goods in order to equalize the tax burden of imported goods and of domestic goods; now ‚Einfuhrumsatzsteuer')
Ausgleichsteuerordnung *f* (StR) Ordinance Regulating the Turnover Equalization Tax
Ausgleichstransaktionen *fpl*
(AuW) accommodating movements
– accommodating transactions
– settling transactions
(syn, induzierte Transaktionen)
Ausgleichsverbindlichkeit *f* (ReW) balancing payable
Ausgleichszahlung *f*
(Fin) deficiency payment
– equalization payment
(StR) compensatory payment, § 304 I KStG
Ausgleichszoll *m*
(AuW) countervailing duty
– compensating tariff
– compensatory tariff
– contingent duty
– matching duty
(syn, Ausgleichsabgabe)
Ausgleichszugeständnisse *npl* (AuW) compensatory concessions
Ausgleichszuweisungen *fpl* (FiW) equalization payments
Ausgleichungspflicht *f*
(Re) hodgepodge liability
– (GB:) hotchpotch liability
(ie, liability to account for certain kinds of gift received from the deceased during his life, §§ 2050 ff, 2316 BGB)
Ausgleich *m* **von Wertminderungen** (ReW) equalization of asset losses
ausgliedern
(com) to spin off *(ie, part of a company)*
(Fin) to divest
– to sell off
– to shed
– to unload
(ie, security holdings, foreign assets, subsidiaries)
ausgründen
(com, GB) to hive off
(ie, to separate parts of a company and start a new firm)

aushandeln (com) to negotiate
aushändigen
(com) to hand over
(com) to deliver
Aushilfe *f* (Pw) temporary worker *(ie, employed for a limited period)*
Aushilfskraft *f*
(Pw) casual worker
(Pw) office temp
– temporary office help *(syn, Bürohilfe)*
Aushilfslöhne *mpl* (com) part-time salaries
Aushilfspersonal *n* (Pw) temporary personnel
Aushöhlung *f* (EDV) bucket *(ie, in direct access storage)*
Aushöhlung *f* **der Steuerbasis** (FiW) tax erosion
Aushöhlung *f* **e–s Gesetzes** (Re) dismantling of a law
Aushöhlungseffekt *m* (Vw) backwash effect *(ie, in developing countries)*
auskalkulieren (com) to make a complete estimate
auskehren (Fin) to pay out
Auskehrung *f* (FiW) rundown of public authorities' bank balances
ausklammern (Math) to factor out a term
Auskunft *f* (com) directory assistance *(ie, in telephone traffic)*
Auskunftei *f*
(com) commercial agency
– *(rare)* mercantile agency
– (GB) credit agency
– credit bureau
– (GB) credit reporting agency
(ie, erteilt Auskünfte insbesondere über Kreditwürdigkeit, the financial standing of persons)
Auskunftsersuchen *n* (Re) request for information
Auskunftspflicht *f*
(com) duty to disclose information
(ie, in various contexts; eg, by employers, by taxpayers as laid down in §§ 93 ff AO, for statistical purposes, in competition law, in foreign trade law)
Auskunftsrecht *n*
(Re) right to demand information
(ie, from the managing board during a general meeting of a stock corporation, § 131 AktG)
Auskunftsschein *m* (com) information slip *(eg, supplied by commercial agencies)*
Auskunftsstellen *fpl* **für den Außenhandel** (AuW) foreign-trade information agencies *(ie, chambers of commerce or other trade associations)*
Auskunftssystem *n*
(EDV) information system
(EDV) inquiry system
Auskunftsverlangen *n* (Kart) request for information
Ausladebahnhof *m* (com) unloading railroad station
ausladen
(com) to unload
– to discharge
Auslage *f*
(Mk) window display
– goods displayed
Auslagefenster *n* (Mk) shop window
Auslagematerial *n* (Mk) display materials *(ie, for shop window)*
Auslagen *fpl*
(com) expenses
– outlays
Auslagenersatz *m*
(com) reimbursement of expenses
(ie, under civil and commercial law, under civil procedure provisions, and under wages tax law)
Auslagenklausel *f* (SeeV) disbursement clause
Auslagern *n* (EDV) swapping
auslagern
(com) to take out of stock and transfer to another place
(Mk) to sell from stock
(EDV) to export
Auslagerung *f*
(EDV) roll in/roll out
– swapping
Auslagerungsdatei *f*
(EDV) swap file
(cf, temporary/permanent swap file, qv)
Auslagerungsfunktion *f* (EDV) swapping function
Auslagetisch *m* (com) display counter
Ausland *n*
(Re) foreign country
(eg, in turnover tax law and foreign trade law)
(VGR) rest of the world
Ausländer *m* (Re) non-resident
Ausländerdepot *n* (Fin) non-resident securities account
Ausländerguthaben *npl* (Fin) external assets
Ausländerkonten *npl*
(Fin) non-resident accounts
(ie, with German banks, held by natural or legal persons domiciled abroad)
Ausländerkonvertibilität *f*
(Fin) external convertibility
– non-resident convertibility
Ausländerrecht *n* (Re) law relating to non-residents
Ausländerreiseverkehr *m* (AuW) foreign tourist trade
Ausländersicherheit *f*
(Re) foreigner's security
(ie, at request of defendant deposited in German court by foreign plaintiff to cover estimated cost of litigation)
Ausländersonderkonto *n* (AuW) special non-resident account
ausländische Anleihe *f*
(Fin) foreign bond
– external loan
(ie, loan raised by a foreigner in Germany; see also: Auslandsanleihe)
ausländische Arbeitnehmer *mpl*
(Pw) foreign employees
– foreign workers
ausländische Arbeitskräfte *fpl* (Pw) = ausländische Arbeitnehmer
ausländische Betriebsstätte *f*
(StR) permanent establishment abroad
– foreign permanent establishment
ausländische Direktinvestitionen *fpl*
(Fin) foreign direct investment
– direct outward investment
(ie, management control resides in the investor lender; lender is often the parent corporation and the

borrower its foreign subsidiary or affiliate, both being part of a multinational or transnational corporation)

ausländische DM-Anleihe *f* (Fin) international DM bond

ausländische Einkünfte *pl*
(StR) foreign-source income
– income received from abroad
(ie, by natural or legal persons subject to unlimited tax liability)

ausländische Emittenten *mpl* (Bö) foreign issuers

ausländische Fluggesellschaft *f*
(com) foreign airline
– (US) foreign carrier

ausländische Investitionen *fpl* (AuW) non-residents' investments *(ie, in Germany)*

ausländische Konkurrenz *f*
(com) foreign rivals
– foreign competitors

ausländische Körperschaften *fpl* (Re, StR) foreign corporations

ausländische Märkte *mpl* (com) foreign markets

ausländische Märkte *mpl* **erobern**
(com) to conquer foreign markets
– to penetrate foreign markets

ausländische Mitarbeiter *mpl*
(Pw) non-German personnel
– foreign employees

ausländische Quellensteuer *f* (StR) foreign tax withheld at source

ausländischer Abnehmer *m*
(StR) foreign customer
(ie, term used in turnover tax law, § 6 I 1 UStG)

ausländischer Anteilseigner *m* (Fin) non-resident shareholder

ausländischer Arbeitnehmer *m* (Pw) foreign employee (*or* worker)

ausländischer Emittent *m* (Fin) non-resident issuer

ausländische Rentenwerte *mpl* (Fin) foreign bonds

ausländischer Schiedsspruch *m*
(Re) foreign arbitral award
– foreign arbitration award

ausländischer Versicherer *m*
(Vers) foreign insurer
– alien carrier

ausländisches Einkommen *n* (StR) foreign source income

ausländisches Fabrikat *n* (com) foreign product

ausländisches Stammhaus *n* (com) foreign headquarters

ausländisches Vermögen *n*
(StR) assets held abroad
(ie, part of total taxable assets, except if tax liability is limited; valuation as per § 31 BewG)

ausländische Tochtergesellschaft *f*
(com) foreign subsidiary
(ie, a corporation abroad in which a domestic company holds at least a material interest)

ausländische Unternehmungen *fpl* **im Inland** (Re) domestic enterprises in which non-residents hold an equity stake

ausländische Währung *f* (Fin) foreign currency

ausländische Werte *mpl* (StR) invoice amounts in foreign currency, § 53 UStDV

Auslandsabsatz *m*
(com) export sales
– external sales

Auslandsabteilung *f*
(com) foreign operations department
(Fin) international department *(of a bank)*

Auslandsakkreditiv *n* (Fin) credit opened in a foreign country

Auslandsaktiva *npl*
(AuW) external assets
– foreign assets

Auslandsakzept *n* (Fin) foreign acceptance *(ie, draft accepted by foreign buyer)*

Auslandsamt *n* (EDV) international exchange

Auslandsanlage *f* (Fin) foreign investment

Auslandsanleihe *f*
(Fin) external loan
– foreign bond
(ie, im Inland aufgelegte Anleihe ausländischer Emittenten; issued abroad by a domestic debtor in foreign or domestic currency or loan issued by a foreigner in Germany, the latter also being termed ‚ausländische Anleihe')

Auslandsarbitrage *f* (Fin) outward arbitrage

Auslandsauftrag *m*
(AuW) order from abroad
– foreign order

Auslandsausleihungen *fpl* (Fin) cross-border lending

Auslandsbank *f* (Fin) foreign bank *(ie, one mainly operating abroad)*

Auslandsbelegschaft *f*
(Pw) employees operating abroad
– employees outside Germany

Auslandsbesitz *m* (AuW) non-resident's holding

Auslandsbestellung *f* (AuW) = Auslandsauftrag

Auslandsbeteiligung *f*
(Fin) foreign participations
(Fin) associated company abroad

Auslandsbezug *m* (com) purchase from foreign suppliers

Auslandsbonds *pl*
(Fin) external bonds
(ie, German fixed-interest bonds in foreign currency)

Auslandsbrief *m* (com) letter sent abroad

Auslandsdebitoren *pl*
(Fin) foreign receivables
– foreign debtors

Auslandseinlage *f* (Fin) non-resident deposit

Auslandseinsatz *m*
(Pw) international assignment
(ie, Entsendung von Mitarbeitern für ausländische Niederlassungen e–r multinationalen Unternehmung)

Auslandsemission *f* (Fin) foreign issue

Auslandsfactoring *n*
(Fin) international factoring
– multinational factoring

Auslandsfiliale *f*
(com) foreign branch
– branch abroad
– overseas branch

Auslandsfiliale *f* **eröffnen** (com) to establish a foreign branch (*or* a branch abroad)

Auslandsflug *m* (com) nondomestic flight
Auslandsforderungen *fpl*
(AuW) external claims
(ReW) foreign receivables
Auslandsfracht *f*
(com) cargo sent abroad
– freight sent abroad
Auslandsgelder *npl* (Fin) foreign funds
Auslandsgeschäft *n*
(com) international business
(Fin) provision of international banking services
(Fin) external transactions
(ie, in securities, made either abroad or between resident and non-resident, § 24 KVStG)
Auslandsgeschäfte *npl* (com) foreign operations
Auslandsgespräch *n* (com) international call
Auslandsguthaben *npl*
(AuW) foreign assets
– foreign claims
(Fin) funds abroad
– balances abroad
(Fin) non-resident deposits
Auslandshandelskammer (AuW) foreign-trade chamber of commerce
Auslandshilfe *f* (Vw) external economic aid
Auslandsinvestition *f*
(Bw) foreign investment
– investment abroad
(ie, may be either direct or portfolio investment)
Auslandsinvestitionsgesetz *n* (Re) Law on Foreign Investments, of 18 Aug 1969, as amended
Auslands-Investmentgesetz *n* (Re) Foreign Investment Law, of 28 July 1969, as amended
Auslandskapital *n*
(AuW) foreign capital
(ie, capital supplied from other countries, as direct or portfolio investment or as loans)
Auslandskäufe *mpl* (Bö) foreign buying
Auslandskonkurrenz *f*
(com) foreign competitors
– foreign rivals
– competition from abroad
Auslandskontakte *mpl* (com) contacts abroad
Auslandskonto *n*
(VGR) rest-of-the-world account
(Fin) foreign account
(ie, account held at a bank abroad)
Auslandskorrespondent *m*
(com) clerk handling foreign correspondence
(Fin) foreign correspondent *(bank)*
Auslandskorrespondenz *f* (com) foreign correspondence
Auslandskredit *m*
(Fin) foreign lending
– loan extended to foreigner
(Fin) foreign borrowing
– foreign loan
(ie, loan obtained from abroad)
Auslandskreditgeschäft *n* (Fin) international lending business
Auslandskunde *m*
(AuW) foreign customer
– overseas buyer
Auslandsmarketing *n* (Mk) = Exportmarketing, qv
Auslandsmarkt *m* (AuW) foreign market
Auslandsmesse *f* (com) foreign trade fair
Auslandsnachfrage *f*
(AuW) external demand
– foreign demand
Auslandsnetz *n* (Mk) foreign network
Auslandsniederlassung *f*
(com) foreign branch
(ie, set up by residents in foreign countries to establish permanent business relations)
Auslandsobligo *n* (Fin) total lendings to foreigners
Auslandspassiva *npl* (AuW) external liabilities
Auslandspatent *n*
(Pat) foreign patent
(ie, obtained abroad or granted to foreigners)
Auslandsposition *f* (AuW) external position
Auslandspostanweisung *f* (Fin) international money order
Auslandspresse *f* (Mk) foreign press
Auslandsreiseverkehr *m* (AuW) foreign travel
Auslandsreise-Versicherung *f* (Vers) foreign travel insurance
Auslandsrente *f* (Pw) pension payable to non-residents
Auslandsrepräsentanz *f* (Fin) representative office abroad
Auslandssaldo *m* (AuW) net foreign position
Auslandsscheck *m* (Fin) foreign check
Auslandsschulden *fpl*
(AuW) external debt
(Fin) foreign liabilities
– external liabilities
Auslandssendung *f* (com) postal consignment sent abroad or received from abroad
Auslandsstatus *m* (Fin) foreign assets and liabilities
Auslandsstützpunkt *m*
(com) foreign branch
– foreign subsidiary
Auslandstochter *f*
(com) foreign subsidiary
– overseas subsidiary
Auslandstourismus *m* (VGR) international tourism
Auslandsumsatz *m*
(Stat) sales abroad
(ie, all direct supplies of goods and services to a consignee abroad, plus deliveries to German exporters)
(com) international sales
– export turnover
Auslandsverbindlichkeit *f*
(AuW) external indebtedness
– liability to non-resident
– foreign liability
Auslandsverkäufe *mpl* (Bö) foreign selling
Auslandsvermögen *n*
(VGR) foreign assets
– external assets
– international assets
(ie, German assets abroad)
Auslandsvermögensstatus *m* (FiW) International Investment Position, IIP
Auslandsverpflichtung *f* (AuW) international capital links
Auslandsverschuldung *f*
(Fin) foreign indebtedness
– external indebtedness
(ie, volume of claims due to foreigners)

Auslandsvertreter *m*
(com) foreign representative
– agent abroad
Auslandswährung *f* (Fin) foreign currency
Auslandswechsel *m*
(Fin) external bill
– foreign bill
(ie, drawn by a bank on a foreign correspondent bank)
Auslandswerbung *f* (Mk) foreign advertising
Auslandswerte *mpl*
(AuW) foreign assets
(ie, fixed assets abroad, DM claims against nonresidents, foreign means of payment, receivables and securities, § 4 II AWG)
(Bö) foreigners
Auslandszahlung *f*
(Fin) foreign payment
(Fin) payment from abroad
Auslandszahlungsverkehr *m*
(AuW) foreign payments transactions
– international payments transactions
Auslandszulage *f*
(Pw) foreign service pay
(ie, mostly in percent of pay)
– expatriation allowance
auslasten
(IndE) to utilize *(eg, capacity of plant)*
– to work a plant at . . . pct
Auslastung *f*
(com) load(ing) factor
(ie, von Verkehrsflugzeugen = of commercial aircraft: ratio of passengers to seats on a given flight; proportion of seats filled; syn, Auslastungsfaktor)
(IndE) = Auslastungsgrad
Auslastung *f* **im Fertigungsbereich**
(IndE) capacity use in manufacturing
– industrial capacity utilization
Auslastungsfaktor *m* (com) = Auslastung, qv
Auslastungsgrad *m*
(IndE) rate of capacity utilization
– plant utilization rate
– operating rate
– operating performance
(eg, was only 90% of normal)
(EDV) relative throughput
– utilization *(syn, relativer Durchsatz)*
Auslastungsgrad *m* **von Arbeitskräften** (Pw) overall performance
Auslastungskontrollkarte *f* (IndE) load chart
auslastungsorientierte Kostenrechnung *f* (KoR) activity based costing
Auslastungsplan *m* (IndE) loading schedule
auslastungssensible Bereiche *mpl* (Bw) areas sensitive to capacity utilization
Auslauf *m* **eines Verlustvortrages** (StR) expiration of a tax loss carry forward
Auslaufen *n*
(com) phase-out
(eg, programs, projects)
(Stat) tail off
(ie, of a frequency distribution)
auslaufen
(com) to run out
– to discontinue
– to phase out *(eg, CFC production by mid-1997)*
– to peter out
– (infml) to fizzle out *(eg, business boom)*
auslaufender Brief *m* (com) outgoing letter
auslaufender Vertrag *m* (Re) expiring contract
auslaufen lassen (com) to taper off *(eg, subsidies)*
Auslaufen *n* **von Häufigkeitsverteilungen** (Stat) tail off
Auslaufmonat *m* (Bö) expiration month
Auslauftag *m*
(Fin) expiration date
(ie, bei Devisenoptionen)
auslegen
(Re) to interpret
– to construe
(eg, this part of the contract shall be construed as binding on both parties)
(Pat) to open applications to public inspection
(IndE) to design
– to lay out
Auslegeschrift *f*
(Pat) patent specification open to public inspection
(ie, comprises description and drawings)
Auslegung *f*
(Re) construction
– interpretation
(eg, to put a broad or strict construction upon; see §§ 133, 157 BGB, § 1 StAnpG)
Auslegungsregeln *fpl*
(com, Re) rules of interpretation
– rules of construction
Auslegungsrichtlinien *fpl* (Re) interpretive regulations
Auslegung *f* **von Betriebsanlagen** (IndE) plant layout
ausleihen (Fin) to lend
Ausleiher *m* (Fin) lender
Ausleihquote *f* (Fin) lendings ratio
Ausleihungen *fpl*
(Fin) (total) lendings
– total amount loaned
– asset exposure *(of a bank)*
Ausleihungen *fpl* **an Gesellschafter** (ReW) loans to shareholders
Ausleihungen *fpl* **an nahestehende Personen** (ReW) loans to affiliated persons
Ausleihungen *fpl* **an verbundene Unternehmen**
(ReW, EG) loans to affiliated companies
(ie, auf längere Zeit angelegte Darlehen; entscheidend ist die ursprüngliche, nicht die Restlaufzeit; cf, § 266, der § 151 aF Akt entspricht)
Ausleihungen *fpl* **des Finanzvermögens** (Fin) long-term financial investments
Ausleihungen *fpl* **mit e–r Laufzeit von mindestens 4 Jahren** (Fin) loans for a term of at least 4 years
Auslesen *n* (EDV) readout
auslesen (EDV) to read out
ausliefern (com) to deliver
Auslieferung *f*
(com) delivery
(eg, of goods, securities)
Auslieferungsanspruch *m*
(com) right to delivery
– claim to delivery
Auslieferungsauftrag *m* (com) delivery order

Auslieferungslager *n*
(com) consignment stock
(ie, inventory of consigned goods committed to the consignee at consignor's expense)
(com) distributing warehouse
– field store
(ie, from which customers are supplied direct)
Auslieferungsprovision *f*
(Re) delivery commission
(ie, payable to commission agent when transaction, that is, receipt, storage, and delivery, has been carried out, § 396 HGB)
Auslieferungsversprechen *n* (com) promise to deliver
AuslInvG (Re) = Auslandsinvestitionsgesetz
Auslobung *f*
(Re) public offer of reward
– public promise of reward *(§ 657 BGB)*
(ie, example of an obligation arising from a unilateral declaration, not from contract)
Auslobungstarife *mpl* (com) exceptional rates in railroad transport for delivery of minimum quantities
auslosbar
(Fin) redeemable by drawings
– drawable
auslosen (Fin) to draw by lot
auslösen
(com) to set off
– to spark off
– to trigger off
– to ignite
auslösender Faktor *m* (com) initiating source *(eg, of excess demand and a soaring price level)*
Auslösung *f*
(Pw) field allowance
– accommodation allowance
(ie, paid during employment abroad)
(Pw) termination payment
– severance payment
(ie, for early retirement)
Auslosungsanleihe *f*
(Fin) lottery loan
– lottery bonds
– bonds issued by public authorities and redeemable by drawings
Auslosungsanzeige *f* (Fin) notice of drawing
Auslosungskurs *m* (Fin) drawing price
Auslösungspreis *m* (EG) activating price *(ie, on EEC farm markets)*
Auslosungstermin *m* (Fin) drawing date
ausmachender Betrag *m*
(Fin) actual amount
(ie, market price + interest for fixed-interest securities; market price for variable-interest securities)
ausmultiplizieren (Math) to multiply out
ausmustern
(com) to sort out and discard *(eg, models, vehicles)*
(com) to produce new designs or patterns
Ausmusterung *f*
(com) sorting out and discarding
(com) production of new designs or patterns
Ausnahme *f* (com) exception (to)
Ausnahmebedingung *f* (EDV) exception condition
Ausnahmebehandlung *f*
(EDV) exception handling
(ie, routines that try to correct errors or to minimize their effects [eg, a GPF]; syn, error handling = Fehlerbehandlung)
Ausnahmen *fpl* **von der Besteuerung** (StR) nontaxable transactions, § 22 KVStG
Ausnahmeregelung *f* (EG) exemption
Ausnahmetarife *mpl* (com) low freight rates in railroad or commercial long-distance transport, granted for economic or social reasons
ausnutzen (Pat) to work (a patent)
Ausnutzungsgrad *m* (IndE) = Auslastungsgrad
Ausnutzungsmodus *m* **eines Kontingents** (Zo) system of utilization of quota
Ausnutzung *f* **vorhandener Anlagen** (Bw) utilization of existing plant
auspacken
(com) to unpack
(Pw, infml) to speak out (*or* up)
Auspendler *m* (com) commuter
ausprägen
(Vw) to coin
– to mint
Ausprägung *f*
(Stat) attribute
– characteristic
(Vw) coining
– minting
auspreisen
(com) to price
(ie, to put price tags on articles)
ausrechnen
(com) to calculate
– to work out *(eg, a sum)*
– (US) to figure out
Ausrechnung *f* (com) worked-out figures
ausreichen (Fin) to extend *(eg, a loan)*
ausreichende Kapitalausstattung *f* (Fin) capital adequacy *(syn, erforderliche Kapitaldecke)*
ausreichende Sicherheit *f* (com) reasonable assurance
ausreichendes Kapital *n*
(Fin) sufficient capital
– capital adequacy
ausreichendes Nennkapital *n* (Fin) adequate stated capital; cf, § 2 II KAGG
ausreichende Sorgfalt *f* (Re) adequate care
ausreichend finanziert (Fin) adequately funded
ausreichend versichern
(Vers) to insure adequately
– to take out adequate insurance
ausreichend versichert (Vers) adequately insured
Ausreißer *m*
(Stat) outlier
– maverick
(Stat) ‚runaway' product
Ausreißerquote *f* (IndE) rate of outliers
ausrichten (EDV) align *v (eg, text)*
Ausrichtung *f* (EDV, Cobol) alignment *(cf, DIN 66 028 Aug 1986)*
Ausrundungsfläche *f* (EDV, CAD) fillet surface
ausrüsten
(com) to equip
– to outfit

ausrüsten mit
(com) to equip with
– to fit out/up
Ausrüster *m*
(com) outfitter
(com) managing owner *(of a ship)*
Ausrüstung *f*
(com) equipment
– plant
Ausrüstungsgegenstand *m* (com) piece of equipment
Ausrüstungsgüter *npl* (com) machinery and equipment
Ausrüstungsindustrie *f*
(com) supplies industry
(eg, in making aircraft)
Ausrüstungsinvestitionen *fpl*
(Bw) plant and equipment expenditure
– plant and equipment outlay
– plant and equipment spending
– equipment investment
– equipment spending
– investment in plant and equipment
(opp, Bauinvestitionen, Lagerinvestitionen)
Ausrüstungsvermietung *f* (Fin) equipment leasing
Aussage *f*
(Log) statement
(ie, in a declarative sentence; note that ‚proposition' is usually reserved to denote the content of meaning of a declarative sentence)
aussagefähig (com) meaningful
Aussageform *f*
(Log) propositional formula
– sentential formula
(Log) well-formed formula, wff
Aussagefunktion *f*
(Log) propositional function
– statement function
Aussagefunktor *m*
(Log) propositional connective
– sentential operator
Aussagekraft *f* (Log) informative value
Aussagenkalkül *n*
(Log) propositional calculus
– sentential calculus
(ie, system containing ‚Aussagenvariable' and ‚aussagenlogische Verknüpfungen' = propositional variables and logical connectives)
Aussagenkomplex *m*
(Log) molecular statement
(Log) set of interrelated propositions
Aussagenlogik *f*
(Log) propositional logic
– sentential logic
(ie, theory of truth-functions)
aussagenlogische Ableitbarkeit *f* (Log) propositional deducibility
aussagenlogische Beziehungen *fpl*
(Log) propositional relations
(eg, Disjunktion, Exklusion, Kontravalenz, Replikation, Implikation, Äquivalenz)
aussagenlogische Deduktion *f* (Log) sentential inference
aussagenlogische Konstante *f* (Log) propositional constant
aussagenlogisches Argument *n* (Log) sentential logic argument
aussagenlogische Verknüpfung *f*
(Log) propositional connective
– sentential connective
Aussagenvariable *f* (Log) propositional variable
Aussagenwahrscheinlichkeit *f* (Log) probability of statement
Aussagenzusammenhang *m* (Log) set of interrelated propositions
Aussagewahrscheinlichkeit *f* (Stat) confidence coefficient *(syn, Vertrauenskoeffizient)*
ausschalten
(com) to eliminate
(eg, competitors)
(com, infml) to cut out
(eg, go-between, financial institutions)
(Re) to set aside
(EDV) to deactivate
– to disable
Ausschalten *n* **von Saisonbewegungen** (Stat) seasonal adjustment
Ausschaltung *f* **der Konkurrenz**
(Bw) elimination of competitors
– elimination of rivals
Ausscheiden *n*
(com) retirement
(eg, of a partner)
– withdrawal
(Pw) retirement
(Vw) exit
(ie, of supplier or demander)
ausscheiden
(com) to eliminate
– to exclude
– to remove
(com) to retire
– to withdraw
– to leave
Ausscheiden *n* **aus dem Erwerbsleben**
(Pw) withdrawal from employment
– withdrawal from working life
–withdrawal from labor force
Ausscheiden *n* **aus dem EWS** (AuW) withdrawal from the European Monetary System, EMS
ausscheidend (com) outgoing *(eg, chairman)*
ausscheidender Gesellschafter *m*
(com) retiring partner
– withdrawing partner
Ausscheiden *n* **e–s Wirtschaftsgutes** (Bw) retirement of an asset
Ausscheidetafel *f* (Vers) table of decrements
Ausscheidungsrate *f*
(Fin) cut-off point
– cut-off rate
(ie, in preinvestment analysis)
Ausscheidungswettbewerb *m* (Pw) competitive examination
ausscheren
(com) to pull out
(ie, of business, sector, industry)
ausschiffen
(com) to land
– to discharge
– to unload

ausschlachten
(com) to cannibalize
– to disassemble
(ie, to use a broken or retired machine or plant for the repair of another)
Ausschlachten *n* **von Unternehmen** (com, infml) asset stripping
Ausschläge *mpl* (com) swings
ausschlaggebende Interessen *npl* (com) overriding interests
ausschlaggebende Stimme *f*
(Pw) casting vote
– decisive vote
– tie-breaking vote
(eg, at board meeting)
Ausschlagung *f* **e–r Erbschaft** (Re) disclaimer of an inheritance (GB: of an estate); § 3 II 4 ErbStG
Ausschlagung *f* **e–s Vermächtnisses**
(Re) disclaimer of a testamentary gift
– disclaimer of a specific legacy
Ausschlagungsfrist *f* (Re) period of disclaimer, § 1956 BGB
ausschließen
(com) to exclude
– (infml) to boot off *(eg, company booted off the stock exchange)*
(com) to crowd out
(Re) to bar (from)
ausschließende Disjunktion *f* (Log) exclusive disjunction
ausschließende Einrede *f*
(Re) peremptory defense
– peremptory exception
(syn, dauernde od zerstörliche od peremptorische Einrede)
ausschließendes ODER *n*
(EDV) exclusive OR
– non-equivalence operation
– anti-coincidence operation
– diversity
– except
– exjunction
– symmetric difference
(syn, Antivalenz, Kontravalenz)
„ausschließendes-Oder"-Knoten *m* (OR) exclusive-or node
ausschließen von
(com) to bar from *(eg, practising)*
– to exclude from
ausschließlich (com) exclusive of
ausschließliche Benutzung *f* (Pat) exclusive use
ausschließliche Lizenz *f* (Pat) exclusive license
ausschließlicher Lizenzvertrag *m* (Pat) exclusive license agreement *(opp, nicht-ausschließlicher/einfacher Lizenzvertrag)*
ausschließliche Zuständigkeit *f*
(Re) exclusive jurisdiction
(ie, proceedings can be brought in only one court; opp, konkurrierende Z.)
Ausschließlichkeitsbindung *f*
(Kart) exclusive dealing
(ie, beschränken den Abnehmer darin, andere od gewerbliche Leistungen von Dritten zu beziehen od an Dritte abzugeben; eg, Bezugsbindung für Original-Ersatzteile)
Ausschließlichkeitserklärung *f*
(Re) agreement to deal exclusively with one business partner in certain types of transactions
(eg, in cartel or broker agreements, also often requested in banking)
Ausschließlichkeitsklausel *f* (Kart) tying clause
Ausschließlichkeitspatent *n* (Pat) exclusive patent
Ausschließlichkeitsvertrag *m*
(Mk) exclusive dealer arrangement
(Pat) exclusive licensing agreement
Ausschließung *f* **e–s Gesellschafters**
(Re) exclusion of a partner
– expulsion of a partner
(eg, by virtue of § 140 HGB)
Ausschließungsgrund *m* (Re) personal circumstance with respect to a partner, which would entitle the other members of a partnership to demand its dissolution under § 140 HGB
Ausschließungsklage *f* (Re) litigation seeking exclusion of one or several members of a OHG or KG
Ausschließungsurteil *n* (Re) court order to exclude partner from OHG or KG
Ausschluß *m*
(Kart, US) (market) foreclosure
(ie, Aussperrung von Konkurrenten vom Markt, z B durch Selbstkosten- und Absatzpreissenkung)
Ausschluß *m* **der Haftung** (Re) exclusion of liability
Ausschluß *m* **der Steuerbefreiung für Ausfuhrlieferungen** (StR) exemption of export deliveries
Ausschlußfrist *f*
(Re) preclusive period
– bar period
(ie, Frist, nach deren Ablauf das Recht erlischt; cf, § 121 BGB; im Dt besonders im Arbeitsrecht; compulsory period prescribed for the exercise of certain rights, such as the right to avoid a legal transaction on the ground of error or fraud; syn, Verwirkungsfrist, Verfallfrist)
Ausschlußkauf *m*
(Mk) preclusive buying
(ie, to prevent someone else from buying)
Ausschlußprinzip *n* (Vw) exclusion principle
Ausschlußprinzip *n* **des Preises**
(FiW) exclusion principle
(ie, applied to distinguish between private and public goods)
Ausschlußrecht *n*
(Re) exclusive right
– exclusionary right
Ausschneiden und Einfügen *n* (EDV, GUI) cut-and-paste *(ie, data exchange method that uses the clipboard)*
Ausschnittdienst *m* (com) press cutting service
ausschöpfen
(com) to exhaust
– to utilize *(eg, a loan)*
Ausschöpfung *f* **e–s Kontingents** (AuW) exhausting a quota
Ausschöpfung *f* **von Kapazitätsreserven** (Bw) exhaustion of capacity reserves
ausschreiben
(com) to invite tenders
– to put out for a tender
- to put up for tender
– to advertise for bids

Ausschreibung *f*
(com) invitation to bid
– invitation to tender
– request for bids
(ie, published notice that competitive bids are requested; Verfahren der organisierten Konkurrenz; syn, Submission)
Ausschreibung *f* **der Ausfuhrabschöpfung** (EG) tendering for export levies
Ausschreibung *f* **e–r Emission** (Fin) offer for sale by competitive bidding
Ausschreibung *f* **im Tenderverfahren**
(Bö) offer for sale by tender
(ie, relating to new issues of equities)
Ausschreibungsbedingungen *fpl*
(com) terms of tender
– conditions of tender
– tender conditions
– bidding requirements
Ausschreibungsfrist *f* (com) bidding period
Ausschreibungsgarantie *f* (com) bid bond
Ausschreibungskonsortium *n* (com) bidding syndicate
Ausschreibungsunterlagen *fpl* (com) tender documents (*or* specifications)
Ausschreibungsverfahren *n*
(com) bid process
– bid procedure
– tendering procedure
(Fin) tender
Ausschreibungswettbewerb *m* (com) competitive bidding on a tender basis
Ausschuß *m*
(com) committee
(IndE) lost units
– rejects
– spoilage
(ie, not reprocessed or sold)
(IndE) defective units
– subquality units
(ie, reworked and sold)
Ausschußabweichung *f*
(KoR) spoilage rate variance
(ie, difference between budgeted and actual rates)
Ausschußanteil *m*
(IndE) fraction defective
– rate of defectives
Ausschußbetrieb *m*
(Bw) executive structure
(ie, of a Verbandbetrieb: comprises committees varying in size from 3 to 30 members)
Ausschuß *m* **der Präsidenten der Zentralbanken der Mitgliedstaaten der Europäischen Gemeinschaft** (EG) Committee of the Governors of the Central Banks of the EC Member States
Ausschuß *m* **der Regionen** (EG) Committee of the Regions
Ausschuß *m* **der Stellvertreter** (EG) Committee of Alternates
Ausschuß *m* **einsetzen** (com) to set up a committee
Ausschuß *m* **für allgemeine Zollregelungen** (EG) General Customs Procedures Committee
Ausschuß *m* **für das gemeinschaftliche Versandverfahren** (EG) Committee on Community transit operations
Ausschuß *m* **für das harmonisierte System** (EG) Harmonized System Committee
Ausschuß *m* **für das Schema des Gemeinsamen Zolltarifs** (EG) Committee on Common Customs Tariff Nomenclature
Ausschuß *m* **für das Zolltarifschema** (EG) Nomenclature Committee
Ausschuß *m* **für den aktiven Veredelungsverkehr** (EG) Inward Processing Committee
Ausschuß *m* **für den Zollwert** (EG) Valuation Committee
Ausschuß *m* **für Umweltfragen** (com) environmental committee
Ausschuß *m* **für Wirtschaft** (com) committee on economic affairs
Ausschuß *m* **für wirtschaftliche Zusammenarbeit** (com) committee on economic cooperation
Ausschuß *m* **für Wirtschaftspolitik** (EG) Economic Policy Committee
Ausschuß *m* **für Zollbefreiungen** (EG) Committee on duty-free arrangements
Ausschuß *m* **für Zollveredelungsverkehr** (EG) Customs Processing Arrangement Committee
Ausschuß *m* **für Zusammenarbeit im Zollwesen** (EG) Customs Cooperation Committee
Ausschußgrenze *f*
(IndE) limiting quality
– lot tolerance percent defective, LTPD
Ausschußkostenverrechnung *f*
(KoR) accounting for spoiled goods
– costing. for spoiled units
Ausschuß *m* **leiten** (com) to run a committee
Ausschußmenge *f* (IndE) quantity rejected
Ausschußmitglied *n* (com) committee member
Ausschußplanung *f* (IndE) planned spoilage
Ausschußprozentsatz *m*
(IndE) percentage defective
– percentage of defective items
(Stat) attribute
Ausschußprüfung *f*
(Stat) attribute gage
– attribute test
Ausschußquote *f*
(IndE) reject frequency
– breakage frequency
– defects rate
Ausschußsenkung *f* (IndE) lowering rates of spoilage
Ausschußsitzung *f* (com) committee meeting
Ausschußstücke *npl* (IndE) rejects
Ausschußteil *n* (IndE) rejected item
Ausschußverhütung *f* (IndE) elimination of spoilage (to a minimum)
Ausschußverwertung *f*
(IndE) utilization of unavoidable defectives
(ie, through sale as seconds, reprocessing, recycling as raw material, scrapping and sale)
Ausschußvorsitzender *m* (com) committee chairman
Ausschußwagnis *n* (ReW) risk of spoilage
Ausschußware *f*
(com) defective goods
– substandard goods
ausschüttbarer Gewinn *m* (Fin) distributable profit

ausschütten (Fin) to distribute *(ie, dividends)*
ausschüttende Körperschaft *f* (StR) distributing corporate body
Ausschüttung *f*
(Fin) distribution of dividends
– dividend outpayment
– dividend payout
Ausschüttung *f* **erhöhen** (Fin) to raise (dividend) distribution
Ausschüttungsbelastung *f*
(StR) tax burden on distributions
– distribution rate
(ie, corporate tax rate that applies to distributed profits; set at a uniform 36%)
Ausschüttungsbeschluß *m* (Fin) dividend resolution
ausschüttungsfähiger Gewinn *m*
(Fin) net earnings available for distribution
– net earnings available for payout
– distributable profit
ausschüttungsgleicher Betrag *m* (StR) dividend equivalent amount
Ausschüttungspolitik *f* (Fin) dividend policy
Ausschüttungssatz *m* (Fin) (dividend) payout rate
Ausschüttungssperrbilanz *f* (ReW) balance sheet with prohibited profit distribution
Ausschüttungssperre *f* (ReW) limitation on profit distribution, § 269 HGB
Ausschüttungstermin *m* (Fin) profit distribution date
Ausschüttungsteuer *f* (StR) tax on distributed earnings
Außenabnahme *f* (IndE) source inspection
Außenanlagen *fpl*
(IndE) outside facilities
(StR) external improvements of a property other than buildings, § 89 BewG *(eg, fencing, paving)*
Außenbeitrag *m*
(VGR) net export (of goods and services)
(ie, including net factor income accruing to residents from abroad)
(Vw) net foreign demand
(ie, difference between planned foreign demand and planned imports of goods and services)
Außenbilanz *f* (AuW) external balance
Außendienst *m*
(com) field service
– customer engineering
(Mk) sales force
(Vers) field organization
– (US) agency plant
(ie, total force of agents representing an insurer)
Außendienstberichtssystem *n* (Bw) field-service reporting system
Außendienstbeurteilung *f* (Mk) sales force performance appraisal
Außendienstentlohnung *f* (Mk) sales force compensation
Außendienstkosten *pl* (KoR) field expense
Außendienstleiter *m* (Vers) agency manager
Außendienstmitarbeiter *mpl*
(com) outdoor staff
(Mk) field men
– field workers
Außendienststeuerung *f* (Mk) sales force control
Außendiensttechniker *m*
(com) customer engineer
– field service technician
Außenfinanzbedarf *m* (Fin) external finance requirements
Außenfinanzierung *f*
(Fin) debt financing
– external financing
– financing out of outside funds
– outside financing
(eg, there is a limit to the amount of money that can be raised from outside sources; syn, externe/exogene . . . Finanzierung; Marktfinanzierung)
Außengeld *n* (Vw) outside money
Außengrenze *f* (EG) external frontier
Außengroßhandel *m* (AuW) foreign trade wholesaling
Außenhandel *m*
(AuW) foreign trade
– external trade
(ie, commerce with other nations)
Außenhandel *m* **liberalisieren** (AuW) to liberalize foreign trade
Außenhandelsabteilung *f* (com) foreign trade department *(eg, in banks)*
Außenhandelsakzelerator *m* (Vw) foreign trade accelerator
Außenhandelsbank *f* (Fin) foreign trade bank
Außenhandelsbeziehungen *fpl* (AuW) foreign trade relations
Außenhandelsbilanz *f* (AuW) (foreign) trade balance
Außenhandelsdefizit *n*
(AuW) trade deficit
– (US) deficit on merchandise trade
Außenhandelsfinanzierung *f* (Fin) foreign trade financing
Außenhandelsförderung *f* (AuW) foreign trade promotion
Außenhandelsgeschäft *n*
(AuW) external transaction
– export/import transaction
Außenhandelsgewinn *m* (AuW) gains from trade
Außenhandelskaufmann *m* (AuW) export and import merchant
Außenhandelskette *f*
(AuW) foreign trade chain
(ie, Weg e–r Ware vom Erzeuger bis zum nächsten Verwender)
Außenhandelskonsortium *n* (AuW) foreign trade consortium
Außenhandelslücke *f* (AuW) foreign trade gap *(syn, Handelslücke, qv)*
Außenhandelsmarketing *n* (Mk) = Exportmarketing, qv
Außenhandelsmonopol *n* (AuW) foreign trade monopoly
Außenhandelsmultiplikator *m* (AuW) foreign trade multiplier
Außenhandelspolitik *f*
(AuW) foreign trade policy
– foreign trading policy
– trade policy
Außenhandelspräferenzen *fpl* (AuW) trade preferences *(syn, Handelspräferenzen, qv)*

Außenhandelsquote *f*
(AuW) ratio of total trade turnover – exports and imports – to national income
(ie, national income: as a rule gnp at market prices)
Außenhandelsstatistik *f*
(AuW) foreign trade statistics
– external trade statistics
Außenhandelstätigkeit *f* (AuW) foreign trade activity
Außenhandelstheoretiker *m* (Vw) foreign trade theorist
Außenhandelstheorie *f* (AuW) theory of international trade
Außenhandelsüberschuß *m*
(AuW) trade surplus
– (US) surplus on merchandise trade
Außenhandelsunternehmen *n*
(AuW) foreign trade firm
– foreign trader
– international trader
– (GB) import/export merchant
– (US) export management company, EMC
Außenhandelsverflechtung *f*
(AuW) multilateral foreign trade system
– interlinkage of world trade
Außenhandelsvolumen *n* (AuW) volume of foreign trade
Außenhändler *m* (AuW) foreign trader
Außenkonsolidierung *f*
(ReW) external consolidation
(ie, carried out to prepare global or worldwide financial statements of company groups)
Außenlager *n* (MaW) field warehouse
Außenmarkt *m*
(Vw) external market
(ie, total of all external national economies which are potential trading partners)
Außenmontage *f* (com) field assembly
Außenmontagegehälter *npl* (Pw) field assembly salaries
Außenmontagelöhne *mpl* (Pw) field assembly wages
Außenprüfer *m*
(ReW) field auditor
(StR) qualified government auditor
Außenprüfung *f*
(ReW) field audit
(StR) periodic tax examination
– periodic government audit
(ie, of large business, agricultural and professional establishments by government auditors, §§ 193–207 ff AO)
Außenseiter *m*
(Kart) outsider
(ie, firm or company not affiliated with a cartel or pressure group)
(Vers) independent (insurer), pl. independents
Außensicherung *f* (Vw) hot-money defense policy
Außenstände *pl*
(ReW) accounts receivable
– debts outstanding
– debts receivable
– receivables outstanding
– outstanding accounts
– uncollected receivables

Außenstation *f*
(EDV) remote terminal
– outstation
außenstehende Anteilseigner *mpl* (Fin) outside shareholders
Außenstehender *m*
(com) outside person
– outside party
(Re) bystander
Außenstelle *f*
(com) branch office
– field office
– satellite office
Außensteuererlaß *m* (StR) Introductory Decree to the „Außensteuergesetz", of 11 July 1974
Außensteuergesetz *n*
(StR) Law on External Tax Relations, of 8 Sept 1972, as amended
– German Foreign Tax Code
Außensteuerrecht *n*
(StR) tax legislation relating to non-residents
– legislation on external tax relations
Außentarif *m*
(EG) external tariff
– extra-bloc tariff
Außenumatzerlöse *mpl*
(ReW) external sales
(opp, intercompany/internal . . . sales)
Außenumsatzerlöse *mpl*
(ReW) external sales
– customer sales proceeds
(ie, e–s Konzerns = of a group of companies)
Außenverhältnis *n* (Re) (rights and duties) as to third parties
Außenverpackung *f*
(com) packing
(eg, in Kisten, Kartons; opp, Innenverpackung = packaging)
Außenversicherung *f*
(Vers) external insurance
(ie, covering temporary removal of property from its usual site)
Außenvertreter *m* (com) field representative
Außenwährungspolitik *f* (Vw) monetary policy toward the outside world
Außenwanderung *f* (Vw) external migration *(ie, persons moving from one country to another)*
Außenwanderungsstatistik *f* (Vw) external-migration statistics
Außenwerbung *f* (Mk) outdoor advertising
Außenwert *m* **e–r Währung**
(Fin) external value of a currency
(Fin) trade-weighted exchange rate
– trade weighting *(eg, improved from 90 to 90.2)*
Außenwinkel *m* (Math) exterior angle
Außenwirtschaft *f*
(AuW) external economic relations
– external sector of the economy
außenwirtschaftliche Beziehungen *fpl*
(AuW) external economic relations
– external sector of the economy
außenwirtschaftliche Komponente *f*
(VGR) external component
(ie, balance of goods and service transactions with the rest of the world)

außenwirtschaftliche Lage *f* (AuW) external position

außenwirtschaftliche Probleme *npl* (AuW) external problems

außenwirtschaftliche Rahmenbedingungen *fpl* (AuW) general conditions underlying foreign trade

außenwirtschaftlicher Geldwert *m* (Vw) external value of money

außenwirtschaftliches Gleichgewicht *n*
(AuW) equilibrium in a country's international balance of payments
– external equilibrium

außenwirtschaftliche Stabilität *f* (AuW) external stability

außenwirtschaftliches Ungleichgewicht *n* (AuW) external imbalance

Außenwirtschaftsbestimmungen *fpl* (Re) foreign trade and payments provisions

Außenwirtschaftsdelikt *n* (Re) foreign-trade-related offense

Außenwirtschaftsgesetz *n* (Re) Foreign Trade Law, of 28 Apr 1961

Außenwirtschaftspolitik *f*
(AuW) international economic policy
– (US) commercial policy
(ie, importation and exportation of goods and services, excluding monetary and fiscal policies)

Außenwirtschaftsrecht *n* (Re) foreign trade and payments legislation

Außenwirtschaftstheorie *f* (Vw) international economics

Außenwirtschaftsverkehr *m* (AuW) foreign trade and payments transactions

Außenwirtschaftsverordnung *f* (Re) Foreign Trade and Payments Ordinance *(ie, newly amended as of 31 Dec 1973)*

Außenzoll *m* (AuW) external tariff

Außenzollsatz *m* (EG) external rate of duty

außer Betrieb
(com) inoperative
– out of action
– out of commission
– out of operation
– out of work

außerbetrieblicher Vergleich *m* (Bw) inter-plant comparison

außerbetriebliche Weiterbildung *f* (Pw) off-the-job training

Außerbetriebnahme *f*
(com) taking out of operation
– decommissioning
– taking out of service
(ReW) retirement
– abandonment
(ie, of fixed assets from service)

außer Betrieb nehmen
(com) to take out of operation
– to decommission
– to take out of service
(ReW) to retire
– to abandon
(ie, fixed assets from service)

außerbilanzielle Finanzinnovationen *fpl* (Fin) off-balance-sheet financial innovation

außerbörslich (Bö) over the counter

außerbörsliche Interbankengeschäfte *npl* (Bö) over-the-counter interbank transactions

außerbörslicher Handel *m*
(Bö) off board trading
– off the floor trading
(ie, vorbörslich od nachbörslich; Handel von Bank zu Bank, telefonisch oder per Telex; Papiere sind nicht in den amtlichen Handel oder in den Freiverkehr einbezogen)

außerbörslicher Kurs *m* (Bö) off-the-board price

außerbörslich handeln (Bö) to trade off the floor

außerbudgetäre Ebene *f*
(FiW) extra-budgetary level
– off-budget level

Außerdeckungsgeschäft *n* (Fin) non-cover business

äußere Konvertibilität *f* (AuW) external convertibility

äußere Umstände *mpl*
(com) external facts
(eg, are controlling)

äußere Verschuldung *f* (FiW) borrowing abroad

außergerichtliche Einigung *f* (Re) out-of-court settlement

außergerichtlicher Rechtsbehelf *m* (StR) administrative appeal (*or* remedy), § 44 FGO, §§ 348, 349 AO

außergerichtlicher Vergleich *m*
(Re) out-of-court settlement
– amicable settlement
– voluntary settlement
– (GB) arrangement before receiving order

außergerichtlich vertreten (Re) to represent out of court

außergewöhnliche Aufwendungen *mpl*
(ReW) extraordinary expenditure
– nonrecurrent expenditure
(ie, part of nonoperating expense)

außergewöhnliche Belastungen *fpl* (StR) extraordinary financial burdens, §§ 33, 33 a EStG

außergewöhnlicher Preisnachlaß *m* (com) abnormal discount

außergewöhnlicher Verschleiß *m*
(ReW) extraordinary loss of service life (*or* utility)
(ie, due to unexpected occurrences; eg, accidents, explosion, fire)

Außer-Haus-Verarbeitung *f* (EDV) outdoor processing

außer Kraft
(Re) out of force
– inoperative

außer Kraft setzen
(Re) to cancel
– to set aside
– to rescind
– to override

Außerkrafttreten *n* **von Rechtssätzen**
(Re) inoperativeness of legal rules
(ie, by lapse of time – by formal cancellation – by collision with another legal rule of the same or a higher standing)

Außerkurssetzung *f* (Bö) suspension of a quotation

äußerlich gute Beschaffenheit *f* (SeeV) apparent good order and condition

außerökonomisch bedingte Arbeitslosigkeit *f* (Vw) incidental unemployment *(eg, due to act of God, fire, inundation)*
außerordentliche Abschreibungen *fpl* (ReW) extraordinary depreciation
außerordentliche Aufwendungen *mpl*
(ReW) extraordinary expenditure
– nonrecurrent expenditure
(ie, part of nonoperating expense)
außerordentliche Bilanz *f* (ReW) special balance sheet
außerordentliche Einkünfte *pl* (StR) extraordinary income, § 34 I EStG
außerordentliche Erträge *mpl*
(ReW) extraordinary income
– extraordinary gains
– nonrecurrent income
außerordentliche Gewinne *mpl* **und Verluste** *mpl*
(ReW) extraordinary profit and loss
außerordentliche Hauptversammlung *f*
(Bw) special meeting of shareholders (*or* stockholders)
– (GB) extraordinary general meeting
außerordentliche Kündigung *f* (Pw) notice to quit for cause *(= aus wichtigem Grund)*
außerordentliche Posten *mpl*
(ReW) extraordinary items
(ie, wenn sie ungewöhnlich sind, selten anfallen und wesentlich für die Beurteilung der Ertragslage sind)
außerordentlicher Aufwand *m*
(ReW) extraordinary expenses
– nonrecurrent charges
außerordentlicher Haushalt *m* (FiW) extraordinary budget
außerordentlicher Reparaturaufwand *m* (ReW) extraordinary repairs
außerordentliche Rücklagenzuführung *f* (ReW) extraordinary charge to reserves
außerordentliches Ergebnis *n* (ReW, EG) extraordinary profit or loss
außerordentliche Zuwendungen *fpl*
(ReW) extraordinary benefits
(ie, accruing to an enterprise through gift, inheritance, remission of debt, etc.)
außerplanmäßige Abschreibung *f*
(ReW) unplanned depreciation
– non-scheduled depreciation, § 154 II AktG; now § 253 II HGB
(ie, due to sudden and unexpected loss of usefulness)
außerplanmäßige Ausgaben *fpl*
(Fin) unbudgeted expenditure
– extra-budgetary outlay
außerplanmäßige Tilgung *f* (Fin) off-schedule redemption
außerpreislicher Wettbewerb *m* (Vw) nonprice competition
außerschulische Ausbildung *f*
(Pw) out-of-school education
– out-of-school training
äußerster Kurs *m* (Bö) ceiling price
äußerster Preis *m*
(com) lowest price
– bottom price
– knock-down price
– rock-bottom price
außertarifliches Personal *n* (Pw) staff members to whom the regular pay scale does not apply
außertarifliche Zollvergünstigung *f* (Zo) non-tariff customs relief
außervertragliche Haftung *f*
(Re) noncontract liability
– noncontractual liability
– liability based on violation of non-contract right
aussetzen
(Re) to stay
– to suspend
(eg, execution of judgment)
(StR) to suspend
(eg, assessment or payment of taxes)
(Bö) to suspend
(eg, quotation of shares)
Aussetzen *n* **der Notierung** (Bö) trading halt
Aussetzung *f* **der degressiven Afa** (StR) suspension of declining-balance depreciation
Aussetzung *f* **der Eingangsabgaben** (Zo) conditional relief from import duties and taxes
Aussetzung *f* **der Sätze des Gemeinsamen Zolltarifs** (EG) suspension of duties of the common customs tariff
Aussetzung *f* **der Steuerfestsetzung** (StR) suspension of tax assessment, § 165 AO
Aussetzung *f* **der Vollziehung**
(StR) suspension of execution
– sispension of tax collection
Aussetzung *f* **e–r Gerichtsentscheidung** (Re) suspension of judgment
Aussetzung *f* **von Kursnotizen** (Bö) suspension of price quotations
aussieben (Pw) to screen out *(ie, Bewerber = job candidates)*
Aussiedler *m* (com) immigrant
aussondern (Re) to segregate
Aussonderung *f*
(Re) stoppage in transit, § 44 KO
(Re) segregation
(ie, of an asset from bankrupt's estate)
Aussonderungsaxiom *n*
(Log) axiom of separation
– schema of separation
Aussonderungsrecht *n* (Re) right of segregation, §§ 43–46 KO
aussortieren (com) to sort out
Aussortierung *f* (com) sorting out
ausspannen (Pw, infml) = abwerben, qv
Ausspannen *n* **von Kunden** (Kart) enticing away of customers
Ausspannung *f* (Vers) = Abwerbung, qv
ausspeichern (EDV) to roll out
aussperren (Pw) to lock out
Aussperrung *f* (Pw) lockout
Ausstand *m* (Pw) strike
ausstatten
(Fin) to lay down the terms
(eg, of a loan issue)
(Fin) to provide funds
– to fund
ausstatten mit (com) to invest with *(eg, umfassender Vollmacht = broad authority)*

Ausstattung *f*
(Fin) terms of issue
(Fin) provision of funds
– funding
(Fin) structure
(ie, of a bond issue; eg, 25-year domestic sterling bond, including amount, price, coupon, maturity, register or bearer, placement and underwriting group)
(Mk) design of packing
Ausstattungsmerkmale *npl* (Fin) structure (*or* terms) *(ie, of a bond issue)*
ausstehende Aktien *fpl* (ReW) outstanding capital stock *(ie, issued minus treasury shares)*
ausstehende Einlagen *fpl*
(ReW) outstanding contributions
– unpaid subscriptions
– (GB) outstanding calls on shares
– (GB) unpaid call on capital
ausstehende Einlagen *fpl* **auf das gezeichnete Kapital** (ReW, EG) subscribed capital unpaid
ausstehende Forderung *f*
(ReW) account receivable
(Fin) debt outstanding
ausstehender Betrag *m* (com) amount outstanding
ausstehende Rechnungen *fpl* (ReW) invoices not yet received
ausstehendes Aktienkapital *n*
(ReW) capital outstanding
– outstanding capital stock
ausstehende Wechselforderungen *fpl* (Fin) bills receivable, B/R
aussteigen
(com) to back out of/from
– to bail out
– to drop out
– to pull out
– to opt out *(eg, of a contract, deal, project)*
ausstellen
(com) to draw up *(eg, contract, document)*
– to make out *(eg, bill, invoice)*
– to write out *(eg, check, receipt)*
(Mk) to exhibit *(eg, at a fair)*
(Vers) to close out *(ie, a policy)*
ausstellende Behörde *f* (com) issuing body
ausstellende Dienststelle *f* (com) issuing office
Aussteller *m*
(WeR) drawer
(ie, the maker of a check or draft)
– (Solawechsel:) maker
(Mk) exhibitor
Aussteller *m* **e–s Gefälligkeitsakzepts**
(WeR) accommodation maker
– accomodation party
Ausstellung *f*
(com) fair
– exhibition
– show
– exposition
Ausstellungsdatum *n* (com) date of issue
Ausstellungsfläche *f* (com) exhibition space
Ausstellungsgegenstände *mpl* (com) equipment for shows and exhibits
Ausstellungsgelände *n*
(com) exhibition grounds
– fair grounds
Ausstellungsgut *n* (com) exhibits *(ie, exported or imported for use at trade fairs)*
Ausstellungsjahr *n* (com) year of issue
Ausstellungskosten *pl* (com) expenses arising in connection with exhibition at, and visits to, trade fairs
Ausstellungsmodell *n* (com) display model
Ausstellungsort *m* (WeR) place of issue
Ausstellungsraum *m* (com) show room
Ausstellungsstand *m* (com) exhibition stand
Ausstellungsstück *n*
(com) exhibit
– display article
– showpiece
Ausstellungsstücke *npl*
(Mk) display goods
– display items
Ausstellungstag *m* (com) issuing date *(eg, of a policy)*
Ausstellungs-Versicherung *f* (Vers) trade fair insurance
Ausstellungswerbung *f* (Mk) exhibition advertising
aussteuern
(EDV) to select
– to outsort
(Vers) to discontinue insurance benefits
Aussteuerungsbefehl *m* (EDV) select instruction
Aussteuerversicherung *f* (Vers) daughters' endowment insurance
Ausstiegsklausel *f*
(EG) opt-out clause
(ie, granted to GB to allow it to stay out of Emu and join it later at its own discretion; ermöglicht den Selbstausschluß GBs aus der Währungsunion)
Ausstiegskurs *m* (Bö) take-out price
Ausstoß *m* (Bw) output *(syn, Ausbringung, Produktionsmenge)*
ausstoßbezogene Standortfaktoren *mpl* (Bw) output-related locational factors
Ausstoßmaximierung *f* **unter Nebenbedingungen**
(Vw) constrained-output maximization
Ausstrahlungseffekt *m*
(Mk) spillover effect
(ie, positive od negative Wirkung, die über den Zielbereich hinausgeht)
ausstreichen
(com) to strike out
– to delete
– to cross out
– to cancel *(syn, durchstreichen)*
Ausstreichungen *fpl* (com) deletions
Austakten *n* (IndE) assembly line balancing
Austaktverfahren *n* (IndE) line-of-balance system
Austasten *n* (EDV) blanking *(ie, in computer graphics)*
Austastung *f* (EDV) blanking
Austausch *m*
(com) exchange
(com) interchange *(eg, of ideas, notes, gifts, etc)*
(IndE) replacement
austauschbare Dateien *fpl* (EDV) interchangeable files
Austauschbeziehung *f*
(com) trade relationship
(Vw) tradeoff

Austauschrelation *f* (Vw) exchange ratio
Austauschtheorie *f* (Vw) theory of exchange
Austauschvertrag *m*
(Re) reciprocal contract
– bilateral contract
– synallagmatic contract
(ie, agreement intending to create obligations on both sides)
Austauschvolumen *n*
(AuW) volume of exports and imports
(AuW) total value of exports and imports
Austausch *m* **von Informationen** (Bw) information exchange
austesten (EDV) to debug
Austestzeit *f* (EDV) program development time *(syn, Programmprüfzeit)*
Austieg *m* (com, infml) pull-out *(eg, of a big project)*
Australisch-Europäischer Containerdienst *m*, **AECS** (com) Australia-Europe Container Service
austretende Variable *f* (OR) departing variable
Austritt *m*
(com) voluntary retirement of partner
– voluntary withdrawal of partner
(ie, from partnership, corporation, association)
Austrittsalter *n* (Vers) age at withdrawal
Austrittsort *m*
(Zo) place of exit
– point of exit
Ausübung *f* **der Steuerhoheit** *f* (FiW) exercise of taxing power
Ausübung *f* **des Stimmrechts** (com) exercise of the right to vote
Ausübung *f* **e–r selbständigen Arbeit** (StR) performance of independent personal services
Ausübung *f* **e–s freien Berufes** (com) practice of a profession
Ausübungskurs
(Bö) exercise price
– strike price
– striking price
(cf, Basispreis)
Ausübungspreis *m* (Bö) = Basispreis, qv
Ausübungstag *m*
(Bö) exercise date
(ie, of an option; syn, Erklärungstag)
Aus- und Fortbildung *f* (Pw) education and vocational training
Ausverkauf *m*
(com) clean-up sale
– clearance sale
– close-out sale
– sellout
– cleanout of inventories of unsold goods
(ie, § 8 UWG kennt nur noch den Räumungsverkauf)
ausverkaufen (com) to sell out
ausverkauft
(com) out of stock
– sold out
Ausverkaufware *f*
(com) clearance items
– (GB, infml) bunches
(ie, at clothing shops)
aus von uns nicht zu vertretenden Gründen (Re) for reasons beyond our control

Auswahl *f*
(com) range of goods
– range of products
– assortment
(Stat) sample
Auswahlantwort *f* (EDV) multiple choice
Auswahl *f* **aus e–m Herstellersortiment** (Mk) short line
Auswahlaxiom *n*
(Math) axiom of choice
– multiplicative axiom
– Zermelo's axiom
Auswahl-Balken *m*
(EDV) highlight bar
(ie, bar the user can move up and down a selection list)
Auswahlbasis *f* (Stat) = Auswahlgrundlage, qv
Auswahlbetrieb *m* (EDV) selective calling
Auswahl *f* **der Lieferquelle** (MaW) selection of sources of supply
Auswahleinheit *f*
(Stat) unit of sampling
– sampling unit
– sample
Auswahleinheit *f* **erster Stufe** (Stat) first-stage unit
Auswahleinheit *f* **zweiter Stufe** (Stat) second-stage unit
Auswahlfrage *f*
(Mk) cafeteria question
– multiple choice question
Auswahlfragebogen *m* (com) multiple choise questionnaire, MCQ
Auswahlgrundlage *f* (Stat) frame
Auswahlkriterium *n*
(Stat) eligibility criterion
– selection criterion
Auswahlmenü *n* (EDV) option menu
Auswahlmöglichkeit *f* (com) selectivity
Auswahlphase *f*
(Bw) choice activity
(ie, in decision theory)
– phase of selecting the best alternative
– phase of selecting the plan to follow
Auswahlplan *m*
(Stat) sample design
– sample plan
– sampling plan
Auswahlsatz *m*
(Stat) sampling fraction
– sampling ratio
Auswahlsendung *f* (com) „on approval" consignment
Auswahlverfahren *n*
(com) selection process
(Stat) sampling (procedure)
(Pw) screening technique
Auswahlverschulden *n*
(Re) culpa in eligendo
(ie, Schuldner schaltet e–n Dritten ein, der erkennbar ungeeignet ist od dessen Einschaltung mit erkennbaren Risiken verbunden ist)
auswärtige Unterbringung *f* (StR) room and board away from home
Auswärtsvergabe *f* (com) farming out *(ie, of contracts)*

auswechselbare Platten *fpl* (EDV) interchangeable disks
Ausweichkapazität *f* (IndE) standby capacity
Ausweichklausel *f*
(AuW) escape clause *(syn, Schutzklausel)*
(Vw) opt-out clause
(ie, granted to GB to allow it to stay out of Emu and join later at its own discretion)
Ausweichkurs *m* (Bö) fictitious security price *(syn, Scheinkurs)*
Ausweis *m*
(com) identity card
(ReW) statement *(eg, balance sheet)*
(Fin) bank return
ausweisen
(com) to prove one's identity
(ReW) to report
– to post
– to show on the books
– to carry on the books
– to recognize in the accounts
– (infml) to chalk up
Ausweiskontrolle *f* (Zo) identity control
Ausweisleser *m* (EDV) badge reader
Ausweismethode *f* (Fin) recording method
Ausweispapier *n*
(WeR) identification document
(ie, simple instrument evidencing title to ownership; eg, credit card, cloakroom ticket)
Ausweispflicht *f*
(com) duty to publish certain information
– obligation to disclose certain information
Ausweisstetigkeit *f* (ReW) consistency in presentation
Ausweitung *f* **der Geldmenge**
(Vw) expansion of money supply
– growth of money supply
auswerfen (EDV) unmount *v*
auswerten
(com) to appraise
– to evaluate
(Stat) to evaluate
– to interpret
(Pat) to exploit
Auswertung *f*
(com) evaluation
– appraisal
(ie, to determine the value of sth)
– analysis
(ReW) evaluation
(ie, through balance sheet analysis)
(Stat) evaluation
– interpretation
(Pat) exploitation
(eg, of an invention)
aus wichtigem Grund (Pw) for cause
Auswurfmechanismus *m* (EDV) = Disketten-Auswurfmechanismus *m*
auszahlen
(com) to disburse
– to pay out
(Fin) to pay off *(eg, a partner)*
Auszahlung *f* (Fin) amount paid out *(ie, nur Abgang liquider Mittel)*
Auszahlungsanweisung *f* (Fin) payment order
Auszahlungsbetrag *m* (Fin) net loan proceeds
Auszahlungsbewilligung *f* (Fin) payment authorization
Auszahlungsdisagio *n* (Fin) loan discount *(syn, Damnum, qv)*
Auszahlungsermächtigung *f* (Fin) authority to pay
Auszahlungskredit *m*
(Fin) deferred payment credit
(ie, Sonderform des Akkreditivs)
Auszahlungskurs *m*
(Fin) payout ratio
(ie, loan amount less discount)
Auszahlungsmatrix *f* (Bw) payoff matrix
Auszahlungsreihe *f* (Fin) (stream of) cash outflows *(ie, in preinvestment analysis)*
Auszahlungsstelle *f* (Fin) paying agency
Auszahlungsströme *mpl*
(Fin) cash outflows
(ie, in der Investitionsrechnung = in preinvestment analysis)
Auszahlungstabelle *f* (Bw) payoff table
Auszahlungsüberschuß *m* (Fin) net outpayments
Auszahlungsvolumen *n* (Fin) volume of loans granted
Auszahlungswert *m* (Fin) net loan proceeds
Auszeichnen *n* (EDV) typographic styling *(ie, in text processing)*
auszeichnen
(com) to price
– to mark with prices
(ie, to put price tags on articles)
Auszeichnung *f*
(com) price marking
– marking with price tags
Auszeichnungspflicht *f* (com) legal duty to price goods displayed
Auszeichnungssprache *f* (EDV) markup language
Auszubildender *m*
(Pw) apprentice
– trainee
Auszug *m*
(Re) extract *(eg, from official register)*
(com) statement of account
autark
(Vw) autarchic *(eg, energy policy)*
– self-reliant
– self-sufficient
Autarkie *f*
(Vw) economic self-sufficiency
– autarchy
authentische Interpretation *f* (Re) authentic interpretation
Autoaktien *fpl* (Bö) automobile shares
Autobranche *f*
(com) motor industry
– motor sector
Autocode *m*
(EDV) autocode
– low-level language
(syn, maschinenorientierte Programmiersprache)
Autodidakt *m*
(Pw) self-trained person
– self-educated person
autodidaktisches Lernen *n* (Pw) self-education *(ie, without outside help)*

Autofähre *f* (com) car ferry
Autohändler *m*
(com) car dealer
– (US) auto dealer
– auto distributor
Autohersteller *m*
(com) car manufacturer
– car maker
– auto maker
Autokorrelation *f*
(Stat) autocorrelation
(ie, internal correlation between members of a series of observations; bei der Analyse von Zeitreihen mit der linearen Regressionsanalyse)
Autokorrelations-Koeffizient *m* (Stat) autocorrelation coefficient
Autokovarianz-Funktion *f* (Stat) autocovariance function
autokratische Führung *f*
(Bw) autocratic management
– Caesar management
autokratischer Führungsstil *m* (Bw) autocratic managerial style
Automat *m*
(com) vending machine
– (GB) slot machine
(IndE) automatic machine
Automatentheorie *f*
(EDV) theory of automation
– automatics
Automatenverkauf *m* (com) sale by automatic vendors
Automaten-Zweigstelle *f* (Fin) = SB-Zweigstelle
Automatik *f* (IndE) (programmed) automatic cycle
Automation *f* (IndE) automation *(ie, fully mechanized production with the aid of automated equipment)*
Automation *f* **der technischen Planung**
(EDV) engineering design automation, EDA
(ie, on-screen work of deriving electrical schematics, laying out circuits, generating plans for manufacturing processes and feeding instructions to production tools; e–e Erweiterung von CAD)
automatische Ausschaltung *f* (EDV) automatic cutout
automatische Bestückung *f*
(EDV) autoinsertion
(ie, beim Leiterplattenentwurf = in circuit board design)
automatische Codierung *f*
(EDV) automatic coding
– automatic programming
(syn, automatische od maschinenunterstützte Programmierung)
automatische Datenverarbeitung *f* (EDV) automatic data processing, ADP
automatische Fehlerkorrektur *f* (EDV) automatic error correction
automatische Fristverlängerung *f*
(StR) automatic extension
(ie, of time for the filing of returns)
automatische Geräteprüfung *f*
(EDV) automatic check
– built-in check
– hardware check
(syn, Selbstprüfung)
automatische Hardware-Erkennung *f*
(EDV) Plug and Play, PnP
(when not working correctly also called ‚Plug and Pray')
automatische Kontenabstimmung *f* (Fin) automatic bank reconciliation
automatische Lohnbindung *f*
(Vw) automatic wage-indexation *(eg, ‚scala mobile' in Italy)*
automatische Produktionssteuerung *f* (IndE) automated production control
automatische Programmausführung *f* (EDV) automatic program execution
automatische Programmierung *f*
(EDV) automatic programming
– automatic coding
(syn, maschinenunterstützte Programmierung, automatische Codierung)
automatische Prüfung *f*
(EDV) built-in check
– hardware check
(syn, Selbstprüfung)
automatische Quoten *fpl* (EG) automatic quotas
automatischer Abrufbetrieb *m*
(EDV) automatic polling
– autopoll
automatischer Arbeitsprozeß *m* (IndE) automated operating procedure
automatischer Konjunkturstabilisator *m*
(Vw) automatic fiscal stabilizer
– built-in flexibility
– built-in stabilizer
automatischer Prüflauf *m* (EDV) automatic checkrun
automatischer Seitenumbruch *m*
(EDV) background pagination
(syn, automatic pagination; syn, Seitenumbruch im Hintergrund)
automatischer Stopp *m* (EDV) automatic stop
automatische Rückstellung *f* (EDV) self-resetting
automatischer Vorschub *m* (EDV) automatic feed
automatischer Zeilenumbruch *m*
(EDV) automatic word wrap
(often used syn: word wrap)
automatische Saldenaufnahme *f* (ReW) automatic balance pickup
automatische Scheckbearbeitung *f* (Fin) automatic check handling
automatische Schreibmaschine *f* (com) automatic typewriter
automatisches Einlesen *n* (EDV) automatic reading *(eg, of vouchers)*
automatische Speichervermittlung *f*
(EDV) automatic (message) switching center
– switching center
(ie, transferring traffic between circuits)
automatisches Quotierungssystem *n*
(Bö) automatic quotations system
(ie, provides up-to-the-minute bid and asked quotations; eg, NASDAQ)
automatische Stabilisatoren *mpl*
(Vw) built-in stabilizers
– automatic stabilizers
(syn, passive Flexibilität; opp, formelgebundene Maßnahmen und diskretionäre Politik)

automatisches Wörterbuch *n*
(EDV) automatic dictionary
(ie, providing a word for word substitution between languages)
automatische Unterbrechung *f* (EDV) automatic interrupt
automatische Vorrangsteuerung *f* (EDV) automatic priority control
automatische Weiterversicherung *f*
(Vers) automatic loss reinstatement
(ie, of full value of the policy after payment of a loss)
automatische Zeichengenerierung *f* (EDV) automatic character generation
automatisch in Kraft tretend (Re) self-operative
automatisieren (IndE) to automate
automatisierte Fertigung *f*
(IndE) automated manufacturing
– automated production
– (US) autofacturing *(ie, the overall activities of the automated factory; it has ten components:*
1. product design;
2. database construction and management;
3. integrated computerized control system;
4. automated materials handling system;
5. process and machine automation;
6. automatic assembly machine;
7. robots;
8. automatic inspection and testing system;
9. automatic maintenance system;
10. human interfaces with autofacturing)
automatisierte Produktion *f* (IndE) automated production
automatisierter Arbeitsprozeß *m* (IndE) automated operating procedure
automatisierter Überweisungsverkehr *m* (Fin) automatic transfer service
automatisiertes Lager *n*
(MaW) automated store
– automated warehouse
automatisiertes Lagersystem *n* (MaW) automated storage retrieval system

Automatisierte Fertigung

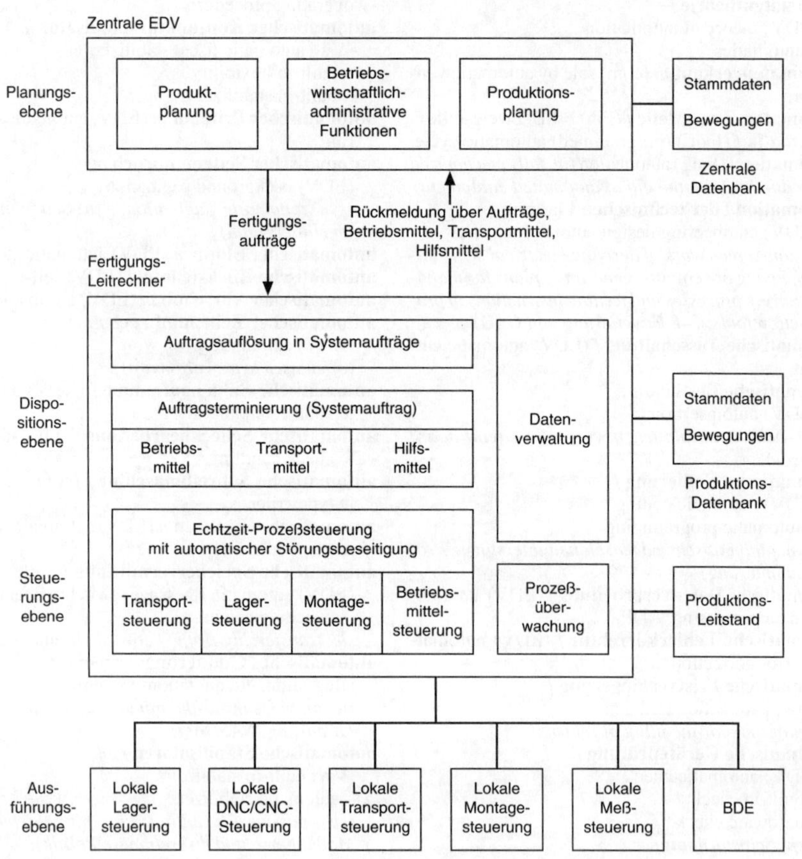

Automatisierung *f*
(IndE) automation
(ie, operating in an advanced stage of mechanization by highly automatic means)
Automatisierungstechnik *f*
(IndE) automation engineering
(ie, Regelungstechnik und Steuerungen; control engineering and controls)
Auto *n* **mieten**
(com) to rent a car
– to hire a car
Automobilindustrie *f*
(com) automobile industry
– automotive industry
– (infml) auto industry
– (GB) motor industry
(ie, generally applied to all companies and activities involved in the manufacture of motor vehicles, including most components, such as engines and bodies, but excluding tires, batteries, and fuel; commercial vehicles, such as trucks and buses, though important, are secondary)
Automobilkonzern *m* (com, GB) motor vehicle group
Automobilwerte *mpl*
(Bö) automative stock
– motors
autonom
(com) autonomous
– self-managed
(eg, working group)
autonome Arbeitsgruppe *f* (Pw) autonomous work group
autonome Ausgaben *fpl* (Vw) autonomous expenditure
autonome Größen *fpl* (Vw) autonomous variables
autonome Investition *f* (Vw) autonomous investment
autonome Nachfrage *f*
(Vw) autonomous demand
(OR) final bill of goods
autonomer Konsum *m* (Vw) autonomous consumption
autonomer technischer Fortschritt *m* (Vw) autonomous technical progress
autonomer Zoll *m*
(AuW) autonomous tariff
(ie, Staat entscheidet allein, welche Zölle er erheben will; opp, Vertragszoll)
autonomes Verhalten *n* (Vw) autonomous behavior
autonome Transaktion *f*
(Vw) autonomous transaction
– regular transaction
autonome Variable *f* (Math) autonomous variable
Autonomiegrad *m* (Bw) scope of authority
Autonomieprinzip *n* (Re, Bw) principle of autonomy
Autoregression *f* (Stat) autoregression
autoregressiv
(Stat) autoregressive
(ie, der künftige Wert e–r Zeitreihe wird aus den Vergangenheitswerten derselben Zeitreihe regressionsähnlich abgeleitet)
Autorenexemplar *n*
(com) author's copy
– complimentary copy
– courtesy copy
Autorenhonorar *n*
(com) (author's) royalty *(ie, percentage of retail price of each copy sold)*
Autorenrechte *npl* (Re) author's rights
Autorensystem *n* (EDV) authoring software *(ie, software used for designing multimedia applications; syn, authoring system)*
autorisieren (Re) to authorize
autorisierte Übersetzung *f* (com) authorized translation
Autorisierung *f* (com) authorization
autoritärer Führungsstil *m*
(Bw) authoritative style of leadership
– directive style of leadership
Autorität *f*
(com) authority
(ie, authoritative power)
(com) authority
– expert *(ie, in a special field)*
Autoritätsstruktur *f* (Bw) authority structure
Autoschalter *m* (Fin) drive-in window
Autoswap *m*
(EDV) autoswap
(ie, beim Leiterplattenentwurf = in circuit board design)
Autoverleih *m* (com) car rental service *(syn, Autovermietung)*
Autovermietung *f* (com) = Autoverleih
Autoversicherung *f* (Vers) = Kraftfahrtversicherung, qv
Aval *m* (Fin) cf, Avalkredit
Avalakzept *n*
(Fin) collateral acceptance by bank
– guaranteed acceptance by bank
Avalbegünstigter *m* (Re) beneficiary under a guaranty
Avale *mpl* (Fin) guaranteed bills outstanding
avalieren (Fin) to guarantee *(ie, a bill of exchange)*
avalierter Wechsel *m*
(Fin) backed bill of exchange
– guaranteed bill of exchange
Avalist *m* (Fin) guarantor of bill of exchange
Avalkredit *m*
(Fin) credit by way of bank guaranty
(ie, Kredit in Form von Bürgschaft, Garantie und sonstigen Gewährleistungen; cf, § 1 I 2 Nr. 8 KWG; Kreditinstitut übernimmt Dritten gegenüber die Haftung für den Kunden bei nicht ordnungsgemäßer Vertragserfüllung; Aval ist e–e Art Ausfallhaftung; Unterbegriffe: Prozeßaval, Steueraval, Zollaval, Frachtstundungsaval)
Avalobligo *n* (Fin) guaranty commitments
Avalprovision *f* (Fin) commission on guaranty
AVB (Vers) = Allgemeine Versicherungsbedingungen
Avis *m od n*
(com) advice
– notice
– notification
avisieren
(com) to inform
(eg, that consignment is under way)
– to advise
– to notify

avisierende Bank *f*
(Fin) advising bank
(ie, under a letter of credit)
Avisierung *f*
(com) advice
– notification
a vista (WeR) (payable) at sight
AWG (Re) = Außenwirtschaftsgesetz
AWV (Re) = Außenwirtschaftsverordnung
Axiologie *f*
(Re) axiology
(ie, branch of science dealing with values)
axiologisch (Re) axiological
Axiom *n*
(Math, Log) axiom
(ie, nach Aristoteles ein Satz, der e–s Beweises weder fähig noch bedürftig sei: not susceptible of a proof, and not needing it; nach heutiger Auffassung sind Axiome Gesetzesaussagen od nomologische Hypothesen innerhalb e–r Theorie)
Axiomatik *f*
(Log) axiomatics
(ie, the total of logical operations proceeding from axioms)
axiomatische Definition *f* (Log) axiomatic definition
axiomatische Mengenlehre *f*
(Math) axiomatic set theory
(opp, naive Mengenlehre = intuitive set theory)
axiomatische Methode *f*
(Log) axiomatic method
– model theory
(ie, sometimes in empirical sciences)
axiomatischer Begriff *m*
(Log) axiomatic concept
– axiomativ term
axiomatischer Satz *m*
(Log) axiomatic proposition
– axiomatic statement
axiomatische Theorie *f*
(Math) axiometric theory
– *(also often called:)* deductive system
axiomatisieren (Log, Math) to axiomatize
Axiom *n* **der Fundierung**
(Math) axiom of foundation
– axiom of regularity
(ie, an axiom in set theory stating that every non-empty set acontains a member b which has no member in common with a)
Axiom *n* **der vollständigen Ordnung** (Math) complete-ordering axiom
Axiomensystem *n* (Math) system of axioms
axonometrische Zeichnung *f* (Math) axonometric drawing
AZO (Pw) = Arbeitszeitordnung
Azubi *m*
(Pw) apprentice
– trainee *(ie, acronym for ‚Auszubildender')*

B

BA
(Fin) = Bundesaufsichtsamt für das Kreditwesen
(Fin) = Berichtigungsaktie
BAB (KoR) = Betriebsabrechnungsbogen
Babbage-Prinzip *n* (IndE) babbage principle *(ie, Aufspaltung e–s Arbeitsprozesses in unterschiedlich anspruchsvolle Teilprozesse)*
Back-Data-Informationen *fpl*
(Mk) back data information
(ie, Marktforschungsdaten früherer Untersuchungen)
Backstop-Technologie *f*
(Vw) backstop technology
(ie, Technologien, mit denen erschöpfliche Ressourcen [depletable resources] vollständig ersetzt werden können; die substitutive Ressource muß dabei unbegrenzt verfügbar sein; Beispiele: Sonnenenergie und Kernfusion = solar energy and atomic/nuclear fusion)
Backtracking *n*
(EDV) backtracking
(ie, algorithmische Suchstrategie, bei der e–e Kette bereits vorliegender Lösungen nochmals rückwärts nach zusätzlichen Alternativen durchsucht wird)
Backup-Satz *m* (EDV) backup set *(ie, certain number of disks or tapes needed for one backup operation; syn, Sicherungssatz)*
Backwash-Effekt *m* (Vw) = Kontereffekt
Baco-Schiff *n* (com) barge-container ship *(cf, Containerschiff)*
baden gehen (com, infml) to take a bath
BaföG (Pw) = Bundesausbildungsförderungsgesetz
BAG (Re) = Bundesarbeitsgericht
Bagatellausgaben *fpl* (com) minor disbursements
Bagatellbetrag *m*
(com) trifle
– trifling amount
Bagatellfall *m* (StR) de minimis case
Bagatellfehler *m*
(ReW) negligible mistake
(ie, in preparing the annual financial statement)
Bagatellgrenze *f* (StR) de minimis limitation
bagatellisieren (com) to play down *(opp, to play up = hochspielen)*
Bagatellkartell *n*
(Kart) minor cartel
(ie, wegen der geringfügigen Wettbewerbsbeschränkung entfällt das öffentliche Interesse an e–r Verfolgung durch Wettbewerbspolitik; it is not deemed to be violative of the public interest)
Bagatellklausel *f*
(Kart) minor-merger clause
(ie, taking such mergers outside the scope of statutory merger control, if a market for goods and commercial services produces less than € 10 million in sales revenue, § 35 GWB)
(Vers) franchise clause
(ie, claims below a stated limit not payable by insurer)

Bagatellkredit *m*
(Fin) minor-amount credit
(ie, nicht über € 200)
Bagatellmarkt *m* (Kart) insignificant market
Bagatellmarktklausel *f*
(Kart) insignificant-market clause
(ie, seit mindestens fünf Jahren Jahresumsatz unter 5 Mio €)
Bagatellrisiko *n* (Bw) negligible risk
Bagatellsache *f*
(Re) petty case
– petty cause
(ie, civil litigation where the amount in controversy is negligible; the concept is foreign to the German legal system)
Bagatellschaden *m*
(com) trivial damage
– petty damage
(Vers) small loss
(ie, costing more to process than the actual settlement amount)
Bagatellsteuer *f*
(FiW) nuisance tax
(ie, das geringe Aufkommen deckt nicht die Erhebungskosten; in Deutschland etwa 20 Einzelsteuern dieser Art: Salz, Tee, Zucker, Schaumwein, Leuchtmittel, usw.; B. des Bundes zum 31.12.1992 aufgehoben)
Bagatellstrafsache *f*
(Re) petty offense
– summary offense
Bagatellzölle *mpl* (FiW) nuisance rates *(ie, below 5 percent)*
Bahn *f*
(com) railroad
– (GB) railway
Bahnaktien *fpl*
(Fin) railroad shares
– railroad stocks
– railroads
– rails
bahnamtlich (com) in accordance with railroad rules and regulations
bahnamtliche Bestimmungen *fpl* (com) rules and regulations issued by railroad authorities
bahnamtlicher Rollfuhrdienst *m*
(com) contract carrier
(ie, authorized by and acting on behalf of the Federal Railways)
Bahnanschluß *m*
(com) rail connection
– (GB *also*: connexion)
Bahnanschlußgleis *n*
(com) railroad siding
– private siding
Bahnbeamter *m* (com) railroad official
Bahnbeförderung *f*
(com) carriage by rail
– transport by rail

Bahnbehörde *f* (com) railroad authorities
bahnbrechend
(com) pioneering
– epoch-making
– (infml) trail-blazing
(eg, discoveries, inventions, innovations)
Bahnfracht *f*
(com) railroad freight
– rail freight
(com) rail charges
(com) rail carriage
Bahnfrachtbrief *m*
(com, US) railroad bill of lading
– railroad waybill
– freight bill
– (com, GB) (railway) consignment note
– letter of consignment
(ie, the German document is neither transferable nor negotiable: it is a mere instrument of evidence = Beweisurkunde)
Bahnfrachtgeschäft *n*
(com) rail transport
– rail carriage
Bahnfrachtsätze *mpl* (com) railroad rates
Bahnfrachtverkehr *m* (com) railroad freight traffic
bahnfrei
(com) free on board (railroad station)
– (GB) free on rail, FOR, f. o. r.
(com, GB) carriage paid
(ie, charges for delivery prepaid)
bahngesteuerter Betrieb *m* (IndE) continuous-path operation
Bahnhofstarif *m* (com) tariff rates for railroad transport between loading station and unloading station
Bahnhofswerbung *f* (Mk) commercial advertising in railroad stations
bahnlagernde Sendung *f* (com) consignment to be called for at railroad station
Bahnlieferung *f*
(com) transport by rail
– (GB) carriage by rail
bahnmäßig verpackt
(com) packed for rail shipment
– (GB) packed for carriage by rail
Bahnpost *f* (com) railroad mail service
Bahnpostamt *n* (com) station post office
bahnpostlagernd (com) to be called for at station office
Bahnrechner *m* (EDV) path computer
Bahnrollfuhr-Versicherungsschein *m* (Vers) cartage contractor's insurance policy
Bahnspediteur *m*
(com) railroad agent
– (GB) railway carrier
– cartage contractor
Bahnsteuerung *f* (IndE) continuous-path control
Bahntransport *m*
(com) rail(road) transport
– transportation by rail
– (GB) railway transport
Bahnverkehr *m* (com) railroad traffic
Bahnversand *m* (com) forwarding by rail
Bahnzustellung *f* (com) railroad delivery
Baisse *f*
(Fin) downturn phase
(Bö) slump at the stock market
– falling prices
– sharp drop
(ie, Sinken der Börsenkurse; opp, Hausse)
Baisseangebot *n* (Bö) short offer
Baissebewegung *f*
(Bö) bearish movement
– downward movement
Baisse-Engagement *n*
(Bö) engagement to sell short
– short account
– short interest
– short position
Baissegeschäft *n*
(Bö) bear transaction
– short selling
Baissemanöver *n*
(Bö, US) bear raid
– bear tack
– (GB) bear campaign
Baissemarkt *m*
(Bö) bear market
– bearish market
(opp, bull market)
Baissepartei *f* (Bö) short side
Baisseposition *f*
(Bö) bear account
– short position
– short account position
Baissesignal *n*
(Bö) bearish signal formation
(ie, in der Point & Figure-Analyse)
Baissespekulant *m*
(Bö) bear
– speculator for a fall in prices
– (infml) banger
Baissespekulation *f*
(Bö) bear operation
– bear speculation
– bear transaction
– speculation for a fall in prices
– going short
Baissestimmung *f*
(Bö) bearish tone of the market
– bearishness
– bearish tendency
Baissetendenz *f* (Bö) = Baissestimmung
Baissetermingeschäft *n* (Bö) trading on the short side
Baisseverkauf *m*
(Bö) bear sale
– short sale
(syn, Leerverkauf, Verkauf auf Baisse)
Baisseverkäufer *m* (Bö) short seller
Baissier *m*
(Bö) bear
(ie, believes that prices will decline and sells on that expectation; is also a short seller, qv; opp, Haussier = bull)
Baissiergruppe *f*
(Bö) bear clique
(who team up to depress prices by short selling)
BAK (Fin) = Bundesaufsichtsamt für das Kreditwesen
balancierte Bäume *mpl* (EDV) = B-Bäume, qv

Balkenabstand *m* (Stat) bar spacing
Balken-Charts *npl*
(Fin) bar charts
(ie, in der Chartanalyse: tägliche, wöchentliche od monatliche Höchst- und Tiefstkurse werden fortlaufend in einem senkrechten Strich aufgezeichnet; cf, Liniencharts, Point & Figure Charts)
Balkencode *m* (com) bar code *(syn, Bar-/Strichcode)*
Balkencodeleser *m* (com) bar code scanner *(syn, Strichcodeleser)*
Balkendiagramm *n*
(com) bar graph
(com) bar chart
(ie, zur Darstellung von Häufigkeitsverteilungen; eg, Grundlage der Chartanalyse ist die Darstellung der Aktienkurse in Kursgrafiken)
Ballungsgebiet *n*
(com) congested urban area
– congested metro area
(Vw) area of industrial concentration
– agglomeration area
Ballungsraum *m* (Vw) = Ballungsgebiet
BAM (com) = Bundesarbeitsminister
Band *n*
(EDV) tape
(IndE) assembly line
Bandabgleich *m* (IndE) = Bandabgleichung, qv
Bandabgleichung *f*
(IndE) line balancing
(ie, reassigning and redesigning work done on an assembly line to make work cycle times at all stages approximately equal)
Bandabschnittsmarke *f* (EDV) tape mark
Bandanfang *m*
(EDV) leading end
– beginning of tape
Bandanfangkennsatz *m* (EDV, Cobol) beginning reel label
Bandanfangs-Etikett *n* (EDV) tape header label
Bandanfangsmarke *f* (EDV) beginning of tape marker, BOT
Bandarchiv *n* (EDV) magnetic tape library
Bandaufbereitung *f* (EDV) tape editing
Bandauszug *m* (EDV) selective tape dump
Bandbetriebssystem *n* (EDV) Tape Operating System, TOS *(ie, for IBM computers)*
Bandbibliothek *f* (EDV) tape library
Bandblock *m*
(EDV) magnetic tape block
– magnetic tape cluster
– magnetic tape group
Bandbreite *f*
(Fin) currency band
– exchange margins
– support points
– margin of fluctuations
– range of fluctuations
– official spread
(ie, Ausmaß der möglichen Schwankungsbreite des Wechselkurses um e–e offiziell festgelegte Parität (od den Leitkurs) in e–m System grundsätzlich fester Wechselkurse; eg, im EWS beträgt sie ± 2,25%; margin of 2¼% on either side of nominal rates)
Bandbreite *f* **auf Anforderung** (EDV) bandwidth on demand
Bandbreiten *fpl* **des EWS-Wechselkursmechanismus** (EG) ERM fluctuation margins
Bandbreiten-Flexibilität *f* (Vw) flexible target range *(eg, of monetary growth)*
Bandbreitenreservierung *f* (EDV) bandwidth reservation
Bandbreitentest *m* (EDV) bandwidth test
Bandbreitenverwaltung *f* (EDV) bandwidth management
Banddatei *f* (EDV) magnetic tape file
Banddiagramm *n* (Stat) band chart
Banddichte *f* (EDV) tape packing density
Banddruckroutine *f* (EDV) tape edit routine
Bandeingabe *f* (EDV) tape input
Bandende *n*
(EDV, Cobol) end of reel
(EDV) end of tape
Bandendemarke *f* (EDV) end of tape marker, EOT
Bandendeprogramm *n* (EDV) end-of-tape routine
Bandenschmuggel *m* (StR) joint contraband smuggling, § 373 AO
Bandenwerbung *f*
(Mk) background advertising
(Mk) advertising in sport fields
Banderole *f*
(StR) revenue stamp
(ie, printed on pasted label)
Banderolensteuer *f*
(StR) revenue stamp tax
– revenue stamp duty
Bänderschaubild *n* (Stat) band chart
Bandetikett *n* (EDV) tape label
Bandfehler *m* (EDV) tape error *(syn, Magnetbandfehler)*
Bandfertigung *f* (IndE) synchronous assembly-line production
Bandgerät *n* (EDV) magnetic tape unit
Bandgeschwindigkeit *f* (EDV) tape speed
Bandkassette *f* (EDV) tape cartridge
Bandlänge *f* (EDV) tape length
Bandlaufwerk *n*
(EDV) streamer
– cartridge streamer
Bandmarke *f* (EDV) tape mark
Bandmontage *f* (IndE) progressive assembly
Bandnummer *f* (EDV) tape number
Bandprüfung *f* (EDV) tape test
Bandrücksetzen *n* (EDV) backspace
Bandsatz *m* (EDV) tape record
Bandschreibmarke *f* (EDV) tape mark
Bandsicherung *f* (EDV) tape backup
Bandspeicher *m* (EDV) magnetic tape storage
Bandspule *f* (EDV) reel
Bandspur *f* (EDV) tape track
Bandsteuerung *f* (EDV) tape control
Bandvergleich *m* (EDV) tape compare
Bandvorschub *m* (EDV) tape feed
Bandwagon-Effekt *m*
(Vw) bandwagon effect
– demonstration effect
(ie, Nachfrage nach e–m Konsumgut steigt deshalb, weil auch andere Wirtschaftssubjekte dieses Gut verwenden; zB in der Mode; syn, Mitläufereffekt)
Bandwirkungsgrad *m* (IndE) = Leistungsabstimmung, qv

Bank *f*
(Fin) bank
– banker
– banking establishment
– banking house

Bankabrufverfahren *n*
(Fin) automatic debit transfer system
(eg, taxpayer authorizes his bank by standing order = ‚Dauerauftrag' to make payment to the revenue receiving office = ‚Finanzkasse' when this calls for it)

Bankadresse *f*
(com) bank address
(Fin) bank name
(eg, on a bill of exchange)

Bankagent *m* (Fin) bank representative

Bankagio *n*
(Fin) share premium charged by banks
– bond premium charged by banks

bankähnliche Institute *npl*
(Fin) near banks
(syn, Quasibanken, Fastbanken)

Bankakkreditiv *n*
(Fin) clean credit
(ie, based on the terms „documents against payment")
(Fin) instruction by a bank to another bank to pay out a specified amount in cash to a third party

Bankaktien *fpl*
(Fin) bank shares
– bank stock
– banks

Bankaktiengesellschaft *f*
(Fin) joint-stock bank
– banking corporation

Bankakzept *n*
(Fin) banker's acceptance
– (GB) bank bill
(ie, bill accepted by a bank, more easily resold)

Bank-an-Bank Beteiligung *f* (Fin) interbank holding

Bank-an-Bank-Kredit *m*
(Fin) interbank lending
– interbank loan

Bank-an-Bank-Kredite *mpl* (Fin) bank-to-bank lending

Bankangestellter *m*
(com) bank clerk
– bank employee
– bank officer
– bank official

Bankanleihen *fpl*
(Fin) bank bonds
(ie, issued by banks for refinance purposes, esp. by real estate credit institutions, rarely by credit banks)

Bank *f* **anweisen** (Fin) to instruct a bank

Bankanweisung *f* (Fin) order to a bank to transfer title to a fungible thing, mostly money, to a third party *(eg, check, letter of credit)*

Bankarchiv *n*
(Fin) bank's archives
(ie, today replaced by the ‚economics department' of a bank)

Bank-auf-Banken-Ziehung *f* (Fin) bank order check

Bankauftrag *m*
(Fin) instruction to a bank
– bank order
(Re) contract concluded with a bank for transaction of business, Ziff. 6 ff AGB

Bankauskunft *f*
(Fin) information supplied by bank
– bank reference

Bankausweis *m* (Fin) bank return

Bankauszug *m* (Fin) bank statement

Bankautomat *m*
(Fin) automated teller machine, ATM
(syn, multifunktionaler Bankautomat)

Bankautomation *f* (Fin) automation of banking services

Bankaval *n* (Fin) bank guaranty

Bankavis *n*
(com) bank advice
(ie, confirming letter of credit to exporter)
(Fin) LZB credit advice
(ie, sent to the receiving LZB)

Bankbeamter *m* (com) bank official *(ie, term obsolescent)*

Bank-bei-Bank-Einlage *f* (Fin) interbank deposit

Bankbestände *mpl* (Fin) banks' holdings

Bankbeteiligung *f*
(Fin) banking interest
– banking holding
– banking stake
(Fin) affiliated bank

Bankbetrieb *m*
(Fin) bank
(ie, handling all bank operations from inception to completion; includes savings banks)
(Fin) bank(ing) operations

Bankbetriebslehre *f*
(Fin) bank management (science)
(ie, dealing with money and credit in terms of banking operations)

Bankbevollmächtigter *m* (Fin) bank's authorized agent

Bankbilanz *f* (ReW) bank balance sheet

Bankbilanzrecht *n* (ReW) bank accounting law

Bankbilanzrichtlinie *f* (Fin, EG) Bank Accounts Directive

Bankbilanzrichtlinie-Gesetz *n* (ReW) Bank Accounts Directive Law *(ie, of 1990)*

Bankbote *m* (Fin) bank messenger

Bankbuchhaltung *f*
(ReW) bank accounting system
(ReW) bank's accounting department

Bankbürgschaft *f*
(Fin) bank guaranty
(ie, sichert den Begünstigten gegen das Insolvenzrisiko des Auftraggebers der Bürgschaft; sichert Anzahlungs-, Vertragserfüllungs- und Gewährleistungsrisiko = protects beneficiary from risk of principal becoming insolvent; covers risks related to downpayment, performance of contracts and warranties)

Bankdarlehen *n* (Fin) bank loan

Bankdeckung *f*
(Vw) bank cover
(ie, of notes issued; comprising bankable instruments, such as bills of exchange, checks, Lombard

claims, stocks and bonds)
(Fin) cover provided by bank
Bankdepositen *pl* (Fin) bank deposits
Bankdepot *n* (Fin) safe custody (at a bank)
Bank *f* **der Banken** (Vw) bankers' bank
Bankdienstleistungen *fpl* (Fin) banking services
Bankdirektor *m*
(Fin) bank manager
(ie, esp. board members of joint-stock banks = ‚Aktienbanken'; title is not protected and need not be entered in the commercial register)
Bankdiskont *m*
(Fin) bank discount rate
(Fin) discount rate *(ie, charged by central bank)*
Bankeigenschaft *f* (Fin) bank status
Bankeinbruchversicherung *f* (Vers) bank burglary insurance
Bankeinlagen *fpl* (Fin) bank deposits
Bankeinlagenversicherung *f* (Vers) bank deposit insurance
Bank *f* **einschalten** (Fin) to interpose a bank *(eg, between seller and buyer)*
Bankeinzug *m* (Fin) payment by automatic debit transfer
Bankeinzugsverfahren *n* (Fin) automatic debit transfer system
Bankenabrechnungsstelle *f* (Fin) bankers' clearing house
Bankenapparat *m* (Vw) banking system
Bankenaufsicht *f*
(Fin) bank supervision
(ie, organized under public and private law)
Bankenaufsichtsbehörde *f*
(Fin) banking supervisory authority
– (US) bank regulatory agency
(ie, Bundesaufsichtsamt für das Kreditwesen; selbständige Bundesoberbehörde im Geschäftsbereich des Bundesministers der Finanzen; unterstützt durch Deutsche Bundesbank)
Bankenaufsichtspolitik *f* (Fin) banking supervision policy
Bankenbonifikation *f* (Fin) agency commission *(ie, between banks)*
Banken-Clearing *n*
(Fin) clearing
– settling inter-bank transactions
Bankendebitoren *pl* (ReW) due from banks
Bankendekonzentration *f* (Fin) deconcentration of banks
Bankeneinlage *f* (Fin) bank deposit
Bankenerlaß *m*
(StR) „banking decree"
(ie, administrative decree issued in 1949 imposing restraint on the fiscal authorities in tracing taxable transactions)
Bankenfilialsystem *n*
(Fin) multiple branch banking
– multiple office banking
bankenfinanziert (Fin) bank-financed
Bankenfreizonen *fpl*
(Fin) International Banking Facilities, IBFs
(ie, von ihnen aus können Kreditinstitute Finanzgeschäfte mit dem Ausland unabhängig von der jeweils benutzten Währung aufgrund der Befreiung von staatlichen Vorschriften zu niedrigeren Kosten und unter günstigeren Rahmenbedingungen als sonst im Inland tätigen; in den USA seit dem 1.12.1981; the concept behind IBFS is to create a species of „free trade zone for international money", primarily Eurodollars; syn, Finanzfreihäfen)
Bankengeldmarkt *m* (Fin) interbank money market
Bankengesetzgebung *f*
(Re) banking legislation
(ie, all statutory provisions relating to the money and credit system of a country)
Bankengruppe *f*
(Fin) group of banks
– banking group
Bankenkonsortium *n*
(Fin) banking consortium
– consortium of banks
– banking syndicate
– syndicate
– bank group
– group of banks
– underwriting group
(ie, Gelegenheitsgesellschaft zur Durchführung von Einzelgeschäften auf gemeinsame Rechnung; zwei Grundtypen: (1) Effektenkonsortien, Gründungskonsortien, Emissions- od Begebungskonsortien, Plazierungs- od Übernahmekonsortien, Börseneinführungskonsortien, Kursstützungs-, Kursregulierungs- od Investitionskonsortien und Schutzkonsortien; (2) Geld- und Kreditleihekonsortien: Kreditkonsortien, Sanierungskonsortien und Garantiekonsortien)
Bankenkonzentration *f* (Fin) concentration of banks
Bankenkreditoren *pl* (ReW) due to banks
Bankenliquidität *f*
(Fin) liquidity of the banking system
(ie, Ausdruck für die Liquidität des gesamten Bankensystems; cf, Bankliquidität)
Bankenmarkt *m* (Fin) interbank market
Bankenmoratorium *n* (Fin) moratorium by banks
Bankennumerierung *f* (Fin) system of bank routing numbers
Bankenpublikum *n* (Bö) bank traders
Bankensektor *m* (Vw) banking sector
Bankenstatistik *f* (Fin) banking statistics
Bankenstimmrecht *n*
(Fin) right of banks to vote proxies
– bank's right to vote deposited shares at a general meeting *(syn, Depotstimmrecht)*
Bankensystem *n* (Fin) banking system
Banken-Überweisungsverkehr *m* (Fin) bank transfer system
Banker *m* (Fin, infml) banker
Bankerträge *mpl* (Fin) bank's earnings
Bankfach *n*
(Fin) banking business
(Fin) bank safe
Bankfachmann *m*
(Fin) banking specialist
– banking professional
bankfähiger Wechsel *m* (Fin) bankable bill (of exchange)
bankfähiges Papier *n* (Fin) paper eligible for discount

Bankfazilitäten *fpl*
(Fin) bank facilities
– credit facilities (at a bank)
Bankfeiertage *mpl* (Fin) bank holidays *(ie, in Germany all Saturdays)*
Bankfiliale *f*
(Fin) branch bank
– bank opening
Bankfinanzierung *f* (Fin) financing through a bank
Bank *f* **für Internationalen Zahlungsausgleich** (Fin) Bank for International Settlements, BIS
Bankfusion *f*
(Fin) bank merger
– bank consolidation
Bankgarantie *f* (Fin) bank guaranty
Bankgarantiefonds *m* (Fin) bank guaranty fund
Bankgebühren *fpl* (Fin) bank charges
Bankgeheimnis *n* (Fin) banking secrecy
Bankgeld *n*
(Vw) bank money
– book money
Bankgelder *npl*
(Fin) bank moneys
– deposits of banks
Bankgeldschöpfung *f* (Vw) creation of bank money
Bankgeschäft *n*
(Fin) banking
– banking activity
– banking business
– banking operations
– banking transactions
(ie, nach § 1 KWG:
1. Einlagengeschäft
2. Kreditgeschäft
3. Diskontgeschäft
4. Effektenkommissionsgeschäft
5. Depotgeschäft
6. Investmentgeschäft
7. Darlehenserwerbsgeschäft
8. Garantiegeschäft
9. Girogeschäft sowie neue Geschäftsarten)
bankgeschäftlicher Betrieb *m* (Fin) banking operation
Bankgesetz *n* (Re) Law on the Federal Central Bank, of 27 July 1957
Bankgesetzgebung *f*
(Re) bank legislation
(ie, all statutory provisions relating to the money and credit system of a country)
Bankgewerbe *n* (Fin) banking industry, § 1 HGB
bankgiriert (Fin) bank indorsed
bankgirierter Warenwechsel *m*
(Fin) banker's trade acceptance
(ie, bill resulting from a trade transaction, discounted by the bank and bearing bank's indorsement; rediscountable)
Bankgiro *n*
(Fin) noncash clearing under Giro system
– Bank Giro
(Fin) bank indorsement
Bankgläubiger *m* (Fin) bank creditor
Bankguthaben *n*
(ReW) cash in bank
– cash at bank
(Fin) bank balance
– bank deposit
– balance in bank
Bankhaus *n*
(Fin) banking firm
– banking house
Bank-Holding *f* (Fin) bank holding (company)
Bankier *m*
(Fin) banker
(ie, the KWG amendment of 1976 prohibits the legal form of sole proprietorship in licensing new credit institutions, § 2 a KWG)
(Fin) *(loosely also:)* any top executive in the banking business
Bankierbonifikation *f*
(Fin) banker's commission
(ie, for taking over part of a securities issue from an underwriting group)
Bankindossament *n* (Fin) bank stamp *(ie, on bill of exchange)*
Bankinstitut *n*
(Fin) bank
– banking establishment
– banking institution
Bankkalkulation *f* (Fin) bank's cost and revenue accounting
Bankkapital *n* (Fin) bank capital *(ie, own funds + outside capital)*
Bankkassierer *m* (Fin) bank teller
Bankkaufmann *m* (Fin) bank employee *(with a 3-year training period)*
Bankkonditionen *fpl* (Fin) credit conditions of a bank
Bankkonsortium *n* (Fin) = Bankenkonsortium, qv
Bankkonto *n* (Fin) bank account
Bankkonto *n* **eröffnen**
(com) to open a bank account
– to open an account with a bank
Bankkonto *n* **haben**
(com) to carry an account with
– to have an account
– to bank with *(eg, Where do you bank?)*
Bankkontokorrent *n* (Fin) current account with a bank
Bankkonto *n* **sperren** (Fin) to block a bank account
Bankkonto *n* **überziehen** (Fin) to overdraw a bank account
Bankkontrolle *f* (Fin) bank audit
Bankkonzern *m*
(Fin) group of banks
– banking group
Bankkonzerngeschäfte *npl* (Fin) group banking
Bankkostenrechnung *f*
(KoR) bank cost accounting
(ie, mostly based on departmental costing, aimed at efficiency analysis and control)
Bankkrach *m* (Fin) bank crash
Bankkredit *m*
(Fin) bank loan
– (GB) overdraft
(ie, universal British term for a bank loan)
Bankkredite *mpl* (Fin) bank lending
Bankkreise *mpl*
(Fin) banking quarters
– banking circles
– the banking community

Bankkrise *f* (Vw) bank crisis
Bankkunde *m* (Fin) bank customer
Bankkundschaft *f*
(Fin) bank's customers
– bank's clientele
Banklehre *f* (Pw) bank apprenticeship
Bankleistungen *fpl* (Fin) banking services
Bankleitzahl *f*
(Fin) transit number
– routing symbol
– (GB) bank code no.
Bankleitzahlsystem *n* (Fin) system of bank routing numbers
Bankliquidität *f*
(Fin) bank liquidity
(ie, Zahlungsfähigkeit e–s Bankbetriebes; cf, Bankenliquidität)
Banklombardgeschäft *n* (Fin) collateral loan business
Bankmarketing *n*
(Fin) bank marketing
(ie, marktorientierte Führungs- und Handlungskonzeption von Kreditinstituten)
bankmäßige Zahlung *f*
(Fin) bank payment
(ie, by means of check, remittance, or debit transfer; opp, cash payment)
Bank *f* **mit mehreren Zweigstellen** (Fin) multiple-office bank
Bank-Namensschuldverschreibung *f* (Fin) registered bank bond
Banknebenstelle *f* (Fin) secondary bank place
Banknote *f*
(Vw) banknote
(com, infml) bill
– (esp GB) note
Banknoten *fpl* **aufrufen** (Vw) to call in notes
Banknoten *fpl* **aus dem Verkehr ziehen** (Vw) to withdraw notes from circulation
Banknotenausgabe *f* (Vw) note issue
Banknoten *fpl* **ausgeben** (Vw) to issue bank notes
Banknotenbündel *n*
(Fin) bankroll
– wad of notes
– (GB) sheaf of notes
Banknoten *fpl* **einziehen**
(Vw) to call in notes
– to withdraw notes from circulation
Banknotenemission *f* (Vw) note issue
Banknotenfälschung *f*
(Vw) counterfeiting of bank notes
– forgery of bank notes
Banknoten *fpl* **in Umlauf setzen** (Vw) to issue bank notes
Banknotenmonopol *n* (Vw) note-issuing monopoly
Banknotenpapier *n* (Vw) bank note paper
Banknotensteuer *f* (FiW) tax on note issue
Banknotenumlauf *m*
(Vw) bank notes in circulation
– active circulation of bank notes
Bankobligationen *fpl*
(Fin) bank bonds
(ie, issued by banks for refinance purposes, esp. by real estate credit institutions, but rarely by credit banks)

Bankomat *m* (Fin) cash dispensing machine *(syn, cash machine)*
Bankorganisation *f* (Bw) bank's organization system
Bankpapiere *npl* (Fin) securities issued by a bank
Bankplatz *m*
(Fin) bank place
(ie, where a LZB establishment is domiciled)
– banking center
Bankpolitik *f*
(Vw) banking policy
(ie, pursued by the central bank or by government agencies)
Bankpraxis *f* (Fin) banking practice
Bankprovision *f* (Fin) banking commission
Bankprüfung *f* (ReW) complete audit of bank balance sheet
Bankpublizität *f* (Fin) banks' disclosure requirements
Bankquittungen *fpl*
(Fin) bank receipts
(ie, mainly used in borrowed-funds trading)
(Fin) receipts made out by branded-article dealers and sent to banks for collection
Bankrate *f* (Fin) = Diskontsatz
Bankrechnen *n* (Fin) mathematics of banking
Bankrecht *n* (Fin) banking law
Bankrechts-Koordinierungsrichtlinie *f* (EG) Banking Law Coordination Directive
Bankreferenz *f* (Fin) banker's reference
Bankregel *f*
(Fin) Golden Bank Rule
(ie, liquidity rule of credit institutions, requires sufficient availability of funds at any time)
Bankrembours *m* (Fin) bank documentary credit
Bankreserve *f* (Fin) bank reserve *(ie, Bar- und Mindestreserve)*
Bankrevision *f* (Fin) banking audit
Bankrichtlinie *f* (EG) Banking Directive
Bankrott *m*
(Re) bankruptcy
– (infml) bust *(cf, to go bust)*
(ie, Zahlungsunfähigkeit des Schuldners gegenüber s–n Gläubigern; gehört zu den Konkursstraftaten)
bankrott
(com) bankrupt
– (infml) bust
– (sl) broke *(cf, zahlungsunfähig)*
– flat broke
– stony broke
Bankrotthandlung *f* (Re) bankruptcy offense
bankrott machen
(com) to go bankrupt
– to go into bankruptcy
– (infml) to go broke
– (infml) to go bust
– (infml) to go to the wall
– (sl) to take a bath
– (sl) to lose one's shirt
– (sl) to go belly up
– (GB, sl) to put up the shutters
Banksafe *m od n* (Fin) bank safe
Banksaldenbestätigung *f* (Fin) confirmation of bank balance

Banksaldo *m*
(Fin) balance of a bank account
– bank balance
Banksatz *m* (Fin) = Diskontsatz
Bankschalter *m* (Fin) bank counter
Bankscheck *m*
(Fin) bank check
(ie, drawn on a bank)
(Fin) banker's draft, B.D.
(ie, bill or check drawn by a bank on another bank)
Bankschließfach *n* (Fin) bank safe deposit box
Bankschulden *fpl*
(ReW) due to banks
– indebtedness to banks
Bankschuldner *m* (Fin) bank's debtor
Bankschuldschein *m* (Fin) borrower's note issued by bank
Bankschuldverschreibung *f* (Fin) bank bond
Banksicherheit *f* (Fin) security provided by bank
Banksparbrief *m* (Fin) bank savings bond
Banksparen *n* (Fin) bank savings scheme
Bankspesen *pl* (Fin) bank(ing) charges
Bankstatistik *f* (Fin) banking statistics
bankstatistische Gesamtrechnung *f* (Fin) overall monetary survey
Bankstatus *m* (Fin) bank statement
Bankstellen *fpl* (Fin) banks including their branch establishments and offices
banktechnische Abläufe *mpl*
(Fin) banking procedures
– banking operations
Banktransaktion *f*
(Fin) banking operation
– banking transaction
Banktresor *m* (Fin) bank vault
Banküberweisung *f*
(Fin) bank transfer
– bank credit transfer
– banker's order
– bank remittance
Banküberziehungskredit *m* (Fin) bank overdraft facilities
banküblich (Fin) customary in banking
Bankumsätze *mpl* (Fin) bank turnovers
Bank- und Börsenverkehr *m*
(Fin) bank and stock exchange operations
– bank and stock exchange transactions
Bankusancen *pl*
(Fin) banking customs
– bank usages
Bankverbindlichkeiten *fpl*
(ReW) due to banks
– indebtedness to banks
Bankverbindung *f*
(Fin) banking connection
– bank affiliation
Bankverkehr *m*
(Fin) banking business
(Fin) interbank operations
– interbank dealings
Bankvollmacht *f* (Re) power of attorney granted to a bank
Bankwechsel *m*
(Fin) bank acceptance
– bank bill
– bank draft
– banker's bill
Bankwerte *mpl*
(Bö) bank shares
– bank stock
– banks
Bankwesen *n* (Fin) banking
Bankwirtschaft *f* (Fin) banking industry
Bankziehungen *fpl* (Fin) bank's own drafts on customers or on other banks
Bankzinsen *mpl* (Fin) bank interest
Bank-zu-Bank-Ausleihungen *fpl* (Fin) interbank lendings
Bank-zu-Bank-Einlagen *fpl* (Fin) interbank deposits
Bank-zu-Bank-Fazilitäten *fpl* (Fin) interbank credit lines
Bank-zu-Bank-Geschäfte *npl* (Fin) interbank transactions
Bank-zu-Bank-Kredit *m* (Fin) interbank credit
Bankzusammenbruch *m*
(Fin) bank failure
– bank collapse
Bankzweigstelle *f* (Fin) bank branch
Bannbruch *m* (StR) illegal export, import, or transit of goods without due customs clearance, § 372 AO
Banngut *n* (com, Re) contraband goods
Bannware *f* (com, Re) = Banngut
BAnstArb (Pw) = Bundesanstalt für Arbeit
BAnz (com) = Bundesanzeiger
bar
(com) in cash
– cash down
(ie, by money payment or by check)
Barabfindung *f* (Fin) money compensation, § 320 V AktG
Barabfindungsangebot *n* (Fin) cash tender *(opp, paper tender)*
Barabhebung *f* (Fin) cash withdrawal
Barablösung *f*
(Fin) cash repayment
– cash settlement
Barablösungswert *m* (Vers) cash surrender value
Barabstimmung *f*
(com) register cash balance
(ie, in retailing)
Barabzug *m* (com) cash deduction
Barakkreditiv *n*
(Fin) clean credit
(syn, glattes/offenes/einfaches . . . A.)
Barangebot *n* (Fin) cash offer
Baratterie *f*
(com) barratry
(ie, jeder vorsätzliche Vertrauensbruch des Kapitäns od e–s Besatzungsmitglieds gegenüber dem Reeder)
Baraufwendungen *mpl*
(ReW) out-of-pocket cost
– out-of-pocket expense
Barausgaben *fpl*
(Fin) cash expenditure
– cash outlay
Barausgänge *mpl* (com) cash outgoings

Barauslagen *fpl*
(com) cash outlays
– out-of-pocket costs
– out-of-pocket expense
Barausschüttung *f*
(Fin) cash distribution
– cash dividend
Barauszahlung *f* (Fin) cash payment
Barbestand *m* (ReW) cash on hand
Barbetrag *m* (com) cash amount
bar bezahlen
(com) to pay cash down
– (sl) to pay spot cash
– (US, sl) to pay on the barrel head
– (GB, sl) to pay on the nail
Barbezüge *pl* (Pw) compensation in cash
Bar-Chart-Analyse *f* (Fin) bar chart analysis
Barcode *m* (com) bar code *(syn, Strichcode)*
Barcodeaufkleber *m* (com) bar code sticker *(ie, maschinell lesbar)*
Barcodeleser *m*
(EDV) bar code scanner
(syn, Strichcodeleser)
Bardepot *n* (Vw) cash deposit, § 23 AWG
Bardepotpflicht *f* (Vw) cash deposit requirement
Bardepotsatz *m* (Vw) cash deposit ratio
Bardividende *f*
(Fin) cash dividend
– cash distribution
– cash payout
(opp, Sachdividende = dividend in kind)
(Vers) cash bonus
– bonus in cash
(ie, ist die von der Versammlung der Anteilseigner beschlossene Dividende)
bare Auslagen *fpl* (com) cash outlay
Bareboatcharter *f*
(com) bareboat charter
– bare-pole charter
– bare-hull charter
– demise charter
(ie, charterer bears all the cost and responsibility + insurance)
Bareinforderung *f* (Fin) cash call
Bareingänge *mpl* (com) cash receipts
Bareinkauf *m*
(com) cash buying
– cash purchase
Bareinlage *f*
(Fin) contribution in cash
– cash contribution
(opp, Sacheinlage = contribution in kind or noncash contribution)
Bareinnahmen *fpl*
(com) cash receipts
– takings *(esp.* in retailing)
Bareinschuß *m*
(Bö) cash margin
(ie, cash put up by a client in part payment of the purchase of a stock under a forward contract = Termingeschäft)
Bareinschußpflicht *f* (Bö) cash margin requirement
Bareinzahlung *f*
(com) inpayment
(Fin) cash deposit
Bareinzahlungen *fpl* (IWF) subscription payments in cash
Barentnahme *f*
(com) cash withdrawal
– cash drawings
Barerlös *m*
(com) net proceeds
– proceeds in cash
Barerstattung *f* (com) cash refund
Barerstattungsdatum *n*
(Bö) cash refunding date
(syn, Barerstattungstermin)
Barerstattungstermin *m*
(Bö) cash refunding date
(syn, Barerstattungsdatum)
Barforderung *f* (com) money claim
Barfreimachung *f* (com) bulk franking (of mail)
Bargebot *n*
(Re) minimum cash bid
(ie, in forced sales: difference between lowest and highest bid + cost of auction, §§ 10, 12 ZVG)
Bargeld *n*
(com) cash
(ie, money in notes and coin)
(com, infml) hard cash
– (GB) ready cash *(ie, coll: ready)*
– (esp US, infml) cash on the barrelhead/on the nail
Bargeldausgaben *fpl* (Fin) outgoing cash payments
Bargeldautomat *m* (Fin) = Geldautomat
Bargeldbestand *m*
(Fin) cash in hand
– cash holding
Bargeldeinnahmen *fpl* (Fin) incoming cash receipts
Bargeldknappheit *f*
(Fin) cash shortage
– cash squeeze
bargeldlos
(Fin) cashless
– noncash
(ie, payment by check or bank transfer)
bargeldlose Lohnzahlung *f* (Pw) cashless pay
bargeldloser Einkauf *m* (com) cashless shopping
bargeldloser Zahlungsverkehr *m*
(Fin) cashless payments
– noncash payments
– (GB) bank giro credit system
bargeldloses Einkaufen *n*
(Mk) cashless shopping
(ie, electronic funds transfer at point of sale = eftpos, EFTPOS)
bargeldlose Zahlung *f*
(Fin) cashless payment
– noncash payment
Bargeldrückfluß *m* (Vw) reflux of notes and coin
Bargeldumlauf *m*
(Fin) currency in circulation
– (GB) notes and coin in circulation
– currency circuit
– cash circuit
(ie, component of money supply M_1)
Bargeldvolumen *n* (Vw) volume of notes and coin in circulation
Bargeldzahlung *f* (Fin) cash payment
Bargeldzertifikat *n* (Fin) cash certficate

Bargeldzyklus *m* (Fin) cash conversion cycle
Bargeschäft *n*
(com) cash sale
– cash transaction
Bargründung *f*
(Bw) formation of stock corporation by cash subscriptions
(ie, gesetzliche Normalform der Gründung; opp, Sachgründung)
Barguthaben *n* (ReW) cash in hand
Barkauf *m*
(com) cash sale
(ie, payment being made in full on receipt of goods; opp, Kreditkauf = sale on credit)
Barkaution *f* (Vers) cash bond
Barkredit *m*
(Fin) cash advance
– cash credit
(Fin) clean credit, C/C
Barkunde *m* (com) cash customer
Barleistungen *fpl* (SozV) cash benefits
Barliquidität *f*
(Fin) liquid cash resources
– available cash
– cash position
Barliquidität *f* **der Kreditinstitute**
(Fin) available cash
(ie, ratio of cash in hand and central bank balances to total liabilities less savings deposits)
Barlohn *m*
(Pw) money wages
– money compensation
Barlohnumwandlung *f* (Pw) conversion of cash wages into insurance premium, § 40 b EStG *(ie, direct insurance through cuts in cash wages)*
Barmittel *pl*
(Fin) cash
– liquid funds
– *(infml)* ready money
Barmittelbegrenzung *f*
(Fin) cash limit
(syn, Ausgabenbeschränkung)
Barpreis *m* (com) cash price
Barrabatt *m*
(com) cash discount
(syn, Barzahlungsrabatt)
Barregulierung *f* (Fin) cash settlement
Barrengold *n* (Fin) gold bullion
Barrensilber *n* (Fin) silver bullion
Barrentabilität *f* (Fin) cash return
Barreserve *f*
(Fin) bank's cash reserver
– bank's legal reserve
– vault cash
– vault money
(ie, Kassenbestand, Guthaben bei der Bundesbank und Postgiroguthaben: bank notes, deposits with central bank, and postal giro accounts)
Barsaldo *m* (Fin) cash balance
Barscheck *m*
(Fin) cashable check
– open check
Barsicherheit *f* (Fin) cash deposit
Barter *m* (com, AuW) = klassischer Barter, qv
Bartergeschäft *n* (com) barter transaction

Barübernahmeangebot *n*
(com) all cash tender offer
– all paper offer
Barüberschuß *m* (Fin) cash surplus
Barüberweisung *f*
(Fin) cash remittance
– cash transfer
Barumsatz *m* (com) net cash
Barumsätze *mpl* (com) cash transactions
Barvergütung *f* (com) compensation in cash
Barverkauf *m* (com) cash sale
Barverkehr *m* (com) trading on cash terms
Barvermögen *n*
(Fin) liquid funds
(ie, cash in hand, bank and postal check balances, checks, discountable bills)
Barvorschuß *m* (Fin) cash advance
Barwert *m*
(Fin) present value
– present worth
(ie, Zeitwert × Abzinsungsfaktor; Wert e–s od mehrerer künftiger Kapitalbeträge im Bezugszeitpunkt; current worth of a certain sum of money due on a specified future date after taking interest into consideration; syn, Gegenwartswert)
(Fin) cash value *(eg, of lease that has seven years to run)*
(Mk) cash equivalence
Barwertabschreibung *f*
(ReW) present-value depreciation
(ie, künftige Abschreibung zu e–m bestimmten Zinssatz auf den Anschaffungszeitpunkt diskontiert; Jorgensen-Auerbach-Ansatz)
Barwertanwartschaft *f* (Vers) present value of an expectancy
Barwert *m* **der nachschüssigen Rente** (Fin) present value of ordinary annuity
Barwert *m* **der Rückflüsse**
(Fin) present value of net cash inflows
(ie, in preinvestment analysis)
Barwertfaktor *m* (Fin) present-value factor
bar zahlen (com) to pay in cash
Barzahlung *f*
(com) cash payment
– (infml) cash down
– (infml) hard cash
Barzahlung *f* **bei Lieferung**
(com) cash on delivery, COD
(ie, Kaufpreis zahlbar bei Übergabe der Ware)
Barzahlungsgeschäft *n* (com) cash transaction
Barzahlungsnachlaß *m* (com) cash discount *(syn, Skonto)*
Barzahlungspreis *m* (com) cash price *(opp, Teilzahlungspreis)*
Barzahlungsrabatt *m*
(com) cash discount
– cash rebate
(cf, § 2–5 RabG)
Barzahlungsverkehr *m*
(Fin) cash payments
– cash transactions
Barzahlung *f* **vor Lieferung** (com) cash before delivery
Barzeichner *m* (Fin) cash subscriber
Barzufluß *m* (Fin) cash inflow

Basis *f*
(Pw) rank and file
(ie, of a union)
(Math) base
(ie, of a power = Potenz)
(Math) radix
(ie, of a logarithm)
(Math) basis
(ie, set of vectors in a vector space)
(OR) basics
(Bö) basis
(ie, in commodity jargon: difference between a futures price and some other price; the money market would talk about ‚spread' rather than than ‚basis')
(EDV) base
– radix
(eg, the radix of each place in the decimal notation is ten)
Basisadresse *f*
(EDV) base address
– reference address
(syn, Bezugsadresse, Grundadresse)
Basisadreßregister *n* (EDV) base address register
Basisanforderungen *fpl*
(IndE) base lines
(ie, in quality assurance: für jede Phase e–s Projektes)
Basisausgleichsbeträge *mpl* **für den innergemeinschaftlichen Warenve** (EG) basic compensatory amounts for intra-Community exchanges
Basisbeschäftigung *f* (KoR) basic volume of activity
Basis-Betriebssystem *n* (EDV) basic operating system
Basiseinkommen *n* **des Haushalts** (Vw) breakeven level of income
Basiseinstandspreis *m* (com) base cost
Basiseintrag *m* (EDV) basic entry
Basis *f* **e–r Topologie** (Math) base of topology
Basis *f* **e–s Logarithmussystems** (Math) radix
Basisgesellschaft *f*
(StR) foreign base company
(ie, domiciled in a low-tax country to accumulate profits or to take advantage of double-taxation agreements; die hier thesaurierten Gewinne werden idR nicht mehr im Sitz- bzw Wohnsitzstaat besteuert; syn, Auffanggesellschaft; diese Abschirmwirkung ist heute weitgehend aufgehoben; §§ 7 ff AStG)
Basisgewicht *n* (Stat) base weight
Basisjahr *n* (Stat) base year *(syn, Basisperiode)*
Basiskalkulation *f*
(KoR) standardized cost estimate
(ie, covering all fixed and variable cost)
Basiskonfiguration *f* (EDV) basic configuration
Basiskurs *m* (Bö) initial price
Basislaufzeit *f*
(com) effective base period
(KoR) period used in standard cost calculation
(ie, during which basic prices remain unchanged)
Basislinie *f* (Stat) base line
Basislösung *f*
(OR) basic solution
(ie, solution to a linear program model, consisting of m equations in n variables, obtained by solving for m variables in terms of the remaining (n – m) *variables and setting the* (n – m) *variables to zero)*
Basismatrix *f* **des geschlossenen Kantenzuges** (Math) circuit-basis matrix
Basismenge *f* (Bö) underlying commodity
Basismodell *n* (EDV) bare bones version
Basisobjekt *n* (Fin) underlying instrument *(ie, von Terminkontrakten)*
Basispatent *n* (Pat) basic patent
Basisperiode *f* (Stat) base period *(syn, Basisjahr)*
Basispreis *m*
(com) basic price
(Bö) exercise price
– strike price
– striking price
(ie, Preis, zu dem der Käufer e–r Kaufoption das Recht erhält, innerhalb der Optionsfrist – option period – das Wertpapier zu kaufen; syn, Optionspreis, Ausübungspreis)
Basispreis *m* **e–r Kaufoption** (Fin) call exercise price
Basispreis-Schrittweiten *fpl* (Fin) strikes
Basispunkt *m*
(Fin) basis point
(ie, 0,01 der Rendite e–r Investition; 100 basis points = 1%; eg, prices firmed by as much as 50 basis points)
Basispunktsystem *n*
(com) basing point system
(ie, for computation of freight charges)
Basisqualität *f*
(Bö, US) basis grade
(ie, in commodity futures contracts; without premium or discount)
Basissatz *m*
(Log) basic statement
(EDV) base unit
Basisschritt *m* (EDV) basic increment
Basisstichtag *m* (com) base reference date
Basisswap *m*
(Fin) basic swap
(ie, gleich dem klassischen Zinsswap, mit der Ausnahme, daß statt zwischen festem und variablem zwischen verschiedenen Arten des variablen Zinssatzes getauscht wird)
Basistabelle *f* (EDV) base table
Basistechnologie *f* (Bw) basic technology
Basistrend *m* (Stat) basic trend
Basisvariable *f* (Math) basic variable
Basiswährung *f* (AuW) reference currency
Basiswert *m*
(Fin) underlying instrument
– underlying security
(ie, security for which an option contract is written)
(Stat) basic dimension
Basiswinkel *m* (Math) base angle
Basiszeitpunkt *m* (Stat) base date *(syn, Bezugszeitpunkt)*
Basiszeitraum *m*
(Stat) base period
– origin period
(ie, of a time series; syn, Bezugszeitraum)
Basiszeitwert *m* (EDV) base clock value

Basiszins *m* (Fin) base interest rate
Basiszyklus *m* (Stat) reference cycle
Basler Abkommen *n*
(AuW) Basle Agreement
– Reciprocal Currency Agreement
(ie, Stillhalteabkommen von 1931; Gruppenabkommen in den Jahren 1966, 1968 und 1977; Abkommen zwischen den Zentralbanken der EG-Mitgliedsstaaten von 1972, abgelöst durch Abkommen vom 13.3.1979, um EWS zu errichten)
Basler Ausschuß *m*
(Fin) Basle Committee
(ie, where supervisors from the Grouo-of-Ten countries meet under the auspices of the BIS = Bank for International Settlement)
Basler Konkordat *n*
(Fin) Basle Concordat
(ie, the international bank supervisors' set of guiding principles; ausländische Stellen von Geschäftsbanken sollen von den beteiligten Notenbanken überwacht werden)
BAT (Pw) = Bundes-Angestellten-Tarifvertrag
Batchdateiübertragung *f* (EDV) batch file transmission
Batteriebackup *m* (Bö) Deckungskauf *m* des Baissiers
Batterieprüfer *m* (EDV) battery meter
Bauabnahme *f*
(Re) final inspection of completed building by appropriate authority
(com) acceptance of building work by owner
Bauabrechnung *f* (com) work measurement and billing
Bauabschnitt *m*
(com) phase of construction
(com) section of construction
Bauaktien *fpl* (Bö) building shares
Bauamt *n* (Re) building authority
Bauantrag *m* (com) application for building license
Bauarbeit *f* (com) construction work
Bauarbeiter *m* (com) construction worker
Bauarbeitsgemeinschaft *f* (com) construction consortium
Bauartgenehmigung *f* (com) type approval
Bauartzulassung *f*
(IndE) type approval
– conformity certificate
Bauauflage *f* (Re) specific condition imposed on the performance of construction work *(ie, by building authority)*
Bauaufsicht *f* (com) supervision of construction work
Bauaufsichtsbehörde *f* (Re) building supervisory authority
Bauaufträge *mpl* (com) construction orders
Bauaufwand *m*
(com) cost of construction
– building cost
Bau *m* **ausführen**
(com) to carry out a building project
– to complete a construction project
Bauausschreibung *f* (com) invitation to tender for construction work
Baubeginn *m*
(com) start of building work
– start of construction work
Baubehörde *f* (Re) building authority
Baubeschränkungen *fpl* (Re) building restrictions
Baubeteiligte *mpl* (com) parties to a construction project
Baubewilligung *f* (Re) = Baugenehmigung
Bauboom *m* (Vw) construction boom
Bauchlandung *f* (Fin, sl) belly flop
Baud *n*
(EDV) baud
(ie, Maßeinheit für die Schrittgeschwindigkeit pro Sekunde, wobei der „Schritt" die kürzeste Zeit ist, in der sich der Zustand einer Leitung ändern kann)
Baudarlehen *n* (Fin) building loan
Baudrate *f*
(EDV) baud rate
(ie, transmission speed of modems, etc; usu syn, bits per second)
Baueinheit *f* (EDV) physical unit
Bauelement *n*
(EDV) component
(IndE) guzzinta
Bauerlaubnis *f* (Re) = Baugenehmigung
bäuerlicher Familienbetrieb *m* (com) family farm
Bauernverband *m* (com) farmers' association
Bauerwartungsland *n*
(com) prospective building land
– land earmarked for development
Baufinanzierung *f*
(Fin) financing of building projects
– construction finance
Baufinanzierungsmittel *pl* (Fin) construction finance
Baufirma *f*
(com) firm of builders
– firm of constructors
– construction company
Bauführer *m* (com) construction site supervisor
Baugebiet *n* (com) building area
Baugelände *n* (com) building site
Baugeld *n* (Fin) building loans
Baugeldhypothek *f* (Fin) building mortgage
Baugeldkredit *m* (Fin) intermediate building credit
Baugenehmigung *f*
(Re) building license
– building permit
Baugenossenschaft *f* (Bw) building cooperative
Baugewerbe *n*
(com) construction industry
– (GB) building trade
(ie, excluding building materials industry and trade)
Baugrundstück *n*
(com) building lot
– building plot
– home site
Baugruppe *f*
(IndE) assembly
– package
(ie, preassembled unit)
Baugruppennummer *f* (IndE) indent number
Baugruppensystem *n* (IndE) package system
Bauhaftpflichtversicherung *f* (Vers) builder's risk insurance
Bauhandwerk *n* (com) building trade
Bauhandwerker *m* (com) construction worker
Bauhauptgewerbe *n* (com) construction industry

Bauherr *m*
(com) owner of a building
(ie, in the planning stage, under construction, and upon completion)
— principal
Bauherrenhaftung *f* (Re) liability of builder-owner
Bauherrenmodell *n*
(StR) model for tax-favored construction of residential properties
(ie, purchasers, mostly of condominiums in a large building system, are deemed to be the original owners, and may deduct substantial portion of costs as income-related expenses – Werbungskosten – during the construction period; allocation of losses – Verlustzuweisungen – result from commissions, cost of finance, and depreciation on construction cost)
Bauhilfsgewerbe *n* (com) construction-related trade
Bauhypothek *f* (Fin) building mortgage
Bauindex *m* (Stat) construction price index
Bauindustrie *f*
(com) building industry
– construction industry
Bauinvestitionen *fpl*
(VGR) building investments
– capital spending on new construction
Baukastenprinzip *n*
(IndE) building block concept
– concept of modular assembly
– modular concept
– modularity
Baukasten-Schaltkreismodul *n* (EDV) building-block circuit module
Baukastenstückliste *f* (IndE) one-level bill of material
Baukonjunktur *f* (Vw) overall construction activity
Baukonsortium *n* (com) group of building contractors
Baukosten *pl*
(com) building cost
– construction cost
Baukostenindex *m* (Stat) construction cost index
Baukostenvoranschlag *m*
(com) building estimate
– estimate of construction cost
Baukostenzuschuß *m* (com) tenant's contribution to building cost
Baukostenzuschüsse *mpl* (com) building subsidies
Bauland *n*
(com) building land
– developed land
(StR) land suitable for residential construction, § 69 I BewG
Baulandbeschaffung *f* (Re) provision of land for building sites
Baulanderschließung *f*
(com) development of real estate
– property development
Baulandsteuer *f*
(StR) site value tax
(ie, conceived as ‚land hoarding charge' = graduated tax on land ready for building but not yet improved; introduced on 23 June 1960 and repealed as of 1 Jan 1963)

Bauleistungen *fpl* (com) construction work performed
Bauleistungsversicherung *f*
(Vers) contractor's all risk insurance, CAR
(ie, Sparte der technischen Versicherung)
Bauleitplan *m* (com) general plan for the development of local real estate
bauliche Mängel *mpl* (StR) structural defects, § 85 BewG
baulicher Zustand *m* (com) status of construction
Baumalgorithmus *m* (OR) tree search type algorithm
Baumaschinen-Hersteller *m* (com) construction machinery producer
Baumaßnahmen *fpl* (com) construction work
Baumaterial *n*
(com) building materials
– construction materials
Baumateriallieferant *m*
(com) building supply firm
– (GB) builder's merchant
Baumdiagramm *n* (Stat) tree diagram
Baumwollbörse *f* (Bö) cotton exchange
Baumwollterminbörse *f*
(Bö) forward cotton exchange
– cotton futures market
– trading in cotton futures
Baumwolltermingeschäfte *npl* (Bö) cotton futures
Baunebengewerbe *n* (com) construction-related trade
BauNVO (Re) = Baunutzungsverordnung
BauO (Re) = Bauordnung
Bauobjekt *n* (com) construction project
Bauplanung *f* (com) planning of construction work
Bauplatz *m*
(com) building lot
– building plot
(com) building site
– construction site
(ie, after starting work; syn, Baustelle)
Baupreise *mpl* (com) building prices
Baupreisverhältnisse *npl* (StR) building cost index, § 85 BewG
Bauprogramm *n*
(com) construction schedule
– construction program
Bauprojekt *n* (com) construction project
Bauprüfung *f* (IndE) in-process inspection
Baureederei *f* (com) joint ship building
baureife Grundstücke *npl*
(com) land ready for building
(StR) land considered likely to be improved in the near future and included in a building plan, § 73 II BewG
Baureihe *f* (IndE) production series
Baurezession *f* (Vw) construction slump
Baurisikoversicherung *f*
(Vers) builder's risk insurance
(ie, insurance of a building under construction)
Bausachverständiger *m*
(com) building expert
– quantity surveyor
Bauschäden *mpl* (com) structural damage
Bauschädenversicherung *f* (Vers) building liability insurance
Bausektor *m* (com) building sector

Bausparbeitrag *m* (Fin) saver's payment to savings and loan association (or GB: to building society)
Bauspardarlehen *n*
(Fin) loan from savings and loan association
(ie, paid out when savings quota [= Mindestsparguthaben] is reached)
Bausparen *n* (Fin) saving through a savings and loan association
Bausparer *m*
(Fin) member of a savings and loan association
– (GB) person saving through a building society
Bausparguthaben *n* (Fin) balance on savings account with a savings and loan association (or GB: a building society)
Bausparkasse *f*
(Fin) building and loan association
(Fin, US) savings and loan association
– (GB) building society
Bausparkassengesetz *n* (Re) Law on Building and Loan Associations, of 16 Nov 1972
Bausparmarketing *n* (Fin) marketing by building and loan associations
Bausparprämie *f* (Fin) government premium allowed to savers in savings and loan association
Bausparsumme *f*
(Fin) target amount of savings
(ie, which qualifies for a building loan under a ‚Bausparvertrag')
Bausparvertrag *m*
(Fin) agreement under which a loan is granted by a savings and loan association
(ie, for the purchase, construction, or improvement of residential properties)
Baustein *m*
(Bw) building block
(ie, of systems)
(EDV) module
Bausteinsystem *n* (EDV) modular system
Baustelle *f*
(com) building site
– construction site
– job site
Baustellenfertigung *f*
(IndE) job-site production
– fixed-site production *(eg, large-scale equipment and machinery, construction industry)*
Baustoffe *mpl*
(com) building materials
– construction materials
Baustoffhandlung *f*
(com) building supply firm
– (GB) builder's merchant
Baustoffindustrie *f*
(com) building materials industry
– construction materials industry
Bausumme *f* (com) total construction cost
Bautätigkeit *f* (Vw) building activity
Bauteil *n*
(IndE) component (part)
(ie, Bauelement)
– structural component
(IndE) assembly
(ie, Baugruppe)
– subassembly
(ie, Unterbaugruppe, U-Gruppe)

Bauteilname *m* (EDV, CAD) decal name
Bauträger *m*
(com) property developer
– company building and selling completed residential properties
Bauträger-Gesellschaft *f*
(com) real estate developing company
(ie, one that subdivides land into sites, builds houses and sells them)
Bauüberhang *m* (com) volume of unfinished building projects
Bauüberwachung *f* (Re) building inspection
Bau- und Prüfvorschriften *fpl* (com) specifications for construction and testing
Bauunternehmer *m*
(com) building contractor
– construction firm
Bauvergabe *f* (com) award of construction contract
Bau *m* **vergeben**
(com) to award a building contract
– to let a building contract
Bauverwaltung *f* (Re) building authorities
Bauvolumen *n* (Vw) volume of construction output
Bauvorhaben *n* (com) construction project
Bauvorschriften *fpl*
(Re) building code
– building regulations
Bauwert *m*
(com) construction cost of a building
(ie, taken as a basis for determining the lending value = ‚Beleihungswert' of a plot of land)
Bauwerte *mpl* (Bö) buildings
Bauwesenversicherung *f*
(Vers) builder's risk insurance
(ie, insurance on a building during construction)
Bauwirtschaft *f*
(com) building industry
– construction industry
– (GB) building trade
Bauzeit *f* (com) construction period
Bauzinsen *mpl* (com) interest for building finance
Bauzuschuß *m* (FiW) building subsidy
Bauzwischenkredit *m*
(Fin) intermediate building credit
(ie, replaced by a mortgage credit upon completion of the building)
BAV (Vers) = Bundesaufsichtsamt für das Versicherungs- und Bausparwesen
BAW (com) = Bundesamt für gewerbliche Wirtschaft
b.a.w. (Fin) = bis auf weiteres
Bayer-Bäume *mpl* (EDV) = B-Bäume, qv
Bayes-Regel *f*
(Bw) Bayes rule
(ie, beruht auf der Annahme, daß der Mangel an objektiven Wahrscheinlichkeiten kein Grund ist, die einzelnen Zukunftslagen auch subjektiv als gleich wahrscheinlich anzusehen; im wesentlichen gleich dem Bernoulli-Prinzip bei gegebener Nutzenfunktion)
Bayessches Theorem *n*
(Stat) Bayes' theorem
– principle of inverse probability
BBankG (Re) = Bundesbankgesetz
BBauG (Re) = Bundesbaugesetz

B-Bäume *mpl*
(EDV) balanced trees
(ie, Listenkonzept zur Adreßverwaltung)
B-Bereich *m* (EDV, Cobol) area b *(cf, DIN 66 028 Aug 1986)*
BBG (Re) = Bundesbeamtengesetz
BBiG (Re) = Berufsbildungsgesetz
BDA (com) = Bundesvereinigung der Deutschen Arbeitgeberverbände
BDI (com) = Bundesverband der Deutschen Industrie
BDS (com) = Bund deutscher Schauwerber e.V.
BDSG (Re) = Bundesdatenschutzgesetz
beabsichtigen (Re) to contemplate
beabsichtigte Geschäftspolitik *f* (Bw) prospective business policy
beabsichtigte Nettoinvestition *f*
(Vw) intended net investment
– planned net investment
beachtlicher Irrtum *m*
(Re) substantial mistake
– operative mistake
Beachtung *f* **der Groß-/Kleinschreibung** *f* (com) case-sensitivity
Beamter *m*
(com) public official *(ie, for life)*
– (GB) civil servant
(ie, not only administrative personnel in direct government service, but also school teachers, university staff, police, part of armed forces, clergy, judiciary, senior employees in the Post Office and railways)
Beamter *m* **auf Lebenszeit**
(Pw, US) career public servant
– (GB) permanent civil servant
Beamter *m* **auf Probe** (Pw) public servant on probation
Beamter *m* **auf Widerruf** (Pw) temporary public servant
Beamter *m* **auf Zeit** (Pw) public servant on limited appointment
beanspruchen
(Re) to claim
– to lay claim to
Beanspruchung *f* **der Priorität** (Pat) claim to priority
beanstanden
(com) to complain about
– to reject
(eg, defective goods)
beanstandet (IndE) non-conforming
Beanstandung *f*
(com) complaint (about)
– objection (to)
(ReW) exception (to)
(ie, in balance sheet audit)
Beanstandungscode *m* (IndE) non-conformance code
beantragen
(com) to apply for
– to make an application for
Beantwortung *f*
(com) answer
– reply
Beantwortungsfrist *f* (Re) time limit set for filing a reply

bearbeiten
(com) to deal with
– handle
– to process *(eg, incoming mail)*
(IndE) to process
– to treat
(EDV) to edit
bearbeitende Industrie *f*
(com) manufacturing industry
– processing industry
Bearbeiter *m* (com) person in charge of (sth)
Bearbeitung *f*
(com) handling
– processing
(eg, incoming mail)
(Zo) working of goods *(= Veredelung)*
(IndE) processing
– treatment
Bearbeitungsaufschlag *m* (com) service charge
Bearbeitungsbetrieb *m* (IndE) processing plant
Bearbeitungsfehler *m* (com) processing error
Bearbeitungsgebühr *f*
(com) service charge
– handling fee
– processing fee
(Fin) management charge
– management fee
– bank service charge
Bearbeitungskosten *pl*
(com) handling cost
(Vers) cost of writing insurance
(Vers) claim expenses
(IndE) manufacturing cost
– processing cost
Bearbeitungsmethode *f*
(IndE) manufacturing method
– manufacturing technique
Bearbeitungsprogramm *n* **für die Großproduktion**
(IndE) retooling program
Bearbeitungsprovision *f*
(Fin) handling fee
(ie, charged by credit granting bank)
Bearbeitungsreihenfolge *f* (IndE) machine sequence
Bearbeitungsschädenklausel *f* (Re) clause relating to processing risks
Bearbeitungsschritt *m* (EDV) job step
Bearbeitungsstempel *m*
(com) date stamp
– receipt stamp
Bearbeitungstasten *fpl* (EDV) editing keys
Bearbeitungsverfahren *n*
(IndE) manufacturing method
– manufacturing technique
Bearbeitungsvorgang *m*
(com) processing operation
(Zo) manufacturing operation *(ie, im Veredelungsverkehr)*
Bearbeitungszeit *f*
(IndE) process time
– processing time
(OR) holding time
(EDV) process time
(eg, in teleprocessing)
beaufsichtigen (Pw) to supervise
Beaufsichtigung *f* (Pw) supervision

beauftragen
(com) to charge with
– to put in charge with
– to instruct
– to commission
(Re) to authorize
– to empower
beauftragen mit
(com) to charge with
– to put in charge of
beauftragte Bank *f* (Fin) paying bank
Beauftragter *m*
(com) agent
– representative
(Re) attorney-in-fact
– private attorney
(Re) mandatory
(ie, person agreeing to perform unremunerated services involving the transaction of business for another, § 662 BGB)
Beauftragter *m* **für den Datenschutz** (EDV) data protection officer *(syn, Datenschutzbeauftragter)*
bebauen
(com) to build upon
– to develop *(ie, to build on land)*
bebaute Fläche *f*
(com) improved area
– built-up area
bebaute Grundstücke *npl*
(com) developed real estate
(ReW) land and buildings
– land built-upon
(StR) improved real property
(ie, carrying buildings and other structures, §§ 74–90 BewG)
bebautes Gelände *n* (com) built-up area
Bebauungsgebiet *n*
(com) building area
– development area
Bebauungsgrenze *f* (Re, US) building line
Bebauungskosten *pl*
(com) building costs
– cost of buildings
Bebauungsplan *m*
(com) building plan
– development plan
(ie, for the area in which land is located, § 69 III BewG; zweite und rechtsverbindliche Stufe der Bauleitplanung, qv)
BEd (Pw, GB) = Bachelor of Education degree
Bedarf *m*
(com) demand (for)
– need (for)
– requirements (of)
Bedarf *m* **an Arbeitskräften** (Pw) manpower requirements
Bedarf *m* **an liquiden Mitteln** (Fin) cash requirements
Bedarf *m* **decken**
(com) to meet
– to satisfy
– to supply . . . demand/needs/requirements
Bedarf *m* **neu ausschreiben** (com) to rebid a requirement
Bedarfsanalyse *f* (Mk) demand analysis
Bedarfsartikel *mpl* (Mk) necessaries
Bedarfsauflösung *f*
(IndE) requirements explosion
(ie, mit Hilfe von Stücklisten, Rezepten, Herstell- od Bauvorschriften wird der Materialbedarf ermittelt und in s–e Komponenten „aufgelöst"; Unterarten: analytische/synthetische B.)
Bedarfsbefriedigung *f* (Vw) satisfaction of demand
Bedarfsbeschreibung *f*
(EDV) requirements definition
(syn, Anforderungsdefinition, Aufgabendefinition)
Bedarfsdeckung *f*
(com) satisfaction of requirements
– supply of needs
(Mk) demand coverage
Bedarfsdeckungsrate *f* (Mk) = Wiederkaufrate
Bedarfsdeckungswirtschaft *f*
(Vw) subsistence economy
(ie, supplying only survival needs: the minimum of food, clothing, and shelter)
Bedarfselastizität *f* (Mk) demand elasticity
Bedarfserkennung *f* (Mk) demand recognition
Bedarfsermittlung *f* (Mk) demand assessment
Bedarfsfaktoren *mpl*
(Mk) factors of demand
(ie, determined in market analyses)
Bedarfsforschung *f*
(Mk) demand research
(ie, aimed at potential sales volume)
bedarfsgerecht (Mk) tailored to suit the needs of the market
bedarfsgesteuerte Disposition *f*
(MaW) materials requirements planning, MRP
(ie, löste zunehmend die verbrauchsgesteuerte Disposition mit ihrem Order-Point-Verfahren ab; term coined by APICS = American Production and Inventory Control Society, a sister organization of the German GF+M)
Bedarfsgüter *npl*
(Vw) necessaries
(com) consumer goods
Bedarfs-Kreditlinie *f*
(Fin) demand line of credit
– swing line
(ie, customer may borrow on a daily or on an on-demand basis)
Bedarfslenkung *f* (Vw) re-directing consumer demand
Bedarfslücke *f*
(Vw) demand gap
– unsatisfied demand
Bedarfsmarkt *m* (Mk) = relevanter Markt
Bedarfsmaterial *n* (MaW) materials purchased to fill a particular order
Bedarfsmeldung *f* (MaW) (purchase) requisition
Bedarfsmengenkontrolle *f* (MaW) requirements control
Bedarfsmengenplanung *f* (MaW) materials budgeting *(cf, bedarfsgesteuerte Disposition)*
Bedarfsmeßzahl *f* (FiW) figure indicating the average expenditure burden of a municipality
bedarfsorientiert (Mk) demand oriented
bedarfsorientierte Fertigung *f* (IndE) demand-oriented production
Bedarfsplan *m* (Mk) demand plan

Bedarfsplanung *f*
(MaW) requirements planning
(ie, by plant divisions for materials and operating supplies)
Bedarfsprämie *f*
(Vers) net rate
– net premium
(ie, the net charges for insurance cost only, minus expenses or contingencies)
Bedarfsprognose *f* (com) demand forecast
Bedarfsprüfung *f*
(Re) public need test
(ie, prior to licensing a business establishment)
Bedarfsquelle *f* (Mk) demand source
Bedarfsquote *f*
(Pw) vacancy ratio
(ie, job openings to number of unemployed)
Bedarfsrate *f* (OR) demand rate
Bedarfsspanne *f*
(Fin) net expense ratio *(ie, of banks)*
– cover-requiring margin
– required margin
Bedarfsspannenrechnung *f* (Fin) calculation of net expense ratio
Bedarfsspitze *f* (Mk) peak demand
Bedarfssteuerung *f* (Mk) demand control
Bedarfsstruktur *f*
(Vw) order of preference
– preference system
Bedarfsstruktur *f* **des Haushalts** (Vw) tastes of household
Bedarfsverlagerung *f* (Mk) shift in demand
Bedarfsverlauf *m* (Mk) demand pattern
Bedarfsverlust *m*
(MaW) loss of demand
(ie, tritt ein, wenn Fehlmengen nicht aufgefüllt werden können = occurs if stockouts cannot be supplied)
Bedarfsverteilung *f* (Mk) demand distribution
Bedarfsvorhersage *f* (com) = Bedarfsprognose
Bedarfswandel *m* (Mk) change in demand
Bedarfsweckung *f* (Mk) creation of demand
Bedarfswirtschaft *f*
(Vw) needs-economy
(opp, wants-or-aspirations economy)
Bedenken *pl* (com) reservations
Bedenkfrist *f* (WeR) time allowed for re-presentation *(of a bill of exchange, Art. 24 WG)*
bedeutsame Ziffer *f* (Math) significant digit
Bedeutsamkeit *f* (com) relevance
bedienen
(com) to attend to *(eg, customers, clients)*
(Fin) to service *(eg, a loan)*
Bediener *m* (IndE) operator
Bedieneranweisung *f*
(EDV) run chart
– run diagram
(EDV) user guide
Bedienerfreundlichkeit *f*
(EDV) usability
(ie, of a software program; syn, Anwenderfreundlichkeit)
Bedienerführung *f*
(EDV) (operator) prompting
– user prompt
Bedienerkonsole *f*
(EDV) operator console
– operator panel
Bedienkomfort *m* (EDV) accessibility
Bedienperson *f* (EDV) operator
Bedienplatz *m* (EDV) operator console
bedienter Betrieb *m* (EDV) attended operation
Bedienung *f* **e–s Kredits** (Fin) debt service
Bedienung *f* **mit Vorrang** (OR) preemptive service
Bedienung *f* **ohne Vorrang** (OR) nonpreemptive service
Bedienungsanforderung *f*
(EDV) service call
– service request
Bedienungsanleitung *f*
(com) instructions for use
(IndE) operating instructions
Bedienungsanweisung *f* (EDV) operating instructions
Bedienungsaufruf *m* (EDV) operator request
Bedienungsaufschlag *m* (com) service charge
Bedienungseinrichtungen *fpl* (EDV) operating facilities
Bedienungselement *n* (EDV) control element
Bedienungsfeld *n* (EDV) operator control panel
bedienungsfreier Betrieb *m* (EDV) unattended operation
Bedienungsgelder *npl* (ReW) tips and gratuities
Bedienungshandbuch *n*
(IndE) service manual
– user handbook
– manual of instruction
Bedienungsperson *f* (EDV) operator
Bedienungspersonal *n* (IndE) operating personnel
Bedienungspult *n* (EDV) control console
Bedienungsrate *f* (OR) service rate
Bedienungsrelation *f* (IndE) relation between operator's process time and machine time
Bedienungsstation *f*
(OR) server
– channel
– service facility
– service point
– service station
– service unit
(ie, in waiting-line models)
Bedienungsstelle *f*
(OR) service facility
– service point
Bedienungssteuerung *f* (EDV) master scheduler
Bedienungsstrategie *f* (OR) service strategy
Bedienungssystem *n*
(OR) system of service points
(ie, in waiting-line theory)
Bedienungstisch *m* (EDV) control desk
Bedienungszeit *f*
(OR) service time
(syn, Abfertigungszeit, Servicezeit)
bedingt (Re) conditional
bedingt arbeitsfähig
(Pw) fit for limited employment
— fit for limited service
bedingte Abfertigung *f* **zum Dauerverbleib** (Zo) conditional clearance for home use
bedingte Annahme *f* (Re) conditional acceptance

bedingte Ansprüche *mpl*
(Vw) contingent claims
(ie, Ansprüche auf Einkommen od Vermögen, deren Wirksamkeit von der Bedingung des Eintretens des entsprechenden Zustandes abhängt)
bedingte Anweisung *f* (EDV, Cobol) conditional statement
bedingte Ausfallwahrscheinlichkeit *f* (IndE) conditional probability of failure
bedingte Befreiung *f* **von Eingangsabgaben** (Zo) conditional relief from import duties and taxes
bedingte Definition *f* (Log) conditional definition
bedingte Dichte *f* (Stat) conditioned density
bedingte Einfuhr *f* (AuW) conditional imports
bedingte Fälligkeit *f* (Fin) contingent payment
bedingte Häufigkeit *f* (Stat) conditional frequency
bedingte Kapitalerhöhung *f*
(Fin) conditional increase of capital stock, §§ 192 ff AktG
(ie, kann drei Zwecke haben: (1) Sicherung der Ansprüche auf Aktien, die sich aus Umtausch- und Bezugsrechten der Inhaber von Wandelschuldverschreibungen ergeben; (2) Vorbereitung von Fusionen; (3) Schaffung von Bezugsrechten für Arbeitnehmer der Gesellschaft)
bedingte Klausel *f* (com) conditional clause
bedingte Lieferung *f*
(com) conditional delivery
– delivery on condition
(ie, tender of delivery by seller conditioned upon payment)
bedingte Meistbegünstigungsklausel *f* (AuW) conditional most-favored nation clause
bedingte Option *f* (com) qualified option
bedingter Ablauf *m* (EDV) conditional execution
bedingter Anspruch *m* (Re) contingent claim
bedingter Arbeitsvertrag *m*
(Pw) conditional employment contract
(ie, Arbeitsverhältnis soll zu e–m künftigen ungewissen Ereignis beginnen [suspensiv bedingt] od enden [resolutiv] soll)
bedingter Befehl *m* (EDV) conditional instruction
bedingte Regression *f* (Stat) conditional regression
bedingter Erwartungswert *m*
(Stat) conditional expectation
– conditional expected value
bedingt erhöhen (Fin) to increase subject to a contingency
bedingter paralleler Fortschritt *m* (OR) conditional parallel progress
bedingter Sprung *m*
(EDV) conditional branch
– conditional jump
(syn, bedingte Verzweigung)
bedingter Sprungbefehl *m*
(EDV) conditional branch instruction
– conditional jump instruction
– discrimination instruction
(syn, bedingter Verzweigungsbefehl)
bedingter Test *m* (Stat) conditional test
bedingter Vertrag *m* (Re) conditional contract
bedingter Verzweigungsbefehl *m* (EDV) = bedingter Sprungbefehl
bedingt erwartungstreue Schätzfunktion *f* (Stat) conditionally unbiased estimator

bedingtes Anschaffungsgeschäft *n* (StR) acquisition of securities subject to a condition, § 18 II 3 KVStG
bedingtes Fremdkapital *n* (Fin) contingent assets
bedingtes Indossament *n* (WeR) conditional indorsement
bedingtes Kapital *n* (Fin) authorized but unissued capital
bedingtes Maximum *n* (Math) conditioned maximum
bedingtes Recht *n* (Re) conditional right
bedingtes Rechtsgeschäft *n*
(Re) conditional transaction
– (GB) act of the parties subject to a condi|gtion
bedingte Störungsrate *f*
(IndE) conditional rate of failure
– hazard rate of failure
bedingtes Urteil *n* (Log) conditional proposition
bedingte Trennschärfefunktion *f* (Stat) conditional power function
bedingte Überlebenswahrscheinlichkeit *f* (OR) conditional probability of survival
bedingte Verbindlichkeiten *fpl* (Re) contingent liabilities
bedingte Versicherung *f* (Vers) contingent insurance
bedingte Verteilung *f* (Stat) conditional distribution
bedingte Verzweigung *f*
(EDV) conditional branch
– conditional jump
(syn, bedingter Sprung)
(EDV) branch on condition
(syn, conditional branch)
bedingte Wahrscheinlichkeit *f*
(Stat) conditional probability
(ie, vom Informationsstand abhängig)
bedingte Wahrscheinlichkeit *f* **der Ausfallzeit** (IndE) conditional rate of failure
bedingte Wertpapiere *npl*
(Fin) conditional securities
(ie, stock subscription rights, warrants, convertible debt, convertible preferred stock, and stock options, qv)
Bedingtgeschäft *n* (Re) conditional transaction
Bedingtlieferung *f*
(com) sale qualified by right of return
(ie, esp. in book selling)
bedingt verfügbare Liquidität *f* (AuW) conditional liquidity
bedingt verfügbare Pufferzeit *f*
(OR) interfering float
– dependent float
Bedingung *f*
(com) condition
– precondition
(eg, make it a . . . of the talks that the meeting (should) be held)
– *(fml)* prerequisite *(of, for, to)*
(Re) condition *(general term)*, §§ 158 ff BGB
– stipulation
(eg, of a contract)
(Log, Math) condition
(EDV, Cobol) condition
(ie, program status for which a truth value can be determined; cf, DIN 66 028, Aug 1985)

Bedingung *f* **der Zug-um-Zug-Erfüllung** (Re) concurrent condition
Bedingungen *fpl* (com) terms and conditions
Bedingungen *fpl* **auferlegen** (Re) to impose conditions
Bedingungen *fpl* **festsetzen**
(Re) to stipulate terms
– to stipulate conditions
Bedingungen *fpl* **vereinbaren**
(Re) to agree on conditions
– to settle terms
Bedingung *f* **erfüllen**
(Re) to comply with a condition
– to fulfill a condition
– to perform a condition
– to satisfy a condition
Bedingung *f* **erster Ordnung** (Math) first-order condition
Bedingungsausdruck *m* (EDV, Cobol) conditional expression
Bedingungscode *m* (EDV) condition code
bedingungsfeindliches Geschäft *n*
(Re) absolute transaction
– unconditional transaction
– actus legitimus
(ie, ist es dennoch mit e–r Bedingung verknüpft, ist diese in der Regel nichtig)
Bedingungsgleichung *f* (Math) conditional equation
Bedingungskonstellation *f* (Bw, Vw) combination of circumstances
bedingungslos
(Re) unconditional
– without qualification
– without stipulations
– (infml) unfootnoted
bedingungslose Abfertigung *f* **zum Dauerverbleib** (Zo) unconditional clearance for home use
bedingungslose Schenkung *f*
(Re) absolute gift
(opp, conditional gift)
bedingungslose Zuwendung *f* (Re) = bedingungslose Schenkung
bedingungslos verfügbare Liquidität *f* (IWF) unconditional liquidity
Bedingungsname *m*
(EDV, Cobol) condition name
(cf, DIN 66 028, Aug 1985)
Bedingungsteil *m* (EDV) conditional part
Bedingungsvariable *f* (Math) conditional variable
Bedingung *f* **tritt ein**
(Re) condition happens
– condition is performed
– contingency comes to pass
Bedingung *f* **zweiter Ordnung** (Math) second-order condition
bedungene Einlage *f* (Fin) stipulated capital contribution
Bedürfnis *n* (Vw) want
Bedürfnis *n* **befriedigen**
(Vw) to meet a want
– to satisfy a want
Bedürfnisbefriedigung *f*
(Vw) satisfaction of wants
- satiation of wants

Bedürfnis *n* **der Selbstverwirklichung** (Pw) self-actualization need
Bedürfnishierarchie *f* (Bw) hierarchy of needs *(cf, Maslow)*
Bedürfniskoinzidenz *f* (Vw) (double) coincidence of wants
Bedürfnislohn *m*
(Vw) living wage
– cultural wage
Bedürfnisprüfung *f*
(Re) public need test
(ie, prior to licensing a business establishment)
Bedürfnispyramide *f* (Bw) = Bedürfnishierarchie
Bedürfnisse *npl*
(Vw) wants
– wants and needs
– tastes and preferences
(ie, „Gefühl e–s Mangels mit dem Streben, ihn zu beseitigen", v. Herrmann, 1832)
Bedürfnisskala *f* (Vw) scale of preferences
Bedürfnisstruktur *f*
(Vw) want pattern
– want structure
bedürftige Angehörige *mpl* (Re) dependents in need
Bedürftigkeitsprüfung *f*
(SozV) means test
– no-means test
– test of need
(ie, standard of eligility based on income)
beeidigter Dolmetscher *m* (com) sworn interpreter
beeidigter Sachverständiger *m*
(Re) sworn expert
– sworn appraiser
Beeidigung *f* (Re) administration of oath
beeinflußbare Kosten *pl*
(KoR) controllable cost
(ie, term used in ‚responsibility accounting'; syn, disponible Kosten)
beeinflußbare Maschinenzeit *f* (IndE) controlled machine time
beeinflußbare Variable *f* (Math) controlled variable
Beeinflusser *m* (Mk) influencer
beeinträchtigen
(com) to abridge
– to encroach upon
– to impair
– to interfere (upon/on)
– to interfere with
(eg, a right)
Beeinträchtigung *f*
(com) encroachment (on)
– infringement (of)
– interference (with)
– abridgement
beenden (Re) to terminate *(eg, a contract)*
Beendigung *f* (Re) termination
Beendigung *f* **e–s Vertragsverhältnisses**
(Re) discharge of a contract
(ie, by performance or otherwise)
– termination of a contractual relationship
Beendigungsgrund *m*
(Re) cause for terminating
(eg, a contract)
– . . . give the right to terminate . . .

Beendigung *f* **von Schuldverhältnissen**
(Re) discharge of obligations
(eg, termination of contract by performance)
beerben
(Re) to inherit from
– to succeed to *(eg, the family estate)*
Beerdigungskosten *pl*
(StR) funeral expenses
(ie, extraordinary burden = ‚außergewöhnliche Belastung' for income-tax purposes)
befähigt
(Pw) capable of
– qualified for
Befähigung *f*
(Pw) ability
– aptitude
– capacity
– qualification
Befähigung *f* **nachweisen**
(Pw) to prove qualifications
– to furnish proof of qualifications
– to submit evidence as to qualifications
Befähigungsnachweis *m*
(com) proof of ability
– proof of competence
– evidence of formal qualifications
(Re) certificate of qualification
Befähigung *f* **zum Richteramt** (Re) qualification for judicial office
Befehl *m*
(EDV) instruction
– command
(EDV) command
(ie, as part of an instruction; es gibt vier Arten von Befehlen:
1. Definitionsbefehle;
2. Ein/Ausgabebefehle;
3. Verarbeitungs- und Rechenbefehle;
4. Abfrage- und Sprungbefehle)
Befehlsablauf *m* (EDV) instruction cycle
Befehlsabrufphase *f* (EDV) instruction fetch phase
Befehlsadresse *f*
(EDV) instruction address
(syn, Instruktionsadresse)
Befehlsänderung *f* (EDV) instruction modification
Befehlsausführung *f* (EDV) instruction execution
Befehlsausführungszeit *f* (EDV) instruction time
Befehlsbereich *m* (EDV) instruction area
Befehlscode *m* (EDV) instruction code
Befehlsdatei *f* (EDV) command file
Befehlsdiagramm *n* (EDV) instruction flowchart
Befehlsergänzung *f* (EDV) instruction modification
Befehlsfolge *f* (EDV) instruction sequence
Befehlsindex *m* (EDV) instruction index
Befehlsinterpretation *f*
(EDV) instruction decomposition
(ie, step in pipelining)
Befehlskette *f*
(Bw) chain of command
– internal lines of command
(EDV) instruction chain
Befehlskettung *f* (EDV) command chaining
Befehlslänge *f* (EDV) instruction length
Befehlsliste *f* (EDV) instruction list
Befehlsmakro *n* (EDV) command macro
Befehlsregister *n* (EDV) instruction register
Befehlsschaltfläche *f* (EDV, GUI) command button
(executes a command when clicked with the mouse)
Befehlsschleife *f* (EDV) instruction loop
Befehlsschlüssel *m* (EDV) instruction code
Befehlsstruktur *f* (EDV) command structure
Befehlsteil *m* (EDV) operation part
Befehlstyp *m* (EDV) instruction type
Befehlsübertragung *f*
(EDV) instruction fetch
(ie, from main memory to control unit)
Befehlsverkettung *f* (EDV) pipe
Befehlsvorrat *m* (EDV) instruction set
Befehlsweg *m* (Bw) = Befehlskette
Befehlszähler *m*
(EDV) location counter
– program counter
– sequence counter
Befehlszeilenzugriff *m* (EDV) shell account
Beförderer *m* (Zo) carrier
befördern
(com) to transport
– to carry
– to forward
– to convey
– to ship *(eg, goods)*
(Pw) to advance
– to promote
Beförderung *f*
(com, US) transportation
– (GB) transport
– carriage
– conveyance
– freighting
– shipment
– haulage
(Pw) advancement
– promotion
Beförderung *f* **ablehnen** (Pw) to turn down a promotion
Beförderung *f* **auf dem Landwege** (com) land transport
Beförderung *f* **auf dem Luftwege** (com) air transport
Beförderung *f* **im Straßenverkehr** (com) road haulage
Beförderung *f* **im Transitverkehr** (com) transport in transit
Beförderung *f* **im Zollgutversand** (Zo) transport (of goods) under customs transit
Beförderung *f* **per Bahn** (com) rail transport
Beförderung *f* **per Schiff** (com) waterborne transport
Beförderungsangebot *n* (com) offer of transportation
Beförderungsanspruch *m*
(Pw) seniority right
– right to be advanced
– right to be promoted
Beförderungsart *f* (com) mode of transport
Beförderungsaussichten *fpl*
(Pw) career prospects
– prospects of promotion
Beförderungsbedingungen *fpl*
(com) conditions of transport

(ie, Geschäftsbedingungen der Verkehrsunternehmen; cf, EVO, CIM, CIV, KVO, CMR, PBefGes, AGNB)
Beförderungseinheit *f* (com) transport unit
Beförderungsentgelte *npl*
(com) transport charges
– transport rates
Beförderungsgeschäfte *npl*
(Re) transport activities
– transport operations
(ie, comprising passenger and goods traffic)
Beförderungsgut *n* (com) cargo
Beförderungskosten *pl*
(com) cost of transport(ation)
– transport expenses
– freight
(com) railroad charges
– railway charges
(com) haulage
(ie, in road transport)
Beförderungsleistung *f*
(com) volume of traffic
(StR) transport operations
(ie, within the meaning of the turnover tax law)
Beförderungsleiter *f* (Pw) promotion ladder
Beförderungsmittel *npl*
(com) means of transportation
– transport facilities
Beförderungspapier *n*
(Zo) transit document
– transport document
Beförderungspflicht *f* (Re) statutory duty of public carriers to undertake transportation
Beförderungsrisiko *n* (com) risk of transport
Beförderungstarif *m* (com) scale of transport charges
Beförderungsteuer *f*
(StR) transportation tax
(ie, superseded by the value-added tax, as of 1 Jan 1968)
Beförderungsteuergesetz *n* (StR) Transportation Tax Law, of 13 June 1955, as amended
Beförderungsunternehmen *n*
(com) transport company
– private carrier
Beförderungsvertrag *m*
(Re) shipping contract
– (GB) contract of carriage
– forwarding contract
Beförderungsvorschriften *fpl* (com) forwarding instructions
Beförderungswege *mpl*
(com) transport routes
(Zo) transit routes
Beförderungszulage *f* (Pw) seniority pay
Beförderung *f* **unter Zollverschluß** (Zo) transport under customs seal
Beförderung *f* **von Stückgut** (com) transport of general cargo
befrachten
(com) to load
(ie, on board a ship)
– to freight
(eg, ship is freighted with . . .)
– to affreight
(com) to forward freight
(ie, up to ship's berth, putting it at disposal of ocean carrier)
Befrachter *m*
(com) inland waterway forwarding agent
(com) freighter
– shipper
(ie, for whom freight is transported, contracts with ocean carrier)
Befrachtung *f* (com) freighting
Befrachtungsmakler *m* (com) chartering broker
Befrachtungsvertrag *m*
(com) contract of affreightment
(ie, either charter party or bill of lading)
Befragter *m* (Mk) respondent
Befragung *f*
(Stat) public-opinion survey
– opinion poll
(Stat) interview
(ie, persönliche Befragung)
(Mk) interview
(ie, mehrere Methoden der Primärforschung)
Befragung *f* **e–r Grundgesamtheit** (Mk) canvass
befreien
(com) to discharge
– to dispense
– to exempt
– to exonerate
– to free
– to relieve
(Re) to excuse
(eg, performance)
(Re) to insulate from
– to insulate against
(eg, risk of liability, imposition of liability)
(Re) to relieve
(eg, of liability)
(Fin) to discharge
(eg, of debt)
befreiende Lebensversicherung *f* (SozV) exempt life insurance
befreiende Schuldübernahme *f* (Re) assumption of debt (*or* liability) in discharge of the old debtor
befreiende Wirkung *f* (Re) discharging effect
befreien von (com) to exempt from
befreit
(Re) immune from
– relieved of *(eg, liability to)*
(StR) exempt
befreite Organisationen *fpl* (StR) exempt organizations
Befreiung *f*
(com) exemption
(StR) tax exemption
– exemption from tax liability
Befreiungen *fpl* (StR) exemptions
Befreiungsklausel *f* (AuW, GATT) escape clause
Befreiungsversicherung *f* (SozV) insurance taken out to exempt beneficiary from compulsory social insurance
Befreiung *f* **von den Eingangsabgaben**
(Zo) exemption from import duties and taxes
– waiver of import duties and taxes
Befreiung *f* **von der geschuldeten Leistung** (Re) discharge of obligation

Befreiung *f* **von e–r Schuld**
(StR) forgiveness of a debt
– forgiveness of a indebtedness, § 13 I 5 ErbStG
Befreiung *f* **von e–r Verbindlichkeit**
(Re) discharge
– release from an obligation
befreundete Zahlen *fpl* (Math) amicable numbers
befriedigen
(Vw) to meet
– to satisfy
(eg, want, need)
(Re) to satisfy
(eg, claim)
(Re) to pay off
– to satisfy
(eg, creditor)
Befriedigung *f*
(Re) satisfaction
(eg, claim, creditor)
(Vw) satisfaction
– satiation
(eg, want)
Befriedigung *f* **des Bedarfs** (Vw) satisfaction of demand
Befriedigung *f* **e–s Gläubigers vereiteln** (Re) to frustrate the satisfaction of a creditor
Befriedigungsrecht *n* (Re) right to obtain satisfaction, § 371 HGB
Befriedigungsvorrecht *n* (Re) right to preferential payment
Befriedigung *f* **von Gläubigern** (Re) paying off creditors
befristen
(com) to place
– to set
– to fix . . . a deadline (on)
– to put a time limit on
befristet
(com) limited in time
– having a time limit or cutoff date
– with a limited time
(eg, for acceptance of an offer)
befristete Einlagen *fpl*
(Fin) time deposits
(eg, at no less than 30 days' notice)
befristete Exportförderung *f* (AuW) export promotion limited in time
befristete Guthaben *npl* (Fin) time balances
befristete Police *f* (Vers) time policy
befristeter Kredit *m* (Fin) time loan
befristeter Vertrag *m* (Re) contract of limited duration
befristetes Angebot *n* (com) offer open for a specified time
befristetes Anschaffungsgeschäft *n* (StR) acquisition of securities subject to a time limitation, § 18 II 3 KVStG
befristetes Arbeitsverhältnis *n* (Pw) limited employment contract
befristetes Darlehen *n* (Fin) loan with fixed date for repayment
befristete Verbindlichkeiten *fpl* (Fin) term liabilities
Befristung *f*
(com) setting a time limit
– setting a deadline
(Re) time limit
(ie, zeitliche Beschränkung der Wirkungsdauer e–s Rechtsgeschäfts)
BefStG (StR) = Beförderungsteuergesetz
Befugnis *f*
(com) authority
– competence
– power(s)
Befugnisse *fpl* **überschreiten**
(com) to exceed authority
– to exceed powers
Befugnisse *fpl* **übertragen**
(com) to delegate authority
– to delegate powers
befugt
(com) authorized
– competent
– empowered
begebbar
(WeR) negotiable
(ie, referring to ‚Inhaber- und Orderpapiere' = bearer and order instruments; transfer by indorsement and delivery)
(WeR) transferable
– assignable
(ie, referring to ‚Rekta-/Namenspapiere' = registered or nonnegotiable instruments; transfer by assignment)
begebbare Schuldverschreibung *f* (WeR) negotiable bond
begebbare Wertpapiere *npl*
(WeR) negotiable instruments
(WeR) transferable instrument
– assignable instruments
(ie, verbriefen od verkörpern Ansprüche aus kurzfristigen Krediten)
Begebbarkeit *f*
(WeR) negotiability
(ie, restricted to order and bearer papers)
begeben
(WeR) to negotiate
(ie, to hand over
1. Inhaberpapiere, by indorsement and delivery, Indossament und Übergabe;
2. Orderpapiere, by mere delivery, bloße Übergabe; see also ‚Einwendungsausschluß')
(Fin) to issue
(eg, bond issue)
– to float
– to launch
(Fin) to sell
(eg, a loan)
(Fin) to negotiate
(eg, at the stock exchange)
Begebung *f*
(WeR) negotiation
(Fin) issue
(ie, of shares and other securities)
Begebung *f* **e–r Anleihe**
(Fin) issue
– flotation
– launching . . . of a loan (*or* bonds)
Begebung *f* **e–s Wechsels** (WeR) negotiation of a bill of exchange

Begebungsfähigkeit *f* (Fin) negotiability
Begebungskonsortium *n*
(Fin) issuing group
– issuing syndicate
– selling group
Begebungskosten *pl* (Fin) issue costs
Begebungskurs *m*
(Fin) issue price
– subscription price
– coming-out price
(syn, Emissionskurs, Zeichnungskurs)
Begebung *f* **von Aktien**
(Fin) issue of shares
– issue of stock
Begebung *f* **von Auslandsanleihen** (Fin) issue of foreign bonds
begehbares Schaufenster *n* (Mk) walk-in-window
Begehen *n* **e–r unerlaubten Handlung** (Re) commission of an unlawful act (*or* tort)
Begeher *m* **e–r unerlaubten Handlung**
(Re) tortfeasor
– person committing an unlawful act
Beginn *m* **der Rechtsfähigkeit** (Re) beginning of legal capacity, § 1 BGB
begl. (Re) = beglaubigt
beglaubigen
(Re) to authenticate
– to legalize
(eg, a signature)
– to certify
(eg, certified to be a true and correct copy of the original)
beglaubigte Kopie *f* (com) certified copy
beglaubigte Übersetzung *f* (com) certified translation
beglaubigte Urkunde *f* (Re) authenticated document
beglaubigte Vollmacht *f* (Re) certified power of attorney
Beglaubigung *f*
(Re) authentication
– certification
– verification
(ie, stating that a document is in due legal form; beglaubigt werden Unterschriften, Handzeichen, Firmen- und Namenszeichnungen, Abschriften; § 39 BeurkG)
Beglaubigungsgebühr *f* (Re) certification fee
Beglaubigungsinstitution *f*
(WeR) Protesturkunde *f*
(ie, translation of the German term; cf, notice of dishonor)
Beglaubigungsvermerk *m*
(Re) attestation clause
– certificate of acknowledgment
begleichen
(com) to pay
(eg, a debt)
– to defray
(eg, cost, expenses)
– to discharge
(eg, a debt)
– to settle
(eg, bill or money claimed)
– to square
(eg, an account)
Begleichung *f*
(com) payment
– discharge
– settlement
Begleichungstermin *m* (Fin) settlement date
Begleitblatt *n* (com) advice note
Begleitdokumente *npl* (com) accompanying documents
Begleitmaterial *n*
(com) backing-up material
(ie, as an accompaniment of a language course)
Begleitpapier *n* (com) accompanying document
Begleitschreiben *n*
(com) accompanying letter
– covering letter
– letter of transmittal
Begleitumstände *mpl*
(com) attendant circumstances
– surrounding circumstances
Begleitungsdienst *m* **im Zoll- und Verbrauchsteuerverkehr** (Zo) escort duties with respect to customs and excise matters
Begleitzettel *m* (com) compliment slip
begrenzen
(com) to limit
– to set limits on
– to restrict
– (infml) to put a cap on *(eg, railroad rates)*
(EDV) to delimit
– to frame
begrenzende Wortmarke *f* (EDV) defining word mark
Begrenzer *m*
(EDV, Cobol) delimiter
– separator
(syn, Trennzeichen; cf, DIN 66 028, Aug 1985)
begrenzte Ausschreibung *f*
(com) preclusive specification
(ie, für e–e begrenzte Zahl von Bietern)
begrenzte Enumeration *f*
(OR) implicit enumeration
– backtracking
(ie, Typ von Entscheidungsbaumverfahren der kombinatorischen Optimierung, gehört zur Klasse der impliziten vollständigen Enumeration)
begrenzter Markt *m*
(com, Bö) narrow market
– thin market
– tight market
begrenzter Markttest *m* (Mk) consumer acceptance test
begrenzte Zuständigkeit *f* (Re) limited jurisdiction
Begriff *m*
(Log) concept
– notion
(Note: ‚term', strictly speaking, is not the equivalent of ‚Begriff'; it is simply a word or expression = Bezeichnung, Benennung; unfortunately, however, ‚term' and ‚concept', like their German counterparts, are used interchangeably by scholars and non-scholars alike)
Begriff *m* **des Obersatzes**
(Log) major term
(ie, the predicate of the conclusion in a categorical syllogism)

Begriff *m* **des Untersatzes**
(Log) minor term
(ie, the term that is the subject of the conclusion in a categorical syllogism)
begrifflich (Log) conceptual
begrifflicher Bezugsrahmen *m*
(Log) conceptual frame of reference
– conceptual framework
begriffliche Supposition *f* (Log) logical supposition
Begriff *m* **präzisieren** (Log) to respecify a concept
Begriffsbestimmung *f* (Log) definition of a concept
Begriffsbestimmung *f* **des Warenursprungs** (Zo) definition of the concept of originating products
Begriffsbestimmung *f* **des Zollwerts** (Zo) definition of value for customs purposes
Begriffsbildung *f* (Log) concept formation
Begriffsdefinition *m* (com) definition
Begriffsinhalt *m*
(Log) intension
(ie, of a concept)
– connotation
Begriffslogik *f* (Log) logic of concepts
Begriffsumfang *m*
(Log) extension
(ie, of a concept)
– denotation
begründen
(Re) to create/establish *(ie, a right)*
(com) to state reasons (for)
(Re) to justify
– to substantiate
(eg, a claim in a law court)
begründet (Re) supported by a reasoned opinion
begründete Einrede *f* (Re) good defense
begründete Entlassung *f* (Pw) dismissal for cause
begründete Vermutung
(com) educated guess
(ie, based on some knowledge of fact)
begründete Weigerung *f* (Re) reasonable refusal
Begründung *f*
(com) statement explaining reasons (for)
– substantiation
(com) explanatory note
– explanatory memorandum
Begründung *f* **e–s Gerichtsstandes** (Re) establishment of a forum
Begründung *f* **e–s Gesellschaftsverhältnisses** (Re) establishment of a partnership
Begründung *f* **e–s Rechts** (Re) creation of a right
Begründung *f* **e–s Wohnsitzes** (Re) establishment of a residence, § 7 BGB
Begründungsfrist *f* (StR) time limit set for stating reasons of an administrative appeal
Begründungszusammenhang *m* (Log) context of justification
Begründungszwang *m* (Re) duty to submit supporting arguments
Begrüßungsgeld *n* (com) welcome money
begünstigen
(com) to favor
– to foster
– to support
– to promote
(Re) to benefit
begünstigt (com) favored
begünstigte Aufwendungen *mpl* (StR) expenses subject to preferential treatment
begünstigte Einfuhr *f*
(Zo) preferential import
– importation on preferential terms
Begünstigter *m* (Re) beneficiary
begünstigter Warenverkehr *m* (AuW) preferential trade
begünstigtes Ausfuhrland *n* (AuW) exporting beneficiary country
begünstigtes Land *n* (Zo) beneficiary country
Begünstigung *f*
(com) support
– preferential treatment
Begünstigungsklausel *f* (Re) beneficiary clause
begutachten
(com, Re) to give an expert opinion
(com) to appraise
– to assess
– to evaluate
Begutachtung *f*
(com, Re) appraisal
– valuation
– expert valuation
behaftet
(com) surrounded
(eg, forecasts are surrounded by a number of uncertainties)
Behälterabkommen *n* (Zo) Customs Convention on Containers, of 1956
behandeln
(com) to address oneself to
(eg, task, problem, business in hand)
– to deal with
– to approach
– to tackle
– to treat
Behandlung *f* **e–r Großspeicherdatei**
(EDV) random processing
(ie, treatment of data without respect to their location in external storage)
Beharrungseffekt *m*
(Mk) hold-over effect
(ie, im Rahmen der Marketingplanung)
Beharrungstendenz *f* (Bö) tendency to inertia
behaupten
(com) to allege *(ie, facts, without proof)*
– to assert
(ie, forcefully; eg, a right)
– to claim
(ie, in the face of opposition)
– to contend
(ie, say with strength)
– to maintain
(ie, to argue for an opinion)
behauptende Aussage *f* (Log) assertion
behauptendes Urteil *n* (Log) assertoric proposition
behauptet (Bö) steady
Behauptung *f*
(com) allegation
– assertion
– claim
– contention
Behauptung *f* **aufstellen** (com) = behaupten

Behauptung *f* **beweisen**
(com) to prove an assertion
– to prove a contention
Behauptung *f* **ohne Grundlage**
(com) unfounded assertion
– assertion without substance
Behauptung *f* **zurückweisen** (com) to reject an allegation
Beheizungskosten *pl* (KoR) heating cost
behelfsmäßig (com) makeshift
beherrschende Gesellschaft *f* (com) controlling company
beherrschender Einfluß *m*
(com) control
– dominating influence
beherrschendes Unternehmen *n*
(com) controlling enterprise
– dominant enterprise
beherrschte Fertigung *f*
(IndE) controlled process
– process under control
beherrschte Gesellschaft *f* (com) controlled company
beherrschter Fertigungsprozeß *m* (IndE) controlled process
beherrschtes Unternehmen *n* (com) controlled enterprise
Beherrschungstatbestand *m* (Bw) facts leading to group control, § 290 HGB
Beherrschungsvertrag *m*
(com) control agreement
– subordination agreement
(ie, AG oder KGaA unterstellt sich [ungeachtet ihrer Rechtsform] der Leitung e–s anderen Unternehmens; agreement under which a corporation subordinates its management to that of another enterprise, § 291 I AktG)
Behinderte *pl* (SozV) disabled people
Behinderter *m*
(SozV) handicapped person
– handicapped individual
– disabled person
(ie, physically handicapped, deaf, hard of hearing, blind, partially sighted, speech impaired, mentally handicapped or ill)
Behinderungsmißbrauch *m*
(Kart) undue restraint of market power
(ie, etwa durch folgende Maßnahmen: (1) Ausschließlichkeitsbindungen; (2) Squeezing; (3) Sperrkäufe)
Behinderungswettbewerb *m* (Kart) restraint of competition
Behörde *f*
(Re) public authority
– public agency
– administrative agency
Behördeneinkauf *m*
(FiW) public purchasing
– purchasing by governmental agencies
(syn, öffentliche Auftragsvergabe, Staatseinkauf)
Behördenhandel *m* (com) purchasing and distribution of merchandise within a government agency
Behördenleiter *m*
(Bw) administrator
– head of a government agency
Behördensprache *f* (com) officialese
Behördenvertrag *m* (Re) government contract
behördlich anerkannte Wirtschaftsprüferstelle *f*
(ReW) officially recognized accounting agency
behördliche Genehmigung *f*
(Re) official license
– official permit
behördliche Zulassung *f* (Re) concession
Beiakten *fpl* (Re) related files
bei Auftragserteilung (com) with order
bei Bedarf (com) as and when necessary
Beibehaltungswahlrecht *n* (ReW) retention option, § 280 II HGB *(ie, right to retain lower values)*
Beibinder *m*
(Mk) bound-in
(ie, sheet or brochure added to a newspaper or magazine)
beiderseitiges Einverständnis *n* (Re) mutual consent
beiderseitiges Verschulden *n* (Re) mutual fault
Beidhand-Analysebogen *m* (IndE) two-handed process chart
Beidhanddiagramm *n*
(IndE) simultaneous motion cycle chart
– simo chart
bei Eröffnung (Bö) at the opening
bei Fälligkeit
(Fin) at maturity
– when due
Beiheft *n* (com) supplement
Beihefter *m*
(Mk) bound-in
(ie, sheet or brochure added to a newspaper or magazine)
Beihilfe *f*
(Pw) allowance paid by the government to public employees
(ie, as contribution to costs of removal, illness, death, etc.)
(Pw) benefit
Beihilfe *f* **zu Patentverletzung** (Pat) aiding and abetting infringement
Beiladung *f*
(com) additional cargo
– extra cargo
(Re) summoning a person who is not a party to an administrative legal procedure, § 65 VwGO
Beilage *f* (com) enclosure (same as ‚Anlage‘)
Beilegung *f* **von Streitigkeiten** (Re) settlement of disputes
Beinahe-Geld *n*
(Vw) quasi-money
– near-money
„bei Nichtgefallen Geld zurück“
(com) satisfaction or money back
– money back guarantee
Beipacksendung *f*
(com) collective consignment
– pooled consignment
Beipackzettel *m*
(com) drug guide
– package leaflet
Beirat *m*
(com) advisory board
– advisory council

(ie, fakultatives Organ neben den gesetzlich vorgesehenen Organen Vorstand/Geschäftsführer, Aufsichtsrat, Gesellschafter- bzw. Hauptversammlung; üblich sind Beratungs- und/od Überwachungsfunktionen; praktisch besonders wichtig in der GmbH; syn, Verwaltungsrat)

bei Sicht
(WeR) at sight
– on demand
– on presentation
– upon presentation
(ie, subject to payment upon presentation and demand)

Beisitzer *m* (StR) associate judge

Beistand *m*
(com) aid
– assistance
– support
(Re) legal advisor, § 1685 BGB, § 14 VwVfg

Beistandsfazilität *f* (AuW) support facility

Beistandskredit *m* (Fin) standby credit

Beistandspflicht *f*
(StR) duty to assist
(ie, the local finance office in taxation procedures, examinations and supervisions)

Beistandssystem *n* (AuW) support system

Beistellung *f* (com) provision of materials

Beitrag *m*
(com) contribution
(Fin) financial contribution
– subscription

Beiträge *mpl*
(StR) special public charges
(ie, recurrent or one-time; eg, improvement costs payable by real property owner)
(SozV) social insurance contributions

Beiträge *mpl* **an Bausparkassen**
(Fin) periodic savings deposits with a savings or loan association
– payments made to a savings and loan association

Beiträge *mpl* **zu Berufsverbänden** (com) membership dues paid to trade or professional organizations

Beiträge *mpl* **zur Berufsgenossenschaft** (com) workmen's compensation contributions

Beiträge *mpl* **zur gesetzlichen Rentenversicherung** (Pw) mandatory social insurance contributions

Beitragsabführung *f* (SozV) remittance of social insurance contributions

Beitragsabzug *m* (Pw) deduction of social insurance contributions *(ie, from wages or salaries)*

Beitragsaufkommen *n*
(SozV) yield from contributions
– contribution revenue

Beitragsbefreiung *f*
(SozV) exemption from contributions
(Vers) waiver of premium

Beitragsbemessungsgrenze *f*
(SozV) income threshold
(ie, income limit up to which contributions are payable; Obergrenze, bis zu der Beiträge zu zahlen sind)

Beitragsberechnung *f* (SozV) computation of contributions

Beitragseinnahmen *fpl* (com) contribution receipts

Beitragseinzugsverfahren *n* (SozV) contributions checkoff system

Beitragserstattung *f* (SozV) refunding of contributions

beitragsfrei (SozV) non-contributory

beitragsfreie Police *f* (Vers) free policy

beitragsfreie Versicherung *f*
(Vers) paid-up insurance
(ie, life insurance on which all premiums are paid but has not yet matured by death or endowment)

beitragsfreie Zeiten *fpl* (SozV) no-contribution periods

Beitragsfreiheit *f* (SozV) exemption from contributions

Beitragsjahre *npl* (SozV) contribution years

Beitragsklasse *f* (SozV) scale of contributions

Beitragsleistung *f* (SozV) payment of contributions

beitragsorientierter Pensionsplan *m* (Pw) defined contribution plan

Beitragspflicht *f* (SozV) liability to pay contributions

beitragspflichtig (SozV) liable to contribute

beitragspflichtige Entgelte *npl* (FiW) eligible earnings

Beitragspflichtiger *m*
(com) person liable to contribute
– person liable to pay contributions

beitragspflichtige Vermögenswerte *mpl* (SeeV) contributing values

Beitragsrückerstattung *f* (Vers) refund of premium

Beitragsrückstände *mpl*
(SozV) arrears of contributions
(Vers) arrears of premiums

Beitragssatz *m*
(SozV) rate of contribution
(com) membership fee

Beitragsstaffelung *f* (Vers) grading of premiums

Beitragsüberwachung *f*
(SozV) control of contributions checkoff
– control of contributions collection

Beitragswert *m* (SeeV) contributory value

beitreiben
(Fin) to collect
(Re) to enforce payment

Beitreibung *f*
(com) collection of money due
(StR) enforced collection of amounts due to public authorities
(eg, taxes, fees, fines, penalties, etc.)

Beitreibung *f* **der Steuerschuld** (StR) enforced collection of taxes due

Beitreibungskosten *pl* (Fin) collection expenses

Beitreibungsverfahren *n*
(Fin) recovery proceedings
(Fin) collection procedure

Beitreibung *f* **von Außenständen** (Fin) recovery of accounts receivable

Beitreibung *f* **von Zöllen** (Zo) recovery of duties

beitreten
(Re) to enter
– to accede to
– to join

Beitritt *m*
(EG) accession to the EEC

– EEC accession
– entry into the EEC
Beitrittsakte *f* (EG) Act of Accession
Beitrittsantrag *m*
(Re) application for entry
– application for membership
Beitrittsausgleichsbetrag *m* (EG) accession compensatory amount
Beitrittserklärung *f*
(Re) declaration of accession
– declaration of adhesion
(eg, to EEC)
Beitrittsgegner *m* (EG) anti-marketeer
Beitrittsklausel *f* (Re) accession clause
Beitrittsländer *npl* (EG) acceding countries
Beitrittsurkunde *f*
(Re) document of accession
– instrument of accession
Beitrittsverhandlungen *fpl*
(EG) accession negotiations
– entry talks
– membership negotiations
Beitrittsvertrag *m* (EG) treaty of accession
bei Versand (com) on shipment
bei Vorlage
(WeR) on presentation
(WeR) at sight
– on demand
bekanntgeben
(com) announce
– to disclose
– to publish
– to break out
(eg, detailed results)
bekanntmachen
(com) to announce
– to make public
– to disclose
Bekanntmachung *f*
(com) announcement
(eg, in newspapers, circular letters, etc.)
(Re) public notice
– public announcement
Bekanntmachung *f* **der Börsenorgane** (Bö) notification by stock exchange authorities
Bekanntmachung *f* **der Firmenänderung** (com) notification of change of corporate (*or* firm) name
Bekanntmachungspflicht *f*
(ReW) diclosure requirement
(ie, relating to annual financial statement)
Beklagter *m*
(Re) defendant
(ie, party against whom recovery is sought in a civil action or suit)
Bekleidungsindustrie *f*
(com) apparel industry
– garment industry
– (US, infml) needle industry
bekräftigen
(com) to affirm
– to confirm
(Re) to corroborate
– to substantiate
Bekräftigung *f*
(Re) affirmation
(ie, of the truth of a statement)
– corroboration
– substantiation
bekundete Präferenzen *fpl* (Vw) revealed preferences *(syn, offenbarte Präferenzen)*
Beladen *n* **e–s Containers** (com, US) vanning
Beladung *f*
(com) loading
(com) load
– cargo
Beladungsgrenze *f*
(com) load limit
– maximum load
belasten
(com) to charge against
(eg, charge consignment against my account)
(ReW) to charge
(eg, an account)
– to debit
(Re) to burden
(eg, property)
– to encumber
belastetes Eigentum *n* (Re) encumbered property
belastete Ware *f* (com) taxed product
Belastung *f*
(com) burden
(eg, interest, taxes)
– load
(ReW) charge
– debit
(Re) charge
– burden
– encumbrance
(eg, of property by lien or mortgage)
(AuW) pressure
(eg, on the balance of payments)
Belastungsanzeige *f* (ReW) debit note
Belastungsart *f* (IndE) load type
Belastungsausgleich *m* (OR) load leveling
Belastungsbetrag *m* (ReW) debit amount
Belastungsfaktoren *mpl*
(OR) load factors
(ie, coefficients assigned to the variables in capacity restraints of mathematical programming)
Belastungsgebiet *n* (com) high-pollution area
Belastungsgrenze *f*
(IndE) critical loads
(eg, the level up to which a particular environment can tolerate pollutants without adverse effect)
Belastungsgruppe *f* (IndE) load center
Belastungshochrechnung *f* (IndE) load projecting
Belastungsplanung *f* (IndE) load planning
Belastungsprinzip *n*
(FiW) burden principle
(ie, loan repayments and grants are deducted from total expenditures; the result is the net expenditure)
Belastungsquote *f* **des BSP** (FiW) public-sector share of gnp
belaufen auf, sich
(com) to amount to
– to add up to
– to come to
– to run at
– stand at

beleben
(com) to revive
– to stimulate
– to reinvigorate
– to revitalize
Belebung *f* **der Investitionstätigkeit** (Vw) investment upturn
Belebung *f* **der Konjunktur**
(Vw) economic upturn
– economic recovery
Belebung *f* **der Nachfrage**
(com) recovery of demand
– upturn in demand
Belebung *f* **des Auftragseingangs** (com) picking up of orders
Belebungseffekt *m*
(Vw) reinvigorating effect
– revitalizing effect
Beleg *m*
(ReW) voucher
– slip
– (bookkeeping) record
– document
(ie, written evidence of a business or accounting transaction)
Belegabriß *m*
(com) stub
(ie, in garment retailing)
Belegabschnitt *m*
(com) check voucher
– stub
– (GB) counterfoil
Belegaufbereitung *f* (Fin) voucher processing
Belegbearbeitung *f* (com) document handling
Belegblock *m* (com) pad of forms
Belegbuchführung *f* (ReW) voucher-based accounting
Belegbuchhaltung *f*
(ReW) bookless accounting
– file posting
– ledgerless accounting
– slip system of accounting
(ie, Belege werden zu Grundbüchern zusammengefaßt)
Belegdoppel *n* (ReW) voucher copy
Belegdrucker *m* (EDV) document printer
Belege *mpl*
(ReW) supporting data
– supporting records
belegen
(com) to prove
(Re) situate *(eg, a parcel of land . . . in)*
(EDV) to occupy
– to use
– to assign
belegene Sache *f* (Re) property situated at
Belegenheit *f* (Re) situs *(eg, property that has a situs in Germany)*
Belegenheitsfinanzamt *n* (StR) local finance office where taxable property is situated, § 72 AO *(ie, now ‚Lagefinanzamt', § 18 AO 1977)*
Belegenheitsgemeinde *f* (StR) municipality where taxable property is situated
Belegenheitsprinzip *n* (StR) situs of property principle
Belegenheitsstaat *m*
(StR) country where property is situated
– state of situs
Belegerstellung *f*
(ReW) voucher preparation
– document preparation
Belegexemplar *n*
(com) author's copy
– courtesy copy
Belegfeld *n* (EDV) document field
beleggebundener Einzugsverkehr *m* (Fin) paper-based collections
beleggebundene Zahlung *f* (Fin) paper-based transfer
Beleggrundbuch *n*
(Fin) acceptance ledger
(syn, Akzeptbuch)
beleghaft erteilter Überweisungsauftrag *m* (Fin) paper-based credit transfer order
Belegkopie *f*
(ReW) voucher copy
– document copy
Beleglauf *m* (ReW) voucher routing
Belegleser *m*
(com) document reader
– mark reader
– document handler
(Unterarten: Klarschriftleser, Markierungsleser, Strichcodeleser)
belegloser Datenträgeraustausch *m* (EDV) paperless exchange of data media
belegloser Überweisungsverkehr *m* (Fin) electronic funds transfer, EFT, eft
belegloser Zahlungsverkehr (Fin) electronic funds transfer, EFT, eft
belegloses Scheckeinzugverfahren *n* (Fin) = belegloses Scheckinkasso
belegloses Scheckinkasso *n*
(Fin) check truncation procedure
– truncation
beleglose Zahlung *f* (Fin) paperless transfer
belegmäßige Bestandsaufnahme *f* (ReW) voucher-based materials inventory
belegmäßiger Nachweis *m*
(ReW) audit trail
(syn, Belegverweis)
Belegnumerierung *f*
(ReW) item numbering
– item indorsing
Belegnummer *f* (ReW) voucher number
Belegprinzip *n*
(ReW) „no posting without voucher" principle
(ie, keine Buchung ohne Beleg; vgl aber EDV-Buchführung)
Belegprüfung *f*
(ReW) voucher audit
(Zo) documentary check
– scrutiny of documents
Belegregister *n*
(ReW) voucher register
– voucher journal
– voucher record
Belegsatz *m* (com) form set
Belegschaft *f*
(Pw) employees

– staff
– personnel
– workforce
(ie, Arbeiter, Angestellte, Auszubildende, nicht aber leitende Angestellte)
Belegschaft *f* **reduzieren**
(Pw) to reduce the workforce
– to trim staff
– (infml) to winnow staff
– to slash jobs
Belegschaftsaktien *fpl*
(Fin) employee shares
– employee stocks
– shares offered and sold to employees
– (infml) buckshee shares
(eg, employees get further . . . on a 1 : 1 basis)
Belegschaftsaktienplan *m* (Pw) share purchase plan for employees
Belegschaftsaktionär *m*
(Pw) shareholder employee
– stockholder employee
Belegschaftsangehöriger *m* (Pw) company employee
Belegschaftshandel *m*
(com) intra-company trading
(ie, Verkauf von Waren an Unternehmensangehörige durch Belegschaftsangehörige)
Belegschaftsversammlung *f* (Pw) employee meeting
Belegschaftsversicherung *f*
(Vers) employee insurance
(ie, taken out, and often fully paid, by the employer as an additional safeguard against the risks of disability, old age, and death)
Belegsortierer *m* (EDV) document sorter
Belegstelle *f*
(Log) supporting authority
(ie, found in first-hand special literature)
Belegstreifen *m* (ReW) detail strip
Belegsystem *n* (ReW) voucher system
Belegung *f*
(com) occupancy rate
– occupancy ratio
(eg, hotel, hospital)
(IndE) loading *(syn, Belastung)*
(EDV) assignment
Belegungsdauer *f*
(EDV) holding time
(ie, message time + operating time)
Belegungsplanung *f*
(EDV) utilization planning
(ie, bei Rechensystemen)
Belegungszeit *f*
(IndE) loading period
– loading time
(ie, Vorgabezeit für die Belegung e–s Betriebsmittels durch e–n Auftrag)
Belegverarbeitung *f* (EDV) document handling
Belegzeit *f* (IndE) action time
Belegzuführung *f* (EDV) document feeding
Belegzwang *m*
(StR) legal duty of taxpayer to keep records
(ie, on business, income-related, and special expenses, § 205 AO in connection with §§ 170–182 AO)

beleihbar
(Fin) eligible as collateral
– suitable as collateral
beleihbare Effekten *pl* (Fin) securities eligible as collateral
beleihen (Fin) to lend against (collateral security)
Beleihung *f* (Fin) lending against collateral security
Beleihung *f* **des Warenlagers** (Fin) inventory loan
Beleihung *f* **e–r Police od Versicherung** (Vers) policy loan
beleihungsfähig
(Fin) eligible to serve as a collateral
– suitable as collateral
beleihungsfähiges Objekt *n* (Fin) property eligible as security
Beleihungsgrenze *f*
(Fin) lending ceiling
– lending limit
– marginal loan value
– loan-to-value ratio
(ie, in respect of collateral security; syn, Beleihungssatz)
Beleihungsgrundsätze *mpl* (Fin) lending principles
Beleihungskredit *m* (Fin) advance on collateral
Beleihungsobjekt *n* (Fin) real estate used as collateral
Beleihungsquote *f*
(Fin) loan-to-value ratio
– loan percentage
(syn, Beleihungsrate)
Beleihungsrate *f* (Fin) = Beleihungsquote
beleihungsreifes Bauobjekt *n* (Fin) construction project qualifying for mortgage loans
Beleihungssatz *m* (Fin) = Beleihungsgrenze
Beleihungssätze *mpl*
(Fin) initial margins
(ie, als Mindestdeckung e–s Effektenkredits)
Beleihungswert *m*
(Fin) value of collateral
(ie, highest amount a lender can safely lend on property, life insurance, etc; based on cash value)
(Vers) loan value
(ie, of an insurance policy, based on its cash value)
Beleihung *f* **von Versicherungspolicen** (Fin) loans and advances on insurance policies
Beleuchtungskosten *pl* (KoR) lighting cost
Beleuchtungsstärke *f* (EDV) illuminance
Belieferung *f*
(com) supply
(ie, transport between producer and customer)
beliehenes Unternehmen *n* (Re) independent private enterprise charged with specific functions in the national interest
beliehene Wertpapiere *npl* (Fin) collateral securities
Bemaßung *f* (EDV) dimensioning
Bemerkungseintrag *m* (EDV) comments entry
Bemerkungsfeld *n* (EDV) comments field
bemessen
(com) to assess
– to determine
(Re) to award *(eg, damages)*
Bemessung *f*
(com) assessment
– determination
(Re) awarding

Bemessung *f* **der Eingangsabgaben** (Zo) assessment of import duties
Bemessung *f* **e–r Steuer** (StR) computing a tax
Bemessungsgrundlage *f*
(com) basis of proration
(Re) measure
(eg, of damages)
(StR) tax base
– taxable base
– basis of assessment
Bemessungsgrundlage *f* **für den Gewinn** (Vers) rate base
Bemessungsgrundlage *f* **für die Zollerhebung** (Zo) basis upon which customs charges are determined
Bemessungsmaßstab *m* (com) standard of assessment
Bemessungszeitraum *m*
(StR) income year
(ie, the calendar year, § 2 VII EStG; co-extensive with the period of asessment)
bemustern
(com) to attach samples to an offer
(com) to sample
(ie, drawing samples to determine the average quality of staple goods)
benachbarte Kanten *fpl*
(OR) adjacent edges
– adjacent vertices
benachbarte Küstenstaaten *mpl* (Re) adjoining coastal States
benachbarte Staaten *mpl* (Re) adjoining States
benachrichtigen
(com) to advise
– to inform
– to give notice
(Re) to notify
Benachrichtigung *f*
(com) advice
– information
– notice
(Re) notification
Benachrichtigungsadresse *f* (com) notify party
Benachrichtigungspflicht *f*
(Re) duty of commercial agent to notify principal, § 86 II HGB
(WeR) duty (of holder) to notify certain obligors, Art. 45 WG
Benachrichtigungsschreiben *n* (com) letter of advice
benachteiligen
(Re) to discriminate
– to place at a disadvantage
– to defeat *(eg, creditor, party)*
Benachteiligter *m*
(Re) defeated party
– injured party
Benachteiligung *f*
(Re) discrimination
– unfavorable treatment
Benachteiligung *f* **am Arbeitsplatz** (Pw) job discrimination
Benachteiligungsabsicht *f*
(com) intention to injure (a party)
(Re) intention to defeat
(eg, a creditor in bankruptcy proceedings)

benannte Zahl *f*
(Math) concrete number
– denominate number
(opp, unbenannte Zahl, qv)
beneficium discussionis *n*
(Re) = Einrede der Vorausklage
(ie, privilege by which a surety is bound to sue the principal debtor first, and can only sue the sureties for that which he himself cannot recover from the principal, § 771 BGBf)
Benennung *f* (Log) term *(ie, see: Begriff)*
Benennungssystem *n* (Log) nomenclature
Benutzer *m* (EDV) user
Benutzerakzeptanz *f* (EDV) user acceptance
Benutzeranwendung *f* (EDV) user application
Benutzerberatung *f*
(EDV) user advisory information
(syn, Anwenderberatung)
Benutzerberechtigung *f* (EDV) user authorization
benutzerdefiniert
(EDV) user-defined
– user-written
Benutzer *m* **e–s Warenzeichen** (Pat) rightful user of a trade mark
benutzerfreundlich
(EDV) user friendly
– user responsive
– easy to use
Benutzerfreundlichkeit *f*
(EDV) user friendliness
– user responsiveness
Benutzergruppe *f* (com) class of users
Benutzerhandbuch *n*
(EDV) user's guide
– user manual
Benutzerkennsatz *m* (EDV) user label
Benutzerkennwort *n* (EDV) user password
Benutzerkennzeichen *n*
(EDV) user ID
(*syn, Benutzer-ID)*
Benutzerklasse *f* (EDV) user class
Benutzerkomfort *m* (EDV) user comfort
Benutzerkonfiguration *f* (EDV) user configuration
Benutzerkonto *n* (EDV) user account
Benutzerkosten *pl* (com) user cost
Benutzerkreis *m*
(com) audience
(IndE) user category
Benutzeroberfläche *f* (EDV) human interface
Benutzerprofil *n* (EDV) user profile, UPR
Benutzerprogramm *n*
(EDV) application program
– user program
(syn, Anwender-/Anwendungs-Programm)
Benutzerschnittstelle *f* (EDV) user interface
Benutzerstation *f*
(EDV) user terminal
– (often shortened to:) terminal
Benutzerverzeichnis *n* (EDV) system directory
Benutzervorteil *m* (com) user benefit
Benutzerwert *m* (com) user value
Benutzungsanleitung *f*
(EDV) handling specification
(syn, Hantierungsvorschrift)
benutzungsfreundlich (EDV) friendly

Benutzungsgebühr *f* (FiW) charge (*or* fee) for the use of . . .
– user fee
Benutzungslizenz *f* (Pat) license to use
Benutzungsrecht *n*
(Re) right to use
(cf, Nutzungsrecht)
Benutzungsrichtlinien *fpl* (EDV) acceptable use policy
Benutzungszwang *m*
(Re) compulsory use
(ie, of public utility services; eg, postal services, water, light, etc.)
Benzinauto *n* (com, GB) petrol engined car
Benzinbleigesetz *n*
(Re) Petrol Lead Law
(ie, health protection against air pollution from lead compounds and other metal compound additives in fuels for vehicles engines)
beobachtbare Variable *f* (Stat) observable variable
beobachten
(com) to observe
– (infml) to keep a watchful eye (on)
beobachteter Leistungsgrad *m* (IndE) observed rating
beobachteter Wert *m* (Stat) observation
beobachtete Verfügbarkeit *f* (Stat) observed availability
Beobachtungsdaten *pl* (Stat) observational data
Beobachtungsfehler *m* (Stat) error of observation
Beobachtungsliste *f* (com) watch list
Beobachtungsreihe *f* (Stat) series of observations
Beobachtungswert *m* (Stat) observed value
Beobachtungszeit *f*
(IndE) elapsed time
(ie, of machine operator)
(IndE) effective time
(ie, des Operators, einschl. Vorbereitungs- und Prüfzeit: incl setup and inspection time)
Be- od Verarbeitung *f* (IndE) processing
bequeme Finanzierung *f* (Fin) easy financing facilities
bequemer Zinsfuß *m* (Math) convenient base
beraten
(com) to advise
(com) to consult
(eg, with fellow workers)
– to confer (with)
(Re) to deliberate
beratende Abteilung *f* (Bw) advisory department
beratende Funktion *f*
(com) advisory function
– advisory capacity
beratender Ausschuß *m*
(com) consultative committee
(EG) advisory committee
Beratender Ausschuß *m* **für die Liberalisierung des öffentlichen Auftragswesen** (EG) Advisory Committee on the Opening of Up of Public Procurement
Beratender Ausschuß *m* **für die wichtigsten landwirtschaftlichen Erzeugnisse** (EG) agricultural advisory committee
Beratender Ausschuß *m* **für Zollfragen** (EG) Advisory Committee on Customs Matters
Beratender EWR-Ausschuß *m* (EG) EEA Consultative Committee
beratendes Gremium *n* (com) advisory body
beratendes Rundschreiben *n* (EG) advisory circular
Berater *m*
(com) consultant
– adviser
– counselor
Beratergremium *n* (com) advisory group
Beratervertrag *m*
(com) consultancy agreement
– advisory contract
Beratung *f*
(com) advice
(com) consulting
– consultation
– counseling
(com) consultancy
(Re) deliberation
Beratungsfirma *f*
(com) consulting firm
– consultancy
– consultants
Beratungsgebühr *f* (com) consultancy fee
Beratungsgegenstand *m*
(com) item on the agenda
– subject of discussion
Beratungsgesellschaft *f* (com) consulting company
Beratungsingenieur *m* (com) consulting engineer
Beratungskosten *pl* (com) consulting expenses
Beratungspflicht *f*
(StR) duty to furnish tax counsel
(ie, imposed upon local tax offices under § 89 AO)
Beratungsservice *m* (com) consulting service
Beratungsstelle *f* (com) consulting agency
Beratungstätigkeit *f*
(com) consulting activity
– advisory activity
Beratungsunternehmen *n* (com) consulting firm
Beratungsvertrag *m*
(com) advisory contract
– consultancy contract
Beraubung *f* (SeeV) pilferage
Beraubungsversicherung *f*
(Vers) robbery insurance policy
(ie, coverage protecting against loss from the unlawful taking of property by violence, force, or intimidation)
berechenbare Zeit *f*
(com) billable time
(eg, of free professionals)
Berechenbarkeit *f* (com) computability
berechnen
(com) to calculate
– to compute
(eg, taxes on the amount of royalties)
– to work out
(eg, prices, costs)
(com) to bill
– to charge
– to invoice
(com) to estimate
(eg, in cost calculation)
(EDV) to compute

berechnete Relation *f* (EDV) derived relation
berechneter Nettoumsatz *m* (com) net sales billed
berechnetes Feld *n*
(EDV) calculated field
(ie, field value is always set programatically)
berechnete unfertige Aufträge *mpl* (ReW) billings on contracts in progress
Berechnung *f*
(com) calculation
(com) estimate
(com) billing
– invoicing
(EDV) computation
Berechnung *f* **der Fristen** (Re) computation of time limits
Berechnung *f* **der Zinstage** (Math) computing elapsed time in days
Berechnung *f* **der Zölle und sonstigen Abgaben** (Zo) assessment of duties and taxes
Berechnungsart *f* (com) method of calculation
Berechnungsexperiment *n* (Mk) = Simulationsverfahren
Berechnungsformel *f* (com) computational formula
Berechnungsgrundlage *f*
(com) basis of computation
– basis of calculation
Berechnungsmethode *f* (com) method of calculation
Berechnungsschema *n* (com) = Berechnungsformel
Berechnungsschlüssel *m* (com) = Berechnungsformel
Berechnungszeitraum *m* (com) period of computation
Berechtigter *m*
(Re) beneficiary
– obligee
– promisee
– party entitled to. . . .
berechtigtes Interesse *n*
(Re) vital interest
(ie, of a factual or legal kind; eg, access to inspect official files)
Berechtigung *f*
(SozV) eligibility
– entitlement
Berechtigung *f* **der Steuerfestsetzung** (StR) change of tax assessment
Berechtigungsstufe *f* (EDV) authorization level
Bereich *m*
(com) area
– domain
– range
– scope
– sector
– sphere
(Bw) group *(ie, of a company)*
– division
– operations
– segment
(EDV) area
Bereicherung *f*
(Re) enrichment
(ie, obtaining a thing without consideration = ohne rechtlichen Grund, § 812 BGB)
Bereicherungsabsicht *f* (Re) intent to enrich oneself
Bereicherungsanspruch *m* (Re) claim on account of unjust enrichment
Bereicherungsklage *f*
(Re) action on grounds on unjust enrichment
– *(civil law)* condictio sine causa
Bereich *m* **e–r Variablen** (Math) range of a variable
Bereich *m* **für ein Warteschlangenelement** (OR) queue element area
Bereich *m* **mit selbständiger Ergebnisrechnung** (Bw) profit center
Bereich *m* **realisierbarer Verbrauchspläne** (Vw) budget space
Bereichsadresse *f* (EDV) area address
Bereichsangabe *f* (EDV) area specification
Bereichsausgangspreis *m* (KoR) internal price agreed upon between groups (*or* divisions)
Bereichsausnahmen *fpl*
(Kart) industry-wide exemptions
(ie, agriculture, banks, insurance companies, public utilities)
Bereichs-Controller *m* (Bw) area controller
Bereichsdefinition *f* (Log) area definition
bereichsfixe Kosten *pl* (KoR) fixed department costs
Bereichsgrenze *f*
(EDV) area limit
– area boundary
bereichsintern (Bw) internal
Bereichskapital *n* (Fin) equity capital allocated to a group (*or* division)
Bereichsleiter *m*
(Bw) division manager
– (US, *also)* vice president . . . *(eg, marketing)*
– (GB) divisional director
Bereichsmatrix *f* (EDV) area matrix
Bereichsöffentlichkeit *f*
(Bö) sectoral disclosure
(eg, Deutsche Börse AG bietet Emittenten an, kurssensitive Nachrichten über TPF an die angeschlossenen Nachrichtenagenturen zu verteilen; die gesetzlich geforderte „Bereichsöffentlichkeit" is dadurch hergestellt.)
Bereichsschutz *m* (EDV) memory protect feature
bereichsspezifisch (com) area specific *(eg, secretary)*
Bereichsüberlauf *m* (EDV) range overflow
Bereichsüberschreitung *f* (EDV) limit error
Bereichsunterschreitung *f* (EDV) underflow
Bereichsvariable *f*
(EDV) area variable
(Stat) array variable
Bereichsvorstand *m*
(Bw) dividional board of management
(Bw) top executive in command of a functional area
bereinigte Lohnquote *f*
(Vw) adjusted wage share
(ie, in national income)
bereinigter Betriebserfolg *m*
(ReW) net operating profit
(ie, total profit minus monoperating profit)
bereinigter Gewinn *m*
(Bw) adjusted profit
– adjusted earnings
(ie, Gesamtgewinn abzüglich neutralem Erfolg)

bereinigter Index *m* (Stat) adjusted index
bereinigtes Kassenbudget *n* (FiW) consolidate cash budget
Bereinigung *f*
(com) adjustment
– correction
– settlement
(IndE) streamlining
(eg, of operations sequence)
Bereinigung *f* **des Sortiments** (Mk) streamlining of product range
bereitgestellte Investitionsmittel *pl*
(Fin) capital appropriation
– funds available for capital spending
bereitschaftsabhängige Kosten *pl* (KoR) standby costs
Bereitschaftsdienst *m*
(Pw) standby duty
– standby service
Bereitschaftskosten *pl*
(KoR) standby costs
(ie, grundsätzlich deckungsgleich mit beschäftigungsfixen Kosten; nur in Einzelkostenrechnung verwendet)
Bereitschaftskredit *m*
(IWF) standby credit
– standby facility
(ie, additional device to assist IMF members in temporary difficulites; under these Arrangements members may negotiate lines of credit in anticipation of their actual needs)
Bereitschaftskredit-Abkommen *n* (IWF) standby agreement
Bereitschaftsprämie *f* (Pw) on-call premium
Bereitschaftsrechner *m* (EDV) standby computer
Bereitschaftssystem *n*
(IndE, EDV) standby system
– fall-back system *(syn, Reservesystem)*
Bereitschaftswahrscheinlichkeit *f*
(IndE) operational readiness
(ie, of machines)
Bereitschaftszeit *f* (IndE) waiting time
Bereitschaftszusage *f* (Fin) credit commitment
bereitstellen
(com) to furnish
– to make available
– to make ready for use
– to provide
– to supply
(Fin) to allocate
– to appropriate
– to earmark
Bereitstellung *f*
(com) provision
– supply
(Fin) allocation
– appropriation
– earmarking
(EDV) load
Bereitstellungsadresse *f* (EDV) load area address
Bereitstellungsfonds *m* (Fin) earmarked fund
Bereitstellungsgebühr *f* (Fin) standby fee
Bereitstellungskonto *n*
(ReW) appropriation account
(Fin) credit account open to drawings
Bereitstellungskosten *pl* (MaW) expenses for maintaining reserve inventory
Bereitstellungskredit *m* (Fin) commitment credit
Bereitstellungsliste *f* (IndE) staging bill of material
Bereitstellungsmenge *f* (MaW) service level
Bereitstellungsplafond *m* (Fin) commitment ceiling
Bereitstellungsplanung *f*
(IndE) procurement budgeting
(ie, part of manufacturing planning and scheduling)
Bereitstellungsprinzipien *npl* (MaW) principles of procurement
Bereitstellungsprogramm *n* (EDV) job control program
Bereitstellungsprovision *f* (Fin) loan commitment fee *(ie, now ‚Kreditprovision')*
Bereitstellungsteil *m* (EDV) load field
Bereitstellungszins *m* (Fin) commitment interest
Bereitstellung *f* **von Ressourcen** (Bw) resourcing
Bergbau *m*
(com) mining
(com) mining industry
Bergbauberufsgenossenschaft *f* (SozV) compulsory miners' accident insurance
Bergbaufreiheit *f*
(Re) equal opportunity of mining
(ie, accruing to the first finder of mineral deposits, except gypsum, platinum, tungsten, bod iron ore = Raseneisenerz, and hard coal; the latter falling under the right of eminent domain)
Bergbauingenieur *m* (IndE) mining engineer
Bergbautechnik *f*
(IndE) mining engineering
– mineral engineering
bergbautreibende Vereinigung *f* (com) mining association
Bergbehörde *f*
(Re) mining authorities
(ie, Bergamt, Oberbergamt, and the appropriate Laenderminister)
Bergegeld *n* (com) salvage money
Bergelohn *m* (com) = Bergegeld
Bergelohnforderung *f* (com) salvage claim
Bergewert *m*
(com) salvage value
– residual value
Berggrundbuch *n* (Re) public land register for mining assets
Bergmannsprämie *f*
(StR) (tax-free) miner's bonus
(ie, not subject to social insurance)
Bergmannsrente *f* (SozV) miners' old-age pension
Bergrecht *n* (Re) mining law
bergrechtliche Gesellschaft *f* (Re) mining company
bergrechtliche Gewerkschaft *f*
(Re) mining company
(ie, share capital divided into ‚Kuxe' evidencing a prorata share; partners are called ‚Gewerken'; many companies are now converted into stock corporations)
Bergschäden *mpl*
(IndE) coal mining subsidence
– subsidence damage (caused by coal mining)

(ie, entsteht durch Untertagebergbau an der Erdoberfläche = deep mining often lowers the surface land as the overlying geological strata subside into the void created by the removal of coal)
Bergung *f* (SeeV) salvage
Bergungsgesellschaft *f* (com) salvage company
Bergungskosten *pl* (com, SeeV) salvage charges
Bergungsrecht *n* (Re) right of salvage
Bergungsschaden *m* (SeeV) salvage loss
Bergungsvertrag *m*
(Re) salvage agreement
– salvage contract
Bergwerksaktie *f* (Fin) mining share
Bergwerksanteil *m*
(WeR) registered mining share (= Kux)
(ie, = Rektapapier, no par value, subject to contributions by members)
Bergwerkseigentum *n* (Re) right to economic exploitation of a certain mining district *(ie, this is a right equivalent to real property)*
Bergwerksgesellschaft *f* (com) mining company
Bergwerkskonzession *f* (Re) mining license
Bergwerksrecht *n* (Re) mining right
Bericht *m* (com) report
Bericht *m* **ausarbeiten**
(com) to draw up a report
– to prepare a report
berichten (com) to report
berichtende Abrechnungseinheit *f* (ReW) reporting subunit
berichtende Gesellschaft *f* (ReW) reporting company
Bericht *m* **e–r Auskunftei**
(com) mercantile report
– status report
Berichterstattung *f*
(com) reporting
– coverage
(ReW) disclosure
Berichterstattung *f* **durch die Medien** (Mk) media coverage
Berichterstattungsgrundsatz *m* (ReW) basic standard of reporting
Berichterstellung *f*
(com) report preparation
(EDV) report generation
berichtigen
(com) to correct
– to put right
– to rectify
– to straighten out
(eg, mistakes in a bill)
(ReW) to adjust
berichtigende Werbung *f* (Mk) corrective advertising
berichtigte Bilanz *f* (ReW) adjusted balance sheet
berichtigte Programmversion *f* (EDV) amended version
berichtigter Bruttoauftragseingang *m* (com) adjusted gross sales
berichtigter Bruttoumsatz *m* (com) adjusted gross income
Berichtigung *f*
(com) adjustment
– correction
– rectification
– fixup
Berichtigung *f* **der Währungsausgleichsbeträge** (EG) correction of the monetary compensating amounts
Berichtigung *f* **des Aktienkapitals** (Fin) adjustment of capital stock
Berichtigungsaktien *fpl*
(Fin) bonus shares
– scrip shares
(ie, equivalent to a capital increase out of retained earnings = zu Lasten der offenen Rücklagen, §§ 207 ff AktG; syn, Gratisaktien, Zusatzaktien)
Berichtigungsbetrag *m*
(StR) correcting amount
(EG) corrective amount
Berichtigungsbuchung *f*
(ReW) adjusting entry
– correcting entry
Berichtigungsbuchung *f* **am Jahresende** (ReW) year-end adjustment
Berichtigungsbuchung *f* **nach Abschlußprüfung** (ReW) audit adjustment
Berichtigungsfeststellung *f*
(StR) adjusting assessment
(ie, setting aside or changing a notice of assessment)
Berichtigungsfortschreibung *f*
(StR) adjustment of assessed value to correct a mistake
(ie, made in the last-preceding assessment, § 22 IV 2 BewG)
Berichtigungshaushalt *m* (FiW) amended budget
Berichtigungskonto *n*
(ReW) adjustment account
– reconciliation account
Berichtigungsposten *m*
(ReW) adjusting entry
(ie, in general bookkeeping)
– balancing adjustment
(ReW) valuation account
(ie, as a means of providing for indirect depreciation)
Berichtigungsposten *mpl* **zum Eigenkapital** (ReW) adjustments to capital account
Berichtigungssatz *m* (Zo) rate of adjustment
Berichtigungsveranlagung *f*
(StR) adjusting assessment
(ie, setting aside or changing a notice of assessment)
Berichtigungswerbung *f* (Mk) corrective advertising
Berichtsdatei *f* (EDV) report file
Berichtsdaten *pl* (com) reporting data
Berichtsformular *n* (com) report form
Berichtsgrundlage *f* (com) terms of reference
Berichtsjahr *n* (com) year under review
Berichtsmonat *m* (com) month under review
Berichtsnormen *fpl* (ReW) reporting standards
Berichtsperiode *f* (com) period under review
Berichtsvorlage *f* (com) presentation of a report
Berichtswesen *n* (com) reporting
Berichtszeit *f*
(com) reporting period
– period under review

Berichtszeitpunkt *m*
(com) key date
– reporting date
Berichtszeitraum *m*
(com) reporting period
– period under review
Bericht *m* **über die wichtigsten Ereignisse** (com) highlight report
Bericht *m* **über Umsatzverlust** (com) lost revenue report
Bericht *m* **vorlegen**
(com) to present a report
– to submit a report
– to issue a report (to)
BERI-Index *m*
(Vw) business environment risk index
(ie, Methode zur Erfassung des Länderrisikos; wird seit 1972 jedes Vierteljahr berechnet und umfaßt 45 Länder)
Berliner Kammergericht *n* (Kart) Berlin Appeal Court
Berner Übereinkunft *f*
(Pat) Berne Convention
(ie, die Vertragsstaaten bilden zum Zwecke des Urheberrechtsschutzes e–n eigenständigen Staatenverband)
Berner Verband *m* (Pat) Berne Union
Berner Verbands-Übereinkunft *f* (Pat) Berne Convention
Bernoulli-Experiment *n* (Stat) Bernoulli trial
Bernoulli-Prinzip *n*
(Bw) Bernoulli principle
(ie, decision rule under risk)
Bernoulli-Prozess *m*
(EDV) Bernoulli process
(ie, mathematisches Verfahren; Wiederholung eines Experimentes bei dem es nur zwei mögliche Ergebnisse gibt; wird hauptsächlich für statistische Analyse verwendet.)
Bernoulli-Verteilung *f*
(Stat) Bernoulli distribution
(Math) binomial distribution
Bertrand-Modell *n*
(Vw) Edgeworth-Bertrand model
(ie, of oligopolistic dyopoly)
berücksichtigen
(com) to allow for
– to make allowance for
– to take into account
– to take into consideration
berücksichtigungsfähig (StR) tax deductible
berücksichtigungsfähige Ausschüttungen *fpl*
(StR, KSt) dividend payments subject to reduced tax rates
(ie, superseded by the corporate tax imputation procedure = körperschaftsteuerliches Anrechnungsverfahren)
Beruf *m*
(Pw) occupation
(ie, most inclusive term: work or employment habitually pursued and requiring a certain training; eg, architect, teacher, bookbinder)
(Pw) profession
(ie, requires – often university – training in some special branch of knowledge; eg, law, medicine)
(Pw) career
(ie, job or profession for which one is trained and which is often pursued for a whole lifetime)
(Pw) vocation
(ie, requires a special fitness for a special call)
(Pw) trade
(ie, job needing manual skills; eg, a carpenter by trade)
Beruf *m* **ausüben** (com) to practice an occupation or profession
berufen
(com) to appoint
(eg, to an office)
berufen auf, sich
(Re) to invoke
(eg, a special legal provision)
Beruf *m* **ergreifen**
(Pw) to take up career
(eg, in a particular trade or industry)
berufliche Bildung *f*
(Pw) vocational training
– occupational training
berufliche Eignung *f* (Pw) occupational competence
berufliche Eignungsprüfung *f* (Pw) examination of professional competence *(ie, at graduate level)*
berufliche Fortbildung *f*
(Pw) further occupational training
– further professional training
(Pw) advanced vocational training
(ie, measures to maintain or improve existing skills in a profession or occupation, § 1 III BBiG)
berufliche Gliederung *f* (Stat) occupational classification
berufliche Mobilität *f*
(Vw) occupational mobility
(Pw) career mobility
(ie, willingness to move from one job to another)
berufliche Qualifikation *f*
(Pw) vocational qualification
(Pw) professional qualification
berufliche Rehabilitation *f* (Pw) vocational rehabilitation
beruflicher Ehrenkodex *m*
(Bw) professional code of ethics
– deontology
beruflicher Werdegang *m*
(Pw) career path
– career history
– work history
berufliche Struktur *f* (Pw) occupational pattern
berufliche Umschulung *f* (Pw) vocational retraining, § 1 IV BBiG
Berufsanfänger *m*
(Pw) entry-level employee
– entry-level job seeker
Berufsauffassung *f* (com) professional standard
Berufsausbildung *f*
(Pw) vocational education
– pre-employment training
(Pw) professional training
Berufsausbildungsabgabe *f*
(Pw) levy for the creation of apprentice training places
(ie, imposed by virtue of the Federal Law of 23 Dec 1977)

Berufsausbildungsbeihilfe *f* (Pw) grant or loan paid by the Federal Labor Office to youths or adults to finance occupational training

Berufsausbildungsförderung *f* (Pw) promotion of training for an occupation or profession

Berufsausbildungskosten *pl*
(Pw) cost of occupational or professional training
(ie, may be deducted as extraordinary tax burden, § 33 a EStG)

Berufsausbildungsverhältnis *n*
(Pw) employer relationship
– apprentice relationship, §§ 3 ff BBiG

Berufsausbildungsvertrag *m*
(Pw) contract creating an employer/apprentice relationship
– employer agreement
– apprentice agreement

Berufsausrüstung *f*
(Zo) occupational outfit
(ie, duty-free in the Federal Republic)

Berufsaussichten *fpl*
(Pw) employment outlook
– employment prospects

Berufsausübung *f* (Pw) exercise of a trade, occupation or profession

Berufsberater *m*
(Pw) vocational counselor
– job counselor

Berufsberatung *f*
(Pw) career
– vocational
– occupational . . . guidance
– job counselling
(ie, a monopoly of the Nuremberg-based Federal Labor Office)

Berufsberatungsdienst *m* (com) occupational guidance service *(eg, at the local Labor Office)*

Berufsbezeichnung *f* (Pw) job title

berufsbezogene Ausbildung *f* (Pw) career-oriented training

Berufsbild *n*
(Pw) detailed description of a specific occupation, § 40 a HandwO
(Pw) professional activity description

Berufsbildung *f* (Pw) generic term of the ‚*Berufsbildungsgesetz*' covering (1) occupational or professional training, and (2) all retraining measures

Berufsbildungsgesetz *n* (Re) Occupational Training Law, of 14 Aug 1969 and variously amended

Berufserfahrung *f*
(Pw) vocational experience
– professional experience
– proven experience
(eg, several years of . . .)
– post-qualifying experience

Berufsexamen *n* (com) professional examination

Berufsfeld *n* (Pw) group of ‚training' occupations

Berufsfortbildung *f* (Pw) training to improve existing skills in the taxpayer's profession or employment, § 10 EStG

Berufsfreiheit *f*
(Re) right to freely choose one's occupation, place of work and place of training, Art. 12 GG
– freedom of occupation

Berufsfürsorge *f* (SozV) = (now) Berufshilfe

Berufsgefahren *fpl* (Pw) occupational hazards

Berufsgeheimnis *n*
(com) professional secrecy
– professional discretion

Berufsgenossenschaft *f* (SozV) social insurance against occupational accidents

Berufsgliederung *f*
(Stat) occupational classification
(ie, criteria: (a) sex, (b) economic sectors, (c) social status, (d) occupation)

Berufsgruppe *f*
(Pw) occupational group
– professional group
– trade group

Berufsgruppen-Einteilung *f* (Stat) occupational classification

Berufshaftpflichtversicherung *f*
(Vers) professional liability insurance
– malpractice insurance
– (GB) professional indemnity insurance

Berufshandel *m*
(Bö) professional (securities) dealing
– professional trading

Berufshilfe *f* (SozV) training promotion provided by the statutory accident insurance fund

Berufskammer *f*
(com) professional organization
(ie, semi-autonomous corporations under public law)

Berufskodex *m* (com) code of professional guidelines

Berufskrankheit *f*
(Pw) industrial disease
– occupational disease

Berufsleben *n* (Pw) working life

berufsmäßige Spekulation *f*
(Bö) professional speculation
– professional stock exchange operations

Berufsorganisation *f*
(com) professional association
– trade association

Berufspflicht *f* (Pw) professional duty

Berufspflichtverletzung *f* (Pw) professional misconduct

Berufspsychologie *f* (Pw) occupational psychology

Berufsrichter *m* (Re) permanent judge

Berufsrisiko *n* (Pw) occupational hazard

Berufsschule *f*
(Pw) vocational school
(ie, attended part-time in conjunction with practical apprenticeship)

berufsständische Vertretung *f* (com) professional representation

Berufsstatistik *f* (Stat) occupational statistics

Berufsstellung *f*
(Pw) occupational status
– professional status

Berufsstruktur *f* (Stat) occupational structure

Berufssystematik *f*
(Pw) occupational classification
– structure of occupational groups

berufstätig
(Pw) working
(Stat) gainfully employed

Berufstätige *mpl* (Stat) gainfully employed persons

berufstätige Bevölkerung *f* (Stat) gainfully employed population
Berufstätiger *m*
(Pw) worker
(ie, general term denoting various degrees of qualification; eg, the President of the United States is an industrious worker)
Berufstätigkeit *f*
(Pw) work
– employment
– occupation
– professional activity
(Stat) gainful employment
Berufsumschulung *f* (Pw) vocational retraining
Berufsunfähigkeit *f*
(SozV) occupational disability
(ie, below 50% of capacity, § 1246 RVO)
Berufsunfähigkeitsrente *f*
(SozV) pension for occupational invalidity
(ie, due to decline in earning capacity)
Berufsunfall *m* (SozV) occupational accident
Berufsunfallversicherung *f* (SozV) occupational accident insurance
Berufsverband *m* (com) professional association
Berufsverbot *n*
(Re) non-admission to a profession
(Re) revocation of the license to practise
Berufsvereinigung *f*
(com) trade association
– professional body
Berufsvertretung *f* (com) representation of professional group
Berufswahl *f* (Pw) choice of occupation
Berufswechsel *m* (Pw) job change
Berufszählung *f* (Stat) occupational census
Berufszuschlag *m* (Vers) added premium for occupational risks
Berufszweig *m* (Pw) line of occupation
Berufung *f*
(Pw) appointment
(Re) appeal
(ie, against judgment, on questions of fact or law)
Berufung *f* **einlegen**
(Re) to appeal a decision
– to take an appeal
(ie, to a higher court)
– to appeal against
(ie, a decision)
Berufungsbeklagter *m*
(Re) appellee
– respondent
(ie, in civil proceedings)
Berufungsfrist *f* (Re) period set aside for appeal
Berufungsgegner *m* (Re) appellee
Berufungsgericht *n* (Re) appellate court
Berufungsinstanz *f* (Re) appellate instance
Berufungskläger *m*
(Re) appellant
(ie, in civil proceedings)
Berufungsmöglichkeit *f* (Re) resort to an appellate court
Berufung *f* **stattgeben** (Re) to allow an appeal
Berufung *f* **verwerfen**
(Re) to dismiss an appeal
– to negative an appeal
Berufung *f* **zurückweisen** (Re) to dismiss an appeal
Beruhigungsfrist *f* (Pw) cooling-off period
berühren (Re) to affect *(cf, nicht berührt werden)*
Berührungspunkt *m* (Math) point of tangency
berührungssensitiver Bildschirm *m*
(EDV) touch screen
(cf, Kontaktbildschirm)
berührungssensitives Display *n* (EDV) touch-sensitive display
Besatzung *f* (com) crew
Besatzungsmitglied *n* (com) crew member
Beschädigtenrente *f*
(SozV) disablement pension
(ie, paid to war veterans if earning capacity is reduced to at least 30%)
Beschädigter *m* (SozV) disabled person
beschädigte Sendung *f* (com) defective consignment
beschädigte Waren *fpl*
(com) damaged goods
(Zo) goods deteriorated or spoiled
(eg, by accident or force majeure)
beschaffen
(com) to procure
– to furnish
– to supply
Beschaffenheit *f* (com) quality
Beschaffenheit *f* **der Waren** (Zo) nature of goods
Beschaffenheitsabweichung *f* (Re) nonconformance
Beschaffenheitsangabe *f* (com) quality description
Beschaffenheitsmerkmal *n* (IndE) characteristic of state *(cf, DIN 4000.T.1)*
Beschaffenheitsschaden *m*
(SeeV) inherent defect
– inherent vice
Beschaffenheitssicherung *f*
(com) quality protection
(ie, of merchandise)
Beschaffenheitszeugnis *n* (com) certificate of inspection
Beschaffung *f*
(MaW, *i. w. S.*) procurement
– resource acquisition
– resourcing
(ie, covers labor, materials, equipment, services, rights, capital)
(MaW, *i. e. S.*) purchasing
– sourcing
Beschaffung *f* **für die lagerlose Fertigung** (MaW) hand-to-mouth buying
Beschaffung *f* **neuen Fremdkapitals** (Fin) provision of fresh outside finance
Beschaffungsamt *n*
(FiW) government purchasing authority
(ie, set up to buy specific requirements)
Beschaffungsaufgabe *f* (Mk) buying task
Beschaffungsbegleitkarte *f* (MaW) purchase traveler
Beschaffungsbudget *n* (MaW) procurement budget
Beschaffungseinrichtung *f*
(Kart) purchasing organization, § 5 III GWB
– procurement facilities
Beschaffungsermächtigung *f* (MaW) procurement authorization

Beschaffungsforschung *f*
(MaW) procurement research
(ie, market study and market survey)
Beschaffungsfunktion *f* (MaW) procurement function
Beschaffungsgruppe *f* (Mk) buying center
Beschaffungshandbuch *n* (MaW) purchasing manual *(syn, Einkaufshandbuch)*
Beschaffungskartell *n* (Kart) buying cartel
Beschaffungskosten *pl*
(MaW) procurement cost
– ordering cost
– cost of acquisition
Beschaffungskredit *m* (Fin) buyer credit
Beschaffungsmarketing *n* (Mk) procurement marketing
Beschaffungsmarkt *m*
(Bw) input market
– procurement market
beschaffungsmäßige Verflechtung *f* (Vw) backward linkage
Beschaffungsnebenkosten *pl*
(Maw, KoR) incidental procurement cost
(eg, freight, cartage, insurance)
Beschaffungsplan *m* (MaW) procurement budget
Beschaffungsplanung *f*
(MaW) procurement planning
– procurement budgeting
Beschaffungspolitik *f* (MaW) purchasing policy
Beschaffungspreis *m*
(MaW) purchase price
(ie, invoice price of goods + expenses incidental thereto; eg, transportation, insurance, packing, customs duties)
Beschaffungsproblem *n* (OR) procurement problem
Beschaffungsprogramm *n*
(MaW) buying program
– purchasing program
Beschaffungsstatistik *f*
(MaW) procurement statistics
(ie, comprises (a) external market statistics, (b) order statistics, (c) purchase statistics)
Beschaffungsstrategie *f* (Mk) purchasing strategy
Beschaffungs- und Distributions-Logistik *f* (Bw) outbound logistics
Beschaffungsvertrag *m* (FiW) procurement contract
Beschaffungsvollzugsplanung *f*
(MaW) detailed procurement planning
(ie, broken down on a quarterly and monthly basis)
Beschaffungsweg *m*
(MaW) procurement channel
(ie, either direct or indirect purchasing: Bezug beim Hersteller od Einkauf beim Handel)
Beschaffungswert *m* (ReW) acquisition value
Beschaffungswesen *n*
(MaW) purchasing and materials management
– procurement system
(FiW) government procurement
Beschaffungszeit *f*
(MaW) purchasing
– procurement
– inventory
– vendor
– replenishment . . . lead time
– procurement cycle
beschäftigen
(Pw) to employ
– to occupy
Beschäftigte *mpl*
(Pw) employed persons
– employees
– wage and salary earners
Beschäftigte *mpl* **in der Stablinienorganisation** (Pw) staff operatives
Beschäftigtenstand *m*
(Pw) level of employment
– volume of employment
(Pw) number of persons employed
Beschäftigtenzahlen *fpl* (Stat) jobs data, employment figures
Beschäftigung *f*
(Bw) output
– production volume
– production level
(KoR) activity
– volume
(Pw) employment
– occupation
(Pw) total number of employees
Beschäftigung *f* **an der Kapazitätsgrenze**
(Vw) capacity output
– capacity production
Beschäftigung *f* **annehmen** (Pw) to take employment
Beschäftigung *f* **aufnehmen** (Pw) to take up work (*or* employment)
Beschäftigungsabweichung *f*
(KoR) activity
– capacity
– idle capacity
– noncontrollable
– volume . . . variance
(ie, tritt nur in der Vollkostenrechnung auf; Differenz zwischen Sollgemeinkosten der Istbezugsgröße und den verrechneten Plangemeinkosten der Ist-Bezugsgröße)
Beschäftigungsart *f* (Stat) employment category
Beschäftigungsaussichten *fpl*
(Pw) employment prospects
– employment outlook
– job prospects
– job outlook
– job perspectives
beschäftigungsbedingt
(Pw) employment-connected
– employment-related
Beschäftigungsbedingungen *fpl*
(Vw) conditions of employment
– employment conditions
Beschäftigungsbereich *m* (KoR) range of activity
Beschäftigungsbescheinigung *f* (Pw) certificate of employment
Beschäftigungschancen *fpl*
(Vw) employment opportunities
– employment prospects
– job opportunities
– job prospects

Beschäftigungsdauer *f*
(Pw) duration of employment
– duration of service
– length of employment
– lenght of service
Beschäftigungseffekt *m* (Vw) employment effect
Beschäftigungseinbruch *m*
(Vw) drop in economic activity
(Pw) sudden slump in employment
Beschäftigungsengpaß *m* (Vw) employment bottleneck
Beschäftigungsentwicklung *f*
(Vw) trend in economic activity
(Vw) employment trend
Beschäftigungsförderung *f* (Vw) promotion of employment (*or* work)
Beschäftigungsgesellschaft *f* (FiW) employment company
Beschäftigungsgrad *m*
(Bw) capacity utilization rate
– degree of capacity utilization
– operating rate
Auch:
– activity level
– level (*or* volume) of activity (*or* operations *or* output *or* production)
– volume point *(eg, to run a mill at a high . . .)*
(ie, ratio of actual utilization to attainable capacity working; syn, Kapazitätsausnutzungsgrad, qv)
Beschäftigungsindex *m*
(Vw) employment index
(KoR) index of volume
Beschäftigungsindikator *m* (Vw) employment indicator
Beschäftigungskrise *f* (Vw) employment crisis
Beschäftigungslage *f*
(Vw) level of employment
– current employment figures
– employment situation
Beschäftigungsland *n* (StR) country of employment
Beschäftigungsmöglichkeiten *fpl*
(Pw) employment opportunities
– job opportunities
Beschäftigungsniveau *n* (Vw) level of employment
(ie, jobless rate or number of unemployed)
Beschäftigungsort *m* (Pw) place of employment
Beschäftigungsplanung *f* (KoR) planning of activity level
Beschäftigungspolitik *f*
(Vw) manpower policy
(Vw) = Vollbeschäftigungspolitik
Beschäftigungspotential *n* (Vw) potential labor force
Beschäftigungsprogramm *n*
(Pw) job creation program
– make-work scheme
– (infml) jobs plan
(ie, spending program to create jobs or to promote employment and increase investment)
Beschäftigungsreserve *f* (Vw) reserve of potential labor
Beschäftigungsschwankungen *fpl* (KoR) fluctuations in activity
beschäftigungssichernde Finanzpolitik *f* (FiW) fiscal policy safeguarding a targeted level of employment
Beschäftigungssituation *f*
(Vw) employment situation
– job situation
– manpower situation
– labor market situation
Beschäftigungsstand *m* (Pw) employment level
Beschäftigungsstatistik *f*
(Stat) statistics of employment
– manpower statistics
Beschäftigungsstruktur *f*
(Vw) pattern of employment
(ie, distribution of gainfully employed persons among various sectors or regions of a national economy, either in absolute or percentage terms)
Beschäftigungstheorie *f* (Vw) theory of income and employment
Beschäftigung *f* **suchen**
(com) to look for employment
– to seek employment
beschäftigungsunabhängige Kosten *pl*
(KoR) standby cost
– noncontrollable cost
Beschäftigungsverhältnis *n* (Pw) employment (relationship)
Beschäftigungsvolumen *n*
(Pw) employment volume
(ie, total hours worked)
beschäftigungswirksam (Vw) having a positive impact on employment
Beschau *f* **der Waren** (Zo) physical inspection of the goods
Bescheid *m* (Re) administrative decision
Bescheid *m* **erteilen** (Re) to render an administrative decision
bescheinigen
(com) to certify
(eg, This is to certify that . . . = Hiermit wird bescheinigt, daß . . .)
bescheinigende Stelle *f* (com) certifying body
Bescheinigung *f*
(com) certificate
– „to whom(soever) it may concern"
Bescheinigung *f* **ausstellen** (com) to make out a certificate
Bescheinigung *f* **beibringen**
(com) to submit a certificate
– to furnish a certificate
Bescheinigung *f* **der Ursprungsbezeichnung** (Zo) certificate of designation of origin
Bescheinigung *f* **der Zollstelle** (Zo) customs certificate
Bescheinigungs- und Zulassungsvorschriften *fpl* (AuW) certification and approval requirements
Bescheinigung *f* **über abgabenfreie Verbringung ins Zollgebiet** (Zo) duty-free entry certificate
Bescheinigung *f* **über die Einfuhr aus einem Nicht-Mitgliedsland** (EG) certificate of import from a nonmember country
Bescheinigung *f* **über die Wiederausfuhr** (Zo) certificate of re-exportation
Bescheinigung *f* **über die Wiedereinfuhr** (Zo) certificate of re-importation
Bescheinigung *f* **über zusätzliche Nämlichkeitszeichen** (Zo) certificate concerning additional identification marks

Bescheinigung *f* **über zuviel gezahlte Zollgebühren** (Zo) over-entry certificate
beschichten
(IndE) to coat
(ie, put a layer of substance over another)
(IndE) to laminate
(ie, generally plastics to sheet metal)
beschichtetes Material *n*
(com) sensitized material
– sensitized photographic products
(ie, covers still and motion pictures, x-ray film, paper, plates, and photographic materials)
Beschichtung *f*
(IndE) coating
(ie, Aufbringung von Überzügen)
Beschichtungsmasse *f* (IndE) coating compound
Beschläge *mpl*
(com) hardware
– (GB) fixings
Beschlagnahme *f*
(Re) attachment
(ie, to satisfy the judgment debt)
(Re) arrest
(ie, of ship or cargo)
Beschlagnahme *f* **aufheben** (Re) to set aside an attachment
Beschlagnahmebeschluß *m* (Re) order of attachment
beschlagnahmefähig (Re) attachable
Beschlagnahmerisiko *n* (AuW) risk of capture and seizure
Beschlagnahmeverfügung *f* (Re) warrant of attachment
Beschlagnahmeversicherung *f* (Vers) capture-risk insurance
beschlagnahmte Forderung *f* (Re) claim attached by a judgment creditor, § 392 BGB
Beschleunigerkarte *f* (EDV) graphics accelerator *(syn, Graphikbeschleuniger)*
beschleunigte Abschreibung *f*
(ReW) accelerated depreciation
(StR) accelerated allowance
beschleunigte Bewegung *f* (Mk) accelerated motion
beschleunigtes wirtschaftliches Wachstum *n*
(Vw) accelerated growth
– forced-draught expansion
beschleunigtes Wirtschaftswachstum *n*
(Vw) accelerated economic growth
– forced-draught expansion
beschließen
(com) to adopt a resolution
– to pass a resolution
(Fin) to declare
(eg, a dividend)
beschließendes Organ *n* (Bw) decision-making body
Beschluß *m*
(Re) decision
– resolution *(eg, passed in a meeting)*
(cf, fitting verbs: adopt – draft – formulate – introduce – uphold – pass)
Beschlußabteilung *f*
(Kart) rule-making branch
– Diciding Division *(ie, des Bundeskartellamtes = Federal Cartel Office)*

Beschluß *m* **beantragen** (Re) to sue out a writ
beschlußfähig (com) constituting a quorum
beschlußfähige Anzahl *f*
(com) quorum
(ie, taken from the phrase: ‚numerus membrorum quorum praesentia necesse est')
beschlußfähige Versammlung *f* (com) quorate meeting
Beschlußfähigkeit *f* (com) presence of a quorum
beschlußfähig sein (com) to form a quorum
Beschluß *m* **fassen**
(com) to adopt a resolution
– to pass a resolution
beschlußfassendes Organ *n* (Bw) = beschließendes Organ, qv
Beschlußfassung *f*
(com) adoption of a resolution
– passing of a resolution
Beschluß *m* **mit einfacher Mehrheit** (com) resolution by simple majority
Beschlußorgan *n* (com) decision-making body
beschlußreif (com) ready to be voted on
Beschluß *m* **über die Eröffnung des Konkursverfahrens** (Re) order of adjudication in bankruptcy
Beschluß *m* **über Dividendenausschüttung** (Fin) declaration of dividend
Beschlußunfähigkeit *f* (com) absence of quorum
beschneiden
(com) to cut back on
– to pare (down)
– to trim
– to clamp a lid on
(eg, spending)
Beschnittmarken *fpl* (EDV) crop marks
beschränken
(com) to limit
– to restrict
– to constrain
beschränkt abzugsfähige Sonderausgaben *fpl* (StR) limited allowance for special expenses
beschränkte Deliktsfähigkeit *f* (Re) limited capacity to commit unlawful acts, § 828 BGB
beschränkte Einkommensteuerpflicht *f* (StR) nonresidents' income tax liability
beschränkte Geschäftsfähigkeit *f*
(Re) limited capacity to contract
– restricted capacity to transact business
beschränkte Haftung *f* (Re) limited liability
beschränkt einkommensteuerpflichtig (StR) subject to limited taxation of income
beschränkte Konvertibilität *f*
(AuW) limited convertibility
– partial convertibility
– restricted convertibility
beschränkte Meistbegünstigung *f* (AuW) conditional most-favored-nation treatment
beschränkte Nachschußpflicht *f* (Re) limited liability of members to make additional contributions
beschränkte persönliche Dienstbarkeit *f* (Re) limited personal servitude, § 1090 BGB
beschränkter Handel *m* (Bö) restricted trading
beschränkter Markt *m* (com) restricted market
beschränktes Eigentum *n* (Re) qualified ownership
beschränktes Giro *n* (WeR) qualified indorsement
beschränktes Recht *n* (Re) limited right

beschränkte Steuerpflicht *f* (StR) limited tax liability
beschränkte Variable *f* (Math) bounded variable
beschränkte Vollmacht *f* (Re) limited authority
beschränkte Zuständigkeit *f*
(Re) limited jurisdiction
(opp, unbeschränkte Zuständigkeit)
beschränkte Zuteilung *f* (Fin) limited allotment
beschränkt geschäftsfähig
(Re) of limited contractual capacity
– limited in competence to enter into legal transactions, § 8 BGB
beschränkt Geschäftsfähiger *m*
(Re) person with limited capacity
(ie, to transact legal business)
beschränkt haftender Gesellschafter *m* (Bw) limited partner
beschränkt konvertierbar (AuW) limitedly convertible
beschränkt persönliche Dienstbarkeit *f* (Re) easement restricted to the benefit of an individual
beschränkt steuerpflichtig
(StR) subject to limited tax liability
(ie, applies to nonresident individuals, § 1 EStG)
beschränkt Steuerpflichtiger *m*
(StR) non-resident taxpayer
– person subject to limited taxation
Beschränkung *f*
(com) restriction
(Math) constraint
– restriction
– limiting condition
Beschränkung *f* **ausländischer Investitionen** (AuW) controls over foreign investment
Beschränkung *f* **des Kapitalverkehrs** (AuW) restrictions on capital movements
Beschränkungen *fpl* **auferlegen** (com) to impose restrictions
Beschränkungen *fpl* **aufheben**
(com) to lift restrictions
– to remove restrictions
Beschränkungen *fpl* **verschärfen** (com) to intensify restrictions
Beschränkungsvektor *m* (OR) restriction vector
beschreiben
(com) to describe
– to specify
(EDV) to record
Beschreiben *n* **e–r Spur** (EDV) recording of a track
Beschreibung *f*
(com) description
– account
– report
– specification
(Pat) patent specification
(EDV, Cobol) description
beschriften (com) to inscribe
Beschriftung *f*
(com) inscription
– marking
Beschriftungsschild *n*
(com) placard (strip)
– name plate
(ie, of a machine)
(EDV) marking label

Beschwerde *f*
(com) complaint
(Re) appeal
(StR) administrative appeal
(ie, against a decision which rejects the application for administrative relief, § 349 AO)
Beschwerdeausschuß *m* (Pw) grievance committee
Beschwerdebrief *m* (com) letter of complaint
Beschwerdebuch *n*
(com) complaints book
(ie, in a restaurant, hotel)
Beschwerde *f* **einlegen**
(Re) to appeal a decision *(ie, to court)*
– to take an appeal (to)
Beschwerdefrist *f*
(Re) time for bringing an appeal
– time limit for appealing a decision
Beschwerde *f* **führen**
(Re) to appeal a decision
– to lodge an appeal
– to take an appeal
(ie, to a court)
Beschwerdeführer *m*
(Re) appellant
– complainant
– person filing an appeal
Beschwerdegegner *m*
(Re) appellee
– respondent
Beschwerdegericht *n* (Re) appellate court
Beschwerdegrund *m* (Re) grounds of appeal
Beschwerdeinstanz *f* (Re) appellate instance
Beschwerden *fpl* **nachgehen** (com) to monitor complaints
Beschwerdequote *f* (Pw) rate of grievances
Beschwerderecht *n*
(Re) right of complaint
– right to appeal
Beschwerdeverfahren *n*
(Re) complaint proceedings
(StR) appeal procedure
Beschwerdeverhalten *n* (Mk) consumer complaint behavior
Beschwerde *f* **verwerfen** (Re) to refuse an appeal
Beschwerde *f* **zurückziehen** (Re) to withdraw an appeal
beschweren, sich (com) to complain
Beseitigung *f* **der Zölle**
(AuW) abolition of tariffs
– elimination of customs duties
Beseitigung *f* **e–s Rechtsmangels** (Re) removing a deficiency in title
Beseitigung *f* **von Beschränkungen** (EG) abolition of restrictions
besenrein
(com) broom clean
(ie, in real estate language)
besetzt
(com, US) busy
(eg, sorry, the number is busy, please try again)
– (GB) engaged
(ie, telephone line)
Besetztzeichen *n*
(com) busy signal
– (GB) engaged tone

Besetzung *f* **e–s Tabellenfeldes** (Stat) cell frequency
Besetzungsproblem *n* (Stat) occupancy problem
Besetzungszahl *f* (Stat) (absolute) frequency
besichern
(Fin) to collateralize
– to supply security for a loan
besichertes Darlehen *n*
(Fin) secured loan
– collateralized loan
– asset-backed loan
– loan against collateral
(ie, beyond the general credit of the borrower)
Besicherung *f*
(Fin) provision of collateral
– collateralization
besichtigen
(com) to examine
– to inspect
(SeeV) to hold survey
Besichtigung *f*
(com) tour of a plant (= Betriebsbesichtigung)
(com) drawing samples
(ie, to determine the average quality of goods)
(Zo) physical inspection of goods
Besichtigungsbericht *m* (SeeV) survey report
Besitz *m*
(com) property (= im wirtschaftlichen Sinne)
(Re) (actual) possession
(ie, Zustand der tatsächlichen Herrschaft über e–e Sache, §§ 854 ff BGB; direct physical control over a thing; cf, constructive possession; opp, Eigentum, qv)
(Fin) holding
(ie, of shares and stock = Wertpapierbesitz)
Besitzanspruch *m* (Re) possessory claim
Besitz *m* **aufgeben** (Re) to surrender possession
Besitzdiener *m* (Re) possessory servant, § 855 BGB
(ie, exercising actual power over a thing for another, but not having possession)
Besitzeinkommen *n*
(Vw) unearned income
– unearned revenue
– income from property
– property income
besitzen
(com) to own
(Re) to possess
– to hold in possession
– (als Vertragsformel) to have and to hold
Besitz *m* **entziehen** (Re) to dispossess
Besitzentziehung *f*
(Re) dispossession
– divestment
Besitzer *m*
(com) owner
– proprietor
(Re) possessor
– holder
– occupier
Besitzer *m* **auf Lebenszeit** (Re) holder for life
Besitz *m* **ergreifen** (Re) to take possession
Besitzerwerb *m* (Re) obtaining possession
Besitz *m* **erwerben**
(Re) to acquire possession
– to acquire property

Besitzgesellschaft *f*
(Bw) company leasing its fixed assets to a ‚Kapitalgesellschaft'
(ie, frequently in the form of OHG, KG or BGB-Gesellschaft)
(Bw) holding company
– holding unit
Besitzkonstitut *n*
(Re, civil law) constitutum possessorium
(ie, agreement replacing delivery of movables by indirect possession; eg, in the form of tenancy)
– constructive possession, §§ 930 ff BGB
Besitzloser *m* (Re) nonproperty owner
Besitznachfolger *m* (Re) subsequent holder
Besitzstand *m*
(com) vested rights
– acquired rights
(syn, wohlerworbene Rechte, qv)
(Re) status of possession, § 920 BGB
Besitzstandswahrung *f*
(Re) non-impairment of vested rights
– protection of vested rights
(Fin, US) grandfathering
Besitzstand *m* **wahren** (Pw) to stay even *(eg, union leaders hope . . .)*
Besitzsteuern *fpl* (FiW) taxes from income and property
Besitzstörung *f* (Re) unlawful interference with possession, § 862 BGB
Besitzteile *mpl* (com) assets = Aktiva
Besitztitel *m* (Re) right to possession
Besitzübertragung *f* (Re) transfer of possession
Besitz- und Verkehrsteuern *fpl* (FiW) taxes on property and transactions
Besitzwechsel *m*
(ReW) bills receivables
– notes receivables
– (GB) trade notes receivable
besoldet (Pw) salaried
Besoldung *f* (Pw) salary
Besoldungsgruppe *f* (Pw) pay grade
besondere Ausfuhrabgabe *f* (Zo) special charge on exports
besondere Ausfuhrabschöpfung *f* (Zo) special export levy
besondere Bewertungsvorschriften *fpl* (StR) special valuation rules, §§ 17–124 BewG
besondere Havarie *f*
(SeeV) particular average
– common average
– petty average
– simple average, § 701 HGB
besonderer Satz *m*
(Log) particular statement
(opp, Allsatz, allgemeiner Satz = universal statement)
besonderes Ausgleichskonto *n* (IWF) Special Settlement Account
Besonderes Schuldrecht *n*
(Re) law relating to individual types of obligations
(eg, sale, donation, unjust enrichment, torts, §§ 433-853 BGB)
Besonderes Wirtschaftsrecht *n*
(Re) Particular Law of the Economy

(ie, concerned with the powers of public authorities and their exercise)
Besonderheit *f*
(com) special feature
– unique feature
Besorgnis *f* **der Befangenheit**
(Re) doubt as to impartiality
– fear of prejudice
(eg, to challenge a judge for ...)
besprechen
(com) to discuss
(com) to review *(eg, a book)*
Besprechung *f*
(com) discussion
– meeting
(com) book review
Besprechungsexemplar *n* (com) review copy
Besselsche Differentialgleichung *f* (Math) Bessel equation
Besselsche Funktion *f* (Math) Bessel function
Besselsche Ungleichung *f* (Math) Bessel inequality
Bessel-Verteilung *f* (Stat) Bessel function distribution
Besserungsschein *m*
(Fin) income adjustment bond
– (GB) debtor warrant bond
(ie, Variante des Schulderlasses, qv; Vergleichsschuldner hat die Möglichkeit, über die Vergleichsquote hinaus weitere Zahlungen zu leisten, wenn sich s–e wirtschaftliche Lage wieder bessert; B. verbrieft das Zahlungsversprechen; in der Ausgestaltung [Quote, Dauer, Rang, Kriterien] besteht völlige Freiheit)
Bestand *m*
(MaW) inventory
– stock
(Fin) bank's asset portfolio
(Vers) portfolio of insurance
– policies in force
– in-force business
Bestand *m* **an Aufträgen mit Rückgaberecht** (com) backlog of orders subject to cancellation
Bestand *m* **an fertigen Erzeugnissen** (ReW) inventory of finished goods
Bestand *m* **an festen Aufträgen** (com) backlog of final orders
Bestand *m* **an unfertigen Erzeugnissen**
(ReW) work-in-process inventory
– work-in-progress inventory
– in-process inventory
Bestände *mpl*
(MaW) inventory
– inventories
– stock(s)
– merchandise on hand
– stock on hand
– (GB) stock-in-trade *(syn, Vorräte)*
Bestände *mpl* **an Handelswaren** (com) merchandise inventory
Bestände *mpl* **an Waren** (com) stocks of goods on hand
Bestände *mpl* **auffüllen**
(MaW) to accumulate inventories
– to build up inventories
– to replenish inventories
Bestände *mpl* **aufnehmen**
(ReW) to take inventory
– to take stock
– to inventory
Beständebewegung *f*
(MaW) inventory movement
– in- and out-movement of inventories
Beständeeinheitswert *m* (ReW) inventory unit value
beständelose Beschaffung *f*
(MaW) just-in-time (JIT) purchasing
(ie, procurement method alleged to be a Japanese invention; older terms having the same meaning are: stockless buying, job lot control, etc; syn, fertigungssynchrone/einsatzsynchrone/JIT ... Beschaffung)
beständelose Beschaffungswirtschaft *f* (MaW) job lot control
Bestanderechnung *f*
(ReW) inventory
– stocktaking
Beständeschwund *m* (MaW) inventory shrinkage
Bestände-Stückwert *m* (ReW) inventory unit value
Bestände *mpl* **verringern**
(MaW) to destock
– to trim inventories
Beständewagnis *n* (ReW) inventory risk
Bestand *m* **im Verteilsystem**
(MaW) pipeline inventory
– in-transit inventory
(ie, stock held between the point where it is made and point where it is used)
Bestandsabbau *m*
(MaW) decrease of inventories
– reduction of inventories
– liquidation of inventories
Bestandsabgleich *m* (MaW) netting
Bestandsänderungen *fpl* (com) change of inventories
Bestandsänderungen *fpl* **an eigenen Erzeugnissen** (VGR) change in inventories
Bestandsänderungsgröße *f* (VGR) change in stocks
Bestandsänderungsrechnung *f* (VGR) statement showing changes in stocks
Bestandsaufbau *m*
(MaW) increase in inventories
– replenishment of inventories
Bestandsaufnahme *f*
(Bw) position audit
– situation audit
– corporate appraisal
– assessment of current position
(ReW) inventory taking
– stocktaking
Bestandsband *n* (EDV) master tape
Bestandsbedingungen *fpl* (Vw) stock conditions
Bestandsberichtigungen *fpl* (ReW) inventory adjustments
Bestandsbericht *m* **über Lagervorräte** (MaW) balance-of-stores record
Bestandsbewegung *f* (Vers) changes of business in force
Bestandsbewertung *f* (ReW) inventory valuation
Bestandsbewertung *f* **zu Anschaffungs- od Herstellungskosten** (ReW) inventory pricing (*or* valuation) at acquisition or production costs

Bestandsdatei *f* (EDV) master file
Bestandsdaten *pl* (ReW) inventory data
Bestandsdifferenz *f*
(ReW) inventory discrepancy
(ie, posted as extraordinary expense)
Bestandserfolgskonten *npl*
(ReW) mixed accounts
(ie, representing both balance sheet items and revenue or expense items)
Bestandserhöhung *f* **der Erzeugnisse** (ReW) increase in product inventories
Bestandsermittlung *f*
(ReW) inventory taking
– stocktaking
Bestandserschöpfung *f* (Vw) depletion of a natural resource
Bestandsfehlmenge (MaW) stock shortage
Bestandsfestigkeit *f* (Bw) viability *(ie, of an enterprise)*
Bestandsfortschreibung *f* (MaW) inventory updating
Bestandsführung *f* (MaW) inventory management
Bestandsführungssystem *n* (MaW) inventory management system
Bestandsgewinn *m*
(ReW) inventory profit
(ie, excess of one valuation base over another; eg, fifo vs lifo; unavailable for reinvestment or dividend payout)
Bestandsgröße *f* (Vw) stock (variable)
Bestandshaltekosten *pl*
(Fin) cost of carry
(ie, Nettokosten im Futures-Geschäft, die sich aus der Finanzierung e–r Kassaposition ergeben)
Bestandshöhe *f*
(MaW) amount of inventory carried
– service level
Bestandskarte *f*
(ReW) balance card
– inventory record card
(EDV) master card
Bestandskartei *f* (ReW) inventory file
Bestandskonto *n*
(ReW) asset account
– real account
Bestandskontrolle *f*
(MaW) inventory control
(ie, der Materialbestände und Materialentnahme)
Bestandsliste *f*
(ReW) inventory
– stock list
Bestandsmasse *f* (Stat) point-in-time population *(opp, Bewegungsmasse)*
Bestandsminderung *f* (MaW) drop in inventories
Bestandsobergrenze *f* (MaW) maximum inventory level *(syn, maximaler Bestand, qv)*
Bestandspflege *f*
(Vers) policy service
– conservation of issued insurance
Bestandsprüfer *m* (MaW) inventory checker
Bestandsprüfung *f* (MaW) inventory audit
Bestandsrechnung *f*
(MaW) accounting for stocks
– accouting for inventories
(VGR) statement of stocks

Bestandsrente *f* (SozV) existing pension
Bestandsrisiko *n* (ReW) inventory risk
Bestandsschutz *m* (Re) provision made to safeguard existing standards
Bestandssicherung *f* (MaW) securing availability of stocks
Bestandssteuerung *f* (MaW) inventory control
Bestandsüberschuß *m* (MaW) overage
Bestandsübertragung *f* (MaW) transfer of stock
Bestandsveränderungen *fpl* (MaW) inventory changes
Bestandsvergleich *m*
(StR) „simplified" method of net worth comparison
(ie, also called ‚Vermögensvergleich', § 4 I EStG)
Bestandsverlust *m* (MaW) inventory shrinkage
Bestandsverwaltung *f* (MaW) inventory management
Bestandsverzeichnis *n*
(ReW) inventory list
– stock list
(StR) list of fixed assets, Abschn. 31 I EStR
(= Verzeichnis der Gegenstände des beweglichen Anlagevermögens)
Bestandsvorgaben *fpl*
(MaW) inventory releases
– stock releases
Bestandswagnis *n* (ReW) inventory risk
Bestandswesen *n* (MaW) inventory management
Bestandszuwachs *m* (MaW) increase in inventories
Bestandteile *mpl*
(Re) components
(ie, objects other than buildings, firmly attached to the realty and including rights attaching to the ownership, such as easements or servitudes, §§ 93, 94, 96 BGB)
bestätigen
(com) to acknowledge
(eg, receipt of a letter)
(com) to confirm
(eg, what I told you over the phone)
(Re) to indorse
– to ratify
– to certify
(eg, this is to certify that . . . = hiermit wird bestätigt, daß . . .)
bestätigende Bank *f* (Fin) confirming bank
bestätigter Scheck *m* (Fin) certified check *(ie, see § 23 BBankG)*
bestätigtes Akkreditiv *n* (Fin) confirmed letter of credit
bestätigtes unwiderrufliches Akkreditiv *n* (Fin) confirmed irrevocable letter of credit
Bestätigung *f*
(com) acknowledgment
– confirmation
(Re) indorsement
– ratification
– validation
– verification
Bestätigung *f* **der Barhinterlegung** (Fin) cash deposit acknowledgement
Bestätigung *f* **des Jahresabschlusses** (ReW) certification of annual financial statements, § 167 AktG
Bestätigungskarte *f* (Vers) cover note

Bestätigungsmeldung *f*
(EDV) acknowledgment, ACK
(ie, confirming receipt of a message; syn, Rückmeldung)
Bestätigungsprovision *f* (Fin) confirming commission
Bestätigungsschreiben *n*
(com) letter of acknowledgment
– letter of confirmation
(ie, see distinction made under ‚bestätigen')
Bestätigungsvermerk *m*
(ReW) audit opinion, § 322 I HGB
– audit . . . certificate/report
– (US) short-form audit report *(syn, Testat)*
(ie, statutory text of the unqualified audit opinion:
„Based on an audit performed in accordance with my/our professional duties, the accounting records and the financial statements/the consolidated financial statements comply with the legal regulations. The financial statements/consolidated financial statements present, in compliance with required accounting principles, a true and fair view of the net worth, financial position and results of the company/group. The management report/group management report is in agreement with the financial statements/consolidated financial statements.")
(ReW) statement of compliance
Bestätigungsvermerk *m* **einschränken** (ReW) to qualify the auditor's certificate
Bestätigungsvermerk *m* **versagen** (ReW) to refuse the auditor's certificate
Bestattungskosten *pl*
(StR) funeral expenses
(ie, extraordinary burden = außergewöhnliche Belastung for income-tax purposes)
Bestbeschäftigung *f* (KoR) optimum level of activity *(syn, Optimalbeschäftigung)*
Bestbietender *m* (com) highest bidder
beste Anpassung *f*
(Stat) best fit
(ie, this is discussed under the heading of ‚estimation of the regression line from sample data'; on a scatter diagram you visually assess the type of line that best describes the X,Y-relationship; the criterion of best fit typically employed is the least-squares criterion, qv; syn, Best Fit)
bestechen
(com) to bribe
– to buy off
– (GB, *also*) to buy over
– (infml) to grease
– (sl) oil somebody's palm
bestechen lassen, sich (com) to take bribes
Bestechung *f*
(com) bribery
(ie, pratice of giving or taking bribes)
Bestechungsaffäre *f* (com) bribery affair
Bestechungsgeld *n*
(com) bribe money
– (corporate) payoff
– improper payments
– (sl) boodle *(cf, Schmiergeld)*
Bestechungsskandal *m* (com) bribery scandal
Besteckindustrie *f* (com) cutlery industry

beste lineare Schätzung *f* (Stat) best linear estimate
Bestellabstand *m* (MaW) ordering interval
Bestellbestand *m*
(MaW) reorder point
– reordering quantity
Bestellbestätigung *f* (EDV) purchase order response
Bestellbuch *n* (com) order book
Bestelldaten *pl* (com) order information
Bestelldatum *n* (com) order date
Bestelldoktrin *f* (Mk) ordering policy
Bestelleingang *m*
(com) booking of new orders
– incoming business
– incoming orders
– inflow of orders
– intake of new orders
– new orders
– order bookings
– orders received
– rate of new orders
(eg, started to show slight improvement)
bestellen
(com) to order
– to place an order
– to give an order
(Re) to appoint
(eg, Abschlußprüfer = annual auditor)
(Re) to create
(eg, a mortgage)
bestellen bei (com) to order from
Besteller *m*
(com) customer
– buyer
– purchaser
Bestellerkredit *m*
(Fin) buyer credit
(ie, granted to the foreign buyer by a bank in the exporting country; paid out direct to supplier)
Bestellerrisiko *n* (Stat) consumer's risk
bestellfixe Kosten *pl* (MaW) fixed order cost
Bestellformular *n* (MaW) purchase order form
Bestellhäufigkeit *f*
(MaW) frequency of ordering
– frequency of acquisition
Bestellintervall *n* (MaW) replenishment cycle
Bestellliste *f* (com) list of orders
Bestellkarte *f*
(com) return order card
(ie, in mail order business)
Bestellkosten *pl* (MaW) ordering costs
Bestellmenge *f*
(MaW) order(ing) quantity
– order size
Bestellmuster *n* (com) sample of goods which are made after receipt of orders *(eg, textiles, wallpaper)*
Bestellnummer *f*
(com) purchase order number
– order ID
Bestellpolitik *f* (MaW) ordering policy
Bestellpraxis *f* (com) system of appointment *(eg, physicians, hair-dressers)*
Bestellproduktion *f* (IndE) make-to-order production

Bestellpunkt *m* (MaW) order point
Bestellpunktsystem *n*
(MaW) max-min system
– order point system
– fixed-order variable-cycle system
(ie, of inventory control)
Bestellrhythmussystem *n*
(MaW) periodic review system
– order cycling system
– fixed-cycle (variable-order) system
– fixed reorder-cycle system
(ie, of inventory control)
Bestellschein *m*
(com) order note
(ie, either contract offer binding customer for some time, or acceptance of contract)
Bestellsystem *n* (MaW) reorder system
Bestellsystem *n* **mit Fixgrößen**
(MaW) fixed-order system
– maximum-minimum inventory control
Bestellsystem *n* **mit Intervallüberprüfung** (MaW) periodic inventory review system
bestellt
(com) on order
– ordered
– booked
(com) having an appointment *(eg, to see . . .)*
(Re) appointed
Bestelltätigkeit *f*
(com) booking orders
– placing orders
Bestellterminal *n* (Mk) teleshopping terminal
bestellter Vertreter *m* (Re) appointed representative
bestelltes Material *n* (MaW) material on order
Bestellung *f*
(com) *(auf/über)* order (for)
– purchase order
– customer order
– sales order
(Re) appointment
(eg, as/to be chairman of the managing board; das AktG gebraucht „Bestellung" als Oberbegriff für Wahl, Entsendung und gerichtliche Bestellung; §§ 101, 104 AktG)
Bestellung *f* **annehmen** (com) to accept an order
Bestellung *f* **aufgeben**
(com) to order
– to place (*or* give) an order for
Bestellung *f* **ausführen**
(com) to carry out
– to complete
– to execute
– to fill . . . an order
Bestellungen *fpl* **einschränken** (com) to slash orders
Bestellung *f* **e–r Sicherheit**
(Fin) collateralization
– provision of security *(ie, for a loan)*
Bestellungsannahme *f*
(com) acceptance of order
– acknowledgement of order
(syn, Auftragsbestätigung)
Bestellungsstatistik *f* (com) order statistics
Bestellung *f* **stornieren** (com) to cancel an order
Bestellung *f* **von Sicherheiten**
(Re) provision of collateral
– arranging for collateral
Bestellwert *m*
(com) order value
– contract value
Bestellwesen *n* (MaW) purchase order processing
Bestellzyklus *m* (MaW) ordering cycle
bestens
(Bö) at best
– at market
(ie, order to buy or sell at the best available price; syn, billigst)
„bestens" absetzen (Fin) to sell on „best efforts basis" *(ie, securities through banks)*
bestens-Auftrag *m*
(Bö) discretionary order
– market order
– order at the market
– order to buy at best
(ie, to be executed at the best obtainable price)
„bestens" kaufen (Bö) to buy irrespective of price
bester kritischer Bereich *m* (Stat) best critical region
bester Preis *m*
(com) best price
– lowest price
– rockbottom price
(ie, in Angeboten; as an offer term)
bester Test *m* (Stat) optimum test
beste Schätzfunktion *f* (Stat) best estimator
Bestes *n* **seiner Klasse** (EDV) best of breed
beste statistische Maßzahl *f* (Stat) optimum statistic
beste Übereinstimmung *f* (Stat) best fit
besteuerbar
(StR) subject to taxation
– taxable
besteuern
(StR) to tax
– to impose taxes
– to levy taxes
– to charge a tax on
– (GB) to charge (sth) to tax
besteuert (StR) taxed
Besteuerung *f* (StR) taxation
Besteuerung *f* **des Einkommens** (StR) taxation of income
Besteuerung *f* **gewerblicher Unternehmen** (StR) business taxation
Besteuerung *f* **nach Durchschnittssätzen** (StR) taxation at flat rates, § 23 UStG
Besteuerungseinheit *f* (StR) tax unit
Besteuerungsgegenstand *m* (StR) taxable event
Besteuerungsgerechtigkeit *f* (FiW) equity of taxation
Besteuerungsgrundlage *f*
(StR) basis of taxation
(ie, all factual and legal elements from which a tax liability is derived)
Besteuerungsgrundlagen *fpl*
(StR) basic principles of taxation
(StR) basis of taxation
(ie, all factual and legal elements from which tax liability is derived, § 157 AO)

Besteuerungsgrundsätze *mpl*
(FiW) canons of taxation
(FiW) principles of taxation
– (historisch) canons of taxation *(eg, as set forth by A. Smith)*
Besteuerungshoheit *f*
(StR) power to tax
– taxing power
Besteuerungslücke *f* (StR) tax loophole
Besteuerungsmöglichkeit *f* (FiW) taxing potentiality
Besteuerungsrecht *n* (StR) taxing right
Besteuerungsunterschiede *mpl* (StR) discrepancies in taxation
Besteuerungsverfahren *n* (StR) tax proceedings
Besteuerungsvorbehalt *m* (StR) right to tax
Besteuerungszeitraum *m* (StR) taxable period
Besteuerung *f* **von Wohlfahrtstransfers** (Vw) clawback
bestimmen (com) to determine
bestimmender Teilvorgang *m* (IndE) governing element
bestimmte Geldsumme *f* (WeR) sum certain in money
bestimmter Wert *m* (Math) assigned value
bestimmtes Integral *n*
(Math) definite integral
(of a function; opp, unbestimmtes Integral = indefinite integral)
bestimmtes Laufwerk *n*
(EDV) logged-in drive
(ie, vom Benutzer od Programm ausgewähltes Laufwerk)
Bestimmtheitsmaß *n*
(Stat) coefficient of determination
(ie, maßstabsunabhängiges Abweichungsmaß; cf, Regressionsanalyse; syn, Determinationsindex)
Bestimmung *f*
(com) use for which an article is intended
(Re) provision
– stipulation
– term
(ie, of a contract)
(Re) regulation
– rule
Bestimmungen *fpl* **für den Aktienhandel** (Bö) trading rules
Bestimmungen *fpl* **über den Zahlungsverkehr** (AuW) exchange arrangements
Bestimmung *f* **erlassen** (Re) to enact provision
Bestimmungsbahnhof *m* (com) station of destination
Bestimmungsfaktor *m*
(com) determining factor
(Log) determinant
Bestimmungsflughafen *m* (com) airport of destination
bestimmungsgemäß
(com) in accordance with the intended (*or* appointed) use
(Re) as set down in the contract
– according to the terms of the contract
bestimmungsgemäßer Gebrauch *m*
(Re) intended use
– contractual use
(ie, wird in erster Linie durch die Eignung festgelegt, die nach der Überzeugung des Durchschnittsverbrauchers gegeben ist od sein sollte)
Bestimmungshafen *m* (com) port of destination
Bestimmungskauf *m*
(Re) sale subject to buyer's specifications, § 375 I HGB
(ie, usually in the iron and steel, wood, and paper industries)
Bestimmungsland *n* (com) country of destination
Bestimmungslandprinzip *n*
(StR) destination principle
(opp, Ursprungslandprinzip)
Bestimmungsmitgliedsstaat *m* (Zo) Member State of destination
Bestimmungsort *m*
(com) place of destination
– final destination
Bestimmungsort-Konnossement *n*
(com) destination bill of lading
(ie, issued at the destination, not at place of shipment)
Bestimmungszollstelle *f* (Zo) office of destination
Bestimmungszone *f* (Zo) destination zone
Bestkauf *m* (com) purchase at lowest price
Bestleistung *f*
(KoR) optimum performance
(ie, term used in standard costing)
bestmöglich absetzen (Fin) to sell on „best efforts basis" *(ie, securities through banks)*
Bestpreis *m*
(com) best price
– highest price
bestreiken
(Pw) to strike *(eg, a plant)*
– to go on strike *(eg, against a plant)*
Bestreiken *n* **von Drittbetrieben** (Pw) secondary picketing
bestreikter Betrieb *m*
(Pw) strike-bound firm
– strike-bound plant
Bestreiten *n*
(com) defrayal *(ie, of expenses)*
(Re) contestation
– denial
bestreiten
(com) to pay *(eg, expenses)*
– to defray
(com) to challenge
– to dispute
– to contest
bestücken v (EDV) bestücken *v*
bestückte Leiterplatte *f* (EDV) mounted circuit board *(syn, Flachbaugruppe)*
Bestückung *f*
(EDV, CAD) (circuit) board assembly
– insertion
– placement *(ie, von Leiterplatten; syn, Plazierung)*
Bestückungsautomat *m*
(IndE) automatic insertion machine
– automatic placement machine
Bestückungstechnik *f* (EDV, CAD) placement technology
Besucherzahlen *fpl* (com) attendance figures

Besuchsplanung *f* (Mk) salesman's call planning
Betafaktor *m*
(Fin) beta factor
(ie, Quotient aus der Kovarianz der Marktrenditen zu den Aktienrenditen und der Varianz der Marktrenditen; für die meisten Aktien etwa gleich 1; shows the likely price trend for a given market movement and whether the stock is apt to under or over-react)
Beta-Fehler *m*
(Stat) beta error
– error of second kind *(syn, Fehler zweiter Art)*
betagte Forderungen *fpl* (Re) claim maturing at a certain future date, § 54 KO
Betakoeffizient *m*
(Stat) beta coefficient
(ie, one of the coefficients in a regression equation)
(Fin) beta coefficient, ß factor
– beta weight
(ie, mißt die Volatilität der Aktie = Steigung der Regressionsgeraden e–s Wertpapiers: Kovarianz/Varianz; oder: Relation zwischen Rendite des Marktportefeuilles und Rendite e–r Aktie; oder: factor used to describe the volatility of movements in the price of a particular investment, that is, percentage movement against time; Maß für Marktrisiko)
(Mk) standardisierter Regressionskoeffizient *m*
– Pfadkoeffizient *m*
Beta-Korrelation *f* (Stat) beta correlation
Betatest *m*
(EDV) beta test
(ie, last step of pre-release testing for system and application software)
Betaversion *f*
(EDV) beta test version
(ie, pre-release version of a program; syn, Testversion)
Betaverteilung *f*
(Stat) beta distribution
– Pearson Type I distribution
(ie, probability distribution of a random variable with a specified density function)
beteiligen (Fin) to give an interest (*or* share) (in)
beteiligen, sich
(com) to participate
– to take part *(eg, in a project)*
(Fin) to acquire an interest (in)
– to take an equity stake
Beteiligung *f*
(com) interest
– holding
– stake
– participation
– participating interest
– participating share
(Fin) equity holding
– equity stake
– industrial holding
– share of equity capital
(Fin) investment
Beteiligung *f* **am Gewinn** (Fin) profit share
Beteiligung *f* **an börsennotiertem Unternehmen**
(Fin) quoted investment
– listed investment
Beteiligung *f* **an der Patentverwertung** (Pat) interest in patent exploitation
Beteiligungen *fpl*
(ReW) investments
– equity interests
– (GB) trade investments
(ReW, EG) participating interests
– participations
(Fin) investments in subsidiaries and affiliated companies
– shareholdings in outside companies
Beteiligungen *fpl* **an nicht konsolidierten Tochtergesellschaften** (Fin) unconsolidated investments
Beteiligungen *fpl* **zum Buchwert** (Fin) investments at amortized cost
Beteiligung *f* **erwerben**
(com) to acquire an interest
– to acquire an equity investment
(eg, in a foreign corporation)
Beteiligungsbereich *m* (Fin) equity investment field
Beteiligungsbesitz *m* (Fin) shareholding
Beteiligungscharakter *m* (Fin) equity feature *(eg, of a loan)*
Beteiligungsdarlehen *n* (Fin) loan taken up to finance a participation
Beteiligungserträge *mpl*
(Fin) direct investment income
– investment earnings
(ReW) income from investments (in affiliates)
Beteiligungserwerb *m*
(Fin) acquisition of participations
– investment acquisition
Beteiligungsfähigkeit *f* (Re) capacity to participate in proceedings
Beteiligungsfinanzierung *f*
(Fin) participatory financing
(ie, supply of share capital by all existing or new members of a company; takes the form of contributions, shares, mining shares, drilling interests, etc.)
Beteiligungsfonds *m* (Fin) equity fund
Beteiligungsgeschäft *n* (Fin) participation transaction *(ie, carried out to secure control or major influence)*
Beteiligungsgesellschaft *f*
(com) associated company
(ie, often restricted to an interest of not more than 50%)
(Fin) = Kapitalbeteiligungsgesellschaft, qv
Beteiligungsgewinn *m* (Fin) investment earnings
Beteiligungsinvestition *f*
(Fin) direct investment
(Fin) portfolio investment
Beteiligungskapital *n*
(Fin) equity capital
(Fin) direct-investment capital
Beteiligungskäufe *mpl* (Fin) acquisition of shareholdings
Beteiligungskonzern *m* (com) controlled corporate group
Beteiligungspapier *n* (WeR) equity security
Beteiligungsquote *f*
(Fin) participation quota
– amount of holding
Beteiligungsrechte *npl* (Fin) equities

Beteiligungsveräußerung *f* (Fin) sale of participation
Beteiligungsverhältnis *n* (FiW) Federal and Länder portions *(ie, of total tax revenues)*
Beteiligungsvertrag *m* (Re) contract of participation
Beteiligungswert *m*
(Fin) book value of investment
(ie, in subsidiaries and associated companies)
(Fin) participating interest
Betongold *n* (com, infml) assets in the form of commercial or residential buildings
Betrachtungszeitraum *m* (com) period under review
Betrag *m* **abbuchen**
(com) to debit an amount
– to charge (amount) to an account
Betrag *m* **abheben** (Fin) to withdraw an amount (from)
Betrag *m* **abzweigen**
(com) to set aside an amount
– to earmark an amount
Betrag *m* **anrechnen** (com) to credit an amount
Betrag *m* **auszahlen** (com) to pay out an amount
betragen
(com) to amount to
– to add up to
– to come to
– to run at
– to come out
(eg, total comes out to €10,000; figures come out at 96,978)
– to work out at
(eg, the project works out at €5bn = kommt auf . . .)
Betragsfeld *n* (EDV) amount field
betragsmäßig unbegrenzt (com) unlimited in amount
Betragsspalte *f* (EDV) amount column *(eg, in a spreadsheet)*
Betragsspanne *f*
(Mk) gross margin
(ie, absolute difference between cost price and sales price of an article)
Betrag *m* **überweisen** (Fin) to remit an amount *(ie, through a bank)*
betrauen mit (com) to put in charge of
Betreiben *n* (IndE) operation
Betreiber *m*
(Bw) operator
(eg, of a plant)
(EDV) carrier
– network operator
(syn, Netzbetreiber)
Betreuungsgebühr *f* (com) attendance fee
Betrieb *m*
(com) business enterprise
– enterprise
– firm
– undertaking
– company *(see: Unternehmen)*
(IndE) plant
– operation
(IndE) operation
– running
– working
– duty
(EDV) mode
Betriebassistent *m* (IndE) assistant to works manager
Betrieb *m* **aufgeben**
(com) to close a business
– to discontinue a business
– to terminate a business
– (infml) to shut up shop
Betrieb *m* **aufnehmen**
(com) to start business
(com) to start operations
– to commission
– to take into operation
– to put on stream
Betrieb *m* **der Urproduktion**
(com) extractive enterprise
– natural resource enterprise
Betriebe *mpl* **der Land- und Forstwirtschaft** (StR) agricultural establishments, § 34 BewG
Betrieb *m* **einschränken** (com) to cut back operations
Betrieb *m* **einstellen**
(com) to shut down shop
– (infml) to put up the shutters
(IndE) to close down a plant
Betrieb *m* **eröffnen**
(com) to open a business
– (infml) to put up shop
Betrieb *m* **für die Eigenfertigung** (Bw) captive shop
Betrieb *m* **gewerblicher Art** (StR) business enterprise of a public corporation *(eg, public utility)*
betriebliche Altersversorgung *f*
(Pw) employee pension scheme
(ie, covers old age, disability, and survivor's pensions)
betriebliche Aufwendungen *mpl*
(ReW) operating cost
– operating expense
(ReW, EG) operating charges
betriebliche Ausbildung *f*
(Pw) in-plant training
– in-service training
– industrial training
– in-house training
betriebliche Bruttoerträge *mpl* (ReW) gross operating revenue
betriebliche Erträge *mpl* (ReW) operating revenue
betriebliche Finanzwirtschaft *f*
(Fin) business finance
– corporate finance
betriebliche Fortbildung *f* (Pw) in-plant training
betriebliche Gesamtplanung *f* (Bw) overall corporate planning
betriebliche Geschäftigkeit *f* (com) operating activities
betriebliche Instanzen *fpl* (Bw) organizational lines
betriebliche Leistungserstellung *f* (Bw) production process *(ie, turnout of goods and services)*
betriebliche Leistungsfähigkeit *f*
(IndE) operating capacity
– operating efficiency
– productive capacity
betriebliche Lohnsumme *f* (Pw) establishment payroll

betriebliche Mitbestimmung *f* (Pw) codetermination at plant level
betriebliche Pensionskasse *f*
(Pw) employer's pension scheme
– occupational pension scheme
betriebliche Planung *f*
(Bw) company planning
– corporate planning
betriebliche Prozesse *mpl* (Bw) operations
betrieblicher Anteil *m* **von Schuldzinsen** (StR) business component of interest expense
betrieblicher Ertrag *m*
(ReW) operating income
– (GB) trading income
betrieblicher Standort *m* (Bw) plant location
betrieblicher Teilbereich *m*
(Bw) department
– division
– group
betriebliche Ruhegeldverpflichtung *f* (Pw) employer's pension commitment
betriebliches Förderwesen *n*
(IndE) internal transportation
– in-plant transportation
betriebliches Gesamtbudget *n* (Bw) business budget
betriebliches Kommunikationssystem *n* (Bw) organizational communications system
betriebliche Sonderzahlung *f* (Pw) bonus payment
betriebliches Potential *n* (Bw) operational capabilities
betriebliche Steuerlehre *f* (Bw) company tax law
betriebliches Umfeld *n*
(Bw) external environment
– business environment
betriebliches Umsystem *n* (Bw) organizational environment
betriebliches Verantwortungszentrum *n* (Bw) responsibility center
betriebliches Vorschlagswesen *n*
(Pw) company suggestion system
– employee suggestion system
(ie, through which employees submit ideas for increasing productivity)
betriebliche Umwelt *f*
(Bw) external environment
– business environment
betriebliche Wohlfahrtseinrichtungen *fpl* (Pw) plant welfare facilities
Betrieb *m* **mit Kundenauftragsfertigung**
(IndE) job shop
– job order plant
– make-to-order plant
Betrieb *m* **mit Lagerfertigung** (IndE) make-to-stock plant
Betriebsablauf *m*
(com) sequence of operations
(IndE) inplant flow of operations
Betriebsabrechnung *f*
(KoR) (periodical) cost accounting
(ie, periodische Kostenrechnung; grundlegende Aufbauelemente sind die Kostenarten-, Kostenstellen- und Kostenträgerrechnung; sie bilden die periodische Kostenrechnung, die unter dem Begriff B. [nicht Betriebsbuchhaltung] zusammengefaßt wird)

Betriebsabrechnungsbogen *m*
(KoR) expense distribution sheet
– assignment sheet for non-manufacturing cost
– overhead allocation sheet
Betriebsabteilung *f*
(Bw) division
– operating division
– plant division
Betriebsanalyse *f* (Bw) operational analysis
Betriebsänderung *f*
(Bw) change in plant operation
(ie, closure, restriction, locational shift, object of company, etc.)
Betriebsangehörige *mpl*
(Pw) employees
– personnel
– staff of a firm
Betriebsanlage *f*
(IndE) (operating) equipment
– facility
– plant
Betriebsanleitung *f* (IndE) operating instructions
Betriebsanweisung *f* (EDV) job control statement
Betriebsart *f* (EDV) operating mode
Betriebsarten *fpl* (Bw) classification of business enterprises
Betriebsarzt *m*
(Pw) company doctor
– company physician
Betriebsassistent *m* (IndE) assistant to works manager
Betriebsaufgabe *f* (com) termination of a business
Betriebsaufnahme *f*
(com) starting business
(com) commissioning
– putting on stream
– taking into operation *(eg, a plant)*
Betriebsaufspaltung *f*
(Bw) split of a unitary enterprise
(ie, into a Besitzunternehmen = property holding unit, usu in the form of a sole proprietorship or partnership, and a Betriebsunternehmen = operating unit, usu in the form of a GmbH; syn, Betriebsspaltung, Betriebsteilung)
Betriebsaufwand *m* (ReW) = betriebsbedingter Aufwand
Betriebsausflug *m* (Pw) annual works outing
Betriebsausgaben *fpl*
(StR) business expenses *(cf, § 4 IV EStG)*
(ie, Aufwendungen, die durch den Betrieb des Steuerpflichtigen veranlaßt sind)
Betriebsausschuß *m*
(Pw) plant committee
(ie, Organ des Betriebsrats; cf, § 27 BetrVG)
Betriebsausstattung *f*
(ReW) office furnishings
(IndE) plant and equipment
– machinery and equipment
betriebsbedingter Aufwand *m*
(ReW) operating expense
(ie, entsteht durch die betriebliche Leistungserstellung;
syn, Betriebsaufwand)
betriebsbedingter Ertrag *m* (ReW) operating revenue

betriebsbedingtes Kapital *n* (Bw) = betriebsnotwendiges Kapital, qv

Betriebsbedingungen *fpl* (com) operating conditions

Betriebsbegehung *f*
(com) plant inspection
– touring the plant

Betriebsberater *m*
(com) management consultant
(cf, Unternehmensberater)

Betriebsberatung *f* (com) management consulting

betriebsbereit
(IndE) ready to operate
– ready for operation
– ready to go into operation
– in operating order
– in working order
– operational

Betriebsbereitschaft *f* (IndE) readiness to operate

Betriebsbesichtigung *f*
(com) plant visit
– touring the plant

betriebsbezogener Aufwand *m*
(ReW) operating expense
(syn, betrieblicher Aufwand; opp, neutraler Aufwand = nonoperating expense)

betriebsblind
(com) blunted by habit
– blind to organizational deficiencies

Betriebsblindheit *f* (com) habitual blindness to organizational deficiencies

Betriebsbuchführung *f* (ReW) = Kostenrechnung

Betriebsbuchhalter *m* (KoR) plant accountant

Betriebsbuchhaltung *f* (ReW) cf, Kostenrechnung

Betriebscode *m* (EDV) operation code

Betriebsdaten *pl*
(com) operational data
– operational information
(EDV) production data

Betriebsdatenerfassung *f*, **BDE**
(IndE) production data acquisition
(EDV) (industrial) data capture

Betriebsdatenrückmeldung *f* (Bw) feedback of operational data

Betriebsdichte *f* (Stat) ratio of number and size of business enterprises to territory or number of population

Betriebseinheit *f*
(Bw) operating center
– operating unit

Betriebseinnahmen *fpl*
(ReW) operating receipts
(StR) business receipts

Betriebseinnahmen *fpl* **aus freiberuflicher Tätigkeit** (StR) business income from independent professional services

Betriebseinrichtungen *fpl*
(IndE) operating equipment
– production equipment
– plant facilities

Betriebseinrichtungskosten *pl* (ReW) expenses for the startup of operations *(ie, may be included under fixed assets, § 153 IV AktG)*

Betriebseinschränkung *f* (com) cutting back of operations

Betriebserfahrung *f* (com) operational experience

Betriebserfindung *f*
(Pat) employee invention
(ie, automatically attributed to the owner of an enterprise; now replaced by ‚Diensterfindung')

Betriebserfolg *m* (ReW) = Betriebsergebnis

Betriebserfordernisse *npl* (com) operational requirements

Betriebsergebnis *n*
(ReW) operating result
(ie, either net profit or loss)
– earnings from operations
– operating income
– operating profit
– results from operations
– (GB) trading result

Betriebsergebnisquote *f* (Fin) profit ratio

Betriebsergebnisrechnung *f*
(ReW) operating income statement
– operating statement
– statement of operations

Betriebserlaubnis *f* (Re) operating license

Betriebseröffnung *f* (com, StR) opening of a business, § 137 AO

Betriebsertrag *m*
(ReW) operating income
– operating revenue
(ie, Erlöse, Lagerbestandszugänge und Zugänge an selbsterstellten Anlagen, beide bewertet zu Herstellungskosten; ausgeschlossen ist der neutrale [betriebsfremde od außerordentliche] Ertrag)

Betriebserweiterung *f*
(Bw) plant extension
– expansion of plant facilities

betriebsfähig (com) in working order

Betriebsfähigkeit *f*
(com) operating condition
– working order

Betriebsferien *pl*
(Bw) plant (closure for) holidays
– vacation close-down *(syn, Werksferien)*

betriebsfertig (IndE) = betriebsbereit

Betriebsfinanzamt *n* (StR) tax office in whose district the management of an enterprise or a permanent establishment [Betriebsstätte] is domiciled, § 18 AO

Betriebsfläche *f* (com) plant area

Betriebsfonds *m*
(Bw) operating fund
(ie, capital needed to keep fixed assets employed at a reasonable level; part of necessary current assets = betriebsnotwendiges Umlaufvermögen)

Betriebsformen *fpl* **des Einzelhandels** (Bw) organizational forms of retail trade

betriebsfremd (ReW) nonoperating

betriebsfremde Aufwendungen *mpl*
(ReW) nonoperating expense
– other expense

betriebsfremde Erträge *mpl*
(ReW) nonoperating revenue
– other revenue
– other income

Betriebsführung *f* (IndE) plant management

Betriebsführungsrechner *m* (EDV) operation control computer

Betriebsführungsvertrag *m*
(Bw) business management agreement *(syn, Verwaltungsvertrag)*
(Bw) operating agreement
(ie, provides for the management of a project)
Betriebsgebäude *n*
(com) factory building
(com) company building
Betriebsgefahr *f*
(com) operational hazard
– operational risk
Betriebsgefährdung *f*
(Kart) disparagement of competitor, § 14 UWG
(ie, making a false statement about a competitor's business, its management and products)
Betriebsgeheimnis *n*
(com) business secret
– trade secret
– industrial secret
Betriebsgemeinde *f* (StR) municipality of employer
Betriebsgemeinkosten *pl*
(KoR) factory overhead
– operating overhead
– factory indirect expense
Betriebsgemeinschaft *f* (Bw) joint business
Betriebsgenehmigung *f*
(Re) operating license
– operating permit
Betriebsgesellschaft *f*
(com) operating company
– operating unit
Betriebsgewerkschaft *f* (Pw) company union
Betriebsgewinn *m*
(ReW) earnings from operations
– operating income
– operating profit
– (GB) trading profit
(ie, operating revenue minus operating cost of a period)
betriebsgewöhnliche Nutzungsdauer *f*
(StR) useful life expectancy, § 7 I EStG
– average life
– useful life
– asset depreciation range
Betriebsgröße *f*
(Bw) plant size
– scale of plant
Betriebsgrößenvariation *f* (Bw) variation of plant scale *(ie, through quantitative adjustment)*
Betriebsgrundstück *n*
(com) business real property
– company premises
Betriebsgrundstücke *npl*
(Bw) company premises
– factory-site land
– plant-site land
– land in use as a plant site
(StR) business real property, § 99 BewG
Betriebshaftpflichtversicherung *f* (Vers) business liability insurance *(ie, taken by owner or operator)*
Betriebshandbuch *n* (Pw) company information manual
Betriebshandelsspanne *f*
(com) gross (merchandise) margin
– operating margin
Betriebshierarchie *f*
(Bw) management structure
– plant hierarchy
Betriebshygiene *f* (Bw) plant hygiene
Betriebsinformatik *f* (EDV) business informatics
Betriebsingenieur *m* (IndE) plant engineer
Betriebsinhaber *m*
(com) owner of a business
– proprietor of a business
betriebsinterne Abfälle *mpl* (IndE) home scrap *(syn, Rücklaufschrott)*
betriebsinterne Größennachteile *mpl* (Bw) internal diseconomies of scale
betriebsinterne Größenvorteile *mpl* (Bw) internal economies of scale
betriebsinterner Innovator *m*
(Bw) internal entrepreneur
– in-house entrepreneur
Betriebsjahr *n*
(com) operating year
– working year
Betriebskapazität *f*
(IndE) plant capacity
– operating capacity
Betriebskapital *n*
(com) working capital
(Fin) current operating capital
(ie, in commercial language equal to ‚Umlaufvermögen' = current assets) (Note: Do not confound with ‚working capital' or ‚net working capital' which, being a liquidity ratio, is defined as ‚current assets minus current liabilities'. The term ‚working capital' is either used as a loan word or translated as ‚Liquiditätskoeffizient'.)
Betriebsklima *n* (Pw) organization climate
Betriebskoeffizient *m* (Bw) input-output ratio
Betriebskonfiguration *f* (EDV) operating environment
Betriebskonto *n*
(ReW) contra account of internal accounting
(ie, maintained in financial accounting)
Betriebskosten *pl*
(KoR) operating cost
– operating expense
– operational cost
– cost of operation
– operationals
– running cost
(eg, wages, rent, taxes)
(EDV) support costs
Betriebskosten *pl* **bei Unterbeschäftigung** (KoR) partial-capacity operating cost
Betriebskostenkalkulation *f*
(Bw, appr) cost effectiveness analysis
(ie, esp. by means of cost center accounting = Kostenstellenrechnung)
Betriebskostenzuschlag *m* (Vers) loading for expenses
Betriebskrankenkasse *f* (Pw) company (*or* plant) health insurance fund
Betriebsleistung *f*
(Vw) share of a business enterprise in the overall performance of the economy
(Bw) operating performance
(ie, measured by comparing actual output with maximum output)

Betriebsleiter *m*
(IndE) plant manager
– works manager
– operating manager
– (GB) plant superintendent
Betriebsleitung *f*
(IndE) plant management
– factory management
Betriebsmaterial *n* (IndE) factory supplies
Betriebsmaximum *n* (Bw) maximum capacity
Betriebsminimum *n* (KoR) minimum of variable average costs
Betriebsmittel *npl*
(Bw) operating resources
(ie, conceptual counterpart of the term ‚Produktionsmittel' as used in economics)
(IndE) production facilities
(IndE) operating media
– expendables
(eg, power, water)
(Fin) operating funds
– working funds
Betriebsmittelanordnung *f* (IndE) layout of production facilities
Betriebsmittelbedarf *m*
(Bw) resource requirements
(Fin) working fund requirements
Betriebsmittelgrundzeit *f* (IndE) equipment base time
Betriebsmittelkredit *m*
(Fin) short-term operating credit
(ie, to cover temporary finance requirements; opp, long-term investment credit)
Betriebsmittelplanung *f* (EDV) resource scheduling
Betriebsmittelrechnung *f* (FiW) operating fund account
Betriebsmittelrücklage *f* (Fin) operating cash reserve
Betriebsmittelrüstzeit *f* (IndE) machine setup time
Betriebsmittelverbund *m* (EDV) resource sharing
Betriebsmittelverwaltung *f* (EDV) resource management
Betriebsmittelzeit *f*
(IndE) available machine time
– available process time
Betriebsmittelzuschüsse *mpl* (FiW) operating subsidies
Betriebsmittelzuweisung *f*
(FiW) appropriation of operating funds
(EDV) resource allocation
– facility assignment
(ie, allocation of memory and external devices as required by the program)
betriebsnotwendiges Kapital *n*
(Bw) necessary operating capital
(ie, zur Erfüllung des Betriebszwecks eingesetztes Kapital; Grundlage für Errechnung der kalkulatorischen Zinsen; syn, betriebsbedingtes Kapital)
betriebsnotwendiges Vermögen *n* (Bw) necessary business assets
Betriebsobmann *m* (Pw) plant steward *(ie, takes the place of ‚Betriebsrat' in small enterprises)*
betriebsoptimale Ausbringung *f* (Bw) optimum output

Betriebsoptimum *n*
(Bw) ideal capacity
– optimum scale of operations
(ie, minimum of total average costs)
Betriebsorganisation *f* (Bw) plant organization
Betriebspachtvertrag *m*
(Re) company lease agreement, § 292 I No. 3 AktG
(ie, leasing an entire enterprise to another)
„Betriebspapst" *m*
(Pw, sl) „works pope"
(ie, often used by the shop floor to refer to a powerful chairman of a works council at divisional or corporate level)
Betriebsperiode *f*
(IndE) operating period
(OR) busy period
Betriebspersonal *n*
(Pw) personnel
– staff
Betriebspflicht *f* (Re) statutory obligation to operate
(eg, public carriers, utilities)
Betriebsplanung *f*
(Bw) business planning
– corporate planning
Betriebspolitik *f*
(Bw) business policy
– company policy
Betriebspreis *m*
(KoR) product price (*or* value) used in intra-plant cost allocation
(eg, pricing of semi-finished goods between departments)
Betriebsprogramm *n* (EDV) operating program
Betriebsprüfer *m*
(StR) government tax auditor
– tax investigator
(ie, term now replaced by ‚Außenprüfer')
Betriebsprüferbilanz *f* (StR) tax auditors' balance sheet *(syn, Prüferbilanz, Prüfungsbilanz)*
Betriebsprüfung *f*
(Zo) external audits
(StR) government tax audit
– tax investigation
(ie, periodic examination by tax auditors, term now replaced by ‚Außenprüfung', § 193 AO)
(EDV) operating test
– dynamic test (*or* check)
Betriebsprüfungsbilanz *f* (StR) = Betriebsprüferbilanz
Betriebsprüfungsordnung *f* (StR) Regulations on Procedural Rules to be Observed in Tax Examinations, of 27 Apr 1978
Betriebsrat *m*
(Pw) works council
– plant council
– company council
– employee council
(ie, Interessenvertretung der Arbeitnehmer auf Betriebsebene gegenüber dem Arbeitgeber; cf, Betriebsverfassungsgesetz 1972)
Betriebsratsvorsitzender *m* (Pw) chairman of works council
Betriebsratswahl *f* (Pw) election of works council members
Betriebsrechner *m* (EDV) plant computer

Betriebsrentabilität *f*
(Fin) rate of operating return
(ie, Betriebsgewinn zu betriebsnotwendigem Kapital: operating income to necessary operating capital)
Betriebsrente *f*
(Pw) business pension
– company pension
– occupational pension
Betriebsrentengesetz *n* (Pw) Law Relating to Company Pension Plans, of 19 Dec 1974
Betriebsrisiko *n*
(com) business risk
(IndE) operational hazard
– operational risk
Betriebsschließung *f*
(Bw) factory closure
– plant shutdown
Betriebsschluß *m* (com) closing hours
Betriebsschulden *fpl* (StR) business debt (*or* indebtedness, § 103 BewG) *(opp, Privatschulden)*
Betriebsschwund *m* (com) shrinking number of enterprises
Betriebsselbstkosten *pl* (KoR) net production cost
Betriebsspaltung *f* (Bw) = Betriebsaufspaltung
Betriebssprache *f*
(EDV) job control language, JCL
– job description language, JDL
(EDV) operating language
Betriebsstätte *f*
(IndE) plant
– operational facility
– operation
(StR) permanent establishment, § 12 AO
(eg, Ort der Leitung, Zweigniederlassung, Geschäftsstelle, Fabrikationsstätte, Werkstätte, Stätte der Ausbeutung von Bodenschätzen = place of management, branch, office, factory, workshop, place of extraction of natural resources)
Betriebsstättenvorbehalt *m* (StR) permanent establishment prerogative
Betriebssteuerung *f* (EDV) operation control
Betriebsstillegung *f*
(Bw) plant closing
– plant closure
Betriebsstoffe *mpl*
(ReW) supplies
(IndE) factory supplies
– operating supplies
(KoR) expendables
– expendable supplies
– expense material
– single-use items
Betriebsstörung *f*
(IndE) breakdown
– equipment failure
– plant interruption
– stoppage
Betriebsstruktur *f* (Bw) corporate structure
Betriebssystem *n*
(IndE) production system
(EDV) operating system, OS
(ie, supports the hardware of a computer system)
Betriebssystemfehler *m* (EDV) system error *(opp, application error)*
Betriebssystemschnittstelle *f* (EDV) OS interface
Betriebssystem-Stammband *n* (EDV) operating system master tape
Betriebsteil *m* (Bw) operating unit
Betriebsteile *mpl* **ausgliedern**
(Bw) to spin off operations
– to hive off operations
Betriebsteilung *f* (Bw) = Betriebsaufspaltung
Betriebsteuer *f*
(FiW) operating tax
(ie, discussed under tax reform plans as a means of uniformly taxing all commercial operating profits)
Betriebstreue *f* (Pw) employer loyalty
Betriebstreuhandversicherung *f*
(Vers) plant fidelity insurance
(ie, lump-sum insurance protecting employer against losses through employee action)
Betriebsübergabe *f* (Bw) transfer of an enterprise
Betriebsüberlassung *f* (Bw) transfer of an enterprise
Betriebsüberlassungsvertrag *m*
(Bw) company surrender agreement, § 292 I No. 3 AktG
(ie, handing over the operation of an entire enterprise to another)
Betriebsübernahme *f* (Bw) takeover of a business (*or* plant)
Betriebsüberschuß *m*
(ReW) operating surplus
(VGR) operating surplus
(ie, Einkommen aus Unternehmertätigkeit und Vermögen = income from property and entrepreneurship)
Betriebsübersicht *f* (ReW) condensed tabular statement of balance sheet figures
Betriebsumgebung *f* (EDV) operating environment
Betriebs- und Geschäftsausstattung *f*
(ReW) office and plant equipment
– furnitures and fixtures
Betriebs- und Geschäftsgeheimnis *n* (com) business secrecy *(ie, term used in labor law)*
Betriebsunfall *m*
(SozV) industrial accident
– occupational accident
– work accident
(syn, Arbeitsunfall)
Betriebsunkosten *pl*
(KoR) overhead cost
(ie, obsolete term for ‚Gemeinkosten')
Betriebsunterbrechung *f*
(Bw) plant interruption
– (infml) tie-up
Betriebsunterbrechungsversicherung *f* (Vers) business interruption insurance
Betriebsunterlagen *fpl* (com) operational data
Betriebsuntersuchung *f* (Bw) operational analysis *(syn, Betriebsanalyse)*
Betriebsveräußerung *f* (Bw) sale of a business
Betriebsveräußerungsgewinn *m* (FiW) proceeds of sales of business
Betriebsverband *m*
(Bw) association
(ie, Verbandstheorie: firms or private households join together to form a B.)

Betriebsvereinbarung *f*
(Pw) plant agreement
(ie, between employer and works council, not permissible to supersede collective agreements)

Betriebsverfassungsgesetz *n* (Pw) Industrial Constitution Law, of 15 Jan 1972

Betriebsvergleich *m*
(Bw) external analysis
– interplant comparison
(ie, zwischenbetrieblicher Kennzahlenvergleich; inner- od zwischenbetrieblich, regional, national, international; sektoral, intrasektoral; branchenspezifisch)

Betriebsverlegung *f*
(Bw) relocation of a plant
– movement of operations *(eg, into another country)*

Betriebsverlust *m* (ReW) operating loss *(ie, net of nonoperating result)*

Betriebsvermögen *n*
(com) company capital
– operating capital
(StR) business capital
– business property
– business assets and liabilities, §§ 95–109 a BewG and § 5 EStG

Betriebsvermögensvergleich *m* (Fin) balance-sheet comparison

Betriebsversammlung *f* (Pw) employee meeting

Betriebsversicherung *f*
(Vers) group insurance
(ie, for the benefit of employees)

Betriebsvertrag *m* (Bw) company agreement

Betriebsvertrauensleute *pl* (Pw) shop representatives

Betriebsverwaltungsgemeinkosten *pl* (KoR) administrative overhead

Betriebsvorrichtungen *fpl* (StR) plant facilities, § 68 BewG

Betriebswagnis *n* (Bw) operating risk

Betriebswert *m*
(KoR) product price (*or* value) used in intra-plant cost allocation
(eg, pricing of semi-finished goods between departments)

Betriebswirt *m* (Pw, *roughly*) graduate in business economics

Betriebswirtschaft *f* (Bw) = Betriebswirtschaftslehre

betriebswirtschaftlich
(Bw) economic
(eg, merger is absolutely necessary for economic reasons)
– commercial
(eg, take a decision on commercial grounds)
– operational *(eg, aspects)*
– managerial

betriebswirtschaftliche Auswertung *f* (Bw) managerial analysis

betriebswirtschaftliche Gesichtspunkte *mpl*
(com) commercial grounds
(eg, to take decisions on . . .)

betriebswirtschaftliche Kennziffern *fpl*
(Bw) ratios
– management ratios

betriebswirtschaftliche Logistik *f* (Bw) industrial logistics

betriebswirtschaftliche Planungsabteilung *f*
(OR) operations research unit
– (GB) operational research unit

betriebswirtschaftlicher Verlust *m* (ReW) operating loss

betriebswirtschaftliches Instrument *n* (Bw) administrative vehicle

betriebswirtschaftliches Risiko *n* (Bw) commercial risk *(opp, economic, political, currency risks)*

betriebswirtschaftliche Statistik *f* (Stat) business statistics

betriebswirtschaftliche Steuerlehre *f* (Bw) business taxation *(ie, as a field of study)*

Betriebswirtschaftslehre *f*
(com) „business and management economics"
– science of business management
– business studies
(ie, if taking place at university level; eg, to earn a degree in . . .)
(Bw, US) tax management
(ie, entscheidungs- und beratungsorientiert; Funktionen: tax . . . planning/control/administration/compliance)
(Note: There is no exact equivalent in American or British usage)

Betriebswirtschaftspolitik *f*
(Bw) business policy
– company policy

Betriebswirtschaftsstelle *f* (IndE) fuel power department

Betriebswissenschaft *f*
(Bw) management science
(Bw) scientific management
(ie, today often referred to as ‚Arbeitswissenschaft' in its wider sense)

Betriebszeit *f* (IndE) attended time

Betriebszuschuß *m*
(FiW) operating subsidy
– operating grant

Betriebszweig *m* (com) branch of business

Betrieb *m* **verlegen**
(Bw) to relocate a plant
– to move operations

Betroffene *pl*
(com) interested parties
– those concerned

Betrug *m* (Re) fraud, § 263 StGB

betrügen um
(com) to defraud of
(eg, the tax office of millions of €)

betrügerischer Konkurs *m* (Re) fraudulent bankruptcy

BetrVG (Re) = Betriebsverfassungsgesetz

BeurkG (Re) = Beurkundungsgesetz

beurkunden
(Re) to record
– to place on record
– to register
– to authenticate

beurkundet
(Re) authenticated
– evidenced
– recorded

– registered
– certified
Beurkundung *f*
(Re) authentication
– judicial recording
– notarial recording
– recording
Beurlaubung *f*
(Pw) furlough
(eg, part of a company's workforce)
(Pw) suspension from office
Beurteilender *m* (Pw) rater
Beurteilter *m* (Pw) ratee
Beurteilung *f* **durch Gleichgestellte** (Pw) peer rating
Beurteilung *f* **durch Untergebene** (Pw) rating by subordinates
Beurteilungsgespräch *n* (Pw) appraisal interview
Beurteilungskriterien *npl* (Pw) appraisal factors
Beurteilungsstichprobe *f* (Stat) judgmental sample
Beurteilungszeitraum *m* (Pw) period of appraisal
Bevölkerungsaufbau *m* (Stat) population structure
Bevölkerungsdichte *f* (Stat) density of population
Bevölkerungsdruck *m* (Vw) population pressure
Bevölkerungsexplosion *f* (Vw) population explosion
Bevölkerungsfalle *f*
(Vw) population trap
(ie, in developing countries)
Bevölkerungsgruppe *f* (Stat) segment of the population
Bevölkerungsmodell *n* (Stat) demographic model
Bevölkerungspolitik *f* (Vw)
population policy
(ie, seeking to affect the birth rate)
Bevölkerungspyramide *f* (Stat) age pyramid
Bevölkerungsschicht *f*
(Stat) social stratum
– demographic stratum
Bevölkerungsstatistik *f*
(Stat) demographic statistics
– vital statistics
(ie, concerning the maintenance of population)
Bevölkerungsstruktur *f* (Stat) population structure
Bevölkerungsüberschuß *m* (Stat) surplus population
bevollmächtigen
(com) to authorize
– to empower
(Re) to appoint (someone) attorney-in-fact
– to grant power of attorney
bevollmächtigt
(com) authorized
– empowered
(Re) invested with (*or* having) power of attorney
Bevollmächtigter *m*
(com) authorized person
– proxy
(ie, authorized to act at a meeting of stockholders)
(Re) attorney-in-fact
– duly authorized agent
– duly authorized representative
bevollmächtigter Vertreter *m* (com) authorized representative

Bevollmächtigung *f*
(Re) authorization
(ie, delegation of power enabling another to act as agent or attorney)
(Re) power of attorney
(ie, instrument authorizing such agent or attorney-in-fact)
bevorraten
(com) to stockpile
– to stock up
Bevorratung *f*
(com) stockpiling
– building up of stocks
Bevorratungsebene *f*
(MaW) inventory level
– stocking level
bevorrechtigen
(Re) to grant privileges
– to grant preferences
bevorrechtigt (Re) entitled to priority
bevorrechtigte Forderung *f*
(Re) preferred claim
– preferred debt
– preferential debt
– preferential claim
(ie, in bankruptcy, payable in preference to all others; eg, wages of employees)
bevorrechtigter Gläubiger *m*
(Re) preferred creditor
– preferential creditor
– prior creditor
– senior creditor
(ie, he is accorded priority in payments from the assets ofhis debtor)
Bevorrechtigung *f*
(Re) preference
– privilege
– priority
bevorschussen (Fin) to advance money
Bevorschussung *f* (Fin) advancement of funds
bevorstehend
(com) forthcoming
– upcoming *(eg, negotiations)*
– approaching
– nearing
(Vw) oncoming *(eg, recession)*
bevorzugte Alternative *f* (ReW) benchmark treatment
bevorzugte Annahmegrenze *f* (Stat) preferred average quality level
bevorzugte Befriedigung *f* (Re) preferential payment
bevorzugte Behandlung *f* (com) preferential treatment
Bevorzugung *f* (com) preferential treatment
bewährte Technologie *f* (IndE) proven technology
Bewährungsaufstieg *m*
(Pw) automatic progression
(Pw) carrier promotion
Bewältigung *f* **strategischer Probleme** (Bw) strategic issue management
Bewässerungsprojekt *n* (com) irrigation scheme
bewegen um, sich
(com) to oscillate about/around
(eg, figures oscillated about an average)

bewegliche Gegenstände *mpl* (Re) movable objects
bewegliche Güter *npl* (Re) movable goods
bewegliche Sachanlagen *fpl* (Bw) non-real-estate fixed assets
bewegliche Sache *f*
(Re) movable property
– personal property
– personal estate
– personal chattel
– personalty
bewegliche Sachen *fpl* (Re) movables
bewegliches Anlagevermögen *n* (Bw) non-real-estate fixed assets
bewegliches Vermögen *n* (Re) movable property
bewegliche Werkzeugleiste *f* (EDV, GUI) floating toolbar *(syn, frei positionierbare Symbolleiste)*
bewegliche Wirtschaftsgüter *npl* (Bw) movable assets
bewegte Konten *npl* (ReW) active accounts
Bewegungsablauf *m* (IndE) sequence of movements
Bewegungsbilanz *f*
(Fin) flow statement
– flow of funds analysis
– statement of application of funds
– statement of sources and application of funds
– statement of changes in financial position
– sources-and-uses statement
(ie, Variante der Kapitalflußrechnung, qv)
Bewegungsdatei *f*
(EDV) amendment file
– change file
– activity file
– transaction file
(syn, Änderungsdatei, Fortschreibungsdatei)
Bewegungsdaten *pl*
(EDV) transaction data
(ie, used to update a file)
Bewegungsgrundelement *n* (IndE) elemental movement
Bewegungshäufigkeit *f* (EDV) activity ratio
Bewegungskomponenten *fpl* (Stat) movements *(ie, in time series)*
Bewegungsmasse *f* (Stat) period-based population *(syn, Ereignismasse; opp, Bestandsmasse)*
Bewegungsökonomie *f*
(IndE) motion economy
– economy in human movements
Bewegungsstudie *f*
(IndE) motion study
– motion analysis
Bewegungs-Zeit-Studie *f* (IndE) time and motion study
Beweis *m*
(Math) proof
– demonstration
(Re) proof
– evidence
Beweisantrag *m*
(StR) submission of evidence
– evidence submitted by the parties, § 76 I FGO, § 88 AO
Beweis *m* **antreten**
(Re) to furnish evidence
– to offer proof
Beweisaufnahme *f* (Re) taking of evidence
Beweisbeschluß *m* (Re) court order to take evidence
Beweis *m* **des ersten Anscheins**
(Re) prima facie evidence
(ie, gilt bis zur Widerlegung als Tatsachenvermutung = sufficient in law to raise a presumption of fact unless rebutted)
Beweis *m* **des ersten Anscheins erbringen** (Re) to establish a prima facie case
Beweise *mpl* **erheben** (Re) to take evidence (on)
Beweiserleichterung *f* (Re) easing the burden of proof
Beweisführungslast *f* (Re) = Beweislast
Beweiskette *f* (Log) chain of evidence *(eg, lückenlos = unbroken)*
Beweiskraft *f*
(Re) inherent evidence
– internal evidence
(ie, of a legal instrument)
(StR) probative force, § 158 AO *(eg, of an inventory)*
Beweiskraft *f* **e–r Urkunde** (Re) inherent (*or* internal) evidence of a legal instrument
beweiskräftige Unterlage *f* (Re) substantiating document
Beweislast *f*
(Re) burden of proof
– onus of proof
– (civil law) onus probandi
(ie, duty of proving a disputed assertion = Pflicht des Beweises e–r umstrittenen Behauptung; syn, Beweisführungslast)
Beweislastumkehr *f* (Re) shifting of the burden of proof
Beweislast *n* **umkehren** (Re) to shift the burn/onus of proof
Beweismittel *n*
(Re) evidence
(ie, das Gesetz nennt – nicht abschließend – folgende B: Augenschein, Zeuge, Sachverständigengutachten, Urkundenbeweis, Parteivernehmung)
Beweispflicht *f* (Re) duty to produce evidence
Beweisrecht *n* (Re) law of evidence
Beweisregel *f*
(Re) rule of evidence
(ie, Pflicht des Gerichts, Beweismittel und Beweisergebnis zu würdigen)
(Log) rule of inference *(syn, Ableitungsregel, qv)*
Beweisregeln *fpl* (Re, US) evidentiary standards
Beweisstück *n* (Re) exhibit
Beweistheorie *f* (Math) proof theory
Beweisurkunde *f* (WeR) instrument of evidence *(eg, Frachtbrief)*
Beweisvermutung *f* (Re) evidentiary presumption
Beweiswert *m* (Re) evidentiary value
Beweiswürdigung *f*
(Re) assessment of evidence
– weighing of evidence
bewerben, sich
(Pw) to apply for
(ie, job, position, vacancy; to a company)
Bewerber *m*
(Pw) (job) applicant
(Pw) job candidate
Bewerbung *f* (Pw) job application *(syn, Stellengesuch)*

Bewerbungsgespräch *n*
(Pw) hiring interview
– job interview
– employment interview

Bewerbungsschluß *m* (Pw) closing date of/for an application

Bewerbungsschreiben *n* (Pw) letter of application

bewerten
(com) to appraise
– to assess
– to evaluate
– to value
(com) to cost *(eg, costed input = bewerteter Input)*

bewerteter Input *m* (Bw) costed input

Bewertung *f*
(com) appraisal
– evaluation
– valuation
(ReW) valuation

Bewertung *f* **aufgrund des gezahlten Preises** (Zo) valuation on the basis of the price paid

Bewertung *f* **bei erstmaligem Ansatz** *m* (Fin) recognition on initial measurement

Bewertung *f von* **Büroarbeiten** (Pw) clerical work evaluation

Bewertung *f* **des Materialverbrauchs** (KoR) costing of material usage

Bewertung *f* **des Vertriebsplanes** (Mk) marketing plan evaluation

Bewertung *f* **des Vorratsvermögens** (ReW) inventory valuation

Bewertung *f* **eines Investionsprojektes** (Fin) capital project evaluation *(syn, Investionsbewertung, Projektbewertung)*

Bewertung *f* **e–r Unternehmung als Ganzes** (Bw) valuation of an enterprise as a whole

Bewertung *f* **für Zollzwecke** (Zo) customs valuation

Bewertung *f* **nach erstmaligem Ansatz** (com) subsequent measurement

Bewertung *f* **nicht notierter Aktien** (Fin) valuation of unlisted (*or* unquoted) shares

Bewertungsabschlag *m*
(StR) downward valuation adjustment, § 80 EStDV
(ie, relating to certain current assets supplied from abroad)

Bewertungsabschreibung *f*
(ReW) valuation of an asset below the last-preceding balance-sheet valuation
(ie, as a rule, down to the lower going-concern value)

Bewertungsaufgabe *f* (EDV) benchmark problem

Bewertungsbasis *f* (ReW) basis of valuation

Bewertungsbeirat *m*
(StR) advisory council set up to determine the values of agricultural model enterprises
(ie, attached to the Federal Ministry of Finance, §§ 39 I, 63–66 BewG)

Bewertungscode *m* (EDV) severity code

Bewertungsdifferenzen *fpl*
(ReW) valuation variances
(ie, important correcting items in operating statements)

Bewertungseinheit *f* (StR) separate valuation unit, § 2 BewG

Bewertung *f* **selbsterstellter Erzeugnisse** (ReW) product costing

Bewertungsfachmann *m* (Bw) appraiser

Bewertungsfreiheit *f*
(StR) freedom of choice in the valuation of assets
– discretionary valuation

Bewertungsgebühr *f* (com) appraisal fee

Bewertungsgesetz *n* (StR) Valuation Law, of 10 Dec 1965

Bewertungsgrößen *fpl* (com) factors of evaluation

Bewertungsgrundlage *f*
(com) basis of valuation
– basis of value
– valuation basis

Bewertungsgrundsatz *m*
(ReW) standard of valuation
(StR) standard of value, § 9 BewG

Bewertungskonglomerat *n*
(ReW) valuation mix
(ie, consolidation balance sheet based on different valuation standards; eg, commercial code, stock corporation law)

Bewertungskontinuität *f* (ReW) continuity of valuation

Bewertungsmaßstab *m* (ReW) standard of valuation *(eg, fair market value, going concern value, etc.)*

Bewertungsmatrix *f* (OR) value matrix

Bewertungsmethode *f*
(ReW) method of valuation
(ie, zur Ermittlung des Wertansatzes von Vermögensgegenständen in der Bilanz; Ausgangspunkt sind die Anschaffungs- od Herstellungskosten)

Bewertungsmethoden *fpl* **für Zollzwecke** (Zo) customs valuation techniques

Bewertungsmodell *n*
(OR) valuation model
– assessment model
(ie, Planungsmodell des OR; opp, Optimierungsmodell)

Bewertungsrecht *n* (StR) law regulating the valuation of property

Bewertungsrichtlinien *fpl*
(ReW) valuation principles
– valuation rules

Bewertungsskala *f* (Log) rating scale

Bewertungsstetigkeit *f*
(ReW) continuity in valuation
(ie, valuation method of previous financial statements are to be continued)

Bewertungsstichtag *m*
(Fin) date of valuation
(StR) effective valuation date, § 106 BewG

Bewertungsstützpunkte *mpl*
(StR) index figures determined to assure equality of valuation, § 39 I BewG
(ie, based on operating conditions and results of representative agricultural enterprises)

Bewertungsüberschuß *m*
(ReW) appraisal surplus
– appreciation surplus

Bewertungs- und Gliederungsvorschriften *fpl* (ReW) rules of valuation and classification

Bewertungsunterlagen *fpl* (com) valuation data
Bewertungsunterschied *m* (ReW) valuation variance
Bewertungsverfahren *n*
(ReW) valuation method
– valuation procedure
Bewertungsverstoß *m* (ReW) infringement of valuation rule
Bewertungsvorschrift *f* (ReW) valuation rule
Bewertungswahlrecht *n*
(ReW) option to choose cost or market valuation
(StR) freedom of choice in the valuation of assets
– discretionary valuation
Bewertung *f* **und Erfolgsermittlung** *f* (ReW) principles of evaluating balance sheet items and of determining results *(ie, als theoretisches Sachgebiet)*
Bewertung *f* **zu Durchschnittspreisen** (ReW) average cost method
Bewertung *f* **zu festen Verrechnungspreisen** (ReW) standard cost method
Bewertung *f* **zum Niederstwertprinzip** (ReW) valuation at the lower of cost or market
Bewertung *f* **zum Verkehrswert** (Fin) fair value accounting
Bewertung *f* **zum Wiederbeschaffungspreis** (ReW) valuation at replacement cost
BewG (Re) = Bewertungsgesetz
bewilligen (FiW) to appropriate
bewilligte Mittel *pl*
(FiW) appropriations
– appropriated funds
Bewilligung *f* (FiW) appropriation
Bewilligung *f* **des aktiven Veredelungsverkehrs** (Zo) authorization granting the benefit of the inward processing arrangements
Bewilligungsausschuß *m* (FiW) appropriations committee
Bewilligungsinhaber *m* (Zo) holder of the authorization
Bewilligungsrecht *n* (FiW) appropriation power
Bewilligungszeitraum *m* (FiW) appropriation period
bewirtschaftete Währung *f* (AuW) controlled currency
Bewirtschaftung *f* (Vw) control
Bewirtungskosten *pl* (com) entertainment expenses
beworbener Artikel *m* (Mk) advertised article
bewußte Auswahl *f*
(Stat) purposive sample
(ie, today often used as a quota sample; der Untersuchungsleiter entscheidet, welche Einheiten in die Stichprobe gelangen)
bewußte Fahrlässigkeit *f*
(Re) intentional negligence
– *(civil law)* luxuria
bewußtes Parallelverhalten *n* (Kart) conscious parallelism
bewußt gewählte Stichprobe *f* (Stat) purposive sample
bezahlen (com) to pay for
bezahlte Freizeit *f* (Pw) time off with pay
bezahlter Jahresurlaub *m* (Pw) annual vacation with pay
bezahlter Urlaub *m*
(Pw) paid holidays
– paid leave
– vacation with pay
Bezahlt-Kurs *m* (Bö) price agreed upon
bezahlt machen, sich (com, infml) to pay for itself
bezahlt und Geld
(Bö) buyers ahead
– dealt and bid
Bezahlung *f* (com) payment
bezeichnen
(Log) to denote
– to name
– to designate
(com) to mark
Bezeichner *m* (EDV, Cobol) identifier
Bezeichnung *f*
(com) designation
(Log) term *(see also: ‚Begriff')*
Bezeichnung *f* **e–r Erfindung**
(Pat) title of an invention
– designation of an invention
Bezeichnungsweise *f* (Log) terminology
beziehen
(com) to buy
– to purchase
(Pw) to draw
(ie, wages or salary)
Bezieher *mpl* **fester Einkommen** (Vw) persons on fixed income
Beziehung *f*
(com) relation
– relationship (between, to)
Beziehungskauf *m*
(com) direct purchase
(ie, bypassing the retailing trade)
Bézier-Kurve *f* (EDV) Bézier curve
Bezirksdirektion *f* (Vers) district management
Bezirksdirektor *m*
(Vers) district manager
– (US) agency superintendent
Bezirksfiliale *f* (Vers) regional main office
Bezirksfinanzdirektion *f* (StR) regional tax office
Bezirksleiter *m*
(Pw) district leader
(ie, second-tier union functionary)
Bezirksvertreter *m* (com) agent to whom a certain district or group of customers is assigned, § 87 II HGB
bezogene Bank *f*
(Fin) bank drawn upon
– bank drawn as drawee
– drawee bank
Bezogener *m* (WeR) drawee *(cf, Akzeptant)*
bezogene Teile *npl*
(MaW) purchased components
(MaW) = fremdbezogene Teile
Bezug *m*
(MaW) buying
– purchase
– procurement
(ie, goods, merchandise)
(com) subscription
(ie, of regular publications, such as newspapers, periodicals)

Bezüge *pl*
(Pw) pay
(ie, the most general word)
– earnings
– salary
– (fml) remuneration
– (fml) emoluments
(ie, may include fringe benefits)
Bezugnahme *f* (com) reference
Bezug *m* **neuer Aktien** (Fin) allocation of new shares
Bezugrechtserlös *m* (Fin) rights proceeds
Bezugsadresse *f*
(EDV) base address
– reference address
(syn, Basisadresse, Grundadresse)
Bezugsaktien *fpl*
(Fin) preemptive shares
(ie, resulting from a conditional capital increase, §§ 192 ff AktG)
Bezugsangebot *n*
(Fin) rights offer
– offer of new shares
Bezugsaufforderung *f* (Fin) request to exercise option right
Bezugsbasis *f*
(com) benchmark figures
– reference figures
– base year
(eg, Bezugsbasis ist das Jahr 1953: 1953 is the base year)
Bezugsbedingungen *fpl*
(com) terms and conditions of sale
(Fin) terms of subscription
bezugsberechtigt (Fin) entitled to subscribe
Bezugsberechtigter *m*
(Re) beneficiary
(ie, of a foundation)
(Fin) allottee
(ie, person entitled to new shares)
(Vers) beneficiary
(ie, of an insurance policy)
Bezugsberechtigung *f* (Vers) appointment of beneficiary
Bezugsbereich *m* (EDV) reference area
Bezugsbescheinigung *f* (Fin) allotment certificate
bezugsfertiges Gebäude *n* (com) building ready for use
Bezugsfrist *f* (Fin) time limit for subscription
Bezugsgenossenschaft *f* (com) agricultural purchasing cooperative
Bezugsgröße *f*
(com) reference variable
– reference value
(Math) reference variable
(KoR) reference figure
– reference unit
(SozV) basic amount, § 18 SGB IV
(ie, average compensation of all workers and salaried employees in the penultimate calendar year, rounded up to the next higher amount which is divisible through 600)
Bezugsgröße *f* **des Währungssystems** (AuW) numéraire
Bezugsgrößenhierarchie *f* (Bw) hierarchy of reference variables
Bezugsgrößenkalkulation *f*
(KoR) reference magnitude costing
(ie, wertmäßige Bezugsgrößen werden durch mengenmäßige ersetzt; costing on the basis of reference figures, independent of the production method used)
Bezugskalkulation *f* (Mk) cost price estimate *(ie, in retail trading)*
Bezugsklasse *f* (Stat) reference class
Bezugskosten *pl* (KoR) delivery costs
Bezugskurs *m*
(Fin) stock subscription price
(ie, mostly in percent of par value)
Bezugsland *n*
(AuW) supplying country
(AuW) customer country
Bezugsmarke *f* (EDV) benchmark
Bezugsmarkierung *f* (EDV, CAD) reference designator
Bezugsmaß *n*
(IndE) basic size
(ie, in quality control)
Bezugsobligationen *fpl* (Fin) bonds with stock subscription rights
Bezugsoption *f*
(Bö) call
– call option
– option to buy new shares (*or* stock)
Bezugsperiode *f* (Stat) reference period
Bezugspflicht *f* (com) obligation to buy
Bezugspreis *m*
(com) price of delivery
(Fin) subscription price
Bezugspunkt *m*
(EDV) benchmark
(ie, reference point from which measurements can be made)
Bezugsquelle *f* (com) supply source
Bezugsquellenverzeichnis *n*
(com) trade directory
– trade register
Bezugsrahmen *m* (Log) frame of reference
Bezugsrecht *n*
(Fin) subscription right
– stock right
Also:
– right
– preemptive right
– preemption right
– stock purchase warrant
(Vers) right to life insurance benefits
Bezugsrecht *n* **auf neue Aktien**
(Fin) option on new stock
– stock option
– stock subscription right
Bezugsrecht *n* **ausüben**
(Fin) to exercise an option
– to take up an option
Bezugsrechte *npl* **auf Dividendenwerte** (Fin) subscription rights to dividend-bearing securities, § 19 III KVStG
Bezugsrechtsabschlag *m* (Fin) subscription ex rights
Bezugsrechtsangebot *n*
(Fin) rights offering
– acceptance letter

Bezugsrechtsankündigung *f* (Fin) announcement of rights issue
Bezugsrechtsausgabe *f* (Fin) rights issue
Bezugsrechtsausschluß *m* (Fin) cancellation of preemption right on issues of new shares
Bezugsrechtsausübung *f* (Fin) exercise of subscription rights
Bezugsrechtsemission *f*
(Fin) rights issue
– capitalization issue
Bezugsrechtshandel *m*
(Bö) trading in subscription rights
– rights trading
Bezugsrechtskurs *m* (Fin) subscription price
Bezugsrechtsobligation *f* (Fin) option bond
Bezugsrechtsschein *m*
(Fin) subscription warrant
– stock purchase warrant
Bezugsrechtsstichtag *m* (Fin) record date
Bezugsschlüssel *m* (EDV, Cobopl) key of reference
Bezugssperre *f* (Kart) refusal to buy, § 26 GWB
Bezugsstelle *f* (Fin) subscription agent
Bezugstermin *m*
(com) date fixed for moving into a building
(Fin) date of delivery
(ie, of shares)
Bezugsverhältnis *n*
(Fin) exchange ratio
– subscription ratio
Bezugsvertrag *m*
(Re) continuous purchase contract
– open-end contract
(ie, extends over a longer period of time; syn, Sukzessivlieferungsvertrag)
Bezugswährung *f* (Fin) base currency
Bezugswert *m*
(Stat) base
(com) reference value
(Fin) security carrying subscription rights
Bezugszeitpunkt *m* (Fin) initial date *(eg, in preinvestment analysis)*
Bezugszeitraum *m* (Stat) base period *(syn, Basiszeitraum, qv)*
BfA
(com) = Bundesanstalt für Arbeit
(com) = Bundesstelle für Außenhandelsinformationen
BfF (StR) = Bundesamt für Finanzen
BFH (StR) = Bundesfinanzhof
BFM (com) = Bundesminister der Finanzen
BGB (Re) = Bürgerliches Gesetzbuch
BGB-Gesellschaft *f*
(Re) civil-law association
– company constituted under civil law
– civil-code company
– (US, *roughly*) non-trading partnership
(ie, company constituted under German civil law, §§ 705–740 BGB; syn, Gesellschaft des bürgerlichen Rechts)
BGBl (Re) = Bundesgesetzblatt
BGH (Re) = Bundesgerichtshof
BHO (FiW) = Bundeshaushaltsordnung
Bibliothek *f* (EDV, Cobol) library
Bibliotheksband *n* (EDV) library tape
Bibliotheksbenutzer *m* (com) library patron
Bibliotheksplatte *f* (EDV) library disk
Bibliotheksprogramm *n* (EDV) library program
Bibliotheksunterprogramm *n* (EDV) library subroutine
Bibliotheksverwaltungsprogramm *n*
(EDV) librarian (program)
– library maintenance program
bichromatischer Graph *m* (Math) bipartite graph
Biersteuer *f* (StR) beer tax
Bieten *n* (com) bidding *(ie, at an auction)*
bieten
(com) to bid
– to make a bid
– to submit a bid
– to offer
Bieter *m*
(com) bidder
(eg, company, individual, or group making an offer to control another company)
Bietproblem *n* (OR) bidding problem
Bietungsgarantie *f*
(com) bid bond
– earnest money
– proposal bond
– provisional deposit
– sales contract bid
(ie, furnished by a bank, esp in public invitations to bid)
Bietungskonsortium *n*
(com) bidding syndicate
– bidding group
Bikonditional *n*
(Log) biconditional
– equivalence
(ie, binary propositional connective = 2-stelliger Funktor der Aussagenlogik, „if and only if", „iff")
Bilanz *f*
(ReW) balance sheet
– annual financial statement
– year-end financial statement
– (GB) annual accounts
(ie, comprehensive term: may include balance sheet, profit and loss statement, and other related documents; cf, Übersicht S. 185)
Bilanzanalyse *f*
(ReW) balance sheet analysis
– financial statement analysis
– statement analysis
Bilanzänderung *f*
(StR) alteration of a balance sheet, Abschn. 4 II EStR
(ie, one permissible entry in the financial statements is replaced by another permissible entry)
Bilanzanlage *f* (ReW) balance sheet supplement
Bilanzansatz *m*
(ReW) balance sheet item
– balance sheet figure
(ReW) recording of a balance sheet item
(ReW) valuation of a balance sheet item
Bilanzaufbereitung *f* (ReW) reshuffling of balance-sheet items for the purpose of detailed analysis
Bilanzauffassungen *fpl* (ReW) accounting concepts
Bilanz *f* **auf Nettoliquiditätsbasis** (AuW) net liquidity balance
Bilanz *f* **aufstellen** (ReW) to prepare a balance sheet

Bilanzaufstellung *f* (ReW) preparation of a balance sheet
Bilanzausgleichsposten *m* (ReW) balance sheet adjustment item
Bilanzausschuß *m* (Bw) financial audit committee *(ie, on managing boards)*
Bilanzauswertung *f*
(ReW) evaluation of a balance sheet
– balance sheet evaluation
Bilanzauszug *m* (ReW) condensed balance sheet
Bilanzbereinigung *f* (ReW) balance sheet adjustment
Bilanzbericht *m* (ReW) notes added to the balance sheet
Bilanzberichtigung *f*
(StR) correction of a balance sheet, Abschn. 4 I EStR
(ie, either by taxpayer or by the local tax office)
Bilanzbewertung *f*
(StR) balance sheet valuation
(ie, valuation of business assets for purposes of income determination, § 6 EStG)
Bilanzbuch *n* (ReW) balance sheet book
Bilanzbuchhalter *m* (ReW) accountant qualified to prepare balance sheets
Bilanzdelikt *n* (Re) balance sheet offense, § 400 AktG
Bilanz *f* **der laufenden Posten**
(AuW) balance on current account
– current account
– balance of payments on current account
– balance on goods, services, and remittances *(see note under ‚Leistungsbilanz')*
Bilanz *f* **der offiziellen Reservetransaktionen**
(VGR) balance on official reserve transactions
(ie, foreign exchange balance + official liabilities to foreign currency authorities)
Bilanz *f* **der unentgeltlichen Leistungen** (AuW) balance on unilateral transfers
Bilanz *f* **der unsichtbaren Leistungen**
(VGR) invisible balance
– balance on services account
Bilanz *f* **des kurzfristigen Kapitalverkehrs** (VGR) balance on short-term capital account
Bilanz *f* **des langfristigen Kapitalverkehrs** (VGR) balance on long-term capital account
Bilanz *f* **des unsichtbaren Handels** (VGR) = Dienstleistungsbilanz
Bilanz *f* **des Warenhandels**
(VGR) visible balance
– balance on merchandise account
Bilanzebene *f* (Vw) budget surface
Bilanzentwurf *m* (ReW) draft balance sheet
Bilanz *f* **e–r AG** (ReW) corporate statement
Bilanzergebnis *n*
(ReW) net result (for the year)
– balance sheet profit or loss
Bilanzergebnisvortrag *m* (ReW) undistributed net result of prior year
Bilanzerläuterungen *fpl* (ReW) balance sheet notes
Bilanz *f* **e–r Muttergesellschaft**
(ReW) parent company balance sheet
(ie, consolidating the subsidiaries into ‚investment in subsidiaries')
Bilanz *f* **erstellen** (ReW) to prepare a balance sheet
Bilanzfälschung *f* (ReW) falsification of a balance sheet, § 400 AktG
Bilanzformblatt *n* (ReW) balance sheet format
Bilanz *f* **frisieren**
(ReW, infml) to cook a balance sheet
– to doctor a balance sheet
Bilanzfrisur *f* (ReW, infml) window dressing
Bilanzgerade *f*
(Vw) budget (constraint) line
– opportunity curve
– price line
Bilanzgewinn *m*
(ReW) net profit for the year, § 157 AktG
Also:
– unappropriated retained earnings
– net income shown in the balance sheet
Bilanzgleichung *f*
(Vw) budget equation
(ie, for the household)
(ReW) accounting equation
– balance sheet equation
– fundamental accounting equation
– accounting identity
Bilanzgliederung *f*
(ReW) layout of balance sheet
(cf, Übersicht, S. 185)
Bilanzhochrechnung *f* (ReW) balance sheet extrapolation
Bilanzidentität *f*
(ReW) balance sheet continuity
(ie, identity between closing balance sheet of the current year and opening balance sheet of the following year)
bilanzielle Abschreibung *f*
(ReW) depreciation for reporting purposes
– balance sheet depreciation expense
– bookkeeping allowance for depreciation
– book depreciation
– accounting provision for depreciation
(opp, steuerliche Abschreibung = tax writeoff)
bilanzielle Gestaltungsmöglichkeit *f* (ReW) scope for shaping the balance sheet
bilanzieren
(ReW) to balance
(ie, an account)
(ReW) to prepare a balance sheet
(ReW) to carry in the balance sheet
– to report in the balance sheet
Bilanzierung *f*
(ReW) balancing of an account
(ReW) preparation of a balance sheet
Bilanzierungsgesetzgebung *f* (ReW) accounting legislation
Bilanzierungsgrundsatz *m* **der kaufmännischen Vorsicht** (ReW) principle of prudence
Bilanzierungsgrundsätze *mpl*
(ReW) accounting principles
– accounting rules
Bilanzierungshandbuch *n*
(ReW) manual of accounting
– financial manual
Bilanzierungshilfe *f*
(ReW, appr) accounting convenience
– balance sheet aid
– capitalizable aid

Bilanzgliederung nach § 266 HGB für große und mittelgroße Kapitalgesellschaften

Aktivseite

A. Anlagevermögen:
- I. Immaterielle Vermögensgegenstände:
  1. Konzessionen, gewerbliche Schutzrechte und ähnliche Rechte und Werte sowie Lizenzen an solchen Rechten und Werten;
  2. Geschäfts- oder Firmenwert;
  3. geleistete Anzahlungen;
- II. Sachanlagen:
  1. Grundstücke, grundstücksgleiche Rechte und Bauten einschließlich der Bauten auf fremden Grundstücken;
  2. technische Anlagen und Maschinen;
  3. andere Anlagen, Betriebs- und Geschäftsausstattung;
  4. geleistete Anzahlungen und Anlagen im Bau;
- III. Finanzanlagen:
  1. Anteile an verbundenen Unternehmen;
  2. Ausleihungen an verbundene Unternehmen;
  3. Beteiligungen;
  4. Ausleihungen an Unternehmen, mit denen ein Beteiligungsverhältnis besteht;
  5. Wertpapiere des Anlagevermögens;
  6. sonstige Ausleihungen.

B. Umlaufvermögen:
- I. Vorräte:
  1. Roh-, Hilfs- und Betriebsstoffe;
  2. unfertige Erzeugnisse, unfertige Leistungen;
  3. fertige Erzeugnisse und Waren;
  4. geleistete Anzahlungen;
- II. Forderungen und sonstige Vermögensgegenstände:
  1. Forderungen aus Lieferungen und Leistungen;
  2. Forderungen gegen verbundene Unternehmen;
  3. Forderungen gegen Unternehmen, mit denen ein Beteiligungsverhältnis besteht;
  4. sonstige Vermögensgegenstände;
- III. Wertpapiere:
  1. Anteile an verbundenen Unternehmen;
  2. eigene Anteile;
  3. sonstige Wertpapiere;
- IV. Schecks, Kassenbestand, Bundesbank- und Postgiroguthaben, Guthaben bei Kreditinstituten.

C. Rechnungsabgrenzungsposten.

Passivseite

A. Eigenkapital:
- I. Gezeichnetes Kapital;
- II. Kapitalrücklage;
- III. Gewinnrücklagen:
  1. gesetzliche Rücklage;
  2. Rücklage für eigene Anteile;
  3. satzungsmäßige Rücklagen;
  4. andere Gewinnrücklagen;
- IV. Gewinnvortrag/Verlustvortrag;
- V. Jahresüberschuß/Jahresfehlbetrag.

B. Rückstellungen:
1. Rückstellungen für Pensionen und ähnliche Verpflichtungen;
2. Steuerrückstellungen;
3. sonstige Rückstellungen.

C. Verbindlichkeiten:
1. Anleihen, davon konvertibel;
2. Verbindlichkeiten gegenüber Kreditinstituten;
3. erhaltene Anzahlungen auf Bestellungen;
4. Verbindlichkeiten aus Lieferungen und Leistungen;
5. Verbindlichkeiten aus der Annahme gezogener Wechsel und der Ausstellung eigener Wechsel;
6. Verbindlichkeiten gegenüber verbundenen Unternehmen;
7. Verbindlichkeiten gegenüber Unternehmen, mit denen ein Beteiligungsverhältnis besteht;
8. sonstige Verbindlichkeiten, davon aus Steuern, davon im Rahmen der sozialen Sicherheit.

D. Rechnungsabgrenzungsposten.

Quelle: Dichtl/Issing: Vahlens Großes Wirtschaftslexikon, 2. Aufl., München 1993, Bd. 1, S. 879

(ie, „it is assumed that (prepaid) deferred taxes, although not an asset, may be carried forward to achieve more closely the objective of reporting the results of the operation")

Bilanzierungsmethoden *fpl* (ReW) accounting methods

Bilanzierungspolitik *f*
(ReW) practice of balance sheet make-up
– financial presentation practice

Bilanzierungspraxis *f*
(ReW) accounting policies
– accouting standards

Bilanzierungsrichtlinien *fpl*
(ReW) rules for the preparation of balance sheets
(ReW) accounting policies
– accouting rules

Bilanzierungsverbot *n*
(ReW) prohibition to include items in the balance sheet
(ie, gesetzlich festgelegte Vermögensgegenstände od Aufwendungen dürfen nicht in die Bilanz aufgenommen werden; cf, § 248 BGB)

Bilanzierungsvorschriften *fpl*
(ReW) statutory provisions relating to the make-up of balance sheets
– accounting rules

Bilanzierungswahlrecht *n*
(ReW) option to report certain items in the balance sheet
(eg, Aktivierungswahlrecht des derivativen Firmenwerts; Passivierungswahlrecht für bestimmte Aufwendungen; cf, §§ 255, 249 HGB)

Bilanzierungszeitraum *m* (ReW) reporting period

Bilanz *f* **in Matrizenform** (ReW) matrix balance sheet

Bilanzjahr *n*
(ReW) financial year
– fiscal year

Bilanzkennzahl *f* (ReW) balance sheet ratio

Bilanzklarheit *f* (ReW) principle of unambiguous presentation of balance sheet items

Bilanzkonsolidierung *f* (ReW) consolidation of financial statements

Bilanzkontinuität *f*
(ReW) continuity of balance sheet presentation
– balance sheet continuity

Bilanzkonto *n* (ReW) balance sheet account

Bilanzkritik *f* (ReW) critical appraisal (*or* evaluation) of balance sheet

Bilanzkurs *m*
(ReW) book value
(ie, of assets)
(Fin) balance sheet rate
(Bö) value of a corporate share
(ie, ratio of reported equity to stated capital = ausgewiesenes Eigenkapital zu Grundkapital)

bilanzmäßig (ReW) as appearing on the balance sheet

bilanzmäßige Abschreibung *f* (ReW) = bilanzielle Abschreibung

bilanzmäßige Überschuldung *f* (ReW) excessive balance sheet debt

Bilanzmaterial *n* (ReW) balance sheet material

bilanzneutral (ReW) off balance

bilanzoptisch (ReW) for window-dressing purposes

bilanzorientiert (ReW) balance-sheet oriented

Bilanzpolitik *f* (ReW) accounting policy

Bilanzposition *f*
(ReW) balance-sheet item
– balance-sheet title

Bilanzposten *m* (ReW) balance sheet item

Bilanzpressekonferenz *f* (com) press conference on financial statements

Bilanzprüfer *m*
(ReW) balance sheet auditor, § 162 AktG
– independent auditor
– *(often simply)* auditor

Bilanzprüfung *f* (ReW) statutory balance sheet audit, §§ 162–169 AktG

bilanzrechtliche Vorschriften *fpl* (ReW) accounting regulations

Bilanzreform *f*
(ReW) balance sheet reform
(ie, attempts to combine the tax and commercial balance sheets into a single balance sheet = ‚Einheitsbilanz')
(ReW) rearrangement of the corporate balance sheet classification

Bilanzrevision *f*
(ReW) internal balance sheet audit
(ie, detailed voluntary audit of balance sheet and profit and loss statement)

Bilanzrichtlinie *f*
(EG) Accounting Directive
(ie, vierte EG-Richtlinie zur Koordinierung des Gesellschaftsrechts vom 25.7.1978; Regelungen sind im neuen dritten Buch des HGB enthalten)

Bilanzrichtliniengesetz *n*
(ReW) Accounting Directives Law
– Accounting and Reporting Law
(ie, dient der Anpassung an folgende Richtlinien der Europäischen Gemeinschaften: 1. Vierte Richtlinie über den Jahresabschluß von Gesellschaften bestimmter Rechtsformen; 2. Siebente Richtlinie über den konsolidierten Abschluß; 3. Achte Richtlinie über die Zulassung der mit der Pflichtprüfung der Rechnungslegungsunterlagen beauftragten Personen; betroffen sind: HGB, AktG, GmbHG, PublG, GenG, WPO; am 1.1.1986 in Kraft getreten; die Bilanzierungs- und Prüfungsvorschriften sind fast vollständig in den §§ 238–339 HGB geregelt)

Bilanzsanierung *f* (ReW) balance sheet restructuring

Bilanzschema *n* (ReW) balance sheet classification, § 151 AktG

Bilanzstatistik *f* (ReW) balance sheet statistics

Bilanzsteuerrecht *n* (StR) statutory provisions relating to the preparation of tax balance sheets

Bilanzstichtag *m*
(ReW) balance sheet date
– closing date
– cutoff date

Bilanzstruktur *f* (ReW) balance sheet structure

Bilanzsumme *f* (ReW) balance sheet total

Bilanzsumme *f* **verlängert sich** (ReW) balance sheet totals increase

Bilanztheorie *f* (ReW) accounting concept

Bilanz *f* **„über Kreuz"** (ReW) matrix balance sheet

bilanz- und finanzpolitische Abschreibung *f*
(ReW) policy depreciation
– in-lieu depreciation

bilanzunwirksam (ReW) off balance (sheet)
bilanzunwirksamer Posten *m* (ReW) off balance sheet item
bilanzunwirksame Transaktion *f* (ReW) off balance sheet transaction
Bilanzvergleich *m* (ReW) comparison of balance sheets
Bilanzverkürzung *f*
(ReW) balance sheet contraction
(ie, reduction on both sides of a balance sheet)
Bilanzverlängerung *f*
(ReW) balance sheet extension
(ie, rise on both sides of a balance sheet)
Bilanzverlust *m* (ReW) net loss for the year
Bilanzvermerk *m* (ReW) balance sheet note
Bilanz *f* **verschleiern** (ReW) to cook a balance sheet
Bilanzverschleierung *f* (ReW) doctoring a balance sheet
Bilanzvolumen *n* (ReW) balance sheet total
Bilanzvorlage *f* (ReW) presentation of a balance sheet
Bilanzwahrheit *f* (ReW) true and correct presentation of balance sheet items
Bilanzwert *m*
(ReW) value of a balance sheet item
(ie, determined on the basis of all applicable commercial and tax valuation rules)
Bilanz *f* **ziehen** (com) to strike a balance
Bilanzzusammenhang *m* (ReW) continuity of balance sheet presentation
bilateral (Vw) bilateral *(opp, multilateral)*
bilaterale Interventionspunkte *mpl* (AuW) bilateral exchange limits
bilateraler Beistand *m* (EG) bilateral assistance
bilateraler Handel *m*
(AuW) bilaterial trade
– two-way trade
bilateraler Strukturdialog *m* (Vw) bilateral discussions on structural policy measures
bilateraler Vertrag *m*
(Re) bilateral agreement
(ie, mostly based on the reciprocity principle)
bilateraler Zahlungsverkehr *m* (AuW) bilateral settlements
bilaterales Clearing *n* (AuW) bilateral clearing
bilaterales Handelsabkommen *n* (AuW) bilateral trade agreement
bilaterales Länderkontingent *n* (AuW) negotiated bilateral quota
bilaterales Monopol *n* (Vw) bilateral monopoly
bilaterales Oligopol *n* (Vw) bilateral oligopoly
bilaterales Verrechnungsabkommen *n* (AuW) bilateral clearing agreement
bilaterale Verträge *mpl*
(Re) bilateral agreements
(ie, mostly based on the reciprocity principle)
Bilateralismus *m* (AuW) bilateralism
Bildbearbeitungsprogramm *n* (EDV) photo editor
Bildbereich *m*
(EDV) display space
– operating space
– workstation viewport
(ie, in Computergrafik)
Bilddatei *f* (EDV) display file *(ie, in Computergrafik)*
Bilddekompremierung *f* (EDV) image decompression *(opp, image compression)*
Bildebene *f*
(EDV, CAD) layer
– level *(cf, Ebenentechnik)*
Bilder *npl* **pro Sekunde** (EDV) frames per second
Bildfenster *n* (EDV) screen window
Bildfunktion *f* (EDV) display function *(syn, grafische Funktion)*
Bildkompremierung *f* (EDV) image compression *(opp, image decompression)*
Bildlaufpfeile *mpl* (EDV, GUI) scroll arrows *(ie, part of a scroll bar, qv)*
bildliche Darstellung *f* (Stat) visual portrayal
Bildmenge *f* (Math) image set
Bildneuaufbau *m* (EDV, CAD) repaint (of a screen)
Bildrate *f* (EDV) scan rate
Bildschirm *m*
(EDV) terminal
– (display) screen
– crt screen
– video monitor
– display monitor
(syn, Monitor, Datensichtgerät)
Bildschirmabzug *m*
(EDV) screen capture
(ie, graphical image of screen contence; useful for writing articles or creating manuals; syn, Bildschirmphoto)
Bildschirmarbeitsplatz *m*
(EDV) display console
– display workstation
– workstation
– terminal
Bildschirmauflösung *f* (EDV) screen resolution
Bildschirmblättern *n* (EDV) paging
Bildschirmcomputer *m* (EDV) video computer
Bildschirmdiagonale *f* (EDV) display size *(syn, Bildschirmgröße)*
Bildschirmdrucker *m* (EDV) graphic display printer
Bildschirmflimmern *n* (EDV) screen flicker *(often resulting from low refresh rates, qv)*
Bildschirmführung *f* (EDV) screen operation
Bildschirmgerät *n*
(EDV) video display terminal
– video display unit, VDU
(ie, screen + keyboard; syn, Datensichtgerät)
Bildschirmgröße *f* (EDV) display size *(syn, Bildschirmdiagonale)*
Bildschirmhintergrund *m* (EDV) display background
Bildschirm-Koordinatensystem *n*
(EDV, CAD) space screen
– display coordinates
Bildschirmmaske *f* (EDV) screen form
Bildschirm *m* **mit Bildwiederholung** (EDV) refresh display *(ie, in Computergrafik)*
Bildschirmmodus *m* (EDV) display mode
bildschirmorientiertes Textsystem *n* (EDV) screen-based text system
Bildschirmphoto *n*
(EDV) screen capture
(ie, graphical image of screen contence; useful for writing articles or creating manuals; syn, Bildschirmabzug)

Bildschirmschoner *m*
(EDV) screen saver
(ie, avoides screen burn, qv)
Bildschirmschrift *f* (EDV) screen font
Bildschirmspeicher *m*
(EDV) VRAM
(EDV) screen buffer
Bildschirmsteuerung *f* (EDV) console screen control
Bildschirmtelefon *n*
(EDV) video telephone
– screen phone
Bildschirmterminal *n* (EDV) visual display terminal
Bildschirmtext *m*
(EDV) videotex
– (GB) viewdata
Bildschirmtext-Dienst *m* (EDV) videotext service
Bildschirmtext-System *n*
(EDV) video text system
– (GB) viewdata *(ie, Post Office System)*
Bildschirmtreiber *m* (EDV) display driver
Bildüberschrift *f* (Mk) caption
Bildungschancen *fpl* (Pw) educational opportunities
Bildungsgang *m* (Pw) educational background
Bildungsinvestition *f*
(Vw) investment in the educational system
– educational investment
Bildungsökonomie *f* (Vw) economics of education
Bildungspolitik *f* (Pw) educational policy
Bildungsregel *f* (Log) rule of formation
Bildung *f* **steuerfreier Rücklagen** (ReW) accruals – non taxable
Bildungsurlaub *m*
(Pw) educational leave
(ie, von der Konferenz der Internationalen Arbeitsorganisation in Genf am 24.6.1974 beschlossen; cf, Gesetz vom 7.9.1976; BGBl II 1526; Einzelheiten in Landesgesetzen)
Bildungswesen *n* (Pw) training and education system
Bildung *f* **von Rücklagen**
(ReW) formation of reserves
– setting-up of reserves
Bildung *f* **von Strings** (EDV) string generation
Bildunterprogramm *n* (EDV) display subroutine
Bildunterschrift *f* (Mk) caption
Bildvariable *f* (EDV) display variable
Bildverarbeitung *f*
(EDV) image editing
(syn, image processing, image enhancement, imaging)
Bildwerbung *f* (Mk) pictorial advertising
Bildwiederholfrequenz *f* (EDV) refresh rate
Bildwiederholgeschwindigkeit *f* (EDV) frame rate
Bildwiederholung *f*
(EDV) image regneration
(ie, in Computergrafik)
Bildwiederholungsrate *f* (EDV) refresh rate
Bildzeile *f* (EDV) scan line
billig
(com) cheap *(ie, auch „billig"!)*
– inexpensive
– low-priced

Billigartikel *m* (Mk) catchpenny article
billige Flaggen *fpl*
(Re) flags of convenience
(ie, Panama, Honduras, Liberia; benefits: tax preferences and subsidies)
Billigeinfuhren *fpl* (com) cut-price imports
billige Produkte *npl* (com) low-priced products
billiges Geld *n* (Vw) cheap money
Billigfluglinie *f* (com) cut-rate line *(eg, offering no-frills flights)*
Billigflugpreise *mpl* (com) cut-price fares *(ie, of airlines)*
Billigimporte *mpl* (com) cut-price imports
Billigkeit *f* (Re) equity
Billigkeitsentscheidung *f*
(Re) decision ex aequo et bono
– equitable decision
Billigkeitserlaß *m* (StR) equitable tax relief, § 227 AO
Billigkeitsregelung *f* (Re) grace clause
Billigkredit *m* (Fin) cheap loan
Billigpreisgeschäft *n* (Mk) cut-price store
Billigpreisländer *npl* (AuW) low-price countries
billigst
(Bö) at best
– at market
billigst-Auftrag *m* (Bö) buy order at market
billigstens kaufen (Bö) to buy at the lowest price
billigster Anbieter *m* (com) lowest bidder
Billigst-Gebot *n*
(com) lowest bid
(ie, bid with no indication of price = ‚Gebot ohne Angabe e–s Bietungskurses')
Billigst-Order *f* (Bö) order to buy at the lowest possible price
Billigtarif *m*
(com) cheap fare
– cut-price fare *(eg, of airlines)*
Billigung *f* (Re) approval
Billigungsklausel *f*
(Vers) tacit approval clause
– tacit approval rule
(ie, Abweichungen zwischen Versicherungsschein und Antrag gelten als genehmigt, wenn V.nehmer nicht innerhalb e–s Monats widerspricht; cf, § 5 VVG)
Bimetallismus *m*
(Vw) bimetalism
(ie, currency system where the monetary unit – Währungseinheit – is defined in two metals; eg, gold and silver)
bimodale Verteilung *f* (Stat) bimodal distribution
BImSchG (Re) = Bundesimmissionsschutzgesetz
binär (EDV) binary
Binär-Bäume *mpl* (EDV) = B-Bäume, qv
binärcodierte Dezimalzahlen *fpl* (EDV) binary-coded decimal
Binärdatei *f* (EDV) binary file
binäre Dateiübertragung *f* (EDV) binary file transfer
binärer Funktor *m* (Log) binary connective
binäres Abschneiden *n* (EDV) binary chop
binäres Gerät *n* (EDV) binary device
binäres synchrones Protokoll *n* (EDV) binary synchronous protocol

binäre Suche *f*
(EDV) binary search
(ie, für große Datenbestände, die z.B. mit sequentieller Suche nicht mehr sinnvoll bearbeitet werden können)
binäre Suchstruktur *f* (EDV) binary search tree
binäres Zahlensystem *n* (EDV) base 2 system
binäre Übertragung *f* (EDV) binary transfer
binäre Umwandlung *f* (EDV) binary conversion
Binärfeld *n* (EDV) binary field
Binärformat *n* (EDV) binary format
Binärkompatibilität *f* (EDV) binary compatibility
Binäroperator *m* (EDV) binary operator
Binärschreibweise *f* (EDV) binary notation
Binärsystem *n* (Math) binary system
Binärzahl *f*
(EDV) binary number
– binary numeral
Binärziffer *f* (EDV) binary digit
Bindeglieder *npl*
(OR) linking pins
(ie, between systems of groups)
Bindelader *m* (EDV) linking loader
binden
(com) to bind
– to commit
(Fin) to lock up
– to tie up *(eg, funds)*
bindende Abmachung *f*
(Re) binding agreement
– agreement binding upon the parties
bindendes Angebot *n* (com) = verbindliches Angebot, qv
bindendes Schiedsgerichtsverfahren *n* (Re) binding adjudication
bindende Wirkung *f* (Re) binding effect *(ie, on/upon)*
bindende Zusage *f* (Re) binding promise
Binder *m*
(EDV) linkage editor
– composer
(ie, service routine – Dienstprogramm – that converts the output of assemblers and compilers into a form that can be loaded and executed)
Binderlauf *m* (EDV) linkage (editor) run
Bindungsdauer *f* (Bw) minimum lockup period
Bindungsermächtigung *f*
(FiW) commitment authorization
– contract authority
(ie, vorherige Ausgabeermächtigungen, durch die z B der Bund über ein Rechnungsjahr hinaus zur Leistung von Zahlungen verpflichtet wird; §§ 13 und 45b RHO)
Bindungsfalle *f* (Fin) commitment trap
Bindungsfrist *f*
(Re) commitment period
(ie, während der der Antragsteller gebunden ist)
(Fin) lock-up period
Bindungsvektor *m* (Math) constraint vector
Bindungswirkung *f* (Re) legally binding effect
Bindung *f* **von Entwicklungshilfe an Auflagen** (Vw) aid tying
Bindung *f* **von Geldmitteln**
(Fin) appropriation of funds
– earmarking of funds
Bindung *f* **von Währungen** (Vw) linking of currencies *(eg, to the US-$)*
Binnenfischerei *f* (com) freshwater fishery
Binnengewässer *npl*
(Re) inland waters
– internal waters
Binnengrenze *f* (EG) internal frontier
Binnengroßhandel *m* (com) domestic wholesaling
Binnenhafen *m* (com) inland port
Binnenhandel *m*
(com) domestic trade
– internal trade
Binnenkaufkraft *f* (Vw) domestic purchasing power
Binnenklassen-Korrelation *f* (Stat) intra-class correlation
Binnenklassen-Streuung *f* (Stat) intra-class variance
Binnenkonjunktur *f*
(Vw) domestic economic situation (*or* trend)
– domestic activity
Binnenkonnossement *n* (com) inland waterway bill of lading
Binnenmarkt *m*
(com) domestic market
– home market
(EG) internal market *(cf, einheitlicher Binnenmarkt)*
(EG) (European) single market
(ie, the Euro-wide integrated markets after 1992)
Binnenmarktpreis *m* (com) domestic price
Binnenmarktpreise *mpl* **des Ausfuhrlandes** (Zo) internal prices in a country of exportation
Binnennachfrage *f* (com) domestic demand
Binnenschiffahrt *f*
(com) inland waterway transportation
(ie, gewerbliche Beförderung von Personen und Gütern auf Binnengewässern)
Binnenschiffahrtunternehmen *n* (com) inland waterway carrier
Binnenschiffahrtverkehr *m*
(com) inland waterway traffic
– inland waterway transportation
Binnenschiffahrtversicherung *f* (Vers) inland waterway insurance
Binnenschiffer *m* (com) inland waterway operator
Binnentarif *m*
(com) inland rate
(com) domestic tariff
(EG) intra-bloc tariff
Binnentransportversicherung *f* (Vers) inland marine insurance
Binnenumsätze *mpl*
(StR) internal turnovers
(ie, between divisions of the same enterprise or several enterprises owned by the same person)
(ReW) internal sales
– intra-company sales
– (GB) internal turnover
Binnenverkehr *m* (com) internal traffic
Binnenversand *m* (Zo) interior transit
Binnenwährung *f* (Vw) domestic currency
Binnenwanderung *f* (Stat) internal migration
Binnenwasserstraße *f* (com) inland waterway
Binnenwasserstraßen *fpl* (com) inland waterways

Binnenwert *m* **e–r Währung** (Vw) internal value of a currency
Binnenwirtschaft *f* (Vw) domestic economy
binnenwirtschaftliche Lage *f* (Vw) domestic situation
binnenwirtschaftliche Notwendigkeiten *fpl* (Vw) domestic requirements
binnenwirtschaftlicher Einkommensmultiplikator *m* (Vw) national income multiplier
binnenwirtschaftlicher Geldwert *m*
(Vw) domestic value of money
– internal value of money
binnenwirtschaftliches Gleichgewicht *n*
(EG) internal economic equilibrium
– (GB) domestic economic equilibrium
(Vw) internal balance
binnenwirtschaftliche Stabilität *f* (Vw) internal economic stability
Binnenzoll *m*
(Zo) internal tariff
– (GB) internal customs duty
Binnenzollamt *n* (Zo) inland customs office
Binnenzollsatz *m* (EG) internal rate of duty
Binnenzollstelle *f* (Zo) inland customs office
binomiale Grundgesamtheit *f* (Stat) binomial population
Binomialkoeffizient *m* (Math) binomial coefficient
Binomialverteilung *f*
(Math) binomial distribution
– point binomial
– Bernoulli distribution *(syn, Bernoulli-Verteilung)*
Binomialwahrscheinlichkeit *f* (Stat) binomial probability
binomische Formel *f* (Math) binomial formula
binomische Reihe *f* (Math) binomial series
binomischer Lehrsatz *m* (Math) binomial theorem
Bioladen *m*
(Mk) eco-shop
(ie, verkauft naturbelassene Nahrungsmittel)
Biometrik *f* (EDV) biometrics
BIOS
(EDV) = Basic Input Output System
(ie, routines that interface between system/application software and peripheral hardware; the BIOS is a layer below the operating system; das BIOS gehört nicht zum Betriebssystem)
Biotechnologiewerte *mpl* (Bö) biotechnologies
BIP *n* **zu Marktpreisen** (VGR) GDP *(gross domestic product)* at market prices
biquadratische Gleichung *f*
(Math) biquadratic equation
– quartic equation
– equation of fourth degree
(syn, Gleichung 4. Grades)
bis auf weiteres (com) until further notice
bistabiler Schaltkreis *m* (EDV) bistable circuit
Bisubjunktion *f*
(Log) biconditional
– equivalence
(ie, binary propositional connective = ‚2-stelliger Funktor der Aussagenlogik', „if and only if", „iff")
Bisubtraktion *f* (Math) symmetric difference of sets
Bit *n*
(EDV) bit
– binary digit

Bitausfall *m* (EDV) dropout
Bitebene *f* (EDV) bit plane
Bitfolge *f* (EDV) bit string
Bitmapschrift *f* (EDV) bitmapped font
Bitmap-Schriftart *f* (EDV) bitmap font
Bitmaske *f* (EDV) bit mask
Bit-Muster *n*
(EDV) bit pattern
(EDV) bitmap
Bitmuster-Graphik *f* (EDV) bitmap graphics
Bitrate *f* (EDV) bit rate
bitte wenden
(com) over
– more
– (GB) p.t.o. *(= please turn over)*
Bittiefe *f* (EDV) bit depth
Bitübertragungsrate *f* (EDV) bits transfer rate
Bitvektor *m* (EDV) bit vector
Bitverdreher *m* (EDV) bit twiddler
bitweise Invertierung *f* (EDV) bit flipping
bitweise parallel (EDV) bit parallel
Bitzuordnung *f* (EDV) bit assignment
BIZ (Fin) = Bank für Internationalen Zahlungsausgleich
BKartA (Re) = Bundeskartellamt
Blackbox-Test *m* (EDV) blackbox testing
B-Länder *npl*
(AuW) B countries
(ie, die westlichen Industrieländer; identisch mit OECD-Ländern)
Blankett *n*
(com) document signed in blank
(WeR) blank form
Blankoabtretung *f*
(Re) assignment in blank
(Fin) blank transfer
(ie, assignment or transfer of stock in blank)
Blankoakzept *n*
(WeR) acceptance in blank
– blank acceptance
blanko akzeptieren (WeR) to accept in blank
Blankoannahme *f*
(WeR) acceptance in blank
– blank acceptance
Blankoauftrag *m* (com) blank order
blanko ausstellen (com) to make out in blank
Blankoformular *n* (com) blank form
Blankogeschäft *n* (Bö) uncovered transaction
blanko girieren (WeR) to indorse in blank
Blankoindossament *n*
(WeR) blank indorsement
– general indorsement
– indorsement in blank *(opp, Vollindossament)*
blanko indossiert (WeR) blank indorsed
Blankokredit *m*
(Fin) blank credit
– clean credit
– open (book) account
(ie, unsecured loan; wird gewährt, ohne daß der Kreditnehmer Sicherheiten zu stellen braucht)
Blankoofferte *f* (com) offer in blank
Blankopapiere *npl*
(WeR) blank instruments
(ie, not yet bearing the name of the beneficiary or other essential details)

Blankopolice *f* (Vers) blank policy
Blankoquittung *f* (com) blank receipt
Blankoscheck *m* (Fin) blank check
blanko übertragen (Re) to assign in blank
Blankoübertragung *f* (WeR) transfer in blank
Blankounterschrift *f* (com) blank signature
Blankoverkauf *m* (Bö) short sale *(syn, Leerverkauf, qv)*
blanko verkaufen (Bö) to sell short
Blankoverkäufer *m* (Bö) short seller
Blankovollmacht *f*
(Re) blank power of attorney
– unlimited power of attorney
Blankowechsel *m* (WeR) blank bill
Blankozession *f*
(Re) assignment in blank
– blank assignment
(eg, beim börsenmäßigen Handel mit vinkulierten Namensaktien)
Blankstahl *m* (com) bright steel
Blankvorschuß *m*
(com) clean advance
(ie, by advising bank to exporter)
Blasenchip *m* (EDV) bubble chip
Blasengrafik *f* (EDV) Bubble chart
Blasenpolitik *f* (Vw) bubble policy *(cf, Glockenpolitik)*
Blasenspeicher *m*
(EDV) bubble memory
– bubble storage
Blasenspeicherkassette *f*
(EDV) bubble memory cassette
(ie, faster, more reliable and vastly more rugged than floppy disks, if slower than conventional semiconductor memory)
blaß (Pw) unassertive
blättern (EDV) to scroll
Blätterung *f* (Math) manifold
Blattleser *m* (EDV) document reader *(syn, Belegleser)*
Blattschreiber *m* (EDV) page printer
Blaumachen *n*
(Pw, infml) unexcused absence from work
(ie, by pretending illness or just staying away, esp. on Fridays or Mondays, the preferred ‚blue days')
Blaupausen-Export *m* (com) export of patents, licenses, engineering documentations, etc.
Bleiakku *m* (EDV) lead ion battery
blendfreier Bildschirm *m* (EDV) nonglare screen
blendfreie Tastatur *f* (EDV) nonglare keyboard
blendfreie Tasten *fpl* (EDV) glare-free keys *(ie, of typewriter)*
Blickfang *m* (Mk) attention getter
Blickfangwerbung *f* (Mk) eye-catching advertising
blind buchen (com) to book blind *(eg, from single advertisement)*
Blindschreiben *n* (com) touch typing
blindschreiben
(com) to touch type
(ie, nach dem 10-Finger-System; cf, Ein-Finger-Suchsystem)
Blindtext *m* (EDV) greek text
Blisterpackung *f*
(Mk) blister packing
– bubble wrap

Blitzprognose *f*
(Vw, US) flash estimate
(ie, published by the Department of Commerce 20 days before the end of each quarter)
Blitzprogramm *n* (com) crash programm
„Blitzprüfung" *f* (StR) lightning check
blitzschnelle Entscheidung *f* (com) split second decision
Blitzstreik *m* (Pw) lightning strike
Blitzumfrage *f* (Mk) snap poll
BLOB (EDV) cf, großes Binärobjekt
Block *m*
(EDV) block
(syn, group of records treated as an individual unit)
(EDV) physical record
– tape block
Blockadresse *f* (EDV) block address
Blockanfangsadresse *f* (EDV) block start address
Blockanweisung *f* (EDV) block statement
Blockcursor *m* (EDV) block cursor
Blockdiagramm *n* (com) block diagram
Blockdiagrammsymbol *n* **‚Entscheidung'** (EDV) decision box
Blockdiagrammversuch *m* (IndE) block diagram test
Blocken *n*
(EDV) blocking
(ie, combining two or more computer records – Datensätze – into one block)
blocken (EDV) to block
Blockende *n* (EDV) end of block
Blockendesicherungszeichen *n* (EDV) cyclical redundancy check character
Blockendezeichen *n* (EDV) end-of-block signal
Blockfaktor *m* (EDV) = Blockungsfaktor, qv
Blockfehlerrate *f* (EDV) block error rate
Blockfloaten *n*
(Fin) block floating
– common float
– joint float
(ie, wurde 1979 in das Europäische Währungssystem übergeleitet)
Blockformat *n* (EDV) block format
Blockhandel *m* (Bö) block trading *(syn, Pakethandel, qv)*
Blockierpatent *n* (Pat) blocking-off patent
Blockierung *f* **von Vermögenswerten** (Vw) freezing of assets
Blocklänge *f* (EDV) block length
Blockmarke *f* (EDV) block mark
Blockmethode *f*
(ReW) block method
(ie, Zusammenfassung von Konten für Kontroll- und Bearbeitungszwecke)
Blockmultiplexkanal *m* (EDV) block multiplex channel
Blockpolice *f* (Vers) ticket policy
Blockposten *m* (Fin) block *(eg, of shares or bonds)*
Blockprüfung *f*
(ReW) block check
(EDV) longitudinal (redundancy) check *(syn, Längssummenprüfung, Längsprüfung)*
Blockprüfzeichen *n* (EDV) longitudinal (redundancy) check character, LRC

Blocksatz *m*
(EDV) right justification
– justification of right margin
(syn, Rechtsbündigkeit)
Blockschreibmarke *f* (EDV) block cursor
Blocksicherung *f*
(EDV) cross checking
(syn, Kreuzsicherung)
Blocksortierung *f* (EDV) block sort
Blocksuche *f* (EDV) block search
Blocktransfer *m* (EDV) block transfer
Blockübertragung *f* (EDV) = Blocktransfer
Blockungsfaktor *m*
(EDV) blocking factor
(ie, number of records in a block)
Blockungültigkeitszeichen *n*
(EDV) block cancel character
– block ignore character
Block *m* **variabler Länge** (EDV) variable block
Blockverschiebung *f* (EDV) block movement
blockweiser Aufbau *m* (EDV) building block principle
blockweiser Datentransfer *m* (EDV) burst mode
blockweise Übertragung *f* (EDV) = Blocktransfer
Blockzwischenraum *m*
(EDV) block gap
– interblock gap
– interrecord gap
– recording gap
bloße Übergabe *f*
(WeR) mere delivery
(ie, von Inhaberpapieren nach § 929 BGB = of bearer instruments)
BLZ (Fin) = Bankleitzahl
BLZ-System *n* (Fin) = Bankleitzahlsystem, qv
BNC-Stecker *m* (EDV) BNC connector
Board-System *n*
(com, US, GB) board system
(ie, Form der Unternehmensleitung; der board of directors ist gleichzeitig Geschäftsführungs- und Kontrollorgan; er vereinigt in sich die Funktionen des Vorstands und des Aufsichtsrats der AG; it is a single-tier system of management = einstufiges Leitungssystem)
Bocksprungtest *m*
(EDV) leapfrog test
(ie, check routine that copies itself through storage to perform tests on different locations)
Bodenbeschaffungsplan *m* (Vw) land-acquisition program
Bodenbonitierung *f* (com) appraisal of farm land
Bodenertrag *m* (Vw) return to land
Bodenertragsgesetz *n* (Vw) law of diminishing (*or* non-proportional) returns to land
Bodenkredit *m*
(Fin) mortgage credit
– land-secured credit
Bodenkreditinstitut *n*
(Fin) real estate credit institution
– land mortgage bank
Bodenmannschaft *f*
(com) ground crew
(opp, air crew)
Bodenpreis *m* (com) land price
Bodenrente *f* (Vw) ground rent

Bodensatz *m*
(Fin) deposit base
– permanent average balances
Bodensatzarbeitslosigkeit *f* (Vw) hard-core unemployment *(syn, Restarbeitslosigkeit)*
Bodensatz *m* **eigener Akzepte** (Fin) working inventory
Bodenschätze *mpl* (Vw) natural resources
Bodenschätzung *f* (com) appraisal of farm land
Bodenschätzungsgesetz *n* (Re) Law on the Appraisal of Farm Land, of 16 Oct 1934
Bodenspekulation *f* (com) speculation in real estate
Bodentransport *m* (com) surface transport *(opp, air transport)*
Bodenwertzuwachssteuer *f* (FiW) land-value tax
Bodmerei *f*
(SeeV) bottomry
– gross adventure
(ie, repealed on 21 June 1972)
Bodmereibrief *m*
(Re) bill of adventure
– bottomry bond
– maritime loan
Bodmereigelder *npl* (com) loans on bottomry
Bogen *m*
(com) sheet of paper
(Fin) coupon sheet
(ie, sheet mostly made up of 20 dividend or interest coupons; syn, Kuponbogen)
Bogenanschlag *m*
(Mk) bill advertising
(opp, Daueranschlag)
Bogenelastizität *f* (Vw) arc elasticity
Bogenerneuerung *f* (Fin) renewal of coupon sheets
Bombe *f* (EDV) bomb
Bombenschaltfläche *f* (EDV) button bomb
Bon *m* (com) cash register slip
Bona-Fide-Klausel *f*
(Fin) bona fide clause
(ie, part of a commercial letter of credit)
Bond-Analyse *f* (Fin) fixed interest research
Bondmarkt *m*
(Fin) bond market
– fixed-interest market
(ie, principal markets for bonds are the over-the-counter markets; syn, Rentenmarkt)
Bond Ratings *pl* (Fin) = Ratings, qv
Bonds *pl* (Fin) bonds *(syn, Schuldverschreibungen)*
Bonifikation *f*
(com) bonus
– premium
(ie, paid to agents in wholesaling or in the insurance industry)
(Fin) agency commission
(ie, between banks)
– selling commission
Bonität *f*
(Fin) credit standing
– credit worthiness
– financial standing
(Vw) quality of farm land
Bonitätsbereich *m* (Fin) credit standing category
Bonitätseinschätzung *f* (EG, Fin) credit rating
Bonitätseinstufung *f* (Bö) = Ratings, qv

Bonitätsgeschichte *f*
(Fin) credit history
(Fin) case history
Bonitätsprüfung *f*
(Fin) credit investigation
– credit review
(ie, relating to capacity, capital, conditions)
(ReW) examination of debtors' financial standing
(ie, part of annual audit)
bonitieren (com) to classify and appraise soil
Bonitierung *f* (com) classification and appraisal of soil
Bonus *m*
(com) bonus
– premium
(Mk) annual quantity rebate
(Vers) extra dividend
– special dividend
Boole-Operator *m*
(EDV) Boolean connective
– logical connective
– logical operator
(syn, boolescher Operator)
boolesche Algebra *f*
(Math) algebra of logic
– Boolean algebra
boolesche Komplementierung *f*
(EDV) Boolean complementation
– negation
– NOT operation *(syn, Negation)*
boolesche Menge *f* (Math) symmetric difference
boolesche Operation *f* (EDV) Boolean operation *(syn, boolesche Verknüpfung)*
boolescher Befehl *m* (EDV) logical instruction *(syn, logischer Befehl, Verknüpfungsbefehl)*
boolescher Elementarausdruck *m*
(EDV) logical element
– gate
boolescher Operator *m*
(EDV) Boolean connective
– Boolean operator
– logical connective
– logical operator
boolescher Primärausdruck *m* (Math) logical primary
boolescher Term *m* (Math) logical term
boolescher Verband *m* (Math) Boolean lattice
boolescher Wert *m* (EDV, Cobol) logical value
boolesche Verknüpfung *f* (EDV) Boolean operation *(syn, boolesche Operation)*
Bordbescheinigung *f* (com) mate's receipt
Bordcomputer *m* (com) vehicle-borne computer
Bordkarte *f* (com) boarding
Bordkonnossement *n*
(com) on board bill of lading
– on board B/L
– ocean bill of lading
– shipped bill of lading
Borel-Menge *f* (Stat) Borel set
Borel-meßbare Funktion *f* (Stat) Borel measurable function
Börse *f*
(Bö) exchange
– stock exchange
– commodity exchange *(siehe Kasten S. 194)*

Börsenabrechnung *f* (Bö) stock exchange settlement
Börsenabschluß *m*
(Bö) stock market transaction
– (GB) bargain
Börsenabschlußeinheit *f*
(Bö) full lot
– regular lot
Börsenagent *m*
(Bö) bank's stock exchange agent
– bank's stock exchange representative
Börsenaufsicht *f* (Bö) stock exchange supervision
Börsenaufsichtsbehörde *f*
(Bö) stock market supervisory authority
– (US) Securities and Exchange Commission, SEC
Börsenauftrag *m* (Bö) stock exchange order
Börsenausschuß *m* (Bö) stock exchange committee
Börsenbaisse *f* (Bö) bear market
Börsenbedingungen *fpl* (Bö) stock exchange rules
Börsenbericht *m*
(Bö) stock exchange report
– market report
Börsenbesucher *mpl* (Bö) groups of persons having access to the stock or commodity exchanges
Börsenbewertung *f*
(Bö) market assessment *(eg, of equities)*
– stock market rating
(Bö) market capitalization
Börsenblatt *n*
(com) German book trade gazette
(ie, ‚Börsenblatt des deutschen Buchhandels')
(Bö) stock exchange gazette
Börseneffekten *pl* (Bö) securities traded on the stock exchange
Börseneinführung *f*
(Bö) admission to official listing
– admission to official quotation
Börseneinführungsgebühr *f* (Bö) stock exchange admission fee
Börseneinführungsprospekt *m* (Bö) prospectus
Börseneinführungsprovision *f*
(Fin) commission charged for stock exchange admission
– listing commission
(ie, charged for stock exchange admission)
Börsenengagement *n* (Bö) stock exchange commitment
Börseneröffnung *f* (Bö) opening of the stock exchange
Börsenfachmann *m*
(Bö) stock exchange specialist
– stock trading specialist
börsenfähige Aktie *f*
(Bö) marketable share
– listable share
börsenfähige Wertpapiere *npl* (Bö) stock exchange securities
Börsenfähigkeit *f*
(Bö) marketableness
– qualification for trading on the stock exchange
Börsenflaute *f* (Bö) dullness of the market
börsenfreie Optionen *fpl* (Bö) OTC options
börsenfreier Optionshandel *m* (Bö) over-the-counter market in options

börsengängig
(Bö) marketable
– listed on the stock exchange
– traded on the stock exchange
börsengängige Dividendenwerte *mpl* (Bö) marketable equities
börsengängige Papiere *npl* (Bö) marketable securities
Börsengeschäft *n*
(Bö) stock market transaction
– (GB) bargain
Börsengeschäfte *npl* (Bö) exchange transactions
Börsengesetz *n* (Re) German Stock Exchange Law
(ie, as amended in 1975)
Börsengesetznovelle *f* (Bö) Law Amending the Stock Exchange Law (of 1989)
Börsenhandel *m*
(Bö) stock exchange dealings
– stock exchange trading
– exchange dealings
Börsenhändler *m*
(Bö) stock exchange trader
(ie, Angestellte von Unternehmen mit Händlerbefugnis)
Börsenhausse *f* (Bö) bull market
Börsenindex *m* (Bö) stock (exchange) index
Börsenindex-Kontrakt *m*
(Bö, GB) „Footsie" contract
(ie, based on the FT-SE index, concluded at Liffe, qv)
Börsenkapitalisierung *f* (Bö) market capitalization
(syn, Börsenwert)
Börsenklima *n*
(Bö) market climate
– market sentiment
(ie, affects the price of securities on a stock market; may be bullish, bearish, or mixed)
Börsenkommissionsfirma *f* (Bö) commission brokers
Börsenkonsortium *n* (Bö) stock exchange syndicate
Börsenkorrektur *f* (Bö) corrective price adjustment
Börsenkrach *m*
(Bö) market crash

Börse *f*
(Bö) exchange *(ie, für Wertpapiere und Waren: stock exchange and commodity exchange)*
– market
(Bö) = Wertpapierbörse od Effektenbörse

I. Die acht deutschen Börsen haben folgende Segmente (stock exchange tiers):
   1. Amtlicher Handel = official market = Primärmarkt;
      a) Handel zu fortlaufenden Kursen;
      b) Handel nur zu Einheitskursen;
   2. Geregelter Markt od zweiter Markt (ie, neues Zwischensegment; entsprechend den europäischen Börsenrichtlinien seit Mai 1987)
   3. Freiverkehr = over-the-counter markets
      a) geregelter Freiverkehr = regulated free market
      (ie, nichtamtliches Börsensegment; meist nur Nebenmarkt; von Kreditinstituten als Sekundärmarkt benutzt für mittelfristige Inhaberschuldverschreibungen, um Zulassungskosten zu sparen;
      b) ungeregelter Freiverkehr = unregulated free market or off-board/off-floor trading
      (ie, häufig mit Telefonverkehr verwechselt; Handel findet wie beim geregelten Freiverkehr an der Börse statt; unterstes Börsensegment.

II. In Great Britain there are three tiers now:
   1. the main (established) market;
   2. the USM: Unlisted Securities Market, set up in November 1980 by the Stock Exchange Council, as a forum for dealing in the shares of companies too young or too small to go public on the established stock market;
   3. the Third Market, introduced in January 1987, as a new forum for dealing in the shares of companies too young and too small, even to be quoted on the USM; in order to enter a company must: (a) produced audited accounts, without material qualification, for at least one year; (b) be incorporated in the UK and have at least three directors on its board; (c) ensure that nothing in its articles of association could impede the settlement of dealings in its equity; (d) convince a Stock Exchange member firm that it will be worthwhile to sponsor the company on to the Third Market;

III. In the U.S. the stock exchange is defined as an organized market for the purpose of centralized trading in securities; it is a voluntary association of members and strictly a market of a ‚secondary' nature, that is, for securities already issued and outstanding and admitted through the listing process to trading;
   1. the first tier: national markets, namely, American, Boston, Chicago Board of Options, Chicago Board of Trade, Cincinnati, Intermountain, Midwest, New York, Pacific, Philadelphia, Spokane;
   2. the second tier: the Over-the-Counter market, OTC: for securities not listed on any organized securities exchanges; OTC has two sectors: NASDAQ Tier 1 and Tier 2 securities, each with specified minimum criteria; (b) other unlisted securities that do not qualify for the NASDAQ criteria or choose not to enter NASDAQ)

(Bö) commodity exchange = Warenbörse
(Note that stock exchanges on the Continent are often called ‚Bourses' by the British; eg, Paris Bourse)

– stock exchange crash
(ie, wiped out $40 billion in stock prices during the last four months in 1929)
Börsenkredit *m* (Fin) bank loan for financing stock exchange dealings
Börsenkurs *m*
(Bö) stock exchange price
– stock exchange quotation
– (fair) market price
– list price (of a security)
– officially quoted price
Börsenmakler *m* (Bö) stock (exchange) broker
börsenmäßiger Handel *m* (Bö) stock exchange trading
börsenmäßig gehandelte Waren *fpl* (Bö) commodities dealt in on an exchange
Börsenmitglied *n* (Bö) member of a stock exchange
börsennotiert
(Bö) listed on the stock exchange
– quoted on the stock exchange
börsennotierte Aktie *f*
(Bö) listed stock
– quoted share
börsennotierte Anleihe *f* (Bö) listed bond
börsennotierte Gesellschaft *f* (Bö) listed company
börsennotiertes Unternehmen *n*
(Bö) listed company
– quoted company
börsennotierte Wertpapiere *npl*
(Bö) listed securities
– quoted investments
– on-board securities
Börsennotierung *f*
(Bö) stock market listing
– exchange listing
– exchange quotation
Börsennotiz *f* (Bö) quotation
Börsen- od Marktpreis *m*
(ReW) current market price
– exchange or market value
Börsenordnung *f* (Bö) stock exchange rules and regulations
Börsenorgane *npl* (Bö) stock exchange authorities
Börsenpapiere *npl*
(Bö) quoted securities
– listed securities
Börsenparkett *n* (Bö) (exchange) floor
Börsenpflichtblatt *n* (Bö) authorized journal for the publication of mandatory stock exchange announcements
Börsenplatz *m* (Bö) stock exchange
Börsenpreis *m*
(Bö) exchange price
– exchange quotation
– market price
– stock market price
Börsenprogramm *n* (EDV) stock exchange DP program
Börsenprospekt *m* (Bö) prospectus
Börsenrat *m* (Bö) Exchange Council
Börsenrecht *n* (Re) law governing stock exchange transactions
Börsenrendite *f* (Bö) stock market yield
Börsenschiedsgericht *n* (Bö) exchange arbitration tribunal
Börsenschluß *m*
(Bö) close of stock exchange
– market close
(Bö) lot
– trading unit
Börsensegment *n* (Bö) stock market tier
Börsensitz *m* (Bö) exchange seat
Börsensitzung *f* (Bö) trading session
Börsenspekulant *m*
(Bö) stock exchange speculator
– stag
Börsenspekulation *f* (Bö) stock exchange speculation
Börsensprache *f* (Bö) stock exchange jargon
Börsenstimmung *f*
(Bö) tone of the market
– mood of the market
– sentiment of the market
Börsenstunden *fpl*
(Bö) official hours
– trading hours
Börsentage *mpl*
(Bö) market days
– trading days
Börsentendenz *f* (Bö) stock market trend
Börsentermingeschäft *n*
(Bö) forward exchange transaction
– trading in futures
(ie, gegenseitige Verträge über vertretbare Waren, Devisen oder Wertpapiere nach gleichartigen Bedingungen, die erst zu e–m späteren Zeitpunkt zu erfüllen und bei denen Gegengeschäfte auf e–m Terminmarkt möglich sind)
Börsenterminhandel *m*
(Bö) forward trading
– trading in futures
Börsenticker *m*
(Bö) ticker
(ie, telegraphic installation which immediately transmits the rates during a session of the stock exchange; it also transmits news items; syn, Ticker, automatische Kursübermittlungsanlage)
Börsentransaktion *f*
(Bö) stock exchange transaction
– (GB) bargain
Börsenumsatz *m*
(Bö) trading volume
– volume of securities traded
(syn, Umsatzvolumen)
Börsenumsätze *mpl*
(Bö) stock exchange turnover
– value of trading
– sales figures
– markings
Börsenumsatzsteuer *f*
(StR) exchange turnover tax
– stock exchange transfer tax
– (GB) stamp duty on stock exchange transactions
(ie, Belegung des Umsatzes in Wertpapieren; ab 1.1.1991 in Deutschland aufgehoben)
börsenumsatzsteuerfrei (StR) exempt from exchange turnover tax
Börsenusancen *fpl* (Bö) stock exchange usages
Börsenverkehr *m* (Bö) stock exchange dealings

Börsenvertreter *m* (Fin) bank's representative at a stock exchange
Börsenvolumen *n* (Bö) volume of securities traded
Börsenvorstand *m* (Bö) managing committee of the stock exchange
Börsenwert *m*
(ReW) market value
(Fin) market capitalization
(ie, Kurswert e–r Kapitalgesellschaft; syn, Börsenkapitalisierung)
Börsenwerte *mpl* (Bö) quoted securities
Börsenwesen *n* (Bö) stock exchange system
Börsenzeit *f* (Bö) trading hours
Börsenzeiten *fpl* (Bö) trading hours
Börsenzettel *m*
(Bö) list of quotations
– stock list
Börsenzulassung *f*
(Bö) admission to listing
– admission to official trading
– listing
Börsenzulassung *f* **beantragen**
(Bö) to apply for listing
– to apply for official quotation
Börsenzulassungsausschuß *m* (Bö) listing committee
Börsenzulassungsprospekt *m* (Bö) prospectus
Börsenzulassungsprospektrichtlinie *f* (EG, Bö) EC Prospectus Directive
Börsenzulassungsrichtlinie *f* (EG, Bö) EC Listing Particulars Directive
Börsenzulassungsverfahren *n* (Bö) listing procedure
Börsenzwang *m*
(Bö) stock exchange monopoly
(ie, bars securities trading outside official stock exchanges)
Börse *f* **schließen** (Bö) to suspend trading
BörsG (Re) = Börsengesetz
Börsianer *m*
(Bö) stock exchange operator
– market operator
– bourse operator
böser Glaube *m*
(Re) bad faith
– mala fides
bösgläubig (Re) in bad faith, §§ 932 ff BGB
bösgläubiger Besitzer *m* (Re) possessor in bad faith (*or* mala fide)
Boston-Effekt *m* (Bw) = Erfahrungskurve, qv
böswillige Beschädigung *f* (SeeV) malicious damage
Bote *m*
(Re) messenger
(ie, person transmitting declaration of intent = Willenserklärung, § 120 BGB)
Bottom-Up-Programmierung *f*
(EDV) bottom-up programming
(ie, detail routines are coded before designing the main skeleton of an application; opp, top-down programming)
Boulevardpresse *f* (com) gutter press
Boxen-Schieben *n*
(Mk, sl) pushing of boxes
(ie, der reine Verkauf von Hardware; selling of hardware only)

Box-Pierce-Test *m* (Mk) portmanteau lack of fit test
Boykott *m* (com, Pw) boycott
Boykott-Streik *m* (Pw) boycott strike
BP (com) = Deutsche Bundespost
BPatG (Re) = Bundespatentgericht
BPflV (SozV) = Verordnung zur Regelung der Krankenhauspflegesätze
BPflVO (Re) = Bundespflegesatzverordnung
BPG (ReW) = Buchprüfungsgesellschaft
bps (EDV) = bits pro Sekunde
BPV (Bw) = Betriebspachtvertrag
Brachland *n* (EG) set-aside land
brachliegendes Geld *n*
(Fin) idle money
– unemployed funds
brachliegendes Kapital *n*
(Fin) idle money
(ie, wird zinsbringend am Kapitalmarkt angelegt, nicht produktiv im Unternehmen)
Brachzeit *f*
(IndE) dead time
– lost time
(IndE) machine down time *(störungsbedingt)*
(IndE) machine idle time *(ablaufbedingt)*
(IndE) machine interference time *(überlappend)*
Branche *f*
(com) branch of business
– branch of industry
– line of business
– industry
– sector of industry
– industrial segment
Branchenanalyse *f* (Fin) sector analysis
Branchenanwendung *f* (EDV) vertical application
Branchenbeobachter *m*
(Bw) industry observer
– industry watcher
Branchenbeobachtung *f* (com) industry survey and appraisal
Branchenerlöse *mpl* (Fin) industry revenue
Branchenfachmesse *f* (com) specialized (industry) fair
branchenfremde Fusion *f* (Kart) merger in (totally) different lines
branchenfremder Zusammenschluß *m* (Bw) inter-industry business combination
Branchenführer *m*
(Mk) industry leader
– (infml) bellwether of an industry
Branchenindex *m*
(Fin) sector index
(ie, Aktienindex für eine einzelne Branche; opp, Gesamtindex)
Branchenkenner *m* (com) knowledgeable observer of an industry
Branchenkennzahl *f* (Bw) = Branchenkennziffer
Branchenkennziffer *f* (Bw) industry ratio
Branchenkonjunktur *f*
(Vw) economic activity in a specific industry
– sector trends
Branchennorm *f* (com) industrywide standard
Branchenposition *f* (com) industry position
Branchenprognose *f* (com) industry forecast
Branchenquotenziele *npl* (com) industry quota objectives

Branchenspanne *f* (Mk) average industry margin
Branchenstatistik *f* (Stat) industry statistics
Branchentarifvertrag *m* (Pw) industry-wide wage agreement
branchenüblicher Gewinn *m* (Fin) conventional profit
Branchenuntersuchung *f*
(Bw) industry study
– study of a particular branch of business
Branchenvergleichswert *m* (Bw) sector-specific comparative figure
Branchenverzeichnis *n*
(com) trade register
– trade directory book
– (US, but also GB) the yellow pages
(ie, classified telephone directory; sometimes called ,the Red Book')
Branchenvorausschau *f* (com) industry forecast
brandeiliger Auftrag *m* (com) hot job
Brandleger *m* (Vers) fire raiser *(syn, Brandstifter)*
Brandprävention *f* (Vers) fire prevention *(syn, Brandschutz(maßnahmen))*
Brandschaden *m*
(Vers) loss by fire, lightning, explosion
(Vers) fire damage *(syn, Feuerschaden)*
Brandschutzbehörde *f* (Vers) fire protection authority
Brandstifter *m* (Vers) fire raiser *(syn, Brandleger)*
Brandstiftung *f* (Vers) fire raising
Branntweinmonopol *n*
(FiW) alcohol monopoly
– spirits monopoly
Branntweinmonopolstelle *f* (Zo) spirits monopoly agency
Branntweinsteuer *f*
(StR) spirits duty
– tax on distilled spirits
Brauch *m*
(com) commercial usage
– trade usage
brauchbares Kriterium *n* (com) acceptable criterion
Brauchbarkeit *f* **der Erfindung** (Pat) usefulness of an invention
Brauchbarkeitsdauer *f* (IndE) service life
Brauchbarkeitsminderung *f*
(Bw) lost usefulness (of fixed assets)
– loss of serviceability
– decline in economic usefulness
– diminution of service yield
– expired utility
Brauereiaktien *fpl*
(Fin) brewery stock
– breweries
braune Ware *f*
(com) brown goods
(eg, radio, TV set, recorder; opp, weiße Ware = white goods)
Braunkohlekraftwerk *n* (IndE) lignite-based power station
Bravais-Pearsonscher-Korrelationskoeffizient *m*
(Stat) Bravais correlation coefficient
Breakeven-Analyse *f*
(KoR) breakeven analysis
– cost-profit-volume analysis
– CVP analysis
– profitgraph
(syn, Gewinnschwellenanalyse, Deckungspunktanalyse)
Break-even-Inflationsrate (Vw) break-even inflation rate
Breakeven-Punkt *f*
(KoR) breakeven point, BEP
(ie, point at which a company neither makes a profit nor auffers a loss from the operations of the business, and at which total cost are equal to total sales volume; syn, Gewinnschwelle, Kostendeckungspunkt, toter Punkt, Nutzschwelle)
breit angelegt (com) broadly based
Breitbandleitung *f* (EDV) wideband line
Breitdruck *m* (EDV) wide print
breite Berichterstattung *f*
(com) broad coverage
– extensive coverage
breite Nachfrageschichten *fpl*
(Mk) large groups of consumers
– large group of demanders
breite Produktpalette *f* (Mk) diversified product range
breiter Ermessensspielraum *m* (com) wide discretion
breites Geldmengenaggregat *n* (Vw) broad monetary aggregate
breites Sortiment *n*
(Mk) wide range of goods
– wide assortment of products
breit gestreut
(com) widely scattered
– broadly diversified
breit gestreuter Aktienbesitz *m*
(Fin) widespread shareholdings
– widely scattered shareholdings
Breitschrift *f* (EDV) broad print
Brenndatei *f* (EDV) physical image file
brennen (EDV) burn *v (eg, CD or DVD)*
Brennstoffzelle *f* (EDV) fuel cell
Brief *m*
(com) letter
(Bö) ask
– offer
– offer price
Briefablage *f* (com) letter filing
Briefe *mpl* **diktieren** (com) to dictate letters
Briefentwurf *m* (com) draft letter
Briefgeheimnis *n* (com) secrecy of mails
Briefgrundschuld *f*
(Re) certificated land charge
(ie, registered charge for which a transferable instrument is issued, §§ 1191–1196 BGB)
Briefhypothek *f* (Re) certificated mortgage, § 1116 I BGB
Briefkasten *m*
(com) mailbox
– (GB) letter-box
– post(ing) box
– pillar box
Briefkastenfirma *f*
(com) letter box company
(ie, empty cover without economic functions of its own)

Briefkopf *m*
(com) heading
– letterhead
Briefkopie *f* (com) copy letter
Briefkurs *m*
(Fin) selling rate
(ie, of foreign exchange)
(Bö) asked price
– offered
– offer price
– price offered
– rate asked
– sellers' rate *(opp, Geldkurs, qv)*
Briefkursnotiz *f* (Bö) offer quotation
brieflich (com) by letter
briefliche Auszahlung *f* (Fin) mail transfer
briefliche Befragung *f*
(Mk) mail interview
– mail survey
– postal inquiry
briefliche Überweisung *f* (Fin) mail transfer, M/T
Briefmarke *f*
(com) postage stamp
– postal stamp
– stamp
Briefnotiz *f* (Bö) offer quotation
Briefsendung *f* (com) consignment by mail
Brieftelegramm *n*
(com) lettergram
– letter telegram
Briefträger *m*
(com) mailman
– (GB) postman
Briefumschlag *m* (com) envelope
Briefumschlagklappe *f* (com) envelope flap
Brief und Geld
(Bö) asked and bid
– sellers and buyers
Briefwahl *f*
(com) voting by mail
– voting by post
– absentee ballot
– (GB) postal ballot
– postal vote
Briefwähler *m* (com) absentee voter
Briefwechsel *m* (com) correspondence
Briefzustellung *f* (com) delivery of letters
Briggscher Logarithmus *m*
(Math) Briggs' logarithm
– Briggsian logarithm
– common logarithm
Bringschuld *f*
(Re) obligation to be performed at creditor's habitual residence
(ie, mostly by agreement or by virtue of trade usages)
Bringsystem *n*
(MaW) delivery system
(ie, materials are supplied to work stations; opp, Holsystem)
Broschüre *f*
(com) broschure
– booklet
– folder
Brotschrift *f* (EDV) body face

BRT (com) = Bruttoregistertonne
Bruch *m*
(Re) violation
(eg, of contracts)
(com) breakage
(Math) fraction
(syn, gebrochene Zahl; opp, ganze Zahl = integer)
Bruchgefahr *f* (Vers) risk of breakage
Bruch *m* **kürzen** (Math) to cancel factors
Bruchrechnen *n*
(com) fractions
(eg, using fractions in business)
Bruchrisiko *n* (Vers) risk of breakage
Bruchschaden *m* (Vers) damage by breakage
Bruchschadenversicherung *f* (Vers) insurance against breakage
Bruchstrich *m*
(Math) bar
– fraction bar
Bruchteil *m* (com) fractional part
bruchteilige Gewinne *mpl* (Bö) fractional gains
Bruchteilsaktie *f* (Fin) fractional share certificate
Bruchteilseigentum *n*
(Re) fractional share of property
– tenancy in common
Bruchteilseigentümer *m* (Re) owner of a fractional share of property
Bruchteilsgemeinschaft *f*
(Re) community of part owners
– tenancy in common
(ie, each owner holds an undivided interest in property, §§ 741 ff BGB)
Bruchteilversicherung *f*
(Vers) fractional value insurance
(ie, taken out to cover warehouse against the risks of burglary and water damage; fraction usually between 5% and 25% of total value)
Bruchzins *m* (Fin) broken interest
Brückentage *mpl* (Pw) leave taken to make up long weekends
Brüsseler Begriffsbestimmung *f*
(Zo) Brussels definition
(ie, of value for customs purposes)
Brüsseler Bewertungsgrundsätze *mpl* (Zo) Brussels principles of valuation
Brüsseler Zollrat *m*
(EG) Customs Cooperation Council, CCC
(ie, now ‚Rat für die Zusammenarbeit auf dem Gebiet des Zollwesens')
Brüsseler Zolltarifschema *n* (EG) Brussels tariff nomenclature, CCCN
brutto (com) gross
Bruttoabsatz *m* (com) gross sales
Brutto-Abwicklungssystem *n* **in Echtzeit** (Fin) real-time gross settlement system
Brutto-Allphasen-Umsatzsteuer *f*
(StR) cumulative all-stage turnover tax
– cascade tax
(ie, replaced by the value-added tax as of 1 Jan 1968; syn, Kaskadensteuer, Lawinensteuer)
Bruttoanlageinvestitionen *fpl*
(Bw) gross fixed capital formation
(ie, Summe aus Neu- und Ersatzinvestionen; selbsterstellte Aanlagen und gekaufte Investitionsgüter [zu Einstandspreisen])

Bruttoanlagenspiegel *m* (ReW) gross fixed assets movements *(cf, Anlagenspiegel)*
Bruttoarbeitseinkommen *n* (Pw) earned income before deductions
Bruttoarbeitslohn *m*
(Pw) gross amount of wages or salaries
– gross pay
Bruttoartikelumsatz *m* (com) gross item sales
Bruttoaufschlag *m*
(com) gross margin
– gross merchandise margin
Bruttoauftragseingang *m* (com) gross sales
Bruttoaustauschverhältnis *n* (AuW) gross barter terms of trade
Bruttoausweis *m*
(ReW) gross statement
(ie, of fixed assets before deducting accumulated depreciation)
Bruttobetrag *m* (com) gross amount
Brutto-Betriebsvermögen *n*
(Bw) operating investment
– gross operating assets
Bruttobilanz *f* (ReW) statement of account transactions *(syn, Summenbilanz, Umsatzbilanz)*
Bruttobuchwert *m* (ReW) book value before adjustment
Bruttodividende *f* (Fin) gross dividend
Brutto-Eigenkapitalrendite *f* (Fin) gross return on net assets
Bruttoeinkaufspreis *m*
(com) gross purchase price
– invoiced purchase price
(ie, acquisition cost less invoice deductions = Nettoeinkaufspreis)
Bruttoeinkommen *n*
(Pw) gross earnings
– gross income
– gross pay
Bruttoeinkommen *n* **aus unselbständiger Arbeit** (VGR) gross wage and salary income
Bruttoeinkommen *n* **aus Vermögen** (VGR) gross property income
Bruttoeinkünfte *pl* (StR) total gross income
Bruttoeinnahmen *fpl*
(com) gross receipts
– gross takings
Bruttoentgelt *n* (Pw) gross pay
Bruttoerfolgsrechnung *f*
(ReW) grossed income statement
(ie, listing all expense and revenue items on an income statement without balancing, § 157 AktG; opp, Nettoerfolgsrechnung)
Bruttoergebnis *n*
(ReW) gross operating result
– earnings before taxes
Bruttoerlös *m*
(ReW) gross revenue
– gross sales
Bruttoersparnis *f*
(com) gross savings
(VGR) gross savings
(ie, depreciation + personal and corporate savings)
Bruttoertrag *m*
(com) gross proceeds
(Fin) gross yield from investment
Bruttoertrag *m* **bis zur Rückzahlung** (Fin, GB) gross yield to redemption
Bruttoetat *m*
(FiW) gross budget
(ie, showing receipts and expenditures separately for each budget item; opp, Nettoetat)
Bruttoetatisierung *f* (FiW) gross budgeting
Bruttofracht *f* (com) gross freight
brutto für netto
(com) gross for net
(ie, price is quoted for the weight of the goods inclusive of packing, § 380 HGB)
Bruttogehalt *n* (Pw) gross salary
Bruttogewicht *n* (com) gross weight
Bruttogewinn *m*
(ReW) gross profit
– gross earnings
(com) margin
(ie, gross profit on sales)
(com) gross profit on sales
(ie, in retailing and wholesaling: difference between purchase and sales prices)
(KoR) contribution margin
– marginal income
– profit contribution
– variable gross margin
(ie, difference between price and variable unit costs = Deckungsbeitrag)
Bruttogewinnanalyse *f*
(KoR) gross profit analysis
(ie, method of short-term results accounting, based on standard costing)
Bruttogewinnmarge *f* (com) gross profit margin
Bruttogewinn *m* **pro Einheit der Engpaßbelastung** (KoR) marginal income per scarce factor
Bruttogewinnspanne *f*
(com) gross margin
– gross merchandise margin
Bruttogewinnzuschlag *m* (com) gross markon
Bruttoinlandsinvestitionen *fpl* (VGR) gross domestic fixed capital formation
Bruttoinlandsprodukt *n* (VGR) gross domestic product, GDP, gdp
Bruttoinlandsprodukt *n* **zu Faktorkosten** (VGR) gross domestic product at factor cost
Bruttoinlandsprodukt *n* **zu konstanten Preisen** (VGR) gross domestic product at constant cost
Bruttoinlandsprodukt *n* **zu Marktpreisen** (VGR) gross domestic product at market prices
Bruttoinvestitionen *fpl*
(VGR) gross capital expenditure
– gross capital formation
– gross investment
Bruttoinvestitionsquote *f* (VGR) gross investment ratio
Bruttojahresarbeitsentgelt *n* (Pw) annual gross wages or salaries
Bruttokaltmiete *f* (com) = Kaltmiete, qv
Brutto-Kapitalproduktivität *f* (Vw) gross capital productivity
Bruttokreditaufnahme *f*
(FiW) gross credit intake
(cf, öffentlicher Kredit)
Bruttoladefähigkeit *f* (com) deadweight cargo

Bruttolohn *m*
(Pw) gross earnings
– gross pay

Bruttolohnberechnung *f*
(Pw) determination of gross earnings per period
(ie, including taxes and social insurance)

bruttolohnbezogene Rentenformel *f* (SozV) pension formula based on gross, wages and salaries

Bruttolohnsumme *f*
(Stat) total of wages and salaries
– total payroll
(ie, plus all extras and premiums directly related to the work performed, excluding employer's contributions and fringe benefits)

Bruttolohnzusammenstellungsliste *f*
(KoR) tabular list of gross earnings
(ie, prepared for certain cost centers and the overall plant)

Bruttomehrwertsteuer *f* (FiW) output tax

Bruttomethode *f* (ReW) gross method of presenting cost and depreciation

Bruttomiete *f*
(com) gross rent
(syn, Gesamtmiete, Entgelt)

Bruttomietwert *m* (StR) gross annual rental

Bruttoprämie *f* (Vers) gross premium

Bruttopreis *m*
(com) gross price
(ie, prior to discounts or rebates)

Bruttopreisliste *f* (com) gross-price list

Bruttoprinzip *n* (FiW) principle of recording all planned receipts and expenditures in the budget

Bruttoproduktion *f*
(VGR) gross output
– gross product
– total volume of output

Bruttoproduktionswert *m* (VGR) gross output

Bruttorechnung *f* (ReW) = Bruttoerfolgsrechnung

Bruttoregistertonne (com) gross registered ton

Bruttorendite *f* (Fin) gross return

Bruttoschadenquote *f*
(Vers) gross loss ratio
(ie, Verhältnis Bruttoschadenaufwand zu Bruttoprämien)

Bruttoselbstfinanzierung *f*
(Fin) gross self-financing
– (GB) gross plough-back

Bruttosozialprodukt *n* (VGR) gross national product, GNP, gnp

Bruttosozialprodukt *n* **bei Vollbeschäftigung** (Vw) full employment GNP

Bruttosozialprodukt *n* **zu Faktorkosten** (VGR) gross national product at factor cost

Bruttosozialprodukt *n* **zu Marktpreisen** (VGR) gross national product at market prices

Bruttospanne *f* (com) gross margin

Bruttospanne *f* **ohne Skontoabzug** (Mk) gross merchandising margin

Bruttosteuerbelastung *f* (FiW) gross tax load ratio

Bruttostundenlöhne *mpl* (Pw) gross hourly rates

Bruttostundenlohn *m* **im Fertigungsbereich** (Pw) gross hourly wages in manufacturing

Bruttoumsatz *m*
(ReW) gross sales
– (GB) gross turnover

Bruttoumsatzerlös *m*
(ReW) gross sales revenue
– sales including VAT

Bruttoverbuchung *f* (ReW) gross accounting procedure

Bruttoverdienst *m* (Pw) gross earnings

Bruttoverdienstspanne *f* (com) gross margin

Bruttoverkaufspreis *m* (com) gross selling price

Bruttoverlust *m* (ReW) gross loss

Bruttovermögen *n* (VGR) gross wealth

Bruttoverzinsung *f* (Fin) gross interest return

Bruttovolkseinkommen *n* (VGR) gross national income

Bruttowarengewinn *m* (ReW) gross trading profit

Bruttowarenumsatz *m* (ReW) gross sales

Bruttowertschöpfung *f*
(VGR) gross value added
(ie, net value added + indirect taxes (– subsidies) + depreciation)
(com) gross value added
(eg, per employee in manufacturing)

Bruttoziehungen *fpl* (IWF) gross drawings

Bruttozins *m* (Fin) gross interest

Bruttozinsdifferenz *f* (AuW) uncovered interest-rate differential

Bruttozinsspanne *f* (Fin) gross interest margin

BSG
(Re) = 1. Bundessozialgericht
2. = Bausparkassengesetz

BSP (VGR) = Bruttosozialprodukt

BSP-Deflator *m* (Vw) gross national product deflator

BSpKG (Re) = Gesetz über Bausparkassen (Bausparkassengesetz)

BSP-Lücke *f* (Vw) gross national product gap

BStBl (Re) = Bundessteuerblatt

Buchauszug *m* (com) statement of account, § 87 c HGB

Bucheffekten *pl* (Fin) = Wertrechte, qv

Bucheinsicht *f* (ReW) inspection of books of account

buchen
(com) to reserve *(eg, hotel rooms, rental cars)*
– (GB *also*) to book
(ReW) to post (auf ein Konto = to an account)
– to enter in the books
– to enter on the books
– to make an entry in the accounts
– to carry on
– to recognize on
(syn, verbuchen)

Bücher *npl*
(ReW) books
– account books
– books of account
– books and records

Bücher *npl* **abschließen** (ReW) to close the books

Bücher *npl* **einsehen** (ReW) to inspect books and records

Bücher *npl* **fälschen**
(ReW) to doctor books and records
– to falsify books and records

Bücher *npl* **führen** (ReW) to keep commercial books

Bücher *npl* **und sonstige Aufzeichnungen** (ReW) books and records

Buchforderungen *fpl*
(ReW) accounts receivable
– book receivables
– outstanding accounts
Buchführung *f*
(ReW) bookkeeping
– accounting
– accountancy
(ie, planmäßige und lückenlose Aufzeichnung aller Geschäftsfälle = process of classifying and recording transactions in accordance with a preconceived plan)
Buchführungsgesellschaft *f*
(ReW) auditing firm
– company of licensed public accountants
Buchführungskosten *pl* (ReW) (cost of) accounting services
Buchführungspflicht *f*
(ReW) duty to keep books of account, § 38 HGB
(StR) legal obligation to keep commercial books of account and to prepare financial statements at regular intervals, §§ 140 ff AO
Buchführungspflichten *fpl* (ReW) bookkeeping requirements
Buchführungsrichtlinien *fpl*
(ReW) accounting rules
(ie, originally issued in 1937, but still regarded as properly spelling out the basic elements of ‚orderly accounting' = ordnungsmäßige Buchführung)
Buchführungssystem *n* (ReW) accounting system
Buchführungstechnik *f* (ReW) accounting methods
Buchgeld *n*
(Vw) deposit money
Also:
– bank deposit money
– bank book money
– deposit currency
– primary deposits
(syn, Giralgeld)
Buchgewinn *m*
(Fin) book profit
– accounting profit
– paper profit
(syn, rechnerischer Gewinn)
Buchgrundschuld *f* (Re) registered land charge
Buchhalter *m*
(ReW) accounting clerk
– bookkeeper
buchhalterische Abschreibung *f* (ReW) accounting depreciation
buchhalterische Behandlung *f* (ReW) accounting treatment
buchhalterischer Zusammenhang *m*
(ReW) accounting trail
(ie, vom Urbeleg bis zum Ergebnis; cf, Prüfungspfad = audit trail)
Buchhalternase *f*
(ReW) ruling off
(syn, Buchhalterknie, Buchhalterriegel)
Buchhaltung *f*
(ReW) = Buchführung
(ReW) accounting department
– bookkeeping department
– (GB) accounts department
Buchhaltungs-Computer *m* (EDV) accounting machine
Buchhaltungsrichtlinien *fpl* (ReW) = Buchführungsrichtlinien
Buchhaltungstheorie *f* (ReW) accountancy theory
Buchhandel *m* (com) book trade
Buchhonorar *n* (com) book royalty
Buchhypothek *f*
(Fin) mortgage entered in the land register, § 1116 II BGB
– registered mortgage
Buchinventur *f*
(ReW) book inventory
– perpetual inventory
Buchkredit *m*
(Fin) book credit
– current account credit
– open credit
– open book credit
– open account credit
(eg, Kontokorrentkredit und Kreditgewährung im Einzelhandel durch Anschreiben; Lieferantenkredit)
buchmäßig angefallene Wagnisse *npl* (ReW) risks recorded in the books of account
buchmäßige Abschreibung *f*
(ReW) book depreciation
– recorded depreciation
– balance sheet depreciation
buchmäßige Erfassung *f* (ReW) entry in the accounts
buchmäßige Gewinnverteilung *f* (ReW) appropriation of earnings
buchmäßige Informationen *fpl* (ReW) accounting information
buchmäßige Materialentnahme *f* (MaW) accounting issue
buchmäßiger Gewinn *m* (ReW) accounting profit
buchmäßiger Nachweis *m* (ReW) evidence of a transaction (in the books of account)
buchmäßiger Restwert *m* (ReW) residual value recorded in the books
buchmäßiger Überschuß *m* (Fin) book surplus
buchmäßiger Verlust *m*
(ReW) accounting loss
– book loss
(syn, Buchverlust)
buchmäßiges Ergebnis *n* (ReW) result as shown in the books
Buchmesse *f* (com) book fair
Buchprüfer *m* (ReW) = Vereidigter Buchprüfer, qv
Buchprüfung *f* (ReW) audit
Buchprüfungsgesellschaft *f* (ReW) firm of licensed public accountants
Buchrestwert *m* (ReW) salvage value shown in the books
Buchsachverständiger *m*
(ReW) accounting expert
(ie, comprehensive term covering certified public accountants = Wirtschaftsprüfer, sworn auditors = vereidigte Buchprüfer, and other experts)
Buchstabe *m* (Re) subparagraph *(eg, Buchstabe b = subpara(graph) b)*
buchstabengetreu (com) true to the letter
Buchstabierwörter *npl* (com) identification words

Buchstelle *f* (ReW) accounting agency
buchtechnische Kostenauflösung *f*
(ReW) accounting approach
(ie, used in cost breakdown)
Buchübertragungssystem *n* (Eg, Fin) book entry system
Buch- und Betriebsprüfung *f*
(StR) periodic examination by tax auditors
(ie, term now replaced by ‚Außenprüfung')
Buchung *f*
(com) reservation
– (GB *also*) booking
(ReW) accounting entry
– bookkeeping entry
Buchung *f* **berichtigen** (ReW) to correct a bookkeeping entry
Buchungen *fpl* **erzeugen** (ReW) to generate entries
Buchung *f* **ohne Gegenbuchung** (ReW) unbalanced entry
Buchungsanalyse *f* (ReW) accounts analysis
Buchungsanfrage *f* (com) provisional booking
Buchungsautomat *m* (EDV) automatic accounting machine
Buchungsbeleg *m*
(ReW) bookkeeping voucher
– accounting voucher
– voucher supporting book entry
Buchungsdaten *pl* (ReW) account information
Buchungsdatum *n* (ReW) date of entry
Buchungsdurchlauf *m*
(ReW) accounting cycle
(ie, from books of original entry to final annual statements)
Buchungseingabe *f* (ReW) accounting entry
Buchungsenddatum *n* (ReW) post through date
Buchungsfehler *m* (ReW) false entry
Buchungsformel *f* (ReW) = Buchungssatz
Buchungsgebühr *f*
(Fin) account management fee
– transaction charge
Buchungskarte *f* (ReW) posting card
Buchungskontrolle *f* (ReW) audit trail
Buchungskreis *m* (ReW) set of books
buchungsmäßiger Überschuß *m* (FiW) statistical surplus
buchungspflichtig
(ReW) accountable
(ie, zur Rechnungslegung verpflichtet)
Buchungsplatz *m*
(EDV) booking terminal
– reservation terminal
Buchungssatz *m*
(ReW) entry formula
(syn, Buchungsformel, Kontenanruf)
Buchungsschluß *m* (ReW) closing date of entries
Buchungsstatus *m* (ReW) posting status
Buchungstext *m*
(ReW) entry description
– memo
Buchung *f* **stornieren** (ReW) to reverse an entry
Buchungsunterlage *f*
(ReW) accounting document
– accouting record
– posting medium
– records and vouchers

Buchungsvermerk *m*
(ReW) booking reference
– posting reference
(eg, voucher number, accout identification)
Buchungsvorfall *m*
(ReW) accountable event
– accounting event
– accountable condition
– internal transaction
(opp, Geschäftsvorfall = external transaction)
Buchungsvorgabe *f* (ReW) accounting default
Buchungsvorgang *m* (ReW) bookkeeping operation
Buchungszeitpunkt *m* (ReW) date of entry
Buchungszentrum *n* (Fin) = Offshore-Zweigstelle, qv
Buchung *f* **von Eliminierungen**
(Re) eliminating entry
(ie, in preparing group accounts = Konzernabschlüsse)
Buchverbindlichkeiten *fpl* (Fin) debts not evidenced by certificates
Buchverleger *m* (com) book publisher
Buchverlust *m*
(ReW) book loss
– accounting loss
Buchwert *m*
(ReW) book value
– accounting value
– amortized cost
– carrying value
– rate of asset
– depreciated . . . book value/cost
(ie, original cost less applicable portions of accounting depreciation)
(StR) book value
(ie, ergibt sich aus den steuerlichen Vorschriften über die Bewertung in der Steuerbilanz)
(Fin) book value
(ie, nominal amount of liability less unamortized discount = nicht abgeschriebenes Disagio od Damnum)
(Fin) asset value
(ie, von Investmentfonds: total assets of the company minus all the liabilities, minus all prior capital; the net value is this sum divided by the number of shares [Anteile], to give a figure per share)
Buchwertabschreibung *f* (ReW) = geometrisch-degressive Abschreibung
Buchwert *m* **des Anlagevermögens** (ReW) net investment in property, plant, and equipment
Buchwertmethode *f* (ReW) book value method, § 301 I 1 HGB *(cf, Neubewertungsmethode)*
Buckel-Effekt *m* (Stat) bulge effect *(eg, in the cost-of-living index, due to an increase in VAT)*
Buddyliste *f* (EDV) buddy list
Budget *n*
(FiW) budget
– budget packet
(ie, annual estimates of public receipts and expenditures; identisch mit ‚öffentlichem Haushalt')
(Bw) budget
Budgetabweichung *f* (KoR) budget variance *(syn, Verbrauchsabweichung, qv)*
Budgetanforderung *f* (Fin) budget request

Budget *n* **aufstellen** (Bw) to prepare a budget
Budgetaufstellung *f*
(FiW) budgeting
– preparing the budget
Budgetausgleich *m* (FiW) balancing the budget
Budget *n* **ausgleichen** (FiW) to balance a budget
Budgetausgleichsfonds *m* (Fin) budget equalization fund
Budgetausschuß *m* (FiW) budget committee
Budgetbeschränkung *f* (Vw) budget balance
Budget *n* **der Wartungskosten** (Bw) maintenance budget
Budget *n* **des Fertigungsbereichs** (Bw) production budget
Budget *n* **des Materialbereichs** (MaW) inventory and purchases budget
Budgeteinsparungen *fpl* (FiW) budget cuts
Budgetentwurf *m* (FiW) = Haushaltsentwurf
Budgetgenehmigungsblatt *n* (Bw) budget authorization form
Budgetgerade *f*
(Vw) budget line
– iso-expenditure line
– opportunity curve
– price line
– budget constraint line
– consumption possibility line
Budgetgleichung *f* (Vw) budget equation
Budgetierung *f*
(Bw) budgeting
(ie, operational planning)
(Fin) budgeting
(ie, in the sense of financial planning)
Budgetierungszeitraum *m* (Bw) budget period
Budgetimpuls *m* (FiW) budget impulse
Budgetinflation *f* (Vw) public demand-pull inflation
Budgetinzidenz *f* (FiW) budget incidence
Budgetkontrolle *f* (KoR) budgetary control
Budgetkosten *pl*
(KoR) budgeted cost
– target cost
– attainable standard cost
– current standard cost
– ideal standard cost
(syn, Soll- od Vorgabekosten)
Budgetkreislauf *m* (FiW) budget cycle *(syn, Budgetzyklus)*
Budgetkürzung *f* (FiW, Bw) budget cut
Budgetperiode *f* (FiW) budget period
Budgetposten *m*
(FiW) budget item
– budgetary item
Budgetprinzipien *npl* (FiW) budget principles
Budgetprojektion *f* (Bw) budget forecast
Budgetrecht *n*
(FiW) budget privilege
(ie, power of the purse; Recht des Parlaments, den Haushalt nach Einnahmen u Ausgaben aufzustellen)
Budgetrestriktion *f* (Vw) budget constraint
Budgetsoll *n* (Bw) budgeted figure
Budgetüberschreitung *f*
(Bw) budget overrun
– over budget
Budgetüberschuß *m* (FiW) budget surplus
Budgetüberschuß *m* **bei Vollbeschäftigung** (Vw) high employment budget surplus
Budgetübertragungen *fpl*
(FiW) carryover funds
(ie, from one fiscal year to the next)
Budgetunterschreitung *f*
(Bw) budget underrun
– under budget
Budgetziel *n*
(Bw) budget target
(ie, in the shape of a numberized goal)
Bulk-Factoring *n*
(Fin) bulk factoring
(ie, does not involve accounts receivable ledgering; syn, Eigenservice-Factoring)
Bulk-Handel *m*
(Mk) bulk cargo trade
(ie, Handel mit loser Ware [Schüttgut, Sturzgut, Massengut])
Bull-and-Bear-Anleihe *f* (Fin) = Aktienindex-Anleihe, qv
Bumerang-Methode *f* (Mk) boomerang method *(ie, of sales talk)*
Bummelstreik *m*
(Pw) slowdown strike
– labor slowdown
– go-slow
Bund *m* (FiW) Federal Government
Bund *m* **der Steuerzahler** *m* (com) Tax Payers' Association
Bündelpatent *n* (Pat) batch patent
Bündelung *f* **von Risiken**
(Fin) repackaging of risks
(ie, zerlegte Risiken werden getrennt oder neu gebündelt, um den individuellen Risikoneigungen zu entsprechen)
Bundesamt *n* **für Finanzen**
(StR) Federal Tax Agency
(ie, domiciled at/in Bonn-Bad Godesberg)
Bundesamt *n* **für gewerbliche Wirtschaft**
(com) Federal Office for Trade and Industry
(ie, domiciled in Frankfurt)
Bundes-Angestelltentarif-Vertrag *m* (Pw) Federal Collective Agreement for Public Employees
Bundesanleihe *f* (FiW) federal loan
Bundesanleihekonsortium *n*
(Fin) Federal Bond Consortium
(ie, Gruppe von 113 Kreditinstituten, die alle Emissionen von Bundesanleihen durchführt; Deutsche Bundesbank, Großbanken und rd. 70 weitere Banken)
Bundesanstalt *f* **für Arbeit**
(com) Federal Labor Office
(ie, central labor administration, Nuremberg-based)
Bundesanstalt *f* **für vereinigungsbedingte Sonderaufgaben** (FiW) Federal Office for Special Duties associated with Unification
Bundesanzeiger *m* (com) Federal Official Gazette
Bundesarbeitsgericht *n* (Re) Federal Labor Court *(at Kassel)*
Bundesarbeitsminister *m* (com) Federal Minister of Labor and Social Affairs
Bundesaufsichtsamt *n* (com) Federal Supervisory Office

Bundesaufsichtsamt *n* **für das Kreditwesen**
(Fin) Federal Banking Supervisory Office
(ie, nimmt die staatliche Bankenaufsicht wahr; gehört zum Geschäftsbereich des Bundesministers der Finanzen; Sitz in Berlin)

Bundesaufsichtsamt *n* **für das Versicherungs- und Bausparwesen**
(Vers) Federal Supervisory Office for Insurance and for Building and Loan Associations
(ie, domiciled in Berlin)

Bundesaufsichtsamt *n* **für den Wertpapierhandel**
(Fin) Federal Supervisory Office for Securities Trading

Bundesausbildungsförderungsgesetz *n* (Pw) Federal Law on Education and Training Promotion, of 26 Aug 1971, as amended

Bundesausgaben *fpl* (FiW) federal expenditure

Bundesbahn *f* (com) Federal Railways

Bundesbank *f*
(Fin) German Central Bank
– Deutsche Bundesbank
– Bundesbank

Bundesbankausschüttung *f*
(FiW) payout of Bundesbank surplus
(ie, to improve the deficit position of the Federal budget)

Bundesbankdirektorium *n* (Fin) Directorate of the Bundesbank

bundesbankfähig (Fin) eligible for rediscount (*or* rediscountable) at the Bundesbank

bundesbankfähige Abschnitte *mpl* (Fin) bills rediscountable at the Bundesbank

bundesbankfähige Wechsel *mpl* (Fin) = bundesbankfähige Abschnitte

Bundesbankfähigkeit *f*
(Fin) eligibility for rediscount at the Bundesbank
(ie, refers to bills of exchange and other negotiable instruments)

Bundesbankgesetz *n* (Re) Federal Bank Law

Bundesbankgiro *n* (Fin) Bundesbank transfer

Bundesbankguthaben *npl* (Fin) Bundesbank balances

Bundesbankpräsident *m*
(Vw) Bundesbank governor
– President of the Deutsche Bundesbank

Bundesbankrat *m* (Fin) Federal Bank Council

Bundesbank- und Postscheckguthaben *npl* (ReW) deposits at Bundesbank and in postal checking accounts

Bundesbeauftragter *m* **für den Datenschutz** (EDV) Federal Data Protection Commissioner

Bundesbedienstete *pl* (Pw) employees of the Federal Government

Bundesbehörde *f*
(com) federal authority
(Re, US) federal agency
(ie, may be a board, commission, administration, department; little substantive difference attaches to the various names)

Bundesbeihilfe *f* (FiW) federal grant

Bundesberggesetz *n* (Re) Federal Mining Law

Bundesbetriebsprüfungsstelle *f*
(StR) Federal Tax Examination Office
(ie, superseded by the Federal Tax Office = Bundesamt für Finanzen)

Bundesbürgschaft *f*
(Fin) federal guaranty
– state-backed guaranty
– state backing
(ie, for credits that are in the public interest and cannot otherwise be secured)

Bundesdatenschutzgesetz *n* (Re) Federal Data Protection Law

bundeseigenes Vermögen *n* (FiW) Federal Government assets

bundeseigene Unternehmen *npl* (FiW) federal commercial enterprises under public and private law

Bundeseinkommen *n* (FiW) federal income

Bundeseinlagenversicherung *f*
(Fin, US) Federal Deposit Insurance Corporation, FDIC
(ie, insures bank deposits, currently up to $100,000 per deposit)

Bundeseisenbahnvermögen *n* (FiW) Federal Railways Fund

Bundesemissionsschutzgesetz *n* (Re) Federal Emissions Control Act (of 1974)

Bundesemittent *m* (Fin) issuer of federal bonds

Bundesergänzungszuweisungen *fpl* (FiW) supplementary Federal grants

Bundesetat *m* (FiW) Federal Government budget

Bundesfinanzbehörden *fpl* (FiW) federal revenue authorities

Bundesfinanzhof *m*
(StR) Federal Fiscal Court
(ie, supreme court in tax controversies, domiciled in Munich)

Bundesfinanzverwaltung *f* (FiW) Federal Revenue Administration

Bundesgarantie *f* (Fin) federal guaranty

Bundesgebiet *n*
(com) federal area
– federal territory

Bundesgebührenordnung *f* (Re) federal fee scale regulation

Bundesgerichtshof *m*
(Re) Federal Supreme Court
(ie, in civil and criminal proceedings, domiciled in Karlsruhe)

Bundesgesetzblatt *n* (Re) Official Federal Gazette

Bundeshauptkasse *f* (FiW) Federal Chief Cash Office

Bundeshaushalt *m* (FiW) federal budget

Bundeshaushaltsordnung *f* (FiW) Federal Budget Code

Bundes-Immissionsschutzgesetz *n*
(Re) Federal Emission Protection Law
(ie, protection of people, animals, plants and other things against toxic environmental effects)

Bundeskartellamt *n*
(Kart) (Berlin-based) Federal Cartel Office
– Antitrust-Office
– Federal Monopolies Commission

Bundeskasse *f* (FiW) Federal Cash Office

Bundeskindergeldgesetz *n* (Re) Law on Support Payments for Children, of 31 Jan 1975, as amended

Bundeskompetenzen *fpl* **verlagern** (FiW) to shift federal responsibilities *(eg, to states and local authorities)*

Bundesland *n*
(com) federal state
– provincial state
Bundesminister *m* **der Finanzen** (com) Federal Minister of Finance
Bundesminister *m* **des Innern** (com) Federal Minister of the Interior
Bundesministerium *m*
(com) federal ministry
– (US) federal government department
(cf, Übersicht unten)
Bundesmittel *pl* (Fin) federal funds
Bundesmonopolverwaltung *f* **für Branntwein** (FiW) Federal Spirits Monopoly Administration
Bundesnaturschutzgesetz *n*
(Re) Federal Nature Protection Law
(ie, protection, care and development of nature and countryside)
Bundesoberseeamt *n* (Re) Federal Admiralty Court *(at Hamburg)*
Bundesobligation *f* (FiW) federal bond
Bundesobligationen *fpl* (FiW) five-year special Federal bonds
Bundespatentgericht *n* (Re) Federal Patent Tribunal
Bundespost *f*
(com) Federal Post Administration
– federal post service
– (GB) Federal Post Office
– German PTT
Bundesrat *m*
(com) Bundesrat
– Federal Council
(ie, the upper or second house of the bicameral parliament of the Federal Republic; it represents the German Länder/Laender)
Bundesrechnungshof *m*
(FiW) Federal Audit Office
(ie, charged with the accounting and budgetary control of all government functions)
Bundesregierung *f* (com) Federal Government
Bundesschatzanweisung *f* (Fin) federal treasury note
Bundesschatzbrief *m*
(Fin) federal treasury bill
– Federal savings bond
(ie, Sammelschuldbuchforderung, die zugunsten der Kassenvereine eingetragen ist)

Der Präsident der Bundesrepublik Deutschland	President of the Federal Republic of Germany
Bundespräsident	Federal President
(Bundespräsidialamt)	(Office of the Federal President)
Der Kanzler der Bundesrepublik Deutschland	Chancellor of the Federal Republic of Germany
Bundeskanzler	Federal Chancellor
(Bundeskanzleramt)	(Federal Chancellery)
Der Bundesminister des Auswärtigen und Stellvertreter des Bundeskanzlers	Deputy Federal Chancellor and Federal Minister for Foreign Affairs
(Auswärtiges Amt)	(Federal Foreign Office)
Der Bundesminister des Innern	Federal Minister of the Interior
Der Bundesminister der Justiz	Federal Minister of Justice
Der Bundesminister der Finanzen	Federal Minister of Finance
Der Bundesminister für Wirtschaft	Federal Minister of Economics
Der Bundesminister für Ernährung, Landwirtschaft und Forsten	Federal Minister of Food, Agriculture and Forestry
Der Bundesminister für Arbeit und Sozialordnung	Federal Minister of Labour and Social Affairs
Der Bundesminister der Verteidigung	Federal Minister of Defence
Der Bundesminister für Jugend, Familie, Frauen und Gesundheit	Federal Minister for Youth, Family Affairs, Women and Health
Der Bundesminister für Verkehr	Federal Minister of Transport
Der Bundesminister für Umwelt, Naturschutz und Reaktorsicherheit	Federal Minister of the Evironment, Nature Conservation and Nuclear Safety
Der Bundesminister für das Post- und Fernmeldewesen	Federal Minister of Posts and Telecommunications
Der Bundesminister für Raumordnung, Bauwesen und Städtebau	Federal Minister for Regional Planning, Building and Urban Development
Der Bundesminister für innerdeutsche Beziehungen	Federal Minister for Intra-German Relations
Der Bundesminister für Forschung und Technologie	Federal Minister for Research and Technology
Der Bundesminister für Bildung und Wissenschaft	Federal Minister of Education and Science
Der Bundesminister für wirtschaftliche Zusammenarbeit	Federal Minister for Economic Co-operation
Der Bundesminister für besondere Aufgaben Chef des Bundeskanzleramtes	Federal Minister for Special Tasks and Chief of the Federal Chancellery

Quelle: Auswärtiges Amt

Bundesschuld *f* (FiW) federal debt
Bundesschuldbuch *n* (FiW) Federal Debt Register
Bundesschuldenverwaltung *f*
(FiW) Federal Debt Administration
(ie, reporting to the Federal Ministry of Finance; domiciled at Bad Homburg v. d. Höhe)
Bundesschuldverschreibung *f* (Fin) federal bond
Bundessozialgericht *n* (Re) Federal Court for Social Security and Related Matters *(domiciled at Kassel)*
Bundessozialhilfegesetz *n* (SozV) Federal Social Assistance Law
Bundesstatistik *f* (Stat) federal statistics
Bundesstelle *f* **für Außenhandelsinformation** (com) Federal Foreign Trade Information Office
Bundessteuer *f* (FiW) federal tax
Bundessteuerblatt *n* (StR) Official Gazette of the Federal Ministry of Finance
Bundestag *m*
(com) Bundestag
– Federal Diet
(ie, the lower or popular chamber of the bicameral parliament of the Federal Republic)
bundesunmittelbare juristische Person *f* **des öffentlichen Rechts** (Re) federal public law body
bundesunmittelbare juristische Person *f* **öffentlichen Rechts** (Re) federal corporation under public law
bundesunmittelbare Körperschaft *f* (Re) federal corporation
bundesunmittelbares Unternehmen *n* (FiW) directly operated federal government enterprise
Bundesverband *m* **Bekleidungsindustrie** (com) Federal Association of the Clothing Industry
Bundesverband *m* **der deutschen Arbeitgeberverbände** (com) Confederation of German Employers' Federations
Bundesverband *m* **der Deutschen Industrie**
(com) Federation of German Industries
(ie, comprises 34 specialist umbrella associations whose branches cover the differentiated structure of German industry)
Bundesverband *m* **des privaten Bankgewerbes** (Fin) Federal Association of German Banks
Bundesverband *m* **Deutscher Banken** (Fin) Federal Association of German Banks
Bundesvereinigung *f* **der deutschen Arbeitgeberverbände** (com) Federal Confederation of German Employers' Association
Bundesverfassungsgericht *n*
(Re) Federal Constitutional Court
(ie, exclusively exercises the power of judicial review [richterliches Prüfungsrecht] of legislation; primarily concerned with the interpretation of the Basic Law)
Bundesvermögen *n* (FiW) federal government property
Bundesvermögensstelle *f* (FiW) Federal Property Agency
Bundesvermögensverwaltung *f* (FiW) Federal Property Administration
Bundesversicherungsamt *n* (SozV) Federal Insurance Office *(at Berlin)*
Bundesversicherungsanstalt *f* **für Angestellte** (SozV) Federal Social Insurance Office for Salaried Employees *(at Berlin)*
Bundesverwaltungsgericht *n* (Re) Federal Administrative Court *(based in Berlin)*
Bundeswaldgesetz *n*
(Re) Federal Forestry Law
(ie, maintenance, enlargement, propagation and proper management of forests)
bundesweiter Streik *m* (Pw) all-out national strike
Bundeszollbehörde *f* (FiW) federal customs authority
Bundeszollblatt *n* (StR) Federal Customs Gazette
Bundeszollverwaltung *f* (FiW) Federal Customs Administration
Bundeszuschuß *m* (FiW) federal grant
Bundlingsoftware *f* (EDV) bundled software
Bundsteg *m*
(EDV) gutter
(ie, blank space between to facing pages)
Bürge *m*
(Re) guarantor
– surety
bürgender Verband *m* (com) guaranteeing association
Bürgerinitiative *f* (com) public interest group
bürgerliche Rechtsstreitigkeiten *fpl* (Re) civil litigation
Bürgerliches Gesetzbuch *n* (Re) German Civil Code
bürgerliches Recht *n*
(Re) private law
(ie, governing the legal relations between private persons, including legal entities; opp, public law)
(Re) civil law
– jus civile
(eg, as laid down in the German Civil Code = BGB)
bürgerlich-rechtliche Gesellschaft *f* (Re) = BGB-Gesellschaft
Bürgschaft *f*
(Re) suretyship
– (US) guaranty
– (GB) guarantee
(ie, Bürge verpflichtet sich vertraglich gegenüber dem Gläubiger e–s Dritten (Hauptschuldner = principal), für die Erfüllung von dessen Verbindlichkeit einzustehen; § 765 I BGB = there are points of difference between surety and guarantor: both are answerable for the debt of another, but liability of guarantor is secondary and collateral, while that of surety is original, primary and direct; note that under U.C.C. the term ‚surety' includes a ‚guarantor'; Sonderformen: 1. Mitbürgschaft; 2. Zeitbürgschaft; 3. Ausfallbürgschaft; 4. Rückbürgschaft; 5. Höchstbetragsbürgschaft)
Bürgschaft *f* **leisten**
(Re) to accept a guaranty
– to stand surety (for)
Bürgschaftsbetrag *m* (Re) warranty amount
Bürgschaftserklärung *f* (Re) statement of guaranty
Bürgschaftskredit *m* (Fin) guaranty credit
Bürgschaftsnehmer *m*
(Re) guaranteed creditor
– guarantee
Bürgschaftsplafond *m*
(Fin) guaranty line
– guaranty ceiling
Bürgschaftsprovision *f* (Fin) guaranty commission
Bürgschaftsrahmen *m* (Fin) = Bürgschaftsplafond

Bürgschaftsrisiko *n* (ReW) guaranty risk
Bürgschaftsschuld *f*
(Re) guaranty indebtedness
– principal debt
Bürgschaftsverhältnis *n* (Re) principal-surety relationship
Bürgschaftsverluste *mpl*
(StR) losses on guaranties
(ie, Problem: sind sie Betriebausgaben, Werbungskosten od iwS Lebenshaltungskosten?)
Bürgschaftsverpflichtungen *fpl* (ReW) guaranties
Bürgschaftsversicherung *f* (Vers) guaranty insurance
Bürgschaftsvertrag *m*
(Re) contract of guaranty
– contract of suretyship
(but see ‚Bürgschaft')
Bürgschaft *f* **übernehmen**
(Re) to accept a guaranty
– to stand surety
Büro *n*
(com) office
(com) = Repräsentanz
Büroangestellte *pl*
(Pw) office workers
– clerical personnel
– white-collar workers
– black-coated workers
Büroangestellter *m*
(Pw) office worker
– clerical worker
Büroarbeiten *fpl*
(com) office work
– clerical operations
Büroausstattung *f* (com) office equipment and furnishings
Büroautomatisierung *f*
(EDV) office automation
(eg, PCs, electronic messages, voice mail, videoconferencing systems, etc)
Bürobedarf *m*
(com) office supplies
(ie, stationery, etc.)
Büroberufe *mpl* (Pw) white-collar occupations
Büro *n* **der Zukunft** (EDV) office of the future
Bürofachkraft *f* (com) trained clerical help
Büroflächen *fpl*
(com) office premises
– office spaces
Bürogebäude *n* (com) office building
Bürogemeinschaft *f*
(com) sharing office facilities
– shared office
Bürogeräte *npl* (EDV) electronic office equipment
Bürohandel *m* (Bö) unofficial trading
Büroklammer *f*
(com) paper clip
– (US) bulldog clip
Bürokommunikation *f*
(EDV) office communication
(eg, Textverarbeitung, Electronic Mail, Fax, Ablagefunktionen)
bürokratische Autorität *f* (Bw) bureaucratic type of administrative organization *(ie, translation of M. Weber's German term)*
bürokratische Schwerfälligkeit *f* (Bw) bureaucratic inflexibility
Bürokratisierung *f*
(Bw) bureaucratization
(Bw) bureaucratic inflexibility
– (infml) red tapism
Bürolandschaft *f*
(com) landscaped office
– open office area
– panoramic office
Büromaschinenhändler *m* (com) office equipment dealer
Büromaschinenhersteller *m* (com) office equipment manufacturer
Büromaterial *n* (com) stationery and office supplies
büroorientiert (EDV) office-oriented
Büropersonal *n* (com) office staff
Büroräume *mpl*
(com) office accommodation
– office space
Bürosystem *n* (EDV) office computer
Bürotechnik *f* (com) office technology
Büro- und Geschäftseinrichtung *f* (com) office equipment
Bürozeit *f* (com) office hours
Bürozubehörmarkt *m* (com) office supplies market
Büschelkarte *f*
(Stat) bunch graph
– bunch map
Busmaus *f* (EDV) bus mouse
Busnetz *n*
(EDV) bus network
(ie, besteht aus e–m gemeinsamen Übertragungskabel, an das alle Stationen angeschlossen sind; besitzt an beiden Enden Abschlußeinrichtungen)
Busnetzwerk *n* (EDV) bus network
Bußgeld *n*
(Re) monetary fine
– penalty
(Re) administrative fine
Bußgeldbescheid *m* (Re) penalty notice
Bußgeldbestimmungen *fpl* (Re) monetary fine regulations
Bußgeldverfahren *n* (Re) administrative fine proceedings
Bußgeld *n* **verhängen** (Kart) to impose a fine *(eg, on a company)*
Bußgeld *n* **zahlen**
(Kart) to pay a fine
– to pay in fines . . .
Bussystem *n* (EDV) bus system *(eg, ISA, EISA, Local Bus, PCI)*
BÜV (Bw) = Betriebsüberlassungsvertrag
BU-Versicherung *f* (Vers) business interruption insurance
BVerfG (Re) = Bundesverfassungsgericht
BVerG (Re) = Bundesverwaltungsgericht
BVerwG (Re) = Bundesverwaltungsgericht
BVG (Re) = Betriebsverfassungsgesetz
Byte *n*
(EDV) byte
(die kleinste adressierbare Informationseinheit: 8 Datenbits und 1 Parity Bit)
byteorientiertes Protokoll *n* (EDV) byte-oriented protocol

C

Cache *m*
(EDV) cache
(ie, a small, fast buffer storage integrated in the CPU; syn, Zwischenspeicher)

Cachevergiftung *f* (EDV) cache poisoning

Cantor-Paradoxon *n* (Math) Cantor paradox

Cantorsche Menge *f* (Math) Cantor set

Cantorsche Reihe *f* (Math) Cantor series

Cantorsches Diskontinuum *n* (Math) Cantor set

CAQ-System *n*
(IndE) computer-aided quality assurance system
(ie, rechnerunterstützte (schritthaltende) Qualitätssicherung)

Carnet *n* **für die vorübergehende Einfuhr** (AuW) carnet for temporary admission

Cartesische Vorzeichenregel *f*
(Math) Descartes' rule of signs
(ie, gibt e–n Hinweis auf die Anzahl der Lösungen e–s Polynoms = a polynomial with real coefficients hat at most k real positive roots, where k is the number of signs in the polynomial; syn, Cartesische Zeichenregel)

Cascading-Style-Sheet-Mechanismus *m* (EDV) Cascading Style Sheet mechanism

Cascading-Style-Sheets (EDV) cascading style sheets

Cash Flow *m*
(Fin) cash flow
(ie, allgemein der finanzwirtschaftliche Überschuß (Einnahmenüberschuß) e–r Periode; für die externe Analyse wird meist folgendes Schema verwendet: Bilanzgewinn oder -verlust + Erhöhung der Rücklagen – Gewinnvortrag aus Vorperiode = Jahresüberschuß + Abschreibungen (- Zuschreibungen) + Erhöhung der langfristigen Rückstellungen = Cash Flow (Brutto-Cash-Flow) – Gewinnausschüttung = Netto-Cash-Flow)

Cash Management *n*
(Fin) cash management
(ie, sachgerechte Kassendisposition e–r Unternehmung; wesentlicher Bestandteil der kurzfristigern Liquiditätsplanung)

CATIA-Konzept *n*
(EDV) CATIA (computer- graphics aided three-dimensional interactive application) system
(ie, interaktives System für rechnerunterstützte Konstruktion und Fertigung (CAD/CAM) im 3D- und 2D-Bereich)

Cauchy-Riemannsche Differentialgleichung *f* (Math) Cauchy-Riemann equation

Cauchyscher Integralsatz *m* (Math) Cauchy integral law

Cauchysches Konvergenzkriterium *n* (Math) Cauchy principle of convergence

Cauchysches Restglied *n* (Math) Cauchy's form of remainder

Cauchy-Standardverteilung *f* (Stat) standard Cauchy distribution

Cauchy-Verteilung *f* (Math) Cauchy distribution

C&C-Betrieb *m* (Mk) = cash and carry wholesaler

CD-Box *f*
(EDV) jewel box *f*

CD-Brenner *m* (EDV) CD burner

CD-ROM-Brenner *m* (EDV) CD-ROM burner

CD-ROM-Jukebox *f* (com) CD-ROM jukebox

CD-ROM-Laufwerk *n* (EDV) CD-ROM drive

Cellulartelefon *n* (com) = tragbares Telefon, qv

centgenau gerundet (EG, Fin) rounded to the nearest full cent

Centralvereinigung *f* **Deutscher Handelsvertreter und Handelsmakler** (com) Federation of German Commercial Agents and Brokers

CES-Funktion *f* (Vw) CES *(constant elasticity of substitution)* function

ceteris paribus
(Vw) other things being equal
(ie, unter Vernachlässigung aller sonstigen Einflußgrößen)

C-Geschäft *n* (Fin) installment credit based on bills of exchange

Chaosforschung *f* (IndE) chaos research

charakteristische Determinante *f* (Math) characteristic determinant

charakteristische Funktion *f*
(Math) characteristic function
(ie, für jede beliebige diskrete Zufallsvariable erklärt)

charakteristische Gleichung *f*
(Math) characteristic equation
(ie, which has a solution, subject to specific boundary conditions, only when a parameter ocurring in it has certain values)

charakteristische Matrix *f* (Math) characteristic matrix

charakteristischer Wert *m* **e–r Grundgesamtheit**
(Stat) summary measure

charakteristische Wurzel *f*
(Math) characteristic root
– latent root
– proper value
– eigenwert

charakterliche Zuverlässigkeit *f* (Pw) character firmness

Charge *f* (IndE) batch

Chargenbericht *m* (IndE) batch report

Chargenfertigung *f*
(IndE) batch production
(ie, no continuous or standardized production)

Chargengröße *f* (IndE) batch size

Chargenkalkulation *f*
(KoR) batch-type costing
(ie, special type of ‚Divisionskalkulation')

Chargenproduktion *f* (IndE) = Chargenfertigung

Chargenstreuung *f* (IndE) batch variation

Chart-Analyse *f*
(Fin) chart analysis
– charting *(syn, technische Analyse, qv)*

Chart-Analyst *m* (Fin) chartist

Charterer *m* (com) charterer

Charterflug *m* (com) charter flight
Chartergeschäft *n* (com) charter business
Chartermaschine *f* (com) charter plane
Chartern *n*
(com) chartering
(ie, of ocean-going vessel or airplane)
chartern
(com) to charter
– to hire
– to affreight
Charterpartie *f* (com) charter party, § 557 HGB
Chartervertrag *m*
(com) contract of affreightment
– charter party
Chart-Service *m*
(Bö) chart service
(ie, es werden bereitgestellt: Schlußkursdiagramm, Balkendiagramm, gleitende Durchschnittskurse, Point&Figure-Diagramm)
Checkliste *f* (com) check list
Check-List-Methode *f* (Stat) check list method
Cheese-Wurm *m* (EDV) Cheese worm
Chef *m*
(com) head *(ie, of a firm)*
– (infml) boss
– (infml) chief
Chefbildschirm *m* (EDV) boss screen
Chefetage *f* (com) executive floor
Chefmathematiker *m* (Vers) actuary *(syn, Aktuar)*
Chefredakteur *m* (com) editor-in-chief
Chefsekretärin *f*
(com) personal secretary
– personal assistant, PA
(ie, may be a female or a male humanperson)
Chefunterhändler *m* (com) chief negotiator
Chemiegrundstoffe *mpl* (com) base chemicals
Chemieindustrie *f* (com) chemicals industry
Chemiekonzern *m* (com) chemicals group
Chemiemärkte *mpl* (com) chemicals markets
Chemieriese *m* (com) chemical giant *(eg, BASF, Hoechst, Bayer)*
Chemieunternehmen *n* (com) chemicals company
Chemiewerte *mpl* (Bö) chemicals
Chemikaliengesetz *n*
(Re) Chemicals Law
(ie, protection of people and the environment from harmful effects of dangerous materials)
chemische Industrie *f* (com) = Chemieindustrie
Chiffreanzeige *f*
(Pw) blind ad
(ie, one that does not identify the employer, a box number being provided for responses)
(Mk) box number advertisement
– keyed advertisement
Chiffregebühr *f* (com) box fee
Chiffrenummer *f*
(Pw) box number
– reference number
chiffrieren v (EDV) chiffrieren *v*
Chi-Maßzahl *f*
(Stat) chi characteristic
(ie, square root of the more familiar chi-squared statistic)
Chip *m* (EDV) chip
Chipkarte *f* (Fin) smart card
Chi-Quadrat-Kriterium *n* (Stat) test of goodness of fit
Chi-Quadrat-Test *m*
(Stat) chi square test
(ie, nichtparametrisches Testverfahren zur Überprüfung der Anpassungsgüte)
chiquadratverteilt (Stat) chi square distributed
Chi-Quadrat-Verteilung *f*
(Stat) chi square distribution
(ie, a particular case – Spezialfall – of the Pearson Type III distribution)
Chiropraktiker *m* (SozV) bone setter
Chi-Verteilung *f*
(Stat) chi distribution
(ie, distribution of the positive square root of the statistic, known as chi-squared)
cif-Agent *m* (com) CIF agent
cif-Geschäft *n*
(com) CIF contract
– CIF transaction
CIM-Baustein *m* (IndE) CIM module
circa (Bö) about
Circadian-Rhythmus *m* (Pw) circadian rhythm
C-Länder *npl*
(AuW) C countries
(ie, die Entwicklungsländer Lateinamerikas)
Class-A-Netzwerk *n* (EDV) class A network
Class-C-Netzwerk *n* (EDV) class C network
Clausula *f* **rebus sic stantibus**
(Re) clausula rebus sic stantibus
(ie, tacit condition attaching to all contracts which cease to be binding when underlying facts have changed)
Clearing *n* (Fin) clearing
Clearing-Forderungen *fpl* (Fin) clearing receivables
Clearing-Guthaben *n* (Fin) clearing assets
Clearingstelle *f* (Fin) clearing house
Clearingverkehr *m* (Fin) clearing transactions
Clear-To-Send-Signal *n* (EDV) CTS-signal
Cluster *n* (Mk) cluster
Clusteranalyse *f*
(Mk) cluster analysis
(ie, automatische od numerische Klassifikation, numerische Taxonomie; wichtige Verfahrensgruppe innerhalb der multivariaten Analyse)
CMOS-Schaltung *f*
(EDV) CMSO integrated circuit
(ie, CMOS = custom metal oxide semiconductor = kundenspezifischer MOS-Schaltkreis)
Cobb-Douglas-Funktion *f*
(Vw) Cobb Douglas function
(ie, macroeconomic production function)
COBOL
(EDV) COBOL = Common Business-Oriented Language
(ie, programming language for business applications, esp. on host and mid-range systems)
COBOL-Programm *n* (EDV) COBOL source program
COBOL-Übersetzer *m* (EDV) COBOL compiler
COBOL-Zeichenvorrat *m* (EDV) COBOL character set *(syn, COBOL-Zeichensatz)*
COBOL-Zielprogramm *n* (EDV) COBOL object program

Cobweb-Theorem *n*
(Vw) cobweb theorem
(ie, erklärt verzögerte Anpassung des Angebots an veränderte Marktpreise)
Cochran-Test *m*
(Stat) Cochran test
(ie, nicht parametrisches Testverfahren)
Codeklausel *f* (EDV, Cobol) code clause
Codeprüfung *f* (EDV) code check
Code Red-Wurm *m* (EDV) Code Red worm
Codetabelle *f* (EDV) code table
Codierblatt *n* (EDV) coding sheet
codieren
(EDV) to code
– to encode
Codierer *m*
(EDV) coder
(ie, person writing computer instructions)
(EDV) coding device
– encoder
Codiermatrix *f* (EDV) coding matrix
codiert dezimal (EDV) coded decimal
codierter Befehl *m* (EDV) coded instruction
codiertes Programm *n* (EDV) coded program
Codierung *f* (EDV) coding
Codierzeile *f* (EDV) code line
Cod-Sendung *f* (com) consignment „cash on delivery"
Compact-Disc *f* (com) compact disc
Compact-Disc *f*, **beschreibbar und löschbar** (EDV) Compact-Disc *f*, beschreibbar und löschbar
Compact-Disc *f*, **interaktiv** (EDV) Compact-Disc *f*, interaktiv
Compact-Disc *f*, **löschbar** (EDV) Compact-Disc *f*, löschbar
Compact-Disc *f*, **wiederbeschreibbar** (EDV) Compact-Disc *f*, wiederbeschreibbar
Compactspeichermodul *n* (com) compact model
Compiler *m*
(EDV) compiler
– compiling routine
(ie, program to translate a higher programming language into machine language)
Computer *m*
(EDV) computer
(ie, sequence of generations:
1. first generation: vacuum tubes;
2. second generation: transistors;
3. third generation: integrated circuits, ICs;
4. fourth generation: VLSI chips;
5. fifth generation: large numbers of VLSI chips in parallel;
syn, Rechner, Rechenanlage, Datenverarbeitungsanlage)
Computeranimation *f* (Mk) computer animation
Computeranwalt *m* (EDV) cyberlawyer
computerbezogene Erfindung *f* (EDV) computer-related invention
Computerbörse *f*
(Bö) screen trading system
– computerized trading *(opp, Präsenzbörse)*
Computerbrief *m* (com) personalized computer letter
Computereinsatz *m* **in Unternehmen** (EDV) enterprise computing
Computerfreak *m* (EDV) computerphile
Computergeld *n*
(Fin) electronic money
– disk money
computergestützt
(EDV) computer-aided
– computer-based
– computerized
computergestützte Ausbildung *f* (EDV) Computer-Based Training, CBT
computergestützte Fernbuchhaltung *f*
(ReW) computer-based remote accounting
(cf, BFH vom 10.7.1978, BStBl. II 1979, 20)
computergestützte Fertigung *f* (IndE) computer-aided manufacturing, CAM
computergestützte Informationserschließung *f*
(EDV) information retrieval
computergestützte Produktionsplanung *f* (Bw) computer-based production planning
computergestütztes Arbeitsvermittlungssystem *n*
(Pw) computerized job bank network
computergestütztes Konstruieren *n* (EDV) computer-aided design, CAD
computergestütztes Telefoninterview-Verfahren *n*
(Mk) computer-aided telephone interviewing
– CATY system
computergestützte Strategie-Vertriebssteuerung *f*
(Bw) computer-aided strategy and sales controlling, CAS
(ie, modular aufgebautes Markt-Führungssystem mit Planungs- und Kontrollvorgängen zur Steuerung des Geschäfts mit Marktzielen)
computergestützte Werbung *f* (Mk) computer aided advertising system, CAAS
Computergrafik *f* (EDV) computer graphics
computer-integrierte Fertigung *f*
(IndE) computer-integrated manufacturing, CIM
(ie, links variable islands into integrated systems under the management of computers)
Computerkasse *f*
(EDV) electronic till
(ie, main computer may dial each branch to take information from each till's memory)
Computerkonferenz *f*
(EDV) computer conferencing
– electronic conferencing
(ie, besondere Form der Telekonferenz)
Computer-Kriminalität *f*
(Bw) computer crimes
– computer crminality
(ie, Computerspionage, Computersabotage, Computermanipulation, Computerbetrug)
Computerlauf *m* (EDV) computer run
computerlesbar (EDV) machine readable
Computer *m* **mit zwei Plattenlaufwerken** (EDV) dual-disk drive computer
computerorientierte Schulung *f* (EDV) computer-based training
computerorientiertes Lernen *n* (EDV) computer-based learning
Computerprogramm *n* (EDV) computer program
Computerrevolution *f* (EDV) computer revolution
Computersatz *m*
(EDV) computer typesetting
(ie, in text processing)

Computer-Scheckkarte *f*
(EDV) memory card
– chip card
– electronic checkbook
Computersicherheit *f* (EDV) computer security
Computersoftware *f*
(EDV) computer software
(ie, DV-Programme im Bereich der Systemsteuerung und der Mikroprogrammierung, sowie Anwendungsdokumentation, Wartungsdokumentation und zugehörige Datensammlungen)
Computersteuerung *f* (EDV) computer control
computerunterstützt (EDV) = rechnergestützt, qv
computerunterstützte Fertigung *f*
(EDV) computer-aided engineering
(EDV) computer-aided manufacturing
computerunterstützte Qualitätssicherung *f*
(IndE) computer-aided quality assurance, CAQ
(ie, meist mit übergeordnetem PPS [Produktplanungssystem] gekoppelt)
computerunterstützter Unterricht *m*
(EDV) computer-aided instruction, CAI
(EDV) computer-assisted teaching
computerunterstütztes Zeichnen *n* **und Konstruieren** *n* (EDV) computer-aided design and drafting
Computer-Virus *m*
(EDV) virus
(ie, a self-reproducing program that designed to damage hard- and/or software)
Computer-Wörterbuch *n* (EDV) electronic dictionary
Condock-Schiff *n* (com) container-dock ship
Conjoint Analyse *f* (Mk) Verfahren *n* der Multivariatenanalyse zur Dekomposition von Einstellungs- und Präferenzurteilen
Conjoint Measurement *n* (Mk) = Conjoint Analyse
Container *m* (com) container
Containerdepot *n* (com) container yard, C.Y.
Containerfracht *f*
(com) containerized freight
– capsule cargo
Container-Frachtbrief *m* (com) container bill of lading
Container-Linie *f* (com) container line
Container-Packstation *f* (com) container freight station
Containerschiff *n* (com) container ship
Containerstapel *m* (com) unit load
Containerstapler *m* (com) container carrier truck
Containerterminal *m od n* (com) container terminal
Container-Verkehr *m* (com) container traffic
contradictio *f* **in adiecto**
(Log) contradiction in terms
(ie, a phrase of which the parts are expressly inconsistent)
Contremineur *m*
(Bö) bear
– speculator for a fall of prices
Controlling *n*
(Bw, US) controlling
– (GB) controllership
Cookiefilter *m* (EDV) cookie filtering tool
Cookie-Richtlinie *f* (EDV) cookies policy
Copytesten *n*
(Mk) copytesting
(ie, to measure the effectiveness of advertising copy)
Courier-Schriftart *f*
(EDV) Courier
(ie, standard monospace typeface; print results are similar to typewriter)
Courtage *f* (Fin) brokerage
Courtagerechnung *f* (Bö) brokerage statement
Courtagesatz *m* (Fin) brokerage rate
CpD (Fin) = Konto pro Diverse
CpD-Konto *n*
(Fin) suspense account
(ie, Konto pro Diverse = Sammelkonto für eingehende Überweisungen, die nicht für Bankkunden bestimmt sind und auch sonst keine Angaben über Bankverbindungen enthalten = account held for uncleared settlements, undisclosed customers, etc.; syn, durchlaufendes Konto, Interimskonto)
CPFF-Vertrag *m* (com) cost plus fixed fee contract
CPIF-Vertrag *m* (com) cost plus incentive fee contract
CPM-Methode *f* (OR) critical path analysis
CPU-Lüfter *m* (EDV) CPU fan
Cramèr-Raosche Ungleichung *f* (Math) Cramèr Rao inequality
Cramersche Regel *f*
(Math) Cramer's rule
(ie, solving a system of linear equations by means of determinants)
CRC-Prüfzeichen *n* (EDV) cyclic redundancy check character
Crib
(Bö) = Cross Index Basis Scrap
(ie, gestattet die Ausnutzun großer Rendite-Unterschiede zwischen Anleihen in Fremdwährungen)
Cross Hedge *m*
(Bö) cross hedge
(ie, imperfect matches of the futures contract to the cash instrument: das zu kaufende od zu verkaufende Gut ist nicht identisch mit dem am Terminmarkt gehandelten; eg, T-bill futures contract to hedge a commitment in CDs)
CSO-Nameserver *m* (EDV) CSO name server
CSTN Display *n* (EDV) CSTN display
C-Techniken *fpl* (EDV) computer-aided techniques
(eg, CAD, CAM, CAE, CIM)
Cursor-Form *f* (EDV) cursor style
Cursor-Positionierung *f* (EDV) cursor positioning
Cursor-Steuertasten *fpl* (EDV) cursor control keys
Cursor-Steuerung *f* (EDV) cursor positioning
Cursor-Tasten *fpl* (EDV) cursor control keys
cusp (Math) Eckpunkt *m* zweier Tangenten
Cutoff-Verfahren *n*
(ReW) cutoff method
(ie, Auswahl nach dem Grundsatz der ‚materiality': Auswahlvorgang wird abgeschnitten, wenn ein bestimmter Wert des Prüffeldes geprüft ist; syn, Konzentrationsauswahl)
Cybercafé *n* (Vw) = cyclical downturn
Cybernetik *f* (EDV) cybernetics
Cyberpolizist *m* (EDV) cybercop
Cybersprache *f* (EDV) cyberspeak

D

Dachfonds *m*
(Fin) pyramiding fund
– fund of funds
(ie, assets consist of shares of other investment funds, legally prohibited in 1969)
Dachgesellschaft *f*
(com) holding company
(ie, either an AG or a GmbH, set up to control and dominate affiliated companies; Obergesellschaft im Konzern)
Dachmarke *f* (Pat) umbrella brand name
Dachorganisation *f* (com) umbrella organization
Dachpolice *f* (Vers) umbrella police
Dachprogramm *n* (EDV) = Organisationsprogramm
Dachschädenversicherung *f*
(Vers) roof damage insurance
(ie, introduction several times attempted but not permitted by insurance supervisory authorities)
Dachverband *m* (com) umbrella organization
DAG (Pw) = Deutsche Angestelltengewerkschaft
Damnum *n*
(Fin) loan discount
– loan premium
– debt discount
– (often called) points
(ie, pauschalierte, vorweg abgezogene Gegenleistung für die Kapitalnutzung; Differenz zwischen dem höheren Nennwert und dem niedrigeren Auszahlungswert, vor allem bei Hypotheken; difference between the amount of repayment of a loan and the payout amount; syn, Darlehensabgeld, Auszahlungsdisagio)
(Fin) loss
(eg, on exchange rates, securities)
dämpfen
(com) to check
– to curb
– to damp down
– to retard
– to slow down
Dämpfung *f*
(com) curb
– slackening
– slowdown
Dämpfungsfunktion *f* (Math) loss function
Dankschreiben *n*
(com) letter of thanks
– note of thanks
– *(infml)* bread-and-butter letter
Darbietung *f*
(Mk) presentation
(IndE) supply *(eg, of water, energy)*
Dargebot *n* (IndE) supply *(eg, water, energy)*
Darlegung *f* (Zo) presentation of goods to be cleared, ready for inspection
Darlehen *n*
(Fin) loan
– advance
(Fin) loan
(ie, of money and other fungible things, § 607 I BGB; entgeltlicher Kredit als Unterfall des Kreditvertrages; cf, Gelddarlehen und Sachdarlehen)
Darlehen *npl* **an Tochtergesellschaften** (ReW) advances to subsidiary companies
Darlehen *n* **aufnehmen**
(Fin) to raise
– to contract
– to obtain
– to secure
– to take on
– to take up . . . a loan
Darlehen *n* **aushandeln**
(Fin) to negotiate a loan
– to arrange a loan
– to negotiate the terms of a loan
Darlehen *n* **gegen Pfandbestellung**
(Fin) loan secured by chattel mortgage
– collateralized loan
Darlehen *n* **genehmigen** (Fin) to approve a loan
Darlehen *n* **gewähren**
(Fin) to extend a loan
– to grant a loan
– to make a loan
Darlehen *n* **hingeben** (Fin) grant a loan
Darlehen *n* **kündigen**
(Fin) to call a loan
– to recall a loan
Darlehen *n* **mit täglicher Kündigung** (Fin) loan at call
Darlehensabgeld *n* (Fin) loan discount = Damnum, qv
Darlehensagio *n* (Fin) loan premium
Darlehensantrag *m* (Fin) application for a loan
Darlehensbedingungen *fpl* (Fin) terms of a loan
Darlehensbestand *m* (Fin) loan portfolio
Darlehensbetrag *m* (Fin) loan amount
Darlehensempfänger *m* (Fin) borrower
Darlehensfinanzierung *f*
(Fin) loan financing
(ie, general term to denote financing through outside lenders)
Darlehensforderung *f*
(Fin) claim under a loan
– loan receivable
Darlehensforderungen *fpl* **abzüglich Wertberichtigungen** (Fin) loans less provisions
Darlehensforderungen *fpl* **gegenüber Betriebsangehörigen** (ReW) due from officers and employees
Darlehensgeber *m* (Fin) lender
Darlehensgeschäft *n*
(Fin) lending business
– loan business
Darlehensgewährung *f* (Fin) loan grant
Darlehenshypothek *f*
(Re) mortage securing a loan
(ie, häufigste Form der Verkehrshypothek)
Darlehenskasse *f* (Fin) loan bank

Darlehenskonten *npl* **der Töchter** (ReW) loan accounts – subsidiaries of . . .
Darlehenskonten *npl* **eigene Tochtergesellschaften** (ReW) loan accounts – own subsidiaries
Darlehenskonto *n* (ReW) loan account
Darlehenskosten *pl* (Fin) loan charges
Darlehenslaufzeit *f* (Fin) loan period
Darlehensnehmer *m* (Fin) borrower
Darlehenspolitik *f* (Fin) lending policy
Darlehensrückzahlung *f*
(Fin) amortization of a loan
– repayment of a loan
Darlehensschuld *f* (Fin) loan debt
Darlehensschulden *fpl* (Fin) loans
Darlehensschuldner *m* (Fin) borrower
Darlehenssumme *f* (Fin) amount of loan
Darlehensvaluta *f* (Fin) loan proceeds
Darlehensverbindlichkeiten *fpl* (Fin) loan liabilities
Darlehensvermittler *m* (Fin) loan broker
Darlehensversprechen *n* (Fin) promise to extend a loan, § 610 BGB
Darlehensvertrag *m*
(Fin) loan agreement
– credit agreement
– credit contract
(syn, Kreditvertrag)
Darlehensvertrag *m* **abschließen** (Fin) to conclude a loan agreement
Darlehensvorvertrag *m* (Fin) preliminary loan agreement
Darlehenszinsen *mpl* (Fin) interest on loans, § 608 BGB and §§ 354 II, 352 HGB
Darlehenszinssatz *m*
(Fin) loan interest
– lending rate
Darlehenszusage *f*
(Fin) loan commitment
– promise to grant a loan
Darlehen *n* **tilgen** (Fin) to repay a loan
Darlehen *npl* **von Kreditinstituten** (ReW) bank loans
Darlehen *n* **zurückzahlen**
(Fin) to pay off a loan
– to repay a loan
darstellen
(com) to describe
(com) to represent
– to portray
– to picture
darstellende Geometrie *f* (Math) projective geometry
Darstellung *f*
(com) description
(com) representation
Darstellungsattribut *n* (EDV) display attribute
Darstellungsbereich *m*
(EDV) display space
– operating space
– workstation viewport
(ie, in Computergrafik)
Darstellungselement *n* (EDV) display entity
Darstellungsfeld *n*
(EDV) viewport
(ie, in Computergrafik)
Darstellungsfläche *f*
(EDV) display surface
(ie, in Computergrafik)
Darstellungsraum *m*
(EDV) image space
(ie, in Computergrafik)
Datei *f* (EDV) (data) file
Dateiabschlußanweisung *f* (EDV, Cobol) close statement
Dateiabschnitt *m* (EDV) file section
Dateianfang *m* (EDV) beginning of file, BOF
Dateianfangsetikett *n* (EDV) file header label
Dateianfangskennsatz *m* (EDV, Cobol) beginning file label
Dateiaufbau *m* (EDV) file layout
Dateiaufbereitungsprogramm *n* (EDV) file edit routine
Dateiauswahlliste *f* (EDV, GUI) file list box *(syn, Dateilistenfeld)*
Dateibaumstruktur *f* (EDV) file tree structure
Dateibearbeitungsroutine *f* (EDV) file-handling routine
Dateibearbeitungssystem *n* (EDV) file management system
Dateibereich *m* (EDV) file area
Dateidefinition *f* (EDV) file definition
Dateidefinitionsanweisung *f* (EDV) data definition statement
Dateidefinitionsname *m* (EDV) dd name
Dateidefinitiosanweisung *f* (EDV) data definition statement
Dateiende *n* (EDV, Cobol) end of file, EOF
Dateiendeanzeiger *m*
(EDV) end-of-file mark
– end-of-file indicator
Dateiendekennsatz *m* (EDV, Cobol) end of file label
Dateiendeprogramm *n*
(EDV) end-of-file routine
(ie, checks that the contents of a file read into the computer were correctly read)
Dateiendetikett *n*
(EDV) trailer label
– end of file label
Dateiendmarke *f* (EDV) end of file marker
Datei *f* **erstellen** (EDV) to create a file
Dateiformat *n* (EDV) file format
Dateifragmentierung *f* (EDV) file fragmentation
Dateikennsatz *m* (EDV, Cobol) file identifier
Dateikennung *f* (EDV) (file) extension *(eg, COM, EXE, BAT)*
Dateilistenfeld *n* (EDV, GUI) file list box *(syn, Dateiauswahlliste)*
Dateilücke *f* (EDV) file gap
Dateimanager *m* (EDV, GUI) file manager
Dateiname *m* (EDV) file name
Dateipflege *f*
(EDV) file maintenance
(ie, to keep files up to date by adding, altering, deleting)
Datei *f* **rückspeichern** (EDV) to clear a file
Dateischutz *m* (EDV) file protection
Dateisperre *f* (EDV) file locking *(opp, record locking)*
Dateispezifikation *f* (EDV) file specification

Dateistatus *m* (EDV, Cobol) file status
Dateisteuerblock *m* (EDV) data control block, DCB
Dateisteuerung *f* (EDV) data file control
Dateiverarbeitung *f* (EDV) file processing
Dateiverbundsystem *n* (EDV) linked file system
Dateiverwaltung *f* (EDV) file management
Dateizugriffskontrolle *f* (EDV) file access control *(syn, Datenzugriffskontrolle)*
Dateizuordnungstabelle *f* (EDV) file allocation table, FAT
Dateldienste *mpl*
(EDV) datel services
(ie, data telecommunication, data telephone, data telegraph)
Daten *pl*
(com) data
– facts and figures
– particulars
– conditions
datenabhängiger Fehler *m* (EDV) pattern sensitive fault
Daten *pl* **abrufen** (EDV) to recall data
Datenabruftechnik *f* (EDV) polling method
Datenanalyse *f* (Bw) data analysis
Datenanzeigeeinrichtung *f* (EDV) data display
Datenaufbereitung *f*
(EDV) data preparation
(EDV) data editing
Datenausgabe *f* (EDV) data output
Datenaustausch *m* (EDV) data communication exchange
Datenaustauscheinheit *f* (EDV) data exchange unit
Datenaustauschformat *n* (EDV) data interchange format
Datenaustauschsteuerung *f* (EDV) data exchange control, DXC
Datenaustauschsystem *n* (EDV) date interchange system
Datenauswahlsteuerung *f* (EDV) data select control
Datenauswertung *f* (Stat) data evaluation
Daten-Autobahn *f*
(EDV) information highway
(ie, world-wide high-speed networks)
Datenbank *f* (EDV) data base
Datenbankabfrage *f* (EDV) data base access *(usu, query, qv)*
Datenbankabfragesystem *n* (EDV) data base inquiry system
Datenbankadministrator *m* (EDV) = Datenbankverwalter, qv
Datenbankarchitektur *f* (EDV) data base architecture
Datenbankbeschreibung *f* (EDV) data base description
Datenbankcomputer *m* (EDV) data base computer
Datenbankdatei *f* (EDV) data base file
Datenbankdateiverwaltung *f* (EDV) data base file management
Datenbankdesigner *m* (EDV) database designer
Datenbankdienst *m* (EDV) data service
Datenbankentwurf *m* (EDV) data base design
Datenbankhierarchie *f* (EDV) data base hierarchy
Datenbankkomponente *f* (EDV) data base component
Datenbank-Management-System *n* (EDV) data base management system, DBMS
Datenbankmodell *n* (EDV) data base model
Datenbankprüfung *f* (EDV) data base audit
Datenbanksprache *f*
(EDV) data base language
(ie, generic term covering ‚Datenbeschreibungssprachen' and ‚Datenmanipulationssprachen')
Datenbanksystem *n* (EDV) data base system
Datenbankverbundsystem *n* (EDV) data base combination system
Datenbankverkettung *f* (EDV) data base chaining
Datenbankverwalter *m* (EDV) data base administrator
Datenbankverwaltung *f* (EDV) data base management (facilities)
Datenbankverwaltungssystem *n* (EDV) data base management system
Datenbankzugriff *m* (EDV) data base access *(syn, Datenbank-Abfrage; usu, query, qv)*
datenbasiertes System *n* (EDV) decision suppport system
Datenbearbeitung *f* (EDV) data manipulation
Datenbehandlungssprache *f* (EDV) data manipulation language
Datenbereich *m* (EDV) data area
Datenbeschreibung *f* (EDV) data definition
Datenbeschreibungssprache *f* (EDV) data definition language, DDL
Datenbestand *m* (EDV) data stock
Datenbestandsschutz *m* (EDV) data file protection
Datenbit *n* (EDV) information bit *(opp, Kontrollbit = control bit)*
Datenblatt *n* (EDV) spec sheet
Datenblock *m* (EDV) data block
Datenblockadresse *f* (EDV) data block address
Datenbus *m* (EDV) data bus
Datendarstellung *f* (EDV) data representation
Datendefinition *f* (EDV) data definition
Datendekomprimierung *f* (EDV) data decompression *(opp, data compression)*
Datendirektübertragung *f* (EDV) on-line data transmission
Datendurchsatz *m* (EDV) data throughput
Datenebene *f* (EDV, Cobol) data level
Dateneingabe *f*
(EDV) data entry
– data input
Dateneingabegerät *n* (EDV) data entry unit
Dateneinheit *f* (EDV) data unit
Datenelement *n*
(EDV, Cobol) data element
– elementary item
(cf, DIN 66 028, Aug 1985)
Datenendeinrichtung *f* (EDV) data terminal equipment
Datenendgerät *n*
(EDV) data terminal
– terminal (unit)
Datenendplatz *m*
(EDV) data terminal
– terminal
Datenendstation *f* (EDV) communication terminal
Daten *pl* **erfassen**
(com) to accumulate data

– to acquire data
– to collect data
Datenerfassung *f*
(EDV) data acquisition
– data capture
– data entry
(ie, in maschinell verarbeitbarer Form)
Datenerfassungskasse *f* (EDV) point-of-sale (POS) system
Datenerfassungssystem *n* (EDV) data acquisition system
Datenerhebung *f* (Stat) data collection
Datenfehler *m* (EDV) data error
Datenfeld *n*
(EDV, Cobol) data item
– item of date
– item
(EDV) data field
– data cell
Datenfeldlänge *f* (EDV) field width
Datenfern (EDV) lebender Kolumnentitel *m*
Datenfernübertragung *f*
(EDV) telecommunication
– remote communications
Datenfernübertragungsleitung *f* (EDV) telecommunication line
Datenfernübertragungsnetz *n* (EDV) telecommunications network
Datenfernübertragungssystem *n* (EDV) telecommunication system
Datenfernübertragungssystem *n* **der Kreditinstitute** (Fin) direct fund transfer system
Datenfernverarbeitung *f*
(EDV) remote data processing
– communications
(ie, Übertragung von Daten von e–m Rechnersystem zu e–m anderen zwecks Verarbeitung od Speicherung)
Datenfluß *m* (EDV) data flow
Datenflußplan *m* (EDV) data flowchart *(ie, ergänzt den Programmablaufplan)*
Datenflußsteuerung *f* (EDV) data flow control
Datenformat *n* (EDV) data format
datengetriebene Strategie *f* (EDV) forward chaining
Datengewinnung *f* (EDV) data acquisition *(syn, Datenerfassung)*
Datengruppe *f*
(EDV) array
(EDV, Cobol) group item
Datenintegrität *f*
(EDV) data integrity
(ie, liegt vor, wenn Daten die Realität korrekt beschreiben; verlangt also die Einbeziehung anwendungsorientierter Sachzusammenhänge; Integrität und Konsistenz werden oft synonym verwendet)
Datenkanal *m* (EDV) data channel
Datenkarte *f* (EDV) data card
Datenkasse *f*
(EDV) POS terminal
(Mk) (stand-alone) terminal
– store terminal
Datenkennsatz *m*
(EDV) dataset label, DSL
– header label
Datenkettung *f* (EDV) data chaining
Datenkommunikation *f* (EDV) data communication
Daten-Kompatibilität *f* (EDV) data compatibility
Datenkompression *f* (EDV) = Datenkomprimierung
Datenkomprimierung *f* (EDV) data compression *(syn, Datenkompression, Datenverdichtung)*
Datenkonsistenz *f*
(EDV) data consistency
(ie, Sonderfall der Datenintegrität; Zusammenhang zwischen Einträgen in verschiedenen Datensätzen ist zu beachten)
Datenkonstellation *f*
(com) facts
– situation
Datenkonvertierung *f* (EDV, Cobol) conversion of data
Datenkonzentrator *m* (EDV) data concentrator
Datenkranz *m*
(Vw) set of non-economic factors
– non-economic environment
Datenleitung *f* (EDV) data line
Datenlogger *m* (EDV) data logger
Datenmakro *n* (EDV) data macro
Datenmanagement *n* (EDV) data management
Datenmanipulation (EDV) data manipulation
Datenmanipulationssprache *f* (EDV) data manipulation language, DML
Datenmenge *f* (EDV) volume of data
Datenmißbrauch *m* (EDV) data abuse
Datenmodell *n*
(EDV) data model
(ie, hierarchisch, netzwerkorientiert, relational, semantic)
Datenname *m* (EDV, Cobol) data name
Datenorganisation *f* (EDV) data organization
Datenpaket *n*
(EDV) data packet
(EDV) data frame
Datenpaketbetrieb *m* (EDV) packet mode
Datenpaketübertragung *f* (EDV) packet switching
Datenpfad *m*
(EDV) data highway
– data bus
– data trunk
Datenpflege *f*
(EDV) data administration
(ie, keeping data up-to-date)
Datenprojektor *m* (EDV) data projector
Datenprotokoll *n* (EDV) data history
Datenprozeßsteuerung *f* (EDV) data processing system
Datenrate *f*
(EDV) channel transfer rate
– data rate *(syn, Kanalrate)*
Datenreduktion *f* (Stat) reduction of data
Datenretrieval *n* (EDV) data retrieval
Datensatz *m* (EDV, Cobol) data record
Datensatzlänge *f* (EDV) data record length
Datensatzschlüssel *m* (EDV, Cobol) record key *(cf, DIN 66 028, Aug 1985, syn, Satzschlüssel)*
Datenschutz *m*
(EDV) data privacy protection
(EDV) data access security *(syn, Datenzugriffssicherheit, Datensicherheit)*

Datenschutzbeauftragter *m*
(EDV) Federal Data Protection Commissioner
(EDV) data protection officer
Datenschutzgesetz *n*
(Re) Data Protection Law
– (US) Privacy Act
Datensicherheit *f*
(EDV) data security
(EDV) data access security *(syn, Datenzugriffssicherheit, Datenschutz)*
Daten *pl* **sichern** (EDV) to back up data
Datensicherung *f*
(EDV) data protection
(EDV) backup
Datensicherung *f* **im Wochenturnus** (EDV) hebdomadary backup *(syn, wöchentliche Datensicherung)*
Datensicherung *f* **mit Rückübertragung** (EDV) information feedback system
Datensicherungsprogramm *n* (EDV) backup program
Datensicherungsschicht *f* (EDV) data-link layer
Datensichtgerät *n*
(EDV) data display station
– video terminal
– display (screen)
Datensichtplatz *m* (EDV) data display console
Datenspeicher *m*
(EDV) data memory
– data storage
Datenspeicherorganisation *f* (EDV) data memory organization
Datenstation *f* (EDV) workstation
Datensteuerung *f* (EDV) data control
Datenstruktur *f*
(EDV) data format
– data structure
Datentechnik *f* (EDV) data systems technology
Datenträger *m*
(EDV) data medium
– data carrier
(ie, Diskette od Festplatte)
Datenträgerarchiv *n*
(EDV) data archives
– data record office
Datenträgerbuchführung *f*
(ReW) books and recordings in the form of storage media, § 43 IV HGB
(eg, tapes, microfilms, discs; syn, Speicherbuchführung)
Datenträgereintragung *f* (EDV) volume entry
Datenträgerentsorgung *f* (EDV) destruction of data media
Datenträger-Inhaltsverzeichnis *n* (EDV) volume table of contents, VTOC
Datenträgerkatalog *m* (EDV) volume catalog
Datenträgerkennsatz *m*
(EDV) volume (ID) label
– header label
Datenträgername *m* (EDV) volume label
Datenträgernummer *f* (EDV) volume reference number
Datenträgerspeicher *m* (EDV) data carrier storage
Datentransfer *m* (EDV) data transfer
Datentyp *m* (EDV) data type
Datentypistin *f*
(com) keyboarder
– keypunch operator
Datenübermittlung *f* (EDV) data communication
Datenübermittlungsabschnitt *m*
(EDV) communication link
– data link
Datenübermittlungsgerät *n* (EDV) data transmission unit
Daten *pl* **übertragen** (EDV) to transfer data
Datenübertragung *f*
(EDV) data transfer
– data traffic
(EDV) data transmission *(eg, via modem)*
Datenübertragungs-Einrichtungen *fpl* (EDV) data transmission facilities
Datenübertragungsfehler *m* (EDV) data transmission error
Datenübertragungsgeschwindigkeit *f* (EDV) transmission speed
Datenübertragungskanal *m* (EDV) data channel
Datenübertragungsleitung *f* (EDV) data transmission line
Datenübertragungsprogramm *n* (EDV) communication control program, CCP
Datenübertragungsrate *f*
(EDV) transfer rate
(ie, of a hard disk drive)
Datenübertragungssteuerung *f*
(EDV) communication control
– data link control procedure
Datenübertragungssteuerzeichen *n* (EDV) transmission control character
Datenübertragungsverfahren *n* (EDV) data transmission method
Datenumsetzung *f* (EDV) data conversion
Datenverarbeitung *f*
(EDV) data processing
– information processing
Datenverarbeitungsanlage *f*
(EDV) computer
– data processing equipment
– dp equipment *(syn, Rechenanlage)*
Datenverarbeitungssystem *n* (EDV) data processing system *(syn, Rechensystem)*
Datenverdichtung *f* (EDV) = Datenkomprimierung
Datenverkettung *f*
(EDV) data chaining
(ie, combining two or more data elements in a prescribed sequence to yield meaningful information)
Datenvermittlungstechnik *f* (EDV) data switching
Datenverschlüsselung *f*
(EDV) data encoding
(EDV) data encryption *f*
(ie, conversion of plain data to a secure coded form using specialized algorithms; eg, Huffmann-encoding; syn, data encoding)
Datenverschlüsselungs-Standard *m* (EDV) data encryption standard, DES
Datenverwaltung *f* (EDV) data management
Datenverwaltungsrechner *m* (EDV) data base computer
Datenverzeichnis *n*
(com) data list
(EDV) data dictionary

Datenwiederherstellung *f* (EDV) data recovery
Datenwort *n* (EDV) data word
Datenwörterbuch *n*
(EDV) data dictionary
(ie, auch heute noch anstelle der Bezeichnung Schema benutzt)
Datenzugriff *m* (EDV) data access
Datenzugriffskontrolle *f* (EDV) file access control
(syn, Dateizugriffskontrolle)
Datenzugriffssicherheit *f*
(EDV) data access security
(syn, Datensicherheit, Datenschutz)
datieren (com) to date
datiert sein (com) to bear date (of)
Datierung *f* (com) dating *(eg, of a document)*
dato (com, *obsolete*) date
dato nach heute (Fin) after date, a/d
Datowechsel *m*
(Fin) after-date bill of exchange
– bill (payable) after date
(opp, Tageswechsel, Datumswechsel)
Datum *n* **des Angebots** (com) date of quotation
Datum *n* **des Inkrafttretens** (Re) effective date
Datum *n* **des Poststempels** (com) date as postmark
Datumsangabe *f*
(com) date
(eg, undated letter)
(Mk) code date
(eg, printed on perishable goods)
Datumstempel *m*
(com) dater
– date stamp
Datumstrennzeichen *n*
(EDV) date separator
(in Germany a point (eg, 12.01.96), in the US a slash (eg, 01/12/96))
Datumswechsel *m*
(Fin) bill payable at a fixed date
– day bill
(syn, Tagwechsel; opp, Datowechsel)
Dauer *f*
(com) duration
(Re) term
(OR) elapsed time
Dauerabfluß *m* (Vw) permanent drain
Daueraktionär *m* (com) long-term shareholder
Daueranlage *f*
(Fin) permanent holding
– long-term investment
Daueranleger *m* (Fin) long-term investor
Daueranschlag *m*
(Mk) permanent advertising
(ie, mostly for several years; opp, Bogenanschlag)
Dauerarbeitslose *pl* (Pw) permanently unemployed
Dauerarbeitslosigkeit *f*
(Pw) chronic unemployment
– permanent joblessness
Dauerauftrag *m*
(com) standing order
(Fin) money transfer order *(ie, the practice is rare in America)*
– (GB) banker's order
– mandate
Dauerausschreibung *f* (com) standing invitation to tender

Dauerbelastung *f* (com) permanent burden
Dauerbeschäftigung *f* (Pw) permanent employment
Dauerbetrieb *m* (IndE) continuous operation
Dauerbürgschaft *f*
(Re) continuing guaranty
(ie, covers a succession of liabilities for which, as and when they accrue, the guarantor becomes liable)
Dauer *f* **der Beschäftigung**
(Pw) length of employment
– lenght of service
Dauer *f* **der Betriebszugehörigkeit**
(Pw) seniority
– length of service
– years of service
Daueremission *f*
(Bö) constant issue
– issue offered continuously
– tap issue
(ie, by mortgage banks and certain banks making communal loans)
Daueremittent *m*
(Fin) constant issuer
(Bö) tap issuer
Dauerfinanzierung *f*
(Fin) continuous funding
– continuous financing
dauerhafte Güter *npl*
(Vw) durable goods
– durables
dauerhafte Konsumgüter *npl*
(Vw) durable consumer goods
– consumer durables
dauerhafte Nutzung *f*
(Bw) permanent use
– permanent flow of services
dauerhafte Produktionsmittel *npl* (Vw) producer durables
dauerhafte Wohnstätte *f* (StR) permanent home
Dauerinflation *f* (Vw) persistent inflation
Dauerinserent *m* (Mk) rate holder
Dauerkonsortium *n* (Fin) standing loan syndicate
Dauerkredit *m* (Fin) long-term credit
Dauerkrise *f* (Vw) permanent crisis
Dauerkunde *m*
(com) regular customer
– repeat buyer
Dauerkundschaft *f* (com) established clientele
dauernde Einrede *f*
(Re) peremptory defense
– peremptory exception
(syn, ausschließende od zerstörliche od peremptorische Einrede)
dauernde Erwerbsunfähigkeit *f* (SozV) permanent incapacity for self-support
dauernde Invalidität *f* (SozV) permanent disablement
dauernde Lasten *fpl*
(StR) permanent burden
– permanent charges
(ie, obligation imposed on a person, or, more often, an encumbrance of real property, § 9 I No. 1 EStG)
dauernd getrennt lebend (StR) permanently separated, § 10 I No. 1 EStG

dauernd getrennt lebende Ehegatten *pl* (StR) permanently separated spouses
dauernd pflegebedürftig (SozV) permanently in need of care
Dauernutzungsrecht *n* (Re) proprietary lease
Dauerposten *m*
(Pw) permanent job
– permanent position
Dauerprüfung *f*
(ReW) continuing audit
(IndE) endurance/fatigue
Dauerregelung *f* (com) permanent arrangement
Dauerrente *f*
(SozV) permanent pension
(ie, paid to injured persons by the statutory accident insurance fund)
Dauerschaden *m* (SozV) permanent injury
Dauerschulden *fpl*
(Fin) permanent debts
(ie, serving to strengthen the capital structure of a business for a substantial length of time, § 8 No. 1 GewStG)
Dauerschuldverhältnis *n*
(Re) continuous obligation
(ie, contracts under which debtor's performance extends over a longer period of time, esp. if performance takes place in installments)
Dauerschuldzinsen *mpl* (StR) interest on permanent debt, § 8 No. 1 GewStG
Dauersparauftrag *m*
(Fin) automatic deduction plan
(ie, under which a bank transfers to a savings account a specified sum at fixed intervals)
Dauersparen *n* (Fin) long-term saving
Dauerstellung *f* (Pw) permanent position
Dauertender *m*
(Bö) continuous tender panel, CTP
(ie, agent quotes the strike offer yield throughout the offering period and on this basis underwriters approach clients; underwriters are guaranteed a supply of paper up to their prorated underwriting commitment)
Dauerverpflichtungen *fpl* (FiW) permanent obligations
Dauerversuch *m* (IndE) = Dauerprüfung, qv
Dauervollmacht *f* (Re) permanent power of attorney
Dauerwerkzeuge *npl* (KoR) permanent tools
Dauerwohnrecht *n*
(Re) permanent residential right
– permanent occupancy right
(ie, recorded on the land register = Grundbuch, may be sold and inherited)
Dauerwohnrechtsvertrag *m* (Re) contract relating to permanent residential right
Dauerwohnsitz *m* (Re) permanent residence
Dauerzustand *m* (com) permanent state
Daumenregister *n* (com) thumb index
davonlaufende Preise *mpl* (com) skyrocketing prices
DAX (Fin) = Deutscher Aktienindex = German Stock Index
DB (com) = Deutsche Bundesbahn
DBA (StR) = Doppelbesteuerungsabkommen
DBB (Pw) = Deutscher Beamtenbund
DBP (Pat) = Deutsches Bundespatentamt
DBPa (Pat) = für Deutsches Bundespatent angemeldet
DCF-Analyse *f*
(Fin) discounted cash flow analysis
– DCF (*or* dcf) analysis
DD-Anweisung *f* (EDV) data definition statement
(syn, Dateidefinitionsanweisung)
DDP (Mk) = Direkte Produkt-Profitabilität
Debet *n*
(ReW) debit side
(ie, of an account)
Debetbuchung *f* (ReW) debit entry
Debetsaldo *m*
(ReW) balance due
– debit balance
Debetseite *f*
(ReW) debit side
(ie, of an account)
Debetspalte *f* (ReW) debit column
Debetzins *m* (Fin) interest on debit balance
Debitoren *pl*
(ReW) accounts receivable
– customer's accounts
– receivables *(syn, Forderungen)*
(Fin) lendings
Debitorenausfälle *mpl*
(Fin) loan chargeoffs
– loan writeoffs
Debitorenbewegungsdatei *f* (ReW) accounts receivable journal entry file
Debitorenbuch *n* (ReW) accounts receivable transactions register
Debitorenbuchhaltung *f*
(ReW) accounts receivable department
(ReW) accounts receivable accounting
Debitorenbuchung *f* (ReW) accounts receivable entry
Debitorendatei *f* (ReW) accounts receivable file
Debitorengeschäft *n* (Fin) lending business
Debitorenjournal *n* (ReW) accounts receivable transactions register
Debitorenkartei *f* (ReW) accounts receivable file
Debitorenkonto *n* (ReW) accounts receivable account
Debitorenkontoauszug *m* (ReW) A/R statement
Debitorenkredit *m* (Fin) accounts receivable loan
Debitorenlaufzeit *f* (ReW) = Debitorenumschlag
Debitorenliste *f* (Fin) accounts receivable list
Debitorensaldo *m*
(ReW) balance due
– liability account balance
Debitorensätze *mpl* (Fin) lending rates
Debitorenstamm *m* (EDV) accounts receivable master
Debitorenstammsatz *m* (EDV) accounts receivable master record
Debitorensystem *n* (ReW) receivables system
Debitorenumschlag *m*
(ReW) receivables turnover
– (average) days of receivables
– accounts receivable collection period
– ‚days' sales in receivables
– (GB) debtor days ratio
(ie, the ratio measures the average number of days it takes to collect trade debts)

Debitorenverkauf *m* (Fin) sale of accounts receivable

Debitorenversicherung *f* (Vers) accounts receivable insurance

Debitorenverwaltung *f*
(Fin) debtor management
– sales accounting and collection service
(ie, the making of collections and accounts receivable ledgering)

Debitorenwagnis *n* (ReW) accounts receivable risk
(syn, Vertriebswagnis)

Debitorenziehung *f*
(Fin) bill drawn by a bank on a debtor
(ie, may also be a promissory note made out by a debtor and presented to his bank)

Debugger *m*
(EDV) debugger
(ie, Systemprogramm zur Suche von Laufzeitfehlern [run-time errors] in e–m Programm)

Deckenbahn *f*
(IndE) liner board
(ie, flat facing of corrugated board = Wellpappe)

Deckladung *f* (com) deck cargo

Deckladungsversicherung *f* (Vers) deck cargo insurance

Deckung *f*
(Vw) backing
(ie, of a currency)
(Fin) cover
(ie, ausreichende Geldmittel zur Einlösung von Scheck und Wechsel)
(Bö) covering purchase
– short covering
(ie, Käufe zur Abdeckung vorangegangener Leerverkäufe; syn, Deckungskauf)
(Vers) insurance coverage
– (GB) insurance cover
(ie, indicating the aggregate risks covered by a particular policy)

Deckung *f* **anschaffen** (Fin) to provide cover

Deckung *f* **der Anleihezinsen durch die Gewinne des Unternehmens** (Fin) interest times earned

Deckung *f* **im Leergeschäft** (Bö) short covering

Deckungsanschaffung *f* (Fin) provision of cover

Deckungsauflage *f*
(com) break-even number of printed copies
(ie, of a book that must be sold to cover direct cost and prorated overhead)

Deckungsauftrag *m* (Bö) covering order

Deckungsbedürfnisse *npl* (FiW) budgetary requirements

Deckungsbeitrag *m*
(KoR) contribution margin
(Also:)
– profit contribution
– variable gross margin
– variable gross profit
– marginal balance
– marginal income
– direct product profit
(ie, in Grenzkostenrechnungen ermittelte Bruttogewinne oder auch Differenz von Erlös und den variablen Kosten e–s Produkts)

Deckungsbeitrag *m* **in %** (KoR) contribution margin percentage

Deckungsbeitrag *m* **je Engpaßeinheit** (KoR) contribution per unit of limiting factor

Deckungsbeitrag *m* **pro Ausbringungseinheit** (KoR) unit contribution margin

Deckungsbeitragsplan *m* (KoR) contribution budget

Deckungsbeitragsrechnung *f*
(KoR) contribution costing
– contribution analysis
– contribution margin technique
– (US) = direct costing
– (GB) = Fmarginal costing
(ie, Verfahren der kurzfristigen Erfolgsrechnung, das als Umsatzkostenverfahren auf Grenzkostenbasis e–e Grenzkostenrechnung zur Grundlage hat: Betriebserfolg = Umsatzerlöse – variable Selbstkosten der umgesetzten Erzeugnisse – Fixkostenblock; term mostly synonymous with ‚Grenzplankostenrechnung')

Deckungsbeschränkung *f* (Fin) cover restriction

Deckungsbestätigung *f*
(Fin) confirmation of cover
– cover note

Deckungsbetrag *m* (com) amount of coverage

Deckungsdarlehen *n*
(Fin) covering loan
(ie, zur gesetzlichen Absicherung von Pfandbriefen dienen Hypothekarkredite als D.)

Deckungserweiterung *f* (Vers) extension of coverage

deckungsfähiges Risiko *n* (Fin) coverable risk

deckungsfähige Wertpapiere *npl* (Fin) fixed-interest securities which the central bank may use as cover in its open market operations

Deckungsfonds *m* (Fin) cover fund

Deckungsforderungen *fpl* (Fin) covering claims

Deckungsfrist *f* (Vers) duration of cover

Deckungsgeschäft *n*
(Fin) cover business
(Bö) covering transaction
– hedging transaction
(ie, dient zur Eindeckung leer verkaufter Wertpapiere)

Deckungsgrad *m*
(Fin) cover ratio
– liquidity ratio
(eg, balance sheet ratios, such as: fixed assets to equity + long-term debt; cash and short-term receivables to current liablities; debt-equity ratio)

Deckungsgrenze *f* (Fin) cover limit

Deckungsguthaben *n*
(Fin) coverage deposit
– covering balance
– (US) compensating balance, qv
– covering balance
(Fin) bond-covered mortgage
(ie, zur Deckung von Hypothekenpfandbriefen)
(Vers) mortgage investment based upon premium reserve stock

Deckungskapital *n*
(Fin) guaranty fund
(Vers) premium reserve
– unearned premium reserve
– mathematical reserve
– reimbursement fund

– (GB) cover of assurance
(ie, Summe aller Deckungskapitalien ergibt die Deckungsrückstellung)

Deckungskauf *m*
(com) covering purchase
(Bö) covering
– short covering
– hedge transaction
(ie, Wertpapierkauf zur Erfüllung von Lieferverpflichtungen)

Deckungsklausel *f*
(FiW) cover clause
(ie, exceptional authorization to appropriate funds for purposes other than those specified in the budget)

Deckungskonto *n* (Fin) cover account

Deckungslinie *f*
(Fin) backup facility
(ie, meist für Emission kurzfristiger Wertpapiere)

Deckungslücke *f*
(FiW) budgetary deficit
– shortfall
(SozV) deficit

Deckungslücke *f* **schließen**
(FiW) to close the gap
(ie, between receipts and expenditures)

Deckungsmittel *pl* (FiW) cover funds

Deckungsnachweis *m* (Vers) evidence of cover

Deckungsorder *f* (Bö) covering order

Deckungspapiere *npl* (Fin) securities pledged as collateral

Deckungspunkt *m* (KoR) breakeven point

Deckungspunktanalyse *f* (KoR) breakeven analysis

Deckungsquote *f* (Fin) cover ratio

Deckungsrücklage *f* (Vers) = Deckungskapital

Deckungsrückstellung *f*
(Vers) pro rata unearned premium reserve
– (GB) cover of assurance
(ie, the terms ‚Deckungsrücklage' and ‚Prämienreservefonds', though often used, are inappropriate; the reserve is set up as an interest-bearing pool of premiums)

Deckungssatz *m*
(Vers) cover ratio
– reserve ratio

Deckungsschutz *m* (Vers) insurance protection

Deckungsstock *m*
(Vers) premium reserve stock
– cover fund
(ie, total assets available as cover for the sum total of premium reserves, separately administered and supervised by a trustee; Gegenposten der Deckungsrückstellung)

Deckungsstockfähigkeit *f* (Vers) eligibility for investment in premium reserve stock

Deckungsstockgrundsatz *m* (Vers) cover fund principle

Deckungssumme *f*
(Vers) amount insured
– sum insured

Deckungssysteme *npl* (Vers, SozV) cover systems

Deckungsumsatz *m*
(com) breakeven sales
(ie, sales volume absorbs all costs)

Deckungsverhältnis *n*
(Vw) cover ratio
(ie, currency to gold or foreign exchange)

Deckungsverkauf *m*
(Re) resale of goods by unpaid seller
(Bö) covering sale
– hedging sale

Deckungsvermögen *n* (Fin) cover funds

Deckungszeitpunkt *m*
(KoR) breakeven time
(ie, Zeitpunkt, in dem die kumulierten Deckungsbeiträge erstmals die kumulierten fixen Kosten überschreiten = term used in cumulative profit analysis: point oftime in a planning period where cumulative profit contributions are higher than cumulative fixed costs)

Deckungszusage *f*
(Vers) cover note
(ie, prepared by an agent)
– binder
(ie, prepared by the insurance company)
– slip
(ie, used in property and transportation insurance)

decodieren (EDV) to decode

Decodierer *m* (EDV) decoder

Decodiermatrix *f* (EDV) decoder matrix

Decodiernetzwerk *n* (EDV) decoder network

Découvert *n* (Bö) = Leerverkauf

Dedikationsexemplar *n*
(com) complimentary copy
– courtesy copy
(syn, Widmungsexemplar)

dedizierter Kanal *m* (EDV) dedicated channel

dedizierte Software *f*
(EDV) dedicated software
(ie, set aside for a specific application)

Deduktion *f*
(Log) deduction
– inference
(ie, Ableitung von Aussagen aus anderen Aussagen)

Deduktionsgesetz *n* (Log) theorem of deduction

Deduktionsregel *f* (Log) rule of inference *(syn, Ableitungsregel, qv)*

Deduktionsschluß *m* (Log) inference

Deduktionstheorem *n* (Log) theorem of deduction

deduktive Methode *f*
(Log, Math) deductive method
– axiomatic method

deduktiver Beweis *m* (Log) deductive proof

deduzieren
(Log) to infer
– to deduce

Defekt *m* **der Matrix** (Math) nullity of a matrix

defensive Anlagepolitik *f*
(Fin) defensive investment policy
(ie, unwilling to tolerate higher degrees of risk)

defensive Investitionspolitik *f* (Bw) defensive investment policy

Defensivstrategie *f* (Bw) defensive strategy

Defensivzeichen *n* (Pat) defensive trademark, § 2 I WZG

Deficit Spending *n*
(FiW) deficit spending
– budgetary reflation

(ie, stimulating demand by widening the public sector's debt)

definieren
(Log) to define
(ie, describe or explain the meaning of a word or phrase)

Definition *f*
(Log) definition
(ie, statement of the meaning of a word or word group; in the definitional equation the word to be defined is called the ‚definiendum', while the expression that defines is the‚ definiens'; ‚Kosten' is the definiendum, while‚ leistungsbezogener ‚bewerteter Güterverzehr' is the definiens; note that the word ‚Kosten' may denote a number of different concepts, for instance, in economics, in rating and valuation, in financial accounting, and other often unrelated fields)

Definition *f* **durch Induktion** (Log) recursive definition *(syn, rekursive Definition)*

Definitionsbereich *m* (Math) universal set of reference

Definitionsbereich *m* **e–r Funktion** (Math) domain of a function

Definitionsgleichung *f*
(Vw) definitional equation
(ie, defines the extension of a specific variable; eg, Gesamtnachfrage = C + I)

Definitionsintervall *n* (Math) defining range

definitorische Beziehung *f* (Log) definitional relationship

definitorische Identität *f* (Log) definitional identity

defiziente Zahl *f*
(Math) defective number
– deficient number

Defizit *n*
(com, FiW) deficit
– shortfall

defizitär
(Fin) in deficit
– (infml) deficit-ridden
(AuW) in a deficit position

Defizit *n* **der Leistungsbilanz**
(AuW) deficit on current account
– current account deficit

Defizit *n* **der Zahlungsbilanz**
(AuW) balance of payments deficit
– external deficit

Defizit *n* **des öffentlichen Gesamthaushalts** (FiW) overall public sector deficit

Defizit-Finanzierung *f*
(FiW) deficit financing
– deficit spending

Defizit *n* **in laufender Rechnung** (AuW) deficit on current account

Defizitland *n* (AuW) deficit country

Defizitmultiplikator *m* (FiW) deficit multiplier

Deflation *f*
(Vw) deflation
(ie, Prozeß anhaltender Preisniveausenkungen; Geldmenge geringer als Wachstums des realen Sozialprodukts; cf, neoquantitätstheoretischer Ansatz der optimalen Geldmenge)

deflationäre Tendenzen *fpl* (Vw) deflationary tendencies

deflationieren
(Stat) to deflate
(ie, nominelle in reale Größen umrechnen)
(Vw) to revalue

Deflationierung *f* (Vw) deflating

Deflationierungsfaktor *m* (Vw) deflator

deflationistisch (Vw) deflationary

Deflationsspirale *f* (Vw) deflationary spiral

Deflator *m* (Vw) deflator *(ie, GNP ‚implicit price deflator': compensating subtraction to determine the effect of rising prices)*

deflatorisch (Vw) disinflationary, deflationary

deflatorische Impulse *mpl* (Vw) deflationary impulses

deflatorische Lücke *f* (Vw) deflationary gap *(syn, Nachfragelücke)*

deflatorisches Gleichgewicht *n* (Vw) equilibrium under deflationary conditions

Defragmentierung *f*
(EDV) defragmentation
(ie, putting together files that are scattered across non-contiguous sectors of a hard drive)

Defragmentierungs-Programm *n* (EDV) defragmentation utility

Degeneration *f* (OR) degenerate solution

Degenerationsphase *f*
(Mk) decline stage
(ie, of product life cycle)

degenerierte Lösung *f* (OR) degenerate solution

Degression *f*
(KoR) degression
(cf, Gesamtkostendegression, Stückkostendegression, Auflagendegression)
(FiW) = Steuerdegression, qv

Degressionseffekt *m* (Bw) degressive effect

Degressionsgewinne *mpl*
(Vw) economies of scale
– scale economies

Degressionsschwelle *f* (KoR) level of activity where the unit costs are at a minimum and equal to marginal costs

degressive Abschreibung *f*
(ReW) declining balance method *(of depreciation)*
– diminishing provision method
– reducing balance method
(ie, Abschreibungsbeträge sinken von Jahr zu Jahr; senken das Risiko wirtschaftlicher Entwertung; syn, geometrisch-degressive Abschreibung; opp, arithmetisch-degressive Abschreibung)

degressive Afa *f*
(StR) declining-balance tax depreciation
(ie, includes sum-of-the-years-digit method = digitale Abschreibung, § 7 II 2 EStG)

degressive Akkorde *mpl* (IndE) degressive premiums *(eg, Rowan-Lohn)*

degressive Doppelraten-Abschreibung *f* (ReW) double-rate declining balance method (of depreciation)

degressive Kosten *pl*
(KoR) degressive costs
(ie, falling average, unit, or total costs in relation to a level of activity; syn, unterproportionale Kosten)

degressiver Tarif *m* (com) tapering rate

degressive Steuer *f* (FiW) degressive tax
dehnbarer Begriff *m* (Log) elastic concept
deinstallieren
(EDV) uninstall (a software application)
(ie, delete all files belonging to an application and reversing all changes to system files, etc; syn, deinstall)
dekadischer Logarithmus *m*
(Math) common logarithm
– Briggs' logarithm
– Briggsian logarithm
Dekartellierung *f* (Kart) = Dekartellisierung
Dekartellisierung *f*
(Kart) decartelization
(ie, general term)
– deconcentration
(ie, term used in banking)
Deklaration *f*
(com) declaration
(ie, of contents and value in postal consignments)
(StR) tax return
(Zo) customs declaration
Deklaration *f* **für zollfreie Waren** (Zo) entry for duty-free goods
Deklarationsprinzip *n*
(StR) declaration principle
(ie, duty of taxpayer to cooperate in determining tax liability; eg, by filing tax returns; opp, Quellenprinzip, retained in wages tax)
Deklarationsprotest *m* (WeR) declaratory protest
Deklarationsschein *m* (Zo) declaration certificate
Deklarationswert *m* (Zo) declared value
Deklaration *f* **zur Einlagerung unter Zollverschluß** (Zo) warehousing entry
deklaratorischer Charakter *m* (Re) declaratory effect
deklaratorische Urkunde *f*(Re) declaratory instrument *(eg, receipt, declaratory judgment = Feststellungsurteil; it declares a right, but does not establish it: it is not a ‚constating instrument')*
deklarieren (Zo) to declare goods
Dekomposition *f*(OR) decomposition *(ie, of a program)*
Dekompositions-Algorithmus *m* (OR) decomposition algorithm
Dekompositionsmethode *f*
(Bw) decomposition method
(ie, klassische und neoklassische Methoden)
Dekompositionsprinzip *n* (OR) principle of decomposition
Dekonzentration *f* (Kart) deconcentration *(ie, in banking)*
Dekoration *f*
(Mk) window dressing
– window display
Dekort *m*
(com) deduction for substandard quality
(com) cash discount in wholesaling
(com) rebate in export business
Delegation *f*
(Bw) delegation
(ie, Übertragung von Kompetenzen und Verantwortung an hierarchisch untergeordnete organisatorische Stelle = transfer of authority and activity to a subordinate unit)
Delegation *f* **funktionaler Kompetenz** (Bw) function authority delegation
Delegationsbefugnis *f* (Bw) power of delegation
Delegationsbereich *m* (Bw) delegated decision area
Delegation *f* **von Kompetenzen** (Bw) delegation of authority
Delikatessengeschäft *n* (com) fancy food shop
Delikt *n*
(Re) unlawful act
– wrongful act
– tort
– tortious act
(ie, does not include breach of contract; syn, ‚unerlaubte Handlung')
deliktische Haftung *f*
(Re) tortious liability
– delictual liability *(opp, vertragsrechtliche H.)*
Deliktklage *f* (Re) tort action
deliktsfähig (Re) capable of unlawful acts
Deliktsfähigkeit *f* (Re) capacity to commit unlawful acts
Deliktshaftung *f* (Re) liability in tort
deliktsrechtliche Haftung *f* (Re) tortious liability
Delkredere *n*
(com) del credere
(ie, direct personal liability of assignor or commission agent to make good a loss arising from failure of purchaser to pay)
(ReW) provision for contingent losses
– writeoff of uncollectible receivables
– writeoff of uncollectible accounts
Delkredereagent *m* (com) del credere agent
Delkrederegebühr *f* (Fin) credit insurance premium *(ie, in factoring)*
Delkrederegeschäft *n* (com) del credere business
Delkrederehaftung *f* (Re) del credere liability
Delkredereklausel *f* (com) del credere clause
Delkrederekonto *n*
(ReW) reserve set up to cover losses of receivables
– provision for doubtful debts
(ie, expected for the end of the business year)
Delkredereprovision *f*
(com) del credere commission
(ie, paid for undertaking to guarantee the fulfillment of obligations arising from a deal, § 86 b HGB)
Delkrederereserven *fpl* (Fin) additional loan loss allowances
Delkredererisiko *n*
(com) collection risk
(ie, particularly high in export trade)
Delkredererückstellung *f*
(ReW) provision for doubtful debts
(ie, set up to meet a del credere liability)
Delkredereschutz *m* (Fin) credit protection
Delkredere *n* **übernehmen** (com) to assume del credere liability
Delkredere-Versicherung *f* (Vers) del credere insurance
Delkredere-Vertrag *m* (com) del credere agreement
Delkredere-Vertreter *m* (com) del credere agent
Delkredere-Wertberichtigung *f*
(ReW) (indirect) writedown of uncollectible receivables

– writeoff of-uncollectible accounts
(ie, für voraussichtliche Ausfälle von Außenständen = provision for contingent losses)
Delphi-Methode *f*
(Bw) delphi method
(ie, using structured group interviews, developed by RAND Corporation)
Delphi-Prognose *f* (Bw) jury-of-executive opinion
Delta *n*
(Bö) delta
(ie, gibt an, in welchem Maß sich e–e Marktpreisveränderung des Bezugsobjekts auf die Optionsprämie auswirkt; Spanne zwischen 1 und 0)
Dematerialisierung *f*
(EG, Fin) dematerialisation
(ie, Abschaffung von effektiven Stücken oder Dokumenten, die Eigentum an Finanzaktiva verbriefen, so daß Finanzaktiva nur als Bucheinträge existieren)
Demigrossist *m*
(com) semi-wholesaler
(ie, wholesaler who also engages in retailing)
demilitarisierte Zone *f* (EDV) demilitarized zone
demnächst
(com) coming
– forthcoming
Demo *f* (com, infml) demonstration
Demographie *f* (Stat) demography
demokratischer Führungsstil *m*
(Bw) democratic style of leadership
– democratic style of management
Demometrie *f* (Stat) demometry
demonetisieren
(Vw) to demonetize
(ie, to divest a monetary standard – Münzeinheit – of value)
(Vw) to withdraw
(ie, money from use)
Demonetisierung *f* (Vw) demonetization
Demonstrationsanlage *f*
(IndE) demonstration plant
– pilot plant
Demontage *f* (com) dismantlement
Demoskopie *f*
(Stat) public opinion research
(ie, by means of surveys or polls)
DEMV (Re) = Deutscher Einheitsmietvertrag
Dendogramm *n* (Stat) = Baumstruktur *f*
Denkgesetze *npl*
(Log) laws of thought
(ie, the three principles of thought:
1. law of identity = Identitätsprinzip;
2. law of contradiction = Prinzip vom ausgeschlossenen Widerspruch, principium contradictionis;
3. law of excluded middle = Prinzip vom ausgeschlossenen Dritten, principium exclusi tertii; question to the aspiring philosopher: are they ontologically real, cognitively necessary, uninferred knowledge, mere rules of inference?)
Denkmodell *n* (Log) conceptual model
Denomination *f* (Fin) form of capital reduction of a German stock corporation
Denotation *f*
(Log) denotation
(ie, of a concept)
– extension
(opp, Konnotation, Intension)
denotative Definition *f* (Log) denotative definition
DepG (Re) = Depotgesetz
Deponent *m*
(Fin) depositor *(eg, of money)*
(Fin) bailor
(ie, in safekeeping)
Deponentenaktien *fpl*
(Fin) deposited shares
(ie, for which banks may vote proxies in their own name)
deponieren
(Fin) to deposit
(Fin) to hand over for safe-keeping
Deport *m*
(Bö) delayed delivery penalty
– (GB) backwardation
(ie, London Stock Exchange term: percentage of the selling price payable by the seller of shares for the privilege of delaying their delivery; opp, Report)
Deportgeschäft *n* (Bö) backwardation business *(opp, Reportgeschäft)*
Deportsatz *m* (Bö) backwardation rate
Depositalschein *m* (Fin) = Depotschein
Depositen *pl*
(Fin) deposits
(ie, demand and time deposits; ie, heute kaum noch gebräuchliche Bezeichnung für Einlagen bei Kreditinstituten)
Depositenbank *f* (Fin) deposit bank
Depositeneinlage *f* (Fin) deposit
Depositengelder *npl*
(Fin) deposit money
– deposits
Depositengeschäft *n*
(Fin) deposit banking
– deposit business
Depositenkonto *n* (Fin) deposit account
Depositenkonto *n* **mit festgesetzter Fälligkeit** (Fin) deposit account with fixed maturity
Depositenkonto *n* **mit vereinbarter Kündigungsfrist** (Fin) deposit account at notice
Depositenmultiplikator *m* (Vw) deposit multiplier
Depositenschein *m* (com) deposit receipt
Depositenversicherung *f*
(Vers) bank deposit insurance
(ie, not used in Germany; see U.S. Banking Act, 1935)
Depositenzertifikat *n*
(Fin) Certificate of Deposit
(ie, meist unübersetzt)
Depositenzinsen *mpl* (Fin) deposit rate
Depot *n*
(com) storehouse
– warehouse *(ie, where freight is deposited)*
– call station *(syn, Abhollager)*
(Fin) securities account
Depot A *n* (Fin) own security deposit, § 13 DepG *(syn, Eigendepot)*
Depotabstimmung *f* (Fin) securities account reconciliation
Depotabteilung *f* (Fin) securities deposit department

Depotaktien *fpl*
(Fin) deposited shares
(ie, for which banks may vote proxies in their own name)
Depotaufstellung *f* (Fin) list of securities deposited
Depotauszug *m* (Fin) statement of securities
Depot B *n* (Fin) third-party securities account *(syn, Anderdepot)*
Depotbank *f*
(Fin) depositary bank
– custodian bank
Depotberechtigter *m* (Fin) depositor
Depotbescheinigung *f* (Fin) deposit certificate
Depotbesitz *m* (Fin) holding of deposited securities
Depotbuch *n*
(Fin) deposit ledger
(ie, maintained by bailee of deposited securities, § 14 DepG)
Depotbuchhaltung *f* (Fin) securities accounts department
Depotbuchung *f* (Fin) posting to securities account
Depot C *n* (Fin) pledged securities deposit *(syn, Pfanddepot)*
Depot D *n* (Fin) special pledged-securities deposit *(syn, Sonderpfanddepot)*
Depotgebühr *f*
(Fin) safe custody charge
– safe custody fee
– custodian fee
Depotgeschäft *n*
(Fin) custody business
– security deposit business
– portfolio management
(ie, Verwahrung und Verwaltung von Effekten für Kunden e–r Bank; durch Sonder- od Streifbandverwaltung od durch Sammelverwahrung, qv; custody and administration of securities for the account of others)
Depotgesetz *n* (Re) Law on the Deposit and Acquisition of Securities, of 4 Feb 1937
Depothandel *m* (com) = Agenturhandel
Depotinhaber *m* (Fin) securities account holder
Depotkonto *n*
(Fin) security deposit account
– securities account
– custodianship account
Depotprüfer *m* (Fin) securities deposit auditor
Depotprüfung *f*
(Fin) audit of security deposit holdings
(ie, annually by auditors appointed by the Federal Supervisory Office or by the Bundesbank, § 30 KWG)
Depotschein *m*
(Fin) safe custody receipt
– deposit receipt
Depotstimmrecht *n*
(Fin) proxy voting power
– right of banks to vote proxies
– bank's right to vote deposited shares at a general meeting
(ie, under German law, a bank automatically votes all proxies according to the decisions of its management, unless shareholders have given instructions to the contrary; e–e Vielzahl von Aktionären läßt ihre Stimmrechte durch Banken ausüben, bei denen sie ihr Aktiendepot unterhalten; cf, §§ 125 bis 128, 135 AktG; syn, Bankenstimmrecht)
Depotstück *n* (Fin) security deposited at a bank
Depotsystem *n*
(Mk) depot system
(ie, System der Regalplatzsicherung im Handel)
Depotumbuchung *f* (Fin) transfer of securities
Depotverpfändung *f* (Fin) pledging of security holding
Depotversicherung *f* (Vers) deposit insurance
Depotvertrag *m*
(Fin) safe custody agreement
(ie, relating to the custody and management of securities, §§ 688 ff BGB and relevant provisions of ‚Depotgesetz')
Depotverwahrung *f*
(Fin) custodianship
(ie, safekeeping and accounting for income-bearing personal property)
Depotverwaltung *f*
(Fin) management of deposited securities
– portfolio management
Depotwechsel *m*
(Fin) collateral bill
(ie, deposited with a bank)
Depression *f*
(Vw) depression
– (US) business panic
Deputat *n* (Pw) payment in kind *(eg, free coal for miners)*
Deregulierung *f*
(Kart) deregulation
(ie, Aufhebung der öffentlichen Bindung: returning ‚regulated industries' to the private sector of the economy)
Dereliktion *f* (Pw) voluntary abandonment of a movable thing, § 959 BGB
Derivate *npl* (Fin) = derivative Finanzinstrumente, qv
derivative Finanzinstrumente *npl*
(Fin) derivative financial instruments
(ie, von anderen Transaktionen auf den Geld-, Währungs- od Rohstoffmärkten abgeleitet; also das verselbständigte Risiko e–r anderen Transaktion; werden überwiegend zwischen Privaten gehandelt, dh, over the counter, auf dem OTC-Markt)
derivative Nachfrage *f* (Vw) derived demand *(syn, abgeleitete Nachfrage, qv)*
derivativer Firmenwert *m*
(ReW) acquired goodwill
(ie, nur der d.F. darf in der Handelsbilanz aktiviert werden; steuerrechtlich mit den Anschaffungskosten ansatzpflichtig; cf, §§ 266 II, 255 IV HGB and § 6 I 1 EStG; opp, originärer Firmenwert = self-generated goodwill)
Derivierte *f* (Math) derivative
derzeitiger Wohnort *m* (Re) current residence
Desaggregation *f*
(Stat) disaggregation
– breakdown
desaggregieren
(Vw) to disaggregate
– to break down/apart
(ie, to separate into component parts)
desaggregierte Größe *f* (Vw) subaggregate

Desaggregierung *f*
(Vw) breakdown
– disaggregation
deserialisieren (EDV) deserialize *v*
Designat *n* (Log) designatum
Designierungsverfahren *n* (IWF) designation procedure
Desinflation *f*
(Vw) disinflation
(ie, Senkung des allgemeinen Preisniveaus auf das Niveau der langfristigen Grenzkosten = reduction of the price level to the plateau of long-term marginal costs; by tax increases, cuts in government spending, high interest rates)
Desinformation *f* (com) disinformation
Desinvestition *f*
(Vw) disinvestment
– (US) divestment
– negative investment
Desinvestitionsperiode *f*
(Fin) recovery period
(ie, period in which the tied-up capital flows back with interest)
Desinvestitionsprogramm *n*
(Bw) disinvestment program
(ie, to shed unnecessary assets)
Desinvestitionsvorgang *m* (Fin) disinvestment process
deskriptive Anweisung *f* (EDV) non-executable statement
deskriptiver Satz *m*
(Log) descriptive statement
– positive statement
deskriptive Statistik *f*
(Stat) descriptive statistics
(ie, theoretical statistics which involves some process of inferenece in probability)
Deskriptor *m*
(EDV) descriptor
(ie, zur Indexierung verwendetes Schlagwort in e–m Retrieval-System)
Deskriptorenverknüpfung *f* (EDV) interfixing of descriptors
Desorganisation *f* (Bw) disorganization
Destinatar *m*
(com) consignee
(ie, recipient of goods named in a waybill)
(Re) beneficiary
(ie, of a foundation)
destruktives Lesen *n* (EDV) destructive reading
Detail *n*
(com) detail
(EDV, CAD) item
Detailflußdiagramm *n* (EDV) detail flowchart
Detailhandel *m* (com) *(obsolescent term for:)* retail trade
Detailkollektion *f*
(com) primary collection
(eg, of scrap, eggs)
detaillierte Aufstellung *f*
(com) detailed list
– breakdown
detaillierte Berichterstattung *f*
(ReW) detailed reporting
– segmental reporting
detaillierte Übersicht *f*
(com) detailed report
– detailed statement
– rundown
Detaillist *m* (com) *(obsolescent term for:)* retailer
Detailplanung *f* (Bw) detailed planning
Detailreisehandel *m*
(com) traveling salesman's trade
(ie, door-to-door canvassing of mail orders)
Determinante *f* (Math) determinant
Determinantengleichung *f* (Math) determinantal equation
Determinantenschreibweise *f*
(Math) determinant form
– determinant notation
Determinationsindex *m*
(Stat) index of determination
(ie, in der multiplen Regressionsanalyse)
deterministische Entscheidung *f* (Stat) deterministic decision
deutlich
(com) perceptible
(eg, liegt deutlich über: is currently running at perceptibly above 10%)
Deutsche Angestelltengewerkschaft *f*
(Pw) German Salaried Employee Union
(ie, up to 3 Oct 1990, it represented about 450,000 white-collar workers)
Deutsche Ausgleichsbank *f* (Fin) German Equalization Bank
Deutsche Bundesbahn *f* (com) German Federal Railways
Deutsche Bundesbank *f*
(Fin) German Central Bank
– Deutsche Bundesbank
– the Bundesbank
(ie, finally established in 1957; it is a federal corporation under public law, and its capital is held by the Federal Government; the 1957 Act requires the Bank and the Federal Government to consult and cooperate; and the Bank is required to support the general economic policy of the Government; it also states that the Bank must always regard its primary task as being the guardian of the currency; not only is it independent of instructions from the Federal Government; its obligation to support general economic policy is expressly linked to the condition that this does not create insoluble conflicts with its reponsibility for the prudent management of monetary policy; Währungs- und Notenbank der Bundesrepublik Deutschland mit Sitz in Frankfurt a. M.; unabhängig von den Weisungen der Bundesregierung; geld- und währungspolitische Befugnisse sind:
1. Ausgabe von Banknoten = issue of bank notes
2. Diskontsatz-Politik = discount rate policy
3. Offenmarkt-Politik = open-market policy
4. Mindestreservesatz-Politik = minimum reserve
5. Einlagepolitik = government deposit policy
6. Swapgeschäfte = swap transactions
7. Interventionspolitik = intervention policy
8. Wertpapierpensionsgeschäfte = sale und resale of securities)
Deutsche Bundespost *f* (com) German Federal Post Office

Deutsche Forschungsgemeinschaft *f* (com) German Research Committee – DFG

Deutsche Genossenschaftsbank *f* (Fin) Central Bank of German Cooperatives

Deutsche Girozentrale *f* (Fin) German Central Giro Bank

Deutsche Lufthansa *f* (com) German LH/Lufthansa Airlines

Deutscher Aktienindex *m*, **DAX**
(Bö) German Stock Index (DAX)
(ie, Laufindex, der im KISS-System der Frankfurter Börse minütlich neu berechnet und angezeigt wird; enthält 30 Aktien)

Deutscher-Aktienindex-Terminkontrakt *m*
(Bö) German index futures contract
(ie, ab Anfang 1990 an der DAX notiert)

Deutscher Bauernverband *m* (com) German Farmers' Federation

Deutscher Beamtenbund *m*
(Pw) German Public Service Federation
– German Federation of Civil Servants
(ie, an organization of about 730,000 middle and upper-level government employees)

Deutscher Einheitsmietvertrag *m* (Re) German Standard Tenancy Agreement

Deutscher Gewerkschaftsbund *m*
(Pw) German Trade Union Federation
(ie, an association of 17 industrial, white-collar, and civil servant unions; structurally the DGB has been divided into 9 Federal State areas, 232 regions and almost 2 000 branches and local cartels)

Deutscher Hotel- und Gaststättenverband *m* (com) German Association of the Hotel and Catering Industry

Deutscher Industrie- und Handelstag *m*
(com) Association of German Chambers of Industry and Commerce
(ie, umbrella organization covering the 81 German chambers of commerce)

Deutscher Sparkassen- und Giroverband *m* (Fin) German Savings Banks' and Giro Association

Deutscher Städtetag *m*
(com) Federation of German Towns
– German City Diet

Deutscher Transportversicherungsverband *m* (com) German Transport Insurance Association

Deutsches Bundespatentamt *n*
(Pat) German Federal Patent Office
– German Patent Office

Deutsches Institut *n* **für Wirtschaftsforschung** (Vw) *(Berlin-based)* German Institute for Economic Research

Deutsches Patentamt *n* (Pat) *(Munich-based)* German Patent Office

Deutsche Terminbörse *f*, **DTB**
(Bö) German Futures Exchange
(ie, arbeitet seit 26.1.1990; Computerbörse: standortunabhängige Teilnahme am Börsenhandel über Terminal; die Trägergesellschaft fungiert als zentrale Clearing-Stelle)

Deutsche Vereinigung *f* **für Finanzanalysten und Anlageberater, DVFA** (Fin) German Association of Financial Analysts and Investment Consultants

Devalvation *f* (AuW) = Abwertung

Deviation *f* (com) deviation from scheduled route

Devinkulation *f* (WeR) change of a registered instrument into a bearer paper

Devisen *pl*
(Fin) foreign exchange
– exchange
– foreign currency

Devisenabfluß *m* (AuW) outflow of foreign exchange

Devisenabkommen *n* (AuW) foreign exchange agreement

Devisenabrechnung *f* (Fin) foreign exchange note

Devisenankaufskurs *m* (Fin) buying rate

Devisenarbitrage *f*
(Fin) arbitration of exchange
– currency arbitrage
– exchange arbitrage
(ie, 1. Ausgleichsarbitrage; 2. Differenzarbitrage; in US: either simple or compound arbitration: direkte od indirekte Arbitrage; the result is the ‚arbitrated exchange' = günstigster Arbitragekurs; but the term is gradually being replaced by ‚commercial parity')

Devisenaufgeld *n* (Fin) premium on exchange

Devisenausgleichsabkommen *n* (AuW) foreign exchange offset agreement

Devisenausländer *m*
(AuW) non-resident
(ie, term replaced by ‚Gebietsfremder')

Devisenbeschränkungen *fpl* (AuW) foreign exchange restrictions

Devisenbestände *mpl*
(Fin) currency holdings
– currency reserves
– foreign exchange holdings
– foreign exchange reserves
– exchange holdings
– holdings of exchange
(Vw) reserve balances

Devisenbestimmungen *fpl*
(AuW) exchange regulations
– currency regulations

Devisenbewirtschaftung *f*
(AuW) control of foreign exchange
– currency control
– exchange control
– foreign exchange control
– (US *also:*) monetary controls

Devisenbewirtschaftungsmaßnahmen *fpl* (AuW) exchange controls

Devisenbilanz *f*
(AuW) foreign exchange account
– net exchange movements
(ie, Teil der Kapitalbilanz i. w. S. und damit e–e der Teilbilanzen der Zahlungsbilanz: erfaßt Veränderungen der Forderungen und Verbindlichkeiten der Zentralbank gegenüber dem Ausland = Veränderungen der Auslandsaktiva)

Devisenbörse *f*
(Bö) (foreign) exchange market
– currency market

Devisenbringer *mpl*
(AuW) foreign exchange earners
(eg, machinery exports, oil, tin, rubber)

Devisendefizitland *n* (AuW) exchange deficit country

Deviseneigenhandel *m* (Fin) foreign exchange dealings for own account *(of a bank)*
Deviseneinnahmen *fpl*
(Fin) currency receipts
– exchange proceeds
Devisenengagements *npl* (Fin) foreign exchange commitments
Devisenerlöse *mpl* (AuW) foreign exchange earnings
Devisengeschäft *n*
(Fin) foreign exchange transaction
(Fin) foreign exchange trading
Devisenguthaben *n* (Fin) foreign exchange holdings
Devisenhandel *m*
(Fin) foreign exchange trade
– foreign exchange trading
– dealings in foreign exchange
– foreign exchange dealings
Devisenhändler *m*
(Fin) exchange dealer
– exchange trader
– foreign exchange dealer
– foreign exchange trader
Deviseninländer *m*
(AuW) resident
(ie, term replaced by ‚Gebietsansässiger')
Devisenkassageschäft *n* (Bö) spot exchange transaction *(syn, Comptantgeschäft)*
Devisenkassahandel *m* (Bö) spot exchange trading
Devisenkassakurs *m* (Bö) spot exchange rate
Devisenkassamarkt *m* (Bö) spot exchange market
Devisenkaufoption *f* (Fin) currency call option
Devisenknappheit *f* (AuW) shortage of foreign exchange
Devisenkontingent *n* (AuW) foreign exchange quota
Devisenkontingentierung *f* (AuW) foreign exchange allocation
Devisenkonto *n* (Fin) foreign exchange account *(syn, Währungskonto, Fremdwährungskonto)*
Devisenkontrolle *f* (AuW) exchange control
Devisenkontrolle *f* **an der Grenze** (AuW) currency check at the border
Devisenkontrollerklärung *f* (AuW) exchange control declaration
Devisenkredit *m*
(Fin) foreign exchange loan
(ie, Kredit in ausländischer Währung; syn, Währungskredit, Valutakredit)
Devisenkurs *m*
(Fin) (foreign) exchange rate
– currency quote
Devisenkursarbitrage *f* (Fin) foreign exchange arbitrage
Devisenkursfeststellung *f* (Bö) exchange rate fixing
Devisenkursmakler *m*
(Bö) currency broker
(ie, amtlicher Makler an der Devisenbörse)
Devisenkursnotierung *f* (Bö) exchange rate quotation
Devisenkurssicherung *f* (Fin) exchange rate hedging
Devisenkurszettel *m*
(Bö) list of foreign exchange
– currency quotations list
Devisenkurszielzone *f* (Fin) = Wechselkurszielzone
Devisenmakler *m*
(Bö) foreign exchange broker
– exchange broker
– cambist
(ie, vereidigter Kursmakler)
Devisenmangel *m* (AuW) scarcity of foreign exchange
Devisenmarkt *m*
(Bö) foreign exchange market
– exchange market
– currency market
(ie, telefonischer od fernschriftlicher Handel von Devisen zwischen Banken, Devisenmaklern und großen Wirtschaftsunternehmen; das Interbankengeschäft dominiert)
Devisenmarktintervention *f*
(Fin) exchange market intervention
(ie, in Form von An- od Verkäufen von Devisen)
Devisenmarktkurs *m* (Fin) market exchange rate
Devisenmittelkurs *m* (Fin) middle rate
Devisennotierung *f* (Fin) = Wechselkurs, qv
Devisenoption *f*
(Fin) currency option
(ie, Recht, zu e–m Basispreis e–n bestimmten Betrag an Devisen zu kaufen (call option) oder zu verkaufen (put option); in der Bundesrepublik Deutschland (noch) nicht angeboten)
Devisenpensionsgeschäft *n*
(Fin) purchase of foreign exchange for later resale
– foreign exchange transaction under repurchase agreement
– currency repurchase agreement
Devisenplafond *m* (AuW) foreign exchange ceiling
Devisenpolitik *f* (AuW) foreign exchange policy
Devisenpolster *n*
(AuW) foreign exchange cushion
– foreign exchange reserve
Devisenportefeuille *n* (Fin) foreign exchange holdings
Devisenposition *f* (AuW) foreign exchange position
Devisenquoten *fpl*
(AuW) foreign exchange quoteas
(ie, allocated to importers; instrument of bilateralism)
Devisenreportgeschäft *n*
(Fin) swap
(ie, buying a currency spot and simultaneously selling it forward)
Devisenreserven *fpl*
(AuW) foreign currency reserves
– foreign exchange reserves
– currency reserves
– currency holdings *(syn, Währungsreserven)*
Devisenrestriktionen *fpl* (AuW) exchange restrictions
Devisenschmuggel *m*
(com) smuggling of foreign exchange
– currency smuggling
Devisenspekulation *f* (Fin) foreign exchange speculation
Devisenspekulationsgewinn *m* (Fin) gain on foreign exchange speculation

Devisen-Swapgeschäft *n*
(Fin) foreign exchange swap
(ie, die Deutsche Bundesbank kauft (verkauft) Devisen per Kasse und verkauft (kauft) diese sogleich wieder per Termin)
Devisenterminbörse *f* (Bö) forward market in currency
Devisentermingeschäft *n*
(Bö) forward exchange dealing
– forward exchange
– exchange futures
– foreign exchange contract
– future exchange transaction
(ie, zwei Geschäftsarten: (1) Outright-Termingeschäfte; (2) Swapgeschäfte)
Devisenterminhandel *m*
(Bö) forward exchange trading
– currency futures trading
Devisenterminkontrakte *mpl* (Fin) currency futures
Devisenterminkurs *m* (Bö) forward exchange rate
Devisenterminmarkt *m* (Bö) forward exchange market
Devisenterminpolitik *f* (AuW) forward exchange policy
Devisentransfer *m* (Fin) currency transfer
Devisenüberschuß *m* (AuW) foreign exchange surplus
Devisenumrechnungssatz *m* (Fin) foreign exchange conversion rate
Devisenverfügbarkeit *f* (AuW) availability of foreign exchange
Devisenvergehen *n* (AuW) violation of foreign exchange regulations
Devisenverkaufskurs *m* (Fin) selling rate
Devisenverkehr *m* (Fin) foreign exchange transactions
Devisenverkehrsbeschränkungen *fpl* (AuW) exchange restrictions
Devisenverrechnungsabkommen *n* (AuW) exchange clearing agreement
Devisenvorschriften *fpl* (AuW) foreign exchange regulations
Devisenwährung *f* (Fin) currency exchange standard
Devisenwechsel *m*
(Fin) foreign exchange bill
(ie, payable abroad)
– bill in foreign currency
Devisenwerte *mpl* (Fin) foreign exchange assets
Devisenzufluß *m* (AuW) inflow of foreign exchange
Devisenzuflüsse *mpl* (AuW) currency inflows
Devisenzuteilung *f*
(AuW) allocation of foreign exchange
(ie, to travelers)
– exchange allowance
Devisenzwangswirtschaft *f* (AuW) foreign exchange control
Dezemberfieber *n* (FiW, infml) = saisonale Auskehrung, qv
dezentrale Dateneingabe *f* (EDV) decentralized data entry
dezentrale Datenerfassung *f* (EDV) decentralized data entry
dezentrale Datenverarbeitung *f*
(EDV) distributed data processing
(ie, terminals located at remote sites)
(EDV) decentralized data processing
dezentrale Planung *f* (Bw) decentralized planning
dezentrales Führungssystem *n* (Bw) decentralized management system
dezentrales Lager *n* (MaW) decentralized inventory
Dezentralisation *f* (Bw) decentralization
dezentralisieren (Bw) to decentralize
dezentralisierte Arbeitszuweisung *f* (IndE) decentralized dispatching
dezentralisierte Datenerfassung *f* (EDV) decentralized data acquisition
dezentralisierte Willensbildung *f* (Bw) decentralized decision-making
Dezentralisierung *f* (Bw) decentralization
Dezernat *n*
(Bw) department
– operating area
– functional area
(ie, Aufgaben-, Sachgebiets-, Amts-, Geschäftsbereich; the hierarchy often is, especially in banks: Dezernat, Ressort, Abteilung; cf, Management)
Dezernent *m*
(Bw) departmental head
– head of a department
(ie, Leiter e–s Dezernats; Berichterstatter für e–e übergeordnete Behörde)
(Bw) executive officer in charge of an operating area
(ie, usually a member of the company's executive board)
Dezil *n* (Stat) decile
Dezimalbruch *m*
(Math) decimal fraction
– decimal
(eg, .5, .375, .005 are decimals)
dezimales Zahlensystem *n* (EDV) base 10 system
Dezimalkomma *n* (EDV) decimal point
Dezimalpunkt *m* (EDV) decimal point
Dezimalschreibweise *f* (Math) decimal notation
Dezimalstelle *f* (Math) decimal digit
Dezimalsystem *n*
(Math) decimal system
– decimal notation
– decimal scale
(ie, number system based on the number 10; in theory, each unit is 10 times the next smaller one)
Dezimalwert *m* (Math) decimal value
Dezimalzahl *f* (Math) decimal number
Dezimalziffer *f* (Math) decimal digit
dezimieren (com) to decimate *(eg, battle for the market decimated profits)*
DFG (com) = Deutsche Forschungsgemeinschaft
DFÜ (EDV) = Datenfernübertragung
DFÜ-Netz *n* (EDV) = Datenfernübertragungsnetz
DFÜ-Skriptverwaltung *f* (EDV) connectoid
DFV-Anschluß *m* (EDV) communications port
DFV-Leitung *f* (EDV) telecommunication line
DFV-Netzwerk *n* (EDV) communication network
DGB (Pw) = Deutscher Gewerkschaftsbund
DGBa (Fin) = Deutsche Genossenschaftsbank
DG-Bank *f* (Fin) Central Bank of German Cooperatives
DGB-Vorstand *m* (Pw) DGB executive board

d'Hondtsches Wahlverfahren *n* (Pw) d'Hondt proportional-election procedure
Diagnoseprogramm *n*
(EDV) diagnostic program
– error detection routine
(ie, designed to locate a computer malfunction or a mistake in coding)
Diagnosetest *m*
(EDV) diagnostic check
– diagnostic test
diagonales Wachstum *n* (Bw) diagonal expansion
Diagonalmatrix *f* (Math) diagonal matrix
Diagonal-Produkt-Regel *f* (Math) diagonal product rule
Diagonal-Regression *f* (Stat) diagonal regression
Diagramm *n*
(com) diagram
– chart
– graph
diakritisches Zeichen *n* (com) diacritical mark
Dialoganwendung *f*
(EDV) dialog application progam
(opp, batch program)
Dialogbetrieb *m*
(EDV) conversational mode
– interactive mode
(opp, Stapelverarbeitung = batch processing)
Dialogbetriebsteilnehmer *m* (EDV) conversational user
dialogbezogen (EDV) conversational
Dialogbox *f*
(EDV, GUI) dialog box
(ie, message or input window)
Dialogdatenverarbeitung *f*
(EDV) dialog processing
– interactive data processing
dialogfähiges Datensichtgerät *n* (EDV) interactive display terminal
Dialogfernverarbeitung *f* (EDV) remote dialog processing
Dialog-Kompilierer *m* (EDV) conversational compiler
Dialogprogrammierung *f* (EDV) conversational mode programming
Dialogrechner *m* (EDV) interactive computer
Dialogsprache *f*
(EDV) conversational language
– dialog language
Dialogstation *f* (EDV) conversational terminal
Dialogsystem *n* (EDV) conversational system
Dialogverarbeitung *f*
(EDV) interactive processing
– transaction processing
Dialogverkehr *m* (EDV) interactive mode
Dibit *n*
(EDV) dibit
(ie, a group of two bits)
dichotomisieren (Log) dichotomisieren *(cf, Zweiteilung)*
Dichte *f* (Stat) density
Dichte *f* **des Seeverkehrs** (com) density of marine traffic
Dichte *f* **e–r Menge** (Math) density of a set
Dichtefunktion *f* (Stat) density function
dichte Menge *f* (Math) dense set
dichtester Wert *m* (Stat) mode *(syn, Modus)*
Diebstahl *m*
(Re) theft
(ie, the popular term)
– larceny
Diebstahl-Alarmanlage *f* (com) burglar alarm system
Dienstalter *n* (Pw) (job) seniority
Dienstalterszulage *f* (Pw) seniority allowance
Dienst *m* **antreten**
(Pw) to take up duties
– to enter on one's duties
– to enter upon one's duties
Dienstantritt *m* (Pw) commencement of duties
Dienstanweisung *f*
(Bw) service instructions
– standing instructions
(ie, for handling routine activities)
Dienstaufsichtsbehörde *f* (Re) supervisory authority
Dienstaufsichtsbeschwerde *f*
(Re) informal remonstration about an official
(ie, because of an allegedly arbitrary decision)
Dienstauftrag *m* (Bw) service order
Dienstaufwandsentschädigung *f*
(StR) expense allowance
(ie, paid to private employees, treated as part of employment compensation = Teil des Arbeitslohnes)
Dienstbarkeit *f*
(Re) easement
– servitude
(ie, i.e.S. ein Nutzungsrecht, nach dem der Rechtsinhaber ein belastetes Grundstück in einzelnen Beziehungen nutzen darf; dies sind die Grunddienstbarkeit und die beschränkte persönliche Dienstbarkeit; portion of a right of ownership enjoyed by a person other than the owner of the thing itself)
Dienstbezüge *pl*
(Pw) remuneration
(ie, des Beamten; setzen sich zusammen aus Grundgehalt, Zulagen, Ortszuschlag und den Vergütungen)
Diensterfindung *f*
(Pat) employee invention
(ie, made in the course of employment)
Dienstfahrzeug *n* (com) service vehicle
Dienstgang *m* (StR) temporary employment in a location less than 15 km from the regular duty station
Dienstgeheimnis *n*
(Bw) business secret
– trade secret
– industrial secret
Dienstgeschäfte *npl* (Pw) official business *(eg, away on . . .)*
Dienstgespräch *n*
(com) business call
(com) official call
Dienstleistung *f* (com) business service
Dienstleistungen *fpl*
(com) services
(eg, include transportation, public utilities, wholesale and retail trade, finance, health, education, business services, entertainment)

Dienstleistungen *fpl* **erbringen**
(com) to provide services
– render services
Dienstleistungsauftrag *m* (Bw) service order
Dienstleistungsbereich *m* (Vw) = Dienstleistungssektor
Dienstleistungsbetrieb *m*
(com) service company
– service enterprise
(com) service center
– service establishment
Dienstleistungsbilanz *f*
(VGR) balance on services
– services account
– (GB) invisible balance
(syn, Bilanz des unsichtbaren Handels)
Dienstleistungsentgelt *n*
(com) service charge
– service fee
Dienstleistungsgeschäft *n*
(com) service transaction
– sale of services
Dienstleistungsgesellschaft *f*
(Vw) service economy
(Re) nontrading partnership
(Bw) service company
(eg, in a group of companies = Konzern)
Dienstleistungsgewerbe *n* (Bw) service industry
Dienstleistungskosten *pl* (com) cost of services
Dienstleistungsmarke *f*
(Pat) service mark
(ie, allowed under German patent law as from 1 Apr 1979)
Dienstleistungsmarketing *n* (Mk) service marketing
Dienstleistungspalette *f*
(com) range of services
– array of services
– palette of services
Dienstleistungspflicht *f*
(Re) duty to render services
– obligation to render services
Dienstleistungsrechenzentrum *n* (EDV) service computing center
Dienstleistungssektor *m*
(Vw) service (producing) sector
– tertiary sector
Dienstleistungsunternehmen *n*
(com) service business
– service-producing company
(com) service provider
Dienstleistungsverkehr *m* (AuW) service transactions
Dienst *m* **nach Vorschrift**
(Pw) work by the book
– (GB) work to rule
Dienstort *m* (Pw) duty station
Dienstprogramm *n*
(EDV) service program
– utility program
(ie, für Standardaufgaben allgemeiner Art; eg, Formatieren von Datenträgern, Auflisten von Dateiverzeichnissen)
(EDV) applet
Dienstreise *f*
(StR) business travel
(ie, temporary employment in a location at least 15 km from the regular duty station)
Dienstsitz *m*
(Pw) duty station
– official residence
Dienststelle *f*
(com) office
– administrative office
– administrative agency
– official agency
(Bw) activity
Dienststellengliederung *f* (Bw) departmental structure
Dienststellung *f* (Pw) position
Dienststunden *fpl*
(com) business hours
– office hours
(com) hours of service
– hours of service
– hours of attendance
– official hours
– *(or simply:)* hours
Dienstverhältnis *n* (Pw) employment
Dienstvertrag *m*
(Re, GB) contract for services
(Re) contract of service
– contract of employment
(ie, e–e Partei verpflichtet sich zur Leistung von Diensten, die andere zur Zahlung e–r Vergütung; §§ 611–630 BGB; cf, Werkvertrag)
– service agreement
– service contract
(Pw) contract of employment
Dienstverweigerungsattacke *f* (EDV) denial of service attack
Dienstweg *m* (com) official channels
Dienstwohnung *f* (Pw) official residence
Dienstzeit *f*
(com) = Dienststunden, qv
(Pw) length of service
– length of service
– term of office
Dieselauto *n* (com) diesel-engined car
Differential *n*
(Math) differential
(ie, of a real-valued function f(x) at x = c; if x is a real number, the usual notation is df = f′(c)dx)
Differentialeinkommen *n* (Vw) differential income
Differentialfracht *f* (com) differential freight rate
Differentialgleichung *f*
(Math) differential equation
(ie, expresses a relationship between functions and their derivatives)
Differentialgleichung *f* **erster Ordnung** (Math) first-order differential equation
Differentialkosten *pl* (Vw) differential cost
Differentiallohnsystem *n* (IndE) differential piece-rate system *(developed by Taylor)*
Differentialoperator *m*
(Math) differential operator
(ie, an operator on a space of functions which maps a function f into a linear combination of higher-order derivatives of f)
Differentialoperator *m* **zweiter Ordnung** (Math) Laplace operator

Differentialprozeß *m* (Stat) additive random walk process
Differentialquotient *m* (Math) differential quotient
Differentialrechnung *f*
(Math) differential calculus
(ie, includes maximum-minimum problems and expansion of functions into Taylor series)
Differentialrente *f* (Vw) differential rent *(developed by Anderson and Ricardo)*
Differentialstücklohn *m* (Pw) differential piece rate
Differentialtopologie *f*
(Math) differential topology
(ie, branch of mathematics dealing with differentiable manifolds = Blätterungen)
Differentialzoll *m*
(AuW) differential duty
– differential tariff
– discriminating duty
Differentiation *f* (Math) differentiation *(ie, act of taking a derivative)*
Differentiationsregel *f* (Math) differentiation formula
Differentiationszeichen *n* (Math) differentiation sign
differentieller Parameter *m* (Math) differential parameter
Differenz *f*
(com) difference
– discrepancy
Differenzarbitrage *f*
(Bö) price difference arbitrage
(ie, Eigengeschäft der Banken mit der Absicht, rasch Kursgewinne zu erzielen)
Differenzbetrag *m* (com) differential amount
Differenz *f* **der Zahlenfolge**
(Math) common difference
(ie, of an arithmetic progression or series)
Differenzeinwand *m* (Bö) difference plea
Differenzengleichung *f*
(Math) difference equation
(ie, expresses a functional relationship of an independent variable, several functions dependent on that variable, and successive differences of those functions)
Differenzengleichung *f* **erster Ordnung** (Math) difference equation of the first order
Differenzenquotient *m* (Math) difference quotient
Differenzenrechnung *f* (Math) calculus of differences
Differenzgeber *m* (EDV) bias transmitter
Differenzgeschäft *n*
(Bö) gambling in futures
– margin business
– margin trading
(ie, not allowed in Germany, treated as gambling under § 764 BGB)
Differenzgewinnrate *f*
(Fin) rate of return over cost
(ie, der interne Zinsfuß e–r Differenzinvestition)
Differenzhaftung *f* (Re) prorata liability of company founders for difference between asset status at time of registration and stated capital *(opp, Unterbilanzhaftung, Vorbelastungshaftung)*
Differenzhandel *m*
(Bö) margin business
– margin trading
differenzierbar (Math) differentiable
differenzierbare Funktion *f*
(Math) differentiable function
(ie, one having a derivative at each point of its domain)
Differenzierbarkeit *f* (Math) differentiability
differenzierende Zuschlagskalkulation *f* (KoR) differentiated job order costing
differenzierte Produktanforderungen *fpl* (Mk) demand for sophisticated products
differenzierter Akkordsatz *m* (IndE) differential piece rate
Differenzinvestition *f*
(Fin) fictitious investment made in preinvestment analysis
(ie, to compare various spending alternatives)
Differenzkosten *pl*
(Vw, Bw) differential cost
(KoR) marginal cost
– incremental cost
– relevant cost
– avoidable cost
– alternative cost
Differenzmenge *f*
(Math) difference set
– difference of sets
Differenzmethode *f* (Stat) variate difference method *(developed by O. Anderson)*
Differenzposten *m* **bei der Abstimmung** (ReW) reconciling item
Differenzzahlung *f* (com) marginal payment
Diffusion *f*
(Mk) diffusion process
(ie, manner in which a new concept evolves from idea to customer usage; syn, Verbreitung)
Diffusionrate *f* (Mk) diffusion rate *(syn, Diffusionsgeschwindigkeit)*
Diffusionsgeschwindigkeit *f* (Mk) diffusion rate *(syn, Diffusionrate)*
Diffusionsindex *m* (Stat) diffusion index
Diffusionskurve *f* (Mk) diffusion curve
Diffusionsmodell *n*
(Mk) diffusion model
(ie, entwickelt, um Absatzverlauf e–r Innovation zu prognostizieren)
Diffusionsprozeß *m*
(Vw) diffusion of innovations
(ie, through a social system)
(Mk) diffusion process
(ie, Prozeß der Ausbreitung e–r Innovation)
Diffusionstheorie *f*
(FiW) diffusion theory of taxation
(ie, tax on a particular kind of commodity, exchange, or occupation is shifted on to other classes of taxpayers, so that the tax is spread, „diffused", over a large area)
Diffusion *f* **von Innovationen** (Vw) diffusion of innovations
Digitalabschreibung *f*
(ReW) sum-of-the-years-digit method of depreciation
– life-period method of depreciation
(syn, arithmetisch-degressive Abschreibung)
Digital-Analog-Wandler *m* (EDV) digital analog converter *(syn, D/A-Wandler)*

Digitalanzeige *f* (EDV) digital display
Digitalausgabe *f* (EDV) digital output
digital darstellen (EDV) to digitize
digitale Abschreibung *f* (ReW) = Digitalabschreibung
digitale Darstellung *f* (EDV) digital representation
digitale Daten *pl*
(EDV) digital data
– discrete data
(opp, analoge Daten)
digitale Datenverarbeitung *f* (EDV) digital data processing
digitale Fotografie *f* (EDV) digital photography
Digitaleingabe *f* (EDV) digital input
digitale Rechenanlage *f* (EDV) digital computer
digitaler Regler *m* (EDV) sampled data feedback controller *(syn, Abtastregler)*
digitales Integriergerät *n*
(EDV) digital differential analyzer
– incremental computer
digitales Kaufhaus *n* (EDV) electronic mall
digitale Sprachausgabe *f* (EDV) digital speech
Digitales Wasserzeichen *n* (EDV) Digital Watermark
digitales Zertifikat *n* (com) digital certificate
digitale Unterschrift *f* (EDV) digital signature
digitale Verarbeitungsanlage *f* (EDV) digital computer
Digitalisierer *m* (EDV) digitizer
Digitalisiergerät *n*
(EDV) digitizer
(syn, D/A-Umsetzer, Digital-Analog-Umsetzer)
Digitalisier-Tablett *n*
(EDV) = digitizing pad
(syn, digitizing tablet)
Digitalplotter *m*
(EDV) data plotter
– graphic plotter
– plotter
Digitalrechner *m* (EDV) digital computer
Digitaluhr *f* (EDV) digital clock
Digraph *m* (Math) digraph
DIHT (com) = Deutscher Industrie- und Handelstag
Diktat *n* (com) shorthand dictation
Diktat *n* **aufnehmen** (com) to take dictation
Diktat *n* **übertragen** (com) to transcribe notes
Diktatzeichen *n*
(com) identification initials
– (GB) reference initials
diktierter Vertrag *m* (Re) adhesion contract
dilatorische Einrede *f*
(Re) dilatory defense
– dilatory exception
(syn, aufschiebende od rechtshemmende Einrede)
Dilemma *n* **der Planung** (Bw) planning dilemma
Dilemma *n* **des Untersuchungsgefangenen** (OR) prisoner's dilemma
Dilemmasituation *f* (Log) double-bind situation
diligentia quam in suis (rebus adhibere solet) (Re) ordinary diligence *(see: konkrete Fahrlässigkeit)*
Dimensionsanalyse *f* (Stat) factor analysis
dimensionslose Maßzahl *f* (Math) absolute measure
dinglich besichern (Re) to secure by real property
dingliche Belastung *f* (Re) encumbrance
dingliche Klage *f* (Re) action in rem
dinglicher Anspruch *m* (Re) claim in rem
dinglicher Arrest *m*
(Re) attachment
(ie, seizure by legal process)
(Re) attachment order
(ie, blocking debtor's assets)
dingliche Rechte *npl* **an Grundstücken** (Re) real right in land
dinglicher Inhalt *m* (Re) tenor in rem
dinglicher Vertrag *m*
(Re) real agreement
– deed of conveyance
dingliche Sicherheit *f*
(Re) real security
(ie, property pledged for the satisfaction of a debt)
dingliches Recht *n* (Re) right in rem
dingliches Vorkaufsrecht *n* (Re) real right of preemption
dingliches Wohnrecht *n*
(Re) limited personal servitude
(ie, in residential property)
dinglich gesicherte Verbindlichkeiten *fpl* (Fin) debt secured by real property
Diodentransitorlogik *f* (EDV) diode-transistor logic
diophantische Gleichung *f* (Math) diophantine equation
Diplomarbeit *f* (Pw) master's thesis (final diploma)
Diplom-Handelslehrer *m* (Pw) master's degree in commerce education
Diplom-Kaufmann *m* (Pw) master's degree in business administration
Diplom-Ökonom *m* (Pw) master's degree in business economics
Diplom-Volkswirt *m* (Pw) master's degree in economics
Diplom-Wirtschaftsinformatiker *m* (com) master's degree in business informatics
Diplom-Wirtschaftsingenieur *m* (Pw) master's degree in engineering with a minor in economics
DIP-Schalter *m*
(EDV) dual inline package switch
– DIP switch
Direktabsatz *m*
(Mk) direct marketing
(ie, selling direct to the consumer, thus bypassing any retail outlets; includes mail order houses and direct response firms that sell through the media or post)
Direktangriff *m*
(Mk) direct attack
(ie, der Konfrontationsstrategie)
Direktanspruch *m*
(Vers) direct claim
(ie, of injured third party against motor insurance company)
Direktausgabe *f* (EDV) direct output
Direktbedarfsmatrix *f*
(OR) matrix of direct requirements
(ie, of assemblies, components, raw materials which are incorporated into a unit of next higher complexity)
Direktbefehl *m* (EDV) direct instruction

Direktbezug *m*
(com) direct buying
– direct purchasing
Direktbuchungssystem *n* (EDV) direct accounting system
Direktdatei *f* (EDV) direct file
Direktdaten *pl* (EDV) immediate data
Direktdiskont *m*
(Fin) direct rediscounting
(ie, without intermediation of banks, not provided for in the law on the Deutsche Bundesbank)
direkte Abschreibung *f*
(ReW) direct method of depreciation
(ie, debiting to fixed-asset account)
direkte Adresse *f*
(EDV) direct address
– one-level address
direkte Adressierung *f*
(EDV) direct addressing
– first-level addressing
direkte Arbitrage *f* (Fin) two-point arbitrage
direkte Ausfuhr *f* (com) direct export (selling)
direkte Auswahl *f* (Stat) direct sampling
direkte Beschaffung *f*
(MaW) direct purchasing
(ie, bypassing all trade intermediaries)
direkte Buchung *f* (ReW) straightforward entry
direkte Devisenarbitrage *f*
(Fin) simple arbitrage
– direct arbitrage
(ie, nutzt den Unterschied zweier Währungen aus; opp, indirekte/Mehrfach-Arbitrage = compound arbitration; cf, Devisenarbitrage)
direkte Einkommensverbesserungen *fpl*
(EG) cash-in-hand income supplements
(ie, paid to farmers)
Direkteingabe *f* (EDV) direct input
Direkteinkauf *m*
(com) direct buying
– direct purchasing
(ie, bypassing all trade intermediaries)
direkte Kosten *pl*
(KoR) direct cost
– direct expense
Direktemission *f*
(Fin) direct offering
– direct sale
(ie, of a loan issue)
direkte Produkt-Rentabilität *f*
(Mk) direct product profitability, DPP
(ie, Ansatz der Absatzsegmentrechnung)
direkte Programmierung *f* (EDV) direct programming
direkter Export *m* (AuW) direct export selling
Direkterfassung *f* (EDV) online entry
direkter Import *m* (AuW) direct importing
direkter persönlicher Verkauf *m*
(Mk) face-to-face selling *(cf, persönlicher Verkauf)*
– (sl) belly-to-belly selling
direkter Speicherzugriff *m* (EDV) direct memory access, DMA
direkter Vertrieb *m*
(com) direct selling
(ie, from manufacturer to final user)
direkter Zugriff *m*
(EDV) direct access
– immediate access
direkte Speicherplatzzuweisung *f* (EDV) direct storage allocation *(opp, dynamische Speicherplatzzuweisung)*
direktes Prüflesen *n* **nach Schreibvorgang** *m* (EDV) direct read after write
direktes Prüflesen *n* **während Schreibvorgang** *m* (EDV) direct read during write
direkte Steuer *f*
(FiW) direct tax
(ie, Kriterium: Erhebungstechnik – paid direct to the government – und Überwälzbarkeit – shifting potential; opp, indirekte Steuer)
direkte Steueranrechnung *f* (StR) direct foreign tax credit
direkte Stichprobennahme *f* (Stat) direct sampling
Direktexport *m* (AuW) direct export(ing)
Direktexporte *mpl* (AuW) direct exports
Direktfinanzierung *f*
(Fin) direct financing
(ie, bypassing the capital market and banking syndicates)
Direktgeschäfte *npl*
(com) direct business
(ie, done by principal with third parties without using the services of the commercial agent)
Direkthändler *m* (com) dealer
Direktimport *m* (AuW) direct importing
Direktimporte *mpl* (AuW) direct imports
Direktimporteur *m* (AuW) direct importer
Direktinvestition *f*
(Fin) direct investment
(ie, funds given by an investor in one country to overseas affiliates [subsidiaries, associates, and branches] in the form of share capital, loans, trade credit and retained profits; opp, Portfolioinvestition)
Direktion *f*
(Bw) management
(com) headquarters
– (GB) head office
– main office
Direktionsassistent *m* (Pw) assistant to top management
Direktionsrecht *n* (Bw) right to issue instructions to employees
Direktkonnossement *n* (com) straight bill of lading
Direktkorrektur *f* (EDV) patch
Direktkostenrechnung *f* (KoR) direct costing
Direktkredit *m* (Fin) direct loan
Direktkredite *mpl*
(Fin) borrowings
(Fin) lendings
Direktläufer *mpl*
(IndE) straight component supplies
(ie, arrive at the assembly line without passing through an incoming quality control gate)
Direktlieferung *f*
(com) direct shipment
– drop shipment
Direktmarketing *n*
(Mk) direct marketing
(ie, kein Zwischenschalten von Absatzmittlern od gewerblichen Medienträgern)

direkt meßbare Größe *f* (Math) quantity

Direktor *m*
(com) manager
– head of . . .

Direktorium *n* (EG) Executive Board *(ie, des EZB)*

Direktplazierung *f*
(Fin) direct placement
(ie, of an issue of securities, without interposing a broker or underwriter)

Direktrufanschluß *m* (EDV) quick line service

Direktschuldner *m* (Re) direct debtor

Direktsubventionen *fpl*
(EG) direct aid
– direct subsidies
(eg, to farmers)

Direktübertragung *f* (EDV) direct transmission

Direktverkauf *m*
(com) direct selling
(im weiteren Sinne: no intermediaries of trade)
(com) direct selling
(im engeren Sinne: sale of consumer goods to ultimate consumers through retail outlets, door-todoor selling, mail ordering, etc.)
(com) direct selling *(ie, also called ‚anonymer Warenweg' = ‚anonymous distribution channels', or ‚grauer Markt' = ‚gray market'; its various forms: (1) Belegschaftshandel = sale to outsiders through employees; (3) Beziehungshandel = direct sale to ultimate consumer by manufacturer or wholesaler.)*

Direktverkauf *m* **über Haushaltsreisende**
(com) door-to-door selling
– personal selling

Direktversand *m* (Mk) direct mail

Direktversandwerbung *f*
(Mk) direct mail advertising
(ie, sending informative literature to selected prospects)

Direktversicherer *m*
(Vers) original isurer
– ceding company
– reinsured
(ie, in reinsurance; syn, Zedent, Erstversicherer)

Direktversicherung *f*
(Vers) direct insurance
(ie, insurance premiums paid direct by employers on behalf of employees)

Direktvertrieb *m* (com) = Direktverkauf

Direktwahlgespräch *n* (com) automatically dialed call

Direktweg *m* (EDV) primary route *(syn, normaler Weg; opp, Alternativweg)*

Direktwerbung *f* (Mk) direct advertising

Direktzugriff *m* (EDV) direct access

Direktzugriffsdatei *f* (EDV) random file *(opp, sequentielle Datei, qv)*

Direktzugriffsspeicher *m*
(EDV) direct access storage
– random access storage
(syn, Randomspeicher)

Direktzugriffsverfahren *n*
(EDV) random-access method
– direct-access method

direkt zurechenbare Kosten *pl*
(KoR) directly allocable cost
– directly apportionable cost
– directly assignable cost
– directly traceable cost
– directly identifiable cost
– specific cost

Direktzusage *f* (Pw) employer's pension commitment

Disaggregationsansatz *m* (Fin) disaggregation approach

Disagio *n*
(Fin) discount
– below par
– disagio
(ie, pauschalierte, vorweg abgezogene Gegenleistung für die Kapitalnutzung; Differenz zwischen dem Nennwert e–s festverzinslichen Wertpapiers und dem darunter liegenden Ausgabekurs; bei langfristigen Krediten prozentualer Abschlag von der Darlehenssumme; opp, Agio)

Disagio-Anleihe *f* (Fin) noninterest-bearing discount bond *(ie, interest paid at maturity)*

Disagio-Darlehen *n* (Fin) loan granted at a discount

Disagioerträge *mpl* (Fin) discounts earned

Disagiokonto *n* (Fin) account stating difference between repayment amount and payout amount – Auszahlungsbetrag – arising in connection with the issue of loans and other liabilities, § 156 III AktG

Disassemblierer *m*
(EDV) disassembler
(ie, tool for reconstructing assembler source code from executable program file)

Discounter *m*
(Mk) discounter
– discount house

Disinflation *f* (Vw) = Desinflation, qv

disjunkte Mengen *fpl* (Math) disjoint sets

Disjunktion *f* (Log) disjunction

Disjunktionsglied *n* (EDV) = inklusives ODER-Glied

disjunktive Clusteranalyse *f* (Mk) disjoint cluster analysis

disjunktive Normalform *f* (Log) disjunctive normal form

disjunktive Supposition *f* (Log) discrete supposition

disjunktives Urteil *n* (Log) disjunctive proposition

Diskette *f* (EDV) diskette

Diskette *f* **formatieren**
(EDV) format a disk *v*
(ie, writing administrative data [control and track location information] to the medium; has to be done before storing normal data on the disk)

Diskette *f* **mit doppelter Schreibdichte** (EDV) double-density disk *(640kb for 5¼ inch disks and 720kb for 3½ inch disks)*

Diskette *f* **mit einfacher Schreibdichte** (EDV) single-density disk

Diskette *f* **mit hoher Schreibdichte** (EDV) high-density disk *(1.2mb for 5¼ inch disks and 1.44mb for 3½ inch disks)*

Diskettenaufkleber *m* (EDV) diskette label

Diskettenauswurf *m* (EDV) (disk-)eject

Diskettenauswurfmechanismus *m* (EDV) ejection mechanism

Diskettenauswurftaste *f* (EDV) disk ejection button
Disketten-Betriebssystem *n* (EDV) diskette operating system
Diskettenduplizierer *m* (EDV) disk copy program *(syn, Diskettenkopierprogamm)*
Diskettenfehler *m* (EDV) disk error
Diskettengehäuse *n* (EDV) disk jacket
Diskettenkopierprogamm *n* (EDV) disk copy program *(syn, Diskettenduplizierer)*
Diskettenlaufwerk *n* (EDV) floppy disk drive, FDD
Diskettenlaufwerksklappe *f* (EDV) diskette drive door
Diskettensektor *m* (EDV) disk sector
Diskettenspeicher *m* (EDV) diskette storage
Diskont *m* (Fin) discount
Diskontabrechnung *f* (Fin) discount note
Diskontaufwendungen *mpl* (ReW) discounts allowed
Diskontbank *f* (Fin) discounting bank
Diskontbedingungen *fpl* (Fin) discount terms
Diskonteinreichung *f* (Fin) presentation for discount
Diskonten *pl* (Fin) domestic bills of exchange *(opp, foreign exchange bills)*
Diskonter *m* (Mk) = Diskonthaus, qv
Diskont *m* **erhöhen**
(Fin) to increase the discount rate
– to raise the discount rate
Diskonterhöhung *f* (Fin) raising the discount rate
Diskonterholung *f* (Fin) discount rate rise
Diskonterlöse *mpl* (ReW) discounts earned
Diskonterträge *mpl* (ReW) discounts received
diskontfähig
(Fin) discountable
– bankable
– eligible for discount
(ReW) (bills) available for discounting
diskontfähiger Wechsel *m* (Fin) discountable bill
diskontfähiges Papier *n* (Fin) paper eligible for discount
Diskontfähigkeit *f* (Fin) eligibility for discount
Diskontgefälle *n* (Fin) discount rate differential
Diskontgeschäft *n*
(Fin) discount business
(ie, Ankauf von Wechseln und Schecks; purchase of bills, notes, and checks)
Diskonthäuser *npl*
(com) discount houses
(ie, retailing outlets selling far below usual or suggested prices, mostly self-service)
diskontierbar (Fin) = diskontfähig
diskontieren
(Fin) to discount
(ie, to purchase or sell a bill at a reduction based on the interest for the time it has still to run)
diskontierende Bank *f* (Fin) discounting bank
diskontierter Einnahmeüberschuß *m*
(Fin) discounted cash flow
– DCF, dcf
diskontierter Rückfluß *m* **von Barmitteln** (Fin) discounted cash flowback
diskontierte Wechsel *mpl*
(Fin) discounts
– discounted bills

Diskontierung *f*
(Fin) discounting
– discounting process
(ie, Bestimmung des Barwerts künftiger Zahlungen durch Multiplikation mit dem Abzinsungsfaktor; to determine the present value of a future amount of money; syn, Abzinsung)
Diskontierungsfaktor *m*
(Fin) discount factor $(1 + i)^{-n}$
– conversion factor in compound discounting *(syn, Abzinsungsfaktor)*
Diskontierungszeitraum *m* (Fin) discount period
diskontinuierliche Hypothese *f* (Stat) discontinuous hypothesis
diskontinuierliches Produktionsverfahren *n* (IndE) discrete production process
diskontinuierliche Verteilung *f* (Stat) discrete distribution
Diskontkredit *m*
(Fin) discount credit
(ie, Form des Wechselkredits; Verkauf e–s Wechsels vor Fälligkeit an ein Kreditinstitut)
Diskontmakler *m* (Fin) discount broker
Diskontmarkt *m* (Fin) discount market
Diskontnota *f* (Fin) list of bills or checks presented for discount *(usu a bank's multipart form = Vordrucksatz)*
Diskontpolitik *f*
(Vw) discount-rate policy
(ie, one of the traditional instruments of central-bank monetary policy)
Diskontprinzip *n*
(Mk) discount principle of marketing
(ie, größtmögliche Warenmenge mit Mindestservice zu möglichst niedrigen Preisen an verbraucheroptimalen Standorten verkaufen)
Diskontprovision *f*
(Fin) discount commission
(ie, charged by the bill-buying bank as a service fee)
Diskontrechnung *f*
(Math) computation of simple discount
(Fin) discount note
Diskontsatz *m*
(Fin) discount rate
(ie, Zinsfuß, der der Berechnung des Diskonts beim Wechselankauf zugrundegelegt wird; charged for buying bills of exchange in advance of maturity)
(Fin) central-bank discount rate
– official rate (of discount)
– (US) rediscount rate
(ie, Satz, zu dem die Zentralbank Wechsel bestimmter Güte ankauft; rate of discount fixed by the central bank for rediscounting paper; marks the floor of interest band in which the Bundesbank operates)
Diskontsatz *m* **erhöhen** (Fin) to raise the discount rate
Diskontsatz *m* **senken** (Fin) to lower the discount rate
Diskontsenkung *f* (Fin) reduction of discount rate
Diskontspesen *pl* (Fin) discount charges
Diskonttage *mpl* (Fin) discount days
Diskont-Warenhaus *n*
(Mk) discounter

– discount house
– discount department store
Diskontwechsel *m* (Fin) discount(ed) bill
Diskontzusage *f* (Fin) discount commitment
diskreditierende Werbung *f*
(Kart) denigration
(ie, of competitive products in advertising)
diskret
(Math) discountinuous
– discrete
diskrete algebraische Strukturen *fpl* (Math) discrete algebraic structures, DAS
diskrete Menge *f*
(Math) discrete set
(ie, a set with no cluster point = Häufungspunkt)
diskrete Punktmenge *f* (Math) discrete set of points
diskreter stochastischer Prozeß *m* (Stat) discrete process
diskretes Merkmal *n*
(IndE) discrete variable
(ie, in quality assurance: ‚vorhanden' oder ‚nicht vorhanden')
diskrete Spesenzahlungen *fpl* (com) discreet expense payments
diskrete Variable *f* (Math) discontinuous variable
diskrete Zeitreihe *f*
(Bw) discrete time series
– discontinuous time series
(ie, Beobachtungswerte werden zu festen Zeitpunkten erfaßt; Zeitintervalle konstant)
diskrete Zeitvariable *f* (Math) discontinuous time variable
diskrete Zufallsvariable *f* (Math) discontinuous variate
diskretionäre Entscheidungsspielräume *mpl* (Vw) discretionary power
diskretionäre Fiskalpolitik *f* (FiW) discretionary fiscal policy
diskretionäre Politik *f* (Vw) discretionary economic policies
Diskriminante *f*
(Math) discriminant
(ie, the quantity $b^2 - 4ac$ where a,b,c are the coefficients of a given quadratic polynomial: $ax^2 + bx + c$)
Diskriminanzanalyse *f*
(Stat) discriminant analysis
(ie, goes back to R. A. Fisher; umfaßt e–e Gruppe von Verfahren der multivariaten Analyse)
Diskriminanzfunktion *f* (Stat) discriminant function
diskriminieren
(Kart, Vw) to discriminate (against)
(Re) to discriminate
– to treat unfavorably
diskriminierende Behandlung *f* (AuW) discriminatory treatment
diskriminierende Besteuerung *f* (FiW) discriminatory taxation
diskriminierende Preisgestaltung *f* (Mk) differential pricing
diskriminierender Frachtausgleich *m* (Kart) freight equalization
diskriminierende Wechselkurse *mpl* (AuW) discriminatory exchange rates
diskriminierende Zollpolitik *f* (AuW) tariff discrimination
Diskriminierung *f*
(AuW) discrimination
(eg, the various nontariff barriers to trade)
Diskriminierung *f* **am Arbeitsplatz** (Pw) job discrimination
Diskriminierungsschutz *m* (Re) protection against discrimination
Diskriminierungsverbot *n*
(Kart) prohibition of discrimination
(ie, das deutsche Wettbewerbsrecht enthält kein allgemeines D.; § 26 II GWB gilt nur für marktbeherrschende Unternehmen nach §§ 22 ff GWB, für zugelassene Kartelle, für preisbindende Unternehmen und für marktstarke Unternehmen)
Diskriminierung *f* **von Beschäftigten** (Pw) discrimination
Diskussionsbereich *m* (Log) universe of discourse
Diskussionsgruppe *f* (EDV) discussion group
Diskussionspapier *n*
(com) discussion paper
– discussion document
– exposure draft *(syn, Arbeitspapier)*
Dispache *f*
(SeeV) adjustment of average, §§ 727 ff HGB
(SeeV) general average statement
– statement of average
Dispache *f* **aufmachen** (SeeV) to make up the average
Dispachekosten *pl* (SeeV) adjustment charges
Dispacheur *m*
(SeeV) average adjuster
– average stater
– general average adjuster
dispachieren (SeeV) to adjust averages
Dispachierung *f* (SeeV) adjustment of average
Disparität *f* (Vw) disparity
Dispersion *f* (Stat) dispersion
Dispersionsanalyse *f* (Stat) = Varianzanalyse, qv
Dispersionsindex *m* (Stat) index of dispersion
Dispersions-Parameter *m* (Stat) measure of dispersion
Displacement-Effekt *m* (Vw) = Niveau-Verschiebungseffekt *m*
Displaymaterial *n* (Mk) display material
Dispokredit *m* (Fin) = Dispositionskredit, qv
Disponent *m*
(com) expediter
(com) managing clerk
(Fin) fund manager
– money manager
Disponibilität *f* (AuW) availability (of monetary reserves)
disponible Kosten *pl* (KoR) controllable cost
disponibles Einkommen *n* (VGR) disposable income
disponible Ware *f*
(Bö) cash commodity
(ie, in spot transactions)
– spots
disponieren
(com) to make arrangements
(com) to place orders
Disporahmen *m* (Fin) loan limit

Dispositionen *fpl*
(com) arrangements
– operations
– planning
(IndE) scheduling
(Fin) drawings
(ie, on a bank account)
Dispositionen *fpl* **der öffentlichen Haushalte** (FiW) public authorities' operations
Dispositionen *fpl* **des Handels** (com) ordering by the trade
Dispositionsausdruck *m* (Log) dispositional term
Dispositionsbegriff *m*
(Log) dispositional
– dispositional concept
Dispositionsdatei *f* (MaW) material planning file
Dispositionsdepot *n* (Fin) operational safe custody account
Dispositionsfonds *m* (FiW) fund at free disposal of executive or administrative head *(eg, Federal Chancellor, ministers, mayors)*
Dispositionsguthaben *n* (Fin) balance available
Dispositionskartei *f* (MaW) materials planning file
Dispositionskredit *m*
(Fin) personal credit line
– retail-customer credit
(ie, Kreditlinie der Kreditinstitute an ihre Privatkunden; i.d.R. in Höhe von 2–3 Monatsgehältern; syn, Dispokredit)
Dispositionspapiere *npl* (WeR) documents of title *(syn, Traditionspapiere)*
Dispositionsrechner *m* (EDV) scheduling computer
Dispositionsreserve *f* (Fin) general operating reserve
Dispositionsschein *m*
(WeR) certificate of obligation, § 363 I HGB
(ie, made out by a bank which promises to pay a sum certain in money to a third party)
Dispositionsterminus *m* (Log) intervening variable
Dispositionsüberwachung *f* (MaW) material planning control
Dispositionszeichnung *f*
(com) general arrangement drawing
– layout plan
– outline drawing
dispositive Arbeit *f*
(Bw) directing activity
(ie, of an entrepreneur or manager; term coined by E. Gutenberg)
dispositives Recht
(Re) modifiable law
– flexible law
– jus dispositivum
(opp, zwingendes Recht)
Disproportionalitätstheorien *fpl* (Vw) generic term covering a group of business cycle theories which assume that economic activities are set in motion by ‚disproportionalities' in the overall economic structure
Dissens *m* (Re) lack of agreement
Dissertation *f* **einreichen** (Pw) to submit a doctoral dissertation
Dissertation *f* **schreiben** (Pw) to write a doctoral dissertation
Distanzadresse *f*
(EDV) symbolic address
– floating address *(syn, symbolische Adresse)*
(EDV) displacement address
Distanzfracht *f*
(com) distance freightage
– freight by distance
(ie, shipper pays freightage in the same proportion as the part of the voyage covered stands to the whole, § 630 HGB)
– freight pro rate
– prorata freight
Distanzgeschäft *n*
(com) contract of sale where seller agrees to ship the goods to buyer's destination at the latter's risk
(ie, basis of transaction may be sample, catalog or indication of standard quality)
Distanzhandel *m*
(com) mail-order business
(ie, based on catalog-type advertising)
distanzieren von, sich (com) to dissociate from *(eg, statement, opinion)*
Distanzkauf *m* (com) = Distanzgeschäft
Distanzscheck *m* (Fin) out-of-town check
Distanzwechsel *m* (Fin) out-of-town bill *(opp, Platzwechsel)*
distribuieren (Mk) to distribute
Distribution *f*
(Vw) income distribution
(Mk) distribution
Distributionsfunktion *f* **des Preises** (Vw) distributive function of prices
Distributions-Index *m* (Mk) distribution index
Distributionskette *f* (Mk) distribution chain
Distributionslogistik *f* (Mk) = Marketing-Logistik
Distributions-Mix *m* (Mk) distribution mix
Distributions-Planung *f* (Mk) distribution planning
Distributionspolitik *f* (Mk) distribution mix
Distributionsproblem *n* (OR) transport problem
Distributionstheorie *f* (Vw) theory of distribution
Distributionsweg *m* (Mk) channel of distribution
distributive Supposition *f* (Log) distributive supposition
Disziplinarverfahren *n* (Re) disciplinary proceedings
Disziplinierungseffekt *m*
(Pw) labor disciplining mechanism
(ie, of unemployment)
divergente Reihe *f* (Math) divergent series
Divergenzindikator *m* (EG) = Abweichungsindikator, qv
Divergenzschwelle *f*
(AuW) threshold of divergence
(ie, level at which central banks are expected to take corrective action; syn, Abweichungsschwelle)
divergierende Fertigung *f*
(IndE) divergent manufacturing
(ie, aus e–r Materialart werden mehrere Produktarten hergestellt; fallen diese zwangsläufig an, spricht man von ‚Kuppelproduktion', qv)
Diversifikation *f*
(Bw) diversification
– branching out
Diversifikationsvorteile *mpl* (Vw) economies of scale *(syn, Verbundvorteile, qv)*

diversifizierte Intervention *f*
(AuW) diversified intervention
(ie, in the EMS: European Monetary System)
Diversifizierung *f* (Bw) = Diversifikation
Diversifizierungsinvestition *f* (Bw) investment made to produce a qualitative change in the marketing program and/or organization
Dividende *f*
(Fin) (shareholder) dividend
(Vers) dividend
Dividende *f* **ankündigen** (Fin) to announce a dividend payout
Dividende *f* **auf Stammaktien** (Fin) ordinary dividend
Dividende *f* **ausfallen lassen**
(Fin) to pass dividends
– to waive dividends
(eg, because of plunging profits)
Dividende *f* **ausschütten**
(Fin) to distribute a dividend
– to pay a dividend
Dividende *f* **erhöhen** (Fin) to increase a dividend
Dividende *f* **kürzen**
(Fin) to cut a dividend
– reduce a dividend
dividendenabhängig (Fin) linked to dividend payout
Dividendenabrechnung *f* (Fin) dividend note
Dividendenabschlag *m*
(Fin) interim dividend
(Bö) quotation ex dividend
Dividendenabschnitt *m* (Fin) dividend coupon
Dividendenanspruch *m* (Fin) right to a dividend
Dividendenausfall *m* (Fin) passing of a dividend
Dividenden-Ausgleichskonto *n* (ReW) dividend equalization account (*or* reserve)
Dividendenausschüttung *f*
(Fin) dividend distribution
– dividend payment
– dividend payout
dividendenberechtigt
(Fin) entitled to dividend
(Fin) bearing dividend
Dividendenberechtigungsschein *m* (Fin) dividend warrant
Dividendenbogen *m* (Fin) dividend coupon sheet
Dividendendeckung *f*
(Fin) earnings cover
(ie, ratio of earnings to dividend)
(Fin) payout ratio
(ie, earnings percentage paid out in dividends)
Dividendeneinkommen *n* (Fin) dividend income
Dividendeneinnahmen *fpl* (Fin) = Dividendeneinkommen
Dividendenerhöhung *f* (Fin) dividend increase
Dividendenerklärung *f* (Fin) declaration of a dividend
Dividendenerträge *mpl*
(ReW) dividend earnings
– dividend income
Dividendenforderungen *fpl* (ReW) dividends receivable
Dividendengarantie *f*
(Fin) dividend guaranty
(ie, promise to pay a minimum dividend by third parties; eg, by government or municipality; such promise cannot be extended to company's own shareholders, § 57 II AktG)
Dividendeninkasso *n*
(Fin) dividend collection
– collection of dividend
Dividendenkontinuität *f* (Fin) payment of unchanged dividend over a period of years
Dividendenkonto *n* (ReW) dividend payout account
Dividendenkürzung *f* (Fin) dividend cut
Dividendennettobetrag *m* (Fin) net dividend amount
Dividendenpapier *n*
(Fin) equity security
– dividend-bearing share
– dividend paper
Dividendenpolitik *f* (Fin) dividend payout policy
Dividendenrendite *f*
(Fin) dividend yield
(ie, Dividende in € × 100 ÷ Kurs in € = gross cash dividend per share in percent of the market price)
Dividendenrücklage *f* (ReW) dividend reserve fund
Dividendenrückstände *mpl*
(Fin) arrears of dividends
– dividend arrears
Dividendensatz *m* (Fin) dividend rate
Dividendenschein *m* (Fin) dividend coupon
Dividendenschnitt *m* (Fin) dividend cut
Dividendensenkung *f* (Fin) dividend cut
Dividendensteuer *f* (StR) dividend tax
Dividendenstopp *m* (Fin) dividend stop
Dividendentermin *m* (Fin) dividend due date
Dividendenvorschlag *m*
(Fin) dividend proposal
– dividend recommendation
Dividendenwerte *mpl*
(WeR) dividend-bearing securities
(ie, corporate shares, parts of limited liability companies, quotas of mining companies, and other securities evidencing an equity investment in a domestic or foreign ‚Kapitalgesellschaft', § 19 II KVStG)
(Bö) shares
– equities
Dividendenzahlstelle *f* (Fin) dividend disbursing agent
Dividendenzahlung *f*
(Fin) dividend payment
– dividend payout
Dividende *f* **pro Aktie** (Fin) dividend per share
Dividende *f* **vorschlagen**
(Fin) to recommend a dividend
– to propose a dividend
Divis (EDV) en dash
Division *f* (Bw) division
divisionale Organisation *f* (Bw) divisional organization
divisionale Struktur *f* (Bw) divisional structure *(syn, Spartenstruktur)*
Divisionalisierung *f* (Bw) divisionalization
Divisionsanweisung *f* (EDV, Cobol) divide statement
Divisionskalkulation *f*
(KoR) process costing
– process system of accounting
(ie, Verwendung bei Massen- od Sortenfertigung; cf, einstufige und mehrstufige D.)

Divisionskalkulation *f* **mit Äquivalenzziffern** (KoR) = Äquivalenzziffernrechnung, qv
Divisionsmanagement *n* (Bw) divisional management
Divisionsmanager *m* (Bw) divisional manager
DIW (Vw) = Deutsches Institut für Wirtschaftsforschung
DLL-Hölle *f* (EDV) DLL hell
DM-Auslandsanleihe *f*
(Fin) foreign DM bond
– international DM bond
DM-Eröffnungsbilanz *f* (FiW) DM opening balance sheet
DM-Schuldscheine *mpl* (Fin) D-Mark denominated promissory notes
DMZ (EDV) demilitarized zone
DNC-System *n*
(IndE) DNC (direct numerical control) system
(ie, überträgt NC-Programme vom Prozeßrechner in die Maschinensteuerung)
DNS-Server *m* (EDV) DNS-Server
Dock *n*
(com) dock
– wharf
Dockempfangsschein *m* (com) dock warrant
Dockgebühren *fpl*
(com) dock charges
– dock dues
Docking-Station *f* (EDV) docking station *(allows portable computers to be used as desktop computers)*
Dogmengeschichte *f* (Vw) history of economic thought
Doktorand *m* (Pw) doctoral candidate
Doktorarbeit *f*
(Pw) doctoral thesis
– dissertation
Dokument *n*
(Re) document
– instrument
(com) document
Dokument *n* **ausstellen** (com) to prepare a document
Dokumente *npl* (com) documents
Dokumente *npl* **aufnehmen**
(Fin) to take up documents
– to accept documents
Dokumente *npl* **gegen Akzept** (com) documents against acceptance, D/A
Dokumente *npl* **gegen Zahlung** (com) documents against payment, D/P
Dokumenten-Akkreditiv *n*
(Fin) documentary (letter of) credit
– (US) straight-line letter of credit
(ie, es liegt immer ein Warengeschäft mit e–m Kaufvertrag und der Verpflichtung des Käufers [Importeurs] zur Akkreditiv-Eröffnung zugrunde)
Dokumentenaufnahme *f* (Fin) taking up of documents
Dokumenten-Aufnahme-Provision *f* (Fin) document handling commission
Dokumenteneinreichung *f* (Fin) presentation of documents
Dokumentengegenwert *m*
(Fin) currency equivalent of document
– proceeds of document
Dokumentengeschäft *n* (Fin) documentary business
Dokumenteninkasso *n*
(Fin) documentary collection
(ie, documents are handed over by the bank to the importer against payment of invoice amount)
Dokumentenkredit *m* (Fin) documentary credit
Dokumentenobjektmodell *n* (EDV) Document Object Model = DOM
Dokumententratte *f*
(Fin) documentary draft
– documentary bill
– acceptance bill
– draft with documents attached
Dokumentenwechsel *m* (Fin) documentary bill
Dokumentenwiedergewinnung *f* (EDV) document retrieval
dokumentorientiert (EDV) document-centric
Dokumentvorlage *f* (EDV) template
Dokument *n* **vorlegen**
(WeR) to present an instrument (to)
– to produce a document (to)
Dollaranleihen *fpl* (Fin) dollar bonds
Dollaranstieg *m* **bremsen** (Fin) to slow advance of dollar
Dollarguthaben *n* (Fin) dollar balance
Dollarklausel *f* (Fin) dollar clause *(ie, stipulating that invoicing and payment must be made in dollars)*
Dollarknappheit *f*
(AuW) dollar gap
– dollar shortage
Dollarlücke *f* (AuW) dollar gap
Dollarparität *f* (AuW) dollar parity
Dollarrembours *m*
(Fin) dollar documentary credit
– dollar acceptance credit
Dollarschwäche *f* (AuW) weakness of the dollar
Dollarsteigerung *f*
(AuW) advance of the dollar
– climb of the dollar
– ascent of the dollar
– surge in the dollar
Dollartitel *mpl* (Fin) dollar securities
Dollarüberfluß *m* (Fin) dollar glut
Dollarzinssätze *mpl* **am Eurogeld- und Euroanleihemarkt** (Fin) Eurodollar deposit rates and bond yields
Domainenname *m* (EDV) domain name
Domain-Name-Server *m* (EDV) domain name server
Domänenadressen *f* (EDV) domain name address
Domänenparken *n* (EDV) domain parking
dominanter Baum *m* (OR) dominant requirement tree
dominante Strategie *f* (OR) dominant strategy
dominante Werbung *f* (Mk) dominant advertising
Domizil *n*
(Re) residence
– domicile
(WeR) domicile
Domizilgesellschaft *f*
(StR) foreign base company
(ie, domiciled in a low-tax country to accumulate profits or to take advantage of double-taxation agreements)

Domiziliant *m* (WeR) payer of a domiciled bill
domizilierter Wechsel *m* (WeR) domiciled bill
Domizilort *m* (WeR) place of payment of a domiciled bill
Domizilprovision *f* (Fin) domicile commission
Domizilstelle *f* (Fin) place for presentment
Domizilvermerk *m* (WeR) domicile clause
Domizilwechsel *m*
(WeR) domiciled bill
– addressed bill
doopelseitig (com) double-sided
Doppel *n* (com) duplicate
Doppelaktivierungs-Leasing *n*
(Fin) double dip leasing
(ie, je nach nationalen steuerrechtlichen Vorschriften kann der Leasinggegenstand beim Leasinggeber und beim Leasingnehmer aktiviert werden)
Doppel-Ansässigkeit *f* (StR) double residency
Doppelausgabe *f* (Mk) combined issues *(of a newspaper or magazine)*
Doppelbelastung *f* (StR) double economic burden
Doppelbeschäftigung *f* (Pw) double employment
Doppelbesicherung *f*
(Fin) double collateral
(ie, für ein von e–m Dritten gewährtes Darlehen räumt sowohl die Gesellschaft als auch der Gesellschafter dem Dritten e–e Sicherheit ein = both the GmbH and the shareholder provide collateral for a third-party loan)
Doppelbesteuerung *f*
(StR) double taxation of corporate profits
(ie, first to the corporation and, upon distribution, to the shareholders; removed by superseding legislation)
Doppelbesteuerungsabkommen *n*, **DBA**
(StR) double taxation agreement
– double taxation treaty
(ie, am 1.1.1985 waren 53 allgemeine D. der Bundesrepublik in Kraft)
Doppelbesteuerung *f* **von Kapitalerträgen** (StR) double taxation of portfolio income
Doppelbrief *m* (com) overweight letter
Doppelbruch *m*
(Math) complex fraction
– compound fraction
Doppelgesellschaft *f*
(StR) split company
(ie, operating unit + holding unit)
Doppelgesellschafter *m*
(com) simultaneous partner
(ie, in two partnerships)
(com) simultaneous member
(ie, in two companies)
Doppelintegral *n* (Math) double integral
Doppelnummer *f* (Mk) combined issues *(of a newspaper or magazine)*
Doppelpackung *f* (com) twin pack
Doppelpatentierung *f* (Pat) double patenting
Doppelprüfung *f*
(EDV) duplication check
– twin check
Doppelquittung *f*
(com) double receipt
(ie, made out by a third party for another)

doppelseitige Anzeige *f*
(Mk) double-page spread
– double truck
doppelseitige Treuhandschaft *f*
(Re) two-way trusteeship
(ie, Treugut wird auf e–n Dritten übertragen, der Interessen sowohl des Gläubigers als auch des Schuldners – beide sind Treugeber – wahrzunehmen hat; z B im gerichtlichen Vergleichsverfahren, im außergerichtlichen Liquidationsvergleich)
Doppelsitz *m*
(Re) double seat
(ie, of a commercial company)
Doppelstichprobennahme *f* (Stat) double sampling
Doppelstichprobenplan *m* (Stat) double sampling plan
Doppelstichprobenprüfung *f* (Stat) double sampling inspection
doppelstöckige GmbH & Co. KG *f*
(Re) two-tier GmbH & Co. KG
(ie, a ‚Kommanditgesellschaft' = partnership limited by shares where the limited partner is a ‚GmbH & Co. KG')
Doppelstockwagen *m*
(com) rack car
(ie, open goods waggon on which cars are transported two stories high)
Doppelstrategie *f* (Bw) double-barrelled strategy
doppelstufige Sanierung *f* (Fin) capital writedown + immediate increase of capital
Doppeltarif *m*
(Zo) double tariff
(ie, two rates for each customs item)
doppelte Ansässigkeit *f* (StR) double residency
doppelte Buchführung *f* (ReW) double-entry bookkeeping
doppelte Dichotomie *f* (Stat) double dichotomy
doppelte Haushaltsführung *f*
(StR) double housekeeping
– maintenance of two households, § 9 I No. 5 EStG
doppelte Preisauszeichnung *f* (Mk) double pricing
doppelter Boden *m*
(EDV) false floor
– raised floor
(ie, in computer centers)
doppelt erhobene Stichprobe *f* (Stat) duplicate sample
doppelter Shefferstrich *m* (Log) joint denial
doppelter Zeilenabstand *m* (com) double space
doppeltes Integral *n* (Math) double integral sign
doppelt faktorales Austauschverhältnis *n* (AuW) double factoral terms of trade
doppelt-kaschierte Leiterplatte *f* (EDV, CAD) double-sided board *(syn, zweiseitige L.)*
doppelt lange Zahl *f*
(EDV) double-length number
– double-precision number
doppelt-logarithmisches Netz *n* (Math) double-logarithmic chart
doppelt-logarithmisches Papier *n* (Math) log-log paper
doppelt-logarithmische Transformation *f* (Stat) log-log transformation
doppelt verkettete Liste *f* (EDV) double linked list

Doppelverdiener *m*
(Pw) dual job holder
– two-job man/two-job woman
– (infml) moonlighter
(ie, which increasingly is also used to cover ‚Schwarzarbeiter')
Doppelverdienerehe *f* (StR) two-earner married couple
Doppelverrechnung *f* (ReW) double counting
Doppelversicherung *f* (Vers) double insurance
Doppelversicherungsklausel *f* (Vers) double indemnity clause
Doppelwährung *f*
(Vw) double currency
– double monetary standard
– double standard
– bimetallism
(ie, mit zwei verschiedenen Währungseinheiten in e–m fest vorgegebenen Wertverhältnis; eg, Gold und Silber im Verhältnis 15,5:1)
Doppelwährungsanleihe *f*
(Fin) double currency loan
(ie, am Eurokapitalmarkt: Aufnahme und Tilgung in zwei verschiedenen Währungen)
Doppelwohnsitz *m*
(Re) second domicile
– second residence
(StR) double residency
Doppelzählung *f* (com) double counting
Doppik *f* (ReW) double-entry bookkeeping
Dotationen *fpl* (FiW) unappropriated payments made by a higher government unit – within the system of revenue sharing – to subordinate units, such as municipal associations, churches, etc.
Dotationskapital *n*
(Fin) dotation capital
(ie, equity capital of credit institutions organized under public law, § 10 II No. 5 KWG)
dotieren
(Fin) to allocate funds
– to endow *(eg, a foundation)*
– to capitalize with equity
(ReW) to allocate to reserves *(= Rücklagen)*
dotiert mit (Pw) remuneration is . . .
Dotierung *f*
(Fin) allocation of funds
– provision of funds
– endowment
– dotation
Dotierung *f* **der Rücklagen**
(ReW) transfer to reserves
– allocation to reserves
Doublette *f* (EDV) doublicate key
Doublettenprüfung *f* (EDV) doublication check
Doxologie *f* (Mk) public opinion research
drahtlos (EDV) wireless
drahtloses LAN (EDV) wireless LAN
drastischer Anstieg *m* (com) dramatic rise *(eg, of oil prices)*
drastischer Personalabbau *m* (Pw) radical cuts down the line
drastischer Rückgang *m* (com) sharp fall
drastisch kürzen (com) to curtail drastically
Draufgabe *f*
(com) earnest money
– bargain money
– token payment
(ie, Beweisanzeichen für den Abschluß e–s Vertrages; cf, §§ 336–338 BGB; praktische Bedeutung heute gering; indicates the intention and ability of a buyer to carry out the contract)
Draufgeld *n* (Re) = Draufgabe
Draufgeld *n* **leisten**
(Re) give in earnest
(ie, to bind the contract)
Draufsicht *f* (IndE) top view
Drehbleistift *m*
(com) mechanical pencil
– (GB) propelling pencil
Drehen *n* **an der Diskontschraube** (Fin) turning the discount screw
Drehungsachse *f* (Math) axis of revolution
Drei-Abweichungsmethode *f* (KoR) three-way overhead analysis
dreidimensionaler Raum *m*
(Math) ordinary space
– three-dimensional space
dreidimensionales Gitter *n* (Math) three-dimensional lattice
dreieckiger Graph *m* (Math) triangulated graph
Dreiecksarbitrage *f*
(Fin) triangular arbitrage
– three-point arbitrage
(ie, in foreign exchange)
Dreiecksbarter *m*
(AuW) multilateral barter
– reverse reciprocity
(syn, Dreieckstauschhandel)
Dreiecksgeschäft *n*
(AuW) triangular deal
– triangular compensation
(ie, nationales od internationales Verbundgeschäft zwischen drei Vertragsparteien; im Gegensatz zum Dreiecksbarter müssen zwischen zwei Parteien Zahlungsströme fließen)
(com) three-cornered deal
– three-way switch deal
Dreieckshandel *m* (AuW) triangular trade
Dreiecksmatrix *f* (Math) triangular matrix
Dreiecksverhältnis *n* (Re) three-cornered relationship
dreiecksverteilte Dichte *f* (Stat) triangular density
Dreieck-Verkehr *m* (AuW) triangular system
Dreieckverkehr *m* **bewilligen** (AuW) to authorize recourse to the triangular system
Dreierprodukt *n* (Math) triple product
Dreifachboden *m*
(Bö) triple bottom formation
(ie, in der Point & Figure-Analyse)
Dreifachintegral *n* (Math) triple integral
Dreifachspitze *f*
(Bö) triple top formation
(ie, in der Point & Figure-Analyse)
Dreimeilengrenze *f* (com) three-mile limit
Dreimodale Faktorenanalyse *f*
(Bw) three mode factor analysis
(ie, ermöglicht die simultane Faktorisierung e–r dreidimensionalen Datenmatrix)
Dreimonatsakzept *n* (Fin) three months' acceptance
Dreimonatsgeld *n* (Fin) three-month funds

Dreimonatsinterbanksatz *m* (Fin) interbank rate for three-month funds
Dreimonatspapiere *npl* (Fin) three-month maturities
Dreimonatswechsel *m* (Fin) three months' bill of exchange
Dreipassscanner *m* (EDV) triple-pass scanner
Dreiprodukttest *m* (Mk) triadic product test
Dreisatz *m* (Math) rule of three
Dreischichtler *m*
(IndE) three-shift worker
(ie, working early, late, and night shifts; opp, Einschichtler, Zweischichtler, Kontiarbeiter)
dreiseitige Gespräche *npl* (com) tripartite talks
Drei-Sektoren-Wirtschaft *f* (VGR) three-sector economy
Dreispaltentarif *m* (Zo) triple-column tariff
dreistelliger Junktor *m*
(Log) three-place connective
– ternary connective
– triadic connective
dreistufiges Leitungssystem *n*
(Bw) three-tier system of control
(ie, shareholders' meeting, board of management, supervisory board)
Dreiteilung *f* (com) three-way classification
Dreiviertelmehrheit *f* (Bw) three-quarter majority
Dreiwegekatalysator *m* (IndE) three-way catalytic converter
dreiwertige Logik *f* (Log) three-valued logic
dreiwertiger Graph *m* (Math) trivalent graph
Dringlichkeitsstufe *f*
(com) level of urgency
(Bw) precedence rating
Drittanspruch *m* (Re) third-party claim
Drittausfertigung *f*
(com) third copy
(WeR) third of exchange
Drittbegünstigter *m*
(Re) tertiary beneficiary
– third-party beneficiary
Dritteigentümer *m* (Re) third-party owner
Dritter *m* (Re) third party *(cf, § 317 I BGB)*
Dritter Markt *m*
(Bö, GB) Third Market
(ie, Segment an der Londoner Börse; ergänzt den regulären Handel [main market] und den „Unlisted Securities Market" (USM); Börseneinstieg für junge und kleine Unternehmen, die sich für die Aufnahme in den beiden anderen Londoner Teilmärkten nicht qualifizieren können od wollen; cf, Übersicht ‚Börse', S. 194)
dritter Produktionsfaktor *m* (Vw) residual factor
dritter Schalter *m*
(AuW) third window
(ie, Finanzierungsfazilität der Weltbank; die Kredite werden durch e–n Zinssubventionsfonds subventioniert)
Dritterwerber *m* (Re) third-party purchaser
dritte Wahl *f*
(com) third-class quality
– (infml) thirds
Drittgläubiger *m* (Re) third-party creditor
drittklassig (com, US, infml) bush league
Drittkontrahent *m* (Re) third contracting party
Drittland *n*
(EG) third country
– non-EEC state
Drittlandswaren *fpl* (EG) third country products
Drittlandszoll *m* (EG) rate of duty applicable to third countries
Drittmarkt *m*
(AuW) export market
– outside market
Drittschaden *m*
(Re) third-party damage
– third-party injury
(ie, den e–e Person durch das schädigende Ereignis nur mittelbar erlitten hat)
Drittschaden-Haftpflichtversicherung *f* (Vers) public liability insurance
Drittschadenversicherung *f* (Vers) third-party damage insurance
Drittschuldner *m*
(Fin) client
(ie, in factoring)
– (account) debtor
(Re) third-party debtor, §§ 829, 835 ZPO
Drittstaatbeherrschung *f* (Re) third state control
Drittvergleich *m* (StR) dealing-at-arm's-length rule *(syn, Fremdvergleich)*
Drittvermögen *n* (Re) third-party assets
Drittverwahrung *f* (Fin) custody (of securities) by third party
Drittverzug *m* (Fin) cross default *(syn, reziproker Verzug)*
Drittwiderspruch *m*
(Re) third-party opposition
(ie, against execution = Zwangsvollstreckung)
Drittwiderspruchsklage *f* (StR) third-party action against execution, § 262 AO
Drogenbekämpfung *f* (com) drug prevention
Drogenhandel *m*
(com) drug dealing
– drug trafficking
– drugs trade
Drogenhändler *m* (com) drug dealer
Drogenmißbrauch *m*
(com) drug abuse
– drug misuse
drohende Enteignung *f*
(Re) imminence of condemnation
– threat of condemnation
drohender Verderb *m* (com) imminent deterioration
drohende Verluste *mpl* (ReW) impending losses
drohende Verluste *mpl* **aus schwebenden Geschäften** (ReW) anticipated losses related to incomplete contracts *(eg, reserves may be set up for . . .)*
Drohung *f* (Re) duress, §§ 123, 124 BGB
Dropdown-Kombinationsfeld *n* (EDV, GUI) drop-down combo box
Dropdown-Listenfeld *n* (EDV, GUI) drop-down list box
Drop-Lock Bonds *mpl*
(Bö) drop-lock bonds
(eg, Anleihe, die mit einem variablen Zins begeben wird, aber später in eine Festzinsanleihe umgewandelt wird, wenn der Zins unter einen festgelegten Satz fällt)

drosseln
(com) to curb
– to reduce
– to restrict
Drosselsteuerung *f* (EDV) throttle control
Drosselung *f*
(com) curb
– cutdown
– reduction
Drosselungsbetrag *m* (ReW) amount of revaluation
Druckaufbereitung *f* (EDV, Cobol) editing
Druck *m* **auf die Gewinnspanne** (com) price-cost squeeze
Druck *m* **auf die Zinsspanne** (Fin) pressure on interest margins
Druckauftrag *m*
(EDV) print job
(ie, part of a print queue)
Druckausgabebereich *m* (EDV) printout area
Druckausgabespeicher *m* (EDV) printout storage
druckbares Zeichen *n* (EDV) printable character
Druckbefehl *m* (EDV) print instruction
Druckbereich *m*
(EDV) print range
(ie, pages to be printed)
Druckdezimalpunkt *m* (EDV, Cobol) actual decimal point *(ie, cf, DIN 66 028, Aug 1985)*
Druckdichte *f* (EDV) density of print
drucken (EDV) to print
Drucker *m* (EDV) printer
Druckereinrichtung *f* (EDV) printer setup *(sometimes used syn, page setup, qv)*
Druckerqualität *f*
(EDV) print quality
(cf, Druckqualität = typewriter quality)
Druckerschnittstelle *f* (EDV) printer port
Druckertreiber *m* (EDV) printer driver
Druckerzwischenspeicher *m* (EDV) printer buffer
Druckfehler *m*
(com) misprint
– literal error
– (GB) typo (= typographical error)
– literal
Druckformat *n* (EDV) print format
Druckformular *n* (EDV) printer form
Druckleiste *f* (EDV, Cobol) print group
Druckmedien-Werbung *f*
(Mk) publication advertising
(ie, newspapers, magazines, journals)
Druckprogramm *n* (EDV) print program
Druckqualität *f*
(EDV) typewriter quality
(cf, Druckerqualität = print quality)
Drucksache *f*
(com) printed matter
– (GB) printed papers
Drucksachenwerbung *f* (Mk) direct-mail advertising
Druckschriften *fpl* (Pw) prints
Druckstelle *f* (EDV) print position
Drucksteuerdatei *f* (EDV) printer driver
Drucksteuerzeichen *n* (EDV) print control character
Drucktastentelefon *n* (EDV) pushbutton phone
Druck *m* **verstärken** (com) to step up pressure (on)
Druckvorlage *f*
(EDV) print layout
(EDV) artwork
(ie, in CAD; syn, Vorlage, Ätzvorlage)
Druckwarteschlange *f* (EDV) print queue
Druckwarteschlange-Datei *f* (EDV) accounting file
Druckwerk *n* (EDV) printer engine
Druckzeichen *n* (EDV) print character
DTB (Bö) = Deutsche Terminbörse
DTV (com) = Deutscher Transportversicherungsverband
dualer Algorithmus *m* (OR) dual algorithm
dualer Graph *m* (Math) dual graph
dualer Vektorraum *m* (Math) dual vector space
duales Problem *n*
(OR) dual
– dual problem
duale Wirtschaft *f* (Vw) dual economy
dualistisches System *n*
(ReW) dual system of bookkeeping
– dual accounting system
(ie, financial + internal accounting; syn, Zweikreissystem)
Dualitätsprinzip *n* (Log) principle of duality
Dualitätsrestriktionen *fpl* (OR) dual constraints
Dualitätstheorem *n* (OR) duality theorem
Dualsystem *n* (EDV) binary system
Dualzahl *f* (EDV) binary number
Dualziffer *f* (EDV) binary digit
dual zulässiger Vektor *m* (OR) dual feasible vector
dubiose Forderungen *fpl* (ReW) = Dubiosen
Dubiosen *pl* (ReW) doubtful accounts
Dumping *n*
(AuW) dumping
– (sl) unloading
(ie, selling goods at prices lower than those charged in the domestic markets)
Dumpingbekämpfungszoll *m*
(AuW) anti-dumping duty
– anti-dumping tariff
Dumpingeinfuhr *f* (AuW) dumped import
Dumping-Praktiken *pl*
(Kart) dumping practices
– dumping activities
Dumpingpreis *m* (AuW) dumping price
Dumpingraten *fpl*
(com) uncommercial rates
(ie, in shipping)
Dumpingspanne *f* (AuW) dumping margin
Dumpingverbot *n* (AuW) ban on dumping
Dumpingverbotsgesetz *n* (Re) anti-dumping law
Düngemittel *pl* (com) fertilizer
Düngemittelstatistik *f* (com) fertilizer statistics
Dunkelziffer *f* (com) number of undisclosed cases
dunkle Geschäfte *npl*
(com) shady dealings
(ie, of doubtful honesty)
dünne Kapitaldecke *f*
(Fin) thin
– slender
– inadequate . . . capital (*or* equity) base
Dünnfilmtransistor *m* (EDV) thin film transistor
Dünnschichtschaltkreis *m* (EDV) thin-film circuit *(syn, Dünnfilmschaltkreis)*

Dünnschichtschaltung *f* (EDV) thin-film integrated circuit *(syn, Dünnfilmschaltung)*
Dünnschichtspeicher *m*
(EDV) thin film memory
(ie, less than one micrometer)
Duopol *n* (Vw) duopoly
Duopson *n* (Vw) duopsony
Duplexbetrieb *m* (EDV) duplex operation *(opp, Simplexbetrieb)*
Duplexdrucker *m* (EDV) duplex printer
Duplexkanal *m* (EDV) duplex channel
Duplexrechner *m*
(EDV) duplex computer
(ie, second computer used as a backup system in case in failure of the first one; used in on-line applications [eg, Internet servers])
Duplikat *n* (com) duplicate
Duplikatfrachtbrief *m* (com) duplicate of railroad bill of lading
duplizieren (EDV) to duplicate
Duplizierprogramm *n* (EDV) duplicating program
Durationsanalyse *f*
(Fin) duration analysis
(ie, Problem: wie verhält sich der Markt- od Barwert von Festzinspositionen bei Marktzinsänderungen; cf, durchschnittliche Bindungsdauer)
durchboxen (com, infml) to ram through *(eg, plan, project)*
durchbringen (com) to carry through *(eg, a plan through a committee meeting)*
durchdringende Stichproben *fpl*
(Stat) interpenetrating (sub)samples
(ie, two or more samples taken from the same population by the same process)
durcheinanderbringen (com, infml) to throw *(eg, a spending plan off balance)*
Durchfinanzierung *f* (Fin) complete financing (package)
Durchflußwirtschaft *f* (Vw) throughput economy
Durchfracht *f* (com) through freight
Durchfrachtkonnossement *n* (com) through bill of lading (*or* B/L)
Durchfrachtverladung *f* (com) through-freight shipment
Durchfuhr *f* (AuW) transit
Durchfuhrabgaben *fpl* (Zo) transit duties
durchführbar
(com) workable
– feasible
Durchführbarkeit *f*
(com) workability
– feasibility
Durchführbarkeitsstudie *f* (Bw) feasibility study
Durchfuhrberechtigungsschein *m* (AuW) transit permit
Durchfuhrbeschränkung *f* (Zo) restriction on transit
durchführen
(com) carry out
– carry through
– to perform
– to implement
Durchfuhrfreiheit *f* (Zo) freedom of transit
Durchfuhrhandel *m* (AuW) transit trade
Durchfuhrland *n* (AuW) country of transit
Durchführung *f*
(com) implementation
– performance
(Re) enforcement *(ie, of a law)*
Durchführung *f* **der Geldpolitik** (Vw) execution of monetary policy
Durchführung *f* **e–s Gesetzes**
(Re) administration of a law
– administration of a statute
Durchführung *f* **e–s Vertrages**
(Re) implementation of an agreement
– implementation of a contract
Durchführungsbestimmungen *fpl* (Re) implementing regulations
Durchführungsbestimmungen *fpl* **zum Umsatzsteuergesetz** (StR) Ordinance Regulating the Turnover Tax
Durchführungsphase *f*
(Bw, *Entscheidungsphase*) phase of actual decision making
– phase of putting solution to work
Durchführungsplanung *f* (Bw) operational planning *(syn, Ablaufplanung)*
Durchführungsverordnung *f*
(Re) implementing ordinance
– regulating ordinance
(eg, supporting a tax statute)
Durchfuhrverbot *n* (Zo) prohibition on transit
Durchfuhrverkehr *m* (Zo) traffic in transit
Durchfuhrzoll *m* (Zo) transit duty
durchgängiger Instanzenweg *m* (Bw) complete hierarchy of organizational units
Durchgangsfracht *f* (com) through freight
Durchgangsgüter *npl* (com) transit goods
Durchgangskonnossement *n* (com) through bill of lading
Durchgangskonto *n*
(ReW) internal transfer account
– transit account
Durchgangsladung *f* (com) through shipment
Durchgangsland *n* (AuW) transit country
Durchgangsposten *m*
(ReW) transitory item
(ie, accruals and deferrals)
Durchgangstarif *m* (com) through rate
Durchgangstransport *m* (com) transit transport
Durchgangsverkehr *m* (Zo) transit traffic
Durchgangswaren *fpl* (Zo) goods in transit
Durchgangszoll *m* (Zo) transit duty
Durchgangszollstelle *f* (Zo) customs office en route
Durchgangszollstelle *f* **beim Ausgang** (Zo) customs office of exit en route
Durchgangszollstelle *f* **beim Eingang** (Zo) customs office of entry en route
durchgehende Abfertigung *f* (com) through invoicing
durchgehendes Frachtpapier *n* (com) through bill of lading
durchgehende Versicherung *f* (Vers) = durchstehende Versicherung
durchgereichte Bundesmittel *npl* (FiW) federal funds passed on to the local authorities
durchgestrichen (EDV) strikethrough
durchgreifen (Re) to apply *(eg, the saving clause does not apply = der Vorbehalt greift nicht durch)*

durchgreifende Reform *f* (com) root-and-branch reform
Durchgriffshaftung *f*
(Re) „piercing the corporate veil"
(ie, unter bestimmten Umständen kann e–e persönliche Haftung der Gesellschafter gegenüber den Gläubigern begründet werden; direct liability of partners and shareholders beyond corporate assets, if legal person is abused to restrict liability or is used in violation of the principle of good faith; syn, Haftungsdurchgriff)
Durchkonnossement *n* (com) through bill of lading (*or* B/L)
Durchkontaktierung *f*
(EDV, CAD) feedthru
(syn, durchkontaktierte Bohrung; beim Leiterplattenentwurf, qv)
Durchlaßzone *f* (IndE) gap *(ie, in quality control)*
Durchlauf *m*
(OR) transmittance
(IndE) pass
– run
(EDV) run
Durchlaufanweisung *f* (EDV, Cobol) perform statement
durchlaufende Gelder *npl* (Fin) transitory funds
durchlaufende Kredite *mpl*
(Fin) loans on a trust basis
– loans in transit
– conduit credits
(ie, bank acting in its own name but for the account of another; Ausdruck wird im neuen Bankbilanzrecht nicht mehr verwendet)
durchlaufende Mittel *pl*
(Fin) transmitted funds
– transmitted money
durchlaufender Posten *m*
(ReW) item in transit
– transitory item
– transmitted account
– self-balancing item
durchlaufendes Konto *n* (Fin) suspense account *(syn, Interimskonto, Cpd-Konto)*
Durchlauf *m* **e–r Schleife** (OR) traversal
Durchlaufgesellschaft *f* (Bw) channeling-through company
Durchlaufkonto *n* (ReW) interim account
Durchlaufkredit *m* (Fin) transmitted credit
Durchlaufposten *m* (ReW) = durchlaufender Posten
Durchlaufregal *n*
(IndE) continuous flow rack
(ie, Beschickung von der einen, Entnahme von der anderen Seite her)
Durchlaufrichtung *f* **e–r Randkurve** (Math) contour traversal
Durchlaufwahrscheinlichkeit *f* (OR) reliability
Durchlaufwirtschaft *f* (Vw) throughput economy
Durchlaufzeit *f*
(com) time from receipt of order till dispatch
(Bw) processing time
(IndE) door-to-door time
– throughput time
durchleiten
(com) to channel through
– to transmit

Durchleitgelder *npl* (Fin) transmitted funds
Durchleitkredit *m* (Fin) transmitted credit
Durchleitmarge *f* (Fin) bank's margin on transmitted credit
Durchleitung *f*
(com) channeling through
– transmission
Durchleitungsrecht *n* (Re) right-of-way
durch Organe handeln (Re) to act through its primary agents
durchrechnen
(com) to to make a detailed estimate
(com) to go over *(eg, set of figures, Projekt, Kalkulation)*
Durchsatz *m*
(IndE) throughput
(EDV) throughput *(syn, Durchsatzrate, Datenrate)*
Durchsatzkapazität *f* (IndE) throughput capacity
Durchschaltvermittlung *f* (EDV) circuit switching *(syn, Leitungsvermittlung)*
Durchschlag *m*
(com) copy
– carbon copy
– carbon
(eg, mit drei Durchschlägen = with three copies)
durchschlagen (com) to feed through *(eg, auf die Preise = into the prices)*
Durchschlagpapier *n*
(com) manifold
– flimsy
(ie, thin inexpensive paper for making carbon copies on a typewriter)
(com) carbon paper (= Kohlepapier)
Durchschlupf *m*
(IndE) average outgoing quality, AOQ
(ie, defective items are not replaced)
Durchschnitt *m*
(Math) intersection (*von Mengen: of sets)*
– meet
(Stat) average
– mean (value)
Durchschnitt *m* **ermitteln** (com) to average out *(eg, profit, cost, revenue, for a period of . . .)*
durchschnittlich anfallende Zinskosten *pl* (Fin) average interest expenses
durchschnittlich betragen (com) to average out *(eg, output, takings, salary)*
durchschnittliche Abweichung *f* (Stat) mean deviation
durchschnittliche Auslastung *f*
(OR) average utilization
(ie, of server in waiting-line models)
durchschnittliche Bindungsdauer *m*
(Fin) duration
(ie, Laufzeitmaß; syn, Duration, Selbstliquidationsperiode)
durchschnittliche Exportquote *f* (Vw) average propensity to export
durchschnittliche Fertigungsqualität *f* (IndE) process average
durchschnittliche fixe Kosten *pl* (Vw) average fixed cost
durchschnittliche Gesamtkosten *pl* (Vw) average total cost

durchschnittliche Importquote *f* (Vw) average propensity to import *(ie, ratio of imports to net national product at marketprices)*
durchschnittliche Kapitalproduktivität *f* (Vw) average investment productivity
durchschnittliche Konsumquote *f* (Vw) average propensity to consume
durchschnittliche Lebenserwartung *f* (Vers) average life expectancy
durchschnittliche Nutzungsdauer *f* (Bw) average useful life
durchschnittlicher Einstandspreis *m* (com) average unit cost
durchschnittlicher Fehler *m* (Stat) mean absolute error
durchschnittlicher Fehleranteil *m* (IndE) process average defective
durchschnittlicher Leistungsnachteil *m* (Bw) average operating inferiority
durchschnittlicher Normalverdienst *m* (Pw) normal average earnings
– average straight-time earnings
– standard average earnings
durchschnittlicher Preisaufschlag *m* (com) average markon
durchschnittlicher Prüfaufwand *m* (Stat) average fraction inspected
durchschnittlicher Steuersatz *m* (StR) = Durchschnittssteuersatz
durchschnittlicher Stichprobenumfang *m* (Stat) average sample number
durchschnittliche Schadenhöhe *f* (Vers) loss ratio *(ie, percentage of losses in relation to premiums)*
durchschnittliche Schadensgröße *f* (Vers) average size of loss
durchschnittliche Sparquote *f* (Vw) average propensity to save, S/Y
Durchschnittsalter *n* (Pw) average age
Durchschnittsbeitragssatz *m* (SozV) average rate of social insurance contribution
Durchschnittsbestand *m* (MaW) standard inventory
Durchschnittsbetrag *m* (com) average amount
Durchschnittsbewertung *f* (ReW) inventory valuation at average prices, Abschn. 36 II EStR
Durchschnittseinkommen *n* (Pw) average income
Durchschnittseinstandspreis *m* (ReW) average cost price
Durchschnittsentgelt *n* (Pw) average pay
– average compensation
Durchschnittserlös *m* (Vw) average revenue
(Bw) average sales revenue
Durchschnittsertrag *m* (Vw) average product
(Fin) average yield
Durchschnittsfachmann *m* (Pat) average mechanic skilled in the art
– average person familiar with the art
Durchschnitts-Gemeinkostensatz *m* (KoR) average overhead rate
– average burden rate
Durchschnittsgewinn *m* (Fin) average profit
Durchschnittskosten *pl* (Vw, KoR) average cost *(ie, die auf e–e Produkteinheit entfallenden Gesamtkosten; syn, Stückkosten, Einheitskosten)*
Durchschnittskosten *pl* **auf dem Expansionspfad** (Vw) ray average cost *(cf, Konzept der Subadditivität der Kosten)*
Durchschnittskostendeckung *f* (Bw) principle of long-term pricing policy: product prices should cover average unit costs
Durchschnittskostenmethode *f* (ReW) average cost method *(ie, of inventory valuation)*
(Fin) cost averaging *(ie, Form der Effektenspekulation: in Phasen sinkender Kurse kann durch den Erwerb e–r höheren Zahl von Anteilen ein niedrigerer durchschnittlicher Einstandspreis erzielt werden)*
Durchschnittskostenrechnung *f* (KoR) absorption costing
Durchschnittskurs *m* (Bö) average market price
Durchschnittsleistung *f* (com) average performance
(IndE) average output (per worker)
Durchschnittslohn *m* (Pw) average wage
Durchschnittsmenge *f* (Math) intersection of sets
– logical product of sets
– meet of sets
(syn, Schnittmenge, qv)
Durchschnittsmethode *f* (ReW) = Durchschnittskostenmethode
Durchschnittsprämie *f* (Vers) flat rate
Durchschnittspreis *m* (ReW, KoR) average price
Durchschnittspreisermittlung *f* (KoR) determining average prices
Durchschnittsprodukt *n* (Vw) average product
Durchschnitts-Produktivität *f* (Bw) average productivity
Durchschnittsqualität *f* (com) fair average quality, faq
Durchschnittsrendite *f* (Fin) average yield
Durchschnittssatz *m* (com) average rate
Durchschnittssatzbesteuerung *f* (StR) average rates method of computing taxes, §§ 13 a, 29 EStG, § 24 UStG
Durchschnittssätze *mpl* (StR) average rates of return, § 29 EStG *(repealed in 1980)*
Durchschnittssatz-Verordnung *f* (StR) 8. UStDV = Regulatory Ordinance of 3 Jan 1968 specifying the average rates at which prior turnover tax (= Vorsteuer) can be deducted by certain businesses
Durchschnittsspanne *f* (com) average profit margin
Durchschnittssteuersatz *m* (StR) average tax rate *(syn, durchschnittlicher Steuersatz)*
Durchschnitts-Stückkosten *pl* (KoR) average cost per unit
– average unit cost
Durchschnitts-Stundenverdienst *m* (Pw) average hourly earnings
Durchschnittsverdienste *mpl* (Pw) average wages and salaries
– average earnings

Durchschnittsverzinsung *f*
(Fin) average interest rates
– yield mix
Durchschnittsware *f* (com) merchandise of average quality
Durchschnittswerte *mpl*
(Bö) market averages
(Zo) customs averages
Durchschreibeblock *m* (com) carbon-copy pad
Durchschreibebuchführung *f*
(ReW) carbon-copy bookeeping
– one-write system of bookkeeping
(ie, duplicate recording system using carbon copies)
Durchschreibsatz *m* (com) multi-part form set
Durchschrift *f* (com) carbon copy
Durchschrift *f* **Kassenzettel** (com) tissue form of sales check
Durchschuß *m*
(EDV) leading
(ie, in text processing)
durchsehen
(com) to skim through
(eg, notes)
Durchsetzungsvermögen *n*
(com) assertiveness
– authority
– ability to get things done
durchstehende Versicherung *f* (Vers) uniform application of marine transportation conditions to all other forms of transportation *(eg, by rail, truck, plane)*
Durchsteiger *m*
(EDV, CAD) via (hole)
(syn, unbestückte Bohrung; im Leiterplattenentwurf)
durch Steuerabzug erhobene Einkommensteuer *f*
(StR) income tax withheld at the source, § 36 EStG
durchstreichen
(com) to cancel
– to delete
– to cross out
– to strike out
Durchsuchungsbefehl *m* (Re) search warrant
Durchwahl *f* (com) direct dialing
Durchwahlnummer *f* (com) direct dial number
durchwurschteln
(com, infml) to muddle through
– to fumble along from day to day
durch Zession übertragbar (WeR) transferable by assignment
Düsenverkehrsflugzeug *n* (com) jetliner
düstere Prognose *f* (Vw) gloomy forecast
DV-Anlage *f* (EDV) = Datenverarbeitungsanlage
DVF-Einrichtung *f* (EDV) communications feature
DVO (Re) = Durchführungsverordnung
dyadische Relation *f* (Log) dyadic relation
dyadischer Funktor *m* (Log) binary connective
dyadischer Wahrheitswertfunktor *m* (Log) binary connective
dyadische Verknüpfung *f*
(EDV) binary arithmetic operation
– dyadic operation
(syn, Binäroperation)

Dynamik *f* (Vw) = dynamische Analyse
dynamisch bindende Bibliothek *f*
(EDV) Dynamic Link Library, DLL
(ie, file with application or system routines that are loaded on demand; save memory space)
dynamische Adreßumsetzung *f* (EDV) dynamic address translation
dynamische Adreßverschiebung *f* (EDV) dynamic memory relocation
dynamische Analyse *f* (Vw) dynamic analysis
dynamische Arbeitsspeicherzuweisung *f* (EDV) dynamic storage allocation
dynamische Außenhandelsgewinne *mpl*
(AuW) dynamic gains from trade
– nonallocative gains from trade
Dynamische Bilanz *f* (ReW) Dynamic Accounting *(E. Schmalenbach)*
dynamische Marktlagengewinne *mpl* (Vw) windfall profits
dynamische Methoden *fpl*
(Fin) time adjusted (*or* time-weighted) methods (of investment analyis)
– *(sometimes also:)* dcf methods
– (GB) discounted cash flow methods
dynamische Partialanalyse *f* (Vw) partial dynamics
dynamische Programmverschiebung *f* (EDV) dynamic program relocation
dynamische Prüfung *f*
(EDV) dynamic test
– dynamic check
dynamische Rente *f*
(SozV) wage-related pension
– earnings-linked pension
(ie, pension linked with current changes in the general level of money incomes)
dynamischer Verschuldungsgrad *m* (Fin) ratio of net indebtedness to gross cash flow
dynamischer Wachstumsfonds *m* (Fin) growth fund
Dynamisches HTML (EDV) dynamic HTML
dynamisches Linken *n*
(EDV) dynamic linking
(ie, Auflösung externer Referenzen wird verschoben bis zur Ladezeit od Laufzeit der Applikation)
dynamisches Modell *n* (Vw) dynamic model
dynamische Speicherplatzzuweisung *f* (EDV) dynamic storage allocation *(opp, direkte Speicherplatzzuweisung)*
dynamisches Programmieren *n*
(OR) dynamic programming
(ie, rekursives Verfahren zur Lösung von Optimierungsproblemen; used for solving a multidimensional optimization problem which is transformed into a sequence of single-stage problems having only one variable each)
dynamisches Skalieren *n*
(EDV) zooming
(ie, in Computergrafik; syn, Zooming)
dynamisches Ungleichgewichtsmodell *n* (Vw) model of disequilibrium dynamics
dynamisches Unternehmen *n*
(Bw) dynamic enterprise
– go-ahead company
dynamisches Unterprogramm *n* (EDV) dynamic subroutine

dynamische Verfahren *npl* **der Investitionsrechnung**
(Fin) time-adjusted (*or* time-weighted) methods of investment analysis
– *(sometimes also:)* dcf methods
– (GB) discounted cash flow methods
dynamische Webseite *f* (EDV) dynamic Web page
dynamische Wirtschaftstheorie *f*
(Vw) dynamic economic analysis
– dynamics
dynamisch ladende Bibliothek *f*
(EDV) Dynamic Link Library, DLL
(ie, file with application or system routines that are loaded on demand; save memory space)
Dynamisierung *f*
(Pw) dynamization
(eg, of company pensions)

E

EAGFL (EG) = Europäischer Ausrichtungs- und Garantiefonds Landwirtschaft
EAN (Mk) = Europäische Artikelnumerierung
EAN-Codierung *f* (Mk) EAN bar coding
EAN-Strichcode *m*
(com) EAN bar code
(ie, in Warenwirtschaftssystemen = merchandise information systems, MIS)
EAN-Strichkodierung *f* (Mk) = EAN-Codierung
EBCDI-Code *m*
(EDV) Extended Binary Coded Decimal Interchange Code, EBCDIC *(ie, standard code on host and midrange computer systems)*
eben (Math) plane
Ebene *f*
(Bw) level *(eg, auf e–r Ebene = at a level)*
– echelon *(ie, of a business organization)*
(Math) plane
(ie, surface containing any straight line through any two of its points)
ebene Geometrie *f* (Math) plane (*or* two-dimensional) geometry
ebene Koordinaten *fpl* (Math) plane coordinates
ebene Kurve *f* (Math) plane curve
Ebenentechnik *f*
(EDV, CAD) layering technique
(ie, Aufteilung e–s grafischen Objekts in mehreren Schichten; einzelne Ebenen sind an- und ausschaltbar)
ebener Schnitt *m* (Math) plane cross-section
ebener Umlauf *m* (Math) plane contour
ebenes Polarkoordinatensystem *n* (Math) polar coordinates in the plane
ebene Trigonometrie *f* (Math) plane trigonometry
EBIT *m*
(ReW) = Earnings before interest and taxes = Gewinn *m* vor Zinsen und Steuern *(ie, die Kennzahl EBIT dient der Vergleichbarkeit von Unternehmen, die nach unterschiedlichen internationalen gesetzlichen Vorschriften bilanzieren)*
EBITDA *m*
(ReW) = Earnings before interest, taxes, depreciation and amortisation = Gewinn *m* vor Zinsen, Steuern, Abschreibungen auf Sachanlagen und Abschreibungen auf immaterielle Vermögenswerte
(ie, die Kennzahl EBITDA dient der Vergleichbarkeit von Unternehmen, die nach unterschiedlichen internationalen gesetzlichen Vorschriften bilanzieren)
Echoeffekt *m*
(Vw) echo effect
(ie, Nachfrageschwankungen aufgrund von Reinvestitions-Zyklen)
Echokontrolle *f* (EDV) echo (*or* read-back) check
echt (com) genuine
echte Addition *f* (EDV) true add
echte Adresse *f*
(EDV) actual
– absolute
– specific . . . address
echte Benutzer *mpl* (EDV) unique users
echte Besucher *mpl* (EDV) unique visitors
echte Entscheidung *f* (Bw) genuine (*or* non-programmable) decision
echte Gemeinkosten *pl* (KoR) true overhead (costs)
echte Monatsprämie *f*
(Vers) genuine monthly premium *(opp, unechte Monatsprämie)*
echter Bruch *m* (Math) proper fraction
echter Vertrag *m* **zugunsten Dritter** (Re) genuine third-party beneficiary contract
echtes Abladegeschäft *n* (com) import transaction where shipping port is deemed to be the place of performance
echtes Angebotsmonopol *n* (Vw) pure monopoly
echte Schnittmengen *fpl* (Math) proper cut sets
echtes Dokument *n* (Re) authentic document
echtes Factoring *n*
(Fin) nonrecourse factoring
– old-line factoring
(ie, Forderungskauf; Factor [Finanzierungsinstitut] übernimmt Finanzierungsfunktion + Delkrederefunktion + Dienstleistungs- und Servicefunktion; involves the outright purchase of receivables from client and factor's guarantee of the credit worthiness of client's customers; opp, unechtes Factoring = recourse factoring)
echte Teilmenge *f* (Math) proper (*or* true) subset
Echtheitszeugnis *n* (Zo) certificate of authenticity
Echtheit *f* **von Urkunden bestätigen** (Re) to authenticate documents
Echtzeit *f*
(EDV) real time *(syn, Realzeit)*
Echtzeitbetrieb *m*
(EDV) real time operation
(ie, jede Anforderung wird in e–r garantierten Maximalzeit abgearbeitet)
Echtzeitkonferenz *f* (EDV) real-time conferencing
Eckdaten *pl*
(com) key data
– benchmark figures
Ecke *f*
(OR) node
– vertex
Eckenabschnitt *m* (EDV) corner cut
Eckenlösung *f* (Vw) corner solution
eckige Klammer *f* (com) bracket
Ecklohn *m*
(Pw) basic/benchmark . . . rate
– standard wage
(ie, collectively agreed hourly earnings for a normal skilled-worker group over 21 years of age)
Eckpunkt *m* (OR) = Ecke
Eckpunkt *m* **e–r Matrix** (Math) corner
Eckpunkt *m* **zweier Tangenten** (Math) cusp
Ecktermin *m* (com) basic time limit

Eckwert *m* (com) benchmark figure
Eckzins *m*
(Fin) basic savings rate (of interest)
– basic deposit rate
– benchmark rate
(ie, fixed for savings accounts at statutory notice = für Spareinlagen mit gesetzlicher Kündigungsfrist)
ECU-Leitkurs *m* (Fin) ECU central rate
EC-Versicherung *f* (Vers) extended coverage insurance
Edelmetall *n* (com) precious metal
Edelmetallbörse *f* (Bö) precious-metals market
Edelmetallgeschäft *n* (com) precious-metals business
Edelmetallgewicht *n* (com) troy weight
Edelmetallhandel *m*
(Fin) precious-metals dealing
– bullion trade
Edelmetallhändler *m*
(Fin) bullion dealer
(ie, firms and institutions dealing in gold and silver, with prices determined by the international free markets)
Edelmetallhausse *f* (Fin) upswing in bullion prices
Edelmetallkonten *npl*
(Fin) precious metals accounts
(ie, offered by Luxembourg-based German banks)
Edelmetallmarkt *m* (Bö) precious-metals market
Edelmetallombardgeschäft *n* (Fin) lending on precious metals
Edelmetallrechnung *f* (Fin) computing the gross weight and and the standard of purity of gold and silver bullion and of coins
Edelsteinbörse *f* (com) precious-stone market
Edelsteinexperte *m*
(com) lapidary *(ie, precious and semiprecious stone = Edelsteine und Halbedelsteine)*
Edgeworth-Bertrand-Modell *n*
(Vw) Edgeworth- Bertrand model *(ie, of oligopolistic duopoly)*
Edgeworthsches Kastendiagramm *n* (Vw) Edgeworth box diagram
Edinburgh-Regel *f* (FiW) leave them as you find them-rule
Editierfeld *n* (EDV, GUI) text box *(single- or multiline; syn, Textfeld)*
Editiertaste *f* (EDV) edit key
Editor *m*
(EDV) editor (program)
(ie, unterstützt Aufbereitung von Daten, Dateien, Quellprogrammen und Prozeduren vor anschließender Verarbeitung; program by means of which a user can easily perform corrections, insertions, modifications, or deletions in an existing program or data file)
Editor *m* **für Objekteigenschaften**
(EDV) properties editor *(syn, Eigenschaftsfenster)*
EDV-Abteilung *f* (EDV) EDP department
EDV-Analphabet *m* (EDV, infml) computer illiterate
EDV-Berater *m* (EDV) consultant
EDV-Buchführung *f*
(ReW) computer-based accounting
(ie, Verwendung von Magnetstreifen, Platten od Lochstreifen)
EDV-gestütztes Buchführungssystem *n* (ReW) computer-based accounting system
EDV-Großanlage *f* (EDV) mainframe computer
EDV-Personal *n*
(EDV) data processing personnel
– liveware
EDV-Überweisungsverkehr *m* (Fin) electronic funds transfer, EFT
EEA (EG) = Einheitliche Europäische Akte
EEV-Steuern *fpl* (StR) taxes on corporate income, business profits, and net worth
Effekten *pl*
(Fin) stocks and bonds
– stock exchange securities
(ie, am Kapitalmarkt handelbare, vertretbare Wertpapiere mit Gutglaubensschutz; neben Aktien und Schuldverschreibungen auch Pfandbriefe, sonstige Anleihen, Investmentanteile usw)
Effektenabrechnung *f* (Fin) contract note
Effektenabteilung *f*
(Fin) investment (*or* securities) department
(ie, mostly organizationally related to security deposit department)
Effektenanalyse *f*
(Fin) security analysis
(syn, Wertpapieranalyse)
Effektenanlage *f* (Fin) investment in securities
Effektenanlageberater *m* (Fin) investment consultant
Effektenarbitrage *f*
(Bö) securities arbitrage
– arbitrage in . . . securities/stock
– stock arbitrage
Effektenauftrag *m* (Fin) buying or selling order
Effektenaustausch *m* (Fin) portfolio switch (of investment fund)
Effektenbank *f*
(Fin) investment bank
(ie, outside Germany: special bank dealing with provision of finance, setting up new businesses, securities issues)
Effektenbankgeschäft *n* (Fin) investment banking
Effekten *pl* **beleihen** (Fin) to make a loan on securities
Effektenbeleihung *f* (Fin) advance on securities
Effektenberatung *f* (Fin) investment counseling
Effektenbestand *m* (Fin) security holding
Effektenbörse *f*
(Bö) stock exchange
– stock market
– market
(ie, exchanges on the European Continent are often called ‚Bourses'; oft auch als Wertpapierbörse bezeichnet)
Effektendepot *n*
(Fin) deposit of securities
– securities deposit
– stock deposit
Effektendifferenzgeschäft *n* (Fin) margin business (*or* trading)
Effektendiskont *m*
(Fin) securities discounting
(Fin) securities discount

(ie, slightly above central-bank discount rate, deducted on buying securities drawn by lot prior to the redemption date)

Effekteneigenhandelsgeschäfte *npl* (Fin) security trading for own account

Effekteneinführung *f* (Fin) marketing of securities

Effektenemission *f*
(Fin) issue of securities
– offering
(ie, for sale to the public)

Effektenemissionsgeschäft *n* (Fin) underwriting business

Effektenengagement *n* (Bö) stock market commitment

Effektenferngiroverkehr *m* (Fin) securities clearing system between different stock exchange locations

Effektenfinanzierung *f* (Fin) financing through securities

Effektengeschäft *n*
(Fin) securities business
(ie, Anschaffung und Veräußerung von Wertpapieren für andere: purchase and sale of securities for the account of others)

Effektengirobank *f*
(Fin) giro-type security deposit bank
(ie, financial institution operating collective security systems and giro transfer systems; syn, Wertpapiersammelbank, Kassenverein)

Effekten-Girosystem *n* (Fin) book entry system

Effektengiroverkehr *m*
(Fin) clearing system for settling securities operations
(ie, Abwicklung geht stückelos vor sich, durch bloß buchmäßige Übertragung; cf, Wertpapiersammelbank)

Effektenhandel *m*
(Bö) securities/stock . . . trading
– dealing/trading . . . in stock

Effektenhändler *m*
(Fin) stock dealer (*or* trader)
– dealer in securities
(ie, bank employee dealing in certain types of securities)

Effektenhaus *n*
(Fin) securities trading house
(eg, Merrill Lynch, Salomon, Shearson Loeb Rhoades, E. F. Hutton)

Effektenkauf *m* (Fin) security purchase

Effektenkaufabrechnung *f* (Bö) bought note

Effektenkauf *m* **mit Einschuß** (Bö) buying on margin

Effektenkommissionär *m*
(Fin) securities commission agent
(ie, banks act as such in their own name and on behalf of another)
(Fin, US) stockbroker

Effektenkommissionsgeschäft *n*
(Fin) securities transactions on commission
(ie, by banks, for officially listed securities)

Effektenkonto *n* (Fin) securities account

Effektenkredit *m*
(Fin) loan on securities
– security loan
– stock loan

Effektenkundschaft *f* (Fin) customers investing in stocks and bonds

Effektenkurs *m*
(Bö) stock exchange quotation
– stock market price

Effektenleihe *f*
(Fin) share borrowing *(ie, zur Erfüllung von Lieferverpflichtungen)*

Effektenlombard *m*
(Fin) loan collateralized by securities
– collateral advance
– advance on securities
(ie, in Form (kontokorrentmäßiger) Effektenvorschüsse od Effektenkredite werden Kunden kurzfristige Kredite gewährt, die durch im Depot liegende Wertpapiere gedeckt sind; cf, Warenlombard)

Effekten *pl* **lombardieren** (Fin) to borrow on stocks and bonds (*or* securities)

Effektenmakler *m* (Fin) stock broker

Effektenmarkt *m* (Bö) stock market

Effektennotierung *f*
(Bö) stock exchange quotation
– stock market price

Effektenorder *f*
(Bö) stock order
(ie, order to buy or sell shares)

Effektenpaket *n* (Fin) block (*or* parcel) of shares

Effektenplazierung *f*
(Fin) placing of new securities issue
(ie, by public sale or subscription)

Effektenportfolio *n* (Fin) investment portfolio

Effektenrechnung *f*
(Fin) computation of effective interest rate *(syn, Wertpapierrechnung)*

Effektensammeldepot *n* (Fin) collective securities deposit

Effektenschalter *m* (Fin) security department counter

Effektenscheck *m*
(Fin) security transfer check *(syn, grüner Scheck)*

Effektenskontro *n* (Fin) securities ledger

Effektensparen *n* (Fin) saving through investment in securities

Effektenspekulation *f* (Fin) speculation in securities

Effektensubstitution *f*
(Fin) substitution of security by another
(ie, financed through the issue of own shares, bonds, etc.)

Effektentermingeschäft *n* (Fin) forward transaction in securities

Effektenübertragung *f* (Fin) transfer of securities

Effektenverkauf *m* (Fin) sale of securities

Effektenverkaufsabrechnung *f* (Fin) sold note

Effektenverwahrung *f*
(Fin) security deposit business
(Fin) security custody

Effektenverwaltung *f*
(Fin) portfolio management
(Fin) security deposit department (of banks)

effektive gearbeitete Zeit *f* (Pw) working time

effektive Inventur *f* (ReW) physical inventory

effektive Kosten *pl* (Vw) explicit cost

effektive Lieferzeit *f* (com) actual delivery time

effektive Nachfrage *f* (Vw) effective (*or* monetary) demand
effektiver Übergangspfad *m* (Vw) effective transition path
effektiver Wettbewerb *m* (Vw) workable/effective . . . competition *(cf, funktionsfähiger Wettbewerb)*
effektiver Zins *m*
(Fin) effective interest rate
– market/real/negotiated . . . rate of interest
– yield rate *(ie, in bond valuations)*
effektiver Zinsfuß *m* (Fin) effective rate
effektive Steuerbelastung *f* (StR) actual tax load
effektive Stücke *npl* (Bö) actual securities
effektive Übertragungsgeschwindigkeit *f*
(EDV) effective bit rate *(syn, Transfergeschwindigkeit: not the same as Übertragungsgeschwindigkeit)*
effektive Verzinsung *f* (Fin) = Effektivverzinsung, qv
effektive Ware *f*
(Bö) actuals *(syn, physische Ware; opp, Terminware = futures)*
effektive Zeit *f*
(IndE) actual (*or* clock) time *(syn, Istzeit)*
effektive Zinsbelastung *f* (Fin) effective interest load
Effektivgarantieklausel *f*
(Pw) clause safeguarding effective pay *(ie, when negotiated pay is increased)*
Effektivgeschäft *n*
(Bö) spot market transactions *(ie, on commodity exchanges, include ‚Lokogeschäfte', ‚Abschlüsse auf Abladung', ‚Abschlüsse in rollender od schwimmender Ware')*
Effektivhandel *m*
(com) transactions directed at actual delivery *(opp, speculative trade)*
Effektivklausel *f*
(WeR) currency clause *(ie, „effektiv" on bills of exchange)*
(Pw) stipulation in a collective agreement that a percentage pay rise is granted to all employees across the board
Effektivkosten *pl* (KoR) actual cost
Effektivlohn *m* (Vw) actual earnings (*or* wages)
Effektivrendite *f* (Fin) dividend yield *(cf, Dividendenrendite)*
Effektivverdienst *m* (Pw) actual earnings
Effektivverzinsung *f*
(Fin) effective/yield . . . rate
– effective (interest) yield
– effective annual yield
– redemption/true . . . yield
– market rate
(ie, tatsächlicher Ertrag e–s Wertpapiers; kann über od unter der Nominalverzinsung liegen; it is investment income or investment rate of return; note that the terms yield and return are often confused; yield is restricted to the net imcome from a bond if held to maturity, while return denotes current income derived from either a bond or a stock, without reference to maturity; opp, Nominalverzinsung = nominal rate of interest, coupon rate)
Effektivwert *m*
(Bö) actual price
(ie, esp. of stocks and bonds, generally market price less expenses)
(Stat) root mean square (*or* rms) value
Effektivzeit *f* (EDV) effective time
Effektivzins *m* (Fin) = Effektivverzinsung
Effektivzoll *m* (Zo) effective tariff
effiziente Schätzfunktion *f* (Stat) efficient estimate
effiziente Schätzung *f* (Stat) efficient estimate
Effizienz *f*
(com) efficiency
(ie, technisch/ökonomische Effizienz; relation between an output value and an input value; Ausdruck des Wirtschaftlichkeitsprinzips/Rationalprinzips)
(Stat) efficiency
(ie, Eigenschaft e–r Schätzfunktion)
Effizienzeinbußen *fpl* (Bw) efficiency losses
Effizienzgewinne *mpl* (Bw) efficiency gains
Effizienzkriterium *n* (Vw, Bw) performance criterion
Effizienzmangel *m*
(Bw) organizational slack
(ie, in organizations)
Effizienztheorem *n* (OR) efficiency theorem
EFTA (Vw) = Europäische Freihandelszone
EG
(Re) = Einführungsgesetz
(EG) = Europäische Gemeinschaft
EG-Agrarminister *m* (EG) Community agricultural minister
EG-Haushalt *m* (EG) EEC budget
EG-Kommission *f* (EG) Common market commission
EGKS (EG) = Europäische Gemeinschaften
EGKS-Waren *fpl* (EG) ECSC treaty products
EG-Länder *npl*
(EG) EEC countries
– members of the European Community
EG-Marktpreis *m* (EG) Community market price
eGmbH (com) = eingetragene Genossenschaft mit beschränkter Haftung
EG-Mittel *pl* (EG) EC financial resources
EG-Norm *f* (EG) Community norm
EG-Patent *n*
(EG) Community-wide patent
(ie, eventually to replace national patents)
EG-Präferenz *f* (EG) EEC preference
EG-Richtlinie *f* (EG) EC Council Directive
EG-Wertpapiere *npl* (Fin) Community financial instruments
Eheberater *m* (StR) marriage guidance counselor
Ehegattenbesteuerung *f* (StR) taxation of husband and wife (*or* spouses)
Ehegattengehalt *n* (com) spouse's salary
Ehekonflikt *m* (OR) battle of sexes
eheliches Güterrecht *n* (Re) matrimonial regime, §§ 1363 ff BGB
ehernes Lohngesetz *n* (Vw) iron (*or* brazen) law of wages *(D. Ricardo)*
Eheschließungsrate *f*
(Stat) marriage rate *(ie, per 1,000 inhabitants)*
Ehevertrag *m*
(Re) marriage settlement
– post-nuptial marriage contract
Ehrenakzept *n*
(WeR) acceptance for honor

– acceptance supra protest
– acceptance by intervention
Ehrenakzeptant *m*
(WeR) acceptor for honor
– acceptor by intervention
ehrenamtlicher Richter *m* (StR) lay judge, § 5 III FGO
ehrenamtlich tätig (com) acting on an honorary basis
Ehrenannahme *f* (WeR) = Ehrenakzept
Ehreneintritt *m*
(WeR) act of honor
– intervention supra protest
Ehrenkodex *m* (com) code of ethical practice
Ehrenzahlung *f*
(WeR) payment for honor
– payment supra protest
– payment by intervention
Ehrenzahlung *f* **ach Protest** (WeR) payment for honor supra protest
ehrgeiziges Projekt *n* (com) ambitious project (*or* scheme)
EHS (Fin) = Elektronisches Handelssystem
EIB (EG, Fin) = Europäische Investitionsbank
eichen
(IndE) to calibrate *(syn, abstimmen)*
Eichung *f*
(IndE) calibration *(syn, Abstimmung)*
Eid *m*
(Re) oath
(eg, to swear on oath; to give evidence under oath = unter Eid aussagen)
Eid *m* **abnehmen**
(Re) to administer an oath
– to swear in
eidesstattliche Erklärung *f* (Re) affirmation in lieu of an oath
eidesstattliche Versicherung *f*
(Re) statement in lieu of an oath
(ie, affirmed and signed)
– affirmation (*or* declaration) in lieu of an oath
Eid *m* **leisten** (Re) to take an oath
eidliche Erklärung *f* (Re) affirmation in lieu of an oath
eidliche Vernehmung *f* (StR) examination (*or* statement) under oath, § 94 AO
eidliche Versicherung *f* (Re) assertory oath
Eiegenkapitalquote *f* (Fin) ratio of equity to total capital
Eiegentumslage *f* (Re) property status
Eigenanzeige *f* (StR) self-accusation of tax evasion reported to the local tax office, § 371 AO
Eigenbedarf *m*
(com) personal requirements
(Bw) internal (*or* in-house) requirements (*or* needs)
(AuW) domestic requirements
Eigenbehalt *m*
(Vers) retention
(ie, amount of liability assumed by the writing company and not reinsured)
Eigenbelastung *f*
(StR) amount of extraordinary expenditure
(= außergewöhnliche Belastungen; which the taxpayer can reasonably be expected to bear himself, § 33 EStG)
Eigenbeleg *m*
(ReW) internal voucher
– self-prepared document (*or* voucher)
Eigenbesitz *m*
(Re, StR) possession under claim of right, § 872 BGB, § 39 II 1 AO
(Fin) own holdings of securities
Eigenbesitzer *m* (Re) proprietory possessor
Eigenbestand *m* (Fin) own holdings
Eigenbestand *m* **von Emittenten** (Fin) issuers' holdings of their own bonds
Eigenbetrieb *m*
(FiW) owner-operated municipal enterprise
– municipal public utility undertaking
(ie, gas, power, water, transportation; set up as a special fund = Sondervermögen; no independent legal entity)
Eigendepot *n*
(Fin) own security deposit
– trading account
(cf, §§ 13, 15 DepG; syn, Depot A)
Eigendiagnose *f*
(EDV) self diagnosis
(eg, with self-diagnostic features)
eigene Aktien *fpl*
(Fin) own shares, § 71 AktG
– (US) treasury shares
– shares held in treasury
– reacquired/repurchased . . . shares
(ReW, EG) own shares
eigene Akzepte *npl* (Fin) (bank's) acceptances outstanding
eigene Leistungen *fpl*
(ReW) non-market output of goods and services
– goods and services for own account
(ie, usu rechanneled into input flow)
eigene Mittel *pl*
(Fin) own (*or* capital) resources
(ie, capital and reserves; may include depreciation allowances and unappropriated earnings)
(Fin) self-generated funds
Eigenentwicklung *f*
(Bw) me-too-product
(ie, unterscheidet sich nicht od nur unwesentlich von e–m kurz vorher auf den Markt gebrachten Konkurrenzprodukt; ist keine USP = unique selling proposition, qv, sondern e–e Imitation)
(EDV) me-too-product *(eg, Software)*
eigener Hausstand *m* (StR) own household
eigener Wechsel *m* (WeR) promissory note
eigenerwirtschaftete Mittel *pl*
(Fin) internally generated funds
– internal equity
(ie, finance provieded out of a company's own resources; syn, Selbstfinanzierungsmittel)
Eigenerzeugnis *n* (KoR) company-manufactured product
eigene Währungsreserven *fpl* (AuW) earned currency reserves
eigene Ziehungen *fpl* (Fin) bills drawn by a bank
Eigenfertigung *f*
(IndE) internal production
(IndE) internally-produced goods
Eigenfertigung *f* **od Fremdbezug** *m* (IndE) make or buy

Eigenfinanzierung *f*
(Fin) financing from own resources
(ie, the two components of this type of financing are (a) eigene Mittel: equity financing, and (b) Selbstfinanzierung: funds generated in the business; opp, Fremdfinanzierung; die wichtigste Form aus dem betrieblichen Umsatzprozeß ist die Selbstfinanzierung: Überführung von Gewinnen auf Rücklagekonten)
Eigenfinanzierungsmittel *pl*
(Fin) internal resources
(ie, capital consumption, investment grants, retained income)
Eigenfinanzierungsquote *f* (Fin) self-financing ratio
Eigenfunktion *f*
(Math) eigenfunction
– proper function
eigengenutzte Grundstücke *npl* (com) owner-occupied land
eigengenutztes Haus *n* (StR) owner-occupied home
Eigengeschäft *n*
(com) independent operation (*or* transaction) *(ie, for one's own account)*
(Fin) trade/transaction . . . for own account
– principal transactions
Eigengewässer *npl* (Re) inland (*or* internal) waters
Eigengewicht *n* (Zo) net weight
Eigenhaftung *f* (Re) broker's performance liability, § 95 HGB
Eigenhandel *m*
(Fin) trade for one's own account
– transactions for own account
– own account trading
Eigenhandelsgewinne *mpl* (Fin) profits from dealing for bank's own account
eigenhändig
(com) „hand to addressee only"
(Re) holographic *(ie, written with one's own hand)*
eigenhändiges Testament *n*
(Re) holograph
– holographic will *(ie, not witnessed or attested)*
eigenhändige Unterschrift *f* (com) autograph (*or* personal) signature
eigenhändig geschriebener Brief *m* (com) autograph letter
eigenhändig geschriebene Urkunde *f* (Re) holograph
eigenhändig unterschrieben (com) signed personally (*or* in one's own hand)
Eigenhändler *m*
(com) dealer *(ie, other than agent)*
Eigenhändlergeschäft *n*
(Fin) trading for (bank's) own account *(ie, not on commission)*
Eigenhändlervertrag *m* (com) exclusive dealer agreement
Eigenheim *n* (com) owner-occupied home
Eigenheim *n* **mit Einliegerwohnung** (com) owner-occupied home with separate apartment
Eigeninvestition *f*
(Bw) internal investment *(opp, Fremdinvestition)*
Eigenkapital *n*
(ReW) equity capital
– stockholders' equity
– (GB) shareholders' equity
– (GB) total equity
(ie, bilanzielles Eigenkapital ist gleich der Differenz zwischen Vermögen und Schulden; nach § 266 III HGB umfaßt das Eigenkapital:
1. gezeichnetes Kapital = subscribed capital;
2. Kapitalrücklage = capital reserves;
3. Gewinnrücklage = revenue reserves; mit der Unterteilung: gesetzliche Rücklagen = statutory reserves; Rücklagen für eigene Anteile = reserves for own shares; satzungsmäßige Rücklagen = company (constitutional); andere Gewinnrücklagen = other revenue reserves;
4. Gewinnvortrag/Verlustvortrag = profit/loss brought forward;
5. Jahresüberschuß/Jahresfehlbetrag = profit or loss for the year;
in U.S. accounting it is a composite of the following capital accounts:
1. common stock; 2. preferred stock; 3. surplus; 4. undivided profit; 5. reserves for contingencies; 6. and other capital reserves)
(Fin) equity capital
(ie, von Banken: ‚hartes' E. = eingezahltes Aktienkapital + ausgewiesene Rücklagen;, weiches E. = Hälfte des E. kann mit, ergänzenden Eigenkapitalsurrogaten-, wie Neubewertungsrücklagen oder Sammelwertberichtigungen auf Länderrisiken aufgefüllt werden)
(Vers) net total assets
– capital at risk
Eigenkapitalanteil *m* (Fin) = Eigenkapitalquote, qv
Eigenkapitalausstattung *f*
(Fin) equity capitalization
– capital base
(cf, Eigenkapitalquote)
Eigenkapitalbasis *f* (Fin) equity capital base
Eigenkapitalbedarf *m* (Fin) equity requirements (*or* needs)
Eigenkapital-Bewegungsbilanz *f* (Fin) statement of shareholders' equity (*or* net worth)
Eigenkapitalbildung *f* (Fin) equity capital formation
Eigenkapitaldecke *f* (Fin) equity position *(eg, geringe = thin)*
Eigenkapitalersatz *m* (Fin) substitute equity (capital)
eigenkapitalersetzendes Darlehen *n* (Fin) equity-replacing loan
Eigenkapitalfinanzierung *f* (Fin) equity financing
Eigenkapitalgliederung *f* (ReW) breakdown of net worth
Eigenkapitalinstrumente *npl* (Fin) equity instruments
Eigenkapital *n* **je Aktie** (Fin) net assets per share
Eigenkapitalkonsolidierung *f* (Fin) equity funding
Eigenkapitalkonto *n*
(ReW) equity account
– (GB) proprietary/proprietorship . . . account
Eigenkapitalkosten *pl* (Fin) cost of equity
Eigenkapitalminderung *f* (Fin) decrease in equity
Eigenkapitalpolster *n* (Fin) equity cushion
Eigenkapitalpositionen *fpl* (ReW) equity captions
Eigenkapitalquote *f*
(Fin) equity ratio

– capital-to-assets ratio
– capital ratio
(ie, Verhältnis Eigenkapital zur Bilanzsumme = ratio of equity to total assets; hat sich in der Industrie bei 30 % stabilisiert)
Eigenkapitalrendite *f* (Fin) = Eigenkapitalrentabilität
Eigenkapitalrentabilität *f*
(Fin) equity return
– income-to-equity ratio
– percentage return on equity
– return on (shareholders') equity
Eigenkapitalrückkauf *m*
(Fin) equity/capital . . . buyback
– equity . . . redemption
Eigenkapitalverflechtung *f* (Fin) equity link
Eigenkapitalverzinsung *f*
(Fin) equity yield rate
– rate of return on equity
Eigenkapitalzuführung *f* (Fin) (equity) capital contribution
Eigenleistung *f* (Fin) borrower's own funding
Eigenleistungen *fpl*
(Bw) services rendered for own account
(ReW) = eigene Leistungen
Eigenmacht *f* (Re) unlawful interference with possession, § 858 BGB
Eigenmarke *f*
(Mk) house brand
(ie, Marke e–s Herstellers, die er für die an e–n Kunden gelieferten Produkte exklusiv verwendet; nicht zu verwechseln mit Handelsmarke)
Eigenmittel *pl*
(Fin) own funds
– capital resources
Eigenmittelrichtlinie *f*
(Fin, EG) EC equity capital regulation
(ie, 8 % der Risikoaktiva sind mit Eigenkapital zu unterlegen; die sog. Acht-Prozent-Regelung)
Eigennachfrage *f* (Vw) reverse demand
Eigennutzung *f* (com) internal use
Eigenschaft *f*
(com) attribute
– property
– characteristic
– feature
– earmark
Eigenschaftenfenster *n* (EDV) property sheet
Eigenschaftsfenster *n*
(EDV) properties editor *(syn, Editor für Objekteigenschaften)*
Eigenservice-Factoring *n* (Fin) = Bulk-Factoring, qv
eigenständiger Modus *m* (EDV) stand-alone mode
Eigentest *m* (EDV) open-shop testing
eigentliches Dumping *n* (AuW) dumping proper
eigentrassierter Wechsel *m* (WeR) bill drawn by the maker
Eigentum *n*
(Re) ownership, §§ 903 ff BGB
– perfect ownership
– complete ownership
– property
(Note: Be careful in using the term ,title'. It does not indicate whether a person holds property for his own benefit or as trustee.)
Eigentum *n* **beanspruchen** (Re) to claim title to
Eigentümer *m*
(Re) owner
(ie, in English the term is a ,nomen generalissimum', its meaning to be gathered from the connection in which it is used)
– proprietor
(ie, having exclusive title to anything; in many instances synonymous with ,owner')
Eigentümergrundschuld *f* (Re) owner's land charge, § 1196 BGB
Eigentümerhypothek *f* (Re) owner's mortgage, § 1163 BGB
Eigentümerin *f* (Re) proprietoress
Eigentümer-Unternehmer *m* (Bw) owner-manager
Eigentümerversammlung *f* (com) assembly of condo owners
Eigentum *n* **erwerben (an)** (Re) to acquire ownership (of)
Eigentum *n* **geht über** (Re) property (*or* title) passes (to)
Eigentum *n* **nach Bruchteilen**
(Re) tenancy in common
(ie, each owner holds an undivided interest in property, §§ 741 ff BGB)
Eigentumsanspruch *m* (Re) right of ownership
Eigentumsaufgabe *f*
(Re) voluntary abandonment of ownership, § 959 BGB
– *(civil law)* dereliction
Eigentumsbildung *f* (Pw) formation of property (*or* wealth)
Eigentumsdauer *f*
(StR) holding period *(ie, time during which an asset is held)*
Eigentumserwerb *m* (Re) acquisition of ownership
Eigentumsformen *fpl* (Re) types of ownership
Eigentumsrecht *n*
(Re) property/proprietary . . . right
– right of ownership
– ownership interest
– legal right of property
– legal title
Eigentumsschutz *m* (Re) protection of ownership
Eigentumsübergang *m*
(Re) passage (*or* transfer) of title to property
– passage of ownership
– passing of title
Eigentumsübertragung *f* (Re) transfer of ownership
Eigentumsurkunde *f* (Re) document of ownership
Eigentumsverhältnisse *npl* (Re) ownership structure
Eigentumsverlust *m*
(Re) loss of ownership
(ie, through destruction, abandonment, and transfer of property)
Eigentumsvermutung *f* (Re) presumption of ownership, § 1006 BGB
Eigentumsverzicht *m* (Re) = Eigentumsaufgabe
Eigentumsvorbehalt *m*
(Re) reservation of ownership
– reservation of right of disposal
– retention of (title to) ownership

(ie, ownership should not pass before payment of purchase price, § 455 BGB; civil law: pactum reservati dominii; gilt nur für bewegliche Sachen)
Eigentumsvorbehaltsklausel *f* (Re) retention-of-title clause
Eigentumswohnung *f*
(com) condominium
– condo
– cooperative apartment
(ie, system of separate ownership of individual units in multiple-unit building)
Eigentum *n* **übertragen**
(Re) to convey
– to transfer
– to transmit . . . ownership *(to others)*
– to pass title
Eigentum *n* **verschaffen** (Re) to transfer property
Eigentum *n* **vorbehalten** (Re) to reserve right of ownership
Eigentum *n* **zur gesamten Hand** (Re) joint property
Eigenumsatz *m*
(com) internal turnover
(ie, use of own finished products, own repairs, own buildings, etc.)
Eigen- und Fremdkapital *n* (Fin) equity and debt capital
Eigen- und Regiebetriebe *mpl*
(FiW) publicly owned enterprises
(ie, gehören der öffentlichen Hand, werden aber dem Unternehmensbereich zugerechnet, arbeiten selbständig und streben Gewinne an)
Eigenverbrauch *m*
(com) personal consumption
(VGR) consumption by owner
(Bw) in-house consumption
– in-feeding (of goods and services)
(StR, VAT) appropriation (*or* withdrawal) of business property for non-business purposes of the owner, § 1 I 2 UStG
– personal use by taxpayer
Eigenveredelung *f* (com) processing for own account
Eigenverkehr *m*
(Bw) plant-operated traffic *(ie, delivering goods to private and public households)*
Eigenversicherung *f*
(Vers) self-insurance
(eg, business places aside sufficient sums to cover liability losses that may be sustained)
Eigenvorsorge *f* (SozV) private provision for old age
Eigenwechsel *m*
(WeR) promissory note *(syn, Solawechsel)*
Eigenwerbung *f*
(Mk) individual advertising
– self-advertising
(opp, ‚Gemeinschaftswerbung' and ‚Sammelwerbung')
Eigenwert *m*
(Math) characteristic root
– eigenfunction
– eigenwert
– eigenvector
– latent root
– proper value
(ie, especially a root of the characteristic equation of a matrix)
Eigenwirtschaftlichkeit *f*
(FiW) profitability (*or* efficiency) of public enterprises
(ie, pursued to ensure continued existence or viability)
Eigner *m* (com) = Eigentümer, qv
Eignung *f*
(Pw) aptitude
– qualification
– suitability
– ability
Eignungsbeurteilung *f*
(Pw) appraisal of aptitude
(ie, through aptitude tests or testing)
Eignungsprüfung *f*
(Pw) aptitude test
– qualifying examination
– examination of professional competence
(ie, at graduate level)
Eignungstest *m*
(Pw) = Eignungsprüfung
(Bw) acceptance test
(ie, made in the early phase of a project to make sure that the finished product fits the appointed purpose)
Eilauftrag *m*
(com) rush order
(Fin) „urgent order"
(ie, instruction in postal check handling)
Eilbestellung *f* (com) = Eilauftrag
Eilbote *m*
(com) special delivery messenger
– (GB) express messenger
Eilbotensendung *f* (com) express delivery consignment
Eilfracht *f*
(com) fast freight
– (GB) express freight
Eilfrachtbrief *m* (com) fast-freight waybill
Eilgebühr *f* (com) express delivery charge
Eilgeld *n*
(com) dispatch money
(ie, bei eingesparter Liegezeit)
Eilgeld *n* **in Höhe des halben Liegegeldes** (com) dispatch half demurrage
Eilgeld *n* **nur im Ladehafen** (com) dispatch loading only
Eilgut *n* (com) fast freight
Eilpaket *n* (com) express parcel (*or* package)
Eilpost *f* (com) express postal service
Eilüberweisung *f*
(Fin) rapid money transfer
(ie, straight through to the final account-holding bank; settlement still passing through Giro center)
Eilzuschlag *m* (com) extra charge for urgent work
Eilzustellung *f* (com) rush delivery
Eimerkettenattacke *f* (EDV) bucket brigade attack
Einarbeitung *f*
(Pw) orientation
– familiarization
– settling-in *(ie, of new employees)*

Einarbeitungskosten *pl* (Pw) cost of employee orientation
Einarbeitungsprogramm *n* (Pw) orientation program
Einarbeitungszeit *f*
(Pw) lead-in period
– orientation period
– period of familiarization
– settling-in period
Einarbeitungszuschlag *m* (IndE) learner allowance
Einarbeitungszuschuß *m* (Pw) job familiarization allowance
Ein-Ausgabe-Bereich *m* (EDV) input output area
Ein-Ausgabe-Kanal *m* (EDV) input output channel
Ein-Ausgabe-Operation *f* (EDV) input output operation
Ein-Ausgabe-Prozessor *m* (EDV) input output processor
Ein-Ausgabe-System *n* (EDV) input output system, IOS
Ein-Ausgabe-Werk *n* (EDV) input output control
Einbauten *mpl* (ReW) improvements
Einbauten *pl* **in gemietete Räume** (ReW) leasehold improvements
Einbauten *pl* **in Mietobjekte** (ReW) = Einbauten in gemietete Räume
einbehalten
(Fin) to retain *(eg, earnings)*
(StR) to withhold *(ie, taxes)*
einbehaltene Gewinne *mpl*
(Fin) earnings (*or* net income *or* profits) retained in the business
– profit retentions
– retained earnings (*or* income *or* profit)
– undistributed profits
– (GB) ploughed-back profits
einbehaltene Lohnsteuer *f* (StR) wages tax withheld
einbehaltener Gewinn *m* (ReW) earnings retained for use in the business
einbehaltene Steuern *fpl*
(ReW) tax withholdings
– withheld taxes
Einbehaltung *f* **der Lohnsteuer**
(Pw) withholding of wages tax
(ie, by employer)
Einbehaltung *f* **von Gewinnen**
(Fin) earnings (*or* profit) retention
– (GB) ploughing-back of profits
Einbehaltung *f* **von Steuern** (StR) withholding of taxes
einberufen
(com) to call/convene *(eg, a meeting)*
– (fml) to convoke
Einberufung *f* **der Hauptversammlung** (Bw) calling of shareholders' meeting, §§ 121 ff AktG
Einberufungsbekanntmachung *f* (Bw) notice of meeting
Einberufungsfrist *f* (Re) period of notice of meeting, § 123 AktG
einbetten (EDV) to imbed
einbezahlen (com) to pay in
einbezahlt
(com) paid-in
– paid-up
Einblendung *f* (EDV) superimposition
Einbrennen *n* **des Bildschirms**
(EDV) screen burn
(ie, damage that is caused by displaying the same picture for a long time on a monitor; can be avoided by using of a screen saver, qv)
einbringen
(com) to earn
(eg, money)
– to yield
(eg, a profit)
– to produce
– to bring in
(eg, book brought in € 1m)
– (infml) to pull in
(eg, hefty rents)
(Fin) to contribute
– to bring contributions to
– to put in contributions
Einbringung *f* (Fin) transfer of property to a company in exchange for stock
Einbringung *f* **e–s Unternehmens** (Bw) contribution of an enterprise, § 31 III AktG
Einbringungsvertrag *m* (Fin) agreement relating to contribution of capital
Einbringung *f* **von Sachwerten** (Fin) contribution of physical assets
Einbruch *m*
(com) setback
(com) slump
– sharp tumble *(eg, in prices)*
Einbruchdiebstahl-Versicherung *f*
(Vers) burglary insurance
(ie, includes burglary, theft, robbery)
– (GB) theft insurance
Einbruch *m* **in den Markt** (Mk) inroads into a market
Einbuße *f*
(com) damage
– loss
Einbußen *fpl* **des Realeinkommens** (Vw) real income losses
eindämmen
(com) to check
– to curb
– to damp
eindecken, sich
(com) to buy ahead
– to cover requirements
– to stock up
– to accumulate inventory
Eindeckung *f*
(com) stocking up
(com) precautionary buying
(MaW) least-cost replenishment of inventories
Eindeckungszeit *f* (IndE) days of supply
eindeutig
(Log) unequivocal
(com) unique
(com, adv) fairly and squarely
eindeutig abhängig (Math) uniquely related
eindeutig definiert (Log) uniquely defined
eindeutige Abbildung *f*
(Math) biunique mapping
(Math) single-valued function

eindeutige Aufgabe *f* (Bw) specified task
eindeutige Definition *f*
(Log) clear-cut
– hard-and-fast
– unique . . . definition
eindeutige Funktion *f* (Math) one-valued (*or* single-valued) function
eindeutige Lösung *f* (Math) determinate (*or* unique) solution
eindeutiger Vorteil *m* (com) decided advantage
eindeutiges Ergebnis *n* (Math) unique solution
eindeutiges Optimum *n* (OR) unique optimum
Eindeutigkeitssatz *m* (Math) identity (*or* uniqueness) theorem
eindimensionale Verteilung *f* (Stat) univariate distribution
eindringen (com) to penetrate *(eg, a market)*
eineindeutige Abbildung *f*
(Math) one-to-one mapping
– one-to-one . . . function/transformation
– bijection
(syn, umkehrbar eindeutige Abildung)
eineindeutige Zuordnung *f* (Math) one-to-one relation
Einerkomplement *n* (EDV) ones complement
Einfachbeleg *m* (com) single-part form
einfache Buchführung *f*
(ReW) single-entry bookkeeping
– (US) Boston bookkeeping
einfache Codierung *f*
(EDV) absolute (*or* basic) coding *(syn, Grundcodierung)*
einfache Devisenarbitrage *f* (Fin) direct arbitrage
einfache Fahrkarte *f*
(com) one-way ticket
– (GB) single ticket
(opp, Rückfahrkarte, qv)
einfache Genauigkeit *f* (EDV) single-precision
einfache Gesellschaft *f*
(Re) civil partnership *(syn, Gesellschaft des bürgerlichen Rechts, BGB-Gesellschaft)*
einfache Havarie *f* (SeeV) simple (*or* ordinary) average
einfache Lizenz *f*
(Pat) nonexclusive license
(ie, essentially an agreement that patent owner will not sue the licensee)
einfache Mehrheit *f* (com) simple majority
einfache mittlere Abweichung *f* (Stat) average deviation
einfacher Ausdruck *m*
(Log) primitive expression
– simple term
einfacher durchschnittlicher Abstand *m* (Stat) = einfache mittlere Abweichung
einfacher exponentieller Lag *m* (Math) simple exponential lag
einfacher Gitterplan *m* (Stat) simple lattice design
einfacher Lizenzvertrag *m* (Pat) = nicht-ausschließlicher Lizenzvertrag, qv
einfacher Mittelwert *m* (Stat) simple average
einfacher Name *m* (EDV) simple name
einfacher Summenzuwachs *m* (Vers) simple reversionary bonus
einfacher Zeitlohn *m* (Pw) plain time rate
einfaches Akkreditiv *n* (Fin) clean credit *(cf, Barakkreditiv)*
einfaches Inkasso *n*
(Fin) clean collection *(opp, documentary collection)*
einfaches Integral *n* (Math) simple integral
einfaches Termingeschäft *n* (Bö) outright forward transaction
einfache Stichprobe *f* (Stat) simple sample
einfache Stichprobennahme *f* (Stat) single sampling
einfache Stimmenmehrheit *f* (com) simple majority of votes
einfaches Zufallsstichproben-Verfahren *n* (Stat) simple sampling (procedure)
einfache Unstetigkeit *f* (Math) ordinary discontinuity
einfache Vermutung *f*
(Re) rebuttable
– disputable
– inconclusive . . . presumption
– *(civil law)* praesumptio juris tantum
(ie, counter-evidence permitted = Widerlegungsmöglichkeiten zugelassen; opp, unwiderlegliche Vermutung)
einfache Zinsen *mpl* (Fin) simple interest
einfache Zufallsauswahl *f* (Stat) simple (*or* unrestricted) random sampling
einfache Zufallsstichprobe *f* (Stat) simple sample
einfach faktorales Austauschverhältnis *n* (AuW) single factoral terms of trade
Einfachfertigung *f* (IndE) single-process production
Einfachklassifikation *f* (Stat) one-way classification
Einfachkorrelation *f* (Stat) simple correlation
einfach-logarithmischer Maßstab *m* (Math) ratio scale
einfach-logarithmisches Netz *n* (Math) semi-logarithmic chart
einfach-logarithmisches Papier *n* (Math) semi-log paper
Einfachstichprobennahme *f* (Stat) single sampling
Einfachstichprobenprüfplan *m* (Stat) single sampling plan
Einfachstichprobenprüfung *f* (Stat) single sampling inspection
einfach zusammenhängender Bereich *m* (Math) simply connected region
einfahren
(com, infml) to break in *(ie, a new car)*
– (GB) to run in
Einfaktortheorie *f* (Stat) single-factor theory
Einfamilienhaus *n*
(StR) single-family home
(ie, may be used in part for business or professional purposes, § 75 V BewG)
einfarbiges Farbband *n* (com) monochrome (typewriter) ribbon
Einfinger-Suchsystem *n*
(com, infml) hunt and peck method *(ie, of typing; cf, Blindschreiben = touch typing)*
Einfirmenvertreter *m* (Re) commercial agent contractually barred from working for other principals, § 92 a HGB

Einflußgröße *f* (com) factor impacting . . . *(eg, the volume bought)*
einfordern (Fin) to call in (*or* call up) capital
Einfordern *n* **nicht eingezahlter Zeichnungen** (Fin) call on unpaid subscriptions
Einfordern *n* **von Kapitaleinlagen** (Fin) call-in of unpaid capital contributions
einfrieren (Fin) to freeze *(eg, external assets)*
Einfügemodus *m*
(EDV) insert mode
(default within most text processors; opp, overwrite mode)
einfügen
(com) to insert
– to build in/into *(eg, clause/proviso/stipulation . . . into a contract)*
(EDV) to embed
– to append
Einfuhr *f* (com) importation
Einfuhrabfertigung *f*
(Zo) clearance on importation
– clearance inwards
Einfuhrabgabe *f*
(EG) border tax on imports *(syn, Grenzausgleichsabgabe)*
Einfuhrabgaben *fpl* (Zo) import charges
Einfuhrabgabenbefreiung *f* (Zo) exemption from import duties
Einfuhrabschöpfung *f*
(EG) variable import farm levy
(ie, difference between a lower world market price and a high domestic price)
Einfuhranmeldung *f*
(Zo) import notification
(ie, submitted to the Federal Office of Statistics)
Einfuhr *f* **auf dem Seeweg** (Zo) importation by sea
Einfuhrausgleichsabgabe *f* (Zo) import equalization levy
Einfuhrbelastung *f* (Zo) import charges
Einfuhrbescheinigung *f*
(Zo) entry certificate
– certificate of clearance inwards
Einfuhrbeschränkungen *fpl*
(AuW) import . . . restrictions/curbs
– restrictions on imports
– restrictions on the entry of goods
– bar on imports
Einfuhrbeschränkungen *fpl* **verschärfen** (AuW) to intensify import restrictions
Einfuhrbesteuerung *f* (FiW) imposition of taxes on importation
Einfuhrbestimmungen *fpl* (AuW) import regulations
Einfuhrbewilligung *f* (com) import permit
Einfuhrbewilligungsverfahren *n* (com) import licensing system
Einfuhrdeklaration *f* (Zo) import entry (*or* declaration)
Einfuhrdokument *n* (Zo) import document
Einfuhren *fpl*
(com) imports
– imported goods
einführen
(AuW) to import (into)
(Mk) to launch *(eg, product on a market)*
Einfuhren *fpl* **auf die Gemeinschaftsplafonds anrechnen** (EG) to charge imports against the Community ceilings
Einfuhren *fpl* **aus Staatshandelsländern** (AuW) imports from state trading countries
einführender Mitgliedsstaat *m* (EG) importing Member State
Einfuhren *fpl* **durch Agenturen** (Zo) agency importations
Einführer *m* (AuW) importer
Einfuhrerklärung *f* (Zo) import entry (*or* declaration)
Einfuhrerleichterung *f* (AuW) import facility
Einfuhrerleichterungen *fpl* **gewähren** (AuW) to ease the importation procedure
Einfuhrfinanzierung *f*
(Fin) import financing
(ie, raising debt money for handling import transactions)
Einfuhrfreigabe *f* (AuW) import release
Einfuhrfreiliste *f* (AuW) import calendar
Einfuhrgebiet *n* (AuW) importing territory
Einfuhrgenehmigung *f* (com) import authorization
Einfuhrgeschäft *n* (com) import transaction
Einfuhrhafen *m* (Zo) port of import
Einfuhrhandel *m* (AuW) import trade
Einfuhrhändler *m* (com) importer
Einfuhrkommissionär *m* (com) import commission agent
Einfuhrkontingent *n*
(AuW) import quota
– allocated quota
(ie, nach Ländern und Importeuren; based on a prior representative period)
Einfuhrkontingentierung *f*
(AuW) quota allocation for imports
– imposing import quotas
– limitation on imports
Einfuhrkontrollmeldung *f* (Zo) import control declaration (*or* notification)
Einfuhrkredit *m* (Fin) import credit
Einfuhrland *n*
(AuW) country of importation
– importing country
Einfuhrliberalisierung *f* (AuW) liberalization of imports
Einfuhrliste *f* (AuW) import calendar
Einfuhrlizenz *f* **beantragen** (EG) to apply for an import licence
Einfuhrlizenz *f* **erteilen** (EG) to grant an import licence
Einfuhrmakler *m* (com) import broker
Einfuhrmengen *fpl* (AuW) volume of imports
Einfuhrmonopol *n* (AuW) import monopoly
Einfuhr *f* **nach passiver Veredelung** (Zo) importation after outward processing
Einfuhrort *m* (Zo) place of entry (*or* importation)
Einfuhrpapier *n* (com) import document
Einfuhrpapiere *npl* (com) import documentation
Einfuhrplafond *m* (AuW) import ceiling
Einfuhrprämie *f* (AuW) import bonus
Einfuhrpreis *m* (com) entry/import . . . price
Einfuhrpreisindex *m* (AuW) import price index
einfuhrrechtlich abfertigen (Zo) to carry out (*or* effect) import procedure

Einfuhrregelung *f*
(AuW) import rules
– rules for imports
Einfuhrrestriktionen *fpl* (AuW) = Einfuhrbeschränkungen
Einfuhrsaison *f* (com) importing season
Einfuhrschleuse *f* (AuW) import sluice
Einfuhrschranken *fpl* (AuW) import barriers
Einfuhrsendung *f* (com) import consignment
Einfuhrsog *m* (AuW) import pull
Einfuhrsteuer *f*
(FiW) import levy
(ie, imposed to protect domestic industries or to better the balance of payments situation)
Einfuhrstopp *m* (AuW) import ban
Einfuhrstrom *m* (AuW) flow of imports
Einfuhrsubvention *f* (AuW) import subsidy
Einfuhrtag *m* (com) day of importation
Einfuhrüberschuß *m* (AuW) import surplus
Einfuhrüberwachung *f* (EG) surveillance over imports
Einfuhrumsatzsteuer *f*
(StR) turnover tax on imports, § 21 UStG
(ie, levied on imported goods at the rates applicable to domestic deliveries of equivalent merchandise)
Einfuhrumsatzsteuer-Wert *m* (StR) basis for calculation of import turnover tax
Einfuhrunbedenklichkeitsbescheinigung *f* (AuW) certificate of non-objection to import
Einfuhr- und Vorratsstelle *f* **für landwirtschaftliche Erzeugnisse** (AuW) intervention board for agricultural products
Einführung *f* **einer einheitlichen Währung** (EG) adoption of a single currency
Einführung *f* **e–s neuen Produkts** (Mk) rollout of a new product
Einführung *f* **neuer Produkte**
(Mk) launching of new products
– product pioneering
Einführungsangebot *n* (Bö) opening offer
Einführungsgesetz *n* (Re) introductory act (*or* law)
Einführungsklausel *f* (Re) introductory clause
Einführungskonsortium *n* (Bö) introduction syndicate
Einführungskurs *m* (Bö) introduction (*or* issue) price
Einführungsphase *f*
(Mk) introduction (*or* pioneering) stage
(ie, of product life cycle)
Einführungspreis *m*
(Mk) introductory/advertising . . . price
– (infml) get-acquainted price
(syn, Orientierungspreis)
Einführungsprospekt *m* (Bö) listing prospectus
Einführungsprovision *f* (Bö) listing commission
Einführungsrabatt *m*
(Mk) get-acquainted discount
– promotion rebate
Einführungstag *m* (Bö) first day of listing
Einführungstest *m* (Mk) product placement test
Einführungsunterstützung *f* (EDV) initial support
Einführungsunterstüzung *f* (EDV) initial support
Einführungswerbung *f*
(Mk) announcement advertising (campaign)
– launch advertising
– (GB) initial advertising
Einführung *f* **von Kreditkontrollen** (Fin) imposition of credit controls
Einfuhr *f* **unter Zollverschluß** (Zo) importation in bond
Einfuhrverbot *n*
(AuW) import embargo
– ban on imports
Einfuhrverfahren *n* (Zo) import procedure
Einfuhrvertrag *m* (com) contract for importation, § 22 AWV
Einfuhrvolumen *n*
(AuW) volume of imports
(Stat) value of imports for one period, measured in prices of a specified base year
Einfuhrvorgang *m* (com) import operation (*or* transaction)
Einfuhrwaren *fpl* (com) import goods
Einfuhrwechsel *m* (Fin) import bill
Einfuhrzoll *m*
(Zo) customs duty on importation
– import duty
– duty on entry (*or* imports)
– customs inward
Einfuhrzollanmeldung *f* (Zo) import declaration
Einfuhrzollerklärung *f* (Zo) duty paid entry
Einfuhrzollförmlichkeiten *fpl*
(Zo) customs formalities for putting into free circulation
– customs import formalities
Einfuhrzollkontingent *n* (Zo) import tariff quota
Einfuhrzuschuß *m* (AuW) import subsidy
Eingabe *f*
(EDV) (data) input
– entry
(Re) application *(eg, to submit an . . .)*
– petition *(eg, make a . . .)*
Eingabeaufforderung *f* (EDV) prompt (message)
Eingabe-Ausgabe-Einheit *f* (EDV, Cobol) input-output unit
Eingabebefehl *m*
(EDV) read instruction *(syn, Lesebefehl)*
Eingabebereich *m* (EDV) input area
Eingabeblock *m*
(EDV) entry block
(ie, area of main memory reserved for the data which will be introduced at execution time)
Eingabecode *m* (EDV) input code
Eingabedaten *pl* (EDV) input/entry . . . data
Eingabeeinheit *f* (EDV) input unit
Eingabefeld *n*
(EDV, Cobol) input field
(EDV) edit field
Eingabefenster *n*
(EDV, GUI) focus window *(syn, aktives/aktuelles Fenster)*
(EDV, GUI) edit window
Eingabegerät *n* (EDV) input device
Eingabekanal *m* (EDV) input channel
Eingabeprogramm *n* (EDV) input program (*or* routine)
Eingabepuffer *m* (EDV) input buffer
Eingaberegister *n* (EDV) input register
Eingabesatz *m* (EDV) input record

Eingabeschlitz *m* (com) entry slot
Eingabespeicher *m* (EDV) input storage (*or* area)
Eingabestapel *m* (EDV) input deck
Eingabestation *f* (EDV) input station
Eingabetastatur *f* (EDV) keyboard
Eingabetermin *m*
(com) input date
(eg, für EDV-mäßige Erfassung)
Eingabevorgang *m* (EDV) input process
Eingabewarteschlange *f*
(EDV) input job queue
– input work queue
Eingang *m*
(com) arrival
(com) incoming mail
(Fin) receipts
(EDV) input
Eingänge *mpl* (Fin) receipts
Eingang *m* **e–r Zahlung** (Fin) receipt of payment
Eingang *m* **in die Gemeinschaft** (EG) entry into the Community
Eingangsabfertigung *f* (Zo) inward clearance formalities (on arrival)
Eingangsabgaben *fpl*
(StR) import duties and taxes, § 1 III ZG
– import charges
eingangsabgabenpflichtig (StR) liable to import duties and taxes
Eingangsabteilung *f* (com) receiving department
Eingangsanzeige *f* (com) acknowledgment of receipt
Eingangsbefehl *m* (EDV) entry instruction
Eingangsbescheinigung *f*
(EG) receipt
(ie, common shipping procedure)
Eingangsbestätigung *f*
(com) acknowledgment of receipt
(Zo) confirmation of procedure as declared
Eingangsbildschirm *m*
(EDV, GUI) splash screen
(ie, displayed immediately after program start; usu shows name, logo and version number of program)
Eingangsbuch *n* (MaW) register of merchandise received
Eingangsbuchung *f* (ReW) original entry
Eingangsdatum *n* (com) date of receipt
Eingangsdurchgangszollstelle *f* (Zo) office of entry en route
Eingangsdurchschnittspreis *m*
(KoR) average price of raw materials and supplies, restricted to current additions
(ie, disregarding the beginning inventory of an accounting period)
Eingangsfehler *m* (EDV) inherited error
Eingangsfracht *f*
(com) carriage inward
– freight in
– freight inward
Eingangsfunktion *f*
(OR) contributive function
– input function
– receiving function
Eingangs-Informationsträger *m* (EDV) input medium
Eingangskontrolle *f* (IndE) = Eingangsprüfung
Eingangslager *n* (MaW) incoming stores
Eingangsmeldung *f* (com) receiving report
Eingangsmitgliedstaat *m* (EG) Member State of entry
Eingangsort *m* (Zo) port of entry
Eingangsprüfung *f*
(IndE) receiving inspection
– incoming inspection (*or* testing)
(ie, of incoming goods; cf, DIN 55 350.T11)
(MaW) incoming materials control
Eingangsprüfung *f* **ablegen**
(Pw) to sit for
– to take
– to sustain . . . a qualifying examination *(eg, at university level)*
Eingangsrechnung *f*
(ReW) purchase invoice
– invoice received
Eingangssatz *m*
(StR) basic rate
(ie, of income tax)
Eingangsstelle *f* (EDV) inconnector
Eingangsstempel *m* (com) date (*or* receipt) stamp
Eingangssteuersatz *m* (StR) starting rate
Eingangsstufe *f* (Pw) entry level
Eingangsstufe *f* **des Steuertarifs** (StR) first-bracket rate of tax
Eingangstag *m* (com) date of receipt
Eingangsüberwachung *f* (MaW) = Eingangskontrolle
Eingangsvermerk *m* (com) file mark
Eingangsversand *m* (Zo) inward transit
Eingangszoll *m* (Zo) inward duty
Eingangszollamt *n* (Zo) import customs office
Eingangszollstelle *f* (Zo) customs office of entry
Eingang *m* **vorbehalten**
(Fin) „subject to collection"
(ie, clause on credit note for bills of exchange and checks turned in to a bank for collection)
eingebaute Funktion *f*
(EDV) built-in function
(ie, single expression comprising complex mathematical routine)
eingebaute Schrift *f* (EDV) built-in font
eingeben
(EDV) to input (past tense: inputted/input)
– to enter
– to key in/into
eingebetteter Befehl *m* (EDV) embedded command
eingebetteter Hyperlink *m* (EDV) embedded hyperlink
eingebettetes Objekt *n* (EDV, GUI) embedded object
eingebettetes System *n* (EDV) embedded system
eingebrachtes Kapital *n*
(Fin) contributed capital
– capital brought into the company
eingeforderter Betrag *m* (Fin) amount called in, § 63 II AktG
eingefordertes Kapital *n* (Fin) called-up capital
eingefrorene Forderung *f* (Fin) blocked (*or* frozen) claim
eingefrorenes Guthaben *n* (Fin) frozen (*or* blocked) assets

eingeführte Produktlinie *f* (Mk) well-established/ entrenched . . . product line
eingeführte Produktlinien *fpl* (Mk) entrenched product lines
eingeführtes Unternehmen *n* (com) established company
eingegliederte Gesellschaft *f* (com) integrated company, §§ 319–327 AktG
eingegliedertes Unternehmen *n*
(StR) integrated entity, § 2 II No. 2 GewStG
(ie, subordinated to another resident business enterprise to the extent that it has no freedom of decision)
eingehen
(Re) to assume *(eg, obligation)*
(Fin) to incur *(eg, debt, liabilities)*
eingehende Beschau *f* **der Waren** (Zo) detailed (*or* full) examination of the goods
eingehende Post *f* (com) incoming mail
eingehender Bericht *m* (com) detailed (*or* full) report
eingelöster Scheck *m* (Fin) paid check
eingerichteter Geschäftsbetrieb *m* (com) organized enterprise
eingeschaltet (EDV, Cobol) on status
eingeschaltete Bank *f* (Fin) intermediary bank
eingeschlossenes Leerzeichen *n* (EDV, Unix) embedded blank
eingeschränkte Ermessensfreiheit *f* (Bw) bounded discretion
eingeschränkte Funktion *f* (EDV) restricted function
eingeschränkte Randomisierung *f* (Stat) restricted randomization
eingeschränkte Rationalität *f*
(Bw) bounded rationality
(ie, permitting no optimum solutions)
eingeschränkter Bestätigungsvermerk *m*
(ReW) qualified certificate (*or* opinion)
– with-the-exception-of opinion
eingeschränktes Akzept *n* (WeR) qualified (*or* special) acceptance
eingeschränktes Eigentum *n* (Re) qualified title (to property)
eingeschränktes Indossament *n* (WeR) qualified indorsement
eingeschränkte Zufallsauswahl *f* (Stat) restricted random sampling
eingeschriebener Brief *m* (com) registered letter
eingeschriebenes Mitglied *n* (Pw) card-carrying member *(eg, of a union)*
eingesetztes Kapital *n* (Fin) capital employed
eingesetztes Segmentvermögen *n* (Fin) segment assets employed
eingetragene Genossenschaft *f* (Re) registered cooperative society
eingetragene Genossenschaft *f* **mit beschränkter Haftpflicht, eGmbH** (Re) registered cooperative society with limited liability
eingetragene Genossenschaft *f* **mit unbeschränkter Haftpflicht** (com) regilisted cooperative with unlimited liability
eingetragener Inhaber *m* (Re) registered holder
eingetragener Verein *m* (Re) registered association (*or* society), §§ 55–79 BGB
eingetragenes Warenzeichen *n* (Pat) registered trademark
eingetretene Anlagenwagnisse *npl* (ReW) encountered risks on fixed assets and investments
eingetretene sonstige Wagnisse *npl* (ReW) miscellaneous encountered risks
eingetretene Substanzverringerung *f* (ReW) accumulated depletion
eingetretene Todesfälle *mpl* (Vers) actual deaths
eingezahlte Aktie *f* (Fin) fully paid-in share
eingezahlter Betrag *m* (com) amount paid in
eingezahltes Aktienkapital *n* (Fin) paid-up share capital
eingezahltes Kapital *n*
(Fin) paid-in capital
(ie, including contributions in kind)
eingezogene Aktie *f* (Fin) redeemed/called-in . . . share
eingipfelige Verteilung *f* (Stat) unimodal distribution
Eingleichungsmodell *n*
(Math) single-equation model
(ie, einfache bzw. multiple Regressionsmodelle)
eingliedern (Bw) to integrate *(a company etc.)*
Eingliederung *f*
(Bw, StR) integration
– subordination of a dependent entity
(ie, temporary affiliation of a company with/to another – main – company, §§ 319–327 AktG, § 2 II No. 2 GewStG)
Eingliederung *f* **in den Arbeitsprozeß** (Pw) integration into the labor force
Eingliederungsbeihilfe *f*
(SozV) settling-in allowance
(ie, paid by the Federal Labor Office to employers offering a permanent job to a jobseeker, usu for one year)
Eingliederungsdarlehen *n* (Vw) integration loan
Eingliederungshilfe *f* (Vw) integration aid
Eingliederungskonzern *m* (com) = Unterordnungskonzern
Eingriff *m*
(Re) impairment
(ie, of existing right)
Eingriff *m* **Dritter** (Re) interference by third parties
Eingriff *m* **im Ausnahmefall** (Bw) management by exception
Eingriffsbefugnis *n* (Re) power to intervene
Eingriffsgrenze *f*
(IndE) action limit
(ie, auf der Qualitätsregelkarte [quality control card]: erfordert Eingriff in den zu überwachenden Prozeß; obere od untere E.)
Eingriffsintensität *f* (Kart) intensity of interference
Eingriffsrechte *npl* (Re) powers to intervene *(eg, in the running of the economy)*
Eingriffsschwelle *f*
(Kart) threshold of interference
(ie, threshold at which cartel authorities start investigations; eg, volume of sales, number of employees, market shares)
Einhaltung *f* **e–r Frist**
(com) keeping a time limit
– meeting a deadline

Einhaltung *f* **e–s Vertrages** (Re) compliance with the terms of a contract

Einhaltung *f* **staatlicher Vorschriften** (Re) compliance with government regulations

einheimische Arbeitskräfte *fpl* (Pw) indigenous workers

einheimische Beteiligung *f*
(Bw) local integration
(ie, to produce a certain percentage of value added in the host country)

einheimische Führungskräfte *fpl* (Pw) local managers

einheimisches Unternehmen *n*
(com) domestic enterprise
(AuW) indigenous enterprise

Einheit *f*
(com) unit
(IndE) item
(ie, sehr abstrakt; wird in der Praxis oft ersetzt durch „Produkt" od „Tätigkeit"; cf, DIN 55 350.T11)

Einheit *f* **der Auftragserteilung**
(Bw) unity of command
(ie, in business organizations)

Einheit *f* **der ersten Auswahlstufe** (Stat) first-stage (*or* primary) unit

Einheit *f* **der zweiten Auswahlstufe** (Stat) second-stage (*or* secondary) unit

Einheitennummer *f*
(EDV) device number *(syn, Gerätenummer)*

Einheitenstatus *m*
(EDV) device status *(syn, Gerätestatus)*

Einheitentreiber *m*
(EDV) device driver *(syn, Gerätetreiber)*

einheitlich abschreiben (ReW) to subject to uniform depreciation rules, Abschn. 31 II EStR

einheitliche Bedingungen *fpl* (com) standard terms

einheitliche Dispositionsstufe *f*
(IndE) level schedule
(ie, the use of all parts in materials is as evenly distributed over time as possible; for a given period of production)

Einheitliche Europäische Akte *f*, **EEA**
(EG) Single European Act, SEA
(ie, substantial amendment of the Treaty of Rome effective 1 July 1987; Ziel ist die Umwandlung der EG in e–r europäische Union)

einheitliche Geschäftsbedingungen *fpl* (Re) standard business conditions

einheitliche Gewinnfeststellung *f* (StR) uniform determination of profits, §§ 179, 180 I 2 a AO

einheitliche Grundsätze *mpl* **der Kostenrechnung** (KoR) uniform cost accounting rules

einheitliche Lebensverhältnisse *npl* (Re) identical social and economic conditions

einheitliche Leitung *f*
(Bw) central
– centralized
– unified . . . management
– common control

einheitliche Preise *mpl* (com) uniform prices

einheitlicher Auswahlsatz *m* (Stat) uniform sampling fraction

einheitlicher Bezugspunkt *m*
(Fin) uniform base period
(ie, in investment analysis)

Einheitlicher Binnenmarkt
(EG) Single European Market
(ie, is about freedom of movement for goods, services and capital, and the ending of protective barriers, whether direct or indirect; supposed to be completed in 1992)

einheitlicher Geldmarkt *m* (EG, Fin) single money market

einheitlicher geschäftlicher Betätigungswille *m*
(StR) common business purpose

einheitlicher Gewerbesteuermeßbetrag *m*
(StR) uniform tentative tax *(ie, obtained by combining the tentative taxes on business profits and on business capital)*

einheitliche Richtlinien *fpl* (Re) joint rules

Einheitliche Richtlinien *fpl* **für Dokumentenakkreditive** (com) Uniform Customs and Practice for Commercial Documentary Credits

Einheitliche Richtlinien *fpl* **für Inkassi** (Fin) Uniform Rules for Collections

einheitlicher Markt *m*
(com) unified market *(eg, as in EC)*
(Bö) uniform market

einheitlicher Satz *m* (com) uniform rate

einheitlicher Steuermeßbetrag *m*
(StR) uniform tentative tax
(ie, established by the local tax office which combines the tentative taxes [= Steuermeßbeträge] on business profits and business capital)

einheitliches Bewertungssystem *n* (Bw) uniform valuation system

einheitliches Kaufvertragsrecht *n* (Re) uniform law on sale of goods

einheitliches Preisgefüge *n* (Mk) unified price structure

einheitliche Unternehmenspolitik *f* (Bw) uniformity of corporate policy

einheitliche Währung *f* (EG) sole (*or* single) currency

Einheitlichkeit *f* **der Lebensverhältnisse** (Re) economic unity of the country *(see: einheitliche Lebensverhältnisse)*

Einheitlichkeit *f* **der Zollsysteme** (Zo) uniformity in the customs systems

Einheitsbewertung *f*
(StR) assessed valuation, §§ 19–109 a BewG
(ie, designed to establish uniform and separate values for the greatest possible variety of taxes)

Einheitsbilanz *f*
(ReW) unified balance sheet
(ie, term suggesting the goal of making the commercial and tax balance sheets co-extensive. Current statutory obstacle are different valuation rules)

Einheitsbudget *n*
(FiW) unified budget
(ie, developed in U.S. in 1967)

Einheitsformular *n* (com) standard form

Einheitsfrachttarif *m* (com) all-commodity freight rate

Einheitsgewerkschaft *f*
(Pw) nonpartisan industry-based union
(ie, open to all skills, grades and specialisms in the branch of employment covered by the union; there are 17 of them under the umbrella of the union federation – DGB – at Düsseldorf)

Einheitsgraph *m* (Math) unitary graph
Einheitsgrundsatz *m*
(ReW) entity point of view
(ie, Konzern wird als rechtliche Einheit verstanden, ungeachtet der rechtlichen Selbständigkeit der Konzernunternehmen = group companies)
Einheitsgründung *f*
(Re) single-step formation (of a stock corporation = AG)
(ie, corporation and capital issue at one go; syn, Simultangründung; opp, Stufengründung)
Einheitskonditionen *fpl*
(com) unified conditions of sale and delivery
(ie, in Einheitskontrakten, wie Deutscher Baumwollkontrakt)
Einheitskosten *pl*
(KoR) unit cost
– cost per unit of output *(opp, ‚Gesamtkosten')*
Einheitskurs *m*
(Bö) daily
– single
– standard . . . quotation
– middle price
Einheitsladung *f*
(com, US) unitized cargo
(ie, grouped cargo carried aboard a ship in pallets, containers, etc.)
Einheitsmarkt *m*
(Bö) single-price (*or* single-quotation) market *(opp, variabler Markt)*
Einheitsmatrix *f*
(Math) identical
– identity
– unit
– universal . . . matrix
(ie, e–e quadratische Matrix, die in der Hauptdiagonalen lauter Einsen und sonst lauter Nullen besitzt; sie ist das neutrale Element bei der Multiplikation quadratischer Matrizen)
Einheitsmietvertrag *m* (Re) standard tenancy agreement
Einheitsnotierung *f*
(Bö) uniform prices *(opp, variable Notierung)*
Einheitsnotiz *f* (Bö) single quotation
Einheitsprämie *f* (Vers) flat premium (*or* rate)
Einheitspreis *m*
(com) standard price
– unit price
(Vw) uniform price
(ie, set for government price control purposes)
Einheitspreisgeschäft *n*
(Mk) variety store
(ie, retail outlet carrying 2,000–3,000 low-priced articles in fixed price classes)
Einheitssatz *m* (KoR) standard rate
Einheitsscheck *m* (Fin) standard check form
Einheitssprung *m* (Math) unit step
Einheits-Sprungfunktion *f* (Math) unit-step function
Einheitssteuer *f* (FiW) flat rate tax
Einheitsstücklohn *m* (IndE) standard piece wage
Einheitstarif *m*
(com) flat rate
(Zo) general tariff
– single-schedule tariff
– unilinear tariff *(syn, Generaltarif)*

Einheitstheorie *f* (Bw) = Einheitsgrundsatz
Einheitsvektor *m* (Math) unit vector
Einheitsverpackung *f* (com) standard packing, § 62 I EVO
Einheitsversicherung *f*
(Vers) combined-risk insurance
(ie, restricted to a number of industries, such as textiles, leather clothing, tobacco, furs, dying, laundries, chemical cleaning; gemischte Versicherung, die Brand, Einbruchdiebstahl und Leitungswasserschäden abdeckt; vor allem in der Textil- und Rauchwarenbranche)
Einheitsvertrag *m* (Re) standard agreement (*or* contract)
Einheitsvordruck *m* (com) standard form
Einheitswährung *f* (EG) single European currency
Einheitswechsel *m* (Fin) standard form of bill of exchange
Einheitswert *m*
(com) standard value
(StR) assessed value of property
(ie, computed for agricultural, real, and business property, §§ 19–109 a BewG; e–e der wichtigsten Bemessungsgrundlagen im Bereich mehrerer Steuerarten, vor allem Vermögensteuer, Erbschaftsteuer, Grundsteuer, Gewerbesteuer)
Einheitswertbescheid *m* (StR) assessment notice
Einheitswertsteuern *fpl*
(StR) taxes based on assessed values
(eg, net worth tax, real property tax, trade tax, inheritance tax)
Einheitswertzuschlag *m*
(StR) assessed value adjustment, § 121 a BewG
(ie, raises the 1964 assessed values of real property by 40%)
Einheitswurzel *f* (Math) root of unity
Einheitszoll *m* (Zo) uniform duty
Einheitszolltarif *m* (Zo) single-schedule tariff
Einigung *f*
(com) agreement
(Re) mutual consent
– meeting/union . . . of minds
(ie, in contract law)
(Re) agreement that property should pass, § 929 BGB
(Re) composition *(ie, außergerichtlich)*
– arrangement
Einigung *f* **mit den Gläubigern**
(Re) arrangement (*or* composition) with creditors
– composition in bankruptcy
(ie, discharge is by operation of law)
Einigungsmangel *m* (Re) lack of agreement
Einigungsstelle *f* (Pw) conciliation board, § 76 BetrVerfG
Einigungsstellen *fpl* **für Wettbewerbsstreitigkeiten**
(Kart) conciliation boards for the settlement of disputes on restrictive trade practices
(ie, working under the jurisdiction of the Chambers of Industry and Commerce)
Einigung *f* **und Übergabe** *f* (Re) agreement and delivery, § 929 BGB
Einkanalmodell *n* (OR) single channel model
Ein-Kanten-Netzwerk *n* (OR) one-branch network

Einkauf *m*
(com) buying
– purchase
(MaW) purchasing
(ie, terms like purchasing, procurement, supply, materials management, and logistics are used almost interchangeably; syn, Beschaffungswesen)
Einkaufen *n*
(com, infml) shopping
– (US) marketing
einkaufen
(com, infml) to go shopping
(com) to buy
– to purchase
Einkäufer *m*
(com) shopper
(Mk) buyer
– buying agent
Einkauf *m* **nach Katalog**
(Mk) catalog buying *(opp, buying through retail outlets)*
Einkaufsabteilung *f* (Bw) purchasing department
Einkaufsabweichung *f*
(KoR) purchasing variance
(ie, difference between planned price and actual cost price)
Einkaufsagent *m*
(AuW) purchasing agent
(ie, employed by American and European department stores)
Einkaufsakkreditiv *n* (Fin) buying letter of credit
Einkaufsakt *m* (Mk) buying act
Einkaufsauftrag *m* (com) purchase order
Einkaufsbedingungen *fpl*
(com) conditions of purchase
(ie, in commercial practice: conditions of delivery and payment)
Einkaufsbruttopreis *m*
(KoR) gross purchase price
(ie, includes all acquisition costs)
Einkaufsbuch *n* (MaW) purchase journal
Einkaufsbudget *n* (Bw) purchase budget
Einkaufsgemeinschaft *f*
(Mk) purchasing association
– buying group
(ie, comprising retail traders, artisans, wholesalers, and department stores)
Einkaufsgenossenschaft *f* (com) purchasing (*or* wholesale) cooperative
Einkaufsgewohnheiten *fpl* (Mk) buying habits
Einkaufsgremium *n*
(Mk) buying center
– decision making unit (DMU)
(ie, theoretisches Konstrukt zur Erklärung des organisatorischen Kaufverhaltens)
Einkaufshandbuch *n* (MaW) purchasing manual
Einkaufshäufigkeit *f* (Mk) purchasing frequency
Einkaufskartell *n* (Kart) buying/purchasing . . . cartel
Einkaufskommission *f* (Re) commission to purchase goods, § 391 HGB
Einkaufskommissionär *m*
(com) commission buyer
– purchasing commission agent
– buying agent
Einkaufskommittent *m* (Fin) securities account holder
Einkaufskontingent *n* (com) buying quota
Einkaufskonto *n* (ReW) purchasing account
Einkaufskontor *n*
(Mk) purchasing bureau
(ie, vom Großhandel, teilweise aber auch von Verbundgruppen od Einzelhandelsgruppen getragen)
Einkaufsland *n* (Zo) country of purchase
Einkaufsleiter *m*
(MaW) head of purchasing
– purchasing manager
Einkaufsniederlassung *f* (Bw) purchasing branch office
Einkaufsplanung *f* (MaW) purchasing planning
Einkaufspolitik *f* (MaW) procurement policy
Einkaufspreis *m*
(com) purchase price
(ie, invoiced by seller)
Einkaufsprogramm *n* (MaW) purchasing program
Einkaufsprovision *f* (com) buying commission
Einkaufsrechnungspreis *m*
(com) invoiced purchase price
(ie, charged by supplier)
Einkaufsstatistik *f* (MaW) procurement statistics
Einkaufsstimmung *f* (Mk) buying mood
Einkaufssyndikat *n* (Mk) buying syndicate
Einkaufsverband *m* (Mk) purchasing association
Einkaufsvereinigung *f* (Mk) buying group
Einkaufsverhalten *n* (Mk) buying behavior
Einkaufsvertreter *m* (com) buying agent
Einkaufszentrale *f* (Bw) buying office
Einkaufszentrum *n* (Mk) shopping center
Einkauf *m* **unter e–m Dach** (Mk) one-stop shopping
einklagbar (Re) actionable
einklagbare Forderung *f* (Re) enforceable claim
einklagbarer Rechtsanspruch *m* (Re) enforceable legal claim
einklagen (Re) to sue for
Einklarierung *f* (Zo) clearance inwards
Einkommen *n*
(com, Pw) income
(ie, usu money income)
– earnings
(StR) net income
(ie, taxable base of income tax)
Einkommen *n* **angestellter Unternehmer** (VGR) contractual entrepreneurial income
Einkommen-Ausgaben-Modell *n* (Vw) income-expenditure approach
Einkommen *n* **aus selbständiger Arbeit** (VGR) self-employment income
Einkommen *n* **aus unselbständiger Arbeit** (VGR) income from employment
Einkommen *n* **aus Unternehmertätigkeit und Vermögen** (VGR) income from property and entrepreneurship
Einkommen *n* **der unselbständig Beschäftigten** (VGR) employee . . . compensation/earnings
Einkommen-Konsum-Funktion *f*
(Vw) income-consumption function
– Engels curve
Einkommen-Konsumkurve *f* (Vw) income-consumption curve

Einkommen *n* **pro Kopf der Bevölkerung** (VGR) per capita income
Einkommensaktien *fpl*
(Fin) income equities
(ie, shares with a high price-dividend ratio)
Einkommensaustauschverhältnis *n* (AuW) income terms of trade
einkommensbedingte Inflation *f* (Vw) inflation due to disproportionate claims to income rises
Einkommensbesteuerung *f*
(FiW) income taxation
(opp, Vermögensbesteuerung = capital taxation)
Einkommensbezieher *m* (com) income recipient
Einkommensdisparität *f*
(Pw) pay inequalities
(Vw) income disparity
(ie, income differential between employed persons of various sectors or various societal groups)
Einkommenseffekt *m*
(Vw) income effect
(ie, in the theory of the household)
(VGR) income generating effect
(ie, in macroeconomics)
Einkommenselastizität *f* (Vw) income elasticity
Einkommenselastizität *f* **der Importnachfrage** (Vw) income elasticity of demand for imports
Einkommenselastizität *f* **der Nachfrage** (Vw) income elasticity of demand
Einkommensempfänger *m* (com) income recipient
Einkommensentstehungsrechnung *f* (VGR) = Entstehungsrechnung, qv
Einkommensermittlung *f* (StR) determination *(or* computation) of taxable income
Einkommensfonds *m*
(Fin) income fund
(opp, Wachstumsfonds, Thesaurierungsfonds)
Einkommensgefälle *n* (Pw) earnings gap
Einkommensgeschwindigkeit *f* **des Geldes**
(Vw) income velocity of money
(cf, Quantitätsgleichung)
Einkommensgleichung *f*
(Vw) cash balance equation
(ie, M = k.Y; syn, Kassenhaltungsgleichung)
Einkommensgruppe *f*
(Vw) income group
(StR) income bracket
Einkommenshilfen *fpl* (Vw) income subsidies
Einkommenshöhe *f* (com) income level
Einkommens-Konsumkurve *f* (Vw) income consumption curve
Einkommenskreislauf *m*
(Vw) circular flow of income
– flow of income
Einkommenskreislaufgeschwindigkeit *f* **des Geldes** (Vw) income velocity of circulation
Einkommensmechanismus *m* (AuW) income mechanism
Einkommens-Nachfrage-Funktion *f* (Vw) income demand function
Einkommensnivellierung *f* (Vw) leveling of incomes
Einkommenspolitik *f*
(Vw) incomes policy
(ie, strategy aimed at directly holding down wages and prices)
Einkommensprobleme *npl* **der Landwirtschaft** (Vw) farm income problems
Einkommenspyramide *f* (Vw) income pyramid
Einkommensredistribution *f*
(Vw) income redistribution *(syn, Einkommensumverteilung)*
Einkommensschere *f* (Vw) income gap *(eg, between the farming and industrial sectors)*
Einkommensschichtung *f*
(Stat) income stratification
(ie, Querverteilung: Darstellungsform der personellen Einkommensverteilung)
Einkommensschmälerung *f* (Pw) reduction of earnings
Einkommenssicherung *f* (SozV) income maintenance
Einkommenssituation *f*
(Vw) income situation
(ie, of market participants)
Einkommensstatistik *f* (Stat) income statistics
Einkommensstrom *m* (Fin) income stream
Einkommensstufe *f* (StR) income bracket
Einkommensteuer *f*
(StR) income tax
(ie, including ‚Lohnsteuer‘ = wages tax and ‚Körperschaftsteuer‘ = corporation income tax)
Einkommensteuerbilanz *f* (StR) income-tax balance sheet
Einkommensteuer-Durchführungsverordnung *f* (StR) Ordinance Regulating the Income Tax Law
Einkommensteuererklärung *f* (StR) individual income tax return
Einkommensteuergesetz *n* (StR) Income Tax Law
Einkommensteuer-Grundtabelle *f* (StR) basic income-tax scale
Einkommensteuerpflicht *f* (StR) income tax liability
einkommensteuerpflichtig
(StR) taxable to income tax
– liable in/to income tax
Einkommensteuerpflichtiger *m*
(StR) person liable in income tax
– income tax payer
Einkommensteuerreformgesetz *n* (StR) Income Tax Reform Law
Einkommensteuer-Richtlinien *fpl* (StR) Income Tax Regulations
Einkommensteuer-Rückvergütung *f* (StR) refund of income tax
Einkommensteuerschätzung *f* (StR) arbitrary assessment of income tax
Einkommensteuer-Splittingtabelle *f* (StR) joint marital income-tax scale
Einkommensteuer-Tarif *m* (StR) income tax scale
Einkommensteuer-Vorauszahlung *f* (StR) prepayment of estimated income tax, § 37 EStG
Einkommenstheorie *f*
(Vw) theory of income determination
(VGR) national income theory
Einkommensträger *m* (Stat) income-receiving person
Einkommensübertragungen *fpl* (VGR) transfer payments
Einkommensumverteilung *f*
(Vw) income redistribution

(ie, through labor-union wage policy + government (secondary) redistribution, such as taxes, transfer payments, public goods)

Einkommens- und Beschäftigungstheorie *f* (Vw) income and employment analysis

Einkommensverlust *m*
(Pw) income loss
– loss of income

Einkommensverteilung *f* (Vw) income distribution

Einkommensverteilungs-Inflation *f* (Vw) income-share inflation

Einkommensverwendung *f* (Vw) application of income

Einkommen *n* **verringern**
(com) to cut down
– to diminish
– to pare down
– to reduce
– to whittle down . . . income/earnings

Einkreisungspatent *n* (Pat) fencing-in patent

Einkünfte *pl*
(com) earnings
– income
– emoluments
– revenue
(StR) adjusted gross income
(ie, gross income from one or several of the seven sources listed in § 2 EStG)

Einkünfte *pl* **aus bebauten Grundstücken** (StR) income from improved properties

Einkünfte *pl* **aus Drittstaaten** (StR) income derived from third States

Einkünfte *pl* **aus Gewerbebetrieb** (StR) income from trade or business, § 2 I No. 2 EStG

Einkünfte *pl* **aus Gewerbetrieb** (StR) income from trade or business

Einkünfte *pl* **aus Kapitalvermögen**
(StR) income from investment of capital, § 2 I No. 5 EStG
– capital gains

Einkünfte *pl* **aus Land- und Forstwirtschaft** (StR) income from agriculture and forestry, § 2 I No. 1 EStG

Einkünfte *pl* **aus nichtselbständiger Arbeit**
(StR) employment income
(ie, on which income tax is withheld at the source, § 2 I No. 4 EStG)

Einkünfte *pl* **aus öffentlichen Erwerbsunternehmungen**
(FiW) revenue from government-owned enterprises
– proprietary receipts

Einkünfte *pl* **aus Schwarzarbeit** (Pw) black earnings

Einkünfte *pl* **aus selbständiger Arbeit** (StR) income from independent personal services, § 2 I No. 3 EStG

Einkünfte *pl* **aus unbebauten Grundstücken** (StR) income from lease of unimproved properties

Einkünfte *pl* **aus unbeweglichem Vermögen** (StR) income from immovable (real) property

Einkünfte *pl* **aus Vermietung und Verpachtung** (StR) income from rentals and royalties, § 2 I No. 6 EStG

Einkunftsarten *fpl*
(StR) sources of taxable income, § 2 I EStG
– categories of income

Einladung *f* **zur Zeichnung** (Bö) subscription offer

Einlagefazilität *f* (Fin) deposit facility

Einlagekonto *n*
(Fin) account of ‚dormant' partner showing the current position of his participation
(ie, see §§ 335 ff HGB!)

Einlagen *fpl*
(Fin) bank deposits
(Re) contribution
(ie, cash or property, made to any type of commercial undertaking, such as AG, OHG, KG, stille Gesellschaft)
(StR) contributions to capital during the business year, § 4 I 3 EStG
(Mk) inserts

Einlagen *fpl* **abbauen** (Fin) to run down *(eg, central bank deposits)*

Einlagenabgänge *mpl* (Fin) outflow of deposits

Einlagen *fpl* **abziehen**
(Fin) to withdraw deposits
– (infml) to pull out deposits

Einlagenbestand *m* (Fin) volume of deposits

Einlagenentwicklung *f* (Fin) movement of deposits

Einlagengeschäft *n*
(Fin) deposit-taking business *(ie, of a bank)*

Einlagen *fpl* **hereinnehmen** (Fin) to take (on)/accept . . . deposits

Einlagen *fpl* **mit Kündigungsfrist** (Fin) deposits at notice

Einlagen *fpl* **mit kurzer Kündigungsfrist** (Fin) short-term deposits

Einlagenpolitik *f*
(FiW) government deposit policy
(ie, dient der Regulierung des Geldangebots der Geschäftsbanken durch die Bundesbank: öffentliche Haushalte werden veranlaßt, ihre Einlagen bei Geschäftsbanken auf Konten der Zentralbank zu übertragen oder umgekehrt)

Einlagenrückgewähr *f* (Fin) refund of contributions, § 57 I 1 AktG

Einlagenschutz *m*
(Fin) deposit security arrangements
(ie, multi-stage system set up by the German savings banks)

Einlagensicherung *f*
(Fin) deposit protection
(ie, general term; accomplished through private arrangements of the banking industry, such as guaranty funds, joint liability agreements, ect.)

Einlagensicherungs-Fonds *m*
(Fin) deposit guaranty fund
– fire-fighting fund
(ie, set up by the ‚Bundesverband der deutschen Banken' = Federation of the German Banking Industry)

Einlagensicherungssystem *n* (Fin) deposit protection scheme

Einlagentermingeschäft *n* (Bö) forward forward deposit

Einlagenüberschuß *m* (Fin) surplus of deposits

Einlagenumschichtung *f* (Fin) shift in deposits
Einlagenversicherung *f* (Vers) deposit insurance
Einlagenvolumen *n* (Fin) volume of deposits
Einlagen *fpl* **von Anteilseignern** (Fin) capital contribution by shareholders
Einlagenzertifikat *n*
(Fin) certificate of deposit, CD *(ie, Geldmarktpapier, das Banken zur Refinanzierung ihres Aktivgeschäfts emittieren)*
Einlagenzins *m* (Fin) deposit rate
Einlagenzuflüsse *mpl* (Fin) inflow of deposits
Einlagerer *m* (com, Zo) depositor
einlagern
(com) to store
– to stock
– to warehouse
(EDV) to swap in
Einlagerung *f*
(com) storage, §§ 416 ff HGB
– warehousing
(Zo) admission into warehouse
Einlagerungsgewicht *n* (com) storage weight of goods receipted by the warehouse keeper
Einlagerungsinventur *f*
(ReW) incoming-goods inventory
(ie, körperliche Erfassung [physical count] bei Einlagerung der Gegenstände)
Einlagerungskredit *m* (Fin) stockpiling loan
Einlagerungsland *n* (Zo) country of warehousing
Einlagerungsschein *m* (com) warehouse receipt
Einlagerungswechsel *m* (Fin) storage (*or* warehouse) bill
Einlagesatz *m* (Fin) deposit rate
Einlassung *f* (Re) admission
Einlauf *m* (com) incoming mail
Einlaufkurve *f*
(Bw) regular pattern of startup cost curve
(ie, established in the motor industry and other large-series production)
Einleger *m* (com, Fin) depositor
Einlegerschutz *m* (Fin) depositor protection
Einlegersicherung *f* (Fin) depositor protection
einlesen
(EDV) to read in
– to input
Einleseroutine *f* (EDV) read-in routine
Einlesespeicher *m* (EDV) input storage
Einlieferantenprinzip *n* (MaW) single sourcing
Einlieferantenprinzip *n* (MaW) single sourcing
Einlieferung *f*
(com) mailing
– (GB) posting
(com) delivery
– surrender
Einlieferungsbescheinigung *f*
(com) postal receipt *(eg, for registered letters, inpayments)*
(Fin) paying-in slip
(Fin) safe custody receipt
Einliniensystem *n*
(Bw) single-line system
– straight-line organization
– unity of command
einlösbar
(Fin) redeemable
– repayable
(Fin) payable *(eg, check, bill of exchange)*
einlösen
(Fin) to cash *(eg, check, coupon)*
(WeR) to honor *(eg, draft)*
(Fin) to redeem
– to repay *(eg, loan, mortgage)*
einlösende Bank *f*
(Fin) negotiating bank *(ie, in letter of credit transaction)*
Einlösung *f*
(WeR) discharging
– honoring
– payment *(ie, of a bill)*
(Fin) encashment *(eg, check, coupon)*
(Fin) redemption
– repayment *(eg, loan, mortgage)*
Einlösung *f* **e–s Wechsels** (WeR) payment of a bill
Einlösungsaufforderung *f*
(Fin) call *(ie, to bondholders for payment, esp. by formal notice)*
Einlösungsbedingungen *fpl* (Fin) terms of redemption
Einlösungsfonds *m* (Fin) sinking fund
Einlösungsfrist *f*
(Fin) maturity deadline
– redemption period
Einlösungsgewinn *m* (Fin) gain on redemption
Einlösungskurs *m* (Fin) redemption price
Einlösungsprovision *f* (Fin) payment commission
Einlösungsstelle *f* (Fin) paying agent
Einlösung *f* **von Zinsscheinen** (Fin) coupon collection
Einmalauftrag *m* (com) one-off order
Einmalbeitrag *m* (Vers) one-time (*or* single) premium
Einmalemission *f*
(Bö) one-off issue *(opp, Daueremission: tap issue)*
Einmalfertigung *f* (IndE) = Einzelfertigung
einmalige Aufwendungen *fpl* (ReW) non-recurrent expenditure
einmalige Ausgabe *f* (Fin) non-recurring (*or* one-off) expenditure
einmalige Berechnung *f* (com) one-time charge
einmalige Bezüge *pl* (Pw) non-recurring income
einmalige Einnahmen *fpl* (Fin) non-recurrent (*or* one-time) receipts
einmalige Entscheidung *f* (Bw) one-shot decision
einmalige Erhöhung *f*
(com) one-shot increase
(eg, in special energy allowances to persons receiving supplemental government payments)
einmalige Erträge *mpl* (ReW) noncurrent income (*or* revenue)
einmalige Gebühr *f*
(com) non-recurrent charge
– one-time charge
(Fin) flat fee
einmaliger Versicherungsvertrag *m* (Vers) one-time insurance contract
einmaliges Akkreditiv *n* (Fin) straight letter of credit *(cf, list under ‚Akkreditiv')*
einmaliges Stück *n*
(com) one of a kind
– (GB, infml) one-off *(eg, a one-off model)*

einmalige Vermögensabgabe *f* (StR) one-time capital levy
einmalige Vermögensanfälle *mpl*
(StR) one-time wealth accruals *(eg, gift, inheritance, lottery gains)*
einmalige Zahlung *f*
(Fin) commutation payment
(Fin) one-off (*or* one-time) payment
Einmal-Käufer *m* (Mk) one-time buyer
Einmal-Kohlepapier *n* (com) one-time carbon paper
Einmalkosten *pl* (com) non-recurring (*or* one-time) costs
Einmalprämie *f*
(Vers) one-time (*or* single) premium *(opp, current premium)*
Einmalprämien-Lebensversicherung *f* (Vers) single-premium life insurance
Einmal-Rückstellung *f* (ReW) non-recurrent transfer to reserve
Einmaltarif *m*
(Mk) one-time rate
(ie, of advertising)
Einmalvergütung *f* (com) one-off payment
Einmann-AG *f* (com) one-man stock corporation
Einmannbetrieb *m*
(com) one-man business
– (sl) one-man band
Einmanngesellschaft *f*
(com) one-man company
(ie, most frequently as limited liability company = GmbH)
(com) one-man corporation
(ie, may come into existence by the acquisition of all shares)
Ein-Mann-GmbH *f* (com) one-man GmbH
einmehrdeutige Zuordnung *f* (Math) one-to-many relation
Einmonatsbilanz *f* (ReW) monthly balance sheet
einmotten
(Bw, infml) to mothball
(ie, withdraw from services and keep in reserve; eg, factory, plant, capacities, battleship)
Einmünder *m* (OR) branch leading into node
Einnahmeausfall *m* (FiW) revenue shortfall
Einnahmeerzielung *f* (StR) income-producing activity
Einnahmen *fpl*
(com) receipts
(ie, do not confuse with ‚Einzahlung')
(com) (retail) takings
(Fin) inflows
(ie, term used in preinvestment analysis)
(StR) gross income, § 4 III EStG
Einnahmen *fpl* **aus der Veräußerung von Dividendenscheinen** (StR) income from disposition of dividend certificate
Einnahmen-Ausgaben-Plan *m* (Fin) cash budget
Einnahmen-Ausgaben-Planung *f* (Fin) cash budgeting
Einnahmen-Ausgaben-Rechnung *f*
(ReW) cash basis of accounting
(ie, ohne Periodenabgrenzung; opp, periodengerechte Aufwands- und Ertragsrechnung = accrual basis of accounting)
Einnahmen *fpl* **aus Umlagen**
(StR) income from encumbrances
(eg, fees for water, central heating etc.)
Einnahmen *fpl* **aus unsichtbaren Leistungen** (VGR) invisible earnings
Einnahmen *fpl* **beschaffen** (FiW) to raise revenues
Einnahmenbuch *n* (ReW) cash receipts journal
Einnahmen *fpl* **in laufender Rechnung** (VGR) current account receipts
Einnahmenplan *m* (Fin) incoming receipts budget
Einnahmenpolitik *f* (FiW) revenue policy
Einnahmenreihe *f*
(Fin) stream of earnings
(ie, term used in preinvestment analysis = Investitionsrechnung)
Einnahmenstruktur *f* (FiW) pattern of revenue
Einnahmenüberschuß *m* (FiW) revenue surplus
Einnahmenüberschußquote *f* (Bw) net recepts ratio
Einnahmen *fpl* **und Ausgaben** *fpl*
(ReW) receipts and disbursements
(com) (a store's) income and outgo
Einnahmen- und Ausgabenrechnung *f*
(ReW) cash-based accounting
(StR) = Einnahmeüberschußrechnung
Einnahmequelle *f*
(com) income source
(FiW) source of revenue
– income source
Einnahmeschätzungen *fpl* (FiW) receipts projections
Einnahme-Überschüsse *mpl*
(Fin) cumulative annual net cash savings
(ie, term used in preinvestment analysis)
(Fin) cash flows
Einnahmeüberschußrechnung *f*
(StR) cash receipts and disbursement method, § 4 III EStG
– net income method
Einnahmeunterdeckung *f* (Fin) negative cash flow
Einnahmewirkungen *fpl* (FiW) revenue effects
einordnen
(com) to pigeonhole
(ie, to put into proper class or group)
Einpassen *n*
(EDV) boxing
(ie, in computer graphics)
einpendeln
(com) to settle down
(eg, prices settle down at a lower level)
Einpendler *m* (com) commuter
einperiodige Prognose *f*
(Bw) point forecast
(ie, betrifft nur eine Folgeperiode; opp, mehrperiodige Prognose = trace forecast)
Einpersonen-Gesellschaft *f*
(com) one-man corporation
(ie, corporation with a single shareholder)
Ein-Personen-Haushalt *m* (Stat) single person household
Ein-Pfeil-Schleife *f* (OR) self loop
Einphasensteuer *f* (FiW) single-stage tax
Einphasen-Umsatzsteuer *f* (FiW) single-stage turnover tax *(eg, production tax, wholesale tax, retail tax)*

einplanen
(Bw) to plan
(IndE) to schedule
Einplanwirtschaft *f*
(Vw) single-plan economy *(E. Preiser) (syn, Planwirtschaft, zentralgeleitete Wirtschaft, Befehlswirtschaft)*
Einplatzssystem *n* (EDV) standalone/dedicated . . . system
Einproduktbetrieb *m* (IndE) single-product firm
Einprodukt-Unternehmen *n* (Bw) single-product firm
Einprogrammbetrieb *m* (EDV) monoprogramming
Einprozeßsystem *n* (EDV) single-tasking system
einräumen
(com) to admit
– to allow
(Fin) to grant
(eg, credit, loan)
– to extend
Einrede *f*
(Re) defense
– plea
Einrede *f* **begründen mit** (Re) to establish a defense on the ground of *(eg, necessity = Notstand)*
einredebehaftete Forderung *f* (Re) claim which can be met by a plea of confession and avoidance, § 390 BGB
Einrede *f* **der Arglist**
(Re) exception of fraud
– *(civil law)* exceptio doli mali
Einrede *f* **der Aufrechnung** (Re) defense of setoff
Einrede *f* **der Erfüllung**
(Re) defense of discharge
(ie, of contract)
Einrede *f* **der Verjährung**
(Re) plea of the statute of limitations
– *(civil law)* exceptio temporis
(ie, defense that a claim is statute-barred or that time prescribed for bringing suit has expired)
Einrede *f* **der Verjährung geltend machen**
(Re) to plead the statute of limitations
– to plead lapse of time
(ie, as a defense to an action)
– to set up the statute of limitations
ie, against a claim)
– to assert the bar of the statute of limitations
Einrede *f* **der Vorausklage**
(Re) defense of preliminary proceedings against principal debtor
– benefit of discussion
– *(civil law:)* beneficium discussionis
(ie, surety – Bürge – may refuse to satisfy creditor unless the latter has unsuccessfully attempted to levy compulsory execution against principal debtor, § 771 BGB)
Einrede *f* **des nicht erfüllten Vertrages**
(Re) defense of nonperformance of contract
– defense that plaintiff has not performed
– *(civil law:)* exceptio non adimpleti contractus
(ie, exception in an action that plaintiff is not entitled to sue because he has not performed his own part of the agreement)
Einrede *f* **des Notstandes** (Re) defense of necessity
Einrede *f* **geltend machen**
(Re) to put forward
– to set up
– to interpose
– to establish
– to urge . . . a defense
– to allege an objection
(eg, to urge fraud or rescission as a defense)
einreichen
(com) to file
– to hand (to)
– to lodge
– to submit
(Fin) to bring (*or* present)
(eg, a bill for discount)
einreichende Bank *f* (Fin) presenting bank
Einreicher *m* (com) presenting party
Einreichung *f*
(com) filing
– lodgment
– submission
(Fin) presentment
– presentation
– deposit
Einreichung *f* **e–r Patentanmeldung** (Pat) filing of patent application
Einreichung *f* **e–s Antrags** (com) filing of an application
Einreichungsdatum *n* (com) filing date
Einreichungsfrist *f*
(com) closing date
(eg, invitation to tender)
(com) deadline for application
(Fin) period for presentment
Einreichungsschluß *m*
(com) cut-off date for applications
– closing date
(com) bid closing
Einreichungstermin *m*
(com) closing date
(eg, for receipt of applications)
– last day
(eg, on which we are to receive . . .)
Einreichungsverzeichnis *n* (Fin) list of bills or checks submitted for discount *(usu a bank's multipart form = Vordrucksatz)*
Einreichung *f* **von Schriftstücken** (com) filing of documents
einreihen
(Zo) to classify
(ie, under a tariff heading = ‚unter eine Tarifnummer')
Einrichtelöhne *mpl*
(KoR) setup wages
(ie, traced to costing units or included in overhead rate)
einrichten
(com) to arrange
– to organize
– to set up
Einrichtezeit *f* (IndE) setup time
Einrichtkosten *pl*
(KoR) setup cost
(ie, incurred in retooling machinery for new operations)

Einrichtung *f*
(com) office equipment and furnishings
(ReW) furnitures and fixtures (= Betriebsausstattung)
(IndE) machine setup
(ie, to change to another type of production)
Einrichtungen *f* **für Wohnbauten** (ReW) furnitures and fixtures for residential buildings
Einrichtungskosten *pl*
(ReW) cost (*or* expense) of setting up, organizing, and extending a plant
(ie, capitalized and written off, but see § 6 EStG)
Einrichtung *f* **und Betrieb** *m* **industrieller Anlagen**
(Bw) plant engineering
einrücken (EDV) to indent *(eg, first line)*
Einrückung *f* (EDV) indentation
Einrückungsstufe *f* (EDV) level of indentation
Einsatz *m*
(com) use
– utilization
(Pw) employment
(Fin) one-off
(ie, von nur e–r Kassaposition)
einsatzbereiter Zustand *m* (IndE) operating condition
Einsatzbereitschaft *f* (Pw) willingness to engage in purposeful action
Einsatzbesprechung *f* (com) briefing session
einsatzbezogene Standortfaktoren *mpl* (Bw) input-related locational factors
Einsatzergebnis *n*
(KoR) difference between purchase price and predetermined price
(ie, term used in standard costing: may be a shadow price or a standard price)
Einsatzfaktor *m* (Bw) input factor
Einsatzgewicht *n* (IndE) input/charge . . . weight
Einsatzgüter *npl*
(Bw) input
(ie, sum total of all productive factors)
(IndE) start materials
– charge materials
– feedstocks
Einsatzhäufigkeit *f* (Bw) incidence of usage
Einsatzmaterial *n*
(IndE) charge materials
– feed materials
– feedstocks
– input materials
– start (*or* starting) materials
Einsatzmenge *f* **des variablen Faktors** (Bw) input of variable factor
Einsatzmittel *npl* (Bw) resources
Einsatzniveau *n* (Vw) input level
Einsatzort *m* (Pw) duty station
Einsatzplanung *f* (Bw) applications planning
Einsatzpreis *m*
(com) starting price
(ie, at auction)
Einsatzstoffe *mpl* (KoR) input materials
einsatzsynchrone Beschaffung *f* (MaW) = bestandelose Beschaffung, qv
Einschalten *n*
(EDV) initial setup
(EDV) enabling

einschalten
(com) to use the services of
– to interpose *(eg, a bank)*
– to intermediate
Einschaltquote *f*
(Mk) share of audience
(ie, in television)
Einschaltung *f* **e–r Bank** (Fin) interposition of a bank
einschecken
(com) to check in
(ie, hotel desk, airport)
Einschichtler *m*
(IndE) one-shift worker
(ie, either early or late shift; opp, Zwei- und Dreischichtler, Kontiarbeiter)
einschieben (com) to insert
Einschiebung *f* (com) insertion
einschießen
(Fin) to contribute money (*or* capital)
– to put money into a business
einschlagen
(Mk, infml) to hit the market
(ie, product)
einschlägige Bestimmungen *fpl* (Re) relevant provisions *(eg, of stock exchange law)*
einschleusen
(Mk) to channel
(ie, goods into a market)
Einschleusung *f* (Mk) channeling
Einschleusungspreis *m*
(EG) sluice gate price
(ie, fiktiver Herstellungspreis für Schweinefleisch, Geflügel und Eier; liegt der ausländische Angebotspreis unter dem E., wird eine Zusatzabschöpfung erhoben)
einschließendes ODER *n*
(EDV) inclusive-OR operation
– disjunction
– logical sum
einschließlich aller Rechte (Bö) cum all
einschließlich Bezugsrechte (Bö) cum rights
einschließlich Dividende (Bö) cum dividend
Einschlußklausel *f* (Vers) omnibus clause
einschränken (com, infml) to cut down on *(eg, smoking, capital spending)*
einschränkende Bedingung *f*
(Re) limiting condition
(Re) proviso
(ie, a condition or limitation inserted in a contract; usu beginning with the words ‚provided that . . .')
einschränkendes Konnossement *n* (com) claused bill of lading
Einschreibebrief *m* (com) registered letter
Einschreibegebühr *f* (com) registration fee
Einschreiben *n*
(com) registered mail
– (GB) registered post
(ie, Vorsicht! Wird von BAG und BGH noch nicht einmal als Beweis des ersten Anscheins für das Zugehen nach § 130 I BGB bejaht)
einschreiben (EDV) to write in
Einschreiben *n* **mit Rückschein** (com) registered letter with return receipt (*or* GB: advice of receipt, AR)

Einschreibsendung *f*
(com, US) certified mail
(com, GB) registered mail
Einschrittcompiler *m* (EDV) one-pass compiler
Einschub *m* (EDV) slide-in module
Einschuß *m*
(Bö) contribution (*or* trading) margin
– margin requirement
– initial deposit
(ie, usu 10% of contract value)
(SeeV) contribution
– general average deposit
Einschußquittung *f*
(SeeV) contribution receipt
(ie, Quittung über Zahlung e–s Bareinschusses)
einseitig
(Re) unilateral
– one-sided
– ex parte *(eg, notice to determine a lease)*
einseitige Ableitung *f* (Math) one-sided derivative
einseitige empfangsbedürftige Erklärung *f* (Re) unilateral declaration requiring communication *(eg, on the part of a debtor)*
einseitige Handelsgeschäfte *npl* (Re) one-sided (*or* unilateral) commercial transactions
einseitige Rechtsetzung *f* (Re) unilateral legislative action
einseitiger Irrtum *m* (Re) unilateral mistake
einseitiger Schuldvertrag *m* (Re) unilateral contract
einseitiger Test *m*
(Stat) one-sided test
– single-tail test
einseitiger Transfer *m* (VGR) unilateral transfer
einseitiger Vertrag *m*
(Re) unilateral
– one-sided
– ex-parte . . . contract
einseitiges Rechtsgeschäft *n*
(Re) unilateral act (*or* transaction)
(eg, declaration containing a notice to terminate a lease)
einseitige Überlebensrente *f*
(Fin) reversionary annuity
– survivorship annuity
einseitige Übertragung *f* (VGR) unilateral transfer
einseitige Verpflichtung *f* (Re) unilateral obligation
einseitige Willenserklärung *f* (Re) unilateral manifestation of intent
einseitig festgesetztes Importkontingent *n* (AuW) unilateral quota
einseitig offene Klasse *f* (Stat) open-ended class
Einsendeabschnitt *m* (com) return coupon
einsenden
(com) to send in
– to submit
Einsender *m*
(com) sender
– submitter
Einsendeschluß *m*
(com) deadline
– closing date
Einserkomplement *n* (EDV) ones complement
Einsetzen *n* (Vw) onset *(eg, of an economic upturn)*
Einsetzungsregel *f* (Log) rule of substitution
Einsicht *f* **in die Bücher** (ReW) inspection of books and records
Einsichtsrecht *n* (Re) right to inspect books and records
Einsmenge *f* (Math) unitary set
Einsoperator *m* (Math) unit/identity . . . operator
Einspaltentarif *m* (Zo) unilinear tariff
einspaltig (com) single column
einsparen
(com) to save
– to cut expenses
– to economize (on)
– (infml) to shave (costs)
Einsparung *f*
(com) reduction of costs
– cutting expenses
– economizing
Einsparungsmöglichkeit *f* (com) savings possibility
einspeichern (EDV) to store
einspiegeln
(ReW) to reflect *(eg, fixed assets in a consolidated financial statement)*
Einspruch *m*
(Re) objection
– exception
(StR) protest against tax assessment, § 348 AO
(Pat) opposition
Einspruch *m* **einlegen** (Re) to file (*or* lodge) an objection
Einspruch *m* **einleiten** (Pat) to give notice of an opposition
Einspruch *m* **erheben**
(Re) to make (*or* raise) an objection
– to object (to)
Einspruch *m* **gegen Erteilung e–s Patents erheben** (Pat) to oppose the grant of a patent
Einspruch *m* **gegen Patentanmeldung erheben** (Pat) to oppose an application
Einspruchsabteilung *f*
(Pat) Opposition Division
(ie, of the Patent Office)
Einspruchsbegründung *f* (Pat) grounds for opposition
Einspruchseinlegung *f* (Pat) notice of opposition
Einspruchsentscheid *m* (Pat) decision relating to an opposition
Einspruchserwiderung *f* (Pat) rejoinder to an opposition
Einspruchsfrist *f* (Pat) time limit for entering opposition
Einspruchsgebühr *f* (Pat) opposition fee
Einspruchspartei *f*
(Pat) party in opposition
– opponent
Einspruchsrecht *n* (Re) right to object (to)
Einspruchsschriftsatz *m* (Pat) memorandum supporting opposition
Einspruchsverfahren *n* (Pat) opposition proceedings
Einspruch *m* **verwerfen** (Pat) to reject (*or* dismiss) an opposition
Einspruch *m* **wegen mangelnder Neuheit** (Pat) opposition for lack of novelty

Einspruch *m* **wurde nicht erhoben** (Pat) application was left unopposed
Einspruch *m* **zurücknehmen** (Pat) to withdraw an opposition
Einspruch *m* **zurückweisen** (Pat) to reject an opposition
Einsprungbedingungen *fpl* (EDV) initial/entry . . . conditions
Einsprungstelle *f* (EDV, Unix) entry (point)
Einstandsgebühr *f*
(Fin) initial fee *(ie, in franchising)*
Einstandskosten *pl*
(Fin) cost of funds *(ie, in banking; syn, Refinanzierungskosten)*
Einstandspreis *m*
(KoR) = Einstandswert
(EG) minimum import price
(ie, für landwirtschaftliche Veredelungsprodukte)
Einstandspreis *m* **der verkauften Handelsware**
(ReW) cost of merchandise sold
Einstandswert *m*
(KoR, *in retailing*) acquisition cost
– cost price
(ie, price delivered free stock)
einstellen
(com) to discontinue
– to stop
– to suspend *(eg, payment of debts)*
(IndE) to close/shut . . . down *(eg, a plant)*
(ReW) to allocate *(eg, to open reserves)*
– to transfer
(com) to engage
– to hire
Einstellenarbeit *f*
(IndE) single-place job
(ie, one assignment, one worker)
einstellig
(Log) one-place
– monadic
einstelliger Junktor *m* (Log) singular connective
Einstellkosten *pl* (com) hiring cost (*or* expenses)
Einstellquote *f*
(Pw) hiring rate
(ie, of labor)
– (GB) accessions rate
Einstellung *f*
(com) discontinuance
– stoppage
– suspension
(ReW) allocation *(eg, to special reserves)*
– transfer
(com) hiring
(IndE) setup
– adjustment
Einstellung *f* **der Geschäftstätigkeiten** (Fin) discontinuing operations
Einstellung *f* **des Verfahrens**
(Re) discontinuance of civil proceedings
– abatement of (civil) action
Einstellungen *fpl* **aus dem Jahresüberschuß** (ReW) transfer from net income for the business year
Einstellungen *fpl* **in Gewinnrücklagen** (ReW) transfer to earnings reserves
Einstellung *f* **in Pauschalwertberichtigung** (ReW) transfer to general allowance
Einstellung *f* **in Rücklage** (ReW) transfer to reserve
Einstellung *f* **in Sonderposten** (ReW) transfer to special allowances
Einstellung *f* **in Sonderposten mit Rücklagenanteil** (ReW) transfer to special tax reserve
Einstellungsalter *n* (Pw) hiring age
Einstellungsforschung *f*
(Mk) image research *(syn, Imageforschung)*
Einstellungsgespräch *n*
(Pw) job
– employment
– hiring . . . interview
Einstellungskosten *pl* (Pw) recruiting expenses
Einstellungsquote
(Pw) hiring/recruitment . . . rate
– (GB) accession(s) rate
(ie, ratio of new hires and recalls from layoff to total number of workers)
Einstellungssperre *f*
(Pw) employment
– job
– hiring . . . freeze
Einstellungsstopp *m* (Pw) = Einstellungssperre
Einstellungstermin *m* (Pw) first date of service
Einstellungstest *m*
(Pw) employment test
(ie, measures intelligence, personality traits, skills, interests, aptitudes, and other characteristics; used to supplement interviews and background investigations before employment)
Einstellungsverfahren *n* (Pw) hiring procedure
Einsteuer *f* (FiW) single tax (= impôt unique)
Einstieg *m* (EDV) getting started
Einstiegsmodell *n* (com) capture/entry-level . . . model
Einstiegspreis *m* (Bö) strike (*or* striking) price
Einstiegssystem *n* (EDV) entry-level system
einstimmig (com) unanimous
einstimmige Entscheidung *f* (com) unanimous decision *(eg, was taken)*
einstimmiger Beschluß *m* (com) unanimous resolution *(eg, was adopted)*
Einstimmigkeit *f* (com) unanimity
Einstimmigkeitsregel *f* (Bw) unanimous-vote rule
Einstraßensystem *n*
(IndE) single-train operation *(opp, parallel system)*
einstufen
(com) to categorize
– to classify
– to grade
– to scale
einstufige Divisionskalkulation *f*
(KoR) summary (single-stage) process costing
(ie, Selbstkosten werden durch Division der Gesamtkosten durch die erzeugten Produkte ermittelt; in den Kostenstellen wird nicht nach Einzel- und Gemeinkosten unterschieden; cf, mehrstufige D.)
einstufige Kostenplanung *f* (KoR) formula method (of cost budgeting)
einstufiger Betrieb *m* (IndE) single-stage plant system
einstufiger Stichprobenplan *m* (Stat) unitary sampling plan

einstufiges Leitungssystem *n*
(Bw) single-tier (*or* unitary) board structure
(eg, in the Anglo-Saxon and French company law systems)
einstufiges Mischgeldsystem *n* (Vw) single-tier mixed-money system
einstufiges Reihenfolgeproblem *n* (IndE) one-machine (*or* single-machine) sequencing problem
einstufiges Unternehmen *n* (Bw) single-stage business
Einstufung *f*
(com) classification
– qualification
Einstufung *f* **der Tätigkeit** (IndE) job ranking
Einstufungstest *m* (Pw) placement test
einstweiliges Fischereiabkommen *n* (Re) temporary fishing agreement
einstweilige Verfügung *f*
(Re) preliminary
– interim
– interlocutory . . . injunction
– temporary restraining order
(eg, is issued or granted)
einstweilige Verfügung *f* **erwirken** (Re) to sue out a preliminary injunction
Einsystem *n*
(ReW) interlinked system of financial and cost accounting
(ie, all postings are made in journal and general ledger)
Ein-Tages-Engagement *n*
(Bö) intra-day position
(ie, open foreign exchange position run by a dealer within a day)
einteilen
(com) to classify
– to grade
– to scale
Einteilung *f*
(com) classification
– gradation
– division
– subdivision
Einteilung *f* **nach einem Merkmal** (Stat) one-way classification
Einteilungsmethode *f* (Log) classification approach
Einteilung *f* **zollpflichtiger Güter nach Eigenschaften** (AuW) attribute method of tariff classification
Eintrag *m*
(com) entry
(EDV) entry *(cf, DIN 66 028, Aug 1985)*
eintragen
(com) to enter in/up
– to register on
– to make an entry
– to post
einträglich
(com) profitable
– remunerative
Eintragsverweis *m* (EDV) entry reference
Eintragung *f*
(com) entry
– registration
– posting
Eintragung *f* **in das Handelsregister** (Re) registration/entry . . . in the Commercial Register
Eintragung *f* **löschen** (com) to cancel an entry
Eintragungsbewilligung *f*
(Re) consent to entry in land register *(ie, requires official authentication)*
eintreibbare Forderung *f* (Fin) recoverable debt
eintreiben
(Fin) to collect *(ie, debts outstanding)*
Eintreibung *f* (Fin) collection
eintretende Variable *f* (OR) entering variable
Eintritt *m*
(com) admission
– (fml) admittance
Eintritt *m* **der Geschäftsunfähigkeit** (Re) supervening incapacity, § 791 BGB
Eintritt *m* **der Rechtshängigkeit** (Re) date at which a claim is brought forward, § 291 BGB
Eintritt *m* **des Schadensfalles** (Vers) occurrence of risk
Eintritt *m* **des Versicherungsfalles** (Vers) insurance contingency
Eintritt *m* **e–r Bedingung** (Re) fulfillment of a condition
Eintritt *m* **in Rechte**
(Re) subrogation
(ie, substitution of a third party in place of a party having a claim against another person, eg; insurance companies or guarantors generally have such right)
Eintritt *m* **ins Erwerbsleben** (Pw) entry into the labor force
Eintrittsalter *n* (Vers) age at entry
Eintrittsbarriere *f* (Bw) barrier of entry *(cf, Marktzutrittsschranken)*
Eintrittsbilanz *f* (ReW) special balance sheet prepared when a new member joins a partnership
Eintrittsgrenzzollamt *n* (Zo) customs office at place of entry
Eintrittshafen *m* (Zo) port of entry
Eintrittshäufigkeit *f* (Stat) frequency of occurrence
Eintrittspreis *m* (com) admission fee
Eintrittssperre *f*
(Vw) restriction of entry
– barrier to entry
Eintrittssperrenpreis *m* (Vw) limit price
Eintrittsstrategie *f* (Mk) entry strategy
Einverfahren-Maschine *f* (IndE) single-process machine
Einverständnis *n*
(com) approval
(Re) assent
– consent
Einwahldienst *m* (EDV) dial-up service
Einwahlnummer *f*
(EDV) access number *(ie, Telefonnummer eines Providers, über die der Anwender die Verbindung mit einem Onlinedienst herstellt)*
einwahlorientiert (EDV) dial-up
Einwahlzugriff *m* (EDV) dial-up access
Einwand *m* **der unzulässigen Rechtsausübung**
(Re) defense (*or* exception) of fraud
– *(civil law:)* exceptio doli generalis
(ie, made irrelevant by the general principle of fair dealing, §§ 157, 242, 226 BGB)

Einwand *m* **der Verwirkung** (Re) defense available in cases of belated assertion of rights
Einwand *m* **des Rechtsmißbrauchs** (Re) = Einwand der unzulässigen Rechtsausübung
Einwände *mpl* **geltend machen**
(Re) to set up
– to raise
– to urge
– to interpose
– to establish
– to put forward . . . defenses
einwandfreie Bonität *f* (Fin) execellent credit standing
einwandfreie Einstufung *f* (com) clear-cut characterization
einwandfreier äußerer Zustand *m* (com) apparent good order and condition
einwandfreie Werbung *f* (Mk) clean advertising
einwandfrei funktionieren (com) to work properly
Einwegbehälter *m* (com) disposable (*or* one-way) container
Einwegflasche *f*
(com) non-returnable bottle
– non-refillable
– one-way bottle
Einwegverpackung *f* (com) disposable (*or* non-returnable) package (*or* packaging)
einweisen (Pw) to familiarize
Einwendungsausschluß *m* (WeR) holder in due course (= rechtmäßiger od legitimierter Inhaber) is free of equitable defenses available to prior parties
Einwendungsdurchgriff *m* (Re) right to put up defense *(cf, § 9 Abs. 3 S. 1 VerbrKrG)*
einwertige Funktion *f* (Math) single-value function
Einwilligung *f*
(Re) prior approval
(ie, authorization of an act-in-the law, § 183 BGB; cf, Zustimmung)
einzahlen
(Fin) to pay in
(Fin, fml) to pay over
Einzahler *m*
(com) payer
(Fin) depositor
Einzahlung *f*
(Fin) inpayment
(Fin) deposit
Einzahlungsaufforderung *f*
(com) request for payment
(Fin) call
– call letter
– notice of call
(ie, purchaser of nil-paid or partly-paid share is requested to pay amount due to a company)
Einzahlungsformular *n*
(Fin) in-payment form
– paying-in slip
Einzahlungspflicht *f* (Re) obligation to pay up shares, § 54 AktG
Einzahlungsquittung *f* (Fin) deposit receipt
Einzahlungsreihe *f*
(Fin) stream of cash inflows
– cash inflows
(ie, term used in evaluating alternative investment projects)
Einzahlungsrückstand *m*
(Fin) calls in arrears
(ie, due by shareholders who failed to pay calls for payment on subscribed shares)
Einzahlungsschein *m*
(Fin) deposit slip
– (GB) paying-in slip
– credit slip
Einzahlungsströme *mpl*
(Fin) cash inflows
(ie, in preinvestment analysis)
einzeiliger Beleg *m* (ReW) single-line document
Ein-Zeit-Verfahren *n* (OR) single-phase planning method *(eg, critical path method [CPM], metra potential method [MPM])*
Einzelabnehmer *m* (com) individual customer
Einzelabschluß *m*
(ReW) individual accounts
(ie, in group accounting)
Einzelabschreibung *f*
(ReW) single-asset depreciation
– unit depreciation
(syn, individuelle Abschreibung; opp, Pauschal- od Summenabschreibung)
Einzelabstimmung *f* (ReW) detail reconciliation
Einzelakkord *m* (IndE) individual piece-work
Einzelaktionär *m* (Fin) individual shareholder (*or* stockholder)
Einzelanfertigung *f*
(IndE) manufacture to specification
– single-unit production
(IndE) = Einzelfertigung, qv
Einzelanleger *m* (Fin) individual investor
Einzelarbeitsvertrag *m* (Pw) individual employment contract
Einzelaufgliederung *f* (com) detailed breakdown
Einzelaufstellung *f*
(com) detailed statement
– itemized list
Einzelauftrag *m* (com) individual order
Einzelaufzeichnungen *fpl* (ReW) detail records
Einzelausgebot *n*
(Re) invitation of bids
(ie, for each individual parcel of real estate, in judicial sales, § 63 ZVG; opp, Gesamtausgebot)
Einzelausnahmen *fpl*
(Kart) individual exemptions, §§ 2–8 GWB
(opp, Bereichsausnahmen = industry-wide exemptions)
Einzelaussteller *m* (Mk) individual exhibitor
Einzelbegriff *m* (Log) individual concept
Einzelbeleg *m* (ReW) single voucher
Einzelbelegprüfung *f* (ReW) detailed checking
Einzelbeschaffung *f* **im Bedarfsfall** (MaW) individual buying
Einzelbesteuerung *f* (StR) individual taxation
Einzelbewertung *f*
(ReW) individual
– item-by-item
– single-asset
– single . . . valuation
– unit account method of valuation *(opp, Gruppenbewertung)*

Einzelbilanz *f*
(ReW) individual balance sheet *(ie, part of consolidated balance sheet)*
Einzelbild *n* (EDV) display frame
Einzelbildpuffer *m* (EDV) frame buffer
Einzelblatt *n* (EDV) cut sheet paper
Einzelblattzuführung *f* (EDV) cut-sheet feed mode
Einzelbuchung *f* (ReW) detail posting
Einzelbudgetierung *f* (ReW) detail budgeting
Einzelbürgschaft *f* (Re) individual guaranty
Einzeldokument *n* (com) single document
Einzelerfinder *m* (Pat) individual (*or* sole) inventor
Einzelertragswertverfahren *n* (StR) individual appraisal of potential yield, § 37 II BewG
Einzelfertigung *f*
(IndE) individual
– job
– one-off
– (single) unit
– unique-product
– single-item . . . production
– discrete manufacturing
(IndE) tailor-made/unique . . . products
Einzelfirma *f*
(com) one-man business
(com) sole (*or* individual) proprietorship
– individual business
– (GB) sole trader
(syn, Einzelkaufmann, Einzelunternehmung)
Einzelgeschäftsführung *f* (Re) capacity to transact business of each individual partner of OHG and KG, §§ 114 ff HGB
Einzelgesellschaften *fpl* (Bw) individual companies
Einzelgewerbetreibender *m*
(StR) individual proprietor (*or* trader)
(ie, carries on business independently, permanently, and for profit, excluding agriculture and independent personal services)
Einzelgewerkschaft *f* (Pw) single-industry union
Einzelhandel *m* (Mk) retail industry (*or* trade)
Einzelhandel-Einkaufsgenossenschaft *f* (com) retail cooperative
Einzelhandelsberatung *f* (Mk) retail advisory services
Einzelhandelsbetrieb *m*
(com) retail business (*or* establishment)
– retail store
– retailing outlet
Einzelhandels-Factoring *n* (Mk) retail factoring
Einzelhandelsgeschäft *n* (com) retail store (*or* outlet)
Einzelhandelskette *f*
(Mk) retailing chain
– multiple chain
Einzelhandelskontenrahmen *m* (ReW) (simplified) classification-of-account system tailored to retailing needs
Einzelhandelskunde *m* (com) retail customer
Einzelhandelsorganisation *f* (com) retail sales organization
Einzelhandelspolitik *f* (Vw) retail trade policy
Einzelhandelspreis *m* (com) retail price
Einzelhandelspreisindex *m* (Stat) retail price index

Einzelhandelsrabatt *m* (com) retail rebate
Einzelhandelsrichtpreis *m* (com) recommended retail price
Einzelhandelsspanne *f* (com) retail margin
Einzelhandelsumsätze *mpl*
(com) retail sales
– (GB) retail turnover
– shop sales
– sales of retail stores
Einzelhandelsunternehmen *n* (com) retail establishment
Einzelhandelsvertrieb *m* (com) retail marketing (*or* sales)
Einzelhändler *m*
(com) retailer
– retail trader
Einzelhonorar *n*
(com) individual fee
– fee for service
(opp, Pauschalhonorar = flat-rate fee, flate fee)
Einzelkalkulation *f* (KoR) job-order (*or* single-item) calculation
Einzelkaufmann *m* (com) = Einzelfirma
Einzelkontingent *n* (AuW) selectively administered quota
Einzelkosten *pl*
(KoR) direct . . . cost/expense/charge
– prime cost
(ie, in der Kostenträgerkalkulation dem Erzeugnis unmittelbar zurechenbar; identifiable direct with a particular activity; opp, Gemeinkosten = overhead)
Einzelkostenabweichung *f* (KoR) direct-cost variance
Einzelkostenlohn *m* (KoR) direct labor
Einzelkostenmaterial *n* (KoR) direct material
Einzelkostenplanung *f* (KoR) direct cost planning
Einzelkredit *m*
(Fin) individual credit *(ie, funds loaned to a single borrower)*
Einzelkreditversicherung *f* (Vers) individual credit insurance
Einzellebensversicherung *f*
(Vers) individual life insurance
(opp, Gruppenlebensversicherung = group life insurance)
Einzelleistung *f* (Re) individual performance
Einzellizenz *f* (Pat) individual license
Einzellöhne *mpl* (KoR) direct labor
Einzellohnkosten *pl* (KoR) productive labor (*or* wages)
Einzellohnsatzabweichung *f* (KoR) labor rate variance
Einzellohnzeitabweichung *f*
(KoR) labor efficiency
– labor time
– labor usage . . . variance
(syn, Arbeitszeitabweichung, qv)
Einzelmaterial *n* (KoR) direct material
Einzelmaterialkosten *pl* (KoR) cost of direct material
Einzelmaterialmischungsabweichung *f* (KoR) mixture subvariance
Einzelmaterialpreisabweichung *f* (KoR) material price variance

Einzelmaterialverbrauchsabweichung *f* (KoR) materials quantity variance
– material usage variance
Einzelmieter *m* (Re) sole tenant
Einzelnachfolge *f*
(Re) singular succession
(ie, not to the entire estate of another, but only to individual legal relations)
Einzelnachweis *m* **führen**
(StR) to itemize expenses *(ie, instead of claiming blanket allowance)*
einzeln aufführen (com) to itemize
Einzelobjekt *n* (Bw) individual item
Einzelplan *m*
(Bw) individual plan
(FiW) department budget
Einzelplanung *f* (Bw) detail planning
Einzelpolice *f* (Vers) individual (*or* voyage) policy
Einzelpreis *m* (com) unit price
Einzelpreisauszeichnung *f* (com) item pricing
Einzelpreiserrechnung *f* (com) unit price calculation
Einzelprodukt *n* (KoR) specific product
Einzel-Produkttest *m* (Mk) monadic product test
Einzelprogramm *n* (EDV) individual routine
Einzelprokura *f*
(Re) individual „Prokura"
(ie, general power of commercial representation)
Einzelprüfer *m*
(ReW) independent auditor *(opp, auditing partnership)*
Einzelpunktsteuerung *f* (IndE) point-to-point system
Einzelrechtsnachfolge *f* (Re) = Einzelnachfolge
Einzelregelung *f* (Re) specific provision
Einzelschadenexzedentenrückversicherung *f*
(Vers) excess of loss cover
– working cover
(ie, bezieht sich auf die einzelnen Schäden e–r versicherungstechnischen Einheit)
Einzelschadenverteilung *f*
(Vers) single-loss distribution
(ie, gebräuchlich sind: Gammafamilie, logarithmische Normalverteilung, Pareto)
Einzelschuldner *m* (Re) sole debtor
Einzelspanne *f*
(Mk) item-related profit margin
(ie, difference between purchase and sales price of a single article)
einzelstaatliche Rechtsvorschriften *fpl* (EG) national legislation
einzelstaatlicher Markt *m* (EG) national market
einzelstaatliches Durchfuhrpapier *n* (Zo) national transit document
Einzelsteuer *f* (StR) individual tax
Einzelstoffkosten *pl* (KoR) direct material
Einzelstrategie *f* (Bw) individual strategy
Einzelteile *npl* (com) (component) parts
Einzelübertragung *f* (Re) = Einzelnachfolge
Einzelunternehmen *n* (com) = Einzelfirma
Einzelverarbeitung *f* (EDV) single tasking
Einzelveräußerungspreis *m* (com) unit sales price
Einzelverpackung *f* (com) individual (*or* unit) packing
Einzelversicherer *m* (Vers) individual insurer
Einzelversicherung *f* (Vers) individual (*or* private) insurance
Einzelvertretung *f*
(Re) sole representation *(opp, Gesamtvertretung)*
Einzelverwahrung *f* (Fin) individual safekeeping
Einzelvollmacht *f*
(Re) individual power of representation
(ie, to undertake certain transactions or certain kinds of transaction, § 125 II HGB; opp, Generalvollmacht)
Einzelwerbung *f*
(Mk) individual advertising *(opp, Gemeinschaftswerbung)*
Einzelwertberichtigung *f*
(ReW) individual value adjustment
– itemized allowance for bad debts
(Fin) provision for losses on individual loan accounts
Einzelwertberichtigung *f* **zu Forderungen** (ReW) itemzed allowance for bad debts
Einzelwertberichtigung *f* **zu Kundenforderungen** (ReW) reserve for doubtful accounts – direct
einzelwirtschaftlich (Vw) applying to individual economic units
einzelwirtschaftliche Nachfragefunktion *f* (Vw) individual demand function
Einzelzeit *f*
(IndE) element time *(ie, time to complete a specific motion element)*
Einzelzeitverfahren *n* (IndE) flyback timing
Einzelziele *npl* (Bw) individual (*or* personal) goals
Einzelzuweisung *f*
(FiW) segregated appropriation
(FiW) itemized appropriation *(opp, Pauschalzuweisung = lump-sum appropriation)*
einziehen
(Vw) to call in *(eg, old notes from circulation)*
(Fin) to call in
– to redeem *(ie, securities)*
(Fin) to collect *(eg, debt outstanding, checks)*
Einziehung *f*
(Re) forfeiture
(Vw) calling in
(Fin) redemption
– call in
(Fin) collection
(StR) collection of a tax, § 227 AO
Einziehungsermächtigung *f* (Fin) = Einzugsermächtigung
Einziehungsgebühr *f* (Fin) collection charge
Einziehungsgeschäft *n* (Fin) collection business
Einziehungsverfahren *n*
(Fin) = Einzugsverfahren
(Fin) collection procedure
Einzug *m*
(Fin) = Einziehung
(com) indent *(ie, in text processing)*
– indentation
Einzugsauftrag *m* (Fin) collection order
Einzugsbank *f* (Fin) collecting bank
Einzugsermächtigung *f* (Fin) = Einzugsermächtigung
Einzugsermächtigungsverfahren *n*
(Fin) direct debiting service
– automatic debit transfer

(ie, Zahlungsverpflichteter gibt Ermächtigung gegenüber dem Zahlungsempfänger ab; cf, Abbuchungsverfahren; syn, Einziehungsverfahren, Lastschriftverfahren, rückläufige Überweisung)
Einzugsgebiet *n*
(com) catchment area
(com) area of supply
– trading area
Einzugskosten *pl* (Fin) collecting charges
Einzugspapiere *npl* (Fin) collection items
Einzugsstelle *f* (Fin) collecting agency
Einzugsverfahren *n* (Fin) = Einzugsermächtigungsverfahren
Einzugswechsel *m*
(Fin) bill for collection
– collective draft
Einzweck-Maschine *f* (IndE) single-purpose machine
Eisenbahner-Gewerkschaft *f* (Pw) railwaymens' union
Eisenbahnerstreik *m* (Pw) rail strike
Eisenbahnfrachtbrief *m*
(com) railroad bill of lading
(ie, this is a document of title = Dispositions- od Traditionspapier)
– (GB) consignment note
Eisenbahnfrachtgeschäft *n* (com) carriage of goods by public railroads, §§ 453 ff HGB
Eisenbahngütertarif *m*
(com) railroad freight tariff
– railroad rates
Eisenbahngüterverkehr *m* (com) rail freight traffic
Eisenbahntarif *m*
(com) railroad rates
– (GB) railway rates
Eisenbahnwerte *mpl*
(Bö) railroad stocks
– rails
– (GB) railway shares
Eisenerzbergbau *m* (com) iron ore mining
eisenschaffende Industrie *f*
(com) iron and steel industry *(syn, Eisen- und Stahlindustrie)*
Eiserne-Bestands-Methode *f*
(ReW) base (*or* reserve) stock method of valuation
(ie, assets always needed in the business are carried on the books at cost)
eiserner Bestand *m*
(MaW) base stock
– base stock inventory
– minimum inventory level
– reserve stock
– safety
(Fin) reserve fund
eiserne Reserve *f*
(com) iron reserve *(ie, against unpleasant surprises such as escalation of prices)*
EK (Fin) = Eigenkapital
EKI (Fin) = elektronisches Kontoinformationssystem
elastische Geldmenge *f* (Vw) elastic money supply
elastische Nachfrage *f* (Vw) elastic demand
elastischer Bereich *m* **der Nachfragekurve** (Vw) elastic range of demand
elastisches Angebot *n* (Vw) elastic supply
Elastizität *f*
(Vw) elasticity
(ie, relative response of one varioable to a small percentage change in another variable; general formula: dx/dy . y . x)
Elastizität *f* **der Nachfrage** (Vw) elasticity of demand
Elastizität *f* **des Angebots** (Vw) elasticity of supply
Elastizitätsansatz *m* (Vw) elasticity approach
Elastizitätskoeffizient *m*
(Vw) elasticity coefficient
– coefficient of elasticity
Electronic Mail *f*
(EDV) electronic mail
– mailbox system
(ie, Form der computerunterstützten Textkommunikation; syn, elektronische Post)
Elefanten-Hochzeit *f*
(com) giant (*or* jumbo) merger
– (infml) juggernaut marriage
– (US) megadollar merger
elektrische Abtastung *f*
(EDV) electrical sensing
– brush reading
(opp, magnetische Abtastung = magnetic reading; optische Abtastung = optical scanning)
elektrische Buchungsmaschine *f* (EDV) electric accounting machine, EAM
Elektrizitätsversorgung *f* (com) power supply
Elektrizitätswirtschaft *f* (com) electricity (supply) industry
Elektrobranche *f* (com) = elektrotechnische Industrie
elektrodermale Reaktion *f* (Mk) electro-dermal reaction
Elektroindustrie *f* (com) = elektrotechnische Industrie
Elektrokonzern *m* (com) electrical group
Elektrolumineszenz-Bildschirm *m* (EDV) electroluminescent display
elektromagnetische Strahlung *f* (EDV) electromagnetic radiation
Elektronik *f* (com) electronics
Elektronikindustrie *f* (com) electronics industry
elektronisch bestellen (com) to teleorder
elektronische Ablage *f*
(EDV) electronic filing system
– electronic file cabinets
elektronische Briefbombe *f* (EDV) letterbomb
elektronische Datenverarbeitung *f* (EDV) electronic data processing, EDP
Elektronische Post *f* (EDV) e-mail/email
elektronische Post *f*
(EDV) electronic mail, E-Mail
– computer mail
elektronischer Briefkasten *m* (EDV) electronic mailbox
Elektronischer Handelsdatenaustausch *m* (EDV) Electronic Data Interchange, EDI
elektronischer Schalter *m* (Fin) electronic counter
elektronischer Testmarkt *m* (Mk) electronic test market
elektronischer Zahlungsverkehr *m*
(Fin) electronic payments

– electronic funds transfer system
(ie, belegloser Transfer von Zahlungsaufträgen mittels elektronischer Impulse)
Elektronischer Zeitplaner *m*
(EDV) Personal Information Manager, PIM
– organizer
(software utility that manages diary, addresses and notes)
elektronisches Anschlagbrett *n* (EDV) electronic bulletin board
elektronisches Beleglesen *n* (Mk) laser scanning
elektronisches Buch *n*
(EDV) electronic book
– E-Book
elektronische Schreibmaschine *f* (EDV) electronic typewriter
elektronisches Datenverarbeitungssystem *n* (EDV) electronic data processing system
elektronisches Datenverarbeitungszentrum *n*
(EDV) electronic data processing center
– EDP center
– computer center
elektronisches Einkaufen *n*
(EDV) cyber shopping
(ie, buying goods via networks [eg, World Wide Web]; syn, electronic shopping)
(EDV) electronic commerce
elektronisches Formular *n* (EDV) electronic form
elektronisches Geld *n* (EDV) electronic cash
elektronisches Handelssystem *n*
(Bö) electronic trading system
(eg, die meisten Aktien werden in London nicht mehr im Börsenparkett, sondern über Bildschirm und Telefon gehandelt)
elektronisches Kontoinformationssystem *n* (Fin) electronic account information system
elektronisches Marketing *n*
(Mk) electronic marketing
– telemarketing
elektronisches Publizieren *n*
(EDV) electronic publishing *(ie, using networks for publishing purposes)*
elektronisches Zahlungsverkehrssystem *n* (Fin) electronic funds transfer system
elektronische Überweisung *f* (Fin) electronic funds transfer
elektronische Unterschrift *f* (EDV) mail signature
elektronische Visitenkarte *f* (EDV) electronic business card
elektronische Werbung *f*
(Mk) electronic advertising
(eg, via online services; yn, cyber advertising)
Elektrosmog *m*
(com) electronic smog
(ie, electromagnetic fields and static electricity caused by increasing number of electronic devices; negative Auswirkungen auf die Gesundheit bisher umstritten)
elektrostatischer Drucker *m* (EDV) electrostatic printer
elektrostatischer Plotter *m* (EDV) electrostatic plotter
Elektrotechnik *f*
(Pw) electro-technology
(ie, als Ausbildungsfach)
elektrotechnische Gebrauchsgüter *npl* (com) electrical applicances
elektrotechnische Industrie *f* (com) electrical engineering industry
Elektrowerte *mpl* (Bö) electricals
Element *n*
(Stat) element
– unit
(OR) input unit
– customer *(ie, in waiting-line models)*
Elementaraufgabe *f* (Pw) elementary task
Elementarbewegung *f*
(IndE) basic motion
– elemental movement
elementare Algebra *f* (Math) basic algebra
elementare Mengenlehre *f*
(Math) intuitive set theory
(syn, naive Mengenlehre; opp, axiomatische Mengenlehre = axiomatic set theory)
Elementarereignis *n* (Math) simple event
elementare Stichprobentheorie *f* (Stat) basic sampling theory
Elementarfaktoren *mpl*
(Bw) basic factors of production
(ie, umbrella term used by E. Gutenberg; opp, ‚dispositive Faktoren')
Elementarkombination *f*
(Bw) combination of basic factors of production
– basic-factor combination
Elementarmarkt *m*
(com) individual market
(Vw) elemental market
– single-market model
Elementarsatz *m*
(Log) atomistic proposition
– elementary statement
Elementarschadenversicherung *f* (Vers) insurance against damage by natural forces
Elementbeziehung *f* (Math) membership relation
Elemente *npl* **des Jahresabschlusses** (ReW) elements of financial statements
Element *n* **e–r Menge** (Math) element of a set
elementfremde Mengen *fpl* (Math) disjoint sets
Elementketten *fpl*
(EDV, CAD) strings
(ie, entstehen durch Aneinanderreihen von 2D-Grundelementen)
Elendsindex *m*
(Vw, US) misery index
(ie, inflation rate + jobless rate)
Elferausschuß *m*
(Fin) Central Capital Market Committee
(ie, represents the large issuing banks)
Eliminierung *f* **der Innenumsatzerlöse**
(ReW) elimination of internal sales
– elimination of proceeds from intercompany sales
(cf, 332 I 1 AktG)
Eliminierungsbuchung *f*
(ReW) eliminating entry
(ie, made to neutralize, reverse, or remove an existing intercompany relationship between two or more affiliated corporations; its does not effect the internal accounting records of any of the affiliated companies and is not booked)
ELS (Fin) = elektronischer Schalter *m*

Elternverzeichnis *n* (EDV) parent directory
E-Mail-Adresse *f* (EDV) e-mail address
E-Mail-Bombe *f* (EDV) mailbomb
Emballage *f*
(com) packaging *(ie, all-inclusive term)*
Embargo *n*
(AuW) embargo
(eg, fitting verbs: apply – declare – employ – enforce – impose – lift – support – threaten – disregard – counter – effect; see examples below)
Embargo *n* **aufheben** (AuW) to lift an embargo
Embargo *n* **durchsetzen** (AuW) to enforce an embargo
Embargo *n* **nicht beachten** (AuW) to defy an embargo
Embargorisiko *n*
(Fin) risk of embargo *(ie, in export credit insurance)*
Embargo *n* **verhängen** (AuW) to impose/put . . . an embargo (on)
Emission *f*
(Fin) = Effektenemission
(IndE) pollution
(eg, Luftverunreinigung, Abwasser, Abfall, Abwärme, Erschütterungen)
Emission *f* **auf dem Submissionswege** (Fin) issue by tender
Emission *f* **begeben** (Fin) to launch an issue
Emission *f* **fest übernehmen** (Fin) to underwrite an issue
Emission *f* **placieren** (Fin) = Emission unterbringen
Emissionsabteilung *f*
(Fin) issue department *(ie, of banks)*
Emissionsagio *n*
(Fin) issue premium
– underwriting premium
(Fin, GB) share premium
Emissionsbank *f*
(Vw) bank of issue *(cf, Notenbank)*
(Fin) issuing bank
– underwriter
Emissionsbedingungen *fpl*
(Fin) offering terms
– terms of an issue
Emissionsdisagio *n*
(Fin) issuing discount
(ie, discount to subscribers of a share or bond issue)
(Fin) bond/debt . . . discount
Emissionserlös *m* (Fin) proceeds of an issue
Emissionsfahrplan *m*
(Fin) issue calendar
– calendar of new issues
Emissionsfenster *n* (Fin) new issue window *(eg, for fixed-interest public bonds)*
Emissionsgenehmigung *f*
(Fin) authorization to issue securities
(ie, granted by economics minister for bearer and order bonds, §§ 795 and 808 a BGB)
Emissionsgenehmigungsverfahren *n* (Re) issue authorization procedure *(cf, §§ 795, 808a BGB; repealed as of 1 Jan 1991)*
Emissionsgeschäft *n* (Fin) issuing (*or* underwriting) business

Emissionsgesellschaft *f* (Fin) issuing company
Emissionsgewinn *m*
(Fin) underwriting profit
(ie, issue premium less cost of issue)
Emissionsgläubiger *m* (Fin) issuing creditor
Emissionshaus *n* (Fin, GB) issuing house
Emissionsinstitut *n* (Fin) issuing institution
Emissionsjahr *n* (Fin) year of issue
Emissionskalender *m* (Fin) new issue calendar
Emissionsklima *n* (Fin) climate for new issues
Emissionskonditionen *fpl*
(Fin) terms of issue
– offering terms
Emissionskonsortialvertrag *m*
(Fin) agreement among underwriters
– underwriting agreement
Emissionskonsortium *n*
(Fin) underwriting . . . group/syndicate
– buying syndicate
Emissionskontrolle *f*
(Fin) control of security issues
(ie, as an instrument of capital market policy)
Emissionskosten *pl*
(Fin) cost of issue
(ie, expenses of issuing shares or bonds)
Emissionskredit *m* (Fin) credit granted to security issuer by issuing bank
Emissionskurs *m*
(Fin) initial offering price
– issue price
Emissions-Kursniveau *n* (Fin) issue-price level
Emissions-Limit *n* (Fin) ceiling of new issues
Emissionsmakler *m* (Fin) issue broker
Emissionsmarkt *m*
(Fin) new issue market
(ie, Markt des ersten Absatzes von Wertpapieren: for the initial issue of securities; syn, Primärmarkt; opp, Umlaufmarkt, Sekundärmarkt, Börse)
Emissionsminderungsbanken *fpl*
(Vw) emissions reduction banks
(ie, in der Umweltpolitik; cf Kompensationslösungen)
Emissionsmodalitäten *fpl* (Fin) terms of an issue
Emissionsnebenkosten *pl* (Fin) ancillary issuance (*or* issue) costs
Emissionsnotenbank *f* (Vw) issuing central bank
Emissionspause *f* (Fin) pause preceding a new issue
Emissionspolitik *f*
(Fin) issue policy
– policy of issuing securities
Emissionsprospekt *m*
(Fin) prospectus
– issuing (*or* underwriting) prospectus
Emissionsrecht *n* (Fin) right to issue
Emissionsrendite *f*
(Fin) yield on newly issued bonds
– yield on new issue
– issuing yield
– new issue rate
Emissionsrhythmus *m* (Fin) issue pattern
Emissionsrisiko *n* (Fin) underwriting risk
Emissionssatz *m* (Fin) tender rate
Emissionsschuldner *m* (Fin) issue debtor
Emissionsschwemme *f* (Fin) wave (*or* deluge) of new issues

Emissionssperre *f*
(Fin) blocking of new issues *(ie, instrument of capital market policy)*
Emissionsspitze *f* (Fin) portion of an unsold issue
Emissionsstatistik *f* (Fin) security issue statistics
Emissionsstoß *m* (Fin) flurry of new issue activity
Emissionstag *m* (Fin) date of issue
Emissionstätigkeit *f* (Fin) issuing activity
Emissionstechnik *f* (Fin) issuing method
Emissionsteuer *f* (StR) security issue tax
Emissionsübernahmevertrag *m* (Fin) underwriting contract
Emissionsvergütung *f* (Fin) issuing commission
Emissionsvertrag *m*
(Fin) underwriting agreement
(ie, in public offerings)
(Fin) purchase agreement
(ie, in connection with a private placement)
Emissionsvolumen *n* (Fin) total volume of issues
Emissionswährung *f* (Fin) issuing currency
Emissionswelle *f* (Fin) spate of new issues
Emission *f* **unterbringen** (Fin) to place an issue
Emission *f* **von Wertpapieren** (Fin) issue of securities
Emittent *m*
(Fin) issuer
(ie, meist AG od öffentlich-rechtliche Körperschaft)
emittieren
(Fin) to issue *(eg, shares)*
– to float *(eg, an issue)*
emittierende Bank *f* (Fin) issuing bank
emittierende Gesellschaft *f* (Fin) issuing company
emittierendes Unternehmen *n* (Fin) issuer
emittierte Aktien *fpl* (Fin) shares issued and outstanding
empfangender Sektor *m*
(Vw) receiving sector
(ie, in input-output analysis)
Empfänger *m*
(com) addressee
(eg, letters, parcels)
– receiver
– recipient
(com) consignee
(ie, of merchandise)
(Fin) payee
(ie, of money)
– remittee
(Fin) borrower
(ie, of loan)
(Re) warrantee
(ie, of guaranty)
Empfängerland *n*
(AuW) host
– recipient
– donee . . . country
Empfängerteil *m* **e–s Knotens** (OR) receiver of a node
Empfangsabruf *m* (EDV) fax on demand
empfangsbedürftige Willenserklärung *f* (Re) declaration (*or* manifestation) of intent requiring communication *(cf, § 130 I BGB)*
Empfangsberechtigter *m*
(com) authorized recipient
(Re) authorized beneficiary
Empfangsbescheinigung *f*
(com) receipt
– acknowledgment of receipt
Empfangsbestätigung *f*
(com) = Empfangsbescheinigung
(com) receipt for goods shipped
Empfangsbevollmächtigter *m*
(Re) person authorized to take delivery
(StR) resident agent
Empfangsknoten *m* (OR) receiver node
Empfangsschein *m*
(com) counterfoil *(ie, of a delivery note = ‚Lieferschein')*
Empfangsspediteur *m*
(com) receiving forwarding agent
(ie, routes individual consignments of a collective shipment to final destinations)
Empfangsspediteurvergütung *f*
(com) fee paid to receiving forwarding agent
(ie, covering unloading, distribution, and office expenses)
Empfehlungsschreiben *n*
(com) letter of recommendation (*or* introduction)
(Pw) letter of appraisal
Empfehlungsvereinbarungen *fpl* (com) recommended arrangements
Empfindlichkeitsanalyse *f*
(Bw) sensitivity analysis *(syn, Sensitivity-Training, qv)*
empfohlener Abgabepreis *m* (Mk) = empfohlener Richtpreis, qv
empfohlener Richtpreis *m* (Mk) recommended/suggested . . . retail price
empirische Kurvenbestimmung *f* (Math) curve fitting *(syn, Kurvenanpassung)*
empirische Varianz *f* (Stat) sample variance
empirische Wahrheit *f* (Log) empirical truth
empirische Wirtschaftsforschung *f* (Vw) empirical economic research
empirische Wissenschaft *f*
(Log) empirical (*or* factual) science
(opp, normative/präskriptive Wissenschaft = normative science)
emporschnellen
(com) to soar *(eg, prices)*
– to leap
– to shoot up
– to bounce up
– to zoom
Emulation *f* (EDV) emulation
Emulator *m*
(EDV) emulator
(ie, micro-assisted macroprogram which allows a computer to run programs written for another computer)
emulieren (EDV) to emulate
emuliertes Plattenlaufwerk *n* (EDV) silicon disk *(syn RAM-disk)*
Emulierungs-Betriebsart *f*
(EDV) emulation mode
(ie, computer executes instructions of a different (simpler) computer, in contrast to normal mode)
Emulions-Laserspeichertechnik *f* (EDV) emulsion laser storage
Endabnahme *f* (IndE) final inspection

Endabnehmer *m*
(com) ultimate buyer (*or* consumer)
– end user
– intended user

Endabrechnung *f* (ReW) final account

Endalter *n* (Vers) age at expiry

Endanwender-Kontrolle *f*
(AuW) end user control, EUC
(syn, Endverbleiber-Kontrolle, Reexport-Kontrolle, Wiederausfuhr-Kontrolle)

Endauswertung *f* (com) final evaluation

Endbearbeitung *f*
(IndE) finishing *(syn, Nachbearbeitung)*

Endbenutzer *m* (EDV) end user

Endbenutzercomputing *n* (EDV) end user computing

Endbenutzer-Lizenzvertrag *m* (EDV) End-User License Agreement

Endbenutzersystem *n*
(EDV) end user system *(ie, software system)*

Endbenutzerwerkzeug *n*
(EDV) end user tool
(ie, 4th generation software tools and programming languages; eg, Tabellenkalkulation = spread sheeting, Abfragesprachen = query languages)

Endbestand *m*
(com) final balance
(ReW) ending inventory *(eg, an Forderungen = of receivables)*
(ReW) net balance end of period
(MaW) closing inventory
– ending balance

Endebedingung *f*
(EDV) at end condition
(cf, DIN 66 028, Aug 1985)

Ende *n* **der Laufzeit**
(Fin) maturity date *(ie, of bonds)*

Ende *n* **der Versicherung** (Vers) termination of insurance contract

Ende *n* **des Beschäftigungsverhältnisses** (Pw) termination of employment

Endereignis *n* (OR) terminal event

Endergebnis *n* (com) final (*or* net) result

Enderzeugnis *n*
(com) end/final . . . product
(IndE) end item

Endezeichen *n* (EDV) end . . . character/marker

endfällige Anleihe *f*
(Fin) bullet (bond)
(ie, fixed interest security with a single fixed maturity date)

Endfälligkeit *f* (Fin) final maturity

Endfläche *f* **e–r Verteilung** (Stat) tail area of a distribution

Endgehalt *n* (Pw) final salary

Endglied *n* **e–r Reihe** (Math) last term (*or* extreme) of a series

endgültig (Re) final and binding

endgültige Einfuhr *f* (Zo) outright (*or* permanent) importation

endgültig entscheiden (Re) to settle finally

endgültige Patentbeschreibung *f* (Pat) = endgültige Patentschrift

endgültige Patentschrift *f* (Pat) complete patent specification

endgültiger Bescheid *m*
(com) final information
(Re) final decision

endgültiger Bestimmungsort *m* (com) final destination

endgültiger Steuerbescheid *m* (StR) final notice of assessment

endgültiges Patent *n*
(Pat) complete patent *(opp, provisional patent = vorläufiges Patent)*

endgültige Steuerfestsetzung *f* (StR) final tax assessment, § 165 II AO

endgültiges Urteil *n* (Re) final (*or* valid and binding) judgment

Endhersteller *m* (IndE) assembler

Endinvestoren *mpl*
(Fin) final investors *(ie, Money Market Funds, Versicherungen und Finanzinstitute)*

Endkapital *n* **(K|in)**
(Fin) compound amount at end of *n* years
– end value
– new principal *(syn, Endwert)*

Endknoten *m* (OR) terminal node (*or* vertex)

Endkostenstelle *f*
(KoR) final cost center *(syn, Fertigungshauptkostenstelle, qv)*

Endkreditnehmer *m* (Fin) final (*or* ultimate) borrower

Endlager *n*
(MaW) end product warehouse
(IndE) final storage *(eg, of nuclear waste)*

Endlaufzeit *f* (Fin) period to maturity

Endleistungen *fpl*
(KoR) primary output *(syn, primäre Leistungen)*

endliche Anzahl *f* (Math) finite number

endliche Folge *f* (Math) finite sequence

endliche Folge *f* **von Gliedern** (Math) finite set of terms

endliche Grundgesamtheit *f* (Stat) finite population

endliche Körpererweiterung *f*
(Math) finite extension of a field *(syn, Körpergrad)*

endliche Menge *f*
(Math) finite set
(ie, a set whose elements can be indexed by integers 1, 2, 3, . . ., n inclusive)

endlicher Dezimalbruch *m* (Math) finite (*or* terminating) decimal

endliche Reihe *f* (Math) finite series

endlicher Graph *m* (OR) finite graph

endlicher Warteraum *m* (OR) finite queue

endliches Kundenreservoir *n* (OR) finite source population

endliches Spiel *n* (OR) finite game

endliche Streuung *f* (Stat) finite variance

endliche Zahl *f* (Math) finite number

Endlichkeitsbeweis *m* (OR) finiteness proof

Endlosformular *n* (EDV) continuous form

Endlosformulare *npl* (com) continuous stationery

Endloslochstreifen *m* (EDV) continuous tape

Endlospapier *n* (EDV) continuous . . . stationery/fanfold

Endlosvordruck *m* (EDV) = Endlosformular

Endmontage *f* (IndE) final assembly

Endnachfrage *f*
(Vw) final demand (for goods and services)
(OR) final bill of goods
endogene Bestimmungsgröße *f* (Vw) endogenous determinant
endogene Finanzierung *f*
(Fin) internal financing *(ie, profit retentions, reserves, depreciation, restructuring of assets)*
endogene Konjunkturtheorie *f* (Vw) endogenous business-cycle theory
endogenes Geld *n* (Vw) inside money
endogene Variable *f*
(Vw) endogenous variable
(ie, determined within the economy itself; such as income, production, money supply, prices, interest; opp, exogene Variable)
Endpreis *m*
(com) price charged to ultimate customer
– final price
Endprodukt *n*
(com) final product
(Vw) output *(ie, measured by social indicators)*
Endprüfung *f*
(IndE) final inspection
(ie, vor Übergabe an den Abnehmer; cf, DIN 55 350.T11)
Endpunkt *m* **der Beförderung** (Zo) terminal point of transportation
Endpunkt *m* **e–r Kante** (OR) end point of a branch
Endrente *f* (SozV) maximum payable pension
Endsaldo *m*
(ReW) closing/ending . . . balance
(opp, Anfangssaldo = opening balance)
Endschuldner *m* (Fin) final debtor *(eg, in the international credit system)*
Endspalte *f* (ReW) end column
Endsumme *f*
(com) total
(com) grand (*or* final) total
Endtermin *m*
(com) target date
– deadline
– finish date
– completion time
(Re) dies ad quem
Endübertrag *m*
(EDV) end around carry *(syn, Ringübertrag)*
Endverbleiber-Kontrolle *f* (AuW) = Endanwender-Kontrolle, qv
Endverbleibsbestätigung *f* (AuW) end use certificate
Endverbrauch *m* (VGR) final consumption
Endverbraucher *m*
(com) end . . . user/consumer
(Vw) final/ultimate
Endverbrauchernachfrage *f* (Mk) demand from ultimate consumers
Endverbraucherpreis *m* (com) retail price
Endverbraucherwerbung *f* (Mk) consumer (*or* retail) advertising
Endverkaufspreis *m* (com) final sales (*or* selling) price
Endvermögen *n*
(Bw) final net worth
(ie, at end of winding-up procedure)
Endvermögensmaximierung *f*
(Fin) maximization of assets at end of total planning period
(ie, targeted goal in evaluating investment projects)
Endwertmodell *n*
(Fin) final-value model
(ie, used in planning optimum capital budget, related to date of discontinuance of an enterprise or to cutoff date of planning horizon)
Endzeichen *n* (EDV) end character
Endzinssatz *m*
(Fin) all-in interest rate
(Fin) interest rate charged to borrower
Endzuführung *f*
(EDV) serial (*or* endwise) feed
(ie, in Längsrichtung; opp, Seitenzuführung = sideways parallel . . . feed)
energieabhängiger Speicher *m*
(EDV) volatile memory
(ie, from which data are lost when power is cut = bei Stromausfall; energieunabhängiger Speicher = nonvolatile memory)
Energieagentur *f* (Vw) Energy Agency
Energieanlagen *fpl*
(IndE) utilities
(ie, power, steam, water, air, fuels)
Energieaufwand *m* (IndE) energy input
Energieausfall *m* (IndE) power failure
Energiebedarf *m* (IndE) energy requirements
Energieberater *m* (com) advisor on energy
Energiebereich *m* (com) energy industry
Energiebevorratung *f*
(Vw) energy stocking
(ie, um Versorgungssicherheit zu erhöhen; 10 Mio t Steinkohle + 90 Tagesmengen Mineralöl)
Energiebilanz *f*
(IndE) energy balance statement
(ie, records aggregate supply and utilization of power)
Energieeinsatz *m* (IndE) energy input
Energieeinsatz *m* **pro Produktionseinheit** (IndE) energy input per unit of production
Energie *f* **einsparen** (com) to conserve energy
Energieeinsparung *f*
(com) energy saving
– energy efficiency
Energieerzeugung *f* (IndE) power generation
Energiefluß *m* (IndE) energy flow
Energiegewinnung *f* (Vw) production of energy
Energiehaushalt *m* (Vw) ratio of power generation to energy requirements
energieintensiv (IndE) energy intensive
Energiekonzept *n* (Vw) energy concept
Energiekosten *pl*
(KoR) cost of energy
(ie, power, steam, gas)
Energiekrise *f* (Vw) energy . . . crisis/crunch
Energielage *f* (Vw) energy supply situation
Energielücke *f* (Vw) energy gap
Energielücke *f* **füllen** (Vw) to plug the energy gap
Energiemarkt *m*
(Vw) energy market
(com) power-supply market
Energiepolitik *f* (Vw) energy policy

Energiepreis *m* (IndE) energy price
Energieproblem *n* (Vw) energy supply problem
Energieprogramm *n*
(Vw) energy-generating program
(IndE) power-plant program
Energiequelle *f* (Vw) source of energy
Energiereserve *f* (Vw) energy reserve
Energiesektor *m*
(Vw) energy sector
(com) power-supply sector
Energiesicherung *f* (Vw) energy conservation
energiesparend (IndE) energy efficient
Energiesparprogramm *n*
(IndE) energy efficiency program
– energy thrift campaign
Energiesteuer *f* (StR) energy tax
Energiesystem *n* (IndE) power distribution system
Energietechnik *f* (IndE) power engineering
Energieträger *m*
(IndE) fuel
(IndE) source of energy
energieunabhängiger Speicher *m* (EDV) nonvolatile memory *(cf, energieabhängiger Speicher)*
Energieunternehmen *n*
(com) utility company
– power-supply company
Energieverbrauch *m* (IndE) energy consumption
Energieverlust *m* (IndE) energy loss
Energieversorgung *f* (Vw) energy supply
Energieversorgungsunternehmen *n* (com) public utility
Energieverteilungsplan *m* (IndE) power distribution plan
Energieverwaltung *f* (EDV) power management
Energieverwendung *f* (IndE) utilization of energy
Energiewerte *mpl* (Bö) utilities
Energiewirtschaft *f*
(com) energy industry
– power-supply industry
energiewirtschaftliche Probleme *npl* (Vw) energy problems
Energiewirtschaftsgesetz *n* (Re) Energy Industry Law
Energiezellen-Stromerzeuger *m*
(IndE) fuel cell power plant
(ie, compact generators that produce electricity through chemical reaction, without combustion or pollution)
Energiezufuhr-Funktion *f* (Bw) energy supply function
Engagement *n*
(com, Bö) commitment
(Fin) open position
(Pw) personal involvement
Engaß *m* **beseitigen** (com) to open up a bottleneck
eng auslegen (Re) to put a narrow (*or* restricted) construction upon
enge Auslegung *f* (Re) narrow/restricted . . . construction
Engel-Kurve *f* (Vw) Engel curve
enger Markt *m* (Bö) tight (*or* narrow) market
enges Oligopol *n*
(Vw) close oligopoly
(ie, hohe Reaktionsverbundenheit zwischen der geringen Zahl bedeutender Anbieter; hohe Marktzutrittsschranken und hoher ‚Reifegrad' des Wirtschaftszweiges)
enge Verflechtung *f* (com) tight interlocking *(eg, of the banking and industrial sectors)*
Engpaß *m* (com) bottleneck
Engpaßbereich *m* (Bw) bottleneck area
Engpaß *m* **beseitigen** (com) to open up a bottleneck
Engpaßfaktor *m*
(KoR) limiting factor
(com) constraining (*or* critical) factor
Engpaßinvestition *f* (Bw) bottleneck investment
Engpaßmonopol *n*
(Kart) bottleneck monopoly
(ie, operating a key physical facility)
Engpaßplanung *f* (Bw) overall planning paying particular attention to the bottleneck area [knappe Teilbereichsgrößen] of an enterprise
Engrosabnehmer *m* (com) wholesale buyer (*or* customer)
Engrosbezug *m* (com) wholesale buying
Enkelgesellschaft *f*
(StR) second-tier subsidiary
(ie, enterprise controlled by another subsidiary, § 120 BewG)
Enkel-GmbH *f* (com) second-tier GmbH
EN-Normen *fpl* (EG) = europäische Normen
Enquete-Kommission *f*
(com) study committee
– commission of inquiry
entartete Lösung *f* (OR) degenerate solution
entarteter Graph *m* (OR) degenerate graph
Entartung *f* (OR) degeneracy
Entartungsfall *m* (OR) degenerate case
Entbindungskosten-Pauschbetrag *m*
(StR) flat-rate birth benefit
(ie, paid by the statutory health insurance fund, § 198 RVO)
entblocken (EDV) to deblock
Entbündelung *f*
(EDV) unbundling
(ie, separate supply and pricing of hardware and software)
Entdeckungszusammenhang *m* (Log) context of discovery
enteignen
(Re) to condemn property
(ie, for public purposes)
(AuW) to expropriate
Enteignung *f*
(AuW) expropriation
(Re, US) condemnation
– *(almost synonymous)* expropriation
– (GB) compulsory purchase
(ie, taking private property under the power of eminent domain)
Enteignungsbeschluß *m* (Re) condemnation order
Enteignungsentschädigung *f* (Re, US) condemnation award
enteignungsgleich (Re) confiscatory
Enteignungsrecht *n* **des Staates** (Re) right (*or* power) of eminent domain
Enteignungsverfahren *n*
(Re) formal eminent domain proceedings
– condemnation proceedings

entfallen auf (com) to go on
entfallende Ausschüttungsbelastung *f* (StR) applicable distribution burden
Entfernungsmatrix *f* (Math) distance matrix
Entfernungsstaffel *f* (com) graded distance schedule
entflechten
(Re) to deglomerate
(Kart) to divest
(Kart) to decartelize
– to deconcentrate
(com, infml) to unbundle *(eg, by spinning off unprofitable interests)*
Entflechtung *f*
(Re) deglomeration
(Kart) corporate divestment
(Kart) decartelization
– deconcentration
Entflechtungsanordnung *f* (Kart) divesting (*or* dismemberment) order
Entfremdung *f* **am Arbeitsplatz** (Pw) shop-floor alienation
entfusionieren
(Kart) to demerge
(ie, to break up into independent smaller units)
entgangener Gewinn *m*
(com) lost profits
(Re) loss of prospective profits, § 252 BGB
– *(civil law)* lucrum cessans
– *(Scotland)* ceasing gain
(ReW) profit loss
(ie, from potential sale)
– loss of expected return
entgegengehaltenes Patent *n* (Pat) reference (*or* cited) patent
entgegengesetztes Ereignis *n* (Stat) complementary event
Entgegenhaltungen *fpl* (Pw) prior art references
entgegenhandeln
(Re) to act in contravention (*or* violation)
(ie, of legal provisions)
entgegenkommen (com) to accommodate
Entgegennahme *f* **von Einlagen** (Fin) acceptance of deposits
entgegenstehende Anmeldung *f* (Pat) interfering application
entgegenstehender Anspruch *m* (Pat) conflicting (*or* interfering) claim
Entgelt *n*
(com) payment
(Re) consideration
(StR) consideration
(ie, for deliveries and services, § 13 UStG)
(Pw) compensation
– remuneration
(SozV) benefit
(ie, cash or in kind)
Entgeltfortzahlung *f* (Pw) = Lohnfortzahlung
Entgelt *n* **für die Unternehmensführung** (VGR) remuneration of management
entgeltlich
(Re) for (valuable) consideration
(com) against payment
entgeltliche Einfuhr *f* (AuW) imports against payment
entgeltlich erwerben
(Re) to aquire for a consideration
(WeR) to take for value
entgeltlich od unentgeltlich (Re) gratuitously or for a consideration
Entgeltpolitik *f* (Pw) pay policy
Entgeltüberträge *mpl* (Vers) premiums unearned on balance sheet date, § 14 VAG
Entherrschungsvertrag *m*
(Re) decontrol agreement
(ie, bisher nur in wenigen Fällen geschlossen; Anhaltspunkt: Entscheidung des BGH zum Fall Veba/Gelsenberg in 1977; cf, 1988 vereinbarter E. zwischen Asko Deutsche Kaufhaus AG und Massa AG; opp, Beherrschungsvertrag)
Enthorten *n* (Vw) dishoarding
enthorten (Vw) to dishoard
Entindustrialisierung *f* (Vw) de-industrialization
entkartellisieren (Kart) to decartelize
Entkartellisierung *f* (Kart) decartelization
Entladehafen *m* (com) port of discharge
Entladekosten *pl* (Zo) unloading charges
entladen
(com) to discharge
– to unload
Entladeort *m* (com) place of unloading
Entladerampe *f* (com) unloading platform
Entladung *f*
(com) discharge
– unloading
Entladung *f* **auf Zollboden** (Zo) unloading to temporary store
entlassen
(Re) to discharge
– to release
– to remove from office
(Pw) to dismiss
– (US) to dehire
– (infml) to fire
– (GB, infml) to sack (*or* give the sack)
– (GB, infml) chuck
(eg, get/give the chuck)
Entlassung *f*
(Re) discharge
– removal from (office)
(Pw) dismissal
– permanent layoff
Entlassung *f* **aus wichtigem Grund** (Pw) dismissal for cause
Entlassungen *fpl* (Pw) terminations
Entlassungsabfindung *f*
(Pw) severance pay
– dismissal pay
– (GB) redundancy pay
Entlassungsentschädigung *f* (Pw) = Entlassungsabfindung
Entlassungsgeld *n* (Pw) = Entlassungsabfindung
Entlassungsgrund *m* (Pw) grounds for dismissal
Entlassungspapiere *npl*
(Pw) dismissal papers
– (infml) walking . . . papers/ticket
– (GB) marching . . . orders/papers
Entlassungsschreiben *n*
(Pw) letter (*or* notice) of dismissal
– layoff notice

entlasten
(com) to ease the strain (on)
(ReW) to credit *(ie, someone's account)*
(Re) to discharge *(ie, from debt or obligation)*
(Bw) to give discharge (to) *(eg, managing board, auditor, § 120 AktG)*
– to ratify *(eg, acts of management for a business year)*
entlasteter Gemeinschuldner *m* (Re) discharged bankrupt
Entlastung *f*
(ReW) credit entry
(Re) formal approval
– vote of formal approval
– (grant of) discharge
– release
– ratification
Entlastung *f* **beschließen** (Bw) to ratify the acts of management, § 30 III AktG
Entlastung *f* **der Wirtschaft** (Vw) easing the pressure on the economy
Entlastung *f* **der Zahlungsbilanz** (VGR) easing the strain on the balance of payments
Entlastung *f* **des Abschlußprüfers** (ReW) discharge of the statutory auditor
Entlastung *f* **des Gemeinschuldners** (Re) discharge of bankrupt
Entlastung *f* **des Vorstandes**
(Bw) release of managing board from responsibility for management
– discharge of managing board
Entlastung *f* **erteilen**
(Bw) to release members of a board from responsibility for management during the preceding year, § 120 AktG
– to approve (*or* vote for) a general release at an annual shareholders' meeting
Entlastungsanzeige *f* (ReW) credit note
Entlastungsauftrag *m* (IndE) relief order
Entlastungsbeweis *m* (Re) exculpatory evidence
Entlastungserteilung *f*
(Bw) vote of formal approval
– grant of release
Entlastungsfertigung *f* (IndE) production in connection with relief orders
Entlistung *f* (Mk) delisting
entlohnen
(Pw) to pay
– to compensate
Entlohnung *f*
(Pw) compensation
(ie, of employees)
Entlohnungsverfahren *npl*
(Pw) payments system *(syn, Lohnformen)*
Entmagnetisieren *n* (EDV) degaussing *(eg, of a monitor [= Bildschirm])*
entmischte Tätigkeit *f*
(Pw) work mix comprising only video station work *(ie, to the exclusion of ordinary office work; see: Mischtätigkeit)*
entmonetisieren (Vw) to demonetize
Entmonetisierung *f* (Vw) demonetization
entmündigen
(Re) to interdict (*wegen: on the ground of)*
– to place under guardianship
entmündigt (Re) officially placed under guardianship
Entmündigung *f*
(Re) interdiction
– placing under guardianship, § 6 BGB
(ie, mit Wirkung vom 1.1.1992 aufgehoben)
Entmündigungsbeschluß *m*
(Re) judicial decree of interdiction
(ie, by which a person is deprived of the exercise of his civil rights)
Entnahme *f*
(MaW) withdrawal
(Fin) distribution
(Fin) withdrawal *(eg, cash, capital)*
– drawings *(eg, to take . . .)*
(IndE) sampling
– taking samples
Entnahmeaufforderung *f* (MaW) pull request
Entnahme *f* **aus der Gemeinschaftsreserve** (EG) drawing on the Community reserve
Entnahme *f* **aus der Rücklage für eigene Anteile** (ReW) withdrawal from treasury stock reserve
Entnahme *f* **aus Gewinnrücklage** (ReW) withdrawal from earnings reserve
Entnahme *f* **aus Kapitalrücklage** (ReW) withdrawal from capital reserve
Entnahmemaximierung *f*
(Fin) maximization of annual withdrawals
(ie, target requirement in evaluating investment projects)
Entnahmemenge *f* (MaW) pull quantity
Entnahmen *fpl* **aus der Rücklage für eigene Anteile** (ReW) withdrawals from treasury stock reserves
Entnahmen *fpl* **aus Kapitalrücklagen** (ReW) withdrawals from capital reserves
Entnahmeüberwachung *f* (MaW) control of materials withdrawals
Entnahme *f* **von Kapital** (Fin) withdrawal from capital
Entnahme *f* **von Proben**
(IndE) sampling of test specimens
– taking of samples
entnehmen
(com) to withdraw
– to take drawings
entpacken (EDV) to unpack
entrichten (Fin) to pay *(eg, taxes and duties)*
Entrichtung *f* (Fin) payment
Entrichtung *f* **der Eingangsabgaben** (Zo) payment of import duties and taxes
Entropie *f*
(EDV) entropy
– average information content
(ie, mittlerer Informationsgehalt e–r Zeichenmenge)
(Bw) entropy
(ie, Maß der Zustandswahrscheinlichkeit e–s Systems)
entsalzen
(com) to desalinate
– to desalt
Entsalzungsanlage *f* (com) desalination plant
entsandt (Pw) on assignment
entsandter Mitarbeiter *m* (Pw) expatriate *(eg, employee of a multinational company working abroad)*

entschädigen
(com) to reimburse
(Re) to compensate
– to indemnify
Entschädigung *f*
(com) reimbursement
(Re) compensation
– indemnification
(ie, give reimbursement of loss incurred)
indemnity
– compensation
(eg, given by government for private property turned to public use)
Entschädigungen *fpl* **für entgangene Einnahmen** (StR) indemnities received for loss of income, § 24 I a EStG
Entschädigung *f* **in Geld** (Re) pecuniary compensation
Entschädigungsanspruch *m* (Re) claim for compensation
Entschädigungsfonds *m*
(Vers) Indemnity Fund *(ie, set up to adjust injuries suffered from motor accidents)*
Entschädigungsforderungen *fpl*
(com) indemnity claims
(ie, arising under freight contracts signed with the Deutsche Bundesbahn)
Entschädigungsleistung *f*
(Re) compensatory payment
– compensation
(Vers) adjustment
Entschädigungspflicht *f* (Re) liability to pay compensation
entschädigungspflichtig (Re) liable to pay compensation
Entschädigungspflichtiger *m* (Re) person (*or* party) liable to pay compensation
Entschädigungssumme *f*
(Re) amount of compensation
– indemnity
Entschädigungsverfahren *n*
(Re, US) condemnation proceedings
– formal eminent domain proceedings
Entschädigungszahlung *f* (Re) (payment of) compensation
Entschädigungszahlungen *fpl* (Re) compensatory amounts *(eg, received for injury or damage sustained)*
entschärfen
(com) to defuse *(eg, shopfloor unrest)*
(com, *infml*) to take the heat out of *(eg, situation, crisis)*
Entscheidbarkeit *f* (Log) decidability
entscheiden
(com) to decide *(eg, on/in favor of/against)*
– to take a decision
– to come to a decision
(Re) to find *(eg, court found for the taxpayer = entschied zugunsten des Steuerzahlers)*
– to hold *(eg, the court has held that)*
– to rule *(eg, the Federal Fiscal Court ruled that)*
– to determine *(ie, by judicial sentence)*
entscheidende Stimme *f*
(com) deciding/decisive . . . vote
– casting/tie-breaking . . . vote

entscheiden für, sich (com) to opt for/in favor of
Entscheider *m*
(Bw) decider
– decision maker
Entscheidung *f*
(com) decision
(Re) decision
– ruling
– judgment
Entscheidung *f* **anfechten** (Re) to contest a decision
Entscheidung *f* **aufheben** (Re) to disaffirm (*or* reverse) a decision
Entscheidung *f* **aufschieben** (com) to shelve a decision
Entscheidung *f* **bei Unsicherheit und Risiko** (Bw) decision under risk and uncertainty
Entscheidung *f* **fällen** (com) to make/to take . . . a decision
Entscheidung *f* **in mündlicher Verhandlung** (StR) hearing a case in open court, § 90 I FGO
Entscheidung *f* **ohne mündliche Verhandlung** (StR) decision of a controversy on the basis of the record, § 90 II FGO
Entscheidung *f* **realisieren** (Bw) to implement a decision
Entscheidungsanalyse *f* (Bw) decision analysis
Entscheidungsautonomie *f* (Bw) autonomy of decision making
Entscheidungsbaum *m* (Bw) decision/logical . . . tree
Entscheidungsbaumverfahren *n*
(Bw) decision tree technique *(ie, Oberbegriff für e–e Klasse von Algorithmen der kombinatorischen Optimierung und ganzzahligen Optimierung)*
Entscheidungsbefugnis *f*
(Bw) authority (*or* competence) to decide
– power to take decisions
– decision-making power
Entscheidungsbereitschaft *f*
(Bw) willingness to take decision
– decisiveness
Entscheidungsdaten *pl* (Bw) decision data (*or* parameter)
Entscheidungsdelegation *f* (Bw) delegation of decision-making
Entscheidungsdezentralisation *f*
(Bw) decentralization of decisions
– delegation of authority
Entscheidungseinheit *f*
(Vw, Bw) decision unit
– decision-taking unit
Entscheidungselement *n* (EDV) decision element
Entscheidungsfehler *m*
(Stat) error of decision *(ie, first and second kind)*
Entscheidungsfeld *n* (Bw) decision area
Entscheidungsfindung *f* (Bw) decision making
Entscheidungsfunktion *f* (Stat) decision function
Entscheidungsgehalt *m* (Bw) decision content
Entscheidungsgrund *m*
(Re) ratio decidendi *(ie, the ground of decision)*
Entscheidungsgrundlage *f* (Re) decisional base
Entscheidungshierarchie *f*
(Bw) hierarchy of authority
– decision-making hierarchy

Entscheidungshilfe *f* (Bw) decision support
Entscheidungshilfesystem *n* (EDV) decision support system
Entscheidungshorizont *m*
(Pw) time span of discretion
(ie, e–s Mitarbeiters für selbständige Entscheidungen)
Entscheidungsinstanz *f*
(Bw) authority
– decision center
– decision-making unit
Entscheidungsknoten *m* (OR) decision box
Entscheidungskriterien *npl* (Bw) criteria of decision
Entscheidungslogik *f* (Bw) decision logic
Entscheidungsmatrix *f*
(Bw) decision matrix
(ie, Instrument der Problemanalyse innerhalb der Planungsmethodik des Operations Research und Untersuchungsschema der Entscheidungstheorie; syn, Entscheidungs-Umwelt-Matrix)
Entscheidungsmodell *n*
(Bw) decision model
(ie, reduzierende Darstellung e–s realen Entscheidungsproblems durch ein System mathematischer Zeichen und Symbole; erstrebt wird optimale Gestaltung des Realitätsbereichs)
Entscheidungsmodell *n* **mit mehreren Zielfunktionen** (Bw) multi-objective decision model
Entscheidungsnetz *n* (Bw) decision network
entscheidungsorientierte Kostenrechnung *f* (KoR) functional accounting
entscheidungsorientierter Ansatz *m* (Bw) decision-oriented approach
entscheidungsorientiertes Rechnungswesen *n*
(ReW) management (*or* managerial) accounting
(ie, steht in enger Beziehung zum verantwortungsorientierten Rechnungswesen)
Entscheidungspaket *n* (Bw) decision package
Entscheidungsparameter *m* (Bw) decision parameter
Entscheidungsphasen *fpl* (Bw) phases of the decision-making process
Entscheidungsproblem *n* (Bw) decision problem
Entscheidungsprogramm *n*
(Bw) decision program
(ie, written to solve routine decisions)
Entscheidungsprozeß *m*
(Bw) decision making process
(ie, Synonym für ein mehrstufiges Entscheidungsproblem)
Entscheidungsprozeß *m* **an der Front** (Bw) process of operational decision-making
Entscheidungsraum *m*
(Bw) decision space
(ie, Menge aller möglichen Entscheidungen = set of all possible decisions)
Entscheidungsregel *f*
(Bw) decision rule
(ie, Ziel: aus e–r vorgegebenen Menge von Handlungsalternativen ist die Optimalalternative zu bestimmen; Beispiele: Mini-Max-Prinzip, Hurwicz-Prinzip, Laplace-Prinzip, Savage-Niehans-Prinzip, die für Ungewißheitssituationen gelten)
entscheidungsrelevante Größen *fpl* (Bw) decision variables
entscheidungsrelevante Kosten *pl* (KoR) relevant costs
entscheidungsrelevante Kriterien *npl* (Bw) choice criteria
Entscheidungsrelevanz *f* (com) decision usefulness
Entscheidungssequenzen *fpl* (Bw) interlocked sequence of decision steps
Entscheidungsspielraum *m*
(Bw) scope of decision-making
(ie, oft synonym mit Zielfunktion)
Entscheidungsstufe *f* (Bw) level of decision-making
Entscheidungssubjekt *n* (Bw) decision maker
Entscheidungstabelle *f*
(EDV) decision table
(ie, Hilfsmittel der Programmerstellung)
Entscheidungstechnologie *f* (Bw) decision technology
Entscheidungstheorie *f*
(Bw) decision (making) theory
(ie, set of concepts and techniques developed both to describe and rationalize the process of decision making, that is, making a choice among several possible alternatives)
Entscheidungsträger *m*
(Vw, Bw) decider
– decision-taking unit
– decision unit
(syn, Entscheider, Entscheidungsinstanz, Entscheidungssubjekt, Entscheidungsträger)
Entscheidungs-Umwelt-Matrix *f* (OR) = Entscheidungsmatrix
Entscheidungsunterstützungssystem *n*, **EUS** (Bw) decision support system, DSS
Entscheidungsvariable *f* (Bw) decision variable
Entscheidungsverfahren *n*
(Bw) decision making process
(Log) decision rule
Entscheidungsverhalten *n* (Bw) decision making behavior
Entscheidungsverzögerung *f* (FiW) decision lag
Entscheidungsverzögerung *f* **konjunkturpolitischer Maßnahmen** (Vw) action lag
Entscheidungswege *mpl* (Bw) lines of decision
entscheidungswirksame Kosten *pl* (KoR) decision making cost
Entscheidungszentrum *n*
(Bw) decision center
– locus of decision making
Entscheidung *f* **treffen** (com) to take a decision
Entscheidung *f* **unter Unsicherheit** (Bw) decision under uncertainty
Entscheidunsgwege *mpl* (Bw) lines of decision
Entschließung *f* **annehmen** (com) to adopt/pass . . . a resolution
entschlüsseln (EDV) to decode
Entschlüsselungsmatrix *f* (EDV) decoder matrix
entschulden
(Re) to disencumber
– to free of debts
(Fin) to reduce indebtedness
entschuldigtes Fernbleiben *n* (Pw) authorized absence (from work)
Entschuldung *f*
(Re) disencumberment
(Fin) reduction of indebtedness

Entsendeland *n* (Pw) sending country
entsenden
(Pw) to send (to)
– (GB) to post
(ie, to a particular place or duty with a company; eg, posted to ... as plant manager)
Entsendestaat *m* (Bw) sending state
Entsendung *f* (Pw) international assignment
Entsorgung *f*
(com) waste disposal
– waste disposal management
(ie, Teilfunktion der Materialwirtschaft: durch Recycling, marktliche Verwertung, Beseitigung, Vernichtung)
(com) disposal of hazardous waste
– decontamination
Entspannung *f* (Fin) easing *(eg, of financial position)*
Entsparen *n*
(Vw) dissaving
– negative saving
Entsperrtaste *f* (EDV) unlock key
Entstaatlichung *f*
(Vw) privatization
(ie, of nationalized industries)
entstehen
(Re) to accrue *(eg, right)*
– to arise
– to come into . . . force/existence
entstehendes Recht *n*
(Re) inchoate right *(opp, vested right)*
Entstehung *f* **der Zollschuld** (Zo) creation of the customs debt
Entstehung *f* **des Bruttoinlandsprodukts** (VGR) industrial origin of gross domestic product
Entstehungsrechnung *f*
(VGR) commodity-service method
– (GB) output method
(cf, Verwendungsrechnung, Verteilungsrechnung)
Entstehungsseite *f* (VGR) output side
Entweder-Oder-Regel *f* (Log) rule of alternatives
entwerfen
(com) to draft
– to make a draft
– to outline
(IndE) to design
entwerten
(com) to cancel
– to invalidate
Entwertung *f*
(com) cancellation
– invalidation
(Bw) decline in economic usefulness
Entwertung *f* **durch technischen Fortschritt** (Bw) obsolescence
Entwertungsfaktoren *mpl*
(ReW) factors of depreciation
– causes of expiration of fixed-asset cost
(ie, technical, economic, legal)
Entwertungsstempel *m* (com) cancellation stamp
entwickeln
(com) to develop
(IndE) to design and develop
(Math) to expand
(eg, function in a power series)

entwickelte Volkswirtschaft *f*
(Vw) developed (*or* commercial) economy *(opp, subsistence economy)*
entwickelt von Rechtsprechung und Lehre (Re) developed in and out of court
Entwicklung *f*
(com) development
– movement
– trend
– tendency
(IndE) design and development
Entwicklung *f* **des Führungskräftepotentials** (Pw) management development
Entwicklung *f* **e–r Funktion** (Math) expansion of a function
Entwicklungsabteilung *f*
(IndE) development department
(ie, closely cooperating with research and dealing with improvement, rationalization, new salable products)
Entwicklungsanleihe *f* (Fin) development loan
Entwicklungsaufwand *m* (ReW) development expense
Entwicklungsausschuß *m*
(AuW) Development Committee
(ie, Joint Ministerial Committee of the Governors of the World Bank and the IMF on the transfer of Real Resources to Developing Countries)
Entwicklungsbank *f* (Vw) development bank *(eg, European Investment Bank)*
Entwicklungsdokumentation *f* (EDV) = Vorstufenmaterial
Entwicklungsfonds *m* (Vw) development fund
Entwicklungsforschung *f* (Bw) development engineering
Entwicklungsgebiet *n* (Vw) development area
Entwicklungsgefahren *fpl* (Bw) risks of product development
Entwicklungsgesellschaft *f*
(Vw) development corporation
(Bw) research and development company
– R & D company
Entwicklungshilfe *f*
(Vw) development aid
– development assistance
Entwicklungshilfeanleihe *f* (Fin) development aid loan
Entwicklungshilfekredit *m* (Fin) aid/development . . . loan
Entwicklungshilfepolitik *f* (Vw) development aid policy
Entwicklungshilfe-Steuergesetz *n* (StR) Development Aid Tax Law
Entwicklungsingenieur *m* (com) design engineer
Entwicklungskapazität *f* (Bw) product development potential
Entwicklungskosten *pl* (ReW) development cost (*or* expense)
Entwicklungsland *n*
(Vw) less developed country
– LDC, ldc
– developing country
Entwicklungsländer-Steuergesetz *n* (StR) Law on Tax Incentives for Investments in Developing Countries

Entwicklungsmöglichkeiten *fpl* (com) open-ended capabilities
Entwicklungsprojekt *n* (AuW) development project
Entwicklungsrechner *m*
(EDV) development system *(ie, computer used for development of software)*
Entwicklungsrisiko *n* (Re) development risk
Entwicklungsstadium *n* (Bw) stage of development
Entwicklungssystem *m* (EDV) development system *(eg, programming language)*
Entwicklungsumgebung *f* (EDV) = Anwendungs-Entwicklungsumgebung *f*
Entwicklungsvorhaben *n* (Vw) development project
Entwicklungswagnis *n* (ReW) R & D (research and development) risk
Entwicklungszentrum *n* (Bw) design center
Entwicklungszyklus *m* (EDV) development cycle
Entwicklung *f* **von Erzeugnissen** (Bw) product engineering
Entwurf *m*
(com) draft *(eg, of letter, document)*
– outline
(IndE) design
Entwurfsmodus *m*
(EDV) draft mode
(eg, a printer increases output speed by decreasing output quality)
Entwurfsphase *f* **des Entscheidungsprozesses** (Bw) design activity
Entwurfsprüfung *f*
(IndE) design review
(syn, Entwurfsüberprüfung)
Entwurfsqualität *f*
(IndE) quality of design
(ie, Ausmaß, in dem die Anforderungen des Marktes erfüllt werden; syn, Qualität des Entwurfs; opp, Fertigungsqualität = quality of conformance, qv)
Entwurfsüberprüfung *f* (IndE) = Entwurfsprüfung
entzerren (com) to correct the distorted pattern *(eg, of interest rates, prices)*
Entzerrung *f* **(der Zinsstruktur)** (Vw) correcting the distortion (in the pattern of interest rates)
entziehbare Betriebsmittel *pl* (EDV) preemptive resources
entziffern (com) to decipher
Entzugseffekte *mpl* (Vw) withdrawals
Enumeration *f* (OR) enumeration
EPÜ (Pat) = Übereinkunft über die Erteilung europäischer Patente
Equity-Methode *f*
(ReW) equity accounting
(ie, betrifft Wertansatz der Beteiligung an assoziierten Unternehmen nach § 312 HGB: die Methode ist e–e vereinfachte, angelsächsische Konsolidierungsform, die die Konsolidierung auf die Beteiligungen und zT auf die Eliminierung von Zwischenergebnissen beschränkt; sucht den Wert der Beteiligung und s–e jährlichen Veränderungen periodengerecht auszuweisen; daneben sind üblich die Buchwertmethode und die Kapitalanteilsmethode)
ERA (com) = Einheitliche Richtlinien und Gebräuche für Dokumenten-Akkreditive

Erbanfall *m* (StR) acquisition of property by will or intestacy, § 1942 BGB, § 3 I ErbStG
Erbanfallsteuer *f*
(StR) inheritance tax
– (GB) estate duty *(ie, in 1975 replaced by the Capital Transfer Tax)*
Erbauseinandersetzung *f* (Re) apportionment and division of a decedent's estate
Erbbaurechte *npl* (Re) inheritable building rights
Erbe *n* (Re) inheritance
Erbengemeinschaft *f* (Re) community of heirs, §§ 2032 ff BGB
Erbersatzsteuer *f*
(StR) „substitute inheritance tax"
(ie, fingiert seit 1983 für Familienstiftungen vom Zeitpunkt ihrer Gründung an alle 30 Jahre einen Erbfall, für den eine entsprechende Erbschaftssteuer erhoben wird)
Erbfolge *f* (StR) succession of the testamentary or intestate heir to the property and debts of the testator or decedent
Erblasser *m*
(Re) testator
(ie, one who makes a will or testament)
Erblast *f* (com) unwelcome legacy
Erblastentilgungsfonds *m* (FiW) Redemption Fund for Inherited Liabilities
Erbportion *f* (Re) portion of the estate received by a beneficiary
Erbrecht *n*
(Re) Law of Succession
(ie, laid down in the fifth book of the German Civil Code, BGB; treats both testate and intestate succession)
erbringen
(com) to perform
– to render
– to furnish
(Fin) to yield
Erbringung *f* **von Dienstleistungen** (com) performance of services
Erbschaft *f* **ausschlagen** (StR) to disclaim an inheritance, § 3 II 4 ErbStG
Erbschaftsgut *n* (Zo) inherited goods, § 24 I ZG
Erbschaftsteuer *f*
(StR) inheritance tax
(FiW) estate or inheritance tax
(ie, the estate tax is a ‚Nachlaßsteuer' levied on the undivided decedent's estate, while the inheritance tax is an ‚Erbanfallsteuer' levied – as in Germany – on the heir receiving a portion of the estate. Note that the British ‚estate duty' was replaced in 1975 by a ‚capital transfer tax')
Erbschaftsteuer-Durchführungsverordnung *f* (StR) Ordinance Regulating the Inheritance Tax Law, of 19 Jan 1962
Erbschaftsteuer- und Schenkungsteuergesetz *n* (StR) Inheritance Tax Law, of 17 Apr 1974 *(ie, amended by Introductory Decree on the Fiscal Code of 14 Dec 1976)*
Erbschein *m* (Re) certificate of inheritance
Erbschleicher *m* (com, infml) legacy hunter
ErbSt (StR) = Erbschaftsteuer
ErbStDV (StR) = Erbschaftsteuer-Durchführungsverordnung

ErbStG (StR) = Erbschaftsteuer- und Schenkungsteuergesetz
Erbteil *n* (Re) portion of estate received by a beneficiary
Erdbebenversicherung *f* (Vers) earthquake insurance
Erdbewegungsmaschinen *fpl* (IndE) earth-moving equipment
Erdgas *n* (IndE) natural gas
erdölexportierende Länder *npl* (Vw) oil exporting countries
Erdölindustrie *f* (com) oil industry
Erdölwerte *mpl* (Bö) oils
Erdrosselungsteuer *f*
(FiW) strangling tax
(ie, Ziel: unerwünschte ökonomische Aktivitäten von Wirtschaftssubjekten abzuwürgen)
Erdwärme *f* (IndE) geothermal energy
Ereignis *n* (OR) event
Ereignisbaum *m* (Bw) event tree
Ereignisbehandlungsroutine *f* (EDV, OOP) event handler
Ereigniseintritt *m* (com) occurrence of an event
Ereignisfolgen *fpl*
(Stat) runs *(ie, in quality control)*
ereignisgesteuert
(EDV, OOP) event-driven
(eg, graphical multitasking environments)
ereignisgesteuerte Programmierung *f* (EDV) event-driven programming
ereignisgesteuerte Verarbeitung (EDV) event-driven processing
Ereignismasse *f*
(Stat) period-based population
(syn, Bewegungsmasse; opp, Bestandsmasse)
Ereignisprinzip *n*
(Vers) occurrence principle
(opp, Anspruchsprinzip = claims-made principle, qv)
Ereignispuffer *m* (OR) slack
Ereignisraum *m*
(Stat) sample space *(syn, Stichprobenraum)*
Ereigniswahrscheinlichkeit *f* (Stat) probability of occurrence (*or* events)
erfahren (Pw) widely experienced
Erfahrungsaustausch *m* (com) interchange of know-how
Erfahrungsbericht *m* (com) progress report
Erfahrungskurve *f*
(Bw) experience curve
(ie, Gesetzmäßigkeit zwischen Ausbringung und Stückkosten e–s Erzeugnisses; syn, Boston-Effekt)
Erfahrungssatz *m* (Log) statement based on experience
Erfahrungswerte *mpl* (com) experience figures
Erfahrungswissenschaft *f* (Log) empirical science
erfassen
(com) to record
– to account for
(KoR) to accumulate
– to acquire
– to collect . . . data
(EDV) to enter
erfaßt (com) covered
Erfassung *f* **an der Quelle** (StR) stoppage at source
Erfassungsbereich *m* (com) scope *(eg, of survey, estimate, assessment)*
Erfassungsbreite *f* (com) scope of coverage
Erfassungsstation *f* (EDV) point of acquisition
Erfassungssystem *n* (com) collecting system *(eg, in waste disposal and reprocessing systems)*
Erfassungszeitraum *m* (Stat) period under review
Erfassung *f* **von Daten** (EDV) data acqusition
Erfassung *f* **von Geschäftsvorfällen** (ReW) recording of business transactions
Erfinder *m* (Pat) (first and true) inventor
Erfinder *m* **der Haupterfindung** (Pat) original inventor
Erfindergeist *m* (Pw) inventive talent
Erfinderprinzip *n*
(Pat, US) first-to-invent doctrine
(opp, Anmeldeprinzip, qv)
erfinderrechtliche Vindikation *f*
(Pat) claim to transfer of property
(ie, patterned after § 985 BGB)
Erfinderschutz *m* (Pat) safeguarding of inventor's rights
Erfindervergütung *f* (Pw) inventor's compensation
Erfindung *f* (Pat) invention
Erfindung *f* **anmelden** (Pat) to apply for a patent of an invention
Erfindung *f* **nutzen** (Pat) exploit an invention
Erfindungsaufgabe *f* (Pat) object of an invention
Erfindungseigenschaft *f* (Pat) sufficiency of an invention
Erfindungsgedanke *m* (Pat) inventive idea
Erfindungsgegenstand *m*
(Pat) object (*or* subject matter) of an invention
– claimed subject matter
Erfindungshöhe *f*
(Pat) inventive level (*or* height *or* step)
– level of invention
– degree of novelty
– amount of invention
Erfindungshöhe *f* **verneinen** (Pat) to deny an inventive step
Erfindungsmaßstab *m* (Pat) standard of invention
Erfindungspatent *n* (Pat) patent for an invention
Erfindungspriorität *f* (Pat) priority of invention
Erfindungsschutz *m* (Pat) protection of an invention
Erfindungsvorteil *m* (Pat) benefit of an invention
Erfogsausweis *m* (com) reporting income
Erfolg *m*
(com) result of economic activity
– performance
(ReW) profit
– result
erfolgloses Übernahmeangebot *n* (com) abortive takeover bid
erfolgreich abschließen (com, infml) to pull off a deal
erfolgreicher Anbieter *m* (com) successful bidder
erfolgreiches Unternehmen *n*
(com) successful venture
– going business
Erfolgsanalyse *f*
(ReW) profit analysis
(eg, break even analysis, profit-maximizing production program)

Erfolgsbeitrag *m* (KoR) profit contribution
Erfolgsbeteiligung *f* (Pw) profit-sharing plan for employees
Erfolgsbilanz *f*
(ReW) = Gewinn- und Verlustrechnung
(ReW) results accounting
(ie, based on Schmalenbach's ,Dynamische Bilanz')
Erfolgsermittlung *f*
(Bw) performance evaluation
(ReW) income determination
– determination of earnings
Erfolgsfaktoren *mpl* (Bw) factors of performance
Erfolgsgrößen *fpl* (Bw) performance data
Erfolgshaftung *f*
(Re) strict (*or* absolute) liability
– liability without fault
(syn, Gefährdungshaftung, qv)
Erfolgshonorar *n* (com) contingent fee
Erfolgskennziffer *f*
(Bw) operating ratio
(ie, measuring the effectiveness of operations)
Erfolgskonsolidierung *f*
(ReW) intercompany elimination
– consolidation of earnings
(ie, Eliminierung des konzerninternen Lieferungs- und Leistungsverkehrs; cf, U.S. Regulation S–X, 408)
Erfolgskonto *n*
(ReW) nominal account
– revenue and expense account
– operating account
– income statement account
Erfolgskontrolle *f*
(Bw) efficiency review
(KoR) cost-revenue control
(ie, analysis of period income for 1. an enterprise as a whole; 2. a plant unit; 3. individual departments; and 4. individual profit units)
Erfolgskriterium *n* (Bw) = Erfolgsmaßstab, qv
Erfolgslohn *m*
(Pw) incentive pay
– payment by results
Erfolgsmaßstab *m*
(Bw) yardstick of performance
– performance criterion
– indicator of performance
erfolgsneutral (ReW) not affecting operating result
Erfolgsplan *m* (Bw) profit plan
Erfolgsposten *m* (ReW) item of income statement (or GB: of profit and loss account)
Erfolgsquote *f* (Stat) success rate
Erfolgsrate *f* (Bw) yield
Erfolgsrechnung *f*
(ReW) income
– profit and loss
– earnings . . . statement/report
(syn, Gewinn- und Verlustrechnung, GuV-Rechnung)
Erfolgsrelationen *fpl*
(Bw) performance ratios
(eg, productivity, economic efficiency, rates of return)
Erfolgsspaltung *f* (ReW) breakdown of total profit into operating income and nonoperating income
Erfolgsunsicherheiten *fpl* (Bw) contingencies
Erfolgsvergleichsrechnung *f*
(Fin) comparative earnings analysis
(ie, carried out to evaluate investment projects)
Erfolgswert *m* (Fin) = Ertragswert
erfolgswirksam (ReW) affecting current-period result (*or* operating result)
erfolgswirksame Kosten *pl*
(ReW) expired . . . cost/expense
(ie, expenditure from no further benefit is expected)
erfolgswirksamer Aufwand *m*
(ReW) revenue expenditure
(ie, non-capitalized expense affecting operating result; syn, aufwandsgleiche Ausgaben; opp, aktivierungspflichtiger Aufwand = capital expenditure)
Erfolgsziele *npl* (Bw) goals of performance
Erfolgszurechnung *f*
(Fin) allocation of earnings
(ie, to various organizational units)
erfolgversprechender Markt *m* (Mk) promising market
erforderliche Kapitaldecke *f*
(Fin) capital adequacy
(syn, ausreichende Kapitalausstattung)
Erfordernis *n* **der Schriftform** (Re) writing requirement
Erforschung *f* **des Meeresbodens** (com) sea-bed exploration
Erfüllbarkeit *f* (Log) satisfiability
erfüllen
(com) to satisfy
(eg, conditions)
(Re) to perform a contract
– to carry out the terms of a contract
– to discharge obligations under a contract
– to render performance
Erfüllung *f*
(Re) performance, § 362 I BGB
– discharge
– fulfillment
– extinction
Erfüllung *f* **der Einfuhrförmlichkeiten** (Zo) carrying out the import formalities
Erfüllung *f* **durchsetzen** (Re) to force performance
Erfüllung *f* **e–r Bedingung**
(Re) satisfaction (*or* performance) of a condition
(eg, a condition precedent is one which must be performed . . .)
Erfüllung *f* **e–r Forderung** (Re) satisfaction of a claim
Erfüllung *f* **e–r Verbindlichkeit** (Re) discharge of a debt
Erfüllung *f* **e–s Anspruchs** (Re) satisfaction of a claim
Erfüllung *f* **e–s Vertrages** (Re) performance of a contract
Erfüllung *f* **e–s Wertpapiergeschäfts** (Bö) execution of a bargain
Erfüllungsangebot *n* (Re) tender of performance
Erfüllungsannahme *f* (Re) acceptance as performance
Erfüllungsfrist *f*
(Re) time fixed for performance
(Bö) delivery time

Erfüllungsgarantie *f*
(Re) performance guaranty
– guaranty against defective materials and workmanship
– completion (*or* contract) bond
Erfüllungsgehilfe *m*
(Re) person employed in performing an obligation, § 278 BGB
– assistant
– vicarious agent
Erfüllungsgeschäft *n* (Re) legal transaction in fulfillment of an obligation *(eg, Übereignung od Abtretung)*
Erfüllungshaftung *f* (Re) performance liability *(eg, des Handelsmaklers)*
erfüllungshalber
(Re) on account of performance
(ie, where the undertaking of a new obligation by the debtor does not operate as a discharge of the former obligation, such new obligation is said to be undertaken ‚erfüllungshalber')
Erfüllungshindernis *n* (Re) obstacle to performance
Erfüllungsinteresse *n*
(Re) positive interest
(ie, claim to indemnity for breach at an amount equal to the full performance of the contract; syn, positives Interesse; opp, Vertrauensinteresse, negatives Interesse)
Erfüllungsklage *f* (Re) action for (specific) performance
Erfüllungsmenge *f* (Math) solution set
Erfüllungsort *m*
(Re) place of . . . performance/fulfillment/execution, § 269 BGB
– *(civil law)* domicilium executandi
(ie, Erfüllungsort, § 269 BGB, ist für Maß und Gewicht der Lieferungsort, für die Währung der Erfüllungsort der Zahlungsschuld; cf, auch § 361 HGB)
Erfüllungsort *m* **und Gerichtsstand** *m*
(Re) place of fulfillment and jurisdiction
– *(civil law)* domicilium citandi et executandi
(eg, place of fulfillment for either party shall be Munich; any disputes arising out of the contract shall be referred to the court having jurisdiction in Munich)
Erfüllungspflicht *f* (Re) obligation to perform
Erfüllungsrisiko *n*
(Fin) settlement risk
(Fin) FX delivery risk
(ie, in foreign exchange trading)
Erfüllungsschuldverschreibung *f* (Fin) performance bond
Erfüllungstag *m* (com) due date
Erfüllungstermin *m* (Bö) settlement day
Erfüllungsübernahme *f* (Re) assumption of an obligation to perform, § 329 BGB
Erfüllungsverweigerung *f* (Re) repudiation of a contract
Erfüllungszeitpunkt *m* (Re) time of performance
Erfüllung *f* **Zug um Zug** (Re) mutual concurrent performance
Ergänzungsabgabe *f*
(StR) supplemental income tax
(ie, on upper-bracket individuals)
Ergänzungsabgabegesetz *n* (StR) Law on Surcharge of Income Tax and Corporation Income Tax
Ergänzungsfrage *f* (Stat) probe question
Ergänzungsgesetz *n* (Re) supplementary law
Ergänzungshaushalt *m*
(FiW) supplementary budget
(ie, changing a budget not yet approved by parliament)
Ergänzungsklasse *f*
(Log) difference class
(syn, Restklasse)
Ergänzungslieferungen *fpl*
(com) supplements
(ie, to loose leaf volumes)
Ergänzungspatent *n* (Pat) supplementary patent
Ergänzungsprodukt *n* (com) add-on product
Ergänzungsregelung *f* (Re) general catch-all definition
Ergänzungswerbung *f* (Mk) accessory advertising
Ergänzungswinkel *m* (Math) conjugate angle
Ergänzungszone *f*
(Re) contiguous zone *(ie, in Sea Law)*
Ergänzungszuweisungen *fpl*
(FiW) supplementary appropriations (*or* payments)
(ie, out of federal funds to indigent Länder, Art. 107 II GG)
Ergebnis *n*
(com) result
– showing *(eg, the best . . . since 1990)*
– performance
(Bw) (positive or negative) payoff
(ReW) profit
– net earnings
– operating result
Ergebnisabführungsvertrag *m*
(Bw) profit and loss transfer agreement
– profit and loss pooling agreement
(ie, eine AG oder KGaA verpflichtet sich, ihren ganzen Gewinn an ein anderes Unternehmen abzuführen; cf, § 291 I AktG; corporation undertakes to transfer its entire profits to another enterprise; syn, Gewinnabführungsvertrag)
Ergebnisanalyse *f*
(Vw) performance analysis
(ie, ratio analysis)
Ergebnisausschlußvereinbarung *f* (ReW) profit and loss exclusion agreement
Ergebnisbeitrag *m* (ReW) earnings/profit . . . contribution
Ergebnisberichtigung *f* **früherer Jahre** (ReW) prior-period adjustment
Ergebnisbeteiligung *f* (Pw) profit sharing
ergebnisbezogene Leistungsbewertung *f* (Pw) appraisal of (*or* by) results
Ergebnis *n* **der normalen Geschäftstätigkeit** (ReW, EG) profit or loss on ordinary activities
Ergebnis *n* **des Geschäftsjahres** (ReW, EG) profit or loss for the financial year
Ergebniseinheit *f* (Bw) profit center
Ergebnis *n* **je Aktie** (Fin) net earnings per share
Ergebnislohn *m* (Pw) payment by results
Ergebnismatrize *f* (Bw) payoff matrix
Ergebnis *n* **nach Steuern** (ReW) result after taxes
ergebnisneutral (ReW) not affecting net income
Ergebnisprotokoll *n* (com) minutes of a meeting

Ergebnisrechnung *f*
(ReW) statement of operating results
(ReW) = Erfolgsrechnung
Ergebnisübernahmevertrag *m* (Re) = Ergebnisabführungsvertrag
Ergebnisübersicht *f* (ReW) statement of results
Ergebnisverantwortung *f* (Bw) profit responsibility
Ergebnisverbesserung *f* (Bw) improvement in performance
Ergebnisverwendung *f* (ReW) appropriation of net income
Ergebnisverwendungsvorschlag *m* (ReW) proposed appropriation of profit, § 278 HGB
Ergebnisvortrag *m*
(ReW) result brought forward
– unappropriated net income
(ReW, EG) profit or loss brought forward
ergebniswirksam (ReW) affecting net income
ergebniswirksame Konsolidierung *f* (ReW) consolidation affecting net income
Ergibt-Anweisung *f* (EDV) assignment statement
ergiebige Steuer *f* (StR) tax yielding a large amount of revenue
Ergiebigkeit *f* (Bw) productivity
Ergiebigkeit *f* **des technischen Fortschritts** (Vw) yield of technical progress
Ergiebigkeit *f* **e–r Steuer**
(FiW) tax efficiency
(ie, term covers long-range and short-range ability to raise revenue, cost of collection, etc)
Ergonomie *f*
(IndE) ergonomics
– human-factors engineering
ergonomischer Arbeitsplatz *m*
(IndE) ergonomically designed workplace
– workplace designed to fit man's physiological makeup
ergonomische Tastatur *f* (EDV) Fehlerprüfprogramm *n*
ERG-Theorie *f*
(Bw) ERG theory
(ie, Zusammenfassung der Bedürfnishierarchie zu drei Bedürfnisklassen: materielle Bedürfnisse = existence needs; soziale Bedürfnisse = relatedness needs; Selbstverwirklichung, Wachstum, Wertschätzung = growth needs)
erhaltene Anzahlungen *fpl*
(ReW) advance payments from customers
– customer prepayments
– advances received from customers
erhaltene Anzahlungen *fpl* **auf Bestellungen** (ReW, EG) payments received on account of orders
erhaltene Gewinne *mpl* **aufgrund e–r Gewinngemeinschaft** (ReW) income from profit pooling
Erhaltungsaufwand *m* (StR) maintenance expenditure *(ie, fully tax allowable for the year in which payment was made, up to € 4,602 – exclusive of VAT – for each building)*
Erhaltungsinvestition *f* (Bw) replacement investment
Erhaltungsmarketing *n* (Mk) maintenance marketing
Erhaltungssubvention *f* (Vw) maintenance subsidy
Erhaltungswerbung *f* (Mk) maintenance advertising
Erhaltungszustand *m* (com) state of repair
Erhaltung *f* **von Arbeitsplätzen** (Pw) job preservation
erheben
(StR) to charge
– to levy
– to impose
erheblicher Marktanteil *m* (Mk) substantial market share
erheblicher Umstand *m* (Re) material circumstance
erhebliche Schädigung *f* (Kart) material injury
erhebliche Vorteile *mpl* (com) substantial benefits
Erheblichkeit *f*
(Re) substantiality *(eg, criterion of . . . = Kriterium der . . .)*
Erheblichkeitsschwelle *f* (Kart) relevance threshold
Erhebung *f*
(Stat) survey
– census
(StR) collection
– levying
– charging
– imposition
Erhebung *f* **durchführen** (Stat) to carry out a survey
Erhebung *f* **im Groß- und Einzelhandel** (Stat) census of distribution
Erhebung *f* **im produzierenden Gewerbe** (Stat) census of production
Erhebungsanalyse *f* (Stat) survey analysis
Erhebungsbogen *m* (Stat) questionnaire
Erhebungseinheit *f*
(Stat) survey unit
(syn, statistische Einheit)
Erhebungsfehler *m*
(Stat) ascertainment error
– error in survey
Erhebungsforschung *f* (Stat) observational (*or* survey) research
Erhebungsgebiet *n* (Stat) collection area
Erhebungsgesamtheit *f* (Stat) coverage
Erhebungskosten *pl*
(Stat) cost of collection
(StR) collection expenses
– cost of collecting a tax
Erhebungsobjekt *n* (Stat) element of survey population
Erhebungsstichtag *m* (Stat) statistical reference date
Erhebungstechniken *fpl*
(EDV) methods of data acquisition (*or* capture)
(IndE) observational methods
(ie, zur Erfassung und Diagnose der Struktur und des Ablaufs von Arbeitsprozessen)
Erhebungsverfahren *n* (Stat) collection method (*or* procedure)
Erhebungszeitraum *m*
(Stat) survey period
(Stat) check period
– period of collection
(StR) levying period, § 14 II GewStG
erhöhen
(com) to increase *(eg, prices, wages)*
– to raise
– to advance

– to lift
– to put up
(com, infml) to boost
– to beef up
– to bump up
– to hike up
– to push up
– to step up
erhöhte Abschreibung *f* (ReW) increased depreciation
erhöhte Absetzungen *fpl* (StR) accelerated depreciation, § 7 b EStG
erhöhte Helligkeit *f*
(EDV) highlight
(ie, the higher of two contrasting light levels = Helligkeitsstufen)
erhöhtes Risiko *n* (Vers) aggravated (*or* classified) risk
Erhöhung *f*
(com) increase
– rise
– (US) raise
Erhöhung *f* **der Bestände** (MaW) inventory increase (*or* buildup)
Erhöhung *f* **des Bestandes** (ReW, EG) increase in stocks *(eg, of finished goods and work in progress)*
Erhöhung *f* **liquider Mittel** (Fin) increase in net funds
erholen, sich
(com) to recover
– to revive
– (infml) to pick up
– to back up
(Bö) to rally
Erholung *f*
(Vw) economic recovery
– pickup
(ie, in economic activity)
(Bö) rally
(ie, brief rising period following an up reversal)
Erholung *f* **am Aktienmarkt** (Bö) stock market rally
Erholung *f* **am Rentenmarkt** (Bö) bond market rally
Erholungszeit *f* (IndE) compensating rest
Erholungszeitzuschlag *m* (IndE) relaxation allowance
Erholungszuschlag *m* (IndE) fatigue allowance
Erinnerungsposten *m*
(ReW) memorandum (*or* pro memoria) item
(syn, Merkposten)
Erinnerungsschreiben *n* (com) follow-up letter
Erinnerungswerbung *f* (Mk) follow-up (*or* reminder) advertising
Erinnerungswert *m* (ReW) pro mem(oria) figure *(eg, to write down to the . . .)*
erkennbare Umstände *mpl* (Re) recognizable facts
erkennen
(ReW) to credit
– to enter on the credit side
Erkennungsverzögerung *f* (Vw) recognition lag
erklären
(com) to explain
– to account for
erklärende Definition *f* (Log) lexical definition
Erklärender *m*
(Re) declaring person
– person making a declaration
– declarant
erklärende Variable *f* (Stat) explanatory variable
erklärter Zollwert *m* (Zo) declared value
Erklärung *f*
(com) declaration
– statement
Erklärung *f* **des Ausführers** (Zo) declaration by the exporter
Erklärung *f* **für die vorübergehende Ausfuhr** (Zo) temporary export declaration
Erklärung *f* **für die vorübergehende Einfuhr** (Zo) temporary importation declaration
Erklärung *f* **für die Wiedereinfuhr** (Zo) re-importation declaration
Erklärungsansatz *m* (Log) explanatory approach
Erklärungsbote *m* (Re) messenger transmitting a declaration
Erklärungsempfänger *m* (Re) addressee of declaration
Erklärungsfrist *f* (Re) time fixed for making a declaration
Erklärungsirrtum *m* (Re) mistake as to the expression of intention, § 119 I BGB
Erklärungsmittler *m* (Re) person transmitting declaration of intent
Erklärungstag *m*
(Bö) exercise date
(ie, of an option; syn, Ausübungstag)
Erklärungstheorie *f* (Re) doctrine of declared intention *(eg, in formation of contract)*
Erklärungsvariable *f* (Log) explaining variable
Erklärungsversuch *m* (Log) approach
Erklärungswert *m* (Log) explanatory power
Erklärungswille *m*
(Re) will or intention to state something having legal consequences
(ie, creation, transfer, or extinction of a right)
Erklärung *f* **zur Anweisung** (Zo) declaration of despatch in transit
Erklärung *f* **zur Feststellung des Einheitswerts**
(StR) report disclosing the factual data on which the determination of the assessed value of property is based
(ie, to be filed as of each principal assessment date, § 28 I BewG)
Erklärung *f* **zur gesonderten und einheitlichen Feststellung** (StR) statement of a separate and uniform determination
Erlaß *m*
(Re) waiver of right to performance of contract, § 397 BGB
(Re) decree
– ordinance
(StR) abatement
(eg, of assessed taxes)
Erlaß *m* **der Eingangsabgaben** (Zo) remission of import duties and taxes
erlassen
(com) to abate
(Re) to discharge
(eg, from debt, liability)

– (US) to forgive
(ie, grant relief from payment; . . . sb. a debt)
– to free from
– to release
– to remit
(eg, taxes)
– (infml) to wipe away
(Re) to make
– to pass
(eg, a judgment)

Erlaß *m* **e–r einstweiligen Verfügung** (Re) issue of a temporary injunction

Erlaß *m* **e–r Schuld**
(Re) release (*or* remission) of a debt
(ie, by act of party = durch Rechtsgeschäft)

Erlaßvertrag *m*
(Re) release argreement
(ie, informal agreement between creditor and debtor by which an obligation is gratuitously – ohne Gegenleistung – discharged, § 397 I BGB)

Erlaubnis *f* **erlischt** (Re) license expires

Erlaubnis *f* **erteilen** (Re) to issue a license

Erlaubniskartell *n* (Kart) authorized cartel

Erlaubnis *f* **versagen** (Re) to refuse a license

Erläuterungen *fpl*
(com) comments (on)
– notes (on)

Erläuterungen *fpl* **zum Brüsseler Zolltarifschema** (Zo) Explanatory Notes to the Brussels Nomenclature

Erläuterungen *fpl* **zum Jahresabschluß** (ReW) notes to the annual (*or* year-end) financial statements

Erläuterungen *fpl* **zur Bilanz und zur GuV** (ReW) notes to the financial statements

erläuterungspflichtig (ReW) to be disclosed *(eg, in the notes)*

Erlebensfallversicherung *f*
(Vers) pure endowment insurance
(ie, leistet Rente od Kapital, wenn der Versicherte e–n bestimmten Zeitpunkt erlebt; dient der Altersversorgung; an arrangement by which no life is insured, payment of the sum insured being due at a fixed date; if insured dies before that date, the contract ends, with or without return of the premiums)

Erlebens-Rentenversicherung *f* (Vers) retirement income policy

Erlebenswahrscheinlichkeit *f* (Vers) average life expectancy

Erlebnisfallalter *n* (Vers) qualifying age

erledigen
(com) to arrange for
– to dispatch
– to discharge
– to see to it
– to settle

Erledigung *f*
(com) dispatch
– discharge
– settlement

Erledigung *f* **des Versandvorganges** (Zo) termination of the customs transit operation

Erledigung *f* **e–s Rechtsstreits** (Re) settlement of litigation

Erledigungsbescheinigung *f* (Zo) certificate of discharge

Erleichterung *f* **bewilligen** (StR) to grant relief *(eg, from statutory requirements)*

Erlös *m*
(com) revenue
– proceeds
(ReW) revenue

Erlös-Abführungsverpflichtung *f*
(Re) duty to pay over proceeds
(ie, beim verlängerten Eigentumsvorbehalt)

Erlöschen *n*
(Re) extinguishment (of a debt)
(ie, by operation of law)

erlöschen
(Re) to expire
– to lapse

erloschene Firma *f* (com) defunct firm

erloschene Forderung *f* (Re) extinct (*or* extinguished) claim

erloschene Gesellschaft *f* (com) defunct company

Erlöschen *n* **e–r Hypothek** (Re) cancellation of a mortgage

Erlöschen *n* **e–r Steuerbefreiung** (StR) termination (*or* extinction) of tax exemption

Erlöschen *n* **e–r Versicherung** (Vers) expiration of an insurance policy

erloschenes Patent *n* (Pat) extinct/expired/lapsed . . . patent

Erlöschen *n* **e–s Patents** (Pat) lapse/expiry . . . of a patent

Erlöschen *n* **e–s Rechts** (Re) extinction of a right

Erlöse *mpl* **aus Anlageverkäufen** (ReW) proceeds from fixed assets sales

Erlöse *mpl* **aus dem Verkauf von Fertigprodukten an andere Unternehm** (VGR) finished goods sold to other enterprises

Erlöseinbuße *f* (com) fall (*or* drop) in sales revenue

Erlösfunktion *f* (Vw) revenue function

Erlöskonten *npl* (ReW) revenue accounts

Erlös-Kosten-Relation *f* (Bw) earnings-cost ratio

Erlös *m* **maximieren** (Bw) to maximize revenue

Erlösmaximierung *f* (Bw) revenue maximization

Erlösmaximierung *f* **unter Nebenbedingungen** (Vw) constrained-revenue maximization

erlösmindernd (ReW) revenue-reducing

Erlösrechnung *f* (ReW) revenue accounting

Erlösschmälerungen *fpl*
(ReW) sales deductions
– reduction of proceeds
(ie, Preisnachlässe, Umsatzvergütungen, Treuerabatte, Skonti; cf, § 277 HGB I HGB)

Erlössituation *f* (com) revenue picture *(eg, is improving)*

ermächtigen
(Re) to authorize
– to empower

Ermächtigter *m* (Re) authorized person

ermächtigter Ausführer *m* (Zo) approved exporter

ermächtigter Vertreter *m*
(Re) authorized agent
– agent acting on behalf of . . .

Ermächtigung *f*
(Re) authorization
(Re) authority
– power

Ermächtigungsindossament *n* (WeR) indorsement for collection only
Ermächtigungsschreiben *n* (com) letter of authority
Ermächtigungsvorschriften *fpl* (Re) authorization provisions
ermäßigen
(com) to reduce
– to abate
– to lower
– to mark down
ermäßigte Gebühr *f* (com) reduced rate
ermäßigter Satz *m* (com) reduced rate
ermäßigter Steuersatz *m* (StR) reduced tax rate, § 12 II UStG
Ermäßigung *f*
(com) allowance
– reduction
Ermäßigungsbetrag *m* (com) reduction
Ermessensausübung *f* (Re) competent authority discretion
Ermessensauswahl *f*
(Stat) judgmental
– convenience
– nonprobability . . . sampling
Ermessensbereich *m* (Re) scope of discretion
Ermessensentscheidung *f* (StR) discretionary decision, § 102 FGO
Ermessensfrage *f* (Re) matter of discretion
Ermessensfreiheit *f*
(Re) discretionary power
– power of discretion
Ermessensmißbrauch *m*
(Re) abuse of discretion
(ie, failure to exercise a sound, reasonable, and legal discretion)
Ermessensreserven *fpl* (ReW) discretionary reserves
Ermessensspielraum *m*
(Re) scope of discretion
– latitude
(ie, scope for range of choices)
Ermittlung *f* **der Erwartungen von Unternehmen und Haushalten** (Stat) anticipations survey
Ermittlung *f* **des Einkommens** (StR) determination of income
Ermittlung *f* **des Preises** (com) determination of price
Ermittlung *f* **des Zollwertes** (Zo) determination of the value for customs purposes
Ermittlung *f* **des zu versteuernden Einkommens** (StR) computation of taxable income
Ermittlungen *fpl* **führen** (Kart) to conduct investigations
Ermittlungszeitraum *m* (StR) period for which income is determined
Ermittlung *f* **von Amts wegen** (StR) examination (by the tax office) of the facts of a case on its own initiative (*or* motion), § 88 AO
Ermüdung *f* (Pw) fatigue
Ernannter *m* (com) appointee
ernennen
(com) to appoint (as/to be)
(eg, to a post or vacancy, as/to be chairman of a board)
Ernennung *f* (com) appointment
Ernennung *f* **auf Lebenszeit** (Pw) appointment for life
Ernennungsproblem *n* (OR) assignment problem
Ernennung *f* **widerrufen** (Re) to revoke an appointment
erneuerbare Energien *fpl* (com) renewable sources of energy
Erneuerung *f* (com) renewal *(eg, contract, loan)*
Erneuerungsbedarf *m* (Bw) replacement demand
Erneuerungsfonds *m* (ReW) = Erneuerungsrücklage
Erneuerungskonto *n* (ReW) renewal fund account
Erneuerungspolice *f* (Vers) renewal policy
Erneuerungsprämie *f* (Vers) renewal bonus
Erneuerungsrücklage *f*
(ReW) renewal (*or* replacement) fund
(ie, a free reserve set up to provide for increased prices of plant and equipment at the time of replacement)
Erneuerungsschein *m*
(Fin) renewal coupon
– coupon sheet
– certificate of renewal
(syn, Talon, Zinsleiste, Leistenschein)
Erneuerungswert *m* (ReW) replacement value
erneut wählen (com) to redial
erneut zusammentreten
(com) to meet again
– to reconvene
Ernteüberschüsse *mpl* (EG) crop surpluses
Ernteversicherung *f* (Vers) crop insurance
Eroberungsdumping *n* (AuW) predatory dumping
eröffnen
(com) to open
– to set up *(eg, business)*
(Fin) to open *(eg, account)*
(Re) to open *(eg, legal proceedings)*
(Pw) to offer *(eg, opportunities)*
eröffnende Bank *f*
(Fin) opening (*or* issuing) bank
(ie, in the case of a letter of credit)
Eröffnungsanweisung *f* (EDV) open statement
Eröffnungsbank *f* (Fin) = Akkreditivbank
Eröffnungsbeschluß *m*
(Re) order for the commencement of proceedings
(Re) bankruptcy order, § 108 I KO
(ie, issued by the court in charge)
– (US) adjudication of bankruptcy
Eröffnungsbestand *m* (ReW) opening balance
Eröffnungsbilanz *f* (ReW) opening balance sheet
Eröffnungsbildschirm *m*
(EDV) banner page
– Startseite *f*
Eröffnungsbuchung *f* (ReW) opening entry
Eröffnungshandel *m*
(Bö) early trading
– first trade
Eröffnungskurs *m* (Bö) opening (or initial) quotation
Eröffnungsnotierung *f* (Bö) = Eröffnungskurs
Eröffnungsplädoyer *n* (Re, US) opening statement
Eröffnungssaldo *m* (ReW) opening balance
Eröffnungssatz *m* (Fin) daily opening rate
Eröffnungsschreiben *n* (Fin) advice of credit

Eröffnungsverzeichnis *n* (EDV) startup directory
Eröffnung *f* **von Zollpräferenzen** (Zo) opening of tariff preferences
erpressen (Re) to blackmail
Erpressung *f*
(Re) extortion
(ie, demanding money with menaces, § 253 StGB)
– blackmailing
Erprobungsphase *f* (com) trial phase
errechnen
(com) to compute
(eg, aus e–m Betrag errechnen = to compute on an amount)
– to work out
Errechnung *f* **der Grundzeit** (IndE) extension
erreichbare Fertigungsgenauigkeit *f*
(IndE) process capability
(ie, of production equipment and procedures to hold dimensions and other product characteristics within acceptable bounds for the process itself; not the same as tolerances or specifications required of the produced units themselves)
erreichbarer Nettoproduktivitätsvektor *m* (Vw) attainable point in commodity space
Erreichbarkeitsmatrix *f* (OR) reachability matrix
erreichen
(com) to obtain
– to get
– to achieve
– to attain
Erreichung *f* **des Tiefstkurses** (Bö) grounding
errichten
(com) to set up
– to establish
(Bw) to establish
(eg, a company; cf, § 29 AktG)
errichtende Umwandlung *f*
(Bw) setting up conversion
(ie, Vermögen wird auf ein neu zu gründendes Unternehmen übertragen)
Errichtung *f* **e–r Gesellschaft** (com) formation of a company
Errichtung *f* **e–r Zollunion** (AuW) establishment of a customs union
Ersatzaktie *f* (Fin) substitute share certificate, § 74 AktG
Ersatzanspruch *m*
(Re) damage claim
– claim for compensation
Ersatzanspruch *m* **aus unerlaubter Handlung** (Re) tort claim
Ersatzartikel *m* (Mk) substitute item
Ersatz *m* **barer Auslagen** (com) reimbursement of cash outlay
Ersatzbedarf *m* (Bw) replacement demand
Ersatzberechtigter *m* (Re) indemnitee
Ersatzbeschaffung *f* (Bw) replacement
Ersatzbeschaffung *f* **aus Abschreibungen** (ReW) replacements funded from depreciation allowances
Ersatzbeschaffungsanalyse *f*
(IndE) equipment replacement study
(ie, cost analysis based on estimates of operating costs over a stated time for the old facility compared with the new facility)
Ersatzbeschaffungsrücklage *f* (ReW) replacement reserve
Ersatzbescheinigung *f* (com) substitute certificate
Ersatz *m* **des tatsächlichen Schadens** (Re) compensatory damages
Ersatz *m* **erhalten** (Re) to recover for a loss
Ersatzgeschäft *n* (Re) substituted purchase
Ersatzgut *n* (Zo) compensating good
Ersatzindikator *m* (Vw, Bw) proxy indicator
Ersatzinvestition *f*
(Bw) replacement investment
– equipment replacement
(Fin) capital spending on replacement
(Vw) reinvestment
Ersatzkasse *f* (SozV) „substitute" health insurance institution
Ersatzkennzahl *f* (Bw) = Ersatzindikator
Ersatzkonto *n* (IWF) Substitution Account
Ersatzleistung *f*
(Re) indemnification
(Re) indemnity
– compensation
Ersatzlieferung *f* (com) substitute delivery
ersatzlos gestrichen (com) deleted without replacement
Ersatzmitglied *n*
(Pw) substitute member
(ie, of works council)
Ersatzpflicht *f* (Re) obligation to pay damages (*or* compensation)
Ersatzpflicht *f* **ausschließen** (Re) to preclude liability for damages
Ersatzpflichtiger *m*
(Re) party liable
– indemnitor
Ersatzproblem *n* (Bw) replacement problem
Ersatzprogramm *n* (EDV) alternative program
Ersatz-Reservewährung *f* (AuW) substitute reserve currency
Ersatzscheck *m* (Fin) replacement check
Ersatzstück *n* (Fin) replacement certificate
Ersatzteil *n*
(com) spare
– renewal
– replacement
– service . . . part
Ersatzteildienst *m* (MaW) spare parts service
Ersatzteile *npl* **einbauen** (IndE) to fit replacement parts
Ersatzteillager *n* (MaW) stock of spare (*or* replacement) parts
Ersatzteilliste *f* (IndE) spare parts list
Ersatztheorie *f* (OR) replacement (*or* renewal) theory
Ersatzvariable *f* (Vw) proxy variable
Ersatz *m* **von Aufwendungen** (Re) reimbursement of outlay, cf, § 396 HGB
Ersatz *m* **von Barauslagen** (com) reimbursement of cash expenses
Ersatz *m* **von Reisekosten** (Pw) reimbursement of travel cost
Ersatzwirtschaftsgut *n* (StR) replacement asset, Abschn. 35 II EStR
Ersatzzeiten *fpl* (SozV) fictitious qualifying periods, § 1251 RVO

Ersatzzeitpunkt *m*
(Bw) reinvestment/replacement . . . time
(ie, time at which an investment project is replaced)
erschließen
(com) to develop *(eg, land)*
– to improve
(Mk) to open up *(ie, markets)*
Erschließung *f* (com) land development
Erschließungsabgabe *f*
(FiW) development charge
– frontage charge
Erschließungsanlagen *fpl* (com) land (*or* public) improvements
Erschließungsaufwendungen *fpl* (com) development and improvement costs
Erschließungsbedarf *m* (Mk) latent demand
Erschließungsbeitrag *m*
(FiW) local assessment
– local improvement assessment
– betterment . . . charge/levy
(ie, beitragsähnliche Abgabe zur öffentlichen Vorteilsausgleichung; the earlier term is: Anliegerbeitrag)
Erschließungsgebiet *n* (com) improvement area
Erschließungsgelände *n* (com) land ready for building
Erschließungskosten *pl*
(com) development costs
– cost of developing real estate
Erschließungsunternehmen *n*
(com) developer
– property developer
– (US) real estate developer
(ie, one that improves and subdivides land and builds and sells houses thereon)
erschlossene Grundstücke *npl* (com) improved real property
erschlossenes Gelände *n* (com) developed (*or* improved) site
erschöpfende Aufzählung *f* (com) exhaustive enumeration
Erschöpfung *f* **des Rechtsweges**
(Re) exhaustion of rights
(ie, a doctrine which is foreign to English law)
erschweren (com, infml) to make it tough *(eg, to complete the acquisition)*
erschwerende Umstände *mpl*
(com) aggravating circumstances
(opp, mildernde Umstände = mitigating circumstances)
Erschwerniszulage *f*
(Pw) hardship . . . allowance/pay
– bonus for hazardous or unpleasant work
(ie, Gefahrenzulage, Hitzezulage, Säurezulage, etc; meist in % der Arbeitsvergütung; bonus for hazardous or unpleasant work)
Ersetzungsbefugnis *f*
(Re) right to offer alternative performance
– *(civil law)* facultas alternativa
Ersetzungsmodus *m* (EDV) replace mode
ersitzen (Re) to acquire by adverse possession
Ersitzung *f*
(Re) adverse possession, §§ 937 ff BGB
– acquisitive prescription
(ie, Erwerb von Eigentum durch Zeitablauf; bei beweglichen Sachen 10 Jahre; praktische Bedeutung gering; acquisition of ownership by long possession)
Ersparnis *f* (Fin) savings
Ersparnisbildung *f* (Fin) formation of savings
Ersparnisse *fpl* **angreifen** (com) to dip into savings
Erstabsatz *m* **neu aufgelegter Wertpapiere** (Fin) initial sales of newly issued securities
Erstanmeldedatum *n* (Pat) first filing date
Erstanmeldung *f*
(Pat) original filing
(ie, of a patent application)
(Pat) original application
erstatten
(com) to pay back
– to refund
– to reimburse
– to repay
– to return
Erstattung *f*
(com) refund
– repayment
– reimbursement
(eg, of cost or expenses)
(Re) restitution
(ie, as a measure of damages)
(StR) tax refund, § 37 II AO
Erstattung *f* **beantragen** (StR) to claim credit, § 36 II EStG *(eg, for corporate income tax)*
Erstattungsanspruch *m*
(Re) claim to reimbursement
(Re) claim to restitution
(StR) claim for refund, § 37 AO
Erstattungsantrag *m* (com) claim for repayment
Erstattungsbetrag *m* (com) amount of refund
erstattungsfähig
(com) recoverable
– refundable
– repayable
Erstattungsrückstände *mpl* (Fin) repayment arrears
Erstattungssatz *m* (com) rate of refund
Erstattungsverfahren *n* (StR) refund procedure
Erstattung *f* **von Auslagen** (com) reimbursement of cash outlay
Erstattung *f* **zuviel erhobener Beträge** (com) repayment of amounts overpaid
Erstauftrag *m* (com) first (*or* initial) order
Erstausfertigung *f*
(com) original
(WeR) first of exchange *(syn, Erstschrift)*
Erstausgabepreis *m*
(Fin) initial offering price
(ie, von Investmentanteilen)
(Bö) issuing price
Erstausstattung *f*
(com) initial supply
(IndE) initial equipment
Erstbegünstigter *m* (Re) primary beneficiary
Erstbesteller *m* (com) launch customer *(eg, in the sale of a new aircraft; syn, Pilotkunde)*
Erstbestellung *f* (com) initial/launch/first . . . order
Erstbewertung *f* (com) initial measurement
erste Ableitung *f* (Math) first-order derivative

erste Adresse *f*
(com) blue-chip customer
(Fin) top-quality/top-rated . . . borrower
– quality borrower
– prime . . . borrower/firm
– prime industrial firm
– firm with impeccable credit standing
erste Gefahr *f* (Vers) first (*or* initial) risk
erstehen
(com) to buy
– to purchase
ersteigern (com) to buy at an auction
erstellen
(com) to prepare
– to draw up
– to make up
Erstellung *f*
(com) preparation
(eg, report, balance-sheet)
(Re) issue
(EDV) creation
(ie, in file processing)
Erstellung *f* **e–s konsolidierten Abschlusses** (ReW) consolidation
Erstellungskosten *pl* (com) cost of construction
erste Mahnung *f* (com) first reminder
erste partielle Ableitung *f* (Math) first-order partial derivative
erster Anfordern *n* (Re) (on) first demand
erster Arbeitsgang *m* (IndE) feeder operation
erster Eindruck *m*
(com) first impression
(Pw) threshold effect
(ie, of a job applicant, „as he/she commes through the door")
erster Entwurf *m* (com) rough (*or* preliminary) draft
Ersterfassung *f*
(Stat) source data
– initial data
– original data
– primary data . . . collection
Ersterfassungsbeleg *m* (ReW) source document
Ersterfinder *m* (Pat) original inventor
erster Grenzwertsatz *m* (Stat) first limit theorem
erster Kapitalaufwand *m* (Fin) initial capital outlay
erster Kurs *m*
(Bö) initial quotation
(syn, Eröffnungskurs)
Ersterwerb *m*
(Re) first acquisition
(eg, of membership rights)
(Fin) purchase of newly issued securites
Ersterwerber *m*
(com) first buyer (*or* purchaser)
(Bö) original subscriber
Ersterwerb *m* **von Wertpapieren** (StR) initial acquisition of securities, § 22 KVStG
erstes Anfordern *n* (com) (upon) first demand
erstes Bestimmungsland *n* (com) first country of destination
erstes Gebot *n*
(com) opening bid
(ie, at an auction)
erste Wahl *f*
(com) prime quality
– (infml) firsts
erste Zahlungsaufforderung *f*
(com) first request to pay an amount due
(Fin) first call
(ie, going out to shareholders after allotment)
Erstfinanzierung *f* (Fin) initial financing
Erstgebot *n* (com) first bid
Ersthand-Leasing *n* (Fin) first-hand leasing
Ersthypothek *f*
(Re) first
– principal
– prior
– priority
– senior . . . mortgage
erstinstanzlich
(Re) in the first instance
– first instance . . . *(eg, court)*
erstinstanzliche Entscheidung *f* (Re) first-instance decision
Erstinvestition *f* (Fin) start-up investment
erstklassig
(com) first class
– first tier
– top flight
– top notch
erstklassige Anlage *f* (Fin) prime investment
erstklassige Bank *f* (Fin, infml) blue-blooded bank
erstklassige Geldmarktpapiere *npl* (Fin) prime paper
erstklassiger Wechsel *m*
(Fin) approved bill of exchange
– fine bill
– prime bill
erstklassige Schuldverschreibung *f*
(Fin) top-line bond
– high-grade bond
erstklassiges Material *n* (Fin) first-category paper
erstklassige Wertpapiere *npl* (Fin) top-grade securities
Erstkonsolidierung *f*
(ReW) initial/first . . . consolidation
(ie, § 301 HGB schreibt als Regelfall die erfolgswirksame Erstkonsolidierung [angelsächsische Methode] vor; der Wertansatz der dem Mutterunternehmen gehörenden Anteile an dem Tochterunternehmen ist mit dem entsprechenden Betrag des Eigenkapitals des Tochterunternehmens zu verrechnen; nur der Unterschiedsbetrag geht in die Konzernbilanz ein)
Erstplazierung *f* (Fin) initial placing of securities
Erstprämie *f*
(Vers) first premium
(ie, zeitlich erste Prämie zu e–m Versicherungsvertrag; opp, Folgeprämie)
Erstprobe *f*
(IndE) initial sample
(ie, in quality control)
erstrangiges Grundpfandrecht *n* (Re) first mortgage
erstrebte Mindestverzinsung *f* (Fin) minimum acceptable rate (of return)
Erstrisikoversicherung *f* (Vers) first loss insurance
Erstschrift *f* (com) original

Erstschuldner *m* (Re) primary debtor
erststellige Grundschuld *f* (Re) senior land charge
erststellige Hypothek *f* (Re) = Ersthypothek
erststellige Schuldverschreibung *f* (Fin) senior bond
erststellige Sicherheit *f* (Fin) first-charge security
Erstverkauf *m* (com) initial sale
Erstverpflichteter *m* (WeR) principal *(eg, guarantor, indorser)*
Erstversicherer *m*
(Vers) original insurer
– reinsured
(GB) – reassured
– ceding company
– leading underwriter
(ie, in reinsurance; syn, Zedent, Direktversicherer)
Erstversicherung *f*
(Vers) direct
– original
– primary . . . insurance
Erstversicherungsgeschäft *n* (Vers) prime insurance business
Erstversicherungsschutz *m* (Vers) original reinsurance protection
Erstverwahrer *m* (Fin) original custodian
Erstzeichner *m* (Fin) original subscriber
Erstzeichnung *f* (Fin) initial subscription
Ersuchen *n* (Re) request
ersuchende Verwaltung *f* (Re) requesting administration
Erteilungsgebühr *f*
(Pat) fee for the grant of a patent
– patent fec
Ertrag *m*
(Bw) output
– yield
(ReW) revenue
(opp, expenditure)
– earnings
– proceeds
– yield
– income
Ertrag *m* **aus der Nominalverzinsung** (Fin) nominal yield
ertragbringend
(com) earning
– income-producing
– profitable
ertragbringende Aktiva *npl*
(Fin) earning assets
(eg, stocks and bonds; opp, cash or capital equipment)
Ertrag *m* **des investierten Kapitals**
(Fin) return on investment
– return on capital employed
Erträge *mpl* (ReW, EG) income
Erträge *mpl* **aus Beteiligungen an Tochtergesellschaften** (Fin) income from subsidiaries
Erträge *mpl* **aus Beteiligungen an verbundenen Unternehmen** (ReW) income from participations in group companies
Erträge *mpl* **aus der Auflösung von Rückstellungen** (ReW) income from writing back provisions
Erträge *mpl* **aus festverzinslichen Wertpapieren** (Fin) receipts from bonds
Erträge *mpl* **aus Investmentanteilen** (Fin) income from investment shares
Erträge *mpl* **aus Kapitalherabsetzungen** (ReW) income from write-down of capital
Erträge *mpl* **aus Verlustübernahme** (ReW) income from transfer of losses
Erträge *mpl* **us Beteiligungen**
(Fin) income from investments
– investment income
(ReW, EG) income from participating interests
– income from participations
ertragreiche Anbausorten *fpl* (com) high-yield crops
ertragsabhängige Steuern *fpl* (StR) earnings-linked taxes
Ertragsabweichung *f*
(KoR) yield variance
(ie, in standard costing)
Ertragsanteil *m* (StR) interest portion of an annuity payment, § 9 I No. 1, § 22 No. 1 a EStG
Ertragsaufteilung *f* (ReW) earnings apportionment
Ertragsausfall *m* (Fin) loss of earnings
Ertragsausgleich *m* (Fin) income adjustment *(eg, in investment funds)*
Ertragsausschüttung *f* (Fin) distribution of earnings
Ertragsaussichten *fpl*
(StR) earnings capacity
(eg, based on the average profits for a number of preceding years)
– prospective earnings
Ertragsbesteuerung *f* (Fin) tax treatment of yield
Ertragsbeteiligung *f* (Pw) profit sharing
Ertragsbewertung *f* (Fin) valuation of prospective earnings (*or* of earning power)
Ertragsbilanz *f* (ReW) = Gewinn- und Verlustrechnung
Ertragscontrolling *n*
(ReW) revenue controlling
(ie, increase of revenues while keeping cost constant)
Ertragsdifferenz *f* (Fin) yield differential
Ertragseinbruch *m* (Fin) sharp drop in earnings
Ertragseinbußen *fpl* (Fin) reductions in profit
Ertragsentwicklung *f*
(Fin) trend of earnings (*or* profits)
– trend of profitability
Ertragserwartungen *fpl* (com) earnings (*or* profit) expectations
Ertragsfähigkeit *f*
(com) income productivity
(eg, of land)
(Fin) earning power
– earning capacity value
(syn, Ertragskraft)
Ertragsfaktoren *mpl*
(Fin) earnings/income/profit . . . factors
(eg, sichere oder wahrscheinliche E. sind bei der Bewertung zu berücksichtigen)
Ertragsfunktion *f* (Vw, Bw) production function
Ertragsfunktion *f* **bei Niveauvariation** (Vw) returns-to-scale function
Ertragsgebirge *n*
(Vw) (physical) production surface
(ie, grafische Wiedergabe e–r zweivariabligen Produktionsfunktion)

Ertragsgesetz *n*
(Vw) law of diminishing returns
– law of non-proportional returns
– law of variable proportions
Ertragsisoquanten *fpl* (Vw) revenue isoquants
Ertragskonto *n*
(ReW) revenue
– income
– nominal . . . account
Ertragskraft *f*
(Fin) earning power
– earning capacity value
– profitability
Ertragskurve *f*
(Vw) total product curve
(Fin) yield curve
(ie, spread between long-term and short-term interest rates)
Ertragslage *f*
(Fin) earnings/operating . . . position
– income/profit . . . situation
– profitability
(ie, vom Gesetzgeber verwendet, ohne näher definiert zu werden; cf, § 264 II HGB; wird aber nach allgemeiner Meinung durch die GuV-Rechnung bestimmt, die die Erfolgsquellen offenlegt und die Aufwandsstrukturen zeigen soll)
Ertragslage *f* **verbessern** (Fin) to improve profitability
Ertragsmarge *f* (com) profit margin
Ertragsminderung *f* (com) reduction of earnings
ertragsorientierter Ausweis *m* (Fin) income approach
ertragsorientiertes Budget *n* (FiW) performance budget
Ertragsplanung *f*
(ReW) sales revenue planning
(ie, wichtigster Einzelplan im Rahmen der GuV-Rechnung; syn, Umsatzplanung)
Ertragsrechnung *f*
(ReW) income statement
– statement of income
Ertragsrückgang *m* (Fin) drop in earnings
Ertragssituation *f*
(com) revenue picture
(eg, is worsening)
(Fin) earnings situation
Ertragsspanne *f*
(Fin) earnings margin
(ie, ratio of operating cost to average volume of business)
Ertragssteigerung *f* (Fin) earnings growth
Ertragsströme *mpl* (Vw) flow of yields
Ertragsteuerbilanz *f* (ReW) earnings-tax balance sheet
Ertragsteuern *fpl*
(StR) taxes on income (*or* earnings)
(ie, Einkommen-, Körperschaft- und Gewerbeertragsteuern)
ertragsunabhängige Steuern *fpl* (StR) taxes independent of income
Ertrags- und Aufwandposten *mpl* (ReW) revenue and expense items
Ertragsverbesserung *f* (Fin) improvement of profitability
Ertragsvorschau *f* (Fin) profit and loss forecast
Ertragswert *m*
(Fin) capitalized value of potential earnings
– earning power
– earning capacity value
(ie, kapitalisierter voraussichtlicher Überschuß der Einnahmen über die Ausgaben; spiegelt den Wert des Unternehmens wider; Zzukunftserfolgswert)
Ertragswertverfahren *n*
(StR) gross rental method
(ie, value of property is determined by applying statutory multipliers to the annual rental, §§ 78 ff BewG)
Ertragszahlen *fpl*
(Fin) operational figures
(ie, revenue and expense as reported in the statement of profit and loss)
Ertragszentrum *n* (Bw) profit center
Ertragszinsen *mpl* (Fin) interest earned or received
Eruehungswissenschaftler *m* (Pw) educationalist
erwartete Abweichung *f* (KoR) budgeted variance
erwartete Leistung *f* (com) expected attainment (*or* performance)
erwartete Mindestrendite *f*
(Fin) hurdle rate of return
– cut-off rate
(ie, expected minimum rate of return)
erwartete mittlere Nutzungsdauer *f*
(Bw) anticipated average life
(ie, of a fixed asset item)
erwartete Nutzungsdauer *f*
(Bw) expected useful life
– life expectancy
erwarteter Aufschwung *m* (Vw) anticipated economic upswing
erwarteter Nettogewinn *m* **der Stichprobe** (Stat) expected net gain of the sample, ENGS
erwarteter Nutzen *m*
(Bw) expected value
– expected utility
(ie, Nutzenmaß in der Entscheidungstheorie: measure of utility expected from a given strategy)
erwarteter Wert *m* **der Stichprobeninformation** (Stat) expected value of sample inforation
Erwartung *f*
(com) expectation
(Stat) expectation
(ie, number that represents the average value of a random variable; also called ‚mean'; the symbol m is often used for expectation)
Erwartungen *fpl* **zurücknehmen** (com) to scale back expectations
Erwartungen *fpl* **zurückschrauben** (SozV) to cool off popular expectations
Erwartungshypothese *f* (Stat) expectation hypothesis
Erwartungslücke *f* (com) expectation gap
Erwartungsparameter *m* (Vw) expectation parameter
Erwartungstreue *f* (Stat) unbiasedness
Erwartungstreue *f* **e–r Schätzfunktion** (Stat) accuracy
erwartungstreue Schätzfunktion *f* (Stat) unbiased estimator

Erwartungswert *m*
(Math) expected value
– expectation
(ie, for a random variable x with probability density function f(x), this is the integral from minus infinity to infinity of xf(x)dx)
(Vw) anticipation term
erweitern
(com) to extend
– to broaden *(eg, the tax base = die Besteuerungsgrundlage)*
erweiterte Abrechnung *f* (Fin) expanded accounting
erweiterte Bandbreiten *fpl* (AuW) widened parity bands
erweiterte Druckerfunktion *f* (EDV) advanced printer function
erweiterte Fondsfazilität *f* (IWF) extended Fund facility
erweiterte Gemeinschaft *f* (EG) enlarged Community
erweiterte Hoheitszone *f*
(Re) contiguous zone *(ie, in Sea Law)*
erweiterte Inter-Programm-Kommunikation *f* (EDV) advanced program to program communication, APPC
erweiterte Matrix *f* (Math) augmented matrix
erweiterte Mitbestimmung *f* (Pw) extended codetermination
erweiterter Eigentumsvorbehalt *m* (Re) extended reservation of ownership
erweiterter Prädikatenkalkül *m* (Log) extended predicate (*or* functional) calculus
erweiterter Rohertrag *m* (ReW) amplified gross earnings
erweiterter Versicherungsschutz *m*
(Vers) extended insurance coverage
(ie, for other hazards or risks than those provided for under the basic provisions of the policy)
erweiterter Zahlungsauftrag *m* (Fin) extended payment order
Erweiterter Zeichensatz *m*
(EDV) extended character set
(ie, characters and symbols with a value higher than 128 in the ANSI or ASCII character set)
erweiterter Zugang *m*
(IWF) enlarged access
(ie, policy under which members can borrow more than their quota subscriptions to the Fund)
erweiterte Steuerpflicht *f* (StR) extended tax liability
erweiterte Stimmrechte *npl* (com) enhanced voting rights
erweiterte Tastatur *f*
(EDV) expanded keyboard
– enhanced keyboard
erweiterte Version *f* (EDV) extended edition
erweiterte Zugriffsmethode *f* (EDV) queued access method
Erweiterung *f* (EDV) extension *(eg, COM, BAT, TXT)*
Erweiterung *f* **der Arbeitsaufgaben** (Pw) job enlargement
Erweiterung *f* **der EG** (EG) enlargement of the Community
Erweiterung *f* **der Gemeinschaft** (EG) enlargement of the Community
Erweiterung *f* **der Haftung** (Re) extension of liability
Erweiterungsbaustein *m*
(EDV) add-on memory
(ie, für den Hauptspeicher)
Erweiterungsbedarf *m* (Mk) expansion demand
Erweiterungsbus *m* (EDV) expansion bus
Erweiterungseinheit *f*
(EDV) expansion unit
(eg, for a notebook computer used as a desktop replacement)
(EDV) docking station
(allows portable computers to be used as desktop computers)
Erweiterungsfähigkeit *f* (com) expandability
Erweiterungsinvestition *f*
(Vw) capital widening
(Bw) investment in new plant capacity
– investment in the extension of productive capacity
– expansion investment
– capital (expenditure) expansion
Erweiterungskarte *f*
(EDV) adapter board
(EDV) expansion card
(ie, add-in board that is plugged into the expansion slot)
Erweiterungskörper *m*
(Math) extension of a field
(syn, Körpererweiterung, Oberkörper)
Erweiterungsplatte *f* (EDV) extension disk
Erweiterungssockel *m* (EDV) slot
Erweiterungssteckplatz *m*
(EDV) card slot
(syn, Kartensteckplatz)
Erwerb *m*
(com) acquisition
(opp, Veräußerung = disposal)
Erwerb *m* **aus Konkursmasse** (Re) acquisition from the estate of a bankrupt
Erwerb *m* **eigener Aktien** (Re) acquisition of own shares, §§ 71, 305, 320 AktG
erwerben
(com) to acquire
– to buy
– to earn
erwerbende Gesellschaft *f*
(com) acquiring company
(syn, übernehmende Gesellschaft, qv)
Erwerber *m*
(com) buyer
– purchaser
– acquiror
(Re) transferee
– vendee
(Re) alienee
(ie, im Grundstücksrecht = in real property law)
(StR) beneficiary, § 2 I ErbStG
– donee
Erwerber *m* **e–r Sachgesamtheit** (Re) bulk transferee
Erwerb *m* **e–r Kaufoption** (Bö) giving for the call
Erwerbsberechtigter *m* (Re) authorized transferee

Erwerbsbeteiligung *f* (Vw) labor force participation

Erwerbsbevölkerung *f*
(Stat) working population
(ie, employed and unemployed)
– labor force
(ie, total employment + unemployment)
– economically (*or* gainfully) active population

Erwerbseinkommen *n* (FiW) income from employment

erwerbsfähig
(Pw) capable of work
– employable

erwerbsfähiges Alter *n* (Pw) working (*or* employable) age

Erwerbsfähigkeit *f* (Pw) ability (*or* capacity) to work

Erwerbsgartenbau *m*
(com) truck farming (*or* gardening)
– (GB) market gardening

Erwerbsgenossenschaft *f* (Re) commercial cooperative

Erwerbskurs *m*
(Fin) basis/purchase . . . price
(ie, in terms of yield to maturity or annual rate of return)
(Bö) flat price
(ie, including accrued interest)

Erwerbsleben *n* (Pw) working life

erwerbslos
(com) unemployed
– jobless
– out of work

Erwerbslose *pl*
(com) persons out of work
– unemployed persons

Erwerbsmethode *f* (com) purchase method

Erwerbsminderung *f* (SozV) reduction in earning capacity, expressed in percent

Erwerbspersonen *fpl* (Stat) economically active population

Erwerbspersonenstatistik *f* (Stat) manpower statistics

Erwerbsquote *f*
(Stat) activity rate
– employee activity rate
– labor force participation rate
– employment rate
– labor force activity
(ie, Maßzahl der amtlichen Erwerbstätigkeitsstatistik: Verhältnis der Zahl der Erwerbspersonen zur Grundgesamtheit in %; proportion of the population that works)

erwerbstätig (Stat) gainfully active (*or* employed)

Erwerbstätige *mpl*
(Stat) wage and salary earners
– wage earners and salaried employees
– persons in dependent employment

Erwerbstätigkeit *f*
(Stat) gainful employment
– remunerative occupation

erwerbsunfähig
(SozV) incapable of self-support
– incapacitated

Erwerbsunfähigkeit *f*
(SozV) general disability
(ie, not ‚Berufsunfähigkeit' which is inability to work in one's occupation or profession)

Erwerbsunfähigkeitsklausel *f* (Vers) disability clause

Erwerbsunfähigkeitsrente *f*
(SozV) invalidism pension
– pension for general disability
(ie, loss of earning capacity)

Erwerbszeitpunkt *m* (ReW) date of acquisition

Erwerb *m* **unter aufschiebender Bedingung** (StR) conditional transfer of property, § 9 I ErbStG

Erwerb *m* **unter Lebenden** (Re) acquisition inter vivos

Erwerb *m* **vom Nichtberechtigen**
(Re) bona fide purchase
– acquisition/purchase . . . in good faith
(ie, Möglichkeit, Forderungen im Vertrauen auf die Verfügung e–s Nichtberechtigten („gutgläubig") zu erwerben; für bewegliche Sachen grundsätzlich geregelt in §§ 932-936 BGB; purchase without any notice of defects in the title of the seller; cf, UCC § 7-501; cf, gutgläubiger/redlicher Erwerb)

Erwerb *m* **von Todes wegen**
(Re) acquisition mortis causa
(StR) transfer of property by reason of death, § 1 ErbStG

Erwerb *m* **von Wertpapieren durch Gebietsfremde**
(Fin) nonresident purchase of securities

erwirken
(Re) to secure
– to sue out
(eg, order from court)

erworbene Aktie *f* (Bö) acquired share

erworbene Gesellschaft *f*
(com) acquired company
(syn, übernommene Gesellschaft)

erzeugen
(com) to produce
(EDV) to generate

Erzeugende *f* (Math) generatrix

erzeugende Funktion *f* (Math) generating function

erzeugendes Modell *n* (Stat) generating model

erzeugende Zeile *f* (OR) generating row

Erzeugerbeihilfe *f*
(EG) producer subsidy
(ie, gebunden an Produkt od Produktionsfläche; Bestandteil der EG-Marktorganisation für Schaffleisch, Ölsaaten, Olivenöl, Saatgut, Flachs und Hanf, Hopfen, Weizen sowie Milch und Milcherzeugnisse)

Erzeugerhandel *m*
(com) direct acquisition and selling
(ie, by manufacturers)
(com) direct selling
(ie, with no intermediaries to the ultimate consumer)

Erzeugerkosten *pl* (com) cost of production

Erzeugermitgliedstaat *m* (EG) producer Member State

Erzeugerpreis *m* (com) producer price

Erzeugerpreisindex *m* (Stat) producer price index

Erzeugerrichtpreis *m* (EG) producer target price

Erzeugersachkapital *n* (Vw) stock of capital

Erzeugnis *n* (com) product

Erzeugnisbestände *mpl* (ReW) inventories of finished and unfinished products

Erzeugnisfixkosten *pl* (KoR) product-traceable fixed cost
Erzeugnisgliederung *f* (Bw) product classification
Erzeugnisgruppe *f* (com) product group
Erzeugnisgruppenfixkosten *pl* (KoR) fixed cost traceable to product groups
Erzeugniskapazität *f*
(Bw) product capacity
(opp, plant capacity = ‚Betriebskapazität' relating to the entire production program)
Erzeugnispatent *n*
(Pat) product patent
(syn, Sachpatent, Stoffpatent)
Erzeugnisplanung *f* (Bw) product planning
Erzeugnisspektrum *n* (com) product range
Erzeugnisstrukturdatei *f* (EDV) structured product file
Erzeugnis/Teile-Matrix *f* (IndE) matrix bill of materials
Erzeugung *f* (Bw) = Fertigung, qv
Erzeugungsgebiet *n* (com) production area
Erziehungsgeld *n*
(SozV) child-rearing benefits
(ie, 1986 eingeführt mit dem Bundeserziehungsgeldgesetz als familienpolitische Sozialleistung)
Erziehungswissenschaftler *m*
(Pw) educationalist
- (GB, also) educationist
Erziehungszoll *m* (AuW) educational tariff
Erziehungszoll-Argument *n* (FiW) infant-industry argument
erzielbarer Betrag *m* (Fin) recoverable amount
erzliberal (com) arch-liberal
erzwungene Glattstellung *f* (Bö) enforced liquidation
Es-gibt-nicht Satz *m* (Log) nonexistence statement
Es-gibt Satz *m* (Log) existential statement
Essen *n* **auf Rädern** (SozV) meals on wheels
Essensmarken *fpl*
(Pw) lunch coupons
– (GB) luncheon vouchers, L. V.
ESt (StR) = Einkommensteuer
EStDV (StR) = Einkommensteuer-Durchführungsverordnung
EStG (StR) = Einkommensteuergesetz
EStR (StR) Einkommensteuer-Richtlinien
ESZB (EG) = Europäisches System der Zentralbanken
etabliert
(com) well-established
– (infml) well-entrenched
(eg, manufacturer, dealer)
etablierte Konkurrenz *f* (com) established competitors
etablierte Wettbewerber *mpl* (com) competitors firmly established in the market
Etat *m* (FiW, Fin) budget
Etatansatz *m*
(FiW) budget estimate
(Fin) planned budget figure
etatisieren (FiW) to budget
Etatkunde *m* (Mk) (advertising) account
etatmäßig (FiW) budgetary
Etatmittel *pl* (FiW) budget/public . . . funds
Etatrecht *n* (FiW) budget law
Etat-Spielraum *m* (FiW) budgetary scope
Etatüberschreitung *f* (FiW) spending in excess of appropriated funds
Etatzuweisung *f* (FiW) budget appropriation
ethisch einwandfreie Werbung *f* (Mk) ethical advertisement
Etikett *n*
(com) ticket
– tag
– label
(EDV) label
Etikettangaben *fpl* (EDV) label information
Etikettanweisung *f* (EDV) label statement
Etikettbehandlung *f* (EDV) label processing
Etikettenformat *n* (EDV) label form
Etikettenspeicher *m* (EDV) tag memory
Etiketterzeugung *f* (EDV) label generation
Etikettfehler *m* (EDV) label error
Etikettfeld *n* (EDV) label field
Etikettfolge *f* (EDV) label sequence
Etikettformat *n* (EDV) label format
Etikettgruppe *f* (EDV) label set
Etikettprüfprogramm *n* (EDV) label checking routine
EU (EG) = Europäische Union
EuGH (EG) = Europäischer Gerichtshof
Eulersches Theorem *n*
(Math) adding-up theorem
(ie, in linear-homogeneous production functions)
EURATOM (com) = Europäische Atomgemeinschaft *f*
Euro-Aktien *fpl* (Fin) Euro-Equities *pl*
Euroaktienmarkt *m*
(Fin) Euroequity market
(ie, Markt für den Handel mit Aktien und aktienähnlichen Beteiligungsrechten großer Unternehmen über internationale Konsortien)
Euro-Anleihe *f* (Fin) Eurocurrency loan
Euro-Anleihemarkt *m* (Fin) Euro loan market
Eurobanken *fpl*
(Fin) Eurobanks
(ie, am Euromarkt tätige Banken)
Eurobondmarkt *m* (Fin) Eurobond market
Eurobonds *pl*
(Fin) Eurobonds
(ie, issues floated in European countries payable in a currency foreign to the host countries; eg, American dollar bonds issued in European currencies; Eurobonds are generally exempt from applicable laws and regulations of the country in which they are sold; they are all bearer [unregistered] bonds)
Euro-Clear
(Fin) Euro-Clear
– Euro-clear Clearance System plc
(ie, Clearing-Organisation im internationalen Wertpapierhandel mit Sitz in Brüssel; mit 125 Finanzintermediären als Gesellschafter)
Euro-Commercial-Paper *pl*
(Fin) Euro Commercial Paper
(ie, Spiegelbild der US-Domestic Commercial Paper; aber vorrangig Alternative zum traditionellen Libor-verzinsten Eurokredit mit 3 od 6 Monats-Roll-over-Perioden; übliche Stückelung z. Zt. $500 000 und $1 000 000)

Euro-Devisen *pl* (Fin) Euro currencies
Euro-Dollar *m* (Fin) Eurodollar
Euro-Dollareinlagen *fpl* (Fin) Eurodollar deposits
Euro-Dollarkredit *m* (Fin) Eurodollar borrowing
Euro-Dollarmarkt *m* (Fin) Eurodollar market
Euro-Emission *f* (Fin) Euro issue (of bonds)
Eurofer-Kartell *n*
(Kart) Eurofer cartel
(ie, Zusammenschluß der wichtigsten europäischen Stahlunternehmen; Ziel: freiwillige mengenmäßige Selbstbeschränkung und Durchsetzung von Mindestpreisen)
Eurofestsatzkredit *m*
(Fin) Euro fixed rate credit
(mit Schwerpunkt im Ein-, Drei- und Sechsmonatsbereich)
Euro-Geldmarkt *m*
(Fin) Eurocurrency market
(ie, internationaler Finanzmarkt, an dem Einlagen- und Kreditgeschäfte in e–r Währung außerhalb ihres Geltungsbereichs getätigt werden; syn, Euromarkt, Offshoremarkt, Fremdwährungsmarkt, Außengeldmarkt, Xenomarkt; Zentren sind: London, Luxemburg, Paris, Hongkong, Singapur, einige Karibikstaaten sowie die International Banking Facilities in den USA; dient dem internationalen Liquiditätsausgleich)
Euro-Geldmarktgeschäfte *npl* (Fin) Eurocurrency business (*or* transactions)
Euro-Kapitalmarkt *m*
(Fin) Eurocapital market
(ie, auf ihm werden von internationalen Bankenkonsortien Anleihen außerhalb des Landes begeben, auf dessen Währung sie lauten; Anlaß war die Einführung der Zinsausgleichsteuer (interest equalization tax) in den USA in 1963; syn, Euroanleihemarkt, Eurobondmarkt)
Euro-Konsortialkredit *m* (Fin) syndicated Euroloan
Eurokraten *mpl* (EG) Eurocrats
Eurokredit *m*
(Fin) Euro loan
(ie, Refinanzierung auf dem Eurokreditmarkt; regelmäßig Festkredit mit fester Laufzeit)
Euro-Kreditaufnahme *f* (Fin) borrowing in the Eurocredit market
Euro-Kreditgeschäft *n* (Fin) Euro lending business
Euro-Kreditmarkt *m* (Fin) Eurocredit market
Euro-Lochung *f* (com) multi-perforation
Euromarkt *m*
(Fin) Euromarket
(ie, Oberbegriff für die Gesamtheit von Finanzmärkten wie Eurodollar-Markt, Euro-DM-Markt, Euroaktienmarkt, Eurogeldmarkt, Eurokapitalmarkt, usw)
Euronote *f*
(Fin) Euronote
(ie, Bankenkonsortium räumt e–m Kreditnehmer längerfristig e–e Kreditlinie ein; dieser kann revolvierend nichtbörsenfähige Wertpapiere mit e–r Laufzeit bis zu 6 Monaten begeben; wichtigste Varianten sind Revolving Underwriting Facilities, RUF, and Note Issuance Facilities, NIF)
Europa *n* **der zwei Geschwindigkeiten** (EG) two-track Europe
europäische Aktiengesellschaft *f* (EG) European company
Europäische Artikelnumerierung *f* (Mk) European product coding, EAN
Europäische Artikelnummer *f*, **EAN** (Mk) European article number
Europäische Atomgemeinschaft *f*, **EURATOM** (EG) European Atomic Energy Community, EURATOM
Europäische Ausfuhrbank *f* (EG) European Export Bank, EEB
Europäische Bank *f* **für Wiederaufbau und Entwicklung**
(Fin) European Bank für Reconstruction and Development, EBRD
(ie, vehicle for funneling aid to reform-minded East Bloc states, London-based)
Europäische Börsenrichtlinien *fpl*
(EG) European stock exchange directives
(ie, über Börsenzulassungsprospekte, Börsenzulassung von Wertpapieren, Zwischenberichte)
Europäische Datenbank *f* **für Abfallwirtschaft** (EG) European Waste Data Bank, EWADAT
Europäische Freihandelsassoziation *f* (Vw) European Free Trade Association, EFTA, efta
Europäische Gemeinschaft *f* (EG) European Community
Europäische Gemeinschaften *fpl*
(EG) European Communities
(ie, Sammelbezeichnung für EGKS, EWG und Euratom)
Europäische Handelsgesellschaft *f* (EG) European trading company
Europäische Investitionsbank *f*
(EG) European Investment Bank, EIB
(ie, set up by the EEC countries to encourage regional and economic integration, Luxembourg-based)
Europäische Investitionsbank *f*, **EIB**
(EG, Fin) European Investment Bank
(ie, Mitglieder sind die Mitgliedstaaten der EG)
europäische Markenartikel *mpl* (Mk) Euro brands
europäische Normen *fpl* (EG) European standard specifications
Europäische Optionsbörse *f*
(Bö) European Options Exchange, EOE
(ie, based in Amsterdam)
europäische Parallelwährung *f* (EG) European parallel currency
Europäische Patentorganisation *f* (Pat) European Patent Organization
europäische Patentschrift *f* (Pat) specification of the European patent
Europäischer Arbeitgeberverband *m* (Pw) European employers confederation, Unice
Europäische Rechnungseinheit *f*
(EG) European unit of account, EUA
(ie, 1981 durch ECU ersetzt)
Europäischer Entwicklungsfonds *m*
(EG) European Development Fund, EDF
(ie, der Europäischen Gemeinschaften und der Europäischen Investitionsbank)
Europäischer Fonds *m* **für währungspolitische Zusammenarbeit** (EG) European Monetary Cooperation Fund, EMCF

Europäischer Gerichtshof *m*
(EG) Court of Justice of the European Communities
– European Court of Justice
Europäischer Gerichtshof *m* **für Menschenrechte des Europarates** (EG) European Court of Human Rights
Europäischer Gewerkschaftsbund *m* (EG) European Trade Union Confederation, ETUC
Europäischer Gewerkschaftsbund *m,* **EGB** (EG) European Trade Union Confederation, ETUC
Europäischer Investitionsfonds *m* (FiW) European Investment Fund, EIF
Europäischer Rat *m*
(EG) European Council
(ie, seit 1974 oberste Entscheidungsinstanz der Europäischen Gemeinschaften; Mitglieder: die Staats- und Regierungschefs der EG-Mitgliedstaaten und der Präsident der EG-Kommission)
Europäischer Sozialfonds *m* (EG) European Social Fund
Europäischer Währungsfonds *m* (EG) European Monetary Fund, EMF
europäischer Währungsraum *m* (Vw, EG) European currency area
Europäischer Wechselkursverbund *m* (EG) = Europäische Währungsschlange
Europäischer Wirtschaftsrat *m* (EG) European Economic Council
Europäischer Wirtschaftsraum *m,* **EWR**
(EG) European Economic Area, EEA
(ie, mit 380 Mill. Menschen; in ihm spielen sich ab 1993 vierzig Prozent des Welthandels ab)
Europäisches Forschungsinstitut *n* **für Wirtschafts- und Sozialpolitik** (EG) European Economic and Social Policy Research Institute
europäisches Gesellschaftsrecht *n*
(EG) European company law
(ie, Regelung zur Internationalen Unternehmensverfassung, wie Europäische Aktiengesellschaft, Europäische Wirtschaftliche Interessenvereinigung, sowie 5. und 9. EG-Richtlinie zur Harmonisierung der europäischen Aktienrechte)
Europäisches Patent *n* (Pat) = Europa-Patent
Europäisches Patentamt *n* (Pat) European Patent Office
Europäisches Patentregister *n* (Pat) Register of European Patents
Europäisches Patentübereinkommen *n* (Pat) European Patent Convention, EPC
Europäisches System *n* **der Zentralbanken, ESZB** (Fin) European System of Central Banks, ESCB
(ie, besteht aus der Europäischen Zentralbank (EZB) und den nationalen Zentralbanken)
Europäisches Währungsabkommen *n* (AuW) European Monetary Agreement, EMA
Europäisches Währungsinstitut *n,* **EWI**
(EG) European Monetary Institute, EMI;
(to be set up alongside with the European Central Bank in 1994)
Europäisches Währungssystem *n* (EG) European monetary system, EMS
Europäisches Wirtschaftsgebiet *n*
(EG) European Economic Area *(ie, to come into effect at the beginning of 1993; to extend to the 7 member states of EFTA the EC provisions on the free movement of goods, services, capital and people; will create a market of over 375m people, accounting for some 40% of world trade)*
Europäische Union *f* (EG) European Union
Europäische Verteidigungsgemeinschaft *f* (EG) European Defence Community, EDC
Europäische Währungseinheit *f*
(EG) European Currency Unit, ECU, ecu
(ie, a weighted combination of the 12 EC currencies, introduced in 1979)
Europäische Währungsschlange *f*
(EG) European Currency Snake
(syn, Wechselkursverbund, Euroschlange)
Europäische Währungsunion *f* (Fin) European monetary union, EMU
Europäische Wirtschaftliche Interessenvereinigung *f,* **EWIV** (EG) European Economic Interest Grouping, EEIG
Europäische Wirtschaftsgemeinschaft *f* (EG) European Economic Community, EEC
Europäische Wirtschafts- und Währungsunion *f*
(EG) European Economic and Currency Union
(ie, effective 1 July 1990)
Europäische Zahlungsunion *f* (AuW) European Payments Union, EPU
Europäische Zentralbank *f* (Fin) European Central Bank
Europäische Zollunion *f* (AuW) European Customs Union, ECU
Europakarte *f* (EDV) Eurocard
Europapaß *m* (EG) European passport
Europa-Patent *n*
(Pat) Europatent
(ie, granted for a term of 20 years)
Euro-Pfund *n* (Fin) Euro sterling
Eurosystem *n*
(EG, Fin) Eurosystem
(ie, die 11 an der dritten Stufe der WWU teilnehmenden nationalen Zentralbanken plus die Europäische Zentralbank)
Euro-Verbraucher *m* (Mk) Euro-consumer
Euro-Währung *f* (AuW) Eurocurrency
Euro-Währungsgebiet *n*
(EG) euro area
(ie, area encompassing those Member States where the euro was adopted as the single currency)
Euro-Währungskredit *m* (Fin) Eurocurrency loan
Euro-Währungsmarkt *m* (Fin) Eurocurrency market
Euro-Wertpapiere *npl* (Fin) Eurosecurities
Euro-Zinsen *mpl* (Fin) Euromarket interest rates
Eurozinsmethode *f* (Bö) Euro-market interest computation method
E-Urteil *n*
(Log) E-proposition
– alternative denial
– universal negative
e.V. (Re) = eingetragener Verein
Evaluierung *f*
(AuW) project evaluation
– control of implementation of industrial projects
(ie, in developing countries)
Eventualfonds *m* (Fin) contingent fund
Eventualforderung *f* (ReW) contingent claim

Eventualhaftung *f* (Re) contingent liability
Eventualhaushalt *m*
(FiW) contingency budget
(ie, prepared for fiscal policy purposes)
Eventualplan *m*
(com) contingency plan
(syn, Alternativplan)
Eventualplanung *f*
(Bw) contingency (*or* alternative) planning
(syn, Alternativplanung, Schubladenplanung)
Eventualverbindlichkeit *f* (ReW) contingent liability
Evidenz-Konten-Abkommen *n*
(AuW) evidence account agreement
(ie, werden in Staatshandelsländern bei den jeweiligen Außenhandelsbanken geführt; erfassen alle Einkäufe und Verkäufe e–r westlichen Unternehmung im Staatshandelsland; den Güterströmen fließen sofort Zahlungsströme entgegen)
Evidenzzentrale *f*
(Fin) Central Risk Service
(ie, official credit information exchange; gathers information on the total exposure – Engagement, Obligo – of individual corporations; cf, § 14 KWG)
EWF (EG) = Europäischer Währungsfonds
EWG-Vertrag *m*
(EG) EEC Treaty
– Treaty of Rome
EWG-Waren *fpl* (EG) EEC products
EWI (EG) = Europäisches Währungsinstitut
ewige Rente *f*
(Fin) perpetuity
(ie, an annuity that continues forever)
EWIV (EG) = Europäische Wirtschaftliche Interessenvereinigung *f*
EWR (EG) = Europäischer Wirtschaftsraum
EWR-Rat *m* (EG) EEA Council
EWS (EG) = Europäisches Währungssystem
exakt identifiziert (Log) uniquely identified
Examensarbeit *f* (Pw) examination paper (*or* GB: script)
ex ante-Analyse *f* (Vw) ex ante analysis
ex ante-Beziehungen *fpl* (Vw) ex ante constructions
ex ante-Ersparnis *f* (Vw) planned savings
ex ante-Größe *f* (Vw) anticipation term
ex Berichtigungsaktien (Bö) ex capitalization issue
ex Bezugsaktien (Bö) ex cap(italization)
ex Bezugsrecht (Bö) ex rights/ex allotment
ex Bezugsrechte
(Bö) ex new, ex.n.
– ex claim
– ex rights
ex Bezugsrechtsschein (Fin) ex warrants
ex Dividende
(Bö) dividend off
– coupon detached
– ex dividend (*or* ex-d)
Exemplar *n* **Abgang** (EG) departure copy
Exemplar *n* **Bestimmung** (EG) destination copy
Exemplar *n* **für statistische Zwecke**
(EG) copy for statistical purposes
(ie, in Community transit operations)
ex Gratisaktien
(Bö) ex capitalization
– ex bonus
– ex scrip
Exim-Regelung *f* (com) exim arrangements
Existenzgrundlage *f* (StR) essential basis for gaining a livelihood, § 69 II BewG
Existenzgründungskredit *m* (Fin) loan granted to set up new business
Existenzminimum *n*
(Vw) subsistence level
– minimum survival needs
Existenzminimumtheorie *f* **des Lohnes** (Vw) subsistence theory
Existenzoperator *m* (Log) existential (*or* particular) quantifier
Existenzsatz *m* **für Fixpunkte** (OR) fixed-point theorem
Exklusion *f*
(Log) alternative/joint . . . denial
– incompatibility
– stroke
(ie, konträrer Gegensatz der klassischen Logik: complex sentence that is false if the two constituent propositions are true, and that is true if either or both are false: 0001: aus der E. läßt sich der gesamte Aussagenkalkül herleiten; syn, Unverträglichkeit)
exklusive Disjunktion *f* (Log) nonequivalence
exklusive Rücklizenz *f* (Pat, US) exclusive grant back
exklusives ODER-Glied *n* (EDV) = ODER-Glied
exklusives Segment *n* (EDV) exclusive segment
Exklusivrecht *n* (com) exclusive dealing right
Exklusivvertrag *m*
(com) exclusive rights contract
(Kart) exclusive purchasing agreement
Exklusivvertretung *f*
(com) exclusive agency
(syn, sole representation)
Exklusivvertrieb *m* (Mk) exclusive dealing
Exkulpationsbeweis *m* (Re) exculpatory proof
exkulpieren
(Re) to exculpate
– to exonerate
ex Kupon (Bö) ex coupon
Exnotierung *f* (Bö) quotation ex . . . *(eg, rights)*
exogene Bestimmungsgröße *f* (Vw) exogenous determinant
exogene Finanzierung *f*
(Fin) external financing
(ie, equity + debt)
exogene Geldbasis *f* (Vw) = Geldbasis, cf
exogene Konjunkturtheorie *f* (Vw) exogenous (*or* external) business cycle theory
exogenes Geld *n*
(Vw) monetary base
– primary money
(ie, central bank money + demand deposits with central bank; syn, Geldbasis, monetäre Basis, Primärgeld)
exogenes Wachstum *n* (Bw) = externes Wachstum
exogene Variable *f*
(Vw) exogenous variable
(ie, determined by noneconomic factors, such as nature, politics, customs, or institutions)
exogene Zufallsvariable *f* (Stat) exogeneous variate

ex Optionsschein (Bö) ex warrant
exorbitante Zuständigkeit *f*
(Re) jurisdiction over nonresidents or foreign corporations
(ie, Erweiterung der Zuständigkeit des Staates über die eigenen Grenzen hinaus; cf, long-arm statutes)
Exoten *pl*
(Bö) securities offered by issuers from exotic countries
(Bö) speculative papers
(ie, unlisted and outside over-the-counter business)
exotische Währungen *fpl*
(Fin) exotic currencies
– exotics
(ie, no developed international market, and infrequently dealt)
expandieren
(com) to expand (operations)
– to grow
expandierender Markt *m* (com) growing (*or* expanding) market
Expandierung *f* (EDV) expansion
Expansion *f* (Bw) expansion
Expansionsgleichgewicht *n* (Vw) = Wachstumsgleichgewicht, qv
Expansionsgrenze *f* (Vw) ceiling
Expansionskurve *f*
(Vw) expansion curve
(ie, locus of all least cost combinations resulting from constant factors prices and successive output variations)
Expansionsmultiplikator *m* (Vw) expansion multiplier
Expansionspfad *m*
(Vw) expansion path
(ie, geometrischer Ort – locus – aller Minimalkostenkombinationen bei steigender Endproduktmenge; syn, Expansionslinie, Faktoranpassungskurve, Skalakurve)
Expansionsphase *f*
(Mk) growth stage
(syn, Wachstumsphase, qv)
Expansionsrate *f* (Vw) rate of growth (*or* expansion)
Expansionsspeicher *m* (EDV) expanded memory
expansive Einflüsse *mpl* (com) expansionary forces
expansive Fiskalpolitik *f* (FiW) expansive fiscal policy
expansive Geldpolitik *f* (Vw) expansionary monetary policy
expansive Haushaltspolitik *f* (FiW) expansionary budget policy
expansive Impulse *mpl* (com) expansionary impact
expansive Lohnpolitik *f*
(Vw) expansionary wages policy
(ie, suggested by labor unions)
expansive Offenmarktpolitik *f* (Fin) expansionary open market policy
expansiver Prozeß *m*
(Vw) expansionary movement (*or* process)
– business cycle expansion
Expedient *m* (com) dispatcher
Expedition *f*
(com) forwarding
– shipping
Expeditionsabteilung *f* (com) forwarding (*or* shipping) department
Experiment *n* **durch Versuch und Irrtum** (Log) experiment through trial and error
Experte *m*
(com) expert
– specialist
Expertengruppe *f* (com) panel of experts
Expertensystem *n*
(EDV) expert system
(ie, wissensbasiertes Programm, das die Problemlösungsfähigkeit menschlicher Experten erreicht od übertrifft = intended to solve problems in a similar way to human brains)
Expertensystemschale *f* (EDV) expert system shell
Expertenteam *n* (com) brainstorming trust
Expertise *f* (com) expert opinion
explizite Definition *f* (Log) explicit definition
explizite Funktion *f* (Math) explicit function
explodierende Kosten *pl* (com) runaway/skyrocketing . . . costs
explosive Oszillation *f* (Vw) explosive oscillation
explosive Schwingung *f* (Vw) = explosive Oszillation
explosives Cobweb *n* (Vw) explosive cobweb
Exponent *m* (Math) exponent
Exponentialgleichung *f* (Math) exponential equation
Exponentialkurve *f* (Math) exponential curve
Exponentiallag *m* (Vw) exponential lag
Exponentialschreibweise *f* (Math) exponential/scientific . . . notation
Exponentialtrend *m*
(Vw) exponential trend
(syn, logarithmischer Trend)
exponentialverteilte Abfertigungszeit *f* (OR) exponential holding time
exponentialverteilte Zwischenankunftszeiten *fpl* (OR) exponential interarrival times
Exponentialverteilung *f*
(Math) exponential distribution
(ie, a continuous probability distribution)
exponentielle Beziehung *f* (Math) exponential (*or* curvilinear) relationship
exponentielle Dichte *f* (Stat) exponential density
exponentielle Glättung *f*
(Stat) exponential smoothing
(ie, Methode zur Erstellung kurzfristiger Prognosen; cf, R. G. Brown, 1963; assumes that demand for the following period is some weighted average of the demands for the past periods)
exponentielle Glättung *f* **erster Ordnung** (Stat) first-order exponential smoothing
exponentielle Glättung *f* **zweiter Ordnung** (Stat) second-order exponential smoothing
exponentieller Bedienungskanal *m* (OR) exponential service channel
exponentielles Glätten *n* (Stat) = exponentielle Glättung, qv
exponentielles Wachstum *n* (Vw) exponential growth
Export *m* (com) exportation
exportabgabepflichtig (AuW) liable to export duty

exportabhängige Beschäftigung *f*
(Vw) base employment
(ie, of a region)
Exportabhängigkeit *f* (AuW) export dependency
Exportabteilung *f*
(com) export department
– international sales department
Exportagent *m* (com) export agent
Exportakkreditiv *n* (Fin) export letter of credit
Exportangebot *n* (com) export offer
Exportanteil *m* (AuW) export content
Exportartikel *m* (com) export article (*or* item)
Exportauftrag *m* (com) export order
Exportbasis *f* (AuW) export base
Exportbasis-Analyse *f* (Vw) base analysis
Exportbasisanteil *m* (Vw) base component
Exportbasiseinkommen *n* (Vw) basic income
Exportbasisindustrie *f* (Vw) basic industry
Exportbasis-Multiplikator *m* (Vw) base multiplier
Exportbasis-Sektor *m* (Vw) basic sector
Exportbasis-Theorie *f*
(Vw) base theory
– economic base concept
Exportbedingungen *fpl* (com) export terms
Exportbeschränkungen *fpl* (AuW) export restraints (*or* restrictions)
Exportbestimmungen *fpl* (AuW) export regulations
Exportbonus *m*
(AuW) export bonus
(ie, subsidy or special benefit or credit)
Exportbürgschaft *f* (com) export guaranty
Exportdeklaration *f* (Zo) entry outwards
Exportdevisen *pl* (com) foreign exchange resulting from export transactions
Exportdokumente *npl* (com) export documents
Exporte *mpl* **behindern**
(AuW) to hamstring exports
(eg, with countervailing duties)
Export *m* **entwickelter Länder an Entwicklungsländer** (AuW) downstream trade
Exporterlös *m*
(com) export earnings
– proceeds from exports
Exporterstattung *f*
(EG) export refund
(ie, Spiegelbild der Abschöpfungen)
Exporteur *m*
(com) exporter
– export firm
Export-Factoring *n* (Fin) export factoring
Exportfinanzierung *f* (Fin) export financing
Exportfinanzierungsinstrumente *npl* (Fin) export financing instruments
Exportfirma *f* (com) export trader
Exportförderung *f* (AuW) export promotion

Forfaitierung und Export-Factoring sind keine Synonyme

Merkmale	Forfaitierung	Export-Factoring
Wesen	Kauf von Exportforderungen ohne Rückgriff auf den Exporteur Einzelgeschäfte	Kauf von Exportforderungen ohne Rückgriff auf den Exporteur Rahmenvertrag
Größenordnung	mindestens 50 000 DM	Umsatz pro Land und Jahr mindestens 500 000 DM
Laufzeit	3 Monate bis 8 Jahre	maximal 180 Tage
Währung	DM, US$, sfr, Yen, FF und Ecu sowie andere Währungen, in denen eine kongruente Refinanzierung möglich ist	Keine Einschränkung, da Währungsrisiko beim Forderungsverkäufer verbleibt
Delkredererisiko	Forfaiteur	Factor
Politisches Risiko Transferrisiko	Forfaiteur	Exporteur
Finanzierung	Nominalwert der Forderung ./. Diskont	80% des Bruttorechnungswertes
Voraussetzungen	erstklassige Schuldneradresse oder gutes Bankaval, ausreichende Bonität des Importlandes	ausreichende Bonität des Lieferanten, des ausländischen Importeurs und des Korrespondenzfactors
Besonderheiten	gesamte Abwicklung durch Forfaiteur	Buchhaltung, Mahnwesen und Inkasso kann vom Factor übernommen werden

Exportförderungskredit *m* (Fin) export promotion credit
Exportgemeinschaft *f* (com) export association
Exportgeschäft *n*
(com) export business
– export transactions
Exportgeschäft *n* **abwickeln** (com) to process an export transaction
Exportgeschäft *n* **finanzieren** (Fin) to finance an export transaction
Exportgüterstruktur *f* (AuW) commodity pattern
Exporthandel *m* (com) export trade
Exporthändler *m* (com) export merchant
exportieren
(com) to export
(EDV) to export
exportierte Arbeitslosigkeit *f* (Vw) exported unemployment
Exportindustrie *f* (com) export industry
exportinduziert (Vw) export-led
exportinduzierter Aufschwung *m* (Vw) export-led recovery
exportinduziertes Wachstum *n* (Vw) export-led expansion (*or* growth)
Exportinformationen *fpl* (com) export intelligence
Exportintensität *f*
(AuW) export intensity
(ie, ratio of exports to total production, see ‚Exportquote')
exportintensive Branche *f* (com) export intensive industry
exportintensive Industrie *f* (com) export-intensive industry
Exportkalkulation *f* (com) export cost accounting
Exportkartell *n*
(com) export-promoting cartel
(ie, Legaldefinition – statutory definition – nach § 6 I GWB; Ausfuhrkartell)
Exportkatalog *m* (com) export catalog
Exportkommissionär *m* (com) export commission agent
Exportkonnossement *n* (com) outward bill of lading
Exportkontingent *n* (AuW) export quota
Exportkredit *m* (Fin) export (trade) credit
Exportkredit-Vereinbarungen *fpl* (AuW) export credit arrangements
Exportkreditversicherung *f* (Fin) = Ausfuhrkreditversicherung, qv
Exportkunde *m* (com) export customer
Exportland *n* (AuW) exporting country
Exportleiter *m*
(com) head of export department
– export sales manager
Exportlizenz *f* (com) export license
Exportmakler *m*
(com) export agent
(syn, Ausfuhragent)
Exportmarketing *n*
(com) export marketing
(ie, konkurrierende Termini sind: internationales Marketing, Auslandsmarketing, foreign marketing, internationl business, international management, multinational management, Außenhandelsmarketing; Stufen sind:
1. direkter/indirekter Export;
2. Lizenzvergabe/Franchising;
3. Kontraktproduktion im Ausland;
4. Kontraktmarketing;
5. Joint Ventures;
6. Produktionsniederlassung)
Exportmarkt *m* (com) export market
Exportmarktforschung *f*
(com) export market research
(syn, Auslandsforschung)
Exportmesse *f* (com) export exhibition (*or* fair)
Exportmöglichkeiten *fpl* (com) export opportunities
Exportmultiplikator *m* (AuW) export multiplier
Exportneigung *f* (Vw) propensity to export
Export *m* **ohne Gegenleistung** (AuW) unrequited exports
exportorientierte Wirtschaft *f*
(AuW) export-oriented economy
(com) export trade
Exportpolitik *f* (AuW) export policy
Exportpotential *n* (AuW) export potential
Exportprämie *f*
(AuW) export bounty
(ie, paid by government or private associations to promote the exportation of specific goods)
Exportpraxis *f* (com) export practice
Exportpreis *m* (com) export price
Exportquote *f*
(AuW) export-income ratio
(ie, assets side of trade balance to gnp at market prices)
(VGR) net exports of goods and services
(syn, Außenbeitrag)
(Vw) propensity to export
(AuW) export quota per period
(com) export share
(ie, of sales abroad to total sales)
Exportrestriktionen *fpl* (AuW) export restrictions
Exportrisiko *n* (com) export-related risk
Exportrisikohaftung *f* (com) export risk liability
Export-Schutzversicherung *f*
(Vers) (additional) insurance of exports
(ie, deckt nur das eigene Interesse des Verkäufers)
Exportselbstbehalt *m*
(Fin) exporter's retention
(ie, share of financing)
Exportselbstbeschränkung *f* (AuW) voluntary export restraint
Exportsperre *f* (AuW) export embargo
Exportsteuer *f*
(StR) export levy
(ie, on products destined for export, 4%; syn, Sonderumsatzsteuer; inapplicable as of 11 Oct 1969)
Exportstreckengeschäft *n* (AuW) export drop shipment
Exportstruktur *f* (AuW) structure of the export industry
Exportsubvention *f* (AuW) export subsidy
Exporttratte *f* (Fin) export draft
Exportüberschuß *m* (AuW) export surplus
Exportverbot *n* (AuW) export ban
Exportverpackung *f*
(com) export packing
– export boxing

Exportversicherung *f*
(Vers) export insurance
– insurance of exports
Exportvertreter *m* (com) export agent
Export *m* **von Arbeitslosigkeit**
(Vw) beggar-my-neighbor policy
(ie, attempts to switch a certain amount of unemployment to other countries)
Exportware *f* (com) exported articles
Exportwelle *f*
(com) export wave
– surge of export orders
Exportwerbung *f* (com) export advertising
Exportwirtschaft *f*
(com) export sector
– export business
– export trade
Exportzoll *m* (Zo) export duty
Exposé *n*
(com) memorandum
– report
ex post-Analyse *f*
(Vw) ex post-analysis
(eg, national accounting)
ex post-Analyse *f* **des Volkseinkommens** (Vw) expost analysis of national income
Expreßgut *n* (com) express consignment
Expreßgutschein *m* (com) express parcels consignment note
Extension *f*
(Log) extension
(ie, of a concept)
– domain of applicability
extensionale Definition *f* (Log) extensional (*or* denotative) definition
extensionale Logik *f*
(Log) extensional logic
(ie, one in which truth-values may be substituted for sentences)
extensionaler Junktor *m* (Log) extensional connective
extensionale Semantik *f* (Log) theory of reference
Extensionalitätsaxiom *n* (Log) axiom of extensionality
extensive Auswahl *f* (Stat) extensive sampling
Externalitäten *fpl*
(Vw) external effects
– externalities
– neighborhood effects
– spillovers
extern beschaffen
(MaW) to outsource
(ie, a high-tech company outsources components)
externe Adresse *f* (EDV) external address
externe Aufwendungen *pl* (ReW, EG) external charges
externe Effekte *mpl* (Vw) = Externalitäten
externe Informationsquelle *f*
(Bw) external source of information
(eg, competitors, markets)
externe Kosten *pl*
(Vw) social costs
– discommodities
(ie, Kosten, die nicht von den Verursachern getragen, sondern Dritten auferlegt werden; syn, soziale/Volkswirtschaftliche Kosten)
externe Leistungen *fpl* (ReW) external performance
externe Nachteile *mpl* (Vw) external diseconomies
externe Nutzen *mpl*
(Vw) external economies
(syn, externe volkswirtschaftliche Ersparnisse)
externe Personalbeschaffung *f* (Pw) external recruitment (of staff/personnel)
externer Arbeitsmarkt *m* (Pw) external labor market
externer Bilanzvergleich *m*
(ReW) external balance sheet comparison
(ie, covering several firms in the same industry, of about the same size, and for the same period)
externe Referenz *f* (EDV) external reference
externe Revision *f*
(ReW) external/independent . . . audit
(ie, by an auditor not employed by the accounting entity)
externer gemeinschaftlicher Versandschein *m* (EG) external Community transit document
externer Kapitalgeber *m* (Fin) outside lender
externer Konsumeffekt *m*
(Vw) external effects of consumption
(ie, bandwagon effect = ‚Mitläufereffekt', snob effect, and Veblen effect)
externer Speicher *m* (EDV) external (*or* peripheral) storage
externes Berichtswesen *n* (com) external reporting
externe Sortierung *f* (EDV) offline sorting
externes Schema *n*
(EDV) external scheme
– view
externe Steuerung *f* (EDV) external control
externes Wachstum *n*
(Bw) external growth
(ie, Unternehmen erwirbt bestehende Produktions- od Distributionskapazitäten: Beteiligungserwerb, Verschmelzung, Sachvermögensübertragung; syn, exogenes Wachstum)
externe Umwelt *f* (Bw) external environment
externe Unterbrechung *f* (EDV) external interrupt
externe Verschuldung *f* (FiW) borrowing abroad
externe Verzögerung *f* (EDV) external delay
externe Vorteile *mpl* (Vw) external benefits (*or* economies)
Extraausstattung *f*
(com) optional extras
(ie, of a car)
Extraktionskosten *pl* (Bw) extractive costs
Extrapolation *f* (Math) extrapolation
Extrarisiko *n* (Vers) special risk
Extras *pl* (EDV) bells and whistles
Extratara *f* (com) additional packing required for prolonged transportation
extraterritoriale Anwendung *f*
(Kart) extraterritorial application *(eg, of competition rules)*
Extremalpunkt *m* (Math) extreme point
Extrema *npl* **mit Nebenbedingungen** (Math) constrained extrema of functions *(cf, Lagrangesche Multiplikatormethode)*
Extremkostenversicherung *f* (Vers) catastrophic coverage
Extremwert *m* **e–r Funktion** (Math) extreme (*or* ex-

tremum) of a function *(ie, maximum or minimum value)*

Exzedent *m*
(Vers) excess of . . . line/loss
– surplus

Exzedentenfranchise *f* (Vers) free from average in excess of . . . pct

Exzedentenrückversicherung *f*
(Vers) excess loss insurance
– surplus treaty reinsurance

Exzeß *m* (Stat) kurtosis

ex Ziehung (Bö) ex drawing

ex Zinsen (Bö) without interest

EZB-Direktorium *n* (EG) ECB Executive Board

F

Fabrik *f*
(com) factory
– manufacturing plant
(IndE) factory building(s)
(Pw) labor force of a factory

Fabrikabgabepreis *m* (com) price ex works

Fabrikanlage *f*
(IndE) factory *(ie, including site, buildings, and all other facilities)*

Fabrikant *m*
(com) manufacturer
(com) factory owner

Fabrikarbeit *f*
(com) factory work
(Pw) activity of a factory worker

Fabrikarbeiter *m*
(Pw) factory worker
– *(euphem)* operative

Fabrikarbeiterin *f* (Pw) female factory worker

Fabrikat *n*
(com) product
– make
– brand
(IndE) manufactured product

Fabrikategemeinkosten *pl*
(KoR) product overhead
– indirect cost of work in progress and finished products

Fabrikategruppe *f* (IndE) product group

Fabrikategruppenleiter *m* (IndE) product group manager

Fabrikatekonto *n*
(ReW) finished products account
(ie, in the ‚Gemeinschaftskontenrahmen' = joint account classification, placed between the manufacturing and sales accounts)

Fabrikation *f*
(Bw) *(older term for ‚Produktion':)* production
(Bw) = Fertigung, qv

Fabrikationsanforderungen *fpl* (IndE) manufacturing requirements

Fabrikationsanlagen *fpl* (IndE) manufacturing facilities

Fabrikationsauftrag *m* (IndE) production order

Fabrikationsbetrieb *m*
(IndE) small-sized manufacturing establishment *(ie, often affiliated to a larger enterprise and specialized in making a single product)*

Fabrikationsdampf *m* (IndE) process steam

Fabrikationseinrichtungen *fpl*
(IndE) production facilities
– plant equipment

Fabrikationsgeheimnis *n* (IndE) industrial secret

Fabrikationsgemeinkosten *pl* (KoR) manufacturing overhead (*or* expense)

Fabrikationsgrundstück *n* (IndE) manufacturing premises

Fabrikationskonto *n*
(ReW) work-in-process account
– goods-in-progress account
(ReW) process account

Fabrikationskosten *pl* (KoR) production cost

Fabrikationsleiter *m* (IndE) production manager

Fabrikationsnummer *f* (com) serial number

Fabrikationsprogramm *n*
(IndE) manufacturing program
(ie, together with the sales program it makes up the overall production program)
(com) total number of orders scheduled for a certain plant planning period

Fabrikationsstätte *f*
(IndE) production plant
– factory

Fabrikationsteuer *f*
(FiW) production tax
(ie, special mode of levying a consumption tax, based on such features such as raw materials, equipment, semi-finished products; syn, Produktionsteuer)

Fabrikationsverfahren *n* (IndE) manufacturing process

Fabrikationszweig *m* (IndE) branch (*or* line) of production

Fabrikatsteuer *f*
(FiW) product tax
(ie, another type of consumption tax levied on the product as it leaves the production facilities; eg, mineral oil, tobacco, playing cards)

Fabrikbauten *mpl* (ReW) factory buildings

Fabrikbesitzer *m* (com) factory owner

Fabrikbuchhaltung *f*
(ReW) factory accounting
(ie, accounting system based on a special account classification plan)
(ReW) *(obsolete term replaced by ‚Betriebsbuchhaltung' =)* cost accounting

Fabrik *f* **der Zukunft**
(IndE) factory of the future
(ie, run by computers and built around software products: computer integrated manufacturing, CIM)

Fabrikdirektor *m* (Pw) factory manager

Fabrikeinrichtung *f* (IndE) factory equipment

Fabrikenplanung *f*
(IndE) planning and design of factories
– intra-plant layout

Fabrikgebäude *n*
(ReW) factory (*or* plant) building
– factory premises
– industrial building

Fabrikgelände *n* (com) factory site

Fabrikgleis *n*
(com) siding (*or* sidetrack)
(ie, opening onto main track at both ends)
(com) spur (*or* stub) track
(ie, connected to main track at one end only)

Fabrikgrundstück *n* (com) factory (*or* plant) site

Fabrikhalle *f* (IndE) factory building

Fabrikhandel *m*
(com) direct purchasing from producer
(com) direkt selling to final user
Fabrikklausel *f* (com) ex factory clause
Fabrikladen *n* (Mk) factory outlet store
Fabrikleitung *f* (IndE) factory management
Fabrikleitungsgemeinkosten *pl* (KoR) plant management overhead
Fabrikmarke *f*
(Mk) manufacturer's brand
(ie, weist auf Hersteller des Produkts hin; syn, Herstellermarke; opp, Handelsmarke, qv)
fabrikmäßig (com) industrial *(eg, production)*
fabrikmäßig herstellen (IndE) to manufacture
Fabrikmusterlager *n*
(com) permanent display of sample
(ie, by producer or in main marketing centers, representing entire production program)
fabrikneu
(com) brand-new
– straight from the factory
– virgin
Fabrikpreis *m*
(com) price ex works
(Mk) factory price
(ie, based on cost price plus profit markup)
Fabrik *f* **stillegen** (com) to close down a factory
Fabrik *f* **unter Zollverschluß**
(com) bonded factory
– bonded manufacturing warehouse
Fabrikverkaufsstelle *f* (Mk) factory outlet store
Fach *n*
(Log) subject matter
(com) special . . . area/field
(com) subject
Fachabteilung *f*
(Bw) operating/specialist . . . department
(eg, accounting, organization, marketing)
Fachanwalt *m* (Re) specialized lawyer
Fachanwalt *m* **für Steuerrecht** (StR) tax lawyer
Facharbeiter *m*
(Pw) skilled worker
(ie, has served formal apprenticeship in a particular occupation or trade and passed a qualifying examination)
Facharbeiterbrief *m*
(Pw) skilled worker's certificate
(ie, obtained by passing an examination at the end of the apprenticeship)
Facharbeiterlohn *m* (Pw) wage of skilled worker
Facharbeiterstamm *m* (Pw) permanent staff of skilled workers
Fachaufsicht *f*
(Re) government supervision of certain economic branches
(opp, Dienstaufsicht)
Fachausbildung *f* (Pw) special (*or* technical) training
Fachausdrücke *mpl*
(Log) technical terms
– words of art
Fachausschuß *m*
(com) technical committee
– committee of experts
– professional committee
Fachausstellung *f* (Mk) trade fair (*or* show)
Fachberater *m* (com) technical/trade . . . consultant
Fachbereich *m* (com) special field (*or* line *or* domain)
Fachbericht *m* (com) technical report
Fachblatt *n*
(com) technical journal
(com) trade journal
(com) professional journal
Facheinzelhandel *m* (Mk) specialized retail trade
Facheinzelhändler *m* (com) specialized retail dealer
Fachgebiet *n* (com) special field (*or* line *or* domain)
Fachgeschäft *n*
(com) specialty store
– single-line retail store
– (GB) specialist shop
Fachgespräch *n* (com) expert (*or* technical) discussion
Fachgremium *n* (com) expert body (*or* group)
Fachgroßhandel *m* (com) specialist wholesaling trade
Fachgroßhändler *m* (com) specialist wholesaler
Fachgruppe *f*
(com) special group
– working party
Fachgutachten *n* (com) expert opinion
Fachgütermesse *f* (Mk) specialized trade fair
Fachhandel *m* (com) specialized retailing
Fachhändler *m* (com) specialized dealer
Fachhochschule *f* (com, appr) senior technical college
Fachingenieur *m* (com) specialist engineer
Fachjargon *m* (com) technical jargon
Fachkaufmann *m*
(Pw) operational specialist at middle-management level
(eg, in balance-sheet and cost accounting, personnel, materials control)
Fachkenntnisse *fpl*
(com) specialized/technical. . . knowledge
(ie, resulting from job training + job experience)
Fachkompetenz *f* (com) technical competence
Fachkraft *f*
(com) skilled worker
– specialist
Fachkräfte *fpl*
(com) skilled labor (*or* personnel)
– specialized labor
– qualified operators (*or* personnel)
(com) specialist staff
Fachleute *pl*
(com) experts
– specialists
– persons knowledgeable in a specialized field
fachliche Eignung *f* (com) professional qualification
fachliche Mobilität *f* (Pw) occupational mobility
fachliche Qualifikation *f* (com) professional/technical . . . qualification
fachliches Können *n* (com) technical competence
fachliche Vorbildung *f* (com) professional background
fachliche Zwecke *mpl* (com) specialist purposes

fachlich geeignet (com) professionally qualified
Fachliteratur *f* (com) specialized (*or* technical) literature
Fachmann *m*
(com) expert
– specialist
– authority
(eg, in the field)
(Pat) average person familiar with the art
– person skilled in the art
Fachmarkt *m* (Mk) specialized discount store
Fachmesse *f* (com) trade fair (*or* show)
Fachnorm *f*
(IndE) special standard
(ie, for a special segment of production; eg, ribbon cartridges for typewriters)
Fachpersonal *n* (com) skilled personnel (*or* staff)
Fachpresse *f* (com) trade press
Fachsprache *f*
(com) technical (*or* professional) language
– technical terminology
Fachtagung *f* (com) special (*or* trade) conference
Fachtechnik *f* (IndE) special engineering
Fachübersetzer *m* (com) technical (*or* specialized) translator
Fachübersetzung *f* (com) technical translation
Fachunternehmer *m* (com) specialized enterprise
Fachverband *m*
(com) trade association
(com) professional association
Fachverkäufer *m*
(com) trained salesclerk
– (GB) trained salesman
Fachvorgesetzter *m* (Pw) operating supervisor
Fachwelt *f*
(com) profession
– experts
– trade
Fachwort *n* (com) technical term
Fachwörterbuch *n* (com) specialized dictionary
Fachzeitschrift *f*
(com) professional
– technical
– trade . . . journal
Factoring *n*
(Fin) factoring
– accounts receivable financing
(ie, Finanzierungsgeschäft, bei der Factor (Finanzierungsinstitut)
1. die Forderungen e–s Klienten ankauft und sie bis zur Fälligkeit bevorschußt (= Finanzierungsfunktion);
2. das Risiko des Forderungsausfalls übernimmt (= Delkrederefunktion);
3. für e–n Klienten die Debitorenbuchhaltung und Mahnwesen führt und das Inkasso betreibt (= Dienstleistungsfunktion);
bei Übernahme aller drei Funktionen handelt es sich um ‚echtes' Factoring, bei Nichtübernahme der Delkrederefunktion um ‚unechtes Factoring'; vgl auch: offenes/notifiziertes und stilles/nichtnotifiziertes Factoring)
Factoring-Gebühr *f*
(Fin) factor's commission
– factorage
Factoring-Institut *n*
(Fin) factor
– factoring company
Factoring *n* **mit Delkredereübernahme** (Fin) full factoring
Factoring *n* **mit Kreditrisiko und Forderungsverwaltung** (Fin) maturity factoring
Factoring *n* **ohne Rückgriffsrecht** (Fin) main-line factoring
Factoring-Vereinbarung *f* (Fin) factoring agreement
Factoringvertrag *m*
(Fin) factoring contract
(ie, sale of accounts receivable of a firm to a factor = ‚Finanzierungsinstitut' at a discounted price)
facultas alternativa *f*
(Re) right to offer alternative performance, § 251 II BGB *(syn, Ersetzungsbefugnis)*
Fadendiagramm *n* (com) string diagram
Fadenkreuz *n* (EDV, CAD) cross hairs
Fähigkeit *f* (Pw) skill
Fähigkeiten *fpl*
(Pw) skills and abilities
– capabilities
Fahndungsdienste *mpl* (Zo) investigation services
Fahne *f* (com) = Fahnenabzug
Fahnenabzug *m* (com) galley proof
fahren
(IndE) to run
– to operate
– to use
fahrende Ladung *f* (com) revenue freight
Fahrerflucht *f*
(Re) hit-and-run driving
(ie, nach § 142 StGB: unerlaubtes Entfernen vom Unfallort: the guilty driver does not stop to help)
Fahrgelderstattung *f* (com) reimbursement of travel expenses
Fahrgemeinschaft *f*
(com) ride-sharing group
– car pool
(ie, as a measure to conserve energy)
Fahrkarte *f* **einfach**
(com) one-way ticket
– (GB) single
Fahrkartenschalter *m* (com) ticket office
fahrlässig (Re) negligent
fahrlässige Handlung *f* (Re) negligent act
fahrlässige Steuerumgehung *f* (StR) negligent tax avoidance
fahrlässig handeln (Re) to act negligently
Fahrlässigkeit *f*
(com) want of proper care
(com) negligence
(Re) negligence
(ie, failure to use such care as a reasonable and prudent person would use under similar circumstances, § 276 BGB)
Fahrnis *f*
(Re) movable (*or* personal) property
– personal estate (*or* chattel)
– personalty
Fahrnishypothek *f* (Re) chattel mortgage
Fahrnisversicherung *f* (Vers) insurance of movable property

Fahrnisvollstreckung *f* (Re) seizure and sale of movable property
Fahrprüfung *f* (com, GB) driving test
Fahrradversicherung *f* (Vers) bicycle insurance
Fahrstrahl *m* (Math) radius vector
Fahrtauslagen *fpl* (com) travel expenses
Fahrtenbuch *n* (com) log book, § 31 a StVZO
Fahrtenschreiber *m*
(com) tachograph
– vehicle performance recorder
(ie, meter recording driving speeds and length of journeys)
Fahrtkosten *pl*
(com) travel expenses
(StR) commuting expenses
(ie, für Fahrten zwischen Wohnung und Arbeitsstätte; between home and workplace)
Fahrtkostenentschädigung *f* (com) compensation for travel expenses
Fahrtkostenerstattung *f* (Pw) reimbursement of commuting expenses
Fahrtkostenzuschuß *m* (Pw) commuting allowance
Fahrtreppe *f*
(com, US) escalator
– moving staircase
– (GB) moving stairway
(syn, infml, Rolltreppe)
Fahrtschreiber *m* (com) = Fahrtenschreiber
Fahrzeugbau *m*
(com) vehicles construction
(ie, umfaßt Schiffbau, Luft- und Raumfahrzeugbau, Straßenfahrzeugbau)
Fahrzeugbetriebskosten *pl*
(KoR) vehicle operating costs
(ie, Kraftstoffkosten, Lohnkosten, Reparaturkosten, Abschreibungen, Gemeinkosten)
Fahrzeugdichte *f*
(Stat) motor vehicle density
(ie, number of motor vehicles per square kilometer, per road km or per head of population)
Fahrzeugflotte *f* (com) = Fahrzeugpark
Fahrzeugpark *m*
(com) vehicle
– automobile
– haulage . . . fleet
– (GB) motor pool
(syn, Fahrzeugflotte, Flotte)
Fahrzeugversicherung *f* (Vers) vehicle insurance
Fahrzeugvollversicherung *f* (Vers) fully comprehensive car insurance
Fahrzeugwerte *mpl* (Bö) motor shares
faires Geschäftsgebaren *n* (com) fair dealing
Faksimile *n* (com) facsimile
Faksimilestempel *m* (com) signature stamp
Faksimileunterschrift *f* (com) facsimile signature
faktische Beherrschung *f* (Bw) factual control
faktische Gesellschaft *f*
(Re) de facto company
(ie, one without legal basis, perhaps due to nullity of constituting agreement, but accepted for all practical purposes)
– company frappeé de nullité
faktische Präferenz *f*
(Vw) revealed preference
(syn, offenbarte Präferenz)
faktischer Konzern *n*
(com) de facto group
(ie, Konzernvermutung besteht, wenn ohne Beherrschungsvertrag od Eingliederung ein Abhängigkeitsverhältnis besteht; cf, § 18 I 3 AktG)
faktischer Vertrag *m*
(Re) de facto agreement/contract . . .
(ie, held to be valid against the outside world but defective in some element)
faktisches Arbeitsverhältnis *n*
(Pw) de facto employer/employee relationship
(ie, existing if employee works for employer without legally valid contract)
faktisches Beschäftigungsverhältnis *n* (Pw) = faktisches Arbeitsverhältnis
faktisches Vertragsverhältnis *n* (Re) de facto contractual relationship
Faktor *m*
(Math) factor
(ie, multiplicand and multiplier)
(Vw) factor of production
(com) department head in printing trade
(com) foreman in outdoor industry
(ie, handing out raw materials and receiving finished products)
faktorales Austauschverhältnis *n* (AuW) factoral terms of trade
Faktoranalyse *f* (Stat) = Faktorenanalyse
Faktorangebot *n* (Vw) factor supply
Faktoranpassungskurve *f* (Vw) expansion path
Faktorausstattung *f* (Vw) factor endowment
Faktordifferential *n*
(Vw) factor differential
– differential of factor function
Faktoreinkommen *n*
(Vw) factor earnings
– factor income
– factor payments
Faktoreinkommen *n* **an das Ausland** (VGR) factor incomes paid to foreigners
Faktoreinkommen *n* **aus dem Ausland** (VGR) factor incomes received from abroad
Faktoreinsatz *m* (Vw) factor input
Faktoreinsatzfunktion *f* (Vw) factor input function
Faktoreinsatzmengen *fpl*
(Vw, Bw) input of resources
– volume input
Faktorenanalyse *f* (Mk) factor analysis
Faktorengewichtung *f*
(IndE) factor weighting
(ie, in job evaluation)
Faktorentlohnung *f* (Vw) factor payments
Faktorenzerlegung *f*
(Math) factorizing
– factorization
Faktorerträge *mpl*
(Vw) earnings of factors of production
– factor returns
Faktorexpansionspfad *m* (Vw) input expansion path
Faktorfehlleitung *f* (Vw) misallocation of resources
Faktorfunktion *f*
(Bw) input function
(syn, Produktorfunktion)

Faktorgrenzkosten *pl*
(Vw) marginal cost of acquisition
– marginal factor cost
Faktorgruppe *f* (Math) quotient (*or* factor) group
Faktorielle *f* (Math) factorial
faktorielles Experiment *n* (Stat) factorial experiment
Faktorintensität *f*
(Vw) input ratio of the factors of production
(ie, at a given output volume)
faktorisierbar (Math) factorable
faktorisieren
(Math) to factor
– to factorize
Faktorisierung *f*
(Math) factorizing
– factorization
Faktorisoquante *f*
(Vw) factor isoquant
– transformation curve
Faktorkoeffizient *m*
(Vw) production (*or* technical) coefficient
(syn, Produktions- od Inputkoeffizient)
Faktorkombination *f*
(Vw) combination of inputs
– factor mix
(ie, Einsatzgüterkombination, Faktorenbündel)
Faktorkosten *pl*
(Vw) factor cost
(ie, identisch mit der Nettowertschöpfung!)
Faktorkurve *f*
(Vw) factor curve
– graph of factor function
Faktorleistungen *fpl* (Vw) productive services
Faktorlücke *f*
(Vw) factor gap
– inflationary gap in the factor market
(ie, inflatorische Lücke)
Faktormarkt *m*
(Vw) factor market
– input market
(ie, der der Produktion vorgelagerte Markt)
– resource market
Faktormatrize *f* (Math) component matrix
Faktormengen *fpl* (Vw) fixed inputs
Faktorminimierung *f* **unter Nebenbedingungen**
(Vw) constrained-input minimization
Faktormobilität *f* (Vw) (spatial, inter-state, and sectoral) mobility of production factors
Faktornachfrage *f* (Vw) factor demand
Faktorpreis *m* (Vw, VGR) input/factor . . . price
Faktorpreisausgleich *m* (Vw) equalization of factor prices
Faktorpreisausgleichstheorem *n* (AuW) factor price equalization theorem
Faktorpreisgleichgewicht *n* (Vw) factor price equilibrium
Faktorpreistheorem *n* (Vw) factor price theorem
Faktorproduktivität *f*
(Vw) factor productivity
(ie, total output to input quantity of one factor)
Faktorproportionen *fpl* (Vw) factor proportions
Faktorproportionen-Theorem *n*
(AuW) factor proportions (endowment) theorem
– Heckscher-Ohlin theorem

Faktorqualität *f*
(Vw) factor quality
(ie, may be expressed through productivity measures)
Faktorstrom *m* (Vw) factor flow
Faktorsubstitution *f*
(Vw) substitution of factor (of production)
– factor substitution
Faktorumkehrprobe *f* (Stat) factor reversal test
faktorunabhängige Kosten *pl* (Vw) nonfactor cost
Faktorvariation *f*
(Vw) factor variation
(ie, may be total or partial)
Faktorverlagerung *f* (Vw) shift of resources
faktorvervielfachend
(Vw) factor-augmenting
(ie, technical progress)
Faktorwanderungen *fpl* (Vw) factor movements
Faktorwert *m* (Vw) input level
Faktura *f*
(com) invoice
– bill
Fakturawährung *f* (com) invoicing currency
Fakturenabteilung *f* (com) billing (*or* invoicing) department
Fakturenwert *m* (com) invoice value
Fakturierautomat *m* (EDV) automatic billing machine
fakturieren
(com) to invoice
– to bill
– to factor *(eg, crude oil in dollars)*
Fakturierprogramm *n* (EDV) invoicing program
fakturierter Betrag *m* (com) amount billed
Fakturierung *f*
(com) billing
– invoicing
Fakturierung *f* **über Drittländer**
(ReW) third-country invoicing
(ie, transfer pricing to avoid currency controls)
Fakturist *m* (com) invoice clerk
Fakultät *f*
(Math) factorial
(ie, n = n! [n Fakultät])
fakultative Normen *fpl* (com) voluntary standards
fakultative Rückversicherung *f*
(Vers) facultative reinsurance
(ie, auf Einzelrisiken bezogen, über die von den Parteien fallweise entschieden wird; reinsurer has the option of accepting the tendered part of the original insurer's risk)
fakultatives Geld *n*
(Vw) facultative money
(ie, money which is not legal tender)
Fakultativklausel *f*
(Fin) optional clause
(ie, „oder anderes Konto des Empfängers" = „or creditable to another account of beneficiary")
Fakultätschreibweise *f* (Math) factorial notation
Fall *m*
(com) matter
(Re) case
Fall *m* **bearbeiten** (com) to handle a case
Falle *f*
(com) trap

(EDV) trap
(ie, in UNIX; can be set to execute a predefined sequence of requests when a given place in a page is reached)
fallen
(com) to fall *(eg, prices, interest rates)*
– to decline
– to decrease
– to dip
– to drop
– to fall off
– to go down
– to sag
– to lower
– to slide
(syn, sinken, zurückgehen)
fallende Abschreibung *f*
(ReW) accelerated method of depreciation
(ie, declining balance and sum-of-the-years-digit = degressive und digitale Abschreibung)
fallende Annuität *f* (Fin) decreasing annuity
fallende Funktion *f* (Math) decreasing function
fallende Nachfragekurve *f* (Vw) downward sloping demand curve
fallende Preise *mpl* (com) dropping prices
fallende Reihe *f* (Math) descending series
fallende Tendenz *f* (com) downward tendency
Fällen *n* **von Entscheidungen** (Bw) decision making
Fall *m* **erledigen** (com) to settle a case
Fallibilismus *m*
(Log) fallibilism
(ie, posits the principle that no statement can be accepted as true beyond possible doubt)
fallieren
(Re) to go bankrupt
– (infml) to go bust
– (infml) to go to the wall
fällig
(Fin) due
– payable
– due and payable
– matured
fällige Forderung *f* (Fin) debt due
fälliger Anspruch *m* (Re) matured claim
fälliger Betrag *m* (Fin) amount due for payment
fälliger Wechsel *m* (WeR) payable bill of exchange
fällige Verbindlichkeit *f*
(Fin) matured liability
(ReW) liability due
fällige Zahlungen *fpl* **leisten** (Fin) to meet payments when due
Fälligkeit *f*
(com) maturity
– due date
(ie, the date at which an obligation becomes due)
Fälligkeit *f* **der Annahme** (com) acceptance due date
Fälligkeit *f* **der Prämie** (Vers) premium due date
Fälligkeiten *fpl*
(Fin) maturities *(syn, Fristigkeiten)*
Fälligkeitenliste *f* (Fin) maturity schedule
Fälligkeitsdatum *n* (Fin) = Fälligkeitstag
Fälligkeitsfactoring *n*
(Fin) maturity factoring
(ie, Merkmale: Gutschrift der Forderung nach Einzug – od bei Unbeibringlichkeit – e–e gewisse Zeit nach Fälligkeit aufgrund der Haftungszusage)
Fälligkeitsgrundlage *f*
(Fin) maturity basis
(ie, difference between future and spot prices)
Fälligkeitsgrundschuld *f* (Re) fixed-term land charge, § 1193 BGB
Fälligkeitshypothek *f*
(Fin) fixed-term mortgage
(ie, Rückzahlung des Darlehens in e–m festen Betrag; syn, Kündigungshypothek; cf, Verkehrshypothek)
Fälligkeitsjahr *n* (Fin) year of maturity
Fälligkeitsklausel *f* (Fin) accelerating clause
Fälligkeitsliste *f* (Fin) maturity tickler
Fälligkeitsstaffelung *f* (Fin) spacing of maturities
Fälligkeitssteuern *fpl*
(StR) taxes payable by operation of law
(ie, assessment not normally required)
Fälligkeitsstruktur *f* (Fin) maturity structure
Fälligkeitstabelle *f* (Fin) aging schedule
Fälligkeitstag *m*
(Fin) accrual date
(ie, for recurrent payments, such as interest, annuities)
(Fin) date of maturity
– maturity date
– due date
– date of payment
– date of . . . expiration/expiry
Fälligkeitstermin *m*
(Fin) = Fälligkeitstag
(com) aging date
Fälligkeitswert *m* (Fin) maturity value *(eg, of a bond)*
Fälligkeitszeitpunkt *m* (Fin) = Fälligkeitstag
Fälligkeitszinsen *mpl* (Fin) interest after due date, § 353 HGB
Fälligkeit *f* **vorverlegen** (Fin) to accelerate the due date
fällig werden
(Fin) to become due
– to fall due
– to mature
Fallmethode *f*
(Bw) case-by-case approach
– case method
Fallrecht *n*
(Re) case law
(ie, aggregate of reported cases as forming a body of jurisprudence; opp, statutes and other sources of law)
Fallstudie *f* (Bw) case study
falls unzustellbar, zurück an (com) if undelivered return to
Fall *m* **verhandeln** (Re) to hear a case
fallweise Beschaffung *f*
(MaW) individual buying
– procurement on a case-to-case basis
Fall *m* **wieder aufrollen** (Re) to reopen a case
Fall *m* **wird verhandelt** (Re) case comes before a court
falsa demonstratio non nocet (Re) false description does not injure or vitiate *(eg, a contract or manifestation of intent = Willenserklärung)*

Falschanmeldung *f* (Zo) false declaration
falsch auslegen (Re) to misinterpret
falsch behandeln (com) to mishandle
Falschbuchung *f* (ReW) false entry
falsche Auslegung *f* (Re) misinterpretation
falsch einschätzen (com) to misgauge
fälschen
(com) to counterfeit
– to fake
– to falsify
– (GB) to forge
(eg, bank notes, documents, receipts)
Fälschen *n* **von Buchungsunterlagen** (ReW, infml) padding of accounting records
Falschgeld *n*
(Fin) counterfeit
– fake
– (GB) forged . . . money
– (sl) boodle
falsch informieren (com) to misinform
Falschlieferung *f* (Re) delivery of merchandise other than that stipulated, § 378 HGB
Falschmünzen *fpl* (Fin) base (*or* counterfeit) coin
Falschmünzer *m* (Fin) counterfeiter
Falschmünzerei *f* (Fin) forging of false currency
Fälschung *f*
(com) falsification
(Re) forgery and counterfeiting
(ie, of notes and coin, documents, securities)
(com, Re) counterfeit
– fake
Fälschungen *fpl*
(Mk) counterfeit products
– bogus merchandise
– fakes *(ie, a well-known label of a manufacturer's brand name is illegally fixed to inferior merchandise which is sold at an inflated markup = mit überhöhter Gewinnspanne)*
Falschwerbung *f* (Mk) misleading advertising
Falsifikat *n*
(com) counterfeit
– fake
Falsifikation *f*
(Log) falsification
(Re) = Fälschung
falsifizieren (Log) to falsify
Falsifizierung *f* (Log) falsification
falsus procurator *m* (Re) attorney-in-fact without proper authority, §§ 177 ff BGB
Faltbehälter *m*
(com) palletainer
(ie, designed for fork-lifting; sides and ends fold down for savings of space of empty units)
Faltblatt *n* (Mk) folder
Faltprospekt *m*
(com) folder
– leaflet
Faltschachtel *f* (com) folding box
Faltung *f*
(Math) faltung
– convolution family
(ie, a family of functions where the convolution of any two members of the family is also a member of the family; das Integral $F_1 \times F_2 = \dots$ ist die Faltung von $F_1(t)$ und $F_2(t)$)

Faltungsintegral *n* (Math) convolution integral
Faltungssatz *m* (Math) convolution theorem *(cf, Laplace-Transformation)*
Familienaktiengesellschaft *f*
(com) family-owned . . . company/corporation
(ie, die Mehrheit der stimmberechtigten Aktien befinden sich in e–r Familie; the majority of voting shares are held by a family)
Familienaktionär *m* (com) shareholder of a family-owned corporation/plc
Familienarbeitskräfte *fpl*
(com) unpaid familiy workers
(ie, of a farm)
Familienbesteuerung *f* (StR) family taxation
Familienbetrieb *m*
(com) family farm
(com) family-owned business (*or* concern)
Familieneinkommen *n* (Stat) family income
Familiengeld *n*
(SozV) benefit paid to the family of a disabled person
(ie, through legal accident insurance)
Familiengesellschaft *f*
(com) family partnership
(com) family-owned . . . company/corporation
(ie, Mitglieder sind ganz od vorwiegend durch verwandtschaftliche od Ehebeziehungen verbunden; gelegentlich bei der AG, häufig bei der GmbH und verbreitet bei der Personenhandelsgesellschaft anzutreffen; Schutzvorkehrungen gegen Überfremdung der AG durch vinkulierte Namensaktien oder durch schuldrechtliche Verfügungsbeschränkungen und Stimmbindungen der Familienaktionäre)
Familienheimfahrt *f* (StR) trip home
Familienhilfe *f*
(SozV) family assistance
(ie, benefits paid under statutory health insurance scheme to dependents of insured)
Familienleistungsausgleich *f* (FiW) family allowance system
Familienlohn *m*
(Pw) socially subsidized wage
(syn, Soziallohn)
(StR) family-based income
(opp, income by results)
Familienmarke *f* (com) family brand
Familienpackung *f* (com) family size package
Familienrecht *n*
(Re) family law
– law of domestic relations
Familienstand *m* (StR) marital status
Familienstiftung *f* (StR) family foundation, § 1 I 4 ErbStG
Familienunternehmen *n*
(com) family-owned business (*or* concern)
(com) family partnership
(com) family-owned corporation
Familienunterstützung *f* (SozV) = Familiengeld
Familienversicherung *f*
(Vers) family income insurance
(ie, type of life insurance: part of policy amount is paid if the insured dies and installments are paid to the family until the expiration date)
(Vers) family health insurance

Familienzulage *f*
(SozV) family allowance
(ie, being paid as ‚Kindergeld' = childrens' allowance since 1955)
Familienzusammenführung *f* (Pw) family reunion
Familienzuschlag *m*
(SozV) additional family allowance
(ie, paid in addition to the basic amount of unemployment benefit or aid)
Familie *f* **unterhalten** (Pw) to carry a family
Fangabkommen *n* (Re) fishery-limiting agreement
Fangbeschränkung *f* (Re) fishing limitation
Fangergebnis *n*
(com) catch *(ie, in fishery)*
Fanggebiete *npl* (com) fishing grounds
Fanggründe *mpl* (com) = Fanggebiete
Fangplätze *mpl* (com) = Fanggebiete
Fangquote *f* (com) catch (*or* fishing) quota
Fangquotenaufteilung *f* (com) allocation of fishing quota
Fangquotenfestlegung *f* (com) allocation of fishing
Fangrechte *npl* (Re) fishery (*or* fishing) rights
Fangverbot *n*
(com) fishing ban
– ban on fishing *(eg, of Norway pout)*
Façonwert *m* (Bw) goodwill
Farbanpassung *f* (EDV) image color matching
Farbanzeige *f*
(EDV) color display
– composite video
(Mk) color advertisement
Farbauszugsdatei *f* (EDV) color separation
Farbband *n*
(com) (typewriter) ribbon
– ink ribbon
Farbbandwechsel *m* (com) changing the ribbon
Farbbildschirm *m*
(EDV) color monitor *(opp, Schwarzweiß-Bildschirm = monochrome monitor)*
Farbdrucker *m*
(EDV) color printer *(syn, farbfähiger Drucker)*
Farbebene *f* (EDV) color plane
Farbenindustrie *f* (com) paint (*or* dye-stuffs) industry
farbfähiger Drucker *m*
(EDV) color printer *(syn, Farbdrucker)*
Farbgrafik-Arbeitsplatz *m* (EDV) color/graphics station
Farb-Grafik-Bildschirm *m* (EDV) color/graphics monitor
Farbkissen *n* (com) inking pad
Farbklauseln *fpl*
(Fin) color clauses
(ie, Red Clause, Green Clause; cf, Akkreditivbevorschussung)
Farbpalette *f* (EDV) color palette
Farbsättigung *f*
(EDV) color saturation *(ie, intensity of the colors produced by a output device, eg a color printer)*
Farbseparation *f* (EDV) color separation *(eg, four-color separation)*
Farbstoffindustrie *f* (com) dyestuffs industry
Farbsynchronsignal *n* (EDV) color burst
Farbtiefe *f* (EDV) color depth *(eg, 4-, 8-, 16 or 24-bit = 16, 256, 65,536 or 16,777,216 colors)*
Faser-Importrestriktionen *fpl* (Kart) trade barriers against cheap man-made fibers
Fassongründung *f*
(Re) formation of a shell company
(ie, either AG or GmbH, with no intention of carrying on business, regarded as violating § 134 BGB)
Fassonwert *m* (Bw) goodwill
Fassung *f*
(com) version
– wording
– form
(eg, in der vorliegenden Fassung = in its present form)
(Re) cf, in der Fassung vom = as amended on
Fassungsvermögen *n* **der Diskette/Platte** (EDV) disk space
fastperiodische Funktion *f* (Math) almost periodic function
Faustpfand *n*
(Re) pledge
(ie, security interest in a chattel, usually in direct possession of the creditor)
Faustpfandkredit *m*
(Fin) loan secured by pledge (*or* movable property)
(eg, merchandise, securities)
Faustregel *f*
(com) rule-of-thumb
(ie, based on common sense and experience)
Fautfracht *f*
(com) dead freight, § 580 HGB
(ie, payable by a charterer for such part of the carrying capacity of a ship as he does not in fact use; it is damages for loss of freight; syn, Leerfracht, Fehlfracht)
Favoriten *mpl* (Bö) favorites
faxen (com, infml) to fax
Fazilität *f*
(Fin) credit facility
– facility
Fazilität *f* **zur Finanzierung von Rohstofflagern** (IWF) buffer stock financing facility
Fed *f* (Fin, US) = Federal Reserve System
Federal Reserve Bank *f*
(Fin, US) Federal Reserve Bank
(ie, e–e der 12 regionalen Banken des Federal Reserve System: Boston, New York, Philadelphia, Cleveland, Richmond, Atlanta, Chicago, St. Louis, Minneapolis, Kansas City, Dallas, San Francisco)
Federal Reserve System *n*
(Fin, US) Federal Reserve System
(ie, Zentralbanksystem der USA; includes 12 Federal Reserve Banks and their 25 branches, 37 automated clearinghouses, 46 regional check processing centers, national banks and many others)
Federal Trade Commission *f*
(Kart, US) Federal Trade Commission, FTC
(ie, established in 1914 as the ‚watchdog of competition' = Wettbewerbshüter; zusammen mit der Antitrust Division des Department of Justice wacht sie über die Einhaltung der Vorschriften des Wettbewerbsrechts; please do not translate this proper name by ‚Bundeshandelskommission')

federführend
(com) acting as general coordinator
– handling a contract
(Fin) leading
– taking the lead
federführende Börse *f*
(Bö) leading stock exchange
(ie, on the occasion of a stock or loan issue)
federführende Firma *f* (com) leading member *(eg, of a group)*
federführende Konsortialbank *f*
(Fin) leading bank
– lead manager
federführender Ausschuß *m* (com) responsible committee
federführendes Konsortialmitglied *n*
(Fin) leader
– manager
(Vers) leader
– leading company
federführend sein (com) to lead manage
Federführung *f*
(com) central handling
– lead management
Fehlallokation *f* **von Ressourcen** (Vw) misallocation of resources
Fehlanzeige *f* (com) nil return
Fehlarbeit *f* (com) = Ausschuß
Fehlbedarf *m* (com) uncovered demand
Fehlbestand *m*
(com) deficiency
(MaW) stockout
Fehlbestands-Wahrscheinlichkeitsdiagramm *n* (Bw) stockout probability chart
Fehlbetrag *m*
(com) deficit
– deficiency
– short
– shortfall
– wantage
(ReW) under-accrual *(eg, of pensions)*
Fehlbeträge *mpl* **von Pensionsverpflichtungen**
(ReW) under-accruals in respect of pension liabilities, Art. 28 II EGHGB
Fehlbetrags-Bundesergänzungszuweisung *f* (FiW) shortfall-related supplementary Federal grant
Fehlbuchung *f* (ReW) erroneous entry
Fehleinschätzung *f* (com) misjudgment
fehlende Erfindungseigenschaft *f* (Pat) lack of invention
Fehlen *n* **der Erfindungshöhe** (Pat) obviousness of an invention (*or* inventive idea)
Fehlen *n* **der Gegenleistung** (Re) absence of consideration
Fehlen *n* **der Geschäftsgrundlage** (Re) absence of valid subject-matter
fehlende Werte *mpl* (com) missing values
Fehlen *n* **e–r zugesicherten Eigenschaft** (Re) lack of quality which has been promised, § 463 BGB
Fehlen *n* **gesetzlicher Grundlage** (Re) lack of legal (*or* statutory) basis
Fehler *m*
(com) mistake
(com) error
(Stat, EDV) error
(IndE) (product) defect
– error
– nonconformance
(ie, Unterschied (= quality characteristic departure), der die Brauchbarkeit e–s Produkts od e–r Tätigkeit gefährdet; die Bedeutung von ‚error‘: 1. Fehler; 2. Abweichung (vom wahren Wert))
(Re) product defect
(ie, Abweichung von dem im Kaufvertrag Vereinbarten; Wert der Sache od ihre Tauglichkeit zum gewöhnlichen od vertragsgemäßen Gebrauch wird aufgehoben od gemindert; BGHZ 90, 198, 202)
Fehlerabschätzung *f*
(EDV) error estimation/anticipation
(syn, Fehlerantizipation)
fehleranfällig
(IndE) fault prone
(EDV) error prone
Fehler-Anpassungsmechanismus *m* (Vw) error adjustment mechanism
Fehleranteil *m* (IndE) fraction defective
Fehlerantizipation *f*
(EDV) error estimation/anticipation
(syn, Fehlerabschätzung)
Fehleranzeige *f* (EDV) error display
Fehleranzeiger *m* (EDV) error indicator
Fehlerband *n* (EDV) error tape
Fehlerbaumanalyse *f*
(Bw) fault-tree analysis
(eg, in accident prevention, DIN 25 424)
(IndE) fault-tree analysis
(ie, ermöglicht frühzeitige Entwurfverbesserungen; Instrument der Zuverlässigkeitsplanung)
Fehlerbedingung *f* (EDV) error condition
Fehlerbehandlung *f*
(EDV) error control processing
– exception handling
(EDV) error handling
Fehlerbehandlungsroutine *f*
(EDV) fault interrupt routine
– exception handler
(EDV) error handling routine
fehlerbehebende Wartung *f* (EDV) fehlerbehebende Wartung *f*
Fehlerbereich *m*
(Stat) band of error
(EDV) range of error
Fehlerbericht *m* (EDV) discrepancy report
fehlerberichtigte Programmversion *f* (EDV) amended version
Fehlerberichtigung *f* (EDV) error correction
Fehlerbeseitigung *f* (EDV) debug
Fehlerbeseitigungskosten *pl* (IndE) cost of correcting (*or* eliminating) defects
Fehlerbeseitigungsmodus *m* (EDV) debug mode
Fehlerbyte *n* (EDV) error byte
Fehlercode *m* (EDV) error code
Fehler *m* **dritter Art** (Stat) error of third kind
Fehlereingrenzung *f* (EDV) fault isolation *(eg, when debugging an application program)*
Fehlererkennung *f* (EDV) error detection
Fehlererkennungscode *m*
(EDV) error detecting code
– self-checking code
(syn, selbstprüfender Code)

Fehlererkennungsprogramm *n* (EDV) error detection routine
Fehlererkennung und -beseitigung *f* (EDV) error detection and correction
Fehler *m* **erster Art**
(Stat) error of first kind
– alpha error
Fehlerfortpflanzung *f* (Stat) propagation of error
fehlerfrei
(IndE) faultless
– free from defects
– conforming
(ie, Teile = parts)
fehlerfreie Regression *f* (Stat) true regression
fehlerfreies Stück *n* (IndE) effective unit
Fehlerfunktion *f* (Math) error function
Fehlergrenze *f*
(IndE) error limit
– margin of error
(Pw) performance tolerance
fehlerhaft
(IndE) defective
– nonconforming *(syn, nichtkonform)*
fehlerhafte Arbeit *f* (IndE) faulty (*or* defective) work
fehlerhafte Einheit *f* (IndE) defective (item)
fehlerhafte Lieferung *f* (com) defective delivery
fehlerhafter Anspruch *m* (Re) defective claim
fehlerhafter Besitz *m* (Re) faulty possession
fehlerhaftes Eigentumsrecht *n* (Re) bad title
fehlerhaftes Produkt *n*
(com) defective product
– product in defective condition
fehlerhafte Stücke *npl*
(IndE) defective items
– nonconforming items
fehlerhafte Teile *npl* (com) defective parts
fehlerhafte Übergabe *f*
(Bö) bad delivery *(ie, of securities)*
Fehlerhaftigkeit *f* (Re) defective condition
Fehlerhäufigkeit *f* (EDV) error rate
Fehlerhäufigkeit *f* **beim Tasten** (EDV) keying error rate
Fehler *m* **in der Gleichung** (Math) error in equation
Fehlerkennbit *n* (EDV) error indication bit
Fehlerklassifizierung *f* (Stat) classification of defects
Fehlerkorrektur *f* (EDV) error correction
Fehlerkorrekturcode *m* (EDV) error correcting code
Fehlerkorrekturprogramm *n* (EDV) error correction routine
Fehlerkosten *pl*
(IndE) nonconformance costs
(ie, entstehen, wenn Produkte und Verfahren nicht den festgelegten Anforderungen entsprechen)
Fehlerliste *f* (EDV) error list
Fehlermeldung *f* (EDV) error message
Fehlernachricht *f* (EDV) error message
Fehlerprotokoll *n* (EDV) error list (*or* report)
Fehlerprüfcode *m* (EDV) error detecting code
Fehlerprüfprogramm *n* (EDV) error checking program
Fehlerprüfung *f* (EDV) error check
Fehlerquelle *f* (IndE) source of (product) defects
Fehlerquote *f*
(IndE) defect (*or* failure) rate
– defect level
Fehlerrate *f* (EDV) error rate
Fehlerrechnung *f*
(Math) calculus of error
(ie, untersucht die systematischen und zufälligen Fehler; Eingangs-, Verfahrens-, Rechnungs- und Gesamtfehler)
Fehlerregister *n* (EDV) error register
Fehlerrisiko *n* (Stat) risk of error
Fehlersicherung *f* (EDV) error protection
Fehlerstatus *m*
(EDV) errorlevel
(ie, return value of a DOS application)
Fehlerstopp *m*
(EDV) dynamic stop *(syn, dynamischer Stopp)*
Fehlersuche *f*
(IndE) troubleshooting
– troubleshoot
(EDV) (error) debugging
– error detection
– checkout
– fault finding
Fehler *mpl* **suchen**
(IndE) to troubleshoot
(EDV) to debug
Fehlersuchprogramm *n* (EDV) debugging routine
Fehlertheorie *f* (Stat) theory of error
fehlertolerant
(IndE) fault tolerant
– fail safe
Fehlerunterbrechung *f* (EDV) error interrupt
Fehlervariable *f* (Stat) error term
Fehlervarianz *f* (Stat) error variance
Fehlerverhütung *f*
(IndE) prevention of nonconformance
– defect prevention
Fehlerwahrscheinlichkeit *f* (Stat) error probability
Fehlerzähler *m* (EDV) error counter
Fehler *m* **zweiter Art**
(Stat) error of second kind
– beta error
Fehlfracht *f* (com) = Fautfracht
Fehlinformation *f* (com) faulty information
Fehlinvestition *f*
(com) bad investment
– misinvestment
(Fin) unprofitable investment
(Fin) misdirected capital spending
Fehlkonstruktion *f* (IndE) faulty design
Fehlleitung *f* **volkswirtschaftlicher Produktivkräfte** (Vw) misallocation of productive resources
Fehlmenge *f*
(com) shortage
– shortfall
Fehlmengenkosten *pl*
(MaW) cost of not carrying
– out-of-stock cost
– stockout cost
(OR) penalty cost
Fehlmengensituation *f* (MaW) stocking-out situation
Fehlschluß *m*
(Log) fallacy
– paralogism

(ie, any fallaceous reasoning: an argument that seems to be valid but is not)
Fehlschluß *m* **der Desaggregation**
(Log) fallacy of division
(ie, an argument in which one assumes that various parts have a property solely because the whole has that property)
Fehlschluß *m* **der unzulässigen Quelle**
(Log) fallacy of unqualified source
(ie, using a source of authority that is not qualified to provide evidence)
Fehlschluß *m* **der Verallgemeinerung**
(Log) fallacy of composition
(ie, an argument in which one assumes that a whole has a property solely because its various parts have that property)
Fehlteil *n* (IndE) missing part
Fehlzeit *f* (Pw) time off
Fehlzeitenquote *f*
(Pw) rate of absenteeism
– absence rate
– absence incidence
Feierschicht *f*
(IndE) off-shift time
(eg, in one-shift operation, 16 hours are off shift)
(Pw) day off in lieu
Feiertagsarbeit *f*
(Pw) rest-day working
– work on a public holiday
Feiertagslohn *m* (Pw) holiday pay
Feiertagszuschlag *m* (Pw) holiday premium
feilschen
(com) to haggle *(eg, over EEC farm prices)*
Feinabstimmung *f* (IndE) fine tuning
Feingehalt *m*
(Fin) fineness
– percentage of purity
(eg, designating the purity of gold or silver in carat or lot)
Feingehaltsstempel *m* (IndE) hallmark
Feinplanung *f* (Bw) detailed (*or* fine-tuned) planning
Feinsteuerung *f*
(Vw) fine tuning *(eg, of economic policy)*
Feld *n*
(Math) field
(EDV) array
Feldänderung *f*
(EDV) field conversion
(eg, change of size or type of a database field; syn, Feldkonvertierung)
Feldattribut *n*
(EDV) field attribute
(eg, type (integer, string, BLOB) or size of a database field; syn, Feldeigenschaft)
Feldbegrenzer *m*
(EDV) field seperator *(syn, Feldtrenner)*
(EDV) field delimiter
Feldbezeichner *m*
(EDV) field name *(syn, Feldname)*
Feldbild *n* (Math) flow map
Feldeigenschaft *f*
(EDV) field attribute
(eg, type (integer, string, BLOB) or size of a database field; syn, Feldattribut)

Feldelement *n* (EDV) array element
Feldemissions-Bildschirm *m*
(EDV) field emission display
(ie, [future] display technique that uses less energy than active matrix LCDs)
Feldendezeichen *n* (EDV) field delimiter
Feldforschung *f*
(Mk) field research *(syn, Primärforschung)*
Feldgeldkonto *n* (Fin) time account
Feldgröße *f* (EDV) field size
Feldgruppe *f*
(EDV) array
(EDV) field group
Feldkonvertierung *f*
(EDV) field conversion
(eg, change of size or type of a database field; syn, Feldänderung)
Feldlänge *f* (EDV) field width
Feldlinien *fpl* (Math) flow lines
Feldname *m*
(EDV) field name *(syn, Feldbezeichner)*
Feldnummer *f* (EDV) field number
Feldrechner *m* (EDV) array processor
Feldstudie *f* (com) field study
Feldtrenner *m*
(com) field seperator *(syn, Feldbegrenzer)*
Feldtrennzeichen *n* (EDV) field separator
Feldtyp *m*
(EDV) field type *(eg, integer, string, BLOB)*
Feldversuch *m* (IndE) field test
Fensterausschnitt *m*
(EDV) box window
(ie, in Computergrafik)
Fenstergröße *f* **verändern/anpassen** (EDV, GUI) resize window *v*
Fenster *n* **im Hintergrund**
(EDV, GUI) background window
(syn, inaktives Fenster; opp, active window)
Fensterrand *m* (EDV, GUI) window border
Fenstertechnik *f*
(EDV) windowing
– window technique
Fensterteiler *m* (EDV, GUI) split bar
Fenstertransformation *f*
(EDV) viewing
– window-viewport . . . transformation
(ie, in der Computergrafik)
Fensterumschlag *m* (com) window envelope
Fensterung *f* (EDV) windowing
Ferienjob *m* (com) vacation job
Ferienkurs *m* (com) vacation course
Ferienvertretung *f* (Pw) deputy during vacations
Ferienwetterversicherung *f* (Vers) holiday weather insurance
Fermatsche Vermutung *f* (Math) Fermat's last theorem
Fernanfrage *f* (EDV) remote inquiry
Fernanzeige *f* (EDV) remote indication
fernbleiben von
(com) to stay away from
(eg, a meeting)
– to absent oneself from
Fernbuchführung *f*
(ReW) remote accounting
(ie, Auslagerung der Buchführung an Dritte)

Ferndatenstation *f* (EDV) remote station
ferne Datenstation *f* (EDV) remote . . . station/terminal
Ferneingabe *f* (EDV) remote input
Ferneingabestation *f* (EDV) remote input station
fernere mittlere Lebensdauer *f*
(Stat) average life expectancy
(syn, mittlere Lebenserwartung)
ferne Sichten *pl* (Bö) distant deliveries
ferne Steuereinheit *f* (EDV) remote controller
Fernfischerei *f*
(com) distant
– distant-water
– long-range . . . fishing
Fernfrachtverkehr *m* (com) long-haul freight traffic
Ferngasgesellschaft *f*
(com) gas transmission company
– (US) pipeline company
(ie, in der überregionalen Erdgaswirtschaft hat die Ruhrgas AG zentrale Bedeutung für Import und Verteilung)
Ferngespräch *n*
(com) long distance call
– (GB) trunk call
Ferngiroverkehr *m* (Fin) distant giro transfers
fernhalten (com) to keep out and down *(eg, rivals from the market)*
Fernkauf *m* (com) contract of sale where seller agrees to ship the goods to buyer's destination at the latter's risk, § 447 BGB
Fernkopie *f* (com) facsimile
Fernkopieren *n*
(EDV) facsimile transmission
– telecopying
(cf, Telefax)
fernkopieren
(EDV) to telecopy
– (infml) to telefax, to fax
Fernkopierer *m*
(EDV) telecopier
– facsimile terminal *(syn, Telekopierer)*
Fernlastverkehr *m*
(com) long-distance trucking
– (GB) long-distance haulage
Fernleihe *f* (com) interlibrary loan
Fernleitung *f* (EDV) long-haul circuit
Fernmeldegebühren *fpl* (com) telephone charges
Fernmeldemonopol *n* (com) telecommunication monopoly
Fernmeldesatellit *m* (EDV) telecommunication satellite
Fernmeldetechnik *f* (EDV) telecommunication engineering
Fernmeldewesen *n*
(com) telephony
(EDV) telecommunication
fernmündliche Befragung *f* (Mk) telephone survey
Fernscheck *m* (Fin) out-of-town check
Fernschreiben *n* (EDV) telex
fernschreiben (EDV) to teletype
Fernschreiber *m*
(EDV) teletypewriter
– (GB) teleprinter
Fernschreibverkehr *m* (EDV) telex traffic
fernschriftlich (com) by telex
Fernsehen *n*
(com) television, TV
– (GB, infml) telly
– (infml) goggle box
Fernsehgebühr *f* (com) TV license fee
Fernsehinterview *n*
(Mk) television
– televised
– TV . . . interview
Fernsehsendung *f* (com) television broadcasting
Fernsehwerbung *f* (Mk) TV advertising
Fernsprechanschluß *m* (com) telephone connection
Fernsprechauftragsdienst *m* (com) answering service
Fernsprechbuch *n*
(com) telephone directory
– (infml) phone book
Fernsprechgebühren *fpl* (com) telephone charges
Fernsprechkonferenz *f* (com) audioconference
Fernsprechleitung *f* (com) telephone line
Fernsprechteilnehmer *m* (com) telephone subscriber
Fernsprechverkehr *m* (com) telephone communications
Fernstapelbetrieb *f* (EDV) remote batch processing
Fernsteuereinrichtung *f* (IndE) remote control equipment
Fernsteuern *n* (EDV) telecommand
Fernsteuerung *f* (IndE) remote control
Fernstraße *f* (com) trunk road
Ferntest *m*
(EDV) remote testing *(opp, Eigentest)*
Fernüberwachung *f*
(IndE) telemonitoring
(EDV) remote supervision
Fernüberweisung *f* (Fin) out-of-town credit transfer
Fernüberweisungsverfahren *n* (Fin) intercity transfer procedure
Fernuniversität *f* (Pw) correspondence university
Fernunterricht *m* (EDV) distance learning
fernverarbeiten (EDV) teleprocess *v*
Fernverkehr *m* (com) long-distance haulage (*or* transport)
Fernverwaltung *f* (EDV) remote administration
Fernwartung *f* (EDV) remote maintenance
Fernwirken *n*
(com) telemetry
(cf, Temex der Deutschen Bundespost)
Fernwirksystem *n* (EDV) remote control system
Fernzahlungsverkehr *m* (Fin) intercity payments
fertigen
(com) to produce
– to manufacture
– to make
Fertigerzeugnis *n* (com) finished product
Fertigerzeugniskonto *n* (ReW) finished products account
Fertigfabrikat *n* (com) = Fertigerzeugnis
Fertiggewicht *n*
(IndE) finished weight
– weight of finished product

Fertiggüterbranche *f* (com) finished goods industry
Fertigladenbau *m* (com) preassembly shop fitting
Fertiglager *n* (MaW) finished goods inventory
Fertigmeldung *f* (IndE) order completion report
Fertigmontage *f* (IndE) final assembly
Fertigprodukt *n* (com) finished product
Fertigstellung *f* (com) completion
Fertigstellungsbescheinigung *f* (com) certificate of manufacture
Fertigstellungsgarantie *f*
(com) completion guarantee
(ie, um Fertigstellungsrisiko in der Projektfinanzierung abzufangen)
Fertigstellungshinweis *m* (IndE) completion notice
Fertigstellungsstatus *m* (IndE) completion status
Fertigstellungstermin *m*
(com) finish date
– completion time
Fertigteile *npl*
(IndE) finished parts
(KoR) purchased parts
– bought-out parts (*or* components)
Fertigteilelager *n* (MaW) finished parts store
Fertigung *f*
(Bw) manufacturing (operations)
(ie, bezieht sich nur auf die industrielle Leistungserstellung; syn, Erzeugung, Fabrikation; cf, Produktion)
Fertigung *f* **bei Schwerelosigkeit** (IndE) zero gravity manufacturing
Fertigung *f* **nach Flußprinzip**
(IndE) flow-line (*or* process) production
(ie, Fließfertigung = continuous production; eg, assembly-line production + Reihenfertigung = continuous production without cycle times)
Fertigungsablauf *m* (IndE) production sequence
Fertigungsablaufplan *m*
(IndE) master operation list
– master route chart
– manufacturing data sheet
– manufacturing bill
– process chart
Fertigungsablaufplanung *f* (IndE) production sequencing
Fertigungsablaufstudie *f* (IndE) production study
Fertigungsabteilung *f*
(IndE) production department
– manufacturing department
Fertigungsanteil *m* (AuW, *im Abnehmerland*) local content
Fertigungsauftrag *m*
(IndE) production (*or* manufacturing) order
– job shop order *(syn, Werkstattauftrag)*
Fertigungsautomatisierung *f* (IndE) automated manufacturing technology
Fertigungsbeobachtung *f* (IndE) production surveillance
Fertigungsbereich *m* (IndE) manufacturing sector
Fertigungsbereich *m* **reorganisieren** (IndE) to restructure manufacturing operations
Fertigungsbetrieb *m* (IndE) manufacturing enterprise
fertigungsbezogener Lohn *m* (Pw) production-related wages

Fertigungsdurchlaufzeit *f* (IndE) manufacturing lead time
Fertigungseinheit *f* (IndE) unit of product
Fertigungseinrichtung *f* (IndE) manufacturing facility
Fertigungseinrichtungen *fpl* (IndE) manufacturing (*or* production) facilities
Fertigungseinzelkosten *pl*
(KoR) prime cost
(ie, include all direct manufacturing expense)
Fertigungsendstellen *fpl* (KoR) final production cost centers
Fertigungsergebnis *n* (Bw) production result
Fertigungsgehälter *npl* (KoR) direct salaries
Fertigungsgemeinkosten *pl*
(KoR) factory . . . overhead/expense
– applied manufacturing cost
– indirect manufacturing overhead
– production overhead
Fertigungsgemeinkostenlohn *m* (KoR) indirect labor
Fertigungsgemeinkostenmaterial *n* (KoR) indirect material
Fertigungsgemeinkosten-Überdeckung *f* (KoR) overapplied factory expense
Fertigungsgemeinkosten-Unterdeckung *f* (KoR) underabsorbed production overhead
Fertigungsgemeinkostenzuschlag *m* (KoR) allocated production overhead
Fertigungsgrobplanung *f* (IndE) master scheduling
Fertigungshauptkostenstelle *f*
(KoR) production cost center (*or* department)
(ie, an der unmittelbaren Herstellung der Absatzleistung beteiligt; syn, Endkostenstelle, primäre Kostenstelle)
Fertigungshauptstelle *f* (KoR) = Fertigungshauptkostenstelle
Fertigungshilfskostenstelle *f*
(KoR) indirect department
– indirect production cost center
(syn, Fertigungshilfsstelle)
Fertigungshilfsstelle *f* (KoR) = Fertigungshilfskostenstelle
Fertigungsinformationssystem *n* (IndE) manufacturing information system
Fertigungsintensität *f* (Bw) = Produktionsgeschwindigkeit
Fertigungskapazität *f* (IndE) production capacity
Fertigungskontrolle *f*
(IndE) process control
(IndE) control engineering
– production control
(syn, Fertigungsüberwachung)
Fertigungskosten *pl*
(KoR) manufacturing
– production
– factory
– conversion . . . cost
Fertigungskostenstelle *f*
(KoR) production cost center
(ie, Erzeugung der Haupt- und Nebenprodukte; unterteilt in (1) Fertigungshaupt-, (2) Fertigungsneben- und (3) Fertigungshilfskostenstellen)
Fertigungslenkung *f* (IndE) production control

Fertigungslinie *f* (IndE) partially automated production line
Fertigungslohn *m*
(KoR) direct labor
– manufacturing labor
– productive labor
Fertigungslohnzettel *m* (IndE) direct labor slip
Fertigungslos *n*
(IndE) manufacturing lot
– production batch
Fertigungsmaterial *n*
(KoR) direct and indirect material
(IndE) charge material
Fertigungsmaterialkosten *pl* (KoR) direct material
Fertigungsmethode *f* (IndE) production method
Fertigungsnest *n*
(IndE) machining cell
(syn, Fertigungszelle)
Fertigungsperiode *f* (KoR) operating period
Fertigungsphasen-Überwachung *f* (IndE) block control
Fertigungsplan *m* (IndE) production schedule
Fertigungsplanung *f*
(IndE) production planning
(ie, sämtliche strategischen, taktischen und operativen Planungsaufgaben der Fertigung)
(IndE) process/production. . . scheduling
(ie, Teilkomplex der Arbeitsvorbereitung; umfaßt taktische und operative Aufgaben, die für jede Produktart nur einmal durchzuführen sind; ferner Grobplanung von Einsatzgütern und Aufträgen)
Fertigungspräzision *f*
(IndE) process capability
(ie, Maß der Übereinstimmung zwischen den Werten e–s Fertigungsmerkmals bei wiederholter Anwendung e–s Fertigungsverfahrens; im allgemeinen wird die Standardabweichung verwendet; expressed as a capability index; vorgegebene Toleranz T/Prozeßstreuung = Cp = capability of process;
syn, Prozeßfähigkeit, possibilité/limitation du processus)
Fertigungsprogramm *n* (Bw) production program
Fertigungsprüfer *m* (IndE) in-process inspector
Fertigungsprüfung *f*
(IndE) in-process inspection
– process inspection
Fertigungsqualität *f*
(IndE) quality of conformance
(ie, Ausmaß, in dem die Anforderungen des Entwurfs erfüllt werden; syn, Übereinstimmungsqualität; opp, Entwurfsqualität = quality of design)
Fertigungsregelung *f* (IndE) = Fertigungssteuerung, qv
Fertigungsschritt *m* (IndE) production step
Fertigungssonderkosten *pl*
(KoR) special production costs
(eg, of patents, special tools, patterns)
Fertigungsspannweite *f* (IndE) process range
Fertigungsspektrum *n* (IndE) product mix
Fertigungsstätte *f*
(IndE) production (*or* manufacturing) facility
– manufacturing operation
– production plant
Fertigungsstelle *f* (KoR) = Fertigungskostenstelle
Fertigungsstellengemeinkosten *pl* (KoR) plant departmental overhead
Fertigungssteuerung *f*
(IndE) manufacturing
– process
– production . . . control
(ie, Teilaufgaben umfassen Auftragssteuerung und Faktor-(Einsatzmengen-)Steuerung; syn, Arbeitsführung, Fertigungsregelung, Produktionssteuerung, Prozeßsteuerung)
Fertigungssteuerungssystem *n* (IndE) production control system
Fertigungsstraße *f*
(IndE) production line
(ie, Unterbegriffe: 1. Fertigungslinie = partially automated production line; 2. Transferstraße = transfer line, automated flow line)
Fertigungsstückliste *f* (MaW) manufacturing bill of materials
fertigungssynchrone Beschaffung *f* (MaW) = beständelose Beschaffung, qv
fertigungssynchrone Materialwirtschaft *f*
(MaW) just-in-time (JIT) inventory method
(ie, aims at maintaining just the level needed to meet current demand)
Fertigungstechnik *f* (IndE) production/manufacturing . . . engineering (*or* technology)
Fertigungsterminübersicht *f* (IndE) master schedule
Fertigungstiefe *f* (IndE) manufacturing penetration
Fertigungstoleranz *f* (IndE) process tolerance
Fertigungsüberwachung *f*
(IndE) job/manufacturing . . . control
(ie, Teilaufgabe der Fertigungssteuerung; Ist- und Soll-Merkmale des Fertigungsprozesses werden verglichen und e–r Abweichungsanalyse [variance analysis] unterzogen; umfaßt Qualitätskontrolle, Auslastungskontrolle; syn, Arbeitskontrolle, Arbeitsüberwachung, Fertigungskontrolle)
(IndE) process . . . control/inspection
Fertigungsunternehmen *n* (Bw) manufacturing enterprise (*or* organization)
Fertigungsvereinfachung *f* (IndE) product simplification
Fertigungsverfahren *n* (IndE) method (*or* system) of production
Fertigungsvertriebsrechnung *f* (KoR) production/sales cost accounting
Fertigungsvollzugsplanung *f* (IndE) planning of overall production process
Fertigungsvorbereitung *f* (IndE) production . . . planning/scheduling
Fertigungswagnis *n* (KoR) manufacturing/production . . . risk
Fertigungszeichnung *f* (IndE) manufacturing/production . . . drawing
Fertigungszeit *f*
(IndE) production (*or* manufacturing) cycle
– production lead time
Fertigungszelle *f* (IndE) manufacturing cell
Fertigungsziel *n* (IndE) production goal
Fertigungszuschlag *m* (KoR) combined rate for direct labor and overhead
Fertigwaren *fpl* (com) finished goods (*or* products)

Fertigwarenimporte *mpl* (AuW) imported finished products
Fertigwarenlager *n*
(MaW) finished goods inventory
– inventory of finished products
Fertilitätsmaße *npl* (Stat) fertility ratios
Fertilitätsökonomie *f* (Vw) economics of familiy
Festangestellte *pl* (Pw) permanently employed salaried personnel
Festanlage *f* (Fin) funds deposited for a fixed period
Festauftrag *m* (com) firm order
Festbetrag *m* (com) fixed amount
Festbewertung *f* (ReW) valuation of assets based on standard values
feste Abfälle *mpl* (com) solid waste
feste Annuität *f* (Fin) fixed-amount annuity
feste Anstellung *f* (Pw) fixed (*or* permanent) appointment
feste Ausgangsstichprobe *f* (Stat) master sample
feste Belastung *f* (Fin) fixed charge
feste Bestellung *f* (com) firm order
feste Blocklänge *f* (EDV) fixed block length
feste Börse *f*
(Bö) up market
– strong market
(ie, when there is a price advance)
feste Buchung *f* (com) firm booking
feste Einrichtung *f* (StR) fixed base
feste Gelder *npl*
(Fin) fixed bank deposits
(ie, for at least one month)
(Fin) longer-term funds traded in the money market for fixed periods *(eg, three months)*
feste Geschäftseinrichtung *f* (Bw) fixed place of business
feste Grundstimmung *f* (Bö) firm undertone
feste Kosten *pl* (KoR) fixed costs
feste Kurse *mpl* (Bö) firm prices
feste Laufzeit *f* (Fin) fixed period to maturity
feste Laufzeiten *fpl* (Fin) fixed maturities
fester Gemeinkostenzuschlag *m* (KoR) standard costing rate
fester Kapitalanteil *m* (Re) fixed capital share *(cf, Offene Handelsgesellschaft)*
fester Kostenvoranschlag *m* (com) firm estimate
fester Kundenkreis *m* (com) established clientele
fester Kurs *m* (Bö) firm price
fester Markt *m* (Bö) firm (*or* steady) market
fester Schluß *m* (Bö) firm closing
fester Verrechnungspreis *m* (KoR) standard price
fester Wechselkurs *m* (AuW) fixed (*or* pegged) exchange rate
festes Angebot *n* (com) firm (*or* binding) offer
feste Satzlänge *f* (EDV) fixed record length
festes Einkommen *n*
(com) regular income
(com) fixed income
festes Format *n* (EDV) fixed format
festes Gebot *n* (com) firm (*or* fixed) offer
feste Stichprobe *f* (Stat) fixed sample
festes Zeitelement *n*
(IndE) constant element
(ie, in time studies)
feste Tendenz *f* (Bö) firm tendency
feste Übernahme *f*
(Fin) firm commitment underwriting
(ie, of a bond issue by an issuing bank)
feste Wechselkursparität *f* (AuW) fixed parity
feste Wortlänge *f* (EDV) fixed word length
Festgebot *n* (com) firm offer
Festgehalt *n* (Pw) fixed salary
Festgehaltsklausel *f*
(Pw) fixed-salary clause
(ie, relates the amount of a regular payment to a specified salary bracket)
Festgeld *n*
(Fin) fixed-term deposits *(opp, Tagesgeld)*
Festgeldanlage *f* (Fin) fixed-term deposit investment
Festgeldkonto *n*
(Fin) term account
– time (deposit) account
Festgeldzinsen *mpl*
(Fin) interest on fixed-term deposits
– fixed period rates
festgelegte Bestellmenge *f* (MaW) fixed-order quantity
festgelegter Beschaffungsrhythmus *m* (MaW) fixed cycle
Festgeschäft *n* (com, Bö) firm . . . bargain/deal
festgestellter Jahresabschluß *m* (ReW) certified financial statement, § 177 AktG
Festgrundschuld *f* (Re) fixed-date land charge
Festhypothek *f*
(Re) fixed-date mortgage loan
(opp, Tilgungshypothek)
Festjahre *npl* (Fin) call-free years
Festkauf *m* (com) firm purchase
fest kaufen (com) to buy firm
Festkomma *n* (EDV) fixed decimal point
Festkonditionen *fpl*
(Fin) fixed lending rates
– fixed terms
Festkonto *n* (Fin) fixed-date time account
Festkörperbauelement *n*
(EDV) solid state component
(ie, a component utilizing the electric or magnetic phenomena of solids; eg, a transistor, a ferrite core)
Festkörperelement *n* (EDV) solid state element
Festkörperschaltkreis *m* (EDV) solid state circuit
Festkredit *m*
(Fin) fixed-rate loan
(ie, Tilgung in e–m Betrag am Ende der Laufzeit)
Festkurs *m* (Bö) fixed quotation
Festkurssystem *n*
(Fin) fixed-exchange-rate system
– fixed rate regime
Festlandsockel *m* (Re) continental shelf
Festlandsockelgrenzen *fpl* (Re) continental shelf boundaries
Festlandsproduzent *m* (com) land-based mineral producer
Festlaufzeit *f*
(Fin) fixed term *(ie, of a loan)*
festlegen
(Fin) to lock up *(eg, capital)*
(Fin) to lock away *(eg, shares for two years in a share ownership scheme)*

Festlegen *n* **von Akkordsätzen** (Pw) rate fixing
Festlegung *f* **der Arbeitsfolge**
(IndE) routing
(ie, defining the product's path through the production process)
Festlegungsfrist *f* (Fin) fixed period of investment
Festlegung *f* **von Kapital** (Fin) locking-up of capital
Festlegung *f* **von Prioritäten** (Bw) priority assignment
Festlohn *m* (Pw) fixed wage
Festnotierung *f* (Bö) fixed quotation
Festplatte *f* (EDV) hard disk
Festplatte *f* **formatieren**
(EDV) format a disk *v*
(ie, writing administrative data [control and track location information] to the medium; has to be done before storing normal data on the disk)
Festplattenspeicher *m* (EDV) hard disk storage
Festpreis *m*
(com) firm price
(Vw) fixed price (*or* rate)
(ReW) standard intercompany price *(ie, in cartels and groups of affiliated companies)*
(ReW) fixed price *(ie, in valuation)*
Festpreisauftrag *m* (com) fixed price order
Festpreisaufträge *mpl* (com) fixed price contracts
Festpreisaufträge *mpl* **mit Neufestsetzung des Preises** (com, US) fixed-price contracts with provision for redetermination of price
Festpreisverfahren *n*
(KoR) fixed-price method
(ie, of valuating intra-plant service output)
Festpreisvertrag *m* (com, US) fixed-price incentive contract
Festpreiszuschlag *m* (com) fixed-price charge
Festpunktaddition *f* (EDV) fixed point addition
Festpunktarithmetik *f* (EDV) fixed point arithmetic
Festpunktoperation *f* (EDV) fixed point operation
Festpunktrechnung *f* (EDV) fixed point arithmetic
Festpunktschreibweise *f* (EDV) fixed point representation
Festsatzkredit *m*
(Fin) fixed rate credit
(ie, unter anderem die traditionelle Form des Eurokredits, bei dem kurze Laufzeiten vorherrschen)
festschreiben
(Fin) to lock in
(ie, in futures trading; eg, lock in today's prices for long-term government bonds)
Festschrift *f* (com) anniversary publication
festsetzen
(com) to determine
– to fix
(Re) to lay down
– to stipulate
Festsetzen *n* **von Zielen** (Bw) goal setting
Festsetzung *f* **der Lohnsätze**
(IndE) rate setting
(ie, based on time and motion studies)
Festsetzung *f* **der Prämie nach Schadenshäufigkeit**
(Vers) retrospective rating
Festsetzung *f* **des Goldpreises** (Bö) gold fixing
Festsetzungen *fpl* (Log) conventions
Festsetzung *f* **e–s Exportpreises** (AuW) costing an export price
Festsetzungsfrist *f* (StR) assessment period, § 169 AO
Festsetzung *f* **von Abgabepreisen** (com) rate making (*or* setting)
Festspeicher *m*
(EDV) read only memory, ROM
– fixed (*or* non-erasable *or* permanent) storage
(syn, Festwertspeicher, Dauerspeicher, Permanentspeicher)
feststellen
(com) sagen = to state
– herausfinden = to find out
– bemerken = to notice
– festsetzen = to determine
(ReW) to approve
(ie, annual accounts)
Feststellen *n* **der Kreditwürdigkeit** (Fin) credit investigation
Feststelltaste *f* (EDV) lock key
Feststelltaste *f* **für Großbuchstaben** (EDV) capitals lock key *(CAPS LOCK)*
Feststellung *f* **der Satzung** (Re) execution of articles of incorporation, § 23 AktG
Feststellung *f* **des amtlichen Kurses** (Bö) fixing of official quotation
Feststellung *f* **des Jahresabschlusses**
(ReW) approval of year-end financial statements
(ie, by supervisory board or general meeting)
Feststellung *f* **des Schadens** (Re) ascertainment of loss (*or* damage)
Feststellungsbescheid *m*
(StR) notice of determination, §§ 157, 179 AO
(ie, establishes the factual and legal data from which tax liability follows but does not compute a tax or demand its payment)
Feststellungsklage *f*
(Re) action for a declaratory judgment
– (GB) friendly action
(eg, to establish the existence of a fiscal obligation between taxpayer and government or the invalidity of an administrative act, § 41 FGO; im übrigen cf, § 256 I ZPO, § 43 VwGO)
Feststellungsurteil *n* (Re) declaratory judgment, § 256 ZPO
Festübernahme *f*
(Fin) firm underwriting
(ie, of a loan issue)
fest verdrahtet (EDV) hard-wired
festverdrahtetes Netz *n* (EDV) hard-wired network
festverdrahtete Steuerung *f* (EDV) hard-wired controller
Festverkauf *m* (com) fixed sale
festverzinslich (Fin) fixed-interest bearing
Festverzinsliche *pl* (Fin) fixed-interest bearing securities
festverzinsliche Anlagepapiere *npl* (Fin) investment bonds
festverzinsliche Anleihe *f* (Fin) fixed-interest loan
festverzinsliche Dollaranleihe *f* (Fin) dollar straight
festverzinsliche Kapitalanlage *f* (Fin) fixed-interest investment
festverzinsliche Schuldverschreibung *f* (Fin) fixed-interest bearing bond

festverzinsliches Wertpapier *n* (Fin) fixed-interest (bearing) security
festverzinsliche Werte *mpl* (Fin) fixed-interest-bearing securities
Festwert *m*
(ReW) fixed valuation
(ie, over a period of several years)
Festwertregelung *f* (EDV) constant value control
Festwertspeicher *m* (EDV) = Festspeicher
Festwertversicherung *f* (Vers) agreed-value insurance
Festwort *n* (EDV) fixed-length word
Festzinsanleihe *f*
(Fin) straight bond
(ie, nonconvertible Eurobond issues with fixed interest rates and fixed maturities; syn, Anleihe ohne Wandelrecht)
Festzinshypothek *f* (Fin) fixed-rate mortgage
Festzinskredit *m* (Fin) fixed-interest loan
Festzinssatz *m* (Fin) fixed interest rate
Fettdruck *m* (EDV) bold . . . face/print
fette Jahre *npl*
(com, infml) fat (*or* locust) years
(opp, magere Jahre = lean years)
Feuergefahr *f* (Vers) fire hazard
feuern
(Pw, infml) to fire
(ie, long replaced by the following – in increasing order of unpleasantness: laid off, made redundant, let go, pink slipped, discharged, deposed, cashiered, canned, bounced, booted, excommunicated, axed, terminated, exterminated . . . kicked upstairs)
Feuerrisiko *n* (Vers) = Feuergefahr
Feuerschaden *m* (Vers) fire damage
Feuerschadenabteilung *f* (Vers) fire department
Feuerschutz *m* (IndE) fire protection
Feuerschutzbehörde *f* (Vers) fire protection authority
Feuerschutzsteuer *f*
(StR) fire protection tax
(ie, wird von Versicherungsunternehmen erhoben; collected from public or commercial fire insurance companies)
Feuerschutzsteuergesetz *n* (StR) Law Regulating the Fire Protection Tax, of 21 Dec 1979
feuersicher
(Vers) fire resistive
– fireproof
(ie, this term is going out of use)
feuersichere Bauweise *f* (Vers) fire resistive construction
Feuerversicherer *m* (Vers) fire insurer
Feuerversicherung *f* (Vers) fire insurance
Feuerversicherungsgesellschaft *f* (Vers) fire insurance company
Feuerversicherungsprämie *f* (Vers) fire insurance premium
Feuerversicherungsteuer *f* (StR) fire insurance tax
Feuerwehr *f*
(com) fire brigade
(ie, öffentliche, Werks- und Betriebsfeuerwehr)
Feuerwehrfonds *m*
(Fin) fire-fighting fund
(ie, as a measure of safety to bank customers' accounts; today ‚Einlagensicherungsfonds')
Feuerwehrkosten *pl* (KoR) fire protection expense
Feuerwehr-Unfallversicherung *f*
(SozV) fire brigade accident insurance
(ie, mostly incorporated into the social accident insurance schemes)
Feuerwehrzufahrt *f* (com) fire lane
FFP-Vertrag *m* (com) firm fixed price contract
FG (StR) = Finanzgericht
FGO (StR) = Finanzgerichtsordnung
Fibor *m*
(Fin) Frankfurt interbank offered rate, FIBOR
(ie, Referenzzinssatz am deutschen Geldmarkt für die Laufzeiten von 3 und 6 Monaten, in Anlehnung an Libor; introduced in August 1985; wird an der Frankfurter Börse publiziert; ermöglicht Floating Rate-Anleihen in €)
Fiduzialgrenze *f* (Stat) probability limit
Fiduzialschluß *m* (Stat) fiducial inference
Fiduzialverteilung *f* (Stat) fiducial distribution
fiduziarische Abtretung *f*
(Re) fiduciary assignment
(eg, for the purpose of giving security to a creditor)
fiduziarisches Rechtsgeschäft *n* (Re) fiduciary transaction
fiduziarische Treuhandschaft *f*
(Re) fiduciary trusteeship
(ie, Treuhänder erwirbt vom Treugeber Vermögensgegenstand (Treugut) zu vollem zivilrechtlichem Eigentum)
Fifo-Methode *f*
(ReW) first-in, first-out method
(ie, of inventory valuation)
FIFO-Speicher *m*
(EDV) FIFO memory
(ie, data is read in the same order it was written; FIFO = first in, first out)
figurative Konstante *f* (EDV) figurative constant
fiktive Buchung *f*
(VGR) imputation
(ReW) imputed (*or* fictitious) entry
fiktive Dividende *f* (Fin) sham dividend
fiktive Prämie *f*
(Vers) fictitious premium
(ie, used in computing pension reserves qualifying for tax exemption)
fiktiver Besitz *m* (Re) constructive possession
fiktiver Leitkurs *m* (com)notional central rate
fiktiver Wert *m* (com) fictitious value
fiktiver Wohnsitz *m* (Re) sham domicile
Filialbank *f*
(Fin) branch bank
(Fin) multiple-branch/office . . . bank
Filialbankensystem *n* (Fin) multiple-branch banking
Filialbanksystem *n*
(Fin) branch-banking system
– multiple-branch banking
Filialbetrieb *m*
(com) company (*or* firm) having branches
(com) branch operation
(ie, under central management)
(Mk) branch (*or* chain) store
Filialbetriebsorganisation *f* (Mk) branch (*or* chain) store organization

Filialbuchführung *f* (ReW) retail branch accounting
Filialbuchhaltung *f*
(ReW) branch accounting
(ie, der Zweigniederlassung e–s inländischen Unternehmens)
Filiale *f*
(com) branch
(com) branch/field . . . office
(com) branch operation
(ie, may be an independent retail outlet, a field store from which customers are supplied [= Auslieferungslager, etc.])
(Mk) branch/chain . . . store
(Re) branch establishment
Filialgeschäft *n* (Mk) retail (*or* chain) store
Filialgesellschaft *f* (Mk) chain store company
Filialist *m* (Mk) branch/chain . . . store operator
Filialkalkulation *f* (ReW) branch office accounting
Filialkette *f*
(Mk) chain store
– (GB) multiple shops
Filialleiter *m*
(com) branch manager
(Mk) branch store manager
Filialnetz *n* (com) network of branches
Filialunternehmen *n* (com) = Filialbetrieb
Filialwechsel *m* (Fin) house bill
Filmausgabeeinheit *f* (EDV) film recorder
Filmverleih *m* (com) film rental
Filterbasis *f*
(Math) filter
(ie, family of nonempty subsets of a set; syn, Raster)
Filterfrage *f* (Mk) filter (*or* strip) question
Filtern *n* (Stat) filtering
Filzschreiber *m* (com) felt-tip pen
Finanz *f* (Fin) (management of) finance
Finanzabgaben *fpl*
(FiW) fiscal charges
(ie, general term denoting all compulsory payments to public authorities; eg, taxes, duties, levies)
Finanzabkommen *n* (FiW) financial agreement
Finanzabteilung *f* (Fin) financial department
Finanzakzept *n*
(Fin) accepted finance bill
(ie, with no underlying sale of goods)
Finanzamt *n*
(StR) local tax office
– local finance office
– (infml) tax collector
– (infml) taxman
Finanzamtsvorsteher *m* (StR) head of local tax office
Finanzanalyse *f* (Fin) financial analysis
Finanzanalyst *m* (Fin) financial analyst
Finanzangebot *n* (Fin) = Finanzmittelangebot
Finanzanlageinvestition *f*
(Fin) investment in financial assets
– (GB) trade investment *(syn, Finanzinvestition)*
Finanzanlagen *fpl*
(ReW, EG) financial assets
(ie, Beteiligungen; Wertpapiere des Anlagevermögens; Ausleihungen mit e–r Laufzeit von mind. 4 Jahren)
(Fin) financial investments
– long-term investments
– (GB) non-trading assets
Finanzanlagenzugänge *mpl* (Fin) addition to capital investments
Finanzanlagevermögen *n* (Fin) = Finanzanlagen
Finanzanteil *m* **e–s Zolls** (FiW) fiscal element of a duty
Finanzaufkommen *n* (FiW) budgetary . . . revenue/receipts
Finanzausgleich *m*
(FiW) fiscal (*or* intergovernmental) equalization
(EG) financial compensation
Finanzausgleichsgesetz *n* (FiW) Tax Equalization Law, of 28 Aug 1968
Finanzausgleichsmittel *pl*
(FiW) revenue sharing funds
– shared revenues
Finanzausgleichssystem *n* (FiW) financial equalization system
Finanzausgleichszahlungen *fpl*
(FiW) intergovernmental transfers
(EG) compensatory payments
Finanzausgleich *m* **zwischen Händlern** (com) pass-over system
Finanzausschuß *m*
(Fin) committee on finance
– finance committee
– financial policy committee
Finanzausweis *m*
(ReW) financial statement
– statement of financial position
Finanzautonomie *f* (FiW) = Finanzhoheit
Finanzbeamter *m* (FiW) tax official
Finanzbedarf *m* (Fin) financial . . . requirements/needs
Finanzbedarf *m* **der öffentlichen Hand**
(FiW, GB) public sector borrowing requirements, PSBR
– government funding requirements
– funds needed by the government
Finanzbedarfsanalyse *f* (Fin) financial requirements analysis
Finanzbedarfsplanung *f* (Fin) planning of financial requirements
Finanzbedarfsrechnung *f* (Fin) financial requirements analysis
Finanzbefehl *m*
(FiW) fiscal order
(ie, administrative act imposing upon a taxpayer the duty to do or to refrain from doing something)
Finanzbehörde *f*
(StR) revenue
– fiscal
– tax . . . authority *(syn, Steuerbehörde)*
Finanzbeitrag *m* (FiW) financial contribution
Finanzberater *m* (Fin) financial consultant
Finanzberatung *f*
(Fin) financial counseling
– financial engineering
(ie, arbeitet mit Finanzberatungs-Modulen)
Finanzbericht *m* (Fin) financial report
Finanzbeteiligung *f* (Fin) financial participation
Finanzbeziehungen *fpl* (Fin) financial ties (with)
Finanzbrief *m* (Fin) financial letter

Finanzbuchhalter *m* (ReW) financial accountant
Finanzbuchhaltung *f*
(ReW) financial
– general
– administrative . . . accounting
(ReW) general accounting department
Finanzbudget *n* (Fin) capital (*or* financial) budget
Finanzdecke *f* (Fin) available operating funds
Finanzderivate *npl* (Fin) = derivative Finanzinstrumente, qv
Finanzdienstleistungen *fpl*
(Fin) financial services
(ie, umfassender als der Begriff ‚Bankdienstleistungen')
Finanzdirektor *m* (Fin) = Finanzleiter
Finanzdisposition *f*
(Fin, FiW) management of financial investments *(ie, seeking to optimize the asset mix)*
(Fin) implementation of a company's financial policy
Finanzen *pl*
(Fin) matters of finance
– finances
(FiW) public revenue and other pecuniary resources *(ie, of governmental units)*
Finanzentscheidung *f* (Fin) financial decision
Finanzergebnis *n* (ReW) financial results
Finanzexperte *m* (Fin) expert in financial management
Finanzfachleute *pl* (Fin) finance specialists (*or* men)
Finanzflußelemente *npl* (Fin) cash flow elements
Finanzflußrechnung *f*
(Fin) funds statement
– financial flow statement
– cash flow statement
Finanzfranc *m*
(Fin) free franc, BEL *(opp, commercial franc)*
Finanzfreihäfen *mpl* (Fin, US) International Banking Facilities, IBFs
Finanzgebaren *n*
(Fin, FiW) practice of financial management
– management (*or* practice) of finances
Finanzgebarung *f* (FiW) = Finanzgebaren
Finanzgenie *n* (Fin, infml) financial wizard
Finanzgericht *n*
(StR) first-instance fiscal court, § 2 FGO
– tax court
finanzgerichtliche Entscheidung *f* (StR) tax court ruling
Finanzgerichtsbarkeit *f* (StR) fiscal jurisdiction, § 1 FGO
Finanzgerichtsordnung *f* (StR) Code of Fiscal Procedure, of 6 Oct 1965
Finanzgeschäft *n* (Fin) financial (*or* money) transaction/operation
Finanzgeschäfte *npl* (Fin) financial business
Finanzgesetzgebung *f* (FiW) fiscal legislation
Finanzgewaltiger *m* (Fin, infml) financial tycoon
Finanzgruppe *f*
(Fin) financial services group
– financial group
Finanzhedging *n* (Fin) financial hedging
Finanzhilfe *f*
(Fin) financial aid (*or* assistance *or* support)
(FiW) fiscal aid, § 12 StabG
Finanzhilfen *fpl* **zum Ausgleich unterschiedlicher Wirtschaftskraft** (FiW) financial assistance to offset differences in economic potential
Finanzhoheit *f* (FiW, infml) power of the purse *(cf, Steuerhoheit)*
Finanzholding *f* (Fin) financial holding (company)
finanziell (Fin) financial
finanziell angeschlagen (Fin) financially-stricken *(eg, electrical group)*
finanzielle Aktiva *npl*
(Fin) financial assets
(eg, money, receivables, property rights)
finanzielle Angelegenheiten *fpl* (Fin) financial affairs (*or* matters)
finanzielle Anreize *mpl*
(Vw) financial inducements
(ie, offered by the state)
finanzielle Ausstattung *f* (Fin) funding
finanzielle Belastung *f*
(Fin) financial . . . burden/strain
(eg, of German reunification)
finanzielle Beteiligung *f* (Fin) financial interest (*or* participation)
finanzielle Eingliederung *f* (Fin) financial integration
finanzielle Entschädigung *f* (Fin) pecuniary compensation
finanzielle Führung *f* (Fin) financial management
finanzielle Hilfe *f* (Fin) financial aid
finanzielle Konsolidierung *f* (Fin) financial restructuring
finanzielle Lage *f* (Fin) financial position (*or* condition)
finanzielle Leistungsfähigkeit *f* (Fin) financial strength (*or* power)
finanzielle Mittel *pl*
(Fin) funds
– financial resources
– finance
finanzielle Mittler *mpl* (Fin) financial intermediaries
finanzielle Notlage *f* (Fin) financial emergency
finanziellen Verpflichtungen *fpl* **nachkommen** (Fin) to fulfill (one's) financial obligations
finanzieller Beitrag *m* (Fin) financial contribution
finanzieller Engpaß *m* (Fin) financial straits (*or* plight *or* squeeze)
finanzielle Rettungsaktion *f* (Fin) financial rescue deal (*or* package)
finanzieller Status *m* (Fin) financial condition (*or* position)
finanzieller Vorteil *m* (Fin) financial advantage (*or* benefit)
finanzieller Zusammenbruch *m* (Fin) financial collapse
finanzielle Schulden *fpl* (Fin) financial liabilities
finanzielle Schwierigkeiten *fpl*
(Fin) financial difficulties (*or* trouble)
– (infml) troubled waters
finanzielles Ergebnis *n* (Fin) financial result
finanzielles Gleichgewicht *n* (Fin) financial equilibrium
finanzielles Polster *n* (Fin) financial cushion
finanzielle Unterstützung *f* (Fin) financial aid (*or* assistance *or* backing *or* support)

finanzielle Verflechtung *f* (Fin) financial interpenetration
finanzielle Vermögenswerte *mpl* (Fin) financial assets
finanzielle Verpflichtung *f* (Fin) financial commitment (*or* obligation)
finanziell gesund (Fin) financially viable
finanziell schwach
(Fin) cash strapped
– financially weak
finanziell solide (FiW) financially sound *(eg, government budget!)*
finanziell unterstützen (Fin) to back financially
finanziell verpflichtet (Fin) financially obligated (to)
finanzieren
(com) to finance
(ie, to buy or sell on credit; eg, automobile)
(Fin) to finance
– to fund
– to provide (*or* raise) funds (*or* capital *or* money)
Finanzierung *f*
(Fin) financing
(ie, act, process, instance of raising or providing funds = Vorgänge der Kapitalbeschaffung)
– provision of finance
– funding
(Fin) finance
(ie, capital, funds)
(Fin) lending
(ie, extension of credits)
Finanzierung *f* **aus Abschreibung** (Fin) replacement financing through accumulated depreciation
Finanzierung *f* **außerhalb der Bilanz** (Fin) off-book financing
Finanzierung *f* **durch Aktienemission** (Fin) stock financing
Finanzierung *f* **durch Fremdmittel** (Fin) financing with outside funds
Finanzierung *f* **durch Verkauf offener Buchforderungen** (Fin) accounts receivable financing
Finanzierung *f* **e–s Projektes** (Fin) funding of a project
Finanzierungsabschnitt *m* (Fin) phase of financing
Finanzierungsart *f* (Fin) type/method . . . of financing
Finanzierungsaufwand *m* (Fin) finance charges (*or* expenditure)
Finanzierungsbasis *f* (Fin) = Finanzierungsgrundlage
Finanzierungsbedarf *m*
(Fin) financing requirements
(Fin) borrowing requirements
Finanzierungsdarlehen *n*
(Fin) loan for financing purposes
– financing loan
Finanzierungsdefizit *n* (FiW) financing deficit
Finanzierungsdienst *m* (Fin) financing service
Finanzierungsentscheidung *f* (Fin) financial decision
finanzierungsfähig (Fin) eligible for financing
Finanzierungs-Fazilität *f*
(Vw) financing facility
(ie, of the Bank for International Settlements, BIS)
Finanzierungsform *f* (Fin) method of financing
Finanzierungsfreiheit *f* (Fin) freedom to choose among available types of finance
Finanzierungsfunktion *f* (Fin) finance function
Finanzierungsgebühren *fpl* (Fin) financing charges
Finanzierungsgeschäft *n*
(Fin) financing transaction
(Fin) financing business
(eg, selling securities issues)
Finanzierungsgesellschaft *f*
(Fin) finance (*or* financing) company
(Fin) = Kapitalbeteiligungsgesellschaft, qv
Finanzierungsgleichgewicht *n* (Fin) balance of financing
Finanzierungsgrundlage *f*
(Fin) financial base
– basis for granting credit (*or* loans)
Finanzierungsgrundsätze *mpl* (Fin) rules of financing
Finanzierungshandbuch *n* (Fin) financing manual
Finanzierungshilfe *f* (Fin) financing aid
Finanzierung *f* **sichern** (Fin) to procure adequate financing
Finanzierungsinstitut *n* (Fin) financial institution
Finanzierungsinstrument *n* (Fin) financing instrument (*or* vehicle)
Finanzierungskennzahlen *fpl*
(Fin) financing ratios
(ie, dienen der Beurteilung der Finanzstruktur der Unternehmung)
Finanzierungskonsortium *n* (Fin) financial syndicate
Finanzierungskontrolle *f*
(Fin) internal financial control
– cash control
Finanzierungskosten *pl*
(Fin) cost of finance
– finance charges
– financial . . . charges/expense
– funding cost
Finanzierungskredit *m* (Fin) financing credit
Finanzierungskrise *f* (AuW) funding crisis
Finanzierungslast *f* (Fin) financing burden
Finanzierungs-Leasing *n*
(Fin) finance leasing
(ie, Finanzierungsgeschäft e–s Ratenkaufs unter Eigentumsvorbehalt)
Finanzierungsleasingvertrag *m*
(Fin) financial-leasing contract
(Fin) capital lease agreement
Finanzierungslücke *f*
(Fin) financing gap *(ie, in corporate finance)*
(FiW) budgetary gap *(ie, in public finance)*
Finanzierungsmakler *m* (Fin) credit broker
Finanzierungsmethode *f* (Fin) method of financing
Finanzierungsmittel *pl*
(Fin) funds
– finance
(Fin) financing funds
Finanzierungsmittelmarkt *m*
(Fin) finance market
– fund raising market
(eg, money and capital markets, stock exchange)

Finanzierungsmodalität *f* (Fin) financing terms
Finanzierungsmodalitäten *fpl* (Fin) financing terms
Finanzierungsmöglichkeit *f* (Fin) source of finance
Finanzierungspaket *n* (Fin) financial package
Finanzierungspapiere *npl*
(Fin) financing paper
(ie, Geldmarktpapiere, die von öffentlichen Haushalten zur Überbrückung von Kassendefiziten ausgegeben werden: Schatzwechsel und U-Schätze)
Finanzierungsplan *m* (Fin) financing plan (*or* scheme)
Finanzierungspolitik *f* (Fin) financial policy
Finanzierungspotential *n* (Fin) available capital and credit sources
Finanzierungspraxis *f* (Fin) practice of finance
Finanzierungsquelle *f*
(Fin) financing source
– source of finance
Finanzierungsrechnung *f* (ReW) statement of changes in financial position
Finanzierungsregeln *fpl* (Fin) rules for structuring debt capital
Finanzierungsreserve *f*
(Fin) financial reserve
(ie, lump-sum amount added to cash requirements as a safety margin)
Finanzierungsrisiko *n*
(Fin) financing risk
(ie, entsteht aus Fristeninkongruenz sowie bei Großprojekten und Auslandsgeschäften)
Finanzierungssalden *mpl* (AuW) debit and credit balances
Finanzierungssaldo *m* (VGR) net financial investment
Finanzierungsschätze *pl*
(Fin) financing Treasury bonds
(ie, nicht börsennotierte Finanzierungspapiere mit festen Laufzeiten von 1 od 2 Jahren; Verzinsung durch Zinsabzug vom Nominal- od Einlösungswert)
Finanzierungsschwierigkeiten *fpl* (Fin) financing problems
Finanzierungsspielraum *m* (Fin) financial margin
Finanzierungsströme *mpl* (VGR) financial flows
Finanzierungstätigkeit *f* (Fin) financing activity
Finanzierungstechnik *f*
(Fin) financial engineering
(ie, maßgeschneidertes Lösen von Finanzierungsproblemen)
Finanzierungstheorie *f* (Fin) theory of managerial finance
Finanzierungsträger *m* (Fin) financing institution
Finanzierungsüberschuß *m* (Fin) surplus cash
Finanzierungsüberschüsse *mpl* **anlegen** (Fin) to invest cash temporarily *(eg, in interest-bearing securities)*
Finanzierungsunterlagen *fpl* (Fin) documents to be submitted for financing
Finanzierungsvertrag *m* (Fin) financing agreement
Finanzierungswechsel *mpl* (Fin) finance acceptances and notes
Finanzierungsziele *npl* (Fin) objectives of financial decisions
Finanzierungszusage *f*
(Fin) promise to finance
– financial commitment
– commitment to provide finance

Finanzierungszusageprovision *f* (Fin) finance commitment commission
Finanzimperium *n* (Fin) financial empire
Finanzingenieur *m*
(Fin) financial engineer
(ie, stellt Kombinationen von Sicherungsinstrumenten zusammen; eg, Termingeschäfte, Optionen)
Finanzinnovation *f*
(Fin) financial innovation
(ie, Sammelbegriff für neue Teilmärkte und Geschäftsformen an den Finanzmärkten; kennzeichnend ist vor allem der Tatbestand der ‚securitization' = Verdrängung traditioneller Bankkredite durch neuartige, verbriefte und damit handelbare Forderungen (Wertpapiere) an den internationalen Finanzmärkten; cf, Übersicht S. 335/336)
Finanzinstitut *n* (Fin) financial institution
Finanzinstrumente *npl* (Fin) financial instruments
Finanzintermediär *m*
(Fin) financial intermediary
(ie, vermittelt auf organisierten Kapitalmärkten zwischen Kapitalnachfrage und -angebot; vor allem an Wertpapierbörsen)
Finanzintermediation *f* (Fin) financial intermediation *(cf, financial intermediation)*
Finanzinvestition *f*
(Fin) financial investment
(ie, loans, securities, participations; syn, finanzwirtschaftliche Investition, Finanzanlageinvestition)
Finanzjahr *n* (Fin) financial (*or* fiscal) year
Finanzklemme *f* (Fin) financial squeeze
Finanzkonglomerat *n* (Fin) financial conglomerate
Finanzkonten *npl* (ReW) financial accounts
Finanzkontrolle *f*
(FiW) (continuous) budgetary control
(ie, comprises: Kassenkontrolle, Rechnungskontrolle, Verwaltungskontrolle)
Finanzkonzern *m* (Fin) financial group (of companies)
Finanzkraft *f*
(Fin) financial strength (*or* power)
(Fin, infml) financial clout
finanzkräftig (Fin) financially strong *(eg, company)*
Finanzkredit *m*
(Fin) finance loan
– financing credit
(ie, Form der Fremdfinanzierung, qv)
Finanzkrise *f* (Fin) financial crisis
Finanzkurs *m*
(Fin) financial rate
(ie, Kursart im Devisenhandel)
Finanzlage *f* (Fin) financial . . . position/condition
Finanzleiter *m*
(Fin) (corporate) financial manager
– treasurer
– (US *usu*) vice president finance
(ie, placed at the second level of the management structure)
Finanzmagnat *m* (Fin) financial tycoon
Finanzmakler *m*
(Fin) finance broker
(ie, making available medium- and long-term credits, participations, and enterprises as a whole)

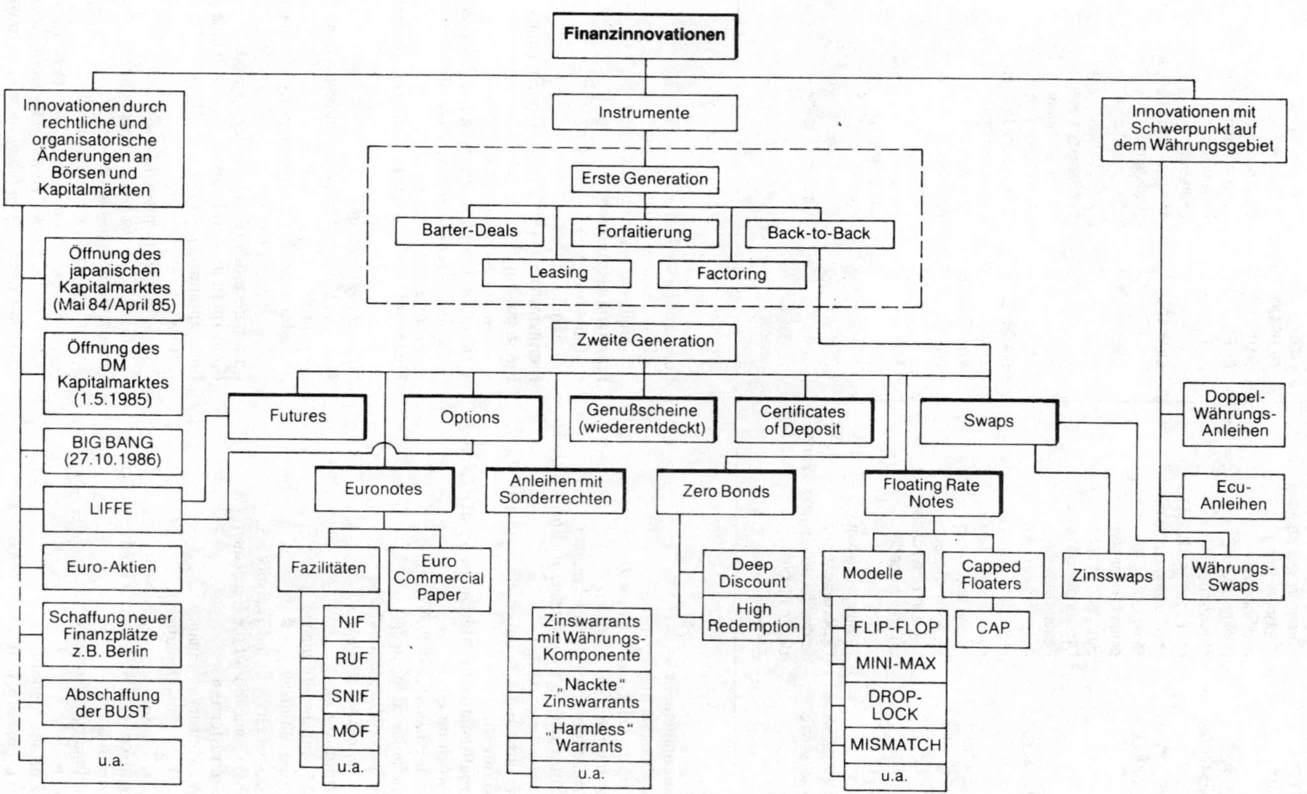
Finanzinnovationen
Innovationen durch rechtliche und organisatorische Änderungen an Börsen und Kapitalmärkten
Instrumente
Innovationen mit Schwerpunkt auf dem Währungsgebiet
Erste Generation
Barter-Deals
Forfaitierung
Back-to-Back
Leasing
Factoring
Öffnung des japanischen Kapitalmarktes (Mai 84/April 85)
Öffnung des DM Kapitalmarktes (1.5.1985)
BIG BANG (27.10.1986)
LIFFE
Euro-Aktien
Schaffung neuer Finanzplätze z.B. Berlin
Abschaffung der BUST
u.a.
Zweite Generation
Futures
Options
Genußscheine (wiederentdeckt)
Certificates of Deposit
Swaps
Euronotes
Anleihen mit Sonderrechten
Zero Bonds
Floating Rate Notes
Fazilitäten
Euro Commercial Paper
NIF
RUF
SNIF
MOF
u.a.
Zinswarrants mit Währungs-Komponente
„Nackte" Zinswarrants
„Harmless" Warrants
u.a.
Deep Discount
High Redemption
Modelle
Capped Floaters
FLIP-FLOP
MINI-MAX
DROP-LOCK
MISMATCH
u.a.
CAP
Zinsswaps
Währungs-Swaps
Doppel-Währungs-Anleihen
Ecu-Anleihen

Begriffserläuterungen zu Finanzinnovationen

BUST	= Börsenumsatzsteuer	*HIGH REDEMPTION*	= Emission zu 100%, Tilgung in einer Summe über Pari
CAP	= Zinsbegrenzung nach oben	*LIFFE*	= London International Financial Futures Exchange
CAPPED FLOATERS	= FRN (s. u.) mit Zinsobergrenze	*MINI-MAX*	= Minimal- und Maximalzins festgesetzt
DEEP DISCOUNT	= mit Emissionsdisagio und Tilgung zu 100%	*MISMATCH*	= z. B. monatliche Zinsneufestsetzung bei Basiszins auf 3 oder 6 Monate
DROPLOCK	= Sinkt Libor unter einen bestimmten Satz, erfolgt automatische Umwandlung in eine Festsatzanleihe	*MOF*	= Multi Option Facility
FLIP-FLOP	= Anleihegläubigern steht das Recht zu, nach einigen Jahren in eine andere Anleihe mit kürzerer Laufzeit zu wechseln und auch wieder zurück	*NACKTE ZINS-WARRANTS*	= Emission nicht zusammen mit einer Anleihe
FRN	= Floating Rate Note	*NIF*	= Note Issuance Facility
HARMLESS WARRANTS	= Optionsrecht ist an vorzeitige Kündigung durch die Emittentin geknüpft	*RUF*	= Revolving Underwriting Facility
		SNIF	= Short Term Note Issuance Facility

Finanzmanagement *n*
(Fin) financial management
(ie, institutional and functional)

Finanzmann *m* (Fin) financier

Finanzmarkt *m* (Fin) financial market

Finanzmarktförderungsgesetz *n* (Fin) Financial Market Promotion Act

Finanzmathematik *f* (Fin) mathematics of . . . finance/investment

finanzmathematische Methoden *fpl* **der Investitionsrechnung**
(Fin) discounted cash flow methods
– time-adjusted methods
(ie, of preinvestment analysis; syn, dynamische Methoden)

Finanzminister *m*
(FiW) Minister of Finance
– Finance Minister
– (US) Secretary of the Treasury
– (GB) Chancellor of the Exchequer

Finanzministerium *n*
(FiW) Ministry of Finance
– (US) Treasury Department
– (GB) Treasury

Finanzmisere *f* (FiW) financial trouble (*or* straits)

Finanzmittel *pl*
(Fin) financial resources
– funds

Finanzmittelangebot *n*
(Fin) availability of financial resources
(ie, Angebot, das e–m Unternehmen für e–n gegebenen Zeitpunkt zur Deckung des Finanzmittelbedarfs zur Verfügung steht; syn, Finanzangebot, Finanzdecke, Kapitalangebot)

Finanzmittelbedarf *m*
(Fin) financial requirements
– required financial resources

Finanzmittelbindung *f*
(Fin) absorption of funds
– tie-up of funds

Finanzmittler *m* (Fin) financial intermediary

Finanzmonopol *n*
(FiW) fiscal monopoly
(ie, exclusive right to appropriate the proceeds from the sale of certain goods for the compensation for certain services rendered)

Finanznot *f* (FiW) financial straits *(eg, of municipalities)*

Finanzorganisation *f*
(Fin) administrative organization for financial decisions
– administrative arrangement for financial matters

Finanzperiode *f* (Fin) budgetary period

Finanzplan *m* (Fin) financial plan (*or* budget)

Finanzplanung *f*
(FiW) fiscal planning
(Fin) budgetary planning
– financial . . . forecasting/planning

Finanzplanungsmodell *n*
(Fin) financial forecasting model
(ie, Planungsmodell des Operations Research; Ziel: bestmögliche Abstimmung von Beschaffung und Verwendung von Finanzmitteln; meist vom Typ der linearen bzw. ganzzahligen Optimierung, qv)

Finanzplanungsrat *m*
(FiW) Financial Planning Council *(ie, composed of representatives of local government)*

Finanzplatz *m* (Fin) financial center
Finanzpolitik *f* (FiW) financial policy
finanzpolitisch
(FiW) financial
– fiscal
finanzpolitische Instrumente *npl* (FiW) fiscal policy mix
finanzpolitischer Hebel *m* (FiW) fiscal leverage *(Musgrave)*
finanzpolitischer Spielraum *m*
(FiW) budgetary room for maneuver
– fiscal leverage
– scope for action within the fiscal system
Finanzpolster *n* (Fin) financial cushion
Finanz-Rand *m* (Fin) financial rand
Finanzrecht *n*
(FiW) financial (*or* fiscal) law
(ie, comprises: Recht der Finanzverwaltung, Haushaltsrecht, Steuerrecht)
Finanzreform *f* (FiW) fiscal reform
Finanzreformgesetz *n* (StR) Fiscal Reform Law, of 12 May 1969
Finanzregelung *f* (FiW) financial arrangements
Finanzriese *m* (Fin, infml) financial juggernaut
Finanzsachverständiger *m* (Fin) financial expert
finanzschwach (Fin) financially weak
Finanzschwierigkeiten *fpl* (Fin) = finanzielle Schwierigkeiten
Finanzsenator *m*
(FiW) senator for finance
(ie, in the city states of Hamburg and Bremen, and in Berlin)
Finanzspritze *f*
(Fin) cash infusion (*or* injection)
– injection of fresh funds
– (infml) fiscal hypo
– (infml) fiscal shot in the arm
finanzstark (Fin) financially strong
Finanzstatistik *f* (Fin) financial statistics
Finanzstatus *m* (Fin) statement of financial position
Finanzsteuer *f*
(FiW) revenue tax *(ie, tax as a revenue-raising instrument or a source of general revenue)*
– tax levied for revenue
– (infml) revenue raiser
Finanzstruktur *f*
(Fin) financial structure
– pattern of finance
– financing mix
Finanzsupermarkt *m*
(Fin) financial supermarket
(ie, one-stop financial shop; eg, Sears Roebuck, Dean Wetter, etc)
Finanzsystem *n* (FiW) fiscal system (of a country)
finanztechnisch
(FiW) financial
– fiscal
(ie, relating to the technical arrangements of public finance)
Finanzterminbörse *f*
(Bö) financial futures market
(eg, in Chicago and London)
Finanztermingeschäfte *npl*
(Fin) financial futures
(ie, comprising futures contracts in interest rates and exchange rates; eg, dealing facilities exist notably in Chicago, and, since Sept 1982 in London: LIFFE: London International Financial Futures Exchange)
Finanzterminkontrakt *m*
(Fin) financial futures contract
(ie, the simultaneous right and obligation to buy sell a standard quantity of a specific financial instrument at a specific future date and at a price agreed between the parties at the time the contract was agreed; the instruments currently tradable, for instance, on LIFFE, are 20-year gilt-edged stock, US treasury bonds, FT-SE 100 share index contracts, 3-month sterling deposits, 3-month Eurodollar deposits, plus 4 currencies: £, €, yen, and $; börsengängige Instrumente, die hinsichtlich Kontraktgröße, Liefermodalitäten und -terminen standardisiert sind und sich zur Absicherung, aber auch zur Begründung selbständiger, von Kundengeschäften losgelöster offener Devisen-, Edelmetall- und Zinspositionen eignen)
Finanzterminkontrakte *mpl*
(Fin) financial futures contract
– futures contract on financial instruments
Finanztheorie *f* (FiW) theory of public finance
Finanztitel *mpl* (Fin) financial securities
Finanztransaktion *f* (Fin) financial operation (*or* transaction)
Finanztransfer *m* (FiW) public financial transfer
Finanzüberschuß *m* (Fin) cash flow
Finanzüberschußanalyse *f* (Fin) cash flow analysis
Finanzumlaufvermögen *n* (ReW) current financial assets
Finanzunternehmen *n* (Vw) business undertaking engaged in the provision of finance
Finanzverfassung *f*
(FiW) constitutional provisions governing public finance *(eg, Art 105 ff GG)*
(FiW) system of public finance
Finanzverfassungsrecht *n* (FiW) fiscal constitutional law
Finanzverflechtung *f*
(Fin) unilateral or reciprocal equity participation *(ie, of two or more companies)*
(VGR) financial interlacing
(ie, zwischen finanziellen und nichtfinanziellen Sektoren e–r Volkswirtschaft)
Finanzverhältnisse *npl* (Fin) financial conditions
Finanzvermögen *n*
(Fin) financial assets
(FiW) revenue-producing assets in public ownership *(eg, forestry, government farms)*
Finanzverwaltung *f*
(FiW) fiscal administration
(ie, general term denoting all tax offices and revenue authorities)
Finanzverwaltungsgesetz *n* (StR) Law on Fiscal Administration, as republished on 30 Aug 1971
Finanzverwaltungsrecht *n* (FiW) fiscal administration law
Finanzvorschau *f* (Fin) financial forecast
Finanzvorstand *m*
(Fin) (corporate) financial manager

– financial executive
– (US) vice president finance
– corporate treasurer
Finanzwechsel *m* (Fin) finance (*or* financial) bill
Finanzwelt *f* (Fin) financial community
Finanzwerbung *f* (Mk) financial advertising
Finanzwesen *n*
(Fin) finance
(ie, management or use of funds)
(FiW) system of public finance
Finanzwirtschaft *f*
(FiW) public finance
(ie, management of public revenues and expenditures)
(Fin) corporate/business/managerial . . . finance
finanzwirtschaftlich
(Fin) financial
(FiW) relating to public finance
finanzwirtschaftliche Bewegungsbilanz *f*
(Fin) source and application of funds statement
– funds statement *(syn, Kapitalflußrechnung)*
finanzwirtschaftliche Entscheidung *f* (Fin) financial decision
finanzwirtschaftliche Investition *f* (Fin) cf, Finanzinvestition
finanzwirtschaftliche Kennzahlen *fpl* (ReW) accounting (*or* financial) ratios
finanzwirtschaftliche Modellbildung *f* (Fin) financial modeling
Finanzwissenschaft *f*
(FiW) public finance
– theory of public finance
– fiscal/public sector . . . economics
Finanzzeitung *f* (Fin) financial paper
Finanzzentrum *n* (Fin) financial center
Finanzzoll *m*
(FiW) financial/revenue . . . duty
– revenue-raising duty
– revenue tariff
– customs duty of a fiscal nature
(ie, dient lediglich der Einnahmenbeschaffung des Staates; designed to obtain revenue rather than to restrict imports; opp, Schutzzoll)
Finanzzuweisung *f*
(FiW) revenue appropriation
(ie, by the Federal government to the Laender, Art. 106 IV GG)
Finderlohn *m* (Re) finder's reward, § 971 BGB
Fingerabdruckleser *m* (EDV) fingerprint reader
fingierte Order *f*
(com) fictitious order
(ie, submitted by commercial agent to his principal; cause for dismissal without notice)
fingierter Besitz *m* (Re) constructive (*or* indirect) possession
fingierter Totalverlust *m* (SeeV) constructive total loss
fingierte Veräußerungsgewinne *mpl* (StR) fictitious disposal gains
(Fin) Veränderungen *fpl* **der Vermögens- und Finanzlage** changes in financial position
FireWire-Standard *m* (EDV) = IEEE 1394-Standard *m*
Firma *f*
(com) firm
– business enterprise (*or* undertaking)
(ie, any economic unit of whatever type and size)
(com) firm/business . . . name
(ie, the name under which a single trader carries on business and signs documents, § 17 HGB)
Firma *f* **gründen**
(com) to set up
– to organize
– to create
– to found . . . a business
Firmenausschlachter *m*
(com, infml) asset stripper
(ie, Aufkäufer ertragschwacher, aber substanzstarker Unternehmen zum Zwecke der Einzelverwertung)
Firmenbezeichnung *f* (com) firm name
firmeneigene Vermittlungsgesellschaft *f* (Vers) captive agent
firmeneigene Versicherung *f* (Vers) self-insurance
firmeneigene Versicherungsgesellschaft *f* (Vers) captive insurance company
Firmenfortführung *f* (com) continued existence of a firm
Firmengründung *f* (com) establishment of a business undertaking
Firmengruppe *f*
(com) group of firms (*or* companies)
– company group
Firmen-Gruppenversicherung *f* (Vers) group contract
Firmeninhaber *m* (com) proprietor of a firm
firmenintern (com) corporate
firmeninterner Handel *m*
(Vw) intra-firm trade
(ie, on the bais of parent-subsidiary relations)
firmeninterner Wechselkurs *m* (Fin) corporate exchange rate
Firmenjargon *m* (com) in-house jargon
Firmenkauf *m* (com) acquisition of a firm
Firmenkern *m* (com) essential elements of a firm name (*eg, family name and first name of owner)*
Firmenkredit *m* (Fin) corporate loan
Firmenkreditgeschäft *n* (Fin) corporate lending business
Firmenkunde *m*
(Fin) wholesale (*or* corporate) client
– corporate account
Firmenkundengeschäft *n*
(Fin) wholesale (*or* corporate) banking
(opp, Privatkundengeschäft = retail banking)
Firmenkundschaft *f*
(com) business/commercial . . . customers
(opp, Privatkundschaft)
Firmenleitungskosten *pl* (KoR) general management cost
Firmenmantel *m*
(Bw) corporate shell
– shell company (*or* firm)
– nonoperating company
Firmenmarke *f*
(Pat) trade name
(ie, covers all products of a company)
Firmenname *m*
(com) business
– commercial

– corporate
– firm
– trade . . . name
(com) legal name
(ie, one that is considered sufficient in all legal matters; name under which business is carried on)
Firmenpleiten *fpl* (com) business failures
Firmenregister *n* (Re) = Handelsregister
Firmenschutz *m* (Re) protection of firm name
Firmensitz *m*
(com) registered office
– domicile of a firm (*or* company)
– headquarters
Firmensprecher *m*
(com) company spokesman
(syn, Unternehmenssprecher)
Firmentarif *m* (Pw) pay scale negotiated by single employer
Firmenverband *m* (com) group of companies
Firmenvertreter *m* (com) firm's representative
Firmenwagen *m*
(Pw) company-supplied car
– company car
Firmenwerbung *f* (Mk) institutional/corporate . . . advertising
Firmenwert *m* (ReW) = Geschäftswert, qv
Firmenwertabschreibung *f*
(Fin) goodwill amortization
(ie, method of determining the value of an enterprise as a whole)
Firmenzeichen *n* (com) firm's distinctive symbol
firmieren
(com) to carry on business under the firm of . . .
– to trade under the firm of . . .
Fischbestände *mpl*
(com) fish stocks
– fishery resources
Fischereiabkommen *n*
(Re) fisheries agreement
– fishing pact
Fischereianschlußzone *f* (Re) contiguous fishing zone
Fischereiflotte *f* (com) fishing fleet
Fischereigrenzen *fpl* (com) fishery limits *(eg, 200 miles)*
Fischereiindustrie *f* (com) fishing industry
Fischereipolitik *f* (EG) EEC fisheries policy
Fischereirechte *npl* (Re) fishery rights
Fischereischutzzone *f*
(Re) fishery conservation zone
– fisheries protection zone
Fischereistreit *m* (Re) fisheries dispute
Fischereiwirtschaft *f* (com) fisheries
Fischindustrie *f* (com) fish processing industry
Fischverarbeitung *f* (com) fish processing
fiskalische Besteuerung *f* (FiW) revenue taxation
fiskalischer Anreiz *m* (FiW) fiscal stimulus (*or* incentive)
fiskalisch strafbare Handlungen *fpl* (FiW) fiscal offenses
Fiskalpolitik *f*
(FiW) fiscal policy
(ie, konjunktur- und wachstumspolitischer Einsatz der Staatsausgaben und Staatseinnahmen)
(FiW) fiscal politics
(ie, asks how in fact public policy behaves)
fiskalpolitische Bremswirkung *f*
(FiW) fiscal drag
(ie, tritt ein aufgrund der Wirkung automatischer Stabilisatoren e–s progressiven Steuersystems)
Fiskalvertreter *m* (StR, EG) = Steuervertreter
Fiskalzoll *m* (FiW) = Finanzzoll
Fiskus *m*
(FiW) revenue (*or* tax) authorities
– government as a tax collector
(Re) public fisc
(ie, government as a public body)
fixe Fertigungsgemeinkosten *pl* (KoR) fixed factory overhead
fixe Gemeinkosten *pl* (KoR) fixed overhead
fixe Koeffizienten *mpl* (Vw) fixed coefficients
fixe Kosten *pl*
(com) inflexible expenses
(com) fixed cost
(KoR) fixed
– nonvariable
– standby
– standing
– volume
– capacity . . . cost (*or* expense)
fixe Kurse *mpl* (AuW) pegged rates
fixen
(Bö) to bear the market
– to sell a bear
– to sell short
(ie, sell a security one does not own with the intention of buying it later at a lower price to cover the sale; syn, leer verkaufen)
Fixer *m*
(Bö) bear seller
– short seller
(syn, Leerverkäufer)
fixer Kapitalkoeffizient *m* (Vw) constant capital-output ratio
fixer Wechselkurs *m* (AuW) fixed exchange rate
fixe Stückkosten *pl* (KoR) fixed cost per unit
fixe Werksgemeinkosten *pl* (KoR) fixed factory overhead
Fixgeschäft *n*
(com) firm deal (*or* bargain)
(com) fixed-date purchase
(Re) contract where time is of the essence
(ie, performance at an exact point of time, or within a strictly defined period, § 361 BGB, § 376 HGB)
(Bö) short sale
(syn, Leerverkauf, qv)
(Bö) time bargain
fixierte Wechselkurse *mpl*
(AuW) fixed exchange rates
– pegged rates
Fixing *n*
(Fin) fixing
(ie, amtliche Festsetzung e–s Börsenkurses, meist für Gold od Devisen)
Fixkauf *m* (com) = Fixgeschäft
Fixklausel *f* (com) fixed-date clause
Fixkosten *pl* (KoR) = fixe Kosten
Fixkosten-Aggregat *n* (KoR) block of fixed costs

Fixkostenbestandteil *m* (KoR) fixed-cost component
Fixkostenblock *m* (KoR) block/pool . . . of fixed costs
Fixkostendeckung *f*
(KoR) covering of fixed costs
(ie, by aggregate profit contribution = gesamte Deckungsbeiträge)
Fixkostendeckungsrechnung *f*
(KoR) analysis of fixed-cost allocation
(ie, Umsatzkostenverfahren auf Grenzkostenbasis)
Fixkostendegression *f*
(KoR) decline of fixed unit costs when output rises
– fixed cost degression
Fixkostenkoeffizient *m*
(KoR) fixed-cost coefficient
(ie, indicating the percentage share of fixed costs in total plant costs)
fixkostenrelevante Beschäftigung *f* (KoR) relevant range
Fixkostenschichten *fpl* (KoR) blocks of fixed costs
Fixpunkt *m*
(EDV) checkpoint
– dump point
– conditional breakpoint *(syn, Anhaltepunkt)*
Fixsummenspiel *n* (OR) constant sum game
Fixverkauf *m* (com) fixed-date sale
FK (Fin) = Fremdkapital
Flachbaugruppe *f*
(EDV) integrated circuit board
– printed circuit board
(syn, gedruckte Schaltung)
Flachbett-Leser *m*
(EDV) flatbed scanner
(ie, reading device with a flat sheet of glass where the object has to be placed on; opp, hand-held scanner; syn, Flachbett-Scanner)
Flachbett-Scanner *m*
(EDV) flatbed scanner
(ie, reading device with a flat sheet of glass where the object has to be placed on; opp, hand-held scanner; syn, Flachbett-Leser)
Flachbildschirm *m* (EDV) flat display screen
Fläche *f* **in dreidimensionaler Darstellung** (Math) surface in space
Flächendiagramm *n*
(Stat) area diagram
– surface diagram
Flächengenerator *m* (EDV) surface generator
Flächenintegral *n* (Math) surface integral
Flächenland *n* (Re) territorial state
Flächennutzungsplan *m* (Re) land development plan
Flächensegment *n* (EDV, CAD) surface patch
Flächenstaat *m* (Re) territorial state
Flächenstichprobe *f* (Stat) area sample
Flächenstichprobenverfahren *n* (Stat) area sampling
Flächenvergleichsfaktor *m* (Stat) area comparability factor
Flächenverteilung *f* (Math) surface distribution
flacher Bildschirm *m* (EDV) flat screen
flacher Trend *m* (Stat) flat trend
Fläche *f* **zweiten Grades** (Math) quadratic surface
Flachglasmarkt *m* (com) flat-glass market
Flankenangriff *m* (Mk) flanking attack
flankieren (com) to flank
flankierende Maßnahmen *fpl* (Vw) supporting measures
flankierende Werbung *f*
(Mk) accessory advertising
(syn, unterstützende od Randwerbung)
Flaschenfüllanlage *f* (com) bottling operations
Flaschenhals *m* (com) = Engpaß
Flaschenpfand *n*
(com) returnable-bottle deposit
(ie, kein Pfand, sondern Sicherung des gattungsmäßigen Rückgabeanspruchs; cf, § 390 HBG)
Flatrate *f* (EDV) flat rate
Flattern *n* (EDV) thrashing
Flattersatz *m*
(EDV) unjustified (*or* „ragged") right margin
(opp, Blocksatz = right margin alignment)
– rag
Flaute *f*
(com) dullness
– (infml) doldrums *(eg, in the doldrums)*
(Bö) slackness
– sluggishness
Fleischabteilung *f*
(com) meat department
– (GB) butchery
Flexibilität *f* **der Arbeitsmärkte** (Vw) flexibility of labor markets
Flexibilität *f* **der Wechselkursparitäten** (AuW) flexibility in exchange rate parities
flexible Altersgrenze *f*
(Pw) flexible age limit
– flexible retirement (*or* retiring) age
– flexible pensionable age
flexible Arbeitsformen *fpl* (Pw) flexible forms of work
flexible Arbeitszeit *f* (Pw) = Gleitzeit
flexible Investmentgesellschaft *f* (Fin) management company
flexible Magnetplatte *f* (EDV) floppy disk
flexible Normalkosten *pl* (KoR) normal standard cost
flexible Plankosten *pl* (KoR) flexible standard cost
flexible Plankostenrechnung *f*
(KoR) flexible budgeting
(ie, arbeitet auf Vollkostenbasis)
flexible Planung *f*
(Bw) contingency planning
(syn, Alternativplanung, Schubladenplanung)
(OR) flexible planning
(ie, multi-phase decision process under conditions of uncertainty)
flexible Preise *mpl* (Vw) flexible prices
flexibler Akzelerator *m* (Vw) flexible accelerator
flexibler Wechselkurs *m*
(AuW) flexible
– floating
– fluctuating . . . exchange rate
flexibles Budget *n*
(Bw) flexible
– variable
– sliding-scale . . . budget

(KoR) expense control (*or* formula) budget
– performance budget
flexibles Fertigungssystem *n*
(IndE) flexible manufacturing system, FMS
(ie, besteht aus e–m System verketteter Einzelmaschinen; ohne Unterbrechung von Rüstvorgängen lassen sich verschiedene fertigungsverwandte Werkstücke gleichzeitig bearbeiten; es gibt einstufige, kombinierte, mehrstufige Konzepte; it links production machinery, handling devices and transport systems using computer control and communication systems so that different components of the same general size and kind can be made in any sequence, without major upheavals each time there is a product change)
flexible Vollkostenrechnung *f* (KoR) modified absorption costing
fliegender Druck *m* (EDV) hit-on-the-fly printing
fliegender Streikposten *m* (Pw) roving picket
Fließarbeit *f*
(IndE) continuous sequence of operations
(eg, Fließfertigung, Fließbandfertigung)
Fließband *n* (IndE) assembly line
Fließbandabgleich *m* (IndE) assembly line balancing
Fließbandarbeiter *m* (Pw) assembly line worker
Fließbandfertigung *f* (IndE) assembly line production
Fließbandprinzip *n* (IndE) conveyor belt system
Fließbandstation *f* (IndE) assembly station
Fließfertigung *f*
(IndE) continuous flow production
– flow line production
– flow shop production
(ie, Stationen können sein: Fließreihen, Fließstraßen, Fließbänder, Transferstraßen, qv)
Fließinselfertigung *f*
(IndE) continuous group manufacturing
(ie, Aufträge durchlaufen nacheinander Werkstätten und Fertigungslinien)
Fließkommaeinheit *f*
(EDV) Floating Point Unit, FPU
(syn, (mathemtischer) Koprozessor)
Fließprinzip *n* (IndE) principle of continuous production
Fließstraße *f* (IndE) production line
Fließtext *m*
(com) continuous/running . . . text
(Mk) body copy
Fließverfahren *n* (IndE) flow process
flimmerfrei (EDV) flicker-free *(display)*
Float *m*
(Fin) float
(ie, Transaktionszeit innerhalb des Bankenapparats)
Floaten *n* (AuW) = Floating
Floatgewinn *m* (Fin) profit from different value dates
Floating *n*
(AuW) floating
– float
(ie, of foreign exchange rates)
Floprate *f* (Mk) flop rate
flottant
(Fin) non-permanent
(ie, security holdings)

Flotte *f*
(com) vehicle pool
– fleet of trucks
(syn, Fahrzeugpark)
Flottenrabatt *m*
(Vers) vehicle pool rebate
(ie, granted for at least thirty insured automobiles)
Flucht *f* **aus dem Dollar** (Fin) flight from the dollar
Flucht *f* **aus dem Euro** (Fin) flight of funds out of the Euro
Fluchtgelder *npl* (Fin) = Fluchtkapital
flüchtige Auslagerungsdatei *f*
(EDV) temporary swap file
(opp, permanente Auslagerungsdatei = permanent swap file; syn, temporäre Auslagerungsdatei)
flüchtiger Schuldner *m*
(Re) absconding debtor
– (sl) fly-by-night
flüchtiger Speicher *m* (EDV) volatile storage
Flucht *f* **in Gold od Edelmetalle** (Fin) flight *(eg, from a paper currency)* to gold and precious metals
Fluchtkapital *n* (Fin) flight (*or* runaway) capital
Fluchtlinientafel *f* (Math) alignment chart
Fluchtsteuer *f* (FiW) tax on capital flight
Fluchtsymbol *n*
(EDV) escape symbol
(in Unix; provided to hide the . at the start of a line)
Flugbegleiter *m* (com) flight attendant
Flugblatt *n*
(Mk) handbill
– leaflet
– throwaway leaflet
– (US) flier, flyer
Flugdienst *m* (com) air service
Fluggerät *n*
(com) aircraft
(ie, includes planes and helicopters)
Fluggerätemarkt *m* (com) aircraft market
Fluggesellschaft *f*
(com) airline
– (air) carrier
Flughafen *m*
(com) airport
– (US) airdrome
(ie, used by commercial and military aircraft)
Flughafenhotel *n*
(com) airport hotel
– (infml) airtel
Flughafenwerbung *f* (Mk) airport advertising
Flughafenzubringer *m* (com) airport feeder
Flugkorridor *m* (com) air lane
Flugmotorenhersteller *m* (com) aircraft/aero . . . engine maker
Flug *m* **nach Sicht**
(com) visual flight
– VFR flight
Flugpreise *mpl* (com) air fares
Flugrechte *npl* (Re) air rights
Flugschreiber *m* (IndE) flight data recorder
flugtauglich
(com) airworthy
– in good operating condition and safe for flying

Flugticket *n* (com) airline ticket
Flugunfallentschädigung *f* (Vers) air accident compensation
Flugvorführung *f* (com) demonstration flight
Flugzeug *n*
(com) aircraft
(ie, any type, with or without an engine)
– airplane
(ie, with at least one engine)
– (GB) aeroplane
Flugzeugflotte *f* (com) aircraft fleet
Flugzeugkaskoversicherung *f* (Vers) aircraft hull insurance
fluktierende Gelder *npl*
(AuW) hot money
(ie, transferred from one country to another to escape devaluation)
Fluktuation *f*
(Pw) employee
– labor
– manpower
– personnel
– staff . . . turnover
(Fin) flow of funds
(ie, between markets)
Fluktuationsarbeitslosigkeit *f*
(Vw) frictional unemployment
(syn, friktionelle Arbeitslosigkeit)
Fluktuationskennzahl *f* (Pw) net turnover rate
Fluktuationsrate *f* (EDV) activity ratio
fluktuieren
(Fin) to float
– to flow
fluktuierende Wechselkurse *mpl* (AuW) = flexible Wechselkurse
Flussanalyse *f* (EDV) flow analysis
Flußbild *n*
(Stat) flow chart (*or* diagram)
– route diagram
Flußdiagramm *n*
(com) flowchart
– flow diagram
(IndE) flow process chart
(EDV) flowchart *(syn, Ablaufdiagramm)*
Flußfrachtgeschäft *n* (com) inland waterway transportation business
Flußfrachtsendung *f* (com) consignment carried by inland waterway
Flußgraph *m* (OR) flowgraph
Flußgraphtheorie *f* (OR) flowgraph theory
flüssige Mittel *pl*
(Fin) cash resources
– current funds
– liquid funds
(ie, Schecks, Kassenbestand, Bundesbank- und Postgiroguthaben, Guthaben bei Kreditinstituten)
flüssiger Arbeitsablauf *m*
(IndE) speedy dispatch of work
– uninterrupted performance of work
flüssiges Erdgas *n* (com) liquefied natural gas
Flüssigkeit *f* **des Geldmarktes** (Fin) ease in the money market
Flüssigkeitsverlust *m* (com) ullage
Flüssigkristallanzeige *f* (EDV) liquid crystal display
flüssig machen
(Fin) to mobilize
(eg, several million €)
Flußkonnossement *n*
(WeR) shipping note, §§ 444–450 HGB
= inland waterway bill of lading
Flusskontrolle *f* (EDV) flow control
Flußladeschein *m* (com) inland waterway bill of lading
Flußrichtung *f* (EDV) flow direction
Flußschiffahrt *f* (com) river traffic
fob-Geschäft *n* (com) f.o.b. sale
fob-Kalkulation *f*
(com) f.o.b. calculation
(ie, of export prices)
fob-Lieferung *f* (com) f.o.b. delivery
fob-Preis *m* (com) f.o.b. price
fob Schiff (com) free on board vessel
Folgeadresse *f* (EDV) link address
Folgeauftrag *m* (com) follow-up order
Folgeausgaben *fpl* (Fin) follow-up (*or* subsequent) expenditure
Folgeband *n*
(EDV) continuation tape
(eg, in a backup set)
Folgebetrieb *m* (EDV) serial operation
Folgebewertung *f* (com) measurement subsequent to initial recognition
Folge *f* **der arithmetischen Mittel** (Stat) arithmetic mean sequence
Folge *f* **der ganzen Zahlen** (Math) integer progression
Folge *f* **der Länge Eins** (EDV) unit string
Folgediagramm *n* (EDV) sequence diagram
Folgediskette *f*
(EDV) continuation disk
(eg, in a backup set)
Folgeentscheidung *f* (Bw) follow-up (*or* sequential) decision
Folgeerzeugnis *n* (IndE) derived product
Folgefehler *m* (EDV) sequence error
Folgeinvestitionen *fpl* (Bw) follow-up investments
Folgekonsolidierung *f*
(ReW) subsequent consolidation, § 300 et seq HGB
(opp, Erstkonsolidierung, qv)
Folgekosten *pl*
(com) follow-up costs
(Vers) ongoing maintenance charges
Folgeleistungs-Sektor *m* (Vw) nonbasic sector
folgenreich (com) consequential *(eg, decision)*
Folgen *fpl* **tragen** (com) to answer for the consequences
Folgeprämie *f*
(Vers) subsequent premium
– renewal premium
(ie, every premium which is not an „Erstprämie" = initial premium)
Folgeprovision *f* (Vers) installment commission
Folgeprüfung *f*
(Stat) sequential analysis (*or* sampling)
(EDV) sequence check
Folgeregelung *f* (EDV) sequence control
Folgeregelungssystem *n* (EDV) adaptive control constraint, ACC
folgerichtig (Log) consistent

Folgerichtigkeit *f*
(Log) consistency
(ie, a set of propositions has consistency or is consistent when no contradiction can be derived from the joint assertion of the propositions in the set)
folgern
(Log) to conclude
– to infer from
Folgerückversicherung *f*
(Vers) retrocession
(ie, cession of reinsurance by one reinsurer to another reinsurer; syn, Retrozession)
Folgerung *f*
(Log) conclusion
– inference
Folgerungsbeziehung *f* (Log) entailment relation
Folgeschaden *m*
(Re) consequential
– constructive
– indirect . . . damage (*or* loss)
Folgeschadenversicherung *f* (Vers) consequential loss insurance
Folgesektor *m* (EDV) continuation sector *(eg, on a hard disk drive)*
Folgespalte *f* (ReW) continue column
Folgesteuern *fpl*
(FiW) follow-up taxes
(ie, levied to stop loopholes in the tax system; eg, inheritance tax followed by gift tax)
Folgesteuerung *f* (EDV) sequential control
Folgetestverfahren *n* (Stat) sequential analysis (*or* sampling)
Folgeverarbeitung *f* (EDV) sequential scheduling
Folge *f* **von Ereignissen** (Stat) sequence of occurrences
Folgezeitverfahren *n* (IndE) differential timing
Folie *f*
(com) transparency
– overhead
Fonds *m*
(com) fund
(Fin) earmarked reserve fund
(FiW) bonds of public authorities
(ie, often restricted to funded loans, exclusive of short-term treasury notes)
(Fin) = investment fund
(Fin) = real property fund
Fondsanlage *f* (Fin) fund investment
Fondsanteil *m*
(Fin) share
– (GB) unit
Fondsanteilseigner *m*
(Fin) shareholder
– (GB) unitholder
Fondsbeitrag *m* (Fin) contribution to fund
Fondsbörse *f*
(Bö) stock exchange *(opp, commodity exchange)*
(Bö) fixed-interest security exchange
Fonds *m* **der flüssigen Mittel**
(Fin) cash fund
(ie, in Kapitalflußrechnung = funds statement)
Fonds *m* **des Nettoumlaufvermögens** (Fin) working-capital fund
Fonds „Deutsche Einheit" *m* (FiW) German Unity Fund

Fonds *m* **für allgemeine Bankrisiken** (Fin) fund for general banking risks
fondsgebundene Lebensversicherung *f*
(Vers) variable life insurance
– (US) share-linked ... equity-linked/insurance
– (GB) unit-linked life assurance
Fondsgesellschaft *f* (Fin) investment company
Fonds-Leasing *n*
(Fin) fund leasing
(ie, neuere Variante des Immobilien-Leasing)
Fonds *m* **liquider Mittel** (Fin) cash fund
Fondsobjekt *n* (com) fund's property
Fondsprinzip *n*
(FiW) principle permitting earmarking of public funds for specific purposes
(opp, Non-Affektationsprinzip)
Fondsrechnung *f* (ReW) funds statement
Fondsvermögen *n* (Fin) fund's assets
Fondsverwaltung *f* (Fin) fund management
forcieren
(com) to force up
– to speed up
– to step up
Förderabgabe *f*
(FiW) mining royalty
(ie, ist für gewonnene Bodenschätze an das betreffende Bundesland zu entrichten; Rechtsnatur umstritten; Regelsatz 10 % des jahresdurchschnittlichen Marktwertes; cf, aber §§ 30, 31 BBergG)
Förderband *n*
(IndE) conveyor belt
(EDV) delivery conveyor
Förderland *n* (Vw) producing country
Förderlizenz *f*
(Re) mining (or mineral) lease
(ie, contract to work a mine under specified conditions)
Fördermittel *npl*
(com) means of conveyance
(IndE) materials handling equipment
fordern
(Re) to claim
– to assert a . . . claim/right
Förderprämie *f* (com) output bonus
Förderquote *f* (com) production quota
Forderung *f*
(Re) claim
– debt *(cf, § 398 BGB)*
Förderung *f*
(IndE) production
(IndE) output
(com) promotion
Forderung *f* **abtreten** (Re) to assign a . . . claim/debt
Forderung *f* **anerkennen** (Re) to allow a claim
Forderung *f* **anmelden**
(Re) to prove a debt
(ie, in bankruptcy proceedings)
Forderung *f* **aufgeben**
(Re) to abandon
– to resign
– to waive . . . a claim
Forderung *f* **befriedigen** (Re) to satisfy a claim
Förderung *f* **der Allgemeinheit** (StR) furtherance (*or* promotion) of public welfare

Förderung *f* **des Warenhandels** (AuW) promotion of commodity trade

Forderung *f* **einklagen** (Re) to sue for the recovery of a debt

Forderungen *fpl*
(com) debt claims
(ReW) accounts receivables
Also:
– customers' accounts
– debt outstanding
– debts receivable
– outstanding accounts
– receivables
– trade debtors

Forderungen *fpl* **abschreiben** (ReW) to write off delinquent accounts

Forderungen *fpl* **an Konzernunternehmen**
(ReW) due from affiliated companies (*or* affiliates)
– indebtedness of affiliates

Forderungen *fpl* **an Kreditinstitute** (ReW) due from banks

Forderungen *fpl* **an Kunden** (ReW, Fin) due from non-bank customers

Forderungen *fpl* **an verbundene Unternehmen**
(ReW) due from subsidiaries and affiliated companies
– accounts receivable from related enterprises

Forderungen *fpl* **aus Aktienzeichnungen** (Fin) stock subscriptions receivable

Forderungen *fpl* **aus Inkassogeschäften** (Fin) collections receivable

Forderungen *fpl* **aus Kreditgeschäften** (Fin) receivables from lending operations

Forderungen *fpl* **aus Lieferungen und Leistungen** (ReW, EG) trade debtors

Forderungen *fpl* **aus Warenlieferungen und Leistungen (a. W. u. L.)**
(ReW) accounts receivable from sales and services
– trade accounts receivable
– customers' accounts
– outstanding trade debts
– trade debtors (*or* receivables)

Forderungen *fpl* **a.W.u.L. an eigene Tochtergesellschaften** (ReW) accounts receivable from sales and services – subsidiaries

Forderungen *fpl* **a.W.u.L. – Ausland** (ReW) accounts receivable from sales and services – foreign

Forderungen *fpl* **a.W.u.L. – Inland** (ReW) accounts receivable from sales and services – domestic

Forderungen *fpl* **einziehen** (Fin) to collect accounts (*or* receivables)

Forderungen *fpl* **gegenüber leitenden Angestellten und Aktionären** (ReW) accounts receivable from officers, directors, and stockholders

Forderungen *fpl* **gegen verbundene Unternehmen** (ReW, EG) loans to affiliated undertakings

Forderung *f* **erfüllen**
(com) to satisfy (*or* answer) a claim
– to fulfill (*or* meet) a demand
– to agree to (*or* respond to) a demand

Forderung *f* **erlassen** (Re) to forgo (*or* release from) a debt

Forderung *f* **geltend machen**
(Re) to assert
– to make
– to prefer
– to put in
– to raise
– to set up . . . a claim

Förderung *f* **gewerblicher Interessen** (com) furtherance of commercial interests

Forderungsabschreibung *f* (ReW) writedown of uncollectible receivables, § 40 III HGB

Forderungsabtretung *f*
(Re) assignment of . . . claim/debt, §§ 398 ff BGB
(Re) assignment of receivables

Forderungsanmeldung *f*
(Re) filing a debt
(ie, in bankruptcy proceedings)

Forderungsausfall *m* (ReW) loss of receivables outstanding

Forderungsausfallquote *f*
(Fin) loss chargeoff ratio
(ie, in banking)

Forderungsberechtigter *m*
(Re) rightful claimant
(ie, one who may assert a right, demand, or claim)

Forderungseinzug *m* (Fin) collection of accounts receivable

Forderungsgarantie *f* (Re) guaranty of receivables outstanding

Förderungsgebiet *n* (Vw) development area

Forderung *f* **sichern** (Fin) to secure an existing debt

Forderungsinkasso *n* (Fin) collection of accounts receivable

Forderungskauf *m* (Fin) purchase of accounts receivable, § 437 BGB

Förderungsmaßnahmen *fpl*
(Vw) (state *or* government) promotion measures
(Pw) employee development measures

Forderungsnachweis *m* (com) proof of claims

Forderungspaket *n* (Pw) (package of) pay claims

Forderungspapiere *npl*
(WeR) securities representing money claims
(opp, Mitgliedschaftspapiere und sachenrechtliche Papiere)

Forderungspfändung *f* (Re) attachment of debt

Forderungspodest *n*
(Pw) intitial pay settlement claim
(ie, made by a union during the first bargaining round)

Förderungsprogramm *n* (Vw) development plan

Forderungsrecht *n*
(Re) (personal) right to recover a debt
(ie, sustainable against a specific person, not the world at large; eg, money claims, claims under contracts, unjust enrichment, tort)

Forderungsrisiko *n* (ReW) risk on receivables

Forderungsstrom *m* (VGR) flow of monetary claims

Forderungsstundung *f*
(Re) respite for payment of debt
(ie, time or delay obtained for the payment of sums owed)

Forderungstilgung *f* (Fin) repayment of debt

Forderungstransfer *m* (Vw) transfer of claims (*or* accounts outstanding)

Forderungsübergang *m* (Re) transmission of claim
Forderungsübernahme *f*
(Re) assumption of indebtedness
(ie, one person binds himself to pay debt incurred by another)
Forderungsumschlag *m*
(Fin) receivables turnover (ratio)
– collection ratio
– collection period (in days)
Forderungsverkauf *m* (com) sale of receivables
Forderungsverletzung *f* (Re) breach of an obligation
Forderungsverluste *mpl* (ReW) losses on receivables
Forderungsvermögen *n* (Fin) financial assets
Forderungsverzicht *m*
(Re) remission (*or* release) of a debt
– waiver of claims outstanding
(Fin) writeoff of a loan
(ie, by a bank)
förderungswürdig
(StR) eligible for favorable tax treatment
(eg, officially recognized as . . ., § 10 b I EStG)
(com) eligible for promotion
– worthy of support
Förderungswürdigkeit *f* (com) eligbility for aid (*or* promotion)
Forderung *f* **zurückweisen**
(Re) to reject a claim
– to refuse to recognize a claim

Förderzahlung *f*
(com) production payment
(ie, right to a share in the proceeds of production from mineral property)
Förderziele *npl* (IndE) production targets
Förderziffern *fpl* (IndE) production (*or* output) figures
Forfaitierung *f*
(Fin) forfaiting
(ie, nonrecourse financing of receivables similar to factoring; so called in Austria and Germany; the difference is that a factor buys short-term receivables, while a forfaiting bank purchases notes that are long-term receivables with maximum maturities of 8 years)
Forfaitierungsgeschäft *n* (Fin) forfaiting transaction
Forfaitiervertrag *m*
(Re) forfaiting agreement
(ie, Kauf e–r Forderung unter Ausschluß jeden Rückgriffs des Käufers gegen den Verkäufer)
fork-Bombe *f* (EDV) fork bomb
formale Entscheidungslogik *f* (Bw) formal decision logic
formale Inzidenz *f* (FiW) formal incidence
formale Logik *f* (Log) formal logic
formaler Beweis *m* (Log) formal reasoning
formaler Einwand *m* (Re) technical objection
formaler Kommunikationsweg *m*
(Bw) formal communication channel

Forfaitierung und Export-Factoring sind keine Synonyme

Merkmale	Forfaitierung	Export-Factoring
Wesen	Kauf von Exportforderungen ohne Rückgriff auf den Exporteur Einzelgeschäfte	Kauf von Exportforderungen ohne Rückgriff auf den Exporteur Rahmenvertrag
Größenordnung	mindestens 50 000 DM	Umsatz pro Land und Jahr mindestens 500 000 DM
Laufzeit	3 Monate bis 8 Jahre	maximal 180 Tage
Währung	DM, US$, sfr, Yen, FF und Ecu sowie andere Währungen, in denen eine kongruente Refinanzierung möglich ist	Keine Einschränkung, da Währungsrisiko beim Forderungsverkäufer verbleibt
Delkredererisiko	Forfaiteur	Factor
Politisches Risiko Transferrisiko	Forfaiteur	Exporteur
Finanzierung	Nominalwert der Forderung ./. Diskont	80% des Bruttorechnungswertes
Voraussetzungen	erstklassige Schuldneradresse oder gutes Bankaval, ausreichende Bonität des Importlandes	ausreichende Bonität des Lieferanten, des ausländischen Importeurs und des Korrespondenzfactors
Besonderheiten	gesamte Abwicklung durch Forfaiteur	Buchhaltung, Mahnwesen und Inkasso kann vom Factor übernommen werden

(ie, based on a chain of command from the top of the organization down)
formale Supposition *f*
(Log) formal supposition
– use of a term
formale Unternehmensplanung *f* (Bw) formal corporate planning
formalisiertes Normsetzungsverfahren *n* (Fin) due process
Formalitäten *fpl* **klären** (Re) to handle formalities
Formalprüfung *f* (Pat) examination as to formal requirements
formalrechtliche Ausgestaltung *f* (Re) formal legal shape
Formalsprache *f* (EDV) formula language
Formalstruktur *f* **der Organisation** (Bw) formal organizational structure
Formalwissenschaft *f* (Log) formal science
Format *n* (EDV) format
formatfreie Sprache *f* (EDV) free-form language
formatieren (EDV) to format
Formatierhilfen *fpl* (EDV) formatting capabilities
Formatiermakro *n* (EDV) formatting macro
Formatierprogramm *n* (EDV) formatting program
formatierter Datenbestand *m* (EDV) formatted data set
Formatpalette *f* (EDV) formate bar
Formatsteuerzeichen *n*
(EDV) layout character
– format effector
formbedürftiger Vertrag *m* (Re) formal contract
Formblatt *n*
(com) form
– blank
– blank form
(ReW) financial statement form
Formblattverordnung *f* (EG) Forms Ordinance
Formbrief *m*
(com) form letter
(ie, business or advertising letter composed of carefully phrased but repetitive elements; opp, Schemabrief)
Formelflexibilität *f*
(Vw) formula flexibility
(ie, Bindung antizyklischer Maßnahmen an vorherbestimmte Indikatoren; instrument to flatten out cyclical fluctuations; syn, regelgebundene Maßnahmen)
Formelkompromiß *m* (EG) formula compromise
formelle Kreditwürdigkeitsprüfung *f* (Fin) formal test of credit standing
formeller Führungsstil *m* (Bw) formal management style
formelles Recht *n*
(Re) procedural
– remedial
– adjective . . . law
– law of procedure
(opp, materielles Recht = substantive law)
Formerfordernis *n* (Re) requirement (*or* requisite) of form
Formfehler *m*
(Re) = Formmangel, qv
(EDV) syntax error
formfreier Vertrag *m* (Re) informal contract
Formfreiheit *f*
(Re) freedom of form *(ie, contracts under German law as a rule do not require any form)*
– absence of formal requirements
Formgebung *f* (com) industrial design
Formgestalter *m* (com) industrial designer
Formkaufmann *m* (Re) association on which the law confers the attributes of a merchant, regardless of the object of its business, § 6 II HGB
förmlich (Re) in due form
förmliche Beschwerde *f*
(StR) administrative appeal
(ie, against a decision rejecting the application for administrative relief, § 349 AO)
förmlicher Vertrag *m* (Re) formal contract (*or* agreement)
förmlich in Ordnung (StR) formally in order, Abschn. 29 I EStR
formlos (com) informal
formlose Befragung *f* (Mk) informal interview
formloser Antrag *m* (com) simple application
formloser Vertrag *m* (Re) informal agreement
formlose Vereinbarung *f* (com) informal arrangement
formlos übertragbar (WeR) freely transferable
formlos übertragen (WeR) to negotiate by delivery only
Formmangel *m*
(Re) deficiency in form
– defect in form
– insufficiency of form
– noncompliance with required form
(ie, cf, § 125 BGB; syn, Formfehler)
Formsache *f*
(com) formality
– matter of form
Formular *n*
(com) blank
– form
– blank form
– printed form *(syn, Vordruck)*
(EDV) form
Formularbrief *m* (com) = Formbrief
Formularformatspeicher *m* (EDV) (vertical) format buffer
Formularkopf *m* (EDV) form title field
Formularprüfung *f* (EDV) forms check
Formularstreifen *m* (Fin) slip
Formularvertrag *m*
(Re) standard contract *(ie, im Sinne des AGBG)*
Formularvorschub *m* (EDV) form feed
Formularvorschubzeichen *n* (EDV) form feed character
form- und fristgerecht (Re) in due form and time
Formvorschrift *f*
(Re) form requirement
– requisite of form
Formvorschriften *fpl* **für die Anmeldung** (Pat) formal filing requirements
formwechselnde Umwandlung *f*
(Bw) modifying conversion
(ie, Wechsel der Rechtsform; eg, GmbH in AG; no transfer of legal rights; opp, übertragende Umwandlung; siehe zB § 376 AktG)
formwidrig (Re) contrary to formal requirements

Formzwang *m*
(Re) requirement of form
– required formalities
(eg, it is not essential any particular formalities be complied with = es besteht kein Formzwang)
Forscher *m* (com) researcher
Forschungsabteilung *f* (Bw) research department
Forschungsansatz *m* (Log) approach
Forschungsanstalt *f* (com) research institute
Forschungsauftrag *m* (Bw) research assignment (*or* contract)
Forschungseinrichtungen *fpl* (Bw) research facilities
Forschungsetat *m* (Bw) research budget
Forschungsgelder *npl* (Bw) research funds
Forschungshaushalt *m* (Bw) research budget
Forschungsinstitut *n* (Bw) research institute
Forschungskosten *pl* (ReW) research costs
Forschungsökonomik *f* (Vw) research economics
Forschungspotential *n* (com) research capabilities
Forschungsprogramm *n* (Bw) research program
Forschungsprojekt *n* (Bw) research project
Forschungs- und Entwicklungskosten *pl* (ReW, EG) cost of research and development
Forschungsvorhaben *n* (Bw) research project
Forschungszuschuß *m* (FiW) research grant
Forschung *f* **und Entwicklung, F&E** *f* (Bw) research and development, R&D
Forstbehörde *f* (com, GB) Forestry Commission
forstliche Betriebswirtschaftslehre *f* (Bw) forestry management
Forstwirtschaft *f* (Vw) forestry
forstwirtschaftlicher Betrieb *m* (Bw) forestry operation
Fortbestand *m* **e–s Unternehmens** (Bw) ongoing (*or* continued) existence of a company
Fortbestehen *n*
(Bw) continuity of existence
– continued existence
Fortbildung *f*
(Pw) further training (*or* education)
– advanced training
– continuing education
Fortbildungsbedarf *m* (Pw) training needs (*or* requirements)
Fortbildungskosten *pl* (StR) cost of further training
Fortbildungs-Maßnahmen *fpl* (Pw) training measures
Fortbildungs-Methoden *fpl* (Pw) training techniques
Fortbildungsprogramm *n*
(Pw) training program
– employee development program
Fortbildungsziel *n* (Pw) training objective
Fortführung *f* **der Firma**
(com) continuation of business
(Re) continuation of firm name
Fortführungsgrundsatz *m*
(ReW) going concern concept
(ie, Voraussetzung für e–e periodische Erfolgsrechnung; assumption made in the valuation of the assets and liabilities of an accounting entity that the entity will continue to carry on its activities for the forseeable future; cf, § 252 HGB)
fortgeführte Anlagekosten *pl* (ReW) carrying rate of asset
fortgeführte Kosten *pl* (ReW) depreciated book value
fortgeführter Anschaffungswert *m* (ReW) net book value
fortgeschrittene Informationsverarbeitung *f* (EDV) advanced information processing, AIP
fortgesetzter Fehler *m* (EDV) propagated error
fortgesetzte Zeile *f*
(EDV, Cobol) continued line
(cf, DIN 66 028 Aug 1986)
fortlaufende Kreditbürgschaft *f* (Fin) continuing guaranty
fortlaufende Notierung *f*
(Bö) consecutive (*or* continuous) quotation
– variable-price quotation *(opp, Einheitskurs)*
fortlaufender Handel *m* (Bö) continuous market
fortlaufende Verzinsung *f* (Fin) continuous interest (*or* compounding)
fortlaufend numeriert (com) consecutively numbered
fortschreiben
(com) to update
(syn, aktualisieren)
Fortschreibung *f*
(ReW, EDV) updating
(StR) adjustment of assessed value, § 22 BewG
Fortschreibungsdatei *f*
(EDV) amendment
– change
– activity
– transaction
– up date . . . file
(syn, Änderungsdatei, Bewegungsdatei)
Fortschreibungsdifferenz *f* (ReW) updating difference
Fortschreibungsverfahren *n* (ReW) application of estimation or grossing-up procedure
fortschreitender Mittelwert *m* (Stat) progressive average
fortschreitendes Gleichgewicht *n* (Vw) progressive equilibrium
Fortschrittsanzeige *f*
(EDV, GUI) gauge control
(EDV) progress indicator
(eg, bar or needle; syn, Statusanzeige)
Fortschrittsbericht *m*
(com) progress report(ing)
(eg, submitted in multi-phase project realization)
Fortschrittsmöglichkeitsfunktion *f* (Bw) innovation possibility function
Fortschrittszahlen *fpl* (IndE) progress figures
Fortschrittszeitverfahren *n* (IndE) cumulative timing
Fortsetzungsbeschluß *m* (EDV) resolution to continue the business of a company
Fortsetzungszeile *f* (EDV, Cobol) continuation line
Fortune-Cookie *n* (EDV) fortune cookie
fortwälzen
(FiW) to pass/shift . . . forward *(ie, taxes)*
Fortwälzung *f* (FiW) forward shifting
Fortzahlung *f* **im Krankheitsfalle** (Pw) continuation (of wages) during sickness
Fotokopie *f*
(com) photocopy
– photostat (copy)

fotokopieren (com) to photocopy
Fotokopiergerät *n* (com) photocopier
Fototermin *m* (com) photograph session
F. P. A.-Deckung *f* (SeeV) f.p.a. cover
FPI-Vertrag *m* (com) fixed-price incentive contract
Fracht *f*
(com) cargo
– freight
– load
(com) = Frachtgebühr
Frachtabnahme *f* (com) acceptance of consignment (*or* shipment)
Frachtabschluß *m* (com) freight fixing
Frachtangebot *n* (com) freight offered
Frachtannahme *f* (com) = Frachtabnahme
Frachtanspruch *m* (com) freight claim
Frachtaufkommen *n* (com) freight volume
Frachtaufschlag *m* (com) freight surcharge
Frachtaufseher *m* (com) cargo superintendent
Frachtausgleich *m* (com) freight equalization
Frachtausschuß *m* (com) freight bureau
Frachtaval *n* (Fin) guaranty of freight payment
Frachtbasis *f*
(com) freight basis
– basing/equalization . . . point
(ie, geografischer Ausgangspunkt für die Frachtberechnung; berechnet werden die Frachtkosten für die Entfernung zwischen F. und Empfangsort, dh, ohne Rücksicht auf die wirkliche Fracht; zB, Siegen für Feinbleche, Oberhausen für andere Walzwerkserzeugnisse = rolled steel products; syn Frachtparität)
Frachtbasissystem *n* (com) basing point system
Frachtbedingungen *fpl* (com) terms of freight
Frachtbeförderung *f* (com) freightage
Fracht *f* **berechnen** (com) to charge freight
Frachtberechnung *f*
(com) calculation of freight
(com) freight charges
Fracht bezahlt
(com) freight prepaid
– (GB) carriage paid, C/P
Fracht bezahlt Empfänger (com) freight forward
Frachtbilanz *f* (VGR) net freights
Frachtbörse *f* (com) = Frachtenbörse
Frachtbrief *m*
(com) railroad bill of lading
– railroad waybill
– freight bill
– (GB) consignment note
– (GB) letter of consignment
(ie, unlike the German document which is a mere instrument of evidence = Beweisurkunde, the English counterparts are transferable or negotiable)
Frachtbriefabrechnung *f* (com) waybill accounting
Frachtbriefdoppel *n*
(com) duplicate freight bill
– counterfoil waybill
– (GB) duplicate consignment note
Frachtbuchung *f* (com) freight booking
Frachtbüro *n* (com) freight office
Frachtenausgleich *m* (com) equalization of freight rates
Frachtenausschuß *m* (com) = Frachtausschuß
Frachtenaval *n* (Fin) bank guaranty for deferred freight payment
Frachtenbörse *f*
(com) shipping exchange
(eg, Baltic Mercantile and Shipping Exchange, Ltd.)
Frachtermäßigung *f* (com) freight reduction
Frachtertrag *m* (com) freight receipts (*or* revenue)
Frachtflugzeug *n*
(com) cargo plane
– air freighter
frachtfrei
(com) freight prepaid
– (GB) carriage paid, C. P.
(com, Incoterms 1953) freight or carriage paid to . . . *(named port of destination)*
frachtfreie Beförderung *f* (com) transport at no charge to customer
Frachtfreigabe-Bescheinigung *f*
(com) freight release
(ie, when freight has been paid)
frachtfrei Grenze (com) carriage paid to frontier
Frachtführer *m*
(com) carrier
– haulage contractor
(ie, individual or organization engaged in transporting goods by land, river or other inland waterway for hire = gewerbsmäßig; called 'Verfrachter' = 'ocean carrier' in sea transport)
(Re) bailee
Frachtführer-Klausel *f*
(Vers) carrier clause
(ie, insurance protection does not extend to carriers, shipowners and warehousemen who are employed or in the service of the insured)
Frachtgebühr *f*
(com) freight
– freight charge
– (GB) carriage charge
Fracht *f* **gegen Nachnahme**
(com) freight collect
– (GB) freight forward, frt fwd
(opp, frachtfrei = freight prepaid)
Frachtgeschäft *n* (com) freight business
frachtgünstig (com) low freight
Frachtgut *n*
(com) freight
(ie, in all types of transportation)
– (GB) freight
(ie, in sea and air transport)
– cargo
Fracht *f* **im voraus bezahlt**
(com) freight prepaid
– (GB) carriage paid, C. P.
Fracht *f* **in Bausch und Bogen**
(com) flat rate (*or* lump sum) freight
(syn, Pauschalfracht)
Frachtinkasso *n* (com) collection of freight charges
Frachtkonditionen *fpl* (com) freight terms
Frachtkosten *pl*
(com) freight
– freightage
– freight charges
– carrying charges

Frachtliste *f*
(com) cargo list
– tally
Frachtmakler *m* (com) freight broker
Frachtmaklergebühr *f* (com) freight brokerage
Frachtmaklergeschäft *n* (com) freight broking
Frachtmanifest *n* **des Luftfahrzeugs** (com) aircraft cargo manifest
Frachtnachlaß *m* (com) freight rebate
Fracht nachnehmen (com) freight forward, frt. fwd.
Frachtnotierung *f* (Bö) freight quotation
Frachtpapier *n* (com) transport document
Frachtparität *f* (com) = Frachtbasis, qv
Fracht *f* **per Nachnahme**
(com) freight collect (*or* forward)
– (GB) carriage forward
Frachtrate *f* (com) shipping rate
Frachtraum *m* (com) freight capacity
Frachtraum *m* **belegen** (com) = Frachtraum buchen
Frachtraum *m* **buchen** (com) to book freight
Frachtrechnung *f* (com) freight note
Frachtsatz *m* (com) freight rate
Frachtstundung *f*
(com) deferred freight payment
(ie, method used by ‚Deutsche Verkehrskreditbank' for cashless settlement of freightage, fees and other Bundesbahn claims)
Frachttarif *m*
(com) freight rates (*or* tariff)
– prices for rail freight
Frachttermingeschäfte *npl*
(Bö) freight futures
(ie, by the dry cargo shipping market)
Frachttonne *f* (com) cargo/freight . . . ton
Frachttransportunternehmen *n*
(com) cargo shipper
– freight company (*or* forwarder)
(eg, UPS, Federal Express, Lufthansa)
Fracht- und Liegegeld *n* (com) freight and demurrage
fracht- und spesenfrei (com) freight and charges prepaid
Fracht *f* **und Versicherung** *f* (com) freight and insurance
frachtungünstig (com) high freight
Frachtunterbietung *f*
(com) rate cutting *(ie, in ocean shipping)*
Frachtverkehr *m* (com) freight traffic
Frachtverlag *m* (com) = Frachtvorlage
Frachtvermerk *m* (com) freight clause
Frachtversicherer *m* (Vers) cargo underwriter
Frachtversicherung *f* (Vers) cargo insurance
Frachtversicherungspolice *f* (Vers) cargo policy
Frachtvertrag *m*
(com) freight contract
– (GB) contract of carriage
Fracht vorausbezahlt
(com) freight prepaid, frt.ppd.
– (GB) carriage paid, C. P.
Frachtvorlage *f* (com) advance payment of freight charges by forwarder
Frachtvorschuß *m*
(com) advance on freight
– advance freight
Frachtweg *m* (com) freight route
Fracht *f* **zahlt der Empfänger**
(com) freight collect (*or* forward)
– (GB) carriage forward, C/F
Frachtzahlung *f* **im Bestimmungshafen** (com) freight payable at destination
Frachtzone *f* (com) freight zone
Frachtzuschlag *m*
(com) extra freight
– (GB) additional carriage
Frachtzustellung *f* (com) freight delivery
Frachtzuteilung *f* (com) space allocation
Frage *f* **anschneiden**
(com) to address
– to bring up
– to broach (to/with)
– to take up . . . a question
Fragebogen *m* (Mk) questionnaire
Fragebogen *m* **ausfüllen** (Mk) to fill out/make out . . . a questionnaire
Fragebogen *m* **mit Strichmarkierung** (com) bar markable request form
Fraggle-Attacke *f* (EDV) fraggle attack
Fraktil *n*
(Stat) fractile
(ie, of a distribution)
(IndE) fractile
Fraktionssitzung *f* (Pw) caucus session
Franchise *f*
(com) weight variation allowance
(Mk) franchising
(ie, Gesamtheit von Rechten an gewerblichem od geistigem Eigentum, wie Warenzeichen, Handelsnamen, Ladenschilder, Gebrauchsmuster, Geschmacksmuster, Urheberrechte, Know-how od Patente, die zum Zweck des Weiterverkaufs von Waren od der Erbringung von Dienstleistungen an Endverbraucher genutzt wird; cf, Legal-Definition der EG-Kommission 4087/88 vom 30.11.1988)
(Vers) deductible
– excess insurance
– percentage exemption
(SeeV) free average
Franchisegeber *m*
(Mk) franchisor
(ie, Hersteller/Großhändler)
Franchise-Gebühr *f*
(Bw) rent, rental
(ie, laufende Gebühr)
Franchiseklausel *f*
(Vers) franchise clause
(ie, claims below a stated limit are not payable by insurer)
Franchisenehmer *m*
(Mk) franchisee *(ie, Einzelhändler)*
Franchise-Rechte *npl* (Mk) rights under a franchise agreement
Franchisesystem *n* (Mk) franchising system
Franchiseunternehmen *n* (Mk) franchise company
Franchisevertrag *m*
(Mk) franchise agreement
(ie, Dauerschuld- und Interessenwahrungsverhältnis mit Elementen der Rechtspacht, daneben mit kauf-, miet-, werk- und gesellschaftsvertragsähnlichen Elementen; cf, Palandt/Putzo BGB, 1991)

Franchising *n*
(Mk) franchising
(ie, Form des vertraglich geregelten, vertikalen Kontraktmarketing zwischen Franchisegeber [franchisor] und einem Franchisenehmer [franchisee]: der Franchisenehmer ist in eigenem Namen und für eigene Rechnung tätig; als Leistungsbetrag stellt er Arbeit, Kapital und Information zur Verfügung; he runs the business in his own name and for his own account; his duty is to supply labor, capital, and information)
Frankatur *f* (com) prepayment of freight
Frankaturvermerk *m* (com) freight prepayment mark
Frankaturzwang *m* (com) compulsory prepayment of freight
frankieren
(com) to stamp
(ie, a letter)
(com) to frank
(ie, using a metering machine)
Frankiermaschine *f*
(com) postage meter
– (GB) franking machine *(syn, Freistempler)*
frankiert
(com) stamped
– post paid
– postage paid
frankierter Brief *m* (com) free-paid letter
franko (com) charges prepaid by sender
franko Courtage (Fin) free of brokerage
franko Fracht und Zoll (com) carriage and duty prepaid
franko Kurtage (Bö) no brokerage
Frankoposten *mpl* (Fin) free-of-charge items in current account statements
franko Provision
(Bö) free of commission
(ie, in stock exchange orders for over-the-counter securities)
Frauenbeschäftigung *f*
(Pw) female employment
– women in the labor force
– female labor force activity
Frauenerwerbsarbeit *f* (Pw) gainful occupation of women
frei (Pw) time off work *(eg, a day, two weeks, a morning off)*
Freiaktie *f*
(Fin) gratuitous share
(ie, illegal under German stock corporation law)
(Fin) bonus share
(ie, backed by retained earnings or reserves; syn, Gratisaktie, qv)
frei an Bord (com, *Incoterms*) free on board, F.O.B., fob
Freiantwort *f* (com) prepaid answer
frei auf Kai (com) free on quai, f.o.q.
frei Bahnstation
(com) free on board *(ie, railroad station)*
frei Bau (com) free construction site
frei beantwortbare Frage *f* (Stat) open-ended question
frei benannter Abflughafen (com, *Incoterms*) F.O.B. (*or* fob) airport

Freiberuflicher *m*
(com) (free) professional
– professional worker
freiberuflicher Mitarbeiter *m* (com) free lance contributor
freiberuflicher Werbeberater *m* (Mk) advertising consultant
freiberufliche Tätigkeit *f*
(Pw) self-employment
– free-lance work
frei Bestimmungsort
(com) free domicile
– free delivered
Freibetrag *m*
(Zo) amount of exemption
(StR) allowable deduction
– exemption
– tax-free amount
Freibetrag *m* **für außergewöhnliche Belastung** (StR) allowance for extraordinary financial burden
Freibezirk *m* (Zo) free port area
freibleibend
(com) subject to change without notice
– without engagement
(Fin) subject to prior sale
freibleibend anbieten (com) to offer subject to confirmation
freibleibende Offerte *f* (com) = freibleibendes Angebot
freibleibendes Angebot *n* (com) offer without engagement
Freibordabkommen *n* (Re) Load-Line Convention
Freibordzeugnis *n* (com) freeboard certificate
freie Berufe *mpl* (com) liberal professions
freie Berufswahl *f* (Re) freedom of choise of occupation or profession
freie Beweiswürdigung *f* (StR) free evaluation of facts and evidence, § 96 I FGO
freie Forschung *f* (com) uncommitted research
frei Eisenbahnwaggon (com, *Incoterms*) free on rail, F. O. R., for
freie Kapazität *f*
(Bw) idle
– spare
– unused . . . capacity
freie Konkurrenz *f* (Vw) free (or unhampered) competition
freie Konsumwahl *f*
(Vw) freedom of choice by consumers
– free consumers' choice
freie Lieferung *f* (com) delivery free of charge
freie Liquiditätsreserven *fpl* (Vw) free liquid reserves
freie Marktwirtschaft *f* (Vw) free (*or* liberal) market economy
freie Miete *f* (com) open market rent
freie Prüfung *f*
(ReW) voluntary audit
(ie, vertraglich vereinbarte und freiwillige Prüfung im Gegensatz zur Pflichtprüfung, qv)
freie Pufferzeit *f* (OR) (early) free float
freier Aktionär *m* (Fin) outside shareholder
freier Beruf *m* (com) (liberal) profession
freier Devisenverkehr *m* (AuW) freedom of exchange operations

freier Erfinder *m* (Pat) independent inventor
freie Reserven *fpl* (Vw) free reserves
freier Goldmarkt *m* (Fin) free-tier gold market
freier Handel *m* (Bö) unofficial trading
freier Importeur *m* (com) outside importer
freier Kapitalmarkt *m*
(Fin) gray capital market
(syn, grauer od alternativer Kapitalmarkt)
freier Kapitalverkehr *m* (Fin) free movement of capital
freier Lombardspielraum *m* (Vw) scope for raising lombard loans
freier Makler *m*
(com) outside broker
(Bö) independent broker
(syn, Privatmakler; opp, amtlicher Kursmakler)
freier Markt *m*
(com) free (*or* open) market
(Bö) unofficial market
– off-board trading
freier Marktpreis *m* (com) competitive (*or* free market) price
freier Marktzutritt *m*
(Vw) freedom of entry
– free entry into a market
freier Mitarbeiter *m* (com) free-lance collaborator
freier Parameter *m* (Math) arbitrary parameter
freier Quellcode *m* (EDV) open source
freie Rücklagen *fpl*
(ReW) free
– voluntary
– uncommitted . . . reserves
– retained earnings – voluntary portion
freieruflich (com) free lance *(eg, journalist, interpreter)*
freier Verkehr *m* (Zo) = freier Warenverkehr
freier Vorgangspuffer *m* (OR) = freie Pufferzeit
freier Warenverkehr *m* (Zo) free movement of goods
freier Wechselkurs *m* (AuW) = frei schwankender Wechselkurs
freier Welthandel *m*
(AuW) open world trading system
(ie, with the undiluted free trade idea as its undisputed centerpiece)
freier Wettbewerb *m*
(Vw) open
– free
– unhampered . . . competition
freier Wettbewerbspreis *m* (Vw) open market price
freier Wohnungsbau *m* (com) privately (*or* market) financed housing
freier Zugang *m* (Pw) unrestricted entry *(eg, to institutions of higher learning)*
freies Band *n*
(EDV) clear band *(ie, in OCR)*
freies Einkommen *n*
(Pw) net income
– take-home pay
freies Ermessen *n* (Re) absolute (or free) discretion
freies Gut *n*
(Vw) free good (*or* resource)
– common property resource
freies Guthaben *n* (Vw) free balance
freies Interview *n* (Stat) nonstructured interview
freie Software *f* (EDV) free software
freie Spanne *f* (Mk) free mark-up
freies Rediskontkontingent *n* (Vw) unused rediscount quota
freies Spiel *n* **der Marktkräfte** (Vw) free play of market forces
freies Spiel *n* **des Wettbewerbs** (Vw) unrestrained interaction of competitive forces
freie Stelle *f*
(com) unfilled/vacant . . . job
– vacancy
– job opening
– job on offer
(syn, offene Stelle)
freie Stücke *npl*
(Fin) freely disposable securities
(opp, Sperrstücke)
freies Vermögen *n* (Vers) free assets
freie Tankstelle *f*
(com, US) private-brand gas station
– (GB) independent filling station
freie Übertragbarkeit *f*
(WeR) free transferability
– negotiability
freie Wahl *f* **des Arbeitsplatzes** (Pw) free choice of employment
freie Wiedergabe *f* (Mk) free/unaided . . . recall
freie Wirtschaft *f*
(Vw) free market economy
– private enterprise
freie Wohnung *f* (StR) free living quarters
Freiexemplar *n* (com) free/unpaid . . . copy
frei finanziert (Fin) privately financed
frei finanzierter Wohnungsbau *m* (com) = freier Wohnungsbau
Freifläche *f*
(EDV) dummy
(ie, in circuit board design = Leiterplattenentwurf)
frei Flughafen (com) free airport
frei Frachtführer (com) free carrier, frc
Freigabe *f*
(IndE) acceptance
– release
(ie, in quality control)
(com) release
(ie, of products for shipment; zur sofortigen Freigabe = for immediate release; cf, press release, news release)
(com) declassification
(Fin) unfreezing
– unblocking
(eg, of immobilized bank accounts)
Freigabedatum *n* (EDV) purge date
Freigabe *f* **der Waren** (Zo) release of the goods
Freigabesignal *n* (EDV) enabling signal
Freigabe-Software *f* (EDV, Cobol) destination
Freigabe *f* **von Mitteln** (Fin) unblocking (*or* unfreezing) of funds
Freigabe *f* **von Wechselkursen**
(AuW) unpegging of foreign exchange rates
– floating
freigeben
(com) to release
(eg, products for shipment; news to the press; cf, news/press . . . release)

(com) to declassify
(ie, to remove or reduce the security classification; eg, to . . . secret documents)
(Fin) to unblock
– to unfreeze
(eg, immobilized foreign exchange bank balances)
(Pat) to dedicate
(ie, patents for public use)
(EDV) to deallocate

Freigelände *n*
(com) open-air space (*or* site)
(ie, at fairs and exhibitions)

freigemacht
(com) prepaid
– postage paid

freigemachter Umschlag *m* (com) prepaid envelope

frei-gemeinnützige Betriebe *mpl*
(Re) private non-profit enterprises
(ie, seeking to satisfy public welfare goals)

freigesetzte Arbeitskräfte *fpl*
(Pw) redundant workers (*or* labor)
– displaced workers

freigestellt
(Pw) freed for full-time works council activity
(Pw) laid off

Freigrenze *f*
(StR) tax-free amount
(Zo) duty-free allowance

frei Grenze (com) free frontier

Freigut *n* (Zo) goods in free circulation

Freigutumwandlung *f* (Zo) conversion of duty-free goods

Freigutveredelung *f* (Zo) processing of duty-free goods

Freihafen *m*
(Zo) free port (area)
– free trade zone

Freihafengebiet *n* (Zo) free port area

Freihafengrenze *f* (Zo) free port frontier

Freihafenlager *n* (com) free port store (*or* warehouse)

Freihafen-Veredelungsverkehr *m* (Zo) free port processing

Freihandel *m*
(Vw) free (*or* liberal) trade
(Bö) over-the-counter trade

Freihandelsabkommen *n* (AuW) free-trade agreement

Freihandelsgebiet *n*
(AuW) free trade area
– (US) foreign trade zone

Freihandels-Gleichgewicht *n* (AuW) free trade equilibrium

Freihandelspolitik *f* (Vw) liberal trade policy

Freihandelsprinzip *n* (AuW) principle of free trade

Freihandelszone *f*
(AuW) free trade area
– (US) foreign trade zone

freihändig (com) by private contract

freihändige Auftragsvergabe *f* (com) discretionary award of contract

freihändiger Ankauf *m* (Fin) purchase at market rates

freihändiger Rückkauf *m* (Fin) repurchase *(eg, of mortgage bonds)* in the open market

freihändiger Verkauf *m* (Fin) direct offering (*or* sale) *(eg, of a loan issue)*

freihändig verkaufen
(com) to sell privately
– to sell by private contract

freihändig verwerten (com) to sell in the open market

Freihand-Markierwerkzeug *n* (EDV) clipping path

Freihandverfahren *n* (Stat) freehand method

frei Haus
(com) free of charge to address of buyer
– franco domicile
– free house (*or* domicile)

frei Haus unverzollt (com) free at domicile not cleared through customs

frei Haus verzollt (com) free at domicile after customs clearance

Freiheit *f* **des Dienstleistungsverkehrs** (Vw) freedom to provide services

Freiheitsgrad *m* (Math) degree of freedom

Freiheitsstrafe *f* (Re) confinement in a penitentiary

Freijahr *n* (Vers) year for which premium payment is suspended

Freijahre *npl*
(Fin) grace period
– years of grace
– repayment holiday
(eg, three grace = principal repayment beginning in the fourth year; or: life of 10 years, with 8 grace)

Freikarte *f* (com) free ticket

frei konvertierbare Währung *f*
(Fin) freely convertible currency
(IWF) Article Eight currency

Freiladegleis *n* (com) loading track provided free of charge

Freilager *n*
(Zo) bonded/customs . . . warehouse
– open-air storage area

frei Lager (com) free warehouse

frei Längsseite Schiff (com, *Incoterms*) free alongside ship, F.A.S., fas

frei längsseit Kai (com) free alongside quay, faq

Freiliste *f*
(Zo) free list
– list of tax-free goods

frei Lkw (com, *Incoterms*) free on truck, F.O.T., fot

freimachen
(com) to stamp
– to prepay postage

Freimakler *m* (Bö) = freier Makler

Freimarktkurs *m*
(Fin) free market rate
(ie, Kursart im Devisenhandel)

frei nehmen (Pw) to take off

Freiperiode *f* (Fin) = Freijahre

frei positionierbare Symbolleiste *f*
(EDV, GUI) floating toolbar
(syn, bewegliche Werkzeugleiste)

Freischicht *f*
(Pw) nonworking shift
– paid nonwork shift
(ie, in mining and steelmaking)

frei Schiff (com) free on steamer, f.o.s.

Freischreibungserklärung *f* (WeR) officially recorded declaration by which the holder of a ‚Rekta-

papier' *[= non-negotiable instrument hands a title of execution to a pledgee; allows satisfaction of claim without assignment of instrument]*
frei schwankender (schwebender) Wechselkurs *m*
(AuW) freely flexible
– floating
– fluctuating . . . exchange rate
freisetzen
(Pw) to lay off
– to make redundant
Freisetzung *f* **von Arbeitskräften**
(Pw) displacement of labor
(Pat) redundancy
(ie, which may be due to structural changes)
freisprechen (Re) to acquit *(eg, of charge, on the charge of)*
Freispruch *m*
(Re) acquittal *(opp, conviction)*
freistehende Bauten *mpl* (com) detached buildings
freistellen
(Fin) to indemnify *(eg, for losses)*
(Pw) = freisetzen
Freistellungen *fpl* (Pw) job layoffs
Freistellungsanspruch *m* (Re) right of indemnity
Freistellungsantrag *m* (SozV) application for exemption from compulsory old-age insurance coverage
Freistellungsbescheid *m* (StR) notice of nonliability for tax, § 155 I AO
Freistellungsgarantie *f* (Re) indemnification guaranty
Freistellungsklausel *f* (Re) exemption clause
Freistellungsvertrag *m* (SeeV) indemnification agreement
Freistellungsvorschrift *f* (Re) exception provision *(eg, in der Fusionskontrolle)*
Freistellung *f* **von Haftung** (Re) indemnity against liability
freistempeln (com) to frank
Freistempler *m*
(com) postage meter
– (GB) franking machine
Freiteil-Klausel *f*
(Vers) franchise clause *(ie, claims below a stated limit are not payable by insurer)*
Freiton *m* (EDV) ringing tone
frei übertragen (WeR) to transfer freely
Freiumschlag *m*
(com) postage-paid
– reply-paid
– stamped . . . envelope
frei verfügbares Einkommen *n*
(Vw) discretionary income
(ie, cash income left over for household use after taxes and the purchase of necessities; income that may be freely spent)
(Pw) available income
Freiverkauf *m* (com) voluntary sale
freiverkäuflich (com) over the counter
Freiverkehr *m*
(Bö, *geregelter*) over-the-counter market
(Bö, *ungeregelter*) unofficial dealing (*or* market)
– outside market
– unlisted trading
– off-floor (*or* off-board) trading
Freiverkehrsbescheinigung *f* (Zo) free circulation certificate
Freiverkehrsbörse *f* (Bö) unofficial market
Freiverkehrshändler *m* (Bö) dealer in unlisted securities
Freiverkehrskurs *m*
(Bö) unofficial quotation
– free market price
Freiverkehrsmakler *m*
(Bö) outside (*or* unoffical) broker
– broker for unofficial dealings
Freiverkehrsmarkt *m* (Bö) unofficial market
Freiverkehrsumsätze *mpl* (Bö) outside transactions
Freiverkehrswerte *mpl* (Bö) unlisted securities
frei verwerten (com) to sell in the open market
frei von Beschädigung
(SeeV) free from damage
(ie, now obsolete)
frei von Beschädigung außer im Strandungsfalle
(SeeV) *(essentially co-extensive with)* free from particular average, F.P.A.
frei von Beschlagnahme und Aufbringung (SeeV) free of capture and seizure
frei von Bruch (com) free from breakage
frei von gewissen ersten Prozenten
(Vers) free from certain first percentage points
(ie, the agreed percentage is deducted from a damage claim)
frei von gewissen Prozenten
(Vers) free from certain percentage pointsy
(ie, insurer is not liable to indemnify unless the claim exceeds the agreed percentage rate)
frei von Schäden in besonderer Havarie (SeeV) free from particular average
frei Waggon (com) free on rail, FOR, f.o.r.
freiwillige Abfindungsaktion *f* (Pw) voluntary termination program
freiwillige Altersversorgung *f* (SozV) voluntary old-age provision
freiwillige Arbeitslosigkeit *f* (Vw) voluntary unemployment
freiwillige Beschränkung *f* (Kart) voluntary restraint
freiwillige Entschädigung *f* (Re) ex gratia payment
freiwillige Ersparnis *f* **der privaten Haushalte** (Vw) voluntary savings of private households
freiwillige Exportbeschränkungen *fpl* (AuW) „voluntary" export restraint (*or* reductions)
freiwillige Gerichtsbarkeit *f* (Re) voluntary (*or* noncontentious) jurisdiction
freiwillige Großhandelskette *f* (Mk) voluntary chain of wholesalers
freiwillige Kapitalbildung *f* (Vw) voluntary capital formation
freiwillige Kette *f* (Mk) voluntary retail buying chain
freiwillige Leistungen *fpl* (SozV) noncompulsory contributions
freiwillige Produktionsbeschränkung *f*
(EG) voluntary system of limiting production
– voluntary output curbs *(eg, Eurofer II)*
freiwillige Quotenvereinbarung *f* (EG) voluntary quota agreement
freiwilliger Preisstopp *m* (Bw) voluntary price freeze
freiwillige Rücklagen *fpl* (ReW) = freie Rücklagen
freiwilliger Zusammenschluß *m*
(Re) voluntary association

(eg, of two or more persons to carry on as co-owners a business for profit)
freiwilliges Ausscheiden *n*
(Pw) voluntary redundancy
– voluntary retirement
freiwillige soziale Aufwendungen *mpl* (SozV) voluntary social security contributions
freiwillige Sozialleistungen *fpl* (SozV) voluntary welfare payments
freiwillige Verhaltensregeln *fpl*
(Bö) voluntary codes of conduct
(eg, introduced by the German stock exchange and banking associations)
freiwillige Versicherung *f*
(Vers) voluntary insurance
(SozV) voluntary social insurance
freiwillige Weiterversicherung *f* (SozV) continued voluntary insurance
freiwillige Zusammenarbeit *f* (Bw) voluntary cooperation
freiwillige Zuwendungen *fpl* (StR) voluntary payments to others, § 12 No. 2 EStG
freiwillig versichert (SozV) insured on a voluntary basis
Freizeichen *n*
(Pat) unprotected mark
– trade mark not in general use
– non-registrable trademark
freizeichnen
(Re) to contract out of *(eg, liability, agreement)*
– to disclaim
Freizeichnung *f* (Re) contracting out of *(total or partial)* statutory liability
Freizeichnungsgrenze *f*
(Vers) percentage exemption
(SeeV) free average
Freizeichnungsklausel *f*
(com) without-engagement clause
(ie, Verkäufer befreit sich ganz od teilweise von ihm obliegenden Verpflichtungen; eg, Lieferungsmöglichkeit vorbehalten, Höhere Gewalt Klausel, Selbstbelieferung)
(Re) contracting-out clause
– disclaimer (clause)
– exemption clause
– exculpatory contract clause
– exoneration clause
– hold-harmless clause
– non-warranty clause
(ie, disclaiming defects liability = schließt Sachmängelhaftung aus)
(Vers) accepted perils clause
Freizeit *f* (Pw) leisure (*or* vacation) time
freizeitbezogene Dienstleistungen *fpl* (Vw) leisure-time-related services
Freizeitgestaltung *f* (com) organization of leisure activities
Freizeitindustrie *f* (com) leisure time industry
Freizeitmarkt *m* (Mk) leisure activity market
Freizeitökonomik *f* (Vw) leisure time economics
Freizone *f* (Zo) free zone
freizügig (AuW) liberal
Freizügigkeit *f*
(Fin) freedom of capital movements
(Pw) labor mobility
– free movement of labor
(Re) freedom of establishment; cf, Art 11 GG
Fremdanteile *mpl* (Fin) minority interests
Fremdanzeige *f* (Fin) third-party deposit notice
Fremdarbeiten *fpl* (com) outside services
Fremdarbeiten *fpl* **vergeben** (com) to contract out for *(eg, certain tasks, such as data processing)*
Fremdarbeiter *m* (Pw) foreign worker
Fremdauftrag *m* (com) outside contract
Fremdbeleg *m* (ReW) external voucher
Fremdbeschaffung *f*
(MaW) outsourcing
(ie, practice of subcontracting the manufacture of components that can be more cheaply produced elsewhere)
Fremdbeteiligung *f* (Fin) minority interest (*or* stake)
fremdbezogene Stoffe *mpl* (MaW) bought-out materials
fremdbezogene Teile *npl*
(MaW) bought-in/bought-out . . . parts
– bought-in supplies
– purchased components
Fremdbezug *m*
(MaW) outside purchasing
– external procurement
– outsourcing
Fremddepot *n* (Fin) third-party security deposit
fremde Gelder *npl*
(Fin) outside funds
– borrowings
(Fin) customers' deposits (*or* balances)
Fremdemission *f* (Fin) securities issue for account of another
fremde Mittel *pl*
(Fin) borrowed funds
– funds from outside sources
Fremdenverkehr *m* (com) tourism
Fremdenverkehrsabgabe *f* (com) tourist tax
Fremdenverkehrsförderung *f* (com) promotion of tourism
Fremdenverkehrsgewerbe *n* (com) tourist industry
Fremdenverkehrswerbung *f* (Mk) tourist advertising
fremdes Bankakzept *n* (Fin) acceptance by another bank
fremdes Eigentum *n* (Re) third-party property
fremde Verbindlichkeiten *fpl* (ReW) third-party liabilities
fremde Währung *f* (AuW) foreign currency
Fremdfahrzeug *n* (com) third-party motor vehicle
fremdfinanzieren
(Fin) to finance through borrowing
– to borrow
– to obtain outside finance
Fremdfinanzierung *f*
(Fin) debt
– external
– loan
– outside . . . financing
– borrowing
Fremdfinanzierungsmittel *pl* (Fin) borrowed (*or* outside) funds
Fremdfinanzierungsquote *f* (Fin) borrowing ratio
Fremdgeld *n* (Fin) trust fund (*or* money)

Fremdgelder *npl* (Fin) third-party funds
Fremdgläubiger *m* (Fin) outside creditor
Fremdgrundschuld *f* (Re) third-party beneficiary land charge
Fremdhersteller *m* (EDV) third party
Fremdinvestition *f*
(Fin) external investment
– investment in other enterprises
Fremdkapital *n*
(Fin) debt
– outside
– borrowed
– loan . . . capital
– capital from outside sources
– debt
(eg, in debt/equity ratio; syn, Gläubigerkapital)
(ReW) current liabilities + long-term debt – stockholders' equity – valuation accounts
Fremdkapitalbeschaffung *f* (Fin) procurement of outside capital
Fremdkapitalfinanzierung *f* (Fin) = Fremdfinanzierung
Fremdkapitalgeber *m* (Fin) lender
Fremdkapitalkosten *pl* (Fin) cost of debt
Fremdkapitalmarkt *m* (Fin) debt market
Fremdkapital *n* **mit Beteiligungscharakter** (Fin, US) participating debt
Fremdkapitalquote *f*
(Fin) ratio of outside capital to total capital
(ie, Anteil der Fremdkapitalfinanzierung an der Gesamtfinanzierung e–r Unternehmung)
Fremdkapitalzins *m* (Fin) interest rate on borrowings
Fremdkosten *pl* (KoR) = Fremdleistungskosten
Fremdleistungen *fpl*
(Bw) external
– extraneous
– outside . . . services
Fremdleistungskosten *pl* (KoR) cost of outside services *(eg, rent, brought-in energy supplies, patents)*
Fremdmärkte *mpl*
(Fin) xenomarkets *(ie, markets in US-$ outside the United States; a successor to Eurocurrency markets)*
Fremdmittel *pl*
(Fin) borrowed
– external
– outside . . . funds/resources
Fremdmittelbedarf *m* (Fin) borrowing requirements
Fremdnutzung *f* (com) utilization by third parties
Fremdsprachenkorrespondent *m* (com) foreign language correspondent
Fremdumsatz *m*
(com) external sales (*or* GB: turnover)
(ie, of a group of companies)
Fremdunternehmer *m* (com) third-party contractor
Fremdvergleich *m*
(StR) dealing-at-arm's-length rule
(ie, standard methods under this rule are: (1) Preisvergleichsmethode = comparable uncontrolled price method, (2) Wiederverkaufspreismethode = resale price method, and (3) Kostenaufschlagmethode = cost-plus method)
Fremdvergleichspreis *m*
(Fin) external reference price
(ie, to charge such prices between branches of the same bank is not permissible)
Fremdvermutung *f*
(Fin) non-property presumption
(ie, that securities which a bank placed with third-party depository are not its property: protects customer by restricting rights of retention and attachment)
Fremdversicherung *f* (Vers) third-party insurance
Fremdwährung *f*
(Fin) foreign currency
– xenocurrency
(ie, currency on deposit in a bank owned by someone outside the issuing country)
Fremdwährungsanleihe *f*
(Fin) foreign currency loan issue
– currency bond
Fremdwährungsbetrag *m* (Fin) amount denominated in foreign currency
Fremdwährungseinlagen *fpl* (Fin) foreign currency deposits
Fremdwährungsguthaben *npl*
(Fin) foreign exchange balances *(syn, Währungsguthaben)*
Fremdwährungsklausel *f* (Fin) foreign currency clause
Fremdwährungskonto *n*
(Fin) foreign exchange account *(syn, Währungskonto, Devisenkonto)*
Fremdwährungskredit *m* (Fin) foreign currency loan
Fremdwährungskreditaufnahme *f* (Fin) foreign currency borrowing
Fremdwährungsposition *f* (Fin) foreign currency position
Fremdwährungsrechnung *f* **zu Stichtagskursen**
(Fin) closing-rate method
– all-current method
(opp, F. nach der Fristigkeit = current noncurrent method, qv)
Fremdwährungsrisiko *n* (Fin) foreign currency exposure (*or* risk)
Fremdwährungsscheck *m* (Fin) foreign currency check
Fremdwährungsschlüssel *m* (Fin) foreign currency code
Fremdwährungsschuld *f* (Fin) debt expressed in a foreign currency
Fremdwährungsschuldverschreibung *f* (Fin) foreign currency bond
Fremdwährungstransaktionen *fpl* (Fin) foreign currency transactions
Fremdwährungsumrechnung *f* (ReW) translation of foreign currencies
Fremdwährungsverbindlichkeiten *fpl* (Fin) foreign currency . . . liabilities/debt/indebtedness
Fremdwährungsversicherung *f* (Vers) foreign currency insurance
Fremdwährungswechsel *m*
(Fin) foreign currency bill
– foreign bill
– foreign exchange draft
Frequenz *f* (Stat) frequency

Frequenzreihen *fpl* (Stat) frequency series
freundliche Börse *f* (Bö) cheerful market
freundliche Übernahme *f*
(com) friendly takeover *(opp, hostile takeover)*
freundliche Verfassung *f*
(Bö) bright sentiment *(ie, of the market)*
Friedensdividende *f* (com) peace dividend
Friedenspflicht *f*
(Pw) peacekeeping duty
– obligation to keep the peace
– duty not to engage in industrial action
(ie, Pflicht zur Unterlassung von Arbeitskämpfen; during the continuance of a wage agreement; it is the very essence of the German collective bargaining process)
friedliches Oligopolverhalten *n* (Vw) oligopoly stalemate
friktionelle Arbeitslosigkeit *f*
(Vw) frictional unemployment *(syn, Fluktuationsarbeitslosigkeit)*
frisch gebacken (Pw, infml) freshly minted *(eg, lawyer)*
Frischhaltedatum *n* (com) code date
frisieren (com) to doctor *(eg, report, balance sheet)*
Frisieren *n* **der Bilanz** (ReW) doctoring a balance sheet
frisierter Abschluß *m* (ReW, infml) sugar-coated financial statements
Frist *f*
(com) time limit *(eg, within the . . . provided in the contract)*
– time allowed *(eg, for cancellation)*
– period of time
– time span
– extension of time *(eg, a 10-day . . . in which to consummate a deal)*
Fristablauf *m*
(com) expiration of time (*or* period)
– lapse of time
– deadline expiration
Fristaufschub *m* (Re) extension (of time)
Frist *f* **bewilligen** (com) to grant a deadline
Frist *f* **einhalten**
(com) to keep a time limit
– to meet a deadline
Frist *f* **einräumen** (com) to grant a period of time
Fristenasymmetrie *f* (Fin) = Fristeninkongruenz
Fristen *fpl* **berechnen** (com) to compute time limits
Fristen *fpl* **einhalten** (com) to observe time limits
Fristenfächer *m* (Fin) maturity range
fristeninkongruente Darlehen *npl*
(Fin) mismatched loans
(ie, fixed-term loans financed with more expensive floating-rate funds)
Fristeninkongruenz *f*
(Fin) mismatched maturities
– mismatch in maturities
Fristenkategorie *f* (Fin) maturity category
fristenkongruent (Fin) at matching maturities
fristenkongruente Finanzierung *f*
(Fin) financing at matched maturities *(ie, of outflows and inflows)*
fristenkongruent finanzieren (Fin) to finance at matching maturities
Fristenkongruenz *f*
(Fin) matching maturities
– identity of maturities
(ie, Kapitalbindungs- und Kapitalüberlassungsdauer müssen deckungsgleich sein; zB langfristige Investitionen durch langfristiges Kapital finanzieren)
Fristenraum *m* (Fin) maturity range
Fristenrisiko *n*
(Fin) risk of maturity gaps (of ‚*Schuldscheindarlehen*')
(ie, risk that no follow-up loan is available when amounts are due with terms shorter than those of the overall loan)
Fristenschutz *m* (Fin) maturity hedging
Fristenstruktur *f* (Fin) maturity structure
Fristentransformation *f*
(com) rephasing of time periods
(Fin) maturity transformation
(ie, borrowing short-term deposits to make longer-term loans; Fähigkeit der Kreditinstitute, kürzerfristige Einlagen in langfristige Kredite umzuwandeln)
Fristen *fpl* **verlängern** (StR) to grant extensions of time for the filing of returns, § 109 AO
Fristenverteilung *f*
(Fin) maturity distribution
(ie, diversification of maturities as short, intermediate, and long-term)
Frist *f* **festsetzen** (com) to fix a time limit
fristgemäß
(com) within the time stipulated
– within the agreed time limit
– at due date
– when due
– as promised
– on schedule *(syn, fristgerecht)*
fristgemäße Rückzahlung *f* (Fin) repayment at due date
fristgerecht (Re) = fristgemäß
Frist *f* **gewähren** (com) to grant a time limit
Fristgewährung (Re) granting an extension
Fristhemmung *f* (Re) suspension of prescription
Fristigkeit *f*
(Fin) time to maturity
– *(or simply)* maturity
Fristigkeiten *fpl* (Fin) maturities
Fristigkeitsgliederung *f* (Fin) maturity breakdown
Fristigkeitsstruktur *f* (Fin) = Fristenstruktur
Fristigkeitsstruktur *f* **der Zinssätze**
(Fin) term-structure of interest rates
(ie, Gesamtheit der Renditen homogener festverzinslicher Wertpapiere zu e–m bestimmten Zeitpunkt, geordnet nach den Restlaufzeiten; relationship between yields on securities with various maturities and the maturity of securities; credit risk, liquidity, taxability, and other characteristics being the same; syn, Zinsstruktur)
Frist *f* **in Lauf setzen** (Re) to appoint time to run against a party
Frist *f* **läuft ab** (Re) period set aside for . . . runs out
fristlos (Pw) without notice
fristlose Entlassung *f*
(Pw) instant dismissal
– dismissal without notice

fristlose Kündigung *f* (Pw) termination without notice
fristlos entlassen (Pw) to dismiss without notice
fristlos kündigen (Pw) to terminate without notice
Frist *f* **setzen**
(com) to set a deadline
– to fix a time limit
Frist *f* **überschreiten**
(com) to disregard a time limit
– to pass a deadline
– to fail to meet a time target
Fristüberschreitung *f*
(com) failure to keep within the time limit
– passing a deadline
frist- und formgerecht (Re) in due form and time
Frist *f* **verlängern** (com) to extend a time limit (*or* deadline)
Fristverlängerung *f*
(com) extension of deadline (*or* time limit)
(StR) extension of time for the filing of returns, § 109 AO
(Fin) maturity extension *(syn, Laufzeitverlängerung)*
Frist *f* **versäumen** (com) to fail to meet a deadline
Frist *f* **wahren** (com) to observe a time limit
Fristwahrung *f* (com) observance of deadline
Frist *f* **zur Äußerung** (Re) final date for reply
Frontkonsole *f* (Fin) consumer side
Frontstücke *npl* (Mk) facings
Frostschadenversicherung *f*
(Vers) frost insurance
(ie, widely used in US, unknown in Germany)
Früchte *fpl* **und Nutzungen** *fpl* (Re) fruits and profits, §§ 99, 100 BGB
Frühbezugsrabatt *m*
(com) dead-season rebate
(ie, granted for buying in advance of actual season sales)
früherer Erfinder *m* (Pat) preceding inventor
frühester Anfangszeitpunkt *m* (OR) earliest starting time
frühester Endzeitpunkt *m* (OR) earliest completion time
frühest möglicher Zeitpunkt *m* (OR) earliest expected time
Frühindikator *m*
(Vw) leading indicator
– leader
(eg, new orders, money supply, stock prices; syn, vorlaufender/vorauseilender . . . Indikator; opp, Präsensindikator, Spätindikator, qv)
Frühinvalidität *f* (SozV) pre-retirement disablement
Frühjahrsmesse *f* (com) spring fair
Frühkapitalismus *m* (Vw) early capitalism
Frühpensionierung *f* (Pw) early retirement
Frührentner *m* (Pw) early retirer
Frühschicht *f* (Pw) morning shift
Frühstückskartell *n* (Kart) gentlemen's agreement
Frühverrentung *f* (SozV) early retirement
Frühwarnsignal *n* (Bw) early warning signal
Frühwarnsystem *n* (Bw) early warning system
F-Tasten *fpl* (EDV) F keys
F test (StR) F-type test
FTP-Befehle *mpl*
(Re) Eintritt *m* e–r Bedingung
(ie, when a contingency comes to pass)
FTP-Client *m* (EDV) FTP client
FTP Programm *n* (EDV) FTP program
FTP-Server *m* (EDV) FTP server
Fühler *mpl* **ausstrecken** (com, infml) to put out (*or* send out) one's feelers
Fühlungnahme *f* (com) exploratory contacts
führen
(Bw) to manage
– to direct
– to lead
– to run *(eg, the show day by day)*
(com) to carry in stock *(eg, a wide variety of products)*
(Fin) to lead manage *(eg, an underwriting syndicate)*
(ReW) to carry *(ie, in books of account)*
– to list *(eg, assets are listed in corporate books)*
führende Aktienwerte *mpl* (Bö) equity leaders
führende Null *f* (EDV, Cobol) leading zero
führender Hersteller *m* (com) leading (*or* premier) producer
führender Market *m* (com) key/bellwether . . . market
führende Stellung *f* (Pw) leading position
führende Werte *mpl*
(Bö) leading shares
– bellwether stock
– market leaders
(syn, Publikumswerte, Spitzenwerte)
Führerpersönlichkeit *f* (Pw) born leader
Führerschein *m*
(com) driver's license
– (GB) driving licence
Führerscheinentzug *m*
(Re, GB) obligatory disqualification
(ie, from driving)
– withdrawal of driving license
Fuhrpark *m*
(com) vehicles . . . fleet/park/pool
– car pool
– automobile fleet
– fleet of trucks
(ie, Lkws)
Fuhrparkbetreiber *m* (com) fleet operator
Führung *f*
(com) guided tour *(eg, of a plant)*
(Bw) management
– direction
– directing
– leadership
Führung *f* **der Bücher** (ReW) keeping books of account
Führung *f* **der Geschäfte** (com) conduct of a business
Führungsabstand *m* (EDV) guide margin
Führungsaufgaben *fpl* (Bw) = Führungsfunktionen
Führungsausschuß *m* (com) management committee
Führungsbank *f*
(Fin) lead manager
(ie, in e–m Konsortium; syn, Konsortialführer, Arrangeur)
Führungsbefähigung *f* (Pw) managerial qualities
Führungscrew *f* (Bw, infml) management team

Führungsebene *f* (Bw) layer/level . . . of management
Führungseigenschaften *fpl* (Pw) executive talent
Führungselite *f* (Bw) managerial elite
Führungsentscheidung *f* (Bw) executive decision
Führungsfunktionen *fpl* (Bw) management (*or* managerial) functions
Führungsgremium *n* (Bw) management group (*or* committee)
Führungsgröße *f*
(EDV) controlling variable *(syn, Stellgröße, qv)*
Führungsgrundsätze *mpl* (Bw) principles of management
Führungsgruppe *f*
(com) management team
(Fin) lead management group
Führungshierarchie *f* (Bw) managerial hierarchy
Führungsinformation *f* (Bw) management information
Führungsinstrument *n*
(Bw) directional device
– instrument of management
Führungsklausel *f* (Vers) lead management clause
Führungskonzeption *f* (Bw) management concept
Führungskraft *f*
(Bw) manager
– (business) executive
Führungskräfte *fpl*
(Pw) executive personnel
– senior staff
– management-level employees
Führungskräfte *fpl* **aller Ebenen** (Bw) managers at all levels
Führungsmannschaft *f* (Bw) management team
Führungsmittel *npl* (Bw) managerial instruments
Führungsmodell *n* (Bw) management model
Führungsnachwuchs *m* (Pw) young executives
Führungsorganisation *f* (Bw) = Führungsstruktur
führungsorientiertes Rechnungswesen *n*
(ReW) management accounting
(ie, Schwerpunkt liegt bei der operativen Planung)
Führungsposition *f*
(Bw) management
– executive
– supervisory . . . position
Führungsprovision *f* (Fin) (lead) management fee
Führungsqualität *f* (Bw) managerial effectiveness
Führungsschwäche *f*
(Bw) weakness in management control
(ie, of a company)
Führungssituation *f* (Bw) directional (*or* managerial) situation
Führungsspanne *f* (Bw) span of control
Führungsspitze *f*
(Bw) corporate summit
– top management (*or* echelon)
Führungsstil *m*
(Bw) pattern (*or* style) of leadership
– management style
Führungsstruktur *f*
(Bw) management structure
– management and control structure
Führungssystem *n*
(Bw) management . . . concept/system
(syn, Führungskonzept, Managementkonzept)

Führungsteam *n* (Bw) management team
Führungstechnologie *f*
(Bw) management techniques
(ie, anwendungsorientierte Transformation von Theorien; Schwerpunkt liegt auf der wissenschaftlichen Begründbarkeit)
Führungstheorie *f* (Bw) theory of management
Führungsverhalten *n*
(Bw) pattern of management
– leadership attitude
Führungswechsel *m* (Bw) change in leadership
Führungszeichen *n*
(EDV) leader *(ie, in UNIX)*
Führungszeugnis *n* (Pw) certificate of conduct
Führungsziele *npl* (Bw) managerial objectives
Führung *f* **übernehmen** (com, infml) to take the helm
Fuhrunternehmen *n* (com) haulage contractor
Füllauftrag *m*
(com) stop gap order
– fill-in order
Füllbefehl *m* (EDV) dummy instruction
Füllfeld *n* (EDV, Cobol) filler
Füllmaterial *m*
(com) wadding *(ie, soft stuffing substance)*
– padding
Füllmuster *n* (EDV) fill pattern
Füllzeichen *n*
(EDV) fill character
– filler *(syn, Leerzeichen)*
(EDV, Cobol) padding character
Füllziffer *f* (EDV) gap digit
Fundamentalanalyse *f*
(Bö) fundamental analysis
(ie, Methode zur Prognose von Aktienkursen; geht von den ‚fundamentals' (fundamentalen Daten) e–r Aktiengesellschaft aus; Teil der stock market techniques, qv)
Fundamentalsatz *m* **der Algebra**
(Math) fundamental theorem of algebra
(ie, every polynomial of degree n with complex coefficients has exactly n roots counted according to multiplicity)
Fundbüro *n*
(com) lost and found
– (GB) Lost Property Office
– baggage service
fundieren (Fin) to fund (*or* consolidate) *(eg, a debt or loan)*
fundierte Schätzung *f* (Stat) informed estimate
fundierte Schulden *fpl* (Fin) funded (*or* long-term) debt
fundiertes Einkommen *n* (StR) unearned income
fundierte Staatsschuld *f*
(FiW) funded
– consolidated
– long-term . . . public debt
Fundierung *f*
(Fin) funding
– consolidation
Fundierungsanleihe *f* (Fin) funding loan
Fundierungsmethode *f* (ReW) sinking fund method (of depreciation)
Fundierungsschuldverschreibung *f* (Fin) funding bond

Fünfer-Gruppe *f*
(Vw) Group of Five, G–5
(ie, consists of highly industrialized nations: France, Germany, Japan, the U.S., and Britain)
Fünftagewoche *f* (Pw) five-day work week
fungibel
(com) fungible
– marketable
– merchantable
Fungibilien *pl* (Re) fungible goods, § 91 BGB
Fungibilität *f* (com) fungibility
fungible Waren *fpl*
(com) fungible (*or* merchantable) goods
– fungibles
fungieren (com) to act as
Funktion *f*
(Math) function
– transformation
– mapping
– map
– graph *(syn, Abbildung)*
Funktional-Determinante *f* (Math) Jacobian determinant
funktionale Autorität *f*
(Bw) functional authority
(ie, based on power, status, or job)
funktionale Organisation *f* (Bw) functional organization
funktionale Organisationsstruktur *f* (Bw) functional organization structure
funktionaler Entscheidungsträger *m*
(Bw) decision-making unit
– decider
funktionaler Leiter *m* (Bw) functional manager
funktionales Weisungsrecht *n* (Bw) functional authority
funktionale Verteilungsquoten *fpl* (Vw) factor shares
Funktionalgliederung *f*
(FiW) functional breakdown
(ie, of expenditures)
Funktionallehre *f*
(Bw) functional specialty
– business discipline
(eg, accounting, auditing, finance, marketing)
Funktionär *m* (Pw) functionary
Funktion *f* **des mittleren Stichprobenumfangs** (Stat) average sample number function
funktionelle Einkommensverteilung *f*
(Vw) functional income distribution
(ie, income accruing to the factors of production, such as land, labor, capital)
funktionelle Lohnquote *f* (Vw) functional share
funktionelle Planung *f* (EDV) functional design
funktionelle Untergliederung *f* (Bw) functional grouping
Funktionen *fpl* **ausgliedern** (Bw) to split off enterprise functions
Funktionenbudget *n* (FiW) functional budget
Funktionendiagramm *n* (Bw) function chart
Funktion *f* **entwickeln** (Math) to expand a function
Funktionsbereich *m*
(Bw) area of activities
– functional area
Funktionsbibliothek *f* (EDV) function library
Funktionsdarstellung *f* (Bw) function chart
Funktionseinheit *f* (EDV) functional unit
funktionsfähig
(com) workable
(IndE) operative
funktionsfähiger Wettbewerb *m*
(Vw) workable competition
(ie, orientiert sich an den Kriterien: Marktstruktur, Marktverhalten, Marktergebnis: market structure, market behavior, market performance/results; syn, effektiver/wesentlicher/wirksamer . . . Wettbewerb)
Funktionsfähigkeit *f* (Fin) viability *(eg, of a financial center)*
Funktionsgliederung *f* (Bw) functional departmentation
Funktionsmanager *m*
(Bw) functional manager
(ie, Führungskraft in Abteilungen, für betriebliche Funktionen verantwortlich [Beschaffung, Absatz, Finanzwirtschaft usw])
Funktionsmeister *m* (Bw) functional foreman
Funktionsorganisation *f* (Bw) function-oriented structure
Funktionsplan *m*
(FiW) functional budget plan
(EDV) logical diagram
Funktionsprüfung *f* (EDV) acceptance test
Funktionsrabatt *m*
(Mk) functional discount
(ie, given a customer in exchange for the customer's assumption of certain functions related to distribution)
Funktionsschwäche *f* (Bw) functional weakness
funktionsspezifische Leistung *f* (Bw) function-related service
Funktionsstörung *f* (EDV) malfunction
Funktionstaste *f*
(EDV) function key
(ie, key that does not return a character but triggers of a task or a command; on a PC normally labelled F1 to F12)
Funktionsüberladung *f* (EDV) function overloading
Funktionsüberschneidungen *fpl* (Bw) instances of multiple functions
Funktionsübersicht *f*
(Bw) function chart
(EDV) functional diagramm
Funktionsunfähigkeit *f* (IndE) failure to function properly
Funktionsvariable *f* (Log) functional variable
Funktionszeichen *n* (EDV) functional character
Funktor *m*
(Log) logical connective (*or* operator)
(ie, Allquantor und Existenzquantor – universal and existential quantifiers – are the most common examples)
Funkuhr *f* (EDV) radio clock
Funkwerbung *f* (Mk) broadcast advertising
für Deutsches Bundespatent angemeldet (Pat) Application Pending for German Federal Patent
für die Richtigkeit der Abschrift (com) certified to be a true and correct copy of the original
für ehelich erklärte Kinder *npl* (StR) legitimated children, § 6 II VStG

für fremde Rechnung
(com) for third party account
– on/in behalf of another person

für nichtig erklären
(Re) to avoid
– to nullify

für Rechnung wen es angeht (com) for the account of whom it may concern

Fürsorge *f* (SozV) = (now) Sozialhilfe

Fürsorgepflicht *f*
(Re) principal's duty to ensure welfare (to commercial clerks, § 62 HGB)
(Pw) solicitude for employees

Fürsorgepflicht *f* **des Arbeitgebers** (Pw) employer's duty of care

Fürstensuite *f* (Pw, joc) top executives' office suite

Fusion *f*
(com) merger
(ie, Vereinigung von KapGes ohne Abwicklung und ohne rechtsgeschäftliche Übertragungsakte: e–e der ursprünglichen Ges bleibt übrig [Verschmelzung durch Aufnahme] od e–e neue wird gebildet [Verschmelzung durch Neubildung] und die alte bzw alle alten Ges erlöschen; erfolgt im Wege der Gesamtrechtsnachfolge; cf, §§ 330 ff AktG; in the technical sense ‚merger' means a combination of two or more corporations into one of such corporations, but the term is also used in a broader sense to include consolidations and corporate combinations and acquisitions in which the corporate entities are preserved)

Fusion *f* **durch Aufnahme od Neubildung** (com) merger or consolidation

Fusion *f* **genehmigen** (Kart) to allow a merger to proceed

fusionieren (com) to merge

Fusionsangebot *n* (com) merger offer

Fusionsbilanz *f* (ReW) merger balance sheet

Fusionsfieber *n* (com) merger fever

Fusionsgewinn *m* (Fin) consolidation profit

Fusionskontrolle *f*
(Kart) merger control, §§ 23, 24 GWB
(syn, Zusammenschlußkontrolle, qv)

Fusionsstrategie *f* (com) merger strategy

Fusionsverbot *n* (Kart) prohibition of merger

Fusionsvertrag *m* (com) merger agreement

Fusionswelle *f*
(com) spate (*or* wave) of mergers
– takeover wave

Fuß fassen
(com) to get a toehold in a market
– to breach a market
– to carve out a market niche

Fußgängerzone *f*
(com) pedestrian mall
– (GB) pedestrian precinct

Fußnote *f* (com) footnote

Fußzeile *f* (EDV) footer

Futtergetreide *n* (com) feed grain

Futures *pl*
(Bö) futures
(ie, auf dem Terminkontraktmarkt börsenmäßig gehandelte Waren, Devisen, Geldmarktpapiere und Anleihen, Aktienindizes sowie Edelmetalle)

Fuzzy-Logik *f*
(Bw) fuzzy logic
(ie, Erweiterung der klassischen zweiwertigen Wahr-Falsch-Logik durch mehr- bis n-wertige Logiken; dh, die diskreten Wahrheitswerte [truth values] werden durch e–n stetigen Bereich, etwa 0 bis 1, ersetzt; Beispiele industrieller Anwendungen: Analyse von Datenbeständen, operative Produktionssteuerungen, Regelung technischer Systeme)

Fuzzy-Technologie *f* (Bw) fuzzy technology *(cf, Fuzzy-Logic)*

F-Verteilung *f*
(StR) F-type distribution
(ie, in Regressionsanalyse und Varianzanalyse verwendet)

G

G-8 (com) = Achtergruppe *f*
Gabelstapler *m* (com) forklift
Gabelung *f* (EDV) bifurcation
Gabelungsfrage *f* (Mk) = Filterfrage
Gabelungspunkt *m*
(KoR) splitoff point
(ie, in joint-product production the point of separation of the different products)
Gage *f* (com) artist's pay or fee
galoppierende Inflation *f*
(Vw) galloping
– runaway
– cantering . . . inflation
– (infml) wheelbarrow inflation
(eg, Germans with nightmares of ...)
Gammadichte-Funktion *f* (Stat) gamma density function
Gängelwirtschaft *f* (Vw) economy on leading strings
gängig
(com) marketable
– (readily) salable (*or* saleable)
– readily sold
– easily sold
gängige Größe *f* (com) stock size
gängige Münzen *fpl*
(Vw) current coins
– coins in circulation
gängiger Artikel *m*
(com) fast-selling article
– high-volume product
(com) popular article
gängiger Lohnsatz *m* (Pw) going rate
gängige Waren *fpl* (com) readily salable goods
Gängigkeit *f*
(com) marketability
– salability (*or* saleability)
Gannt-Chart *f*
(IndE) Gannt chart
– daily balance chart
Gannt-Karte *f* (IndE) = Gannt Chart
Gannt-Prämienlohnsystem *n* (IndE) Gannt premium plan
Ganzcharter *f* (com) chartering a whole ship
ganze Dualzahl *f* (EDV) binary integer
ganze rationale Funktion *f* (Math) rational integral function
ganze Zahl *f*
(Math) integer
– whole number
(ie, any positive or negative counting number or zero; opp, Bruch = fraction)
ganzjährig geöffnet (com) open all the year round
ganz leichte Fahrlässigkeit *f*
(Re) culpa levissima *(ie, very slight negligence; the term is foreign to the BGB, but is used in labor-court decisions when risk-prone work is involved)*
ganz od teilweise (com) wholly or in part
ganz od überwiegend (com) wholly or principally

Ganzseitenbildschirm *m* (EDV) full-page display
Ganzseiten-Editor *m* (EDV) full-page editor
ganzseitige Anzeige *f* (Mk) full-page ad(vertisement)
Ganzstelle *f*
(Mk) entire billboard
(ie, reserved for a single advertiser)
ganztägig arbeiten (Pw) to work full time
Ganztagsarbeit *f* (Pw) full-time job
Ganztagsbeschäftigung *f* (Pw) full-time employment (*or* job *or* work)
ganzwertige Funktion *f* (Math) integer-valued function
ganzzahlig (Math) integer-valued
ganzzahlige Funktion *f*
(Math) integral function
(ie, takes on integer values)
ganzzahlige Lösung *f* (Math) integer solution
ganzzahlige Optimierung *f* (OR) = ganzzahlige Programmierung
ganzzahlige Potenz *f* (Math) integer power
ganzzahlige Programmierung *f*
(OR) integer
– discrete
– diophantine . . . programming
(ie, used to find maxima or minima of a function subject to one or more constraints, including one that requires that the values of some or all of the variables be integers = whole numbers)
ganzzahliger Teil (EDV) integer part
ganzzahliges Vielfaches *n* (Math) integer multiple
ganzzahlige Variable *f* (Math) integer-valued variable
ganzzahlige Verteilung *f* (Stat) integer-valued distribution
ganzzahlige Ziffer *f* (Math) integer digit
Ganzzahligkeitsbedingung *f*
(OR) discreteness stipulation
(ie, bedingt die Anwendung spezieller Algorithmen)
Gap-Analyse *f*
(Bw) gap analysis *(syn, Lückenanalyse; ie, Instrument der strategischen Früherkennung)*
Garagenmiete *f* (com) garage rental
Garant *m*
(Re) guarantor
– warrantor
(Fin) underwriter
Garanten *mpl*
(Vers) guarantors
(ie, people who have put up the funds for the formation and initial operation of a mutual insurance association)
Garantie *f*
(Re) guaranty
– (GB) guarantee
(ie, e–e von der Hauptschuld unabhängige Verpflichtung; nicht akzessorisch, sondern abstrakt; das angloamerikanische Recht versteht hierunter mehr e–e akzessorische Sicherheit, während eine

abstrakte Verpflichtung ‚indemnity' genannt wird; guaranty makes guarantor secondarily liable for debt or default of another person, but see ‚selbstschuldnerische Bürgschaft')
(com) warranty
– guarantee
(ie, gesetzlich od vertraglich fixierte Verpflichtung e–s Anbieters, Eigenschaften e–s Produktes, wie Haltbarkeit od Funktionstüchtigkeit zu gewährleisten; Ansprüche nach §§ 459 ff und §§ 633 ff BGB; sonst nach Allgemeinen Geschäftsbedingungen (AGB) od individuellen Garantieverträgen; hohe absatzpolitische Bedeutung; syn, Garantieleistung, Gewährleistung)
(com) guarantee
(ie, in Auslandsgeschäften nie ‚Bürgschaft')
(Fin) underwriting

Garantieabteilung *f*
(Fin) guaranty department
(ie, of a bank)
(Fin) underwriting department

Garantieanspruch *m*
(Re) claim under a warranty
– warranty claim

Garantiearbeiten *fpl* (com) warranty work *(eg, by car makers)*

Garantiedeckungsbetrag *m* (Fin) guaranty cover amount

Garantiedeckungskonto *n* (ReW) guaranty cover account

Garantiedividende *f*
(Fin) guaranteed dividend
(ie, adequate annual compensation payable to minority shareholders, § 304 AktG)

Garantieeffekt *m*
(WeR) guaranty effect
(ie, resulting from payment guaranty given by indorser of bill of exchange or check)

Garantieerklärung *f*
(Re) guaranty bond
– warranty

Garantiefall *m* (Fin) event making a guaranty operative

Garantiefonds *m* (Vers) guaranty fund

Garantiefrist *f*
(com) guarantee period
– period of warranty

Garantiegeber *m* (Re) guarantor

Garantiegemeinschaft *f* (Re) guaranty association

Garantiegeschäft *n*
(Fin) guaranty business *(ie, of banks)*

Garantiegruppe *f* (Fin) underwriting group

Garantie *f* **haben** (com) guaranteed *(eg, for 3 years)*

Garantiehaftung *f* (Re) liability under a guaranty

Garantieinanspruchnahme *f* (Re) calling of guarantee

Garantie *f* **in Anspruch nehmen**
(Re) to implement a guaranty
– to call a guaranty
– to make a claim under a guaranty

Garantiekapital *n*
(ReW) equity capital
(ie, insofar as it serves as security for loans or other liabilities)
(Fin) equity capital of real estate credit institutions

Garantieklausel *f* (Re) warranty clause

Garantiekonsortium *n*
(Re) guaranty syndicate
(Fin) underwriting syndicate
– (GB) underwriters
(ie, rare in Germany: syndicate guarantees to take up any unsold portion of a security issue for its own account)

Garantiekosten *pl*
(KoR) cost of a company's guarantee commitments
(Fin) cost of government or bank guaranties

Garantie *f* **läuft ab** (com) guarantee expires

Garantie *f* **leisten**
(Re) to guarantee
– to give (*or* furnish) guaranty

Garantieleistung *f* (Re) giving (*or* furnishing) a guaranty

Garantieleistungen *fpl* (ReW) warranties

Garantielohn *m* (IndE) = garantierter Mindestlohn

Garantiemittel *pl*
(Fin) guaranty funds
(Vers) equity capital (*or* net worth) of an insurance company + technical reserves

Garantienehmer *m* (Re) warrantee

Garantien *fpl* **für Kapitalanlagen im Ausland**
(AuW) guaranties for capital investments abroad
(ie, provided by the Federal Government to cover political risks of direct investments in developing countries)

Garantiepreis *m* (com, EG) guaranteed price

Garantieprovision *f*
(Fin) guaranty commission
(Fin) underwriting commission

Garantierahmen *m* (Fin) guaranty ceiling (*or* limit)

garantieren
(Re) to guarantee (*or* guaranty)
(com) to guarantee *(eg, a machine for 5 years)*
– to warrant

garantierter Erzeugermindestpreis *m* (EG) guaranteed minimum producer price

garantierter Jahreslohn *m*
(Pw) guaranteed annual wage
(ie, paid by some U.S. companies)

garantierter Mindestlohn *m*
(Pw) guaranteed minimum wage
– minimum entitlement (*or* wage)
(ie, supplements the straight piece-rate system)

garantierter Mindestpreis *m* (EG) intervention price

garantiertes jährliches Mindesteinkommen *n* (FiW) guaranteed annual income

Garantierückstellungen *fpl* (ReW) provisions for guarantees

Garantiesatz *m* (AuW) guaranteed proportion (of export credit)

Garantieschein *m* (com) certificate of guarantee (*or* warranty)

Garantieschreiben *n* (com) letter of guarantee

Garantiestempel *m* (com) warranty stamp

Garantieübernahme *f* (com) acceptance of a guarantee

Garantie *f* **übernehmen**
(com) to guarantee
– to give (*or* furnish) guaranty

Garantieverbund *m*
(Fin) joint security scheme
(ie, operated by banks as a means to protect customers' accounts)
– guarantee pool
Garantieverletzung *f* (Re) breach of warranty
Garantieverpflichtung *f*
(Re) guaranty obligation
– obligation under a guaranty
Garantieversicherung *f*
(Vers) guaranty insurance
(ie, nontechnical term – untechnischer Ausdruck – covering ‚Kautionsversicherung', ‚Veruntreuungsversicherung' and a special type of ‚Maschinenversicherung')
Garantievertrag *m* (Re) contract of guaranty
Garantiezeit *f* (com) guarantee (*or* warranty) period
Gartenbaubetrieb *m*
(com) truck farm (*or* garden)
– (GB) market garden
Gasgigant *m* (com, infml) gas supply juggernaut
Gastarbeiter *m*
(Pw) foreign worker
– guest worker
– temporary immigrant worker
Gastarbeiterrimessen *fpl* (VGR) = Gastarbeiterüberweisungen
Gastarbeiterüberweisungen *fpl* (VGR) remittances of foreign workers
Gastgeberland *n* (AuW) host country
Gasthörer *m*
(Pw) extramural student
– (US) auditor
Gastland *n* (AuW) host (*or* receiving) country
Gastprofessor *m* (Pw) visiting professor
Gaststättenbetrieb *m*
(com, US) caterer
– (US) restaurateur
Gaststättengewerbe *n*
(com) restaurant business
– (GB) catering trade
Gaststätteninhaber *m*
(com) restaurateur
– (GB) caterer
Gaststätten- und Beherbungsgewerbe *n* (com) hotels and restaurants
Gastwirtversicherung *f* (Vers) innkeeper's insurance
Gate Arrays *pl*
(EDV) gate arrays
(ie, halbkundenspezifische integrierte Schaltungen = semi-custom ICs; syn, Logik-Arrays)
Gattung *f*
(Re) genus
– a general class or division
(Fin) class *(eg, of shares)*
Gattungsanspruch *m* (Re) generic claim
Gattungsbegriff *m* (Log) generic term
Gattungsbezeichnung *f*
(Kart, Pat) generic/established . . . name
(ie, of a product, not protected by industrial property law)
Gattungskauf *m*
(Re) sale by description
– sale of unascertained goods
(ie, Käufer bestellt sorten- od listenmäßig und überläßt die Auswahl der Stücke dem Lieferanten; goods have been designated by their kind only)
Gattungsname *m*
(Log) generic name
– general term
Gattungssachen *fpl*
(Re) generic (*or* unascertained) goods
(opp, konkrete Sachen: specific or ascertained goods)
– generics
Gattungsschuld *f*
(Re) obligation in kind
– generic obligation
(Re) obligation to supply unascertained goods
– obligation to deliver a generically defined thing
(ie, merchantable goods of average kind and quality, § 243 BGB)
Gattungsware *f* (Re) = Gattungssachen
Gauß-Markoffscher Satz *m* (Stat) Gauss-Markov theorem
Gaußsche Einheitsvariable *f* (Stat) unit normal variate
Gaußsche Glockenkurve *f* (Math) Gaussian bell-shaped curve
Gaußsche Normalverteilung *f* (Stat) Gaussian distribution
Gaußsche Zahlenebene *f*
(Math) Argand diagram
– Gaussian plane
Gaußverteilung *f* (Stat) = Normalverteilung, qv
GAZ (EG) = Gemeinsamer Außenzolltarif
GBO (Re) = Grundbuchordnung
GbR (Re) = Gesellschaft bürgerlichen Rechts
GDV (Vers) = Gesamtverband der Deutschen Versicherungswirtschaft
geätzte Schaltung *f*
(EDV) etched circuit
(syn, gedruckte Schaltung)
Gebaren *n*
(com) behavior
– practices
– mode of handling
Gebarung *f* (com) = Gebaren
Gebarungskontrolle *f*
(FiW) operational audit
(ie, betrifft Ordnungsmäßigkeit der Gebarungshandlungen, auch Unterlassungen, die in den Büchern aufgezeichnet sind)
Gebäude *npl* (ReW, *balance sheet item*) buildings
Gebäudeabschreibungen *fpl* (ReW, KoR) building depreciation
Gebäudebesteuerung *f*
(StR) taxation of buildings
(ie, may comprise elements of real property tax, net worth tax, income tax, and real property transfer tax)
Gebäude *npl* **einschl. Ein- und Umbauten** (ReW) buildings and improvements
Gebäudekosten *pl*
(com) building occupancy expenses
(ie, depreciation, interest, repairs, heating, lighting, etc.)
Gebäudereparaturen *fpl* (com) building repairs

Gebäudeschaden *m* (com) damage to a building
Gebäudeunterhaltung *f* (com) building maintenance and upkeep
Gebäudeversicherung *f* (Vers) building insurance
Gebäudewert *m*
(StR) value of building
(ie, construction cost + income)
Geber *m* (StR) payor, § 10 I No. 1 EStG
Geberland *n*
(Vw) donor country
(IWF) selling country
Gebiet *n*
(com) territory
(Log) subject area
gebietsansässig (AuW) resident
Gebietsansässiger *m* (StR) resident (individual)
Gebietsaufteilung *f*
(Vw) zoning
(Kart, US) division of territories
gebietsfremde Einlagen *fpl* (Fin) non-resident deposits
Gebietsfremden-Kontingent *n* (AuW) nonresident quota
Gebietsfremder *m* (StR) nonresident (individual)
Gebietshoheit *f* (Re) territorial jurisdiction
Gebietskartell *n*
(Kart) market sharing cartel
(ie, limited agreement allocating markets with a view to saving transport and advertising costs)
Gebietskörperschaft *f*
(Re) government(al) unit
– unit of government
– political subdivision
– territorial division
Gebietskörperschaften *fpl* (com) central, regional, and local authorities
Gebietsleiter *m*
(com) regional manager
– division area supervisor
Gebietsprovision *f*
(com) overriding commission
(ie, of a commercial agent)
Gebietsvertreter *m* (com) regional commercial representative
Gebilde *n* (Re) entity
Gebinde *n*
(com) barrel
– cask
(ie, used for storing alcoholic beverages)
geborene Orderpapiere *npl*
(WeR) original order papers
(ie, auch gesetzliche Orderpapiere; die Möglichkeit der Übertragung durch Indossament gilt ohne weiteres für Wechsel, Scheck, Namensaktie; Art 11 I WG, Art 14 I ScheckG, § 68 AktG; opp, gekorene Orderpapiere)
Gebot *n*
(com) bid
(eg, at auction)
(Bö) buyers
Gebot *n* **abgeben** (com) to make a bid
gebotener Preis *m* (com) bid price
Gebrauchsabnahme *f* (com) final acceptance of completed building
Gebrauchsabweichung *f* (KoR) use variance
Gebrauchsanweisung *f* (com) instructions for use
Gebrauchsartikel *m* (com) article of daily use
Gebrauchsdefinition *f*
(Log) contextual definition
– definition in use
– postulational definition
Gebrauchseignung *f* (com) fitness for use
Gebrauchsgrafik *f* (Mk) commercial/advertising . . . art
Gebrauchsgrafiker *m* (Mk) industrial/commercial . . . artist
Gebrauchsgüter *npl*
(com) durable consumer goods
– consumer durables
– durables
Gebrauchsgüterpanel *n* (Mk) consumer durables panel
Gebrauchslizenz *f* (Pat) license for use
Gebrauchsmuster *n*
(Pat) utility-model patent
(ie, second-class patent for ‚petty' inventions of useful articles; Recht zur ausschließlichen Nutzung der unter s–n Schutz gestellten Erfindung; es genügt e–e niedrigere Erfindungshöhe als beim Patent; cf auch Pariser Verbandsübereinkunft)
– industrial design
– utility patent
– petty patent
– design patent
Gebrauchsmusterberühmung *f* (Pat) holding out as a utility-patented article
Gebrauchsmusterhilfsanmeldung *f* (Pat) auxiliary utility model registration
Gebrauchsmusterschutz *m* (Pat) legal protection of utility patents
Gebrauchstarif *m* (AuW) autonomous tariff
Gebrauchstauglichkeit *f*
(IndE) adequacy *(cf, DIN 55 350.T11)*
– fitness for use
(ie, Eignung e–s Produktes für den geplanten Verwendungszweck)
Gebrauchsüberlassung *f*
(ReW) loan for use
(Re) transfer for use
Gebrauchsüberlassungsvertrag *m* (Re) contract for the transfer of use
Gebrauchsvermögen *n* (VGR) national wealth earmarked for consumption
Gebrauchsverschleiß *m*
(ReW) depreciation based on use
(eg, through ordinary or normal wear and tear)
Gebrauchswert *m*
(com) practical value
(Vw) value in use
Gebrauchszolltarif *m* (Zo) working tariff
Gebrauchtmaschinen *fpl* (com) used equipment
Gebrauchtwagen *m* (com) second-hand (*or* used) car
Gebrauchtwagenmarkt *m* (com) used-car market
Gebrauchtwagenpreisliste *f*
(com, GB) Glass's guide
(ie, equivalent, for instance, to ‚Schwacke')
Gebrauchtwaren *fpl* (com) second-hand articles
Gebrauchtwarenhändler *m* (com) second-hand dealer

Gebrauchtwarenmarkt *m* (com) second-hand market
GebrMG (Pat) = Gebrauchsmustergesetz
gebrochene Abschreibung *f*
(KoR) broken-down depreciation
(ie, into fixed and proportional elements; used in standard direct costing = Grenzplankostenrechnung)
gebrochene Preise *mpl* (com) odd prices
gebrochener Exponent *m* (Math) fractional exponent
gebrochener Schluß *m* (Bö) odd lot
gebrochener Verkehr *m* (com) combined transportation *(eg, rail/road, rail/truck; opp, kombinierter Transport)*
gebrochene Währung *f* (Fin) more than one currency
gebrochen rationale Funktion *f* (Math) fractional equation
Gebühr *f*
(com) fee
(eg, admission/entrance/parking . . . fee)
(Re) professional fee
Gebühren *fpl*
(FiW) public charges
– direct-user charges
– benefit taxes
(Fin, sometimes) commission
Gebührenanzeiger *m*
(com) tollcharge meter
– (GB) call-charge indicator
Gebührenaufstellung *f* (com) account of charges
Gebühren *fpl* **berechnen** (com) to charge fees
Gebühreneinheit *f* (com) (telephone) call charge unit
Gebühren *fpl* **entrichten** (com) to pay fees
Gebühren *fpl* **erheben** (FiW) to levy fees
Gebührenerhöhung *f* (com) increase of charges or fees
Gebührenerlaß *m* (com) remission of charge (*or* fee)
Gebührenerstattung *f* (com) refund of charges
Gebühren *fpl* **festsetzen** (com) to fix fees
gebührenfrei
(com) at no charge
– free of charge
– without charge
gebührenfreies Konto *n* (Fin) account on a non-charge basis
Gebühren *fpl* **für Müllabfuhr** (com) fees for garbage disposal
Gebührenmarke *f* (com) fee stamp
Gebührenordnung *f*
(com) fee scale
– schedule of fees
(Re, US) fee bill
Gebührenordnung *f* **für Kursmakler** (Bö) brokers' pricing schedule
Gebührenrechnung *f* (com) bill of charges (*or* costs)
Gebührenrückerstattung *f* (com) fee refund
Gebührensatz *m*
(com) billing rate *(eg, per accountant hour)*
(Re) rate of charges
Gebührentabelle *f*
(com) scale of charges
(Re) schedule of fees
(Fin) tariff of charges
(ie, scale of interest rates and charges in banking)
Gebührentarif *m* (Re) fee schedule
Gebühr *f* **für ungenutzte Liegetage** (com) dispatch money
gebündelte Versicherung *f*
(Vers) bundled insurance cover
(opp, kombinierte Versicherung)
gebunden
(Re) bound *(eg, by contract)*
– committed
gebundene Entwicklungshilfe *f*
(AuW) tied aid
– procurement tying
gebundene Erfindung *f* (Pat) employee's invention made available to the employer
gebundene Finanzmittel *pl*
(MaW) funds tied up in inventories
– cash (*or* capital) lockup in raw materials and supplies
gebundene Mindestreserven *fpl* (Vw) nonavailable (*or* immobilized) liquidity
gebundene Namensaktie *f* (Fin) registered share of restricted transferability
gebundener Preis *m*
(Vw) controlled price
(opp, free market price)
(Kart) maintained (*or* fixed) price
(see: resale price maintenance)
gebundener Zahlungsverkehr *m* (Vw) payments by means of currencies agreed upon between two countries
gebundenes Kapital *n*
(ReW) fixed capital
(Fin) tied-up (*or* locked-up) capital
gebundene Spanne *f* (Mk) restricted margin
gebundenes Vermögen *n* (Vers) restricted assets
gebundene Variable *f*
(Math) bound(ed) variable
(syn, scheinbare Variable)
gebundene Vermögenswerte *mpl* (Bw) blocked (*or* frozen) assets
gebundene Zollsätze *mpl* (AuW) bound rates
Geburtenhäufigkeit *f* (Stat) fertility
Geburtenkontrolle *f*
(com) birth control
(ie, by drastically reducing the number of conceptions)
Geburtenstatistik *f* (Stat) birth statistics
Geburtenziffer *f* (Stat) birth rate
Geburtsbeihilfe *f* (StR) birth benefit, § 3 No. 15 EStG
Geburtshilfe *f* (SozV) childbirth care
Geburtsurkunde *f* (com) birth certificate
Gedächtnisprotokoll *n* (com) minutes from memory
Gedächtnistest *m* (Mk) (aided) recall test
gedämpfte Schwingung *f* (Vw) damped oscillation
Gedankenaustausch *m*
(com) exchange of ideas (on)
– (infml) swapping ideas (on)
Gedankengang *m* (com) line of thought
gedeckte Calls *pl* (Bö) covered calls

gedeckte Option *f* (Bö) covered option
gedeckter Kredit *m* (Fin) secured loan (*or* credit)
gedeckter Optionsschein *m* (Fin) covered warrant
gedeckter Wagen *m*
(com) boxcar
– (GB) covered goods waggon *(syn, G-Wagen)*
gedecktes Risiko *n* (Vers) risk covered
Gedingelohn *m*
(Pw) job (*or* piece) wage
(ie, in the mining industry)
gedruckte Auflage *f* (com) print/press . . . run
gedrückter Markt *m*
(Bö) depressed market
– weak (*or* sagging) market
– heavy market
(ie, denotes a drop in prices due to selling of long stock by holders who are taking profits)
gedruckter Schaltkreis *m* (EDV) printed circuit
gedruckte Schaltung *f*
(EDV) printed circuit board
(syn, geätzte Schaltung, Flachbaugruppe)
geeigneter Ersatzartikel *m* (com) acceptable substitute
geeignete Schritte *mpl* (com) appropriate action *(eg, to take . . .)*
Gefahr *f*
(Vers) risk
– hazard
– peril
gefährden
(com) to endanger
– to jeopardize
– to put at risk
gefährdeter Beruf *m* (Pw) hazardous occupation
Gefährdungsbereich *m* (Bw) area of risk
Gefährdungshaftung *f*
(Re) strict liability (in tort)
– absolute liability
– liability based on causation irrespective of fault
(ie, responsibility for hazardous activities where damage was caused neither intentionally nor negligently; sie ist Ausgleich für ein legales Betriebsrisiko; auf die übliche Fiktion e–r vertraglichen Haftung wird inzwischen verzichtet; opp, Verschuldenshaftung = liability based on proof of fault)
Gefahrengemeinschaft *f*
(Vers) community of risks
(SeeV) contributing interests
Gefahrenherd *m*
(com, infml) hot spot
(ie, where there is likely to be trouble)
Gefahrenklasse *f*
(Vers) class (*or* category) of risks
– experience rating
Gefahrenklausel *f* (Vers) emergency (*or* perils) clause
Gefahrenmerkmale *npl* (Vers) particulars of risk
Gefahrenprämie *f* (Vers) extraordinary perils bonus
Gefahrenquelle *f* (Vers) safety hazard
Gefahrenrückstellung *f* (Vers) reserve for special risks
Gefahrentarif *m*
(SozV) danger list
(ie, based on the number of accidents in a specified sector; used by the Berufsgenossenschaften)
Gefahren *fpl* **tragen** (com) to bear risks
Gefahrenübergang *m* (Re) = Gefahrübergang
Gefahrenübernahme *f* (Re) assumption (*or* acceptance) of risk
Gefahrenzulage *f*
(Pw) danger . . . /money/pay
– danger zone/hazard . . . bonus
(cf, Erschwerniszulage)
Gefahrerhöhung *f* (Vers) extended risk (*or* hazard)
Gefahr *f* **geht über** (Re) risk passes
gefahrgeneigte Arbeit *f*
(Pw) accident/risk . . . prone work
– hazardous occupation
Gefahrgüter *npl* (com) dangerous goods
Gefahrminderung *f* (Vers) risk-reducing measure (*or* arrangement)
Gefahrübergang *m*
(Re) passage of risk
(ie, in German law the maxim ‚cujus periculum ejus est commodum' applies: the burdens and advantages of the object which has been sold pass to the purchaser at the time the risk passes, § 446 BGB)
Gefälligkeitsadresse *f* (WeR) accommodation address
Gefälligkeitsakzept *n* (Fin) accommodation acceptance
Gefälligkeitsakzeptant *m* (Fin) accommodation acceptor
Gefälligkeitsdeckung *f* (Vers) accommodation line
Gefälligkeitsgarantie *f*
(WeR) accommodation contract
(ie, usually simply by signing the instrument)
Gefälligkeitsgiro *n* (WeR) = Gefälligkeitsindossament
Gefälligkeitsindossament *n*
(WeR) accommodation indorsement
(ie, guaranty of a negotiable instrument)
Gefälligkeitsindossant *m*
(WeR) accommodation endorser
(cf, UCC § 3-415)
Gefälligkeitskonnossement *n*
(com) accommodation bill of lading
(ie, issued by a common carrier prior to receipt of merchandise)
Gefälligkeitspapier *n*
(Fin) accommodation paper
(ie, bill or note endorsed to help another party)
Gefälligkeitswechsel *m*
(Fin) accommodation . . . bill/note/paper
(ie, zur Hebung der Kreditfähigkeit von Unternehmen = signed to accommodate another party whose credit is not strong enough; quite common in personal and business lending)
Gefälligkeitszeichner *m* (WeR) accommodation party
gefälschte Banknote *f*
(Fin) counterfeit bill
– (GB) forged note
Gefangenendilemma *n*
(OR) prisoner's dilemma
(ie, Konfliktsituation, in der Individuen bei individuell rationalem Verhalten ein für alle Beteiligten nachteiliges Ergebnis herbeiführen)
gefragt (com) in demand

Gefriergut *n*
(com) frozen food
– (GB) frosted foods
Gefriertrocknung *f* (com) freeze-drying *(eg, of vegetables)*
gegabelte Befragung *f* (Mk) split ballot
Gegenakkreditiv *n*
(Fin) back-to-back
– countervailing
– secondary . . . credit
(ie, two letters of credit are used to finance the same shipment)
gegen alle Gefahren (Vers) against all risks
gegen alle Risiken (com) against all risks, a.a.r.
Gegenangebot *n*
(com) counterbid
– counter-offer
Gegenanspruch *m*
(Re) counterclaim
– cross claim
Gegenanspruch *m* **geltend machen** (Re) to plead a compensating claim
Gegenanspruch *m* **stellen** (Re) to plead a compensating cross claim
Gegenauslese *f*
(Vers) anti-selection
– adverse selection
gegen bar verkaufen (com) to sell for cash
gegen Barzahlung (com) cash down
Gegenbestätigung *f* (com) counterconfirmation
Gegenbetrieb *m* (EDV) duplex transmission
Gegenbewegung *f*
(Stat) countermovement
– scissor movement
(eg, of time series in a business cycle diagram)
Gegenbeweis *m* (Re) rebutting (*or* counter) evidence
Gegenbeweis *m* **antreten** (Re) to offer evidence in rebuttal
Gegenbieter *m* (com) competitive bidder
Gegenbuchung *f*
(ReW) contra
– cross
– offsetting
– reversing . . . entry
Gegenbürge *m* (Re) counter surety
Gegendarstellung *f*
(com) counterstatement
(Mk) (voluntary) counter advertising
gegen die guten Sitten (Re) contra bonos mores
Gegendienst *m*
(com) reciprocal service
– service in return
gegen Entgelt
(Re) for a consideration
– against ‚quid pro quo'
Gegenerklärung *f* (com) counterstatement
Gegenforderung *f* (com) counterclaim
Gegengarantie *f*
(com) counter guarantee
(Re) counter indemnity
Gegengeschäft *n*
(com) back-to-back transaction
– counterdeal
(AuW) counter-purchase
(ie, Verpflichtungen werden im Gegensatz zu den Kompensationsgeschäften i. e. S. nicht in einem, sondern in zwei Verträgen niedergelegt: (a) Liefer- od Basisvertrag und (b) Gegenlieferungsvertrag; im Außenhandel von erheblicher Bedeutung; fällt unter den Oberbegriff des ‚countertrade'; cf, auch Parallelgeschäft)
(Bö) offsetting transaction
(Vers) reciprocity business
(ie, in reinsurance)
gegengewichtige Marktmacht *f* (Vw) countervailing power *(K. Galbraith)*
Gegengutachten *n* (com) opposing expert opinion
Gegenhypothese *f* (Stat) non-null hypothesis
Gegenkaperbrief *m* (SeeV) letter of countermart
Gegenkonto *n* (ReW) contra account
gegenläufige Güter- und Geldströme *mpl* (Vw) bilateral flows
gegenläufige Position *f* (Fin) matching open position
gegenläufiger Zyklus *m*
(Vw) counter-cyclical pattern
– anticyclical pattern
– reciprocal cycle
(eg, of prices, unemployment)
Gegenleistung *f*
(Re) quid pro quo
(ie, strictly speaking, the doctrine of ‚consideration' has no counterpart in German law)
(Re) counter-performance, §§ 323–325 BGB
gegenlesen (com) to compare
Gegenmacht *f* (Vw) countervailing power *(K. Galbraith)*
Gegenmaßnahme *f*
(com) countervailing measure
(AuW) countermeasure *(against)*
– retaliation
– retaliatory action
gegen Null konvergieren (Math) to approach toward zero
Gegenofferte *f* (com) counter-offer
Gegenposten *m*
(VGR) contra entry
(ie, changes in the external position)
(ReW) per contra item
Gegenrechnung *f*
(com) bill in return
– invoice for setoff purposes
Gegensaldo *m* (ReW) counter balance
gegenseitig ausschließende Ereignisse *npl* (OR) mutually exclusive events
gegenseitige Bankforderungen *fpl* (Fin) interbank balances
gegenseitige Bedingungen *fpl* (Re) concurrent (*or* mutual) conditions
gegenseitige Kostenstellenverrechnungen *fpl* (KoR) mutual cost center charge transfers
gegenseitige Lizenzgewährung *f*
(Pat) cross-licensing *(syn, Lizenzaustausch)*
gegenseitiger Vertrag *m*
(Re) reciprocal
– bilateral
– synallagmatic . . . contract
(ie, agreement intending to create obligations on both sides)

gegenseitige Vereinbarung *f* (Re) mutual agreement
gegenseitige Verpflichtung *f* (Re) mutual (*or* reciprocal) obligation
Gegenseitigkeit *f*
(Re) reciprocity
– mutuality
Gegenseitigkeitsabkommen *n* (AuW) reciprocal trade agreement
Gegenseitigkeitsgeschäft *n* (AuW) reciprocal deal (*or* transaction)
Gegenseitigkeitsgesellschaft *f*
(Re) noncommercial civil-law partnership
(ie, most frequently used in the insurance industry: mutual insurance company)
Gegenseitigkeitsklausel *f* (AuW) reciprocity clause
Gegenstand *m* **des Anlagevermögens** (ReW) fixed asset
Gegenstand *m* **des Geschäftsverkehrs** (StR) activity of economic significance
Gegenstände *mpl* **des täglichen Bedarfs**
(com) necessaries
– convenience goods
Gegenstand *m* **e–r Gesellschaft** (Re) object (*or* purpose) of a company
Gegenstand *m* **e–r Patentanmeldung** (Pat) subject matter of a patent application
Gegenstand *m* **e–s Patents** (Pat) subject matter of a patent
Gegenstand *m* **e–s Vertrages** (Re) subject matter of a contract
Gegenstandsbereich *m*
(Log) universe of discourse
– domain of individuals
– field of attention (*or* concentration *or* study)
(Math) reference set
Gegenstandsraum *m* (Log) semantic domain
Gegenstromverfahren *n* (Bw) mixed top-down/bottom-up planning system
Gegen-Swap *m* (Bö) reverse swap
gegenüber dem Vorjahr
(com) compared with the previous year
– from a year earlier
– on the previous year
Gegenübernahmeangebot *n* (com) anti-takeover proposal
Gegenverkauf *m*
(com) sale in return
– counter-sale
Gegenverpflichtung *f* (Re) mutual promise
Gegenversicherung *f* (Vers) mutual (*or* reciprocal) insurance
Gegenwahrscheinlichkeit *f* (Stat) inverse probability
gegenwärtiger Preis *m* (com) current (*or* prevailing) price
Gegenwartskonsum *m* (Vw) current consumption
Gegenwartswert *m*
(ReW) current purchase price
(Fin) = Barwert, qv
Gegenwechsel *m* (WeR) cross bill
Gegenwert *m*
(Fin) equivalent amount
(Fin) countervalue *(eg, bills and checks)*
(Fin) proceeds *(ie, in the sense of ‚Erlös')*
Gegenwert *m* **e–r Anwartschaft** (Vers) present value of an expectancy
Gegenwertfonds *m* (Vw) = Gegenwertmittel
Gegenwertmittel *pl* (Vw) counterpart funds
Gegenwert *m* **überweisen** (Fin) to transfer countervalue
gegenzeichnen (com) to countersign
Gegenzeichnung *f* (com) counter-signature
gegliedertes Dokument *n* (EDV) structured document *n*
Gehalt *n* (com) salary
Gehalt *n* **beziehen** (com) to draw (*or* receive) a salary
Gehalt *n* **erhöhen** (com) to increase the salary
Gehaltsabrechnung *f* (EDV) salary printout
Gehaltsabzug *m*
(Pw) deduction from salary
– paycheck deductions
Gehaltsansprüche *mpl*
(Pw) desired pay (*or* salary)
(Pw) pay claims
Gehaltsaufbesserung *f* (Pw) = Gehaltserhöhung
Gehaltseinzelkosten *pl* (KoR) direct salary costs
Gehaltsempfänger *mpl*
(com) salaried employees
– salaried personnel
– salaried workers
– salary earners
Gehaltserhöhung *f*
(com) salary increase
– pay rise (*or* US: raise)
Gehaltsfortzahlung *f*
(SozV) continued payment of salary
(ie, im Krankheitsfalle: in case of illness)
Gehaltsklasse *f* (Pw) salary bracket
Gehaltskonto *n*
(ReW) salary account
(Pw) employee's salary account
Gehaltskurve *f* (Pw) wage curve
Gehaltskürzung *f*
(com) salary cut
– reduction in salary
Gehaltsliste *f*
(Pw) payroll
– salary roll
Gehaltsniveau *n* (Pw) salary level
Gehaltspfändung *f* (Re) attachment (*or* garnishment) of salary
Gehaltspolitik *f* (Pw) compensation policy
Gehaltsstreifen *m* (com) pay slip
Gehaltsstruktur *f* (Pw) salary structure
Gehaltssummenstatistik *f* (Pw) payroll statistics
Gehaltsunterschiede *mpl* (Pw) salary differential
Gehaltsverrechnungskonto *n* (ReW) payroll account
Gehaltsvorschuß *m* (com) salary advance
Gehaltswünsche *mpl* (Pw) desired pay
Gehaltszettel *m* (com) pay slip
Gehaltszulage *f* (com) additional salary
gehandelt
(Bö) quoted
– listed
– traded
(ie, on the stock exchange)
gehandelt und Brief (Bö) dealt and offered

Gehäuse *n* (com) cabinet
Geheimbuchführung *f*
(ReW) undisclosed accounting
(ie, employees have no access to key portions of books and records; this is not against principles of orderly accounting)
geheimer Mangel *m*
(Re) latent
– hidden
– concealed . . . defect
(ie, not apparent on the face of product, document, etc.)
geheimer Vorbehalt *m*
(Re) mental reservation
– hidden intention
(ie, denotes a dishonest excuse for evading a contractual promise, § 116 BGB)
geheimes Einverständnis *n* (Re) collusion
geheimes Wettbewerbsverbot *n* (Kart) blacklisting, § 75 HGB
geheime Wahl *f* (Pw) election by secret ballot
Geheimhaltungspflicht *f* (Pw) obligation to maintain secrecy
Geheimnisverrat *m* (Kart) disclosure of business secrets, §§ 17 ff UWG
Geheimnummer *f*
(com) unlisted number
(ie, telephone number not recorded in the public phone book and not available for information)
(EDV) personal identity number, PIN
Geheimpatent *n* (Pat) secret patent
Geheimsache *f*
(com) secret matter
– classified item
gehemmtes Exportwachstum *n* (Vw) constrained export growth
gehobener Bedarf *m* (Mk) non-essential demand
gehörige Konsultation *f* (Re) due consultation
Gehorsamspflicht *f* (Re) duty (*or* obligation) to comply with instructions
gehortetes Geld *n* (Vw) inactive money
geht gegen unendlich (Math) tends to infinity
geh- und stehbehindert (SozV) unable to walk and stand properly
Geisterstunde *f*
(Bö, US, infml) triple witching hour
(ie, an der New Yorker Börse: einmal im Quartal, wenn Terminkontrakte und Optionen auf Marktindizes und Aktien auslaufen)
geisteskrank
(Re) insane
– mentally ill
Geisteskranker *m*
(Re) person of unsound mind
– person non compos mentis
Geisteskrankheit *f*
(Re) mental illness, § 104 BGB
– unsoundness of mind
– insanity
Geistesschwäche *f*
(Re) mental infirmity (*or* weakness)
– feebleness of mind
(ie, a mentally weak person may have lucid intervals; opp, Geisteskrankheit = mental illness)
geistige Fähigkeit *f* (Pw) mental capability
geistiges Eigentum *n*
(Re) intellectual property
(ie, e–e der wesentlichen Grundlagen des Urheberrechts; genießt den Eigentumsschutz aus Art. 14 GG)
geizig (com, infml) cheeseparing
gekapselter Typ *m* (EDV) encapsulated type
gekettete Adressierung *f* (EDV) chained addressing
gekettete Datei *f* (EDV) chained file
geknickte Nachfragekurve *f*
(Vw) kinked (*or* kinky) demand curve
– cornered demand curve
gekoppelte Börsengeschäfte *npl* (Bö) matched sales
gekoppelte Stichproben *fpl* (Stat) linked samples
gekorene Orderpapiere *npl*
(WeR) order papers by transaction (*or* GB: act of the party)
(ie, auch gewillkürte O.; bestimmte Papiere können durch Orderklausel [‚an eigene Order'] zu Orderpapieren gemacht werden: Konnossement, Ladeschein, Lagerschein, Transportversicherungspolicen; opp, geborene Orderpapiere)
gekreuzter Scheck *m*
(WeR) crossed check, §§ 37 ff ScheckG
(ie, Barzahlungsscheck, bei dem der Kreis der empfangsberechtigten Personen beschränkt ist; wird nach deutschem Recht als Verrechnungsscheck behandelt)
gekrümmte Nachfragekurve *f* (Vw) curvilinear demand curve
gekündigt (Pw) under notice
gekündigte Anleihe *f* (Fin) called bond
Geländeerschließungskosten *pl* (com) site development (*or* preparation) cost
Geld *n*
(Fin) money *(ie, notes and coin)*
(com) money
– (infml) cash *(money in any form)*
– (sl) bread
(Bö) bid
– buyers
– buyers over
Geldabfluß *m*
(Fin) outflow of funds
(Fin) cash outflow
Geld *n* **abheben**
(Fin) to draw (*or* withdraw) money
(ie, from bank account)
Geld *n* **abschöpfen**
(FiW) to skim money from the economy
(ie, through higher taxes)
Geldabundanz *f*
(Fin) abundance of money
(ie, in the banking system and in the money market)
Geldakkord *m* (Pw) money piece rate
Geldangebot *n*
(Vw) money supply
(Fin) money supply *(eg, in the money market)*
Geldangebotsmultiplikator *m* (Vw) money supply multiplier
Geldanlage *f*
(Fin) (financial) investment
– employment (*or* investment) of funds

Geldanlagen *fpl* **der privaten Haushalte** (VGR) private savings
Geldanlagen *fpl* **entgegennehmen** (Fin) to accept deposits
Geldanlagen *fpl* **im Ausland** (Fin) funds employed abroad
Geldanlagen *fpl* **von Gebietsfremden** (Fin) nonresident investments
Geld *n* **anlegen**
(Fin) to invest
– to put money (into)
– to sink money (into)
Geldanleger *m* (Fin) investor
Geldanspruch *m* (Re) monetary claim
Geld *n* **aufbringen** (Fin) to raise (*or* borrow) money
Geld *n* **aufnehmen** (Fin) to borrow/take up . . . money
Geldausgabeeinheit *f* (Fin) document dispenser
Geldausgang *m* (Fin) cash disbursement
Geld *n* **ausleihen**
(Fin) to lend
– to give out money (to)
Geldautomat *m*
(Fin, GB) cash dispenser
(Fin) cash dispensing machine
Geldautomaten-Karte *f* (Fin) cash card
Geldautomatensystem *n*
(Fin) ATM (automatic teller machine) system
– (GB) cash dispenser system
Geldbasis *f*
(Vw) cash/monetary base
(ie, central bank money + demand deposits with central bank; syn, monetäre Basis, Primärgeld, exogenes Geld)
Geldbedarf *m* (Fin) cash requirements
Geld *n* **bei e–r Bank haben** (Fin) to have/keep money in/with a bank
Geld *n* **bereitstellen**
(Fin) to put up money
(ie, for a project)
Geld *n* **beschaffen**
(Fin) to find
– to procure
– to raise . . . money
– (infml) to dig up money somewhere
Geldbeschaffung *f*
(Fin) provision of funds
(ie, converting nonliquid assets into cash)
Geldbeschaffungskosten *pl*
(Fin) cost of finance
– cost of raising (*or* procuring) money
(Fin) financing costs for the bank itself
Geldbestand *m* (Fin) monetary holdings
Geld-Brief-Schlußkurs *m* (Bö) bid-ask close
Geld-Brief-Spanne *f* (Bö) price spread
Geldbuße *f*
(Re) administrative fine
(ie, für schuldhafte Begehung von Ordnungswidrigkeiten)
(StR) fine
(Kart) monetary fine
Gelddarlehen *n*
(Fin) money loan
(ie, am stärksten verbreiteter Fall des Darlehens)
Gelddeckung *f*
(Vw) gold or foreign exchange cover
(ie, of money in circulation)
(Fin) sum total of liquid funds
(ie, raised through realizing physical assets or procuring money)
Gelddisponent *m* (Fin) money manager
Gelddisponibilitäten *fpl* (Fin) available liquid funds
Gelddisposition *f*
(Fin) cash management
(Fin) money dealing (*or* operations)
Gelddispositions-Stelle *f* (Fin) money-management department
Geldeingang *m*
(Fin) cash receipt
(Fin) inflow of liquid funds
(ie, from sales of goods, services, or receivables)
Geldeingänge *mpl* (Fin) monies received
Geldeinheit *f* (Vw) monetary unit
Geldeinkommen *n* (Vw) money income
Geldeinkommen *n* **des Haushalts** (Vw) consumer's money income
Geldeinlage *f*
(Fin) contribution in cash
– cash contribution
(opp, Sacheinlage = contribution in kind od noncash contribution)
Geldeinstandskosten *pl*
(Fin) cost of money *(ie, bank's own financing cost)*
Geld *n* **einzahlen**
(Fin) to pay in money
(Fin) to deposit money at/with a bank
Geldeinzug *m* (Fin) collection of receivables
Geldentschädigung *f* (Re) money (*or* pecuniary) compensation
Geldentwertung *f*
(Vw) inflation
– fall in the value of money
Geldentwertungsindex *m* (Stat) inflation index
Geldentwertungsrate *f* (Vw) rate of inflation
Geldentwertungsschaden *m* (Re) loss sustained through rising inflation
Gelder *npl* **abziehen** (Fin) to withdraw funds
Gelder *npl* **anlegen** (Fin) to invest funds
Gelder *pl* **der öffentlichen Hand** (FiW) public funds
Geldersatzmittel *n* (Fin) substitute money
Gelderwerb *m* (Fin) money-making
Geld *n* **fest anlegen** (Fin) to tie up money
Geldfluß *m* **aus Geschäftstätigkeit** (ReW) cash flow
Geldflüssigkeit *f* (Fin) = Geldmarktverflüssigung
Geldflußrechnung *f* (Fin) cash flow statement *(Note: ‚Finanzflußrechnung' is the preferred term in German managerial finance)*
Geldforderung *f*
(Fin) money (*or* monetary) claim
– outstanding debt
Geldfunktionen *fpl* (Vw) functions of money
Geldgeber *m*
(Fin) (money) lender
(com) financial backer
– sponsor
Geldgeschäft *n*
(Fin) money-market business
(Fin) money (*or* financial) transaction
(Fin) procurement and disposal of funds

Geldhahn *m* (Fin, infml) money faucet *(eg, opens up)*
Geldhaltungssektor *m* (EG, Fin) money-holding sector
Geldhandel *m*
(Fin) money-market dealings
(ie, in central bank money between banks)
(Fin) money dealing (*or* trading)
Geldhandelslinie *f* (Fin) money market line
Geldhändler *m* (Fin) money dealer
Geld *n* **hinauswerfen** (com, infml) to throw money down the sink
Geld *n* **hineinstecken**
(Fin) to invest money (into)
– to sink money into
Geld *n* **horten** (Vw) to hoard money
Geldhortung *f* (Vw) hoarding of money
Geldillusion *f*
(Vw) money illusion *(I. Fisher)*
– veil of money
Geldimport *m* (Fin) = kurzfristiger Kapitalimport
Geldinstitut *n* (Fin) financial institution
Geld *n* **investieren** (Fin) to invest money (into)
Geldkapital *n*
(Vw) monetary capital
(opp, Real- od Sachkapital)
Geldkapitalbildung *f* (Vw) formation of monetary capital
Geldkapitalerhaltung *f* (ReW) maintenance of money capital
Geld *n* **knapp halten** (Vw) to keep credit tight
Geldknappheit *f*
(Vw) money squeeze (*or* stringency)
(Fin) scarcity (*or* shortage) of money
– (infml) money crunch
Geldkosten *pl*
(Fin) cost of money
(KoR) money cost
(ie, equivalent of materials used)
Geldkredit *m*
(Fin) monetary credit
(eg, Fest- od Kontokorrentkredit, Ratenkredit, Personalkredit, dinglich gesichertes Darlehen, usw)
Geldkreislauf *m*
(Vw) circular flow of money
– money circuit
Geld *n* **kündigen** (Fin) to call in money
Geldkurs *m*
(Fin) buying rate
(ie, im Devisenhandel = in currency trading)
(Bö) bid
– bid/demand . . . price
– buyers'/money . . . rate
Geldleihe *f*
(Fin) lending business
(ie, comprises loans, advances on current account, and credits by way of bills discounted)
Geld *n* **leihen**
(Fin) to borrow money *(syn, Geld aufnehmen)*
Geldleihverkehr *m* (Fin) money loan business between banks
Geldleistung *f* (com) payment
Geldleistungen *fpl*
(SozV) cash benefits
(opp, Sachleistungen = in-kind benefits)

Geld *n* **locker machen** (com, infml) to stump up money
Geldlohn *m*
(Pw) money wage
(opp, Naturallohn)
Geldmangel *m*
(Fin) lack of money
– want of finance
Geldmarkt *m*
(Fin) money market
(ie, in a broad sense: any demand for and supply of funds and credits)
(Fin) money market
(ie, in the technical sense: the open market for short-term funds)
(Fin, US) money market
(ie, includes the capital market for longer-term funds (government and corporate bonds and stocks) provided by dealers and underwriters)
– (GB, infml) Lombard Street
– (US, infml) Wall Street
Geldmarktanlage *f*
(Fin) employment of funds in the money market
– money market investments
geldmarktfähige Aktiva *pl*
(Fin) assets eligible for the money market
(ie, those which are also eligible for discount with the central bank)
geldmarktfähige Papiere *npl* (Fin) paper eligible for the money market
Geldmarktfonds *m*
(Fin) money market (mutual) fund
(ie, mit erstklassigen Geldmarktpapieren)
Geldmarktgeschäfte *npl* (Fin) money market dealings (*or* activities)
Geldmarktkredite *mpl* (Fin) money market loans
Geldmarktpapiere *npl* (Fin) money market paper
Geldmarktsatz *m* (Fin) money rate
Geldmarktsätze *mpl* (Vw) money (market) rates
Geldmarktsätze *mpl* **unter Banken** (Fin) interbank money market rates
Geldmarktsteuerung *f* (Fin) money market control
Geldmarktteilnehmer *m* (Fin) money market operator
Geldmarkttitel *mpl* (Fin) = Geldmarktpapiere
Geldmarkttransaktionen *fpl* (Fin) money market transactions *(cf, Übersicht S. 372)*
Geldmarktverflüssigung *f*
(Fin) easing of money market
(ie, supply of loan funds satisfies demand)
Geldmarktverschuldung *f* (Fin) money market indebtedness
Geldmarktwechsel *m* (Fin) money market bill
Geldmarktzinsen *mpl* (Fin) money market (interest) rates
Geldmenge *f* (Vw) money supply (*or* stock) *(cf, Übersicht 374/375)*
Geldmenge *f* **knapp halten** (Vw) to keep a tight grip on the money supply
Geldmengenausweitung *f*
(Vw) money supply expansion
– monetary expansion
(syn, Geldmengenwachstum)
Geldmengenberechnung *f* (Vw) calculation of money . . . stock/supply

Geldmengen-Einkommensmechanismus *m* (AuW) money supply/income mechanism
Geldmengenentwicklung *f* (Fin) monetary growth
Geldmengenexpansion *f* (Vw) growth of money supply (*or* stock)
Geldmengen-Preismechanismus *m* (AuW) money supply/price-mechanism
Geldmengenregulierung *f* (Vw) management of money supply
Geldmengensteuerung *f*
(Vw) money supply control
– monetary targeting
Geldmengen- und Kreditzunahme *f* **beschränken** (Vw) to restrain the growth of money and credit
Geldmengenwachstum *n*
(Vw) monetary growth (*or* expansion)
– growth/expansion . . . of money supply
Geldmengenziel *n*
(Vw) monetary growth target
– monetary target
– money supply target
Geldmenge *f* **regeln** (Vw) to regulate the money supply
Geldmittel *pl* (Fin) cash resources
Geldmittelbestand *m* (Fin) cash position
Geldmittelbewegung *f*
(Fin) flow of funds
(ie, up dated statement of liquid funds extending over a period up to three months)
Geldnachfrage *f* (Vw) demand for cash
Geldnähe *f* (Fin) degree of liquidity
geldnahe Mittel *fpl* (ReW) cash equivalent
geldneutraler Sektor *m* (EG, Fin) money-neutral sector
Geldnutzen *m* (Vw) utility of liquid funds (*or* cash)
Geld *n* **ohne Edelmetalldeckung** (Vw) credit money
Geldplan *m* (Fin) cash plan
Geldplanung *f* (Fin) cash planning
Geldpolitik *f*
(Vw) monetary policy
(ie, durch Veränderung der Geldmenge, der Liquidität und des Zinses wird versucht, Geldnachfrage und Geldangebot zu beeinflussen; actions taken by central banks to affect monetary and other financial conditions in pursuit of broader objectives, such as sustainable growth of real output, high employment, and price stability)
geldpolitische Bremsen *fpl* (Vw) monetary brakes
geldpolitische Maßnahmen *fpl* (Vw) measures of monetary policy
geldpolitischer Indikator *m* (Vw) monetary policy indicator
geldpolitisches Instrumentarium *n* (Vw) tools of monetary policy
geldpolitische Ziele *npl* (Vw) monetary targets
Geldquelle *f* (Fin) money source
Geldrente *f*
(Re) annuity
(ie, right to receive periodic payments in compensation for loss of occupational ability or death, § 843 BGB)

Geldmarkttransaktionen

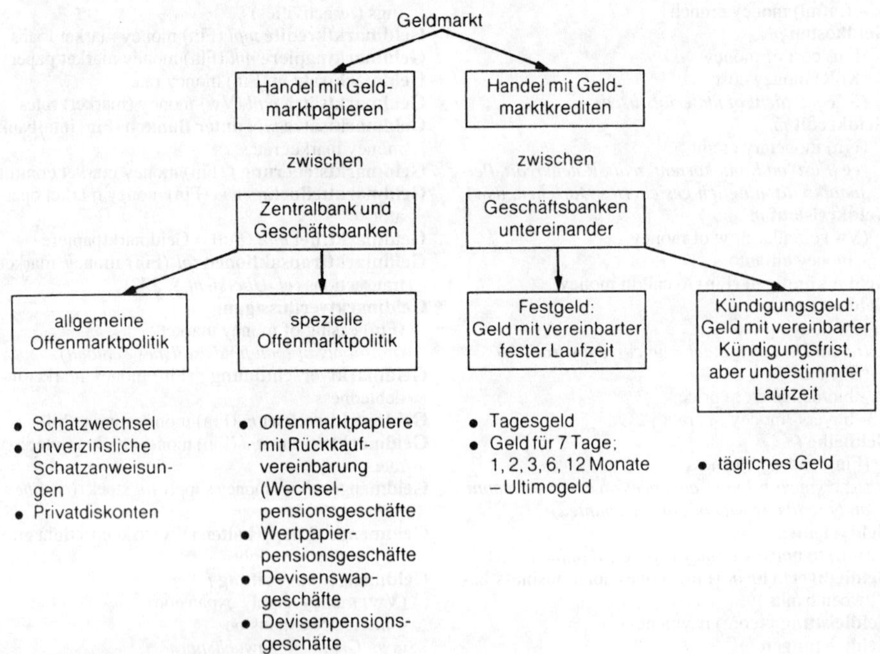

Quelle: Dichtl/Issing, Vahlens Großes Wirtschaftslexikon, Bd. 1, 2. Aufl., München 1993, 763.

Geldrepartierung *f* (Bö) scale-down of purchase orders
Geldreserve *f* (Vw) money reserve
Geldrückgabe *f* (com) money back
Geldsatz *m* (Fin) buying rate
Geldschaffung *f* (Vw) = Geldschöpfung
Geldschleier *m*
(Vw) veil of money *(syn, Geldillusion)*
Geld *n* **schöpfen** (Vw) to create money
Geldschöpfung *f* (Vw) creation of money
Geldschöpfungsgewinn *m* (Vw) seigniorage
Geldschöpfungskoeffizient *m* (Vw) money creation coefficient
Geldschöpfungsmultiplikator *m*
(Vw) bank money creation multiplier
– money creation multipler
– money supply expansion multiplier
– deposit multiplier
Geldschöpfungsprozeß *m* (Vw) money creation process
Geldschöpfungssektor *m* (EG, Fin) money issuing sector
Geldschuld *f* (Re) money debt (*or* owed), § 244 BGB
Geldsendung *f* (VGR) remittance
Geldsorten *fpl* (Fin) foreign notes and coin
Geld *n* **spielt keine Rolle** (com, infml) money no consideration
Geldspritze *f*
(Fin) injection of money
– (infml) fiscal shot in the arm
Geldsteuerung *f* (Vw) money supply control
Geld *n* **stillegen**
(Fin) to immobilize
– to neutralize
– to sterilize . . . money
Geldstillegung *f*
(Fin) locking up
– tying up
– sterilization . . . of money
Geldstrafe *f*
(Re) penalty
– fine
Geldstromanalyse *f*
(Vw) analysis of moneyflows
– flow-of-funds/money flow . . . analysis
Geldsubstitut *n* (Fin) near money
Geldsumme *f* (Fin) sum of money
Geldsurrogat *n* (Fin) substitute money
Geldtheorie *f*
(Vw) theory of money
– monetary economics
Geldtransfer *m* (FiW) cash grants
Geldüberhang *m* (Vw) excess money supply
Geld *n* **überweisen**
(Fin) to remit money
(ie, by mail or post)
Geldüberweisung *f*
(Fin) money transfer
(ie, transmission of funds by public or private telegraph)
– remittance
(Fin) remittance
– amount of money remitted
Geldüberweisungsgebühr *f* (Fin) money transfer charge
Geldumlauf *m*
(Vw) circulation of money
(Vw) money in circulation
(ie, currency [coin and paper money] in circulation)
– money supply (*or* stock)
(Vw) money turnover
Geldumlaufgeschwindigkeit *f* (Vw) velocity of circulation
Geldumsatz *m* (Fin) money turnover
Geld und Brief (Bö) bid and asked
Geld- und Kapitalvermittler *mpl* (Fin) financial intermediaries
Geld- und Kreditpolitik *f* (Vw) monetary policy
Geld- und Kredittheorie *f* (Vw) monetary theory
geld- und kreditwirtschaftliches Unternehmen *n* (Fin) financial enterprise
Geld- und Währungsordnung *f* (Vw) monetary order (*or* system)
Geld *n* **unterschlagen**
(Re) to embezzle
– to convert another's money to one's own use
– to take another's money
Geldunterschlagung *f* (Re) embezzlement
Geld *n* **verdienen**
(Fin) to make money
(Pw) to earn money
(ie, by working)
Geldverfassung *f* (Vw) monetary structure
Geldverkehr *m* (Fin) monetary movements (*or* transactions)
Geldverknappung *f*
(Fin) contraction of money supply
– monetary tightness
– money squeeze
Geldverleiher *m* (Fin) moneylender
Geld *n* **verlieren**
(Bö) to loose money
– (infml) to catch a cold
Geldvermögen *n* (VGR) financial assets
Geldvermögensbildung *f*
(VGR) acquisition of financial assets
(Vw) monetary wealth formation
Geldvermögensneubildung *f* (Vw) new capital formation
Geldvermögenswerte *mpl* (Fin) cash assets
Geldvernichtung *f*
(Vw) reduction of money supply
– destruction of money *(opp, Geldschöpfung)*
Geldverschlechterung *f* (Vw) currency depreciation
Geld *n* **verschwenden**
(Fin) to squander money
– (infml) to throw one's money about/around
Geldversorgung *f* **der Wirtschaft** (Vw) money supply
Geldversorgungsgeschäfte *npl*
(Fin) money creation and payments transactions
(ie, by banks)
Geldvolumen *n*
(Vw) money supply (*or* stock)
– volume of money
(syn, Geldmenge, qv)
Geldvolumen *n* **der Wirtschaft** (Fin) volume of money in the economy

Geldmengen-Aggregate

I. Bundesrepublik Deutschland

0.0 Zentralbankgeldmenge

(Geldbasis der Deutschen Bundesbank seit 1974): Bargeldumlauf (Einschl. Kassenbestände der Kreditinstitute) + Mindestreservesoll für Inlandsverbindlichkeiten der Banken
= central bank money supply (monetary base): currency in circulation (including banks' cash balances) + liabilities subject to reserve requirements to residents

1.0 Geldvolumen M1

Bargeldumlauf (ohne Kassenbestände der Kreditinstitute, jedoch einschließlich der im Ausland befindlichen DM-Noten und -Münzen)
= currency in circulation (excluding banks' cash balances, but including DM notes and coins held abroad)

\+ Sichteinlagen inländischer Nichtbanken
= domestic non-banks' sight deposits

2.0 Geldvolumen M2

M1

\+ Termingelder inländischer Nichtbanken bis unter 4 Jahren
= domestic non-banks' time deposits and funds borrowed for less than 4 years

3.0 Geldvolumen M3

M2

\+ Spareinlagen inländischer Nichtbanken mit gesetzlicher Kündigungsfrist
= domestic non-banks' savings deposits at statutory notice

Quelle: Monatsberichte der Deutschen Bundesbank – Monthly Report of the Deutsche Bundesbank, January 1986

II. Vereinigte Staaten

1.0 Money Supply M1

Currency (Bargeldumlauf) outside the Treasury, Federal Reserve Banks, and the vaults of commercial banks

\+ travelers checks (Reiseschecks) of nonbank issues

\+ demand deposits (Sichteinlagen) at all commercial banks other than those due to domestic banks, the U.S. government, and foreign banks and official institutions, less cash items in the process of collection and Federal Reserve float

\+ other checkable deposits (OCD) consisting of negotiable order of withdrawal (NOW) and automatic transfer service (ATS) accounts at depository institutions, credit union share draft accounts, and demand deposits at thrift institutions.

2.0 Money Supply M2

M1

\+ overnight (and continuing contract) repurchase agreements (RPs) issued by all commercial banks = bestimmte Wertpapierpensionsgeschäfte

\+ overnight Eurodollars issued to U.S. residents by foreign branches of U.S. banks worldwide = bestimmte Eurodollarguthaben

\+ money market deposit accounts, MMDAs = Geldmarktkonten

\+ savings deposits = Spraeinlagen

\+ small-denomination time deposits (time deposit – including retail RPs – in amounts of less than $100,000) = Termineinlagen unter 100.000 Dollar

\+ balances in both taxable and tax-exempt general purpose and broker/dealer money market mutual funds = Anteile an Geldmarktfonds

3.0 Money Supply M3

M2

\+ large-denomination time deposits = Termineinlagen über 100.000 Dollar

\+ term RP liabilities at commercial banks and thrift institutions= befristete Wertpapierpensionsgeschäfte mit Geschäftsbanken und Thrifts

\+ term Eurodollars (held by U.S. residents at foreign branches of U.S. banks worldwide and at all banking offices in the United Kingdom and Canada) = Termineinlagem am Euromarkt

\+ balances in institution-only money market mutual funds = institutionelle Anteile an Geldmarktfonds

Geldmengenaggregate

4.0 Money Supply L
M3
\+ nonbank public holdings of U.S. savings bonds, short-term Treasury securities, commercial paper and bankers acceptances, net of money market fund holdings of these assets

Source: Federal Reserve Bulletin, July 1985

III. Großbritannien

1.0 Money Supply MO
notes and coins in circulation with the public = Banknoten und Münzen in Händen von Nichtbanken
\+ banks' till money = Kassenbestände der Banken
\+ bankers' operational balances with the Bank of England = Guthaben der Banken bei der Bank von England
= wide monetary base (Geldbasis in weiter Fassung)

2.0 Money Supply M1
notes and coins in circulation with the public = Banknoten und Münzen in Händen von Nichtbanken
\+ private-sector non-interest-bearing sterling sight bank deposits = zinslose Sichteinlagen der privaten Nichtbanken bei britischen Banken
\+ non-interest-bearing component of M1 = unverzinsliche Komponente von M1
\+ private-sector interest-bearing sterling sight bank deposits = verzinsliche Sichteinlagen der privaten Nichtbanken bei britischen Banken

3.0 Money Supply M2
non-interest-bearing component of M1 = unverzinsliche Komponente von M1
\+ private-sector interest-bearing retail sterling deposits

4.0 Money Supply M3
M1
\+ private-sector sterling time bank deposits, original maturity of up to 2 years = private Termineinlagen, Laufzeit bis zu 2 Jahren
\+ private-sector holdings of sterling Certificates of Deposits = private Depositenzertifikate
\+ private-sector sterling time bank deposits, original maturity of over 2 years = private Termineinlagen, Laufzeit über 2 Jahre
\+ public sector sterling bank deposits = Bankeinlagen der öffentlichen Hand
= Sterling M3
\+ foreign currency bank deposits of private and public sectors = Einlagen des privaten und öffentlichen Sektors bei britischen Banken in fremder Währung
= Total M3 = Summe M3

5.0 ‚Money'
M1
\+ private-sector sterling time bank deposits, original maturity of up to 2 years
\+ private-sector holdings of sterling certificates of deposits

6.0 PSL1
‚Money'
\+ private-sector holdings of money-market instruments = Geldmarktpapiere in privaten Händen (eg, bank bills, Treasury Bills, local authority deposits) + certificates of tax deposits

7.0 PSL2
PSL1
\+ weitere Finanzaktiva:
shares and deposits with buildings societies excluding term shares and SAYE deposits;
national savings deposits and securities;
savings instituions' holdings of money market instruments and bank deposits etc.

Source: Bank of England

Geldwäsche *f*
(Fin, infml) money laundering
(ie, converting money from illegal or shady transactions into untraceable investment)
Geld *n* **waschen**
(Fin, infml) to launder money
(ie, to legitimize illegally obtained money by processing it through a legitimate third-party business or organization)
Geldwechselgeschäft *n* (Fin) currency exchange transactions
Geld *n* **wechseln** (Fin) to change money
Geldwert *m*
(Vw) value of money
(ie, 1/Preisniveau = reciprocal of price level)
Geldwerte *mpl* (Vw) money assets
geldwertes Recht *n* (Vw) financial claim
geldwerte Vorteile *mpl* (Pw) benefits in money's worth
Geldwertschwankungen *fpl* (Vw) fluctuations in the value of money
Geldwertschwund *m* (Vw) monetary erosion
Geldwertstabilität *f*
(Vw) monetary stability
(ie, Konstanz des Preisniveaus bzw. der Kaufkraft des Geldes)
Geldwertverschlechterung *f* (Vw) currency depreciation
Geldwesen *n*
(Vw) currency system
– monetary system
Geldwirtschaft *f*
(Vw) money economy *(opp, Naturalwirtschaft = barter economy)*
Geldzins *m*
(Vw) money interest *(opp, Naturalzins)*
Geldzuflüsse *mpl*
(Fin) inflow (*or* influx) of funds
(Fin) cash inflows
Geld *n* **zurückerstatten** (Fin) to refund (*or* pay back) money
Geld-zurück-Garantie *f* (com) money-back guarantee
Gelegenheit *f* **nutzen**
(com) to catch at a chance *(eg, of making a profit)*
– to grab at
– to snap at
Gelegenheitsagent *m*
(com) occasional agent
(ie, he is not a commercial representative)
Gelegenheitsarbeit *f*
(Pw) temporary employment (*or* work)
– casual work (*or* labor)
Gelegenheitsarbeiter *m*
(Pw) occasional (*or* transient) worker
– (GB) casual labourer
(ie, not confined to heavy labor)
Gelegenheitsbeschäftigung *f* (Pw) = Gelegenheitsarbeit
Gelegenheitsemittent *m* (Fin) occasional issuer
Gelegenheitsfrachtführer *m* (com) occasional carrier
Gelegenheitsgeschäfte *npl*
(com) occasional deals (*or* transactions)
(com) transactions of single-venture partnerships
Gelegenheitsgesellschaft *m*
(com) temporary joint venture
– ad hoc consortium
(ie, es genügt das gemeinsame Verfolgen e–s einmaligen Zwecks, das farblos als G. bezeichnet wird; es gelten die Regeln der §§ 705 ff BGB; bedeutsam lediglich in der Form des Emissionskonsortiums, qv)
Gelegenheitskauf *m*
(com) chance bargain
(Kart) bargain *(ie, offering goods for sale below the current market price)*
Gelegenheitskunde *m* (com) casual customer
Gelegenheitspreis *m* (com) bargain price
Gelegenheitsspediteur *m* (com) occasional forwarder
Gelegenheitsstichprobe *f* (Stat) chunk sample
gelegentlicher Benutzer *m* (EDV) casual user
geleistete Anzahlungen *fpl*
(ReW) advance payments to suppliers
– payments in advance
– advances to supply
– deposits with suppliers
(ReW, EG) payments on account *(cf, § 266 HGB)*
geleistete Anzahlungen *fpl* **auf Anlagevermögen**
(ReW) down-payments for fixed assets
geleistete Arbeitsstunden *fpl* (Pw) hours worked
gelenkter Außenhandel *m* (AuW) controlled international trade
gelenkte Wirtschaft *f* (Vw) controlled (*or* directed) economy
gelieferte Menge *f* (com) quantity shipped
geliefert Grenze (com) delivered at frontier
geliefert Grenze benannter Lieferort (com, *Incoterms*) delivered at frontier named place of delivery
geliefert verzollt benannter Ort im Einfuhrland
(com, *Incoterms*) delivered named place of destination in country of importation duty paid
geliehene Währungsreserven *fpl* (AuW) borrowed reserves
geltender Lohnsatz *m* (Pw) prevailing wage rate
geltender Preis *m* (com) current (*or* ruling) price
geltender Satz *m* (com) current rate
geltender Wechselkurs *m*
(ReW) current exchange rate
(ie, exchange rate ruling at the balance sheet date or during the income statement period)
geltendes Recht *n*
(Re) established law
(Re) applicable/governing . . . law
– law to apply
(ie, as used in contract wording)
geltende Vorschrift *f* (Re) current regulation
geltende Ziffer *f* (Math) significant number
geltend machen
(Re) to assert
(eg, a right)
– to put forward
(eg, a claim)
(StR) to claim
(eg, expenses as tax exempt)
(Pat) to interfere
Geltendmachen *n* **von Rechten** (Re) assertion of rights

Geltendmachung *f* **von Ersatzansprüchen** (Re) assertion of claims for damages
Geltungsbereich *m*
(Re) scope
– ambit *(eg, of a law or statute)*
Geltungsdauer *f*
(Re) duration
– period of validity (*or* operation)
Geltungsdauer *f* **e–s Patents** (Pat) life of a patent
Geltungsfrage *f* (Log) question of justification (*or* validity)
Geltungskonsum *m* (Vw) conspicuous (*or* ostentatious) consumption
Gemeinbedarf *m* (FiW) public requirements
Gemeinbedürfnisse *npl* (FiW) collective (*or* public) wants
Gemeinde *f*
(FiW) municipality
– municipal authority
(ie, lowest level of government in the German three-tier system)
– (GB) local authority
Gemeindeabgaben *fpl* (FiW) municipal taxes and charges
Gemeindeabgabengesetz *n* (FiW) municipal-revenue law
Gemeindeanleihe *f* (FiW) municipal loan
Gemeindeanteil *m* (FiW) municipal share in income tax revenue
Gemeindefinanzen *pl* (FiW) municipal (*or* local) finance
Gemeindefinanzreformgesetz *n* (FiW) Municipal Finance Reform Law, of 8 Sept 1969
Gemeindehaushalt *m* (FiW) municipal budget
Gemeindehaushaltsrecht *n* (FiW) municipal budget law
Gemeindelasten *fpl*
(StR) municipal burdens
(ie, which result from the existence of a business establishment, § 30 GewStG)
Gemeindesteuer *f*
(StR) municipal tax
(ie, zu den Gemeindesteuern zählen: Gewerbe- und Grundsteuer sowie örtliche Verbrauch- und Aufwandsteuern wie Getränkesteuer, Vergnügungsteuer, Hundesteuer, Jagd- und Zweitwohnungsteuer; Grundlage Art 106 VI 1 GG)
Gemeindesteuersystem *n* (FiW) municipal tax structure
Gemeindeverband *m*
(Re) communal association
– association of municipalities
– (GB) local authority association
(ie, autonomous governmental unit discharging supra-regional functions, such as road construction, water and electricity supply)
Gemeineigentum *n* (Re) public ownership
gemeiner Handelswert *m* (com) common market value, § 659 HGB
gemeiner Logarithmus *m* (Math) common logarithm
gemeiner Wert *m*
(StR) fair market value, § 9 BewG
(ie, the price which can be realized for an asset under normal market conditions; applicable unless a different measure of value is specifically prescribed)
Gemeinhaftung *f* (Re) joint liability *(of GmbH shareholders, § 31 III GmbHG)*
Gemeinkosten *pl*
(KoR) overhead (cost)
– indirect . . . cost/expense
– burden
– (GB) oncost
(ie, werden den Kostenträgern über die Kostenstellenrechnung mittels Zuschlagsätzen mittelbar zugeordnet; können variable od fixe Kosten sein)
Gemeinkostenabweichung *f* (KoR) overhead variance
Gemeinkostenausgleichsrücklage *f* (ReW) reserve for overhead
Gemeinkostenbereich *m* (KoR) overhead department
Gemeinkostenbudget *n* (KoR) overhead (*or* expense) budget
Gemeinkostenergebnis *n* (KoR) balance between estimated and absorbed overhead
gemeinkostenintensiv (KoR) costly on overheads
Gemeinkostenkarten *fpl* (KoR) expense cards
Gemeinkostenleistungen *fpl*
(KoR) overhead-type services
(ie, not sold, but immediately used for plant purposes; traceable as secondary expense)
Gemeinkostenlohn *m* (KoR) indirect labor
Gemeinkostenmanagement *n*
(KoR) overhead management
(ie, Instrumente: Gemeinkostenwertanalyse, Zero-Base-Budgeting)
Gemeinkostenmaterial *n* (KoR) indirect material
Gemeinkostenplan *m* (KoR) overhead budget
Gemeinkostenplanung *f* (KoR) overhead budgeting (*or* planning)
Gemeinkostensatz *m* (KoR) overhead rate
Gemeinkostenschlüssel *m* (KoR) overhead allocation base
Gemeinkostenschlüsselung *f* (KoR) establishing standards for allocating overhead cost to costing units or cost centers
Gemeinkostenstelle *f*
(KoR) overhead department
(KoR) indirect cost center
– service cost center
Gemeinkostenstoffe *mpl* (KoR) = Gemeinkostenmaterial
Gemeinkostenüberdeckung *f*
(KoR) overabsorption of overhead
(KoR) overabsorbed (*or* overapplied) overhead
Gemeinkostenumlage *f*
(KoR) allocation of overhead
– overhead cost allocation
– overhead distribution
Gemeinkostenunterdeckung *f*
(KoR) underabsorption of overhead
(KoR) underabsorbed (*or* underapplied) overhead
Gemeinkosten *pl* **verrechnen** (KoR) to allocate overhead expense
Gemeinkosten-Verrechnungsbasis *f* (KoR) overhead distribution base
Gemeinkosten-Verrechnungssatz *m*
(KoR) percentage overhead rate
– burden rate

Gemeinkosten-Verrechnungssatzbasis *f* (KoR) overhead/burden . . . rate
Gemeinkostenverteilung *f* (KoR) = Gemeinkostenumlage, qv
Gemeinkostenwertanalyse *f*
(KoR) overhead value analysis
(ie, Verfahren der systematischen Gemeinkostensenkung im Verwaltungsbereich; focuses solely on cost reduction)
Gemeinkostenzuschlag *m* (KoR) cost/overhead . . . rate
gemeinnützig
(Bw) nonprofit
– nonprofit making
– on a public benefit and cooperative basis
(see ‚gemeinwirtschaftlich' for conceptual explanation)
(StR) of public benefit, § 10 b I EStG
(ie, excludes religious and scientific purposes)
gemeinnützige Gesellschaft *f* (com) company not for profit
gemeinnützige Körperschaft *f* (Re) nonprofit corporation
gemeinnützige Organisation *f* (Re) nonprofit organization
gemeinnütziger Verein *m* (Re) nonprofit association
gemeinnütziger Zweck *m* (StR) public-benefit purpose
gemeinnützige Stiftung *f* (Re) nonprofit foundation
gemeinnütziges Unternehmen *n* (Bw) nonprofit enterprise
gemeinnütziges Wohnungsunternehmen *n* (com) non-profit housing enterprise
Gemeinnützigkeit *f* (Bw) nonprofit-making character
gemeinsam abhängige Variable *f* (Math) jointly dependent variable
gemeinsam benutzte Datei *f* (EDV) shared file
gemeinsame Abgaben *fpl* (EG) co-responsibility levies *(eg, on farm overproduction)*
gemeinsame Agrarmarktorganisation *f* (EG) common organization of the agricultural markets
Gemeinsame Agrarpolitik *f* (EG) Common Agricultural Policy
gemeinsame Agrarpolitik *f* (EG) Common Agricultural Policy, CAP
gemeinsame Anmelder *pl* (Pat) joint applicants
gemeinsame Arbeitsgruppe *f* (com) joint . . . working part/study team
gemeinsame Beschaffung *f*
(MaW) joint purchasing
(ie, by two or more organizations)
gemeinsame Bewirtschaftung *f* (Bw) joint management
gemeinsame Bildung *f* **von Reserven** (EG) pooling of reserves
gemeinsame Dichtefunktion *f* (Math) joint density function
gemeinsame Einfuhrregelung *f* (EG) common rule for import
gemeinsame Erfinder *pl* (Pat) joint inventors
gemeinsame Erklärung *f*
(StR) joint statement
(ie, of special expenses and extraordinary financial burdens, § 57 EStDV)
gemeinsame Federführung *f*
(com) co-general contracting
(eg, for Western participants in gas pipeline project)
gemeinsame Fischereipolitik *f* (EG) Common fishing/fisheries . . . policy
gemeinsame Gefahr *f* (SeeV) common peril
gemeinsame Gesamtleistung *f* (Bw) joint overall performance
gemeinsame Gewinnmaximierung *f* (Vw) joint profit maximization
gemeinsame Handelspolitik *f* (EG) common commercial policy
gemeinsame Leitung *f*
(Bw) common management
– unified control
(Bw) joint controll
gemeinsame Marktforschung *f* (Mk) syndicated market research
gemeinsame Marktorganisation *f*
(EG) common market organization
(ie, for products such as grain, rice, vegetables, hop, tobacco, etc.)
gemeinsame Patentanmeldung *f* (Pat) common patent application
Gemeinsamer Agrarmarkt *m* (EG) Common Agricultural Market
gemeinsame Rangzahlen *fpl* (Stat) tied ranks
gemeinsamer Ausschuß *m* (com) joint committee
Gemeinsamer Außenzolltarif *m* (EG) common external tariff
gemeinsamer Außenzolltarif *m* (EG) common external tariff
gemeinsamer Drucker *m* (EDV) shared printer
Gemeinsamer EWR-Ausschuß *m* (EG) EEA Joint Committee
gemeinsamer Fonds *m*
(EG) common fund
– (infml) common kitty
(eg, to which all members contribute)
gemeinsamer Haushalt *m* (StR) common household
gemeinsamer Konsum *m* (Vw) non-rivalry in consumption
gemeinsamer Markt *m* (EG) Common Market
gemeinsamer Nenner *m* (Math) common denominator
gemeinsamer Ordner *m* (EDV) shared folder
Gemeinsamer Parlamentarischer EWR-Ausschuß *m*
(EG) EEA Joint Parliamentary Committee
gemeinsamer Rechtsgeschäftswille *m*
(Re) concurrence of intention
– union/meeting . . . of minds
gemeinsamer Speicher *m* (EDV) shareable storage
gemeinsamer Teiler *m* (Math) common divisor
Gemeinsame Rundverfügung *f*
(StR) Joint Decree
(ie, of Regional Tax Offices = Oberfinanzdirektionen)
Gemeinsamer Zolltarif *m* (EG) Common Customs Tariff, CCT
gemeinsamer Zugriff *m* **auf Dateien** (EDV) file sharing

Gemeinsames Internationales Handelszentrum *n* (AuW) International Trade Center, ITC
(ie, gemeinsames Sonderorgan des GATT und der UNO mit Sitz in Genf)
gemeinsames Netzverzeichnis *n* (EDV) shared network directory
gemeinsames Patent *n* (Pat) joint patent
gemeinsame Steuererklärung *f* (StR) joint (tax) return
gemeinsames Umsatzsteuersystem *n* (EG) Common Turnover Tax System
gemeinsames Verzeichnis *n* (EDV) shared directory
gemeinsames Vielfaches *n* (Math) common multiple
gemeinsames Zollgebiet *n* (EG) common customs territory
gemeinsame Währung *f* (EG) common currency
gemeinsame Wirtschaftspolitik *f* (EG) common economic policy
gemeinsam haften (Re) be jointly liable (for)
gemeinsam nutzen (EDV) to share
gemeinschädliche Sachbeschädigung *f* (Re) malicious damage to public property, § 304 StGB
Gemeinschaft *f* (EG) Community
gemeinschaftliche Absatzorgane *npl*
(Mk) joint sales organization
(ie, sales office, distributing warehouse, traveling salesmen, etc.)
gemeinschaftliche Durchführung *f* **von Projekten** (Bw) jointly controlled operations
gemeinschaftliche Einfuhrüberwachung *f* (EG) Community surveillance over imports
gemeinschaftliche Gefahrenübernahme *f* (Re) pooling of risk
gemeinschaftliche Havarie *f* (com) general average, § 700 HGB
gemeinschaftliche Leitung *f* **von Unternehmen** (Bw) jointly controlled entities
gemeinschaftlicher Besitz *m* (Re) joint possession
gemeinschaftlicher Versandschein *m* (EG) Community transit document
gemeinschaftliches Bankkonto *n* (Fin) joint bank account
gemeinschaftliches Eigentum *n*
(Re) joint ownership
– co-ownership
– joint tenancy
gemeinschaftliches Risiko *n* (Vers) joint risk
gemeinschaftliches Tarifkontingent *n* (EG) Community tariff quota
gemeinschaftliches Versandverfahren *n* (EG) Community transit operation (*or* procedure)
gemeinschaftliches Wirtschaftsrecht *n* (EG) economic Community law
gemeinschaftliches Zollrecht *n* (EG) Community provisions on customs matters
gemeinschaftliche Überwachung *f* (EG) Community surveillance (over)
Gemeinschaft *f* **nach Bruchteilen**
(Re) tenancy in common
(ie, each owner holds an undivided interest in property, §§ 741 ff BGB)
Gemeinschaftsabgabe *f* (EG) Community levy
Gemeinschaftsangebot *n* (Fin) syndicated bid
Gemeinschaftsanleihe *f* (Fin) Community loan
Gemeinschaftsantenne *f* (com) community antenna
Gemeinschaftsaufgabe *f*
(FiW) community task
(Vw) common (*or* joint) task
(ie, gemeinsame Aufgabe von Bund und Ländern; cf, Art 91 a, b und Art 104 a IV GG; eg, Hochschulen, regionale Wirtschaftsstruktur, Agrarstruktur und Küstenschutz)
Gemeinschaftsausschuß *m* **der Deutschen Gewerblichen Wirtschaft**
(com) Joint Committee of German Trade and Industry
(ie, headquartered in Cologne; as forum for the umbrella organizations, it deals with questions of common concern and represents common interests at the highest level)
Gemeinschaftsbehandlung *f*
(EG) Community treatment
– intra-Community treatment
Gemeinschaftsbeschaffung *f*
(Mk) group buying (*or* purchasing)
(ie, by retail traders, artisans, wholesalers, and department stores)
Gemeinschaftsbeteiligung *f* (Re) jointly owned company
Gemeinschaftsbudget *n* (EG) Community budget
Gemeinschaftscharakter *m* **von Waren** (EG) Community nature of goods
Gemeinschaftsdepot *n*
(Fin) joint security deposit
(ie, for the account of one or several depositors)
Gemeinschaftseinfuhr *f* **von Waren** (EG) Community import of goods
Gemeinschaftseinkauf *m* (Mk) joint buying (*or* purchasing)
Gemeinschaftsemission *f* (Fin) joint loan issue
Gemeinschaftserfindung *f* (Pat) joint invention
Gemeinschaftserzeuger *m* (EG) Community producer
Gemeinschaftserzeugnis *n* (EG) Community product
Gemeinschaftsetat *m* (EG) Community budget
Gemeinschaftsfinanzierung *f*
(Fin) joint (*or* group) financing
(Fin) co-financing deal
Gemeinschaftsforschung *f*
(Bw) joint research
(ie, undertaken by several firms)
Gemeinschaftsgenehmigung *f* (EG) Community authorization
Gemeinschaftsgeschäft *n* (Fin) joint business
Gemeinschaftsgründung *f*
(com) joint venture
(syn, Joint Venture, Gemeinschaftsunternehmen)
Gemeinschaftshaushalt *m* (EG) Community budget
Gemeinschaftsinstrumente *npl* (EG) Community instruments
Gemeinschaftskompetenzen *fpl* (EG) Community responsibilities
Gemeinschaftskontenrahmen *m* **der Industrie, GKR**
(ReW) Joint Standard Accounting System of Industrial Associations

(ie, 1951 herausgegeben vom Bundesverband der deutschen Industrie; aufgebaut nach dem Prozeßgliederungsprinzip; 1971 ersetzt durch dem IKR, qv)

Gemeinschaftskontenrahmen *m* **industrieller Verbände**
(ReW) Joint Standard Accounting System of Industrial Associations
(superseded in 1971 by IKR)

Gemeinschaftskonto *n*
(Fin) joint account
(ie, which may be ,Oder-Konto' or ,Und-Konto', which see)

Gemeinschaftskredit *m*
(Fin) joint loan
– syndicated credit

Gemeinschaftsland *n* (EG) Community country

Gemeinschaftsmarke *f*
(Mk) distributor's brand
(ie, used by a group of retailers)

Gemeinschaftsmarketing *n* (Mk) joint marketing

Gemeinschaftsmarkt *m* (EG) Community market

Gemeinschaftsmittel *pl* (EG) Community funds

Gemeinschaftsorgan *n* (EG) Community agency

Gemeinschaftsorgane *npl* (EG) Community institutions

Gemeinschaftspatent *n* (Pat) jointly owned patent

Gemeinschaftsplafond *m* (EG) Community ceiling

Gemeinschaftspräferenz *f* (EG) Community preference

Gemeinschaftsproduktion *f* (EG) Community production

Gemeinschaftsprogramm *n* (com) collaborative program

Gemeinschaftsprojekt *n* (com) community (*or* consortium) project

Gemeinschaftsrechner *m* (EDV) multi-user computer

Gemeinschaftsrecht *n* (EG) Community law

Gemeinschaftsregelung *f* (EG) Community rules

Gemeinschaftsreserve *f* (EG) Community reserve

Gemeinschaftsschlange *f* (EG) Community snake

Gemeinschaftssinn *m* (Pw) sense of communality

Gemeinschaftssparen *n*
(Fin) collective saving
(opp, Individualsparen, Einzelsparen)

Gemeinschaftssteuern *fpl*
(FiW) shared taxes
(ie, apportioned between Federation and Länder)
(EG) Community taxes

Gemeinschaftsunternehmen *n*
(com) joint undertaking
(com) joint venture, JV
(ie, internationale Zusammenarbeit von Gesellschaften: grenzüberschreitende, auf Kapitalbeteiligungen beruhende vertraglich festgelegte dauerhafte Zusammenarbeit zwischen zwei od mehr Partnern mit jeweils eigenen Interessenlagen; der Begriff ,joint venture' ist allerdings weiter: agreement by two or more firms to cooperate in manufacturing, distribution, R&D, etc.; each party makes a substantial contribution; eg, in the form of capital, technology, marketing experience, personnel, or physical assets; it may take various legal forms, such as corporation, partnership of (in German) civil law association (BGB-Gesellschaft); it usually in-volves the creation of a separate wholly-owned subsidiary)

Gemeinschaftsursprung *m* (EG) Community origin

Gemeinschaftsverfahren *n* (EG) Community procedure

Gemeinschaftsversicherung *f* (Vers) group insurance

Gemeinschaftsvertrag *m* (Re) joint contract

Gemeinschaftsvertrieb *m* (Mk) joint selling

Gemeinschaftswährung *f* (EG) common (*or* Community) currency

Gemeinschaftswaren *fpl* (EG) Community goods

Gemeinschaftswarenhaus *n* (Mk) shop-in-the-shop system

Gemeinschafts-Wechselkurssystem *n* (EG) Community exchange rate system

Gemeinschaftswerbung *f*
(Mk) cooperative
– joint
– collective
– association . . . advertising

Gemeinschaftswerk *n* **Aufschwung Ost** (Vw) joint program for the economic recovery of the new German Länder

Gemeinschaftszoll *m* (EG) Community tariff

Gemeinschaftszollkontingent *n* (EG) Community tariff quota

Gemeinschaft *f* **unabhängiger Staaten, GUS**
(com) Commonwealth of Independent States, CIS
(ie, formed on 23 Dec 1991 by 11 Soviet States)

Gemeinschaft *f* **zur gesamten Hand**
(Re) community of „united hands"
(ie, similar concept found in English law is the institution of joint ownership, see §§ 718 ff BGB)

Gemeinschuldner *m*
(Re) bankrupt
– common debtor
– adjudicated bankrupt
(Re, US) debtor (in possession)
(ie, term introduced in 1978 to replace the term bankrupt)

Gemeinwirtschaft *f*
(Bw) public-benefit and cooperative sector of the economy
(ie, profit objective is subordinated to certain economic and socio-political goals; the difficulty of translating the term is illustrated by the following subclassification of ,Gemeinwirtschaft':
(1) öffentliche Unternehmen = public enterprises
(2) frei-gemeinwirtschaftliche Unternehmen = based on ,free', private initiative:
(a) Selbsthilfebetriebe, such as Genossenschaften, cooperatives
(b) widmungswirtschaftliche Betriebe, such as hospitals, Red Cross
(3) öffentlich gebundene Unternehmen, such as ,Versorgungsbetriebe' = public utilities)

gemeinwirtschaftlich
(Bw) nonprofit
– nonprofit making
– on a public benefit and cooperative basis
(The German term and its common translation ,nonprofit' do not imply that such organizations

disown the profit motive; they profess as their overriding goal the promotion of public-welfare tasks which, by definition, lie outside the direct operational range of private enterprise committed to both the profitability and the payout principle; note, however, that the German term has moral overtones)

Gemeinwirtschaftlichkeitsprinzip *n*
(Bw) principle (*or* concept) of „commonweal"
(ie, chief objective of business ought to be to improve social and economic conditions and not to maximize profits)

Gemeinwohl *n*
(Re) communal well-being
– bonum commune

gemeldete offene Stellen *fpl* (Pw) vacancies notified

gemietete Grundstücke *npl* **und Gebäude** *npl* (ReW) leasehold land and buildings

gemildertes Niederstwertprinzip *n* (ReW) diluted lower value principle

gemischte Entscheidungsfunktion *f* (Stat) randomized decision function

gemischte Hypothekenbank *f* (Fin) mixed mortgage bank

gemischte Kennziffern *fpl*
(ReW) interstatement ratios
(ie, ratios derived from balance sheet and earnings statement)

gemischte Kommission *f* (Re) joint commission

gemischte Konten *npl*
(ReW) mixed accounts
(syn, Bestands-Erfolgs-Konten)

gemischte Kostenarten *fpl*
(KoR) mixed
– composite
– derived
– secondary . . . cost types

gemischte Lebensversicherung *f*
(Vers) endowment (life) insurance
(ie, leistet Kapital od Rente beim Tode des Versicherten, spätestens beim Ablauf der vereinbarten VDauer; am weitesten verbreitete Form der LebensV in Deutschland; payable to the insured at the end of contract or covered period or to beneficiary if insured dies prior to maturity date; syn, Versicherung auf den Todes- und Erlebensfall)

gemischte Nachfrage-Kosten-Inflation *f* (Vw) mixed demand-cost inflation

gemischte Produktausdrücke *mpl* (Math) cross-product terms

gemischter Fonds *m* (Fin) mixed fund

gemischter Vertrag *m* (Re) mixed contract

gemischtes Konto *n* (ReW) mixed account

gemischtes Modell *n* (Stat) mixed model

gemischtes Stichprobenverfahren *n* (Stat) mixed sampling

gemischtes Supergitter *n*
(EDV) composite superlattice
(ie, produced by combining different materials in a single chip)

gemischte Strategie *f* (OR) mixed strategy

gemischte Versicherung *f*
(Vers) combined insurance
– multiple coverage
(Vers) combined endowment and whole-life insurance
(ie, nontechnical term in German insurance language)

gemischte Wirtschaft *f*
(Vw) mixed economy
(ie, combining elements of capitalist and socialist systems)

gemischte Zahl *f* (Math) mixed number

Gemischtfertigung *f*
(IndE) mixed production (*or* manufacturing)
(ie, halfway between Werkstattfertigung = job shop production and Fließfertigung = flow line production; syn, Gruppenfertigung)

gemischt-ganzzahlige Programmierung *f* (OR) mixed-integer programming

gemischtgenutzte Grundstücke *npl*
(StR) mixed property, § 75 IV BewG
(ie, serving residential as well as business or public purposes)

Gemischtwarengeschäft *n*
(Mk) general merchandise store
(ie, weitgehend verdrängt von Supermärkten u.a.)

gemischtwirtschaftliche Gesellschaft *f* (Re) quasi-public company

gemischtwirtschaftliches System *n* (Vw) mixed economy

gemischtwirtschaftliches Unternehmen *n* (Re) mixed (*or* semi-public) enterprise

Gemüseanbau *m* (com) vegetable farming

genannter Verschiffungshafen *m* (com) named port of shipment

genaue Beschreibung *f* **der Waren** (com) detailed description of goods

Genauigkeit *f* (Math) accuracy

Genauigkeitsmaß *n*
(Bw) precision
(ie, Kerngröße für die Präzision e–r Größenangabe; eg, mittlerer Fehler, relativer Fehler, wahrscheinlicher Fehler)

genehmigen
(com) to approve
(ie, agree officially; eg, a plan)
– to give approval
(com) to authorize
(ie, give permission for)
(com) to permit
(com, infml) to rubber stamp

genehmigte Bilanz *f* (ReW) approved balance sheet

genehmigte Investition *f* (Fin) authorized investment

genehmigter Betrag *m* (com) amount approved

genehmigtes Kapital *n*
(Fin) approved capital
(ie, Vorstand wird ermächtigt, selbst das Grundkapital durch Ausgabe neuer Aktien gegen Bar- od Sacheinlagen zu erhöhen; do no confound with the English term ‚authorized capital' which is often translated as ‚autorisiertes Kapital'; § 202 II 1 AktG)

Genehmigung *f*
(com) authorization
– approval
– permit
(Re) subsequent approval *(ie, ratification of an act-in-the-law, § 184 BGB; cf, Zustimmung)*

Genehmigung *f* **der Bilanz** (ReW) adoption of the balance sheet
Genehmigung *f* **des Jahresberichts** (ReW) adoption of the annual report
Genehmigungsantrag *m* (Re) application for a permit
Genehmigungsbehörde *f*
(Re) approving authority
– authorizing agency
Genehmigungsbescheid *m* (Re) notice of approval
Genehmigungsdatum *n* (com) approved date
genehmigungspflichtig
(Re) requiring official approval
(Kart) to be registered
– must be filed for approval
(ie, with the Berlin-based Federal Cartel Office)
Genehmigungsverfahren *n* (com) licensing procedure
Genehmigungsvermerk *m* (Re) note of approval
Genehmigungsvorbehalt *m* (Re) authorization requirement
Genehmigungsweg *m* (com) approval history
Genehmigung *f* **von Investitionsprojekten**
(Fin) capital spending authorization
– capital appropriation
geneigte Ebene *f* (Math) oblique plane
Generalagent *m*
(Vers) general agent
(ie, of an insurance company)
Generalagentur *f* (com) general agency
Generalbevollmächtigter *m*
(Re) manager holding a general power of attorney
– universal agent *(see: Generalvollmacht)*
(Fin) executive manager
Generalbilanzen *fpl*
(ReW) overall balance sheets
(ie, comprising ‚Sammelbilanzen' and ‚konsolidierte Bilanzen')
Generaldirektor *m*
(com) chief executive
– general manager
(ie, rarely used additional title)
(EG) Director General
Generalhandel *m* (AuW) general commodity trade
Generalisator *m* (Log) universal quantifier
Generalklausel *f*
(com) all-purpose clause
– blanket clause
(Re) general rule of law
– legal principle of general application
(ie, one sanctioned by the recognition of authorities and expressed in the form of a maxim or logical proposition)
Generalkonto *n* (IWF) General Account
Generallizenznehmer *m* (Pat) general licensee
Generalpolice *f*
(Vers) floating (*or* floater) policy
(SeeV) open cargo policy
– open cover
Generalstreik *m* (Pw) general strike
Generaltarif *m*
(Zo) general
– single-schedule
– unilinear . . . tariff *(syn, Einheitstarif)*
Generalüberholung *f* (IndE) general overhaul
Generalunternehmer *m*
(com) general
– main
– primary
– prime . . . contractor
Generalversammlung *f*
(com) general meeting of shareholders
– (GB) company in general meeting
(ie, German term now replaced by ‚Hauptversammlung')
(com) general meeting of members
(ie, e–r Genossenschaft = of a cooperative; vergleichbar der Hauptversammlung e–r Aktiengesellschaft)
Generalvertrag *m* (Re) blanket contract
Generalvertreter *m* (com) general agent (*or* representative)
Generalvertretung *f* (com) general agency
Generalvollmacht *f*
(Re) universal agency
– general power of representation
– blanket/unlimited . . . power of attorney
(opp, Sondervollmacht/Einzelvollmacht)
Generationenvertrag *m*
(SozV) inter-generation compact
(ie, concept developed by W. Schreiber; kennzeichnet das Prinzip des dynamischen Alterssicherungssystems)
generative Prozeßplanung *f* (IndE) generative process planning
Generator *m*
(EDV) generator
– generator program
– generating program (*or* routine)
generelle Abgaben *fpl*
(FiW) general fiscal charges
(ie, taxes, duties, levies)
generelle Exportförderung *f* (AuW) across-the-board export promotion
generieren (EDV) to generate
Generika *pl*
(com) generic drugs
(ie, nonproprietary brands sold at a lower price than the branded products)
genormte Größe *f* (com) standardized size
Genosse *m* (com) member of a cooperative
Genossenschaft *f* (com) cooperative association
Genossenschaft *f* **des Einzelhandels**
(com) retail co-op
– retailer cooperative
genossenschaftlicher Prüfungsverband *m* (ReW) cooperative auditing association
genossenschaftlicher Vertrieb *m*
(Mk) cooperative marketing
(syn, Genossenschaftsvertrieb)
genossenschaftliche Zentralbanken *fpl* (Fin) central institutions of credit cooperatives
Genossenschaftsanteil *m*
(com) cooperative share
– share in a cooperative
Genossenschaftsbank *f*
(Fin) cooperative bank
– credit cooperative
Genossenschaftsgesetz *n* (Re) Cooperative Association Law, as amended in 1973

Genossenschaftskasse *f* (Fin) cooperative bank
Genossenschaftsprüfung *f* (ReW) auditing of cooperatives
Genossenschaftsregister *n* (Re) public register of cooperatives
Genossenschaftstheorie *f* (Vw) theory of cooperative societies
Genossenschaftsverband *m* (Bw) cooperative union
Genossenschaftsvertrieb *m*
(Mk) cooperative marketing
(syn, genossenschaftlicher Vertrieb)
Genossenschaftswesen *n* (Bw) cooperative movement (*or* system)
Genossenschaftswissenschaft *f* (Bw) cooperative science
Gentechnologie *f* (IndE) gene technology
Gentlemen's Agreement *n*
(Kart) gentlemen's agreement
(ie, formlose, auf gegenseitigem Vertrauen beruhende Vereinbarung zwischen privaten und/od staatlichen Stellen)
Genuskauf *m*
(Re) sale of unascertained goods
– sale by description
(ie, contract of sale in which the goods have been designated by their kind only)
Genus-Sachen *fpl* (Re) unascertained goods
Genußaktie *f*
(Fin) bonus share
(ie, unknown in Germany)
(Fin, GB) jouissance share
Genußberechtigter *m* (Re) beneficiary
Genusschuld *f*
(Re) generic (*or* generically defined) obligation
– obligation in kind
– unascertained debt
Genüsse *pl* (Fin, infml) = Genußscheine, qv
Genußrecht *n* (Fin) jouissance right
Genußrechte *npl*
(Fin) profit participation rights
(ie, schuldrechtliche Ansprüche gegen die Gesellschaft:: Beteiligung am Gewinn, Liquidationserlös, aber auch Leistungen sonstiger Art)
Genußschein *m*
(Fin) participating/participation . . . certificate
– qualified dividend instrument
– certificate of beneficial interest
– „jouissance" share
(ie, verbrieft nur Vermögensrechte, wie Ansprüche auf Anteil am Reingewinn, am Liquidationserlös oder den Bezug neuer Aktien; cf, § 221 III AktG)
genutzte Kapazität *f* (Bw) utilized (*or* used) capacity
geografisches Segment *n* (com) geographical segment
geographische Mobilität *f* (Vw) geographical (*or* regional) mobility
Geometrie *f* **der Ebene**
(Math) plane geometry
(ie, the study of figures in the euclidean plane such as lines, triangles, and polygons)
geometrisch-degressive Abschreibung *f*
(ReW) declining-balance method *(of depreciation)*
– diminishing-provision method
(ie, Abschreibungsprozentsatz bezieht sich nach dem ersten Jahr auf den Restbuchwert; Buchwertabschreibung, Restwertabschreibung)
geometrische Figur *f* (Math) = geometrischer Ort, qv
geometrische Folge *f* (Math) geometric progression (*or* sequence)
geometrische Kante *f* (OR) geometric edge
geometrische Programmierung *f*
(OR) geometric programming
(ie, a nonlinear programming technique in which the relative contribution of each of the component costs is first determined; only then are the variables in the component costs determined)
geometrische Reihe *f* (Math) geometric series
geometrischer Knoten *m* (OR) geometric vertex
geometrischer Lag *m* (Vw) geometric lag
geometrischer Ort *m*
(Math) locus (*pl* loci = Örter)
(ie, a collection of points in a euclidean space whose coordinates satisfy one or more algebraic conditions; verdrängt durch ‚geometrische Figur')
geometrisches Mittel *n*
(Stat) geometric . . . mean/average
(ie, the geometric mean of n given quantities is the nth root of their product)
geometrische Spannweite *f* (Stat) geometric range
geometrische Verteilung *f*
(Stat) geometric distribution
(ie, a discrete probability distribution)
geometrische Wahrscheinlichkeit *f* (Stat) geometric probability
geometrische Zahlentheorie *f*
(Math) geometric number theory
(ie, the branch of number theory studying relationships among numbers by examining the geometric properties of ordered pair sets of such numbers)
geordnete Marktverhältnisse *npl* (Vw) orderly market conditions
geordnete Menge *f* (Math) (partially) ordered set
geordnete Mengen *fpl*
(Math) nested sets
(ie, families of sets where, given any two of its sets, one is contained in the other)
geordnete Menge *f* **von Mengen**
(Math) chain
– nest
– tower
geordneter Markt *m* (Bö) regular market
geordnetes Feld *n*
(Math) ordered field
(ie, a field with an ordering as a set analogous to the properties of less than equal for real numbers relative to addition and multiplication)
geordnetes Paar *n*
(Math) ordered pair
(ie, a pair of elements x and y from a set, written (x,y), where x is distinguished as first and y as second)
Gepäckschein *m* (WeR) baggage (*or* luggage) check
gepackte Dezimalzahl *f* (EDV) packed decimal
Gepäckversicherung *f* (Vers) baggage (*or* luggage) insurance
geplante Desinvestition *f* (Vw) intended (*or* planned) disinvestment

geplante Emissionen *fpl* (Fin) slated issues
geplante Ersparnis *f* (Vw) planned savings
geplante Investition *f*
(Vw) intended (*or* planned) investment
(Fin) proposed investment expenditure
geplante Konsumsumme *f* (Vw) planned consumption expenditure
geplante Kosten *pl* (KoR) predetermined cost
geplante Obsoleszenz *f*
(Bw) planned obsolescence *(syn, geplantes Veralten)*
geplanter Verrechnungspreis *m* (ReW) budgeted transfer price
geplantes Entsparen *n* (Vw) intended dissaving
geplantes Sparen *n* (Vw) planned saving
geplantes Veralten *n* (Bw) built-in/planned . . . obsolescence
geplatzter Scheck *m* (Fin, sl) bounced check
gepoltes Bauteil *n* (EDV) polarized comonent
geprägtes Papier *n* (com) embossed paper
geprüfte Bilanz *f* (ReW) audited balance sheet
geprüfte Software *f* (EDV) use-tested software
gepufferte Datenstation *f* (EDV) buffered terminal
gepufferte Ein-Ausgabe *f* (EDV) buffered input/output
Geradenabschnitt *m* (Math) line segment
Geradenschar *f* (Math) family (*or* system) of straight lines
gerade Parität *f* (EDV) even parity
gerade Zahl *f* (Math) even number
geradliniger Graph *m* (Math) straight graph
geradliniges Segment *n* (Math) straight-line segment
geänderte Determinante *f* (Math) bordered determinant
Geräte *npl*
(com) devices
– equipment
Geräteadresse *f* (EDV) device address
Geräteeinheit *f* (EDV) equipment unit
Gerätefehler *m* (EDV) equipment failure
Gerätefehlerkorrektur *f* (EDV) device error recovery
Gerätefenster *n* (EDV) workstation window
Gerätegruppe *f* (EDV) package
Gerätekompatibilität *f*
(EDV) equipment compatibility
(ie, ability of a device to handle data prepared or handled by other equipment)
Gerätekonfiguration *f* (EDV) equipment configuration
Gerätemiete *f* (com) equipment rental
Gerätename *m* (EDV) device name
Gerätenummer *f*
(EDV) device number
(syn, Einheitennummer)
Gerätesicherheitsgesetz *n* (Re) Technical Plant and Equipment Act of 1968
gerätespezifische Auflösung *f* (EDV) device resolution
Gerätestatus *m*
(EDV) device status *(syn, Einheitenstatus)*
Gerätesteuerung *f* (EDV) device controller
Gerätesteuerzeichen *n* (EDV) device control character
Gerätetransformation *f*
(EDV) workstation transformation
(ie, in Computergrafik)
Gerätetreiber *m*
(EDV) device driver *(syn, Einheitentreiber)*
(EDV) device handler
geräteunabhängige Bitmap *f* (EDV) device-independent bitmap
Geräteverwaltungsprogramm *n* (EDV) device management program
Gerätewarteschlange *f* (EDV) device queue
Gerätezuordnung *f* (EDV) device allocation
Gerätezustandsbyte *n* (EDV) = Gerätebyte
Gerätezuweisung *f* (EDV) = Gerätezuordnung
gerechte Beurteilung *f* (Pw) fair appraisal
gerechte Einkommensverteilung *f*
(Vw) equitable distribution of income
(ie, productivity gains are to be distributed equally among employees, the self-employed and shareholders)
geregelter Devisenmarkt *m* (AuW) regulated foreign exchange market
geregelter Freiverkehr *m*
(Bö) regulated over-the-counter market
– regulated inofficial dealing
– semi-official trading
– (GB) unlisted securities market, USM
(ie, securities permitted on the trading floor, but not on the official list; cf, Stichwort ‚Börse')
geregelter Markt *m* (Vw) orderly market
geregelter Wertpapiermarkt *m* (Bö) organized stock market
Gericht *n* (Re) court of law
Gericht *n* **erster Instanz** (Re) first-instance court
gerichtete Gerade *f* (Math) directed line
gerichtete Inzidenzabbildung *f* (Math) directed incidence mapping
gerichtete Kante *f*
(OR) arc
– directed arc (*or* edge)
– oriented branch
gerichtete Kantenprogression *f* **der Länge** (OR) arc progression of length
gerichtete Kette *f* (OR) directed chain
gerichtete Pfeile *mpl* (OR) directed branches
gerichteter Graph *m*
(Math) directed graph
– digraph
gerichteter Zyklus *m* (OR) directed cycle
gerichtetes Abtasten *n* (EDV) directed scan
gerichtlich bestellt (Re) court-appointed *(eg, liquidator)*
gerichtliche Beurkundung *f* (Re) judicial record
gerichtlich eintreiben
(Re) to enforce
(eg, Schulden = payment of debt)
gerichtliche od notarielle Beurkundung *f* (Re) authentication by public act
gerichtlicher Vergleich *m* (Re) court settlement
gerichtliche Schritte *mpl* (Re) legal action
gerichtliche Schritte *mpl* **unternehmen**
(Re) to take legal action
– (infml) to go to court
gerichtliches Vergleichsverfahren *n* (Re) judicial composition proceedings *(see: Vergleich)*

gerichtliche Versteigerung *f* (Re) judicial sale
gerichtlich vertreten (Re) to represent in court
Gerichtsbarkeit *f* (Re) jurisdiction
Gerichtsbeschluß *m* **beantragen** (Re) to sue out a writ
Gerichtsgebühren *fpl* (Re) court fees
Gerichtshof *m*
(Re) court of law
– court of justice
– tribunal
Gerichtskosten *pl* (Re) legal fees (*or* charges)
Gerichtsplatz *m* (Re) legal venue
Gerichtsstand *m*
(Re) place of jurisdiction
– venue *(eg, for the settlement of disputes shall be Frankfurt am Main)*
– *(civil law)* domicilium disputandi
Gerichtsstand *m* **des Erfüllungsortes** (Re) jurisdiction at the place of performance
Gerichtsstand *m* **des Wohnsitzes**
(Re) forum domicilii
(ie, forum or court of the domicile, considered as a place of jurisdiction)
Gerichtsurteil *n*
(Re) court judgment *(syn, richterliches Urteil)*
Gerichtsverfahren *n* (Re) legal proceedings
gerichtsverwertbare Tatsachen *f* (com) court-type evidence
Gerichtsvollzieher *m* (Re, appr) bailiff
geringe Besteuerung *f* (StR) light taxation
geringe Lagerbestände *mpl* (MaW) lean inventories
geringe Nachfrage *f* (com) slack (*or* sluggish) demand
geringer Zuwachs *m* (com) marginal gain *(eg, in sales)*
geringe Umsätze *mpl*
(Bö) calm
– quiet
– thin . . . trading
geringfügige Beschäftigung *f*
(SozV) low-paid (*or* side-line) employment
(eg, 15 hours per week or €400 per month or one sixth of total income)
(StR) part-time employment
(ie, for wage tax purposes)
geringfügige Erholung *f* (Bö) minor rally
geringfügiger Rückgang *m* (com) slight dip (*or* decline) *(eg, in value of mergers)*
geringfügig fester (Bö) slightly firmer
geringfügig nachgebende Kurse *mpl* (Bö) sagging market
geringfügig schwächer
(Bö) a fraction easier
– slightly off
geringstes Gebot *n*
(Re) minimum bid *(ie, in judicial sales of real estate, § 44 ZVG)*
geringste Stückkosten *pl* (KoR) minimum unit cost
Geringverdiener *m*
(SozV) low-income earner
(ie, whose monthly income is not more than one tenth of the monthly social insurance income limit = 1/10 der monatlichen Beitragsbemessungsgrenze)

geringwertig
(com) low-valued
– of minor value
geringwertige Geschäftsausstattung *f* (ReW) low-value office equipment
geringwertiges Wirtschaftsgut *n*
(ReW) low-value item
– asset of low value
– minor asset
(StR) depreciable movable fixed asset of low value
(ie, capable of separate use, deductible as current expense – Betriebsausgaben – in the year of acquisition or production, if cost does not exceed € 410, less VAT paid in connection with its acquisition)
Gerücht *n* **ausstreuen**
(com, infml) to plant a rumor
– (GB) to put it about (that . . .)
Gerüchteküche *f*
(Bw, infml) grapevine
(ie, channel through which rumors can spread throughout the organization extremely rapidly)
gerufener Teilnehmer *m* (EDV) called party
Gesamtabgabenbelastung *f* (FiW) total burden of levies
Gesamtabgabenquote *f* (FiW) overall government levy ratio
Gesamtabsatz *m* (com) total sales
Gesamtabschreibung *f* (ReW) lump-sum depreciation
Gesamtabweichung *f* (KoR) gross (*or* overall) variation
Gesamtaktie *f*
(Fin) multiple share certificate
(ie, evidencing a large share holding, not widely used in Germany; syn, Gesamttitel od Globalaktie)
Gesamtaktivitäten *fpl* (com) activity total
Gesamtangebot *n* (Vw) aggregate (*or* overall *or* total) supply
Gesamtannuität *f* (Fin) total annuity
Gesamtarbeitslosigkeit *f* (Vw) overall (*or* total) unemployment
Gesamtarbeitswert *m* (IndE) total work value
Gesamtaufkommen *n*
(FiW) total tax collections
– total revenue
Gesamtaufsichtsrat *m* (com) group supervisory board *(qv, supervisory board)*
Gesamtauftragswert *m*
(com) total contract value
(com) value of total orders received
Gesamtaufwand *m* (ReW) total expenditure
Gesamtausgaben *fpl* **der Inländer für Güter und Dienste**
(VGR) domestic expenditure
– absorption
Gesamtausgebot *n*
(Re) invitation of combined bid
(ie, for several parcels of real estate, in judicial sales, § 63 ZVG; opp, Einzelausgebot)
Gesamtausleihungen *fpl*
(Fin) total lendings
– loan exposure

Gesamtbaufinanzierung *f*
(Fin) one-stop construction financing
(ie, erst- und nachstellige Dauerfinanzierung + Bauzwischenkredite + Vorfinanzierung von Bausparverträgen; syn, Finanzierung aus e–r Hand)

Gesamtbedarf *m* (com) total requirements

Gesamtbedarfsmatrix *f*
(Bw) total input matrix
(opp, Direktbedarfsmatrix)

Gesamtbelastung *f*
(StR, VAT) total tax burden
(ie, on the final sales price of a product)

Gesamtbelegschaft *f* (Pw) total labor force

Gesamtbeschäftigung *f* (Bw) total activity

Gesamtbetrag *m*
(com) total
– total amount
– sum total
– grand total

Gesamtbetrag *m* **der Einkünfte** (StR) adjusted gross income

Gesamtbetriebskalkulation *f*
(Mk) overall costing system
(ie, covering the entire flow of goods and services from purchasing to sales)

Gesamtbetriebsrat *m* (Pw) central works council

Gesamtbewertung *f* (com) overall assessment

Gesamtbilanz *f*
(ReW) overall balance sheet
(eg, consolidated balance sheet)
(AuW) overall balance
(ie, all balance-of-payments items, except changes in currency reserves)

Gesamtbuchhaltung *f*
(ReW) unified accounting
(ie, no separation of general and cost accounting, etc.)

Gesamtbudget *n* (Bw) master budget

Gesamtbürgschaft *f* (Re) comprehensive guaranty

Gesamtdefizit *n* (FiW) overall budget deficit

Gesamtdividende *f* (Fin) total dividend

Gesamtdurchlaufzeit *f*
(IndE) total door-to-door time
– total processing time

gesamte außenwirtschaftliche Transaktionen *fpl* (VGR) total external transactions

gesamte Erwerbspersonen *fpl* (Stat) total labor force

Gesamteigenhandel *m*
(AuW) total cross-frontier traffic of goods *(ie, including direct transit trade)*

Gesamteigentum *n* (Re) joint ownership

Gesamteinkommen *n*
(SozV) total income
(ie, includes ‚Arbeitsentgelt' and ‚Arbeitseinkommen' = employment income and earned income, § 16 SGB IV)

Gesamtengagement *n* (Fin) total exposure

Gesamtentwicklung *f* (com) overall trend (*or* development)

gesamte Pufferzeit *f* (OR) total float

gesamter Auftragsbestand *m* (com) total backlog

Gesamterbe *m* (Re) universal heir

Gesamterfolg *m* (ReW) overall result (*or* performance)

Gesamtergebnis *n* (Bw) overall result

Gesamtergebnisplan *m*
(Bw) overall earnings budget
(ie, listing a number of annual pretax earnings figures)

Gesamtergebnisrechnung *f* (ReW) statement of income and accumulated earnings

Gesamterhebung *f* (Stat) universal census

Gesamterlös *m*
(Vw) total revenue
(com) total proceeds

Gesamtertrag *m*
(Vw) total revenue
(Bw) total output
(ie, used in mapping the production function)
(com) total yield
(ie, in farming)

Gesamterwartungsschaden *m* (Vers) total expected loss

gesamte Staatsquote *f* (FiW) spending ratio of the overall public sector

gesamteuropäisch (EG) pan-European

Gesamtfahrleistung *f* (StR) total distance driven in fiscal year

gesamtfällige Anleihen *fpl* (Fin) issues falling due en bloc

Gesamtfinanzierung *f*
(Fin) total financing
(opp, Grenzfinanzierung)
(Fin) financing package

Gesamtfinanzierungskosten *pl*
(Fin) total cost of financing
– all-in cost of financing

Gesamtforderung *f*
(Re) claim of several joint creditors, §§ 428 to 430 BGB
(ie, each being entitled to request full performance; opp, Teilforderung)

Gesamtgeschäft *n* (com) package deal

Gesamtgeschäftsführung *f*
(Re) joint management
– management by more than one partner
(ie, requires consent by all managing partners, § 115 HGB)

Gesamtgewinnrendite *f*
(Fin) total earnings yield in percent
(ie, Gesamtgewinn in € je Aktie × 100 ÷ Kurs in €)

Gesamtgläubiger *mpl*
(Re) joint and several creditors, § 428 BGB
– plurality of creditors

Gesamtgleichgewicht *n*
(Bw) overall equilibrium
(ie, of receipts and expenditures)

Gesamtgrundschuld *f* (Re) comprehensive land charge

Gesamthaftung *f*
(Re) joint and several liability
(Re) aggregate liability

Gesamthand *f* (Re) = Gemeinschaft zur gesamten Hand

Gesamthandeigentum *n* (Re) joint ownership of property

Gesamthandeigentümer *m* (Re) joint owner (of undivided interest)

Gesamthandforderung *f* (Re) joint claim (of several creditors)
Gesamthandgläubiger *m*
(Re) joint and several creditor
(Re) joint creditor *(cf, Gesamtgläubiger)*
Gesamthandlungsvollmacht *f*
(Re) general limited commercial authority
(ie, kann alleinvertretungsberechtigt sein)
Gesamthandsbesitz *m*
(Re) common possession of a thing
(ie, physical control by several persons)
Gesamthandschuldner *m* (Re) joint and several debtor
Gesamthandsgemeinschaft *f* (Re) community of joint owners
Gesamthandvermögen *n* (Re) joint property
Gesamthaushalt *m* (FiW) overall budget
Gesamthaushaltseinkommen *n* (Vw) aggregate consumer income
Gesamthypothek *f*
(Re) blanket mortgage
(ie, one creating a lien on several parcels of land to secure payment of the same claim, § 1132 BGB)
Gesamtindex *m*
(Fin) composite share index
(ie, Aktienindex für den gesamten Markt; opp, Branchenindex)
(Stat) overall index
Gesamtinvestitionen *fpl* (Fin) total capital spending
Gesamtkapazität *f* (Bw) overall capacity
Gesamtkapital *n* (Fin) total capital
Gesamtkapitalausstattung *f* (Fin) total capitalization
Gesamtkapitalrendite *f* (Fin) return on total capital employed
Gesamtkapitalrentabilität *f*
(Fin) return on total investment
– return on total assets
– percentage return on total capital employed
(ie, profit + interest on borrowed capital × 100, divided by total capital)
Gesamtkassendefizit *n* (FiW) overall cash deficit
Gesamtkaufpreis *m* (com) total purchase value
Gesamtkennzahl *f* (Bw) overall ratio
Gesamtkonjunktur *f*
(Vw) level of general economic activity
(VGR) overall health of the economy
Gesamtkonsum *m* (Vw) aggregate consumption expenditure
Gesamtkonzern *m* (com) combined group (of companies)
Gesamtkosten *pl*
(com) all-in cost
(KoR) total cost
(ie, sum of (a) fixed and variable cost = fixe und variable Kosten; (b) direct cost and overhead = Einzel- und Gemeinkosten; opp, Einheitskosten)
Gesamtkosten *pl* **der Materialbeschaffung** (MaW) total cost of acquisition
Gesamtkostenfunktion *f* (Bw) total cost function
Gesamtkostenkurve *f* (Bw) total cost curve
Gesamtkostenverfahren *n*
(KoR) „total cost"-type of short-term results accounting
(ie, gross sales revenue – sales deductions = net sales revenue ± inventory change – cost of sales [Herstellkosten der gefertigten Erzeugnisse] = operating result = Betriebsergebnis; opp, Umsatzkostenverfahren)
(ReW) type of expenditure format, § 275 HGB
– expenditure type of presentation
(ie, total cost type of short-term results accounting: gross sales; die GuV wird nach den den einzelnen Ertrags- und Aufwandsarten gegliedert; es wird erkennbar, welche Produktionsfaktoren den Aufwand verursacht haben; opp, cost of sales style of presentation)
Gesamtlaufzeit *f* (Fin) total life *(eg, of a bond issue)*
Gesamtleistung *f*
(Bw) total operating performance
(ReW) gross performance
(ie, Umsatzerlöse + Bestandsänderungen + aktivierte Eigenleistungen = sales revenue + inventory changes + internally produced and capitalized assets)
Gesamtmarktanalyse *f*
(Mk) census survey *(opp, sample survey)*
Gesamtmiete *f*
(com) gross rent *(syn, Bruttomiete)*
Gesamtnachfolge *f* (Re) = Gesamtrechtsnachfolge
Gesamtnachfolger *m* (Re) = Gesamtrechtsnachfolger
Gesamtnachfrage *f*
(Vw) aggregate
– overall
– total . . . demand
Gesamtnachfragefunktion *f* (Vw) aggregate demand function
Gesamtnachfragekurve *f* (Vw) aggregate demand curve
Gesamtnennbetrag *m* (Fin) total par value
Gesamtnutzen *m* (Vw) total utility
Gesamtnutzungsdauer *f* (Bw) total life
Gesamtpauschalierung *f*
(StR) flat-rate taxation *(ie, of expenses)*
Gesamtperformance *f*
(Fin) total performance
(ie, Zinsertrag plus Kapitalgewinn der Rentenanlage)
Gesamtpersonalrat *m* (Pw) central works council
Gesamtplan *m* (com) master (*or* overall) plan
Gesamtplanung *f*
(com) general layout
(Bw) master (*or* overall) planning
Gesamtprämienaufkommen *n* (Vers) total premium earned
Gesamtpreis *m*
(com) overall/total . . . price
– (infml) all-round price
(com) extended price
(Zo) inclusive price
Gesamtproduktion *f* (com) total production (*or* output)
Gesamtproduktivität *f*
(Vw) aggregate
– overall
– total . . . productivity
(Bw) corporate productivity

Gesamtprokura *f*
(com, appr) joint proxy
(Re) ‚Prokura' granted to several persons who must act jointly, § 48 II HGB
Gesamtqualifikation *f* (Pw) overall qualification
Gesamtrechtsnachfolge *f*
(Re) universal succession
(ie, to predecessor's entire property which includes all his active and passive legal relations)
Gesamtrechtsnachfolger *m* (Re) universal successor
Gesamtrendite *f*
(Fin) total yield (of a loan) *(opp, Einzelrendite)*
Gesamtrentabilität *f*
(Fin) overall profitability
– operating efficiency
(ie, as measured by return on total assets)
Gesamtrisiko *n* (Bw) total risk
Gesamtsaldo *m* (Fin) aggregate/accumulated . . . balance
Gesamtsaldo *m* **der Zahlungsbilanz** (VGR) overall net total
Gesamtschaden *m* (Re, Vers) total loss
Gesamtschaden-Exzedenten-Rückversicherung *f* (Vers) aggregate excess of loss reinsurance
Gesamtschadenhöhe *f*
(Vers) total incidence of loss
– total volume of losses
(ie, Summe aller Schadenhöhen, die ein Risiko in e–m Zeitintervall verursacht hat)
Gesamtschadenverteilung *f* (Vers) total loss distribution
Gesamtschätzung *f* (Stat) overall estimate
Gesamtschuld *f* (Re) joint and several obligation
Gesamtschuldner *mpl*
(Re) co-debtors, § 421 BGB
– debtors jointly and severally liable
– joint and several debtors
– plurality of debtors
gesamtschuldnerisch (Re) jointly and severally
gesamtschuldnerische Bürgschaft *f* (Re) joint and several guaranty
gesamtschuldnerische Haftung *f* (Re) joint and several liability
gesamtschuldnerisch haftbar (Re) jointly and severally liable
Gesamtschuldnerschaft *f* (StR) joint tax liability, § 44 AO
Gesamtsparverhalten *n* (Vw) aggregate savings behavior
Gesamtstatus *m* (ReW) consolidated statement
Gesamtsteueraufkommen *n*
(FiW) total tax collections
(ie, at all levels of government: federal, Laender, municipal)
Gesamtstillegung *f* (Bw) final discontinuance of an enterprise as a whole
Gesamtstückliste *f* (IndE) common parts bill of material
Gesamtstückzeit *f*
(IndE) cycle time
– (GB) floor-to-floor time
(ie, required to complete an operation on one unit of a batch; cf, BS 5191:1975; syn, Taktzeit, Zeit pro Stück)

Gesamtsumme *f*
(com) total amount
– total
– sum total
– grand total
Gesamttendenz *f* (com) basic stance *(eg, of fiscal policy)*
Gesamttextil *f* (com) German Textile Federation
Gesamttitel *m* (Fin) = Globalaktie, qv
Gesamtüberprüfung *f* (IndE) checkout
Gesamtüberschuß *m* (FiW) overall budget surplus
Gesamtumlaufvermögen *n* (ReW) total current assets
Gesamtumsatz *m*
(ReW) total sales
– (GB) total turnover
(StR) total of taxable sales, net of imports
Gesamtumsatzvolumen *n* **aller Waren** (Mk, *retailing*) all-commodity volume
Gesamtumschuldung *f* (Fin) total debt rescheduling
Gesamtunternehmer *m*
(com) general
– main
– primary
– prime . . . contractor
(syn, Generalunternehmer)
Gesamtverantwortung *f* (Pw) overall responsibility
Gesamtverband *m*
(com) central
– general
umbrella . . . association
Gesamtverband *m* **der Deutschen Versicherungswirtschaft** (Vers) German Insurance Association
Gesamtverband *m* **der Textilindustrie** (com) Central Association of the Textile Industry
Gesamtverband *m* **des Groß- und Außenhandels** (com) General Association of Wholesale and Foreign Trade
Gesamtverbindlichkeiten *fpl*
(ReW) overall debt burden
– overall debt exposure
– overall indebtedness
Gesamtverbrauch *m* (Vw) total (*or* overall) consumption
Gesamtverbrauchsmatrix *f* (Bw) = Gesamtbedarfsmatrix
Gesamtverbuchung *f* **e–s Geschäftsfalles** (ReW) covering entry
Gesamtvergütung *f*
(Pw) total compensation package
(ie, salary + fringe benefits)
Gesamtvermögen *n*
(com) total (*or* entire) assets
– entire property
(Fin) total capital employed (*or* invested)
(ie, fixed assets + current assets)
– total investment
(StR) total property, §§ 114–120 BewG
Gesamtversicherung *f*
(Vers) all-risk comprehensive insurance
– (GB) all-in insurance
Gesamtversicherungssumme *f* (Vers) total sum insured

Gesamtvertrag *m* (SozV) overall agreement
Gesamtvertretung *f* (Re) collective representation, § 125 II HGB
Gesamtvertriebsplan *m* (Mk) overall marketing program
Gesamtvollmacht *f* (Re) collective power of attorney
Gesamtvolumen *n* (FiW) total volume *(eg, of farm budget)*
Gesamt-Vorstandsbeschluß *m* (Bw) resolution adopted by the entire managing board
Gesamtwert *m*
(com) aggregate
– total
– overall . . . value
(StR) total value of a commercial enterprise, § 103 BewG
(ie, total assets minus liabilities and reserves)
Gesamtwert *m* **der Einfuhr** (Zo) aggregate value of importation
Gesamtwert *m* **e–r Unternehmung** (Bw) value of an enterprise as a whole
Gesamtwirtschaft *f*
(Vw) economy as a whole
– overall economy
– entire economy
gesamtwirtschaftlich (Vw) macroeconomic
gesamtwirtschaftliche Abgabenquote *f* (FiW) overall ratio of levies
gesamtwirtschaftliche Aktivität *f* (Vw) general business activity
gesamtwirtschaftliche Angebotsfunktion *f* (Vw) aggregate supply function
gesamtwirtschaftliche Arbeitsproduktivität *f* (Vw) overall labor productivity
gesamtwirtschaftliche Eckdaten *pl* (Vw) key economic data
gesamtwirtschaftliche Endnachfrage *f* (Vw) total final demand
gesamtwirtschaftliche Entwicklung *f*
(Vw) aggregate
– overall
– macroeconomic . . . development
gesamtwirtschaftliche Finanzierungsrechnung *f*
(VGR) capital finance account
– money flow analysis
gesamtwirtschaftliche Größen *fpl* (Vw) economic aggregates (*or* quantities)
gesamtwirtschaftliche Kosten *pl* (Vw) social costs
gesamtwirtschaftliche Nachfrage *f* (Vw) overall/aggregate . . . level of demand
gesamtwirtschaftliche Nutzenfunktion *f* (Vw) aggregate/macroeconomic . . . utility function
gesamtwirtschaftliche Produktion *f* (Vw) aggregate output
gesamtwirtschaftliche Produktionsfunktion *f* (Vw) aggregate production function
gesamtwirtschaftliche Produktivität *f* (Vw) overall productivity
gesamtwirtschaftliche Rechnung *f* (FiW) macroeconomic account
gesamtwirtschaftlicher Konsum *m* (Vw) aggregate consumption
gesamtwirtschaftliches Gleichgewicht *n* (Vw) overall economic equilibrium
gesamtwirtschaftliches Interesse *n* (Vw) interest of the whole economy
gesamtwirtschaftliche Sparquote *f* (Vw) aggregate savings ratio
gesamtwirtschaftliches Produktionspotential *n* (Vw) overall production potential
gesamtwirtschaftliche Steuerquote *f*
(FiW) overall tax receipts
(ie, total tax receipts to gnp)
gesamtwirtschaftliche Tätigkeit *f* (Vw) overall business activity
gesamtwirtschaftliche Ziele *npl* (Vw) overall economic goals
gesamtwirtschaftliche Zielvariable *f* (Vw) economic policy goal
Gesamtwürdigung *f* (Re) overall assessment
Gesamtzahl *f* **der offenen Stellen** (Vw) number of job vacancies in the economy as a whole
Gesamtzahlungsbilanz *f* (AuW) overall balance of payments
Gesamtziel *n* (Vw, Bw) overall objective
Gesamtzinsspannenrechnung *f*
(Fin) calculation of total interest margin
(ie, to determine gross and net margins)
Gesamtzollbelastung *f* (Zo) total customs charges
Gesamtzuladungsgewicht *n*
(com) deadweight tonnage *(ie, capacity of vessel in tons of cargo, passengers, fuel, etc.)*
gesättigter Markt *m* (Mk) saturated (*or* mature) market
geschachtelt (EDV) nested
geschädigte Partei *f*
(Re) aggrieved (*or* injured) party
(ie, entitled to legal remedy)
Geschädigter *m*
(Re) injured party
– person injured
(Vers) claimant
Geschäft *n*
(com) business *(ie, general term)*
(com) store
– (GB) shop
(com) bargain
– deal
– (business) transaction/operation
Geschäft *n* **abschließen**
(com) to make a bargain (*or* deal)
– to strike a deal
– to enter into a transaction
– to sign a contract (with)
– to consummate a transaction
Geschäft *n* **abwickeln**
(com) to carry out a transaction
(Re) to wind up (*or* liquidate) a business
Geschäft *n* **aufgeben**
(com) to abandon
– to discontinue
– to give up
– to terminate . . . a business
– to go out of business
(com) to close down a shop
– (infml) to shut shop
Geschäft *n* **betreiben**
(com) to carry on business
(com) to run (*or* operate) a business

Geschäfte *npl* **der Kreditinstitute** (Fin) banking operations (*or* transactions)
Geschäftemacherei *f* (com) profiteering
Geschäft *n* **eröffnen**
(com) to put up shop
– (infml) to hang out one's shingle
– (infml, GB) to put up one's brass plate
Geschäfte *npl* **tätigen** (com) to do business
Geschäfte *npl* **vermitteln**
(com) to negotiate business
(ie, said of an agent)
Geschäft *n* **für wen es angeht**
(Re) legal transaction for whom it may concern
(ie, an instance of indirect agency in which the disclosure principle (= Offenkundigkeitsprinzip) is waived)
geschäftlich (com) on business
geschäftliche Transaktion *f* (com) business (*or* commercial) transaction
geschäftliche Verabredung *f*
(com) business appointment *(syn, Termin)*
geschäftliche Verbindung *f* (com) business contact
Geschäft *n* **ohne Rechnung** (com) non-invoiced transaction
Geschäft *n* **rückgängig machen** (com) to cancel an order
Geschäftsablauf *m* (com) course of business
Geschäftsabschluß *m* (com) conclusion of a deal (*or* transaction)
Geschäftsabwicklungspflichten *fpl* (Re) responsibilities of the parties to perform the contract
Geschäftsanteil *m*
(Fin) share
– interest
– participation
(ie, in GmbH and Genossenschaft)
Geschäftsarten *fpl* (StR) types of transactions, § 20 KVStG
Geschäftsaufgabe *f* (com) discontinuance (*or* termination) of a business
Geschäftsauflösung *f* (com) dissolution of a business
Geschäftsausrichtung *f* (com) business orientation
Geschäftsausstattung *f* (ReW) furnitures and fixtures
Geschäftsausweitung *f* (com) business expansion
Geschäftsbank *f* (Fin) commercial bank
Geschäftsbankengeld *n* (Fin) commercial bank money
Geschäftsbauten *mpl*
(com) commercial buildings
(ReW) office buildings
Geschäftsbedingungen *fpl* (Re) general terms and conditions
Geschäftsbeginn *m*
(com) commencement of business
(com) opening hours
Geschäftsbereich *m*
(Bw) division
(syn, Sparte)
(com) business/functional/operating . . . area
– operation
– area of responsibility
– business segment
(syn, Geschäftsfeld)

Geschäftsbereichsgruppe *f* (Bw) operational group
Geschäftsbericht *m*
(ReW, obsolete) annual report
– year-end report
– report of managing board
– management report
(ie, bis zum Inkrafttreten des Bilanzrichtliniengesetzes – Accounting Directives Law – dritter Bestandteil des Jahresabschlusses; comprises (a) report on operations, (b) company welfare report, (c) report on board composition, (d) audit report; vgl. Lagebericht)
Geschäftsbesorgungsvertrag *m*
(Re) non-gratuitous contract for services or work, § 675 BGB
(ie, ist ein Dienst- od Werkvertrag, der e–e entgeltliche Geschäftsbesorgung zum Gegenstand hat; wird sie unententgeltlich übernommen, handelt es sich um e–n Auftrag)
Geschäftsbestätigung *f* (Fin) confirmation of deal
Geschäftsbetrieb *m*
(com) business establishment
(com) sum total of business activities
Geschäftsbewegungen *fpl* (com) sales activities
Geschäftsbezeichnung *f*
(Re) trade name, § 16 UWG
(Re) firm name
Geschäftsbeziehungen *fpl* (com) business . . . relations/contacts
Geschäftsbrief *m*
(com) business/commercial . . . letter
(ie, angegeben werden müssen bei GmbH und AG Rechtsform und Sitz der Gesellschaft, das Registergericht sowie die Namen aller Geschäftsführer bzw Vorstandsmitglieder)
Geschäftsbücher *npl*
(ReW) (commercial) books of account
– account books
– books and records
Geschäftsbuchhaltung *f*
(ReW) financial (*or* general) accounting
(syn, Finanzbuchhaltung)
Geschäftsergebnis *n* (ReW) operating result
Geschäftseröffnung *f* (com) opening of a business
Geschäftserweiterung *f* (com) expansion of business
geschäftsfähig (Re) competent to contract
geschäftsfähige Partei *f* (Re) competent party
Geschäftsfähigkeit *f*
(Re) legal capacity to contract
– contractual capacity
– capacity to transact legal business
– capacity to enter into legal transactions
– capacity to perform legal acts
– capacity for acts-in-the law
– competence
(ie, Fähigkeit, mit rechtlicher Wirkung durch eigene Handlung Rechtsgeschäfte vorzunehmen; Unterfall der Handlungsfähigkeit)
Geschäftsfahrzeug *n* (com) company car
Geschäftsfeld *n*
(Bw) business/operating . . . area
– business segment
Geschäftsfelder-Portfolio *n* (Bw) business segment portfolio

Geschäftsfeldplanung *f* (Bw) planning of business segments
Geschäftsfrau *f* (com) business woman
Geschäftsfreund *m*
(com) business . . . associate/acquaintance
– customer
– business friend
(ie, not close enough to call a friend in the everyday sense of the word)
(com) correspondent
(ie, one who has regular business relations with another, esp. at a distance)
Geschäftsfreundebewirtung *f* (StR) entertainment of visitors
geschäftsführend
(com) directing the affairs
– managing
– acting
geschäftsführender Bereich *m* (Bw) management sector
geschäftsführender Direktor *m*
(com) managing director
– head manager
– acting director
geschäftsführender Gesellschafter *m* (com) managing partner
geschäftsführender Partner *m*
(com) acting
– active
– managing . . . partner
geschäftsführendes Mitglied *n* (com) managing member
Geschäftsführer *m*
(com, roughly) (general) manager
– chief executive
– chief operating officer
(ie, i.w.S. Mitglieder e–s Organs, die oberste Leitungsfunktionen wahrnehmen, also die Mitglieder des Vorstands bei der AG ebenso wie die geschäftsführenden Gesellschafter bei OHG und KG; im technischen Sinne bezeichnet der Terminus den od die Geschäftsführer der GmbH; in englischen Texten bleibt er dann häufig unübersetzt: Geschaeftsfuehrer)
(com) store manager
Geschäftsführer *m* **ohne Auftrag** (Re) agent without mandate
Geschäftsführer *m* **Technik** (Bw) technical director
Geschäftsführung *f*
(com) conduct of business
(Bw) management
Geschäftsführung *f* **ohne Auftrag**
(Re) management of affairs without mandate
– *(civil law)* negotiorum gestio
(ie, Schuldverhältnis zum Ausgleich von Vor- und Nachteilen aus e–r Tätigkeit in e–m fremden Rechtskreis ohne vertragliche od gesetzliche Verpflichtung; cf, §§ 677–687 BGB;
creates a semi-contractual relation; performs a number of functions which in English law are allotted to the law of trust; eg, duty to act with due care)
Geschäftsführungsbefugnis *f*
(com) managing authority
– power of management
– power to direct a business
(Re) authority granted by principal to agent
(opp, Vertretungsmacht: power to represent principal towards third parties)
Geschäftsführungsorgan *n* (Bw) management body
Geschäftsgebaren *n* (com) business methods (*or* practices)
Geschäftsgebäude *n* (com) office building
Geschäftsgebiet *n* (Bw) operational sector (*or* segment)
Geschäftsgebrauch *m* (com) official use
Geschäftsgegend *f* (Mk) shopping area (*or* district)
Geschäftsgeheimnis *n*
(com) trade
– business
– industrial . . . secret
Geschäftsgrafik *f* (com) business graph
Geschäftsgrundlage *f*
(Re) basis of a legal transaction
(ie, ihre Funktion besteht darin, den Grundsatz pacta sunt servanda dann einzuschränken, wenn dies im Interesse e–r gerechten Lastenverteilung zwingend geboten ist; gesetzlich nicht geregelt)
Geschäftsgrundlage *f* **zerstören**
(Re) to upset the economy of a contract
(ie, which rests on the principle of fair dealing = Treu und Glauben)
Geschäftsgrundstücke *npl*
(StR) business property, § 75 III BewG
(ie, more than 80% of it used for commercial or industrial purposes; opp, Betriebsgrundstücke)
Geschäftsgründung *f* (Re) formation of a business enterprise
Geschäftsguthaben *n*
(Fin) capital share
(ie, held by member of cooperative: includes cash contributions and pro-rata profit credited to contribution account = Barzahlung und Zuschreibung von Gewinnanteilen)
– paid-up cooperative share
Geschäftsguthabendividende *f* (Fin) capital dividend distributed by cooperative
Geschäftshaus *n*
(com) trading firm
– business firm
– business establishment
Geschäftsherr *m* (Re) principal
Geschäftsinhaber *m*
(Re) owner (*or* proprietor) of a business
(com) storekeeper
– (GB) shopkeeper
Geschäftsinhaberin *f* (com) proprietress of a business
Geschäftsirrtum *m*
(Re) error in negotii *(ie, Fall des Irrtums)*
Geschäftsjahr *n*
(com) business
– financial
– fiscal . . . year
– (infml) fiscal *(eg, in fiscal 1983)*
– accounting year
Geschäftskarte *f*
(com) business card
(ie, card with businessman's name, firm, business address, and phone number)

Geschäftskette *f*
(com) retailing chain
– chain of retail stores
Geschäftsklima *n*
(Bw) business climate
– mood of business
Geschäftsklimaindex *m* (Bw) business climate index
Geschäftskonto *n* (ReW) contra account linking financial accounting and cost accounting
Geschäftskorrespondenz *f* (com) business (*or* commercial) correspondence
Geschäftskredit *m* (Fin) business loan
Geschäftskunde *m*
(com) customer
– client
Geschäftslage *f*
(Bw) business conditions
(Mk) store location
Geschäftsleben *n*
(com) business
(eg, to retire from business)
Geschäftsleiter *m* (com, Fin) manager
Geschäftsleitung *f*
(com) management
(com) place of management
Geschäftsleute *pl* (com) business men
Geschäftslokal *n*
(com) business premises
(Mk) retail store
Geschäftsmann *m* (com) business man *(Americans now prefer ‚business person' if the term is understood to include both male and female)*
geschäftsmäßig (com) businesslike
geschäftsmäßige Gebrauchsüberlassung *f* (Re) commercial leases and bailments
geschäftsmäßige Hilfe *f* **in Steuersachen** (StR) tax advice on a professional basis
Geschäftsordnung *f*
(Bw) rules of internal procedure
(ie, of managing or supervisory board)
(Bw) set of procedural rules implementing the organization chart
– code of procedure
Geschäftsordnung *f* **erlassen** (Re) to establish rules of procedure
Geschäftspapiere *npl*
(com) business papers
(com) business records
(eg, books of account, business letters)
Geschäftspartner *m*
(com) business partner
– associate
(Re) partner
(Re) party to a transaction
Geschäftsplan *m*
(Vers) general operational plan
(ie, Gesellschaftsvertrag/Satzung, Allgemeine Versicherungsbedingungen, Tarife, finanzielle Unterlagen; sind dem Bundesaufsichtsamt für das Versicherungswesen einzureichen)
Geschäftspolitik *f*
(Bw) business
– company
– corporate . . . policy
geschäftspolitische Entscheidung *f* (Bw) business decision
Geschäftsraum *m* (com) floor space
Geschäftsräume *mpl* (com) business premises
Geschäftsreise *f* (com) business . . . travel/trip
Geschäftsrückgang *m* (com) shrinkage in volume of business (*or* trade)
geschäftsschädigend (com) damaging (*or* injuring) the interests and reputation of a firm
Geschäftsschädigung *f*
(com) act by which a firm's standing is affected
(ie, wichtigster Fall geschäftlicher Ehrenschutz nach § 824 BGB; kann Ersatzanspruch aus unerlaubter Handlung begründen = may give rise to a tort claim)
Geschäftsschluß *m* (com) closing time
Geschäftssitz *m*
(Re) place of business
– registered office
Geschäftssparte *f* (com) line of business
Geschäftsspartenkalkulation *f*
(Fin) cost accounting by lines of business
(ie, a type of departmental cost accounting practiced by banks)
Geschäftssprache *f* (com) official language
Geschäftsstelle *f*
(com) office(s)
(com) branch (*or* field) office
(Bw) executive unit
(ie, of a Verbandbetrieb)
Geschäftsstellenleiter *m* (com) branch manager
Geschäftsstellennetz *n* (com) branch network
Geschäftsstunden *fpl* (com) business hours
Geschäftstagebuch *n*
(ReW) daily transactions journal
(ie, posting all receipts and expenditures and all cashless transactions)
Geschäftstätigkeit *f*
(com) business activity
(Vw) economic activity
Geschäftstätigkeit *f* **aufnehmen** (com) to commence business operations
Geschäftsübernahme *f* (com) takeover of a business
Geschäfts- und Fabrikgebäude *npl*
(ReW) buildings
– administrative and plant buildings
geschäftsunfähig
(Re) incapacitated
– incompetent
– incapable (*or* wholly unable) to enter into legal transactions
Geschäftsunfähiger *m* (Re) incapacitated person
Geschäftsunfähigkeit *f*
(Re) contractual incapacity
– incapacity to contract
– legal disability
– contractual incompetence
(ie, Unfähigkeit, mit rechtlicher Wirkung durch eigene Handlung Rechtsgeschäfte vorzunehmen; cf, § 104 BGB; total absence of capacity for legal transactions; opp, beschränkte Geschäftsfähigkeit)
Geschäftsunterbrechung *f* (Bw) interruption of business

Geschäftsveräußerung *f* **im ganzen** (Bw) sale of an enterprise as a whole
Geschäftsverbindung *f* (com) business . . . relations/contacts
Geschäftsverkehr *m*
(com) business
(ie, the total of all reciprocal business or commercial relations)
Geschäftsvermögen *n*
(ReW) business assets
(opp, Privatvermögen = private assets)
Geschäftsverteilung *f*
(Bw) assignment of business
– division of responsibilities
Geschäftsverteilungsplan *m*
(Bw) distribution-of-business plan
– plan of task division
Geschäftsvertrag *m*
(Re) operating agreement
(ie, Teil des Kontokorrentvertrages; Partner übernehmen kontokorrentrechtliche Pflichten; Sonderfall e–s Abrechnungsvertrages)
Geschäftsvolumen *n*
(com) business volume
– volume of business
(Bö) trading volume
Geschäftsvorfall *m*
(ReW) business/external . . . transaction
– transaction with an outsider
(opp, Buchungsvorfall = accountable event)
Geschäftsvorgang *m* (com) business transaction
Geschäftswagen *m* (com) business car
Geschäftswelt *f* (com) business community
Geschäftswert *m*
(ReW) goodwill
(ie, immaterieller Anlagewert: Differenz zwischen Ertragswert bzw. Gesamtwert e–r Unternehmung und der Summe der Zeitwerte des bilanzierten Nettovermögens: the capitalized value of potential earnings in excess of the book value of a company's net worth; or [GB: SSAP 22, para. 21] the difference between the value of a business as a whole and the aggregate of the fair values of its separable net assets; syn, Firmenwert; Goodwill, innerer Wert, Betriebsmehrwert, façon; bei Freiberuflern auch als Praxiswert bezeichnet)
Geschäftswille *m*
(Re) intention to conclude transaction having legal consequences
(ie, Wille, mit e–r Erklärung e–e bestimmte Rechtsfolge herbeizuführen; cf, §§ 117, 118 BGB)
Geschäftszeichen *n* (com) reference (*or* file) number
Geschäftszeit *f*
(com) business hours
(Mk) shopping hours
Geschäftszentrum *n*
(Mk) business center
(Mk) mall shopping center
Geschäftszweig *m* (com) = Wirtschaftszweig, Branche
Geschäft *n* **tätigen** (com) to transact business
Geschäft *n* **zustandebringen**
(com) to negotiate a deal
– to conclude a contract
– to strike a deal
– (infml) to engineer a deal
geschätzte Ankunftszeit *f* (OR) estimated time of arrival
geschätzte Ausfallrate *f* (IndE) assessed failure rate
geschätzte Kosten *pl* (KoR) estimated cost
geschätzte Nutzungsdauer *f*
(ReW) estimated useful life *(ie, of a fixed asset)*
– expected life
– estimated service life
– life expectancy
(StR) guideline service life
geschätzter mittlerer Fehleranteil *m* (IndE) estimated process average
geschätzter Wert *m* (com) estimated value (*or* price)
geschätzter Wertminderungsverlauf *m*
(ReW) estimated loss of service life (*or* utility)
– estimated diminution of service life
Geschenk *n* (com) gift
Geschenkabonnement *n* (com) gift subscription
Geschenke *npl* (StR) gratuities and presents, § 4 V EStG
Geschenke *npl* **verteilen** (SozV, infml) to hand out largesse
Geschenksendungen *fpl* (Zo) gift parcels
Geschichte *f* **der ökonomischen Theorie** (Vw) history of economic thought
geschichteter Stichprobenplan *m* (Stat) stratified sampling plan
geschichtetes Stichprobenverfahren *n* (Stat) stratified sampling (procedure)
geschichtete Stichprobe *f* (Stat) stratified sample
geschichtete Zufallsstichprobe *f* (Stat) stratified random sample
geschlossene Anlage *f* (StR) integrated unit, Abschn. 31 III EStR
geschlossene Architektur *f* (EDV) closed architecture
geschlossene Ausschreibung *f* (com) closed bidding
geschlossene Erfassungsgruppe *f* (Stat) cluster
geschlossene Kantenzugprogression *f* (OR) circuit progression
geschlossene Kurve *f* (Math) loop
geschlossene Randkurve *f* (Math) closed contour
geschlossener Fonds *m* (Fin) closed-end fund
geschlossener Halbraum *m* (Math) closed halfspace
geschlossener Immobilienfonds *m* (Fin) closed-end real estate fund
geschlossener Investmentfonds *m* (Fin) closed-end investment fund
geschlossener Kantenzug *m* (OR) circuit
geschlossener Markt *m*
(Vw) closed market
(ie, one barred to new entrants)
geschlossener Regelkreis *m* (EDV) closed-loop (*or* feedback) control system
geschlossene Schleife *f*
(EDV) closed loop
(ie, continues indefinitely in the absence of external intervention)
geschlossenes Entscheidungsmodell *n*
(Bw) closed decision model
(ie, based on fully formulated decision matrix and given decision rule; eg, linear programming model)

geschlossenes Indentgeschäft *n*
(com) closed indent
(ie, Indentgeber legt Lieferanten oder Ware fest; opp, open indent)
geschlossenes Leasing *n*
(Fin) closed-end lease
(ie, lessee returns the leased equipment to the lessor at the end of the lease term; he has no further obligation; opp, offenes Leasing, qv)
geschlossenes Netzwerk *n* (EDV) closed network
geschlossene Struktur *f* (Math) closed/complete . . . structure
geschlossenes Unterprogramm *n* (EDV) closed/linked . . . subroutine
geschlossene Volkswirtschaft *f*
(Vw) closed economy
(ie, one for which no external transactions are assumed)
geschlossene Wirtschaft *f* **ohne staatliche Aktivität** (Vw) closed economy, with no government budget
geschlüsselte Datenübertragung *f* (EDV) tested electronic data interchange
Geschmacksmuster *n*
(Pat) design patent
– ornamental design
Geschmacksmustergesetz *n* (Re) Ornamental Design Law, of 11 Jan 1976
geschuldete Leistung *f*
(Re) obligation owed by the debtor
(ie, das, was der Schuldner aufgrund des Schuldverhältnisses an den Gläubiger zu erbringen hat; contractor or vendor is compelled to perform specifically what he has agreed to do; cf, § 362 I BGB, aber auch: specific performance)
geschuldeter Betrag *m* (com) sum due (*or* owing)
geschützte Bezeichnung *f* (Pat) proprietary designation
geschützter Modus *m* (EDV) protected mode
geschützter Speicher *m* (EDV) protected memory
geschütztes Leerzeichen *n* (EDV) nonbreaking space
geschweifte Klammern *fpl* (Math) braces
Geschwindigkeitsüberschreitung *f* (Re, GB) speeding offence
Geschwister *pl* (EDV) sibling
Geselle *m*
(Pw) journeyman
(ie, skilled worker with formal apprenticeship qualification)
Gesellschaft *f*
(com) partnership
(ie, as the basic type of ‚Personengesellschaft')
(com) corporation
– company
(ie, as the basic type of ‚Kapitalgesellschaft')
Gesellschaft *f* **auflösen** (com) to dissolve a partnership (*or* company)
Gesellschaft *f* **ausgliedern** (com) to remove a subsidiary from an affiliated group of companies
Gesellschaft *f* **beherrschen** (com) to control another company
Gesellschaft *f* **der unentgeltlichen Übertragungen** (Vw, infml) transfer society
(ie, one of the excesses of the modern welfare state)
Gesellschaft *f* **des bürgerlichen Rechts** (com) = BGB-Gesellschaft
Gesellschafter *m*
(com) *(Personengesellschaft:)* partner
– member of partnership
(com) *(Kapitalgesellschaft:)* shareholder
– stockholder
– company member
Gesellschafterausschuß *m*
(com) shareholders' committee
(ie, in der GmbH: nimmt Kompetenzen der Gfter-Vers wahr und ersetzt diese uU; erledigt vielfach nur die Geschäftsführungsangelegenheiten)
Gesellschafterbeschluß *m*
(com) resolution adopted by the partners
– shareholders' decision (*or* resolution)
Gesellschafterdarlehen *n*
(com) member's loan
(Fin) partner's loan (to a partnership)
(ie, a genuine loan in the case of limited partners = Kommanditisten, if capital is fully paid, but a contribution only if paid in by unlimited partners = Komplementäre, Vollhafter)
(Fin) shareholder loan
(ie, one granted to ‚Kapitalgesellschaften'; genuine loan and as such subject to trade tax = Gewerbesteuer)
Gesellschaftereinlage *f* (Fin) partner's contribution
Gesellschafter-Geschäftsführer *m* (com) managing partner
Gesellschafterkapital *n* (Fin) partner's capital
Gesellschafterliste *f*
(com) shareholder list
(ie, containing names and residence of all shareholders of a stock corporation present at a general meeting)
(com) list of shareholders
(ie, submitted annually to the Commercial Register, § 40 GmbHG)
Gesellschaft *f* **errichten**
(com) to constitute
– to establish
– to found
– to set up . . . a partnership (*or* company)
Gesellschafterversammlung *f*
(com) shareholders' meeting
– general meeting of members
(ie, organ of a GmbH, § 48 GmbHG)
Gesellschaft *f* **fortsetzen** (Bw) to continue the existence of a company
Gesellschaft *f* **gründen**
(com) to form
– to create
– to organize . . . a partnership
(com) to create
– to establish
– to form . . . a corporation
gesellschaftliche Indifferenzkurve *f* (Vw) community indifference curve
gesellschaftliche Indikatoren *mpl* (Vw) social indicators
gesellschaftliche Kosten *pl* (Vw) social cost
gesellschaftliche Nutzen *mpl* (Vw) social benefits
gesellschaftliche Präferenzfunktion *f* (Vw) social preference function

gesellschaftliche Rechtfertigung *f* (Bw) societal justification *(eg, for the existence of a business firm)*
gesellschaftlicher Konsens *m* (Vw) social consensus *(eg, in Germany and Austria)*
gesellschaftlicher Nutzen *m* (Vw) social utility
gesellschaftliche Wohlfahrt *f* (Vw) social welfare
gesellschaftliche Wohlfahrtsfunktion *f* (Vw) social welfare function
Gesellschaft *f* **mit beschränktem Aktionärskreis** (com) closely held corporation
– (GB) closely held company
(ie, most of the shares and voting control are held by a small group)
Gesellschaft *f* **mit beschränkter Haftung, GmbH** (com) limited liability company, GmbH
(ie, private legal entity, unquoted; Ende 1987 bestanden mehr als 350 000 GmbH's; Tendenz steigend; vor allem im Dienstleistungsbereich)
– (US, *roughly*) close corporation
– (GB, *roughly*) private company
(ie, Aktienübertragung beschränkt (keine Inhaberaktien), Mitgliederzahl auf 50 begrenzt; nicht am Kapitalmarkt)
Gesellschaft *f* **ohne Geschäftsbetrieb** (Bw) inactive company
Gesellschaftsanteil *m* **der OHG** (Re) share or other membership right in a commercial partnership, §§ 105 II HGB, 719 BGB
Gesellschaftsbeiträge *mpl* (Re) monetary and nonmonetary contributions of partners, § 706 BGB
Gesellschaftsbeschluß *m* (com) corporate resolution
gesellschaftsbezogene Rechnungslegung *f* (ReW) corporate socio-economic accounting *(syn, Sozialbilanz)*
gesellschaftsbezogenes Rechnungswesen *n* (ReW) social accounting
Gesellschaftsbilanz *f*
(ReW) partnership balance sheet
(ReW) company (*or* corporate) balance sheet
Gesellschaftsblätter *npl* (Re) publications named in the company's articles of incorporation, § 20 VI AktG
Gesellschaftsbücher *npl*
(ReW) partnership books
– company books
Gesellschaftseinlage *f* (Fin) contribution to partnership capital
Gesellschaftsformen *fpl*
(com) legal forms of commercial entities
(ie, OHG, KG, atypische stille Gesellschaft, AG, KGaA, GmbH, Genossenschaft, Versicherungsverein auf Gegenseitigkeit)
gesellschaftsfreundliches Marketing *n* (Mk) human concept of marketing
Gesellschaftsgewinn *m* (Fin) company profit
Gesellschaftsjustitiar *m* (Re) legal adviser (*or* officer) of a company
Gesellschaftskapital *n*
(Fin) partnership capital
(Fin) corporate capital
– share capital
Gesellschaftskonkurs *m*
(Re) bankruptcy of legal entities and partnerships *(ie, juristische Personen and Personengesellschaften, §§ 207–213 KO)*
Gesellschaftsmantel *m* (Re) corporate shell
Gesellschaftsmittel *pl* (Fin) corporate funds
Gesellschaftsrecht *n*
(Re) law of partnerships and corporations
(ie, including also part of the law relating to ‚Vereine' = private-law associations)
– (GB) company law
Gesellschaftsrechte *npl*
(com) membership rights in corporations and other companies
(ie, corporate shares, GmbH participations, quotas of mining companies = Kuxe, participations in the profits of a company = Genußrechte, etc.)
gesellschaftsrechtliche Einlagen *fpl* (com) deposits under company law
gesellschaftsrechtliche Struktur *f* (Re) corporate structure
Gesellschaftsschulden *fpl*
(Re) partnership liabilities
(Re) company liabilities
– corporate debts
Gesellschaftssitz *m*
(com) corporate domicile
– (GB) registered office
Gesellschaftsstatuten *pl* (com) bylaws
Gesellschaftsstruktur *f* (Vw) societal structure
Gesellschaftsteuer *f*
(StR) company tax
– capital investment tax
– (GB) capital duty
(ie, levied on contributions made by stockholders; abolished from 1 Jan 1992; see: ‚Kapitalverkehrsteuer')
Gesellschaftsvergleich *m*
(Re) composition proceedings relating to legal persons
(ie, Vergleichsverfahren von nicht natürlichen Personen)
Gesellschaftsverhältnis *n* (com) shareholder relationship
Gesellschaftsverhältnisse *npl* (ReW) equity relationships *(eg, Beteiligungen, Wertpapiere = participating interests, investments)*
Gesellschaftsvermögen *n*
(Fin) partnership assets
(ie, of ‚Personengesellschaften')
(Fin) company (*or* corporate) assets
(ie, of ‚Kapitalgesellschaften')
Gesellschaftsvertrag *m*
(com) partnership agreement
– articles of (co)partnership
(ie, relating to Gesellschaft des bürgerlichen Rechts, OHG, KG, stille Gesellschaft)
(com) company . . . agreement/contract
(ie, equivalent to the articles of AG and KGaG; US: articles of incorporation + bylaws; GB: memorandum of association + articles of association)
Gesellschaftszweck *m*
(Re) purposes of a partnership
(Re) corporate purpose
– object of company
Gesetz *n*
(Log) universal law
(Re) statute
– (US) Law

(ie, after legislation ‚law' and ‚act' may be used interchangeably)
– (GB) Act

Gesetz *n* **betreffend die Abzahlungsgeschäfte** (Re) Law Relating to Deferred Payment Sales

Gesetzblatt *n* (Re) legal gazette

Gesetz *n* **der abnehmenden Grenzrate der Substitution** (Vw) law of diminishing marginal rate of substitution

Gesetz *n* **der doppelten Negation** (Log) law of double negation

Gesetz *n* **der großen Zahlen** (Stat) law of large numbers

Gesetz *n* **der Identität**
(Log) law of identity
(ie, if p is true, then p is true; A = A; everything is what it is [and cannot at the same time be something else]; cf, Denkgesetze)

Gesetz *n* **der komparativen Kosten** (AuW) law of comparative costs

Gesetz *n* **der Kontraposition** (Log) law of contraposition

Gesetz *n* **der Massenproduktion**
(Bw) law of mass production
(ie, formulated by K. Bücher in 1910)

Gesetz *n* **der Unterschiedslosigkeit der Preise** (Vw) law of indifference *(Jevons)*

Gesetz *n* **der wachsenden Staatsausgaben** (FiW) law of rising public expenditure *(A. Wagner, 1861)*

Gesetz *n* **des abnehmenden Bodenertrages** (Vw) law of diminishing marginal productivity

Gesetz *n* **des einheitlichen Preises** (AuW) law of one price

Gesetz *n* **des komparativen Vorteils** (AuW) law of comparative advantage

Gesetz *n* **des Paarvergleichs** (Stat) law of comparative judgement

Gesetzesauslegung *f* (Re) interpretation (*or* construction) of a law

Gesetzesbegriff *m*
(Re) legal term
– statutory concept

Gesetzesentwurf *m* (Re) draft statute

Gesetzeskraft *f* (Re) force of law

Gesetzeslücke *f* (Re) loophole

Gesetzesnovelle *f* (Re) amendment of a law

Gesetzesverstöße *mpl* (Re) illegal acts

Gesetzesvollzug *m* (Re) law enforcement

Gesetzesvorbehalt *m*
(Re) legal reservation
(Re) constitutional requirement of a specific law/statute

gesetzgebende Körperschaft *f* (Re) legislative body

Gesetzgeber *m*
(Re) legislator
– law-making body
– legislative body

Gesetzgebungsverfahren *n*
(Re) legislative procedure
– bill-to-law process

Gesetz *n* **gegen den Unlauteren Wettbewerb, UWG**
(Kart) Law Against Unfair Competition
(ie, as of 7 June 1906, variously amended)

Gesetz *n* **gegen Wettbewerbsbeschränkungen**
(Kart) Law Against Restraints of Competition
(ie, effective Jan 1, 1958; amended in 1965, 1973, 1976, and 1980)
– German Antitrust Act

gesetzlich
(Re) lawful
– legal
(ie, the principal distinction between the two terms is that the former contemplates the substance of law, the latter the form of law)
– statutory *(ie, conforming to a statute)*
– by operation of law

gesetzliche Beschränkung *f* (Re) statutory restriction

gesetzliche Bestandteile *mpl*
(WeR) statutory features
(eg, of checks or bills of exchange)

gesetzliche Bestimmung *f* (Re) legal (*or* statutory) provision

gesetzliche Dauerverpflichtungen *fpl* (FiW) permanent statutory obligations

gesetzliche Einlagen *fpl* (Fin) legal minimum deposits

gesetzliche Erbfolge *f* (Re) intestate succession

gesetzliche Exportbeschränkungen *fpl* (AuW) legally enforced export controls

gesetzliche Forderung *f* (Re) legal claim

gesetzliche Forderungsabtretung *f* (Re) assignment by operation of law

gesetzliche Formvorschriften *fpl* (Re) formal legal requirements

gesetzliche Frist *f*
(Re) statutory time limit
(Re) statutory period

gesetzliche Gewährleistung *f*
(Re) statutory warranty
– warranty implied in law

gesetzliche Grundlage *f* (Re) statutory basis

gesetzliche Haftpflicht *f* (Re) legal (*or* statutory) liability

gesetzliche Haftpflichtversicherung *f*
(Vers) third-party insurance
– (GB) act liability insurance

gesetzliche Haftung *f* (Re) legal/statutory . . . liability

gesetzliche Krankenversicherung *f*
(SozV) statutory (*or* compulsory) health insurance
(SozV) statutory health insurance fund

gesetzliche Kündigungsfrist *f* (Re) statutory (period of) notice

gesetzliche Leistungen *fpl* (FiW) statutory benefits

gesetzliche Lizenz *f* (Pat) legal (*or* statutory) license

gesetzliche Orderpapiere *npl*
(WeR) original order paper
(syn, geborene Orderpapiere; opp, gekorene Orderpapiere = order paper by act of the party)

gesetzliche Rahmenbedingungen *fpl* (Re) legal framework

gesetzlicher Arbeitgeberzuschuß *m* (SozV) employer's statutory social security contribution

gesetzliche Rentenversicherung *f* (SozV) statutory pension insurance fund

gesetzlicher Feiertag *m* (Pw) public holiday

gesetzlicher Güterstand *m*
(Re) statutory regime of matrimonial property

(ie, considered as adopted by the spouses whenever they have not expressly agreed on choosing another regime)

gesetzlicher Hinderungsgrund *m* (Re) statutory bar

gesetzlicher Rahmen *m* (Re) framework of legislation

gesetzliche Rücklage *f*
(ReW) legal/statutory . . . reserve
(ie, bei der AG und der KGaA zu bildende Gewinnrücklage)

gesetzlicher Vertreter *m*
(Re) legal (*or* statutory) representative
(eg, parents for their minor children, guardian, managing board of stock corporation, trustee in bankruptcy)

gesetzlicher Zinsfuß *m* (Re) legal (*or* statutory) rate of interest

gesetzlicher Zinssatz *m* (Re) legal rate of interest

gesetzliche Schriftform *f* (Re) writing prescribed by law

gesetzliche soziale Aufwendungen *fpl* (SozV) compulsory social security contributions

gesetzliches Pfandrecht *n* (Re) legal lien *(cf, § 1257 BGB)*

gesetzliches Rentenalter *n* (SozV) statutory retirement age

gesetzliches Schuldverhältnis *n*
(Re) obligation created by operation of law
(ie, otherwise than by act of the parties)

gesetzliches Veräußerungsverbot *n* (Re) statutory prohibition of alienation (§ 135 BGB)

gesetzliches Zahlungsmittel *n*
(Vw) legal tender
– lawful money
(ie, for all debts, public and private, public charges, taxes, duties, and dues)

gesetzliche Unfallversicherung *f* (SozV) statutory accident insurance

gesetzliche Unterhaltspflicht *f* (StR) statutory obligation to support

gesetzliche Verjährungsfrist *f* (Re) statutory period of limitation

gesetzliche Verpflichtung *f* (Re) legal (*or* statutory) obligation

gesetzliche Vertretung *f* (Re) legal representation

gesetzliche Vertretungsmacht *f*
(Re) agency by operation of law
(opp, gewillkürte Vertretungsmacht = agency by act of the parties)

gesetzliche Vollmachten *fpl* (Re) statutory powers

gesetzliche Vorschrift *f* (Re) statutory provision (*or* requirement)

gesetzliche Zinsen *mpl* (Re) legal (*or* statutory) rate of interest

gesetzlich geschützt
(Pat) legally protected
– patented *(ie, inventions)*
– registered *(ie, trade marks)*

gesetzlich geschütztes Verfahren *n* (Pat) proprietory process

gesetzlich vorgeschriebenes Deckungsverhältnis *n* (Vers) legal reserve requirements

Gesetzmäßigkeit *f* (Log) universal tendency

Gesetz *n* **novellieren** (Re) to amend a law

Gesetz *n* **über Abgaben für das Einleiten von Abwässer in Gewässer** (Re) Law Providing for a Levy for Discharging Effluents Into Running and Standing Waters = Abwasserabgabengesetz

Gesetz *n* **über die Beseitigung von Abfällen** (Re) Waste Disposal Law

Gesetz *n* **über die Deutsche Bundesbank** (Re) Federal Bank Law

Gesetz *n* **über die Finanzverwaltung**
(Re) Law on Fiscal Administration
(ie, as of 30 Aug 1971 and amended thereafter)

Gesetz *n* **über die Mitbestimmung** (Pw) Codetermination Law

Gesetz *n* **über Kapitalanlagegesellschaften** (Fin) Law Relating to Investment Companies, as amended 14 Jan 1970

Gesetz *n* **vom abnehmenden Ertragszuwachs**
(Vw) law of diminishing returns
– law of non-proportional returns
– law of variable proportions

Gesetz *n* **vom abnehmenden Grenznutzen**
(Vw) law of diminishing marginal utility
– law of satiation

Gesetz *n* **vom ausgeschlossenen Dritten**
(Log) law of excluded middle
– law of bivalence
– law of tertium non datur
(ie, either p is true or q is false; one or the other but not both at the same time and in the same respect; a thing A is either A or is not A)

Gesetz *n* **vom Ausgleich der Grenznutzen**
(Vw) equimarginal principle
– law of equi-marginal returns

Gesetz *n* **vom Rangabfall** (Math) Sylvester's law of degeneracy (*or* nullity)

Gesetz *n* **von Angebot und Nachfrage** (Vw) law of supply and demand

Gesetz *n* **von der Steigerung der fixen Kosten** (KoR) law of increasing fixed cost *(K. Mellerowicz)*

gesetzwidriges Verhalten *n* (Re) illegal conduct

Gesetz *n* **zur Entlastung des Bundesfinanzhofs** (StR) Law for the Relief of the Federal Fiscal Court, of 7 Aug 1975, amending the FGO

Gesetz *n* **zur Förderung der Berliner Wirtschaft** (Re) Law for the Promotion of the Economy of West Berlin, of 29 Oct 1970 (and numerous amendments)

Gesetz *n* **zur Förderung der Stabilität und des Wachstums der Wirtschaft** (Vw) Law Promoting Stability and Growth of the Economy, as of 8 June 1967 (= Stabilitätsgesetz)

Gesetz *n* **zur Ordnung des Handwerks** (Re) Law Concerning the Regulation of Trade and Craft

Gesetz *n* **zur Verbesserung der betrieblichen Altersversorgung** (Re) Business Pension Law, 19 Sep 1974

Gesetz *n* **zur Vermögensbildung der Arbeitnehmer** (Pw) Law to Promote Capital Formation by Employees

gesicherte Anlage *f*
(Fin) asset-backed investment
(ie, investment related to tangible or corporate assets such as shares or property)

gesicherte Forderung *f* (Fin) secured debt

gesicherter Gläubiger *m* (Re) secured creditor
gesicherter Kredit *m* (Fin) secured credit
gesichertes Darlehen *n* (Fin) secured loan
gesondert anmelden (Zo) to declare separately
gesondert ausweisen (ReW) to present (*or* show) separately
gesonderte Feststellung *f*
(StR) separate determination, § 180 AO
(ie, gesonderte Ermittlung einzelner Besteuerungsgrundlagen)
gesonderte Gewinnfeststellung *f* (StR) separate determination of profits, § 180 AO
gespaltener Devisenmarkt *m*
(Fin) split
– two-tier
– dual . . . foreign exchange market
gespaltener Goldmarkt *m* (Fin) two-tier gold market
gespaltener Goldpreis *m* (Fin) two-tier gold price
gespaltener KSt-Satz *m* (StR) split corporation income tax rate
gespaltener Preis *m* (Mk) split price
gespaltener Steuersatz *m* (StR) split tax rate
gespaltener Wechselkurs *m*
(Fin) multiple
– split
– two-tier . . . exchange rate
(syn, multipler od differenzierter Wechselkurs)
gespaltenes Verhalten *n* (Mk) hybrid behavior
gespaltenes Wechselkurssystem *n* (Fin) = System gespaltener Wechselkurse, qv
gespannter Kurs *m* (Bö) close quotation of foreign exchange
gespeicherte Energie (IndE) stored energy
gespeichertes Programm *n* (EDV) stored program
gesperrte Guthaben *npl* (Fin) blocked assets
gesperrte Ordner *mpl* (com) disabled folders
gesperrter Scheck *m* (Fin) stopped check
gesperrtes Depot *n*
(Fin) blocked deposit
(ie, of securities)
gesperrte Stücke *npl* (Fin) blocked securities
gespiegelte Site (EDV) mirror site
Gespräch *n* **anmelden** (com) to book a (telephone) call
Gespräch *n* **durchstellen** (com) to put a call through
Gesprächsbetrieb *m*
(EDV) dialog processing
(opp, Stapelbetrieb)
Gesprächsgebühren *fpl* (com) call charges
Gesprächsnotiz *f*
(com) memo of a discussion
– notes on a discussion
Gesprächspartner *m* (com) interlocutor
Gesprächssystem *n* (EDV) time sharing
gestaffelt
(com) graduated
– stepped
gestaffelte Rückzahlung *f*
(Fin) repayment by installments
– stepped repayment
gestaffelter Zinssatz *m* (Fin) staggered rate of interest
gestaltet (com) structured *(eg, acquisitions structured as asset purchases)*

Gestaltung *f*
(com) structuring
– arrangement of appearance
gestaltungsfähige Kapitalertragsteuer *f* (StR) flexible capital yields tax
Gestaltungsfreiheit *f*
(com) freedom of scope
– scope of discretion
(Re) liberty of the parties (to a contract) to make their own arrangements
(StR) freedom to shape one's transactions so as to accomplish the most favorable tax result
Gestaltungsklage *f* (Re) action for a modification of rights
Gestaltungsrecht *n* (Re) right to establish, alter or terminate a legal relationship
Gestehungskosten *pl* (KoR) cost price
Gestehungswert *m* (com) cost of production or acquisition
Gestellung *f* **der Waren** (Zo) presentation of goods
Gestellung *f* **e–s Akkreditivs** (Fin) opening a letter of credit
Gestellungsverzeichnis *n* (Zo) customs declaration list, § 6 ZG
gesteuerte Ablage *f* (EDV) controlled stacker
gesteuerter Preis *m*
(Vw, Kart) controlled price
(opp, Marktpreis)
gesteuertes Floating *n* (AuW) controlled floating
gesteuerte Variable *f* (EDV) controlled variable
gestörtes Gleichgewicht *n*
(Vw) disequilibrium
– imbalance
gestreute Anlagen *fpl* (Fin) diversified investments
gestreute Datenorganisation *f* (EDV) scattered data organization
gestreutes Lesen *n* (EDV) = gestreutes Laden
gestreute Speicherung *f* (EDV) random organization
gestreutes Schreiben *n* (EDV) gather write
gestrichelte Linie *f* (com) dashed/broken . . . line
gestricheltes Liniendiagramm *n* (Stat) broken-line graph
gestrichen
(Bö) quotation canceled
(ie, no price, no dealings)
gestützte Erinnerung *f* (Mk) aided recall
gestützter Markt *m* (Vw) pegged market
gestützter Preis *m* (com) pegged (*or* supported) price
gestützter Wechselkurs *m* (Fin) pegged rate of exchange
gestutzte Verteilung *f* (Stat) truncated distribution
gestützte Wiedergabe *f* (Mk) aided recall
Gesuch *n*
(com) application
– request
Gesuch *n* **ablehnen** (com) to refuse a request
Gesuch *n* **bearbeiten** (com) to handle an application (*or* request)
Gesuch *n* **bewilligen** (com) to grant an application
Gesuch *n* **einreichen**
(com) to file an application
– to submit a request
gesunde finanzielle Lage *f* (Fin) sound financial position

Gesundheitsattest *n*
(com) bill of health
– health (*or* sanitary) certificate
Gesundheitseinrichtungen *fpl* (SozV) health care facilities
Gesundheitsfürsorgeleistungen *fpl* (SozV) health and welfare plans
Gesundheitsindikatoren *mpl* (Bw) health indicators *(eg, length of patient stay, etc.)*
Gesundheitsinformationssystem *n* (EDV) health information system
Gesundheitsmarkt *m* (Vw) health care market
Gesundheitsökonomik *f*
(Vw) health economics
(ie, instruments are theory of public goods, theory of externalities, cost-benefit analysis, etc.)
Gesundheitsplanung *f* (Vw) health planning
gesundheitspolitische Bestimmungen *fpl* (AuW) sanitary regulations (*or* standards)
gesundheitspolitische Überwachung *f* (AuW) sanitation
Gesundheitsrisiko *n* (SozV) health hazard
gesundheitsschädigende Wirkungen *fpl*
(SozV) adverse health effects
– . . . deleterious to health
Gesundheitsschutz *m* (Pw) health protection
Gesundheitsversicherung *f*
(SozV, US) health insurance
(ie, covers loss by sickness and bodily injury; the term is now used to replace such terms as Accident Insurance, Sickness Insurance, Medical Expense Insurance, Accidental Death Insurance, and Dismemberment Insurance)
Gesundheitsvorsorge *f* (SozV) health care
Gesundheitswesen *n*
(SozV) health care system
(ie, e–e allgemein anerkannte Definition gibt es nicht)
(SozV) health care industry
Gesundheitszertifikat *n* (AuW) = Gesundheitsattest
Gesundheitszeugnis *n* (com) = Gesundheitsattest
Gesundschrumpfen *n* (com) = Schrumpfen, qv
gesundschrumpfen
(com, infml) to pare down
– to whittle down
(ie, a company to a more profitable or leaner and more viable core)
Gesundwert *m* (SeeV) sound value
getaktet (EDV) time phased
getaktete Arbeitsweise *f* (EDV) clocked operation
geteilter Bildschirm *m* (EDV) split screen
geteilte Zeile *f* (EDV) spilled line
getilgtes Disagio *n* (Fin) amortized discount
Getränkebesteuerung *f* (StR) taxation of beverages
Getränkegroßhandel *m* (com) beverage wholesaling
Getränkeindustrie *f* (com) beverage industry
Getränkesteuer *f* (StR) beverage tax
Getreideausfuhrland *n* (AuW) grain exporting country
Getreidebörse *f*
(Bö) grain exchange
– (GB) (London) Corn Exchange
(ie, mostly part of produce exchange = Produktenbörse)
Getreideeinfuhr- und Vorratsstelle *f* (AuW) grain import and storage agency
Getreideembargo *n* (AuW) grain embargo *(eg, on the Soviet Union)*
Getreidehandel *m* (com) grain trade
Getreidehändler *m* (com) grain merchant (*or* dealer)
Getreidemarktregelung *f* (Vw) grain market regulation
Getreidepreis *m* (com) grain price
Getreide-Schweine-Zyklus *m* (Vw) corn-hog cycle
Getreidetermingeschäfte *npl* (Bö) grain futures
Getreidezoll *m* (Zo) duty on imported grain
getrennte Schleife *f* (OR) disjoint (*or* nontouching) loop
getrennte Veranlagung *f*
(StR) separate assessment
(ie, independent taxation of wife's and husband's income, § 26 a EStG)
getrennt veranlagen (StR) to assess separately
gewähren
(com) to allow
– to grant
Gewährfrist *f* (Re) period of guarantee, § 482 BGB
gewährleisten (com) to warrant
Gewährleistung *f*
(com) warranty *(ie, agreement by seller that article sold has certain qualities)*
Gewährleistungen *fpl* **aus Einzelrisiko** (ReW) warranties – direct
Gewährleistungen *fpl* **pauschal** (ReW) warranties – indirect
Gewährleistung *f* **für Rechtsmängel** (Re) warranty of title
Gewährleistung *f* **für Sachmängel** (Re) warranty of merchantable quality
Gewährleistungsansprüche *mpl* (ReW) warranty claims
Gewährleistungsfrist *f* (Re) warranty period
Gewährleistungsgarantie *f*
(Fin) performance bond
– defects liability guaranty
– guaranty against defective material and workmanship
– guaranty deposit
– maintenance guaranty
– guarantee for warranty obligations
(ie, als Bankgarantien erstellt und hinterlegt; diese Avalkredite belasten den Kreditspielraum des Lieferers)
Gewährleistungsinstrument *n* (Fin) financial support instrument
Gewährleistungskosten *pl* (ReW) cost of guaranty commitments
Gewährleistungsrecht *n* (Re) law of warranty
Gewährleistungsverpflichtungen *fpl* (ReW) warranties
Gewährleistungsvertrag *m*
(Re) guarantee agreement
(Re) indemnity agreement
Gewährleistungswagnis *n*
(ReW) warranty risk

(ie, amounts to self-insurance of noninsurable risks)
Gewährleistung *f* übernehmen (Re) to give warranty
Gewährträger *m*
(Fin) guaranty authority
(ie, city or municipality which covers liability of savings banks operating within its jurisdiction)
Gewährträgerhaftung *f* (Re) liability of guaranty authority
Gewährung *f* **e–s Kredits** (Fin) granting of a credit
Gewährung *f* **von Ansprüchen** (Re) acceptance of claims
Gewährverband *m* (Re) = Gewährträger
Gewährvertrag *m*
(Re) contract of guaranty
(syn, Garantievertrag)
Gewässerverschmutzung *f* (com) water pollution
Gewerbe *n* (com) No English equivalent exists of the German term that in its most general sense is taken to mean any permanent, gainful economic activity. The English terms ‚business', ‚trade', and ‚industry', together with the adjectives ‚commercial' and ‚industrial' may be used to come near to a specific German context.
Gewerbe *n* **anmelden** (Re) to apply for a trading license
Gewerbeanmeldung *f* (Re) registration of a trade or business, § 14 GewO
Gewerbeaufsicht *f*
(Re) trade supervision
– (GB) factory inspection
Gewerbeaufsichtsamt *n*
(Re) trade supervisory authority
– (GB) factory inspectorate
Gewerbe *n* **ausüben** (com) to carry on a trade
Gewerbebescheinigung *f* (com) trade certificate
Gewerbebesteuerung *f* (StR) trade taxation
Gewerbe *n* **betreiben** (com) to carry on a trade
Gewerbebetrieb *m*
(StR) business establishment, § 1 GewStDV
(ie, includes every activity which is carried on independently, continuously, for profit, and which constitutes a participation in the general commerce of the country = Selbständigkeit, Nachhaltigkeit der Betätigung, Gewinnerzielungsabsicht, Beteiligung am allgemeinen wirtschaftlichen Verkehr)
Gewerbeerlaubnis *f* (Re) business license, §§ 30 ff GewO
Gewerbeertrag *m* (StR) trade earnings
Gewerbeertragsteuer *f*
(StR) trade tax on . . . earnings/profit
– trade earnings tax
(ie, geared to annual profits)
Gewerbeförderung *f*
(Vw) promotion of small and medium-size enterprises
(ie, designed to increase efficiency and rationalization)
Gewerbefreiheit *f* (Re) freedom of trade, Art 12 II GG
Gewerbegenehmigung *f* (Re) = Gewerbeerlaubnis
Gewerbegesetzgebung *f* (Re) legal rules relating to trade regulation
Gewerbekapital *n* (StR) trading capital, § 12 GewStG
Gewerbekapitalsteuer *f*
(StR) trade tax on capital
(ie, levied on capital employed!)
Gewerbelegitimationskarte *f* (com) commercial card, § 55 b GewO *(= carte de commercant, valid for trading abroad)*
Gewerbemieter *m* (com) non-residential tenant
Gewerbeordnung *f*
(Re) Trade Regulation Act, 21 June 1869, as amended 1 Jan 1978
– Trading Ordinance
(ie, postulates the desirability of freely chosen trade or occupation as a matter of principle)
Gewerbepolitik *f*
(Vw) trade policy
(ie, umbrella term covering industrial policy, policy relating to the crafts, and policy directed at all other activities which are neither industry nor craft)
Gewerberäume *mpl* (com) non-residential premises
Gewerbeschein *m* (com) trading license
Gewerbesteuer *f*
(StR) trade tax
(ie, levied by local authorities, including tax on earnings and capital = Gewerbeertrag- und Gewerbekapitalsteuer)
Gewerbesteuerausgleich *m* (FiW) equalization of revenue from trade tax
Gewerbesteuerbefreiung *f* (StR) exemption from trade tax
Gewerbesteuerbescheid *m* (StR) trade tax assessment notice
Gewerbesteuer-Durchführungsverordnung *f* (StR) Ordinance Regulating the Trade Tax Law, republished on 26 Jan 1978
Gewerbesteuererklärung *f* (StR) trade tax return, § 25 GewStDV
Gewerbesteuergesetz *n* (StR) Trade Tax Law, republished on 22 Sept 1978
Gewerbesteuerhebesatz *m*
(StR) factor by which the uniform tentative tax = einheitlicher Steuermeßbetrag is multiplied
(ie, established for one or several calender years, § 16 II GewStG)
Gewerbesteuermeßbescheid *m* (StR) formal notice of applicable basic rate, § 184 AO
Gewerbesteuermeßbetrag *m*
(StR) tentative tax
(ie, product of applicable tax rate and taxable business profits)
Gewerbesteuer-Richtlinien *fpl* (StR) Trade Tax Regulations, republished on 21 June 1979
Gewerbesteuerrückstellung *f* (StR) reserve for trade taxes, Abschn. 22 II EStR
Gewerbesteuerumlage *f* (FiW) participation of federal and state governments in the municipal trade tax, Art 106 VI GG
Gewerbetreibender *m*
(com) businessman
(ie, anyone carrying on a trade or business in his own name and for his own account)
(StR) nonfarm self-employed
(ie, excluding liberal professions)
Gewerbeunfallversicherung *f* (Vers) industrial accident insurance

Gewerbeverlust *m* (StR) trading loss, § 10 a GewStG
Gewerbezentralregister *n* (Re) Central Trade Register, §§ 149 ff GewO
Gewerbezulassung *f* (Re) trading license
Gewerbezweig *m* (com) branch of industry (*or* trade)
gewerbliche Ausfuhr *f* (AuW) industrial exports
gewerbliche Ausrüstungsinvestitionen *fpl* (VGR) business investment of plant and equipment
gewerbliche Bauten *pl*
(com) non-residential buildings
– commercial and industrial buildings
(syn, Wirtschaftsbauten)
gewerbliche Berufe *mpl* (Pw) industrial occupations
gewerbliche Betriebsgebäude *npl* (Bw) plant buildings
gewerbliche Bodenbewirtschaftung *f*
(StR) commercial extraction of minerals and other deposits
(ie, mining, extraction of peat, stones, earths, etc., § 15 I No. 1 EStG)
gewerbliche Einfuhr *f* (AuW) commercial and industrial imports
gewerbliche Erfahrung *f* (com) industrial experience
gewerbliche Erzeugnisse *npl* (com) industrial products
gewerbliche Fahrzeuge *npl* (com) commercial vehicles
gewerbliche Gebäude *npl* (Bw) commercial (*or* nonresidential) buildings
gewerbliche Gewinne *mpl* (StR) busines profits
gewerbliche Grundstücke *npl* (com) land for commercial purposes
gewerbliche Hypothek *f* (Fin) industrial mortgage
gewerbliche Investition *f* (Bw) business investment
gewerbliche Investitionen *fpl* (VGR) business investment in plant and equipment
gewerbliche Kreditaufnahme *f* (Fin) industrial and business borrowing
gewerbliche Kredite *mpl*
(Fin) commercial (and industrial) loans
(ie, except those secured by real estate)
gewerbliche Kreditgenossenschaft *f*
(Fin) industrial credit cooperative
(ie, mainly ‚Volksbanken')
gewerbliche Kreditnachfrage *f* (Fin) business-sector credit demand
gewerbliche Leistungen *fpl* (Kart) commercial services
gewerbliche Niederlassung *f* (Bw) business establishment
gewerbliche Nutzung *f* (com) commercial use
gewerbliche Produkte *npl* (Bw) industrial products
gewerbliche Produktion *f* (Stat) industrial production
gewerblicher Abnehmer *m* (Bw) industrial buyer (*or* user)
gewerblicher Arbeiter *m* (Pw) industrial worker
gewerbliche Räume *mpl* (Bw) business premises
gewerblicher Betrieb *m* (StR) business enterprise, § 95 BewG
gewerblicher Gewinn *m* (StR) business profit
gewerblicher Güterfernverkehr *m* (com) commercial long haul trucking
gewerblicher Hochbau *m* (com) industrial construction
gewerblicher Investor *m* (com) business investor
gewerblicher Kredit *m* (Fin) industrial/business . . . loan
gewerblicher Kreditbedarf *m* (Fin) business credit demands
gewerblicher Kreditnehmer *m* (Fin) industrial borrower
gewerblicher Realkredit *n* (Fin) loan secured by industrial real estate
gewerblicher Rechtsschutz *m*
(Pat) protection of industrial property rights
(ie, erfaßt Patente, Gebrauchsmuster, Geschmacksmuster und Warenzeichen, qv; ferner wird das Gesetz gegen den unlauteren Wettbewerb hinzugerechnet, nicht aber Urheberrecht und Kartellrecht nach GWB)
gewerblicher Sektor *m* (com) business sector
gewerblicher Straßentransport *m* (com) commercial road transport
gewerbliche Schutzrechte *npl*
(Pat) industrial property rights
(ie, 1. patents [Patente] and/or petty patents (utility models) [Gebrauchsmuster], which protect technical inventions; 2. design patents [Geschmacksmuster], which protect novel features of design appealing to and judged by the eye; 3. trade marks [Warenzeichen], which protect the marketing and appellation of goods)
gewerbliches Eigentum *n* (Pat) industrial property
gewerbliches Fahrzeug *n* (com) commercial vehicle
gewerbliches Unternehmen *n* (Bw) business (*or* commercial) enterprise
gewerbliches Verfahren *n* (IndE) industrial production method
gewerbliche Tätigkeit *f*
(com) business/commercial . . . activity
(ie, Betreiben e–s kaufmännischen od sonstigen Gewerbes, dh. e–r selbständigen, auf Dauer angelegten, nicht als Ausübung e–s freien Berufs zu qualifizierenden Tätigkeit, die sich als Beteiligung am allgemeinen Wirtschaftsverkehr darstellt)
gewerbliche Tätigkeit *f* **usüben** (com) to carry on a business
gewerbliche Verbrauchsgüter *npl* (Mk) industrially produced consumer goods
gewerbliche Verwertbarkeit *f* (Pat) commercial utilization
gewerbliche Wirtschaft *f* (com) trade and industry
gewerbliche Zwecke *mpl* (com) industrial or commercial purposes
gewerblich genutzte Grundstücke *npl* (com) industrial real estate
gewerblich-industrielle Bauten *mpl* (com) gewerbliche Bauten, qv
gewerblich nutzen (com) to use commercially
gewerbsmäßig
(com) professionally
– by way of business or trade
gewerbsmäßiger Frachtführer *m* (com) common carrier
Gewerke *m* (Re) member of mining company
Gewerkenbuch *n* (Re) register of mining-share holders

Gewerkschaft *f*
(Pw) labor union
– (GB) trade union
(Bw) mining company
Gewerkschaft *f* **Druck und Papier** (Pw) Print and Paper Workers' Union
Gewerkschaftler *m*
(Pw) union member
(Pw) union official
gewerkschaftliche Kampfmaßnahmen *fpl*
(Pw) industrial action
– strike action unleashed by unions
gewerkschaftlich genehmigter Streik *m* (Pw) authorized strike
gewerkschaftlich organisieren (Pw) to unionize
gewerkschaftlich organisierte Arbeitnehmer *mpl*
(Pw) union-member employees
Gewerkschaft *f* **Öffentliche Dienste, Transport und Verkehr** (Pw) Public Services and Transport Workers' Union
Gewerkschaftsbeiträge *mpl* (Pw) union dues
Gewerkschaftsbewegung *f*
(Pw) unionism
– union movement
Gewerkschaftsführer *m* (Pw) union (*or* labor) leader
Gewerkschaftsfunktionär *m*
(Pw) union official (*or* functionary)
(Pw, US, infml) labor skate
(ie, full-time union employee)
Gewerkschaftskartell *n* (Pw) combination of unions
Gewerkschaftsmitglied *n* (Pw) union member
Gewerkschaftspolitik *f* (Pw) union policy
Gewerkschaftsvertreter *m*
(Pw) union representative
(Pw, pl) the union side
Gewichte *npl* (com) weights
gewichten (Stat) to weight
gewichtetes Mittel *n* (Stat) weighted average
gewichtete Stichprobe *f* (Stat) differential sample
Gewichtsangabe *f* (com) declaration of weight
Gewichtsbescheinigung *f* (com) weight certificate
Gewichtsermittlung *f* (com) determination of weights
Gewichtsgrenze *f* (com) weight limit
Gewichtskoeffizient *m* (Stat) weighting coefficient
Gewichtsliste *f* (com) weight list
Gewichtstarif *m*
(com) weight-based transport rate *(opp, Stück- und Raumtarife)*
Gewichtsverlust *m* (com) loss in weight
Gewichtsverzollung *f* (Zo) duty based on weight
Gewichtszoll *m*
(Zo) specific duty *(ie, based on weight)*
Gewichtszollsatz *m* (Zo) tariff rate based on weight
Gewichtung *f* (Stat) weighting
Gewichtungsfaktor *m*
(Stat) weighting factor
– weight
Gewichtungsfehler *m* (Stat) weighting bias
Gewichtungsziffer *f* (KoR) weighting figure *(cf, Äquivalenzziffer)*
gewillkürte Orderpapiere *npl* (WeR) = gekorene Orderpapiere
gewillkürtes Betriebsvermögen *n*
(StR) voluntary business property
(ie, assets which may be private or business, depending on their appropriation)
gewillkürte Vertretungsmacht *f*
(Re) agency by act of the parties
(opp, gesetzliche Vertretungsmacht = by operation of law)
Gewinn *m*
(com) profit
(ReW) profit
– income
– earnings
– gain
(ie, subordinate concepts: Betriebsgewinn and Unternehmungsgewinn, which see)
Gewinnabführung *f* (Fin) transfer of profits
Gewinnabführungsvertrag *m*
(Bw) profit and loss transfer agreement
– profit and loss pooling agreement
(syn, Ergebnisabführungsvertrag, qv)
gewinnabhängige Steuern *fpl* (StR) taxes on profits
gewinnabhängige Zulage *f* (Pw) profit-linked bonus
Gewinnabrechnungsgemeinschaft *f* (Fin) profit pool
Gewinnabschöpfung *f* (Fin) siphoning-off (*or* skimming-off) profits
Gewinnabsicht *f* (com) gainful intent
Gewinnanalyse *f* **nach Marktsegmenten** (ReW) segment profit analysis
Gewinnanspruch *m*
(Fin) claim on pro rata share in annual net profits
(ie, divident and interest coupons)
Gewinnanteil *m*
(Fin) profit share
(Vers) policy dividend
– bonus
– profit commission
Gewinnanteilschein *m*
(WeR) profit sharing certificate, § 234 BGB
(Fin) dividend coupon (*or* warrant)
Gewinnanteilscheinbogen *m* (Fin) coupon sheet
Gewinnanteil-Staffel *f* (Vers) graded scale of profit commission
Gewinnaufschlag *m* (com) mark-up
Gewinn *m* **aus Anlagenverkauf** (Fin) profit on asset disposal
Gewinn *m* **aus der Auflösung stiller Rücklagen**
(StR) gain from the dissolution of secret reserves, Abschn. 35 EStR
– gain from involuntary conversion
Gewinn *m* **aus der Veräußerung von Wertpapieren** (ReW) profit (*or* gain) on securities
Gewinnausfallversicherung *f* (Vers) loss of profit insurance
Gewinnausgleichssystem *n*
(Kart) profit pass-over
(ie, protected traders receive part of the sales profit)
Gewinn *m* **aus konzerninternen Geschäften** (ReW) intercompany profit
Gewinn *m* **aus Neubewertung** (ReW) surplus arising from revaluation
Gewinnausschließungsvertrag *m*
(Fin) non-profit agreement
– profit-exclusion agreement

Gewinnausschluß- und Verlustübernahmevertrag *m* (Fin) = Gewinnabführungsvertrag
Gewinnausschüttung *f*
(Fin) distribution of profits
– profit distribution
– dividend payout
Gewinnausschüttungssperre *f* (ReW) limitation on profit distributions, § 274 HGB
Gewinnaussichten *fpl* (Fin) profit prospects
Gewinnausweis *m* (ReW) earnings/income . . . reporting
Gewinn *m* **ausweisen** (ReW) to post a profit
Gewinn *m* **aus Wertpapieranlagen** (Fin) income from security holdings
gewinnberechtigt (Fin) entitled to profit share
gewinnberechtigte Aktien *fpl* (Fin) shares entitled to dividend
Gewinnbesteuerung *f* (StR) tax on earnings
Gewinnbeteiligung *f* (Pw) profit sharing
Gewinnbeteiligung *f* **der Arbeitnehmer** (Pw) employee profit sharing
Gewinnbeteiligungsplan *m* (Pw) profit-sharing plan (*or* scheme)
Gewinnbeteiligungsrechte *npl* (Fin) participating rights
gewinnbringend (com) profitable
Gewinn *m* **der Minderheitsaktionäre** (Fin) profit accruing to minority shareholders
Gewinn *m* **des Geschäftsjahres** (ReW, EG) profit for the financial year
Gewinndruck *m*
(Bw) profit squeeze
(Vw) profit push
(ie, in der nichtmonetären Inflationstheorie)
Gewinndruck-Inflation *f* (Vw) profit-push inflation
Gewinne *mpl* **abschöpfen** (Fin) to siphon off (*or* skim off) profits
Gewinne *mpl* **erwirtschaften**
(com) to generate profits
(eg, € 2 million in profits)
Gewinn *m* **einbringen** (com) to turn in profits
Gewinneinbruch *m*
(Fin) profit collapse
– sharp drop in results
– sharply lower profits
Gewinneinbußen *fpl* (Fin) squeeze on margins
Gewinneinkommen *n* (Vw) profit income
Gewinneinkommensbezieher *mpl* (Vw) profit income recipients
Gewinne *mpl* **mitnehmen**
(Bö) to take profits
– to cash in on profits
gewinnen
(com) to win
– to gain
(com) to make a profit
(com, infml) to come out on top
Gewinnentgang *m* (com) loss of profits
Gewinnentwicklung *f* (Fin) earnings performance
Gewinne *mpl* **realisieren**
(Fin) to realize profits
(Bö) to take profits
Gewinnerhaltung *f* (Fin) maintenance of profit levels
Gewinnermittlung *f* (StR) determination of income (*or* profit *or* earnings)
Gewinnermittlungsarten *fpl* (StR) methods of determining taxable income
Gewinnermittlungsbilanz *f*
(ReW) income statement
– profit and loss account
Gewinnermittlungsweg *m* (StR) method of computing taxable income
Gewinn *m* **erzielen** (com) to make a profit
Gewinnerzielung *f* (Fin) making (*or* realization) of profits
Gewinnerzielungsabsicht *f* (StR) intent to realize a profit
Gewinne *mpl* **subventionieren** (Bw) to subsidize profits
Gewinne *mpl* **überweisen** (Fin) to forward profits *(eg, to parent company)*
Gewinne *mpl* **und Verluste** *mpl*
(Bö) gains and losses
– (GB) rises and falls
Gewinne *mpl* **von Kapitalgesellschaften** (ReW) corporate profits (*or* income)
Gewinnfeststellung *f*
(StR) income determination *(ie, by tax authorities)*
Gewinnfunktion *f*
(Bw) profit function *(ie, revenue minus cost)*
Gewinngemeinschaft *f*
(com) profit (and loss) pooling
– profit-pooling agreement, § 292 I No. 1 AktG
Gewinnherausgabeanspruch *m* (Pat) right to claim infringement profits
Gewinn *m* **in % des investierten Kapitals** (Fin) rate of return on investment (*or* capital employed)
Gewinn *m* **in % des Umsatzes**
(Fin) percentage return on sales
(syn, Umsatzrentabilität, Umsatzrendite, Umsatzgewinnrate)
Gewinninflation *f*
(Vw) markup pricing inflation
– profit-push inflation
Gewinn *m* **je Aktie**
(Fin) earnings per share, EPS
(ie, wird in Deutschland nach der DVFA-Formel ermittelt und durch die Anzahl der ausgegebenen Aktien dividiert; amount of earnings attributable to each share of common stock)
Gewinnkennziffern *fpl* (Fin) earnings ratios
Gewinnlinse *f*
(KoR) profits wedge
– net income area
(ie, in breakeven diagram; syn, Gewinnzone)
gewinnlose Konkurrenz *f*
(Vw) no-profit competition
(ie, where market price is equal to minimum of total average cost)
Gewinn *m* **machen**
(com) to make a profit
(com, infml) to make a turn
(com, infml) to turn a profit
Gewinnmarge *f* (com) profit margin
Gewinnmatrix *f* (Fin) payoff (*or* gain) matrix
gewinnmaximale Ausbringung *f* (Bw) profit maximization output

Gewinnmaximierung *f* (Bw) profit maximization
Gewinnmitnahme *f* (Bö) profit taking
Gewinnmitnahme *f* **durch den Berufshandel** (Bö) professional profit taking
Gewinn *m* **nach Steuern**
(ReW) after-tax profit
– post-tax income
– earnings after taxes
Gewinnobligation *f*
(Fin) income (*or* participating) bond
– profit obligation
(ie, neben festem Basiszins ein mit der Dividende gekoppelter Gewinnanspruch)
gewinnorientiert (Bw) profit-minded (*eg, managers)*
Gewinnorientierung *f* (Bw) profit orientation
Gewinnplan *m*
(Bw) profit plan
(Vers) bonus scheme
Gewinnplanung *f* (Bw) profit planning and budgeting
Gewinnpolster *n* (Fin) earnings cushion
Gewinnpooling *f*
(Re) profit-pooling agreement, § 291 I 1 AktG
(ie, Zusammenlegung und Neuaufteilung von Ergebnisgrößen im Rahmen e–r Gewinngemeinschaft)
Gewinnprinzip *n* (Bw) profitability principle
Gewinn *m* **pro Aktie** (Fin) earnings per share
Gewinnprognose *f* (Fin) profit (*or* earnings) forecast
Gewinnpunkt *m*
(Fin) breakeven point
(ie, point of activity or sales volume where total revenues and total expenses are equal, that is, there is neither profit nor loss)
Gewinnpunktrechnung *f* (KoR) breakeven analysis
Gewinnquote *f* (Vw) profit share (*ie, in national income)*
Gewinnrate *f* (Fin) rate of profit
Gewinnrealisierung *f*
(ReW) realization of profits
(ie, by disclosing secret reserves)
(Bö) profit taking
– realization of profits
Gewinnrückgang *m* (com) drop in profits
Gewinnrücklage *f*
(ReW) revenue reserve
(ie, aus dem Geschäftsergebnis gebildet; ersetzt die bisherige offene Rücklage; gesetzliche und satzungsmäßige Rücklagen = legal reserves and reserves required under company bylaws; § 272 III HGB)
Gewinnschuldverschreibung *f*
(Fin) income/participating . . . bond
– (GB) profit-sharing loan stock
(ie, verbrieft neben e–r bestimmten Geldforderung weitere Leistungen, „die mit Gewinnanteilen von Aktionären in Verbindung gebracht" werden; cf, § 221 I 1 AktG; knüpft z.B. an Dividende, Bilanzgewinn od Jahresüberschuß an)
gewinnschwache Tochtergesellschaft *f* (Bw) marginal subsidiary
Gewinnschwelle *f*
(KoR) breakeven point
(syn, Nutzschwelle, Kostendeckungspunkt, toter Punkt)
Gewinnschwelle *f* **erreichen** (KoR) to break even
Gewinnschwellenanalyse *f*
(KoR) breakeven analysis
(syn, Break-Even-Analyse, qv)
Gewinnschwellendiagramm *n*
(KoR) breakeven chart
– profitgraph
Gewinnschwellenrechnung *f* (KoR) breakeven analysis
Gewinnspanne *f*
(com) profit margin
– margin of profit
– gross profit
– operating margin
Gewinnspanne *f* **e–r Emissionsbank**
(Fin) gross spread
(ie, equals the selling concession – Bonifikation – plus the management and underwriting fees)
Gewinnspanne *f* **komprimieren** (com) to squeeze the profit margin
Gewinnsteuern *fpl*
(StR) taxes on . . . income/earnings
(ie, ESt, KSt, Gewerbeertragsteuer)
Gewinnsteuerung *f* (Fin) profit management
Gewinnsubventionierung *f* (Bw) subsidization of profits
Gewinnthesaurierung *f*
(ReW) income retention
– retention of corporate earnings
– accumulation of earnings
– (GB) ploughing back of profits
gewinnträchtig (Bw) high-profit-margin *(eg, speciality chemicals)*
Gewinntreiber *m* (com) profiteer
Gewinn-Umsatz-Kennziffer *f* (KoR) profit-volume ratio
Gewinn-Umsatz-Schaubild *n* (Fin) profit-volume graph
Gewinn- und Kapitalverlagerung *f*
(StR) (arbitrary) shifting of profits and capital
(ie, among affiliated businesses)
Gewinn- und Sicherheitszuschlag *m* (Vers) profit and contingencies
Gewinn- und Verlustbeteiligung *f*
(Re) participation in profits and losses
(ie, in the absence of provisions written into partnerships agreements, statutory rules apply, such as §§ 121, 168, 336 HGB)
Gewinn- und Verlustkonto *n* (ReW) profit and loss account
Gewinn- und Verlustrechnung *f*
(ReW) income statement
– (GB) profit and loss account
– statement of earnings
– earnings statement
– statement of loss and gain
(syn, Erfolgsbilanz, Ertragsbilanz, Ergebnisrechnung, Umsatzrechnung, Aufwands- und Ertragsrechnung;
cf, Übersicht S. 405: Gliederung der Gewinn- und Verlustrechnung nach dem Bilanzrichtlinien-Gesetz gem. § 275 HGB)

Gliederung der Gewinn- und Verlustrechnung nach § 275 HGB

Bei Anwendung des Gesamtkostenverfahrens	Bei Anwendung des Umsatzkostenverfahrens
1. Umsatzerlöse	1. Umsatzerlöse
2. Erhöhung oder Verminderung des Bestands an fertigen und unfertigen Erzeugnissen	2. Herstellungskosten der zur Erzielung der Umsatzerlöse erbrachten Leistungen
3. andere aktivierte Eigenleistungen	3. Bruttoergebnis vom Umsatz
4. sonstige betriebliche Erträge	4. Vertriebskosten
5. Materialaufwand: a) Aufwendungen für Roh-, Hilfs- und Betriebsstoffe und für bezogene Waren b) Aufwendungen für bezogene Leistungen	5. allgemeine Verwaltungskosten
6. Personalaufwand: a) Löhne und Gehälter b) soziale Abgaben und Aufwendungen für Altersversorgung und für Unterstützung, davon für Altersversorgung	6. sonstige betriebliche Erträge
7. Abschreibungen: a) auf immaterielle Vermögungsgegenstände des Anlagevermögens und Sachanlagen sowie auf aktivierte Aufwendungen für die Ingangsetzung und Erweiterung des Geschäftsbetriebs b) auf Vermögensgegenstände des Umlaufvermögens, soweit diese die in der Kapitalgesellschaft üblichen Abschreibungen überschreiten	7. sonstige betriebliche Aufwendungen
8. sonstige betriebliche Aufwendungen	8. Erträge aus Beteiligungen, davon aus verbundenen Unternehmen
9. Erträge aus Beteiligungen, davon aus verbundenen Unternehmen	9. Erträge aus anderen Wertpapieren und Ausleihungen des Finanzanlagevermögens, davon aus verbundenen Unternehmen
10. Erträge aus anderen Wertpapieren und Ausleihungen des Finanzanlagevermögens, davon aus verbundenen Unternehmen	10. sonstige Zinsen und ähnliche Erträge, davon aus verbundenen Unternehmen
11. sonstige Zinsen und ähnliche Erträge, davon aus verbundenen Unternehmen	11. Abschreibungen auf Finanzanlagen und auf Wertpapiere des Umlaufvermögens
12. Abschreibungen auf Finanzanlagen und Wertpapiere des Umlaufvermögens	12. Zinsen und ähnliche Aufwendungen, davon an verbundene Unternehmen
13. Zinsen und ähnliche Aufwendungen, davon an verbundene Unternehmen	13. Ergebnis der gewöhnlichen Geschäftstätigkeit
14. Ergebnis der gewöhnlichen Geschäftstätigkeit	14. außerordentliche Erträge
15. außerordentliche Erträge	15. außerordentliche Aufwendungen
16. außerordentliche Aufwendungen	16. außerordentliches Ergebnis
17. außerordentliches Ergebnis	17. Steuern vom Einkommen und vom Ertrag
18. Steuern vom Einkommen und vom Ertrag	18. sonstige Steuern
19. sonstige Steuern	19. Jahresüberschuß/Jahresfehlbetrag.
20. Jahresüberschuß/Jahresfehlbetrag.	
§ 276 HGB: Kleine und mittelgroße Kapitalgesellschaften dürfen die Posten 1 bis 5 unter der Bezeichnung **Rohergebnis** zusammenfassen.	**§ 276 HGB:** Kleine und mittelgroße Kapitalgesellschaften dürfen die Posten 1 bis 3 und 6 unter der Bezeichnung **Rohergebnis** zusammenfassen.

Quelle: Dichtl/Issing, Vahlens Großes Wirtschaftslexikon, Bd. 1, 2. Aufl., München 1993, 820.

Gewinn- und Verlustrechnungsplanung *f* (Bw) profit and loss planning
Gewinn- und Verlustübernahmevertrag *m* (Fin) profit and loss assumption (*or* absorption) agreement
Gewinnungsbetriebe *mpl* (Bw) extractive industries
Gewinnungskosten *pl* (com) resource cost (*ie, of obtaining primary energies)*
Gewinnung *f* **von Steinen und Erden** (VGR) quarrying
Gewinnvergleichsrechnung *f*
(Fin) profit comparison method
(ie, in preinvestment analysis)
Gewinnverlagerung *f*
(Fin) shift (*or* transfer) of profits
– profit shifting
Gewinnverlagerungspolitik *f* (Fin) profit shifting policy
Gewinnverschiebung *f* (StR) profit/expense allocation
gewinnversprechend (com) profitable
Gewinnverteilung *f*
(Fin) profit distribution
(Vers) bonus distribution
Gewinnverteilungsbeschluß *m* (Bw) resolution ordering the distribution of profits
Gewinnverteilungskartell *n* (Kart) profit-distribution cartel
Gewinnverteilungsplan *m* (Vers) contribution plan
Gewinnverwendung *f*
(ReW) application/appropriation . . . of profits
– disposal of corporate profits
– disposition of retained earnings
Gewinnverwendungsbilanz *f* (ReW) profit appropriation statement
Gewinnverwendungsrücklage *f* (ReW) profit utilization reserve
Gewinnverwendungsvorschlag *m* (Fin) proposed appropriation of earnings
Gewinnverwirklichung *f* (ReW) profit realization
Gewinnvorschau *f* (Fin) profit forecast
Gewinn *m* **vor Steuern**
(ReW) profit (*or* income *or* earnings) before taxes
– pretax profit
– taxable profit
Gewinnvortrag *m*
(ReW) portion of profit carried forward as unappropriated surplus, § 174 II 4 AktG
– net earnings brought forward
– profit carried forward
– prior year's earnings
– retained profits brought forward
Gewinnvortrag *m* **nach Verwendung** (ReW) appropriated retained earnings brought forward
Gewinnvortrag *m* **vor Verwendung** (ReW) unappropriated retained earnings brought forward
Gewinnzielkalkulation *f*
(Bw) target (return) pricing
(ie, Preisermittlung auf der Grundlage der angestrebten Kapitalverzinsung = applied to reach a specified profit objective)
Gewinnzone *f*
(KoR) profits wedge
– net income area
(ie, in breakeven diagram; syn, Gewinnlinse)
Gewinnzurechnung *f* (StR) profit allocation
Gewinnzuschlag *m* (Mk) profit markup (*ie, in retail trading)*
Gewißheitsäquivalent *n*
(Fin) allowance for risk
– discount for risk
(ie, Bezeichnung für Sicherheitsabschlag bei Marktdaten)
gewogener arithmetischer Mittelwertindex *m* (Stat) weighted arithmetic mean of relatives
gewogener Außenwert *m* (AuW) weighted external value
gewogener Außenwert *m* **e–r Währung** (AuW) trade-weighted exchange rate
gewogener Index *m* (Stat) weighted index
gewogener Mittelwert *m* (Stat) weighted . . . average/mean
gewogener Summenindex *m*
(Stat) index of weighted aggregatives
– weighted aggregative relative
gewogenes Mittel *n* (Stat) weighted average
gewöhnliche Erhaltungskosten *pl* (StR) regular maintenance cost
gewöhnliche Fahrlässigkeit *f*
(Re) ordinary negligence, § 276 BGB
– *(civil law)* culpa levis
gewöhnliche Nutzungsdauer *f* (Bw) expected life
gewöhnliche Post *f*
(com) ordinary mail
– (com, US) surface mail
gewöhnlicher Aufenthalt *m*
(StR) habitual . . . abode/residence
– customary/usual . . . place of abode
(ie, implies mere physical presence for a somewhat extended period of time)
gewöhnlicher Bruch *m*
(com) ordinary breakage
(Math) common/ordinary/simple/vulgar . . . fraction *(opp, Dezimalbruch = decimal fraction)*
gewöhnlicher Logarithmus *m* (Math) common logarithm
gewöhnlicher Verlauf *m* **der Dinge** (Re) ordinary course of things
gewöhnlicher Verschleiß *m* (ReW) ordinary loss of utility (*ie, through wear and tear, action of the elements, depletion)*
gewöhnliche Zinsen *mpl*
(Fin) simple (*or* ordinary) interest *(ie, based on 360 days)*
gewollte Verzögerung *f* (Re) intended delay
geworfene Güter *npl* (SeeV) jettisoned goods, § 720 HGB
gewünschtes Alter *n* (Mk) probable age
gezeichnete Aktien *fpl* (Fin) subscribed shares
gezeichnetes Kapital *n*
(ReW, EG) subscribed capital
(ie, auf das die Haftung der Gesellschafter beschränkt ist = to which the shareholders'/stockholders' liability is limited; Unterposten des Eigenkapitals; durch Bilanzrichtliniengesetz erstmals eingeführte Position; cf, § 272 I HGB)
gezielte Anzeigenwerbung *f* (Mk) targeted advertising

gezielte Aufklärung *f* (Mk) pinpointed information campaign
gezielte Förderung *f* (com) selective incentives
gezielte Programme *npl* (FiW) selectively targeted programs
gezielte Stichprobe *f* (Stat) precision sample
gezogener Wechsel *m* (WeR) draft
Gibson-Paradoxon *n*
(Vw) Gibson paradox
(ie, empirical evidence that rising prices also pull up rates of interest)
Gießkannenprinzip *n*
(Vw, SozV) „watering can" principle
(eg, of investment subsidies, social benefits)
Giffen-Effekt *m* (Vw) Giffen effect
Giffenscher Fall *m* (Vw) Giffen case
giftige Gase *npl* (com) hazardous/toxic . . . gases
Giftmüll *m*
(IndE) hazardous/toxic . . . waste
(ie, contributes to an increase in mortality or in serious irreversible illness: poses a substantial hazard to human health or the environment; cf, U.S. Resource Conservation and Recovery Act of 1976)
Gigabit *n* **per Sekunde** (EDV) gigabits per second
Gigabyte *n*
(EDV) gigabyte
(ie, 1024 megabytes and 1.073.741.824 bytes; acronym Gb or GB)
GIK (Fin) = Gesamtinvestitionskosten
Gini-Koeffizient *m*
(Stat) Gini coefficient
(syn, Lorenzsches Konzentrationsmaß)
Gipfelgespräche *npl* (Vw) summit talks
Gipfelkonferenz *f* (Vw) summit conference
Gipfelteilnehmer *m* (Vw) summiteer
Gipfelwert *m* (Stat) peak
Giralgeld *n*
(Vw) bank deposit/bank account/book . . . money
– deposit . . . currency/money
– primary deposits
– (US) checkbook money
Giralgeld *n* **der Kreditbanken** (Fin) commercial bank book money
Giralgeld *n* **der Zentralbank** (Fin) central bank book money
Giralgeldkontraktion *f* (Vw) deposit contraction
Giralgeldschöpfung *f* (Vw) deposit money creation
Giralgeldvernichtung *f* (Vw) destruction of commercial bank deposits
Girant *m*
(WeR) indorser
– backer
– (GB) endorser
Girat(ar) *m*
(WeR) indorsee
– (GB) endorsee
girierbar (WeR) indorsable
girieren
(WeR) to indorse
– (GB) to endorse
(syn, indossieren)
girierter Wechsel *m* (WeR) indorsed bill of exchange
Girierung *f* (WeR) transfer by indorsement
Giro *n*
(WeR) indorsement
(Fin) giro
Giroabteilung *f*
(Fin) giro department
(syn, Überweisungsabteilung)
Giroauftrag *m* (Fin) credit transfer order
Giroeinlage *f* (Fin) deposit on current account
Girogelder *npl* (Fin) funds available for credit transfer
Girogeschäft *n*
(Fin) giro business
(ie, Durchführung des bargeldlosen Zahlungsverkehrs und des Abrechnungsverkehrs: cashless payments and clearings; cf, § I 1 9 KWG)
Girogläubiger *m* (WeR) creditor by indorsement
Giroguthaben *n* (Fin) credit balance on current account
Girokonto *n*
(Fin) current account *(ie, in a bank)*
– (GB) Giro account
Girokunden *mpl* (Fin) current account customers
Gironetz *n*
(Fin) giro system
(ie, branch system of a group of banks through which payments are cleared)
Giro *n* **ohne Gewähr** (WeR) indorsement without recourse
Giroprovision *f* (Fin) credit transfer commission
Girosammelanteil *m* (Fin) share in a collective securities account
Girosammeldepot *n* (Fin) = Girosammelverwahrung
Girosammelermächtigung *f* (Fin) collective deposit authorization
Girosammelverwahrung *f*
(Fin) collective deposit (of negotiable securities)
– collective custody account
(ie, Wertpapiersammelbanken – securities clearing and deposit banks – sind Sammelverwahrer für die von den Kontoinhabern eingelieferten Wertpapiere)
Giroschuldner *m* (WeR) debtor by indorsement
Girostelle *f*
(Fin) giro center *(ie, credit transfer clearing house)*
Giroüberweisung *f* (Fin) credit (*or* bank) transfer
Giroüberzugslombard *m*
(Fin) Bundesbank advance
(Fin) giro overdraft lombard loan
Giroverbände *mpl*
(Fin) giro center associations
(ie, set up by savings banks and credit cooperatives)
Giroverkehr *m*
(Fin) giro credit transfers
– giro transactions
– bank giro credit system
(ie, payment by cashless bank transfers; syn, Überweisungsverkehr)
Girozentrale *f* (Fin) central giro institution
Girozentralen *fpl*
(Fin) giro centers
(ie, central credit institutions of public savings banks)
Gitterauswahlverfahren *n* (Stat) lattice sampling

Gitter *n* **bilateraler Leitkurse**
(AuW) grid of bilateral central rates
– parity grid *(syn, Paritätenraster, qv)*
Gitternetz *n*
(EDV, GUI) data grid
(ie, small, spreadsheet-like table to display multiple rows and columns from a database table; syn, grid)
Gitter-Stichprobenverfahren *n* (Stat) configurational (*or* grid) sampling
GKR (ReW) = Gemeinschaftskontenrahmen industrieller Verbände
Glasfaser *f* (EDV) optical fiber
Glasindustrie *f* (com) glass industry
Glasversicherung *f*
(Vers) glass insurance
– *(sometimes called)* plate glass insurance
glatte Fertigung *f*
(IndE) linear-flow manufacturing
(ie, aus e–r Materialart wird e–e Produktart hergestellt; daher lineare Produktionsstruktur; syn, durchlaufende Fertigung)
glatte Komponente *f*
(Stat) smooth component
(ie, Trendkomponente T_t + zyklische Komponente Z_t; im Saisonbereinigungsverfahren)
glätten (com) to smooth
glätten v (EDV) glätten *v*
glatter Satz *m*
(EDV) straight matter
(ie, in text processing)
glattes Akkreditiv *f* (Fin) clean credit
Glattstellen *n*
(Bö) closing out
– offset
(ie, e–r Futures- od Optionsposition)
glattstellen
(Bö) to balance
– to even up
– to liquidate
– to realize
– to sell off
– to settle
– to square *(cf, Glattstellung)*
Glattstellung *f*
(Bö) realization sale
– evening out/up
(ie, offene Positionen in Devisen schließen od nichtfristenkongruente Devisenforderungen und -verbindlichkeiten beseitigen)
Glattstellungsauftrag *m* (Bö) realization order
Glattstellungsgeschäft *n*
(Bö) evening-up transaction
– offsetting . . . transaction/trade
Glattstellungsverkauf *m*
(Bö) realization sale
– sell off
Glättung *f* (Stat) smoothing
Glättung *f* **der Trendkurve** (Stat) fitting the trendline
Glättungsfaktor *m* (Stat) smoothing factor
Glättungskoeffizient *m* (Stat) smoothing coefficient
Glättungskonstante *f* (Stat) smoothing constant
Glaubhaftmachung *f* **von Ansprüchen** (Re) authentication of claims

Gläubiger *m*
(com) creditor
(ie, one to whom money is due)
(Re) creditor, § 241 BGB
– (fml) obligee
– (fml) debtee
(ie, one having the right to require the performance of any legal obligation)
Gläubigeranfechtung *f* (Re) avoidance of debtor's transactions by creditor
Gläubigeranfechtungsgesetz *n* (Re) Creditor's Avoidance of Transfers Act, 1898
Gläubigerarbitrage *f* (AuW) creditor arbitrage
Gläubigerausschuß *m* (Re) committee of creditors, § 87 KO
Gläubiger *m* **befriedigen** (Re) to satisfy (*or* pay off) a creditor
Gläubigerbefriedigung *f* (Re) satisfaction of creditors
Gläubiger *m* **begünstigen** (Re) to prefer a creditor
Gläubigerbegünstigung *f*
(Re) preference of creditors
(ie, strafbare Handlung bei Zahlungseinstellung od Konkurseröffnung; cf, § 283 c StG)
Gläubigerbeirat *m*
(Re) creditors' committee
(ie, appointed by the court, § 44 VerglO)
Gläubiger *m* **benachteiligen** (Re) to defeat a creditor
Gläubigerbenachteiligung *f* (Re) defeat of creditor
Gläubigerland *n* (AuW) creditor country
Gläubigerliste *f* (Re) = Gläubigerverzeichnis
Gläubigerpapiere *npl* (WeR) fixed-interest securities
Gläubigerquote *f* (EG) creditor quota
Gläubigerrallonge *f* (EG) creditor rallonge
Gläubigerrechte *npl* (Re) creditor claims
Gläubigerschädigung *f* (Re) prejudicial treatment of creditors
Gläubiger-Schuldner-Hypothese *f*
(Vw) debtor-creditor hypothesis
(ie, claims a positive correlation between inflation and growth)
Gläubigerschutz *m*
(Re) creditor protection
– proctecting the rights of creditors
Gläubigerversammlung *f*
(Re) creditors' meeting, § 93 KO
– meeting of creditors
Gläubigerverzeichnis *n* (Re) schedule (*or* list) of creditors
Gläubigerverzicht *m* (Re) forgiveness of indebtedness
Gläubigerverzug *m*
(Re) creditor's delay
– *(civil law)* mora accipiendi
(ie, in accepting performance; § 293 BGB; syn, Abbnahmeverzug)
Gläubigervorrecht *n* (Re) absolute/full . . . priority
Gläubigerwechsel *m* (Re) subrogation of creditors
Gläubigerzentralbank *f* (AuW) creditor central bank
glaubwürdige Darstellung *f* (com) faithful representation
Glaubwürdigkeitslücke *f* (com) credibility gap

Glaubwürdigkeitsziffern *fpl*
(Fin) credibility ratios
(ie, Maßgrößen zur Darstellung subjektiver Wahrscheinlichkeiten)
gleichartige Geschäfte *npl* (com) similar transactions
gleichartige Ware *f* (AuW) like product
gleich behandeln (com) to treat equivalently
Gleichbehandlung *f*
(com) nondiscrimination
(Pw) equal treatment
(ie, of all employees)
Gleichbehandlungsgebot *n* (StR) nondiscrimination clause
Gleichbehandlungspflicht *f* (Pw) rule of equal treatment
Gleichbesicherungsklausel *f*
(Fin) pari passu clause
(ie, Kreditnehmer stellt bei Besicherung anderer Verbindlichkeiten den Gleichrang aller Forderungen sicher)
gleichbleibende Prämie *f* (Vers) level premium
gleiche Güte *f* **und Qualität** *f* (com, US) like grade and quality
gleiche Mengen *fpl*
(Math) equal sets
(ie, sets with precisely the same elements)
gleicher Lohn *m*
(Pw) equal pay *(ie, for work of equal value)*
gleichförmiges Verhalten *n* (Kart) parallel behavior
gleichgerichtete Kursbildung *f* (Bö) parallel pricing
gleichgerichtete Preisgestaltung *f* (Kart) parallel pricing
gleichgestellte Personen *fpl* (Re) similarly situated persons
gleichgestellter Mitarbeiter *m* (Pw) peer
gleichgestreut (Stat) homoscedastic
Gleichgewicht *n*
(Vw) equilibrium
(ie, condition in which no change occurs in the state of a system as long as its surroundings are unaltered)
Gleichgewicht *n* **am Gütermarkt** (Vw) goods market equilibrium
Gleichgewicht *n* **bei Maximalgewinn** (Vw) best profit equilibrium
Gleichgewicht *n* **bei Unterbeschäftigung** (Vw) underemployment equilibrium
Gleichgewicht *n* **bei Vollbeschäftigung** (Vw) full employment equilibrium
gleichgewichtige Expansion *f* (Vw) moving equilibrium
gleichgewichtiger Code *m*
(EDV) constant ratio
– fixed count
– fixed ratio . . . code
gleichgewichtiges Wachstum *n* (Vw) steady growth
Gleichgewichtsbedingung *f* (Vw) equilibrium condition (*or* position)
Gleichgewichtseinkommen *n* (Vw) equilibrium level of income
Gleichgewichtslohnsatz *m* (Vw) adjustment rate of wages
Gleichgewichtsmenge *f* (Vw) equilibrium quantity
Gleichgewichtsmodell *n* (Vw) equilibrium model
Gleichgewichtspfad *m* (Vw) equilibrium path
Gleichgewichtspreis *m* (Vw) equilibrium price
Gleichgewichtsproduktion *f* (Bw) production by which the goal function of an enterprise is maximized
Gleichgewichtstheorie *f* (Vw) equilibrium theory
Gleichgewichtsumlaufgeschwindigkeit *f* (Vw) equilibrium velocity
Gleichgewichtswachstum *n* (Vw) balanced growth
Gleichgewichts-Wachstumsrate *f* (Vw) warranted rate of growth *(Harrod)*
Gleichgewichts-Wechselkurs *m* (AuW) equilibrium exchange rate
Gleichgewichtszins *m* (Vw) equilibrium interest rate
Gleichheitsglied *n* (EDV) equality circuit (*or* unit)
Gleichheitszeichen *n*
(Math) equals . . . sign/symbol *(ie, =)*
gleichlaufende Reihe *f* (Stat) coincident series
gleichmächtig
(Math) equipollent
(used of sets between which there exists a one-to-one correspondence = 1:1-Entsprechung)
gleichmächtige Mengen *fpl*
(Math) equipotent
– equinumerable
– equivalent . . . sets
Gleichmächtigkeit *f* (Math) equipollence
gleichmäßig beste Schätzfunktion *f* (Stat) uniformly best constant risk estimator
gleichmäßige Besteuerung *f* (FiW) equal and uniform taxation
gleichmäßiges Wachstum *n* (Vw) steady (*or* sustained) growth
gleichmäßige Toleranz *f* (Stat) uniform tolerance
Gleichmäßigkeit *f* **der Besteuerung** (FiW) uniformity and equality of taxation
gleichmäßig schärfster Test *m* (Stat) uniformly most powerful test
gleichmäßig verzerrungsfreie Schätzfunktion *f* (Stat) uniformly unbiased estimator
Gleichmöglichkeit *f*
(Stat) equal probability
(ie, basic term of Laplacean probability theory)
(Stat) equal chance sampling
gleichnamiger Bruch *m* (Math) similar fraction
gleich Null setzen (Math) to set to zero
Gleichordnungskonzern *m* (Bw) horizontal group *(of affiliated companies; cf, § 18 II AktG; opp, Unterordnungskonzern)*
gleichrangig
(Re) of equal rank (*or* status)
– pari passu
gleichrangiger Gläubiger *m* (Re) creditor ranking pari passu
gleichrangige Schuldverschreibung *f* (Fin) pari passu bond
gleichrangige Verbindlichkeiten *fpl* (Re) liabilities of equal priority
Gleichrangrahmen *m* (Fin) scope for equally ranking charges
Gleichrichter *m* (EDV) rectifier
gleichschenkeliges Dreieck *n* (Math) isosceles triangle

gleichseitige Hyperbel *f* (Math) equilateral/rectangular . . . hyperbola
gleichseitiges Dreieck *n* (Math) equilateral triangle
gleichseitiges Polygon *n* (Math) equilateral polygon
gleichsetzen
(Math) to equate
– to set equal to
gleichsinnige Abweichung *f* (Math) concurrent deviation
Gleichteil *n* (IndE) identical part
Gleichung *f*
(Math) equation
(ie, formal statement of the equivalence of mathematical expressions)
Gleichung *f* **dritten Grades**
(Math) cubic equation
– equation of third degree
Gleichung *f* **lösen** (Math) to solve an equation
Gleichungssystem *n* (Math) set (*or* system) of equations
Gleichung *f* **vierten Grades**
(Math) biquadratic (*or* quartic) equation
– equation of fourth degree
Gleichung *f* **zweiten Grades**
(Math) linear (*or* quadratic) equation
– equation of second degree
Gleichverteilung *f*
(Stat) uniform/rectangular . . . distribution
(ie, each value has the same probability of occurrence)
Gleichverteilungshypothese *f*
(Stat) equal-chance hypothesis
– equi-probability hypothesis
Gleichverteilungsverfahren *n* (Fin) projected benefit valuation method
Gleichwahrscheinlichkeit *f* (Stat) = Gleichmöglichkeit
gleichwertige Beschäftigung *f* (Pw) equivalent occupation
gleichwertige Positionen *fpl* (Bö) equivalent positions
gleichwertige Zugeständnisse *npl* (AuW) equivalent concessions
Gleichwertigkeit *f*
(com) equal value
(Math) equipollence
gleichwinkeliges Polygon *n* (Math) equiangular polygon
gleichzeitig schwebende Anmeldung *f* (Pat) copending application
Gleisanschluß *m*
(com) railroad siding
– private siding
gleitende Arbeitswoche *f* (Pw) fluctuating workweek
gleitende Arbeitszeit *f*
(Pw) flexible working hours
– flextime
gleitende Bandbreiten *fpl*
(AuW) crawling
– sliding
– self-adjusting . . . peg
– gliding parity
– moving band
(ie, feste, aber in kleinen Stufen anpassungsfähige Paritäten; exchange rates are allowed to drift slowly and steadily by weekly, monthly, or quarterly alterations up to 2% or 3% a year, automatically or with deliberate guidance; syn, Wechselkursanpassung in kleinen Schritten, limitierte Wechselkursflexibilität)
gleitende Budgetprognose *f* (Bw) moving projection
gleitende Lohnskala *f* (Pw) escalator scale
gleitende Planung *f*
(Bw) continuous
– perpetual
– rolling . . . planning
(syn, revolvierende/rollende/überlappende . . . Planung)
gleitender Durchschnitt *m* (Stat) moving average
gleitender Lohn *m* (Pw) indexed wage
gleitender Mittelwert *m* (Stat) moving average
gleitender Neuwert *m*
(Vers) sliding replacement value
– indexed new value
gleitender Zoll *m*
(Zo) escalator/sliding scale . . . tariff
(ie, fester Zollsatz pro Wareneinheit wird mit e–m Prozentsatz vom Warenpreis gekoppelt)
gleitende Saisonschwankung *f* (Stat) moving seasonal variation
gleitende Summenanpassung *f* (Vers) automatic cover
Gleitkomma *n* (EDV) floating point decimal
Gleitkommabefehl *m* (EDV) floating point instruction
Gleitkommaexponent *m* (EDV) characteristic
Gleitkommarechnung *f* (EDV) floating point arithmetic
Gleitparität *f* (AuW) crawling peg
Gleitpreisklausel *f* (com) escalator (*or* escalation) clause
Gleitzeit *f*
(com) flexitime
– flexible (working) hours
Gleitzeitüberhang *m*
(Pw) accumulated excess over flexible working hours
(ie, Arbeitnehmer haben Normalarbeitszeit überschritten; Arbeitgeber ist im Erfüllungsrückstand)
Gleitziffer *f* (Stat) link relative
Gleitzinshypothek *f* (Fin) variable-rate mortgage
Gleitzoll *m* (Zo) = gleitender Zoll
Glied *n* (Math) term
Glied *n* **e–r Datei** (EDV) member of a file
gliedern
(com) to arrange
– to classify
– to subdivide
Gliedertaxe *f* (SozV) rate of dismemberment benefit
Gliederung *f*
(Log) breakdown
– classification
– subdivision
Gliederung *f* **der Bilanz**
(ReW) balance sheet format
(ie, according to the Accounting Directives Law incorporated in § 266 HGB; see page 185)

Gliederung *f* **der Jahresbilanz** (ReW) classification of annual balance sheet
Gliederungstiefe *f* (com) level of detail
Gliederungsvordruck *m* (StR) form for the breakdown of distributable equity capital, §§ 27–43 KStG
Gliederungsvorschriften *fpl* (Rew) legal requirements for the classification of financial statements
Glieder *npl* **zusammenfassen** (Math) to collect terms
gliedweise Ableitung *f* (Math) term-by-term derivation
Gliedziffern *fpl* (Stat) linked relatives
global (com) in aggregate terms
Globalabtretung *f* (Re) blank (*or* blanket) assignment
Globalaktie *f*
(Fin) multiple share certificate
– stock certificate
(ie, Sammelurkunde für mehrere Einzelaktien; evidences large share holding, not widely used in Germany; syn, Gesamtaktie, Gesamttitel, Sammelaktie)
Globalanalyse *f* (Bw) global analysis *(cf, H. Koch)*
Globalangebot *n* (com) comprehensive offer
Globalanleihe *f* (Fin) blanket loan
Globalbewilligung *f* (FiW) block appropriation
Globaldarlehen *n* (Fin) blanket/lump sum . . . loan
globale Ausgabeneigung *f* (Vw) global propensity to spend
globale Gruppe *f* (EDV) global group
global einheitlicher Identifikator *m* (EDV) globally unique indentifier
globale Minderausgaben *fpl* (FiW) overall cuts in expenditure
globale Nachfragesteuerung *f* (Vw) aggregative demand management
globales Dateinamenzeichen *n* (EDV) = Globalzeichen
globales Suchen *n* **und Ersetzen** *n* (EDV) global search and replace
globales Unternehmen *n* (Bw) global . . . enterprise/corporation
globale Vorgabe *f* (Bw) overall standard
globale Werbung *f*
(Mk) global advertising *(ie, für Weltmarken)*
Globalfinanzierung *f* (Fin) block financing
Globalisierung *f*
(Fin) globalization *(ie, of financial markets)*
Globalkontingent *n* (AuW) overall quota
Globalkürzung *f* (com) across-the-board cut
Globalplanung *f* (Bw) master planning
Globalpolice *f* (Vers) blanket policy
Globalsteuerung *f*
(Vw) demand management
(ie, by monetary or fiscal policies or both)
Globalurkunde *f* (Fin) global certificate
Globalversicherung *f* (Vers) blanket insurance
Globalwertberichtigung *f* (ReW) lump-sum value adjustment
Globalzeichen *n*
(EDV) wild card (character)
(ie, wird anstelle bestimmter Zeichen in Dateiname od Dateityp eingesetzt (und ?); syn, globales Dateinamenzeichen)*
Globalzession *f*
(Re) blank (*or* blanket) assignment *(syn, Globalabtretung, Vorausabtretung)*
(Re) automatically continuing assignment
global zurechenbare Kosten *pl* (OR) indirect cost (*or* expense)
Glockenkurve *f* (Stat) bell-shaped/gaussian . . . curve
Glockenpolitik *f*
(Vw) bubble policy
(ie, umweltinstrumentelle Lösung zur Reduzierung der Umweltschutzkosten und zur Flexibilisierung der Umweltauflagen)
GLS-Schätzung *f*
(Stat) generalized least squares estimate
(ie, Verallgemeinerung der klassischen Keinst-Quadrateschätzung: läßt Heteroskedazität und Autokorrelation der Residuen zu)
Glücksspiel *n* (Stat, Re) game of chance, § 284 StGB
GmbH (com) = Gesellschaft mit beschränkter Haftung = Limited Liability Company
GmbH & Co *f*
(com) limited partnership
(ie, whose general partner – nominally liable without limit for the partnership's debts – is a private company and whose limited partners are the same persons as the shareholders of the company)
GmbH & Co. KG *f* (com) limited commercial partnership (KG) formed with a limited liability company (GmbH) as general partner and the members of the GmbH, their families, or outsiders, as limited partners; wird nach § 19 HGB als Personenfirma gebildet
GmbH-Gesetz *n* (Re) Law on Limited Liability Companies
GmbH-Novelle *f* (Re) statute amending the GmbH Law (effective 1 Jan 1981)
Gmeinkostenwertanalyse *f* (Bw) overhead value analysis (OVA)
Gnadenklausel *f* (StR) grace clause
GO
(Re) = Geschäftsordnung
(Re) = Gemeindeordnung
GoA
(ReW) = Grundsätze ordnungsmäßiger Durchführung von Abschlußprüfungen
(Re) = Geschäftsführung ohne Auftrag
GoB (ReW) = Grundsätze ordnungsmäßiger Buchführung
GoDV (EDV) = Grundsätze ordnungsmäßiger Datenverarbeitung
Goldabfluß *m* (Vw) gold outflow
Goldagio *n* (Vw) gold premium
Goldaktien *fpl* (Bö) gold mines
Goldankaufspreis *m* (Fin) gold buying price
Goldarbitrage *f*
(Fin) arbitrage in bullion
– gold arbitrage
Goldaufgeld *n* (Fin) gold premium
Goldauktion *f* (IWF) gold auction
Goldausfuhrpunkt *m* (AuW) export gold point
Goldautomatismus *m*
(AuW) specie-flow adjustment mechanism
(ie, correcting an adverse balance of payment, or restoring equilibrium; reference is had to a ‚self-regulating' or ‚automatic' gold standard)

Goldbarren *m* (Fin) gold bullion
Goldbarrenmarkt *m* (Fin) bullion market
Goldbarrenwährung *f* (Vw) gold bullion standard
Goldbestand *m* (Fin) gold inventory
Goldbestände *mpl*
(AuW) gold holdings (*or* reserves)
– gold stock
Goldbewegungen *fpl* (AuW) gold flow (*or* movements)
Goldbindung *f* (Vw) linkage to gold
Goldbörse *f* (Bö) gold exchange
Golddeckung *f* (Vw) gold cover (*or* backing)
Golddevisenwährung *f* (Vw) gold exchange standard
Goldeinfuhrpunkt *m* (AuW) gold import point
Goldeinlagen *fpl* **der Zentralbanken** (IWF) gold contributions of Central Banks
Goldene Bankregel *f*
(Fin) Golden Bank Rule
(ie, liquidity rule of credit institutions, requires sufficient availability of funds at any time)
Goldene Bilanzregel *f*
(ReW) golden balance-sheet rule
(ie, requires that fixed assets be backed by long-term capital, and current assets by short-term funds)
Goldene Finanzregel *f*
(Fin) golden rule of financing
(ie, requires that long-term investments be not financed with short-term funds)
goldener Wachstumspfad *m*
(Vw) complete (*or* total) equilibrium
– golden age path
– unique steady-state equilibrium
Goldexportpunkt *m* (AuW) gold export point
Goldhandel *m* (Fin) gold trading
Goldhorte *pl* (Vw) gold hoardings
Goldimportpunkt *m* (AuW) gold import point
Goldkernwährung *f* (Vw) gold bullion standard
Goldmarkt *m* (Fin) gold market
Goldmünzen *fpl* (Fin) gold coins
Goldmünzwährung *f* (Vw) gold coin standard
Goldnotierung *f* (Fin) gold quote
Goldoptionen *fpl* (Fin) gold options
Goldparität *f* (Vw) gold parity
Goldpreis *m* (Fin) gold price
Goldproduktion *f* (Vw) gold production (*or* output)
Goldpunkte *mpl*
(Vw) gold points
– gold specie points
– bullion points
Goldreserven *fpl* (AuW) gold holdings (*or* reserves)
Goldstandard *m* (Vw) gold standard
Goldtranche *f*
(IWF) gold tranche
(ie, term preceding that of the ‚reserve tranche')
Goldtransaktionen *fpl* (AuW) gold transactions
Goldumlaufwährung *f* (Vw) gold specie currency (*or* standard)
Gold- und Devisenbilanz *f*
(AuW) gold and foreign exchange balance
(ie, shows the changes in foreign exchange reserves; equal to a positive or negative change in ‚net external assets' = Nettoauslandsaktiva of the Bundesbank)

Gold- und Devisenreserven *fpl* (AuW) gold and foreign currency reserves
Goldverkäufe *mpl* **am freien Markt** (Fin) gold sales in the open market
Goldwährung *f* (Vw) gold currency (*or* standard)
Goldwährung *f* **aufgeben** (Vw) to go off the gold standard
Goldwährungsmechanismus *m* (AuW) = Goldautomatismus
Goldwährungssystem *n* (Vw) gold-based monetary system
Goldwertklausel *f* (Fin) gold clause
Goldzufluß *m* (Vw) gold influx
Gomory-Schnitt *m* (OR) generating (*or* source) row
Gomory-Zeile *f* (OR) = Gomory-Schnitt
Gompertzfunktion *f*
(Stat) Gompertz function
(ie, Prognosefunktion für langfristige Prognosen)
Goodwill *m* (ReW) = Firmenwert
Gossensche Gesetze *npl*
(Vw) Gossen's Laws
(ie, First Law: postulates the principle of diminishing utility, and Second Law: this is in fact a theorem stating that, to maximize utility, a given quantity of a good must be divided among different uses in such a manner that the marginal utilities are equal in all uses)
Gozinto-Graph *m*
(IndE) gozinto graph *(ie, Darstellung aller Baukasten-Stücklisten bzw. Baukasten-Teileverwendungsnachweise e–s Produktionsbetriebes)*
Grad *m* **der Anforderung** (IndE) degree of factor
Grad *m* **der Entartung** (OR) degree of degeneracy
Grad *m* **der erreichten Marktdurchdringung** (Mk) achieved market penetration
Grad *m* **der Neuheit** (Pat) degree of novelty
Grad *m* **der Worttrennung** (EDV) level of hyphenation
Grad *m* **des Folgeschadens** (Re) remoteness of damage
Grad *m* **des Verschuldens** (Re) degree of fault
Grad *m* **e–r algebraischen Bestimmungsgleichung** (Math) degree of an algebraic equation
Grade *mpl* **von Fahrlässigkeit**
(Re) degrees of negligence
(ie, in English law the prevailing view is that there are no degrees of care in negligence, but only different amounts of care as a matter of fact)
Gradientenmethode *f*
(Math) gradient method
– method of successive approximation
gradzahlige Paritätskontrolle *f* (EDV) even parity check
Grafik *f*
(com) chart
– graph
Grafikbildschirm *m* (EDV) graphics terminal
Grafikdrucker *m* (EDV) graphics printer
grafikfähiges System *n* (EDV) graphic display system
Grafiktablett *n* (EDV) graphics tablet
Grafikterminal *n* (EDV) display console plotter
grafisch darstellen
(com) to graph
– to represent graphically

grafische Anzeige *f*
(EDV) graphic display
– graphics
(syn, grafische Datendarstellung)
grafische Darstellung *f*
(com) graphic representation
– graph
grafische Datenstruktur *f* (EDV) graphical data structure
grafische Datenverarbeitung *f*
(EDV) graphic data processing
– computer graphics
grafische Funktion *f*
(EDV) display function *(syn, Bildfunktion)*
grafische Papiere *npl* (EDV) graphic papers
grafischer Arbeitsplatz *m* (EDV) graphics workstation
grafischer Ausdruck *m* (EDV) display expression
grafisches Bildschirmgerät *n* (EDV) graphic CRT system
grafische Schnittstelle *f* (EDV) graphics interface
grafisches Gewerbe *n*
(com) printing industry
(ie, German term obsolete, but still used in places)
grafisches Kernsystem *n* (EDV) graphic kernel system
grafische Software *f* (EDV) graphics software
Grafitstift *m* (com) conductive pencil
Graph *n*
(OR) graph
(ie, Menge von Knoten, die durch Kanten miteinander verbunden sind)
Graphenreduktion *f* (OR) graph reduction
graphentheoretisch (OR) graph theoretic
Graphentheorie *f*
(Math) graph theory
– theory of graphs
(ie, für die Beschreibung und Lösung von Problemen der Netzplantechnik genutzt; Teil der Mengenlehre, der die binären Relationen der abzählbaren Menge mit sich selbst behandelt)
Graphikbeschleuniger *m*
(EDV) graphics accelerator
(syn, Beschleunigerkarte)
Graphik-Dateiformat *n* (EDV) graphics file format
Graphikdrucker *m* (EDV) graphics printer *(only wheel printers are non-graphics printer)*
Graphikkarte *f*
(EDV) video adapter
(syn, video board/controller)
(EDV) video controller *f*
(syn, video adapter/board)
Graphikkartenspeicher *m* (EDV) video buffer
Graphik-Koprozessor *m* (EDV) graphics coprocessor
Graphikmodus *m* (EDV) graphics mode *(opp; character mode = Zeichenmodus)*
Graphikspeicher *m* (EDV) video buffer
graphische Benutzeroberfläche *f*
(EDV) graphical user interface
(ie, information is displayed using graphical symbols; eg, WINDOWS, Presentation Manager, OSF Motif, etc)

Gratifikation *f*
(Pw) bonus
(eg, Christmas, vacation, loyalty)
gratis
(com) at no charge
– free
– free of charge
Gratisaktie *f*
(Fin) bonus share (*or* stock)
(ie, a special type of self-financing: a formal dividend payout is subsequently treated as a new capital contribution, §§ 207 ff AktG; syn, Berichtigungsaktie)
Gratisangebot *n* (com) free offer
Gratisanzeige *f* (Mk) free advertisement
Gratismuster *n* (com) free sample
Gratiszuteilung *f* (Fin) bonus allotment
Grauer Markt *m* (EDV) grey market
grauer Markt *m*
(com) gray market
(ie, geduldeter Markt)
Graupappe *f* (com) chipboard
Graustufe *f* (EDV) grey scale
Grauton *m* (EDV) halftone
GrdstVG (Re) = Grundstücksverkehrsgesetz
Gremien-Organisation *f* (Bw) committee organization
Gremium *n* (com) body
Grenzanalyse *f* (Vw) marginal analysis
Grenzanbieter *m* (Vw) marginal seller
Grenzanbieter *m* **von Kapital** (Vw) marginal lender
Grenzausgabe *f* (Vw) marginal outlay
Grenzausgleich *m*
(StR) border adjustment
(cf, Ursprungslandprinzip, Bestimmungslandprinzip)
(EG) = Grenzausgleichszahlungen, qv
Grenzausgleichsabgabe *f* (FiW) border tax on imports
Grenzausgleichsteuer *f* (FiW) border tax adjustment
Grenzausgleichszahlungen *fpl*
(EG) Monetary Compensatory Amounts
(ie, subsidizing exports from a country with higher prices to one with lower prices, and correspondingly taxing trade in the opposite direction)
Grenzbereich *m* (Log) interface
Grenzbesteuerungsquote *f* (FiW) marginal propensity to tax
Grenzbetrieb *m*
(Vw) marginal firm
– least efficient producer
– marginal unit of production
(syn, Grenzproduzent)
Grenzbezugskosten *pl*
(Vw) marginal cost of acquisition
– marginal-factor cost
(ie, extra cost to a purchaser when buying one more productive factor)
Grenzböden *mpl* (Vw) marginal land
Grenzen *fpl* **abschaffen** (EG) abolish *v* frontiers
Grenzen *fpl* **der Besteuerung** (FiW) limits of taxation
Grenzen *fpl* **des Wachstums** (Vw) growth limits

Grenzerlös *m*
(Vw) marginal revenue
(ie, additional revenue received from the sale of one additional unit)
Grenzerlösfunktion *f* (Vw) marginal revenue function
Grenzerlösprodukt *n*
(Vw) marginal revenue product
(ie, Ergebnis der Multiplikation der Grenzproduktivität e–s Faktors mit dem Grenzumsatz = the added revenue received by the addition of one more unit of a production factor)
Grenzerlösproduktion *f* (Vw) marginal revenue product
Grenzertrag *m*
(Vw) marginal yield
(Vw) marginal return (*or* income)
(ie, Vänderungsrate des Ertrages)
Grenzertrag *m* **des Kapitals** (Vw) marginal yield on capital
Grenzerzeugnis *n* (Vw) marginal product
Grenzfall *m* (com) borderline case
Grenzfinanzierung *f*
(Fin) marginal financing
(opp, Gesamtfinanzierung)
Grenzform *f* **e–r Funktion** (Math) limiting form of a function
Grenzgänger *m*
(StR) frontier worker
– cross-frontier commuter
Grenzgebiet *n* (com) borderline subject
Grenzkapazität *f* (Vw) marginal capacity
Grenzkäufer *m* (Vw) marginal buyer
Grenzkonsum *m* (Vw) marginal consumption
Grenzkontrolle *f* (Zo) border check
Grenzkontrollen *fpl* (EG) frontier controls
Grenzkosten *pl*
(Vw, Bw) marginal
– incremental
– differential . . . cost
(ie, geben die Änderung der Gesamtkosten [meist bei Variation der Beschäftigung] um eine infinitesimal kleine Einheit an = 1. Ableitung [Differentialquotient] der Gesamtkostenfunktion; the extra cost incurred for an extra unit of output; mathematically, the first derivative [differential quotient] of the total cost function: dK/dY)
(KoR) alternative cost
Grenzkostenergebnis *n*
(KoR) profit contribution
– variable gross margin (*or* profit)
– marginal balance
– marginal income
(syn, Deckungsbeitrag)
Grenzkostenkalkulation *f* (KoR) marginal costing
Grenzkostenrechnung *f*
(KoR) direct costing
– (GB) marginal costing
(opp, Vollkostenrechnung)
Grenzkreditnehmer *m* (Fin) marginal borrower
Grenzkurs *m* (Fin) marginal rate
Grenzleerkosten *pl* (KoR) marginal idle-capacity cost
Grenzleid *n* **der Arbeit** (Vw) marginal disutility of labor

Grenzleistungsfähigkeit *f* **der Investition**
(Vw) marginal efficiency of investment
(ie, gleich dem Produkt aus Grenzproduktivität der Investition und Grenzproduktivität des Kapitals)
Grenzleistungsfähigkeit *f* **des Kapitals**
(Vw) marginal efficiency of capital
– marginal rate of return
(ie, Grenzertragsrate aus den Kapitalgütern e–s Unternehmens; Maß für die Vorteilhaftigkeit e–r Investition)
Grenzliquidität *f* (Fin) marginal liquidity
Grenzmultiplikator *m* (Vw) marginal multiplier
Grenzmuster *n* (IndE) tolerance limit sample
Grenznachfrager *m* (Vw) marginal buyer
Grenznachfrager *m* **nach Kapital** (Vw) marginal borrower
Grenznutzen *m*
(Vw) marginal utility
– final degree of utility *(St. Jevons)*
(ie, Nutzen, den die letzte verbrauchte Einheit e–s Gutes stiftet: erste Ableitung der Nutzenfunktion nach dem betreffenden Gut; increase in total utility of consuming a commodity which results from increasing by one unit the quantitiy of commodity consumed; determines the price in conjunction with supply; cf, Indifferenzanalyse)
Grenznutzenanalyse *f* (Vw) marginal utility analysis
Grenznutzen *m* **des Geldes** (Vw) marginal utility of money
Grenznutzenschule *f*
(Vw) marginalist school
– marginal utility school
Grenznutzentheorie *f* (Vw) marginal utility theory (of value)
Grenzplankostenkalkulation *f* (KoR) marginal cost pricing
Grenzplankostenrechnung *f*
(KoR) standard direct costing
Also:
– direct costing
– differential costing
– variable cost accounting
– (GB) marginal costing
– activity accounting
– functional accounting
(ie, vereinfacht das Abrechnungsverfahren der auf Vollkostenbasis arbeitenden flexiblen Plankostenrechnung (qv): trennt fixe und variable Gemeinkosten und nimmt nur letzere in den geplanten Gemeinkostenverrechnungssatz auf; syn, Teilkostenrechnung, Deckungsbeitragsrechnung)
Grenzpreise *mpl*
(Vw) limit prices
(ie, im Rahmen staatlicher Preisregulierung: Oberbegriff für die bekannteren Ausdrücke Höchst-, Mindest- und Spannenpreise)
Grenzprinzip *n* (Vw) principle of marginality
Grenzprodukt *n* (Vw) marginal product
Grenzprodukt *n* **der Arbeit** (Vw) marginal product of labor
Grenzproduktivität *f*
(Vw) marginal productivity
(ie, Grenzproduktivität e–s Faktors multipliziert mit der Änderung s–r Einsatzmenge: partielles G.;

extra product obtained by increasing by a further unit a given factor of production; mostly set equal to marginal productivity; may refer to one or all factors: Grenzprodukt e–s Faktors od Niveaugrenzproduktivität)
Grenzproduktivität *f* **der Arbeit** (Vw) marginal productivity of labor
Grenzproduktivität *f* **des Geldes**
(Vw) marginal productivity of money
(ie, reciprocal of marginal cost)
Grenzproduktivitätstheorie *f*
(Vw) marginal productivity theory
(ie, developed by J. B. Clark)
Grenzproduzent *m*
(Vw) marginal firm (*or* producer)
– least efficient producer
– marginal unit of production *(syn, Grenzbetrieb)*
Grenzpunkt *m* (Math) limit point
Grenzpunkt *m* **e–r Menge** (Math) boundary point of a set
Grenzrate *f* **der Substitution** (Vw) marginal rate of substitution
Grenzrate *f* **der technischen Substitution** (Vw) marginal rate of technical substitution
Grenzrate *f* **der Transformation**
(Vw) marginal rate of transformation
(ie, equal to the negative reciprocal ratio of marginal productivities)
Grenzrate *f* **der Zeitpräferenz** (Vw) intertemporal marginal rate of substitution
Grenzsituation *f* (Log) sensitive situation
Grenzsparen *n* (Vw) marginal saving
Grenzsteuersatz *m*
(FiW) marginal tax rate
– marginal rate of taxation
– marginal propensity to tax, MPT
(syn, marginaler Steuersatz)
Grenzstückkosten *pl* (KoR) marginal unit cost
grenzüberschreitend
(com) international
– cross-frontier
grenzüberschreitende Beförderung *f* (Zo) international transport
grenzüberschreitende Informationen *fpl* (com) cross-border intelligence
grenzüberschreitender Datenverkehr *m* (EDV) transborder data flows
grenzüberschreitender Kapitalverkehr *m* (Fin) international (*or* cross-frontier) capital movements
grenzüberschreitender Warenverkehr *m*
(AuW) cross-frontier movements of goods (*or* traffic *or* trade)
– cross-border commerce (*or* trade)
grenzüberschreitender Wettbewerb *m* (Vw) cross-frontier competition
grenzüberschreitendes Konzernclearing *n* (Fin) cross-border group clearing
grenzüberschreitendes Leasing *n*
(Fin) cross-border leasing
(ie, über günstige Finanzierungskosten sollen die Bedingungen des Exports verbessert werden)
grenzüberschreitendes Projekt *n* (com) cross-frontier project
grenzüberschreitende Transportmittel *npl* (AuW) international means of transport
grenzüberschreitende Unternehmenskäufe *mpl* (com) cross-border mergers and acquisitions
Grenzumsatz *m* (Vw) marginal revenue
Grenzumsatzprodukt *n* (Vw) marginal revenue (*or* value) product
Grenzverbraucher *m* (Vw) marginal consumer
Grenzverkäufer *m* (Vw) marginal seller
Grenzverkehr *m* (com) border traffic
Grenzwert *m*
(Math) limiting value
– limit
Grenzwertanalyse *f* (Vw) marginal analysis
Grenzwertaxiom *n*
(Stat) axiom of convergence
– limit axiom
Grenzwertbegriff *m* (Math) limit concept
Grenzwertproblem *n* (Math) boundary value problem
Grenzwertprüfung *f* (EDV) marginal check (*or* test)
Greshamsches Gesetz *n* (Vw) Gresham's law
GrEStG (Re) = Grunderwerbsteuergesetz
griechisch-lateinisches Quadrat *n* (Stat) Greek-Latin square
Griffbereich *m* (IndE) working area
Griffel *m* (EDV) stylus
Grobbleche *npl*
(com) heavy plate
(ie, über 5 mm Stärke; cf, Feinbleche, Mittelbleche)
Grobdiagramm *n*
(EDV) block digramm
(ie, Blockdiagramm zur Beschreibung von Programmabläufen)
grobe Fahrlässigkeit *f*
(Re) gross negligence
– *(civil law)* culpa lata
(ie, die Unterscheidung des dt Rechts ‚Vorsatz und grobe Fahrlässigkeit' nach § 277 BGB samt dem Oberbegriff ‚Verschulden' ist dem englischen Rechtskreis unbekannt; der Komplex wird dort unter dem Stichwort ‚negligence' abgehandelt; Schweregrade (degrees) sind: gross – wilful wanton/reckless – ordinary – slight; the majority of lawyers refer to ‚different amounts of care')
grobe Pflichtverletzung *f* (Pw) gross breach of duty
grobe Schätung *f* (com) rough estimate
grobe Schätzung *f*
(com) rough estimate
– ballpark figure
(ie, often too optimistic)
grob fahrlässig (Re) grossly negligent
grob gerechnet
(com) as a rough estimate
– roughly calculated
Grobplanung *f* (Bw) overall planning
Großabnehmer *m*
(com) bulk . . . buyer/purchaser
– big industrial user
– heavy consumer
– large/quantity . . . buyer
(com) fleet customer
(ie, in der Autoindustrie)
Großabschluß *m*
(com) large . . . contract/deal
– big-ticket transaction

Großaktionär *m* (Fin) major shareholder
Großanlage *f* (EDV) mainframe computer
Großanlagenbau *m*
(IndE) large-scale plant engineering and construction
– systems engineering
Großanlagengeschäft *n* (Fin) big-ticket deposit taking
Großanleger *m* (Fin) big/large-scale . . . investor
Großauftrag *m*
(com) major/large-scale . . . order
– bulk order
– big ticket item
Großbank *f* (Fin) big/large . . . bank
Großbestellung *f* (com) bulk order
Großbetrieb *m*
(Bw) large-scale enterprise
(ie, defining categories are: size of labor force, capital, or sales volume)
(Bw) large farm
Großbildschirm *m* (EDV) large-screen display
Großbrand *m* (Vers) conflagration
Großbuchstaben *mpl* (com) capital letters
Großcomputer *m* (EDV) mainframe (computer)
Größe *f*
(com) size
– dimensions
– measurements
(Math) magnitude
– variable
große Alternative *f* (Log) exclusive disjunction
große Havarie *f* (SeeV) general (*or* gross) average, § 700 HGB
Großeinkauf *m*
(Mk) bulk buying
– volume purchasing
Großeinkäufer *m*
(Mk) bulk purchaser
– wholesale buyer
Großeinlagengeschäft *n*
(Fin) big-ticket deposit-taking
(ie, by banks)
große Kontrollspanne *f*
(Bw) shallow/broad . . . span of control
(opp, kleine Kontrollspanne = narrow span of control)
große Leitungsspanne *f* (Bw) = große Kontrollspanne
Großemission *f* (Fin) jumbo loan issue
Großemittent *m* (Fin) major debt issuer
Größendegression *f* (Bw) economies of scale
Größenklasse *f* (Bw) group
Größenklassen *fpl* (com) size classifications *(eg, of companies, provided for in the 4th EEC Directive)*
Größennachteile *mpl*
(Bw) diseconomies of scale
– inefficiencies of scale
größenordnungsmäßig (com) in order of magnitude
größenproportionale Auswahl *f* (Stat) proportional sampling
Größenverteilung *f* (Stat) size distribution
Größenvorteile *mpl* (Bw) economies of scale
größer oder gleich (Log) greater than or equal

großer Punkt *m* (EDV) large bullet
großer Spielraum *m* (com) plenty of room to operate
großer Steuertermin *m* (StR) major tax payment date
großes Binärobjekt *n*
(EDV) binary large object, BLOB
(field type in database systems; used to store graphics or memos)
großes Sortiment *n* (com) large variety of goods
große Steuerreform *f* (FiW) top-to-bottom (*or* root and branch) reform of the tax system
Große Tarifkommission *f* (Pw) Central Union Bargaining Committee
Großflächenwerbung *f* (Mk) bulletin board advertising
Großfluggesellschaft *f* (com) megacarrier
Großfusion *f*
(com) giant
– jumbo
– (infml) mega(buck)
– (infml) megadollar
– juggernaut . . . merger
(syn, Mammutfusion, Elefantenhochzeit)
Großgeschäft *n* (com) big-ticket (*or* jumbo) deal
Großhandel *m*
(com) wholesale . . . distribution/trade
– wholesaling
Großhandelsbetrieb *m* (com) wholesale establishment
Großhandelsfunktion *f* (Mk) wholesaling function
Großhandelsindex *m* (Stat) index of wholesale prices
Großhandelslager *n* (com) wholesale stock
Großhandelspreis *m* (com) wholesale price
Großhandels-Preisindex *m* (Stat) index of wholesale prices
Großhandelsrabatt *m* (com) wholesale discount
Großhandelsspanne *f* (com) wholesale margin
Großhandelsunternehmen *n*
(Mk, US) merchant wholesaler
(ie, engaged in selling to retailers and other types of business users and wholesalers, and in full-line marketing services)
Großhandelsvereinigung *f* (com) wholesaling association
Großhandelsvertreter *m* (com) wholesale representative
Großhandelswerte *mpl* (Bö) big volume stock
Großhandelszentrum *n*
(Mk) trade mart
(ie, horizontaler Verbund unterschiedlicher Sortimentsgroßhandlungen)
Großhändler *m*
(com) wholesale dealer
– wholesaler
– distributor
Großindustrieller *m* (com) captain of industry *(Wirtschaftskapitän)*
Großintegration *f*
(EDV) large-scale integration, LSI
(ie, densely packed – 10,000 per sq in – in digital storage and logical elements on a semiconductor chip)
Grossist *m* (com) wholesaler

Groß-/Kleinschreibung beachtende Suche *f* (EDV) case-sensitive search
Groß-Klein-Umschaltung *f* (EDV) case shift
Großkredit *m*
(Fin) large
– large-scale
– massive
– (infml) jumbo . . . loan
(ie, extended in excess of 15% of a bank's equity capital, § 13 KWG)
Großkreditgeschäft *n* (Fin) large-scale lending business
Großkreditnehmer *m*
(Fin) major
– massive
– large
– big . . . borrower
Großkreditrichtlinie *f*
(Fin) Large Credit Directive
(ie, für alle Banken mit Sitz in der EG einheitliche Grenze für Großkredite in Höhe von 25 % der Eigenmittel und von 800 % der Eigenmittel für alle Großkredite zusammen; ein Großkredit beträgt 10 % der Eigenmittel od mehr)
Großkunde *m*
(com) big/major . . . customer
– bulk/large-lot . . . buyer
– major account
– leading edge account
– (infml) big-ticket customer
(Mk) key account *(ie, in industrial marketing)*
Großkundenmanagement *n* (Mk) key account management
Großkundensteuerung *f* (Mk) key account management
Großleben *n* (Vers) ordinary branch business
Großlebenbranche *f* (Vers) ordinary life insurance
Großlebensversicherung *f* (Vers) ordinary (*or* straight) life insurance
Großlieferant *m* (com) major supplier
Großmarkt *m* (com) wholesale market
Groß-M-Methode *f* (OR) big M method
Großpackung *f*
(com) large
– bulk
– giant
– jumbo
– familiy size
– economy-sized . . . package
Großpalette *f* (com) flat
Großproduktion *f* (IndE) large-scale production
Großprojekt *n*
(com) large-scale project
– big-ticket . . . project/item
– jumbo scheme
Großraumbüro *n* (com) open plan office
Großraumkernspeicher *m* (EDV) bulk core storage
Großraumspeicher *m* (EDV) bulk storage
Großrechner *m* (EDV) mainframe (computer)
Großrechner-Arbeitsplatz *m* (EDV) mainframe-link terminal
Großreparatur *f*
(ReW) general overhaul
(IndE) major repair
– general overhaul
(ie, involves complete overhaul or substantial replacement of parts)
Großrisiko *n* (Vers) jumbo risk
Großschaden *m* (Vers) major damage
groß schreiben (com) to capitalize
Großschreibung *f*
(com) capitalization
(EDV) upper case
Großserie *f* (IndE) large-scale production
Großspeicher *m* (EDV) mass storage
Großspeichersteuerung *f* (EDV) random access controller, RAC
großtechnische Anlage *f* (IndE) commercial (*or* full-scale) plant
großtechnische Demonstrationsanlage *f* (IndE) commercial demonstration (*or* pilot) plant
großtechnische Fertigung *f*
(IndE) commercial production
(opp, Pilotfertigung = pilot plant scale production)
größter Durchschlupf *m*
(IndE) average outgoing quality limit, AOQL
(ie, may be given in terms of defective or effective units; as either 95% effective or 5% defective)
größter gemeinsamer Teiler *m*
(Math) greatest common divisor
– highest common factor, hcf
größte untere Schranke *f*
(Math) greatest lower bound, glb
– infimum
(ie, the glb of a set of numbers S is the largest number among the lower bounds of S)
Größtrechner *m* (EDV) ultra-large computer
Großunternehmen *n* (com, infml) industrial heavyweight
Großvater *m*
(EDV) grandfather
(ie, data set that is two generations earlier than the data set under consideration)
Großvaterzyklus *m* (EDV) grandfather cycle
Großverbraucher *m* (com) bulk consumer
Großverbrauchernachlaß *m* (com) bulk consumer rebate, cf, § 9 RabG
Großverbundnetz *n* (com) large-scale integrated system
Großverdiener *m* (com) big income earner
Großwetterlage *f*
(Vw, infml) general business conditions
– shape of the economy
Großwirtschaftsraum *m* (Vw) large economic region
Großzahlforschung *f* (Stat) large-number research
Großzählung *m* (Stat) census
großzügige Kreditbedingungen *fpl* (Fin) (very) easy credit terms
Groupoid *n*
(Math) groupoid
(ie, [G; .] is an algebraic system with a binary operation; no postulates are specified; it may be multiplicative or additive)
GrStG (StR) = Grundsteuergesetz
GrStR (StR) = Grundsteuer-Richtlinien
Grubenschließung *f* (Bw) = Zechenstillegung, qv
Grubenvorstand *m* (com) managing board of mining company

Grund *m* (Re) cf, wichtiger Grund
Grundadresse *f*
(EDV) base (*or* reference) address
(syn, Basisadresse, Bezugsadresse)
Grundaktivität *f* (Bw) basic activity
Grundannahmen *fpl* **der Rechnungslegung** (ReW) fundamental accounting assumtions
Grundanweisung *f* (EDV) basic statement
Grundaufbaubefehl *m* (EDV) basic instruction
Grundausbildung *f* (Pw) basic training
Grundausstattung *f*
(com) basic equipment
(EDV) basic hardware configuration
Grundbedarf *m* (com) basic requirements
Grundbedürfnisse *npl* (Vw) basic . . . needs/wants
Grundbefehl *m* (EDV) basic instruction
Grundbegriff *m* (Log) basic concept
Grundbesitz *m*
(StR) real property
(ie, comprises property in agriculture and forestry, and plant sites, § 19 BewG)
Grundbestand *m*
(MaW) lead time
– working
– cycle
– active
– turnover . . . inventory
(ie, needed to tide over the procurement lead time = Beschaffungszeit)
(com) basic stock
Grundbetrag *m*
(com) basic amount
(StR) gross rental
(ie, 1.4% of assessed value = Einheitswert)
Grundbetriebssystem *n* (EDV) Basic Operating System, BOS
Grundbilanz *f*
(VGR) basic balance
(ie, balance on current account and long-term capital = Leistungsbilanz + Bilanz des langfristigen Kapitalverkehrs)
Grundbilanz *f* **und kurzfristiger Kapitalverkehr** (AuW, US) official settlement balance
Grundbuch *n*
(ReW) book of original entry
– journal
– daybook
(syn, Tagebuch, Memorial, Journal, Primanota)
(Re) official real estate register
– land register
Grundbuchamt *n*
(Re) real estate registry
– (US) Land Records Office
– (GB) Land Registry
Grundbuchauszug *m*
(Re) abstract of land register
– (GB) office copy of land register
Grundbucheinsicht *f* (Re) inspection of real estate register
Grundbucheintragung *f*
(Re) entry in the land register
– (GB) registration of title to land
Grundbuchlöschung *f* (Re) cancellation of an entry in the land register
Grundbuchung *f* (ReW) original entry

Grundchemikalien *fpl*
(com) commodity chemicals
– basic chemical products
(opp, Spezialchemikalien = speciality chemicals)
Grundcodierung *f*
(EDV) absolute (*or* basic) coding
(syn, einfache Codierung)
Grunddefinition *f* (Log) basic/core . . . definition
Grunddienstbarkeit *f* (Re) real servitude, § 1018 BGB
Grundeigentum *n* (Re) property in land
Grundeigentümer *m* (Re) land owner
Grundeinheit *f*
(com) basic unit
(EDV) base unit
gründen
(com) to form
– to create
– to establish
– to launch
– to organize
– to set up . . . a business *(ie, of any kind)*
(com) to incorporate *(ie, Kapitalgesellschaft)*
– (GB) to promote *(a company)*
Gründer *m*
(com) founder
(ie, of any type of business)
(com) incorporator
(ie, of a Kapitalgesellschaft, usu of an AG)
– (GB) promoter
Gründeranteil *m* (Fin) founder's share
Gründer *m* **e–r AG**
(com) incorporator of a stock corporation, § 2 AktG
– (GB) promoter of a company
Gründerlohn *m* (Fin) founders' fee
Grunderwerb *m* (Re) acquisition of land
Grunderwerbsteuer *f*
(StR) land transfer tax
– property acquisition tax
Grunderwerbsteuer-Durchführungsverordnung *f* (StR) Ordinance Regulating the Real Property Transfer Tax Law, of 30 March 1940
Grunderwerbsteuergesetz *n* (StR) Real Property Transfer Tax Law, of 29 March 1940
Grundformen *fpl* **der Betriebsorganisation** (Bw) basic patterns of departmentation
Grundfreibetrag *m*
(StR) basic tax-free amount
– (US) basic exemption
(ie, always allowed to taxpayer, whether married or single)
Grundfunktion *f* (EDV) base service
Grundgebühr *f* (com) basic fee (*or* charge)
Grundgehalt *n* (Pw) basic salary
Grundgesamtheit *f*
(Stat) parent population
– population
– universe *(obsolescent term)*
Grundgeschäft *n*
(com) bottom line
– mainstay business
– (infml, US) meat and potatoes
(ie, of a busines, trade, or industry)
(WeR) underlying transaction

Grundgesetz *n*
(Re) Basic Law
(ie, the constitution of the Federal Republic of Germany; so termed to emphasize that the new system was to be temporary)
Grundgüter *npl* (Vw) natural resources
Grundhandelsgeschäft *n* (com) general commercial transaction, § 1 II HGB
Grundhandelsgewerbe *n* (com) general commercial business, § 1 II HGB
Grundkapital *n*
(ReW) capital stock
– (appr) stated
– nominal
– legal
– share
– equity . . . capital
(ie, Nennkapital od gezeichnetes Kapital e–r AG oder KGaA; identical with the total par value of all its shares, minimum amount € 50,000, § 7 AktG; cf, Nominalkapital)
Grundkapital-Dividende *f* (Fin) dividend out of capital
Grundkenntnisse *fpl*
(com) elementary understanding
– basic knowledge
– the ABC of . . .
Grundkonsens *m* (com) basic/general . . . consensus
Grundkosten *pl*
(Bw) baseline costs
(KoR) basic cost
(ie, Aufwendungen, die in gleicher Höhe in die Kostenrechnung eingehen; syn, aufwandsgleiche Kosten; expenditure spread by costing over the period under review; opp, Zusatzkosten, Anderskosten)
Grundkredit *m* (Fin) real estate credit
Grundkreditanstalt *f* (Fin) public mortgage bank
Grundkurve *f* (Math) master curve
Grundlage *f*
(com) basis
– foundation
– (infml) underpinnings
(eg, the court disavowed the . . . of the case)
(com) basic elements
– fundamentals
Grundlagenbescheid *m* (StR) basic assessment
Grundlagenforschung *f* (com) basic research
Grundlageninvestition *f* (Vw) investment in infrastructure
grundlegend
(com) fundamental
– deep-going *(eg, theory)*
grundlegende Änderung *f* (com) wholesale change
Grundleistungssektor *m* (Vw) basic sector
gründliche Analyse *f*
(com) deep study
– study in depth
– (US) in-depth analysis
– (infml) seat-of-the-pants analysis
Grundlinie *f*
(Vw) underlying tendency
(Stat) base line
Grundlohn *m*
(Pw) base pay
– basic rate
Grundlohnsatz *m* (Pw) base pay rate
grundlose Entlassung *f*
(Pw) unfair dismissal
– dismissal without cause
Grundmenge *f*
(Log, Math) universal set of reference
(Stat) universe
Grundmetalle *npl* (com) base metals *(eg, copper, lead, tin)*
Grundmiete *f*
(com) basic rent *(syn, Nettokaltmiete)*
Grundnahrungsmittel *npl* (com) basic foodstuffs
Grundpatent *n* (Pat) basic (*or* master) patent
Grundpfand *n* (Re) real estate mortgage
Grundpfandbrief *m* (Re) official mortgage certificate
Grundpfanddarlehen *n* (Fin) mortgage loan
Grundpfandgläubiger *m* (Re) mortgagee
Grundpfandrecht *n*
(Re) encumbrance on real property
– right in rem
– real right
(ie, securing a claim attaching to a real estate; general term covering Hypothek, Grundschuld, Rentenschuld, qv)
grundpfandrechtlich gesichert (Re) secured by mortgage *(eg, loan)*
Grundpfandschuld *f* (Re) mortgage debt
Grundpfandschuldner *m* (Re) mortgagor
Grundprämie *f* (Vers) basic . . . premium/rate
Grundpreis *m*
(com) basic
– basis
– base . . . price
(EG) basic price
(ie, laid down for pigmeat under CAP)
Grundpreisauszeichnung *f* (Mk) unit pricing
Grundprinzipien *npl* (ReW) basic principles
Grundqualität *f* (Bö, US) = Basisqualität, qv
Grundquote *f*
(EG) basic quota
(ie, Bestandteil der Agrarmarktordnung für Zukker; syn, A-Quote)
Grundrechnungsarten *fpl*
(Math) basic operations of arithmetic
– first rules of arithmetic
Grundrechte *npl*
(Re) basic rights
– fundamental personal rights
(ie, rights of individuals legally protected against violation by government)
Grundrechtsgarantie *f* (Re) constitutional safeguard of basic rights
Grundrechtskatalog *m*
(Re) Bill of Rights
(ie, in the Bonn Basic Law specifies an extensive list of political, civil, economic, and social rights)
Grundrendite *f* (Fin) basic yield
Grundrente *f* (Vw) ground rent
Grundrichtpreis *m* (EG) basic target price
Grundsachverhalt *m*
(com) basic facts
– basics
Grundsatzabkommen *n*
(Re) basic

– framework
– skeleton . . . agreement
(syn, Rahmenabkommen)
Grundsatz *m* **der Ausfuhrfreiheit** (AuW) principle of freedom of export
Grundsatz *m* **der Einzelbewertung** (ReW) rule of individual (*or* unit) valuation
Grundsatz *m* **der Gesamtbewertung** (StR) principle of appraising each economic unit by itself, § 2 I BewG
Grundsatz *m* **der Maßgeblichkeit der Handelsbilanz** (StR) principle of dependency of the tax balance sheet on the commercial balance sheet
Grundsatz *m* **der materiellen Bilanzkontinuität** (ReW) consistency principle
Grundsatz *m* **der mittleren Prädikation**
(Log) fundamental principle of mediate predication
(syn, nota-notae-Prinzip)
Grundsatz *m* **der Nichtdiskriminierung** (AuW) principle of nondiscrimination
Grundsatz *m* **der Periodenabgrenzung** (ReW) matching-of-revenue-and-cost principle
Grundsatz *m* **der steuerlichen Gleichbehandlung** (StR) principle of the equal treatment of taxpayers
Grundsatz *m* **der steuerlichen Leistungsfähigkeit** (FiW) ability-to-pay principle
– faculty principle of taxation
Grundsatz *m* **der Unmerklichkeit** (FiW) principle of imperceptibly imposing tax burdens
Grundsatz *m* **der Verhältnismäßigkeit** (Re) principle of reasonableness
Grundsatz *m* **der Wesentlichkeit** (ReW) principle of materiality
Grundsatzdiskussion *f* (com) discussion in principle
Grundsätze *mpl* **der Rechnungslegung**
(ReW) reporting policies
– accounting policies
Grundsätze *mpl* **der Unternehmensführung**
(Bw) business
– company
– corporate . . . policies
Grundsätze *mpl* **des Rechnungswesens** (ReW) accounting standards
Grundsätze *mpl* **des Verfahrens** (Re) procedural principles
Grundsatzentscheidung *f*
(Re) leading (*or* landmark) decision
(com) pivotal decision
Grundsätze *mpl* **ordnungsmäßiger Abschlußprüfung** (ReW) generally accepted auditing standards, GAAS
Grundsätze *mpl* **ordnungsmäßiger Buchführung, GOB**
(ReW) principles or proper (*or*) orderly accounting
– body of required accounting principles
– principles of orderly bookkeeping and balance-sheet makeup
– (US) Generally Accepted Accounting Principles
(ie, may be classified into the following five categories:
1. clarity and lucidity
2. completeness;
3. material and formal accounting continuity;
4. veracity;
5. conservatism (lower of cost or market price, potential losses, realization rule;)
GAAP do not have the same significance, because even detailed valuation principles and financial reporting requirements are prescribed by German law)
Grundsätze *mpl* **ordnungsmäßiger Datenverarbeitung, GoDV**
(ReW) principles of proper data processing
(cf, §§ 238 II, 239 IV, 257 III, 261 HGB; §§ 140–147 AO)
Grundsätze *mpl* **ordnungsmäßiger Dokumentation**
(ReW) principles of proper (*or* orderly) documentation
(ie, wesentlicher Bestandteil der aus den Zielen der Rechnungslegungsvorschriften abgeleiteten GoB:
1. Belegprinzip;
2. zeitgerechte Erfassung der Geschäftsvorfälle;
3. Zugriffsmöglichkeit;
4. Lesbarkeit der Aufzeichnungen;
5. Beachtung der Aufbewahrungsfristen)
Grundsätze *mpl* **ordnungsmäßiger Prüfung** (ReW) generally accepted auditing standards
Grundsatzfragen *fpl*
(com) basic
– key
– pivotal . . . issues
grundsätzlich
(Re) basically
– in broad principle
grundsätzliche Einigung *f* (Re) agreement in principle
Grundsatzreferat *n*
(com) key note speech
– position paper
Grundsatzvertrag *m* (Re) agreement in principle
Grundsatz *m* **von Treu und Glauben**
(Re) principle of equity and fair dealing
(ie, each party shall act ex aequo et bono = nach pflichtgemäßem Ermessen, § 242 BGB)
Grundschaltung *f* (EDV) basic . . . circuit/wiring
Grundschema *n* (com) basic pattern
Grundschuld *f*
(Re) land charge
– encumbrance of real property
(ie, abstract charge for a money payment, § 1191 BGB; hat größere Bedeutung als Hypothek)
Grundschuldbrief *m* (Re) land charge certificate
Grundschuldforderung *f* (Re) claim secured by a land charge
Grundschuldgläubiger *m* (Re) holder of a land charge
Grundschuldlöschung *f* (Re) cancellation of land charge
Grundschule *f*
(Pw) grade school
– (GB) elementary school
Grundsicherung *f*
(SozV) basic minimum floor of income
– basic level of protection

Grundsprache-Programm *n* (EDV) basic (*or* low-level) language program
Grundstellung *f* (EDV) home position
Grundsteuer *f*
(StR) real property tax *(ie, levied by municipalities on land and buildings situated within their jurisdictions)*
Grundsteuer-Durchführungsverordnung *f* (StR) Ordinance Regulating the Real Property Tax Law
Grundsteuergesetz *n* (StR) Real Property Tax Law, of 7 Aug 1973, as amended
Grundsteuer-Richtlinien *fpl* (StR) Real Property Tax Regulations, of 9 Dec 1978
Grundstichprobe *f* (Stat) master sample
Grundstoffe *mpl*
(com) basic . . . goods/commodities
– basic materials
– primary products
Grundstoffgewerbe *n* (com) basic goods sector
Grundstoffindustrie *f*
(com) primary
– basic
– extractive . . . industry
Grundstoffsektor *m* (com) basic goods sector
Grundstoffunternehmen *n* (Bw) natural-resource company
Grundstoffwirtschaft *f* (Vw) basic industry
Grundstück *n*
(com) plot/piece . . . of land
– parcel of real estate (*or* real property)
– real estate tract
– real estate
(ie, may include buildings)
Grundstück *n* **belasten** (Re) to encumber real property
Grundstücke *npl*
(com) real estate
– real property
– landholdings
(ReW) land
Grundstücke *npl* **für den Gemeinbedarf** (StR) land set aside for public purposes
Grundstücke *npl* **ohne Bauten** (ReW) unimproved real property
Grundstücke und Bauten *pl* (ReW) land and buildings
Grundstücke *npl* **und grundstücksgleiche Rechte** *npl* (Re) real estate and equivalent titles
Grundstücksarten *fpl* (StR) types of real estate, § 75 BewG
Grundstücksauflassung *f* (Re) notarized transfer of ownership, § 925 BGB
Grundstücksaufwendungen *mpl* (com) real property expenses
Grundstücksbelastung *f*
(Re) land charge
(eg, by a mortage)
– encumbrance
– charge
Grundstücksbestandteile *mpl*
(Re) fixtures, § 94 BGB
– things affixed to the soil
– appurtenances
Grundstücksbewertung *f*
(Fin, StR) valuation of real property
– site value appraisal
– land valuation
Grundstückseigentümer *m* (com) real estate owner
Grundstückseinrichtungen *fpl* (com) land improvements
Grundstückserschließung *f* (com) real estate (*or* property) development
Grundstückserschließungsplan *m* (com) land development plan
Grundstücksfonds *m* (Fin) real estate fund
Grundstücksgeschäfte *npl* (com) real estate transactions
Grundstücksgesellschaft *f*
(com) real estate company
(ie, engaged in buying and selling)
grundstücksgleiche Rechte *npl*
(Re) rights equivalent to real property
– leasehold rights
Grundstückskauf *m* (com) purchase of real estate
Grundstückskäufer *m* (com) purchaser of land
Grundstückskaufvertrag *m*
(Re) land contract
(ie, written agreement for sale of land)
Grundstückskosten *pl* (com) land cost
Grundstücksmakler *m*
(com) real estate broker (*or* agent)
– (GB) estate agent
– (GB) land agent
(syn, Immobilienmakler)
Grundstücksmarkt *m*
(com) real estate market
– property market
Grundstücksmiteigentümer *m* (Re) co-owner of real estate
Grundstückspreise *mpl* (com) real estate prices
Grundstücksübertragung *f*
(Re) conveyance
– transfer of land
Grundstücksveräußerung *f* (Re) real estate transfer
Grundstücksveräußerungsrecht *n* (Re) right to convey real estate
Grundstücksverkäufer *m*
(com) real estate operator
– (GB) property dealer
Grundstücksverkehr *m* (Re) real estate transactions
Grundstücksverkehrsgesetz *n* (Re) Law on Real Estate Transactions, of 28 July 1961
Grundstücksvermittler *m* (com) = Grundstücksmakler
Grundstücksversicherung *f* (Vers) real property insurance
Grundstücksverwalter *m* (com) real estate manager
Grundstücksverwaltung *f* (com) real estate management
Grundstücksverzeichnis *n* (com) list of real estate holdings
Grundstückswert *m* (com) real estate (*or* real property) value
Grundstückszubehör *n* (Re) accessory to realty fixtures and fittings of the premises
Grundstudium *n*
(Pw) basic program

(ie, first period of study; ends with the compulsory preliminary or intermediate examinations; opp, Hauptstudium)
Grundtabelle *f* (StR) Basic Tax Table, § 32 a EStG
Grundtarif *m* (Zo) autonomous tariff
Grundteil *n*
(IndE) basic part *(syn, Standardteil)*
Grundtendenz *f* (com) underlying trend
Grund *m* **und Boden** *m* (com) real estate (*or* property)
Grund- und Hilfsstoffhandel *m*
(com) wholesale trading in basic and auxiliary materials *(ie, branch of domestic wholesaling)*
Gründung *f*
(com) formation
(ie, of any type of business)
– foundation
– organization
(Bw) incorporation
(ie, of a Kapitalgesellschaft)
– (GB) promotion
(ie, of a company)
Gründungsaufwand *m*
(Fin) formation expense, § 26 AktG
– organization expense
Gründungsbericht *m* (Bw) formation report, § 32 AktG
Gründungsbilanz *f* (ReW) commencement balance sheet, § 39 HGB
Gründungseinlage *f* (Fin) original investment
Gründungsfinanzierung *f* (Fin) funding at commencement of a business enterprise
Gründungsfonds *m*
(Vers) foundation fund
(ie, serving as a guaranty fund for the benefit of the insured and for the provision of the working expenses)
Gründungsformalitäten *fpl*
(com) formalities of formation
– technical incorporation requirements
(ie, to be met in the case of stock corporations)
Gründungsgesellschaft *f* (Bw) = Vorgesellschaft, qv
Gründungsjahr *n* (com) year of formation *(or foundation)*
Gründungskapital *n*
(Fin) original capital
– initial capital stock
Gründungskonsortium *n* (Fin) foundation (*or* underlying) syndicate
Gründungskosten *pl*
(ReW) organization expense (*or* cost)
– development (*or* formation) expense
– setup (*or* setting-up) expense
– (GB) preliminary expense
(ie, in Germany to be expensed when incurred; in U.S. to be capitalized and amortized over several years)
Gründungskosten *pl* **abschreiben** (ReW) to write off formation expenses
Gründungsmitglied *n*
(com) charter member
– (GB) foundation member
Gründungsprüfer *m*
(ReW) auditor of the formation, § 33 II AktG
(ie, appointed by a court to report on the formation process)
Gründungsprüfung *f*
(ReW) examination of company formation, § 33 AktG
– foundation audit
Gründungsstock *m* (Vers) = Gründungsfonds
Gründungsurkunde *f*
(Re) organization certificate
– corporate charter
(com, US) articles of incorporation
– (GB) memorandum of association
Gründungsversammlung *f* (com) organization meeting
Grundverband *m*
(Bw) basic association
(ie, first level: coordinates the sub-tasks passed on by the members)
Grundvermögen *n*
(com) property in land
(StR) real property
– real estate, §§ 68–94 BewG
Grundvermögenseinkünfte *pl* (StR) income from real property
Grundverpackung *f*
(com) packaging
(opp, packing = Außenverpackung)
Grundwehrdienst *m* (StR) basic military service
Grundwert *m*
(com) basic amount
(ie, in commercial calculations)
(StR) real estate value
Grundwertsteigerung *f* (Fin) real estate appreciation
Grundzahl *f* (Math) base
Grundzeichen *n* (Log) primitive symbol
Grundzeit *f*
(IndE) basic time
(ie, Hauptzeiten + Nebenzeiten + ablaufbedingte Wartezeiten)
grüne Parität *f* (EG) green parity *(cf, agrimonetäres System)*
grüner Ausgang *m* (Zo) green exit
grüner Dollar *m*
(EG) green dollar
(ie, unit of account in the EC farm system)
grüner Durchgang *m* (Zo) green channel
grüne RE *f* (EG) agricultural unit of account, AUA
grüne Rechnungseinheit *f* (EG) agricultural unit of account, AUA
Grüner Plan *m*
(Vw) Green Plan
(ie, annual farming plan published by the Federal Government)
grüner Scheck *m*(Fin) security transfer check *(syn, Effektenscheck)*
Grünes Heft *n*
(Vw) Green Booklet
(ie, setting forth Standard Business Conditions of Deutsche Bundesbank)
grünes Licht *n* **geben** (com) to give the go-ahead *(eg, for final agreement, for an investment project)*
grüne Umrechnungskurse *mpl* (EG) green rates
grüne Währungen *fpl*
(EG) green currencies
(ie, used to protect farm prices)

grüne Wiese *f*
(com) greenfield site
(ie, building plot without infrastructure; eg, to build a plant on a greenfield site)
Gruppe *f*
(com) group
– bank
(Math) group
(ie, set that is closed under a binary associative operation, contains an identity element, and has an inverse for every element)
Gruppe *f* **der Einzelfloater** (AuW) group with individually floating currencies
Gruppe *f* **der Vierundzwanzig**
(AuW) Group of Twenty-Four
(ie, Intergovernmental Group of 24 on International Monetary Affairs)
Gruppenabschluß *m*
(ReW) group financial statements
– (GB) group accounts
Gruppenabschreibung *f*
(ReW) composite depreciation
– composite-life method of depreciation
Gruppenadresse *f* (EDV) group address
Gruppenadressierung *f* (EDV) group addressing
Gruppenakkord *m*
(Pw) group piecework
– group scheme
Gruppenakkordkarte *f* (Pw) gang job card
Gruppenakkordlohn *m* (IndE) group piecework rate
Gruppenakkordsatz *m* (Pw) group piece rate
Gruppenanzeige *f*
(EDV) group indication
– first item list
Gruppenarbeit *f* (Pw) group (*or* team) work
Gruppenbegriff *m* (EDV, Cobol) control break item
Gruppenbegriffname *m* (EDV) control data-name *(cf, DIN 66 028, Aug 1985)*
Gruppenbesprechung *f* (Pw) team briefing
Gruppenbeurteilung *f* (Pw) group appraisal
Gruppenbewertung *f*
(ReW) composite method of valuation
– group valuation
– group-of-asset valuation
(ie, Bewertung zum gewogenen Durchschnittswert; syn, Sammel-, Kollektivbewertung)
gruppenbezogene Hierarchie *f* (Bw) group-oriented hierarchy
Gruppenboykott *m*
(Kart) concerted refusal to sell
– group boycott
(ie, per se violation under Sec 1 of the 1890 Sherman Act; syn, abgestimmte Liefersperre)
Gruppencode *m* (EDV) group code
gruppencodierte Aufzeichnung *f* (EDV) group coded recording
Gruppendatei *f* (EDV) cluster file
Gruppenfeld *n* (EDV, GUI) group box
Gruppenfertigung *f*
(IndE) mixed manufacturing (*or* production)
(ie, halfway between job-shop and flow-line production; syn, Gemischtfertigung)
Gruppenfloating *n* (AuW) block (*or* joint) floating
Gruppenformat *n* (EDV) cluster format
Gruppenfrachtrate *f*
(com) blanket rate
– class rate
(ie, Gruppentarif)
Gruppenfuß *m*
(EDV, Cobol) control footing
(ie, DIN 66 028, Aug 1985)
Gruppengemeinkosten *pl* (KoR) indirect product group cost
Gruppenhierarchie *f* (EDV) group hierarchy *(cf, DIN 66 028, Aug 1985)*
Gruppenkapazität *f*
(Bw) group capacity
(ie, total capacity of a number of comparable plants of the same type, mostly of a branch of industry)
Gruppenkopf *m* (EDV, Cobol) control heading *(cf, DIN 66 028, Aug 1985)*
Gruppenkosten *pl* (KoR) product group overhead
Gruppenlaufzeit *f* (EDV) envelope delay
Gruppenlebensversicherung *f* (Vers) group life insurance
Gruppenleiste *f* (EDV) control group *(cf, DIN 66 028, Aug 1985)*
Gruppenleiter *m*
(Bw) head of organizational group
– group manager
Gruppenlöhne *mpl* (Pw) gang rates
Gruppenmarke *f*
(EDV) group mark(er)
(Pat) group brand
Gruppenname *m* (EDV) group name
Gruppenprämiensystem *n* (Pw) group bonus system
Gruppenpreisverfahren *n* (Bw) product group pricing
Gruppenrendite *f* (Fin) group yield
gruppenspezifische Steuerlastquote *f* (FiW) group-based tax ratio
Gruppentarif *m*
(com) blanket rate
(syn, Gruppenfrachtrate)
Gruppentrennzeichen *n* (EDV) group separator
Gruppenvergleich *m* (EDV) card-to-card comparing
Gruppenversicherung *f* (Vers) group (*or* collective) insurance
Gruppenversicherung *f* **auf den Todes- und Erlebensfall** (Vers) group endowment policy
Gruppenverteiler *m* (com) group distributor
Gruppenwechsel *m*
(EDV) group control change
(EDV, Cobol) control break
(ie, Stelle e–r Berichtsausgabe, bei der die Angaben in e–r bestimmten Spalte sich ändern = point at which information in a specific column of records differs from that of the previous record; cf, DIN 66 028, Aug 1985)
Gruppenwechselplan *m* (Stat) changeover design (*or* trial)
Gruppenwechselstufe *f* (EDV) control break level
Gruppenziel *n*
(Bw) unit objective
– group goal
Gruppe *f* **von Anbietern** (Vw) industry

Gruppierungsalgorithmus *m*
(Mk) grouping algorithm
(ie, used in cluster analysis)
Gruppierungsplan *m* (FiW) system of classification by object
Guerillastrategie *f*
(Mk) guerilla strategy
(ie, ist auf Abnutzungskampf mit e–m Konkurrenten gerichtet)
GüKG (Re) = Güterkraftverkehrsgesetz
gültig bis auf Widerruf (com) valid until canceled
gültiger Rechtsanspruch *m* (Re) good title
gültiger Verkaufspreis *m* (com) actual selling price
gültiges Patent *n* (Pat) patent in force
gültige Ziffer *f* (Math) significant number
Gültigkeit *f* (Re) validity
Gültigkeitsbereich *m* **einer Variablen** (EDV) variable scope
Gültigkeitsdatum *n* (com) as-of date
Gültigkeitsdauer *f*
(Re) currency *(eg, of a contract)*
– life
– duration
– period of validity
Gültigkeitserklärung *f* (Re) validation certificate
Gültigkeitsprüfung *f* (EDV) validity check
Gummiband-Operation *f*
(EDV, CAD) rubber banding
(ie, beim Leiterplattenentwurf, qv; unterstützt Plazierungsänderungen auf dem Bildschirm; syn, Rubber Banding)
günstige Bedingungen *fpl* (com) easy (*or* reasonable) terms
günstiges Angebot *n* (com) attractive (*or* favorable) offer
günstige Zahlungsbedingungen *fpl* (Fin) easy terms of payment
günstigster Arbitragekurs *m* (Fin) arbitrated exchange
Gunstvertrag *m* (Re) third-party beneficiary contract
Gürtel *m* **enger schnallen**
(com, infml) to tighten belt
– to notch belt tighter
Gurtpflicht *f*
(com) mandatory seat-belt use
(syn, Anschnallpflicht)
GUS (com) = Gemeinschaft unabhängiger Staaten
Gut *n*
(Vw) commodity
(ie, in economic theory)
– *(sometimes even)*
gut abschneiden (Fin) to perform well
Gutachten *n*
(com) expert opinion
– report
– experts report
– appraisal report
(ie, of valuer)
– (esp GB) expertise
(syn, gutachterliche Stellungnahme)
Gutachten *n* **einholen** (com) to ask for an expert opinion
Gutachten *n* **erstatten** (com) to submit an expert opinion
Gutachter *m*
(com) expert
– surveyor
Gutachterausschuß *m* (com) committee of experts
Gutachter *m* **heranziehen** (com) to consult an expert
gutachterliche Stellungnahme *f* (com) = Gutachten, qv
Gutachtertätigkeit *f* (com) expert's advisory services
gut behauptet (Bö) well-maintained
Gutbereich *m* (IndE) accept(ance) region *(syn, Annahmebereich)*
gutbezahlte Stelle *f*
(Pw) well-paid job
– (GB, infml) plum job
Güte *f*
(IndE) quality of conformance
(com) = Qualität, qv
Güteantrag *m* (Re) petition for concilition
Güteaufpreis *m* (com) quality extra
gute Auftragslage *f* (com) strong orders position
Güte *f* **der Anpassung** (Stat) goodness of fit
gute Durchschnittsqualität *f*
(com) fair average quality, faq
(com) good middling
gute Durchschnittsware (com) fair merchantable, f.m.
Güte *f* **e–r Schätzung** (Stat) closeness in estimation
Gütefaktor *m* (IndE) quality factor
Gütefunktion *f*
(Stat) power function
(ie, Hilfsmittel, um die Eigenschaften e–s statistischen Tests zu beurteilen; gibt in Abhängigkeit von der Nullhypothese die Wahrscheinlichkeit ihrer Ablehnung an)
Güteklasse *f* (com) quality category
Güteklassen *fpl*
(com) quality categories
(com) grades
Güteklassenbezeichnung *f* (com) grade label
Güteklasseneinteilung *f* (com) grading
Gütemarke *f* (Pat) certification mark
Gütemerkmal *n* (Stat) quality *or* qualitative characteristic
Gütenorm *f* (com) quality standard
Güteprämie *f* (Pw) quality bonus
Güteprüfung *f* (Stat) inspection test
Güteprüfung *f* **durch den Lieferanten** (Stat) vendor inspection
Güter *npl*
(Vw) goods
– commodities
– resources
(com) commodities
– merchandise
– goods
– freight
Güterabfertigung *f*
(com) dispatching of goods
(com) freight office
– (GB) goods office
Güterabwägung *f*
(Re) weighing of interests

(ie, Methode der Konfliktlösung; bei Kollisionen (clash of interests) erhält das höherrangige Rechtsgut Vorrang vor dem niederrangigen)
Güterannahme *f* (com) freight receiving office
Güterausgabe *f* (com) freight delivery office
Güterbahnhof *m*
(com) freight station (*or* depot)
– (GB) goods station
Güterbeförderung *f* (com) transportation of goods
Güterbeförderung *f* **zur See**
(com) maritime transportation of goods
– (GB) carriage of goods by sea
Güterbündel *n*
(Vw) batch of commodities
(syn, Gütermengenkombination, Warenkorb)
(OR) bill of goods
Güter *npl* **des Anlagevermögens**
(Bw) fixed assets
– fixed capital goods
Güter *npl* **des gehobenen Bedarfs** (com) luxuries and semi-luxuries
Güter *npl* **des täglichen Bedarfs**
(Vw) essential goods
– essentials
– necessaries *(syn, Versorgungsgüter)*
(Mk) convenience goods
Güterexpedition *f* (com) forwarding agency
Güterfernverkehr *m*
(com) long-distance freight transportation
– long-haul trucking
– (GB) long-distance haulage
(ie, Güter werden über die Grenzen der Nahzone hinaus oder außerhalb dieser Grenzen befördert; Sonderform ist der Huckepackverkehr; cf, § 3 I GüKG)
Güterfernverkehrs-Unternehmer *m*
(com) long-haul trucker
– (GB) long-distance road haulier
Gütergemeinschaft *f*
(Re) community of property
– special property system
guter Glaube *m*
(Re) good faith
(ie, implies reasonable commercial standards of fair dealing in trade)
Güter *npl* **in enger Substitutionskonkurrenz** (Vw) close substitutes
Güterkombination *f* (Vw) commodity combination
Güter *n* **konkretisieren** (Re) to appropriate goods
Güterkraftverkehr *m*
(com) trucking
– (GB) road (*or* freight) haulage
Güterkraftverkehrsgesetz *n* (Re) Law on Road Haulage, as of 10 March 1983
Güterkreislauf *m* (Vw) circular flow of goods and services
Güterlücke *f*
(Vw) goods gap
– inflationary gap in the goods market
Gütermarkt *m* (Vw) commodity (*or* product) market
Gütermengenkombination *f*
(Vw) quantity combination
– batch of commodities
(syn, Güterbündel, Warenkorb)

Güternahverkehr *m*
(com) short haul transportation
(ie, im 50-km Umkreis um den Ortsmittelpunkt der Gemeinde des Fahrzeugstandorts; opp, Güterfernverkehr)
güterorientierter Ansatz *m* (Mk) commodity approach
Güterpreise *mpl* (Vw) output prices
Güterschuppen *m* (com) freight shed
Güterspediteur *m* (com) freight forwarder
Güterstand *m* (StR) property regime
Güterstrom *m* (VGR) flow of goods and services
Gütertarif *m* (com) freight rates
Gütertausch *m*
(Vw) barter
(ie, exchange of goods and services without the use of money)
Gütertransport *m*
(com) freight transportation
– transit of goods
Gütertransportmarkt *m* (com) freight market
Gütertransportversicherung *f*
(Vers) freight insurance
– goods in transit insurance
Güter *npl* **und Dienste** *mpl* (com) goods and services
Güter- und Kapitalverkehr *m* (Vw) goods and capital movement
Güterverkehr *m*
(com) freight (*or* goods) traffic
– freight business
– freight movement
– transportation of freight
Güterverladeanlagen *fpl* (com) freight handling facilities
Güterverladung *f* (com) freight handling
Güterversicherung *f*
(Vers) cargo (*or* freight) insurance
(ie, ‚cargo' being the marine term in U.S.; syn, Kargoversicherung)
Güterwagen *m*
(com) freight (train) car
– (GB) goods waggon
güterwirtschaftliche Komponente *f* (Vw) component in real terms
güterwirtschaftliches Gleichgewicht *n*
(Vw) overall equilibrium in real terms
– commodity equilibrium
güterwirtschaftliche Theorie *f* **des internationalen Handels** (AuW) pure theory of international trade
güterwirtschaftliche Überinvestitionstheorie *f* (Vw) nonmonetary overinvestment theory
Güterzug *m*
(com) freight train
– (GB) goods train
Gütesicherung *f* (Stat) quality assurance
gute Sitten *pl*
(Re) boni mores
(eg, verstößt gegen die guten Sitten = is contra bonos mores)
Gütestempel *m* (Stat) compliance stamp
Gütesteuerung *f* (Stat) process control
Gütevorschrift *f* (com) quality standard (*or* classification)

Gütezeichen *n*
(Mk) quality label
– quality mark
– brand name
– collective brand name
(eg, RAL is the brand name of Gütegemeinschaft Deutsche Möbel)
(Pat) mark of quality
– quality mark
Gütezeichengemeinschaft *f* (Kart) association for marks of quality
Gütezeichenliste *f*
(com) register of quality labels
(ie, kept by RAL = Ausschuß für Lieferbedingungen und Gütesicherung)
gut gehende Produkte *npl* (Mk) well-running lines
Gutglaubenserwerb *m* (Re) bona fide acquisition
Gutglaubensschutz *m* (Re) protection of bona fide purchaser *(cf, §§ 932–936 BGB)*
gutgläubiger Benutzer *m*
(Re) user in good faith
– bona fide user
gutgläubiger Besitz *m* (Re) bona fide possession
gutgläubiger Besitzer *m*
(Re) bona fide possessor
– possessor in good faith
(ie, ignorant that his title is contested)
(WeR) holder in good faith
gutgläubiger Dritter *m*
(Re) innocent third party
– third party acting in good faith
gutgläubiger Eigentümer *m* (Re) bona fide owner, § 932 BGB
gutgläubiger Erwerb *m*
(Re) bona fide purchase
– acquisition/purchase . . . in good faith
(ie, es wird im Vertrauen auf die Verfügung e–s Nichtberechtigten [gutgläubig] erworben; syn, Erwerb vom Nichtberchtigten, qv)
gutgläubiger Erwerber *m*
(Re) innocent/bona fide . . . purchaser
(ie, one buying without notice of any defects in the title of seller; cf, Erwerb vom Nichtberechtigten)
(WeR) bona fide purchaser
– good faith purchaser
(ie, Inhaberpapiere werden wie bewegliche Sachen behandelt, Orderpapiere ähnlich; cf, §§ 932–936 BGB; without notice of any defense or claim to document or property; cf, UCC § 7-501)
gutgläubiger Inhaber *m*
(WeR) bona fide holder
– holder in good faith
gutgläubig erwerben (Re) to acquire in . . . good faith/bona fide
Gutgrenze *f*
(Stat) acceptable quality level, AQL
(syn, Annahmezahl, qv)

Guthaben *n*
(Fin) (credit) balance
(Fin) deposit
Guthaben *npl* **abziehen** (Fin) to withdraw balances
Guthaben *n* **ausweisen** (Fin) to show a balance
Guthabenbewegungen *fpl* (Fin) changes in credit balances
Guthaben *n* **freigeben** (Fin) to unfreeze funds
Guthaben *npl* **Gebietsfremder** (Fin) nonresident holdings
Guthabenklausel *f* (Fin) sufficient-funds proviso
Guthaben *n* **pfänden** (Re) to attach an account
Guthabensaldo *m* (Fin) credit balance
Guthaben *n* **sperren** (Re) to block (*or* to freeze) an account
Guthabenzinsen *mpl* (Fin) credit interest
gut halten, sich
(Bö) (prices) hold steady
– hold up well
gütliche Einigung *f* (Re) amicable/out-of-court . . . settlement
gütlich einigen (Re) to settle amicably (*or* out of court)
gütliche Regelung *f* (Re) amicable settlement
Gut-Schlecht-Prüfung *f*
(Stat) go-and-not-go gage
– good-defective inspection test
– sampling by attributes
gutschreiben (ReW) to credit *(eg, an account with an amount)*
Gutschrift *f*
(com) credit note
(ReW) credit entry
(ReW) credit memo
(Mk) refund credit slip
(ie, in retail trade)
Gutschriftsanzeige *f*
(Fin) credit memo(randum)
– credit slip
– (GB) credit note
Gutschriftsbeleg *m* (ReW) credit voucher
Gutschriftskondition *f* **verschlechtern** (Fin) to tighten terms for crediting items
gut strukturierte Aufgabe *f* (Bw) well-structured task
gut verkaufen lassen, sich
(com) to sell readily
– to find a ready market
Gutzahl *f* (Stat) acceptance number
GuV (ReW) = Gewinn- und Verlustrechnung
GuV-Rechnung *f* (ReW) = Gewinn- und Verlustrechnung
G-Wagen *m* (com) = gedeckter Wagen
GWB (Re) = Gesetz gegen Wettbewerbsbeschränkungen
GZT (EG) = Common customs tariff

H

hA (Re) = herrschende Auffassung
Haager Beweisübereinkommen *n* (Re) Convention on the taking of evidence in civil or commercial matters, signed on 18 March 1970
Haager Übereinkommen *n* (Re) Hague Convention
haarsträubender Fehler *m* (com, infml) glaring flaw
Haavelmo-Theorem *n*
(FiW) balanced-budget multiplier theorem
– Haavelmo's proposition
(ie, ausgeglichenes, aber wachsendes Budget hat e–n expansiven Effekt auf das Volkseinkommen Y in Höhe zusätzlicher Ausgabensteuern; zusätzliche Staatsausgaben werden über direkte Steuern finanziert)
Haben *n*
(ReW) credit (side) *(ie, of an account)*
Habenbewegung *f* (ReW) credit transaction
Habenbuchung *f* (ReW) credit entry
Habenposten *m* (ReW) credit item
Habensaldo *m* (ReW) credit balance
Habenseite *f*
(ReW) credit side *(ie, of an account)*
– creditor
Habenzinsen *mpl*
(Fin) interest earned
– interest earnings
– credit interest
Habenzinssatz *m* (Fin) creditor (interest) rate
Habilitand *m* (Pw) habilitation candidate
Habilitation *f*
(Pw) post-doctoral thesis
(ie, at an advanced academic level which is a procedure of the faculty; qualifies the writer to hold a full-time position at a university)
Habilitationsschrift *f* (Pw) post-doctoral thesis
hacken v (EDV) hacken *v*
Hack- und Freßordnung *f* (Pw, infml) pecking order
Hafen *m*
(com) port *(ie, artificial)*
– harbor *(ie, natural or artificial)*
Hafenabgaben und -gebühren *fpl* (com) port dues and charges
Hafenanlagen *fpl* (com) port facilities
Hafen *m* **anlaufen** (com) to call at a port
Hafenarbeiter *m*
(com) dock worker
– docker
– (US) longshoreman
Hafenbehörde *f* (com) habor authority
Hafengebühren *fpl* (com) port dues (*or* charges)
Hafengeld *n*
(com) harbor dues
– groundage
Hafenkonnossement *n*
(com) port bill of lading
– port B/L
Hafenordnung *f* (com) part (*or* harbor) regulations
haftbar
(Re) (legally) liable (to) (for)
– subject to liability
(eg, for all partnership obligations)
– responsible (to) (for)
– answerable (to) (for)
– accountable (to) (for)
haftbar machen
(Re) to hold (*or* make) liable in damages
– to hold responsible for
– to hold accountable for
– to saddle with liability
haften
(Re) to be liable (*or* responsible) (to) (for)
– to be liable in *(eg, damages)*
Haftender *m*
(Re) party liable
– obligor
haftendes Eigenkapital *n*
(Fin) liable equity capital
(ie, of banks, § 10 KWG)
haftendes Kapital *n* (Fin) guarantee capital
Haftetikett *n*
(com) self-adhering label
– sticker
Haftpflicht *f* (Re) legal (*or* third party) liability
Haftpflicht *f* **des Versicherten** (Vers) insured's legal liability (towards)
Haftpflichtgeschäft *n* (Vers) liability field (*or* business)
Haftpflichtklage *f* (Re) third-party complaint
Haftpflichtsumme *f*
(Re) uncalled liability *(ie, of a cooperative's member)*
Haftpflichtverband *m* (Vers) liability association
Haftpflichtversicherer *m* (Vers) third party risk insurer
Haftpflichtversicherung *f*
(Vers) liability insurance
– (GB) third-party insurance
(ie, ersetzt Ausgaben des Versicherungsnehmers zur Befriedigung berechtigter Schadenersatzansprüche Dritter; form of coverage whereby insured is protected against injury or damage claims from other parties)
Haftpflichtversicherung *f* **freier Berufe**
(Vers) malpractice insurance
– professional liability insurance
Haftpflichtversicherung *f* **mit Kaskoversicherung**
(Vers) automobile personal liability and property damage insurance
Haftpflichtversicherung *f* **mit Vollkaskoversicherung** (Vers) fully comprehensive insurance
Haftstrecke *f*
(Vers) specified excess of loss
(ie, über Selbstbehalt hinausgehende Schadenbeträge werden vom RückVS übernommen, unbegrenzt od bis zu e–r bestimmten Höhe)

Haftsummenverpflichtung *f*
(Fin) uncalled liabilities of members
(ie, of a cooperative society)
Haftung *f* (Re) (legal) liability
Haftung *f* **ablehnen**
(Re) to disclaim
– to refuse
– to refuse to accept . . . liability
Haftung *f* **ausschließen** (Re) to rule out (*or* negative) liability
Haftung *f* **aus unerlaubter Handlung**
(Re) liability for unlawful acts, § 823 BGB
– tort liability
– liability in tort
– delictual (*or* tortious) liability
(ie, in Ländern des kontinentalen Rechtskreises gilt das Verschuldensprinzip = in civil-law countries it is predicated upon proof of fault)
Haftung *f* **aus Vertrag** (Re) contract (*or* contractual) liability
Haftung *f* **bestreiten** (Re) to deny liability
Haftung *f* **des Wiederverkäufers** (Re) liability of reseller
Haftung *f* **erweitern**
(Re) to extend scope of liability
– to increase responsibility
Haftung *f* **für fremdes Verschulden**
(Re) vicarious liability
(ie, debtor is answerable for any default – Leistungsstörung, Schlechterfüllung – on the part of his assistants as though it had been his own; § 278 BGB)
Haftung *f* **für vertragsgemäßen Gebrauch** (Re) warranty of fitness for contractual use
Haftung *f* **nach dem Verursacherprinzip** (Re) source responsibility
Haftung *f* **ohne Verschulden**
(Re) strict liability
– liability based on causation
– liability without (*or* irrespective of) fault
(ie, verschuldensunabhängige Haftung, Gefährdungshaftung, qv)
Haftungsansprüche *mpl* **Dritter** (Re) third party liability claims
Haftungsausschluß *m* (Re) exclusion/disclaimer . . . of liability
Haftungsausschlußklausel *f* (Re) disclaimer (*or* non-liability) clause
Haftungsbefreiung *f* (Re) exemption from liability
Haftungsbegrenzungsklausel *f* (Re) clause restricting liability
Haftungsbescheid *m* (StR) notice of liability, §§ 191, 218 AO
Haftungsbeschränkung *f*
(Re) limitation of liability
(ie, usu in strict liability = Gefährdungshaftung)
(Re) corporate veil
(ie, actions taken by a corporation are not those of its owners which can therefore not be held responsible; cf, Durchgriffshaftung)
Haftungsbeschränkung *f* **des Transportunternehmens** (com) risk note
Haftungsbeschränkungsklausel *f* (Re) liability exemption clause
Haftungsdauer *f* (Re) indemnity period
Haftungsdurchgriff *m* (Re) cf, Durchgriffshaftung
Haftungsentlassung *f* (Re) release from liability
Haftungsfonds *m* (Re) liability fund, § 487 HGB
Haftungsfreistellung *f* (Re) release from liability
Haftungsfreistellungsvertrag *m* (Re) contract of indemnity
Haftungsfreizeichnung *f* (Re) warranty disclaimer
Haftungsfreizeichnungsklausel *f*
(Re) warranty disclaimer
– non-liability clause
Haftungsgrenze *f*
(Vers) limit of liability
(ie, maximum amount for which insurer is liable)
Haftungsgrundsätze *mpl* (Re) principles (*or* rules) governing liability
Haftungskapital *n* (Fin) liable equity capital
Haftungskredit *m*
(Re) credit in terms of surety or collateralization
(ie, Kreditleihe in Form von Bürgschaften od der Gewährung dinglicher Sicherheiten, usw, zur Absicherung e–s von e–m Dritten aufgenommenen Kredits)
Haftungsschuldner *m*
(StR) person held liable for the payment of the tax of another, § 191 AO
(eg, withholding liability of the employer for wage tax)
Haftungsstrecke *f*
(Vers) exposure
– layer
(ie, in reinsurance)
Haftungssumme *f*
(Re) maximum amount of liability
(Vers) liability coverage
Haftungsträger *m* (Re) party liable
Haftungsübernahme *f* (Re) assumption of liability
Haftungsübernahmevertrag *m* (Re) assumption of liability agreement
Haftungsumfang *m* (Re) extent of liability
Haftungsverbund *m*
(Fin) joint liability scheme
(ie, operated by the savings banks' guaranty fund and the desposit security reserve of the ‚Landesbanken' and ‚Girozentralen')
Haftungsverhältnisse *npl*
(ReW) contingencies
(ie, as included in the balance sheet)
Haftungsverzicht *m* (Re) waiver of liability
Haftungsverzichtsklausel *f* (Re) liability waiver clause
Haftungszusage *f* (Fin) guaranty commitment
Haftung *f* **übernehmen**
(Re) to assume liability
– to make oneself responsible (for)
Hagelversicherung *f* (Vers) hail insurance
halbamtlicher Verkehr *m* (Bö) over-the-counter market
halbautomatisches Lagersystem *n* (MaW) semi-automatic storage system
Halbbelegung *f*
(SozV) half-cover *(syn, Halbdeckung)*
Halbduplex *m* (EDV) half duplex
Halbduplexbetrieb *m*
(EDV) half duplex operation *(syn, Wechselbetrieb)*
Halbduplexkanal *m* (EDV) half duplex channel

Halbebene *f* (Math) half plane
Halbe-Halbe-Versicherung *f*
(Vers) halving agreement
(ie, between two insurers)
halber Quartilsabstand *m*
(Stat) quartile deviation
– semi-interquartile range
Halberzeugnisse *npl* (com) semi-finished goods (*or* products)
Halbfabrikate *npl* (com) = Halberzeugnisse
halbfertige Erzeugnisse *npl*
(ReW) goods in process
– work in process (*or* progress)
– material in process
(syn, unfertige Erzeugnisse)
halbfette Schrift *f* (EDV) boldface
Halbgerade *f* (Math) half line
Halbgeviert (EDV) en space
Halbgrossist *m*
(com) semi-wholesaler
(ie, wholesaler who also engages in retailing)
Halbgruppe *f*
(Math) semi-group
(ie, set closed with respect to a given associative binary operation)
halbieren (com) to cut by half
Halbierungsmethode *f* (Stat) split-half method (*or* technique)
Halbjahresabschluß *m*
(ReW) first-half report
– interim accounts and report
– semi-annual accounts
– half-yearly accounts
Halbjahresbericht *m*
(ReW) interim report
(ie, for the first or second half of . . .)
– six-months figures
– semi-annual report
Halbjahres-Betriebsergebnis *n*
(ReW) first-half operating profit
– operating profit in the first six months
Halbjahresbilanz *f* (ReW) semi-annual balance sheet
Halbjahresdividende *f* (Fin) semi-annual dividend
Halbjahresergebnis *n* (ReW) first-half result
Halbjahresgewinne *mpl* (Fin) first-half profits
Halbjahresprämie *f* (Vers) semi-annual (*or* half-yearly) premium
Halbjahreszahlung *f* (Fin) semi-annual payment
Halbjahreszinsen *mpl* (Fin) semi-annual interest
halbjährlich
(com) semi-annual
– (GB) half-yearly
halbkundenspezifisch (com, EDV) semi-custom
halbkundenspezifischer Chip *m*
(EDV) semi-custom chip
(ie, IC manufactured much like standard components but customized in the final production step for individual tasks)
Halbleiter *m*
(EDV) semiconductor
(ie, solid crystalline material whose electrical conductivity (elektrische Leitfähigkeit) is between that of a metal and an insulator)
Halbleiterfestwertspeicher *m* (EDV) semiconductor read only memory
Halbleiterindustrie *f* (EDV) semiconductor industry
Halbleiterspeicher *m* (EDV) semiconductor memory
Halbleitertechnik *f* (EDV) semiconductor technology
halblogarithmische Schreibweise *f*
(EDV) variable- point representation
(syn, Gleitpunktschreibweise: floating point representation)
Halbraum *m* (Math) half space
halbstetige Funktion *f* (Math) semi-continuous function
Halbtagsbeschäftigung *f* (Pw) half time work
Halbtagsstelle *f* (Pw) half-time job
Halbteilungsgrundsatz *m* (StR) rule of splitting
Halbwaren *fpl* (com) semi-finished goods
Halbwort *n* (EDV) half word
Halbzeilenschaltung *f* (EDV) half-line spacing
Halbzeilenvorschub *m* (EDV) half-line feed (*or* motion)
Halbzeug *n* (com) semi-finished products
Halde *f*
(EDV) heap *(syn, Haldenspeicher, Heap)*
Haldenspeicher *m*
(EDV) heap *(syn, Halde, Heap)*
Haltbefehl *m*
(EDV) halt (*or* checkpoint) instruction
(syn, Stoppbefehl)
Halteklammer *f* (com) retaining clip
Halteprämie *f* (AuW) maintenance bonus (*or* premium)
Haltepunkt *m*
(EDV) break point
(ie, point in a program where an instruction enables a programmer to interrupt the run by external intervention or by a monitor routine)
Handballenauflage *f* (EDV) wrist support
Handballenunterstützung *f* (EDV) wrist rest
Handbetrieb *m* (IndE) manual operation
Handbuch *n* (com) manual
Handbuch *n* **des Rechnungswesens**
(ReW) accounting manual
(syn, Bilanzierungshandbuch)
Handeingabe *f* (EDV) keyboard input (*or* entry)
Handel *m*
(com) trade
(ie, process of buying, selling, or exchanging commodities)
– commerce
(esp. on a large scale)
(AuW) trade and commercial dealings
(ie, with a particular country)
(com) deal
– bargain
– commercial transaction
(Mk) distributive trade
– distribution sector
(Bö) trading
– dealing
(Bö) professional traders *(syn, Berufshandel)*
Handel *m* **abschließen** (com) to strike a bargain
Handel *m* **aussetzen** (Bö) to suspend trading
handelbare Kreditengagements *npl* (Fin) transferable loan facilities

handelbare Option *f* (Bö) traded option
Handel *m* **in Darlehensforderungen** (Fin) asset trading
Handel *m* **in Festverzinslichen** (Bö) bond trading
Handel *m* **in Freiverkehrswerten** (Bö) over-the-counter trading in unlisted securites
Handel *m* **in Wertpapieren** (Bö) trading (*or* dealing) in securities
Handel *m* **mit aufgeschobener Erfüllung** (Bö) trading per account
Handel *m* **mit Bezugsrechten** (Fin) rights dealings
Handel *m* **mit eigenen Aktien** (Fin) traffic in (a company's) own shares
Handel *m* **mit Waren zweiter Hand**
(com) trade with second-hand goods
(ie, usually revamped prior to resale)
handeln
(com) to buy and sell
– to trade
– to carry on trade
(Bö) to trade
(ie, on the stock exchange)
Handel *m* **nach festgelegten Eigenschaften** (com) dealing by graded description
Handeln *n* **auf eigene Gefahr** (Re) acting at own risk
handeln für
(com) to act for
– to act in place of
– to deputize for
– to substitute for
handeln für wen es angeht
(com) to act for whom it may concern
– to act ad personam incertam
handeln, im Freiverkehr (Bö) to trade over the counter
handeln, im Telefonverkehr (Bö) to trade in the unofficial market
handeln mit
(com) to deal in *(eg, certain commodities)*
– to trade in
Handel *m* **per Erscheinen** (Bö) trading in securities not yet issued
Handel *m* **per Termin** (Bö) trading for future delivery
Handelsabkommen *n* (AuW) trade agreement
handelsablenkende Wirkungen *fpl*
(AuW) trade diversion *(ie, of a customs union)*
Handelsadreßbuch *n* (com) commercial directory
Handelsagent *m*
(com) commercial agent
– trade representative
Handelsattache|1 *m*
(AuW) commercial attaché *(ie, of an embassy)*
Handelsaufsicht *f* (Bö) trading supervision
Handelsbeschränkungen *fpl*
(AuW) trade restrictions
– restrictions on trade
Handelsbestand *m*
(Fin) trading portfolio
(ie, held by a bank)
Handelsbetrieb *m*
(Mk) business engaged in the distributive trade
(ie, general term covering wholesale and retail establishments)

Handelsbevollmächtigter *m* (Re) = Handlungsbevollmächtigter
Handelsbezeichnung *f* (Pat) trade name
Handelsbeziehungen *fpl*
(com) trade relations
– trading links
Handelsbeziehungen *fpl* **aufnehmen** (com) to enter into trade relations
Handelsbilanz *f*
(ReW) commercial balance sheet
(opp, Steuerbilanz = tax balance sheet)
(AuW) balance to trade
– trade balance
– balance on merchandise trade
– merchandise . . . account/balance
(VGR, US) merchandise trade balance
– balance of trade
Handelsbilanzüberschuß *m*
(AuW) trade surplus
– surplus on visible trade
Handelsblöcke *mpl* (AuW) trade (*or* trading) blocs
Handelsbrauch *m*
(com) trade
– business
– commercial
– mercantile . . . usage
– custom of the trade
– mercantile custom
– usage of the . . . market/trade
(cf, § 346 HGB; syn, kaufmännische Verkehrssitte, Usancen, Handelssitte)
Handelsbrief *m*
(Re) commercial letter
– business letter
(cf, § 257 II HGB)
Handelsbücher *npl* (ReW) commercial books of account
Handelsbürgschaft *f* (Re) guaranty in the nature of a commercial transaction, §§ 349, 350 HGB
handelschaffende Wirkungen *fpl*
(AuW) trade creation
(ie, of a customs union)
Handelsdefizit *n* (AuW) trade deficit
Handelseinheit *f*
(Bö) unit of trading
– marketable parcel
– regular lot
Handelsembargo *n*
(AuW) trade embargo
– embargo on trade
Handelserleichterungen *fpl* (AuW) trade concessions
Handelsfachzeitschrift *f* (com) trade journal
handelsfähig
(com) marketable
– merchantable
– tradable
(WeR) negotiable
Handelsfaktura *f* (com) commercial invoice
Handelsfixkauf *m*
(Re) executory commercial contract
(ie, performance of one party taking place at a fixed time or within a fixed period, § 376 HGB)
Handelsflagge *f* (com) trading flag
Handelsflotte *f* (com) merchant fleet

Handelsfranc *m*
(Fin) commercial franc, BEC
(ie, offizieller Wechselkurs; opp, free franc)
Handelsfrau *f* (com) female merchant
Handelsfreiheit *f* (AuW) freedom of trade
Handelsfunktionen *fpl* (Vw) functions of the distributive trade
Handelsgericht *n*
(Re) commercial court
(ie, now reduced to ‚Kammer für Handelssachen der Landgerichte')
Handelsgeschäft *n*
(com) trading establishment
(Re) commercial business, §§ 22–28 HGB
(Re) commercial act
(ie, act of a merchant which pertains to the carrying on of his trade or business, § 343 HGB)
Handelsgesellschaft *f*
(com) trading partnership
– trading company
(Re) ‚commercial company'
(ie, the referent of the German term is untranslatable; it covers: OHG, KG, AG, KGaA, GmbH; not included are: stille Gesellschaft, Erwerbs- und Wirtschaftsgenossenschaften)
Handelsgesetzbuch *n* (Re) German Commercial Code, 10 May 1897
Handelsgewerbe *n*
(Re) commercial enterprise
(ie, comprises the legal forms of: Mußkaufmann, Sollkaufmann, Kannkaufmann, Formkaufmann, as defined in §§ 1–6 HGB)
Handelsgut *n*
(com) merchandise
– merchantable good
(ie, of average description and quality, § 360 HGB)
Handelsgut *n* **mittlerer Art und Güte** (com) fair average quality, faq
Handelshemmnisse *npl*
(AuW) barriers to trade
– trade . . . barriers/restrictions
(syn, Handelsschranken, Handelsrestriktionen)
Handelsindifferenzkurve *f* (AuW) trade indifference curve
Handelskammer *f* (com) Chamber of Commerce
Handelskauf *m*
(Re) commercial sale, §§ 373–382 HGB
(ie, Kaufvertrag über Waren und Wertpapiere, der gleichzeitig ein Handelsgeschäft ist; dem Handelskauf stehen Tausch und Werklieferungsvertrag gleich)
Handelskette *f* (Mk) sales (*or* marketing) chain
Handelsklassen *fpl*
(com) grades *(ie, quality standards for farm and fishery products)*
Handelsklauseln *fpl*
(com) trade terms *(eg, ex works, CIF, FOB)*
(ie, Abkürzungen für bestimmte Vereinbarungen; Einteilung: 1. Zahlungsklauseln; 2. Lieferklauseln; 3. Klauseln über Qualität und Gewährleistung; 4. Freizeichnungsklauseln; siehe dort)
Handelskorrespondenz *f* (com) business (*or* commercial) correspondence
Handelskosten *pl* (Bö) trading costs
Handelskredit *m* (Fin) trade credit
Handelskreditbrief *m*
(Fin) commercial letter of credit, CLC
(ie, im Verkehr mit angloamerikanischen Ländern: ist nicht an die avisierende Bank, sondern an den Begünstigten direkt gerichtet)
Handelskrieg *m*
(AuW) economic warfare
– trade war
Handelsliberalisierung *f* (AuW) trade liberalization
Handelslücke *f*
(AuW) trade gap
(ie, Differenz zwischen Importen und Exporten e–s Landes; Ausdruck für Handelsbilanzdefizit)
Handelsmakler *m*
(com) commercial
– mercantile
– merchandise . . . broker
– mercantile agent, §§ 93–104 HGB
Handelsmarine *f* (com) merchant marine
Handelsmarke *f*
(Mk) dealer's brand
– proprietary article
(ie, weist auf den hin, der die Ware vertreibt; syn, Händlermarke; opp, Fabrikmarke, Herstellermarke)
Handelsmarke *f* **e–s Großhändlers** (Mk) dealer brand
Handelsmarketing *n* (Mk) trade marketing
handelsmäßige Bewertung *f* (Zo) commercial valuation
handelsmäßige Tatsachen *fpl* (Zo) commercial facts
Handelsmesse *f* (com) trade fair
Handelsmißbrauch *m* (Kart) trade custom violating *‚bonos mores'*
Handelsmittler *m*
(com) trade intermediary
– middleman
Handelsmonopol *n*
(EG) trading monopoly
(ie, insbes als staatliches Handelsmonopol; cf. Art 37 EWGV; zur Sicherung des freien Warenverkehrs)
Handelsname *m*
(Re) name of a firm
(ie, designating a natural or legal person, or the members of a partnership)
Handelsniederlassung *f* (com) trading establishment
Handelsoptimum *n*
(Vw) exchange optimum *(syn, Tauschoptimum)*
Handelspapiere *npl*
(com) commercial documents
(WeR) commercial paper
(ie, mainly comprising instruments made out to bearer and to order)
Handelspartner *m* (com) trading partner
Handelspolitik *f* (AuW) foreign trade policy
handelspolitisch
(AuW) in terms of
– relating to
– affecting . . . foreign trade policy
handelspolitischer Konflikt *m* (AuW) trade conflict
Handelsposition *f* (Fin) trading position

Handelspräferenzen *fpl* (AuW) trade preferences
Handelspraxis *f* (com) commercial practice
Handelsprivileg *n* (Vw, *historical*) trade privilege
Handels-Promotionen *fpl* (Mk) retail promotions
Handelsrabatt *m*
(com) trade rebate
(ie, final retail price minus ‚Handelsrabatt')
Handelsrechnung *f*
(com) commercial invoice
– (GB) trading invoice
(ie, seller's bill addressed to buyer)
Handelsrecht *n*
(Re) commercial/business . . . law
(ie, das zum Privatrecht gehörende Sonderrecht der Kaufleute; vor allem im HGB geregelt; Nebengesetze insbesondere im Transportrecht; weitere Rechtsquellen: Handelsgewohnheitsrecht und Handelsbrauch)
handelsrechtlich
(Re) in terms of
– relating to
– affecting . . . commercial law
handelsrechtliche Bewertung *f*
(StR) commercial valuation *(opp, steuerrechtliche Bewertung = tax-based valuation)*
handelsrechtliche Buchführungsvorschriften *fpl*
(ReW) commercial accounting standards
(see: §§ 38–47 HGB, §§ 148 and 151 ff AktG, and §§ 41 ff GmbHG, and ministerial ordinance of 11 Nov 1937)
handelsrechtliche Kriterien *npl* (Re) commercial law principles
handelsrechtliches Verbot *n* (Re) commercial law ban (on)
handelsrechtliche Vollmacht *f*
(Re) authority to act under German Commercial Law
(ie, Prokura und Handlungsvollmacht, cf, §§ 48 ff HGB)
Handelsregister *n*
(Re) Commercial Register
– *(British equivalent)* Register of Business Names
(ie, wird beim Amtsgericht (first instance court) als Registergericht geführt; Abteilung A für Einzelkaufleute und Personengesellschaften, Abteilung B für Kapitalgesellschaften; cf, §§ 10, 11 HGB)
Handelsregisterauszug *m* (Re) certificate of registration
Handelsregistereinsicht *f*
(Re) inspection of Commercial Register *(ie, includes all documents submitted to it, § 9 HGB)*
Handelsregistereintragung *f* (Re) entry on the Commercial Register
Handelsreisender *m* (com) commercial traveler
Handelsrestriktionen *fpl*
(AuW) trade restrictions
– barriers to trade
Handelsrichter *m*
(Re) honorary commercial judge
(ie, ehrenamtlicher Richter an der Kammer für Handelssachen; appointed at the suggestion of a chamber of industry and commerce for a term of three years, §§ 107–113 GVG)
Handelssachen *fpl* (Re) commercial matters in controvery (*or* dispute)

Handelsschaffung *f*
(AuW) = trade creation effect
(syn, Aufschließungseffekt)
Handelsschiff *n*
(com, StR) merchant ship
(ie, Möglichkeit der Sonderabschreibung für neue H.: 40 vH der Anchaffungs- od Herstellungskosten in den ersten 5 Jahren; cf, § 82 ff EStDV)
Handelsschiffahrt *f* (com) commercial shipping
Handelsschranke *f*
(AuW) barrier to trade
– trade barrier (*or* restriction)
Handelsschranken *fpl* (AuW) = Handelshemmnisse, qv
Handelsschranken *fpl* **abbauen** (Vw) to dismantle (*or* reduce) trade barriers
Handelsschranken *fpl* **errichten** (Vw) to put up (*or* erect) trade barriers
Handelssitte *f* (com) = Handelsbrauch, qv
Handelsspanne *f*
(com) margin
– operating
– price
– trade . . . margin
(ie, 1. Differenz zwischen Einstands- und Verkaufspreisen im Handelsbetrieb = difference between selling and purchase price;
2. im Umsatzsteuerrecht: Differenz zwischen Warenverkaufspreisen (einschl. MWSt) und eingesetzten Warenmengen, bewertet mit Wareneinstandspreisen [ohne Vorsteuer])
Handelssperre *f* (AuW) trade embargo
Handelssprache *f* (com) commercial jargon
Handelsstatistik *f*
(Stat) trade statistics
(ie, covering domestic trade and foreign trade)
Handelsstrom *m* (AuW) flow of trade
Handelsströme *mpl* (AuW) trade flows
Handelsüberschuß *m* (AuW) trade surplus
handelsüblich
(com) customary in trade or commerce
(ie, was sich nach Auffassung der beteiligten Kreise im Bereich vernünftiger Gepflogenheiten hält, die nicht Handelsbrauch sein müssen; cf. § 25 III HGB)
(com) commercially available
handelsübliche Bezeichnung *f*
(com) commercial description
– customary description (*or* designation)
handelsübliche Brauchbarkeit *f* (com) merchantableness
handelsübliche Dokumente *npl*
(com) commercial documents
(eg, warehouse receipt, bill of lading)
handelsübliche Güte *f* **und Beschaffenheit** *f* (com) good merchantable quality and condition
handelsübliche Mengen *fpl* (com) commercial quantities
handelsübliche Qualität *f* (com) merchantable quality
handelsübliches Risiko *n* (com) customary risk
handelsübliche Vertragsklauseln *fpl* (com) trade terms
handelsüblich verpackt (com) packed to commercial standards

Handels- und Entwicklungskonferenz *f* **der Vereinten Nationen** (Vw) UNCTAD: United Nations Conference on Trade and Development
Handels- und Zahlungsabkommen *n* (AuW) trade and payments agreement
Handelsunternehmen *n* (com) trading firm
Handelsusancen *fpl* (com) = Handelsbrauch
Handelsverbindungen *fpl* (com) trade connections
Handelsvereinbarungen *fpl* (AuW) trade agreements
Handelsverkehr *m* (com) trade and commerce
Handelsvertrag *m* (AuW) trade agreement
Handelsvertreter *m*
(Re) commercial agent (*or* representative), § 84 HGB
(com) traveling salesman
– (GB) commercial traveller
Handelsvertreter *m* **mit delcredere** (com) delcredere agent
Handelsvertretung *f* (com) commercial (*or* sales) agency
handelsverzerrende Maßnahmen *fpl* (AuW) trade distorting policies
Handelsvolumen *n* (AuW) foreign trade volume
Handelswährung *f* (Fin) dealing currency
Handelswaren *fpl*
(com) merchandise
(Bw) merchandise held for resale
Handelswechsel *m*
(Fin) commercial
– trade
– commodity bill
– (infml) business paper
(ie, results from a commercial transaction as compared to the non-commercial bill, such as a banker's bill; syn, Warenwechsel; opp, Finanzwechsel)
Handelsweg *m*
(com) distributive channel
– channel of distribution
Handelswert *m*
(com) commercial (*or* market) value
(ie, subcategory of ‚gemeiner Wert')
(SeeV) common market value
Handelszeichen *n* (Mk) = Handelsmarke
Handelszensus *m* (Stat) trade census
Handelszentrum *n* (com) trade center
Handelszoll *m* (Zo) trading tariff
Handel *m* **unter Maklern** (Bö) trading among brokers
Handgepäck *n* (com, US) carry-on luggage
handhabbar (com) manageable
Handhabung *f* (IndE) handling
Handhabungsautomat *m*
(IndE) automatic handling system
(ie, korrekte Bezeichnung für Industrieroboter)
Handhabungsgeräte *npl* (IndE) handling equipment
Handhabungskosten *pl* (KoR) handling cost
Handhabungssystem *n*
(IndE) handling system
(ie, Systemtyp der Industrieroboter; für Werkzeuge und Werkstücke)
Handkauf *m*
(com) cash sale
(ie, payment being made in full on receipt of goods; syn, Realkauf)
Handlager *n*
(MaW) stock of small parts
(ie, held available at job stations)
Händler *m*
(com) trader
(ie, general term describing wholesaler, retail saler, itinerant trader, etc.)
(com) distributor
(Bö) dealer or trader in securities
(ie, includes domestic and foreign banks and other credit institutions, domestic and foreign exchange brokers, the Bundesbank, etc., § 21 KVStG)
Händlerarbitrage *f* (AuW) dealer (*or* trader) arbitrage
Händlerbefragung *f* (com) dealer survey
Händlerdarlehen *n* (Fin) dealer loan
Händlerfinanzierung *f* (Fin) dealer financing
Händlergebiet *n* (Mk) dealer area
Händlergeschäfte *npl*
(Bö) dealer transactions, § 22 KVStG
(ie, transactions among dealers or traders in securities, § 20 KVStG)
Händlergewinn *m* (Bö) turn
Händlerinterview *n* (Mk) dealer interview
Händlerkette *f* (Mk) dealer chain
Händlerlisten-Förderung *f* (Mk) dealer-listed promotion
Händlermarke *f* (Mk) = Handelsmarke, qv
Händlernetz *n* (Mk) dealer network
Händlernetzplanung *f* (Mk) dealer network planning
Händlerorganisation *f*
(Mk) dealership network
– dealer organization
Händlerpreis *m* (com) dealer price
Händlerprovision *f* (Bö) dealer commission
Händlerrabatt *m*
(com) dealer rebate
– distributor discount
Händlerr-Promotions *pl* (Mk) dealer/trade . . . promotions
Händlerspanne *f* (com) dealer's margin
Händlerstandort *m* (Mk) dealer location
Händlervertrag *m* (com) dealer agreement
Händlerzusammenschluß *m* (com) dealer organization
Handleser *m*
(EDV) hand-held reader
– code (*or* data) pen
(syn, Lesestift, Lesepistole)
Handlungen *fpl* **und Unterlassungen** *fpl* (Re) acts and forbearances
Handlung *f* **od Unterlassung** *f* (Re) act or failure to act
Handlungsagent *m* (com) = Handelsvertreter
Handlungsalternative *f*
(Bw) alternative course of action
– action alternative
Handlungs-Autoritäts-Struktur *f* (Bw) activity-authority structure
Handlungsbedarf *m*
(com) (pressing) need for action
(ie, usually the phrase ‚es besteht kein Handlungsbedarf')
Handlungsbefugnis *f* (com) acting allowance

Handlungsbevollmächtigter *m*
(Re) (no counterpart in English) holder of commercial authority, § 54 HGB
(ie, ranking below ‚Prokurist')
Handlungseinheit *f*
(Bw) operating unit
– actor *(eg, household, company)*
Handlungsfähigkeit *f*
(Re, *generic term*) capacity for acts in the law and for unlawful acts
(ie, Geschäftsfähigkeit + Deliktsfähigkeit)
Handlungsgehilfe *m*
(Re) commercial clerk, § 59 HGB
– dependent commercial employee
(ie, term now obsolete)
Handlungslehrling *m*
(com) commercial apprentice
(ie, §§ 66ff HGB repealed; current term: Auszubildender, Azubi)
Handlungsprogramm *n* (Bw) action program
Handlungsrahmen *m* (Bw) universe of actions
Handlungsreisender *m* (com) traveling salesman
Handlungsspielraum *m*
(com) room for maneuver
– scope for action
Handlungstheorie *f* (Vw) theory of action
Handlungsunkosten *pl* (KoR, *obsolete term)* overhead expenses
Handlungsvollmacht *f*
(Re) limited commercial authority
(ie, zur Vornahme e–r bestimmten zu e–m Hdl-Gewerbe gehörigen Art von Geschäften od zur Vornahme einzelner Geschäfte; granted to represent a firm or company, defined in §§ 54–58 HGB and § 164 ff BGB, narrower than Prokura and entered in the Commercial Register; may be general, partial, or specific)
Handlungsvollzug *m* (Bw) action
Hand-Mund-Kauf *m* (Mk) hand-to-mouth buying
Handschriftenerkennung *f*
(EDV) hand-writing recognition
(ie, ability of a computer to read hand-written data)
Handsteuerung *f* (EDV) manual control
Handverkauf *m*
(com) open sale
(Bö) over-the-counter sale
Handwerk *n*
(com) craft
– trade
(ie, trade or occupation requiring prolonged training and special skill; eg, the craft of a mason, the trade of a carpenter)
(com) craft
(ie, members of trade collectively)
Handwerker *mpl*
(com) artisans and tradesmen
– hand craftsmen
Handwerkerinnung *f* (com) trade (*or* craft) guild
handwerkliche Ausbildung *f* (Pw) training for a trade
handwerkliche Erzeugnisse *npl* (com) craft products
Handwerksbetrieb *m*
(com) craft business (*or* enterprise)
(ie, formal criterion is the entry into a special register, the ‚Handwerksrolle')
Handwerkskammer *f*
(com) Chamber of Handicrafts
(ie, self-governing bodies which represent craft interests)
Handwerkslehre *f* (Pw) craft apprenticeship
Handwerksmeister *m* (com) master craftsman
Handwerksordnung *f* (Re) Crafts Code, of 28 Dec 1965
Handwerksrolle *f* (com) Register of Craftsmen
Handzeichen *n* (com) initials
Handzettel *m*
(Mk) handbill
– broadside
– throwaway
– (GB) broadsheet
Hängeablage *f* (com) suspension file
hängender Einzug *m* (EDV) outdent
hängender Einzug *m*, **negativer Einzug** *m* (EDV) hängender Einzug *m*, negativer Einzug *m*
Hängeordner *n* (com) hanging file
Hängeregistratur *f* (com) lateral suspension file
Hanseatische Wertpapierbörse *f* (Bö) Hamburg Stock Exchange
Hantierungskosten *pl* (com) handling (*or* processing) costs
Hantierungsvorschrift *f* (EDV) handling specification
Hardware *f*
(EDV) hardware
(ie, Zentraleinheit, Peripherie, Datenübermittlung, Datenerfassungsgeräte; cf, Software)
Hardware-Wartung *f* (EDV) hardware maintenance
harmonische Analyse *f* (Math) harmonic analysis
harmonische Folge *f* (Math) harmonic progression
harmonische Funktion *f* (Math) harmonic function
harmonische Reihe *f* (Stat) harmonic series
harmonischer Mittelwert *m* (Stat) harmonic average (*or* mean)
Harmonisierter Verbraucherpreisindex *m* (EG, Vw) Harmonised Index of Consumer Prices
Harmonisierung *f*
(Bw, Vw) harmonization
(EG) harmonization, adoption
Harmonisierung *f* **des Bankenrechts** (Fin) harmonization of banking legislation
Harmonisierung *f* **gemeinschaftlicher Normen** (EG) adoption of common standards
Harrod-neutraler Fortschritt *m* (Vw) Harrod-neutral technical progress
Härtefall *m* (Re) case of hardship
harte Nuß *f* (com, infml) tough nut to crack
harter Bindestrich *m* (EDV) hard hyphen
harter Zeilenvorschub *m* (EDV) hard return
harte Währung *f*
(AuW) hard currency
(ie, freely convertible and steadily priced at foreign exchange markets)
Hartgeld *n* (Vw) coins
hartnäckig verhandeln
(com) to bargain about/over
– to dicker over
– to haggle over

Hartwährungsland *n* (AuW) hard currency country
Hartweizen *m* (com) hard (*or* durum) wheat
hauchdünne Minderheit *f*
(Pw) tiny
– thin
– (infml) skinny . . . majority
häufiger Stellenwechsel *m* (Pw) job hopping
Häufigkeit *f* (Stat) frequency
Häufigkeitsdichte *f* (Stat) frequency density
Häufigkeitsfunktion *f* (Stat) frequency function
Häufigkeitskurve *f* (Stat) frequency curve
Häufigkeitsmaß *n* (Stat) measure of frequency
Häufigkeitsmoment *n* (Stat) frequency moment
Häufigkeitspolygon *n*
(Stat) frequency polygon
(syn, Treppen-Polygon)
Häufigkeitspunkt *m* **e–r Punktmenge**
(Math) accumulation
– cluster
– limit . . . point
– point of condensation
Häufigkeitssummenkurve *f* (Stat) Galton ogive
Häufigkeitstabelle *f*
(Stat) frequency table
(ie, zur zahlenmäßigen Darstellung von Häufigkeitsverteilungenm qv)
Häufigkeitstheorie *f* **der Wahrscheinlichkeit** (Stat) frequency theory of probability
Häufigkeitsverteilung *f* (Stat) frequency distribution
häufigster Wert *m*
(com) most frequent value
(Stat) mode
Häufungspunkt *m* **e–r Punktmenge**
(Math) cluster/limit/accumulation/weak . . . point, point of condensation
(ie, a cluster point of a set in a topological space is a point p whose neighborhoods all contain one point of the set other than p)
Hauptablage *f* (com) central filing department
Hauptabsatzgebiet *n*
(Mk) principal market area
– (infml) heartland
Hauptabsatzmarkt *m* (Mk) main/prime . . . market
Hauptabschlußübersicht *f*
(ReW) condensed tabular statement of balance sheet figures, § 60 II EStDV
– general ledger trial balance
Hauptabschnittsdeterminante *f* (Math) principal minor
Hauptabteilung *f* (Bw) main (*or* principal) department
Hauptaktionär *m*
(Fin) principal
– major
– leading . . . shareholder (*or* stockholder)
hauptamtlicher Richter *m* (Re) full-time (*or* permanent) judge
Hauptanbieter *m* (com) main (*or* principal) bidder
Hauptanmeldung *f* (Pat) basic (*or* main) application
Hauptanspruch *m*
(Re) principal claim
(Pat) first (*or* main) claim
Hauptaufgabenbereich *m*
(Pw) major job segment
– main operational task
Hauptauftragnehmer *m* (Bw) prime contractor
Hauptausfall *m* (IndE) major failure
Hauptband *n* (EDV) master tape
Hauptbaugruppe *f*
(IndE) major assembly
(ie, completed assembly of component parts ready for operation)
Hauptbedienungsplatz *m* (EDV) main console
Hauptbereich *m* (com) key area
Hauptberuf *m* (Stat) main occupation
hauptberuflicher Vertreter *m* (Vers) full-time agent
Hauptbetrieb *m* (IndE) principal plant
Hauptbieter *m*
(com) base bidder
(ie, in contract awarding)
Hauptbuch *n*
(ReW) general ledger
– book of secondary (*or* final) entry
(ie, in which transactions are posted from books of original entry)
Hauptbuchhaltung *f* (ReW) general bookkeeping department
Hauptbuchkonto *n*
(ReW) general ledger account *(syn, Sachkonto)*
Hauptbuchprobe *f*
(ReW) general ledger test
(ie, adding the debit and credit sides of all accounts must produce identical totals)
Hauptbuchunterlagen *fpl* (ReW) general records
Hauptbürge *m*
(Re) chief guarantor
(eg, for most of the borrowings of the principal leasing company)
Hauptbüro *n* (Bw) head office
Hauptdatei *f* (EDV) master file
Hauptdiagonale *f* (Math) main (*or* principal) diagonal of a matrix
Hauptdimension *f* (com) key dimension
Hauptdokument *n* (EDV) main document *(container for other documents)*
Hauptentschädigungsberechtigter *m*
(Fin) recipient of basic compensation
(ie, see § 252 III LAG)
Haupterfindung *f* (Pat) main invention
Hauptergebnisbereich *m* (Bw) key result area
Haupterwerbsstelle *f*
(com) full-time farm
(opp, Nebenerwerbsstelle = part-time farm)
Haupterzeugnis *n*
(Bw) main
– major
– chief . . . product
(ie, in joint production; opp, Nebenerzeugnis, Nebenprodukt = byproduct)
Hauptfach *n*
(Pw) major
– (GB) main subject
(ie, read by university students; opp, Nebenfach)
Hauptfaktorenanalyse *f* (Mk) common factor analysis
Hauptfehler *m* (IndE) major defect
Hauptfeld *n* (EDV) major field

Hauptfeststellung *f*
(StR) principal assessment
(ie, regularly occurring determination of assessed values, § 21 BewG)
Hauptfeststellungszeitpunkt *m* (StR) principal assessment date, § 21 II BewG
Hauptfeststellungszeitraum *m* (StR) principal assessment period, § 21 I BewG
Hauptforderung *f* (Re) principal claim
Hauptfrachtvertrag *m* (com) head charter
Hauptgemeinschaft *f* **des deutschen Einzelhandels**
(com) Central Association of German Retail Traders
– Conferation of German Retail Trade
Hauptgenossenschaft *f*
(com) central cooperative
(ie, supplying the ‚Raiffeisengenossenschaften' with fertilizer, farm machinery, etc.)
Hauptgeschäft *n* (com) flagship store
Hauptgeschäftsbereich *m*
(com) core business
– key operating area
Hauptgeschäftsführer *m* (com) chief manager
Hauptgeschäftsgegend *f* (com) main business area
Hauptgeschäftssitz *m* (Re) main (*or* principal) place of business
Hauptgeschäftsstelle *f* (com) principal office
Hauptgeschäftszeit *f* (com) peak business hours
Hauptgesellschaft *f* (Bw) principal company, § 319 AktG
Hauptgesellschafter *m* (Bw) principal shareholder
Hauptgläubiger *m*
(Re) main
– primary
– principal . . . creditor
– principal obligor
Hauptgruppenkontrolle *f* (EDV) intermediate control
Hauptgruppentrennung *f* (EDV) intermediate control change
Hauptgruppentrennzeichen *n* (EDV) file separator
Hauptgruppenwechsel *m* (EDV) intermediate control change
Haupthandelspartner *m* (AuW) major trading partner
Hauptindex *m* (EDV) master index
Hauptindustrieländer *npl* (Vw) key industrial countries
Hauptkapazität *f*
(IndE) main capacity
(eg, crude steel and rolled products in iron and steel plants)
Hauptkarte *f* (EDV) master card
Hauptkasse *f* (Fin) main cashier's office
Hauptkassierer *m* (Fin) chief cashier
Hauptkonto *n* (ReW) ledger account
Hauptkontrakt *m* (Bw) prime (*or* system) contract
Hauptkostenstelle *f*
(KoR) production cost center
– direct cost center
– direct department
Hauptkostenträger *m* (KoR) main costed unit of output
Hauptkunde *m*
(com) main (*or* principal) customer
– key account
Hauptlager *n* (MaW) central store (*or* stockroom)
Hauptlieferant *m* (com) main supplier
Hauptmangel *m* (Re) principal defect
Hauptmarkt *m* (com) primary (*or* principal) market
Hauptmerkmal *n* (com) key (*or* leading) feature
Hauptmerkmal *n* **e–s Begriffs** (Log) earmark of a concept
Hauptmieter *m* (Re) principal lessee
Hauptminor *m* (Math) principal minor
Hauptniederlassung *f* (com) principal establishment
Hauptorganisationseinheit *f* (Bw) main organizational unit
Hauptpatent *n*
(Pat) independent
– main
– original . . . patent
Hauptpflichten *fpl* (Re) principal obligations
Hauptplan *m* (Bw) master (*or* major) plan
Hauptplatz *m*
(Fin) main center
(ie, in foreign exchange trading this is the place where currency must be delivered; eg, Copenhagen, Frankfurt, New York, Montreal; often shown in foreign exchange list of quotations)
Hauptpolice *f* (Vers) master policy
Hauptpreis *m* (com) leading price
Hauptprodukt *n* (com) main (*or* leading) product
Hauptprogramm *n* (EDV) main program (*or* routine)
Hauptprozeß *m* (EDV) major task
Hauptprüfer *m*
(ReW) principal
(ie, in a CPA firm)
(Pat) examiner-in-chief
– chief examiner
Hauptpunkt *m*
(com) main point
– central issue
– main business
(eg, we now come to the . . . of the meeting = Hauptpunkt der Tagesordnung)
Hauptrefinanzierungssatz *m* (Fin) main refinancing rate
Hauptreservewährungsland *n* (AuW) principal reserve currency country
Hauptsache *f* (Re) principal thing, § 97 BGB
Hauptsaison *f* (com) peak season
Hauptsatz *m*
(Log) key proposition
(Math) central theorem
(EDV) master record *(syn, Stammeintrag)*
Hauptsatz *m* **der Algebra** (Math) fundamental law (*or* theorem) of algebra
Hauptsatz *m* **der Differential- und Integralrechnung** (Math) fundamental theorem of calculus
Hauptschalter *m* (EDV) master switch
Hauptschiffahrtsweg *m* (com) major shipping lane
Hauptschleife *f* (EDV) major loop
Hauptschuldner *m*
(Re) principal debtor, § 767 BGB

– principal
– primary . . . debtor/obligor
Hauptschule *f* (Pw) non-selective secondary modern school
Hauptsendezeit *f*
(com, US) prime time (slot)
– (GB) peak (viewing) time
(ie, between 7.00 p.m. and 9.30 p.m.)
Hauptsicherheit *f* (Re) primary security
Hauptsitz *m*
(com) head office
– headquarters
(Re) principal (*or* main) place of business
Hauptsparte *f*
(com) bottom/main . . . line
(ie, of a business, trade, or industry; syn, Grundgeschäft)
Hauptspediteur *m* (com) principal forwarding agent
Hauptspeicher *m*
(EDV) main memory
(syn, obsolescent: working storage)
Hauptspeichererweiterung *f* (EDV) expanded memory
Hauptsteuertermin *m* (StR) big tax date
Hauptstrecke *f*
(com) trunk line
(ie, of railroads and air traffic)
Hauptstudium *n*
(Pw) main . . . course/program
(ie, ends with the final examinations)
Haupttätigkeit *f* (IndE) core activity
Hauptteil *m* **e–s Patents** (Pat) body of a patent
Haupttermin *m* (com) main deadline
Haupttheorem *n* (Log) major theorem
Hauptunternehmer *m* (com) general (*or* prime) contractor
Haupturkunde *f* (WeR) principal instrument
Hauptveranlagung *f* (StR) principal assessment, § 15 VStG, § 16 GrStG
Hauptveranlagungszeitpunkt *m* (StR) date of basic assessment, § 24 VStG
Hauptveranlagungszeitraum *m* (StR) basic assessment period
Hauptverantwortungsbereich *m* (Bw) key responsibility center
Hauptverband *m* **der Deutschen Bauindustrie** (com) Main Association of Building Industry and Civil Engineering
Hauptverbindlichkeit *f*
(Re) principal obligation, § 767 BGB
(WeR) primary liability
Hauptversammlung *f*
(com) general meeting of . . . shareholders/stockholders
– (GB, *also*) the company in general meeting
(ie, legal organ of ‚Aktiengesellschaft' and ‚Kommanditgesellschaft auf Aktien', §§ 118–128, 285 AktG; einmal jährlich in den ersten acht Monaten des Geschäftsjahres zur Entlastung von Vorstand und Aufsichtsrat; syn, Jahreshauptversammlung)
Hauptversammlungsbeschluß *m* (Re) shareholders' (*or* stockholders') resolution
Hauptversicherer *m* (Vers) primary insurer
Hauptversicherung *f* (Vers) direct insurance
Hauptvertrag *m* (Re) main (*or* original) contract

Hauptverwaltung *f*
(com) headquarters
– central headquarters
– corporate (*or* company) headquarters
– head office
– main office
Hauptvorstand *m* (com) executive (*or* governing) board
Hauptwerbemittel *n* (Mk) basic medium
Hauptwirtschaftszweig *m* (com) main branch of industry
Hauptzahlstelle *f* (Fin) principal paying agent
Hauptzeit *f* (IndE) productive/machining . . . time
Hauptziel *n* (Bw) key/primary/principal . . . goal
Hauptzinstermin *m* (Fin) principal coupon date
Hauptzollamt *n* (Zo) principal custom house, § 13 FVG
Hauptzweigstelle *f*
(Fin) principal branch office
(ie, of savings banks, handling inpayments, outpayments, and customers' accounts)
Hausangestellte *f* (Pw) household employee
Hausaufgaben *fpl* (com, infml) homework
Hausbank *f*
(Fin) house bank
(ie, affiliated to a company and acting as principal banker on its behalf)
(FiW) house bank
– principal banker
(ie, affiliated to a governmental unit; eg, Federal Bank operating on behalf of Bund and Länder, savings banks on behalf of municipalities)
Hausbestand *m* (Vw) housing stock
hauseigener Rechner *m* (EDV) in-house computer
Hausgehilfin *f* (StR) domestic help
hausgemachte Inflation *f* (Vw) home-made (*or* internal) inflation
hausgemachter Preisauftrieb *m* (Vw) home-made price increase
Hausgeräteindustrie *f* (com) domestic (*or* home) appliance industry
Haushalt *m*
(Vw, Stat) household
(FiW) budget
(syn, Etat)
Haushaltsabteilung *f* **des Kongresses der USA** (FiW) Congressional Budget Office, CBO
Haushaltsansatz *m* (FiW) budget estimate
Haushaltsausgaben *fpl* (FiW) budget expenditure
Haushaltsausgleich *m*
(FiW) balancing of budget, Art 110 GG
– budget balancing
(eg, Zwangsjacke des jährlichen Haushaltsausgleichs wurde von je als störend empfunden; vgl aber das verdrängte Problem der ‚intergeneration equity')
Haushaltsausschuß *m*
(FiW) budget committee
– committee on the budget
– appropriations committee
Haushaltsbelastung *f* (FiW) burden on the budget
Haushaltsbesteuerung *f*
(StR) taxation of households
(ie, of spouses and children liable in taxes)
Haushaltsbewilligung *f* (FiW) appropriation

haushaltsbezogene Dienstleistungen *fpl* (VGR) household-related services
Haushaltsdebatte *f* (FiW) budget debate
Haushaltsdefizit *n* (FiW) budget/fiscal . . . deficit/ shortfall
Haushaltsdefizit *n* **abbauen** (FiW) to reduce (*or* pare down) a budget deficit
Haushaltsdisziplin *f*
(FiW) discipline in public spending
– budgetary discipline
Haushaltsebene *f* (FiW) level of government
Haushaltseinkommen *n* (VGR) income of individual household
Haushaltseinnahmen *fpl* (FiW) budget receipts (*or* revenue)
Haushaltsentwurf *m*
(FiW) draft/proposed . . . budget
– budget bill
– fiscal blueprint
Haushaltsfehlbetrag *m* (FiW) = Haushaltsdefizit
Haushaltsforschung *f* (Mk) household research
Haushaltsfragen *fpl* (FiW) budget matters
Haushaltsfreibetrag *m* (StR) household allowance, EStG 32 III
Haushaltsgebaren *n* (FiW) budgetary behavior
Haushaltsgeld *n* (com) housekeeping money
Haushaltsgelder *npl* (FiW) public money
Haushaltsgeräte *npl* (com) domestic/home . . . appliances
Haushaltsgerätehersteller *m* (com) household appliances manufacturer
Haushaltsgeräteindustrie *f* (com, US) appliance industry
Haushaltsgesetz *n* (FiW) budget law
Haushaltsgrundsätze *mpl*
(FiW) basic rules governing budget law
(ie, of Bund and Länder, laid down in law of 19 Aug 1969)
Haushaltshilfe *f*
(StR) household allowance
(StR) part-time domestic help
Haushaltsjahr *n* (FiW) financial (*or* fiscal) year
Haushaltskonsolidierung *f* (FiW) budget consolidation
Haushaltskontrolle *f* (FiW) budget control
Haushaltskrise *f* (FiW) budget crisis
Haushaltskürzung *f* (FiW) budget . . . cut/slash
Haushaltslage *f* (FiW) budgetary position
Haushaltsliste *f* (Stat) household census form
Haushaltslücke *f* (FiW) budget gap
haushaltsmäßig (FiW) in budgetary terms
Haushaltsmittel *pl* (FiW) budget (*or* public) funds
Haushaltsmittel *pl* **beantragen** (FiW) to apply for the appropriation of budget funds
Haushaltsmittel *pl* **bewilligen** (FiW) to approve/ grant . . . the appropriation of budget funds
Haushaltsmittel *pl* **kürzen**
(FiW) to cut
– to pare down
– to trim . . . budget funds
Haushaltsmittel *pl* **übertragen** (FiW) to transfer budget funds
Haushaltsmittel *pl* **zuteilen** (FiW) to allocate budget funds
Haushaltsnachfrage *f* (Vw) consumer demand
Haushaltsoptimum *n* (Vw) optimum commodity combination of household
Haushaltspackung *f* (Mk) family size package
Haushaltspanel *n* (Mk) household panel
Haushaltsperiode *f* (FiW) budget period
Haushaltsplan *m* (FiW) budget
Haushaltsplan *m* **aufstellen**
(FiW) to draw up
– to draft
– to prepare . . . a budget
Haushaltsplanung *f* (FiW) budgetary planning
Haushaltsplan *m* **verabschieden** (FiW) to pass a budget
Haushaltspolitik *f* (FiW) budgetary policies
Haushaltsprüfung *f* (FiW) budget/public . . . audit
Haushaltsrechnung *f*
(FiW) receipt-expenditure accounting
(ie, of government units = Gebietskörperschaften)
Haushalts-Rechnungseinheit *f* (EG) budgetary unit of account
Haushaltsrecht *n* (FiW) budget law
haushaltsrechtliche Beschränkungen *fpl* (FiW) budgetary restrictions
haushaltsrechtliche Bestimmungen *fpl* (FiW) budgetary regulations
Haushaltsreform *f* (FiW) budget reform
Haushaltsrest *m* (FiW) unexpended balance of budgetary appropriation
Haushaltsstichprobe *f* (Stat) household sample
Haushaltsstrukturgesetz *n* (FiW) Budget Structure Law
haushaltstechnisch (FiW) pertaining to budget procedure
Haushaltstheorie *f* (Vw) consumer theory
Haushaltstitel *m* (FiW) budgetary item
Haushaltsüberschreitung *f* (FiW) budget runover
Haushaltsüberschuß *m* (FiW) budget surplus
Haushaltsüberwachungsliste *f* (FiW) budget check list
Haushaltsüberwachungssystem *n* (FiW) budget tracking system
Haushaltsungleichgewicht *n* (Vw) budgetary imblance
Haushaltsunterschreitung *f*
(FiW) budget underrun
– under budget
Haushaltsvollzug *m* (FiW) implementation of the budget
Haushaltsvoranschlag *m* (FiW) budget estimate (*or* proposal)
Haushaltsvorlage *f* (FiW, GB) finance bill
Haushaltswaren *fpl* (com) (durable and nondurable) consumer goods
Haushalt *m* **umschichten** (FiW) to revamp a budget
Haushaltungsvorstand *m* (StR) head of household
Haus-Haus-Container *m* (com) full container load
Haus-Haus-Verkehr *m* (com) door-to-door delivery service
Hausierer *m* (com) door-to-door peddler
Hausindustrie *f*
(com) domestic industry
(syn, Heimindustrie)
Hausjurist *m*
(Re) in-house counsel

– company lawyer
– corporate attorney (*or* counsel)
Hausmarke *f* (com) private (*or* house) brand
Hausmeister *m*
(com, US) caretaker
– janitor
Hausmitteilung *f* (com) in-house memo(randum)
Hauspost *f* (com) interoffice mail
Hausratversicherung *f*
(Vers) household and personal effects insurance
(ie, korrekt: verbundene Hausratversicherung)
Haussatz *m*
(EDV) home record
(syn, Mitlesesatz)
Hausse *f*
(Bö) boom
(Bö) bull market
Haussekauf *m*
(Bö) bull buying
(ie, buying for a rise)
Haussemanöver *n*
(Bö) bull campaign
(opp, Baissemanöver = bear campaign)
Haussemarkt *m*
(Bö) bull/bullish . . .market
(ie, a market in which the „primary trend" is upward [Dow theory])
Hausseposition *f*
(Bö) bull account
– long position
Haussesignal *n*
(Bö) bullish signal formation
(ie, in der Point & Figure-Analyse)
Haussespekulant *m*
(Bö) bull *(syn, Haussier, qv)*
Haussespekulation *f*
(Bö) buying long
– bull . . . operation/speculation/transaction
Haussetendenz *f* (Bö) bullish tendency
Haussier *m*
(Bö) bull
– bull operator
(ie, believes that prices will rise and buys on that assumption; opp, Baissier = bear)
haussieren (Bö) to rise sharply
Haustürverkauf *m* (Mk) door-to-door selling
Hausvertreter *m* (Vers) home-service insurance man
Hauswirtschaftslehre *f*
(Pw) home economics
– (GB) domestic science
Hauszeitschrift *f* (com) house journal (*or* magazine)
Haus-zu-Haus-Container *m* (com) door-to-door container
Haus-zu-Haus-Lieferung *f* (com) door-to-door service
Hauszustellung *f*
(com) door delivery
– home delivery
– delivery-by-hand service
Havarie *f* (SeeV) average
Havarieagent *m* (SeeV) average agent
Havarieaufmachung *f* (SeeV) settlement of average
Havarieberechnung *f* (SeeV) average assessment
Havariebericht *m* (SeeV) damage report
Havariebeteiligte *mpl* (SeeV) shipowner and the other cargo owners
Havariebond *m* (SeeV) general average bond
Havarie-Dispacheur *m* (SeeV) average adjuster
Havarieeinschuß *m* (SeeV) average contribution
Havarieerklärung *f*
(SeeV) average statement
– ship's protest
Havarieexperte *m* (SeeV) average surveyor
havariefrei (SeeV) free from average
Havariegeld *n* (SeeV) average disbursement
Havariegelder *npl* (SeeV) general average contributions
Havariegeld(er)versicherung *f* (SeeV) average disbursement insurance
Havariegenossen *mpl* (SeeV) contributing interests
Havarie *f* **große** (SeeV) general average
Havarie-große-Beitrag *m* (SeeV) general average contribution
Havarie-große-Einschuß *m* (SeeV) general average deposit
Havarie-große-Ereignis *n* (SeeV) general average act
Havarie-große-Klausel *f* (SeeV) general average clause
Havarie-große-Verpflichtungsschein *m* (SeeV) general average bond
Havariegutachten *n* (SeeV) damage survey
Havarie-Kommissar *m*
(SeeV) claims agent
– average adjuster
Havarie *f* **nach Seebrauch** (SeeV) average accustomed
Havarieregelung *f* (SeeV) average adjustment
Havarie-Sachverständiger *m* (SeeV) (general) average adjuster
Havarieschaden *m* (SeeV) loss or damage to a vessel or to its cargo during a voyage
Havarieschäden *mpl* **abwickeln** (SeeV) to adjust average losses
Havarieschein *m* (SeeV) average certificate
Havarieverteilung *f* (SeeV) average distribution
Havarievertrag *m* (SeeV) average agreement
Havariezertifikat *n* (SeeV) certificate of average
HB (Re) = Honorarbedingungen
HDE (com) = Hauptgemeinschaft des Deutschen Einzelhandels
Hebegebühr *f* (Vers) premium collection fee
Hebelwirkung *f* (Fin) cf, Leverage
Hebelwirkung *f* **der Finanzstruktur** (Fin US) leverage effect *(cf, Leverage)*
Hebesatz *m*
(StR) municipal . . . factor/percentage
(ie, percentage of the basic rate = Steuermeßzahl, established annually by each municipality, § 16 GewStG and §§ 25, 26, 27 II GrStG; applied in determining trade and real property taxes = Gewerbe- und Grundsteuer)
Heckscher-Ohlin-Theorem *n*
(AuW) Heckscher-Ohlin theorem (*or* law)
– factor proportions (endowment) theorem
Hedgegeschäft *n*
(Bö) hedge transaction
(ie, in forward commodity business)

Hedge-Position *f*
(Bö) hedge position
(ie, Options- od Terminkontraktposition, die zur Absicherung e–r Grundposition eröffnet wurde)
Hedger *m*
(Bö) hedger
(ie, transfers interest-rate risk by temporarily offsetting a position in a cash market with a related position in a futures market)
Hedgerate *f*
(Bö) hedge rate
(ie, gehaltene Aktien/leerverkaufte bzw. geschriebene Optionen)
Heftapparat *m* (com) stapler
heftige Kursausschläge *mpl* (Bö) erratic price movements
Heftklammer *f*
(com) staple
(ie, thin wire driven into sheets of paper)
(com) paper clip
(syn, Büroklammer)
Heftrand *m* (com) binding edge
Heftstreifen *m*
(com) insert strips
(ie, in binders and files)
Heftzwecke *f*
(com) thumbtack
– (GB) drawing pin
– (GB) push pin
Heimarbeit *f* (com) homework on contract
Heimathafen *m* (com) port of registry
Heimfahrten *fpl* (StR) trips home
heimische Industrie *f* (Vw) domestic industry
heimischer Markt *m* (Vw) domestic market
heimisches Gericht *n* (Re) domestic court
heimische Waren *fpl* (Zo) home produced goods
heimische Wirtschaft *f* (Vw) domestic economy (*or* industry)
heimliche Steuererhöhung *f*
(StR) bracket creep
– fiscal drag
(ie, effect of inflation on average or effective tax rates; syn, heimliche Steuerprogression)
heimliche Steuerprogression *f* (StR) = heimliche Steuererhöhung
heiße Emission *f*
(Fin) hot issue
(ie, für die von Zeichnungsbeginn an e–e sehr lebhafte Nachfrage besteht)
heißes Geld *n*
(Fin) hot money
– (GB) footloose funds
(ie, sent around in the attempt to benefit from interest rate differentials; syn, vagabundierende Gelder)
heiß umkämpfter Markt *m*
(com) fiercely competitive market
– hotly (*or* keenly) contested market
Heizkosten *pl* (com) heating expenses
Heizkostenbeihilfe *f* (FiW) heating expenses subsidy
Heizölsteuer *f*
(StR) excise tax on heating oil
– heating oil tax
(ie, besondere Ausprägung der Mineralölsteuer)

Heizungskosten *pl* (KoR) heating . . . cost/expenses
helfen (Fin) to bail out *(eg, an unprofitable company by injecting fresh funds)*
Helligkeitsregelung *f*
(EDV) brightness control
(ie, at display station)
hemmende Einrede *f*
(Re) dilatory exception
(ie, not tending to defeat the action, but only to retard its progress)
Hemmung *f* **der Verjährung**
(Re) stay of the period of limitation
– suspension of prescriptive period, § 202 BGB
herabgesetzter Preis *m* (com) reduced (*or* cut-rate) price
herabsetzen
(com) to reduce
– to lower
– to cut
– to abate
(eg, prices, taxes)
(Fin) to reduce
(eg, capital)
(Bö) to mark down
(ie, prices)
herabsetzende Feststellung *f* (Re) injurious falsehood
herabsetzende Hinweise *mpl*
(Kart) disparaging references
(ie, to a competitor's product)
herabsetzende Werbung *f* (Mk) disparaging advertising
Herabsetzung *f*
(com) reduction
– abatement
(eg, of prices, taxes)
(Kart) denigration
– disparagement
(ie, of competitive products in advertising)
Herabsetzung *f* **der Altersgrenze** (Pw) lowering (*or* reduction) of retirement age
Herabsetzung *f* **des Grundkapitals** (Fin) reduction of capital
Herabsetzung *f* **des Kaufpreises** (com) reduction (*or* abatement) of purchase price
Herabsetzung *f* **des Rentenalters** (SozV) reduction of pensionable age
Herabstufung *f* **von Arbeitsplätzen** (Pw) downgrading (*or* de-skilling) of jobs
heraufsetzen
(com) to increase
(eg, prices)
(Bö) to mark up
(ie, security prices)
herausbringen (com) to bring out *(eg, book, article)*
Herausgabeanspruch *m* (Re) right to recover possession
Herausgabeklage *f* (Re) action to recover possession
Herausgabepflicht *f* (Re) obligation to surrender possession
herausgeben
(com) to edit
(ie, direct the publication of newspaper, magazine; als Verfasser, Redakteur)

(com) to publish
– to bring out
– to fetch out
(eg, he has fetched out another 800-page book)
Herausgeber *m* (com) editor
herauslegen
(Fin) to open
– to establish *(eg, a letter of credit)*
(Fin) to put out
– to lend out *(ie, money, funds)*
– to grant *(ie, a credit)*
herauszuholen suchen
(com, infml) to hold out (*or* stick out) for
(eg, a higher profit during negotiations)
Hereinnahme *f* **von Termineinlagen** (Fin) collection of fixed-term deposits
Hereinnahme *f* **von Wechseln** (Fin) discounting of bills
hereinnehmen
(Fin) to take on deposit
(ie, funds)
(Fin) to discount
(ie, a bill)
Herkunftsbezeichnung *f*
(AuW) mark of origin
(Mk) informative labeling
– origin marking *(eg, of consumer goods)*
Herkunftsland *n* (com) country of origin
Herkunfts- und Verwendungsrechnung *f* (ReW) statement of changes in financial position
Herkunftszeichen *n* (com) mark of origin
Hermesdeckung *f*
(AuW) Hermes export credit guaranty
(ie, covers transactions with private firms = Ausfuhrgarantie, and with foreign governments = Ausfuhrbürgschaft)
Hermes-Kreditversicherungs-AG *f* (AuW) German Government-backed Hermes export credit insurance institution
hermitesche Form *f* (Math) Hermitian form
hermitesche Matrix *f* (Math) Hermitian matrix
Herrenausstatter *m* (com) men's outfitter
herrenlose Sache *f*
(Re) abandoned
– derelict
– unpossessed . . . property
herrenloses Eigentum *m* (Re) abandoned (*or* derelict) property
herrenloses Gut *f* (Re) = herrenlose Sache
herrschende Auffassung *f* (Re) prevailing . . . view
herrschender Lohnsatz *m* (Vw) going (*or* prevailing) wage rate
herrschender Preis *m* (com) ruling price
herrschendes Unternehmen *n*
(com) controlling (*or* dominant) enterprise, § 17 AktG *(syn, Obergesellschaft)*
herrühren
(com) to stem from
– to issue from
– be caused by
herstellen
(IndE) to make
– to manufacture *(esp. in large volume)*
– to produce *(ie, to make from sth)*
– to fabricate *(ie, by putting parts together)*
herstellereigener Bedarf *m* (com) in-house requirements
Herstellerfinanzierung *f*
(Fin) financing of production
(ie, credit line offered by AKA)
Herstellermarke *f* (Mk) = Fabrikmarke, qv
Herstellerwerbung *f* (Mk) producer advertising
Herstellerwort *n* (EDV) implementor name
Herstellkonto *n*
(ReW) manufacturing account
– work-in-process account
Herstellkosten *pl*
(com) cost of production
(KoR) product cost
(ie, Summe der Einzelkosten; opp, Periodenkosten)
Herstellung *f*
(IndE) production
– manufacturing
Herstellungsaufwand *m*
(KoR) = Herstellungskosten
(StR) construction expenditure, Abschn. 157 EStR
Herstellungsgemeinkosten *pl*
(KoR) productive fixed overhead
(ie, Materialgemeinkosten + Fertigungsgemeinkosten + Verwaltungsgemeinkosten, traceable to the materials and manufacturing sector)
Herstellungskosten *pl*
(ReW) cost of production, § 153 AktG, § 6 EStG
– final manufacturing cost
– mill cost of sales
(KoR) costs of conversion
Herstellungsland *n* (AuW) producer country
Herstellungslizenz *f*
(Pat) license to manufacture
– manufacturing license
Herstellungsort *m* (com) place of manufacture
Herstellungswert *m* (ReW) cost of production
herunterhandeln
(com) to bargain down
(eg, your car dealer)
– to beat down
(ie, prices)
herunterladen (EDV) to download
heruntersetzen
(com) to reduce
– to scale down
herunterspielen
(com) to down-play
(eg, consequences)
– to deemphasize
Herunterstufen *n* (Pw) downgrading
hervorheben (com) to highlight
Hessesche Determinante *f* (Math) bordered Hessian determinant
heterogene Güter *npl* (Vw) heterogeneous goods
heterogene Konkurrenz *f* (Vw) heterogeneous competition *(see: Surrogatkonkurrenz)*
heterogenes Oligopol *n* (Vw) imperfect oligopoly
heteroskedastisch
(Stat) heteroscedastic
(syn, ungleich in der Streuung; opp, homoskedastisch)
Heteroskedastizität *f*
(Stat) heteroscedasticity

(ie, die Varianz der Störvariablen ist bei gegebenen $x_{1t}, \dots x_{nt}$ nicht konstant: it has two important consequences for estimation: (1) the least squares estimators of the regression coefficient are no longer efficient or asymptotically efficient; (2) the estimated variance of these estimators are in general biased; liegt vor, wenn in e–m linearen Regressionsmodell die Annahme konstanter Störterme verletzt ist)

Heuer *f* (com) sailor's pay

heuristische Methode *f* (Bw) heuristic method

heuristische Programmierung *f* (OR) heuristic programming

heuristisches Modell *n* (Bw) heuristic model

hexadezimale Darstellung *f*
(EDV) hexadecimal notation
(ie, hexadezimale Zahlen haben die Ziffern 0 bis 9, A–F; das System hat also die Basis 16)

hexadezimales Zahlensystem *n* (EDV) base 16 system

HGB (Re) = Handelsgesetzbuch

Hicks-arbeitsparender Fortschritt *m* (Vw) Hicks labor saving progress

Hicksches Diagramm *n* (Vw) Hick (IS-LM) diagram

Hierarchie *f*
(com) hierarchy
(Stat) hierarchy
– hierarchical classification

Hierarchiestufen *fpl* (Bw) levels (*or* echelons) of authority

hierarchische Datenbank *f* (EDV) hierarchical database

hierarchische Planung *f* (Bw) hierarchical planning

hierarchisches Dateisystem *n* (EDV) hierarchical file system

hierarchisches Datenbankmodell *n*
(EDV) hierarchical data base model
(ie, logical tree-structure with unique relations between entries = logische Baumstruktur mit eindeutigen Beziehungen zwischen Einträgen)

hierarchisches Datenmodell *n*
(EDV) hierarchical data model
(ie, folgt der physikalischen Struktur der Speichermedien)

hierarchisches Menü *n* (EDV) hierarchical menu

hierarchisches Modell *n* (EDV) hierarchical model

hierarchisches Netzwerk *n* (EDV) hierarchical computer network

hierarchische Verdichtung *f* (EDV) hierarchical collation

Hifo
(ReW) highest in-first out
(ie, method of valuing inventory, not permitted under German tax law)

Hilfe *f* **bei der Wohnungsbeschaffung** (Pw) assisted housing

Hilfebildschirm *m* (EDV) help screen

Hilfe-Datei *f* (EDV) help file

Hilfe-Fenster *n* (EDV) help window

Hilfe *f* **per Knopfdruck** (EDV) button help

Hilfesystem *n*
(EDV) help system *(ie, the totality of all help screens of an application; often replaces printed program documentation; online documentation; qv)*

Hilfetaste *f*
(EDV) help key
(ie, on a PC normally the F1-function key)

Hilfsabteilung *f* (Bw) general service department

Hilfsarbeit *f* (Pw) lowest-grade work

Hilfsarbeiter *m* (Pw) unskilled worker

Hilfsarbeiterlöhne *mpl*
(Pw) wages going to unskilled and semi-skilled employees
(ie, not to be confused with 'indirect labor' [= Hilfslöhne] in cost accounting)

Hilfsbetrieb *m*
(IndE) auxiliary plant
(ie, such as power generation, maintenance, materials handling)

Hilfsbücher *npl*
(ReW) subsidiary books of account
(eg, Kontokorrentbuch, Effektenbücher, Wareneingangs- und -ausgangsbuch)

Hilfsfiskus *m*
(FiW) auxiliary fiscal agent
(eg, churches, religious organizations, social insurance carriers, professional organizations, EC, World Bank)

Hilfsfunktion *f* (EDV) support function

Hilfsfunktionen *fpl* **des Handels**
(com) aids/ancillaries . . . to trade
(ie, advertising, banking, insurance)

Hilfsgeschäfte *npl* (com) auxiliary (*or* subsidiary) transactions

Hilfsgewerbe *n* (Vers) auxiliary sector

Hilfskonto *n* (ReW) subsidiary account

Hilfskostenstelle *f*
(KoR) indirect (*or* service) cost center
(syn, Nebenkostenstelle, sekundäre Kostenstelle)

Hilfskräfte *fpl*
(Pw) auxiliary personnel
(Pw) supporting staff

Hilfslager *n*
(MaW) standby inventory
(opp, Hauptlager = central store)

Hilfsleistung *f* (SeeV) marine assistance, §§ 740–753 HGB

Hilfslohn *m* (SeeV) assistance money, § 740 HGB

Hilfslöhne *mpl* (KoR) indirect (*or* auxiliary) labor

Hilfsmaßzahl *f* (Stat) ancillary statistic

Hilfsmaterial *n* (KoR) indirect material

Hilfsmatrix *f* (Math) auxiliary matrix

Hilfspersonal *n* (Pw) supporting staff

Hilfsprogramm *n* (EDV) auxiliary routine

Hilfsprogramme *npl* (com, EG) aid programmes

Hilfsprüfer *m* (Pat) assistant examiner

Hilfsregister *n* (EDV) auxiliary register

Hilfssatz *m*
(Log) corollary
– helping theorem
– lemma
– subsidiary proposition

Hilfsstoffe *mpl*
(KoR) supplies
– factory supplies
– manufacturing supplies
– auxiliary material

Hilfstheorem *n*
(Log) helping theorem *(syn, Hilfssatz)*
Hilfs- und Betriebsstoffe *mpl*
(ReW) supplies
– manufacturing supplies
Hilfs- und Nebengeschäfte *npl*
(Fin) ancillary credit business
(ie, in the banking industry)
Hilfsursprung *m* (Stat) arbitrary origin
Hilfsvariable *f* (OR) slack variable
hinaufsetzen
(com) to raise
– to mark up
hinausgeworfenes Geld *n* (com, infml) money thrown down the sink
hinauslegen
(Fin) to open
(ie, a letter of credit)
(Fin) to put out
(ie, money)
(Fin) to grant
– to extend
(ie, a loan or credit)
Hinausschieben *n* **der Fälligkeiten** (Fin) postponement of maturity dates
hindern an
(com) to constrain from
(ie, gewaltsam od mit rechtlichen Mitteln: by force or by law)
hineinschreiben
(Re) to write into
– to build into
Hinflug *m* (com) outward flight
Hinfracht *f*
(com) freight outward
– outward cargo (*or* freight)
Hingabe *f* **an Erfüllungs Statt**
(Re) delivery in full discharge
– transfer in lieu of performance
Hingabe *f* **an Zahlungs Statt** (Re) transfer in lieu of payment
Hingabe *f* **von Darlehen** (Fin) lending of credit *(to)*
hinhalten (com) to play along
hinkende Goldwährung *f* (Vw) limping gold standard
hinkendes Inhaberpapier *n* (WeR) restricted bearer instrument
hinreichende Bedingung *f* (Log) sufficient condition
hinreichend sachliche Verbindung *f* (com) genuine link
Hinreise *f* **e–s Schiffes** (com) outward-bound voyage
Hinterbliebene *pl*
(SozV) surviving dependents
– survivors
Hinterbliebenenbezüge *pl*
(SozV) surviving dependents' benefits
– survivors' benefits
Hinterbliebenenrente *f* (SozV) survivors' pension
Hinterbliebenenversicherung *f* (Vers) survivors' insurance
Hinterbliebenenversorgung *f* (SozV) survivors' pension
hintereinander geschaltete Kanäle *mpl* (OR) servers in series (*or* in tandem)

Hintergrund *m*
(com) background
(com) premise
(eg, vor diesem Hintergrund = based on this premise)
hintergrundbeleuchteter Bildschirm *m* (EDV) backlit display
Hintergrundbeleuchtung *f*
(EDV) backlight
(ie, light source behind a LCD; improves contrast and readability)
Hintergrundbild *n* (EDV, GUI) wallpaper
Hintergrunddaten *pl*
(Bö) fundamentals
(ie, earnings, dividends, balance sheet data, income account data, management, etc.)
Hintergrundfarbe *f*
(EDV) backdrop color
(EDV) background color *(opp, foreground color)*
Hintergrundmenü *n* (EDV) background menu
Hintergrundoperation *f* (EDV) background operation
Hintergrundoption *f* (EDV) background option
Hintergrundprogramm *n* (EDV) background program
Hintergrundprozeß *m* (EDV) background process
Hintergrundrauschen *n* (com) background noise
Hintergrundspeicher *m*
(EDV) backing/background . . . storage
– secondary memory
(ie, of larger capacity but generally lower access time)
Hintergrundverarbeitung *f*
(EDV) background processing
(ie, handled only when higher priority processing is inactive)
Hintergrundzeitintervall *n* (EDV) backup time interval
hinterherhinken (com) to lag behind
hinterlassen
(com) to leave
(ie, as an estate)
– (GB, sl) to cut up for
(eg, how much did he cut up for?)
Hinterleger *m* (Re) bailor
hinterlegte Sache *f* (Re) deposited object
Hinterlegung *f*
(Re) deposit (*or* lodgment) with a public authority, §§ 372 ff BGB
– safekeeping
– warehousing
Hinterlegungsbescheinigung *f*
(com) deposit receipt
– certificate of deposit
Hinterlegungsgebühr *f* (com) deposit fee
Hinterlegungsklausel *f* (Re) deposit clause
Hinterlegungsort *m* (Re) place of lodgment, § 374 BGB
Hinterlegungsschein *m* (com) deposit certificate
Hinterlegungsstelle *f*
(Re) depositing agent
– depository
Hinterlegungsvertrag *m*
(Re) contract of deposit
– deposit agreement

Hintermann *m* (com) straw man
Hintersatz *m*
(Log) consequent
– apodosis
(opp, Vordersatz = antecedent, condition)
Hintertür *f*
(EDV) back door
– trapdoor
(ie, Systemlücke, die es ermöglicht, Zugang unter Umgehung der vorhandenen Sicherheitsvorrichtungen zu erreichen; stammen häufig aus der Testphase)
hinterziehen
(StR) to evade
(ie, taxes, customs duties)
Hinterziehung *f* **von Steuern** (StR) tax evasion
Hin- und Rückflug *m* (com) outward and inward flight
Hin- und Rückfracht *f* (com) freight out and home
Hin- und Rückreise *f* (com) round trip
Hinweisdefinition *f* (Log) ostensive definition
Hinzurechnung *f* (StR) recapture or clawback *(eg, of domestic income)*
Hinzurechnungen *fpl* (StR) additions, §§ 8, 12 II GewStG
Hinzurechnungsbesteuerung *f*
(StR) special tax liability
(ie, in respect of German parent companies' share of passive non-distributed income of a US subsidiary)
Hinzuziehung *f* **von Sachverständigen** (com) employment of outside experts
Histogramm *n*
(Bw) histogram
– bar graph
– bar chart
– column diagram
– frequency bar chart
– rectangular frequency polygon
historische Anschaffungskurse *mpl* (ReW) historical rates of exchange
historische Kosten *pl*
(ReW) historical cost
– (GB *also*) historic cost
historische Kosten *pl*, **auf Tageswert umgerechnet**
(KoR) adjusted historical cost
– historical cost translated to current market values
historische Kurse *mpl* (Fin) historical exchange rates
historischer Kurs *m* (com) historical rate
historische Schule *f*
(Vw) historical school of economists
(opp, classical school)
historische Wertpapiere *npl* (Fin) nonvaleurs
hL (Re) = herrschende Lehre
hocharbeiten
(Pw) to work one's way through the ranks
– to work one's way up
hochauflösendes Fernsehen *n* (com) high-definition television, HDTV
Hochbau *m*
(com) building construction *(opp, Tiefbau, qv)*
hoch bewertet (Fin, infml) high flying *(eg, dollar)*
hochbieten (com) to bid up
hochentwickelt (com) sophisticated

hochfahren (EDV) to power up
Hochfinanz *f*
(Fin) high finance
(ie, dealing with large sums of money)
Hochformatmonitor *m* (EDV) portrait monitor
hochgerechnete Erfolgsrechnung *f* (ReW) extrapolated income statement
hochgestellter Index *m*
(Math) superscript
– upper index
hochgradig
(Bö) high-grade *(ie, in Rohstoffnotierungen)*
Hochhaus *n*
(com) high-rise building
– (GB) multi-storey building
– (GB) block of flats
hochkarätiges Management *n* (com) high-caliber (*or* top-flight) management
Hochkonjunktur *f*
(Vw) high-level economic activity
– boom
– prosperity
Hochlager *n* (MaW) high-bay store
hochlaufen (EDV) to start
Hochleistungs-Chip *m* (EDV) high-capacity memory chip
Hochleistungs-Rechnen *n* (EDV) high-performance computing
Hochleistungsrechner *m* (EDV) high performance computer
hochliquide Anlagen *fpl* (Fin) near cash
hochliquide Forderung *f* (Fin) highly liquid claim
hochparalleler Rechner *m* (EDV) massively parallel computer
Hochpassfilter *m* (EDV) highpass filter
hochpreisig
(com) high-priced
– high ticket *(eg, product)*
Hochprozenter *mpl* (Fin) high-interest-rate bonds
hochqualifiziert (Pw) highly qualified
hochqualifizierte Arbeitskräfte *fpl* (Pw) highly qualified manpower
hochrechnen
(Stat) to extrapolate
– to blow up *(ie, a sample)*
Hochrechnung *f*
(Stat) (trend) extrapolation
(ie, Rückschluß von der Stichprobe auf die Grundgesamtheit)
Hochrechnungsergebnis *n* (Stat) result of extrapolation
Hochrechnungsfaktor *m* (Stat) inflation (*or* raising) factor
Hochregal *n* (MaW) high bay
Hochregallager *n* (MaW) high-bay racking
Hochregallagersteuerung *f* (MaW) high-bay racking control system
Hochregallagerung *f* (MaW) high-bay storage
Hochregalsteuerung *f*
(MaW) high-bay racking control
– racking control system
Hochregalsystem *n*
(MaW) automatic storage and retrieval system
(ie, very-high-rise steel superstructure of racks; operated by stacker-crane carriers)

hochrentierende Papiere *npl*
(Fin) high yielding securities
– high yielders
hochriskantes Engagement *n* (Fin) high-risk exposure
Hochsaison *f* (com) peak season
hochschleusen
(EG) to push up
(ie, prices)
Hochschreiben *n* **von Devisenbeständen** (AuW) write-up of currency holdings
Hochschulabschluß *m* (Pw) university degree
Hochschulausbildung *f* (Pw) university-type higher education
Hochschule *f*
(Pw) university
(Pw) establishment of higher education
Hochschulreife *f* (Pw) (attainment of) university entrance level
Hochschutzzollpolitik *f* (AuW) high protectionism
Hochseefischerei *f* (com) deap-sea (*or* deep-water) fishing
Hochseeschiffahrt *f* (com) ocean shipping
Hochseeschlepper *m* (com) ocean tug
hochspekulative Anlage *f* (Fin) aggressive/high-risk . . . investment
Höchstabschreibung *f* (ReW) writeoff ceiling
Höchstangebot *n* (com) highest offer (*or* tender)
Höchstarbeitszeit *f*
(Pw) maximum working time
– maximum hours
Höchstbeitrag *m* (SozV) maximum contribution
Höchstbelastungssatz *m*
(FiW) psychological breaking point
(eg, of a progressive income tax)
Höchstbetrag *m*
(Fin) maximum (*or* threshold) amount
– ceiling
Höchstbetrag *m* **der Rallonge** (EG) maximum rallonge
Höchstbetragsbürgschaft *f*
(Re) guaranty limited in amount
(ie, Bürge haftet für Hauptverbindlichkeit nur bis zu e–m bestimmten Höchstbetrag; cf, Bürgschaft)
Höchstbetragshypothek *f* (Fin) maximum-sum mortgage, § 1190 BGB
Höchstbietender *m* (com) highest bidder
Höchstdauer *f* (com) maximum duration
höchsteffizienter Schätzer *m* (Stat) most efficient estimator
hochstehend (Bö) high priced
höchster Gruppenbegriff *m* (EDV, Cobol) final
Hochsteuerland *n* (AuW) high-tax country
Höchstgebot *n*
(com) highest/best . . . bid
– highest tender
– closing bid
Höchstgebühren *fpl* (com) fee ceilings
Höchstgehalt *n* (Pw) maximum salary
Höchsthaftungsbetrag *m*
(Vers) capacity
(ie, on a single risk)
Höchsthaftungssumme *f* (Vers) maximum liability cover
Höchstkapazität *f* (Bw) maximum capacity
Höchstkurs *m*
(Bö) highest/peak . . . price
– all-time high
Höchstkurs *m* **im EWS** (AuW) upper exchange limit in the EMS
Höchstleistung *f* (Vers) maximum on claims payments
Höchstlohn *m*
(Pw) top (*or* maximum) wage rate
– wage ceiling
Höchstmiete *f* (Re) rent ceiling
höchstpersönliche Rechte *npl* (Re) rights which cannot be transferred
Höchstpreis *m*
(com) maximum price
– ceiling price
– price ceiling
– premium price
– top price
(Mk) price plateau *(ie, as accepted by buyers)*
Höchstqualität *f* (com) top quality
höchstrichterliche Entscheidung *f*
(Re) decision of the highest court
– supreme-court decision
Höchstschaden *m*
(Vers) maximum possible loss
(ie, largest probable loss expected for a given risk assuming the most unfortuitous circumstances)
Höchststand *m* (com) high
Höchststeuersatz *m* (StR) top rate
Höchststimmrecht *n* (com) maximum voting right *(cf, 134 I 2 AktG)*
Höchstsumme *f*
(Vers) maximum limit
– fixed insurance cover
höchstverzinsliche Wertpapiere *npl* (Bö) high yielders
Höchstwert *m*
(ReW) highest value
(eg, under commercial valuation rules: original cost less depreciation for depreciable fixed assets; the lower of cost or market for current assets)
(Bö) high
höchstwertiges Zeichen *n* (EDV) most significant character
Höchstzinssatz *m*
(Fin) interest rate cap
– cap rate
Hochtechnologie *f*
(com) high
– advanced
– state-of-the-art . . . technology
– (infml) high tech
(syn, Spitzentechnik, Spitzentechnologie)
Hochtechnologie-Unternehmen *n*
(com) high-tech enterprise
(syn, Unternehmen der Spitzentechnologie)
hochtreiben (com) to drive up *(eg, prices)*
Hoch- und Tiefbau *m* (com) structural and civil engineering
Hochverfügbarkeit *f* (EDV) high availability
hoch verschuldet
(Fin) badly in debt
– heavily indebted
– (sl) up to the eyes in debt

hochverzinslich (Fin) high interest yielding
hochverzinsliche Anleihe *f* (Fin) high coupon loan
hochverzinsliche Langläufer *mpl* (Fin) high coupon longs
hochverzinsliche Wertpapiere *npl*
(Fin) high-yield instruments
– high yielders
hochwertige Anlagen *fpl* (IndE) sophisticated equipment
hochwertige Erzeugnisse *npl* (com) high-quality products
hochwertiges Produkt *n* (Mk) high-technology product
Hochzahl *f* (Math) exponent
Hochzinsphase *f* (Fin) period of high interest rates
Hochzinspolitik *f* (Vw) high interest policy
Hochzoll-Land *n* (AuW) high-tariff country
Hochzollpolitik *f* (AuW) high-tariff policy
Hockdruckverkauf *m* (Mk) high-pressure selling
Hofbefestigungen *fpl* (ReW) yards
Hoffnungsreserven *fpl*
(Vw) potential resources
– speculative reserves
(ie, of mineral and other resources)
hohe Auflösung *f*
(EDV) high resolution (*or* definition)
(ie, ability of a video screen to display highly detailed graphics)
hohe Aufwendungen *fpl* (com) heavy spending
Hohe Behörde *f*
(EG) High Authority
(ie, of the European Coal and Steel Community = Montanunion; in 1967 merged with the Commissions of the other two Communities)
hohe Bußgelder *npl* (Kart) stiff penalties
Höhe *f* **der Beschäftigung** (Vw) level of employment
Höhe *f* **der Einlage** (Re) amount of (capital) investment
Höhe *f* **des Schadenersatzes** (Re) measure of damages
Hoheitsbetrieb *m* (StR) enterprise vested with public authority
Hoheitsgebiet *n* (Re) territorial area
Hoheitsgewässer *npl* (Re) territorial waters
Hoheitsträger *m* (Re) holder of sovereignty
hohe kurzfristige Verschuldung *f* (Fin) mountain of short-term debt
hoher Auftragsbestand *m*
(com) high level of order backlog
– strong order book
hoher Beschäftigungsstand *m* (Vw) high employment level
Höherbewertung *f* (ReW) upward revaluation
höhere Einkommensgruppen *fpl* (Stat) higher-income brackets
höhere Gewalt *f*
(Re) act of God
– *(civil law)* vis major
(ie, assumed to exist where the nonperformance of an obligation could not have been avoided, even by the exercise of the highest degree of diligence)
– force majeure *(ie, wider meaning than act of God, includes strike, war, etc)*
höher einstufen
(Pw) to upgrade
– to put into a higher group
höhere Preise *mpl* **verlangen** (com) to charge higher prices
höhere Programmiersprache *f* (EDV) high-level language *(eg, Cobol, PL/1)*
höherer Verwaltungsdienst *m* (Re) higher administrative service
höhere Steuerbelastung *f*
(StR) increased taxation
– heavier tax load (*or* burden)
hoher Gewinn *m* (Fin) high (*or* sizeable) profit
Höhergruppierung *f*
(Pw) upgrading
(ie, of a job)
hoher Nachlaß *m* (com) hefty discount
höher notieren
(Bö) to mark up
– to trade higher
hoher Preis *m* (com) high price (tag)
höherstufen (com, Pw) to upgrade
hohe Rücklagen *fpl* (Fin) high level of reserves
höherverzinslich (Fin) higher-yielding
höherverzinsliche Anlagen *fpl* (Fin) higher-yield investments
hohe Steuern *fpl* **erheben** (FiW) to levy stiff taxes
hohe Stückzahlen *fpl* (IndE) large product numbers
hohe Verschuldung *f* (Fin) heavy debt load
hohe Zinsen *mpl* (Fin) steep interest rates
Holding(-Gesellschaft) *f*
(com) holding company
(ie, Zweck: andere, rechtlich selbständige Unternehmen mittels Beteiligungen zu kontrollieren und zu leiten; syn, Beteiligungsgesellschaft, Kapitalverwaltungsgesellschaft)
holländisches Zuteilungsverfahren *n* (Fin) Dutch auction
holographisches Testament *n* (Re) holograph testament
holomorphe Funktion *f* (Math) analytic (*or* regular) function
Holschuld *f*
(Re) obligation where place of performance is debtor's residence or business seat
(ie, creditor must fetch goods or money from debtor)
Holsystem *n*
(MaW) pick-up system
(ie, operator fetches materials from storeroom; opp, Bringsystem)
Holzbearbeitungsindustrie *f* (com) wood working industry
holzfreies Papier *n* (com) woodfree pulp paper
Holzhandel *m* (com) timber trade
Holzhändler *m* (com) timber merchant
Holzindustrie *f* (com) timber industry
holzverarbeitende Industrie *f* (com) wood processing industry
Holzwolle *f*
(com) excelsior
– (GB) wood wool (*or* shavings)
homogene Differentialgleichung *f*
(Math) homogeneous differential equation

(ie, a differential equation where every scalar multiple of a solution is also a solution)
homogene Funktion *f* **vom Grade 1** (Math) homogeneous function of the first degree
homogene Funktion *f* **vom Grade Null** (Math) homogeneous function of zero degree
homogene Gleichung *f*
(Math) homogeneous equation
(ie, an equation that can be rewritten into the form having zero on one side of the equal sign and a homogeneous function of all the variables on the other side)
homogene Güter *npl*
(Vw) homogeneous goods (*or* products)
– identical products
homogene kartesische Koordinaten *fpl* (Math) homogeneous coordinates
homogene Markoffsche Kette *f* (Stat) homogeneous Markov chain
homogener Markt *m* (Vw) homogeneous market
homogenes algebraisches Polynom *n* (Math) homogeneous algebraic polynomial
homogenes Gleichungssystem *n* (Math) homogeneous set of equations
homogenes Oligopol *n* (Vw) pure oligopoly
homogenes Polynom *n*
(Math) homogeneous polynomial
– quantic
(ie, a polynomial all of whose terms have the same total degree; equivalently it is a homogeneous function of the variables involved)
Homogenität *f* **e–r Funktion** (Math) homogeneity of a function
Homogenitätsgrad *m* (Math) degree of homogeneity
homograde Größe *f* (Stat) intensive magnitude
homogrades Merkmal *n* (Stat) attribute
homograde Statistik *f* (Stat) attribute-based statistics
homologe Algebra *f*
(Math) homological algebra
(ie, studies the structure of modules, esp by means of exact sequences; it has applications to the study of topological space)
homo oeconomicus *m* (Vw) economic man
homoskedastisch
(Stat) homoscedastic
(syn, gleichgestreut; opp, heteroskedastisch)
Homoskedastizität *f*
(Stat) homoscedasticity
(ie, eine der Grundannahmen des klassischen Regressionsmodells: the variance of the regression disturbance is constant for all observations; opp, Heteroskedastizität)
Honorant *m* (WeR) acceptor for honor (*or* supra protest)
Honorar *n*
(com) fee
– professional fee
– fee for professional services
– remuneration
– honorarium
(ie, paid to accountants, auditors, lawyers, doctors)
Honorarfestsetzung *f* (com) fee setting
Honorarrechnung *f*
(com) bill for professional services
– bill of costs
– bill of fees
Honorarumsatz *m* (com) volume of professional fees
Honorarvertrag *m* (com) fee contract
Honorarvorschuß *m*
(com) fees (*or* charges) paid in advance
(com) book advance
honorieren
(Fin) to honor
– to pay
Hörer *m* **abheben**
(com) to lift the receiver
(ie, off its hook)
Hörer *m* **auflegen**
(com) to put back the receiver
– (infml) to hang up
(ie, as an unfriendly act)
horizontale Arbeitsmobilität *f* (Pw) horizontal labor mobility
horizontale Bildlaufleiste *f*
(EDV, GUI) horizontal scroll bar
(opp, vertical scroll bar)
horizontale Diversifikation *f* (com) horizontal diversification
horizontale Fusion *f*
(com) horizontal merger
(ie, von Unternehmen der gleichen Branche)
horizontale Integration *f*
(Bw) horizontal integration (*or* merger)
– horizontal expansion
– lateral integration
horizontale Konzentration *f* (Bw) horizontal integration
horizontale Kooperation *f* (com) horizontal cooperation
horizontale Mobilität *f* (Vw) horizontal mobility
horizontale Preisbindung *f* (Kart) collective resale price maintenance
horizontaler Finanzausgleich *m*
(FiW) horizontal system of tax revenue
– tax equalization
horizontaler Kommunikationsweg *m* (Bw) horizontal communication channel
horizontaler Zusammenschluß *m*
(Re) horizontal combination
(com) horizontal merger (*or* combination)
(ie, unites side-by-side competitors in the same line of business; opp, vertikaler Zusammenschluß, konglomerater Zusammenschluß)
horizontale Steuergerechtigkeit *f* (FiW) horizontal tax equity
horizontales Wachstum *n*
(Bw) horizontal expansion
(ie, expanding a business in the same product line it is producing or selling)
horizontale Wettbewerbsbeschränkungen *fpl*
(Kart) horizontal restraints of competition
(ie, comprising cartel agreements and cartel resolutions, §§ 1–14 GWB)
Horizontalkonzern *m*
(com) horizontal group
(ie, of affiliated companies)

Horten *n*
(Vw) hoarding of money
(ie, by households and businesses)
Horten *n* **von Arbeitskräften** (Pw) labor hoarding
Hortung *f*
(Vw) hoarding
(ie, of money)
(Bw) stockpiling
(ie, of goods and commodities)
Hortungskäufe *mpl* (Vw) hoarding purchases
Hostname *m* (EDV) host name
Hotelgewerbe *n* (com) hotel industry
Hotelkette *f* (com) hotel chain
Hotelschlüssel *m* (com) hotel booking code
Hotel- und Gaststättengewerbe *n*
(com) hotel and catering industry
– (GB) catering trade
HR (Re) = Handelsregister
HReg (Re) = Handelsregister
HTML-Marke *f* (EDV) HTML tag, HTML-Tag *m*
HTTP-Server *m* (EDV) HTTP server
HTTP-Statuscodes *mpl* (EDV) HTTP status codes
Hubschrauber *m*
(IndE) helicopter
– (infml) chopper
(syn, Drehflügler; opp, Starrflügler = fixed-wing aircraft)
Hubschrauber-Landeplatz *n*
(com) heliport
– helipad
Huckepacksystem *n*
(com) piggyback export scheme
(ie, Wahrnehmung der Interessen kleiner Firmen durch große Exportfirmen)
Huckepackverkehr *m*
(com) rail trailer shipment
– piggyback traffic
(com) trailer on flatcar, TOFC
Huckepackwerbung *f* (Mk) piggyback advertising
Huffman-Verschlüsselung *f*
(EDV) Huffman encoding
(syn, Huffman-Verschlüsselungs-Algorithmus)
Huffman-Verschlüsselungs-Algorithmus *m*
(EDV) Huffman encoding
(syn, Huffman-Verschlüsselung)
Hüllkurve *f* (Math) envelope
Humanisierung *f* **der Arbeit**
(Pw) humanizing of work
– work humanization
Humanisierung *f* **des Arbeitslebens** (Pw) humanization of working life
Humankapital *n*
(Vw) human capital (*or* wealth) *(syn, Arbeitsvermögen)*
Humankapitalrechnung *f*
(VGR) human capital accounting
(ie, volkswirtschaftliches Rechnungswesen, das die gesamtwirtschaftlichen Auswirkungen von bildungs-, gesundheits- und beschäftigungspolitischen u. a. Maßnahmen ermitteln soll)
Humanökologie *f* (Vw) human ecology
Humanvermögen *n* (ReW) human assets (*or* resources)
Humanvermögensrechnung *f*
(ReW) human resource accounting, HRA
(ie, Teilrechnungswesen, das informative Zahlen über die menschlichen Ressourcen e–r Unternehmung liefern soll; i.e.S. werden jedoch nur die Belegschaftsmitglieder zahlenmäßig nach Kosten und Wert abgebildet: human resource cost accounting + human resource value accounting)
hundertprozentige Tochtergesellschaft *f* (com) wholly-owned subsidiary
Hundesteuer *f*
(StR) dog tax
(ie, von den Steuerämtern der Gemeinden verwaltet; gehört zu den örtlichen Verbrauch- und Aufwandsteuern)
Hurenkind *n*
(EDV) widow line
(ie, in text processing; opp, orphan)
Hüttenwerk *n* (IndE) iron and steel works
HV (com) = Hauptversammlung
hybride Finanzierungsform *f*
(Fin) hybrid financing instrument
(eg, Genußrechte, Genußscheine, Gewinnobligationen, partiarische Darlehen und Beteiligungen als stiller Gesellschafter = jouissance rights and shares, profit obligations, profit participating loans, and shares in a silent partnership)
hybride Mitgliederstruktur *f* (Mk) hybrid membership structure
hybrides Käuferverhalten *n*
(Mk) hybrid buyer behavior *(syn, gespaltenes K.)*
hybrides Verhalten *n* (Mk) = gespaltenes Verhalten
Hybridrechner *m*
(EDV) hybrid computer
– analog-digital computer
Hybridstation *f* (EDV) balanced/combined . . . station
Hygiene-Faktoren *mpl*
(Pw) job context factors
– hygiene factors
(ie, in Herzberg's theory)
HypBG (Re) = Hypothekenbankgesetz
Hyperbel *f* (Math) hyperbola
Hyperbelfunktion *f* (Math) hyperbolic function
hyperbolisch (Math) hyperbolic
Hyperebene *f*
(Math) hyperplane
– hypersurface
hypergeometrisch (Math) hypergeometric
hypergeometrische Reihe *f*
(Math) Gaussian series
– hypergeometric series
hypergeometrische Verteilung *f* (Stat) hypergeometric distribution
Hyperinflation *f*
(Vw) hyperinflation
– runaway inflation
(ie, Geld verliert wegen der hohen Preissteigerungsraten nach der Wertaufbewahrungsfunktion [store of value] auch die Tauschmittelfunktion [medium of exchange]; in od nach Kriegen)
Hypotenuse *f* (Math) hypotenuse
Hypothek *f*
(Re) mortgage
(ie, gesetzlicher Typ des Grundpfandrechts als Sicherungsrecht an e–m Grundstück; cf, §§ 1113 ff

BGB; nach Common Law: mortgage operates as a conveyance of the legal title to the mortgagee [= Grundpfandgläubiger]; für die USA gilt: „in many states a mortgage is regarded as a mere lien, and not creating a title or estate; cf, Zeigler v. Sawyer, Tex.Civ.App., 16 S.W.2d 894, 896; ... while others have adopted a hybrid or intermediate theory of mortgage"; sie wird stets als Sicherheit für e–e zugrundeliegende Forderung bestellt)

Hypothek *f* **ablösen** (Re) to redeem a mortgage

hypothekarisch belasten (Re) to mortgage

hypothekarische Belastung *f* (Re) mortgage charge

hypothekarisches Darlehen *n* (Fin) mortgage loan

hypothekarische Sicherheit *f*
(Fin) mortgage collateral
(ie, mortgage by real-estate mortgage)

hypothekarisch gesicherte Forderung *f*
(Fin) mortgage-backed claim
– mortgage debt

hypothekarisch gesicherte Schuldverschreibung *f*
(Fin) mortgage bond

Hypothekarkredit *m*
(Fin) mortgage loan
(ie, mainly for financing residential construction)

Hypothek *f* **aufnehmen** (Fin) to take up a mortgage

Hypothek *f* **bestellen** (Re) to create a mortgage

Hypothekenablösung *f* (Fin) redemption of mortgage

Hypothekenbank *f*
(Fin) mortgage bank
(ie, beleiht Grundstücke und gibt aufgrund der erworbenen Hypotheken Schuldverschreibungen [Hypothekenpfandbriefe] aus; there are 39 of them, chiefly engaged in long-term lending against security or public guaranty)

Hypothekenbankgeschäft *n* (Fin) mortgage banking business

Hypothekenbankgesetz *n* (Re) bank law on mortgages, 5 Feb 1963

Hypothekenbestellung *f* (Re) creation of a mortgage

Hypothekenbetrag *m* (Fin) mortgage principal

Hypothekenbrief *m* (Re) mortgage certificate, § 1116 BGB

Hypothekendamnum *n* (Fin) mortgage discount

Hypothekendarlehen *n*
(Fin) mortgage loan
(ie, secured by resident and industrial estate)

Hypothekeneintragung *f* (Re) registration of a mortgage

hypothekenfrei (Fin) clear of mortgages

Hypothekengewinnabgabe *f*
(StR) levy on profits from the redemption of mortgage loans
(ie, imposed under the Equalization of Burdens Law and ended 10 Nov 1979)

Hypothekengläubiger *m*
(Re) mortgage creditor
– mortgagee

Hypothekenkredit *m* (Fin) mortgage loan

Hypothekenkreditgeschäft *n* (Fin) mortgage lending business

Hypothekenkredit *m* **mit 100% Auszahlung** (Fin) real-estate mortgage paid out in full

Hypothekenkredit *m* **mit 90% Auszahlung** (Fin) real-estate mortgage, paid out at a discount of 10%

Hypothekenlaufzeit *f* (Fin) term (*or* currency) of a real-estate mortgage

Hypothekenlebensversicherung *f* (Vers) mortgage protection insurance

Hypothekenmarkt *m*
(Fin) mortgage market
(ie, long-term loans for house purchases; no such market exists in GB)

Hypotheken *fpl* **mit Bundesgarantie** (Fin, US) federally guaranteed mortgages

Hypothekenpfandbrief *m*
(Fin) mortgage bond
(ie, Inhaberschuldverschreibungen, durch deren Ausgabe Hypothekenbanken Gelder erlangen, mit denen sie ihrerseits wieder hypothekarisch gesicherte Darlehen ausgeben können)

Hypothekenregister *n* (Re) register of real-estate mortgages

Hypothekenschuld *f* (Re) mortgage debt

Hypothekenschuldner *m*
(Re) mortgage debtor
– mortgagor

Hypothekenschuldverschreibung *f* (Fin) collateral mortgage bond

Hypothekentilgung *f* (Re) mortgage redemption

Hypothekentilgungsversicherung *f*
(Vers) mortgage redemption life insurance
(syn, Hypothekenversicherung, Tilgungslebensversicherung)

Hypothekenurkunde *f* (Re) mortgage deed (*or* instrument)

Hypothekenvaluta *f* (Fin) mortgage loan money (*or* proceeds)

Hypothekenvermittlungsgebühr *f* (Re) mortgage broker's fee

Hypothekenversicherung *f* (Vers) = Hypothekentilgungsversicherung

Hypothekenzinsen *mpl*
(Fin) mortgage interest
– mortgage rates

Hypothekenzusage *f* (Fin) mortgage loan commitment

Hypothek *f* **löschen** (Re) to cancel a mortgage

Hypothek *f* **tilgen** (Fin) to pay off a mortgage

Hypothese *f*
(Log) hypothesis, *pl. hypotheses*
(ie, nach herrschendem Sprachgebrauch wird als H. ein Satz verwendet, wenn er als Prämisse e–r Schlußfolgerung vorgebracht wird, ohne daß die Frage, ob er wahr od falsch ist, diskutiert wird; sie hat also den Status e–r Annahme; ein Schluß ist also nicht deswegen hypothetisch, weil er e–e konditionale „wenn – so"-Form hat, sondern wegen des Wenn-Seins, des Annahmecharakters, s–r Antecedentien; implies insufficient evidence to provide more than a tentative explanation)

Hypothese *f* **aufstellen**
(Log) to put forward a hypothesis
– to hypothesize

Hypothese *f* **der Fristensynchronisierung** (Fin) hedging pressure hypothesis

Hypothese *f* **kontinuierlicher Konsumgewohnheiten** (Mk) habit persistence hypothesis

Hypothesenprüfung *f*
(Stat) test of . . . hypothesis/significance – hypothesis testing

Hypothesenwahrscheinlichkeit *f* (Stat) probability of hypotheses

Hypothese *f* **von der Kapitalmarkteffizienz** (Fin) efficient market hypothesis

hypothetische Grundgesamtheit *f* (Stat) hypothetical population

hypothetische Kausalität *f*
(Re) hypothetic causality
(syn, überholende Kausalität; kann Schädiger sich auf andere Ursachen [Reserveursachen] berufen?)

Hysterese *f*
(Vw) hysteresis
(ie, e–e Größe, die verändert wird, kehrt nach Wegfall der Ursache für die Veränderung nicht auf ihr Ausgangsniveau zurück; wird zB zur mikroökonomischen Fundierung der Dynamik des Außenhandels benutzt; eg, dauerhafte Wirkungen temporärer Schocks etwa in Form von Wechselkursschwankungen; untersucht werden also hysteretische Situationen und Verhaltensweisen)

I

IATA-Sammelladungsagent *m* (com) consolidator
IBIS (Bö) = Integriertes Börsenhandels- und Informationssystem = integrated stock market trading and information system
ICOMP-Index *m* (EDV) ICOMP-index *(standard index for Intel microprocessors)*
Idealbestand *m*
(MaW) model stock
(ie, right stock at the right time in the right quantities at the right price)
idealer Indikator *m* (Vw) ideal indicator
Idealstandardkosten *pl* (KoR) ideal/perfect . . . standard cost
Idealverein *m* (Re) incorporated society established for non-economic purposes, §§ 21, 55 ff BGB
ideeller Schaden *m*
(Re) immaterial damage
– intangible damage
– damage not resulting in pecuniary loss
Ideenfindung *f* (com) brainstorming
Ideen-Ingenieur *m* (com, US, infml) imagineer
Identifikation *f* (com) identification
Identifikationsnummer *f*
(EDV) personal identity number, PIN
– personal identification number
(syn, Geheimnummer)
Identifikationsproblem *n* (Vw) identification problem *(Leontief and Frisch)*
Identifikationstest *m*
(Mk) identification test
(ie, in advertising)
identische Funktion *f*
(Math) identical function
(ie, the function of a set to itself which assigns to each element the same element)
identische Gleichung *f* (Math) identical equation
identische Größen *fpl* (Math) identical quantities
identische Matrix *f*
(Math) identische Matrix *f*
(ie, the square matrix of all whose entries are zero save along the principal diagonal where they all are 1)
identischer Operator *m* (Math) identity/unit . . . operator
identische Transformation *f* (Math) identity transformation
identisch falsch (Log) identically false
identisch verteilt (Stat) identically distributed
identisch wahr (Log) identically true
identisch wiederholen (Math) to duplicate
Identität *f*
(Math) identity
(ie, an equation satisfied for all possible choices of values for the variables involved)
(Zo) identity *(ie, of goods)*
Identitätsgleichung *f* (Vw) identity (equation)
Identitätsirrtum *m*
(Re) error in persona
– error in obiecto
(ie, Irrtum über die Identität e–r Person od Sache)
Identitätsprinzip *n* (ReW, Zo) principle of identity
Identkarte *f* (IndE) identity card
IDE-Schnittstelle *f*
(EDV) Integrated Drive Electronics, IDE
(ie, standard interface for PC hard disks)
idiotensicher (com, infml) fool-proof
IDIS (EDV) = International Directory Inquiry System
idR (com) = in der Regel
IdW (ReW) = Institut der Wirtschaftsprüfer
IEEE 1394-Standard *m*
(EDV) IEEE 1394 standard
(ie, Standard für einen seriellen Hochgeschwindigkeitsbus mit Eingabe-/Ausgabefunktionen)
IEEE 802.11-Standard *m*
(EDV) IEEE 802.11
(ie, Gruppe von IEEE-Standards, die sich mit der frahtlosen Vernetzung von LANs beschäftigten; Definiert Standards für Übertragungsgeschwindigkeiten zwischen 1 und 54 Mbps)
IFO-Institut *n* **für Wirtschaftsforschung** (Vw) *(Munich-based)* IFO Economic Research Institute
IFO-Konjunkturtest *m* (Vw) IFO barometer for the business climate
I-förmiger Mauszeiger *m* (EDV, GUI) I-beam pointer *(used for editing and text processing; syn, Text-Mauszeiger, Text-Cursor)*
IG Metall *f* (Pw) German engineering workers' union
IHK (com) = Industrie- und Handelskammer
Ikosaeder *m* (Math) icosahedron
IKR (ReW) = Industriekontenrahmen
iL (Bw)= in Liquidation, in Abwicklung
illegale Beschäftigung *f*
(Pw) illegal employment
(ie, Schwarzarbeit + illegale Ausländerbeschäftigung)
illegaler Streik *m*
(Pw) illegal strike
– (infml) snap strike
illiquide
(Fin) insolvent
(ie, unable to meet financial obligations)
illiquide werden
(Fin, infml) to run out of money
(ie, to pay bills)
Illiquidität *f*
(Fin) insolvency
(ie, inability of a person or organization to pay its debts as they become due)
– illiquidity
– insolvency
– shortage of liquid funds
ILO (Vw) = Internationale Arbeitsorganisation
ILOVEYOU Virus *m* (EDV) loveletter virus
Image-Berater *m* (com) image consultant
Imageforschung *f*
(Mk) image research

(eg, durch multidimensionale Skalierung; syn, Einstellungsforschung)
Imagepflege *f* (Bw) image building
imaginärer Gewinn *m*
(ReW) paper profit
(com, Vers) anticipated/imaginary . . . profit
(eg, profit expected upon arrival of the goods at place of destination)
imaginäre Zahl *f*
(Math) imaginary . . . number/quantity
(ie, a complex number of the form a + bi)
Imaginärteil *m*
(Math) imaginary part
(ie, for a complex number x +iy, it is the real number x)
im Amt bleiben (com) to stay in office
im Angebot
(com) on sale
– (GB) on offer *(eg, article is on offer this week)*
im Aufsichtsrat sitzen (com) to sit on the supervisory board
im Auftrag von (com) by order of
im Bau (com) under construction
im Bau befindliche Anlagen *fpl* (ReW) construction in process
im Ergebnis (com) on balance
im Freiverkehr handeln (Bö) to trade over the counter
im gegenseitigen Einvernehmen (Re) by mutual agreement *(eg, settle a question by . . .)*
Im-Haus-Verarbeitung *f* (EDV) in-house processing
im Innenverhältnis (Re) internally
Immaterialgüter *npl* (Re) intangible assets
Immaterialgüterrechte *npl*
(Re) rights over immaterial property
(eg, patent rights, trademarks, commercial goodwill)
immaterielle Aktiva *npl*
(ReW) intangible assets
– intangibles
immaterielle Anlagewerte *mpl*
(ReW) intangible fixed assets
(ie, patents, licenses, trademarks, goodwill)
immaterielle Bedürfnisse *npl* (Vw) nonmaterial wants
immaterielle Gegenstände *mpl* (Re) incorporeal things
immaterielle Güter *npl* (Vw) intangible/noneconomic . . . goods
immaterielle Güter *npl* **des Anlagevermögens** (Bw) = immaterielles Anlagevermögen
immaterielle Investitionen *fpl*
(Bw) intangible investments
(eg, in advertising, personnel development, organization)
immaterielle Ressourcen *fpl*
(Bw) intangible ressources
(eg, Fertigungs- und Entwicklungserfahrungen)
immaterieller Schaden *m*
(Re) immaterial (*or* intangible) damage
– damage not resulting in pecuniary loss
immaterielles Anlagevermögen *n* (ReW) intangible fixed assets
immaterielles Recht *n* (Re) intangible right
immaterielle Vermögensgegenstände *mpl* (ReW) intangible assets
immaterielle Werte *mpl* (StR) = immaterielle Wirtschaftsgüter
immaterielle Wirtschaftsgüter *npl* (StR) intangible assets
immerwährende Nutzungen *fpl* **od Leistungen** *fpl* (StR) perpetual payments or other benefits, § 13 II BewG
Immobiliarkredit *m* (Fin) real estate credit
Immobiliarpfandrechte *npl* (Re) = Grundpfandrechte
Immobiliarvermögen *n* (Re) real property
Immobiliarversicherung *f*
(Vers) real estate (*or* real property) insurance
– building insurance
Immobiliarvollstreckung *f* (Re) levy of execution on real property
Immobilie *f*
(com) (a) property
(ie, building, piece of land, or both together; several properties are for sale)
Immobilien *pl*
(com) real estate
– real property
– property (*also: properties)*
Immobilienabteilung *f*
(Fin) real estate department
(ie, of a bank)
Immobilienaktie *f* (Fin) real estate share
Immobilienanlage *f* (Fin) real estate investment
Immobilienanlagegesellschaft *f* (Fin) real estate investment fund
Immobilienbesitz *m* (com) real estate/property . . . holding
Immobilienbranche *f* (com) real estate industry
Immobilienfirma *f* (com) real estate firm (*or* venture)
Immobilienfonds *m*
(Fin) real estate investment trust, REIT
– (GB) property fund
Immobilienfondsanteil *m*
(Fin) REIT share
– (GB) property fund unit
Immobiliengesellschaft *f*
(com) real estate company
– property company
Immobilienhandel *m* (com) real estate business (*or* trading)
Immobilien-Holding *f* (com) real estate holding company
Immobilien-Investition *f* (Fin) real estate investment
Immobilienkredit *m* (Fin) real estate loan
Immobilien-Leasing *n* (Fin) real estate leasing
Immobilienmakler *m*
(com) real estate broker
– (GB) estate/land/property . . . agent
(syn, Grundstücksmakler)
Immobilienmanager *m* (com) real estate manager
Immobilienmarkt *m*
(com) property market
– real estate market
Immobilien-Mischfonds *m* (Fin) commingled property fund

Immobilienpreise *mpl* (com) real estate prices
Immobilienunternehmen *n* (com) real estate developer (*or* operator)
Immobilienverkauf *m* (com) sale of real estate (*or* property)
Immobilienversicherung *f* (Vers) = Immobiliarversicherung
Immobilienverwalter *m* (com) property manager
Immobilienwirtschaft *f* (com) real estate management
im ordentlichen Geschäftsgang (com) in the course of ordinary business transactions
im Original (com) in the original
Imparitätsprinzip *n*
(ReW) imparity principle
(ie, nichtrealisierte Verluste sind auszuweisen, während noch nicht realisierte Gewinne bilanziell noch nicht berücksichtigt werden dürfen; principle of unequal treatment of losses and income: requires unrealized losses to be accrued but prohibits recognition of unrealized profits)
Impedanzunterschied *m*
(EDV) impedance mismatch
(ie, unterschiedliche, Widerstände' beim Zugriff auf Daten, etwa zwischen objektorientierten Daten im Hauptspeicher und relational verknüpften Daten in einer persistenten Datenbank)
imperative Anweisung *f* (EDV) executable statement
impfen v (EDV) inoculate
Implementierung *f*
(EDV) implementation
(Bw) implementation
Implementierungssprache *f* (EDV) implementation (*or* system programming) language
Implikans *n* (Log) antecedent *(ie, in ,if A then B', A is the antecedent)*
Implikat *n* (Log) consequent *(ie, in ,if A then B', B is the consequent)*
Implikation *f*
(Log) implication
– logical conditional
– implicative proposition
(ie, a binary propositional connective, usually read ,if – then')
(EDV) conditional implication operation
– if-then operation
– inclusion operation
implizieren
(Log) to imply
– to entail
implizite Definition *f* (Log) implicit definition
implizite Differentiation *f* (Math) implicit differentiation
implizite Funktion *f*
(Math) implicit function
(ie, function defined by an equation f(x,y) = 0, when x is considered as an independent variable and y called an implicit function of x, as a dependent variable)
implizite Volatilität *f* (Bö) implicit/implied . . . volatility
Import *m*
(com) import
– importation
Importabgabe *f* (AuW) import levy
Importabteilung *f* (com) import department
Importakkreditiv *n* (Fin) import letter of credit
Importausgleich *m* (EG) import price adjustment levy
Importbedarf *m* (AuW) import requirements
Importbeschränkungen *fpl* (AuW) = Einfuhrbeschränkungen
Importe *mpl* (com) imports
Importerstfinanzierung *f* (Fin) initial import financing
Importeur *m* (com) importer
Importfinanzierung *f* (Fin) import financing
Importfirma *f*
(com) importer
– importing firm
Importgüter *npl* (com) imported goods (*or* materials)
Importhandel *m* (com) import (*or* passive) trade
importieren (com) to import
importierte Deflation *f* (Vw) imported deflation
importierte Inflation *f* (Vw) imported inflation
importierte Vorleistungen *fpl* (VGR) imported input
Importkonnossement *n* (com) inward bill of lading
Importkontingent *n* (AuW) import quota
Importkontingentierung *f* (AuW) imposition of import quotas
Importkredit *m* (Fin) import credit
Importlager *n* (com) stock of imported goods
Importland *n* (AuW) importing country
Importlizenz *f* (EG) import license
Importneigung *f* (Vw) propensity to import
Import-Niederlassung *f*
(com) import branch
– import branch office (*or* operation)
Importquote *f*
(AuW) import quota
(Vw) propensity to import
(ie, ratio of imports to net national product at market prices; equal to ,durchschnittliche Importquote' = average propensity to import; see: marginale Importquote)
Importrechnung *f* (com) import bill
Importrestriktionen *fpl* (AuW) = Importbeschränkungen, Einfuhrbeschränkungen
Importüberschuß *m* (AuW) import surplus
Importverbot *n* (AuW) ban on imports
Importvolumen *n*
(AuW) volume of imports
(AuW) import bill
Importware *f* (com) imported merchandise (*or* goods)
Importwarenabschlag *m* (AuW) reduction of price paid on imported goods
Importwirtschaft *f* (AuW) import trade (*or* business)
Import-Zertifikat *n* (AuW) certificate of import
improvisierende Planung *f* (Bw) intuitive-anticipatory planning
Impuls *m* (com) stimulus
Impulsartikel *m*
(Mk) impulse article
(ie, der spontan gekauft wird)

Impulskauf *m*
(Mk) impulse purchase *(syn, Spontankauf)*
Impulswahlverfahren *n* (EDV) pulse dialing
im Rahmen der Vertretungsmacht (Re) within the scope of one's authority
im Rahmen des Unternehmens (com) within the scope of the enterprise
im Sinne des Vertrages (Re) as contemplated by the contract
imstande sein
(com) be able
– be capable
– (infml) be in shape
(eg, to meet the demands of creditors)
im steuerlichen Sinne (Re) under tax aspects
im Telefonverkehr handeln (Bö) to trade in the unofficial market
im voraus zahlen
(Fin) to pay in advance
– (infml) to pay up-front
im vorhinein (com) in advance
im Werte von (Fin) ad valorem, a.v.
im Wert fallen
(com) to fall in value
– to depreciate
– to lose (*or* fall)
(eg, against another currency)
im Wert steigen
(com) to increase in value
– to appreciate
– to gain (*or* rise)
(eg, against another currency)
im Zeitablauf (com) over time
in Abwicklung
(Re) in liquidition
– in process of winding up
inaktive Datenstation *f* (EDV) inactive station
inaktives Fenster *n*
(EDV, GUI) background window
(opp, active window)
inaktives Geld *n* (Fin) idle money
Inanspruchnahme *f* **der Zentralbank** (Fin) recourse to central bank
Inanspruchnahme *f* **des Geldmarktes** (Fin) borrowing in the money market
Inanspruchnahme *f* **des Kapitalmarktes** (Fin) tapping the capital market
Inanspruchnahme *f* **e–r Garantie** (Re) implementation of a guaranty
Inanspruchnahme *f* **e–s Akkreditivs** (Fin) drawing on a letter of credit
Inanspruchnahme *f* **von Leistungen** (SozV) claiming (*or* utilization) of benefits
in Anspruch nehmen (Re) to invoke
in Arbeit (com) = in Bearbeitung
in Arbeit befindliche Aufträge *mpl* (com) active backlog of orders
in Auftrag geben
(com) to order
– to commission
in Ausbildung (Pw) being educated for a profession or employment
in bar
(com) cash down
– (in) cash

in Baukastenform
(IndE) modular
– unitized
in Bausch und Bogen (com) by the bulk
in Bearbeitung
(com) in process
– being handled (*or* processed)
– under way
(com, infml) in the works
– (GB) on the stocks
(ie, already started)
in Betrieb
(com) in operation
– on stream
(eg, plant, machinery)
in Betrieb gehen
(com) to go into operation
– to come on stream
– to be commissioned
Inbetriebnahme *f*
(com) coming on stream
– going into operation
– commissioning
in Betrieb nehmen
(com) to commission
– to put into . . . operation/service/action
– to take into operation
– to put/bring . . . on stream
– to start up
(eg, continuous caster)
– to fire up
(eg, coke-oven battery)
in Betrieb setzen (com) to bring on line *(eg, plant, machinery)*
Incoterms *pl*
(com) Incoterms
– trade terms
(= Internationale Regeln für die Auslegung handelsüblicher Vertragsformeln; zB ex works – for/fot – fas – fob – cif)
in das Privatvermögen pfänden (Re) to attach private assets
in das Vermögen übergehen (Fin) to pass into the assets (of)
Indemnitätsbriefe *mpl* (com) letters of indemnity
in den Aufwand buchen (ReW) to expense
in den Aufwand gebucht (ReW) expensed
in den Keller fallen (com) to fall through the floor
in den roten Zahlen stecken
(com) to operate (*or* stay) in the red
– to write red figures
in den Ruhestand versetzen (Pw) to pension off
in den Streik treten (Pw) to come out on strike
Indentgeschäft *n* (AuW) indent
Indentkunde *m* (Mk, US) resident buyer
in der Fassung von, i.d.F. von (Re) as amended *(eg, in 1991)*
Index *m* (Stat) index
Indexanleihe *f* (Fin) index-linked loan
Indexautomatik *f* (Pw) automatic cost-of-living increases
Indexbindung *f*
(Vw) indexation
– index-linking
– indexing

Indexdatenfeld *n* (EDV, Cobol) index data item
Index *m* **der Aktienkurse** (Bö) index of stocks and shares
Index *m* **der Arbeitsproduktivität** (Stat) index of labor productivity
Index *m* **der Einzelhandelspreise** (Stat) retail price index
Index *m* **der Erzeugerpreise industrieller Produkte** (Stat) index of industrial producer prices
Index *m* **der Großhandelspreise** (Stat) wholesale price index
Index *m* **der industriellen Nettoproduktion** (Stat) index of industrial net output
Index *m* **der industriellen Produktion** (Stat) industrial production index
Index *m* **der Lebenshaltungskosten** (Stat) index of retail prices
Index *m* **der Rentenwerte** (Fin) fixed-securities index
Index *m* **der Verbraucherpreise** (Stat) consumer price index
Index *m* **des Außenwertes**
(AuW) trade-weighted index
(ie, zeigt die Außenwertentwicklung e–r Währung gegenüber anderen Währungen; als gewogenes geometrisches Mittel errechnet)
Index *m* **des gesamten Handelsgewinns**
(AuW) index of total gain from trade
(ie, Warenaustauschverhältnis multipliziert mit e–m Außenhandelsvolumenindex: T = C.Q)
Index *m* **des Verbraucherverhaltens** (Stat) index of consumer sentiment
Indexfamilie *f* (Stat) standardized family household
Indexfonds *m* (Fin) index fund
indexiert (Stat) index-linked
indexierte Anleihen *fpl* (Fin, GB) index-linked bonds
Indexierung *f*
(Vw) indexation
– index-linking
– indexing
Indexierung *f* **des Außenwertes**
(AuW) trade weighting
(ie, of a country's exchange rate; weighting applied to arrive at the indexes is based on foreign trade figures [exports + imports])
Indexierungs-Vereinbarung *f* (Vw) indexation arrangements
Indexklausel *f* (Stat) index clause
Indexliste *f*
(EDV) index register
(syn, Adreßbuch)
Indexlohn *m* (Pw) index-linked wage
Indexmethode *f* (EDV) index method
Indexpreis *m* (Vw) index-linked price
Indexpunkt *m* (EDV) index point
Indexregister *n* (EDV) index (*or* modifier) register
Indexrente *f*
(SozV) index-linked pension
(syn, dynamische Rente)
Indexsatz *m* (EDV) index record
indexsequentielle Datei *f* (EDV) indexed sequential file
Indexstabilität *f* (Vw) index stability
Index-Terminhandel *m* (Bö) index futures trading
Indexterminkontrakt *m*
(Bö) index futures contract
(ie, wird auf der Basis unterschiedlicher Indizes abgeschlossen)
Indextheorie *f* (Stat) index theory
Indexverfahren *n* (EDV) indexed sequential access method, ISAM
index-verkettete Speicherung *f* (EDV) chaining
Indexverknüpfung *f* (Stat) index linking
Indexversicherung *f* (Vers) index-linked insurance
Indexwährung *f* (Vw) index-based currency
Indexwort *n* (EDV) index word
Indexzahl *f*
(Stat) index number
(Bw) ratio
Indexziffer *f* (Stat) = Indexzahl
in die Höhe treiben
(com) to force up *(eg, prices)*
– to balloon
– to pump up *(eg, stocks)*
in die roten Zahlen geraten (com) to go (*or* plunge) into the red
in die Tagesordnung eintreten (com) to get down to business
Indifferenzbereich *m* (Vw) zone of indifference
Indifferenzebene *f* (Vw) indifference surface
Indifferenzfunktion *f* (Vw) indifference function
Indifferenz-Hyperbene *f* (Vw) indifference hypersurface
Indifferenzkurve *f*
(Vw) indifference curve
– iso-utility curve
Indifferenzkurvenanalyse *f* (Vw) indifference analysis
Indifferenzkurvensystem *n* (Vw) indifference map
Indifferenzort *m* (Vw) locus of indifference
Indifferenzpunkt *m*
(Stat) indifference quality
– point of control
indikative Planung *f* (Vw) indicative planning
Indikator *m* (Vw) indicator
Indikatorenanalyse *f* (Stat) item analysis
Indikatorenstabilität *f* (Vw) formula flexibility
indirekte Abschreibung *f*
(ReW) indirect method of depreciation
(ie, debit through valuation account, which is treated as ‚Erneuerungskonto')
indirekte Arbitrage *f* (Fin) multiple point (*or* triangular) arbitrage
indirekte Ausfuhr *f* (com) indirect export
indirekte Auswahl *f* (Stat) indirect sampling
indirekte Datenfernverarbeitung *f* (EDV) offline teleprocessing
indirekte Devisenarbitrage *f*
(Fin) compound arbitration *(of exchange)*
(syn, Mehrfacharbitrage; opp, direkte Devisenarbitrage = simple arbitration; cf, Devisenarbitrage)
indirekte Einfuhr *f* (com) indirect export
indirekte Erhebung *f* (Mk) desk research
indirekte Investition *f* (Fin) portfolio investment *(cf, Portfolioinvestition)*
indirekte Kosten *pl*
(KoR) indirect cost (*or* expense)
(ie, in network planning those costs that can be traced to a specific project only on a lump-sum basis)

indirekte Kosten *pl* **der Fertigung** (KoR) factory overhead
indirekte Organisation *f* (EDV) indirect organization
indirekte Parität *f*
(Fin) cross rate *(syn, Kreuzparität, qv)*
indirekter Betrieb *m* (EDV) offline operation
indirekter Beweis *m* (Log) indirect proof
indirekter Boykott *m* (Pw) secondary boycott
indirekter Export *m* (com) indirect export
indirekter Import *m* (com) indirect import
indirekter Nutzen *m* (Vw) indirect benefit
indirekter Vertrieb *m* (Mk) indirect selling of industrial products
indirekter Wechselkurs *m* (Fin) cross-rate of exchange
indirekte Stellenkosten *pl*
(KoR) cost center overhead
– departmental overhead
– departmental burden
indirekte Steuer *f* (FiW) indirect tax
indirekte Steueranrechnung *f* (StR) indirect tax credit
indirekte Stichprobennahme *f* (Stat) indirect sampling
Individualbegriff *m* (Log) individual concept
Individualeinkommen *n* (Vw) individual income
Individualentscheidung *f* (Bw) decision of an individual transactor
Individualgüter *npl* (Vw) private goods
Individualhaftung *f* (Re) individual liability
Individualinteresse *n* (Re) individual interest
individualisierter Vertragsgegenstand *m* (Re) specified (*or* ascertained) good
Individualpanel *n* (Mk) individual panel
Individualsparen *n*
(Fin) individual saving *(opp, Kollektivsparen)*
Individualverkehr *m*
(com) private transportation
– (GB) private transport system
Individualversicherung *f*
(Vers) individual (*or* private) insurance
(opp, Sozialversicherung = social insurance)
Individualvertrag *m* (Re) contract between individuals
individuelle Abschreibung *f*
(ReW) single-unit depreciation
– unit depreciation
(syn, Einzelabschreibung; opp, Pauschal- od Summenabschreibung)
individuelle Artikelnummer *f*
(Mk) item code number *(ie, in the UPC Code)*
individuelle Bedürfnisse *npl* (Vw) private wants
individuelle Fahrlässigkeit *f*
(Re) negligence disregarding the care which a person ordinarily gives to his own affairs
– *(civil law)* culpa in concreto
– violation of diligentia quam in suis *(rebus adhibere solet)*
individuelle Nachfragefunktion *f* (Vw) individual demand function
individuelle Nachfragekurve *f* (Vw) individual demand curve
individueller Nutzen *m* (Vw) subjective utility (*or* satisfaction)

individuelles Delkredere *n* (ReW) individual contingency reserve
individuelle Steuerquote *f*
(Pw) individual tax ratio
(ie, taxes paid to taxpayer's gross earnings)
individuelle Wertberichtigung *f*
(ReW) individual value adjustment
– individual allowance
Individuenkonstante *f* (Log) individual constant
Indizienbeweis *m* (Re) circumstantial evidence
indizieren (Stat) to index
indizierte Adresse *f*
(EDV) indexed address
– variable address
indizierte Adressierung *f* (EDV) indexed addressing
indizierte Jahresabschlußrechnung *f* (ReW) price-level-adjusted accounting
indizierter Name *m* (EDV) subscripted name
indizierte Variable *f* (Math) subscripted variable
indiziert sequentielle Datei *f* (EDV) indexed sequential data set
indiziert sequentielle Zugriffsmethode *f* (EDV) index sequential access (*or* file) method
Indizierung *f* (EDV, Cobol) indexing
in Dollar fakturieren (com) to invoice (*or* factor) in dollars
indossabel
(WeR) endorsable
– indorsable *(cf, indossieren)*
indossable Wertpapiere *npl* (WeR) endorsable securities
Indossament *n*
(WeR) endorsement
– indorsement
(cf, indossieren)
– backing
(ie, signature on the back of an instrument by the payee – Wechselnehmer, Remittent; denotes transfer of instrument = Übertragung der Urkunde; cf, § 364 HGB)
Indossamentschuldner *m* (WeR) debtor by endorsement
Indossamentshaftung *f* (WeR) endorser's liability
Indossamentskette *f* (WeR) chain of endorsements
Indossamentsverbindlichkeiten *fpl*
(ReW) commitments arising from endorsements
– endorsement liabilities
Indossamentsverbindlichkeiten *fpl* **aus weitergegebenen Wechseln** (Fin) bills sold with the endorsement of the . . . bank
Indossamentsvollmacht *f* (WeR) power to endorse
Indossament *n* **und Übergabe** *f*
(WeR) endorsement and delivery
(ie, Übertragungsform bei Orderpapieren, qv)
Indossant *m*
(WeR) endorser
– indorser *(cf, indossieren)*
– backer *(syn, Girant; opp, Indossatar)*
Indossatar *m*
(WeR) endorsee
– indorsee *(cf, indossieren)*
indossierbar
(WeR) endorsable
– indorsable *(cf, indossieren)*

indossieren
(WeR, GB) to endorse
– (US) to endorse
(ie, commonly used in business)
– (US) to indorse
(ie, this spelling is used by the UCC)
– (infml) to back
indossierter Fremdwechsel *m* (Fin) bill discounted
Induktionslogik *f* (Log) inductive logic
Induktionsschluß *m* (Log) inductive inference
induktive Definition *f* (Log) inductive definition
induktive Logik *f* (Log) inductive logic
induktiver Schluß *m* (Log) inductive inference
induktive Statistik *f*
(Stat) inferential statistics
(syn, Inferenz-Statistik, analytische, beurteilende, schließende Statistik)
Induktivität *f* (EDV) inductance
Induktivstatistik *f* (Stat) = Inferenzstatistik
Industrial Engineering *n*
(IndE) industrial (*or* management) engineering
(ie, concerned with the design, improvement, and installation of integrated systems of people, materials, and equipment)
industrialisieren (Vw) to industrialize
Industrialisierung *f* (Vw) industrialization
Industrie *f*
(com) industry
(ie, a particular branch of industry or industry as a whole)
Industrieabgabepreis *m* (com) industrial selling price
Industrieaktien *fpl*
(Fin) industrial shares (*or* equities)
(opp, Bank-, Versicherungs-, Verkehrs-, Dienstleistungsaktien)
Industrieanlage *f* (IndE) industrial plant
Industrieanlagen *fpl*
(IndE) industrial plant and equipment
– industrial facilities
Industrieanlagenbau *m*
(Bw) plant building division
– project construction division
– plant engineering (and construction)
– systems engineering
(ie, part of a conglomerate company; Einrichtung und Betrieb industrieller Anlagen)
Industrieanleihe *f* (Fin) industrial (*or* corporate) loan
Industrieansiedlung *f* (Vw) settlement (*or* establishment) of industries
Industriearbeiter *m* (Pw) industrial worker
Industriebauten *mpl* (com) industrial buildings
Industriebeteiligung *f*
(Fin) industrial (equity) holding
– industrial equities
– equity stakes which banks hold in industry
Industriebetrieb *m* (Bw) industrial undertaking
Industriebetriebslehre *f* (Bw) industrial management
Industriebörse *f*
(Bö) industrial exchange
(ie, on which fungible products, esp. textiles, are traded; eg, Stuttgart, Manchester, Tourcoing)

Industrieerzeugnis *n* (com) industrial product
Industriefahrzeuge *npl* (com) industrial vehicles
Industriefinanzierung *f* (Fin) industrial financing
Industrieförderung *f* (Vw) promotion of industry
Industriegebiet *n* (Vw) industrial area (*or* region)
Industriegelände *n* (com) industrial site (*or* area)
Industriegesellschaft *f* (Vw) industrial society
Industriegewerkschaft *f* (Pw) industry-wide union
Industriegruppen *fpl* (Stat) groups of industry
Industriegüter *npl*
(com) industrial goods *(syn, industrielle Güter)*
Industriegüterausrüster *m* (com) heavy equipment maker
Industriegütermarketing *n* (Mk) industrial marketing
Industriegüterwerbung *f* (Mk) industrial (goods) advertising
Industriehypothek *f* (Fin) mortgage on industrial sites
Industriekartell *n* (Kart) industrial cartel
Industriekaufmann *m*
(Pw, appr) industrial clerk
(ie, ex-apprentice in areas like Finance, Sales, Personnel, etc.)
Industriekontenrahmen *m*, **IKR**
(ReW) uniform classification of accounts for industrial enterprises
(ie, 1971 vom BDI vorgeschlagen; basiert auf dem Abschlußgliederungsprinzip und dem Zweikreissystem)
Industriekredit *m* (Fin) industrial loan
Industriekreditbank *f* (Fin) industrial credit bank
Industriekreditgeschäft *n* (Fin) corporate loan business
Industrieland *n*
(Vw) industrial country
(StR) land suitable for industrial construction, § 69 I BewG
industrielle Beteiligung *f* (Fin) industrial participation (*or* holding)
industrielle Datenverarbeitung *f* (EDV) industrial data processing
industrielle Entwicklung *f* (Vw) industrial development
industrielle Formgebung *f*
(IndE) industrial design
– styling
industrielle Franchise *f*
(Mk) industrial franchise
(syn, Produktions-Franchise)
industrielle Konzentration *f* (Kart) industrial concentration
industrielle Kostenstruktur *f* (KoR) cost structure in industrial enterprises
industrielle Produktion *f* (Stat) industrial output (*or* production)
industrielle Produzentenrente *f* (Vw) quasi rent *(A. Marshall)*
industrielle Revolution *f* (Vw) industrial revolution
industrielles Rechnungswesen *n*
(ReW) industry accounting
(ie, financial and cost accounting, statistics, planning)
Industriemarketing *n* (Mk) industrial marketing

Industriemesse *f* (com) industrial fair
Industriemüll *m*
(IndE) industrial waste
– manufacturing and processing waste
(ie, remaining from industrial operations)
Industrienorm *f* (IndE) industry standard
Industrieobligation *f* (Fin) corporate (*or* industrial) bond
Industrieökonomik *f*
(Vw) industrial organization (*or* economics)
(ie, strebt empirische Klärung der Beziehungen zwischen Marktstruktur, Marktverhalten und Marktergebnis an; cf, funktionsfähiger Wettbewerb)
Industriepark *m*
(com) industrial park (*or* estate)
– (GB) trading estate
Industriepolitik *f* (Vw) industrial policy
Industrieproduktion *f* (Stat) industrial production (*or* output)
Industrieroboter *m*
(IndE) industrial robot
– universal transfer device, UTD
(ie, programmable micro-processor controlled machine tool)
Industrieroboter *m* **der zweiten Generation**
(IndE) intelligent industrial robot
(ie, equipped with sensing and feeling functions and controllable by optical signals)
Industrieschuldverschreibung *f* (Fin) corporate (*or* industrial) bond
Industriespion *m* (Bw) industrial spy
Industriespionage *f* (Bw) industrial espionage
Industriestaat *m*
(Vw) industrialized country
– industrial nation
Industriestandort *m* (Bw) industry location
Industriestatistik *f* (Stat) industrial statistics
Industrie- und Handelskammern *fpl*
(com) (German) Chambers of Industry and Commerce
(ie, regional associations of industrial, commercial, banking, insurance, transport firms; their tasks: rationalization, foreign trade, professional training, credit, pricing, legal and tax questions, economic surveys and statistics)
Industrieunternehmen *n* (com) industrial undertaking
Industrieverlagerung *f* (Vw) relocation of industries
Industriewaren *fpl* (com) manufactured goods
Industriewerbung *f* (Mk) industrial advertising
Industriewerte *mpl*
(Bö) industrial equities
– industrials
Industriezensus *m* (Stat) industry census
Industriezweig *m* (com) branch (*or* segment) of industry
induzierte Größe *f* (Vw) induced variable
induzierte Investitionen *fpl* (Vw) induced investment
induzierter technischer Fortschritt *m* (Vw) induced technical progress
induzierte Transaktionen *fpl*
(AuW) accommodating . . . movements/transactions
– settling transactions
(syn, Anpassungstransaktionen, Ausgleichstransaktionen)
induzierte Variable *f* (Vw) induced variable
ineffiziente Maßzahl *f* (Stat) inefficient statistic
in eigenem Namen (com) in one's own name
in eigenem Namen abschließen (com) to contract in one's own name
ineinandergeschachtelte Intervalle *npl* (Math) nested intervals
ineinandergreifende Stichprobe *f*
(Stat) interpenetrating sample
– network of samples
in ein Zollager bringen (Zo) to place in a bonded warehouse
Inertia *f*
(Mk) inertia
(ie, in der Korrespondenzanalyse ein Maß der Streuung der individuellen Punktprofile um ihr durchschnittliches Profil)
Inertia-Effekt *m* (Mk) inertia effect
Infektion *f* (EDV) infection
Inferenz *f*
(Stat) inference
(ie, passing from sample data to generalizations, usually with calculated degree of certainty)
Inferenzmaschine *f*
(EDV) inference machine
(ie, I. und Wissensbasis bilden ein Expertensystem)
Inferenzprogrammierung *f* (EDV) inference programming
Inferenzstatistik *f*
(Stat) inferential statistics
(inferences from samples to populations; syn, schließende, Induktiv- od beurteilende Statistik)
Inferenzsystem *n* (EDV) inference engine
inferiore Güter *npl* (Vw) inferior goods
Infimum *n* (Math) infimum *(cf, größte untere Schranke)*
Infinitesimalrechnung *f*
(Math) calculus
– infinitesimal . . . calculus/analysis
(ie, Oberbegriff für Differential- und Integralrechnung)
Inflation *f*
(Vw) inflation
(ie, fall in the value of money, rise in the general price level, due to an increased volume of money and credit, relative to available goods)
Inflation *f* **anheizen** (Vw) to stoke up inflation
Inflation *f* **bekämpfen**
(Vw) to fight
– to combat
– to counter
– to battle . . . inflation
Inflation *f* **durch fahrlässiges Finanzgebaren des Staates** (FiW) government inflation
Inflationsantizipation *f* (Vw) anticipated inflation
Inflationsausgleich *m*
(StR) inflation relief
– compensating for inflation
Inflationsauslöser *m* (Vw) inflation trigger
inflationsbedingte Lohnerhöhung *f* (Pw) inflation-triggered pay rise

Inflationsbekämpfung *f*
(Vw) containment of inflation
– fighting inflation
– fight against inflation
inflationsbereinigt
(ReW) inflation-adjusted
– adjusted for inflation
– after allowing for inflation
inflationsbewußt (Fin) inflation-conscious
Inflationsdruck *m* (Vw) inflationary pressure
Inflationserwartungen *fpl* (Vw) inflationary expectations
inflationsfreies Wachstum *n* (Vw) non-inflationary growth
inflationsfreie Währung *f* (Fin) non-inflationary currency
Inflationsgefahr *f* (Vw) risk of inflation
Inflationsgefälle *n*
(Vw) inflation differential
– inflation rate differential
– differences in countries' inflation rates
Inflationsgeleitzug *m* (Vw) inflation league
Inflationsgewinn *m* (Vw) inflation gain
Inflationsindex *m* (Stat) inflation index
Inflationsklima *n*
(Vw) inflationary climate
(ie, unduly depresses personal savings)
Inflationslücke *f* (Vw) inflationary gap
Inflationsmentalität *f* (Vw) inflation mentality
inflationsneutrale Rechnungslegung *f* (ReW) inflation accounting
Inflationsrate *f* (Vw) rate of inflation
Inflationsschub *m* (Vw) inflationary push
Inflationsschutz *m* (Pw) inflation protection
Inflationssicherung *f* (Fin) hedge against inflation
Inflationsspirale *f*
(Vw) inflationary spiral
– spiralling inflation
Inflationsstoß *m*
(Vw) upsurge in inflation
– inflationary surge
– bout of inflation
Inflationstheorie *f* (Vw) theory of inflation
Inflationsursachen *fpl* (Vw) roots of inflation
Inflationsverlangsamung *f* (Vw) deceleration of inflation
Inflationswirkungen *fpl*
(Vw) effects of inflation
(ie, Diskrepanz zwischen monetärer Gesamtnachfrage und güterwirtschaftlichem Gesamtangebot auf Güter- und Faktormärkten, qv)
Inflationszuschlag *m* (ReW) inflation charge
inflatorische Lücke *f* (Vw) inflationary gap
inflatorischer Anstoß *m* (Vw) inflationary impact
inflatorischer Gewinnstoß *m* (Vw) inflationary profit push
inflatorisches Gleichgewicht *n* (Vw) steady-state inflation *(cf, antizipierte Inflation)*
inflatorisches Potential *n*
(Vw) inflationary potential
(ie, chiefly as indicated by money supply M3)
informaler Kommunikationsweg *m* (Bw) informal communication channel
Informatik *f*
(EDV) computer science
– information science
– informatics
– information processing science
Informatiker *m* (EDV) information scientist
Information *f* (com) information (about/on)
Informationen *fpl* (Bw) intelligence *(eg, on developments in the field of mergers and acquisitions)*
Informationen *fpl* **beschaffen** (com) to collect information
Informationsabsprache *f*
(Kart) information reporting agreement
(ie, related to prices and other conditions)
informationsaktiver Verbraucher *m* (Mk) information seeker, IS
Informationsanordnung *f* (EDV) information format
Informationsarten *fpl*
(Log) types of information
(ie, 1. nach ihrer Aussageform: normative (Soll), konjunktive (Kann), faktische (Ist), prognostische (Wird), logische (Muß), explanatorische (Warum) Aussagen;
2. nach ihrem Gehalt: vollkommene/unvollkommene Aussagen; 3. nach ihrer Exaktheit: harte/weiche Informationen)
Informationsaustausch *m* (EDV) information exchange
Informationsbank *f* (EDV) data bank
Informationsbarriere *f*
(Bw) Chinese wall
(ie, between parts of an organization to avoid leaking confidential information)
Informationsbeschaffung *f*
(com) collecting information
(Bw) intelligence activity
(EDV) information search
Informationsbeschaffungsphase *f* (Bw) phase of information search
Informationsbit *n* (EDV) information bit
Informationsbrief *m* (com) news letter
Informationsbroschüre *f* (com) explanatory booklet
Informationsdarstellung *f* (EDV) data representation
Informationseingabe *f* (EDV) information input
Informationseinheit *f* (EDV) information unit
Informationsfluß *m* (EDV) information flow
Informationsflußanalyse *f* (EDV) information flow analysis
Informationsfunktion *f* (com) information production function
Informationsgehalt *m*
(EDV) information content
(ie, numerical measure of the information generated in selecting a specific symbol (or message), equal to the negative logarithm of the probability of the symbol (or message) selected; syn, negentropy)
Informationsindustrie *f*
(Bw) knowledge industry
(ie, covers the educational system, the media, libraries, research institutes, etc)
Informationskartell *n* (Kart) price-reporting cartel
Informationskette *f* (EDV) information-transmitting chain

Informationskosten *pl* (Bw) cost of collecting information

Informationsmakler *m* (Bw) information broker

Informationsmanagement *n* (Bw) information resource management

Informationspflicht *f* (Bw) duty to inform

Informationsprozeß *m* (Bw) information process

Informationsquelle *f* (Bw) source of information

Informationsrecht *n* (Bw) right to be given information

Informationsregulator *m* (EDV) gatekeeper

Informationsrückfluß *m* (EDV) feedback

Informationsspeicherung *f* (EDV) information storage

Informationsspur *f* (EDV) information track

Informationssteuer *f*
(FiW) information tax
(ie, levied on imported information to protect domestic information industries)

Informationssucher *m* (Mk) information seeker, IS

Informationssystem *n* (EDV) information system

Informationssystem-Management *n* (EDV) management of information systems

Informationstafel *f* (Mk) information display matrix

Informationstechnologie *f* (Bw) information technology

Informationstheorie *f*
(EDV) information theory
– theory of communication
(syn, Kommunikationstheorie)

Informationsträger *m* (EDV) information carrier

Informationstransformation *f* (EDV) storage, transmission, and processing of information

Informationstrennzeichen *n* (EDV) information separator

Informationsüberlastung *f* (Bw) information overload

Informationsübermittlung *f* (EDV) transmission of information

Informationsüberschuß *m* (EDV) information overload

informationsverarbeitende Maschine *f* (EDV) information processing machine

Informationsverarbeitung *f* (EDV) information (*or* data) processing

Informationsvermittler *m* (EDV) information broker

Informationsweg *m* (Bw) channel of information

Informationswiedergewinnung *f* (EDV) information (*or* data) retrieval

Informationswirtschaft *f*
(Vw) information economy *(ie, ‚primary sector': made up of direct producers and the distribution of information in the marketplace; ‚secondary sector': consists of the private and public bureaucracies that manage or regulate the economy)*

Informationszeitalter *n* (EDV) information explosion

Information *f* **von oben nach unten** (Bw) top-down information

Information *f* **von unten nach oben** (Bw) bottom-up information

informative Werbung *f*
(Mk) information-based advertising
(opp, Suggestivwerbung)

informelles Kommunikationssystem *n*
(Bw) informal communications system
(ie, mostly oral; information transmitted is often called „scuttlebutt")

informelle Untersuchung *f* (Mk) informal survey

informieren
(com) to inform
– to brief
(ie, to give essential information)
– to give a briefing

informierende Werbung *f*
(Mk) informational advertising
– information-based advertising
(ie, used to introduce new products and services, or to remind people of existing products or services; opp, Suggestivwerbung = suggestive advertising)

Infrakosten *pl* (Vw) social costs

Infrastruktur *f* (com) infrastructure

Infrastrukturinvestition *f* (FiW) government investment in infrastructure

Infrastrukturkredit *m* (Fin) infrastructure loan

in Gang setzen (com) to set in motion

Ingangsetzung *f* (Bw) start-up *(eg, of a plant)*

Ingangsetzungskosten *pl*
(ReW) startup costs, § 153 IV AktG
(syn, Anlaufkosten)

Ingenieurbüro *n* (com) firm of consulting engineers

Ingenieurhonorar *n* (com) engineering fee

in Güteklassen einteilen
(com) to grade
– to gate into quality categories

Inh. (Bö) = Inhaberaktien

Inhaber *m*
(com) occupant
(ie, person occupying position)
(Re) proprietor
(eg, of a business)
(WeR) bearer
– holder
(ie, of a negotiable instrument)

Inhaberaktie *f* (WeR) bearer . . . share/stock

Inhabergrundschuld *f* (Re) bearer land charge, § 1195 BGB

Inhaberhypothek *f*
(Re) bearer-type mortgage
(ie, mortgage securing a claim under a bearer security, such as bond, bill of exchange, §§ 1187–1189 BGB)

Inhaberindossament *n*
(WeR) indorsement to bearer
(ie, treated as a blank indorsement, Art. 12 WG)

Inhaberklausel *f*
(WeR) bearer clause
(ie, entitling the holder of a security to require payment)

Inhaberkonnossement *n*
(WeR) bill of lading made out to bearer
– bearer bill of lading

Inhaberkreditbrief *m* (Fin) open letter of credit

Inhaberlagerschein *m* (WeR) negotiable warehouse receipt made out to bearer

Inhaber- od Orderkonnossement *n* (WeR) negotiable bill of lading

Inhaberpapier *n*
(WeR) bearer paper
– bearer/made-to-bearer . . . instrument
(ie, der bloße Besitz des Papiers legitimiert den Inhaber als Berechtigten; Übertragung des verbrieften Rechts nach § 929 BGB durch Übereignung des Papiers: ‚Das Recht aus dem Papier folgt dem Recht am Papier'; Arten:
1. Inhaberaktie = bearer share;
2. Inhaberschuldverschreibung = bearer bond;
3. Pfandbrief = mortgage bond;
4. Inhaberscheck = bearer check;
5. Zinsschein = interest coupon;
6. Inhaberinvestmentanteil = bearer investment share (or unit);
opp, Orderpapier = order paper/instrument)
Inhaberpolice *f*
(Vers) (insurance) policy made out to bearer
– bearer policy
Inhaberscheck *m*
(WeR) bearer check
– check to bearer
Inhaberschuldverschreibung *f*
(WeR) bearer bond, §§ 793–806 BGB
(ie, where no one knows who the owner is, and interest is paid to whoever hands the coupon cut off the bond to the paying agent = Zahlstelle; opp, Namensschuldverschreibung = registered bond)
Inhaberwechsel *m* (WeR) bill payable to bearer
inhaltadressierbarer Speicher *m* (EDV) content addressable memory, CAM
Inhalt *m* **des Geschäftsberichts** (ReW) contents of the annual report, § 160 AktG
inhaltsadressierter Speicher *m* (EDV) content-addressed (*or* associative) memory
Inhaltsanalyse *f* (Mk) content analysis
Inhaltsnormen *fpl* (Pw) content norms *(eg, deal with pay levels and holiday entitlement)*
Inhalts-Validität *f* (Mk) content validity
Inhaltsverzeichnis *n*
(com) table of contents
(com) directory
(EDV) directory *(ie, short: dir)*
in Höhe von (com) in the amount of
Initialwerbung *f* (Mk) pioneering advertising
Initialzündung *f* (Vw) pump priming
in jeweiligen Preisen (Stat) at current prices
Inkasso *n*
(Fin) collection
(ie, by commercial agents or banks)
(Fin) collection procedure
(AuW) cash against documents
Inkassoabtretung *f* (Re) assignment of receivables for collection
Inkassoakzept *n* (Fin) acceptance for collection
Inkassoanweisungen *fpl* (Fin) collection instructions
Inkassoanzeige *f* (Fin) advice of collection
Inkassoauftrag *m*
(Fin) collection order
– letter of instruction (*or* transmittal)
Inkassobank *f* (Fin) collecting bank
inkassobevollmächtigt (Fin) authorized to collect
Inkassobüro *n*
(Fin) collection agency
– debt collecting agency
– debt collector
Inkassoerlös *m* (Fin) collection proceeds
Inkassoermächtigung *f* (Fin) collection authority
inkassofähig (Fin) collectible
Inkassoforderungen *fpl* (ReW) uncollected cash items
Inkassogebühr *f* (Fin) collection/collecting . . . charge (*or* fee)
Inkassogegenwert *m* (Fin) collection proceeds
Inkassogeschäft *n*
(Fin) collection business *(ie, of banks)*
– debt recovery service
Inkassoindossament *n*
(WeR) indorsement ‚for collection'
(ie, instructing a bank to collect amount of bill or draft)
Inkassopapiere *npl* (Fin) paper for collection
Inkassoprovision *f* (Fin, Vers) collection commission
Inkassorisiko *n* (Fin) collection risk
Inkassospesen *pl*
(Fin) collecting charges
– collection charges
– collection commission
– encashment charges
Inkassostelle *f* (Fin) collecting (*or* collection) agency
Inkassovereinbarungen *fpl* (Fin) collection arrangements
Inkassovertreter *m* (Fin, Vers) collecting agent
Inkassovollmacht *f*
(Fin) authority to collect
– collection authority
(ie, third-party or assigned receivables, § 55 HGB)
Inkassowechsel *m*
(Fin) bill for collection
– collection draft
Inkassozession *f*
(Re) assignment of receivables for collection
(ie, Gläubiger überträgt Forderung zur Beitreibung an e–n Dritten)
Inklusion *f* (Math, Log) inclusion
Inklusionsbeziehung *f*
(Math) inclusive relation
(ie, of sets)
inklusives ODER-Glied *n*
(EDV) inclusive-OR element (*or* circuit)
(syn, Disjunktionsglied, Mischgatter, Odergatter, Oderglied)
inkommensurable Zahlen *fpl* (Math) incommensurable numbers
in Kommission (com) on consignment
in Kommission geben (com) to consign
Inkompatibilität *f* (Vw) incompatibility *(eg, of economic policy targets)*
Inkompatibilitätsprinzip *n* (Re) principle of incompatible offices
inkongruente Darlehen *npl*
(Fin) mismatched loans
(ie, fixed-term loans financed with more expensive floating-rate funds)
in Konkurs geraten (Re) to become (*or* go) bankrupt
in Konsignation (com) on consignment

in Konsignation geben (com) to consign
in Kost geben
(Bö) to carry over
– to defer payment
in Kost nehmen
(Fin) to take in *(ie, securities)*
in Kraft
(Re) legally effective
– in force
in Kraft setzen (Re) to put into force
in Kraft treten
(Re) to come/enter . . . into force
– to take effect
Inkreis *m* (Math) incircle
Inkreismittelpunkt *m* (Math) incenter
inkrementale Ausfallwahrscheinlichkeit *f* (OR) incremental probability of failure
inkrementale Darstellung *f* (EDV) incremental representation
inkrementaler Digitalplotter *m* (EDV) digital incremental plotter
Inkrement *n* **e–r Funktion** (Math) increment of a function
Inkrementgröße *f*
(EDV) increment size
– plotter step size
(ie, in graphics)
Inkubatororganisation *f*
(Bw) incubator organization
(eg, Universität, Forschungs- und Entwicklungsorganisation)
inkulant
(com) unaccommodating
– petty
– picayune
Inländer *m* (AuW) resident (individual)
Inländerkonvertibilität *f*
(Fin) internal/resident . . . convertibility
– convertibility for national residents
Inländerkonzept *n*
(VGR) method of determining ‚value added' – *Wertschöpfung* – on the basis of resident status, irrespective of place of performance *(opp, Inlandskonzept)*
inländische Abgaben *fpl* (FiW) internal duties and taxes
inländische Beförderungskosten *pl* (com) inland carriage
inländische Betriebsstätte *f* (StR) domestic permanent establishment
inländische Dienstleistungen *fpl* (Re) domestic services
inländische DM-Anleihe *f* (Fin) German domestic bond
inländische Einkünfte *pl* (StR) domestic income
inländische Emittenten *mpl* (Bö) domestic issuers
inländische Güternachfrage *f* (Vw) = Absorption
inländische Güterverwendung *f* (Vw) domestic consumption of goods
inländische Konkurrenz *f* (com) domestic rivals (*or* competitors)
inländische Kreditausweitung *f* (Vw) domestic credit expansion
inländische Nichtbanken *fpl* (Fin) domestic nonbanks
inländischer Arbeitnehmer *m* (Pw) domestic (*or* indigenous) worker
inländischer Arbeitsmarkt *m* (Vw) domestic labor market
inländischer Emittent *m*
(Fin) domestic issuer
– resident
inländische Rentenwerte *mpl* (Fin) domestic bonds
inländischer Erzeuger *m* (com) domestic producer
inländischer Marktanteil *m* (com) domestic market share
inländischer Produzent *m* (Vw) domestic producer
inländischer Schiedsspruch *m* (Re) domestic arbitral award
inländischer Steuerpflichtiger *m* (StR) resident taxpayer
inländischer Verkaufspreis *m* (com) domestic selling price
inländischer Wirtschaftszweig *m* (com) domestic industry
inländisches Fabrikat *n* (com) domestic product
inländisches Kreditinstitut *n* (Fin) domestic bank (*or* banking institution)
inländisches land- und forstwirtschaftliches Vermögen *n* (StR) property appropriated to the use of a domestic agricultural establishment, § 121 II 1 BewG
inländisches Vermögen *n* (StR) = Inlandsvermögen
inländische Währung *f* (Fin) local (*or* domestic) currency
inländische Wertpapiere *npl*
(Fin) domestic securites
(ie, made out by a national resident)
Inlandsabsatz *m* (com) domestic sales
Inlandsanleihe *f*
(Fin) internal (*or* domestic) loan
(ie, issued by a country payable in its own currency)
Inlandsanmeldung *f* (Pat) application in home country
Inlandsauftrag *m* (com) domestic (*or* home) order
Inlandsbestellung *f* (com) = Inlandsauftrag
Inlandsbeteiligung *f*
(Fin) domestic participation
– (GB) domestic trade investment
Inlandsemission *f* (Fin) domestic issue
Inlandsentsorgung *f*
(com) domestic waste disposal
(ie, no cross-frontier movements)
Inlandsflug *m*
(com) domestic flight
– (GB) internal flight
Inlandsgeschäft *n*
(com) inland (*or* domestic) sale
– inland transaction
(com) domestic business
Inlandshafen *m* (com) domestic port
Inlandsinvestitionen *fpl* (Vw) domestic investment
Inlandskapital *n* (Fin) domestic capital
Inlandskonjunktur *f* (Vw) domestic economic activity
Inlandskonzept *n*
(VGR) domestic concept

(ie, method of determining value added – Wertschöpfung – of an economic area, irrespective of whether the goods and services were produced by residents or not; opp, Inländerkonzept)

Inlandsmarkt *m*
(com) domestic (*or* home) market
(syn, Binnenmarkt)
(EG) internal market

Inlandsmonopol *n*
(Vw) domestic monopoly
– (GB) sheltered trade
(ie, business getting no competition from abroad)

Inlandsnachfrage *f* (com) domestic (*or* internal) demand

Inlandspatent *n* (Pat) domestic patent

Inlandsprodukt *n* (VGR) domestic product

Inlandsumsatz *m* (ReW) domestic sales

Inlandsverbrauch *m* (Vw) domestic consumption

Inlandsvermögen *n*
(StR) domestic property
(ie, of nonresident taxpayers = beschränkt Steuerpflichtige, § 121 BewG; certain property has a situs in the territory of the Federal Republic)

Inlandsvertreter *m* (com) resident agent

Inlandswährung *f* (Fin) domestic (*or* local) currency

Inlandswechsel *m* (Fin) domestic bill of exchange

Inlandswerte *mpl* (Bö) domestic securities

Inlandswertschöpfung *f* (Bw) domestic value-added

in Liquidation
(Re) in liquidation
– in process of winding up

Innenauftrag *m*
(Bw) internal order
(ie, issued by a plant division, not by a customer: 1. Vorratsauftrag zur Lagerergänzung = make-to-stock order to replenish inventory; 2. Auftrag zur Erstellung innerbetrieblicher Leistungen = intra-plant order for products or services)

Innenauftragsabrechnung *f* (ReW) internal-order accounting

Innenausstatter *m* (com) interior designer

Innenfinanzierung *f*
(Fin) internal . . . finance/financing
(ie, Gewinnthesaurierung, Abschreibungsfinanzierung)

Innenfinanzierungsmittel *pl* (Fin) internal financing resources

Innenfinanzierungsquote *f* (Fin) internal financing ratio

Innengeld *n* (Vw) inside money

Innengemeinschaft *f* (Bw) association not dealing as such with the outside world

Innengesellschaft *f*
(Re) internal partnership
(ie, civil-law partnership doing no business with the outside world)

Innenkonsolidierung *f* (ReW) intra-group consolidation

Innenrevision *f*
(ReW) internal
– administrative
– operational . . . audit

Innenrevisor *m* (ReW) internal auditor

Innentransport *m* (Bw) internal handling

Innenumsätze *mpl*
(ReW) intercompany sales
– internal deliveries (*or* turnover)
– intra-group sales

Innenumsatzerlöse *mpl*
(ReW) internal sales (revenues)
(ie, of an affiliated group of companies)
– proceeds from intercompany sales

Innenverhältnis *n* (Re) internal relationship *(cf, im Innenverhältnis)*

Innenverpackung *f*
(com) packaging
(eg, Flaschen, Dosen, Milchtüten, Gläser, Folien; opp, Außenverpackung = packing)

innerbetrieblich
(com) internal
– in-company (*or* intra-company)
– in-plant (*or* intra-plant)
– interoffice

innerbetriebliche Ausbildung *f*
(Pw) in-company
– in-plant
– in-service
– shop . . . training

innerbetriebliche Kommunikationswege *mpl* (Bw) internal lines of communication

innerbetriebliche Leistungen *fpl*
(Bw) internal services
(KoR) intra-plant service output
– auxiliary plant services
– non-market plant output
(ie, Leistungen, die der Betrieb erstellt und selbst wieder verbraucht = rechanneled into the input flow)

innerbetriebliche Leistungsverrechnung *f*
(KoR) intra-plant cost allocation
(ie, the problem is one of tracing costs from service cost centers to production cost centers)

innerbetriebliche Lieferung *f* (KoR) internal delivery

innerbetriebliche Mitteilung *f* (com) inter-office memo

innerbetriebliche Mobilität *f* (Pw) intra-plant mobility

innerbetriebliche Preisverrechnung *f* (KoR) cross-charging of prices

innerbetrieblicher Arbeitsablauf *m* (IndE) in-plant flow of operations

innerbetrieblicher Arbeitsmarkt *m*
(Pw) in-house labor market
– intra-company job market
(ie, innerbetrieblicher Arbeitsplatzwechsel)

innerbetrieblicher Aufstieg *m* (Pw) advancement within the organization pyramid

innerbetrieblicher Materialtransport *m* (MaW) in-plant materials movement

innerbetrieblicher Prüfer *m* (ReW) internal (*or* staff) auditor

innerbetrieblicher Transportauftrag *m*
(IndE) move card
– move order
– move ticket

innerbetrieblicher Vergleich *m* (Bw) intrafirm comparison

innerbetrieblicher Verrechnungspreis *m*
(ReW) shadow price
– internal (*or* intracompany) transfer price
innerbetriebliches System *n* (EDV) in-plant system
innerbetriebliches Transport- und Lagerwesen *n* (IndE) in-plant materials handling
innerbetriebliche Transportplanung *f* (IndE) planning of intra-plant handling
innerbetriebliche Umsetzungen *fpl* (Pw) intra-company transfers
innerbetriebliche Weiterbildung *f* (Pw) in-service training
innerbetriebliche Werbung *f*
(Pw) in-plant advertising
(opp, Verkaufswerbung als außerbetriebliche Werbung)
innerdeutsche Rechtslage *f* (Re) internal German law
innerdeutsches Recht *n* (Re) German internal law
innerer Fehler *m* (Re) inherent defect (*or* vice)
innerer Punkt *m* **e–r Menge** (Math) point interior to a set
innerer Verderb *m* (com) intrinsic decay
innerer Wert *m*
(Fin) intrinsic value
(ie, of a share of stock, determined by dividing the net worth of the issuing company by the number of shares)
inneres Produkt *n*
(Math) inner
– dot
– scalar . . . product
innere Staatsverschuldung *f* (FiW) domestic borrowing
innere Unruhen *fpl* (com) civil commotion
innergemeinschaftlich (EG) intra-Community
innergemeinschaftlicher Saldenausgleich *m* (EG) intra-Community settlements
innergemeinschaftlicher Warenverkehr *m* (EG) intra-Community trade
innerstaatliches Recht *n* (Re) domestic law
innerstaatliche Beförderung *f* (Zo) domestic transport operation
innerstaatliches Recht *n* (Re) internal law of a State
Innovation *f*
(Bw) innovation
(eg, realization of new products, and new methods in production, management, and organization)
innovationsbewußt (Bw) receptive to innovation
Innovationsförderung *f* (Vw) promotion of original innovation
Innovationsforschung *f* (Bw) innovation research
Innovationspotential *n* (Bw) innovative capabilities (*or* potential)
Innovationsschranken *fpl* (Bw) barriers to innovation *(eg, huge bureaucracies)*
Innovationsstruktur *f* (Bw) innovative structure
innovatives Unternehmen *n* (Bw) innovative enterprise
innovative Unternehmensgründung *f* (Bw) innovative business start-up
Innung *f*
(com) guild
(ie, regional association for registered, self-employed craftsmen practicing a particular craft)
in Pension geben (Fin) to park *(eg, shares with a bank for sale later to the public)*
in Pension gehen (Pw, infml) to retire
Inpfandnahme *f* (Re) receipt as security *(eg, by third parties)*
Inputkoeffizient *m*
(Vw) production (*or* technical) coefficient
(syn, Produktions- od Faktorkoeffizient)
inputorientierte Budgetaufstellung *f* (FiW) input-oriented budgeting
Input-Output-Analyse *f* (Vw) input-output (*or* interindustry) analysis
Input-Output-Koeffizient *m* (Vw) input-output coefficient
Input-Output-Tabelle *f* (Vw) input-output table
in Raten (Fin) in (*or* by) installments
in Rente gehen (Pw, infml) to retire
Insassen-Unfallversicherung *f* (Vers) passenger accident insurance
Insassenversicherung *f* (Vers) motor car passenger insurance
Insellösung *f*
(Bw) group-constrained solution
(ie, less than fully integrated approach)
inseparables Polynom *n*
(Math) inseparable polynomial
(syn, Polynom 2. Art)
Inserat *n*
(Mk) advertisement
– ad
Inserat *n* **aufgeben** (Mk) to advertise
Inserent *m* (Mk) advertiser
in Serie geschaltete Kanten *fpl* (OR) branches in series
inserieren (Mk) to insert an advertisement
Insertion *f* (Mk) insertion of an advertisement
ins Haus stehen
(com) forthcoming
– upcoming
– approaching
– nearing
Insichgeschäft *n*
(Re) self-contracting
– self-dealing
(ie, der Handelnde wird für sich selbst und als Vertreter e–s anderen tätig; an agent cannot as such conclude a transaction between the principal and himself or another party represented by himself, except if he has been granted express authority to do so, § 181 BGB; syn, Selbstkontrahieren)
in sich selbst (com) in and of itself *(eg, provision appears questionable . . .)*
Insider-Geschäfte *npl*
(Fin) insider . . . dealings/trading
(ie, Schranken im dt Recht unbekannt; Insiderregeln usw. suchen diese Rechtslücke durch freiwillige Selbstkontrolle zu füllen)
Insiderhandel *m*
(Fin) insider trading
(eg, she was charged with . . .)
insolvent
(Fin) insolvent
– unable to pay one's debts

Insolvenz *f*
(Fin) inability to pay
– insolvency
(syn, Zahlungsunfähigkeit; opp, Zahlungsfähigkeit, Solvenz)
Insolvenzanfälligkeit *f* (Bw) susceptibility (of businesses) to become insolvent
Insolvenzen *fpl* (Bw) business/commercial . . . failures
Insolvenzhäufigkeit *f* (Bw) incidence of insolvency
Insolvenzniveau *n* (Fin) volume of insolvencies
Insolvenzprognose *f* (Bw) insolvency forecast
Insolvenzquote *f*
(Bw) rate of (business) failures
– insolvency rate
Insolvenzsicherung *f*
(Pw) insolvency insurance, § 3 No. 65 EStG
(ie, taken out by an employer to protect his employees in the event of a business failure; carrier is the ‚Pensions-Sicherungs-Verein a. G.')
Insolvenzstatistik *f* (Bw) insolvency statistics
Insolvenzursachen *fpl* (Bw) causes of insolvency
Inspektionszertifikat *n* (com) certificate of inspection
instabiler Wachstumspfad *m* (Vw) knife-edge equilibrium
Installation *f* (com) installation *(eg, of plant and machinery)*
Installationsdiskette *f* (EDV) installation disk
Installationskosten *pl* (ReW) cost of installation
Installationsprogramm *n*
(EDV) setup program
(syn, installation program)
installierbarer Gerätetreiber *m* (EDV) installable device driver
installieren
(com) to install
– to set up
Instandhaltbarkeit *f* (IndE) maintainability
Instandhaltung *f*
(IndE) maintenance
– maintenance and repair
– upkeep
Instandhaltung *f* **betrieblicher Räume** (ReW) maintenance of office space
Instandhaltungs-Controlling *n* (Bw) maintenance controlling
Instandhaltungsintervall *n* (IndE) maintenance interval
Instandhaltungskosten *pl*
(KoR) maintenance charges (*or* expense)
– cost of upkeep
Instandhaltungs-Management *n* (Bw) maintenance maintenance
Instandhaltungsplanung *f* (Bw) maintenance planning
Instandhaltungsrückstellung *f* (ReW) provision for deferred repairs
Instandhaltungssteuerung *f* (Bw) maintenance control
Instandhaltungs- und Reparaturplanung *f* (Bw) planning of maintenance and repair
Instandsetzung *f*
(com) repair
(IndE) corrective maintenance
(IndE) complete overhaul
(ie, of fixed assets in order to restore them to full operating condition)
Instandsetzungsauftrag *m* (IndE) repair order
Instandsetzungsdauer *f* (IndE) active repair time
Instandsetzungskosten *pl* (KoR) cost of repair
Instanz *f*
(Bw) management/managerial . . . unit
– organizational unit
– unit of supervision
– level of authority
– agency
(ie, vested with rights of decision, directing, and control)
(EDV, OOP) instance
Instanzen *fpl* (Bw) organizational lines
Instanzenaufbau *m* (Bw) pyramid of authority
Instanzenweg *m* (Bw) line of command
Instanzenzug *m*
(Bw) hierarchy of organizational units
– line of command
Institut *n* **der Wirtschaftsprüfer** (ReW) Institute of German Certified Public Accountants
Institut *n* **für Wirtschaftsforschung** (Vw) Economic Research Institute
institutionell bedingte Arbeitslosigkeit *f* (Vw) institutional unemployment
institutionelle Bedingungen *fpl* (Vw) institutional constraints
institutionelle Gleichung *f* (Vw) institutional equation
institutionelle Kommunikation *f* (Bw) corporate communication
institutioneller Aktionär *m* (Fin) institutional shareholder
institutioneller Anleger *m*
(Fin) institutional investor (*or* buyer)
(syn, Kapitalsammelstelle)
Institutionenlehre *f* (Bw) theory of business structures
Institutsgruppen *fpl* (Fin) banking groups
institutsinterne Regelung *f* (Fin) in-house rules
instruieren (com) to inform
Instruktionsadresse *f* (EDV) instruction address
Instruktionsaufbau *m* (EDV) instruction format
Instruktionsfehler *m*
(Re) inadequate . . . instruction/warning
– inadequacy of instruction
(ie, unzureichenhde Warnung vor gefährlichen Wareneigenschaften)
Instruktionslänge *f* (EDV) instruction length
Instruktionspflicht *f* (Re) duty to inform
instrumentale Wissenschaft *f* (Log) formal science
Instrumentalvariable *f* (Bw) = Instrumentvariable
Instrumentarium *n*
(com) range of instruments
(Log) tool kit
Instrumentarium *n* **der Wirtschaftspolitik** (Vw) economic policy instruments
Instrumentvariable *f*
(Vw) instrument variable
– policy instrument (*or* variable)
(Bw) decision variable
in Stücken *npl* **von** (Fin) in denominations of

Insular-Philosophie *f*
(EDV) insular philosophy
(ie, expensive side-by-side operation of data and text processing systems)
Integral *n* (Math) integral
Integralfranchise *f*
(Vers) free from average under . . . pct.
(ie, vollständige Ersetzung e–s Schadens über e–e bestimmte Höhe hinaus; Anwendung: Seewarenversicherung; opp, Abzugsfranchise)
Integralgleichung *f*
(Math) integral equation
(ie, where the unknown function occurs under an integral sign)
Integralrechnung *f*
(Math) integral calculus
(ie, the study of integration and its application to finding areas, volumes, or solutions of differential equations; opp, Differentialrechnung = differential calculus)
Integraltafel *f* (Math) integrable table
Integralzeichen *n* (Math) integral sign
Integrand *m*
(Math) integrand *(ie, expression to be integrated)*
Integration *f*
(Math) integration
(com) integration
(Bw) relatedness
(ie, Integration, die sich auf gemeinsamen technologischen Kern und Nutzung gleicher Vertriebskanäle stützt; cf, Rumelt 1982)
Integrationsbereich *m* (Math) integral domain
Integrationsgebäude *n* (Vw) integrating economic structure
Integrationskonstante *f*
(Math) constant of integration
– integration constant
Integrationsmuster *n* (Vw) pattern of economic integration
Integrationsweg *m* (Math) path of integration
integrative Prozeßstrukturierung *f*
(Bw) structuring of operations *(syn, Ablauforganisation)*
integrierbare Funktion *f* (Math) integrable function
integrieren (Math, Vw, Bw) to integrate
integrierte Datenverarbeitung *f*
(EDV) integrated data processing, IDP
(ie, intermediate outputs serve as inputs for subsequent processing with no human copying required)
integrierte Finanzplanung *f* (Fin) integrated financial planning
integrierte Planung *f* (Bw) integrated planning
integrierter Schaltkreis *m* (EDV) integrated circuit
integrierter Swap *m*
(Fin) currency coupon swap
(ie, Zins- und Währungsswap)
integrierte Schaltung *f* (EDV) integrated circuit, IC
integriertes Hüttenwerk *n* (IndE) integrated iron and steel works
integriertes Planungssystem *n* (Bw) integrated planning system
integriertes Rechnungswesen *n*
(ReW) integrated accounting system
(ie, interconnected through an information system)
integrierte Swaps *mpl* (Fin) cross currency swaps
integrierte Unternehmensplanung *f* (Bw) integrated corporate planning
Integritätsbereich *m* (Math) integral domain
intelligente Datenstation *f* (EDV) intelligent data terminal
intelligentes Kabel *n* (EDV) smart cable
intelligentes Terminal *n* (EDV) intelligent (*or* programmable) terminal
Intelligenz- und Begabungstest *m* (Pw) intelligence test
Intension *f*
(Log) intension
(ie, of a concept)
– connotation
– comprehension
(ie, in contemporary logical works this has come to be synonymous with ‚sense')
intensionale Logik *f* (Log) intensional logic
intensionaler Junktor *m* (Log) intensional connective
intensionale Semantik *f*
(Log) theory of meaning
(ie, studies the sense or connotation of symbols; opp, extensionale Semantik)
Intensität *f*
(IndE) efficiency
– effectiveness
(ie, measure of technical performance of a machine, defined as: number of output units divided by unit of time; eg, 4 units/hr)
Intensitätsabweichung *f*
(KoR) efficiency variance
– machine effectiveness variation
(syn, Leistungsabweichung)
Intensitätsgrad *m*
(IndE) degree of utilization
(ie, ratio of actual output per time unit to planned output per time unit)
intensitätsmäßige Anpassung *f*
(IndE) variation of efficiency
(ie, in order to increase or reduce output while keeping operating time constant)
Intensitätsnachteil *m*
(Bw) operating inferiority
(Terborgh; syn, Leistungsnachteil)
Intensivanzeige *f*
(EDV) highlighting
– high intensity display
Intensivberatung *f* (com) intensive counseling (*or* consulting)
intensive Ausbildung *f* (Pw, infml) hands-on training *(eg, on computers)*
intensive Auswahl *f* (Stat) intensive sampling
Intensivinterview *n* (Mk) depth (*or* qualitative) interview
Intensivkäufer *m*
(Mk) heavy user
(ie, 20 % der Käufer e–s bestimmten Produktes erwerben 80 % der insgesamt verkauften Menge; d. h, es gilt die 20:80-Regel)

Intensivwerbung *f*
(Mk) intensive coverage
(ie, frequent, large-scale advertising in a market)
– (infml) heavy drumbeating
(eg, in print and on TV)

intentionale Supposition *f* (Log) logical supposition

Interaktionsanalyse *f* (Bw) cross impact analysis

Interaktionshäufigkeit *f*
(Bw) frequency of interaction
(ie, in organizations)

Interaktionsmatrix *f* (Bw) interaction matrix

Interaktionstheorie *f*
(Bw) theory of interaction
(ie, branch of organizational theory)

interaktive Anzeige *f*
(EDV) interactive display
(syn, interaktive Datendarstellung)

interaktive Arbeitsweise *f* (EDV) interactive mode

interaktiver Arbeitsplatz *m* (EDV) interactive workstation

interaktiver Inhalt *m* (EDV) active content

interaktiver Nachrichtenaustausch *m*
(Fin) Wandelprämie *f*
(ie, paid before maturity)

interaktives Programmieren *n* (EDV) conversational-mode programming

Interamerikanische Entwicklungsbank *f* (Vw) Inter-American-Development Bank, IDB

Interbankaktiva *npl* (Fin) interbank assets

Interbankeneinlagen *fpl* (Fin) interbank deposits

Interbanken-Fazilität *f* (Fin) interbank facility

Interbankengelder (Fin) = Nostroguthaben, qv

Interbankengeldmarkt *m* (Fin) interbank money market

Interbankenhandel *m* (Fin) interbank dealings (*or* operations)

Interbankenmarkt *m* (Fin) interbank market

Interbankgeschäft *n*
(Fin) interbank business
(Fin) interbank operation (*or* transaction)

Interbankrate *f* (Fin) interbank rate

Inter-Branchen-Konkurrenz *f* (Vw) interindustry competition

interdisziplinäre Arbeitsgruppe *f* (Pw) cross-skilled team

interdisziplinärer Ansatz *m* (Log) interdisciplinary/cross-skilled . . . approach

Interdisziplinarität *f* (Log) interlocking structure of disciplines

Interessenabwägung *f* (Re) weighing of interests

Interessenausgleich *m*
(Re) accommodation of conflicting interests
– settlement/balancing of . . .

Interessengemeinschaft *f*
(Re) community of interests *(ie, any civil-law partnership, § 705 BGB)*
(Bw) community of interests
(ie, 1. contractual pooling of interests, with contributors remaining legally independent;
2. pooling of profits and losses) (Note: in German literature ‚IG' and ‚pool' are not identical)

Interessengruppen *fpl*
(com) stakeholders
(eg, stakeholders pitted against shareholders)

Interessenkäufe *mpl* (Bö) special-purpose buying
(eg, to acquire a majority stake or a blocking minority)

Interessenkollision *f* (Re) = Interessenkonflikt

Interessenkonflikt *m*
(Re) conflict of interests
– conflicting interests
– clash of interests

Interessent *m*
(com) prospective buyer (*or* customer)
– potential buyer
– prospect
(Re) interested party
(Fin) potential acquiree
(ie, in merger or acquisition)

Interessentheorie *f*
(ReW) parent company point of view
(ie, der Konzernabschluß ist erweiterter Abschluß der Obergesellschaft)

Interessen- und Neigungstest *m* (Pw) interest inventory

Interessenverband *m*
(Re) interest group
(Re) pressure group *(cf, Verband)*

Interessenvereinigung *f*
(Bw) pooling of interests
(syn, Interessengemeinschaft)

Interessenverknüpfung *f* (com) interconnection of interest

Interessenvielfalt *f* (com) plurality of interests

Interessen *npl* **wahrnehmen**
(Re) to promote/safeguard . . . interests
– to attend to interests

Interessenwahrnehmung *f*
(Re) promotion
– protection
– safeguarding . . . of interests

Interessenwahrung *f* (Re) = Interessenwahrnehmung

Interessenzusammenführung *f* (com) uniting of interests

interessewahrender Auftrag *m*
(Bö, US) discretionary order
– not-held order

intergenerative Belastungsrechnung *f* (FiW) intergenerational cost calculation

intergenerative Lastenverteilung *f* (FiW) intergenerational burden sharing

interimistische Globalurkunde *f* (Fin) temporary global certificate

Interimsausschuß *m* (com) interim committee

Interimsbilanz *f*
(ReW) interim balance sheet
(syn, Zwischenbilanz)

Interimsdividende *f*
(Fin) interim dividend
(syn, Zwischendividende)

Interimskonto *n*
(ReW) transitory account
(Fin) suspense account
(syn, durchlaufendes Konto, Cpd-Konto)

Interimsschein *m*
(WeR) interim certificate, § 10 AktG
(ie, obsolete term replaced by ‚Zwischenschein')

interindustrielle Neuverschuldung *f* (Fin) inter-industrial incurrence of liabilities

Interleave-Faktor *m* (EDV) interleave factor

Inter-Market-Spread *m*
(Fin) intermarket spread
(ie, when price differences are out of line between commodities trading in two cities)

intermediäre Finanzgewalt *f*
(FiW) intermediate fiscal power
– auxiliary fiscal agent
(syn, Hilfsfiskus, Parafiskus, Nebenfiskus)

intermediäres Finanzinstitut *n*
(Fin) financial intermediary
– nonbank financial institution

Internalisierung *f* **sozialer Kosten** (Vw) allocation of social costs

international ausschreiben (com) to put up to international tender

Internationale Arbeitgeberorganisation *f* (com) International Organization of Employers, IOE

Internationale Arbeitsorganisation *f* (Pw) International Labour Organization, ILO

Internationale Arbeitsteilung *f* (AuW) international division of labor

Internationale Arbitrage *f* (AuW) international arbitrage activity

Internationale Bank *f* **für Wiederaufbau und Entwicklung**
(Fin) International Bank for Reconstruction and Development
– World Bank

internationale Bürgschaftskette *f* (Zo) international guaranty chain

internationale Devisenspekulation *f* (AuW) international currency speculation

Internationale Energieagentur *f* (AuW) International Energy Agency, IEA

Internationale Entwicklungsorganisation *f* (AuW) International Development Association, IDA

Internationale Finanzierungsgesellschaft *f* (AuW) International Finance Corporation, IFC

internationale Garantiekette *f* (Zo) international chain of customs guarantees

internationale Güter *npl*
(AuW) international commodities
(opp, Binnenhandelsgüter)

Internationale Handelskammer *f* (com) International Chamber of Commerce, ICC

internationale Handelspolitik *f* (AuW) international trade policy

internationale Kapitalbewegungen *fpl* (AuW) international capital movements

internationale Kapitalverflechtung *f* (Fin) international capital links

Internationale Klassifikation *f* (Pat) International Patent Classification

internationale Kreditmärkte *mpl* (Fin) international credit markets

internationale Liquidität *f* (AuW) international liquidity

internationale Messe *f* (com) international fair

Internationale Organisation *f* **für Normung** (com) International Standards Organization, ISO

internationaler Anleihemarkt *m* (Fin) international bond market

Internationaler Antwortschein *m* (com) international reply coupon

internationaler Behälterverkehr *m* (com) international container transport

internationale Recheneinheit *f* (AuW) international unit of account

internationale Reservewährung *f* (AuW) international reserve currency

internationaler Expressgutschein *m* (com) international express parcels consignment note

internationaler Frachtbrief *m* (com) international consignment note

internationaler Geldhandel *m* (Fin) international money trade

internationaler Handel *m* (AuW) international trade

internationaler Kapitalverkehr *m* (AuW) international capital movements

internationaler Konzernabschluß *m* (ReW) = Weltabschluß

internationaler Kreditverkehr *m* (Fin) international lending

Internationaler Normen-Ausschuß *m* (com) International Organization for Standardization

internationale Rohölbörse *f*
(Bö, GB) International Petroleum Exchange, IPE
(ie, Terminbörse für Rohölkontrakte; Sitz in London; Handelsobjekt ist das Nordseeöl)

internationaler Preiszusammenhang *m* (AuW) international price system

Internationaler Transportversicherungs-Verband *m*
(Vers) International Union of Marine Insurance

Internationaler Verband *m* **für die Veröffentlichung der Zolltarife** (Zo) International Union for the Publication of Customs Tariffs

Internationaler Verband für Telekommunikation
(EDV) International Telecommunication Union, ITU
(ie, defines international telecommunication standards:
eg, V.32, V.32bis, V.34)

Internationaler Verband *m* **zum Schutz des gewerblichen Eigentums** (Pat) International Union for the Protection of Industrial Property

Internationaler Währungsfonds *m*
(AuW) International Monetary Fund, IMF
(ie, set up in 1944 to promote stability in international currency exchange; headquartered in Washington, D. C.; syn, Weltwährungsfonds)

Internationaler Weizenrat *m* (AuW) International Wheat Council

internationaler Zahlungsauftrag *m*
(Fin) international payment order
(ie, im Auftrag und zugunsten Dritter = by order and for the account of a third party)

internationaler Zahlungsverkehr *m* (AuW) international payments

Internationaler Zinnrat *m* (AuW) International Tin Council

Internationaler Zuckerrat *m* (AuW) International Sugar Council

internationales Abkommen *n* (Re) *(zweiseitig:)* international agreement; *(mehrseitig:)* international convention

internationales Anlagepublikum *n* (Fin) international investing public

Internationales Arbeitsamt *n*, **ILO** (Pw) (Geneva-based) International Labor Office, ILO

internationales Bankgeschäft *n* (Fin) international banking
Internationale Schiedsklauseln(com) international arbitration clauses *(ie, in Außenhandelsverträgen)*
internationale Schiedsklauseln *fpl* (Re) international clauses of arbitration
Internationales Freibord-Abkommen *n* (Re) loadline convention
internationales Freibordzeugnis *n* (com) international loadline certificate
internationales Gewohnheitsrecht *n* (Re) customary international law
Internationales Institut *n* **der Sparkassen** (Fin) *(Geneva-based)* International Savings Banks Institute
internationales Konzernclearing *n* (Fin) = konzerninternes Clearing, qv
internationales Marketing *n* (Mk) = Exportmarketing, qv
internationales Patent *n* (Pat) international patent
internationale Spedition *f* (com) international forwarders (*or* transport company)
internationales Privatrecht *n*
(Re) Conflict of laws
– *(less commonly called)* private international law
internationales Rechnungswesen *n* (ReW) international accounting
internationales Rohstoffabkommen *n* (AuW) international commodity agreement
internationales Schachtelprivileg *n*
(StR) international participation exemption
(eg, tax exemption in respect of dividends from intercorporate shareholdings)
internationales Spediteur(durch)konnossement *n* (com) Forwarding Agent's Certificate of Receipt
internationales Steuerabkommen *n* (StR) international tax treaty
internationales Steuerrecht *n* (StR) international law of taxation
Internationale Standardklassifikation *f* **der Berufe** (Pw) International Standard Classification of Occupation, ISCO
Internationale Standard-Organisation *f*
(IndE) International Standards Organization, ISO *(ie, headquartered in Geneva; angeschlossen sind nationale Normenausschüsse, wie DIN (Deutschland), ANSI (USA), AFNOR (Frankreich))*
internationales Vertragsrecht *n* (Re) conventional international law
internationales Währungssystem *n* (AuW) international monetary system
Internationales Warenverzeichnis *n* **für den Außenhandel** (com) Standard International Trade Classification
internationales Zahlungsabkommen *n* (AuW) international payments agreement
internationale Übereinkunft *f* (Re) international agreement
internationale Unternehmung *f*
(Bw) multinational
– international
– supranational . . . enterprise (*or* corporation)
Internationale Vereinigung *f* **der Optionsbörsen** (Bö) International Association of Options Exchange and Clearing Houses, IAOECH
Internationale Vereinigung *f* **der Seeversicherer** (Vers) International Union of Marine Insurance
Internationale Vereinigung *f* **zur Erforschung des Volkseinkommens** (Vw) International Association for Research in Income and Wealth, ARIW
internationale Verflechtungen *fpl* (StR) international interrelations
internationale Verschuldung *f*
(Fin) international indebtedness
(ie, Netto-Schuldenposition von Ländern gegenüber internationalen Geschäftsbanken)
internationale Vertriebskosten *pl* (Mk) international marketing cost (*or* expenses)
internationale Währungsbeziehungen *fpl* (AuW) international monetary relations
internationale Währungskrise *f* (AuW) international monetary crisis
internationale Währungsordnung *f* (AuW) international monetary system
internationale Währungsreserven *fpl* (AuW) international currency reserves
Internationale Warenterminbörse *f* (Bö) International Futures Exchange, INTEX
internationale Waren- und Güterverzeichnisse *npl* (AuW) international classifications of goods and services
internationale Warenverzeichnisse *npl* (AuW) standard international trade classification
internationale Wettbewerbsfähigkeit *f* (AuW) international competitiveness
internationale Wirtschaftspolitik *f* (Vw) international economic policy
internationale Wirtschaftsprüfungsgesellschaft *f* (ReW) international accounting group
(eg, Arthur Anderson, Touche Ross, Price Waterhouse)
internationale Zahlungen *fpl* (AuW) international payments (*or* settlements)
internationale Zusammenarbeit *f*
(com) international cooperation
– cross-border link
international gebräuchlich (com) internationally recognized
international vergleichende Rechnungslegung *f* (ReW) international comparative accounting
intern beschaffen (Bw) to get *(eg, raw materials)* inhouse
interne Abrechnung *f* (ReW) internal billing
interne Annullierung *f* **von Aufträgen** (com) internal cancellation of orders
interne Auseinandersetzungen *fpl* (Pw) internal feuding
interne Beteiligung *f* (Fin) intercompany participation
interne Fernsehanlage *f* (EDV) closed circuit TV
interne Informationsquelle *f* (Bw) internal source of information
interne Konten *npl* (ReW) inter-company accounts
interne Kontrolle *f* (EDV) internal check
interne Kostendegression *f* (Bw) internal economies of scale
interne Leistungen *fpl* (Bw) internal services (*or* performance)
interne Machtkämpfe *mpl* (com) internal feuding
interne Nachfrage *f* (Vw) domestic demand

interner Bilanzvergleich *m*
(ReW) internal balance-sheet comparison
(ie, covering several successive fiscal years)
interner Buchungsfall *m*
(ReW) accounting transaction
(eg, Abschreibung, Kostenverrechnung, Wertberichtigung = depreciation, cost allocation, valuation accounts)
interne Revision *f*
(ReW) internal
– administrative
– operational . . . audit
(ie, in US Teil des Internal Controlling; syn, Innenrevision)
interner gemeinschaftlicher Versandschein *m* (EG) internal Community transit document
interner Kostenausgleich *m* (Bw) internal cost-equalizing process
interner Speicher *m*
(EDV) internal memory (*or* storage)
(ie, in the sense of ‚Arbeitsspeicher')
interner Umsatz *m*
(ReW) intercompany sales
– internal deliveries (*or* turnover)
– intra-group sales
interner Verrechnungspreis *m* (ReW) intercompany billing price
interner Zinsfuß *m*
(Fin) internal rate of return
– dcf rate of return
– time-adjusted rate of return
– actuarial return
(ie, Diskontierungssatz, bei dem sich für e–e Investition ein Kapitalwert von Null ergibt, oder bei dem der Barwert der Investitionsausgaben gleich der Summe aus dem Barwert der Rückflüsse e–r Investition und dem Barwert des Liquidationserlöses ist; found by determining the discount rate that, when applied to the future cash flows, causes the present value of those cash flows to equal the investment; problems must be solved by iteration; syn, interner Zinssatz)
(Fin) yield to maturity
(Vw) marginal efficiency of . . . capital/investment
– marginal rate of return (over cost)
– marginal productivity of investment
interner Zinssatz *m* (Fin) = interner Zinsfuß, qv
internes Berichtswesen *n* (com) internal reporting
internes gemeinschaftliches Versandpapier *n* (EG) internal Community transit document
internes gemeinschaftliches Versandverfahren *n* (EG) Community transit operation
internes Kontrollsystem *n*
(ReW) system of internal audits
– internal audits
interne Sortierung *f* (EDV) online sorting
internes Rechnungswesen *n* (ReW) internal accounting
interne Staatsverschuldung *f* (FiW) domestic borrowing
interne Stellenausschreibung *f*
(Pw) in-house job posting
(ie, publication of openings within a company)
interne Steuerung *f* (EDV) internal control
interne Ströme *mpl* (VGR) internal flows
internes Wachstum *n*
(Bw) internal growth
(ie, Unternehmen wächst durch Erstellen neuer Kapazitäten; syn, endogenes/natürliches Wachstum)
Internetbackbone (EDV) Internet backbone
Internetdienstgerät *n* (EDV) Internet appliance
Internetkonto *n* (EDV) Internet account
Internetprovider *m* (EDV) Internet access provider
Internet Serviceprovider *m* (EDV) Internet service provider
Internetsicherheit *f* (EDV) Internet security
Internettelefonie *f* (EDV) Internet telephone
Internet-TV (EDV) Internet television
Internetwurm *m* (EDV) Internet Worm
interne Umwelt *f* (Bw) internal environment
interne Verarbeitung *f* (EDV) internal processing
interne Zinsen *mpl* (Fin) internal interest
Interne-Zinsfußmethode *f*
(Fin) internal rate of return method
– IRR method of analysis
– discounted cash flow method
– (GB) yield method
(ie, of preinvestment analysis)
interne Zinsrechnung *f* (Fin) internal-interest accounting
interne Zulieferungen *fpl* (Bw) internal supplies
interpersoneller Nutzenvergleich *m* (Vw) interpersonal comparison of utility
Interpolation *f* (Math) interpolation
interpretierendes Programm *n*
(EDV) interpretive program
– interpreter
interpretierendes Protokollprogramm *n* (EDV) interpretive trace program
Interpretierprogramm *n* (EDV) interpretive program
Interprozeßkommunikation *f* (EDV) inter-process communication
intersektorale Kreditströme *mpl* (Fin) intra-sectoral credit flows
intertemporale Grenzrate *f* **der Substitution**
(Vw) intertemporal marginal rate of substitution
(syn, Grenzrate der Zeitpräferenz)
intertemporale Nutzenfunktion *f* (Vw) intertemporal utility function
Intervall *n* (Stat) class interval
intervallfixe Kosten *pl*
(KoR) step variable cost
– fixed cost rising in steps = sprungfixe Kosten, qv
Intervallschachtelung *f* (Math) nested intervals
Intervallschachtelungs-Axiom *n* (Math) nested interval theorem
Intervallschätzung *f* (Stat) interval estimation
Intervallzeitgeber *m* (EDV) interval time clocker
intervalutarischer Devisenhandel *m* (Bö) cross-exchange dealings
intervenieren
(com) to interfere
(Bö) to intervene
(ie, if prices fluctuate erratically)
intervenierende Variable *f* (Log) intervening variable

Intervention *f* (Bö) intervention
Intervention *f* **am freien Markt** (com) intervention in the open market
Intervention *f* **an den Devisenmärkten** (Fin) intervention in foreign exchange markets
Intervention *f* **der Zentralbank** (Fin) central-bank intervention
Interventionismus *m* (Vw) interventionism
interventionistische Finanzpolitik *f* (FiW) monetary-fiscal policy
interventionistische Marktwirtschaft *f* (Vw) economics of control
interventionistische Wirtschaftspolitik *f* (Vw) interventionist (or infml: hands-on) economic policy
interventionsfreie Wirtschaftspolitik *f* (Vw) noninterventionist (or infml: hands-off) economic policy
Interventionskäufe *mpl* (Vw) support purchases (*or* buying)
Interventionsklage *f* (Re) action of third party opposition
Interventionskurs *m* (AuW) support price
Interventionskurs *m* **im EWS** (Fin) intervention rate
Interventionsmechanismus *m* (EG) intervention mechanism
Interventionspolitik *f*
(Vw) intervention policy
(ie, of a central bank)
Interventionspreis *m*
(EG) intervention price
(ie, minimum prices in EEC farm policy)
Interventionspunkte *mpl*
(Fin) dealing limits
– bank's upper and lower limits
– peg points
– support points
(ie, in foreign exchange trading)
Interventionsregeln *fpl* (EG) intervention rules
Interventionsschwelle *f*
(EG) intervention threshold
(ie, Situation, bei der der Staat einzugreifen hat oder eingreifen kann = situation where the government's duty is to intervene or where it may do so if it sees fit)
Interventionswährung *f* (Fin) intervention currency
Interviewer *m* (Mk) field investigator
Interviewereinfluß *m*
(Mk) interviewer bias
(ie, systematische Verzerrung der Ergebnisse mündlicher Befragungen, die in der Person des Interviewers liegt)
intramarginale Intervention *f* (AuW) intramarginal intervention
Intrapreneur *m* (Bw) im Unternehmen angestellter, innovativ denkender Manager *m*
intuitionistische Aussagenlogik *f* (Log) intuitionistic propositional calculus
intzernationales Marketing *n* (Mk) = Exportmarketing, qv
in Übereinstimmung mit
(com) in accordance with
– in agreement (*or* conformity) with
– in keeping with
– conformably to
Invalidenrente *f* (SozV) disability pension *(now: Rente wegen Berufsunfähigkeit od Erwerbsunfähigkeit)*
Invalidenversicherung *f* (SozV) workers' disability insurance *(now: Arbeiterrentenversicherung)*
Invalidität *f*
(SozV) disablement
(ie, permanent total or partial disability to work)
invariante Ableitung *f* (Math) invariant derivative
invariante Reihe *f* (Math) invariant series
Inventar *n*
(ReW) inventory
– list of assets and liabilities
(syn, Inventarliste)
Inventar *n* **aufstellen** (ReW) to prepare (*or* take) an inventory, § 39 II HGB
inventarisierbar (ReW) inventoriable
inventarisieren
(ReW) to take inventory (*or* stock)
– to inventory
Inventarnummer *f* (MaW) inventory number
Inventarwert *m* **e–s Fondsanteils**
(Fin) net asset value per share
(ie, total assets minus total liabilities divided by total shares outstanding)
Inventarwert *m* **je Anteil**
(Fin) net asset value per share
(ie, e–s Fondsanteils)
Inventur *f*
(ReW) inventory
– physical inventory
– stocktaking
Inventurabstimmliste *f* (ReW) inventory reconciliation list
Inventuraufnahmeliste *f* (ReW) inventory sheet
Inventurausverkauf *m* (com) pre-inventory sale
Inventurbewertung *f* (MaW) inventory valuation
Inventurbuch *n* (ReW) inventory register
Inventurdifferenzen *fpl* (ReW) inventory discrepancies
Inventur *f* **machen** (ReW) to take inventory (*or* stock)
Inventurprüfung *f*
(ReW) inventory audit
(ie, part of annual balance-sheet audit)
Inventurrichtlinien *fpl*
(ReW) inventory rules
– (GB) stocktaking rules
Inventurstichtag *m* (ReW) inventory date
Inventurverkauf *m*
(com) inventory sale
(ie, permitted only as seasonal sale)
Inventurvorbereitungsliste *f* (ReW) physical inventory list
Inventurzählkarten *fpl* (ReW) physical inventory cards
Inverkehrbringen *n* (Re) putting (a product) into circulation
in Verkehr bringen (com) to put into the stream of commerce
Inverkehrgabe *f* (Re) putting (a product) on the market
Inverse *f* (Math) inverse

inverse Angebotskurve *f* (Vw) regressive supply curve
inverse Auswahl *f* (Stat) inverse sampling
Inverse *f* **der Matrix** (Math) resolvent of a matrix
inverse Funktion *f* (Math) inverse function
inverse Matrix *f* (Math) inverse (*or* reciprocal) matrix
inverses Renditegefälle *n*
(Fin) reverse yield gap
(ie, theoretical amount lost in income terms when an investment in shares or property falls short of the amount that could be earned by putting the same amount in deposit account or a fixed-income security)
inverse Tangente *f* (Math) arc (*or* inverse) tangent
inverse Zinsstruktur *f* (Vw) inverse interest rate structure
Invertieradapter *m*
(EDV) gender bender
– sex changer
invertierte Liste *f*
(EDV) inverted list
(ie, bezieht sich auf ein anderes Merkmal der Datensätze e–r Datei als das zum Schlüssel bestimmte)
in Vertretung (com) *(to sign)* for and on behalf of
in Verzug
(com) defaulting
(Fin) in arrears
in Verzug geraten
(com) to default on . . . payment/performance
(Fin) to become in arrears
(eg, mit der Rückzahlung)
in Verzug setzen (Re) to give notice of default
investieren
(Fin) to invest (into)
– (infml) to sink *(eg, $50m into an enterprise)*
Investierer *m* (Fin) = Investor
investiertes Kapital *n*
(Fin) invested capital
(ie, current assets and fixed assets)
– capital employed
Investionsbewertung *f*
(Fin) capital project evaluation
(syn, Bewertung eines Investionsprojektes, Projektbewertung)
Investition *f*
(Vw) investment
(Bw) investment
– capital spending (*or* expenditure)
– capital outlay
Investition *f* **auf nachgelagerter Wirtschaftsstufe** (Vw) downstream investment
Investition *f* **auf vorgelagerter Wirtschaftsstufe** (Vw) upstream investment
Investitionen *fpl* **der gewerblichen Wirtschaft** (VGR) business investment spending
Investitionen *fpl* **der heimischen Wirtschaft** (Vw) domestic capital formation
Investitionen *fpl* **genehmigen** (Fin) to authorize investments
Investitionen *fpl* **im Dienstleistungssektor** (Fin) service investment
Investitionen *fpl* **kürzen** (Fin) to cut (or slash) spending for capital investment

Investitionsabgabe *f* (FiW) investment tax
Investitionsanreiz *m*
(Bw) investment incentive
– incentive to invest
Investitionsantrag *m*
(Fin) capital spending requisition
– appropriation request
– project appropriation request, PAR
(ie, by division, department, subsidiary, etc.)
Investitionsaufwand *m*
(Fin) capital expenditure
– capital outlay
– capital spending
– investment expenditure
Investitionsaufwendungen *pl* (Fin) = Investitionsaufwand
Investitionsausgaben *fpl* (Fin) = Investitionsaufwand
Investitionsbedarf *m*
(Vw) capital investment needs
(eg, of the economy)
(Bw) capital expenditure requirements
Investitionsbeihilfe *f* (Fin) investment aid
Investitionsbelebung *f* (Vw) pickup in capital spending
Investitionsbereitschaft *f*
(Vw) propensity to invest
(standard term in economics: Investitionsquote, I/Y)
(Bw) willingness to invest
– investment confidence
(eg, has been remarkably strong)
Investitionsbewilligung *f* (Fin) capital appropriation
Investitionsbilanz *f* (ReW) capital-flow balance sheet
Investitionsboom *m* (Vw) boom in capital investment
Investitionsbudget *n*
(FiW) capital budget
(Fin) capital expenditure budget
– investment budget
Investitionsdarlehen *n* (Fin) loan to fund investment project
Investitionseinnahmen *fpl* (Fin) investment receipts
Investitionsentscheidung *f* (Fin) capital spending decision
Investitionsfinanzierung *f*
(Fin) (capital) investment financing
– financing of capital projects
Investitionsförderung *f*
(Vw) investment assistance
– promotion of capital spending activity
Investitionsfranchise *f* (Mk, US) corporate franchise
Investitionsfreudigkeit *f* (Bw) inclination to invest
Investitionsfunktion *f* (Vw) investment function
investitionsgebundener technischer Fortschritt *m*
(Vw) embodied technical progress
Investitionsgenehmigung *f*
(Fin) capital spending authorization
– appropriation
Investitionsgüter *npl*
(com) capital
– investment
– industrial

– equipment . . . goods
(ie, more precise: Anlageinvestitionsgüter)

Investitionsgütergewerbe *n* (com) capital goods sector

Investitionsgütergruppe *f* (com) group of capital goods producers

Investitionsgüterhersteller *m* (com) capital goods manufacturer

Investitionsgüterindex *m*
(Stat) capital goods index
(ie, a special production index used in official statistics: determines the salable output of the capital goods industry)

Investitionsgüterindustrie *f* (com) capital goods industry

Investitionsgüter-Leasing *n* (Fin) equipment leasing

Investitionsgütermarketing *n*
(Mk) industrial marketing
(ie, industrial goods comprising physical products, services, rights, nominal goods; opp, Konsumgütermarketing)

Investitionsgütermarkt *m*
(Mk) capital goods market
– industrial goods market

Investitionsgütermesse *f* (Mk) exhibition of capital goods

Investitionsgüterproduktion *f* (Bw) production of capital goods

Investitionsgüterwerbung *f* (Mk) industrial advertising

Investitionshaushalt *m* (FiW) capital budget

Investitionshemmnisse *npl* (Bw) barriers to investment

Investitionshilfe *f*
(Vw) investment aid
(ie, one-off contribution of DM 1bn by the ‚gewerbliche Wirtschaft' designed to pump-prime investments in industrial bottleneck sectors; statutory basis was the ‚Investitionshilfegesetz' of 7 Jan 1952)

Investitionshilfeabgabe *f*
(FiW) investment aid deduction
– (infml) mandatory loan
(ie, interest-free, refundable loan by high- income earners to the government, equal to 5% of income tax burden, to help encourage a general economic upswing; syn, Zwangsanleihe)

investitionsinduziertes Wachstum *n* (Vw) investmend-led expansion

Investitionskalkül *n* (Fin) investment analysis

Investitionskapital *n* (Fin) investment capital

Investitionskette *f* (Fin) stream of investment

Investitionsklima *n*
(Vw) investment climate
– climate for investment

Investitionskonjunktur *f* (Vw) investment activity

Investitionskontrolle *f*
(Vw) investment . . . control/steering
(Bw) capital spending control
(ie, comparison of budgeted and actual figures to determine budget variances)

Investitionskosten *pl*
(Fin) capital outlay cost
– investment cost
– up-front costs

Investitionskredit *m*
(Fin) investment credit
(ie, long-term borrowed capital used for financing production plant; syn, Anlagenkredit)

Investitionskreditversicherung *f* (Vers) investment credit insurance

Investitionskürzungen *fpl* (Fin) cuts in capital spending

Investitionsleistung *f* (Bw) capital spending volume

Investitionslenkung *f* (Vw) = Investitionskontrolle

Investitionslücke *f* (Fin) investment . . . deficit/gap

Investitionsmaßnahme *f* (Fin) investment

Investitionsmöglichkeiten *fpl* (Fin) investment opportunities (*or* outlets)

Investitionsmöglichkeitskurve *f* (Vw) investment opportunity line

Investitionsmultiplikator *m*
(Vw) investment multiplier
(ie, reciprocal of marginal propensity to save)

Investitionsnachfrage *f*
(Vw) investment demand
(ie, demand for capital goods)

Investitionsnachfrage *f* **der Unternehmen** (Vw) enterprises' demand for capital goods

Investitions-Nachtragshaushalt *m* (FiW) additional investment budget

Investitionsneigung *f*
(Vw) propensity to invest
(Bw) = Investitionsbereitschaft

Investitionsobjekt *n*
(Fin) capital spending project
– capital investment project
– capital project
– investment . . . project/object/proposal

Investitionsperiode *f*
(Fin) investment period
(ie, during which the sum of outpayments is greater than the sum of receipts)

Investitionsplan *m*
(Bw) capital spending plan
– capital budget
(opp, operativer Rahmenplan = operating budget)
(Fin) investment budget

Investitionsplanung *f*
(Fin) capital expenditure planning
– capital budgeting
– capital investment planning

Investitionspolitik *f* (Bw) capital spending policy

Investitionspolitik *f* **des Unternehmens**
(Bw) capital spending policy *(ie, based on preinvestment analysis = Investitionsrechnung, and on planning procedures)*

Investitionsprogramm *n*
(Fin) capital (spending) program
– capital expenditure program

Investitionsprojekt *n* (Fin) capital project *(cf, Investitionsobjekt)*

Investitionsquote *f*
(Vw) propensity to invest, I/Y
(ie, durchschnittliche I. = average propensity to invest I/C; marginale I. = marginal propensity to invest dI/dY)

Investitionsrate *f*
(VGR) ratio of gross investment to gnp at market

prices
– investment-income ratio
Investitionsrechnung *f*
(Fin) capital budgeting
– preinvestment analysis
– investment . . . appraisal/analysis
– estimate of investment profitability
(ie, method of comparing the profitability of alternative investment projects; or: technique of capital expenditure evaluation)
Investitionsrisiko *n*
(Fin) investment risk
– risk of capital spending
Investitionsrückgang *m* (Vw) decline in capital spending
Investitionsschub *m* (Bw) investment surge
Investitions-Spar-Kurve *f*
(Vw) investment-spending curve
– IS (investment-saving) curve
Investitionsstau *m*
(Fin) pile-up/backlog . . . of investment projects
– piles of investment projects waiting to be started
Investitionssteuer *f* (FiW) capital investment tax
Investitionsstoß *m*
(Fin) investment shock
– single injection of capital spending
Investitionsstrom *m* (Vw) investment flow
Investitionssumme *f* (Fin) amount to be invested
Investitionstätigkeit *f*
(Fin) capital spending
– investment activity
Investitionstätigkeit *f* **der Unternehmer** (Vw) business purchases of capital goods
Investitionstheorie *f*
(Fin) investment theory
(ie, Aussagensysteme zu betrieblichen Informationsentscheidungen)
investitionsunabhängiger technischer Fortschritt *m*
(Vw) disembodied technical progress
Investitionsverbot *n* (Vw) investment ban
Investitionsverhalten *n* (Fin) investment behavior
Investitionsverpflichtungen *fpl* (ReW) capital commitments
Investitionsvorgang *m* (Fin) investment process
Investitionsvorhaben *n*
(Fin) capital spending plan
– (capital) investment project
Investitionsvorhaben *n* **zurückstellen** (Fin) to shelve spending plan (*or* investment project)
Investitionszulage *f*
(FiW) capital investment bonus
– government premium to aid investment
– investmend subsidy (*or* grant)
(ie, to stimulate lagging expenditure on plant and equipment)
Investitionszulagengesetz *n* (Re) Investment Subsidy Law, 2 Jan 1979, as amended
Investitionszuschuß *m* (Fin) investment allowance
Investitionszuweisung *f*
(FiW) investment grant
(ie, made to local authorities)
investive Ausgaben *fpl* (FiW) investment spending (*or* expenditure)
investive Verflechtung *f* (Vw) cross investment

Investmentanteil *m*
(Fin) share
– (GB) unit
Investmentfonds *m*
(Fin) investment fund
– (US) mutual fund
– (GB) unit trust
(ie, Gesamtheit des Sondervermögens e–r Kapitalanlagegesellschaft; Arten: Aktienfonds, Rentenfonds, gemischte Fonds, Immobilienfonds)
Investmentfonds *m* **mit auswechselbarem Portefeuille** (Fin) flexible (*or* managed) fund
Investmentfonds *m* **mit begrenzter Emissionshöhe** (Fin) closed end fund
Investmentfonds *m* **mit Sitz in e–r Steueroase** (Fin) offshore fund
Investmentfonds *m* **mit unbeschränkter Anteilsemission** (Fin) open end fund
Investmentgeschäft *n* (Fin) investment business
Investmentgeschäfte *npl* (Fin) operations of investment companies
Investmentgesellschaft *f* (Fin) investment company
(ie, beschafft Geldmittel durch Ausgabe von Anteilscheinen [Investmentzertifikaten] und investiert diese in verschiedene Wertpapiere; cf, KAGG)
Investmentgesellschaft *f* **mit gesetzlicher Risikoverteilung** (Fin) diversified company
Investmentgesellschaft *f* **mit konstantem Anlagekapital** (Fin) closed end investment trust
Investmentgesellschaft *f* **ohne gesetzliche Anlagestreuung** (Fin) non-diversified company
Investmentrückfluß *m* (Fin) reflux of investment units
Investmentsparen *n* (Fin) saving through investment companies
Investmentzertifikat *n*
(Fin) investment fund certificate
– (GB) investment fund unit
Investor *m* (Fin) investor
in voller Höhe abzugsfähig (StR) fully tax deductible
in Vorlage treten (Fin) to advance funds
in Zahlung geben
(com) to trade in
– to turn in
– (GB) to give in part exchange
(eg, old car, TV set)
in Zahlung nehmen (com) to receive (*or* take) in payment
Inzidenz *f*
(FiW) incidence
(ie, of taxes)
Inzidenz *f* **des Steueranstoßes** (FiW) impact incidence
Inzidenzmatrix *f* (Math) incidence matrix
IP-Spoofing (EDV) IP spoofing
IP-Telefonie *f* (EDV) IP telephony
IP-Tunneln *n* (EDV) IP tunneling
irrationale Zahl *f*
(Math) irrational number
– (pl oft) irrationals
irrealer Bedingungssatz *m*
(Log) contrary-to-fact (*or* counterfactual) conditional
– counterfactual

irreduzibles Polynom *n* (Math) irreducible (*or* prime) polynomial
irreduzible Wurzel *f* (Math) irreducible radical
irreführende Angaben *fpl* (Kart) misleading (*or* deceptive) representations
irreführende Kennzeichen *npl* (Kart) deceptive marks
irreführende Kennzeichnung *f*
(com) false
– misleading . . . labeling
– misbranding
irreführende Markierung *f*
(Mk) mislabeling
(eg, of shipments)
irreführende Praktiken *pl* (Kart) deceptive practices
irreführende Reklame *f* (Mk) = irreführende Werbung
irreführende Warenkennzeichnung *f*
(Mk) misbranding
– misleading labeling
irreführende Warenzeichen *npl* (Pat) deceptive marks
irreführende Werbung *f* (Mk) deceptive advertising
Irreführung *f*
(Re) misrepresentation
(syn, unrichtige Angaben)
irrelevante Information *f*
(Log) prevarication
(com) irrelevant information
Irrelevanz *f*
(Log) irrelevance
– prevarication
Irrläufer *m*
(com) mis-sent item
(ie, sent in error to another recipient)
Irrtum *m*
(Re) mistake
(ie, gilt als Willensmangel; cf, § 119 BGB)
Irrtum *m* **im Beweggrund** (Re) mistake as to formation of intention, § 119 II BGB
Irrtumsanfechtung *f* (Re) avoidance on account of mistake
Irrtumswahrscheinlichkeit *f*
(Stat) level of significance
– significance level
(ie, probabiliy of false rejection of the null hypothesis)
Irrtum *m* **über den Vertragsgegenstand** (Re) mistake as to subject matter of contract
Irrtum *m* **vorbehalten** (Re) errors and omissions excepted, E&OE
Irrungszeichen *n* (EDV) error character
IS-Kurve *f* (Vw) IS (investment-saving) curve
ISO Code
(Fin) Iso Code *m*
(ie, enthält international übliche Abkürzungen für Währungsbezeichnungen; besteht aus drei Buchstaben: die ersten beiden Stellen bezeichnen das Land, die dritte die Währung; zum Beispiel: USD = US-Dollar, GBP = Pfund Sterling)
isoelastische Funktionen *fpl* (Vw) isoelastic functions
isoelastische Nachfragekurve *f* (Vw) isoelastic demand curve
Isogewinngerade *f* (Vw) isorevenue line
Isogewinnkurve *f* (Vw) isorevenue curve
Isokosten *pl* (Vw) isocost
Isokostengerade *f* (Vw) isocost line
Isokostenkurve *f* (Vw) iso-outlay curve
Isokostenlinie *f* (Vw) outlay contour
isolierte Menge *f* (Math) isolated set
Isolinie *f* (Math) contour line
isometrisches Schaubild *n* (Stat) isometric chart (*or* plot)
Isophoren *fpl*
(Vw) isophores
(syn, Isoquanten, Indifferenzkurven)
Isoproduktkurve *f* (Vw) product contour
Isoquante *f*
(Vw) isoquant
– product indifference curve
– equal products/iso-product . . . curve
Isoquant-Ebene *f* (Vw) isoquant plane
Isoquantenanalyse *f* (Vw) isoquant analysis
ISO-Referenzmodell *n*
(EDV) ISO reference model
(ie, aufgeteilt in sieben funktionale Schichten:
1. Anwendungsschicht = application layer (responsible for providing communication services to user programs);
2. Anpassungsschicht = presentation layer;
3. Verbindungsschicht = session layer (currently specified as ISO session kernel);
4. Transportschicht = transport layer (ISO transport protocol);
5. Netzwerkschicht = network layer (ISO connectionless network services, CLNS);
6. Streckenschicht = data link;
7. Physikalische Schicht = physical layer (may be token-bus broadband = Token-Bus-Breitband))
Ist-Ausbringung *f* (Bw) actual output
Istausgaben *fpl* (Fin) actual . . . outlay/expenditure
Istbestand *m*
(com) actual stock
(ReW) actual balance
(MaW) stock on hand
Istbetrag *m*
(Fin) actual amount
(ie, of outlay or expenditure)
Isteindeckungszeit *f* (MaW) ratio of existing inventory to daily requirements
Isteinnahmen *fpl* (com) actual receipts
Istgeld *n* (Fin) counted cash
Ist-Ist-Vergleich *m* (Bw) comparison of actual performances
Istkapazität *f* (IndE) actual capacity
Istkosten *pl*
(KoR) actual
– effective
– outlay . . . cost
(opp, kalkulatorische Kosten = implicit cost und Opportunitätskosten = opportunity cost)
Istkosten *pl* **der Gegenwart** (KoR) current-outlay cost
Istkosten *pl* **der Vergangenheit** (KoR) historical cost
Istkostenrechnung *f*
(ReW) historical cost accounting
(KoR) actual cost system

(ie, verrechnet von den Kostenarten über die Kostenstellen bis zur Kostenträgerrechnung die tatsächlichen Kosten der Periode)

Istleistung *f*
(Bw) actual . . . output/performance
– out-turn
(opp, estimate)
(Pw) actual attainment

Ist-Lohnsatz *m* (IndE) current wage rate

Ist-Prämie *f* (Vers) actual premium

Ist-Reserve *f*
(Vw) actual reserve
(ie, average monthly balance of a bank with the Deutsche Bundesbank)

Ist-Satz *m*
(Log) Is Statement
(opp, Sollsatz = Ought Statement)

Ist-Spanne *f* (ReW) ratio of gross margin to sales

Ist-Stunden *fpl* (Pw) actual manhours

Ist-System *n* **der Rechnungslegung** (ReW) cash accounting

Istversteuerung *f* (StR) actual payment of turnover taxes

Ist-Wert *m*
(com) actual value
(IndE) instantaneous value *(ie, in process control)*

IST-Zahlen *fpl* (ReW) actual figures

Ist-Zeit *f* (IndE) actual/clock . . . time

Istzeitmeldung *f*
(IndE) time card *(syn, Zeitkarte)*

i.S.v. (Re) = im Sinne von

Itembatterie *f* (Mk) item battery

Iteration *f* (Math) iteration

Iterationstest *m* (Stat) iteration test

Iterationsverfahren *n* (EDV) iterative procedure

iterative Operation *f* (EDV) iterative process

iterieren (Math) to iterate

I-Urteil *n*
(Log) I-proposition
– particular affirmative categorical proposition
(eg, some companies have a high RoI)

iVm. (Re) = in Verbindung mit

IWF (IWF) = Internationaler Währungsfonds

IWF-Quote *f*
(AuW) IMF quota
– quota in the IMF

J

Jacobische Determinante *f* (Math) Jacobian determinant
Jagdsteuer *f* (StR) hunting tax
Jahr-2000-Fähigkeit *f* (EDV) year 2000 compliance
Jahresabgrenzung *f* (ReW) (year-end) accruals and deferrals
Jahresabonnement *n* (com) annual subscription
Jahresabrechnung *f*
(com) annual/yearly . . . settlement
(ReW) annual statement of accounts
Jahresabschluß *m*
(ReW) annual/year-end . . . financial statements
– year-end results
– (GB) annual accounts
– (GB) year-end accounts
(ie, umfaßt Handelsbilanz, Gewinn- und Verlustrechnung sowie Anhang; bei Kapitalgesellschaften (§ 264 I HGB) außerdem Lagebericht und Prüfungsbericht des Abschlußprüfers: commercial balance sheet, income statement [GB: profit and loss account], notes [to the financial statements]; annual report and audit report)
Jahresabschlußanalyse *f* (ReW) financial statement analysis
Jahresabschluß *m* **aufstellen**
(ReW) to prepare annual financial statements
– (GB) to draw up the annual accounts
Jahresabschlußbuchungen *fpl*
(ReW) entries made at annual closing of accounts
– year-end closing entries
Jahresabschluß *m* **feststellen**
(ReW) to establish the annual financial statements
– to approve the year-end financial statements
– (GB) to adopt the annual accounts
Jahresabschlußprüfung *f* (ReW) annual/year-end . . . audit
Jahresabschlußunterlagen *fpl* (ReW) financial statements and related documents
Jahresabschlußzahlungen *fpl* (Fin) end-of-year payments
Jahresabschreibung *f*
(ReW) annual/periodical . . . depreciation expense
– depreciation per period
Jahresarbeitslohn *m* (Pw) annual wage
Jahresarbeitsverdienst *m* (SoZV) annual earnings
Jahresarbeitsverdienstgrenze *f*
(SozV) taxable wage base
(ie, monthly earnings ceiling for the assessment of social insurance contributions; syn, Versicherungspflichtgrenze)
Jahresausgleich *m* (StR) = Lohnsteuerjahresausgleich
Jahresbedarf *m* (com) annual . . . demand/requirements
Jahresbeitrag *m* (com) annual membership fee
Jahresbericht *m* (ReW, StR) annual report
Jahresbilanz *f* (ReW) annual balance sheet
Jahresbonus *m* (com) annual quantity discount
Jahresbruttolohn *m* (StR) gross annual earnings
Jahreseinkommen *n* (Pw) annual . . . income/earnings
Jahreserfassung *f* (StR) annual assessment procedure
Jahreserfolg *m* (ReW) profit/results . . . for the year
Jahresergebnis *n* (ReW) = Jahreserfolg
Jahresfehlbetrag *m*
(ReW) net loss for the year, §§ 266, 275 HGB
(Fin) annual . . . deficit/shortfall
Jahresfreibetrag *m* (StR) annual allowance
Jahresfrist *f* (com) one-year period
Jahresgebühr *f* (com) annual fee
Jahresgehalt *n* (Pw) annual/yearly . . . salary
Jahresgewinn *m*
(ReW) net profit for the year
(Fin) annual net cash inflow
(ie, determined in preinvestment analysis)
Jahreshauptversammlung *f*
(com) annual meeting of . . . shareholders/stockholders
– shareholders/stockholders' meeting
– (GB) annual general meeting, AGM
(syn, Hauptversammlung, HV)
Jahreshöchstkurs *m* (Bö) yearly high
Jahreshonorar *n*
(com) annual fee
(syn, Jahresgebühr, jährliche Gebühr)
Jahresinventur *f* (ReW) annual/year-end . . . inventory
Jahreslohnrunde *f* (Pw) annual round of wage bargaining
Jahresprojektion *f* (Vw) annual projection of economic activity
Jahresrate *f*
(com) annual rate
(eg, construction costs rise at an . . . of 13%)
(Fin) annual installment
Jahresreingewinn *m* (ReW) net profit for the year
Jahresrendite *f* (Fin) annual yield
Jahresrohmiete *f*
(StR) gross annual rental *(ie, total annual consideration payable for the use of property; based on net rentals which, for the purpose of administrative simplification, are converted into gross rentals, § 79 BewG)*
Jahrestief *n*
(Bö) all-year low
– annual low
Jahrestiefstkurs *m* (Bö) yearly low
Jahresüberschadenrückversicherung *f*
(Vers) aggregate excess of loss reinsurance
– stop loss . . . cover/reinsurance
– stop loss ratio
– excess of loss ratio reinsurance
(ie, bezieht sich auf die Gesamtschäden e–s Versicherungsbestandes während e–r Rechnungsperiode; Gesamtschaden-Exzedentenrückversicherung)

Jahresüberschuß *m*
(ReW) profit for the year
– annual net profit
(ie, cf, §§ 266, 276 HGB)
Jahresüberschuß *m* **vor Steuern** (ReW) pre-tax profit for the year
Jahresübersicht *f* (com) annual review
Jahresultimo *m* (com) end of year
Jahresumlage *f* (com) annual contribution
Jahresumsatz *m*
(ReW) annual sales
– (GB) annual turnover
Jahresurlaub *m* (Pw) annual vacation
Jahresverbrauch *m* (MaW) annual . . . usage/use
Jahresverdienst *m* (Pw) annual earnings
Jahresversammlung *f* (com) annual general meeting
Jahresvertrag *m* (Re) one-year . . . contract/agreement
Jahreswert *m* **von Nutzungen**
(StR) annual value of benefits, §§ 15, 16 BewG
(ie, fruits or proceeds of property)
Jahreswirtschaftsbericht *m*
(Vw) Annual Economic Report
(ie, submitted by the Federal Government)
jahreszeitliche Schwankungen *fpl* (Stat) seasonal variations
Jahreszins *m*
(Fin) annual rate of interest
(Fin) annual interest charges
(Fin, GB) annualised percentage rate
Jahreszinsen *mpl* (Fin) annual interest
Jahreszins *m* **Festverzinslicher** (Fin) coupon yield
jährliche Abschreibung *f* (ReW) = Jahresabschreibung
jährliche Änderungsrate *f* (com) annualized rate of change
jährliche Anpassung *f*
(com) annual adjustment
– yearly uprating
(eg, in line with inflation)
jährliche Bereitstellung *f* (Fin) annual allocation
jährliche Effektivverzinsung *fpl*
(Fin) effective annual yield
(ie, yield on an investment, taking into effect compounding, but expressed as the equivalent simple interest rate)
jährliche Einkommensteuererklärung *f* (StR) annual income tax return
jährliche Gesamtbelastung *f* (Fin) annual percentage rate
jährlicher Abschreibungsaufwand *m* (ReW) annual depreciation expense
jährlicher Einnahmeüberschuß *m* (Fin) annual cash flow
jährliche Rendite *f* (Fin) annual return
jährlicher Lagerabgang *m* (MaW) annual usage
Java-konformer Browser *m* (EDV) Java-compliant browser
jederzeit (Re) at all reasonable times
jederzeit kündbar (Fin) terminable at call
jedes Kollo eine Taxe (com) each package separately insured
je nach Zusammenhang (com) as the context requires
je Stück (com) apiece *(eg, price is . . . apiece)*
jeweilig
(com) currrent
– obtaining
– prevailing
– in effect
jeweiliger (Re) . . . for the time being *(eg, holder, owner, president for the time being)*
Jewelbox *f*
(EDV) jewel box
Job *m*
(Pw) job
– position
(EDV) job *(opp, task)*
Jobdisponent *m* (EDV) job scheduler
Jobende *n* (EDV) end of . . . job/run
Jobmanagement *n*
(EDV) job management
(ie, general term that describes the functions of job scheduler and high-level scheduler)
Jojo-Strategie *f*
(EDV) jojo strategy
(ie, benutzt top-down als auch bottom-up beim Entwurf von Software)
Journal *n*
(ReW) journal
– daybook
– book of original entry
(syn, Tagebuch, Memorial, Grundbuch, Primanota)
Journalbeleg *m* (ReW) journal voucher
Journalbuchung *f* (ReW) journal entry
Jubiläumsausgabe *f*
(Mk) anniversary issue
(syn, Jubiläumsnummer)
Jubiläumsgeschenk *n*
(StR) employee anniversary reward *(cf, § 4 LStDV)*
(Pw) anniversary bonus
(syn, anniversary present/reward)
Jubiläumsnummer *f*
(Mk) anniversary issue
(syn, Jubiläumsausgabe)
Jubiläumsrückstellung *f*
(StR) reserve for employee's anniversary gifts or awards
– reserve for anniversary bonuses
(ie, the new law allows the establishment of such reserves for ten years of service, provided the commitment to pay is put in writing)
Jubiläumsschrift *f* (com) = Festschrift
Jubiläumszusage *f*
(Pw) bonus commitment
(ie, reserves may be formed to back up such commitments for which an employees acquires contingency rights after 31 Dec 1992)
Jubiläumszuwendung *f*
(Pw) (employee) anniversary gift or award
– anniversary award granted to employees
Judikative *f*
(Re) judiciary
(ie, collective term for courts and judges; cf, Legislative, Exekutive)
Judikatur *f*
(Re) court rulings
– established court practice

Jugendarbeitslosigkeit *f* (Vw) youth unemployment
Jugendarbeitsschutzgesetz *n* (Re) Youth Employment Protection Law, of 12 Apr 1976
Jugendschutzgesetz *n* (Pw) youth employment protection law
Jumbo-Ehe *f* (com) giant merger
Jumbo-Rat *m* (EG) jumbo council
junge Aktie *f*
(Fin) new share
(ie, zur Grundkapitalerhöhung e–r AG ausgegeben; syn, neue Aktie)
jüngere Anmeldung *f* (Pat) subsequent application
jüngeres Patent *n* (Pat) subsequent patent
junger Wirtschaftszweig *m* (Vw) infant industry
Jungscheinkonto *n* (Fin) allotment letter negotiable
Junktimgeschäft *n*
(AuW) reverse countertrade
– precompensation
(ie, in umgekehrter Reihenfolge wie beim Parallelgeschäft, qv)
Junktimklausel *f* (Re) package-deal clause
Junktor *m* (Log) propositional/sentential . . . connective
Junktor *m* **der Aussagenlogik** (Log) connective of propositional logic
Junktorenlogik *f* (Log) propositional/sentential . . . logic
Jurastudent *m* (Re) law student
Jura studieren
(Re) to study for the bar
– (GB) to read law
– (GB, infml) to eat one's dinners
Jurist *m*
(Re) lawyer
(ie, any person learned in the law; not ‚jurist': a term that is preferably used to describe a ‚Rechtsgelehrter')

Juristenlatein *n* (Re) law latin
juristische Fakultät *f*
(Re, US, appr) Law School
– (GB) Law Faculty
juristische Fiktion *f*
(Re) legal fiction
– (GB *also*) legal figment
juristische Handlung *f* (Re) legal/juristic . . . private individual directed to the origin, termination, or alteration of a right
juristische Person *f*
(Re) legal person
Also:
– legal entity
– artificial/juristic . . . person
– juridical personality
– body corporate
– corporate body
juristische Person *f* **des öffentlichen Rechts**
(Re) legal person under public law
– public law body
juristische Person *f* **des privaten Rechts** (Re) legal person under private law
juristischer Berater *m* (Re) legal adviser
juristischer Fachausdruck *m*
(Re) legal term
– term of legal parlance
juristisches Kleid *n* (Re) legal shell *(cf, Firmenmantel = corporate shell)*
Jurist *m* **werden wollen** (Pw) to seek a career as a lawyer
justitiabel
(Re) justiciable
(ie, capable of being settled by law or in court)
Justitiar *m*
(Re) corporate . . . attorney/counsel
– in-house counsel

K

Kabeladapter *m* (EDV) cable matcher
Kabelauszahlungen *fpl*
(Fin) cable transfers, C. T.
(ie, no longer quoted in German foreign exchange markets)
Kabelbuch *n*
(Re) Ocean Cable Register
(ie, kept by the ‚Kabelbuchamt' at the Amtsgericht Berlin-Schöneberg)
Kabeldirektverbindung *f* (EDV) direct cable connection
Kabelfernsehen *n* (com) cable television
Kabeljaukrieg *m* (EG) Cod War
Kabelkurs *m*
(Fin) cable rate
(ie, rate quoted for cable transfer, in foreign exchange dealing)
Kabelmodem *n* (EDV) cable modem
Kabotage *f*
(Re) cabotage
(ie, Staat behält sich das Recht vor, im Falle des von ausländischen Verkehrsunternehmen durchgeführten Verkehrs zwischen zwei Orten des gleichen Staatsgebiets [Binnenverkehr] diesen Verkehr auszuschließen)
(com) cabotage *(ie, coasting trade)*
(com) cabotage
(ie, e–e Gesellschaft darf Passagiere in ein und demselben Land, in dem sie registriert ist, aufnehmen und absetzen; eg, Lufthansa zwischen Rom od Mailand; od Verkehrsunternehmen darf innerhalb der EG Transporte e–s anderen Mitgliedstaates durchführen)
Kacheln *fpl*
(EDV) frames
(ie, konstant große Verwaltungseinheiten des Arbeitsspeichers)
kaduzierte Aktie *f* (Fin) forfeited share
Kaduzierung *f*
(Re) exclusion of defaulting shareholder
(ie, Zwangsausschluß von Mitgliedern der AG oder GmbH, die mit ihren Zahlungen auf Aktien bzw Stammeinlagen in Verzug geraten sind; companies normally provide for forfeiture of shares for nonpayment of calls thereon; cf, § 64 AktG, § 21 GmbHG)
Kaffeepause *f* (Pw) coffee break
Kaffeesteuer *f* (StR) coffee tax
Kaffeeterminbörse *f*
(Bö) forward coffee exchange
– trading in coffee futures
KAG (Re) = Kommunalabgabengesetz
KAGG (Re) = Gesetz über Kapitalanlagegesellschaften
Kahlpfändung *f*
(Re) attachment and sale of all assets of a debtor
(ie, Pfändung und Verwertung aller Vermögensgegenstände e–s Schuldners; § 811 ZPO)
Kaiablieferungsschein *m* (com) wharf's receipt
Kaianschlußgleis *n* (com) dock siding
Kaiempfangsschein *m*
(com) dock receipt
– wharfinger's note
Kaigebühren *fpl*
(com) dockage
– dock charges (*or* dues)
– wharfage charges
– quayage (*or* quay dues)
Kaigeld *n* (com) pierage
Kai-Lagerschein *m* (com) dock warrant
Kai-Receipt *n* (com) quay receipt
Kaldor-Hicks-Kriterium *n* (Vw) Kaldor-Hicks criterion
Kalenderabweichung *f* (Stat) calendar variation
kalenderbereinigt (com) after adjustment for working-day variations
Kalendereinflüsse *mpl* (Stat) working-day variations
Kalender *m* **für Tenderoperationen** (Fin) tender operations calendar
Kalenderjahr *n*
(com) calendar year
(opp, Wirtschaftsjahr, Rumpfjahr)
Kalender-Spread *m*
(Bö) calendar spread
(ie, gleichzeitiger Kauf und Verkauf von Optionen gleichen Typs, aber mit unterschiedlichen Verfalldaten)
Kalendervierteljahr *n* (com) calendar quarter
Kalenderzeitanalyse *f*
(Bw) clock time analysis *(ie, developed by McDongall and Neal; Versuch e–r echten zeitlichen Differenzierung in Planung und Kostenrechnung)*
Kalkül *n*
(com) estimate
– consideration
(Bw) analysis
(Log, Math) calculus
(ie, the two most important types of logical calculi are ‚propositional' or ‚sentential' and ‚predicate' or ‚functional', respectively = Aussagen- und Prädikatenkalkül)
Kalkulation *f*
(KoR) cost estimating
– costing
(ie, activity; syn, Selbstkostenrechnung)
(KoR) cost estimate *(ie, result)*.
(KoR) cost estimate system
(ie, part of cost accounting system; i.e.S. Teil der Kostenträgerrechnung = unit-of-output costing)
Kalkulationsabschlag *m* (Mk) markdown
Kalkulationsabteilung *f*
(KoR) cost estimating department
– costing department
Kalkulationsaufschlag *m*
(Mk) markup
(ie, Erhöhung des Wareneinstandspreises um e–n prozentualen Aufschlag; syn, Handelsaufschlag)

Kalkulationsdaten *pl*
(KoR) cost estimate data
– costing data
Kalkulationsfaktor *m*
(com) markup factor
(ie, Aufschlag auf den Bezugspreis, bezogen auf e-n €)
Kalkulationskarte *f* (KoR) product cost card
Kalkulationskartell *n*
(Kart) cost estimating cartel
(ie, prices are fixed on the basis of a unified cost calculating system = aufgrund e–r einheitlichen Selbstkostenrechnung; vor allem bei Vergabe öffentlicher Großaufträge)
Kalkulationsleitfaden *m* (KoR) cost accounting guide
Kalkulationsschema *n* (KoR) cost estimate sheet
Kalkulationsspanne *f* (Mk) pricing margin
Kalkulationsstichtag *m* (KoR) costing reference date
Kalkulationstabelle *f* (EDV) spread sheet
Kalkulationsunterlagen *fpl*
(KoR) costing data
– cost estimate data
Kalkulationsverfahren *n* (KoR) costing technique
Kalkulationszinsfuß *m*
(Fin) internal rate of discount
– proper discount rate
– required rate of return *(ie, applied in preinvestment analysis = Investitionsrechnung)*
Also:
– adequate target rate
– minimum acceptable rate
– conventional/prevailing/stipulated . . . interest rate
Kalkulationszuschlag *m* (KoR) costing rate
Kalkulation *f* **verbundener Produkte** (KoR) cost estimating procedure for joint production
Kalkulator *m*
(KoR) cost estimator
– costing clerk
kalkulatorisch
(ReW) imputed
– implicit
– as if
– fictitious
kalkulatorische Abschreibung *f*
(ReW) imputed (*or* implicit) depreciation allowance
– cost-accounting depreciation allowance
kalkulatorische Afa *f* (ReW) imputed depreciation of capital assets
kalkulatorische Bewertung *f*
(KoR) pricing of input factors
(ie, for cost accounting purposes)
kalkulatorische Kosten *pl*
(ReW) imputed costs
– implicit costs
kalkulatorische Kostenarten *fpl* (ReW) imputed (*or* implicit) cost categories
kalkulatorische Miete *f* (ReW) imputed rent
kalkulatorischer Faktorertrag *m* (Vw) implicit factor return
kalkulatorischer Gewinn *m*
(ReW) imputed profit
(ie, based on the ‚Leitsätze für die Preisermittlung auf Grund von Selbstkosten', LSP; covering a general entrepreneurial risk = allgemeines Unternehmerwagnis)
kalkulatorische Risiken *npl* (KoR) = kalkulatorische Wagnisse
kalkulatorischer Restwert *m* (KoR) calculated residual value
kalkulatorischer Unternehmerlohn *m*
(ReW) imputed owner's salary
(ie, fictitious compensation for owner's services)
kalkulatorische Wagnisse *npl*
(KoR) imputed business risks
– imputed risk premium
kalkulatorische Zinsen *mpl*
(ReW) imputed
– implicit
– fictitious . . . interest
(ie, on owner's investment)
kalkulierbare Risiken *npl*
(Bw) insurable and imputed risks
(ie, special risks are fire, theft, mining subsidence damage = Bergschäden; opp, Unternehmerrisiko)
kalkulieren
(KoR) to estimate costs
– to cost
kalkulierte Auftragskosten *pl* (KoR) estimated job order costs
kalkulierter Wert *m* (com) estimated value
kalkuliertes Risiko *n*
(Bw) calculated risk
(ie, with alternatives carefully studied in order to select the course with the highest probabilities of success)
kalligrafischer Bildschirm *m*
(EDV) calligraphic display
– directed-beam display
(syn, Vektorbildschirm mit Bildwiederholung)
kalte Steuerprogression *f*
(FiW) „cold" tax progression
(ie, gesetzlich nicht sanktionierte Progression der realen Steuerlast bei Inflation)
Kaltmiete *f*
(com) rent exclusive of heating expenses
(ie, Gesamtmiete minus Heizungs- und Wasserkosten)
Kaltstart *m*
(EDV) cold start
(ie, initial program loading; opp, Warmstart = warm start, system restart)
Kameralismus *m*
(Vw) cameralism
(ie, variety of mercantilism in Germany and Austria in the 17th and 18th centuries)
Kameralistik *f*
(FiW) cameralistics
(ie, science of public finance, esp. its peculiar style of accountancy)
kameralistische Buchführung *f*
(FiW) governmental accounting
(ie, cash receipts-expenditure accounting, not accrual accounting)
Kameralwissenschaft *f* (Vw) = Kameralismus
Kammer *f*
(com) chamber

(ie, statutory association organized to promote the interests of a particular trade or commerce; eg, Industrie- und Handelskammer, Handwerkskammer)
(Re) court division *(eg, dealing with commercial matters = Kammer für Handelssachen)*

Kammerbörsen *fpl* (Bö) securities exchanges set up and maintained by local chambers of commerce and industry, which act as institutional carriers: Berlin, Hamburg, Frankfurt; opp, Vereinsbörsen

Kammer *f* **für Handelssachen** (Re) court division handling commercial matters

Kammergericht *n*
(Kart) Court of Appeals
(ie, in Berlin, competent to decide appeals taken against decisions of the Federal Cartel Office = Bundeskartellamt)

Kammlinie *f* (Vw) ridge line

Kampagnebetrieb *m* (com) crop season enterprise *(eg, based on sugar beet harvesting)*

Kampfabstimmung *f*
(Pw) divisive voting
(eg, on the supervisory board)
– vote on a controversial issue

Kampfbereitschaft *f*
(Pw) willingness *(ie, of labor unions)* to embark upon industrial action

kämpfen um
(com) to battle for
– to fight for
(eg, a share in the market; survival)

Kampfmaßnahmen *fpl* (Pw) industrial action

Kampfparität *f*
(Pw) parity of weapons in industrial disputes
(ie, strike v. lockout)

Kampfpreis *m* (com) cut-rate price

Kampfstrategie *f*
(Vw) strategy of economic warfare
(ie, boycott, strike, lockout, cutthroat undercutting, economic duress)

Kampf *m* **um Marktanteile** (com) contest for market shares

Kampf *m* **um Weltmärkte** (com) battle for world markets

Kampfzoll *m* (AuW) retaliatory duty (*or* tariff)

Kanal *m*
(EDV) channel
– trunk

Kanalbündelung *f* (EDV) bonding

KANBAN-System *n*
(IndE) canban system
(ie, in Japan entwickeltes Intrument zur kostenminimalen Fertigung: Grundlagen sind die Aspekte Produktion-auf-Abruf und Automation; Materialfluß nach dem HOL-Prinzip)

Kandidat *m* (Pw) candidate

Kandidatur *f*
(Pw) candidacy
– (GB) candidature

Kandidatur *f* **zurückziehen** (com) to withdraw one's candidacy

kandidieren (com) to stand as a candidate

Kannkaufmann *m* (Re) undertaking entitled, but not obliged, to be entered on the Commercial Register, § 3 HGB

Kann-Knoten *m* (OR) may-follow node

Kannleistungen *fpl*
(SozV) discretionary benefits
(ie, not based on legal claims)

Kannvorschrift *f*
(Re) facultative provision
(ie, one operating at the will of the party or parties concerned)

kanonische Analyse *f*
(Stat) canonical analysis
(ie, establishing a simultaneous prognosis of several dependent variables)

kanonische Form *f* (EDV) canonical form

kanonische Form *f* **der Matrix** (Math) canonical (*or* normal) form of matrix

kanonische Koeffizienten *mpl*
(Stat) canonical coefficients
(ie, the end result of canonical analysis)

kanonische Korrelation *f*
(Stat) canonical correlation
(ie, Verfahren der Multivariaten-Analyse zur Untersuchung der Beziehung zwischen zwei Sätzen von Variablen)

kanonische Studentverteilung *f* (Stat) canonical Student distribution

kanonische Zufallsvariable *f* (Stat) canonical variate

Kante *f*
(OR) branch
– edge

Kantenfluß *m* (OR) arc flow

Kantenglättung *f*
(EDV) anti-aliasing
(ie, reducing jagged edges by inserting grey dots around edges)

Kantenprogression *f* (OR) chain (*or* edge) progression

Kanzlei *f* (Re) cf, Anwaltskanzlei

Kapazität *f*
(Bw) capacity
(ie, potential output of a plant per period)

Kapazität *f* **ausfahren**
(IndE) to produce to maximum potential
– to operate
– to run
– to work . . . to capacity

Kapazitäten *fpl* **abbauen** (Bw) to close manufacturing facilities

Kapazitäten *fpl* **einmotten** (Bw, infml) to mothball capacities

Kapazitäten *fpl* **stillegen** (Bw) to close down plant facilities

Kapazität *f* **erweitern**
(Bw) to expand plant capacity
– to extend operations

Kapazität *f* **e–s Betriebes** (Bw) plant capacity

Kapazität *f* **e–s Marktes**
(Mk) absorptive capacity of a market
– market potential

Kapazität *f* **e–s Schnittes** (Math) capacity of a cut

Kapazität *f* **reduzieren** (Bw) to cut (back) capacity

Kapazitätsabbau *m*
(Bw) cut in production capacity
– cutback/reduction . . . in capacity
– shutting capacity

Kapazitätsabweichung *f* (KoR) capacity variance

Kapazitätsanpassung *f* (Bw) capacity adjustment
Kapazitätsauslastung *f* (Bw) = Kapazitätsausnutzung
Kapazitätsausnutzung *f*
(Bw) capacity utilization
(eg, is down to 75%, or: is at a healthy 90%)
– plant utilization
– capacity working
Kapazitätsausnutzungsgrad *m*
(Bw) degree (*or* level) of capacity utilization
– (capacity) utilization rate
– operating rate
– plant utilization rate
(ie, ratio of actual utilization to attainable capacity working; syn, Beschäftigungsgrad)
Kapazitätsausweitung *f* (Bw) = Kapazitätserweiterung
Kapazitätsbedarf *m* (OR) amount of work (RAMPS)
Kapazitätsbedarf *m* **ausgleichen** (Bw) to level capacity requirements
Kapazitätsbedarfsermittlung *f* (OR) resource allocation
Kapazitätsbelastungsplanung *f* (IndE) planning of machine operating rates
Kapazitätsberechnung *f* (com) capacity calculation
Kapazitätsbeschränkungen *fpl* (IndE) capacity constraints (*or* limitations)
Kapazitätseffekt *m*
(Vw) capacity-increasing effect of investments
(ie, measured with the aid of the capital-output ratio = Kapitalkoeffizient)
Kapazitätsengpaß *m*
(Bw) production bottleneck
– capacity constraint
Kapazitätserweiterung *f*
(Vw) expansion of capital stock
(Bw) addition to capacity
– increase in capacity
– expansion of plant facilities
(ie, expansion, purchase, and construction of plants)
Kapazitätserweiterungseffekt *m*
(Bw) capacity increasing effect
(syn, Lohmann-Ruchti-Effekt: depreciation through use as a potential source of new investments)
Kapazitätsfaktor *m*
(Bw) capacity (*or* load) factor
(ie, ratio of utilized capacity to installed capacity)
Kapazitätsfeinplanung *f* (Bw) finite capacity planning
Kapazitätsgrenze *f*
(Bw) capacity . . . barrier/limit
– limit of plant capacity
(eg, to bump up against capacity limits)
Kapazitätskosten *pl*
(KoR) capacity cost
(ie, when operating at full capacity)
(KoR) fixed cost
(ie, to the extent that it is a function of capacity, fixed cost often varies with the size of a plant)
Kapazitätslinie *f*
(Vw) capacity frontier (*or* line)
– transformation curve
Kapazitätslücke *f* (Bw) capacity gap
Kapazitätsoptimum *n* (Bw) ideal capacity
Kapazitätsplanung *f* (Bw) capacity planning
Kapazitätspolitik *f* (Bw) capacity policy
Kapazitätsquerschnitt *m* (IndE) capacity cross-section
Kapazitätsreserve *f* (Bw) idle (*or* unused) capacity
Kapazitätsüberhang *m* (Bw) excess (*or* unused) capacity
Kapazitätsverminderung *f* (Bw) capacity decrease
Kaperbrief *m* (SeeV) letter of mart
KapErhG (Re) = Gesetz über die Kapitalerhöhung von Gesellschaftsmitteln und über die Verschmelzung von Gesellschaften mit beschränkter Haftungt
KapErtrSt (StR) = Kapitalertragsteuer
Kapital *n*
(Math) principal
(ie, basic amount without interest)
(Vw) capital
(ie, one of the factors of production)
– capital
(ie, funds for capital spending purposes)
(Bw) capital of a business undertaking
(ie, total assets of a firm)
(Fin) capital
(ie, funds employed in a business firm)
Kapitalabfindung *f* (Re, SozV) lump-sump compensation (*or* payment)
Kapitalabfluß *m*
(Vw) capital drain
(AuW) capital outflow
Kapitalablösung *f* (Fin) redemption (*or* substitution) of capital
Kapitalabwanderung *f*
(Vw) capital drain
– exodus of capital
(Fin) alienation of capital
(syn, Kapitalabzug)
Kapitalabzug *m*
(Fin) alienation of capital
(syn, Kapitalabwanderung)
Kapitalakkumulation *f* (Vw) capital accumulation
Kapitalangebot *n* (Fin) = Finanzmittelangebot
Kapitalanlage *f*
(Fin) investment
– capital/financial . . . investment
– employment of . . . capital/funds
Kapitalanlagebetrug *m* (Re) capital investment fraud
Kapitalanlagegesellschaft *f*
(Fin) (German) investment trust
(cf, Gesetz über Kapitalanlagegesellschaften vom 16.4.1957 in der Neufassung vom 14.1.1970 = Investment Companies Act of 16 Apr 1967, as amended up to 14 Jan 1970)
Kapitalanlagekonto *n* (Fin) capital asset account
Kapitalanlagen *fpl* **von Gebietsfremden** (Fin) nonresident capital investments
Kapitalanlagevolumen *n* (Fin) amount of capital employed
Kapitalanleger *m* (Fin) investor
Kapitalanlegerschutzverband *m* (Fin) investors' protection society
Kapitalanpassungs-Intervall *n* (Vw) capital adjustment period
Kapitalanspannung *f* (Fin) = Verschuldungsgrad

Kapitalanteil *m*
(Fin) capital share
(ie, in a partnership)
Kapitaläquanz-Richtlinie *f*
(Fin, EG) Capital Adequacy Directive
(ie, legt Mindesteigenkapitalnormen für Risiken aus dem Wertpapierhandelsbestand von Wertpapierfirmen und Banken fest)
Kapitalaufbau *m* (Fin) capital structure
Kapital *n* **aufbringen** (Fin) to put up (*or* to raise) capital
Kapitalaufbringung *f* (Fin) putting up (*or* raising) capital
Kapitalaufnahme *f*
(Fin) long-term borrowing
– raising of capital
(Fin) procurement of equity
– equity borrowing
Kapital *n* **aufnehmen** (Fin) to take up capital
Kapital *n* **aufstocken** (Fin) to inject fresh capital *(eg, into a company)*
Kapitalaufstockung *f*
(Fin) stocking-up of funds
– capital increase *(syn, Kapitalerhöhung)*
(Fin) cash injection *(eg, an extra € 30m are pumped into the company)*
Kapitalaufwand *m* (Fin) capital expenditure (*or* spending)
Kapitalausfallrisiko *n* (Fin) loan loss risk
Kapitalausfuhr *f* (AuW) export of capital
Kapitalausfuhrland *n* (AuW) capital exporting country
Kapitalausstattung *f*
(Vw) capital stock *(cf, Kapitalstock)*
(Fin) capitalization
– capital resources
(ie, nach Art und Höhe)
Kapitalbasis *f*
(Fin) capital base
– equity base
Kapitalbedarf *m*
(Fin) capital requirements
– funding needs
(cf, Finanz(mittel)bedarf)
Kapitalbedarfsplan *m*
(Fin) incoming and outgoing payments plan
(ie, part of long-term financial planning)
Kapitalbedarfsrechnung *f*
(Fin) capital budget
(Fin) capital budgeting
Kapitalbereitstellung *f* (Fin) provision of funds
Kapitalbereitstellungskosten *pl* (Fin) loan commitment charges
Kapitalberichtigung *f* (Fin) capital adjustment
Kapitalberichtigungsaktie *f*
(Fin) bonus share
(ie, issued for the adjustment of capital; syn, Gratisaktie, qv)
Kapital *n* **beschaffen**
(Fin) to procure capital
– to raise funds
Kapitalbeschaffung *f*
(Fin) procurement of capital
– capital procurement
– raising of funds
Kapitalbeschaffungskosten *pl*
(Fin) capital procurement cost
– cost of funds
Kapitalbeschaffungstransaktion *f* (Bö) capital raising operation
Kapitalbestand *m* (Vw) total capital stock
Kapitalbeteiligung *f*
(Fin) capital interest
– equity participation
(Pw) capital sharing
(ie, as a form of worker control in industry)
Kapitalbeteiligung *f* **des Arbeiters** (Pw) worker participation in the capital of a company
Kapitalbeteiligungsdividende *f* (Fin) = Kapitaldividende
Kapitalbeteiligungsgesellschaft *f*
(Fin) equity investment company
(ie, Ziel: Zuführung von Eigenkapital an mittelständische, nicht emissionsfähige Unternehmen, deren Eigenkapitaldecke zu kurz ist und die nicht über bankmäßige Sicherheiten verfügen; invests its funds in enterprises unable to issue securities and lacking adequate collateral; syn, Holding, Beteiligungsgesellschaft, Unternehmensbeteiligungsgesellschaft, Finanzierungsgesellschaft)
Kapitalbetrag *m*
(Fin) capital sum
(Fin) amount of capital *(syn, Kapitalhöhe)*
Kapitalbewegungen *fpl* (AuW) capital movements (*or* flow)
Kapitalbilanz *f*
(AuW) capital account
– balance on capital account
– balance of capital . . . movements/transactions
(ie, subclassification of balance of payments; syn, Kapitalverkehrsbilanz)
Kapitalbildung *f*
(Vw) formation (*or* accumulation) of capital
– capital formation
Kapital *n* **binden**
(Fin) to tie up
– to tie up
– to absorb . . . capital/funds
Kapitalbindung *f* (Fin) capital . . . lockup/tie-up
Kapitalbindungsdauer *f* (Fin) duration of capital tie-up
Kapitalbindungsfrist *f* (Fin) period of capital tie-up
Kapitalbudget *n* (Fin) capital budget
Kapitälchen *npl* (EDV) small caps
Kapitaldecke *f*
(Fin) capital resources
– equity . . . basis/position *(eg, dünn = thin)*
Kapitaldeckung *f* (Fin) capital cover
Kapitaldeckungsplan *m*
(Fin) capital coverage plan
(ie, part of long-term financial planning)
Kapitaldeckungsstock *m* (Vers) capital cover fund
Kapitaldeckungsverfahren *n*
(SozV) funding principle
(ie, social insurance on a fully funded or invested basis; opp, Umlageververfahren = pay-as-you-go basis)
Kapitaldienst *m*
(Fin) debt service

– cost of servicing loans
(ie, payment of matured interest and principal on borrowed funds)
Kapitaldienstfaktor *m*
(Fin) capital recovery factor
(syn, Wiedergewinnungsfaktor, Annuitätsfaktor)
Kapitaldividende *f*
(Fin) capital dividend
(ie, deemed to be paid from paid-in capital)
Kapitaleigner *m*
(Fin) proprietor
(Fin) shareholder
(eg, of a corporation)
– stockholder
Kapital *n* **einbringen** (Fin) to bring/contribute . . . capital to ...
Kapitaleinbringung *f* (Fin) contribution of capital
Kapitaleinfuhr *f* (AuW) import of capital
Kapitaleinfuhrland *n* (AuW) capital importing country
Kapitaleinkünfte *pl* (StR) income from capital
Kapitaleinlage *f* (Fin) capital/equity . . . contribution
Kapitaleinlagen-Verhältnis *n*
(Fin) capital-deposit ratio
(ie, in banking)
Kapitaleinsatz *m* (Fin) (amount of) capital employed (*or* invested)
Kapitaleinsatz *m* **pro Beschäftigtem** (Vw) capital labor ratio
Kapitalembargo *n*
(AuW) capital embargo
– ban on capital exports
Kapitalentnahme *f* (Fin) withdrawal of capital
Kapital *n* **entnehmen** (Fin) to withdraw capital
Kapitalerhaltung *f*
(Bw) capital maintenance
– maintenance of capital
– preservation of corporate assets
Kapital *n* **erhöhen** (Fin) to increase capital
Kapitalerhöhung *f*
(Fin) capital . . . increase/raising
– increase of . . . share capital/capital stock
(ie, through self-financing or additional capital contributions by old or new members; eg, injection of € 200m of new funds; syn, Kapitalaufstokkung; unterscheide: effektive und nominelle K.)
Kapitalerhöhung *f* **aus Gesellschaftsmitteln**
(Fin) capital increase out of retained earnings, §§ 207 ff AktG
(ie, by converting disclosed reserves into stated capital = Nennkapital)
kapitalersetzendes Darlehen *n*
(Fin) capital-replacing loan, § 32 GmbHG
(ie, bei Unterkapitalisierung gewährtes Gesellschafterdarlehen)
Kapitalertrag *m*
(Vw) return to capital
(ReW) income from investments
(Fin) capital yield
– income on investment
(StR) investment income
(Vers) investment earnings on funds
Kapitalertragsbilanz *f* (AuW) investment income account
Kapitalertragsteuer *f*
(StR) capital gains tax
(ie, in der steuerlichen Praxis und in Doppelbesteuerungsabkommen üblich; trotz unterschiedlicher Legaldefinition in § 43 I EStG)
(Auch:)
– capital yields tax
– investment income tax
– tax on income from capital
– withholding tax on capital
(ie, e–e Erhebungsform der ESt; betrifft die Gewinnanteile und den Liquidationserlös, die e–e inländische GmbH an ihre Gesellschafter auskehrt)
Kapitalertragsteuer-Durchführungsverordnung *f*
(StR) Ordinance Regulating the Withholding Tax on Income from Capital
Kapital *n* **e–s Fonds** (Fin) corpus
Kapitalexporte *mpl*
(AuW) capital exports
– export of capital
Kapitalfehlleitung *f*
(Vw) misallocation of capital
(ie, channeling financial resources into suboptimum uses, often resulting in excess capacities)
Kapital *n* **festlegen** (Fin) to tie up (*or* lock up) capital
Kapitalfestlegung *f* (Fin) tying up capital
Kapitalflucht *f*
(AuW) capital flight
– flight of capital
Kapitalfluß *m* (Fin) flow of funds
Kapitalflußrechnung *f*
(Fin) flow/funds . . . statement
– flow of funds analysis
– statement of application of funds
– statement of funds provided and utilized
– statement of sources and application of funds
– statement of changes in financial position
– sources-and-uses statement
– (infml) Where-Got-Where-Gone Statement
(syn, Bewegungsbilanz;
zur Systematik siehe Anhang S. 994)
Kapitalfonds *m*
(Fin) capital fund
(ie, sum of long-term borrowing and capital repayments; E. Gutenberg)
Kapitalforderung *f*
(Fin) money claim
(opp, Forderung auf andere Leistungen, such as goods, services, securities)
Kapital *n* **freisetzen** (Fin) to free up capital
Kapitalfreisetzungseffekt *m* (Bw) = Lohmann-Ruchti-Effekt
Kapitalgeber *m*
(Fin) lender
(Fin) investor
Kapitalgesellschaft *f*
(Re) *(roughly)* corporation
– incorporated firm
– firm organized in a corporate form
(ie, general category comprising AG, GmbH, KGaA, bergrechtliche Gewerkschaft; opp, Personengesellschaft)
Kapitalgewinn *m* **nach Steuern** (StR) capital gains after tax

Kapitalgüter *npl*
(Vw) capital
– investment
– instrumental . . . goods
Kapital *n* **herabsetzen** (Fin) to reduce capital
Kapitalherabsetzung *f*
(Fin) capital reduction, §§ 222 ff AktG, § 58 GmbHG
– reduction of share capital
– write-down of corporate capital
(eg, in the ratio of 6:1)
(see: ordentliche K. and vereinfachte K.)
Kapitalherabsetzung *f* **durch Einziehung von Aktien** (Fin) reduction of capital by redemption of shares
Kapitalherkunft *f* (Fin) sources of finance
Kapitalhilfe *f* (AuW) financial assistance
Kapitalhilfe *f* **ohne politische Auflagen** (AuW) capital aid with no strings attached
Kapitalhöhe *f*
(com) amount of capital
(syn, Kapitalbetrag)
Kapitalimporte *mpl* (AuW) capital imports
Kapitalintensität *f*
(Vw) capital-labor ratio
(ie, of production)
– capital intensity
(ie, ratio of capital stock C to labor input L = main determinant of labor productivity)
(Bw) = Anlagenintensität
kapitalintensiv (Bw) capital intensive *(cf, anlagenintensiv)*
kapitalintensive Betriebe *mpl* (Bw) capital intensive companies (*or* enterprises)
kapitalintensive Produktion *f* (Bw) capital-intensive production
kapitalintensive Wirtschaftszweige *mpl* (Bw) capital intensive industries
kapitalisierbar (Fin) capitalizable
kapitalisieren
(ReW) to capitalize
(ie, to carry as asset; opp, to expense = als Aufwand – der Periode – verbuchen; syn, aktivieren)
(Fin) to capitalize
(ie, to discount the present value of future earnings)
kapitalisierte Aufwendungen *pl* (ReW) capitalized expense
kapitalisierte Zinsen *mpl* (Fin) capitalized interest
Kapitalisierung *f* (Fin) capitalization
Kapitalisierungsfaktor *m*
(Fin) capitalization . . . factor/rate
(ie, at which an expected income stream is discounted to present worth)
Kapitalisierungsformel *f*
(Bw) earning capacity standard
(ie, used in the valuation of enterprises as a whole = Unternehmensbewertung)
(Fin) capitalized value standard
Kapitalisierung *f* **von Rücklagen**
(Fin) capitalization of reserves
(ie, Emission von Gratisaktien aus offenen Rücklagen; cf, Ausgabe von Gratisaktien = capitalization issue)
Kapitalismus *m* (Vw) capitalism

Kapitalist *m* (Vw) capitalist
kapitalistisch
(Vw) capitalist
– capitalistic
kapitalistische Wirtschaft *f* (Vw) capitalist economy
Kapitalknappheit *f* (Fin) shortage of capital
Kapitalkoeffizient *m*
(Vw) capital-output ratio
– capital coefficient
(ie, book value of plant and equipment to gross value of output)
Kapitalkonsolidierung *f*
(ReW) capital consolidation
(cf, Erstkonsolidierung, Zwischenergebniskonsolidierung)
(Fin) consolidation of investment
Kapitalkonto *n*
(ReW) proprietary/proprietorship . . . account
(ie, in the case of sole proprietorships and partnerships)
(ReW) capital account
(ie, showing the fixed amount of capital stock of incorporated entities)
Kapitalkontrolle *f* (AuW) capital control
Kapital-Konvertibilität *f*
(AuW) capital-account convertibility
(ie, allowing unrestricted convertibility in capital transactions)
Kapitalkonzentration *f* (Bw) capital concentration
Kapitalkosten *pl*
(Fin) cost of capital
– cost of borrowed funds
(Fin) capital charges
(ie, interest, depreciation, repayment)
Kapitalkosten *pl* **je Leistungseinheit** (Fin) capital cost compound
Kapitalkosten *pl* **je Produkteinheit** (Vw) capital cost per unit of output
Kapitalkraft *f*
(Fin) strength of capital resources
– financial . . . strength/power
kapitalkräftig
(Fin) well-funded
– financially powerful
Kapitallebensversicherung *f*
(Vers) capital sum life insurance
– endowment insurance
Kapitallenkung *f* (Vw) capital (*or* investment) control
Kapitallücke *f* (Fin) capital gap
Kapitalmangel *m* (Fin) lack of capital
Kapitalmarkt *m*
(Fin) capital market
(ie, Markt für mittel- und längerfristige Finanzierungsmittel; im weitesten Sinne wird auf ihm Geld für langfristige Verschuldungen angeboten; Teil des Kreditmarktes; man unterscheidet:
1. organisiert (Wertpapierbörsen) = organized (securities exchanges)
– Primärmarkt (Neuemissionen) = primary market (new issues)
(a) Aktien (shares/stock)
(b) Anleihen (bonds)
– Sekundärmarkt = secondary market

(a) Aktien (shares/stock)
(b) Anleihen (bonds)
2. nichtorganisiert = non-organized, Darlehen, Beteiligungen, Hypotheken = loans, equity interests, real-estate mortgages)

Kapitalmarktanleger *m* (Fin) capital market investor

Kapitalmarkt *m* **anzapfen** (Fin) to tap the capital market

Kapitalmarktausschuß *m* (Fin) German Capital Market Subcommittee

Kapitalmarktbeeinflussung *f* (Vw) capital market influence

Kapitalmarkteffizienz *f*
(Fin) capital market efficiency
(ie, hypothesis trying to explain stock price movements)

Kapitalmarktforschung *f* (Bw) capital market research

Kapitalmarkt-Gesellschaft *f* (Fin) publicly quoted company (*or* corporation)

Kapitalmarkt *m* **in Anspruch nehmen** (Fin) to go to (*or* draw on) the capital market

Kapitalmarktinstitute *npl*
(Fin) banking institutions operating in the capital market
(ie, commercial banks, savings banks, credit cooperatives, but not ‚Bausparkassen')

Kapitalmarktintervention *f* (Fin) intervention in the capital market

Kapitalmarktklima *n*
(Fin) capital market conditions
– sentiment in the capital market

Kapitalmarktlinie *f*
(Fin) capital market line
(ie, Element des capital asset pricing model)

Kapitalmarktpapiere *npl* (Fin) capital market paper

Kapitalmarktpflege *f* (Fin) supporting the capital market

Kapitalmarktrecht *n* (Re) capital market legislation

Kapitalmarktstatistik *f*
(Fin) capital market statistics
(ie, prepared by the Deutsche Bundesbank)

Kapitalmarktsteuerung *f* (Fin) capital market control

Kapitalmarktteilnehmer *m* (Fin) capital market operator

Kapitalmarktzins *m* (Fin) capital-market interest rate

kapitalmäßige Bindung *f* (Fin) capital linkage (*or* tie-in)

kapitalmäßige Verflechtung *f* (Fin) capital tie-up

Kapitalmehrheit *f*
(Fin) equity majority
– majority shareholding
(ie, bei schwerwiegenden Beschlüssen ist oft noch e–e Mehrheit von 3/4 des vertretenen Grundkapital erforderlich)

Kapitalmobilität *f* (Fin) mobility of capital

Kapitalnachfrage *f* (Fin) demand for capital

Kapitalnutzung *f* (Fin) capital utilization

Kapitalnutzungsentschädigung *f* (Fin) service charge for the use of money

Kapitalnutzungskosten *pl* (Fin) capital user cost

kapitalorientierter Ausweis *m* (ReW) capital approach

Kapitalpolster *n* (Fin) equity cushion

Kapitalproduktivität *f*
(Vw) output-capital ratio
(ie, reciprocal of ‚Kapitalkoeffizient')

Kapitalquellen *fpl* (Fin) sources of capital

Kapitalrendite *f*
(Fin) (rate of) return on investment, RoI
(Fin) equity return

Kapitalrentabilität *f*
(Fin) return on capital employed
– return on investment
(Fin) earning power of capital employed

Kapitalrente *f*
(Vw) capital rent
(Fin) annuity
– pension from capital yield

Kapital-Restriktionen *fpl* (Fin) capital constraints

Kapitalrückfluß *m* (Fin) capital recovery

Kapitalrückflußdauer *f*
(Fin) payoff period *(syn, Amortisationsdauer)*

Kapitalrückflußmethode *f*
(Fin) payback (*or* payoff) analysis
(ie, in evaluating investment projects)

Kapitalrückflußquote *f* (Fin) capital recovery ratio

Kapitalrückflußrate *f* (Fin) capital recapture rate

Kapitalrückflußrechnung *f* (Fin) = Amortisationsrechnung, qv

Kapitalrückführung *f* (Fin) repatriation of capital

Kapitalrückgewinnung *f* (Fin) capital recovery

Kapitalrücklage *f*
(ReW) capital reserves
(ie, wird im Gegensatz zu den Gewinnrücklagen nicht durch Zuführungen aus dem erwirtschafteten Ergebnis gespeist, sondern durch Zuführungen von außen; eg, Agios und Zuzahlungen = share premiums and shareholder contributions; cf, § 272 II HGB)
(Fin) capital paid in excess of par value

Kapitalrückzahlung *f* (Fin) repayment of capital

Kapitalsammelstelle *f*
(Fin) institutional investor (*or* buyer)
(ie, banks, insurance companies, pension funds, etc.; syn, institutioneller Anleger)

Kapitalschnitt *m*
(Fin) capital writedown
– (sharp) writedown of capital
– decapitalization
(eg, stockholders get one share for a larger number of shares)

Kapitalspritze *f*
(Fin) injection of capital
– equity injection
– cash injection

Kapitalstau *m* (Fin) piling up of investment capital

Kapitalstock *m*
(Vw) capital stock
– stock of capital
(ie, Summe der produzierten Produktionsmittel für Produktionszwecke; Produktionsapparat ohne Lagerbestände; syn, Kapitalausstattung)

Kapitalstockanpassungsprinzip *n*
(Vw) principle of capital-stock adjustment
(ie, modifies the accelerator principle)

Kapitalstrip *m* (Fin) principal strip
Kapitalstrom *m* (AuW) capital flow
Kapitalstruktur *f*
(Fin) capital/financial . . . structure
– financing mix
Kapitalstrukturpolitik *f* (Bw) capital structure policy
Kapitalsubstanz *f* (Fin) real capital
Kapitalsumme *f*
(Fin) principal
(ie, basic amount without interest)
(Vers) capital sum
(ie, payable to the insured)
Kapitaltransfer *m* (Fin) transfer of capital
Kapitalüberweisungen *fpl* (Fin) capital transfers
Kapitalumschichtung *f* (Fin) switching of capital
Kapitalumschlag *m*
(Fin) capital/equity . . . turnover
– (GB) turnover to average total assets
(ie, one of the components of the RoI ratio system; opp, Umsatzrentabilität, qv)
Kapitalumschlaghäufigkeit *f* (Fin) = Kapitalumschlag
Kapitalumstellung *f* (Fin) capital reorganization
Kapital *n* **und Rücklagen** *fpl* (ReW) capital and retained earnings
Kapital *n* **und Zinsen** *mpl* (Fin) principal and interest
Kapitalverflechtung *f*
(Fin) financial . . . locking/interrelation
– interlocking capital arrangements
– capital links
(Fin) = Eigenkapitalverflechtung
Kapitalverkehr *m*
(AuW) movements of capital
– capital movements
– capital transactions
Kapitalverkehrsbilanz *f* (AuW) = Kapitalbilanz
Kapitalverkehrskontrolle *f*
(AuW) control on the movement of capital
– capital controls
(ie, restricting international currency transactions)
Kapitalverkehrsteuer *f*
(StR) capital transfer tax
– (GB) transfer duty
(ie, includes Gesellschaftsteuer = capital duty, and Börsenumsatzsteuer = exchange turnover tax)
Kapitalverkehrsteuer-Durchführungsverordnung *f* (StR) Ordinance Regulating the Capital Transfer Tax Law
Kapitalverkehrsteuergesetz *n* (StR) Capital Transfer Tax Law, of 17 Nov 1972
Kapitalverminderung *f*
(Fin) capital writedown
– reduction in capital
Kapitalvernichtung *f* (Vw) destruction of capital
Kapitalverschleiß *m*
(VGR) capital (asset) consumption
– capital consumption allowance
Kapitalversicherung *f* (Vers) endowment insurance
Kapitalvertiefung *f* (Vw) capital deepening
Kapitalvertreter *pl* (Fin) stockholders' side
Kapitalverwaltungsgesellschaft (Fin) investment management company
Kapitalverwässerung *f*
(Fin) capital dilution
– dilution of equity
– stock watering
Kapitalverwendung *f* (Fin) employment of capital (*or* funds)
Kapitalverzinsung *f*
(Fin) interest on principal
(Fin) = Kapitalrendite
Kapitalwert *m*
(Fin) net present
– capital
– capitalized . . . value
(ie, Summe der mit dem Kalkulationszinsfuß i auf e–n Betrachtungszeitraum diskontierten Überschüsse der Einzahlungen über die Auszahlungen; fällt mit dem Barwert zusammen, wenn er auf den Zeitpunkt t = 0 bezogen wird)
(Vers) cash value
(ie, of policy)
Kapitalwertmethode *f*
(Fin) net present value (*or* NPV) method
(ie, used in investment analysis; klassisches Verfahren der Investitionsrechnung; korrespondiert mit dem Ziel der Gewinnmaximierung: Kapitalwert gilt als geeignete Maßzahl für die Vorteilhaftigkeit e–r Investition)
Kapitalwertrate *f*
(Fin) profitability index
(ie, Relation aus Kapitalwert und Kapitaleinsatz)
Kapitalzins *m*
(Fin) long-term interest rate
(Fin) = Kapitalverzinsung
(Fin) rate of return on investment (*or* on capital employed)
Kapitalzufluß *m*
(AuW) capital inflow
– influx of capital
(Fin) inflow of funds
Kapitalzuführung *f*
(Fin) new capital injection
– injection of fresh funds (*or* new capital)
Kapitalzusammenlegung *f* (Fin) capital reduction (*or* merger)
Kapitalzuwachs *m* (Fin) capital accretion
Kapitalzuwachs *m* **aus Höherbewertung von Vermögensteilen** (ReW) revaluation reserve (*or* excess *or* surplus)
Kapitalzuweisung *f* (FiW) capital allotment
Kapitel *n*
(com) chapter
(EDV, Cobol) section
Kapitel *n* **binden**
(Fin) to lock up
– to tie up
– to absorb . . . capital/funds
Kapitellisten *fpl* (EDV, Cobol) report sections
Kapitelname *m* (EDV) section name
Kapitelüberschrift *f* (EDV, Cobol) section header
kapseln v (EDV) kapseln *v*
Kapselung *f* (EDV) information hiding
KapStDV (StR) = Kapitalertragsteuer-Durchführungsverordnung
kardinale Nutzentheorie *f* (Vw) theory of cardinal utility

kardinaler Nutzen *m*
(Vw) cardinal utility
(opp, ordinaler Nutzen = ordinal utility)
kardinales Meßkonzept *n* (Vw) cardinal utility approach
kardinales Nutzenmaß *n* (Vw) cardinal utility measure
Kardinalzahl *f*
(Math) cardinal number
(ie, number of members of a set; opp, Ordinalzahl)
Karenzentschädigung *f*
(Re) compensation paid for the period of prohibition of competition, § 74 II HGB
(ie, vertragsmäßiges Entgelt für die Wettbewerbsenthaltung)
Karenzklausel *f* (Kart) restraint of competition clause
Karenzzeit *f*
(com) cooling period
(Vers) qualifying (*or* waiting) period
Kargo *m*
(com) cargo, *pl.* cargoes, cargos
(ie, freight carried by ship, plane, or vehicle)
Kargoversicherung *f*
(Vers) cargo insurance
(ie, insurance against loss to cargo carried in ships or by other means of transportation, such as trucks, planes; opp, Kaskoversicherung = hull coverage)
Karriere *f* (Pw) career
Karriere-Anschubdarlehen *n*
(Pw) Career Development Loan, CDL
(syn, Start-Darlehen)
Karrierefrau *f* (Pw) career woman
Karriere *f* **machen** (Pw) to make a fast career
Karrieremacher *m*
(Pw) careerist
(ie, perhaps willing to act unfairly to advance up the organization pyramid)
Karriere *f* **planen** (Pw) to plan one's own career
Karriereplanung *f* (Pw) career planning
Karriereplanungs-Seminar *n* (Pw) career planning workshop
Karrierismus *m* (Pw) careerism
Karrierist *m* (Pw) = Karrieremacher
Kartei *f* (com) card file
Karteiauswahl *f* (Stat) file sampling
Karteibuchführung *f* (ReW) card accounting
Karteikarte *f*
(com) index card
– (GB) record card
karteimäßige Bestandsaufnahme *f* (MaW) card-file monitoring inventory
Kartell *n*
(Kart) cartel
(ie, Form der horizontalen Wettbewerbsbeschränkung = restraint of trade; entsteht durch Vertrag od Beschluß von Unternehmen, die auf dem gleichen relevanten Markt tätig sind; Anreiz bei geringer Preiselastizität und Einkommenselastizität der Nachfrage; the English word is the anglicized version of the German term)
Kartellabsprache *f* (Kart) cartel agreement
Kartellamt *n*
(Kart) *(Berlin-based)* Federal Cartel Office
– Anti-Trust Office
Kartellanmeldung *f* (Kart) filing a cartel agreement
Kartell *n* **auflösen** (Kart) to break up a cartel
Kartellbehörde *f*
(Kart) cartel authority
– (US) antitrust enforcement agency
(ie, Department of Justice and Federal Trade Commission)
Kartellbeschluß *m* (Kart) cartel decision
Kartellbeteiligung *f* (Kart) cartel participation
Kartelle *npl* **bekämpfen** (Kart) to combat cartels
Kartellgesetz *n*
(Kart) German Antitrust Law
(ie, is regarded as the legal cornerstone of the German economy; syn, Gesetz gegen Wettbewerbsbeschränkungen, GWB = Law Against Restraint of Competition; passed on July 27, 1957)
Kartellhürde *f* **nehmen** (Kart) to clear the antitrust hurdle
Kartellhüter *mpl* (Kart, infml) cartel watchdogs
kartellieren (Kart) to cartelize
Kartellierung *f* (Kart) cartelization
Kartelljurist *m* (Kart, EG) antitrust lawyer
Kartellnovelle *f* (Kart) amendment of the cartel law
Kartellpolitik *f* (Kart) cartel policy
Kartellquote *f* (Kart) pool quota
Kartellrecht *n*
(Kart) cartel law
– (oft auch:) antitrust law
kartellrechtliche Bestimmungen *fpl* (Kart) anti-trust regulations *(eg, of the EEC)*
kartellrechtliche Hürde *f*
(Kart, EG) antitrust hurdle
– obstacle on antitrust grounds
kartellrechtlicher Grundsatz *m* (Kart) antitrust principle (*or* standard)
Kartellregister *n*
(Kart) Federal Cartel Register
(ie, kept at the Federal Cartel Office, § 9 I GWB)
Kartellverbot *n* (Kart) general ban on cartels
Kartellvereinbarung *f* (Kart) cartel agreement
Kartellverfahren *n*
(Kart) antitrust proceeding
– competition proceedings
(ie, against a large machine tool maker)
Kartellvertrag *m* (Kart) cartel agreement
Kartellvertreter *m* (Kart) cartel representative
kartengesteuertes Zahlungssystem *n*
(Fin) card-controlled payments system
(eg, Euroscheckkarte, Geldautomat, POS Banking, Chipkarte)
Kartensteckplatz *m*
(EDV) card slot *(syn, Erweiterungssteckplatz)*
kartesisches Koordinatensystem *n* (Math) rectangular Cartesian coordinates
kartesisches Produkt *n* **von Mengen** (Math) Cartesian (*or* direct) product of sets
Kaskadenbesteuerung *f*
(FiW) cascade (*or* pyramiding) type of taxation
(ie, imposed at every stage of the economic process)
Kaskaden-Netzwerk *n* (OR) cascaded network
Kaskadensteuer *f*
(FiW) cascade tax
– cumulative all-stage turnover tax

(ie, turnover tax levied on each sale in the distributive chain; syn, Lawinensteuer, Brutto-Allphasen-Umsatzsteuer)
Kaskadensteuerung *f* (EDV) cascade control
kaskadierende Fenster *npl* (EDV, GUI) cascading windows *(multiple windows that are displayed overlapping; syn, überlappende Fenster)*
kaskadierte Sterntopologie *f* (EDV) cascaded star topology
kaskadierte Verbindung *f* (EDV) cascade connection
Kasko *m*
(com) means of transportation = Transportmittel
(Vers) = Kaskoversicherung
Kaskoversicherer *m* (Vers) hull underwriter
Kaskoversicherung *f*
(Vers) collision damage insurance
– insurance against damage to one's own automobile
(Vers) hull . . . insurance/coverage
(ie, ocean marine or aviation insurance covering the ship or plane itself)
Kassabuch *n* (ReW) cash book
Kassadevisen *pl* (Bö) spot exchange
Kassadollar *mpl* (Fin) spot dollars
Kassa *f* **gegen Dokumente**
(com) documents against payment, D/P, d/p
(ie, Importeur erhält Dokumente erst nach Zahlung der Vertragssumme auf e–m Konto der Exporteurbank)
Kassageschäft *n*
(Bö) cash . . . sale/operation/transaction
– spot . . . sale/deal/transaction
– cash bargain
(opp, Termingeschäft = forward transaction)
Kassageschäfte *npl*
(Bö) dealings for cash
– cash . . . bargains/dealings/trade
– spot trading
Kassahandel *m*
(Bö) spot trading
– dealings for cash
Kassakauf *m*
(Bö) cash purchase
– buying outright
Kassakonto *n* (ReW) cash account
Kassakurs *m*
(Bö) spot rate (*or* price)
(ie, of foreign exchange)
– cash price
(Bö) daily quotation
Kassalieferung *f* (Bö) spot delivery
Kassamarkt *m*
(Bö) cash
– physical
– spot . . . market
(ie, in commodity trading)
Kassanotierung *f* (Bö) spot quotation
Kassapapiere *npl* (Fin) securities traded for cash
Kassaschaden *m* (Fin) cash loss
Kassaware *f* (Bö) cash (*or* spot) commodity
Kasse *f*
(ReW, Fin) cash on hand
(com) cash register
– POS (point of sale) terminal
(Fin) cash/cashier's . . . office
(Fin) cash payments handling department *(of a bank)*
Kasse *f* **gegen Dokumente** (com) cash against documents, c. a. d.
Kasse *f* **machen** (Fin, infml) to cash up
Kassenabstimmung *f* (ReW) reconciliation of cash
Kassenanweisung *f* (Fin) disbursement instruction
Kassenarzt *m* (SozV) panel doctor
Kassenärztliche Bundesvereinigung *f* (SozV) Federal Association of Panel Doctors
Kassenausgaben *fpl* (FiW) cash expenditure
Kassenausgänge *mpl* (Fin) cash disbursements
Kassenausgangsbuch *n* (ReW) cash disbursement journal
Kassenbeleg *m* (Rew) cash . . . voucher/record
Kassenbericht *m* (ReW) cash report (*or* statement)
Kassenbestand *m*
(ReW) cash
– cash in hand
– cash balance
– cash holding
Kassenbestandsdifferenz *f* (ReW) over and short account
Kassenbestandsnachweis *m* (Fin) records of cash totals
Kassenbestand *m* **und Guthaben** *npl* **bei Kreditinstituten** (ReW) cash and due from banks
Kassenbon *m*
(com) sales slip
– cash receipt
Kassenbuch *n*
(ReW) cashbook
– cash journal
Kassenbuchkonto *n* (ReW) cashbook account
Kassenbuchung *f* (ReW) cash entry
Kassenbudget *n* (FiW) cash budget
Kassendefizit *n*
(Fin) cash deficit (*or* shortfall)
– shorts
Kassendifferenz *f* (Fin) cash over or short
Kassendisposition *f* (Fin) cash management plan
Kassendispositionen *fpl* (Fin, FiW) cash . . . arrangements/transactions
Kassendispositionsmethode *f* (Fin) cash management technqiue
Kasseneingänge *mpl* (ReW) = Kasseneinnahmen
Kasseneinnahmen *fpl*
(ReW) cash receipts
– takings
Kassenentwicklung *f* (Fin) cash trends
Kassenfehlbetrag *m*
(Fin) cash deficit (*or* shortfall)
– (cash) shorts
Kassenführer *m* (com) cash manager
Kassenführung *f* (Fin) cash management
Kassenguthaben *n*
(ReW) cash in hand
– cash balance
Kassenhaltung *f*
(Vw) money holding
(Fin) cash management
(Fin) cash balances
(Fin) till money
(ie, of a bank)

Kassenhaltungseffekt *m* (Vw) cash balance effect *(M. Friedman)*
Kassenhaltungsgleichung *f* (Vw) cash balance equation *(M = k. Y)*
Kassenhaltungsplan *m* (Fin) estimate of cash requirements
Kassenhaltungspolitik *f* (Fin) policy of optimum cash holdings
Kassenhaltungstheorie *f* (Vw) cash balance theory
Kassenkredit *m*
(FiW) cash advance
– central bank advance
(ie, to government agencies)
– (GB) ways and means advance
Kassenkredite *mpl*
(FiW) short-term lending
(ie, to governmental units)
Kassenkreditzusage *f* (Fin) cash advance facility
Kassenlage *f* (Fin) cash position
Kassenmanko *n*
(Fin) cash shortfall
(ie, determined through cash audit)
kassenmäßige Abgrenzung *f* (FiW) in cash terms
kassenmäßige Entwicklung *f* (FiW) movement in cash position
Kassenmittel *pl*
(Fin) cash
– cash resources
Kassenobligationen *fpl*
(Fin) medium-term fixed-rate notes
(ie, issued by Federal Government, Bundesbahn, Bundespost, and a number of banks)
– Treasury notes
– (US) Euro-nominated bearer treasury notes
– (Austria) cash bonds
Kassenprüfung *f*
(ReW) cash audit
– spot check
Kassenquittung *f* (Fin) receipt evidencing payment for securities not yet issued
Kassenrevision *f* (ReW) cash audit
Kassensaldo *m* (ReW) cash balance
Kassenscheck *m* (Fin) open check
Kassenschlager *m* (com, infml) money-spinner
Kassenskonto *m/n* (Fin) cash discount
Kassenstelle *f* (Fin) checkout
Kassenstreifen *m*
(com) cash register tape
– till receipt
(ie, the one you get in a supermarket)
Kassensturz *m* (Fin) making the cash
Kassensturz *m* **machen** (Fin, infml) to make the cash
Kassensystem *n* (Mk) checkout facility
Kassensystem *n* **auf Festbestand** (ReW) cash fund on imprest basis
Kassensysten *n* (Fin) checkout system
Kassenterminal *n*
(Mk) point-of-sale (POS) terminal
– POS system
(ie, microprocessor-controlled DP system used to register cash and credit sales)
Kassentransaktion *f* (Fin) cash transaction
Kassenverein *m* (Fin) = Wertpapiersammelbank, qv
Kassenverstärkung *f* (FiW) strengthening of cash resources
Kassenzettel *m*
(com) sales check
– (GB) sales slip
Kassettenfarbband *n* (EDV) cassette ribbon
kassieren
(com) to cash
– to collect
Kassierer *m*
(Fin) teller
– (GB) cashier
Kassiererin *f* (com) checkout cashier
Kastendiagramm *n* (Stat) box diagram
Katallaktik *f*
(Vw) catallactics
(ie, artificial term that has never won wide acceptance: political economy as the science of exchanges = politische Ökonomie als Tauschwirtschaft)
katalogisiertes Verfahren *n* (EDV) cataloged procedure
Katalogpreis *m* (com) catalog price
Katalogschauraum *m*
(Mk) catalog showroom
(ie, verbindet Versandhauswerbung mit offener Verkaufsstelle)
Katalogversandhandel *m* (Mk) catalog-based mail order business
Katalysator *m* (com) catalytic converter
Kataster *m/n*
(Re) cadastre
(ie, official inventory of real property, kept by the ‚Vermessungsamt' = land surveying office)
Katasterplan *m* (Re) cadastral plan
Katastrophenrisiko *n* (Vers) catastrophe hazard (*or* risk)
Katastrophen-Rückversicherung *f* (Vers) catastrophe reinsurance
Katastrophentheorie *f*
(Math) theory of catastrophies
(ie, beschäftigt sich mit sprunghaften Verhaltensänderungen von Systemen)
Katastrophenverlust *m* (Vers) catastrophe loss
Katastrophenverschleiß *m*
(ReW) depreciation (*or* loss of utility) through catastrophic events
(eg, fire, explosion, inundation)
Katastrophenversicherung *f* (Vers) catastrophal hazard insurance
Katastrophenwagnis *n*
(Bw) catastrophal hazard
(ie, included in the general entrepreneurial risk)
kategorematisches Zeichen *n*
(Log) categorematic symbol
(ie, one having independent meaning; opp, synkategorematisches Zeichen)
Kategorie-1-Sicherheit *f* (Fin) tier one asset *(eg, marketabel asset fulfilling certain uniform euro area-wide eligibility criteria specified by the ECB; marktfähige Sicherheit, die bestimmte, für den gesamten Euro-Währungsraum einheitliche, von der EZB festgelegte Zulassungskriterien erfüllen)*
Kategorie-2-Sicherheit (Fin) tier two asset *(eg, marketable or non-marketable asset for which eligibility criteria are established by national central*

banks, subject to ECB guidelines; marktfähige oder nicht marktfähige Sicherheit, die für einen nationalen Finanzmarkt von besonderer Bedeutung ist und für die jeweilige nationale Zentralbank die Zulassungskriterien auf der Grundlage von EZB-Leitlinien festlegt)

kategorischer Syllogismus *m* (Log) categorical syllogism

kategorisches Urteil *n*
(Log) categorical (*or* subject-predicate) proposition
(ie, affirms or denies that something has a property or is a member of a class)

kategorisieren (Log) to categorize

Kathedersozialisten *mpl*
(Vw) „socialists of the professorial chair"
(ie, group of political economists and law professors belonging to what in the history of economics is known as the ‚historical school'; dominated German universities during the last third of the 19th century and set the stage for Bismarck's social legislation)

Kauf *m*
(com) purchase
(Re) sale

Kauf *m* **ab Lager** (com) sale ex warehouse, cf § 346 HGB

Kaufabrechnung *f* (Bö) bought note

Kauf *m* **abschließen**
(com) to conclude a sale
– to conclude a contract of sale
– (infml) to make a deal (*or* bargain)

Kaufabsicht *f* (Mk) buying intention

Kaufangebot *n*
(com) offer to buy
– bid

Kaufanreiz *m* (Mk) buying incentive

Kauf *m* **auf Abruf** (com) call purchase

Kauf *m* **auf Hausse**
(Bö) buying for a rise
– bull buying

Kauf *m* **auf Probe**
(com) sale on approval
(ie, goods may be returned though they conform to the contract)

Kauf *m* **auf Raten**
(com) installment purchase
– (infml) buying on time

Kaufauftrag *m* (Bö) buy order

Kaufauftrag *m* **billigst** (Bö) buy order at market

Kauf *m* **auf Umtausch** (com) sale or exchange *(eg, a store allows purchasers to exchange goods)*

Kauf *m* **auf Ziel** (com) credit sale

Kauf *m* **aus e–r Hand** (Mk) one-stop shopping

Kaufbereitschaft *f* (Mk) willingness to buy

Kaufempfehlung *f* (Bö) buy recommendation

Kaufentscheidung *f*
(Mk) purchase decision
(Mk) buying decision

Kaufentschlußanalyse *f* (Mk) activation research

Käufer *m*
(com) buyer
– purchaser
– (fml) vendee

Käuferabruf *m* (Bö) buyer's call

Käuferandrang *m* (Mk) run (*or* rush) of customers

Käufer *m* **e–r Option** (Bö) option buyer

Käufer *m* **e–r Verkaufsoption**
(Bö) buyer of a put option
(ie, darf gegen Zahlung des Optionspreises das Wertpapier innerhalb der Laufzeit der Option zum Basispreis liefern)

Käuferforschung *f*
(Mk) psychological buyer research
(ie, emphasis on buying motives, impulse buying, brand change and loyalty, etc.)

Käufergewohnheiten *fpl* (Mk) buying habits (*or* pattern)

Käufergruppe *f* (com) group of buyers

Käuferinteresse *n* (Bö) buying interest

Käuferkredit *m* (Fin) buyer credit *(eg, granted by a consortium led by Deutsche Bank)*

Käuferkreis *m* (com) category of buyers

Käuferland *n* (AuW) buyer country

Käufermangel *m* (Bö) lack of buying orders

Käufermarkt *m*
(Mk) buyer's market
(opp, Verkäufermarkt = seller's market)
(Mk) loose market *m*

Käuferpflichten *fpl* (Re) buyer's duties

Käuferprämie *f*
(EG) buyer's premium
(ie, government payment to EC purchaser of Community products)

Käuferschicht *f* (Mk) category (*or* stratum) of buyers

Käufersouveränität *f* (Mk) consumer sovereignty
(preferred syn: Konsumentensouveränität)

Käuferstrukturanalyse *f* (Mk) category analysis

Käufer *mpl* **suchen** (com) to seek purchasers

Käuferzielgruppe *f*
(Mk) market target
(ie, group of customers who are the target of a firm's marketing effort)

Kauffahrteischiff *n* (com) trading vessel

Kauffahrteischiffahrt *f* (com) commercial navigation

Kaufgegenstand *m* (com) object sold

Kaufgeldforderung *f* (com) claim for purchase price

Kaufgewohnheiten *fpl* (Mk) buying habits

Kaufhaus *n*
(Mk) *(inexpensive)* department store
– (GB) departmental store

Kaufhausgruppe *f* (Mk) department stores group

Kaufhauskonzern *m* (com) retail stores group

Kaufhauswerte *pl* (Bö) stores

Kauf *m* **in Bausch und Bogen**
(com) bulk sale
– purchase in bulk
(Re, *civil law*) sale per aversionem
(ie, where goods are taken in bulk, not by weight or measure, and for a single price, usu limited to sale of immovable property)

Kaufinteresse *n* (Bö) buying interest

Kaufinteressent *m*
(com) prospective (*or* potential) buyer
– prospect
(syn, Interessent)

Kaufkosten *pl*
(MaW) cost of acquisition

(eg, telephone, telex, postage, commissions, brokerage)
Kaufkraft *f* (Mk) purchasing/spending . . . power
Kaufkraft *f* **abschöpfen** (FiW) to skim off (*or* siphon off) purchasing power
Kaufkraftabschöpfung *f* (FiW) absorption of excess purchasing power
Kaufkraft *f* **entziehen** (FiW) to drain off purchasing power
Kaufkraftentzug *m* (FiW) drain on purchasing power
Kaufkrafterhöhung *f* (Vw) increase of purchasing power
Kaufkraftforschung *f*
(Mk) purchasing power research
(ie, part of consumer analysis)
kaufkräftige Nachfrage *f* (Vw) effective demand
Kaufkraft *f* **in die Wirtschaft pumpen** (Vw) to pump purchasing power into the economy
kaufkraftindizierte Rechnungslegung *f*
(ReW) general price level accounting
– (US) general purchasing power accounting
Kaufkraftkennzahlen *fpl* (Mk) purchasing power indices (*or* indexes)
Kaufkraftminderung *f* (Vw) loss of purchasing power
Kaufkraftparität *f* (AuW) purchasing-power parity
Kaufkraftparitätentheorie *f* (Vw) purchasing-power parity theory
Kaufkraftrisiko *n*
(Fin) purchasing power (*or* inflation) risk
(syn, Inflationsrisiko)
Kaufkraftschöpfung *f* (Vw) creation of purchasing power
Kaufkraftstabilität *f* (Vw) stability of purchasing power
Kaufkraftüberhang *m*
(Vw) excess money supply
– excess of purchasing power
Kaufkraftvergleich *m*
(Stat) comparison of purchasing power
(ie, made by OECD)
Kaufkraftverteilung *f* (Mk) spatial pattern of purchasing power
Kaufkraftwährung *f* (Vw) index-linked currency
Kaufkredit *m*
(Fin) loan to finance purchases
(ie, mostly of durable goods)
Kaufkurs *m* (Bö) buying rate
Kaufleasing *n* (Bw) lease with a purchase option
käuflich erwerben
(com) to acquire by purchase
– to buy
Kaufmann *m*
(com) businessman
Also:
– trader
– dealer
– merchant
kaufmännisch buchen (ReW) to keep commercial accounts
kaufmännische Anweisung *f* (WeR) bill of exchange drawn on a merchant
kaufmännische Buchführung *f* (ReW) commercial bookkeeping
kaufmännische Buchhaltung *f* (ReW) financial (*or* general) accounting
kaufmännische Datenverarbeitung *f* (EDV) business data processing
kaufmännisch eingerichteter Betrieb *m* (com) commercial enterprise
kaufmännische Lehre *f* (Pw) commercial apprenticeship
kaufmännische Orderpapiere *npl* (WeR) commercial negotiable instruments, § 363 HGB
kaufmännischer Geschäftsbetrieb *m* (com) commercially organized business operation
kaufmännischer Kurs *m*
(Fin) commercial rate
(ie, Kursart im Devisenhandel)
kaufmännischer Verpflichtungsschein *m* (WeR) certificate of obligation drawn up by a merchant
kaufmännische Software *f* (EDV) business software
kaufmännisches Rechnen *n*
(com) business/commercial . . . arithmetic
(syn, Wirtschaftsrechnen)
kaufmännisches Zurückbehaltungsrecht *n*
(Re) mercantile lien
(ie, right to retain possession until claim is satisfied, but including the right of sale, § 369 HGB)
kaufmännische Urkunde *f* (WeR) commercial document *(eg, warehouse receipt, bill of lading, § 363 HGB)*
Kauf *m* **mit minimalem Einschuß**
(Bö) buying on a shoestring
(ie, acquiring commodities or stocks with the minimum amount of margin)
Kauf *m* **mit Preisoption**
(com) call purchase
(ie, within stated range of the present price; opp, Verkauf mit Preisoption, qv)
Kauf *m* **mit Rückgaberecht** (com) sale or return
Kaufmotiv *n* (Mk) buying motive
Kaufnachlaß *m* (com) buying allowance
Kauf *m* **nach Muster** (com) = Kauf nach Probe
Kauf *m* **nach Probe**
(com) sale by sample, § 494 BGB
– purchase on sample
Kauf *m* **nach Warenbeschreibung** (com) sale by description
Kaufneigung *f*
(Mk) inclination to buy
– deal proneness
Kaufoption *f*
(com) buyer's/purchase . . . option
(Bö) call (option)
– option to buy
(ie, im Rahmen e–s Festgeschäfts)
Kaufoptionskontrakt *m* (Fin) call contract
Kauforder *f* (Bö) buying order
Kaufortinterview *n* (Mk) point-of-purchase interview
Kaufpreis *m* (com) purchase (*or* contract) price, § 433 II BGB
Kaufpreis *m* **erstatten** (com) to refund the purchase price
Kaufpreisforderung *f* (com) purchase money claim
Kaufpreishypothek *f* (Re) purchase money mortgage

Kaufpreisminderung *f* (com) reduction in price
Kaufpreis *m* **überweisen** (com) to remit the purchase price
Kauf *m* **rückgängig machen**
(Re) to cancel
– to rescind
– to set aside . . . a sale
Kaufschein *m*
(EDV) purchase slip
(ie, individuelle Angaben werden aus dem Vertragstext als Anlage ausgegliedert)
Kaufstimmung *f* (Mk) buying mood
Kauf *m* **unter Eigentumsvorbehalt**
(Re) conditional sales contract
(ie, where seller reserves title until buyer pays for the goods)
Kaufverhalten *n* (Mk) buying/purchasing . . . pattern
Kaufverhandlungen *fpl* (com) sales negotiations
Kaufvertrag *m*
(Re) contract for sale
– purchase contract
(Note that transfer of ownership requires transfer of possession, whereas in English law mere sale as a rule transfers title to the goods, § 433 BGB)
Kaufvertrag *m* **abschließen** (com) to conclude a purchase order contract
Kaufvertrag *m* **mit Rücktrittsrecht** (Re) sales contract that is cancellable
Kaufvertragsrecht *n* (Re) law of sales
Kauf *m* **von Anteilen**
(com) purchase of shares
(opp, Kauf von Wirtschaftsgütern = purchase of assets)
Kauf *m* **von Wertpapieren zur sofortigen Lieferung** (Bö) cash buying
Kauf *m* **von Wirtschaftsgütern**
(com) purchase of assets
– asset . . . purchase/deal
(opp, Kauf von Anteilen = purchase of shares)
Kaufwelle *f* (Bö) buying surge
Kaufwert *m*
(com) contract price
– purchase price (*or* value)
Kaufwiderstand *m* (Mk) buyer's/buying . . . resistance
Kauf *m* **zur sofortigen Lieferung**
(Bö) cash buying
– buying outright
(ie, paying cash for immediate delivery)
Kauf *m* **zur späteren Auslieferung** (com) forward purchase
Kaufzwang *m* (Mk) obligation to buy
Kaugummitastatur *f* (EDV) chiclet keyboard
Kausalanalyse *f* (Bw) causal analysis
kausaler Schluß *m* (Log) causal inference
Kausalgesetz *n* (Log) law of causation
Kausalhaftung *f*
(Re) liability based on causation
(ie, irrespective of fault; opp, Verschuldenshaftung = liability based on fault)
Kausalitätsprinzip *n*
(Log) principle of causation (*or* causality)
– cause-effect principle
Kausalkette *f* (Log) chain of causation
Kausalkette *f* **der Beziehungen** (Stat) causal ordering
Kausalzusammenhang *m*
(Log) chain of causation
– causal . . . chain/concatenation/connection/nexus
Kaution *f* (Fin) security deposit
Kaution *f* **leisten** (Re) to put up bail (for)
Kautionseffekten *pl*
(Fin) deposited securities
(ie, of a bank)
Kautionskredit *m*
(Fin) credit as security for a contingent liability
(opp, Avalkreditgeschäft)
Kautionsversicherung *f*
(Vers) guaranty (*or* surety) insurance
– fidelity bond
Kautionsversicherungs-Gesellschaft *f* (Vers) guaranty association
Kautionswechsel *m* (Fin) bill of exchange deposited as a guaranty
Kegelschnitt *m* (Math) conic section (*or* conic)
Kegelstumpf *m* (Math) frustrum of a cone
Kehrmatrix *f* (Math) inverse (*or* reciprocal) matrix
Kehrtwendung *f* (Vw) reversal *(eg, in central bank policy)*
kein Anschluß unter dieser Nummer (com) „no subscriber at this number"
Kellerspeicher *m*
(EDV) cellar
– push-down store *(syn, Stapelspeicher)*
Kellerwechsel *m*
(WeR) fictitious bill
– kite
– windmill
Kennbegriff *m*
(EDV) key
(ie, data item that serves to uniquely identify a data record)
Kennbegriffsfeld *n* (EDV) key field
Kennbit *n* (EDV) marker (*or* flag) bit
Kennbuchstabe *m* (com) identification letter
Kennedy-Runde *f*
(AuW) Kennedy Round
(ie, of negotiations in 1967 seeking to reduce tariff levels on industrial products by about one-third)
Kennlinie *f* (Math) characteristic
Kenn-Nummer *f*
(com) identification number
(ReW) account number
Kennquote *f* (Stat) statistical ratio
Kennsatz *m* (EDV, Cobol) label (record)
Kennsatzangaben *fpl* (EDV) label information
Kennsatzerzeugung *f* (EDV) label generation
Kennsatzfehler *m* (EDV) label error
Kennsatzfeld *n* (EDV) label field
Kennsatzfolge *f* (EDV) label sequence
Kennsatzformat *n* (EDV) label format
Kennsatzprüfsystem *n* (EDV) label checking routine
Kennschild *n* (com) label
Kennung *f*
(EDV) answerback code
– station identification *(syn, Stationskennung)*
Kennungsgeber *m* (EDV) answerback unit

Kennwort *n*
(EDV) password
– call word
Kennwortschutz *m* (EDV) password protection
Kennzahl *f*
(com) code number
– reference number
– operating number
(Bw) ratio
(ie, betriebliche Kennziffer; eg, Wirtschaftlichkeit, Rentabilität, Umschlaghäufigkeit; syn, Kennziffer)
Kennzahlenanalyse *f* (Bw) ratio analysis
Kennzahlenhierarchie *f*
(Fin) ratio pyramid
(eg, RoI system of E. I. du Pont de Nemours, ZVEI-Kennzahlensystem; cf, Systematik Anhang S. 992/993)
Kennzeichen *n*
(EDV) flag
(EDV) identifier *(syn, Kennzeichnung)*
(com) automobile identification number
kennzeichnen
(com) to identify
– to label
– to mark
Kennzeichner *m* (EDV, Cobol) qualifier
Kennzeichnung *f*
(com) labeling
– marking
(EDV) identifier
(syn, Kennzeichen)
Kennzeichnungsbestimmungen *fpl* (Mk) labeling provisions
Kennzeichnungsoperator *m* (EDV) description (*or* iota) operator
Kennzeichnungssystem *n* (com) certification system *(cf, DIN 820)*
Kennzeichnungsvorschriften *fpl* (com) labeling/marking . . . requirements
Kennziffer *f*
(ReW) code number
(ie, used to identify accounting items)
(Bw) = Kennzahl, qv
Kennziffer-Anzeige *f*
(Pw) blind ad
(ie, one that does not identify the employer; a box number is provided for responses)
Kennziffernanalyse *f* (Bw) ratio analysis
Kernarbeitszeit *f* (Pw) = Kernzeit, qv
Kernbegriff *m* (Log) core concept
Kernbereich *m* (Bw) core . . . business/operations
Kerndatei *f* (EDV) core file
Kern *m* **e–r Erfindung** (Pat) pith and marrow of an invention
Kernfamilie *f*
(Stat) core family *(opp, Vollfamilie)*
Kernfassung *f* (com) emphasis of matter
Kernfunktion *f* (Bw) key/basic . . . function
Kerngeschäft *n*
(com) bottom line
– core business
– (infml) staple diet
(syn, Grundgeschäft, Massengeschäft)
Kerngesellschaft *f* (Bw) central company
Kerninflation *f* (Vw) underlying inflation
Kerninhalt *m* **e–s Begriffs** (Log) core intension
Kernkapital *n*
(Fin) base (equity) capital (of banks)
(ie, 4 % der nach Risiken gewichteten Geschäfte)
– core capitaly
Kernproblem *n* (com) focal (*or* key) problem
Kernprogramm *n* (EDV) kernel program
Kernstück *n* (com) linchpin
Kern-Währungsunion *f* (Vw) core currency union
Kernzeit *f*
(Pw) core time
(ie, period during the day when employees are required to be present at work; the rest is flextime = Gleitzeit; usually from midmorning to midafternoon)
Kessel- und Maschinenversicherung *f*
(Vers) boiler and machinery insurance
– use and occupancy insurance
Kette *f*
(Mk) chain store
(EDV) chain
– catena
(ie, series of data linked together)
Kette *f* **e–s Graphen** (Math) chain of a graph
ketten
(EDV) to chain
– to concatenate
Kettenabschluß *m*
(Bö) chain transaction
(ie, in forward commodity trading)
Kettenarbeitsvertrag *m* (Pw) = Kettenvertrag
Kettenbanksystem *n* (Fin) chain banking
Kettenbruch *m* (Math) continued fraction
Kettencode *m* (EDV) chain code
Kettendrucker *m*
(EDV) chain printer
(ie, high-speed printer in which the type slugs are carried by the links of a revolving chain)
Ketteneffekt *m*
(Bw) chain effect
(ie, Verkürzung der optimalen Nutzungsdauer e–r Anlage durch die Berücksichtigung e–s od mehrerer Nachfolger)
Kettenhandel *m* (Mk) chain trade
Kettenindex *m* (Stat) chain relative
Kettenläden *mpl* (Mk) chain stores
Kettenlaufzeit *f* (IndE) composite lead time
Kettenpufferzeit *f* (IndE) chain buffer time
Kettenregel *f*
(Math) chain rule
– composite-function rule
– function-of-a-function rule
Kettenziffern *fpl* (Stat) chain relatives
Kettfeld *n* (EDV) concatenated field
Keynessche Theorie *f* (Vw) Keynesian theory
KfW (Fin) = Kreditanstalt für Wiederaufbau
Kfz-Betriebskosten *pl* (com) automobile operating costs
Kfz-Finanzierung *f*
(com) auto financing
– financing auto purchase
Kfz-Gewerbe *n* (com, US) auto repair trade
Kfz-Haftpflichtversicherung *f*
(Vers) third-party motor insurance
– motor vehicle liability insurance

Kfz-Kennzeichen *n* (com) automobile identification number
Kfz-Versicherung *f* (Vers) automobile insurance
Kfz-Werkstätte *f* (com) automotive repair shop
Kfz-Zulassung *f* (com) car registration
KG (com) = Kommdanditgesellschaft
KGaA (com) = Kommanditgesellschaft auf Aktien
KGV (Fin) = Kurs-Gewinn-Verhältnis
Kilometergeld *n* (com) mileage allowance
Kilometerpauschale *f* (StR) blanket amount per km
Kinderfreibetrag *m* (StR) allowance for dependent children
Kindergeld *n*
(SozV) support payment for dependent children
(ie, under the ,Bundeskindergeldgesetz')
(StR) children's (*or* family) allowance
Kinderkrankheiten *fpl* (IndE, infml) teething troubles
Kindertagesstätte *f*
(Pw) crib
– (GB) crèche
– day nursery
Kinderzuschuß *m* (SozV) children's grant
Kindprozess *m*
(EDV) child process
(syn, Sekundärprozess, Unterprozess)
kinetische Gewinne *mpl* (Vw) windfall profits
Kinowerbung *f* (Mk) cinema advertising
Kipper *m* (com) dump truck
Kippschalter *m* (EDV) paddle switch
Kippvorrichtung *f*
(EDV) tilt adjustment
(eg, a PC keyboard or a monitor may have one)
Kirchensteuer *f*
(StR) church tax
(ie, an addition to the income tax which the Federal states collect on behalf of the established religious bodies)
Kirchtumspolitik *f*
(com) parish-pump (*or* parochial) politics
(ie, putting narrow sectoral interests ahead of the common good or any other overarching goal)
Kissenverzerrung *f* (EDV) pincushion distortion
Kistenverpackung *f* (IndE) case packaging
Kladde *f*
(ReW) daybook
– (GB) waste book
(ie, in which the transactions of the day are entered in the order of their occurrence; syn, Vorbuch, Strazze)
klagbar (Re) actionable
Klagbarkeit *f*
(Re) actionability
(ie, Zulässigkeitsvoraussetzung der Klage; in der Regel bei Vorliegen e–s Anspruchs; es muß sich in US zum Beispiel um e–e ,judicial controversy' handeln: one in which a claim of right is asserted against one who has an interest in contesting it)
Klage *f*
(Re) action
(ie, in a civil court)
– lawsuit
(ie, vernacular term)
– legal proceedings
(ie, in a civil court)
– suit
(ie, at law or in equity)
– process in law
(ie, instituted by one party to compel the other to do him justice)
(StR) complaint, §§ 40 ff FGO
Klage *f* **abweisen** (Re) to dismiss a case
Klageabweisung *f* (Re) dismissal of action
Klageänderung *f* (Re) amendment of action, §§ 263 ff ZPO
Klage *f* **anhängig machen**
(Re) to bring . . . action/suit
– to file/lodge . . . a suit
– to bring/institute . . .
– to proceed against
Klage *f* **auf Aufhebung e–s Vertrages** (Re) action for cancellation of contract
Klage *f* **auf Herausgabe** (Re) action for restitution
Klage *f* **auf Schadenersatz**
(Re) action for damages
– action to recover damages
Klage *f* **auf Wandlung**
(Re) action for cancellation of sales contract
– *(civil law)* redhibitory action
(ie, action to avoid a sale on account of some defect in the thing sold)
Klage *f* **aus Geschäftsführung ohne Auftrag** (Re) action on the grounds of ,negotiorum gestio'
Klage *f* **aus schuldrechtlichem Vertrag**
(Re) action ,ex contractu'
(ie, arising out of a contract)
Klage *f* **aus unerlaubter Handlung** (Re) action ,ex delictu' (*or* in tort)
Klage *f* **aus ungerechtfertigter Bereicherung** (Re) action to remedy unjustified unrichment
Klagebegehren *n* **entsprechen** (Re) to permit relief
Klage *f* **einreichen** (Re) = Klage anhängig machen
Klage *f* **erheben** (Re) = Klage anhängig machen
Klageerhebung *f*
(Re) bringing action (*or* suit)
(Kart, GB) notice of reference
Klageerwiderung *f* (Re) answer
Klage *f* **gegen Kürzung des Pflichteils** (Re) action in abatement
Klage *f* **gegen Mitgliedstaaten** (EG) action against Member States
Klagegrund *m*
(Re) cause/ground . . . of action
(ie, grounds for which a judicial proceeding may be brought)
Klagehäufung *f* (Re) consolidation of actions
Klage *f* **ist nicht gegeben** (Re) no action will lie
klagen
(Re) to bring action (*or* suit)
– to sue (for)
– to go to court
– to take legal action
Klagenschema *n* (StR) types of action, §§ 40, 41 FGO
Klagenverbindung *f* (Re) = Klägerhäufung
Kläger *m*
(Re) plaintiff
(ie, party bringing an action or suing in a civil action)

Klagerecht *n*
(Re) right of action
– right to bring suit

Klägerhäufung *f*
(Re) consolidation of actions
– consolidation of cases
(ie, mehrere natürliche und/oder juristische Personen klagen gemeinschaftlich; Vereinigung mehrerer Einzelverfahren zu e–m einzigen Verfahren; syn, subjektive Klagenhäufung, Klagenverbindung)

Klagerücknahme *f*
(Re) abandonment (or withdrawal) of action
(ie, voluntary discontinuance of legal proceedings; cf, § 269 ZPO)

Kläger *m* **und Beklagter** *m*
(Re) plaintiff and defendant
(ie, Hauptbeteiligte in den zivil-, sozial-, verwaltungs- und finanzgerichtlichen Verfahren; auch Prozeßparteien oder nur Parteien genannt)

Klageschrift *f*
(Re) statement of claim, § 253 ZPO
– bill of complaint

Klage *f* **stattgeben**
(Re) to entertain an action
– to allow an action to be brought against

Klageverjährung *f* (Re) limitation of action

Klage *f aus* **Vertrag** (Re) action ‚ex contractu' (*or* based on contract)

Klageweg *m* **nicht zulässig** (Re) no action shall lie ...

Klammer *f zu* (com) right parenthesis

Klammeraffe *m,* @ (EDV) at sign, @ *(ASCII-Code 64)*

Klammer auf (com) left parenthesis

Klammerausdruck *m* (Math) parenthesized expression

klammerfreie Schreibweise *f*
(EDV) parenthesis-free
– Polish
– prefix ... notation
(syn, polnische od Präfixschreibweise)

Klangdatei *f* (EDV, GUI) sound file *(usu files with extension .WAV)*

Klangrekorder *m* (EDV, GUI) sound recorder

Klarschriftleser *m*
(EDV) optical character reader, OCR
(syn, optischer Belegleser)

Klarsichtpackung *f* (com) see-through pack

Klartext *m* (EDV) plaintext

Klartextbelegleser *m*
(EDV) optical character reader
(syn, Klarschriftleser)

Klasse *f*
(Log, Math) class
– category
– classification
(Stat) class
– cell

Klassenanzahl *f* (Stat) number of classes (*or* cells)

Klassenbesetzung *f* (Stat) number of variates of a class

Klassenbildung *f* (Stat) grouping into classes

Klassenbreite *f* (Stat) class interval

Klasseneinteilung *f*
(Math) partition of a set
(Stat) division into classes
– classification

Klassengrenze *f* (Stat) class boundary (*or* limit)

Klassenhäufigkeit *f* (Stat) class/cell ... frequency

Klassenintervall *n* (Bw) class interval

Klassenkalkül *n* (Log) calculus of classes

Klassenlogik *f* (Log) logic of classes

Klassenmitte *f*
(Stat) class ... mark/midpoint
– mid-value of class interval
(ie, arithmetisches Mittel beider Grenzen)

Klassenpunkt *m* (Math) class mark

Klassensumme *f* (Math) class sum

Klassensymbol *n* (Stat) class symbol

Klassifikation *f*
(Stat, Log) classification
(ie, process of grouping individuals into classes)
(com) classification
(ie, of ships, by classification societies, such as Germanischer Lloyd, Norske Veritas)

Klassifikationsattest *n*
(com) certificate of classification
(ie, issued by a classification society, such as Germanischer Lloyd)

Klassifikationsgesellschaft *f*
(com) classification society *(eg, Lloyd's Register of Shipping, American Bureau of Shipping, Bureau Veritas, Norske Veritas, Germanischer Lloyd)*

Klassifikationsschema *n* (Log) classification scheme (*or* approach)

klassifizieren
(com) to classify
– to categorize
– to grade

Klassifizierungsmaßzahl *f* (Stat) classification statistic

Klassiker *mpl* (Vw) classical economists *(eg, D. Hume, A. Smith, D. Ricardo, J. St. Mill)*

klassische Festzinsanleihe
(Fin) straight bond
(ie, neben ihr gibt es Zwischenformen der Eigen- und Fremdfinanzierung: Wandelanleihe, Bezugsrechtsobligation als Form der Optionsanleihe, Gewinnobligation und Genußschein)

klassische Junktorenlogik *f* (Log) traditional (two-valued) propositional logic

klassischer Barter *m*
(AuW) barter transaction
– straight (*or* pure *or* simple *o* individual) barter
– pure swap
(ie, a straight exchange of goods having offsetting values without any flow of cash)

klassischer Zinsswap *m* (Fin, infml) plain vanilla swap

klassische Urteilslogik *f* (Log) logic of propositions

Klausel *f*
(Re) clause
(EDV) clause
(ie, ordered set of consecutive character strings; cf, DIN 66 028, Aug 1985)

Klausel *f* **„beiderseitiges Verschulden"** (com) „both to blame" collision clause

Klausel *f* **„frei von Bruch außer im Strandungsfall"** (com) „free from wreck except in case of stranding" clause, § 852 HGB

Klausel *f* **„für behaltene Ankunft“** (com) „safe arrival“ clause, § 850 HGB
Klausel *f* **„ohne Franchise“** (Vers) irrespective of percentage clause
Klausel *f* **über Schadenabwendung und Schadenminderung** (SeeV) sue and labor clause
Klebeband *n* (com) adhesive tape
Klebeeinrichtung *f* (EDV) splicer
Klebestreifen *m* (com) = Klebstreifen
Klebezettel *m* (com) self-adhering label
Klebstreifen *m* (com) adhesive/glue . . . glue strip
„Kleckerkonten“ *npl* (Fin, infml) mini-volume customer accounts
Kleinaktie *f*
(Fin) small
– micro
– midget . . . stock
(ie, stock with a minimum par value of € 1, § 8 AktG)
Kleinaktionär *m* (Fin) small shareholder
Kleinanleger *m* (Fin) small retail investor
Kleinanzeige *f*
(Mk) classified advertisement
– classified ad
– want ad
(ie, dealing with offers or requests for jobs, used cars, apartments, etc.)
Kleinanzeigenwerbung *f* (Mk) classified (or small space) advertising
Kleinbetrieb *m* (com) small business
kleine Freihandelszone *f* (AuW) European Free Trade Area, EFTA
kleine Havarie *f* (SeeV) petty average, § 621 HGB
kleine Kasse *f*
(Fin) petty cash fund
– (GB) float
(com, infml) kitty
kleine Kontroll- od Leitungsspanne *f* (Bw) narrow span of control
kleine Kontrollspanne *f*
(Bw) narrow span of control
(opp, große Kontrollspanne = broad/shallow . . . span of control)
kleiner oder gleich (Log) less than or equal
kleines Einmaleins *n* (com) multiplication table up to ten
kleine Stückelung *f*
(Fin) small denomination
(ie, of securities)
kleine und mittlere Betriebe *mpl* (com) small and medium-sized businesses
kleine Vollkonsolidierung *f* (ReW) equity accounting *(cf, Equity-Methode)*
Kleingedrucktes *n* (com) small print
Kleingeld *n* (com) small change
Kleingeschäft *n* **der Banken** (Fin) retail banking
Kleingruppenforschung *f* (Mk) small-group research
Kleinkredit *m* (Fin) loan for personal (non-business) use
Kleinleben (Vers) = Kleinlebensversicherung, qv
Kleinlebensversicherung *f*
(Vers) industrial life insurance
– industrial branch business
(GB) – industrial assurance
(opp, Großlebensversicherung = ordinary life insurance; Nicht-Lebensversicherung = general life insurance)
kleinlich (com) narrow-minded
Kleinmaterial *n*
(MaW) sundry supplies
(ie, nails, screws, etc.)
Kleinpreisgeschäft *n* (Mk) low-price store
Kleinserie *f* (IndE) small batch (*or* lot)
Kleinserienfertigung *f*
(IndE) small batch production
– job lot production
Kleinserienprogramm *n* (IndE) (automated) small batch program
Kleinstbewegung *f* (IndE) elemental movement
kleinste obere Schranke *f*
(Math) least upper bound
– supremum
(ie, . . . of a subset A of a set S with ordering is the smallest element of S which is greater than or equal to every element of A)
Kleinste-Quadrate-Methode *f*
(Stat) least squares method
(ie, technique of fitting a curve close to some given points which minimizes the sum of the squares of the deviations of the given points from the curve; syn, Methode der kleinsten Quadrate; cf, Regressionsanalyse)
kleinster gemeinamer Nenner *m* (Math) least/lowest . . . common denominator
kleinstes gemeinsames Vielfaches *n* (Math) least/lowest . . . common multiple
kleinstes Glied *n* (Math) least term
kleinste Untersuchungseinheit *f* (Stat) elementary unit
Kleinstquadrate-Schätzer *m* (Stat) least-squares estimator
Klein- und Mittelunternehmen *npl* (com) small and medium-sized businesses
Kleinunternehmen *n*
(com) one-man business
– entrepreneurial firm
(US) small business
Kleinunternehmer *m*
(com, infml) small fry operator
(StR) small trader (*or* entrepreneur), § 19 UStG
Kleinverkaufspreis *m* (com) retail price
Kleinverkehr *m* (com) trading of goods in retail, § 104 HGB
Klemmenleiste *f* (EDV) terminal strip
Klient *m* (com) client
Klimaanlage *f*
(com) air conditioning equipment
– cooling plant
– refrigeration system
Klimasteuer *f*
(FiW) climate improvement tax
(ie, planned to reduce the overall volume of carbon dioxide emissions)
Klinken *fpl* **putzen**
(com, sl) to work from door to door
– (GB) to work on the knocker
Kluft *f* (EDV) = Blockzwischenraum
Klumpen *m* (Stat) cluster
Klumpenauswahl *f* (Stat) cluster sampling

Klumpenauswahlverfahren *n* (Stat) cluster/nested . . . sampling
Klumpeneffekt *m* (Stat) cluster effect
Klumpenstichprobe *f* (Stat) cluster sample
Km-Geld-Erstattung *f* (com) mileage allowance
knapp
(com) in short/tight . . . supply
(Vw) scarce
knapp behauptet (Bö) barely steady
knapp bei Kasse
(com, infml) short of funds
(com, sl) hard up
knappe Akkord-Vorgabezeit *f* (IndE) tight rate
knappe Güter *npl* (Vw) scarce resources
knappe Liquiditätsausstattung *f* (Vw) shortage of liquid funds
knappe Mehrheit *f*
(com) bare
– narrow
– thin . . . majority
knappe Mittel *pl* (Vw) scarce resources
knapper Termin *m* (com) tight deadline
knappes Geld *n* (Vw) tight money
knappe Verfassung *f* **des Marktes** (Vw) tightness of the market
Knappheit *f*
(Vw) scarcity
(com) scarcity
– (infml) crunch
Knappheitsgewinne *mpl* (Vw) scarcity-induced profits
Knappschaft *f* (SozV) social miners' and mine-employees' insurance
knappschaftliche Rentenversicherung *f* (SozV) miners' pension insurance
(ie, branch of ‚Knappschaftsversicherung')
Knappschaftsrente *f* (SozV) miner's pension
Knappschaftsruhegeld *n* (SozV) miner's pension on early retirement
Knappschaftsversicherung *f* (SozV) miners' social insurance system
Knapsack-Problem *n* (OR) knapsack problem
Knebelungsvertrag *m*
(Re) adhesion contract
– oppressive contract
(ie, meist wegen Sittenwidrigkeit nach § 138 BGB nichtig; eg, Belieferungsvertrag auf mehr als 20 Jahre; weaker party has no realistic choice as to its terms and usually loses its economic independence in favor of another person)
Knoten *m*
(OR) node
– vertex
(ie, of a graph)
knoten-beschränktes Netzwerk *n* (OR) node-constraint network
knotendisjunkt (OR) node disjoint
Knotenereignis *n* (OR) node event
Knotenpunkt *m* (EDV) nodal point
Knotenpunkt *m* **einer Kurve** (Math) node of a curve
Knowhow *n*
(com) know-how
– (infml) savvy *(eg, marketing . . .)*
Know-how-Datenbank *f* (EDV) know-how database
Know-how-Vertrag *m* (Re) know-how agreement
KO (Re) = Konkursordnung
Koalition *f*
(Bw) coalition
(ie, expansion of a core group by one or several satellite groups)
Koalitionsfreiheit *f* (Pw) freedom of association
Koalitionsrecht *n* (Pw) right of association
Kodeblock *m*
(EDV) code block
(ie, a number of programming statements which build a logical unit)
Kodierfehler *m* (EDV) coding error
Kodierung *f* (EDV) coding
Kodifikation *f*
(Re) codification
(ie, arranging a variety of legal provisions or laws into a single code)
Koeffizient *m* (Math, Stat) coefficient
Koeffizient *m* **der Asymmetrie** (Stat) skewness
Koeffizient *m* **der Kreuzelastizität** (Vw) coefficient of cross-elasticity
Koeffizienten-Alpha *n* (Mk) coefficient alpha
Koeffizienten-Matrix *f* (Math) matrix of coefficients
Kofaktor *m* (Math) cofactor
Kofaktor *m* **der Elemente e–r anderen Matrizenzeile** (Math) alien factor
Kofinanzierung *f*
(Fin) co-financing
(eg, Eurodollarkredit e–s Bankenkonsortiums + langfristiger Projektkredit der Weltbank; syn, Mitfinanzierung)
Kohäsion *f*
(EG) cohesion
(ie, measures to reduce the gap between the prosperity of different regions in the Community; um den wirtschaftlichen und sozialen Zusammenhang und die Solidarität zu fördern)
Kohäsionsfonds *m*
(EG) cohesion fund
– interstate
(ie, zur Ergänzung der schon bestehenden Strukturfonds)
Kohleausfuhr *f* (com) coal exports
Kohlebergbau *m*
(IndE) coal mining
(com) coal mining industry
Kohlehalden *fpl* (com) mountains of unsold coal
Kohlekraftwerk *n* (com) coal-fired power station
Kohlendioxydsteuer *f*
(FiW) carbon dioxide tax
(ie, the EEC commission is considering a scheme that would tax emissions)
Kohlenwertstoffindustrie *f*
(com) coal chemicals industry
– coal derivative industry
(ie, industry related to the recovery of coal chemicals)
Kohlepapier *n* (com) carbon paper
Kohlepfennig *m*
(FiW) additional amount charged on every unit of gas and electricity
(ie, a hidden tax used to subsidize building of coal-fueled power stations and cheapen German coal to power industry)

Kohleveredelung *f*
(IndE) coal conversion (*or* transformation)
(ie, includes gasification and liquefaction)
Kohleveredelungsanlage *f* (IndE) coal conversion plant
Kohleveredelungsprogramm *n* (Vw) coal transformation program
Kohorte *f* (Stat) age cohort
Kohortenanalyse *f*
(Stat) age cohort analysis
(ie, in population statistics)
Koinzidenz *f* (Stat) coincidence
Kokskohlebeihilfe *f*
(FiW) coaking coal equalization grant
(ie, supposed to make up the difference between imported and domestic coal prices)
kollationieren
(com) to compare
– to collate
– to reconcile
Kollegialsystem *n* (Bw) collegial system of top management
Kollektion *f*
(Mk) collection
– set of samples
Kollektiv *n*
(Stat) parent population
– *(obsolete)* universe
Kollektivabschreibung *f*
(ReW) lump-sum depreciation
(ie, a form of valuation adjustment of fixed assets in small and medium-sized businesses)
Kollektivanzeige *f* (Mk) composite advertisment
Kollektivbedürfnisse *npl*
(Vw) collective needs
– public wants
– social wants
Kollektivbewertung *f* (ReW) = Gruppenbewertung, qv
Kollektiventscheidung *f* (Bw) collective decision
kollektive Preispolitik *f* (Bw) collective pricing policy
Kollektivgüter *npl*
(Vw) public goods
– collective goods
Kollektivismus *m*
(Vw) collectivism
(ie, catch-all label for all socialist economic orientations)
Kollektivklage *f* (Re) = Verbandsklage, qv
Kollektivmarke *f* (Mk, Pat) collective mark
Kollektivmonopol *n*
(Vw) collective monopoly
(ie, special type of cartel set up to avoid oligopolistic pricing and cut-throat competition)
Kollektivsparen *n*
(Fin) collective saving
(opp, Individualsparen Einzelsparen)
Kollektivversicherung *f* (Vers) group (*or* blanket) insurance
Kollektivvertretung *f*
(Re) collective representation
(syn, Gesamtvertretung)
Kollektivwerbung *f*
(Mk) collective advertising
(ie, of a group of firms to promote joint objectives)
Kollektivzeichen *n* (Pat) collective trade mark
kollidieren
(Re) to conflict *(eg, interests)*
– to clash
(Pat) to interfere
kollidierende Erfindung *f* (Pat) interfering invention
kollidierende Interessen *npl* (com) conflicting (*or* clashing) interests
kollidierender Anspruch *m* (Pat) interfering claim
kollidierendes Patent *n* (Pat) interfering patent
Kollinearität *f* (Stat) collinearity
Kollision *f*
(Re) conflict *(eg, of interests)*
(Pat) interference
(ie, of one claim with another)
(Vers) collision
Kollisionsklausel *f*
(SeeV) collision clause
– running-down clause
Kollisionsklausel *f* **bei beiderseitigem Verschulden**
(SeeV) both-to-blame-collision clause
Kollisionsnormen *fpl*
(Re) choice-of-law rules
(ie, im internationalen Privatrecht = in private international law)
Kollisionspatent *n* (Pat) interfering patent
Kollisionsschaden *m* (SeeV) damage due to collision
Kollisionsstrategie *f* (EDV) collision strategy
Kollisionsversicherung *f* (SeeV) collision insurance
Kollo *n, pl. Kolli*
(com) unit of freight
– package
Kollusion *f* (Vw) collusion
Kolonnenaddition *f*
(Pw) footing of gross to net pay
(ie, in processing payrolls)
Kombination *f*
(Math) combination
(ie, in combinatorial mathematics)
Kombinationsgüterverkehr *m* (com) combined-transport freight traffic
Kombinationspatent *n* (Pat) combination patent
Kombinationstransport-Unternehmen *m*
(com) combined transport operator, CTO
(ie, engaged in multi-modal transport; eg, partly road, partly rail; issues a combined transport document)
Kombinationswerbung *f* (Mk) tie-in advertising
Kombinatorik *f* (Math) combinatorial analysis (*or* mathematics)
kombinatorisches Schaltwerk *n* (EDV) = Schaltnetz, qv
kombinatorische Topologie *f* (Math) combinatorial topology
kombinierte Police *f* (Vers) mixed policy
kombinierter Abschluß *m*
(ReW) combined financial statements
(ie, e–r Unternehmensgruppe mit gemeinsamer Leitung; keine Mutter-Tochter-Beziehung)
kombinierter Anzeigentarif *m* (Mk) combination rate

kombinierter Diffusionsindex *m* (Stat) cumulative diffusion index
kombinierter Index *m* (Stat) aggregative index number
kombinierter Sprung *m* (EDV) combined branch
kombinierter Transport *m* (com) = kombinierter Verkehr, qv
kombinierter Verkehr *m*
(com) multi-modal transportation
– intermodal traffic *(eg, road and rail)*
(ie, Beförderung e–s Ladegutes durch mehrere Verkehrsmittel ohne Wechsel des Transportverkehrs; durch multimodale Transportketten)
kombinierte Schaltungsplatte *f* (EDV) combination board
kombiniertes Transportdokument *n*
(com) combined transport document
(ie, may be negotiable or nonnegotiable; replaces the bill of lading)
kombiniertes Transportkonnossement *n* (com) combined transport bill of lading, CT-BL
kombinierte Versicherung *f* (Vers) multiple risk insurance
kombinierte Währungsklausel *f* (Vw) combined currency clause
Kombi-Teil *n*
(IndE) combined component part
(ie, in der spanenden Teilefertigung)
Kombizins *m* (Fin) combined interest rate
Kommanditaktionär *m* (com) shareholder in a KGaG
Kommanditanteil *m* (com) limited partner's share
Kommanditbeteiligung *f* (com) participation in a limited partnership
Kommanditeinlage *f* (Fin) limited partner's contribution (*or* holding)
Kommanditgesellschaft *f* (com) limited commercial partnership
Kommanditgesellschaft *f* **auf Aktien**
(com) commercial partnership limited by shares
(ie, no equivalent in US and GB; in Dt liegt ihre Zahl seit Jahrzehnten bei rd. 30)
Kommanditist *m*
(com) limited (*or* special) partner
(ie, not liable beyond the funds brought into the partnership; syn, Teilhafter; opp, Komplementär, Vollhafter = general partner)
Kommanditkapital *n* (Fin) limited liability capital
Kommanditvertrag *m* (Re) agreement setting up a limited commercial partnership
Kommandoprozedur *f* (EDV) command/catalogued . . . procedure
Kommentareintrag *f*
(EDV, Cobol) comment entry
(ie, entry in the Identification Division; cf, DIN 66 028, Aug 1985)
Kommentarzeile *f*
(EDV) comment line
(ie, a source program line; cf, DIN 66 028, Aug 1985)
kommerzialisieren (com) to commercialize
Kommerzialisierung *f* (com) commercialization
kommerziell (com) commercial
kommerzielle Datenverarbeitung *f* (EDV) business data processing
kommerzielle Einfuhren *fpl* (AuW) commercial importations
kommerzielle Konvertibilität *f* (AuW) current-account convertibility
kommerzielle Konvertierbarkeit *f* (AuW) current account convertibility
kommerzieller Außenhandel *m* (AuW) commercial trade
kommerzieller Kurs *m*
(Fin) commercial rate
(ie, Kursart im Devisenhandel)
kommerzieller Zugangsprovider *m* (EDV) commercial access provider
kommerzielle Warensendung *f* (com) commercial consignment
Kommission *f*
(com) consignment
– production order
(com) committee
(EG) Commission
Kommissionär *m*
(Re) (general) commission agent
– commission merchant
– mercantile agent
(ie, person professionally undertaking to buy or sell goods or securities in his own name for the account of another, § 383 HGB)
Kommission *f* **der Europäischen Gemeinschaften**
(EG) Commission of the European Communities
Kommission *f* **einsetzen** (Re) to appoint (*or* set up) a commission
kommissionieren
(com) to make out a production order
(ie, based on specifications of customer purchase order; auch: Zusammenstellung der Güter im Lager und Versand)
Kommissionsagent *m*
(com) commission agent
(syn, Kommissionsvertreter)
Kommissionsbuch *n* (com) order book
Kommissionsgeschäft *n*
(Re) commission agency, §§ 383–406 HGB
(ie, based on a reciprocal contract, § 675 BGB)
(com) commission business
(ie, dealing in commodities and securities)
Kommissionsgut *n* (com) goods consigned (*or* on consignment)
Kommissionshandel *m*
(com) commission trade
(opp, Agenturhandel und Eigenhandel)
Kommissionskonto *n* (ReW) consignment account
Kommissionslager *n*
(com) consignment stock
– stock on commission
Kommissionsprovision *f* (com) consignment commission
Kommissionsrechnung *f* (com) consignment invoice
Kommissionstratte *f* (com) bill of exchange drawn for account of a third party, Art. 3 WG
Kommissionsverkauf *m* (com) sale on commission
Kommissionsverkauf *m* **mit Selbsteintrittsrecht**
(com) sale with self-contracting right
Kommissionsvertrag *m*
(com) consignment agreement
– commission contract, § 396 HGB

Kommissionsvertreter *m* (com) = Kommissionsagent
Kommissionsware *f*
(com) goods in consignment
– consignment goods
– consigned goods
– goods on commission
(syn, Konsignationsware)
Kommissionswechsel *m* (com) = Kommissionstratte
kommissionsweise (com) on commission
Kommittent *m*
(Re) principal, § 383 HGB
(com) consignor
Kommunalabgaben *fpl* (FiW) municipal charges
Kommunalanleihe *f* (FiW) municipal loan
Kommunalbetrieb *m* (FiW) municipal enterprise
Kommunaldarlehen *n* (FiW) municipal loan
Kommunaldarlehensgeschäft *n* (Fin) communal loan business
kommunaler Eigenbetrieb *m* (FiW) municipal enterprise
kommunaler Finanzausgleich *m* (FiW) municipal revenue equalisation scheme
kommunaler Zweckverband *m* (FiW) municipal special-purpose association
kommunale Spitzenverbände *mpl* (FiW) local authority central associations
Kommunalkredit *m* (FiW) municipal loan
Kommunalobligationen *fpl* (FiW) municipal bonds
Kommunalsteuern *fpl*
(FiW) municipal taxes *(syn, Gemeindesteuern)*
Kommunalverband *m* (FiW) municipal organization
kommunalverbürgt (Fin) guaranteed by local authorities
Kommune *f*
(FiW) municipality *(syn, Gemeinde)*
Kommunikationsanschluß *m* (EDV) communication port
Kommunikationsbefehl *m* (EDV) access instruction
Kommunikationsbeschreibung *f* (EDV) communication description *(cf, DIN 66 028, Aug 1985)*
Kommunikationsindustrie *f* (com) communications industry
Kommunikationslücke *f* (EDV) communication gap
Kommunikationsnetz *n* (Bw) communications network
Kommunikationsprotokoll *n* (EDV) communications protocol
Kommunikationsprozeß *m* (Bw) communications process
Kommunikationsrechner *m* (EDV) front-end processor
Kommunikationssektor *m* (com) communications industry
Kommunikationsserver *m* (EDV) communications server
Kommunikationsstörung *f*
(Bw) communications breakdown
(ie, a distorted version of the message is received)
– distortion in communications
Kommunikationsstruktur *f* (Bw) lines of information
Kommunikationssystem *n* (Bw) communications system
Kommunikationstechnik *f* (Bw) communications techniques (*or* methods)
Kommunikationstheorie *f*
(EDV) information theory
– theory of communication
(syn, Informationstheorie)
Kommunikationsweg *m*
(Bw) communication channel
(ie, oral or written, formal or informal, one-to-one, one-to-many)
kommutative Gruppe *f*
(Math) commutative (*or* abelian) group *(syn, abelsche Gruppe, qv)*
kommutativer Körper *m* (Math) commutative field
kommutatives Gesetz *n* (Math) commutative law
Kompaktbauweise *f* (EDV) compact design
kompakte Menge *f* (Math) compact set
komparative Dynamik *f* (Vw) comparative dynamics
komparative Kosten *pl* (AuW) comparative cost *(D. Ricardo)*
komparativer Vorteil *m* (AuW) comparative advantage
komparative Statik *f* (Vw) comparative statics
Komparativreklame *f* (Kart) comparative advertising
komparativ-statische Analyse *f* (Vw) comparative-static analysis
Kompatibilität *f*
(Vw) compatibility
(eg, of goals)
(EDV) compatibility
(syn, Verträglichkeit technischer Einrichtungen)
Kompensation *f*
(Re) compensation
– set off
(AuW) compensation
(ie, zentraler GATT-Grundsatz)
Kompensationsabkommen *n* (AuW) offsetting agreement
Kompensationsbetrieb *m*
(com) compensatory type enterprise
(ie, single-product firm trying to bridge seasonal or cyclical downtimes by extending production program)
Kompensationsgeschäft *n*
(AuW) barter transaction
– compensation trading deal
(AuW) compensatory deal
(ie, im engeren Sinne: Verkäufer verpflichtet sich, neben der Bezahlung im Gegenzug für die von ihm gelieferten Produkte Waren vom Käufer abzunehmen; Lieferung und Gegenlieferung werden in e–m Vertrag geregelt; Form der Verbundgeschäfte)
(Bö) interbank transaction bypassing the stock exchange
Kompensationskalkulation *f* (com) = Ausgleichskalkulation, qv
Kompensationskriterien *npl*
(Vw) tradeoff criteria
(ie, in welfare economics; developed by Kaldor, Hicks, Scitovsky, and Little)

Kompensationskriterium *n*
(Vw) compensation principle
(ie, zur Messung von Wohlfahrtsgewinnen od -verlusten)
Kompensationskurs *m*
(Bö) settlement price in forward operations
(syn, Liquidationskurs)
Kompensationslösungen *fpl*
(Vw) emissions trading
(ie, führen zur Flexibilisierung der starren Umweltauflagen; Maßnahmen: Ausgleichspolitik, Glokkenpolitik, Befreiung von Zulassungsvorschriften durch ‚netting out', Emissionsminderungsbanken)
Kompensationsmarkt *m* (Fin) compensation market
Kompensationspunkt *n*
(Bö, US) breakeven point
(ie, oberhalb dieses Punktes wird die Optionsprämie durch die günstige Kursentwicklung überkompensiert)
kompensatorische Finanzierung *f*
(AuW) compensatory finance
(ie, Form der Entwicklungshilfe)
kompensatorische Fiskalpolitik *f* (FiW) compensatory fiscal policy
kompensatorische Kosten *pl* (KoR) offsetting costs
kompensatorisches Budget *n* (FiW) compensatory budgeting
kompensatorische Transaktionen *fpl* (AuW) settling transactions
kompensieren
(com) to compensate
– to counterbalance
– to offset
Kompetenz *f* (Bw) authority
Kompetenzabgrenzung *f* (Bw) delineation of powers
Kompetenzbereich *m*
(com) area of . . . authority/discretion
(syn, Verantwortungsbereich)
Kompetenzdelegation *f* (Bw) delegation of authority (*or* responsibility)
Kompetenz *f* **delegieren** (Bw) to delegate authority (*or* responsibility)
Kompetenzentrum *n* (Mk) competence center
Kompetenzspielraum *m* (Bw) room for competence (to decide)
Kompetenzstreitigkeiten *fpl*
(Re) jurisdictional disputes
(Bw) conflicting lines of authority
– conflicts over competence to decide
– jurisdictional disputes
– (GB) demarcation disputes
(ie, between different departments in any organization)
Kompetenzsysteme *npl* (Bw) forms of organization structure
Kompetenzüberschneidungen *fpl*
(Bw) confusion of lines of authority
– instances of plural executives
– multiple command
(ie, leading to multiple subordination)
Kompetenzzentrum *n* (com) competence center
Kompilieranweisung *f*
(EDV, Cobol) compiler directing statement
– compiler directive
(ie, COPY, ENTER, REPLACE, and USE statements; cf, DIN 66 028, Aug 1985)
Kompilieren *n* (EDV) compilation
kompilieren
(EDV) to compile
(ie, to create an object program from a source language program by means of a compiler/compiling routine)
Kompilierer *m*
(EDV) compiler
– compiling program (*or* routine)
Kompilierungsanlage *f*
(EDV) source computer *(opp, object computer)*
Kompilierungszeit *f* (EDV) compilation time
Kompilierzeit *f* (EDV) compile time
Komplement *n*
(Math) absolute complement
(EDV) complement *(syn, Zahlenkomplement)*
Komplementär *m*
(com) general
– unlimited
– full . . . partner
(ie, personally liable for all debts of a partnership; syn, Vollhafter; opp, Kommanditist, Teilhafter = limited partner)
komplementäre Diversifikation *f* (Bw) complementary diversification
komplementäre Güter *npl*
(Vw) complementary goods
– complements
– joint goods
komplementäre Nachfrage *f* (Vw) joint demand
komplementäre Operation *f* (com) complementary operation
Komplementärgüter *npl* (Vw) = komplementäre Güter
Komplementärinvestition *f*
(Fin) complementary investment
(ie, in preinvestment analysis; syn, Differenzinvestition, Supplementinvestition)
Komplementarität *f*
(Vw) complementarity
(ie, of two goods)
Komplementärmenge *f* **e–r Punktmenge** (Math) complementary set
Komplement *n* **e–r Menge** (Math) complement of a set
Komplementmenge *f*
(Math) complement
(ie, complement of a number A is another number such that the sume A + B will produce a specified result)
komplexe Bedingung *n* (EDV) complex condition
(cf, DIN 66 028, Aug 1985)
komplexe Kapitalstruktur *f*
(Fin) complex capital structure
(ie, comprises both common stock and common stock equivalents or other potentially dilutive securities; cf, dilution)
komplexe Kosten *pl* (KoR) compound (*or* composite) costs
komplexe Zahl *f* (Math) complex number
komplexwertige Funktion *f* (Math) complex-valued function

Komponentenschreibweise *f* (Math) component form

Komponenten-Software *f*
(EDV) componentware
(ie, enhancement of the object-oriented model of software development)

Kompositversicherer *m*
(Vers) composite insurance company
– (infml) pup company
(ie, operating several types of insurance business)

Kompression *f* **von Audio-Daten** (EDV) audio compression *(eg, nach dem MP3-Standard)*

Kompromißvorschlag *m* (com) compromise proposal

Kondiktion *f* (Re, *civil law*) claim to regaining unlawful enrichment

Konditional *n*
(Log) conditional
– material implication
– ‚if-then' proposition

konditionale Aussage *f* (Log) hypothetical

Konditionalsatz *m* (Log) conditional statement

Konditionen *fpl*
(com) terms and conditions
(Fin) terms *(eg, of a loan or credit)*

Konditionenanpassung *f* (Fin) adjustment of terms

Konditionenbindung *f* (Fin) commitment to fixed terms

Konditionengestaltung *f* (Fin) arrangement of terms

Konditionenkartell *n*
(Kart) condition cartel, § 2 GWB
(ie, involving uniform application of trade terms, terms of delivery or payment, including cash discounts)

Konditionenpolitik *f* (Fin) terms policy

Konditionen *fpl* **ziehen an** (Fin) interest rates go up

Kondratieff-Zyklus *m*
(Vw) Kondratieff cycle
– long-wave business cycle *(ie, 54 to 60 years)*

Konfektion *f*
(com) off the rack
– ready-to-wear
– (GB) off the peg . . . clothes

Konferenz *f*
(com) conference
– meeting
– (infml) get-together

Konferenzabkommen *n*
(com) conference agreement
(ie, among ocean carriers as to rates, charges, delivery, etc)

Konferenz *f* **der Vereinten Nationen für Handel und Entwicklung** (AuW) United Nations Conference on Trade and Development, UNCTAD

Konferenzfrachten *fpl*
(com) conference (freight) rates
(ie, in ocean shipping)

Konferenz *f* **für Sicherheit und Zusammenarbeit in Europa, KSZE** (com) Conference on Security and Cooperation in Europe, CSCE

Konferenzgespräch *n*
(com) conference call
(ie, by telephones linked by a central switching unit)

Konferenzlinien *fpl*
(com) conference lines
(ie, shipping lines linked up by a shipping conference)

Konferenzraten *fpl* (com) = Konferenzfrachten

Konferenzschaltung *f* (com) conference service

Konferenzteilnehmer *m*
(com) conference participant
– conferee

Konferenztelefon *n* (com) conference telephone

Konferenzverbindung *n*
(com) conference call
(ie, by telephones linked by a central switching unit)

Konferenzzentrum *n* (com) conference center

Konfidenz *f*
(Stat) confidence
– significance

Konfidenzbereich *m*
(Stat) confidence belt (*or* interval *or* range *or* region) *(syn, Vertrauensbereich)*

Konfidenzgrenze *f* (Stat) confidence limit

Konfidenzintervall *n* (Stat) = Konfidenzbereich

Konfidenzkoeffizient *m* (Stat) confidence coefficient

Konfidenzniveau *n*
(Stat) confidence (*or* significance) level
(ie, probability in acceptance sampling that the quality of accepted lots manufactured will be better than the rejectable quality level; syn, Vertrauensniveau)

Konfidenzstreifen *m* (Stat) = Konfidenzbereich

Konfiguration *f* (EDV) configuration

Konfigurator *m*
(Mk) configurator
(ie, stellt auf der Grundlage e–s Baukastensystems ein Produkt so zusammen, daß es den Kundenwunsch möglichst gut erfüllt)

konfigurieren (EDV) to configure

konfiskatorische Steuer *f*
(FiW) confiscatory tax
(ie, enteignungsgleich)

Konflikt *m*
(com) conflict
(cf, fitting verbs: avert – avoid – prolong – raise – run into – settle)

Konflikt *m* **bereinigen** (Re) to setlle a conflict

Konfliktbereinigung *f* (Re) settlement of conflicts

konfliktinduzierte Inflation *f* (Vw) struggle-for-income inflation

Konfliktkurve *f* (Vw) contract curve

Konfliktpotential *n* (com) potential conflicts

Konflikt *m* **regeln** (com) to settle a conflict

konforme Abbildung *f* (Math) conformal mapping

Konfusion *f*
(Re) confusion of rights
(ie, union of the qualities of debtor and creditor in the same person)

Konglomerat *n*
(Bw) conglomerate company (*or* group)
– conglomerate
(ie, heterogeneous group of affiliated companies; syn, Mischkonzern)

konglomerater Zusammenschluß *m*
(Kart, US) conglomerate merger

(ie, of firms which formerly were neither customers, suppliers, nor direct competitors of one another; cf, vertikaler und horizontaler Zusammenschluß; there are three forms: 1. pure; 2. product extension; 3. market extension, qv)

kongruente Abbildung *f* (Math) congruent transformation

konjekturale Anpassung *f*
(Vw) conjectural adjustment
(ie, of sales quantity to 'expected' price, or of prices to expected sales quantity)

konjekturale Preis-Absatz-Funktion *f* (Vw) expected price-sales function

konjekturale Prognosemethode *f*
(Bw) conjectural forecasting technique
(ie, Expertise von Sachverständigen wird zur Erstellung nutzbar gemacht)

Konjugate *f* (Math) conjugate

Konjunktion *f*
(Log) conjunction *(ie, a binary propositional connective, usu read 'and')*
(EDV) AND operation *(syn, UND-Funktion, UND-Verknüpfung)*

konjunktive Normalform *f* (Log) conjunction normal form

Konjunktur *f*
(com) level of business activity
– level of economic activity
– business (*or* economic) activity
– economic situation

konjunkturabhängig (Vw) cyclical

konjunkturabhängige Erzeugnisse *npl* (Bw) cyclical products

konjunkturabhängiger Wirtschaftszweig *m* (Bw) cyclical industry

Konjunkturabhängigkeit *f* (Vw) cyclicality

Konjunkturabkühlung *f* (Vw) economic decline

Konjunkturabschwächung *f*
(Vw) slowing down in/of the economy
– weakening in the economy
– slackening (*or* weakening) of economic activity
– tail-off in the pace of economic activity

Konjunkturabschwung *m*
(Vw) cyclical downturn
– cyclical downswing
– contraction
– decline in economic activity
– slump

Konjunkturanalyse *f* (Vw) analysis of economic trends

konjunkturanfällig (Vw) sensitive to cyclical influences

Konjunkturaufschwung *m*
(Vw) business . . . expansion/upturn
– business upswing
– cyclical . . . expansion/recovery/upswing/upturn/uptick
– economic . . . upswing/upturn
– revival of economic activity

Konjunkturauftrieb *m*
(Vw) economic upswing
– further expansion of economic activity

Konjunkturausgleichsrücklage *f*
(FiW) anticyclical reserve
– business cycle reserve
– business cycle equalization reserve
– counter-cyclical funds

Konjunkturaussichten *fpl* (Vw) economic outlook

Konjunkturbarometer *n* (Vw) business barometer

konjunkturbedingt (Vw) cyclical

konjunkturbedingter Vor- und Nachlauf *m* (Vw) cyclical leads and lags

Konjunkturbelebung *f*
(Vw) pickup in economic activity
– business revival
– rise of economic activity

Konjunkturbelebungsprogramm *n* (Vw) economic stimulation program

Konjunkturberuhigung *f* (Vw) easing of cyclical strains

Konjunkturbewegung *f* (Vw) cyclical movement

Konjunkturbild *n* (Vw) economic situation

Konjunkturdebatte *f* (Vw) economic policy debate

Konjunktureinbruch *m*
(Vw) setback in economic activity
– steep downturn

konjunkturell bedingte Zunahme *f* (Vw) cyclical increase

konjunkturelle Abkühlung *f* (Vw) economic slowdown

konjunkturelle Arbeitslosigkeit *f*
(Vw) cyclical unemployment
– *(frequently also)* deficiency-of-demand unemployment

konjunkturelle Entwicklung *f*
(Vw) development of business activity
– cyclical movement (*or* trend)

konjunkturelle Flaute *f* (Vw) economic slowdown

konjunkturelle Gegensteuerung *f* (Vw) countercyclical response

konjunkturelle Instabilität *f* (Vw) cyclical instability

konjunkturelle Preisschwankungen *fpl* (Vw) cyclical price swings

konjunktureller Abschwung *m*
(Vw) slide (*or* decline) in economic activity
– cyclical downturn

konjunktureller Aufschwung *m*
(Vw) improvement in general economic situation
– cyclical upturn
– economic recovery

konjunktureller Wendepunkt *m* (Vw) turning point in economic activity

konjunkturelle Schwankungen *fpl* (Vw) cyclical fluctuations

konjunkturelle Talsohle *f* (Vw) bottom of economic activity

konjunkturelle Talsohle *f* **verlassen** (Vw) to bottom out

konjunkturempfindlich (Vw) cyclically sensitive

Konjunkturempfindlichkeit *f* (Vw) cyclical sensitivity

Konjunkturentwicklung *f* (Vw) economic trend

Konjunkturerwartungen *fpl* (Vw) expected future business conditions

Konjunkturfaktor *m* (Vw) cyclical factor

Konjunkturförderung *f*
(Vw) cyclical stimulation
– promotion of economic activity

Konjunkturförderungsprogramm *n* (Vw) government spending program to boost economic activity
Konjunkturforscher *m* (Vw) business cycle analyst
Konjunkturforschung *f* (Vw) business cycle research
Konjunkturforschungsinstitut *n*
(Vw) economic research institute
– institute for economic research
– (US) business research institute
– *(rarely used)* conjuncture institute
Konjunkturgeschichte *f* (Vw) history of business cycles
Konjunkturgewinne *mpl* (Vw) cyclical (*or* boom) profits
Konjunkturhilfeprogramm *n* (Vw) counter-cycle aid program
Konjunkturindikator *m*
(Vw) business (cycle) indicator
– cyclical indicator
– economic indicator
Konjunkturinstitut *n* (Vw) economic research institute
Konjunkturkartell *n* (Kart) business cycle cartel
Konjunkturklima *n* (Vw) business (*or* economic) climate
Konjunkturlage *f*
(Vw) economic condition
– business cycle situation
Konjunkturmodell *n* (Vw) business cycle model
konjunkturneutral (Vw) cyclically neutral
konjunkturneutraler Haushalt *m* (FiW) cyclically balanced budget
Konjunkturphase *f*
(Vw) phase of a business cycle
– business cycle
– (GB) trade cycle
Konjunkturpolitik *f*
(Vw) business cycle policy
– (GB) trade cycle policy
– countercyclical policy
– economic stabilization policy
konjunkturpolitisch
(Vw) relating to cyclical policy
– business cycle . . .
konjunkturpolitisches Instrumentarium *n* (Vw) economic policy tools
konjunkturpolitisch motivierte Steuern *fpl* (FiW) special anticyclical taxes
Konjunkturprognose *f*
(Bw) business forecast
– business scenario
– (GB) economic forecast
Konjunkturprogramm *n*
(Vw) anticyclical program
– economic policy program
– stimulus program
(eg, Germany should not adopt a . . .)
Konjunkturrat *m* (Vw) Business Cycle Council, § 18 StabG
konjunkturreagibel (Vw) responsive to cyclical trends
konjunkturreagible Steuer *f* (FiW) tax sensitive to economic trends
Konjunkturrückgang *m*
(Vw) decline in economic activity
– falling economic activity
– economic slowdown
– slowdown in the economy
– tail-off in the pace of economic activity
Konjunkturschwäche *f* (Vw) weakness of economic activity
Konjunkturschwankungen *fpl*
(Vw) business (*or* cyclical) fluctuations
– cyclical swings in economic activity
– swings in the economic cycle
konjunktursicherer Bereich *m* (Vw) recession-proof industry
Konjunkturspritze *f*
(Vw) injection of public funds to support economic activity
– (US, infml) hypo
Konjunkturstabilisator *m* (Vw) economic stabilizer
Konjunkturstabilisierung *f* (Vw) stabilization of the economy
Konjunkturtest *m* (Stat) business opinion poll
Konjunkturtheoretiker *m* (Vw) business cycle theorist
Konjunkturtheorie *f*
(Vw) business cycle theory
– (GB) trade cycle theory
Konjunkturtief *n*
(Vw) economic low
– bottom (of economic activity)
– economic trough
Konjunkturüberhitzung *f*
(Vw) cyclical overstrain
– overheating of the economy
Konjunkturumschwung *m* (Vw) turnaround in economic activity
Konjunkturverlauf *m*
(Vw) cyclical course (*or* trend)
– economic course (*or* trend)
– course (*or* trend *or* thrust) of economic activity
– run of business
– path of the economy
– economic development
Konjunkturwende *f* (Vw) turnaround of the economy
Konjunkturzuschlag *m*
(FiW) anticyclical surcharge
(ie, on income taxes)
Konjunkturzyklus *m*
(Vw) business (*or* economic) cycle
– (GB) trade cycle
konkave Kostenfunktion *f* (Bw) concave cost function
konkave Programmierung *f* (OR) concave programming
konkludent abschließen (Re) to sign (a contract) by conduct
konkludente Handlung *f*
(Re) intention declared by conduct
– action implying legal intent
– passive manifestation of will
(eg, contract may be implied from the conduct of the parties, such as silence, deliberate acquiescence)

konkludentes Verhalten *n* (Re) action implying intention
Konklusion *f*
(Log) conclusion
(ie, statement inferred from the premises of a given argument)
konkordante Stichprobe *f* (Stat) concordant sample
Konkordanz *f* (EDV) concordance
Konkordanzkoeffizient *m* (Stat) coefficient of agreement
konkrete Fahrlässigkeit *f*
(Re) ordinary negligence
– *(civil law)* culpa in concreto
(ie, failure to use such care as a man of common prudence takes of his own concerns, responsibility being confined to ‚Sorgfalt in eigenen Angelegenheiten' = diligentia quam in suis (rebus adhibere solet), § 277 BGB)
konkrete Güter *npl* (Re) specific goods
konkreter Fall *m* (com) case in point
konkretisieren (Re) to appropriate (*or* identify) goods to a contract
konkretisierte Gattungsschuld *f* (Re) particular goods identified
konkretisierter Vertragsgegenstand *m* (Re) specified (*or* ascertained) goods
Konkretisierung *f*
(Re) appropriation (of goods) to a contract
– ascertainment of goods
Konkurrent *m*
(com) competitor
– rival
– contender
(eg, top contenders in a faltering market)
Konkurrenz *f*
(com) the competition
– (GB, infml) the opposition
(ie, competing firms in one's business or profession; syn, Wettbewerb)
Konkurrenz *f* **abhängen**
(com, infml) to outdistance competitors
– to leapfrog rivals
Konkurrenzangebot *n*
(com) rival offer (*or* bid)
(Mk) rival supply
Konkurrenzartikel *m* (Mk) competitive article
Konkurrenz-Aufwertung *f* (Vw) competitive appreciation
Konkurrenz *f* **aus dem Felde schlagen** (com) to outdistance rivals
Konkurrenz *f* **ausschalten**
(com) to defeat
– to eliminate
– outbid . . . one's competitors
Konkurrenz *f* **besänftigen** (com) to mollify competitors *(eg, by orderly marketing agreements)*
Konkurrenzbetrieb *m*
(com) rival firm
– competitor
Konkurrenzdruck *m* (com) competitive pressure
Konkurrenzerzeugnis *n* (com) competing product
Konkurrenzfähigkeit *f*
(com) competitiveness
– competitive edge (*or* position)
Konkurrenzkampf *m* (com) competitive struggle
Konkurrenzklausel *f*
(Re) stipulation/covenant . . . in restraint of trade
– ancillary covenant against competition
– restraining clause
– restrictive covenant
(Pw) non-competition clause
(syn, Wettbewerbsklausel)
konkurrenzlose Preise *mpl* (com) unmatched prices, §§ 3, 4 UWG
Konkurrenzmodell *n* (Vw) competitive model
Konkurrenzpreis *m* (com) competitive price
Konkurrenzprodukt *n* (com) rival product
Konkurrenzreaktion *f* (Vw) response of rival firms
Konkurrenzspiel *n* (OR) competitive game
Konkurrenzunternehmen *n*
(com) rival firm
– competitor
Konkurrenzverbot *n*
(Re) prohibition to compete
(ie, applies to commercial clerks, voluntary apprentices, personally liable partners of OHG and KG, and managing board members, §§ 60, 82 a, 112 HGB, § 88 AktG; syn, Wettbewerbsverbot)
Konkurrenz *f* **verdrängen**
(com) to cut out
– to wipe out . . . rivals (*or* competitors)
– to put rivals out of the market
konkurrieren
(com) to compete (with)
(eg, in a foreign market)
konkurrierende Einzelwerbung *f* (Mk) competitive advertising
konkurrierende Gesetzgebung *f* (Re) concurrent legislation
konkurrierende Investitionsalternativen *fpl* (Fin) competing investment alternatives
konkurrierende Nachfrage *f*
(Vw) alternate
– composite
– competing
– rival . . . demand
konkurrierende Ziele *npl* (Bw) conflicting goals
konkurrierende Zuständigkeit *f*
(Re) concurrent jurisdiction
(ie, proceeding can be brought in any one of several courts; opp, ausschließliche Z.)
konkurrieren gegen
(com) to compete against/with
– to contend
– to contest against
konkurrieren mit (com) to compete with
Konkurs *m*
(Re) bankruptcy
– (GB) compulsory winding-up *(according to the Companies Act)*
(Re, US) straight/ordinary . . . bankruptcy
(ie, im Sinne von Zahlungsunfähigkeit bzw. Überschuldung; intended to liquidate the assets of the debtor rather than reorganization; cf, bankruptcy)
Konkurs *m* **abwenden**
(Re) to avoid
– to avert
– to stave off . . . bankruptcy

Konkurs *m* **abwickeln**
(Re) to administer a bankrupt's estate
(ie, to reduce to money the property of the estate)
Konkursabwicklung *f* (Re) administration of the property of the bankrupt
Konkursanfechtung *f* (Re) avoidance (*or* contestation) of bankruptcy, §§ 29–42 KO
Konkurs *m* **anmelden** (Re) to file a petition in bankruptcy
Konkursantrag *m*
(Re) petition in bankrupty
– application for bankruptcy, § 103 KO
Konkursantrag *m* **stellen**
(Re) to file a petition in bankruptcy
– to file for bankruptcy
Konkursanwalt *m* (Re) bankruptcy lawyer
Konkursausfallgeld *n*
(Pw) payment of net earnings over three months before bankruptcy proceedings are opened
(ie, financed through employers' contributions levied by, Berufsgenossenschaften')
Konkurs *m* **beantragen** (Re) to apply for commencement of bankruptcy proceedings
Konkursbilanz *f*
(Re) statement of bankrupt's assets and liabilities, § 124 KO
(syn, Konkursstatus, Überschukdungsbilanz)
Konkursdelikt *n* (Re) bankruptcy offense
Konkursdelikte *npl* (Re) = Konkursstraftaten
Konkursdividende *f*
(Re) dividend in bankruptcy
– percentage of recovery
(ie, in bankruptcy proceedings; syn, Konkursquote)
Konkurs *m* **einstellen** (Re) to suspend bankruptcy proceedings
Konkurseinstellung *f* (Re) suspension of bankruptcy proceedings
Konkurs *m* **eröffnen** (Re) to open (*or* institute) bankruptcy proceedings (against)
Konkurseröffnung *f* (Re) commencement of bankruptcy proceedings
Konkurseröffnung *f* **beantragen** (Re) to file a petition in bankruptcy
Konkursforderung *f*
(Re) claim against a bankrupt estate
(opp, Anspruch auf Aussonderung, Absonderung und Masseanspruch)
konkursgefährdet (com, infml) cliffhanging *(eg, company)*
Konkursgericht *n* (Re) bankruptcy court
Konkursgläubiger *m*
(Re) bankrupt's creditor
– creditor in bankruptcy
– creditor to a bankrupt
Konkursgrund *m* (Re) act of bankruptcy
Konkurs *m* **machen**
(Re) to go bankrupt
(com, infml) to go bust
– to go to the wall
Konkursmasse *f*
(Re) bankrupt/bankruptcy . . . estate
– debtor's assets
– estate in bankruptcy
– insolvent assets

Konkursordnung *f* (Re) Bankruptcy Law, as of 1 Jan 1900, variously amended
Konkursquote *f* (Re) = Konkursdividende
Konkursrecht *n* (Re) bankruptcy law
Konkursrichter *m*
(Re) judge in bankruptcy
– judge in charge of bankruptcy proceedings
Konkursschuldner *m*
(Re) bankrupt
– debtor in bankruptcy
– (US) common debtor
(syn, Gemeinschuldner)
Konkursschuldnerverzeichnis *n* (Re) list of adjudicated bankrupts
Konkursstatus *m* (Re) = Konkursbilanz
Konkursstraftaten *fpl*
(Re) bankruptcy offenses, §§ 283–283 d StGB
(eg, Konkurs, Schuldnerbegünstigung)
Konkurstabelle *f*
(Re) bankruptcy schedule
(ie, listing bankrupt's assets, liabilities, and all unsecured creditors, § 145 KO)
Konkursverfahren *n* (Re) bankruptcy proceedings
Konkursverfahren *n* **eröffnen** (Re) to open bankruptcy proceedings
Konkursverfahren *n* **mangels Masse einstellen** (Re) to dismiss petition in bankruptcy for insufficiency of assets
Konkursvergleich *m* (Re) composition in bankruptcy
Konkursverlust *m* (Re) loss due to bankruptcy
Konkursverwalter *m*
(Re) bankruptcy trustee
(ie, appointed by court to take charge of bankrupt estate)
Konkursverwaltung *f* (Re) administration of bankrupt estate
Konkursvorrecht *n* (Re) priority rights in bankruptcy proceedings *(see: bevorrechtiger Gläubiger)*
Konkurswelle *f* (Re) wave of bankruptcies
Konnossement *n*
(com) bill of lading
(ie, Urkunde des Seefrachtvertrages, welche die Rechtsverhältnisse zwischen Verlader, Verfrachter und Empfänger regelt; §§ 642 ff HGB)
Konnossement *n* **ausstellen** (com) to make out a bill of lading
Konnossement *n* **gegen Kasse** (Fin) cash against bill of lading
Konnossement *n* **mit einschränkendem Vermerk** (com) unclean bill of lading (*or* B/L)
Konnossementsanteilsschein *m* (com) delivery order, D/O
Konnossementsgarantie *f*
(com) bill of lading guarantee
– letter of indemnity
(ie, beläuft sich idR auf 150% des Warenwerts; finanzielle Absicherung der Reederei bei Aushändigung der Ware ohne Original-Konnossement)
Konnossementsklauseln *fpl* (com) bill of lading clauses
Konnossements-Teilschein *m* (com) delivery note
Konnotation *f*
(Log) connotation
(ie, of a concept)

– intension
– comprehension
(opp, Denotation)
Konsens-orientiertes Planungssystem *n* (Bw) consensus system of planning
Konsequens *n*
(Log) consequent
– apodosis
(ie, clause expressing the consequence in a conditional sentence; opp. Antezedens = antecedent, protasis)
Konsignant *m*
(com) consignor
(ie, shipper of consigned goods)
Konsignatar *m*
(com) consignee
(ie, party receiving goods on consignment; usu commission merchant acting as selling agent for a commission fee or factorage; opp, Konsignant = consignor)
Konsignation *f* (com) consignment
Konsignationsbeschaffung *f*
(com) consignment purchasing
(ie, vendor maintains a merchandise inventory on buyer's premises to which title passes when materials are used)
Konsignationsgeschäft *n*
(com) sale on consignation
– consignation sale (*or* transaction)
Konsignationshandel *m*
(com) consignation selling
(ie, im Welthandel übliche Form des Kommissionsgeschäfts: type of export selling in which consignee does not take title to the goods which passes upon sale to final buyer)
Konsignationskonto *n* (com) consignment account
Konsignationslager *n*
(com) consignment stock
(ie, carried by commission merchant)
Konsignationsverkauf *m* (com) consignment sale
Konsignationsvertrag *m* (com, MaW) consignment contract
Konsignationsware *f*
(com, MaW) consigned goods
– consignment merchandise
– goods out on consignment
konsignieren (com) to ship goods on consignment
konsistente Schätzfunktion *f* (Stat) consistent estimator
Konsistenz *f* (Stat) consistence
Konsistenzkoeffizient *m* (Stat) coefficient of consistence
Konsistenzmodell *n* (Vw) fixed-target policy model
Konsistenzprüfung *f* (EDV) consistency check
Konsole *f*
(EDV) operator console
(ie, meist Bildschirm mit Tastatur = screen + keyboard)
Konsolidation *f*
(Fin) consolidation
– funding
konsolidieren
(Fin) to consolidate
– to fund a debt

konsolidierte Anleihe *f*
(Fin) consolidated (*or* consolidation) bond
– unified bond
– unifying bond
konsolidierte Bilanz *f*
(ReW) consolidated balance sheet
– (GB) consolidated accounts
– (GB) group balance sheet
konsolidierte Gewinn- und Verlustrechnung *f*
(ReW) consolidated income statement
– (GB) consolidated profit and loss account
– group income statement
konsolidierte Konzernbilanz *f* (ReW) group consolidated balance sheet
konsolidierte Konzerngewinn- und Verlustrechnung *f* (ReW) group consolidated profit and loss account
konsolidierte Kredite *mpl* (FiW) funded debt
konsolidierter Abschluß *m*
(ReW) consolidated financial statement (*or* set of accounts)
– group financial statement
– (GB) group assounts
Konsolidierter Ausweis *m* **des Eurosystems** (EG, Fin) consolidated financial statement of the Eurosystem
konsolidierter Betrag *m* (com) consolidating amount
konsolidierter Firmenwert *m*
(ReW) consolidated goodwill
(ie, e–r Tochtergesellschaft, den die Mutter oder Holding bei Übernahme erwirbt)
konsolidierter Sonderabschluß *m* (ReW) special consolidated accounts
konsolidierter Teilkonzernabschluß *m* (ReW) consolidated subgroup accounts
konsolidierte Schuld *f* (FiW) consolidated (*or* permanent) debt
konsolidierte Sektorenkonten *npl* (VGR) consolidated sector accounts
konsolidierte Staatsschuld *f* (FiW) consolidated (*or* long-term) public debt
konsolidierte Tochtergesellschaft *f* (Re) consolidated subsidiary
konsolidierte Unternehmensgruppe *f*
(Bw) consolidated group of enterprises
– consolidation
(ie, combination of two or more enterprises, with transfer of net assets to a new corporation organized for the purpose)
Konsolidierung *f*
(ReW) consolidation
(Fin) consolidation
– funding
Konsolidierungsanleihe *f*
(Fin) debt-consolidating loan
– funding loan
Konsolidierungsausgleichsposten *m* (ReW) consolidation excess
Konsolidierungsbuchung *f* (ReW) consolidating entry
Konsolidierung *f* **schwebender Schulden** (Fin) funding of floating debts
Konsolidierungskreis *m*
(ReW) consolidated group (*or* entity)
– reporting entity

(ie, Gesamtheit der Konzernunternehmen, die in den konsolidierten Abschluß einbezogen werden; cf, § 329 II AktG; §§ 290, 294 HGB)
(Fin) scope of consolidated financial statement
Konsolidierungsregel *f* (ReW) consolidation rule
Konsolidierungsstufe *f* (ReW) level of consolidation
Konsolidierungsvorschriften *fpl* (ReW) consolidation rules
Konsorte *m*
(Fin) syndicate member
– underwriter
Konsortialabteilung *f* (Fin) new issues (*or* underwriting) department
Konsortialanteil *m* (Fin) share in a syndicate
Konsortialbank *f* (Fin) consortium bank
Konsortialbeteiligung *f* (Fin) participation in a syndicate
konsortialführende Bank *f* (Fin) = Konsortialführerin
Konsortialführerin *f*
(Fin) (lead) manager
– managing . . . bank/underwriter
– prime underwriter
– principal manager
– syndicate . . . leader/manager
– consortium leader
Konsortialführung *f* (Fin) lead management
Konsortialgebühr *f* (Fin) management charge (*or* fee)
Konsortialgeschäft *n*
(Fin) syndicate (*or* underwriting) transaction
(Fin) underwriting business
Konsortialkredit *m* (Fin) syndicated . . . loan/credit
Konsortialkredite *mpl* (Fin) loan syndications
Konsortialmarge *f* (Fin) issuing banks' commission
Konsortialmitglied *n*
(Fin) syndicate member
– underwriter
Konsortialnutzen *m*
(Fin) underwriting commission
(ie, als Teil der Emissionsvergütung; syn, Übernahmeprovision)
Konsortialprovision *f*
(Fin) underwriter's commission
– spread
– management fee
(ie, vom Kreditnehmer an die Konsortialbank als Summenentgelt [flat = einmalig] gezahlt)
Konsortialquote *f* (Fin) underwriting/issuing . . . share
Konsortialrechnung *f* (Fin) syndicate accounting
Konsortialspanne *f*
(Fin) overriding commission
– spread
Konsortialsystem *n* (Vers) syndicate system
Konsortialverbindlichkeiten *fpl* (Fin) syndicated loans
Konsortialverfahren *n* (Fin) consortium method
Konsortialvertrag *m*
(Fin) consortium (*or* underwriting) agreement
(Fin, US) syndicate agreement, qv
Konsortium *n*
(Bw) consortium (*pl. consortia*)
(ie, Gesellschaft des bürgerlichen Rechts, nach außen regelmäßig Gelegenheitsgesellschaft; cf, Industriekonsortium)
(Fin) management group
– financial syndicate
– syndicate of security underwriters
(syn, Bankenkonsortium; civil-law partnership formed by banks to carry on underwriting business)
Konsortium *n* **führen**
(Fin) to lead manager
– to lead *(eg, an underwriting syndicate)*
Konstante *f* (Math) absolute/constant . . . term
konstante Absatzgeschwindigkeit *f* (Mk) constant rate of selling
konstante Differenz *f*
(Math) common difference
(ie, of an arithmetic progression or series)
konstante Kosten *pl*
(KoR) fixed total cost
(ie, constant over a period)
(KoR) fixed average production cost
(ie, constant per unit of output)
konstante Lohnquote *f* (Vw) constant wage share
konstante Preise *mpl* (Vw) constant/base-period . . . prices
konstanter Abschreibungssatz *m* (ReW) constant (*or* fixed) rate of depreciation
konstanter Produktionskoeffizient *m* (Vw) fixed coefficient of production
konstanter Prozentsatz *m* (com) fixed percentage
konstanter Schuldendienst *m*
(Fin, US) level debt service
– mortgage amortization
(ie, combined payments of principal and interest (Kapital und Zinsen) on all payments are equal)
konstanter Skalenertrag *m* (Vw) constant returns to scale
konstantes Kapitalkonto *n* (ReW) constant capital account
konstante Substitutionselastizität *f* (Vw) constant elasticity of substitution
konstante Zusatz- od Grenzkosten *pl* (Vw) constant relative costs
Konstanz *f* **der Lohnquote** (Vw) constancy of labor's share
Konstellation *f* (com) combination of circumstances
konstruieren
(IndE) to design
– to engineer
Konstrukteur *m* (IndE) design engineer
Konstruktion *f* (IndE) design
Konstruktionsänderung *f* (IndE) design/engineering . . . change
Konstruktionsarbeitsplatz *m* (EDV, CAD) engineering workstation
konstruktionsbegleitende Kostenplanung *f* (KoR) cost planning tied in with design and development
konstruktionsbegleitende Kostenrechnung *f* (KoR) design-and-development-related cost accounting
Konstruktionsfehler *m*
(IndE) faulty design
– design . . . flaw/weakness

(ie, entscheidende Ursache in etwa 70 % aller Produkthaftungsfälle)

Konstruktionsgemeinkosten *pl*
(KoR) indirect design costs
– engineering overhead

Konstruktionskosten *pl*
(ReW) engineering cost
(KoR) design costs

Konstruktionsmerkmale *npl* (Fin) design features

Konstruktionsprinzipien *npl* (IndE) design philosophy

Konstruktionsstand *m* (IndE) engineering level

Konstruktionsstellen *fpl* (KoR) design departments

Konstruktions-Stückliste *f* (IndE) engineering bill of materials

Konstruktionstechnik *f* (IndE) design engineering

Konstruktionsunterlagen *fpl* (IndE) design data

Konstruktionszeichnung *f* (IndE) working drawing

konstruktives Mißtrauensvotum *n* (com) constructive vote of nonconfidence

Konstrukt-Validität *f* (Mk) construct validity

Konsularfaktura *f* (com) = Konsulatsfaktura

Konsulargebühren *fpl* (com) consular fees (*or* charges)

Konsulargut *n* (Zo) consular goods, § 68 AZO

konsularische Amtshandlung *f* (Re) consular transaction

konsularische Vertretung *f* (Re) consular post

Konsulat *n* (com) consulate

Konsulatsfaktura *f (pl.-fakturen)* (com) consular invoice

Konsulatsgebühren *fpl* (com) consular fees

Konsum *m*
(com) consumption *(syn, Verbrauch)*

Konsumartikel *m* (com) article of consumption

Konsumaufwand *m* (Vw) = Konsumausgaben

Konsumausgaben *fpl* (Vw) consumption expenditure

Konsumebene *f* (Vw) consumption surface

Konsumeinheit *f* (Mk) spending unit

Konsumelektronik *f* (com) consumer electronics

Konsument *m*
(com) consumer *(syn, Verbraucher)*

Konsumentenanalyse *f* (Mk) consumer analysis

Konsumentengeschäft *n* (Fin) consumer lending

Konsumentengesellschaft *f* (Vw) consumer society

Konsumentengewohnheiten *fpl* (Mk) consumer habits

Konsumentenhandel *m*
(com) consumer buying
(com) special forms of retail trading, such as consumer cooperatives

Konsumentenkäufe *mpl* (com) consumer sales

Konsumentenkredit *m* (Fin) = Konsumkredit

Konsumentennachfrage *f* (Vw) consumer demand

Konsumentenratenkredit *m* (Fin) consumer installment credit

Konsumentenrente *f*
(Vw) consumer's (*or* buyer's) surplus
(ie, a buyer's payment lower than the maximum amount he would have been willing to pay)

Konsumentenrisiko *n*
(IndE) consumer's risk
(ie, probability that a lot whose quality equals the poorest quality that a consumer is willing to tolerate in an individual lot will be accepted by a sampling plan; opp, Produzentenrisiko = producer's risk)

Konsumentensouveränität *f* (Vw) consumer sovereignty

Konsumententreue *f* (Mk) consumer loyalty

Konsumentenverband *m* (Vw) consumers' association

Konsumentenverhalten *n*
(Mk) consumer behavior
(syn, Verbraucherverhalten, Käuferverhalten)

Konsumentenverhaltensmodell *n*
(Mk) consumer behavior model
(ie, Strukturmodell, stochastisches Modell, Simulationsmodell, qv)

Konsumentenwerbung *f* (Mk) consumer advertising

Konsumerismus *m* (Vw) consumerism

Konsumfinanzierung *f*
(Fin) consumer credit
– financing of installment sales

Konsumforschung *f* (Mk) consumer research

Konsumfreiheit *f*
(Vw) consumer's freedom to dispose
– freedom of choice by consumers

Konsumfunktion *f*
(Vw) consumption function
(ie, relationship between consumption and income; the assumption is that the level of income will determine the level of consumption)

Konsumgenossenschaft *f* (Bw) consumers' cooperative

Konsumgesellschaft *f* (Vw) mass consumption society

Konsumgewohnheiten *fpl*
(Mk) habits of consumption
– consumption patterns

Konsumgüter *npl*
(com) consumer/consumption . . . goods
(ie, identical with ‚Verbrauchsgüter')
– consumer nondurables

Konsumgüterhersteller *m* (com) consumer goods maker

Konsumgüterindustrie *f* (com) consumer goods industry

Konsumgütermarketing *n* (Mk) consumer goods marketing

Konsumgütermarkt *m* (Mk) consumer market

Konsumgütermärkte *mpl* (Mk) consumer goods markets

Konsumgütermesse *f* (Mk) trade fair for consumer goods

Konsumgüternachfrage *f* (Mk) consumption demand

konsumieren (com) to consume

Konsumklima *n*
(Mk) consumer sentiment
– buyer confidence

Konsumkredit *m*
(Fin) consumer credit
(ie, häufigste Form ist der Teilzahlungskredit)

Konsumkreditgenossenschaft *f* (Bw) consumer credit co-operative

Konsumlinie *f* (Vw) consumption line
Konsumneigung *f*
(Vw) propensity to consume
(ie, functional relationship between a given level of income and consumption spending out of that income; syn, Konsumquote)
Konsumplan *m* (Vw) consumption plan
Konsumquote *f*
(Vw) propensity to consume, C/Y
(ie, durchschnittliche K. = average propensity to consume C/Y; marginale K. = marginal propensity to consume dC/dY)
Konsumtabelle *f* (Vw) consumption schedule
Konsumtion *f* (Vw) = Konsum
konsumtive Ausgaben *fpl* (Vw) consumption expenditure
Konsumtivkredit *m* (Fin) = Konsumkredit
Konsumvereine *mpl* (Bw) = Konsumgenossenschaften
Konsumverhalten *n* (Vw) consumption pattern
Konsumwaren *fpl* (com) (durable and nondurable) consumer goods
Konsumwerbung *f* (Mk) consumer product advertising
Konsumzeit *f* (Vw) time needed for consumption
Kontaktbildschirm *m*
(EDV) touch screen
(ie, wird durch bloßes Antippen über ein vorgeschaltetes Gitter von Infrarotstrahlen aktiviert; syn, berührungssensitiver Bildschirm)
Kontaktdrucker *m*
(EDV) impact printer
(ie, printer that strikes an ink ribbon onto the paper; eg, daisywheel- or wire-printers; only impact printers can produce carbon copies)
Kontakter *m*
(Mk) account executive
– account . . . manager/supervisor
(ie, Verbindungsperson zwischen Werbeagentur und Auftraggeber)
kontaktieren (com) to contact
Kontaktkanal *m*
(Mk) contact channel
(eg, Brief, Telefon, Besuch, Messe, Event)
Kontaktkette *f* (Mk) contact chain
Kontaktmann *m* (Mk) = Kontakter
Kontaktpflege *f* (Bw) human relations
Kontaktpunkt *m* (Mk) contact point
Kontaktstelle *f* (com) contact point
kontaminierte Böden *mpl* (com) contaminated soils
Konten *npl (sg. Konto)* (ReW) accounts
Kontenabbuchung *f* (Fin) automatic debit transfer
Kontenabgleichung *f* (ReW) balancing of accounts
Konten *npl* **abstimmen** (ReW) to reconcile accounts
Kontenabstimmung *f*
(ReW) reconciliation of accounts
– account reconciliation
Kontenanalyse *f*
(Fin) account analysis
(ie, to determine the profit or loss incurred by a bank for servicing the account)
Kontenanruf *m*
(ReW) entry formula *(syn, Buchungssatz)*
Kontenauflösung *f* (ReW) fanout (into several other accounts)
Kontenaufteilung *f* (ReW) accounts specification *(eg, according to cost center, product group)*
Konten *npl* **ausgleichen** (ReW) to square accounts
Kontenbewegung *f*
(ReW) account activity
– accounting transaction
Kontenbewegungen *fpl* (Fin) (customer's) account activities
Kontenbezeichnung *f* (ReW) account title
Kontenblatt *n* (ReW) account(ing) form
Kontenführer *m* (ReW) person in charge of an account
Kontenführung *f* (ReW) account maintenance
Kontenglattstellung *f* (ReW) squaring (*or* adjustment) of accounts
Kontengliederung *f* (ReW) account classification
Kontengruppe *f* (ReW) group of accounts
Kontengruppenbezeichnung *f* (ReW) account group title
Kontenhierarchie *f* (ReW) account hierarchy
Kontenkarte *f* (ReW) account card
Kontenklasse *f* (ReW) account class
Kontenkontrolle *f*
(ReW) account control
(ie, by collating)
kontenlose Buchführung *f*
(ReW) ledgerless accounting
– open item system
(ie, Weiterentwicklung der Offene-Posten-Buchführung)
kontenmäßige Darstellung *f* (ReW) account-type presentation
Kontenplan *m*
(ReW) chart of accounts
– classification of accounts
Kontenrahmen *m*
(ReW) standard chart of accounts
– uniform system of accounts
(eg, first developed by Schmalenbach in 1927)
Kontenrichtlinien *fpl* (EDV) Kontenrichtlinien *fpl*
Kontenschlüssel *m*
(ReW) account code
– accounting key
Kontenspalte *f* (ReW) account column
Kontensparen *n*
(Fin) deposit account saving
– savings through accounts
Kontenstammdatei *f* (ReW) master account file
Kontenstammsatz *m* (ReW) master account record
Kontenstand *m*
(ReW) balance of an account
– state of an account
Kontensystem *n* (ReW) accounting system
Kontenüberziehung *f* (Fin) bank overdraft
Kontenumschreibung *f* (ReW) transfer from one account to another
Kontenzusammenführung *f* (ReW) account combination
Kontenzusammenlegung *f* (ReW) pooling of accounts
Konterbande *f* (Zo) contra band goods
Kontereffekt *m*
(Vw) backwash effects
(ie, negativer Entwicklungseffekt, der von der volkswirtschaftlichen Expansion e–r Volkswirtschaft in

e–r anderen hervorgerufen wird; concept introduced by G. Myrdal)
Kontermine *mpl* (Bö) group of bull operators
Kontextbezogenes Menü *n* (com) context-sensitive menu
kontextbezogenes Multitasking *n* (EDV) context switching
kontextbezogene Suche *f* (EDV) contextual search
Kontextdefinition *f* (Log) contextual definition
kontext-sensitive Hilfefunktion *f*
(EDV) context-sensitive help
(ie, help system that gives only this information the user needs at any point of the program)
kontextuale Definition *f* (Log) = Kontextdefinition
Kontiarbeiter *m*
(IndE) all-shift worker
(ie, working early, late, and night shifts: on workdays, Sundays and holidays; opp, Ein-, Zwei- und Dreischichtler)
kontieren
(ReW) to allocate
– to assign
– to code . . . accounts
Kontierung *f*
(ReW) allocation to an account
– account coding
Kontierungsliste *n* (ReW) accounts code list
Kontinentalsockel *m* (Re) continental shelf
Kontingent *n* (com) quota
Kontingentbeschränkungen *fpl* (com) quota limitations
Kontingent *n* **erschöpfen** (com) to exhaust a quota
kontingentieren (com) to fix a quota
Kontingentierung *f*
(Vw) rationing
(com) quota setting
(Kart) output limitation
(ie, in a ‚Quotenkartell')
Kontingentierungskartell *n*
(Bw) quota-allocation cartel
(ie, restriction of production by allocating quotas to the individual members)
Kontingent *n* **überziehen** (com) to exceed a quota
Kontingenz *f* (Stat) contingency
Kontingenzkoeffizient *m* (Stat) coefficient of contingency
Kontingenztafel *f* (Stat) contingency table
Kontinuante *f* (Math) continuant
kontinuierliche Arbeitszeit *f*
(Pw) fluctating workweek
(ie, the day off must no longer be a Sunday; practiced in steelworks and other continuous flow-process plants; syn, gleitende Arbeitswoche)
kontinuierlicher Stichprobenplan *m* (Stat) continuous sampling plan, CSP
kontinuierliches Verfahren *n* (IndE) flow process
kontinuierliche Verzinsung *f* (Fin) continuous convertible interest
kontinuierliche Zeitreihe *f*
(Bw) continuous time series
(ie, Beobachtungswerte können zu jedem Zeitpunkt auftreten)
Kontinuumshypothese *f* (Math) continuum hypothesis
Konto *n* (ReW) account

Konto *n* **abgeschlossen** (Fin) account closed
Konto *n* **abschließen**
(ReW) to balance
– to close
– to close out
– to make up
– (infml) to tot up . . . an account
(ReW) to rule off an account
Kontoabschluß *m* (ReW) balancing of an account
Kontoabstimmung *f* (Fin) account reconciliation
Konto *n* **anlegen** (ReW) to open an account
Konto *n* **auflösen** (Fin) to close an account (with a bank)
Konto *n* **ausgleichen** (ReW) to balance an account
Kontoauszug *m*
(Fin) statement of account
– bank statement
– abstract of account
Konto *n* **belasten** (ReW) to charge (*or* debit) an account
Kontobewegungen *fpl* (Fin) account movements *(eg, debits, credits, holds)*
Konto *n* **der Sonderziehungsrechte** (AuW) Special Drawing Account
Konto *n* **der übrigen Welt**
(VGR) rest-of-the world account
(syn, Auslandskonto)
Konto *n* **einrichten** (ReW) to set up an account
Kontoeinzahlung *f* (Fin) payment into an account
Konto *n* **erkennen** (ReW) to credit an account (with)
Konto *n* **eröffnen** (Fin) to open (*or* set up) an account (with/at a bank)
Kontoeröffnung *f* (Fin) opening of an account
Kontoeröffnungsantrag *m* (Fin) application for the opening of an account
Kontoform *f*
(ReW) account form
– two-sided form
(ie, der GuV-Rechnung = of income statement; anders als nach bisherigem Recht nicht mehr zulässig; cf, § 275 I 1 HGB, opp, Staffelform = report form)
Kontoform *f* **der Bilanz** (ReW) account form of a balance sheet
Konto *n* **führen**
(ReW) to keep an account
(Fin) to administer an account
kontoführende Bank *f* (Fin) bank in charge of an account
Kontoführung *f*
(Fin) account maintenance
– account management
Kontoführungsgebühr *f*
(Fin) account management/service . . . charge
– account maintenance charge
Konto *n* **glattstellen**
(ReW) to adjust
– to settle
– to square . . . an account
Kontoinhaber *m* (Fin) account holder
Kontokarte *f* (ReW) account card
Kontokorrent *n*
(Fin) account current
– current/open . . . account
(syn, laufende Rechnung; cf, § 355 HGB)

Kontokorrentauszug *m*
(Fin) statement of account
– account current
Kontokorrentbuch *n* (ReW) accounts receivable (*or* accounts payable) ledger
Kontokorrenteinlagen *fpl* (Fin) current deposits
Kontokorrentgeschäft *n* (Fin) overdraft business
Kontokorrentguthaben *n* (Fin) balance on current account
Kontokorrentkonto *n*
(Fin) current account
– cash account
– operating account
– (US) checking account
Kontokorrentkredit *m*
(Fin) credit in current account
– advance in current account
– (GB) overdraft facility
(Fin) bank overdraft
Kontokorrentverbindlichkeiten *fpl* (ReW) liabilities on current account
Kontokorrentverhältnis *n* (Fin) open account relationship
Kontokorrentvertrag *m* (Fin) open account agreement
Kontokorrentvorbehalt *m*
(Fin) current account reservation
(ie, Bedingung für den Eigentumserwerb durch den Käufer ist die Tilgung sämtlicher, auch künftiger Forderungen; syn, Saldovorbehalt)
Kontokorrentzinsen *mpl*
(Fin) interest on current account
– current account rates
Konto *n* **mit laufenden Umsätzen** (ReW) active account
Konto *n* **mit allgemeiner Funktion** (ReW) account with general function
Kontonummer *f* (com) account number
Konto *n* **ohne Bewegung** (ReW) inactive account
Konto *n* **pro Diverse** (Fin) = Cpd-Konto, qv
Konto *n* **pro Diverse, cpd** (Fin) collective suspense account
Konto *n* **prüfen** (Fin) to verify an account
Konto *n* **sperren** (Fin) to block an account
Kontospesen *pl* (Fin) account carrying charges
Kontostand *m*
(ReW) balance of an account
– account . . . balance/status
– status of account
Konto *n* **stillegen**
(ReW) to flag an account *(ie, temporarily)*
Kontosumme *f* (ReW) account total
Kontoüberziehung *f* (Fin) overdrawing of an account
Kontoumsatz *m* (Fin) account turnover
Konto *n* **unterhalten** (Fin) to have an account (with/at a bank)
Kontounterlagen *fpl* (ReW) account files
Kontovollmacht *f* (Fin) power to draw on an account
kontradiktorischer Gegensatz *m* (Log) contradictory opposition
Kontrahent *m*
(Re) contracting party
– ctrparty
kontrahieren
(com) to contract
(Re) to agree
– to conclude an agreement (*or* contract)
Kontrahierungsmix *m* (Mk) contract mix
Kontrahierungszwang *m*
(Re) legal obligation to accept contracts, § 453 HGB
– obligation to furnish services to all who apply
Kontrakt *m* (com) contract
kontraktbestimmtes Einkommen *n*
(Vw) contractual income
– income paid under contract
Kontrakteinkommen *n* (Vw) = kontraktbestimmtes Einkommen
Kontraktforschung *f*
(Bw) contract research
(ie, awarded to research institutes, universities, or other firms)
Kontraktfrachten *fpl*
(com) contract (freight) rates
(ie, in ocean shipping)
kontraktgebundene Sparformen *fpl* (Pw) contractual forms of saving
Kontraktgerade *f* (Vw) contract line
kontraktive Geldpolitik *f*
(Fin) tight money policy
(syn, Politik des teuren Geldes)
kontraktive Maßnahmen *fpl* (Vw) restrictive measures
kontraktive Offenmarktpolitik *f* (Vw) restrictive open market policy
kontraktiver Prozeß *m*
(Vw) contractionary process
– business cycle contraction
Kontraktkurve *f*
(Vw) contract curve *(syn, Konfliktkurve)*
Kontraktmarketing *n*
(Mk) contract marketing
(ie, vertraglich dauerhafte Gestaltung horizontaler und/oder vertikaler Kooperationen zwischen Unternehmen e–s Absatzkanals; syn, Kontaktvertrieb)
Kontraktspezifikation *f*
(Bö) contract specification
(eg, Basispreis, Verfallsdatum usw. bei Optionsgeschäften auf Terminkontrakte)
Kontraktvertrieb *m* (Mk) = Kontraktmarketing
Kontramarketing *n* (Mk) counter marketing
Kontraposition *f* (Log) contraposition
kontraproduktiv (com) counterproductive
konträrer Gegensatz *m* (Log) contrary opposition
Kontrastverhältnis *n* (EDV) print-contrast ratio
Kontravalenz *f*
(Log) exclusive disjunction
– alternation
(ie, kontradiktorischer Gegensatz der klassischen Logik)
(EDV) exclusive-OR operation
– non-equivalence operation
– anti-coincidence operation
(syn, Antivalenz, ausschließendes ODER)
Kontrollblatt *m* (EDV) control sheet
Kontrollabschnitt *m*
(Fin) stub
– (GB) counterfoil

Kontrollbetrag *m* (ReW) control amount
Kontrollbit *n*
(EDV) control bit
(opp, Datenbit = information bit)
Kontrollbudget *n* (FiW) accounting-control budget
Kontrollbyte *n*
(EDV) control byte
(opp, information byte = Datenbyte)
Kontrolle *f* **von Einnahmen und Ausgaben** (ReW) monitoring of receipts and outlays
Kontrollfeld *n*
(EDV) control field
(syn, Steuerfeld)
Kontrollfunktion *f* (com) monitoring function
Kontrollgrenze *f*
(IndE) control limit
(ie, limit of acceptability in quality control; syn, Regelgrenze)
kontrollierter Kurs *m*
(Fin) controlled rate
(ie, Kursart des Devisenhandels)
Kontrollinformation *f* (EDV) check(ing) information
Kontrollinterview *n*
(Stat) check interview
(Mk) callback
Kontrollliste *f* (com) check list
Kontrollkarte *f*
(IndE) control chart
(ie, statistisches Instrument der Produktionskontrolle; a chart in which quantities of data are plotted and used to determine the variation in the process; syn, Qualitätsregelkarte)
(IndE) schedule chart
Kontrollkarte *f* **für kumulierte Werte**
(IndE) cusum chart
– cumulative sum chart
Kontrollkartentechnik *f* (IndE) control chart technique
Kontrollkästchen *n* (EDV, GUI) check box
Kontrollkonto *n* (ReW) check account
Kontrollmeldeverfahren *n* (StR) control reportin procedure
Kontrollmitteilung *f*
(StR) tax-audit tracer note
(ie, sent by tax auditors to local tax office of income recipient; cf, § 8 BpO-St, § 194 III AO)
Kontrollmuster *n* (com) countersample
Kontrollprogramm *n* (EDV) executive routine
Kontrollpunkt *m*
(Stat) indifference quality
– point of control
(EDV) checkpoint
Kontrollspanne *f*
(Bw) span of control
– span of command
– span of management
– span of supervision
– span of responsibility
– chain of command
(syn, Leitungsspanne, Subordinationsquote)
Kontrollsteuer *f*
(FiW) controlling tax
(eg, turnover tax v. income tax, inheritance tax v. net worth tax)
Kontrollsumme *f*
(EDV) check
– control
– proof
– hash
– gibberish . . . total
– check sum
Kontrolluhr *f* (com) time clock
Kontrollwaage *f* (IndE) checkweigher
Kontrollwort *n* (EDV) check word
Kontrollzeitstudie *f* (IndE) check study
Kontrollziffer *f* (EDV) check digit
Konturschrift *f* (EDV) outline font
Konventionalstrafe *f* (Re) = Vertragsstrafe, qv
Konventional-Zolltarif *m* (Zo) contractual (*or* conventional) tariff
konventioneller Linienfrachter *m* (com) general cargo ship (*or* liner)
konventionelles Budget *n* (Fin) administrative budget
konvergente Reihe *f* (Math) convergent series
Konvergenz *f*
(Math) convergence
(EG) convergence
(ie, hoher Grad wirtschaftlicher Übereinstimmung unter den Mitgliedstaaten)
Konvergenzaxiom *n* (Math) axiom of convergence
Konvergenzbedingungen *fpl* (EDV) convergence conditions
Konvergenzbericht *m*
(EG) convergence report
(ie, nach Artikel 109j des Vertrags zur Gründung der Europäischen Gemeinschaft vorgeschriebener Bericht)
Konvergenzfonds *m*
(EG) convergence fund
(ie, to help poorer countries to meet balance of payments problems)
Konvergenzhypothese *f*
(Vw) theory of convergence
(ie, positing gradual assimilation of economic systems in West and East)
Konvergenzkriterien *fpl*
(EG) convergence criteria
(ie, set out in the Maastricht Treaty)
Konvergenzplan *m* (EG) convergence plan
Konvergenzprogramm *n* (EG) convergence program
Konvergenzprogramme *npl*
(EG, FiW) convergence programmes
(ie, medium-term government plans and assumptions regarding the development of key economic variables towards the achievement of values indicated in the Treaty)
Konvergenzsatz *m* (Stat) convergence theorem
konverser Begriff *m* (Log) converse concept
Konversion *f*
(Re) conversion of legal transaction, § 140 BGB
(ie, if transaction is void but requirements for the validity of another transaction which has the same effect are complied with, such other transaction will be allowed to take the place of the intended transaction)
Konversion *f* **e–r Anleihe** (Fin) bond conversion
Konversionsanleihe *f* (Fin) conversion loan

Konversionsguthaben *n* (Fin) conversion balance
Konversionskurs *m* (Fin) conversion price
Konversionsmarketing *n* (Mk) conversional marketing
konvertibel (Fin) convertible
Konvertibilität *f* (Fin) = Konvertierbarkeit
Konvertibilität *f* **in laufender Rechnung** (AuW) current-account convertibility
Konvertibilität *f* **in primäre Reserve-Aktiva** (Fin) reserve-asset convertibility
Konvertibilität *f* **zwischen den Gemeinschaftswährungen** (EG) convertibility of Community currencies against each other
konvertible Obligationen *fpl* (Fin) cf, Wandelanleihe
konvertierbar (Fin) convertible
konvertierbare Devisen *pl* (Fin) convertible foreign exchange
konvertierbare Schuldverschreibungen *fpl*
(Fin) convertible bonds
(ie, können nach e–r bestimmten Zeit in Aktien umgewandelt werden; international auch Umtausch in andere Anleihen möglich)
konvertierbare Währung *f*
(Fin) convertible currency
(ie, unbeschränkt in einheimische od fremde Währungen od Gold umtauschbar; volle Konvertibilität haben nur wenige IWF-Mitglieder)
Konvertierbarkeit *f*
(Fin) (market) convertibility
(ie, to ensure freedom of international payments and capital transactions)
Konvertierbarkeit *f* **im Rahmen der Leistungsbilanz** (AuW) current account convertibility
konvertieren
(Fin) to convert
(EDV) to convert
Konvertierung *f* (Fin) conversion
Konvertierungsangebot *n* (Fin) conversion offer
Konvertierungsanleihe *f* (FiW) conversion issue
Konvertierungsrisiko *n* (Fin) exchange transfer risk
Konvertierungstabelle *f* (EDV) conversation table
konvexe Kostenfunktion *f* (Bw) convex cost function
konvexe Linearkombination *f* (Math) convex linear combination
konvexe Menge *f* (Math) convex set
konvexe Programmierung *f* (OR) convex programming
Konzentration *f* (Bw) concentration
Konzentrationsanalyse *f* (Stat) concentration analysis
Konzentrationsauswahl *f* (ReW) = Cuttoff-Verfahren, qv
Konzentrationsbewegung *f* (Kart) concentration movement
Konzentrationsindex *m* (Vw) index of concentration
Konzentrationsmaß *n*
(Vw) concentration ratio
(ie, e–s Wirtschaftszweiges = of an industry; percentage control that the largest firms in an industry have of that industry's assets, sales, or profits)
(Stat) concentration ratio
– measure of concentration
Konzentrationsstrategie *f*
(Mk) strategy of concentration
(syn, Nischenstrategie)
Konzentrationstendenz *f* (Vw) trend towards concentration
Konzentration *f* **wirtschaftlicher Macht** (Vw) concentration of economic power
Konzentrator *m*
(EDV) concentrator
(ie, device having several input channels and a smaller number of output channels)
konzentrieren auf, sich
(com) to concentrate on
– to center in/on/upon
(eg, activity, field of attention)
– to focus on
konzentrierte Modellfunktion *f* (Stat) concentrated likelihood function
Konzept *n* **der einheitlichen Leitung** (Bw) unity of direction
konzeptualisieren (Log) to conceptualize
konzeptueller Bezugsrahmen *m* (Log) conceptual frame of reference (*or* framework)
konzeptuelles Schema *n* (EDV) conceptiual schema
Konzern *m*
(com) group of affiliated companies
– *(usu shortened to)* group
– companies under common control
– corporate group
(ie, Zusammenfassung von mindestens zwei rechtlich selbständig bleibenden Unternehmen unter einheitlicher Leitung; cf, § 18 AktG; it is under the common centralized management of the controlling enterprise.
Note that English law has not developed a distinct body of law governing the relationship between holding companies and subsidiaries, and between companies which have substantial shareholdings in other companies not conferring legal powers of control and those of other companies. In this respect English law is less advanced than the German legislation governing public companies, §§ 15–21 and §§ 291–338 AktG)
Konzernabschluß *m*
(ReW) consolidated financial statement, § 329 AktG
– consolidated accounts
(ReW, GB) group financial statements
– group accounts
(ie, need not necessarily be consolidated; cf, British Companies Act 1985, sec. 229)
Konzernabschlußprüfung *f*
(ReW) (statutory) group audit
(ie, Pflichtprüfung für Konzerne und Teilkonzerne; cf, § 326 II HGB)
Konzernanhang *m*
(ReW) notes to group financial statements
(ie, Ersatz des Erläuterungsteiles des Konzerngeschäftsberichts)
Konzernaufsichtsrat *m* (com) group supervisory board *(qv, supervisory board)*
Konzern-Auftragseingang *m* (com) group order intake
Konzernausgleich *m* (ReW) inter-company squaring

Konzernaußenumsatz *m*
(ReW) group external sales
– (GB) group external turnover
Konzernbereich *m* (Bw) group division
Konzernbericht *m* (Bw) consolidated company report
Konzernberichtswesen *n* (ReW) group reporting
Konzernbeteiligungen *fpl* (ReW) securities of affiliates
Konzernbetriebsrat *m*
(Pw) corporate works council
(Pw) group council
Konzernbilanz *f* (ReW) consolidated balance sheet, § 331 AktG
Konzernbilanzgewinn *m*
(ReW) consolidated net earnings
(ie, after reserve transfers)
Konzernbilanz-Summe *f* (ReW) group balance-sheet total
Konzernbuchgewinn *m* (ReW) inter-company (*or* consolidated) profit
Konzernchef *m*
(Bw) chairman of the group
– group's chief executive
Konzernclearing *n*
(Fin) group clearing
(ie, Liquiditätsausgleich zwischen einzelnen Konzerngesellschaften)
konzerneigene Anteile *mpl* (Fin) group's own shares
konzerneigene Finanzierungsgesellschaft *f* (Fin) captive finance company
konzerneigene Handelsgesellschaft *f* (com) trading subsidiary
Konzernerfolgsrechnung *f* (ReW) consolidated income statement
Konzernergebnis *n*
(ReW) consolidated earnings/income/result
– group result
(ReW) group performance
konzernfremde Interessen *npl* (Fin) interests held by parties outside a group (of companies)
Konzernfremder *m* (Fin) outsider to a group
Konzerngeschäfte *npl* (com) intra-group transactions
Konzerngeschäftsbericht *m*
(ReW) consolidated annual report, § 334 AktG
(ie, wird nach dem Bilanzrichtliniengesetz (Accounting Directives Law) durch den Konzernanhang (§ 314 HGB) und den Konzernlagebericht (§ 315 HGB) ersetzt)
Konzerngesellschaft *f*
(com) group company
– company belonging to a group
– constituent company
Konzerngewinn *m*
(ReW) consolidated (*or* group) profits
– consolidated net income
Konzern-Gewinn und Verlustrechnung *f* (ReW) consolidated statement of income
Konzerngewinn *m* **vor Steuern** (ReW) group pretax profits
Konzern-GuV *f*
(ReW) consolidated income statement
– consolidated profit and loss account
Konzernhandel *m* (com) group trading
konzernintern
(com) intercompany
– intragroup
– within the group
konzerninterne Finanzierung *f* (Fin) intragroup (*or* intercompany) financing
konzerninterne Forderungen *fpl* (ReW) intercompany receivables
konzerninterne Fusion *f* (com) group internal merger
konzerninterne Geschäfte *npl* (com) intragroup transactions
konzerninterne Kapitalströme *mpl* (Fin) intra-group capital flows
konzerninterner Lieferungs- und Leistungsverkehr *m* (com) intragroup shipments (*or* supplies)
konzerninternes Clearing *n*
(Fin) payments netting
(ie, Aufrechnen weltweiter konzerninterner Forderungen und Verbindlichkeiten; der Clearing-Vertrag, der das Verfahren regelt, entspricht e–m Aufrechnungs-Vorvertrag nach § 355 HGB; Einsparung von Kosten und Zinsen durch Rückgang der Anzahl der Transaktionen und Abbau des Float; syn, internationales Konzernclearing, auch: Netting)
konzerninterne Umsätze *mpl* (ReW) intercompany sales
konzerninterne Vereinbarung *f* (Re) intercompany agreement
konzerninterne Zinsen *mpl* (Fin) intercompany interest
konzerninterne Zwischengewinne *mpl* (ReW) intragroup intermediate profits
Konzerninvestitionen *fpl* (Fin) group capital investment
Konzern-Kapitalflußrechnung *f* (Fin) group cash flow statement
Konzernlagebericht *m*
(ReW) group management report
(ie, Geschäftsverlauf – development of the business – und Lage des Konzerns – situation of the group – sind so darzustellen, daß ein den tatsächlichen Verhältnissen entsprechendes Bild vermittelt wird: so as to provide a true and fair view; cf, §§ 291 II 3, 315 HGB)
Konzernleitung *f* (com) central management of a group
Konzernlieferung *f* (com) intragroup delivery
Konzern-Probebilanz *f* (ReW) consolidating financial statement
Konzernprüfung *f*
(StR) group tax audit
(ie, made if external group sales are €25m annually and over)
Konzernrechnungslegung *f* (ReW) consolidated/group . . . accounting
Konzernrecht *n*
(Re) law relating to groups of affiliated companies
– group law
Konzern-Rentabilität *f* (ReW) group profitability
Konzernrücklagen *fpl* (ReW) consolidated reserves
Konzernspitze *f*
(com) principal company of a group

(com) = Konzernleitung
(com) group management
Konzern *m* **steuern** (Bw) to steer (*or* direct) a group
Konzernstrategie *f* (com) group strategy
Konzernsyndikus *m* (Re) corporate lawyer
Konzerntochter *f* (com) consolidated subsidiary
Konzernüberschuß *m* (ReW) consolidated surplus
Konzernumlage *f* (Bw) head office charges
Konzernumsatz *m*
(ReW) consolidated sales
– group deliveries
– group sales
– group's business volume
– intercompany sales
– internal deliveries
Konzernunternehmen *n*
(com) group company
(ie, enterprise under common control, § 18 I AktG)
Also:
– member of an affiliated group of companies
– affiliate
– allied/associated . . . company
Konzernverbindlichkeiten *fpl*
(ReW) group indebtedness
– intragroup liabilities
Konzernverflechtung *f* (Bw) group integration
Konzernverrechnung *f* (ReW) intercompany pricing
Konzernverrechnungspreise *mpl* (ReW) intercompany prices
Konzernverwaltung *f* (com) group headquarters
Konzernvorbehalt *m*
(Re) extended reservation of ownership
(ie, title is reserved until all claims of group affiliates are satisfied)
Konzernvorstand *m* (com) group executive board
Konzernweltbilanz *f* (ReW) global consolidated accounts
Konzernzentrale *f* (Bw) worldwide headquarters
Konzernzwischengewinn *m* (ReW) intergroup profit
konzertierte Aktion *f*
(Vw) „concerted action"
(ie, procedure by which the economics minister meets at regular intervals with employer and union representatives to discuss the state of the economy – ended in 1977 after a row about the employers' attitude about codetermination)
konzertierte Reservenpolitik *f* (EG) concerted policy on reserves
Konzertzeichner *m* (Bö) stag
Konzertzeichnung *f* (Bö) stagging
Konzession *f*
(Re) franchise
– license
– concession
Konzession *f* **beantragen** (Re) to apply for a license
Konzession *f* **entziehen** (Re) to disfranchise
Konzession *f* **erteilen** (Re) to grant a license
konzessionieren
(Re) to license
– to grant a license
– to franchise
– to enfranchise
– (US) to grant a concession
konzessioniert (com) certified
Konzessionsentzug *m* (Re) withdrawing of a license
Konzessionserteiler *m*
(Re) licensor
– franchiser
Konzessionserteilung *f* (Re) issue of a license
Konzessionsgebühr *f*
(Re) license (*or* concession) fee
– royalty
Konzessionsinhaber *m*
(Re) holder of a license
– franchisee
– concessionaire
Konzessionsvertrag *m* (com) franchise agreement
Kooperation *f*
(com) cooperative deal
– (technical) cooperation link-up (with)
(Bw, Kart) cooperation
Kooperationsfibel *f*
(Kart) Cooperation Guide
(ie, put out by the Federal Economics Ministry, indicating areas of cooperation between enterprises which should not normally be regarded as coming within the terms of § 1 GWB)
Kooperationskartell *n* (Kart) cooperation cartel
Kooperationspolitik *f*
(Mk) cooperative policy *(syn, Verbundpolitik)*
Kooperationsvertrag *m*
(Bw) cooperation agreement
– cooperative deal
(eg, signed between ...)
kooperativer Führungsstil *m*
(Bw) cooperative style of leadership
– supportive pattern of leadership
kooperatives Multitasking *n* (EDV) cooperative multitasking
kooperatives Oligopol *n* (Vw) cooperative oligopoly
kooperatives Spiel *n* (OR) cooperative game
Kooperator *m*
(Mk, retailing) cooperator
(ie, Leiter Information und meist auch Finanzen)
Koordinate *f* (Math) coordinate
Koordinatenanfang *m* (Math) origin of Cartesian coordinates
Koordinatenebene *f* (Math) coordinate plane
Koordinatenspeicher *m*
(EDV) coordinate (*or* matrix) store
(syn, Matrixspeicher, Matrizenspeicher)
Koordinatentransformation *f*
(Math) coordinate transformation
– transformation of coordinates
Koordination *f* (Bw) coordination *(eg, of corporate activities)*
Koordinationskonzern *m*
(Bw) coordinated group of affiliated companies
(opp, Subordinationskonzern)
Koordinator *m* **der Produktionsplanung** (IndE) production scheduler
Kopfberuhigungszeit *f* (EDV) setting time
Kopfbogen *m* (com) letter head
Kopfetikett *n* (EDV) header (label)
Kopffiliale *f*
(Fin) head office
(ie, of banks)

„Kopfjäger“ *m*
(Pw) executive search consultant
– (infml) headhunter
Kopfrechnen *n* (com) mental arithmetic *(eg, to do . . .)*
Kopfreiniger *m* (EDV) head-cleaning device
Kopfsteuer *f*
(FiW) capitation
– head
– (GB) poll . . . tax
(ie, recently relivened by the Conservative British Government)
Kopfzeile *f* (EDV) header
Kopie *f*
(com) copy
– duplicate
Kopieranweisung *f* (EDV, Cobol) copy statement
Kopiergerät *n* (com) copier
Kopiergerätemarkt *m* (com) copier market
Kopierschutz *m*
(EDV) copy protection
– software protection
Kopplungsgeschäft *n*
(com) package deal
– linked transaction
(Kart) tie-in sale
(ie, one product cannot be bought without another)
Kopplungskauf *m* (com) block booking
Kopplungsklausel *f* (Re) tie-in clause
Kopplungsvereinbarung *f* (Kart) tying agreement
Koprozessor *m*
(EDV) Floating Point Unit, FPU
(syn, Fließkommaeinheit)
Korbflasche *f*
(com) demijohn
(ie, large bottle encased in wickerwork, frequently used in export trade for transporting chemicals)
Korbwährung *f*
(Fin) basket currency
(ie, zwei Unterarten: 1. Warenreservewährung; 2. Währungskorb-Währung; cf, Währungskorb)
Körper *m*
(Math) number field (*or* domain)
– domain of rationality
– commutative field *(syn, Rationalitätsbereich)*
körperbehindert (Pw) physically handicapped
Körperbehindertenpauschale *f* (StR) lump sum tax benefit for handicapped persons
Körperbehinderter *m* (SozV) handicapped person
Körperdiagramm *n* (Stat) three-dimensional diagram
Körpererweiterung *f*
(Math) extension of a field
(syn, Erweiterungskörper, Oberkörper)
Körpererweiterung *f* **1. Art**
(Math) separable (*or* algebraic) extension of a field *(syn, separable od algebraische Körpererweiterung)*
Körpergrad *m*
(Math) finite extension of a field
(syn, endliche Körpererweiterung)
körperliche Bestandsaufnahme *f*
(MaW) phyiscal inventory
– physical stocktaking
– physical count
körperliche Eigenschaften *fpl* **der Waren** (com) physical characteristics of the goods
körperliche Erfassung *f* (MaW) physical count
körperliche Gegenstände *mpl* (Re) corporeal objects
körperliche Inventur *f* (ReW) = körperliche Bestandsaufnahme
Körperschaden *m* (Re) bodily (*or* physical) injury
Körperschaft *f*
(Re) (statutory) corporation
– corporate body
– body corporate
(ie, legal persons organized under public and private law, represented by their own statutory agents)
Körperschaftbesteuerung *f* (StR) taxation of corporations
Körperschaft *f* **des öffentlichen Rechts**
(Re) corporation under public law
– public body
– public corporation
– public-law corporation
– entity of the public law
Körperschaft *f* **des privaten Rechts** (Re) corporation under private law
Körperschaftsteuer *f* (StR) corporation (*or* corporate) income tax
Körperschaftsteuer-Befreiung *f* (StR) exemption from corporation tax
Körperschaftsteuer-Durchführungsverordnung *f* (StR) Ordinance Regulating the Corporation Income Tax Law
Körperschaftsteuererklärung *f* (StR) corporation income tax return
Körperschaftsteuergesetz *n* (StR) Corporation Income Tax Law, of 31 Aug 1976
körperschaftsteuerliches Anrechnungsverfahren *n* (StR) corporate tax imputation procedure
körperschaftsteuerpflichtig (StR) liable in corporate income taxes
Körperschaftsteuer-Reform *f* (StR) corporate tax reform
Körperschaftsteuerreformgesetz *n* (StR) corporation tax reform law
Körperschaftsteuer-Richtlinien *fpl* (StR) Corporation Income Tax Regulations
Körperschaftsteuer-Vorauszahlung *f*
(StR) prepayment of estimated corporation income tax, § 48 KStG
– advance corporation tax, ACT
Körperverletzung *f*
(Re) bodily injury
– (US *also*) personal injury
Korrektionsfaktor *m* (Stat) correction factor
korrektive Mißbrauchsaufsicht *f* (Kart) = Mißbrauchsaufsicht, qv
Korrektivposten *m* (ReW) = Korrekturposten
Korrektur *f* (com) adjustment
Korrekturbuchungen *fpl*
(ReW) adjustment entries *(ie, to correct errors during an audit)*
Korrektur *f* **endlicher Grundgesamtheiten** (Stat) finite sampling correction
Korrektur *f* **lesen** (com) to proofread

Korrekturleser *m* (com) copyreader
Korrekturmaßnahmen *fpl*
(IndE) corrective action
(ie, taken to handle and resolve problems of nonconformance; syn, Abhilfemaßnahmen)
Korrekturmodus *m*
(EDV) overwrite mode
(opp, insert mode)
Korrektur *f* **nach oben**
(com) upward revision
– scaling up
Korrektur *f* **nach unten**
(com) downward revision
– scaling down
Korrekturposten *m*
(ReW) correcting entry
– offsetting item
Korrekturroutine *f* (EDV) patch
Korrekturschlüssel *m* (EDV) key for corrections
Korrekturzeit *f*
(EDV) correction/settling . . . time
(ie, time required for the controlled variable – Regelgröße – to reach and stay within a predetermined band about the control point following any change of the independent variable or operating condition – Regelstrecke – in a control system)
Korrelation *f*
(Stat) correlation
(ie, interdependence between measurable variates = Zufallsvariable; may be extended to one or more of them)
Korrelationsanalyse *f*
(Stat) correlational analysis
(ie, Verfahren der multivariaten Analyse zur Bestimmung des Zusammenhangs zwischen zwei od mehreren statistischen Variablen)
Korrelationsdiagramm *n* (Stat) correlation diagram
Korrelationsfläche *f* (Stat) correlation surface
Korrelationsindex *m* (Stat) correlation index
Korrelationskoeffizient *m*
(Stat) correlation coefficient
– coefficient of correlation
(ie, a number ranging von –1 to +1 indicating how well an assumed distribution (usually linear) describes the relationship between random variables (usually two); zeros indicate no relationship)
Korrelationskurve *f*
(Stat) correlation curve
– correlogram
Korrelationsmaße *npl* (Stat) measures of correlation
Korrelationsmatrix *f* (Stat) correlation matrix
Korrelationsparameter *m* (Stat) correlation parameter
Korrelationsquotient *m* (Stat) correlation ratio
Korrelationstabelle *f*
(Stat) correlation table
– bivariate table
korrelieren (Stat) to corrrelate
Korrelogramm *n*
(Stat) correlogram
(ie, graph of serial correlation in time series analysis = Zeitreihenanalyse)
Korrespondent *m*
(com) correspondence clerk
(ie, person handling commercial correspondence)
(Fin) correspondent bank
Korrespondentreeder *m*
(com) managing owner *(ie, of a ship)*
Korrespondenzabteilung *f* (com) correspondence department
Korrespondenzanalyse *f*
(Mk) correspondence analysis
(ie, visuelle Darstellung von Beziehungen in e–r Kontingenztabelle = visual portrayal of relationships in a contingency table)
Korrespondenzbank *f*
(Fin) correspondent bank
– foreign correspondent
(ie, foreign bank with which a domestic bank is doing business on a continuous basis)
Korrespondenzqualität *f* (EDV) correspondence quality
Korrespondenzschrift *f* (EDV) near-letter-quality
Korrespondenzspediteur *m* (com) correspondent forwarder
Korrespondenzversicherung *f* (Vers) home-foreign insurance
korrespondierende Buchhaltung *f* (ReW) corresponding accounting unit
korrespondierende Reihe *f* (Math) coincident series
korrigierbarer Code *m* (EDV) error correcting code
korrigieren
(com) to correct
– to rectify
– to remedy
– to set to rights
– to straighten out
(com) to blue-pencil
(ie, to revise written material)
Kosinusfunktion *f* (Math) cosine function
Kosinussatz *m* (Math) law of cosine
Kosten *pl*
(com) cost(s)
– charges
– expense(s)
– expenditure
– outlay
(KoR) cost(s), expenses
(ie, leistungsbezogener bewerteter Güterverzehr = consumption of output-related goods and services, expressed in terms of value)
Kostenabweichung *f*
(KoR) cost variance
(ie, between actual and standard cost)
Kostenabweichungsanalyse *f*
(KoR) cost variance analysis
– analysis of cost variance
Kostenanalyse *f* (KoR) cost analysis
Kostenanschlag *m*
(com) cost estimate
(com) bid
– quotation
Kostenanstieg *m* (com) increase (*or* rise) in costs
Kostenarten *fpl* (KoR) cost types
Kostenartenkonto *n* (KoR) cost account
Kostenartenrechnung *f*
(KoR) cost type accounting
(ie, costs are classified according to type of goods or services consumed)

Kostenartenverteilung *f*
(KoR) allocation of cost types
(ie, to cost centers and costing units = Kostenstellen und Kostenträger)
Kostenaufbau *m*
(KoR) cost structure *(ie, of a unit of output, may be wage intensive, materials intensive, etc.)*
Kosten *pl* **auffangen** (com) to absorb costs
Kosten *pl* **aufgliedern** (com) to itemize costs
Kostenaufgliederung *f* (KoR) cost ... breakdown/splitup
Kostenauflösung *f*
(KoR) breakdown of total costs
(ie, Zuordnung der Gesamtkosten in fixe und variable Kosten; into fixed and proportional elements; Verfahren: buchtechnische, mathematische und statistische Kostenauflösung; ferner planmäßige Kostenauflösung; syn, Kostenteilung, Kostenzerlegung, Kostenspaltung)
Kosten *pl* **aufschlüsseln** (com) to break down expenses
Kostenaufteilung *f* (KoR) allocation of costs
Kostenbelastung *f* (KoR) cost burden
Kostenbericht *m* (com) accounting report
Kostenbeschränkung *f* (Vw) cost constraint
Kostenbestandteile *mpl* (KoR) cost ... components/elements
Kostenbestimmungsfaktoren *mpl* (KoR) cost determinants
Kosten *pl* **bestreiten** (com) to defray costs
Kostenbeteiligung *f*
(com) cost sharing
– assuming a share of costs
(com) shared cost
Kosten *pl* **bewerten** (KoR) to cost
Kostenbewertung *f* (KoR) costing
Kostenbewertung *f* **von Vorräten** (ReW) inventory costing
kostenbewußt (Bw) cost conscious
Kosten *pl* **bis dahin** (KoR) final manufacturing cost
Kosten *pl* **bis zum Löschen**
(com) landed cost
(ie, includes cif and other charges and insurance)
Kostenblock *m* (KoR) pool of costs *(eg, total pool of manufacturing cost)*
Kostendämmung *f*
(com) cost cutting
– curbing costs
– cost containment
Kostendämpfungsgesetz *n* (SozV) Law to Curb the Cost Expansion (of Health Insurance)
Kosten *pl* **decken**
(com) to cover/recover ... costs
– to break even
– to clear costs
– to recoup costs
kostendeckende Miete *f* (com) cost-covering rent
kostendeckende Prämie *f* (Vers) net premium
kostendeckender Betrieb *m* (Bw) self-supporting enterprise
kostendeckender Preis *m* (com) cost covering price
Kostendeckung *f* (com) cost coverage (*or* recovery) *(eg, was not achieved)*
Kostendeckungsbeitrag *m*
(KoR) contribution margin
– marginal income
(ie, sales minus variable expenses)
Kostendeckungsgrad *m* (com) cost-cover percentage *(of rents)*
Kostendeckungspunkt *m*
(KoR) breakeven point
(syn, Gewinnschwelle, Nutzschwelle, toter Punkt)
Kostendegression *f*
(Bw) decline of marginal unit cost
(ie, one phase of the cost behavior pattern)
Kostendenken *n* (KoR) cost conciousness
Kosten *pl* **der Aktienausgabe**
(Fin) expense of issuing shares
– expense incurred in connection with the issuance of shares
Kosten *pl* **der allgemeinen Geschäftsführung** (KoR) general management cost
Kosten *pl* **der Auftragsabwicklung** (com) order filling costs
Kosten *pl* **der Auftragsbeschaffung** (com) order getting costs
Kosten *pl* **der Außerbetriebnahme** (KoR) decommissioning cost
Kosten *pl* **der Betriebsbereitschaft**
(KoR) cost of (keeping plant in) readiness
– ready-to-serve cost
– standby cost
– capacity cost
Kosten *pl* **der Eigenkapitalfinanzierung** (Fin) cost of equity finance
Kosten *pl* **der fehlenden Lieferbereitschaft** (KoR) out-of-stock costs
Kosten der Fertigstellung *fpl* (KoR) costs of comletion
Kosten *pl* **der Kapitalbeschaffung** (Fin) capital procurement cost
Kosten *pl* **der Kuppelprodukte**
(KoR) joint-product cost
(ie, total costs incurred up to the point of separation of the different products = Gabelungspunkt)
Kosten *pl* **der Kuppelproduktion**
(KoR) joint
– common
– related ... cost
Kosten *pl* **der Lagerhaltung**
(KoR) carrying ... cost/charges
– cost of carrying
– holding cost
Kosten *pl* **der Nacharbeit** (com, KoR) cost of rework
Kosten *pl* **der Nichtverfügbarkeit** (KoR) outage cost
Kosten *pl* **der Rechtsverfolgung**
(Re) cost of litigation
– cost of seeking judicial remedy
Kosten *pl* **der Umrüstung** (KoR) change-over cost
Kosten *pl* **der verkauften Erzeugnisse**
(ReW) cost of goods sold
– cost of sales
Kosten *pl* **der verkauften Erzeugnisse und Leistungen** (ReW) cost of goods and services sold
Kosten *pl* **der Werbemaßnahmen** (KoR) media advertising and public relations cost
Kostendruck *m*
(com) upward pressure on costs

– cost pressure
(Vw) cost push
(ie, als Form des Angebotsdrucks diskutierte Inflationsursache: Kostensteigerungen können nicht durch Produktivitätssteigerungen aufgefangen werden)
Kostendruckinflation *f* (Vw) cost-push inflation
Kosteneffizienz *f*
(Bw) engineering efficiency
between volume output and costed input = Verhältnis zwischen Mengenausbringung und bewertetem Input
Kosteneinflußgrößen *fpl*
(KoR) cost determinants
– (US) cost driver
Kosteneinsparung *f*
(com) cost cutting
– cost saving
– (infml) rampage on expenses
Kostenelement *n* (KoR) cost component (*or* element)
Kostenerfassung *f*
(KoR) cost finding
– cost accumulation
– cost recording
Kosten *pl* **ermitteln** (com) to determine costs
Kostenermittlung *f*
(KoR) cost finding
(ie, determining the cost of a product by allocation of direct cost and proration – anteilmäßige Verrechnung – of some or all indirect cost)
Kosten *pl* **ersetzen** (com) to refund/reimburse . . . costs
Kostenersparnis *f* (com) cost saving
Kosten *pl* **erstatten** (com) to reimburse/refund . . . expenses
Kostenerstattung *f*
(com) reimbursement of expenses
– refund of costs
Kostenexplosion *f*
(com) cost explosion
– runaway costs
Kostenfluß *m* (KoR) cost flow
Kostenflußnachweis *m* (KoR) cost flow statement
Kostenführer *m* (com) cost leader
Kostenführerschaft *f* (Bw) cost leadership
Kostenfunktion *f* (Bw) cost function
Kosten *pl* **für Leichterung und Handhabung** (com) lightering and handling charges
kostengünstig
(com) cost-effective
– . . . low-cost
kostengünstige Alternative *f* (com) cost effective alternative
Kosten *pl* **hereinholen** (com) to recapture/recover . . . costs
kosteninduzierte Inflation *f* (Vw) cost-push inflation
Kostenkategorien *fpl*
(KoR) types of cost *(E. Schmalenbach)*
– cost categories
Kostenkennzahlen *fpl* (KoR) cost ratios
Kostenkoeffizient *m* (IndE) cost coefficient
Kostenkonten *npl* (KoR) cost accounts
Kostenkontrolle *f*
(KoR) cost/expense . . . control
– cost monitoring
Kostenkontrolle *f* **im Fertigungsbereich**
(KoR) industrial cost control
(ie, system or process used to keep manufacturing cost in line)
Kostenkurve *f* (Bw) cost curve
Kosten-Leistungs-Verhältnis *n* (IndE) cost-to-performance ratio
kostenlos
(com) at no charge
– free of charge
– without charge
kostenlose Anzeige *f*
(Mk) free advertisement
(syn, Gratisanzeige)
kostenlose Ersatzlieferung *f* (com) replacement free of charge
kostenlose Lieferung *f* (com) delivery free of charge
Kostenmanagement-System *n*
(KoR) cost management system
(ie, als Grundlage rechnergestützter Fertigung)
Kostenmatrix *f* (OR) cost matrix
Kostenmiete *f*
(Re) cost-covering rent
(ie, der Mietpreis e–r Sozialwohnung darf den zur Deckung der laufenden Aufwendungen erforderlichen Betrag nicht übersteigen; cf, § 8 WoBinG)
kostenminimaler Fluß *m* (OR) minimal cost flow
Kosten *pl* **minimieren** (Bw) to minimize cost
Kostenminimierung *f* (Bw) cost minimization
Kostenminimum *n*
(Bw) cost minimum
(ie, level of activity at which unit costs are minimized)
Kostenmodell *n* (Bw) cost model *(eg, of a multi-product firm)*
Kosten *pl* **niedrig halten** (com) to hold down cost
Kosten-Nutzen-Analyse *f* (Vw, Bw) cost-benefit analysis
Kosten-Nutzen-Verhältnis *n*
(Vw, Bw) cost-benefit ratio
(Vw) cost-benefit balances
kostenoptimale Allokation *f* (Vw) least-cost combination
kostenoptimale Eindeckung *f* (MaW) least-cost replenishment of inventories
Kostenoptimum *n*
(Bw) cost optimum
(ie, at which the ratio of total cost to number of units of output is lowest; average cost and marginal cost are equal at this intersection)
Kostenpaket *n* (OR) cost package
kostenpflichtig abweisen (Re) to dismiss (a case) with cost
Kostenplan *m* (KoR) cost . . . plan/budget
Kostenplanung *f*
(KoR) cost planning
– expense budgeting
Kostenplatz *m* (KoR) workplace
Kosten-plus-Marge-Aufträge *mpl* (com) cost plus contract
Kostenpreis *m*
(Bw) cost price
(ie, based on cost + percentage of cost as profit and risk element)
Kosten-Preis-Schere *f* (Vw) cost-and-price scissors

Kostenprinzip *n*
(Bw) full-recovery principle of costing
(ie, cost price + profit markup)
Kostenrechner *m* (KoR) cost accountant
Kostenrechnung *f*
(KoR) cost accounting
(ie, zentrales Teilgebiet des betrieblichen Rechnungswesens; syn, Kosten- und Leistungsrechnung, Betriebsbuchführung, Betriebsbuchhaltung; records, analyzes, and summarizes costs of material, labor, and burden, and compares these actual costs with predetermined budgets and standards)
Kostenrechnung *f* **nach Verantwortungsbereichen**
(KoR) responsibility accounting
Kostenrechnungssystem *n*
(KoR) cost/costing . . . system
(ie, nach dem Zeitbezug der verrechneten Kosten wird unterschieden:
1. Istkostenrechnung;
2. Normalkostenrechnung;
3. Plankostenrechnung;
nach dem Sachumfang der verrechneten Kosten: Voll- und Teilkostenrechnung, qv)
Kostenremanenz *f*
(KoR) lagged adjustment of variable costs
(ie, to changes in activity volume; kurzfristige bewegliche Kosten passen sich an Änderungen des Beschäftigungsgrades erst mit zeitlicher Verzögerung an)
Kostensammelblatt *n*
(KoR) job cost sheet
– job order cost sheet
Kostensammelkarte *f*
(KoR) job card
– cost . . . card/sheet
(ie, on which the detailed costs of an order are recorded)
Kostensammelkonten *npl* (KoR) collective cost accounts
Kostensatz *m* (KoR) cost unit rate
Kostenschaukel *f* (com, infml) cost jig-saw
Kostenschlüssel *m* (KoR) cost allocation base
Kosten *pl* **senken**
(com) to cut
– to reduce
– to trim
– to improve . . . costs
Kostensenkung *f*
(com) cost . . . cutting/reduction
– cost improvement
Kostensenkungsaktion *f*
(com) cost cutting campaign
– economy campaign
Kostensenkungsprogramm *n* (com) cost-cutting program
Kosten *pl* **sparen** (com) to save . . . costs/charges
kostensparende Maßnahmen *fpl* (com) cost-reducing improvements
Kosten *pl* **spezifizieren** (com) to itemize costs
Kostenspielraum *m* (KoR) cost latitude
Kostenspirale *f* (Bw) cost spiral
Kostenstatistik *f* (KoR) cost statistics
Kosten *pl* **steigen** (com) costs . . . increase/rise/go up
Kostenstelle *f*
(KoR) cost center
– costing point
– expense center
– unit of activity
(ie, area of responsibility within a plant where costs are budgeted, authorized and controlled)
Kostenstellenausgleichsverfahren *n* (KoR) cost center squaring
Kostenstellenblatt *n* (KoR) cost center summary sheet
Kostenstellengemeinkosten *pl* (KoR) cost center overheads
Kostenstellen-Gemeinkostenzuschlag *m* (KoR) cost center overhead rate
Kostenstellengliederung *f*
(KoR) functional expense classification
– departmentalization
(KoR) cost center structure
Kostenstellengruppe *f* (KoR) cost center group
Kostenstellenkonten *npl* (ReW) cost center accounts
Kostenstellenkosten *pl* (KoR) cost center cost
Kostenstellenlagebericht *m* (Bw) operating unit status report
Kostenstellenplan *m* (ReW) chart of functional accounts
Kostenstellenrechnung *f*
(KoR) cost center accounting
– departmental costing
(ie, in which the cost unit overheads occurring during the accounting period are planned, recorded, accounted for and checked)
Kostenstellenüberdeckung *f* (KoR) cost center surplus
Kostenstellenumlage *f* (KoR) cost center charge transfer
Kostenstellenumlageverfahren *n* (KoR) step ladder method
Kostenstellenunterdeckung *f* (KoR) cost center deficit
Kostenstellenvergleich *m* (KoR) cost center comparison
Kostenstellenverrechnung *f* (KoR) cost center charge transfer
Kostensteuern *fpl* (StR) taxes chargeable as expenses
Kostenteilung *f* (KoR) = Kostenauflösung
Kosten *pl* **tragen** (com) to absorb/bear/take over . . . costs
Kostenträger *m*
(KoR) cost objective
– (costed) unit of output
– product
(ie, Zurechnungsbasis für die Ist-, Normal- od Plankosten)
Kostenträgererfolgsrechnung *f*
(KoR) cost-unit statement of income
(ie, in der kurzfristigen Erfolgsrechnung)
Kostenträgergemeinkosten *pl* (KoR) cost unit overheads
Kostenträgergruppe *f* (KoR) cost unit group
Kostenträgerrechnung *f*
(KoR) job order cost accounting
(ie, letzter Schritt zur Aufteilung der Produktionskosten auf die Leistungen des Abrechnungszeitraums; besteht aus Kostenträgerzeitrechnung und Kostenträgerstückrechnung)

Kostenträgerstückrechnung *f*
(KoR) cost unit accounting
(ie, in ihr werden die Kosten der einzelnen Leistungen kalkuliert)
Kostenträgerzeitrechnung *f*
(KoR) cost unit period accounting
(ie, die nach Arten und Gruppen gegliederten Leistungen der Periode)
Kostenüberdeckung *f* (KoR) cost surplus
Kosten *pl* **übernehmen** (com) to absorb/bear/take over . . . costs
Kostenüberschreitung *f* (com) cost overrun
Kostenüberschreitungsklausel *f* (Re) cost escalation clause
Kostenübertragung *f* (KoR) cost transfer
Kostenüberwachung *f* (KoR) expense control
Kostenumlage *f*
(KoR) cost allocation
– cost distribution
– cost apportionment
– cost assignment
Kosten- und Ertragslage *f* (Bw) cost-earnings situation
Kosten- und Leistungsrechnung *f* (KoR) cost accounting and results accounts *(syn, Kostenrechnung)*
Kosten- und Produktionsmittel-Revision *f* (OR) cost and resources updating worksheet
Kosten- und Terminbilanz *f* (OR) cost of work report
Kosten *pl* **ungenutzter Kapazität** (KoR) idle capacity cost
Kosten *pl* **verbundener Produktion** (KoR) common cost
Kostenvergleich *m* (KoR) cost comparison
Kostenvergleichsrechnung *f*
(Fin) cost comparison method
(ie, in preinvestment analysis)
Kostenverhalten *n* (KoR) cost behavior
Kostenverlauf *m*
(KoR) pattern of cost behavior
– cost behavior pattern
Kosten *pl* **verrechnen**
(KoR) to allocate costs
– (infml) to parcel out costs
Kostenverrechnung *f*
(KoR) cost allocation
– cost apportionment
– cost/expense . . . distribution
Kosten *pl* **verteilen** (ReW) to spread cost *(eg, over some years)*
Kostenverteilung *f* (KoR) = Kostenverrechnung
Kostenverteilungsbogen *m* (KoR) cost allocation sheet
Kosten *pl* **verursachen** (com) to run up costs
Kostenverursachungsprinzip *n* (KoR) principle of allocation by which variable costs must be traced to cost centers and costing units where such costs originated
Kostenvoranschlag *m*
(com) cost estimate
– preliminary estimate
– (GB) bill of quantity
(ie, in the building contracting business)
(com) bid
– quotation

Kostenvorgabe *f* (KoR) cost objective
Kostenvorlauf *m* (KoR) cost anticipation
Kostenvorschau *f* (KoR) cost-outlook report
Kostenvorschuß *m* (Re) advance on the costs
kostenwirksame Ausgaben *fpl* (KoR) cost-related outlay
Kostenwirksamkeit *f* (Bw) cost effectiveness
Kostenwirksamkeitsanalyse *f*
(FiW) cost effectiveness analysis
(ie, vergleichende Bewertung von Objekten oder Handlungsalternativen)
Kostenzange *f* (com) cost squeeze
Kostenzerlegung *f* (KoR) = Kostenauflösung
Kostenzurechnung *f* (KoR) = Kostenverrechnung
Kostenzusammenstellung *f* (KoR) cost sheet
Kostgeschäft *n* (Fin) take-in transaction
KostO (Re) = Kostenordnung
Kotieren *n* (Bö) official listing of a security
kovariante Komponente *f* (Math) covariant component
Kovarianz *f*
(Stat) covariance
– product moment
(ie, Maß für die Stärke des Zusammenhangs zwischen Variablen: Erwartungswert des Produkts der Abweichungen der beiden Variablen von ihren jeweiligen Erwartungswerten; a measurement of the tendency of two variables to vary together)
Kovarianzanalyse *f* (Stat) analysis of covariance
Kovarianz *f* **der Grundgesamtheit** (Stat) parent covariance
Kovarianzmatrix *f* (Stat) covariance matrix
Kraftfahrtversicherung *f*
(Vers) automobile insurance
– (GB) motor insurance
(ie, Gliederung: Kraftfahrzeug-Haftpflichtversicherung, Kaskoversicherung, Kraftfahrt-Unfallversicherung, Gepäckversicherung, qv; syn, Kraftverkehrversicherung, Autoversicherung, qv)
Kraftfahrzeug *n*
(com) motor vehicle
– automobile
Kraftfahrzeugbrief *m*
(com, US, appr) manufacturer's statement of origin
(ie, identifies vehicle, its serial number, and its owner)
(com, GB) registration book
Kraftfahrzeughaftpflichtversicherung *f*
(Vers) third-party automobile insurance
– (GB) motor insurance
Kraftfahrzeugindustrie *f*
(com) automobile (*or* automotive) industry
– (GB) motor (vehicle) industry
Kraftfahrzeugsteuer *f*
(StR) motor vehicles tax
– (GB) vehicle license tax
Kraftfahrzeugversicherer *m* (Vers, GB) motor insurer
Kraftfahrzeugversicherung *f*
(Vers) automobile insurance
– (GB) motor insurance
kraft Gesetzes
(Re) by operation of the law
– by act of law

kräftig anziehen (Bö) to advance strongly
kräftig senken
(com) to slash
– to reduce steeply
Kraftloserklärung *f*
(Re) invalidation
– forfeiture
– cancellation
Kraftpapier *n*
(com) kraft paper
(ie, strong, usu brown paper made from pulp and used for wrapping)
Kraftverkehrspedition *f*
(com) trucking company
– (GB) haulage contractor
Kraftverkehrsversicherung *f* (Vers) = Kraftfahrtversicherung
Kraftwagenkosten *pl* (StR) automobile expenses
Krankengeld *n* (SozV) sickness benefit (*or* pay)
Krankengeldversicherung *f* (Vers) temporary disability insurance
Krankengeldzuschuß *m* (Pw) sickness contribution
Krankengymnastik *f* (SozV) physical therapy
Krankengymnast/in *m/f* (SozV) physical therapist
Krankenhauskosten *pl* (Vers) hospital charges
Krankenhauskostenversicherung *f* (Vers) = Krankenhausversicherung
Krankenhauspflegesatz *m* (SozV) hospital per-diem charge
Krankenhausversicherung *f*
(SozV) hospitalization insurance
– hospital expense insurance
(ie, provides reimbursement within contractual limits for hospital and specific related expenses)
Krankenkasse *f* (SozV) health insurance fund (*or* scheme)
Krankenkassenbeiträge *mpl* **des Arbeitgebers** (SozV) employer's contribution to health insurance fund
Krankenschein *m*
(SozV) health insurance ticket
(ie, serves as a voucher to pay both routine visits to doctors and dentists and major medical treatment)
Krankenstand *m*
(SozV) sickness ratio
(ie, Anteil der arbeitsunfähig geschriebenen Pflichtmitglieder der gesetzlichen Krankenkassen an der Gesamtzahl der pflichtversicherten Mitglieder; ratio of compulsorily insured members of the statutory health insurance insitutions who have been certified as unfit for work to the total number of compulsorily insured members)
Krankentagegeldversicherung *f* (Vers) daily benefits insurance
Krankenversicherung *f*
(SozV) compulsory health insurance
(Vers) health insurance
Krankenversicherungsbeitrag *m*
(SozV) health insurance contribution
(Vers) health insurance premium
Krankenversicherungsgesetz *n* (SozV) Sickness Insurance Act of 1883
Krankenversicherungsträger *m* (SozV) health insurance carrier
krankfeiern
(Pw) to go sick *(ie, often for trivial reasons)*
– (infml) to take a holiday pretending sickness
krankhafte Störung *f* **der Geistestätigkeit** (Re) morbid disturbance of mind, § 104 BGB
krankheitsbedingtes Fehlen *n*
(Pw) absence due to illness
– sickness absenteeism
Krankheitshäufigkeitsziffer *f* (Pw) illness frequency rate
krankmelden
(Pw) to book off sick
– to call in sick
krankschreiben lassen (Pw) to get oneself certified unfit for work
Krankwert *m* (SeeV) damaged value
Kredit *m*
(Fin) credit
– loan
– advance
(ie, types of credit: Kontokorrentkredit, Diskontkredit, Lombardkredit, Akzeptkredit, Akkreditiv)
Kreditabbau *m* (Fin) loan repayment
Kreditabschnitte *mpl* (Fin) loans
Kreditabsicherung *f* (Fin) credit security arrangements
Kreditabteilung *f* (Fin) loan department
Kredit *m* **abwickeln** (Fin) to process a loan
Kreditabwicklung *f* (Fin) loan processing
Kreditabwicklungsfonds *m* (Fin) Debt Processing Fund
Kreditakte *f*
(Fin) borrower's file
(ie, kept by bank)
Kreditakzept *n*
(Fin) financial acceptance
(ie, accepted finance bill)
Kreditanalyse *f* (Fin) = Kreditprüfung, qv
Kreditangebotsfunktion *f* (Vw) credit supply function
Kreditanspannung *f* (Fin) tight credit situation
Kreditanstalt *f* **des öffentlichen Rechts** (Fin) credit institution of the public law
Kreditanstalt *f* **für Wiederaufbau**
(Fin) Reconstruction Loan Corporation, KfW, KW
(ie, Frankfurt-based, channel for public aid to developing countries)
Kreditantrag *m*
(Fin) credit/loan . . . application
– request for a loan
Kreditantragsteller *m* (Fin) loan applicant
Kreditapparat *m* (Fin) banking system
Kreditaufnahme *f*
(Fin, FiW) credit intake
– borrowing
– raising . . . credits/loans
– taking up/on credits
Kreditaufnahme *f* **der öffentlichen Hand** (FiW) government (*or* public sector) borrowing
Kreditaufnahme *f* **im Ausland** (Fin) borrowing abroad
Kreditaufnahmevollmacht *f* (Fin) borrowing authority
Kreditaufnahme *f* **von Unternehmen**
(Fin) corporate borrowing

(opp, öffentliche Kreditaufnahme = government/ public sector . . . borrowing)
Kredit *m* **aufnehmen**
(Fin) to borrow
– to raise a loan
– to take on/up a credit
Kredit *m* **aufstocken** (Fin) to top up an loan
Kreditaufstockung *f* (Fin) topping up a loan
Kreditauftrag *m* (Re) credit-extending instruction, § 778 BGB
Kreditausfall *m* (Fin) loan loss
Kreditausfallquote *f* (Fin) loan loss ratio
Kredit *m* **aushandeln**
(Fin) to arrange a loan
– to negotiate the terms of a credit
Kreditauskunft *f*
(Fin) credit . . . information/report
– (GB) banker's reference
Kreditauskunftei *f*
(Fin) credit reporting agency
– (GB) credit reference agency
Kreditauslese *f* (Fin) credit selection
Kreditausschuß *m* (Fin) credit (*or* loan) committee
Kreditausweitung *f* (Vw) expansion of credit volume
Kreditauszahlung *f* (Fin) loan payout
Kreditbank *f* (Fin) bank
Kredit *m* **bearbeiten**
(Fin) to process a credit application
– to handle (*or* manage) a credit
Kreditbearbeitung *f*
(Fin) processing of credit applications
– loan processing
– credit management
Kreditbearbeitungsprovision *f* (Fin) loan processing charge
Kreditbedarf *m* (Fin) borrowing . . . needs/requirements
Kreditbedarf *m* **der öffentlichen Hand** (FiW) public sector borrowing requirements, PSBR
Kreditbedarfsplan *m* (Fin) credit requirements plan
Kreditbedingungen *fpl*
(Fin) terms of credit
(Fin) lending terms
(ie, of a bank)
Kreditberatung *f* (Fin) credit counseling
Kreditbereitschaft *f* (Fin) readiness to grant a credit
Kreditbereitstellung *f*
(Fin) allocation of loan funds
(Fin) extension of a loan
– loan origination
Kreditbeschaffung *f* (Fin) borrowing
Kreditbeschaffungsprovision *f* (Fin) credit procurement fee
Kreditbeschränkungen *fpl* (Fin) lending restrictions
Kredit *m* **besichern** (Fin) to collateralize a loan
Kreditbetrag *m*
(Fin) capital sum
– loan amount
Kredit *m* **bewilligen** (Fin) to approve a loan
Kreditbeziehung *f* (Fin) relationship involving credit
Kreditbilanz *f* (Fin) = Kreditstatus

Kreditbremse *f*
(Fin) credit (*or* monetary) brake
– restraint on credit
Kreditbremse *f* **ziehen**
(Vw, infml) to clamp down on credits
– (sl) to jam on the credit brake
Kreditbrief *m* (Fin) letter of credit
Kreditbürgschaft *f*
(Fin) credit guaranty
(Fin, GB) loan guarantee
(eg, granted by the government)
Kreditbüro *n* (Fin) credit sales agency
Kredite *mpl* **aufnehmen** (Fin) to borrow funds (from)
Kredite *mpl* **der Kreditinstitute** (Vw) lending by banks
Kredit-Einlagen-Relation *f* (Fin) loan-deposit ratio
Kredit *m* **einräumen** (Fin) to grant a credit
Krediteinschränkung *f* (Fin) credit restriction
Kreditengagement *n* (Fin) loan exposure
Krediterleichterungen *fpl* (Vw) easing of credit policy
Kredit *m* **erneuern**
(Fin) to renew a loan
– to refresh an expiring loan
Kredit *m* **eröffnen** (Fin) to open a credit
krediteröffnende Bank *f* (Fin) issuing (*or* opening) bank
Krediteröffnung *f* (Fin) opening of a credit
Krediteröffnungsvertrag *m*
(Fin) credit overall agreement
(ie, ein Grund- bzw. Rahmenvertrag; Darlehensgewährung auf Abruf)
Kreditexpansion *f*
(Vw) credit expansion
(Fin) growth of lending
Kreditfachmann *m* (Fin) credit expert
Kreditfähigkeit *f*
(Fin) borrowing . . . power/potential
– financial standing
Kreditfazilitäten *fpl* (Fin) borrowing facilities
Kreditfenster *n* (Fin) loan window
kreditfinanzierte Ausgaben *fpl* (FiW) loan-financed public expenditure
Kreditfinanzierung *f*
(Fin) loan financing
– borrowing
(ie, i. w. S. alle Formen der Fremdfinanzierung; i. e. S. die Finanzierung in Gestalt von Bankkrediten)
Kreditgarantie *f* (Fin) loan guaranty
Kreditgarantiegemeinschaften *fpl*
(Fin) credit guaranty associations
(ie, set up in the legal form of GmbH)
Kreditgebäude *n* (Fin) credit structure
kreditgebende Bank *f* (Fin) lending bank
Kreditgeber *m*
(Fin) lender
(ie, gewährt Kredite in Ausübung gewerblicher od beruflicher Tätigkeit = grants or extends credits in commercial or professional capacity; cf, § 1 VerbrKrG)
Kreditgebühren *fpl* (Fin) loan charges
Kreditgefährdung *f* (Re) disparagement of another's credit standing, § 824 BGB
Kreditgeld *n* (Vw) credit money

Kreditgenossenschaft *f* (Fin) credit cooperative
Kreditgeschäft *n*
(Fin) credit/loan . . . transaction
(Fin) lending business
(ie, Gewährung von Gelddarlehen und Akzeptkrediten; extension of money loans and acceptance credits)
Kreditgeschäft *n* **der Banken** (Fin) bank lending
Kreditgeschichte *f*
(Fin) credit history *(besser: Bonitätsgeschichte)*
(Fin) case history
Kredit *m* **gewähren**
(Fin) to extend
– to grant
– to make . . . a credit/loan
Kreditgewährung *f*
(Fin) credit/loan . . . extension
– extension of credits and loans
– lending
– loan grant
Kreditgewährung *f* **der Banken** (Fin) bank lending
Kreditgewerbe *n* (Fin) banking industry
Kreditgewinnabgabe *f* (StR) levy on gains from the conversion of Reichsmark liabilities under § 211 I LAG
Kreditgrenze *f* (Fin) credit ceiling
Kredithahn *m* **zudrehen** (Fin, infml) to cut off credit (to)
Kredithai *m* (Fin, infml) loan shark
kreditieren (Fin) to credit
Kreditierung *f* (Fin) crediting
Kredit *m* **in Anspruch nehmen**
(Fin) to draw upon
– to make use of
– to utilize . . . a credit
Kreditinflation *f* (Vw) inflation induced by disproportionate expansion of credit volume
Kredit *m* **in laufender Rechnung**
(Fin) credit on current account
– open account credit
Kreditinstitut *n* (Fin) bank
Kreditinstitut *n* **mit Sonderaufgaben**
(Fin) specialized credit institution
– credit institution with special functions
(eg, Kreditanstalt für Wiederaufbau, Lastenausgleichsbank, etc.)
Kreditinstitut *n* **mit Warengeschäft** (Fin) banking institution trading in goods
Kreditinstrument *n* (Fin) credit instrument
Kredit *m* **in unbeschränkter Höhe** (Fin) unlimited credit line
Kreditkapazität *f*
(Fin) lending capacity
(ie, maximal mögliches Finanzierungsvolumen (Kreditangebot) e–s Bankbetriebes)
Kreditkarte *f*
(com) credit card
(Fin, US, infml) plastic
Kreditkartengeschäft *n* (Fin) credit card business
Kreditkarten-Organisation *f* (Fin) card issuer
Kreditkarten-Verkäufe *mpl* (com) card sales
Kreditkartenvertrag *m* (Re) credit card agreeement
Kreditkauf *m*
(com) credit sale
(ie, as ‚Zielkauf' if agreed upon between merchants under stipulated terms of payment and delivery; Erwerb von beweglichen Sachen)
(com) consumer credit sale
(ie, identical to Teilzahlungs- od Abzahlungsgeschäft)
Kreditkauf *m* **von Effekten od Waren** (Bö) trading on margin
Kreditkette *f* (Fin) credit chain
Kreditklemme *f* (Fin) credit squeeze
Kreditknappheit *f*
(Fin) credit crunch
- credit stringency
– tight credit
Kreditkonsortium *n* (Fin) loan syndicate
Kreditkonto *n* (Fin) credit (*or* loan) account
Kreditkontrolle *f* (Fin) credit control
Kreditkosten *pl*
(Fin) borrowing . . . cost/fees
– cost of borrowing
– credit cost
Kreditkostenfinanzierung *f* (Fin) financing of borrowing costs
Kreditkunde *m* (Fin) borrowing/credit . . . customer
Kreditkundschaft *f*
(Fin) borrower customers
(ie, of a bank)
Kreditlaufzeit *f*
(Fin) credit period
– period of credit extension
– time span for which credit is granted
Kreditlaufzeiten *fpl* (Fin) loan maturities
Kreditleihe *f*
(Fin) credit commitment
(ie, bank does not grant a money credit, but its credit standing in the form of guaranty, acceptance credit)
Kreditlimit *n* (Fin) borrowing limit
Kreditlinie *f*
(Fin) credit line
– line of credit
– lending . . . line/ceiling
(ie, the nearest British equivalent is the ‚overdraft')
(Fin) credit line
(ie, in bilateral and multilateral clearing agreements)
Kreditlinie *f* **vereinbaren** (Fin) to arrange a line of credit
Kreditliste *f* (Fin) black list of borrowers with low credit standing
Kreditlücke *f* (Fin) credit gap
Kreditmakler *m* (Fin) money broker
Kreditmanager *m* (Fin) credit manager
Kreditmarkt *m*
(Fin) credit market
(ie, includes money market and capital market; umfaßt den kurzfristigen Geldmarkt und den langfristigen Kapitalmarkt)
Kreditmärkte *mpl* (Fin) financial markets
Kreditmarktschulden *fpl* (FiW) credit market debt (*or* indebtedness)
Kreditmarktverschuldung *f* (Fin) market indebtedness

Kreditmechanismus *m* (Fin) credit mechanism
Kredit *m* **mit Ablöseautomatik** (Fin) droplock credit agreement
Kredit *m* **mit fester Laufzeit**
(Fin) time loan
– fixed term loan
Kredit *m* **mit gleichbleibendem Zinssatz** (Fin) straight loan
Kreditmittel *pl* (Fin) borrowed funds
Kredit *m* **mit variabler Verzinsung**
(Fin) variable interest loan
– floating rate loan
Kredit *m* **mit Warenbindung** (Fin) tied loan
Kreditnachfrage *f*
(Fin) credit demand
(Fin) volume of credit demand
Kreditnachfrage *f* **der gewerblichen Wirtschaft**
(Fin) business loan demand
Kreditnachfragefunktion *f* (Vw) credit demand function
Kreditnachricht *f* (Fin) credit message
Kreditnehmer *m* (Fin) borrower
Kreditobergrenze *f* (Fin) credit limit
Kreditobligo *n* (Fin) loan commitments
Kreditoren *mpl*
(ReW) accounts payable
– payables
– creditors
Kreditorenbericht *m* (ReW) accounts payable report
Kreditorenbuch *n* (ReW) creditor's ledger
Kreditorenbuchhaltung *f* (ReW) Accounts Payable department
Kreditorenbuchung *f* (ReW) accounts payable entry
Kreditorenjournal *n* (ReW) invoice journal
Kreditorenkonto *n* (ReW) accounts payable account
Kreditorenliste *f* (ReW) payables list
Kreditorenstamm *m* (EDV) accounts payable master
Kreditorenstammsatz *m* (EDV) accounts payable master record
Kreditorenumschlag *m* (ReW) payables turnover
Kreditorenumschlaghäufigkeit *f*
(ReW) payables turnover (rate)
(ie, Wareneinsatz/durchschnittlicher Bestand an Lieferantenverbindlichkeiten)
Kreditpapiere *npl* **des Bundes** (FiW, US) federal instruments
Kreditplafond *m*
(FiW) loan ceiling *(ie, extended to a public debtor, usu on a statutory basis)*
Kreditplan *m* (Fin) credit budget
Kreditpolitik *f* (Fin) lending (*or* credit) policy
kreditpolitische Maßnahmen *fpl* (Vw) credit policies
kreditpolitischer Kurs *m* (Vw) monetary policy
kreditpolitische Schocktherapie *f* (Vw) monetary shock therapy
kreditpolitisches Instrumentarium *n* (Vw) instruments of credit control
Kreditportefeuille *n* (Fin) total lendings
Kreditpotential *n*
(Fin) lending capacity
– credit position
Kreditprolongation *f* (Fin) renewal of a loan
Kreditprovision *f*
(Fin) credit fee
(ie, equal to credit risk premium)
(Fin) loan commitment fee
(ie, the older term is 'Bereitstellungsprovision')
Kreditprüfung *f*
(ReW) audit for credit purposes
(Fin) credit investigation/evaluation
– loan assessment
(ie, Prüfung e–s Kreditantrages; syn, Kreditwürdigkeitsprüfung, Kreditanalyse, Schuldneranalyse)
Kreditpyramide *f* **bei der Geldschöpfung** (Vw) pyramid of credit
Kreditrahmen *m* (Fin) credit facilities
Kreditrahmenkontingent *n* (Fin) general credit line
Kreditreserve *f* (Fin) credit reserve
Kreditrestriktion *f* (Vw) credit . . . restriction/squeeze
Kreditrisiko *n*
(Fin) business
– credit
– financial . . . risk
(ie, chief test is to produce profits)
– risk exposure
Kreditrisiko *n* **übernehmen**
(Fin) to take a credit risk upon oneself
– to assume a credit risk
Kreditrisikoversicherung *f* (Vers) credit risk insurance
Kreditrückflüsse *mpl* (Fin) loan repayments
Kreditrückzahlung *f* (Fin) repayment of a loan
Kreditsachbearbeiter *m* (Fin) loan officer
Kreditsaldo *m* (Fin) credit balance
Kreditschöpfung *f* (Vw) credit . . . creation/expansion/formation
Kreditschöpfungsmultiplikator *m*
(Vw) credit (*or* deposit) multiplier
– credit expansion multiplier
Kreditschraube *f* (Fin) credit screw
Kreditschraube *f* **anziehen** (Fin) to tighten up on credit
Kreditschutz *m* (Fin) credit protection
Kreditseite *f*
(ReW) credit side (of an account)
– creditor
Kreditselektion *f* (Fin) credit selection
Kreditsicherheit *f* (Fin) collateral for secured loan
Kreditsicherung *f*
(Fin) securing a loan
– collateralization of loan
Kreditsonderkonto *n* (Fin) special loan account
Kreditsperre *f*
(Fin) stoppage of credit
– credit freeze
Kredit *m* **sperren** (Fin) to block (*or* freeze) a credit
Kreditspielraum *m* (Fin) lending potential *(of a bank)*
Kreditstatistik *f* (Fin) bank lending statistics
Kreditstatus *m*
(Fin) statement of credit position
(ie, prepared to determine net worth and liquidity of borrower)
Kreditstreuung *f* (Fin) loan diversification

Kreditsumme *f* (Fin) loan amount
Kredittechnik *f*
(Fin) lending approach *(ie, of banks)*
Kredittranche *f* (Fin) credit tranche
Kreditüberwachung *f* (Fin) credit surveillance
Kredit *m* **überziehen** (Fin) to overdraw one's account
Kreditüberziehung *f* (Fin) overdraft
Kredit *m* **umschulden** (Fin) to renegotiate a loan
Kreditumschuldung *f* (Fin) rescheduling of a loan
Kreditunterbeteiligung *f* (Fin) loan . . . stripping/subparticipation
Kreditunterlagen *fpl* (Fin) information required for credits
Kreditunternehmen *n* (Fin) credit institution
Kreditvaluta *f* (Fin) loan moneys
Kreditverbilligung *f* (Fin) easier credit terms
Kreditvereinbarung *f* (Fin) credit agreement (*or* arrangement)
Kreditverflechtung *f* (Fin) credit links (*or* ties) *(eg, among business enterprises)*
Kreditvergabepolitik *f* (Fin) lending policy
Kreditvergünstigungen *fpl* (Fin) credit concessions
Kreditverkauf *m*
(com) credit sale
– sale on credit
Kreditverkehr *m* (Fin) credit transactions
Kredit *m* **verlängern** (Fin) to renew a credit
Kreditverlängerung *f* (Fin) credit renewal
Kreditvermittler *m*
(Fin) credit broker
(ie, tätig bei Vermittlung und Nachweis von Krediten)
Kreditvermittlung *f* (Fin) credit brokerage
Kreditvermittlungsvertrag *m* (Fin) credit brokerage agreement, cf, § 1 (3) VerbrKrG
Kreditversicherer *m* (Vers) credit insurer
Kreditversicherung *f* (Vers) lending (*or* loan) insurance
Kreditversicherungspolice *f* (Vers) credit insurance policy
Kreditvertrag *m*
(Fin) credit . . . agreement/contract
– borrowing agreement
(eg, Kreditgeber gewährt oder verspricht zu gewähren e–n entgeltlichen Kredit in Form e–s Darlehens, e–s Zahlungsaufschubs od e–r sonstigen Finanzierungshilfe; cf, § 1 (2) VerbrKrG; Kreditvertrag ist hier also Oberbegriff: im allgemeinen Geschäftsverkehr ist der Begriff weiter gefaßt, schließt dort also Diskontgeschäft, Factoring, Avalkredit, Akkreditiv usw. ein)
Kreditvertrag *m* **abschließen** (Fin) to conclude a loan agreement
Kreditverträge *mpl* (Fin) borrowing and lending agreements
Kreditverwaltung *f* (Fin) credit management
Kreditverwendung *f* (Fin) utilization of loan funds
Kreditvolumen *n*
(Fin) lending volume
(ie, of a bank)
– volume of credits
– outstanding credits
Kreditvolumen *n* **steuern** (Vw) to control (*or* regulate) the volume of credit
Kreditwesengesetz *n* (Fin) German Banking Law, KWG
Kreditwirtschaft *f* (Fin) banking industry
Kreditwucher *m* (Re) lending at usurious interest rates, § 302 a StGB
kreditwürdig (Fin) creditworthy
Kreditwürdigkeit *f*
(Fin) credit worthiness
– credit rating
– credit standing *(syn, Bonität)*
Kreditwürdigkeit *f* **bestätigen** (Fin) to approve credit
Kreditwürdigkeit *f* **prüfen** (Fin) to test the credit standing
Kreditwürdigkeitsprüfung *f*
(Fin) credit . . . investigation/review
– loan assessment
– review of credit standing
Kreditzins *m* (Fin) lending/loan . . . rate
Kreditzinsen *mpl*
(Fin) interest on borrowings
(Fin) loan interest
(Fin) lending margin
Kredit *m* **zu günstigen Bedingungen** (Fin) soft loan
Kredit *m* **zurückzahlen**
(Fin) to pay back
– to repay
– to retire . . . a loan
Kreditzusage *f*
(Fin) lending (*or* loan) commitment
(IWF) standby arrangement
Kreisdiagramm *n*
(Stat) pie chart
– circular chart (*or* diagram)
– wheel diagram
Kreise *mpl* (com) see: Arbeitgeberkreise
Kreislauf *m* (Vw) circular flow
Kreislaufmaterial *n* (IndE) recycled auxiliary material
Kreislaufschema *n* (Vw) circular-flow scheme
Kreislauftheorie *f* (Vw) circular-flow theory
Kreisverkehr *m*
(com) traffic circle
– (GB) roundabout
Kreisverkehrsbeleg *m* (EDV) turnaround document
Kreisverwaltung *f* (Re) local authority of an administrative district
Kreuzelastizität *f* (Vw) cross elasticity
Kreuzelastizität *f* **der Nachfrage** (Vw) cross-elasticity of demand
Kreuzelastizität *f* **des Angebots** (Vw) cross-elasticity of supply
Kreuzkurse *mpl* (Fin) cross rates
Kreuzmenge *f* (Math) cross set
Kreuzparität *f*
(Fin) cross rate
– (US) cross exchange
– (GB) indirect parity
(ie, exchange rate between a foreign currency and the domestic currency; syn, indirekte Parität)
Kreuzpreiselastizität *f* (Vw) cross price elasticity
Kreuzprodukt *n* (Math) cross (*or* vector) product
Kreuzsicherung *f*
(EDV) cross checking
(syn, Blocksicherung)

Kreuzungspunkt *m*
(Math) saddle point
– point of stagnation
Kreuzwechselkurs *m* (Fin) cross-rate of exchange
Kriegsopferversorgung *f* (SozV) war victim's support
Kriegsrisikoklausel *f* (Vers) war risk clause
kriminalisieren (Re) to criminalize
Krisenfrachtzuschlag *m* (com) emergency freight surcharge
krisengeschüttelte Branchen *fpl* (Bw) crisis-ridden sectors *(eg, steel, shipbuilding, automobiles)*
Krisenkartell *n* (Kart) anti-crisis cartel
Krisenmanagement *n* (Bw) crisis management
Krisenvorräte *mpl* (Vw) emergency stockpiles
Kriterien-Validität *f* (Mk) criterion validity
Kriterium *n*
(com) criterion
– test
– yardstick
Kriterium *n* **der Effizienz** (Stat) efficiency criterion
Kriterium *n* **der Minimalstreuung** (Stat) efficiency criterion
Kriterium *n* **der Nichtausschließbarkeit** (FiW) principle of non-exclusion
kritische Aktivität *f* (OR) critical activity
kritische Einheit *f* (IndE) = kritische Kenngröße, qv
kritische Kenngröße *f*
(IndE) critical item
(ie, in quality assurance; syn, kritische Einheit)
kritische Menge *f*
(Bw) critical output
(ie, intersection of total cost curves of production methods I and II)
kritischer Ausfall *m* (Stat) critical failure
kritischer Bereich *m* (Stat) critical (*or* rejection) region
kritischer Fehler *m* (Stat) critical defect
kritischer Lagerbestand *m*
(MaW) order point
– reorder point
– reordering quantity
kritischer Quotient *m* (Stat) critical ratio
kritischer Vorgang *m* (OR) critical activity
kritischer Weg *m* (OR) critical path
kritischer Wert *m* (Fin) critical variable
kritisieren
(com) to criticize
– (sl) to bum-rap *(eg, on several grounds)*
Kritizität *f* (Stat) criticality
Kronzeugenregelung *f* (Re) reduced sentences for cooperative witnesses
Krösus *m* (com) Croesus
Kryobearbeitung *f* (IndE) cryomachining
kryoelektronisch (EDV) cryoelectronic
kryogenes Verfahren *n* (IndE) cryogenic process
KSchG (Re) = Kündigungsschutzgesetz
KSt (StR) = Körperschaftsteuer
KStDV (StR) = Verordnung zur Durchführung des Körperschaftsteuergesetzes
KStG (StR) = Körperschaftsteuergesetz
KStR (StR) = Körperschaftsteuer-Richtlinien
KSt-Tarif *m* (StR) corporate income tax rate scale
KSZE (com) = Konferenz für Sicherheit und Zusammenarbeit in Europa
KT-Risiko *n* (Fin) conversion and transfer risk
Kubikwurzel *f* (Math) cube root
kubische Gleichung *f*
(Math) cubic equation
– equation of third degree
Kugelkoordinaten *fpl* (Math) spherical coordinates
Kugelkopf *m* (EDV) print element
Kugellagerindustrie *f* (com) ball-bearing industry
Kugelschreiber *m*
(com) ball point pen
– (GB) biro
(ie, generic use of trademark)
Kuhhandel *m* (com, infml) horse trading
Kühlanlage *f* (com) cold storage plant
Kühlgüterversicherung *f*
(Vers) cold storage insurance
(ie, designed to protect operators from risks during on-and-off transport and actual storage)
Kühlhaus *n*
(com) cold store
– refrigerated warehouse
Kühlkörper *m* (EDV) heat sink
Kühlladung *f* (com) refrigerated cargo
Kühlschiff *n* (com) refrigerator ship
Kühltheke *f* (Mk) chilled distribution depot
Kühlwagen *m*
(com) refrigerator car
(com) refrigerated truck
Kuhnsche Methode *f* (OR) Hungarian method
kulant (com) accommodating
Kulanz *f* (com) good will
Kulanzregelung *f* (com) broad-minded, liberal settlement of customer's complaint
Kulisse *f*
(Bö) unofficial market
(ie, non-official stock market + group of professional traders doing business on their own account; opp, Parkett: offizieller Börsenverkehr in amtlich notierten Werten durch Kursmakler)
Kumul *m*
(Vers) loss accumulation
(ie, mehrere Personen und/oder Risiken werden von ein und demselben Schadensereignis betroffen)
Kumulationswirkung *f* (StR) cumulative effect
kumulative Allphasensteuer *f* (FiW) cumulative all-stage turnover tax
kumulative Dividende *f* (Fin) cumulative dividend
kumulative Effekte *mpl* (Vw) aggregative/cumulative . . . effects
kumulative Häufigkeitskurve *f* (Stat) cumulative frequency curve
kumulative Häufigkeitsverteilung *f* (Stat) cumulative frequency distribution
kumulative Kausalreihe *f* (Log) cumulative causation
kumulative Kontraktion *f*
(Vw) kumulative Kontraktion *f*
(ie, selbstverstärkende Abschwungphase)
kumulative Mehrphasensteuer *f* (StR) cumulative multi-stage tax
kumulativer Multiplikator *m* (Vw) truncated multiplier

kumulativer Summenzuwachs *m* (Vers) compound reversionary bonus system
kumulativer Ursprung *m* (Zo) cumulative origin
kumulatives Banddiagramm *n*
(Stat) band curve chart
– cumulative band chart
– surface chart
kumulative Schuldübernahme *f*
(Re) cumulative assumption of debt
(ie, no equivalent in English = person acquiring all the assets of another thereby automatically becomes liable to this persons's creditors for all his debts, the old debtor remaining liable in addition to the new debtor, § 305 BGB)
kumulative Umsatzsteuer *f* (StR) cumulative turnover tax
kumulative Verteilung *f* (Stat) cumulative distribution
kumulative Zuschlagskalkulation *f*
(KoR) cumulative/business . . . process costing
(ie, costs are not broken down according to cost centers or production stages but appear in cumulative form)
Kumulativwirkung *f* (FiW) cumulative effect
kumulgefährdet
(Vers) susceptible (*or* open) to risk accumulation
(ie, Sachsparten sind naturkatastrophenanfällig und damit kumulgefährdet)
kumulierte Abweichung *f* (Stat) accumulated deviation
kumulierter Jahresgewinn *m*
(Fin) cumulative annual net cash savings
(ie, determined in preinvestment analysis)
Kumulierungsbereich *m* (Bö) accumulation area
Kumulrisiko *n*
(Vers) accumulation risk
(ie, in reinsurance)
Kumulrückversicherung *f*
(Vers) accumulated risk reinsurance
(syn, Schadenereignisrückversicherung)
kündbar
(Fin) callable
– redeemable
kündbare Einlagen *fpl* (Fin) deposits at notice
kündbare Obligationen *fpl* (Fin) redeemable bonds
kündbare Rente *f* (Fin) redeemable (*or* terminable) annuity
kündbarer Swap *m* (Fin) callable swap
kündbare Schuldverschreibungen *fpl* (Fin) redeemable bonds
kündbares Darlehen *n* (Fin) callable loan
Kündbarkeit *f* (Fin) terminability
Kunde *m*
(com) customer
– client
– (GB) custom
(com) account
(Fin) (account) debtor
– customer *(ie, in factoring)*
Kunden *mpl* **abfertigen**
(com) to serve customers
(OR) to process customers
Kundenabrechnung *f* (ReW) customer accounting
Kunden *mpl* **abwerben**
(com) to entice away
– to poach
– to contract away . . . customers
Kundenabwerbung *f* (com) enticing away (*or* poaching) customers
Kundenakquisition *f* (com) account development
Kundenanzahlung *f*
(Fin) advance/down . . . payment
– customer's deposit
– (customer) prepayment
(ie, spezielle Form des Handelskredits; vor allem im Großanlagengeschäft, im Flugzeugbau, in der Maschinenbauindustrie, bei umfangreichen Sachverständigengutachten; syn, Abnehmerkredit, Anzahlung, Vorauszahlungskredit)
Kunden *m* **aufsuchen** (com) to call on a customer
Kundenauftrag *m*
(com) customer order
(IndE) production order
(ie, based on a customer order)
Kundenauftragsfertigung *f*
(IndE) custom manufacturing
– make-to-order production
– job order production
– production to order
(opp, Lagerfertigung = make-to-stock production)
Kunden *mpl* **ausspannen** (com) = Kunden abwerben
Kundenbankkunde *m* (Fin) nonbank customer
Kundenberater *m*
(com) consultant
(Fin) financial consultant
Kundenbeschwerde *f* (com) customer complaint
Kundenbestand *m* (com) customer base
Kundenbetreuer *m*
(com) account . . . representative/executive
(Fin) account manager
Kundenbetreuung *f*
(com) customer . . . service/servicing
– customer support
(Fin) account management
Kundenbuchführung *f* (ReW) customer accounting
Kundenbuchhalter *m* (ReW) accounts receivable accountant
Kundenbuchhaltung *f* (ReW) accounts receivable department
Kundendatenbank *f* (Mk) customer data base
Kundendepot *n* (Fin) third-party securities account
Kundendienst *m*
(com) customer service
– customer engineer
Kundendienstabteilung *f* (com) service department
Kundendienstorganisation *f* (com) customer service organization
Kundendienstvertreter *m* (com) customer support representative
Kundeneinlagen *fpl* (Fin) customer/client . . . deposits
Kundenentnahmen *fpl* (Fin) customers' drawings
Kundenetat *m* (Mk) (advertising) account
Kundenfang *m* (com) crimping
Kundenfinanzierung *f*
(Fin) customer financing
– financing of customers
(syn, Absatzfinanzierung, qv)

Kundenfreigabe *f* (com) customer approval
Kundengeschäft *n*
(Fin) customer business
(ie, of banks; opp, Geschäft für eigene Rechnung)
(StR) transaction in which one of the parties is a resident dealer or trader in securities, § 20 KVStG
Kundengruppe *f* (com) group of customers
Kundengruppenmanagement *n*
(Mk) account management
(ie, für verschiedene Kunden werden spezifische Marketingprogramme entwickelt)
Kundenkarte *f* (Mk) debit card
Kundenkartei *f* (com) customer file
Kundenkontoauszug *m* (Fin) statement of account
Kundenkredit *m*
(Fin) credit extended to customer
(Fin) credit extended by customer to supplier
(ie, as advance financing of high-value projects)
Kundenkreditbank *f* (Fin) sales finance company
Kundenkreditvolumen *n* (Fin) lendings to customers
Kundenkreis *m*
(com) customers
– clientele
(com) circle of clients
Kundenmanagement *n* (com) account management
Kundennummer *f*
(com) client reference number
– customer account number
– customer id
Kundenpreis *m* (com) customer price
Kundenproduktion *f*
(Vw) custom manufacturing
(opp, Marktproduktion)
(IndE) make-to-order production
(syn, Kundenauftragsfertigung, qv)
Kundenrabatt *m* (com) patronage refund
Kundenreservoir *n*
(OR) source population
(ie, in waiting-line models)
Kundenschutz *m*
(com) protection of patronage
(ie, if a certain district or a certain group of customers is assigned to the commercial agent, he is entitled to receive a commission also for business concluded without his participation, § 87 II HGB)
Kunden-Segmentierung *f* (Mk) customer segmentation
Kundenskonto *m/n*
(com) discount allowed
– cash discount paid
kundenspezifisch
(com) customized
– custom
– tailored
– made-to-order *(eg, circuits)*
kundenspezifische Anpassung *f* (EDV) customization
kundenspezifische Produkte *npl*
(IndE) tailor-made products
(ie, aus der Einzelfertigung)
kundenspezifische Software *f* (EDV) custom software
kundenspezifisches Programm *n* (com) custom program
Kundenstamm *m*
(com) regular customers
– established clientele
Kundenstammsatz *m* (EDV) customer master record
Kundenstatus *m* (Mk) customer account status
Kundensuche *f*
(Mk) search for customers
– soliciting (*or* locating) customers
Kundentreue *f* (Mk) consumer loyalty
Kundenüberweisung *f* (Fin) customer transfer
Kundenunterstützung *f* (com) customer support
Kundenverkehr *m* (com) business with customers
Kundenverlust *m* (com) loss of custom
Kundenwechsel *m*
(Fin) customer's acceptance
– bill receivable
Kunden *mpl* **werben** (Mk) to canvass/solicit . . . customers
Kundenwerbung *f* (Mk) canvassing (*or* soliciting) customers
kündigen
(Re) to give notice to terminate
(eg, contract, lease)
(Pw, *by employee*) to give notice to quit
(Pw, *by employer*) to give notice to terminate
(Pw, *collective agreement*) to abrogate
(Fin) to call in *(eg, a loan)*
Kündigung *f*
(Re) notice
(Pw, *general term*) separation *or* termination
(Pw, *by employee*) notice to quit
(Pw, *by employer*) notice to terminate
– notice of dismissal
(Pw, *collective agreement*) abrogation
(Fin) calling in
(Fin) call
(ie, of bonds, debentures, or preferred stock)
Kündigung *f* **einreichen** (Pw) to submit (*or* hand in) notice to quit
Kündigung *f* **e–r Anleihe** (Fin) redemption of loan
Kündigung *f* **e–s Guthabens** (Fin) notice of withdrawal
Kündigung *f* **e–s Vertrages** (Re) notice to terminate a contract
Kündigungsfrist *f*
(Re) period of notice
– notice term
– period to terminate
(Pw) dismissal notice period
Kündigungsgeld *n* (Fin) deposits at notice
Kündigungsgrund *m* (Re) reason for termination
Kündigungsgrundschuld *f* (Fin) mortgage with a call-in provision
Kündigungsklausel *f*
(Re) notice clause
– contractual clause on unilateral termination
(Fin) call(-in) provision
Kündigungsrecht *n*
(Re) right of . . . notice/termination
– right of cancellation
(Fin) call privilege
(ie, of a creditor)
– right to call for repayment
(Pw) right to terminate an employment contract

Kündigungsschreiben *n*
(Re) notice of termination
(Pw) dismissal notice
– letter of dismissal
– notice to terminate
– termination notice
Kündigungsschutz *m*
(Pw) dismissal protection
– security against dismissal
– protection of employment
(ie, protection from unjustified termination)
Kündigungsschutzgesetz *n*
(Pw) Dismissals Protection Law
– Employment Protection Act
Kündigungsschutzklage *f* (Re) dismissals protection suit
Kündigungsschutzvorschriften *fpl* (Pw) dismissal protection regulations
Kündigungssperrfrist *f*
(Fin) period during which redemption is barred
– non-calling period
Kündigungstermin *m*
(Fin) call-in date
(Fin) withdrawal date
Kündigung *f* **von Einlagen** (Fin) notice of withdrawal of funds
Kündigung *f* **von Wertpapieren** (Fin) notice of redemption
Kündigung *f* **zum Quartalsende** (Re) quarter notice
Kundschaft *f*
(com) customers
– clients
– clientele
– (business) patronage
– (GB) custom
Kundschaft *f* **aufbauen** (com) to develop a clientele
künftige Forderung *f*
(Fin) future claim
– claim to arise in the future
Kunstgewerbetreibender *m* (com) commercial (*or* industrial) artist
Künstlerverleih-Gesellschaft *f* (com) artiste company
künstliche Basis *f* (OR) artificial basis
künstliche Intelligenz *f*
(EDV) artificial intelligence
(ie, Zweig der Informatik; vor allem Entwicklung und Programmierung von Industrierobotern)
künstliche Intelligenz *f*, **KI**
(Bw) artificial intelligence
(ie, auf Rechnern soll intelligentes Verhalten simuliert werden;
Richtungen:
1. natürliche Sprachen;
2. Deduktionssysteme;
3. Bildverarbeitung (maschinelles Sehen)
4. Robotik;
5. automatisches Programmieren;
6. strategische Spiele;
7. Expertensysteme)
künstlicher Nullpunkt *m* (Stat) arbitrary origin
künstliches neuronales Netzwerk *n*
(EDV) artificial neural net(work)
(ie, Nachahmung der Funktionsweise des menschlichen Gehirns; tries to duplicate the functions of the human brain)
künstliche Variable *f* (OR) artificial variable
Kunstökonomie *f* (Vw) cultural economics
Kunststoffindustrie *f* (com) plastics industry
kunststoffverarbeitende Industrie *f* (com) plastics processing industry
Kunstvariable *f* (Mk) dummy
Kupferschrottmarkt *m* (Bö) copper scrap market
Kupon *m*
(Fin) coupon
– dividend coupon
– interest coupon
(ie, Sammelbezeichnung für die zu e–m Wertpapier gehören Ertragscheine, Dividendenscheine oder Zinsscheine; bilden zusammen mit dem Erneuerungsschein den Bogen)
Kuponarbitrage *f* (Fin) coupon arbitrage
Kuponbogen *m* (Fin) coupon sheet *(cf, Bogen)*
Kuponeinlösung *f* (Fin) collection of coupons
Kuponinhaber *m* (Fin) coupon holder
Kuponkurs *m* (Fin) price of matured coupons of foreign securities
Kuponmarkt *m*
(Fin) coupon market
(ie, für fällige Kupons ausländischer Wertpapiere)
Kuponsammelstelle *f*
(Fin) coupon collection department
(ie, of a large bank)
Kuponsteuer *f*
(StR) coupon tax
(ie, Quellensteuer auf Zinseinkünfte ausländischer Anleger aus inländischen Rentenwerten; 1984 abgeschafft; imposed on fixed-interest bearing industrial or government bonds; collected through withholding at the source)
Kupontermin *m*
(Fin) coupon date
(ie, frequent dates are 2 Jan and 1 July – J/J – and 1 Apr and 1 Oct – A/O)
Kuppelkalkulation *f*
(KoR) joint-product costing
(ie, umfaßt die Marktwertmethdeo, die Restwertmethode und die Kostenverteilungsmethode)
Kuppelprodukte *npl* (IndE) joint (*or* complementary) products
Kuppelproduktion *f*
(IndE) joint-product production
(syn, Koppelproduktion, Verbundproduktion)
Kuppelproduktionsoptimierung *f* (OR) optimization of joint-production processes
Kuppelproduktkalkulation *f* (KoR) joint product costing
Kurantgeld *n*
(Vw) current money
(ie, treated as legal tender in unlimited amounts; previously gold coins, now bank notes; opp. Scheidemünzen = low-value coin)
Kurantmünze *f*
(Fin) full-bodied coin
(syn, vollwertige Münze)
Kurs *m*
(com) rate
(Bö) price

– market . . . price/rate
– quotation
(Fin) exchange rate
(ie, Devisenkurs)
(Vw) policy
– thrust/direction . . . of policy
Kursabbröckelung *f* (Bö) slight drop in market prices
Kursabschlag *m*
(Bö) price reduction
– markdown
– (US) downtick
Kursabschwächung *f* (Bö) easing of market prices
Kurs *m* **alte Aktien** (Fin) market price
Kursangleichung *f* (Bö) adjustment of rates
Kursanstieg *m*
(Bö) rise in market prices
– market advance
– upturn in prices
Kursanstieg *m* **auf breiter Front** (Bö) price rises across the board
Kursanzeigetafel *f* (Bö) marking (*or* quotations) board
Kursart *f* (Fin) rate type
Kursaufschlag *m* (Bö) markup
Kursaufschwung *m* (Bö) upturn in prices
Kursausschläge *mpl*
(AuW) movements *(eg, of $, £, €)*
– exchange rate movements
(Bö) price fluctuations
Kurs *m* **aussetzen** (Bö) to suspend a quotation
Kursaussetzung *f* (Bö) suspension of a quotation
Kursbefestigung *f*
(Bö) firming up of prices
– advance
Kursbericht *m* (Bö) = Kurszettel
Kursbetrug *m* (Re) price fraud
Kursbewegung *f* (Bö) movement in prices
Kursbildung *f* (Bö) formation of rates
Kursbindung *f* (Fin) pegging of exchange rates
Kursblatt *n*
(Bö) daily official list
– list of quotations
– stock market report
(syn, Kurszettel)
Kursdebakel *n* (Bö) price debacle *(eg, an den internationalen Aktienbörsen)*
Kursdiagramm *n* (Fin) chart
Kursdifferenz *f* (AuW) exchange difference
Kursdruck *m* (Bö) downward pressure on prices
Kurs *m* **drücken** (Bö) to pull down prices
Kurse *mpl* **auf breiter Front zurücknehmen** (Bö) to reduce prices across the board
Kurseinbruch *m* (Bö) sudden price fall
Kurseinbußen *fpl*
(Fin) losses on exchange
(Bö) price losses
Kursentwicklung *f* (Bö) price . . . movement/performance
Kursentwicklung *f* **nach Emission**
(Bö) aftermarket performance
(ie, price action of a stock after it has been issued)
Kurserholung *f* (Bö) rally (*or* recovery) in prices
Kurse *mpl* **stützen** (Bö) to peg quotations
Kurs *m* **ex Dividende** (Bö) ex-dividend price
Kurse *mpl* **zurücknehmen** (Bö) to mark down prices
Kursfeststellung *f*
(Fin) fixing of official exchange rate
(Bö) determination of prices
(ie, Feststellung des Preises von Waren od Wertpapieren an e–r Börse)
Kurs *m* **Festverzinslicher**
(Bö) bond price
– price of bonds
Kursfixierung *f*
(AuW) official pegging
(ie, by central banks)
Kursgefälle *n*
(AuW) exchange-rate differential
(Bö) price differential
Kursgefüge *n*
(Bö) price structure
– structure of market rates
kursgesichert (Fin) covered forward
kursgesicherte Devisen *pl* (Fin) rate-hedged foreign exchange
kursgesicherte Transaktion *f* (Fin) covered transaction
Kurs gestrichen
(Bö) no dealings
– non-quoted
Kursgewinn *m*
(Bö) stock price gain
– market profit
(Fin) exchange gain (*or* profit)
(Fin) takeout
(ie, realized in swapping blocks of shares)
Kursgewinn-Chancen *fpl* (Bö) upside price potential
Kursgewinne *mpl* **auf breiter Front** (Bö) price gains across the board
Kursgewinn-Verhältnis *n,* **KGV**
(Fin) price-earnings ratio, PER
– p/ratio
– price-earnings multiple
– times earnings
(ie, Gesamtgewinn e–s Unternehmens [verteilte Dividende plus Zuweisung zu offenen Rücklagen und stillen Reserven] bezogen auf e–e Aktie und zum Börsenkurs dieser Aktie in Relation gesetzt; gelegentlich wird – seit der KSt-Reform von 1977 – eine Steuergutschrift mit einbezogen)
kursglättende Interventionen *fpl* (AuW) interventions to smooth out exchange rate fluctuations
Kursgraphik *f* (Fin) stock chart
Kurshöhe *f* (Bö) price level
Kurs *m* **im Freiverkehr** (Fin) dealer (*or* inside) price
Kursindex *m*
(Bö) stock index
– (GB) share price index
(syn, Aktienindex, qv)
Kursinformationssystem *n* (Bö) stock price information system
Kursintervention *f*
(Fin) exchange intervention
(Fin) price intervention
kursiv (EDV) italic

Kursklausel *f*
(Fin) exchange clause
(ie, now obsolete)
Kurskorrektur *f* (Bö) corrective price adjustment
Kurskorrektur *f* **nach oben** (Bö) upward price adjustment
Kurskorrektur *f* **nach unten** (Bö) downward price adjustment
Kurslimit *n*
(Bö) limit price
– stop price
Kursmakler *m* (Bö) official broker
Kursmanipulation *f*
(Bö) market rigging
– rigging the market
Kursmaterial *n* (Pw) course/back-up . . . material
(eg, text-books, records)
Kursniveau *n* (Bö) price level
Kursnotierung *f*
(Bö) market (*or* price) quotation
– quoted price
– stock quotation
– (GB) share quotation
Kursnotierung *f* **aussetzen**
(Bö) to stop (*or* suspend) a quotation
(syn, aus der Notiz nehmen)
Kursnotierung *f* **ohne Zinsen** (Bö) flat quotation
Kursnotizen *fpl* **aussetzen** (Bö) to suspend price quotations
Kursparität *f* (AuW) parity of foreign exchange rates
Kurspflege *f*
(Fin) price . . . management/support
– market regulation
(FiW) pegging of public debt
Kurspflegebestand *m* (Fin) bonds held for market regulation purposes
Kurspflege-Operationen *fpl* (Fin) price support operations
Kurspflegeverkäufe *mpl* (Fin) market regulation sales
Kursrechnung *f* (Fin) bond valuation
Kursregulierung *f*
(Fin) regulation of the market
– price support
Kursregulierungs-Konsortium *n* (Bö) price support syndicate
Kursrelationen *fpl* (AuW) exchange rate relations
Kursrisiko *n*
(Fin) exchange risk *(syn, Wechselkursrisiko)*
(Bö) price risk
Kursrückgang *m* (Bö) decline in prices
Kursrückgänge *mpl* **auf breiter Front** (Bö) fall in prices across the board
Kursrücklage *f* (Vers) investment reserve
Kursrücknahme *f* (Bö) price markdown
Kursschnitt *m*
(Bö) price fraud
(ie, by a commission agent)
Kursschwäche *f* (AuW) weakness *(eg, of $, £, €)*
Kursschwankungen *fpl*
(Bö) price fluctuations (*or* variations)
– fluctuations of the market
– ups and downs of the market
– price swings

kurssichernde Interventionen *fpl* (AuW) rate supporting interventions
Kurssicherung *f*
(Fin) rate . . . support/hedging
(ie, Transaktion zur Ausschaltung des Wechselkursrisikos; cf, Glattstellung)
Kurssicherung *f* **am Devisenmarkt** (AuW) forward exchange cover
Kurssicherungsabschlüsse *mpl* (AuW) commercial covering
Kurssicherungsgeschäft *n* (Fin) hedging transaction
Kurssicherungsklausel *f* (AuW) exchange-rate-fluctuation clause
Kurssicherungskosten *pl*
(Fin) cost of exchange cover
(Fin) cost of forward exchange cover
(Bö) hedging cost
Kurssicherungsmaßnahmen *fpl* (Fin) currency risk management
Kursspanne *f*
(Bö) difference in quotations
– spread
Kurssprünge *mpl* (Bö) jumps in prices
Kursstabilisierungsmaßnahmen *fpl* (AuW) official support
Kurssteigerung *f* (Bö) price advance
Kurssturz *m*
(Bö) sharp tumble in stock/bond prices
– plunge of prices
kursstützende Intervention *f* (AuW) intervention in support of exchange rate
Kursstützung *f*
(AuW) pegging of exchange rates
(Bö) price maintenance
– price stabilization
– price support
Kursstützungskäufe *mpl* (Fin) price supporting purchases
Kurstabelle *f*
(Bö) quotation record
– stock market table
Kurstafel *f* (Bö) marking (*or* quotations) board
Kurstreiberei *f*
(Bö) rigging the market
– share pushing
– balooning
(ie, to unrerasonably high levels)
Kursumrechnung *f* (ReW) translation of foreign currency items; § 284 I 2 HGB
Kurs *m* **unter Nennwert** (Bö) price below par
Kursverbesserung *f* (Bö) improvement in market rates
Kursverfall *m*
(Bö) substantial decline in prices
– price collapse
Kursverlust *m*
(Fin) exchange loss
– loss on fluctuations of the rate of exchange
(Bö) price loss
Kursverwässerung *f* (Bö) watering of stock exchange prices
Kursverzerrung *f* (Bö) price distortion
Kurswert *m*
(Bö) market value

– list price
(StR) official price
(ie, of securities traded on a domestic stock exchange, § 11 I BewG)
Kurswertberichtigung *f* **von Wertpapierbeständen** (Bö) writedown of securities portfolio
Kurswert *m* **ohne Dividende** (Bö) ex dividend (*or* ex-d)
Kurswertreserven *fpl* (Fin) gains arising from the increase in security prices
Kurszettel *m* (Bö) quotations sheet
Kursziel *n* (Bö) upside target
Kurszuschlag *m*
(Bö) continuation rate
– carrying-over rate
Kurtage *f* (Fin) courtage
Kurtaxe *f* (FiW) health resort tax
Kurve *f* (Math) graph
Kurve *f* **ausziehen** (Math) to trace out a curve
Kurve *f* **der monetären Nachfrage** (Vw) outlay curve
Kurve *f* **der Verteilungsfunktion** (Stat) distribution curve
Kurve *f* **des mittleren Stichprobenumfangs** (Stat) average sample number curve
Kurve *f* **gleicher Produktion** (Vw) product indifference curve
Kurve *f* **gleicher Trennschärfe** (Stat) curve of equidetectability
Kurve *f* **gleicher Wahrscheinlichkeit** (Stat) equiprobability curve
Kurvenabschnitt *m* (Math) reach of a curve
Kurvenanpassung *f* (Math) curve fitting
Kurvenanpassung *f* **an den Trend** (Stat) trend fitting
Kurvenblatt *n* (Stat) graph
Kurvengenerator *m*
(EDV) curve generator
(ie, in Computergrafik)
Kurvenintegral *n* (Math) line integral
Kurvenknick *m* (Math) kink of a curve
Kurvenschar *f*
(Math) family of curves
– set of curves
– array of curves
Kurvenschreiber *m*
(EDV) graph plotter
– plotter *(syn, Plotter, qv)*
Kurvenstück *n* (Math) branch of a curve
Kurvenverlauf *m* (Math) curve shape
Kurzanschrift *f* (com) abbreviated address
Kurzarbeit *f*
(Pw) short-time working
(ie, vorübergehende Herabsetzung der betriebsüblichen Nutzungszeit)
kurzarbeiten
(Bw) to operate short-time working
(Pw) to work short time
– to work shortened shifts
Kurzarbeiter *m*
(Pw) short-time worker
– worker (put) on short time
– *(pl)* people on short-time working
Kurzarbeitergeld *n*
(Pw) short-time . . . allowance/money
(ie, wird nach dem entgangenen Nettoarbeitsentgelt bemessen)
Kurzarbeitsunterstützung *f* (SozV) short-time working benefits
Kurzbericht *m*
(com) brief
– summary/condensed . . . report
Kurzbrief *m*
(com) quick note
– memo
Kurzdarstellung *f* (com) abstract
kurze Arbeitsniederlegung *f*
(Pw, infml) downer
– quickie strike
kürzen
(com) to shorten
– to abbreviate
– to abridge
(com) to cut
– to cut back
– to pare down
– to reduce
kurzer Bereich *m* (Fin) short end of the market
kurzer Warnstreik *m* (Pw) hit-and-run strike
kürzestes Konfidenz-Intervall *n* (Stat) shortest confidence interval
Kurzfassung *f*
(com) abbreviated
– shortened
– boiled-down . . . version
(com) abstract
– summary
– résumé
– précis
Kurzfassung *f* **e–s Patents** (Pat) title of a patent
kurzfristig (com) over the short term
kurzfristig anlegen (Fin) to invest short term
kurzfristig ausleihen (Fin) to lend short term
kurzfristig beschäftigte Arbeitnehmer *mpl* (Pw) part-time employees
kurzfristige Analyse *f* (Vw) short-run analysis
kurzfristige Ausleihungen *fpl* (Fin) short-term lendings
kurzfristige Betriebsergebnisrechnung *f* (ReW) = kurzfristige Erfolgsrechnung
kurzfristige Einlagen *fpl*
(Fin) short-term deposits
– (GB) deposits at short notice
kurzfristige Erfolgsrechnung *f*
(ReW) short-term operational accounting
(ie, covers period of less than 12 months; syn, kurzfristige Betriebsergebnisrechnung)
kurzfristige Finanzanlage *f* (Fin) cash fund
kurzfristige Finanzierung *f* (Fin) short-term financing
kurzfristige Finanzplanung *f* (Fin) short-term financial planning
kurzfristige Geldmarktpapiere *npl* (Fin) short-term paper
kurzfristige Kapitalanlage *f* (Fin) short-dated (*or* temporary) investment of funds
kurzfristige Kapitalbewegungen *fpl* (AuW) short-term capital movements
kurzfristige Kapitalbilanz *f* (VGR) short-term capital account

kurzfristige Kapitaleinfuhr *f* (AuW) short-term capital imports
kurzfristige Konjunkturprognose *f* (Vw) short-term forecast
kurzfristige Konsumfunktion *f* (Vw) short-period consumption function
kurzfristige Kreditaufnahme *f* (Fin) short-term borrowing
kurzfristige Kredite *mpl*
(Fin) short-term lending *(ie, by banks)*
kurzfristige Kreditnachfrage *f* (Fin) short-term loan demand
kurzfristige Lieferung *f* (com) delivery at short notice
kurzfristige Mittel *pl* (Fin) short-term funds (*or* money)
kurzfristige Nettoverbindlichkeiten *fpl* (ReW) net current liabilities
kurzfristige Obligationen *fpl* (Fin) short-term bonds
kurzfristige Passivgelder *npl* (Fin) short-term liabilities
kurzfristige Planung *f* (Bw) short-term planning
kurzfristiger Erfolgszwang *m* (Bw) pressure to make short-term profits
kurzfristiger Kapitalimport *m*
(AuW) short-term capital import
(syn, Geldimport)
kurzfristiger Kapitalverkehr *m* (VGR) short-term capital movements (*or* transactions)
kurzfristiger Kassenkredit *m* (FiW) short-term cash advance
kurzfristiger Kredit *m* (Fin) short-term credit (*or* loan)
kurzfristiger Kreditbedarf *m* (FiW, Fin) short-term borrowing requirements
kurzfristiger Planabschnitt *m* (Fin) short-range budget period
kurzfristiger Schuldschein *m* (Fin) short note
kurzfristiger Verlust *m* (Bw) short-term loss
kurzfristiger Währungsbeistand *m* (EG) short-term monetary support
kurzfristiger Warenkredit *m* (Fin) commercial credit
kurzfristiger Wechsel *m* (WeR) short-dated bill
kurzfristige Schuldverschreibungen *fpl* (Fin) short-dated bonds
kurzfristiges Darlehen *n* (Fin) short-term loan
kurzfristiges Dumping *n* (AuW) short-run dumping
kurzfristiges Gleichgewicht *n* (Vw) short-run (*or* shifting) equilibrium
kurzfristiges Ziel *n* (Bw) short-run (*or* tactical) goal *(ie, lying ahead typically one year or less)*
kurzfristige Verbindlichkeiten *fpl*
(ReW) current liabilities
– short-term liabilities
– current debt
kurzfristig lieferbar (com) available . . . for prompt delivery/at short notice
Kurzfristplan *m* (Bw) short-term plan
Kurzkonnossement *n*
(com) short form bill of lading
(ie, enthält nicht den vollen Text der Transportbedingungen; seit 1975)
kurzlaufende Bankschuldverschreibungen *fpl* (Fin) short-dated bank bonds
Kurzläufer *mpl*
(Fin) short-dated bonds
– shorts
Kurzläufer-Rendite *f* (Fin) yield on shorts
kurzlebige Konsumgüter *npl* (Bw) consumer disposables
Kurznachricht *f* (com) brief message
Kurzperiodenanalyse *f* (Vw) short-period analysis *(A. Marshall)*
Kurzprospekt *m* (Bö) offering circular
Kurzschrift *f* (com) shorthand
Kurzspeicher *m* (EDV) short-time storage
Kurzstreckenflugzeug *n*
(com) short-haul airliner
– commuter plane (*or* aircraft)
Kurzstreckenfracht *f* (com) shorthaul
Kürzung *f*
(com) cut
– cutback
– reduction
– deduction
– curtailment
Kürzung *f* **von Sozialleistungen** (SozV) cuts in social benefits
Kurzwaren *pl*
(com) notions
– (GB) haberdashery
Kurzzeitversuch *m* (IndE) accelerated test
Küstendampfer *m* (com) coaster
Küstenfischerei *f*
(com) coastal fisheries
– inshore fishing
Küstengewässer *npl* (Re) coastal waters
Küstenhandel *m* (com) inter-coastal trade
Küstenmeer *n* (Re) territorial sea
Küstenschiffahrt *f* (com) coastal shipping
Küstenstaat *m* (Re, Sea Law) littoral state
Kux *m (pl. Kuxe)*
(Fin) quota of a mining company
– share in a mining company
– registered mining share
(ie, Rektapapier, no par value, subject to contributions by members; syn, Bergwerksanteil)
KVSt (StR) = Kapitalverkehrsteuer
KVStDV (StR) = Kapitalverkehrsteuer-Durchführungsverordnung
KVStG (StR) = Kapitalverkehrsteuergesetz
KWG (Fin) = Kreditwesengesetz
Kybernetik *f*
(EDV) cybernetics *(ie, Steuerung und Regelung natürlicher und künstlicher Systeme; theoretisch: mathematisch-logische Analyse von Strukturen in Systemen; praktisch: Regelvorgänge in Systemen eines Fachgebietes, wie Lagerhaltung)*

L

L1-Cache (EDV) L1 cache
L2-Cache (EDV) L2 cache
Laborexperiment *n* (com) lab(oratory) experiment
ladbare Schriftart *f*
(EDV) soft font
– downloadable font
Ladeadresse *f* (EDV) load address (*or* point)
Ladeanweisung *f* (EDV) load instruction
Ladebaum *m* (com) derrick
Ladebefehl *m* (EDV) = Ladeanweisung
Ladeeinheit *f*
(com) loading unit
(eg, Kiste, Faß, Container, Palette)
ladefähiges Programm *n* (EDV) loadable (*or* executable) program
Ladefähigkeit *f*
(com) cargo
– carrying
– load . . . capacity
com) (gewichtsmäßige L. =) deadweight capacity
(ie, of ocean-going ships)
– (räumliche L. =) bulk capacity
(com) payload capacity
(ie, of planes)
Ladefaktor *f*
(com) loading factor
(ie, genutzte zu angebotener Transportkapazität)
Ladefläche *f* (com) loading (*or* cargo) area
Ladefristen *fpl* (com) loading days
Ladegebühr *f* (com) (railroad) loading charges
Ladegeld *n* (com) = Ladegebühr
Ladegeschäft *n* (com) loading and unloading business
Ladegeschirr *n* (com) ship's loading . . . gear/tackle
Ladegewicht *n* (com) shipping weight
Ladegut *n*
(com) cargo
– freight
– (US) cargo *(ie, as a marine term)*
Ladeinstruktion *f* (EDV) = Ladeanweisung
Ladekai *m* (com) cargo dock
Ladekapazität *f* (com) loading (*or* carrying) capacity
Ladekosten *pl*
(com) loading (*or* handling) charges
– *(ships also)* lading charges
Ladelinie *f* (com) = Lademarke
Ladeliste *f*
(com) freight list
(com) manifest
(ie, list of cargo carried by vessel or plane)
Ladeluke *f* (com) cargo hatch
Lademakler *m*
(com) loading broker
– chartering agent
(ie, broker engaged in finding cargo space; Vertreter des Frachtführers im Seefrachtgeschäft)
Lademarke *f*
(com) loadline
– loadline mark
– Plimsoll . . . line/mark
(syn, Ladelinie)
Lademodul *n* (EDV) load module
Lademodus *m*
(EDV) load mode
(ie, delimiters being moved with the data; opp, Übertragungsmodus)
Laden *m*
(com) store
– (GB) shop
(Mk) retail store
laden
(com) to load
– to put (cargo) on/in
(EDV) to load
Ladenaufsicht *f*
(com) floorwalker
– shopwalker
Ladenausrüstung *f*
(com) store fixtures
– (GB) shop fittings
Ladenbau *m* (com) shop fitting (*or* design)
Laden *n* **des Systems** (EDV) systems loading
Ladendieb *m* (Re) shoplifter
Ladendiebstahl *m* (Re) shoplifting
Ladeneinrichtung *f*
(com) (store) fixtures
– (GB) shop fittings
Ladeneinzelhandel *m* (Mk) retail selling
Ladengeschäft *n*
(com) retail store
– (GB) retail shop
Ladenhüter *m*
(com) non-moving item
– unsalable article
– (infml) cats and dogs
– (infml) drug on the market
– (infml) shelf warmer
– (infml) slicker
Ladeninhaber *m*
(com) store owner
– (GB) shopkeeper
Ladenkasse *f*
(com) cash box
– (GB) till
Ladenkette *f*
(com) retailing chain
– chain of retail stores
– multiple
Ladenlayout *m*
(Mk) store layout
(ie, Ladengestaltung und Warenpräsentation)
Laden *m* **mit Fremdbedienung** (com) over-the-counter store (*or* shop)
Ladenöffnungszeiten *fpl* (com) shop hours
Ladenpreis *m* (com) retail price
Ladenregal *n* (com) shelf
Ladenschluß *m* (com) closing time

Ladenschlußgesetz *n* (ReW) Shop Closing Hours Law, of 28 Nov 1956
Ladenschlußzeiten *fpl* (com) shop closing hours
LADEN-Taste *f* (EDV) load key
Ladentisch *m*
(com) counter
– display (*or* sales) counter
Ladentreue *f*
(Mk) shop loyalty
(ie, Trend der Konsumenten, Stammgeschäfte zu bevorzugen)
Ladenverkauf *m* (com) retail selling
Ladenverschleiß *m*
(Mk) store erosion
(ie, langsames Veralten von Läden)
Ladenwerbung *f*
(Mk) in-store advertising
(ie, by mass display of goods)
Ladepapiere *npl* (com) shipping documents (*or* papers)
Ladeparameter *m* (EDV) load parameter
Ladeplatz *m*
(com) loading berth (*or* wharf)
– place of shipment
Ladeprogramm *n* (EDV) = Lader
Ladeprovision *f*
(com) address commission
(ie, paid for arranging the loading of a vessel)
Ladepunkt *m* (EDV) load point
Lader *m*
(EDV) loader
(ie, integriertes Dienstprogramm)
Laderampe *f* (com) loading (*or* shipping) ramp
Laderaum *m*
(com) loading space
(com, *ships*) cargo hold
Laderost *m*
(com) pallet
(syn, Palette)
Laderoutine *f* (EDV) routine used to load programs into memory
Ladeschein *m*
(WeR) shipping note, §§ 444–450 HGB
– inland waterway bill of lading, § 72 BinnSchG = Flußkonnossement
(com) carrier's receipt
Ladestelle *f* (com) loading berth
Ladetätigkeit *f*
(com) handling
– loading and unloading
Ladetonnage *f* (com) load displacement
Ladeverzeichnis *n* (com) = Ladeliste
Ladevorrichtungen *fpl* (com) ship's loading gear (*or* tackle)
Ladezeit *f* (com) loading time
Ladung *f*
(com) loading
(com) cargo
– freight
– consignment
– load
– shipment
Ladung *f* **löschen** (com) to unload (*or* discharge) cargo
Ladungsaufseher *m* (com) supercargo
Ladungsbeteiligte *mpl*
(com) parties interested in the cargo, § 485 HGB
– cargo owners
Ladungsbuchung *f* (com) booking of cargo
Ladungsempfänger *m* (com) consignee
Ladungskontrolleur *m* (com) tallyman
Ladungsmanifest *n*
(com) manifest of cargo
(ie, list of cargo carried by vessel or plane)
Ladungsproblem *n*
(Bw) Knapsack problem
(ie, logistisches Optimierungsproblem)
Ladungsschäden *mpl* **durch Seewurf** (SeeV) damage to cargo by jettison
Ladungstüchtigkeit *f* (com) fitness for storage
Ladung *f* **über Bord werfen** (SeeV) to jettison a cargo
Ladung *f* **übernehmen** (com) to take up cargo
Ladung *f* **zustellen** (Re) to serve a citation (*or* summon) (upon)
Lafferkurve *f*
(Vw) Laffer curve
(ie, stellt Abhängigkeit des Steueraufkommens von der Höhe des Durchschnitts- od Grenzsteuersatzes dar)
Lage *f*
(EDV) layer
(ie, beim Leiterplattenentwurf; syn, Ebene)
Lagebericht *m*
(com) status report
(ReW) annual report
– director's report
(ie, nach § 264 I 1 HGB haben alle KapGes e–n Lagebericht aufzustellen, in dem mindestens der Geschäftsverlauf und die Lage der Ges so darzustellen sind, daß ein den tatsächlichen Verhältnissen entsprechendes Bild vermittelt wird; der Begriff wurde im AktG a. F. zwar nicht verwendet, war aber in Literatur und Praxis üblich; cf, Art. 46 der 4. EG-Richtlinie; cf, Geschäftsbericht)
Lagebesprechung *f* (com) discussion of current situation
Lagefinanzamt *n*
(StR) local finance office where taxable property is situated, § 18 AO *(syn, Belegenheitsfinanzamt)*
Lagemaßzahl *f*
(Stat) measure of central tendency
– measure of central . . . location/position
– parameter of location
(syn, Lageparameter)
Lageparameter *m* (Stat) = Lagemaßzahl
Lageplan *m*
(com) layout plan
(com) site plan
Lager *n*
(com) stock of goods (*or* merchandise)
(MaW) inventory held in storage
(MaW) store
– storeroom
– stockroom
– storage area
– warehouse
Lagerabbau *m*
(MaW) liquidation
– reduction

– drawdown
– runoff . . . of inventories
– destocking
– inventory cutting (*or* decline *or* workoff)
– stock reduction
Lager *npl* **abbauen**
(MaW) to cut
– to run down
– to trim
– to work off
– to reduce
– to liquidate . . . inventories (*or* stock)
– to destock
– to pare down inventory levels *(eg, to the bone)*
Lagerabgangsrate *f* (MaW) rate of usage
Lageranordnung *f* (MaW) layout of storage area
Lageranteil *m* (MaW) ratio of inventory level to total assets of firm
Lagerarbeiter *m* (MaW) stockroom worker
Lager *npl* **auffüllen**
(MaW) to rebuild
– to fill up
– to refill
– to replenish . . . inventories
– to restock
– (infml) to load the pipelines
Lagerauffüllung *f*
(MaW) inventory . . . accumulation/buildup/rebuilding/replenishment
– refilling of inventories
– replenishment of stocks
Lageraufnahme *f*
(MaW) physical inventory
– stocktaking
Lageraufseher *m* (MaW) stockroom supervisor
Lager *npl* **aufstocken** (MaW) = Lager auffüllen
Lageraufstockung *f* (MaW) = Lagerauffüllung
Lagerauftrag *m*
(Bw) stock order
(ie, Vorratsauftrag)
Lagerauslastung *f* (MaW) utilization of storage capacity
Lagerautomatisierung *f*
(MaW) automation of inventory processes
(ie, auf der Grundlage von EDV-gestützten Informationssystemen)
Lagerbehälter *m*
(MaW) storage bin
– storage container
(eg, Flaschen, Kübel, Tanks; Boxen, Kisten, Kartons)
Lagerbehandlung *f* (MaW) handling of goods in storage *(eg, refilling, drying, etc.)*
Lagerbestand *m*
(com) goods on hand (*or* in stock)
– inventory level
– stock
– stock on hand
– stores
Lagerbestände *mpl* **aufnehmen** (MaW) to compile inventory
Lagerbestände *mpl* **des Einzelhandels** (com) retail inventories
Lagerbeständigkeit *f* (IndE) shelf life
Lagerbestandsaufnahme *f* (ReW) stock taking
Lagerbestandsaufstellung *f* (MaW) inventory status report
Lagerbestandsbericht *m* (MaW) stock status report
Lagerbestandsbewertung *f*
(ReW) inventory valuation
(syn, Vorratsbewertung, Lagerbewertung)
Lagerbestandsfortschreibung *f* (MaW) updating of inventory
Lagerbestandsführung *f*
(MaW) inventory (*or* stock) accounting
– inventory control
Lagerbestandskarte *f* (ReW) stock record card
Lagerbestandskontrolle *f* (MaW) inventory control
Lagerbestandsliste *f* (MaW) = Lagerbestandsverzeichnis
Lagerbestandsvergleich *m*
(MaW) comparison of inventory movements
(ie, by preparing statistics over a number of periods)
Lagerbestandsverzeichnis *n*
(MaW) inventory
– inventory status report
Lagerbetrieb *m* (com) warehousing business, §§ 416-424 HGB
Lagerbewegungen *fpl* (MaW) inventory (*or* stock) movements
Lagerbewertung *f* (ReW) inventory valuation (*or* costing)
Lagerbuch *n* (MaW) stock (*or* stores) ledger
Lagerbuchführung *f*
(MaW) inventory accounting
(MaW) inventory records file
– stockroom record system
– stockroom records
(ie, keeping track of all items on inventory and on order)
Lagerbuchhaltung *f*
(ReW) inventory accounting department
(Note: In commercial jargon, the terms ‚Lagerbuchführung' and ‚Lagerbuchhaltung' are often used interchangeably)
Lagerdaten *pl* (MaW) inventory data (*or* figures)
Lagerdauer *f*
(MaW) period of storage
– days of inventories *(syn, Lagerfrist)*
Lagerdisposition *f*
(MaW) stockbuilding (activity)
– stock ordering
Lagerdispositionen *fpl* (MaW) storage dispositions
Lagerdruck *m*
(com) excessive inventories
(ie, tend to squeeze profit margins)
Lagerempfangsschein *m* (WeR) warehouse receipt
Lagerente *f* (Bw) rent due to favorable location
Lagerentnahme *f* (MaW) withdrawal from stock
Lagerergänzung *f* (MaW) = Lagerauffüllung
Lagerfach *n* (MaW) storage bin (*or* slot)
Lagerfachkarte *f* (MaW) bin card
lagerfähig (com) fit for storage
Lagerfähigkeit *f* (MaW) storage (*or* shelf) life
Lagerfehlbestand *m* (MaW) stock shortage
Lagerfertigung *f*
(IndE) make-to-stock production
– production to stock

Lagerfertigungsteil *n* (IndE) make-to-stock product
Lagerfinanzierung *f* (Fin) inventory financing
Lagerfläche *f*
(MaW) storage area
– warehouse space
Lagerfrist *f* (MaW) = Lagerdauer
Lagerfunktion *f* (MaW) inventory (carrying) function
Lagergebäude *n*
(MaW) storehouse
– storage building
Lagergebühren *fpl* (com) = Lagergeld
Lagergeld *n* (com) warehouse (*or* storage) charges
Lagergeschäft *n*
(com) warehousing business, §§ 416–424 HGB
(Mk) procurement to stock up inventory
(opp, Streckengeschäft)
Lagergewinne *mpl* (ReW) inventory profits
Lagergröße *f*
(MaW) inventory level
– stock level
– size of inventory
Lagergut *n*
(com) goods fit for storage
(Zo) = Zollagergut
Lagerhalle *f* (MaW) storage building
Lagerhallenkonnossement *n* (com) custody bill of lading
Lagerhalter *m*
(com) warehouse keeper
– warehouseman
(ie, person undertaking the storage and custody of goods, § 416 HGB)
Lagerhalterkonnossement *n* (com) custody bill of lading
Lagerhaltung *f*
(MaW) = Lagerwirtschaft
(MaW) stockkeeping
– warehousing
Lagerhaltung *f* **mit konstanten Beständen** (MaW) constant-cycle system of inventory control
Lagerhaltung *f* **mit konstanten Bestellintervallen**
(MaW) periodic ordering
Lagerhaltung *f* **nach ABC-Klassifikation**
(MaW) ABC inventory control
– split inventory method
Lagerhaltungsanalyse *f* (OR) inventory analysis
Lagerhaltungskosten *pl*
(KoR) inventory carrying (*or* holding) costs
– expenses of carrying inventories
Lagerhaltungsmodell *n* (OR) inventory model
Lagerhaltungsplanung *f* (MaW) inventory scheduling
Lagerhaltungspolitik *f*
(MaW) inventory policy *(syn, Vorratspolitik)*
Lagerhaltungsrezession *f* (Vw) inventory recession
Lagerhaltungsschwankungen *fpl* (MaW) inventory fluctuations
Lagerhaltungssystem *n* (MaW) inventory control system
Lagerhaltungszyklus *m*
(Vw) inventory cycle
(ie, folgt aus der Anpassung von tatsächlicher an gewünschte Lagerhaltung gemäß dem Akzeleratorprinzip)

Lagerhaus *n* (MaW) warehouse
Lagerhüter *m* (MaW) inactive inventory item
Lagerinvestitionen *fpl*
(VGR) net changes in business inventory
– inventory changes (*or* investment)
– investment in inventories of goods
(MaW) inventory investment
Lagerist *m*
(MaW) stock clerk
– stockkeeper
– stockroom clerk
– storekeeper
(syn, Lagerverwalter)
Lagerjournal *n* (MaW) inventory journal
Lagerkapazität *f* (MaW) storage capacity
Lagerkarte *f*
(MaW) inventory card
– stock record card
Lagerkartei *f*
(MaW) inventory records
– stock file
Lagerkennzahlen *fpl* (MaW) inventory turnover ratios
Lager *n* **klein halten** (MaW) to keep stocks trim
Lagerkonto *n* (ReW) inventory (asset) account
Lagerkontrolle *f* (MaW) inventory audit
Lagerkosten *pl*
(ReW) inventory cost
– inventory carrying cost
– holding cost
– storage . . . cost/expenses
(ie, Teil der Materialgemeinkosten, die in der Lagerwirtschaft anfallen)
(com) storage/warehouse . . . charges
(Fin) cost of carry
(ie, e–s Zinspapieres)
Lagerkostenabgabe *f* (EG) levy on storage
Lagerkostensatz *m* (MaW) (inventory) carry rate
Lagerleistungen *fpl*
(Bw) make-to-stock output
(ie, to replenish inventory)
lagerlose Fertigung *f*
(IndE) stockless production
(ie, based on hand-to-mouth buying of input materials)
Lagermaterial *n*
(MaW) regular stock on hand
(opp, Auftragsmaterial)
Lagermiete *f* (KoR) storage rental fee
Lagermodell *n* (MaW) procurement inventory model
lagern
(MaW) to stock
– to store
Lagerort *m* (MaW) stock location
Lagerortkarte *f* (MaW) bin tag
Lagerpersonal *n* (MaW) inventory clerks
Lagerplan *m* (Bw) inventory budget
Lagerplanung *f*
(MaW) materials requirements planning
– inventory planning
Lagerplanungsmodell *n* (OR) inventory planning model
Lagerpolitik *f* (MaW) inventory policy
Lagerposition *f* (MaW) inventory item

Lagerraum *m*
(MaW) storage area
– stockroom
Lagerraum *m* **bereitstellen** (MaW) to provide storage space
Lager *n* **räumen**
(com) to clear stocks
– (infml) to offload stocks
Lagerräumung *f*
(com) clearance of stocks
– clear out of inventories of unsold goods
Lagerrisiko *n* (com) storage risk
Lagerschein *m* (WeR) warehouse receipt (*or* certificate)
Lagerspesen *pl* (MaW) storage charges
Lagerstatistik *f* (MaW) inventory statistics
Lagerstelle *f* (Fin) depositary
Lagerüberwachung *f*
(MaW) stockchasing
– monitoring the status of inventory
Lagerumsatz *m* (MaW) = Lagerumschlag
Lagerumschlag *m*
(MaW) inventory-sales ratio
– rate of inventory turnover
– turnover of inventories
– merchandise (*or* stock) turnover
– (US) momentum of sales *(ie, arrived at by dividing annual net sales by average inventory)*
Lagerung *f*
(MaW) storage
– keeping in stock
Lagerungskosten *pl* (MaW) storage costs
Lagerverkehr *m* (com) warehouse transactions
Lagerverluste *mpl* (MaW) inventory losses
Lagerversicherung *f* (Vers) stock policy
Lagervertrag *m* (com) warehousing contract
Lagerverwalter *m*
(com) warehouse keeper (*or* manager)
(MaW) stock clerk
– stockkeeper
– stockroom clerk
– storekeeper
Lagerverwaltung *f*
(MaW) inventory management
(MaW) inventory control department
Lagervorrat *m*
(MaW) stock
– supply
Lagerwirtschaft *f*
(MaW) inventory . . . management/control
– administration of inventory
– stock control
Lagerzeit *f* (MaW) period of storage
Lagerzins *m*
(MaW) implicit interest charges for average inventory period
(ie, equal to opportunity cost of capital tied in inventories)
Lagerzugang *m* (MaW) addition to stocks
Lagerzugänge *mpl* (MaW) inventory receipts
Lagerzugangsliste *f* (MaW) stock receipts register
Lagerzyklus *m*
(Vw) inventory cycle
– inventory investment cycle
– (GB) stock cycle

lagetypischer Wert *m* (Stat) = Lagemaßzahl, qv
Lagrangescher Multiplikator *m*
(Math) Lagrange (*or* Lagrangian) multiplier
(ie, technique whereby potential extrema of functions of serveral variables are obtained; cf, Extrema mit Nebenbedingungen = constrained extrema of functions)
Lagrangesches Restglied *n* (Math) Lagrange's form of remainder
Landarbeiter *m*
(Pw) farmhand
– (GB) agricultural labourer
Land *n* **des steuerlichen Wohnsitzes** (StR) country of fiscal domicile
Landegebühr *f* (com) landing charge
Länderanleihen *fpl* (FiW) Länder Government bonds
Länderbericht *m* (com) country report
Länder *npl* **der Andengruppe** (AuW) Andean Group countries
Ländererstattungen *fpl* (FiW) Länder refunds
Länderfinanzausgleichsgesetz *n* (FiW) Law on Fiscal Equaliziation among the States, of 28 Aug 1969, as amended
Länderfinanzverwaltungen *fpl*
(FiW) Länder
taxation authorities
Ländergruppe *f* (AuW) group of countries
Länderhaushalte *mpl* (FiW) Länder budgets
Länderkontingent *n*
(AuW) quota accorded to an individual country
– negotiated quota
Länderlimit *n* (Fin) country limit
Länder *npl* **mit Ausnahmeregelung**
(EG) member states with a derogation
(ie, within the ESCB)
Länderquoten *fpl* (AuW) country-by-country quotas
Länderreferent *m* (Vw) country economist
Länderrisiko *n*
(Fin) country risk
– (i.e.S) sovereign risk = Staatsrisiko
(ie, Risiko e–s Verlustes bei e–r Auslandsinvestition, e–m Auslandskredit od e–m Exportverkauf aufgrund der wirtschaftlichen und politischen Bedingungen im Empfängerland; drei Ausprägungen:
1. Liquiditätsrisiko;
2. Zinsausfallrisiko;
3. Totalausfallrisiko = endgültige Zahlungsverweigerung e–s Staates;
risk that changes in economic and/or political conditions in a country may lead to delayed payments, refusal to pay, or controls on outflow of funds)
(AuW) jurisdiction risk *(ie, legal officials may not be impartial)*
Länderrisikoanalyse *f* (Fin) country rating
Länderrisiko-Bewertung *f*
(Fin) country-risk assessment
(ie, task is to analyze country-related conditions and to ensure that returns are adequate to compensate companies, banks, insurers for the risks involved; effective assessment ideally requires the employment of a true „Renaissance person" – exceedingly intelligent, a holder of doctorates from respectable institutions in economics, political science, sociology, psychology, and perhaps a few

other fields as well, totally objective, with a great deal of common sense; well-traveled, up to date on developments in all countries of interest to the bank, and personally acquainted with key policy makers)

Ländersteuergarantie *f*
(FiW) Länder tax guarantee
(ie, nach Berechnung der Ausgleichszuweisungen und -beiträge durchzuführende, auf einen Vergleich der Ländersteuereinnahmen (ohne Gemeindesteuern) abstellende Korrekturrechnung; adjustment calculation, which has to be carried out following the calculation of the compensatory transfers and the compensatory contributions, and which is geared to a comparison of the Länder tax receipts (excluding local authority taxes))

länderübergreifend (com) multi-Länder *(eg, sales offices)*

Landesarbeitsgemeinschaft *f* **der Verbraucherverbände** (com) Federal State Working Party of Consumers' Associations

Landesarbeitsgericht *n*
(Re) appellate labor court
(ie, 2. Instanz der Arbeitsgerichtsbarkeit)

Landesbank *f*
(Fin) regional bank
(ie, central giro institution of a Federal state)

Landesbodenkreditanstalt *f* (Fin) Land mortgage bank

Landesfinanzamt *n* (StR) Land tax office

Landesfinanzminister *m* (StR) state minister of finance

Landesfinanzministerium *n* (StR) state ministry of finance

Landesjustizverwaltung *f* (Re) state justice administration

Landeskartellbehörde *f* (Kart) State Cartel Office

Landeskreditanstalt *f* (Fin) semi-public bank in a German state

Landesplanung *f* (Vw) regional planning

Landesplanungsgesetz *n* (Re) Land Planning Law

Landesrentenbank *f* (Fin) Land mortgage bank

Landessozialgericht *n* (Re) Appellate Court for Social Security and Related Matters

Landessteuern *fpl*
(FiW) taxes lavied by the German Länder (*or* provincial states)
– state taxes

landesüblicher Zinsfuß *m*
(Fin) current effective rate (of government bonds)
(ie, Effektivzinssatz für Staatsanleihen am Kapitalmarkt; dient zu Rentabilitätsvergleichen)

landesüblicher Zinssatz *m* (Fin) current (*or* prevailing) rate of interest

Landesversicherungsanstalt *f*
(SozV) Land social insurance office
(ie, for workers)

Landesverwaltungsgericht *n* (Re) Land administrative tribunal

Landeswährung *f* (Vw) domestic (*or* local) currency

Landeszentralbank *f*
(Fin) land central bank
(ie, regional central bank branch)

Landeszinsfuß *m* (Fin) = landesüblicher Zinsfuß, qv

Landfracht *f* (com) land-borne freight

Landfrachtgeschäfte *npl*
(com) land-borne freight
– (GB) land carriage

Land *n* **für Verkehrszwecke** (StR) land suitable for the building of highways or airports, § 69 I BewG

Landgericht *n*
(Re) regional court
– first-instance district court
(ie, normal superior court having both first instance jurisdiction in civil and commercial matters and appellate jurisdiction from ‚Amtsgericht')

Landkreis *m* (com) rural district

ländliche Kreditgenossenschaft *f*
(Fin) agricultural credit cooperative
– rural credit association
(ie, Spar- und Darlehnskassen od Raiffeisenkassen)

Landmaschinen *fpl* (com) agricultural (*or* farm) machinery

Landmaschinenbranche *f* (com) farm equipment industry

land- od forstwirtschaftliches Vermögen *n* (StR) agricultural property

Landschaftsgestalter *m*
(com) landscape engineer
(ie, planning, design, and construction of natural scenery on a tract of land)

Landschaftsgestaltung *f*
(com) landscape architecture
(ie, arranging and fitting land for human use and enjoyment)

Landtransport *m*
(com) carriage by land
– land carriage

Landtransportrisiko *n* (Vers) land risk

Landtransportversicherung *f* (Vers) insurance of goods in transit by land

Land- und Forstwirtschaft *f* (Vw) agriculture and forestry

land- und forstwirtschaftlicher Nebenbetrieb *m*
(StR) business
– enterprise
– establishment . . . incident to agriculture and forestry, § 15 I 1 EStG

land- und forstwirtschaftliches Einkommen *n* (StR) agricultural and forestry income

land- und forstwirtschaftliches Vermögen *n* (StR) property used in agriculture or forestry, §§ 33–67 BewG

Landwirtschaft *f*
(com) agriculture
– farming
(com) agricultural industry
– agri-business

landwirtschaftliche Arbeit *f* (Stat) farm work

landwirtschaftliche Ausstellung *f*
(com) state *or* county fair
– (GB) agricultural show

landwirtschaftliche Buchführung *f* (ReW) accounting of farm and forestry establishments

landwirtschaftliche Erzeugnisse *npl*
(com) farm products
– agricultural products
– produce
(ie, farm products collectively)

landwirtschaftliche Genossenschaft *f* (com) agricultural cooperative
landwirtschaftliche Marktordnung *f* (EG) farming market regime
landwirtschaftliche Messe *f* (com) agricultural fair
landwirtschaftliche Produkte *npl* (com) = landwirtschaftliche Erzeugnisse
landwirtschaftliche Produktivität *f* (Vw) agricultural productivity *(ie, input yield of labor and capital for a given unit of land)*
landwirtschaftlicher Betrieb *m* (com) agricultural undertaking
landwirtschaftlicher Grenzbetrieb *m* (com) marginal farmer *(ie, one that covers only cost of production at given market prices)*
landwirtschaftlicher Hypothekarkredit *m* (Fin) agricultural real estate loan
landwirtschaftlicher Marktordnungswechsel *m* (FiW) agricultural market organization bill
landwirtschaftlicher Nebenerwerb *m* (com) part-time farm
landwirtschaftliches Einkommen *n* (EG) farmer's (*or* farm) income
landwirtschaftliches Stützungsniveau *n* (EG) farm support level
landwirtschaftliche Überschußproduktion *f*
(EG) farm overproduction
(EG) farm surplus
Landwirtschaftskammer *f* (com) agricultural chamber
Landwirtschaftsschau *f*
(com) state (*or* country) fair
– (GB) agricultural show
längerer Aufenthalt *m* (StR) substantial presence
längerfristige Finanzierung *f*
(Fin) longer-term financing
– provision of longer-period finance
langes Ende *n* **des Kapitalmarktes** (Fin) long end of the capital market
langfristig anlegen (Fin) to invest long term
langfristig ausleihen (Fin) to lend long term
langfristig disponieren (Fin) to invest long term
langfristige Anlage *f* (Fin) long-dated (*or* permanent) investment
langfristige Anleihe *f* (Fin) long-term bond
langfristige Ausleihungen *fpl*
(Fin) money loaned long-term
– long-term lendings
langfristige Bankkredite *mpl* (Fin) long-term bank credits
langfristige Durchschnittskosten *pl* (Vw) long-run average cost
langfristige Emission *f* (Fin) long-dated issue
langfristige Erfolgsplanung *f* (Bw) long-term profit planning
langfristige Fertigungs (com)
langfristige Fertigungsaufträge *mpl* (IndE) construction contracts
langfristige Finanzanlagen *fpl* (ReW) long-term investments
langfristige Finanzierung *f* (Fin) long-term financing
langfristige Finanzierungsmittel *pl* (Fin) long-term financial resources (*or* funds)
langfristige Forderung *f* (ReW) long-term receivable
langfristige Grundsatzplanung *f* (Bw) long-range corporate planning
langfristige Kapitalanlage *f*
(Fin) long-term
– fixed
– permanent . . . investment
langfristige Kapitalbewegungen *fpl* (VGR) long-term capital movements
langfristige Kapitalbilanz *f* (VGR) long-term capital account
langfristige Konsumfunktion *f* (Vw) long-period consumption function
langfristige Kredite *mpl* (Fin) long-term indebtedness
langfristige Kreditgeschäfte *npl* (Fin) long-term lending
langfristige Kreditlücke *f* (Fin) long-term credit gap
langfristige Materialbeschaffung *f* (MaW) broad load
langfristige Planung *f* (Bw) long-range (*or* long-term) planning
langfristige Produktion *f* (Bw) long-term production *(eg, im Groß- und Werksanlagenbau)*
langfristiger Abschluß *m* (com) long-term contract
langfristige Rentabilität *f* (Fin) long-term profitability
langfristiger Kapitalverkehr *m* (AuW) long-term capital transactions (*or* movements)
langfristiger Kredit *m*
(Fin) long-term credit (*or* loan)
(FiW) funded debt
langfristiger Liefervertrag *m* (com) long-term supply agreement (*or* contract)
langfristiger Planabschnitt *m* (Fin) long-range budget period
langfristiger Vertrag *m* (Re) long-term contract *(eg, in the production of heavy equipment)*
langfristiger Wechsel *m*
(WeR) long-dated bill
– long bill
langfristiges Anlagevermögen *n* (Bw) long-term fixed assets
langfristiges Darlehen *n* (Fin) long-term (*or* fixed) loan
langfristiges Gleichgewicht *n* (Vw) long-period equilibrium
langfristiges Kapital *n* (Fin) long-term capital
langfristiges Kreditgeschäft *n* (Fin) long-term loan business
langfristige Staatsschuld *f* (FiW) long-term public debt
langfristiges Ziel *n*
(Bw) long-run (*or* strategic) goal
(ie, typically over 3 years)
langfristige Unternehmenspolitik *f*
(Bw) long-term company (*or* corporate) policy
– long-term lines of approach
langfristige Unternehmensstrategie *f* (Bw) long-term corporate strategy
langfristige Verbindlichkeiten *fpl*
(ReW) long-term liabilities
– long-term debt (*or* indebtedness)
– noncurrent liabilities

langfristige Verlaufsrichtung *f* (Stat) secular trend
langfristig investieren (Bw) to invest (for the) long term
Langfristplanung *f* (Bw) long-term (*or* long-range) planning
langlaufende Terminkonten *npl* (Fin) long-term time accounts
Langläufer *mpl*
(Fin) long-dated securities
– long maturities
– longs
Langläufer-Rendite *f*
(Fin) long term yield on bonds
– yield on longs
langlebige Konsumgüter *npl* (Mk) durable consumer goods
langlebige Wirtschaftsgüter *npl* (Bw) long-lived assets
Langsamdreher *mpl* (Mk, infml) slow-selling merchandise
langsamer Speicher *m* (EDV) slow access storage
Längsparitätskontrolle *f* (EDV) = Längssummenprüfung
Längsprüfzeichen *n* (EDV) horizontal parity bit
Längsseit-Konnossement *n* (com) alongside bill of lading
Längsseitlieferung *f* (com) delivery alongside ship
längsseit Schiff (com) alongside ship
Längssummenprüfung *f*
(EDV) longitudinal (redundancy) check
(syn, Blockprüfung)
Langstreckenflug *m* (com) long-haul flight
Langzeitarbeitsloser *m*
(Pw) long-term unemployed
(ie, those who have been without work for some considerable time)
Langzeitlagerung *f* (MaW) long-term storage
Langzeitplan *m* (Bw) long-range plan
Langzeitplanung *f* (Bw) long-range (*or* long-term) planning
Langzeitprognose *f* (Bw) long-term (*or* long-range) forecast
Langzeitschäden *mpl* (Vers) long-tail claims
Langzeiturlaubskonto *n*
(Pw) long-term vacation account
(ie, Überstunden und Urlaubsreste werden dem L. angerechnet)
Langzeitzeitarbeitsloser *m* (Pw) long-time unemployed
Laplacesche Differentialgleichung *f*
(Math) Laplace's equation
(ie, partial differential equation stating that the sum of all nonmixed second partial derivatives equals zero)
Laplacescher Grenzwertsatz *m* (Math) Laplace's theorem
Laplacescher Operator *m* (Math) Laplacian operator
Laplace-Transformation *f*
(Math) Laplace transform
(ie, e–e Integraltransformation vor allem zur Lösung linearer Integro-Differentialgleichungen; sie eignet sich zur Darstellung diskontinuierlicher Funktionen; used to reduce the solution of linear differential equation with constant coefficients to the solution of a polynomial equation; one of ther simplest discontinuous functions is the unit function = Einheitssprung u(t);
Eigenschaften:
1. Superpositionssatz = linearity/superposition
2. Verschiebungssatz = translation theorem;
3. Anfangswertsatz = initial value theorem;
4. Endwertsatz = final value theorem;
5. Faltungssatz = convolution theorem)
Laplace-Wahrscheinlichkeit *f* (Math) LaPlace probability
Lärmbelästigung *f*
(IndE) noise pollution
(ie, includes vibration)
Lärmbelastung *f* (IndE) exposure to noise
Lärmschutz *m* (IndE) noise protection
Laserdrucker *m* (EDV) laser printer
Laserkasse *f*
(Mk) laser-scanning checkout
– laser-scan till
Lash-Schiff *n*
(com) lighter-aboard ship
(ie, type of intermodal transportation: it lies off shore and receives a cargo of barges)
Lash-Verfahren *n* (com) lighter-aboard-ship method
Last *f* **der öffentlichen Schuld** (FiW) burden of the public debt
Lastenausgleich *m* (FiW) equalization of burdens
lastenfrei
(Re) free from encumbrances
– unencumbered
lastenfreies Eigentum *n* (Re) unencumbered property
Lastenheft *n*
(com) tender specifications
– specification
– cahier des charges
(ie, enthält Einzelheiten e–r Ausschreibung)
(IndE) performance specification
(EDV) software specifications
(cf, Pflichtenheft)
lästige Bedingung *f* (Re) onerous clause
lästiger Parameter *m* (Stat) nuisance parameter
Lastkraftwagen *m*
(com) truck
– (GB) lorry
Lastschrift *f*
(com) debit note
(ReW) debit entry
(ReW) debit memo
(Fin) direct debit
(ie, im Lastschriftverfahren)
Lastschriftanzeige *f*
(Fin) charge slip
– debit . . . advice/memo/note
– advice of debit
Lastschriftbeleg *m* (ReW) debit voucher
Lastschriftverfahren *n* (Fin) = Einzugsverfahren
Lastschriftverkehr *m* (Fin) direct debiting transactions
Lastschriftzettel *m* (Fin) direct debit slip
Lastspiel *n* (IndE) operating cycle
Last- und Gutschriften *fpl* (ReW) debit and credit entries

Lastverbund *m*
(EDV) load link
(EDV) load-sharing computer network
Lastverteilung *f*
(FiW) distribution of tax burden
(ie, structural criteria are: functional, personal, sociological, sectoral, regional, temporal)
Last-Zeit-Funktion *f*
(IndE) history of loading
– service-loading history
lateinisches Quadrat *n*
(Stat) Latin square
(ie, gehört zu den Haupteffekt-Designs)
lateinisches Rechteck *n* (Stat) Latin rectangle
lateinisches Standardquadrat *n* (Stat) standard Latin square
latent-deterministischer Prozeß *m* (Stat) crypto-deterministic process
latente Konkurrenz *f*
(Vw) latent competition
(ie, by potential suppliers)
latenter Bedarf *m* (Mk) latent demand
latente Steuern *fpl*
(ReW) deferred . . . taxes/taxation
(ie, keine besondere Steuerart, sondern Posten im handelsrechtlichen Abschluß zur richtigen Periodenabgrenzung des Steueraufwandes: Differenz zwischen der fiktiven Steuer auf den handelsrechtlichen Gewinn und den tatsächlichen Steuern auf den Steuerbilanzgewinn; durch die unterschiedlichen Bilanzansätze ergeben sich unterschiedliche Gewinnausweise in Handels- und Steuerbilanz, die passivisch zu Rückstellungen und aktivisch zu Abgrenzungsposten führen; soweit sie sich aus der Konsolidierung ergeben, sind sie zu passivieren und auch zu aktivieren = accumulated tax payments; cf, § 274 HGB)
latente Variable *f* (Stat) latent variable
Latenzinformation *f* (Mk) latent information
Latenzzeit *f*
(EDV) latency *(syn, Antwortzeit)*
Lattenkiste *f* (com) crate
Lauf *m* (IndE, EDV) run
Laufbahn *f* (Pw) career (path)
Laufbahnplanung *f*
(Pw) career planning
(Pw) in-house career path planning
laufende Aufwendungen *fpl* (ReW) current expenditure
laufende Auswertung *f* (Bw) periodic evaluation and reporting
laufende Bestandsaufnahme *f* (MaW) perpetual inventory
laufende Bestandskartei *f* (MaW) perpetual inventory file (*or* records)
laufende Buchungsnummer *f* (ReW) journal number
laufende Dividende *f* (Fin) regular dividend
laufende Emission *f* (Fin) tap issue
laufende Erträge *mpl* (Fin) current income *(eg, from bonds)*
laufende Hilfe *f* **zum Lebensunterhalt** (SozV) regular subsistence payments
laufende Instandhaltung *f* (com) current maintenance
laufende Inventur *f* (MaW) perpetual inventory
laufende Kontenabrechnung *f* (Fin) demand deposit accounting
laufende Leistungen *fpl* (SozV) current benefits
laufende Lohnrunde *f* (Pw) on-going wage round
laufende Numerierung *f* (com) consecutive numbering
laufende Pensionszahlungen *fpl* (Pw) current pension payments
laufende Planung *f* (Bw) current planning
laufende Police *f*
(Vers) floating policy
– open cover (*or* slip)
laufende Prämie *f* (Vers) regular premium
laufender Betrieb *m* (com) day-to-day business
laufende Rechnung *f*
(com) account current
– current/open . . . account
(syn Kontokorrent; § 355 HGB)
(com) = offene Rechnung, qv
laufende Rendite *f*
(Fin) flat yield *(syn, Umlaufrendite, qv)*
laufender Faktoreinsatz *m* (Vw) current input
laufender Geschäftsbetrieb *m*
(com) day-to-day business
– running operations
laufender Kurvenzug *m* (Math) smooth curve
laufender Pensionsaufwand *m* (SozV) current service costs
laufender Zins *m* (Fin) interest accrued
laufendes Budget *n* (FiW) current budget
laufendes Geschäftsjahr *n* (com) current financial year
laufendes Konto *n*
(Fin) checking account
– (GB) current account
laufendes Patent *n* (Pat) pending patent
laufendes Programm *n* (EDV) active program
laufendes Steuerjahr *n* (StR) current taxable year
laufende Summe *f* (EDV) running total
laufendes Unternehmen *n* (Bw) going concern
laufende Überwachung *f*
(Bw) operational control
(ie, over the daily performance of a firm)
laufende Verbindlichkeiten *fpl* (ReW) current liabilities
laufende Versicherung *f*
(Vers) floater policy
– open policy
(ie, esp. in transport insurance; more properly called ‚open certificate')
laufende Wartung *f* (EDV) maintenance routine
laufende Wirtschaftsperiode *f* (Vw) market (*or* instantaneous) period
laufend numerieren (com) to number consecutively
laufend senken (com) to lower progressively
laufend veranlagte Steuern *fpl* (StR) currently assessed taxes
lauffähiges Programm *n*
(EDV) loadable (*or* executable) programm
(syn, ladefähiges Programm)
Laufkarte *f*
(IndE) job/move . . . ticket
– travel/batch . . .

Laufkunde *m*
(com) casual customer
– (infml) off-the-street customer
(opp, Stammkunde)
Laufkundschaft *f* (com) occasional customers
Laufschrift *f* (EDV) marquee
Laufstatus *m* (EDV) running status
Laufverhalten *n* (EDV) performance
Laufwerk *n*
(EDV) magnetic tape unit (*or* station *or* deck)
(syn, Magnetbandgerät)
(EDV) drive
(eg, a hard disk)
Laufwerksbuchstabe *m*
(EDV) drive letter
(ie, letter used to uniquely identify a media drive)
Laufwerksklappe *f* (EDV) disk drive door
Laufwerksschacht *f* (EDV) drive bay
Laufwerkssymbol *n* (EDV, GUI) drive icon
laufwilliges Thread *n* (EDV) unblocked thread
Laufzahl *f*
(Math) number of terms
(ie, in a progression)
Laufzeit *f*
(Re) term
– continuance
– currency *(eg, during the . . . of the contract)*
(Fin) life
– life span
– maturity period
– time to maturity *(eg, of bond issue)*
– length of time to maturity *(eg, 5 years to maturity)*
(EDV) run
– running
– object . . . time
Laufzeitbibliothek *f*
(EDV) run time library
(ie, collection of routines that are needed to execute an application file)
Laufzeit *f* **der Verzinsung** (Math) number of terms
Laufzeitenstruktur *f* (Fin) maturity pattern
Laufzeit *f* **e–r Anleihe**
(Fin) duration
– length
– period . . . of a loan
– repayment period
(IndE) operating (*or* running) time
Laufzeit *f* **e–r Police** (Vers) life of a policy
Laufzeit *f* **e–s Patents**
(Pat) term of a patent
(ie, Schutzdauer derzeit 20 Jahre)
Laufzeit *f* **e–s Wechsels** (WeR) term of a bill
Laufzeitfehler *m* (EDV) run time error
Laufzeitfunktionen *fpl* (EDV) runtime facilities
Laufzeitglied *n*
(EDV) transport delay unit
(ie, in analog computers)
laufzeitkongruent (Fin) of/with identical maturity
Laufzeitkongruenz *f* (Fin) identity (*or* matching) of maturities
Laufzeit-Lizenz *f* (EDV) run time license
Laufzeitregister *n* (EDV) delay line register
Laufzeitspeicher *m* (EDV) delay-line memory (*or* storage)
Laufzeitverlängerung *f* (Fin) maturity extension
Laufzettel *m*
(com) routing slip
– buck slip
Laufzyklus *m* (EDV) run cycle
lauten auf (Fin) denominated (*or* issued) in *(eg, €, £, $, CHF)*
lauterer Wettbewerb *m* (Kart) fair competition
Lawinensteuer *f* (FiW) = Kaskadensteuer, qv
Layouter *m* (Mk) layout man
Leasing *n*
(com) leasing
(ie, Vermietung bzw. Verpachtung langlebiger Investitions- und Konsumgüter; e–e genaue Begriffsbestimmung existiert nicht; kann ausgelegt werden als: Mietvertrag, Teilzahlungsvertrag, Geschäftsbesorgungsvertrag, Treuhandverhältnis, Vertrag eigener Art; Bilanzierung von Leasing-Verträgen umstritten)
Leasinggeber *m* (Fin) lessor
Leasingkunde *m* (Bw) lessee
Leasingnehmer *m* (Fin) lessee
Leasing-Vertrag *m*
(Re) leasing agreement
(cf, Leasing)
Leasing *n* **von Wagenparks** (Fin) fleet leasing
lebender Kolumnentitel *m* (EDV) running foot, running head
lebendes Inventar *n*
(com) livestock
(opp, totes Inventar; eg, farm machinery and implements)
Lebensarbeitszeit *f*
(Pw) life hours of work
– *(in certain contexts)* lifetime resources
– working life
(ie, number of years spent in the labor force)
Lebensdauer *f*
(SozV) life expectancy
(Bw) physical life
– life (span)
(eg, fixed asset, investment project)
Lebensdauer *f* **e–s Investitionsobjektes** (Bw) project life
Lebensdauer *f* **nach der Pensionierung** (Vw) retirement span
Lebenseinkommen *n* (Vw) lifetime income
Lebenserhaltung *f* (SozV) life conservation
Lebenserhaltungssystem *n*
(IndE) life support system
– environmental control system
(ie, provides atmospheric control and monitoring in spacecrafts and in submarines)
Lebenserwartung *f*
(Bw) life
(Vers) life expectancy
(ie, number of years remaining for a person)
Lebensfallversicherung *f*
(Vers) endowment insurance
(ie, more frequent term: Erlebensfall-Versicherung)
Lebensgefährten *m/fpl*
(SozV) nonmarital (semi-)permanent partners
– (US, fml) significant other
(ie, people sharing bed and board without bothering about a marriage certificate, let alone church

wedding; mostly for a limited span of their adult lifetime; eg, she would simply and innocently say ‚my partner' = mein Lebensgefährte)

Lebenshaltungsindex *m* (Stat) = Lebenshaltungskostenindex

Lebenshaltungskosten *pl*
(Stat) cost of living
(ie, cost of living that make up a socially acceptable level of consumption)

Lebenshaltungskostenindex *m*
(Stat) cost of living index
(syn, Preisindex für die Lebenshaltung)

lebenslange Anstellung *f* (Pw) lifelong tenure

lebenslanges Lernen *n* (Pw) lifelong learning

lebenslängliche Nutzungen *fpl* **und Leistungen** *fpl*
(StR) payments and other benefits limited by the life of a person, § 14 BewG

lebenslängliche Rente *f* (Fin) life annuity

lebenslänglich laufende Leistungen *fpl* (Vers) current benefits for the lifetime of the beneficiaries

Lebenslauf *m*
(Pw) curriculum vitae, C.V.
– personal . . . history/record
(IndE) history of a machine

Lebensmittelbranche *f* (com) food trade (*or* business)

Lebensmitteleinzelhandel *m*
(Mk) grocery retailing
(Mk) grocery retailing industry

Lebensmittelgeschäft *n* (com) food (*or* grocery) store

Lebensmittelgroßhandel *m* (Mk) food whosesaling

Lebensmittelhandel *m* (Mk) grocery trade

Lebensmittelindustrie *f* (com) food processing industry

Lebensmittelkennzeichnung *f* (Mk) food labeling

Lebensmittelkette *f*
(Mk) food store chain
– multiple food retailers

Lebensmittelrecht *n* (Re) law relating to food processing and distribution

Lebenspartner *m* (Vers) cf, nichtehelicher Lebenspartner

Lebensqualität *f*
(com) quality of life
(ie, bezieht sich auf immaterielle ebenso wie auf materielle Güter)

Lebensstandard *m*
(com) standard of living
(ie, Ausstattungsgrad mit materiellen und immateriellen Versorgungsgütern; weiter gefaßt sind Lebensqualität und Lebensstil)

Lebensstellung *f*
(Pw) tenured position
– life tenure *(syn, Anstellung auf Lebenszeit)*

Lebensstil *m*
(Mk) lifestyle
(ie, Segmentierungskriterium zur Bildung homogener Käufergruppen = segmentation criterion used to identify consumer groups)

Lebensversicherer *m*
(Vers) life insurer
– (GB) life office
– (GB) life assurance company

Lebensversicherung *f*
(Vers) life insurance
– (GB) life assurance
(ie, die wichtigsten Formen sind:
1. gemischte Lebensversicherung;
2. Risikolebensversicherung (kurze Todesfallversicherung);
3. lebenslängliche Todesfallversicherung;
4. Lebensversicherung mit festem Auszahlungstermin (Term-fix-Versicherung);
5. Aussteuerversicherung;
6. Leibrentenversicherung;
7. Pflegerentenversicherung;
nach der Höhe der Versicherungssumme wird unterschieden: Kleinleben und Großleben)

Lebensversicherung *f* **abschließen**
(Vers) to take out a life insurance policy
– to buy life insurance

Lebensversicherung *f* **auf den Todesfall**
(Vers) ordinary life insurance
– whole life assurance

Lebensversicherung *f* **gegen Einmalprämie**
(Vers) single premium insurance
(ie, premium paid in advance rather than in annual premiums over a period of time)

Lebensversicherung *f* **mit abgekürzter Prämienzahlung** (Vers) limited payment life policy

Lebensversicherung *f* **mit gestaffelten Prämienzahlungen** (Vers) graded premium policy

Lebensversicherung *f* **mit Gewinnbeteiligung**
(Vers) life insurance with profits
– participating life policy

Lebensversicherung *f* **ohne Gewinnbeteiligung**
(Vers) non-participating insurance
– without-profits insurance

Lebensversicherung *f* **ohne Rückkaufswert**
(Vers) term policy
(preferred term: Risikoversicherung)

Lebensversicherungsabschlüsse *mpl* **machen** (Vers) to write life insurance

Lebensversicherungsgesellschaft *f*
(Vers) life insurance company
– (GB) life assurance company

Lebensversicherungspolice *f* (Vers) life insurance policy

Lebensversicherungsprämie *f* (Vers) life insurance premium

Lebensversicherungsunternehmen *n* (Vers) life insurance company

Lebensversicherungsverein *m* **auf Gegenseitigkeit**
(Vers) mutual life insurance company

Lebensversicherungsvertrag *m* (Vers) life insurance contract

Lebensversicherungsvertreter *m*
(Vers) life insurance agent
– life salesman

lebenswichtiger Bedarf *m*
(Vw) essential supplies
– necessities of life

Lebenszeitanstellung *f* (Pw) life-time employment

Lebenszeitbeamter *m* (Pw) public servant (*or* GB: civil servant) appointed for life

Lebenszeit-Einkommens-Hypothese *f*
(Vw) life cycle-income hypothesis
(syn, Lebenszyklus-Hypothese)

Lebenszeithypothese *f*
(Vw) life cycle hypothesis
(ie, planning of consumption expenditure over a whole life span)
Lebenszeitplanung *f* (Vw) lifetime planning
Lebenszyklus *m*
(Mk) life cycle
(ie, Unterbegriffe: Produktlebenszyklus, Branchenlebenszyklus, Konsumentenlebenszyklus)
Lebenszyklushypothese *f* (Vw) life cycle hypothesis
lebhafte Börse *f* (Bö) brisk market
lebhafte Käufer *mpl* (Bö) active buyers
lebhafte Nachfrage *f* (com) brisk demand
lebhafter Geldmarkt *m* (Fin) active money
lebhafter Handel *m*
(Bö) active . . . trading/dealings
– brisk trading
– broad market
lebhafter Markt *m* (Bö) brisk/active . . . market
lebhafte Umsätze *mpl*
(Bö) active . . . market/trading
– brisk trading
– broad/heavy . . . market
lebhaft gehandelt
(Bö) actively traded
– high volume
lebhaft gehandelte Werte *mpl*
(Bö) active
– actively traded
– high-volume . . . shares or stocks
lebhaft handeln (Bö) to trade briskly
lebhaft nachgefragt (Bö) bright
Leckage *f*
(com) leakage
(ie, Teilverlust flüssiger Güter aus Behältern; syn, Rinnverlust)
Leckage-Klausel *f* (com) leakage clause
LED-Drucker *m*
(EDV) LED-printer
(ie, page printer using LEDs)
Lederindustrie *f* (com) leather industry
Lederwarenmesse *f* (com) leather goods fair
Leerabgabe *f*
(Bö) short selling *(syn, Leerverkauf, qv)*
Leeraktie *f* (Fin) corporate share not fully paid up, § 60 AktG
Leeranweisung *f* (EDV, Cobol) exit statement
Leeraussage *f* (Log) empty statement (*or* proposition)
Leerbefehl *m* (EDV) dummy instruction
Leerbeleg *m* (EDV) blank document
Leerdatei *f* (EDV) null file
leere Anleihestücke *npl*
(Fin, US) stripped bonds
– stripper bonds
– strips
Leereintrag *m*
(EDV) blank
(EDV) blank entry
leere Menge *f*
(Math) empty
– null
– void . . . set
(ie, set with no elements; syn, Nullmenge)
leerer Begriff *m* (Log) empty (*or* insignificant) term
leererfüllt (Log) vacuously satisfied
leere Spalte *f* (EDV) blank column *(eg, in a spreadsheet; syn, Leerspalte)*
leeres Wartesystem *n* (OR) empty waiting-line system
leere Zeichenkette *f* (EDV) null string
Leerformel *f*
(Log) empty phrase
– vacuous expression (*or* phrase)
– insignificant term
Leerfracht *f*
(com) dead freight
(ie, payable by charterer for such part of the carrying capacity of a ship he does not in fact use: it is damages for loss of freight; § 580 HGB; syn, Fautfracht)
leergefegter Markt *m* (Mk) empty market
Leergut *n* (com) empties
Leerkauf *m* (Bö) uncovered sale
Leerkosten *pl*
(Bw) idle capacity cost
(ie, Kosten der Unterauslastung)
Leerkostenanalyse *f* (Bw) idle-capacity-cost analysis
Leerkostenfunktion *f*
(Bw) idle-capacity-cost function
(ie, [maximum output – actual output] × [fixed cost ÷ maximum output])
Leerkostenprozentsätze *mpl* (Bw) idle-capacity-cost percentages
Leerlauf *m* (Bw) organizational slack
Leerlaufbefehl *m* (EDV) do-nothing instruction
Leerlauf-Routine *f* (EDV) idle function *(in multitasking environments used to give other processes CPU time)*
Leerlaufvariable *f*
(OR) slack variable
(syn, Hilfsvariable, Schlupfvariable)
Leerpackung *f* (com) empty package
Leerposten *m* (ReW) empty heading
Leerseite *f* (EDV) blank page
Leerspalte *f* (EDV) blank column, *(eg, in a spreadsheet; syn, leere Spalte)*
Leerstandsrate *f*
(com) vacancy rate
(eg, of hotels, hospitals, residential buildings, office blocks)
leerstehendes Mietobjekt *n* (com) rental vacancy
Leerstelle *f*
(Log) argument place
(EDV) blank (character)
Leertabelle *f* (Stat) dummy table
Leertaste *f* (EDV) space bar (*or* key)
Leerübertragung *f* **der Firma**
(Re) transfer of firm name
(ie, independently of the commercial business for which it is employed, § 23 HGB; in the case of stock corporations this is achieved through sale of the corporate shell = Mantel)
Leerverkauf *m*
(Bö) bear sale
– short sale
– short selling
– short

(ie, Verkauf von Wertpapieren od Waren, die Verkäufer noch nicht besitzt; Blankoverkauf, Fixgeschäft)
Leerverkäufe *mpl* **abschließen** (Bö) to sell short
Leerverkäufe *mpl* **als Baissemanöver** (Bö) bear raiding
leerverkaufen
(Bö) to sell short
– to bear the market *(syn, fixen)*
Leerverkäufer *m*
(Bö) bear/short . . . seller
– short *(syn, Fixer)*
Leerverkaufsposition *f* (Bö) short position
leerverkaufte Aktien *fpl* (Bö) shorts
Leerzeichen *n*
(EDV) blank
– space *(syn, Füllzeichen)*
Leerzeichenausgleich *m* (EDV) microjustification
Leerzeile *f* (EDV) blank/space . . . line
Leerzeit *f*
(IndE) idle time
(ie, unproductive time caused by machine breakdowns, material shortages, sloppy production scheduling)
Legaldefinition *f* (Re) statutory definition
legalisieren (com) to legalize *(eg, a consular invoice)*
Legalzession *f* (Re) assignment by operation of law
Legende *f* (com) legend
Legierung *f* (IndE) alloy
Legislative *f*
(Re) legislative
(ie, one of the three branches of democratic government systems; cf, Exekutive, Judikative)
legitim (com, Re) legitimate
Legitimationsaktionär *m* (Re) proxy shareholder
Legitimationsübertragung *f* (Re) transfer of right to vote
legitimieren
(Re) to authorize
– to legitimate
– to legitimatise
– to legitimise
legitimiert (Re) authorized
legitimierte Privilegien *npl* (com) vested . . . interests/rights
legitimierter Inhaber *m*
(WeR) holder in due course
(syn, rechtmäßiger Inhaber, qv)
Lehre *f* **machen** (Pw) be apprenticed to a trade
Lehrenprüfung *f* (Stat) go-and-not-go gage
Lehrer *m*
(Pw) teacher
– educator
– (chiefly GB) professional educator
Lehrgang *m* (Pw) course
Lehrkräfte *fpl* (Pw) teaching staff
Lehrling *m*
(Pw) business apprentice
(ie, this term was changed to ‚Auszubildender' – Azubi –)
– trainee
Lehrlingsausbildung *f* (Pw) apprenticeship training
Lehrmaterial *n* (EDV) teachware
Lehrmittel *n* (Pw) teaching resource
Lehrpersonal *n* (Pw) = Lehrkräfte
Lehrsatz *m* (Log, Math) theorem
Lehrstelle *f* (Pw) apprenticeship (*or* trainee) place
Lehrstelle *f* **besetzen** (Pw) to fill an apprenticeship
Lehrstuhlinhaber *m*
(Pw) occupant of a professorship
– holder of a chair
Lehrverhältnis *n* (Pw) apprenticeship
Lehrvertrag *m* (Pw) apprenticeship contract
Lehrwerkstätte *f*
(Pw) apprentice
– training
– trainee . . . workshop
Leib *m und Leben n* (Re) life and limb
Leibrente *f*
(Fin) life annuity
(ie, regelmäßig wiederkehrende Geldleistungen in Form von Lebensrenten oder Renten auf Lebenszeit; a stated income for life, paid annually or at more frequent intervals)
Leibrentenempfänger *m* (Fin) annuitant
Leibrentenversicherung *f*
(Vers) annuity life insurance
(ie, Verrentung e–s Kapitalbetrages zu e–r lebenslangen Rente; provides for payment of an annuity only during life)
leicht abgeschwächt (Bö) slightly lower
leichte Beschaffung *f* **von Fremdkapital** (Fin) ease of borrowing money
leichte Erholung *f* (Bö) slight rally (*or* recovery)
leichte Fahrlässigkeit *f*
(Re) ordinary negligence, § 276 BGB
– slight (*or* culpable) negligence
(ie, omission to use ordinary care, or failure to exercise such care as is reasonably necessary, usu referred to as ‚culpa levis')
leichte Finanzierung *f* (Fin) ease of raising capital
leichte Inflation *f* (Vw) moderate inflation
leichte Papiere *npl* (Bö) low-priced securities
Leichter *m*
(com) barge
– lighter
(ie, used in loading and unloading ship)
leichter eröffnen
(Bö) to open lower
(ie, at the start of trading)
Leichtergebühr *f*
(com) lighterage
(ie, fee paid for loading and unloading a ship)
Leichtergefahr *f* (com) lighter risk
leicht erholen (Bö) to manage a slim gain
leicht erholt (Bö) slightly higher
Leichterklausel *f* (SeeV) craft etc. clause
Leichtern *n*
(com) lightering
– lighterage
leichter nach anfänglichen Kursgewinnen (Bö) easier after early gains
leichter nach Glattstellungen durch den Berufshandel (Bö) lower on professional liquidation
leichter schließen (Bö) to close lower
leichter tendieren (Bö) to turn lower
Leichtindustrie *f* (com) lighter manufacturing
Leichtlohn *m* (Pw) bottom wage

Leichtlohngruppe *f* (Pw) bottom wage group
Leichtmetallindustrie *f*
(com) light metals industry
(ie, also called ‚Aluminiumindustrie')
leicht nachgeben (Bö) to turn a shade easier
leicht nachgebend (Bö) slightly easier
leicht verderbliche Güter *npl* (com) perishable goods
Leiharbeit *f* (Pw) loan employment
Leiharbeiter *m* (Pw) loan worker
Leiharbeitsfirma *f* (Pw) loan-employment agency
Leiharbeitskräfte *fpl* (Pw) loaned employees
Leiharbeitsverhältnis *n* (Pw) loan employment
Leihbibliothek *f*
(com, US) lending (*or* rental) library
– (GB) subscription library
Leihdevisen *pl* (Fin) short-term currency borrowings
Leihe *f*
(Re) gratuitous loan of a chattel, §§ 598–606 BGB
(opp, entgeltliche Gebrauchsüberlassung, wie Miete)
Leihemballagen *fpl* (com) loan containers
leihen
(Fin) to lend
(Fin) to borrow
– to raise
– to take up . . . funds/money
Leihgebühr *f* (com) rental rate
Leihkapital *n*
(Fin) loan capital
(ie, obsolete term for ‚Fremdkapital')
Leihmutter *f* (com) surrogate mother
Leihschein *m*
(com) call . . . slip/card
(ie, filled out by a library patron = Bibliotheksbenutzer)
Leihwagenfirma *f* (com) car rental company
Leihwagengeschäft *n* (com) car rental business
Leihwagenkunde *m*
(com) car renter
– rental customer
Leihwagenmarkt *m* (com) car rental market
Leihwaren *fpl* (com) equipment loaned to customers
leihweise (com) on loan
Leiste *f*
(Fin) renewal coupon *(syn, Erneuerungsschein)*
leisten
(Re) to perform
– to tender performance
Leistung *f*
(Bw) output
– performance
– result
(ie, das Ergebnis des weit gefaßten Produktionsprozesses in e–r Unternehmung)
(Re) performance
(ie, act or forbearance, § 241 BGB; cf, geschuldete Leistung)
(Pw) performance
– achievement
(StR) performance
(ie, umbrella term of German turnover tax law denoting every activity or nonperformance of an activity which can be the object of an agreement or which is otherwise legally relevant: sales, withdrawals and other ‚performances')
(SozV) benefits
– payments
(Vers) benefits
– *(also)* liability (see: Leistungspflicht)
– indemnity
(ie, not recommended; the term is constantly misused even in the U.S. insurance industry)
Leistung *f* **anbieten** (Re) to tender performance, § 298 BGB
Leistung *f* **an Erfüllungs Statt** (Re) performance in full discharge of an obligation, § 364 I BGB
Leistung *f* **an Zahlungs Statt**
(Re) performance in lieu of payment
– *(civil law)* dation in payment
Leistung *f* **des Geschuldeten** (Re) specific performance
Leistung *f* **durch Dritte** (Re) performance by a third party, § 267 BGB
Leistungen *fpl* (Vers) claims payments
Leistungen *fpl* **abrechnen** (com) to invoice sales (and/or services)
Leistungen *fpl* **aus der Sozialversicherung** (SozV) social insurance benefits
Leistungen *fpl* **aus der Sterbeversicherung**
(Vers) death benefits
(ie, amounts paid under insurance policy on death of insured)
Leistungen *fpl* **erbringen**
(com) to perform
– to render services
– (infml) to deliver the goods
(Vers) to pay benefits
Leistungen *fpl* **für ausländischen Auftraggeber** (StR) services rendered to a foreign customer, § 4 No. 3 UStG
Leistungen *fpl* **kürzen** (SozV) to cut back benefits
Leistungen *fpl* **umsetzen** (StR) to sell goods and services
Leistungen *fpl* **zur beruflichen Förderung** (Pw) vocational assistance measures
Leistung *f* **erbringen** (Re) to perform an obligation
Leistung *f* **erfüllungshalber** (Re) = Leistung an Erfüllungs Statt
Leistung *f* **e–r Nichtschuld**
(Re) payment of a non-existent debt, § 813 BGB
– *(civil law)* condictio indebiti
Leistungsabfall *m*
(com) drop in performance
(EDV) degradation
Leistungsabgabe *f* (IndE) output
leistungsabhängige Abschreibung *f* (ReW) = leistungsbezogene Abschreibung
leistungsabhängige Kosten *pl* (KoR) output-related costs
leistungsabhängiges Honorar *n* (com) fee per unit of services rendered
Leistungsabnahmerate *f*
(Bw) inferiority gradient
(opp, Intensitätsabnahme)
Leistungsabstimmung *f*
(IndE) work balancing
(ie, at the assembly line)

Leistungsabweichung *f*
(KoR) efficiency variance
– machine effectiveness variance
– physical variance
(syn, Intensitätsabweichung)
Leistungs-Afa *f* (StR) unit-of-product method of tax depreciation, § 7 I 3 EStG
Leistungsangabe *f* (Bw) performance specification
Leistungsangaben *fpl* (com) performance figures
Leistungsangebot *n*
(Re) offer to perform
(Vers) benefits offered
Leistungsanreiz *m*
(Pw) incentive
– inducement
Leistungsanspruch *m*
(SozV) right (*or* entitlement) to benefits
(Vers) insurance claim *(syn, Schadensanspruch)*
Leistungsanwärter *m* (Vers, Pw) potential (*or* qualifying) beneficiary
Leistungsausgaben *fpl* (FiW) expenditure on benefits
Leistungsaustausch *m* (StR, VAT) exchange of performance, § 1 No. 1 UStG
leistungsbedingte Abschreibung *f* (ReW) = leistungsbezogene Abschreibung
Leistungsbeitrag *m* (Bw) contribution to performance
Leistungsberechtigter *m* (SozV) person entitled to (*or* eligible for) benefits
Leistungsberechtigung *f* (SozV) = Leistungsanspruch
Leistungsbereitschaft *f*
(IndE) readiness to operate
(Pw) willingness to achieve
Leistungsbericht *m* (com) performance report
Leistungsbeschreibung *f* (Pw) performance description
Leistungsbeurteilung *f*
(Pw) performance appraisal
Also:
– performance evaluation (*or* review)
– employee evaluation (*or* rating)
– personnel rating
– efficiency rating
– merit rating
– service rating
– results appraisal
(Bw) output evaluation
Leistungsbeurteilungssystem *n* (Pw) performance appraisal plan
Leistungsbewertung *f*
(com) performance assessment
(Pw) appraisal of results
(cf, Leistungsbeurteilung)
Leistungsbewertung *f* **nach Einzelfaktoren** (Pw) factor rating
leistungsbezogene Abschreibung *f*
(ReW) production-method of depreciation
– unit-of-production method
– production-unit-basis method
– service output (*or* yield) method
(ie, original price minus scrap value divided by total volume output; syn, verbrauchsbedingte od technische od Mengenabschreibung)

leistungsbezogene Gehaltssteigerung *f* (Pw) merit increase
leistungsbezogenes Rentensystem *n* (FiW) pension system geared to contributions
leistungsbezogene Tantieme *f* (Pw) performance-related profit-sharing bonus
Leistungsbilanz *f*
(VGR) balance on current account
– balance of payments on current account
– current account balance of payments
– balance on goods, services, and unilateral transfers
(ie, Summe Außenhandel, Dienstleistungsverkehr und Übertragungen; note that ‚unilateral transfers' = unentgeltliche Leistungen are included in the Bundesbank's definition of Leistungsbilanz, while the Federal Statistical Office and part of the technical literature on the subject limit their definition to the exchange of goods and services)
Leistungsbilanzdefizit *n*
(AuW) current account deficit
– deficit on current account
– deficit on external account
– shortfall in the balance of payments on current account
Leistungsbilanzmultiplikator *m*
(AuW) balance of payments multiplier
(ie, the usual term is ‚Zahlungsbilanzmultiplikator')
Leistungsbilanzsaldo *m*
(AuW) balance on current account
– current account balance
Leistungsbilanzüberschuß *m*
(AuW) current account surplus
– surplus on current account
– balance-of-payments surplus on current account
– external surplus on current account
Leistungsbudget *n* (FiW) performance budget
Leistungsdaten *pl* (IndE) performance figures
Leistungsdauer *f* (Vers) benefit period
Leistungsdefizit *n* (Pw) performance deficit
Leistungs-Dschungel *m* (SozV, infml) benefits maze
Leistungseinheit *f*
(IndE) unit of output
– output unit
– service unit
Leistungseinkomen *n* (Vw) factor income
Leistungsempfänger *m*
(Re) beneficiary
(StR, VAT) recipient of performance
(Vers, SozV) beneficiary
– recipient of benefits
Leistungsentgelt *n*
(Re) consideration
– compensation
– quid pro quo
(Kart) compensation for services rendered, § 3 I GWB
(StR, VAT) consideration for a performance
Leistungsentgelte *npl* **der öffentlichen Hand** (FiW) nontransfer expenditures
Leistungsentlohnung *f* (Pw) incentive wage
Leistungserfüllung *f* (Re) performance of engagement
Leistungsergebnis *n*
(Bw) operating result

(Pw) work results
Leistungsergebnisgrad *m* (IndE) operator performance
Leistungsergebnisgrad *m* **e–r Abteilung** (IndE) departmental performance
Leistungserstellung *f* (Bw) production (*or* creation *or* output) of goods and services
Leistungserwartungen *fpl* (Pw) specific performance expectations
leistungsfähig (Pw) capable of achievement
Leistungsfähigkeit *f*
(Bw) operative capability
– efficiency
– productive capacity
(Pw) achievement potential
– efficiency
– capability
Leistungsfähigkeitsprinzip *n*
(FiW) ability-to-pay principle
(ie, of taxation)
Leistungsfaktoren *mpl*
(Bw) factors of production
– productive factors
– productive resources
– inputs
Leistungsfall *m* (SozV) benefit case
Leistungsfrist *f* (Re) time for performance
Leistungsgarantie *f*
(Re) performance bond (*or* guaranty)
– bank bond
– cash bond
– contract bond
– guaranty deposit
– guaranty against defective material and workmanship
– maintenance guaranty
leistungsgerechter Wettbewerb *m* (Kart) competition based on efficiency
Leistungsgesellschaft *f* (Vw) achievement-oriented society
Leistungsgewinn *m* (Bw) = Leistungsergebnis
Leistungsgrad *m*
(Bw) performance level
– performance index
– performance efficiency
(IndE) rate of working
Leistungsgradabweichung *f* (IndE) off-standard performance
Leistungsgradschätzen *n* (IndE) performance rating
Leistungsgradstandard *m* (Bw) standard performance
Leistungsgradüberschreitung *f* (IndE) = Leistungsgradabweichung
Leistungsgrenze *f*
(Bw) limit of performance
– output maximum
leistungshemmender Einfluß *m* (Pw) disincentive
Leistungsindex *m* (IndE) level-of-performance index
Leistungsklage *f*
(StR) action for the performance
(ie, of an act other than the issuance of an administrative decision, § 40 I FGO; eg, refund of an overpaid tax)
Leistungskonten *npl* (Rew) sales accounts
Leistungskontrolle *f* (Bw) performance control
Leistungskontroll-Schaubild *n*
(IndE) Gantt chart
– daily balance chart
Leistungskurve *f* (IndE) performance (*or* work) curve
Leistungslohn *m*
(Pw) payment by results
– performance-linked pay
– incentive wage
Leistungslohnausgleich *m* (IndE) lieu bonus
Leistungslohnsystem *n* (Pw) wage incentive system
Leistungsmaßstab *m*
(Pw) standard of performance
– performance objective
Leistungsmerkmal *m* (EDV) capability characteristic
Leistungsmessung *f*
(Bw) performance measurement
(EDV) tuning
Leistungsmotivation *f* (Pw) achievement motivation
Leistungsnachteil *m*
(Bw) operating inferiority
(cf, MAPI-Methode I; syn, Intensitätsnachteil)
Leistungsniveau *n* (Bw) performance (level)
leistungsorientiert (Pw) achievement (*or* performance) oriented
leistungsorientierter Pensionsplan *m* (Pw) defined benefit plan
leistungsorientierter Wettbewerb *m* (Bw) efficiency-oriented competition
leistungsorientiertes Budget *n* (Bw, FiW) output-oriented budget
Leistungsort *m* (Re) place of performance, § 269 BGB
Leistungspaket *n* (Pw) remuneration package
Leistungsparameter *m*
(IndE) performance (*or production*) parameter
(ie, produzierte Einheiten, Produktionszeiten, verbrauchsabhängige Größen, Qualität)
Leistungspflicht *f*
(Re) obligation
– obligation (*or* duty) to perform
– duty of performance
(Vers) liability
(ie, to pay for a loss coming under the terms of an insurance contract)
(Note: In common insurance usage the term ‚liability' also specifies the amount for which the insurer is obligated by law)
Leistungspflichtiger *m* (Re) person liable to perform
Leistungspotential *n*
(Bw) capability *(eg, of an company)*
(Pw) performance/achievement . . . potential
Leistungsprämie *f*
(Pw) incentive (*or* production) bonus
– efficiency premium
(Fin) performance fee
(ie, bei Investmentgesellschaften)
Leistungsprämiensystem *n* (Pw) efficiency bonus plan
Leistungsprinzip *n* (com) achievement principle

Leistungsprofil *n*
(Bw) capability profile
(ie, based on an appraisal of assets and liabilities; part of a situation audit for strategic planning purposes)
leistungsproportionale Abschreibung *f* (ReW) = leistungsbezogene Abschreibung
Leistungsrechnung *f* (ReW) results accounting
Leistungsreihe *f* (ReW) sales-purchases accounts
Leistungsrestriktion *f* (Bw) restricted performance *(eg, work to rule)*
Leistungsschau *f* (Mk) trade exhibition
Leistungssignalaufbereitung *f* (EDV) line conditioning
Leistungssoll *n* (IndE) production target
Leistungsstand *m* (com) level of performance
Leistungsstandards *mpl*
(Pw) performance standards
– standards of performance
leistungsstark
(com) powerful
(com) efficient
Leistungssteigerung *f*
(Bw) increase in efficiency (*or* performance)
(Bw) improved performance
Leistungsstörung *f*
(Re) default in performance
– defective performance
(ie, Fallgruppen sind:
1. Unmöglichkeit = impossibility of performance;
2. Lieferverzug = delayed delivery;
3. Annahmeverzug = delayed acceptance;
4. Schlechterfüllung = defective performance;
5. positive Forderungsverletzung = default)
Leistungsstrom *m* (AuW) flow of goods and services
Leistungsstruktur *f* (SozV) benefit structure
Leistungsstudien *fpl*
(Pw) achievement studies
(ie, in work psychology)
Leistungsstufe *f*
(EDV) level
(com) level of attainment
(IndE) level of performance
Leistungstest *m*
(Pw) achievement (*or* performance) test
(EDV) benchmark test
Leistungstoleranz *f* (Pw) performance tolerance
Leistungsträger *m*
(Pw) high (*or* top) performer
– high contributor
– (infml) topnotcher
– *(pl, infml)* the tops
Leistungsübersicht *f*
(Bw) statement of performance (*or* operations)
– operational statement
Leistungs- und Erlöskonten *npl* (ReW) sales and income accounts
Leistungsverbesserung *f*
(com) improved performance
(Vers) improvement of benefits
Leistungsverbund *m* (Bw) (system of) linked performances
Leistungsverhalten *n*
(Pw) job
– performance
– work . . . behavior
Leistungsverkehr *m*
(AuW) current transactions
(ie, with other countries)
Leistungsverkehr *m* **mit dem Ausland** (AuW) current transactions with other countries
Leistungsvermögen *n* (Bw, Pw) = Leistungsfähigkeit
Leistungsverrechnungen *fpl* (ReW) charges resulting from services
Leistungsversprechen *n* (Re) promise to perform
Leistungsverweigerung *f* (Re) refusal of performance
Leistungsverweigerungsrecht *n* (Re) right to refuse performance
Leistungsverzeichnis *n*
(com) specification and schedule of prices
(com) bill of quantities
Leistungsverzögerung *f* (Re) delay in performance
Leistungsverzug *m*
(Re) statutory delay in performance, §§ 284–286 BGB *(syn, Schuldnerverzug)*
Leistungsvolumen *n*
(Bw) volume of output
(SozV) volume of benefits
Leistungsvoraussetzungen *fpl* (SozV) requirements for entitlement to benefits
Leistungsvorgabe *f* (Pw) standard of performance
Leistungswettbewerb *m*
(Bw) competition in efficiency
(opp, Behinderungswettbewerb)
Leistungswille *m* (Pw) will to achieve
Leistungswucher *m* (Re) transaction where financial advantages are strikingly out of proportion to performance rendered, § 302 a I 3 StGB
Leistungszeit *f* (Re) time of performance, § 271 BGB
Leistungsziel *n*
(Pw) performance objective
– standard of performance
Leistungszulage *f* (Pw) efficiency (*or* incentive) bonus
Leistung *f* **und Gegenleistung** *f* (Re) performance and counter performance
Leistung *f* **verweigern** (Re) to refuse performance
Leistung *f* **Zug um Zug** (Re) contemporaneous performance
Leitartikel *m* (com) editorial
Leitartikler *m* (com) editorialist
Leitbegriff *m* (Log) key concept
Leitbörse *f*
(Bö) central stock exchange
(ie, Frankfurt Bourse)
Leitemission *f*
(Fin) signpost/bellwether . . . issue
(ie, spiegelt die allgemeine Marktlage wider)
leiten
(Bw) to be in charge of
– to head
(eg, the finance department)
– to manage
– to front
(eg, an organization)
leitende Angestelltenfunktion *f* (Bw) top employment responsibility

leitender Angestellter *m*
(Pw, roughly) executive employee
– managament/managerial . . . employee
(ie, Arbeitnehmer mit erheblichem eigenem Entscheidungsbereich; wichtigste Abgrenzung des Kreises der L.A. durch die Sonderbestimmung des § 5 III BetrVG; wegen s–r Arbeitnehmereigenschaft ist er nicht executive od executive officer)
leitende Stellung *f* (Pw) senior position
Leitentscheidung *f* (Re) landmark/leading . . . decision
Leiterbahn *f*
(EDV) conducting path
(EDV, CAD) (copper) track
– trace
(ie, Kupferbahn, die auf die Trägerplatte mittels Fotolackverfahren aufgedruckt wird; beim Leiterplattenentwurf, qv)
Leiterbahndichte *f*
(EDV) spacing
(ie, beim Leiterplattenentwurf)
Leiterbahn *f* **ziehen**
(EDV, CAD) to route track
(ie, beim Leiterplattenentwurf)
Leiter *m* **der Einkaufsabteilung** (com) head of purchasing department
Leiter *m* **der Exportabteilung** (com) export manager
Leiter *m* **der Finanzabteilung** (Fin) finance director
Leiter *m* **der Verkaufsabteilung** (com) sales manager
Leiter *m* **des Beschaffungswesens** (MaW) procurement manager
Leiter *m* **e–r Kontaktgruppe** (Mk) group head
Leiter *m* **Finanzen**
(Fin) head of finance
– finance director
Leiterplatte *f* (EDV, CAD) circuit board
Leiterplattenentwurf *m* (EDV, CAD) (circuit) board design
Leiterplatten-Nullpunkt *m* (EDV, CAD) board origin
Leiter *m* **Vermögensverwaltung** (Fin) chief investment manager
Leiter *m* **Wareneingang**
(MaW) traffic manager
– accelerator
Leitkarte *f* (com) master card
Leitkasse *f* (Mk) master system
Leitkurs *m*
(Fin) central rate
(ie, im Europäischen Währungssystem)
Leitkurse *mpl* (EG, Fin) central parities
Leitkursraster *m* (Fin) grid of central rates
Leitlinien *fpl*
(com) quidelines
– guideposts
Leitprodukt *n*
(IndE) main product *(opp, Koprodukt)*
Leitrechner *m* (EDV) host
Leitrechnersteuerung *f* (IndE) distributed numerical control, DNC
Leitsätze *mpl*
(Re) non-statutory guidelines
(eg, für öffentliche Kauf- und Umtauschangebote = covering public takeover bids)
Leitsätze *mpl* **für öffentliche Kaufangebote** (com) = LSÜbernahmeangebote
Leitstand *m* (IndE) central control . . . room/station
Leitstation *f*
(EDV) control station
(ie, in Datenübertragung = data transmission)
Leitstrahl *m*
(Math) radius vector
(ie, in the polar coordinate system)
Leitstudie *f*
(com) pilot
– exploratory
– preliminary . . . study
Leitung *f*
(Bw) *(als Führungsfunktion:)* directing
– leading
(Bw) management
Leitung *f* **der Geschäftsbereiche** (Bw) operational management
Leitungsausschuß *m* (com) executive committee
Leitungsbeauftragter *m* (Bw) executive
Leitungsbefugnis *f*
(Bw) power of direction
– decision-making powers
Leitungsbündel *n*
(EDV) line group
(ie, catering for terminals with similar characteristics)
Leitungsebene *f* (Bw) level of management
Leitungs-Effizienz *f* (Bw) management efficiency
Leitungsfunktion *f*
(Bw) executive function
(ie, of running a business)
Leitungskosten *pl*
(KoR) managerial costs
(ie, needing separate treatment as services; are not quantifiable)
Leitungskostenstelle *f* (KoR) managerial cost center
Leitungsmacht *f* **ausüben** (Pw) to exercise the power of direction
Leitungsorgan *n* (Re) governing body
Leitungsorgane *npl* **e–r AG** (Bw) administrative organs of a corporation
Leitungsprotokoll *n* (EDV) line procedure
Leitungsprozedur *f*
(EDV) link procedure (*or* protocol)
(ie, in data transmission;
syn, Übermittlungsvorschrift)
Leitungspuffer *m* (EDV) line buffer
Leitungsspanne *f*
(Bw) span of control
– span of command
– span of management
– span of supervision
– span of responsibility
(syn, Kontrollspanne, Subordinationsquote)
Leitungsstruktur *f*
(Bw) management (*or* managerial) structure
– management and control structure
– lines of authority
– lines of command

Leitungssystem *n*
(Bw) directional system
– form of organization structure
– regular management chain of command
– system of command
leitungsvermittelete Sprache *f* (EDV) alternate circuit-switched voice
leitungsvermittelte Daten *pl* (EDV) alternate circuit-switched data
Leitungsvermittlung *f*
(EDV) line (*or* circuit) switching
(syn, Durchschalte-Vermittlung; wird häufig in sternförmigen lokalen Netzen benutzt)
Leitungswasserversicherung *f* (Vers) pipe water damage insurance
Leitvariable *f* (Bw) leading variable
Leitwährung *f*
(Fin) key currency
(Fin) reserve currency
(ie, wider term covering gold and key reserve currencies)
Leitwährungsland *n*
(Fin) key currency country
– center country
Leitwerk *n*
(EDV) control unit
(syn, Steuerwerk, Kommandowerk)
Leitzins *m*
(Fin) central bank discount rate
– key rate
– key interest rate
– key lending rate
(Fin) basic interest rate for savings at statutory notice *(syn, Spareckzins)*
Lemma *n*
(Log) lemma
– helping theorem
– subsidiary proposition
(ie, auxiliary proposition used in demonstrating another proposition; syn, Hilfssatz)
(Log) lemma
(ie, a glossed word or phrase; pl, Lemmata)
Lempel-Ziv-Algorithmus *m* (EDV) Lempel Ziv algorithm
Lenkungsausschuß *m* (Bw) steering committee (*or* group)
Leontief-Funktionen *fpl* (Vw) Leontief functions
Leontief-Paradoxon *n* (Vw) Leontief paradox
Leporellofalzung *f* (Mk) accordion folding
Leporellopapier *n* (EDV) z-fold paper
Lernberufe *mpl* (Pw) occupations for which an officially recognized apprenticeship exists
Lerner-Effekt *m* (FiW) Lerner effect
Lernfunktion *f* (Bw) learning function
Lernkurve *f* (Bw) learning curve
Lernprogramm *n* (EDV) tutorial
Lernprozeß *m*
(com) learning process
(ie, taking place between a system and its environment)
Lernziel *n* (Pw) objective
Leseanweisung *f* (EDV, Cobol) read statement
Lesebefehl *m* (EDV) read instruction
Lesebereich *m*
(EDV) scan area *(syn, Scan-Bereich)*
Lesefehler *m* (EDV) read error
Lesegerät *n* (EDV) reader
Lesegeschwindigkeit *f* (EDV) read rate
Leseimpuls *m* (EDV) read pulse
Lesekopf *m* (EDV) read head
Lesepistole *f*
(EDV) code (*or* data) pen
(syn, Handleser, Lesestift)
– wand reader
Leseprogramm *n* (EDV) input program
Leseranalyse *f*
(Mk) audience analysis
– reader survey
Leserforschung *f* (Mk) reader research
Leserschaft *f*
(Mk) readership
– print media audience
Leserschaftanalyse *f* (Mk) readership survey
Leseschreibkopf *m*
(EDV) combined head
– read/write head
Lesestation *f* (EDV) checkout station
Lesestift *f* (EDV) = Lesepistole
Lesezeichen *n* (EDV) bookmark *(unique identifier of a database record; allows to access record quickly)*
Lesezeichendatei *f* (EDV) bookmark file
Letztangebot *n* (com) last offer
Letztbegünstigter *m* (Re) ultimate beneficiary
Letztbietender *m* (com) last and highest bidder
letzte Auswahleinheit *f* (Stat) ultimate sampling unit
letzte Bestimmungszollstelle *f* (Zo) office of final destination
letzte Börsennotiz *m* (Bö) last price (*or* quotation)
letzte Mahnung *f* (com) final reminder
letzte Ratenzahlung *f* (Fin) terminal payment
letzter Kurs *m* (Bö) closing price
letzter Verbrauch *m* (Vw) final (*or* ultimate) consumption
letztes Gebot *n* (com) last bid
letztes Wort *n*
(com, infml) parting shot
(ie, in an argument)
letztes Zahlungsdatum *n* (Fin) final date of payment
letzte Warnung *f* (EDV) final warning*(eg, before deleting a record/file)*
letztinstanzlich (Re) in the last instance
letztinstanzlicher Kreditgeber *m*
(Fin) lender of last resort
(ie, the central bank; syn, letzte Quelle liquider Mittel)
Letztkäufer *m*
(Mk) final purchaser
– ultimate buyer
Letztverbrauch *m*
(com) end use
– ultimate consumption
Letztverbraucher *m*
(com) ultimate (*or* final) consumer
(Bw) end user
(Mk) retail consumer
Letztverwender *m* (com) ultimate user
letztwillige Verfügung *f* (Re) testamentary disposition

letztwillige Zuwendung *f*
(Re) legacy
(ie, a gift by will, esp. of money or personal property)
Leuchtanzeige *f* (EDV) illuminated display
Leuchtdichte *f* (EDV) luminance
Leuchtmittelsteuer *f* (StR) tax on electric bulbs and fluorescent fittings
Leuchtröhrenversicherung *f*
(Vers) insurance of fluorescent fittings
(ie, part of glass insurance)
Leuchtwerbung *f* (Mk) illuminated advertising
Leverage *n*
(Fin, US) leverage
– capitalization leverage
– (GB) gearing
(ie, Verhältnis zwischen Schuldverschreibungen Vorzugsaktien und Stammaktien; the use of debt capital (Fremdkapital) increases the effectiveness and risk of equity capital (Eigenkapital); syn, Hebelwirkung)
Leveraged Buyout, LBO *m*
(Fin, US) leveraged buyout, LBO
(ie, Unternehmenserwerb unter Ausnutzung des Leverage-Effekts; the operating management and an investor group put up a small portion of equity, while institutional investors provide additional equity and the remainder of cash in the form of debt; the debt-ratio (Verschuldungsgrad) is high; the deal is then described as highly levered or geared)
Leverage-Effekt *m*
(Fin) leverage effect
(ie, Erhöhung der Eigenkapitalrentabilität (equity return) infolge e–r über dem Fremdkapitalzins liegenden Gesamtkapitalrentabilität (total equity return); die zunehmende Verschuldung übt e–e „Hebelwirkung" auf die Eigenkapitalrentabilität aus)
Leveragefaktor *m*
(Fin) leverage factor
(ie, Eigenkapitalrendite zu Gesamtkapitalrendite × 100)
liberale Schule *f* (Vw) liberal school of economic thought
liberalisieren (AuW) to liberalize foreign trade
liberalisierte Einfuhr *f*
(AuW) liberalized imports
(ie, unrestricted in terms of volume and money)
Liberalisierung *f* (AuW) liberalization of foreign trade
Liberalisierung *f* **der Zollpolitik** (AuW) tariff liberalization
Liberalisierungsliste *f* (AuW) free list
Liberalismus *m* (Vw) liberalism
liberalistischer Führungsstil *m* (Bw) liberal style of leadership
libertäre Schule *f*
(Vw) libertarian economics
(ie, main proponents are v. Hayek and L. v. Mises; syn, New Austrian School)
LIBOR-Zuschlag *m* (Fin) spread
Lichtbalken *m* (EDV) highlighted bar
lichte Augenblicke *mpl*
(Re) lucid intervals; cf, § 104 BGB
– lucida intervalla
Lichtgriffel *m*
(EDV) light gun (*or* pen)
(ie, light pen mounted in a gun-type housing; syn, Lichtstift)
Lichtleiter *m* (EDV) light guide
Lichtpunktabtastung *f* (EDV) flying spot scan
Lichtsatz *m* (Mk) phototyping
Lichtstift *m* (EDV) light pen
Lichtverfolgung *f*
(EDV) pen tracking *(ie, in Computergrafik)*
Lichtwellenleitersystem *n* (EDV) lightware system
Liebhaberpreis *m* (com) fancy price
Lieferangebot *n*
(com) tender of delivery
– offer to supply goods
Lieferant *m*
(com) supplier
– seller
– vendor *(syn, Lieferfirma, Lieferer)*
Lieferantenauswahl *f*
(MaW) selection of suppliers
– supplier selection
Lieferantenbeurteilung *f*
(MaW) vendor appraisal
(ie, vor Auftragserteilung)
(MaW) vendor rating
– supplier evaluation
(ie, laufende Bewertung)
Lieferantenbuch *n* (ReW) accounts payable ledger
Lieferantenbuchhaltung *f* (ReW) accounts payable accounting
Lieferantenkartei *f* (ReW) vendor card file
Lieferantenkatalog *m* (com) vendor catalog
Lieferantenkonto *n* (ReW) supplier account
Lieferantenkontokorrent *n* (ReW) supplier current account
Lieferantenkredit *m* (Fin) trade/supplier . . . credit
Lieferantennummer *f* (com) vendor number
Lieferantenrechnung *f* (com) supplier's invoice
Lieferantenrisiko *n*
(IndE) producer's risk
(syn, Produzentenrisko, qv)
Lieferantenskonti *pl* (Fin) cash discount received
Lieferantenstatus *m* (IndE) vendor status
Lieferantenwechsel *m*
(Fin) supplier's . . . bill/note
(Mk) vendor switch
Lieferanweisung *f* (com) instructions for delivery
Lieferanzeige *f*
(com) advice note
– delivery note
– letter of advice
(com) advice of delivery
Lieferauftrag *m* (com) purchase order
lieferbar
(com) available
– in stock
(com) ready for delivery
lieferbare Mengen *fpl*
(com) quantities to be supplied
(com) quantities available
lieferbares Stück *n*
(Bö) good-delivery security
(ie, one without external defects)
Lieferbarkeit *f* (com) availability

Lieferbarkeitsbescheinigung *f*
(Fin) certificate of deliverability
(Bö) validation certificate
– good delivery certificate
Lieferbarkeitsgrad *m* (com) level of customer service
Lieferbedingungen *fpl*
(com) terms and conditions of sale
– terms of delivery
Lieferbereitschaft *f* (com) readiness to deliver
Lieferbereitschaftsgrad *m*
(MaW) service . . . degree/level
(ie, ratio indicating supply capability of a stock in inventory; syn, Servicegrad; see: optimaler L.)
Lieferbindung *f*
(AuW) aid tying
(ie, Auflage zur Verwendung öffentlicher Kapitalhilfe zwecks Kauf von Waren und Dienstleistungen aus dem Geberland)
Lieferdatum *n*
(com) date shipped
– delivery date
Lieferengpaß *m* (com) supply shortage
Lieferer *m*
(com) supplier
– seller
– vendor
Lieferer-Skonto *m/n* (com) discount earned
Lieferfähigkeit *f* (com) supply capability
Lieferfirma *f*
(com) supplying firm
– supplier
Lieferfrist *f*
(com) time of delivery
– delivery deadline
– period of delivery
Lieferfristüberschreitung *f* (com) failure to keep the delivery date
Liefergarantie *f*
(com) trade guarantee
(ie, that products supplied are suitable for the intended purpose)
Liefergegenstand *m* (com) delivery item
Liefergeschäft *n*
(com) delivery transaction
(com) series-produced products business
(opp, Anlagengeschäft)
Lieferklauseln *fpl*
(com) (international) commercial terms
(ie, regeln Weg der Ware, Gefahrübergang und Ort der Übergabe; eg, ab Werk, frachtfrei, ab Schiff, ab Kai, c&f, cif; cf, Handelsklauseln)
Lieferkosten *pl* (com) delivery charges
Lieferland *n* (AuW) supplier country
Liefermenge *f* (com) delivery quantity
Liefermonat *m* (Bö) delivery month
Liefermuster *n* (IndE) final sample
Lieferort *m*
(Re) place of delivery (*or* performance)
(StR) place of delivery
(Bö) delivery point
– place of delivery
Lieferposten *m*
(com) lot
– supply item
Lieferpreis *m*
(com) contract price
– price of delivery
– supply price
Lieferprogramm *n*
(com) program of delivery
(Mk) line
Lieferquelle *f* (com) source of supply
Lieferrückstand *m*
(com) back order
(ie, portion of undelivered order)
– order backlog
Lieferschein *m*
(com) delivery . . . note/ticket
– receiving . . . slip/ticket
– bill of sale
Liefersperre *f*
(com) halt of deliveries
(Kart) refusal to sell
Liefertag *m* (Bö) delivery day
Liefertermin *m*
(com) date of delivery
– delivery date
– time of delivery
– target date
(Bö) term of maturity
– contract horizon
(ie, date or range of dates during which the commodity must be delivered)
Liefertermin *m* **einhalten** (com) to meet a delivery date *(eg, set by a buyer)*
Liefertreue *f* (com) cf, Termintreue
Lieferung *f*
(com) supply
(com) delivery
Lieferung *f* **auf Abruf** (com) delivery on call
Lieferung *f* **durchführen** (com) to effect (*or* execute) delivery
Lieferung *f* **effektiver Stücke** (Bö) delivery of actual securities
Lieferungen *fpl*
(StR) deliveries, § 3 I UStG
(ie, essentially sales: performance by which an entrepreneur puts the recipient in a position to dispose of property in his own name)
Lieferungen *fpl* **ins Ausland** (StR) export deliveries
Lieferungen *fpl* **kürzen** (com) to cut (*or* slash) supplies
Lieferungen *fpl* **und sonstige Leistungen** *fpl* (StR, VAT) deliveries and other ‚performances'
Lieferung *f* **frei Bestimmungsort** (com) free delivery
Lieferung *f* **frei Haus**
(com) delivery free domicile
– store/door delivery
Lieferung *f* **gegen Barzahlung** (com) cash on delivery
Lieferung *f* **gegen Nachnahme** (com) cash basis delivery
Lieferung *f* **nach Eingang der Bestellung** (com) ready delivery
Lieferungsbedingungen *fpl* (com) = Lieferbedingungen
Lieferungsort *m* (Re, StR) = Lieferort

Lieferungssperre *f*
(Bö) blocking period
(ie, subscriber to securities undertakes not to sell the paper before expiry of such blocking period)
Lieferungs- und Zahlungsbedingungen *fpl* (com) terms of payment and delivery
Lieferungsvertrag *m* (com) supply agreement (*or* contract)
Lieferungsverzug *m* (Re) delayed delivery
Lieferung *f* **und Zahlung** *f* **am Abschlußtag** (Bö) cash delivery
Lieferung *f* **von Haus zu Haus** (com) door-to-door delivery
Lieferverpflichtung *f* (com) delivery/supply . . . commitment
Liefervertrag *m* (com) supply agreement (*or* contract)
Liefervertrag *m* **mit Ausschließlichkeitsbindung** (Re) requirements contract
Lieferverzögerung *f* (com) delay in delivery
Lieferverzug *m* (Re) default of delivery
Liefervorschriften *fpl* (com) delivery instructions
Lieferzeit *f*
(com) period of delivery
(MaW) purchasing lead time
Lieferzeit *f* **einhalten**
(com) to meet the delivery deadline
– to deliver on time
Lieferzeitpunkt *m* (com) delivery date
Lieferzusage *f* (com) delivery promise
Lieferzuverlässigkeit *f* (com) cf, Termintreue
Liegegebühren *fpl*
(com) anchorage dues
(ie, charge for anchoring a vessel)
Liegegeld *n*
(com) demurrage (charge)
(ie, charterer's contractual obligation under a charterparty to pay a certain sum to the shipowner if he fails to discharge the chartered vessel within the lay-time stipulated)
Liegenschaften *pl* (Re) real property
Liegenschaftsgesellschaft *f* (com) real estate company
Liegenschaftsrecht *n* (Re) law of real property
Liegeplatz *m*
(com) berth
(ie, of a ship at port)
Liegezeit *f*
(com) lay-days
(ie, needed for unloading and loading of cargo)
Lifo-Methode *f* (ReW) last in, first out (method of inventory valuation)
Lifo-Verfahren *n*
(ReW) last in first out principle
(ie, permanentes Lifo und Perioden-Lifo)
Likelihoodfunktion *f* (Stat) likelihood function
Likelihood-Quotient *m* (Stat) likelihood ratio
Limes *m* (Math) limiting value
Limit *n*
(com) price limit
– margin
limitationale Faktoreinsatzmengen *fpl* (Vw) fixed factor inputs
limitationale Produktionsfaktoren *mpl* (Vw) fixed (*or* limitational) factors of production
limitationale Produktionsfunktion *f* (Vw) fixed (*or* limitational) production function
Limitationalität *f*
(Vw) fixed technological relationship
(ie, of input resources)
Limitauftrag *m*
(Bö) limited (*or* stop) order
– limited (price) order
– order at limit
(syn, limitierter Auftrag)
Limit *n* **einhalten** (com) to remain within a limit
limitieren (com) to limit
limitierte Order *f* (Bö) = Limitauftrag
limitierter Auftrag *m* **bis auf Widerruf** (Bö) open order
limitierter Kaufauftrag *m*
(Bö) stop loss order
– limited price order
limitierter Kurs *m* (Bö) limited price
limitierter Verkaufsauftrag *m* (Bö) selling order at limit
limitierte Stufenflexibilität *f* (Vw) adjustable peg system
Limitpreis *m*
(Vw) limit price
(com) price set for commission agent, § 386 HGB
(Bö) limit price
Limit *n* **überschreiten** (com) to overshoot a limit *(eg, of external finance)*
linear
(Math) linear
(com) across-the-board
(syn, pauschal)
lineare Abbildung *f* (Math) linear mapping
lineare Abhängigkeit *f* (Math) linear dependence
lineare Abschreibung *f*
(ReW) straight-line method of depreciation
(ReW, GB) equal-installment depreciation
(ie, Anschaffungs- od Herstellungskosten werden in jeweils gleichen Beträgen über die Nutzungsdauer verteilt; Schrottwert ist vorweg abzusetzen)
lineare Afa *f* (StR) straight-line tax depreciation, § 7 EStG
lineare Algebra *f* (Math) linear algebra
lineare algebraische Gleichung *f* (Math) linear algebraic equation
lineare Anhebung *f* (com) across-the-board rise
lineare Approximation *f* (Math) linear approximation
lineare Beziehung *f*
(Math) linear relationship
(ie, such as $y = a + bx$)
lineare Datenbank *f* (EDV) flatbed-file database
lineare Diskriminanzfunktion *f* (Stat) linear discriminant function
lineare Funktion *f* (Math) linear function (*or* transformation)
lineare Gleichung *f* (Math) linear equation
lineare Homogenität *f*
(Math) linear homogeneity
(ie, of a function)
lineare Hypothese *f* (Stat) linear hypothesis
lineare Interpolation *f* (Math) linear (*or* straight-line) interpolation

lineare Kausalität *f*
(Log) multiple causation
– one-to-one causation
lineare Lohnerhöhung *f* (Pw) across-the-board pay rise
lineare Mehrfachregression *f* (Stat) multiple linear regression
lineare Nachfragekurve *f* (Vw) straight-line demand curve
lineare Nebenbedingung *f* (Math) linear constraint
lineare Optimierung *f* (OR) = lineare Programmierung
lineare Planungsrechnung *f* (OR) = lineare Programmierung
lineare Programmierung *f*
(OR) linear programming
(ie, bestimmt wird der Extremwert e–r linearen Zielfunktion unter Beachtung linearer Nebenbedingungen (linear constraints) mit nichtnegativen Variablen (nonnegative variables) sowie Konstanten; study of maximizing or minimizing a linear function $f(x_1, \ldots, x_n)$ subject to given constraints which are linear inequalities)
linearer Akkord *m* (Pw) straight piecework
lineare Regression *f* (Stat) linear regression
linearer Filter *m* (Stat) linear filtering
linearer Kostenverlauf *m*
(Bw) linear pattern of cost behavior
(ie, Grenzkosten sind konstant)
linearer Speicher *m* (EDV) flat memory
linearer Trend *m*
(Stat) linear trend
(ie, for which the value is a linear function of the time variable; eg, $u(t) = a + bt$ where a und b are constants)
lineare Schätzfunktion *f* (Stat) linear estimator
lineare Schätzung *f* (Stat) linear estimate
lineares Dateisystem *n* (EDV) flat file system
lineares Feld *n*
(EDV) one-dimensioned array
(ie, lineare Liste e–r definierten Länge)
lineares Modell *n* (Stat) linear model
lineare Steuersenkung *f*
(FiW) across-the-board tax cut
(opp, targeted tax breaks benefiting specific groups or strata)
lineare Suche *f*
(EDV) sequential search
(syn, linear search; opp, binary search; syn, sequentielle Suche)
lineares Verzeichnis *n* (EDV) flat file directory
lineare Transformation *f*
(Math) collineation
(Stat) linear transformation
lineare Trennfunktion *f* (Math) linear discriminant function
lineare Überlagerung *f* (Math) linear superposition
lineare Ungleichungen *fpl* (Math) linear inequalities
lineare Zollsenkung *f* (AuW) linear tariff cut
linear gebrochene Form *f* (Math) linear fractional form
linear geordnete Menge *f*
(Math) linearly ordered set
– serially ordered set
– chain
linear homogene Produktionsfunktion *f* (Vw) linearly homogeneous production function
Linearitätsannahme *f* (Math) linear assumption
Linearkombination *f*
(Math) linear combination
(ie, in vielen Modellen der multivariaten Analyse)
linear limitationale Produktionsfunktion *f* (Vw) linearly limitational production function
Linie *f*
(Bw) line *(opp, Stab)*
(Vers) line
(ie, in reinsurance: the amount a reinsurer accepts under a surplus treaty)
Linienagent *m* (com) shipping line agent
Liniencharts *npl*
(Fin) line charts
(ie, in der Chartanalyse: es werden die täglichen Einheitskurse miteinander verbunden, so daß eine Kurskurve entsteht; Kurshöhe auf der y-Achse, Zeit auf der x-Achse; cf, Balkencharts und Points-and-Figure-Charts)
Liniendiagramm *n* (com) line graph
Liniendienst *m* (com) regularly scheduled service
Linienfertigung *f* (IndE) line production
Linienflugzeug *n*
(com) airliner
(ie, used on regular routes)
linienförmige Quellenverteilung *f* (Math) filamental source distribution
Linienfrachten *fpl* (com) (cargo) liner rates
Linienfrachter *m* (com) cargo liner
Linienfrachtraten *fpl* (com) liner rates
Linienfunktion *f*
(Bw) line function
(ie, has direct authority and responsibility; eg, purchasing, production, marketing; opp, Stabsfunktion = staff function)
Liniengrafik *f* (EDV) line (*or* coordinate) graphics
Liniengraph *m* (Math) line graph
Linienintegral *n* (Math) line integral
Linien-Konnossementsbedingungen *fpl* (com) shipping-line bill-of-lading terms
Linienkräfte *fpl*
(Pw) the line
– line staff
Linienmanager *m* (Bw) line manager
Linienorganisation *f* (Bw) line organization
Linienschiff *n* (com) liner
Linienschiffahrt *f*
(com) shipping line service
(opp, Trampschiffahrt)
Linienstelle *f* (Bw) line position
Linienstichprobenverfahren *n* (Stat) line sampling
Linientätigkeit *f* (Bw) line activity
Linienverkehr *m* (EDV) party line technique
Linienverteilung *f* (Math) filamental distribution
Link *m*
(AuW) link
(ie, Kopplung von Sonderziehungsrechten und Entwicklungshilfe)
linken
(EDV) to link edit
– to compose

– to consolidate
(ie, to combine several separately compiled modules into one, resolving internal differences between them)
linker Rand *m* (EDV) left offset
Linksasymmetrie *f* (Stat) positive skewness
linksbündig (EDV) left justified (*or* blocked)
linksbündiger Flattersatz *m* (EDV) ragged left
linksbündig machen
(EDV) to left-justify
(ie, arrange characters horizontally, so that the leftmost character of a string is in a specified position)
Linksmultiplikation *f* (Math) premultiplication
Linksschrauben-Regel *f* (Math) left-hand screw rule
Linksverschiebung *f*
(Vw) leftward shifting
(ie, of demand and supply curves)
(EDV) left shift
Lippenbekenntnis *n*
(com) lip service *(ie, to pay . . .)*
– pious pledge *(eg, to make . . .)*
Liqudidationswert *m*
(Bö) break-up point
(ie, indicates the actual value of net assets per share)
liquid
(Fin) liquid
– solvent
Liquidation *f*
(com) note (*or* bill) of fees
(Re) realization
(Re) liquidation
(ie, of a company; not ‚dissolution'!)
– (GB) winding up
(ie, der Ausdruck L. hat sich in der Praxis anstelle der vom Gesetz vorgesehenen Bezeichnung ‚Abwicklung' durchgesetzt)
(Bö) settlement
(Bö) clearance
Liquidationsbeschluß *m* (Re) winding-up resolution
Liquidationsbilanz *f*
(ReW) liquidation balance sheet
– (GB) winding-up balance sheet
(ie, statement of assets and liabilities of a company in liquidation; syn, Abwicklungsbilanz)
Liquidationsdividende *f*
(Bw) dividend in liquidation
– liquidating dividend
Liquidationserlös *m* (Fin) liquidation proceeds
Liquidationseröffnungsbilanz *f* (ReW) opening balance sheet of a company in liquidation
Liquidationsgesellschaft *f* (com) company in liquidation
Liquidationsgewinn *m* (Fin) winding-up profit
Liquidationsguthaben *n* (Fin) clearing balance
Liquidationskasse *f* (Fin, US) clearing house
Liquidationskosten *pl* (Fin) liquidation costs
Liquidationskurs *m*
(Bö) making-up price
(Bö) settlement price in forward trading
(syn, Kompensationskurs)
Liquidationsquote *f* (Re) liquidating dividend
Liquidationsrate *f* (ReW) installment of liquidation proceeds
Liquidationsschlußbilanz *f* (ReW) closing balance sheet of a company in liquidation
Liquidationstermin *m* (Bö) pay day
Liquidationsvergleich *m*
(Re) „liquidation-type" composition
(ie, debtor hands over to creditors part or all of his property for sale, § 7 IV VerglO)
Liquidationsverkauf *m*
(Re) liquidation sale
– (GB) winding-up sale
Liquidationswert *m*
(ReW) liquidation/realization . . . value
(Re) sum total of liquidation (*or* winding-up) proceeds
(Fin) break-up value
(opp, going concern value)
(Fin) net asset value
(ie, determined by investment trusts)
Liquidationszeitraum *m* (Re) liquidation period
Liquidator *m* (Re) liquidator *m*
liquide
(Fin) liquid
– (infml) flush with cash
liquide bleiben (Fin) to stay solvent
liquide Mittel *pl*
(Fin) liquid . . . funds/resources
(ie, cash, short-term claims, and marketable securities)
– cash and cash items
– cash (assets)
liquide Mittel *pl* **ersten Grades** (Fin) unrestricted cash
liquide Mittel *pl* **zweiten und dritten Grades** (Fin) assets held for conversion within a relatively short time
liquide Titel *mpl* **höchster Ordnung** (Fin) liquidity of last resort
liquidieren
(com) to charge
(ie, for services rendered)
(Re) to realize
(Re) to liquidate
(ie, a company)
(Bö) to sell off
(Bö) to settle
Liquidität *f*
(Fin) liquidity
– ability to pay
– financial solvency
(Fin) availability of financial resources
(Fin) liquid . . . funds/assets
– cash resources
– current funds
(ie, hochliquide Mittel, kurzfristige Forderungen, marktfähige Wertpapiere = cash, short-term claims, marketable securities)
Liquidität *f* **dritten Grades**
(Fin) current ratio
(ie, total current assets to current liabilities)
Liquidität *f* **ersten Grades**
(Fin) cash ratio
– (absolute) liquid ratio
(ie, cash + short-term receivables to current liabilities)
– (US) acid-test ratio

(ie, total cash + trade receivables + marketable securities to current liabilities)
Liquiditätsabfluß *m* (Vw) outflow of liquidity
liquiditätsabschöpfende Maßnahmen *fpl* (Vw) measures designed to skim off liquidity
Liquiditätsabschöpfung *f* (Fin) absorption of liquidity
Liquiditätsanspannung *f* (Fin) strain on liquidity
Liquiditätsausstattung *f* (Fin) availability of liquid funds
Liquiditätsausweitung *f* (Fin) expansion of liquidity
Liquiditätsbedarf *m* (Fin) liquidity requirements
Liquiditätsbereitstellung *f* (Fin) supply of liquidity
Liquiditätsbeschaffung *f* (Fin) procurement of liquidity
Liquiditätsbilanz *f*
(AuW) net liquidity balance
(ReW) financial statement
(ie, submitted by borrowers to banks, with items arranged in decreasing order of liquidity, § 16 KWG)
Liquiditätsbudget *n*
(Fin) cash budget
(ie, itemizing receipts and disbursements)
Liquiditätsdecke *f* (Fin) extent of liquidity
Liquiditätsdefizit *n* (Fin) shortfall of liquidity
Liquiditätsdisposition *f* (Fin) liquidity management
Liquiditätseffekt *m* (Vw) availability effect
Liquiditätsengpaß *m* (Fin) liquidity squeeze
liquiditätsentziehendes Pensionsgeschäft *n*
(Fin) reverse repo operation
(opp, repo operation)
Liquiditätsentzug *m* (Fin) liquidity drain
Liquiditätserhaltung *f* (Fin) maintenance of liquidity
Liquiditätsfalle *f* (Vw) liquidity trap
Liquiditätsgarantie *f* (Fin) debt service guaranty
liquiditätsgebende Aktiva *pl* (Fin) assets conferring liquidity
Liquiditätsgefälle *n* (Fin) different levels of liquidity
Liquiditätsgrad *m*
(Fin) liquidity ratio
(syn, Deckungsgrad; see: Liquidität ersten, zweiten und dritten Grades)
Liquiditätsgrundsätze *mpl*
(Fin) liquidity directives
(ie, issued by the ‚Bundesaufsichtsamt für das Kreditgewerbe' = ‚Banking Supervisory Authority')
Liquiditätshilfe *f*
(Vw) temporary release of extra reserves to the banks
– temporary injection of new liquidity into the money market by the central bank
Liquiditätskennzahlen *fpl* (Fin) liquid asset ratios
Liquiditätsklemme *f*
(Fin) liquidity squeeze
– cash bind
– cash crunch
– cash squeeze
Liquiditätsknappheit *f*
(Fin) lack of cash
– cash shortage

Liquiditäts-Koeffizient *m*
(ReW) (net) working capital ratio
(ie, current assets minus current liabilities)
Liquiditäts-Konsortialbank *f* (Fin) liquidity bank
Liquiditätskosten *pl*
(Fin) cost of liquidity
(ie, opportunity cost of cash holdings + interest payable on borrowed capital)
Liquiditätskredit *m* (Fin) loan to maintain liquidity
Liquiditätskrise *f* (Fin) liquidity crisis
Liquiditätslage *f* (Fin) cash/liquidity . . . position
Liquiditätslücke *f* (Fin) liquidity gap
Liquiditätsmanagement *n*
(Fin) liquidity management *(cf, below p. 563)*
Liquiditätsmarge *f* (Vers) solvency margin
Liquiditätsmechanismus *m*
(Vw) liquidity mechanism
(ie, concept of liquidity theory of money)
Liquiditätsneigung *f* (Vw) = Liquiditätspräferenz
Liquiditätspapier *n*
(FiW) liquidity paper
(ie, unverzinsliche Schatzanweisungen + Schatzwechsel)
Liquiditätsplanung *f*
(Fin) liquidity planning
– cash planning
Liquiditätspolitik *f* (Fin) liquidity policy
Liquiditätspräferenz *f*
(Vw) liquidity preference
(ie, demand-schedule for money, motivated by transactions, precautionary, and speculative motives)
Liquiditätspräferenztheorie *f* (Vw) liquidity preference theory *(J. M. Keynes)*
Liquiditätsprämie *f* (Fin) liquidity premium
Liquiditätsprisma *n* (Fin) liquidity grid
Liquiditätsprüfung *f* (Fin) liquidity audit
Liquiditätsquote *f*
(Fin) liquidity ratio
(ie, ratio of free liquidity reserves of commercial banks to deposit volume held by nonbanks and foreign banks)
Liquiditätsrahmen *m*
(Fin) ceiling for new injections of liquidity
(ie, by the Bundesbank)
Liquiditätsreserve *f*
(Fin) cash reserve
(ie, Barreserve + Überschußreserve = 100% Sichteinlagen der Kreditinstitute; syn, Barreserve)
Liquiditätsreservehaltung *f* (Fin) liquidity reserve management
Liquiditätsreserven *fpl* (Fin) liquid reserves
Liquiditätsrestriktion *f* (Fin) liquidity constraint
Liquiditätssaldo *m*
(Vw) liquidity balance
(ie, indicator of monetary policy: sum of minimum reserves and free liquidity reserves of banks)
Liquiditäts-Schatzwechsel *m* (Fin) liquidity Treasury bill
Liquiditätsschraube *f* (Fin) liquidity screw
Liquiditätsschwierigkeiten *fpl*
(Fin) cash pressures (*or* problems)
– (infml) financial hot water
Liquiditätssicherung *f* (Fin) measures safeguarding liquidity

Liquiditätsspritze *f*
(Fin) cash injection
– injection of fresh funds
Liquiditätsstatus *m* (Fin) cash and debt position
Liquiditätssteuerung *f* (Fin) cash management
Liquiditätstheorie *f* (Vw) liquidity preference theory
Liquiditätsüberhang *m* (Fin) excess liquidity
Liquiditätsüberschuß *m*
(Fin) cash surplus
– surplus cash resources
– surplus funds
Liquiditätsumschichtung *f* (Fin) transfer (*or* switch) of liquidity
Liquiditätsumschlag *m*
(Fin) cash turnover ratio
(ie, net sales divided by the sum of cash plus marketable securities)
Liquiditätsverknappung *f* (Vw) shortage of liquidity
liquiditätszuführende befristete Transaktion *f*
(Fin) liquidity-providing reverse transaction
liquiditätszuführendes Pensionsgeschäft *n*
(Fin) repo operation
(opp, reverse repo operation)
Liquidität *f* **zweiten Grades** (Fin) ratio of financial current assets to current liabilities

Listbroking *n*
(Mk) listbroking
(ie, Vermittlung von Adressen zwischen werbetreibenden Unternehmen und Adreßverlagen)
Liste *f*
(com) list
(EDV, Cobal) report
Liste *f* **aufstellen** (com) to draw up (*or* compile) a list
Liste *f* **der gelöschten Ladungsmengen** (com) statement of outturn
Listenbearbeitung *f*
(EDV) list processing
(ie, programming technique for dealing with data structures that consist of similar items linked by pointers; opp, plex processing)
Listenfeld *n* (EDV, GUI) list box
Listengenerator *m* (EDV) list generator
Listengrundpreis *m* (com) basic list price
Listenpreis *m*
(com) list price
(com) sticker price
(eg, of cars)
(AuW) posted price
(ie, of crude oil)
Listenpreis *m* **zahlen**
(com) to pay the list price
– (infml) to pay list

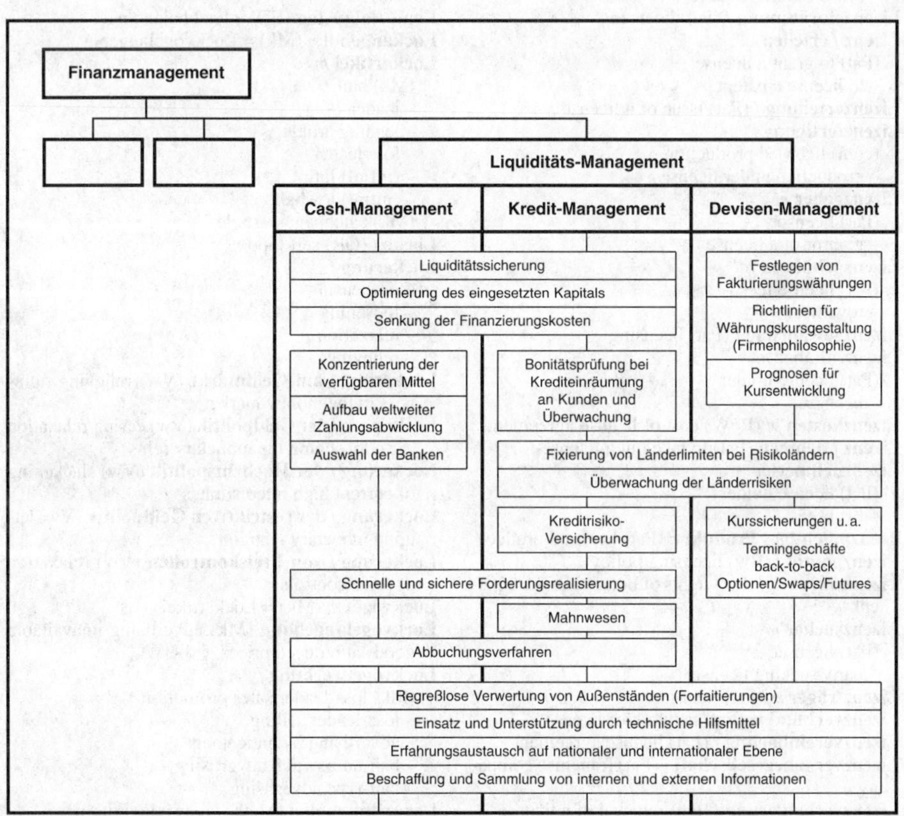

Listenprogramm *n* (EDV) report program
Listenprogrammgenerator *m* (EDV) report program generator, RPG
Listenschreiben *n*
(EDV) listing
– printout
Listenverarbeitung *f* (EDV) list processing
Literal *n* (EDV, Cobol) literal (operand)
Litfaßsäule *f* (Mk) advertising pillar (*or* post)
lizensieren (Pat) to license
Lizensierung *f* (Pat) licensing
Lizenz *f*
(Re) permit
(Pat) license
Lizenzabgabe *f*
(Pat) license fee
– royalty
Lizenzabkommen *n* (Pat) license agreement
Lizenzabkommen *n* **auf Gegenseitigkeit** (Pat) cross-license agreement
Lizenzabrechnung *f* (Pat) royalty statement
Lizenzaustausch *m* (Pat) cross-licensing
Lizenzaustauschvertrag *m* (Pat) cross-license agreement
Lizenzbau *m* (com) licensed construction
Lizenzdauer *f* (Pat) term of a license
Lizenzeinnahmen *fpl*
(ReW) income under license agreements
– income from royalties
Lizenzeinräumung *f* (Pat) licensing
Lizenz *f* **erteilen**
(Pat) to grant a license
– to license a patent
Lizenzerteilung *f* (Pat) issue of a license
Lizenzfertigung *f*
(com) licensed production
– production under license
Lizenzgeber *m*
(Pat) licensor
– grantor of a license
Lizenzgebühren *fpl*
(Pat) license fees
– royalties
Lizenzgewährung *f* (Pat) licensing
Lizenzinhaber *m*
(Pat) license holder
– licensee
Lizenzkosten *pl* (ReW) cost of license agreements
Lizenz *f* **nehmen** (Pat) to take out a license
Lizenznehmer *m*
(Pat) license holder
– licensee
lizenzpflichtiges Produkt *n* (Pat) licensed product
Lizenzpolitik *f* (Bw) licensing policy
Lizenzrechte *npl* (Pat) rights of licensee under a patent
Lizenzsucher *m*
(Pat) licensee
– party seeking license
Lizenzträger *m* (Pat) licensee
Lizenzverbund *m* (Pat) network of licenses
Lizenzvereinbarung *f* (Pat) license agreement
Lizenzvergabegesellschaft *f* (Pat) franchise company
Lizenzverlängerung *f* (Pat) renewal of a license
Lizenzvertrag *m*
(Pat) license agreement
(ie, Einteilung:
1. ausschließlicher Lizenzvertrag;
2. nicht-ausschließlicher od einfacher Lizenzvertrag; cf, § 15 II PatG vom 1.1.1981)
Lizenzverwertung *f* (Pat) exploitation of a license
Lizenzzahlung *f* (Pat) payment of royalties
Lizitation *f* (Mk) = Versteigerung
Lkw *m*
(com) truck
– (GB) lorry
Lkw-Anhänger *m* (com) truck trailer
Lkw-Fahrer *m*
(com) truck driver
– (infml) teamster
– (GB) lorry driver
Lkw-Fracht *f* (com) truck freight
Lkw-Ladung *f* (com) truck load
Lkw-Produktion *f* (com) truck production
Lkw-Transportunternehmen *n*
(com) trucking company
– (GB) haulage contractor
LM-Kurve *f* (Vw) LM (liquidity-money) curve
LMS-System *n*
(IndE) leveling system
(ie, of performance rating = Leistungsgradschätzen; syn, Nivellierungsmethode, Westinghouse-System)
Load-Balancing (EDV) load balancing
Lockangebot *n* (Mk) = Lockvogelangebot
Lockartikel *m*
(Mk) bait
– leader
– leading article
– loss leader
– (infml) lure
– (infml) lowball
(Mk) catchpenny article
Locke *f* (OR) self loop
Lockerung *f*
(com) easing
– loosening
– relaxation
– relieving
Lockerung *f* **am Geldmarkt** (Vw) relieving tightness in the money market
Lockerung *f* **der Geldpolitik** (Vw) easing/relaxation
– loosening the monetary reins
Lockerung *f* **der Hochzinspolitik** (Vw) slackening of current high interest rates
Lockerung *f* **der restriktiven Geldpolitik** (Vw) let-up in monetary restraint
Lockerung *f* **von Preiskontrollen** (Vw) relaxation of price controls
Lockvogel *m* (Mk) = Lockartikel
Lockvogelangebot *n* (Mk) advertising unavailable goods at reduced prices, § 3 UWG
Lockvogelwerbung *f*
(Mk) loss-leader sales promotion
– loss-leader selling
– advertising by enticement
– bait-and-switch advertising
– bait-type advertising
Logarithmand *m* (Math) inverse logarithm

Logarithmentafel *f* (Math) log table
logarithmieren (Math) to logarithm
logarithmische Darstellung *f* (Math) logarithmic chart
logarithmische Gleichung *f* (Math) logarithmic equation
logarithmische Normalverteilung *f* (Stat) lognormal distribution
logarithmisches Papier *n* (Math) log paper
Logarithmus *m* (Math) logarithm
Logging *n*
(EDV) logging
(ie, Protokollieren von Vorgängen in e–m EDV-System)
Logik-Chip *m* (EDV) logic chip
Logik *f* **der Widerspruchslosigkeit** (Log) consistency logic
logische Adresse *f* (EDV) logical address
logische Datei *f* (EDV) logical file
logische Ebene *f* (EDV) logical level
logische Elemente *npl* (EDV) logical components (*or* elements)
logische Entscheidung *f* (EDV) logical decision
logische Konzeption *f* (EDV) logic(al) design
logische Matrix *f* (Log) truth table
logische Nähe *f* (Log) logical proximity
logische Operation *f* (EDV) logical operation
logische Partikel *mpl* (Log) connectives
logischer Befehl *m* (EDV) logical instruction
logischer Funktor *m* (Log) logical functor (*or* operator)
logischer Identitätsvergleich *m*
(EDV) logical comparison
(ie, between two operands)
logischer Knoten *m* (Log) logical node
logischer Operator *m* (Log) logical operator (*or* functor)
logischer Plan *m* (EDV) logical diagram
logischer Satz *m*
(EDV) logical record
(opp, physical record)
logischer Vergleich *m* (EDV) logical comparison
logische Schaltung *f* (EDV) logical circuit
logisches Diagramm *n*
(EDV) logic chart (*or* flowchart)
– logical diagram
logisches Prinzip *n* **vom Widerspruch** (Log) law of contradiction
logisches Produkt *n* (Log) conjunction
logisches Quadrat *n* (Log) square of opposition
logisches Schaltelement *n*
(EDV) logic element
– gate
logische Summe *f* (Log) inclusive disjunction
logische Supposition *f* (Log) logical supposition
logisches Verschieben *n*
(EDV) logical (*or* end around) shift
– non-arithmetic shift
logische Verknüpfung *f* (EDV) logical operation
Logistik *f*
(Log) propositional calculus
(ie, Grundlage ist die Boole-Schroedersche Algebra; Vertreter: Frege, Hilbert, Russell; syn, mathematische/symbolische Logik; heute meist: formale Logik)
(Bw) business logistics
Auch:
– industrial/market logistics
– physical distribution
– materials management
(ie, sämtliche Transport-, Lager- und Umschlagsvorgänge im Realgüterbereich)
logistische Funktion *f*
(Math) logistic function
(ie, häufig benutzte Prognosefunktion für langfristige Prognosen)
logistische Kurve *f* (Stat) logistic curve
logistischer Trend *m* (Stat) logistic trend
logistisches System *n* **von Betriebswirtschaften**
(Bw) business logistics
– logistics of the firm
logistische Systeme *npl* (Bw) industrial logistics
logistische Wachstumskurve *f* (Stat) logistic (*or* autocatalytic) growth curve
Log-Normalverteilung *f*
(Stat) lognormal
– logarithmic-normal
– Gibrat . . . Verteilung
Logo *n*
(com) logo
– logograph
(ie, sign or picture used as trademark; also on letterhead, business cards; etc; syn, Signum)
Lohmann-Ruchti-Effekt *m*
(Bw) capacity increasing effect
(syn, Kapazitätserweiterungseffekt: depreciation through use as a source of new investments)
Lohn *m*
(Pw) wage
– pay
lohnabhängige Gemeinkosten *pl* (KoR) wage- related overhead
Lohnabrechnung *f*
(ReW) payroll (*or* wage) accounting
(ReW) payroll accounts department
(Pw) pay slip
Lohnabschlagszahlung *f*
(Pw) wage advance payment
(ie, at short intervals; eg, one week, 10 days)
Lohnabschluß *m*
(Pw) pay (*or* wage *or* labor) settlement
– wage agreement
Lohnabtretung *f* (Re) assignment of wages
Lohnabzüge *mpl*
(Pw) pay deductions
– employee payroll deductions
Lohnabzugsverfahren *n* (ReW) withholding of taxes and social security contributions from wages and salaries
Lohn-Angebots-Kurve *f* (Vw) wage supply curve
Lohnarbeitsrechenzentrum *n* (EDV) job shop computer center
Lohnauftrag *m*
(com) farming-out contract
– commission order
Lohnaufträge *mpl* **vergeben** (com) to farm out work to sub-contractors
Lohnausfall *m* (Pw) loss of pay
Lohnausgleich *m*
(Pw) pay compensation

(ie, reduction of weekly working hours to 40 or less without pay cuts)
Lohnbeihilfe *f* (AuW) employment subsidy
Lohnbeleg *m* (Re) pay slip, § 134 II GewO
Lohnbestandteil *m* (com) wage component
Lohnbezieher *m* (Pw) = Lohnempfänger
Lohnbuchführung *f* (ReW) payroll (*or* wage) accounting
Lohnbuchhalter *m* (Pw) payroll clerk
Lohnbuchhaltung *f* (ReW) payroll department
Lohnbüro *n*
(ReW) pay (*or* payroll) office
– payroll bureau
Lohndrift *f*
(Vw) wage (*or* earnings) drift
– wage gap
(ie, periodenbezogene Differenz zwischen Änderungsraten von Tariflohnsätzen und Effektivlohnsätzen; dies ist die Bruttodrift; die echte Nettodrift ist die nicht tarifvertraglich fundierte Drift; statistisch nicht berechenbar)
Lohndruckinflation *f* (Vw) wage-push inflation
Löhne *mpl* **für Ausfallstunden und Ausbildung** (Pw) wages paid for hours not worked and for training
Lohneinzelkosten *pl* (KoR) direct labor (cost)
Löhne *mpl* **künstlich niedrig halten** (Vw) to keep wages artificially low
Lohnempfänger *m* (Pw) wage earner (*or* recipient)
Lohnentwicklung *f* (Pw) development/behavior . . . of wages
Lohnerhöhung *f*
(Pw) wage increase
– pay rise
– (US) pay raise
– (US) wage hike
Lohnerhöhungsspielraum *m* (Vw) margin available for wage increases
Lohnersatzleistungen *fpl* (Vw) substitute wage payments
Löhne *mpl* **und Gehälter** *npl* (ReW) wages and salaries
Löhne *mpl* **während der Abwesenheit** (ReW) wages paid during absence from work
Lohnexplosion *f* (Vw) wage explosion
Lohnfonds *m* (Vw) wage(s) fund
Lohnfondstheorie *f*
(Vw) wage(s) fund theory
(cf, Verteilungstheorie D. Ricardos)
Lohnforderung *f* (Pw) pay claim
Lohnforderungen *fpl*
(Pw) wage demands
– demands for higher wages
(Re) wages due to employees
(ie, im Konkurs bevorrechtigt = preferred claims in bankruptcy)
Lohnformen *fpl*
(Pw) payments system
(syn, Entlohnungsverfahren)
Lohnfortzahlung *f*
(Pw) continued pay
(ie, in case of sickness, generally for six weeks)
Lohnfortzahlungsgesetz *n* (Re) Continuation of Wage Payments Law, of 27 July 1969, as amended
LohnfzG (Re) = Lohnfortzahlungsgesetz
Lohngefälle *n*
(Pw) earnings gap
– pay differential
Lohngefüge *n* (Pw) wage structure
Lohngemeinkosten *pl* (KoR) payroll overhead
Lohngruppe *f* (Pw) wage bracket
Lohngruppenkatalog *m* (Pw) wage bracket catalog
Lohngruppenverfahren *n* (IndE) job classification method
Lohnhöhe *f* (Pw) wage level
Lohnindexbindung *f* (Vw) wage indexation
lohninduzierte Arbeitslosigkeit *f*
(Vw) wage-induced unemployment
(syn, stabilisierte Arbeitslosigkeit)
lohninduzierte Inflation *f* (Vw) wage-induced inflation
Lohninflation *f* (Pw) wage cost inflation
Lohnintensität *f*
(Pw) payload ratio
(ie, proportion of wages to costs)
lohnintensiv (Bw) wage (*or* manpower) intensive
Lohnjournal *n* (ReW) = Lohnliste
Lohnkarte *f* (ReW) payroll card
Lohnklasse *f* (Pw) wage group
Lohnkonto *n*
(ReW) payroll account
(ie, to be kept for every employee)
Lohnkosten *pl*
(KoR) labor costs
– payload
– costs incurred in wages
lohnkosteninduzierte Inflation *f* (Vw) cost-induced inflation
Lohnkosten *pl* **je Ausbringungseinheit** (Vw) labor cost per unit of output
Lohnkosten *pl* **je Produkteinheit** (KoR) unit labor cost
Lohnkurve *f* (Pw) wage curve
Lohnkürzungen *fpl* **hinnehmen** (Pw) to take pay cuts
Lohnleitlinien *fpl* (Vw) wage guidelines
Lohnliste *f*
(ReW) payroll register
– (GB) wages sheet
Lohnnachschlag *m*
(Pw) supplementary wage rise
(eg, to compensate for effects of oil price increases)
Lohnnachzahlung *f* (Pw) back pay
Lohnnebenkosten *pl*
(KoR) incidental wage costs
– associated employer outlay
– nonwage labor costs *(syn, Lohnzusatzkosten)*
Lohnnebenleistungen *fpl*
(Pw) ancillary pay
– fringe benefits
Lohnniveau *n* (Vw) wage level
Lohnpause *f*
(Pw) pay pause
– temporary wage freeze
Lohn *m* **pfänden** (Re) to attach (wages) by garnishment
Lohnpfändung *f* (Re) attachment/garnishment . . . of wages, §§ 850–850k ZPO

Lohnpfändungstabelle *f* (Re) permissible wage garnishment scale
Lohnpolitik *f* (Vw) pay/wages . . . policy
Lohnpolitik *f* **der Gewerkschaften** (Vw) trade union wage policy
Lohnprämie *f*
(Pw) earmarked wage bonus *(ie, on quality, economizing, accident prevention, etc.)*
Lohn-Preis-Leitlinien *fpl* (Vw) wage-price guide posts
Lohn-Preis-Spirale *f* (Vw) wage-price spiral
Lohn-Preis-Struktur *f* (Vw) wage-price structure
Lohnquote *f*
(Vw) labor's share in national income
(ie, ratio of total wage bill to national income or of average real wage rate to labor productivity)
Lohnrückmeldeschein *m* (IndE) labor ticket
Lohnrückstände *mpl* (Pw) wage arrears
Lohnrunde *f*
(Pw) pay round
– wage(s) round
– round of pay bargaining
Lohnrunde *f* **einläuten** (Pw, infml) to kick off a wage round
Lohnsatz *m*
(Vw) wage rate
(Pw) rate of pay
Lohnsatzabweichung *f* (KoR) rate variance
Lohnsatzmischungsabweichung *f*
(KoR) labor mix variance
– mixture subvariance for labor
Lohnsatzvorgabe *f* (KoR) labor rate standard
Lohnschein *m*
(IndE) piecework slip
(syn, Lohnzettel, Akkordzettel)
Lohnskala *f* (Pw) wage scale
Lohnspanne *f* (Vw) wage spread
Lohnstatistik *f* (Stat) wage statistics
Lohnsteuer *f*
(StR) wage(s) tax
– income tax on wages and salaries
Lohnsteuerabzug *m* (ReW) wage tax withholding
Lohnsteueranmeldung *f* (StR) wage debt return, § 41 a EStG
Lohnsteueraußenprüfung *f* (StR) external wage tax audit
Lohnsteuerbescheinigung *f* (StR) certificate of wage-tax deduction
Lohnsteuer-Durchführungsverordnung *f* (StR) Wage Tax Ordinance
Lohnsteuer-Ermäßigungsverfahren *n*
(StR) wage tax reduction method
(ie, tax-free amount is entered on wage tax card)
Lohnsteuerfreibetrag *m* (StR) wage earners' tax allowance
Lohnsteuer *f* **für Aushilfen** (StR) taxes on part-time salaries
Lohnsteuerjahresausgleich *m*
(StR) annual wage tax recomputation
(ie, if not employed on a regular basis, taxpayers get back most or all of their income tax withheld by their employers if they file an application to their local tax office, §§ 42–42 b EStG)
Lohnsteuerjahresausgleich-Bescheid *m* (StR) annual recomputation of wage tax decision
Lohnsteuerkarte *f* (StR) wage tax card
Lohnsteuerpflicht *f* (StR) wage tax liability
lohnsteuerpflichtig
(StR) subject to wage tax
– liable in wage tax
– *(or simply)* taxable
lohnsteuerpflichtige Beschäftigung *f* (StR) employment subject to wage tax
lohnsteuerpflichtige Einkünfte *pl* (StR) earnings subject to wage tax
Lohnsteuerprüfung *f* (StR) = Lohnsteueraußenprüfung
Lohnsteuerquote *f*
(StR) wage tax ratio
(ie, wage tax revenue to gross wage/salary income)
Lohnsteuer-Richtlinien *fpl* (StR) Wage Tax Regulations
Lohnsteuerrückvergütung *f* (StR) wage tax refund
Lohnsteuertabellen *fpl* (StR) wage tax withholding tables
Lohnstopp *m*
(Pw) wage . . . control/freeze
– (GB) wage restraint
Lohnstreifen *m* (Pw) pay slip
Lohnstruktur *f*
(Pw) pay/wage . . . structure
– pay pattern
Lohnstückkosten *pl* (KoR) unit/unitized . . . labor cost
Lohnstundensatz *m*
(Pw) hourly wage rate
(KoR) direct labor hour rate
Lohnsumme *f*
(Pw) (total) payroll
– wage bill
(ie, sum total of wages and salaries paid)
Lohnsummensteuer *f*
(StR) municipal tax on total wages paid
– municipal payroll tax
(ie, repealed in 1980)
Lohnsystem *n*
(Pw) payments system
– worker's compensation system
Lohntarifvertrag *m* (Pw) rates of pay agreement *(cf, Manteltarifvertrag)*
Lohntheorie *f* (Vw) wage theory
Lohntüte *f*
(Pw) pay envelope
– (GB) pay packet
Lohn- und Gehaltsabrechnung *f* (ReW) payroll accounting
Lohn- und Gehaltseinzelkosten *pl* (KoR) direct wages and salaries
Lohn- und Gehaltskonten *npl*
(Fin) wage and salary accounts
(ie, kept by banks and receiving cashless payments by employers)
Lohn- und Gehaltskonto *n* (ReW) wages and salary account
Lohn- und Gehaltskürzungen *fpl* (Pw) pay cuts
Lohn- und Gehaltspolitik *f* (Pw) compensation policy
Lohn- und Gehaltsverbindlichkeiten *fpl* (ReW) wages and salaries accrued

Lohn- und Gehaltsvorschüsse *mpl* (ReW) wage and salary advances
Lohn- und Preisleitlinien *fpl*
(Vw) wage and price guidelines
(ie, originally presented in the 1962 Report of the Council of Economic Advisers)
Lohnunterschiede *mpl* (Pw) pay differentials
Lohnveredelung *f*
(com) (cross-border) commission processing
– contract processing
– job processing
(StR) conversion, processing, or improvement of property, § 7 UStG
Lohnveredelungsverkehr *m* (com) commission processing transactions
Lohnvereinbarung *f* (Pw) = Lohnabschluß
Lohnverhandlungen *fpl*
(Pw) pay negotiations
– pay talks
– wage . . . bargaining/negotiations
Lohnverrechungskonto *n* (ReW) payroll transitory account
Lohnverzicht *m* (Pw, US) wage concession
Lohnvorschuß *m*
(Pw) advance wage
– advance against/on wages
– pay advance
Lohnzugeständnisse *npl* (Pw) wage concessions
Lohnzulage *f*
(Pw) premium pay
– bonus
Lohnzusatzkosten *pl* (KoR) = Lohnzusatzleistungen, qv
Lohnzusatzleistungen *fpl*
(KoR) ancillary pay
– fringe benefits
– (US) associated employer outlay
– nonwage labor costs
Lohnzuschlag *m*
(Pw) premium . . . pay/payment
(ie, for overtime, etc.)
lokales Netz *n*
(EDV) local area network, LAN
(ie, Übertragung zwischen mehreren unabhängigen Datenstationen mit hoher Übertragungsgeschwindigkeit und geringer Fehlerrate)
lokales Netzwerk *n*
(EDV) local area network, LAN
(ie, generally provide high-speed [100K bps to 100M bps] data communication services to directly connected computers; gateways are used to connect local networks to each other, or to longer-distance communication networks; can utilize simplified data communications protocols; opp, wide-area network)
lokales Neustarten *n* (EDV) local reboot
lokale Werte *mpl* (Bö) securities traded on regional stock exchanges
Lokalisationsparameter *m*
(Stat) measure of central tendency
– parameter of location
Lokalisierung *f* (EDV) localization
Lokalkostenkredit *m*
(Fin) credit to finance local cost
(ie, bei internationaler Auftragsfinanzierung)

Lokalmarkt *m* (Bö) local stocks
Lokalpapier *n* (Bö) security traded on local exchange only
Lokalverarbeitung *f* (EDV) home loop operation
Lokogeschäft *n*
(Bö) spot transaction (*or* bargain)
(ie, made on commodity exchanges)
Lokohandel *m* (Bö) spot trading
Loko-Kauf *m* (Bö) spot purchase
Loko-Kurs *m* (Bö) spot price
Loko-Markt *m* (Bö) spot market
Loko-Preis *m* (Bö) spot price
loko verkaufen (com) to sell for spot delivery
Lokowaren *fpl*
(Bö) spot commodities
– spots
Lombardbestand *m* (Fin) collateral holdings
Lombarddarlehen *n* (Fin) collateralized loan
Lombardeffekten *pl*
(Fin) pledged securities
(syn, Pfandeffekten)
lombardfähige Wertpapiere *npl* (Fin) securities eligible as collateral for borrowings from Deutsche Bundesbank
Lombardfenster *n*
(Fin) Lombard facility (*or* window)
(Fin, US) federal discount window
(ie, of the Federal Reserve Bank)
Lombardforderungen *fpl* (Fin) Lombard loans
Lombardgeschäfte *npl* (Fin) advances on securities
lombardieren (Fin) to accept collateral for a loan
lombardierte Wertpapiere *npl*
(Fin) collateral securities
– securities pledged as security for a loan
Lombardierung *f* (Fin) borrowing from the central bank against securities
Lombardlinien *fpl* (Fin) ceilings on lombard credit
Lombardpolitik *f*
(Vw) Lombard policy
(ie, der Deutschen Bundesbank; Teil der Geldpolitik)
Lombardsatz *m*
(Fin) Lombard rate
(ie, wird berechnet für die Darlehensaufnahme gegen Pfand von Kreditinstituten bei der Notenbank = German term for the rate of interest charged for a loan against the security of pledged paper; may be up to 1.5% above the Bundesbank's discount rate; marks the ceiling of the interest rate band in which the Bundesbank operates)
Lombardverzeichnis *n*
(Fin) Lombard list
(ie, list of securities eligible as collateral against central-bank advances, kept by the Deutsche Bundesbank)
Lombardwechsel *m* (Fin) collateralized bill (*or* note)
Lombardzinssatz *m* (Fin) Lombard lending rate
Londoner Finanzwechsel *m* (Fin) international trade bill
Londoner Interbanken-Angebotssatz *m*
(Fin) London Interbank Offered Rate
– libor, LIBOR
Londoner Metallbörse *f* (Bö) London Metal Exchange

Londoner Parität *f*
(AuW) London equivalent
(ie, in foreign exchange quotations)
Londoner Schuldenabkommen *n* (Re) London Debts Agreement
Long-Position *f*
(Bö) long position
(ie, security position where stock or options are bought and held for future action; eg, bulls are long of the market, long of stock; opp, bears are short of stock)
Lorenzsches Konzentrationsmaß *n* (Stat) Gini coefficient
Loroeffekten *pl* (Fin) securities held by one bank for the account of another bank
Loroguthaben *n* (Fin) credit balance on loro account
Lorokonto *n*
(Fin) loro account
(ie, Konto bei e–m Kreditinstitut, das auf Initiative e–s anderen Kreditinstituts eingerichtet wurde; used in foreign exchange bookkeeping: by a depository bank to describe an account maintained with it by a bank in a foreign county)
Los *n*
(MaW) lot
(IndE) lot
– batch
(syn, Auflage, Partie, Serie)
Losanleihe *f* (Fin) lottery loan
Losbegleitkarte *f* (IndE) batch card
Löschattribut *n*
(EDV) delete flag
(ie, indicates a deletion without removing record physically from data base; syn, delete reservation)
löschbare optische Platte *f* (EDV) erasable optical disk
löschbarer Speicher *m* (EDV) erasable storage
löschbares PROM *n* (EDV) erasable-programmable-read-only memory
Löschbescheinigung *f* (com) landing certificate
Löschdatum *n* (EDV) purge date
löschen
(com) to discharge . . . goods/cargo
– to unload
(Re) to cancel
– to delete
(EDV) to erase
– to delete
(ie, change all the binary digits in a memory to binary zeros)
(EDV) to blank
(EDV) = rückstellen
(EDV) to kill *(eg, files)*
löschendes Lesen *n*
(EDV) destructive read(ing)
– destructive readout
Löschen *n* **e–r Ladung** (com) discharge of cargo
Löschhafen *m* (com) port of discharge (*or* delivery)
Löschkopf *m* (EDV) erase head
Löschkosten *pl* (com) unloading charges
Löschplatz *m*
(com) place of discharge
– unloading berth
Löschschlüssel *m* (EDV) key for deletions
Löschspeicher *m* (EDV) delete character buffer *(used to undo delete operations)*
Löschtaste *f* (EDV) cancel key
Löschung *f* **e–r Eintragung** (Re) cancellation of an entry
Löschung *f* **e–r Hypothek** (Re) extinction of a mortgage in the land register
Löschung *f* **e–r Ladung**
(com) discharge of cargo
– unloading
Löschung *f* **e–s Warenzeichens** (Pat) cancellation of a trademark
Löschungskosten *pl* (com) landing charges
Löschvormerkung *f*
(EDV) delete reservation
(syn, delete flag)
Löschzeichen *n*
(EDV) delete
– erase
– ignore
– rub-out . . . character
(EDV) delete flag
(ie, indicates a deletion without removing record physically from data base; syn, delete reservation)
Loseblattausgabe *f* (com) loose-leaf edition
Loseblattbuchführung *f* (ReW) loose-leaf system of bookkeeping
Loseblattsystem *n* (com, ReW) loose-leaf system
loser Zusammenschluß *m* (Kart) loose combination
Losfüller *m*
(IndE) float
(ie, when standard lot sizes are worked)
Losgröße *f*
(Stat) lot size
(IndE) batch size *(syn, Seriengröße)*
Losgrößenbereich *m* (IndE) batch size range
Losgrößenbestimmung *f* (Bw) lot-size calculation
Losgrößenbildung *f* (IndE) batch sizing
Losung *f*
(com, *obsolete*) daily cash receipts
(ie, in retailing)
Lösungsansatz *m* (com) approach to problem-solving
Lösungsmenge *f*
(Math) set of solutions
– solution set
Lösungsraum *m* (Math) solution space
losweise Prüfung *f* (IndE) lot-by-lot inspection
Lotsengeld *n* (com) pilotage fee
Lotterieanleihe *f* (Fin) = Losanleihe
Lotterieauswahl *f* (Stat) lottery sampling
Lotterieeinnehmer *m* (com) lottery collector
Lotteriemethode *f* (OR) wagering technique *(Neumann-Morgenstern)*
Lotteriesteuer *f* (StR) tax on lotteries
Lotteriestichprobe *f* (Stat) lottery sample
Louvre-Abkommen *n* (AuW) Louve . . . accord/ agreement
LRC-Prüfzeichen *n* (EDV) longitudinal redundancy check character
LStDV (StR) = Lohnsteuer-Durchführungsverordnung
LStR (StR) = Lohnsteuer-Richtlinien

LSÜbernahmeangebote *npl*
(com) Joint Guidelines of the Stock Exchange and Federal Ministry of Finance
(ie, specifying formal rules regulating the conduct of public offers; issued in Jan 1979)
Lücke *f* **in der Gesamtnachfrage** (Vw) aggregate deficiency in demand
Lückenanalyse *f* (Bw) gap analysis *(cf, Gap-Analyse)*
Lückenbüßer *m*
(com) stopgap
(eg, act as a stopgap, stopgap arrangement)
Lückenbüßertheorem *n*
(Vw) stop-gap theorem
(ie, discussed in connection with problems of ‚Gemeinwirtschaft')
lückenlose Prüfung *f* (ReW) detail test
lückenlose Prüfung *f* **e–r Beleggruppe** (ReW) block vouching test
Lücke *f* **schließen** (com) to plug a gap
„Luft" *f*
(com) water
(eg, some water in the mill order books)
luftdicht (com) airtight *(eg, container)*
Luftexpreßfracht *f* (com) air express
Luftexpreßtarif *m* (com) air express tariff
Luftfahrt *f*
(com) aviation
(com) air transport
Luftfahrtbundesamt *n* (Re) = Federal Aviation Office
Luftfahrtindustrie *f*
(com) airline industry
(com) aviation industry
Luftfahrtversicherung *f*
(Vers) aviation insurance
(ie, general term covering accident, cargo, liability risks)
Luftfahrtwerte *mpl*
(Bö) aircrafts
– aviation stocks
Luftfahrzeug *n* (com) aircraft
Luftflotte *f* (com) aircraft fleet
Luftfracht *f* (com) air . . . cargo/freight
Luftfrachtbranche *f* (com) air-freight industry
Luftfrachtbrief *m*
(com) air waybill
– airbill
– (GB) air consignment note
Luftfrachtbüro *n* (com) cargo office
Luftfrachtführer *m*
(com) air carrier
– air freight forwarder
Luftfrachtgeschäft *n*
(com) airfreight forwarding
(com) air business
Luftfrachtkosten *pl* (com) air freight charges
Luftfrachtraten *fpl*
(com) air cargo rates
(ie, vier Hauptarten:
1. allgemeine Frachtraten = general cargo rates;
2. Warenklassenraten = cargo class rates;
3. Spezialfrachtraten = special cargo rates;
4. Sondertarif ULD = ULD [Unit Load Device] tariff)
Luftfrachtraum *m* (com) air freight space
Luftfrachtsendung *f* (com) air cargo shipment
Luftfrachtspediteur *m* (com) air freight agent
Luftfrachtspedition *f* (com) air freight forwarding
Luftfrachttarif *m* (com) air cargo rate
Luftfrachtverkehr *m*
(com) air freight service
– air cargo traffic
(ie, Rechtsgrundlagen: Warschauer Abkommen von 1929, das Haager Protokoll von 1963 in s–r Neufassung von 1971 und die Allgemeinen Bedingungen der IATA)
Luftgüterversicherung *f* (Vers) air cargo insurance
Lufthaftpflichtversicherung *f* (Vers) aircraft liability insurance
Lufthansa *f* (com) German LH Airlines
Luft *f* **herauslassen** (com, infml) to knock the stuffing out of *(eg, assets traded, such as stocks, bonds, commodities)*
Luftkaskoversicherung *f*
(Vers) hull coverage – aviation insurance policy
(ie, coverage against loss to an aircraft or its machinery or equipment)
Luftkissen *n* (EDV) air cushion *(eg, in a hard disk)*
Luftkissenboot *n*
(com) air cushion vehicle
– (GB) hovercraft
Luftpolster *n* (EDV) air cushion *(eg, in a hard disk)*
Luftpost *f* (com) airmail
Luftpostaufkleber *m* (com) airmail sticker
Luftpostbeförderung *f* (com) carriage of airmail
Luftpostbrief *m* (com) airmail(ed) letter
Luftpostdienst *m* (com) airmail service
Luftpostleichtbrief *m*
(com) air letter
– aerogramme
Luftpostpäckchen *n*
(com) airmail packet
– small air packet
Luftpostpaket *n* (com) air parcel
Luftposttarif *m* (com) airmail rate
Luftpostzuschlag *m* (com) air surcharge
Lufttaxi *n* (com) air taxi
Lufttransportgewerbe *n* (com) air cargo industry
Lufttransportspediteur *m* (com) air carrier
Luft- und Raumfahrt-Gruppe *f*
(com) aerospace group
(eg, comprising McDonnel Douglas, General Electric, Rolls Royce, MTU, Snecma, Aeritalia)
Luft- und Raumfahrtindustrie *f* (com) aerospace industry
Luft- und Raumfahrtkonzern *m* (com) aerospace group
Luft- und Raumfahrtunternehmen *n* (com) aerospace company
Luftunfallversicherung *f* (Vers) air travel insurance
Luftverkehr *m* (com) air transport
Luftverkehrsgesellschaft *f*
(com) airline
– air carrier
– carrier
Luftverschmutzung *f* (com) air pollution
Luftversicherung *f* (Vers) air-risk insurance
Luftverunreinigung *f* (com) = Luftverschmutzung
lukratives Geschäft *n* (com) high-margin business

Lumpensammler *m*
(com, infml) junkman
– (GB) rag-and-bone man
lustlos
(Bö) dull
– flat
– inactive
– listless
– sluggish
– stale
lustlose Börse *f* (Bö) = lustloser Markt
lustloser Beginn *m* (Bö) dull start
lustloser Handel *m*
(Bö) sluggish market *(syn, Flaute)*
lustloser Markt *m*
(Bö) dull
– flat
– inactive . . . market
lustloses Geschäft *n* (Bö) dull trading
Luxusartikel *m*
(Mk) fancy article
– luxury article
Luxusgüter *npl*
(Mk) luxury goods
– luxuries
– prestige goods
Luxussteuer *f*
(FiW) luxury tax
– sumptuary excise
(ie, imposed on items which are not necessaries; eg, liquor, tobacco products)
LZB (Fin) = Landeszentralbank

M

Maastricht-Kriterien *npl* (FiW) Maastricht criteria

Macht *f* (Bw) cf, Marktmacht

Macht *f* **brechen**
(com) to break the grip
(eg, industry's grip on the oil market)

Macht *f* **durch Legitimation**
(Bw) legitimate power
(ie, in leadership behavior)

Macht *f* **durch Persönlichkeitswirkung**
(Bw) referent power
(ie, in leadership behavior)

Macht *f* **durch Wissen und Fähigkeiten**
(Bw) expert power
(ie, in leadership behavior)

Macht *f* **durch Zwang**
(Bw) coercive power
(ie, in leadership behavior)

Macht *f* **e–s Tests**
(Stat) power of a test
(syn, Gütefunktion, Powerfunktion, Teststärke)

Mächtigkeit *f* (Stat) power

Mächtigkeit *f* **der Mengen der natürlichen Zahlen**
(Math) aleph-null (*or* aleph-zero)

Mächtigkeit *f* **e–r Menge**
(Math) cardinality
– power (*or* potency)
– manyness
– cardinal number . . . of a given set

Mächtigkeitszahl *f* **e–r Menge** (Math) cardinal number of a set

mächtigster biasfreier Test *m* (Stat) most powerful unbiased test

Machtkonzentration *f* (Bw) concentration of market power

Machtmißbrauch *m* (Re) abuse of discretionary power

Machtpolitik *f* **der Gewerkschaften** (Pw) union power politics

Machttheorie *f* (Vw) theory of economic power

Machtverteilung *f* (Vw) distribution of power

Mafo-Daten *pl* (Mk) = Marktforschungsdaten

Magazin *n*
(MaW, obsolete) = Lager
(EDV) magazine
– stacker

Magazinbuchhaltung *f* (MaW) = Lagerbuchhaltung

Magazinverwalter *m* (MaW) = Lagerverwalter

magisches Dreieck *n*
(Vw) uneasy triangle (of economic policy)
(ie, refers to three policy objectives which cannot be achieved simultaneously: (1) full employment, (2) stable prices, and (3) external balance; the original British concept stresses free collective collective bargaining instead of external equilibrium)

magisches Fünfeck *n*
(Vw) magic pentagon
(ie, the five principal economic goals: economic growth, full employment, price stability, external economic equilibrium, equitable distribution of wealth)

magisches Sechseck *n*
(Vw) uneasy hexagon (*or* polygon of six sides)
(ie, reference to the six-cornered incompatibility between economic policy objectives: (1) full employment, (2) stable price level, (3) external equilibrium, (4) sustained growth, (5) reasonably balanced sizes of private and public sectors of the economy, and (6) equitable distribution of incomes and wealth; neither theoretically nor in practice is it possible to have all six at the same time)

magisches Vieleck *n*
(Vw) uneasy polygon (of economic policy)
(ie, reference to a set of policy objectives which are in part mutually exclusive; eg, full employment at the expense of a higher rate of inflation)

magisches Viereck *n*
(Vw) uneasy quadrangle (of economic policy)
(ie, set of four incompatible policy objectives: (1) full employment, (2) stable prices, (3) steady growth, and (4) external equilibrium; see ‚German Stabilization Law', StabG, § 1)

Magnetband *n* (EDV) magnetic tape

Magnetbandaufzeichnung *f* (EDV) tape recording

Magnetbandauszug *m* (EDV) tape dump

Magnetbanddatei *f* (EDV) magnetic tape file

Magnetbandeinheit *f* (EDV) magnetic tape unit (*or* deck)

Magnetbandetikett *n* (EDV) tape label

Magnetbandgerät *n* (EDV) magnetic tape unit (*or* deck *or* station)

Magnetbandkassette *f* (EDV) tape cassette

Magnetband-Kassettenlaufwerk *n* (EDV) = Streamer, qv

Magnetbandlaufwerk *n*
(EDV) magnetic tape drive
– tape transport

Magnetbandprüfung *f* (EDV) magnetic tape check

Magnetbandsicherungssystem *n* (EDV) tape protection system

Magnetband-Sortierprogramm *n* (EDV) tape sort

Magnetbandspeicher *m* (EDV) magnetic tape storage

Magnetblasenspeicher *m* (EDV) bubble memory

magnetische Abtastung *f*
(EDV) magnetic reading
(opp, elektrische und optische Abtastung)

magnetische Aufzeichnung *f* (EDV) magnetic recording

magnetischer Speicher *m* (EDV) magnetic storage

Magnetkarte *f* (EDV) magnetic card

Magnetkartenleser *m* (com) identification card reader

Magnetkartenmagazin *n* (EDV) magnetic card magazine

Magnetkartenspeicher *m* (EDV) magnetic card storage

Magnetkartenspeicherdatei *f* (EDV) magnetic card file
Magnetkontenautomat *m*
(EDV) magnetic ledger card computer
(ie, vom Personal Computer verdrängt)
Magnetkontokarte *f* (EDV) magnetic account card
magnetooptische Aufzeichnung *f* (EDV) magneto-optical recording
Magnetplatte *f* (EDV) magnetic disk
Magnetplattendatei *f* (EDV) disk file
Magnetplattenkassette *f*
(EDV) magnetic disk cartridge (*or* pack)
– disk cartridge
Magnetplattenspeicher *m*
(EDV) magnetic disk storage
(ie, provides very large storage capabilities with moderate operating speed; subterms: Festplattenspeicher + Wechselplattenspeicher)
Magnetprüfverfahren *n*
(IndE) magnetic testing
(ie, Magnetpulververfahren, magnetisches Abtasten)
Magnetschichtdatenträger *m* (EDV) (data) volume
Magnetschichtspeicher *m* (EDV) magnetic layer storage
Magnetschriftbeleg *m* (EDV) magnetic ink document
Magnetschriftleser *m* (EDV) magnetic ink character reader, MICR
Magnetschriftzeichenerkennung *f* (EDV) magnetic ink character recognition, MICR
Magnetschwebebahn *f*
(IndE) maglev transit system
(ie, uses frictionless magnetic suspension instead of wheels; maglev = magnetic levitation)
Magnetspeicher *m* (EDV) magnetic drum
Magnetspulen-Löschgerät *n* (EDV) bulk eraser
Mahnbescheid *m*
(Re) summary court notice to pay a debt, §§ 688–703 d ZPO
(ie, gerichtliche Aufforderung an e–n Schuldner, innerhalb von zwei Wochen zu zahlen od Widerspruch zu erheben; vor 3.12.1976: Zahlungsbefehl)
mahnen
(com) to dun *(ie, demand payment of a debt)*
Mahngebühr *f* (com) dunning charge
Mahnschreiben *n*
(com) letter of reminder
– dunning letter
(ie, pressing for payment of a debt)
Mahnung *f* (com) demand for payment
Mahnung *f* **vor Fälligkeit der neuen Prämie** (Vers) renewal notice
Mahnverfahren *n*
(Re) court proceedings for order to pay debt
(ie, Gläubiger kann im Zivilverfahren [vor Amtsgericht] ohne Klageerhebung und Urteil e–n Vollstreckungstitel erhalten; § 689 ZPO)
Majorante *f*
(Math) dominant
– majorant
majorisieren (Math) to dominate
Majoritätsbeteiligung *f* (com) = Mehrheitsbeteiligung
Majoritätskäufe *mpl* (Bö) stock purchases designed to acquire a majority stake
Makerschlußnote *f* (com) broker's contract note
Makler *m*
(Re) broker
(ie, „Wer für den Nachweis der Gelegenheit zum Abschluß e–s Vertrages od für die Vermittlung e–s Vertrags e–n Mäklerlohn verspricht, ist zur Entrichtung des Lohnes verpflichtet, wenn der Vertrag infolge Nachweis od infolge der Vermittlung des Mäklers zustande kommt", § 145 BGB; „Any person who promises a commission in return for the notification to him of the opportunity to enter into a contract, or for the negotiation of a contract, is only obliged to pay the commission if the opportunity to enter into the contract arises as a result of such notification by the intermediary"; Auftraggeber (principal) verpflichtet sich, Makler für den Nachweis der Gelegenheit zum Abschluß e–s Vertrages den Maklerlohn bzw die Maklerprovision zu zahlen; es entsteht nur ein einseitig verpflichtender Vertrag; Unterbegriffe nach § 652 BGB: Nachweismakler und Vermittlungsmakler: notifying broker und negotiating broker; note that in US and GB the relationship between customer and broker is that of principal and agent; for details see law of agency; cf. §§ 652–656 BGB and §§ 93–104 HGB)
Maklerabrechnung *f* (Fin) broker's statement
Maklerbuch *n*
(Bö) broker's journal
(ie, registering all buy and sell orders and security prices)
Maklercourtage *f*
(com) broker's commission
– brokerage
Maklerfirma *f*
(com) brokerage firm
– (GB) broking firm
Makler *m* **für festverzinsliche Schuldverschreibungen** (Bö) active bond crowd
Maklergebühr *f*
(com) brokerage
– brokerage commission
– broker's commission
Maklergeschäft *n*
(com) brokerage
(com) brokerage (operation)
– broking transaction
Maklerkammer *f*
(Bö) brokers' association
(ie, now ‚Kursmaklerkammer')
Maklerordnung *f* (Bö) brokers' code of conduct
Maklerprovision *f*
(com) broker's commission
– brokerage
Maklertafel *f* (Bö) marking board
Maklervertrag *m*
(com) brokerage contract
– broking contract
Makroaufruf *m*
(EDV) macro call
(ie, instance of a macro name)
– macro invocation
(ie, in UNIX)

Makrobefehl *m*
(EDV) macro (instruction)
(ie, in a higher-level language)
Makrobibliothek *f*
(EDV) macro library
– macro package *(eg, in UNIX)*
– (infml) packaged requests
Makrobücherei *f* (EDV) = Makrobibliothek
makrodynamische Analyse *f*
(Vw) macrodynamics
– macrodynamic analysis
Makroerklärung *f* (EDV) macro definition
Makroerweiterung *f* (EDV) macro expansion
Makro-Hedge *m* (Fin) macro hedge
Makroinstruktion *f* (EDV) macro instruction
Makroökonomie *f*
(Vw) macroeconomics
– macroeconomic analysis
– economics of aggregates
makroökonomisch (Vw) macroeconomic
makroökonomische Größen *fpl* (Vw) economic aggregates
makroökonomische Politik *f* (Vw) macroeconomic policy
makroökonomischer Kapitalkoeffizient *m* (Vw) gross incremental capital-output ratio
makroökonomisches Modell *n* (Vw) macroeconomic (*or* aggregative) model
makroökonomische Theorie *f*
(Vw) macroeconomic theory
– macroeconomics
– aggregative theory
Makroprogrammierung *f*
(EDV) macro programming
– programming-in-the-large
Makrosprache *f* (EDV) macro language
Makrosubstitution *f* (EDV) macro substitution
Makrotheorie *f* (Vw) macroeconomic (*or* aggregative) theory
Makrovariable *f* (EDV) macro variable
Makrovirus *m* (EDV) macro virus
Malprogramm *n*
(EDV) paint program
(syn, Zeichenprogramm)
Malrabatt *m*
(Mk) rebate granted for repeat advertising
(syn, Wiederholungsrabatt)
Malus *m*
(Vers) extra premium
(ie, extra amount added to the basic premium on account of bad risk experience)
Mammutfusion *f*
(com) giant merger
– (US) megabuck merger
Mammutgesellschaft *f* (Bw) mammoth (*or* giant) company
Management *n*
(com) management
(ie, die Ausdrücke Management und Unternehmensführung werden weitgehend synonym verwendet; Ebenen sind:
1. Top Management: oberste Führungsebene, zB Vorstand, Geschäftsführung;
2. Middle Management: mittlere Führungsebene, zB Abteilungsdirektoren, Werksleiter;
3. Lower Management: unterste Führungsebene, zB Büroleiter, Werkmeister;
in bestimmten Organisationen (zB Banken) hat diese Dreiteilung die funktionale Abstufung: a) Dezernat (auf Vorstandsebene); b) Ressort (mehrere Abteilungen); c) Abteilung)
Management-Ansatz *m* (Bw) management approach
Management-Ausbildung *f* (Bw) management education
Managementberatung *f* (Bw) management consulting
Management-Development *n*
(Bw) management development
(ie, Bereitstellung des notwendigen Leitungspersonals innerhalb des Unternehmens)
management efficiency (Bw) Leitungs-Effizienz *f*
Management-Funktionen *fpl* (Bw) = Führungsfunktionen, qv
Management-Informationssystem *n*
(Bw) management information system
(syn, computergestütztes Informationssystem, integriertes Management-Informations- und Kontrollsystem)
(EDV) executive information system, EIS
Management-Karussell *n*
(com, infml) management turntable
– management carousel
– (GB) management roundabout
Managementprozeß *m* (Bw) management process
Managementschwelle *f*
(Pw) management threshold
(ie, phase marking transition on career ladder from specialist to generalist function)
Management-Unternehmen *n* (Bw) management company
Manager-Krankheit *f*
(Bw) manager sickness
(ie, physical wear and tear of high achievers; chief symptoms are heart trouble and circulatory failure)
Mandant *m* (Re) client *(e–s Anwalts oder Wirtschaftsprüfers)*
Mandantenprogramm *n* (EDV) client program
Mandantenverhältnis *n* (Re) attorney-client relationship
Mandat *n*
(com) assignment
(Re) retainer
(ie, contract between attorney and client stating the nature of the services to be rendered and the cost of the services)
Mandelbrotmenge *f* (EDV) Mandelbrot set
Manganknollen *pl* (com) manganese (*or* deep-sea) nodules
Mangel *m*
(com) deficiency
– weakness
(Re) physical defect
(Re) deficiency in title
Mängelanzeige *f* (com) notice of defects, § 478 BGB
Mangel *m* **beheben**
(com) to remedy (*or* rectify) a defect
(Re) to remedy a deficiency
Mängelbeseitigung *f* (Re) correction of faults

Mängeleinrede *f* (Re) defense based on warranty for defects
Mangel *m* **feststellen** (com) to discover a defect
Mängelgewähr *f* (Re) warranty for defects
mangelhafte Erfüllung *f* (Re) defective performance
mangelhafte Lieferung *f* (com) defective delivery
mangelhaftes Patent *n* (Pat) defective patent
mangelhafte Verpackung *f* (com) defective packing
Mängelhaftung *f*
(com) warranty
(Re) liability for defects, § 478 BGB
Mangel *m* **im Recht** (Re) defect in title
mangelnde Erfindungshöhe *f* (Pat) lack of inventiveness
mangelnde Neuheit *f* (Pat) want of novelty
mangelnde Patentfähigkeit *f* (Pat) lack of patentability
mangelnde Vertragserfüllung *f* (Re) defective performance
Mängelrüge *f*
(com) customer's complaint, § 377 HGB
– notice of defects
– letter of complaint
– claim letter
(Re) formal complaint
(ie, Mängelanzeige des Käufers; cf, §§ 377 HGB; eg, M. einreichen = to lodge a . . .)
(Geltendmachung von Mängelgewährsansprüchen im Rahmen der Gewährleistungsrechte)
Mängelrüge *f* **geltend machen** (com) to make (*or* lodge) a complaint
mangels
(Re) in the absence of
– unless otherwise . . .
(Examples:
– in the absence of specific provision to the contrary
– in the absence of express agreement
– unless the agreement specifically provides otherwise
– in default of a contrary provision in the agreement)
mangels Annahme (WeR) for lack of acceptance
mangels ausdrücklicher Vereinbarung
(Re) in the absence of any express agreement
– if the parties fail to make express arrangements
mangels gegenteiliger Vereinbarungen
(Re) in the absence of stipulations to the contrary
– unless otherwise agreed upon
mangels Masse (Re) because of insufficient assets
Mängelstücke *npl* (Fin) defective certificates
mangels Zahlung (WeR) in default of payment
Mangelware *f*
(com) goods in short supply
– scarce articles
Manipulation *f*
(Mk) handling of merchandise to suit it to consumer tastes and preferences
(ie, sorting, cleaning, mixing, repacking, or processing)
manipulieren
(com) to manage
(Bö) to rig the market
manipulierte Währung *f* (Vw) managed currency

Manko *n* (Fin) cash shorts
Mankogeld *n* (com) cashier's allowance for shortages
Mannmonate *mpl* (com) man months
Mantel *m*
(Fin) share certificate *(opp, coupons)*
(Re) corporate shell *(ie, without significant assets or active business operations of its own; syn, Firmenmantel, qv)*
Mantelabtretungsvertrag *m* (Re) blanket assignment
Mantelform *f* **e–r Funktion** (Math) portmanteau formula
Mantelgründung *f*
(com) formation of a shell company
(ie, either as AG or GmbH, with no intention of carrying on business, regarded as violating § 134 BGB)
Mantelkauf *m* (com) purchase of a corporate shell (*or* shell company)
Mantelpolice *f* (Vers) global policy
Manteltarif *m*
(Pw) industry-wide collective agreement
(ie, union agreement regulating work week, vacation, and time off)
Manteltarifvertrag *m*
(Pw) basic collective agreement
– umbrella agreement
Mantelvertrag *m*
(Re) framework (*or* skeleton) agreement
– master contract
(syn, Rahmenvertrag, qv)
Mantelzession *f*
(Re) blanket assignment of receivables
(ie, used esp to secure bank credits)
Mantisse *f*
(Math) mantissa
(ie, of logarithm)
(EDV) coefficient
– fixed point part
– mantissa
manuelle Buchung *f* (ReW) manual posting
manuelle Dateneingabe *f* (EDV) manual input
manuelle Eingabe *f* (EDV) keyboard entry
manuelle Fertigung *f* (IndE) manual (*or* hand) assembly
manueller Betrieb *m* (EDV) manual operation
MAP *n* (EDV) = Manufacturing Automation Protocol, qv
MAP-Implementierung *f*
(EDV) MAP implementation
(ie, the Manufacturing Automation Protocol links islands of automation, for instance, through a 7-layered communications model developed by ISO: International Standards Organization; cf, ISO-Referenzmodell)
Marathonläufer *mpl* (Fin) securities running to extremely long maturities
Marathon-Sitzung *f* (com) „jumbo" meeting
Marge *f*
(Mk) gross margin
(com) spread
(ie, between buying and selling price, debtor and creditor interest rates, etc.)
(Bö) margin

(ie, cash put up by a client in part payment of stock buying under a forward contract = Termingeschäft; syn, Einschuß)
Marginalanalyse *f* (Vw) marginal analysis (*or* theory)
marginale Ausgabeneigung *f* (Vw) marginal propensity to spend
marginale Böden *mpl* (Vw) marginal soils
marginale Gewinnerzielung *f*
(Bö) margin convenience yield
(ie, in the futures market, at spot availability of a commodity)
marginale Importquote *f*
(Vw) marginal propensity to import
(ie, change of imports to infinitesimal change of NNP at market prices)
marginale interne Ertragsquote *f* (Fin) marginal internal rate of return
marginale Investitionsquote *f* (Vw) marginal propensity to invest
marginale Konsumquote *f* (Vw) marginal propensity to consume, dC/dY
marginale Produktivität *f* **der Investition** (Vw) marginal productivity of investment
marginaler Anbieter *m* (Vw) marginal supplier
marginale Refinanzierungskosten *pl* (Fin) marginal cost of funds
marginaler Kapitalkoeffizient *m* (Vw) marginal capital-output ratio
marginale Sickerquote *f* (Vw) marginal leakage
marginale Sparquote *f* (Vw) marginal propensity to save, dS/dY
Marginaltitel *m* (EDV) side head
Marke *f*
(com) brand
(Pat) trademark
(Pat) proprietary name
Markenabkommen *n* (Pat) trademark convention
Markenakzeptanz *f* (Mk) brand acceptance
Markenanmeldung *f* (Pat) filing a trademark registration
Markenartikel *m*
(com) brand *(eg, the best brand of coffee)*
– branded . . . article/product/good
(Mk) proprietary article
– trademarked article
Markenartikelwerbung *f* (Mk) brand advertising
Markenbetreuer *m* (Mk) brand manager
Markenbevorzugung *f* (Mk) brand preference
Markenbewußtsein *n* (Mk) brand . . . perception/recognition
Markenbild *n* (Mk) brand image
Markenerosion *f* (Mk) brand erosion
Markenerweiterung *f*
(Mk) brand extension
(ie, to bring out a new product under a successful brand)
Markenerzeugnis *n* (Mk) branded/trademarked article
Markenetikett *n* (Mk) brand label
Markenfamilie *f* (Mk) brand family
markenfreie Produkte *npl*
(Mk) no-name products
(ie, unbranded lower-cost items found in supermarkets)
Markenführer *m* (Mk) brand leader
Markenidentität *f* (Mk) brand identification
Markenimage *n* (Mk) brand image
Markenindex *m* (Mk) brand trend survey
markenlose Produkte *npl*
(com, US) generics
(ie, not trademarked, having a nonproprietary name)
Markenname *m*
(Mk) proprietary . . . name/label
(Mk) brand name
Markenpirat *m* (Mk) copycat
Markenpiraterie *f*
(Mk) trademark piracy
– brand piracy
(ie, widerrechtliche Nachahmung bekannter Markenartikel)
Markenpolitik *f* (Mk) brand policy
Markenpräferenz *f* (Mk) brand preference
Markenprofil *n* (Mk) brand image
Markenrecht *n*
(Pat) trademark law
(Pat) right in a trademark
– trademark right
(Pat) proprietary right
Markenschutz *m* (Pat) protection of proprietary rights
Markenschutzrecht *n* (Pat) proprietary right
markenspezifischer Wettbewerb *m* (Mk) intrabrand competition
Markentransfer *m* (Mk) brand transfer
Markentreue *f*
(Mk) brand (name) loyalty
(Mk) brand insistence
Markenvergleich *m* (Mk) brand comparison
Markenwahl *f* (Mk) brand selection
Markenware *f* (Mk) = Markenartikel
Markenwechsel *m* (Mk) brand switching
Markenwerbung *f* (Mk) brand advertising
Markenwettbewerb *m* (Mk) brand competition
Markenwiedererkennung *f* (Mk) brand recognition
Markenzeichen *n* (Mk) brand figure
Marketing-Abteilung *f* (Mk) marketing . . . department/division
Marketing-Audit *n* (Mk) marketing audit
Marketing-Berater *m* (Mk) marketing consultant
Marketing-Effizienz *f*
(Mk) marketing efficiency
(ie, Verhältnis zwischen Marketingerfolg und Kosten des Marketing = relation between performance and cost of marketing actvities)
Marketing-Fachmann *m* (Mk) marketing . . . man/specialist
Marketing-Gag *m* (Mk) marketing ploy
Marketing-Informationssystem *n*, **MAIS** (Mk) marketing information system
Marketing-Informationssystem *n*, **MIS**
(Mk) marketing information system, MIS
(ie, provides a framework for day-to-day managing and structuring of information gathered on a regular basis from sources both inside and outside an organization)
Marketing-Instrumentarium *n* (Mk) mix of marketing tools

Marketing-Konzept *n* (Mk) marketing concept
Marketing-Kosten *pl* (ReW) marketing costs
Marketing-Kurzsichtigkeit *f*
(Mk) marketing myopia
(eg, Obsolenzgefahr des Marktangebots)
Marketing-Logistik *f*
(Mk) marketing logistics
(syn, Distributionslogistik, physische Distribution)
Marketing-Management *n*
(Mk) marketing management
(ie, process of planning, organizing, implementing, and controlling marketing activities in order to expedite changes effectively and efficiently; effectively = bezieht sich auf den Zielerreichungsgrad; efficiently = bezieht sich auf die Wirtschaftlichkeit der Marketing-Bemühungen, that is, the minimization of resources an organization must spend in order to achieve a specific level of desired changes)
Marketing-Manager *m* (Mk) marketing . . . director/manager
Marketing-Methoden *fpl* (Mk) marketing techniques
Marketing-Mix *n* (Mk) marketing mix
Marketing-Modell *n* (Mk) marketing model
Marketing-Philosophie *f* (Mk) marketing philosophy
Marketing-Plan *m* (Mk) marketing plan
Marketing-Spezialist *m* (Mk) marketing specialist
Marketing-Strategie *f*
(Mk) marketing strategy
– market/sales . . . strategy
Marketingtaktik *f*
(Mk) marketing tactics
(syn, operatives Marketing)
Marketingumfeld *n*
(Mk) marketing environment
(ie, includes political, legal and regulatory, societal consumer movement, economic, and technological forces)
Marketingumwelt *f* (Mk) = Marketingumfeld
Marketing-Ziel *n* (Mk) marketing . . . goal/objective
Marketingziele *npl* (Mk) marketing goals
Marketing-Zyklus *m*
(Mk) marketing cycle *(ie, comprising planning, performance, and control)*
Markierung *f*
(com) marking
– labeling
(EDV) mark
Markierungsbalken *m* (EDV) emphasis bar
Markierungsbeleg *m* (EDV) mark sheet
Markierungsbelegleser *m* (EDV) mark sheet reader
Markierungslesen *n*
(EDV) optical bar-code reading
– mark reading
– mark sensing
– mark scanning
(ie, es werden nur Strichmarkierungen verarbeitet)
Markierungsleser *m*
(EDV) optical bar mark . . . reader/scanner
– mark reader

Markierungsparameter *m* (EDV) flag directive
Markierungspunkt *m* (EDV) program flag
Markierungsverfahren *n*
(OR) labeling method
(ie, for getting maximum flow)
Markierungsvorschriften *fpl* (com) marking/labeling . . . instructions
Markierungszeichen *npl* (com) shipping marks
Markov-Algorithmus *m* (Stat) Markoff algorithm
Markov-Kette *f* (Stat) Markoff chain
Markov-Prozeß *m* (Stat) Markoff process
Markov-Schätzwert *m* (Stat) Markoff estimate
Markov-Theorem *n* (Stat) Markoff theorem
Markov-Ungleichung *f* (Stat) Markoff inequality
Markt *m*
(com) market
– marketplace
Marktabdeckung *f* (Mk) market coverage
Marktabgrenzungsabkommen *n*
(Mk) interpenetration agreement
(eg, French and German companies limit volume of steel exported into one another's home markets)
Marktabschwächung *f*
(com) sagging market
– weakening of the market
Marktabsprache *f* (Mk) informal marketing agreement
Markt *m* **abtasten** (com) to explore/sound out . . . a market
Marktanalyse *f* (Mk) market analysis
Marktangebot *n* (com) market . . . offering/supply
Marktangebotskurve *f* (Vw) market supply curve
Marktanpassung *f*
(Vw) market adjustment *(ie, over time)*
Marktanspannung *f* (Mk) tightness of a market
Marktanteil *m*
(com) market share
– share of the market
– market coverage
(ie, der durch den Umsatz ausgedrückte Wertanteil e–s Produkts am gesamten Absatz auf dem relevanten Markt nach Abzug der Exporte und unter Hinzurechnung der Importe; cf, BGH 1982, 255)
Marktanteile *mpl* **aufbauen** (Mk) to build market shares
Marktanteil *m* **erobern**
(com) to conquer a share of the market
– (infml) to grab a chunk of the market
Marktanteil *m* **halten** (com) to maintain a share of the market
Marktanteil *m* **zurückerobern** (com) to win back a market share
Marktaufsicht *f* (Fin) market supervision
Markt *m* **aufteilen**
(com) to divide up
– to fragment
– to carve up
– to partition . . . a market
Marktaufteilung *f*
(Kart) market . . . allocation/division/sharing
– allocation of sales territories
(eg, by a pricing cartel)
Marktaufteilungsabkommen *n* (Kart) market sharing . . . agreement/pact

Marktausgleichslager *n* (Vw) buffer stock
Marktaussichten *fpl* (Mk) market outlook
Marktaustritt *m* (Mk) market exit
Marktaustrittsschranken *fpl*
(Mk) barriers to exit
(syn, Marktaustrittsbarrieren, Marktaustrittshemmnisse)
Marktautomatik *f*
(Vw) automatic market adjustment
(ie, matching of supply and demand in the open market)
Marktbedingungen *fpl*
(Mk) market conditions
– circumstances of the market
Marktbefestigung *f*
(Mk) consolidation of a market
(Bö) market stabilization
Marktbefrager *m* (Mk) field investigator
Markt *m* **beherrschen**
(com) to lead a market
(com) to dominate a market
marktbeherrschende Stellung *f*
(com) dominant market position
– market dominant role
marktbeherrschendes Unternehmen *n*
(com) dominant firm
– market dominating company (*or* enterprise), § 22 I GWB
Marktbeherrschung *f* (com) market . . . control/domination/dominance
Marktbeherrschungs-Vermutung *f* (Kart) presumption of market domination
Markt *m* **beobachten** (com) to watch/investigate/monitor . . . a market
Marktbeobachter *m*
(Fin) market observer
(Mk) field investigator
Marktbeobachtung *f*
(Mk) market investigation/surveillance
– watching the market
Marktberichte *mpl* (Mk) market reports
Marktberuhigung *f* (Bö) return of market to normalcy
Marktbeteiligte *mpl* (Kart) participants in the market, § 3 III GWB
Marktbewegungen *fpl* (Mk) movements of a market *(eg, seasonal, cyclical)*
Marktchancen *fpl* (com) marketing (*or* sales) opportunities
Marktdaten *pl* (Mk) market data (*or* information)
marktdeterminierte Preise *mpl* (Vw) flexible prices
Markt-Diversifizierung *f* (Mk) market diversification
Marktdurchdringung *f* (Mk) market penetration *(ie, extent to which a firm shares the sales in a given market territory)*
Marktdurchdringungsstrategie *f* (Mk) strategy of market penetration
Markt *m* **eindringen, in e–n** (com) to penetrate a market
Markteinfluß *m* (com) influence on the market
Markteinschätzung *f* (Mk) market assessment
Markteintrittsschranken *fpl* (Vw) = Marktzutrittsschranken, qv
Markteintrittsstrategie *f* (Mk) strategy of market entry
Marktelastizität *f* (com) market flexibility
Marktenge *f* (Bö) tightness of a market
Marktentwicklung *f*
(Mk) development of a market
– market trend
Marktergebnis *n*
(Vw) market performance (*or* result)
(ie, e–r der Maßstäbe des funktionsfähigen Wettbewerbs, qv; one of the structural criteria of the workable competition approach; cf, Marktstruktur, Marktverhalten)
Markterholung *f* (Bö) market recovery
Markt *m* **erkunden**
(com) to explore
– to probe
– to study . . . a market
Markterkundung *f*
(Mk) (occasional) probing of a market
– market reconnaissance
(opp, marketing research)
Markt *m* **erobern** (com) to conquer/capture . . . a market
Markteroberungsstrategie *f* (Mk) strategy for conquering markets
Markt *m* **erschließen** (com) to tap (*or* open up) a market
Markterschließung *f* (com) opening up (*or* tapping) new markets
Markterwartungen *fpl* (Mk) market anticipations
Markterweiterungs-Zusammenschluß *m*
(Kart) market extension merger
(ie, Form e–s konglomeraten Zusammenschlusses, bei dem Unternehmen entweder gleichartige Produkte für räumlich getrennte Märkte herstellen (market extension merger) od verschiedene Erzeugnisse für denselben räumlich relevanten Markt produzieren (product extension merger, qv))
marktfähig
(com) marketable
– salable
marktfähige Papiere *npl* (Fin) = marktfähige Wertpapiere
marktfähiges Erzeugnis *n* (com) salable product
marktfähige Wertpapiere *npl* (Fin) marketable securities
Marktfinanzierung *f*
(Fin) external financing
– outside financing
(syn, Außenfinanzierung, exogene Finanzierung)
Marktform *f*
(Vw) market form
(ie, one, few, many demanders or suppliers; combinations result in various forms of monopoly, oligopoly, polypoly, etc)
Marktformenlehre *f* (Vw) theory of market forms
Marktforscher *m* (Mk) market researcher
Marktforschung *f*
(Mk) market research
– (US) marketing research
(Mk) field investigation
Marktforschung *f* **für Investitionsgüter** (Mk) industrial market research

Marktforschungsabteilung *f* (Mk) research department
Marktforschungsdaten *pl* (Mk) market research data
Marktforschungsgesellschaft *f* (Mk) marketing research company
Marktforschungsinstitut *n* (Mk) marketing research institute
Marktforschungsunternehmen *n* (Mk) market research company
Marktführer *m*
(Bw) market leader
(Bö) leading security
Markt *m* **für Festverzinsliche**
(Fin) bond market
– fixed-interest market
(syn, Rentenmarkt, Bondmarkt, qv)
Markt *m* **für hochwertige Güter**
(com) class
– upend
– upscale . . . market
(opp, mass market)
Markt *m* **für Kurzläufer** (Bö) short end of the market
Markt *m* **für Langläufer** (Bö) long end of the market
Markt *m* **für Neuemissionen** (Fin) primary market
Markt *m* **für öffentliche Güter** (Vw) political market
Markt *m* **für unnotierte Werte** (Bö) unlisted securities market
marktgängig
(com) marketable
– merchantable
marktgängige Größe *f* (com) commercial size
marktgängige Währung *f* (AuW) negotiable currency
Marktgebiet *n* (Mk) marketing . . . area/territory
Marktgefüge *n* (com) pattern (*or* structure) of a market
marktgemäße Verzinsung *f* (Fin) interest in line with market conditions
marktgerechter Preis *m* (com) fair market price
marktgerechtes Verhalten *n* (Kart) action in conformity with market trends
marktgerechte Verzinsung *f* (Fin) fair return
marktgerechte Zinsen *mpl* (Fin) interest rates in line with market conditions
Marktgleichgewicht *n* (Vw) market equilibrium
Marktgröße *f* **der eigenen Branche** (Mk) branch potential
Marktherausforderer *m* (Mk) market challenger
Marktkanal *m* (Mk) = Absatzweg, qv
Marktklima *n* (com) market conditions
Marktkonfiguration *f* (Mk) current condition of a market
marktkonform (Vw) compatible with market conditions
marktkonforme Mittel *pl*
(Vw) market-conforming policies
(ie, economic policies that do not unduly interfere with the price mechanism and self-regulating forces of the market; concept developed by German neoliberals)
Marktkonstellation *f* (Mk) = Marktkonfiguration
Marktkonzentration *f* (Kart) concentration of the market *(ie, e–s Wirtschaftszweiges = of an industry)*
Marktkräfte *fpl*
(com) forces of the market
– market forces
Marktkurs *m* (Fin) market exchange rate
Marktlage *f* (com) market situation (*or* status)
Marktlagengewinne *mpl* (Vw) windfall gains *(syn, Quasimonopolgewinne, Q-Gewinne)*
Marktlohn *m* (Vw) wage determined by market forces
Marktlücke *f*
(Mk) gap in the market
– untapped market
(ie, Bedarfsnischen, die bisher von keinem Anbieter bedient werden)
Marktlücken-Analyse *f* (Mk) gap analysis
Marktlücke *f* **schließen** (com) to bridge a gap in the market
Marktmacher *m*
(Bö) market maker
– market making firm
(eg, Warburg Securities London; ie, stets bereit, vor allem Effekten auf Anfrage zu e–m von ihm genannten Kurs zu kaufen/verkaufen; den gleichzeitig genannten Geld- und Briefkurs (ask bid) für e–e Schlußeinheit nennt man Spanne od Spannungskurs (quote) des Marktmachers; Prinzip börslicher Kursermittlung; vor allem im amerikanischen OTC-Markt)
Marktmacht *f*
(Bw) market power
(ie, ability of a company to control competitor's access to the marketplace and to sustain prices above market levels in a profitable way)
Marktmechanismus *m* (Vw) price mechanism
Markt *m* **mit amtlicher Notierung** (Bö) official market
Markt *m* **mit stabiler Preisentwicklung** (com) firm market
Markt *m* **mit starken Schwankungen** (com) jumpy market
Marktmöglichkeiten *pl* (com) market opportunities
Marktnachfrage *f* (Vw) market demand
Marktnachfragekurve *f* (Vw) market demand curve
marktnah (Mk) close to the market
marktnahe (Mk) close to the market
Marktnähe *f* (Mk) market proximity
Marktnische *f* (com) market niche
Marktnische *f* **erobern** (com) to carve out a market niche
Marktordnung *f*
(Vw) market regime
– market regulations
Marktordnungsabkommen *n* (AuW) orderly market agreement
Marktordnungspreise *mpl* (EG) Common support prices
Marktordnungsstelle *f* (EG) market regulating agency
Marktorientierung *f* (Mk) market orientation
Marktpflege *f*
(Mk) cultivation of a market
(Fin) market support

Marktpflegekäufe *mpl* (Fin) market regulation purchases
Markt *m* **pflegen** (com) to cultivate a market
Marktpflegequote *f* (Fin) amounts set aside for market smoothing operations
Marktphase *f* (Mk) market phase
Marktpolitik *f* (Vw) market policy
Marktportefeuille *n* (Fin) market portfolio
Marktposition *f* **ausbauen** (com) to build up a market position
Marktposition *f* **stärken** (com) to reinforce/strengthen . . . market position
Marktpotential *n* (Mk) market potential
Marktpreis *m*
(com) going
– ruling
– actual . . . price
(Bw) market price
(ReW) current price
Marktpreisbildung *f* (Vw) formation of market prices
Marktpreise *mpl*
(VGR) market prices
(ie, factor cost + indirect taxes – subsidies)
Marktpreismechanismus *m* (Vw) price mechanism
Marktproduktion *f*
(com) production for the market
(opp, Kundenproduktion, Vorratsproduktion)
Marktprofil *n* (Mk) market profile
Marktprognose *f* (Mk) market forecast
marktreagibel (com) sensitive to the market
Marktregulierung *f* (com) market regulating arrangements
marktreif
(com) ready for the market
– fully developed
– market ripe
Marktreife *f*
(com) market maturity
(ie, of a product)
Marktrenner *m* (com) blockbuster product
Marktrichtsatz *m*
(Fin) key interest rate *(syn, Leitzins)*
Marktrisiko *n*
(com) market risk
(ie, combines financial risk, interest-rate risk, and purchasing-power risk)
Marktsättigung *f* (Mk) market saturation
marktschreierische Werbung *f* (com, sl) ballyhoo
Marktschwäche *f* (Bö) market weakness
Marktschwankungen *fpl*
(Mk) market fluctuations
(ie, seasonal and cylical)
Marktsegment *n* (Mk) market segment
Markt *m* **segmentieren** (Mk) to segment a market
Marktsegmentierung *f* (Mk) market segmentation
Marktsegmentierungs-Ansatz *m*
(Mk) market segmentation approach
(ie, there are two ways to accomplish it: a concentrated segmentation strategy or a multisegment strategy)
Marktsituation *f* (com) market situation
Marktspaltung *f*
(Bw) division of a market into several submarkets
(ie, through price differentials, dumping, most-favored-nation clause, etc.)
Marktstellung *f* (com) market position
Marktstimmung *f*
(Bö) undertone
– underlying tendency of market prices
(ie, may be weak, steady, or strong)
Marktstörungen *fpl* (Fin) disturbances of a market
Marktstörungsklausel *f* (Fin) = Verfügbarkeitsklausel, qv
Marktstrategie *f* (Mk) market strategy
Marktstruktur *f*
(Vw) market structure
(ie, one of the structural criteria of the workable competition approach; cf, Marktverhalten, Marktergebnis)
Marktstrukturanalyse *f* (Mk) market structure analysis
Marktstudie *f*
(Mk) market study
– customer survey
Marktstützung *f* (com) market support
markttechnische Erholung *f* (Bö) technical rally
markttechnische Position *f*
(Bö) technical position
(ie, of a market; set of conditions or forces operating within the market itself; opp, external factors)
markttechnischer Kursrückgang *m* (Bö) technical decline
Marktteilnehmer *m*
(Mk) market participant
(Fin) market/stock exchange . . . operator
Markttendenzen *fpl*
(Mk) market trends
– tendencies of a market
Markttest *m*
(Mk) acceptance test
– market testing
– pretest
– product placement test
Markttiefe *f* (Mk) market depth
Markttransparenz *f*
(Vw) transparency of the market
(ie, perfect knowledge of all conditions surrounding the market)
Marktübersättigung *f* (Mk) market saturation
Markt *m* **überschwemmen** (com) to flood a market
(eg, with high-quality equipment)
Marktübersicht *f* (Mk) market survey (*or* study)
Marktüberwachung *f* (Fin) market scrutiny *(eg, supported by German banks)*
marktübliche Bedingungen *fpl* (com) generally accepted market terms
marktüblicher Zins *m*
(Fin) market interest rate
(ie, for first-class capital investments; often equal to the interest rate charged for senior mortgages)
Marktumfang *m* (Mk) market volume (*or* size)
Marktumschwung *m*
(Bö) turnabout of the market
– turn in the market
Markt- und Meinungsforschung *f* (Mk) market and opinion research
Markt- und Preisstützung *f* (com) supporting the market

Marktuntersuchung *f* (Mk) market analysis (*or* audit)
Marktusancen *fpl* (com) market practices
Marktverfassung *f* (com) state of the market
Marktverflechtung *f* (Bw) integration (*or* interpenetration) of markets
Marktverhalten *n*
(Vw) market behavior
– market conduct
– market performance
(ie, Kriterium im wettbewerbstheoretischen Ansatz des funktionsfähigen Wettbewerbs, qv)
Marktverhältnisse *npl* (com) market conditions
Marktverkettungszusammenschluß *m*
(Bw) reciprocal dealings
(ie, Form e–s konglomeraten Zusammenschlusses)
Marktversagen *n*
(Vw) market failure
(ie, Fälle, in denen der Markt nicht zur optimalen Allokation führt)
Marktversteifung *f* (com) stiffening of the market
Marktverzerrung *f* (Bw) distortion of a market
Marktvolumen *n*
(Mk) size of the market
– market volume
Marktwende *f* (Bö) = Marktumschwung
Marktwert *m*
(com) commercial value
(com) current value
– current/fair . . . market value
– market . . . price/value *(syn, Tageswert, qv)*
Marktwiderstand *m* (Mk) market resistence
marktwidrig (com) contrary to free market principles
Marktwirtschaft *f* (Vw) market (directed) economy
marktwirtschaftliche Ordnung *f* (Vw) free market system
marktwirtschaftlicher Koordinationsmechanismus *m* (Vw) free-market coordinating mechanism
marktwirtschaftliches Gleichgewicht *n* (Vw) free market equilibrium
Marktzerrüttung *f*
(AuW) market disruption
(Mk) dislocation of markets
Marktzersplitterung *f* (Bö) market fragmentation
Marktzins *m*
(Vw) average market rate of interest
– current interest rate
(ie, prevailing on the money and capital markets of an economy during a given period)
Marktzinssatz *m* (Fin) market interest rate
Markt *m* **zurückerobern** (com) to reconquer a market
Marktzutritt *m* (Vw) entry into a market
Marktzutrittsbedingungen *fpl* (Vw) entry conditions
Marktzutrittsschranken *fpl*
(Mk) barriers to entry
– barriers to new competition
(eg, product differentiation, scale economies, patents; syn, Markteintrittshemmnisse, Markteintrittsschranken, Markteintrittsbarrieren, Zugangsbeschränkungen)

Marktzwänge *mpl* (Mk) market compulsions
marode Firma *f*
(com, infml) ailing company
(syn, notleidendes Unternehmen)
marodes Unternehmen *n* (com) moribund company (*or* undertaking)
marode Wirtschaft *f* (com) ailing economy
Maschenfläche *f*
(EDV, CAD) mesh surface
– B-sline surface
Maschennetz *n* (EDV) intermeshed network
maschinelle Anlagen *fpl*
(ReW) plant and equipment
– machining equipment
maschinelle Lagerbuchhaltung *f* (ReW) mechanical storage records
maschinelle Prüfanlagen *fpl* (IndE) mechanical testing facilities
maschinell lesbar (EDV) machine readable
Maschinenadresse *f* (EDV) = absolute Adresse
Maschinenaufstellung *f* (IndE) installation of machinery
Maschinenausfall *m* (IndE) machine breakdown (*or* failure)
Maschinenausfallzeit *f* (IndE) machine idle time
Maschinenauslastung *f* (IndE) machine utilization
Maschinenbau *m*
(com) mechanical engineering
(ie, deals with the generation, transmission, and utilization of mechanical power and heat, and with the production of tools, machines, and their products)
Maschinenbaugruppe *f* (com) mechanical engineering group
Maschinenbauindustrie *f* (com) mechanical engineering industry
Maschinenbauunternehmen *n* (com) mechanical engineering company
Maschinenbauwerte *mpl* (Bö) engineerings
Maschinenbediener *m*
(IndE) operator
– machine operator
– operative
maschinenbedingte Ausfallzeit *f* (EDV) machine-spoilt processing time
Maschinenbefehl *m* (EDV) computer (*or* machine) instruction
Maschinenbefehlscode *m*
(EDV) machine (*or* computer) instruction code
– machine code
Maschinenbelastung *f* (EDV) machine load
Maschinenbelastung *f* **mit Kapazitätsgrenze** (IndE) finite capacity loading
Maschinenbelegung *f*
(IndE) machine loading and scheduling
– job shop sequencing
Maschinenbelegungsplan *m* (IndE) job shop schedule
Maschinenbelegungsplanung *f*
(IndE) job shop scheduling
– machine loading
(ie, kombinatorisches Optimierungsproblem aus der Fertigungsplanung bei Werkstattfertigung; es geht um die Terminplanung der Produktion)
Maschinenbelegungsübersicht *f* (IndE) loading board

Maschinenbesetzungsplan *m* (IndE) = Maschinenbelegungsplan
Maschinenbetriebsversicherung *f* (Vers) machinery breakdown insurance
Maschinenbuchführung *f* (ReW) machine accounting
Maschinenbuchhaltung *f* (ReW) = Maschinenbuchführung
Maschinencode *m*
(EDV) computer code *(syn, Rechnercode)*
Maschinencodierung *f*
(EDV) absolute (*or* specific) coding
(syn, maschinen- od anlageninterne Codierung)
Maschinenerneuerungskonto *n*
(ReW) machine renewal account
(ie, receives depreciation in excess of the original cost of a machine and is therefore part of taxable income)
Maschinenfähigkeit *f*
(IndE) machine capability
(ie, Maß für die e–r Maschine vorzugebende Toleranzforderung)
Maschinenfehler *m*
(EDV) machine error
(ie, caused by equipment failure)
Maschinen-Garantieversicherung *f* (Vers) machine guaranty insurance
maschinengebundene Werkzeuge *npl* (ReW) machine tools
maschinengeschriebenes Schriftstück *n*
(com) typewritten document
– typescript
Maschinengruppe *f* (IndE) machine group
maschineninterne Codierung *f* (EDV) = Maschinencodierung
Maschinenjahrgang *m* (Bw) vintage
Maschinenkosten *pl* (ReW) cost of plant and machinery
Maschinenkostensatz *m* (KoR) machine overhead rate
Maschinenlauf *m*
(IndE) run
(EDV) machine run
Maschinenlaufzeit *f*
(IndE) machine time
– running time
– machine run time
maschinenlesbar (EDV) machine readable
maschinenlesbare Kreditkarte *f* (Fin) chip card
maschinenlesbarer Datenträger *m* (EDV) machine readable medium
Maschinenlieferant *m* (com) supplier of machinery
Maschinenlochkarte *f* (EDV) machine-operated punched card
maschinennah (EDV) = computerorientiert
maschinennahe Programmiersprache *f* (EDV) machine oriented/low-level . . .language
Maschinennummer *f* (IndE) machine serial number
Maschinenoperation *f* (EDV) computer (*or* machine) operation
maschinenorientierte Programmiersprache *f*
(EDV) computer-oriented (*or* low-level) language
– autocode
maschinenorientierte Sprache *f* (EDV) machine-oriented language
Maschinenprogramm *n*
(EDV) machine program
– object routine
(ie, prepared by an assembler or compiler)
Maschinenprogrammcode *m* (EDV) object code
Maschinenring *m*
(com) „ring“ system for sharing machinery
– farm machinery cooperative
(ie, organization for the joint use of farm equipment)
Maschinensprache *f* (EDV) computer (*or* machine) language
Maschinenstillstandszeit *f* (IndE) machine down time
Maschinenstörung *f*
(IndE) machine failure (*or* malfunctioning)
(EDV) machine fault
– hardware failure
Maschinenstunde *f*
(IndE) machine hour
(ie, representing the operating of one machine for one hour)
Maschinenstundenrechnung *f* (KoR) machine hour accounting
Maschinenstundensatz *m* (KoR) machine hour rate
Maschinenüberwachungszeit *f*
(IndE) machine attention time
(ie, time during which an operator must observe the machine's functioning, while not actually servicing the machine)
maschinenunabhängig (EDV) machine independent
Maschinen und maschinelle Anlagen *pl* (ReW) plant and machinery
maschinenunterstützte Programmierung *f*
(EDV) automatic (*or* machine-aided) programming
– automatic coding
(syn, automatische Programmierung, automatische Codierung)
Maschinenversicherung *f* (Vers) machinery insurance
Maschinenwerte *mpl*
(Bö) mechanical engineering shares
– engineerings
Maschinenwort *n* (EDV) machine (*or* computer) word
Maschinenwörterbuch *n* (EDV) automatic/machine . . . dictionary
Maschinenzeit *f* (EDV) machine (*or* computer) time
maschineschreiben (com) to type
Maske *f*
(EDV) mask
– extractor
(ie, Zeichenmuster – pattern of characters – das zur Auswahl od zum Ausblenden von Teilen e–s Bildes od e–r Zeichenfolge dient = used to control the retention or elimination of portions of another pattern of characters)
Maskengenerator *m*
(EDV) mask generator
– form
Maskenprogrammierung *f* (EDV) mask programming

Maskenregister *n* (EDV) mask register
maskieren (EDV) to mask
Maskierung *f* (EDV) masking
Maslow'sche Bedürfnishierarchie *f* (Bw) Maslow's hierarchy of needs
Maß *n* **der Glättungsfähigkeit** (Stat) error reducing power
Maß *n* **der Zentraltendenz**
(Stat) central tendency
(eg, arithmetic mean, mode, median)
Masse *f*
(Re) bankrupt estate
– insolvent assets
Masseansprüche *mpl*
(Re) preferred claims, §§ 57–60 KO
(ie, Massekosten + Masseschulden; to be satisfied direct from the bankrupt estate)
Massebestand *m* (Re) = Masse
Masseforderung *f* (Re) claim to bankrupt estate
Massegläubiger *m*
(Re) creditor of bankrupt's estate
– nonprivileged creditor
– ordinary creditor
Massekosten *pl* (Re) cost of bankruptcy
Massenablage *f* (com) bulk filing
Massenarbeitslosigkeit *f*
(Vw) mass (*or* large-scale) unemployment
– (infml) wholesale unemployment
Massenartikel *m*
(com) high-volume product
– mass-produced article
Massenblatt *n* (com) mass-circulation tabloid *(eg, BILD)*
Massendatenverarbeitung, MDV *f* (EDV) high-volume data processing
Masseneinkommen *n* (Vw) mass income
Massenentlassungen *fpl* (Pw) mass dismissals
Massenerzeugnis *n*
(Mk) mass-produced article
– high-volume product
Massenfertigung *f*
(IndE) mass
– high-volume
– large-scale . . . production
– production in bulk
(syn, Massenproduktion)
Massenfilialbetrieb *m* (Mk) large-scale chain operation
Massenfrachtgut *n* (com) bulk cargo
Massengeschäft *n*
(Mk) bottom lines
– bulk business
(Fin) retail banking
– bulk business
(ie, banking services for everyone)
Massengut *n* (com) bulk cargo
Massengüter *npl*
(com) bulk goods
– commodities
Massengütertransport *m* (com) bulk goods transport
Massengüterverkehr *m* (com) = Massengütertransport
Massengutfrachter *m*
(com) bulk carrier
(ie, vessel designed to transport dry or liquid bulk cargo, such as coal, ore, grain)
Massengutladung *f* (com) bulk cargo
Massengutschiff *n* (com) bulk freighter
Massengutspeicherung *f* (com) bulk storage
Massenguttransport *m* (com) bulk transport
Massenherstellung *f* (IndE) mass production
Massenkaufkraft *f* (Vw) mass (*or* households') purchasing power
Massenkommunikationsmittel *npl* (Mk) mass communication media
Massenkonsum *m* (Mk) mass consumption
Massenlieferung *f* (com) bulk consignment
Massenmarkt *m* (Mk) mass market
Massenprodukt *n* (com) mass product
Massenproduktion *f* (IndE) = Massenfertigung
Massenproduktionsvorteile *mpl* (Bw) economies of scale
Massenspeicher *m* (EDV) mass/bulk . . . storage
Massenstahl *m* (IndE) tonnage steel
Massensteuer *f* (FiW) mass (*or* broad-based) tax *(eg, income tax, turnover tax)*
Massentourismus *m* (com) mass tourism
Massenüberweisungen *fpl* (Fin) bulk credit transfers
Massenverkauf *m* (Mk) mass selling
Massenverkauf *m* **von Wertpapieren** (Fin) large-scale selling (*or* unloading) of equities
Massenverkehrsmittel *npl* (com) mass transportation facilities
Massenverteilung *f* (Re) liquidating distribution
Massenvertrag *m* (Re) standard contract
Massenvertrieb *m* (Mk) mass selling
Massenverzeichnis *n*
(com) schedule of quantities
(ie, in a tender or building contract)
Massenwahrscheinlichkeit *f* (Stat) a posteriori probability
Massenwerbung *f* (Mk) mass (*or* large-scale) advertising
Masseschulden *fpl* (Re) debt of the estate
Maße *npl* **und Gewichte** *npl* (com) weights and measures
Masseverwalter *m* (Re) administrator of a bankrupt's estate
Masseverwaltung *f* (Re) administration of bankrupt's estate
Masseverzeichnis *n* (Re) list of assets
Maßfracht *f* (com) freighting on measurement
maßgebender Marktanteil *m* (Kart) qualifying market share
maßgebliche Beteiligung *f*
(com) controlling (*or* substantial) interest
– material interest
(syn, wesentliche Beteiligung)
maßgeblicher Einfluß *m* (com) significant influence
maßgeblicher Hersteller *m* (com) leading producer
maßgeblicher Indikator *m* (Stat) key indicator
Maßgeblichkeit *f* **der Handelsbilanz** (ReW) principle that the commercial accounts should be identical with the tax accounts
Maßgeblichkeitsprinzip *n*
(ReW) authoritative principle

(ie, die handelsrechtlichen Rechnungslegungsvorschriften sind auch für den Ansatz des Betriebsvermögens zum Zwecke der Besteuerung maßgebend; cf, § 243 HGB; the commercial financial statements are the authoritative basis for the tax accounts; this principle is almost unknown in other countries)

maßgeschneidert
(com, EDV) tailor-made
– custom(ized)

maßgeschneidertes Bauteil *n* (EDV) tailor-made component (*or* element)

maßgeschneidertes System *n* (com) tailored system

Maßgröße *f* (Math) quantity

Maßgröße *f* **der Produktion** (KoR) measure of production

Maßhalteappelle *mpl* (Vw) moral suasion

mäßige Umsätze *mpl* (Bö) moderate trading

massive Abgaben *fpl* (Bö) heavy selling

massiver Auftragsrückgang *m* (com) massive (*or* marked) fall in orders

Maßkleidung *f* (com) customized clothes

Maßkosten *pl*
(KoR) basic standard cost
(syn, Messungskosten)

Maßnahme *f*
(com) measure
– action
(cf, fitting verbs: adopt – combat – effect – enforce – execute – introduce – resort to – take)

Maßnahmenbündel *n* (com) set of measures

Maßnahmen *fpl* **der Ausgabendämpfung** (FiW) expenditure dampening policies

Maßnahmen *fpl* **der Ausgabenumschichtung** (FiW) expenditure switching policies

Maßnahmen *fpl* **ergreifen** (com) to take measures

Maßnahmen *fpl* **zur Änderung der relativen Preise**
(AuW) switching policy
(ie, measures designed to change the ratio of import prices to domestic prices, and thus improve the balance-of-payments situation)

Maßnahmen *fpl* **zur beruflichen Förderung**
(Pw) vocational assistance measures
(ie, vocational training, vocational rehabilitation, and job-creating schemes)

Maßnahmen *fpl* **zur Förderung der Arbeitsaufnahme** (FiW) measures to foster the commencement of work

Maßnahmeplanung *f*
(Mk) action plan *(ie, to promote sales)*

Maßstab *m*
(com) criterion
– yardstick

maßvolle Politik *f*
(Vw) moderate policy
– (infml) middle-of-the-road policy

maßvoller Lohnabschluß *m* (Pw) moderate pay settlement

Maßzahl *f* (Stat) statistical parameter

Master-Scheduler *m* (EDV) master (*or* high-level) scheduler

Material *n*
(IndE) materials
(ie, raw materials and supplies, small parts, bought-out standard parts, etc.)
(Bö) securities

Materialabfall *m*
(IndE) spoilage
(ie, junked and sold for disposal value)
(IndE) scrap
(ie, measurable but of relatively minor recovery value; eg, shavings, filings, turnings; may be sold or reused)
(IndE) waste
(ie, no measurable recovery value or lost in the process; eg, dust, smoke)

Materialabgaben *fpl* (Bö) selling of securities

Materialabgang *m* (MaW) material withdrawal

Materialabrechnung *f* (KoR) materials accounting

Materialanforderung *f*
(IndE) materials requisition
– stores issue order
– stores materials requisition

Materialannahme *f* (MaW) materials receiving

Materialannahmeschein *m* (MaW) receiving slip

Materialannahmestelle *f* (MaW) point of receipt

Materialaufwand *m*
(ReW, EG) raw materials and consumables
(IndE) material input
(KoR) cost of materials

Materialausbeute *f* (IndE) material yield

Materialausgabe *f*
(MaW) issue
– issuance
– issuing . . . of materials
(MaW) materials issue counter

Materialausgang *m* (MaW) materials issue

Materialbedarf *m*
(MaW) material requirements
(ie, nach Art, Qualität, Menge)

Materialbedarfsermittlung *f* (MaW) = Materialbedarfsplanung

Materialbedarfsplanung *f*
(MaW) materials requirements planning, MRP
– requirements planning
(ie, computerized method of production scheduling)

Materialbedarfsrechnung *f* (MaW) assessment of materials requirements

Materialbedarfsvorhersagen *fpl* (MaW) (statistical) forecasting of materials requirements

Materialbegleitkarte *f*
(IndE) shop traveler
– traveler

Material *n* **beistellen** (MaW) to supply (*or* provide) materials

Materialbeistellung *f* (MaW) supply (*or* provision) of materials

Materialbelege *f* (MaW) materials records

Materialbereich *m* (MaW) materials management function (*or* area)

Materialbereitstellungsplan *m* (MaW) supply-of-materials plan

Materialbeschaffenheit *f* (MaW) quality of materials

Materialbeschaffung *f*
(MaW) materials purchasing
– procurement of materials

Materialbeschaffungsplan *m* (MaW) materials purchase budget
Materialbeschaffungspolitik *f* (MaW) materials purchasing policy
Materialbestand *m* (MaW) stock of materials
Materialbestandskarte *f*
(MaW) bin card
(syn, Lagerfachkarte)
Materialbestandskonten *npl* (ReW) material accounts
Materialbestandsrechnung *f* (MaW) materials status evaluation
Materialbestimmungskarte *f* (IndE) order bill of materials
Materialbezüge *mpl* (ReW) intercompany material purchases
Materialbilanz *f* (IndE) materials input-output statement
Materialbuchführung *f* (MaW) = Lagerbuchführung
Materialbudget *n* (MaW) materials budget
materiale Implikation *f*
(Log) material implication
– conditional
– universal affirmation
(ie, „If A then B" is true in all cases except when A is true and B is false; opp, strict implication = strikte od strenge Implikation)
Materialeingang *m*
(MaW) receiving materials
– inventory additions
Materialeinkauf *m* (MaW) materials purchasing
Materialeinsatz *m*
(KoR) spending on materials
– materials usage
Materialeinsparung *f*
(MaW) materials saving
– economizing on materials
Materialeinzelkosten *pl*
(KoR) cost of direct material
– direct material
Materialempfangsbescheinigung *f* (MaW) materials receiving report
Materialentnahme *f*
(MaW) materials requisition
– issue (*or* withdrawal) of material
Materialentnahmeschein *m* (MaW) materials order
Materialersparnis *f* (IndE) saving of material
materiale Supposition *f*
(Log) material supposition
– mention of a term
(ie, possessed of a term that stands for an expression; opp, formale Supposition)
Materialfehler *m* (MaW) defect in material
Materialfluß *m*
(IndE) material flow
(ie, through the various stages of manufacturing)
Materialflußgestaltung *f* (MaW) materials flow layout
Materialflußkontrolle *f* (MaW) materials flow control
Materialflußkosten *pl* (MaW) cost of materials flow
Materialflußmatrix *f* (MaW) materials flow matrix
Materialflußoptimierung *f*
(MaW) materials flow optimization
– optimization of materials flow system
Materialflußsystem *n* (MaW) materials flow system
Materialflußtechnik *f* (MaW) materials flow methods
Materialgemeinkosten *pl*
(KoR) materials handling overhead
– indirect material
Materialgemeinkostenzuschlag *m* (KoR) materials overhead rate
Material(hilfs)stellen *fpl* (KoR) indirect materials center
materialintensive Industrien *fpl* (Bw) materials intensive industries
Materialkäufe *mpl* (MaW) materials purchasing
Materialknappheit *f* (MaW) material shortage
Materialkosten *pl*
(KoR) cost of materials
(ie, Summe Einzelkosten für Einzelmaterial + Materialgemeinkosten = direct and indirect materials)
Materialkostenermittlung *f* (KoR) materials costing
Materialkostenplan *m* (KoR) materials used budget
Materialkostenstelle *f* (KoR) materials cost center
Materiallager *n* (MaW) store of materials and supplies
Materiallagerung *f* (MaW) storage of materials and supplies
Materialliste *f*
(MaW) materials list
– takeoff
(ie, list used primarily for purchasing and costing purposes: the most simple type of bill of materials = Stückliste)
Materialmangel *m*
(com) shortage of materials
(Bö) shortage of securities on offer
(*or* of offerings)
Materialmengenabweichung *f* (KoR) materials quantity variance
Materialmischung *f* (MaW) materials mix
Materialplanung *f* (MaW) materials planning
Materialpreis *m* (KoR) materials price
Materialpreisabweichung *f* (KoR) materials price variance
Materialprüfung *f*
(MaW) inspection of incoming materials
(Stat) testing of materials
Materialprüfungskosten *pl* (MaW) expense of materials inspection
Materialqualität *f* (MaW) quality of materials
Materialrechnung *f* (MaW) materials accounting
Materialrückgabeschein *m* (MaW) materials return record
Materialstelle *f*
(KoR) materials cost center
(ie, Beschaffung, Prüfung, Lagerung der Roh-, Hilfs- und Betriebsstoffe)
Materialsteuerung *f* (MaW) materials control
Materialtransport *m* (MaW) material handling
Materialübergabe *f* (MaW) material transfer

Materialumarbeitung *f* (IndE) reprocessing of materials
Material- und Herstellungsfehler *mpl* (com) defective (*or* faulty) material and workmanship
Materialverarbeitung *f* (IndE) processing of materials
Materialverbrauch *m* (KoR) materials usage
Materialverbrauchsabweichung *f* (KoR) materials quantity (*or* usage) variance
Materialveredelung *f* (IndE) improvement of materials
Materialverfügbarkeit *f* (MaW) availability of materials
Materialverkauf *m* (com) sale of materials
Materialverlust *m* (com) loss of materials
Materialversorgung *f* (MaW) supply of materials
Materialverteuerung *f* (MaW) increased cost of materials
Materialverwaltung *f* (MaW) inventory (*or* materials) management
Materialverwertung *f* (MaW) utilization of materials
Materialverzeichnis *n* (MaW) list of materials
Materialwert *m*
(KoR) value of raw materials and supplies
(ie, based on average purchase price)
Materialwirtschaft *f*, **MAW**
(MaW) materials management and control
(ie, procurement, stockkeeping, production, shipment; Steuerung des Materialdurchflusses)
Materialzugang *m* (MaW) inventory additions
Materialzuschlag *m* (KoR) materials overhead rate
Materialzwischenlager *n* (MaW) valve inventory, qv
materielle abnutzbare Anlagegüter *npl*
(ReW) depreciable fixed (*or* tangible) assets
(ie, any capital asset other than intangible)
materielle Bedürfnisse *npl* (Vw) material needs
materielle Besserstellung *f* (Vw) material advancement
materielle Buchführungsmängel *mpl* (ReW) substantive accounting deficiencies
materielle Fusionskontrolle *f* (Kart) substantive merger control
materielle Gestaltung *f* (Re) substantive change *(eg, in tax treatment)*
materielle Güter *npl*
(com) physical assets
– tangible goods
materielle Implikation *f* (Log) = materiale Implikation
materielle Lebenslage *f*
(Vw) economic well-being
– material condition of life
materielle Prüfung *f* (Pat) substantive examination, § 28 b PatG
materielle Rechtsvorschrift *f* (Re) substantive rule of law *(eg, this rule is one of substance)*
materieller Mangel *m* (StR) substantive defect (*or* mistake), Abschn. 29 II No. 6 EStR
materielles Anlagevermögen *n* (ReW) tangible fixed assets
materielles Eigentumsrecht *n* (Re) beneficial ownership
materielles Patentrecht *n* (Pat) substantive patent law
materielles Recht *n*
(Re) substantive law
(opp, formelles od Verfahrensrecht = adjective/procedural law)
materielles Schadenersatzrecht *n* (Re) substantive tort law
materielle Vermögenswerte *mpl* (Bw) tangible assets
materielle Ware *f* (EDV) hardware
materielle Wirtschaftsgüter *npl* (Bw) physical assets
materielle Zuständigkeit *f*
(Re) legislative jurisdiction
– (US) subject-matter jurisdiction
(ie, power of a state to prescribe or lay down rights and duties; opp, vollstreckende Zuständigkeit = executory jurisdiction)
materiell-rechtlich (Re) substantive
materiell-rechtliche Bedeutung *f* (Re) import in substantive law
materiell-rechtliche Vorschriften *fpl* (Re) substantive provisions
Mathematik *f*
(Math) mathematics
(ie, deductive study of shape, quantity, and dependence; the two main areas are applied mathematics and pure mathematics; the former arising from the study of physical phenomena, the latter the intrinsic study of mathematical structures)
Mathematiker *m* **für Anlagenrechnung** (Bw) actuary
mathematische Erwartung *f* (Stat) mathematical expectation
mathematische Kostenauflösung *f* (KoR) high-low-points method
mathematische Logik *f*
(Log) mathematical logic
(ie, studies theories from the standpoint of model theory, recursive function theory, proof theory, and set theory)
mathematische Programmierung *f*
(OR) mathematical programming
(ie, used to decide on the one specific solution in a defined set of possible alternatives that will best satisfy a selected criterion; includes linear/nonlinear/stochastic . . . programming, and control theory)
mathematischer Erwartungswert *m* (Stat) expectation value
mathematischer Koprozessor *m*
(EDV) Floating Point Unit, FPU
(syn, Fließkommaeinheit)
mathematisches Modell *n* (Vw) mathematical model
mathematisches Stichprobenverfahren *n* (Stat) statistical sampling
mathematisches Unterprogramm *n*
(EDV) mathematical subroutine
(ie, a well-defined mathematical function, such as exponential, logarithm, or sine; relates input to output)
Math-Modell *n* (Vw) = micro-analysis of transfers to households
Matrikularbeiträge *mpl*
(FiW) contributions of the states to the German Reich *(ie, discontinued in 1918)*

Matrix *f (pl, Matrizen)*
(Math, EDV) matrix (*pl*, matrices)
– array
Matrixaddierer *m* (EDV) matrix adder
Matrixbilanz *f* (KoR) articulation statement
Matrixdaten *pl* (Math) matrix data
Matrix *f* **der Schnittmenge** (Math) cut-set matrix
Matrix *f* **der Übergangswahrscheinlichkeit** (OR) transition probability matrix
Matrix *f* **des geschlossenen Kantenzuges** (Math) circuit matrix
Matrixdrucker *m* (EDV) matrix printer
Matrix-Inversion *f* (Math) matrix inversion
Matrix-Korrelation *f* (Stat) matrix correlation
Matrixmanagement *n* (Bw) = Matrixorganisation
Matrixorganisation *f* (Bw) matrix organization
Matrixprinzip *n* (Bw) matrix principle
Matrixspeicher *m*
(EDV) coordinate (*or* matrix) store
(syn, Koordinatenspeicher)
Matrixspiel *n* (OR) rectangular game
Matrixspiele *npl* (Math) matrix games
Matrixstruktur *f* (Bw) matrix structure
Matrixtabelle *f* (Math) matrix table
Matrixvariable *f* (Math) array variable
Matrizenalgebra *f* (Math) algebra of matrices
Matrizengleichung *f* (Math) matrix equation
Matrizeninversion *f* (Math) matrix inversion
Matrizen-Multiplikator *m* (Vw) matrix multiplier
Matrizenrechnung *f* (Math) matrix calculus
Matrizenschreibweise *f* (Math) matrix notation
Matrizenspalte *f* (Math) matrix column
Matrizenspeicher *m* (EDV) = Matrixspeicher
Matrizentheorie *f* (Math) matrix theory
Matrizenzeile *f* (Math) matrix row
Maus *f*
(EDV) mouse
(ie, pointing device; mechanical mouse, qv; optical mouse, qv)
„Mäuseklavier“ *n* (EDV) = DIP-Schalter
Mausspur *f* (EDV) mouse trails
Mauszeiger *m* (EDV, GUI) mouse pointer
maximale Abweichungsspanne *f* (EG) maximum spread of divergence
Maximaleindeckung *f* (MaW) maximum inventory level
maximale Kapazität *f*
(Bw) ideal capacity
(ie, of plant and equipment)
maximale Kapazitätsauslastung *f* (Bw) peak operating rate
maximale Maschinen-Nutzungszeit *f* (IndE) machine maximum time
maximale Pufferzeit *f* (OR) total float
maximaler aufspannender Baum *m* (OR) maximum spanning tree
maximaler Bestand *m* (MaW) maximum inventory
maximaler Griffbereich *m* (IndE) maximum working area
Maximalerlöskombination *f* (Bw) maximum-revenue product mix
maximale Schadenersatzleistung *f* (Vers) aggregate indemnity
Maximalkapazität *f* (Bw) theoretical capacity
Maximalwert *m* (Math) = Maximum
Maximalzoll *m* (Zo) maximum revenue tariff
Maximax-Regel *f* (Bw) maximax rule
maximieren (Math) to maximize
Maximierung *f* **ohne Nebenbedingung** (Math) unconstrained maximization
Maximierung *f* **unter Nebenbedingungen** (Math) constrained maximization
Maximin-Kriterium *n* (OR) maximin criterion
Maximum *n* (Math) maximum
Maximum-Likelihood-Methode *f* (Stat) maximum likelihood method
Maximumprinzip *n*
(Bw) maximality principle
(ie, to achieve the maximum possible result with a given resource; opp, Minimuprinzip)
Maximum *n* **unter Nebenbedingungen** (Math) constrained maximum
mechanische Abtastung *f* (EDV) mechanical sensing
mechanische Maus *f* (EDV) mechanical mouse *(normally uses a ball that spins sensors; opp, optical mouse)*
mechanischer Drucker *m* (EDV) impact printer
Mechanisierung *f* (Bw) mechanization
Mechanismus *m* **der relativen Preise**
(Fin) mechanism of relative prices
(ie, in portfolio selection)
Mechanismus *m* **für den mittelfristigen finanziellen Beistand** (EG) mechanism for medium-term financial assistance
Mechatronik *f*
(IndE) mechatronics
(ie, linking mechanics with electronics: application of advanced technologies, computers, microprocessors, and integrated circuits to achieve greater efficiency in the design, production, and operation of machinery)
Media *npl* (Mk) advertising media
Media-Abteilung *f* (Mk) media department
Media-Analyse *f* (Mk) media analysis, MA
Media-Auswahl *f* (Mk) advertising media selection
Media-Fachmann *m* (Mk) media specialist
Media-Feldzug *m* (Mk) media campaign
Media-Forschung *f* (Mk) media research
Media-Mix-Planung *f* (Mk) media mix planning
Median *m*
(Stat) median
(ie, value of the variate which divides the total frequency into two halves; syn, Zentralwert)
Mediankarte *f*
(IndE) median control chart
(syn, Zentralwertkarte)
Medianwerte *m* **e–r Stichprobe** (IndE) sample median
Media-Planer *m* (Mk) media mix planner
Mediaselektion *f* (Mk) media selection
Media-Zielgruppe *f* (Mk) media target group
Medien *npl* **der Außenwerbung** (Mk) outdoor media
Medienkampagne *f*
(Mk) crusade
(syn, Pressefeldzug)
Medien-Makler *m* (Mk) media broker
Medienplanung *f* (Mk) account/advertising/media . . . planning

Medienpolitik *f* (com, EG) audio-visual policy
Medienrabatt *m* (Mk) media discount
Medienreichweite *f* (Mk) media reach
Medio-Abrechnung *f* (Fin) mid-month settlement
Medio-Ausweis *m* (Fin) mid-monthly statement
Mediogelder *npl* (Bö) funds or bills repayable at mid-month
Mediogeschäft *n* (Fin) transaction for mid-month settlement
Medioliquidation *f* (Bö) mid-month settlement
Medio-Wechsel *m* (Fin) fourtnightly bill
Medium *n* (Mk) medium, (*pl.* media)
medizinische Informatik *f* (EDV) medical computer science
medizinische Versorgung *f* (SozV) medical care
Meeresbergbau *m* (com) deep-sea mining
Meeresboden-Grundsatzerklärung *f* (Re) Declaration of Principles Governing the Sea-Bed and Ocean Floor
Meeresbodenschätze *mpl*
(com) marine mineral resources
– mineral resources of the sea bed
Meeresnutzung *f* (Re) use of the seas
Meeresnutzung *f* **auf Wettbewerbsbasis** (Vw) competing use of the oceans
Meeresschätze *mpl* **im Eigentum der Völkergemeinschaft** (Re) common property resources
Meeresuntergrund *m* (com) subsoil of sea-bed
Megabit-Chip *m*
(EDV) megabit memory chip
(ie, stores more than one million bits of data)
Megapixel-Bildschirm *m*
(EDV) megapixel display
(ie, display with at least 1 million pixels)
Mehrabschreibung *f*
(ReW) additional depreciation allowance
(ie, amounts beyond budgeted depreciation allowances)
Mehradreßbefehl *m* (EDV) multi-address (*or* multiple) instruction
Mehradreßmaschine *f* (EDV) multiple address computer
Mehradreßsystem *n* (EDV) multiple address system
Mehrarbeit *f* (Pw) additional (*or* extra) work
Mehrarbeitsvergütung *f* (Pw) extra-work pay
Mehrarbeitszuschlag *m* (Pw) bonus paid for extra work
Mehraufwand *m* (com) additional expenditure (*or* outlay)
Mehraufwendungen *mpl* **für doppelte Haushaltsführung** (StR) additional expenses of maintaining two households
Mehraufwendungen *mpl* **für Verpflegung** (StR) additional expenses for board
Mehrausgabe *f* (com) extra expense
Mehrbankensystem *n*
(Vw) system of several banks
(Vw) multi-bank system
Mehrbedarf *m* (com) additional requirements
Mehrbelastung *f* (com) additional charge
Mehrbenutzerbetrieb *m* (EDV) multi-user operation
Mehrbenutzersystem *n*
(EDV) multi-user system
(ie, mostly time sharing operation)
Mehrbetrag *m* (com) additional amount
Mehrbietender *m* (com) outbidder
mehrdeutig
(Log) ambiguous
– equivocal
mehrdeutig determiniertes Gleichgewicht *n* (Vw) multiple equilibrium
mehrdeutige Bezugnahme *f* (Log) ambiguous reference
mehrdeutige Funktion *f* (Math) relation
mehrdeutiger Dateiname *m* (EDV) ambiguous filename
Mehrdeutigkeit *f*
(Log) ambiguity
(ie, capability of being understood in two or more ways)
mehrdimensionale Analyse *f* (Stat) multi-variate analysis
mehrdimensionale Inhaltsanalyse *f* (Mk) multi-dimensional content analysis
mehrdimensionale polynomische Verteilung *f* (Stat) multi-variate multi-nominal distribution
mehrdimensionaler Ansatz *m* (Log) multi-faceted approach
mehrdimensionale Skalierung *f* (Mk) multi-dimensional scaling, MDS
Mehrdurchlauf-Router *m*
(EDV, CAD) re-entrant router
(ie, beim Leiterplattenentwurf, qv)
mehreindeutige Relation *f* (Log) many-one correspondence
mehreindeutige Zuordnung *f* (Math) many-to-one relation
Mehreinnahmen *fpl* (com) additional receipts
Mehrerlös *m*
(com) additional proceeds
(ReW) excess sales revenue
(ie, difference between the admissible and the actual price)
Mehrerlösabschöpfung *f* (Kart) elimination of additional revenues
Mehrertrag *m* (com) extra proceeds
Mehrfachadresse *f*
(EDV) multi-address
– multiple address
Mehrfachadressierung *f* (EDV) multi-addressing
Mehrfachadreßnachricht *f* (EDV) multiple-address message
Mehrfacharbitrage *f*
(Fin) compound (*or* indirect) arbitrage
(Fin) compound arbitration (of exchange)
(cf, arbitration of exchange; opp, Einfacharbitrage = simple A.)
Mehrfachbeleg *m* (ReW) multipart form
Mehrfachbelegung *f* **des haftenden Eigenkapitals** (Fin) multiple use of liable capital
Mehrfachbeschäftigte *mpl* (Pw) = Teilbeschäftigte
Mehrfachbeschäftigung *f* (Pw) multiple employment
Mehrfachbesteuerung *f*
(StR) multiple (*or* recurrent) taxation
– tax overlapping
Mehrfachbetrieb *m* (EDV) multi-job operation
Mehrfachbeurteilung *f* (Pw) multiple rating
Mehrfachbezieher *m* (SozV) recipient of several types of benefits

Mehrfachbuchung *f* (ReW) multiple posting
Mehrfach-Bus-System *n* (EDV) multiple common-data-bus system
mehrfache Eigenwerte *mpl* (Math) repeated latent roots
mehrfache Integration *f* (Math) multiple integration
Mehrfacheinteilung *f* (Stat) manifold classification
Mehrfachempfänger *m* (EDV) multiple recipients
mehrfache Versicherung *f* (Vers) multiple identical-risk coverage by several insurers
mehrfache Wechselkurse *mpl* (Fin) multiple exchange rates
mehrfache Wortlänge *f* (EDV) multiple precision
mehrfache Wurzel *f* **e–r Gleichung**
(Math) multiple root of an equation
– repeated root
Mehrfachfertigung *f* (IndE) multiple-process production
mehrfach gegliederte Tafel *f* (Stat) complex table
Mehrfachintegral *n* (Math) multiple (*or* iterated) integral
Mehrfachklassifikation *f* (Stat) multiple classification
Mehrfachkonten *npl* (ReW) multiple accounts
Mehrfachkopie *f* (com) multiple copy
Mehrfachkorrelation *f* (Stat) = multiple Korrelation, qv
Mehrfachlöschung *f*
(EDV) bulk erase
(ie, Löschung zahlreicher Zeilen einer Datenbank)
Mehrfachlösung *f* (OR) multiple solution
Mehrfachregelungskreis *m* (EDV) multiple control circuit
Mehrfachregelungssystem *n* (EDV) multiple control system
Mehrfachregression *f* (Stat) multiple regression
Mehrfachsatz *m* (com) multipart form
Mehrfachsäulendiagramm *n*
(Stat) multiple bar chart
(syn, mehrfaches Stabdiagramm, Gruppen-Stabdiagramm)
Mehrfachschichtung *f* (Stat) multiple stratification
Mehrfachstichprobenprüfplan *m* (Stat) multiple sampling plan
Mehrfachstichprobenprüfung *f* (Stat) multiple sampling inspection
Mehrfachunterstellung *f* (Bw) multiple command (*or* subordination)
Mehrfachvererbung *f* (EDV) multiple inheritance
Mehrfachversicherung *f* (Vers) multiple-line insurance
Mehrfachzoll *m* (Zo) multiple tariff
Mehrfachzugriffsprotokoll *n* (EDV) multi-access protocol
Mehrfachzuordnung *f* (com) multiple allocation
mehrfach zusammenhängender Bereich *m* (Math) multiply connected region
mehrfaktorieller Versuchsplan *m* (Stat) multi-factorial design
Mehrfamilienhaus *n*
(com) multiple dwelling unit
– multi-family unit
Mehrfunktionskarteneinheit *f* (EDV) multi-function card machine
Mehrgebot *n* (com) higher bid
mehrgemeindliche Betriebsstätte *f* (StR) establishment extending over more than one municipality, § 30 GewStG
mehrgipfelige Verteilung *f* (Stat) multi-modal distribution
Mehrgipfeligkeit *f* (Stat) multimodality
mehrgleisiger Markt *m* (com) multi-tier market
mehrgleisiger Vertrieb *m* (Mk) multi-tier distribution
Mehrheit *f*
(com) plurality *(ie, a voting term)*
– (GB) majority
(ie, more than 50% = clear majority)
(Fin) majority (*or* controlling) interest
Mehrheit *f* **erwerben** (com) to win control (of)
Mehrheitsaktionär *m*
(com) majority . . . shareholder/stockholder
– controlling shareholder
Mehrheitsbeschluß *m*
(com) majority vote
– resolution adopted by a majority of votes
Mehrheitsbeteiligung *f*
(com) majority – controlling interest
– key shareholding
(ie, Mehrheit von Vermögensanteilen od Stimmrechten; idR einfache Mehrheit, die mindestens 50,01% betragen muß; cf, qualifizierte Mehrheit)
(com) majority-owned subsidiary
Mehrheitsgesellschafter *m* (com) majority . . . shareholder/stockholder
Mehrheitsglied *n* (EDV) majority element
Mehrheitsvotum *n*
(Re) majority opinion
(opp, Minderheitsvotum = dissenting/minority . . . opinion)
Mehrheit *f* **von Forderungen** (Re) several co-existing obligations, § 396 BGB
Mehrheit *f* **von Schuldner und Gläubigern** (Re) plurality of debtor and creditors, § 420 BGB
mehrjähriger Tarifvertrag *m* (FiW) multi-year wage agreement
Mehrkanal-Kabelfernsehen *n* (com) multi-channel cable television
Mehrkanalmodell *n*
(OR) multi-channel model
– multi-station model
Mehrkanalschalter *m* (EDV) multi-channel switch
Mehrkosten *pl*
(com) extra cost
(Bw) cost overrun
(KoR) additional expense (*or* charges)
Mehrkostenwagnis *n* (KoR) risk of unanticipated extra cost
mehrlagige Leiterplatte *f* (EDV, CAD) multilayer board
mehrlagiges Papier *n* (com) multi-part paper
Mehrleistung *f*
(Bw) extra output
(Bw) productivity gain
(com) additional payment
(SozV) additional benefit
Mehrleistungszulage *f* (Pw) production bonus
Mehrlieferantenprinzip *n* (MaW) multiple sourcing
Mehrliniensystem *n* (Bw) multiple-line system

Mehrmaschinenbedienung *f* (IndE) = Mehrstellenarbeit
mehrmehrdeutige Relation *f* (Log) many-many correspondence
Mehrmütterklausel *f* (Kart) multi-parent clause; cf, § 23 I 2 GWB, 2. Halbsatz
Mehrparteiensystem *n* (com) multiparty system
Mehrperioden-Analyse *f* (Vw) multi-period analysis
mehrperiodige Prognose *f*
(Bw) trace forecast
(opp, einperiodige Prognose = point forecast)
mehrperiodiges Totalmodell *n* (Bw) multi-period comprehensive model
Mehrpersonenhaushalte *mpl* (FiW) households with two or more members
Mehr-Personen-Nullsummenspiel *n* (OR) n-person zero sum game
Mehrphasenauswahl *f* (Stat) multiphase sampling
Mehrphasen-Lagerhaltungsproblem *n* (MaW) multi-echelon inventory problem
Mehrphasensteuer *f* (StR) multi-stage tax
Mehrphasen-Stichprobenverfahren *n* (Stat) multiphase sampling
Mehrphasen-Umsatzsteuer *f* (FiW) multi-stage turnover tax
mehrphasige Auswahl *f* (Stat) multiphase sampling
Mehrplatzsystem *n*
(EDV) shared resource system
– multi-user system
Mehrproduktbetrieb *m* (Bw) multi-product firm
Mehrproduktpackung *f* (com) multipack
Mehrprogrammbetrieb *m*
(EDV) multiprogramming (operation)
(ie, mehrere Programme im Hauptspeicher, von denen aber jeweils nur eines bearbeitet wird; opp, multiprocessing, qv)
Mehrprogrammsystem *n*
(EDV) multiuser programming system
– multi programming
Mehrprogrammverarbeitung *f* (EDV) multi-programming
Mehrprozessorbetrieb *m*
(EDV) multiprocessing
(ie, parallele Verwaltung mehrerer Prozessoren)
Mehrprozeßsystem *n*
(EDV) multitasking
(ie, Betriebssystem ermöglicht den simultanen Ablauf [concurren execution] mehrerer Prozesse bzw Threads; syn, Multitasking)
Mehrpunktnetz *n*
(EDV) party line
(syn, Liniennetz, Mehrpunktverbindung, Multipointverbindung, Kettennetz, Gruppenverbindung)
Mehrpunktschaltung *f* (EDV) multi-drop circuit
Mehrrechnersystem *n* (EDV) multiprocessor (*or* multiprocessing) system
Mehrschichtbetrieb *m* (Bw) multiple shift operation
mehrschichtiges Lagerhaltungsproblem *n* (MaW) multi-level inventory problem
Mehrschichtkosten *pl* (KoR) multiple shift cost
Mehrschrittsortierung *f* (EDV) multipass sort
mehrseitiger Vertrag *m* (Re) multilateral contract
Mehrspaltenjournal *n* (ReW) multi-column journal

Mehrsparten-Geschäft (Vers) multiple-line insurance
mehrspartige Unternehmensgruppe *f* (Bw) multi-division group
mehrsprachig (com) multilingual
Mehrstellenarbeit *f* (IndE) multiple-machine work
mehrstellig (Log) many-place
mehrstellige Zahl *f* (Math) multi-digit number
Mehrstimmrechte *npl*
(com) multiple voting rights, § 12 II 1 AktG
(ie, bedürfen der Genehmigung der obersten Landesbehörde; cf, aber: stimmrechtslose Vorzugsaktien und Höchststimmrecht)
Mehrstimmrechtsaktien *fpl* (Fin) multiple-voting shares (*or* stock)
Mehrstückpackung *f*
(com) multipack
– banded pack
Mehrstufenbefragung *f* (Mk) multistage interview
Mehrstufen-Stichproben-Verfahren *n* (Mk) multi-stage sampling
mehrstufige Auswahl *f* (Mk) nested sampling
mehrstufige Divisionskalkulation *f*
(KoR) multi-stage process costing
(ie, differenziert die Kostenstellenrechnung nach den einzelnen Fertigungsstufen: Herstellungskosten je Stufe werden durch die erzeuge Menge dividiert; cf, Divisionskalkulation)
mehrstufige Entscheidung *f*
(Bw) multi-phase decision
(ie, breaking down a decision into a temporal sequence of subdecisions)
mehrstufige Flächenschichtung *f* (Stat) area substratification
mehrstufige Probenahme *f* (Stat) multi-stage sampling
mehrstufiger Betrieb *m*
(IndE) multi-stage plant
(ie, in which a sequence of operational stages with salable intermediate products is combined)
mehrstufiger Konzern *m* (com) multi-level group of companies
mehrstufiges Lagerhaltungsmodell *n* (OR) multi-echelon inventory model
mehrstufiges Stichprobensystem *n* (Stat) multiple sampling
mehrstufige Stichprobe *f*
(Stat) multiple/multi-stage/nested . . . sample
– network of samples
mehrstufiges Unternehmen *n* (Bw) multi-stage business
mehrstufiges Zufallsstichproben-Verfahren *n* (Stat) multiple sampling (procedure)
mehrteiliger Virus *m* (EDV) multipartite virus
mehrteiliges Etikett *n* (com) multiple label (*or* tag)
Mehrthemen-Befragung *f*
(Mk) multi-purpose (*or* multi-client) survey
– omnibus survey
Mehrverbrauch *m* (com) additional consumption
Mehrwegpackung *f* (Mk) two-way package
Mehrwert *m* (Vw) surplus value
Mehrwertdienst *m* (EDV) value-added service
Mehrwertdienste *mpl*
(com) value added networks services, VANS
(eg, Zusatzdienste von Tankstellen)

mehrwertige Entscheidung *f* (Stat) multi-valued decision
mehrwertige Funktion *f* (Math) multi-valued function
mehrwertige Logik *f* (Log) many-valued logic (*or* calculus)
Mehrwertigkeit *f* (Log) polyvalence
Mehrwertsteuer *f*
(StR) value-added tax, VAT
(ie, the amtliche Bezeichnung ist „Umsatzsteuer", nicht „Mehrwertsteuer"; die geltende Umsatzsteuer ist e–e Allphasen-Netto-Umsatzsteuer: sales tax or turnover tax of the multiple-stage type, but imposed on the increments of value added at each stage: gross receipts (Verkaufsumsätze) minus the cost of intermediate goods and services (Kosten der Vorleistungen); cf, also: 6th EEC Directive relating to the harmonization of turnover taxes, effective as of Jan 1, 1980 in all EEC countries)
Mehrwertsteuer *f* **ausweisen** (StR) to indicate VAT on an invoice
Mehrwertsteuerbefreiung *f*
(StR) exemption from VAT
– (GB) zero rating
Mehrwertsteuer *f* **erhöhen** (FiW) to put up value-added tax
Mehrwertsteuer-Gesamtbelastung *f* (StR) total amount of VAT
Mehrwertsteuer-Überschuß *m* (StR) unabsorbed balance of VAT, § 18 II UStG
Mehrwertsteuer-Vorbelastung *f* (StR) prior VAT charges
Mehrwertversicherung *f*
(Vers) increased-value insurance
(ie, taken out by importers)
Mehrzeilendrucker *m* (EDV) multiple line printer
Mehrzweckbus *m* (EDV) General-Purpose Interface Bus
Mehrzweckflugzeug *n* (IndE) multi-role aircraft
Mehrzweckhubschrauber *m* (IndE) utility helicopter
Mehrzweckrechner *m* (EDV) multi-purpose computer
Mehrzweckstichprobe *f* (Stat) all-purpose sample
Mehrzweckzeiten *fpl* (IndE) multi-purpose times
Meilensteinbericht *m* (OR) milestone report
Meilenstein-Druckausgaben *fpl* (EDV) milestone printouts
Meinungsaustausch *m* (com) exchange of views
Meinungsbefragung *f* (Mk) opinion survey (*or* poll)
Meinungsforschung *f* (Mk) public opinion research
Meinungsfreiheit *f*
(Re) free expression of opinion
– freedom of discussion
Meinungsführermodell *n* (Mk) opinion leader model
Meinungskauf *m* (Bö) speculative buying
Meinungstest *m* (Mk) opinion test
Meinungsumfrage *f* (Mk) public opinion poll (*or* survey)
Meinungsumfrage *f* **durchführen** (Mk) to conduct a public opinion survey
Meinungsumfrage *f* **in Auftrag geben** (Mk) to commission a public opinion survey
Meinungsverkauf *m* (Bö) speculative selling
Meinungsverschiedenheit *f*
(Re) difference
– disagreement
Meistausführungsprinzip *n* (Bö) principle of maximum execution
Meistbegünstigung *f* (AuW) most-favored-nation treatment
Meistbegünstigungsklausel *f* (AuW) most-favored-nation clause
Meistbegünstigungsprinzip *n* (AuW) most-favored-nation principle
Meistbegünstigungssatz *m* (AuW) most-favored-nation rate
meistbietend (com) highest bidding
Meistbietender *m* (com) highest (*or* best) bidder
meistbietend verkaufen (com) to sell to the highest bidder
meistbietend versteigern (com) to auction off to the highest bidder
Meister *m* (Pw) foreman
Meisterbrief *m*
(Pw) foreman's certificate
(ie, of qualificational ability to become a foreman)
Meisterprüfung *f* (Pw) foreman's qualifying examination
Meistgebot *n* (com) last and highest bid
meist gehandelte Aktie *f* (Bö) volume leader
meist gehandelte Werte *mpl* (Bö) most active issues
Meldebestand *m*
(MaW) reordering quantity
– reorder point
– protective inventory
Meldemenge *f* (MaW) = Meldebestand
melden
(com) to notify
– to report
Meldepflicht *f*
(com) duty to report
– reporting requirement
meldepflichtig (com) subject to reporting requirements
Meldeschluß *m* (com) deadline set for receiving applications
Meldetermin *m*
(com) reporting deadline
(com) notification date *(eg, im Konzernclearing)*
Meldevordruck *m* (com) reporting form
Meldewesen *n* (com) reporting
Meldungsfenster *f* (EDV, GUI) Meldungsfenster *n*
Memofeld *n*
(EDV) memo field
(in databases stored as a binary large object, BLOB, qv)
Menge *f*
(Math) set
– aggregate
– assemblage
– complex *(ie, of elements)*
Menge *f* **aller äußeren Punkte e–r Punktmenge**
(Math) exterior
Menge *f* **der Basisvariablen** (OR) basics
Menge *f* **mit genau zwei Elementen** (Math) pair set
Mengenabnahme *f* (com) bulk purchasing

Mengenabsatz *m* (com) quantity (*or* volume) sale
Mengenabschreibung *f*
(ReW) production-method of depreciation
– unit-of-production method
– production-unit-basis method
– service output (*or* yield) method
(ie, original price minus scrap value divided by total volume output; syn, leistungsbezogene od verbrauchsbedingte od technische Abschreibung)
Mengenabweichung *f* (KoR) quantity (*or* usage) variance
Mengenalgebra *f* (Math) algebra of sets
Mengenanpasser *m*
(Vw) quantity adjuster
– price taker
Mengenanpassermarkt *m*
(Vw) price taker market
(ie, sellers have no say in the matter of selling price)
Mengenanpassung *f* (Mk) quantity adjustment
Mengenbeschränkung *f* (AuW) quota restriction
Mengenbudget *n* (KoR) physical budget
Mengeneffekt *m* (Vw) quantity effect *(eg, of open-market operations)*
Mengeneinkauf *m* (MaW) bulk buying
Mengenfixierung *f* (Vw) quantity (*or* volume) fixing
Mengenfunktion *f* (Math) additive set function
Mengengerüst *n* **der Kosten** (KoR) quantity structure of costs
Mengengeschäft *n* (Fin) = Massengeschäft
Mengenindex *m* (Stat) quantity index
Mengenindex *m* **mit fester Basis** (Stat) fixed base index
Mengenkombination *f*
(Vw) combination of . . . goods/commodities
– commodity combination
– bundle of goods
Mengenkonjunktur *f*
(Bw) effective-demand boom
– expansion of output
(ie, fallende Preise und steigende Erlöse = with prices falling and revenues rising)
Mengenlehre *f* (Math) theory of sets
Mengenleistungsprämie *f*
(IndE) quantity bonus
(ie, mixed system of time and piece-rate wages)
mengenmäßig
(com) by volume
(eg, imports dropped 2% by volume)
– in terms of . . volume/quantity
mengenmäßige Ausfuhrbeschränkung *f* (AuW) quantitative restriction on exportation
mengenmäßige Beschränkung *f* (com) quantitative restriction
mengenmäßige Einfuhrbeschränkung *f* (AuW) quantitative restriction on importation
mengenmäßige Lageraufzeichnungen *fpl* (MaW) stockroom quantity records
mengenmäßige Nachfrage *f*
(Vw) quantity demanded
– demand in physical terms
– physical demand
mengenmäßiger Zuwachs *m* (com) rise in volume terms
mengenmäßiges Ausfuhrkontingent *n* (AuW) quantitative export quota
mengenmäßige Veränderungen *fpl* (Vw) quantum changes
Mengenmeßziffer *f* (Stat) quantity relative
Mengennachlaß *m* (com) = Mengenrabatt
Mengennotierung *f*
(Fin) indirect quotation
– indirect method of quoting foreign exchange
(eg, price of $ in €; ie, number of units of foreign currency that will buy a unit of domestic currency; opp, Preisnotierung)
Mengenoperationen *fpl*
(Math) operations on sets
– set operations
Mengenpreis *m* (com) bulk price
Mengenproduktion *f* (Bw) quantity production
Mengenrabatt *m*
(com) volume/bulk/quantity . . . discount
– quantity rebate *(cf, § 7 RabattG)*
Mengenrechnung *f* (MaW) volume accounting
Mengenrelationen *fpl*
(IndE) output ratio
(ie, in joint production = Kuppelproduktion)
Mengenrisiko *n* (Bw) quantitative (*or* volume) risk
Mengenschreibweise *f* (Math) set notation
Mengenspesen *pl* (com) volume-related expenses
Mengenstaffel *f*
(com) volume-based scale of prices
– price break quantity
Mengenstandard *m* (KoR) volume standard
Mengensteuern *fpl*
(FiW) quantitative taxes
(syn, spezifische od Stücksteuern)
Mengensystem *n*
(Math) system of sets
– family of sets
– collection of sets
Mengentarif *m* (com) bulk supply tariff
Mengentender *m* (Fin) fixed-rate tender
mengentheoretisch (Math) set theoretic
mengentheoretische Topologie *f* (Math) set-theoretic topology
Mengenumsatz *m*
(com) volume sales
– sales in terms of volume
Mengenverband *m* (Math) lattice of sets
Mengenverluste *mpl*
(KoR) volume losses
(ie, difference between input and output volumes; eg, in steelmaking and chemicals processing)
Mengenvorgabe *f* (KoR) quantity standard
Mengenwachstum *n* (Mk) volume growth
Menge *f* **von Handlungsalternativen** (Bw) set of action alternatives
menschbezogen (Pw) people oriented
menschliche Arbeitsleistung *f* (Vw) human labor
menschliches Kapital *n* (Vw) human capital
Mensch-Maschine-Dialog *m* (EDV) man-machine dialog
Mensch-Maschine-Schnittfläche *f* (EDV) man-machine interface
Mensch-Maschine-Schnittstelle *f*
(EDV) human machine interface, HMI
–man-machine interface

Menü *n*
(EDV) menu
(ie, list of operations a computer can perform, from which the user can choose)
Menüaufbau *m* (EDV) menu setup
Menüauswahl *f* (EDV) menu selection
Menübefehl *m* (EDV, GUI) menu command
Menübereich *m* (EDV) menu area
Menüelement *n* (EDV) menu item
Menüfeld *n* (EDV) menu field
Menüfolge *f* (EDV) menu sequence
menügeführt (EDV) menu-assisted
menügesteuert (EDV) menu driven
Menüleiste *f*
(EDV) menu bar
– strip menu
Menüschnittstelle *f* (EDV) menu interface
Menütastenkürzel *n*
(EDV, GUI) accelerator key
(ie, combination of keys; substitutes command selection from a menu using a mouse; syn, Tastenkürzel)
Merchandiser *m*
(Mk, retailing) merchandiser
(ie, Leiter der Warenwirtschaft)
Merchandising *n*
(Mk) merchandising
(ie, 1. optimale Warenpräsentation und Kommunikation am Verkaufspunkt; 2. Verwirklichung von Angebots- und Akquisitionsideen)
meritorische Bedürfnisse *npl* (FiW) merit wants
meritorische Güter *npl* (FiW) merit goods
meritorisches Gut *n*
(FiW) merit good
(ie, Gut, bei dem die Nachfrage der Privaten hinter dem „gesellschaftlich erwünschten" Ausmaß zurückbleibt; zur Korrektur werden staatliche Eingriffe für notwendig gehalten; die Güter werden „meritorisiert"; soll das Angebot reduziert werden, spricht man von demeritorischen Gütern, zB Alkohol, Drogen; external utility is in excess of private utility; opp, demerit good)
merkantiler Minderwert *m*
(com) reduced market value
– loss in value upon resale
(ie, of damaged automobile, due to hidden defects supposed to remain after repair)
Merker *m* (EDV) marker *(eg, *; syn, Markierungszeichen)*
Merkmal *n*
(com) characteristic
– criterion
– feature
(Log) property
(Stat) attribute
Merkmale *npl* **der Leistungsbeurteilung** (Pw) merit factors
Merkmalsfolge *f* (Stat) sequence of properties
Merkmalsklasse *f* (Stat) property class
Merkmalsraum *m* (Stat) variable space
Merkmalsträger *m*
(Stat) statistical unit *(syn, statistische Einheit)*
Merkmalsvergleich *m*
(IndE) factor comparison
(ie, made in job evaluation)
Merkmalswahrscheinlichkeit *f* (Stat) a priori probability
Merkname *m*
(EDV) mnemonic *(syn, mnemonisches Symbol)*
Merkposten *m* (ReW) pro mem(oria) item
Merkzeichen *n*
(Mk) distinctive marking, § 445 HGB
– identification mark
meßbares Leistungsergebnis *n* (Pw) measurable performance
Messe *f*
(com) fair
– trade fair
– show
– exhibition
Messeamt *n* (com) fair office
Messeausweis *m* (com) fair pass
Messebau *m* (com) exhibition stand construction
Messe *f* **beschicken** (com) to participate in a fair
Messe *f* **besuchen** (com) to visit a fair
Messebesucher *m* (com) visitor of a fair
Messebeteiligung *f* (com) number of exhibitors
Messe *f* **eröffnen** (com) to open a fair
Messegelände *n* (com) exhibition site (*or* grounds)
Messekatalog *m* (com) fair catalog
Messeleitung *f* (com) trade fair management
Messestand *m* (com) exhibition stand
Messeteilnehmer *m* (com) participant in a fair
Messe- und Ausstellungsversicherung *f* (Vers) exhibitions insurance
Messe *f* **veranstalten** (com) to organize a fair
Messeveranstalter *m* (com) organizer of a fair
Messewerbung *f* (com) exhibition advertising
Meßfehler *m* (Stat) error of measurement
Meßfühler *m* (EDV) primary element
Meßglied *n* (EDV) measuring means
Meßgrundlage *f* (EDV) measurement base
Meßleitung *f* (EDV) control line (*or* tubing)
Meßort *m* (EDV) measuring point
Meßschleife *f* (EDV) loop
Meßstelle *f* (EDV) measuring point
Messungskosten *pl* (KoR) basic standard cost
Meßverstärker *m* (EDV) booster unit
Meßwert *m* (EDV) process variable
Meßwertwandler *m*
(EDV) transmitter
– transducer
Meßzahl *f* (Stat) index number
Meßzahl *f* **mit fester Basis** (Stat) fixed base relative
Meßzahl *f* **mit wechselnder Basis** (Stat) chain relative
Meßziffer *f* (Stat) relative
Metaentscheidung *f* (Bw) metadecision
Metaformat *n* (EDV) Meta-Content Format
Metageschäft *n*
(com) transaction on joint account
(ie, Form der Partizipation: Einzelgeschäft wird von zwei Gesellschaftern über Metakonto abgewickelt; syn, Konto a metà)
Metakonto *n* (Fin) joint account
Metakredit *m*
(Fin) loan on joint account
(ie, extended on equal terms with another bank)
Metallarbeiterstreik *m* (Pw) engineering strike

Metallbearbeitungsmaschinen *fpl* (IndE) metal-working machinery
Metallbörse *f*
(Bö) metal exchange
(ie, on which nonferrous metals are traded; the leading exchanges are New York and London)
Metallhandel *m* (com) metal trading
Metallindustrie *f*
(com) metal industry
– non-ferrous metals industry
Metallismus *m* (Vw) metalism
Metallnotierungen *fpl* (Bö) metal prices
metallverarbeitende Industrie *f* (com) metal-working industry
metallverarbeitendes Gewerbe *n* (com) = metallverarbeitende Industrie
Metallwährung *f* (Vw) metallic standard (*or* currency)
Metamarketing *n*
(Mk) meta-marketing
(ie, bezieht sich auf nicht-erwerbswirtschaftliche Unternehmen, Organisationen od Personen unter Einbeziehung sozialer od ethischer Normen)
Metasprache *f* (Log) metalanguage
Meterware *f* (com) yard goods
Methode *f*
(Log) method
– approach
– technique
Methode *f* **der Durchschnittsbewertung** *f* (com) weighted avarage cost formula
Methode *f* **der Gewinnrealisierung nach Fertigstellung** (StR)completed-contract method
Methode *f* **der gleitenden Mittelwerte** (Stat) moving-average method
Methode *f* **der größten Dichte** (Stat) maximum likelihood method
Methode *f* **der kleinsten Quadrate**
(Stat) method of least squares
– least squares method
(syn, Kleinst-Quadrate-Methode, qv)
Methode *f* **der Zahlungsbereitschaft**
(Vw) willingness-to-pay method
(ie, used in dealing with shadow prices)
Methode *f* **des lauten Denkens** (Mk) think-aloud technique
Methodenbank *f*
(EDV) methods storage bank
– methods base
(ie, zusammen mit Datenbank erleichtert sie die Steuerung und Regelung e–s Systems)
Methodenstreit *m*
(Vw) clash over economic methods
(ie, between Menger's Austrian School and Schmoller's German Historical School)
Methode *f* **zur Bestimmung der Saisonbereinigung**
(Stat) ratio-to-moving average method of seasonal adjustment
Methode *f* **zur Schätzung des Fertigungsstandes**
(IndE) cost-to-cost-method *(ie, Verhältnis von aufgelaufenen zu budgetierten Gesamtkosten)*
Metist *m* (com) party to a joint transaction
metrische Packung *f* (com) metric pack
metrisches System *n*
(com) metric system *(ie, of weights and measures)*
metrisch skaliert (Stat) metrically scaled
MFM-Verfahren *n*
(EDV) Modified Frquency Modulation, MFM
(ie, method of storing data to disks)
MHA (Re) = Madrider Herkunftsabkommen
Middleware *f*
(EDV) middleware
(ie, software tailored to the needs of a particular installation)
MIDI-Schnittstelle *f*
(EDV) Musical Instrument Digital Interface, MIDI
(ie, serial connection for musical instruments)
Mietablösung *f* (com) compensation to outgoing tenant
Mietanlagen *fpl* (ReW) rental equipment
Mietanlagengeschäft *n* (Bw) leasing activities
Mietanpassung *f* (com) adjustment of rents
Mietaufwand *m* (ReW) rental expense
Mietausfallversicherung *f* (Vers) insurance against loss of rent
Mietbeihilfe *f* (Re) rent subsidy
Mietdauer *f* (Re) life (*or* term) of a lease
Miete *f*
(Re) = Mietvertrag, qv
(com) rent, rental
(ie, Preis für die Gebrauchsüberlassung von Wohn- und Geschäftsräumen; syn, Mietzins)
(com) hire charge *(eg, for renting a car)*
(ReW) rentals
Miete *f* **erhöhen**
(com) to raise rent
– (GB) to put up rent
Miete *f* **mit Kaufoption** (Re) lease with purchase option
mieten
(Re) to rent *(eg, house, building)*
– to lease
– to hire
Mietenverzerrung *f*
(Vw) rent distortion
(ie, Mietdifferenzen im sozialen Wohnungsbau übersteigen die Wohnwertdifferenzen)
Mieter *m*
(Re) tenant
– lessee
– hirer
Mieterschutz *m* (Re) legal protection of tenants
Mieterschutzgesetz *n* (Re) Tenants' Protection Law
Mietertrag *m* (ReW) rental income
Mietervereinigung *f* (Re) tenants' association
Miete *f* **und Pacht** *f*
(Re) tenancy
(ie, of movables and immovables; note that nothing in German law is comparable to the estate of leasehold under English law, §§ 535 ff BGB)
Mietfläche *f* (com) rented floor space
Mietgebühr *f* (com) rental fee
Mietgrundstück *n* (com) tenancy property
Miethaus *n* (com) tenant-occupied house (*or* dwelling)
Mietkauf *m*
(com) lease-purchase agreement
(entgeltliche Gebrauchsüberlassung; Mieter hat das Recht, die Mietsache innerhalb e–r bestimmten Frist zu e–m festgelegten Preis zu kaufen; gezahlte Mie-

te wird ganz oder teilweise auf den Kaufpreis angerechnet; ie, a special type of leasing in which the lessee may negotiate a purchase at the end of the basic lease term, may renew the lease for stated periods, or may return the leased asset to the lessor. Note that ‚Mietkauf' has little in common with the British practice of ‚hire-purchase agreements' for which there is no equivalent in German.)

Mietkaution *f* (com) rent deposit

Mietkosten *pl*
(KoR) rental cost
– rentals

Mietleasing *n* (com) leasing

Mietnebenkosten *pl* (KoR) incidental rental expenses

Mietobjekt *n* (com) rented property

Mietpreisbildung *f*
(Vw) rent formation
(ie, am Wohnungsmarkt = on the residential property or housing market)

Mietpreisbindung *f* (Re) rent control

Mietpreisfreigabe *f* (Re) decontrol of rents

Mietrecht *n* (Re) law of tenancy

Mietrückstände *mpl* (com) rent arrears *(eg, due to increasing unemployment)*

Mietschein *m*
(EDV) rental document
(ie, inidividuelle Angaben werden aus dem laufenden Vertragstext ausgegliedert)

Mietspiegel *m* (com) representative list of rents

Miet- und Pachteinnahmen *fpl* (ReW) rentals

Miet- und Pachtrechte *npl* (Re) leaseholds

Mietvereinbarung *f* (Re) tenancy agreement

Mietverhältnis *n* (Re) tenancy

Mietverlängerung *f* (Re) extension (*or* renewal) of tenancy

Mietverlust-Versicherung *f* (Vers) rental value insurance

Mietvertrag *m*
(Re) tenancy agreement
(ie, schuldrechtlicher Vertrag nach § 535 BGB: Gegenstand ist die zeitweilige Überlassung e–r beweglichen od unbeweglichen Sache zum Gebrauch gegen Entgelt; the term ‚tenancy' denotes a wider concept in English law)

Mietvorauszahlung *f*
(com) prepayment of rent
(com) rent paid in advance

Mietwagen-Unternehmen *n* (com) car rental company

Mietwert *m* **der selbstgenutzten Wohnung** (StR) rental value of appartment used by taxpayer

Mietwohngrundstück *n* (com) rental/residential . . . property

Mietwohnungsbau *m* (com) construction of rental housing

Mietwohnungsgrundstücke *npl* (StR) rental (residential) property, § 75 I BewG

Mietwucher *m* (Re, GB) rackrenting *(see: Wuchermiete)*

Mietzins *m* (com) = Miete, qv

Mietzuschuß *m*
(Re) rent . . . allowance/supplement
– housing . . . allowance/benefit
– accommodation allowance

mifrifi (FiW) medium-term fiscal planning *(acronym: mittelfristige Finanzplanung)*

Migration *f*
(Stat) = Wanderung
(EDV) migration

Mikroanalyse *f*
(Vw) micro-analysis
(ie, untersucht Verhalten von Personen, Haushalten, Unternehmen)

mikroanalytisches Modell *n*
(Vw) micro-analytic model
(ie, hochkomplexes, modulares Modell des Haushalts- od Unternehmenssektors)

Mikrobaustein *m* (EDV) chip

Mikrobefehl *m* (EDV) micro instruction

Mikrobefehlscode *m* (EDV) micro code (*or* instruction)

Mikrobewegungsanalyse *f* (IndE) micromotion analysis

Mikrochip-Sensor *m* (EDV) micro-based sensor

Mikrocode *m* (EDV) micro code

Mikrocomputer *m* (EDV) microcomputer

Mikroelektronik *f* (EDV) microelectronics

Mikrofilmausgabe *f* (EDV) computer output to microfilm, COM

Mikrofilmeingabe *f* (EDV) computer input from microfilm, CIM

Mikrofilmlesegerät *n* (EDV) microfilm reader

Mikrogröße *f* (Vw) microeconomic magnitude (*or* quantity)

Mikro-Hedge *m* (Fin) micro hedge

Mikrokanalarchitektur *f* (EDV) Micro Channel Architecture

Mikromodul *m* (EDV) micromodule

Mikroökonomie *f*
(Vw) microeconomics
(ie, deals with individuals, households, firms; opposed to aggregate forms)

mikroökonomisch (Vw) microeconomic

mikroökonomische Theorie *f*
(Vw) microeconomic theory
– microeconomics
(ie, deals with individuals, households, firms; opp, mikroökonomische Theorie)

Mikroplättchen *n* (EDV) (silicon) wafer

Mikroprogramm *n* (EDV) microprogram

mikroprogrammierte Kontrolleinheit *f* (EDV) microprogrammed controller

Mikroprogrammspeicher *m* (EDV) control memory

Mikroprozessor *m*
(EDV) microprocessor *(ie, mit interner Verarbeitungsbreite von 8, 16 od 32 bit)*

Mikroschaltung *f* (EDV) microcircuit

Mikrotheorie *f*
(Vw) microeconomics
– microeconomic theory

Mikroverfilmung *f* (EDV) micofilming

Mikrowellenverbindung *f* (EDV) microwave relay

Mikrozensus *m*
(Stat) micro (*or* sample) census
(ie, 1 percent annually)

Milchmädchenrechnung *f*
(com, infml) milkmaid's calculation
(ie, speculation based on false reasoning)

Milchwirtschaft *f* (com) dairy farming (*or* industry)

mildernde Umstände *mpl*
(com) mitigating (*or* alleviating) circumstances
(opp, erschwerende Umstände = aggravating c.)

mildtätige Einrichtung *f* (com) charitable institution

mildtätiger Zweck *m* (StR) charitable purpose

militante Gewerkschaft *f* (Pw) militant union

militärisch-industrieller Komplex *m*
(Vw) militaryindustrial complex
(ie, analytisch unbrauchbar)

Milliardstelsekunde *f* (EDV) billisecond

Millimeterpapier *n*
(com) cross-section
– plotting
– ruled
– squared . . . paper

Millionenkredit *m* (Fin) credit of € 1 million or more, § 14 I KWG

Minderausgabe *f* (com) reduction of expenditure

Mindereinnahmen *fpl* (com) shortfall in receipts

Mindererlös *m* (com) deficiency in proceeds

Mindererlös *m* **aus Anlageverkäufen** (ReW) loss on disposal of fixed assets

Mindererlös *m* **aus Finanzanlagen** (ReW) loss on disposal of financial assets

Mindergewicht *n*
(com) short weight
– underweight
– reduced weight

Minderheitsaktionär *m*
(com) minority shareholder (*or* stockowner)
– (GB) outside shareholder
– (GB) outside shareholders's interest

Minderheitsbeteiligung *f*
(com) minority/participation
(opp, Mehrheitsbeteiligung, qv)

Minderheitspaket *n* (com) minority holding

Minderheitsrechte *npl*
(com) minority rights, §§ 147, 122 I AktG
(syn, Minoritätsrechte)

Minderheitsvotum *n* (Re) dissenting/minority . . . opinion

Minderjähriger *m*
(Re) minor
– person of non-age

Minderjährigkeit *f*
(Re) non-age (*or* nonage)
– under age *(ie, lack of requisite legal age)*

Minderkaufmann *m*
(Re) small merchant, § 4 HGB
(ie, artisan or person engaged in a smaller trade; provisions relating to firm name, commercial books and records, and ‚Prokura' do not apply)

Minderkonditionen *fpl* (Fin) highly favorable loan terms

Minderleistung *f*
(com) short-fall in output
– loss of efficiency

Minderlieferung *f* (com) short shipment

Mindermengenzuschlag *m* (com) markup for small-volume purchases

mindern (Re) to demand a reduction of purchase price

Minderung *f*
(Re) reduction (*or* abatement) of purchase price, § 472 BGB
(ie, by an amount equal to the deficiency in value)
(SeeV) deterioration

Minderung *f* **der Erwerbsfähigkeit** (SozV) impairment of earning capacity

Minderung *f* **liquider Mittel** (Fin) decrease in net funds

Minderungsklage *f* (Re) action for reduction of purchase price

Minderwertigkeitskomplex *m* (Pw) inferiority complex

Mindestabnahme *f* (com) minimum purchasing quantity

Mindestabschlußbetrag *m* (Bö) minimum dealing quota

Mindestakkordsatz *m* (Pw) minimum piece rate

Mindestanforderungen *f* (com) minimum requirements

Mindestangebot *n* (com) lowest bid

Mindestanlage *f* (Fin) minimum investment

Mindestannahmefrist *f* (Bw) minimum period for acceptance

Mindestarbeitsbedingungen *fpl* (Pw) minimum employment standards

Mindestarbeitszeit *f*
(Pw) minimum working hours
(ie, may be identical with ‚core time')

Mindestauflage *f* (com) minimum circulation

Mindestbargebot *n*
(Re) minimum cash bid, § 49 ZVG
(ie, in forced sales: difference between lowest and highest bid + cost of auction)

Mindestbestand *m*
(MaW) inventory reserve
– inventory safety stock
– minimum inventory level
– reserve stock
– protective inventory
– safety level

Mindestbesteuerung *f* (StR) minimum taxation

Mindestbewertung *f* (StR) minimum valuation *(eg, of fixed and current assets)*

Mindestbietkurs *m* (Bö) minimum bidding price

Mindesteigenkapitalnorm *f*
(Fin) (Basel) capital standard
(ie, banks are required to have $4 of equity capital for every $100 of „risk-weighted" assets; entsprechende US-Vorschrift: leverage capital requirements od leverage standard)

Mindesteindeckung *f* (MaW) = Mindestbestand

Mindesteinkommen *n* (Vw) minimum income

Mindesteinlage *f*
(Fin) minimum contribution, § 7 I GenG
(Fin) minimum deposit
(ie, 1€ on savings accounts, 5€ on postal check accounts)

Mindesteinschuß *m*
(Bö) minimum margin requirements
(Bö) minimum contract

Mindesterfordernisse *npl* (Re) minimum requirements

Mindesterzeugerpreis *m* (EG) minimum producer price

Mindestfracht *f* (com) minimum freight rate
Mindestfreibetrag *m* (StR) minimum standard deduction
Mindestgebot *n*
(com) lowest bid
(com, infml) knocked-down bid
Mindestgewinnspanne *f*
(com) minimum margin
(Bö) bottom-line profit margin
Mindestguthaben *n* (Fin) minimum balance
Mindestkapazität *f* (IndE) minimum operating rate *(eg, blast furnace, brick kiln, engine)*
Mindestkapital *n*
(Fin) minimum capital
(ie, zwingende Mindestkapitalsumme: Mindestgrundkapital bei der AG = € 50 000; Mindeststammkapital bei der GmbH = € 25 000 seit der Gesetzesnovelle von 1980; dieses Mindesterfordernis gilt nicht für Einzelunternehmen und Personengesellschaften)
Mindestkurs *m* (Bö) floor price
Mindestlohn *m*
(Pw) minimum wage
(ie, durch Gesetz od Tarifvertrag festgesetzter Lohn, der nicht unterschritten werden darf)
Mindestlohnarbeitslosigkeit *f* (Vw) unemployment due to minimum wage arrangements
Mindestmenge *f*
(Bö) contract unit
– unit of trading
Mindestmengenaufpreis *m* (com) low-quantity extra
Mindestnennbetrag *m*
(Fin) minimum par value of shares
(ie, gesetzlich vorgegebene Mindestgrenzen betragen für das Grundkapital der AG € 50 000, für e–e Aktie € 1, für das Stammkapital der GmbH € 50 000, für e–e Stammeinlage € 100)
Mindestprämie *f* **für bestimmte Gruppen von Risiken** (Vers) class rate
Mindestpreis *m*
(com) knocked-down (*or* minimum) price
– price floor
(EG) floor (*or* reference) price
(Mk) fall-back price
– reserve price
– upset price
(Vw) floor price
(ie, staatlich festgesetzte Preisuntergrenze, Form der Preisregulierung)
Mindestpreismechanismus *m*
(AuW) trigger price mechanism
(ie, to reduce U.S. steel imports)
Mindestprüfstoff *m* (Pat) minimum documentation
Mindestqualität *f* (com) minimum acceptable quality
Mindestrendite *f*
(Fin) minimum yield
(ie, in der Praxis meist als Kalkulationszinsfuß bezeichnet)
Mindestrente *f*
(SozV, infml) minimum pension
(ie, Rente nach Mindesteinkommen)
Mindestreservedispositionen *fpl* (Fin) arrangements to maintain minimum reserves
Mindestreserveeinlagen *fpl* (Fin) minimum reserve deposits
Mindestreserveerhöhung *f* (Fin) increase in minimum reserves
Mindestreserveguthaben *npl* (Fin) minimum reserve balances
Mindestreserven *fpl*
(Vw) minimum reserve requirements
– minimum reserves
(ie, minimum amounts which legally have to be kept on deposit with central bank)
mindestreservepflichtig (Vw) carrying a minimum reserve requirement
mindestreservepflichtige Einlagen *fpl*
(Fin) deposits subject to minimum reserve requirements
– (GB) eligible liabilities
mindestreservepflichtige Verbindlichkeiten *fpl* (Fin) reserve-carrying liabilities
Mindestreservepolitik *f*
(Vw) minimum reserve policy
(ie, Teil der Geldpolitik; cf, Diskontpolitik, Offenmarktpolitik)
Mindestreserveprüfung *f* (Fin) minimum reserve audit
Mindestreservesatz *m*
(Fin) minimum reserve ratio
– (GB) reserve assets ratio
(ie, prozentualer Anteil am Volumen der Sicht-, Termin- und Sparguthaben, der von den Geschäftsbanken in Zentralbankgeld mindestens gehalten werden muß; zinsloses Konto bei der Deutschen Bundesbank)
Mindestreservesenkung *f* (Fin) lowering of minimum reserve ratios
Mindestreservesoll *n* (Fin) minimum reserve requirements
Mindestreservevorschriften *fpl* (Vw) minimum reserve rules
Mindestschluß *m* (Bö) minimum lot
Mindestsicherung *f* (SozV) floor of protection
Mindeststundenlohn *m* (Pw) minimum time rate
Mindestumsatz *m*
(com) minimum sales
– (GB) minimum turnover
Mindestverkaufspreis *m* (Mk) fixed resale price
Mindestversicherungszeit *f* (SozV) minimum period of coverage
Mindestverzinsung *f*
(Fin) minimum rate of return
– cutoff rate (*or* point)
(ie, minimum acceptable rate of return expected of investment projects)
Mindestzeichnung *f* (Bö) minimum subscription
Mindestzinssätze *mpl*
(AuW) consensus rates *(ie, nach dem OECD-Übereinkommen vom 15.10.1983)*
Mindestzuteilung
(EG, Fin) minimum allotment
(ie, the limit on the lowest amount to be allotted to counterparties in a tender operation)
Mineralgewinnungsrechte *npl* (StR) mining rights, §§ 19, 100 BewG
Mineralölindustrie *f* (com) mineral oil industry
Mineralölstatistik *f* (Stat) mineral oil statistics

Mineralölsteuer *f*
(StR) mineral oil tax
– (infml) oil tax
– (GB) petrol tax
(ie, die größte dem Bund zufließende spezielle Verbrauchsteuer)
Mineralölsteuergesetz *n* (StR) Law on Excise Tax on Oil and Oil Products
Mineralölverarbeitung *f* (IndE) mineral oil processing
Mineralölwirtschaft *f*
(com) mineral oil industry
(ie, Förderung von Rohöl, Handel mit Rohöl, Mineralölverarbeitung und Vertrieb von Minderalölprodukten)
Miniaturansicht *f* (EDV) thumbnail
Miniaturmodell *n* (IndE) lilliputian model
Minicomputer *m*
(EDV) minicomputer
(ie, der mittleren Datentechnik, MDT)
Minifranchise *f* (Mk) mini franchise
Minimal-Bodenbearbeitung *f* (com, US) minimum tillage
Minimaldauer *f* (com) minimum duration
minimale Losgröße *f* (Bw) minimum manufacturing quantity
minimaler aufspannender Baum *m* (OR) minimum spanning tree
minimale Schnittmenge *f* (OR) minimum cut
Minimalfracht *f*
(com) minimum freight rate
(ie, in ocean and inland waterway transport: charged to cover carriage between loading and unloading port)
Minimalkosten *pl*
(Bw) minimum cost
(ie, lowest average or total cost for optimum capacity working)
Minimalkostenkombination *f*
(Bw) least cost combination
– minimum cost combination
Minimalschätzung *f* (Stat) minimum variance estimate
Minimalzoll *m* (Zo) minimum tariff
Minimax-Entscheidungsfunktion *f* (Stat) minimax decision function
Minimax-Kriterium *n* (OR) minimax criterion
Mini-Max-Prinzip *n*
(Bw) minimax principle
(ie, Entscheidungsregel der präskriptiven Entscheidungstheorie und der Spieltheorie; syn, Wald-Prinzip, Maxi-Mini-Prinzip)
Minimax-Regel *f*
(Bw) minimax rule *(syn, Wald-Regel)*
Minimax-Schätzung *f* (Stat) minimax estimation
Minimax-Theorem *n* (OR) minimax theorem
Minimierung *f* **unter Nebenbedingungen** (Math) constrained minimization
Minimumprinzip *n*
(Bw) minimality principle
(ie, to achieve a given result with the minimum possible resources; opp, Maximumprinzip)
Minimumsektor *m*
(Bw) bottleneck segment
(ie, in operative planning)

Minirezession *f* (Vw) mini (*or* near) recession
Ministahlwerk *n*
(IndE) minimill
(ie, melts scrap in electric furnaces and uses continuous casters = Stranggußanlagen)
Ministerkartell *n*
(Kart) „ministerial“ cartel
(ie, one to which the Federal economics minister puts his stamp of approval because it is deemed to be justified by overriding considerations of the public interest; cf, § 24 GWB)
Ministerpräsident *m*
(com) prime minister
– (US) governor *(eg, the Bavarin governor)*
Ministerrat *m* (EG) Council of Ministers
Ministerratssitzung *f* (EG) EC council meeting
Mini-Testmarkt *m*
(Mk) mini market test
(ie, Testverfahren zur Prüfung der Marktchancen neuer Produkte)
Min-Max-System *n* (MaW) min-max system of inventory control
Minor *m*
(Math) minor
– cofactor
– complementary minor
(ie, the minor of an entry of a matrix is the determinant of the matrix obtained by removing the row and column containing the entry; cf, Laplace Determinantensatz)
Minorante *f*
(Math) minorant
– lower bound
Minor *m* **erster Ordnung** (Math) first minor
Minoritätsbeteiligung *f* (com) = Minderheitsbeteiligung
Minoritätsrechte *npl* (com) = Minderheitsrechte
Minor *m* **zweiter Ordnung** (Math) second minor
Minusankündigung *f* (Bö) sharp markdown
Minusbetriebsvermögen *n*
(StR) negative value of business assets
(ie, form of tax valuation of businesses with a debt overload, § 12 GewStG)
Minuskorrektur *f*
(Bö) markdown
– downward adjustment
Minusposition *f* (Bö) shortage of cover
Minuszeichen *n*
(Math) negative sign
(Bö) markdown
Mischarbeitsplatz *m* (EDV) work station handling data and text processing
Mischbauart *f* (EDV) hybrid design
Mischbetrieb *m* (EDV) asynchronous balanced mode, ABM
Mischdurchlauf *m* (EDV) merge run
mischen
(EDV) to merge
– to collate
Mischer *m*
(EDV) collator
– interpolator
Mischfälle *mpl* (Re) mixed cases
Mischfinanzierung *f*
(Fin) mixed financing

(ie, combination of several funding sources)
– hybrid financing
(FiW) joint financing
(eg, put up by Federal and state governments)
Mischfirma *f* (Bw) combination of Sach- and Personenfirma, qv
Mischfolge *f*
(EDV) collating (*or* collation) sequence
(syn, Sortierfolge)
Mischgatter *n*
(EDV) inclusive-OR element (*or* circuit)
(syn, inklusives ODER-Glied, Odergatter, Oderglied)
Mischgeldsystem *n* (Vw) mixed money system
Mischgüter *npl* (Vw) mixed goods
Mischkalkulation *f* (com) = Ausgleichskalkulation, qv
Mischkommunikation *f* (EDV) multiple service communication
Mischkonzern *m*
(com) conglomerate company (*or* group)
– conglomerate
(ie, multi-industry or multi-market company: heterogeneous group of affiliated companies; syn, Konglomerat)
Mischkosten *pl*
(KoR) mixed cost
(ie, composed of fixed and variable elements; syn, semivariable Kosten)
Mischkredit *m* (Fin) mixed (*or* blended) credit
Mischlauf *m* (EDV) merge run
Mischpreis *m* (com) composite (*or* mixed) price
Mischproblem *n*
(OR) product mix problem
(OR) blending problem
Mischprogramm *n* (EDV) merge program
Mischsortieren *n* (EDV) merge (*or* classical) sorting
Mischtätigkeit *f* (Pw) work mix comprising ordinary office work + video station work *(see: entmischte Tätigkeit)*
Mischungsabweichung *f* (KoR) mix variance
Mischungsoptimierung *f*
(OR) optimized blending
(ie, Form der Produktionsprogramm-Optimierung in Mineralöl-, Stahl-, Chemie- und Nahrungsmittelindustrie usw)
Mischungsproblem *n* (OR) blending problem
Mischungsrechnung *f*
(com) alligation
– alligation alternate
– alligation medial
(ie, der Mittelpreis ist bei Mischung gleicher Teile zu verschiedenen Preisen gleich der Summe der Einzelpreise dividiert durch die Anzahl der Sorten)
Mischverband *m*
(Bw) mixed association
(ie, verfolgt gewerbliche wie auch Verbraucherinteressen)
Mischzinssatz *m* (Fin) composite interest rate
Mischzoll *m*
(Zo) compound – mixed tariff
(ie, wie Gleitzoll, aber mit Ober- und Untergrenze für Zollbelastung pro Wareneinheit)

Mißbrauch *m* (Re) improper use
Mißbrauch *m* **abstellen** (Kart) to desist from an abuse *(of market power)*
Mißbrauch *m* **des Ermessens**
(Re) abuse of discretion
(syn, Ermessensmißbrauch)
Mißbrauch *m* **eindämmen** (com) to curb an abuse *(eg, of tax relief provisions)*
Mißbrauch *m* **einer beherrschenden Stellung** (Kart) abuse of a dominant position *(cf, abuse of market power)*
mißbräuchliche Patentnutzung *f* (Pat) abuse of patent
Mißbrauchsaufsicht *f*
(Kart) control of abusive practices
(ie, Unternehmen mit marktbeherrschender Stellung sollen gehindert werden, Lieferanten Abnehmer auszubeuten od Wettbewerber zu behindern; cf, § 18 GWB; syn, Mißbrauchskontrolle, korektive Mißbrauchsaufsicht; see also: Ausbeutungsmißbrauch, Behinderungsmißbrauch)
Mißbrauchskontrolle *f* (Kart) = Mißbrauchsaufsicht, qv
Mißbrauchsprinzip *n* (Kart) principle of abuse
Mißbrauchsverfahren *n* (Kart) abuse proceedings
Mißbrauch *m* **von Marktmacht** (Kart) abuse of market power
Mißtrauensantrag *m* **stellen** (Pw) to propose a vote of no confidence
Mißtrauensvotum *n* (com) no-confidence vote
mit 100%-iger Auszahlung (Fin) paid out in full
mit 90%-iger Auszahlung (Fin) paid out at a discount of 10%
Mitaktionär *m* (com) joint shareholder (*or* stockholder)
mit allen Einreden (Re) subject to equities
Mitanmelder *m*
(Pat) coapplicant
– joint applicant
Mitanmelder *mpl* **e–s Patents** (Pat) joint applicants for a patent
Mitarbeit *m*
(com) cooperation
– collaboration
– assistance
Mitarbeiter *m*
(Pw) employee
– subordinate
(com) collaborator
– co-worker
Mitarbeiteranalyse *f* (Pw) manpower analysis
Mitarbeiterbefragung *f* (Pw) staff opionion survey
Mitarbeiterbeurteilung *f* (Pw) performance appraisal *(cf, Leistungsbeurteilung)*
mitarbeiterbezogener Führungsstil *m* (Bw) employee-oriented style of leadership
Mitarbeiterdarlehen *n*
(Pw) staff loan
(ie, Form der Kapitalbeteiligung der Arbeitnehmer; die Mittel aus Gewinnbeteiligung od Investivlohn werden als Darlehen des Arbeitnehmers wieder im Unternehmen angelegt)
Mitarbeiter *mpl* **einstellen**
(Pw) to hire employees
– to take on (new) workers

Mitarbeiterförderung *f* (Pw) personnel development
Mitarbeiter *mpl* **im Außendienst** (com) field staff
Mitarbeiter *mpl* **im Innendienst**
(com) indoor staff
– in-house staff
Mitarbeiter *m* **in der Linie** (Pw) line subordinate
Mitarbeiterinterview *n* (Pw) interviewing of personnel
Mitarbeiter-Nr. *f* (Pw) employee ID
Mitarbeiterorientierung *f* (Bw) employee-oriented style of leadership
Mitarbeiterstab *m*
(com) staff
– team of subordinates
Mitarbeiterzahl *f* (Pw) headcount
MIT-Auftrag *m*
(Bö) „market if touched"-Order *f*
(ie, Kombination aus Bestens-Auftrag und limitiertem Auftrag)
Mitbegünstigter *m* (Re) co-beneficiary
Mitbenutzungsrecht *n* (Re) right of joint use
mit besonderer Havarie (SeeV) with particular average, wpa
MitBestG (Re) = Gesetz über die Mitbestimmung der Arbeitnehmer
mitbestimmtes Unternehmen *n* (Bw) co-determined business enterprise
Mitbestimmung *f*
(Pw) codetermination
(ie, worker participation in management decisions that is required by law in German private industry; takes place at two levels: (1) on the shop floor; (2) on the supervisory boards and management boards; it is an important form of industrial democracy in Germany)
Mitbestimmungsergänzungsgesetz *n* (Pw) Amendment to Codetermination Law, of 27 Apr 1967
Mitbestimmungsgesetz *n* (Pw) Law on Codetermination, of 4 May 1976
Mitbestimmungsrecht *n*
(Pw) codetermination right
(ie, right of Works Council to give its consent on certain matters)
(com) right to voice in a decision
Mitbeteiligung *f*
(com) co-partnership
– joint interest
– participation
Mitbewerber *m*
(com) competitor
– rival
(syn, Konkurrent)
(Pw) co-applicant
mit Bezugsrecht (Fin) cum rights
Mitbürge *m* (Re) joint guarantor
Mitbürgschaft *f*
(Re) joint guaranty
– co-suretyship
(ie, mehrere Bürgen verbürgen sich für dieselbe Verbindlichkeit, § 769 BGB; cf, Bürgschaft)
mit dem Außenhandelsvolumen gewichtet (AuW) trade-weighted
mit der Maßgabe, daß (Re) provided that
mit Dividende (Bö) cum dividend
Miteigentum *n*
(Re) joint ownership, §§ 1008–1011 BGB
(Pw) joint employee ownership
Miteigentum *n* **an Grundstücken** (Re) co-ownership in land
Miteigentümer *m*
(Re) co-owner
– joint owner
Miteigentümer *m* **nach Bruchteilen** (Re) fractional co-owner
Miteigentum *n* **nach Bruchteilen** (Re) co-ownership by fractional shares
mit einem Durchschlag (com) *(letter)* in duplicate
Miterbe *m*
(Re) co-heir
– joint heir
Miterbengemeinschaft *f* (Re) community subsisting between co-heirs
Miterfinder *m* (Pat) co-inventor
mitfinanzieren (Fin) to join in the financing of . . .
Mitführung *f*
(Fin) co-management
– joint lead management *(ie, of loan issue)*
Mitgesellschafter *m* (com) co-partner
mit Gewähr (Re) with recourse
mit Gewinn arbeiten (com) to operate in the black
Mitgläubiger *m*
(Re) co-creditor
– joint creditor
mit gleicher Post (com) under separate cover
Mitglied *n* **der Geschäftsleitung**
(Bw) member of the top management team
– top executive
Mitglied *n* **des britischen Verbandes der Wirtschafts- und Rechnungsprüfer** (com, GB) Associate of the British Association of Accountants and Auditors, ABAA
Mitglieder *npl* **abjagen** (com) to siphon off membership
Mitgliederversammlung *f* (com) meeting of members
Mitgliedsbeitrag *m* (com) membership due
Mitgliedsbeitrag *m* **zurückzahlen** (com) to refund membership payment
Mitgliedschaft *f* (com) membership
Mitgliedschaft *m* **beenden** (com) to discontinue membership
Mitgliedschaftspapiere *npl* (WeR) securities evidencing membership *(eg, corporates shares = Aktien)*
Mitgliedschaftsrecht *n* (com) right of membership
Mitgliedschaftsurkunde *f* (WeR) evidence of ownership *(eg, Aktie)*
Mitgliedsland *n* (EG) member state (*or* country)
Mitgliedsstaat *m* (EG) = Mitgliedsland
Mitgliedsunternehmen *n* (Kart) member
Mithaftung *f* (Re) secondary liability
mithelfende Familienangehörige *mpl* (StR) assisting family members
Mitinhaber *m* **e–r Lizenz** (Pat) joint licensee
Mitinhaber *m* **e–s Patents** (Pat) joint patentee
mit Kupon (Fin) cum coupon
mitlaufende Cursoranzeige *f*
(EDV) cursor coordinate display readout
(ie, in CAD)

mit (laufenden) Zinsen (Bö) cum interest
Mitläufereffekt *m*
(Vw) bandwagon effect
(syn, Nachahmereffekt)
Mitläufererffekt *m*
(Vw) demonstration effect
(syn, keeping up with the Joneses; syn, bandwagon effect)
mit Leerzeichen überschreiben (EDV) to clear to spaces
mit nächster Post (com) in the next outgoing mail
Mitnahme *f* (Bö) profit taking
mitnehmen
(Bö) to take profits
– to cash in on profits
Mitreeder *m*
(com) co-owner of a ship, § 490 HGB
– joint shipowner
mitschneiden (EDV) to tape *(eg, a telephone conversation)*
mitschreiben
(com) to take notes *(syn, Notizen machen)*
Mitschuldner *m* (Re) co-debtor
mit sofortiger Wirkung (Re) effective immediately
mit Sonderdividende (Bö) cum bonus
mit späteren Änderungen (Re) as amended
Mittagsschicht *f*
(Pw) late shift
– (GB) back shift
mitteilen
(com) to inform
– to give notice
(fml) to notify
– to advise
mitteilende Partei *f* (Re) notifying party
Mitteilung *f* (com) notification
Mitteilungsfeld *n* (EDV) communication region
Mitteilungspatent *n* (Pat, GB) communicated patent
Mitteilungspflicht *f* (com) duty to notify
Mitteilungspflichten *fpl* (Re) disclosure requirements, § 20 AktG
mitteilungspflichtig (Re) subject to disclosure requirements
Mittel *pl*
(Fin) funds
– resources
Mittelabfluß *m* (Fin) outflow of funds
Mittel *pl* **aufbringen** (com) to raise money (*or* funds)
Mittelaufbringung *f*
(Fin) raising of funds (*or* money)
– fund raising
Mittelaufkommen *n*
(Fin) funds raised
– inflow of funds
(Fin) sales receipts
(ie, of investment funds)
(FiW) yield of revenue
Mittelaufkommen *n* **und Mittelverwendung** *f* (ReW) sources and uses of funds
Mittelaufnahme *f* (Fin) borrowing
Mittelaufnahme *f* **am Geldmarkt** (Fin) borrowing in the money market
Mittelaufnahme *f* **am Kapitalmarkt** (Fin) borrowing in the capital market
Mittel *pl* **aus Innenfinanzierung** (Fin) internally generated funds
Mittelausstattung *f* (Fin) financial resources
mittelbare Arbeiten *fpl* (IndE) auxiliary work
mittelbare Ausfuhr *f* (AuW) indirect export
mittelbare Beteiligung *f*
(StR) indirect holdings of securities
(eg, through a domestic or foreign holding company)
mittelbare Patentverletzung *f* (Pat) contributory infringement of patent
mittelbarer Besitz *m*
(Re) constructive possession, § 868 BGB
– indirect possession
mittelbarer Besitzer *m* (Re) indirect possessor
mittelbarer Boykott-Streik *m* (Pw) secondary boycott strike
mittelbarer Brandschaden *m* (Vers) indirect fire damage *(eg, damge caused by fire fighting; opp, direct fire damage)*
mittelbarer Schaden *m*
(Re) consequential damage (*or* loss)
– indirect damage
(syn, Folgeschaden, cf, § 249 BGB; § 53 VVG)
mittelbares Arbeitsverhältnis *n* (Pw) indirect employment
mittelbares Interesse *n*
(Log) indirect (*or* proximate) interest
(opp, ultimate interest)
mittelbares Verhalten *n* (Re) passive manifestation of will
mittelbare Ursache *f* (Re) remote cause
Mittelbegriff *m*
(Log) middle term
(ie, occurring in both premises but not in the conclusion of a categorical syllogism)
Mittel *pl* **beschaffen** (Fin) to raise cash (*or* funds)
Mittelbeschaffung *f*
(Fin) borrowing
– procurement of capital
– raising of funds
Mittelbetrieb *m* (Bw) medium-sized business
Mittel *pl* **binden** (Fin) to tie up (*or* lock up) funds *(eg, in receivables or inventories)*
Mittelbindung *f*
(Fin) commitment of
– tying up
– locking up . . . funds
Mittel *npl* **der Einflußnahme** (Bw) control devices
Mittel *n* **der Flügelwerte** (Stat) class midpoint
Mittel *n* **der Grundgesamtheit** (Stat) parent mean
Mittelentzug *m* (Fin) withdrawal of funds
Mittel *pl* **freigeben** (Fin) to release funds
mittelfristig (com) intermediate term
mittelfristige Anleihen *fpl*
(Fin) medium-term bonds
– mediums
mittelfristige Ausleihungen *fpl* (Fin) term lendings
mittelfristige Finanzplanung *f*
(Fin) intermediate financing
(FiW) medium-term fiscal planning
mittelfristige Optionsanleihe *f* (Fin) convertible notes

mittelfristige Papiere *npl* (Fin) medium-term securities
mittelfristige Prognose *f* (Vw) medium-term (*or* intermediate-range) forecast
mittelfristiger Bankkredit *m*
(Fin) bank term credit
– medium-term bank credit
mittelfristiger Beistand *m* (EG) medium-term assistance
mittelfristiger finanzieller Beistand *m* (EG) medium-term financial assistance
mittelfristiger Kredit *m*
(Fin) medium-term loan
– intermediate credit
mittelfristiger Zinssatz *m* (Fin) medium-term rate
mittelfristige Schatzanweisungen *fpl* (Fin) medium-term Treasury bonds
mittelfristiges Ziel *n*
(Bw) medium-range target
– midrange goal
– intermediate goal
(ie, typically two or three years)
mittelfristig garantierter Paritätsanstieg *m* (AuW) crawling peg
Mittelfristplan *m* (Bw) medium-term plan
mittelgroßes Unternehmen *n* (Bw) midsize company
Mittelherkunft *f* (Fin) sources of funds
Mittelherkunft *f* **und -verwendung** *f* (Fin) sources and application of funds
Mittelkurs *m*
(Fin) mean/middle . . . mean of buying and selling price of foreign exchange
(Bö) middle market price
Mittel *pl* **kürzen** (Fin) to cut/slash . . . funds
Mittel *pl* **mobilisieren** (FiW) to mobilize funds
Mittelpreis *m* **des Verbrauchsorts** (StR) average retail price at the place where non-monetary benefits are appraised, § 15 II BewG
Mittelpunkt *m*
(com) central pivot
(eg, of the London insurance market)
Mittelpunkt *m* **der Lebensinteressen**
(Re) center of vital interest
(ie, wo eine Person enge persönliche und wirtschaftliche Beziehungen hat)
Mittelpunktswinkel *m* (Math) central angle
Mittelrückfluß *m* (Fin) return flow of funds
Mittelsmann *m*
(com) go-between
– (GB) link
Mittelsorte *f*
(com) medium quality
– middling
Mittelstand *m*
(com) small and medium-sized businesses
– small and mid-size . . .
mittelständischer Kredit *m* (Fin) loan to small and medium-sized enterprises
mittelständische Unternehmen *npl* (com) small to medium-sized businesses
mittelständische Wirtschaft *f* (com) small and medium-scale sector of the economy
Mittelständler *mpl* (com) small and medium-sized businessmen
Mittelstandskartell *n* (Kart) cartel relating to cooperation (other than rationalization) between small and medium-sized businesses to increase their productivity
Mittelstandskredit *m* (Fin) loan to small or medium-sized business
Mittelstandspolitik *f* (Vw) small and medium-sized firm policy
Mittelstrecke *f* (com) medium-haul route
Mittelstreckenflugzeug *n* (com) medium-haul airliner
mittel- und langfristige Bilanzposten *mpl* (ReW) noncurrent items
mittel- und langfristiges Leasing *n* (Fin) financial leasing
Mittelvaluta *f* (Fin) mean value date
Mittelvergabe *f* (FiW) allocation of funds
Mittelverlagerung *f* (FiW) transfer of funds
Mittelverwendung *f*
(Vw) allocation of resources
(Fin) application/uses . . . of funds
Mittel *pl* **weitergeben** (Fin) to relend funds (to)
Mittelwert *m*
(Stat) average (value)
– mean
– mathematical expectation
(ie, die gebräuchlichsten M. sind: arithmetisches Mittel, geometrisches Mittel, Median und Modus, qv)
Mittelwert *m* **bilden aus** (Stat) to average over
Mittelwert *m* **der Abweichungsquadrate** (Stat) mean square
Mittelwertkarte *f*
(IndE) average (*or* x-bar) chart
(ie, in quality control)
Mittelwertsatz *m*
(Stat) mean value theorem
– first law of the mean
Mittelwert-Spannweiten-Karte *f*
(IndE) average and range control chart
– X-R chart *(syn, x-r-Karte)*
Mittelwert-Streuungs-Karte *f*
(IndE) average and spread control chart
– X-S chart *(syn, x-s-Karte)*
Mittelwertverfahren *n*
(Bw) average value method
(ie, a firm's value [Unternehmenswert] is derived from the average of its net assets and (higher) capitalized earnings values; dominates German practice; opp, Übergewinnverfahren)
Mittelzuführung *f* (Fin) injection of new funds
Mittelzuweisung *f* (FiW) apportionment of funds *(eg, to government agency, project, etc.)*
Mittler *m*
(Re) go-between
– middleman
– intermediary
mittlere Abfertigungsrate *f* (OR) mean service rate
mittlere absolute Abweichung *f*
(Stat) mean absolute deviation, MAD
(ie, Streuungsmaß für metrisch skalierte Merkmale)
mittlere Abweichung *f* (Stat) average (*or* mean) deviation
mittlere Ankunftsrate *f* (OR) mean arrival rate

mittlere Bedienungszeit *f* (OR) mean service time
mittlere Behörde *f* (Re) middle government agency
mittlere Beschleunigungskosten *pl* (OR) average variable cost
mittlere Datentechnik *f* (EDV) office computers
mittlere Fertigungsgüte *f* (Stat) process average quality
mittlere Führungskraft *f* (Bw) middle-level executive
mittlere Führungsspitze *f* (Pw) middle management
mittlere Lebenserwartung *f*
(Stat) average life expectancy
(syn, fernere mittlere Lebensdauer)
mittlere Leitungsebene *f* (Bw) middle management
mittlere Nutzungsdauer *f* (Bw) average life
mittlere quadratische Abweichung *f*
(Stat) standard deviation O
(ie, positive square root of the variance; syn, Standardabweichung)
mittlere quadratische Kontingenz *f* (Stat) mean-square contingency
mittlere Qualität *f* (com) medium quality
mittlere Qualitätslage *f* **der Fertigung** (IndE) process average
mittlerer Anteil *m* **voll geprüfter Lose** (IndE) average total inspection
mittlerer Ausfallabstand *m* (IndE) mean time between failures, MTBF
mittlerer Ausschußanteil *m* **in der Fertigung** (IndE) process average fraction defective
mittlerer Betrieb *m*
(Bw) medium-sized business
(Mk) medium account
mittlerer Börsenpreis *m* (Bö) average list price
mittlerer Durchschlupf *m*
(IndE) average outgoing quality, AOQ
(ie, defective items are replaced)
mittlere Reife *f* (Pw) examination taken at 16 and approximating to ‚0‘ level in England
mittlerer Fälligkeitstermin *m*
(Fin) average/average due . . . date
– equated time
(ie, when several payments with different due dates are combined)
mittlerer Fehler *m* (Stat) mean deviation
mittlerer Informationsgehalt *m*
(EDV) average information content
– entropy
mittlerer Kapitalkoeffizient *m* (Vw) average capital-output ratio
mittlerer Lagerbestand *m* (MaW) average inventory on hand
mittlerer Prüfumfang *m* (IndE) average amount of inspection
mittlerer quadratischer Fehler *m*
(Stat) root-mean-square error
– standard error (of the mean)
mittlerer Stichprobenumfang *m* (Stat) average sample number function
mittlerer Verfalltag *m*
(Fin) mean due date
(ie, of bills of exchange)
mittleres Abweichungsquadrat *n* (Stat) mean square
mittleres Fehlerquadrat *n*
(Stat) error mean square
– mean-square error
mittleres Management *n* (Bw) middle management
mittlere Spannweite *f* (Stat) mean range
mittlere Suchzeit *f* (EDV) average seek time
mittleres Unternehmen *n* (Bw) medium-sized business
mittlere Transportentfernung *f* (com) average haul distance
mittlere Verfallzeit *f* (Fin) = mittlerer Verfalltag
mittlere Zahl *f* **der Prüfstücke**
(IndE) average article run length
(ie, average number of items sampled before action is taken)
Mittlere Zugriffszeit *f* (EDV) average access time *(eg, of a hard disk drive)*
Mittreuhänder *m* (Re) co-trustee
Mitunternehmer *m*
(Re) co-partner
– joint contractor
(StR) co-entrepreneur
Mitunternehmeranteil *m* (Re) partnership share
Mitunterzeichner *m*
(com) co-signer
(WeR) co-maker
Mitverantwortungsabgabe *f*
(EG) co-responsibility levy
(ie, la taxe de la coresponsabilité; eg, on farm overproduction)
mit Verlust abschließen
(ReW) to report a loss
– to close at a loss
Mitverschulden *n* (Re) contributory default (*or* negligence), § 254 BGB
Mitversicherer *m*
(Vers) co-insurer
(Vers) additional insured
Mitversicherung *f* (Vers) co-insurance
mitwirkendes Verschulden *n* (Re) = Mitverschulden
Mitwirkung *f* (com) intermediation *(eg, unter M. von = through the . . . of)*
Mitwirkungspflicht *f* (StR) duty (of taxpayer) to cooperate
Mitwirkungsrecht *n*
(Pw) participatory right
– right of participation *(eg, of the works council)*
mit Wirkung vom
(Re, US) as of *(ie, such-and-such a date)*
– (GB) as from
– effective *(eg, 11 July 1992)*
– effective on or after
Miutgliedschaft *m* **erlischt** (com) membership terminates
ML-Schätzung *f* (Stat) = maximum likelihood-Schätzung
mnemonisches Symbol *n* (EDV) mnemonic (symbol)
mnemotechnischer Code *m* (EDV) mnemonic code
Möbelwagen *m*
(com) moving van
– (GB) pantechnicon
(ie, becoming rare)
– (GB) removal van

mobile Datenerfassung *f* (EDV) mobile data capture
mobile Datenerfassung *f*, **MDE**
(Mk) mobile data capture
(ie, by means of hand-held computers)
mobile Einsatzgruppe *f*
(Bw) flying crew (*or* squad)
(ie, to handle urgent situations)
mobiler Computereinsatz *m* (EDV) mobile computing
mobiles Datenerfassungsgerät *n* (EDV) hand-held data entry unit
mobiles Telefon *n* (com) cellular telephone *(do not translate with ‚Handy'!)*
Mobiliarkredit *m*
(Fin) credit secured by personal property or securities *(ie, term no longer in current usage)*
Mobiliarvollstreckung *f* (Re) seizure and sale of movable property
Mobilien *pl* (Re) movable property
mobilisieren
(Fin) to mobilize
(ie, put into circulation)
Mobilisierungspapiere *npl*
(Fin) mobilisation paper (*or* instruments)
(ie, sold by Deutsche Bundesbank to the banking industry)
Mobilität *f* **der Arbeitnehmer** (Pw) labor mobility
Mobilitätshilfe *f* (Vw) mobility allowance (*or* assistance)
Mobilitätspolitik *f*
(Vw) mobility promotion policies
(ie, Maßnahmen zur Beschleunigung der Strukturanpassung und Strukturflexibilität durch erhöhte Arbeitskräfte- und Kapitalmobilität)
Mobilitätsziffer *f*
(Stat) mobility ratio
(ie, total number of migrations, related to 1,000 s of resident population)
Mobiltelefon *n* (com) cellular telephone *(do not translate with ‚Handy'!)*
Modalitäten *fpl*
(com, Fin) arrangements
– features
– terms
Modalwert *m*
(Stat) mode
(ie, the most frequently occurring member of a set of numbers; syn, häufigster Wert, Modus)
Modeartikel *m*
(com) style item
– fashionable article
Modeberuf *m* (Pw) trendy job *(eg, car mechanic)*
Modebranche *f* (com) fashion industry
Modegag *m* (com) the latest rag (*or* thing)
Modeindustrie *f* (com) fashion industry
Modell *n* (Math) model
Modellbildung *f* (Log) model building
Modellbildung *f* **industrieller Prozesse** (IndE) modeling of industrial processes
Modell *m* **entwickeln** (Vw, Bw) to develop (*or* build) a model
Modellhaus *n*
(com) model home
– (GB) show house
Modell *n* **in Originalgröße**
(IndE) mockup
(ie, full size and constructed of inexpensive material, to study construction and use of a product)
Modell-Linie *f* (com) model line
Modell *n* **mit Lagerhaltung** (Vw) model with stocks
Modell *n* **mit Zufallsstörungen** (Stat) shock model
Modellrechnung *f* (com) model calculation
Modellregelkreis *m* (EDV) automatic control system model
Modellreihe *f* (com) model range *(eg, of cars)*
Modellwechsel *m* (com) model changeover
Modem *n*
(EDV) modem
– modulator/demodulator
(ie, Brücke zwischen digitalen und analogen Geräten, zB Computer und Fernsprechnetz)
Modenschau *f*
(com) fashion show
– (GB) dress show
Moderator *m*
(com) anchorman
(syn, Redakteur im Studio)
Moderatorin *f* (com) anchorlady
moderne Anlagen *fpl* (IndE) up-to-date equipment
moderne Fertigungstechnologie *f* (IndE) advanced manufacturing technology, AMT
moderne Technologie *f*
(IndE) advanced (*or* state-of-the-art) technology
– high technology
(syn, Hochtechnologie, Spitzentechnik, Spitzentechnologie)
modernisieren (com) to modernize
Modernisierung *f* (com) modernization
Modernisierungsbeihilfe *f* (StR) modernization aid
Modernisierungsdarlehen *n* (Fin) home improvement loan
Modernisierungs- und Energieeinsparungsgesetz *n*
(Re) Modernization and Energy Conservation Law
Modeschau *f*
(com, US) fashion show
– (GB) dress show
Modewerbung *f* (Mk) fashion advertising
modifizierte Adjazenz-Matrix *f* (OR) modified adjacency matrix
modifizierte Ausfallbürgschaft *f* (Re) modified guaranty of collection
modifizierter Mittelwert *m* (Stat) modified mean
Modul *m*
(Math) abelian group, qv
(Math) module
– absolute value
(syn, Absolutwert e–r komplexen Zahl)
(Math) divisor
(ie, bei e–r Restbestimmung)
(EDV) module
(syn, Systembaustein)
modulare Fertigung *f* (IndE) modular manufacturing
modulares Programmieren *n* (EDV) modular programming
modulare Struktur *f* (IndE) modular structure
modulare Stückliste *f* (IndE) modular bill of materials
Modularsystem *n* (EDV) modular system

Modulbauweise *f* (IndE) modular construction (*or* design)
Modulbibliothek *f* (EDV) relocatable library
Modulbinder *m*
(EDV) linkage editor
(syn, Binder)
Modulo-N-Prüfung *f*
(EDV) modulo *n* check
– residue check
Modulstruktur *f* (IndE) = modulare Struktur, qv
Modul-Werbung *f* (Mk) modular advertising
Modus *m*
(Stat) = Modalwert
(Log) mode
(EDV) mode
Modus-Ponens-Regel *f* (Log) = Abtrennungsregel, qv
Mogelpackung *f*
(Mk) deceptive . . . packing/packaging
– deception packaging
– dummy package
(ie, Mißverhältnis zwischen Packungsgröße und Füllungsvernögen e–r Packung und dem tatsächlichen Wareninhalt)
Mogelpolice *f* (Vers) low-performance insurance policy
Möglichkeit *f* **ausschließen**
(com) to rule out a possibility
(eg, of a cut in interest rates)
Möglichkeiten *fpl* **erkunden** (com) to explore possibilities
Möglichkeiten *fpl* **nutzen** (com) to exploit (business) opportunities *(eg, presented by . . .)*
Molekularsatz *m* (Log) molecular statement
Molkereigenossenschaft *f* (com) cooperative processing and distributing dairy products
Moment *n* (Stat) moment (about)
Momentanverzinsung *f*
(Fin) continuous convertible interest
(syn, stetige Verzinsung)
momentenerzeugende Funktion *f* (Stat) moment generating function
Momentenmatrix *f* (Math) moment matrix
Momentenmethode *f* (Stat) method of moments
Moment *n* **erster Ordnung** (Stat) first order moment
Moment *n* **e–r Stichprobenverteilung** (Stat) sampling moment
Moment *n* **zweiter Ordnung** (Stat) second order moment
monadischer Wahrheitswertfunktor *m* (Log) singular connective
monatliche Erfolgsrechnung *f* (ReW) monthly income statement
monatliche Rechnung *f* (com) monthly account
monatliches Abrechnungssystem *n* (ReW) monthly accounting (*or* reporting) system
monatliche Zahlung *f* (Fin) monthly payment (*or* installment)
Monatsabgrenzung *f* (ReW) budgetary equalization
– month end
Monatsabschluß *m* (ReW) monthly balance (*or* settlement)
Monatsausweis *m* (ReW) monthly return
Monatsbeitrag *m* (com) monthly contribution
Monatsbericht *m* (com) monthly report
Monatsbilanz *f*
(ReW) monthly balance sheet
– month-end accounts
Monatsergebnis *n* (ReW) monthly result
Monatsgehalt *n* (Pw) monthly salary
Monatsgeld *n* (Fin) one-month money (*or* loans)
Monatszahlung *f* (Fin) monthly payment (*or* installment)
Mondscheingeschäft *n*
(Bö) moonlight deal
(ie, Kauf von Aktien wird zu dem Termin abgeschlossen, zu dem auch der Verkauf geplant ist; erscheint nie in der Bilanz und ist nur in e–r logischen Sekunde um Mitternacht, bei Mondschein, im Bestand)
Monemetallismus *m*
(Vw) monometallism
– single standard
monetäre Aggregate *npl* (Vw) monetary aggregates
monetäre Basis *f*
(Vw) monetary base
(ie, central bank money + demand deposits with central bank; syn, Geldbasis, Primärgeld, exogenes Geld)
monetäre Bremsen *fpl* **lockern** (Vw) to ease (*or* relax) monetary restrictions
monetäre Einkünfte *pl* (EG, Fin) monetary income
monetäre Expansion *f* (Vw) expansion of money supply
monetäre Gesamtgrößen *fpl* (Vw) monetary aggregates
monetäre Gesamtnachfrage *f* (Vw) total monetary demand
monetäre Grenzproduktivität *f* (Vw) marginal revenue productivity
monetäre Größen *fpl* (Vw) monetary aggregates
monetäre Instabilität *f* (Vw) monetary instability
monetäre Integration *f* (AuW) monetary integration
monetäre Komponente *f* (Vw) monetary component
monetäre Konjunkturtheorie *f* (Vw) monetary business cycle theory
monetäre Koordinierung *f* (AuW) monetary coordination
monetäre Kosten *pl* (Bw) money cost of factor input
monetäre Kostenkurve *f* (Bw) monetary cost curve
monetäre Märkte *mpl* (Fin) financial markets
monetäre Nachfrage *f* (Vw) monetary (*or* effective) demand
monetäre Nachfragefunktion *f* (Vw) monetary demand function
monetärer externer Effekt *m* (Vw) pecuniary spillover
monetärer Gegenwert *m*
(ReW) money equivalent
– money's worth
monetärer Indikator *m* (Vw) monetary indicator
monetärer Konsum *m*
(Vw) money consumption
– consumption in monetary terms
monetäres Finanzinstitut *n*
(EG, Fin) Monetary Financial Institution

(ie, a credit institution or other financial instituion the business of which is to receive deposits and/or close substitutes for deposits from the public and which, for its own account grants credit and/or makes investments in securities)

monetäres Gleichgewicht *n* (Vw) monetary equilibrium

monetäre Statistik *f* (EG, Fin) monetary statistics

monetäres Umlaufvermögen *n* (ReW) current financial assets

monetäre Überinvestitionstheorie *f* (Vw) monetary overinvestment theory

monetäre Verbindlichkeiten *fpl* (EG, Fin) monetary liabilities

monetäre Zusammenarbeit *f* (AuW) monetary cooperation

Monetarismus *m*
(Vw) monetarism
(ie, Richtung der Makroökonomik, die grundsätzlich auf der Quantitätstheorie basiert; cf, M. Friedman, K. Brunner, A. H. Meltzer)

Monetarist *m* (Vw) monetarist

Monetärkredit *m* (Fin) monetary credit

monetisieren
(Vw) to monetize
(ie, to give character of money; eg, to bonds)

Monetisierung *f* **der Staatschuld** (FiW) monetization of public debt

Monismus *m*
(Re) monism *(opp, dualism)*

monistisches System *n* **der Kostenrechnung** (KoR) tied-in cost system

Monitorprogramm *n* (EDV) monitor (routine)

monoindustrielle Agglomeration *f* (Vw) single-industry agglomeration

Monokausalität *f* (Log) one-to-one causation

Monokultur *f*
(com) monoculture
(Vw) one-product economy

monolithischer Speicher *m*
(EDV) monolithic storage
(syn, Halbleiterspeicher)

monolithisch integrierte Schaltung *f* (EDV) monolithic integrated circuit

Monolith-Technik *f* (EDV) solid-state circuitry

Monopol *n*
(Vw, Kart) monopoly
(ie, power to control market prices and to exclude competition)

Monopolgesetzgebung *f* (Kart) monopoly legislation

Monopolgewinne *mpl* (Vw) monopoly profits

Monopolgrad *m* (Vw) Lerner's degree of monopoly

monopolisieren (Vw) to monopolize

Monopolisierung *f*
(Vw) monopolization
(ie, few firms produce and sell products that are different from those of competitors; cf, E. Chamberlain)

Monopolist *m* (Vw) monopolist

monopolistische Angebotsbeschränkung *f* (Vw) monopolistic supply restriction

monopolistische Konkurrenz *f* (Vw) monopolistic competition *(E. Chamberlain)*

monopolistische Preisdifferenzierung *f* (Vw) price discrimination

monopolistischer Markt *m* (Vw) monopolistic market

Monopolkommission *f*
(Kart) monopolies commission, § 24 b GWB
(ie, independent five-man body set up in 1973 to evaluate competition policy)

Monopolmacht *f* (Vw) monopoly/monopolistic . . . power

Monopolpreis *m* (Vw) monopoly price

Monopolunternehmen *n* (Vw) monopolistic firm

Monopolverwaltung *f* **des Bundes** (FiW) federal monopoly administration

Monopson *n* (Vw) monopsony

monoton (Math) monotone, monotonic

monoton abnehmende Funktion *f* (Math) monotone decreasing function

monotone Funktion *f*
(Math) monotonic/monotone . . . function
(ie, it is either monotone nondecreasing or monotone nonincreasing; syn, isotone Funktion)

monotone Transformation *f* (Math) monotonous (*or* monotonic) transformation

monoton fallend (Math) monotone decreasing

Monotonie *f* (Math) monotonicity

monoton wachsend (Math) monotone increasing

Montage *f*
(com) assembly
– fitting
– installation
(IndE) assembly work (*or* operations)

Montageabteilung *f* (IndE) assembly department

Montagearbeit *f* (IndE) field-assembly work (*or* operations)

Montagearbeiter *m* (Pw) assemblyman

Montageband *n* (IndE) assembly line

Montagebetrieb *m* (IndE) assembly plant

Montageboden *m*
(EDV) false floor
(ie, of computer center; syn, Doppelboden)

Montagefirma *f* (com) assembler

Montagegehälter *npl* (Pw) installation salaries

Montagekosten *pl* (com) installation charges

Montagelöhne *mpl* (Pw) installation wages

Montageplan *m* (IndE) assembly schedule

Montageroboter *m* (IndE) assembly robot

Montageversicherung *f* (Vers) erection all risks insurance, EAR

Montagewerk *n* (IndE) assembly plant

Montagewerkstatt *f* (IndE) assembly shop

Montagezeichnung *f* (IndE) assembly drawing

Montanaktie *f* (Fin) mining share

Montanaktien *fpl* (Fin) shares of the coal, iron, and steel industries

Montanbereich *m* (com) coal, iron, and steel sector

Montangesellschaften *fpl* (com) coal, iron, and steel companies

Montanindustrie *f* (com) coal, iron, and steel industry

Montanmitbestimmung *f* (Pw) codetermination in the coal, iron and steel industry

Montan-Mitbestimmungsgesetz *n* (Pw) Iron and Steel Codetermination Law, of 21 May 1951

Montanumlage *f* (EG) ECSC levy
Montanunion *f* (EG) European Coal and Steel Community, ECSC
Montanwerte *mpl* (Bö) mining and steel shares
montäre Konjunkturpolitik *f* (Vw) monetary business cycle policy
Monte-Carlo-Methode *f* (OR) random walk process
Monteur *m*
(Pw) assemblyman
– assembly operator
– assembler
– fitter
moralisches Wagnis *n*
(Vers) moral hazard
(ie, tritt immer dann auf, wenn bestimmte Risiken von e–m Kollektiv abgedeckt werden; zB, im Wohlfahrtsstaat, in der Gesundheitsökonomik)
Moratorium *n*
(Re) standstill agreement
(Fin) debt deferral
– deferral (*or* suspension) of debt repayment
– moratorium
Morgenschicht *f* (Pw) morning shift
morphologische Forschung *f*
(Mk) morphological research
(ie, in product design)
Mortalität *f* (Stat) mortality
MOS-FET-Technologie *f*
(EDV) mosfet technology
(ie, field effect transistor utilizing metal oxide semiconductor, MOS)
MOS-Schaltkreis *m*
(EDV) metal-oxide semiconductor circuit
– MOS circuit
Motivatoren *mpl*
(Pw) motivators
– job content factors
Motivforschung *f* (Mk) motivation(al) research
Motivirrtum *m* (Re) mistake as to formation of intention, § 119 II BGB
Motivstudie *f* (Mk) motivation study
Motorenwerte *mpl* (Bö) motors
Motorleistung *f*
(IndE) engine efficiency
(ie, energy supplied to an engine to the energy output of the engine)
MTM-Verfahren *n* (IndE) methods time measurement
MTS-Verfahren *n* (IndE) methods time sharing
Müllabfuhr *f*
(com) garbage collection
– (GB) refuse collection
Mülldeponie *f*
(com) garbage/waste . . . dump
– (GB) refuse tip
Müllfahrzeug *n* (com) refuse collection vehicle
Müllkunde *f* (Mk) garbology
Müllsack *m* (com) garbage bag
Mülltonne *f*
(com) garbage can
– (GB) dustbin
Müllwagen *m*
(com) garbage truck
– (GB) dustcart
Müllwerker *m*
(com) garbage collector
– (GB) dustbinman
(earlier Briticism: dustman)
Multidevisenstandard *m* (AuW) multiple foreign exchange currency
Multifaserabkommen *n*
(AuW) multifiber agreement, MFA
(ie, seit 1973, bestehende Rahmenvereinbarung über den internationalen Handel mit Textilien; the present arrangement was phased out in July 1991; syn, Welttextilabkommen)
multifunktionale Geräte *npl* (EDV) multifunctionals
multifunktionale vorausbezahlte Karte *f* (Fin) multipurpose prepaid card
Multi-Indexmodell *n*
(Fin) multi-index modell
(ie, im Rahmen der Portfolio-Selection-Theorie)
Multikausalität *f* (Log) multiple causation
Multikollinearität *f* (Stat) multi-collinearity
multilateraler Handel *m* (AuW) multilateral trade
multilateraler Saldenausgleich *m* (AuW) multilateral settlement
multilateraler Zahlungsverkehr *m* (AuW) multilateral settlements
multilaterales Abkommen *n* (Re) multilateral agreement
multilaterales Clearing *n* (AuW) multilateral clearing
multilaterales Länderkontingent *n* (AuW) negotiated multilateral quota
multilaterales Wechselkurs-Modell *n* (AuW) multilateral exchange-rate model
multilaterale Überwachung *f*
(AuW) multilateral surveillance
(ie, by the BIS in financing balance-of-payments deficits)
multilaterale Verrechnung *f* (Fin) multilateral compensation (*or* settlement)
Multilateralisierung *f* **des innergemeinschaftlichen Saldenausgleich** (EG) multilateralization of intra-Community settlements
Multilateralismus *m*
(AuW) multilateralism
(ie, die Merkmale: freie Währungs-Konvertibilität, Prinzip der Meistbegünstigung, Abwesenheit mengenmäßiger Beschränkungen, qv)
Multimarkenstrategie *f* (Mk) multi-brand strategy
Multimomentaufnahme *f* **mit Leistungsgradschätzen** (IndE) rated-activity sampling
Multimomentverfahren *n*
(IndE) observation ratio method
– ratio delay method
multinationales Unternehmen *n*
(com) multinational corporation (*or* company)
– transnational company
(ie, Phasen der Internationalisierung sind:
1. Import von Produktionsfaktoren = import of input resources;
2. Export von Überschüssen durch eigene Vertrieb-sorganisationen = export of surplus output through independent sales organizations;
3. Errichtung von Tochtergesellschaften = formation of subsidiaries

4. autonome Produktion der Tochter = self-managed production by subsidiaries;
5. Kooperation der Töchter mit Drittland-Unternehmen = cooperation of subsidiaries with third-country enterprises;
6. grenzüberschreitende Fusionen = cross-frontier mergers;
7. Bildung multinationaler Konzerne = creating multinational groups worldwide)

multiple Diskriminanzanalyse, MDA (Stat) multiple discriminant analysis

multiple Erweiterung *f* (Bw) multiple plant expansion

multiple Giralgeldschöpfung *f*
(Vw) multiple bank deposit creation
– multiple expansion of commercial bank money (*or* credit *or* deposits)

multiple Korrelation *f* (Stat) multiple correlation

multiple nichtlineare Korrelation *f* (Stat) multiple curvilinear correlation

multiple Regression *f* (Stat) multiple regression

multiple Regressionsanalyse *f*
(Stat) multiple regression analysis
(ie, Erklärung des Verhaltens der zu prognostizierenden Zeitreihe durch das Verhalten anderer Zeitreihen; die beeinflussenden Größen sind die unabhängigen (od exogenen) Variablen, die zu prognostizierende Zeitreihe die abhängigen od endogenen Variablen, qv)

multipler Korrelationskoeffizient *m* (Stat) coefficient of multiple correlation

multipler Wechselkurs *m*
(Fin) multiple (*or* split) exchange rate
(syn, gespaltener od differenzierter Wechselkurs)

multiples Gleichgewicht *n* (Vw) nonunique equilibrium

Multiplexbetrieb *m*
(EDV) multiplex mode (*or* operation)
– multiplexing

Multiplexer *m*
(EDV) multiplexer
(ie, merges information to single output channel)

Multiplexkanal *m* (EDV) multiplexer channel

Multiplikationsanweisung *f* (EDV) multiply statement

Multiplikationsbefehl *m* (EDV) multiply instruction

Multiplikationseinrichtung *f* (EDV) multiplier

Multiplikationssatz *m* (Stat) multiplication rule *(of probability)*

Multiplikation *f* **von Matrizen** (Math) matrix multiplication

Multiplikator *m*
(Math) multiplier
(ie, in x.y, y is called the multiplier)
(Vw) multiplier *(eg, 1-DC/DY)*

Multiplikator-Akzelerator-Modell *n* (Vw) multiplier-accelerator model

Multiplikator *m* **für die Ausgaben der öffentlichen Hand** (FiW) government expenditure multiplier

Multiplikatorwirkung *f* **e–s ausgeglichenen öffentlichen Haushalts** (Vw) balanced-budget multiplier

Multiplizitätseigenschaft *f* **der Prozesse** (OR) infinite divisibility of activities

Multipointverbindung *f*
(EDV) multipoint line
(syn, Netzkonfiguration)

Multiprogrammverarbeitung *f* (EDV) multiprogramming

Multiprozessorbetrieb *m* (EDV) multiprocessing

Multis *pl* (Bw) multinational corporations

Multisektoren-Multiplikator *m* (Vw) multi-sector multiplier

Multitasking *n* (EDV) multitasking

multivariate Analyse *f*
(Mk) multivariate analysis, MVA
(ie, Methoden sind:
1. Regressionsanalyse;
2. Korrelationsanalyse;
3. Clusteranalyse;
4. Diskriminanzanalyse;
5. Varianz- und Kovarianzanalyse;
6. mehrdimensionale Skalierung;
7. kanonische Analyse)

Multiwährungsintervention *f* (AuW) multiple currency intervention

Münchener Patentübereinkommen *n* (Pat) Munich Patent Convention

mündelsicher (Fin) eligible for trusts

mündelsichere Kapitalanlage *f* (Fin) eligible investment

mündelsichere Papiere *npl*
(Fin) trustee securities, § 1807 I BGB
– eligible securities
– legal investment
(ie, class of securities in which investors – trustees, savings banks – may legally invest)

mündlich
(com) oral
– verbal
– by word of mouth
– verbatim

mündliche Abmachung *f* (Re) = mündliche Vereinbarung

mündliche Bestellung *f* (com) oral purchase order

mündliche Kommunikation *f* (Bw) oral (*or* verbal) communication

mündliche Prüfung *f*
(Pw) oral examination
– (GB *also*) viva voce

mündlicher Bericht *m* (com) verbatim report

mündliche Vereinbarung *f*
(Re) verbal agreement (*or* arrangement)
– oral agreement

mündliche Verhandlung *f* (Re) oral proceedings

Mündlichkeitsprinzip *n* (Re) principle of oral presentation

Mundwerbung *f*
(Mk) word-of-mouth advertising
– face-to-face advertising

Mund-zu-Mund-Werbung *f* (Mk) face-to-face advertising

Münzeinnahmen *fpl* (FiW) seigniorage

Münzen *fpl* (Vw) coin(s)

Münzfernsprecher *m*
(com) pay station
– (GB) pay telephone

Münzgeld *n* (Vw) specie

Münzgewinn *m* (Vw) profit from coinage

Münzgutschrift *f* (FiW) credit to government on account of coinage
Münzhoheit *f* (FiW) right of coinage
Münzkassette *f* (Fin) coin cartridge
Münzparität *f*
(FiW) mint parity
– mint par of exchange
– mint rate
Münzregal *n* (FiW) right of coinage
Münzumlauf *m* (Vw) coin circulation
Münz- und Barrengold *n* (Vw) gold coin and bullion
Münzverschlechterung *f*
(FiW) debasement
– adulteration of coinage
Münzverschleiß *m* (FiW) abrasion of coin
Mußbestimmung *f* (Re) mandatory provision
Mußkaufmann *m*
(Re) enterprise commercial by its nature, § 1 II HGB
– merchant by nature of type of business
Muß-Knoten *m* (OR) must-follow node
Mußvorschrift *f* (Re) obligatory disposition
Muster *n*
(com) sample
(ie, physical specimen)
(IndE) specimen
(in quality assurance)
Musterabkommen *n* (Re) model treaty
Musterarbeitsvertrag *m* (Pw) model employment contract
Musterbeispiel *n* (com) object lesson *(eg, in single-minded determination)*
Mustererkennung *f* (EDV) pattern recognition
Mustererkenung *f* (EDV) pattern recognition
Musterkollektion *f*
(com) sample collection
– stock of samples
Musterlager *n* (com) display of samples
Musterlos *n* (IndE) pilot lot
Mustermesse *f* (com) samples fair
Muster *n* **ohne Wert** (com) sample without value
Musterprozeß *m*
(Re) model suit
– test case litigation
(ie, lawsuit initiated to assess the constitutionality or application of a legislative or executive act; term also refers to any landmark case that is the first test of a major piece of legislation)
Musterrabatt *m*
(com) sample rebate
(ie, granted to import firm abroad for small quantities of merchandise which were to be used as sales samples)
Mustersatzung *f* (Re) model articles of association
Mustersatzungen *fpl*
(Bw) schedules
(ie, gelten ganz od subsidiär)
Musterschutz *m*
(Pat) protection of registered design
– (GB) copyright in design
Mustersendung *f* (com) sample consignment
Mustervertrag *m* (Re) specimen contract (*or* agreement)
Muster *npl* **ziehen** (com) to take samples
mutmaßlicher Parteiwille *m* (Re) implied terms
Muttergesellschaft *f*
(com) parent company
(ie, meist Synonym für ‚Obergesellschaft')
Mutterpause *f* (com) reproducible copy
Mutterschaftsgeld *n* (SozV) maternity . . . allowance/benefit
Mutterschaftshilfe *f* (SozV) maternity aid
Mutterschaftsurlaub *m* (Pw) maternity leave
Mutterschutz *m* (Pw) maternity protection
Mutterschutzgesetz *n* (SozV) Maternity Protection Law, of 18 Apr 1968
Mutter *f* **und Tochter** *f* (com) parent and offspring

N

NA (Bö) = Namensaktien
nachaddieren (com) to refoot
Nachahmereffekt *m*
(Vw) bandwagon effect *(syn, Mitläufereffekt)*
nachaktivieren (ReW) to post-capitalize
Nachaktivierung *f* (ReW) post-capitalization
Nachanmelder *m* (Pat) subsequent applicant
Nachanmeldung *f* (Pat) supplementary application
Nacharbeit *f*
(com) rework
(Pw) hours worked to make up for . . .
nacharbeiten
(com) to rework
(Pw) to make up for . . .
Nacharbeitskosten *pl*
(com, KoR) cost of rework
(KoR, *sometimes*) cost beyond normal
Nachbarbereich *m* (EDV) adjacent domain
Nachbardisziplin *f* (Log) neighboring discipline
Nachbarkanten *fpl* (OR) neighboring arcs (*or* cuts)
Nachbarschaftseffekt *m*
(FiW) neighborhood effect
(ie, all positive and negative effects of an action upon third parties; in a more restricted sense: regional cost-benefit overlapping)
Nachbarschaftsladen *m*
(com) neighborhood shop
– convenience store
(ie, führt begrenztes Sortiment von Nahrungs- und Genußmitteln sowie Haushaltsbedarf)
Nachbau *m* (Pat) construction under license
nachbearbeiten
(com) to rework
– to post-edit
Nachbearbeitung *f*
(com) reworking
– post-editing
(IndE) finishing
(syn, Endbearbeitung)
Nachbearbeitungsauftrag *m* (IndE) rework order
nach Bedarf (com) call off as required
nachbelasten (ReW) to charge subsequently
Nachbelastung *f*
(ReW) additional charge
– subsequent debit
nachberechnen (com) to recalculate
Nachberechnung *f* (com) recalculation
nachbessern
(com) to rework
– to rectify faults (*or* defects)
Nachbesserung *f*
(com) rework
– rectification of . . . defects/faults
Nachbesserungskosten *pl*
(ReW) rework expenses
– cost of rework
(syn, Nachbearbeitungskosten)
Nachbesserungspflicht *f* (Re) obligation to remedy defects, §§ 633, 634 BGB

nachbestellen
(com) to reorder
– to place a repeat order (for)
(syn, nachordern)
Nachbestellung *f*
(com) reorder
– repeat order
(MaW) replenishment order
nach Bestellung angefertigt
(com) custom-made
– customized
– made to order
Nachbesteuerung *f* (StR) supplementary taxation
Nachbewilligung *f* (FiW) supplementary grant
Nachbezugsrecht *n*
(Fin) right to prior-year dividends
(ie, on preferred stock, §§ 139 ff AktG)
nach billigem Ermessen (Re) at reasonable discretion
Nachbörse *f*
(Bö) after-hours . . .dealing/trading/market
(ie, Handel nach der Börsenzeit per Telefon unter Börsenmitgliedern)
nachbörsliche Kurse *mpl* (Bö) after-hours prices
nachbörslich fest (Bö) strong in after-hours trading
Nachbuchung *f* (ReW) completing entry
Nachbürge *m* (Re) collateral (*or* secondary) guarantor
Nachbürgschaft *f*
(Re) collateral/secondary . . . guaranty
(ie, Nachbürge verpflichtet sich dem Gläubiger gegenüber, daß der Bürge s–e Verpflichtungen erfüllt; contract by which the guarantor (Bürge) undertakes to pay damages if principal fails to do what he has promised; cf, Bürgschaft)
nachdatieren
(com) to antedate *(ie, to write a date preceding today's date; opp, vordatieren = to postdate)*
nach Diktat verreist (com) dictated by . . . signed in his absence
Nachdruck *m* (com) reprint
Nachemission *f* (Bö) follow-up issue
nachentrichten (SozV) to pay retrospective social insurance contributions
Nachentrichtung *f* (SozV) retrospective payment of contributions
Nacherbe *m* (StR) second heir, § 6 ErbStG
Nacherhebung *f* (Zo) post clearance
Nachfakturierung *f*
(com) post-delivery invoicing
(ie, nach der Versanddisposition)
Nachfaßaktion *f* (Mk) follow-up procedure
Nachfaßbesuch *m* (Mk) follow-up call
Nachfaßbrief *m* (com) follow-up letter
nachfassen (Mk) to follow up
nachfassende Untersuchung *f* (Stat) follow-up
Nachfaßinterview *n*
(Mk) callback
– follow-up interview

Nachfaßwerbung *f* (Mk) follow-up advertising
Nachfeststellung *f*
(StR) subsequent assessment
– subsequent determination of assessed value, § 23 BewG
Nachfeststellungszeitpunkt *m* (StR) time of subsequent assessment
Nachfinanzierung *f* (Fin) supplementary financing
Nachfolgebank *f* (Fin) successor bank
Nachfolgegesellschaft *f* (com) successor company
Nachfolgekonferenz *f* (com) follow-up conference (*or* meeting)
nachfolgendes Ereignis *n* (OR) successor event
nachfolgende Unmöglichkeit *f*
(Re) subsequent (*or* supervening) impossibility
(ie, impossibility after a contract is made)
Nachfolgeorganisation *f* (com) successor organization
Nachfolgeprogramm *n* (EDV) successor program
Nachfolgerin *f* (com) = Nachfolgegesellschaft
nachfordern (com) to make a further claim
Nachforderung *f*
(com) subsequent (*or* supplementary) claim
(Bö) margin call
Nachfrage *f* (Vw) demand
Nachfrageanalyse *f* (Vw) demand analysis
Nachfrageänderung *f*
(com) change in demand
(Vw) shift in demand
Nachfrageausfall *m* (Vw) demand shortfall
Nachfrage *f* **befriedigen**
(com) to accommodate
– to meet
– to satisfy . . . demand
Nachfrage *f* **beleben** (com) to revive (*or* revitalize) demand
Nachfragebelebung *f*
(com) revival of demand
– revitalization of demand
– upswing (*or* upturn) in demand
Nachfragebeweglichkeit *f* (Vw) flexibility of demand
Nachfrageboom *m* (com) boom in (*or* surge of) demand
Nachfrage *f* **decken** (com) to meet (*or* supply) a demand
Nachfrageelastizität *f*
(Vw) demand elasticity
– elasticity of demand
Nachfrageentwicklung *f* (Vw) demand trend
nachfrageerhöhende Maßnahme *f* (Vw) demand-boosting measure
Nachfragefunktion *f* (Vw) demand function
Nachfragegesetz *n*
(Vw) law of demand
(ie, the lower the price, the greater the quantity demanded; based on the analysis of the ‚income effect' and the ‚substitution effect' of price changes)
Nachfragegleichung *f* (Vw) demand equation
Nachfrageinflation *f*
(Vw) demand inflation
– demand-pull/demand-shift . . . inflation
– buyers' inflation
Nachfrageinflationsmodell *n* (Vw) demand-inflation model
Nachfrageintensität *f* (com) strength of demand
Nachfragekomponente *f* (Vw) demand component *(eg, des realen BSP = of real gnp)*
Nachfragekurve *f* (Vw) demand curve
Nachfragekurve *f* **des Haushalts** (Vw) individual demand curve
Nachfragekurve *f* **mit konstanter Elastizität** (Vw) isoelastic demand curve
Nachfragekurve *f* **ohne Alternative** (Vw) all-or-nothing demand curve
Nachfragelücke *f* (Vw) deflationary gap
Nachfragemacht *f* (Vw) buyer concentration of power
Nachfragemenge *f* (Vw) quantity demanded
Nachfragemonopol *n*
(Vw) monopsony *(syn, Monopson)*
Nachfragemonopolist *m* (Vw) monopsonist
Nachfrage *f* **nach Arbeitskräften** (com) demand for labor
Nachfrage *f* **nach Liquidität** (Vw) demand for cash balances
Nachfrage *f* **nach Produktionsfaktoren** (Vw) factor demand
Nachfrageoligopol *n* (Vw) demand oligopoly
nachfrageorientiert (Vw) demand-oriented *(eg, economic policy)*
Nachfrageprognose *f*
(Mk) forecast of volume demand
(ie, Teil der Absatzprognose)
Nachfrager *m* (Vw) demander
Nachfragerate *f* (OR) demand rate
Nachfragerückgang *m* (com) drop (*or* fall) in demand
Nachfrage *f* **schaffen** (com) to create demand (for)
Nachfrageschwäche *f* (com) weak demand
Nachfrageschwankung *f* (Vw) fluctuation in demand
Nachfragesog *m*
(Vw) demand pull
(ie, die normale Güternachfrage expandiert stärker als das reale Güterangebot; Keynesianischer Ansatz geht vom Gütermarkt, neoklassischer Ansatz vom Geldmarkt aus)
Nachfragesog-Inflation *f* (Vw) demand-pull inflation
Nachfragesog-Inflationsmodell *n* (Vw) demand-pull model of inflation
Nachfragesteuerung *f* (Vw) aggregative demand management
Nachfragestruktur *f* (Vw) demand structure
Nachfragetabelle *f* (Vw) demand schedule
Nachfrageüberhang *m* (Vw, Bö) = Nachfrageüberschuß
Nachfrageüberschuß *m*
(Vw) excess (in) demand
– excess of demand over supply
– surplus demand
Nachfrageverfall *m* (com) substantial drop in demand
Nachfrageverschiebung *f*
(Vw) shift in demand
– demand shift
Nachfrageverschiebungs-Inflation *m* (Vw) demand shift inflation
Nachfrageverteilung *f* (Vw) demand distribution

Nachfragewandel *m* (Mk) change in demand
Nachfragewirkung *f* (FiW) demand effect
Nachfrist *f*
(com) period of grace
– grace period
– extension of time
– days/term . . . of grace
– additional period of time
– respite
Nachfrist *f* **gewähren** (Re) to extend the original term
Nachfrist *f* **setzen**
(Re) to allot a reasonable period within which to make performance
(ie, stating that it would not be accepted after the expiration of this period)
Nachführen *n*
(EDV) tracking
(ie, in der Computergrafik)
nachgeben
(com) to dip *(ie, prices, market)*
– to flag
– to sag
– to slip
– to soften
– to weaken
(com) to back down *(ie, in an argument)*
(Bö) to ease off
– to edge down
– to drift down
– to shade
– to slip back
nachgebend
(com) dipping
(ie, prices, market)
– flagging
– sagging
– slipping
– softening
– weakening
nachgebende Kurse *mpl*
(Bö) easing (*or* shading) prices
(Bö) declining market
Nachgeben *n* **der Kurse** (Bö) slide in prices
Nachgeben *n* **der Zinsen** (Fin) easing of rates
Nachgebühr *f*
(com) additional charge
(ie, postage or insufficient postage payable by addressee)
nachgeholte Abschreibung *f* (ReW) backlog depreciation
nachgelagerte Absatzstufe *f* (Mk) downstream stage of distribution
nachgelagerte Industriezweige *mpl* (Bw) downstream industries
nach geltendem Recht
(Re) as the law stands
– under existing law
– under the law as it now exists
nachgeordnet (Bw) down the line
nachgeordnete Ebenen *fpl* (Bw) lower levels of organization
nachgeordnete Gebietskörperschaften *fpl*
(FiW) subordinate units of government
– state and local units
nachgeordnete Management-Ebene *f* (Bw) subordinate management level
nachgeordneter Linien-Manager *m* (Bw) subordinate line manager
nachgeordnetes Darlehen *n* (Fin) subordinated loan
nachgeschaltete Gesellschaft *f* (com) second-tier company
nachgeschaltete Gesellschaften *fpl* (StR) second and lower-tier subsidiaries
nachgewiesene Reserven *fpl* (Vw) = sichere Vorräte
nachgiebiges Recht *n*
(Re) flexible law
– *(civil law)* jus dispositivum
(ie, legal obligations which can be excluded by agreement; opp, zwingendes Recht = binding law)
nachgiebige Vorschriften *fpl* (Re) non-compulsory provisions
Nachgirant *m* (WeR) post-maturity indorser
Nachgründung *f*
(Bw) post-formation acquisition, § 52 AktG
(ie, Gesellschaft schließt in den ersten 2 Jahren seit Eintragung e–n Vertrag über den Erwerb von Vermögensgegenständen für e–e 10 % des Grundkapitals übersteigende Vergütung)
Nachgründungsbericht *m* (Bw) post-formation report, § 52 III AktG
Nachgründungsprüfung *f* (Bw) post-formation audit, § 52 IV AktG
Nachgründungsvertrag *m*
(Bw) post-formation agreement, § 52 I 1 AktG
(ie, gilt für den Fall der nachträglichen Sachübernahme)
Nachhaftung *f* (Re) secondary liability
nachhaltige Erholung *f*
(Vw) sustained pickup
(ie, in economic activity)
nachhaltige Tätigkeit *f* (StR) sustained (*or* continuous) activity for the purpose of realizing receipts, § 2 UStG
nachhaltige Wiederbelebung *f* (Vw) steady recovery
Nachhaltigkeit *f* (StR) = nachhaltige Tätigkeit
Nachholarbeit *f*
(Pw) catch-up work *(ie, after a strike)*
Nachholbedarf *m*
(com) catch-up
– backlog
– pent-up . . . demand
Nachholwirkung *f*
(StR) recapture effect of VAT
(ie, the entrepreneur who buys exempt goods would pay a higher tax because the amount of prior turnover tax he can deduct is reduced by the tax not paid at the preceding stage)
Nachindossament *n* (WeR) post-maturity indorsement
Nachindossant *m* (WeR) post-maturity indorser
nachindustrielle Gesellschaft *f*
(Vw) post-industrial society
(ie, change from goods-producing to service economy; preeminence of professional and technical class)
Nachkalkulation *f*
(KoR) statistical cost accounting
– actual costing

Nachkaufmarketing *n* (Mk) after-sales marketing
Nachkauf-Service *m* (Mk) after-sales service
Nachkaufverhalten *n* (Mk) after-sales behavior
Nachkommastelle *f* (EG, Stat) decimal place
Nachkosten *pl* (com, KoR) = Nacharbeitskosten
Nachkur *f* (SozV) post-cure rest period
nachladen (EDV) reload *v*
Nachlaß *m*
(com) discount
– allowance
– deduction
– reduction
(Re) (decedent's) estate
– estate of deceased person
(StR) abatement *(eg, of assessed taxes)*
Nachlaß *m* **an Kreditkartengesellschaften**
(com) merchant discount
(ie, paid by retail and service establishments to credit card companies on card sales)
Nachlaß *m* **bei Barzahlung** (com) cash discount
Nachlässe *mpl* (ReW) discounts and price reductions
nachlassen
(com) to reduce
– to abate *(eg, prices, taxes)*
– (infml) to knock off
(eg, I'll knock $10 off the retail price)
nachlassende Konjunktur *f*
(Vw) economy stops expanding
– economy slipping into recessionary waters
nachlassender Auftragseingang *m*
(com) flagging (*or* slackening) orders
– fewer new orders
Nachlassen *n* **der Hochkonjunktur** (Vw) unwinding of boom
Nachlassen *n* **des Inflationsdrucks** (Vw) slackening of inflationary pressures
nachlassende Wirtschaftstätigkeit *f* (Vw) slackening economic activity
Nachlaßgegenstand *m* (Re) asset
Nachlaßkonkurs *m* (Re) bankruptcy of a decedent's estate, §§ 214 ff KO
Nachlaßpfleger *m*
(Re) curator of the estate
(ie, appointment is intended to bridge over the period during which it is not yet known who is going to be the heir, §§ 1960 ff BGB)
Nachlaßschulden *fpl* (Re) debt of the estate
Nachlaßsteuer *f*
(FiW) estate tax
(ie, tax levied on the decedent's estate and not on the heir receiving the property; the German ErbSt is an ‚Erbanfallsteuer' = inheritance tax)
Nachlaßverbindlichkeiten *fpl* (Re) debt of decedent's estate
Nachlaß *m* **verwalten** (Re) to administrate a decedent's estate
Nachlaßverwalter *m* (Re) administrator of a decedent's estate
Nachlaßverwalterin *f* (Re) administratrix
Nachlaßverwaltung *f* (Re) administration of a decedent's estate, §§ 1975 ff BGB
(ie, management of the estate of an intestate or of a testator who has no executor, performed under the supervision of a court)
Nachlaß *m* **vom Listenpreis** (com) off list
Nachlauf *m*
(com) post-carriage
– off-carriage
(ie, in container traffic: to final place of arrival)
nachlaufende Reihe *f*
(Vw) lagging series *(syn, spätzyklische Reihe)*
nachlaufender Indikator *m* (Vw) = Spätindikator, qv
Nachlaufkosten *pl* (com) follow-up costs
Nachleuchten *n* (EDV) afterglow *(of a monitor; syn, persistence)*
Nachlieferung *f*
(com) additional supply
– subsequent delivery
nachmachen
(com) to counterfeit
– to fake *(eg, documents, bank notes, products)*
Nachmann *m* (WeR) subsequent endorser (*or* holder)
Nachmärkte *mpl*
(Mk) downstream markets
(ie, dem Absatzmarkt nachgelagerte Märkte)
nach Maßgabe (com) in accordance with
Nachmieter *m* (Re) successor tenant
Nachmittagsbörse *f* (Bö) = Abendbörse
Nachnahme *f*
(com) cash on delivery, c.o.d., cod
– (US) collect on delivery
Nachnahmebrief *m* (com) c.o.d. letter
Nachnahmekosten *pl* (ReW) c.o.d. expenses
Nachnahmesendung *f* (com) registered c.o.d. consignment
nach oben tendieren (com) to trend upwards
Nachorder *f*
(com) repeat order
– reorder
(MaW) replenishment order
nachordern (com) = nachbestellen
Nachpatent *n* (Pat) subsequent patent
nach pflichtgemäßen Ermessen (Re) as in duty bound
Nachporto *n* (com) additional postage
nachprüfen (com, infml) to check up on *(eg, a claim)*
Nachprüfungsverfahren *n*
(Pat, US) reaxamination procedure
(ie, im Gegensatz zum ‚reissue procedure' können auch Dritte die Patentnachprüfung beantragen; möglich seit 1980)
Nachrangdarlehen *n*
(Fin, US) subordinated
(ie, Darlehensgläubiger verpflichtet sich, mit seinen Forderungen hinter die Forderungen aller anderen Gläubiger zurückzutreten; im angelsächsischen Bereich beliebt, in den letzten Jahren hat Bedeutung auch in Dt zugenommen)
nachrangige Anleihe *f* (Fin) secondary loan
nachrangige Darlehen *npl* (EG) subordinated loan capital
nachrangige Hypothek *f*
(Re) subordinated
– subsequent
– junior . . . mortgage
nachrangiger Gläubiger *m* (Re) secondary (*or* deferred) creditor

nachrangiges Darlehenskapital *n* (EG, Fin) subordinated loan-capital
nachrangige Sicherheit *f*
(Fin) junior security
(ie, bond or mortgage secured by one or more senior issues)
nachrangiges Pfandrecht *n* (Re) junior lien
nachrangige Verbindlichkeiten *fpl* (EG, Fin) subordinated liabilities
nachrechnen
(com) to check a calculation
– to recalculate
Nachrechner *m* (EDV) back-end computer
Nachricht *f* (EDV) message
Nachrichtenfilter *m* (EDV) mail filter
Nachrichtenfluß *m*
(EDV) message
– package
– traffic . . . flow
– packet rate
(ie, in distributed systems = in verteilten Systemen)
Nachrichtenkopf *m* (EDV) mail header
Nachrichten-Speichervermittlung *f* (EDV) message switching
Nachrichtensperre *f* (com) news blackout
Nachrichtenverarbeitung *f* (EDV) message processing
Nachrichtenvermittlung *f*
(EDV) message switching
(ie, data are routed through central point within a network)
nachrichtlich (com) memorandum item
Nachruf *m* (com) obituary
nachrüsten
(IndE) to retrofit
– to upgrade
Nachrüstsatz *m* (EDV) retrofitting kit
Nachsaison *f* (com) post-season
Nachsatz *m*
(EDV) end-of-file label
(EDV) trailer record
Nachschaltrechner *m*
(EDV) back-end computer
(opp, front-end computer; syn, Nachrechner)
nachschießen
(Fin) to make a further contribution
(Bö) to remargin
Nachschlageinformationen *fpl* (com) reference information
Nachschlagewerk *n* (com) reference work
Nachschuß *m*
(Fin) supplementary contribution, § 26 I GmbHG
(Fin) additional payment
(Bö) further margin
Nachschüsse *mpl*
(EG, Fin) variation margin
(ie, the margin to be maintained over time for an underlying asset used in a reverse transaction)
Nachschußforderung *f*
(Bö) margin call
(ie, Anforderung an den Kunden, die Mindestdekkung e–s Effektenkredits zu erhöhen = to up additional cash in a margin account)

nachschußfreie Aktien *fpl* (Fin) non-assessable corporate shares
nachschüssige Berechnung *f* (com) decursive calculation
nachschüssige Rente *f*
(Fin) ordinary annuity
– annuity immediate
Nachschußpflicht *f*
(Fin) obligation to make further contributions *(eg, § 26 GmbHG)*
– contingent liability to put up further capital if called
(Vers) assessment to cover unexpected losses
nachschußpflichtig
(Fin) liable to make further contributions
– assessable
(ie, liable to pay extra)
nachschußpflichtige Aktien *fpl* (Fin) assessable corporate shares
nachschußpflichtiger Gesellschafter *m* (Fin) contributory partner
Nachschußzahlung *f*
(Fin) additional cover (*or* payment)
(Bö) further margin
Nachsendeadresse *f*
(com, US) temporary mailing address
– (GB) accommodation/forwarding . . . address
Nachsendeanschrift *f*
(com) temporary mailing address
– (GB) accommodation address
Nachsendeantrag *m*
(com) re-routing request
(ie, made to Post Office)
nachsenden
(com) to send on
– to forward mail
(ie, to changed address)
Nachsendung *f* (com) forwarding of mail
Nachsicht-Akkreditiv *n*
(Fin) documentary acceptance credit
– term credit
Nachsichttratte *f* (WeR) usance draft
Nachsichtwechsel *m*
(WeR) after-sight bill
(ie, payable at fixed period after sight; syn, Zeitsichtwechsel)
nachstellige Hypothek *f* (Re) = nachrangige Hypothek
nachstelliges Grundpfandrecht *n* (Re) junior mortgage
Nachsteuer *f* (StR) supplementary tax
nächsthöherer Vorgesetzter *m* (Pw) supervisor's supervisor
Nachsynchronisation *f* (Mk) redubbing
Nachtarbeit *f* (Pw) night work
Nachtarbeitsverbot *n* (Pw) prohibition of nightwork
Nachteil *m* (Re) injury
nachteiliger Vertrag *m* (Re) deleterious contract
nachteilige Wirkung *f* (StR) baneful effect *(eg, of regressive tax)*
Nachtrag *m*
(com) postscript
(ie, to letter, report, etc.)
(com) addendum

nachträgliche Buchung *f*
(ReW) subsequent posting
(ReW) subsequent entry
nachträgliche Genehmigung *f* (Re) subsequent approval
nachträglicher Einbau *m* (IndE) retrofit
nachträglicher Einspruch *m* (Pat) belated opposition
nachträgliche Schichtung *f* (Stat) stratification after sampling
nachträgliche Unmöglichkeit *f*
(Re) subsequent (*or* supervening) impossibility of performance
– subsequent frustration
Nachtragsbewilligung *f* (FiW) supplementary appropriation
Nachtragsbuchung *f* (ReW) subsequent entry
Nachtragshaushalt *m*
(Bw) interim budget
(FiW) supplementary budget
– (US) deficiency bill
– (GB) deficiency supply bill
Nachtragspolice *f* (Vers) additional policy
Nachtrag *m* **zur Police**
(Vers) indorsement
(ie, provision added to a policy, usu by being written on the printed page, but also in the form of a rider)
Nachtransportsystem *n*
(com) upstream transport system
(eg, Binnenschiffahrt für Transport von Massengütern von den Seehäfen ins Binnenland)
Nachtschicht *f* (Pw) night shift
Nachttresor *m* (Fin) bank's night safe-deposit box
„Nachtwächterstaat" *m*
(Vw) nightwatchman state
– minimal state
nach unten tendieren (com) to trend downwards
Nachunternehmer *m* (com) sub-contractor
Nachvaluta *f* (Fin) arrear value date
Nachvaluten *pl* (Fin) back values
Nachveranlagung *f* (StR) supplementary assessment, § 17 VStG, §§ 18, 21 GrStG
Nachversicherung *f*
(SozV) payment of retrospective contributions
(Vers) supplementary insurance
Nachversicherungszeiten *fpl* (SozV) periods for which retrospective contributions are made
Nachversteuerung *f* (StR) supplementary taxation, § 10 VI EStG
nachvertraglich (Re) after the date the agreement/contract was signed
nachverzollen (Zo) to pay subsequent duty
Nachverzollung *f*
(Zo) post entry
– subsequent payment of customs duties
nach Wahl des Käufers (com) at buyer's option
nach Wahl des Verkäufers (com) at seller's option
Nachweis *m* **behaupteter Eigenschaften** (Mk) advertising substantiation
Nachweis *m* **der Nettobohrkosten** (ReW) statement of exploration results
nachweisen
(StR) to make a showing
(com) to prove
– to furnish proof
– to give a record of
– to produce evidence
– to show by submitting suitable documents
Nachweismakler *m*
(com) notifying broker; cf, § 652 BGB
(ie, nur Zivilmakler)
Nachweis *m* **von Vorsatz od grober Fahrlässigkeit**
(Re) proof of intent or gross negligence
Nachwuchs *m* (Pw, infml) young blood
Nachwuchskräfte *fpl* (Pw) junior staff in training
Nachwuchsmanager *m* (Pw) junior manager
Nachwuchsmann *m*
(Pw) junior manager
– (sl) comer
(ie, with potential of assuming top responsibilities)
nachzahlen (com) to pay retrospectively
Nachzahlung *f*
(com) back payment
– subsequent payment
(StR) deficiency in current tax payments
(Pw) backpay
Nachzahlungsaufforderung *f*
(Fin) call
(ie, to shareholders for further contributions)
Nachzahlungsrecht *n* (Fin) right to back payment; cf, § 140 AktG
Nachzahlung *f* **von Steuern aus Vorjahren** (ReW) payment of taxes for prior years
nachziehen
(com, infml) to follow suit
– to play catch-up
nachziehende Lohnerhöhung *f*
(Pw) catch-up increase of wages
– equalizing pay increase
Nachzugsaktien *fpl* (Fin) deferred shares (*or* stock)
nachzuversteuernder Betrag *m* (StR) taxable amount from previous years, § 10 a EStG
Nadeldrucker *m* (EDV) wire printer *(cf, also dot matrix printer)*
Nagelprobe *f* (com, infml) litmus (*or* acid) test
Näherungsfehler *m* (Math) approximation error
Näherungsrechnung *f* (Math) approximate computation
Näherungsvariable *f* (Vw) proxy variable
Näherungswert *m* (Math) approximate(d) value
nahestehende Gesellschaft *f*
(com) affiliated company
– affiliate
Nahfischerei *f* (com) local fishing
Nahrungsmittelindustrie *f* (com) food (processing) industry
Nahrungsmittelkette *f* (com) food chain
Nahrungs- und Genußmittel *npl* (com) food and kindred products
Nahrungs- und Genußmittelindustrie *f* (com) food, beverages, and tobacco industry
nahtlose Integration *f* (EDV) seamless integration
Nahtstelle *f*
(Bw) linkage point
– interface
Nahverkehr *m*
(com) short-distance traffic
(com) short haulage

naive Mengenlehre *f* (Math) intuitive set theory
naive Quantitätstheorie *f* (Vw) crude quantity theory
Namenliste *f* (EDV) identifier list
namenlose Artikel *mpl* (Mk) no-names
namenlose Handelsmarke *f* (Mk) no-name brand
Namensaktie *f* (WeR) registered share (*or* stock)
Namenskonnossement *n*
(com) straight bill of lading (*or* B/L)
– nonnegotiable B/L
Namenslagerschein *m* (WeR) registered warehouse receipt
Namenspapier *n*
(WeR) registered instrument
– nonnegotiable document
(ie, kein Wertpapier i.e.S., nur schlichtes, schuldrechtliches Wertpapier ohne Gutglaubensschutz, deshalb nur ‚transferable'; opp, Inhaber- und Orderpapiere = negotiable instruments)
Namenspfandbrief *m* (WeR) registered mortgage bond
Namensrecht *n* (Re) right to a name, § 12 BGB
Namensscheck *m* (WeR) registered check
Namensschuldverschreibung *f* (WeR) registered bond
Namensunterschrift *f* (com) signature
namhafter Betrag *m* (com) substantial amount
Nämlichkeit *f* (Zo) identity of goods
Nämlichkeitsbescheinigung *f* (Zo) certificate of identity
Nämlichkeitsnachweis *m* (Zo) proof of unaltered character of temporarily imported goods
Nämlichkeitsschein *m* (Zo) = Nämlichkeitsbescheinigung
Nämlichkeitssicherung *f* (Zo) arrangements to prove identity of temporarily imported goods
Nämlichkeitszeichen *n* (Zo) identification mark
Nämlichkeitszeugnis *n* (Zo) = Nämlichkeitsbescheinigung
NAND-Funktion *f*
(EDV) NAND operation
– non-conjunction
– alternative denial
– dispersion
NAND-Glied *n* (EDV) = NAND-Schaltung
NAND-Schaltung *f* (EDV) NAND circuit (*or* element *or* gate)
NAND-Verknüpfung *f* (EDV) = NAND-Funktion
Nanotechnologie *f* (EDV) Nanotechnology
narrensicher (com, infml) fool-proof
nasse Stücke *npl* (Fin) mortgage bonds issued but not yet outstanding
Naßgewicht *n*
(com) weight in wet condition
(ie, standard allowance 2 percent)
Naßzelle *f* (com) wet area
Nationalbudget *n*
(FiW) national budget
– national income estimate
nationale Buchführung *f* (VGR) national accounting
nationale Handelsbräuche *mpl* (com) national trade usages
Nationaleinkommen *n*
(VGR) national income *(syn, Volkseinkommen)*
nationaler Markt *m* (com) national market
nationales Patent *n* (Pat) national patent
nationales Steuerrecht *n* (StR) internal tax law
nationale Zentralbank *f* (EG, fin) national central bank
Nationalökonomie *f*
(Vw) economics
(ie, obsolescent term, being superseded by ‚Volkswirtschaftslehre')
Nationalprodukt *n* (VGR) national product
Naturalerfüllung *f* (Re) performance in kind
Naturalherstellung *f*
(Re) restitution in kind, § 249 BGB
– restoration to the previous condition
– *(civil law)* restitutio in integrum
Naturalleistungen *fpl* (Pw) payment in kind
Naturallohn *m*
(Pw) wages (*or* compensation) in kind
(syn, Sachlohn)
Naturalobligation *f*
(Re) imperfect obligation
– „natural claim"
(ie, not enforceable in courts of law; eg, gambling debts, § 762 BGB)
Naturalrabatt *m* (com) rebate in kind
Naturalrestitution *f* (Re) = Naturalherstellung
Naturaltausch *m*
(Vw) barter
(ie, exchance of goods and services without the use of money)
Naturaltilgung *f* (Fin) repayment of mortgage loan to real-property bank by means of mortgage bonds (if below par) instead of cash
Naturalwirtschaft *f*
(Vw) barter
– moneyless
– nonmonetary . . . economy
Naturalzins *m*
(Vw) interest in kind
(opp, Geldzins = money interest)
natürliche Absicherung *f* (Fin) natural hedge
natürliche Arbeitslosigkeit *f*
(Vw) natural unemployment
(ie, average unemployment rate that prevails in the economy, depending on the average rate of job separation and job findings; cf, M. Friedman)
natürliche Kostenarten *fpl*
(KoR) primary cost types
(syn, ursprüngliche od reine Kostenarten; opp, zusammengesetzte sekundäre Kostenarten)
natürliche Person *f* (Re) natural person
natürlicher Abgang *m*
(Pw) natural wastage
– attrition
(Vers) natural wastage
natürlicher Arbeitskräfteabgang *m*
(Pw) natural waste
– attrition
(eg, death, retirement)
natürliche Rate *f* **der Arbeitslosigkeit** (Vw) natural unemployment rate
natürliche Ressourcen *pl* (Vw) natural resources
natürlicher Fehler *m* (Re) inherent defect (*or* vice)
natürlicher Griffbereich *m* (IndE) normal working area

natürlicher Logarithmus *m*
(Math) natural logarithm
– Napierian logarithm
– hyperbolic logarithm
natürlicher Lohn *m* (Vw) natural wage
natürlicher Preis *m*
(Vw) natural price *(opp, Marktpreis)*
natürlicher Verschleiß *m*
(Bw) disuse
– natural wear and tear
(ie, as a factor of depreciation = Abschreibungsursache)
natürlicher Zins *m* (Vw) natural interest rate *(Wicksell)*
natürliches Monopol *n*
(Vw) natural monopoly
(ie, Unternehmen, das durch steigende Skalenerträge (qv) den gesamten Output mit minimalen Stückkosten herstellen kann; enjoys economies of scale over a wide range of outputs; examples are public utilities)
natürliche Sprache *f* (EDV) natural language
natürliches Recht *n* (Re) natural *(or* inherent) right
natürliche Wachstumsrate *f* (Vw) natural rate of growth
natürliche Zahl *f*
(Math) natural number *(ie, one of the integers 1, 2, 3, . . ., n)*
natürlichsprachliche Abfrage *f* (EDV) natural language query
natürlichsprachliche Erkennung *f* (EDV) natural language recognition
Naturrecht *n* (Re) natural law
NC-orientiertes Programmentwicklungsprogramm *n*
(EDV) automatically programmed tool, APT
Nebenabrede *f*
(Re) ancillary
– collateral
– side
– subsidiary . . . agreement
(eg, über Vertragsgegenstand und Entgelt)
Nebenanschluß *m* (com) (telephone) extension
Nebenanspruch *m*
(Re) accessory
– additional
– collateral
– secondary
– subsidiary . . . claim
Nebenapparat *m* (com) = Nebenanschluß
Nebenartikel *m* (com) side-line article
Nebenausfall *m* (Stat) minor failure
Nebenausgaben *fpl* (com) incidental expenses
Nebenbedienungsplatz *m* (EDV) subconsole
Nebenbedingung *f*
(Math) constraint
– restriction
– auxiliary condition
– side/secondary . . .
Nebenberuf *m* (Pw) secondary *(or* side-line) occupation
nebenberuflicher Vertreter *m* (Vers) part-time agent
Nebenbeschäftigung *f*
(SozV) low-paid or side-line employment
(eg, 15 hours per week, €400 per month, or one sixth of total income)

Nebenbetrieb *m*
(IndE) auxiliary plant
(StR) auxiliary enterprise, §§ 34, 42 BewG
Nebenbezüge *pl*
(Pw) fringe benefits
– perquisites
– perks
Nebenbörse *f* (Bö) side-line *(or* secondary) market
Nebenbücher *npl*
(ReW) subsidiary books of account
(eg, Kontokorrentbuchhaltung, Kassenbuchhaltung, Wechselbuchhaltung, Lohn- und Gehaltsbuchhaltung, Anlagenbuchhaltung)
Nebenbuchhaltung *f*
(ReW) contributory accounting unit
(eg, fixed asset, inventory, and payroll accounting)
Nebenbuchung *f* (ReW) entry into subsidiary books of account
Nebenbürge *m* (Re) collateral guarantor
Nebenbürgschaft *f* (Re) collateral *(or* secondary) guaranty
Nebendiagonale *f* (Math) conjugate diagonal
Nebendiagonale *f* **e–r Matrix** (Math) secondary diagonal
Nebeneinkünfte *pl*
(Pw) additional/extra . . . income
(StR) nonemployment income
– income from sources other than employment
(ie, disregarded in computing assessed tax if gross amount does not exceed €410 in the taxable year, § 46 III EStG)
Nebeneinnahmen *fpl* (Pw) extra income
Nebenertrag *m* (ReW) revenue from disposal of waste, spoilage, and scrap
Nebenerwerbslandwirt *m* (com) part-time farmer
Nebenerwerbsstelle *f*
(com) part-time farm
(opp, Haupterwerbsstelle = full-time farm)
Nebenerwerbstätigkeit *f* (StR) subsidiary gainful activity
Nebenerzeugnis *n*
(IndE) byproduct
– co-product
– residual product
– subsidiary product
– spinoff
(ie, in joint production;
syn, Nebenprodukt; opp, Haupterzeugnis)
Nebenfach *n*
(Pw) minor
– (GB) secondary subject
(ie, complementary to a major field of attention; in Britain a student reads his main subject, and elects a secondary subject; opp, Hauptfach)
Nebenfehler *m* (Stat) minor defect
Nebenfiskus *m* (FiW) auxiliary fiscal agent
Nebenforderung *f* (Re) subsidiary claim
Nebengebühren *fpl* (com) extra charges
Nebengewerbe *n* (com) ancillary part of a business
Nebengleis *n*
(IndE) siding
– sidetrack
(ie, opening onto the main track at both ends)
Nebenhaushalt *m* (FiW) subsidiary budget

Nebenkapazität *f* (IndE) side-product capacity *(eg, gas output in a steel plant)*
Nebenkasse *f*
(Fin) petty cash fund
(Fin) secondary cash office
Nebenklage *f* (Re) incidental action
Nebenkläger *m*
(Re) co-plaintiff
– intervening party
Nebenklausel *f* (Fin) negative pledge clause
Nebenkosten *pl*
(com) incidental . . . expenses/charges
– incidentals
– attendant expenses
– charges
(eg, involved in execution of a shipment of goods, such as commission, interest, insurance freight)
(MaW) expenses incidental to acquisition
(Fin) incidental bank charges
Nebenkosten *pl* **des Geldverkehrs** (Fin) expenses incidental to monetary transactions
Nebenkostenstelle *f*
(KoR) indirect (*or* nonproductive) center
(syn, Hilfskostenstelle, sekundäre Kostenstelle)
Nebenleistungen *fpl*
(com) additional services
(com) supplementary payments
(Re) collateral (*or* ancillary) performances
(Pw) additional compensation
– fringe benefits
(StR) auxiliary (*or* ancillary) services, § 8 I No. 8 UStG
Nebenleistungen *fpl* **in Sachform** (Pw) allowance in kind
Nebenleistungspflichten *fpl* (Re) subsidiary obligations
Nebenlieferant *m* (com) subcontractor
Nebenmarkt *m*
(Bö) secondary/side-line . . . market
(cf, Parallelmarkt)
Nebenparameter *m* (Stat) incidental parameter
Nebenpatent *n* (Pat) collateral (*or* subordinated) patent
Nebenpflichten *fpl*
(Re) accessory
– secondary
– subsidiary . . . duties (*or* obligations)
Nebenplan *m* (Bw) alternative plan
Nebenplatz *m* (Fin) out-of-town place
Nebenprodukt *n* (IndE) = Nebenerzeugnis
Nebenprogramm *n*
(EDV) secondary
– side
– subordinate . . . program
Nebenrechnung *f* (Math) auxiliary calculation
Nebenrolle *f* (com) supporting role
nebensächlicher Fehler *m* (Stat) incidental defect
Nebenstelle *f* (com) (telephone) extension
Nebenstellenanlage *f* (EDV) private automatic branch exchange, PBAX
Nebentätigkeit *f* (Pw) = Nebenberuf
Nebenunternehmer *m* (com) = Nachunternehmer
Nebenverdienst *m* (Pw) = Nebeneinkünfte
Nebenvereinbarungen *fpl* (Re) supplementary stipulations
Nebenverpflichtungen *fpl*
(Re) subsidiary duties *(ie, of stockholders)* §§ 55, 180 AktG
Nebenversicherung *f* (Vers) additional insurance
Nebenvertrag *m* (Re) accessory (*or* secondary) contract
Nebenwerte *mpl* (Bö) second-line stocks
Nebenwirkungen *fpl* (com) side effects
Nebenzeit *f*
(IndE) auxiliary process time
– machine ancillary time
– nonproductive time
Nebenzweigstelle *f*
(Fin) subsidiary branch office
(ie, of savings banks, handling inpayments and outpayments, but no customers' accounts)
Negation *f*
(Log) negation
(EDV) negation
– NOT operation
– Boolean complementation
(syn, boolesche Komplementierung)
Negationsschaltung *f* (EDV) NOT circuit (*or* element)
Negationsverknüpfung *f* (EDV) NOT operation
Negativattest *n* (Kart) negative clearance
negative Einkommensteuer *f* (FiW) negative income tax
negative Ersparnisse *fpl* (Vw) dissaving
negative Externalitäten *fpl*
(Vw) external diseconomies
– negative externalities
negative externe Effekte *mpl* (Vw) = negative Externalitäten
negative externe Ersparnisse *fpl* (Vw) external diseconomies
negative ganze Zahl *f* (Math) negative integer
negative interne Ersparnisse *fpl* (Vw) internal diseconomies
negative Intervention *f*
(AuW) negative intervention
(ie, in foreign exchange markets)
negative Korrelation *f* (Stat) negative correlation
negative Leistungsbilanz *f*
(VGR) negative balance on services
– service deficit
negative Orderklausel *f*
(WeR) negative order clause
– „not to order" clause
negative Produktionslücke *f* (Vw) negative output gap
negative Publizität *f* (Re) notice as against third parties, § 68 BGB
negative Quittung *f* (EDV) negative acknowledge, NAK
negativer Bericht *m* (Re) adverse/negative report
negativer Bestätigungsvermerk *m* (ReW) adverse audit opinion
negativer Betrag *m* (ReW) negative amount
negativer Firmenwert *m* (ReW) bad will
negativer Geschäftswert *m*
(ReW) bad will
(syn, negativer Firmenwert, opp, good will)
Negativerklärung *f* (Fin) = Negativklausel, qv
negativer Koeffizient *m* (Math) minus coefficient

negativer Mehrwert *m* (Vw) negative valued added
negativer Nutzen *m* (Vw) negative utility
negativer Personalnettobedarf *m* (Pw) number of layoffs
negativer Preis *m* (Vw) negative price
negativer Prüfungsvermerk *m*
(ReW) negative audit report (*or* certificate)
(ie, „nothing came to our attention which would indicate that these statements are not fairly presented")
negativer Realzins *m*
(Vw) negative real interest rate
(ie, less than rate of inflation)
negatives Dumping *n* (AuW) reverse dumping
negatives Gut *n*
(Vw) discommodity
– disgood
negatives Interesse *n*
(Re) negative interest, § 122 BGB
(ie, damage resulting from bona fide reliance on validity of contract; syn, Vertrauensinteresse; opp, Erfüllungsinteresse, positives Interesse)
negatives Kapital *n*
(ReW) negative capital
(ie, excess of liabilities over assets)
negatives Kapitalkonto *n*
(ReW) negative capital account
(ie, recorded on the assets side of a balance sheet)
(StR) negative capital account
(ie, Verluste, die das Eigenkapital übersteigen, führen zur Entstehung e–s negativen Kapitalkontos)
negatives Schuldanerkenntnis *n* (Re) agreement by which creditor acknowledges that there is no obligatory relation between him and his debtor, § 397 II BGB
negative Steuern *fpl*
(FiW) negative taxes
(ie, publicly financed transfer payments)
negatives Wachstum *n* (Vw) minus (*or* negative) growth
negative Vorratsinvestitionen *f* (Vw) inventory disinvestment
negative Währungsausgleichsbeträge *mpl* (EG) negative monetary compensatory amounts
negative Wirtschaftsgüter *npl* (ReW) negative assets
negative Zahl *f* (Math) negative number
Negativklausel *f*
(Fin) negative pledge clause
(ie, Erklärung, unbelastete Vermögensteile auch künftig nicht zugunsten anderer Kreditnehmer zu belasten; syn, Negativerklärung, Negativrevers)
Negativliste *f* (AuW) list of nonliberalized goods
Negativrevers *m* (Fin) = Negativklausel, qv
Negativzins *m*
(Fin) negative (*or* penal) interest
(ie, zwecks Belastung unerwünschter Einlagen)
Negentropie *f* (EDV) = Informationsgehalt, qv
Negotiation *f*
(AuW) discounting of documentary draft
(Fin) issue of public loan
(ie, esp by selling to bank or banking syndicate)
Negotiationskredit *m* (Fin) cf, Ziehungsermächtigung

negotiierbares Akkreditiv *n* (Fin) negotiable credit
Negotiierbarkeit *f* (WeR) negotiability
negotiierende Bank *f* (Fin) negotiating bank
Negotiierungsanzeige *f* (Fin) advice of negotiation
Negotiierungsauftrag *m* (Fin) order to negotiate
negoziierbar
(WeR) negotiable
(ie, legally capable of being transferred by indorsement and delivery = übertragbar durch Indossament und Übergabe)
Negoziierungskredit *m*
(Fin) drawing authorization
– authority to negotiate
(ie, based on letter of credit and shipping documents)
nehmen, was der Markt hergibt (com) to charge ‚what the traffic will bear'
Neigung *f* **zur Monopolbildung**
(Vw) propensity to monopolize
(ie, ratio of supply elasticity to demand elasticity)
Nennbetrag *m* (Fin) = Nennwert
Nennbetrag *m* **je Aktie** (Fin) par value per share *(cf, § 134 AktG)*
nennenswerter Wettbewerb *m* (Kart) reasonable degree of competition
Nenner *m* (Math) denominator
Nennkapital *n* (Fin) = Nominalkapital
Nennmaß *n*
(IndE) basic size
(ie, in quality control)
Nennwert *m*
(Fin) face . . . value/amount
– nominal . . . value/amount
– par value *(syn, Nennbetrag, Nominalwert)*
Nennwertaktie *f*
(Fin) par-value share
– face value share
– nominal value share
(ie, Summenaktie auf e–n bestimmten Betrag; § 6 AktG; Grundkapital ist gleich der Summe aller Nennwerte; opp, nennwertlose Aktie in US und GB)
nennwertlose Aktie *f* (Fin) = Quotenaktie, qv
Nennwertprinzip *n* (Vw) nominal value principle
Nennwert *m* **von Münzen** (Fin) denominational value of coins
Neoliberalismus *m*
(Vw) principle of maintaining both ‚order' *(by necessary and sufficient government intervention)* and ‚competition' in a social free market economy
(ie, the term defies precise translation; it is a tag attached to West Germany's peculiar post-war brand of neoliberalism, developed by the Freiburg school of economists; syn, Ordoliberalismus)
Neoquantitätstheorie *f* (Vw) neo-quantity theory of money
Neoricardianische Theorie *f*
(Vw) neo-Ricardian theory
(ie, seeks to determine product prices in a multisectoral system with highest production coefficients by means of linear equations)
Netapps-Methode *f*
(Mk, US) netapps methods
(ie, net at produced purchases; mißt die allein durch Werbemaßnahmen bewirkten Verkäufe)

Netting *n* (Fin) = konzerninternes Clearing, qv
Netting-System *n*
(Fin) netting system
(ie, im Auslandszahlungsverkehr werden Clearingeinrichtungen geschaffen, in denen Forderungen und Verbindlichkeiten gegeneinander aufgerechnet und nur die Nettobeträge durch tatsächliche Geldbewegungen ausgeglichen werden)
netto (com) net(t)
Nettoabrechnung *f* (Fin) net price settlement
Nettoabsatz *m* (Fin) net security sales
Nettoabsatzwert *m*
(ReW) sales value
(ie, in inventory valuation)
Nettoanlageinvestitionen *fpl*
(VGR) net investment in fixed assets
– net fixed capital formation
Nettoanlagevermögen *n* (Bw) net fixed assets
Nettoauftragseingang *m* (com) net sales
Nettoauslandsaktiva *npl*
(AuW) net external assets
(ie, Differenz zwischen den Bruttoauslandsforderungen der Zentralbank und ihren Auslandsverbindlichkeiten; meist identisch mit der Devisenbilanz, qv)
Nettoauslandsforderungen *fpl* (AuW) net external assets
Nettoauslandsinvestitionen *fpl* (AuW) net foreign investment
Nettoauslandsposition *f* (AuW) net external position
Nettoauslandsverschuldung *f* (AuW) net external indebtedness
Nettoausschüttung *f* (Fin) net payment (*or* payout)
Nettoaustauschverhältnis *n* (AuW) net barter terms of trade
Nettoausweis *m*
(ReW) net statement
(ie, of fixed assets after deducting accumulated depreciation)
(ReW) net presentation
Nettoauszahlung *f*
(Fin) net cash investment
(ie, in investment analysis)
Nettobedarfsermittlung *f* (MaW) assessment of net material requirements
Nettobestand *m* (Bö) net position (*or* holdings)
Nettobetrag *m* (com) net amount
Nettobetriebsgewinn *m*
(ReW) net operating profit
– (GB) net trading profit
Nettobetriebsverlust *m*
(ReW) net operating loss
– (GB) net trading loss
Nettobilanz *f* **der unsichtbaren Leistungen** (VGR) invisible net balance
Nettobuchwert *m*
(ReW) net book value
– amortized/depreciated . . . cost
– residual cost value
(syn, Restbuchwert, fortgeführter Anschaffungswert)
Netto-Cashflow *m*
(Fin) net cash flow
(ie, aftertax profits + dividends + depreciation)

Nettodevisenabfluß *m* (AuW) net currency outflow
Nettodevisenposition *f* (AuW) net reserve position
Nettodevisenzufluß *m* (AuW) net currency inflow
Nettodividende *f*
(Fin) net dividend
(ie, nach KSt und KapErtrSt)
Nettoeinkaufspreis *m*
(ReW) net purchase price
(ie, invoice price + cost of acquisition – deductions)
Nettoeinkaufswert *m*
(ReW) net purchases
(ie, cost + freight inward – returns, allowances and discounts)
Nettoeinkommen *n*
(Pw) net income (*or* earnings)
– earnings net of tax *(syn, Reineinkommen)*
Nettoeinkünfte *pl* (Pw) net earnings
Nettoeinnahmen *fpl* (com) net receipts
Nettoerfolgsrechnung *f*
(ReW) netted income statement
(opp, Bruttoerfolgsrechnung = grossed income statement)
Nettoergebnis *n* (ReW) net earnings (*or* result)
Nettoerlös *m* (ReW) net revenue (*or* proceeds)
Nettoerlös *m* **e–s diskontierten Wechsels** (Fin) net avails
Nettoersparnis *f* **der privaten Haushalte** (VGR) net personal savings
Nettoertrag *m* (Fin) net earnings (*or* return)
Nettoertrag *m* **aus Wertpapieren** (Fin) net security gain
Nettoetat *m*
(FiW) net budget
(ie, showing only receipt or expenditure surplus; opp, Bruttoetat)
Nettoetatisierung *f* (FiW) net budgeting
Nettoforderungen *fpl* **der Kreditinstitute** (Vw) net external assets of banks
Nettoforderungsausfall *m* (Fin) net loan charge-offs
Nettofremdmittelbedarf *m* (FiW) net funding needs
Nettogehalt *n* (Pw) net salary
Nettogesamtvermögen *n*
(Fin) capital employed (*or* invested)
(ie, fixed assets + current assets – current liabilities)
Nettogeschäfte *npl*
(Bö) net price transactions
(ie, commission, handling charges etc are included in the security price)
Nettogewicht *n* (com) net(t) weight
Nettogewinn *m*
(Fin) net earnings
(Fin) positive carry
(ie, aus dem Halten e–r Kassaposition im Terminkontrakthandel)
(KoR) net profit (*or* income)
(ie, revenue minus total cost [= fixed + variable cost])
Nettogewinne *mpl* **aus Devisentermingeschäften** (Fin) net gains on forward exchange transactions
Nettogewinn *m* **nach Steuern** (ReW) net profit after taxes
Nettogewinn *m* **vor Steuern** (ReW) net profit before taxes

Nettogewinnzuschlag *m* (com) net profit markup
Nettogläubigerposition *f* (AuW) net creditor position
Nettoguthaben *n* **bei der Zentralbank** (Fin) net balance with the central bank
Nettoinländerprodukt *n* (VGR) = Nettosozialprodukt, qv
Nettoinlandsinvestitionen *fpl* **ohne Staat** (VGR) net private domestic investment
Nettoinlandsprodukt *n*
(VGR) net domestic product
(ie, Wertsumme aus privatem Verbrauch, Staatsverbrauch, Nettoinvestitionen und Außenbeitrag, qv)
Nettoinventarwert *m* (Fin) net asset value
Nettoinvestition *f*
(Fin) net investment
(ie, Bruttoinvestition – Ersatzinvestition = gross investment minus replacement investment)
Nettoinvestitionen *fpl* (VGR) net private domestic investment
Nettoinvestitionsquote *f* (VGR) net investment ratio
Nettokapitalabfluß *m* (AuW) net outflow of capital
Nettokapitalbildung *f* (Vw) net capital formation
Nettokapitalimporte *mpl* (AuW) net capital imports
Nettokapitalproduktivität *f* (Vw) net capital productivity
Nettokapitalzustrom *m* (AuW) net inflow of capital
netto Kasse ohne Abzug (com) net cash
Nettokredit *m* (Fin) net loan amount
Nettokreditaufnahme *f*
(FiW) net (government) borrowing
– net credit intake
(syn, Nettoneuverschuldung)
Nettokreditgewährungen *fpl* (Fin) net lendings
Nettokurs *m* (Bö) net price
Nettoliquidität *f*
(Fin) net liquid assets
(ie, total of liquid assets – total of current liabilities)
Nettoliquiditätszufluß *m* (Fin) net liquidity inflow
Nettolohn *m*
(Pw) net wages
– disposable earnings
– take-home pay
Nettomarktposition *f* (Bw) net market position
Netto-Netto-Preis *m*
(com) net-net price
(ie, Nettopreis abzüglich weiterer Preisabschläge)
Nettoneuverschuldung *f* (FiW) = Nettokreditaufnahme, qv
Nettoposition *f* (AuW) net position
Nettoposition *f* **der öffentlichen Haushalte** (FiW) public authorities' net position
Nettoprämie *f* (Vers) net premium (*or* rate)
Nettopreis *m* (com) net price
Nettoproduktion *f*
(VGR) net output
(ie, gross output minus purchased materials and services)
Nettoproduktionsindex *m* (Stat) net production index
Nettoproduktionswert *m*
(VGR) net output
(ie, Bruttoproduktionswert minus Vorleistungen = gross output minus purchased materials and services; oder: Summe aus Abschreibungen, indirekten Steuern (abzüglich Subventionen) und Wertschöpfung)
Nettoproduktionsziffer *f* (Stat) net reproduction rate, NNR
Nettoquote *f* (VGR) net-output/gross-output ratio
Nettorealisationswert *m*
(ReW) net realizable value
(ie, of inventory)
Nettorechnung *f* (ReW) = Nettoerfolgsrechnung
Nettorendite *f* (Fin) net yield
Nettorentenniveau *n* (SozV) level of net pensions
Nettoschuldnerposition *f* (AuW) net debtor position
Nettosozialprodukt *n* (VGR) net national product, NNP, nnp
Nettosozialprodukt *n* **zu Faktorkosten** (VGR) net national product (NNP) at factor cost
Nettosozialprodukt *n* **zu Marktpreisen** (VGR) net national product (NNP) at market prices
Nettosteuerbetrag *m* (com) net tax amount
Nettotara *f* (com) net tare
Nettoumlaufvermögen *n*
(ReW) (net) working capital
(ie, excess of current assets over current liabilities)
Nettoumsatz *m*
(ReW) net sales
– (GB) net turnover
(ie, Umsatz abzüglich Umsatzsteuer, Erlösschmälerungen, Nachlässen = gross sales less turnover tax, deductions, allowances; syn, Reinumsatz; die Umsatzerlöse der GuV-Rechnung sind als N. definiert: cf, §§ 275, 277 I HGB)
Nettoumsatzerlöse *mpl*
(ReW) net sales (revenues)
(ReW, EG) net turnover
Nettoumsatzrendite *f* (Fin) net earnings as percentage of sales
Nettoumsatzsteuer *f*
(StR) net turnover tax
(ie, Mehrwertsteuer: nur die eigene Wertschöpfung (value added) soll besteuert werden = Bruttoumsatz minus Vorleistungen, qv; opp, Bruttoumsatzsteuer)
netto verdienen (Pw) to net
Nettoverdienst *m*
(Pw) net income (*or* earnings)
– take-home pay
Nettoverkaufserlöse *mpl* (ReW) = Nettoumsatzerlöse
Nettoverkaufspreis *m*
(com) net sales price
(ie, cash price ex stock, not including seller's transport charges and taxes)
Nettovermögen *n*
(Fin) net ... assets/worth
(ie, Saldo aus Gesamtvermögen und Verbindlichkeiten; syn, Reinvermögen)
(StR) net equity
(eg, of a US branch)

Nettoverschuldung *f*
(FiW) net national debt
– net indebtedness
Nettoverzinsung *f* (Fin) net return
Nettovolkseinkommen *n* (VGR) net national income, NNI
Nettowährungsreserven *fpl* (AuW) net official monetary assets
Nettowarenwert *m* (com) net value of merchandise
Nettowertschöpfung *f*
(VGR) net value added
(ie, net output less depreciation = Nettoproduktionswert abzüglich Abschreibungen; or: sum of wages, salaries, interest, distributed and undistributed profit)
Nettowertzuwachs *m* (Fin) net appreciation
Nettowohlfahrtsverluste *mpl*
(Vw) deadweight losses
– factor excess burden
– excess burden
Nettozahler *m* (EG) net contributor
Nettozahlungen *fpl*
(Fin) net cash inflows
(ie, Rückflüsse e–r Investition; term used in preinvestment analysis, qv)
Nettozins *m* (Fin) pure interest
Nettozinsaufwand *m* (ReW) interest paid – net
Nettozinsbelastung *f* (Fin) net interest burden
Nettozinsdifferenz *f* (Bö) covered interest-rate differential
Nettozinsklausel *f* (Fin) net interest clause
Nettozinsspanne *f* (Fin) net interest margin
Netzausfall *m*
(EDV) power outage
– AC dump
Netzbetreiber *m*
(EDV) carrier
– network operator
Netzbetriebssystem *n* (EDV) network operating system
Netze *npl* **kürzester Ketten** (OR) multi-terminal shortest chains
Netze *npl* **von Flüssen** (OR) multi-terminal flows
Netz *n* **gegenseitiger Kreditlinien** (Fin) swap network
Netzianer *m* (EDV) netizen
Netzkonfiguration *f*
(EDV) multipoint line
(syn, Multipointverbindung)
Netzlaufwerk *n*
(EDV) network drive
– networked drive
Netz *n* **mit Kapazitätsangaben** (Bw) capacitated network
Netzmodell *n* (EDV) network analog
Netzplan *m*
(Bw) network
– network diagram
(ie, Typen: Vorgangsknoten-Netzplan, Ereignisknoten-Netzplan, Vorgangsknoten-Netzplan)
Netzplan *m* **mit Entscheidungsereignissen**
(Bw) generalized network
– db network
Netzplan *m* **mit Entscheidungsknoten** (Bw) decision box network
Netzplantechnik *f*
(OR) network planning technique
(ie, stellt Methoden zur Analyse von Projekten auf der Grundlage der Graphentheorie zur Verfügung; deterministische N.: CPM, MPM; stochastische N.: PERT)
Netzschalter *m* (EDV) on-off switch
Netzteil *n* (EDV) power supply
Netz *n* **von Zweiganstalten** (Bw) network of branch offices
Netzwerk *n*
(EDV) network *(syn, Datennetz, Netz)*
Netzwerkanalysator *m* (EDV) network analyzer
Netzwerkbetrieb *m* (EDV) networking
Netzwerkeinsatz *m* **in Unternehmen** (EDV) enterprise networking
Netzwerkkatalog *m*
(EDV) network catalog
– catalog system
Netzwerkknoten *m* (EDV) network node
Netzwerk *n* **mit Entscheidungsereignissen** (OR) activity network
Netzwerkmodell *n* (EDV) network model
Netzwerksteuerung *f* (EDV) network management
Netzwerktechnik *f* (EDV) network technology
Netzwerktheorie *f* (OR) network flow theory
Netzwerktopologie *f* (EDV) network topology
Netzwerkverkehr *m* (EDV) network traffic
Netzwerkverwaltung *f* (EDV) network management
neu (Pat) novel
Neuabschluß *m* (Fin) new issue
Neuabschlüsse *mpl*
(com) fresh business
– new orders booked
– new order bookings
Neuakquisition *f* (Mk) canvassing of new orders and customers
Neuanschaffung *f* (ReW) new acquisition
neuartig
(com) novel
– unique
Neubautätigkeit *f* (com) new-construction activity
Neubauten *mpl*
(StR) new buildings, § 31 GrStDV
(ie, those ready for moving in after 31 Mar 1924)
Neubegebung *f* (Fin) new issue
Neuberechnung *f*
(com) recalculation
– updating
Neubewertung *f*
(ReW) revaluation
(com) reappraisal
– reassessment
– re-rating
Neubewertung *f* **des Vorratsvermögens** (ReW) inventory revaluation
Neubewertungsmethode *f*
(ReW) purchase method of accounting
(ie, stille Reserven werden voll aufgedeckt = hidden reserves are fully disclosed; opp, Buchwertmethode = book value method, qv)
Neubewertungsreserven *fpl*
(Fin) revaluation reserves
(ie, in der Kreditwirtschaft: unrealisierte Buchgewinne; entstehen dadurch, daß die Börsenkurse

von Wertpapieren od Immobilienpreise höher als der bilanzierte Wert sind; werden von der EG als ergänzende Eigenmittel anerkannt)

Neubewertungsrücklage *f*
(ReW, EG) revaluation reserve
(ie, zum Ausweis des Unterschieds zwischen Anschaffungs- und Wiederbeschaffungskosten = set up to earmark the difference between original cost and replacement cost)

neue Abschlüsse *mpl* (com) = Neuabschlüsse

neue Aktie *f*
(Fin) new share *(syn, junge Aktie)*

Neueinstellungen *fpl*
(Pw) new hirings *(or hires)*
– taking on new labor
– accession (*or* hiring) rate

neu einstufen (com) to reclassify

neue Märkte *mpl* **erschließen** (Mk) to open up (*or* develop) new markets

Neuemission *f*
(Bö) new (*or* fresh) issue
(Bö) primary distribution (*or* offering)

Neuemissionsmarkt *m* (Bö) new issue market

Neuengagements *npl*
(Fin) new loan commitments
(Bö) new buying

Neue Politische Ökonomie *f*
(Vw) New Political Economy
(syn, Ökonomische Theorie der Politik, Nichtmarktliche Entscheidungstheorie)

neuer Denkansatz *m* (com) fresh thinking

Neue Weltwirtschaftsordnung *f* (Vw) New World Economic Order

Neufassung *f* (com) redefinition

neu festlegen
(com) to redetermine
– to reset

neu festsetzen (com) to redetermine

Neufestsetzung *f* **der Leitkurse** (AuW) realignment of central exchange rates

Neufestsetzung *f* **der Steuer** (StR) reassessment of a tax

Neufestsetzung *f* **der Währungsparitäten**
(AuW) parity realignment
– realignment of parities

Neufestsetzung *f* **der Wechselkurse** (AuW) currency realignment

Neufinanzierung *f*
(Fin) original financing
(ie, provision of fresh funds for capital spending; opp, Umfinanzierung)

neu formatieren (EDV) to reformat

Neugeschäft *n* (com) new business

Neugestaltung *f*
(com) redesign *(eg, radical . . .)*
– recast *(eg, a system)*

Neugläubiger *m*
(Re) assignee
(syn, Abtretungsempfänger, Zessionar)

Neugründungen *fpl*
(Bw) new businesses
– new business starts

Neuheit *f* (Pat) novelty

Neuheit *f* **der Erfindung** (Pat) novelty of an invention

Neuheitsmangel *m* (Pat) lack (*or* want) of novelty

Neuheitsprüfung *f* (Pat) search for novelty

Neuheitsrest *m* (Pat) inventive difference

neuheitsschädlich (Pat) detrimental/prejudicial . . . to novelty

neuheitsschädliche Vorwegnahme *f* **e–r Erfindung** (Pat) anticipation of an invention

Neuheitsschädlichkeit *f* (Pat) bar to novelty

Neuinvestition *f* (Fin) = Nettoinvestition, qv

Neuinvestitionen *fpl*
(Bw) investment in new plant and equipment
– new plant and equipment expenditure
(VGR) business outlay for new plant and equipment

Neujahrsanleihe *f* (Fin) new year's eve bond issue

Neukredit *m* (Fin) fresh/new . . . loan

Neukredite *mpl* (Fin) new credits

Neukreditgeschäft *n* (Fin) new lendings

Neuland *m* **betreten** (com) to break new ground

Neulieferung *f* (com) replacement

Neuling *m*
(com) beginner
(Pw, infml) green hand

Neunersprung *m*
(EDV) standing-on-nines carry
– high speed carry

Neuordnung *f*
(com) reorganization and restructuring measures
– restructuring

Neuordnung *f* **der Kapitalverhältnisse** (Fin) equity reorganization

Neuordnung *f* **der Währungsparitäten** (AuW) currency realignment

Neuordnung *f* **der Wechselkurse** (AuW) currency realignment

Neuordnungsplan *m* (com) rationalization program

Neuorganisation *f*
(com) fundamental reorganization
(eg, of a plant division)
– streamlining operations

Neuorientierung *f*
(com) reorientation
– new departure

Neuorientierung *f* **der Wechselkurse** (AuW) currency realignment

Neuregelung *f* (com) new arrangements

Neurocomputer *m* (EDV) neural computer

neuronale Logik *f* (EDV) neural logic

neuronales Netz *n*
(EDV) neural net(work)
(ie, Computer mit netzartiger Verbindungsstruktur; Elemente für input und output: Synapsen und Axone; eg, zur Entwicklung neuer Meß- und Auswertungsmethoden)

neu schreiben (EDV) to rewrite

neu starten (EDV) reboot

Neustrukturierung *f* (com) = Umstrukturierung, qv

Neuterminierung *f* (com) rescheduling

neutrale Aufwendungen *mpl* (ReW) = neutraler Aufwand

neutrale Erträge *mpl* (ReW) nonoperating revenue

neutrale Güter *npl*
(AuW) neutral goods
(ie, not subject to international commodity exchange)

neutraler Aufwand *m* (ReW) nonoperating expense
neutraler Beobachter *m*
(com) disinterested observer
(ie, but see uninterested)
neutraler Erfolg *m*
(ReW) nonoperating income
(ie, nonoperating revenue – nonoperating expense)
neutraler Gewinn *m*
(ReW) nonoperating profit (*or* income)
(ie, total profit – operating profit)
neutraler technischer Fortschritt *m* (Vw) neutral technical progress
neutraler Zins *m*
(Vw) neutral rate of interest
(ie, during full employment)
neutrales Ergebnis *n*
(ReW) nonoperating result *(opp, Betriebsergebnis = operating result; GB, trading result)*
neutrales Geld *n* (Vw) neutral money
neutrales Gleichgewicht *n* (Vw) neutral (*or* metastable) equilibrium
neutrale Steuer *f* (FiW) neutral tax
neutrale Transaktionen *fpl* (EG) blank tranactions
neutralisieren (Fin) to neutralize *(eg, money)*
Neutralität *f* **der Besteuerung**
(FiW) neutrality of taxation
(ie, refers to feature of certain taxes not to trigger off unintended substitution effects)
Neutralität *f* **des Geldes**
(Vw) neutrality of money
(ie, the assumption that money, serving only as a medium of exchange, is indifferent to real quantities, such as real national income, production, level of employment, relative prices)
Neuveranlagung *f*
(StR) new assessment
(ie, made if material changes occur in taxpayer's conditions, § 16 VStG, §§ 17, 21 GrStG)
neu verschulden, sich (Fin) to take on new debt
Neuverschuldung *f*
(Fin) new borrowings
– new indebtedness
– taking on new debt
Neuverteilung *f* **des Steueraufkommens** (FiW) restructuring of the income from the two major sources – income tax and value-added tax
Neuwert *m* (Vers) reinstatement value
Neuwertversicherung *f* (Vers) insurance reinstatement policy
Neuzugang
(Vers) new business
(ie, Versicherungsverträge, nach Stückzahl, Prämieneinnahmen od LebensVssummen)
Neuzugangsziffer *f* (Stat) attack rate
Neuzulassungen *fpl* (com) new car registrations
Neuzusage *f* (Fin) new credit commitment
NE-Werte *mpl* (Bö) nonferrous metals stock
nF (Re) = neue Fassung
nicht abgehobene Dividende *f* (Fin) unclaimed dividends
nicht abgeholt
(com) unclaimed
– abandoned *(eg, mail, parcel)*
nicht abgerechnete Leistungen *fpl* (com) uninvoiced sales
nicht abgeschriebene Agiobeträge *mpl* (Fin) unamortized premiums
nicht abgeschriebener Rest *m* (ReW) unamortized balance
nicht abgeschriebenes Damnum *n* (ReW) unamortized debt (*or* bond) discount
nicht abgeschriebenes Disagio *n* (ReW) = nicht abgeschriebenes Damnum
Nichtabnahme *f*
(com) nonacceptance
(Re) failure (of buyer) to take delivery of goods
– failure to take up the goods
Nichtabrechnungsteilnehmer *m* (Fin) institutions not participating in the clearing procedure
nicht abzählbar (Math) nondenumerable
nicht abzugsfähige Ausgaben *fpl* (StR) nondeductible expenses, § 12 EStG
nichtabzugsfähige Betriebsausgaben *fpl* (StR) nondeductible operating expenses, § 4 EStG
nichtabzugsfähige Steuern *fpl*
(StR) nondeductible taxes
(ie, ESt, KSt, VSt, ErbSt sowie Umsatzsteuer für Eigenverbrauch und Entnahmen, qv)
nichtabzugsfähige Zahlungen *fpl* (StR) nondeductible payments
Nichtabzugsfähigkeit *f* **langfristiger Verbindlichkeiten**
(StR) nondeductibility of long-term debt
(ie, for purposes of the trade tax)
nicht-additive Schockvariable *f* (Stat) nonadditive disturbance
nicht aktivierungspflichtige Gemeinkosten *pl* (ReW) noncapitalized overhead
nicht-akzeptable Tratte *f* (WeR) nonacceptable draft
nicht akzeptierter Wechsel *m* (WeR) unaccepted bill
nicht am Lager (com) out of stock
nichtamtlicher Handel *m* (Bö) unofficial trading
nichtamtlicher Markt *m* (Bö) unofficial market
nicht angekommene (elektronische) Nachricht *f* (EDV) dead mail *(syn, dead letter)*
Nichtannahme *f*
(com) non-acceptance
– abandonment
(ie, e–r Sendung wegen Beschädigung = of a defective consignment)
(Re) non-acceptance *(ie, e–s Vertragsangebots = of an offer to contract)*
nicht an Order (WeR) not to order
Nichtanpassung *f (an)* (IndE) nonconformance (to)
nichtanrechenbare ausländische Einkommensteuer *f* (StR) noncreditable foreign income tax
nicht anrechenbare Vorsteuer *f* (StR) non-recoverable input tax
nicht anrechnungsberechtigter Anteilseigner *m* (StR) shareholder not entitled to an imputation credit
Nichtanzeige *f*
(Re) non-disclosure
– non-notification
Nichtarbeitnehmer *m* (SozV) non-employee
nicht aufgabenorientierte Variable *f* (Mk) nontask variable
nicht ausgeglichener Haushalt *m* (FiW) unbalanced budget

nicht ausgeschüttete Gewinne *mpl*
(Fin) retained earnings
– profit retentions
– undistributed profits
– (GB) ploughed-back profits
(syn, einbehaltene od thesaurierte Gewinne)
nicht ausgetaktetes Montageband *n* (IndE) unbalanced line
nicht ausgewiesene Rücklagen *fpl* (ReW) off balance sheet reserves
Nichtausnutzung *f* **der Kapazität** (IndE) underutilization of capacity
nicht-ausschließlicher Lizenzvertrag *m*
(Pat) nonexclusive license agreement
(ie, gestattet mehreren Lizenznehmern die Nutzung desselben Patents gleichzeitig; syn, einfacher Lizenzvertrag; opp, ausschließlicher Lizenzvertrag)
nicht ausschüttungsfähiger Gewinnvortrag *m* (ReW) restricted retained earnings
nicht ausüben (Bö) to abandon *(eg, an option)*
Nichtausübung *f* **e–r Tätigkeit** (StR) nonexercise of a taxable activity, § 24 I b EStG
Nichtausübung *f* **e–s Patents** (Pat) non-working of a patent
Nichtausübung *f* **e–s Rechts** (Re) nonexercise of a right
Nichtausübungsklausel *f* (Fin) no-action clause
nichtautomatische Rallonge *f* (AuW) non-automatic rallonge
nicht-autonome Nachfrage *f* (Vw) derived demand
Nichtbank *f* (Fin) non-bank
Nichtbankengeldmarkt *m*
(Fin) intercompany money market
(ie, money dealings between corporate firms)
Nichtbankenkundschaft *f* (Fin) nonbank customers
Nichtbankensektor *m*
(Vw) nonbanking sector
(ie, private and government sectors)
nicht bankfähig (Fin) unbankable
Nichtbankplatz *m* (Fin) nonbank place
Nichtbeachtung *f* (Re) noncompliance (with)
Nichtbeantwortung *f* (Mk) non-response
nicht beeinflußbare Kosten *pl* (KoR) noncontrollable cost
nicht befriedigter Gläubiger *m* (Re) unsatisfied creditor
nicht begebbarer Lagerschein *m*
(WeR) nonnegotiable warehouse receipt
(ie, made out to a specified person)
nichtbeherrschte Fertigung *f* (IndE) process out of control
nicht beobachtbare Grundvariable *f* (Stat) latent variable
nicht berichtigtes Moment *n* (Stat) crude moment
nicht berührt werden (Re) to remain . . . applicable/ unaffected
nicht besetzt (com) unattended
Nichtbesicherungsklausel *f*
(Fin) negative pledge clause
(ie, Verpflichtung zur Gleichbehandlung aller Gläubiger; vor allem bei Eurokreditverträgen)
nichtbestimmberechtigte Vorzugsaktie *f* (Fin) nonvoting preferred stock
nicht bestreikt
(Pw) not strike-bound
– nonstruck *(eg, steel mills)*
nicht bevorrechtigte Forderung *f* (Re) ordinary debt
nicht bevorrechtigte Konkursforderungen *fpl* (Re) unsecured debt
nicht bevorrechtigter Gläubiger *m*
(Re) ordinary
– general
– nonpreferred
– unsecured . . . creditor
nichtbörsenfähig
(Bö) nonmarketable *(eg, capital market paper)*
– nonnegotiable
nicht börsenfähige Werte *mpl* (Bö) nonmarketable securities
nicht börsengängige Wertpapiere *n* (Bö) nonmarketable securities
nichtbuchführungspflichtige Landwirte *mpl* (StR) nonbookkeeping farmers, § 13 a EStG
nichtdauerhafte Güter *npl* (Vw) nondurable goods
nichtdauerhafte Produktionsmittel *npl* (Vw) nondurable means of production
nichtdeutsche Arbeitnehmer *mpl* (Pw) foreign employees
nichtdichte Menge *f* (Math) nondense set
nicht diskontfähiger Wechsel *m* (Fin) unbankable paper
nicht diskriminierender Zoll *m* (Zo) nondiscriminatory tariff
nichtdokumentäres Akkreditiv *n* (Fin) clean (*or* open) credit
nichtdruckende Funktion *f* (EDV) non-print function
nichteheliche Kinder *npl* (StR) illegitimate children
nichtehelicher Lebenspartner *m*
(Vers) nonmarital (semi-)permanent partner
(ie, wird durch Zusatzklausel wie Ehegatte behandelt, etwa in RechtsschutzV)
nicht eingefordertes Kapital *n* (Fin) uncalled capital
nicht eingelöste Police *f* (Vers) policy not taken up
nicht eingelöster Scheck *m* (Fin) unpaid check
nicht eingelöster Wechsel *m* (WeR) dishonored bill
nicht eingetragener Verein *m* (Re) unincorporated association
nicht eingezahlte Einnahmen *fpl* (Fin) undeposited receipts
nicht eingezahltes Kapital *n*
(Fin) outstanding capital
(ie, Teil des Grundkapitals e–r AG, der am Bilanzstichtag noch nicht eingegangen ist)
Nichteinhaltung *f* (Re) noncompliance
Nichteinhaltung *f* **vertraglicher Vereinbarungen**
(Re) nonfulfillment of contract stipulations
Nichteinlösung *f* (WeR) nonpayment
Nichteinlösung *f* **e–s Schecks** (Fin) dishonor of a check
Nichteintritt *m* **e–r Bedingung**
(Re) failure of a condition
(eg, precedent or subsequent = aufschiebend od auflösend)
Nichteisenmetalle *npl* (com) nonferrous metals
nicht empfangsbedürftig (Re) effective without communication

nichtendliche Menge *f* (Math) nonfinite set
nichtentartete Basislösung *f* (OR) nondegenerate basic solution
nichtentartete Lösung *f* (OR) nondegenerate solution
nicht entlasteter Gemeinschuldner *m* (Re) undischarged debtor (*or* bankrupt)
nicht entnommene Gewinne *mpl* (ReW) = nicht ausgeschüttete Gewinne
nicht entziehbare Betriebsmittel *pl* (EDV) non-preemptive resources
nicht erfaßt (com) unrecorded
nicht erfaßte Kosten *pl*
(KoR) imputed cost
(syn, unterstellte Kosten, kalkulatorische Kosten)
nicht erfolgwirksame Kosten *pl* (KoR) unexpired cost
nicht erfüllender Verkäufer *m* (Re) nonperforming seller
Nichterfüllung *f*
(Re) failure of performance (*or* to perform)
– nonfulfillment
– nonperformance
Nichterfüllung *f* **e–s Kaufvertrages** (Re) nonperformance of a sales contract
Nichterwartungstreue *f* (Stat) bias
nicht erwartungstreue Schätzfunktion *f* (Stat) biased estimator
Nicht-Erwerbspersonen *fpl*
(Vw) persons outside the labor force
– non-active population
Nicht-EU-Währung *f* (EG, Fin) non-EU currency
nicht-finanzielle staatliche Zuschüsse *fpl* (Bw) nonmonetary government grants
nicht-finanzielle Unternehmen *npl* (EG, Fin) nonfinancial corporate sectors
nichtfiskalische Abgaben *fpl* (FiW) non-revenue regulatory taxes
nichtfiskalische Besteuerung *f*
(FiW) nonrevenue regulatory taxation
(ie, employed as an instrument of implementing economic policies)
nichtflüchtiger Speicher *m* (EDV) non-volatile (*or* permanent) memory
nichtformales Modell *n* (Vw) naive (*or* nonformal) model
nicht fundierte Schulden *fpl*
(Fin) unfunded debt
(syn, kurzfristige Verbindlichkeiten)
nicht gebunden (Fin) uncommitted
Nichtgemeinschaftsländer *npl* (EG) non-Community countries
nicht genehmigter Streik *m* (Pw) unofficial strike
nichtgewerbliche Einfuhr *f* (AuW) non-commercial imports
nichtgewerbliche Investitionen *fpl*
(VGR) capital expenditure outside the enterprise sector
(ie, primarily public building and private housing)
nicht gewinnberechtigte Police *f* (Vers) non-participating policy
nichthomogene Flüsse *mpl* (OR) multi-commodity flows
Nichtidentifizierbarkeit *f* (Stat) incomplete identification

nichtig
(Re) void
– null and void
– ineffectual
– having no legal force (*or* binding effect)
– nugatory
– without legal efficacy
Nichtigkeit *f*
(Re) nullity *(eg, of legal transaction)*
– invalidity
Nichtigkeitseinrede *f* (Re) defense of nullity
Nichtigkeitserklärung *f* (Re) declaration of nullity
Nichtigkeitsgrund *m* (Re) ground of nullity
Nichtigkeitsgründe *mpl* (Pat) grants for revocation
Nichtigkeitsklage *f* (Re) nullity suit
Nichtigkeitsverfahren *n* (Pat) revocation of patent by court
nicht in Anspruch genommene Nachlässe *mpl* (com) discounts lost
nicht in Anspruch genommener Kredit *m* (Fin) undrawn loan facilities
nichtinflationäres Wachstum *n* (Vw) noninflationary (*or* inflation-free) growth
Nichtkaufmann *m* (Re) nonmerchant
nicht-kaufmännischer Verkehr *m* (com) non-commercial transactions
nichtkommerziell (com) noncommercial
nichtkommerzielle Einfuhren *fpl* (AuW) non-commercial importations
nichtkommutativer Körper *m* (Math) noncommutative field
nicht konkurrierende Gruppen *fpl* (Vw) noncompeting groups *(Cairnes)*
nichtkonsistente Schätzfunktion *f* (Stat) inconsistent estimator
nicht konsolidierter Abschluß *m* (ReW) deconsolidated statement
nicht konsolidierte Schuld *f* (FiW) floating (*or* unconsolidated) debt
nichtkonvertible Währung *f* (AuW) nonconvertible currency
nichtkooperatives Spiel *n* (OR) noncooperative game
nicht kostendeckend (com) submargin
nicht-kryogenes Verfahren *n* (IndE) non-cryogenic process
nicht laufend veranlagte Steuern *fpl* (StR) nonrecurring taxes *(eg, capital transfer tax, inheritance tax)*
nichtleere Menge *f*
(Math) nonnull set
(opp, leere Menge = empty set)
nichtleere Teilmenge *f* (Math) nonnull subset
Nichtlieferung *f* (com) nondelivery
nichtlineare Beschränkung *f* (Math) nonlinear constraint (*or* restriction)
nichtlineare Beziehung *f* (Math) curvilinear relationship
nichtlineare Diskriminanzanalyse *f* (Stat) nonlinear discriminant analysis
nichtlineare Korrelation *f* (Stat) curvilinear correlation
nichtlineare Programmierung *f*
(Math) nonlinear programming
(ie, branch of applied mathematics concerned with finding the maximum or minimum of a function of variables)

nichtlineare Regression *f* (Stat) curvilinear/nonlinear . . . regression
nichtlinearer Kostenverlauf *m* (Bw) nonlinear shape of cost behavior
nichtlinearer Trend *m* (Stat) curvilinear trend
nichtlineares System *n* (Math) nonlinear system
nicht lösbare Gleichung *f* (Math) inconsistent equation
nichtmarktliche Entscheidungstheorie *f* (Vw) nonmarket decision theory
– New Political Economy
(syn, Ökonomische Theorie der Politik, Neue Politische Ökonomie)
nichtmarktwirtschaftliche Aktivität *f* (Vw) non-market-directed activity
(eg, output of numerous farm products which is determined by government-decreed price supports)
nichtmaterielle Investition *f* (Bw) intangible investment
nichtmonetäre Transaktion *f* (AuW) non-monetary transaction
nichtmonetäre Überinvestitionstheorie *f* (Vw) nonmonetary overinvestment theory
Nichtnegativität *f* (Math) non-negativity
Nichtnegativitäts-Bedingung *f* (OR) nonnegativity condition (*or* requirement *or* restriction)
nicht normal verteilte Grundgesamtheit *f* (Stat) nonnormal population
nicht normal verteilte Stichprobe *f* (Stat) nonnormal sample
nicht notierte Aktien *fpl* (Bö) unlisted stock
nichtnotierte Aktien *fpl* **und Anteile** *mpl* (Bö) unlisted shares
nichtnotierte Anteile *mpl* **an Kapitalgesellschaften** (StR) unlisted investments *(eg, in limited liability companies and in closely held corporations)*
nichtnotiertes Unternehmen *n* (Bö) unquoted company
nichtnotiertes Wertpapier *n* (Bö) unlisted
– unquoted
– off-board . . . security
nicht notifiziertes Factoring *n* (Fin) nonnotification factoring
(syn, stilles Factoring, qv)
Nicht-Notwendigkeitsgüter *npl* (Vw) nonessential goods
– luxuries
(ie, income elasticity less than unity)
Nichtnullsummenspiel *n* (OR) nonzero sum game
nichtöffentliche Stiftung *f* (Re) private endowment
nicht ordnungsgemäße Erfüllung *f* (Re) incomplete performance
nicht organisiert (Pw) non-unionized
nichtorganisierte Arbeitnehmer *mpl* (Pw) unorganized
– non-union
– non-unionized . . . employees
nichtparametrischer Test *m* (Stat) nonparametric test
nichtperiodischer Dezimalbruch *m* (Math) nonperiodic (*or* nonrepeating) decimal
nichtplanarer Graph *m* (OR) nonplanar graph
nichtprogrammierte Entscheidungen *fpl* (Bw) nonprogrammed decisions
(ie, novel, singular, ill-structured political decisions that can be addressed only by general problem-solving approaches)
nicht programmierter Sprung *m* (EDV) trap
nicht programmierter Stopp *m* (EDV) hangup
– unexpected halt
nicht-proportionale Schriftart *f* (EDV) monospaced font
(opp, proportionale font, proportionale Schriftart)
nichtprozedurale Sprache *f* (EDV) nonprocedural language
Nichtraucher-Bereich *m* (Pw) tobacco-free work area
nicht realisierte Gewinne *mpl* (ReW) unrealized profits (*or* gains)
nicht realisierte Kursverluste *mpl* (Bö) paper losses
nicht realisierter Kursgewinn *m* (Bö) paper profit
nicht realisierter Wertverlust *m* (ReW) unrealized depreciation
nicht realisierter Wertzuwachs *m* (ReW) unrealized appreciation
nicht realisierte Verluste *mpl* (ReW) unrealized losses
nicht realisierte Wertsteigerung *f* (ReW) valuation excess
nichtrechtsfähige Personenvereinigung *f* (Re) unincorporated association
nichtrechtsfähiger Verein *m* (Re) unincorporated society
(ie, association without independent legal existence, § 54 BGB)
nichtrelevante Kosten *pl* (KoR) nonrelevant costs
– sunk costs
Nichtrivalität *f* **im Verbrauch** (Vw) jointness of consumption *(ie, refers to market failure in infrastructure areas)*
NICHT-Schaltung *f* (EDV) NOT circuit (*or* element)
– inverter
nichtselbständige Arbeit *f* (StR) dependent employment
nichtsinguläre Verteilung *f* (Stat) nonsingular distribution
Nichtstandardkennsatz *m* (EDV) non-standard labels
nichtstationäre Wirtschaft *f* (Vw) nonstationary economy
nichtsteuerbare Umsätze *mpl* (StR, VAT) nontaxable (*or* non-qualifying) turnovers, § 1 Nos. 1 and 2 UStG
nichtsteuerliche Einnahmen *fpl* (FiW) non-tax receipts
nicht stimmberechtigte Aktie *f* (Fin) non-voting share
nicht streuungsfähiges Risiko *n* (Fin) nondiversifiable risk
(ie, in portfolio analysis)
nicht strukturierte Aufgabe *f* (Pw) nonstructured task
nichttarifäre Handelshemmnisse *npl* (AuW) nontariff barriers to trade
nicht testierter Abschluß *m* (ReW) unaudited financial statement

nicht übereinstimmen
(com) to disagree
– not to be in conformity with
(eg, the two accounts disagree)
nicht übertragbar
(Re) nontransferable
– unassignable
nicht übertragbares Recht *n* (Re) unalienable right
nicht unmittelbar zurechenbare Schadensregulierungskosten *pl* (Vers) unallocated loss adjustment expenses
Nichtunternehmer *m* (Vw) nonfirm
nicht unterscheidungsfähige Warenzeichen *npl* (Pat) nondistinctive marks
nicht veranlagte Steuern *fpl* **vom Ertrag** (StR) nonassessed taxes on earnings
Nichtveranlagungsbescheinigung *f*
(Fin) non-assessment note
– certificate confirming an exemption
(ie, Aktionäre, die ihrer depotführenden Stelle eine N. ihres Wohnsitzfinanzamtes vorlegen, daß sie nicht zur ESt veranlagt [assessed] werden, erhalten Bardividende und Steuerguthaben sofort auf ihrem Konto gutgeschrieben; höchstens drei Jahre gültig)
nicht verdiente Prämie *f* (Vers) unearned premium
Nichtverfügbarkeiten *fpl*
(AuW) nonavailabilities
(ie, lack of supply opportunities in importing countries)
NICHT-Verknüpfung *f*
(EDV) NOT operation
– negation
– inversion
nicht vermittelbar
(Pw) unemployable
(ie, too sick, too young, too old, too lazy, or criminal)
Nichtvermögensschaden *m* (Re) damage not resulting in pecuniary loss
nicht vermögenswirksame Subvention *f* (FiW) nonasset-creating subsidy
nicht verrechnete Gemeinkosten *pl* (KoR) unabsorbed overhead
nicht verschwindender Wert *m* (Math) nonzero value
nicht versicherbares Risiko *n* (Vers) noninsurable risk
nicht versicherter Schaden *m* (Vers) uninsured loss
nichtversicherungspflichtige Beschäftigung *f* (SozV) noninsurable occupation
nicht vertragsgemäße Waren *fpl* (Re) nonconforming goods
nichtverzerrende Schätzgleichung *f* (Stat) unbiased estimating equation
nicht verzögerte Investitionsfunktion *f* (Vw) unlagged investment function
nicht voll eingezahlte Aktie *f* (Fin) partly paid share
nicht vorhersehbarer Schaden *m* (com) unforeseeable damage
Nichtwähler *m*
(com) non-voter
– stay-at-home voter
nicht weisungsgebunden
(com) independent of instructions
(eg, from the government, such as Deutsche Bundesbank)
nichtwirtschaftliche Güter *npl*
(Vw) noneconomic goods
(ie, ohne Wirtschaftswert)
nichtwirtschaftlicher Verein *m* (Re) association not for profit, §§ 21, 55 BGB
Nichtwohngebäude *npl* (com) non-residential buildings
Nichtzahlung *f*
(Fin) nonpayment
– failure to pay
nicht zerlegbar (Math) non factorable
nichtzinstragende Kassenbestände *mpl*
(Fin) non-interest-bearing cash balances
(ie, currency and sight deposits)
nicht zolltarifliche Handelshemmnisse *npl* (AuW) nontariff barriers
nichtzufällige Auswahl *f*
(Stat) non-random sampling
(syn, bewußte Auswahl)
nichtzufällige Stichprobe *f* (Stat) non-random sample
nicht zugegangene Willenserklärung *f* (Re) uncommunicated intent
nicht zugelassene Wertpapiere *npl* (Bö) unlisted securities
nicht zugeschriebene Disagiobeträge *mpl* (ReW) unamortized discounts
nicht zugriffsfähige Gegenstände *mpl*
(Re) exempt assets
(ie, of the debtor; alle persönlichen Rechte; außerdem die Gegenstände, für die ein Pfändungsverbot besteht)
nichtzusammenhängende Mengen *fpl* (Math) disconnecting sets
nichtzusammenhängender Graph *m* (Math) disconnected graph
nicht zu vertreten haben
(Re) beyond one's control
(eg, for reasons beyond our control = aus von uns nicht zu vertretenden Gründen)
– not to be responsible for
nicht zweckgebundene Ausleihungen *fpl* (Fin) uncommitted lendings
nicht zweckgebundenes Kapital *n* (Fin) nonspecific capital
nicht zweckgebundene Zuweisung *f*
(FiW) nonspecific contribution
(ie, to subordinate government units = nachgeordnete Gebietskörperschaften)
nicht zweckgebundene Zuweisungen *fpl* (FiW) transfers not earmarked for special purposes
Niedergangsphase *f*
(Mk) abandonment stage
(ie, in product life cycle)
niederlassen, sich
(com) to establish (*or* set up) business
(SozV) to settle
– to locate
(eg, physicians or specialists, in big cities or unserved areas)
Niederlassung *f*
(com) branch
– branch operation (*or* establishment)

– branch office
– field organization
Niederlassung *f* **im Ausland** (com) foreign branch
Niederlassungsfreiheit *f* (EG) freedom of establishment
Niederlassungsrecht *n*
(Re) law of establishment
(Re) right of establishment
Niedersächsische Börse *f*
(Bö) Hanover Stock Exchange
– Lower Saxony Exchange
Niederschlagung *f*
(StR) temporary tax waiver
(ie, issued if cost of assessing and collecting a tax would be out of proportion to amount that could be assessed, §§ 156 II, 261 AO)
Niederschrift *f* **in der Hauptversammlung** (com) minutes of the shareholders' meeting, § 130 AktG
Niederstwert *m*
(ReW) lower of cost or market
– cost or market whichever is lower
Niederstwertkurs *m* (AuW) lower value rate
Niederstwertprinzip *n* (ReW) principle (*or* rule) of the lower of cost or market, § 155 AktG; § 253 HGB
niedrigbesteuernde Gebiete *npl* (StR) low-tax territories
niedrig besteuernde Länder *npl* (StR) low-tax countries
niedrig bewertete Aktien *fpl* (Fin) low-priced shares (*or* stocks)
niedrig bezahlte Arbeitsplätze *mpl* (Pw) low-paying jobs
niedrige Anfangsbelastung *f* (Fin) low initial debt service
niedrige Qualität *f* (com) low quality
niedriger Abschluß *m* (Pw) low (pay) settlement
niedriger einstufen
(com) to downgrade
– to put into lower group
niedrigerer Beitrag *m*
(EG) abated contribution
(ie, of Great Britain toward the Community's financial resources)
niedriger notieren (Bö) to trade lower
niedriger Preis *m* (com) low (*or* soft) price
niedriges Angebot *n* (com) low bid (*or* price) offer
Niedriglohn *m* (Pw) low wage
Niedriglohnland *n* (AuW) low-wage country
Niedrigpreis *m*
(com) cut price
– thrift price
Niedrigpreisgeschäft *n* (com) cut-price store
Niedrigpreisland *n* (com) low-price country
Niedrigpreiswaren *fpl* (com) bargain goods
niedrigster Kurs *m* (Bö) bottom price
niedrigster Preis *m*
(com) lowest
– bottom
– knock-down
– rockbottom . price
Niedrigsteuergebiet *n* (StR) low tax area
Niedrigsteuerland *n*
(StR) low-tax country
– tax haven
(syn, Steueroase; ie, im deutschen Außensteuerrecht Bezeichnung für Gebiete mit ESt-Sätzen unter 31,2 %; drei Haupttypen:
1. Nulloasen = tax paradises;
2. Niedrigsteuerländer = tax shelters;
3. Länder mit speziellen Steuervergünstigungen = tax resorts)
Niedrigstkurs *m* (Bö) bottom price
Niedrigstkurs *m* **im EWS** (AuW) lower exchange limit in the EMS
niedrigstwertiges Zeichen *n*
(EDV) least significant character
(ie, the character in the rightmost position in a number or word)
niedrigverzinslich
(Fin) carrying a low interest rate
– low-interest yielding
- low-interest-rate *(eg, bonds)*
Niedrigverzinsliche *pl* (Fin) = niedrigverzinsliche Wertpapiere
niedrigverzinsliche Kurzläufer *mpl* (Fin) low-coupon shorts
niedrigverzinslicher Kredit *m* (Fin) low-interest loan
niedrigverzinsliche Wertpapiere *npl*
(Fin) low-yield securities
– low-coupon securities
– low yielders
Niedrigzinspolitik *f*
(Vw) policy of low interest rates
– easy money policy
Nießbrauch *m*
(Re) lifelong right of use
– usufruct
– usufructuary right
(ie, right to use another's property and to appropriate the proceeds thereof, §§ 1030–1089 BGB)
Nießbraucher *m*
(Re) lifelong user of property
– usufructuary
Nischenstrategie *f* (Mk) concentration/niche . . . strategy
Nischenunternehmen *n*
(Bw) niche firm
(ie, Unternehmen in Marktnische)
Niveauänderung *f* **des Produktionsprozesses** (Vw) change in the level of activity
Niveau *n* **des Produktionsprozesses** (Vw) level of activity
Niveau *n* **des Tests** (Stat) level of significance
Niveauelastizität *f*
(Vw) scale elasticity *(ie, of a process)*
Niveaugrenzerträge *mpl* (Vw) returns to scale
Niveaugrenzprodukt *n*
(Vw) returns to scale
– marginal returns to scale *(syn, Skalenertrag)*
Niveauverschiebungseffekt *m*
(FiW) displacement effect
(ie, helps to explain the secular rise of government spending; A. T. Peacock/J. Wiseman, 1967; syn, Displacement-Effekt)
Nivellierungsmethode *f*
(IndE) leveling system
(ie, of performance rating = Leistungsgradschätzen; syn, LMS-Verfahren, Westinghouse-System)

n-Nachwirkungsfreiheit *f* (Stat) n-freedom

Nochgeschäft *n*
(Bö) call of more
– put of more
– option to double

noch nicht verjährter Anspruch *m*
(Re) claim not yet barred
(ie, by the Statute of Limitations)

noch nicht verrechnete Schecks *mpl* (Fin) uncleared items

Nochstücke *npl* (Bö) securities requested under a ‚call of more'

Nomenklatur *f*
(Zo) customs nomenclature *(syn, Zolltarifschema)*

Nomenklaturausschuß *m* (EG) Nomenclature Committee

Nomenklatur *f* **für den Kapitalverkehr** (Fin) nomenclature of capital movements

nominal (com) in nominal/unadjusted . . . terms

Nominaldefinition *f*
(Log) nominal (*or* syntactical) definition
(ie, a convention providing that a certain symbol or expression shall stand as substitutes for a particular formula of a system; opp, Realdefinition)

Nominaleinkommen *n*
(Vw) nominal income *(opp, real income)*

Nominaleinkommen *n* **des Haushalts** (Vw) consumer's money income

nominale Löhne *mpl* (Vw) money wages

nominale Parität *f* (AuW) nominal parity

Nominalertrag *m* (Fin) = Nominalverzinsung

nominales BIP *n* (VGR) GDP *(gross domestic product)* in money terms

nominales Einkommen *n*
(Vw) nominal (*or* money) income
(Vw) money (*or* nominal) wage rate

nominales Sozialprodukt *n*
(VGR) nominal social product
– national product in money terms

Nominalismus *m*
(Vw) nominalism *(opp, metallism)*

Nominalkapital *n*
(Fin) nominal capital
(ie, konstanter Teil des Eigenkapitals von AG, KGaA, GmbH; bei e-r GmbH heißt es ‚Stammkapital', bei e-r AG oder KGaA ‚Grundkapital': share capital of GmbH and capital stock of AG and KGaA as shown in the balance sheet; US: the capital of a corporation as determined by the par or stated value of its total outstanding shares; syn, nominelles Eigenkapital)

Nominallohn *m*
(Pw) nominal (*or* money) wage *(opp, Reallohn)*

Nominallohnsatz *m* (Pw) nominal wage rate

Nominalverzinsung *f*
(Fin) nominal interest rate
– cash rate
– coupon rate
(ie, Zinssatz bei langfristiger Fremdfinanzierung, der im Finanzierungsvertrag vereinbart wird; effektive Verzinsung weicht regelmäßig hiervon ab)

Nominalwert *m*
(Fin) face value (*or* amount)
– nominal value (*or* amount)
– par value *(syn, Nennbetrag, Nennwert)*

Nominalwertprinzip *n*
(Vw, Bw) nominal-value principle
(ie, € = €: the value of money is regarded as independent of its real purchasing power; in business accounting, the difference between historical and current costs results in paper profits and thus – via inflation and taxation – in asset erosion = Substanzverlust)

Nominalwertrechnung *f* (Fin) par value accounting

Nominalzins *m* (Fin) = Nominalverzinsung

Nominalzoll *m* (Zo) nominal tariff

nominell
(com) in money terms *(opp, real = in real terms)*

nominelle Entschädigung *f* (Fin) token amount of indemnity

nominelle Kapitalerhaltung *f*
(Fin) nominal maintenance of capital
– preservation of corporate assets in money terms
– recovery of original cost
(ie, during operating or service life; opp, substantielle Kapitalerhaltung = in real terms)

nomineller Lohnsatz *m* (Pw) money wage rate

nominelles BSP *n*
(VGR) nominal gnp
– gnp in money terms *(ie, not at constant prices)*

Nomogramm *n*
(Math) alignment chart
– nomogram

Nonaffektationsprinzip *n* (FiW) principle of nonappropriation of public funds to specific purposes, § 8 BHO

nonrelevant costs
(KoR) nicht relevante Kosten *pl*
– zielunbedeutsame Kosten *pl*
(opp, relevant costs, qv)

Nonsense-Korrelation *f* (Stat) nonsense correlation

Nonvaleurs *mpl* (Bö) securities of little or no value

NOP-Befehl *m*
(EDV) no-operation (*or* no-op)
– blank
– dummy
– skip . . . instruction
(syn, Nulloperationsbefehl, Übersprungbefehl)

Nord-Süd-Dialog *m* (Vw) North-South dialog

Nord-Süd-Gefälle *n* (com) North-South divide

Nordwesteckenregel *f* (OR) northwest corner rule

NOR-Funktion *f* (EDV) = NOR-Verknüpfung

NOR-Glied *n* (EDV) NOR circuit (*or* element)

Norm *f* (IndE) standard specification

Normalableitung *f* (Math) normal derivative

Normalabschreibung *f*
(ReW) ordinary (*or* standard) depreciation
(ie, as shown in financial statement)

Normalanzeige *f*
(EDV) normal image
(EDV) low intensity

Normalarbeitstag *m*
(Pw) basic/standard . . . workday
(ie, number of hours in a normal workday)

Normalarbeitsvertrag *m* (Pw) standard contract of employment

Normalarbeitszeit *f*
(Pw) standard work(ing) hours
(cf, § 3 AZO; currently 8 hours in Germany)

Normalauslastung *f* (Bw) standard utilization
Normalbeschäftigung *f*
(Bw) normal level of capacity utilization
(KoR) normal activity (*or* volume)
– standard activity (*or* capacity)
Normalbrief *m* (com) standard letter
Normaldauer *f* (OR) most probable duration
normale Abweichungsstreuung *f* (Stat) normal error dispersion
normale Arbeitszeit *f* (Pw) standard time
normale Fahrlässigkeit *f*
(Re) ordinary negligence, § 276 BGB
– *(civil law)* culpa levis
normale Fehlerkurve *f* (Stat) normal curve of error
normale Geschäftstätigkeit *f* (ReW, EG) ordinary activities
normale Grundzeit *f*
(IndE) normal elemental time
– leveled elemental time
– base time
(ie, the selected or average elemental time adjusted to obtain the elemental time used by an average qualified operator)
normale Kapazität *f* (Bw) normal sustainable capacity
normale Leiterbahn *f* (EDV, CAD) normal trace
normale Offenmarktgeschäfte *npl* (Vw) outright transactions
normale Prüfung *f* (IndE) normal inspection
normaler Handelsverkehr *m* (com) ordinary course of trade
normaler Weg *m*
(EDV) primary route
(syn, Direktweg; opp, Alternativweg)
normales Akkreditiv *n* (Fin) straight credit
Normalfaktor *m* (com) normal factor
Normalform *f*
(Log) normal (*or* standard) form
(ie, of propositional logic = Aussagenlogik)
Normalfracht *f* (com) ordinary cargo
Normalgewinn *m* (Vw) normal profit
Normalgrundzeit *f*
(IndE) base time
– normal elemental time
– leveled elemental time
Normalkapazität *f* (Bw) normal (*or* standard plant) capacity
Normalkonditionen *fpl* (com) standard terms and conditions
Normalkosten *pl*
(KoR) normal cost
(ie, including an average or normalized chunk of overhead)
Normalkostenrechnung *f*
(KoR) normal costing
– normal cost system
(ie, auf der Grundlage von Normalkosten, die sich als Durchschnitt der Istkosten vergangener Perioden ergeben)
Normalkostensatz *m* (KoR) normal cost rate
Normallaufzeit *f* (com) original term
Normalleistung *f*
(IndE) normal output
– target performance
Normallohn *m* (Pw) standard wage
Normalpolice *f* (Vers) standard policy
Normalpreis *m* (KoR) normal (*or* standard) price
Normalrendite *f* (Fin) normal return
Normalsteuersatz *m* (StR) regular rate, § 12 UStG
Normalstreuung *f* (Stat) normal dispersion
Normaltarif *m*
(com) standard rates *(ie, in rail transportation)*
Normalverbraucher *m* (com) average consumer
Normalverdienst *m* (Pw) straight-time earnings
Normalverteilung *f*
(Stat) normal (*or* Gaussian) distribution
(ie, Verteilung e–r stetigen Variablen x mit e–r bestimmten Dichtefunktion; die wichtigste statistische Verteilung überhaupt; ihre Form wird bestimmt durch die beiden Parameter m und O^2, die sich als arithmetisches Mittel bzw. als Varianz der Verteilung interpretieren lassen; syn, Gauß-Verteilung, Gaußsche Glockenkurve)
Normalverzinsung *f* (Fin) nominal yield
Normalwerte *mpl*
(KoR) normal quantities
(ie, costed at fixed prices)
Normalzeit *f*
(IndE) normal/base/leveled . . . time
(ie, the total of all the normal elemental time constituting cycle or operation)
Normalzoll *m* (Zo) general tariff
Normalzuschlag *m*
(KoR) normal percentage rate
(ie, applied to direct cost as derived from past periods)
normativer Satz *m* (Log) normative statement
normative Wirtschaftswissenschaft *f*
(Vw) normative economics
(opp, positive W. = positive economics)
normen (IndE) to standardize
Normenkontrollklage *f*
(Re) legal proceedings brought to ask for judicial review
(ie, by the Federal Constitutional Court; note that the original US notion of ‚judicial review' as developed since 1803 is differently defined and handled by the US judiciary)
Normen- und Typenkartell *n*
(Kart) standardization cartel
(ie, relating to uniform methods for the specification of goods and services)
normgerecht *adv* (IndE) according to the norm
normieren (Math) to normalize *(eg, vector)*
normierte Programmierung *f* (EDV) standardized programming
normierte Zufallsabweichung *f* (Stat) deviate
Normierungsfaktor *m* (EDV) scale (*or* scaling) factor
Normkosten *pl* (KoR) ideal standard cost
Norm-Rediskont-Kontingent *n* (Vw) standard rediscount quota
Normung *f*
(IndE) standardization
(ie, erstreckt sich im Gegensatz zur Typung auf einzelne Fertigungsmaterialien, Einzelteile, Stoffe, Werkstoffe)
Normungsvorhaben *n* (Kart) standardization project, § 5 I GWB

normunterschreitende Qualität *f* (Stat) substandard quality
Normwerte *mpl*
(Bw) standards
(ie, mostly long-standing average values, suited to the special conditions of a plant)
NOR-Schaltung *f* (EDV) NOR circuit (*or* element *or* gate)
NOR-Verknüpfung *f*
(EDV) NOR operation
– nondisjunction
– joint denial
– Peirce function
Nostroeffekten *pl*
(Fin) nostro securities
– securities owned by a bank
Nostrogeschäft *n* (Fin) business for own account
Nostroguthaben *n*
(Fin) credit balance on nostro account
– nostro balance (*or* account)
(ie, Sichteinlagen, die ein Kreditinstitut bei e–m anderen unterhält; account kept by one commercial bank with another; syn, Interbankengelder)
Nostrokonten *npl*
(Fin) nostro accounts
(ie, liquid balances on deposit with other credit institutions)
Nostroverbindlichkeit *f*
(Fin) nostro liability
– due to banks
Nostroverpflichtungen *fpl* (Fin) nostro commitments
(cf, aufgenommene Gelder)
Notadresse *f* (WeR) referee in case of need
Notakzept *n* (WeR) acceptance in case of need
Notanzeige *f* (WeR) notice of dishonor
Notar *m*
(Re) notary public
– (GB) Commissioner for Oaths
(ie, lawyer, free professional, qualified as a judge, officially appointed; no equivalent in British and American law)
Notar-Anderkonto *n* (Fin) banking account kept by a notary public in his own name for a third party on a trust basis
Notariatsgebühr *f* (Re) notarial fee
Notariatsgebühren *fpl* (Re) notarial charges
Notariatskosten *pl* (Re) notarial charges
notariell beglaubigen
(Re) to notarize
– to record in notarial form
– to acknowledge
notariell beglaubigt (Re) notarially authenticated
notariell beurkundetes Rechtsgeschäft *n* (Re) notarized legal transaction
notarielle Beglaubigung *f*
(Re) notarial authentication
– acknowledgement
notarielle Bescheinigung *f* (Re) notarial certificate (*or* attestation)
notarielle Beurkundung *f*
(Re) notarial record
– recording by a notary
– authentication by public act
notarieller Vertrag *m* (Re) notarized agreement (*or* contract)

notarielle Urkunde *f* (Re) notarial act (*or* instrument)
Notbestellung *f* (Re) emergency appointment, § 29 BGB
Notbetrieb *m*
(IndE) emergency operation
– plant operation on a care and maintenance basis
Notebook-Computer *m* (EDV) notebook *(portable computer; about the size of a DIN A4 sheet and up to 7 lbs)*
Notenausgabe *f* (Vw) issue of bank notes
Notenausgaberecht *n*
(Vw) authority to issue notes
– note-issuing privilege
Notenbank *f*
(Vw) bank of issue
– issue bank
(ie, das Notenprivileg hat heute idR nur e–e Bank, die Zentralnotenbank)
Notenbankausweis *m* (Fin) central bank return
Notenbankdienstleistungen *fpl* (Fin) central bank services
Notenbankdiskont *m* (Vw) discount rate
Notenbanker *m* (Fin) central banker
notenbankfähig (Fin) eligible for refinancing with central banks
notenbankfähiger Wechsel *m* (Fin) eligible bill
Notenbankguthaben *npl* (Fin) central bank balances
Notenbank-Intervention *f* **beim Blockfloaten** (AuW) multiple currency intervention
Notenbankkredit *m* (Fin) central bank loan
Notenbankpräsident *m* (Vw) central bank governor
Notenbankprivileg *n* (Vw) note-issuing privilege
Notenbankzinssätze *mpl* (Fin) official interest rates
Notendeckung *f* (Vw) cover of notes in circulation
Notenemission *f* (Vw) bank note issue
Notenrückfluß *m* (Vw) reflux of bank notes
Notenstückelung *f* (Vw) denomination of notes
Notenumlauf *m* (Vw) notes in circulation
Notfalldiskette *f*
(EDV) Notfalldiskette *f*
(ie, ermöglicht eine Wiederherstellung des Betreibssystems nach einer (partiellen) Zerstörung der Systemdateien oder der Systemkonfiguration)
Nothafen *m*
(com) port of distress
– port of necessity
– port of refuge
notieren
(Bö) to list
(ie, on the stock exchange)
– to quote
notiert
(Bö) listed
– quoted
notierte Aktien *fpl* (Bö) quoted equities
notierter Kurs *m* (Bö) quoted price
notierte Währung *f*
(Fin) currency quoted
(ie, on the official foreign exchange markets)
notierte Wertpapiere *npl* (Bö) listed (*or* quoted) securities
Notierungen *fpl* **an der Börse** (Bö) official prices (*or* quotations)

Notierung *f* **im Freiverkehr** (Bö) over-the-counter (*or* unofficial) quotation
Notierung *f* **im Telefonverkehr** *m* (Bö) off-board quotation
Notierungsmethode *f* (Bö) quotation technique
Notifikation *f* (Fin) notification
notifizieren (com) to notify
notifiziertes Factoring *n*
(Fin) notification factoring
(syn, offenes Factoring, qv; opp, verdecktes Verfahren)
Notifizierung *f* (com) notification
Nötigung *f* (Re) duress, § 240 StGB
Notiz *f* (Bö) quotation
Notizblock *m*
(com) scratch pad
– notepad
– (GB) scribbling block (*or* pad)
Notizblockspeicher *m*
(EDV) scratch-pad memory
(syn, Schnellspeicher)
Notizendatei *f* (EDV) note file
Notizen *fpl* **machen**
(com) to take notes *(syn, mitschreiben)*
Notiz *f* **ohne Umsätze** (Bö) nominal quotation
notleidend
(Fin) defaulting
– in default
notleidende Aktiva *npl* (Fin) nonperforming assets
notleidende Bank *f* (Fin) ailing bank *(eg, to rescue an . . .)*
notleidende Branche *f* (com) ailing industry
notleidende Kredite *mpl*
(Fin) nonperforming loans
– loan deliquencies
– bad loans
notleidender Kredit *m* (Fin) delinquent/nonperforming . . . loan
notleidender Wechsel *m*
(Fin) bill overdue
– dishonored bill
notleidendes Engagement *n* (Fin) default on a loan
notleidendes Unternehmen *n*
(com, infml) ailing company
(syn, marode Firma)
notleidende Wirtschaftszweige *mpl* (com) ailing industries
notleidend werden (Fin) to go into default *(eg, loans)*
Notprogramm *n* (Bw) emergency program
Notstand *m* (Re) self-defense (*or* self-help) against things, § 228 BGB
Notstandsarbeiten *fpl*
(Vw) public relief work *(ie, not ‚public work' which is = öffentliche Arbeiten)*
Notstandskartell *n* (Kart) emergency cartel
Notstandspaket *n* (Vw) emergency package
Notstandsplan *m* (Vw) emergency plan
Notstromaggregat *n*
(EDV) emergency/backup . . . power supply
(ie, becomes available, usually automatically, when normal power line service fails)
Notstromversorgung *f*
(EDV) backup power system
(ie, standby system that can detect an electrical dip and instantly switch to backup battery power)
Notverkauf *m*
(com) distress
– emergency
– panic . . . sale
– bail out
(Re) emergency sale
(ie, Käufer kann nach § 379 I HGB bei Gefahr des Verderbs der Ware e–n Notverkauf vornehmen)
Notverkäufe *mpl*
(Bö) distress selling
– forced liquidation
(ie, happen when stocks owned on margin are sold because declining prices have impaired or exhausted equities)
Notwartung *f* (IndE) emergency maintenance
notwendige Bedingung *f* (Log) necessary condition
notwendiges Betriebsvermögen *n*
(StR) necessary business property
(ie, assets whose use is necessarily limited to business purposes)
notwendiges Privatvermögen *n*
(StR) necessary private property
(ie, assets usually not appropriated to business purposes)
notwendige und hinreichende Bedingung *f* (Log) necessary and sufficient condition
Notwendigkeitsgüter *npl*
(Vw) essential goods
– essentials
– necessities
(ie, income elasticity less than unity)
Novation *f*
(Re) novation, § 364 II BGB
(ie, substitution of a new contract or obligation for an existing one: originally a term of the civil law, but now also in general use in US and GB; syn, Schuldumwandlung)
Novationsvertrag *m* (Re) substituted contract
Novelle *f* (Re) amending statute
Novelle *f* **einbringen** (Re) to introduce an amendment
Novelle *f* **verabschieden** (Re) to pass an amendment
novellieren (Re) to amend
Novellierung *f* (Re) amendment
NRZ/C-Schreibverfahren *n* (EDV) non-return-to-zero change recording
NRZ/M-Schreibverfahren *n* (EDV) non-return-to-zero mark recording
NRZ-Schreibverfahren *n* (EDV) non-return-to-zero recording
n-stellig
(Log, Math) n-place
– polyadic
n-stelliger Junktor *m* (Log) n-ary connective
n-tes Glied *n*
(Math) last term
(ie, of a sequence or series)
Nuklearversicherung *f*
(Vers) nuclear-risk insurance
(ie, betrieben von der Deutschen Kernreaktor-Versicherungsgemeinschaft)
Null *f*
(com) zero
(ie, in GB, nought, nil, oh' are often preferred)

(Math) zero
(ie, formally expressed it is the additive identity of an algebraic system)
Nullachse *f* (Math) polar axis
Nullanweisung *f* (EDV) null statement
Null-Basis-Budgetierung *f*
(FiW) zero-based budgeting
(ie, Vorjahresansätze werden nicht berücksichtigt = forget all past experience and start in total ignorance; syn, ZBB-Planung)
Nullbestandspolitik *f*
(MaW) stockless buying
– systems contracting
Nullelemente *npl* (Math) zeros
Nullfehlerprogramm *n*
(IndE) zero defects program
(ie, in quality control)
Nullhypothese *f* (Stat) null (*or* zero) hypothesis
Nullklasse *f*
(Log) null class *(ie, extension of empty concepts)*
Nullkorrelation *f* (Stat) zero order correlation
Nullkuponanleihe *f*
(Fin) zero coupon bonds
(syn, Zero Bonds, Nullprozenter)
Nullkuponemission (Fin) zero bond issue
Null-Lohnrunde *f*
(Pw) zero pay round
(ie, no increase beyond inflation)
Nullmatrix *f* (Math) null matrix
Nullmenge *f*
(Math) empty
– null
– void . . . set *(syn, leere Menge)*
Nullnorm *f*
(com) zero/nil . . . norm
(ie, applies to wages and prices)
Nulloperation *f* (EDV) no operation, NOP, no-op
Nulloperationsbefehl *m*
(EDV) no-operation
– no-op
– blank
– dummy
– skip . . . instruction
(syn, NOP-Befehl, Übersprungbefehl)
Nullprozenter *m* (Fin) = Nullkupon-Anleihe, qv
Nullpunkt *m*
(Math) pole *(ie, in the polar coordinate system)*
Nullpunkt *m* **des Kartesischen Koordinatensystems** (Math) origin of Cartesian coordinates
Nullrunde *f* (com) zero-wage round
Nullsaldo *m* (ReW) zero balance
Nullserie *f* (Stat) pilot lot
Nullstellen *fpl* (Math) zeros
Nullsummen-Gesellschaft *f*
(Vw) zero-sum society
(ie, phrase coined by L. Thurow)
Nullsummenspiel *n*
(OR) zero sum game
(ie, die Gewinne aller Spieler sind gleich = sum of the payoffs to the two players is zero for each move)
Nulltarif *m*
(com) fare-free transport
(Zo) nil tariff
null-terminierte Zeichenkette *f*
(EDV) null-terminated string
(ie, string that is limited by a zero-value-character [ANSI- or ASCII-value 0])
null und nichtig (Re) null and void
Nullunterdrückung *f* (EDV) zero suppression *(eg, in the UPC Code)*
Nullwachstum *n* (Vw) zero growth
Nullwert *m* (Math) null value
Nullzeichen *n*
(EDV) null
– null character
Nullzeile *f* (EDV) null row
Nullzone *f* (FiW) zero bracket amount
Nullzustand *m* (EDV) zero condition (*or* state)
nume|1raire
(AuW) numéraire
(ie, denominator for the exchange rate mechanism)
numerieren
(com) to number
– to numberize
numerische Analyse *f* (Math) numerical analysis
numerische Daten *pl* (EDV) numeric data
numerische Direktsteuerung *f* (EDV) direct numerical control, DNC
numerische Gleichung *f* (Math) numerical equation
numerische Größe *f* (Math) numerical quantity
numerischer Code *m* (EDV) numeric (data) code
numerischer Tastenblock *m* (EDV) number pad
numerisches Literal *n* (EDV, Cobol) numerical literal
numerisches Register *n*
(EDV) numerical register
(ie, in Unix; syn, numerische Variable)
numerische Steuerung *f* (IndE) numerical control, NC
numerisches Wort *n* (EDV) numeric word
numerisches Zeichen *n*
(EDV) numeric character
– digit
numerische Ziele *npl* (Bw) numberized (*or* targeted) goals
numerisch gesteuerte Fertigung *f* (IndE) numerically controlled manufacturing
numerisch gesteuerte Maschinen *fpl* (IndE) numerically controlled (NC) machines
Numerus *m*
(Math) antilogarithm
– inverse logarithm
Numerus clausus *m*
(Pw) restricted entry
(ie, to university for overcrowded subjects)
Nummernkonto *n*
(Fin) number (*or* numbered) account
(ie, account to be kept secret from tax and currency control authorities)
Nummernschild *n*
(com) license plate
– (GB) number plate
Nummernschlüssel *m* (EDV) numeric(al) code
Nummernverzeichnis *n* (Fin) list of securities deposited
nur Bogen (Fin) coupon sheets only
nur Mäntel (Fin) certificates only
Nur-Text-Datei *f* (EDV) text-only file

nur zur Verrechnung
(Fin) account payee only
(ie, phrase put on a check)
nutzbare Maschinenzeit *f*
(EDV) available (machine) time
(syn, verfügbare Benutzerzeit)
Nutzbarkeit *f* (EDV) serviceability
Nutzdatenrahmen *m* (EDV) interchange control structure
Nutzeffekt *m*
(com) efficacy
(ie, power to produce an effect)
Nutzen *m*
(com) benefit
(Vw) utility
– satisfaction
nutzen
(com, fml) to avail oneself of
(eg, offer, proposal, opportunity)
– to make use of
– to capitalize on
Nutzen *m* **aus der Formveränderung e–s Gutes** (Vw) form utility
Nutzenaustauschverhältnis *n* (AuW) utility terms of trade
Nutzeneinheit *f* (Vw) util
Nutzenentgang *m* (Vw) negative utility
Nutzen *m* **e–r Erfindung** (Pat) utility of an invention
Nutzenfunktion *f*
(Vw) utility function
(ie, funktionale Beziehung zwischen Nutzen U und Menge e–s Gutes X; syn, Nutzenindexfunktion)
Nutzengebirge *n* (Vw) utility surface
Nutzenindexfunktion *f* (Vw) = Nutzenfunktion
Nutzen-Kosten-Analyse *f* (com) cost-benefit analysis
Nutzen-Kosten-Kennziffer *f* (FiW) cost-benefit ratio
Nutzenmatrix *f* (Bw) payoff matrix
Nutzenmaximierung *f* (Vw) utility maximization
Nutzenmaximierungsannahme *f* (Vw) utility maximizing rule
Nutzenmaximum *n* (Vw) maximum utility
Nutzenmessung *f* (Vw) measurement of utilities
Nutzenmöglichkeitskurve *f*
(Vw) utility frontier
– utility possibility curve in the point sense
Nutzenniveau *n* (Vw) level of satisfaction (*or* utility)
Nutzenprinzip *n*
(FiW) benefit principle
– benefits received principle
Nutzensegmentierung *f* (Mk) benefit segmentation
Nutzentheorie *f* (Vw) utility theory
Nutzenzweigfunktion *f* (Vw) branch utility function
Nutzfahrzeuge *npl* (com) commercial vehicles
Nutzfahrzeugmarkt *m* (com) commercial vehicles market
Nutzkosten *pl*
(KoR) used-capacity cost
(ie, Teil der Fixkosten, der für die Nutzung bereitgestellter Kapazitäten in Ansatz gebracht wird; opp, Leerkosten = idle-capacity cost)

Nutzlast *f* (com) pay load
Nutzlastexperte *m* (com) payload expert
Nützlichkeit *f*
(Pat) usefulness
– utility
Nutznießer *m*
(Re) usufructuary
(Re) beneficiary
Nutzschwelle *f*
(KoR) breakeven point
(syn, Gewinnschwelle, Kostendeckungspunkt, toter Punkt)
Nutzung *f*
(Re) use
– enjoyment
(ie, Früchte e–r Sache od e–s Rechts sowie der Gebrauchsvorteil; cf, 446 I 2, 581, 953 et seq BGB)
Nutzung *f* **der Meere** (Re) use of the seas
Nutzungsausfall *m* (Re) loss of use
Nutzungsausfall-Versicherung *f* (Vers) use and occupancy insurance
nutzungsbedingte Abschreibung *f* (ReW) depreciation through use
Nutzungsberechtigter *m* (Re) beneficiary
Nutzungsbeschränkung *f* (Re) use restriction
Nutzungsdauer *f*
(Bw) effective life
– operating life
– service/serviceable . . . life
– useful economic life
– working life
(ie, Grundlage der Bemessung der Absetzung für Abnutzung, Afa)
Nutzungsentgang *m* (Bw) loss of use
Nutzungsentschädigung *f* (Vers) compensation for loss of use
Nutzungsgebühr *f*
(com) royalty
(ie, compensation for the use of property)
(FiW) user fee
Nutzungsgüter *npl* (ReW) assets subject to depreciation
Nutzungshauptzeit *f* (IndE) controlled machine time
Nutzungspotential *n*
(Bw) service capacity
– bundle of potential services
Nutzungsrecht *n*
(Re) right of use
(ie, im Sprachgebrauch oft als Lizenz bezeichnet; syn, Urheberrecht)
Nutzungsvertrag *m* (Re) contract for the transfer of use and enjoyment
Nutzungsvorrat *m* (Bw) bundle of services
Nutzungswert *m* **e–r Wohnung** (StR) rental value of appartment
Nutzungswert *m* **von Wohnungen im eigenen Haus** (StR) rental value of taxpayer's own home, § 21 a EStG
Nutzwert *m* (Vw) utility value
Nutzwertanalyse *f*
(Vw, Bw) benefit analysis
(ie, analysis of a set of complex action alternatives)
NV-Bescheinigung *f* (Fin) = Nichtveranlagungsbescheinigung, qv

O

Oasenländer *npl*
(StR) tax havens
(ie, tiny low-tax countries refusing to conclude double taxation treaties; syn, Steueroasen)
Oberbegriff *m*
(Log) general
– generic
– comprehensive
– overall
– umbrella . . . term
– nomen generalissimum
(Log) major term *(ie, the predicate of the conclusion in a categorical syllogism)*
obere Behörde *f* (Re) upper government agency
obere Entscheidungsgrenze *f* (Stat) upper control limit
obere Grenze *f* (Math) least upper bound
obere Kontrollgrenze *f* (IndE) upper control limit, UCL
obere Leitungsebene *f* (Bw) upper echelon of management
obere Prüfgrenze *f* (Stat) = obere Kontrollgrenze
oberer Goldpunkt *m* (AuW) gold export point
oberer Grenzwert *m* (Math) upper limit
oberer Interventionspunkt *m*
(Fin) upper support (*or* buying) point
– upper intervention rate
oberer Rand *m* **der Schlange** (AuW) the snake's upper limit
oberer Rand *m* **des Zielkorridors** (Vw) top (*or* upper end) of target range
obere Schranke *f* **e–r Punktmenge** (Math) majorant
obere Zinsgrenze *f* (Fin) interest rate ceiling
Oberfinanzbezirk *m* (StR) regional revenue district
Oberfinanzdirektion *f*
(StR) Regional Finance Office
(ie, tax administration on the intermediate level, being both federal and state authority, § 8 I FVG)
Oberfinanzpräsident *m* (StR) head of a Regional Finance Office, § 9 I FVG
Oberflächengestaltung *f* (IndE) finish
Oberflächenintegral *n* (Math) surface integral
Oberflächenmontage *f* (EDV) surface-mount technology
oberflächenmontiertes Bauelement *n* (EDV, CAD) surface mounted device, SMD
Obergesellschaft *f*
(com) common parent company, § 329 AktG
– controlling company
– umbrella company
(syn, herrschendes Unternehmen)
Obergraph *m* (OR) supergraph
Obergrenze *f* (com) ceiling
Obergutachten *n* (com) decisive expert opinion
Oberkörper *m*
(Math) extension of a field *(syn, Erweiterungskörper, Körpererweiterung)*
Oberlandesgericht *n*
(Re) Intermediate Court of Appeals
(ie, deciding on questions of fact and of law, §§ 115–122 GVG)
Obermeister *m* (Pw) general (*or* senior) foreman
Obermenge *f* (Math) set including subsets
Oberprüfer *m* (Pat) chief examiner
Obersatz *m*
(Log) major premise (*or* premiss)
(ie, containing the major term in a categorical syllogism)
Oberschiedsrichter *m*
(Re) umpire *(ie, third party selected to arbitrate)*
oberste Behörde *f* (Re) top/top-echelon . . . government agency
oberste Führungskraft *f* (Bw) top executive
oberste Geschäftsleitung *f* (Bw) top management
oberste Leitungsinstanz *f* (Bw) top management
oberster Koordinator *m* (Bw) peak coordinator
oberstes Organ *n* (Bw) top decision-making body
oberste Unternehmensleitung *f* (Bw) top management
oberste Unternehmensziele *npl* (Bw) top corporate goals (*or* objectives)
Oberverband *m*
(Bw) main association
(ie, carries out tasks delegated to them by the basic associations)
Oberverwaltungsgericht *n*
(Re) appellate administrative court *(ie, sometimes called ‚Verwaltungsgerichtshof')*
Oberziel *n* (Bw) top objective
Objekt *n*
(com) item of property
– property
– piece of real estate
(EDV) object *(ie, Hardwarekomponenten od Datenstrukturen, die vom Betriebssystem verwaltet werden)*
Objektanalyse *f* (Bw) task-oriented analysis
Objektbesteuerung *f*
(FiW) taxation of specific property *(syn, Real- od Sachbesteuerung)*
objektbezogene Steuern *fpl* (FiW) in rem taxes
Objekte *npl* **verknüpfen und einbetten** (EDV) object linking & embedding, OLE
objektgebundene Kreditgewährung *f* (Fin) earmarked lending
Objektgliederung *f*
(Bw) task structuring *(syn, Aufgabengliederung)*
objektive Entscheidung *f* (Re) disinterested (*or* objective) decision
objektive Kosten *pl*
(Bw) objective costs
(ie, all relevant costs when factors of production are freely available = all non-opportunity-costs)
objektives Urteil *n* (com) unbiased judgment
objektive Unmöglichkeit *f*
(Re) impossibility of performance

(ie, total inability of party to perform for objective reasons, § 306 BGB)
Objektklasse *f* (EDV) class of objects
Objektkoordinatensystem *n* (EDV, CAD) model space
Objektkredit *m* (Fin) loan tied to specific property
Objektmodul *m* (EDV) object module
objektorientierte Datenbank *f*
(EDV) object-oriented database *(ie, umfaßt komplexe Datenobjekte als auch speziell dafür aufgebaute Operatoren)*
objektorientiertes Betriebssystem *n* (EDV) object-oriented operating system
Objektorientierung *f* (EDV) object orientation
Objektprogramm *n*
(EDV) object program
(ie, vom Rechner ausführbares Programm in Maschinensprache; opp, Quellprogramm)
Objektsprache *f* (Log) object language
Objektsteuer *f*
(FiW) impersonal tax
– tax levied on specific property
(eg, Gewerbesteuer, Grundsteuer; syn, Realsteuer, Sachsteuer)
Objektverwalter *m* (EDV) object administrator
Obliegenheit *f* (Re) duty
Obligation *f*
(Re) obligation *(ie, an undertaking to perform)*
(Fin) = Anleihe, Schuldverschreibung, qv
Obligationär *m*
(Fin) bondholder
– (GB) debenture holder
Obligation *f* **einlösen** (Fin) to redeem a bond
Obligationen *fpl* (Fin) bonds or debentures
Obligationenagio *n* (Fin) bond premium
Obligationen *fpl* **der öffentlichen Hand** (FiW) public bonds
Obligationendisagio *n* (Fin) bond discount
Obligation *f* **mit Tilgungsplan** (Fin) sinking fund bond
Obligationsanleihe *f*
(Fin) bond loan
– (GB) debenture loan
Obligationsausgabe *f* (Fin) bond issue
Obligationsgläubiger *m* (Fin) bondholder
Obligationsinhaber *m* (Fin) bondholder
Obligationsschuldner *m*
(Fin) obligor
– bond issuer
Obligationstilgungsfonds *m* (Fin) bond sinking (*or* redemption) fund
obligatorisch
(Re) mandatory
– obligatory
– binding
obligatorische Rückversicherung *f*
(Vers) automatic/obligatory . . . treaty
(ie, für (Teil-)Versicherungsbestände mit Zessionspflicht für den Erstversicherer und Akzeptationspflicht für den Rückversicherer; syn, Vertragsrückversicherung)
obligatorischer Vertrag *m*
(Re) contract
– obligatory agreement
(ie, creating an obligation at least on one side)
obligatorisches Recht *n*
(Re) obligatory right
(ie, right to have claims satisfied; opp, absolutes Recht = absolute right)
obligatorisches Streitschlichtungsverfahren *n* (Re) compulsory settlement of disputes
obligatorische Versicherung *f* (Vers, SozV) compulsory insurance
Obligo *n*
(Fin) commitment
– guaranty
– liability
Obligobuch *n*
(Fin) commitment ledger *(ie, kept by bills department of a bank)*
Obligomeldung *f* (Fin) notification of liability
Obligoübernahme *f* (Fin) assumption of commitment (*or* liability)
Obmann *m* (Re) = Oberschiedsrichter
Obsoleszenz *f* (Bw) = geplante Obsoleszenz, qv
OC-Funktion *f* **des Prüfplans** (Stat) operating characteristic
OC-Kurve *f* (Stat) operating characteristic curve
OCR-Schriftart *f*
(EDV) OCR-font *(ie, font that can be easily read by OCR equipment; syn, OCR-Schriftschnitt)*
OCR-Schriftschnitt *m*
(EDV) OCR-font *(ie, font that can be easily read by OCR equipment; syn, OCR-Schriftart)*
ODER-Funktion *f*
(EDV) inclusive-OR operation
– disjunction
– logical add
Odergatter *n*
(EDV) inclusive-OR element (*or* circuit)
(syn, Disjunktionsglied, Mischgatter, Oderglied)
ODER-Glied *n*
(EDV) exclusive-OR element
– except gate
– non-equivalence element
(syn, Antivalenzglied)
Oder-Konto *n*
(Fin) joint account
(ie, with the instruction „either to sign"; opp, Und-Konto)
ODER-Schaltung *f*
(EDV) OR circuit (*or* element)
– inclusive-OR circuit
ODER-Verknüpfung *f*
(EDV) inclusive-OR operation
– disjunction
– logical add
ODER-Zeichen *n* (EDV) OR operator
OECD-Konsensus *m*
(AuW) OECD Consensus
(ie, Übereinkommen über Leitlinien für öffentlich untzerstützte Exportkredite = Arrangement of Guidelines for Officially Supported Export Credits)
OEM-Bausteine *mpl* (EDV) OEM components
OFD (StR) = Oberfinanzdirektion
Off-Budget-Prinzip *n*
(FiW) off budget principle
(ie, Verbuchen von Einnahmen und Ausgaben in Sonderhaushalten: „Flucht aus dem Budget")

offenbare Mängel *mpl* (Re) patent defects
offenbarte Präferenzen *fpl*
(Vw) revealed preferences *(syn, bekundete Präferenzen)*
Offenbarung *f* **e–r Erfindung** (Pat) disclosure of an invention
Offenbarungseid *m* (Re) oath of disclosure (*or* manifestation)
offene Ausfuhrprämie *f* (AuW) open export bounty
offene Bestellungen *fpl* (com) outstanding purchasing orders
offene Darlehenszusagen *fpl* (Fin) outstanding loan commitments
offene Deflation *f* (Vw) undisguised (*or* open) deflation
offene Frage *f*
(com) open question
– matter still in dispute
(Stat) open-ended question
offene Gruppe *f* (Stat) open-ended class
offene Handelsgesellschaft *f*
(Re) general commercial partnership, §§ 105 ff HGB
(ie, leading feature is the unrestricted liability of its partners for debt)
(Re, GB) ordinary partnership
offene Inflation *f* (Vw) undisguised (*or* open) inflation
offene Investmentgesellschaft *f*
(Fin, US) open-end investment . . . company/fund
(ie, fortlaufende Ausgabe neuer Anteile und Pflicht zu jederzeitigem Rückkauf)
offene Kreditlinie *f*
(Fin) open line of credit *(ie, Differenz zwischen dem eingeräumten Höchstbetrag und der in Anspruch genommenen Kreditsumme)*
offene Linie *f* (Fin) unutilized credit line
offene Personalanzeige *f* (Pw) open (*or* signed) ad *(see: Personalanzeige)*
offene Police *f*
(Vers) floating policy
– floater
– declaration policy
– general policy
– unvalued policy
(SeeV) open cover
offene Position *f*
(Fin) exposure
(syn, Engagement)
offene Positionen *fpl* (Bö) open commitments (*or* contracts)
Offene-Posten-Buchführung *f*
(ReW) open item system
– ledgerless accounting
(syn, kontenlose od kontoblattlose Buchführung)
offene Punktmenge *f* (Math) open set of points
offener Auftragsbestand *m* (com) open orders
offener Befehl *m* (EDV) open-ended command
offener Betrag *m* (ReW) amount outstanding
offener Buchkredit *m*
(Fin) open book account
– charge account
– open-account financing
– sales on open-account basis
– advance account
(ie, Bar-, Akzept- od Diskontkredit)
offener Dissens *m*
(Re) patent ambiguity
– open lack of agreement
offene Rechnung *f*
(com) open (*or* outstanding) account
– open-book account
(ie, Zahlung gegen einfache Rechnung: clean payment)
offener Fonds *m*
(Fin) open-ended fund
(ie, Anzahl der Anteile ist unbeschränkt; Rücknahmeverpflichtung zum jeweiligen Tageswert)
offener Halbraum *m* (Math) open halfspace
offener Immobilienfonds *m* (Fin) open-ended real estate fund
offener Investmentfonds *m*
(Fin) mutual (*or* open-ended) fund
(ie, no fixed capital)
offener Kredit *m* (Fin) unsecured (*or* open) credit
offener Mangel *m* (Re) patent defect
offener Markt *m*
(com) open market
(Vw) free market
offener Posten *m* (ReW) open item
offener Regelkreis *m*
(EDV) open loop control system
(ie, system outputs are controlled by system inputs only, and no account is taken of actual system output)
offener Saldo *m* (ReW) balance due
offene Rücklage *f*
(ReW) open
– disclosed
– general . . . reserve
(ie, Terminus ersetzt durch ‚Gewinnrücklagen'; cf, § 273 III HGB)
offener Wagen *m*
(com) open goods waggon
– (GB) gondola car
– (GB, infml) truck *(syn, O-Wagen)*
offenes Akkreditiv *n*
(Fin) clean credit
(cf, Barakkreditiv)
offenes Angebot *n*
(com) open bid *(ie, one allowing price reductions)*
offenes Depot *n* (Fin) open deposit
offenes Entscheidungsmodell *n* (Bw) open decision model
offenes Factoring *n*
(Fin) notification factoring
(ie, Rechnungen enthalten den Hinweis, daß die Forderung im Rahmen e–s Factoring-Vertrages abgetreten wird; syn, notifiziertes Factoring; opp, stilles Factoring, qv)
offenes Interview *n* (Mk) depth (*or* qualitative) interview
offenes Kommunikationssystem *n*
(EDV) open systems interconnections, OSI
(syn, offenes Datenübertragungssystem, OSI-Architekturmodell; cf, OSI-Referenzmodell)
offenes Konto *n* (Fin) open (*or* current) account

offenes Leasing *n*
(Fin) open-end lease
(ie, lessee pays the lessor at the end of the lease term the difference, if any, between a specified amount and the value of the leased property when it is returned to the lessor; so risk of fall in value if on lessee; opp, geschlossenes Leasing = closed-end lease)
offenes System *n*
(EDV) open system
(ie, Hardware und Betriebssysteme, die nicht mehr auf e–n Hersteller ausgelegt sind)
offene Stelle *f*
(com) job opening (*or* vacancy)
– opening
– unfilled job (*or* vacancy)
– vacant job
– vacancy
offene Steuerung *f* (EDV) feedforward
offene Subvention *f* (Vw) overt subsidy
offenes Unterprogramm *n* (EDV) open subroutine
offenes Verbot *n* (AuW) outright prohibition
offenes Warenlager *n* (com) public warehouse, § 56 HGB
offenes Welthandelssystem *n*
(AuW) open world trading system
(ie, with the undiluted free trade idea as its undisputed centerpiece)
offenes Wertpapierdepot *n* (Fin) ordinary deposit of securities
offenes Zahlungsziel *n* (Fin) open terms of payment
offene Terminposition *f* (Fin) open forward position
offene Volkswirtschaft *f* (Vw) open economy
offene Werbung *f* (Mk) overt advertising
offenlegen
(com) to disclose
– to reveal
Offenlegung *f* (ReW) disclosure, § 325 HGB
Offenlegung *f* **e–r Erfindung** (Pat) disclosure of an invention
Offenlegungspflicht *f* (ReW) duty of disclosure, § 18 KWG
Offenlegungspflichten *fpl*
(ReW) disclosure obligations
– reporting requirements
Offenlegungsschrift *f*
(Pat) patent application open to public inspection
(ie, enthält die nach § 31 II PatG jedermann zur Einsicht freistehenden Unterlagen der Patentanmeldung)
Offenlegungsvertrag *m* (Re) disclosure agreement
Offenlegungsvorschriften *fpl* (Re) disclosure . . . requirements/rules
Offenmarktgeschäft *n*
(Vw) open market transactions *(syn, open market operations)*
Offenmarktgeschäfte *npl* (Vw) open market operations
Offenmarktkäufe *mpl* (Fin) purchases in the open-market
Offenmarktkredit *m* (Fin, US) open market loan
Offenmarktoperationen *fpl* (Vw) = Offenmarktgeschäfte
Offenmarktpapiere *npl* (Fin) open market paper (*or* securities)
Offenmarktpolitik *f*
(Vw) open market policy
(ie, Teil der Geldpolitik: Deutsche Bundesbank kauft und verkauft auf eigene Rechnung Wertpapiere gegen Zentralbankgeld am offenen Markt, d. h. von den an die Geschäftsbanken)
Offenmarkttitel *mpl* (Fin) = Offenmarktpapiere
offen od stillschweigend (Re) overtly or tacitly
offen prozeßgekoppelter Betrieb *m* (EDV) open-loop operation
offensichtlicher Mangel *m* (Re) apparent defect
offenstehende Beträge *mpl* (com) open items
öffentlich anbieten (Bö) to offer for public subscription
öffentlich beglaubigen (Re) to authenticate officially (*or* by notarial act)
öffentlich beglaubigt
(Re) publicly attested
– officially authenticated
öffentlich beglaubigte Abschrift *f* (Re) notarized copy
öffentlich beglaubigte Urkunde *f* (Re) officially authenticated document
öffentlich bestellter Sachverständiger *m* (com) publicly appointed expert
öffentliche Abgaben *fpl*
(StR) fiscal charges
– public charges (*or* contributions)
öffentliche Abgaben *fpl* **entrichten** (StR) to pay taxes and other public charges
öffentliche Ankündigung *f* **von Preiswirkungen** (Kart) price signaling
öffentliche Anleihe *f* (Fin) public bond
öffentliche Arbeiten *fpl*
(Vw) public works
(ie, not ‚public relief work' which is = Notstandsarbeiten)
öffentliche Aufgaben *fpl* (Re) public tasks
öffentliche Auflegung *f*
(Bö) public offering
– invitation for general subscription
öffentliche Aufträge *mpl* (FiW) government contracts
öffentliche Auftragsvergabe *f*
(FiW) public purchasing
– purchasing by governmental agencies
(syn, Staats- od Behördeneinkauf)
öffentliche Auschreibung *f*
(com) public invitation to tender
– advertised bidding
öffentliche Ausgaben *fpl*
(FiW) government expenditure
– governmental spending
– public (sector) spending
öffentliche Ausschreibung *f*
(com) public invitation to bid
– advertised bidding
öffentliche Bausparkasse *f* (com) public building society
öffentliche Bautätigkeit *f* (com) public construction activity
öffentliche Bedienstete *mpl*
(Pw) public-sector employees

– (US) government employees
– (GB) civil servants
öffentliche Bedürfnisse *npl* (Vw) public wants
öffentliche Beglaubigung *f*
(Re) public certification of signature, § 129 BGB
– official authentication
öffentliche Bekanntmachung *f* (Re) public disclosure
öffentliche Benutzung *f* (Re) public use
öffentliche Beschaffung *f*
(FiW) public purchasing
– purchasing by governmental agencies
(syn, öffentliche Auftragsvergabe, Staats- od Behördeneinkauf)
öffentliche Beschaffungsstelle *f* (FiW) public purchasing agency
öffentliche Betriebe *mpl* (FiW) public enterprises
öffentliche Beurkundung *f* (Re) public authentication
öffentliche Druckschrift *f*
(Pat) printed patent specification
– printed publication
öffentliche Eingriffe *mpl* (Vw) government interference (*or* intervention)
öffentliche Einnahmen *fpl* (FiW) public revenue
öffentliche Einnahmen *fpl* **und Ausgaben** *fpl* (FiW) government revenue and spending
öffentliche Einrichtungen *fpl* (Re) public institutions
öffentliche Emission *f* (Fin) public issue (offer) by prospectus
öffentliche Finanzen *pl* (FiW) public finances
öffentliche Finanztransfers *mpl* (FiW) public financial transfers
öffentliche Finanzwirtschaft *f*
(FiW) public sector economy *(syn, öffentliche Wirtschaft, Staatswirtschaft)*
(FiW) public finance *(cf, Finanzwissenschaft)*
– public sector economics
öffentliche Fördermittel *pl* (FiW) government subsidies
öffentliche Gelder *npl* (FiW) public funds
öffentliche Gesamtverschuldung *f* (FiW) total government debt
öffentliche Güter *npl*
(Vw) collective
– public
– social . . . goods
(ie, goods which the market provides inadequately or not at all; include what previously were called ‚free goods', such as air, water)
öffentliche Hand *f*
(FiW) public authorities
– (US) public fisc
öffentliche Haushalte *mpl* (FiW) public authorities
öffentliche Investitionen *fpl*
(VGR) public (sector) investment
– government capital expenditure
öffentliche Kassen *fpl*
(FiW) public funds
(eg, in the Federal Republic of Germany)
öffentliche Körperschaft *f* (Re) public-law corporation
öffentliche Kreditaufnahme *f* (FiW) government (*or* public) borrowing
öffentliche Kredite *mpl*
(FiW) loans extended by public-law corporations
(FiW) public-sector borrowing
öffentliche Kreditnachfrage *f* (FiW) public borrowing demand
öffentliche Kreditwirtschaft *f* (Fin) public banking industry
öffentliche Lasten *fpl* (FiW) public charges
öffentliche Meinungsumfrage *f* (Mk) public opinion poll
öffentliche Mittel *pl* (FiW) public funds
öffentliche Nachfrage *f* (Vw) public demand
öffentliche Ordnung *f*
(Re) ordre public
(ie, ist im gesamten Privatrecht zu beachten; praktischer Schwerpunkt im Familienrecht)
öffentliche Plazierung *f*
(Fin) public placement (*or* placing)
– market flotation
öffentlicher Auftrag *m* (com) government contract
öffentlicher Bereich *m* (Re) public sector
öffentlicher Betrieb *m* (Bw) public enterprise
öffentlicher Dienst *m*
(Re) government service
– (GB) civil service
(Pw) public-sector labor force
(ie, comprising all public employees)
öffentlicher Emittent *m* (FiW) public issuer
öffentlicher Fernsprecher *m* (com) public telephone booth
öffentlicher Gesamthaushalt *m* (FiW) overall public sector budget
öffentlicher Haushalt *m*
(FiW) government budget *(syn, Budget, Etat)*
(FiW) public authority
öffentlicher Hochbau *m* (com) public construction
öffentlicher Kredit *m*
(FiW) government lending and borrowing
(ie, Aktivkredit und Passivkredit; der Passivkredit (borrowing) überwiegt heute bei weitem; nach Höhe der Tilgung wird unterschieden zwischen Nettokreditaufnahme (auch: Nettoneuverschuldung) und Bruttokreditaufnahme, qv)
öffentlicher Markt *m*
(Bö) official market
(syn, amtlicher Markt)
öffentlicher Netzbetreiber *m* (EDV) common carrier
öffentlicher Schlachthof *m* (FiW) publicly-owned abattoir
öffentlicher Schlüssel *m* (EDV) public key
öffentlicher Sektor *m* (FiW) public (*or* government) sector
öffentlicher Verbrauch *m*
(VGR) public expenditure on goods and services
(syn, Staatsverbrauch)
öffentlicher Wohnungsbau *m* (com) public (*or* government) housing
öffentliches Beschaffungswesen *n*
(FiW) public procurement
– state purchasing
öffentliche Schulden *fpl* (FiW) public (*or* national) debt
öffentliche Schuldenquote *f* (FiW) public debt ratio

öffentliche Schuldverschreibungen *fpl* (FiW) public bonds
öffentliches Eigentum *n*
(Re) public domain
(ie, property rights thgat belong to the community at large and are subject to appropriation by anyone)
öffentliches Fernsprechnetz *n* (EDV) public telephone network
öffentliches Finanzwesen *n* (FiW) public finance
öffentliches Interesse *n* (Re) public interest *(ie, highly elusive term: it implies a moral imperative which rests on the assumption that there must be an overriding community good)*
öffentliches Kaufangebot *n*
(com) public offer
(cf, Leitsätze für öffentliche freiwillige Kauf- und Umtauschangebote [LSÜbernahmeangebote] vom Jan 1979; public offers are not extensvely used in the FRG as a method of acquisition; cf, Übernahmeangebot)
öffentliches Lagerhaus *n* (com) public warehouse
öffentliche Sparkasse *f* (Fin) public savings bank
öffentliches Recht *n* (Re) public law
öffentliche Stellen *fpl* (Re) public bodies
öffentliche Stromversorgung *f* (com) public power supply
öffentliches Übernahmeangebot *n* (com) public offer *(cf, LSÜbernahmeangebote vom Januar 1979)*
öffentliches Unternehmen *n*
(Bw) public enterprise
– public sector company
– public corporation
öffentliches Vermögen *n* (FiW) public wealth (*or* assets)
öffentliches Versorgungsunternehmen *n*
(Bw) public utility company
– public service company
– public utility
öffentliches Zeichnungsangebot *n*
(Fin) public offering
– public issue by prospectus
öffentliches Zollager *n* (Zo) public warehouse
öffentliche Übernahmen *fpl* (com) public takeover activity
öffentliche Übertragungen *fpl* (VGR) official transfers
öffentliche Urkunde *f* (Re) public document, § 415 ZPO
öffentliche Verkehrsmittel *npl* (com) public transportation
öffentliche Verkehrsunternehmen *npl*
(Bw) public transportation enterprises
(ie, öffentlicher Personennahverkehr, Eisenbahn- und Luftverkehr, Binnenhäfen, qv)
öffentliche Verschuldung *f*
(FiW) public debt
– public (sector) indebtedness
öffentliche Verschuldung *f* **ohne Auslandsverbindlichkeiten** (FiW) internal public debt
öffentliche Verschwendung *f* (FiW) waste of public funds
öffentliche Versorgungsunternehmen *npl*
(Bw) public utilities
(ie, Elektrizität, Gas, Fernwärme, Wasser)
öffentliche Versteigerung *f* (com) sale by public auction
öffentliche Verwaltung *f*
(Re) public administration
– (GB) civil service
öffentliche Wirtschaft *f* (FiW) public-sector economy
öffentliche Wirtschaftsbetriebe *mpl* (Bw) public enterprises
öffentliche Zeichnung *f* (Fin) general subscription
öffentliche Zusatzversorgungseinrichtungen *fpl* (SozV) supplementary pension funds for public employees
öffentliche Zustellung *f* (Re) public notice of service, §§ 203 ff ZPO
öffentlich gebundene Unternehmen *npl* (Bw) regulated industries
Öffentlichkeit *f*
(com) public
– general public
– public at large
Öffentlichkeitsarbeit *f* (Mk) public relations work
öffentlich-rechliche Grundkreditanstalt *f* (Fin) public mortgage bank
öffentlich-rechtlich
(Re) public-law . . .
– public
öffentlich-rechtliche Forderung *f* (FiW) debt due to a federal, state, or communal authority
öffentlich-rechtliche Grundkreditanstalt *f* (Fin) public mortgage bank
öffentlich-rechtliche Körperschaft *f* (Re) public body (*or* corporation)
öffentlich-rechtliche Kreditanstalt *f* (Fin) public credit institution
öffentlich-rechtliche Rentenanstalt *f* (Re) public pension fund
öffentlich-rechtlicher Zweckverband *m* (Re) public special-purpose association
öffentlich-rechtliches Unternehmen *n* (Bw) public enterprise
öffentlich versteigern
(com) to auction
– to sell by public auction
Offenwerbung *f*
(Mk) open advertising
(opp, Schleichwerbung, Tarnwerbung, Schmuggelwerbung)
Offerent *m* (com) offeror
offerieren
(com) to offer
– to tender
Offerte *f*
(com) offer
– bid
– quotation
– tender
Offerte *f* **machen** (com) to make an offer
Offerte *f* **widerrufen** (com) to revoke an offer
offizieller Devisenmarkt *m* (Fin) official (*or* regulated) market
offizielle Reservemittel *npl* (AuW) official reserve assets
offizielle Stellungnahme *f* (com) formal statement *(eg, by a company spokesman)*

offizielle Steuerschätzung *f* (FiW) official tax estimate

Offline-Verarbeitung *f*
(EDV) off-line processing (*or* working)
– offlining
– (ICL) spooling *(syn, indirekte Verarbeitung)*

öffnende Klammer *f* (EDV) left parenthesis

Öffnungszeit *f* (com) opening time

Offshore-Auftrag *m* (com, US) offshore purchase order

Offshore-Bankplatz *m*
(Fin) offshore center *(ie, place with a lot of foreign banks – and a beach)*

Offshore-Steuerabkommen *n* (StR) Offshore Tax Agreement

Offshore-Steuergesetz *n* (StR) Offshore Tax Law

Offshore-Zweigstelle *f*
(Fin) shell branch
– booking center
(ie, an Orten mit steuerlichen, Aufsichts- und administrativen od Publizitätsvorteilen, in denen Geschäft verbucht, nicht aber acquiriert und betreut wird; foreign branch, usu in a tax haven, which engages in Eurocurrency business but is run out of a head office; syn, Buchungszentrum)

Ogive *f* (Stat) ogive

ohne Berechnung
(com) free of charge
– at no charge

ohne Berührung des Zollgebiets (Zo) without crossing the customs territory

ohne Bezugsrecht (Fin) ex rights

ohne Dividende
(Fin) ex dividend
– dividend off

ohne eigenes Verschulden (Re) through no fault of one's own

ohne Einwendungsausschluß (Re) subject to any defenses connected with the origin of a contract

ohne Gewähr
(com) without engagement
(WeR) without recourse
(ie, if prior indorser signs . . ., he exempts himself from liability for payment)

ohne Gratisaktien (Bö) ex bonus

ohne Kosten (WeR) no protest, Art. 46, 25 II WG

ohne Kupon (Fin) ex coupon

ohne Mängelgewähr (Re) with all faults

ohne Notiz (Bö) no quotation

ohne Obligo (com) without engagement

ohne Prämie (Bö) ex bonus

ohne Protest (WeR) = ohne Kosten

ohne Rabatt
(com) without discount
– straight

Ohne-Rechnung-Geschäft *n* (com, StR) no-invoice deal (*or* transaction)

ohne rechtlichen Grund (Re) without legal justification, § 812 BGB

ohne Regreß (WeR) = ohne Rückgriff

ohne Rückgriff (WeR) without recourse, Art. 9 II WG

ohne Stückzinsen (Bö) ex interest

ohne Umsatz (Bö) no sales

ohne Verlust arbeiten (com) to break even

ohne Verschulden (Re) through no fault of one's own

ohne Zeilensprung *m* (EDV) noninterlaced

ohne Ziehung (Bö) ex drawing

ohne Zinsen notiert (Bö) quoted flat

ohne zureichenden Grund (Re) without cause

Ökologie *f* (Vw) ecology

ökologisch (Vw) ecological

„ökologische Beamte" *mpl*
(com, roughly) ecological civil servants
(ie, recipients of income out of government revenues paid to small and mid-size farmers)

ökologisches Gleichgewicht *n* (com) ecological balance

Ökonometrie *f* (Vw) econometrics

Ökonometriker *m* (Vw) econometrician

ökonometrische Methodenlehre *f* (Vw) econometrics

ökonometrische Schätzmethoden *fpl*
(Math) econometric methods of estimation
(ie, zur Ermittlung der Regressionskoeffizienten von Ein- bzw Mehrgleichungsmodellen; eg, Methode der kleinsten Quadrate, Maximum-Likelihood-Methode und die verallgemeinerte Kleinst-Quadrate-Methode (Aitken-Schätzung); cf, Einzelgleichungsschätzverfa und Systemschätzverfahren)

ökonometrisches Modell *n* (Vw) econometric model

ökonomische Aktivität *f*
(Vw) economic activity *(ie, production and distribution of goods and services)*

ökonomische Analyse *f* (Vw) economic analysis

ökonomische Aspekte *mpl*
(Vw) economic factors (*or* aspects)
– economics (!)

ökonomische Effizienz *f* (Vw) economic efficiency

ökonomische Größe *f* (Vw) economic magnitude

ökonomische Güter *npl* (Vw) economic goods

ökonomische Interdependenz *f* (Vw) economic interdependence

ökonomische Rente *f* (Vw) rent

ökonomischer Erfolg *m* (Vw) economic performance

ökonomische Ressourcen *pl* (Vw) economic resources

ökonomischer Gewinn *n*
(Bw) economic profit *(ie, wird aus ex-ante-Größen abgeleitet; syn, Idealgewinn)*

ökonomischer Gewiunn *m*
(Fin) economic profit *(ie, bei der Berechnung der Ertragskraft)*

ökonomischer Horizont *m* (Bw) economic horizon *(J. Tinbergen)*

ökonomischer Sachverstand *m* (Bw) economic expertise

ökonomischer Wert *m* (ReW) economic value

ökonomisches Gesetz *n* (Vw) economic law

ökonomisches Modell *n* (Vw) economic model

ökonomisches Prinzip *n*
(Bw) efficiency rule
(ie, to produce at a given rate with lowest cost; or to produce at the highest rate with the same cost; syn, Wirtschaftlichkeitsprinzip, Rationalprinzip)

ökonomisches Verhalten *n* (Vw) economic behavior

Ökonomische Theorie *f* **der Politik**
(Vw) New Political Economy
(syn, Neue Politische Ökonomie, Nichtmarktliche Entscheidungstheorie)
ökonomische Transaktion *f* (Vw) economic transaction
ökonomische Variable *f* (Vw) economic variable
ökonomische Zeitreihe *f*
(Bw) economic time series
(ie, betrifft sequentiell geordnete Vorgänge od Zustände, die Ergebnis wirtschaftlicher Prozesse sind)
Ökonomisierung *f* **der Kassenhaltung** (Fin) efficient employment of money holdings
Ökosystem *n* (Vw) ecosystem
Ökotrophologe *m* (com) ecotrophologist
Ökotrophologie *f*
(com) ecotrophology *(ie, Ernährungswissenschaft, Hauswirtschaftslehre)*
oktales Zahlensystem *n* (EDV) base 8 system
Öleinfuhren *fpl* (com) imports of crude oil
Ölfazilität *f* (IWF) oil facility
Ölförderland *n* (com) oil producing country
OLG (Re) = Oberlandesgericht
Oligopol *n*
(Vw) oligopoly
(ie, sale by a few: a small number of persons or firms account for a large proportion of output, employment, etc)
Oligopolist *m* (Vw) oligopolist
oligopolistische Interdependenz *f* (Vw) oligopolistic interdependence
oligopolistischer Markt *m* (Vw) oligopolistic market
Oligopoltheorie *f* (Vw) theory of oligopoly
Oligopson *n* (Vw) oligopsony
Ölpreisexplosion *f* (com) oil price explosion
Ölpreisschock *m* (com) oil price shock
Ölpreisschub *m*
(com) oil shock
– surge in oil prices
Ölsande *mpl* (IndE) tar sands
Ölschwemme *f*
(Vw) glut of oil *(eg, worldwide)*
– oil glut
Ölunfall *m* (com) (accidental) oil spill
Omnibusbefragung *f* (Mk) omnibus survey
Omnibuswerbung *f* (Mk) bus advertising
on hold (com) zurückgestellt
Onlinedienst *m* (EDV) online information service
Online-Dokumentation *f*
(EDV) online documentation *(ie, program description that is not printed but delivered as a part of the software; help system, qv)*
Onlinegemeinde *f* (EDV) online community
Online-Verarbeitung *f*
(EDV) on-line processing (*or* working) *(syn, direkte Verarbeitung)*
OOP (EDV) = Objektorientierte Programmierung
Operand *m* (EDV, Cobol) operand
Operandenadresse *f* (EDV) operand address
Operandenteil *m* (EDV) operand part
Operandenübertragung *f*
(EDV) operand fetch *(ie, in pipelining)*
Operateur *m* (EDV) operator
Operation *f* (Bw) job
operationale Definition *f*
(Log) operational definition
(ie, terms and concepts are defined as identifiable and repeatable operations; limited to the natural sciences, but – unjustifiably – adopted also by the humanities; first formulated in 1927 by P. W. Bridgeman, an American physicist and Nobel laureate, in his book ‚The logic of modern physics', qv)
operationales Ziel *n*
(Bw) operational goal
(ie, one stated in measurable, verifiable, specific terms of quantity, quality, time, and cost)
operationalisieren (Log) to operationalize
Operationalismus *m* (Log) operationalism
Operationalität *f*
(Log) operationality
– degree of specificity
Operationscharakteristik *f* (Stat) operating (*or* performance) characteristic
Operationscode *m* (EDV) operation (*or* instruction) code
Operationsfeld *n*
(Bw) business area
– operation
Operationsgeschwindigkeit *f*
(EDV) calculating (*or* computing) speed *(syn, Rechengeschwindigkeit)*
Operationsplanung *f* (Bw) operations planning
Operations Research *n*
(OR) operations research
– (GB) operational research
(ie, a frequent US substitute is ‚management science')
Operationsschlüssel *m* (EDV) operation (*or* OP) code
Operationsteil *m* (EDV) operation part
Operationsumwandler *m* (EDV) operation decoder
Operationszeit *f*
(EDV) operation time
(EDV) execution time
operative Planung *f* (Bw) operational (*or* operative) planning
operativer Kern *m* (Bw) operational heart
operativer Plan *m* (Bw) operational plan
operativer Rahmenplan *m*
(Bw) operating budget
(ie, short-term plan for managing the resources needed to carry out a program; opp, Investitionsplan = capital budget)
operatives Gesamtergebnis *n* (Bw) total operating result
operatives Management *n* (Bw) operative management
operative Tätigkeit *f* (Bw) operative business
operative Ziele *npl* (Bw) operative goals
Operator *m*
(Log) operator
(ie, universal and existential quantifiers – Allquantor und Existenzquantor – are the most common examples)
(EDV) operator
(Mk, retailing) operator

(ie, leitet Bereiche Anlagen und Sachmittel, Lager und meist auch Personal; cf, Merchandiser, Koordinator)
Operatorbefehl *m* (EDV) operator command
Operatoren-Überladung *f* (EDV, OOP) operator overloading *(assigning a new function to an operator)*
Operatormeldung *f* (EDV) operator message
Ophelimität *f*
(Vw) ophelimity *(ie, introduced by V. Pareto; the term roughly equivalent is ‚utility')*
Ophelimitätsindex *m* (Vw) index of ophelimity
Opportunitätskosten *pl*
(Bw) opportunity/alternative . . . cost
(ie, entgangener Nutzen, der sich bei der nächstbesten Verwendung e–s Gutes od Produktionsfaktors ergäbe; sie bilden die volkswirtschaftlichen Kosten (Schattenpreise, qv); cf, Theorie der komparativen Kosten)
Opportunitätskostenmatrix *f*
(Bw) matrix of opportunity costs
(ie, derived from a decision matrix)
Opportunitätskosten *pl* **pro Einheit der Engpaßbelastung** (KoR) marginal profit opportunity by machine-hour
optieren (Bö) to make use of an option
Optimalbeschäftigung *f* (KoR) optimum level of activity *(syn, Bestbeschäftigung)*
optimale Allocation *f* **der Ressourcen** (Vw) optimum allocation of resources
optimale Auflegungszahl *f* (Bw) optimum lot number
optimale Auftragsgröße *f* (Bw) optimum order size
optimale Bedingungen *fpl* (Bw) optimum conditions
optimale Beschäftigung *f*
(Bw) optimum output
(KoR) optimum level of activity
optimale Bestellmenge *f*
(MaW) economic order(ing) quantity, EOQ
– economic purchasing quantity, EPQ
– optimum lot quantity
– optimum order quantity
(ie, bei ihr ist die Summe der bestellmengenabhängigen Kosten minimal)
optimale Besteuerung *f* (FiW) optimal taxation *(ie, gives us a clear indication of the tradeoffs between efficiency and equity)*
optimale Betriebsgröße *f* (Bw) optimum size (*or* scale) of a plant
optimale Codierung *f* (EDV) optimum coding
optimale Depotzusammensetzung *f* (Fin) portfolio selection
optimale Einkommensverteilung *f* (Vw) optimum income distribution
optimale Faktorkombination *f* (Vw) optimum input combination
optimale Fertigungsmenge *f* (IndE) economic manufacturing quantity
optimale Fließbandbelegung *f* (IndE) assembly line balancing
optimale Geltungszahl *f*
(Bw) optimum internal price
(ie, used by E. Schmalenbach to arrive at most efficient uses of plant resources)
optimale Kapazität *f* (Bw) practical plant capacity
optimale Kapazitätsauslastung *f* (Bw) preferred operating rate
optimale Kapitalstruktur *f* (Fin) optimum capital structure (*or* financing mix)
optimale Lebensdauer *f* (Bw) optimum life
optimale Leistung *f* (Bw) optimum performance
optimale Losgröße *f*
(Bw) economic lot (*or* batch) size
– optimum lot size
(ie, Problem tritt nur bei Serienfertigung und Sortenfertigung auf)
optimale Losgrößenformel *f* (Bw) EOQ (economic order quantity) formula
optimale Lösung *f* (Bw) optimal/best . . . solution
optimale Maschinenbelegung *f* (IndE) optimum machine loading and scheduling
optimale Maschinengröße *f*
(IndE) optimum size of major plant
(eg, which for modern blast furnaces is abt 1,200 tons of pig iron per day)
optimale Nutzung *f* **der Produktionsfaktoren** (Vw) optimum allocation of resources
optimale Nutzung *f* **der verfügbaren Zeit** (OR) most profitable loading of available time
optimale Nutzungsdauer *f* (Bw) optimum economic life
optimale Produktionsmenge *f* (Vw) profit maximization output
optimaler Bestand *m*
(MaW) optimum size of inventory
(ie, leading to minimum relevant total costs: inventory carrying cost + cost of acquisition)
optimaler Datendurchsatz *m* (EDV) optimum throughput
optimaler Entscheidungszeitpunkt *m* (Bw) optimum time of decision making
optimale Restlebensdauer *f*
(Bw) optimum remaining life
(ie, e–r vorhandenen Anlage, für die der Kapitalwert sein Maximum annimmt)
optimaler Griffbereich *m* (IndE) normal working area
optimaler Kostenpunkt *m*
(Bw) locus of minimum cost per unit
(ie, intersection of marginal and average cost curves)
optimaler Lagerbestand *m* (MaW) = optimaler Bestand
optimaler Lieferbereitschaftsgrad *m*
(MaW) optimum service degree
(ie, of a stock of inventory; depends on optimum mix of holding cost and stockout cost)
optimaler Preis *m* (com) optimum (*or* highest possible) price
optimaler Verbrauchsplan *m* (Vw) optimum consumption plan
optimaler Währungsraum *m* (AuW) optimum currency area
optimales Angebot *n* (com) optimum offer
optimales Budget *n*
(FiW) optimum budget
(ie, seeking to determine optimum resource allocation between private and public sectors and within the public sector itself)

optimales Optimum *n* (Mk) optimal optimum *(cf, Austauschverfahren)*
optimales Programmieren *n* (EDV) optimum programming
optimales Wachstum *n*
(Vw) optimum growth
(ie, is achieved if utility of present and future consumption is at a maximum)
optimale Wettbewerbsintensität *f*
(Vw) optimum intensity of competition
(cf, Wettbewerbsintensität)
Optimalitätskriterium *n* (OR) criterion of optimality
Optimalitätsprinzip *n* (OR) optimality principle
Optimallösung *f* (Bw) optimum solution
Optimalstandardkosten *pl* (KoR) ideal (*or* perfection) standard cost
Optimalzoll *m* (Zo) optimum tariff
optimieren (Bw) to optimize
optimierender Compiler *m*
(EDV) optimizing compiler
(ie, compiler analyzes and improves the machine code it generated from the souce code)
optimierte Produktionstechnik *f* (IndE) optimized production technology, OPT
optimierter Code *m*
(EDV) optimized code
(ie, ineffiziente oder redundante Programmteile wurden entfernt; optimized code normally is the result of an optimizing compiler, qv)
Optimierung *f* (Bw) optimization
Optimierungskriterien *npl*
(Bw) optimization criteria
(eg, Extremierung, Satisfizierung, Fixierung)
Optimierungsmodelle *npl*
(OR) models of optimization
(ie, e–r von zwei Typen von Planungsmodellen des OR, im Gegensatz zu Bewertungsmodellen; zu ihnen gehören:
1. lineare Optimierung, LP;
2. ganzzahlige Optimierung;
3. kombinatorische Optimierung;
4. dynamische Optimierung;
5. Graphentheorie;
6. Spieltheorie, etc.)
optimistische Dauer *f* (OR) optimistic time
optimistische Erwartungen *fpl* (com) buoyant expectations
optimistische Zeit *f* (OR) optimistic time estimate
Option *f*
(com) right of first refusal
– right of choice
(Bö) option
(cf, Übersicht S. 646)
(StR, VAT) right of entrepreneur to opt for regular turnover taxation
Option *f* **auf Indexterminkontrakte** (Bö) option on index futures
Option *f* **auf Kassakontrakte**
(Bö) option on actuals *(ie, vor allem im Wertpapiersektor)*
Option *f* **auf Swaps**
(Bö) swapoption
(ie, Vereinbarung, die dem Käufer das Recht gibt, zu e–m Zeitpunkt in der Zukunft in e–n Swap einzutreten, dessen Konditionen beim Kauf der Option festgelegt werden)
Option *f* **auf Terminkontrakte**
(Bö) option on futures *(ie, „Papieranspruch auf Papieransprüche")*
Option *f* **ausüben**
(Bö) to exercise an option
– to take up an option
Option *f* **einräumen** (Bö) to grant an option
Optionsanleihe *f*
(Fin) (equity) warrant issue
– warrant bond
– bond with warrants
– (GB) convertible debenture stock
(ie, Anleihe mit Optionsschein (cum); verbriefen dem Inhaber das Recht auf den Bezug von Aktien der Emittentin (equity-linked issue); Unterschied zur Wandelschuldverschreibung: Aktie tritt nicht an die Stelle der Wandelschuldverschreibung, sondern tritt zusätzlich hinzu; cf, Wandelschuldverschreibungen)
Optionsaufgabe *f* (Bö) abandonment of option
Optionsberechtigter *m* (Bö) option holder
Optionsbörse *f*
(Bö) options exchange
– traded options market
Optionsdarlehen *n* (Fin) optional loan
Optionsdauer *f*
(Bö) option period
(Fin) exercise period
Optionsempfänger *m* (Bö) grantee of an option
Optionsfrist *f* (Bö) = Optionslaufzeit
Optionsgeber *m* (Bö) giver of an option
Optionsgeschäft *n*
(Bö) options . . . trading/dealings
(Bö) option bargain
Optionsgeschäft *n* **mit Termindevisen** (Bö) option forward
Optionshandel *m*
(Bö) trading in options
– options business (*or* trading)
Optionshändler *m* (Bö) options . . . dealer/trader
Optionsinhaber *m* (Bö) option holder
Optionskäufer *m* (Bö) option buyer
Optionsklausel *f*
(com) option clause
– first refusal clause
Optionskontrakt *m* (Bö) option . . . contract/deal
Optionslaufzeit *f*
(Bö) life of an option
– option period *(syn, Optionsfrist)*
Optionsnehmer *m* (Bö) taker of an option
Optionspreis *m*
(Fin) warrant exercise price
(ie, Preis, zu dem Aktien bei Optionsanleihen erworben werden können)
(Bö) price of an option *(syn, Prämie)*
(Bö) exercise/strike/striking . . . price
(ie, Preis für Kauf- und Verkaufsoption, der vom Käufer der Option beim Abschluß zu zahlen ist; syn, Basispreis, Ausübungspreis)
Optionsrecht *n*
(Bö) option right
(Bö) stock purchase warrant
(ie, when traded on the stock exchange)

Optionsschaltfläche *f* (EDV, GUI) radio button *(always used in groups; pushing one button deactivates the other ones)*
Optionsschein *m*
(Fin) warrant
(ie, Recht auf Ausübung der Option ist in getrennten Optionsscheinen verbrieft; wird an der Börse gehandelt)
Optionsstückliste *f* (MaW) options bill of material
Options-Swap *m*
(Fin) contingent swap
– contingent interest rate swap
(ie, Konditionen e–r künftigen Zins-Swapvereinbarung werden ex ante fixiert; kombinierte Anwendung der Options- und Swaptechnik)
Optionsverkäufer *m* (Bö) writer of the option
Option *f* **verfallen lassen** (Bö) to allow an option to lapse
Option *f* **verkaufen** (Bö) to write an option
optische Abtastung *f* (EDV) optical scanning *(opp, elektrische und magnetische Abtastung)*
optische Datenverarbeitung *f* (EDV) optical data processing
optische Maus *f* (EDV) optical mouse *(ie, normally uses light sensors and a line grid to detect and measure movement; opp, mechanical mouse)*
optische Platte *f* (EDV) optical disk, OD
optischer Abtaster *m*
(EDV) optical scanner
(syn, optischer Leser)
optischer Belegleser *m*
(EDV) optical character reader *(syn, Klarschriftleser)*
optischer Leser *m*
(EDV) optical (character) reader *(syn, optischer Abtaster)*
optischer Markierungsleser *m* (EDV) optical mark reader
optisches Anzeigegerät *n* (EDV) visual display unit (*or* device)
optisches Plattenlaufwerk *n* (EDV) optical disk drive
optische Verbindung *f* (EDV) optical link
optische Zeichenerkennung *f* (EDV) optical character recognition, OCR
optisch lesen
(EDV) to wand
– to scan
ordentliche Abschreibung *f*
(ReW) ordinary depreciation
(ie, traced into cost accounting; opp, außerordentliche (Sonder-)Abschreibung)

Optionen

ordentliche Ausgaben *fpl* (FiW) ordinary expenditure
ordentliche Deckungsmittel *pl* (FiW) ordinary budget receipts
ordentliche Einnahmen *fpl* (FiW) ordinary receipts (*or* revenue)
ordentliche Hauptversammlung *f*
(com) ordinary shareholders' meeting, § 175 AktG
– (GB) annual general meeting, AGM
ordentliche Kapitalherabsetzung *f*
(Fin) ordinary capital reduction
(ie, Verminderung des Haftungskapitals; reduction of nominal value of shares and repayment to shareholders, § 222 bis 228 AktG)
ordentliche Kündigung *f*
(Pw) statutory or contractual notice of termination
(opp, außerordentliche, meist fristlose Kündigung aus wichtigem Grund)
ordentlicher Haushalt *m* (FiW) ordinary budget
ordentlicher Kaufmann *m* (Re) prudent business man, § 347 HGB
ordentliches Betriebsergebnis *n*
(ReW) operating result
– (GB) ordinary trading profit
Orderklausel *f* (WeR) pay-to-order clause
Orderkonnossement *n*
(com) order bill of lading
– bill of lading (made out) to order
Orderladeschein *m* (WeR) shipping note made out to order, § 363 II HGB
Orderlagerschein *m*
(WeR) negotiable warehouse receipt
– warehouse receipt made out to order
Ordermangel *m* (Bö) shortage of buying orders
Orderpapier *n*
(WeR) order paper
– instrument to order
– instrument made out to order
(ie, Übertragung durch Indossament und Übergabe: wertpapierrechtliche Übertragungserklärung wird auf die Rückseite des Papiers (in dosso) gesetzt und unterzeichnet; Folge: Weitgehender Ausschluß von Einwendungen aus dem Grundgeschäft; damit starke Stellung des Erwerbers; Typen: Namensaktie, Namensscheck, Wechsel, Zwischenschein sowie die ‚gekorenen Papiere' des § 363 HGB)
Orderpolice *f* (Vers) policy made out to order
Orderscheck *m*
(WeR) check to order
– order check
Orderschuldverschreibung *f*
(WeR) order bond
– registered bond made out to order
Order- und Inhaberpapiere *npl*
(WeR) negotiable instruments
(ie, payable to order or bearer; syn, Wertpapiere i. e. S.)
Ordervermerk *m* (WeR) order clause
Ordervolumen *n* (Bö) total (*or* volume of) buying orders
ordinale Größe *f*
(Math) magnitude *(opp, quantity)*
ordinale Nutzenfunktion *f* (Vw) ordinal utility function
ordinale Nutzenmessung *f* (Vw) measurement of ordinal utility
ordinaler Nutzen *m* (Vw) ordinal utility
ordinales Meßkonzept *n* (Vw) ordinal utility approach
ordinales Nutzenmaß *n* (Vw) ordinal utility measure
ordinal skaliert (Stat) ordinally scaled
Ordinalzahl *f* (Math) ordinal number
Ordinate *f*
(Math) ordinate
(ie, Cartesian coordinate obtained by measuring parallel to the y-axis = vertikale Koordinate; opp, Abszisse, qv)
Ordinatendifferenz *f* **zweier Punkte** (Math) rise
Ordner *m*
(com) standing file
– folder
Ordnung *f*
(com) order
(Math) ordering
– order relation
– partial ordering
(ie, a binary relation b ≤ among the elements of a set such that a ≤ b and b ≤ c implies a ≤ c, and a ≤ b,b ≤ a implies a = b; it need not be the case that either a ≤ b or b ≤ a)
Ordnung *f* **e–r Matrix** (Math) dimension (*or* order) of a matrix
Ordnungsbegriff *m* (EDV) defining argument
Ordnungsgeld *n* (Re) fine
ordnungsgemäß
(com) due
– proper
– orderly
– adequate
ordnungsgemäß bevollmächtigt (Re) duly authorized
ordnungsgemäß einberufene Sitzung *f* (com) regularly/properly constituted meeting
ordnungsgemäß einberufene Versammlung *f* (com) duly convened meeting
ordnungsgemäße Zahlung *f* (Fin) payment in due course
ordnungsgemäßige Buchführung *f*
(ReW) adequate and orderly accounting
(ie, this basic tenet of German accounting practice is untranslatable; it has statutory and commercial sources)
ordnungsgemäß zugestellt (com) duly served
Ordnungsgütemaß *n* (EDV) ordering bias
ordnungsmäßige Buchführung *f*
(ReW) adequate and orderly accounting
(ie, this basic tenet of German accounting practice is untranslatable; it has statutory and commercial sources)
ordnungsmäßig einberufene Sitzung *f* (com) duly convened meeting
Ordnungsmäßigkeit *f* **der Buchführung**
(ReW) adequacy of accounting
(ie, see §§ 38–47 b HGB, § 149 AktG, §§ 140–148 AO, etc.)
Ordnungsmuster *n* (Vw) general pattern

Ordnungspolitik *f* (Vw) *(no conceptual equivalent outside Germany:)* Economic policy proceeding from, and taking as its yardstick of performance, an ideal-type free market system; it is subordinated to the requirements, as the case may be, of the economic framework or ‚Ordnung'; concept goes back to W. Eucken; opp, Prozeßpolitik

ordnungspolitische Vorstellungen *fpl* (Vw) basic regulatory concept *(eg, as that prevailing in Germany)*

Ordnungsrelation *f* (Math) = order, qv

Ordnungssteuer *f* (FiW) nonrevenue regulatory tax *(ie, as an instrument of policy; syn, Zwecksteuer)*

Ordnungswidrigkeit *f*
(Re) non-criminal offense
(Kart) administrative offense

Ordoliberalismus *m* (Vw) *(no conceptual equivalent outside Germany:)* Neoliberal economic order as conceived by the Freiburg school of economists (Eucken, Böhm). Seeks to uphold individual freedom, protect private ownership of productive capital and reasonably free competition in all markets, and provide a basic ‚order' in the country's economic affairs. A middle position between collectivism and unbridled liberalism. Practical result is a „socially tempered market economy"; Syn, Neoliberalismus.

Organ *n* (Bw) executive body (*or* organ)

Organe *npl* **e–r Gesellschaft**
(Bw) organs of a company
– corporate agents
– agents of a corporation
– properly constituted agents
– *(phrase coined by the American Law Institute)*: high managerial agents
(ie, bei juristischen Personen handeln Geschäftsführer und Vorstand rechtsgeschäftlich; im Gegensatz zu dieser Fremdorganschaft bei Kapitalgesellschaften gilt für Personengesellschaften der Grundsatz der Selbstorganschaft: nur Mitgesellschafter haben organschaftliche Pflichten und Rechte)

Organertrag *m* (ReW) income from subsidiaries

Organgemeinschaft *f* (StR) group of integrated companies

Organgesellschaft *f*
(StR) dependent enterprise
– controlled subsidiary company
(ie, financial, economic, and organizational dependency on another enterprise; may have the form of AG, GmbH, KGaA)

Organhaftung *f* (Re) liability of a legal person for its executive organs, §§ 31, 89 BGB

Organisation *f*
(Bw) *(Führungsfunktion:)* organizing
– *(Gebilde:)* organization
(Vers) field organization
– agency plant
(ie, total force of agents representing an insurer)

Organisation *f* **der Vereinten Nationen für industrielle Entwicklung** (AuW) *(Vienna-based)* United Nationals Industrial Development Organization, UNIDO

Organisation *f* **erdölexportierender Länder** (AuW) *(Vienna-based)* Organization of the Petroleum Exporting Countries, OPEC

Organisation *f* **für wirtschaftliche Zusammenarbeit und Entwicklung** (AuW) (Paris-based) Organization for Economic Cooperation and Development, OECD

Organisation *f* **mit großer Leitungsspanne** (Bw) shallow (*or* flat) organization

Organisation *f* **mit kleiner Leitungsspanne** (Bw) narrow (*or* deep) organization

Organisation *f* **ohne Erwerbscharakter** (Re) nonprofit organization

Organisationsabteilung *f* (Bw) organization department

Organisationsanalyse *f* (Bw) organizational analysis

Organisationsberater *m* (Bw) organizational consultant

Organisationseinheit *f*
(Bw) unit of organization
(syn, Instanz, Stelle)

Organisationsentwicklung *f* (Bw) organization development

Organisationsformen *fpl* (Bw) forms of organization

Organisationsgefüge *n* (Bw) organizational structure

Organisationsgestaltung *f* (Bw) organizational design

Organisationsgrad *m*
(Bw) level of organization
(Pw) degree of unionization

Organisationshandbuch *n* (Bw) organization manual

Organisationsinvestition *f* (Bw) capital spending on setting up or improving the organization structure

Organisationsklausel *f* (Pw) clause concerning union membership

Organisationskosten *pl*
(ReW) organization expense
– startup expense
– (GB) preliminary expense
(syn, Gründungskosten, qv)

Organisationskultur *f* (Bw) corporate culture

organisationsmäßig (Bw) in matters of organization

Organisationsmitglieder *npl* (Bw) members of an organization

Organisationsmodell *n* (Bw) organization model *(eg, functional, divisionalized, matrix)*

Organisationsplan *m* (Bw) organization(al) chart (*or* tree)

Organisationsprogramm *n*
(EDV) master program
– supervisory program
– supervisor
(syn, Systemkern, qv)

Organisationsprogrammierer *m*
(EDV) application programmer
(ie, legt selbständig konzeptionelle Lösungen im Sinne e–s Systementwurfs an und setzt diese auch in e–e problemorientierte Programmiersprache um)

Organisationsregeln *fpl* (Bw) rules of organization

Organisationsschaubild *n* (Bw) organization chart (*or* tree)

Organisationssoziologie *f* (Bw) sociology of organization
Organisationsstelle *f* (Bw) ultimate unit of responsibility
Organisationsstruktur *f* (Bw) organization(al) structure
Organisationstalent *n* (Pw) organizational ability (*or* skills)
Organisationstheorie *f* (Bw) theory of organization
Organisationstypen *mpl* **der Fertigung**
(IndE) typology of manufacturing processes
(cf, Fließfertigung, Werkstattfließfertigung, Fließinselfertigung, Werkstattfertigung; see also: Werkbankfertigung, Baustellenfertigung)
Organisations- und Geschäftsführungsprüfung *f*
(ReW) management audit
Organisationsziele *npl* (Bw) organizational (*or* system-wide) goals
Organisator *m* (EDV) systems analyst
organisatorisch (Bw) organizational
organisatorische Eingliederung *f* (StR) organizational integration
organisatorische Operation *f* (EDV) bookkeeping (*or* red-tape) operation
organisatorischer Befehl *m* (EDV) bookkeeping (*or* red-tape) instruction
organisatorischer Teilbereich *m*
(Bw) organizational subunit
(ie, je nach Bedeutung in der Hierarchie des Unternehmens: Abteilung, Hauptabteilung, Bereich od Sektor)
organisatorisches Dilemma *n*
(Bw) organizational dilemma *(H. Steinmann)*
(ie, the amount of failure, conflict, and frustration increases from top to bottom, and is larger in a tall than in a flat organizational structure)
organisatorisches Umfeld *n* (Bw) organizational environment
organisatorische Umstellung *f* (Bw) organizational shakeup
organischer Bestandteil *m* (com) integral part
organische Rohstoffe *mpl* (com) organic raw materials
organisiert (Pw) unionized
organisierte Arbeitnehmer *mpl* (Pw) unionized employees
organisierter Markt *m*
(Vw) market overt
(Bw) regular market
organisierter Streik *m* (Pw) official strike
organisierte Unverantwortlichkeit *f* (Vw) organized irresponsibility *(cf, Beck 1988)*
Organizer *m*
(EDV) Personal Information Manager, PIM
(can be software or hardware [then also called Personal Digital Assistant, PDA or handheld computer])
Organkredit *m*
(Fin) loan to officers and related persons
(ie, wird an Mitglieder des Aufsichtsrats, Vorstands, leitende Angestellte e–r Unternehmung und deren Ehegatten und Kindern gewährt; bei Banken Erweiterung auf alle Beamten und Angestellten; cf, § 15 KWG; loan extended by a company to its officers [supervisory board, managing board, managerial employees] and their spouses and minor children)
Organmitglied *n* (Re) officer
Organogramm *n (pl. Organigramme)*
(Bw) organization(al) chart
– organization tree
Organschaft *f*
(StR) [tax device of] „integration"
– integrated inter-company relation
– fiscal unit
– integrated group of companies
(ie, besonders enge Verflechtung e–r oder mehrerer KapGes [Organgesellschaft, Organgesellschaften] mit ihrem Trägerunternehmen [Organträger]; Voraussetzung: finanzielle, wirtschaftliche und organisatorische Eingliederung; developed by the Federal Fiscal Court for purposes of both income tax and turnover tax)
Organschaftsabrechnung *f* (ReW) accounting settlement between integrated companies
organschaftsähnliches Verhältnis *n*
(StR) quasi-integration relationship
(ie, combinations of enterprises that do not fully meet the conditions for recognition as an „integration")
Organschaftsverhältnis *n*
(StR) integrated inter-company relationship
– single-entity relationship
Organschaftsverrechnung *f* (ReW) settlement between integrated companies
Organschaftsvertrag *m*
(Re) contract relating to the integration of a subsidiary
– agreement between interlocking companies
(ie, Beherrschungsvertrag wird mit e–m Gewinnabführungsvertrag verbunden; Abschluß ist Voraussetzung für die körperschaftsteuerliche Organschaft; cf, § 14 KStG)
Organträger *m*
(StR) dominant enterprise
– controlling company
(ie, any enterprise within the meaning of § 2 I UStG: natural and legal persons, unincorporated partnerships and associations)
Organverhältnis *n* (StR) integrated relationship with a subsidiary
Organverlust *m* (ReW) loss posted by a subsidiary
OR-Geschäft *m* (com, StR) = Ohne-Rechnung-Geschäft
Orientierungsdaten *pl* (Vw) guideline data, § 3 StabG
Orientierungspreis *m*
(com) introductory (*or* informative) price
(EG) guide (*or* target) price
(ie, für Rindfleisch und Wein; ist unverbindlich, hat Zielpreischarakter und soll Preisverhalten beeinflussen)
Orientierungsrahmen *m*
(com) guide lines
– long-term program
Orientierungswert *m* (com) rule-of-thumb value
Original *n*
(com) original
(ie, of any document, letter, etc.)

Originalausfertigung *f* (com) original document
Originalbeleg *m*
(ReW) original (*or* source) document
(syn, Urbeleg)
Originaldaten *pl*
(com) raw data
(syn, Rohdaten)
Originaldiskette *f* (EDV) distribution diskette
Originaldokument *n* (com) source document
Originalfaktura *f* (com) original invoice
Originalfracht *f* (com) original freight
Originalpolice *f* (Vers) original policy
Originalrechnung *f* (com) original invoice
Originalverpackung *f* (com) original package (*or* wrapping)
Originalvorlage *f*
(EDV, CAD) original artwork
(cf, Vorlage)
Originalwechsel *m* (WeR) original bill of exchange
originäre Kostenarten *fpl* (KoR) primary cost categories
originäre Produktionsfaktoren *mpl* (Vw) natural resources
originärer Firmenwert *m*
(ReW) self-generated goodwill
– unpurchased goodwill
– company-developed goodwill
– goodwill developed by the business
(ie, darf nicht aktiviert werden, weil er kein Vermögensgegenstand ist; not considered for balance sheet and tax purposes; syn, selbstgeschaffener Firmenwert; opp, derivativer Firmenwert = acquired goodwill, qv)
originelle Werbung *f* (Mk) original way of advertising
Ort *m* **der Geschäftsleitung** (Bw) place of management
Ort *m* **der Gründung** (Bw) place of incorporation
Ort *m* **der Leistung** (Re) place of performance
Ort *m* **der Niederlassung** (Bw) place of establishment
Ort *m* **der tatsächlichen Geschäftsleitung** (Bw) place of actual management
Ort *m* **des steuerbaren Umsatzes** (StR) place of taxable transaction
Ort *m* **des Verbringens** (AuW) place (*or* point) of introduction
Ort *m* **des Vertragsabschlusses** (Re) place of contract
orthogonale Funktion *f* (Math) orthogonal function
orthogonale Koordinaten *fpl* (Math) orthogonal coordinates
orthogonale Matrix *f* (Math) orthogonal matrix
orthogonale Transformation *f* (Math) orthogonal transformation
Orthogonalitätsbedingung *f* (Math) orthogonality restriction
örtlich begrenzter Streik *m* (Pw) localized strike
örtliche Behörde *f* (Re) local authority
örtliche Gebietskörperschaft *f*
(FiW) municipal government
– municipality
– local government (unit)
– locality
– unit of local government
– general-purpose local government
– (GB) municipality
(opp, central government; in U.S. this is ‚städtische Gemeinde' as opposed to a township)
örtliche Gewohnheit *f* (StR) local practices, § 2 BewG
örtlicher Markt *m*
(com) local market
(ie, which may also be ‚Binnenmarkt' or ‚Inlandsmarkt')
örtliches Aufkommen *n* (FiW) local revenue
örtliche Zuständigkeit *f* (StR) place for filing returns, § 17 AO
Ortsbrief *m* (com) local letter
Ortsgespräch *n* (com) local call
Ortskraft *f* (Pw) local employee
Ortskrankenkasse *f* (SozV) local health insurance office
ortskundig (com) having local knowledge
Ortsstapelverarbeitung *f* (EDV) local batch processing
Ortsteilnehmer *m* (com) local subscriber
ortsübliche Miete *f* (com) local rent
ortsunabhängig (EDV) remote
Ortszulage *f*
(Pw) local bonus
– residential allowance
– local cost of living allowance
Ort *m* **und Tag** *m* **der Ausstellung** (com) place and date of issuance (*or* issue)
OSI-Bewegung *f* (IndE) OSI movement *(ie, open systems interconnection)*
Osterei *n* (EDV) Easter egg
Österreichische Schule *f*
(Vw) Austrian school of economists
(ie, led by K. Menger, F. v. Wieser, and E. v. Böhm-Bawerk; J. A. Schumpeter, L. v. Mises, F. A. v. Hayek)
Osthandel *m*
(AuW) East-West trade *(syn, Ost-West-Handel)*
Ost-West-Handel *m* (AuW) = Osthandel
oszillierende Reihe *f* (Math) oscillating series
OTC-Produkt *n*
(com) frei verkäufliches Produkt *n*
(Mk) rezeptfreies Medikament *n* in der Pharmabranche
(ie, over the counter)
Otto Normalsteuerzahler *m*
(com, infml) John Citizen, the taxpayer
(ie, the average taxpayer left without the benefit of tax loopholes)
Otto Normalverbraucher *m*
(com, infml) John Doe
– John Citizen
– (GB) Mr. A. N. Onymous
(ie, the average, anonymous man)
ÖTV (Pw) = Gewerkschaft Öffentliche Dienste, Transport und Verkehr
O-Urteil *n*
(Log) O-proposition
– particular negative
Output *m* **je Arbeitsstunde**
(Vw) man-hour output
– output per man-hour

output-orientiertes Budget *n*
(FiW) planning, programming, budgeting system
– PPBS system
– output-oriented budget

Outright-Termingeschäfte *npl* (Bö) outright forward transactions

Outright-Terminkurs *m* (Bö) outright price

Outsourcing *n* (EDV) outsourcing
(ie, Auslagerung von Informationsaufgaben an externe Rechenzentren)

O-Wagen *m* (com) = offener Wagen

Ozonloch *n* (com) ozone depletion

P

Paarkorrelation *f* (Stat) intra-class correlation
Paarmenge *f* (Math) pair set
Paarvergleich *m* (Mk) paired comparison
paarweise disjunkt (Math) pairwise disjoint
paarweise Zuordnung *f* **von Elementen** (Math) pairing of elements
Paasche-Index *m* (Stat) Paasche index number
Paasche-Preisindex *m*
(Stat) Paasche price index-number
(ie, prices being weighted by the quantities of the given period)
Pacht *f*
(com) lease
(Re) lease
(ie, contract by which the right to possess, use and enjoy a thing, as defined in § 90 BGB, and of its fruit, as defined in § 99 BGB, is granted in exchange for payment of a stipulated price, called ‚rent', §§ 581–597 BGB. Note that ‚Miete' is identical except that the enjoyment of fruit is excluded.)
(ReW) leases
Pachtbedingungen *fpl* (Re) terms of a lease
Pachtbesitz *m* (Re) leasehold property
Pachtdauer *f* (Re) term (*or* life) of a lease
pachten
(com) to lease
(ie, land or building)
– to take on lease
(Note that ‚to lease' also means ‚verpachten' in the sense of ‚to let on lease')
Pächterpfandrecht *n* (Re) statutory lien of lessee, § 590 BGB
Pachtertrag *m* (Re) rentals
Pächter *m* **und Verpächter** *m*
(Re) lessee *(ie, person to whom conveyed)* and lessor *(ie, person who conveys)*
Pachtgrundstück *n* (Re) leased property
Pachtkosten *pl* (KoR) rentals paid
Pachtvertrag *m*
(Re) lease
– lease agreement
Pachtwert *m* (com) rental value
Pachtzins *m*
(Re) rent
– rental
(ie, paid for use of property)
Päckchen *n*
(com) small parcel
–petit paquet
packen
(com) to pack *(eg, into boxes, cases)*
(EDV) to pack
Packerei *f* (com) packing department
Packkiste *f* (com) packing box
Packliste *f* (com) packing list
Packmaterial *n*
(com) packing
– packing material
(com) dunnage
(ie, other than packaging)
Packpapier *n* (com) wrapping paper
Packstück *n*
(com) package
– parcel
Packung *f*
(com) pack *(ie, any size)*
– (GB) packet
(Mk) package
Packungsbeilage *f*
(Mk) package insert
(eg, small advertising folder, sample, etc.)
Packungsgestaltung *f* (com) packaging
Packungstest *m* (Mk) = Verpackungstest
Packzettel *m* (com) packing (*or* shipping) slip
pactum de non petendo
(Re, appr.) Stundung *f*
(ie, Fälligkeit des Anspruchs bleibt unberührt, Gläubiger ist aber verpflichtet, den Anspruch zeitweilig nicht geltendzumachen)
(Fin) pactum de non petendo
(ie, Beteiligte an e–m Akkreditiv können die Klagbarkeit durch bestimmte Verfahrenswege ausschließen; zeitlich und inhaltlich begrenzt)
Pädagoge *m*
(Pw) teacher
– educator
Pädagogik *f* (Pw) educational theory
p-adische Darstellung *f* (Math) p-adic representation
pagatorische Buchhaltung *f* (ReW) financial (*or* general) accounting
pagatorische Kosten *pl* (Bw) cash-outlay cost
pagatorische Rechnung *f* (ReW) cash basis of accounting
paginieren (com) to number pages
Paginiermaschine *f* (com) (page) numbering machine
Paket *n*
(com) parcel
– (US, *also*) package
(com) package deal (*or* offer)
(Fin) block (*or* parcel) of shares
Paketabholstelle *f* (com) parcel pickup station
Paketabschlag *m*
(Fin) share block discount
– blockage discount
(ie, reduction in the price of a large block or parcel of stock)
Paketanbieter *m* (EDV) package vendor
Paketangebot *n*
(Bw) bundle bidding *(ie, R & D + production)*
Paketbesitz *m* (Fin) 25-percent block of shares
Paketemission *f* (Bö) block emission
Paketempfangsschein *m*
(com) parcel receipt *(ie, made out by a shipping company)*
Paketfilterung *f* (EDV) packet filtering

Pakethandel *m*
(Bö) block trading
– large-lot dealing
(ie, Handel mit Aktienpaketen, meist außerhalb der Börse)
(Pat) package licensing
Paketkarte *f*
(com) parcel dispatch slip
– parcel mailing form
Paketlizensierung *f*
(Pat) block booking of patents
(ie, licensee must accept an entire package of patents even if he needs only one)
Paketlizenz *f*
(Pat, Kart) package license
(ie, combined licensing of several blocking or complimentary patents; permitted if entered without coercion)
Paketlösung *f*
(com) package solution
(ie, detailed treatment of problems)
Paketmakler *m* (Bö) block trader
Paketpolice *f* (Vers) package policy
Paketpost *f* (com) parcel post
Paketsendung *f*
(com) parcel
– (US) package
Paketumschlagstelle *f* (com) parcel rerouting center
Paketverkaufsgewinn *m* (Fin) gain on disposal of block of shares
Paketvermittlung *f*
(EDV) packet switching
(ie, small packages of data are sent in pulses along wires)
Paketzuschlag *m*
(Bö) share block premium
– extra price on block of shares *(ie, percentage × share price)*
– pay-up *(ie, premium paid on block of shares)*
(StR) addition to the combined list price or fair market value of shares or membership rights, § 11 BewG
Paketzustellung *f* (com) parcel delivery
Palette *f*
(com) pallet
(ie, portable platform used in conjunction with fork-lift truck – Gabelstapler – or pallet truck for lifting and moving materials)
Palettenbanking *n* (Fin) multi-product banking
Palettendarlehen *n* (com) loaned palettes, cf, § 380 HGB
Palettenladung *f* (com) palette load
palettieren (com) to palletize
palettierte Güter *npl* (com) palletized goods
Panelerhebung *f* (Mk) panel interview
Panelsterblichkeit *f* (Mk) panel mortality
Panikkäufe *mpl* (com) panic (*or* scare) buying
Panikverkäufe *mpl* (Bö) panic selling
Panoramaanzeige *f* (Mk) multi-page advertisement
Pantonesystem *n* (EDV) Pantone Matching System
PAP (EDV) = Programmablaufplan
Papiere *npl*
(Fin) securities
(Pw, infml) walking papers
– (GB) marching papers (*or* orders)
Papiere *npl* **aus dem Altgeschäft** (Fin) pre-currency-reform securities
Papier *n* **einspannen** (com, EDV) to load paper *(eg, into typewriter, printer)*
Papierfabrik *f* (IndE) paper mill
Papiergeld *n* (Vw) paper currency (*or* money)
Papiergeld *n* **mit Edelmetalldeckung** (Vw) representative money
Papiergold *n*
(AuW) „paper gold" *(ie, special drawing rights, SDRs)*
Papierhersteller *m* (com) paper maker
Papierindustrie *f* (com) paper industry
Papierkorb *m*
(com) waste basket
– (GB) waste paper basket
– (job) „round file"
(EDV, GUI) trashcan *(ie, icon that symbolizes delete operations)*
– Recyle Bin
Papierkorb-Post *f* (com) junk mail
papierlose Ablage *f* (EDV) paperless filing
Papier *n* **mit Maßeinteilung** (com) scaled paper
Papier *n* **ohne Maßeinteilung** (com) non-scale paper
Papiersack *m* (com) paper bag
Papierstau *m* (EDV) printer jam
Papiertransport *m* (EDV) paper transport
papierverarbeitende Industrie *f* (com) paper converting industry
Papierverarbeiter *m* (com) paper converter
Papiervorschub *m* (EDV) paper feed
Papierwährung *f* (Vw) paper currency
Pappe *f*
(com) paperboard
– cardboard *(ie, nontechnical term)*
Parabel *f* (Math) parabola
parabolische Beschränkungen *fpl* (OR) parabolic constraints
parabolische Funktion *f* (Math) parabolic function
parafiskalische Abgaben *fpl* (FiW) parafiscal levies
parafiskalische Sonderabgaben *fpl* (FiW) special parafiscal levies
Parafiskus *m*
(FiW) intermediate fiscal power
– auxiliary fiscal agent
(eg, churches, social insurance carriers, EC, World Bank; syn, Hilfsfiskus, Nebenfiskus)
Paragraph *m*
(Re) section *(ie, the Symbol §)*
Parallelabfragespeicher *m* (EDV) parallel search memory
Parallelanleihen *fpl*
(Fin) parallel loans
– back-to-back loans
(ie, two firms in separate countries borrow each other's currency for a specified period of time; such a swap creates a covered hedge against exchange loss since each company, on its own books, borrows the same currency it repays)
Parallelaufträge *mpl* (Bö) matched orders
Parallelbetrieb *m* (EDV) parallel operation

Parallel-Devisenmarkt *m* (AuW) parallel market
Paralleldrucker *m* (EDV) parallel printer
parallele Abarbeitung *f* (EDV) pipelining
parallele Eigenerzeugung *f*
(IndE) cogeneration of electricity
(ie, power generated within a company's own plant, aside from power supplied by a public utility)
parallele Kanten *fpl* (OR) parallel edges
parallele Massenfertigung *f*
(IndE) parallel mass production
(opp, wechselnde Massenfertigung)
Parallelenschar *f* (Math) family of parallel lines
parallele Programmausführung *f* (EDV) concurrent program execution
paralleler Ablauf *m* (OR) parallel mode of operation
parallele Schnittstelle *f* (EDV) parallel interface (*or* port)
paralleles Multitasking *n*
(EDV) parallel multitasking
(ie, es laufen gleichzeitig mehrere Prozesse bzw. Threads; Wartezeiten werden ausgenutzt; opp, serielles Multitasking)
Parallelgeschäft *n*
(AuW) parallel transaction
(ie, im Basisvertrag wird der Export zu üblichen Zahlungsbedingungen vereinbart; im Gegenlieferungsvertrag wird die Abnahme von Gegenlieferungsgütern in vereinbarter Höhe festgelegt; wirtschaftlich zusammenhängende, juristisch aber selbständige Verträge; fällt unter den Oberbegriff des ‚countertrade', qv)
parallel geschaltete Kanäle *mpl* (OR) servers arranged in parallel
parallel geschaltete Kanten *fpl* (OR) branches in parallel
Parallellauf *m* (EDV) parallel operation
parallel laufendes Patent *n* (Pat) collateral patent
Parallelmarkt *m*
(Bö) parallel (foreign exchange) market
(ie, gebräuchlich besonders für e–n inoffiziellen Devisenmarkt, der im Ggs zum schwarzen Markt geduldet wird)
(Bö) parallel stock market
(ie, die beiden unteren vertikalen Marktsegmente der Amsterdamer Börse, 1982 eingerichtet; auch in Deutschland für untere Segmente benutzt)
Parallelmodem *n* (EDV) parallel modem
Parallelpolitik *f* (FiW) procyclical fiscal policy
Parallelproduktion *f*
(IndE) parallel manufacturing
(ie, Methode der Durchlaufzeitenminimierung in PPS-Systemen)
Parallelprogramm *n* (EDV) concurrent program
Parallelspeicher *m* (EDV) parallel memory (*or* storage)
Parallelstichprobe *f* (Stat) duplicate sample
Parallelstruktur *f* (EDV) concurrent tree
Parallelübertragung *f* (EDV) parallel transmission
Parallelverarbeitung *f* (EDV) parallel/concurrent . . . processing
Parallelverhalten *n*
(Kart) concerted action (*or* behavior) *(syn, abgestimmtes Verhalten)*
Parallelverschiebung *f* (Math) parallel shift (*or* displacement)
Parallelversuch *m* (Stat) replication
Parallelvorschrift *f* (Re) sister provision
Parallelwährung *f* (Vw) parallel currency
Parallelwarteschlange *f* (EDV) concurrent queue
Parallelzugriff *m* (EDV) parallel (*or* simultaneous) access
Paralogismus *m*
(Log) paralogism
(ie, any fallacious reasoning)
Parameter *m*
(Math) parameter *(ie, an arbitrary constant or variable)*
(Stat) parameter *(ie, a constant which most usually occurs in expressions defining frequency distributions, such as population parameters, or in models describing a stochastic situation, such as regression parameters)*
Parameter *m* **der Grundgesamtheit** (Stat) population parameter
parameterfreie Statistik *f* (Stat) nonparametric statistics
parametergesteuert (EDV) parameter-controlled
parametergesteuerte Reihenfolgeoptimierung *f*
(IndE) parameter-controlled sequencing
Parametergleichung *f* (Math) parametric equation
Parameterkarte *f* (EDV) parameter (*or* control) card
Parametermatrix *f* (Math) parameter matrix
Parameterraum *m* (Stat) parameter space
Parameterschätzung *f* (Stat) estimation of parameters
Parametertest *m*
(Stat) parametric test
(ie, zur Überprüfung von Hypothesen über unbekannte Parameter von Grundgesamtheiten mit Hilfe von Zufallsstichproben)
Parameter-Übergabe *f* (EDV) parameter passing
parametrische Programmierung *f* (OR) parametric programming
parametrischer Benutzer *m* (EDV) casual user
parametrischer Test *m* (Stat) parametric test
parametrische Statistik *f* (Stat) parametric statistics
parametrisieren (Stat) to parameterize
paramonetäre Finanzierungsinstitute *npl*
(Fin) nonfinancial (*or* nonmonetary) intermediaries *(syn, sekundäre F.)*
Paraphe *f* (com) initials
paraphieren (com) to initial *(eg, a contract)*
pareto-optimal (Vw) Pareto optimal
Pareto-Optimalität *f* (Vw) Pareto optimality condition
Pareto-Optimum *n*
(Vw) Pareto optimum
(ie, es wird nach den Bedingungen des Wohlfahrtsoptimums gefragt:
1. Grenzraten der Substitution müssen übereinstimmen;
2. Grenzraten der Faktorsubstitution müssen in allen Unternehmen gleich sein;
3. die Grenzraten der Transformation müssen den kollektiven Grenzraten der Gütersubstitution entsprechen)

Pareto-Verteilung *f*
(Vw) Pareto distribution
(ie, Gesetzmäßigkeit der personellen Einkommensverteilung)
Pari-Bezugsrecht *n* (Bö) par rights issue
Pari-Emission *f*
(Bö) issue at par
– par issue
Parikurs *m*
(Fin) par of exchange
– par rate
(Bö) par price
pari notieren (Bö) to quote at par
Pari-Passu-Klausel *f* (Fin) = Gleichbesicherungsklausel
Parirückzahlung *f* (Fin) redemption at par
Pariser Club *m*
(Vw) Paris Club
– Group of Ten
Pariser Verband *m* (Pat) Paris Union
Pariser Verbandsübereinkunft *f* **(zum Schutz des gewerblichen Eigentums)**
(Pat) Union (*or* Paris) Convention
(ie, full title: International Convention for the Protection of Industrial Property; concluded in 1883 and frequently revised, most recently at Stockholm in 1967)
Parität *f*
(Fin) parity
(ie, offizielles Austauschverhältnis nationaler Währungen, bezogen auf gemeinsamen Nenner; statt Parität spricht man heute von ‚Leitkurs', wenn es sich um amtlich fixierte Wechselkursrelation handelt)
Paritätengitter *n* (Fin) = Paritätenraster
Paritätenraster *m*
(Fin) parity grid
(ie, matrix of bilateral par values for the currencies of members of the European Monetary System; it establishes the intervention prices between each member government is obliged to maintain exchange value of currency in terms of every other group currency; die in Form e–r Matrix (Gitter) aufgezeichneten bilateralen Leitkurse der EWS-Währungen, Paritätengitter, syn, Gitter bilateraler Leitkurse)
paritätische Mitbestimmung *f*
(Pw) parity
– equal
– 50 : 50 . . . codetermination
paritätische Vertretung *f* (Re) parity representation
Paritätsänderung *f* (Fin) parity change
Paritätsbit *n* (EDV) parity (*or* check) bit
Paritätsfehler *m* (EDV) parity error
Paritätsklausel *f* (Fin) parity clause
Paritätskurs *m* (Fin) parity price
Paritätspreis *m*
(EG) parity price *(ie, in farming)*
Paritätsprüfung *f*
(EDV) parity (*or* odd-even) check
(ie, an extra bit is set to zero or one so that the total number of zeros or ones in each word is always made even or always made odd)
Paritätssystem *n* (IWF) par value system
Paritätstabellen *fpl* (Bö) parity tables
Paritätsziffer *f* (EDV) parity digit
parken (Fin) to invest temporarily
Parkett *n*
(Bö) floor
– official market
(opp, Kulisse)
Parkhochhaus *n* (com) multi-story car park
Parkplatz *m*
(com) car park(ing facilities)
– (GB) car parking lot
(com) parking space
– (GB) parking bay
(Fin) temporary investment
Parlamentsdebatte *f* (com) parliamentary debate
Parteien *fpl* (Re) = Prozeßparteien
Parteienanträge *mpl* (Re) motions
Parteien *fpl* **e–s Rechtsstreits**
(Re) parties to a dispute
(syn, streitende Parteien)
Parteienvereinbarung *f*
(Re) contractual stipulation
– agreement by the parties
Partei *f* **ergreifen** (com) to side (with/against)
Parteifähigkeit *f* (Re) capacity to sue and be sued, § 50 ZPO
Parteispenden *fpl* (StR) donation to political parties
Parteiwille *m* (Re) intention of the parties to a contract
Parteninhaber *m* (com) part owner of a ship
Partenreederei *f* (com) shipowning partnership, § 489 HGB
Partialanalyse *f* (Vw) partial analysis
Partialbruch *m* (Math) partial fraction
Partialsumme *f* (Math) partial sum
partiarischer Darlehensgeber *m* (Fin) lender with participation in debtor's profits
partiarisches Darlehen *n*
(Fin) profit participating loan
(ie, loan which entitles the creditor to a profit participation = Verzinsung abhängig vom Gewinn oder Ergebnis des Unternehmens; deshalb meist ergebnisunabhängige Mindestverzinsung)
Partie *f*
(com) consignment
(Bö) parcel
– lot
(IndE) lot
– batch *(syn, Auflage, Los, Serie)*
(Pw) gang of workers
Partiehandel *m* (Bö) spot business
Partiekauf *m* (com) sale by lot
partielle Ableitung *f*
(Math) partial derivative
(ie, derivative of function of several variables taken with respect to one variable holding the others fixed)
partielle Aussagenlogik *f* (Log) partial propositional calculus
partielle Differentialgleichung *f* (Math) partial differential equation
partielle Ersatzinvestition *f*
(Fin) partial replacement *(ie, nicht gleich der Modernisierungsinvestition)*

partielle Faktorproduktivität *f*
(Vw) partial factor productivity
(ie, reciprocal of input/output ratio = Produktionskoeffizient)
partielle Gleichgewichtsanalyse *f* (Vw) partial equilibrium analysis
partielle Integration *f* (Math) integration by parts
partielle Korrelation *f* (Stat) partial correlation
partielle Korrelationsanalyse *f* (Stat) partial correlation analysis
partielle Produktionselastizität *f* (Bw) partial elasticity of production
partielle Rangkorrelation *f* (Stat) partial rank correlation
partielle Regression *f* (Stat) partial regression
partieller Grenzertrag *m* (Vw) partial marginal return
partielles Gleichgewicht *n* (Vw) partial equilibrium
partielles Subsystem *n* (Bw) partial subsystem
partiell geordnete Menge *f*
(Math) partially ordered set
– poset
Partienstreuung *f* (IndE) batch variation
Partieware *f*
(com) job (*or* substandard) goods
– job lot
partikulär-bejahendes Urteil *n*
(Log) particular affirmative
– I-proposition
partikuläres Urteil *n* (Log) particular (proposition)
Partikularisator *m* (Log) particular (*or* existential) quantifier
partikulär-verneinendes Urteil *n*
(Log) particular negative
– O-proposition
Partikulier *m* (com) independent barge-owner
Partikulierschiffahrt *f* (com) private inland waterway shipping
Partitionsbootsektor *m* (EDV) partition boot sector
Partitionstabelle *f* (EDV) partition table
Partizipationsgeschäft *n* (com, Fin) joint transaction
Partizipationsgrad *m* (Bw) degree of employee (*or* subordinate) participation
Partizipationskonto *n* (Fin) joint account
Partizipationsmodell *n*
(Bw) linking pin model *(ie, developed by R. Likert)*
Partizipationsplanung *f*
(Vw) participatory planning *(ie, in regional economics)*
Partizipationsschein *m* (Fin) participating receipt
Partner *m*
(Re) partner
– co-partner
Partnerstammdaten *pl* (EDV) party information
Partnerwährung *f* (Fin) partner currency
Pascalsches Dreieck *n*
(Math) Pascal's triangle
– binomial array
Pascal-Verteilung *f* (Stat) Pascal distribution
Passiva *npl* (ReW) total equity and liabilities

passive Abgrenzung *f*
(ReW) accrual
– deferred income
passive Abschreibung *f*
(ReW) indirect method of depreciation
(ie, debited through separate valuation account; syn, indirekte Abschreibung)
passive Bestechung *f* (com) taking bribes
passive Einkünfte *pl* (StR) passive income
passive Handelsbilanz *f* (VGR) unfavorable (*or* adverse) balance of trade
passive Kenntnis *f* (Mk) recognition
passive Kreditbereitschaft *f* (Fin) readiness to borrow
passive Kreditgeschäfte *npl* (Fin) = Passivgeschäfte
passive Lohnveredelung *f* (AuW) processing of goods abroad for domestic account
passiver Abgrenzungsposten *m* (ReW) deferred income
passive Rechnungsabgrenzung *f*
(ReW) accrued expense
– deferred income
passiver Transithandel *m* (AuW) passive transit trade
passiver Veredelungsverkehr *m* (Zo) outward processing
passiver Verrechnungssaldo *m* (Fin) debit balance on inter-branch account, § 53 KWG
passives Bauelement *n* (EDV) passive element
passive Vertretung *f*
(Re) passive agency
(ie, agent receives a declaration of intent addressed to the principal through his agency)
passive Zahlungsbilanz *f* (VGR) unfavorable (*or* adverse) balance of payments
Passivfinanzierung *f*
(Fin) liabilities-side financing *(ie, financing transaction expanding the volume of equity and outside capital; opp, Aktivfinanzierung)*
Passivgelder *npl* (Fin) borrowings
Passivgeschäft *n*
(Fin) deposit business
(ReW) transaction creating a liability
(Fin) borrowing transaction
(ie, of banks)
Passivhandel *m*
(AuW) external trade handled by nonresidents
(AuW) passive trade *(ie, imports exceeding exports)*
passivieren
(ReW) to carry as liability
– to accrue *(eg, pension obligations)*
Passivierung *f*
(AuW) pushing into definit
– moving (*or* heading) into deficit
(ie, said of balance of payments; opp, Aktivierung)
Passivierungsgebot *n* (ReW) = Passivierungspflicht
Passivierungspflicht *f*
(ReW) requirement to accrue in full
– obligation to carry as liability on the balance sheet
Passivierungsrecht *n* (ReW) right to carry as liability on the balance sheet

Passivierungsverbot *n* (ReW) prohibition to carry as liability on the balance sheet
Passivierungswahlrecht *n*
(ReW) option to show or not to show items on the liabilities side
– option to accrue *(eg, repairs and renewals)*
Passivkonto *n* (ReW) liability account
Passivkredit *m*
(Fin) borrowing
(ie, by a bank)
Passivlegitimation *f* (Re) capacity to be sued
passiv legitimiert
(Re) capable of being sued, § 50 ZPO
– having capacity to be sued
Passivposten *m*
(ReW) liability (*or* debit) item
(AuW) debit item
Passivsaldo *m*
(ReW) debit (*or* adverse) balance
– deficit
Passivsaldo *m* **der Zahlungsbilanz** (AuW) balance of payments deficit
Passivseite *f*
(ReW) liabilities side *(ie, of a balance sheet)*
– liabilities and shareholders' equity
Passivstruktur *f* (Fin) structure of liabilities
Passivtausch *m*
(ReW) accounting exchange on the liabilities side *(ie, of financial statements)*
Passivwechsel *m* (Fin) bill payable
Passivzinsen *mpl*
(Fin) deposit interest rates
– interest on deposits
Passwort *n*
(EDV) pass word
(ie, also spelled ‚Paßwort')
Patent *n*
(Pat) patent
– letters patent
Patentabteilung *f* (Pat) patent division
Patent *n* **abtreten** (Pat) to assign a patent
Patentabtretung *f* (Pat) patent assignment
Patentamt *n*
(Pat) Patent Office
(eg, Deutsches Patentamt, Europäisches Patentamt)
Patentamtsentscheidung *f* (Pat) ruling of the Patent Office
Patent *n* **anfechten** (Pat) to challenge a patent
Patentanfechter *m* (Pat) patent challenger
Patent *n* **angemeldet** (Pat) patent applied for
Patent *n* **anmelden**
(Pat) to apply for a patent
– to file an application for a patent
Patentanmelder *m* (Pat) patent applicant
Patentanmeldung *f*
(Pat) patent application
(Pat) filing of a patent application
(cf, Übersicht S. 658)
Patentanmeldung *f* **bearbeiten** (Pat) to process a patent application
Patentanmeldung *f* **einreichen** (Pat) to file a patent application
Patentanmeldung *f* **im Ausland einreichen** (Pat) to file a patent application abroad
Patentanmeldung *f* **zurücknehmen** (Pat) to withdraw a patent application
Patentanmeldung *f* **zurückweisen** (Pat) to refuse a patent application
Patentanspruch *m*
(Pat) patent claim *(ie, defines an invention succintly and serves to delimit the scope of the rights requested)*
Patentanwalt *m*
(Pat) patent lawyer
– (US) patent attorney
– (GB) patent agent
Patentaufgabe *f*
(Pat) abandonment of patent *(ie, inventor dedicates patent to public use)*
Patent *n* **aufrechterhalten** (Pat) to maintain a patent
Patentaustausch *m*
(Pat) cross-licensing of patents
– exchange of patents
Patentaustauschvertrag *m*
(Pat) cross-license agreement
– patent exchange agreement
Patentausübung *f*
(Pat) patent exploitation
– use (*or* working) of a patent
Patent *n* **auswerten** (Pat) to exploit (*or* work) a patent
Patentauswertung *f* (Pat) exploitation (*or* working) of a patent
patentbegründend (Pat) substantiating a patent claim
Patentberichterstatter *m* (Pat) patent investigator
Patentberichtigung *f* (Pat) patent amendment
Patentberühmung *f* (Pat) patent advertising (*or* marking), § 146 PatG
Patentbeschreibung *f* (Pat) patent specification
Patentblatt *n* (Pat) Patent Office Journal
Patentbüro *n* (Pat) patent law firm
Patentdauer *f* (Pat) term of a patent
Patenteinspruch *m* (Pat) opposition to a patent
Patenteinspruchsverfahren *n* (Pat) opposition proceeding
Patententziehung *f* (Pat) revocation of a patent
Patent *n* **erlischt** (Pat) patent expires (*or* lapses)
Patent *n* **erteilen** (Pat) to grant (*or* issue) a patent
Patenterteilung *f* (Pat) issue (*or* grant) of a patent
patentfähig (Pat) patentable
patentfähige Erfindung *f* (Pat) patentable invention
patentfähiger Teil *m* (Pat) patentable part
patentfähiges Verfahren *n* (Pat) patentable process
patentfähige Verbesserung *f* (Pat) patentable improvement
Patentfähigkeit *f* (Pat) patentability
Patentfähigkeitserfordernis *n* (Pat) patentability requirement
Patentgebühr *f*
(Pat) patent fee
– royalty charge
Patentgemeinschaft *f* (Pat) patent pool
Patentgericht *n* (Pat) patent court
Patentgerichtsverfahren *n* (Pat) patent court proceeding
Patentgesetz *n* (Pat) Patents Law

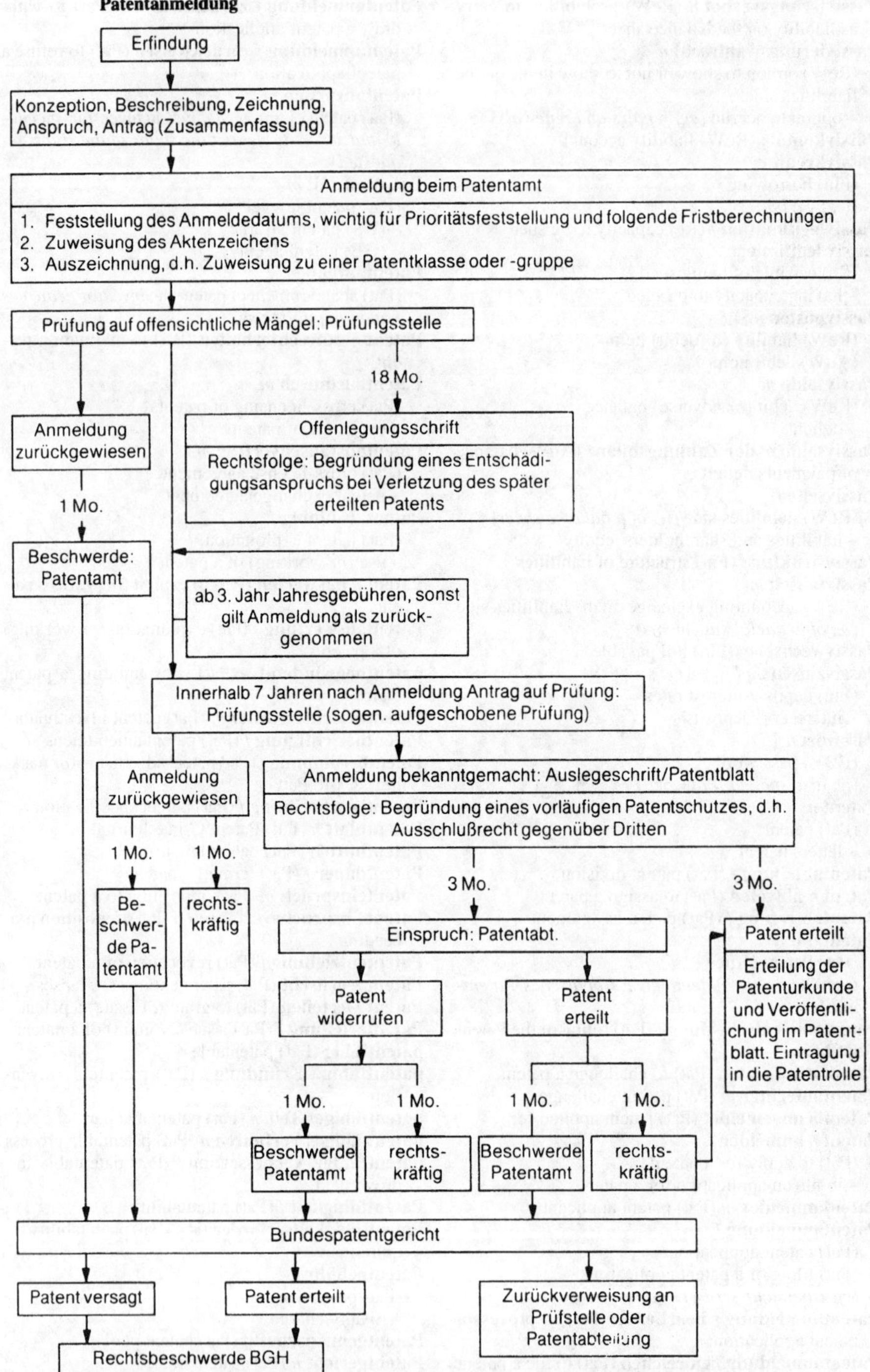

Quelle: Dichtl/Issing, Vahlens Großes Wirtschaftslexikon, Bd. 2, 2. Auflage, München 1993, S. 1613.

Patentgesetzgebung *f* (Pat) patent legislation
Patenthindernis *n* (Pat) bar to patentability
Patent-Holdingsgesellschaft *f* (Pat) patent pool
patentierbar (Pat) patentable
Patentierbarkeit *f* (Pat) patentability
patentieren (Pat) to grant a patent
patentieren lassen
(Pat) to take out a patent (on)
– to obtain a patent (on)
– to patent
(eg, one's invention)
patentierte Erfindung *f* (Pat) patented invention
patentiertes Verfahren *n* (Pat) patented process
Patentierung *f* (Pat) issue of a patent
Patentinhaber *m*
(Pat) holder of a patent
– owner (*or* proprietor) of a patent
– patentee
Patentkartell *n* (Pat) patent cartel
Patentkategorie *f* (Pat) patent category *(ie, Patentgesetz unterscheidet zwischen Erzeugnispatenten und Verfahrenspatenten; cf, § 9 PatG)*
Patentklage *f* (Pat) patent proceedings
Patentklasse *f* (Pat) patent class (*or* category)
Patentklassifikation *f* (Pat) patent classification
Patentkosten *pl*
(ReW) cost of acquiring a patent *(ie, price to be capitalized and written off)*
(ReW) research expenditure on patents
(ReW) royalties
– patent charges
Patentlaufzeit *f* (Pat) term of patent
Patentlizenz *f* (Pat) patent license
Patentlizenzabgabe *f* (Pat) royalty
Patentlizenzvertrag *m* (Pat) patent license agreement
Patent *n* **löschen** (Pat) to cancel a patent
Patentlöschung *f* (Pat) cancellation of a patent
Patentlösung *f*
(com) patent answer
– canned scheme
Patentmißbrauch *m* (Pat) misuse of a patent
Patentmonopol *n* (Pat) patent monopoly
Patentnichtigkeitsverfahren *n* (Pat) proceedings for nullification of a patent
Patent *n* **nutzen**
(Pat) to exploit
– to utilize
– to work . . . a patent
Patentpool *m* (Pat) patent holding (*or* pool)
Patentprozeß *m* (Pat) patent litigation
Patentprüfer *m* (Pat) patent examiner
Patentrecht *n* (Pat) patent law
patentrechtlich geschützt (Pat) protected by patent
patentrechtlich geschützter Gegenstand *m* (Pat) patented article
patentrechtlich schützen (Pat) to patent
Patentrezept *n* (com) = Patentlösung, qv
Patentrolle *f*
(Pat) patent register
– (GB) patent rolls
Patentsachen *fpl* (Pat) patent cases
Patentschrift *f*
(Pat) printed patent specification
(ie, enthält die Patentansprüche, die Beschreibung und die Zeichnungen; vom Patentamt veröffentlicht)
Patentschutz *m* (Pat) patent protection
Patent *n* **übertragen** (Pat) to assign a patent
Patentübertragung *f* (Pat) assignment of patent
Patent- und Lizenzbilanz *f*
(VGR) patent and licenses account *(ie, of a balance of payments)*
Patent- und Lizenzverkehr *m* (AuW) patent and license trade
Patentunteranspruch *m* (Pat) sub-claim of a patent
Patenturkunde *f*
(Pat) letters patent
– patent document
Patentverbesserung *f* (Pat) improvement of a patent
Patentverfahren *n* (Pat) patent procedure
Patent *n* **verfallen lassen** (Pat) to abandon a patent
Patent *n* **vergeben** (Pat) to license/franchise . . . a patent
Patent *n* **verlängern** (Pat) to extend the term of a patent
Patentverlängerung *f* (Pat) extension of a patent
Patent *n* **verletzen** (Pat) to infringe a patent
Patentverletzung *f*
(Pat) patent infringement
– third-party infringement
Patentverletzungsklage *f*
(Pat) suit for infringement
– infringement suit
Patentverletzungsprozeß *m* (Pat) patent infringement suit
Patentverletzungsverfahren *n* (Pat) patent infringement proceedings
Patent *n* **versagen** (Pat) to refuse a patent
Patentversagung *f* (Pat) refusal of a patent
Patentvertrag *m* (Pat) patent agreement
Patentverweigerung *f* (Pat) refusal to issue a patent
Patent *n* **verwerten**
(Pat) to exploit
– to utilize
– to work . . . a patent
Patentverwertung *f* (Pat) patent exploitation
Patentverwertungsgesellschaft *f* (Pat) patent utilization company or partnership
Patentverwertungsvertrag *m* (Pat) patent exploitation agreement
Patentverzicht *m* (Pat) abandonment of patent
Patentvorwegnahme *f* (Pat) anticipatory reference
Patentwesen *n* (Pat) patent system
Patent *n* **wird versagt** (Pat) patent is denied
Patentzeichnung *f* (Pat) patent drawing
Patentzusammenarbeitsvertrag *m*
(Pat) Patent Cooperation Treaty, PCI
(ie, full title: Vertrag über die internationale Zusammenarbeit auf dem Gebiet des Patentwesens)
Patentzusammenfassung *f* (Pat) patent consolidation
PatG (Pat) = Patentgesetz
Patron *m* (Fin) issuer of a letter of comfort
Patronatserklärung *f*
(Fin) letter of comfort

– letter of awareness
– letter of intent
– letter of responsibility
(ie, im Anleihe- od Kreditgeschäft: Erklärung e–r Konzernmutter, durch die e–m Kreditgeber e–r Tochtergesellschaft ein Verhalten in Aussicht gestellt wird, durch das sich die Befriedigungsaussichten des Kreditgebers verbessern; kein unmittelbarer Zahlungsanspruch gegen die Mutter; weder Bürgschaft noch Garantievertrag; Mutter muß der Tochter jedoch die notwendigen Mittel zuführen; andernfalls schadenersatzpflichtig; die juristische Bandbreite kann von weichen kaufmännischen Wohlwollenserklärungen bis zu harten Verpflichtungen mit garantieähnlichem Inhalt reichen: cf, Staudinger-Horn: BGB, 12. Aufl. 1982, Vorbem. zu §§ 765–778)

patronieren (com) to patronize

Pattsituation *f*
(Pw) deadlock
– stalemate situation
(eg, in trying to reach a decision under the terms of the codetermination law)

pauschal
(com) flat *(eg, amount, rate)*
– across-the-board *(eg, pay rise)*
– lump-sum

Pauschalabfindung *f* (com) lump-sum settlement (*or* compensation)

Pauschalabschreibung *f*
(ReW) group depreciation
– composite-life method of depreciation
(ie, applying a single rate to a group of assets of the same general class = Gruppe gleichartiger Wirtschaftsgüter; syn, Sammelabschreibung)

Pauschalabzug *m* (StR) fixed-amount (*or* flat-rate) tax deduction

Pauschalangebot *n* (com) package offer (*or* deal)

Pauschalbeitrag *m* (com) lump-sum contribution

Pauschalbesteuerung *f* (StR) = Pauschbesteuerung

Pauschalbetrag *m* (com) lump sum

Pauschalbewertung *f*
(ReW) group valuation *(ie, of items similar in kind and price; syn, Sammelbewertung)*

Pauschaldeckung *f* (Vers) blanket coverage

Pauschaldelkredere *n*
(ReW) receivables contingency reserve
(ie, set up to provide against contingent receivables losses; syn, Sammelwertberichtigung; opp, Einzelwertberichtigung)

Pauschale *f*
(com) lump sum
– standard allowance
– flat charge

pauschale Absatzprovision *f*
(Mk) flat-rate sales commission
– (US) override

pauschale Kürzung *f* (FiW) overall (*or* across-the-board) cut

pauschale Lohnerhöhung *f* (Pw) package (*or* across-the-board) wage increase

Pauschalentschädigung *f* (com) lump-sum compensation

pauschaler Ausbeutesatz *m* (Bw) standard rate of yield

pauschaler Beitrag *m* (com) flat-rate contribution

pauschale Regulierung *f* (Vers) lump-sum settlement

pauschales Delkredere *n* (ReW) = Pauschaldelkredere

Pauschalfracht *f* (com) flat-rate freight

Pauschalfreibetrag *m*
(StR) standard tax deduction
– flat-rate exemption

Pauschalgebühr *f* (com) flat . . . charge/fee

Pauschalhonorar *n*
(com) flat (rate) fee
– lump-sum payment for professional services

pauschalieren (com) to set down as a lump-sum

pauschalierte Kosten *pl* (KoR) bunched cost

pauschalierte Sonderausgabe *f* (StR) lump-sum allowance for special expenditure

Pauschalierung *f*
(com) consolidation into a lump sum
(StR) taxation at a flat rate
(StR) assessment of a tax in a blanket amount
(eg, § 87 GewStR)

Pauschalkauf *m*
(com) basket purchase
(ie, mostly ‚Investitionsgüter' = capital goods)

Pauschallizenz *f* (Pat) block license

Pauschalpolice *f*
(Vers) blank (*or* blanket) policy
– declaration policy
– floater policy

Pauschalprämie *f*
(Vers) all-inclusive premium
– flat-rate premium

Pauschalpreis *m*
(com) all-inclusive
– flat-rate
– lump-sum . . . price

Pauschalregulierung *f* (Vers) lump-sum settlement

Pauschalreise *f*
(com) package tour
(ie, all-expense tour)

Pauschalreisender *m* (com) package tourist

Pauschalrückstellung *f* (ReW) = Pauschalwertberichtigung

Pauschalsachversicherung *f* (Vers) block policy

Pauschalsatz *m* (com) all-in/flat . . . rate

Pauschalsteuer *f* (StR) lump-sum tax

Pauschalvergütung *f* (com) fixed allowance

Pauschalversicherung *f*
(Vers) blanket (*or* package) insurance
(ie, covering several risks)

Pauschalversicherungspolice *f* (Vers) blanket cover insurance

Pauschalvertrag *m* (Re) blanket agreement

Pauschalwert *m*
(com) global value
– overall value

Pauschalwertberichtigung *f*
(ReW) general bad-debt provision
– general allowance
(opp, Einzelabschreibung, Delkredere-Rückstellung für e–e Einzelforderung)

Pauschalwertberichtigung *f* **zu Forderungen**
(ReW) lump-sum valuation adjustment (*or* reserve) on receivables

Pauschalzuweisung *f* (FiW) lump-sum appropriation

Pauschbesteuerung *f*
(StR) blanket
– flat-rate
– lump-sum . . . taxation
– taxation at a special flat rate
– blanket assessment
(eg, covering taxpayers who establish residence in Germany, § 31 EStG; see also: § 34 c EStG, § 26 KStG, § 13 VStG)

Pauschbetrag *m*
(com) flat amount
– lump sum
(StR, US) zero bracket amount *(ie, substituted for the old term ‚standard deduction')*

Pauschbeträge *mpl* **für Werbungskosten** (StR) blanket deductions for income-related expenses, § 9 a EStG

Pauschbetrag *m* **für Sonderausgaben** (StR) blanket deduction for special expenditures

Pauschfestsetzung *f* (StR) blanket assessment, § 15 GewStG

Pauschgebühren *fpl* (com) lump-sum fees

Pauschsatz *m* (com) lump-sum charge

Pauschsätze *mpl* **für Berufsgruppen** (StR) flat rates for professional groups

Pauschsteuer *f* (StR) special tax on distributions

Pauschvergütung *f* (com) flat-rate compensation

Pause *f*
(com) break *(eg, coffee/tea break)*

Pause *f* **einlegen** (com) to break off

payment batch (Fin) Zahlungsstapel *m*

PCI-Bussystem *n*
(EDV) Peripheral Component Interconnect, PCI *(ie, bus specification that allows fast data transfer between processor and peripherals; becoming industry standard)*

PCL-Druckerkontrollsprache *f*
(EDV) Printer Control Language, PCL *(ie, industry-standard page description language developed by Hewlett Packard)*

P-Code *m*
(EDV) P-code *(ie, intermediate code that is interpreted by a runtime system; eg, a lot of ‚Basic' dialects generate P-Code; syn, Zwischen-Kompilat)*

Pen-Computer *m* (EDV) pen-computer

Pendelbestellkarte *f* (IndE) traveling requisition

Pendelkartensystem *n*
(MaW) shuttle inventory card system *(ie, mostly computer controlled)*

pendeln
(com) to commute *(ie, between home and work)*

Pendelverkehr *m* (com) local commuter travel *(eg, as a major source of Bundesbahn losses)*

Pendelzug *m* (com) rail shuttle

Pendler *m* (com) commuter

Penetration *f*
(Mk) penetration
(ie, Bekanntheitsgrad e–s Produkts od Werbemittels; auch: Durchdringung der Zielgruppe bei Diffusionsprozessen)

Penetrationspreispolitik *f*
(Mk) penetration pricing
(ie, adoption of a lower price strategy in order to secure rapid wide penetration of a market)

Penetrationsstrategie *f* (Mk) penetration strategy

Penner *m* (com, infml) = Ladenhüter, qv

Pension *f*
(SozV) retirement pension (*or* benefit)
– retired pay *(ie, paid to ‚Beamte')*
(Pw) retirement pay
– employee pension *(ie, paid to employees)*

Pensionär *m*
(Pw) retired employee
– retiree

pensionieren
(SozV) to pension off
– to retire

pensionieren lassen, sich (SozV) to retire *(on a pension) (eg, at the age of 65)*

pensioniert
(Pw) pensioned off
– retired

pensioniert werden (SozV) to be retired

Pensionierung *f* (Pw) retirement

Pensionsalter *n* (Pw) pensionable (*or* retirement) age

Pensionsanspruch *m* (SozV) entitlement to a pension

Pensionsanwartschaft *f*
(SozV) pension expectancy
– expectancy of future pension benefits
– vested right to future pension payments
(GB) accrued benefits, qv

pensionsberechtigt
(SozV) eligible for a pension
– entitled to a pension
– pensionable

Pensionsberechtigung *f* (SozV) entitlement to a pension

Pensionsdienstalter *n* (SozV) pensionable age

Pensionsfonds *m*
(Fin) retirement fund
(Pw) pension fund

Pensionsgeschäft *n*
(Fin) security pension transaction
– repurchase operation
– repos
– buy-back
– sale and repurchase agreement
(ie, sale and repurchase scheme by which banks sell securities to the central bank for a limited period; syn, Wertpapierpensionsgeschäft)

Pensionskasse *f*
(Pw) pension fund *(ie, gives beneficiaries a legal right to future benefits; eg, § 4 c EStG)*

Pensionsnehmer *m* (Fin) lender

Pensionsofferte *f* (Fin) tender from banks for a credit against securities

Pensionsplan *m*
(Pw) pension . . . plan/scheme
– benefit plan
– retirement plan
– retirement benefit plan

Pensionsrückstellungen *fpl*
(ReW) pension accruals
– company pension reserves, § 6 EStG

Pensionssatz *m* (Fin) repurchase rate

Pensions-Sicherungs-Verein *m* (Pw) Mutual Benefit Association for Pension Security
Pensionsverpflichtung *f* (Pw) pension obligation, § 6 a I EStG
Pensionsverpflichtungen *fpl* (Pw) employee benefits
Pensionsversicherungsverein *m* (Bw) Pension Guaranty Association
Pensionswechsel *m*
(Fin) bill pledged
(ie, bill of exchange deposited with a bank as security for a loan)
Pensionszusage *f* (Pw) employer's pension commitment
per Aval
(Fin) ‚as guarantor'
(ie, of bill of exchange)
peremptorische Einrede *f*
(Re) peremptory . . . defense/exception *(syn, rechtszerstörende Einrede)*
per Erscheinen (Fin) when issued
Periode *f* **erhöhter Gefahr** (Vers) apprehensive period
Periodenabgrenzung *f*
(ReW) accrual
(ReW) *(als Grundsatz:)* accruals concept
– matching principle
(ReW) tracing revenue and expense to applicable accounting period
– matching of revenue and cost
Periodenabgrenzung *f* **vornehmen** (ReW, infml) to pinpoint expenses accurately for a period
Periodenanalyse *f* (Vw) period analysis
periodenbezogene Aufwendungen *mpl* (ReW) expense revenue
periodenbezogene Kosten *pl*
(KoR) expense
– expired cost
Periodenbruchteil *m* (Math) fractional part of a period
Periodenerfolg *m* (ReW) net income of a given period
Periodenertrag *m* (ReW) current income
periodenfremd (ReW) unrelated to accounting period
periodenfremde Aufwendungen *mpl* (ReW) expenses unrelated to accounting period
periodenfremde Aufwendungen *mpl* **und Erträge** *mpl* (ReW) below-the-line items
periodenfremder Gewinn *m* **und Verlust** *m* (ReW) profit and loss unrelated to accounting period
periodengerechte Buchführung *f*
(ReW) accounting on an accrual basis
(ie, mit Rechnungsabgrenzung; opp, Einnahmen-Ausgaben-Rechnung)
periodengerechte Rechnungslegung *f*
(ReW) accounting on an accrual basis
(ie, mit Rechnungsabgrenzung; opp, Einnahmen-Ausgaben-Rechnung = accounting on a cash basis)
periodengerechter Jahreserfolg *m* (ReW) annual profit on accrual basis
periodengerechter Zinssatz *m* (Fin) accrual interest rate
Periodeninventur *f* (ReW) cyclical inventory count
Periodenkosten *pl*
(KoR) period cost
(*or* expense *or* charge)
– time cost
(ie, proportional to calendar time)
Periodenleistung *f* (Bw) period output
Periodenrechnung *f*
(ReW) accruals . . . accounting/system
Prinzip der Periodenabgrenzung
Periodenvergleich *m* (com) period-to-period comparison
periodische Abschreibungen *fpl* (ReW) periodic depreciation charges
periodische Bestandsaufnahme *f* (ReW) cycle count
periodisch entnommene Stichprobe *f* (Stat) periodic sample
periodische Prüfung *f*
(ReW) repeating audit
(EDV) periodic audit
periodischer Dezimalbruch *m* (Math) repeating (*or* periodic) decimal
periodische Rückzahlung *f* **von Schulden**
(Fin) periodic repayment of debt
– amortization of debt
periodisiertes Modell *n* (Vw) period model
periphere Einheit *f* (EDV) peripheral unit
periphere Geräte *npl* (EDV) peripheral equipment
peripherer Speicher *m* (EDV) peripheral storage
periphere Substitution *f* (Vw) peripheral substitution
periphere Übertragung *f* (EDV) peripheral transfer
Peripheriegerät *n* (EDV) peripheral (unit)
Peripheriewinkel *m* (Math) circumferential angle
per Kasse (Bö) cash
per Kasse kaufen (Bö) to buy spot
per Kasse verkaufen (Bö) to sell spot
permanente Auslagerungsdatei *f*
(EDV) permanent swap file
(opp, temporary swap file)
permanente Datei *f* (EDV) permanent file
permanente Einkommens-Hypothese *f* (Vw) permanent-income hypothesis
permanente Inventur *f*
(MaW) continuous
– perpetual
– running . . . inventory
(ie, kept in continuous agreement with stock in hand)
permanente Platte *f* (EDV) permanent disk
permanente Prüfung *f* (ReW) continuous audit
permanenter Gerätefehler *m* (EDV) permanent (device) error
Permanentspeicher *m*
(EDV) permanent (*or* fixed) storage
(syn, Festwertspeicher, Dauerspeicher)
permissive Gesellschaft *f* (Vw) permissive society
Permutation *f* (Math) permutation
Permutationsgruppe *f* (Math) permutation group
Permutationsmatrix *f* (Math) permutation matrix
per Nachnahme (com) charges collect (*or* forward)
per Saldo (ReW) on balance
PersGes (com) = Personengesellschaft
Persistenz *f* (EDV, OOP) persistence

Person *f*
(Re) person
– individual
Personal *n*
(com) personnel
– employees
– staff
Personalabbau *m*
(com) cut (*or* cutback) in employment (*or* staff)
– manpower reduction
– paring workforce
– reduction in personnel (*or* in workforce)
– slimming of workforce (*or* manning levels)
– staff reduction
Personalabbau *m* **durch natürlichen Abgang** (Pw) reduction of workforce through natural wastage
Personal *n* **abbauen**
(com) to slim
– to pare
– to trim . . . workforce
– to reduce personnel
– to cut staff
Personalabgang *m*
(Pw) attrition of workforce
(ie, number of employees dismissed or retired)
Personalabteilung *f*
(Pw) personnel
– employee relation
– staff
– human resources . . . department
– (US *also*) industrial relations department
Personalakte *f*
(Pw) personnel file
– personnel folder
– personnel records
– personnel dossier
– employee records
Personalanweisungsproblem *n* (IndE) manpower assignment problem
Personalanzeige *f*
(Pw) employment ad
(ie, advertising a job opening in a newspaper or trade journal; ads may be open or blind = offene P. or Kennzifferanzeige; syn, Stellenanzeige)
Personalaufwand *m*
(ReW, EG) staff costs
– payroll costs
(KoR) employment costs
– personnel costs
– staff costs
Personalausschuß *m* (Pw) staff committee
Personalauswahl *f* (Pw) employee selection
Personalausweis *m*
(com) identification (*or* identity) card
– ID card
Personalbedarf *m* (Pw) personnel (*or* manpower) requirements
Personalbedarfsdeckung *f* (Pw) meeting of manpower requirements
Personalbedarfsplanung *f* (Pw) manpower planning
Personalbedarfsprognose *f* (Pw) manpower forecast
Personalberater *m* (Pw) personnel (appointment) consultant
Personalbereich *m*
(Pw) „personnel"
– personnel administration
– personnel function
– human resources function
Personalberichtswesen *n* (Pw) personnel reporting
Personalbeschaffung *f*
(Pw) recruiting
– recruitment
– personnel recruiting (*or* recruitment)
– personnel procurement
Personalbeschaffungspolitik *f* (Pw) recruiting policy
Personalbestand *m*
(Pw) number of persons employed
– manning
– labor force
– workforce
– staff
– staff size
– staffing level
Personalbestand *m* **verringern** (Pw) = Personal abbauen
Personalbeurteilung *f*
(Pw) performance appraisal
(syn, Leistungsbeurteilung, qv)
Personalbogen *m* (Pw) personnel record sheet
Personalbuchhaltung *f* (Pw) personnel accounting
Personalbudget *n* (Pw) personnel budget
Personalbüro *n* (Pw) personnel office
Personalchef *m* (Pw) personnel manager
Personaleinsatz *m*
(Pw) personnel placement
– manpower assignment
Personal-Einstellungs-Maßnahmen *fpl* (Pw) hiring procedures
Personalentwicklung *f*
(Pw) personnel development
– human resources development
– people improvement
Personalentwicklungssystem *n* (Pw) system of management development
personaler Entscheidungsträger *m* (Bw) decision maker
Personaletat *m* (Pw) manpower budget
Personalfluktuation *f* (Pw) employee/staff . . . turnover
Personalförderungspolitik *f* (Pw) staff promotion policy
Personalförderungssystem *n* (Pw) system of management development
Personalfortbildung *f*
(Pw) personnel training
– *(longer-term)* personnel development
Personalfragebogen *m* (Pw) personal history form
Personalfreisetzung *f*
(Pw) personnel layoff
– reduction-in-force
Personalfreisetzungs-Volumen *n* (Pw) number of layoffs
Personalführung *f*
(Pw) personnel management
– staffing
Personalgemeinkosten *pl* (KoR) employment overhead

Personalgeschichte *f* (Pw) case history
Personalgesellschaft *f* (Re) = Personengesellschaft
Personal *n* **im Außendienst** (com) field staff
personalintensiv (Pw) requiring large numbers of staff
Personal-Istbestand *m* (Pw) actual number of personnel
Personalkartei *f* (Pw) personnel card file
Personalknappheit *f*
(Pw) shortage of manpower
– personnel shortage
Personalkosten *pl*
(KoR) employment/labor/payroll/staffing ... costs
– personnel ... expenses/costs
– payroll/staffing ... *(ie, Löhne, Gehälter, gesetzliche und freiwillige Sozialkosten, sonstige Personalkosten)*
Personalkosten *pl* **der Lagerverwaltung** (MaW) cost of storekeeping personnel
Personalkostensteigerung *f* (Pw) increase in employment (*or* labor) costs
Personalkredit *m*
(Fin) personal loan (*or* credit) *(ie, extended by bank on personal security only)*
Personal-Leasing *n* (Pw) personnel (*or* manpower) leasing
Personalleiter *m* (Pw) employment (*or* personnel) manager
Personallücke *f* (Pw) manpower deficit
Personal-Management *n*
(Pw) personnel management
– human resources management
Personalmangel *m* (Pw) manpower shortage
Personalmarketing *n*
(Pw) personnel marketing
(ie, zielt auf Optimierung des Leistungsbeitrags von Mitarbeitern im eigenen Unternehmen)
Personalnebenkosten *pl*
(KoR) additional
– ancillary
– supplementary ... staff costs
(syn, Personalzusatzkosten)
Personalorganisation *f*
(Pw) task allocation
– task assignment
– work organization
Personalplanung *f*
(Pw) personnel planning
– manpower planning
– human resources planning
– forecasting of manpower requirements
Personalpolitik *f*
(Pw) personnel
– employment
– human resources ... policy
Personalqualität *f* (Pw) quality of personnel
Personalrat *m* (Pw) personnel committee
Personalreduzierung *f*
(Pw) personnel reduction
– reduction-in-force
Personalressourcen *pl* (Pw) human resources
Personalsektor *m*
(Pw) personnel function
– personnel administration
– human resources function
Personalsicherheit *f*
(Re) personal security
– direct security
(ie, gewährt nur schuldrechtliche Ansprüche gegen Dritte; Einteilung: 1. Bürgschaft (§§ 765–777 BGB). 2. Kreditauftrag (§ 778 BGB), 3. Haftung als Gesamtschuldner (§§ 421 ff BGB) sowie Garantie, Patronatserklärung, Organschaftserklärung, qv; obligation to repay a debt; opp, Sachsicherheit = collateral security)
Personalsollbestand *m* (Pw) budgeted manpower
Personalstandserhebung *f* (Pw) survey of staff levels
Personalsteuern *fpl*
(FiW) personal taxes *(ie, income + wages tax, net wealth tax, inheritance tax, gift tax)*
Personal- und Sachausgaben *fpl* **des Staates** (FiW) nontransfer expenditures
Personalvermögensrechnung *f* (Pw) human resource accounting, HRA
Personalversammlung *f* (Pw) staff meeting
Personalvertretung *f* (Pw) staff representation
Personalvertretungsgesetz *n*
(Pw) Personnel Representation Law, 1955 *(ie, established a quasi-shop steward system for public service employees)*
Personalverwaltung *f* (Pw) personnel (*or* manpower) management
Personalvorschüsse *mpl* (ReW) advances to personnel
Personalwerbung *f* (Pw) recruitment
Personalwesen *n* (Pw) = Personalwirtschaft
Personalwirtschaft *f*
(Pw) personnel management (*or* administration)
– (infml) man management
– *(chiefly US)* human resources management
Personalzugang *m* (Pw) additions to workforce
Personalzusatzkosten *pl* (Pw) = Personalnebenkosten, qv
Person *f* **des öffentlichen Rechts** (Re) legal entity under public law
personell differenzierte Exportförderung *f* (AuW) export promotion restricted to a specified number of exporters
personelle Betriebsorganisation *f*
(Bw) person-centered organization
(ie, dominated by a strong personality cutting across functional lines of authority)
personelle Einkommensverteilung *f*
(Vw) personal income distribution *(ie, benefiting individual income recipients)*
personell überbesetzt (Pw) overstaffed
Personenbeförderung *f* (com) passenger transport(ation)
personenbezogene Daten *pl* (EDV) personal data
personenbezogene Kapitalgesellschaft *f* (com) private company
Personendepot *n*
(Fin) register of security deposit holders
(syn, persönliches Depotbuch, Verwahrungsbuch, [obsolete:] lebendes Depot; opp, Sachdepot)
Personen-Fernverkehr *m* (com) long-distance passenger traffic
Personenfirma *f*
(com) family-name firm

(ie, firm name of sole proprietorship, general commercial or limited partnership, §§ 18 ff HGB; opp, Sachfirma)
Personengarantie-Versicherung *f* (Vers) suretyship insurance
Personengesamtheit *f*
(Re) aggregate
– collection
– collectivity
– combination . . . of persons
Personengesellschaft *f*
(com) association without independent legal existence
– unincorporated firm
– *(roughly)* partnership
(ie, general category comprising OHG, KG, stille Gesellschaft, and BGB-Gesellschaft; opp, Kapitalgesellschaft)
Personenhandelsgesellschaft *f*
(Re) commercial partnership
(ie, term covering both OHG and KG)
Personen-Kautionsversicherung *f*
(Vers) fidelity bond insurance
(ie, taken out by the employee who deposits the insurance policy with his employer)
Personenkonto *n*
(ReW) personal account
(opp, Sachkonto = non-personal account)
Personennahverkehr *m* (com) short-distance passenger traffic
Personenrecht *n* (Re) law of persons, §§ 1–89 BGB
Personenrechte *npl*
(Re) personal rights
(opp, Vermögensrechte)
Personenschaden *m*
(Re) personal injury
– injury to person
– personal damage
Personenstandsstatistik *f* (Stat) vital statistics *(eg, births, marriages, deaths)*
Personensteuern *fpl*
(FiW) taxes deemed to be imposed on a person
– taxes imposed on the person of the taxpayer *(eg, income tax, net wealth tax, corporate income tax, church tax)*
Personentarif *m*
(com) passenger tariff
– rate scale for rail passengers
Personenvereinigung *f* (Re) association (of persons)
Personenverkehr *m*
(com) passenger traffic
– transportation of passengers
Personenversicherung *f* (Vers) personal insurance
Personenwagen *m* (com) passenger-train car
persönlich
(com) personal
– (GB) private
(ie, on envelopes: nobody but the addressee is to open)
persönliche Befreiung *f* (StR) personal exemption
persönliche Bemessungsgrundlage *f* (SozV) insured person's basis of assessment
persönliche Beteiligung *f* (Fin) personal investment (*or* participation)
persönliche Dienstbarkeit *f* (Re) personal servitude
persönliche Einrede *f*
(WeR) personal defense
(ie, not good against a holder in due course, but against certain parties: all defenses not real or absolute)
persönliche Gegenstände *mpl* (com) personal-use items
persönliche Haftung *f*
(Re) personal (*or* individual) liability
(ie, exposing the personal assets of the responsible person to payment)
persönlicher Arrest *m* (Re) arrest of debtor, §§ 918, 933 ZPO
persönlicher Barkredit *m* (Fin) personal loan
persönlicher Dispositionskredit *m*
(Fin) personal drawing credit
(cf, Dispositionskredit)
persönlicher Freibetrag *m* (StR) personal tax exemption
persönlicher Gebrauch *m* (com) personal use
persönlicher Geltungsbereich *m*
(Re) personal scope
(eg, umschreibt den Personenkreis, für den ein Abkommen gilt)
persönlicher Kleinkredit *m* (Fin) loan for personal (non-business) use
persönlicher Verkauf *m*
(Mk) personal selling
(ie, mittels Verkaufsgespräch; zwei Haupttypen: 1. direkter persönlicher Verkauf; 2. Telefonverkauf, qv)
– (infml) face-to-face selling
– (sl) belly-to-belly selling
persönliches Anschaffungsdarlehen *n*
(Fin) personal loan
(ie, medium-term installment credit of € 1,000–12,500, extended to individuals and small businesses)
persönliches Depotbuch *n* (Fin) = Personendepot
persönliches Einkommen *n* (VGR) personal income
persönliches Engagement *n*
(com) personal commitment
(Pw) ego involvement
persönliches Gespräch *n* (com, infml) head-to-head talk
persönliche Sicherheit *f*
(Fin) personal security
(ie, guaranty for another person whose credit standing is insufficient to justify credit on his single name; there is simply the signature of some other person assuming financial responsibility, such as endorsement, guaranty, or surety; opp, dingliche Sicherheit = collateral security)
persönliches Kontrollbuch *n* (com) truck driver's logger
persönliche Supposition *f* (Log) personal supposition
persönliche Verteilzeit *f* (IndE) personal (need) allowance
persönliche Werbung *f*
(Mk) canvassing *(ie, generally regarded as an act of unfair competition)*

persönlich haftender Gesellschafter *m*
(com) full
– general
– unlimited . . . partner
– personally liable partner
(ie, fully participating in the profits, losses and management of the partnership and fully liable for its debts)
Persönlichkeitsrechte *npl* (Re) rights of personality
persönlich verfügbares Einkommen *n*
(VGR) personal disposable income
(ie, net national product at factor cost + transfer payments – direct cost and undistributed profits)
Person *f* **mit Doppelmitgliedschaft**
(Bw) linking pin *(ie, formal element in business organizations)*
Person *f* **mit Informationsfiltereigenschaft** (Bw) gatekeeper
persuasiver Direktverkauf *m* (Mk) forced selling
per Termin handeln (Bö) to trade for future delivery
per Termin kaufen (Bö) to buy forward
Perzentil *n* (Stat) percentile
pessimistische Dauer *f* (OR) pessimistic time
pessimistische Zeit *f* (OR) pessimistic time estimate
Petition *f*
(Re) written request or complaint
(ie, addressed to competent authorities or to popular representative bodies)
Petri-Netz *n*
(EDV) Petri net
(ie, Verfahren der Graphentheorie zur Beschreibung und Simulation komplexer Systeme)
Petri-Netz-gestütztes Werkzeug *n* (EDV) Petri-net assisted tool
Petri-Netz-Theorie *f*
(EDV) Petri net theory *(ie, vereinigt die Aussagekraft der Graphentheorie, der linearen Algebra und der linearen Optimierung)*
Petroleum *n*
(com) kerosene
– (GB) paraffin (oil)
Petrowährung *f* (Vw) petrocurrency
Pfad *m*
(EDV) bus
– highway
– trunk *(syn, Bus, Sammelweg)*
Pfadanalyse *f* (Mk) path analysis
Pfadname *m* (EDV) directory prefix
Pfand *n*
(Re) collateral
– pledge
pfändbar (Re) attachable
pfändbare Bezüge *pl* (Pw) attachable earnings
Pfändbarkeit *f* (Re) attachability
Pfandbesitzer *m* (Re) holder of a pledge
Pfandbesteller *m*
(Re) pledgor
– pawnor
– pledging party
Pfandbestellung *f*
(Re) pledging
– pawning
Pfandbrief *m*
(Fin) mortgage bond
(ie, festverzinsliche, unkündbare Schuldverschreibung e–s Kreditinstituts (Pfandbriefanstalt) zur Finanzierung von Hypothekarkrediten; gängige Laufzeiten 15–25 Jahre; heute auch schon ‚Kurzläufer' mit 10-jähriger Laufzeit; lombardfähig, mündelsicher und deckungsstockfähig; German mortgage bonds are backed by a pool of mortgages on German real estate; mortgage bank has a claim not only on the mortgaged properties but also on the other unpledged assets of the borrower himself; note that defaults or rescheduling of public sector domestic loans are a totally unknown phenomenon in Germany)
Pfandbriefabsatz *m* (Fin) sale of mortgage bonds
Pfandbriefanleihe *f* (Fin) mortgage-bond issue
Pfandbriefanstalt *f*
(Fin) special mortgage bank (*or* institution)
(ie, arranges the issue of mortgage bonds and lends the money raised to house buyers, mostly organized under public law)
Pfandbriefausstattung *f* (Fin) terms of mortgage bonds
Pfandbriefdisagio *n* (Fin) mortgage bond discount
Pfandbriefemission *f* (Fin) mortgage bond issue
Pfandbriefgläubiger *m* (Re) mortgage bondholder
Pfandbriefhypothek *f* (Re) mortgage serving as collateral for mortgage bonds
Pfandbriefmarkt *m*
(Bö) mortgage bond market
(ie, part of fixed-interest securities market: key indicator of capital market situation)
Pfandbriefumlauf *m* (Fin) mortgage bonds outstanding
Pfanddepot *n*
(Fin) pledged-securities depot
(syn, Depot C)
– pledged account
Pfandeffekten *pl*
(Fin) pledged securities *(syn, Lombardeffekten)*
pfänden
(Re) to attach
– to seize
– to levy execution on
– to take in execution
Pfandfreigabe *f* (Re) release of a pledge
Pfandgeber *m* (Re) = Pfandbesteller
Pfandgegenstand *m* (Re) pledged (*or* pawned) item
Pfandgläubiger *m*
(Re) lien creditor
– pledgee
(ie, whose claim is secured by a lien on particular property)
Pfandhaus *n* (com) pawnshop
Pfandindossament *n*
(WeR) pledging endorsement
(ie, made to deliver securities in pledge, esp instruments made out to order, Art. 19 WG)
Pfandinhaber *m*
(Re) holder of a pledge
– pledgee
– pawnee
Pfandkehr *f* (Re) disregard of security arrangements, § 289 StGB

Pfandleihe *f*
(com) pawn broking, § 34 GewO *(syn, Versatzgeschäft)*

Pfandleiher *m*
(Fin) pawnbroker
(ie, lending money, usu in small sums, on security of personal property left in pawn)

Pfand *n* **nehmen** (Re) to take in pledge

Pfandnehmer *m* (Re) = Pfandinhaber

Pfandrecht *n*
(Re) right of lien
(ie, right in rem to movable property providing security for the payment of debt, §§ 1204 ff BGB)

Pfandrecht *n* **an beweglichen Sachen**
(Re) chattel mortgage
(ie, transfer of legal right in property)

Pfändung *f*
(Re) attachment
– levy of execution

Pfändungsanordnung *f* (Re) order of attachment

Pfändungsbeschluß *m*
(Re) order of attachment
– distraint order

Pfändungspfandrecht *n* (Re) execution lien

Pfändungsschuldner *m* (Re) debtor under a levy of execution

Pfändungsschutz *m* (Re) exemption from attachment

Pfändungs- und Überweisungsbeschluß *m* (Re) garnishment order

Pfändungsverfügung *f*
(StR) garnishment order *(ie, issued by the local tax office, §§ 309 ff AO)*

Pfändung *f* **von Forderungen** (Re) attachment of claims, §§ 828 ff ZPO

Pfändung *f* **von Sachen** (Re) attachment of (debtor's) property, §§ 808 ff ZPO

Pfandverkauf *m* (Re) sale of pledge (*or* pledged article)

Pfandvertrag *m*
(Re) contract of lien (*or* pledge) *(ie, to secure satisfaction of debt)*

Pfandverwahrung *f*
(Re) custody of pledged goods, § 1215 BGB
(Fin) pledging of securities to a ‚merchant' *(ie, who, upon becoming the lien creditor, has the rights and duties of a depositary, § 17 DepG)*

Pfandverwertung *f* (Re) sale or other disposition of pledge *(eg, § 1234 I BGB)*

Pfeil *m*
(OR) branch *(ie, of a graph)*

Pfeil *m* **außerhalb von Rückkopplungskreisen**
(OR) nonfeed branch

Pfeil *m* **e–s Graphen** (OR) branch

Pfeil *m* **im Rückkopplungskreis** (OR) feedback branch

Pfeilschema *n* (Math) arrow diagram

Pfennigartikel *m* (Mk) catchpenny article

Pflegeberufe *mpl* (Pw) caring professions

Pflegeeltern *pl* (Re) foster parents

Pflegefall *m* (SozV) person needing round-the-clock nursing care

Pflegegeld *n* (SozV) nursing allowance

Pflegeheim *n* (SozV) foster home

Pflegekinder *npl* (StR) foster children, § 32 EStG

Pflegekosten *pl* (SozV) nursing expenses

Pfleger *m* (Re) curator, §§ 1909 ff BGB *(ie, appointed by the court to care for the person or property of a minor, incompetent, etc.)*

Pflegesatz *m*
(SozV) operating cost rate *(ie, in hospital)*

Pflegesatzverordnung *f* (SozV) Nursing Charges Ordinance

Pflegeversicherung *f* (SozV) nursing insurance scheme

Pflegschaft *f* (Re) curatorship

Pflichtaktie *f* (Fin) qualifying share

Pflichtbeitrag *m* (SozV) compulsory contribution

Pflichtbekanntmachung *f* (Bö) obligatory stock exchange notice

Pflichtblatt *n* (Re) official journal for company announcement

Pflichteifer *m* (Pw) devotion to duty

Pflichteinlage *f*
(Fin) compulsory contribution to capital *(ie, payable by limited partner of KG)*

Pflichten *fpl* **des Käufers** (Re) obligations/duties . . . of buyer

Pflichten *fpl* **des Treuhänders** (Re) fiduciary duties

Pflichtenheft *n*
(IndE) performance specification
(EDV) software/program . . . specifications
(syn, Lastenheft, Anforderungsspezifikation)

Pflichtenkollision *f* (Re) conflicting duties

Pflichterfüllung *f* (Pw) discharge of duties

Pflichtfach *n* (Pw) compulsory subject

pflichtgemäß entscheiden (Re) to consider and decide as in duty bound

Pflichthaftpflichtversicherung *f* (Vers) compulsory third-party liability insurance

Pflichtleistungen *fpl* (SozV) standard insurance benefits

Pflichtmitgliedschaft *f* (com) compulsory membership

Pflichtprüfung *f*
(ReW) statutory audit
(Vers) compulsory audit
(ie, Hauptform ist die Jahresabschlußprüfung, weiter die Geschäftsprüfung und die Depotprüfung)

Pflichtreserven *fpl*
(ReW) legal (*or* statutory) reserves
(syn, gesetzliche Rücklagen)

Pflichtreservesatz *m* (Fin) statutory reserve ratio

Pflichtteil *m*
(Re) legal (*or* statutory) portion of an inheritance
– compulsory portion
– *(civil law)* portio legitima

Pflichtteilsanspruch *m* (Re) claim of disinherited heir to his legal portion of the inheritance, §§ 2303 ff. BGB, § 3 ErbStG

Pflichtunterhaltszahlungen *fpl* (Re) compulsory support

Pflichtverletzung *f*
(ReW) violation of professional ethics, § 67 WPO
(Re) violation/dereliction . . . of duties
– (infml) breach of trust

Pflichtversicherter *m*
(SozV) compulsorily insured
– employed contributor

Pflichtversicherung *f* (SozV) compulsory insurance *(syn, Zwangsversicherung)*
Pflichtwahlfach *n* (Pw) compulsory elective
Pflichtwidrigkeit *f* (Re) breach/violation . . . of trust/ of professional ethics
Pflicht *f* **zur schadenverhütenden Konstruktion** (Re) duty to design
PGCE (Pw, GB) = Postgraduate Certificate of Education
Phantasiebezeichnung *f* (com) fancy name
Phantasiemarkenname *m* (Mk) fancy name
Phantasiepreis *m* (com) fancy price
Phantasiepreise *mpl* **verlangen** (com) to charge fancy prices
Phantasiewerte *mpl*
(Bö) bazaar securities
– cats and dogs *(ie, highly speculative stocks)*
Phantasiewort *n*
(Pat) fancy word
(ie, in connection with trademarks)
Phantomfracht *f* (com) phantom freight
Phantom-Stückliste *f* (IndE) blow-through
Pharmaindustrie *f* (com) = pharmazeutische Industrie
Pharmaunternehmen *n* (com) drug company
pharmazeutische Industrie *f* (com) pharmaceuticals/drug . . . industry
Phasenfunktion *f* (Math) angle function
Phillipskurve *f*
(Vw) Phillips curve
(ie, defines the relationship between jobless rate and percentage changes of nominal wages)
Phonotypistin *f* (com) audio-typist
Photoelement *m* (EDV) photovoltaic cell
photographischer Speicher *m* (EDV) photographic storage
PHV (IndE) = Produkthaftpflicht-Vorbeugung
physikalische Adresse *f* (EDV) physical address
physikalische Therapie *f* (SozV) physical therapy *f*
physische Distribution *f*
(Mk) physical distribution
(ie, Transport der Fertigprodukte vom Hersteller zum Einzelhandel; häufig synonym mit Marketinglogistik, qv)
physische Grenzproduktivität *f* (Vw) marginal physical productivity
physischer Aufbau *m* (EDV, Cobol) physical structure
physischer Satz *m* (EDV) physical record
physischer Wirkungsgrad *m* (IndE) technical efficiency
physisches Datenendgerät *n* (EDV) data terminal
physisches Grenzprodukt *n* (Vw) marginal physical product
physische Ware *f*
(Bö) actuals *(syn, effektive Ware, qv)*
Pigou-Effekt *m*
(Vw) Pigou(vian) effect
– real balance effect
– wealth effect
Pille *f*
(SozV) birth control pill
– (infml) the pill *(ie, an oral contraceptive)*

Pilotanlage *f* (IndE) pilot (*or* demonstration) processing plant
Pilotbefragung *f* (Mk) pilot (*or* throw-away) interview
Pilotfertigung *f*
(IndE) pilot plant scale production
– bench scale production
(opp, großtechnische Fertigung = commercial production)
Pilotinterview *n* (Mk) = Pilotbefragung
Pilotkunde *m*
(com) launch customer
(syn, Erstbesteller, qv)
Pilotprojekt *n* (com) pilot project
PIMSD-Modell *n* (Bw) = profit impact of market strategies model
Pioniergewinn *m* (Vw) innovational profit
Pionierprodukt *n* (Mk) pioneer product
Pionierunternehmer *m* (Vw) innovating entrepreneur *(A. Schumpeter)*
Pipeline-Rechner *m* (EDV) pipeline computer
Pipeline-Verarbeitung *f*
(EDV) pipelining
– pipeline processing
Pivot-Operation *f*
(Math) pivot operation *(ie, in matrix calculus = Matrizenrechnung)*
Pivotspalte *f* (Math) pivotal column
Pivotzeile *f* (Math) pivot row
Placierung *f* (Fin) = Plazierung
Plafond *m*
(com) ceiling
– limit
plafondieren (Fin) to set a limit
Plafondierung *f*
(Fin) setting a limit
– ceiling control
Plagiat *n* **begehen**
(com) to plagiarize
– to lift
(eg, violate copyrights, as a copycat; eg, from a leading book on the subject, from this dictionary, etc; syn, plagiieren)
Plakat *n*
(Mk) bill
– poster
Plakatwerbung *f* (Mk) poster advertising
Plan *m*
(com) plan
– program
– budget
– scheme
Planabschnitt *m* (Fin) budget period
Planabweichung *f* (Bw) budget variance
Planansatz *m*
(FiW) budget estimate
(Bw) target
planarer Graph *m* (OR) planar graph
Plan *m* **aufschieben** (com) to suspend (*or* shelve) a plan
Plan *m* **bekanntgeben** (com, infml) to unveil a blueprint (for)
Planbeschäftigung *f* (KoR) activity base
Planbilanz *f* (Fin) budgeted balance sheet
Planbudget *n* (Bw) forecast budget

Plandurchführung *f* (Bw) implementation of plan (*or* budget)
planen
(com) to plan
– (infml) to figure ahead
Plangröße *f* (Bw) planned magnitude
Plan-Istabweichung *f* (Bw) out-of-line situation
Plankontrolle *f* (Bw) budget control
Plankosten *pl*
(KoR) budget
– current standard
– scheduled
– target . . . cost
Plankostenrechnung *f*
(KoR) standard costing
(ie, geht für das Mengen- oder Zeitgerüst und für die Wertansätze von geplanten Größen aus; zwei Ausprägungen: 1. Standardkostenrechnung; 2. Prognosekostenrechnung)
Plankostenrechnungsbogen *m* (KoR) budget cost estimate sheet
planlose Stichprobenentnahme *f* (Stat) chunk sampling
planmäßig
(com) on schedule
(eg, project goes ahead on schedule)
– according to plan
planmäßige Abschreibung *f*
(ReW) regular (*or* scheduled *or* systematic) depreciation, § 154 AktG, § 253 II HGB
(ie, used to allocate cost of fixed assets over estimated useful life; opp, außerplanmäßige Abschreibung)
planmäßiges Handeln *n* (Bw) planned action
planmäßige Tilgungen *fpl* (Fin) scheduled repayments
planmäßige Wartung *f* (IndE) scheduled (*or* routine) maintenance
Plannutzenkennziffer *f* (KoR) marginal income per scarce factor
Plannutzenziffer *f*
(KoR) speed factor
(ie, speed factor × contribution margin = gross income per unit of scarce factor)
Planperiode *f*
(Bw) planning period
– budgeted period
Planrevision *f*
(Bw) revision of plan
– replanning
– budget review
Planspiel *n*
(Bw) management business game
– experimental gaming
Planspiel *n* **über alle Unternehmensbereiche** (Bw) general management game
Plantiefe *f*
(Bw) level of detail *(ie, overall/detail)*
Planüberholung *f* (Bw) budget review (*or* revision)
Planüberwachung *f* (Bw) budget control
Planumsatz *m*
(Bw) sales projections
(Mk) budgeted sales
Planung *f*
(Bw) planning
– budgeting
(ie, preparing statements of plans and expected results in numerical terms)
– (US, *also*) master minding
(eg, company policy, in detail and cleverly)
Planung *f* **des Werbebudgets** (Mk) advertising budgeting
Planung *f* **im Gegenstromverfahren** (Bw) mixed top-down/bottom-up planning
Planung *f* **optimaler Kassenhaltung** (Fin) cash projection
Planungsabteilung *f* (Bw) planning department
Planungsabweichung *f*
(Bw) planning variance
(eg, between ‚Planzustand' and ‚Istzustand' = Ist – Sollvorgabe)
Planungsansatz *m* (Bw) planning approach
Planungsansätze *mpl* (Bw) budgets
Planungsausschuß *m* (Bw) planning committee
Planungsdaten *pl* (Bw, Mk) anticipations data
Planungsdeterminanten *fpl* (Bw) planning determinants (*or* factors)
Planungsebene *f* (Bw) planning level
Planungsforschung *f* (OR) = Operations Research
Planungsgrundlage *f* (Bw) planning base
Planungshorizont *m*
(Bw) time horizon
– time shape
– level of time
– planning horizon
(ie, distance into the future to which a planner looks in seeking to evaluate the consequences of a proposed action; Ende des Zeitraums, für den geplant werden soll)
Planungskonzept *n* (Bw) planning concept
Planungsperiode *f*
(Bw) planning period *(syn, Planungszeitraum)*
– butgeting period
Planungsphase *f*
(Bw) planning stage
(OR) precontractual phase
Planungsprozeß *m* (Bw) planning process
Planungsrechnung *f*
(ReW) accounting for planning and control
(Bw) performance measurement and matching subplans in specified planning periods
(Bw) finding optimum solution from among a set of alternative actions
(OR) = programming
(OR) decision models
Planungsrisiko *n* (Bw) planning risk
Planungssystem *n* (Bw) planning system
Planungstechnik *f* (IndE) operations engineering
Planungstechnologie *f* (Bw) planning technology
Planungsvolumen *n* (Bw) planning potential
Planungswiderstand *m*
(Bw) resistence to planning
– antiplanning biases
Planungszeitraum *m*
(Bw) planning . . . period/horizon
(KoR) budget span
Planung *f* **von oben nach unten** (Bw) top-down planning
Planung *f* **vorbeugender Wartung** (IndE) evaluated maintenance programming

Planwirtschaft *f*
(Vw) planned (*or* controlled) economy
(syn, Befehlswirtschaft, zentralgeleitete Wirtschaft, Einplanwirtschaft)
Planwirtschaftlichkeitsgrad *m* (KoR) tightness
Planzahl *f*
(Bw) targeted goal *(ie, mandated for a specified planning period)*
Planziel *n*
(Bw) planned (*or* operational) target
– targeted objective (*or* goal)
Plasmabildschirm *m* (EDV) gas-plasma display
Platine *f*
(EDV) Platine *f (syn, board)*
Platinenstecker *m* (EDV) edge connector
Platte *f* (EDV) (magnetic) disk
Plattenabzug *m* (EDV) magnetic disk dump
Plattenfehler *m* (EDV) disk error
Plattenkassette *f* (EDV) magnetic disk cartridge
Plattenkennsatz *m* (EDV) disk label
Plattenlaufwerk *n*
(EDV) hard disk drive *(opp, Diskettenlaufwerk = floppy disk drive)*
Plattensektor *m* (EDV) disk sector
Plattenspeicher *m* (EDV) magnetic disk memory
Plattenspiegelung *f*
(EDV) disk mirroring
(ie, data is synchronously stored on two hard disks for data security reasons; normally used on network servers; syn, disk duplexing)
plattformunabhängige Sprache *f* (EDV) computer-independent laguage
Platzagent *m* (com) = Platzvertreter
Platzakzept *n* (Fin) local acceptance
Platzarbeiter *m* (Pw) yardman
Platzbedingungen *fpl* (com) berth terms
platzen
(Fin, sl) to bounce *(ie, check)*
platzen lassen
(WeR) to dishonor *(ie, bill or check)*
Platzgeschäft *n*
(com) local transaction
– spot contract
Platzhalter *m*
(EDV) wild card (character) *(ie, * od ?)*
Platzhandel *m*
(com) local trade
– spot business
Platzkarte *f* (com) seat reservation ticket
Platzkosten *pl* (KoR) workcenter cost
Platzkostenrechnung *f* (KoR) workcenter costing
Platzkostensatz *m* (KoR) workcenter rate
Platzkurs *m*
(com) spot rate
– spot market price
Platzmakler *m* (com) spot broker
Platzmeister *m* (Pw) yard boss
Platzprotest *m*
(WeR) protest for absence (of drawer) *(syn, Abwesenheitsprotest)*
Platzscheck *m* (Fin) local check
platzüberschreitender Effektenverkehr *m*
(Bö) non-local securities transactions
(ie, may also be termed ‚supra-regional')
Platzüberweisung *f* (Fin) local credit transfer
Platzüberweisungsverfahren *n* (Fin) local transfer procedure
Platzusancen *pl* (Fin) local practice
Platzverkauf *m* (com) sale on the spot
Platzvertreter *m*
(com) local agent
– town traveller
Platzwechsel *m*
(Fin) local bill *(opp, Distanzwechsel)*
Platzzahlungsverkehr *m*
(Fin) local payments *(ie, between banks in towns with a Federal Bank office)*
Plausibilitätsprüfung *f* (EDV) plausibility check
plazieren
(com) to place *(ie, a product on the market)*
(Fin) to place *(ie, new securities: selling them to the public at large)*
Plazierung *f*
(com) placing *(ie, a product on the market)*
(Fin) placement *(ie, of securities in the market)*
(EDV, CAD) placement *(ie, beim Leiterplattenentwurf = in circuit board design)*
Plazierung *f* **durch Konsortium** (Fin) syndication
Plazierung *f* **e–r Anleihe** (Fin) placement (*or* issue) of a loan
Plazierung *f* **e–r Emission** (Fin) placement of an issue
Plazierungsgeschäft *n* (Fin) security placing business
Plazierungskonsortium *n*
(Fin) issuing group
(syn, Begebungskonsortium, Verkaufsgruppe)
– issuing syndicate
– selling . . . group/syndicate
Plazierungskurs *m* (Fin) placing price
Plazierungsprovision *f* (Fin) selling commission
Plazierungsverpflichtungen *fpl* (Fin) placing commitments
Plazierungsvertrag *m* (Fin) placing agreement
plc (com) = public limited company
Pleite *f*
(com) bankruptcy
– business failure
(com, infml) flop
– falling by the wayside
– going to the wall
pleite (com) = bankrott, qv
pleite gehen
(com, infml) to go bust
– to go to the wall
– to cave in
Pleite *f* **machen**
(com, infml) to go bust
– to fall by the wayside
– to go to the wall
Plenumsdiskussion *f* (com) floor discussion
Plotter *m*
(EDV) curve plotter
(ie, in Computergrafik; syn, Kurvenschreiber)
Plunderpapiere *npl* (Fin, infml) junk bonds
Plusankündigung *f* (Bö) share price markup
Pluskorrektur *f* (Bö) upward adjustment
Pluskorrekturen *fpl* **überwogen** (Bö) markups dominated
plus Stückzinsen (Fin) and interest

Pluswert *m* **der Schiefe** (Stat) positive skewness
Podiumsdiskussion *f* (com) panel discussion
Point & Figure Chart *m*
(Bö) point & figure chart
(ie, Instrument der technischen Aktienanalyse; dient der Darstellung der Kursentwicklung und als Prognoseinstrument)
Poisson-Streuung *f* (Stat) Poisson variation
Poisson-verteilte Ankünfte *fpl* (OR) Poisson arrivals
Poisson-Verteilung *f* (Stat) Poisson (probability) distribution
Pol *m*
(Math) pole *(ie, in the polar coordinate system)*
Polarachse *f* (Math) polar axis
Polaritätsprofil *n* (Mk) semantic differential
Polarkoordinatenpapier *n* (Math) polar coordinate paper
Polarwinkel *m*
(Math) polar angle
– amplitude
– anomaly
– azimuth
Police *f*
(Vers) insurance policy
(syn, Versicherungsschein)
Police *f* **ausstellen** (Vers) to issue a police
Policedarlehen *n*
(Vers) policy loan
(ie, prepayment of sum insured up to the amount of cash surrender value)
Police *f* **mit versicherbarem Interesse** (SeeV) interest policy
Police *f* **mit Wertangabe** (Vers) valued policy
Policenformular *n* (Vers) blank policy
Policeninhaber *m* (Vers) policy holder
Police *f* **ohne versicherbares Interesse**
(Vers) PPI policy
– wager policy
Police *f* **ohne Wertangabe** (Vers) unvalued policy
Politesse *f*
(com, US) traffic officer
– (GB) traffic warden *(syn, Verkehrshilfspolizist)*
Politik *f* **der Nachfragebelebung** (Vw) policies of spurring demand
Politik *f* **des billigen Geldes**
(Vw) easy
– cheap
– loose . . . money policy
Politik *f* **des teuren Geldes** (Vw) dear (*or* tight) money policy
politische Ökonomie *f* (Vw) political economy
politischer Streik *m* (Pw) political strike
politisches Risiko *n* (Fin, Vers) political risk
Polnische Notation *f* (EDV) polish notation
polnische Schreibweise *f*
(EDV) Polish
– parenthesis-free
– prefix . . . notation
(syn, klammerfreie od Präfixschreibweise)
polyadisches Zahlensystem *n* (Math) polyadic number system
polychorischer Korrelationskoeffizient *m*
(Stat) polychoric coefficient of correlation
(ie, beruht auf nichtmetrischen Daten)
Polygon *n*
(Math) polygon
(ie, figure consisting of n points and of the line segments $p_n\,p_1$*)*
Polymorphie *f* (EDV) polymorphism
Polynom *n* (Math) polynomial
Polynom *n* **1. Art** (Math) separable polynomial
Polynom *n* **2. Art** (Math) inseparable polynomial
Polynomial-Verteilung *f* (Stat) multinomial distribution
Polypol *n*
(Vw) polypoly
(ie, competition in a market of very many sellers)
Polypolist *m* (Vw) polypolist
polypolistische Konkurrenz *f*
(Vw) atomistic competition
(ie, in an imperfect market; syn, monopolistische Konkurrenz)
polypolistischer Markt *m* (Vw) polypolistic market
polypolistisch-heterogene Konkurrenz *f* (Vw) imperfect (*or* monopolistic) competition
polypolistisch-homogene Konkurrenz *f*
(Vw) perfect (*or* pure) competition *(syn, vollständige Konkurrenz)*
Polyprozessor-System *n*
(EDV) polyprocessor system
(eg, consisting of up to several hundreds of 16/32-bit microprocessors)
polyserieller Korrelationskoeffizient *m*
(Stat) polyserial coefficient of correlation
(ie, beruht auf nichtmetrischen Daten)
Pool *m*
(Kart) pool
(ie, higher-order cartel, with pro-rata distribution of centrally reported profits)
(Fin) pooling of security-holdings
(Vers) insurers'/insurance . . . – pool syndicate
(ie, zur Versicherung seltener, schwer schätzbarer und mit Groß- und Kumulschadenpotentialen belasteter Risiken; organized to spread heavy risks; syn, Versicherungspool, qv)
Poolkonsortium *n*
(Fin) pool syndicate
– pool management group
Popper-Kriterium *n*
(Log) Popper's criterion *(ie, of falsifiable hypotheses in empirical sciences)*
Population *f*
(Stat) population
– universe
POP-Werbung *f* (Mk) point-of-purchase advertising
portabel (EDV) portable
Portabilität *f*
(EDV) portability
(ie, Eigenschaft e–s Programms, auf verschiedene Rechnertypen leicht übertragen werden zu können)
Portal-Website *f* (EDV) portal
Portefeuille *n*
(Fin) portfolio
– holdings
(e–e aus Titeln des Geldmarktes und/od Kapitalmarktes zusammengesetzter Anlagebestand)

Portefeuille-Analyse *f*
(Fin) portfolio analysis
(ie, bezieht auch die Planung e–s Programms von Realinvestitionen unter Unsicherheit ein)
Portefeuille-Bewertung *f* (Fin) portfolio valuation
Portefeuille-Effekten *pl* (Fin) portfolio securities
Portefeuille-Prämienreserve *f* (Vers) portfolio premium reserve
Portefeuillestruktur *f* (Fin) portfolio makeup
Portefeuille-Strukturierung *f*
(Fin) asset allocation
(ie, Phase der Portefeuille-Analyse: berücksichtigt neben Ertragserwartungen auch das Risiko)
Portefeuilletheorie *f* (Fin) cf, portfolio selection theory
Portefeuille-Umschichtung *f* (Fin) portfolio . . . switching/turnover
Portefeuille-Umschichtung *f* **auf höherverzinsliche Anleihen** (Fin) coupon switching
Portefeuille-Wechsel *m* (Fin) portfolio bill
Portefeuille-Zusammensetzung *f* (Fin) portfolio makeup
Portfolioanalyse *f*
(Bw) portfolio analysis
(ie, Instrument der strategischen Planung: zu erwartende Ressourcen sollen in Geschäftsfelder (operating areas) gelenkt werden, in denen die Marktaussichten günstig sind und relative Wettbewerbsvorteile genutzt werden können)
Portfolio-Ansatz *m* (Mk) portfolio approach
Portfolioinvestition *f*
(Fin) portfolio investment
(ie, Erwerb ausländischer Wertpapiere und von Beteiligungstiteln an Unternehmen; bestimmend sind Renditeüberlegungen, nicht Einfluß auf die Geschäftstätigkeit; opp, Direktinvestition)
Portfolio-Management *n* (Bw) portfolio management
Portfolio-Matrix *f* (Bw) portfolio matrix
Portfolio-Planung *f* (Bw) = Portfolio-Analyse
Portfolio-Selection-Theorie *f*
(Fin) portfolio selection theory
(ie, Theorie der Planung und Durchführung optimaler Wertpapiermischungen; cf, Markowitz)
Portfoliotheorie *f*
(Vw) theory of portfolio selection
(ie, wichtiger Baustein der postkeynesianischen und der monetaristischen Geldnachfragetheorie; auf ihr beruht die Theorie der relativen Preise)
Portfolio-Versicherung *f*
(Fin) portfolio insurance
(ie, verschiedene Formen von Hedging-Strategien, um große Portfolios vor Kursverlusten zu schützen; im Rahmen des Programmhandels durch Optionen und Financial Futures)
portierbares Programm *n*
(EDV) portable program
(ie, program can be run in different operating system environments)
Portierung *f* (EDV) code conversion
Porto *n* (com) postage
portofrei
(com) postpaid
– (GB) post-free
Portogebühren *fpl* (com) postage charges (*or* fees)
Portokasse *f*
(com) imprest fund
– petty cash
Porto *n* **und Verpackung** *f* (com) postage and packing
Portozuschlag *m* (com) extra postage
Position *f*
(Pw) position
– post
– job
(eg, er hat eine gute P. = he's got a plum job)
(Fin) position
(syn, Wertpapierposition)
(Bö) position
(ie, month in which futures contracts mature; eg, December position)
Positionen *fpl* **des Zolltarifs** (Zo) headings in the customs tariff
Position *f* **glattstellen**
(Bö) to liquidate a position
– to close out a long position
(opp, Deckungskauf = covering, to close out a short position)
Positionieren *n* (EDV) positioning
Positionierer *m*
(EDV) locator
(ie, in Computergrafik)
Positionierung *f*
(Mk) positioning
(ie, Plazierung von Vermarktungsobjekten in e–m mehrdimensionalen Marktmodell)
– mapping
Positionierungszeit *f* (EDV) seek time
Positionsanforderungen *fpl* (Pw) job requirements
Positionsauflösung *f* (Fin) liquidation of commitments
Positionsbereinigung *f* (Bö) position squaring
Positionslimit *n* (Fin) position limit *(eg, as prescribed by SOFFEX)*
Positionspapier *n* (com) position paper
Positionsstärkung *f* (Bö) position buildup
positive Aussagenlogik *f* (Log) positive propositional calculus *(D. Hilbert)*
positive Externalitäten *fpl*
(Vw) positive externalities
– external benefits (*or* economies)
positive externe Effekte *mpl* (Vw) = positive Externalitäten
positive externe Ersparnisse *fpl* (Vw) = positive Externalitäten
positive Forderungsverletzung *f* (Re) = positive Vertragsverletzung
positive ganze Zahl *f*
(Math) positive integer
– nonnegative integer
positive interne Ersparnisse *fpl* (Vw) internal economies
positive Korrelation *f* (Stat) direct (*or* positive) correlation
positive Ökonomie *f*
(Vw) positive economics
(opp, normative Ökonomik)
positive Risikoauslese *f*
(Vers) market creaming
(ie, employing methods of unfair competition)

positives Interesse *n*
(Re) positive interest *(ie, claim to indemnity for breach at an amount equal to the full performance of the contract; syn, Erfüllungsinteresse; opp, negatives Interesse, Vertrauensinteresse)*
positive Vertragsverletzung *f*
(Re) positive violation of contractual duties
– positive breach of contract
– defective performance
(ie, breach of contract other than delay or impossibility = Verzug od Unmöglichkeit; im Dt nicht gesetzlich geregelt)
positive Wirtschaftswissenschaft *f* (Vw) positive economics *(opp, normative Wirtschaftswissenschaft)*
POS-System *n* (Mk) point-of-sales system
Post *f*
(com) postal service
– (GB) Post Office
(com) mail
– (GB) post
Postabholer *m* (com) caller for mail
Postabholung *f* (com) collection of mail
Postanschrift *f*
(com) mailing address
– (GB) postal address
Postantwortschein *m* (com) international reply coupon
Postanweisung *f* (Fin) postal remittance
Postausgang *m* (com) outgoing mail
Postbarscheck *m* (Fin) postal check
Postbearbeitung *f* (com) mail . . . handling/processing
Postbote *m*
(com) mailman
– (GB) postman
Posteingang *m* (com) incoming mail
Posteinlieferungsschein *m* (com) post-office receipt
Postempfänger *m* (Re) mailing agent
Posten *m*
(com) item
– entry
– lot
(Pw) post
– position
– job
Posten *m* **aktivieren** (ReW) to charge an account (with an item)
Posten *mpl* **der Jahresabgrenzung** (ReW) (year-end) accruals and deferrals
Posten *mpl* **der Rechnungsabgrenzung** (ReW) accruals and deferrals
Posten *mpl* **des ordentlichen Haushalts** (FiW) above-the-line items
Postengebühr *f*
(Fin) item-per-item charge
– entry fee
Posten *m* **gutschreiben** (ReW) to credit an item
Posten *m* **passivieren** (ReW) to credit an account (with an item)
Posten *m* **verbuchen** (ReW) to pass an entry to an account
Postfach *n*
(com) post office box
– P. O. Box
Postfreistempler *m* (com) franking machine
Postgebühren *fpl*
(com) mailing charges
– (GB) postal charges
Postgeheimnis *n* (com) postal secrecy
Postgewerkschaft *f* (Pw) postal workers' union
Post-Giro *n*
(com) postal giro transfer *(ie, new term for ‚Postscheckverkehr')*
Postgiroamt *n*
(Fin) Postal Giro and Savings Office
– (GB) National Giro Centre
Postgiroguthaben *n*
(Fin) postal giro account balance
– deposit in postal giro account
Postgirokonto *n*
(Fin) postal check account
– (GB) national giro account
Postgiroscheck *m*
(Fin) postal transfer check
– (GB) National Giro Transfer Form
Postgiroteilnehmer *m* (Fin) postal giro account holder
Postgiroverkehr *m* (Fin) postal giro transfer system
Postkosten *pl* (KoR) postal expense
postlagernd
(com) general delivery
– (GB) poste restante
postlagernder Brief *m* (com) letter to be called for
postlagernde Sendung *f* (com) poste restante mail
Postlaufkredit *m*
(Fin) mail credit
– mailing time credit
Postleitzahl *f*
(com) postal district code number
– (US) zip code *(ie, acronym for Zone Improvement Plan)*
– (GB) postcode
Postleitzahlfeld *n* (com) zip code field
Postleitzahlverzeichnis *n* (com) zip code (*or* postcode) register
Post-Mortem-Programm *n* (EDV) postmortem program
Postmortem-Speicherauszug *m* (com) disaster dump
Post-Nachsendung *f*
(com) mail rerouting
(ie, to temporary address or to changed domicile)
postnumerando (Fin) at the end of the period
postnumerando-Rente *f* (Fin) ordinary annuity
Postpaket *n*
(com) package
– (GB) packet
Postprozessor *m* (EDV) postprocessor
Postsendungen *fpl* (com) postal consignments
Postspardienst *m* (Fin) postal savings scheme
Postsparkasse *f* (Fin) postal savings bank
Postsparkassendienst *m* (Fin) postal savings bank service
Poststempel *m*
(com) date stamp
– postmark
Poststück *n* (com) mail item

Postübersendung *f* (com) transmission by mail (*or* post), § 375 BGB
Postüberweisung *f* (Fin) postal remittance (*or* giro transfer)
Postulationsfähigkeit *f*
(Re) right of audience
(ie, Fähigkeit, vor e–m bestimmten Gericht selbst auftreten und schriftlich od mündlich Prozeßhandlungen vornehmen zu können; cf, §§ 78, 79 ZPO; right of properly qualified advocates to appear for clients in specified levels of court and in appropriate tribunals)
Postversand *m*
(com) postal dispatch
– mail distribution
Postversandauftrag *m* (com) mail order
Postversandkatalog *m* (com) mail order catalog
Postverteilung *f* (com) routing of incoming mail
Postwagen *m*
(com) mail car
– (GB) postal van
postwendend
(com) by return mail
– (GB) by return post
Postwerbung *f* (Mk) postal advertising
Postwertzeichen *n* (com) postage stamp
Postwurfsendung *f*
(com) direct mail advertising
– unaddressed mailing
– bulk mail
Postzahlungsverkehr *m* (Fin) postal money transfer system
Postzustellbezirk *m* (com) postal delivery zone
Postzustellung *f* (com) postal delivery
Potential *n*
(Pw) potential
– capacility
Potentialbeurteilung *f* (Pw) capability assessment (*or* rating)
Potentialfaktoren *mpl*
(Bw) potential factors of production
(ie, providing a steady, unalterable stream of services, such as plant and machinery; opp, Repetierfaktoren)
Potentialfunktion *f* (Math) potential (*or* harmonic) function
potentialorientierte Geldpolitik *f*
(Vw) potential-oriented monetary policy *(ie, based on the production potential)*
potentialorientierte Richtgröße *f* (Vw) potential-oriented target
potentialorientiertes Geldmengenwachstum *n* (Vw) potential-GNP-oriented monetary growth
potentielle Nachfrage *f* (Vw) potential demand
potentieller Geldgeber *m* (com) prospective lender
potentieller Käufer *m*
(com) prospective buyer
– prospect
potentieller Kreditgeber *m* (Fin) potential lender
potentieller Markt *m* (Mk) potential market
potentieller Marktteilnehmer *m* (Mk) potential marketer
potentielles gesamtwirtschaftliches Angebot *n*
(Vw) potential aggregate supply *(ie, equal to the overall production potential)*

Potenz *f* (Math) power
Potenzfunktion *f* (Math) potential function
Potenzieren *n* (Math) raising a number (*or* quantity) to a power *(eg, a^n = a to the power of n)*
Potenzierung *f* (Math) exponentiation
Potenzmenge *f* (Math) set of all subsets
Potestativbedingung *f*
(Re) potestative condition
(ie, one which makes the execution of a contract dependent on an event which it is in the power of the contracting party to bring about)
Powerfunktion *f*
(Stat) power function *(ie, of a test)*
ppa. (com) = per procuram
PPS (IndE) = Produktionsplanung und -steuerung
Präambel *n* (Re) forword
prädeterminierte Variable *f* (Stat) predetermined variable
Prädikat *n*
(Log) predicate *(ie, in categorical propositions)*
Prädikatenkalkül *n* (Log) predicate (*or* functional) calculus
Prädikatenkalkül *n* **erster Stufe** (Log) first-order predicate calculus
Prädikatenlogik *f*
(Log) predicate logic
– logic of functional calculus
– logic of quantification
Prädikatenlogik *f* **zweiter Stufe**
(Log) second-order predicate logic
– second-order logic
praenumerando (Fin) in advance
praenumerando-Rente *f* (Fin) annuity due
praenumerando-Zahlung *f* (Fin) payment beforehand
praesumptio iuris et de iure (Re) irrebuttable presumption
präferentieller Handelsvertrag *m* (AuW) preferential trade agreement
Präferenz *f* (Vw, AuW) preference
präferenzbegünstigte Einfuhren *fpl* (AuW) imports eligible for preferential treatment
präferenzbegünstigtes Land *n* (AuW) country enjoying tariff preferences
präferenzberechtigter Ursprung *m* (Zo) preferential origin
Präferenzbereich *m* (Vw) zone of preference
Präferenzenwahrscheinlichkeit *f* (Vw) preference probability; cf. Krelle
Präferenzgut *n*
(Mk) preference item
(ie, customer sticks to it even when similar items are less expensive)
Präferenzordnung *f*
(Bw) order
– scale
– set . . . of preferences
– hierarchy of needs
(syn, Präferenzstruktur)
Präferenzraum *m* (AuW) preference area
Präferenzregelung *f* (AuW) preferential arrangement
Präferenzsatz *m* (Zo) preferential rate
Präferenz-Seefrachtraten *fpl* (com) preferential rates

Präferenzskala *f* (Vw) preference scale
Präferenzspanne *f*
(Zo) margin of preference
(ie, difference between preferential tariff and higher general tariff)
Präferenzstruktur *f* (Vw) = Präferenzordnung
Präferenzsystem *n* (AuW) preferential system
Präferenzzoll *m*
(Zo) preferential duty (*or* tariff) *(syn, Vorzugszoll)*
Präferenzzollsatz *m*
(Zo) preferential rate of duty
– preferential tariff rate
Präfixschreibweise *f*
(EDV) prefix
– Polish
– parenthesis-free . . . notation *(syn, polnische od klammerfreie Schreibweise)*
Prägegebühr *f* (FiW) brassage
Prägegewinn *m* (FiW) seigniorage
präjudiziell (Re) prejudicial
präjudizieren (Re) to set a precedent (for)
Praktiker *m* (com) practical man
Praktikum *n*
(com) traineeship
(ie, 6-month period served in industry as part of an undergraduate course)
praktisch anwendbare Ergebnisse *npl* (Log) implementable results
praktische Bedürfnisse *npl* **des Steuerrechts** (StR) practical exigencies of taxation
praktische Erfahrung *f*
(Pw) practical experience
(eg, candidate must have had at least 5 years of . . .)
praktische Handhabung *f* (com) practical application
praktische Zweckmäßigkeit *f* (com) practical expediency
praktisch realisierbare Kapazität *f*
(Bw) practical capacity
– practical attainable capacity
(ie, the maximum level at which a plant can operate efficiently)
praktizieren
(com) to practice *(ie, a profession: doctors and lawyers)*
praktizierender Anwalt *m* (Re) practicing lawyer
Prämie *f*
(AuW) bounty
(Pw) bonus
(Vers) premium
(Bö) option money
(EG) bonus
Prämie *f* **für Pauschalpolice** (Vers) blanket rate
Prämie *f* **für Verbesserungsvorschlag**
(Pw) suggestion bonus
(ie, usu a cash bonus for suggestions considered meritorious; tax-free up to €100)
Prämienanleihe *f*
(Fin) premium bond *(syn, Agioanleihe, qv)*
Prämienaufgabe *f* (Bö) abandonment
Prämienaufkommen *n*
(Vers) premium income
– premiums received
Prämienaußenstände *pl* (Vers) outstanding premiums
Prämienbefreiung *f* (Vers) waiver of premium
prämienbegünstigter Sparvertrag *m* (StR) premium-aided savings agreement
prämienbegünstigtes Sparen *n* (StR) premium-aided saving
Prämienbrief *m* (Bö) option contract
Prämiendiskriminierung *f*
(Vers) rate discrimination *(ie, different rates for insureds or risks of small class)*
Prämieneinziehung *f* (Vers) collection of premiums
Prämien *fpl* **erhöhen**
(Vers) to increase
– to raise
– to up . . . rates (*or* premiums)
Prämienerklärung *f* (Bö) declaration of options
Prämienerklärungstag *m* (Bö) option day
Prämienfestsetzung *f*
(Vers) rate making
– rate setting
– rating
Prämienfestsetzung *f* **nach individuellem Schadensverlauf**
(Vers) experience rating
– manual rating
– merit rating
prämienfreie Police *f* (Vers) free (*or* paid-up) policy
prämienfreie Versicherung *f*
(Vers) fully paid-up policy
– paid-for insurance
Prämiengeschäft *n*
(Bö) dealing in options
– option dealing
– stock exchange options
(ie, Form des bedingten Termingeschäfts zur Risikominderung von Termingeschäften; Möglichkeit, zum Prämienkurs zu erfüllen od gegen Entrichtung der Prämie zurückzutreten; buyer or seller can withdraw from concluding the transaction by paying a premium agreed upon in advance)
(Bö) option bargain
Prämienhändler *m* (Bö) option dealer
Prämienkäufer *m* (Bö) option buyer
Prämienkrieg *m* (Vers) premium rate war
Prämienkurs *m* (Bö) option price (*or* rate)
Prämienlohn *m* (Pw) time rate plus premium wage
Prämienlohnsystem *n*
(Pw) premium bonus wage system
– premium system
– bonus scheme
Prämiennehmer *m* (Bö) taker of option money
Prämienrechnung *f*
(Vers) premium note
– renewal notice
Prämienregelung *f* (EG) bonus scheme
Prämienreserve *f*
(Vers) premium reserve
– unearned premium reserve
– mathematical reserve
(syn, Deckungsrücklage)
Prämienreservefonds *m* (Vers) premium reserve fund

Prämienrückvergütung *f* (Vers) return of premium

Prämienrückvergütung *f* **bei schadenfreiem Verlauf** (Vers) „no claim" bonus

Prämiensatz *m*
(Bö) option rate (*or* price)
(Vers) rate of premium

Prämienschuldverschreibung *f* (Fin) premium bond

Prämienspareinlagen *fpl* (StR) premium-aided savings deposits

Prämiensparen *n* (StR) premium-aided saving

Prämienstorno *m* (Vers) cancellation of premium

Prämienstücklohn *m* (Pw) piece incentive rate

Prämienstundung *f* (Vers) deferment of premium payment

Prämientarif *m* (Vers) premium scale

Prämienüberschuß *m* (Vers) net premium income

Prämienüberträge *mpl* (Vers) premiums unearned on balance sheet date, § 14 VAG

Prämienverkäufer *m* (Bö) taker of an option

Prämienversicherung *f* (Vers) proprietary insurance

Prämienvolumen *n* (Vers) total of premiums collected

Prämienvorauszahlung *f* (Vers) advance premium

Prämienwerte *mpl* (Bö) option stock

Prämienzahler *m* (Bö) giver of the rate

Prämienzahlung *f* (Vers) payment of premium

Prämienzuschlag *m* (Vers) additional premium

Prämisse *f*
(Log) premise
– premiss
(ie, Vordersatz e–s Schlusses)
(Log) assumption
(ie, im Sinne von Voraussetzung od Annahme)

Präsens-Indikator *m*
(Vw) coincident indicator
– coincident
(eg, employment, sales, industrial production; syn, synchroner Konjunkturindikator; opp, Frühindikator, Spätindikator, qv)

Präsentation *f* (Mk) presentation

Präsentationsfrist *f* (WeR) time for (*or* of) presentment *(syn, Vorlegungsfrist)*

Präsentieren *n*
(WeR) presentment of bill of exchange
(ie, for acceptance or payment)

Präsenzbörse *f* (Bö) floor trading system *(ie, with official brokers)*

Präventionsmaßnahmen *fpl* (SozV) preventive measures

praxisbezogen (com) practical

praxisfremd
(Pw) academic
– not belonging to a ‚practical man'

Praxisschock *m* (Pw) reality shock

Praxiswert *m*
(ReW) goodwill of free professional
(ie, erworbener P. muß aktiviert werden; § 5 II EStG; acquired goodwill is subject to depreciation)

Präzedenzfall *m*
(Re) precedent
– leading case

Präzision *f*
(com) precision
(IndE) precision *(ie, Übereinstimmung zwischen Ergebnissen bei wiederholter Anwendung e–s Ermittlungsverfahrens; früher: Wiederholgenauigkeit; cf, DIN 55 350.T11)*

Präzisionsmaß *n* (Stat) modulus of precision

PR-Berater *m* (Mk) outside PR counsel

PR-Diagramm *n*
(Bw) prediction-realization diagram *(ie, grafische Auswertungsmethode von Prognosen)*

preemptives Multitasking *n* (EDV) preemptive multitasking

Preis *m*
(com) price
– charge
– rate
– (infml) tab

Preis *m* **ab Erzeuger** (com) factory price

Preisabrede *f* (Kart) price agreement, § 5 III GWB

Preisabrufverfahren *n*
(Mk) price look-up procedure
(ie, Preisregistrierung durch Kassenterminals im Einzelhandel)

Preisabsatzfunktion *f* (Vw) price-demand function

Preisabsatzkurve *f* (Vw) price-demand curve

Preisabschöpfung *f* (EG) price adjustment levy

Preisabsprache *f*
(com) common pricing
– collusive tendering
(ie, by contractors in tendering for contracts)
(Kart) price fixing (*or* rigging)
– common pricing

Preisabweichung *f* (KoR) price (*or* value) variance

Preis *m* **ab Werk**
(com) factory (gate) price
– ex factory price
– price ex works
– mill price

preisaggressives Vorgehen *n* (Mk) aggressive pricing policy

Preisänderungen *fpl* **vorbehalten** (com) prices subject to change without notice

Preisänderungsrücklage *f* (ReW) = Preissteigerungsrücklage

Preisanfrage *f* (com) price inquiry

Preisangabe *f*
(com) price
(com) quotation

Preis *m* **angeben** (com) to quote a price

Preisangebot *n*
(com) price quotation
– quotation
– quoted price
– quote

Preisanhebung *f* (com) price rise (*or* increase)

Preisanstieg *m*
(com) price increase
– upturn in prices

Preisaufschlag *m*
(com) extra price
(Mk) markup

Preisauftrieb *m*
(com) upward trend of prices
– upsurge of prices

Preisausgleichsprinzip *n*
(Bw) principle of price equalization
(ie, between domestic and export prices, between various plant divisions, etc.)
Preis *m* **aushandeln** (com) to negotiate a price
Preisaushang *m* (com) display of price schedule
Preisausschläge *mpl* (com) price fluctuations
Preisausschreiben *n* (Mk) sales promotion competition *(ie, correct solutions fetch a prize)*
Preisauszeichnung *f*
(com) price marking
– labeling
Preisauszeichnungspflicht *f* (Re) obligation to mark goods with prices
Preisband *n* (Mk) spread of competitive prices
Preisbasis *f* (com) basis of quotation
Preis *m* **beeinflussen** (com) to affect a price
Preis *m* **bei Anlieferung** (com) landed price
Preis *m* **bei Barzahlung** (com) cash price
Preis *m* **bei Ratenzahlung**
(com) deferred payment price
– (GB) hire purchase price
Preis *m* **bei sofortiger Lieferung** (com) spot price
Preis *m* **berechnen** (com) to charge a price
preisbereinigt
(Stat) after adjustment for price rises
– corrected to eliminate the effects of price inflation
– in real terms
preisbereinigter Umsatz *m* **je geleistete Arbeitsstunde** (Bw) price-adjusted sales per man-hour
Preisbereitschaftsfunktion *f* (Mk) buy response function
Preis *m* **berichtigen** (com) to adjust a price
Preisberuhigung *f* (com) steadying of prices
Preisbeschluß *m* **fassen** (com) to take a decision to raise or lower prices
Preisbewegung *f* (com) price tendency
Preisbewußtsein *n* (Mk) price consciousness
Preisbildung *f*
(com) pricing
– setting of prices
(Vw) price formation
Preisbildung *f* **auf Durchschnittskostenbasis** (Bw) average cost pricing
Preisbildung *f* **aufgrund der Nettoprämie**
(Vers) pure premium method
(ie, leaving out of account the cost and expense of the insurer's operation)
Preisbildung *f* **nach der Lernkurve**
(Mk) learning-curve pricing
(ie, conceived by Boston Consulting: company moves initial prices down by learning ahead of actual cost reductions; idea is to create bigger demand faster, spur cost reductions, and discourage new competitiors)
Preisbildungsfaktoren *mpl* (com) price determinants
Preisbindung *f* **der zweiten Hand** (Kart) retail price maintenance
Preisbindung *f* **zweiter Hand** (Kart) resale price maintenance *(syn, vertikale Preisbindung)*
Preis *m* **Bohrturm**
(com) wellhead price *(ie, price less transportation)*

Preisbrecher *m*
(com) price cutter
(com) price cutting article
Preisdeflator *m* (Vw) price deflator
Preisdifferenz *f* (com) price difference (*or* differential)
Preisdifferenzierung *f*
(Mk) price differentiation (*or* discrimination)
(ie, Verkauf des gleichen Gutes an verschiedene Käufergruppen zu unterschiedlichen Preisen; Unterbegriffe: persönliche, räumliche, zeitliche, qualitative, quantitative; deglomerative, agglomerative . . . Preisdifferenzierung; sale of identical goods at different prices to different buyers; syn, Preisdiskriminierung, qv)
Preisdifferenzkonto *n*
(ReW) price variance account
(ie, at year end traced to income statement)
Preisdifferenzrücklage *f* (ReW) = *(obsolete form of:)* Preissteigerungsrücklage
Preisdiskriminierung *f*
(Vw) = Preisdifferenzierung
(Kart, US) price (*or* rate) discrimination
(ie, Verbotskriterium nach Antitrust-Recht ist die Eignung zur Wettbewerbsbeschränkung (restraint of trade); hierbei wird unterschieden:
1. first-line competition: Auswirkung auf dem Markt des differenzierenden Anbieters;
2. second-line competition: Auswirkung auf dem Markt des bevorzugten od benachteiligten Unternehmens;
3. third-line competition: Auswirkung auf dem Markt der unterschiedlich behandelten Abnehmer)
Preis-Dividenden-Rate *f* (Fin) price-dividend ratio
Preisdruck *m* (com) pricing pressure *(eg, imposed by exporters)*
Preisdumping *n*
(AuW) price dumping *(ie, prices are cut below marginal cost through government export schemes)*
Preise *mpl* **anheben**
(com) to increase
– to raise
– to lift . . . prices
Preise *mpl* **auszeichnen** (com) to mark articles with prices
Preise *mpl* **der Basisperiode** (Vw) base-period prices
Preise *mpl* **diktieren** (Kart) to dictate prices
Preise *mpl* **drücken**
(com) to run down prices
– (infml) to shave prices
Preise *mpl* **erhöhen**
(com) to increase
– to raise
– to lift
– to up
– to send up . . . prices
Preise *mpl* **explodieren**
(com) prices hit the roof
– prices go through the ceiling
Preise *mpl* **geben nach** (com) prices ease (*or* soften)
Preise *mpl* **gelten für** (com) prices are for . . .
Preise *mpl* **herabsetzen** (com) to take markdowns
Preise *mpl* **hochschleusen** (com) to push up prices

Preise *mpl* **hochtreiben**
(com) to push up prices
(com) to bid up prices
Preiseinbruch *m*
(com) sharp dip in prices
– steep fall in prices
– steep slide of prices
(ie, prices take a tumble)
– break in the market
preiselastisch (Vw) price sensitive
Preiselastizität *f* **der Nachfrage** (Vw) price elasticity of demand
Preiselastizität *f* **des Angebots** (Vw) price elasticity of supply
Preisempfehlung *f* (com) price recommendation
preisempfindlicher Markt *m* (com) price-sensitive market
Preise *mpl* **niedrig halten** (com) to keep down prices
Preisentwicklung *f* (com) movement/trend . . . of prices
Preiserhöhung *f*
(com) price increase
– price rise
– price advance
– (infml) price hike
Preiserhöhung *f* **durchsetzen** (com) to force/put . . . through a price rise
Preiserhöhungsrücklage *f* (ReW) reserve for price rises on raw materials
Preiserhöhungsspielraum *m*
(com) scope for raising prices
(Vw) money-goods gap
Preiserholung *f* (com) price recovery
Preisermittlung *f* (com) pricing
Preisermittlung *f* **auf der Grundlage der angestrebten Kapitalverzinsung** (Vw) target pricing
Preiserwartungen *fpl* (Vw) price anticipations
Preise *mpl* **senken**
(com) to decrease
– to cut
– to cut down
– to trim
– to pare down
– to reduce
– to slash . . . prices
Preise *mpl* **überwälzen** (com) to pass prices on to customers
Preise *mpl* **verfallen** (com) prices tumble precipitously
Preisexplosion *f*
(com) price explosion
– price jump
– (infml) fly-up of prices *(eg, to meet the much higher market clearance level)*
Preise *mpl* **ziehen an**
(com) prices rise
. . . improve
. . . look up
Preise *mpl* **zurücknehmen**
(com) to roll back prices *(ie, in order to cancel an earlier price hike)*
Preis-Faktor-Kurve *f*
(Bw) price-factor curve *(ie, shows factor demand in relation to its price)*

Preis *m* **festsetzen**
(com) to fix
– to determine
– to set/cost . . . a price
Preisfestsetzung *f*
(com) price setting
– pricing
Preisfestsetzungskompetenz *f* (Mk) pricing authority
Preisfestsetzung *f* **unter Berücksichtigung e–r angemessenen Rendite** (Bw) rate-of-return pricing
Preisfixierer *m* (Vw) price maker
Preisfixierung *f* (Vw) price setting
Preisflexibilität *f*
(Vw) price flexibility *(ie, reciprocal of price elasticity)*
Preis *m* **frei Bestimmungshafen** (com) landed price
Preis *m* **freibleibend**
(com) price subject to change without notice
– price without engagement
Preis *m* **frei Haus**
(com) door-to-door price
– delivered price *(ie, includes all costs incurred in getting the goods to the buyer's premises)*
Preisführer *m* (Vw) price leader
Preisführerschaft *f*
(Vw) price leadership
(ie, rival sellers adopt the price fixed by one or more other members of the industry; usually this role is played by the largest or dominant firm; competition is shifted to nonprice elements, capital formation may be dislocated, expansion of efficient firms may be discouraged)
Preisfunktionen *fpl*
(Vw) functions of price *(ie, matching, distribution, allocation, announcement, etc.)*
Preisgaberecht *n* (SeeV) right to abandon
Preisgarantie *f* (EG) price guarantee
Preisgebot *n* (com) bidding
preisgebundene Waren *fpl* (Kart) price-maintained goods
Preisgefälle *n* (com) price differential
Preisgefüge *n* (Mk) price structure
Preisgestaltung *f* (com) pricing
Preis-Gewinn-Rate *f* (Fin) price-earnings ratio
Preisgleitklausel *f*
(com) price escalator (*or* escalation) clause
– escalator clause
– price redetermination clause
– rise-and-fall clause
Preisgrenze *f* (com) price limit (*or* barrier)
preisgünstig
(com) reasonably priced
– low-priced
preisgünstiger Wohnraum *m* (com) low-cost housing
preisgünstigster Anbieter *m* (com) lowest bidder
preisgünstigstes Angebot *n* (com) lowest bid
Preisindex *m* (Stat) price index
Preisindex *m* **für die Lebenshaltung**
(Stat) average cost of living index
(ie, more correct: Preisindex für die Lebenshaltung von 4-Personen-Arbeitnehmerhaushalten mit mittlerem Einkommen [1980 =100])

preisindexiert (Fin) price-level indexed
Preisinflation *f* (Vw) price inflation
Preisinformationsabsprache *f*
(Kart) information
– open price
– price reporting . . . agreement
Preisinformationssystem *n* (Kart) open price system
Preis *m* **je Einheit**
(com) unit price
– price per unit
Preiskalkulation *f* (Bw) cost-based pricing *(ie, seeking to cover all fixed and proportional costs + a reasonable profit in the long run)*
Preiskampf *m* (com) price war
Preiskartell *n*
(Kart) prices cartel
– price fixing cartel
Preisklasse *f* (com) price bracket
Preisklausel *f* (com) price clause
Preisklima *n*
(com) price climate
(Vw) price environment
Preiskonjunktur *f*
(Vw) price-led boom *(ie, situation of soaring prices and quickly rising profits)*
Preis-Konsum-Funktion *f*
(Vw) price-consumption function
(syn, Nachfragefunktion = demand function)
Preis-Konsumkurve *f* (Vw) price consumption curve
Preiskontrolle *f*
(Vw) price control
(ie, government regulation of prices of goods and services designed to reduce increases in the cost of living)
Preis-Kosten-Erwartungen *fpl* (Vw) price-cost expectations
Preis-Kosten-Schere *f* (com) price-cost gap
Preiskreuzelastizität *f* (Vw) cross-price elasticity
Preiskrieg *m*
(com) price cutting war
– prices war
– (US, infml) no-holds-barred price cutting
Preislage *f*
(com) price range
(com, infml) (something) at about the same price
Preislenkung *f* (Vw) regulation of prices
preislich konkurrieren (com) to compete on price
Preisliste *f*
(com) price list
– scale of charges
Preislücke *f* (Vw) price gap
Preismaßstäbe *mpl* (Mk) price-performance standards
Preismechanismus *m* (Vw) pricing mechanism
Preismeldestelle *f*
(Bw) open price association
– central agency
(ie, collating and distributing price information)
Preismeldeverband *m* (Bw) open price system
Preismeßziffer *f* (Stat) price relative
Preis *m* **mit Gleitklausel** (com) escalation price
Preis-Nachfrage-Funktion *f* (Vw) price demand function
Preisnachlaß *m*
(com) price reduction
– discount
– allowance
– (infml) rake-off
Preisnachlaß *m* **gewähren**
(com) to grant a price reduction
– (infml) to knock off
(eg, from total invoice amount)
Preisniveau *n* (Vw) price level
Preisniveaustabilität *f* (Vw) stability of the overall price level
Preisnotierung *f*
(com) quotation of price
(Fin) direct quotation
(ie, direct method of quoting foreign exchange: amount of domestic currency payable for 100 units of foreign currency; opp, Mengennotierung = indirect quotation)
Preisobergrenze *f*
(com) highest price
– ceiling price
– price ceiling
Preispolitik *f*
(Vw) price policy
(Bw) pricing policy
Preisproblem *n* (com) price issue
Preisprüfung *f* (com) price auditing
Preisrisiko *n* (com) price risk
Preisrückgang *m*
(com) decline
– drop
– fall . . . in prices
Preisrückvergütung *f* (com) refunding of price
Preisschere *f* (com) price gap
Preisschild *n*
(com) price label
– price . . . tag/ticket
Preisschleuderei *f* (Kart) reckless price cutting *(ie, without any regard to costs)*
– price slashing
Preisschub *m*
(com) jump in prices
– very sharp price rise
– price surge
– surge in prices
– price boost
Preisschwäche *f* (com) weak prices
Preisschwankungen *fpl*
(com) fluctuation in prices
– price fluctuations
Preissenkung *f*
(com) price cut
– price reduction
– reduction in price
– markdown
Preisspanne *f* (com) price margin
Preisspannenverordnung *f* (Bw) price margin ordinance
Preisspirale *f*
(com) spiral of rising prices
– upward spiral of prices
Preisstabilisierung *f*
(Vw) price stabilization *(ie, keeping prices at a stated level)*

Preisstabilität *f*
(Vw) stable prices
– price stability
Preisstaffel *f* (com) graduated price range
Preisstarrheit *f* (Bw) price rigidity
Preisstarrheit *f* **nach unten** (Bw) downward inflexibility of prices
Preisstatistik *f* (Stat) price statistics
Preissteigerung *f* (com) price increase
Preissteigerungsfaktor *m* (Stat) price-increase factor
Preissteigerungsprozeß *m* (Vw) process of rising prices
Preissteigerungsrate *f* (Vw) rate of price increases
Preissteigerungsrücklage *f*
(ReW) reserve for price increases
(ie, of inventory items whose replacement cost has become substantially greater in the course of the taxable year, § 51 I EStG, § 74 EStDV)
Preissteigerungstendenz *f* (Vw) inflationary trend
Preisstellung *f*
(com) pricing
– quotation
Preisstellung *f* **frei Haus** (com) delivered pricing
Preisstopp *m* (Vw) price freeze (*or* stop)
Preisstrategie *f* **mit vorweggenommener Inflationskomponente** (Bw) anticipatory (*or* hedge) pricing
Preisstruktur *f* (Bw) price structure
Preissturz *m*
(com) sharp drop-off (*or* tumble) in prices
– slump in prices
Preisstützung *f*
(com) pegging of prices
– price maintenance
– price support
Preistaxen *fpl* (Vw) = administrierte Preise
Preistendenz *f*
(Bö) market trend
– trend in prices
Preistheorie *f*
(Vw) price theory
– theory of prices
(ie, analyzes the way in which prices are determined in a free market economy and the role they play in solving the problems of resource allocation; the various states of the environment are monopoly, oligopoly, perfect competition, and monopolistic competition)
Preistreiber *m* (com) price booster
Preistreiberei *f*
(com) profiteering *(ie, deliberate overcharging)*
Preisüberwachung *f*
(Vw) price surveillance *(ie, form of government price control)*
Preisüberwälzungsspielraum *m* (Vw) scope for passing on cost increases in prices
Preisunterbieter *m* (com) price cutter
Preisunterbietung *f*
(com) undercutting
– underselling
Preisuntergrenze *f*
(Bw) lowest-price limit
– bottom price
Preisvektor *m* (OR) price vector
Preisvereinbarung *f* (Kart) price fixing agreement
Preisverfall *m*
(com) collapse of prices
– deep plunge of prices
– dramatic drop in prices
– large-scale (*or* steep) slide of prices
– shakedown in prices
– tumbling down of prices
– crumbling of prices
Preisvergleichskarte *f* (ReW) comparative price card
Preisvergleichsmethode *f* (StR) comparable uncontrolled price method *(see: Fremdvergleich)*
Preisverzeichnis *n*
(com) schedule of prices
– scale of charges
Preisverzerrung *f* (com) price distortion
Preisvorteil *m* (Mk) price advantage
Preiswelle *f* (com) wave of price increases
Preiswettbewerb *m* (Vw) price competition
Preiszugeständnis *n* (com) price concession
Preis *m* **zurücknehmen**
(com) to mark down
– to pull back . . . a price
Pressefeldzug *m*
(Mk) crusade
(syn, Medienkampagne)
Pressemappe *f* (com) press kit
Pressemitteilung *f*
(com) press release
– press memo
– handout
Pressestelle *f* (Bw) public information office
Prestigeartikel *m* (Mk) prestige item
Prestige-Gut *n* (Vw) prestige good (*or* merchandise)
Prestigewerbung *f* (Mk) prestige advertising
Prestigewert *m* (Mk) prestige value
Prestige-Wirtschaft *f* (Vw) prestige economy
prima Bankakzept *n* (Fin) prime bankers' acceptance
Primadiskonten *pl* (Fin) = Privatdiskonten
Prima-facie-Beweis *m*
(Re) prima facie evidence
(syn, Beweis des ersten Anscheins, qv)
primaler Pivotschritt *m* (OR) primal pivot step
primaler zulässiger Vektor *m* (OR) primal feasible vector
primale Variable *f* (OR) primal variable
primale Zielfunktion *f* (OR) primal objective function
primal-ganzzahlige Programmierung *f* (OR) primal integer programming
Primalproblem *n* (OR) primal problem
Primanota *f*
(ReW) journal
– daybook
(syn, Grundbuch, Journal, Memorial, Tagebuch)
Primapapiere *npl* (Fin) first-class money market paper *(esp. Privatdiskonten = prime acceptances)*
Primäranweisung *f* (EDV) source statement
Primäraufwand *m*
(Vw) primary input *(ie, in input-output analysis)*
Primärbasis *f* (OR) primal basis
Primärdaten *pl* (Stat) primary data

Primärdatenerfassung *f* (EDV) source data acquisition
Primärdefizit *n* (Vw) primary deficit
primäre Aktiva *pl*
(Vw) primary assets
(ie, gold, foreign exchange and fixed-interest securities sold by the central bank under its open market policy)
primäre Einkommensverteilung *f*
(Vw) primary income distribution
(ie, resulting from market processes)
primäre Gemeinkosten *pl* (KoR) primary overhead
primäre Indikatoren *mpl* (Stat) key indicators
Primäreinkommen *n* (Vw) primary income
primäre internationale Liquidität *f* (Vw) currency reserves held by central banks
primäre Kennziffer *f* (Bw) elementary (*or* primary) ratio
primäre Kosten *pl*
(KoR) primary costs
(syn, ursprüngliche od einfache Kosten)
primäre Kostenarten *fpl*
(KoR) primary cost types
(ie, relating to costs which are based on market prices, such as material cost, personnel cost; syn, originäre Kostenarten; opp, zusammengesetzte sekundäre Kostenarten)
primäre Kostenstelle *f*
(KoR) primary cost center *(syn, Fertigungshauptkostenstelle)*
primäre Leistungen *fpl* (KoR) = Endleistungen, qv
primäre Marktforschung *f* (Mk) field research
Primärenergie *f*
(IndE) primary energy
(ie, aus natürlichen Energieträgern gewonnen, wie Kohle, Erdöl, Wasserkraft)
primärer Sektor *m* (Vw) primary sector of the economy
Primärfenster *n*
(EDV, GUI) parent window
(syn, übergeordnetes Fenster; opp, child window)
Primärforschung *f* (Log) first-hand (*or* field) research
Primärgeld *n*
(Vw) primary money
– monetary base
(ie, central bank money + demand deposits with central bank; syn, Geldbasis, monetäre Basis, exogenes Geld)
Primärgeschäft *n* (Bö) new issue business
Primärhaushalt *f* (FiW) primary budget
Primärliquidität *f*
(Vw) primary liquidity *(ie, equal to central bank money)*
Primärmarkt *m*
(Bö) primary market
– new issue market
(ie, Markt für Erstabsatz e–s neu emittierten Wertpapiers; opp, Sekundärmarkt, dritter Markt)
(Mk) primary market *(ie, located in a center of consumption)*
Primärmaterial *n* (Stat) raw (*or* source) data
Primärmetalle *npl*
(com) primary (*or* virgin) metals *(ie, metals obtained directly from the ore, and not previously used; opp, Sekundärmetalle)*
Primärplan *m*
(IndE) master schedule *(ie, a schedule by date and quantity of top-level or planning bills of materials)*
Primärprogramm *n*
(IndE) master production schedule
(EDV) source program
(syn, Quellprogramm)
Primärsaldo *m*
(AuW) primary balance
(eg, government net borrowing or net lending excluding interest payments on government liabilities; ie, Finanzierungssaldo ohne Zinszahlungen)
Primärspeicher *m* (EDV) primary (*or* main) storage
Primärsprache *f* (EDV) source language
Primärstatistik *f* (Stat) primary statistics
Primärüberschußquote *f* (Vw) primary surplus-to-GDP ratio
Primärverteilung *f* (Vw) = primäre Einkommensverteilung
Primärziel *n* (Bw) basic/primary . . . objective
Primawechsel *m* (WeR) first of exchange
Primfaktor *m* (Math) prime factor
primitive Einheitswurzel *f* (Math) primitive nth root of unity
primitives Polynom *n*
(Math) primitive polynomial
(syn, Einheitsform)
Primpolynom *n*
(Math) prime (*or* irreducible) polynomial
(ie, a polynomial whose only factors are itself and constants)
Primzahl *f*
(Math) prime
– prime number
Primzahlsatz *m* (Math) prime number theorem
Primzahlzwillinge *pl* (Math) twin primes
Printmedien *npl* (Mk) print media
Prinzip *n* **der Bilanzkontinuität**
(ReW) principle of the continuity of balance sheets
– (US) consistency concept
(ie, year-to-year effects of different procedures are minimized by requiring that the same alternative be selected each period)
Prinzip *n* **der Denkökonomie**
(Log) principle of parsimony
– Occam's razor
Prinzip *n* **der Fertigung durch autonome Arbeitsgruppen** (IndE) group technology
Prinzip *n* **der Periodenabgrenzung** (ReW) accruals basis of accounting
Prinzip *n* **der Preisunterschiedslosigkeit** (Vw) law of indifference *(W. St. Jevons)*
Prinzip *n* **der Rechtsstaatlichkeit**
(Re) principle of the rule of law
– rule-of-law principle
(Re, US, also) due process
(ie, the 5th and 14th amendment of the Constitution set a limit on arbitrary and unreasonable ac-

tions by the federal government; the Supreme Court is thereby provided an ongoing opportunity to consider and define the legal contours of fairness)

Prinzip *n* **der reduzierten Durchschnittskosten** (ReW) cost averaging effect

Prinzip *n* **des kürzesten Weges** (Bw) principle of shortest channel

Prinzip *n* **des minimalen Streuungsverhältnisses** (Stat) least variance ratio

Prinzip *n* **vom Maximum des Betrages** (Math) principle of maximum modulus

Priorität *f* (com) priority

Priorität *f* **beanspruchen** (Pat) to claim priority for an application

Prioritäten *fpl* (Fin) = Prioritätsobligationen

Prioritäten *fpl* **ändern** (Bw) to reorder priorities

Prioritäten *fpl* **festlegen** (Bw) to assign priorities (to)

Prioritätsaktien *fpl*
(Fin) preferred stock
– (GB) preference shares
(syn, Vorzugsaktien)

Prioritätsanspruch *m* (Pat) prior (*or* priority) claim

Prioritätsanzeiger *m* (EDV) priority indicator

Prioritätsbeleg *m* (Pw) prior document

Prioritätsdatum *n* (Pat) priority date

Prioritätsjobdisponent *m* (EDV) priority scheduler

Prioritätsobligationen *fpl*
(Fin) preferred bonds
– (GB) preference bonds

Prioritätsstreitverfahren *n* (Pat) interference proceedings

Prioritätsverarbeitung *f* (EDV) priority processing

Privatangelegenheiten *fpl* (com) private (*or* personal) affairs

Privatanleger *m*
(Fin) private investor *(syn, Privatinvestor)*

Privatanschluß *m*
(com) private (telephone) extension
– (infml) home phone
(com) private railroad siding

Privatbahn *f* (com) private railroad

Privatbank *f*
(Fin) private bank *(ie, organized under commercial law, as single proprietor, OHG, KG, GmbH, AG, etc.; opp, öffentliche Bank)*

Privatbankier *m*
(Fin) private banker *(ie, mostly run as single proprietor, OHG, KG)*

Privatbilanz *f* (ReW) nonstatutory balance sheet

Privatbörse *f*
(com) private exchange *(ie, an exchange-like gathering of private individuals)*

Privatdarlehen *n* (Fin) personal loan

Privatdetektiv *m*
(com) private detective (*or* investigator)
– (infml) private eye

Privatdiskont *m* (Fin) = Privatdiskontsatz

Privatdiskonten *pl*
(Fin) prime (bankers') acceptances
– private paper

privatdiskontfähig (Fin) qualifying as prime acceptance

privatdiskontfähige Bankakzepte *npl* (Fin) acceptances qualifying as prime paper

Privatdiskontmarkt *m* (Fin) prime acceptances market

Privatdiskontsatz *m* (Fin) prime acceptance rate

private Bautätigkeit *f* (com) private construction

private Bruttoinlandsinvestitionen *fpl* (VGR) gross private domestic investment

private Einkommensübertragungen *fpl* (VGR) personal transfer payments

private Ersparnisbildung *f* (VGR) private savings

private Fluggesellschaft *f* (com) private-sector airline

private Geschäftsbanken *fpl* (Fin) private commercial banks

private Güter *npl* (Vw) private goods

private Haftpflichtversicherung *f* (Vers) private liability insurance

private Hypothekenbank *f* (Fin) private mortgage bank

Privateigentum *n* (Re) private ownership *or* property

Privateinlagen *fpl* (ReW) private-asset contributions

private Investitionen *fpl* (VGR) private investment

„private" Kommanditgesellschaft *f*, **KG**
(com) private limited partnership
(opp, public limited partnership, Publikums-Kommanditgesellschaft)

private Kosten *pl*
(Vw) private costs *(opp, volkswirtschaftliche Kosten = social costs)*

private Krankenversicherung *f*
(Vers) private sickness insurance
(ie, Schutz gegen Krankheitskosten, Verdienstausfall, Krankenhaustagegeld, Zusatzleistungen bei stationärer Heilbehandlung; ferner als Reise- und Pflegekrankenversicherung)

private Kreditnachfrage *f*
(Fin) private credit demand
(Vw) private-sector loan demand

private Nachfrage *f* (Vw) private demand

Privatentnahmen *fpl*
(ReW) (private) withdrawals
– (private) drawings *(eg, to take . . .)*
– entrepreurial withdrawals

private Organisationen *fpl* **ohne Erwerbscharakter**
(VGR) private no-gain organizations
(ie, Finanzierung durch freiwillige Zahlungen, keine Gewinnerzielung, keine öffentlichen Haushalte; eg, Kirchen, Gewerkschaften, Sportvereine)

private Plazierung *f* (Fin) private placement

privater Anleger
(Fin) private investor *(syn, Privatanleger, Privatinvestor)*

privater Darlehensnehmer *m*
(Fin) private lender *(ie, borrows money from institutional funds)*

privater Frachtführer *m* (com) private carrier

privater Haushalt *m* (VGR) = Privathaushalt

privater Kapitalverkehr *m* (VGR) private capital flows

privater Sektor *m* (Vw) private sector of the economy

privater Verbrauch *m*
(Vw) private consumption
(VGR) personal consumption expenditure
privates Anlegerpublikum *n* (Fin) private investors
privates Bankgewerbe *n* (Fin) private banking industry
private Schuldübernahme *f*
(Re) assumption of debt (*or* liability) in discharge of old debtor
(syn, befreiende Schuldübernahme)
private Sparquote *f* (Vw) personal savings ratio
privates Wirtschaftssubjekt *n* (Vw) private economic unit (*or* subject)
privates Zollager *n* (Zo) private customs warehouse
private Titel *mpl* (Fin) private paper
private Unfallversicherung *f*
(Vers) private accident insurance
(ie, ergänzt die gesetzliche U., die bei Arbeits- und Wegeunfällen eintritt)
private Verbrauchsnachfrage *f* (Vw) private consumer demand
private Wettbewerbsbeschränkungen *fpl* (Kart) private restraints of trade
private Wirtschaft *f* (Vw) private sector of the economy
privat gebuchter Kostenanteil *m* (StR) private portion of costs recorded
Privatgeschäfte *npl* (StR) transactions in which neither party is a dealer or trader in securities, § 20 III KVStG
Privatgläubiger *m*
(Re) private creditor
(ie, of a partner, § 135 HGB)
Privatgleisanschluß *m* (com) private (railway) siding
Privatgrundstück *n* (com) private property
Privatgüterwagen *m*
(com) private freight car
– (GB) private goods waggon
Privathaftpflichtversicherung *f* (Vers) personal liability insurance
Privathaushalt *m*
(VGR) private household
(ie, umfaßt alle Ein- und Mehrpersonenhaushalte, einschl. Anstaltsbevölkerung und private Organisationen ohne Erwerbscharakter, wie Kirchen, Parteien, Gewerkschaften)
Privatindustrie *f* (com) private industry
Privatinteresse *n* (Re) private interest
Privatinvestitionen *fpl* (VGR) private sector investment
Privatinvestor *m*
(Fin) private investor *(syn, Privatanleger)*
privatisieren
(Vw) to privatize
– (GB) to denationalize
– to return to private ownership
Privatisierung *f*
(Vw) privatization (of public enterprises)
– (GB) denationalization
– return to private ownership
Privatisierung *f* **der Staatsschuld** (FiW) privatization of public debt

Privatkapital *n* (Fin) private (equity) capital
Privatklage *f* (Re) private prosecution, §§ 374–394 StPO
Privatkläger *m* (Re) private prosecutor
Privatkonto *n*
(ReW) private account *(ie, subaccount of capital account)*
(Fin) personal account
Privatkunde *m* (com) private customer
Privatkundenbetreuung *f* (Fin) servicing of private customers
Privatkundengeschäft *n*
(Fin) retail banking *(opp, Firmenkundengeschäft = wholesale/corporate . . . banking)*
Privatkundenkredit *m* (Fin) retail loan
Privatkundschaft *f* (com) private customers
Privatmakler *m* (Bö) unofficial (*or* private) broker
Privatperson *f* (Re) private individual
Privatpfändung *f* (Re) levy of execution by private creditor
Privatplacements *npl*
(Fin) notes
(ie, issued by public-law institutions or industrial undertakings; minimum amount €50,000)
Privatplazierung *f* (Fin) = private Plazierung
Privatpublikum *n* (Fin) private investors
Privatrecht *n*
(Re) private law *(opp, public law)*
privatrechtlich
(Re) private-law
– under private law
privatrechtliche Körperschaft *f* (Re) private law corporation
privatrechtlicher Vertreter *m* (Re) attorney-in-fact, § 164 BGB
privatschriftlicher Vertrag *m* (Re) holographic agreement
Privatschulden *fpl*
(Fin) personal debts *(ie, of a partner)*
Privatsekretärin *f* (com) private secretary
Privatsphäre *f* **des Einzelnen** (Re) privacy of an individual person
privat unterbringen (Fin) to place privately
Privatunternehmen *n* (com) private firm (*or* undertaking)
Privaturkunde *f*
(Re) private instrument *(opp, öffentliche Urkunde, § 416 ZPO)*
Privatverbrauch *m* (Vw) private consumption
Privatvermögen *n* (Bw) personal (*or* private) assets
Privatversicherer *m* (Vers) private insurer
Privatversicherung *f*
(Vers) private (*or* commercial) insurance
(syn, IndividualV, VertragsV; opp, SozialV; unterteilbar nach:
1. ErstV = direct/original/primary . . . insurance;
1.1 LebensV = life insurance/assurance;
1.2 KrankenV = sickness insurance;
1.3 SchadenV und UnfallV = casuality and accident insurance;
1.31 FeuerV = fire insurance;
1.32 HausratV = household and personal effects insurance;
1.33 GebäudeV = building insurance;

1.34 HaftpflichtV = liability/third-party . . . insurance;
1.35 UnfallV = accident insurance;
1.36 KraftverkehrsV = automobile/motor . . . insurance;
1.37 TransportV = transport insurance
2. RückV = reinsurance)

Privatwirtschaft *f*
(VGR) private sector of the economy
(Vw) private enterprise

privatwirtschaftliche Lösung *f* (Bw) private-enterprise solution *(eg, of keeping a company alive)*

privatwirtschaftliches Dumping *n* (AuW) privately motivated dumping

Privilegien *npl*
(com) privileges
– vested . . . interests/rights
(syn, legitimierte Privilegien, Besitzstand)

privilegierter Befehl *m* (EDV) privileged instruction

PR-Mann *m* (Mk, US) flack

Proband *m*
(Pw, Mk) interviewee
– participant
– respondent

Probe *f*
(com) sample
– specimen
(IndE) test piece
(ie, to be prepared for testing)
– test specimen
(ie, as finally prepared for testing)

Probeabonnement *n* (com) trial subscription *(eg, start a . . .)*

Probeabschluß *m*
(ReW) trial balance sheet *(ie, statement of credit and debit sums of all accounts; syn, Summenbilanz, Umsatzbilanz)*

Probeabstimmung *f* (Pw) test ballot

Probeanstellung *f* (Pw) probationary employment

Probearbeitsverhältnis *n* (Pw) = Probeanstellung

Probeauftrag *m* (com) trial order

Probebefragung *f* (Mk) pilot survey

Probebetrieb *m*
(IndE) pilot plant scale production
– trial operation *(syn, Versuchsbetrieb)*

Probebilanz *f*
(ReW) proforma
– preliminary
– tentative . . . balance sheet
– trial balance
(syn, Summenbilanz, Umsatzbilanz)

Probedruck *m*
(com) test print *(syn, Andruck)*

Probeerhebung *f* (Stat) exploratory (*or* pilot) survey

Probefahrt *f* (com) test/trial . . . drive, § 28 StVZO

Probeinterview *n* (Mk) pretest interview

Probekauf *m*
(com) sale on approval
– sale by sample

Probekäufer *m* (com) trial buyer

Probelauf *m*
(IndE) trial
– dry
– pilot . . . run
(EDV) test run

Probelieferung *f* (com) trial shipment

Probenahme *f*
(com) sampling
– taking of samples

Probenahme *f* **mit Rückstellung** (Stat) sampling with replacement

Proben *fpl* **nehmen** (com) to take samples

Probenteilung *f* (Stat) sample division

Probenummer *f* (com) specimen copy

Probenverkleinerung *f* (Stat) sample reduction

Probepackung *f* (Mk) test package

Probepartie *f* (Stat) pilot lot

Probesaldenbilanz *f* (ReW) closing trial balance

Probeverkauf *m* (Mk) store test

Probeverzollung *f* (Zo) test (*or* trial) shipment

probeweise Beschäftigung *f* (Pw) probationary employment

Probezeit *f*
(Pw) probation(ary) period
– trial period

Problem *n*
(com) problem
– issue

problematische Aussage *f*
(Log) problematic statement
(ie, asserting that something may be the case; opp, assertorische und apodiktische Aussage)

problematisches Urteil *n* (Log) problematic proposition

Problem *n* **aufgreifen** (com) approach/attack/cope with/deal with/grapple with/tackle . . . a problem

Problem *m* **aufschieben** (com) to shelve/put off . . . a problem

Problembereich *m* (Bw) problem (*or* issue) area

Problembeschreibung *f* (EDV) problem description (*or* definition)

Problemdarlehen *n*
(Fin) problem loan
(ie, saddled with high risk: may turn out to be nonperforming)

Problemdarstellung *f* (EDV) problem definition (*or* description)

Problem *n* **der optimalen Sortenschaltung** (IndE) batch sequencing problem *(syn, Seriensequenzproblem)*

Problem *n* **des Handlungsreisenden**
(OR) traveling salesman problem
– shortest route problem

Problem *n* **des Schwarzfahrers** (Vw) free rider problem

Problemkredit *m* (Fin) troubled loan

Problemkreis *m*
(Log) problem system (*or* cluster)
– family of problems
– set of problems

Problemländer *npl* (AuW) problem countries

Problem *n* **lösen** (com) to resolve an issue

Problemlösungspotential *n* (Bw) problem-solving potential

Problem *n* **mehrfacher Entscheidung** (Stat) multidecision problem

Problem *n* **ohne Nebenbedingungen** (OR) unconstrained problem

problemorientierte Programmiersprache *f* (EDV) problem oriented language
Problemprogramm *n* (EDV) problem program
Problemstatus
(Log) status quaestionis
(EDV) problem state
ProdHaftG (Re) = Produkthaftungsgesetz
Produkt *n*
(com) product *(ie, jede bewegliche Sache; cf, § 2 ProdHaftG)*
Produktanalyse *f* (Mk) product analysis
Produktangebot *n*
(Mk) range of products
– product assortment
Produktarten *fpl* (Bw) types of products
Produktauswahl *f* (Mk) product selection
Produktbenutzer *m* (Re) product user
Produktbeschreibung *f* (Mk) product specification
produktbezogene Deckungsbeitragsrechnung *f* (KoR) product-based contribution margin method
Produktbündelrechnung *f*
(KoR) batch costing *(ie, in joint production = Kuppelproduktion)*
Produktdatenbank *f* (IndE) product database
Produktdifferenzierung *f*
(Mk) product differentiation *(ie, horizontal, vertical, over time)*
Produkt-Diversifikation *f* (Bw) product diversification
Produkte *npl*
(com) produce *(ie, agricultural products collectively)*
Produkte *npl* **eliminieren** (Mk) to abandon products
Produkteinführung *f*
(Mk) launch of a product
– product launch
Produktelimination *f* (Mk) product elimination
Produkte *npl* **mit hohem Absatz** (Mk) high volume items
Produktenbörse *f*
(Bö) produce exchange
– (GB) mercantile exchange
(ie, a market in which future agricultural contracts are bought and sold; in Deutschland e–e Warenbörse, an der nur Effektivgeschäfte (Kassageschäfte) abgeschlossen werden)
Produktenhandel *m* (com) produce trade
Produktenmarkt *m* (com) produce market
Produktentwicklung *f* (Bw) product development
Produkterweiterungs-Zusammenschluß *m*
(Kart, US) product extension merger
(ie, may be attacked on antitrust grounds because of the elimination of potential competition; cf, Markterweiterungs-Zusammenschluß = market extension merger, qv)
Produktfehler *m* (IndE) product defect
Produktfeld *n* (Mk) product field
Produktfeldplanung *f* (Mk) product field planning
Produktfluß *m* (IndE) product flow
Produktforschung *f*
(IndE) product research
(ie, sucht im Ggs zur Verfahrensforschung nach neuen od verbesserten Produkten)
Produkt *n* **führen** (com) to carry a product
Produktführer *m* (Mk) product leader
Produktführung *f* (Mk) product leadership
Produktfunktion *f* (Bw) output function
Produktgestalter *m* (Mk) product designer
Produktgestaltung *f*
(Mk) product design
– product layout
Produktgruppe *f*
(Mk) product line
– product group (*or* grouping *or* category)
Produktgruppen-Manager *m* (Mk) product-line manager
Produktgruppenstückliste *f* (MaW) product group bill of material
Produktgruppen-Werbung *f* (Mk) institutional advertising
Produkthaftpflicht *f*
(Re) product liability
(ie, Haftung des Herstellers fehlerhafter Waren gegenüber dem Verbraucher; Sammelbegriff aller hierfür in Frage kommenden Anspruchsgrundlagen; i.e.S. die Haftung aus unerlaubter Handlung in der Ausgestaltung durch die Rechtsfortbildung des BGH)
Produkthaftpflichtversicherung *f* (Vers) product liability insurance
Produkthaftpflicht-Vorbeugung *f* (IndE) product liability prevention
Produkthaftung *f* (Re) = Produzentenhaftung, qv
Produkthaftungs-Management *n* (Bw) product liability management
Produktimage *n* (Mk) product image
Produktimitation *f* (Mk, infml) me-too-product
Produktinformation *f* (Mk) product information
Produktinnovation *f* (IndE) product innovation
Produktion *f*
(Bw) production
(ie, Schaffen von materiellen und immateriellen Gütern [Dienstleistungen und Rechten]; creation of goods and services; anderer Begriffsinhalt oft bei „Fertigung", qv)
(Bw) output
– production
(ie, total number or quantity turned out)
Produktion *f* **aufnehmen** (IndE) to start production
Produktion *f* **auf vorliegende Bestellungen** (IndE) make-to-order production
Produktion-Einkommen-Lag *m* (Vw) output-income lag
Produktion *f* **einstellen** (IndE) to close down production
Produktions . . . (IndE) = (also) Fertigungs . . .
Produktionsabgabe *f* (EG) levy on production
Produktionsablauf *m* (IndE) production sequence
Produktionsablaufplan *m* (IndE) = Fertigungsablaufplan
Produktionsablaufplanung *f* (IndE) production sequencing
Produktionsabteilung *f*
(IndE) production department
– product (*or* production) division
Produktionsänderungskosten *pl* (IndE) = Produktionswechselkosten

Produktionsanlagen *fpl*
(IndE) production equipment
– production facilities
– production plant
– production unit
Produktionsapparat *m* (IndE) = Produktionsanlagen
Produktionsaufgabe *f* (IndE) production task
Produktionsauftrag *m* (IndE) production order (*or* release)
Produktionsauftragsplanung *f* (IndE) overall production planning
Produktionsausdehnung *f* (Bw) increased output (*or* production)
Produktionsausfall *m* (IndE) loss of output (*or* production)
Produktionsausweitung *f* (IndE) expansion of production
Produktionsbereich *m* (IndE) branch of production
Produktionsbericht *m* (Bw) production statement
Produktionsbeschränkung *f*
(Vw) output constraint
(Kart) output limitation *(ie, in quota cartels = Quotenkartelle)*
produktionsbezogener Führungsstil *m* (Bw) production-oriented style of leadership *(R. Likert)*
Produktionsbreite *f* (Bw) product diversification
Produktionsbudget *n* (Bw) operational budget
Produktionsdatenverarbeitung *f* (EDV) production data processing
Produktionsdrosselung *f* (Bw) production cutback
Produktionseinheit *f*
(IndE) unit of output
– unit of production
– work unit
Produktionseinrichtung *f* (IndE) production (or manufacturing) facility
Produktionseinrichtungen *fpl* (IndE) production facilities
Produktionseinschränkung *f*
(IndE) cutback in production
– cut in production
– production cutback
– reduction in output
Produktionseinstellung *f* (IndE) production stop
Produktionseinzelplanung *f* (IndE) production scheduling
Produktionselastizität *f* (Vw) output elasticity
Produktionsengpaß *m* (IndE) production bottleneck
Produktionserfahrung *f* (IndE) manufacturing know-how
Produktionsergebnis *n* (IndE) output
Produktionserhebung *f* (Stat) quarterly production survey
Produktionsertrag *m*
(Bw) production by value *(ie, sales revenue + additions to inventory)*
Produktions-Expansionspfad *m* (Vw) output expansion path
Produktionsfacharbeiter *m* (Pw) skilled production worker
Produktionsfaktoren *mpl*
(Bw) factors of production
– productive factors
– productive resources
– inputs *(syn, Einsatzgüter, Produktoren)*
Produktionsfaktoren *mpl* **mit konstantem Einsatzverhältnis** (Vw) fixed inputs
Produktionsfaktoren *mpl* **mit variablem Einsatzverhältnis** (Vw) variable inputs
Produktionsfaktorenplanung *f* (MaW) manufacturing resources planning, MRP II
Produktionsfaktorqualität *f* (Bw) input quality
Produktionsfaktorsystem *n* (Bw) input system
Produktionsfaktor-Wanderungen *fpl* (Vw) factor movements
Produktionsfortschrittskontrolle *f* (IndE) production progress control
Produktions-Franchise *f* (Mk) industrial franchise
Produktionsfunktion *f* (Vw, Bw) production function
Produktionsgebirge *n*
(Vw) (physical) production surface *(syn, Ertragsgebirge)*
Produktionsgenossenschaft *f* (Vw) producer cooperative
Produktionsgeschwindigkeit *f*
(Bw) rate (*or* intensity) of production
(ie, Verhältnis der Ausbringung zu der für die Erzeugung notwendigen Arbeitszeit; syn, Fertigungsintensität)
Produktionsglättung *f* (OR) production smoothing
Produktionsglättungs-Modell *n* (OR) production smoothing model
Produktionsgleichung *f*
(Bw) production equation *(syn, implizite Produktionsfunktion, Transformationsfunktion)*
Produktionsgruppe *f* (IndE) production group
Produktionsgüter *npl*
(Bw) (intermediate) producer goods
(ie, raw materials and semi-finished goods used in the production of capital and consumer goods; classification in business statistics: primary and general producer goods, capital goods, consumer goods)
Produktionsgüterindustrie *f*
(Bw) capital equipment industry
– producer goods industry
Produktionshilfssystem *n* (IndE) production support system
Produktionsindex *m* (Stat) production index
Produktionskapazität *f*
(IndE) production (*or* productive) capacity
– output capacity
Produktionskartell *n*
(Kart) production cartel *(ie, under output restriction agreement or quota agreement)*
Produktionskennziffer *f* (Bw) production index
Produktionskoeffizient *m*
(Bw) production (*or* technical) coefficient
(ie, ratio of factor input to volume of output; syn, Inputkoeffizient, Faktorkoeffizient)
Produktionskonferenz *f* (IndE) production planning conference
Produktionskonto *n* (VGR) product account
Produktionskontrolle *f*
(IndE) production control *(syn, Fertigungsüberwachung)*

Produktionskosten *pl*
(KoR) cost of production
– production cost
– process cost
– output cost
Produktionskostentheorie *f* (Vw) theory of production cost
Produktionskürzung *f* (IndE) production cutback
Produktionsleistung *f* (Bw) output
Produktionsleistung *f* **je Arbeitsstunde**
(Vw) man-hour output
– output per man-hour
Produktionsleitstand *m* (IndE) production control center
Produktionsleitung *f* (IndE) manufacturing management
Produktionslenkung *f*
(IndE) production control *(syn, Produktionskontrolle)*
Produktionslücke *f* (Vw) output gap *(eg, difference between the actual and potential output level of an economy)*
Produktionsmanagement *n* (IndE) production management
Produktionsmaschinen *fpl* (IndE) production machinery
Produktionsmenge *f*
(Bw) output
(syn, Ausbringung, Ausstoß)
Produktionsmengeneinheit *f* (Bw) physical unit of output
Produktionsmittel *npl* (Vw) means of production
Produktionsmittelabweichung *f* (Bw) plant mix variance
Produktionsmittel-Kombination *f* (IndE) production setup
Produktionsmodell *n* (Bw) production model
Produktionsmöglichkeiten *fpl*
(Vw) production possibilities
– potential production
Produktionsmöglichkeitskurve *f*
(Vw) production frontier
– production possibility boundary (*or* curve *or* frontier)
– product transformation curve
– transformation curve
Produktionsniveau *n*
(Vw) level of production
– scale of operations
– scale of productive process
Produktionsphase *f* (IndE) stage of production
Produktionsplan *m* (IndE) production plan (*or* budget)
Produktionsplanung *f*
(IndE) production planning and scheduling
– production planning
– output budgeting
(Unterbegriffe: Fertigungsprogrammplanung und Fertigungsvollzugsplanung)
Produktionsplanung *f* **und -steuerung** *f*, **PPS** (IndE) production planning and control
Produktionspolitik *f* (Bw) production policy
Produktionspotential *n*
(Vw) production potential
– productive capacity
(ie, attainable net output – Nettoproduktionswert – at constant prices)
Produktionsprogramm *n*
(Bw) production program
(syn, Fertigungsprogramm)
Produktionsprogramm *n* **bereinigen** (Mk) to streamline a production program
Produktionsprogrammstruktur *f*
(IndE) production program structure
(eg, Einzelfertigung, Kleinserienfertigung, Großserienfertigung)
Produktionsprozeß *m*
(IndE) production process
(ie, turnout of goods and services through operations which may be mechanical, chemical, assembly, movement, treatment)
Produktionspyramide *f* (IndE) production pyramid (*or* tree)
Produktionsquote *f* (Bw) output quota
produktionsreif
(Mk) ready to go into production
– ready for production
Produktionsreserven *fpl* (IndE) capacity reserves
Produktionsrisiken *npl* (IndE) production risks
Produktionsrückgang *m* (Bw) drop in output
Produktionssparte *f* (IndE) area of production
Produktionsstatistik *f* (Stat) census of production
Produktionsstätte *f*
(IndE) production plant (*or* facility)
– factory
– plant
– manufacturing operation
(ie, place where goods and services are produced)
Produktionssteuer *f*
(FiW) production tax *(syn, Fabrikationssteuer)*
Produktionssteuerung *f*
(IndE) production/operations management, POM
(ie, applicable to any type of productive system)
Produktionsstruktur *f* (IndE) pattern of production
Produktionsstufen *fpl* (IndE) stages of production
produktionssynchrone Anlieferung *f* (MaW) just in time, JIT
Produktionssysteme *npl* (IndE) systems of production
Produktionstechnik *f* (IndE) production engineering (*or* techniques)
Produktionstheorie *f*
(Vw) production theory
– theory of production
Produktionstiefe *f* (Bw) production depth
Produktionsumstellung *f* (IndE) production changeover
Produktionsumweg *m* (Vw) circuitous route of production *(ie, term to describe a concept of the Austrian school of marginalists)*
Produktionsunterbrechung *f* (IndE) disruption of production
Produktionsunternehmen *n* (Vw) business undertaking engaged in the production of goods and services
Produktionsverbund *m*
(IndE) interrelated production *(syn, Verbundproduktion, Produktionsverbundenheit, verbundene Produktion)*

Produktionsverfahren *n* (IndE) production process
Produktionsverlagerung *f* (Bw) relocation of production facilities
Produktionsvollzugsplanung *f* (IndE) = Ablaufplanung
Produktionsvolumen *n* (Bw) volume of output
Produktionsvorplanung *f*
(IndE) pre-planning of production
– advance production planning
Produktionswechselkosten *pl* (IndE) production change-over cost *(also: Produktionsänderungskosten)*
Produktionswert *m*
(VGR) gross output *(syn, Bruttoproduktionswert)*
(KoR) value of production *(ie, sum total of production cost accrued during a specified accounting period)*
Produktionswirtschaft *f*
(Bw) production
(Bw) production economics *(syn, Produktionswirtschaftslehre)*
produktionswirtschaftliche Forschung *f* (Bw) research in production economics
Produktionswirtschaftslehre *f* (Bw) production economics
Produktionszahlen *fpl* (Bw) output figures
Produktionszensus *m*
(Stat) census of production *(ie, taken at intervals of several years)*
Produktionsziel *n* (Bw) production target
Produktionsziffern *fpl* (Stat) output figures
Produktionszweig *m*
(Bw) industry
(IndE) line of production
Produktion *f* **von Gütern** (Vw) production of goods
Produktivbetriebe *mpl*
(Bw) productive establishments
(ie, Sachleistungsbetriebe + Dienstleistungsbetriebe; opp, Haushaltungen)
produktive Aktiva *npl*
(ReW) active assets
(ie, which generate sales, revenues, profits; opp, dead assets)
produktive Arbeit *f* (IndE) direct work
produktive Faktoren *mpl*
(Bw) factors of production
– productive factors
produktive Löhne *mpl* (KoR) direct wages
Produktivgenossenschaft *f* (com) producer cooperative
Produktivität *f*
(Bw) productivity
Auch:
– physical/production/technological . . . efficiency
– efficiency
(ie, Verhältnis der gesamten Produktionsmenge zu der für die Erzeugung verbrauchten Einsatzmenge; ratio of some measure of output to some index of input use; reziproker Wert ist der entsprechende Produktionskoffizient; qv; syn, technische Ergiebigkeit, Technizität)
Produktivität *f* **der Investition**
(Bw) productivity of capital stock
(ie, output per unit of capital stock)

Produktivität *f* **der Maschinenarbeit** (IndE) machine efficiency
Produktivitäts-Anreiz-System *n* (Pw) productivity incentive system
Produktivitätsengpaß *m* (IndE) productivity constraint
Produktivitätsfortschritt *m*
(Vw) productivity gain
– growth of productivity
– improvement in productivity
Produktivitätsgefälle *n* (Vw) productivity gap
Produktivitätskennzahl *f*
(Bw) productivity ratio *(ie, volume output to volume input)*
Produktivitätsklausel *f*
(Pw) productivity clause *(ie, tying wage rises to long-term productivity gains)*
produktivitätsorientierte Lohnpolitik *f* (Vw) output-related wages policy
Produktivitätsrente *f* (SozV) retirement pension tied to productivity gains
Produktivitätsreserve *f* (IndE) productivity reserve
Produktivitätsrückgang *m* (Bw) productivity slowdown
Produktivitätssteigerung *f* (Bw) gain in productivity
Produktivitätstheorie *f* (Vw) productivity theory of income distribution
Produktivitätstrend *m* (Vw) trend in productivity
Produktivitätsvorsprung *m* (Bw) edge in productivity
Produktivitätsziel *n* (Bw) productivity goal (*or* target)
Produktivitätszuwachsrate *f* (Vw) rate of gain in productivity
Produktivvermögen *n*
(VGR) productive wealth
(ie, in der Vermögensrechnung und vermögenspolitischen Diskussion verwendet)
Produktklinik *f*
(Mk) product clinic
(ie, spezielle Form des Projekttests)
Produktkonzeption *f* (Mk) product conception
Produktkopplung *f*
(IndE) product link *(ie, in joint production = Kuppelproduktion)*
Produktlebensdauer *f* (Mk) product life
Produktlebenszyklus *m*
(Mk) product life cycle
(ie, based on the assumption that a product starts, grows, stabilizes, tends to decline, and finally disappears; it comprises five market acceptance stages:
1. Einführungsphase = pioneering stage;
2. Wachstumsphase = growth stage;
3. Reifephase = maturity stage;
4. Sättigungsphase = saturation stage;
5. Degenerationsphase = decline stage)
Produktlinie *f* (Mk) product line
Produktlinie *f* **erweitern**
(Mk) to stretch a product line *(ie, to reach a wider market segment)*
Produktlinienplanung *f* (Bw) product line planning

Produktlinien *fpl* **zusammenlegen** (Bw) to trim back product lines
Produkt-Management *n* (Bw) product management
Produktmanager *m*
(Mk) product/brand . . . manager
(ie, Vertriebsleiter für e–n bestimmten Markenartikel)
Produktmärkte *mpl* (Mk) product markets
Produkt/Markt-Mix *m* (Mk) product/market mix
Produktmenge *f* (Vw, Bw) output
Produktmix *m*
(Mk) product mix
(ie, composite of products offered for sale)
Produktmodell *n* (IndE) preproduction model
Produktmodifikation *f* (Mk) product modification
Produktmoment *n*
(Stat) multi-variate moment
– product moment
Produktmuster *n* (IndE) product sample
Produktor *m*
(Bw) input
– factor of production
(syn, Produktionsfaktor)
Produktorfunktion *f*
(Bw) input function
(syn, Faktorfunktion)
Produktorganisation *f* (Bw) product-oriented organizational structure
produktorientierte Fertigung *f* (IndE) dedicated production
produktorientierte Struktur *f* (Bw) product-oriented structure
Produktpalette *f*
(Mk) range of products
– product . . . range/spectrum
Produktpalette *f* **erweitern** (com) to broaden product base
Produktpalette *f* **verkleinern** (Mk) to trim back a range of products
Produktpiraterie *f* (com) counterfeiting
Produktplanung *f*
(Bw) product planning *(syn, Erzeugnisplanung)*
Produktpolitik *f* (Mk) product policy
Produktprofil *n* (Mk) product personality
Produktprogramm *n* (Bw) = Produktionsprogramm
Produktqualität *f* (Bw) product quality
Produktsicherheit *f* (IndE) product safety
Produktsparte *f* (Bw) product . . . department/division
Produktspezialisierung *f* (Bw) product specialization
Produktstammbaum *m* (IndE) product tree
Produktstruktur *f* (Bw) product structure
Produktsystem *n* (Bw) product system
Produkttest *m* (Mk) product test
Produkttyp *m* (Bw) product type
Produktverbesserung *f* (Bw) product improvement
Produktvereinfachung *f* (Bw) product simplification
Produktvielfalt *f*
(Mk) broad product line
– product diversity

Produkt *n* **vorstellen** (Mk, infml) to unleash a product *(eg, at an office automation show)*
Produktwechsel *m* (Bw) product change
Produktwerbung *f* (Mk) product (*or* competitive) advertising
Produktziel *n*
(Bw) product goal
(ie, output of specified products in specified volume and quality at predetermined times)
Produkt-Zuverlässigkeit *f* (Mk) product reliability
Produzent *m* (com) producer
Produzentenhaftung *f*
(Re) product liability
(ie, Haftung des Herstellers für Folgeschäden [consequential damage] aus der Benutzung s–r Produkte, die beim bestimmungsgemäßen Gebrauch (intended use) eintreten wegen e–s:
1. Konstruktionsfehlers = design defect;
2. Produktionsfehlers = manufacturing defect;
3. Instruktionsfehlers = failure to warn;
4. Entwicklungsfehler = development risk; wird als Haftung aus unerlaubter Handlung nach § 823 BGB eingestuft; cf aber Gefährdungshaftung)
Produzentenpreis *m* (com) producer-fixed price *(eg, set by a price leader)*
Produzentenrente *f* (Vw) producer's surplus *(cf, Marshall)*
Produzentenrisiko *n*
(IndE) producer's risk
(ie, implies that a lot of goods will be rejected by a sampling plan even though it is a good lot; syn, Lieferantenrisiko)
Produzentenwerbung *f*
(Mk) dealer aid advertising
(ie, zur Unterstützung von Händlern)
produzierendes Gewerbe *n*
(com) producing sector *(ie, core of the nonfarming sector of the economy)*
Profilabgleich *m*
(Pw) matching *(ie, Vergleich der Anforderungen e–s Arbeitsplatzes mit dem Profil individueller Fähigkeiten)*
Profit *m* **i. e. S.** (Vw) pure profit
Profitrate *f* (Vw) rate of profit
Proformarechnung *f* (com) pro forma invoice
Prognose *f*
(Bw) forecast
(ie, defined as a projection, an estimate or a prediction of some part of the future)
Prognosebeurteilung *f* (Bw) evaluation of forecasts
Prognose *f* **erster Ordnung** (Bw) first-order forecast
Prognosefähigkeit *f* (Bw) predictive power
Prognosefehler *m* (Bw) forecast error
Prognosegleichung *f* (Bw) forecast equation
Prognosegültigkeit *f* (Bw) predictive validity
Prognosegüte *f*
(Bw) power of forecast
(ie, Maß der Übereinstimmung zwischen prognostizierten und realisierten Werten e–r sozioökonomischen Variablen)
Prognosehorizont *m* (Bw) period of prediction
Prognoseinstitut *n* (Vw) forecasting institute
Prognosekorridor *m* (Bw) prediction interval

Prognosekostenrechnung *f* (KoR) budgetory control *(ie, e–e der beiden Ausprägungen der Plankostenrechnung; cf, Standardkostenrechnung)*
Prognosequalität *f* (Bw) predictive power
Prognosevalidität *f* (Bw) predictive validity
Prognoseverfahren *n* **höherer Ordnung** (Bw) higher-order forecasting procedures
Prognostik *f*
(Bw) forecasting *(ie, systematische Erarbeitung von Prognosen)*
Prognostiker *m*
(Bw) forecaster
– prognosticator
prognostische Effizienz *f* (Bw) predictive record *(eg, of an econometric model)*
Prognostizierbarkeit *f* (Bw) predictability
Programm *n*
(EDV) computer program
(EDV, GUI) program item *(ie, member of a program group, qv)*
programmabhängiger Fehler *m* (EDV) program sensitive fault
Programmablauf *m* (EDV) program run (*or* execution *or* flow)
Programmablaufplan *m* (EDV) program flowchart; cf, DIN 66 001
Programmablaufrechner *m* (EDV) target (*or* object) computer
Programmabschnitt *m* (EDV) (control) section
Programmabsturz *m*
(EDV) abnormal termination
(syn, vorzeitige Beendigung, Systemabsturz)
Programmadreßraum *m* (EDV) program address space
Programmänderung *f* (EDV) program modification
Programmausführungsanlage *f* (EDV, Cobol) object computer
Programm *n* **austesten** (EDV) to debug a program
Programmband *n* (EDV) program tape
Programmbaustein *m* (EDV) program module
Programmbefehl *m* (EDV) program instruction
Programmbereich *m*
(EDV) program area
(EDV) partition
(ie, subdivision of storage area)
Programmbeschreibung *f* (EDV) program description
Programmbibliothek *f* (EDV) program library
Programmbudget *n*
(FiW) program budget
– PPB (planning, programming, budgeting) system
(ie, projection for the budget period; syn, performance budget)
Programmdatei *f* (EDV) non-document file
Programmdiskette *f* (EDV) distribution diskette
Programmdokumentation *f* (EDV) program documentation
Programmdurchlauf *m* (EDV) program run
Programm *n* **einlesen** (EDV) to load a program
Programmentwickler *m* (EDV) program designer
Programm *n* **erstellen** (EDV) to generate a program
Programmerstellungsvertrag *m* (Re) program development contract
Programmfehler *m*
(EDV) program error
– bug
(ie, defect in a program code or in designing a routine)
Programmformular *n* (EDV) coding sheet
Programmgang *m* (EDV) program cycle
programmgebundene Bedarfsmengenplanung *f* (MaW) program-based materials budgeting
Programmgenerator *m* (EDV) program generator
programmgesteuerte Rechenanlage *f* (EDV) program-controlled computer
Programmgruppe *f* (EDV, GUI) program group
Programmhandel *m*
(Fin) program trading
(ie, Handel mit großen Index-Portefeuilles; vor allem von institutionellen Großanlegern betrieben; Anwendung computergestützter Marktanalyseprogramme zur Vorbereitung von Kauf- od Verkaufsentscheidungen)
Programmidentifikation *f* (EDV) program identification
programmierbare Datenstation *f* (EDV) programmable terminal
programmierbarer Festspeicher *m* (EDV) programmable read only memory, PROM
programmierbarer Mauszeiger *m* (EDV) addressable cursor
programmieren (EDV) to program
Programmierer *m* (EDV) programmer
Programmierfehler *m*
(EDV) bug
– programming error
Programmierhilfen *fpl* (EDV) programming aids
Programmierschnittstelle *f*
(EDV) application programming interface *(ie, set of program commands that can be called by other applications)*
Programmiersprache *f* (EDV) program (*or* programming) language
Programmiersystem *n* (EDV) programming system
programmierte Unterweisung *f* (Pw) programmed instruction
Programmierung *f* (OR) programming
Programmierung *f* **nach der Bottom-Up-Methode**
(EDV) bottom-up programming
(ie, detail routines are coded before designing the main skeleton of an application; opp, top-down programming)
Programmierung *f* **nach der Top-Down-Methode**
(EDV) top-down programming
(ie, main skeleton of application is designed before coding detail routines; opp, bottom-up programming)
Programmierwort *n* (EDV, Cobol) user defined word
Programm-Kompatibilität *f* (EDV) program compatibility
Programmlader *m* (EDV) = Lader
Programmlauf *m* (EDV) program run
Programmliste *f* (EDV) program list

Programm *n* **mit Minimaldauer** (OR) crashed program
Programmname *m* (EDV, Cobol) program name
Programmodul *m* (EDV) program module
Programmpaket *n* (EDV) program package
Programmparameter *m* (EDV) program parameter
Programmpflege *f* (EDV) program maintenance
Programmprotokoll *n* (EDV) program listing (*or* record)
Programmprüfung *f* (EDV) program testing
Programmprüfzeit *f* (EDV) program development time
Programmschalter *m* (EDV) program switch
Programmschein *m* (Re, EDV) list of programs
Programmschemata *npl* (EDV) generic program units
Programmschleife *f* (EDV) program loop
Programmschritt *m* (EDV) program step
Programmsegment *n* (EDV) program segment
Programmspeicher *m* (EDV) program memory
Programmsprung *m* (EDV) program branch
Programmstatuswort *n* (EDV) program status word, PSW
Programmsteuerung *f* (EDV) sequential control *(syn, Ablaufsteuerung, Taktsteuerung)*
Programmstop *m* **durch Dauerschleife**
(EDV) loop stop
(ie, loop used to stall execution of program)
Programmstraffung *f* (IndE) streamlining of production program
Programmstreifen *m* (EDV) program tape
Programmstufe *f* (EDV) level of a program
Programmtesten *n* (EDV) program checkout
Programmübersetzung *f*
(EDV) program translation
(EDV) compilation
Programmumwandlung *f* (EDV) program conversion
Programmunterbrechung *f* (EDV) program interrupt
Programmverknüpfung *f* (EDV) program linkage
Programmverwaltung *f* (EDV) program management
Programmvordruck *m* (EDV) coding sheet
Programmwartung *f* (EDV) program maintenance
Programmweiche *f* (EDV) program switch
Programm *n* **zur Konjunkturbelebung** (com) anti-recession package
Progression *f*
(StR) progression
– progressive scale
Progressionseffekt *m* (StR) progressive effect
Progressionssatz *m* (StR) rate of progression
Progressionsvorbehalt *m*
(StR) „exemption with progression" rule
(ie, incorporated in all German income tax conventions: each country reserves the right to compute its tax on the portion of the decedent's property over which it has jurisdiction at the rate which would apply to the entire transfer; eg, die aufrechterhaltene Steuerberechtigung der USA wird in der BRD durch Steuerfreistellung ausgeglichen)
progressive Abschreibung *f* (ReW) increasing balance (method of depreciation)
progressive Einkommensteuer *f* (StR) progressive income tax
progressive Kalkulation *f*
(KoR) progressive cost estimate *(ie, cost-based method of determining product prices; opp, retrograde Kalkulation)*
progressive Kosten *pl*
(Bw) progressive costs *(ie, rising average, unit or total cost for a given level of activity; syn, überproportionale Kosten)*
progressive Leistungsprämie *f* (Pw) accelerated premium
progressive Planung *f* (Bw) bottom-up planning
progressiver Leistungslohn *m* (Pw) accelerated incentive
progressive Steuer *f*
(FiW) progressive tax
(ie, levied at a rate that incrases as the quantity subject to taxation [tax base = Bemessungsgrundlage] increases; supposed to reflect the ability-to-pay principle: Grundsatz der steuerlichen Leistungsfähigkeit; opp, regressive Steuer = regressive tax)
progressive Steuer *f* **mit Stufentarif** (StR) graduated tax
progressive Verkaufskalkulation *f*
(com) progressive method of determining sales price
(ie, standard method in retailing: cost price + selling and administrative expenses + profit markup = sales price; opp, retrograde Verkaufskalkulation)
Progressivität *f* **der Einkommensteuer** (StR) progressive rate structure of the income tax
Progressivlohn *m* (Pw) progressive wage rate
prohibitive Steuer *f* (FiW) penalty tax
prohibitive Zinsen *mpl* (Fin) inhibitory interest rates
Prohibitivpreis *m* (Mk) prohibitive price
Prohibitivzoll *m* (Zo) prohibitive duty (*or* tariff)
Projekt *n*
(com) project
– scheme
Projekt *n* **ablehnen** (com) to turn down a project
Projektbewertung *f*
(Fin) capital project evaluation *(syn, Bewertung eines Investionsprojektes, Investionsbewertung)*
projektbezogene Buchhaltung *f* (ReW) project accounting
Projektbindung *f*
(AuW) project tying *(ie, in granting economic aid)*
Projekt *n* **durchführen** (com) to implement a project
Projekt *n* **entwickeln** (com) to develop a project
Projekt *n* **erweitern** (com) to expand a project
Projektevaluierung *f*
(AuW) project evaluation
(ie, gesamtwirtschaftliche Bewertung von Investitionsvorhaben)
Projekt *n* **fallen lassen** (com) to abandon (*or* discard) a project
Projekt *n* **finanzieren**
(Fin) to fund a project
– to arrange funding for a project

Projektfinanzierung *f*
(Fin) project financing (*or* funding)
– production payment financing
(opp, general-purpose loans)
projektgebundene Ausleihungen *fpl* (Fin) project-linked (*or* project-tied) lendings
projektgebundene Investitionsfinanzierung *f* (Fin) project-tied investment funding
projektgebundenes Darlehen *n*
(Fin) nonrecourse loan
(ie, tying repayment strictly to the revenues of a particular project)
Projekt *n* **geht schief** (com) project goes awry
Projektgruppe *f* (com) project team
Projekthilfe *f*
(AuW) project aid *(ie, Form der öffentlichen Kapitalhilfe)*
Projektierungskosten *pl* (KoR) planning cost
Projekt *n* **in Gang setzen** (com) to launch a project
Projektion *f*
(Vw) projection
(ie, working out estimates based on a specified set of hypotheses)
projektive Eigenschaft *f* (Math) projective property
Projekt *n* **konzipieren** (com) to formulate a project
Projektkooperation *f*
(com) contractual joint venture
(ie, vorübergehende Kooperation in der Investitionsgüterindustrie: Konsortium, Arbeitsgemeinschaft, Projektgemeinschaft; syn, Ad-hoc-Kooperation)
Projektkosten *pl* (Bw) project cost
Projektkreditlinie *f*
(Fin) project line *(ie, used in export credit financing)*
Projektlagebericht *m* (com) project status report
Projektleiter *m* (Bw) project manager
Projektleitung *f* (Bw) project/operative . . . management
Projekt *n* **macht Fortschritte** (com) project is taking shape
Projektmanagement *n* (Bw) project management
Projektmanagement-System *n* (Bw) project management system
Projektmanager *m* (Bw) project manager
Projektorganisation *f*
(Bw) project-type organization *(ie, of a company)*
projektorientiert (Bw) project (*or* job) oriented
Projektplanung *f* (Bw) project scheduling
Projektreife *f* (com) preimplementation stage of a project
Projektstudie *f* (com) feasibility study
Projektträger *m* (Fin) project sponsor
Projektüberwachungssystem *n* (Bw) project control system
Projektvorschlag *m* **vorlegen** (com) to submit a project proposal
Projekt *n* **zurückstellen** (com) to shelve a project
Pro-Kopf-Bedarf *m* (Vw) per-capita demand
Pro-Kopf-Einkommen *n* (Stat) per capita income
Pro-Kopf-Leistung *f* (Bw) per capita output
Pro-Kopf-Verbrauch *m* (Stat) per capita consumption

Prokura *f*
(Re, *no equivalent*) ‚Prokura' §§ 48ff HGB
– power of procuration *(abbreviation ‚p.p.' preceding signature of holder)*
– full commercial authority
– general commercial power of attorney (*or* representation)
(ie, kaufmännische Hilfsperson mit den weitestgehenden Befugnissen; es sind drei Rechtsverhältnisse auseinanderzuhalten: Dienstvertrag, Vollmacht und Vertretungsmacht; under commercial law, it is a far-reaching, almost unrestricted authority defined by law and entered in the Commercial Register; plural: Prokuren; cf, Übersicht Prokura/Handlungsvollmacht, S. 693)
Prokura *f* **entziehen** (Re) to withdraw power of procuration
Prokura *f* **erteilen** (Re) to grant power of procuration
Prokuraindossament *n*
(WeR) collection indorsement
(cf, Vollmachtsindossament)
Prokurist *m*
(Re, *no equivalent*) ‚Prokurist', § 51 HGB
– holder of a general commercial power of attorney
Prolongation *f*
(com) extension
(WeR) renewal
(ie, idR durch Hingabe e–s Wechsels mit späterer Verfallzeit; cf, Prolongationswechsel)
(Bö) carryover *(ie, in forward deals)*
Prolongation *f* **e–s Wechsels** (WeR) renewal of a bill
Prolongationsfaktor *m* (Math) accumulation factor, $(1 + i)^n$
Prolongationsgebühr *f* (WeR) renewal charge
Prolongationssatz *m* (Bö) carryover rate
Prolongationswechsel *m* (WeR) renewal bill (*or* note)
prolongierbarer Swap *m*
(Fin) extendable swap *(opp, retractable swap)*
prolongieren
(com) to extend
(WeR) to renew a bill
(Bö) to carry over *(ie, from one settlement day to the next)*
prolongierte Police *f* (Vers) extended policy
pro Mengeneinheit (com) per volume unit
promoviert werden (Pw) to be awarded a doctor's degree
prompte Ware *f* (Bö) prompts
prompte Zahlung *f*
(com) prompt payment *(ie, without delay; in US within 10 working days)*
Promptgeschäft *n*
(Bö) sale for quick delivery
(opp, Lieferungsgeschäft)
Promptklausel *f*
(com) prompt clause
(eg, umgehend, baldmöglichst, binnen kürzester Frist; verpflichtet den Verkäufer zu möglichst schneller Absendung; „sofort" verlangt äußerste Beschleunigung)
Propergeschäft *n* (Fin) trade for one's own account

proportionale Kosten *pl*
(KoR) proportional cost
(ie, part of variable total cost changing in step with volume of output)
proportionaler Steuertarif *m*
(StR) proportional tax-rate table
(ie, in Deutschland für die meisten Verbrauchsteuern)
proportionale Rückversicherung
(Vers) pro-rata reinsurance
(ie, der RückVS ist verhältnismäßig an der Originalbruttoprämie und Haftung des ErstVS beteiligt, etwa bei der QuotenrückV und Summenexzedentenrück V)
proportionale Schriftart *f* (EDV) = Proportionalschrift *f*
proportionale Stichprobennahme *f* (Stat) proportional sampling
Proportionalitätsfaktor *m*
(Math) constant (*or* factor) of proportionality
– slope
Proportionalitätsmethode *f*
(KoR) method of allocating joint-product cost
(ie, spreading costs in proportion to specified bases: physical units produced, revenue-generating power of products, etc.; syn, Verteilungsmethode)
Proportionalregel *f* (Vers) condition of average clause
Proportionalsatz *m* (StR) flat rate
Proportionalschrift *f*
(EDV) proportional font *(opp, monospaced font, nicht-proportionale Schriftart)*
Proportionalsteuer *f* (StR) proportional tax
Prorata-Klausel *f* (Vers) average clause
Prospekt *m*
(com) prospectus
– leaflet
– folder
Prospektbetrug *m* (Re) prospectus fraud
Prospekthaftung *f* (Fin) liability extending to statements made in issuing prospectus
prospektiver Kunde *m* (com) potential customer
Prospektmaterial *n* (Mk) descriptive material
Prospektzwang *m* (Fin) duty to publish an issuing prospectus
Prosperität *f* (Vw) prosperity
Prosumerismus *m*
(Mk) prosumerism
(ie, Konsumenten sind zunehmend als Produzent tätig = Prosument, prosumer)
Protektionismus *m* (Vw) protectionism *(siehe Übersicht S. 694)*
protektionistische Maßnahmen *fpl* (AuW) protectionist measures
protektionistisches Instrumentarium *n* (Vw) protectionist tool kit
protektionistische Strömungen *fpl* (Vw) protectionist sentiments

Vergleich Prokura/Handlungsvollmacht

Sachkomplex	Prokura	Handlungsvollmacht
Vollmachtgeber	Nur Vollkaufleute	Auch Minderkaufleute
Erteilung	Ausdrücklich	Auch konkludent
Handelsregister	Eintragung erforderlich	keine Eintragung erforderlich
Umfang positiv	Alle gerichtlichen und außergerichtlichen Geschäfte und Rechtshandlungen, die der Betrieb eines Handelsgewerbes mit sich bringt	alle Geschäfte und Rechtshandlungen, die die Ermächtigung zum Betrieb eines Handelsgewerbes oder zu einer bestimmten Art von Geschäften oder zu einzelnen Geschäften gewöhnlich mit sich bringt außer bei Erteilung einer besonderen Befugnis:
negativ	• Veräußerung und Belastung von Grundstücken (außer bei besonderer Erteilung dieser Befugnis) • Veräußerung und Einstellung des Geschäfts als solchem • Prokurabestellung • Bilanzunterzeichnung	• Veräußerung und Belastung von Grundstücken • Eingehen von Wechselverbindlichkeiten • Aufnahme von Darlehen • Prozeßführung
Beschränkbarkeit Innenverhältnis Außenverhältnis	 Ja Nein	 Ja Ja, wirkt gegen Dritte aber nur, wenn diese die Beschränkung kannten oder kennen mußten
Zeichnung	ppa	i.V. oder ähnlich

Formen des Protektionismus

- tarifärer Protektionismus
  (→ Zollpolitik, (→Zollarten)
  - Importzölle/Exportzölle
  - spezifischer Zoll/Wertzoll
  - Abschöpfung (Gleitzoll)
- nicht-tarifärer Protektionismus
  (→ nicht-tarifäre Handelshemmnisse)
  - Außenhandelssubventionen
    (→ Exportsubvention)
    - Produktsubvention
    - Kreditsubvention
  - steuerpolitischer Protektionismus
    - Steuerrückvergütung bei Ausfuhr
    - Steuerausgleichsabgabe bei Einfuhr
  - Außenhandelsverbote (→ Embargo)
  - Außenhandelskontingente
    - → Einfuhrkontingent
    - → Ausfuhrkontingent
    - → Selbstbeschränkungsabkommen
  - administrativer Protektionismus
    - staatliche Beschaffungspolitik
    - Qualitätsvorschriften
    - Normen

Quelle: Dichtl/Issing, Vahlens großes Wirtschaftslexikon, München [2]1993, Bd. 2, S. 1744.

Protest *m* (WeR) act of protest, Art. 44, 79 WG
Protestanzeige *f* (WeR) notice of dishonor
Protestfrist *f* (WeR) statutory period for noting and protesting a bill
Protestgebühr *f* (WeR) protest fee
Protestkosten *pl* (WeR) protest charges
Protest *m* **mangels Annahme** (WeR) protest for non-acceptance
Protest *m* **mangels Zahlung** (WeR) protest for refusal of payment
Proteststreik *m* (Pw) protest strike
Protesturkunde *f* (WeR) certificate of dishonor
Protestverzicht *m* (WeR) waiver of protest
Protestwechsel *m* (WeR) protested bill
Protokoll *n*
(com) minutes *(eg, of a meeting)*
(EDV) log
– listing
Protokoll *n* **e–r mündlichen Verhandlung** (Re) transcript of proceedings
Protokoll *n* **führen** (com) to take minutes
Protokollführer *m* (com) person taking minutes
Protokoll *n* **für Verwaltungsnetzwerke** (EDV) technical office protocol, TOP
protokollieren
(com) to take minutes
(eg, of a meeting)
– to keep the minutes
(EDV) to log
Protokollprogramm *n* (EDV) trace program
Protokollschicht *f* (EDV) protocol layer
Protokoll *n* **verlesen** (com) to read out the minutes *(eg, of the last meeting)*
Provenienz-Zertifikat *n*
(com) certificate of origin *(ie, evidencing origin or quality, esp of bulk commodities in world trade)*

Provinzbörse *f* (Bö) regional exchange
Provision *f*
(com) commission
– brokerage
– fee
Provisionsabwälzungsklausel *f*
(com) commission pass-on clause
(eg, „Provision trägt Käufer")
Provisionsagent *m* (com) = Provisionsvertreter
Provisionsaufwendungen *mpl* (Fin) commissions paid
Provisionseinnahmen *fpl* (Fin) commissions received
Provisionserträge *mpl* (Fin) commission earnings (*or* earned)
Provisionsforderungen *fpl* (Fin) commissions receivable
provisionsfrei (com) free of commission
Provisionsgeschäft *n* (com) business on a commission basis
provisionspflichtig (Fin) liable to pay commission
Provisionsschneiderei *f*
(Bö) churning
(ie, make account of a client excessively active by frequent purchases and sales in order to generate commissions)
Provisionsüberschuß *m* (Fin) net commissions received
Provisionsversicherung *f* (SeeV) commission insurance
Provisionsvertreter *m* (com) commission agent
provisorische Regierung *f* (com) caretaker government
provisorischer Mittelwert *m* (Stat) assumed (*or* working) mean
Proxyserver *m*
(EDV) proxy server
(ie, Rechner oder Softwarekomponente, die zwischen ein lokales Netz und das Internet geschaltet ist; übernimmt Aufgaben im Bereich der Datensicherung, der Zugangskontrolle und der Zwischenspeicherung von Dokumenten; häufig Bestandteil einer Firewall)
Prozedur *f* (EDV) procedure
Prozeduranweisung *f* (EDV) procedure statement
Prozedurteil *m*
(EDV, Cobol) procedure division
(ie, mostly left untranslated)
Prozedurvereinbarung *f* (EDV) procedure declaration
Prozedurvereinbarungen *fpl* (EDV) declaratives *(cf, DIN 66 028, Aug 1985)*
Prozent *n*
(Math) percent
– (GB) per cent
Prozentkurs *m*
(Bö) percentage quotation
(ie, Preis e–r Aktie od Anleihe in % des Nennwertes od Nominalwertes; syn, Stückkurs)
Prozentnotierung *f* (Bö) percentage quotation
Prozentrechnung *f*
(com) percentage arithmetic
(ie, problem of finding: Prozent vom Hundert, auf Hundert, im Hundert)
Prozentsatz *m* (Math) percentage

Prozentsatz *m* **berechnen** (Math) to get the percentage
Prozentsatz *m* **fehlerhafter Stücke** (Stat) percentage defective
Prozentspanne *f* (com) percentage margin
prozentuale Mengenänderung *f* (Vw) percentage change in quantity
prozentuale mittlere Abweichung *f* (Stat) percentage standard deviation
prozentuale Preisänderung *f* (com) percentage change in price
prozentuelle Zunahme *f* **od Abnahme** *f* (Math) percent increase or decrease
Prozentzeichen *n* (com) percent sign
Prozeß *m*
(Bw) production process implying constant technical coefficients
(Re) lawsuit
– legal proceedings
– action
(syn, Rechtsstreit, Verfahren)
(EDV) task *(ie, Jobs werden in tasks zerlegt)*
Prozeßanalyse *f* (OR) activity analysis
Prozeßautomatisierung *f*
(EDV) industrial (*or* process) automation
(syn, Prozeßdatenverarbeitung)
Prozeß *m* **beenden** (Re) to terminate a suit
Prozeßbeender *m* (EDV) terminator
Prozeßberichterstattung *f*
(EDV) logging *(syn, Aufzeichnung)*
Prozeßbevollmächtigter *m* (Re) attorney of record
Prozeßdaten *pl*
(EDV) process variables
(syn, Prozeßvariable)
Prozeß *m* **der Zielbildung** (Bw) goal (*or* objective) setting process
prozeß-determinierter Wirtschaftszweig *m* (Vw) process-determined industry *(eg, coal, steel)*
Prozeßfähigkeit *f*
(Re) capacity to sue and be sued, § 51 ZPO
(IndE) = Fertigungspräzision, qv
Prozeß *m* **führen** (Re) to conduct litigation
Prozeßgerade *f*
(OR) activity ray *(syn, Prozeßstrahl)*
Prozeßinnovation *f* (Bw) process innovation
Prozeßkosten *pl*
(Re) cost of litigation
– litigation expenses
– expense of a lawsuit
Prozeßkostenhilfe *f*
(Re) legal aid
(ie, replaced the former Armenrecht)
Prozeßkostenversicherung *f* (Vers) policy covering cost of litigation
Prozeßlawine *f* (Re) spate of lawsuits
Prozeßlawine *f* **auslösen** (Re) to touch off a tangle of lawsuits
Prozeßleitung *f*
(EDV) process control *(opp, numerical control)*
Prozeßlogik *f* (EDV) process logic
Prozeßmaximen *fpl* (Re) procedural principles
Prozeßmißbrauch *m*
(Re) abuse of process
– frivolous/vexatious . . . action
(ie, unfair use of legal process)
Prozeßniveau *n*
(OR) activity level
– level of activity (*or* process)
Prozessor *m* (EDV) data processor
Prozeßparteien *fpl*
(Re) contending
– contesting
– litigant
– opposing . . . parties
– parties to a lawsuit
– litigants
– plaintiff and defendant *(syn, Parteien)*
Prozeßpolitik *f*
(Vw) technical policy issues *(W. Eucken)*
(eg, relating to questions of monetary versus fiscal policy, or employment policy; opp, Ordnungspolitik)
Prozeßpräzision *f* (IndE) = Fertigungspräzision, qv
Prozeßprüfung *f*
(IndE) in-process inspection
(ie, Qualitätsprüfung anhand e–s Merkmals des Prozesses selbst; cf, DIN 55 350.T11; syn, contrôle de la fabrication)
Prozeßrechner *m* (EDV) process control computer
Prozeßregelung *f* (IndE) process control
Prozeßstarter *m* (EDV) initiator
Prozeßsteuerung *f*
(IndE) process control
(EDV) task management
– process managment
– dispatcher
Prozeßstrahl *m* (OR) = Prozeßgerade
Prozeßtoleranz *f* (IndE) process tolerance *(cf, DIN 55 250.T11)*
prozessuale Einrede *f* (Re) defense to an action
prozessuales Problem *n* (Bw) functional issue
Prozeßüberwachung *f* (IndE) process supervision
Prozeßunfähigkeit *f* (Re) disability to sue and be sued
Prozeßvariable *fpl*
(EDV) process variables *(syn, Prozeßdaten)*
Prozeßvariation *f*
(Vw) scale variation *(syn, Niveauvariation)*
Prozeßverwaltung *f* (EDV) task management
prozyklische Wirtschaftspolitik *f* (Vw) pro-cyclical economic policy
Prüfablaufplan *m*
(IndE) inspection and test plan, DIN 55 350.T11
– Inspection and test schedule
– test flow chart
Prüfanweisung *f* (IndE) inspection (*or* test) instruction
Prüfanzeiger *m* (EDV) check indicator
Prüfassistent *m* (ReW) assistant auditor
Prüfattest *n* (com) certificate of inspection
Prüfaufgabe *f* (EDV) check problem
Prüfaufzeichnungen *fpl* (IndE) inspection and test records
prüfbare Theorie *f* (Log) testable theory
Prüfbericht *m*
(IndE) test report *(syn, Prüfprotokoll)*
Prüfbit *n* (EDV) check bit
Prüfcheckliste *f* (IndE) inspection checklist
Prüfdaten *pl* (Stat) test data
Prüfdiagramm *n* (Stat) inspection diagram

prüfen
(com) to examine
– to check
– to inspect
– to scrutinize *(eg, projects)*
(ReW) to audit
Prüfer *m*
(ReW) auditor
(EDV) verifier
(Pat) official examiner
Prüferbilanz *f*
(StR) tax auditors' balance sheet
(ie, part of tax auditors' report; syn, Prüfungsbilanz, Betriebsprüferbilanz)
Prüferqualifikation *f* (ReW) auditor qualification
Prüfexemplar *n* (com) checking copy
Prüffehler *m* (EDV) verification failure
Prüffolgeliste *f* (IndE) test sequence schedule
Prüffunktion *f* (Stat) test function
Prüfgebühr *f* (Pat) examination fee
Prüfgegenstand *m* (Stat) test item (*or* unit)
Prüfgröße *f* (Stat) test statistic
Prüfintensität *f* (IndE) intensity of inspection
Prüfkanal *m* (EDV) test channel
Prüfkopie *f* (EDV) audit copy
Prüfkosten *pl*
(MaW) cost of inspecting incoming materials
(IndE) cost of inspecting work-in-process
Prüfling *m* (Stat) test piece
Prüfliste *f*
(ReW) audit trail
(EDV) check list
Prüflos *n* (Stat) inspection lot
Prüfmaß *n* (Stat) test statistic
Prüfmerkmal *n* (IndE) inspection characteristic
Prüfmittel *pl* (IndE) test equipment
Prüfmodus *m*
(EDV) verify mode
(EDV) check mode
Prüfmuster *n* (IndE) test specimen
Prüfnormen *fpl* (Stat) inspection standards
Prüfpanel *n* (Mk) control panel
Prüfplan *m*
(Stat) sampling plan
(IndE) = Prüfablaufplan, qv
Prüfplan *m* **für kontinuierliche Stichproben** (Stat) continuous sampling plan
Prüfplanung *f*
(IndE) inspection planning
(ie, ist nicht Bestandteil der Qualitätsplanung; DIN 55 350.T11)
Prüfposten *m* (Stat) inspection lot
Prüfprogramm *n*
(ReW) audit program
(EDV) test/ckeckout . . . program
Prüfprotokoll *n* (IndE) = Prüfbericht
Prüfpunkt *m* (EDV) checkpoint
Prüfpunktwiederanlauf *m* (EDV) checkpoint restart
Prüfregister *n* (EDV) check register
Prüfroutine *f* (EDV) verification routine
Prüfschaltung *f* (EDV) test circuit
Prüfschärfe *f*
(IndE) severity of test *(ie, normal, tightened, reduced)*
Prüfschein *m* (IndE) test certificate
Prüfspalte *f* (EDV) verification column
Prüfspezifikation *f*
(IndE) inspection (*or* test) specification
(ie, Festlegung der Prüfmerkmale und evtl der Prüfverfahren für e–e Qualitätsprüfung; kann Bestandteil technischer Spezifikationen sein; früher: Prüfvorschrift)
Prüfspur *f* (EDV) parity test track
Prüfstation *f* (IndE) inspection point
Prüfstatistik *f* (ReW) audit history
Prüfstelle *f* (IndE) testing agency (*or* laboratory)
Prüfstück *n* (Stat) test piece
Prüfstufe *f* (IndE) inspection level
Prüfsummenfehler *m* (EDV) checksum error
Prüfsummenregister *n* (EDV) checksum register
Prüfsystem *n* (Pat) pre-examination system *(ie, this is opposed to the German ‚Anmeldeprinzip' = ‚registration system')*
Prüfumfang *m* (IndE) amount of inspection
Prüf- und Regelgeräte *npl* (IndE) test and measurement instruments
Prüfung *f*
(com) inspection
(Pw) examination
Prüfung *f* **ablegen**
(Pw) to take an examination
– (GB) to sit (for) an examination
Prüfung *f* **der Beschaffenheit** (Kart) qualitative examination, § 5 IV GWB
Prüfung *f* **der Bücher** (ReW) audit of financial records
Prüfung *f* **der Neuheit** (Pat) novelty search
Prüfung *f* **des Erfindungsanspruchs** (Pat) examination of invention
Prüfung *f* **des Jahresabschlusses** (ReW) annual audit
Prüfung *f* **des Rechnungswesens** (ReW) financial audit
Prüfungsaufsicht *f*
(Pw) proctor at school examinations
– (GB) invigilator
Prüfungsauftrag *m* (ReW) audit assignment
Prüfungsausschuß *m* (ReW) audit committee *(cf, § 107 AktG)*
Prüfungsbericht *m*
(ReW) audit report
– auditors' (examination) report
– accountant's report
(ReW) long-form audit report, § 321 I HGB
– (US) long-form auditors' report
Prüfungsbescheinigung *f* (com) test certificate
Prüfungsbeurteilung *f* (ReW) post-audit review
Prüfungsbilanz *f* (StR) = Prüferbilanz
Prüfungsebene *f* (ReW) audit level
Prüfungsergebnis *n* (ReW) audit result
Prüfungsgebühren *pl* (ReW) audit fee
Prüfungsgesellschaft *f*
(ReW) firm of auditors
– auditing company (*or* firm)
Prüfungsgrundsatz *m* (ReW) auditing standard
Prüfungsgrundsätze *mpl*
(ReW) audit(ing) standards
(ie, Grundsätze ordnungsmäßiger Durchführung von Abschlußprüfungen, GoA; nicht wie die GoB

im Gesetz erwähnt; siehe aber etwa: Fachgutachten 1 1977, WPg 1977, 210–214)
Prüfungshonorar *n* (ReW) audit fee
Prüfungskosten *pl*
(ReW) audit fees
– auditing costs
Prüfungsnormen *fpl* (ReW) auditing standards
Prüfungspfad *m*
(ReW) audit trail
(ie, System von Verweisungen im Rechnungswesen; cross reference from a bookkeeping record – Beleg – to its source; im Dt keine Entsprechung zum U.S. Revenue Procedure Act, Art 4 Abs 2 Nr 2; syn, Prüfspur, Prüfkette)
Prüfungspflicht *f*
(ReW) statutory audit
(eg, müssen geprüft werden/sind von der ... befreit = subject to/exempt from ...)
(ReW) audit requirements
prüfungspflichtig (ReW) subject to statutory audit
prüfungspflichtige Tatbestände *mpl* (Kart) transactions subject to investigation
Prüfungsprogramm *n* (ReW) audit program
Prüfungspunkt *m*
(Stat) point of control
– indifference quality
Prüfungsqualitätskontrolle *f*
(ReW) quality control
(ie, in der internationalen Prüfungspraxis)
Prüfungsrichtlinien *fpl* (ReW) auditing standards
Prüfungsstelle *f* (ReW) auditing agency
Prüfungstätigkeit *f* (ReW) auditor function
Prüfungstests *mpl*
(ReW) audit tests
(eg, test of compliance, substantive test)
Prüfungsumfang *m* (ReW) scope of audit
Prüfungsverband *m* (ReW) auditing association
Prüfungsverfahren *n* (Pat) examination procedure
Prüfungsvermerk *m*
(ReW) audit report
(ie, das zusammenfassende Urteil e–r freien Prüfung; vergleichbar dem Bestätigungsvermerk)
Prüfungsvorschriften *fpl* (ReW) audit regulations, §§ 316 ff HGB
Prüfungswesen *n* (ReW) auditing (system)
Prüfungszeitraum *m* (ReW) period under review
Prüfungszulassung *f* (com) admission to an examination
Prüfung *f* **von Angeboten** (com) analysis of bids
Prüfung *f* **vor Inbetriebnahme** (IndE) pre-operation inspection
Prüfverfahren *n*
(Bw) screening process
(Stat) testing procedure
Prüfversion *f*
(EDV) evaluation copy
(ie, demo version that allows testing main functionality of a software product before buying it; syn, Testversion)
Prüfvorschrift *f* (IndE) = Prüfspezifikation, qv
Prüfvorschriften *fpl* (Stat) test requirements
Prüfzahl *f* (ReW) check figure
Prüfzeichen *n* (EDV) check character
Prüfzertifikat *n* (IndE) test certificate
Prüfzettel *m* (Stat) inspection ticket
Prüfziffer *f* (EDV) check digit (*or* number)
Prüfzustand *m* (IndE) inspection status
Prüfzyklus *m* (IndE) cycle test
PS (IndE) = Produktsicherheit
Pseudoabschnitt *m* (EDV) dummy section
Pseudoadresse *f* (EDV) pseudo address
Pseudobefehl *m* (EDV) pseudo (*or* quasi) instruction
Pseudocode *m* (EDV) pseudo code
Pseudosatz *m* (EDV) dummy record
psychologische Konjunkturtheorie *f* (Vw) psychological business-cycle theory
PublG (ReW) = Publizitätsgesetz
Public Relations-Mann *m*
(Mk) PR man
– (GB) P.R.O. *(= public relations officer)*
Publikationspflicht *f* (ReW) duty to publish the audited year-end financial statements
Publikum *n*
(Vw) private sector
(ie, consisting of households and firms)
Publikums-AG (com) = Publikumsgesellschaft, as opposed to Familien-AG
Publikumsanalyse *f* (Mk) audience research
Publikumsfonds *m*
(Fin) investment fund open to the general public
– retail fund
Publikumsgeschäft *n* (Fin) retail banking
Publikumsgesellschaft *f*
(com) public corporation
– publicly held corporation
– (GB) public company
(opp, Familien-AG)
Publikumskäufe *mpl* (Bö) public buying
Publikums-Kommanditgesellschaft *f*, **KG**
(com) public limited partnership
(opp, private limited partnership)
Publikumspapier *n* (Fin) bond offered for general subscription
Publikumsprofil *n* (Mk) audience profile
Publikumsverkehr *m*
(com) personal callers
(ie, contacting administrative offices)
Publikumswerbung *f* (Mk) advertisement to the public
Publikumswerte *mpl*
(Bö) leading shares
(syn, führende Werte, Spitzenwerte)
Publikumszusammensetzung *f* (Mk) audience profile
Publizitätserfordernisse *npl* (Re) disclosure requirements
Publizitätsgesetz *n*
(Re) Disclosure Law, 15 Aug 1969
– Publicity Law
(ie, Gesetz über die Rechnungslegung bestimmter Unternehmen und Konzerne)
Publizitätspflicht *f* (ReW) compulsory disclosure
Publizitätsprinzip *n* (ReW) principle of public disclosure
Publizitätsrichtlinie *f*
(EG, Fin) Major Shareholding Directive
(ie, on the information to be published when a major holding in a listed company is acquired or disposed of = über die bei Erwerb und Veräußerung

e–r bedeutsamen Beteiligung an e–r börsennotierten Gesellschaft zu veröffentlichenden Informationen)
Publizitätsvorschriften *fpl* (ReW) (statutory) disclosure requirements
Puev (Fin) = platzüberschreitender Effektenverkehr
Puffer *m*
(EDV) buffer *(ie, intermediate storage location)*
Pufferbestand *m*
(MaW) buffer stock *(syn, Sicherheitslager)*
Pufferbestände *mpl* (AuW) buffer stock
Pufferbetrieb *m* (EDV) buffered mode
Pufferkettung *f* (EDV) buffer chaining
Pufferlager *n*
(IndE) buffer inventory
(ie, um kurzzeitige Ausfälle od schwankende Arbeitsgeschwindigkeit aufzufangen)
Puffermodus *m* (EDV) buffered mode
puffern (EDV) to buffer
Pufferrolle *f* (com) buffering role *(eg, played by international oil companies)*
Pufferspeicher *m*
(IndE) buffer . . . store/storage
(EDV) buffer memory
(ie, computation continues while transfer takes place between buffer memory and the secondary or internal storage)
(EDV) cache memory
(ie, a small, fast storage buffer integrated in the CPU of some large computers; syn, Cachespeicher)
Pufferzeit *f*
(OR) float time
(EDV) buffer time
Pufferzone *f* (IndE) buffer zone
Pulswahl *f* (EDV) rotary dialing
Punktabstand *m* (EDV) pitch
Punkt *m* **com** (EDV) dot com
Punkt *m* **der Minimaldauer** (OR) crash point
Punkt *m* **der Tagesordnung** (com) item on the agenda
Punktdipol *n* (Math) doublet
Punktelastizität *f* (Vw) point elasticity
Punktesystem *n*
(com) point system
– (GB) totting-up procedure
(ie, total driving demerits may result in temporary suspension of driving license)
Punktewolke *f*
(Stat) cluster of points
(ie, bei Anwendung der Kleinste-Quadrate-Methode)
punktfremde Mengen *fpl* (Math) disjoint sets
Punktgebilde *n* (Math) configuration of points
pünktliche Lieferung *f* (com) on-time delivery
pünktliche Zahlung *f* (Fin) prompt payment
pünktlich liefern (com) to deliver on time
pünktlich zahlen (Fin) to pay promptly
Punktmatrix *f* (EDV) dot matrix
Punktmenge *f*
(Math) point set
– collection of points
Punktprodukt *n*
(Math) dot
– inner . . .
– scalar product
Punktprognose *f* (Stat) point forecast
Punktschätzung *f* (Stat) point estimate
Punktstichprobenverfahren *n* (Stat) point sampling
Punktumkehr *f*
(Fin) box reversal
(ie, in Point & Figure Charts; cf. Drei-Punkt-Umkehr)
punktweise Adressierung *f* (EDV) dot-addressable mode
Punktwolke *f* (Stat) plot of values
Punkt-zu-Punkt-Verbindung *f* (EDV) point-to-point circuit
Pupillentechnik *f* (Mk) pupil technique
Pupillometrie *f* (Mk) pupillometrics
PVÜ (Pat) = Pariser Verbandsübereinkunft
pyramidenförmiges Kennzahlensystem *n*
(Bw) pyramid structure of ratios
(ie, developed by British Institute of Management, 1956)

Q

Q-Gewinn *m*
(Vw) windfall profit *(syn, dynamischer Marktlagengewinn)*
QS-Datenbank *f* (IndE) quality assurance database
Q-Test *m* (Stat) = Cochran-Test
quadratische Ergänzung *f* (Math) completing the square
quadratische Fläche *f* (Math) quadratic surface
quadratische Form *f*
(Math) quadratic form
(ie, Bilinearform, bei der als Skalarbereich der Körper der reellen Zahlen dient: a second-degree, homogeneous polynomial)
quadratische Funktion *f* (Math) quadratic function
quadratische Gleichung *f*
(Math) quadratic equation
– equation of second degree
(ie, a second-degree polynomial equation)
quadratische Matrix *f* (Math) square matrix
quadratische mittlere Abweichung *f* (Stat) standard deviation
quadratische Programmierung *f* (OR) quadratic programming
quadratische Schätzfunktion *f* (Stat) quadratic estimator
quadratisches Schema *n* (Math) square array
Quadratwurzel *f* (Math) square root
Quadratzahl *f* (Math) square number
Qualifikation *f*
(Pw) qualification
– level of ability
Qualifikationskonflikt *m* (Re) conflicting qualification
Qualifikationsmerkmal *n* (Pw) performance ability
Qualifikationsprofil *n* (Pw) qualification profile
Qualifikationsstruktur *f* (Pw) qualification pattern
Qualifikationsverkettung *f* (StR) qualification interconnection
qualifizieren, sich (Pw) to qualify (for)
qualifiziert
(Pw) qualified
– skilled
qualifizierte Arbeitskraft *f* (Pw) qualified employee
qualifizierte Mehrheit *f*
(com) qualified majority
(ie, erforderlich zur Fassung insbes satzungsändernder Beschlüsse; 75 %-Marke muß gerade erreicht sein)
qualifizierte Minderheit *f*
(com) qualified minority *(ie, representing at least 25% of the equity capital)*
qualifiziertes Inhaberpapier *n* (WeR) restricted bearer instrument
Qualität *f*
(IndE) quality
(ie, Gesamtheit von Eigenschaften und Merkmalen e–s Produktes od e–r Tätigkeit, die sich auf deren Eignung zur Erfüllung gegebener Erfordernisse beziehen; (EOQC:) the totality of features and characteristics of a product or service that bear on its ability to satisfy a given need)
Qualität *f* **der Übereinstimmung**
(IndE) quality of conformance
(ie, Frage nach zulässiger Abweichung zwischen Soll- und Ist-Produkt)
qualitative Arbeitsplatzbewertung *f* (Pw) qualitative job evaluation
qualitative Merkmale *npl* (com) qualitative characteristics
qualitativer Personalbedarf *m* (Pw) qualitative personnel requirements
qualitatives Merkmal *n*
(Stat) attribute
– qualitative characteristic
qualitative Untersuchung *f* (com) qualitative analysis
Qualitätsabweichung *f*
(com) off standard
– variation in quality
Qualitätsanforderungen *fpl* (IndE) quality requirements
Qualitätsarbeit *f*
(IndE) quality work
– superior workman ship
Qualitätsaudit *m*
(IndE) quality audit
(ie, Begutachtung der Wirksamkeit des Qualitätssicherungssystems od s–r Teile; syn, Qualitätsrevision; Unterbegriffe: Systemaudit, Verfahrensaudit, Produktaudit; syn, surveillance des niveaux de qualité; cf, DIN 55 350.T11)
Qualitätsauflagen *fpl* (IndE) quality assurance requirements
Qualitätsaufzeichnungen *fpl* (IndE) quality records *(cf, CSA Z 299)*
Qualitätsausbildung *f*
(IndE) quality training
(ie, includes new employee orientation, executive training, quality engineering techniques, and company-wide quality improvement programs)
Qualitätsbeanstandung *f*
(IndE) nonconformance report *(cf, CSA Z 299)*
– defect report (*or* note)
Qualitätsbeauftragter *m*
(IndE) quality assurance representative, QAR
– QA representative
Qualitätsberichterstattung *f* (IndE) quality records *(cf, CSA Z 299)*
Qualitätsbeurteilung *f* (IndE) quality assessment
Qualitätsbewußtsein *n* (IndE) quality awareness
Qualitätseinbuße *f* (IndE) impairment of quality
Qualitätserzeugnis *n* (com) high-quality product
Qualitätsfähigkeit *f*
(IndE) quality capability
(ie, bezieht sich auf Produkte od Tätigkeiten; cf, DIN 55 350.T11)

Qualitätsfähigkeitsbestätigung *f* (IndE) quality verification

Qualitätsförderungsprogramm *n* (IndE) quality improvement program

Qualitätsgruppe *f* (IndE) = Qualitätszirkel

Qualitätshandbuch *n* (IndE) quality manual

Qualitätsingenieur *m* (IndE) quality assurance engineer

Qualitätskonkurrenz *f* (com) = Qualitätswettbewerb

Qualitätskontrollbeobachtung *f*
(IndE) quality control surveillance
– quality assurance surveillance

Qualitätskontrolle *f*
(IndE) (statistical) quality control
(ie, wichtiger Teil der Qualitätssicherung; aus konzeptioneller Sicht ist sie eher Qualitätssicherung, aus normativer Sicht wohl eher Qualitätsregelung; cf, v. Westphalen, S. 358)

Qualitätskontrollstelle *f* (IndE) quality control department

Qualitätskosten *pl*
(IndE) cost of quality
(cf, DIN 55 350.T11; ie, expenses involved in measuring product or service performance, preventing error, and dealing with failures; includes inspection, test, quality engineering; scrap, rework, service after service, warranty, qualification testing, audits, etc)

Qualitätskreis *m*
(IndE) quality loop
(cf, DIN 55 350.T11; ie, geschlossene Folge qualitätswirksamer Maßnahmen und Ergebnisse; jeder Phase läßt sich ein Qualitätsanteil zuordnen)

Qualitätslage *f*
(IndE) quality level *(syn, Qualitätsniveau)*

Qualitätsleiter *m* (IndE) quality manager

Qualitätslenkung *f*
(IndE) quality control
(cf, DIN 55 350.T11; EOQC; ie, von der Benutzung des mißverständlichen ‚Qualitätskontrolle' wird abgeraten; früher auch: Qualitätssteuerung, Qualitätsregelung)

Qualitätslenkung *f* **bei mehreren Merkmalen**
(IndE) multi-variate quality control

Qualitätslenkung *f* **in der Fertigung**
(IndE) in-process quality control
– process control

Qualitätsmanagement *n*
(IndE) quality management *(syn, Qualitätssicherung, Qualitätswesen)*

Qualitätsmangel *m* (IndE) quality . . . defect/failure

Qualitätsmarkt *m* (Mk) quality market

Qualitätsmerkmal *n*
(IndE) quality characteristic (*or* criterion) *(cf, DIN 55 350.T11)*
– qualifier

Qualitätsminderung *f* (IndE) impairment of quality

Qualitätsnetz *n* (IndE) quality map

Qualitätsniveau *n* (IndE) = Qualitätslage

Qualitätsnorm *f* (IndE) quality standard

Qualitätsordnung *f* (IndE) quality principles

Qualitätsplanung *f*
(IndE) quality planning, DIN 55 350.T11
– Q planning *(syn, Q-Planung)*

Qualitätsprämie *f*
(IndE) quality bonus *(syn, Güteprämie)*

Qualitätsprüfstelle *f* (IndE) quality inspection and test facility

Qualitätsprüfung *f*
(IndE) quality inspection
(ie, kann in jeder Phase e–s Qualitätskreises stattfinden)

Qualitätsregelkarte *f*
(IndE) quality control chart
(ie, Formblatt zur graphischen Darstellung von Werten, die bei Stichprobenprüfungen ermittelt werden; bei der Prüfung meßbarer Größen erfaßt man 1. Mittelwert, 2. Spannweite, 3. Standardabweichung; üblich sind:
(a) Mittelwertkarte;
(b) Mittelwert-Streuungs-Karte;
(c) Mittelwert-Spannweiten-Karte;
erlaubt die Trennung der systematischen von zufälligen Störgrößen, die auf e–n Fertigungsprozeß wirken; syn, Regelkarte, qv)

Qualitätsregelung *f* (IndE) = Qualitätslenkung, qv

Qualitätsrevision *f* (IndE) = Qualitätsaudit, qv

Qualitätsrisiko *n* (com) quality risk

Qualitätssicherung *f*
(IndE) quality assurance, QA *(cf, DIN 55 350.T11)*
(MaW) quality protection

Qualitätssicherung *f* **in Entwurf und Konstruktion** (IndE) design assurance *(cf, CSA Z 299)*

Qualitätssicherungsabteilung *f* (IndE) quality assurance department

Qualitätssicherungs-Handbuch *n*
(IndE) quality assurance manual
– QA manual *(syn, QS-Handbuch)*

Qualitätssicherungsplan *m* (IndE) quality plan

Qualitätssicherungssystem *n* (IndE) quality assurance system *(cf, DIN 55 350.T11)*

Qualitätsstand *m* (IndE) quality status

Qualitätsstandard *m*
(IndE) quality level *(syn, Qualitätslage, Qualitätsniveau)*

Qualitätssteuerung *f* (IndE) = Qualitätslenkung, qv

Qualitätsstrategie *f* (Mk) quality-based strategy

Qualitätstechnik *f*
(IndE) quality engineering *(ie, wissenschaftliche und technische Kenntnisse sowie spezielle Führungstechniken, die für die Qualitätssicherung angewandt werden; cf, DIN 55 350.T11)*

Qualitätstypen *mpl* (com) commodity grades *(eg, middling fair, good middling, etc)*

Qualitätsüberwachung *f*
(IndE) quality surveillance (*or* monitoring)
(ie, erfaßt Abweichungen zwischen Ist- und Soll-Ausprägungen der Qualitätsmerkmale)

Qualitätsverbesserung *f* (IndE) quality improvement

Qualitätsvorschrift *f* (com) quality specification

Qualitätsvorsprung *m*
(Mk) qualitative edge (over) *(ie, one's competitors or rivals)*

Qualitätsware *f*
(com) high-quality products
(Mk) choice articles
Qualitätswettbewerb *m*
(com) quality competition
– competition on quality
– competition in terms of quality
(eg, not in terms of price = Preiswettbewerb)
Qualitätszeichen *n* (Mk) = Gütezeichen
Qualitätszeugnis *n* (com) certificate of quality
Qualitätsziel *n* (IndE) quality target
Qualitätszirkel *m*
(Bw) quality circle
(ie, group of 5 to 12 people who normally work as a unit for the purpose of seeking and overcoming problems concerning the quality of items produced, process capability, or process control; syn, Qualitätsgruppe, Werkstattkreis)
Quantenbit (EDV) Qubit
Quantencomputer *m* (EDV) Quantum Computer
Quantifikator *m* (Log) quantifier
Quantifizierung *f* (Log) quantification
Quantil *n*
(Stat) quantile
– position average
(ie, ein Lageparameter; gebräuchlich sind Median [Zentralwert], Quartil und Dezil)
quantisieren (EDV) to quantize
quantitative Daten *pl* (Stat) quantitative data
quantitative Kreditkontrolle *f* (Vw) quantitative credit control
quantitativer Faktor *m* (Stat) quantitative factor
quantitatives geldpolitisches Ziel *n* (Vw) monetary growth target
quantitatives Merkmal *n* (Stat) quantitative characteristic
quantitatives Verfahren *n* (Bw) quantitative technique
quantitative Zielvorgabe *f* (Vw) quantitative target
Quantitätsgleichung *f*
(Vw) quantity equation (of exchange)
– equation of exchange
– monetary/transactions . . . equation
(ie, MV × QP; syn, Verkehrsgleichung)
Quantitätsnotierung *f* (Bö) = Mengennotierung
Quantitätsprämie *f*
(IndE) quantity bonus
(ie, mixed system of time and piece-rate wages)
Quantitätstheorie *f* (Vw) quantity theory of money
Quantitätszusatzprämie *f* (IndE) production bonus
Quantor *m* (Log) quantifier
Quantorenlogik *f* (Log) logic of quantification
Quartalsabschluß *m* (ReW) quarterly balance sheet
Quartalsdividende *f* (Fin) quarterly dividend
Quartil *n* (Stat) quartile
Quartilsabstand *m* (Stat) interquartile range *(syn, Quartildispersions-Koeffizient)*
Quasiaufwertung *f*
(Vw) quasi-revaluation
– backdoor revaluation
Quasi-Geld *n*
(Vw) near money
– quasi money

quasigeordnete Menge *f* (Math) quasi ordered set
Quasi-Größte-Dichte-Schätzung *f* (Stat) quasi-maximum-likehood estimate
Quasi-Hersteller *m*
(Re) quasi producer
(cf, Definition unter ‚Hersteller')
Quasi-Kapitalgesellschaft *f* (FiW) quasi-corporate enterprise
Quasikontrakt *m*
(Re) quasi contract
(ie, vertragsähnliches Schuldverhältnis, obligatio quasi ex contractu, zB aus Geschäftsführung ohne Auftrag, Gemeinschaft, ungeschuldeter Leistung od Vermächtnis)
Quasi-Monopol *n* (Vw) quasi monopoly
Quasimonopolgewinne *mpl*
(Vw) windfall gains
(syn, Marktlagengewinne, Q-Gewinne)
quasi-öffentliche Güter *npl* (Vw) quasi-collective goods
Quasiordnung *f* (Math) quasi ordering
Quasi-Papiere *npl* (Fin) quasi-paper
Quasirente *f* (Vw) quasi rent
Quaternion *n*
(Math) quaternion
– hypercomplex number
(ie, the division algebra over the real numbers generated by elements)
Quaternionengruppe *f*
(Math) quaternion group
(ie, Gruppe der Ordnung 8, die von zwei Elementen a, b erzeugt wird)
qubit (EDV) quantumbit
Quecksilberspeicher *m* (EDV) mercury storage
Quellcode *m* (EDV) source code (*or* language)
Quelldatenerfassung *f* (EDV) sourse data aquisition
Quelle *f* (EDV) source
Quellenabzug *m*
(StR) pay-as-you-go system
– (GB) P.A.Y.E. (pay as you earn) system
(ie, providing for the withholding of income tax by employers)
(FiW) deduction
– stoppage
– withholding . . . at source
Quellenabzug *m* **für Zinseinkünfte** (StR) interest income tax deducted at source
Quellenangabe *f* (com) reference
quellenbesteuertes Einkommen *n* (StR) income taxed by withholding at the source
Quellenbesteuerung *f*
(StR) taxation
– deduction
– stoppage
– withholding . . . at source
(StR) source taxation *(opp, Wohnsitzbesteuerung)*
Quellencode *m* (EDV) source code
Quellendatei *f* (EDV) source file
Quellendokument *n* (com) source document
Quellenforschung *f* (Log) study of source material
Quellenlandprinzip *n* (StR) = Quellenprinzip
Quellenprinzip *n* (FiW) source principle
Quellenprogramm *n* (EDV) source program
Quell(en)sprache *f* (EDV) source language

Quellenstaat *m*
(StR) source country
– country of (income) source
Quellensteuer *f*
(StR) withholding tax
– tax collected at the source
(eg, Lohnsteuer, Kapitalertragsteuer)
quellensteuerfreie Rendite *f* (Fin) no-withholding-tax yield
Quellensteuerhöchstsatz *m* (StR) maximum withholding rate
Quellprogramm *n*
(EDV) source program
(ie, Originalversion e–s Programms, aus dem durch Übersetzung das Objektprogramm wird)
Queraddition *f*
(Math) cross adding
– cross casting
Quereinsteiger *m* (Pw) lateral entry
Querformatmonitor *m* (EDV) landscape monitor
Querklassifikation *f* (Stat) cross classification
Querparität *f*
(EDV) character (or vertical) parity *(syn, Zeichenparität)*
Querparitätsprüfung *f* (EDV) vertical redundancy check
Querprüfbit *n* (EDV) odd parity bit
Querrechnen *n* (EDV) crossfooting
querrechnen (EDV) to crossfoot
Querschnittsanalyse *f* (Vw) cross-section analysis
Querschnittsaufgabe *f*
(Bw) cross-sectional task *(eg, berührt die Zuständigkeit mehrerer Verwaltungsbereiche)*
Querschnittsdaten *pl* (Bw) cross-sectional data
Querschnittsuntersuchung *f* (com) cross-section study
querschreiben (WeR) to accept a bill of exchange
Quersubventionieren *n*
(Bw) cross subsidization
(ie, between subsidiaries of the same group; syn, Verlustausgleich)
quersubventionieren (Bw) to cross-subsidize
Quersumme *f*
(Math) sum of digits
(EDV) horizontal checksum
querverbundene Dateien *fpl* (EDV) crosslinked files
Querverbundunternehmen *n* (Bw) combination utility
Querverweis *m* (com) cross-reference
Querverweisdatei *f* (com) cross reference file
Quibinärcode *m* (EDV) quibinary code
Quick-Pick *m* (com) quick service buffet car
quittieren (com) to receipt
quittiert (com) receipted
quittierte Rechnung *f* (com) receipted invoice
Quittung *f*
(com) receipt
(Re) written acknowledgment of performance, § 368 BGB
Quittung *f* **ausstellen** (com) to write out a receipt
Quittungsbetrieb *m* (EDV) handshaking
Quorum *n*
(com) quorum *(syn, beschlußfähige Anzahl, qv)*
Quotation *f* (Bö) = Notierung

Quote *f*
(IWF) quota
(com, AuW) quota
(Fin) underwriting share
Quote *f* **der Innenfinanzierung** (Fin) internal financing ratio
Quote *f* **einhalten** (Bw) to keep within a fixed quota
Quotenaktie *f*
(Fin) no-par-value share
– no-par stock
– (GB) nonpar share *(ie, lautet auf e–n bestimmten Anteil am Reinvermögen der Gesellschaft; eg, 1/10000; cf, § 6 AktG; in USA der Normaltyp; syn, Anteilsaktie, nennwertlose Aktie)*
Quotenauswahl *f* (Stat) quota sampling
Quoten *fpl* **e–s Kontingents ausschöpfen** (AuW) to exhaust the shares of a quota
Quoten-Exzedentenvertrag *m* (Vers) quota surplus reinsurance agreement
Quotenkartell *n*
(Kart) quota cartel
– (US) commodity restriction scheme
Quotenkonsolidierung *f*
(Bw) pro rata (*or* quota) consolidation *(cf, § 310 HGB)*
(Fin) proportionate consolidation
Quotenkonsolidierungsverfahren *n* (Fin) pro rata consolidation procedure
quotenmäßige Befriedigung *f* (Re) pro rata payment
quotenmäßiges Miteigentum *n* (Re) proportionate share in ownership
Quotenregelung *f*
(EG) quota regime *(eg, of steel output)*
(Kart) quota agreement *(ie, kann Gegenstand e–s Strukturkrisenkartells sein; Zweck: Kapazitätsabbau; muß nach § 4 GWB vom Bundeskartellamt genehmigt werden)*
Quotenrückversicherung *f*
(Vers) quota share reinsurance
(ie, Anteil des RückVS wird als fester Prozentsatz festgelegt; form of pro rata reinsurance in which the reinsurer assumed an agreed percentage of each insurance being insured and shares all premiums and losses accordingly with the reinsured)
Quotenstichprobe *f* (Stat) quota sample
Quotenvertrag *m* (Vers) quota share insurance
Quotient *m* (Math) quotient
Quotientenkörper *m* (Math) quotient field
Quotientenkriterium *n*
(Math) ratio set
(ie, mit ihm läßt sich die Konvergenz von Reihen feststellen)
Quotientenmenge *f* (Math) quotient set
Quotientenprogrammierung *f* (OR) fractional programming
Quotientenraum *m* (Math) quotient space
Quotientenregel *f* (Math) quotient rule *(ie, in der Differentialrechnung und in der Kombinatorik)*
Quotientenregister *n* (EDV) quotient register
Quotientenring *m* (Math) quotient ring
Quotient *m* **e–r Reihe** (Math) common ratio
quotieren (Bö) to be listed (*or* quoted)
Quotierung *f* (Bö) = Notierung

R

Rabatt *m*
(com) rebate
– discount
– allowance
– deduction
– reduction
(Unterbegriffe:
1. Barzahlungsnachlaß bis zu 3 % [Diskont] = cash discount;
2. (handelsüblicher) Mengenrabatt (als Waren- od Preisrabatt) = bulk or quantity or volume discount;
3. Sondernachlaß = special rebate or discount;
4. Treuerabatt (Treuevergütung) = loyalty rebate, esp. for branded goods)

Rabattabweichung *f* (KoR) quantity rebate variance

Rabatt *m* **bei Mengenabnahme**
(com) quantity (*or* volume) discount *(syn, Mengenrabatt)*

Rabatt *m* **für Barzahlung** (com) cash discount

Rabattgesetz *n* (Re) Rebates Law, of 25 Nov 1933 and amendments

Rabatt *m* **gewähren** (com) to grant a rebate (*or* discount)

Rabattgewährung *f* (com) granting of rebate

Rabattkartell *n*
(Kart) rebate cartel
(ie, on rebates which represent genuine competition for goods delivered)

Rabattmarke *f* (com) trading stamp

Rabattregelung *f* (Kart) rebate regulation, § 3 II GWB

Rabattsatz *m* (com) discount rate

Rabattsparmarke *f* (com) = Rabattmarke

Rabattsparverein *m* (com) retailers' association pursuing a common discount policy *(ie, subject to independent annual audit, § 4 II RabattG)*

Rabattstaffel *f*
(com) graduated discount scale
– discount schedule

Rabattvereinbarung *f* (com) rebate agreement

RabG (Re) = Rabattgesetz

radialer Transfer *m*
(EDV) radial transfer *(ie, an input or output process)*

Radiergummi *m*
(com) eraser
– (GB) rubber

Radikal *n* (Math) radical

radikale Buchwertabschreibung *f* (ReW) = geometrisch-degressive Abschreibung

Radikand *m*
(Math) radicand
(ie, quantity under a radical sign; eg, $\sqrt{2}$*)*

Radiusvektor *m*
(Math) radius vector *(ie, in the polar coordinate system)*

Radixschreibweise *f* (EDV) radix/base . . . notation

Radixschreibweise *f* **mit fester Basis** (EDV) fixed radix notation

Radizieren *n*
(Math) extracting
– finding
– computing . . . a root of a number
(syn, Wurzelziehen, Ausziehen e–r Wurzel)

RAD-Werkzeuge *n*
(EDV) RAD tools
(syn, Werkzeuge zur schnellen Anwendungsentwicklung; term is fuzzy; who sells „slow application development tools"? At least all of them offer code generation)

Rahmenabkommen *n*
(Re) framework
– skeleton
– umbrella . . . agreement *(see: ‚Abkommen')*

Rahmenadresse *f* (EDV) frame address

Rahmenbedingungen *fpl*
(com) general . . . framework/setting
– underlying conditions
(Vw) general economic setting
– fundamentals
– *(sometimes also, depending on context:)* public policy

Rahmenbestellung *f* (com) blanket purchase order

Rahmen *m* **e–s Vertrages** (Re) scope of a contract

Rahmengesetz *n* (Re) framework law

Rahmengesetzgebung *f* (Re) framework legislation

Rahmenkredit *m*
(Fin) framework/global . . . credit
– loan facility

Rahmenplan *m* (Vw) overall economic plan

Rahmenplanung *f* (Bw) overall planning

Rahmenpolice *f* (Vers) master policy

Rahmenquelltext *m* (EDV) frame source

Rahmentarifvertrag *m* (Pw) overall wage agreement

Rahmenvereinbarung *f* (Re) blanket agreement

Rahmenversicherungsvertrag *m* (Vers) general insurance contract

Rahmenvertrag *m*
(Re) basic agreement (*or* contract)
– framework
– overall
– outline
– skeleton . . . agreement

Rahmenvorschriften *fpl*
(Re) skeleton laws
(ie, the Federation provides the legal framework and the Laender fill in the statutory details)
(Re) general regulations

Raiffeisenbanken *fpl* (Fin) rural credit cooperatives

Rallonge *f* **im EWS** (AuW) rallonge

Ramschladen *m* (com) junk shop

Ramschverkauf *m*
(com) rummage sale
– (GB) jumble sale

Ramschware *f*
(com) job goods
– odds and ends
– (GB, sl) odds and sods
Rand *m*
(com) margin
(Math) edge
– boundary
– frontier
Randbedingung *f* (Math) boundary condition
Randbedingungen *fpl*
(Log) initial conditions
(Math) boundary conditions
Randeinstellung *f* (EDV) margin position
Randeinteilung *f* (Stat) marginal classification
Rändelrad *n* (EDV) thumbwheel
Ränder *mpl* **des Bereichs** (Math) barriers of the region
Rand *m* **e–r Menge** (Math) boundary (*or* frontier) of a set
Randklasse *f* (Stat) marginal category
Randkurve *f* (Math) contour
Randmaximum *n* (Math) maximum at the boundary
Random-Buchführung *f* (ReW) random accounting
randomisieren (Stat) to randomize
randomisierter Test *m* (Stat) randomized test
Randomisierung *f* (Stat) randomization
Randomspeicher *m*
(EDV) random (*or* direct) access storage
(syn, Direktzugriffsspeicher)
Randomtafel *f* (Stat) random table
Random-Walk-Hypothese *f* (Fin) random walk hypothesis
Randpunkt *m*
(Math) boundary point *(eg, of a set)*
Randquadrat *n* (Math) boundary square
Randsegment *n* (Mk) marginal segment
Randverteilung *f*
(Math) boundary
– initial
– marginal . . . distribution
Randwerbung *f*
(Mk) accessory advertising *(syn, flankierende od unterstützende Werbung)*
Randwert *m* (Math) boundary value *(never translate with ‚Grenzwert‘ = limit or limiting value)*
Randwertproblem *n* (Math) boundary value problem
Randziffer *f* (Re) lit. *(eg, lit 41 below)*
Rang *m*
(Re) rank
– preference
– priority
Rangänderung *f* (Re) change of priority, § 880 BGB
Rang *m* **e–r Matrix** (Math) rank of a matrix
Rang *m* **e–s Vektorraumes**
(Math) rank of a vector space *(syn, Dimension e–s Vektorraumes)*
Rangfolge *f* **der Gläubiger** (Re) ranking of creditors, § 879 BGB
Rangfolgekriterium *n* (Bw) rank criterion
Rangfolgeverfahren *n* (IndE) job ranking method

Rangierbahnhof *m*
(com) switchyard
– marshalling yard
– (GB) shunting yard
(syn, Verschiebebahnhof)
Rangkorrelation *f* (Stat) rank correlation
Rangkorrelationskoeffizient *m* (Stat) coefficient of rank correlation
Rangkriterium *n* (Stat) rank criterion
rangmäßige Bewertung *f* **von Gütern** (Vw) ranking of commodities
Rangordnung *f*
(Stat) grade
(Vw) preference scale *(ie, of alternative choices)*
(Re) order of priorities
– ranking order
Rangordnung *f* **von Pfandrechten** (Re) ranking of liens
Rangordnung *f* **von Zielen**
(Bw) hierarchy of goals
– goal ranking
Rangreduktion *f* (Stat) reduction in rank
Rangreihenverfahren *n* (IndE) ranking method
Rangrücktritt *m*
(Re) waiver of priority
(ie, Rang bestehender Grundstücksrechte kann durch Einigung und Grundbucheintragung geändert werden; cf, § 880 BGB; syn, Rangänderung, Rangvortritt)
Rangrücktrittserklärung *f* (Re) letter of subordination
Rangrücktrittsvereinbarung *f* (Fin, US) subordination agreement *(cf, Nachrangdarlehen)*
Rangstelle *f* (Re) rank
Rangstufenprinzip *n* (Log) ranking method
Rangtest *m* (Stat) ranking test
Rangverhältnis *n* (Re) order of preference, § 879 BGB
Rangvermerk *m*
(Re) priority entry *(ie, in land register, § 879 III BGB)*
Rangvorbehalt *m* (Re) reservation of priority, § 881 BGB
Rangvortritt *m* (Re) = Rangrücktritt
rasante Talfahrt *f* (com) rapid downslide
rasche Lösung *f* (com) quick fix *(eg, is impossible)*
rascher Kursanstieg *m*
(Bö) bulge
(ie, small and sudden, but unsustained, advance in security prices)
rasches Wachstum *n* (com) rapid (*or* accelerated) growth
Raster *m*
(com) grid
(Math) filter *(ie, family of nonempty subsets of a set; syn, Filterbasis)*
Rasterabstände *mpl* (EDV, CAD) grid spacing
Rasterbildschirm *m* (EDV) raster display
Rasterfehler *m* (EDV) timing error
Rasterfeld *n* (EDV, CAD) grid
Rastergrafik *f* (EDV) raster graphics
rasterloser Router *m*
(EDV, CAD) gridless router
(ie, beim Leiterplattenentwurf = in circuit board design)

Rastermatrix *f* (EDV, CAD) dot grid
Rasterung *f*
(EDV, GUI) dithering *(ie, image manipulation technique; eg, used to simulate shadow effects on push button icons)*
Ratchet-Effekt *m*
(Vw) bottom stop
– ratchet effect
(syn, Sperrklinkeneffekt)
Rat *m* **der europäischen Industrieverbände** (EG)
Council of European Industrial Federations, CEIF
Rate *f*
(com) rate *(ie, in inland waterway shipping)*
(Fin) installment
– (GB) instalment
– part payment
(ie, part of payment spread over a period of time)
Rate *f* **der Produkttransformation** (Vw) rate of product transformation
Ratenanleihe *f* (Fin) installment loan
Ratenhypothek *f*
(Fin) installment mortgage *(ie, equal annual redemptions and falling interest payments)*
Ratenkauf *m*
(com) installment sale
(syn, Abzahlungskauf, Teilzahlungskauf; see: Abzahlungsgeschäft)
Ratenkredit *m*
(Fin) installment credit
(ie, Teilzahlungskredit im weiteren Sinne: extended to consumers and small businesses, repaid in fixed installments)
Ratenwechsel *m*
(WeR) multi-maturity bill of exchange
(ie, one traveling with a sequence of maturity dates; not allowed under German law, Art. 33 II WG; German term sometimes used to describe ‚Abzahlungswechsel')
Ratenzahlung *f*
(Fin) payment by installments
(Fin) time payment
(Fin, US) stage payment
(Fin) hire purchase payment
Ratenzahlungsgeschäft *n*
(Fin) hire purchase business
(syn, Teilzahlungsgeschäft)
Ratenzahlungskredit *m* (Fin) = Teilzahlungskredit
ratierlich ansammeln
(Fin) to accrue ratably
(eg, a reserve over a period of time)
ratifizierungsbedürftig (Re) requiring ratification
Ratings *pl* (Fin, US) ratings *(cf, Übersicht unten)*
rationaler Bruch *m* (Math) rational fraction
rationaler Lag *m* (Vw) rational lag

BOND RATINGS

Standard & Poor's

AAA	Highest grade – ultimate protextion of principal and interest
AA	High grade – differ only in a small degree from AAA bonds
A	Upper medium grade – principal and investment are safe, and they have considerable investment strength
BBB	Medium grade – borderline between definitely sound obligation and those where the speculative element begins to dominate; lowest qualifying bonds for commercial bank investment.
BB	Lower medium grade – only minor investment characteristics.
B	Speculative – payment of interest not assured under difficult economic conditions.
CCC-CC	Outright speculation – continuation of interest payments is questionable under poor trade conditions.
C	Income bonds on which no interest is being paid.
DDD-DD-D	In default, with rating indicating relative salvage value.

Moody's

Aaa	Best quality – smallest degree of investment risk.
Aa	High quality – as judged by all standards.
A	Upper medium grade – possess many favorable investment attributes.
Baa	Medium grade – neither highly protected, nor poorly secured.
Ba	Possess speculative elements – future cannot be considered as well assured.
B	Generally lacking in characteristics of diserable investments.
Caa	Of poor standing – may be in default or in danger of default.
Ca	Obligations speculative in a high degree – often in default.
C	Lowest rated – extremely poor prospects of ever attaining any real investment standing.

Quelle : Moody's Bond Record und Poors's Bond Guide

rationale Zahl *f*
(Math) rational number
– *(pl oft)* rationals
rationalisieren
(Bw) to rationalize
– to modernize
– to streamline
Rationalisierung *f*
(Bw) rationalization measures
(ie, productivity improvements through replacing manpower by machinery)
Rationalisierungserfolg *m* (Kart) rationalization effect, § 5 II GWB
Rationalisierungsfachmann *m*
(IndE) efficiency engineer (*or* expert)
(ie, replaced by the following term)
– management and systems analyst
Rationalisierungsinvestition *f*
(Bw) rationalization investment
– investment for plant modernization
– modernization investment
Rationalisierungskartell *n*
(Kart) rationalization cartel
(ie, relating to rationalization of economic processes through specialization)
Rationalisierungskuratorium *n* **der Deutschen Wirtschaft** (Bw) German Productivity Center – RKW
Rationalisierungsreserven *fpl* (Bw) potential for rationalization
Rationalisierungsverband *m* (Kart) rationalization association, § 5 GWB
Rationalitätsbereich *m*
(Math) domain of rationality
– number field (*or* domain)
– commutative field *(syn, Körper)*
Rationalprinzip *n*
(Bw) efficiency rule
– universal rule of efficiency
(ie, prescribes to produce at a given rate with lowest cost; or to produce at the highest rate with the same cost; syn, ökonomisches Prinzip, Wirtschaftlichkeitsprinzip)
Rationalverhalten *n* (Bw) rational behavior
rationell (com) efficient
rationieren (Vw) to ration
Rationierung *f* (Vw) rationing
Ratsbeschluß *m* (EG) Council decision
Raub *m* (Re) robbery, § 249 StGB
Raubbau *m* (Vw) destructive exploitation of resources
räuberische Erpressung *f* (Re) extortionary robbery, § 255 StGB
räuberische Preisunterbietung *f* (Kart) predatory price cutting
räuberischer Diebstahl *m* (Re) theft in the nature of robbery, § 252 StGB
räuberisches Dumping *n* (AuW) predatory dumping *(ie, after freezing rivals out of the market, the price is raised to its previous level)*
Rauchwaren-Einheitsversicherung *f* (Vers) all-inclusive fur policy
Raumarbitrage *f*
(Fin) arbitrage in space *(ie, Unterbegriffe: Differenz- und Ausgleichsarbitrage)*

Raumbedarf *m* (com) space requirements
Raumcharter *f* (com) tonnage affreightment
Raumeinheiten *fpl* (Vw) spatial units
räumen
(Re) to vacate rented property
– to cease occupancy
Raumfahrt *f* (com) space travel
Raumfahrtindustrie *f*
(com) aerospace industry
– space industry
Raumfracht *f* (com) freight on measurement basis
Raumkoordinaten *fpl* (Math) space coordinates
Raumkosten *pl*
(ReW) cost of office and workshop space
– expenses for office space
räumlich abgegrenzter Teil *m*
(StR) physically separated part *(ie, of a property, § 8 GrStG)*
räumliche Konsumentenanalyse *f* (Mk) spatial consumer analysis
räumliche Mobilität *f* (Vw) geographic (*or* spatial) mobility
räumlicher Vektor *m* (Math) space vector
räumliche Strukturierung *f* (Vw) spatial patterning
Raummiete *f* (KoR) rental
Raumordnungspolitik *f* (Vw) urban and regional policy
Raumplanung *f*
(Vw) regional planning
(com) space planning
(IndE) intra-plant layout
Raumpunkt *m* (Math) point in space
Raumtarif *m*
(com) bulk freight tariff
(opp, Stück- und Gewichtstarif)
Raumtransport *m*
(IndE) aerospace transportation
(IndE) orbital freight hauling
(ie, by space shuttles)
Räumung *f* **des Lagers** (Bw) inventory clearance
Räumungsfrist *f*
(Re) time set for vacating rented property, §§ 721, 794 a ZPO
– time for moving out
Räumungsklage *f* (Re) action for eviction
Räumungsverkauf *m*
(com) liquidation sale
– (GB) closing-down sale
Raumwinkel *m* (Math) solid angle
Raum-Zeit-Koordinaten *fpl* (Log) spatio-temporal coordinates
Rauschgiftgeschäft *n* (com) narcotics transactions
Rayonchef *m* (com, *rare*) head of department
Rd.Nr. (Re) = Randnummer = Randziffer, qv
Reaktionsbereich *m* (Bw) domain of response
Reaktionsbereitschaft *f* (Bw) responsiveness
Reaktionsfunktion *f* (Vw) response function
Reaktionsgeschwindigkeit *f* (Vw) speed of response
Reaktionsgleichung *f* (Vw) behavioral equation
Reaktionskoeffizient *m* (Vw) coefficient of reaction
Reaktionsverbundenheit *f*
(Vw) oligopolistic interdependence

(ie, Markterfolg e–s Unternehmens hängt auch von den Aktivitäten s–r Konkurrenten ab)

Reaktionszeit *f* (Vw) period of adjustment

real
(com) real
– in real terms
– in terms of real value
(opp, nominell = in money terms)

Realbesteuerung *f*
(FiW) taxation of specific property *(syn, Objekt- od Sachbesteuerung)*

Realdefinition *f*
(Log) real definition
(ie, not a mere convention for introducing new symbols or notations, but a proposition of equivalence between ‚definiendum' and ‚definiens' where the latter embodies the „essential nature" of the definiendum; opp, Nominaldefinition)

reale Adresse *f*
(EDV) real address *(opp, virtual address)*

reale Einkommenseinbußen *fpl* (Vw) real income losses

reale Güter *npl* (Vw) = Realwerte

Realeinkommen *n* (Vw) real income (*or* earnings)

Realeinkommenslücke *f* (Vw) real income gap

Realeinkommensvergleich *m* (Vw) real income comparison

reale Kapitalerhaltung *f*
(Fin) maintenance of equity
(ie, preservation of corporate assets in real terms)

reale Kassenhaltung *f* (Vw) real cash balance

reale Löhne *mpl* (Pw) = Reallohn

reale Nettorendite *f* (Fin) after-tax real rate of return *(ie, real = nach Abzug der Inflationsrate)*

reale Produktivkräfte *fpl* (Vw) real resources

realer Außenhandelsüberschuß *m* (AuW) real trade surplus

realer Einkommensverlust *m* (Pw) real wage cut

realer Kasseneffekt *m* (Vw) real balance effect

Realertrag *m* (Fin) = Realverzinsung

realer Zinsfuß *m* (Vw) real rate of interest

realer Zinssatz *m* (Fin) real interest rate *(eg, nominal interest rate corrected for a measure of expected inflation)*

reales Austauschverhältnis *n*
(AuW) terms of trade
(ie, Quotient aus Exportpreisindex und Importpreisindex; cf, net barter terms of trade, commodity terms of trade)

reales BIP *n* (VGR) real gdp (*or* gross domestic product)

reales Bruttosozialprodukt *n*
(VGR) real gross national product
– real GNP (*or* gnp)

reales Nettosozialprodukt *n* (VGR) real net national product (*or* NNP)

reales Sozialprodukt *n*
(VGR) real national product
– national product in real terms

reale Supposition *f* (Log) real supposition

reales Volkseinkommen *n* (VGR) real national income

reales Wachstum *n*
(Vw) real growth
– growth in unit volume

reale Überinvestitionstheorie *f* (Vw) nonmonetary overinvestment theory

reale Verbrauchsausgaben *fpl* (Vw) real consumer spending

Realgemeinde *f* (StR) real property organization *(see: § 3 II KStG)*

Realgüterprozeß *m* (Bw) logistic process

Realignment *n*
(AuW) realignment of parities
– parity realignment
– exchange rate adjustment

Realinvestition *f* (Bw) fixed (*or* real) investment

Realisationsgewinn *m* (ReW) gain realized by a sale

Realisationsprinzip *n*
(ReW) realization rule (*or* principle)
(ie, valuation rule: prospective future gains and losses remain unrecorded in the accounts)

Realisationsverkauf *m* (com) liquidating sale

Realisationswert *m*
(ReW) value on realization *(ie, used in ‚Liquidationsbilanz'; syn, Veräußerungswert)*

realisierbare Aktiva *npl* (Fin) realizable assets

Realisierbarkeit *f* (com) feasibility

realisieren
(com) to implement *(eg, plan, project)*
– to carry out
(Fin) to realize
– to liquidate
– to sell
– to convert into money
(Bö) to take profits

realisierte Gewinne *mpl*
(ReW) realized profits (*or* gains)
– earned income
(Bö) realized price gains

realisierter Arbeitsplatzwechsel *m*
(Vw) fluctuation
– labor turnover

realisierter Ertrag *m* (ReW) realized earnings

realisierter Gewinn *m* (ReW) realized profit

realisierte Wertsteigerung *f* (ReW) realized appreciation

Realisierung *f*
(com) implementation
– carrying out *(eg, of a project)*
(Fin) realization
– liquidation
– sale
(Bö) profit taking
(EDV) implementation

Realisierungszeit *f* (OR) time of realization

Realisierung *f* **wirtschaftspolitischer Ziele**
(Vw) economic performance
– implementation of economic targets

Realkapital *n*
(Vw) real (*or* nonmonetary) capital
(syn, Sachkapital)
(Bw) tangible fixed assets

Realkapitalbildung *f*
(Vw) productive investment *(ie, investment in fixed assets and inventories; opp, financial investment)*

Realkasseneffekt *m* (Vw) wealth effect

Realkassenhaltungseffekt *m* (Vw) real balance effect

Realkauf *m*
(com) cash sale
(ie, payment being made in full on receipt of goods; syn, Handkauf)
Realkonsum *m* (Vw) real consumption
Realkosten *pl*
(Vw) real cost
– cost in real terms
Realkostenaustauschverhältnis *n* (AuW) real cost terms of trade
Realkredit *m*
(Fin) collateral loan *(syn, Sachkredit)*
(Fin) real estate loan
Realkreditgeschäft *n*
(Fin) real estate loan business
– mortgage lending
Realkreditinstitut *n* (Fin) mortgage bank
Reallohn *m*
(Pw) real wage
(ie, nominal wage divided by a price index)
Reallohnsumme *f* (Vw) aggregate real wage
Realprodukt *n*
(VGR) real product *(opp, national product at current prices)*
Realsteuer *f*
(FiW) impersonal (*or* nonpersonal) tax
– tax levied on specific property *(syn, Objektsteuer, Sachsteuer)*
Realsteuerbescheid *m* (StR) municipal assessment notice
Realtausch *m*
(Vw) barter
(ie, exchange of goods and services withouth the use of money)
Realteil *m*
(Math) real part
(ie, e–r komplexen Zahl)
Realtransfer *m* (VGR) real transfer
Realvermögen *n*
(Vw) real wealth
(eg, of a household)
Realverzinsung *f* (Fin) real yield
Realwerte *mpl*
(Vw) real assets
– *(assets)* in real terms
– in terms of real value
– in terms of money at constant prices
Realwissenschaft *f* (Log) factual science
Realzeitausgabe *f* (EDV) real time output
Realzeitbetrieb *m* (EDV) real time operation
Realzeiteingabe *f* (EDV) real time input
Realzeitprogrammiersprache *f* (EDV) real time language
Realzeituhr *f* (EDV) real time clock
Realzeitverfahren *n* (EDV) real time processing
Realzins *m*
(Fin) real rate of interest
– interest rate in real terms
(eg, derived from Umlaufrendite für Festverzinsliche + Veränderung des Preisindex für den privaten Verbrauch)
Reassekuranz *f* (Vers) reinsurance
Rechenanlage *f* (EDV) data processing (*or* dp) equipment
Rechenautomat *m* (EDV) = Rechner

Rechenbedarf *m* (EDV) computational requirements
Rechenbefehl *m* (EDV) arithmetic instruction
Rechendezimalpunkt *m*
(EDV, Cobol) assumed decimal point
(ie, has no logical meaning with no physical representation; cf, DIN 66 028, Aug 1985)
Recheneinheit *f*
(Vw) unit of account
(EDV) = Rechenwerk
Rechengeschwindigkeit *f*
(EDV) calculating (*or* computing) speed *(syn, Operationsgeschwindigkeit)*
Rechenhaftigkeit *f* (Vw) norms of calculability
Rechenkapazität *f* (EDV) computing capacity
Rechenoperation *f* (EDV) arithmetic (*or* calculating) operation
Rechenprüfung *f* (EDV) arithmetic check
Rechenschaftsbericht *m*
(com) report
– accounting *(eg, to give an . . .)*
(ReW) statement of account
Rechenschaftspflicht *f*
(com) accountability *(syn, Verantwortlichkeit)*
rechenschaftspflichtig (com) accountable
Rechensystem *n* (EDV) data processing system
Rechenverstärker *m* (EDV) computing amplifier
Rechenwerk *n*
(com) set of figures
(ReW) set of accounting figures *(eg, financial statement, marginal costing, etc)*
(EDV) arithmetic unit (*or* element *or* section) Rechenzeit *f*
(EDV) calculating
– computer
– machine . . . time *(syn, Maschinenzeit)*
(EDV) Arithmetic and Logical Unit, ALU
(ie, part of a microprocessor)
Rechenzeit *f* (EDV) computer time
Rechenzentrum *n*
(EDV) computer/computing . . . center
– DP center
– data center
(EDV) computer bureau
– bureau services
Recherche *f*
(Pat) official search *(ie, for prior patent specifications, § 28 a PatG)*
rechnen
(com) to calculate
– to compute
(com) to bank on *(ie, rechnen mit)*
– to expect
rechnerabhängiger Speicher *m* (EDV) on-line storage
Rechnerarchitektur *f* (EDV) computer architecture
Rechnercode *m*
(EDV) absolute
– actual
– specific . . . code *(syn, Maschinencode)*
Rechner *m* **der dritten Generation** (EDV) third-generation computer
Rechner *m* **der zweiten Generation**
(EDV) second-generation computer
(ie, utilizing solid state components)

Rechnerentwicklung *f*
(EDV) computer development
(1. Generation = vacuum tubes;
2. Generation = transistors;
3. Generation = integrated circuits, ICs;
4. Generation = very large scale integration, VLSI;
5. Generation = large number of VLSI chips in parallel)
Rechnerfamilie *f* (EDV) computer family
rechnergesteuert (EDV) computer controlled
rechnergestützt
(EDV) computer-aided *(or-based)*
– computerized
(syn, computergestützt, computerunterstützt, computerisiert)
rechnergestützte Entwicklung *f* (IndE) computer-aided engineering, CAE
rechnergestützte Fertigung *f* (IndE) computer-aided manufacturing, CAM
rechnergestützte Fertigungssteuerung *f* (IndE) computer-aided scheduling and control, CAPSC
rechnergestützte Planung *f* (IndE) computer-aided planning, CAP
rechnergestützte Produktionsplanung *f* (IndE) computer-aided production planning, CAPP
rechnergestützte Qualitätssicherung *f* (IndE) computer-aided quality assurance, CAQ
rechnergestütztes Auftragsannahmesystem *n* (IndE) computerized order entry system
rechnergestütztes Handelssystem *n* (Bö) computer-assisted trading system
rechnergestütztes Konstruieren *n* (IndE) computer-aided design, CAD
rechnerintegrierte Fertigung *f* (IndE) computer-integrated manufacturing, CIM
rechnerische Parität *f* (AuW) calculated parity
rechnerischer Diskont *m* (Fin) true discount
rechnerische Rendite *f*
(Fin) accounting/approximated/book-value/unadjusted . . . rate of return
(ie, increase in expected future average annual stated net income to initial increase in required investment)
(Fin) calculated yield
rechnerische Restlaufzeit *f* (Fin) computed remaining maturity
rechnerischer Gewinn *m*
(ReW) accounting
– book
– paper . . . profit
rechnerischer Wert *m* **von Aktien** (ReW, EG) accounting par value of shares
rechnerische Vereinfachung *f* (Math) computational simplification
Rechnerkapazität *f* (EDV) computer power
Rechnerleistung *f* (EDV) computer power
Rechnernetzwerk *n* (EDV) computer network
Rechneroperation *f* (EDV) computer (*or* machine) operation
Rechnerprogramm *n* (EDV) computer program
Rechnerschaltplan *m* (EDV) set-up diagram
Rechnersprache *f* (EDV) computer langnage
Rechnersteuerung *f*
(EDV) computer control
(EDV) computer forward control
(ie, in process automation; syn, digitale Steuerung)
Rechnersystem *n* (EDV) computer system
rechnerunabhängiger Speicher *m* (EDV) off-line storage
rechnerunterstützte Arbeitsvorbereitung *f* (EDV) Computer Aided Process Planning, CAP
rechnerunterstützte Montage *f* (EDV) Computed Aided Assembly, CAA
rechnerunterstützte Qualitätssicherung *f* (EDV) Computer Aided Quality Control, CAQ
rechnerunterstützter Systementwurf *m* (EDV) Computer Aided Design of Information Systems, CADIS
rechnerunterstütztes Lernen *n*
(EDV) computer-assisted learning, CAL
(ie, used in addition to normal teaching methods and material; syn, computer-aided instruction)
rechnerunterstützte Transportsteuerung *f* (EDV) Computer Aided Transport, CAT
Rechnerverbund *m* (EDV) computer network
Rechnerverbundbetrieb *m* (EDV) multiprocessing
Rechnerverbundnetz *n* (EDV) distributed processing system
Rechnerverbundsystem *n* (EDV) multiprocessing system
Rechnung *f*
(ReW) invoice
– bill
– sales bill
(com) check *(ie, in a restaurant)*
– (GB) bill
Rechnung *f* **ausstellen**
(com) to make out an invoice
– to invoice
– to bill *(eg, send now and bill me later)*
Rechnung *f* **bearbeiten** (com) to process an invoice
Rechnung *f* **begleichen**
(com) to pay
– to settle
– (infml) to foot . . . a bill
Rechnung *f* **prüfen** (com) to check an invoice
Rechnung *f* **quittieren** (com) to receipt a bill
Rechnungsabgrenzung *f*
(ReW) end-of-year adjustments
– year-end adjustments
(ReW) accruals and deferrals
adjustment to allocate revenue and expenditure items to proper accounting periods
Rechnungsabgrenzungsposten *mpl*
(ReW) accruals and deferrals
– accrued items
– prepaid and deferred items
(ReW, EG) *(Aktivseite)* prepayments and accrued income
(ReW, EG) *(Passivseite)* accruals and deferred income
(ie, durch den Ansatz aktiver oder passiver Rechnungsabgenzungsposten in der Handelsbilanz wird ein periodengerechter Erfolg ermittelt; nach dem neuen § 250 HGB dürfen nur transitorische Posten ausgewiesen werden; antizipative Vorgänge werden als sonstige Forderungen bzw Verbindlichkeiten od unter den sonstigen Verbindlichkeiten bzw

Rückstellungen ausgewiesen; these items reflect the lack of coincidence of the accounting period and the benefit period)
Rechnungsabschrift *f* (com) copy of an invoice
Rechnungsabteilung *f*
(ReW) invoicing department
– (US) billing department
Rechnungsausstellung *f*
(com) invoicing
- billing
Rechnungsauszug *m*
(Fin) statement of account *(syn, Kontoauszug)*
Rechnungsbeleg *m*
(com) charge (*or* sales) slip
– billing form *(ie, signed by credit card holder)*
Rechnungsbelege *mpl*
(ReW) vouchers
– documentary evidence (*or* support)
– accounting records
Rechnungsbetrag *m*
(com) invoice amount
– amount appearing on an invoice
– amount billed
Rechnungsdatei *f* (com) billing file
Rechnungsdaten *pl* (com) billing data
Rechnungsdatum *n*
(com) date of invoice
– billing date
Rechnungsdoppel *n* (com) duplicate invoice
Rechnungseinheit *f*
(Fin) accounting unit
– unit of account, UA
Rechnungseinzugsverfahren *n*
(Fin) direct debiting *(ie, by banks for trade accounts receivable)*
Rechnungserteilung *f* (com) invoicing
Rechnungsformular *n* (com) billhead
Rechnungshof *m*
(FiW) = Bundesrechnungshof, qv
(EG) Court of Auditors
(FiW, US) General Accounting Office, GAO
(ie, headed by the Controller General; major functions:
1. prescribes accounting systems for federal agencies;
2. authorizes federal agencies to make specific expenditures by way of a preaudit;
3. makes extensive investigations to determine the validity of the receipt and disbursement of public funds by way of a postaudit; the GAO acts as an agent of Congress)
Rechnungsjahr *n*
(ReW) accounting/fiscal . . . year
(FiW) financial/fiscal/tax . . . year
– fiscal
Rechnungskopie *f*
(com) copy of an invoice
– copy invoice
Rechnungslegung *f*
(Re) rendering of accounts
(ie, preparing statement of receipts and expenditures, § 259 BGB)
(ReW) reporting
– preparing and publishing annual financial statements, §§ 148 ff AktG

Rechnungslegung *f* **im Konzern** (ReW) group accounting
Rechnungslegungsgrundsätze *mpl* (ReW) accounting rules
Rechnungslegungsverordnung *f* (ReW) Accounting Regulation
Rechnungslegungsvorschriften *fpl* (ReW) statutory accounting requirements
Rechnungslegung *f* **zu Wiederbeschaffungskosten** (ReW) replacement cost accounting
Rechnungsnummer *f* (com) invoice number
Rechnungsperiode *f* (ReW) accounting (*or* fiscal) period
Rechnungspreis *m* (com) invoice price
Rechnungspreis *m* **des Lieferanten** (com) vendor's invoice price
Rechnungsprüfer *m* (ReW) auditor
Rechnungsprüfung *f*
(com) checking and audit of invoices
(ReW) auditing of accounts
– accounting control
Rechnungssaldo *m* (com) balance of invoice
Rechnungsüberschuß (ReW) accounting surplus
Rechnungsvordruck *m* (com) billhead
Rechnungsvorlage *f* (com) presentation of an invoice
Rechnungswert *m* (com) invoice value
Rechnungswesen *n*
(VGR) national accounting
(ReW) accounting
– accountancy
Rechnungswesen *n* **der Unternehmung** (ReW) business accounting
Rechnungszinsfuß *m*
(ReW) interest rate for accounting purposes
(Vers) assumed rate of interest
Rechnung *f* **über e–e Sendung** (com) invoice on a shipment
Rechnung *f* **vereinfachen** (com) to simplify computation
Rechnung *f* **verlangen** (com) to call for the bill
Recht *n*
(Re) law
(ie, objektives Recht)
(Re) right *(ie, subjektives Recht)*
Recht *n* **abtreten** (Re) to assign a right
Recht *n* **anerkennen** (Re) to acknowledge a right
Recht *n* **auf Arbeit** (Re) right to work
Recht *n* **auf Forderungsübertragung** (Re) right of subrogation
Recht *n* **aufgeben**
(Re) to abandon
– to give up
– to part with
– to surrender . . . a right
Recht *n* **auf Gewinnbeteiligung** (Fin) right to participation in profits
Recht *n* **auf Leistung** (Re) right to demand contractual performance
Recht *n* **auf Leistungsverweigerung** (Re) right of refusal to perform, § 320 BGB
Recht *n* **auf Prüfung der Bücher** (ReW) right to inspect books and records
Recht *n* **auf Schadenersatz** (Re) right to recover damages

Recht *n* **ausüben** (Re) to exercise a right
Recht *n* **beeinträchtigen**
(Re) to encroach upon a right
– to infringe a right
– to infringe upon (*or* on) a right
– to interfere with a right
Recht *n* **begründen** (Re) to create/establish . . . a right
Recht *n* **beschneiden** (Re) to curtail (*or* impair) a right
Recht *n* **bestreiten**
(Re) to challenge
– to dispute
– to protest . . . a right
Recht *n* **der Erfindereigenschaft** (Pat) right of inventorship
Recht *n* **der Schuldverhältnisse**
(Re) law of obligations
(ie, as laid down in the second book of the German Civil Code = BGB)
Recht *n* **der Wettbewerbsbeschränkungen** (Kart) law against restraints of competition
Recht *n* **des Erfüllungsortes** (Re) law of the place of performance
Recht *n* **des unlauteren Wettbewerbs** (Kart) law on unfair competition
Rechte *npl* **aus unerlaubter Handlung od Vertrag** (Re) rights arising from tort or contract
rechteckiges Koordinatensystem *n* (Math) rectangular coordinate system
rechteckige Verteilung *f* (Stat) rectangular distribution
Rechte *npl* **des Käufers** (Re) rights of buyer
Rechte *npl* **Dritter** (Re) third-party rights
Rechte *npl* **mit Gewinnbeteiligung** (Fin) right participating in profits
rechter Winkel *m* (Math) right angle
Rechte *npl* **und Pflichten** *fpl*
(com) rights and duties
– powers and responsibilities
rechtfertigen
(com) to justify
(ie, give good reasons for, explain satisfactorily)
Rechtfertigungsgründe *mpl*
(Re) legal justification
– grounds of justification
(Kart) gateways
Recht *n* **geht über auf** (Re) a right passes to
Recht *n* **geltend machen** (Re) to assert a right
Recht *n* **gewähren** (Re) to grant a right
rechtlich
(Re) legal
– in law
– in contemplation of law
– de iure
(ie, the German term implies the substance of law; it denotes compliance with technical or formal rules; see: ‚rechtmäßig')
rechtlich begründet (Re) legally justified
rechtlich bindende Verpflichtung *f*
(Re) legal obligation *(ie, one created between the parties)*
rechtliche Bedingung *f* (Re) legal condition
rechtliche Bindung *f* (Re) legal obligation
rechtliche Einheit *f* (Re) separate legal unit
rechtliche Fiktion *f*
(Re) legal fiction
– (GB *also*) legal figment
rechtliche Folgerungen *fpl* (Re) conclusions of law
rechtliche Gestaltung *f* (Re) legal form
rechtliche Maßgeblichkeit *f* (Re) legal enforceability
rechtliche Meßbarkeit *f*
(Re) accurate legal accountability
(ie, a function which escapes . .)
rechtliche Rahmenbedingungen *fpl* (Re) regulatory framework
rechtliche Rahmenvorschriften *fpl* (Re) = rechtliche Rahmenbedingungen
rechtliche Regelung *f* (Re) legal arrangements
rechtlicher Irrtum *m* (Re) mistake in law
rechtliches Gehör *n* (Re) fair hearing
rechtliche Unmöglichkeit *f*
(Re) legal (*or* juridical) impossibility
– impossibility of law
rechtliche Voraussetzungen *fpl* **erfüllen**
(Re) to meet the requirements of the law
– to satisfy legal requirements
rechtlich selbständiges Unternehmen *n* (Re) legally independent enterprise
rechtlich unhaltbar (Re) lacking legal foundation
rechtlich unzulässige Bedingung *f* (Re) illegal condition
rechtlich vertretbar (Re) legally justifiable
rechtmäßig
(Re) lawful
(ie, implies that an act is authorized or not forbidden by law, and it usually imports a moral substance or ethical permissibility; opp, rechtlich)
rechtmäßiger Besitz *m* (Re) lawful possession
rechtmäßiger Besitzer *m*
(com) lawful owner
(Re) lawful possessor (*or* holder)
rechtmäßiger Eigentümer *m*
(Re) rightful owner
– sole and unconditional owner
(ie, not contingent or conditional)
rechtmäßiger Inhaber *m*
(WeR) holder in due course, Art. 16 WG *(syn, legitimierter Inhaber)*
rechtmäßiger Vertreter *m* (Re) lawful representative
rechtmäßiges Alternativverhalten *n*
(Re) legitimate alternative conduct
(ie, Form der hypothetischen Kausalität)
Rechtsabteilung *f* (Re) (corporate) legal department
Rechtsakt *m* (Re) legal act
Rechtsangleichung *f* (Re) harmonization of laws/legislation
Rechtsanspruch *m* (Re) legal claim *(cf, Anspruch)*
Rechtsanwalt *m*
(Re) practicing lawyer
– legal counsel
– (US) attorney-at-law
– (US) counselor-at-law
– (GB) barrister *(ie, admitted to plead at the bar)*
– (GB) solicitor *(ie, allowed to practice in most minor courts)*
Rechtsanwendung *f*
(Re) administration of law

(Re) *(phrase in contracts:)* „applicable law"
– „law to apply"
Rechtsaufsicht *f* (Re) legal supervision
Rechtsausrichtung *f* (EDV) right justification
Rechtsausübung *f* (Re) exercise of a right
Rechtsausweis *m* (Re) proof of ownership
Rechtsbedingung *f* (Re) condicio iuris
Rechtsbegriff *m*
(Re) legal concept
– *(loosely also)* legal term
rechtsbegründende Wörter *npl* (Re) operative words
Rechtsbehelf *m*
(Re) legal remedy
– remedy in law
– legal relief
(ie, Berufung, Revision, sofortige Beschwerde; syn, Rechtsmittel)
Rechtsbehelfbelehrung *f* (StR) advising taxpayer of applicable remedies
Rechtsbeistand *m*
(Re) legal aid (*or* counsel *or* adviser)
(ie, person officially authorized to provide legal services; although having technical expertise, he is generally not a lawyer, such as attorney, barrister, or advocate, qv)
Rechtsberater *m* (Re) legal counsel
Rechtsberatung *f*
(Re) legal counseling
(Re) legal consulting service
Rechtsberatungsstelle *f* (Re) legal advice center
Rechtsbeschwerde *f* (Re) appeal on points of law
Rechtsbestand *m* **e–r Forderung** (Re) legal existence of a claim
Rechtsbeugung *f*
(Re) intentional misconstruction of the law
(ie, to the benefit or detriment of a party, § 336 StGB)
(Re) miscarriage of justice
(ie, failure of a law court to reach a fair and equitable decision)
rechtsbündig (EDV) right justified
rechtsbündige Ausrichtung *f* right justification
rechtsbündiger Flattersatz *m* (EDV) ragged right
Rechtsbündigkeit *f*
(EDV) right justification
– justification of right margin *(syn, Blocksatz)*
rechtsbündig machen (EDV) to right-justify
Rechtschreibprüfer *m* (EDV) spell checker
Rechtschreibprüfung *f*
(EDV) spelling checker
– spell checker
rechtserheblich
(Re) material *(eg, facts, evidence)*
– relevant in law
rechtsfähige Gesellschaft *f* (Re) incorporated company
rechtsfähiger Verein *m*
(Re) incorporated society *(ie, association with independent legal existence, §§ 21, 22 BGB)*
rechtsfähige Stiftung *f* (Re) foundation with independent legal existence, §§ 80 ff BGB
Rechtsfähigkeit *f*
(Re) capacity to acquire and hold rights and duties, § 1 BGB
(Note: ‚legal capacity' in English law covers the ability to acquire rights + to transact legal business = Rechtsfähigkeit + Geschäftsfähigkeit)
rechtsfähig werden (Re) become capable of rights and duties
Rechtsfolgen *fpl* (Re) legal consequences
Rechtsform *f* (Re) legal form (*or* structure)
Rechtsformen *fpl* **der Unternehmung**
(com) legal forms of business organization
– forms of business entity
Rechtsformwechsel *m* (Re) change of legal form
Rechtsfrage *f*
(Re) question of law
– *(civile law)* quaestio iuris
Rechtsgebiet *n*
(Re) branch
– department
– division
– field . . . of law
Rechtsgelehrter *m*
(Re) legal scholar
– jurist
(ie, fully versed in the law and recognized as such; generally not ‚Jurist' who is a lawyer)
Rechtsgesamtheit *f* (Re) aggregate of rights
Rechtsgeschäft *n*
(Re) legal transaction
– legal business
– legal act
– (GB) act of the party
– (GB) act in the law
(ie, act having legal consequences in the intention of the parties, §§ 104–185 BGB)
rechtsgeschäftliche Abtretung *f* (Re) assignment by act of the parties
rechtsgeschäftliches Schuldverhältnis *n*
(Re) contractual obligation
– obligation under a contract
– *(civil law)* obligatio ex contractu
rechtsgeschäftliches Veräußerungsverbot *n* (Re) prohibition of alienation by legal transaction, § 137 BGB
rechtsgeschäftliche Übertragung *f* (Re) transfer by act of the party
rechtsgeschäftliche Vereinbarung *f* (Re) agreement by way of a legal transaction
rechtsgeschäftliche Willenserklärung *f* (Re) legal act of the party
rechtsgeschäftlich handeln (Re) to transact legal business
rechtsgeschäftlich übertragen (Re) to transfer title to property
rechtsgeschäftlich vertreten
(Re) to act for
– to contract on behalf of
– to act in the capacity of an agent
Rechtsgeschäft *n* **unter Lebenden** (Re) transaction inter vivos
Rechtsgeschäft *n* **von Todes wegen** (Re) transaction mortis causa
rechtsgestaltender Gesetzesakt *m* (Re) act of law
Rechtsgrundlage *f*
(Re) legal foundation
– statutory source (*or* basis)
(Re) title of a right

(ie, facts or events by reason of which the right has become vested in its owner)
Rechtsgrundsatz *m* (Re) principle (*or* rule) of law
rechtsgültig
(Re) legally effective *(eg, contract)*
– valid
– having legal force
rechtsgültiges Patent *n* (Pat) valid patent
Rechtsgültigkeit *f* (Re) legal validity
Rechtsgut *n* (Re) object of legal protection
Rechtsgutachten *n* (Re) legal opinion
Rechtshandlung *f*
(Re) legal act (*or* transaction)
– juristic act
(ie, designed to have a legal effect, directed to the origin, termination, or alteration of a right)
rechtshängig
(Re) pending *(eg, pending suit)* under judicial determination
– undetermined
– before a court
– sub judice
Rechtshängigkeit *f*
(Re) pendency of a suit
– pendent suit
– lis pendens
rechtshemmende Einrede *f*
(Re) dilatory defense (*or* exception)
(syn, dilatorische od aufschiebende Einrede)
Rechtshilfe *f*
(Re) legal . . . cooperation/assistance
(ie, Unterstützung, die dem Gericht e–s Staats durch die Behörden od Gerichte e–s anderen Staates gewährt wird; eg, Zeugenvernehmung, Vorlage von Urkunden, amtliche Auskünfte, Zustellung von Entscheidungen und Terminladungen)
Rechtshilfeersuchen *n*
(Re) request for judicial assistance
(Re, US) letter rogatory
– letter of request
(ie, Bitte e–s einheimischen Gerichts an ein Gericht e–s ausländischen Staates, Rechtshilfe bei der Beweisaufnahme zu leisten; request by one court of another court in an independent jurisdiction, that a witness be examined upon interrogatories sent with the request)
Rechtsinstitut *n*
(Re) legal concept
(ie, Institut der Rechtsordnung; eg, Stellvertretung, Gefährdungshaftung)
Rechtsirrtum *m* (Re) error in law
Rechtskosten *pl*
(ReW) cost of litigation
– legal fees and charges *(ie, including attorney fees)*
Rechtskraft *f*
(Re) legal force (*or* efficacy)
– legal validity *(syn, Rechtsgültigkeit)*
rechtskräftig
(Re) legally effective
– valid
(Re) final
rechtskräftige Entscheidung *f* (Re) final decision
rechtskräftiger Anspruch *m* (Re) legally enforceable claim
rechtskräftiges Urteil *m* (Re) final judgment
Rechtskreis *m* (Re) legal system (*or* orbit)
Rechtsmacht *f*
(Re) legal power *(eg, to demand some act or forbearance = ein Tun od Unterlassen zu verlangen)*
Rechtsmangel *m*
(Re) legal infirmity
(eg, of a negotiable instrument)
(Re) deficiency in title
– defect of/in title
Rechtsmangel *m* **beseitigen** (Re) to remove a deficiency in title (*or* defect of title)
Rechtsmängelhaftung *f* (Re) warranty of title
Rechtsmißbrauch *m*
(Re) abuse of right
– abusive exercise of a legal right
Rechtsmittel *n* (Re) legal remedy
Rechtsmittel *n* **einlegen**
(Re) to lodge an appeal
– to appeal a decision to a higher court
– to take an appeal from a decision to a higher court
– to bring an appeal in court from a decision
Rechtsmittel *npl* **finden nicht statt** (Re) decision is not subject to further review
Rechtsmittelinstanz *f*
(Re) court of appeal
– appellate court
Rechtsmittelverfahren *n* (Re) appeal procedure
Rechtsmittelverzicht *m* (Re) waiver of legal remedy
Rechtsmultiplikation *f* (Math) postmultiplication
Rechtsnachfolge *f*
(Re) legal succession
– succession in title
(ie, act of the parties, or of the law, by which title to property = Vermögensrecht is conveyed from one person to another)
Rechtsnachfolger *m*
(Re) legal successor
– successor in title
– succeeding party
– transferee
– legal successor and assign
(opp, Rechtsvorgänger = legal predecessor)
Rechtsordnung *f* **für den Tiefseebergbau** (Re) deep sea-bed mining regime
Rechtspersönlichkeit *f*
(Re) legal person (*or* personality)
– legal entity
– juridic(al) personality
Rechtspflege *f* (Re) administration of justice
Rechtspfleger *m* (Re) judical officer outside the regular judiciary
Rechtspositivismus *m*
(Re) legal positivsm
(ie, does not admit normative statements)
Rechtsprechung *f* (Re) court decisions
Rechtsprechung *f* **der Finanzgerichte** (StR) jurisdiction of the fiscal courts
Rechtsquellen *fpl* **des Steuerrechts** (StR) statutory sources of German tax law
Rechtssatz *m* (Re) legal rule
Rechtsschraubenregel *f* (Math) right-hand screw rule

Rechtsschutz *m* (Re) legal protection
Rechtsschutzversicherung *f*
(Vers) legal expense insurance
– (GB) legal protection insurance
Rechtssicherheit *f*
(Re) predictability of legal decisions
– legal security
– legal certainty and precisely measurable legal terms
Rechtssprache *f* (Re) legal parlance
Rechtsstaat *m*
(Re) state bound by the rule (*or* supremacy) of law
(ie, political system based on the concept of rule of law and justice, or: political community in which the powers of everyone having public authority are carefully defined and the citizen has a legal remedy against the abuses of power; as opposed to arbitrary authority)
rechtsstaatliches Handeln *n* (Re) government action quided by the rule of law
Rechtsstaatlichkeitsprinzip *n* (Re) = Rechtsstaatsprinzip
Rechtsstaatsprinzip *n*
(Re) (principle of the) rule of law
(ie, principle of the supremacy of law, by which government administers and courts are bound)
Rechtsstellung *f* (Re) legal position (*or* status)
Rechtsstreit *m*
(Re) lawsuit
– legal action (*or* proceedings)
– (infml) legal wrangle
(ie, over, with)
Rechtssubjekt *n*
(Re) person in law
– legal entity
(ie, capable of rights and duties)
Rechtssystem *n* (Re) legal system
Rechtsträger *m* (Re) entity
Rechtsübertragung *f* (Re) transfer of a right
Rechtsübertragung *f* **kraft Gesetzes** (Re) assignment by operation of law
Rechts- und Beratungskosten *pl* (ReW) legal and consultanting fees
Rechts- und Sachmängelgewähr *f* (Re) warranty of title and quality
rechtsunfähig (Re) legally unable to hold rights
Rechtsunfähigkeit *f*
(Re) legal incapacity (*or* disability)
(ie, the English term includes ‚Geschäftsunfähigkeit')
rechtsunkundig (Re) legally untrained
rechtsunwirksam
(Re) void
– null and void
– inoperative
– invalid
– ineffectual
– nugatory
(syn, nichtig)
rechtsverbindlich
(Re) legally binding
– binding in law
rechtsverbindliche Fassung *f* (Re) legally binding formula

Rechtsverbindlichkeit *f*
(Re) binding effect
– legal force
Rechtsverhältnis *n* (Re) legal relation(ship)
Rechtsverletzung *f*
(Re) infringement of a right
(Re) violation of law
Rechtsverlust *m* (Re) loss (*or* forfeiture) of right
Rechtsvermutung *f*
(Re) presumption of law *(opp, Tatsachenvermutung)*
Rechtsverordnung *f*
(Re) ordinance
(ie, it has the force of law; the empowering Act must specify the content, purpose and scope of the authorization conferred)
Rechtsverweigerung *f*
(Re) outright abdication (by a court)
– denial (*or* refusal) of justice
Rechtsverwirkung *f*
(Re) forfeiture *(ie, loss of right by way of penalty)*
Rechtsverzicht *m*
(Re) disclaimer of right
– waiver of title
Rechtsvorgang *m* (Re) legal transaction
Rechtsvorgänger *m*
(Re) legal predecessor
– predecessor in title
– preceding party
– transferor
(opp, Rechtsnachfolger = legal succesor)
Rechtsvorschrift *f* (Re) legal provision
Rechtsvorschriften *fpl* (Re) legal requirements
Rechtswahlklausel *f* (Re) clause stipulating which law to apply
Rechtsweg *m* **beschreiten** (Re) to have recourse to law
Rechtsweg *m* **zulassen** (Re) allow legal action *v*
rechtswidrige Bedingung *f* (Re) illegal condition
rechtswidrige Handlung *f*
(Re) wrong
– wrongful act
rechtswidriger Besitz *m* (Re) unlawful possession
rechtswidriger Vertrag *m* (Re) illegal contract
rechtswirksam
(Re) effective
– (legally) valid
rechtswirksamer Vertrag *m* (Re) valid contract
Rechtswirksamkeit *f*
(Re) legal validity (*or* efficacy)
– operativeness
Rechtswissenschaft *f*
(Re) jurisprudence *(ie, not equal to the German concept ‚Rechtsphilosophie' which has no counterpart in English law)*
– general theory of law
– science of law
– juristic theory
– philosophy of law *(ie, philosophy in its extended meaning of ‚branch of knowledge')*
rechtszerstörende Einrede *f*
(Re) peremptory defense *(syn, peremptorische Einrede)*
Recht *n* **übertragen** (Re) to confer a right

recht und billig
(Re) fair
– fair and proper
– fair and reasonable
– equitable
– in justice and fairness
– *(civil law)* ex aequo et bono
Recht *n* **verkürzen** (Re) to curtail (*or* impair) a right
Recht *n* **verletzen** (Re) to infringe upon (*or* violate) a right
Recht *n* **verlieren** (Re) to lose a right
Recht *n* **verteidigen** (Re) to defend a right
Recht *n* **verwirken** (Re) to forfeit a right
Recht *n* **vorbehalten** (Re) to reserve a right
Recht *n* **wiederherstellen** (Re) to restore a right
rechtwinkeliges ebenes Koordinatensystem *n* (Math) plane rectangular coordinates
Recht *n* **wird erworben**
(Re) a right is acquired
– a right accrues
rechtzeitige Leistung *f* (Re) punctual performance of an obligation, § 287 BGB
rechtzeitige Lieferung *f* (com) on-time delivery of an order
rechtzeitiger Einspruch *m*
(Re) opposition filed in due time
– opposition entered in time
Recht *n* **zur Beschau der angemeldeten Waren** (Zo) right to examine the goods declared
recycle
(com) to recycle *(ie, loan word in German)*
Redakteur *m* **im Studio**
(com) presenter
– commentator
redaktionelle Vorbearbeitung *f* (EDV) pre-edit
redaktionell vorbearbeiten (EDV) to pre-edit
Redaktionsgruppe *f* (com) drafting group
Rediskont *m* (Fin) rediscount
Rediskonten *pl*
(Fin) rediscounts
– rediscounted paper
rediskontfähig
(Fin) rediscountable
– eligible for rediscount
rediskontfähiger Wechsel *m* (Fin) eligible bill
rediskontfähige Wertpapiere *npl*
(Fin, US) eligible paper
(ie, for rediscount at a Federal Reserve Bank; eg, notes, drafts, bills of exchange)
Rediskontfazilität *f* **e–r Zentralbank** (Fin) discount window
rediskontierbar (Fin) = rediskontfähig
rediskontieren (Fin) to rediscount
Rediskontierung *f*
(Fin) rediscounting (*or* rediscount)
(ie, Weiterverkauf bereits diskontierter Wechsel an die Zentralbank; cf, 19 I 3 BBankG: gute Handelswechsel, Restlaufzeit bis zu 90 Tagen, drei gute Unterschriften; (US) discounting for a second time of commercial paper [notes, acceptances, and bills of exchange] by the Federal Bank for a member bank)
Rediskontkontingent *n*
(Fin) rediscount quota
(ie, maximum level of trade bills which commercial banks can rediscount at the central bank)
Rediskontkontingente *npl* **festsetzen** (Fin) to set rediscount ceilings
Rediskontkredit *m* (Fin) rediscount credit
Rediskontlinie *f* (Fin) rediscount line
Rediskontobligo *n* (Fin) liability on rediscounts
Rediskontplafond *m* (Fin) rediscount ceiling
Rediskontrahmen *m* (Fin) rediscount line
Rediskontsatz *m* (Fin) rediscount rate
Rediskontstelle *f* (Fin) rediscount agency
Rediskontzusage *f* (Fin) rediscounting promise
redistributive Steuer *f* (FiW) redistributivc tax
redlicher Erwerb *m* (Re) = gutgläubiger Erwerb, qv
redlicher Erwerber *m*
(Re) innocent party
– transferee in good faith
Reduktionsmarketing *n* (Mk) demarketing
Reduktion *f* **von Netzplänen** (OR) reduction of networks
redundanter Code *m*
(EDV) redundant code *(syn, Sicherheitscode)*
redundantes Zeichen *n*
(EDV) redundant character *(syn, selbstprüfendes Zeichen)*
Redundanzprüfung *f* (EDV) redundancy check
reduzibles Polynom *n*
(Math) reducible polynomial
(ie, polynomial relative to some field which can be written as the product of two polynomials of degree at least 1)
reduzierte Gleichung *f* (Math) depressed equation
reduzierte Kreditwürdigkeit *f* (Fin) impaired credit
reduzierte Prüfung *f* (IndE) reduced inspection
reduzierter Gradient *m* (OR) reduced gradient
reduzierte Tara *f* (com) reduced tare
reduzierte Ware *f*
(com) goods offered at reduced prices
– cut-price goods
Reduzierung der Versorgungsleistungen *f* (com) curtailment
Reeder *m* (com) shipowner, § 484 HGB
Reederei *f* (com) shipping company, § 489 HGB
Reedereibetrieb *m* (com) shipping business
Reedereivertreter *m* (com) shipping agent
reelle Achse *f* (Math) real number axis
reeller Koeffizient *m* (Math) real coefficient
reelle Zahl *f*
(Math) real number *(ie, one of the numbers that have no imaginary parts and comprise the rationals and the irrationals)*
Re-Export *m* (AuW) reexport
Reexport-Kontrolle *f* (AuW) = Endanwender-Kontrolle, qv
REFA (IndE) cf, Verband für Arbeitsstudien und Betriebsorganisation
REFA-Qualifikation *f* (Pw) certificate in work study
Referentenentwurf *m* (Re) draft statute
Referenz *f*
(Pw) reference
(ie, may be either written statement or person supplying it)

Referenzarbeitsplatz *m*
(Pw) benchmark job
(ie, dient als Vergleichsmaßstab für ‚job ranking')
Referenzdatei *f* (EDV) reference file
Referenz-Devisenkassakurs *m* (Bö) reference spot exchange rate
Referenzdiskette *f* (EDV) reference diskette
Referenzen *fpl* (com) trade references
Referenzen *fpl* **angeben** (Pw) to furnish (*or* supply) references
Referenzen *fpl* **einholen** (Pw) to take up references
Referenzgruppe *f*
(Mk) reference group
(ie, (a) sociological unit from which an individual takes his behavorial cues or (b) any set of people influencing an individual's attitudes or behavior)
Referenzhandbuch *n* (EDV) reference manual
Referenzliteratur *f* (EDV) related publication
Referenz-Modell *n* (EDV) = ISO-Referenzmodell, qv
Referenzmuster *n* (IndE) reference sample
Referenzperiode *f* (Stat) reference period
Referenzpreis *m*
(EG) reference price
(ie, Bestandteil der EG-Organisation für Getreide, Obst und Gemüse, Wein, Saatgut, Rind- und Schaffleisch)
Referenzschreiben *n* (Pw) letter of appraisal
Referenzübergabe *f* (EDV) pass by reference
Referenzzinssatz *m*
(Fin) reference rate
(ie, auf den festgelegten R. wird über die Vertragslaufzeit ein Aufschlag von x Prozentpunkten erhoben; typische Referenzsätze sind: Diskontsatz der Deutschen Bundesbank, LIBOR, FIBOR)
Referenzzoll *m* (EG) reference tariff
refinanzieren
(Fin) to refinance
– to finance loans
Refinanzierung *f*
(Fin) refinancing
(ie, paying off existing debt with funds secured from new debt)
(Fin) refunding
(ie, replacing outstanding bonds with new issue)
Refinanzierung *f* **des Aktivgeschäfts**
(Fin) refinancing of lendings *(ie, by banks)*
Refinanzierungsbasis *f* (Fin) refinancing potential
Refinanzierungsbedarf *m* (Fin) refinancing requirements
refinanzierungsfähige Sicherheiten *fpl* (EG, Fin) eligible assets
Refinanzierungsinstitut *n* **der letzten Instanz**
(Fin) lender of last resort
(ie, the central bank)
Refinanzierungskosten *pl*
(Fin) cost of funds *(ie, to a bank; syn, Einstandskosten)*
Refinanzierungskredit *m* (Fin) refinancing (*or* rediscount) loan
Refinanzierungslinie *f* (Fin) rediscount line
Refinanzierungsmittel *pl* (Fin) refinancing funds
Refinanzierungsplafond *m* (Fin) refinancing line
Refinanzierungspolitik *f* (Vw) refinancing policy
Refinanzierungssystem *n* (EG) refinancing arrangements
Refinanzierungszusage *f* (Fin) promise to provide refinancing
Reflation *f*
(Vw) reflation
(ie, attempt to stop deflation and induce the opposite course towards a ‚desirable' general price level; marked by tax cuts, increased government spending, and lowered interest rates)
Reflektant *m* (com) prospective buyer
Reform *f* **„an Haupt und Gliedern"** (com) root-and-branch reform
Reformhaus *n* (com) health food store
Reformvorschlag *m* (EG) reform proposal
Refresh-Bildschirm *m*
(EDV, CAD) refresh screen
(ie, arbeitet nach dem Vektor-Wiederholprinzip)
Refundierungsanleihe *f* (Fin) refunding loan
refüsieren (com) to refuse acceptance
Regal *n*
(com) shelf
– rack
Regalbasis *f* (Bw) = Wissensbasis, qv
Regalfläche *f* (com) shelf space
Regalförderzug *m* (MaW) stacker-crane carrier
Regalgroßhandel *m*
(Mk) rack merchandising
(ie, self-service from racks)
Regalgroßhändler *m*
(Mk) rack jobber
– service merchandiser
(syn, Regalgrossist)
Regallagersystem *n* (MaW) rack storage system
Regalpflege *f* (Mk) rack jobbing
rege Investitionstätigkeit *f* (com) high capital spending
Regelabweichung *f* (EDV) deviation
Regelalgorithmus *m* (EDV) control algorithm
Regelaltersgrenze *f* (FiW) standard retirement age
Regelanfrage *f* (Pw) automatic vetting *(ie, of applicants for government jobs)*
Regel *f* **der Exportation** (Log) law of exportation
(ie, in propositional logic)
regelgebundene Maßnahmen *fpl* (Vw) = Formelflexibilität
Regelgerät *n* (EDV) automatic controller
Regelgröße *f*
(EDV) controlled (*or* measured) variable
– controlled condition
(ie, in process automatic control work, the condition of a controlled system – Regelstrecke – that is directly measured or controlled)
Regelkarte *f*
(IndE) (quality) control chart *(ie, Urwertkarte, Extremwertkarte; x-bar-Karte; Mediankarte, R-Karte, S-Karte; syn, Qualitätsregelkarte, qv)*
Regelkreis *m*
(EDV) feedback control circuit
– control (*or* feedback) loop *(syn, Rückkopplungsschleife)*
Regelleistung *f* (SozV) normal benefit
Regellohn *m* (SozV) regular gross earnings
Regellosigkeitsaxiom *n* (Stat) axiom of randomness

regelmäßig wiederkehrende Lasten *fpl* (Re) periodical outgoings, § 103 BGB
regelmäßig wiederkehrende Zahlungen *fpl* (Fin) periodically recurring payments
Regelmechanismus *m* (Vw) built-in flexibility (*or* stabilizer)
Regelsätze *mpl*
(Fin) regular rates *(ie, in standard volume banking)*
Regelstrecke *f*
(IndE) controlled system
– process under control
Regeltechnik *f* (EDV) = Regel und Steuerungstechnik, qv
Regel- und Steuerungstechnik *f* (EDV) control systems engineering
Regelung *f*
(EDV) automatic/feedback . . . control
– cycle regulation
(opp, Steuerung = feed forward control)
Regelung *f* **aushandeln** (com) to negotiate a settlement
Regelungsdichte *f* (Vw) level of regulation
Regelungsebene *f* (Re) level of regulation
Regelungskreis *m* (Re) legal instrument
Regelungstechnik *f* (EDV) control engineering
Regelung *f* **von Rechtsstreitigkeiten** (Re) settlement of disputes
Regelung *f* **von Verbindlichkeiten** (Re) adjustment of debts
Regenversicherung *f* (Vers) rain insurance
Regiearbeit *f* (com) scheduled work *(ie, work for which time and materials are charged)*
Regiebetrieb *m*
(FiW) ancillary municipal enterprise
– municipal enterprise operated by an administrative agency
(eg, public slaughterhouses, forestry, farming)
Regiekosten *pl* (KoR) administrative cost
Regierungsauftrag *m* (FiW) government contract
Regierungsentwurf *m* (FiW) Government bill
Regierungsumbildung *f* (com) government shakeup
Regierungs- und Verwaltungslehre *f* (Re) government and public administration
Regiestufe *f* (Bw) level of management
Regionalanalyse *f* (Vw) regional economics
Regionalbank *f*
(Fin) regional bank *(opp, Großbanken)*
Regionalbörse *f* (Bö) regional exchange
regional differenzierte Exportförderung *f* (AuW) export promotion restricted to specified importing countries
regionale Börse *f* (Bö) regional stock exchange
regionale Mobilität *f* (Vw) regional (*or* geographical) mobility
regionaler Exportbasiskoeffizient *m* (AuW) economic base ratio
regionaler Transfer *m*
(EG) regional transfer
(eg, zwecks finanzieller Unterstützung ärmerer Regionen der Gemeinschaft = to provide financial assistance to the poorer areas of the Community)
regionale Wirtschaftspolitik *f* (Vw) regional economic policy
Regionalmonopol *n*
(Kart) regional monopoly
(ie, enjoyed by public utilities acting as sole suppliers within their region)
Regionalökonomie *f* (Vw) regional economics
Regionalplanung *f* (Vw) regional economic planning
Regionalpolitik *f* (Vw) regional development policy
Regionaltheorie *f* (Vw) regional economics
Regionalverband *m* (Re) regional association
Regionalwissenschaft *f* (Vw) regional economics
Register *n*
(com) index *(cf, Daumenregister = thumb index)*
Registerauszug *m* (Re) extract from register
Registerbefehl *m* (EDV) register instruction
Registerblatt *n* (com) index sheet
Registergericht *n* (Re) registration court
Registerlänge *f* (EDV) register length
Registeroperand *m* (EDV) register operand
Registerrichter *m* (Re) judge in charge of the Commercial Register
Registrator *m* (com) filing clerk
Registratur *f* (com) filing department
Registrierbuchungsautomat *m* (ReW) automatic listing and bookkeeping machine
registrieren (com) to record
Registriergerät *n* (EDV) logger
Registrierkasse *f* (com) cash register
registrierte Arbeitsuchende *mpl* (Vw) applicants registered for work
registriertes Gebrauchsmustermodell *n* (Pat) registered model under a utility patent
Registrierung *f* (EDV) Registry
Registrierungseditor *m* (EDV) registry editor
Regler *m*
(EDV) controller
– feedback/automatic . . . controller
– regulator
(ie, portion of a feedback control system – geschlossener Regelkreis – that acts on the process being controlled)
Regreß *m*
(Re) recourse
(Re) *(often used to denote)* claim to damages
Regreßanspruch *m* (Re) right of recourse
Regreßforderung *f* (Re) recourse claim
Regression *f*
(Stat) regression
(ie, given two stochastically dependent random variables, regression functions measure the mean expectation of one variable relative to the other)
Regressionsanalyse *f*
(Stat) regression analysis
(ie, Verfahren der multivariaten Analyse: untersucht die lineare Abhängigkeit zwischen e–r abhängigen Variablen [Regressand] und e–r mehreren unabhängigen Variablen [Regressoren])
Regressionsfläche *f* (Stat) regression surface
Regressionsgerade *f*
(Stat) line of regression
– regression line
– best fit line *(cf, beste Anpassung)*
Regressionsgleichung *f*
(Stat) equation of regression
– regression equation

(ie, in which the x's are called independent, predicated variables, predictors, or regressors; y is called dependent variate, predictand, or regressand)

Regressionskoeffizient *m*
(Stat) coefficient of regression
– regression coefficient
(ie, if two variables x and y have such a correlation that yi = my(xy) is the conditional expectation of a given y, then the coefficients in the function my(xy) are called the regression coefficients)

Regressionskonstante *f* (Stat) regression constant

Regressionskurve *f* (Stat) regression curve

Regressionsparameter *m* (Stat) regression parameter

Regressionsrechnung *f* (Stat) = regression analysis

Regressionsschätzer *m* (Stat) conditioned estimator

regressive Kosten *pl*
(KoR) regressive cost (*or* expense)
(ie, falling in absolute terms when level of activity goes up, and vice versa)

regressive Steuer *f*
(FiW) regressive tax
(ie, any tax in which the burden falls relatively more heavily upon low-income groups than upon wealthy taxpayers; opp, progressive Steuer)

Regressivität *f* (FiW) regressivity

regreßlose Exportfinanzierung *f*
(Fin) nonrecourse export financing *(syn, Forfaitierung)*

Regreß *m* **mangels Annahme** (Re) recourse for nonacceptance

Regreß *m* **mangels Zahlung** (Re) recourse in default of payment

Regreß *m* **nehmen** (WeR) to take recourse (against)

Regressor *m*
(Math) determining variable
(Stat) predicted variable
– predictor
– regressor *(syn, erklärende Variable)*

Regreßpflicht *f* (Re) liability to recourse

regreßpflichtig (Re) liable to recourse

Regreßpflichtiger *m* (Re) party liable to recourse

Regreßrecht *n* (Re) right to recourse

Regreßschuldner *m* (Re) person liable to recourse

regulär (com) across the counter *(eg, sale; opp, under the counter)*

reguläre Bankgeschäfte *npl*
(Fin) standard banking operations
(ie, lending and deposit business; opp, Finanzierungs- und Gründungstätigkeit, Effekten- und Depotgeschäft, Zahlungsverkehr, Inkassogeschäft)

reguläre Funktion *f* (Math) analytic (*or* regular) function

Regularitätsgebiet *n* (Math) region of analyticity

regulieren
(com) to settle
– to pay

regulierende Eingriffe *mpl* (Vw) regulatory restrictions (*or* activity) of government

Regulierung *f*
(com) settlement
– payment
(Vw) = öffentliche Regulierung

Regulierung *f* **e–s Schadens**
(Vers) settlement of a claim
– claim settlement

Regulierungsabkommen *n* (AuW) settlement agreement

Regulierungsbeamter *m* (Vers) claim adjuster

Regulierungsbeauftragter *m*
(Vers) adjuster
– claims representative

Regulierungskosten *pl*
(Vers) claim expense
– cost of claim settlement
(Vw) cost of compliance
(ie, costs imposed on a firm as a result of complying with government regulation)

Regulierungskurs *m* (Bö) settlement price

Rehabilitation *f* (SozV) rehabilitation

Rehabilitationsstätte *f*
(SozV) rehabilitation center
(coll, Reha-Center)

reibungslose Koordination *f* (Bw) smooth coordination

Reichsfinanzhof *m* (StR) Reichsfinanzhof *m (ie, German Tax Supreme Court)*

Reichsversicherungsordnung *f* (SozV) German Social Insurance Code, as of 1 Jan 1912, variously amended

Reichweite *f*
(Re) scope
– comprehensiveness
(ie, of statutory and administrative rules)

Reichweite *f* **einer Variablen** (EDV) variable scope

Reifephase *f*
(Mk) maturity stage *(ie, of product life cycle)*

reife Volkswirtschaft *f* (Vw) mature economy

Reihe *f*
(Math) series
(ie, indicated sum of a finite or infinite sequence of terms; ‚unendliche Reihe' = infinite series is usually shortened to ‚series', such as convergent series, Taylor's series, etc)

Reihenabschluß *m*
(Bö) chain transaction *(ie, in forward commodity trading)*

Reihenfertigung *f* (IndE) flow shop production

Reihenfolgemodell *n* (OR) sequencing model

Reihenfolgeplanung *f*
(IndE) job shop scheduling (*or* sequencing)
– priority dispatching
– priority routing and scheduling
(syn, Ablaufplanung, Maschinenbelegungsplan)

Reihenfolgeproblem *n* (OR) sequencing problem

Reihengeschäft *n*
(StR) chain transaction
(ie, series of deliveries each of which constitutes a taxable turnover)

Reihenhaus *n*
(com, US) row house
– (GB) terracded house

Reihenkorrelation *f*
(Stat) serial correlation
(ie, between members of a time series and those members lagging behind or leading by a fixed distance in time; may be the sample value of the parent autocorrelation)

Reihenregreß *m* (WeR) = Reihenrückgriff
Reihenrückgriff *m*
(WeR) recourse sequence following chain of indorsers
(opp, Sprungrückgriff)
Reihenstichprobenprüfplan *m* (Stat) sequential sampling plan
Reihenstichprobenprüfung *f* (Stat) sequential sampling inspection
Reihenuntersuchung *f* (Pw) health screening
Reihe *f* **von Maßnahmen ankündigen** (com) to announce a package of measures
reimportieren (AuW) to reimport
Reindividende *f* (Fin) net dividend
reine Akkordarbeit *f* (Pw) straight piecework
reine Algebra *f* (Math) abstract/pure . . . algebra
reine Arbitrage *f* (Fin) pure arbitrage
reine Außenwirtschaftstheorie *f* (AuW) pure theory of international trade
reine Forschung *f*
(Bw) pure research *(syn, basic research)*
reine Goldumlaufwährung *f* (Vw) gold specie standard
reine imaginäre Zahl *f*
(Math) pure imaginary number
(ie, a complex number $z = x + iy$, where $x = 0$)
Reineinkommen *n*
(Pw) net income (*or* earnings) *(syn, Nettoeinkommen)*
Reineinkommen *n* **nach Steuern** (Pw) net income after taxes
reine Mathematik *f* (Math) pure/abstract . . . mathematics
reiner Gedächtnistest *m* (Mk) unaided (*or* pure) recall test
Reinerlös *m* (Fin) net proceeds
reiner Stücklohn *m* (Pw) straight piece rate
Reinertrag *m* (ReW) = Reingewinn
reiner Verrechnungsdollar *m* (Fin) offset dollar
reiner Wiederholungskauf *m* (Mk) straight rebuy
reiner Zahlungsverkehr *m*
(Fin) clean payment
(ie, ohne zusätzliche sichernde Dienstleistungen der Zahlungsverkehrsmittler)
reiner Zins *m* (Fin) pure interest
reiner Zufallsfehler *m* (Stat) unbiased error
reines Akkreditiv *n*
(Fin) clean credit *(ie, based on the terms „documents against payment")*
reines Bordkonnossement *n* (com) clean shipped on board bill
reines Konnossement *n*
(com) clean bill of lading (*or* B/L)
(ie, containing no notation that goods received by carrier were defective)
reines Monopol *n*
(Vw) pure
– perfect
– absolute . . . monopoly
(ie, no substitute product; syn, vollkommenes Monopol, echtes Angebotsmonopol)
reine Sterbeziffer *f* (Stat) refined death rate
reine Stücke *npl*
(Bö) good delivery securities *(ie, conforming to stock exchange usages)*
reine Termingeschäfte *npl* (Bö) outright transactions
reine Theorie *f* **des internationalen Handels** (AuW) pure theory of international trade
reine Tratte *f* (com) clean draft
reine Verladedokumente *npl* (com) clean documents
Reinfall *m* (Bö) plunge
reinganzzahlige Programmierung *f* (OR) pure integer programming
Reingewicht *n*
(com) net weight
(ie, gross weight minus tare which is weight of wrapping, etc.)
Reingewinn *m*
(ReW) net profit
– net earnings
– net income
– *(or simply)* net *(eg, net rose by 14%)*
(ie, sum of revenues minus sum of expenditures; opp, Reinverlust)
(ReW) business income
(ie, von Gesellschaften in Handel und Gewerbe)
(com) net margin
Reingewinnermittlung *f* (ReW) net income calculation
Reingewinn *m* **je Aktie** (Fin) net per share
Reingewinn *m* **vor Fusion** (ReW) profit prior to merger
Reingewinnzuschlag *m* (com) net profit markup
Reinigung *f* (ReW) cleaning expenses
Reinschrift *f* (com) fair copy
Reinüberschuß *m* (Fin) net surplus
Reinumsatz *m*
(ReW) net sales
– (GB) net turnover *(cf, Nettoumsatz)*
Reinverdienst *m* (Pw) net earnings
Reinverlust *m*
(ReW) net loss
(ie, sum of expenditures minus sum of revenues; opp, Reingewinn)
Reinvermögen *n*
(ReW) net . . . assets/worth
(ie, Aktiva abzüglich Verbindlichkeiten)
(Vw) net . . . assets/worth
(ie, Saldo aus Gesamtvermögen und Verbindlichkeiten; syn, Nettovermögen)
reinvestieren
(Fin) to reinvest
– to plow back (GB: plough back) profits into the business
Reinvestition *f*
(Bw) replacement investment
(Fin) reinvestment
– plow back (GB: plough back)
Reinvestitionsrücklage *f*
(StR) reserve for reinvestment *(ie, gain on disposal of a certain class of fixed assets)*
Reinvestitionszeitpunkt *m* (Bw) reasonable time for replacing plant and equipment
reinzeichnen (com) to sign a clear bill of lading
Reiseakkreditiv *n* (com) = Reisekreditbrief
Reisebeschränkungen *fpl* (AuW) traveling restrictions
Reisebilanz *f* (VGR) balance on travel

Reisebuchhandel *m* (com) itinerant book trade
Reisebüro *n* (com) travel agency (*or* bureau)
Reisecharter *f* (com) voyage charter
Reiseentschädigung *f* (Pw) travel allowance
Reisefracht *f* (com) voyage freight
Reisegepäck *n*
(com) luggage
– (GB) baggage
Reisegepäckversicherung *f*
(Vers) baggage (*or* luggage) insurance
– (US *also*) personal effects floater
Reisegewerbe *n* (com) itinerant trade *(previous term: Wandergewerbe)*
Reisegewerbekarte *f*
(com) itinerant trade license *(ie, valid for domestic trade; see: Gewerbelegitimationskarte)*
Reisegewerbesteuer *f* (StR) itinerant-trade tax, § 35 a GewStG *(previous term: Wandergewerbesteuer)*
Reisehandel *m*
(com) traveling salesman's trade *(ie, door-to-door canvassing of mail orders; syn, Vertreterversandhandel, Detailreisehandel)*
Reisekosten *pl*
(com) travel allowance
(StR) traveling (*or* travel) expenses
Reisekostenerstattung *f* (com) refunding of travel expenses
Reisekostenpauschale *f* (com) travel allowance
Reisekosten-Pauschbeträge *mpl* (StR) blanket amounts of traveling expenses, Abschn. 119 EStR
Reisekostenvergütung *f* (com) reimbursement of travel expenses
Reisekostenzuschuß *m* (com) traveling allowance
Reisekreditbrief *m* (com) traveler's letter of credit
Reiselagerversicherung *f* (Vers) insurance of traveling salesman's merchandise collection
Reisender *m*
(com) traveling salesman
– commercial traveler
(Zo) any traveler
Reisepolice *f* (Vers) voyage policy
Reiseprospekt *m* (com) travel brochure (*or* leaflet)
Reisescheck *m*
(com) traveler's (*or* circular) check *(syn, Travellerscheck)*
Reisespesen *pl* (com) travel expenses
Reisespesenabrechnung *f* (com) travel expense statement
Reisespesensatz *m* (com) per diem travel allowance
Reiseunfallversicherung *f* (Vers) traveler's accident insurance
Reiseveranstalter *m* (com) tour operator
Reisevereinbarungen *fpl* (com) arrangements to ease travel
Reiseverkehr *m*
(com) tourist travel *(syn, Fremdenverkehr, Tourismus)*
Reiseverkehrsbilanz *f* (VGR) balance of tourist travel
Reiseverkehrsstatistik *f* (Stat) tourist travel statistics
Reiseversicherung *f*
(Vers) travel insurance
– tourist policy
– voyage insurance
Reiseversicherungspolice *f* (Vers) tourist policy
Reisevertrag *m*
(com) tourist travel agreement
(ie, between travel agency or tour operator and traveler)
Reisevertreter *m* (com) = Reisender
Reisewetterversicherung *f*
(Vers) tourist weather insurance *(ie, special line of rain insurance)*
Reisezahlungsmittel *npl* (com) tourist's payment media
reißenden Absatz *m* **finden**
(com) to sell briskly
– (infml) to sell like hot cakes
Reißer *m*
(EDV) burster
(ie, used to separate individual forms in a set of continuous stationery output)
Reißwolf *m* (com) shredder
Reiter *m*
(com) tab *(ie, used as an aid in filing)*
Reitwechsel *m*
(Fin) kite
– windmill
Reklamations-Abteilung *f* (com, US) query department
Reklame *f*
(Mk) advertising
(Note that the German term has a slight tinge of ballyhoo)
Reklamefeldzug *m* (Mk) advertising campaign
Reklameflächen *fpl*
(Mk) billboards
– (GB) hoardings
(syn, Anschlagflächen)
Reklamegag *m* (Mk) advertising gimmick *(Reklametrick, Werbegag, Werbetrick)*
Reklamekosten *f*
(Mk) advertising expenditure *(syn, Werbeaufwand, Werbeaufwendungen, Werbekosten)*
Reklameplakat *n*
(Mk) advertising poster
(syn, Werbeplakat)
Reklamerummel *m* (Mk, infml) pizazz
Reklametrick *m*
(Mk) advertising gimmick *(syn, Werbegag, Werbetrick, Reklamegag)*
Rekordergebnis *n* (com) bumper . . . performance/results
Rekordhöhe *f*
(com) record level *(eg, unemployment and layoffs are at . . .)*
(com) all-time high *(ie, prices reached an . . .)*
Rekordzinsen *mpl* (Fin) record interest rates
Rekrutierungspraxis *f* (Pw) recruitment methods
Rektaindossament *n*
(WeR) „not to order" indorsement
– restrictive indorsement
Rektaklausel *f* (WeR) nonnegotiable clause
Rektakonnossement *n*
(com) straight bill of lading (*or* B/L)
(ie, made out to the name of carrier or captain, § 647 HGB)
Rektalagerschein *m* (WeR) warehouse receipt made out to a specified person

Rektapapier *n*
(WeR) nonnegotiable (*or* registered) instrument
(ie, legitimiert ist nur der im Papier Benannte; direkt an ihn (‚recta') hat der Verpflichtete zu leisten; Übertragung des verbrieften Rechts durch Abtretung nach §§ 398, 413, 1153, 1154 BGB; das Eigentum am Papier geht nach § 952 II BGB auf den Erwerber über; „das Recht am Papier folgt dem Recht aus dem Papier"; der im Papier nicht benannte Erwerber muß sein Recht nachweisen; Form:
1. Hypothekenbrief;
2. Anweisung nach §§ 783 ff BGB;
3. Papiere des § 363 HGB ohne positive Orderklausel;
4. Wechsel und Namensscheck mit negativer Orderklausel;
5. Sparkassenbuch, siehe aber „hinkende Inhaber-" od „qualifizierte Legitimationspapiere")
Rektascheck *m* (WeR) check payable to named payee, Art. 5 I ScheckG
Rektawechsel *m*
(WeR) nonnegotiable bill of exchange, Art. 11 WG
– „not to order" bill
Rektifikationsposten *m* (ReW, rare) = Posten der Wertberichtigung
rektifizieren
(com) to rectify
– to set straight
Rekursionsformel *f* (Math) recursion (*or* recursive) formula
Rekursionsverfahren *n* (Bw) roll-back method
rekursive Definition *f* (Log) recursive definition
rekursive Funktion *f* (Math, Log) recursive function
relationale Datenbank *f*
(EDV) relational database
(EDV) relational database management system, RDBMS
(syn, relationales Datenbank-System)
relationaler Operator *m*
(EDV) relationaler Operator
(eg, <, >, <=, >=, =; syn, Vergleichsoperator)
relationales Datenbank-System *n*
(EDV) relational database management system, RDBMS *(syn, relationale Datenbank)*
relationales Datenmodell *n*
(EDV) relational data model
(ie, es werden nur Objekttypen, keine Beziehungen zwischen diesen explizit abgebildet; Attribute sind vom Schlüssel abhängig)
Relationenmatrix *f* (Math) matrix of relations
relative Abweichung *f* (Stat) relative deviate
relative Adresse *f* (EDV) relative address
relative Adressierung *f*
(EDV) relative addressing
(ie, 1. operand address + reference address = absolute address; 2. displacement + base address = absolute address)
relative Ausschußtoleranz *f*
(IndE) lot tolerance per cent defective
– lot tolerance limit
relative Codierung *f* (EDV) relative coding
relative Datei *f* (EDV) relative file
relative Einkommenshypothese *f* (Vw) relative income hypothesis
relative Einzelkostenrechnung *f* (KoR) relative direct costing
relative Gemeinkosten *pl*
(KoR) relative overhead *(ie, used in marginal costing by Riebel)*
relative Häufigkeit *f*
(Stat) relative frequency
– proportional frequency
relative Inflation *f* (Vw) relative inflation
relative Konstanz *f* **der Lohnquoten** (Vw) constancy of relative shares
relative Kursstärke *f*
(Fin) elative price strength *(ie, mißt Aktienkursentwicklung zu der des Gesamtmarktes)*
relative Mehrheit *f*
(Re) relative majority
– (US) plurality
relative Meistbegünstigung *f* (AuW) conditional most-favored-nation treatment
relative Organisation *f* (EDV) relative organization
relative Preisunterschiede *mpl*
(AuW) relative price differences *(ie, equal to ‚comparative advantage')*
relative Priorität *f*
(OR) nonpreemptive priority *(ie, in waiting-line theory; opp, absolute Priorität)*
relative Prioritäten *fpl* (OR) head-of-the-line priorities
relative Programmierung *f* (EDV) relative programming
relativer Ausdruck *m* (EDV) relocatable expression
relativer Fehler *m*
(EDV) relative error *(opp, absolute error)*
relativer Pfad *m* (EDV) relative path
relativer Preis *m* (Vw) relative price
relativer Vorrang *m* (OR) nonpreemptive priority
relatives Recht *n*
(Re) personal right
– right in personam
(ie, imposing obligation on a definite person)
relatives Risiko *n*
(Stat) relative/odds . . . ratio
(ie, ratio of probability of occurrence of an event to the probability of the event not occurring)
relative Stärke *f*
(Fin) relative strength
(ie, in der technischen Aktienanalyse; Branchenindizes werden mit Gesamtindizes verglichen)
relativierbar (EDV) relocatable
Relativierungstabelle *f* (EDV) relocation dictionary
Relativlader *m* (EDV) relocatable program loader
relevante Daten *pl* (Bw) relevant data
relevante Kosten *pl*
(KoR) relevant
– alternative
– current-outlay
– incremental . . . cost
(ie, die von den Handlungsparametern e–s Entscheidungsproblems abhängigen Kosten [Kilger]; syn, zielbedeutsame Kosten)

relevanter Bereich *m* (KoR) relevant range
relevanter Markt *m*
(Kart) relevant market
(ie, alle Anbieter, die als aktuelle od potentielle Konkurrenten im Wettbewerb miteinander stehen; ist sachlich, räumlich, zeitlich zu bestimmen; area of effective competition; the stress is on reasonable interchangeability, der Austauschbarkeit des Produktes nach Verbrauchermaßstäben; anders ausgedrückt: the narrowest market which is wide enough so that products from adjacent areas or from other producers in the same area cannot compete on substantial parity with those included in the market)
(Mk) evoked set *(syn, relevanter Produktmarkt)*
relevanter Produktmarkt *m* (Mk) = relevanter Markt
relevanter Zinsfuß *m* (Fin) relevant rate
Reliabilität *f*
(Bw) reliability
(ie, Genauigkeit des aus e–m psychologischen Test ermittelten Meßwerts)
Rembours *m* (Fin) payments by mean of documentary acceptance credit
Remboursauftrag *m* (Fin) order to open a documentary acceptance credit
Remboursbank *f* (Fin) accepting bank
Remboursermächtigung *f*
(Fin) reimbursement authorization
(ie, authority to open a documentary acceptance credit)
Remboursgeschäft *n* (Fin) financing by documentary acceptance credit
Rembourskredit *m*
(Fin) documentary acceptance credit
(ie, besondere Form des Akzeptkredits im Außenhandel; idR mit e–m Akkreditiv gekoppelt; documentary letter of credit under which bills are drawn at a term other than sight)
Rembourslinie *f* (Fin) acceptance credit line
Remboursregreß *m* (WeR) reimbursement recourse
Remboursschuldner *m* (Fin) documentary credit debtor
Rembourstratte *f* (Fin) documentary acceptance (*or* bill)
Remboursverbindlichkeit *f* (Fin) indebtedness on documentary acceptance credit
Rembourswechsel *m* (Fin) documentary draft
Rembourszusage *f* (Fin) agreement to reimburse
Remittent *m*
(WeR) payee, Art. 1, 75 WG
(syn, Wechselnehmer)
Remonetisierung *f* (Vw) remonetization
Rendement *n* (com) yield
Rendite *f*
(Fin) yield
(ie, the terms yield and return are often confused: yield is restricted to the net income from a bond if held to maturity, while return denotes current income derived form either an bond or a stock, without reference to maturity)
(Fin) effective yield (*or* rate) *(ie, on bonds)*
(Fin) annual rate of return
(ie, on capital employed, mostly expressed in percentage terms)

Renditeabstand *m* (EG, Fin) yield spread
Renditeangleichung *f* (Fin) yield adjustment
Rendite *f* **auf die Investition** (Fin) return on investment
Rendite *f* **auf durchschnitliche Laufzeit** (Fin) yield to average life
Rendite *f* **auf Endfälligkeit** (Fin) yield to redemption
Rendite *f* **auf früheste Kündigung** (Fin) yield to early call
Rendite *f* **auf Kündigungstermin** (Fin) yield to call date
Rendite *f* **bei Langläufern**
(Fin) yield on long-dated bonds
– yield on longs
Rendite *f* **der Gewinnvergleichsrechnung**
(Fin) accounting rate of return
(ie, average net income/average net book value over project life)
Rendite *f* **entsprechend der Laufzeit** (Fin) yield equivalent to life
Rendite *f* **e–r kündbaren Anleihe**
(Fin) yield to call
(ie, on the assumption that the bond is redeemed prior to maturity)
Rendite *f* **e–r langfristigen Anlage** (Fin) maturity yield
Renditehäufigkeit *f* (Fin) yield frequency
Rendite-Kenziffer *f* (Fin, US) profit-level indicator
Rendite *f* **nach Steuern** (Fin) after-tax yield
Renditengefälle *n* (Fin) yield differential (*or* gap)
Renditengefüge *n* (Fin) yield structure
Renditenspanne *f* (Fin) yield spread
Renditenstatistik *f* (Fin) statistics on yields
Renditenstruktur *f* (Fin) yield structure
Renditeobjekt *n* (Fin) income (*or* investment) property *(ie, type of property the primary purpose of which is to produce monetary income)*
Renditespanne *f* (Fin) yield spread
Renditetabellen *fpl* (Fin) basic books
Renditevorsprung *m* (Fin) yield advantage (over)
Rendite *f* **vor Steuern**
(Fin) yield before taxes
– pretax yield
Renegotiationsklausel *f*
(com) renegotiation clause
(ie, in offshore transactions: permits buyer to review prices within 3 years)
„Renner" *m*
(Mk) top-selling item (*or* product)
– runner
Rennwett- und Lotteriegesetz *n* (StR) Law Regulating the Tax on Bettings and Lotteries, of 8 Apr 1922, as amended
Rennwett- und Lotteriesteuer *f* (StR) tax on bettings and lotteries
Renommee *n*
(com) reputation or goodwill *(ie, of a person or company)*
Renovierungskosten *pl* (com) cost of renovation
rentabel (Fin) profitable
Rentabilität *f*
(Bw) profitability
(ie, special form of economic efficiency which is designed to show the efficiency of capital input)

(Bw) rate of return on capital employed
– rate of profit (*or* profitability)
– return on investment
– RoI *(ie, capital turnover × net income percentage of sales = Kapitalumsatz × Umsatzerfolg)*
– (in business parlance) profitable efficiency
(cf, Systematik Anhang S. 992)

Rentabilität *f* **des Betriebes**
(Fin) operating return
(ie, ratio of operating profit to necessary operating capital = betriebsnotwendiges Kapital)

Rentabilität *f* **des Betriebs** (Fin) = Betriebsrentabilität, qv

Rentabilität *f* **des Eigenkapitals**
(Fin) equity return
(ie, ratio of net profit to equity capital)

Rentabilitätsanalyse *f*
(Fin) return on investment analysis
– RoI analysis
– profitability analysis

Rentabilitätsberechnung *f* (com) profitability calculation (*or* estimate)

Rentabilitätsfaktor *m*
(com, *in retailing*) profitability factor *(ie, percentage gross proceeds minus inventory turnover/100)*

Rentabilitätsgesichtspunkte *mpl* (com) profitability aspects (*or* considerations)

Rentabilitätsindex *m*
(Fin) index of profitability
– benefit-cost ratio
(ie, ratio of the sum of the present value of future cash flows (künftige Einzahlungen) to the initial cash investment; used in investment analysis = Investitionsrechnung)

Rentabilitätskennzahl *f*
(Fin) efficiency ratio
(eg, Eigenkapital/Gesamtkapital/Umsatz-Rentabilität od -Rendite)

Rentabilitätslücke *f* (Fin) profitability gap

Rentabilitätsprüfung *f* (ReW) profitability audit

Rentabilitätsrechnung *f*
(Fin) evaluation of investment alternatives
– investment appraisal
– preinvestment analysis
(syn, Wirtschaftlichkeitsrechnung)
(Fin) average rate of return (RoI) method
(Fin) mathematics of finance *(ie, dealing with corporation stocks, bonds and other investment)*

Rentabilitätsschwelle *f* (Fin) breakeven point

Rentabilitätsvergleichsmethode *f* (Fin) accounting method

Rentabilitätsvergleichsrechnung *f*
(Fin) average return method
(ie, statische Methode der Investitionsrechnung = preinvestment analysis)

Rentabilitätsverhältnisse *npl* (Fin) profitability

Rentabilitätsziel *n* (Fin) target rate-of-return goal

Rentabilität *f* **von Investitionen**
(Fin) return on investments *(ie, over total life of project)*

Rente *f*
(Vw) economic rent
(StR) annuity *(ie, both civil law and tax law leave the term undefined)*
(SozV) old-age pension
– retirement pension
(Vers) annuity

Rente *f* **ablösen** (Fin) to redeem an annuity

Rente *f* **kapitalisieren** (Fin) to capitalize an annuity

Rente *f* **mit unbestimmter Laufzeit** (Fin) contingent annuity

Renten *pl* (Bö) = Rentenwerte

Rentenablösung *f* (Fin) redemption/commutation . . . of an annuity

Rentenalter *n* (Pw) pensionable age

Rentenanleihe *f* (Fin) annuity bond

Rentenanpassung *f* (SozV) pension adjustment

Rentenanpassungsgesetz *n* (SozV) Pension Adjustment Law

Rentenanspassungstermin *m* (SozV) pension adjustment date

Rentenanspruch *m* (SozV, Pw) pension claim

Rentenanwartschaft *f* (SozV) expectancy of pension

Rentenaufwand *m* (Pw) annuity cost

Rentenbaisse *f* (Bö) slump in bond prices

Rentenbarwert *m* (Fin) present value of annuity

Rentenbeitrag *m* (SozV) pension contribution

Rentenbemessungsgrundlage *f*
(SozV) pension base
(ie, 1. allgemeine B.: durchschnittliches Bruttojahresentgelt (gross annual earnings) aller Arbeiter und Angestellten (salaried and nonsalaried workers) im Mittel des dreijährigen Zeitraums vor dem Kalenderjahr, das dem Eintritt des Versicherungsfalles vorausgeht; derzeit ist der Lohnanstieg des jeweiligen Vorjahres maßgebend;
2. persönliche B.: Verhältnis von Bruttoarbeitsentgelt des einzelnen Versicherten zu Bruttoarbeitsentgelt aller Versicherten)

Rentenberater *m* (Pw) pension consultant

Rentenberechnung *f* (com) annuity computation

Rentenbescheid *m* (SozV) pension notice

Rentenbestand *m* (Fin) bond holdings

Rentendauer *f* (Fin) term of annuity

Rentendynamik *f* (SozV) = cf, dynamische Rente

Renteneinkommen *n*
(Vw) unearned income
(SozV) retirement pensions and other social security pensions

Rentenempfänger *m*
(Fin) annuitant
(SozV) pensioner

Rentenendwert *m*
(Fin) amount of annuity
– accumulation/accumulated amount . . . of annuity
– final value of annuity

rentenfähig (SozV) eligible for retirement

Rentenfinanzen *pl* (SozV) pension funds' finances

Rentenflaute *f* (Bö) sluggish bond market

Rentenfolge *f* (Fin) annuity series

Rentenfonds *m*
(Fin) annuity fund
(Fin) bond-based fund
(ie, mutual fund investing in bonds rather than stocks)

Rentenformel *f*
(SozV) pension formula

(ie, Elemente sind: allgemeine Bemessungsgrundlage, persönliche Bemessungsgrundlage, Beitragsjahre, Steigerungsrate pro Versicherungsjahr)

Rentengeschäft *n* (Vers) annuity business

Rentenhandel *m* (Fin) bond . . . dealings/trading

Rentenhändler *m*
(Fin) bond dealer
(ie, Börsenhändler in Festverzinslichen)

Rentenhausse *f* (Bö) upsurge in bond prices

Rentenkurs *m* (Fin) bond price

Rentenleistungen *fpl*
(Fin) annuity payments
(SozV) pension benefits

Rentenmarkt *m*
(Fin) bond market
– fixed-interest market *(cf, Bondmarkt)*

Rentenmarkt *m* **in Anspruch nehmen** (Bö) to tap the bond market

Rentenmarkt *m* **versperren**
(Bö) to close off the bond market
(eg, to most companies, due to high interest)

Renten *fpl* **nach Mindesteinkommen** (SozV) pensions based on minimum incomes

Rentennotierung *f* (Fin) bond . . . price/quotation

Rentennotierungen *fpl* (Bö) bond prices

Rentenpapiere *npl* (Bö) = Rentenwerte

Rentenportefeuille *n* (Fin) bond portfolio

Rentenrate *f* (Fin) annuity payment

Rentenrechnung *f*
(Math) mathematics of annuities
(com) annuity computation

Rentenrecht *n* (SozV) pension law

Rentenreihe *f* (Fin) annuity series

Rentenschein *m*
(Fin) interest coupon
(syn, Zinsschein)

Rentenschuld *f* (Re) annuity land charge, §§ 1199 ff BGB

Rentenschwäche *f* (Bö) weakness in bond prices

Rentenumlauf *m* (Fin) total bonds outstanding

Rentenumsätze *mpl* (Bö) bond turnover

Renten- und Aktienrendite *f* (Bö) stock market yield

Renten *fpl* **und dauernde Lasten** *fpl*
(StR) annuities and permanent burdens
(ie, incurred in connection with the organization or acquisition of a business, § 8 Nr. 2 GewStG, § 52 GewStR)

Rentenverpflichtungen *fpl* (Fin) liabilities for annuity payments

Rentenversicherung *f*
(SozV) pension insurance fund
(Vers) annuity insurance
(Vers, US) annuity assurance

Rentenversicherung *f* **der Arbeiter und Angestellten** (SozV) wage and salary earners' pension insurance funds

Rentenversicherungsbericht *m* (SozV) Pension Insurance Report

Rentenversicherungsträger *m* (SozV) pension insurance institution (*or* carrier)

Rentenvertrag *m* (Fin) annuity . . . agreement/contract

Rentenwerte *mpl*
(Fin) bonds
– fixed-interest securities
(syn, Festverzinsliche, Bonds)

Rentenzahlung *f*
(SozV) pension payment
(Vers) annuity payment

rentieren (Fin) to pay off

rentierend (Fin) profitable

rentieren, sich (Fin) to be profitable

Rentner *m* (SozV) pensioner

Rentnerhaushalt *m* (Stat) household of a retired couple

Rentnerkrankenversicherung *f* (SozV) pensioners' health insurance

Reorganisation *f*
(Bw) reorganization
– restructuring of activities
– (infml) organizational reshuffle
(Re) reorganization
(ie, der bisherige, funktionslos gewordene Vergleich des dt Rechts soll nach der Insolvenzrechtsreform durch eine neuartige Reorganisation ersetzt werden; auf die Vergleichswürdigkeit des Schuldner kommt es nicht mehr an)

Reorganisationsplan *m*
(Re) reorganization plan
(ie, nach der Insolvenzrechtsreform: Programm für die Wiederherstellung der finanziellen Grundlagen und Ertragskraft des Unternehmens; vom Insolvenzverwalter aufzustellen; enthält Art und Umfang der Rechtsänderungen und Maßnahmen zur Wiedergewinnung der Rentabilität)

Reorganisationsprogramm *n* (Bw) restructuring plan (*or* program)

reorganisieren
(Bw) to reorganize
– to reconstruct
– to regroup
– to reshape
– to revamp *(eg, manufacturing operations)*

Reparatur *f* (com) repair (work)

Reparaturauftrag *m* (com) repair order

Reparaturkosten *pl* (KoR) cost of repair and maintenance

Reparaturschicht *f* (IndE) maintenance (*or* repair) shift

repartieren
(Fin) to apportion
– to allot
– to scale down an allotment

Repartierung *f*
(Fin) allotment
– scaling down *(syn, Zuteilung)*

Repartierungssatz *m* (Fin) allotment ratio

Repatriierung *f* (AuW) repatriation

Repetierfaktoren *mpl*
(Bw) consumable factors of production
(ie, raw materials, auxiliary materials, supplies; opp, Potentialfaktoren)

repetitive Arbeit *f* (Pw) repetitive work

Replikation *f* (EDV) replication

Report *m*
(Bö) delayed acceptance penalty
– (GB) contango
(ie, London Stock Exchange term: percentage of the selling price payable by the purchaser of shares

for the privilege of postponing acceptance of their delivery; opp, Deport)
(Fin) premium
(ie, Aufschlag e–r Währung auf dem Devisenterminmarkt gegenüber dem Kurs auf dem Devisenkassamarkt; syn, Prämie)
Reportarbitrage *f*
(Bö) commodity arbitrage *(syn, Warenarbitrage)*
Reportgenerator *m* (EDV) report generator, RPG
Reportgeschäft *n*
(Bö) carryover business
(ie, continuation of forward transaction: sale and purchase of securities against payment of carryover price; opp, Deportgeschäft)
– contango
– continuation
Reports *pl*
(EG) premiums
(ie, monatliche Zuschläge zu Richt-, Schwellen- und Interventionspreisen)
Reportsatz *m*
(Bö) carryover rate
– contango rate
Reporttag *m* (Bö) contango (*or* continuation) day
Repräsentant *m* (com) representative
Repräsentanz *f* (com) representative office
Repräsentationskosten *pl* (com) promotional costs
Repräsentationszulage *f* (StR) duty entertainment allowance
repräsentativer Durchschnitt *m* (com) representative cross-section
Repräsentativerhebung *f*
(Stat) representative sampling (*or* survey)
– sample survey
repräsentativer Kurs *m*
(EG) representative conversion rate *(syn, grüner Kurs)*
repräsentativer Markt *m*
(Mk) representative market *(syn, typischer Markt)*
repräsentative Stichprobe *f* (Stat) average/representative . . . sample
reprivatisieren (Vw) to denationalize
Reprivatisierung *f*
(Vw) retransfer to private ownership
– (GB) denationalisation
Reproduktionsindex *m* (Stat) reproduction rate
Reproduktionskosten *pl* (ReW) reproduction cost
Reproduktionskostenwert *m*
(Bw) reproduction cost value
(ie, sum of current market values of all assets of a business minus liabilities; used in valuation of enterprises as a whole = Unternehmensbewertung)
Reproduktionsrate *f* (Stat) = Reproduktionsindex
Reproduktionswert *m*
(Bw) reproduction value
(ie, value of an enterprise as a whole: sum of all assets minus all liabilities, but excluding goodwill; syn, Teilreproduktionswert [preferable term], Sachwert, Substanzwert)
Reproduktionsziffer *f* (Stat) = Reproduktionsindex
reproduzierbare Sachanlagen *fpl* (Bw) reproducible fixed capital
reproduzierbares Realvermögen *n* (Vw) reproducible assets
Reproduzierbarkeit *f*
(Stat) reproducibility *(ie, of test results)*
reprofähig (EDV) camera-ready
reprofähiger Stromlaufplan *m*
(EDV, CAD) artwork quality drawing *(ie, beim Leiterplattenentwurf = in circuit board design)*
reprofähige Vorlage *f* (EDV, CAD) reproduction artwork
Reptilienfonds *m*
(FiW) slush fund
(ie, kept by German Federal Chancellor as ‚Titel 300' for undisclosed public relations work)
Repudiation *f*
(Vw) repudiation
(ie, of money, due to its low purchasing power as a result of inflation, which makes it unsuitable as a medium of exchange)
Reregulierung *f* (Vw) reregulation
Reserveaktivum *n* (AuW) reserve asset (*or* instrument)
Reservebanken *fpl*
(Vw) reserve banks
(ie, where commercial banks are obligated to keep minimum reserve accounts; eg, Deutsche Bundesbank, US Federal Reserve System)
Reservebetrieb *m* (EDV) backup operation
Reservebildung *f* (ReW) amounts set aside for reserves
Reserveeinheit *f* (IWF) reserve unit
Reservefonds *m*
(Fin) reserve fund *(ie, of a cooperative)*
(ReW, obsolete term) surplus reserve *(syn, Rücklage)*
reservefrei (Fin) minimum-reserve-free
Reservehaltung *f* (Fin) reserve management
Reservehaltung *f* **in Form von Guthaben** (Vw) compulsory reserve deposits
Reservehaltung *f* **in Form von Wertpapieren** (Vw) compulsory reserves in securities
Reserveinstrument *n* (AuW) reserve instrument
Reservekapazität *f* (IndE) reserve (*or* standby) capacity
Reservemedium *n* (IWF) reserve facility
Reservemeldung *f*
(Fin) reserve statement
– reserve status report
Reservemittel *pl* (IWF) reserve facility
Reserven *fpl*
(ReW, Fin) reserves
(ie, nondescriptive general term covering ‚Rücklagen', ‚Rückstellungen', ‚Mindestreserven', qv)
Reserven *fpl* **legen** (ReW) to create reserves
reservepflichtige Verbindlichkeiten *fpl*
(Fin) liabilites subject to reserve requirements
– reserve-carrying liabilities
Reserveposition *f*
(IWF) Net Fund Position
– reserve position
(ie, difference between subscription or quota and IMF holdings of domestic currency)
Reservesatz *m* (Vw) minimum reserve ratio
Reserve-Soll *n*
(Fin) required reserve
(ie, monthly average of a bank's domestic liabilities subject to reserve requirements)

Reservespeicher *m*
(EDV) spare memory
– backup store
Reservesystem *n* (EDV) standby (*or* fall back) system
Reservetransaktion *f* (Vw) reserve transaction
Reserveverluste *mpl* (Vw) reserve losses
Reservewährung *f* (AuW) (international) reserve currency
Reservewährungsguthaben *npl* (AuW) reserve currency balances
Reservewährungsland *n*
(AuW) reserve currency country
– reserve center *(syn, Leitwährungsland)*
Reservewährungsländer *npl* (AuW) reserve currency countries
reservieren
(com) to reserve
– (GB) to book
– (GB, *also*) to reserve
reservierter Liegeplatz *m* (com) accommodation/appropriated . . . berth *(ie, of a ship)*
reserviertes Zeichen *n* (EDV) reserved character
reservierte Wörter *npl*
(EDV, Cobol) reserved words
(ie, dürfen nicht zur freien Benennung von Feld- und Paragraphennamen verwendet werden; eg, im voll ausgebauten ANS COBOL: accept, access, actual, add, address, etc)
Reservierung *f*
(com) reservation
– (GB) booking
residualbestimmtes Einkommen *n*
(Vw) residual income
– income determined residually
Residualfaktor *m* (Vw) residual factor
Residualterm *m* (Stat) residual term
Residualtheorie *f* (Vw) residual theory of profit
Residuen *npl* (Stat) residual variables
Respekttage *mpl*
(WeR) days of grace
(ie, not recognized under German law, Art. 74 WG)
Ressort *n*
(Bw) decision/organizational unit
(ie, wird von e–m Mitglied der Unternehmensleitung geführt)
ressortieren (com) to be handled by *(eg, coal liquefaction is . . . by the Federal Research Ministry)*
Ressortzuteilung *f* (com, EG) allocation of portfolios
Ressourcen *pl*
(Vw) resources
(Bw) resources
– capabilities
Ressourcen-Allokation *f*
(Vw) allocation of resources
– resource allocation
Ressourcenanalyse *f* (Mk) = Stärken-Schwächen-Analyse
Ressourcen-Bereitstellung *f* (Bw) resourcing
Ressourcenbestands-Barriere *f* (Vw) resource-position barrier
Ressourcen-Inanspruchnahme *f* **durch den Staat** (FiW) resource absorption by government
Ressourcen-Manager *m* (EDV) resource manager
Ressourcen-Planung *f* (Bw) capability/resources . . . planning
Ressourcen-Transfer *m* (AuW) transfer of resources
Ressourcen *fpl* **verschwenden** (Bw) to waste (*or* dissipate) resources
Rest *m* (com) balance *(eg, of contract price)*
Restanlagenwert *m* (ReW) residual cost (*or* value)
Restant *m*
(com) debtor in arrears
– defaulting debtor
Restanteil *m* (Fin) remaining share of profits
Restanten *mpl*
(com) debtors in default (*or* arrears)
– defaulters
– delinquent debtors
(Fin) securities called back for redemption but not yet presented
Restarbeitslosigkeit *f* (Vw) = Bodensatzarbeitslosigkeit
Restaurant-Kette *f*
(com) restaurant chain
– (GB) catering group
Restbestand *m* (MaW) leftover stock
Restbetrag *m*
(com) (remaining) balance
– amount remaining
– residual amount
Restbruch *m* (Math) fractional part
Restbuchwert *m*
(ReW) net book/residual . . . value
– remaining/depreciated . . . book value
– amortized/unrecovered/balance of asset . . . cost
(ie, after deducting previous depreciation provisions; syn, Nettobuchwert)
Restdeckungsbeitrag *m*
(KoR) residual contribution margin
(ie, differences between contribution margins and a number of special fixed costs)
Resteinzahlung *f* (Fin) residual payment
Restfehler *m* (EDV) residual error
Restglied *n* (Math) remainder after *n* terms
Restgröße *f* (Stat) residual term
Restguthaben *n* (ReW) remaining credit balance
restitutio *f* **in integrum** (Re) restoration (*or* restitution) to the previous condition
Restkapital *n*
(Fin) principal outstanding
– remaining investment
Restkaufgeld *n* (com) balance of purchase price
Restklasse *f*
(Log) difference class
(Math) residue class
Restkosten *pl*
(Bw) cost to complete
(ie, in project management)
– residual cost
Restkostenrechnung *f* (KoR) = Restwertrechnung
Restkostenwert *m*
(KoR) cost value of major or chief product in joint production *(ie, coke as against gas)*
Restlaufzeit *f*
(com) remaining . . . life/maturity/term
– maturing within . . .

– remainder of the term
– unexpired term
– remaining time to maturity
– time/term . . . to maturity
Restlaufzeit *f* **bis zu 1 Jahr** (ReW) due within 1 year
Restlebensdauer *f*
(ReW) remaining life expectancy
(ie, of fixed asset)
– remaining useful life
– unexpired life
restliche Sendung *f* (com) remainder of a consignment
restliche Tilgungsschuld *f* (Fin) remaining investment
Restnutzungsdauer *f* (ReW) = Restlebensdauer
Restposten *mpl* **der Zahlungsbilanz**
(AuW) balance of unclassifiable transactions
– accommodating/balancing . . . items
– errors and omissions
(syn, Saldo der statistisch nicht aufgliederbaren Transaktionen)
Restprüfung *f*
(EDV) residue check
– modulo *n* check
Restriktion *f*
(Math) constraint
– restriction
– side condition
(Fin) = Kreditrestriktion
Restriktionen *fpl* **im Wertpapierverkehr** (Fin) restrictions (*or* constraints) on security transactions
Restriktionsgrad *m* (Vw) restrictiveness *(eg, in quantitative monetary policy)*
Restriktionskurs *m* (Vw) restrictive course
Restriktionsmaßnahmen *fpl* (Vw) restrictive measures
restriktive Eingriffe *mpl*
(Vw) controls
– government interference
restriktive Geldpolitik *f*
(Vw) restrictive monetary policy
– tight money policy
– monetary restraint
restriktive Geldpolitik *f* **fortführen** (Vw) to adhere to a tight monetary policy
restriktive Geld- und Kreditpolitik *f* (Vw) restrictive monetary policy
restriktive Kreditpolitik *f*
(Vw) restrictive credit policy
– tight credit policy
– credit control
restriktive Maßnahmen *fpl* (Vw) restraint measures
restriktive Politik *f*
(Vw) restrictive economic policy
– restraint
– tight policy
Restrisiko *n*
(com) risk rsidual
(Pw) acceptable risk *(ie, in accident prevention)*
Restschlange *f* (AuW) truncated Snake
Restschuld *f*
(com) balance due
(Fin) residual debt
– remaining debt
– unpaid balance in account
Restsumme *f* **der Abweichungsquadrate** (Stat) error sum of squares
Restwert *m*
(ReW) declining balance of the asset account
(ie, balance after deducting preceding depreciation provisions)
(ReW) residual
– recovery
– salvage
– scrap
– termınal . . . value
Restwertabschreibung *f* (ReW) = geometrisch-degressive Abschreibung
Restwertrechnung *f*
(KoR) residual value costing
(ie, method of costing joint products = Kalkulation von Kuppelprodukten; syn, Restkostenrechnung, Subtraktionsmethode)
Retentionsrecht *n*
(Re) right of retention
(ie, right to retain possession until claim is satisfied, § 369 HGB; syn, Zurückbehaltungsrecht)
Retorsionsmaßnahme *f* (AuW) retaliatory action (*or* measure)
Retorsionszoll *m* (AuW) retaliatory duty (*or* tariff)
Retouren *fpl*
(com) (sales) returns
– returned sales (*or* purchases)
– goods returned
(AuW) returned merchandise
(ie, to exporter as setoff against exported goods)
(Fin) bills and checks returned unpaid
retrograde Methode *f* **der Kostenberechnung** *f*
(ReW) retail method
retrograde Planung *f* (Bw) top-down planning
retrograde Rechenmethode *f*
(KoR) inverse method of determining joint-product cost
(ie, sales price of final byproduct less separable cost incurred less profit markup = cost of previous product and so on; end result is the main-product cost)
retrograde Verkaufskalkulation *f*
(com) inverse method of determining purchase price
(ie, sales price less profit markup, selling and administrative expenses, and cost of acquisition; opp, progressive Verkaufskalkulation)
Retrozedent *m*
(Vers) retrocedent
(ie, reinsurer placing a retrocession; syn, Weiterrückversicherungsnehmer)
retrozedieren (Vers) to retrocede
Retrozession *f*
(Vers) retrocession
(ie, cession of reinsurance by one reinsurer to another reinsurer; syn, Folgerückversicherung)
Retrozessionar *m*
(Vers) retrocessionaire
(ie, the reinsurer of a reinsurer; syn, Weiterrückversicherer)
Reugeld *n* (Re) forfeit money, § 359 BGB
Revaluation *f* (AuW) = Aufwertung

revidiertes Simplexverfahren *n* (OR) revised simplex method

Revision *f*
(ReW) accounting control
(ReW) audit(ing)
(StR) appeal
(ie, carried to the Federal Fiscal Court, § 115 FGO)
(Re) appeal on law *(opp, Berufung = appeal on facts and law)*

Revision *f* **einlegen** (Re) to lodge an appeal on points of law

Revisionsantrag *m* (Re) appeal to a court of superior jurisdiction

Revisionsattest *n*
(com) certificate of classification
(ie, issued by a classification society, such as Germanischer Lloyd; Klassifikationsattest)

Revisionsbeklagter *m* (Re) appellee

Revisionsbericht *m* (ReW) = Prüfungsbericht

Revisionskläger *m* (Re) appellant

Revisionsklausel *f*
(Re) re-opener clause *(ie, in contracts)*
(EG) review clause

Revisionskontrolle *f* (EDV) change management

Revisionslehre *f* (ReW) auditing

Revisionsschreiben *n*
(IndE) inspection report
(ie, written by factory inspectors)

Revisionsschrift *f*
(StR) appeal brief
(eg, submitted to the Federal Fiscal Court)

Revisionsverband *m*
(ReW) auditing association *(ie, of cooperatives)*

Revision *f* **verwerfen** (StR) to dismiss an appeal, § 126 I FGO

Revisor *m*
(ReW) auditor
(IndE) inspector

Revitalisierungs-Marketing *n* (Mk) remarketing

revolvierende Planung *f*
(Bw) revolving planning
(syn, gleitende Planung, qv)

revolvierender Kredit *m* (Fin) revolving (*or* continuous) credit

revolvierendes Akkreditiv *n* (Fin) revolving letter of credit

revolvierende Swaps *mpl* (Vw) revolving swaps

Revolving-Akkreditiv *n* (Fin) revolving letter of credit

Rezensent *m* (com) (book) reviewer

rezensieren
(com) to review
(eg, a book)
– (GB *also*) to notice
(ie, which implies that the review is brief)

Rezension *f*
(com) book review *(syn, Buchbesprechung)*

Rezept *n* (SozV) prescription

rezeptfrei
(SozV) over-the-counter
– nonprescription *(ie, drugs)*

rezeptfreie Medikamente *npl* (SozV) nonprescription drugs

Rezeptgebühr *f* (SozV) prescription charge

Rezeption *f*
(com) reception desk
– front desk *(ie, at a hotel)*
– (GB) reception

rezeptpflichtige Medikamente *npl* (SozV) prescription drugs

Rezession *f*
(Vw) recession
– slump
(ie, wenn sich das Wirtschaftswachstum in zwei aufeinanderfolgenden Quartalen abschwächt)

Rezession *f* **bekämpfen** (Vw) to combat (*or* fight) a recession

rezessionsbedingter Nachfragerückgang *m* (Vw) recession-led slump in demand

rezessionsbedingtes Defizit *n* (FiW) recession-swollen budget deficit

rezessionsgeschädigter Wirtschaftszweig *m* (Vw) recession-plagued industry

rezessionssicher (com) recession-resistant *(eg, service business)*

Rezession *f* **überstehen** (com) to weather a recession

rezessive Tendenzen *fpl* (Vw) recessionary trends

reziproke Gleichung *f* (Math) reciprocal equation

reziproke Konten *npl*
(ReW) suspense accounts
(syn, Spiegelbildkonten, Übergangskonten)

reziproke Matrix *f* (Math) reciprocal (*or* inverse) matrix

reziproker Verzug *m*
(Fin) cross default *(syn, Drittverzug)*

reziprokes Gleichungssystem *n* (Math) inverse system of equations

reziproke Verzugsklausel *f*
(Fin) cross default . . . clause/provision
(ie, bei Roll-over-Krediten: Möglichkeit der Kündigung, falls der Schuldner gegenüber Dritten in Zahlungsverzug gerät; cf, Verzugsklausel)

Reziprozitäts-Prinzip *n* (AuW) reciprocity principle

RGB-Bildschirm *m*
(EDV) RGB monitor
(ie, uses three seperate input signals for red, green and blue picture beams; opp, analog monitor, qv)

R-Gespräch *n*
(com, US) collect call
– (GB) transferred charge call
– (GB, coll) reverse-charge call

R-Gespräch führen (com) to call collect

Rheinisch-Westfälisches Institut *n* **für Wirtschaftsforschung** (Vw) Rhenish-Westphalian Institute for Economic Research

Rhetorikkurs *m* **belegen** (com) to join a public speaking course

Ricambio *m*
(Fin) redrafted bill
– redraft
– re-exchange
(syn, Ricambiowechsel, Rückwechsel)

Richtbestand *m* (MaW) target inventory level

richterliche Auslegung *f*
(Re) court interpretation
– judicial construction

richterliche Entscheidung *f*
(Re) (court) ruling
(ie, by a judge)
richterliche Gewalt *f* (Re) judicial authority
richterlich entscheiden (Re) to hear and determine (a case)
richterliches Ermessen *n* (Re) judicial discretion
richterliches Prüfungsrecht *n* (Re, US) judicial review, qv
richterliche Zuständigkeit *f*
(Re) jurisdiction
(eg, court has no . . .)
richtiger Wert *m* (Stat) conventional true value
Richtigkeit *f*
(com) accuracy
(IndE) accuracy of the mean
(ie, Übereinstimmung zwischen dem wahren Wert und dem Durchschnittswert; früher auch ‚Treffgenauigkeit'; cf, DIN 55 350,T.11)
Richtigkeit *f* **der Abschrift wird beglaubigt** (com) certified to be a true and correct copy of the original
richtigstellen
(com) to rectify
– to straighten out
Richtigstellung *f* (com) rectification
Richtkosten *pl* (KoR, obsolete) = Plankosten
Richtlinie *f*
(com) guideline
(ReW) standard
(EG) Directive
(opp, Verordnung = regulation)
Richtlinien *fpl* (StR) administrative regulations
Richtlinienentwurf *m* (EG) draft directive
Richtlinien *fpl* **für die Bewertung des Grundvermögens** (StR) Regulations for the Valuation of Real Property, of 19 Sept 1966
Richtlinienkompetenz *f* (Bw) right to set the broad rules of company policy
Richtpreis *m*
(com) recommended (*or* suggested) price
(EG) target price
Richtsätze *mpl*
(Vw) guiding ratios
(eg, ratio of lending to capital reserves, as fixed by central bank)
(StR) comparative data
(ie, experience figures the government collects in tax examinations and from other sources; applied to small businesses not required to keep books and to enterprises whose reported profits are out of line with those of comparable businesses for unexplained reasons)
Richtungsableitung *f* (Math) directional derivative
Richtungskämpfe *mpl*
(com) factional disputes
– factions feud
Richtungskoeffizient *m* (Math) slope
Richtungskosinus *m* (Math) direction cosine
Richtungsparameter *m* (Math) direction parameter
richtungsunabhängiger Balkencode *m* (Mk) omnidirectional code
richtungsweisend (com) trendsetting
Richtwert *m* (com) reference value

Riesenprojekt *n* (com) mega-project *(eg, worth $ 300bn)*
riesige Haushaltsdefizite *npl* (FiW) gargantuan budget deficits
Rigorosum *n* (Pw) final oral examination for a doctorate
Rimesse *f* (Fin) remittance
Rimessenbuch *n*
(Fin) book of remittance
– bill book
Ring *m*
(Math) ring
(ie, an algebraic system with two operations of multiplication and addition; it is a commutative group relative to addition, and multiplication is associative, and is distributive to with respect to addition)
Ringbuch *n*
(com) loose-leaf notebook
– (GB) ring binder
Ringgeschäft *n* (com) circular forward transaction
Ringnetz *n*
(EDV) ring network
(ie, Netzstationen sind ringförmig miteinander verbunden; syn, LAN; opp, Busnetz, Sternnetz)
Ringtausch *m* **der Arbeitsplätze** (Pw) job rotation
Rinnverlust *m* (com) leakage
Rippengrafik *f*
(Bw) steam-and leaf display
(ie, begrenzte Zahl von Basiswerten wird nur einmal – als Stammwerte –, die übrigen durch Zusatzangaben kompakt dargestellt)
Risiken *npl* **streuen** (Bw) to spread (*or* diversify) risks
Risiken *npl* **zeichnen** (Vers) to write lines
Risikenzerlegung *f* (Fin) unbundling of risks *(ie, in e–m Finanzkontrakt werden ursprünglich aggregierte Risiken in ihre Elemente zerlegt)*
Risiko *n*
(com) risk
– hazard
Risiko *n* **abdecken**
(Fin) to hedge a risk
(Vers) to cover a risk
Risiko *n* **ablehnen** (Vers) to reject a risk
Risikoanalyse *f* (OR) risk analysis
risikoarme Aktien *fpl* (Fin) defensive/protective . . . stocks
Risikoausgleich *m* (Vers) balancing of portfolio
Risikoauslese *f* (Vers) selection of risks
Risikoausschluß *m*
(Vers) exclusion of risks
– elimination of risks
– policy exclusion (*or* exeption)
– exception
Risikoausschlußklausel *f* (Vers) excepted risks clause
risikobehaftet (com) fraught with risk
risikobereites Eigenkapital *n* (Fin) risk (*or* venture) capital
Risikobewertung *f*
(Fin) risk assessment (*or* appraisal)
(Vers) risk rating
Risiko-Chancen Ansatz *m* (Fin) risk and rewards approach

Risikodeckung *f* (Fin) risk cover
Risiko *n* **des Frachtführers** (com) carrier's risk
Risiko *n* **des Investors** (Fin) exposure
Risiko *n* **eingehen** (com) to run (*or* incur) a risk
risikofrei (com) risk-free, riskless
Risiko *n* **geht über** (Re) risk passes
Risikohäufung *f* (Vers) accumulation of risk
Risikokapital *n* (Fin) risk (*or* venture) capital
Risikokapital-Finanzierung *f* (Fin) risk (*or* venture) capital financing
Risikoklausel *f* (SeeV) peril clause
Risikolebensversicherung *f*
(Vers) specific rest-life insurance policy
– renewable term
– term insurance *(see Risikoversicherung)*
Risikomanagement *n* (Vers) risk management
Risikomischung *f*
(Fin) risk spreading
(IndE) risk spreading
(ie, over a number of different products)
(Vers) diversification of risks
Risikomüll *m* (com) hazardous waste
Risikopapier *n*
(Bö) risk paper
(ie, shares and stocks)
Risikopolitik *f* (Vers) risk management
Risikoprämie *f*
(ReW) risk premium *(ie, component of company profit)*
(Vers) net premium (*or* rate)
– expected loss ratio
– risk-absorbed (*or* risk) premium
Risikopuffer *m* (com) risk cushion
risikoreiche Adresse *f* (Fin) high-risk borrower
risikoreicher Kredit *m* (Fin, infml) flake
Risikorückstellungen *fpl* (Vers) contingency reserves
Risikoselektion *f* (Vers) risk selection
Risikosteuerungs-Instrument *n* (Fin) risk management instrument
Risikostreuung *f*
(Bw) difersification of risks
– risk spreading
Risikosumme *f* (Vers) amount at risk
Risiko *n* **tragen** (com) to carry a risk
Risikotransformation *f* (Fin) shift in risk spreading
Risikoübergang *m*
(Re) passage of risk
(syn, Gefahrenübergang)
Risikoübernahme *f* (Re) assumption of risk
Risiko *n* **übernehmen** (Re) to assume a risk
Risikoversicherung *f*
(Vers) term insurance
– renewable term
(ie, bei Tod während der Versicherungsdauer wird die vereinbarte Todesfallsumme fällig; bei Erleben des Ablauftermins wird keine Leistung fällig = for a stipulated time only, beneficiary receives the face value of the policy upon death, but nothing upon survival at completion of term; syn, abgekürzte Todesfallversicherung; opp, Todesfallversicherung = whole life insurance)
Risikoverteilung *f* (Fin) distribution of risk
Risikovertrag *m* (Re) hazardous contract
Risikovorsorge *f*
(com) provision for risks
(Fin) provision for contingent loan losses
– provisioning against risks
Risikozuschlag *m* (Fin) risk . . . markup/premium
riskieren
(com) to risk
– to run a risk
– to take a chance on
(eg, funds running out)
Ristornogebühr *f* (Vers) cancellation fee
Ristornoversicherung *f* (Vers) return of premium insurance, § 894 HGB
RKW (Bw) = Rationalisierungskuratorium der Deutschen Wirtschaft
Roboter *m*
(IndE) robot
(ie, reprogrammable, multi-functional manipulator; wider definitions include fixed sequence)
Robotereinsatz *m* (IndE) robot (*or* robotic) applications
Robotersteuerung *f*
(IndE) robot control
– robotization *(eg, of machine tools, plants)*
Robotertechnologie *f*
(IndE) robot technology
– robotics
Rohbetriebsvermögen *n* (StR) total gross value (of business property), § 98 a BewG
Rohbilanz *f*
(ReW) preliminary balance sheet *(syn, Verkehrsbilanz)*
Rohdaten *pl* (com) raw data
Rohergebnis *n* (ReW) gross profit or loss
roher Reproduktionsindex *m* (Stat) gross reproduction rate
Rohertrag *m*
(ReW) gross yield
(ie, sales revenue + inventory changes before deductions and total expenditure)
Rohertragswert *m*
(StR) gross rental value, § 79 BewG
(ie, standard of value applied to improved properties listed in § 75 I 1–5 BewG)
rohes Moment *n* (Stat) raw moment
Rohgewinn *m*
(com) gross profit on sales
– gross margin
– gross income
(ie, in trading: net sales less merchandise costs; syn, Warenrohgewinn, Warenbruttogewinn)
Rohgewinnanalyse *f* (ReW) gross profit analysis
Roh-, Hilfs- und Betriebsstoffe *pl* (ReW) raw materials and supplies
Rohmaterialanforderung *f* (MaW) raw materials requisition
Rohmateriallager *n* (MaW) raw materials stores
Rohöl *n* (com) crude (oil)
Rohprobe *f* (Stat) gross sample
Röhrenkühlkörper *m* (EDV) heat pipe
Rohrzuckereinfuhren *fpl* (AuW) cane sugar imports
Rohstahl *m* (com) crude (*or* raw) steel
Rohstahlproduktion *f* (com) crude (*or* raw) steel output

Rohstoffabkommen *n* (AuW) commodity agreement (*or* pact)
Rohstoffe *mpl*
(com) raw materials
– primary products
– (basic) commodities
(IndE) input (*or* charge) materials
Rohstoffgewinnungsbetrieb *m* (com) extractive enterprise
Rohstoffhändler *m* (com) commodity trader
Rohstoffindustrie *f* (com) natural resources industry
rohstoffintensiv (Bw) raw materials intensive
Rohstoffkartell *n* (Kart) commodities cartel
Rohstoffknappheit *f* (com) raw materials scarcity
Rohstoffland *n* (Vw) primary-producing country
Rohstoffmarkt *m* (com) raw commodity market
Rohstoffmarktforschung *f* (Mk) commodity marketing research
Rohstoffmonopolist *m* (Vw) raw materials monopolist
Rohstoffpreisindex *m* (com) commodity price index
Rohstoffversorgung *f* **sichern** (Vw) to safeguard supplies of raw materials
Rohüberschuß *m* (com) = Rohgewinn
Rohumsatz *m*
(ReW) gross sales
(ie, sales before deductions, returns, allowances due to complaints, etc.)
Rohverlust *m* (ReW) gross loss
Rohvermögen *n* (VGR) gross wealth (*or* assets)
Rohzins *m* (Fin) pure interest
rollende Fracht *f* (com) freight in transit
rollende Ladung *f* (com) freight in transit
rollende Planung *f*
(Bw) continuous
– perpetual
– rolling . . . planning
(syn, gleitende Planung, qv)
rollende Prognose *f* (Bw) rolling forecast
rollender Finanzplan *m* (Fin) moving budget
rollendes Budget *n*
(Bw) continuous
– perpetual
– rolling . . . budget
rollende Ware *f*
(com) goods in rail or road transit *(opp, schwimmende und fliegende Ware)*
Rollenklischee *n*
(com) role cliché (*or* stereotype)
(ie, the idea is claimed by its supporters to imply a mind stubbornly unaware of enlightened modern trends and one incapable of critical judgment, while it is just another instance of inadequate reasoning to compelling conclusions)
Rollenplotter *m* (EDV) pinch-roller plotter
Rollenstruktur *f* (Bw) structure of roles
Rollentausch *m* (com) role reversal
Rollfuhrdienst *m* (com) cartage (*or* haulage) service
Rollfuhrunternehmer *m* (com) cartage (*or* haulage) contractor
Rollgeld *n*
(com) cartage
– (US) drayage
– (GB) carriage
rollierendes Budget *n* (Bw) = rollendes Budget
roll on/roll off service (com) Huckepackverkehr *m* *(syn, piggyback traffic, qv)*
Rollover-Kredit *m*
(Fin) roll over credit
(ie, der R. des Euromarktes ist im allg langfristig, die häufigsten Laufzeiten liegen zwischen 5 und 10 Jahren; Zinssatz wird von e–r Refinanzierungsperiode zur anderen neu festgelegt)
Rolltreppe *f*
(com) escalator
– (GB) moving stairway (*or* staircase) *(syn, Fahrtreppe)*
Römische Verträge *mpl* (EG) Treaty of Rome
römische Zahlen *fpl* (Math) Roman numerals
Roosa-Effekt *m* (Vw) locking-in effect
RoRo-Schiff *n* (com) roll-on-roll-off ship (*or* vessel)
Rostkübel *m* (com, sl) rustbucket *(eg, cars, ships)*
roter Ausgang *m* (Zo) red exit
roter Durchgang *m* (Zo) red channel
rote Zahlen *fpl*
(com, infml) red figures *(ie, Ausdruck für Verluste)*
rote Zahlen *fpl* **schreiben**
(com) to operate in the red
– to write red figures
routinemäßige Fertigungsplanung *f*
(IndE) routine production planning
– shop planning
Routingraster *n*
(EDV, CAD) routing grid
(syn, Verdrahtungsdichte, qv)
routinisieren (com) to routinize
RRG (Re) = Rentenreformgesetz
RTF
(EDV) = rich text format *(ie, standard text file format that includes commands for page layout and character formatting)*
Ruchti-Effekt *m* (Fin) = Lohmann-Ruchti-Effekt
Rückantwortschein *m* (com) reply coupon
Rückbehaltungsrecht *n* (Re) = Zurückbehaltungsrecht
Rückbelastung *f*
(ReW) billback
– reversal
Rückbezug *m* (EDV) backward reference
rückbuchen
(ReW) to backbook
(eg, a transaction)
Rückbuchung *f*
(ReW) reverse entry *(syn, Stornobuchung)*
Rückbürge *m* (Re) counter surety
Rückbürgschaft *f*
(Re) back-to-back/counter . . . guaranty
– back bond
(ie, sichert den Rückgriffsanspruch des Bürgen gegen den Hauptschuldner; § 774 I BGB; cf, Bürgschaft)
rückdatieren
(com) to backdate
– to antedate
rückdatierte Police *f* (Vers) antedated policy

rückdatierter Scheck *m* (Fin) antedated check
Rückdatierung *f* (com) backdating
rückdiskontieren (Fin) to rediscount
Rückdiskontierung *f* (Fin) rediscounting
rückerstatten
(Fin) to refund
– to reimburse
Rückerstattung *f*
(Fin) refund
– reimbursement
Rückerstattungsanspruch *m*
(com) claim for reimbursement
– right to refund
Rückerstattungsgarantie *f* (com) money back guarantee
Rückerstattung *f* **von Steuern auf ausländische Erträge** (StR) overspill relief
Rückfahrkarte *f*
(com) round trip ticket
– (GB) return ticket
Rückfall *m* (Re) relapse, § 48 StGB
Rückfälle *mpl* (com, infml) bouts of backsliding
Rückflug *m*
(com) inward flight
(opp, Hinflug = outward flight)
Rückfluß *m* **auf das investierte Kapital** (Fin) return on capital employed (*or* on investment)
Rückflüsse *mpl* **e–r Investition**
(Fin) net cash flow
(ie, periodische Nettoeinzahlungen: Differenz zwischen den nicht einmaligen Zahlungen und Auszahlungen e–r Teilperiode des Planungszeitraums)
Rückfracht *f*
(com) back freight
– freight . . . home/homeward
– homeward freight
– return . . . cargo/freight
(com, US) backhauling
– return trip carriage of goods
(ie, with what would otherwise have been an empty truck)
Rückfracht *f* **aufnehmen** (com) to pick up back cargo
Rückführung *f*
(Pw) repatriation
(ie, of guest workers)
Rückführung *m* **des Engagements** (Fin) reduction of exposure
Rückführung *f* **e–s Kredits** (Fin) repayment of a loan
Rückführung *f* **von Kapital** (AuW) repatriation of capital
Rückgaberecht *n* (com) return privilege
Rückgang *m*
(com) decline
– decrease
– drop
– fall
– falling off
– lowering
– setback *(eg, in prices)*
Rückgang *m* **auf breiter Front** (Bö) widespread decline in prices
Rückgang *m* **der Steuereinnahmen** (FiW) drop-off in tax revenues
Rückgang *m* **des BSP** (Vw) drop in gnp
Rückgang *m* **des Krankenstandes** (Pw) cut in sick leave
rückgängig machen
(Re) to undo *(eg, amendments)*
(com) to back out
Rückgarant *m* (Fin) instructing party
Rückgarantie *f*
(Re) back-to-back guaranty
(com) counter-guarantee
rückgarantieren (com) to counter-guarantee
Rückgewähr *f* (Re) return *(eg, §§ 467, 348 BGB)*
Rückgewähranspruch *m*
(Re) claim to restitution
(StR) claim to reimbursement
Rückgewährung *f*
(com) repayment
– return
– refunding
– reimbursement
Rückgewinnung *f* **des investierten Kapitals** (Fin) cost (*or* investment) recovery
Rückgewinnung *f* **von Rohstoffen** (com) recycling
Rückgriff *m* (com, Re, WeR) recourse (to, against) *(syn, Regreß)*
Rückgriff *m* **gegen Dritte** (Re) recourse to/against third parties
Rückgriff *m* **mangels Annahme** (WeR) recourse for nonacceptance
Rückgriff *m* **mangels Zahlung** (Re) recourse in default of payment
Rückgriff *m* **nehmen** (Re) to have recourse (to/against)
Rückgriffsforderung *f*
(Re) claim for indemnification
– right of recourse
Rückgriffshaftung *f* (Re) liability upon recourse
Rückgriffsrecht *n* (Re) right of recourse
Rückgriffsschuldner *m* (Re) recourse debtor
Rückindossament *n* (WeR) indorsement to prior indorser
Rückkauf *m*
(com) buying back
– repurchase
(Fin) redemption *(ie, of bonds)*
– amortization
– retirement
– callback
(Fin) repurchase *(ie, of stocks)*
(Vers) redemption surrender
(ie, of insurance policy)
Rückkaufangebot *n* (Fin) repurchase (*or* redemption) offer
Rückkaufdisagio *n* (Fin) redemption (*or* repurchase) discount
Rückkauf *m* **eigener Aktien** (Fin) repurchase of own shares
Rückkauffrist *f* (com) period for repurchase
Rückkauffrist-Aufschub *m*
(Fin) call provision
(ie, provision wirtten into stock and bond issues)
Rückkaufgeschäft *n*
(AuW) buy-back arrangement
(ie, Sonderform des Kompensationsgeschäfts: Lieferant von Anlagen verpflichtet sich, Produkte aus

dieser Anlage als Zahlung für s–e Leistung anzunehmen; Unterart des Verbundgeschäfts, qv; Laufzeit bis zu 20 Jahren)

Rückkaufgesellschaft *f* (com) repurchase company

Rückkaufgewinn *m* (Vers) surrender profit

Rückkaufklausel *f*
(Fin) call provision *(ie, refers to bonds)*

Rückkaufkurs *m*
(Fin) redemption
– retirement
– call . . . price *(ie, of a bond)*
(Vers) bid price *(ie, fondsgebundene Versicherung)*

Rückkaufprämie *f*
(Fin) call premium
(ie, due when a company calls security in for repurchase)

Rückkaufsdisagio *n*
(Fin) repurchase discount
(ie, entsteht, wenn Obligationen zwecks Tilgung unter pari zurückgekauft werden: accruing when redeemable bonds must be repurchased below par, § 157 AktG)

Rückkaufsrecht *n* (com) right to repurchase

Rückkaufsvereinbarung *f* (Fin) repurchase agreement

Rückkaufsvertrag *m* (Re) repurchase agreement

Rückkaufswert *m*
(Fin) redemption value *(ie, of securities)*
– cash-in value
(Vers) cash surrender value
(ie, amount the insurer is obliged to pay to the insured upon premature termination of the insurance contract)

Rückkauf *m* **von Investmentanteilen** (Fin) cash-in

Rückkauf *m* **von Schuldverschreibungen** (Fin) bond redemption (*or* call-back)

Rückkaufzeitpunkt *m* (Fin) date at which bonds are callable

Rückkehradresse *f* (EDV) return address

Rückkehrbefehl *m* (EDV) return instruction

Rückkehr *f* **zu festen Wechselkursen** (AuW) return to fixed parities

Rückklagemöglichkeit *f* (Re, US) clawback remedy

Rückkopplung *f*
(EDV) feedback *(ie, return of a portion of the output of a circuit to its input)*

Rückkopplungsschleife *f* (EDV) = Regelkreis, qv

Rückladung *f*
(com) return load
– backload
– back cargo

Rücklage *f*
(ReW) surplus reserve
– reserve
– appropriated retained earnings
(ie, Reserve, die als Teil des Eigenkapitals auf der Passivseite der Bilanz stehen; appropriation of surplus for use in future years; part of equity capital; Arten:
1. Kapitalrücklage;
2. Gewinnrücklage;
3. gesetzliche Rücklage;
4. Rücklage für eigene Anteile;
5. satzungsmäßige Rücklage;
6. steuerfreie Rücklage;
7. stille Rücklagen, qv)

Rücklage *f* **auflösen**
(ReW) to dissolve
– to liquidate
– to write back
– to retransfer
– to reverse . . . a reserve
– to return a reserve to source

Rücklage *f* **bilden**
(ReW) to establish
– to form
– to build up
– to set up . . . a reserve

Rücklage *f* **e–r Bank** (Fin) bank reserve

Rücklage *f* **erfolgswirksam auflösen** (StR) to retransfer a reserve to taxable income

Rücklage *f* **für aufgeschobene Instandhaltung** (ReW) reserve for repairs

Rücklage *f* **für Erneuerung des Anlagevermögens**
(ReW) reserve for renewals and replacements
– reserve for plant extensions

Rücklage *f* **für Ersatzbeschaffung** (ReW) replacement reserve (*or* allowance)

Rücklage *f* **für Preissteigerung**
(ReW) reserve for price increases
(ie, of inventory items whose replacement cost has become substantially greater in the course of the taxable year, § 51 I EStG, § 74 EStDV)

Rücklage *f* **für Reinvestitionen**
(StR) reserve for reinvestments
(ie, gains on disposal of fixed assets may be transferred to the costs of other assets, thereby reducing taxable profit)

Rücklagen *fpl*
(ReW, EG) reserves
(ReW) company reserves *(cf, Rücklage)*
(com, infml) nest egg
– rainy-day reserves

Rücklagen *fpl* **angreifen** (Fin) to eat into reserves

Rücklagenauflösung *f*
(ReW) dissolution
– liquidation
– retransfer
– reversal . . . a reserve

Rücklagen *fpl* **bilden**
(ReW) to accumulate
– to build up
– to set up . . . reserves

Rücklagenbildung *f* (ReW) forming/setting up . . . reserves

Rücklagen *fpl* **dotieren** (ReW) to add to/transfer to . . . . . . reserves

Rücklagendotierung *f*
(ReW) allocation/transfer . . . to reserves
– funding of reserves

Rücklagen *fpl* **stärken**
(ReW) to strengthen reserves
– (infml) to beef up reserves

Rücklagenzuweisung *f* (ReW) allocation/transfer . . . to reserves

Rücklage *f* **speisen** (ReW) to fund a reserve

Rücklage *f* **umwandeln** (ReW) to retransfer a reserve

rückläufig
(com) declining
– decreasing
– dropping
– falling
– going down
– lowering *(ie, all general terms)*
– flagging *(ie, less stiff)*
– sagging
– softening
– weakening
– dipping *(ie, slightly)*
– slipping *(ie, smoothly)*
– plunging *(ie, suddenly)*
– plummeting *(ie, steeply and suddenly)*
– tumbling *(ie, rapidly)*
rückläufige Konjunktur *f* (Vw) declining economic activity
rückläufige Marktentwicklung *f* (com) declining market
rückläufiger Aktienmarkt *m*
(Bö) shrinking
– receding
– soft . . . market
rückläufiger Markt *m* (com) receding market
rückläufige Tendenz *f* (com) declining trend
rückläufige Überweisung *f* (Fin) = Einzugsverfahren
rückläufige Umsatzentwicklung *f* (com) falling sales
Rücklaufquote *f*
(Mk) number of responses
– response rate
Rücklaufschrott *m* (IndE) return (*or* home) scrap
Rücklauf *m* **wegen unzureichender Lösungen** (Bw) failure cycles
Rücklieferung *f* (com) return delivery (*or* shipment)
Rücklizenzklausel *f* (Pat, US) license grant-back provision
Rückmeldung *f*
(EDV) acknowledgment
(ie, confirming receipt of a message; syn, Bestätigungsmeldung)
Rücknahme *f*
(Fin) redemption
– repurchase
Rücknahme *f* **der Zulassung** (ReW) revocation of license to practice, § 11 WPO
Rücknahmegarantie *f* (Fin) repurchase guaranty
Rücknahmegebühr *f*
(Fin) performance fee
(ie, von Investmentgesellschaften; an den Wertzuwachs gebunden)
Rücknahmekurs *m*
(Fin) redemption price
(Fin) cash-in (*or* call) price
(Fin) net asset value *(ie, in investmend funds)*
Rücknahmen *fpl* (Fin) repurchases
Rücknahmepreis *m*
(Fin, GB) bid price
– buying price
(ie, von Anteilen der ‚unit trusts')
(Fin) repo rate
Rücknahmesätze *mpl*
(Fin) buying rates
(ie, paid by the Bundesbank for money market paper; opp, Abgabesätze)
Rücknahmewert *m* (Bö) bid value
Rückporto *n* (com) return postage
Rückprämie *f*
(Bö) put
– put option
– premium for the put
– put premium
(Vers) return premium
Rückprämie *f* **mit Nachliefern** (Bö) put of more
Rückprämiengeschäft *n*
(Bö) put
(Bö) trading in puts
Rückprämienkurs *m* (Bö) put price
Rückprämie *f* **verkaufen** (Bö) to give for the put
rückrechnen (Fin) to book (bills) as unpaid
Rückrechnungen *fpl* (Fin) bookings of unpaid checks
Rückrechnungsverfahren *n* (ReW) application of grossing-up procedure
Rückrechnung *f* **von brutto auf netto** (com) netback
Rückreise *f* **e–s Schiffes** (com) return voyage
Rückruf *m*
(com) recall
– callback
(ie, of defective products)
Rückrufaktion *f*
(com) recall action
(eg, automobiles)
Rückrufanzeige *f* (com) recall notice
rückrufen
(com) to call back
(ie, by phone)
(com) to call in
(ie, defective parts)
Rückrufmodem *n* (EDV) callback modem
Rucksackproblem *n* (OR) Knapsack problem
Rückschaltzeichen *n* (EDV) shift-in character, SI
Rückscheck *m*
(Fin) returned check *(syn, Retourscheck)*
Rückscheckkonto *n* (Fin) returned checks account
Rückschein *m*
(com) return receipt
– (GB) advice of receipt, A.R.
– advice of delivery
Rückschlag *m* (com) setback
Rückschlag *m* **erleiden** (com) to suffer a setback
Rückschleusung *f* **von Geldern** (Fin) recycling of funds
Rückschlußwahrscheinlichkeit *f* (Stat) inverse probability
Rückseite *f*
(com) „on the reverse side"
– (GB) „overleaf"
Rücksendung *f* (com) return cargo (*or* shipment)
Rücksendungen *fpl*
(com) returns
– sales returns
– returned sales (*or* purchases)
– goods returned
Rücksetzen *n*
(EDV) reset
(EDV) backspace

rücksetzen
(EDV) to reset
(EDV) to backspace
Rücksetzen *n* **um e–n Abschnitt** (EDV) rewind tape mark
Rückspesen *pl* (com) back charges
Rücksprung *m* (EDV) return/backward . . . jump
Rücksprungadresse *f* (EDV) = Rückkehradresse
Rücksprungstelle *f* (EDV) reentry point
rückspulen (EDV) to rewind
Rückstände *mpl* (Fin) arrears
rückständige Dividende *f* (Fin) dividend in arrears
rückständige Lieferung *f* (com) overdue delivery
rückständige Miete *f* (com) back rent
rückständige Prämie *f* (Vers) overdue premium
rückständige Rate *f* (Fin) back installment
rückständige Steuern *fpl* (StR) delinquent (*or* unpaid) taxes
rückständige Tilgungszahlungen *fpl* (Fin) redemption arrears
rückständige Zinsen *mpl* (Fin) back interest
rückstellen
(ReW) to accrue
(EDV) to reset
– to clear *(ie, restore a memory device to a prescribed state, usually that denoting zero)*
Rückstellung *f* **auflösen**
(ReW) to dissolve

Rückstellungen

Rückstellungsart (§ 249 HGB)	Voraussetzung	Handels- und steuerrechtliche Zulässigkeit	Beispiel
Rückstellung für ungewisse Verbindlichkeiten	Rechtliche, wirtschaftliche oder sittliche Verpflichtung gegenüber einem Dritten	Passivierungspflicht	Steuer-, Prozeßkosten-, Pensions-, Garantierückstellung
Rückstellung für drohende Verluste aus schwebenden Geschäften	Potentieller Verlust aus einem Vertrag, der von beiden Seiten erst in der nächsten Periode zu erfüllen ist	Passivierungspflicht (Ausnahme: Verbot für allgemeine kalkulatorische Wagnisse)	Termingeschäftsrückstellung
Rückstellung für unterlassene Instandhaltung	Im abzurechnenden Geschäftsjahr begründet und in den ersten drei Monaten des folgenden Geschäftsjahres nachzuholen	Passivierungspflicht	Instandhaltungsrückstellung
	im abzurechnenden Geschäftsjahr begründet und im folgenden Geschäftsjahr nach dem Dreimonatszeitraum nachzuholen	Passivierungswahlrecht steuerlich: Passivierungsverbot	
Rückstellung für Abraumbeseitigung	Im abzurechnenden Geschäftsjahr begründet und im folgenden Geschäftsjahr nachzuholen	Passivierungspflicht	Rückstellung für Gruben- und Schachtversatz
Rückstellung für Gewährleistungen ohne rechtliche Verpflichtung	Aufgrund von in der Vergangenheit erbrachten Kulanzleistungen muß auch mit Kulanzleistungen in der Zukunft gerechnet werden	Passivierungspflicht	Kulanzrückstellung
Rückstellung für in ihrer Eigenart genau umschriebene Aufwendungen	Dem abzurechnenden oder einem früheren Geschäftsjahr zuzuordnender Aufwand ist wahrscheinlich sicher, aber hinsichtlich Höhe und Zeitpunkt unbestimmt	Passivierungswahlrecht steuerlich: Passivierungsverbot	Aufwandsrückstellung

Quelle: Dichtl/Issing, Vahlens Großes Wirtschaftslexikon, München [2]1993, Bd. 2, S. 1837.

– to liquidate
– to retransfer
– to reverse . . . a reserve

Rückstellung *f* **bilden**
(ReW) to establish
– to form
– to set up . . . a liability reserve
– to accrue a reserve

Rückstellungen *fpl*
(ReW) accruals
– accrued liabilities
– liability reserves
– provisions
– operating reserves
– withheld accounts
– reserve for uncertain liabilities and anticipated losses
(ReW, EG) provision for liabilities and charges
(ie, Rückstellungen sind Passivposten mit dem Zweck, Aufwendungen, deren Existenz od Höhe am Abschlußstichtag noch nicht sicher sind [reasonably forseeable and uncertain in amount] und die erst später zu e–r Auszahlung führen, der Periode der Verursachung zuzurechnen; § 249 I, II 1 HGB entspricht § 152 VII 1, 3 aF AktG; er anerkennt abschließend fünf Fälle von Rückstellungen; cf, Übersicht S. 735)

Rückstellungen *fpl* **für Wechselhaftung** (ReW) reserves for liabilities under drafts or bills of exchange, § 103 a BewG

Rückstellung *f* **für Bürgschaftsverpflichtungen**
(StR) reserve for guaranties

Rückstellung *f* **für drohende Verluste aus schwebenden Geschäften**
(ReW) reserve for anticipated losses related to incomplete contracts
(ie, arising in ventures or in trade abroad, § 249 I HGB)

Rückstellung *f* **für Eventualverbindlichkeiten**
(ReW) = Rückstellung für ungewisse Verbindlichkeiten

Rückstellung *f* **für Gewährleistungen** (ReW) reserve for warranties, § 249 HGB

Rückstellung *f* **für Haftungsverpflichtungen** (StR) reserve for third-party liability commitments

Rückstellung *f* **für künftig fällige Provisionen** (StR) reserve for accrued commissions

Rückstellung *f* **für Länderrisiko**
(Fin) basket provision
(ie, fixed percentage of bank loans to all problem countries together)

Rückstellung *f* **für mögliche Verluste am Vorratsvermögen** (ReW) reserve for possible future losses on inventories

Rückstellung *f* **für Patentverletzungen** (StR) reserve for patent infringements

Rückstellung *f* **für Preisnachlässe** (StR) reserve for price reductions, § 103 a BewG

Rückstellung *f* **für Steuerzahlungen**
(StR) reserve for accrued taxes
(ie, determined during a future tax audit)

Rückstellung *f* **für uneinbringliche Forderungen**
(ReW) reserve (*or* allowance) for bad debts

Rückstellung *f* **für ungewisse Verbindlichkeiten**
(ReW) reserve for contingencies, § 249 HGB

Rückstellung *f* **für unterlassene Aufwendungen für Instandhaltung** (ReW) reserve for deferred repairs and maintenance, § 249 HGB

Rückstellung *f* **für verjährte Verbindlichkeiten**
(ReW) provision for statute-barred liabilities

Rückstellung *f* **im Kreditgeschäft** (Fin) provision for possible loan losses

Rückstellung *f* **wegen Bergschäden** (StR) reserve for mining damage

rückstufen (com) to downgrade

Rückstufung *f* **von Arbeitsplätzen**
(Pw) downgrading of jobs
– dilution of labor

Rücktaste *f*
(EDV) backspace
– backspacer

Rücktritt *m*
(Re) repudiation (of)
– rescission (of)
– withdrawal (from) . . . contract
(Pw) retirement from office

Rücktrittsberechtigter *m* (Re) rescinding party, § 350 BGB

Rücktrittserklärung *f*
(Re) notice of rescission (*or* withdrawal), § 349 BGB
(Re) advice of cancellation

Rücktrittsklausel *f*
(Fin) market-out clause
(ie, permitting withdrawal from a management group if there should be a material adverse change in the secondary market)

Rücktrittsrecht *n*
(Re) right to claim rescission of contract
– right to rescind a contract, §§ 346 ff BGB
(ie, English law does not provide any close parallel)

Rücktrittsvorbehalt *m*
(Re) reservation of right to terminate *(ie, a contract)*

Rücktritt *m* **vom Vertrage** (Re) rescission of contract, § 346 BGB

Rückübersetzung *f* (com) back translation

rückübertragen (ReW) to retransfer

Rückübertragung *f*
(ReW) retransfer
(Re) reassignment
(Pat, US) assignment back

Rückumschlag *m* (com) business reply envelope

Rückvalutierung *f* (Fin) backvaluation

rückvergüten
(com) to refund
– to reimburse

Rückvergütung *f*
(com) refund
– reimbursement
(Zo) customs drawback
(Vers) surrender value *(cf, Rückkaufswert)*

rückversetzen (Pw) to transfer back

Rückversicherer *m*
(Vers) reinsurer
– reinsurance company
– accepting company
– (GB) reassurance company
(syn, Zessionar; opp, Erstversicherer, Zedent)

Rückversichererkette *f* (Vers) string of reinsurers
rückversichern
(Vers) to reinsure
– to buy (*or* effect) reinsurance
– to cede
Rückversicherung *f*
(Vers) reinsurance
– (GB) reassurance
(ie, ein Versicherer versichert sich bei e–m anderen Versicherer gegen Vermögensschäden; Partner sind:
1. Erstversicherer (Direktversicherer, Zedent);
2. Rückversicherer (Zessionar);
Einteilung nach vertragsrechtlichen Kriterien: proportionale/nichtproportionale Rückversicherung; syn, Reassekuranz; cf, Übersicht unten)
(Vers) reinsurance company
– reinsurer
Rückversicherung *f* **mit Selbstbehalt des Erstversicherers**
(Vers) participating
– pro rata
– share . . . reinsurance
Rückversicherungskonsortium *n* (Vers) reinsurance syndicate
Rückversicherungsmakler *m* (Vers) reinsurance broker
Rückversicherungsmarkt *m* (Vers) reinsurance/secondary . . . market
Rückversicherungsnachweis *m* (Vers) certificate of reinsurance
Rückversicherungsoption *f* (Vers) facultative reinsurance
Rückversicherungspolice *f* (Vers) reinsurance policy
Rückversicherungspool *m* (Vers) reinsurance pool
Rückversicherungsprämie *f* (Vers) reinsurance premium
Rückversicherungsquote *f* (Vers) reinsurance quota share
Rückversicherungsschutz *m* (Vers) reinsurance protection
Rückversicherungsvertrag *m* (Vers) reinsurance contract
rückwälzen
(FiW) to backshift
– to pass backward *(ie, taxes)*
Rückwälzung *f*
(FiW) backshifting
(ie, of taxes; opp, Vorwälzung = forward shifting)
Rückwälzung *f* **von Steuern** (FiW) backshifting of taxes
Rückwaren *fpl* (com) goods/merchandise . . . returned
Rückwärtsentwicklung *f*
(EDV) reverse engeneering *(ie, reconstruction of source code; eg, by using a disassembler, qv; syn, Zurückentwicklung)*
Rückwärtsintegration *f*
(Bw) backward integration *(opp, Vorwärtsintegration)*
Rückwärtsproduktion *f*
(IndE) reverse production
(ie, Ziel: alle verwendeten Rohstoffe wiedergewinnen und der Produktion zuführen)
Rückwärtsrichtung *f*
(EDV) reverse direction flow
(ie, in flowcharting)
Rückwärtsschrittzeichen *n*
(EDV) backspace character, BS
– back-arrow
Rückwärtssteuerung *f*
(EDV) backward supervision
(ie, control signals sent from slave to master station)
Rückwärtsterminierung *f*
(com) back scheduling
(IndE) offsetting
Rückwärtsverkettung *f*
(EDV) backward chaining
(ie, zielgesteuerte Inferenz; opp, Vorwärtsverkettung)
Rückwärtsvorschub *m* (EDV) reverse feed

Einteilung der Rückversicherung nach versicherungstechnischen Kriterien

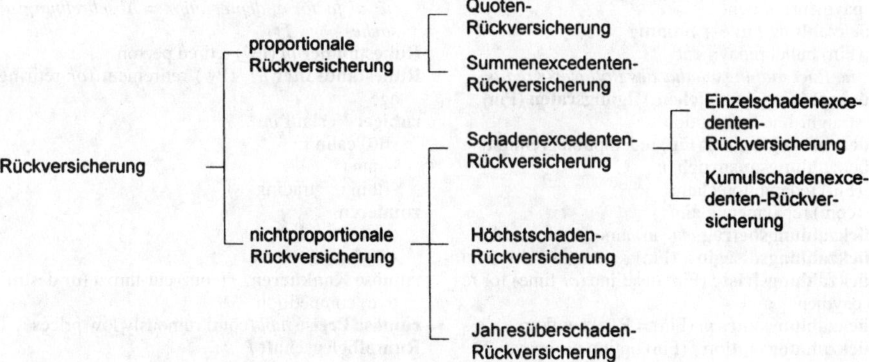

Quelle: Dichtl/Issing, Vahlens Großes Wirtschaftslexikon, Bd. 2, München [2]1993, S. 1838.

Rückwechsel *m*
(Fin) redrafted bill
– redraft
– re-exchange
(syn, Ricambio, Ricambiowechsel)
rückwirkend bewilligen (com) to grant with retroactive effect
rückwirkende Lohnerhöhung *f*
(Pw) retroactive pay rise
– (GB) back-dated pay rise
rückwirkendes Gesetz *n*
(Re) retrospective
– retroactive
– ex post facto . . . law
rückwirkend in Kraft treten (Re) to take effect retroactively
rückwirkend in Kraft treten lassen (Re) to backdate
rückwirkend vom . . . (Re) retroactively as of . . .
Rückwirkung *f*
(Re, StR) retroactive (*or* retrospective) effect *(ie, of legal provisions)*
Rückwirkungsfreiheit *f* (EDV) absence of reaction
rückzahlbar
(Fin) refundable
– repayable
– redeemable
rückzahlen (com) to pay back
Rückzahlung *f*
(com) refund
– repayment
(Fin) redemption
– payoff
– sinking
– amortization
Rückzahlung *f* **aufschieben** (Fin) to defer repayment
Rückzahlung *f* **bei Endfälligkeit**
(Fin) final redemption
– redemption at term
Rückzahlung *f* **des Kapitals** (Fin) repayment of principal
Rückzahlung *f* **durch Auslosung** (Fin) drawing
Rückzahlung *f* **e–r Anleihe** (Fin) repayment (*or* retirement) of a loan
Rückzahlung *f* **e–r Schuld** (Fin) extinction (*or* repayment) of debt
Rückzahlung *f* **in e–r Summe**
(Fin) bullet repayment
(ie, Rückzahlungsmodus des Rollover-Kredits)
Rückzahlung *f* **in gleichen Tilgungsraten** (Fin) straight-line redemption
Rückzahlungsagio *n* (Fin) redemption premium
Rückzahlungsanspruch *m*
(Fin) redemption claim
(com) repayment claim
Rückzahlungsbetrag *m* (Fin) amount repayable
Rückzahlungsdisagio *n* (Fin) redemption discount
Rückzahlungsfrist *f* (Fin) deadline (*or* time) for repayment
Rückzahlungskurs *m* (Fin) = Rückkaufkurs
Rückzahlungsoption *f* (Fin) option of repayment
Rückzahlungsprämie *f* (Fin) redemption premium
Rückzahlungsprovision *f* (Fin) redemption commission
Rückzahlungsrendite *f*
(Fin) yield to maturity
– (GB) maturity yield
(ie, rate of return when investment is retained until maturity; proper calculation of annual return)
Rückzahlungssperrfrist *f* (Re) blocking period for repayment
Rückzahlung *f* **staatlicher Zuschüsse** *mpl* (Fin) relpayment of government grants
Rückzahlungstermin *m*
(Fin) date of repayment
– date of redemption
– deadline for repaying
– maturity date
Rückzahlungswert *m* (Fin) redemption value
Rückzahlung *f* **zum Nennwert** (Fin) redemption at par
Rückzoll *m*
(Zo) customs drawback
(ie, on the duties upon re-exporting)
Rückzollschein *m* (Zo) customs debenture
Rufanlage *f* (com) paging system
Rufgerät *n*
(com) pager
– (infml) beeper (= Piepser)
Rufnummer *f*
(com) phone number
– dial sequence
Rügefrist *f* (Re) time limit for lodging a complaint
Ruhegehalt *n*
(SozV) public-service pension
– retirement pension (*or* pay)
– retired pay
ruhegehaltsfähige Dienstbezüge *pl* (SozV) pensionable pay
ruhegehaltsfähige Dienstzeit *f* (SozV) length of pensionable public employment (*or* service)
ruhegehaltsfähige Einkünfte *pl* (SozV) pensionable earnings
Ruhegeld *n*
(SozV) = Altersruhegeld
(Pw) supplementary retirement pay
ruhende Konten *npl* (ReW) inactive accounts
ruhender Verschleiß *m*
(ReW) disuse
– loss of utility through action of the elements
(ie, as factor of depreciation = Abschreibungsursache)
Ruheständler *m* (Pw) retired person
Ruhestandsalter *n* (Pw) retirement (*or* retiring) age
ruhiger Verlauf *m*
(Bö) calm
– quiet
– thin . . . trading
ruinieren
(com) to ruin
– (infml) to break
ruinöse Konkurrenz *f* (com) cut-throat (*or* destructive) competition
ruinöse Preise *mpl* (com) ruinously low prices
Rumpfbelegschaft *f*
(Pw) skeleton staff
(eg, during the vacation down-close of businesses)

Rumpfgeschäftsjahr *n*
(com) short/incomplete . . . business year
(opp, Vollgeschäftsjahr)

Rumpfleiste *f*
(EDV) body group
(ie, generic name for a report group of TYPE DETAIL, CONTROL HEADING or CONTROL FOOTING; cf, DIN 66 028, Aug 1985)

Rumpfwirtschaftsjahr *n* (StR) short fiscal year

runde Klammern *fpl* (Math) parentheses (sg, -sis)

runderneuern
(IndE) to retread
– to recap
(Pw, infml) to retread

Rundfahrtproblem *n* (OR) traveling salesman problem

Rundruf *f* (EDV) broadcast

Rundschreiben *n*
(com) circular
– circular letter
– (infml) mail shot

Rund-um-die-Uhr-Handel *m*
(Bö) all day trading
– 24-hour trading . . . system/link

Rundungsfehler *m* (Math) rounding error

Rundverfügung *f* (StR) circular issued by federal and state ministers of finance, and other high administrative agencies

run in *v* (com, GB) einfahren *(syn, to break in)*

Rüstkosten *pl*
(KoR) preproduction cost
– cost of change-over

Rüstprozesse *mpl* (IndE) preproduction measures
(ie, to prepare tools and machines)

Rüstungsauftrag *m* (com) defense contract

Rüstungsindustrie *f* (com) defense/arms . . . industry

Rüstungslieferant *m* (com) defense contractor

Rüstungsunternehmen *n*
(com) arms maker
– armaments manufacturer
– (US) defense contractor

Rüstzeit *f*
(IndE) change-over time
– make-ready time
– setup time
– tear-down time

Rüstzeit *f* **nach Arbeitsschluß** (IndE) shut-down time

RV (Vers) = Rückversicherung

S

Saatgut *n* (com) seeds
Sabotage *f*
(Bw) sabotage *(ie, underhand interference with work)*
Sachanlagebuch *n* (ReW) plant (*or* property) ledger
Sachanlagekonto *n* (ReW) fixed asset account
Sachanlagen *fpl*
(ReW) tangible (fixed) assets
(ReW) property, plant, and equipment
(ReW) plant and equipment
Sachanlagenintensität *f* (Bw) ratio of tangible fixed assets to total assets
Sachanlageninvestition *f* (Fin) capital expenditure
Sachanlagen *fpl* **und immaterielle Anlagewerte** *mpl*
(ReW) property, plant, equipment and intangible assets
Sachanlagenzugänge *mpl* (ReW) fixed asset additions
Sachanlagevermögen *n*
(ReW) tangible fixed assets
(ie, all movable and immovable physical assets; opp, immaterielle Güter des Anlagevermögens, Beteiligungen, Finanzanlagen = intangible fixed assets, trade and financial investments)
Sachaufwand *m*
(Fin) operating expenses
(FiW) operating expenditure
Sachaufwendungen *mpl*
(StR) tangible benefits *(ie, granted to employees)*
Sachausschüttung *f* (Fin) distribution in kind
Sach-Bargründung *f* (Re) formation of a company on a combined basis of cash and noncash contributions
Sachbearbeiter *m*
(com) person in charge (of)
– person handling . . .
– operative employee
(Re) official in charge (of)
(ie, this German catch-all term requires a context-linked translation; he/she is found in private businesses no less than in administrative agencies)
Sachbefugnis *f*
(Re) accrual of substantive claim to plaintiff
(ie, term is an extension of ‚Aktivlegitimation' = capacity to sue, § 50 ZPO; syn, Sachlegitimation)
Sachbeschädigung *f* (Re) damage (*or* injury) to property, § 303 StGB
Sachbesteuerung *f*
(FiW) taxation of specific property *(syn, Objekt- od Realbesteuerung)*
sachbezogen (Bw) task oriented
Sachbezüge *pl*
(Pw) remuneration in kind
– nonmonetary compensation
Sachbezugsverordnung *f* (SozV) Ordinance Regulating the Value of Tangible Benefits for the Purposes of Social Security, as of 1978
Sachdarlehen *n*
(Fin) loan in terms of fungible goods
(cf, § 607 BGB; eg, Wertpapiere, Edelmetalle, Rohstoffe und sonstige leicht handelbare Güter; opp, Gelddarlehen)
Sachdepot *n* (Fin) security deposit
Sachdepotbuch *n* (Fin) register of security deposits
Sachdividende *f*
(Fin) dividend in kind
– asset
– commodity
– property . . . dividend
(opp, Bardividende = cash dividend)
Sache *f*
(Re) corporeal thing, § 90 BGB *(ie, includes liquids and gases)*
Sacheinlage *f*
(Bw) capital subscribed in kind
– contribution in kind
– non-cash capital contribution
– contribution other than cash
(ie, Vermögensgegenstand wird als Gegenleistung für Aktien eingebracht; syn, Apport, Illation; opp, Geldeinlage = cash contribution)
Sacheinlageaktie *f* (Fin) non-cash share
Sachenmehrheit *f* (Re) plurality of things
Sachenrecht *n*
(Re) law of (real and personal) property
(ie, third book of German Civil Code, §§ 854–1296 BGB; must be read in conjunction with the first book of the Code dealing with things, §§ 90 ff BGB)
Sachenrechte *npl*
(Re) rights in respect of corporeal things
(eg, property, usufruct, servitudes, etc.; syn, dingliche Rechte)
sachenrechtliche Übertragung *f* (WeR) transfer by agreement and delivery
sachenrechtliche Wertpapiere *npl*
(WeR) securities evidencing property rights
(eg, mortgage deed, land charge deed)
Sache *f* **zurückverweisen** (Re) to remand a case, § 126 III FGO
Sachfirma *f*
(Re) firm name derived from the object of the enterprise
(ie, muß dem satzungsmäßigen Gegenstand des Unternehmens entlehnt sein)
Sachgebiet *n*
(com) functional area
– (special) field
(Log) subject area
sachgemäßer Gebrauch *m* (Re) proper use
sachgerechte Bewertung *f* (ReW) proper evaluation
Sachgesamtheit *f*
(Re) conglomeration of property
– aggregate of things
(ReW) group of assets

Sachgesellschaft *f*
(Vers) property insurance company *(opp, Lebensversicherer = life insurer)*

Sachgründung *f*
(Bw) formation of a company on the basis of non-cash contributions or asset acquisition
(ie, zwei Formen: Sacheinlagen und Sachübernahmen; cf, § 27 2 AktG)

Sachgründungsbericht *m* (Re) non-cash contribution report

Sachgüter *npl*
(Bw) nonmonetary assets
– physical assets
– tangible assets

Sachgüterproduktion *f*
(Bw) production of physical goods *(ie, Produktion i.e.S.)*

Sachinbegriff *m* (Re) conglomeration of property

Sachinvestition *f*
(Fin) real investment
(FiW) spending (*or* expenditure) on fixed assets
(ie, Investition in das Sachanlage- und Vorratsvermögen; syn, Realinvestition)

Sachkapital *n*
(Vw) real (*or* nonmonetary) capital *(syn, Realkapital)*

Sachkapitalerhöhung *f* (Fin) increase of noncash capital, §§ 183, 194, 205 ff AktG

Sachkontenschlüssel *m* (ReW) general ledger account code

Sachkonto *n*
(ReW) impersonal
– nonpersonal
– general ledger . . . account
(syn, Hauptbuchkonto; opp, Personenkonto = personal account)
(Fin) impersonal account

Sachkontonummer *f* (ReW) general ledger account number

Sachkosten *pl* (ReW) cost of materials

Sachkredit *m*
(Fin) collateral loan *(opp, Personalkredit)*

Sachkunde *f*
(com) competence
– professional expertise
– technical expertise

Sachlegitimation *f* (Re) = Sachbefugnis

Sachleistung *f* (com) allowance/benefit . . . in kind

Sachleistungen *fpl*
(com) payment in kind
(Re) contribution in kind
– non-cash capital contributions
(SozV) benefits in kind
– benefits other than money
– non-cash benefits
– in-kind benefits

Sachleistungsvertrag *m* (Re) contract for the supply of goods and services

sachlich differenzierte Exportförderung *f* (AuW) export promotion restricted to specified range of commodities

sachliche Abgrenzung *f* (ReW) allocation of expense unrelated to the operational purpose

sachliche Befreiung *f* (Re) exemption in relation to a subject matter

sachliche Entscheidung *f* (com) objective decision

sachlicher Anwendungsbereich *m* (Re) scope (of application)

sachliche Richtigkeit *f* (com) substantive accuracy (*or* correctness)

sachlicher Irrtum *m* (Re) mistake of fact

sachlicher Verteilzeitzuschlag *m* (IndE) contingency allowance

sachliche Verflechtung *f* (StR) close economic connection

sächliche Verwaltungsausgaben *fpl* (FiW) non-personnel administrative expenditure

sachliche Zuständigkeit *f*
(Re) subject-matter jurisdiction
(ie, power of a court to hear a particular dispute; opp, personal jurisdiction)

sachlich gerechtfertigter Grund *m* (Re) justifiable cause

sachlich zuständig (com) functionally competent

Sachlohn *m*
(Pw) wages (*or* compensation) in kind *(syn, Naturallohn)*

Sachmangel *m*
(Re) redhibitory defect (*or* vice)
(ie, defect in an article against which the seller is contractually bound to warrant)

Sachmängelhaftung *f*
(Re) liability for defects, §§ 459 ff BGB
– warranty of quality

Sachmittel *pl* (Bw) physical resources

Sachmittelanalyse *f* (Bw) analysis of physical resources

Sachpatent *n*
(Pat) product patent *(syn, Erzeugnispatent, qv)*

Sachrückversicherung *f* (Vers) property reinsurance

Sachschaden *m*
(Re) damage to property
– injury to property
– physical damage
(Vers) loss of property

Sachschäden-Haftpflichtversicherung *f* (Vers) property-damage liability insurance

Sachschadenrisiko *n* (Vers) property risk

Sachschadenversicherung *f* (Vers) property damage insurance

Sachsicherheit *f*
(Re) collateral security
– (old use) real security
(ie, gewährt das dingliche Recht, sich aus Sachen, Forderungen od sonstigen Rechten, insbes im Konkurs und bei Pfändungen bevorzugt zu befriedigen; Einteilung: 1. Pfandrecht (§§ 1204–1296 BGB), 2. Sicherungsübereignung (§§ 929–936 BGB), 3. Sicherungsabtretung (§§ 398–413 BGB), 4. Grundpfandrechte (§§ 1113–1203 BGB); opp, Personalsicherheit, qv)

Sachsteuer *f*
(FiW) tax imposed on an object *(eg, on a parcel of real property, or a conglomeration of property, such as a business; syn, Objektsteuer, Realsteuer)*

Sachübernahme *f* (Re) aquisition of assets upon formation, § 27 AktG

Sach- und Dienstleistungskosten *pl* (ReW) cost of materials and services

Sachvergütung *f* (Pw) payment in kind
Sachverhalt *m*
(Re) facts
(Re) factual frame
Sachvermögen *n*
(Vw) fixed capital *(syn, Realvermögen)*
(ReW) non-financial assets
Sachvermögensbildung *f*
(Vw) productive investment
– investment in fixed assets and inventories
– formation of material wealth
(opp, financial investment)
Sachversicherer *m* (Vers) property insurance company
Sachversicherung *f*
(Vers) business
– commercial
– non-life
– property . . . insurance
Sachverstand *m*
(com) (analytic) expertise
– expert knowledge
– skill of an expert
Sachverständigenausschuß *m* (com) expert committee
Sachverständigenbeirat *m* (Vw) advisory council of experts
Sachverständigen *m* **bestellen** (com) to appoint an expert
Sachverständigengruppe *f* (com) brainstorming trust
Sachverständigengutachten *n*
(com) expert opinion
– expert's report
– expertise
Sachverständigen *m* **hinzuziehen**
(com) to call in/consult . . . an expert
– to employ the services of an expert
Sachverständigenrat *m* (Vw) German Council of Economic Experts
Sachverständigen-Zeuge *m* (Re) expert witness
Sachverständiger *m*
(com) expert
– outside expert
– special expert
(Vers) appraiser
– valuer
(Pat) person skilled in the art
Sachwalter *m* (Re) trustee of creditors, § 91 VerglO
Sachwert *m*
(com) physical (*or* tangible) asset
(StR) asset value *(ie, standard of value applied to ‚sonstige bebaute Grundstücke' = other improved properties, §§ 83 ff BewG)*
(Fin) intrinsic value
Sachwertanleihe *f*
(Fin) commodity-based loan
(ie, secured by staples like potash, coal, timber, sugar; in Germany between 1922 and 1924)
Sachwertdividende *f* (Fin) = Sachdividende
Sachwerte *mpl*
(Vw) real assets
(Fin) resource-based assets
(eg, investors sought . . .)
Sachwertklausel *f* (com) = Warenpreisklausel
Sachwertschwankungen *fpl* (ReW) fluctuations in real value
Sachwertverfahren *n*
(StR) asset value method
(ie, aggregate tentative values for land, buildings, and other improvements are corrected to arrive at the fair market value of the entire property, §§ 83 ff BewG)
Sachwortverzeichnis *n*
(EDV) index
(ie, list of contents in a file; eg, in Unix)
Sachwucher *m* (Re) = Leistungswucher
Sachziel *n*
(Bw) substantive goal *(opp, Formalziel = formal objective)*
sachzielorientiertes Verhalten *n* (Bw) task-oriented behavior
Sack *m* (com) bag
Sackgasse *f*
(com) dead end *(eg, come to a . . . in our efforts to reach an agreement)*
– deadlock
– impasse
Safe *m/n* **mieten** (Fin) to rent a safe deposit box
Safevertrag *m* (Fin) safe deposit box agreement
saftige Preise *mpl* (com, sl) fishy prices
Saftladen *m*
(com, sl) dump
(ie, inefficiently run business establishment)
Saisonabweichung *f* (Stat) = Saisonschwankung
saisonal bereinigen
(Stat) to adjust seasonally
– to deseasonalize
saisonale Arbeitslosigkeit *f* (Vw) seasonal unemployment
saisonale Auskehrung *f*
(FiW) hurry-up spending
(ie, der öffentlichen Kassen; syn, Kassenfeger, Dezemberfieber)
saisonale Schwankung *f* (Stat) = Saisonschwankung
Saisonarbeit *f* (Pw) seasonal work
Saisonarbeiter *m* (Pw) seasonal worker
Saisonarbeitslosigkeit *f* (Vw) = saisonale Arbeitslosigkeit
Saisonartikel *mpl* (com) seasonal goods (*or* articles)
Saisonausverkauf *m* (com) = Saisonschlußverkauf
saisonbedingter Aufschwung *m* (Vw) seasonal recovery
saisonbereinigt (Stat) seasonally adjusted
Saisonbereinigung *f*
(Stat) seasonal adjustment
(ie, Methoden zur Eliminierung der Saisonkomponente e–r Zeitreihe)
Saisonbetrieb *m*
(com) seasonal enterprise
(eg, Konservenfabriken, Brauereien)
Saisonbewegung *f* (Stat) = Saisonschwankung
Saisonindex *m*
(Stat) seasonal index
(ie, Unterbegriffe: Monatsdurchschnittsverfahren, Gliedziffernverfahren, Verfahren der Saisonnormalen)
Saisonkoeffizient *m* (Stat) seasonal coefficient

Saisonkorridor *m* (Stat) high-low graph
Saisonkredit *m*
(Fin) seasonal credit
(ie, granted to farming and fishery establishments, etc.)
Saisonschlußverkauf *m*
(com) end-of season clearance sale
(ie, at reduced prices)
Saisonschwankung *f* (Stat) seasonal variation
Saisonwanderung *f* (Stat) seasonal migration
Saisonwaren *fpl* (com) seasonal products
Saisonwerbung *f* (Mk) seasonal advertising
Saison-Zahl *f* (Stat) seasonal average
säkulare Inflation *f* (Vw) secular inflation
säkularer Trend *m* (Stat) secular trend
säkulare Stagnationstheorie *f* (Vw) theory of secular stagnation *(J. M. Keynes and A. Hansen)*
Säkulargleichung *f* (Math) secular equation
Saldenabstimmung *f* (ReW) balance reconciliation
Saldenaufstellung *f* (ReW) balance-of account statement
Saldenausgleich *m* (AuW) settlement of balance
Saldenbestätigung *f* (ReW) statement of balance
Saldenbilanz *f* (ReW) list of balances
Saldendatei *f*
(ReW) open item balance
– balance file
Saldenkarte *f* (ReW) balance card
Saldenkartei *f* (ReW) balance file
Saldenliste *f*
(ReW) list of current account balances
– account analysis report
Saldenprüfung *f* (ReW) balance control
Saldenspalte *f* (ReW) balance column
Saldenumbuchung *f* (ReW) carry forward
Saldenverrechnung *f* (ReW) balance setoff
Saldenvortrag *m* (ReW) trial balance brought forward
Saldieren *n*
(ReW) balancing out
– netting out
saldieren
(com) net out *v*
(ReW) to balance (out)
– to net out *(eg, accounts, debits and credits)*
Saldierungsverbot *n* (ReW) prohibition to offset accounts payable against accounts receivable
Saldierwerk *n*
(EDV) accumulator *(ie, electronic unit for performing arithmetic)*
Saldo *m*
(ReW) balance
– account balance
– balance of account *(pl, Salden)*
Saldoanerkenntnis *f* (Re) confirmation of balance
Saldo *m* **der amtlichen Verrechnungen** (AuW) official settlements balance
Saldo *m* **der Kapitalbilanzen** (VGR) balance of capital transactions
Saldo *m* **der laufenden Posten** (VGR) balance of current transactions
Saldo *m* **der laufenden Übertragungen** (VGR) net current transfers
Saldo *m* **der Leistungsbilanz** (VGR) balance on current account
Saldo *m* **der nicht erfaßten Posten und statistischen Ermittlungsfehler**
(VGR) net errors and omissions
(ie, on current and capital accounts)
Saldo *m* **der statistisch erfaßten Transaktionen**
(VGR) balance of recorded transactions
Saldo *m* **der statistisch nicht aufgliederbaren Transaktionen**
(VGR) balance of unclassifiable transactions
– accommodating (*or* balancing) items
– errors and omissions
(syn, Restposten der Zahlungsbilanz)
Saldo *m* **der Zahlungsbilanz**
(AuW) balance of payments surplus (*or* deficit, *as the case may be)*
– external balance
Saldovorbehalt *m* (Fin) = Kontokorrentvorbehalt, qv
Saldovortrag *m*
(ReW) balance carried forward
(ReW) balance brought forward
SAL-Pakete *npl* (com) SAL (surface air lifted) parcels
salvatorische Klausel *f*
(Re) separability
– severability
– saving . . . clause
(ie, die Klausel soll der Regelung des § 139 BGB entgegenwirken; sie verhindert jedoch keine Lükken im Vertragswerk; häufige Formulierung: „Sollte e–e dieses Vertrages unwirksam oder undurchführbar sein oder werden, so berührt dies die Wirksamkeit des Vertrages im übrigen nicht. Die Parteien verpflichten sich vielmehr, in einem derartigen Fall eine wirksame oder durchführbare Bestimmung an die Stelle der unwirksamen oder undurchführbaren zu setzen, die dem Geist und Zweck der zu ersetzenden Bestimmung so weit wie möglich entspricht." „Should any individual provision or any part of any provision be or become void, illegal or unenforceable, the validity of the remaining provisions hereof shall in no way be affected. In such case the void and/or illegal and/or unenforceable provision or provisions shall be replaced by relative provisions coming as close as possible to the sense and spirit and purpose of this Agreement.")
Salzsteuer *f* (StR) excise tax on salt
Sammelabschreibung *f*
(ReW) group depreciation
– composite-life method of depreciation
(ie, applying a single rate to a group of assets of the same general class = Gruppe gleichartiger Wirtschaftsgüter; syn, Pauschalabschreibung)
Sammelaktie *f*
(Fin) multiple share certificate
(ie, evidencing large share holding, not widely used in Germany; syn, Globalaktie)
Sammelanleihe *f*
(Fin) joint loan issue
(ie, floated by a number of municipalities)
Sammelanschluß *m* (com) private branch exchange
Sammelaufstellung *f* (com) collective list
Sammelauftrag *m* (Fin) bulk order

Sammelbehälter *m*
(MaW) accumulation/assembly . . . bin
(ie, for allocated materials = für auftragsbezogene Teile)
Sammelbeleg *m* (ReW) collective-entry voucher
Sammelbestand *m* (Fin) collective security holding
Sammelbestellung *f*
(com) collective order
(com) multi-copy order
(ie, of books)
Sammelbewertung *f*
(ReW) group valuation
(ie, of items similar in kind and price; syn, Gruppen-, Kollektivbewertung)
1. Durchschnittsmethode;
2. Verfahren nach § 256 HGB;
3. Lifo/Hifo-Methode [Reihenfolge der Anschaffung]
4. Kifo-Methode [nach wirtschaftlicher od rechtlicher Zugehörigkeit]
5. retrograde Ermittlung durch Abzug der Bruttospanne
Sammelbezeichnung *f* (com) catch-all category
Sammelblatt *n* (ReW) grouping sheet
Sammelbogen *m* (ReW) recapitulation sheet
Sammelbuch *n*
(ReW) general journal *(syn, Sammeljournal)*
Sammelbuchung *f* (ReW) compound entry
Sammeldepot *n* (Fin) collective custody account
(Fin) collective safe deposit
Sammeldepotkonto *n* (Fin) collective deposit account
Sammeleinkauf *m* (com) group buying
Sammelfaktura *f* (com) monthly billing
Sammelgenehmigung *f* (com) collective authorization
Sammelgeschäft *n* (Fin) block discounting
Sammelinkasso *n* (Fin) centralized/group . . . collection
Sammeljournal *n* (ReW) = Sammelbuch
Sammelkonnossement *n*
(com) grouped
– omnibus
– collective . . . bill of lading
Sammelkonto *n*
(ReW) summary
– absorption
– assembly
– control(ling)
– intermediate clearing . . . account
(Fin) suspense account *(cf, CpD-Konto)*
Sammelladung *f*
(com) consolidated shipment
– consolidation
– (GB) grouped/collective . . . consignment
– (GB) grouped shipment
– mixed/pooled . . . consignment
– joint cargo
Sammelladungen *fpl* **zerlegen** (com) to break bulk
(ie, said of consolidated shipments)
Sammelladungs-Frachtraten *fpl* (com) groupage rates
Sammelladungs-Konnossement *n* (com) combined (*or* groupage) bill of lading
Sammelladungsspediteur *m* (com) grouped consignment forwarder, § 413 HGB
Sammelladungsspedition *f* (com) grouped consignment forwarding
Sammelladungsverkehr *m* (com) groupage traffic
Sammelladungs-Zustelldienst *m* (com) consolidated package-delivery service
Sammelmappe *f* (com) loose-leaf binder
Sammelordner *m* (com) storage folder
Sammelpolice *f*
(Vers) general
– group
– package . . . policy
Sammelposten *m* (ReW) collective item
Sammelrechnung *f* (com) unit billing
Sammelschiene *f* (IndE) bus bar
Sammelsendung *f* (com) combined shipment
Sammelsurium *n* (com, infml) mixed bag
Sammeltarif *m* (com) group rate
Sammeltransport *m* (com) collective transport
Sammelüberweisung *f* (Fin) combined bank transfer
Sammelurkunde *f* (Fin) global certificate
Sammelversicherung *f* (Vers) group (*or* collective) insurance
Sammelversicherungsvertrag *m* (Vers) general (*or* group) policy
Sammelverwahrung *f*
(Fin) collective safekeeping
– (US) bulk segregation
Sammelweg *m*
(EDV) bus
– highway
– trunk
(syn, Bus, Pfad)
Sammelwertberichtigung *f*
(ReW) global value adjustment
– overall contingency reserve
(ie, set up to provide against contingent receivables losses; syn, Pauschaldelkredere; opp, Einzelwertberichtigung)
Sammelwertberichtigung *f* **auf Kredite** (ReW) global loan writeoff provision
Sandkastenmodell *n* (IndE) lilliputian model
Sanduhr *f* (EDV, GUI) hourglass *(indicates that system is busy and user has to wait; syn, Sanduhr-Mauszeiger)*
Sanduhr-Mauszeiger *m* (EDV, GUI) hourglass *(indicates that system is busy and user has to wait)*
sanfte Standortfaktoren *mpl*
(Bw) soft locational factors
(ie, Aspekte der Umweltqualität, des sozialen und kulturellen Umfeldes, des Freizeitwertes e–r Region)
sanieren
(Fin) to reorganize
– (GB) to reconstruct
(com, infml) to refloat
– to reforge
– to reshape
– to revamp
– to revitalize
– to put new life into
saniertes Baugebiet *n* (com) rehabilitated (*or* upgraded) area

Sanierung *f*
(Fin) capital reorganization
– (GB) (capital) reconstruction
(com, infml) rescue . . . operation/package
(ie, soll die Leistungsfähigkeit e–s Unternehmens wiederherstellen: reestablish the operational and/ or productive capacity of that company;
1. buchmäßige Sanierung (reine Sanierung) ohne Mittelzuführung: bookkeeping measures without the injection of new funds; includes the reduction of capital; § 222 et seq AktG and § 58 GmbHG;
2. Sanierung mit Zuführung von Mitteln: measures involving the injection of new funds; cumulative deficit is eliminated by a reduction of capital, and then new capital is injected by the issue of new shares; vgl. auch den Terminus ‚Reorganisation' im Rahmen der Insolvenzrechtsreform)
Sanierung *f* **der Rentenfinanzen** (SozV) consolidation of pension funds' finances
Sanierungsbilanz *f*
(ReW) (capital) reconstruction statement
– (GB) reconstruction accounts
Sanierungsbündel *n* (Fin) rescue package
Sanierungsdarlehen *n* (Fin) reorganization loan
Sanierungsfusion *f* (Kart, US) failing company merger *(cf, Sec 7 Clayton Act of 1914)*
Sanierungsgewinn *m*
(ReW) recapitalization gains
– reorganization surplus
(ie, ergibt sich buchmäßig durch den Verzicht von Gläubigern auf Forderungen; cf, hierzu § 3 No. 66 EStG)
Sanierungskonsortium *n*
(Fin) backing/reconstruction . . . syndicate *(syn, Auffangkonsortium)*
Sanierungskonzept *n*
(Bw) reconstruction concept
– recovery strategy
– rescue package
Sanierungskredit *m*
(Fin) reorganization loan
– (GB) reconstruction loan
Sanierungsplan *m* (Fin) financial rescue plan
Sanierungsprogramm *n*
(Fin) rescue package (*or* scheme)
– reorganization scheme
Sanierungsübersicht *f*
(ReW) reorganization statement
(ie, listing assets and liabilities valued on three different bases:
(1) as shown in the accounts;
(2) continued operation;
(3) discontinuance and disposal)
Sanierungsumgründung *f* (Re) reconstruction and reorganization of a company
Sanierungsvergleich *m* (Re) composition agreement with creditors
Satellitenrechner *m*
(EDV) satellite computer *(syn, Vorrechner)*
Satellitensteuer *f*
(StR) satellite tax
(ie, levied in connection with another tax; eg, church tax based on income tax)
Satellitensystem *n*
(EDV) remote computing processor
– satellite system
Satisfizierung *f* (Bw) satisficing
satte Gewinne *mpl* (com, infml) bumper/lush . . . profits
Sattelpunkt *m*
(Math) saddle point
– point of stagnation
Sattelpunktsatz *m* (OR) minimax theorem
Sattelzug *m*
(com) trailer truck
– (GB) articulated lorry (*short: artic)*
– (GB, infml) bender
Sättigung *f*
(Mk) saturation of a market
(Mk) rate of public acceptance
(EDV) saturation
Sättigungsgesetz *n* (Vw) law of satiety
Sättigungsgrenze *f* (Mk) absorption point
Sättigungsmenge *f*
(Vw) volume of saturation *(ie, at which zero price obtains)*
Sättigungsnachfrage *f* (Vw) saturation demand
Sättigungsphase *f*
(Mk) saturation stage *(ie, of product life cycle)*
Sättigungspunkt *m*
(Bö) absorption point
(ie, at which market refuses to accept greater offerings without price concessions)
(Vw) saturation point
(ie, where the demand function intersects the abscissa)
Sättigungswerbung *f* (Mk) saturation advertising
Satz *m*
(com) rate
(Log) statement
(EDV) data record
(EDV) composition
Satzadresse *f* (EDV) record address
Satzadressendatei *f* (EDV) record address file
Satzanzahl *f* (EDV) record count
Satzende *n* (EDV) end of record
Satzendekennzeichen *n* (EDV) end-of-record label
Satzendewort *n* (EDV) end-of-record word
Sätze *mpl* **unter Banken** (Fin) interbank money market rates
Satz *m* **fester Länge** (EDV) fixed length record
Satzfolge *f* (EDV) record sequence
Satzformat *n* (EDV) record format
Satz *m* **für Tagesgeld** (Fin) call (*or* overnight) rate
Satzgruppe *f* (EDV) grouped records
Satzlänge *f* (EDV) record length
Satzmarke *f* (EDV) record marker
Satzname *m* (EDV, Cobol) data record name
Satznummer *f* (EDV) serial
Satzprüfung *f* (EDV) record checking
Satzschlüssel *m*
(EDV, Cobol) record key
(cf, DIN 66 028, Aug 1985; syn, Datensatzschlüssel)
Satzsperre *f*
(EDV) record locking *(opp, file locking)*
Satzspiegel *m* (EDV) text field
Satzstruktur *f* (EDV) record layout
Satzung *f*
(Re) charter

(Re) articles of incorporation, § 2 AktG
– corporate articles
– (US) (charter and) bylaws
– statutes
– (GB) memorandum and articles of association
(ie, für die AG enthält sie den Gesellschaftsvertrag, § 2 AktG; ferner die Verfassung der AG; nach ihrer Rechtsnatur ist sie ein Organisationsvertrag)
Satzungsänderung *f*
(Re) alteration of charter
– changes to the statutes
(Re) amendment to the articles of incorporation, § 119 AktG
satzungsgemäß (Re) in conformity with (*or* conformably to) the charter
satzungsmäßige Befugnisse *fpl*
(Re) statutory corporate powers
(ie, transferred by the articles of incorporation)
satzungsmäßige Benachrichtigung *f* (com) due notice
satzungsmäßige Einberufung *f* (com) = satzungsmäßige Benachrichtigung
satzungsmäßige Ladung *f* (com) = satzungsmäßige Benachrichtigung
satzungsmäßige Mindesteinlage *f* (com) statutory minimum contribution
satzungsmäßige Rücklage *f* (ReW) reserve required by company bylaws
satzungsmäßige Rücklagen *fpl* (ReW, EG) reserves provided for by the articles of association
Satz *m* **variabler Länge** (EDV) variable length record
Satz *m* **Verschiffungspapiere**
(com) commercial set
(ie, invoice, draft, bill of lading, insurance policy)
Satz *m* **vom zureichenden Grunde** (Log) principle of sufficient reason
Satzzählung *f* (EDV) record count
Satzzeichen *n* (EDV) punctuation mark
Satzzwischenraum *m* (EDV) interrecord (*or* record) gap
Säulendarstellung *f* (Stat) = Säulendiagramm
Säulendiagramm *n*
(Stat) bar . . . chart/graph
– column diagram
– histogram
(cf, Balkendiagramm)
säumig
(com) defaulting
– in default
säumiger Gesellschafter *m* (com) defaulting shareholder
säumiger Schuldner *m*
(com) debtor in arrears (*or* in default)
– defaulting debtor
– delinquent debtor *(syn, Restant)*
säumiger Zahler *m* (com, infml) tardy payer
säumig sein (com) to default
säumig werden
(com) to fall (*or* get) behind *(eg, in mortgage payments on a house)*
(Fin) to default
Säumnisurteil *n* (Re) default judgment

Säumniszuschlag *m*
(StR) delay penalty *(ie, 1 percent of the delinquent tax, § 240 AO)*
(Vers) delay penalty
– delinquency charge
säurefest (com) acid resisting
Sauregurkenzeit *f* (com, sl) unhealthy slack period in business
„Saustallquote" *f* (com) rate of inefficiency (*or* muddling through)
Savage-Axiom *n*
(Vw) sure-thing principle
(ie, of decision theory)
Saysches Theorem *n* (Vw) Say's law
SB-Laden *m* (Mk) self-service store
SB Markt *m* (Mk) self-service market
SB-Zweigstelle *f*
(Fin) self-service bank branch
(Automaten-Zweigstelle: mit Abfrage der Kontostände, Festgeldanlagen, Sparkontoeröffnung, Sparbriefkauf, Erhöhung des Dispokredits, Daueraufträge, Überweisungen)
Scan-Bereich *m*
(EDV) scan area *(syn, Lesebereich)*
Scanlon-Plan *m*
(Pw) Scanlon plan
(ie, incentive plan designed to increase efficiency with opportunity for the accrued savings achieved to be distributed among the workers)
scannen (EDV) to scan
Scanner-Kassensystem *n* (Mk) checkout scanner
Schachbrettregel *f* (Math) checkerboard rule
Schachtel *f*
(com) = Schachtelbeteiligung, qv
(com) box
– carton
– case *(ie, aus Karton, Voll- od Wellpappe, Blech, Holz od Kunststoffe = made, for instance, of board, solid or corrugated board, sheet metal, wood, or plastics)*
Schachtelbeteiligung *f*
(StR) intercorporate stockholding
(com) equity stake in an affiliated company *(ie, at least 25%)*
– qualified minority holding
Schachteldividende *f*
(Fin) dividend from an interrelated company
– intercompany dividend
Schachtelgesellschaft *f*
(Re) interrelated company
(StR) entity claiming the affiliation privilege, § 102 BewG
schachteln (EDV) to nest
Schachtelprivileg *n*
(StR) „affiliation privilege", § 192 BeWG
– intercompany (*or* intercorporate) privilege
(ie, conditional tax exemption for intercompany dividends, the term applying to income, property, net worth, and trade taxation)
Schachtelung *f* (EDV) nesting
Schachtelvergünstigung *f*
(StR) affiliation privilege
(ie, exclusion of intercompany holdings from the taxable net worth of the holding company; syn, Schachtelprivileg)

Schaden *m*
(Re) damage
– injury
– loss
– detriment
(ie, Einbuße an Rechtsgütern = loss or diminution of what is a man's own, occasioned by the fault of another; difference in asset value before and after the event)
(Vers) loss
(ie, basis for a claim for indemnity or damages under the terms of an insurance policy)

Schadenabfindung *f*
(Re) indemnification
– claim adjustment

Schadenabteilung *f* (Vers) claims (*or* loss) department

Schadenabwicklung *f*
(Vers) claims adjustment
– loss adjustment
– settlement of claims

Schadenandienung *f* (Vers) = Schadenanzeige

Schadenanfall *m* (Vers) incidence of loss

Schaden *m* **anmelden** (Vers) to give notice of claim

Schadenanspruch *m* (Vers) insurance claim

Schadenanzeige *f* (Vers) notification of damage (*or* loss)

Schadenattest *n*
(SeeV) certificate of damage
– survey report

Schadenaufmachung *f* (SeeV) average adjustment (*or* statement)

Schadenaufstellung *f* (Re) statement of damage

Schadenausgleich *m*
(Vers) compensation for damage
(SeeV) contributions

Schaden *m* **bearbeiten** (Vers) to handle (*or* process) a claim

Schadenbearbeitung *f*
(Vers) claims handling (*or* processing)
(Vers) claims handling department

schadenbegründende Ursache *f* (Vers) proximate cause

Schaden *m* **beheben**
(com) to repair a damage
– to rectify (*or* remedy) a defect

Schadenbetrag *m* (Vers) amount of loss

Schaden *m* **durch inneren Verderb** (com) damage by intrinsic defects

Schadeneintritt *m* (Vers) occurrence of a loss

Schadeneintrittswahrscheinlichkeit *f* (Vers) probability of loss

Schadenereignis *n* (Vers) damaging event

Schadenereignisrückversicherung *f* (Vers) accumulated risk reinsurance

Schadenermittlung *f* (Re) ascertainment of damage

Schadenersatz *m*
(Re) damages
– compensation in damages *(ie, the basic rule of ‚Naturalherstellung' is that the person who has suffered loss or injury cannot claim pecuniary compensation, §§ 249–255 BGB)*

Schadenersatzanspruch *m* (Re) claim for damages

Schadenersatzansprüche *mpl* **geltend machen**
(Re) to claim damages
(ie, gegen = from)

Schadenersatz *m* **beantragen** (Re) to advance (*or* put in) a claim for damages

Schadenersatz *m* **einklagen** (Re) sue for *(or collect)* damages

Schadenersatz *m* **erwirken** (Re) to collect (*or* recover) damages

Schadenersatz *m* **für Folgeschaden** (Re) consequential damages

Schadenersatz *m* **in Geld**
(Re) compensation in money
– pecuniary damages

Schadenersatzklage *f*
(Re) action to recover damages
– action for damages

Schadenersatz *m* **leisten**
(Re) to pay damages
– to make good

Schadenersatzleistung *f* (Re) payment of damages

Schadenersatzlimit *n* (Vers) aggregate limit

Schadenersatzpflicht *f*
(Re) liability for damages
– obligation to compensate (*or* pay damages)

schadenersatzpflichtig
(Re) liable to pay damages
– liable to pay compensation for damage
– liable in damages

Schadenersatz *m* **wegen Nichterfüllung** (Re) (pecuniary) damages for nonperformance

Schadenersatz *m* **wegen unerlaubter Handlung** (Re) damages in tort

Schadenersatz *m* **zuerkennen** (Re) to award damages

Schadenerwartung *f* (Vers) expectation of loss

Schadenexzedent *m* (Vers) excess of loss

Schadenexzedentdeckung *f* (Vers) loss excess cover

Schadenexzedenten-Rückversicherung *f*
(Vers) excess of loss reinsurance
– excess loss, XL

Schaden *m* **festsetzen** (com) to assess a damage

Schadenfeststellung *f* (Vers) ascertainment of damage (*or* loss)

Schadenfeuer *n*
(Vers) hostile fire
(syn, Brand; opp, friendly fire: in a place where it is intended to be)

Schadenfreiheitsrabatt *m* (Vers) no-claim bonus

Schadenfrequenz *f* (Vers) = Schadenhäufigkeit

Schadenhaftung *f* (Re) liability for damages

Schadenhäufigkeit *f*
(Vers) incidence of loss
(ie, die in e–r Zeiteinheit [meist Kalenderjahr] von e–m Risiko erzeugte Anzahl Schäden)

Schadenhöhe *f*
(com) amount of loss
– extent of damage
(Vers) amount of loss
– claims severity

Schadenmaximum *n* (com) loss limit

Schadenmeldung *f*
(Vers) damage report
– notice of damage

Schadenminderungspflicht *f* (Re) doctrine of avoidable consequences
Schadennachweis *m* (Re) proof of loss
Schadenprüfung *f* (Vers) damage survey
Schadenquote *f*
(Vers) claims percentage
– claims/loss . . . ratio
Schaden *m* **regulieren** (Vers) to adjust a damage (*or* loss)
Schadenregulierer *m*
(Vers) claim adjuster
– claims assessor
– claim inspector
– claim representative
– settling agent
– (GB) assessor
(SeeV) average adjuster
Schadenregulierung *f* (Vers) claim/loss . . . adjustment
Schadenregulierungskosten *pl* (Vers) loss adjustment expenses
Schadenreserve *f* (Vers) = Schadenrückstellung
Schadenrückstellung *f*
(Vers) loss reserve
(ie, set up for losses reported but not yet paid)
Schadensachbearbeiter *m* (Vers) claim adjuster
Schadensachverständiger *m* (Vers) insurance adjuster
Schadensanteil *m* (Vers) loss share
Schadensanzeige *f*
(Vers) advice of damage *(syn, Schadensmeldung)*
Schadenselbstbehalt *m*
(Vers) loss retention *(syn, Priorität)*
Schadensersatz *m* (Re) = Schadenersatz
Schadensfall *m*
(Vers) claim
– damaging event
Schadensfall *m* **tritt ein** (Vers) insured loss (*or* risk) occurs
Schadensmeldung *f*
(Vers) advice of damage *(syn, Schadensanzeige)*
Schadensunterlagen *fpl* (SeeV) average documents
Schadensverlagerung *f* (Re) shift of damage *(ie, to third party; cf, Drittschadensliquidation)*
Schaden *m* **tragen** (com) to bear a loss
Schadenüberschuß *m* (Vers) excess of loss
Schadenumschichtung *f* (Vers) redistribution of loss
schadenunerhebliche Ursache *f* (Re) remote cause
Schadenursache *f* (Vers) cause of loss
Schadenverhütung *f* (Vers) loss prevention
Schadenverlauf *m* (Vers) loss experience
Schadenverlauf *m* **des einzelnen Versicherers** (Vers) individual experience
Schadenversicherung *f*
(Vers) casualty insurance *(opp, Summenversicherung)*
Schadenverteilung (Vers) loss distribution
Schaden *m* **verursachen** (com) to cause loss (*or* damage)
Schadenwahrscheinlichkeit *f* (Vers) probability of future losses
Schaden *m* **zufügen** (Re) to inflict injury (on)
schadhafter Block *f* (EDV) bad block
schadhafter Sektor *m* (EDV) bad sector
schadhafte Spur *f* (EDV) bad track
schädigende Handlung *f* (Re) harmful (*or* injurious) act
schädigendes Ereignis *n* (Re) damaging event
Schädigung *f* **einheimischer Wirtschaftszweige** (AuW) injury to domestic industries *(eg, durch nichttarifäre Handelshemmnisse = by nontariff barriers)*
schädlich
(com) detrimental
– harmful
– deleterious
Schadlosbürge *m* (Re) collection guarantor
Schadlosbürgschaft *f*
(Re) guaranty of collection
– (GB) deficiency (*or* deficit) guarantee
– indemnity bond
schadlos halten
(Re) to indemnify
– to save harmless
(ie, to save a person harmless in respect to dealings, past, present, or contemplated, with some other person)
Schadloshaltung *f*
(Re) indemnification
– indemnity
Schadloshaltungsklausel *f* (Re) hold-harmless clause
Schadstoff *m*
(com) pollutant
– noxious substance
– contaminant
schadstoffarm (com) low-emission *(eg, car)*
Schadstoffemission *f* (com) harmful emission
Schadstoffkonzentration *f*
(com) pollutant concentration
– concentration of contaminants
Schaffung *f* **neuer Arbeitsplätze** (com) creation of new employment
Schaffung *f* **von Arbeitsplätzen**
(Pw) creation of jobs
– job creation
Schaffung *f* **von Ausbildungsplätzen** (Pw) creation of training openings
Schaffung *f* **von zusätzlichem Geld** (Vw) creation of additional money
Schallschutzgehäuse *n* (IndE) Raumstation *f*
Schaltalgebra *f* (EDV) logic (*or* switching) algebra
Schaltanweisung *f*
(EDV, Cobol) alter statement *(syn, ALT-Anweisung)*
Schaltelement *n*
(EDV) logic element
– gate
Schalter *m*
(com) counter
(OR) channel
– server
– service facility
(syn, Bedienungsstation, Abfertigung, Kanal)
Schalterbeamter *m* (com) cashier
Schaltergeschäft *n*
(Fin) counter transactions
(eg, simultaneous purchase and cash payment ‚at the counter'; Leistung und Gegenleistung Zug um

Zug; Aushändigung effektiver Stücke; syn, Tafelgeschäft)
Schalterprovision *f*
(Fin) selling commission
(ie, paid by a member of an underwriting syndicate to another for selling part of their securities quota to the public)
Schaltersteuerung *f* (EDV) switch controller
Schalterterminal *n* (EDV) teller (*or* counter) terminal
Schaltfeld *n* (EDV) control panel
Schaltfläche *f* (EDV, GUI) button *(syn, Befehlsschaltfläche = command button)*
Schaltglied *n*
(EDV) logical element
– gate
Schaltnetz *n*
(EDV) switching (*or* combinatorial) circuit *(syn, kombinatorisches Schaltwerk)*
Schaltplan *m* (EDV) switching diagram
Schaltplatte *f* (EDV) plugboard
Schaltschema *n* (EDV) circuit diagram
Schalttafel *f* (EDV) control (*or* patch) panel
Schalttafelsteuerung *f* (EDV) panel control
Schaltungstechnologie *f* (EDV) circuit technology
Schaltvariable *f* (EDV) switching variable
Schaltverzweigung *f* (EDV) circuit branch
Schaltwerk *n* (EDV) sequential logic system
Schaltzeichen *n* (EDV) gate symbol *(eg, UND, ODER, NAND, NOR)*
Schaltzeit *f* (EDV) switching time
scharf ansteigen
(com) to soar
– to leap
– to shoot up
– to bounce up
– to increase sharply
Schärfe *f* **e–s Tests** (Stat) power of a test
scharfe Konkurrenz *f* (com) = scharfer Wettbewerb
scharfe Rezession *f* (com) severe recession
scharfer Kursrückgang *m*
(Bö) bottom dropped out *(ie, creates a panicky condition)*
scharfer Wettbewerb *m*
(com) bitter
– fierce
– intense
– keen
– severe
– stiff . . . competition
scharf kalkuliert (com) with a low margin
scharf kalkulierter Preis *m* (com) close (*or* keen) price
Scharparameter *m* (Math) family of straight lines
Schattenhaushalt *m* (FiW) shadow budget
Schattenpreise *mpl* (Bw) shadow/accounting . . . price
Schattenspeicher *m*
(EDV) nonaddressable memory
– shaded memory
Schattenwirtschaft *f*
(Vw) unterground
– subterranean
– shadow
– hidden
– informal (*or* irregular)
– cash
– moonlight
– (GB) black
– (sl) „Black & Decker" . . . economy
(ie, this portion of gnp, being nonreported or under-reported, is not measured by official statistics)
schattiertes Bild *n*
(EDV) shaded picture *(ie, in der Computergrafik)*
Schattierung *f* (EDV, CAD) shading
Schatzanweisungen *fpl*
(Fin) Treasury paper
(ie, kurz- und mittelfristige Schuldverschreibungen, von Gebietskörperschaften und Sondervermögen begeben; Laufzeit 6–24 Monate)
Schatzanweisungstender *m* (Fin) Treasury note tender
Schätze *mpl* (FiW) = Schatzanweisungen, Bundesschatzbriefe
schätzen
(com) to estimate (at)
– to appraise
– to assess (at)
– to put (at)
(eg, putting the rise at 4 %)
– (infml) to guesstimate
(ReW) to tax
Schätzer *m*
(com) appraiser
– valuer
– evaluator
– assessor
(Stat) estimator
(syn, Schätzfunktion, qv)
(Zo) appraising officer
Schätzfehler *m* (Stat) error of estimation
Schätzfunktion *f*
(Stat) estimator
(ie, gibt an, wie aus den Ergebnissen e–r Zufallsstichprobe ein Schätzwert für e–n unbekannten Parameter der Grundgesamtheit zu bestimmen ist; sie sollte die folgenden Eigenschaften haben: 1. Erwartungstreue (Unverzerrtheit); 2. Effizienz; 3. Konsistenz; 4. Suffizienz)
Schätzgleichung *f* (Stat) estimating equation
Schätzklausel *f* (Vers) appraisal clause
Schätzkosten *pl* (com) estimated cost
Schätzmethode *f* (Stat) method of estimation
Schatzpapiere *npl* (Fin) treasury certificates
Schatzscheine *mpl* (Fin) cf, Schatzwechsel, unverzinsliche Schatzanweisungen
Schätzung *f*
(com) estimate
– appraisal
(com) estimation
– appraisement
– valuation
(StR) determination of taxable income by estimate, § 162 I AO
Schätzung *f* **bei beschränkter Information** (Stat) limited information estimate
Schätzung *f* **mit kleinstmöglicher Varianz** (Stat) minimum variance estimate

Schätzung *f* **von Besteuerungsgrundlagen**
(StR) estimate of tax bases, § 162 AO
– estimated assessment
Schätzverfahren *n*
(Stat) method of estimation
(ie, sucht die unbekannten Parameter e–r Grundgesamtheit zu schätzen; zwei Arten: 1. Punktschätzung: point estimation; 2. Intervallschätzen: interval estimation)
Schatzwechsel *m*
(Fin) Treasury bill
(ie, Solawechsel des Bundes, der Länder und der Sondervermögen; Laufzeit 30–90 Tage; placed by the Bundesbank with the banks on a tap basis; normally held to maturity, but resold to the Bundesbank if liquidity is short)
Schatzwechselkredit *m* (FiW) credit based on the purchase of Treasury bills
Schätzwert *m*
(com) estimated value
– estimate
(Stat) estimator
Schaubild *n* (Stat) graph
Schaufenster *n*
(Mk) shop window
– (US) store window
Schaufensterauslage *f* (Mk) window display
Schaufensterwerbung *f* (Mk) shop window advertising
Schaukasten *m* (Mk) display case
Schaumweinsteuer *f*
(StR) champagne tax
– excise tax on champagne
Schaupackung *f* (Mk) display package
Schauwerbegestalter *m* (Mk) display designer
Scheck *m*
(Fin) check
– (GB) cheque
Scheckabrechnungsmaschine *f* (Fin) check processor
Scheckabrechnungsverkehr *m* (Fin) clearance of checks
Scheckabteilung *f* (Fin) check processing and collecting department
Scheck *m* **ausschreiben** (Fin) to write out a check
Scheck *m* **ausstellen** (Fin) = Scheck ausschreiben
Scheck *m* **ausstellen auf** (Fin) to make check payable to
Scheckaussteller *m* (Fin) maker (*or* drawer) of a check
Scheckbehälter *m* (Fin) check container
Scheckberechtigung *f* (Fin) check authorization
Scheckbetrug *m*
(Fin) check fraud
– (infml) paperhanging
Scheckbetrüger *m*
(Fin, infml) paperhanger *(ie, professional passer of bad checks)*
Scheckbuch *n* (Fin) check register
Scheckbürgschaft *f* (Fin) guaranty for checks, Art. 25–27 ScheckG
Scheckdeckung *f* (Fin) check cover
Scheckdeckungsanfrage *f* (Fin) check authorization (*or* verification)
Scheckdiskontierung *f* (Fin) discounting of checks
Scheckeinlösegebühr *f* (Fin) check encashment charge
Scheck *m* **einlösen**
(Fin) to cash a check
(Fin) to pay a check
Scheckeinlösung *f*
(Fin) encashment of a check
(Fin) payment of a check
Scheck *m* **einreichen** (Fin) to present a check
Scheckeinreichung *f* (Fin) presentation of a check
Scheckeinreichungsformular *n* (Fin) check paying-in slip
Scheckeinreichungsfrist *f* (Fin) time limit for presentation of a check
Scheck *m* **einziehen** (Fin) to collect a check
Scheckeinzug *m*
(Fin) check collection *(syn, Scheckinkasso)*
Scheckfähigkeit *f* (WeR) capacity to draw or indorse checks, Art. 3, 60 ff ScheckG
Scheck *m* **fälschen** (Fin) to counterfeit a check
Scheckformular *n* (Fin) check form
ScheckG (WeR) = Scheckgesetz
Scheckgebühr *f* (Fin) check service charge
Scheckheft *n* (Fin) check book
Scheckinhaber *m* (WeR) bearer of a check
Scheckinkasso *n*
(Fin) check collection *(syn, Scheckeinzug)*
Scheckkarte *f* (Fin) check verification card
Scheckklausel *f*
(Fin) check clause
(ie, statutory wording: „Zahlen Sie gegen diesen Scheck")
Schecklaufsystem *n*
(Fin, US) check routing system
(ie, eases the routing of transit items through banks)
Scheckleiste *f*
(Fin) counterfoil
– stub
Scheckmißbrauch *m* (Fin) = Scheckbetrug
Schecknehmer *m* (Fin) payee of a check
Scheck *m* **nicht einlösen** (Fin) to dishonor a check
Scheckprozeß *m* (Re) check proceedings, § 605 a ZPO
Scheckrecht *n* (Re) law relating to checks
Scheckreiterei *f* (Fin) check kiting
Scheckrückgabe *f* (Fin) return of an unpaid check
Scheckrückrechnung *f* (Fin) check return bill
Schecksicherung *f* (EDV, Cobol) check protect
Schecksortiermaschine *f* (Fin) check sorter
Schecksperre *f*
(Fin) stop payment order
– cancellation (*or* countermand) of a check
Scheck *m* **sperren** (Fin) to stop a check
Schecksperrung *f* (Fin) countermand
Scheckumlauf *m* (Fin) checks in circulation
Scheck-Unterschriftenmaschine *f* (Fin) = Scheckzeichnungsmaschine
Scheckverkehr *m* (Fin) check transactions
Scheckverrechnung *f* (Fin) check clearing
Scheckzahlung *f* (Fin) payment by check
Scheckzeichnungsmaschine *f*
(Fin) check signer *(syn, Scheck-Unterschriftenmaschine)*
Scheck *m* **zum Inkasso** (Fin) check for collection

Schedulensteuer *f* (FiW, GB) schedular taxes
Scheidemünzen *fpl*
(Vw) low-value coin *(opp, Kurantgeld = current money)*
Scheidungsurteil *n* (Re) decree of divorce
Schein-Aktiva *npl* (ReW) fictitious assets
Scheinanbieter *m*
(com) by-bidder
(ie, employed to bid at an auction in order to raise the prices for the auctioneer or seller)
Scheinangebot *n*
(com) level
– collusive
– dummy . . . tendering *(ie, aufgrund von Anbieterabsprachen)*
Scheinargument *n* (Log) dummy argument
Scheinasylant *m* (Re) bogus asylum seeker
scheinbare Variable *f*
(Log) bound variable *(syn, gebundene Variable)*
Scheinbieter *m*
(com) by-bidder
(ie, person employed to boost a price at an auction)
Scheinereignis *n* (OR) dummy event
Scheinfirma *f*
(com) „paper" company
(ie, used as a training ground for apprentices and junior clerks; syn, Übungsfirma)
(Fin, infml) front name
– nominee
– straw
– street name *(ie, used to hide the real owner)*
Scheingebot *n* (com) sham (*or* straw) bid
Scheingeschäft *n*
(Re) fictitious
– dummy
– ostensible
– sham . . . transaction, § 117 BGB
Scheingesellschaft *f*
(com) ostensible company
(ie, operating under its name, but without charter and bylaws)
Scheingesellschafter *m*
(com) nominal
– ostensible
– quasi . . . partner
– (GB) holding-out partner
Scheingewinn *m*
(ReW) paper
– phantom
– fictitious . . . profit
– inventory profit *(= aus Vorratsbewertung)*
– (infml) fool's profit
Scheingewinn *m* **aus Vorratsbewertung**
(ReW) inventory profit
– phantom inventory gain
– fool's profit *(syn, Lagergewinn, Bestandsgewinn)*
Scheingründung *f*
(com) fictitious formation of a corporation
(ie, without business purpose or actual operations; set up to create a corporate shell; syn, Mantelgründung)
Scheinhandelsgesellschaft *f* (com) = Scheingesellschaft
Scheinhandlungsvollmacht *f* (Re) ostensible limited commercial authority
Scheinkaufmann *m*
(Re) ostensible merchant *(ie, no statutory term: developed in and out of court, see § 5 HGB)*
Scheinkonflikt *m* (Bw) spurious conflict
Scheinkorrelation *f* (Stat) illusory (*or* spurious) correlation
Scheinkurs *m*
(Bö) fictitious security price *(syn, Ausweichkurs)*
Scheinproblem *n* (Log) pseudo problem
Scheinvariable *f* (OR) dummy variable
Scheinverlust *m*
(ReW) fictitious loss *(opp, Scheingewinn, qv)*
Scheinvertrag *m* (Re) fictitious contract
Scheinvorgang *m* (OR) dummy activity (or job)
Scheitelwert *m* (Math) vertex
scheitern
(com) to fail
– (infml) to fall flat
– to fall through *(eg, plan, project)*
Schema *n*
(Stat) diagram
– array
Schemabrief *m*
(com) standard letter
(ie, identical wording, but addressed to individual persons or firms)
Schema *n* **der Elemente** (Math) array of elements
schematisiert (Math, Stat) idealized
Schenker *m* (Re) donor
Schenkung *f*
(Re) gift
(Re) donation
(ie, disposition by which one person from his property enriches another person, provided both parties agree that there should be no compensation, §§ 516–534 BGB)
Schenkungsbilanz *f*
(VGR) balance on transfer account
– (US) unilateral payments
(syn, Transferbilanz, Übertragungsbilanz)
Schenkungsteuer *f*
(StR) gift tax *(ie, companion tax to ‚Erbschaftsteuer' = inheritance tax)*
– (GB) capital transfer tax, qv
Schenkung *f* **unter Auflage** (Re) gift subject to burdens, § 525 BGB
Schenkung *f* **unter Lebenden**
(Re) gift inter vivos
(StR) transfer of property inter vivos, § 1 I ErbStG
Schenkung *f* **von Todes wegen**
(Re) gift (*or* donation) mortis causa, § 2301 BGB
(StR) gift in contemplation of death, § 3 I ErbStG
Schere *f* (com) gap *(eg, between receipts and expenditures)*
Scherenbewegung *f* (Stat) scissor movement *(eg, of time series in a business cycle diagram)*
scherzhafte Reklame *f* (Mk) facetious advertising
Schicht *f* (Stat) stratum (*pl* strata)
Schichtarbeit *f* (Pw) shift work
Schichtarbeiter *m* (Pw) shift worker

Schichtband *n* (EDV) ferrous coated tape
Schichtbetrieb *m* (IndE) shift operation
Schichtenbildung *f* (Stat) stratification
Schichtführer *m* (Pw) shift manager (*or* foreman)
Schichtkosten *pl* (KoR) cost of extra shift
Schichtleistung *f* (IndE) output per shift
Schichtplan *m* (IndE) shift schedule
Schichtung *f* (Stat) stratification
Schichtwechsel *m*
(IndE) turning of shifts
(eg, in a 7-day backward cycle: night – late – early)
Schichtzulage *f* (Pw) shift premium
Schicksalsgemeinschaft *f* (SeeV) common adventure
Schickschuld *f*
(Re) obligation where debtor must send goods or money to creditor
(ie, Hauptanwendungsfälle: Geldschuld [§ 270 BGB] und Versendungskauf [§ 477 BGB])
Schiebebefehl *m* (EDV) shift instruction
Schieberegister *n* (EDV) shift register
Schiebetakt *m* (EDV) shift register clock pulse
Schiedsabkommen *n* (com) arbitration agreement
Schiedsantrag *m* (com) request for arbitration
Schiedsausschuß *m* (com) arbitration committee
Schiedsgericht *n*
(Re) arbitration tribunal
– court of arbitration
Schiedsgericht *n* **anrufen** (com) to refer to arbitration
schiedsgerichtliche Beilegung *f* (com) settlement by way of arbitration
Schiedsgerichtsbarkeit *f*
(com) arbitration
(Re) arbitral jurisdiction
Schiedsgerichtshof *m* (Re) arbitral court
Schiedsgerichtskosten *pl* (com) cost of arbitration
Schiedsgerichtsordnung *f* (com) arbitration code
Schiedsgerichtstermin *m* (com) time appointed for an arbitration hearing
Schiedsgerichtsvereinbarung *f* (com) agreement to arbitrate
Schiedsgerichtsverfahren *n* (com) arbitration proceedings
Schiedshof *m* (Re) court of arbitration
Schiedsinstanz *f* (com) arbitral authority (*or* body)
Schiedsklausel *f*
(com) clause of arbitration
(Pw) mediation clause
Schiedskommission *f* (com) arbitration committee
Schiedsobmann *m* (com) umpire
Schiedsordnung *f*
(com) rules of arbitration *(ie, ,Vergleichs- und Schiedsordnung der Internationalen Handelskammer', ,Rules of American Arbitration', etc.)*
Schiedsort *m* (com) place of arbitration
Schiedsparteien *fpl* (com) parties to arbitration
Schiedsrichter *m* (com) arbitrator
schiedsrichterliche Beilegung *f* (com) arbitrational settlement
schiedsrichterlich entscheiden (com) to arbitrate
Schiedsrichterrolle *f* (Re) referee function
Schiedsspruch *m*
(com) arbitration award
– arbitral award
– arbitrator's award
Schiedsspruch *m* **fällen** (com) to render an award
Schiedsspruchwert *m*
(Bw) value of an enterprise as a whole
(ie, as determined by an arbitrating expert; syn, Arbitriumwert)
Schiedsstelle *f* (com) arbitrative board
Schiedsverfahren *n* (com) arbitration proceedings
Schiedsvergleich *m* (com) settlement in arbitration proceedings
Schiedsvertrag *m* (com) arbitration agreement
Schiefe *f* **e–r Verteilung**
(Stat) asymmetry
– skewness
schiefe Verteilung *f* (Stat) asymmetric (*or* skew) distribution
schiefwinkeliges Koordinatensystem *n* (Math) oblique reference system
Schienenverkehr *m* (com) rail traffic
Schiene/Straße-Güterverkehr *m*
(com) „combined transport" freight traffic
(ie, going partly by rail and partly by road)
Schiffahrt *f* (com) shipping
Schiffahrtsabgaben *fpl* (com) navigation charges, § 754 HGB
Schiffahrtsabkommen *n* (Re) shipping (*or* navigation) agreement
Schiffahrtsagent *m* (com) shipping agent
Schiffahrtsgesellschaft *f* (com) shipping company
Schiffahrtskonferenz *f*
(com) freight conference
(com) shipping conference
(ie, kartellähnlicher Zusammenschluß mehrerer Linienreedereien in der Seeschiffahrt für bestimmte Gebiete od Routen; syn, Linienkonferenz)
Schiffahrtskonferenz *f* **der Trampschiffahrt** (com) Baltic and International Maritime Conference
Schiffahrtslinie *f* (com) shipping line
Schiffahrtsrecht *n* (Re) shipping law
Schiffahrtswege *mpl* (com) ocean routes
schiffbare Gewässer *npl* (com) navigable waters
Schiffbauindustrie *f* (com) shipbuilding industry
Schiffbausubvention *f* (Vw) shipbuilding subsidy
Schiffbruch *m* (SeeV) shipwreck
Schiff *n* **chartern** (com) to charter (*or* freight) a ship
Schiffer *m*
(com) master, §§ 511–555 HGB
– carrier *(syn, Kapitän)*
Schifferbörse *f* (com) shipping exchange
Schiffsabfahrtsliste *f* (com) sailing list
Schiffsabgaben *fpl* (com) ship's charges
Schiffsagent *m* (com) shipping agent
Schiffsankunftsavis *n* (com) arrival note
Schiffsanteil *m* (com) share in a ship, § 491 HGB
Schiffsbank *f* (Fin) ship mortgage bank
Schiffsdisponent *m* (com) shipping manager, § 492 HGB
Schiffseigentümer *m*
(com) shipowner
(ie, in ocean shipping)
Schiffseigner *m*
(com) shipowner *(ie, in inland waterway shipping)*

Schiffsfracht *f*
(com) freight
– cargo
Schiffsfrachten *fpl* (VGR) shipping services
Schiffsgläubiger *m* (Re) maritime lien holder, §§ 754 ff HGB
Schiffshypothekenbank *f* (Fin) = Schiffspfandbriefbank
Schiffskaskoversicherer *m* (Vers) hull underwriter
Schiffskaskoversicherung *f*
(Vers) hull coverage – marine insurance policy
(ie, coverage against loss to a vessel or its machinery or equipment)
Schiffsklasseattest *n* (Re) classification certificate
Schiffsladung *f* (com) shipment
Schiffsliegeplatz *m* (com) loading berth (*or* wharf)
Schiffsliste *f* (com) sailing list
Schiffsmakler *m*
(com) shipping agent
– ship broker
(ie, negotiates the sale of ships, charterparties, and marine insurance policies)
Schiffsmanifest *n* (com) ship's manifest
Schiffsmeßbrief *m* (com) tonnage certificate
Schiffspart *m*
(com) share in a ship *(ie, one of the shares of joint shipowners = Mitreeder)*
Schiffspfandbriefbank *f* (Fin) ship mortgage bank
Schiffspfandrecht *n* (Re) ship's mortgage
Schiffsraum *m* (com) hold
Schiffsunfälle *mpl* (SeeV) marine casualties
Schiffsverladekosten *pl* (com) lading charges
Schiffszettel *m* (com) shipping note
Schikaneverbot *n*
(Re) prohibition of chicanery
(ie, exercise of a right which can have no purpose except the infliction of injury on another is unlawful, § 226 BGB)
schikanöser Prozeß *m*
(Re) frivolous (*or* vexatious) action/lawsuit
(ie, without any color of legal merit, that is, without legal basis)
Schlafstadt *f*
(com) commuting town
– bedroom community
– (GB) dormitory town
Schlafwagen *m*
(com) wagon-lit *(pl, wagon-lits)*
– (GB) sleeping car
Schlagbaumeffekt *m* (EDV) turnpike effect
Schlagseite *f* (SeeV) list of a ship
Schlagwort *n*
(Log) keyword
– subject heading
Schlagzeilen *fpl* **machen**
(com) make the headlines *v (syn, crash/hit the headlines)*
schlampig arbeiten
(com) to do sliphod (*or* shoddy *or* sloppy) work
– (infml) to quit on the job
Schlange *f* **im Tunnel** (AuW) snake in the tunnel
Schlangenwährungen *fpl* (AuW) snake currencies
schlank
(com) slim
– streamlined

schlanke Produktion *f*
(IndE) lean production
(ie, die Zahl der Zulieferer wird erheblich verringert; außerdem geht auf sie ein Teil der vom Industriebetrieb verminderten Fertigungstiefe über)
„schlankes" Mangement *n*
(com) lean management
(eg, reduction of levels of authority = Reduzierung von Hierarchieebenen)
schlecht bezahlt (Pw) underpaid
schlechte Adressen *fpl* (Fin) marginal accounts
Schlechterfüllung *f*
(Re) defective (*or* faulty) performance
– default
schlechter Kauf *m* (com) bad buy
schlechtes Geschäft *n* (com) bad . . . buy/bargain
schlechtes Risiko *n* (Vers) substandard risk
schlechte Stücke *npl* (Stat) spotty quality
schlecht strukturiertes Problem *n* (Log) ill-structured problem
Schlechtstücke *npl*
(Stat) defective items (*or* units)
– rejects
Schlechtwettergeld *n*
(Pw) bad-weather compensation
(ie, paid to reduce recorded seasonal unemployment in the German construction industry)
Schlechtwetterzulage *f* (Pw) hard-weather allowance
Schlechtzahl *f* (IndE) rejection number
schleichende Abwertung *f* (Vw) latent devaluation
schleichende Inflation *f* (Vw) creeping inflation
schleichender Featureismus *m* (EDV) creeping featurism
schleichende Steuerprogression *f* (StR) bracket creep
schleichende Übernahme *f* (com) creeping takeover
Schleichhandel *m*
(com) black trading *(syn, Schwarzhandel)*
Schleichwerbung *f*
(Mk) camouflaged advertising *(syn, Schmuggelwerbung)*
(Mk) product placement *(eg, in TV and cinemas)*
(Mk) clandestine advertising
Schleife *f* (OR) loop
Schleife *f* **erster Ordnung** (OR) first order loop
schleifenloses Netzwerk *n* (OR) loopless network
Schleifenprüfung *f* (EDV) loop checking
Schleife *f* **n-ter Ordnung** (OR) loop of order *n*
Schleifenzähler *m* (EDV) repeat counter
Schleife *f* **ohne gemeinsame Knoten** (OR) disjoint loop
schleppende Nachfrage *f* (com) sagging demand
schleppender Absatz *m* (com) poor market
schleppender Zahlungseingang *m*
(Fin) stretching out of accounts receivable
(ie, customers pay more slowly)
Schlepper *m*
(com) tugboat
– *(also)* tug
Schleppkahn *m* (com) barge
Schlepplohn *m*
(com) towage
– tug charge

Schleppschiffahrt *f*
(com) tugging
– towage
Schleppschiffahrtsunternehmer *m* (com) towing barges contractor, § 742 HGB
Schleppzug *m* (com) barge train
Schleuderpreis *m*
(com) give-away
– knock-out
– slaughtered . . . price
Schleudersitz *m* (com, infml) ejector seat
Schleuderverkauf *m* (com) selling at knock-out prices
schlichte Ebene *f* (Math) simple complex plane
schlichten
(Re) to mediate *(ie, general term)*
– to conciliate *(ie, in court and in labor disputes)*
– to settle amicably *(ie, out of court)*
Schlichter *m*
(Re) mediator
– conciliator
Schlichtung *f*
(Re) arbitration
– conciliation
– mediation
– settlement
Schlichtung *f* **in Arbeitskämpfen** (Pw) labor arbitration
Schlichtungsabkommen *n* (Re) conciliation agreement
Schlichtungsausschuß *m* (Re) conciliation committee
Schlichtungsbestimmungen *fpl* (Pw) mediation provisions
Schlichtungskommission *f* (Pw) mediation commission (*or* committee)
Schlichtungsstelle *f* (Re) conciliation board
Schlichtungsverfahren *n*
(Pw) conciliation procedure *(ie, in collective bargaining)*
Schlichtungsvorschlag *m*
(Pw) mediation proposal
– offer of conciliation
Schlichtungswesen *n* (Pw) industrial conciliation
schließen
(com) to close down
– to shut down
– to discontinue
– (infml) to board up *(ie, unprofitable store)*
(Log) to infer *(ie, deductively or inductively)*
– to conclude
(ie, process of arriving at a logically necessary inference at the end of a chain of reasoning)
schließende Statistik *f*
(Stat) inferential statistics *(syn, Inferenz-Statistik, analytische Statistik)*
Schließfach *n*
(com) P.O. box
– post office box
(Fin) safe deposit box
– *(also)* safety deposit box
Schließfachmiete *f* (com) safe deposit box rental
Schließfachversicherung *f* (Vers) safe deposit box insurance
Schließung *f* (Bw) closure *(eg, of plant)*
schlucken (com, infml) to gobble up
Schlupf *m*
(OR) slack *(syn, Ereignispuffer)*
Schlupfvariable *f* (OR) slack variable
Schlupfzeit *f* (OR) slack time
Schlußabnahme *f* (com) final acceptance
Schlußabrechnung *f*
(com) final account
– final billing
Schlußabstimmung *f* (com) final vote
Schlußbericht *m*
(com) final report
(com) exit presentation *(eg, submitted by outside expert)*
Schlußbesprechung *f*
(ReW) final conference
(ie, mündlicher Bericht des Abschlußprüfers über das Ergebnis der Pflichtprüfung; oral/verbal/verbatim report of statutory auditor)
(StR) final conference
(ie, abschließende Verhandlung nach steuerlicher Außenprüfung = terminates a tax examination, § 201 AO)
Schlußbestand *m*
(ReW) ending inventory
– end-of-period inventory
– closing stock
Schlußbestimmung *f* (Re) final provision
Schlußbilanz *f*
(ReW) end-of-period balance sheet
(ie, am Ende e–s Geschäftsjahres)
(ReW) final/closing . . . balance sheet
(ie, auch nach Abwicklung e–s Unternehmens)
Schlußbilanzkonto *n* (ReW) closing-balance account
Schlußbrief *m*
(com) commodity contract
(ie, gebräuchlich bei nicht börsenmäßig gehandelten Waren)
(Bö, *commodity trading, US*) purchase and sale memorandum
(com) fixing letter *(ie, in chartering)*
Schlußbuchung *f* (ReW) closing entry
Schlußdividende *f*
(Fin) final dividend
(Vers) terminal bonus
Schlußeinheit *f*
(Bö) minimum trading lot
(ie, meist 50 Stück od ein Vielfaches davon)
Schlüssel *m*
(KoR) = Schlüsselgrößen
(EDV) code
(EDV) key
Schlüsselarbeiten *fpl* (IndE) reference operations
Schlüsselbegriff *m* (Log) key/core . . . concept
Schlüsselbereich *m* (EDV) key area
Schlüsselbranche *f* (com) = Schlüsselindustrie
schlüsselfertig (com) turn key
schlüsselfertige Anlage *f* (IndE) turn-key plant
Schlüsselfrage *f* (com) key question
Schlüsselgrößen *fpl*
(KoR) bases of distribution
– allocation bases (*or* keys)
Schlüsselindustrie *f*
(com) key industry

– (infml, US) bellwether industry
(eg, autos, chemicals, steel, food, information processing, machinery, oil, paper)
Schlüsselinformation *f* (Mk) information chunk
Schlüsselinformationen *fpl* (Bw) chunks
Schlüsselkosten *pl*
(KoR) spread-type cost
(ie, traceable to cost centers by applying allocation bases)
Schlüsselkraft *f*
(Pw) key employee
– key man
Schlüsselkunde *m* (Mk) key account
Schlüssellohnsatz *m* (Pw) key job rate
Schlüsselposition *f*
(Pw) key position
– (infml) key slot *(eg, to bring fresh faces into key slots)*
Schlüsselrohstoffe *mpl*
(AuW) core commodities *(ie, UNCTAD term)*
– key commodities
(eg, Rohöl, Kupfer, Weizen = crude oil, copper, wheat)
Schlüsseltätigkeit *f* (Pw) key job
Schlüsseltechnologie *f* (IndE) key technology *(eg, based on ICs and microprocessors)*
Schlüsselvariable *f* (Vw) key variable
Schlüsselverzeichnis *n* (Log) scoring manual
Schlüsselwährung *f*
(Fin) key currency
(syn, Leitwährung)
Schlüsselwährungsland *n*
(AuW) reserve center
(syn, Leitwährungsland, Reservewährungsland)
Schlüsselwort *n* (EDV, Cobol) keyword *(cf, DIN 66 028, Aug 1985)*
Schlüssel *m* **zur Arbeitsplatzbewertung** (Pw) job evaluation scale
Schlüsselzuweisungen *fpl*
(FiW) quota allocations of funds
(ie, based on Ausgangsmeßzahl and Steuerkraftmeßzahl)
Schlußerbe *m*
(Re) final heir; cf, § 2269 BGB
(ie, beerbt den länger lebenden Teil hinsichtlich des beiderseitigen Vermögens)
schlußfolgerndes Denken *n* (Log) deductive reasoning
Schlußformel *f*
(com) complimentary close *(ie, in Geschäftsbriefen = in business letters)*
Schlußgewinnanteil *m* (Vers) addition to policy
schlüssige Begründung *f*
(com) cogent argument
– compelling evidence
schlüssiges Verhalten *n* (Re) passive manifestation of will
Schlußinventar *n* (ReW) closing inventory
Schlußkurs *m*
(Bö) closing price
– closing/final/last . . . quotation
– the last
Schlußkurs *m* **des Vortrages**
(Bö) previous-day closing price
– previous quotation
Schlußnote *f*
(Bö) bought and sold note
– *(security trading, US)* confirmation slip
– *(commodity trading, US)* purchase and sale memorandum
(syn, Schlußschein)
(com) contract note, § 94 HGB *(ie, bloßes Beweismittel für Abschluß)*
Schlußnotierung *f*
(com) closing price (*or* quotation)
(Bö) = Schlußkurs
Schlußplädoyer *n*
(Re) closing . . . statement/arguments
(ie, Eröffnungsplädoyer = opening statement)
Schlußprüfung *f* (Stat) final inspection
Schlußquote *f* (Re) liquidation dividend
Schlußquote *f* **im Konkurs** (Re) final dividend
Schlußrechnung *f*
(Re) final account *(ie, submitted to creditors' meeting, § 86 KO)*
Schlußregel *f*
(Log) rule of inference *(syn, Ableitungsregel, qv)*
Schlußschein *m*
(Bö) bought/contract . . . note
– (US) confirmation slip
Schlußtendenz *f* (Bö) final tone
Schlußtermin *m*
(com) final date
– time limit
Schlußverkauf *m*
(com) end-of-season sale *(syn, Saisonschlußverkauf)*
Schlußverteilung *f* (Re) final distribution, § 161 KO
Schlußvorschriften *fpl* (Re) final provisions
Schlußzahlung *f* (Fin) final/terminal . . . payment
Schmerzensgeld *n*
(Re) damages for pain and suffering
(ie, Schadensersatzart für immaterielle Schäden)
Schmerzgrenze *f* (com) pain threshold *(eg, inflationary)*
schmieren (com) = bestechen, qv
Schmiergeld *n*
(com) bribe money
– payoff
– kickback
– (sl) slush money
– (sl) boodle
(ie, wird zur Erlangung e–s konkreten Auftrags gezahlt; cf, BFH BStBl II 1982, 394)
Schmierpapier *n* (com, infml) scratch paper
Schmuggel *m* (StR) smuggling, § 373 AO
Schmuggelwerbung *f*
(Mk) camouflaged advertising *(syn, Schleichwerbung)*
schmutziges Floaten *n*
(AuW) dirty float
– filthy float
– controlled (*or* managed) floating
Schmutzzulage *f* (Pw) dirty work bonus (*or* pay)
Schneeballsystem *n*
(Mk) snowball sales system
(ie, verstößt gegen die guten Sitten = is against bonos mores; UWG und u. U. auch gegen § 286 StGB)

Schneeballverfahren *n*
(Mk) snowball/linkage . . . sampling
(ie, Auswahlverfahren für Stichproben)
Schneeballvertriebssystem *n*
(Mk) pyramid selling *(ie, manufacturer sells rights of sale to other marketers, who may in turn pass them on to further sellers)*
Schneidwaren- und Besteckindustrie *f* (com) cutlery industry
Schnellbahn *f* (com) fast-rail system (*or* service)
Schnelldreher *m*
(Mk, sl) money spinner
– (infml) fast selling merchandise
(ie, walks off the shelves at a fast clip)
Schnelldrucker *m* (EDV) high-speed/line . . . printer
schnelle Abfertigung *f* (com) prompt (*or* speedy) dispatch
schnellebig (com) fast-living
schneller Infrarotport *m* (EDV) fast infrared port
schneller Papiervorschub *m* (EDV) paper throw
schneller Zugriff *m* (EDV) fast (*or* immediate) access
Schnellhefter *m* (com) flat file
Schnellmodus *m* (EDV) = Entwurfsmodus
Schnellspeicher *m*
(EDV) high speed memory
– fast/rapid . . . access storage
– zero access storage *(ie, inaccurate term)*
(EDV) scratch-pad memory *(syn, Notizblockspeicher)*
Schnelltaste *f* (EDV) keyboard shortcut
Schnelltender *m* (Fin) quick tender
Schnellzugriffsspeicher *m* (EDV) = Schnellspeicher
Schnellzugriffsspur *f* (EDV) rapid access loop
Schnitt *m*
(IndE) section
– sectional drawing
Schnittebene *f* (Math) cutting plane
Schnittebenen-Algorithmus *m* (OR) cutting-plane algorithm
Schnittebenenverfahren *n* (OR) cutting plane technique *(ie, der ganzzahligen Optimierung, meist als Erweiterung des Simplexverfahrens der linearen Optimierung)*
Schnittkurve *f* (Math) intersecting curve
Schnittmenge *f*
(Math) intersection (*or* meet) of sets
– logical product of sets
(syn, Durchschnittsmenge; opp, Vereinigungsmenge = union/join/sum . . . of sets)
Schnittpunkt *m*
(Math) intersection
– point of intersection
Schnittstelle *f*
(com) interface
(ie, place at which two different systems or subsystems meet and interact with each other)
Schnittstelle *f* **für Anwenderprogramme**
(EDV) Application Program Interface, API *(ie, encapsulates direct hardware access; increases portability of applications; eg, TAPI = Telephony Application Program Interface; syn, Programmierschnittstelle)*
Schnittstellenleitung *f* (EDV) interface circuit
Schnittstellen-Management *n* (Bw) interface management
Schnittstellenvervielfacher *m* (EDV) interface expander
Schnittware *f* (com) yard goods
Schnittzeichnung *f* (com) sectional drawing
Schnittzeile *f* (OR) cut row
schnurloses Telefon *n* (com) cordless telephone
Schockgefrieren *n*
(com) quick freeze *(ie, method used in food processing)*
Schockvariable *f*
(Stat) disturbance
– random disturbance (*or* perturbation)
– shock
Schonfrist *f*
(Pat) period of grace *(ie, extended to applicants)*
Schönschrift *f* (EDV) near-letter quality
schöpferische Tätigkeit *f* (StR) creative activity, § 96 BewG
schraffieren
(Math) to shade
– to hatch
schraffierte Fläche *f* (Math) shaded area
schraffierte Grafik *f* (Math) hatched graph
Schräglauf *m* (EDV) skew
Schrägschrift *f* (EDV) oblique
Schrägstrich *m*
(EDV) slash
(opp, umgekehrter Schrägstrich = backslash)
(Math) solidus
Schranken *fpl* **für den Marktzutritt** (Vw) barriers to entry into the market
Schreibanweisung *f* (EDV, Cobol) write statement
Schreibautomat *m* (EDV) automatic typewriter
Schreibbefehl *m* (EDV) write instruction
Schreibblock *m* (com) writing pad
Schreibdichte *f* (EDV) (record) density *(eg, of a floppy disk)*
Schreibfehler *m*
(com) clerical error
(com) typing mistake
schreibgeschützt (EDV) read only
Schreibkerbe *f*
(EDV) write-protect notch
– write-protect tab
Schreibkopf *m*
(EDV) write (*or* record) head
– print element
(syn, Kugelkopf, Typenkopf)
Schreibkopfrücklauf *m* (EDV) carrier return
Schreib-Lese-Einrichtung *f* (EDV) write-read unit
Schreib-Lesekopf *m*
(EDV) read-write head
– head combined
Schreib-/Lesespalt *m* (EDV) head gap
Schreibmaschine *f* (com) typewriter
Schreibmaschinenpapier *n* (com) business paper
Schreibschieber *m* (EDV) write-protect notch
Schreibschutz *m*
(EDV) write protection *(ie, diskettes are protected by using removable tiny tabs)*
Schreibstelle *f* (EDV) print position
Schreibtischforschung *f* (Mk) desk research

Schreibtischtest *m*
(EDV) desk (*or* dry) check
– dry run
Schreibverfahren *n* (EDV) recording mode
Schreibverfahren *n* **ohne Rückkehr zum Bezugspunkt** (EDV) non-return-to-reference (*or* zero) recording
Schreibweise *f* (Log, Math) system of notation
Schrift *f* (com) publication
Schriftart *f*
(EDV) font
– (GB) fount
Schriftarten-Erweiterungsmodul *n*
(EDV) font cartridge
(ie, contains additional fonts for a printer)
Schriftarten-Kassette *f*
(EDV) font cartridge
(ie, contains additional fonts for a printer, syn, Schriftarten-Erweiterungsmodul)
Schriftenreihe *f* (com) publication series
Schriftform *f*
(com) in writing
– reduced to a writing
(Re) in writing
– written form
(eg, agreement must be in writing; no writing is required)
Schriftführer *m* (com) keeper of the minutes
Schriftgröße *f* (EDV) type size
Schriftgut *n* (com) documents and records
schriftlich (com) in writing
(schriftliche) Annahmeerklärung *f* (Vers) acceptance slip
schriftlich einreichen (com) to submit in writing
schriftlicher Vertrag *m*
(Re) written agreement (*or* contract)
– agreement in writing
schriftliches Einverständnis *n* (Re) written consent
schriftliche Stellungnahme *f* (com) comments in writing
schriftliche Vollmacht *f* (Re) written power of attorney
schriftliche Zollanmeldung *f* (Zo) entry in writing
schriftlich fixieren
(com) to put in writing
– (fml) to reduce to writing
Schriftlichkeitsprinzip *n*
(Re) principle of documentation
(ie, wer schreibt, der bleibt = quod non in actis, non est in mundo)
Schriftsatz *m*
(Re) brief
(Re, US) pleading
(ie, hierunter fallen im Zivilprozeß:
1. Klageschrift = complaint;
2. Klageerwiderung = answer;
3. Anträge auf Klageabweisung aus Rechtsgründen = motions to dismiss;
4. Widerklagen = counter and cross claims;
5. Streitwertverkündung = third-party complaint)
Schriftstück *n*
(com) document
– paper
– writing

Schriftträger *mpl* (com) written records
Schriftverkehr *m* (com) correspondence
Schriftwechsel *m*
(com) correspondence
– exchange of letters
Schriftzeichenfolge *f* (EDV) character string
Schritt *m* (EDV) signal element
Schrittmacher *m*
(com, infml) pacemaker
– pacer
(ie, anything that has influence on the rate of a process or a reaction)
Schrittmachertechnologie *f* (Bw) pacemaker technology
Schrittmotor *m* (EDV) stepper motor
Schrittschaltung *f* **mit fester Breite** *f* (EDV) fixed-width spacing
schrittweise
(com) step by step
– gradually
schrittweise Beseitigung *f* **der Zölle** (Zo) progressive abolition (*or* elimination) of customs duties
schrittweise Einführung *f* **des Gemeinsamen Zolltarifs** (Zo) progressive introduction of the Common Customs Tariff
schrittweise Wechselkursänderung *f*
(AuW) sliding peg
– gliding parity
Schrittzähler *m* (EDV) step counter
schröpfen (com) to bleed *ie, sb for)*
Schrott *m* (com) scrap
Schrotterlös *m* (ReW) proceeds from sale of scrap
Schrotthandel *m* (com) scrap trade (*or* business)
Schrotthändler *m* (com) scrap merchant
Schrottplatz *m* (com) junkyard
Schrottrücklauf *m* (IndE) return of scrap
Schrottverarbeiter *m* (IndE) scrap metal processor
Schrottverkauf *m* (KoR) sale of scrap
Schrottwert *m*
(ReW) scrap
– salvage
– recovery
– residual
– disposal
– junk . . . value
Schrottzettel *m* (IndE) scrap ticket
schrumpfende Gewinne *mpl* (com) shrinking profits
Schrumpfung *f*
(Bw) deconglomeration
(ie, abandon low-return assets to maximize long-term returns of remaining assets)
Schrumpfung *f* **der Auftragsbestände**
(com) reduction of orders on hand
– falling orders
Schub *m*
(com) jump
– wave *(eg, of prices, interest rates)*
Schubladenpatent *n*
(Pat) blocking/defensive . . . patent
(syn, Sperrpatent)
Schubladenplan *m* (Bw, FiW) contingency plan
Schubladenplanung *m*
(com) contingency/alternative . . . planning *(syn, Alternativplanung)*

Schubverarbeitung *f*
(EDV) batch processing
(syn, Stapelverarbeitung)
schubweise Ankunft *f* (OR) bulk arrival
Schufa *f* (Fin) = Schutzgemeinschaft für allgemeine Kreditsicherung, qv
Schuhindustrie *f* (com) footwear industry
Schulabgangsalter *n* (Pw) school leaving age
Schulabgangszeugnis *n* (Pw) school leaving certificate
Schulausbildung *f* (Pw) school education
Schulbesuch *m* (Pw) school attendance
Schulbildung *f* (Pw) school education
Schuld *f*
(Re) obligation
(Re) debt
– indebtedness
Schuldabänderung *f* (Re) change of obligation, § 305 BGB
Schuldanerkenntnis *n*
(Re) acknowledgment of debt
(ie, takes debtor's case outside the Statute of Limitations = unterbricht die Verjährung, § 208 BGB)
schuldbefreiende Wirkung *f*
(Re) effect of discharging the contract
– in full satisfaction of debt
– with full discharge of debtor
Schuldbefreiung *f* (Fin) discharge of debt
Schuld *f* **begleichen**
(Fin) to pay
– to discharge
– to settle . . . a debt
Schuldbeitritt *m* (Re) assumption of debt
Schuldbuch *n* (FiW) Debt Register
Schuldbuchforderungen *fpl*
(Fin) Debt Register claims
(ie, Federal Government loans are listed on the stock exchange)
Schuldbuchgiroverkehr *m* (FiW) transfers of the Federal Debt Register
Schuld *f* **eingehen**
(Fin) to contract a debt
– to incur a liability
Schulden *fpl*
(com) debts
– indebtedness
(ReW) liabilities
Schulden *fpl* **abtragen** (com) to pay off debts
Schulden *fpl* **abzahlen** (com) to pay off debts
Schuldenaufnahme *f* (FiW, Fin) borrowing
Schuldenberg *m* (Fin) mountain of debt
Schuldenbombe *f*
(Fin, infml) debt bomb
(ie, potential explosive repercussions of a default by a major international debtor on the Western financial system)
Schuldendeckel *m*
(FiW) debt limitation
(ie, ceiling placed on amount of borrowings by governments)
Schuldendienst *m*
(Fin) debt service (*or* servicing)
– debt service bill
– debt servicing charges
– repayment and service of existing debt
(ie, interest and principal repayments)
Schuldendienstquote *f*
(Fin) debt-service ratio
(ie, interest outlay to sum total of public spending)
(AuW) debt-service ratio
(ie, ratio of a country's debt service payments to exports; used to assess its creditworthiness)
Schuldenerblast *f* **der DDR** (FiW) inherited liabilities from the GDR
Schuldenerlaß *m*
(Fin) debt . . . relief/forgiveness
(ie, release of obligation to repay loans)
(Re) release/remission . . . debt
Schulden *fpl* **erlassen** (Fin) to waive debt repayment
schuldenfrei
(com) free from debt (*or* obligation)
(com) clear
– free and clear
(eg, house is clear of mortgages)
Schulden *fpl* **konsolidieren** (Fin) to consolidate debt
Schuldenkonsolidierung *f*
(ReW) offsetting of receivables and payables in the consolidated financial statements
(ie, Aufrechnung konzerninterner Schuldverhältnisse; cf, § 331 I 4 AktG; ab 1990: § 303 HGB)
(Fin) consolidation of debt
Schuldenkrise *f* (AuW) international debt crisis
Schulden *fpl* **machen**
(com, infml) to load up with debt
– to contract debts
Schuldenmoratorium *n* (Fin) deferral of debt repayment
Schuldenpolitik *f* (FiW) debt management
Schuldenquote *f*
(FiW) debt ratio *(ie, public indebtedness to gross national product at market prices)*
Schuldenquotient *m* (Fin) debt-gross assets ratio
Schuldenrahmen *m*
(Fin) borrowing ceiling
(syn, Verschuldungsgrenze)
Schuldenrückzahlung *f*
(Fin) debt repayment
– debt redemption
– debt retirement
Schuldenstand *m* (Fin) debt position
Schuldenstand *m* **im Verhältnis zum BIP** (FiW) debt-to-GDP-ratio
Schuldenstandsquote *f* (FiW) level-of-debt ratio
Schuldenstrukturpolitik *f* (FiW) debt management
Schuldenswap *m*
(Fin) debt-for-equity swap
(ie, Umschuldungstechnik: Forderungen von Kreditinstituten an problematische Schuldnerländer werden in Beteiligungskapital umgewandelt)
Schulden *fpl* **tilgen** (Fin) to repay debt
Schuldentilgung *f* (Fin) repayment of debt
Schuldentilgungs-Fähigkeit *f* (Fin) debt repayment capability
Schuldentilgungsfonds *m* (Fin) sinking fund
Schuldenüberhang *m* (Fin) excess of debt over assets

Schulden *fpl* **übernehmen** (Fin) to assume debt
Schulden *fpl* **zurückzahlen** (Fin) to pay off debt
Schuld *f* **erfüllen**
(Re) to perform an obligation
– to satisfy a debt
Schulderlaß *m*
(Re) remission (*or* release) of debt
– waiver by creditor of his right to the performance of a contract, § 397 BGB
Schuld *f* **erlassen** (Re) to remit a debt
Schuldformen *fpl*
(Fin, FiW) types of borrowing
(eg, interne/externe Verschuldung)
schuldhaft
(Re) culpably
(eg, to cause damage to third party . . .)
schuldhaftes Nichtwissen *n* (Re) voluntary ignorance
schuldhaftes Zögern *n* (Re) culpable delay, § 121 BGB
Schuldhaftigkeit *f*
(Re) culpability *(ie, of the person responsible)*
Schuldmitübernahme *f* (Re) = kumulative Schuldübernahme
Schuldner *m*
(Re) debtor
– obligor
– *(bei Abtretung auch)* debitor cessus
(ie, anyone liable on a claim, whether due or to become due)
Schuldneranalyse *f* (Fin) = Kreditprüfung, qv
Schuldnerarbitrage *f* (Fin) debtor arbitrage
Schuldnerbegünstigung *f* (Re) preference of debtors
Schuldnerland *n* (AuW) debtor country (*or* nation)
Schuldnermehrheit *f* (Re) plurality of debtors, §§ 420, 427, 840 BGB
Schuldnerposition *f* (AuW) debtor position
Schuldnerquote *f* **im EWS** (AuW) debtor quota
Schuldnerverzug *m*
(Re) debtor's delay, § 284 BGB
– *(civil law)* mora solvendi
Schuldnerzentralbank *f* (AuW) debtor central bank
Schuldrecht *n*
(Re) law of obligations
(ie, second book of the German Civil Code, §§ 241–853 BGB; contains most of the material which an English lawyer is accustomed to find in books on the law of contracts, the law of torts, and in books on special types of legal relations, such as sale of goods, landlord and tenant, etc.)
schuldrechtliche Beziehungen *fpl* (Re) contractual relations
schuldrechtlicher Anspruch *m*
(Re) claim in/under a contract *(syn, Anspruch aus Vertrag)*
– claim arising from a contract
schuldrechtlicher Vertrag *m* (Re) contract
schuldrechtliches Wertpapier *n* (WeR) debt instrument
schuldrechtliche Übertragung *f* (WeR) transfer by assignment and delivery
schuldrechtliche Wertpapiere *npl* (WeR) debt securities
Schuldschein *m*
(Re) certificate of indebtedness, §§ 371, 952 BGB
– memorandum of debt
– I.O.U.
(Fin) note
– €-denominated promissory note
(ie, qualifies as security but not as evidence of claim; issued in large denominations of not less than €500,000; issued by public or private borrowers of top-rate standing; purchase or sale by assignment)
Schuldscheindarlehen *n*
(Fin) (borrowers') note loan
(ie, Kredite von Kapitalsammelstellen, die durch Vermittlung e–s Finanzmaklers od e–r Bank zustandekommen, von dieser bei Großanlegern plaziert werden und idR besonders besichert sind; long-term direct credit where lender is entitled to fixed interest till maturity and to repayment. Transfer of title by written assignment. Notes not being deemed securities, interest is paid without deduction of 25 percent withholding tax.)
Schuldtitel *m*
(Re) enforceable legal document
(ie, judgment, attachment order, arbitration award, temporary injunction, etc; syn, Vollstreckungstitel)
(Fin) debt issue
– note
(cf, Note Issuance Facility)
Schuldübernahme *f*
(Re) assumption of debt (*or* indebtedness), §§ 414–419 BGB
– transfer of liability
Schuldumwandlung *f*
(Re) novation *(ie, substitution of a new debt or obligation for an existing one, § 305 BGB; syn, Novation)*
(Fin) conversion of debt
Schuldurkunde *f*
(Re) debt instrument
– instrument (*or* certificate) of indebtedness
Schuldverhältnis *n*
(Re) obligation
– obligatory relation
(ie, relation between two persons which entitles one of them to claim from the other some act or omission recognized as capable of producing a legal effect)
Schuldverhältnis *n* **aus ungerechtfertigter Bereicherung**
(Re) obligation created by the receipt of unjustified benefits, §§ 812 ff BGB
– *(civil law)* condictio sine justa causa
Schuldverhältnis *n* **aus unterlaubter Handlung**
(Re) delictual obligation, §§ 823 ff BGB
– *(civil law)* obligatio ex delictu
Schuldverhältnisse *npl* (ReW) liabilities *(eg, loans)*
Schuldverpflichtungen *fpl* (Re) debt obligations
Schuldverschreibung *f*
(Fin) bond
(syn, Anleihe, Obligation; ie, im engeren Sinne Teilschuldverschreibungen von Betrieben; Sonderformen:

1. Gewinnschuldverschreibung = income bond, qv;
2. Wandelschuldverschreibung = convertible bond, qv;
3. Optionsschuldverschreibung = bond with warrant, qv;
ie, security evidencing an interest-bearing debt, if the instrument is (1) made out to bearer, (2) transferable by indorsement, (3) made out in serial form, or (4) equipped with interest coupons, § 12 KVStG)
Schuldverschreibung *f* **auf den Inhaber** (Fin) bearer bond
Schuldverschreibung *f* **mit variabler Rendite** (Fin) variable yield bond
Schuldversprechen *n*
(Re) (abstract) promise to perform an agreement
– promise to pay a debt
Schuldvertrag *m*
(Re) contract
(ie, only one type of the wider species of agreements)
Schuldwechsel *mpl* (ReW) notes payable
Schuldwechsel *m* **gegenüber Fremden** (ReW) notes payable to third parties
Schuldzinsen *mpl*
(Fin) debt interest
– interest on debt (*or* indebtedness)
– interest on borrowing
(Vers) fixed charges
schulen (Pw) to train
schulische Ausbildung *f* (Pw) schooling
schulpflichtiges Alter *n* (Pw) compulsory school age
Schulung *f*
(com) training
– education
Schulungsmaterial (com) instruction material
Schulungsprogramm *n* (com) training program
Schulungszentrum *n* (com) training center
Schund *m* (com, infml) inferior merchandise
Schürfrechte *npl* (Re) mining rights
Schusterjunge *m*
(EDV) orphan line *(ie, in text processing; opp, Hurenkind)*
Schütt-aus-Hol-zurück-Politik *f* (Fin) pay out/take back policy
Schütt-aus-Hol-zurück-Verfahren *n*
(StR) distribute-recapture-method
(ie, nutzt die steuerlichen Vorteile der Gewinnausschüttung für ESt-pflichtige Gesellschafter nach dem Anrechnungsverfahren der §§ 27 ff. KStG und sorgt dafür, daß die Kapitalgrundlage der Gesellschaft aus den anfallenden Gewinnen laufend gestärkt wird; auch vergleichbare Länder kennen ähnliche Regelungen)
Schüttgüter *npl*
(com) bulk/loose . . . material
– material in bulk
Schutzbestimmung *f* (Re) protective provision
Schutzdauer *f* (Pat) time of protection, § 9 WZG
schutzfähig (Pat) patentable
Schutzfähigkeit *f*
(Pat) eligibility for protection
– patentability
Schutzfrist *f*
(Pat) period of protection
(Pat) life (*or* term) of a patent, § 10 PatG
Schutzgebühr *f* (com) nominal charge (*or* fee)
Schutzklausel *f*
(ReW) protection of interest clause, § 313 II HGB
(AuW, GATT) escape/safeguard . . . clause
(ie, provision in a bilateral or multilateral agreement permitting a signatory nation to suspend tariff or other concessions when imports threaten serious harm to the producers of competitive domestic goods; cf, GATT Article XIX, and Sec 201 U.S. Trade Act of 1974)
(Re) hedge clause *(ie, mit Garantieausschluß für Angaben über Wertpapiere)*
Schutzmarke *f* (Pat) trademark
Schutzrecht *n* **angreifen** (Pat) to contest the validity of a protected right
Schutzrechte *npl* (Pat, *comprehensive term*) industrial property rights
Schutzrechtkosten *pl* (KoR) royalties
Schutzrechtsinhaber *m* (Pat) holder of an industrial property right
Schutzrechtsverletzung *f* (Pat) infringement of an industrial property right
Schutzrechtsverwertungsgesellschaft *f* (Pat) company or partnership commercially utilizing property rights
Schutzumfang *m* (Pat) scope of protection
Schutzvermerk *m* (Pat) note on industrial property rights
Schutz *m* **von Minderheitsaktionären** (Fin) protection for minority shareholders
schutzwürdige Eigentumsrechte *npl* (Re) protectable types of ownership rights
Schutzzaun *m* (Vw, infml) protective barrier
Schutzzoll *m*
(AuW) protective . . . duty/tariff
(ie, Schutz vor billigen Konkurrenzprodukten aus dem Ausland; designed to shield domestic production from foreign competition by raising he price of the imported commodities; opp, Finanzzoll = revenue tariff)
Schutzzollpolitik *f* (AuW) protectionism
schwach beginnen (Bö) to get off to a sluggish start
Schwächeanfall *m*
(com) bout of weakness
(eg, of $ or €)
Schwäche *f* **der Binnenwirtschaft** (Vw) weakness of the domestic economy
schwache Konjunktur *f* (Vw) weakness of economic activity
schwache Konvergenz *f* (Math) weak convergence
schwache Nachfrage *f*
(Mk) weak
– lagging
– sluggish . . . demand
Schwächeperiode *f* (com) period of weakness
schwächer bewertete Währung *f* (AuW) depreciated currency
schwächerer Auftragseingang *m* (com) thinner order books
schwache Typisierung *f* (EDV) weak typing

schwache Umsätze *mpl*
(Bö) low level of trading activity
– light trading
schwache Währung *f* (AuW) weak currency
schwach korreliert (Stat) weakly correlated
Schwachstelle *f*
(com) potential trouble spot
– critical/weak . . . point
– danger . . . point/spot
Schwachstellenanalyse *f* (com) analysis of critical points
Schwangerschaftsurlaub *m* (Pw) pregnancy (*or* prenatal) leave
schwankender Zins *m* (Fin) floating interest rate
schwankende Wechselkurse *mpl* (AuW) fluctuating exchange rates
schwanken zwischen
(com) to oscillate between *(ie, two positions)*
Schwankung *f* **der Chargen** (IndE) batch variation
Schwankungen *fpl*
(com) fluctuations
– swings
Schwankung *f* **e–r Funktion** (Math) oscillation of a function
Schwankungsbreite *f*
(Stat) range (of data)
(syn, Spannweite, Variationsbreite)
(AuW) fluctuation margin *(ie, of foreign exchange rates)*
Schwankungsgrenze *f* (AuW) limit of fluctuations
Schwankungsmarge *f* (EG, Fin) variation margin
Schwankungsmarkt *m*
(Bö) variable-price market *(syn, variabler Markt; opp, Einheitsmarkt)*
Schwankungsreserve *f*
(SozV) fluctuation reserves *(ie, der Rentenversicherung = of the pension insurance funds)*
Schwankungsreserven *fpl* (Vers) = Schwankungsrückstellungen
Schwankungsrückstellungen *fpl*
(ReW) provision for exchange rate fluctuations
(Vers) claims equalization reserve
Schwankungswerte *mpl* (Bö) variable-price securities
Schwänze *f*
(Bö) corner
(ie, in forward transactions; möglichst restloser Aufkauf e–r bestimmten Warengattung; eg, make a fortune from a corner in wheat)
schwänzen (Bö) to corner
Schwanzfläche *f* (Stat) tail area (*ie, of a distribution)*
Schwarzarbeit *f*
(com) unrecorded employment
– employment off the books
– double (*or* multiple) jobbing
– moonlighting
(ie, type of clandestine work; performed illegally and going undeclared and untaxed)
schwarzarbeiten
(com, infml) to work off the books
– to go black
Schwarzarbeiter *m*
(com) moonlighter
– (infml) fly-by-night worker
schwarz beschäftigen (Pw) to employ off the books
schwarze Liste *f*
(com) black list
– denied list *(ie, companies are put on the . . .)*
schwarzer Markt *m*
(Mk) black market *(ie, illegaler Markt)*
schwarzes Brett *n*
(com) notice/bulletin . . . board
(eg, to put sth up on the . . .; syn, Anschlagtafel)
Schwarzes-Brett-System *n* (EDV) bulletin board system
schwarze Zahlen *fpl*
(com, infml) black figures *(ie, profits)*
schwarze Zahlen *fpl* **schreiben**
(Fin) to write black figures
– to operate in the black
Schwarzfahrer *m*
(com) free rider *(ie, person dodging fares in public transport)*
(Re) unauthorized user of vehicles, § 248 b StGB
Schwarzfahrt *f* (Re) unauthorized use of motor vehicles
Schwarzhandel *m*
(com) black trading
(syn, Schleichhandel)
Schwarzmarkt *m* (Mk) = schwarzer Markt
schwebend (com) uncompleted
schwebende Belastung *f* (Re) floating charge
schwebende Geschäfte *npl*
(ReW) pending transactions (*or* business)
(ReW) pending projects
schwebende Patentanmeldung *f* (Pat) patent pending
schwebende Schulden *fpl*
(FiW) floating
– unfunded
– short-term . . . public debt *(syn, unfundierte Schulden)*
schwebende Verrechnungen *fpl*
(Fin) items in course of settlement
– float
schwebend unwirksam (Re) provisionally ineffective (*or* invalid)
Schwebezeit *f*
(Re) period of suspense
(ie, used to indicate the period of time during which it is uncertain whether a condition will be fulfilled or not)
Schweigen *n* (Re) cf, Stillschweigen
Schweigepflicht *f*
(Re) duty of discretion
(Pw) duty of secrecy
Schweinezyklus *m*
(Vw) hog (*or* pig) cycle
(ie, illustrating the cobweb theorem)
Schwellenland *n*
(Vw) newly industrializing country, NIC
– (rarely) threshold country
(ie, one still below the development level of highly industrialized countries, such as Brazil, Spain, Mexico, Argentina)
Schwellenpreis *m*
(EG) threshold price
(ie, fixed for imported grain, rice, sugar, milk, dairy products, and fats)

Schwellenwert *m*
(IndE) critical value
(Stat) cutoff
Schwellwert *m* (com) threshold (value)
Schwemme *f* (com) glut in supplies
schwer absetzbare Ware *f* (com) slow moving merchandise
schwer absetzbare Wertpapiere *npl* (Fin) deadweights
Schwerbehindertenausweis *m* (SozV) severely handicapped person's identity card
Schwerbehindertengesetz *n* (SozV) Law Relating to the Severely Handicapped, of 29 Apr 1974, as amended
Schwerbehinderter *m* (SozV) severely handicapped person
Schwerbeschädigte *mpl* (SozV) = (now) Schwerbehinderte
schwere Papiere *npl* (Bö) heavy-priced shares
schwerer Ausnahmefehler *m* (EDV) fatal exception error
schwerer Kursverlust *m*
(Bö, infml) falling out of bed
(ie, refers to a stock that suffers sudden and serious decline)
schweres Rohöl *n*
(IndE) heavy crude (oil) *(ie, term refers to specific gravity)*
– sour crude *(ie, term refers to sulfur content)*
Schwerfahrzeug *n* (com) heavy duty vehicle
Schwergut *n*
(com) heavy/deadweight . . . cargo
(ie, charged by weight)
Schwergutladefähigkeit *f* (com) deadweight cargo capacity
Schwergutschiff *n* (com) heavy-lift ship
Schwergut-Transportunternehmer *m* (com) heavy hauler
Schwerindustrie *f*
(com) heavy industry
(com) heavy capital goods industry
Schwerkriegsbeschädigte *mpl* (SozV) severely handicapped veterans
Schwermaschinenbau *m* (com) construction of heavy machinery
Schwermetalle *npl* (com) heavy metals
Schwerpunkt *m* (Math) centroid
Schwerpunktstreik *m* (Pw) selective/key . . . strike
Schwerpunkt *m* **verlagern** (com) to shift the focus of activities towards
schwer verkaufen, sich (com) to sell hard
schwer verkäufliche Ware *f* (com) slow selling merchandise
schwer vermittelbar (Pw) difficult to place
schwer versicherbares Großrisiko *n* (Vers) target risk
schwerwiegender Fehler *m* (EDV) unrecoverable error
Schwesterbank *f* (Fin) sister institution
Schwestergesellschaft *f*
(Bw) fellow subsidiary
– sister company
Schwesterinstitut *n* (com) affiliated organization
schwierige Geschäftslage *f* (Fin) difficult banking conditions

Schwierigkeiten *fpl* (com, infml) troubled waters
schwimmende Ware *f*
(com) goods afloat
– afloats
Schwindelfirma *f* (com) bogus company (*or* firm)
Schwindelgeschäft *n* (com) fraudulent transaction
Schwindelunternehmen *n* (com) bogus firm
Schwund *m*
(com) shrinkage
– leakage
– ullage
(MaW) inventory shrinkage
Schwundsatz *m* (com) rate of shrinkage (*or* waste)
Sechseck *n*
(Math) hexagon
– polygon of six sides
Sechsmonatsgeld *n* (Fin) six-month money
Sedes materiae *f*
(Re) source of law
– source of legal provision
seefahrende Nationen *fpl* (AuW) maritime nations
Seefracht *f* (com) ocean freight
Seefrachtbrief *m* (com) ocean bill of lading
Seefrachtgeschäft *n*
(com) ocean shipping trade, §§ 556–663 HGB
– affreightment
– carriage of goods by sea
Seefrachtrate *f* (com) shipping rate
Seefrachtversicherung *f* (Vers, US) cargo insurance
Seefrachtvertrag *m* (com) contract of affreightment
Seefunkverkehr *m* (com) marine radio service
Seegebiet *n* (com) waters
Seegefahr *f*
(com) marine risk
– maritime peril
Seegüterversicherung *f* (Vers) marine cargo insurance
Seehafen *m* (com) maritime/sea . . . port
Seehafenbetrieb *m* (com) seaport operator
Seehafenplatz *m* (com) seaport town
Seehafenspediteur *m*
(com) shipping agent
– (GB) land agent
Seehaftpflichtversicherung *f* (SeeV) marine liability insurance
Seehandel *m*
(com) maritime (*or* sea) trade
– ocean commerce
Seehandelskredit *m* (Fin) maritime commerce credit
Seehandelsrecht *n*
(Re) maritime law *(ie, laid down in the 4th book of the German Commercial Code, HGB)*
Seekargoversicherung *f* (Vers) marine cargo insurance
Seekaskoversicherung *f* (Vers) maritime hull insurance
Seekasse *f*
(SozV) sailors' compulsory health insurance scheme *(syn, Seekrankenkasse)*
Seekrankenkasse *f* (SozV) = Seekasse
Seeladeschein *m*
(com) ocean bill of lading *(syn, Konnossement)*
Seelenmassage *f* (Vw) moral suasion

seemäßige Verpackung *f*
(com) seaworthy/ocean . . . packing
– cargopack
seemäßig verpackt (com) packed for ocean shipment
Seemeile *f* (com) nautical mile *(ie, 1,853 km)*
Seeprotest *m*
(com) captain's protest, §§ 522 ff HGB *(syn, Verklarung)*
Seerechtsabkommen *n* (Re) Law of the Sea Convention
Seerechtsgericht *n* (Re) Law of the Sea Tribunal
Seerechtskonferenz *f* (Re) Conference on the Law of the Sea
Seerechtsvertrag *m* (Re) treaty on the law of the sea
Seeschaden *m*
(SeeV) average *(ie, partial loss or damage to ship or cargo)*
Seeschadenberechnung *f* (SeeV) adjustment of average
Seeschiedsgericht *n* (Re) marine arbitral tribunal
Seeschiff *n* (com) ocean going vessel
Seeschiffahrt *f*
(com) ocean shipping industry
– shipping
Seeschiffsverkehr *m* (com) ocean going traffic
Seetransport *m* (com) ocean/marine . . . transport
Seetransportgeschäft *n*
(com) shipping trade
– marine transport
Seetransportversicherer *m* (Vers) marine underwriter
seetüchtiges Schiff *n* (com) seaworthy vessel
Seeverpackung *f* (com) seaworthy packing
Seeversand *m* (com) ocean shipping
Seeversicherer *m* (SeeV) marine insurer (*or* underwriter)
Seeversicherung *f* (Vers) ocean marine insurance
Seeversicherungsmakler *m* (Vers) marine insurance broker
Seeversicherungsmarkt *m* (Vers) marine insurance market
Seeversicherungspolice *f* (Vers) marine insurance policy, M.I.P.
Seeversicherungsrecht *n* (Re) marine insurance law
Seeversicherungsvertrag *m* (Vers) marine insurance contract
Seevölkerrechtsabkommen *n* (Re) treaty on the law of the sea
Seewarentransport *m* (com) carriage of goods by sea
Seewurf *m* (SeeV) jettison
Segmentationstheorie *f*
(Fin) segmentation theory
(ie, tries to explain the interest rate structure)
Segmentbeitrag *m* (Fin) segment contribution
Segmentberichterstattung *f* (Fin) segment reporting
Segmentbilanz *f*
(ReW) segmental reporting/disclosure (for business enterprises)
– reporting by segment
Segmenterlös *m* (Fin) segment revenue
Segmente *npl* **verschieben** (EDV, CAD) to move segments
Segmentierung *f* (EDV, Cobol) segmentation
Segmentierung *f* **des Marktes**
(Mk) market segmentation *(syn, Marktsegmentierung)*
Segmentmarke *f* (EDV) segment (*or* tape) mark
Sehne *f* (Math) chord
Sehnenscheidenentzündung *f* (EDV) carpal tunnel syndrome
sehr kurzfristige Fazilität *f* (EG) Very Short Term Facility
Seifenblasen *fpl*
(Vw) speculative bubbles
(eg, zur Erklärung von Wechselkursschwankungen)
Seilschaft *f*
(com, infml) old-party network
(ie, originally, ex-Stasi network)
Seitenansicht *f*
(EDV, GUI) print preview *(syn, Seitenvorschau)*
Seitenaufriß *m* (com) end elevation
Seitenausrichtung *f* (EDV) page orientation *(eg, Hoch- od Querformat; portrait or landscape)*
Seitenaustauschverfahren *n*
(EDV) demand paging
– paging algorithm
Seitenbegrenzung *f* (EDV) page limit
Seitenbeschreibungssprache *f* (EDV) page description language, PDL *(eg, POSTSCRIPT)*
Seitendrucker *m* (EDV) page printer
Seiteneinrichtung *f*
(EDV) page setup *(ie, specifying size, margins, etc)*
Seiteneinzug *m* (EDV) page offset *(eg, in Unix)*
Seitenfalle *f*
(EDV) page trap
(ie, in Unix; may be set within a page; when the vertical position is reached the specified request is executed)
Seitenformatierung *f* (EDV) page formatting
Seitenlänge *f* (EDV) page length (*or* size)
Seitenoberkante *f* (EDV) start of page
Seitenüberlauf *m* (EDV) page overflow
Seitenumbruch *m*
(EDV) page make-up (*or* layout *or* break)
– pagination
Seitenumbruch *m* **im Hintergrund**
(EDV) background pagination *(syn, automatic pagination; syn, automatischer Seitenumbruch)*
Seitenverfahren *n*
(EDV) page replacement algorithm *(syn, Ersetzungsalgorithmus)*
Seitenverhätnis *n* (EDV) aspect ratio *(eg, of a display)*
Seitenvorschau *f*
(EDV) page preview *(ie, program that shows exactly how a page will look when printed)*
(EDV, GUI) print preview *(syn, Seitenansicht)*
Seitenvorschub *m*
(EDV) form feed
– eject
Seitenwechsel *m*
(EDV) paging *(syn, Bildschirmblättern)*

Seitenwechselspeicher *m* (EDV) paging device
Seitenzähler *m* (EDV) page counter
Seitenzuführung *f* (EDV) sideways (*or* parallel) feed
Sekretärin *f* (Pw) secretary
Sektor *m* (EDV) sector of disk track
Sektoradresse *f* (EDV) sector address
sektorale Arbeitslosigkeit *f* (Vw) sectoral unemployment
sektorale (Engpaß-)Inflation *f* (Vw) sectoral inflation
sektorale Verschiebungen *fpl*
(Vw) sectoral shifts *(ie, from agriculture to manufacturing to services)*
Sektor *m* **Ausland** (VGR) sector rest-of-the world
Sektor *m* **öffentliche Haushalte** (VGR) government sector
Sektor *m* **private Haushalte** (VGR) consumer (*or* household) sector
Sektor *m* **Staat** (VGR) public sector
Sektor *m* **Unternehmen** (VGR) business sector
Sektorversatz *m* (EDV) interleave, sector interleave
Sektsteuer *f* (StR) tax on sparkling wine
Sekundärbedarf *m*
(Bw) secondary requirements *(ie, of raw materials and work-in-process)*
Sekundärdaten *pl* (Stat) secondary data
sekundäre Aktiva *npl* (Vw) secondary assets
sekundäre Einkommensverteilung *f*
(Vw) secondary income distribution *(ie, government redistribution)*
sekundäre Fixkostenumlage *f* (KoR) secondary fixed-cost allocation
sekundäre Gemeinkosten *pl* (KoR) secondary overhead (expenses)
sekundäre Kennziffer *f*
(Bw) advanced ratio
– (GB) supporting ratio
sekundäre Kosten *pl*
(KoR) secondary
– composite
– mixed . . . costs
(syn, gemischte/zusammengesetzte/abgeleitete . . . Kosten)
sekundäre Kostenarten *fpl*
(KoR) secondary cost categories *(ie, bestimmend ist die Herkunft der Einsatzgüter)*
sekundäre Kostenstelle *f*
(KoR) indirect (*or* service) cost center
(syn, Hilfskostenstelle, Nebenkostenstelle)
sekundärer Sektor *m* **der Volkswirtschaft** (Vw) secondary sector
sekundäres Gemeinschaftsrecht *n* (EG) secondary Community law
sekundäres Giralgeld *n* (Vw) derived demand deposit
sekundäre Wirtschaftseinheit *f* (Vw) secondary economic unit
Sekundärfenster *n*
(EDV, GUI) child window
(ie, smaller window limited to the boundaries of its parent window; opp, parent window; syn, untergeordnetes Fenster)
Sekundärforschung *f* (Log) desk research
Sekundärgeschäft *n* (Bö) trading in existing (*or* secondary market) securities
Sekundärliquidität *f* (Vw) secondary liquidity
Sekundärmarkt *m*
(Bö) secondary/after . . . market
(ie, Markt für umlaufende, bereits plazierte Wertpapiere: market for transactions in existing securities; opp, Primärmarkt, dritter Markt)
Sekundärmenü *n* (EDV, GUI) cascading menu
Sekundärmetalle *npl*
(com) secondary metals
(ie, metals recovered from scrap, as distinguished from primary metals, which are obtained direct from the ore)
Sekundärprozess *m*
(EDV) child process *(syn, Unterprozess, Kindprozess)*
Sekundärreserven *fpl* (Vw) secondary reserves
Sekundärschlüssel *m* (EDV) candidate key
Sekundärstatistik *f* (Stat) derived statistics
Sekundärverteilung *f* (Vw) secondary distribution
Sekundawechsel *m* (Fin) second of exchange
selbstadjungierte Transformation *f* (Math) self-adjoint transformation
selbständig bewertungsfähige Güter *npl* (ReW) assets that can be valued separately
selbständige Arbeit *f*
(StR) self-employment, § 18 EStG
– (US) independent personal services
selbständige Einrede *f* (Re) independent defense
selbständige Erwerbstätigkeit *f* (Pw) self-employment
Selbständiger *m*
(com) self-employed
– independent
selbständiger Berater *m* (com) outside consultant
selbständiger Unternehmer *m*
(com) legally independent contractor
(eg, agents, auditors, lottery collectors)
selbständig Erwerbstätige *pl* (com) self-employed persons
selbständiges Patent *n* (Pat) independent patent
selbständige Sprache *f* (EDV) self-contained language
selbständiges Unternehmen *n* (com) independent/separate . . . company
selbständige Tätigkeit *f* (com) self-employment
selbständige Verpflichtung *f* (Re) independent undertaking
Selbständigkeit *f*
(com) autonomy
(com) self-employment
Selbständigkeitsfiktion *f* (StR) separate entity fiction
Selbstanfertigung *f* (IndE) self-manufacture
Selbstanlauf *m* (EDV) auto restart
selbstanpassendes System *n*
(EDV) adaptive system
(ie, Softwaresystem, das in der Lage ist, sein Verhalten aufgrund von gesammelten „Erfahrungen" anzupassen; eg, Expertensystem)
Selbstanzeige *f* (StR) self-accusation of tax evasion reported to the local tax office, § 371 AO
Selbstbedienung *f*
(Mk) self-service

(ie, in retail stores)
– (GB) self-selection
Selbstbedienungsgroßhandel *m*
(Mk) cash and carry trade *(syn, Cash-and-carry-Handel)*
Selbstbedienungsladen *m* (com) self-service store (*or* establishment)
Selbstbedienungsstation *f* (com) self-service station *(eg, gas, petrol)*
Selbstbehalt *m*
(Vers) deductible
(ie, portion of insured loss to be borne by the insured)
(Vers) rentention
(ie, amount of liability assumed by the writing company and not reinsured)
selbstbehaltene Risiken *npl* (Vers) retained risks
Selbstbehaltquote *f* (Vers) quota share
Selbstbehaltsklausel *f*
(Vers) own-risk clause
– franchise clause
Selbstbeschränkung *f* (AuW) voluntary restraint
Selbstbeschränkungsabkommen *n*
(AuW) orderly market agreement
– voluntary restraint agreement
Selbstbeschuldigung *f* (Re) self-incrimination
Selbstbeteiligung *f* (Vers) = Selbstbehalt
Selbstbeteiligungsklausel *f* (Vers) excess coverage
Selbstbeteiligungstarif *m* (Vers) percentage excess policy
selbstduchschreibendes Papier *n* (com) carbonless paper
selbstdurchschreibendes Papier *n* (com) carbonless paper
Selbsteintritt *m*
(Re) self-dealing *(ie, of a commission agent, § 400 I HGB)*
(Bö) dealing/trading ... for own account *(ie, grundsätzlich untersagt)*
selbstentpackende Datei *f* (EDV) self-extracting file
selbstentpackendes Archiv *n* (EDV) self-extracting archive
selbsterstellte Anlagen *fpl*
(ReW) self-constructed assets
– assets constructed by a company for its own use
selbsterzeugendes Modell *n* (Vw) self-generating model
Selbstfinanzierung *f*
(Fin) self-financing
– auto financing
– financing out of retained earnings
– internal generation of funds
(ie, retention of earnings for use in the business; syn, GB, sometimes: auto-financing; rarely: self-financing)
Selbstfinanzierungsmittel *pl*
(Fin) internally generated funds
– internal equity
– finance provided out of company's own resources
(syn, eigenerwirtschaftete Mittel, qv)
Selbstfinanzierungsquote *f*
(Fin) self-financing ratio
– retention rate
– internal financing ratio
(ie, proportion of cost met from a company's own funds; a more precise term is ‚Innenfinanzierungsquote', covering both ‚Selbstfinanzierung' und ‚Finanzierung aus Abschreibungen')
selbstgeschaffener Firmenwert *m* (ReW) = originärer Firmenwert
Selbstheilungskräfte *fpl* **des Marktes** (Vw) self-regulating forces of the market
Selbsthilfe *f* (com) self help
Selbsthilfeeinrichtung *f* (Fin) self-help scheme
Selbsthilfeverkauf *m*
(Re) self-help sale, § 373 HGB
(ie, Verkäufer darf bei Annahmeverzug verkaufen; cf, Notverkauf)
selbstindizierende Addressierung *f* (EDV) list sequential addressing
Selbstkontrahent *m* (Re) self-contracting party
Selbstkontrahieren *n*
(Re) self-contracting
– self-dealing
(ie, an agent cannot as such conclude a transaction between the principal and himself or another party represented by himself, except if he has been granted express authority to do so, § 181 BGB)
selbstkontrahieren (Re) to act as principal and agent
selbstkorrigierender Code *m*
(EDV) self-correcting code *(syn, Fehlerkorrekturcode)*
Selbstkosten *pl*
(KoR, *in manufacturing*) total production cost
(ie, direct materials, direct labor, direct overhead + selling and administrative overhead)
(KoR, *in trading*) cost of sales
(ie, cost of goods purchased + storage + selling and administrative expenses)
Selbstkosten *pl* **des Umsatzes** (ReW) total cost of sales
Selbstkostenpreis *m*
(Bw) cost price *(ie, total production cost or cost of sales + profit markup)*
Selbstkostenpreismethode *f* (StR) cost-plus method *(see: Fremdvergleich)*
Selbstkostenrechnung *f*
(KoR) cost estimating
(ie, führt als Kostenträger-Stückrechnung die Zurechnung der Kosten auf einzelne Leistungen durch; ermittelt Selbstkosten; syn, Kalkulation)
selbstladendes Programm *n* (EDV) self-loading program
selbstorganisierender Rechner *m*
(EDV) self-organizing computer *(ie, able to arrange its internal structure)*
selbstprüfender Code *m*
(EDV) self-checking code
– error detecting code
selbstprüfendes Zeichen *n* (EDV) redundant (*or* check) character
selbstprüfende Zahl *f* (EDV) self-checking number
Selbstprüfung *f*
(EDV) built-in (*or* hardware) check
(EDV) operator control

selbstschuldnerisch (Re) creating a primary liability
selbstschuldnerisch bürgen (Re) to give a guaranty of payment as coprincipal debtor
selbstschuldnerische Bürgschaft *f*
(Re) absolute guaranty
– guaranty of payment
– (GB) absolute suretyship
(ie, Bürge kann nach 773 I 1 BGB auf die Einrede der Vorausklage, qv (= defense of preliminary proceedings against the principal debtor) verzichten; Gläubiger kann sich nach s–r Wahl an den Hauptschuldner od an den Bürgen halten; oft sagt Bürge Zahlung auf erstes Anfordern zu; guarantor (= Bürge) has primary liability, ie, his liability is fixed when the debt is due and principal does not pay; he often promises to pay at creditor's first request)
selbstschuldnerischer Bürge *m* (Re) guarantor primarily liable
selbsttätige Regelung *f* (EDV) automatic control
selbsttragender Aufschwung *m* (Vw) self-feeding (*or* self-sustaining) recovery
Selbstveranlagung *f*
(StR) self-assessment
(ie, taxpayer is allowed to decide whether or not he is liable for tax and for which amount income tax liability exists; this practice is excluded in German tax law by § 150 AO)
Selbstverbrauch *m* (StR) appropriation of business property for nonbusiness purposes of the owner, § 30 UStG
Selbstversicherer *m*
(Vers) self-insurer
– co-insurer
Selbstversicherung *f*
(Vers) self-insurance
– co-insurance
Selbstversicherungs-Fonds *m* (Vers) self-insurance fund
Selbstversorgung *f* (Vw) self-sufficiency *(eg, of oil)*
Selbstversorgungsgrad *m* (Vw) degree of self-sufficiency
Selbstversorgungswirtschaft *f*
(Vw) self-service economy *(eg, Eigenversorgung der Haushalte, Wertschöpfung durch Selbstorganisationen; opp, Untergrundwirtschaft)*
Selbstverstümmelung *f* (Vers) self-inflicted injury
Selbstverwaltungskörperschaft *f* (Re) private-sector regulatory body
Selbstverwirklichung *f* (Pw) self-fulfillment *(eg, at the expense of salary, position, or status)*
Selbstvollzug *m* (Pw) self-constitution
Selbstwählferndienst *m*
(com) direct distance dialing, DDD
– (GB) subscriber trunk dialling
Selbstwählverkehr *m* (com) subscriber dialing
Selbstwählvermittlungsstelle *f* (EDV) automatic exchange
Selbstzahler *m* (Vers) self-pay patient
Selektion *f* (EDV) outsorting of cards
selektive Kreditkontrolle *f* (Vw) selective credit control
selektive Kreditpolitik *f* (Vw) selective credit policy
selektive Verzerrung *f* (Stat) selective bias
Selektorkanal *m* (EDV) selector channel
seltene Erden *pl* (com) rare earths
seltene Metalle *npl* (com) rare metals
seltener Benutzer *m* (EDV) casual user
Semantik *f*
(Log) semantics
(ie, extensionale Semantik = theory of reference; intensionale Semantik: theory of meaning)
semantische Geschlossenheit *f* (Log) semantical closure
semantische Homogenität *f* (Log) semantical consistency
Semiotik *f*
(Log) semiotics *(ie, comprises syntax, semantics, pragmatics)*
semivariable Kosten *pl*
(KoR) mixed/semi-variable . . . costs
(syn, Mischkosten)
Sendeabrufzeichen *n*
(EDV) invitation to send, ITS
– polling character
Sendeknoten *m* (OR) emitter (*or* source) node
senden
(com) to send (off)
– to ship
– to forward
– to address
Sendeteil *m* **e–s Knotens** (OR) emitter
Sendung *f*
(com) consignment
– shipment
Seniorität *f* (Pw) seniority
Senke *f*
(Math) sink
(EDV) well
senken
(com) to decrease
– to reduce
– to bring/level . . . down *(eg, prices)*
– to shave *(eg, costs)*
– to cut out (*eg, the use of copper by 75%*)
– to trim *(eg, discount rate)*
– to slash *(eg, discount rate by a full point)*
Senkrechte *f*
(Math) vertical line
– perpendicular
senkrechte Anführungszeichen *npl* (EDV) dumb quotes
Senkrechtstart *m*
(IndE) liftoff
(ie, takeoff in vertical ascent; eg, spacecraft, aircraft)
Senkrechtstarter *m* (Pw, infml) vertical takeoff tycoon
Senkung *f* **der öffentlichen Ausgaben** (FiW) cuts in government spending
sensible Güter *npl* (AuW) sensitive commodities (*or* goods)
sensible Rohstoffe *mpl* (AuW) sensitive raw materials (*or* commodities) *(eg, manganese, vanadium, cobolt, chromium)*
Sensitivitätsanalyse *f*
(Bw) sensitivity analysis *(ie, dient der Prüfung der Empfindlichkeit e–s Rechenergebnisses bei Varia-*

tion des Dateninputs der Rechnung; ergänzt zB Investitionsrechnungen unter der Annahme sicherer Erwartungen)

Sensitivitäts-Training *n*
(Pw) sensitivity training
(ie, fördert gruppendynamische Lernprozesse; syn, Empfindlichkeitsanalyse)

separable Körpererweiterung *f*
(Math) separable (*or* algebraic) extension of a field
(syn, algebraische Körpererweiterung, Körpererweiterung 1. Art)

separabler Raum *m* (Math) separable (topological) space

separables Polynom *n* (Math) separable polynomial *(syn, Polynom 1. Art)*

Separationstheorem *n*
(Vw) separation theorem *(I. Fischer) (syn, Dezentralisationstheorem, Trennungstheorem)*

seperat identifizierbare Vermögensgegenstände *mpl* **und Schulden** *fpl* (Fin) identifiable assets and liabilities

Sequentialtest *m*
(Stat) sequential test
(eg, in automatisch gesteuerten Lagersystemen als zulässiges Verfahren anerkannt)

sequentielle Arbeitsweise *f* (EDV) sequential operation

sequentielle Bearbeitung *f* (EDV) stacked job processing

sequentielle Datei *f*
(EDV) sequential file
(ie, records (= Sätze) werden nach e–m Primärschlüssel abgelegt; opp, Direktzugriffdatei = random file)

sequentielle Entscheidung *f* **bei Unsicherheit** (OR) sequential ordering decision

sequentieller Ablauf *m* (OR) sequential mode of operation

sequentieller Fortschritt *m* (OR) sequential progress

sequentieller Prüfplan *m* (Stat) sequential sampling plan

sequentieller Rechner *m* (EDV) sequential computer

sequentieller Stichprobenplan *m* (Stat) sequential sampling plan

sequentieller Versuchsplan *m* (Stat) sequential test plan

sequentieller Zugriff *m*
(EDV) sequential (*or* serial) access
(ie, Datei wird von Beginn an gelesen, bis der entsprechende Satz (record) gefunden ist)

sequentielle Schätzung *f* (Stat) sequential estimation

sequentielles Stichprobenverfahren *n* (Stat) sequential sampling

sequentielle Steuerung *f* (EDV) sequential control

sequentielle Stichprobe *f* (Stat) item-by-item (*or* sequential) sample

sequentielle Suche *f*
(EDV) sequential search *f (syn, linear search; opp, binary search; syn, lineare Suche)*

sequentielle Verarbeitung *f* (EDV) sequential processing

Sequentiellrechner *m* (EDV) sequential computer

Sequenzanalyse *f* (Stat) sequential analysis (*or* sampling)

Sequenzprüfung *f* (Stat) = Sequenzanalyse

Sequenzpuffer *m* (EDV) sequence buffer

Sequestration *f*
(Re) sequestration
(eg, Beschlagnahme durch einstweilige Verfügung, vor Konkurseröffnung)

Serendipity-Theorem *n*
(Vw) serendipity theorem
(ie, ‚durch Zufall glückliche Entdeckungen machen'; im wachstumstheoretischen Kontext behandelt; Marktsystem führt zum Wohlfahrtsoptimum wenn die Bevölkerungswachstumsrate ihren optimalen Wert annimmt; Annahme: Wirtschaft wächst bei gegebener Struktur mit exogener Rate)

Serie *f*
(IndE) lot
– batch *(syn, Auflage, Los, Partie)*

Serie *f* **auflegen** (IndE) to run a production series

serieller Anschluß *m* (EDV) serial port

serieller Betrieb *m* (EDV) serial operation

serieller Datentransfer *m* (EDV) serial transfer

serieller Rechner *m*
(EDV) serial computer *(ie, having a single arithmetic and logic unit)*

serieller Zugriff *m* (EDV) sequential (*or* serial) access

serielle Schnittstelle *f*
(EDV) serial port (*or* interface) *(opp, parallele Schnittstelle, qv)*

serielles Multi-Tasking *n*
(EDV) serial multitasking
(ie, mehrere Programme sind geladen, aber nur eines läuft; opp, paralleles Multitasking)

serielle Verarbeitung *f* (EDV) serial processing

seriell wiederverwendbar (EDV) serially reusable

Serienaddierwerk *n* (EDV) serial adder

Serienanleihe *f* (Fin) serial bonds issue

Serienbetrieb *m*
(EDV) serial operation *(opp, parallel operation)*

Serienbrief *m* (com) bulk letter

Serienbuchung *f* (ReW) batch entry

Seriendrucker *m* (EDV) serial printer

Serienfabrikat *n* (IndE) standard product

Serienfälligkeit *f* (Fin) serial maturity

Serienfertigung *f*
(IndE) serial production
– continuous series-type production
– batch production
(ie, products differ in combination of parts; opp, Sortenfertigung, Einzelfertigung, Massenfertigung)

Seriengröße *f*
(IndE) batch size *(syn, Losgröße)*

Serienherstellung *f* (IndE) = Serienfertigung

serienmäßig
(IndE) standard
– production . . .

Seriennummer *f* (EDV) serial number

Serien-Parallel-Betrieb *m* (EDV) serial parallel operation

Serien-Parallel-Umsetzer *m* (EDV) serial-parallel converter

Serienproduktion *f* (IndE) = Serienfertigung, qv
Serienprüfung *f* (EDV) batch testing
Serienschäden *mpl* (Vers) recurrent claims
Seriensequenzproblem *n*
(IndE) batch sequencing problem *(syn, Problem der optimalen Sortenschaltung)*
Serienübertragung *f* (EDV) serial transmission
Serienwagen *m* (com) factory-built car
Server *m* (EDV) server
Server *m* **für Fernzugang** (EDV) remote access server
Serviceanlaufstelle *f* (EDV) service access point
Servicegrad *m*
(MaW) service level (*or* degree) *(syn, Lieferbereitschaftsgrad)*
Servituten *pl* (Re) = Dienstbarkeiten
S-förmiges Muster *n* (Bw) S-shaped pattern
Sheffer-Funktion *f*
(EDV) NAND operation
– non-conjunction *(syn, NAND-Funktion, NAND-Verknüpfung)*
Shefferstrich *m*
(Log) Sheffer stroke
– non-conjunction
Shell-Zweigstelle *f* (Fin) Offshore-Zweigstelle, qv
sichere Anlage *f* (Fin) sound investment
sichere Mehrheit *f* (com) comfortable majority
sichere Vorräte *mpl*
(Vw) proved
– proven
– identified . . . reserves
(ie, of natural resources, such as coal, ore; syn, nachgewiesene Reserven)
Sicherheit *f*
(Fin) security
– collateral
(Re) collateral
– collateral security
(Stat) confidence level
Sicherheit *f* **am Arbeitsplatz**
(Pw) job safety
– on-the-job security
– workplace safety *(ie, low accident rate)*
Sicherheit *f* **bieten** (Fin) to offer security (*or* collateral)
Sicherheit *f* **des Arbeitsplatzes**
(Pw) job security
– security of employment
Sicherheit *f* **einräumen** (Re) to provide . . . security/collateral
Sicherheiten *fpl* **bestellen** (Re) to furnish collateral
Sicherheitenmarge *f*
(EG, Fin) initial margin *(ie, a risk control measure applied to underlying assets used in reverse transactions)*
Sicherheitenspiegel *m* (Fin) collateral sheet
Sicherheit *f* **im Straßenverkehr** (com) road safety
Sicherheit *f* **leisten** (Fin) to furnish security
Sicherheitsarrest *m*
(Re) arrest of debtor, §§ 918, 933 ZPO *(syn, persönlicher Arrest)*
Sicherheitsbeauftragter *m*
(IndE) in-plant safety officer
(EDV) security officer
Sicherheitsbedürfnis *n* (Pw) safety need
Sicherheitsbestand *m*
(MaW) minimum inventory level
– safety level (*or* stock)
– reserve stock
– inventory . . . buffer/cushion/reserve
– inventory reserve stock
– protective inventory
– emergency stock
Sicherheitscode *m* (EDV) security code
Sicherheitseinschuß *m* (Fin) margin *(cf, Einschuß)*
Sicherheitsgurt *m* (com) seat belt
Sicherheitskapital *n* (Vers) surplus to policyholders
Sicherheitskoeffizient *m* (KoR) margin of safety
Sicherheitslager *n*
(MaW) buffer stock *(syn, Pufferbestand)*
Sicherheitsprotokoll *n* (EDV) security log
Sicherheitsprüfung *f* (EDV) security check
Sicherheitsschalter *m* (EDV) security switch
sicherheitssensitiv (EDV) security-sensitive
Sicherheitsspanne *f* (Bw) margin of error
Sicherheitsverbesserung *f* (com) security enhancement
Sicherheitswechsel *m* (Fin) collateral bill
Sicherheitszuschlag *m*
(com) margin of safety
(MaW) safety factor *(ie, in inventory management)*
(Vers) safety loading
– loading for contingencies
sichern
(com) to hedge *(eg, against rising costs)*
(com) to provide security
(EDV) to back up
– to save
Sicherstellung *f* **der Durchschnittsqualität** (IndE) average quality protection
Sicherung *f*
(com) protection
– safeguarding
(com) hedging
Sicherung *f* **der Geldwertstabilität**
(Vw) safeguarding monetary stability
– stabilization policy
Sicherung *f* **der Realeinkommen** (Pw) safeguarding real incomes
Sicherung *f* **des Arbeitsplatzes**
(Pw) job protection
– safeguarding of jobs
Sicherung *f* **gegen Geldwertschwund** (Vw) inflation proofing
Sicherung *f* **gegen Verlust** (com) cover against loss
Sicherungsabtretung *f*
(Re) assignment (of a claim) for security
(ie, a type of trustee relationship; schützt die Interessen von Kreditgeber und Kreditnehmer; cf, §§ 398 ff BGB; unterschieden von Inkassozession und Einziehungsermächtigung)
Sicherungsdatei *f* (EDV) backup/save . . . file
Sicherungsdatenträger *m* (EDV) backup volume
Sicherungsdiskette *f* (EDV) backup diskette
Sicherungseigentum *n* (Re) ownership by way of security
Sicherungseigentümer *m* (Re) owner of collateral security

Sicherungseinrichtung *f* (Fin) protection scheme
Sicherungsformen *fpl* (Fin) security arrangements
Sicherungsfunktion *f* (EDV) save function
Sicherungsgeber *m* (StR) transferor of title to property for purposes of security, § 39 II 1 AO
Sicherungsgegenstand *m* (Re) collateral
Sicherungsgeld *n* (StR) penalty
Sicherungsgelder *npl* (Fin) funds pledged as security
Sicherungsgeschäft *n*
(AuW) covering transaction
(Bö) hedge
Sicherungsgrenze *f*
(Fin) protection ceiling
– deposit protection cutoff
Sicherungsgrundschuld *f* (Re) real estate charge securing a loan
Sicherungshypothek *f*
(Fin) debt-securing mortgage, § 1184 BGB
(ie, ist streng akzessorisch und wird stets als Buchhypothek begründet)
Sicherungsinstrument *n* (Fin) hedging tool
Sicherungskäufe *mpl* (Bö) hedge buying
Sicherungsklausel *f* (Fin) safeguarding clause
Sicherungskoeffizient *m*
(Bö) hedge ratio *(ie, gleich Delta e–r Option)*
Sicherungskopie *f* (EDV) backup (copy)
Sicherungslauf *m* (EDV) backup run
Sicherungslaufwerk *n* (EDV) backup drive
Sicherungsmedium *n*
(EDV) backup media
(eg, floppy disk, tape streamer, DAT streamer, WORM drive)
Sicherungsnehmer *m* (Re) secured party
Sicherungspatent *n* (Pat) confirmation patent
Sicherungspfändung *f* (Re, US) prejudgment attachment
Sicherungsreserve *f*
(Fin) deposit security reserve *(ie, set up by the Landesbanken and the Central Giro Institutions)*
Sicherungssatz *m*
(EDV) backup set *(ie, certain number of disks or tapes needed for one backup operation)*
Sicherungsübereignung *f*
(com) trust receipt
– bill of sale
– transfer of property by way of security
– assignment as security
(ie, Übertragung e–r beweglichen Sache auf den Gläubiger zur Sicherung e–r Forderung; Gläubiger wird dadurch zum Treuhänder; movable goods [primarily fixed assets] remain in the possession of the borrower [Schuldner], while ownership is surrendered to the lender [Gläubiger] for the duration of the debt contract)
Sicherungsverfahren *n*
(Re) attachment procedure, § 916 ZPO *(syn, Arrestverfahren)*
Sicherungsverkauf *m* (Re) hedge selling
Sicherungsversion *f* (EDV) backup version
Sicherungsverzeichnis *n*
(EDV) backup directory *(syn, Sicherungs-Dateiverzeichnis)*
Sicherungsvorkehrungen *fpl* (com) protective measures
Sicherungszession *f* (Re) = Sicherungsabtretung
Sichtakkreditiv *n*
(Fin) clean credit *(ie, based on the terms ‚documents against payment')*
– sight l/c
Sichtanweisung *f* (Fin) cash order, C/O
Sichtanzeige *f* (EDV) visual display
sichtbare Ausfuhr *f* (VGR) visible exports
sichtbare Einfuhr *f* (VGR) visible imports
sichtbare Ein- und Ausfuhren *fpl*
(VGR) visible items
(ie, of international trade)
– visibles
Sichtdepositen *pl* (Fin) = Sichteinlagen
Sichteinlagen *fpl*
(Fin) sight/demand . . . deposits
(syn, Sichtdepositen; opp, Termineinlagen: Kündigungsgelder und feste Gelder)
Sichteinlagenkonto *n* (Fin) sight deposit account
Sichtgerät *n* (EDV) display monitor
Sichtguthaben *n*
(Fin) credit balance payable at call
– call deposit
(ie, repayable by bank at call)
Sichtkartei *f* (EDV) visual file
Sichtkontrolle *f* (EDV) sight check *(ie, of punch pattern)*
Sichtkurs *m*
(Fin) sight (*or* demand) rate
(ie, currency rate for short-term means of payments, esp. checks, telegraphic transfers, sight bills)
Sichtpackung *f* (com) blister package
Sicht *f*, **pl. Sichten**
(EDV) view
– (auch) externes Schema
(ie, abstrakter Ausschnitt des Datenbestandes)
Sichtprüfung *f*
(IndE) visual examination (*or* inspection)
(ie, bei Serienprodukten ist es nur ausnahmsweise zulässig, die Qualitätskontrolle mit bloßem Auge [with the naked eye] vorzunehmen)
Sichttratte *f* (WeR) sight draft, Art. 2 WG
Sichtverbindlichkeiten *fpl* (Fin) demand liabilities
Sichtverkauf *m* (com) display selling
Sichtwechsel *m*
(WeR) bill on demand, Art. 2 WG
– bill payable at sight
– bill payable on demand
Sickerquote *f*
(Vw) leakage
– withdrawals *(ie, in multiplier analysis)*
Sickerverluste *mpl* (Vw) = Sickerquote
Sieb *n* **des Eratosthenes**
(EDV) Eratosthenes' sieve
– sieve of Eratosthenes
Siedewasserreaktor *m* (IndE) boiling water nuclear reactor, BWR
Siegelbruch *m* (Re) breaking official seals, § 136 StGB
Sigma-Algebra *f*
(Math) sigma algebra
(ie, abgeschlossen gegenüber der Komplementbildung und der Durchschnitts- und Vereinigungsbildung von endlich od abzählbar unendlich vielen

Ereignissen = a Boolean algebra of sets where any countable union of its members is also a member)

Sigmaring *m*
(Math) sigma ring
(ie, ring of sets where any countable union of its members is also a member)

Sigma-Verfahren *n* (Stat) sigma scoring

Signalabfall (EDV) degradation

Signalaufbereitung *f* (EDV) conditioning

Signalausfall *m*
(EDV) drop out *(ie, on magnetic tapes)*

Signalgeber *m*
(EDV) annunciator *(ie, warning device to indicate the status of systems or circuits)*

Signalspeicher *m*
(EDV) latch *(ie, condition indicating that current input value is to be stored)*

Signalton *m* (EDV) bell

Signalwirkung *f* (Vw, FiW) announcement effect

Signatarstaat *n* (Re) signatory country

Signatur *f* (com) call . . . mark/number book

signieren (com) to autograph *(eg, a book)*

signifikante Stellen *fpl* (EDV) significant digits

signifikante Ziffer *f* (Math) significant digit

Signifikanz *f* (Stat) significance

Signifikanzniveau *n* (Stat) level of significance

Signifikanzprüfung *f* (Stat) test of significance

Signifikanzstufe *f* (Stat) size of the test

Signum *n* (com) Logo, qv

Silberwährung *f* (Vw) silver standard

Silvesteranleihe *f* (Fin) New Year's Eve bond issue

Silvesterputz *m* (Fin) year-end window dressing

Simplexalgorithmus *m* (OR) simplex algorithm

Simplexbetrieb *m* (EDV) simplex operation

Simplexkanal *m* (EDV) simplex channel

Simplex-Verfahren *n* (OR) simplex method

Simulation *f* (OR) simulation

Simulationsmodell *n*
(OR) simulation model *(ie, e–e von zwei Arten von Bewertungsmodellen; opp, Einsetzungsmodell)*

Simulationsverfahren *n*
(Mk) simulation methods
(syn, Berechnungsexperimente)

simulieren (EDV) to simulate

simulierte Abkühlung *f*
(Bw) simulated annealing
(ie, spezielle Methode der stochastischen Abkühlung)

simultane Gleichung *f* (Math) simultaneous equation

simultane lineare Gleichung *f* (Math) simultaneous linear equation

Simultangründung *f*
(Re) single-step formation (of a stock corporation = AG)
(ie, incorporation and capital issue at the same time; syn, Einheitsgründung; opp, Stufengründung)

Simultanhaftung *f*
(Re) simultaneous liability
– direct and primary liability

Simultanplanung *f* (Bw) simultaneous planning

Simultanrechner *m* (EDV) simultaneous (*or* parallel) computer

Simultanschätzung *f* (OR) simultaneous estimate

Simultan-Software *f*
(EDV) environment software
(ie, screen split into sections or windows; users may run different applications software in each window)

Simultanverarbeitung *f*
(EDV) multiprocessing
– parallel/simultaneous . . . processing

Singer-Prebisch-These *f*
(Vw) Singer-Prebisch theorem *(ie, positing that the terms of trade of the developing countries are on an irreversible downslide)*

singuläre Matrix *f* (OR) singular matrix

singuläres Urteil *n* (Log) singular proposition

singuläre Verteilung *f* (Stat) singular distribution

sinken
(com) to decline
– to decrease
– to dip
– to drop
– to fall
– to sag *(eg, prices)*
(syn, fallen, zurückgehen)

sinkende Gewinne *mpl* (Fin) falling profits (*or* profitability!)

sinkende Industrieproduktion *f* (Vw) falling industrial output

sinkende Rentabilität *f* (Fin) sagging profitability

sinkender Skalenertrag *m* (Vw) decreasing returns to scale

sinusförmiger Input-Verlauf *m* (Vw) sinusoidal input

Sinuskurve *f*
(Math) sine curve
– sinusoid

Sinusschwingung *f* (EDV) sine wave

sittenwidrige Bedingung *f* (Re) condition contra bonos mores

sittenwidrige Bereicherung *f* (Re) immoral enrichment

sittenwidriger Vertrag *m*
(Re) agreement contrary to public policy
– agreement contra bonos mores
(ie, erfüllt den Tatbestand von §§ 138, 826 BGB; ist ohne Heilungsmöglichkeit nichtig)

sittenwidriges Geschäft *n* (Re) transaction contra bonos mores

sittenwidriges Rechtsgeschäft *n* (Re) legal transaction violating public policy

sittenwidrige Werbung *f*
(Mk) unfair advertising *(ie, against good morals)*

Sittenwidrigkeit *f*
(Re) violation of accepted moral standards
(ie, liegt vor, wenn ein Rechtsgeschäft dem Anstandsgefühl aller billig und gerecht Denkenden widerspricht; cf, § 138 BGB)

Situationsanalyse *f*
(Vw) situational analysis *(ie, in economic policy)*

Situation *f* **ungleichgewichtigen Wachstums** (Vw) unsteady-growth situation

situative Entscheidung *f* (Bw) ad-hoc decision

Sitz *m*
(com) headquarters *(eg, headquartered or based at . . .)*

– main office
(Re) seat
– statutory (*or* registered) office
– legal domicile
– principal place of business
Sitz *m* **des Käufers** (com) buyer's place of business
Sitz *m* **e–r Gesellschaft** (com) corporate seat (*or* domicile), § 5 AktG
Sitzgemeinde *f* (StR) community in which the most valuable part of a property is located, § 24 GrStG
Sitzland *n* (Re) country of incorporation
Sitzstreik *m* (Pw) sitdown (*or* sit-in) strike
Sitzung *f*
(com) meeting
(Bö) session
Sitzung *f* **abbrechen** (com) to break off a meeting
Sitzung *f* **anberaumen** (com) to fix (*or* schedule) a meeting
Sitzung *f* **aufheben**
(com) to close
– to end
– to terminate . . . a meeting
Sitzung *f* **einberufen**
(com) to call a meeting
– (fml) to convene a meeting
Sitzung *f* **leiten** (com) to chair (*or* preside over) a meeting
Sitzungsgeld *n* (com) meeting attendance fee
Sitzungsperiode *f* (com) negotiating session
Sitzungsprotokoll *n* (com) minutes of a meeting
Sitzungsunterlagen *fpl* (com) meeting documents
Sitzung *f* **vertagen** (com) to adjourn a meeting (*for, till, until)*
Sitzverlegung *f* (Re) transfer of place of business (*or* seat)
skalare Größe *f* (Math) scalar
skalare Matrix *f* (Math) scalar matrix
skalares Produkt *n* (Math) scalar (*or* dot) product
skalare Variable *f* (Math) scalar variable
Skalarmultiplikation *f* (Math) scalar multiplication
Skaleneffekte *mpl*
(Vw) scale economies
– economies of scale
(ie, Kostenersparnisse, die bei steigendem Output durch Spezialisierung, Lernprozesse od Kostengrößenvorteile entstehen; gleichbedeutend mit degressivem Verlauf der langfristigen Durchschnittskosten; economies associated with reater outputs; syn, Größenvorteil, Größendegression)
Skalenelastizität *f*
(Vw) scale elasticity
(ie, relative change of output to proportional relative change of all inputs; Werte: constant increasing/decreasing . . . returns to scale; syn, Niveauelastizität)
Skalenertrag *m*
(Vw) returns to scale *(syn, Niveaugrenzprodukt)*
Skalenfaktor *m*
(Vw) catch-all variable *(ie, in the Cobb-Douglas production function)*
Skalentechnik *f* (Log) scale analysis
Skalenvorteile *mpl*
(Vw) economies of scale *(syn, Größenvorteile, Degressionsgewinne)*
skalierbare Vektorgrafiken *fpl* (EDV) Scalable Vector Graphics
skalieren (com, Stat) to scale
Skalierungsverfahren *n* (Log) scale analysis
skizzieren
(com) to sketch
– (infml) to chalk out
Skonto *m/n*
(Fin) cash discount *(syn, Barzahlungsrabatt)*
Skonto-Aufwendungen *mpl* (ReW) cash discount paid
Skonto-Erträge *mpl* (ReW) cash discount received
skontofähiger Betrag *m* (com) discountable amount
Skontofrist *f* (com) discount period
Skonto *m* **in Anspruch nehmen** (Fin) to take a cash discount
Skontoprozentsatz *m* (Fin) cash discount percentage
Skontotage *mpl* (com) discount days
Skontration *f*
(MaW) perpetual inventory *(syn, Fortschreibung: updating procedure)*
(Fin) clearing
Skontro *n*
(ReW, MaW) auxiliary ledger *(ie, to record daily changes of incoming and outgoing items)*
Skriptum *n* (Pw) course-supporting material
Sockelbetrag *m* (Pw) extra award to the lowest paid
sofern nichts anderes festgelegt (Re) unless otherwise stated
sofern nichts anderes vereinbart (Re) unless expressly agreed otherwise
Sofortabbuchung *f* (Fin) online debiting
Sofortabschreibung *f*
(StR) writeoff in full (*or* as incurred)
– immediate writeoff
– immediate chargeoff
(ie, to current operations: of an expenditure whose beneficial effects are not exhausted in the current year)
sofort fällige Rente *f* (Fin) immediate annuity
Soforthilfe *f* (FiW) emergency aid
sofortige Beschwerde *f* (Re) immediate complaint, § 793 ZPO
sofortige Lieferung *f*
(com) prompt delivery
(Bö) spot delivery
sofortiger Versicherungsschutz *m* (Vers) immediate cover
sofortige Versicherungsleistung *f* (Vers) immediate benefit
sofortige Zahlung *f* (com) immediate payment
sofort lieferbare Ware *f* (Bö) prompts
Sofort-Liquidität *f* (Fin) spot cash
sofort nach Eröffnung (Bö) within moments of opening
sofort nach Schiffahrtseröffnung (com) first open water chartering, f.o.w.
Sofortprogramm *n* (com) crash program
Sofortreaktion *f* (Bw) crash reaction
sofort verfügbar
(com) immediately available
(Fin) at call

sofort verfügbare Ware *f* (Mk) actuals
Sofortzugriff *m* (EDV) immediate (*or* fast) access
Software *f*
(EDV) software
(ie, Gesamtheit aller Programme für e–e EDV-Anlage; Hauptgruppen:
1. Systemsoftware, die mit der Hardware die Grundlage für das Funktionieren des EDV- Systems bildet; die Gesamtheit der Systemprogramme ist das Betriebssystem = operating system, OS;
2. Anwendungssoftware (applications software), die im kommerziellen Einsatz von EDV-Anlagen der Lösung betriebswirtschaftlicher Probleme dient)
Softwareanschluß *m* (EDV) software port
Software-Beratung *f* (EDV) software consulting
Software-Engineering *n*
(EDV) software engineering
(ie, die Bereitstellung von Softwaresystemen umfaßt die Phasen:
1. Anforderungsdefinition = requirements definition;
2. Systementwurf = system design;
3. Modulentwurf = module design;
4. Modulimplementierung = module implementation;
5. Modultest = module test;
6. Systemintegration = system integration;
7. Systemtest = system test;
8. Installation = installation)
Software-Entwicklung *f* (EDV) software development
Software-Entwicklungsingenieur *m* (EDV) software engineer
Software-Entwicklungspotential *n* (EDV) software skills
Softwarehaus *n*
(EDV) software house (*or* company)
(syn, Softwarehersteller)
Softwarehersteller *m* (EDV) = Softwarehaus
Software-Hochrüstung *f* (EDV) software upgrade
Softwarekomponente *f* (EDV) software component
Softwarepaket *n* (EDV) software package
Softwarepflege *f* (EDV) software maintenance
Software-Schnittstelle *f*
(EDV) software interface
(syn, Programmschnittstelle)
Softwaresystem *n*
(EDV) software system
(syn, Programmsystem)
Software-Unterstützung *f* (EDV) software support
Softwarewartung *f* (EDV) software maintenance
Softwarewerkzeug *n* (EDV) software tool
Solawechsel *m*
(WeR) promissory note *(syn, Eigenwechsel)*
Solidarbeitrag *m* (SozV) social-insurance contribution based on the idea of solidarity among all employees
Solidarbürgschaft *f* (Re) joint and several guaranty
Solidarhaftung *f* (Re) joint und several liability
Solidaritätsbeitrag *m*
(Pw) free-rider contribution
(ie, payable by non-unionized employees into an equalization fund; demanded by unions, but disputed by employers)
Solidaritätsfonds *m*
(AuW) solidarity fund *(ie, set up by the Group of Ten with a capital of 20bn SDRs)*
Solidaritätszuschlag *m*
(FiW) solidarity surcharge
(eg, applied to income tax to finance German unity)
Solidarschuldner *m*
(Re) co-principle debtor
– joint and several debtor
Soll *n*
(ReW) debit (side)
(ie, of an account)
Sollausbringung *f*
(Bw) planned
– predicted
– budgeted . . . output
Sollbestand *m* (MaW) target inventory
Sollbewegung *f* (EG) debit transaction
Solleindeckungszeit *f*
(MaW) sum of acquisition lead time + safety margin
(opp, Isteindeckungszeit)
Soll-Fertigungszeit *f* (IndE) planned direct labor hours
Sollgröße *f* (IndE) = Stellgröße, qv
Soll-Ist-Vergleich *m*
(Bw) target-performance comparison
(Bw) performance report
(IndE) set point/actual value . . . comparison
Sollkaufmann *m* (Re) merchant by virtue of registration, § 2 HGB
Soll-Kennziffern *fpl* (Bw) budgeted standards
Soll-Konzeption *f* (EDV) reference description
Sollkosten *pl*
(KoR) budgeted
– target
– attainable standard
– current standard
– ideal standard . . . cost
(syn, Vorgabe- od Budgetkosten)
Sollkostenrechnung *f*
(KoR) standard costing *(syn, Plankostenrechnung)*
Soll-Leistung *f* (Bw) standard/target . . . performance
Sollqualität *f* (Stat) program quality
Sollsaldo *m*
(ReW) debit balance
– balance due
(ie, excess of debit over credit entries)
Sollsatz *m* (Log) ought statement
Sollseite *f*
(ReW) debit side *(ie, of an account)*
– debtor
Sollwert *m*
(EDV) set point
– desired value
Sollwertführung *f*
(EDV) set point control, SPC
(ie, in der Prozeßdatenverarbeitung)
Sollzahlen *fpl* (com) target figures
Sollzeit *f* (KoR, IndE) standard time

Sollzins *m*
(Fin) borrowing rate *(opp, Habenzins = lending rate)*

Sollzinsen *mpl*
(Fin) debtor interest
– debit rate
– interest charges (*or* expenses)
– interest rate charged

Sollzinsen *mpl* **der Banken** (Fin) bank lending rates

Sollzinssatz *m*
(Fin) borrowing rate
– debtor interest rate *(opp, Habenzinssatz = creditor interest rate)*

Solo-Terminkurs *m* (Bö) outright price

solvent
(Fin) solvent
– liquid
– able to pay one's debt

Solvenz *f*
(Fin) ability/capacity . . . to pay
– debt paying ability
– solvency *(syn, Zahlungsfähigkeit; opp, Zahlungsunfähigkeit, Insolvenz)*

Solvenzvorschriften *fpl* (Vers) statutory solvency regulations

Sommerloch *n*
(com, infml) midsummer sluggishness
– summertime blues *(ie, in business activity; syn, Sommerflaute)*

Sommerpreise *mpl* (com) graduated summer prices

Sommerschlußverkauf *m*
(com) summer sales *(ie, at knockdown prices)*

Sommerzeit *f* (com) daylight (saving) time

Sonderabgabe *f* (StR) special levy (*or* impost)

Sonderabschreibungen *fpl*
(ReW, StR) special depreciation allowances
(ie, steuerrechtlich zulässige A. zur Durchsetzung wirtschaftspolitischer Zielsetzungen)

Sonderanfertigung *f* (IndE) item made to order

Sonderangebot *n*
(com) bargain sale
– premium offer
– special bargain
(Mk) flash item

Sonderaufgaben *fpl* (Pw) extra-duty assignments

Sonderauftrag *m* (com) special order

Sonderausgaben *fpl* (StR) special expenses, §§ 10, 10 a, 10 b EStG

Sonderausgaben-Pauschbetrag *m* (StR) blanket allowance for special expenses, § 10 c I EStG

Sonderausschüttung *f* (Fin) extra distribution

Sonderausstattung *f* (Fin) special features

Sonderbedarfs-Bundesergänzungszuweisungen *fpl*
(FiW) special-requirement-related supplementary Federal grants

Sonderbelastungen *fpl* (FiW) special burden

Sonderbericht *m* (com) special-purpose report

Sonderbestellung *f* (com) special order

Sonderbestimmung *f* (Re) special provision

Sonderbetriebsmittel *npl* (ReW) beneficially owned third-party assets

Sonderbetriebsvermögen *n*
(StR) special business property
(ie, property owned by a partner but used by a partnership in its business)

Sonderbilanz *f*
(ReW) special-purpose balance sheet
(ie, Anlässe: Gründung, Abwicklung, Auseinandersetzung, Umwandlung, Verschmelzung, Veräußerung, Konkurs [Überschuldung], Vergleich)

Sonderdarlehen *n* (Fin) special-term loan

Sonderdepot *n* (Fin) special securities deposit

Sonderdividende *f*
(Fin) extra (*or* special) dividend
– bonus

Sondereigentum *n*
(Re) individual ownership *(ie, in a condominium building)*

Sondereinzelkosten *pl* (KoR) special direct cost

Sondereinzelkosten *pl* **der Fertigung** (KoR) special production costs

Sondereinzelkosten *pl* **des Vertriebs** (KoR) special direct sales cost

Sonderermäßigung *f* (com) special price reduction

Sonderfazilitäten *fpl* (IWF) special facilities

Sonderfreibetrag *m* (StR) special tax-free amount

Sondergebühr *f*
(com) extra/special . . . fee
(Fin) praecipuum
(ie, portion of a special fee for arranging a syndicated loan; paid by a borrower in a Eurocredit transaction; retained by the lead manager)

Sondergefahren *fpl* (Vers) extraneous perils

Sondergemeinkosten *pl* (KoR) special overhead expenses

Sondergenehmigung *f*
(Re) specific approval
(eg, of the Minister of Finance)

Sondergerichtsbarkeit *f* (Re) limited jurisdiction, Art. 101 II GG

sondergesetzliche Grundlage *f* (Re) instituted on a special statutory basis

Sondergutachten *n*
(com) special expert opinion
– special report

Sonderhaushalt *m* (FiW) special budget

Sonderkalkulation *f* (KoR) special-purpose cost estimate

Sonderkonjunktur *f* (Vw) special trend of economic activity

Sonderkonkurs *m* (Re) special bankruptcy proceedings, §§ 214 ff, 236 ff, 238 KO

Sonderkontingent *n* (AuW) special quota

Sonderkonto *n*
(Fin) special account
(syn, Separat-, Unter-, ‚Wegen'-Konto)

Sonderkonto *n* **gutschreiben** (ReW) to credit to a separate account

Sonderkosten *pl* (KoR) special expenses

Sonderkosten *pl* **der Fertigung** (KoR) special production costs

Sonderkredit *m* (Fin) special credit

Sonderkurs *m* (Bö) put-through price

Sonderlombard *m*
(Vw) special Lombard facility *(ie, managed on a day-to-day basis)*

Sonderlombardfenster *n* (Vw) special Lombard window

Sonderlombardkredit *m* (Fin) special Lombard loan
Sonderlombardsystem *n* (Vw) special Lombard system
Sondermetalle *npl*
(com) special metals *(ie, rare metals such as titanium, chromium, tungsten, molybdenum, etc.)*
Sondernachfolge *f*
(Re) individual succession *(opp, Gesamtrechtsnachfolge = universal succession)*
Sondernachlaß *m*
(com) special discount (*or* rebate)
(ie, granted to special groups of final consumers)
Sonderorganisationen *fpl* (AuW) specialized agencies
Sonderpfanddepot *n*
(Fin) special pledged-securities deposit *(syn, Depot D)*
Sonderposten *m* (com) off-the-line item
Sonderposten *mpl* **mit Rücklagenanteil**
(ReW) special item with accrual character
– special item with an equity portion
– special account which in part constitutes a reserve
(ie, nicht versteuerte Rücklagen; Differenz zwischen handelrechtlichen und steuerlichen Abschreibungen = untaxed reserves; difference between commercial and tax depreciation allowances; cf, § 273 HGB)
Sonderpreis *m*
(com) special
– deal price
– exceptional
– preferential . . . price *(ie, granted to special groups of final consumers)*
Sonderprüfer *m* (ReW) special auditor
Sonderprüfung *f* (ReW) special audit, §§ 142–146, 258–261 AktG
Sonderrabatt *m* (com) special rebate *(eg, Personalrabatt, Vereinsrabatt)*
Sonderrechte *npl*
(Re) special membership rights *(ie, granted to stockholders or groups of stockholders)*
Sonderrediskontlinie *f* (Fin) special rediscount facility
Sonderregal *n* (Mk) special shelf
Sonderrücklage *f*
(ReW) special-purpose reserve
– surplus reserve
(Vers) special contingency reserve
Sonderrückstellungen *fpl* (ReW) special provisions
Sonderschicht *f* (Pw) extra shift
Sondersitzung *f* (com) special meeting
Sondersparte *f*
(Vers) special line (of business) *(eg, medical malpractice, professional indemnity)*
Sonderstatistiken *fpl* (Stat) special-purpose statistics
Sondertarif *m*
(Zo) preferential rate
– special tariff
Sonderumlage *f* (FiW) special assessment
Sonderumsatzsteuer *f*
(StR) export levy
(ie, on products destined for export, 4%; syn, Exportsteuer, inapplicable as of 11 Oct 1969)
Sonderurlaub *m* (Pw) special leave
Sondervergütung *f* (Pw) extra (*or* premium) pay
Sonderverkauf *m* (Mk) special sales at knockdown prices *(eg, Sonderveranstaltungen, Saisonschlußverkauf)*
Sondervermögen *n* (FiW) special fund
Sondervermögen *n* **des Bundes**
(FiW) special assets of the Federal Government
(ie, Deutsche Bundespost, Deutsche Bundesbahn, ERP-Sondervermögen, Ausgleichsfonds)
Sonderverwahrung *f*
(Fin) individual safe custody of securities, § 2 DepG
(syn, Streifbanddepot)
Sondervollmacht *f*
(Re) special authority
(ie, to undertake certain transactions or certain kinds of transactions within the scope of joint representation for an OHG, § 125 II 2 HGB)
Sondervorteile *mpl* (Re) special advantages, § 26 AktG
Sondervotum *n* (Re) dissenting opinion
Sonderwertberichtigung *f*
(ReW) special valuation account
– special value adjustment
Sonderzahlung *f* (Pw) special payment *(ie, may be contractual or voluntary)*
Sonderzeichen *n*
(EDV) special character
(ie, computer-representable character that is not alphabetic, numeric, or blank)
Sonderziehungsrecht *n*
(IWF) special drawing right, SDR
– (infml) paper gold *(ie, Korb der fünf weltwirtschaftlich wichtigsten Länder)*
Sonderzins *m* (Fin) special interest
Sonderzulage *f* (Pw) special bonus
Sondierungsgespräche *npl* (com) exploratory talks
Sonnenenergie *f* (IndE) solar energy
Sonntagsarbeit *f* (Pw) sunday work
sonstige Aktiva *npl* (ReW) other assets
sonstige Aufwendungen *mpl*
(ReW) miscellaneous
– other
– sundry . . . expense
sonstige Aufwendungen *mpl* **und Erträge** *m* (ReW) other revenue and expense
sonstige Aufzeichnungen *fpl*
(ReW) supporting records
– documentation supporting books of accounts
sonstige Ausleihungen *fpl* (ReW, EG) other loans *(cf, § 266 HGB)*
sonstige bebaute Grundstücke *npl* (StR) other improved properties, § 75 I BewG
sonstige betriebliche Aufwendungen *mpl* (ReW) other operating expenses
sonstige Bezüge *pl* (StR) other earnings, § 7 LStDV
sonstige Einkünfte *pl*
(StR) other income
(ie, speculative gains, income of a recurrent nature, miscellaneous income, § 2 I No. 7 and § 22 EStG)

sonstige Erträge *mpl*
(ReW) miscellaneous
– other
– sundry . . . revenue
sonstige Finanzanlagen *fpl* (ReW) other investments
sonstige Forderungen *fpl*
(ReW) other accounts receivable
– accounts receivable – other
sonstige immaterielle Werte *mpl* (ReW) other intangibles
sonstige kurzfristige Verbindlichkeiten *fpl* (ReW) other current liabilities
sonstige Leistungen *fpl* (StR, VAT) other performances *(ie, mostly services)*
sonstige Nutzzeit *f* (EDV) incidental time
sonstige Posten *mpl* **des Umlaufvermögens** (ReW) other current assets
sonstiger Betriebsbedarf *m* (ReW) other operating expenses
sonstige Rechtseinheiten *fpl* (Re) other legal entities
sonstige Rückstellungen *fpl* (ReW) sundry accruals
sonstiges Recht *n* (Re) right similar to the right of ownership, § 823 BGB
sonstiges Vermögen *n*
(ReW) other assets
(StR) other property, §§ 110–113 a BewG
sonstige Verbindlichkeiten *fpl*
(ReW) other accounts payable
– accounts payable – other
– other liabilities
– sundry creditors
sonstige Vermögensgegenstände *mpl* (ReW) miscellaneous other current assets
sonstige Wagnisse *npl* (ReW) miscellaneous risks
sonstige Zinserträge *mpl* (ReW) other interest earned
Sonst-Regel *f* (EDV) else rule
Sorgerecht *n* (Re) right of custody
Sorgfalt *f*
(com) care
(Re) diligence
Sorgfalt *f* **e–s ordentliches Kaufmanns**
(Re) due care and diligence of a prudent businessman, § 347 HGB
– diligence of a careful mercantile trader
Sorgfalt *f* **in eigenen Angelegenheiten**
(Re) diligentia quam in suis
(ie, the same degree of care and prudence that men prompted by self-interest generally exercise in their own affairs, § 277 BGB)
Sorgfaltspflicht *f*
(Re) duty of care
– duty to take care
Sorte *f*
(com) grade
– quality
– variety
(com) brand
– make
Sorten *fpl* (Fin) foreign notes and coin
Sortenabteilung *f* (Fin) foreign currency department
Sortenankaufskurs *m* (Fin) currncy buying rate
Sortenfertigung *f*
(IndE) continuous batch production
(ie, related products differing in single features only; eg, dimensions, special additions, etc.; special type of ‚Serienfertigung')
Sortengeschäft *n* (Fin) = Sortenhandel
Sortenhandel *m* (Fin) dealings in foreign notes and coin
Sortenkalkulation *f* (KoR) batch-type costing
Sortenkurs *m* (Bö) exchange rate for foreign notes and coin
Sortenliste *f* (Kart) seed variety catalog
Sortenprogramm *n* (IndE) batch sequencing
Sortenrechnung *f* (KoR) = Sortenkalkulation
Sortenschutz *m* (Pat) plant varieties protection
Sortenschutzrechte *npl* (Pat) industrial property rights in seed varieties
Sortensequenzproblem *n*
(IndE) batch sequencing problem *(syn, Seriensequenzproblem)*
Sortenwechselkosten *pl* (KoR) batch changeover cost
Sortierargument *n* (EDV) sort key
sortieren (EDV) to sort
Sortierfach *n*
(com) pigeonhole
(EDV) sorter pocket
Sortierfolge *f* (EDV) collating (*or* collation) sequence
Sortiergenerator *m* (EDV) sort generator
Sortiergerät *n* (EDV) sorter
Sortierkriterium *n* (EDV) sort key
Sortiermaschine *f* (EDV) (card) sorter
Sortiermerkmal *n* (EDV) sort key
Sortier-Misch-Generator *m* (EDV) sort-merge generator
Sortier-Mischprogramm *n* (EDV) sort-merge program
Sortierprüfung *f* (Stat) screening (inspection)
Sortierverfahren *n* (EDV) sorting method
Sortiment *n*
(Mk) product – assortment of goods
– range of goods
– product line
– line of merchandise
– business mix
Sortiment *n* **bereinigen** (Mk) to streamline a product range
Sortimenter *m* (com) retail bookseller
Sortimentsabteilung *f* (com) new book department
Sortimentsbuchhandel *m* (com) retail bookselling
Sortimentsbuchhändler *m* (com) retail bookseller
Sortimentshandel *m*
(com) single-line trade
– wholesale trade
Sortimentstiefe *f* (Mk) product assortment depth
Sortiment *n* **umstellen** (Mk) to change one's business mix
so schnell wie möglich (com) fast as can, f.a.c.
so schnell wie platzüblich (com) fast as can as customary, f.a.c.a.c.
Souvenirladen *m* (com) gift shop
soweit nicht anders vereinbart (Re) = mangels . . .

Sozialabgaben *fpl*
(SozV) social insurance contributions
– (US) social security tax
Sozialaufwand *m* (Pw) social welfare expenditure
sozial bedingte Präferenzen *fpl* (Vw) social preferences
Sozialbeirat *m* (SozV) Social Security Advisory Council
Sozialbeiträge *mpl* (SozV) social insurance contributions
Sozialbeiträge *mpl* **der Arbeitgeber** (SozV) employers' contributions to social security
Sozialbeiträge *mpl* **der Arbeitnehmer** (SozV) employees' contributions to social security
Sozialbericht *m*
(ReW) socio-economic report *(ie, voluntary or statutory; part of annual report)*
(FiW) social policy report *(ie, prepared by Federal Government)*
Sozialbilanz *f*
(ReW) corporate socio-economic accounting
(syn, gesellschaftsbezogene Rechnungslegung)
Sozialbindung *f* (Re) societal restrictions on individual property rights, Art. 14 GG
Sozialbudget *n* (FiW) social welfare budget
Sozialcharta *f* (EG) social charter
Sozialdumping *n* (AuW) = soziales Dumping
soziale Abfederung *f* (Bw) social cushioning *(eg, of a restructuring process)*
soziale Aufwendungen *mpl*
(ReW) social welfare expenditure (*or* charges)
(nicht: soziale Kosten)
(ReW, EG) social security costs
soziale Dimension *f* (EG) social dimension
soziale Einrichtungen *fpl* (Pw) welfare facilities
soziale Erträge *mpl*
(Vw) social benefits
(syn, volkswirtschaftliche Erträge)
soziale Ertragsrate *f* (Vw) social rate of return
soziale Grundrisiken *npl* (Vw) basic social risks
soziale Indikatoren *mpl*
(Vw) social indicators *(ie, quantitative indexes to measure the quality of life of individuals and groups)*
Sozialeinkommen *n* (SozV) income from public sources
Sozialeinrichtungen *fpl* (Bw) social/welfare . . . services
soziale Kassen *fpl* (StR) social welfare funds, § 5 I No. 3 KStG 1977
soziale Kosten *pl*
(Vw) social costs
– discommodities
(ie, preferred term in German is ‚externe Kosten')
soziale Krankenversicherung *f* (SozV) social health insurance
soziale Lasten *fpl* (Pw) social charges
soziale Leistungen *fpl* (SozV) = Sozialleistungen
soziale Marktwirtschaft *f*
(Vw) social market economy
– social free market economy
– socially tempered (*or* responsible) market economy
(ie, its main principles are:
1. consumer sovereignty;
2. competition and efficient allocation of resource by the market;
3. redistribution of market performance by means of government social policies and its design of taxation systems;
4. stability of the country's currency;
5. free collective bargaining;
6. codetermination)
sozialer Wohnungsbau *m*
(Vw) social welfare housing
(ie, construction of low-rent apartment houses for the benefit of socially disadvantaged families)
soziales Dumping *n*
(AuW) social dumping
(syn, Sozial-Dumping)
soziale Sicherheit *f* (Vw) = soziale Sicherung
soziale Sicherung *f* (Vw) social security
soziales Netz *n* (SozV) network of social services
soziale Wahrnehmungsfähigkeit *f* (Bw) social sensitivity
soziale Wohlfahrtsfunktion *f* (Vw) social welfare function
soziale Zeitpräferenzrate *f* (Vw) social time preference rate
soziale Zusatzkosten *pl*
(Vw) uncompensated (*or* unpaid) costs
– uncharged disservices
Sozialfonds *m* (ReW) = Sozialkapital
Sozialgericht *n* (Re) first-instance administrative court for social security and related matters
Sozialgesetzbuch *n*
(Re) Social Security Code
(ie, Kodifizierung des gesamten Sozialrechts der Bundesrepublik Deutschland in e–m einheitlichen Gesetzeswerk; begonnen 1975; wird in 10 Büchern gegliedert sein)
Sozialhilfe *f*
(SozV) public assistance
– supplementary welfare benefits
(obsolete synonyms: Wohlfahrt, Fürsorge)
Sozialinvestitionen *fpl*
(Vw) social capital investments
– socially useful investments
Sozialkapital *n*
(ReW) social capital
(ie, Sozialrücklagen und Sozialrückstellungen; between 10 and 15 % of total capital)
Sozialkosten *pl*
(ReW) social welfare expenditure *(ie, part of total labor cost)*
Sozialkunde *f*
(Pw, appr) social studies *(ie, not ‚social science')*
Soziallasten *fpl* (ReW) = Sozialkosten
Sozialleistungen *fpl* (SozV) social security benefits
Sozialleistungen *fpl* **der Arbeitgeber** (SozV) employers' social security contributions
Sozialleistungsquote *f* (SozV) social expenditure ratio
Sozialleistungsrecht *n* (SozV) law governing social security benefits
Soziallohn *m*
(Pw) socially subsidized wage
(syn, Familienlohn)
Sozialökonomik *f* (Vw) economics

Sozialpartner *mpl*
(Bw) corporate economic partners
– mangement and labor
(ie, labor and capital, represented by their umbrella organizations; German term in some quarters treated as an impermissible euphemism that would paper over the ‚logically inherent conflict' between management and labor; nothing short of all-pervasive plant democracy will satisfy such opponents)
Sozialplan *m*
(Pw) social (compensation) plan
– socil scheme for layoffs
(ie, worked out to mitigate undue hardship resulting from partial or complete plant closure)
Sozialpolitik *f* (Vw) social policy
Sozialprodukt *n*
(VGR) national product
– (infml) economic pie
Sozialprodukt *n* **ohne Budgeteinfluß** (FiW) pure-cycle income
Sozialquote *f* (SozV) = Sozialleistungsquote
Sozialrente *f* (SozV) social insurance pension
Sozialrentner *m* (SozV) social insurance pensioner
Sozialrücklagen *fpl*
(ReW) social reserves *(ie, part of Sozialkapital)*
Sozialrückstellungen *fpl* (ReW) provisions for welfare expenditure *(eg, pension funds; part of Sozialkapital)*
Sozialtransfers *mpl* (SozV) social security transfers
sozial ungerechtfertigte Kündigung *f* (Pw) socially unjustified dismissal
Sozialversicherung *f* (SozV) social insurance
Sozialversicherungsbeitrag *m*
(SozV) social security contribution
– (US) federal social security tax
– (GB) national insurance contribution
Sozialversicherungsgrenze *f* (SozV) income limit for social insurance
Sozialversicherungshaushalt *m* (VGR) social insurance sector
Sozialversicherungsleistungen *fpl* (SozV) social security benefits
sozialversicherungspflichtig (SozV) subject to social insurance contributions
Sozialversicherungsträger *m* (SozV) social insurance carrier
Sozialversicherungszweig *m* (SozV) sector of social security
Sozialvertrag *m*
(Vw) social compact
(ie, between government and autonomous societal groups)
Sozialwissenschaften *fpl* (Vw) social sciences
Sozialwissenschaftler *m* (Vw) social scientist
sozialwissenschaftliche Entscheidungstheorie *f*
(Bw) behavioral decision-making theory
Sozialzulage *f* (Pw) social welfare bonus *(eg, Kinderzulage, Alterszulage, Wohnungsgeld)*
Sozialzuschlag *m* (FiW) social bonus
Sozietät *f*
(Re) professional firm *(ie, lawyers, accountants, physicians)*
Sozio-Marketing *n* (Mk) social marketing
Sozius *m* (com) partner
Spaghetti-Struktur *f*
(Mk) spaghetti structure
(ie, die meisten Aussagen des consumer research haben e–e S.)
Spalte *f* **e–r Matrix** (Math) column of a matrix
Spaltenaddition *f* (com) cross cast of columns
Spaltenaufteilung *f* (EDV) column splitting
spaltenbinär (EDV) chinese (*or* column) binary
Spaltenbreite *f* (EDV) column width *(eg, in a spreadsheet)*
Spaltendiagramm *n* (EDV) column chart
Spaltenmerkmal *n* (Stat) column attribute
Spaltenteilung *f* (EDV) = Spaltenaufteilung
Spaltenvektor *m* (Math) column vector
Spaltgesellschaft *f*
(Bw) splitoff company
(ie, bei verstaatlichter privatrechtlicher juristischer Person im Ausland kann diese im Inland als fortbestehend fingiert werden)
spanabhebende Fertigung *f*
(IndE) machining operations
(eg, turning, drilling, milling, planing, sawing, filing)
spanende Fertigung *f* (IndE) = spanabhebende Fertigung
spanlose Fertigung *f* (IndE) forming operations
Spanne *f*
(Mk) markup
(Fin) margin
(Bö) spread
Spannenmitte *f* (Stat) = Spannweitenmitte
Spanne *f* **zwischen Ausgabe- und Rücknahmekurs**
(Bö) bid-offer spread
Spanne *f* **zwischen Geld und Brief** (Bö) price (*or* bid-ask) spread
spannungsfreies Wachstum *n* (Vw) tension-free growth
Spannungsklausel *f*
(Re) rise or fall clause
(ie, Vereinbarung, nach denen der geschuldete Betrag vom künftigen Wert gleichartiger Güter od Leistungen abhängig sein soll)
(Pw) proration clause
(ie, sollte sich das Grundgehalt e–s unverheirateten Bundesbeamten der Besoldungsstufe A 16 in Zukunft um mehr als 10 % erhöhen od vermindern, so erhöhen sich die Pensionsbezüge im gleichen prozentualen Verhältnis; pension penefits are to be prorated in relation to an agreed formula; eg, x % of public sector pay)
Spannungskurs *m*
(Bö) quote
(ie, des Marktmachers, qv)
Spannungspreis *m* (Bö) spread price
Spannungsspitze *f* (EDV) power surge
Spannweite *f*
(Stat) range *(syn, Schwankungsbreite, Variationsbreite)*
Spannweitendarstellung *f* (Stat) high-low points method
Spannweiten-Kontrollkarte *f* (Stat) range chart
Spannweitenmitte *f*
(Stat) center of range
– mid range *(ie, of a sample)*

Spanplatten *fpl*
(IndE) particle boards
(ie, made of wood chips and other wood processing residues)
Sparanreiz *m* (Fin) incentive to save
Sparaufkommen *n*
(Fin) total savings
– volume of savings
Sparbetrieb *m* (IndE) economy operation
Sparbildung *f* (Fin) formation of savings
Sparbrief *m*
(Fin) bank savings bond
– savings certificate
Sparbuch *n* (Fin) passbook
Spareckzins *m*
(Fin) basic savings rate
(ie, fixed for savings deposits at statutory notice = mit gesetzlicher Kündigungsfrist; syn, Eckzins)
Spareinlagen *fpl* (Fin) savings deposits
Spareinlagen *fpl* **mit gesetzlicher Kündigungsfrist**
(Fin) savings deposits at statutory notice
Spareinlagenzuwachs *m* (Fin) growth in savings deposits
sparen
(com) to economize
– to save
(com, infml) to put aside/by
– to put away in savings
– to squirrel away
(eg, for retirement)
Sparen *n* **der privaten Haushalte** (Vw) consumer savings
Sparer *m* (com) saver
Sparerfreibetrag *m* (StR) savers' tax-free amount, § 20 IV EStG
Sparförderung *f* (Vw) measures designed to promote savings
Sparfunktion *f* (Vw) savings function
Spargelder *npl*
(Fin) total volume of savings *(opp, Geldmarktgelder, Kontokorrenteinlagen)*
Spargeschäft *n* (Fin) savings business
Spargiroverkehr *m*
(Fin) transfer of funds via the savings banks
– savings banks' giro system
Sparguthaben *npl* (Fin) savings deposits
Sparhaushalt *m* (Fin, infml) belt-tightening budget
Sparinstitut *n* (Fin) savings institution
Sparkassen *fpl*
(Fin) savings banks
(ie, owned and run by local authorities; huge countrywide network)
– (US) thrift institutions
– (GB) Trustee Savings Banks
Sparkassenbrief *m*
(Fin) savings bank certificate
(eg, in denominations of € 1,000, € 5,000 and 10,000)
Sparkassenbuch *n* (Fin) = Sparbuch
Sparkassenprüfung *f* (Fin) statutory audit of savings banks
Sparkassenrevision *f* (Fin) = Sparkassenprüfung
Sparkassenstatistik *f* (Fin) savings bank statistics
Sparkassenstützungsfonds *m* (Fin) savings bank guarantee fund
Sparkassen- und Giroverband *m* (Fin) savings banks and their clearing association
Sparkonto *n* (Fin) savings account
Sparkurs *m* (FiW) retrenchment policy
Sparleistung *f*
(Fin) net savings *(ie, new savings deposits less withdrawals)*
Sparmaßnahme *f*
(com) savings measure
(Fin, infml) belt-tigthening measure
Sparneigung *f* (Vw) propensity to save
Sparpaket *n* (FiW) retrenchment package
Sparparadoxon *n* (Vw) paradox of thrift
Sparprämie *f*
(StR) savings premium
– tax premium for savings
(ie, premium for savings deposits, contributions to building and loan associations, investment in shares of investment companies, and purchases of the first issue of securities)
(Vers) premium not absorbed by risk
Sparprämiengesetz *n*
(Fin) Savings Premium Law *(ie, law on premiums paid by the government on certain savings and investments of resident individuals)*
Sparprodukt *n* (Math) scalar triple product
Sparprogramm *n* (Bw) cost-cutting program
Sparprogramm *n* **der öffentlichen Hand** (FiW) fiscal restraint program
Sparquote *f*
(Vw, *macroeconomics*) propensity to save *(subterms: durchschnittliche und marginale Sp.)*
(VGR) savings-income ratio *(ie, ratio of savings to disposable income)*
Sparquote *f* **der privaten Haushalte** (Vw) personal- savings ratio
Sparquote *f* **steigt** (Vw) savings rate picks up
sparsam
(com) economical
– economizing
– saving
– thrifty
(com) fuel efficient
(ie, jet engines)
Sparsamkeit *f*
(com) economy
– economizing
– thrift(iness)
– thrifty management
sparsam wirtschaften (com) to economize
Sparschuldverschreibung *f* (Fin) savings bond
Sparschwein *n* (com) piggybank
Spartätigkeit *f* (Vw) savings activity
Spartätigkeit *f* **anregen** (Vw) to spur savings
Sparte *f*
(com) line of business
(Bw) division
(Vers) line *(ie, general classification of business; eg, life, fire, health, transport)*
Sparte *f* **Fertigung** (IndE) manufacturing division
Spartenleiter *m*
(Bw) divisional manager
(Vers) manager
Spartenorganisation *f* (Bw) divisional organization

Spartenstruktur *f*
(Bw) divisional structure *(syn, divisionale Struktur)*
Spar- und Darlehnsbanken *fpl*
(Fin) savings and loan banks *(ie, rural credit cooperatives)*
Sparvertrag *m* (Fin) savings agreement
Sparvolumen *n* (Fin) total volume of savings
Sparzinsen *mpl* (Fin) interest on savings deposits
Sparzulage *f* (Pw) savings bonus
spätere Anmeldung *f* (Pat) subsequent application
späterer Erwerber *m* (Re) subsequent transferee
spätestens bis
(com) on or before *(ie, a specified date)*
Spätestens-Klausel *f*
(com) „not-later-than" clause *(ie, amount payable upon signing the contract or not exceeding a certain date after shipment)*
spätester Endzeitpunkt *m* (OR) latest completion time
Spätindikator *m*
(Vw) lagging indicator
– lagger
– laggard *(eg, unit labor costs, inventories; syn, nachlaufender Indikator; opp, Frühindikator, Präsensindikator, qv)*
Spätkapitalismus *m*
(Vw) late capitalism
– late capitalist regime
Spätschaden *m* (Vers) belated claim
Spätschadenreserve *f* (Vers) reserve (set up) for belated claims
Spätschicht *f* (Pw) late shift
spätzyklische Reihe *f*
(Vw) lagging series *(syn, nachlaufende Reihe)*
specifisch
(com) tailored to . . .
(eg, to the needs of a particular industry = branchenspezifisch)
Spediteur *m*
(com) forwarding agent
– (freight) forwarder
– carrier
– transport company
(ie, acting on instructions of a shipper or consignee, § 407 HGB)
Spediteurbedingungen *fpl* (com) = Allgemeine Deutsche Spediteurbedingungen, ADSp
Spediteurbescheinigung *f* (com) carrier's receipt
Spediteurdokumente *npl* (com) forwarder's documents
Spediteurdurchkonnossement *n* (com) forwarder's through bill of lading (*or* B L)
Spediteurgeschäft *n*
(com) forwarding business
(com) conclusion of a forwarding contract
Spediteurkonnossement *n*
(com) house bill *(ie, made out by forwarder: neither document of title [= Traditionspapier] nor a genuine bill of lading)*
Spediteurofferte *f* (com) forwarder's offer
Spediteur-Pfandrecht *n* (Re) forwarder's lien, § 50 ADSp
Spediteurrechnung *f* (com) forwarder's note of charges
Spediteursammelgutverkehr *m* (com) forwarding agents' collective shipment
Spediteur-Übernahmebescheinigung *f*
(com) forwarder's receipt
– *(international:)* Forwarding Certificate of Receipt, FCR
Spedition *f*
(com) forwarding trade
– freight forwarding
(com) = Spediteur
Speditionsagent *m* (com) forwarder's agent
Speditionsauftrag *m*
(com) forwarding order *(syn, Speditionsvertrag, Verkehrsauftrag)*
Speditionsbüro *n*
(com) forwarding office
– shipping agency
Speditionsgeschäft *n* (com) forwarding business (*or* trade)
Speditionsgesellschaft *f* (com) forwarding company
Speditionsgewerbe *n* (com) forwarding industry
Speditionskonto *n*
(ReW) carrying account
(ie, balance equal to gross forwarding profit = Brutto-Speditionsgewinn)
Speditionskosten *pl* (ReW) forwarding expenses (*or* charges)
Speditionsprovision *f* (com) forwarding commission
Speditionsunternehmen *n* (com) freight forwarder
Speditionsversicherung *f* (Vers) haulage insurance
Speditionsversicherungsschein *m* (Vers) forwarder's risk insurance policy
Speditionsvertrag *m*
(com) forwarding contract *(syn, Speditionsauftrag, Verkehrsauftrag)*
Speicher *m*
(EDV) memory
– storage
Speicherabbild *n* (EDV) memory map
Speicherabzug *m*
(EDV) dump
– memory (*or* storage) dump
(ie, transfer of contents of a memory to a peripheral unit; see: Speicherauszug)
Speicherabzugroutine *f* (EDV) dump routine
Speicheradresse *f* (EDV) memory address
Speicheradreßregister *n* (EDV) memory address register
Speicherausdruck *m* (EDV) memory printout
Speicherauszug *m* (EDV) dump
Speicherauszugsdatei *f* (EDV) dump file
Speicherbank *f* (EDV) memory bank
Speicherbefehle *mpl* (EDV) storage instructions
Speicher *m* **belegen**
(EDV) allocate memory *(syn, Speicher zuweisen)*
Speicherbelegung *f* (EDV) assignment of memory space
Speicherbereich *m* (EDV) memory area
Speicherbereichsschutz *m*
(EDV) memory protect *(syn, geschützter Speicher, Speicherschreibsperre)*
Speicherbildschirm *m* (EDV, CAD) storage tube display

Speicherblock *m* (EDV) storage block
Speicherbuchführung *f*
(ReW) memory-based accounting
(ie, spezielle Form der EDV-Buchführung, bei der der Buchungsstoff auf magnetischen Datenträgern gespeichert wird, ohne daß ausgedruckte Listen der Geschäftsvorfälle und Buchungen nach zeitlicher und kontenmäßiger Reihenfolge vorliegen; cf, hierzu die ‚Grundsätze ordnungsmäßiger Speicherbuchführung', GOS)
Speicher-Chip *m* (EDV) memory chip
Speicherdichte *f* (EDV) packing density
Speicherdruckroutine *f* (EDV) memory print routine
Speicherebene *f* (EDV) digit plane
Speichereinheit *f* (EDV) memory device (*or* unit)
Speicherelement *n* (EDV) memory (*or* storage) cell
Speichererweiterungskarte *f* (EDV) memory expansion card
Speichergerät *n* (EDV) storage device
Speichergröße *f* (EDV) memory size
Speicherinhalt *m* (EDV) memory contents
Speicherkapazität *f*
(EDV) storage (*or* memory) capacity
– capacity
Speicherkern *m* (EDV) memory (*or* magnetic) core
Speicherkonfiguration *f* (EDV) memory configuration
Speicherkosten *pl* (EDV) storage cost
Speichermatrix *f* (EDV) matrix store
Speichermedium *n* (EDV) storage media
Speicher *m* **mit wahlfreiem Zugriff** (EDV) random access memory, RAM
Speichermodell *n* (EDV) memory model
Speichermodul *n* (EDV) memory module
speichern (EDV) to store
Speicherplatz *m*
(EDV) memory (*or* storage) location
– memory space
Speicherplatzbedarf *m*
(EDV) memory requirements
– required storage locations
Speicherplatzzuweisung *f* (EDV) storage allocation
speicherprogrammierter Rechner *m* (EDV) stored program computer
speicherprogrammiertes Rechensystem *n* (EDV) stored program dp system
speicherprogrammierte Steuerung *f* (EDV) stored program control, SPC
Speicherpuffer *m*
(EDV) memory buffer *(ie, placed between memory and peripheral units)*
Speicherregister *n* (EDV) storage register
speicherresidentes Programm *n*
(EDV) terminate and stay resident program
(ie, a program that installs itself into main memory and handles system events before they are passed from hardware or operating system to application programs and v. v.)
Speicherschlüssel *m* (EDV) storage protection key
Speicherschreibmaschine *f* (com) electronic typewriter
Speicherschreibsperre *f* (EDV) memory protect feature
Speicherschutz *m* (EDV) memory guard (*or* protect)
Speicherschutzschlüssel *m* (EDV) protection key
Speicherstelle *f* (EDV) storage position
Speichervermittlung *f*
(EDV) store and forward switching *(syn, Teilstreckenvermittlung)*
Speicherverteilung *f* (EDV) storage allocation
Speicherverwaltung *f* (EDV) memory management
Speicherwerk *n* (EDV) main memory system
Speicherwort *n* (EDV) memory word
Speicherzelle *f* (EDV) storage cell
Speicherzugriff *m* (EDV) memory access
Speicherzuordnung *f* (EDV) memory (*or* storage) allocation
Speicher *m* **zuweisen**
(EDV) allocate memory *(syn, Speicher belegen)*
Speicherzyklus *m* (EDV) memory cycle
Speisekarte *f*
(com) menu
– bill of fare
Speisekartenfrage *f*
(Mk) multiple choice question
– cafeteria question
(syn, Auswahlfrage)
– precoded question
Speisewagen *m*
(com) dining car
– (GB) restaurant car
Spekulant *m*
(Fin) speculator
(Bö) operator
– stock exchange gambler
Spekulation *f*
(Bö) speculation
– stock exchange gambling
Spekulationsaktien *fpl* (Fin) speculative shares
spekulationsbedinge Kursschwankungen *fpl* (Bö) speculative price swings
spekulationsbedingte Pluskorrekturen *fpl* (Bö) speculative markups
Spekulationsbewegung *f* (Bö) speculative movement
Spekulationsdruck *m* (Bö) speculative pressure
Spekulationsfieber *n* (Bö) speculative frenzy
Spekulationsgelder *npl* (Bö) speculative funds
Spekulationsgeschäft *n*
(com) speculative transaction
(Bö) speculative bargain
Spekulationsgewinne *mpl*
(com) speculative gains *(ie, in German veraltet und wertend)*
(StR) speculative gains
(ie, Ergebnis kurzfristiger privater Veräußerungsgeschäfte; cf, „Sonstige Einkünfte" nach § 22 Nr 2 und § 23 EStG)
Spekulationshandel *m*
(Bö) speculative trading *(opp, Effektivhandel)*
Spekulationskapital *n* (Fin) venture capital
Spekulationskäufe *mpl* (Bö) speculative buying
Spekulationsklasse *f*
(Vw) idle balances (*or* money)
– speculative balances (*or* holdings)
Spekulationsmotiv *n* (Vw) speculative motive

Spekulationspapiere *npl* (Bö) speculative securities
Spekulationsteuer *f* (StR) tax on speculative profits, §§ 22, 23 EStG
Spekulationswelle *f* (Bö) speculative surge
Spekulationswert *m* (Fin) = Spekulationsgewinn
Spekulationswerte *mpl* (Bö) hot issues
spekulative Anlage *f* (Fin) speculative investment
spekulative Blase *f* (Bö) financial bubble
spekulative Gewinne *mpl* (Fin) paper profits
spekulative Kapitalbewegungen *fpl* (Fin) speculative capital flows (*or* movements)
spekulative Käufe *mpl* (Bö) speculative buying
spekulative Nachfrage *f* (Bö) speculative demand
spekulativer Bestand *m*
(MaW) speculative stock of inventory *(ie, for which price rises are anticipated)*
spekulative Zinsarbitrage *f* (Fin) uncovered arbitrage
spekulieren
(Fin) to speculate
– to gamble
– to play the market
Spenden *fpl*
(StR) donations
– voluntary contributions
(ie, Kosten der Lebenshaltung; als Sonderausgaben für bestimmte gemeinnützige Zwecke (mildtätige, kirchliche, religiöse, wissenschaftliche, staatspolitische) steuerlich absetzbar; Höchstgrenze i.d.R. 5% des Gesamtbetrages der Einkünfte; cf, § 52 AO)
spenden
(com) to make a donation
– to contribute
Spendenabzug *m* (StR) deduction from taxable income of donations for charity or public benefits
Spenden *fpl* **an politische Parteien** (StR) contributions to political parties
Spenden *fpl* **für mildtätige Zwecke** (StR) charitable contributions
Spendenquittung *f* (StR) receipt for donation
Spenden *fpl* **und Schenkungen** *fpl* (ReW) contributions and donations
Sperrauftrag *m* (Fin) stop order
Sperrdepot *n* (Fin) blocked security deposit
Sperre *f* **auf Dateiebene**
(EDV) file locking *(opp, record locking; syn, Dateisperre)*
Sperre *f* **auf Datensatzebene**
(EDV) record locking *(opp, file locking; syn, Satzsperre)*
Sperren *n*
(EDV) word spacing *(ie, in text processing)*
sperren
(com) to space out
(Fin) to block
– to countermand
– to freeze
– to stop
Sperrfrist *f*
(Re) blocking period, § 28 VerglO
(Fin) qualifying period
Sperrguthaben *n* (Fin) blocked . . . account/deposit

sperrige Güter *npl* (com) bulk/bulky . . . goods
sperrige Ladung *f* (com) bulky cargo
Sperrjahr *n*
(Re) one-year waiting period
(ie, assets of a company in liquidation must not be distributed until one year has elapsed from the date of the last of three successive newspaper notices summoning creditors to register their claims with the liquidators of the company, §§ 267, 272 AktG; §§ 65, 73 GmbHG)
(Kart) one-year waiting period, § 7 UWG
Sperrklausel *f* (Re) restrictive clause
Sperrklinkeneffekt *m*
(Vw) ratchet effect
– downward rigidity
– bottom stop
Sperrkonto *n* (Fin) blocked account
Sperrliste *f* (Fin) black list
Sperrminorität *f*
(com) blocking . . . minority/stake
(ie, Anzahl von Minderheitsstimmrechten, die die Fassung satzungsändernder Beschlüsse verhindert; mindestens 25,01 %; legal minimum required to block a change in the statutes of a German company)
Sperrmodus *m* (EDV) interlock mode
Sperrpatent *n*
(Pat) blocking/defensive . . . patent
(syn, Schubladenpatent)
Sperrstücke *npl*
(Fin) blocked securities
(ie, not freely disposable)
Sperrung *f*
(Fin) blockage
– stoppage
– freeze
Sperrvermerk *m*
(com) blocking note
(Fin) nonnegotiability clause
(Pw) request to management consultant not to pass job application to a company or to companies named by applicant *(eg, „List any company to whom your applications should not be sent")*
Sperrzeiten *fpl* (SozV) periods of ineligibility for benefits
Spesen *pl*
(com) expenses
– out-of-pocket expenses
(Fin) bank charges
Spesenabrechnung *f* (com) expense report
spesenfrei (com) free of expense
Spesenkonto *n* (com) expense account
Spesenpauschale *f* (com) expense allowance
Spesenrechnung *f*
(Fin) note of expenses
(ie, sent out by bank buying and selling securities for account of customer; eg, broker's fee, capital transfer tax, commission)
Spesensatz *m* (com) daily expense allowance
Spezialanfertigung *f* (IndE) special manufacture
Spezialbanken *fpl* (Fin) special-purpose banks
Spezialbilanz *f* (ReW) = Sonderbilanz
Spezialbörse *f* (Bö) special exchange
Spezialdistributoren *mpl* (EDV) boutique reseller
Spezialerzeugnis *n* (com) specialty product

Spezialfahrzeug *n* (IndE) special-purpose vehicle
Spezialfonds *m*
(Fin) specialized fund
(ie, Anteile sind bestimmtem Erwerberkreis vorbehalten = units reserved for specific group of purchasers)
Spezialfracht *f*
(com) special cargo *(ie, requires special handling or protection)*
Spezialgebiet *n*
(com) special field (*or* line)
– speciality
Spezialgeschäft *n*
(Mk) specialty store
– single-line store
– one-line business
Spezialgroßhandlung *f* (com) specialized wholesaler
Spezialhandel *m* (AuW) special trade
Spezialindex *m* (EDV, Cobol) index
Spezialindizierung *f* (EDV, Cobol) indexing
Spezialisierung *f* (Vw) specialization
Spezialisierungsgrad *m* (Bw) degree of specialization
Spezialisierungskartell *n* (Kart) specialization cartel
Spezialist *m*
(com) specialist
– expert
– hotshot
(eg, computer hotshot)
Spezial-Kohlepapier *n* (com) special carbon paper
Spezialkreditinstitut *n* (Fin) specialized bank
Spezial-Lombard *m* (Vw) special (variable) Lombard rate
Spezialmarkt *m* (Mk) special market; cf, § 68 II GewO
Spezialmärkte *mpl* (com) specialized markets
Spezialrechner *m* (EDV) special-purpose computer
Spezialrückversicherung *f*
(Vers) special risk reinsurance
– facultative reinsurance
Spezialvollmacht *f*
(Re) special agency
(ie, authorizing to conduct a single transaction or a series of transactions, but not continuous service; opp, Generalvollmacht)
Spezialwert *m*
(Bö) special stock
– specialty
spezielle Abgaben *fpl*
(FiW) special fiscal charges *(ie, Gebühren und Beiträge)*
spezielle Betriebswirtschaftslehre *f* (Bw) special business administration
spezielle Nachfragefunktion *f* (Vw) special demand function
spezielle Steuer *f*
(FiW) narrow-based tax
(opp, allgemeine Steuer = general/broad-based . . . tax)
Spezieskauf *m*
(Re) sale of ascertained (*or* specific) goods
(syn, Stückkauf; opp, Gattungskauf)

Speziesschuld *f*
(Re) specific (*or* specifically defined) obligation
(syn, Stückschuld; opp, Gattungsschuld)
Spezifikation *f* (com) specification
Spezifikationskauf *m*
(Re) sale by description
– sale subject to buyer's specifications
(ie, may be both ‚Gattungskauf' or ‚Stückkauf'; widespread in the iron and steel, yarn, wood, and paper industries; § 375 I HGB)
Spezifikationspaket *n* (com) specification package
spezifisch-allgemeiner Satz *m* (Log) strictly universal statement
spezifischer Deckungsbeitrag *m* (KoR) marginal income per scarce factor
spezifischer Zoll *m* (Zo) specific duty (*or* tariff)
spezifisch öffentliche Güter *npl*
(FiW) nonrival goods
– social goods proper
(haben zwei Eigenschaften: Nicht-Rivalität im Konsum und Versagen des Ausschlußprinzips, qv)
spezifizieren
(com) to give full particulars
– to itemize
– to particularize
– to specify
Spezifizierung *f*
(com) specification
– itemization
– detailed statement
Spezifizierung *f* **von Patenteinsprüchen** (Pat) notice of objections
sphärische Konkurrenz *f* (Mk) vertical competition
Spiegelbildkonten *npl*
(ReW) suspence accounts
(ie, linking cost and financial accounting systems; syn, Übergangskonten)
spiegeln (EDV) to mirror
Spiegelprinzip *n*
(Pw) mirror principle
(ie, in employer/employee relations; syn, Wie-du-mir-so-ich-Dir-Prinzip)
Spiegelpunkt *m* **e–s Punktes** (Math) image of a point
Spiegelung *f* (EDV) mirroring
Spiegelung *f* **an der Achse** (Math) reflexion in an axis
Spiel *n* (Stat) clearance
Spielbankabgabe *f*
(StR) special tax on gambling casinos
(ie, 80% collected from gross gambling proceeds in lieu of all taxes otherwise payable, such as those on income, turnover, net worth)
Spieler-Indifferenz-Feld *n* (OR) gambler's indifference field
Spielgeschäft *n*
(Bö) gambling in futures *(syn, Differenzgeschäft)*
Spielkartensteuer *f* (StR) excise tax on playing cards
Spiel *n* **mit Sattelpunkt** (OR) saddle-point game
Spielraum *m*
(com) freedom
– leeway *(eg, each dealer has a few days' . . .)*
– maneuvering (GB: manoeuvring) room

Spielraum *m* **der Geldpolitik** (Vw) room for manoeuver with monetary policy
Spielraumtheorie *f* (Stat) theory of range
Spielraum *m* **verlieren**
(com) to run out of scope
(eg, for productivity gains)
spieltheoretisch (OR) game theoretic
Spieltheorie *f*
(OR) game theory
– theory of games
(ie, Sammelbegriff für Modelle und Verfahren der Planungsmathematik, des OR und der theoretischen Vwl; Arten:
1. Zwei-Personen- und n-Personen-Spiele;
2. endliche und unendliche Spiele;
3. Spiele mit reinen od gemischten Strategien;
4. kooperative od nicht-kooperative Spiele;
5. Konstant-Summen-Spiele und Spiele mit variabler Summe)
Spiel *n* **und Wette** *f* (Re) gaming and betting, § 762 BGB
Spielwarengeschäft *n* (com) toy store
Spielwarenindustrie *f* (com) toy industry
Spielwarenmesse *f* (com) toy fair
Spinngewebe-Theorem *n* (Vw) cobweb theorem
Spinnwebmodell *n* (Vw) cobweb model
Spitzen *fpl*
(Fin) net claims *(eg, are settled by transfers of central bank money)*
(Bö) fractional shares
– fractions
Spitzenabgabe *f*
(IndE) peak sendout
(ie, gas, electricity, etc)
Spitzenanlage *f* (Fin) first-class investment
Spitzenausgleich *m*
(IndE) peak shaving
(syn, Spitzendeckung)
(Fin) settlement of balance
– evening-out of the peaks
(FiW) compensatory transfer
Spitzenbedarf *m*
(com) peak demand *(eg, of coal)*
(com) peak requirements
– marginal requirements
Spitzenbelastung *f*
(IndE) peak
– peak . . . consumption/load/power
(ie, maximum instantaneous load or the maximum average load over a designated interval of time)
Spitzenbeträge *mpl* (Fin) residual amounts
Spitzendeckung *f* (IndE) = Spitzenausgleich, qv
Spitzeneinkommen *n* (Pw) top (*or* peak) income
Spitzenerzeugnis *n* (Mk) first-class article
Spitzenfinanzierung *f* (Fin) provision of residual finance
Spitzenführungskraft *f* (Pw) top executive
Spitzengespräch *n*
(com) high-level consultations
– top-level discussions (*or* talks)
Spitzengremium *n* (Bw) top management team
Spitzengruppe *f* (com) top bracket
Spitzeninstitution *f* (com) = Spitzenorganisation
Spitzenkapazität *f* (IndE) peak capacity
Spitzenkennzahl *f* (Bw) key ratio *(eg, RoI)*
Spitzenkräfte *fpl*
(Pw) top people
– top-level personnel
– high achievers
Spitzenlohn *m* (Pw) top wage (rate)
Spitzenmanager *m* (Bw) top manager
Spitzenmarke *f* (Mk) brand leader
Spitzenmodell *n*
(MK) top-of-the line model
– top model
Spitzennachfrage *f*
(Mk) peak demand
– residual demand
– topout *(ie, reach a peak and retreat from it)*
Spitzenorganisation *f*
(com) umbrella (*or* central) organization
– federation
Spitzenorganisationen *fpl* **der Gewerkschaften**
(Pw) central union organizations
Spitzenpapier *n* (Bö) leading stock
Spitzenposition *f* (Pw) top-level position
Spitzenpreis *m* (com) peak price
Spitzenprodukt *n*
(com) high technology product
– high tech product
(syn, Produkt der Spitzentechnik, spitzentechnisches Produkt)
(Mk) first-class article
Spitzenqualität *f*
(com) best
– prime
– top . . . quality
(Mk) top-quality merchandise
Spitzenrefinanzierungsfazilität *f* (Fin) marginal lending facility
Spitzenregulierung *f* (Bö) settlement of fractions
Spitzenreiter *m* (com, Bö) market leader
Spitzenrendite *f* (Fin) top yield
Spitzenstellung *f* (Pw) top post
Spitzensteuersatz *m* (StR) top rate
Spitzentechnik *f* (com) = Spitzentechnologie
Spitzentechnologie *f*
(com) high
– advanced
– top-flight
– state-of-the-art . . . technology *(syn, Hochtechnologie)*
Spitzentransfer *m* (FiW) compensatory transfer
Spitzenverband *m*
(Bw) umbrella association
– central organization
(ie, represents a sector/branch of the economy)
Spitzenverkauf *m* (com) peak sales
Spitzenvertreter *m* (com) top-level representative
Spitzenwerte *mpl*
(Bö) leaders
– leading equities (*or* shares)
– high fliers
Spitzenziel *n* (Bw) top management objective
spitzer Winkel *m* (Math) acute angle
Spitzklammern *fpl* (com) angle brackets
Splitting *n*
(StR) splitting *(ie, besondere Form der Besteuerung von Ehegatten = special form of taxing spouses)*

Sponsor *m*
(Fin) sponsor
– backer
Spontanbetrieb *m* (EDV) asynchronous response mode, ARM *(ie, in data transmission)*
spontane Arbeitsniederlegung *f* (Pw) spontaneous strike
Spontankauf *m*
(Mk) impulse buying
(syn, Impulskauf)
sporadisches Dumping *n* (AuW) intermittent dumping
Spotgeschäft *n*
(Bö) spot transaction *(opp, Termingeschäft)*
spottbillig (com, infml) dirt cheap
Spottpreis *m*
(com) very small price
– (infml) song
(eg, . . . bought the ailing company for a song)
Sprachanweisung *f*
(EDV) language statement
(ie, coded by a computer user)
Sprachausgabeeinheit *f* (EDV) audio response unit, ARU
Sprache *f* **der Wirtschaft**
(com) business (*or* industry) parlance
– business jargon
Spracheingabe *f* (EDV) voice input
Spracherkennung *f*
(EDV) voice recognition
(EDV) speech recognition
Sprachnavigation *f* (EDV) voice navigation
Sprachsynthese *f* (EDV) voice synthesis
Sprach- und Datenübertragung *f* (EDV) voice and data transmission
Sprachverarbeitung *f* (EDV) voice processing
Sprechblasenhilfe *f*
(Fin, GB) Stützung *f* des britischen Geldmarktes *(ie, die Bank von England kauft Schatzwechsel vom ‚special buyer')*
(EDV) balloon help
springen
(EDV) to branch
– to jump
Springer *m* (IndE) standby/swing . . . man
Springflutklausel *f*
(EG) surge clause *(ie, in the multifiber agreement: sprunghaft steigende Einfuhren innerhalb e–r Quote können gestoppt werden)*
Sprosse *f* (EDV) row
Sprossenteilung *f* (EDV) row pitch
Sprungadresse *f*
(EDV) branch address
(syn, Verzweigungsadresse)
Sprungbedingung *f* (EDV) branch condition
Sprungbefehl *m*
(EDV) branch
– jump
– skip
– transfer
– conditional transfer . . . instruction
– unconditional branch
Sprungbrett *n* (com, infml) launching pad
Sprung *m* **e–r Funktion** (Math) saltus of a function

sprungfixe Kosten *pl* (KoR) = Sprungkosten
Sprungfunktion *f* (Math) jump (*or* step) function
sprunghaft ansteigen *v*
(com) to rocket
– to skyrocket
– to soar
– to scoot up
– to zoom *(eg, prices)*
sprunghafter Preisanstieg *m* (com) steep increase in prices
Sprungklage *f*
(StR) immediate litigation brought to reverse an administrative action
(ie, requires the consent of the agency which rendered the contested decision, § 45 I FGO)
Sprungkosten *pl*
(KoR) stepped fixed cost
– stepped cost
– semi-fixed cost
– fixed cost rising in steps
(syn, intervallfixe Kosten)
Sprungregreß *m* (WeR) = Sprungrückgriff
Sprungrevision *f* (StR) leap-frog appeal, § 45 FGO
Sprungrückgriff *m*
(WeR) recourse against one of the previous indorsers *(ie, other than the last-preceding one, Art. 47 II WG, Art. 44 II ScheckG; syn, Sprungregreß)*
Spur *f* (EDV) track
Spuradresse *f* (EDV) track (*or* home) address
Spur *f* **der Matrix** (Math) trace of matrix
Spurelement *n* (EDV) track element
Spurgruppe *f* (EDV) band
Spurwechselzeit *f* (EDV) step-rate time
Sschwankungen *fpl* (com) oscillations, swings
Staat *m* (VGR) government sector
Staat *m* **der Belegenheit** (StR) state of situs
staatliche Anreize *mpl* (FiW) government incentives
staatliche Bank *f* (Fin) state-owned bank
staatliche Beteiligung *f* (Fin) government shareholding
staatliche Bewirtschaftung *f* (Vw) government control
staatliche Einkommensübertragungen *fpl*
(VGR) government transfer payments
– government transfers
staatliche Enteignung *f* (AuW) government expropriation
staatliche Exportförderung *f* (AuW) state aid to exports
staatliche Exportgarantie *f* (AuW) government export guaranty
staatliche Fluggesellschaft *f* (com) state-owned carrier
staatliche Förderung *f* (FiW) government aid
staatliche Garantie *f* (FiW) government guaranty
staatliche Genehmigung *f* (Re) governmental authorization *(eg, to carry on business)*
staatliche Handelsförderung *f* (Vw) government-supported trade promotion
staatliche Hilfen *fpl* (FiW) state assistance
staatliche Intervention *f* (Vw) government intervention
staatliche Kapitalmarktpolitik *f* (Vw) government capital market policy

staatliche Kreditbürgschaft *f* (Fin) state loan guaranty
staatliche Kreditgarantie *f* (Fin) state (*or* government) loan guaranty
staatliche Maßnahmen *pfl* (Vw) government action (*or* measures)
staatliche Mittel *pl* (FiW) government funds
staatliche Nachfrage *f* (VGR) government demand
staatliche Nettokreditaufnahme *f* (FiW) government net borrowing
staatliche Organisationen *fpl* (FiW) government organizations (*or* agencies)
staatliche Preisfestsetzung *f* (Vw) government price fixing
staatliche Prüfung *f* (Pw) state examination
staatlicher Eingriff *m* (Vw) government intervention
staatlicher Kreditbedarf *m* (FiW) government borrowing requirements
staatliche Rohstoffbevorratung *f*
(Vw) government stockpiling *(ie, of sensitive raw materials: chromium, manganese, cobalt, certain types of asbestos)*
staatlicher Schuldner *m* (Fin) sovereign borrower
staatlicher Stahlkonzern *m* (com) state-owned steel group
staatliches Außenhandelsmonopol *n* (AuW) state-controlled trading monopoly
staatliche Schuldenaufnahme *f* (FiW) government borrowing
staatliches Dumping *n* (AuW) government-supported dumping
staatliches Handeln *n* (Re) government/public ... activity
staatliches Handelsmonopol *n* (AuW) state trading monopoly
staatliches Konjunkturprogramm *n* (Vw) government scheme set up to stimulate economic activity
staatliches Monopol *n* (Vw) government monopoly
staatliche Stelle *f* (Re) public authority
staatliche Subventionen *fpl* (FiW) government subsidies
staatliches Unternehmen *n* (FiW) public enterprise
staatliche Unterstützung *f* (FiW) government (*or* state) aid
staatliche Vorratsstelle *f* (Vw) government storage agency
staatliche Vorschriften *fpl* (Re) government regulations
staatliche Vorschriften *fpl* **einhalten** (Re) to comply with government regulations
staatliche Zuschüsse *mpl* (FiW) government grants
staatlich gefördert (FiW) government sponsored
Staatsangehöriger *m* (Re) national
Staatsanleihe *f*
(FiW) government bond issue *(ie, sold by Bund, Länder or foreign governments)*
Staatsanwalt *m*
(Re) district attorney
– (GB) public prosecutor
(ie, prosecuting officer of the government)
Staatsanwaltschaft *f* (Re) state prosecutor's office
Staatsaufsicht *f* (Re) state supervision
Staatsausgaben *fpl*
(VGR) government spending (*or* expenditure)
– public spending
– public sector expenditure
(ie, Gebietskörperschaften und Sozialversicherungen: central, regional and local authorities and social security funds combined)
Staatsausgabengleichung *f* (Vw) government spending equation
Staatsausgaben-Multiplikator *m*
(FiW) government expenditure multiplier *(ie, in relation to national income)*
Staatsausgabenquote *f*
(FiW) public sector share in gnp
– government activity rate
– public spending ratio
(ie, Verhältnis von Eigenausgaben von Bund, Ländern und Gemeinden zu Volkseinkommen = ratio of expenditures of all government units to national income; in US and GB this ratio is defined as: government expenditures to gnp; syn, Staatsquote)
Staatsbankrott *m*
(Vw) national bankruptcy
(Unterbegriffe:
(1) offener St. = repudiation of government indebtedness;
(2) verschleierter St. = forced conversion or arbitrary inflation)
Staatsbetrieb *m* (FiW) government-owned enterprise
Staatsbürgerversorgung *f* (SozV) universal social security benefits *(cf, Einheitsversicherung)*
Staatseinkauf *m*
(FiW) public purchasing *(syn, Behördeneinkauf, öffentliche Auftragsvergabe)*
Staatseinnahmen *fpl*
(FiW) public revenue
– government receipts *(syn, öffentliche Einnahmen)*
Staatseinnahmenquote *f* (Vw) government revenue ratio
Staatsfinanzen *pl* (FiW) public finances
Staatshaftung *f* (Re) government liability
Staatshandel *m* (com) state trading
Staatshandelsland *n* (com) state-trading country
Staatshaushalt *m* (FiW)
government budget
(syn, öffentlicher Haushalt)
staatsinterne Effizienz *f* (FiW) intra-government efficiency
Staatskapitalismus *m*
(Vw) state capitalism
– state capitalist regime
staatskapitalistisch (Vw) state capitalist
Staatskasse *f* (FiW) treasury
Staatspapiere *npl* (FiW) government securities
Staatsquote *f* (FiW) = Staatsausgabenquote
Staatsschulden *fpl*
(FiW) government (*or* public) debt
– (GB) national debt
(syn, öffentliche Schulden)
Staatsschuldendienst *m* (FiW) servicing of public debts

Staatsschuld *f* **nicht anerkennen** (Re) to repudiate a public debt
Staatsschuldverschreibung *f* (Fin) government bond
Staatsverbrauch *m*
(VGR) public
– government
– collective
– state . . . consumption
– government expenditure on goods and services
Staatsverschuldung *f* (FiW) = Staatsschulden
Staatswirtschaft *f* (FiW) public sector of the economy
staatswirtschaftliche Einnahmen *fpl* (FiW) public revenues
Stab *m*
(Bw) staff *(opp, Linie)*
Stabdiagramm *n*
(Stat) bar graph
– bar chart
– column diagram
StabG (Vw) = Stabilitätsgesetz
stabiles Gleichgewicht *n* (Vw) stable equilibrium
stabiles Preisniveau *n* (Vw) stable price level
stabile Währung *f* (Vw) stable currency
stabile Währungszone *f* (EG) zone of monetary stability
stabile Wechselkursrelationen *fpl* (AuW) stable exchange rate relations
stabile Wirtschaftsbeziehungen *fpl* (AuW) stable economic relations
stabilisiertes Handlungssystem *n* (Bw) boundary-maintaining action system
Stabilisierung *f* **der Märkte** (com) stabilization of markets
Stabilisierung *f* **des Preisniveaus** (Vw) stabilization of the overall price level
Stabilisierungsfonds *m* (Fin) stabilization fund
Stabilisierungskrise *f* (Vw) stabilization crisis
Stabilisierungspolitik *f* (Vw) = Stabilitätspolitik
Stabilisierungsreserve *f*
(AuW) buffer stock schemes
(ie, of internationally traded commodities; resembles the open market policy of central banks)
Stabilität *f*
(Vw) economic stability
(ie, high level of employment, stable prices, and external balance)
Stabilitätsanker *m* (EG, Fin) stability anchor
Stabilitätsanleihe *f* (FiW) stabilization loan
Stabilitätsbedingungen *fpl* (Vw) convergence conditions
Stabilitätsbonus *m* (AuW) „stability bonus"
Stabilitätsfortschritt *m* (Vw) progress toward stability
Stabilitätsgesetz *n*
(Vw) Stabilization Law
(ie, short for: Gesetz zur Förderung der Stabilität des Wachstums der Wirtschaft = Law Promoting Stability and Growth of the Economy, of 8 June 1967)
Stabilitätskrise *f* (Vw) stabilization crisis
Stabilitätskurs *m* (Vw) policy of stabilization
Stabilitätspaket *n* (Vw) econmic-stabilization package
Stabilitätspakt *m* (FiW) stability pact
Stabilitätspolitik *f*
(Vw) stabilization policy *(syn, Stabilisierungspolitik)*
Stabilitätsprogramm *n*
(Vw) stabilization program
– deflationary program
Stabilitätsvorsprung *m* (Vw) better stability record
Stabilitätsziel *n* (Vw) stability goal
Stabilitätszuschlag *m*
(StR) temporary stabilization levy *(ie, expired on 31 Dec 1974)*
Stablinienorganisation *f*
(Bw) line and staff authority relationships
– line-staff organization structure
Stabsabteilung *f*
(Bw) staff unit
– staff and service department
– service department
– (infml) palace guard
Stabsassistent *m* (Pw) staff assistant
Stabskräfte *fpl* (Bw) staff
Stabspapier *n* (Bw) staff paper
Stabstätigkeit *f* (Bw) staff activities
Stabstelle *f* (Bw) staff unit (*or* position)
Stadterneuerung *f* (com) urban . . . renewal/renovation
Stadtökonomik *f* (Vw) urban economics
Stadtsparkasse *f* (Fin) savings bank run by a municipality
Stadtstaaten *mpl* (FiW) city state Länder *(eg, Hamburg, Bremen)*
Staffelanleihe *f*
(Fin) graduated-interest copon bond
(ie, Zinsfuß ändert sich zu fest vorgegebenen Terminen)
Staffelform *f*
(ReW) report
– running
– vertical
– columnar
– narrative . . . form
(ie, der Bilanz und GuV = of balance sheet and income statement/profit and loss account; opp, Kontoform = account form)
Staffelgebühren *fpl* (com) differential rates
Staffelmiete *f*
(com) graduated rent
(ie, seit 1983, zulässige Form der Mietpreisbildung; syn, gestaffelter Mietzins)
staffeln
(com) to graduate
– to scale
Staffelpreise *mpl* (com) graduated (*or* staggered) prices
Staffelrechnung *f*
(ReW) report form
(ie, der GuV-Rechnung = of income statement; opp, Berichtsform = report form)
Staffelskonto *m/n* (com) progressive discount rate
Staffelspannen *fpl*
(Mk) graduated markup scheme *(ie, based on quality, sizes, buyer groups, etc.)*
Staffelsumme *f* (Math) progressive total

Staffeltarif *m*
(com) graduated tariff
– stepped rate
Staffelung *f*
(com) differentiation
– graduation
– scaling
Staffelung *f* **der Laufzeiten** (Fin) spacing out terms to maturity
Staffelzinsen *mpl* (Fin) graduated interest
Staffelzinsrechnung *f* (Fin) calculation of interest on a day-today basis
Stagflation *f*
(Vw) stagflation
– slumpflation
(ie, gleichzeitiges Auftreten von Stagnation und Inflation, zB 1957/1958 in USA)
Stagnationsthese *f*
(Vw) mature economy thesis
– secular stagnation thesis
– stagnation theory
Stahlaktien *fpl*
(Bö) steel shares
– steels
Stahlbaufirma *f* (com) fabricator
Stahlgroßhändler *m* (com) steel wholesaler
Stahlhandel *m* (com) steel trading
Stahlindustrie *f* (com) steel industry
Stahlkammer *f*
(Fin) safe deposit vault
(syn, Tresor, Panzergewölbe)
Stahlkartell *n* (Kart) steel cartel
Stahlkonzern *m* (com) steel group
Stahlmoderatoren *mpl*
(com) moderators
– (infml) wise men
(ie, three businessmen devising a plan for the shakeup of the ailing German steel industry)
Stahl- und Leichtmetallbau *m* (IndE) steel and light metal construction
Stammabschnitt *m* (Zo) counterfoil *(see: Anweisungsblatt)*
Stammaktie *f*
(Fin, US) common . . . stock/share/equity
– share of common stock
(Fin, GB) ordinary share
(ie, Normaltyp der Aktie; in der Regel Inhaberpapier = bearer instrument; opp, Vorzugsaktie = (US) preferred stock, (GB) preference share, qv)
Stammaktien-Äquivalent *n*
(Fin, US) common stock equivalent, CSE
(ie, Wertpapier, das zur Berechnung des Gewinns je Aktie – earnings per share, EPS – dieser gleichgesetzt wird; eg, convertible bonds, warrants)
Stammaktionär *m*
(Fin) common stockholder
– (GB) ordinary shareholder
Stammanmeldung *f* (Pat) parent (*or* basic) application
Stammband *n* (EDV) master tape
Stammbelegschaft *f*
(Pw) key workers
– skeleton staff
(syn, Stammpersonal)
Stammbruch *m* (Math) unit fraction
Stammdatei *f* (EDV) master/root . . . file
Stammdaten *pl*
(Pw) key data
(EDV) master data
Stammdiskette *f* (EDV) root diskette
Stammdividende *f*
(Fin, US) common stock dividend
(ie, may be payable in cash or in stock)
– (GB) ordinary dividend
(ie, dividend payable on equity shares)
Stämme *mpl*
(Bö) shares of common stock
– (GB) ordinary shares
– *(syn, Stammaktien)*
Stammeinlage *f*
(Fin) original capital contribution *(ie, paid to a GmbH)*
– participating share
– participation
– part
(Fin) original investment
Stammeintrag *m* (EDV) master record
Stammfirma *f* (Bw) parent firm
Stammfunktion *f* (Math) primary (*or* primitive) function
Stammgesellschaft *f* (com) parent company
Stammhaus *n*
(com) parent company
– company headquarters
– head office
Stammkapital *n*
(Fin) share/nominal . . . capital of a GmbH
(ie, Nominalkapital der Gesellschaft mit beschränkter Haftung; Gesamtbetrag aller ‚Stammeinlagen‘; seit 1.1.1981 Minimum € 25.000, Stammeinlage jedes Gesellschafters € 100; entspricht in s–n Funktionen weitgehend dem Grundkapital der AG)
Stammkarte *f*
(EDV) master card *(syn, Mutterkarte, Matrizenkarte)*
Stammkopie *f* (EDV) reference copy
Stammkunde *m*
(com) regular customer
– regular patron
– (infml) regular
Stammkunde *m* **sein** (com) to patronize
Stammkundschaft *f*
(com) regular customers
– established clientele
Stammnummer *f* (Pw) employee pay number
Stammpatent *n* (Pat) original (*or* parent) patent
Stammpersonal *n* (Pw) skeleton staff
Stammprioritäten *fpl* (Fin) = Vorzugsaktien
Stammsitz *m* (com) group headquarters
Stammtisch-Politiker *m*
(com) cracker barrel politician
– (GB) ale-house politician
Stammverzeichnis *n*
(EDV) root directory *(syn, Systemverzeichnis)*
Stamm *m* **von Facharbeitern** (Pw) permanent staff of skilled workers
Stand *m*
(ReW) balance
(ie, of an account)

Standardabweichung *f*
(Stat) standard deviation
– mean square deviation
(ie, positive square root of the variance O^2 = positive Wurzel aus der mittleren quadratischen Abweichung)
Standardabweichung *f* **der Stichprobe** (Stat) standard deviation of the sample
Standardabweichungskarte *f* (IndE) standard deviation chart
Standardanhänger *m*
(com, US) van container *(ie, used to carry general cargo)*
Standardanschluß *m* (EDV) standard interface
Standardarbeitsplan *m* (IndE) master routing
Standardauflage *f* (com) standard edition
Standardbauteile *npl* (EDV) standard components
Standardbeschreibung *f* (EDV) default description
Standardbrief *m* (com) standard letter
Standarddrucker *m* (EDV) default printer
Standardeditor *m* (EDV) default editor *(eg, of a development tool)*
Standarderweiterung *f* (EDV) default extension *(eg, .TXT for text files)*
Standardfehler *m* (Stat) standard error
Standardfinanzierung *f* (Fin, infml) ready-to-wear financial pattern
Standardformular *n* (com) standard form
Standardgemeinkosten *pl* (KoR) standard overhead
Standardgesamtheit *f* (Stat) standard population
Standardgruppen *fpl* (EDV) built-in groups
Standardgut *n*
(com) standardized commodity
(Vw) numéraire
Standardhomepage *f* (com) default home page
standardisieren (Bw) to standardize
standardisierte Zufallsvariable *f* (Stat) normal (*or* standardized) variate
Standardisierung *f* (Bw) standardization
Standardkalkulation *f* (KoR) standard costing
Standardklausel *f* (Re) standard clause
Standardkontrollelement *n* (EDV) default button
Standardkorb-Technik *f*
(IWF) basket technique *(ie, of daily SDR valuation)*
Standardkosten *pl*
(KoR) standard cost
– cost standard
(ie, predetermined cost of direct labor, material, and overhead)
Standardkostenkarte *f* (KoR) product cost card
Standardkostenmethode *f* (KoR) standard cost method
Standardkostenrechnung *f*
(KoR) standard cost accounting
– standard costing
(ie, e–e der beiden Ausprägungen der Plankostenrechnung; cf, Prognosekostenrechnung)
Standardkostensatz *m* (KoR) standard costing rate
Standardkurs *m* (Fin) default rate
Standardlaufwerk *n*
(EDV) default drive *(syn, aktuelles Laufwerk)*
Standardleistungsgrad *m* (IndE) standard rating

Standard-Maschinenstunden *fpl* (KoR) standard machine hours
Standardmuster *n* (com) basis grade
Standardnormalverteilung *f* (Stat) standard normal distribution
Standardoption *f* (EDV) default option
Standardparameter *m*
(EDV) default parameter *(syn, Standardübergabewert)*
Standardpreis *m*
(KoR) standard price *(syn, fester Verrechnungspreis)*
Standardprodukt *n*
(com) standard product
– (infml) run-of-the-mill product
Standardprogramm *n* (EDV) standard program
Standardqualität *f* (com) standard quality
Standardsatz *m* (EDV) default record
Standardschlüssel *m* (EDV) default key
Standardselbstkosten *pl* (KoR) standard mill cost
Standardsoftware *f*
(EDV) standard software
– (infml) off-the-shelf software
Standardsorte *f* (com) basic (*or* standard) grade
Standardsteuersatz *m* (StR) basic/standard . . . tax rate
Standardteil *n*
(IndE) basic part *(syn, Grundteil)*
Standardtender *m*
(EG; Fin) standard tender *(ie, a tender procedure to be used by the ESCB in its regular open market operations)*
Standardtransformation *f*
(Stat) standard transformation *(ie, of normal Gaussian distribution)*
Standardübergabewert *m*
(EDV) default parameter *(syn, Standardparameter)*
Standardumsetzprogramm *n* (EDV) standard conversion program
Standardunterprogramm *n* (EDV) standard subroutine
Standardverarbeitung *f* (EDV) default processing
Standardverfahren *n*
(Bw) standard operating procedure
– established method
(ie, followed routinely for the performance of operations)
Standardvertrag *m* (Re) standard-form contract
Standardverzeichnis *n* (EDV) default directory
Standardvorgabe *f* (EDV) default setting
Standardwechselkurs *m* (Fin) default exchange rate
Standardwert *m* (EDV) default value
Standardwerte *mpl* (Bö) leaders
Standardzeichensatz *m* (EDV) default character set
Standardzeit *f* (IndE) standard time
Standby-Abkommen *n* (IWF) standby arrangement
Standby-Kredit *m* (IWF) standby credit (*or* facility)
Stand *m* **der Technik**
(Pat) state of the art
– prior art

– progress of the arts
– best available technology
(ie, gleichbedeutend mit allgemein praktiziertem Anwendungswissen)
Stand *m* **der Wissenschaft**
(Pat) state of science
(ie, der gesamte Komplex des noch nicht technisch erprobten, noch nicht in der Praxis bewährten Anwendungswissens)
Standeinrichtung *f* (Mk) display fitment
Standesamt *n*
(Re) marriage clerk's office
– (GB) Register Office
Standespflichten *fpl* (com) professional duties
standesrechtliche Verschwiegenheit *f* (Re) professional confidentiality
Standesvertretung *f* (com) professional representation
Standfläche *f* (EDV) footprint
Standgeld *n*
(com) demurrage
(ie, Tarifgebühr für Inanspruchnahme des Laderaumes e–s Eisenbahnwaggons über die zulässige Zeit hinaus = charge assessed for detaining a freight car beyond the free time stipulated for loading or unloading)
ständige Arbeitskräfte *fpl* (Pw) permanent workers (*or* labor)
ständige Bevölkerungsstichprobe *f* (Stat) current population survey
ständige Einrichtung *f* (com) permanent institution
ständige Fazilität *f*
(EG, Fin) standing facility *(ie, central bank facility available to counterparties at their own initiative)*
ständige Judikatur *f* (Re) stand court rulings
ständiger Beirat *m* (Vw) permanent advisory council
ständige Rechtsprechung *f* (Re) long-standing decisions *(eg, of a superior court)*
ständiger Vertreter *m* (StR) permanent representative, § 13 AO
ständiger Wohnsitz *m* (Re) permanent residence
ständig wechselnde Einsatzstelle *f* (StR) regularly changing place of employment
ständische Gesellschaft *f* (Vw) corporatist (*or* corporatively structured) society
Standleitung *f*
(EDV) leased (*or* dedicated) line
(syn, fest geschaltete Leitung; opp, Wählleitung = dial/switched . . . line)
Standort *m* (Bw) location
Standortänderung *f*
(Bw) relocation
– locational shift
Standortbedingungen *fpl* (Bw) local conditions
Standortbindung *f* (Bw) locational pull (toward)
Standortfaktoren *mpl* (Bw) location factors
standortgebundene Subvention *f* (Vw) location specific subsidy
Standort Goodwill *m* (Bw) locational goodwill
Standortkonzeption *f* (Bw) locational concept
Standortlehre *f* (Vw) economics of location
Standortplanung *f* (Bw) locational planning
Standortpräferenz *f* (Bw) locational preference
Standorttheorie *f* (Bw) location theory
Standortverlagerung *f* (Bw) = Standortverlegung
Standortverlegung *f*
(Bw) change of location
– locational shift
Standortvorteil *m* (Bw) locational advantage
Standortwahl *f* (Bw) choice of location
Standortwechsel *m* (Bw) relocation
Standverbindung *f* (EDV) point-to-point circuit
Stand *m* **von Wissenschaft und Technik**
(com) state of science and engineering
(ie, broader concept than state of the art)
Stanzstation *f* (EDV) punching station
Stapel *m*
(com) stack
(EDV) pack
(EDV) batch
Stapelabstimmung *f* (EDV) batch balancing
Stapelanwendung *f*
(EDV) batch program *(syn, Stapelprogramm)*
Stapelarbeit *f* (EDV) = Stapelverarbeitung
Stapelbetrieb *m* (EDV) = Stapelverarbeitung
Stapelbuchung *f* (ReW) batch posting
Stapeldatei *f* (EDV) batch file
Stapelfernverarbeitung *f* (EDV) remote batch processing (*or* working)
Stapelgüter *npl* (com) = Stapelwaren
Stapelprogramm *n*
(EDV) batch program *(syn, Stapelanwendung)*
Stapelspeicher *m*
(EDV) cellar
– push-down store *(syn, Kellerspeicher)*
Stapelsumme *f* (com) batch total
Stapelsystem *n*
(Fin, US) block/batch . . . system
– batch proof
(ie, used in clearinghouse departments of banks for sorting checks; a block consists of a group of checks, usually from 100 to 400)
stapelverarbeitendes System *n* (EDV) batch system
Stapelverarbeitung *f*
(EDV) batch processing
(ie, sequentielle Bearbeitung einzelner Programme; opp, Dialogverarbeitung)
Stapelverarbeitungs-Anweisung *f* (EDV) batch command
Stapelverarbeitungs-Befehl *m* (EDV) batch command
Stapelverarbeitungsdatei *f* (EDV) batch file
Stapelverarbeitungs-Lauf *m* (EDV) batch job
Stapelverarbeitungs-Warteschlange *f* (EDV) batch queue
Stapelverkehr *m* (EDV) batch traffic
Stapelwaren *fpl* (com) staple commodities
Stapel-Warteschlange *f* (EDV) batch queue
stapelweise verarbeiten (EDV) to batch
starke Auslandsnachfrage *f* (AuW) strong demand from foreign markets
starke Führung *f* (Bw) strong (*or* stand-up) leadership
starke Kursausschläge *mpl*
(Bö) wild fluctuations of prices (*or* rates)
– gyrations

Stärken-Schwächen-Analyse *f*
(Bw) strength-weakness analysis
(ie, Planungsinstrunment in der strategischen Planung für Geschäftseinheiten)
starke Schwankungen *fpl* (com, infml) big swings
(eg, in traditional manufacturing business)
starke Währung *f* (AuW) strong currency
stark überbewertet (Bö) strongly overvalued
stark unterbewertet (Bö) strongly undervalued
starre Arbeitszeit *f*
(Pw) fixed schedule *(opp, flextime)*
starre Budgetierung *f* (Bw) fixed budgeting
starre Kostenvorgaben *fpl* (KoR) basic cost standards
starre Plankostenrechnung *f* (KoR) fixed budget cost accounting
starre Planung *f* (Bw) rigid planning
starre Preise *mpl* (com) inflexible prices
starrer Wechselkurs *m* (AuW) fixed (*or* pegged) exchange rate
starres Budget *n*
(KoR) fixed budget *(ie, allowing no contingency items)*
starre Vollkostenrechnung *f* (KoR) absorption costing
Starrheit *f* **der Reallöhne nach unten**
(Vw) downward rigidity of real wages
(ie, due to the ratchet principle = Sperrklinkeneffekt)
Startadresse *f* (EDV) start address
Startbefehl *m* (EDV) initial instruction (*or* order)
Startbit *n* (EDV) start bit
Start-Darlehen *n*
(Pw) Career Development Loan, CDL *(syn, Karriere-Anschubdarlehen)*
starten (EDV) to boot
starten v (EDV) starten *v*
Startereignis *n* (OR) start event
Starthilfe *f* (com) launch(ing) aid
Startknoten *m* (OR) starting node
Startrampe *f* (com) launching pad
Startroutinespeicher *m*
(EDV) bootstrap memory
(ie, provids for automatic input of new programs without erasing the basic instructions in the computer)
Startschritt *m* (EDV) start element
Start-Stop-Betrieb *m* (EDV) start-stop operation
Start-Stop-Lücke *f* (EDV) interrecord gap
Start-Stop-Verfahren *n* (EDV) start-stop system
Start- und Landerechte *npl* (com) slots
Startzeit *f* (EDV) start (*or* acceleration) time
Statik *f*
(Vw) statics
– static analysis
Statiker *m* (com) structural engineer
stationäre Behandlung *f* (SozV) in-patient treatment
stationärer Iterationszyklus *m* (OR) stationary cycle
stationärer Kreislauf *m* (Vw) stationary circular flow
stationärer Punkt *m*
(Math) point of stagnation
– saddle point
stationärer Zustand *m*
(Vw) stationary state
(ie, die grundlegenden Daten e–r Volkswirtschaft bleiben konstant, zB Technik, Kapitalstock, Präferenzstruktur)
stationäre Versorgung *f* (SozV) in-patient hospital care
stationäre Verteilung *f* (Vw) stationary distribution
stationäre Wirtschaft *f* (Vw) stationary economy
stationäre Zeitreihe *f* (Stat) stationary time series
Stationskennung *f*
(EDV) station identification
– answerback code *(syn, Kennung)*
Stationsschwester *f*
(Pw) head nurse
– (GB) charge nurse
statische Analyse *f*
(Vw) static analysis
– statics
statische Außenhandelsgewinne *mpl* (AuW) allocative (*or* static) gains from trade
statische Bedarfselastizität *f* (Mk) static demand elasticity
statische Bilanz *f*
(ReW) point-in-time balance sheet
(see § 39 HGB; theory developed by Schär, Nicklisch, le Coutre)
statische Methoden *fpl*
(Fin) static techniques
(ie, of investment evaluation: Kostenvergleich, Gewinnvergleich, Rentabilitätsrechnung, Amortisationsrechnung)
statischer Speicher *m* (EDV) static storage
statisches Linken *n*
(EDV) static linking *(ie, Bindung von Subroutinecode an den Anwendercode zur Linkzeit)*
statisches Modell *n* (Bw) static model
statische Wirtschaft *f* (Vw) static economy
Statistik *f*
(Stat) statistics
(ie, Unterbegriffe: deskriptive Statistik, induktive/ mathematische Statistik)
Statistiken *fpl* (Stat) statistics
statistische Berechnung *f* (Stat) statistical computation
statistische Daten *pl*
(Stat) statistical data
– statistics
statistische Einheit *f*
(Stat) statistical (*or* survey) unit *(syn, Merkmalsträger)*
statistische Entscheidungsfunktion *f* (Stat) statistical decision function
statistische Entscheidungstheorie *f* (Stat) statistical decision theory
statistische Erfassung *f* (Stat) statistical collection
statistische Erhebung *f* (Stat) statistical recording (*or* survey)
statistische Erklärung *f* (Stat) statistical explanation
statistische Fehlschlüsse *mpl* (Stat) statistical fallacies
statistische Fertigungsüberwachung *f* (IndE) statistical procsess control, SPC

statistische Hypothese *f* (Stat) statistical hypothesis
statistische Kausalforschung *f* (Stat) statistical inference
statistische Masse *f* (Stat) population *(Unterbegriffe: Grundgesamtheit = parent population; Teilgesamtheit = population sample)*
statistische Maßzahl *f* (Stat) statistic
statistische Methodenlehre *f* (Stat) theory of statistics
statistische Qualitätskontrolle *f* (IndE) = statistische Qualitätslenkung
statistische Qualitätslenkung *f*
(IndE) statistical quality control
(cf, quality control)
statistischer Anmeldeschein *m* (Zo) declaration for statistics
statistische Reihe *f* (Stat) statistical series
statistischer Nachweis *m* (ReW) statistical evidence
statistischer Parameter *m* (Stat) statistical parameter
statistischer Wert *m* **der Waren** (Zo) statistical value of goods
Statistisches Bundesamt *n* (Stat) *(Wiesbaden-based)* Federal Statistical Office
statistische Sicherheit *f* (Stat) confidence factor
statistisches Konto *n* (ReW) statistical account
statistische Strategie *f* (Stat) statistical strategy
statistische Testverfahren *npl*
(Stat) statistical tests
(ie, Unterscheidung nach der Art der zu prüfenden Hypothesen: 1. Parametertests; 2. Verteilungstests)
statistische Variable *f* (Stat) statistical variable
statistische Veränderliche *f* (Stat) = statistische Variable
statistische Verteilung *f* (Stat) statistical distribution
statistische Wahrscheinlichkeit *f* (Stat) statistical probability
statistische Zahlungsbilanz *f*
(AuW) account balance of payments
(ie, Zahungsbilanz ex post)
Stätte *f* **der Geschäftsleitung**
(StR) place of management, § 16 II StAnpG
(ie, not equal to ‚Sitz e–s Unternehmens')
stattgeben
(com, fml) to accede
– to grant
(eg, to a request, application)
Status *m*
(ReW) statement of assets and liabilities
(ie, knüpft nicht an e–n bereits erstellten Abschluß an; wird unabhängig aufgestellt: prepared for various purposes, such as reorganization, bankruptcy, liquidation, etc)
Statusanzeige *f*
(EDV) status display
(EDV) progress indicator *f (eg, bar or needle; syn, Fortschrittsanzeige)*
Statusgüter *npl* (Vw) positional goods
Statuswort *n* (EDV) status word
Statuszeile *f* (EDV, GUI) status line *(usu on the bottom of a window; syn, status bar)*

Statut *n*
(Re) charter
(Re) articles of incorporation
stauen, sich (com) to back up *(eg, orders are backing up because of a prolonged strike)*
Staugüterkontrolleur *m* (com) tallyman
Staumaterial *n* (com) dunnage *(cf, Abmattung)*
Stauung *f*
(OR) bunching up
– congestion
(SeeV) actual stowage
Stauungskosten *pl*
(com) cost of congestion *(ie, im Straßen-, Flug- und Schiffsverkehr)*
Stechkarte *f*
(Pw) time
– clock
– time clock . . . card
Stechuhr *f*
(Pw) time
– punching
– time stamping . . . clock
– attendance recorder
Steckbaugruppe *f* (EDV) plug-in unit
Stecker *m*
(IndE) (male) plug
(EDV) connector
(ie, direkter St: edge-type connector; indirekter St: on-card type connector; beim Leiterplattenentwurf = in circuit board design)
steckerkompatibel (EDV) plug compatible
steckerkompatible Einrichtungen *fpl*
(EDV) PCM equipment *(ie, plug compatible module)*
steckerkompatibler Baustein *m* (EDV) plug compatible module, PCM
Steckkarte *f*
(EDV) adapter board *(syn, Erweiterungskarte)*
Stecktafel *f* (EDV) control panel
Steckverbindung *f* (EDV) plug connection
stehende Betriebsmittel *npl* (StR) operating assets, § 33 II BewG
steigen
(com) to increase
– to rise
– to climb
– to soar
– to jump
– to shoot up
– to surge
Steigen *n* **auf breiter Front** (Bö) broad advance *(eg, broad equity advance)*
steigende Abschreibung *f*
(ReW) increasing-balance method of depreciation
(opp, degressive Abschreibung)
steigende Annuität *f* (Fin) rising annuity
steigende Funktion *f* (Math) increasing function
steigende Kosten *pl* (com) rising costs
steigende Lagerbestände *mpl* (MaW) rising inventories
steigende Nachfrage *f* (com) rising demand
Steigen *n* **der Aktienkurse auf breiter Front** (Bö) broad equity advance
steigende Reihe *f* (Math) ascending series
steigender Lohnsatz *m* (Pw) ascending wage rate

steigende Rohstoffkosten *pl* (com) rising raw materials costs
steigender Skalenertrag *m* (Vw) increasing returns to scale
steigende Tendenz *f* (com) upward tendency
steigende Verteidigungsausgaben *fpl* (FiW) rising defence outlays
steigern
(com) to increase *(eg, prices, wages)*
– to raise
– to advance
– to lift
(com, infml) to boost
– to bump up
– to hike up
– to step up *(cf, erhöhen)*
Steigerung *f*
(com) run-up *(ie, in interest rates)*
Steigerungsbetrag *m* (com) increment
Steigerungskorridor *m*
(Vw) growth bracket *(ie, fixed for money supply growth)*
Steigerungsrate *f* (com) rate of escalation *(eg, in material prices)*
Steigung *f* (Math) slope
Steigungsmaß *n*
(Math) slope
– rate of change
Steilablage *f*
(com) vertical filing *(syn, Vertikalregistratur)*
steil endende Verteilung *f* (Stat) abrupt distribution
Steine und Erden *pl* (com) rock, stone, and related mineral products
Steinkohleeinheit *f*
(IndE) coal equivalent
(eg, primary energy input was 300m tonnes of coal equivalent = mtce)
Steinkohleförderung *f* (com) hard coal output
Steinkohlekraftwerk *n* (com) hard-coal-based power station
Steinkohlenbergbau *m* (com) hard-coal mining
Steinkohlenwirtschaft *f* (com) hard-coal mining industry
Stellage *f*
(Bö) put and call
– straddle
Stellagegeber *m* (Bö) seller of a spread
Stellagegeschäft *n*
(Bö) put and call option
(ie, der Stellagekäufer hat das Recht, zum oberen Stellagekurs zu beziehen od dieselbe Stückzahl des Wertpapieres zum unteren Stellagekurs zu liefern; Prämienzahlung gibt es nicht; special kind of the option business: buyer obtains the right to demand delivery of securities at a higher price agreed upon when the contract was made, or to deliver them at a specified lower price)
Stellagekurs *m* (Bö) put and call price
Stellagenehmer *m* (Bö) buyer of a spread
Stelle *f*
(Bw) organizational (*or* administrative) unit
– unit of responsibility
(Pw) job
– post
– position
(EDV) digit position
(EDV) place
Stelle *f* **ausschreiben** (com) to advertise a job opening (*or* vacancy)
Stelle *f* **besetzen** (com) to fill a job (*or* vacancy)
Stelle *f* **des Fertigungsbereichs** (IndE) production department (*or* division)
Stellenabbau *m* (Pw) reduction of staff
Stellenanforderungen *fpl* (Pw) job requirements
Stellenangebot *n*
(Pw) job offer
– offer of employment
Stellenangebote *npl* (Pw) vacancies
Stellenanzeige *f*
(Pw) employment ad
– job advertisement
Stellenausschreibung *f* (Pw) job advertisement
Stellenausschreibungspflicht *f* (Pw) obligation to advertise vacancies
Stellenaussonderung *f* (Stat) ordinal selection
Stellenbeschreibung *f*
(Pw) job description (*or* specification *or* description)
– position description
(ie, detailed description of the essential activities required to perform a task; syn, Arbeitsplatzbeschreibung, Arbeitsplatzanalyse)
Stellenbesetzungsplan *m* (Pw) job cover plan
Stellenbewerber *m* (Pw) job applicant
Stelleneinzelkosten *pl* (KoR) direct cost center costs
Stellengemeinkosten *pl*
(KoR) cost center overhead
– departmental overhead
– departmental burden
Stellengesuch *n*
(Pw) job application *(syn, Bewerbung)*
Stellengliederung *f* (KoR) cost center classification (*or* break-down)
Stelleninhaber *m*
(Pw) jobholder
– incumbent of a job
Stellenkosten *pl*
(KoR) cost center cost
– departmental cost
Stellenleiter *m* (Pw) activity head
Stellenmarkt *m* (Pw) employment market
Stellenmaschine *f* (EDV) character-oriented computer (*or* machine)
Stellenplan *m*
(Pw) position chart
– staffing schedule
Stellenschreibweise *f* (EDV) positional notation (*or* representation)
Stellensuche *f*
(Pw) job search (*or* seeking)
– (infml) job hunt
Stellensuchende *mpl* (Pw) job seekers
Stellentaktzeit *f* (EDV) digit period (*or* time)
Stellentausch *m* (Pw) job rotation
Stellenumlage *f* (KoR) departmental charge
Stellenvermittlung *f* (Pw) job placement
Stellenvermittlungsmonopol *n*
(Pw) monopoly of job placement

(ie, held by the Nürnberg-based Federal Labor Office and its subordinate agencies)

Stellenwechsel *m* (Pw) job switch

Stellenwertebene *f* (EDV) digit plane

Stellenwertverschiebung *f*
(EDV) relocation
(ie, modification of base addresses to compensate for a change in origin of a set of code)

Stellenzahl *f*
(Math) number of terms *(ie, in a progression)*

Stellfläche *f* (com) shelve space

Stellgeschäft *n* (Bö) = Stellagegeschäft

Stellglied *n*
(EDV) final control element
– correcting element

Stellgröße *f*
(EDV) manipulated variable
– regulation variable
– set point
(ie, in process automation: variable whose value is altered by the controller – Regler – to produce a change in the controlled system – Regelstrecke; syn, Steuergröße, Sollgröße, Führungsgröße)

Stellkurs *m* (Bö) put and call price

Stellung *m*
(Pw) position
– job
– (infml) berth
– (infml) billet
– (infml) slot

Stellungnahme *f* **abgeben**
(com) to make
– to issue
– to submit . . . comments

Stellungnahme *f* **verweigern** (com) to decline comment

Stellung *f* **ohne Aufstiegsmöglichkeiten** (Pw) terminal job (*or* position)

stellvertretend
(com) acting (for)
– deputizing

stellvertretender Abteilungsleiter *m*
(com) assistant manager
(eg, of a section or department)
– assistant head of section

stellvertretender Direktor *m* (com) deputy manager

stellvertretender Geschäftsführer *m* (com) assistant manager *(eg, of a shop)*

stellvertretender Vorsitzender *m* (com) deputy chairman

stellvertretender Vorstandsvorsitzender *m* (com) deputy chairman of the executive board

stellvertretende Zielvariable *f* (Vw) target variable

Stellvertreter *m*
(com) deputy
– substitute
– standby person
(Re) attorney-in-fact
– private attorney
– agent
(Note that in English law ,agent' has a much wider meaning: any person acting for another, directly or indirectly)
(Fin) proxy

Stellvertretung *f*
(Re) agency
– representation
(ie, rechtsgeschäftliches Handeln e–s Stellvertreters im Namen und für Rechnung des Vertretenen; cf, §§ 164 ff BGB; the legal relationship between a principal and his agent)
(Fin) proxy

Stempelkissen *n*
(com) inkpad
– inking pad
(com) stamp pad

Stempelmarke *f* (StR) fee stamp

Stempelsteuer *f* (StR) stamp tax

Stempeluhr *f* (Pw) attendance recorder

Stempelvorrichtung *f* **für Gütestempel** (Stat) certificate stamping unit

Stenoblock *m*
(com) steno pad
– (GB) jotter

Stenografie *f* (com) shorthand

Sterbefallversicherung *f*
(Vers) life insurance
– (GB) life assurance

Sterbegeld *n*
(SozV) death benefit
(ie, payment made to beneficiary of deceased person)

Sterbegeldversicherung *f* (Vers) death benefit insurance

Sterbekasse *f* (SozV) fund distributing death benefits

Sterberate *f*
(Bw) failure rate
(opp, Überlebensrate = survival rate)

Sterbetafel *f*
(Vers) graduated life table
– mortality chart (*or* table)

Sterbewahrscheinlichkeit *f* (Vers) expected mortality

Sterbeziffer *f*
(Stat) death rate
(ie, Verhältnis der gestorbenen Personen zur Gesamtzahl des erfaßten Personenkreises: proportion of deaths to a specific number of the population)

Sterblichkeit *f* (Vers) mortality

Sterblichkeitsberechnungen *fpl* (Vers) actuarial projections *(ie, mathematical estimates of the rate of mortality for a given group of persons)*

Sterblichkeitsgewinn *m* (Vers) mortality profit

Sterblichkeitstabelle *f*
(Vers) life table
– mortality table

Sterblichkeitsverlauf *m* (Stat) mortality experience

Sterblichkeitsziffer *f*
(Vers) mortality (*or* death) rate
(ie, Verhältnis der gestorbenen Personen zur Gesamtzahl des erfaßten Personenkreises: proportion of deaths to a specific number of the population)

Sterling-Auslandsanleihe *f* (Fin, GB) bulldog

Stern *m* (com) asterisk (*)

Sternnetz *n*
(EDV) star network *(opp, bus LAN, ring LAN, Token Ring)*

stetig
(Math) continuous
(opp, unstetig = discontinuous, discrete)
Stetigbahnroboter *m* (IndE) continuous path robot
stetige Analyse *f* (Math) continuous analysis
stetige Funktion *f* (Math) continuous function
stetiger Warenfluß *m*
(com) steady
– continuous
– uninterrupted . . . flow of goods
stetiges Einkommen *n* (Pw) steady income stream
stetiges Modell *n* (Vw) continuous model
stetiges Wachstum *n*
(Vw) steady
– sustained
– sustainable . . . growth
stetige Verteilung *f* (Stat) continuous distribution
stetige Verzinsung *f*
(Math) continous conversion of compound interest
(syn, Momentanverzinsung)
stetige Zufallsvariable *f* (Stat) continuous . . . variable/variate
Stetigkeit (com) consistency
Stetigkeit *f* **e–r Funktion** (Math) continuity of a function
Stetigkeitsaxiom *n* (Math) axiom of continuity
stets erwartungstreue Schätzfunktion *f* (Stat) absolutely unbiassed estimator
Steuer *f*
(StR) tax
(ie, § 3 AO: „Geldleistungen, die nicht e–e Gegenleistung für e–e besondere Leistung darstellen und von e–m öffentlich-rechtlichen Gemeinwesen zur Erzielung von Einnahmen allen auferlegt werden, bei denen der Tatbestand zutrifft, an den das Gesetz die Leistungspflicht knüpft" = current or nonrecurring payments of money collected by a public authority for revenue purposes and imposed by that authority on all those who fulfill the conditions establishing liability for payment)
Steuerabgrenzung *f* (ReW) tax accrual and deferral, § 274 HGB; cf, latente Steuern
Steuerabkommen *n* (Re) tax agreement (*or* treaty)
Steuerabwälzung *f*
(Fin) tax burden transfer clause *(ie, in loan agreements)*
(FiW) = Steuerüberwälzung
Steuerabwehr *f*
(StR) *(comprehensive term to describe:)* all action and attempts to escape or reduce one's tax liability
(Unterbegriffe: Steuerhinterziehung, Steuerausweichung, Steuereinholung, Steuerüberwälzung)
Steuerabzug *m* (StR) tax deduction
Steuerabzugsbetrag *m* (StR) amount of withholding tax
Steuerabzugsverfahren *n* (StR) tax deduction at source
Steuerabzug *m* **vom Kapitalertrag** (StR) withholding tax on capital revenues
Steueramortisation *f*
(FiW) tax capitalization *(syn, Steuertilgung)*
Steueränderungsgesetz *n* (StR) Tax Amendment Law

Steueranmeldung *f*
(StR) self-assessment *(ie, provisional return containing an assessment made by the taxpayer; cf, § 167 AO)*
Steueranpassungsgesetz *n* (StR) Law for the Adaptation of Taxes, of 16 Oct 1934, as amended
Steueranrechnung *f* (StR) tax credit *(esp, foreign taxes)*
Steueranrechnungsmethode *f* (StR) tax credit method
Steueranrechnungsverfahren *n* (StR) tax credit procedure
Steueranspruch *m* (StR) claim under the tax relationship, § 37 I AO
Steueranstoß *m* (FiW) tax impact (point)
Steueranwalt *m* (StR) tax lawyer
Steueranweisung *f* (EDV) (job) control statement
Steuerarrest *m* (StR) attachment for tax debts
Steuer *f* **auf das Gewerbekapital**
(StR) trading capital tax *(ie, levied on capital employed)*
Steuer *f* **aufheben**
(StR) to abandon a tax
– (infml) to scrap a tax
Steueraufkommen *n*
(FiW) tax receipts
– tax revenue
– tax yield
– tax collections
– (infml) tax take
Steueraufkommenselastizität *f* (FiW) = Aufkommenselastizität, qv
Steueraufschub *m* (StR) deferral of tax payment date
Steuer *f* **auf Selbstverbrauch** (StR) temporary investment tax, § 9 b III EStG
Steueraufsicht *f*
(StR) general supervision of tax offices
– general supervisory function of the local tax office
Steueraufwand *m* (ReW) tax expenditure
Steuerausfall *m*
(FiW) shortfall of tax revenue
– tax loss
Steuerausgleichzulage *f*
(Pw, US) income tax protection (*or* equalization) *(ie, paid to company staff working in foreign subsidiary)*
Steuerausländer *m*
(StR) nonresident individual *(ie, person subject to limited tax liability)*
Steuerausschuß *m* (FiW) tax committee
Steuerausweichung *f*
(StR) tax avoidance
(ie, taking advantage of tax loopholes, which is legal, up to a point; syn, Steuervermeidung; opp, Steuerhinterziehung = tax evasion)
Steuerbanderole *f* (StR) revenue stamp
steuerbare Leistung *f* (StR) taxable performance, § 3 UStG
steuerbares Einkommen *n*
(StR) taxable/chargeable . . . income
– income liable in taxes
steuerbare Umsätze *mpl*
(StR) qualifying turnovers

– qualifying transactions
– taxable activities, § 1 UStG
Steuerbefehl *m* (EDV) control command
steuerbefreite Kasse *f* (SozV) exempt (*or* qualified) fund, Abschn. 6, 2 KStR
steuerbefreiter Betrieb *m* (StR) tax-exempt enterprise
steuerbefreiter Grundbesitz *m* (StR) exempt real property, § 3 GrStG
steuerbefreite Übernehmerin *f* (StR) tax-exempt transferee
steuerbefreite Wertpapiere *npl* (StR) tax-exempt securities
steuerbefreite Wirtschaftsgüter *npl* (StR) tax-exempt assets, §§ 101, 114 BewG
Steuerbefreiung *f* (StR) tax exemption
Steuerbefreiung *f* **bei der Ausfuhr** (StR) exemption of export deliveries
Steuerbefreiung *f* **bei der Einfuhr** (StR) exemption from import tax
steuerbegünstigt
(StR) eligible for tax relief
– tax . . . favored/privileged/qualified/sheltered
steuerbegünstigte Aufwendungen *mpl* (StR) expenses subject to preferental tax treatment
steuerbegünstigter nicht entnommener Gewinn *m* (StR) portion of profit not withdrawn and qualifying for tax benefit
steuerbegünstigter Zweck *m* (StR) tax-favored purpose, §§ 51–54 AO
steuerbegünstigtes Darlehen *n* (Fin) tax-supported loan
steuerbegünstigtes Sparen *n* (StR) tax-favored saving
steuerbegünstigte Umwandlung *f* (StR) tax-privileged reorganization
steuerbegünstigte Wertpapiere *npl*
(StR) securities with tax benefits attached to them
(opp, tarifbesteuerte Wertpapiere)
Steuerbegünstigung *f*
(StR) tax benefit
– tax concession
– tax privilege
– favorable tax treatment
Steuerbehörde *f* (StR) revenue (*or* tax) authority
Steuerbelastung *f* (StR) tax burden
Steuerbemessungsgrundlage *f*
(StR) tax base
– taxable base
– basis of assessment
(ie, measure on which tax liability is determined)
(StR, VAT) taxable amount
steuerberatende Berufe *mpl*
(StR) tax advising/consulting/counseling . . . professions
– professional tax advisers
Steuerberater *m* (StR) tax . . . consultant/adviser/consultant
Steuerberaterkammer *f*
(StR) Association of tax consultants and tax agents
(ie, Berufskammer der Steuerberater und Steuerbevollmächtigten; Sitz am Ort der Oberfinanzdirektion; zusammengeschlossen in der Bundessteuerberaterkammer; an association of members of the tax consultant profession; organized also on the federal level)
Steuerberatung *f*
(StR) tax . . . consultation/advice/counseling
(ie, befugt sind insbes Steuerberater, Steuerbevollmächtigte, Steuerberatungsgesellschaften, Rechtsanwälte, Wirtschaftsprüfer; cf, §§ 3, 4 StBerG)
Steuerberatungsgesellschaft *f*
(StR) tax consulting company
– tax consultants
(ie, Kapitalgesellschaft oder Personenhandelsgesellschaft; in der Praxis fast ausschließlich Rechtsform der GmbH)
Steuerberatungsgesetz *n* (StR) Law on Tax Advisers, of 4 Nov 1975
Steuerberatungskosten *pl*
(StR) tax consulting fees
(ie, Betriebsausgaben od Werbungskosten, sonst Sonderausgaben nach § 10 I Nr 6 EStG)
Steuerberechnung *f*
(StR) computation of a tax
– tax accounting
Steuerberechtigung *f* (StR) taxation right
Steuerbescheid *m*
(StR) formal assessment note, §§ 155, 218 AO
– tax assessment notice
Steuerbescheid *m* **erlassen** (StR) to make (*or* issue) a tax assessment notice
Steuerbetrug *m* (StR) tax fraud
Steuerbevollmächtigter *m*
(StR) agent in tax matters
(ie, admission closed after 12 Aug 1980)
Steuerbilanz *f* (StR) tax balance sheet
Steuerbilanzgewinn *m* (StR) profit as shown in tax balance sheet
Steuerdaten *pl* (EDV) control data
Steuerdatenstation *f* (EDV) control terminal
Steuerdelikt *n* (StR) tax offense
Steuerdestinatar *m* (StR) intended taxpayer *(ie, need not be identical with the ‚Steuerträger')*
Steuerdiffusion *f*
(FiW) tax diffusion *(ie, distribution of a tax burden throughout the economy as a whole)*
Steuerdruck *m* (StR) tax burden
Steuereinheit *f*
(StR) taxable object
(EDV) control unit
Steuereinholung *f* (StR) making up for increased taxes by working even harder
Steuereinkünfte *pl* (FiW) fiscal revenues
Steuereinnahmen *fpl* (StR) = Steueraufkommen
Steuereinziehung *f* (StR) collection of taxes
Steuerentlastung *f*
(StR) tax benefit (*or* break)
– (GB) tax relief
Steuerentlastungsgesetz *n*
(StR) Tax Relief Law
– Law on Tax Relief and Support of Families
Steuerentrichtung *f* (StR) payment of taxes
Steuererfassung *f* (StR) taxation
Steuer *f* **erheben** (StR) to levy a tax
Steuererhebung *f* (StR) tax collection
Steuererhöhung *f*
(StR) tax increase
– rise in taxes

Steuererklärung *f* (StR) tax return, § 149 AO
Steuererklärung *f* **abgeben** (StR) to file a tax return
Steuererklärung *f* **ausfüllen**
(StR) to fill in one's tax return
– (infml) to do one's taxes
Steuererklärungsfrist *f*
(StR) due date for annual income tax return, § 56 EStDV
– filing period for taxpayers
Steuererlaß *m*
(StR) forgiveness of a tax *(ie, which may be complete or partial, § 227 AO)*
– mitigation of tax liability
– equitable relief related to the collection of a tax
Steuererleichterung *f*
(StR) tax benefit
– (GB) tax relief
Steuerermäßigung *f* (StR) tax reduction
Steuerermäßigung *f* **bei Auslandsvermögen** (StR) reduction of net worth for foreign business property, § 12 VStG
Steuerermittlungsverfahren *n* (StR) procedure applying to the examination of a taxpayer with respect to a specific taxable year or number of years, §§ 88, 200 AO
Steuerersparnis *f* (StR) tax saving
Steuererstattung *f* (StR) tax refund
Steuerertrag *m* (FiW) proceeds/yield . . . of a tax
Steuerfachmann *m* (StR) tax expert
Steuerfahndung *f* (StR) tax search, § 208 I AO
Steuerfeld *n* (EDV) control panel
Steuerfestsetzungsverfahren *n* (StR) assessment procedure
Steuerfestsetzung *f* **unter Vorbehalt der Nachprüfung** (StR) preliminary assessment of taxpayers subject to tax examination, § 164 AO
Steuerfiskus *m* (StR) tax authorities
Steuerflexibilität *f*
(FiW) elasticity of tax revenue *(syn, Aufkommenselastizität)*
Steuerflucht *f*
(StR) tax evasion by absconding *(ie, a special case of ‚Steuerausweichung')*
Steuerfolge *f* (EDV) control sequence
Steuerfortwälzung *f* (FiW) passing forward of taxes
steuerfrei
(StR) tax free
– tax exempt
– non-taxable
– (infml) clear of taxes *(eg, bonds return 5%, . . .)*
Steuerfreibetrag *m*
(StR) statutory tax exemption
– tax-free . . . amount/allowance
steuerfreie Anleihe *f* (Fin) tax-exempt loan issue
steuerfreie Bezüge *pl* (StR) tax-free earnings
steuerfreie Einnahmen *fpl* (StR) non-taxable income, § 3 c EStG
steuerfreie Gewinnausschüttung *f* (StR) tax-free distribution of profits
steuerfreie Lieferungen *fpl* (StR) nontaxable turnovers
steuerfreie Obligationen *fpl* (Fin) tax-exempt bonds
steuerfreie Rücklagen *fpl* (ReW) accruals – non taxable
steuerfreies Einkommen *n* (StR) tax-free (*or* non-taxable) income
steuerfreie Wertpapiere *npl* (Fin) tax-exempt securities, § 3 Ziff 45, 53, 54 and § 3 a EStG
Steuerfreiheit *f*
(StR) tax exemption
– immunity from taxation
Steuerfreijahre *npl* (StR) tax holiday
Steuerfreistellung *f* (StR) tax exemption
Steuergefälle *n* (StR) tax differential
Steuergegenstand *m*
(StR) taxable event (*or* unit *or* objective) *(eg, income, property; syn, Steuertatbestand)*
Steuergeheimnis *n*
(StR) tax secrecy
(ie, of tax returns and all other data relevant to the determination of tax liability, § 30 AO)
– tax confidentiality
Steuergelder *npl* (FiW, infml) tax money
Steuergerät *n*
(EDV) controller *(syn, Steuerteil)*
Steuergerechtigkeit *f*
(FiW) tax equity
– equality in taxation
– fair tax treatment
Steuergerichte *npl* (StR) fiscal courts
Steuergesetz *n* (StR) tax law (*or* statute)
Steuergesetzgebung *f* (StR) fiscal (*or* tax) legislation
Steuergläubiger *m*
(FiW) tax creditor *(ie, all governmental units)*
Steuergröße *f* (EDV) = Stellgröße, qv
Steuergrundgesetz *n*
(StR) fundamental law of German taxation *(ie, Abgabenordnung: Fiscal Code)*
Steuergrundsätze *mpl*
(FiW) canons of taxation *(syn, Besteuerungsgrundsätze, qv)*
Steuergutschein *m*
(StR) tax-reserve certificate
– tax anticipation warrant (*or* note)
Steuergutschrift *f* (StR) tax credit
Steuerhaftung *f* (StR) tax liability *(eg, attaching to employer for employee wage taxes)*
Steuerharmonisierung *f*
(EG) harmonization of taxes
– tax harmonization
Steuerhäufung *f*
(FiW) tax accumulation *(ie, may happen to an individual taxpayer through tax shifting)*
Steuerhebung *f* **nach dem Quellenprinzip** (StR) collection (*or* stoppage) at source
Steuerhehler *m* (StR) tax receiver
Steuerhehlerei *f*
(StR) tax receiving *(ie, dealing in tax-evaded property, § 374 AO)*
Steuerhinterzieher *m*
(StR) tax evader
– (infml) tax dodger
Steuerhinterziehung *f*
(StR) (illegal) tax evasion, § 370 AO
– tax fraud
– (infml) tax dodging

(ie, illegale Steuerausweichung od Steuervermeidung; cf, § 370 AO; opp, legale Steuerausweichung = tax avoidance)
Steuerhoheit *f*
(FiW) jurisdiction to tax
– power to tax
– power to levy taxes
– taxing power
(ie, comprises Gesetzgebungshoheit, Ertragshoheit, Verwaltungshoheit; divided among the various governmental units)
Steuerillusion *f* (FiW) tax illusion
Steuerinflation *f* (Vw) tax inflation
Steuerinformation *f* (EDV) control information
Steuerinländer *m*
(StR) resident taxpayer *(ie, person subject to unlimited tax liability)*
Steuerinzidenz *f*
(FiW) incidence of taxation
– tax incidence
(ie, relates to the final resting place of a tax; note the long string of qualifying adjectives in German: absolute/differentielle/effektive/formale/ökonomische/spezifische/tatsächliche . . . Inzidenz)
Steuerjahr *n* (StR) tax/taxable/fiscal . . . year
Steuerjurist *m* (StR) tax lawyer
Steuerklärung *f* **abgeben** (StR) to file a tax return, § 149 AO
Steuerklasse *f* (StR) tax class
Steuerklassifikation *f* (StR) classification (*or* grouping) of taxes
Steuerkonsole *f* (EDV) operator . . . console/panel
Steuerkraft *f* (StR) taxable capacity
Steuerkraftmeßzahl *f*
(StR) rate of taxable capacity
– adjusted collection figure of a state
(ie, total tax collections of the state for the fiscal year + collections from real property tax and trade tax made by the municipalities located in the state – extraordinary expenditures incurred by the state during the fiscal year)
Steuerkreis *m*
(EDV) control circuit *(syn, Steuerschaltung)*
Steuerkurswerte *mpl*
(StR) special tax values *(ie, prescribed to determine the assessed value of securities that are business assets, § 113 BewG)*
Steuerkürzung *f* (com) tax cut
Steuerlast *f* (StR) tax burden
Steuerlastquote *f* (FiW) = Steuerquote
Steuerlastverteilung *f* (FiW) distribution of tax burden
Steuerlehre *f* (StR) theory of taxation
steuerlich (StR) for tax purposes
steuerlich absetzen (StR) to take as a deduction on one's tax return
steuerlich abzugsfähig
(StR) tax deductible
– allowable for tax purposes
steuerlich befreien
(StR) to exempt from taxation *(eg, €1,550 of interest on private savings accounts)*
steuerlich belasten
(FiW) to tax
– to subject to taxation
steuerlich beraten (StR) to render tax advice
steuerliche Abschreibung *f*
(StR) tax (return) depreciation
– tax write-off
(ie, depreciation for income-tax purposes, § 7 EStG, § 9 EStDV; syn, Absetzung für Abnutzung, AfA)
steuerliche Abschreibungsmöglichkeiten *fpl* (StR) tax write-off facilities
steuerliche Absetzung *f* (StR) tax deduction
steuerliche Abzugsmöglichkeiten *fpl* (StR) scope for deducting items from tax liability
steuerliche Anreize *mpl* (StR) (beneficial) tax incentives
steuerliche Aspekte *mpl* (StR) taxation aspects
steuerliche Außenprüfung *f* (StR) tax field audit *(cf, Außenprüfung)*
steuerliche Begriffsbestimmungen *fpl* (StR) definitions for tax purposes, §§ 3 ff AO
steuerliche Behandlung *f*
(StR) treatment for tax purposes
– tax treatment
steuerliche Belastung *f*
(StR) tax burden (*or* load)
– taxation
(eg, of profits or earnings)
steuerliche Belastungsgrenze *f* (FiW) taxable capacity
steuerliche Benachteiligung *f* (StR) tax discrimination
steuerliche Bewertungsvorschriften *fpl* (StR) tax valuation rules
steuerliche Bilanzierungsgrundsätze *mpl* (ReW) tax-based accounting principles
steuerliche Diskriminierung *f* (StR) fiscal (*or* tax) discrimination
steuerliche Gesamtbelastung *f* (FiW) total tax burden
steuerliche Gestaltungsfreiheit *f* (StR) freedom (of taxpayers) to shape transactions so as to accomplish the most favorable tax result
steuerliche Gewinnermittlung *f* (StR) determination of taxable income
steuerliche Gleichbehandlung *f* (StR) equal tax treatment
steuerliche Höchstbeträge *mpl* (StR) maximum amounts deductible from tax liability
steuerliche Investitionsanreize *mpl* (StR) tax concessions (to business) to spur new investment
steuerliche Konsequenzen *fpl* (StR) tax consequences
steuerliche Leistungsfähigkeit *f* (FiW) taxing capability
steuerliche Nebenleistungen *fpl*
(StR) incidental tax payments
(ie, charges for delayed payment, interest, etc., § 3 AO)
steuerlichen Wohnsitz *m* **begründen** (StR) to establish a tax residence
steuerlicher Anreiz *m* (StR) tax incentive
steuerliche Rechtsprechung *f* (StR) tax court decisions
steuerlicher Grenzausgleich *m*
(EG) border tax adjustment
(ie, remission of taxes on exported goods)

steuerlicher Grundstückswert *m* (StR) assessable site value
steuerlicher Nachteil *m* (StR) fiscal disadvantage
steuerlicher Sitz *m*
(StR) tax home *(ie, of a company)*
steuerlicher Verlustrücktrag *m* (StR) tax loss carryback
steuerlicher Verlustvortrag *m*
(StR) tax-loss carryforward
– tax-loss credit
steuerlicher Wertansatz *m* (StR) tax valuation
steuerlicher Wohnsitz *m*
(StR) fiscal (*or* tax) domicile
– tax residence
steuerliche Sonderabschreibung *f*
(StR) special depreciation allowance for tax purposes
– fast tax write-off
steuerliches Rechtsinstitut *n* (StR) tax-modifying device (*or* vehicle) *(eg, Organschaft, Schachtelprivileg)*
steuerliche Veranlagung *f* (StR) assessment of taxes
steuerliche Vergünstigung *f* (StR) tax concession (*or* break)
steuerliche Verrechnungspreise *mpl* **in internationalen Konzernen** (StR) international intercompany pricing for tax purposes
steuerliche Vorrechte *npl* (StR) fiscal privileges
steuerliche Vorteile *mpl* (StR) tax benefits
steuerlich geltend machen (StR) to claim as tax exempt
steuerlich gleichgestellt (StR) subject to the same tax treatment
steuerlich manipulieren (StR) to shift income from a high bracket into a lower one
steuerlich maßgebend (StR) for tax purposes
steuerlich motivierte Umschichtung *f* **e–s Portefeuilles** (Fin) tax switching
steuerlich nicht abzugsfähig (StR) disallowable against tax
steuerlich voll abzugsfähig (StR) fully tax deductible
steuerlich zulässig (StR) permissible under tax rules
Steuerliste *f*
(FiW) list of tax assessments *(ie, open for public inspection)*
Steuermanagement *n* (Bw) tax management
Steuermannsquittung *f* (com) mate's receipt
Steuermarke *f* (StR) tax stamp
Steuermaßstab *m* (StR) tax base
Steuermaximen *fpl* (FiW) tax canons
Steuermeßbetrag *m*
(StR) tentative tax
(ie, product of applicable tax rate and taxable business profits)
(StR) product of assessed value [Einheitswert] and basic rate [Steuermeßzahl]
(ie, to which the municipal percentage [Hebesatz] is applied, § 13 GrStG)
Steuermeßzahl *f*
(StR) basic federal rate *(ie, applying to property and business profits)*
Steuermindereinnahmen *fpl*
(FiW) revenue shortfall
– shortfall of tax revenues
Steuer *f* **mit negativen Leistungsanreizen** (FiW) repressive tax
Steuermittel *pl*
(FiW) funds raised by taxation
– tax revenues
Steuermonopol *n* (FiW) fiscal monopoly
Steuermoral *f* (StR) tax morale
Steuermultiplikator *m* (FiW) tax multiplier
Steuern *n*
(EDV) feed forward control
– open loopp control
– control *(opp, Regeln = feedback control, qv)*
Steuernachlaß *m* (StR) tax rebate (*or* abatement)
Steuernachzahlung *f* (StR) payment of taxes for prior years
Steuern *n* **des Entscheidungsprozesses** (Bw) decision control
Steuern *fpl* **einziehen** (StR) to collect taxes
Steuern *fpl* **entrichten** (StR) to pay taxes
Steuern *fpl* **erheben**
(FiW) to tax
– to collect/impose/levy . . . taxes
Steuern *fpl* **erhöhen**
(StR) to raise
– to put up . . . tax rates (*or* rates of taxation)
– to increase taxation
Steuern *fpl* **hinterziehen**
(StR) to evade taxes
– (GB, infml) to dodge taxes
Steuern *fpl* **mit örtlichem Geltungsbereich**
(FiW) taxes applied locally
– taxes of local application
Steuern *fpl* **senken** (StR) to cut taxes
Steuern *fpl* **umgehen** (StR) to avoid (*or* to dodge) taxes
Steuernummer *f* (StR) taxpayer's account number
Steuern *fpl* **und Abgaben** *fpl* (ReW) taxes and other fiscal charges
Steuern *fpl* **vom Einkommen, Ertrag und Vermögen** (StR) taxes on corporate income, business profits, and net worth
Steuern *fpl* **vom Grundbesitz** (StR) real property taxes, § 9 I No. 2 EStG
Steueroase *f*
(FiW) tax haven *(ie, tiny low-country refusing to conclude double-taxation agreement; levies little or no income or death taxes; syn, Oasenland)*
Steuerobergrenze *f* (StR) high end of tax ranges
Steuerobjekt *n* (FiW) taxable object
Steuerordnungswidrigkeit *f* (StR) fiscal (*or* tax) violation, § 377 AO
Steuerpaket *n* (FiW) tax package
Steuerpauschalierung *f* (StR) lump-sum taxation
Steuerpfändung *f* (StR) tax foreclosure
Steuerpflicht *f* (StR) liability to pay taxes
steuerpflichtig
(StR) taxable
– liable to tax
– liable in taxes
– liable to pay taxes
– subject to tax
steuerpflichtige inländische Körperschaft *f* (StR) domestic corporate tax payer

steuerpflichtige Kapitalerträge *mpl* (StR) taxable investment income
steuerpflichtige Leistung *f* (StR, VAT) taxable transaction
Steuerpflichtiger *m* (StR) legal taxpayer, § 33 I AO
steuerpflichtiger Gegenstand *m* (StR) taxable object
steuerpflichtiger Gewinn *m* (StR) taxable . . . gain/profit
steuerpflichtiger Nachlaß *m* (StR) taxable estate
steuerpflichtiger Umsatz *m* (StR) taxable turnover
steuerpflichtiges Einkommen *n*
(StR) taxable (*or* chargeable) income
– income liable in taxes
steuerpflichtiges Vermögen *n* (StR) taxable net worth
Steuerpolitik *f*
(StR) tax/taxation . . .
(Bw) (corporate) tax policy
Steuerpostulate *npl* (FiW) tax canons
Steuerpräferenzen *fpl* (StR) tax preferences
Steuerprogramm *n*
(EDV) control program *(syn, Systemsteuerprogramm)*
Steuerprogression *f*
(StR) tax progression
(ie, Durchschnittssteuersatz T/X wächst mit steigender Steuerbemessungsgrundlage)
Steuerprüfung *f*
(StR) tax audit
– tax examination
– tax investigation
Steuerpult *n* (EDV) control console
Steuerquelle *f*
(StR) tax base
(eg, property values are the major . . . of local governments)
(FiW) source of revenue
Steuerquote *f*
(FiW) tax load ratio
– overall tax ratio
(ie, total tax collections to gnp at market prices = Steuern/BSP zu Marktpreisen; opp, individuelle Steuerquote, qv)
Steuerrecht *n*
(StR) law of taxation
– fiscal law
Steuerrecht *n* **der Unternehmen** (StR) company tax law
steuerrechtliche Behandlung *f* (StR) tax treatment *(eg, of inventories)*
steuerrechtliche Bewertung *f*
(StR) tax-based valuation *(opp, handelsrechtliche Bewertung = commercial valuation)*
steuerrechtliche Vorschriften *fpl* (StR) tax law provisions (*or* rules *or* regulations)
Steuerreform *f* (StR) tax reform
Steuerregime *n* (StR) tax law
Steuerregister *n* (EDV) control register (*or* counter)
Steuerregression *f* (StR) tax regression
Steuerrichtlinien *fpl*
(StR) administrative tax regulations
(ie, accompanying federal tax statutes and issued by the Federal Ministry of Finance)
Steuerrückerstattung *f* (StR) refund of overpaid tax, § 36 IV EStG
Steuerrückstände *mpl* (ReW) tax arrears
Steuerrückstellungen *fpl* (ReW, EG) provisions for taxation
Steuerrückvergütung *f*
(StR) refund of taxes
– tax refund
Steuerrückwälzung *f* (FiW) passing backward of taxes
Steuerrückzahlung *f* (StR) tax refund
Steuersatz *m* (StR) tax rate
Steuersätze *mpl* **harmonisieren** (EG) align *v* tax rates
Steuersäumnisgesetz *n* (StR) Law on Tax Arrears, of 13 July 1961
Steuerschaltung *f*
(EDV) control circuit *(syn, Steuerkreis)*
Steuerschätzung *f*
(StR) determination of taxable income by estimate, § 162 I AO
(FiW) estimate of tax receipts
Steuerschlupfloch *n* (FiW) tax loophole
Steuerschraube *f* (FiW) tax load
Steuerschraube *f* **anziehen** (FiW) to tighten/turn the tax screw
Steuerschuld *f*
(StR) liability to tax
– tax liability
(StR) tax payable (*or* due)
(StR, VAT) total amount of tax charged on the invoices rendered by the entrepreneur
Steuerschuld *f* **des Rechtsnachfolgers** (StR) transferee liability, § 45 AO
Steuerschuldner *m*
(StR) person subject to a tax
– taxpayer
(ie, meist identisch mit Steuerzahler; Ausnahme bei Quellenbesteuerung; zB Lohnsteuer: Steuerschuldner ist der Arbeitnehmer, Steuerzahler der Arbeitgeber)
Steuerschuldverhältnis *n* (StR) government-taxpayer relationship, § 38 AO
Steuersenkung *f* (StR) tax cut (*or* reduction)
steuerstarkes Land *n* (FiW) country with large tax revenues
Steuerstatistik *f* (StR) tax statistics
Steuerstempel *m* (StR) revenue stamp
Steuersteppen *fpl* (FiW) high-tax countries
Steuerstrafrecht *n*
(StR) law relating to fiscal offenses
(ie, im 8. Teil der AO [§§ 369 ff] geregelt)
Steuerstraftat *f*
(StR) criminal tax violation *(cf, 369 I AO)*
– tax offense
Steuerstrafverfahren *n* (StR) criminal tax proceedings, §§ 385–408 AO
Steuerstufe *f* (StR) tax bracket
Steuerstundung *f* (StR) tax deferral, § 222 AO
Steuersubjekt *n* (StR) taxable entity
Steuersystem *n*
(FiW) revenue raising system
– tax structure
(StR) system of taxation
– tax system

(ie, the German system consists of appr. 40 different individual taxes)
(EDV) control system
steuersystematisch (StR) as defined within the German tax system
Steuersystem *n* **mit Rückkopplung** (EDV) closed-loop control system
Steuertabelle *f* (StR) tax-rate table
Steuertarif *m*
(StR) tax-rate table
– tax scale
Steuertaste *f* (EDV) control key
Steuertatbestand *m*
(StR) taxable event *(syn, Steuergegenstand, qv)*
Steuerteil *n*
(EDV) controller *(syn, Steuergerät)*
Steuertermin *m* (StR) tax payment date
Steuertheorie *f* (StR) theory of taxation
Steuertilgung *f*
(FiW) tax capitalization *(syn, Steueramortisation)*
Steuerträger *m*
(FiW) actual taxpayer *(ie, the final resting place of the tax)*
Steuerüberschneidung *f* (StR) double taxation
Steuer *f* **überwälzen** (FiW) to pass on (*or* to shift) a tax
Steuerüberwälzung *f*
(FiW) shifting of taxes
– tax shifting
(Unterbegriffe: Vor-, Rück- und Schrägüberwälzung)
Steuerumgehung *f* (StR) tax avoidance, § 42 AO
Steuerung *f*
(EDV) control
– feed forward control
– open loop control *(syn, Steuern, qv)*
Steuerung *f* **der Geldmenge** (Fin) control of money supply
Steuerung *f* **des Materialdurchlaufs**
(MaW) materials management
(ie, procurement, stockkeeping, production, shipping)
Steuerungsablauf *m* (EDV) control sequence
Steuerungsfunktion *f*
(Vw) allocative function
(EDV) control function
Steuerungsrechner *m*
(EDV) control computer
(ie, uses inputs from sensor devices and outputs connected to control mechanisms)
Steuerungstechnik *f* (EDV) control engineering
Steuerungsübergabe *f* (EDV) control transfer
Steuerungs- und Regeltechnik *f* (EDV) control engineering
Steuerung *f* **von Produktionsprozessen** (IndE) process control
steuerunschädlich (StR) tax neutral
Steuerunschädlichkeit *f* (StR) tax neutrality
Steuerveranlagung *f* (StR) tax assessment
Steuerveranlagungsverfahren *n* (StR) tax assessment procedure
Steuerverbindlichkeiten *fpl*
(StR) tax liabilities
– tax payable

Steuervergehen *n* (StR) = Steuerstraftat
Steuervergünstigung *f*
(StR) favorable tax treatment
– tax break (*or* credit *or* relief)
– tax concession
– taxation privilege
Steuervergütung *f* (StR) tax refund, § 4 a UStG
Steuervergütungsbescheid *m* (StR) notice of a decision on a refund claim, § 348 AO
Steuerverkürzung *f* (StR) tax deficiency, § 378 AO
Steuervermeidung *f* (FiW) = Steuerausweichung
Steuerverpflichtungsgrund *m* (StR) taxable event
Steuerversicherung *f* (Vers) tax insurance
Steuervertreter *m*
(StR, EG) tax representative *(ie, in EC value-added tax law)*
Steuerverwaltung *f* (StR) tax administration
Steuer *f* **von der Steuer**
(StR, VAT) tax on tax *(ie, on each subsequent sale)*
Steuervorausschätzung *f* (FiW) tax estimate
Steuervorauszahlung *f*
(StR) prepayment of taxes *(ie, estimated tax payment made in advance)*
Steuervordruck *m* (StR) tax form
Steuervorteil *m*
(StR) tax advantage
– tax break
– tax preference
Steuerwerk *n* (EDV) control unit
Steuerwiderstand *m* (StR) resistance to taxation
steuerwirksam
(StR) tax effective *(eg, agreement)*
– affecting tax liability
Steuerwirkungen *fpl* (FiW) effects of taxation
Steuerwohnsitz *m* (StR) = steuerlicher Wohnsitz
Steuerwort *n* (EDV) control word
Steuerzahler *m*
(StR) taxpayer
(syn, Steuerentrichtungspflichtiger)
Steuerzahllast *f*
(StR, VAT) amount of tax payable by the entrepreneur *(ie, Steuerschuld abzüglich Vorsteuer)*
Steuerzahlung *f* (StR) payment of taxes
Steuerzeichen *n*
(StR) revenue stamp
(EDV) control character
Steuerzeitschrift *f* (StR) tax journal
StGB (Re) = Strafgesetzbuch
Stichgleis *n*
(com) spur (*or* stub) track
(ie, connected to main track at one end only; opp, totes Gleis)
Stichkupon *m* (Fin) renewal coupon
Stichprobe *f*
(com) spot check
(Stat) sample
Stichprobe *f* **entnehmen** (Stat) to take a sample
Stichprobe *f* **hochrechnen**
(com) to extrapolate
– to blow up
– to raise . . . a sample
Stichprobe *f* **mit Selbstgewichtung** (Stat) self-weighting sample
Stichprobeneinheit *f* (Stat) sample unit

Stichprobenentnahme *f* **aus der Masse** (Stat) bulk sampling
Stichprobenerhebung *f*
(Stat) sample survey *(ie, relates to only a specified part of the population; ‚sample census', sometimes used, is a misnomer)*
Stichprobenerhebungsgrundlage *f* (Stat) frame
Stichprobenfehler *m* (Stat) sampling error
stichprobenfremder Fehler *m* (Stat) nonsampling error
Stichprobenfunktion *f* (Stat) sample function *(eg, Gauß-Statistik, Stichprobenvarianz, t-Statistik)*
Stichprobeninventur *f*
(ReW) sampling-type inventory
(ie, mit Hilfe anerkannter mathematisch-statistischer Methoden aufgrund von Stichproben)
Stichprobenkenngröße *f* (Stat) sample statistic
Stichprobenkorrelogramm *n* (Stat) sample correlogram
Stichprobenkosten *pl* (Stat) cost of sample
Stichprobenkostenfunktion *f* (Stat) sample cost function
Stichprobenmaßzahl *f* (Stat) = Stichprobenkenngröße
Stichprobenmethode *f* (Stat) sampling method
Stichprobenmoment *n* (Stat) sample moment
Stichprobennahme *f* **aus der Masse** (Stat) bulk sampling
Stichprobennetz *n* (Stat) network of samples
Stichprobenplan *m* (Stat) sampling plan
Stichprobenpopulation *f* (Stat) sample population
Stichprobenprüfplan *m* (Stat) sampling inspection plan
Stichprobenprüfung *f* (Stat) sampling inspection
Stichprobenpunkt *m* (Stat) sample point
Stichprobenraum *m*
(Stat) sample space *(syn, Ereignisraum)*
Stichproben-Standardabweichung *f* (Stat) standard deviation of the sample
Stichprobenstruktur *f* (Stat) sampling structure
Stichprobensystem *n* (Stat) sampling system
Stichprobentechnik *f* (Stat) sampling technique
Stichprobentheorie *f* (Stat) theory of sampling
Stichprobenumfang *m*
(Stat) sample size
– range of sample
Stichprobenvariable *f* (Stat) sample value
Stichprobenvarianz *f* (Stat) variance of the sample
Stichprobenverfahren *n*
(Stat) sampling
– sampling
Stichprobenverfahren *n* **mit Klumpenauswahl** (Stat) cluster (*or* nested) sampling
Stichprobenverfahren *n* **mit Unterauswahl** (Stat) subsampling
Stichprobenverteilung *f* (Stat) sampling distribution
stichprobenweise prüfen (ReW) to testcheck
Stichtag *m*
(com) key
– target
– effective
– relevant . . . date
(ReW) reporting/cutoff . . . date
(Fin) call date
Stichtaginventur *f*
(ReW) periodical . . . inventory/stocktaking
– end-of-period inventory
stichtagsbezogene Einzelbewertung *f* (ReW) item-by-item valuation as of the balance sheet date
Stichtagskurs *m*
(Bö) current price
– market price on reporting date
(Bö) closing rate
Stichtagsmethode *f*
(ReW) current rate method (of foreign exchange translation)
(ie, Umrechnung e–r ausländischen Tochterbilanz in € zu Stichtagskursen; als Umrechnungskurs wird in der Regel der Mittelkurs des Bilanzstichtags verwendet, so daß keine Strukturveränderungen entstehen; weltweit besteht Tendenz zu dieser Methode; cf, Zeitbezugsmethode = temporal method; Statement of Financial Accounting Standard (SFAS) 52 was introduced in 1981 to supersede SFAS 8; it provides guidance on what exchange rate (current, historical, average) is to be used to translate each individual account and how resulting gains and losses are to be recognized in the financial statements; it permits the use of two different methods, depending on the circumstances)
Stichwahl *f*
(com) decisive
– final
– second . . . ballot
– runoff vote
Stichwort *n* (com) key word
Stichzahl *m*
(Fin) test key (*or* number)
(ie, secret code which banks provide to their customers to safeguard against fraudulent telexes)
Stickoxide *npl* (com) nitrogen oxides
stiften
(com) to make a contribution
(Re) to donate
– to endow
Stifter *m* (Re) donor
Stiftung *f*
(Re) foundation
– endowment
(ie, unselbständig)
(ie, foundation is a general term, including endowment which means the particular fund of the institution bestowed for the purpose intended)
Stiftung *f* **des öffentlichen Rechts** (Re) foundation under public law
Stiftung *f* **des Privatrechts** (Re) private foundation, §§ 80 ff BGB
Stiftung *f* **errichten** (Re) to organize (*or* set up) a foundation
Stiftungslehrstuhl *m* (com) endowed (professorial) chair
Stiftungsvermögen *n*
(Re) endowment fund (*or* property)
– property of foundation
stille Beteiligung *f* (Fin) dormant equity holding
stille Forderungsabtretung *f* (Re) = stille Zession
stillegen
(Bw) to shut down (*or* close down) a plant
– to decommission

Stillegen *n* **von Goldbeständen** (AuW) gold sterilization
stille Gesellschaft *f*
(com) dormant partnership, §§ 335 ff HGB
(U.S. law, for instance, differentiates as follows:
(1) silent: no voice in the affairs of the business;
(2) secret: undisclosed;
(3) dormant: both silent and secret.
In German law, the partnership is nothing more than an ,undisclosed participation'. The distinguishing feature is that the German ,dormant partner' is in no way liable for the debts of the business)
Stillegung *f* (Bw) plant shutdown (*or* close-down)
Stillegung *f* **e–s Anlagegutes** (ReW) retirement of a fixed asset
Stillegungskosten *pl*
(Bw) cost of closure
– cost of closing down
Stillegung *f* **von Steuereinnahmen** (FiW) immobilization of tax receipts (or revenues)
stille Reserven *fpl*
(ReW) undisclosed
– hidden
– secret . . . reserves
(ie, Unterschied zwischen dem Zeitwert und dem tatsächlichen Wertansatz, oder: Unterschied zwischen dem höchsten zulässigen Wertansatz und dem tatsächlichen Wertansatz; book value is less than the actual realizable value; syn, stille Rücklagen)
(Vw) hidden manpower reserves *(cf, Arbeitsmarktreserve)*
stiller Gesellschafter *m* (com) dormant partner *(see: ,stille Gesellschaft')*
stiller Teilhaber *m* (com) = stiller Gesellschafter
stille Rücklagen *fpl* (ReW) = stille Reserven
stilles Factoring *n*
(Fin) non-notification factoring
– confidential factoring
(ie, Kunden zahlen weiterhin an den Lieferanten, der Zahlungen an das Factoring-Institut weiterleitet; syn, nichtnotifiziertes Factoring; opp, offenes Factoring, qv)
stilles Konsortium *n* (com) undisclosed consortium
stille Zession *f* (Re) undisclosed assignment
Stillhalteabkommen *n*
(Re) standstill agreement
(Fin) standby agreement
(AuW, OECD) trade pledge
(AuW) Basle Agreement
– Reciprocal Currency Agreement
(syn, Basler Abkommen; between 1931 and 1962)
stillhalten
(Fin) to grant a moratorium
– to postpone enforcement of claims
Stillhalter *m* (Bö) = Stillhalter in Geld, Stillhalter in Wertpapieren, qv
Stillhalter *m* **in Geld** (Bö) = Verkäufer e–r Verkaufsoption, qv
Stillhalter *m* **in Wertpapieren** (Bö) = Verkäufer e-r Kaufoption, qv
Stillschweigen *n*
(Re) silence *(ie, the silence of a party generally implies his consent; qui tacet consentire videtur (ubi loqui potuit et debuit); wer schweigt, scheint zuzustimmen (wo er hätte sprechen können und müssen); heute etwa §§ 416, 496, 516, 568 BGB; 362, 377 HGB)*
stillschweigende Bedingung *f* (Re) implied condition
stillschweigende Einwilligung *f* (Re) acquiescence
stillschweigende Gewährleistung *f* (Re) implied (*or* tacit) warranty
stillschweigende Kooperation *f*
(Kart) tacit cooperation *(ie, Form des Unternehmenszusammenschlusses: die Beteiligten arbeiten nur durch ,konkludentes Handeln' (qv) zusammen, vorzugsweise in der Preispolitik)*
stillschweigende Mängelhaftung *f* (Re) = stillschweigende Gewährleistung
stillschweigende Mietverlängerung *f* (Re) tacit extension of tenancy
stillschweigendes Einverständnis *n* (Re) connivance
stillschweigende Vereinbarung *f* (Re) tacit agreement (*or* understanding)
stillschweigende Verlängerung *f* (Re) tacit renewal
stillschweigende Voraussetzung *f* (Log) implicit understanding
stillschweigende Willenserklärung *f* (Re) implied manifestation of intent
stillschweigende Zustimmung *f* (Re) implied (*or* tacit) consent
stillschweigend vereinbaren (Re) to stipulate tacitly (*or* by implication)
stillschweigend vereinbarte Leistungspflichten *fpl*
(Re) implied obligations
stillschweigend verlängern (com) to extend automatically (*or* by implication)
Stillstandskosten *pl* (KoR) downtime cost
Stillstandszeit *f*
(IndE) downtime
– dead/idle/lost . . . time
– downperiod
– stoppage
(EDV) engineering time
(ie, nonproductive time of a computer, reserved for maintenance and service)
stimmberechtigte Aktie *f* (Fin) voting share (*or* stock)
stimmberechtigte Anteile *mpl* (Bw) voting stock
stimmberechtigter Aktionär *m* (Fin) voting shareholder
stimmberechtigtes Kapital *n* (Fin) voting capital
stimmberechtigte Stammaktien *fpl* (Fin) ordinary voting shares
Stimme *f* **abgeben** (com) to cast one's vote
stimmen für (com) to vote for
Stimmengleichheit *f* (com) equality (*or* parity) of votes
Stimmenkauf *m* (Bw) vote buying, § 405 III AktG
Stimmenmehrheit *f*
(com) majority of votes
– majority vote
Stimmenthaltungen *fpl* (com) abstentions
Stimmrecht *n*
(com) voting right, § 12 AktG *(ie, Recht, durch Stimmabgabe an Hauptversammlungsbeschlüssen mitzuwirken)*

Stimmrechtsaktie *f* (Fin) voting stock (*or* share)
Stimmrechtsausschluß *m*
(com) exclusion of right to vote
(ie, nur für Vorzugsaktien möglich, § 140 II AktG)
Stimmrechtsausübung *f* **durch Vertreter** (com) voting by proxy
Stimmrechtsbevollmächtigter *m* (com) proxy
Stimmrechtsbindung *f* (com) voting commitment
stimmrechtslose Aktie *f* (Fin) nonvoting share
stimmrechtslose Vorzugsaktie *f* (Fin) nonvoting preferred stock (*or* GB: preference share)
Stimmrechtsmacht *f* (Fin) power of banks to vote as proxy
Stimmrechtsmißbrauch *m* (Re) abuse of voting rights, § 405 III AktG
Stimmrechtstreuhänder *m* (Re) voting trustee
Stimmrechtsübertragung *f* (com) transfer of voting rights
Stimmrechtsvertreter *m* (com) proxy
Stimmrechtsvollmacht *f*
(com) voting proxy
(ie, written power of attorney to act for another in a stockholder meeting)
Stimmschein *m*
(com) certificate of proxy
(ie, made out by depositary bank or notary public)
Stimmung *f* (Bö) tone of the market
Stimmungsumschwung *m* (com) shift in sentiment
Stimmvieh *n* (com, sl) stupid electorate
Stipendiat *m*
(com, US) scholarship student
– (GB) bursar
Stipendium *n*
(com, US) scholarship
– (GB) bursary
stipulieren (Re) to stipulate
stochastisch
(Stat) stochastic *(ie, pertaining to random variables)*
stochastische Komponente *f* (Stat) random component
stochastische Konvergenz *f* (Stat) convergence in probability
stochastische Matrix *f*
(Math) stochastic matrix
(ie, a square matrix with nonnegative real entries such that the sum of entries of each row is equal to 1)
stochastische Programmierung *f* (OR) stochastic programming
stochastischer Prozeß *m*
(Stat) stochastic/random . . . process
(ie, family of random variables, dependent upon a parameter which usually denotes time)
stochastisches Suchverfahren *n* (Stat) random search
stochastische Variable *f* (Stat) chance (*or* random) variable
Stockdividende *f*
(Fin) stock dividend
– (GB) free issue of new shares
Stockung *f* **des Verkehrs** (com) = Verkehrsstau
Stoffeinsatz *m* (ReW) expenditure on materials
Stofferfindung *f* (Pat) chemical product patent
Stoffkosten *pl* (KoR) = Werkstoffkosten
Stoffpatent *n* (Pat) = Erzeugnispatent, qv
Stoffumwandlung *f*
(IndE) conversion *(ie, general and chemical)*
(Bw) conversion of resources
Stoffwert *m* **des Geldes** (Vw) intrinsic value of money
Stoffwirtschaft *f* (MaW) materials management
Stoffwirtschafts-Ingenieur *m* (MaW) materials (*or* distribution) management engineer
Stolperstein *m* (EDV) loophole
Stop-loss-Order *f*
(Bö) stop loss order
– cutting limit order
(ie, instructs a bank or broker to sell securities ‚at best' if the price of the security falls below a specified limit)
Stoppbefehl *m*
(EDV) halt (*or* checkpoint) instruction *(syn, Haltbefehl)*
Stoppcode *m*
(EDV) stop code
– halt instruction
Stopp *m* **der Reallöhne** (Vw) real wage freeze
stoppen
(com) to stop
– (infml) to choke off *(eg, flow of unwanted imports)*
Stoppkurs *m*
(Bö) stop price *(ie, applied between 1942 and 1948)*
Stoppreis *m*
(Vw) stop price *(ie, fixed by administrative agencies or cartels)*
Stoppschalter *m*
(EDV) breakpoint switch
(ie, manually operated; controls conditional operations at breakpoints, used primarily in debugging)
Stopptag *m*
(Fin) record date *(ie, set for transfer of registered securities)*
Stoppzeit *f* (EDV) stop (*or* declaration) time
Störanfall-Ablauf-Analyse *f*
(IndE) failure mode and effect analysis, DIN 25 419
(ie, Analyse potentieller Fehler und Folgen)
störanfällig
(com) susceptible to breakdown
– breaking down easily
– vulnerable
(EDV) bug-ridden
Störanfälligkeit *f*
(com) susceptability to . . . breakdown/failure
(OR) probability of failure
(EDV) error liability
störende Kapitalbewegungen *fpl* (AuW) disruptive capital movements
Störfall *m*
(IndE) radioactive leak
(ie, in a nuclear reactor)
Störgröße *f*
(Stat) random disturbance (*or* perturbation)
(EDV) perturbance variable

stornieren
(com) to cancel *(eg, an order)*
(ReW) to reverse an entry
Stornierung *f* (ReW) reversal
Stornierung *f* **e–s Auftrages** (com) cancellation of an order
Storno *m/n* (ReW) reversal
Stornobuchung *f*
(ReW) reversing entry *(syn, Rückbuchung)*
Stornogewinn *m* (Vers) lapse (*or* withdrawal) profit
Stornoklausel *f* (Vers) lapse provision
Storno *m* **mit höherer als der zeitanteiligen Prämie** (Vers) short-rate cancellation
Storno *m* **mit zeitanteiliger Prämie** (Vers) prorata cancellation
Stornorecht *n* (Fin) right *(of bank)* to cancel credit entry
Storno *m* **vor Ablauf** (Vers) flat cancellation
Störsicherheit *f* (IndE) reliability
Störterm *m* (Stat) = Störvariable
Störung *f*
(com) breakdown
– disturbance
– failure
– fault
– malfunction
– trouble
– dislocation *(ie, of air traffic)*
(EDV) bug
Störungsaufzeichnung *f* (EDV) failure logging
störungsbedingte Brachzeit *f* (IndE) machine downtime
Störungsbericht *m* (IndE) failure report
Störungsbeseitigung *m*
(IndE) correction of faults
– troubleshooting *(ie, find and correct errors and faults)*
störungsfreies Wachstum *n*
(Vw) undisturbed growth
– disturbance-free growth
Störungsrate *f* (OR) rate of failure
Störungsstelle *f*
(com) telephone repair department
– (GB) faults and service difficulties
Störungssuche *f*
(IndE) trouble-shooting
– troubleshoot
– fault locating
Störungszeit *f* (EDV) downtime
Störvariable *f*
(Stat) random disturbance (*or* perturbation)
– disturbance
– disturbance variable
– shock
strafbare Handlung *f* (Re) criminal offense
strafbarer Eigennutz *m* (Re) punishable self-interest, §§ 284 ff StGB
Strafe *f* **verwirken** (Re) to incur a penalty
straffe Geldpolitik *f* (Vw) tight monetary policy
straffen
(Bw) to streamline *(eg, an organization)*
– (infml) to take up the slack
straffe Unternehmensleitung *f* (Bw, infml) hands-on management
straff führen (Bw, infml) to run a „tight ship"
Straffung *f* (Bw) streamlining *(eg, of operations sequence)*
Strafgesetzbuch *n* (Re) German Penal Code
Strafrecht *n* (Re) criminal law
strafrechtliche Handlung *f* (Re) criminal offense
Strafrichter *m*
(Re) criminal court judge
– (GB) recorder
Strafsteuer *f*
(StR) penalty tax
– tax penalty
Straftat *f* (Re) criminal offence
Straftatbestand *m* (Re) criminal offense
Strafverfahren *n* (Re) criminal proceedings
Strafverfolgung *f* (Re) criminal prosecution
Strafverteidiger *m*
(Re) counsel for the defense
– counsel at the criminal bar
Strafzinsen *mpl*
(Fin) penalty interest
– penalty rate
(ie, due to early withdrawal of deposits)
Strafzins *m* **für Rückzahlung vor Fälligkeit** (Fin) repayment with penalty
Strahl *m* (Math) ray
Strahlenverfolgung *f*
(EDV) ray tracing
(ie, Berechnungsmodell zur Erzeugung realistischer Graphiken; method of creating photorealistic graphics by correctly showing shadows and light effects)
Strammheit *f* **der Korrelation** (Stat) closeness of correlation
Strandung *f* **mit Bergung** (SeeV) stranding and salvage
Strangbaum *m* (EDV) threaded tree
Straßburger Patentübereinkommen *n* (Pat) Convention on the Unification of Certain Points of Substantive Law on Patent for Invention
Straßenanliegerbeitrag *m* (FiW) frontage assessment
Straßenbenutzungsgebühr *f*
(FiW) road-use tax
(EG) road-user fee
Straßenfahrzeug *n* (com) road motor vehicle
Straßenfahrzeugbau *m* (com) road vehicle construction
Straßenfertigung *f*
(IndE) line production *(syn, Linienfertigung)*
Straßengütertransport (com) road freight traffic
Straßengüterverkehr *m* (com) road haulage
Straßengüterverkehrsteuer *f*
(StR) road haulage tax *(ie, levied in Germany between 1968 and 1972)*
Straßenhandel *m* (com) street marketing
Straßenverkehr *m* (com) road traffic
Straßenverkehrsgesetz *n* (Re) Road Traffic Law
Straße-Schiene-Verbund *m* (com) road-rail link
Straße-Schiene-Verkehr *m*
(com) surface (*or* ground) transportation *(ie, trucking and rail)*
Strategie *f* (Bw) (corporate) strategy
Strategie *f* **ändern** (Bw) to change (*or* rejig) corporate strategy

Strategie *f* **der externen Flexibilität** (Bw) external flexibility strategy
Strategie *f* **der niedrigen Preise** (Mk) low-price strategy
Strategie *f* **einschlagen** (Bw) to embark on a strategy
strategische Anfälligkeit *f* (Bw) strategic vulnerability
strategische Frühaufklärung *f*
(Bw) environmental . . . assessment/forecasting/scanning
– before fact approach (I. Ansoff)
(ie, antizipative Suche nach schwachen Signalen)
strategische Planung *f* (Bw) strategic planning
strategischer Geschäftsbereich *m* (Bw) strategic business area
strategisches Geschäftsfeld *n*, **SGF** (Bw) = strategischer Geschäftsbereich
strategisches Management *n* (Bw) strategic management
strategisches Modell *n* (Bw) strategic model
strategische Unternehmensplanung *f* (Bw) strategic managerial planning
strategische Ziele *npl* (Bw) strategic (*or* long-run) goals
Strazze *f*
(ReW) daybook
– (GB) waste book *(ie, in which the transactions of the day are entered in the order of their occurrence; syn, Kladde, Vorbuch)*
Streamer *m*
(EDV) (cartridge) streamer *(syn, Magnetband-Kassettenlaufwerk, Bandstreamer)*
Streamer-Laufwerk *n* (EDV) streamer drive
strecken (Fin) to extend maturity date
Streckenfracht *f* (com) freightage charged for transportation between two railroad stations
Streckengeschäft *n*
(com) transfer orders
(ie, sale where seller agrees to ship the goods to buyer's destination at the latter's risk, § 447 BGB; basis of transaction may be sample, catalog, or indication of standard quality)
(com) drop shipment business
Streckenhandel *m* (com) = Streckengeschäft
Streckung *f*
(com) stretch-out
(eg, in the buildup of expenditures)
Streckungsdarlehen *n*
(Fin) credit granted to cover the discount deducted from a mortgage loan
(ie, which is paid out 100 percent; redemption of loan does not start until discount has been repaid)
streichen
(com) to cancel
– to cut
– to discontinue
(com) to strike off *(eg, somebody's name)*
– to delete *(eg, a topic from the agenda)*
Streifband *n* (com) postal wrapper
Streifbanddepot *n*
(Fin) individual deposit (of securities)
– individual securities account
– (US) segregation
(syn, Einzelverwahrung; opp, Sammelverwahrung)
Streifbandgebühr *f* (Fin) individual deposit fee
Streifbandverwahrung *f*
(Fin) jacket custody
(ie, Einzelverwahrung von Wertpapieren; opp, Girosammelverwahrung; cf, Wertpapiersammelbank)
Streifendiagramm *n* (Stat) band diagram
Streifenende *n* (EDV) trailing end
Streifenleser *m*
(EDV) paper tape reader
– strip reader
Streifensteuer *f* (StR) revenue strip tax
Streifen-Stichprobenverfahren *n* (Stat) zonal sampling
Streik *m* (Pw) strike *(ie, stoppage of work by a body of workers)*
Streik *m* **abbrechen** (Pw) to call off a strike
Streikabstimmung *f* (Pw) strike ballot
Streik *m* **abwenden** (Pw) to stave off (*or* avert) a strike
Streik *m* **aufheben** (Pw) to call off a strike
Streikaufruf *m* (Pw) union strike call
Streik *m* **aushalten**
(Pw) to ride a strike
(eg, newspaper publishers, Post Office)
Streik *m* **ausrufen** (Pw) to call a strike
Streikausschuß *m* (Pw) strike committee
Streikbeteiligung *f* (Pw) strike turnout
Streikbrecher *m*
(Pw) strikebreaker
– (sl) scab
– (sl) fink
– (GB, sl) blackleg
– (GB, sl) knob
streiken
(Pw) to strike
– to go on strike
Streikgeld *n* (Pw) strike pay
Streikkasse *f* (Pw) strike fund
Streikleitung *f* (Pw) strike leadership
streiklustig (Pw) strike prone
Streik *m* **organisieren** (Pw) to stage a strike
Streikposten *m* (Pw) picket
Streiktage *mpl*
(Stat) man-days of strike idleness
– lost workdays
– working time lost to strikes
Streikverbotsklausel *f* (Pw) no-strike clause
Streikversicherung *f* (Vers) employer strike insurance
Streikwaffe *f* (Pw) strike weapon
Streikwelle *f* (Pw) wave of strikes
streitende Parteien *fpl*
(Re) contending
– contesting
– litigant
– opposing . . . parties
– parties to a lawsuit
– litigants
Streitfrage *f* (com) contentious issue
Streitgegenstand *m* (Re) matter in controversy
streitiges Verfahren *n*
(Re) adversary proceedings

(ie, with both sides represented; judge is no more than the final decision maker between opposite sides; cf, System des Untersuchungsverfahrens = inquisitorial system)

Streitigkeiten *fpl*
(Re) disputes
(Re) contested matters
– disputed questions

Streitigkeiten *fpl* **austragen** (Re) to settle disputes

Streitigkeiten *fpl* **beilegen** (Re) to dissolve disputes

Streitigkeiten *fpl* **schüren** (Re) to stoke up a controversy

Streitigkeiten *fpl* **vortragen** (Re) to refer disputes (to)

Streitpatent *n* (Pat) litigious patent

Streitsache *f*
(Re) matter in controversy
– matter in dispute
– matter in issue
– subject-matter

Streitwert *m*
(Re) amount/sum in . . . controversy/dispute/litigation
– amount involved
– jurisdictional amount
– value of property in litigation

strenge Auslegung *f* (Re) strict interpretation

strenge Bestimmungen *fpl* (Re) stringent provisions

strenge Beweisregeln *fpl* (Re) rigorous (procedural and) evidentiary standards

strenge Devisenbestimmungen *fpl* (AuW) stiff exchange regulations

strenge Disjunktion *f* (Log) exclusive disjunction

Strenge *f* **e–s Tests** (Stat) strength of a test

strenge Implikation *f*
(Log) strict implication *(ie, developed by C. I. Lewis in 1918; example: If A then B is true only when B is deducible from A; opp, materiale Implikation, qv)*

strenge Normen *fpl* (IndE) tough standards

strenge Objektivität *f* (Log) rigorous objectivity

strenger Begriff *m* (com) closely/strictly . . . defined concept

strengster Test *m* (Stat) most stringent test

streng vertraulich
(com) strictly confidential
– in strict confidence

Streubesitz *m*
(Fin) portfolio investment
(ie, including stock interest held by individuals)

Streubreite *f*
(Fin) spread *(eg, of interest rates)*
(Mk) coverage

Streudiagramm *n* (Stat) = Streuungsdiagramm

streuen
(Stat) to scatter
(Fin) to spread
– to diversify

Streugrenzen *fpl* (Stat) limits of variation

Streuung *f*
(Stat) dispersion
– scatter *(ie, usually measured by ‚mean deviation', ‚standard deviation', etc.)*

Streuung *f* **der Aktien** (Fin) distribution of shares

Streuung *f* **der Anlagepalette** (Fin) diversification of investments

Streuungsdiagramm *n*
(Stat) scatter . . . diagram/chart
(ie, plot of the pairs of values of two variates in rectangular coordinates)

Streuungskoeffizient *m*
(Stat) coefficient of variation *(syn, Variationskoeffizient)*

Streuungs-Kovarianz-Matrix *f* (Stat) matrix of variances and covariances

Streuungsmaß *n*
(Stat) measure of dispersion
(ie, Typen sind:
1. Spannweite = range;
2. mittlere absolute Abweichung = mean absolute deviation, MAD;
3. Varianz = variance;
4. Standardabweichung = standard deviation;
5. Variationskoeffizient = coefficient of variation; syn, Streuungsparameter, Variabilitätsmaß, Variationsmaß)

Streuungsmatrix *f* (Stat) dispersion matrix

Streuungsparameter *m*
(Stat) parameter of dispersion
(eg, Varianz und Standardabweichung)

Streuungsverhältnis *n* (Stat) variance ratio

Streuung *f* **von Anlagen** (Fin) spreading of investments

Streuwerbung *f* (Mk) nonselective advertising

STRG-Taste *f* (EDV) CTRL key

Strichcode *m*
(com) bar code
(eg, EAN, Universal Product Code; syn, Barcode, Balkencode)

Strichcode-Kennzeichnung *f* (com) bar code marking

Strichcodeleser *m* (com) bar code scanner

strichcodierte Artikelnummer *f* (com) bar coded identification number

strichcodierter Artikel *m* (com) bar-marked (*or* bar-coded) product item

strichcodiertes Erzeugnis *n* (com) bar coded article

Strichcodierung *f*
(com) EAN bar coding
– bar code marking *(ie, system of product identification)*

Strichelverfahren *n* (Stat) tally-sheet method

Strichkarte *f* (EDV) mark sense card

Strichliste *f* (Stat) tally sheet

Strichmarkierung *f* (com) bar mark

Strichmarkierungsfeld *n* (EDV) mark field

Strichstärke *f* (EDV) stroke width

strikte Implikation *f*
(Log) strict implication
(ie, „If A then B" is true only when B is deducible from A; syn, strenge Implikation; opp, material implication)

Stripping *n* (Fin) stripping *(eg, Trennung von Kapital- und Zinsansprüchen)*

strittige Angelegenheit *f* (Re) subject in dispute

strittige Forderung *f* (Fin) disputed receivable

strittiger Fall *m* (Re) case (*or* matter) in dispute

strittige Verlustzeit *f* (EDV) debatable time
Strohmann *m*
(com) dummy
– straw man
– man of straw
– prête-nom
Strohmann-Aktienbeteiligung *f* (Fin) nominee shareholding
Stromabschaltung *f* (IndE) power cut
Stromausfall *m* (IndE) power failure
Strombedingungen *fpl* (Vw) flow conditions
stromgesteuerte Logik (EDV) current-mode logic
Stromgröße *f*
(Vw) flow
– flow variable
– rate of flow
Stromkreis *m* (EDV) electric circuit
Stromlaufplan *m* (EDV) circuit (*or* wiring) diagram
Strompreis *m* (com) power rate
Stromrechnung *f*
(com) electricity bill
(VGR) statement of flows (*or* flow variables)
Stromtarif *m* (com) = Strompreis
Strömungsgleichgewicht *n* (Vw) shifting equilibrium
Strömungsgröße *f* (Vw) = Stromgröße
Strömungslinien *fpl* (Math) flow lines
Stromverbrauch *m* (EDV) current drain
Stromversorgung *f*
(com) electricity supply
– power supply
Strom *m* **von Nutzungen** (Vw) flow of services
Struktogramm *n* (EDV) Nassi-Shneiderman diagram
Strukturanalyse *f* (Vw) structural analysis
Strukturanpassung *f*
(com) structual adjustment
– adjustment to meet fundamental changes
Strukturanpassungsdruck *m*
(Vw) structural shift
(ie, Inflationsursache in der nichtmonetären Inflationstheorie: geht auf zu geringe Lohn- und Preisflexibilität in e–r wachsenden offenen Wirtschaft zurück)
Strukturbereinigung *f* (Bw) restructuring *(eg, of an enterprise)*
Struktur *f* **der Weisungsbeziehungen** (Bw) lines of authority
Strukturdimension *f* (Bw) structural aspect (*or* dimension)
strukturelle Anpassung *f* (Vw) structural adaptation
strukturelle Arbeitslosigkeit *f*
(Vw) structural unemployment
(ie, loss of jobs resulting from changes in the economic environment, such as consumer tastes, level of technology, population growth, government policies)
strukturelle Budgetgrenze *f* (FiW) structural budget margin
strukturelle Fehlanpassung *f* (Vw) structural maladjustment
strukturelle Indikatoren *mpl* (Vw) structural indicators
strukturelle Inflation *f* (Vw) structural inflation
strukturelle Integration *f* (Vw) structural integration
strukturelle Investitionen *fpl* (Vw) structural investment
strukturelle Konstante *f* (Math) structural constant
struktureller Freiheitsgrad *m* (Bw) structural degree of freedom
strukturelles Defizit *n* (FiW) structural/built-in . . . deficit
strukturelles finanzielles Gleichgewicht *n* (Fin) structural financial equilibrium
strukturelles Problem *n* (Bw) structural issue (*or* problem)
strukturelles Ungleichgewicht *n* (Vw) structural imbalance
strukturelle Überschüsse *mpl* (EG) structural surpluses *(eg, in farming)*
Strukturfonds *m* (EG) structural fond
Strukturförderung *f* (FiW) structural assistance measures
Strukturgleichung *f* (Math) structural equation
Strukturhilfe *f* (FiW) state restructuring aid
Strukturhilfegesetz *n* (Re) Law Ruling on the Improvement of Regional Economic Structure (passed in 1969)
strukturierte Adresse *f*
(EDV) compound address *(syn, zusammengesetzte Adresse)*
strukturierte Aufgabe *f* (Pw) structured task
strukturierte Bilddatei *f*
(EDV) structured display *(ie, in Computergrafik)*
strukturierte Datei *f* (EDV) structured file
strukturierte Daten *pl* (EDV) structured data
strukturierte Eingabe *f* (EDV) structured input
strukturierte Programmierung *f* (EDV) structured programming
Strukturierung *f* **von Arbeitsaufgaben** (Pw) job design
Strukturkoeffizient *m* (Stat) structural coefficient
Strukturkonzept *n* (Bw) structual plan (*or* scheme)
Strukturkrisenkartell *n* (Kart) structural-crisis cartel
Strukturliste *f* (EDV) structure list
Strukturmerkmal *n* (Bw) structural feature
strukturmodellgestützte Prognosemethode *f*
(Bw) structural (forecasting) model *(ie, dient der kompakten Abbildung komplexer Systeme)*
Strukturparameter *m* (Stat) structural parameter
Strukturpolitik *f*
(Vw) structural policy
– adjustment policy
– (GB) development area policy
Strukturprogramm *n*
(Vw) program for improving economic structures
– strucutural program
strukturschwach (Vw) structurally weak
Strukturspeicher *m*
(EDV) non-erasable storage
(syn, Dauerspeicher)
Strukturstückliste *f*
(IndE) structured/indent . . . bill of materials *(ie, used in CIM)*
Strukturvariable *f* (Stat) structural variable

Strukturverbesserung *f* (Vw) structural improvement
Strukturvorteil *m* (Bw) structural advantage
Strukturwandel *m* (Bw) structural change
Strukturzuschüsse *mpl* (EG) structural grants
Stückaktie *f* (Fin) individual share certificate
Stückdepot *n*
(Fin) deposit of fungible securities
(ie, German term replaced by ‚Aberdepot')
Stückdividende *f* (Fin) dividend per share
Stücke *npl*
(Fin) securities
– denominations
Stückekonto *n* (Fin) = Stückedepot
stückeln (Fin) to denominate
stückelose Anleihe *f* (Fin) no-certificate loan
stückelose Lieferung *f* (Fin) delivery of securities with no transfer of certificates
stückeloser Verkehr *m* (Bö) trading in securities with no transfer of certificates
Stückelung *f*
(Fin) denomination
(ie, standard of value, esp. of banknotes, stocks, and bonds)
Stückemangel *m* (Fin) shortage of offerings
Stücke *npl* **per Erscheinen** (Fin) negotiable after rceipt of certificate
Stückerfolg *m* (ReW) unit profit (*or* loss)
Stückeverzeichnis *n* (Fin) schedule of deposited securities
Stückezuteilung *f* (Fin) allotment of securities
Stückgebühr *f* (Fin) charge per item
Stückgeld *n*
(Vw) notes and coin *(ie, term now obsolete)*
Stückgeldakkord *n*
(Pw) money piece rate *(opp, Stückzeitakkord)*
Stückgewinn *m* (KoR) profit per unit
Stückgut *n*
(com) general/mixed . . . – less-than-cargo lot, l. c. l. *(opp, Waggonladung)*
Stückgutfracht *f*
(com) breakbulk cargo
(ie, miscellaneous goods packed in boxes, bales, crates, bags, cartons, barrels, or drums)
(com) less than container load, LCL
(com) general cargo
– package freight
– freighting by the case
– LCL (less than carload) freight
Stückguttarif *m* (com) LCL rates
Stückgutversand *m* (com) shipment as LCL lot
Stückgutvertrag *m*
(com) bill of lading contract *(ie, in ocean shipping)*
Stückkalkulation *f* (KoR) product costing
Stückkauf *m*
(Re) sale of ascertained (*or* specific) goods *(syn, Spezieskauf; opp, Gattungskauf)*
Stückkosten *pl*
(KoR) unit cost
– per unit cost
– cost per unit of output (*or* volume)
Stückkostenkalkulation *f* (KoR) product costing
Stückkosten *pl* **kalkulieren** (KoR) to build up product cost
Stückkostennachteile *mpl* (Bw) disadvantages of higher cost units
Stückkostenrechnung *f* (KoR) unit costing
Stückkurs *m*
(Bö) unit quotation
– quotation per share
(syn, Stücknotierung; opp, Prozentkurs)
Stückliste *f*
(MaW) bill of materials
(IndE) master bill of materials
– parts list
(ie, für die Materialdispositionen werden folgende fertigungsbezogene Stücklisten benötigt: Mengenübersichtsstücklisten, Strukturstücklisten, Baukastenstücklisten, qv; in anderen Industriezweigen werden sie bezeichnet als:
1. Rezeptur (chemische Industrie);
2. Materialliste (Bauwirtschaft);
3. Gattierliste (Stahlindustrie);
4. Holzliste (holzverarbeitende Industrie))
Stücklistenauflösung *f*
(IndE) bill (of materials) explosion
– parts explosion
Stücklistenbaum *m* (IndE) bill of materials tree
Stücklistengenerator *m* (EDV) bill of materials processor
Stücklistenprozessor *m* (IndE) bill of material processor
Stücklistenspeicher *m* (EDV) parts list storage
Stücklistenstruktur *f* (IndE) bill of materials structure
Stücklizenz *f* (Pat) per unit royalty
Stücklohn *m*
(IndE) payment by piece rates
– wage on piecework basis
Stücklohnfaktor *m* (IndE) basic piece rate
Stücklohnsatz *m* (IndE) piece rate
Stücklohnverfahren *n* (IndE) differential piece rate system
Stück *n* **mit kritischem Fehler** (IndE) critical defective
Stücknotierung *f* (Bö) unit quotation *(ie, Notierung in Stück pro Aktie statt in %; im Ausland Regelnotierung; syn, Stücknotiz, Stückkurs)*
Stücknummer *f*
(Fin) share certificate number
(Fin) bond certificate number
Stückpreis *m* (com) unit price
Stückrechnung *f* (KoR) product costing
Stückschuld *f*
(Re) specific (*or* specifically defined) obligation
(syn, Speziesschuld; opp, Gattungsschuld)
Stückspanne *f* (Mk) item-related profit margin *(ie, difference between purchase and sales prices of a single article)*
Stückwerktechnik *f* (Log) piecemeal engineering *(cf, K. Popper)*
Stückwertaktie *f* (Bö) share quoted per unit
Stückzeit *f*
(IndE) job time
– time required per unit of output
– unit run time
Stückzeitakkord *m*
(Pw) time-based piece rate
(opp, Stückgeldakkord)

Stückzinsen *mpl*
(Fin) accrued interest
(ie, Zinsen vom letzten eingelösten Kupon bis zum Tag der Veräußerung Festverzinslicher; werden dem Kaufpreis zugeschlagen; earned but not yet due; accrues on notes, fixed-interest bonds and debentures; syn, aufgelaufene Zinsen)
Stückzinsenberechnung *f* (Fin) calculation of accrued interest
Stückzoll *m* (Zo) duty per article
Student-Verteilung *f* (Stat) Student distribution
studieren
(com) to study
– to examine carefully
(Pw) to study for
– (GB) to read for a university degree
Stufe *f* (EDV, Cobol) level
Stufenbezeichnung *f* (EDV, Cobol) level indicator
Stufen *fpl* **der Unternehmensführung**
(Bw) levels of management *(ie, top, middle, lower)*
Stufendurchschnittssatztarif *m* (FiW) = Stufentarif
Stufenflexibilität *f*
(AuW) managed flexibility *(ie, of foreign exchange rates)*
– moving parity
– moving peg
Stufenform-Plotter *m* (EDV) incremental plotter
Stufengründung *f*
(Re) formation of an AG by incorporators and subscribers
(ie, not permissible under German Stock Corporation law; syn, Sukzessivgründung, Zeichnungsgründung)
Stufenkalkulation *f* (KoR) = mehrstufige Divisionskalkulation
Stufenleiterverfahren *n* (KoR) step-by-step approximation procedure
stufenlos regelbar (IndE) infinitely variable
Stufenplan *m* (EG) plan by stages
Stufenpreise *mpl* (com) staggered prices
Stufenproduktion *f* (IndE) stepwise adjustment of volume output to seasonal sales variations
Stufenrabatt *m* (com) chain discount
Stufentarif *m*
(FiW) graduated scale of taxes *(syn, Stufendurchschnittssatztarif)*
Stufenverfahren *n* (IndE) = Stufenwertzahlverfahren
stufenweise Einführung *f* (Mk) rollout marketing *(e–s Produkts)*
stufenweise Fixkostendeckungsrechnung *f* (KoR) multi-stage fixed-cost accounting
stufenweise Planung *f* (Bw) level-by-level planning
stufenweise Verwirklichung *f*
(Bw) attainment
– achievement
– implementation
– realization . . . by stages
Stufenwertzahlverfahren *n* (IndE) points rating method (*or* evaluation)
stümperhafte Arbeit *f* (Pw, GB) prentice piece of work
stumpfer Winkel *m* (Math) obtuse angle
stunden
(Fin) to allow delayed debt repayment
– to defer
– to grant a respite
Stundenlohn *m*
(Pw) hourly rate of pay
– compensation per hour worked
Stundensatz *m*
(Pw) hourly/labor . . . rate
(ie, in money per time period)
Stundenverdienst *m* (Pw) = Stundenlohn
Stundung *f*
(Re) respite
(ie, agreement between debtor and creditor fixing time or delay for payment, § 509 BGB; cf, aber pactum de non petendo)
(Fin) deferral/prolongation . . . repayment
(StR) extension of time for payment, § 222 AO
Stundung *f* **des Kaufpreises**
(com) respite
(ie, delay in the payment of purchase price)
Stundung *f* **gewähren**
(com) to grant delay in payment
– to grant a respite
Stundungsantrag *m* (Fin) request for deferring debt repayment
Stundungsfrist *f* (com) period of deferral (*or* prolongation)
Stundungsgesuch *n*
(Fin) application for a respite
– request for an extension of time
Stundungszinsen *mpl* (StR) interest on delinquent taxes, § 234 AO
Stundung *f* **von Forderungen** (Fin) prolongation of debts
stürmisches Wachstum *n* (Bw) expansion head-on
Sturmschädenversicherung *f* (Vers) storm and tempest insurance
Sturmscher Satz *m*
(Math) Sturm's theorem
(ie, gives a method to determine the number of real roots of a polynomial p(x) which lie between two given values of x; the Sturm sequence of p(x) provides the necessary information; cf, Cartesische Zeichenregel)
Stuttgarter Verfahren *n*
(StR) Stuttgart method
(ie, of computing the fair value of unlisted securities and membership rights, based on net worth and earning capacity; Methode zur Ermittlung des gemeinen Werts von nicht an der Börse notierten Anteilen an Kapitalgesellschaften; Abschn. 76 ff VStR 1977)
Stützkurs *m* (Bö) supported price
Stützpreis *m* (com) supported price
Stützpunkt *m*
(Math) extreme point
(EDV) restart point
Stutzung *f*
(Stat) truncation *(ie, truncated distribution)*
Stützung *f* **des Wechselkurses** (AuW) pegging of exchange rate
Stützungsaktionen *fpl* (Vw) support action (*or* measures)

Stützungsfonds *m*
(Fin) deposit guaranty fund *(ie, set up by the German Giro associations)*
(Fin, infml) prop-up fund
Stützungskäufe *mpl*
(Fin) support . . . buying/operations
(Bö) backing
Stützungskonsortium *n* (Fin) backing/support . . . syndicate
Stützungskredit *m*
(Fin) emergency credit
– stand-by credit
Stützungslinie *f*
(Fin) backup line *(ie, Verfügbarkeitszusage e–r Bank)*
Stützungsniveau *n* (EG) support level
Stützungspreis *m*
(Vw) support price *(ie, a government administered price)*
Stützungssystem *n* (EG) Community support system
Stützungsverpflichtungen *fpl* (Fin) support commitments
Stützung *f* **von Währungen** (AuW) monetary support
Subdatei *f* (EDV) subfile
subjektiv ausgewählte Stichprobe *f* (Stat) judgment sample
subjektive Bedürfnisbefriedigung *f* (Vw) subjective satisfaction
subjektive Klagenhäufung *f* (Re) = Klägerhäufung
subjektiver Wert *m* (ReW) subjective value
subjektives Recht *n*
(Re) legal right
(opp, objektives Recht, qv)
subjektives Risiko *n* (Vers) subjective risk
subjektive Unmöglichkeit *f*
(Re) inability to perform *(syn, Unvermögen)*
subjektive Wahrscheinlichkeit *f*
(Stat) expectancy
– subjective/personal . . .
subjektive Werttheorie *f* (Vw) subjective theory of value
Subjektsteuern *fpl* (FiW) = Personensteuern
Subjunktion *f*
(Log) material implication
– logical conditional
subjunktiver Konditionalsatz *m*
(Log) contrary-to-fact conditional
– counterfactual
– counterfactual conditional
– subjunctive proposition
subkonträre Aussage *f* (Log) subcontrary proposition
subkonträrer Gegensatz *m*
(Log) inclusive disjunction *(ie, in traditional logic)*
subkritischer Weg *m* (OR) subcritical path
Subliminalwerbung *f* (Mk) subliminal advertising
Submission *f*
(com) invitation to bid (*or* tender)
– requests for bids
(ie, published notice that competitive bids are requested; syn, Ausschreibung)

Submissionsangebot *n*
(com) bid
– tender
Submissionsbedingungen *fpl* (com) tender terms
Submissionsbewerber *m*
(com) bidder
– tenderer
Submissionsgarantie *f*
(com) tender guaranty
– bid bond
Submissionskartell *n* (Kart) bidding cartel
Submissionspreis *m* (com) contract price
Submissionsschluß *m* (com) bid closing date
Submissionstermin *m* (com) opening date
Submissionsverfahren *n*
(com) tender procedure
– competitive bidding procedure
(Fin) public tender
Submissionsvergabe *f* (com) award of contract
Submissionsvertrag *m* (com) tender agreement
Submittent *m*
(com) bidder
– tenderer
suboptimieren (OR) to suboptimize
Subordinationskonzern *m* (Bw) group of subordinated affiliates
Subordinationsquote *f*
(Bw) span of control
– span of command
– span of management
– span of supervision
– span of responsibility
– chain of command
Subrogation *f* (Re) subrogation
subsidiäre Haftung *f* (Re) secondary liability
subsidiär haften (Re) secondarily liable
Subsidiarität *f*
(Re) subsidiarity
(ie, Nachrangigkeit der Geltung; subsidiäre Rechtsnorm kommt nur zur Anwendung, wenn kein vorrangiger Rechtssatz vorhanden ist)
Subsidiaritätsprinzip *n* (Re) principle of subsidiarity
Subsistenzminimum *n* (Vw) subsistence level
Subsistenzwirtschaft *f*
(Vw) subsistence economy
(ie, nicht-monetarisierte Volkswirtschaft, deren Mitglieder alle lebensnotwendigen Güter selbst herstellen)
Subskribent *m* (com) subscriber (to)
subskribieren (com) to subscribe
Subskript *n* (Math) subscript
Subskription *f*
(com) subscription
(ie, Verkaufsmethode im Verlagsrecht)
(Fin) subscription to new securities issue
(IWF) subscriptions
(ie, capital contributions)
Subskriptionsnachlaß *m*
(com) pre-publication discount *(ie, off the normal price of a book)*
Subskriptionspreis *m* (com) prepublication price *(ie, of books)*
substantielle Abnutzung *f*
(ReW) physical wear and tear *(ie, of fixed assets)*

substantielle Kapitalerhaltung *f*
(Bw) maintenance (*or* preservation) of real-asset values
(ie, paper profits and losses being eliminated from results accounting; syn, Substanzerhaltung)
(Fin) maintenance of equity
(ReW) recovery of replacement cost *(ie, during service life)*
Substanz *f*
(com) substance
– (infml) beef
Substanzaushöhlung *f*
(Bw) erosion of assets in real terms
(ie, through inflation)
Substanzbesteuerung *f* (StR) taxation of property
Substanzbewertung *f*
(StR) net assets valuation
(eg, Einheitswert, Ertragswert, gemeiner Wert, Teilwert)
Substanzerhaltung *f* (Bw, Fin) = substantielle Kapitalerhaltung
Substanzerhaltungsrechnung *f* (ReW) inflation accounting
Substanzerhaltungsrücklage *f* (ReW) inflation reserve
Substanzsteuern *fpl* (FiW) taxes on non-income values
Substanzverlust *m* (Bw) asset erosion
Substanzverringerung *f* (ReW) depletion
Substanzverzehr *m* (ReW) asset erosion
Substanzwert *m*
(Bw) net asset value
(ie, value of an enterprise as a whole: sum of all assets – all liabilities at current market values, but excluding goodwill; syn, Teilreproduktionswert)
(Fin) intrinsic value
Substanzzuwachs *m* (Bw) growth in asset volume
substituierbare Güter *npl* (Vw) substitutable goods
Substitut *m/n*
(com, *rare term for)* sub-representative
– sub-agent
(Vw) substitute good (*or* product)
substitutionale Produktionsfaktoren *mpl* (Vw) substitutional factors of production
substitutionale Produktionsfunktion *f* (Vw) substitutional production function
Substitutionseffekt *m*
(Vw) substitution effect *(ie, subcase of what is known as the Ricardo effect)*
Substitutionselastizität *f* (Vw) elasticity of (technical) substitution
Substitutionsgut *n* (Vw) substitute good (*or* product)
Substitutionskoeffizient *m* (Vw) substitution coefficient
Substitutionskonkurrenz *f* (Vw) competition of substitute goods
Substitutionskonto *n*
(IWF) substitution account *(ie, member countries may swap excess dollars for an IMF composite credit)*
Substitutionskosten *pl* (Vw) opportunity cost
Substitutionskostentheorie *f* (AuW) theory of substitution cost
Substitutionskredit *m*
(Fin) substitution credit *(ie, any form of credit which a bank grants on its own standing; eg, Avalkredit, Akzeptkredit)*
Substitutionskurve *f* (Vw) tradeoff curve
Substitutionslücke *f* (Vw) gap in the chain of substitution
Substitutionsrate *f* (Vw) rate of commodity substitution
Substitutionsstelle *f* (EDV) substitution bit
substitutive Ressource *f* (Vw) backstop resource *(cf, Backstop-Technologie)*
substitutives Gut *n* (Vw) substitute good (*or* product)
Subtraktionsmenge *f* (Math) difference set
Subtraktionsmethode *f*
(KoR) residual value costing
(ie, method of costing joint products = Kalkulation von Kuppelprodukten; syn, Restwert- od Restkostenrechnung)
Subtraktion *f* **von Matrizen** (Math) matrix subtraction
Subunternehmer *m*
(com) subcontractor
(ie, employed by prime contractor = Generalunternehmer)
Subunternehmervertrag *m* (com) subcontract
Subvention *f*
(Vw) subsidy
(ie, Transferzahlung an Unternehmung; Wort wird wegen der negativen Beurteilung von ‚Subvention' oft ersetzt durch: Unterstützung, Finanzhilfe, Beihilfe, Prämie, Zuwendung, Zuschuß u. a.)
(AuW) (export) bounty
Subventionen *fpl* **streichen** (Vw) to quash subsidies
Subventionen *fpl* **zusagen** (com) grant aid *v*
subventionieren (Vw) to subsidize
subventionierte Kreditfinanzierung *f* (Fin) subsidized credit financing
subventionierter Preis *m* (Vw) subsidized (*or* pegged) price
Subventionsabbau *m* (EG) reduction of subsidies
Subventionsbetrug *m* (Re) subsidy fraud, § 264 StGB
Subventionskonto *n* (IWF) Subsidy Account
Subventionskürzung *f* (EG) cut in subsidies
Subventionsprogramme *npl* (EG) aid programmes
Subventionsrecht *n* (Re) law relating to granting of subsidies
Suchargument *n* (EDV) search argument
Suchbedingung *f* (EDV) search condition
suchen
(EDV) to locate
– to search for
Suche *f* **nach Alternativen** (Bw) search for alternatives (*or* alternative policies)
Suchen-und-Ersetzen-Vorgang *m* (EDV) search and replace
Suchfeld *n* (EDV) look-in field
Suchfolge *f* (EDV) search string
Suchhilfe *f* (EDV) retrievability aid
Suchkriterium *n* (EDV) = Suchargument
Suchlauf *m* (EDV) lookup
Suchmaschine *f* (EDV) search engine

Suchmodus *m* (EDV) locate mode
Suchphase *f*
(Bw) phase of finding alternative solutions *(ie, in decision theory)*
Suchschleife *f* (EDV) search cycle
Suchschlüssel *m* (EDV) search key
Suchstatus *m* (EDV) search status
Suchtabelle *f* (EDV) search table
Suchverfahren *n* (EDV) search method
Suchvorgang *m* (EDV) search process
Suchweg (EDV) search path
Suchzeichen *n* (EDV) scan character
Suchzeit *f* (EDV) search (*or* seek) time
Suchzugriff *m* (EDV) search access
Suchzyklus *m*
(EDV) search cycle *(syn, Suchschleife)*
Suffix *m*
(Math) lower index
– subscript
Suggestivfrage *f* (Mk) leading (*or* loaded) question
Suggestivwerbung *f*
(Mk) suggestive advertising *(opp, informative Werbung)*
suggestiv wirkende Voraussage *f* (Log) self-fulfilling prophesy
Sukzession *f* (Re) legal succession = Rechtsnachfolge
sukzessiver Lagerzugang *m* (MaW) non-instantaneous receipt
Sukzessivgründung *f* (Re) = Stufengründung
Sukzessivlieferungsvertrag *m*
(Re) multiple delivery contract
– continuing sales contract
– open-end contract
– apportioned contract
(ie, extends over a longer period of time; syn, Bezugsvertrag)
Sukzessivplanung *f* (Bw) multi-stage planning
Summandenregister *n*
(EDV) addend register *(syn, Addendenregister)*
summarische Arbeitsbewertung *f* (IndE) nonanalytic job evaluation
summarische Beschau *f* (Zo) summary examination
summarisches Arbeitsbewertungsverfahren *n*
(IndE) factor comparison method
summarisches Verfahren *n* (Re) summary proceedings *(eg, Wechsel- und Urkundenprozesse)*
summarische Zollanmeldung *f* (Zo) summary customs declaration
summarische Zuschlagskalkulation *f*
(KoR) summary job order costing
(ie, entweder kumulatives od elektives Verfahren)
Summation *f* (Math) summation
Summationsindex *m* (Math) summation index
Summationszeichen *n* (Math) summation sign
Summe *f* **aller Teilmengen** (Math) space of the investigation
Summe *f* **der Abweichungsquadrate**
(Stat) deviance
– squariance
– sum of squares
Summe *f* **der Einkünfte beider Ehegatten** (StR) combined net income of the spouses, § 56 I 1 b EStDV
Summe *f* **der gesamten Umsätze**
(StR) total turnover, Abschn. 113 EStR
(ie, taxable and nontaxable income)
Summe *f* **der unendlichen Reihe** (Math) sum to infinity
Summe *f* **Eigen- und langfristiges Kapital** (Vers) total investable funds
Summe *f* **Einzelkosten**
(KoR) product cost *(opp, period cost)*
Summenaktie *f*
(Fin) share certificate issued for a fixed amount, § 6 AktG
(syn, Nennwertaktie; opp, Quotenaktie, which is not permissible in Germany)
Summenausfallhäufigkeit *f* (IndE) cumulative distribution function
Summenbilanz *f*
(ReW) statement of account transactions
(ie, listing of credit and debit sums of all accounts; syn, Umsatzbilanz, Probeabschluß)
Summenexzedent *m* (Vers) excess of line
Summenexzedentenrückversicherung *f*
(Vers) excess of line reinsurance
(ie, Anteil der RückVS ergibt sich aus dem den Selbstbehalt [retention] des ErstVS (Maximum) übersteigenden Betrag der Versicherungssumme (Summenexzedent) in Relation zur Gesamtversicherungssumme des Risikos; bes in den Sachversicherungszweigen, der Unfall- und Lebensversicherung)
Summenhäufigkeit *f* (Stat) cumulative frequency
Summenhäufigkeitspolygon *n* (Stat) cumulative polygon
Summenhäufigkeitsverteilung *f* (Stat) cumulative frequency distribution
Summenkarte *f*
(ReW) asset control account
(EDV) summary card
Summenkontrolle *f* (EDV) summation check
Summenkurve *f*
(Stat) cumulative curve
– ogive
Summenlinie *f* (Stat) cumulative frequency polygon
Summentabelle *f* (com) cumulative table
Summenversicherung *f*
(Vers) fixed sum insurance *(opp, Schadenversicherung)*
Summenverteilung *f* (Stat) cumulative distribution
Summenverwahrung *f*
(Fin) deposit of fungible securities
(ie, bank need only return paper of same description and quantity)
Summenvortragskonto *n* (ReW) balance of totals brought forward
Summenwahrscheinlichkeit *f* (Stat) cumulative probability
Summenzeichen *n* (EDV) sigma sign
Summenzuwachs *m* (Vers) reversionary bonus
summierbar (Math) summable
Summierung *f* (Math) summation
Superchip *m*
(EDV) superchip *(ie, megabit RAM, which stores more than 1 million bits of data in random access memory)*

Superdividende *f*
(Fin) superdividend
(Fin) surplus dividend
(syn, Überdividende)
Supergoldtranche *f* (IWF) super gold tranche
superiore Güter *npl* (Vw) superior goods
Superlativ-Werbung *f*
(Mk) puff advertising
(syn, übertreibende Werbung)
Supermarkt *m* (Mk) supermarket
Supermikro *n*
(EDV) supermicro
(ie, 32-bit processor)
Supermultiplikator *m* (Vw) supermultiplier
Superpositionssatz *m* (Math) linearity/superposition . . . theorem *(cf, Laplace-Transformation)*
Superprovision *f*
(com) overriding commission
(ie, paid to a general agent for the benefit of his subagents)
Supplementinvestition *f* (Fin) = Differenzinvestition
Supplementwinkel *m* (Math) supplementary angle
Supposition *f* (Log) supposition
supranationale Anleihe *f* (Fin) supranational bond *(eg, World Bank, ECSC, etc.)*
supranationale Gerichtsbarkeit *f*
(Re) supranational jurisdiction *(ie, beruht nicht auf nationalem Recht)*
Supremum *n* (Math) supremum
surrogate Produktionsfunktion *f* (Vw) as-if production function
Surrogatsteuer *f* (FiW) tax on a substitute product
Süßwarenindustrie *f* (com) sugar confectionery industry
sustentative Ausgaben *fpl* (FiW) stabilizing public expenditure
Swap *m*
(Fin) swap
(ie, heute zunehmend benutzt, um bereits bestehende Forderungen und Verbindlichkeiten umzustrukturieren; cf, Zinsswap, Währungsswap, integrierter Swap, Basisswap, Swap der 2. Generation)
(Bö) swap
(ie, selling one issue and buying another)
Swap-Abkommen *n* (AuW) swap arrangement
Swap-Abschluß *m* (AuW) swap transaction
Swap-Fazilitäten *fpl* (IWF) swap facilities
Swap-Finanzierung *f* (Fin) swap financing
Swapgeschäft *n*
(Fin) swap transaction (*or* operation)
(ie, Form des Devisentauschgeschäfts, bei dem ein Partner e–m anderen sofort Devisen zur Verfügung stellt (Kassageschäft) und gleichzeitig Rückkauf zu festem Termin und Kurs vereinbart wird (Termingeschäft); abgeschlossen zur Kurssicherung vor allem von Finanzkrediten)
Swapkarussell *n* (AuW) merry-go-round in central-bank-covered foreign exchange
Swapkonditionen *fpl* (AuW) swap terms
Swap-Partner *m* (Fin) swap counterparty
Swappen *n* (EDV) thrashing
Swapping
(EDV) swapping *(ie, Auslagerung von Segmenten auf die Festplatte)*
swapping
(EDV) Swapping *n (ie, Auslagerung von Segmenten auf die Festplatte)*
Swapsatz *m*
(AuW) swap rate
– forward margin
(ie, difference between forward and spot price)
Swap-Vereinbarung *f* (AuW) swap agreement between central banks
Swing *m*
(AuW) swing *(ie, reciprocal credit lines)*
Switch-Geschäft *n* (AuW) switch
Switch-Prämie *f* (AuW) switch premium
Syllogismus *m*
(Log) syllogism *(ie, deductive argument having two premises and a conclusion)*
Sylvesterputz *m* (ReW) window dressing
Symbol *n* (EDV) icon
Symbole *npl* **anordnen** (EDV) arrange icons *v*
symbolische Adresse *f*
(EDV) symbolic (*or* floating) address *(syn, Distanzadresse; opp, absolute Adresse)*
symbolische Codierung *f* (EDV) symbolic coding
symbolische Instruktion *f* (EDV) symbolic instruction
symbolische Programmiersprache *f* (EDV) symbolic language
symbolischer Befehl *m* (EDV) symbolic instruction
symbolischer Code *m* (EDV) symbolic code
Symbolleiste *f*
(EDV, GUI) toolbar *(ie, panel with icons; syn, Werkzeugleiste)*
symbolorientierte Oberfläche *f* (EDV) iconic interface
Symbolsprache *f* (EDV) symbolic programming language
Symmetrieachse *f* (Math) axis of symmetry
Symmetriebedingung *f* (Math) symmetry requirement
Symmetrietest *m*
(Stat) symmetry test *(ie, special type of nonparametric testing)*
symmetrische Determinante *f* (Math) symmetrical determinant
symmetrische Differenz *f* (Math) symmetric difference
symmetrische Matrix *f* (Math) symmetrical matrix
symmetrischer Fehler *m* (EDV) balanced error
symmetrische Verteilung *f* (Stat) symmetric distribution
symmetrisch-zweiseitiger Test *m* (Stat) equal-tails test
Sympathiestreik *m* (Pw) sympathetic (*or* sympathy) strike
synallagmatischer Schuldvertrag *m*
(Re) reciprocal (*or* synallagmatic) contract *(ie, bilateral agreement intending to create obligations on both sides)*
synchrone Arbeitsweise *f* (EDV) synchronous operation
synchroner Konjunkturindikator *m*
(Vw) coincident indicator *(syn, Präsensindikator, qv)*
Synchronisation *f* (Mk) dubbing

Synchronisierzeichen *n* (EDV) idle character
Synchronrechner *m* (EDV) synchronous computer
Synchronübertragung *f* (EDV) synchronous transmission
Synchronverfahren *n* (EDV) synchronous mode
Syndikat *n*
(Kart) centrally managed market sharing cartel, § 5 III GWB *(ie, independent legal existence, and joint purchasing or selling units)*
(Fin) syndicate
– consortium
Syndikatsvertrag *m* (Fin) consortium (*or* underwriting) agreement
Syndikus *m*
(Re) legal officer of a company
– staff lawyer
syndizierte Anleihe *f* (Fin) syndicated loan
syndizierte Bankfinanzierung *f* (Fin) syndicated bank financing
syndizierter Eurowährungskredit *m* (Fin) syndicated Eurocurrency loan
Syndizierung *f* (Fin) syndication
Synergieeffekt *m*
(Bw) synergy effect
(ie, Ergebnisänderungen aufgrund des Zusammenwirkens von bisher getrennten Objekten)
synkategorematisches Zeichen *n*
(Log) syncategorematic sign
(ie, any symbol that has no independent meaning and acquires its meaning only when joined to other symbols)
Syntaxprüfung *f* (EDV) syntax checking
synthetische Adresse *f* (EDV) synthetic (*or* generated) address
synthetische Anleihe *f* (Fin) synthetische Anleihe *f*
synthetischer Satz *m*
(Log) synthetic statement
(ie relating a subject concept with a predicate concept not included within the subject proper; opp, analytischer Satz)
SYN-Zeichen *n* (EDV) synchronous idle character, SYN
Systemabgang *m* (OR) system output
systemabhängig (IndE) EDV-Fertigungssteuerung *f*
Systemablaufdiagramm *n*
(EDV) (systems) flowchart
– data flowchart
Systemabsturz *m*
(EDV) system crash
– abnormal system end *(syn, Systemzusammenbruch)*
Systemanalyse *f*
(Bw) system analysis
– feasibility study
Systemanalytiker *m* (Bw) systems analyst
Systemanbieter *m* (com) systems seller
Systemanfrage *f* (EDV) prompt
Systemanfrage-Fenster *n* (EDV) prompt window
Systemansatz *m* (Bw) systems approach
systematische Auswahl *f* (Stat) systematic sampling
systematische Komponente *f*
(Stat) systematic component *(ie, in time series)*
systematischer Arbeitsplatzwechsel *m* (Pw) job rotation
systematischer Erhebungsfehler *m* (Stat) procedural bias
systematischer Fehler *m*
(Stat) systematic/cumulative . . . error
– inherent bias
(ie, Bezeichnung für den Nichtstichprobenfehler; difference between the expected value of the estimator and the true value of the parameter; occurs in estimating the value of a parameter of a probability distribution)
systematischer Fehler *m* **im Ansatz** (Stat) specification bias
systematisches Probieren *n* (Log) trial and error
systematische Stichprobe *f* (Stat) systematic sample
System *n* **aufgeschobener Prüfung**
(Pat) deferred examination system
(ie, adopted in Berne in 1968 and in Tokyo in 1978)
Systemaufruf *m* (EDV) supervisor call
Systemausbau *m* (EDV) system upgrading
Systemausfall *m* (EDV) system failure
Systemausgabeeinheit *f* (EDV) system output device (*or* unit)
Systemband *n* (EDV) system tape
Systembelastung *f* (EDV) system load
Systemberater *m* (EDV) system engineer
Systembeschreibung *f* (EDV) systems definition (*or* specification)
Systembetrieb *m* (EDV) system operation
Systembibliothek *f* (EDV) system library
Systemdateien *fpl*
(EDV) system files
(ie, files that belong to the operating system or are necessary for running the computer)
System *n* **der Ausgleichsfinanzierung** (IWF) facility on compensatory financing
System *n* **der erweiterten reellen Zahlen** (Math) extended real number system
System *n* **der Frachtparitäten** (com) basing-point system
System *n* **der freien Marktwirtschaft** (Vw) free enterprise system
System *n* **der obligatorischen bilateralen Konversion** (AuW) system of obligatory bilateral conversion
System *n* **der Zielzonen** (Vw) target zone system
System *n* **des gespaltenen Steuersatzes** (StR) double rate system
System *n* **des multilateralen Saldenausgleichs durch Reserveaktiva** (AuW) system of multilateral asset settlement
Systemebene *f* (EDV) system layer
Systemeingabeeinheit *f* (EDV) system input device (*or* unit)
Systemeingabeprogramm *n* (EDV) reader/interpreter
Systemeinrichtungen *fpl* (EDV) facilities
Systementwerfer *m*
(EDV) system designer *(ie, für die Aufgabenfelder Ist-Analyse, Beschreibung, Soll-Entwurf)*
Systementwickler *m*
(EDV) system developer
(ie, für Programmierung, Test und Implementierung)

Systementwicklung *f* (EDV) system development
Systementwurf *m* (EDV) system design
Systeme *npl* **vorbestimmter Zeiten** (IndE) systems of predetermined times *(eg, MTA, MTM, BMT)*
Systemfehler *m*
(EDV) system error *(opp, application error)*
System *n* **fester Wechselkurse** (AuW) system of fixed exchange rates
Systemforschung *f* (Bw) systems research
Systemführer *m*
(com) systems leader
(syn, Generalunternehmer)
Systemgenerierung *f*
(EDV) system generation
– sysgen
Systemgeschäft *n*
(Mk) system(s) selling
(ie, neben Produkt- und Anlagengeschäft Teil des Investitionsgütermarketing: Anlagengeschäft, das durch ein Softwarepaket ‚investiver Dienstleistungen' zu e–m kompletten Problemlösungssystem erweitert worden ist)
System *n* **gespaltener Wechselkurse**
(Fin) two-tier exchange rate system
– split currency systemy system *(ie, separate rates for commercial and official transactions; eg, the Belgian system of Handelsfranc and Finanzfranc)*
System *n* **gleitender Bandbreiten** (AuW) system of crawling (*or* sliding) pegs
System *n* **gleitender Wechselkurse** (AuW) system of floating exchange rates
Systemhaus *n* (EDV) computer retailer
Systeminstallation *f* (EDV) system setup
Systemkern *m*
(EDV) supervisor
– executive/master/supervisory . . . program
(ie, Funktionen: Lader, Prozeßsteuerung, Hauptspeicherverwaltung, I/O-Steuerung, Übergang von e–m Programm zum anderen, optimale Nutzung des Rechnerkerns und des Hauptspeichers)
Systemkonfiguration *f*
(EDV) hardware (*or* system) configuration *(syn, Anlagekonfiguration)*
Systemkonzept *n* (EDV) conceptual design
Systemlebensdauer *f* (EDV) system life cycle
System *n* **linearer Ungleichungen** (Math) system of linear inequalities
System-Menü *n*
(EDV, GUI) control menu
(EDV, GUI) system menu *(ie, menu that allows moving, sizing and closing of the active window; is part of the title bar, qv; syn, control menu)*
Systemmonitor *m* (EDV) performance monitor
System *n* **multipler Wechselkurse**
(AuW) multiple currency system
– multiple-rate system
System *n* **niederer Ordnung** (IndE) operating unit
Systemordner *m*
(EDV) system folder *(syn, Systemverzeichnis)*
System-Organisation *f* (Bw) system-oriented structure
Systempflege *f*
(EDV) program maintenance *(syn, Programmpflege)*
Systemplanung *f* (EDV) system . . . engineering/planning
Systemplatine *f* (EDV) system board
Systemplatte *f*
(EDV) system board *(syn, Systemplatine)*
Systemprogramm *n*
(EDV) system program
– operating system routine
Systemprogrammierer *m* (EDV) system programmer
System-Programmiersprache *f*
(com) system development language *(opp, Anwendungs-Programmiersprache)*
Systemprüfung *f* (EDV) system check
systemresident (EDV) system resident
Systemresidenz *f* (EDV) system residence
Systemschnittstelle *f* (EDV) system interface
Systemsoftware *f*
(EDV) system software *(opp, Anwendersoftware = application software)*
Systemspeicherauszug (EDV) system dump
Systemsteuerprogramm *n* (EDV) control program
Systemsteuersprache *f* (EDV) job control language, JCL
Systemsteuerung- *f* **und wartung** *f*
(EDV) housekeeping *(ie, general maintenance activities within a data processing facility)*
Systemstörungszeit *f* (EDV) system downtime
Systemtest *m* (EDV) system check
systemtheoretischer Ansatz *m* (Bw) systems approach
Systemtheorie *f*
(Bw) systems theory (*or* engineering *or* research)
– general systems theory
– system dynamics
System *n* **überlappender Gruppen** (Bw) overlapping group form of structure
Systemunterstützung *f* (EDV) system support
Systemverklemmung *f* (EDV) deadlock
Systemverzeichnis *n*
(EDV) root directory *(syn, Stammverzeichnis)*
(EDV) system folder *(syn, Systemordner)*
Systemwiederherstellung *f* (EDV) system recovery
Systemzugang *m* (OR) system input
Systemzusammenbruch *m*
(EDV) abnormal system end
– system crash *(syn, Systemabsturz)*
Systemzwänge *mpl* (Bw) structural constraints
SZR (IWF) = Sonderziehungsrechte
SZR-Korb *m* (IWF) SDR basket

T

Tabakbörse *f* (Bö) tobacco exchange
Tabakernte *f* (com) tobacco crop
Tabakerzeugnisse *npl* (com) tobacco products
Tabakgeschäft *n*
(com) tobacco store
– (GB) tobacconist
Tabakmonopol *n* (FiW) tobacco monopoly
Tabaksteuer *f* (StR) tobacco tax
tabakverarbeitende Industrie *f* (com) tobacco processing industry
Tabakwaren *fpl* (com) = Tabakerzeugnisse
tabellarisch
(Stat) tabular
– in tabular form
tabellarisch darstellen (Stat) to tabulate
tabellarische Darstellung *f*
(Stat) graph
– chart
(Stat) tabulation
tabellarischer Lebenslauf *m*
(Pw) personal data (*or* record sheet)
– resume
(ie, in place of a written-out curriculum vitae)
Tabelle *f*
(Stat, EDV) table
(Re) schedule of debts, § 164 KO
Tabelle *f* **aufstellen** (Stat) to compile a table
Tabellenausdruck *m* (EDV) tabular printout
Tabellenauszug *m* (Re) extract from schedule of debts, § 164 KO
Tabellenblatt *n* (EDV) work sheet
Tabellenbuchführung *f* (ReW) columnar form of accounting
Tabelleneintragung *f* (Stat) table entry
tabellengesteuert (EDV) table-controlled
Tabellenkalkulation *f*
(EDV) spreadsheet analysis
– spreadsheeting
Tabellenlesen *n* (EDV) table look-up
Tabellensuchprogramm *n* (EDV) table lookup program
Tabellenwerk *n* (Math) mathematical tables
Tabellenzeitwert *m* (IndE) synthetic time standard
tabellieren
(com) to tabulate
– to table
– to tab
(ie, arrange data into a table)
Tabelliermaschine *f* (EDV) tabulator
Tablett *n*
(EDV) tablet
– tables and stylus
(ie, in Computergrafik)
Tabulator *m* (EDV) tabulator
Tabulatoreinstellung *f* (EDV) tab stop setting
Tabulator *m* **setzen** (EDV) to set tab stops
Tabulatorspeicher *m* (EDV) tab memory
Tabulatorsprung *m* (EDV) tab
Tabulatorstopp *m* (EDV) tabulation stop
Tabulatorzeichen *n*
(EDV) tabulation character, TAB
– tab stops
(EDV) tab character
Tachograph *m*
(com) tachograph
– vehicle performance recorder *(syn, Fahrtschreiber)*
Tacker *m* (com) tacker
Tafeldifferenz *f* (Math) proportional part, p. p.
Tafelgeschäft *n*
(Fin) over-the-counter selling
(ie, Leistung und Gegenleistung Zug um Zug; zB Barzahlung od Aushändigung der Wertpapiere; simultaneous purchase and cash payment ‚at the counter'; syn, Schaltergeschäft)
Tafelglas *n*
(com) plate glass *(ie, flat high-quality glass)*
Tafelmethode *f* (Stat) table method
Tag *m* **der Lieferung** (com) date of delivery
Tag *m* **des Geschäftsabschlusses** (com) contract date
Tag *m* **des Inkrafttretens** (Re) effective/operative . . . date
Tagebau *m*
(IndE) strip mining
(ie, of coal and ore)
– (US) open-cut/open-pit . . . mining
– (GB) open-cast mining
(ie, of coal, lignite, and ore; Steinkohle, Braunkohle und Erz; opp, Untertagebau = underground mining)
Tagebuch *n*
(ReW) daybook
– journal
– blotter
– business diary
(syn, Grundbuch, Memorial, Journal, Primanota)
(com) daily journal *(ie, kept by a commercial broker, § 101 HGB)*
Tagebucheintragung *f* (ReW) journal entry
Tagegeld *n*
(com) daily allowance
– per diem allowance
– per diem
Tagegeldversicherung *f* (Vers) daily benefits insurance
Tagelöhner *m* (Pw) daily paid worker
Tagelohnsatz *m* (Pw) daywork rate
tagen (com) to hold a . . . meeting/conference
tagesaktuelles Geschäft *n*
(Bw) day-to-day business
– (infml) nuts and bolts operations
Tagesauftrag *m* (Bö) order valid today
Tagesauszug *m* (Fin) daily statement
Tagesbelastung *f* (IndE) day load
Tagesbericht *m* (com) daily report
Tagesdurchsatz *m* (IndE) daily throughput
Tageseinnahme *f* (com) = Tageskasse

Tagesendliste *f* (Fin) end of day report
Tagesendprotokoll *n* (Fin) end-of-day statement
Tagesförderung *f* (IndE) daily output
Tagesgeld *n*
(Fin, US) night money
– day-to-day money
– overnight money
(ie, Festgeld mit vereinbarter Laufzeit von e–m Tag: repayable within 24 hours)
(Fin, US) federal funds
– available
– cleared
– collected . . . funds
(ie, non-interest bearing deposits held by member banks at the Federal Reserve; standard unit of trading among the larger banks is $1 million or more; the straight one-day transaction is unsecured)
Tagesgeldmarkt *m*
(Fin) overnight money market
(Fin, US) federal funds market
– call money market
Tagesgeldsatz *m*
(Fin) overnight rate
(Fin, US) federal funds rate
(ie, currently pegged by the Federal Reserve through open-market operations; Schlüsselrate des Geldmarktes; meist als Alternative zu Libor angesehen)
– (banker's) call rate
Tagesgeld *n* **unter Banken** (Fin) interbank call money
Tagesgeschäft *n*
(Bö) day order
– today only order *(syn, Tageskauf)*
Tagesgeschäfte *npl* **führen**
(Bw) to handle the day-to-day operations
– (infml) to run the show day by day
– (infml) to run the show day by day
(eg, said of a managing director)
Tageshöchststand *m* (Bö) daily high
Tageskalkulation *f* (KoR) current cost calculation
Tageskapazität *f*
(IndE) capacity per day
– daily capacity
Tageskasse *f*
(com) daily cash receipts
– daily takings
Tageskauf *m* (Bö) = Tagesgeschäft
Tageskurs *m*
(ReW) current market price
(ie, am Bilanzstichtag ermittelter Börsenpreis)
(Fin) current/daily . . . rate of exchange
(Bö) daily quotation
– current (*or* going) price
(ie, Kurs des Ausführungstages)
Tagesleistung *f* (IndE) daily output
Tageslosung *f* (com) daily takings
Tagesnotierung *f* (Bö) daily quotation
Tagesordnung *f*
(com) agenda
– order of the day
– business to be transacted
Tagesordnung *f* **annehmen** (com) adopt the agenda *v*
Tagesordnungspunkt *m* (com) item on the agenda
Tagesordnung *f* **vorbereiten** (com) to prepare the agenda
Tagespreis *m* (com) current (*or* ruling) price
Tagespreisprinzip *n*
(com) current-price principle *(ie, of cooperatives)*
Tagesproduktion *f* (IndE) daily output
Tagessatz *m* (com) per diem rate
Tagesschwankungen *fpl* (com, Bö) intraday fluctuations
Tagesspesen *pl* (com) per-diem charges
Tagestiefststand *m* (Bö) daily low
Tagesumsatz *m*
(com) daily sales
– (GB) daily turnover
(Bö) daily (trading) volume
Tageswechsel *m* (Fin) = Tagwechsel
Tageswert *m*
(ReW) current (*or* market) value
(ie, identical with ‚gemeiner Wert' in tax law, § 9 BewG, and with ‚Zeitwert' in commercial law, § 40 HGB; syn, Marktwert)
tageweise Verzinsung *f*
(Fin) continuous compounding *(ie, on a daily basis)*
tagfertig
(ReW) updated *(eg, bookkeeping records)*
Tag-gleiche Abrechnung *f* (Bö) same day settlement
täglicher Kassenbericht *m* (ReW) daily cash report
tägliches Geld *n*
(Fin) call money
(ie, Kredit darf frühestens e–n Tag nach Vertragschluß gekündigt werden; Laufzeit also mindestens zwei Tage; cf, Tagesgeld)
täglich fällig (Fin) due at call (*or* on demand)
täglich fällige Einlagen *fpl*
(Fin) deposits payable on demand
– demand deposits
täglich fällige Forderungen *fpl* (Fin) immediately realizable claims *(eg, against the central bank)*
täglich fällige Gelder *npl* (Fin) deposits at call
täglich fällige Guthaben *npl*
(Fin) current accounts
– demand deposits
(ie, kept with commercial banks)
täglich fällige Verbindlichkeiten *fpl* (Fin) liabilities payable on demand
täglich kündbar (Fin) subject to call
täglich kündbare Kredite *mpl* **aufnehmen** (Fin) to borrow at call
Tagung *f*
(com) meeting
– conference
– (infml) get-together
Tagung *f* **abhalten** (com) to hold a meeting
Tagung *f* **einberufen** (com) to call a meeting
Tagungsbericht *m* (com) proceedings
Tagungsort *m* (com) meeting place
Tagungsteilnehmer *m* (com) participant in a meeting
Tagwechsel *m*
(Fin) bill payable at a specified date
(syn, Datumswechsel, Tageswechsel; opp, Sichtwechsel)

Takt *m*
(IndE) cycle
– timed sequence
(EDV) clock pulse
Taktabstand *m* (EDV) clock period
Taktfertigung *f* (IndE) cycle operations
Taktfolge *f* (EDV) clock rate
Taktfrequenz *f* (EDV) clock frequency
Taktgeber *m*
(EDV) clock
– clock generator
– internal clock
taktisch-dispositive Ziele *npl* (Bw) tactical (*or* short-run) goals
taktische Führung *f* (Bw) tactical execution
taktische Planung *f*
(Bw) tactical planning
(opp, strategische Planung = strategic planning; operative Planung = operative planning)
Taktleitung *f* (EDV) timing line
Taktoperation *f* (EDV) clock operation
Taktsignale *npl* (EDV) timing signals
Taktsteuerung *f*
(EDV) sequential control *(syn, Ablaufsteuerung, Programmsteuerung)*
Taktstraße *f* (IndE) transfer (*or* assembly) line
Taktzeit *f*
(IndE) cycle time
– machining time
– (GB) floor-to-floor time *(ie, Gesamtstückzeit, Zeit pro Stück)*
(EDV) cycle time
(ie, zwischen Impulsen des Taktgebers; syn, Zykluszeit, Prozessorzykluszeit)
Taktzyklus *m* (EDV) clock cycle
Tallymann *m* (com) tally clerk
Talon *m*
(Fin) renewal coupon
– coupon sheet
(syn, Erneuerungsschein, Leiste, Leistenschein)
Talsohle *f*
(Vw) bottom *(ie, of recession)*
– trough
– pit of slump
Talsohle *f* **verlassen**
(Vw) to bottom out *(ie, before rising again)*
TA Luft *f*
(Re) Technical Instructions for Air
(ie, Technische Anleitung zur Reinhaltung der Luft)
Tandembetrieb *m* (IndE) tandem operation
Tangente *f* (Math) tangent
Tangentenfläche *f* (Math) tangent surface of a space curve
Tangentenkurve *f* (Math) tangent curve
Tangentenlösung *f* (Vw) tangency solution
Tangentensatz *m*
(Math) tangent law
– law of tangents
Tangentialebene *f* (Math) tangent plane
Tangentialpunkt *m* (Math) point of tangency
Tanklager *n* (IndE) fuel depot (*or* store)
Tankstelle *f*
(com) filling station
– (infml) gas station
– (GB) petrol station
– (GB) pump
(Mk) gasoline retailer
– (GB) petrol retailer
Tante-Emma-Laden *m*
(com) mom-and-pop store
– „ma and pa“ corner store
Tantieme *f*
(Pw) management bonus
– profit-sharing bonus
(Pat) author's fee
– royalty
Tantiemesteuer *f* (StR) = Aufsichtsratsteuer
Tapetenindustrie *f* (com) wallpaper industry
Tara *f* (com) tare
(ie, weight of container or packaging material)
Tarif *m*
(com) scale of charges
(com) freight tariff (*or* rates) *(ie, in railroad and air traffic)*
(Pw) pay scale
(StR) tax scale
(Zo) customs tariff
(Vers) rate *(ie, cost of a given unit of insurance: premium is the rate × number of units purchased)*
Tarifabschluß *m*
(Pw) conclusion of a pay agreement
(Pw) wage . . . settlement
– pay/wage . . . deal
Tarifabschluß *m* **im öffentlichen Dienst** (Pw) pay settlement in the public service
Tarifabschluß *m* **in Höhe des Produktivitätszuwachses** (Pw) productivity deal
Tarifangestellter *m* (Pw) salaried employee covered by collective agreement system
tarifäre Handelshemmnisse *npl* (AuW) tariff barriers
tarifäre Zugeständnisse *npl* (AuW) tariff concessions
Tarifaufsicht *f* (Vers) insurance rate regulation
Tarifauseinandersetzung *f* (Pw) wage bargaining
Tarifausschuß *m*
(Pw) collective settlement committee
(ie, appointed by the Federal Minister of Labor; comprised of three members each of employee and employer umbrella organizations, § 5 Tarifvertragsgesetz)
Tarifautonomie *f*
(Pw, *roughly*) autonomous wage bargaining
– free collective bargaining
– mutual independence of employers and employees
(ie, „a sacred cow in Germany“: German labor law recognizes and protects the adversary role of management and unions, forbidding all interference with the bargaining process)
Tarifbelastung *f*
(StR) tariff rate load
– tax rate burden
(ie, corporate tax rate that applies to undistributed profits of a certain type; ranging from zero to 56%)
tarifbesteuerte Wertpapiere *npl*
(Fin) fully-taxed securities *(opp, steuerfreie od steuerbegünstigte Wertpapiere)*

Tarifbezirk *m*
(Pw) tariff area
(ie, wage negotiation occurs at Länder level)
Tariferhöhung *f* (Pw) increase of standard wage
Tariffähigkeit *f* (Pw) capacity to negotiate pay deals, § 2 Tarifvertragsgesetz
Tariffrachten *fpl* (com) tariff rates
Tariffreibetrag *m* (StR) general allowance, § 32 EStG
Tariffreiheit *f* (Pw) freedom of collective bargaining
Tarif *m* **für Verträge mit kurzer Laufzeit** (Vers) short rate
Tarifgebundenheit *f* (Pw) commitment to the rules of a collective agreement, § 3 Tarifvertragsgesetz
Tarifgestaltung *f* (StR) rate making (*or* setting)
Tarifgrundlohn *m* (Pw) total job rate
Tarifgruppe *f*
(StR) tax bracket
(Pw) wage group
Tarifhoheit *f*
(com) right to authorized railroad rates
(Pw) constitutional right to bargain collectively
– right to free collective bargaining
(ie, between management and labor, with no outside interference)
Tarifierung *f*
(Zo) tariff classification of goods
(Vers) setting of insurance rates
Tarifierungsgrundlage *f* (com) rate base
Tarifkommission *f* (Pw) union bargaining committee
Tarifkontrollgesetz *n* (Vers) rate regulatory law
Tarifkreis *m* (Pw) employees covered by a collective bargaining contract
Tarifkrieg *m*
(com) fares war *(eg, in aviation)*
tarifliche Arbeitszeit *f*
(Pw) hours by collective agreement
– negotiated hours
tarifliche Beschaffenheit *f* (Zo) tariff description
tariflicher Urlaub *m* (Pw) standard holiday with pay
tarifliche Warenbezeichnung *f* (Zo) tariff description
Tariflohn *m*
(Pw) negotiated (standard/base) wage rate
– agreed/union . . . wage rate
Tariflohnerhöhung *f* (Pw) increase of union wage rate
Tarifnummer *f* (Zo) tariff heading
Tarifpaket *n* (Pw) pay package deal
Tarifpartner *mpl*
(Pw) labor and management
– unions and management
– parties to a pay deal
Tarifpolitik *f* (Pw) pay rate policy
Tarifpositionen *fpl* (Zo) tariff headings (*or* items)
Tarifprogression *f* (StR) progressive increase in tax scales
Tarifrecht *n* (Re) collective bargaining law
Tarifrunde *f*
(Pw) round of wage negotiations
– wage bargaining round
– negotiating round
– pay round
– round of wage claims
Tarifsatz *m*
(com) tariff rate *(ie, called ‚Frachtsatz' in railroad traffic)*
Tarifsprung *m*
(StR) jump in the tax scale
(Zo) change of tariff heading
Tarifstaffelung *f* (com) rate scale
Tarifstatistik *f* (Zo) tariff statistics
Tarifstelle *f* (Zo) tariff subheading
Tarifstreit *m* (Pw) wage dispute
Tarifstufen *fpl* (StR) tax scale increments
Tarifstundenlohn *m* (Pw) standard hourly rate
Tarifsystem *n*
(com) tariff rate system *(ie, in railroad freight business)*
Tariftonnenkilometer *m* (com) ton-kilometer charged
Tarifverband *m* (Vers) rate making association
Tarifverdienst *m* (Pw) pay rates
Tarifverhandlungen *fpl*
(Pw) collective bargaining
(Pw) pay
– wage
– contract . . . negotiations
(ie, carried on between trade unions and employers' associations)
Tarifverhandlungen *fpl* **für gescheitert erklären** (Pw) to break off wage negotiations
Tarifvertrag *m* (Pw) collective agreement
Tarifvertrag *m* **aushandeln** (Pw) to bargain collectively
Tarifvertragsgesetz *n* (Pw) Collective Agreements Law, of 25 Aug 1969, as amended
Tarifwerte *mpl* (Bö) utilities
Tarifzwang *m* (Pw) compulsory collective bargaining
Tarnwerbung *f* (Mk) camouflaged (*or* masked) advertising
Taschengeldparagraph *m* (Re) provision governing „pocket money contracts", § 110 BGB
Taschenpfändung *f*
(Re) attachment of debtor's purse
(ie, including all things movable which debtor has about him, § 808 ZPO)
Taschenrechner *m* (EDV) pocket calculator
Tastatur *f* (EDV) keyboard
Tastaturbelegung *f* (EDV) keyboard layout
Tastatureingabe *f* (EDV) (manual) keyboard entry
tastaturgesteuert (EDV) key-controlled
Tastatur-Makro *n* (EG) keyboard macro
Tastaturpuffer *m* (EDV) keyboard buffer
Tastatursperre *f* (EDV) keyboard lockout
Taste *f* (EDV) key
Tastenanschlagspeicher *m* (EDV) keystroke saver
Tastenbelegung *f* (EDV) key setting
Tastenblock *m* (EDV) keypad
Tastenfolge *f* (EDV) keystroke sequence
tastengesteuert (EDV) key driven
Tastenkappe *f* (EDV) keycap
Tastenkürzel *n*
(EDV, GUI) accelerator key *(ie, combination of keys; substitutes command selection from a menu using a mouse; syn, Menütastenkürzel)*

Tastentelefon *n* (EDV) pushbutton (*or* touch-tone) telephone
Tasterin *m* (EDV) keyboarder
Tastfehler *m* (EDV) keying error
Tat *f*
(Re) act
– offense
Tatbestand *m*
(com) fact of the matter
(Re) facts
– state/set . . . of facts
(ie, Summe der Umstände od Merkmale, die e–e Rechtsnorm für ihre Rechtsfolge voraussetzt; eg § 242 StG)
(Re) facts of the case
(Re) statutory definition of an offense
Tatbestand *m* **feststellen** (Re) to take down the facts of a case
Tatbestandsfeststellungen *fpl* (Re) findings of fact
Täter *m*
(Re) offender
– perpetrator
Tatfrage *f*
(Re) issue (*or* question) of fact *(opp, Rechtsfrage)*
– quaestio facti
tätig
(com) active
– acting
tätige Reue *f* (StR) active regret *(see ‚Selbstanzeige', § 371 AO)*
tätiger Inhaber *m* (com) active proprietor
tätiger Teilhaber *m* (com) acting partner
Tätigkeit *f*
(com) activity
(IndE) activity *(ie, in quality assurance)*
(Bw) operations
Tätigkeit *m* **ausüben** (Bw) to carry on business
Tätigkeit *f* **des Exportbasissektors** (Vw) base activity
Tätigkeitsablaufplan *m* (EDV) activity schedule
Tätigkeitsanalyse *f* (Pw) task analysis
Tätigkeitsbereich *m* (com) area (*or* field) of operation
Tätigkeitsbericht *m* (com) activity (*or* progress) report
Tätigkeitsbezeichnung *f* (Pw) job title
Tätigkeitsgruppe *f* (Pw) job cluster
Tätigkeitsknoten *m* (OR) activity point
Tätigkeitsmerkmale *npl* (Pw) job characteristics
Tätigkeitsnachweis *m* (Pw) performance record
Tätigkeitsprofil *n* (Pw) job profile
Tätigkeitsstaat *m* (StR) state of performance
Tätigkeitsvergütung *f*
(ReW) remuneration for acting partner *(ie, bei Kapitalkontenentwicklung)*
Tätigkeitszeit *f* (IndE) total activity time
Tatsachenbehauptung *f*
(Re) factual statement
– statement of fact
Tatsachenfeststellung *f* (Re) conclusion of fact
Tatsachenfrage *f* (Log) question of fact
Tatsachenirrtum *m* (Re) error in fact
Tatsachenvermutung *f*
(Re) presumption of fact *(opp, Rechtsvermutung)*

tatsachenwidrige Annahme *f* (Log) counterfactual assumption
tatsächliche Adresse *f*
(EDV) actual address *(syn, absolute address)*
tatsächliche Arbeitslosigkeit *f* (Vw) actual level of unemployment
tatsächliche Arbeitszeit *f* (Pw) actual hours worked
tatsächliche Ausfuhr *f* (Zo) actual exportation
tatsächliche Ausgaben *fpl*
(ReW) actual expenditure *(syn, IST-Ausgaben)*
tatsächliche Herrschaft *f*
(StR) economic property, § 39 II AO *(opp, legal title)*
(Re) physical control
tatsächliche Nutzungsdauer *f* (Bw) actual service life of assets
tatsächlicher Steuersatz *m*
(StR) effective tax rate
(opp, nominal tax rate)
tatsächlicher Ursprung *m* **von Waren** (Zo) true origin of goods
tatsächlicher Verlust *m* (Vw) actual deficit
tatsächlicher Zahlungsausgang *m* (ReW) actual cash disbursement
tatsächliche Unmöglichkeit *f*
(Re) absolute impossibility
– impossibility of fact
Tausch *m*
(com) exchange
– barter
– swap
Tauschdepot *n*
(Fin) exchangeable securities deposit, §§ 10 ff DepG
(syn, Tauschverwahrung)
tauschen
(com) to exchange
– to barter
– to swap
Tauschgeschäft *n* (com) barter transaction
Tauschgewinne *mpl* (AuW) gains from exchange (*or* trade)
Tauschgleichgewicht *n* (Vw) equilibrium of exchange
Tauschhandel *m*
(Vw) barter trading *(opp, Kaufhandel)*
Tauschkurve *f* (AuW) offer curve
Tauschmittel *n*
(Vw) medium of exchange
– circulating medium
Tauschmittelfunktion *f* **des Geldes**
(Vw) money as a medium of exchange
– exchange function of money
Tauschmöglichkeitskurve *f* (Vw) exchange possibility line
Tauschoperationen *fpl* (Fin) swap operations
Tauschoptimum *n*
(Vw) exchange optimum *(syn, Handelsoptimum)*
Tauschtransaktion *f* (Bö) equity switching
Täuschung *f* (Re) = arglistige Täuschung
Tauschverkehr *m* (Vw) bartering
Tauschverwahrung *f* (Fin) = Tauschdepot
Tausch *m* **von Vermögenswerten** (Fin) asset swap
Tausch *m* **von Wirtschaftsgütern** (com) exchange of assets

Tauschwert *m*
(Vw) value in exchange *(opp, Gebrauchswert = value in use)*
(Bw) exchange value
Tauschwirtschaft *f*
(Vw) barter economy
(AuW) exchange/nonmonetary . . . economy
Taxator *m*
(com) appraiser
– valuer
Taxe *f*
(Vw) government-fixed price
(besonders festgesetzte Vergütungssätze für gewerbliche Leistungen)
(com) appraisal fee
(Vers) agreement on insured value
(Vers) amount of loss to be paid *(ie, as determined by insurance valuer)*
Taxgewicht *n* (com) chargeable weight
Taxi *n*
(com) cab
– (GB) taxi
– (fml) taxicab
Taxi *n* **bestellen** (com) to call a cab
taxieren
(com) to appraise
– to value
taxierte Police *f* (Vers) valued policy
Taxierung *f*
(com) appraisal
– evaluation
– valuation
Taxi *n* **nehmen** (com) to take a cab
Taxistand *m*
(com) taxi stand
– cab stand
– (GB) taxi rank
Taxkurs *m* (Bö) estimated price (*or* quotation)
taxonomische Methode *f* (Bw) taxonomic method
Taxwert *m*
(com) appraised value *(ie, generally equal to ‚Verkehrswert')*
(SeeV) valuation
Taylorsche Entwicklung *f* (Math) Taylor expansion
Taylorsche Reihe *f* (Math) Taylor series
Taylorscher Satz *m* (Math) Taylor's theorem
Teamarbeit *f* (com) team work
Teamtheorie *f* (Bw) theory of teams
Technik *f*
(IndE) technology *(ie, branch of science)*
– engineering *(ie, practical application)*
– technique *(ie, method)*
Technik *f* **der verlorenen Briefe** (Mk) lost letter technique
Techniker *m*
(com) technical man
(IndE) engineer
– technician *(ie, highly skilled worker in industry and science)*
– operator
Technik *f* **wissenschaftlichen Arbeitens** (Log) methods of scientific investigation
technisch
(IndE) technological
– technical
– engineering
– industrial
technisch ausgereift (com) sophisticated
technisch bedingte Wertminderung *f* (Bw) wear and tear
technische Abschreibung *f* (ReW) = Mengenabschreibung
technische Aktienanalyse *f*
(Bö) technical analysis
(ie, stützt sich auf Kurs- und Umsatzverläufe = prices and volume data; opp, Fundamentalanalyse = fundamental analysis)
technische Aktientrendanalyse *f* (Bö) technical analysis of stock trends
technische Analyse *f*
(Bö) chart analysis
(syn, Chart-Analyse)
technische Änderung *f* (IndE) engineering change
technische Änderungen *fpl* (IndE) engineering changes
technische Anlagen *fpl* **und Maschinen** *fpl*
(ReW, EG) plant and machinery
(ReW) technical equipment and machinery
(ie, alle Anlagen und Maschinen, die der Produktionen dienen)
technische Bedarfsprämie *f*
(Vers) burning cost
– pure burning cost
– pure loss cost
(ie, ratio of reinsurance losses to ceding company's subject premiums)
technische Beratung *f*
(com) technical consulting
– advisory services of a technical nature
technische Beratungsfirma *f* (com) consulting engineers
technische Bewertung *f* (IndE) engineering evaluation
technische Daten *pl*
(IndE) engineering data
– specifications
– specification sheet
technische Einzelheiten *fpl*
(com) technical details
– technicalities
technische Entwertung *f* (ReW) physical depreciation of assets
technische Ergiebigkeit *f* (Bw) = Produktivität, qv
technische Grenzen *fpl* (IndE) engineering constraints
technische Güter *npl* (com) technical goods
technische Handelshemmnisse *npl* (AuW) technical barriers to trade
technisch einwandfrei (com) conforming to specification
technische Kapazität *f*
(Bw) technical capacity
(ie, irrespective of cost level at different degrees of utilization)
technische Kundendienstleistungen *fpl* (com) after-installation service
technische Kurserholung *f*
(Bö) technical rally
(ie, turnaround in a generally declining market)

technische Lieferbedingungen *fpl*
(com) engineering specifications
(IndE) technical/engineering . . . specifications
(ie, detailed description of technical requirements stated in terms suitable to form the basis for the actual design-development and production process of an item having the qualities specified in the operational characteristics)
technische Lösung *f* (IndE) engineering solution
technische Nutzungsdauer *f* (Bw) physical life
technische Produktionsplanung *f* **und -steuerung** *f*
(IndE) production engineering
technischer Aufsichtsbeamter *m*
(Bw) technical inspector *(ie, der Berufsgenossenschaften)*
technischer Außendienst *m* (com) customer engineering
technischer Berater *m*
(Bw) consulting engineer
(Bw) technical advisor
technischer Direktor *m*
(com) technical manager
– (US) vicepresident engineering
technische Reaktion *f*
(Bö) technical reaction
(ie, geringe Kurssenkung nach größeren Kurssteigerungen)
technische Relation *f* (Vw) engineering relationship
technische Reserven *fpl*
(Vers) technical reserves
(ie, incorrect term covering ‚Prämienüberträge' and ‚Schadenreserven')
technischer Fortschritt *m*
(com) technical progress
– technological . . . progress/advance/ improvement
– engineering progress
(Pat) progress of the arts
– improvement in/upon the arts
technischer Frachtführer *m* (com) actual carrier
technischer Gewinn *m* (Vers) underwriting profit
technischer Kundendienst *m*
(com) customer engineering
– after-installation service
– engineering support
– customer technical support
technischer Redakteur *m* (EDV) technical writer
technischer Sachverständiger *m* (Vers) surveyor
Technischer Überwachungsverein *m* (com) Engineering Control Association
technischer Verschleiß *m* (Bw) ordinary wear and tear
technischer Wandel *m* (com) technological changes
technischer Wirkungsgrad *m* (IndE) physical/engineering . . . efficiency
technisches Angebot *n*
(com) engineering proposal
(ie, price usually excluded)
technisches Datenblatt *n* (IndE) specification (*or* spec) sheet
technisches Risiko *n* (Bw) technical risk
technische Substitutionsrate *f* (Vw) rate of technical substitution
technische Überholung *f*
(Bw) physical obsolescence *(opp, wirtschaftliche Überholung)*
technische Unterlagen *fpl* (com) technical documentation
technische Veralterung *f* (Bw) obsolescence
technische Verbrauchsgüter *npl* (Mk) durable consumer goods
technische Versicherungszweige *mpl*
(Vers) technical lines (of insurance business)
(ie, umbrella term covering engineering risks)
technische Zeichnung *f* (com) engineering drawing
technische Zusammenarbeit *f* (com) technical cooperation
technisch führender Hersteller *m* (com) cutting-edge producer
technisch-pragmatische Lösungen *fpl* (Bw) technological fixes
technisch-wirtschaftliches Vorstadium *n* **e–s Projektes** (com) definition phase
technisch-wirtschaftliche Überholung *f* (Bw) obsolescence
technisch-wissenschaftlich (com) . . . in science and technology
Technizität *f* (Bw) = Produktivität, qv
Technologie *f* (IndE) technology
Technologiebewertung *f* (IndE) = Technologie-Wirkungsanalyse, qv
Technologie-Fenster *n* (IndE) window on technology
Technologiefolgenabschätzung *f*
(IndE) technology assessment *(syn, Technologiewirkungsanalyse)*
Technologie-Inseln *fpl* (IndE) technology groups
Technologie-Management *n* (IndE) technology management
Technologiemenge *f* (IndE) set of production outputs
Technologiepolitik *f* (IndE) technology policies
Technologie-Portfolio *n* (Bw) technology portfolio
Technologie-Strategie *f* (IndE) technology strategy
Technologietransfer *m* (Vw) transfer of technology
Technologievertrag *m* (Bw) agreement for general technical exchange
Technologie-Werte *mpl* (Bö) technology equities
Technologiewirkungsanalyse *f*
(IndE) technology assessment
(ie, sucht ökonomische und gesellschaftspolitische Konsequenzen technologischer Entwicklungen abzuschätzen; angewendete Prognoseverfahren: Delphi-Methode und Szenario-Technik; syn, Technologiebewertung)
technologische Arbeitslosigkeit *f*
(Vw) technological unemployment
(ie, not to be equated with ‚structural unemployment')
technologische Gleichung *f* (Vw) technological equation
technologische Grenzen *fpl* (Vw) technology constraints (*or* limitations)
technologische Kapazität *f* (IndE) technological capability
technologische Lücke *f* (IndE) technological gap

technologischer Berater *m* (Bw) technology consultant
technologische Relation *f* (Vw) = technische Relation
technologischer externer Effekt *m* (Vw) technical externality
technologische Vorhersagen *fpl* (Bw) technological forecasting
technologische Zwänge *mpl* (Bw) technological compulsions (*or* constraints)
Teesteuer *f* (StR) excise tax on tea
Teil *n*
(IndE) part
– component
Teilabnahme *f* (com) acceptance of part or parts *(eg, of a major project)*
Teilabrechnung *f* (com) partial billing
Teilabschreibung *f*
(ReW) writedown
(ie, transfer of portion of asset account balance to profit and loss or to expense account)
Teilabtretung *f* (Re) partial assignment
Teilakzept *n* (WeR) partial acceptance, Art. 26 I WG
Teilamortisation *f* (Fin) partial amortization
Teilamortisationsvertrag *m* (Mk) non full payout leasing contract
Teilanlage *f* (IndE) operating unit
Teilanlieferung *f* (com) part shipment
Teilanmeldung *f* (Pat) divisional application
Teilannahme *f* (WeR) = Teilakzept
Teilarbeitslosengeld *n* (SozV) unemployment benefit granted to partially unemployed persons
Teilarbeitsvorgang *m*
(IndE) element *(ie, small logically sequenced subtask for which time is recorded)*
Teilaufgabe *f* (Pw) subtask
Teilausschreibung *f* (com) partial invitation to tender (*or* to bid)
teilautomatisierte Fertigungslinie *f* (IndE) partially automated production line
teilautonome Gruppe *f* (Pw) self-managing team
teilbar (Math) divisible
teilbare Leistung *f* (Re) divisible performance, § 427 BGB
teilbarer Vertrag *m* (Re) divisible contract
teilbares Akkreditiv *n* (Fin) divisible credit
Teilbereich *m* (Math) subdomain
Teilbeschäftigte *pl*
(SozV) persons holding several qualifying jobs
(syn, Mehrfachbeschäftigte)
Teilbetrag *m* (com) partial amount
Teilbetrag *m* **des Eigenkapitals** (Fin) portion of equity
Teilbetrieb *m* (StR) independent division of a business
Teilbetriebsergebnis *n*
(ReW) partial operating result
(Fin) surplus on interest earnings and on commission business *(of a bank)* less administrative expense
teilbewegliche Kosten *pl* (KoR) semi-variable cost
Teilbudget *n*
(Bw) sectional budget
– functional subplan
Teilbudget *n* **des Absatzbereiches** (Bw) sales and marketing budget
Teilbudget *n* **des Fertigungsbereichs** (Bw) manufacturing budget
Teilbudget *n* **des Verwaltungsbereichs** (Bw) office and administration budget
Teilcharter *f* (com) partial charter
Teile *npl* (com) component parts
Teileauflösung *f*
(IndE) parts explosion
(ie, drawing that illustrates the relation of parts of assembly to one another)
Teilebedarfsmenge *f* (MaW) component requirements quantity
Teilebedarfsrechnung *f*
(IndE) parts requirements planning
(ie, of parts and assemblies [Baugruppen] required for a planning period)
Teilebeschaffung *f* (MaW) parts sourcing
Teilefamilie *f* (IndE) family of parts
Teilefamilienfertigung *f*
(IndE) party-family-type of manufacturing
(ie, in Mehrproduktbetrieben mit Einzel- od Kleinserienfertigung; durch höhere Losgrößen werden Rüstzeiten und Rüstkosten eingespart)
Teilefertigung *f*
(IndE) component manufacture
– production of parts and subassemblies
(ie, Teile und U-Gruppen)
Teilegruppe *f* (IndE) subassembly
Teileigentum *n* (Re) part ownership
teileingezahlte Aktien *fpl* (Fin) partly paid shares (*or* stock)
Teilelager *n* (MaW) parts inventory (*or* stock)
Teileliste *f*
(IndE) parts list *(ie, in production planning)*
Teilemission *f* (Fin) partial issue
Teilemontage *f* (IndE) mechanical components assembly
Teilenummer *f* (IndE) part number
Teileprogrammierung *f* (EDV) parts programming
teilerfremd
(Math) prime
– aliquant
Teilerfüllung *f* (Re) part performance
Teilerhebung *f*
(Stat) sample survey
(syn, Stichprobenerhebung)
(Stat) incomplete census
Teilestamm *m* (MaW) item master
Teilestammdatei *f*
(IndE) part/component . . . master file
(MaW) material item file
Teilestammsatz *m*
(IndE) basic set of components
– component master set
Teilestatus *m* (IndE) item status
Teileverwendungsnachweis *m*
(IndE) implosion
(ie, in CIM: report showing every bill of material or product in which an item is used)
Teilfinanzierung *f* (Fin) part financing
Teilgesamtheit *f*
(Stat) subpopulation
– stratum *(pl. strata)*

Teilgewinnabführungsvertrag *m*
(Re) agreement to transfer part of profits, § 292 I No. 2 AktG
– partial profit transfer agreement
Teilgruppentrennzeichen *n* (EDV) unit separator character
Teilhaber *m*
(com) partner
– co-partner
Teilhaberpapiere *npl*
(Fin) variable-income securities *(ie, evidencing membership rights)*
Teilhaberschaft *f* (com) partnership
Teilhafter *m*
(com) limited partner
(syn, Kommanditist; opp, Vollhafter, Komplementär)
Teilindikator *m* (Vw) partial indicator
Teilindossament *n*
(WeR) partial indorsement *(ie, legally ineffective, Art. 12 WG)*
Teilintervall *n* (Math) subinterval
Teilkapitel *n* (Zo) subchapter
Teilkaskoversicherung *f*
(Vers) part comprehensive cover *(opp, Vollkaskoversicherung)*
Teilklasse *f* (Log, Math) subclass
Teilkompensationsgeschäft *n*
(AuW) partial compensation
(ie, common type of countertrade; qv; it works as follows: exporter agrees to accept cash in partial settlement for the goods supplied and enters into a compensation agreement for the balance; this agreement follows the procedure for full compensation contracts)
Teilkonnossement *n* (com) partial bill of lading (*or* B/L)
Teilkonsolidierung *f* (ReW) partial consolidation, § 330 AktG
Teilkonzern *m* (Bw) subgroup
Teilkonzernabschluß *m*
(ReW) partially consolidated financial statement, § 330 AktG
– (GB) subgroup accounts
Teilkonzernlagebericht *m* (ReW) subgroup annual report
Teilkorrelationskoeffizient *m* (Stat) coefficient of partial correlation
Teilkosten *pl*
(KoR) portion of overall costs *(opp, Vollkosten)*
Teilkostenrechnung *f*
(KoR) direct
– – variable . . . costing
(ie, nur die variablen Kosten werden auf die Kostenträger verteilt; die fixen Kosten [Fixkostenblock] werden auf anderen Wegen in das Betriebsergebnis übertragen; syn, Grenzkostenrechnung, weil bei linearem Gesamtkostenverlauf die variablen/proportionalen Kosten gleich den Grenzkosten sind; opp, Vollkostenrechnung = absorption/full . . . costing)
Teilladung *f* (com) part shipment
Teilleistungen *fpl* (Re) performance by successive installments, § 266 BGB
Teillieferung *f* (com) part delivery
Teillieferungen *fpl*
(com) part shipments
(Re) delivery by installments
Teillieferungsvertrag *m* (Re) installment contract
Teilliquidation *f*
(Fin) partial withdrawal *(ie, von Investmentanteilen)*
(Bö) partial settlement
Teillosgröße *f* (Bw) split lot
Teilmarkt *m* (Vw) submarket
Teilmasse *f* (Stat) subpopulation
Teilmatrize *f* (Math) component matrix
Teilmenge *f* (Math) subset
Teilmengen-Symbol *n* (Math) set inclusion symbol
Teilmonopol *n* (Vw) partial monopoly
Teilmontage *f*
(IndE) subassembly *(ie, Unterbaugruppe)*
– assembly of subassemblies
Teilnehmer *m*
(com) participant
– person taking part
(ie, Teilnehmer im Sinne von Anwesende: present: . . .)
(EDV) subscriber
– party
– user
Teilnehmer *m* **am Abrechnungsverkehr** (Fin) participating bank
Teilnehmerbetrieb *m*
(EDV) remote computing and time-sharing
(ie, mehrere Benutzer können gleichzeitig mit individuellen Programmen arbeiten)
Teilnehmersystem *n*
(EDV) time sharing system
– time slicing
Teilnichtigkeit *f*
(Re) partial . . . nullity/invalidity
(ie,
1. im Privatrecht die teilweise Nichtigkeit e–s Rechtsgeschäfts; cf § 139 BGB;
2. im Gesellschaftsrecht stellt sich das Problem der T. nicht; salvatorische Klauseln, qv, sollen der Wirkung der Rechtsgeschäftslehre nach § 139 entgegenwirken)
Teilpaket *n* **von Werbeleistungen** (Mk) service module
Teilplan *m*
(Bw) subplan
– subbudget
Teilplanung *f* (Bw) functional planning
Teilprogramm *n* (EDV) subroutine
Teilprovision *f*
(com) partial commission *(ie, for a partly performed transaction)*
Teilrechnung *f* (com) partial invoice
teilrechtsfähige Anstalt *f* (Re) special fund
Teilrente *f* (SozV) partial pension
Teilreproduktionswert *m*
(Bw) net asset value
– reproduction value
(ie, value of an enterprise as a whole: sum of all assets minus all liabilities at current market values, but excluding goodwill; syn, Substanzwert)
Teilrücktritt *m* (Re) partial cancellation (*or* rescission)

Teilschaden *m* (Vers) partial damage (*or* loss)
Teilschäden *mpl* **eingeschlossen** (SeeV) with particular average
Teilschnitt *m* (com) part sectional elevation
Teilschuldverhältnis *n* (Re) fraction of an obligatory debt
Teilschuldverschreibung *f*
(Fin) bond
– (GB) debenture
(ie, einzelnes Stück e–r Anleihe)
Teilselbstbedienung *f* (Mk) partial self-service
Teilsendung *f* (com) part shipment
Teilstrecken-Vermittlung *f*
(EDV) store and forward switching *(syn, Speichervermittlung)*
Teilstreik *m* (Pw) partial strike
Teilsumme *f* (Math) partial sum
Teilübertragung *f* (EDV) partial carry
Teilung *f* **der Patentanmeldung** (Pat) division of a patent
Teilungsmasse *f* (Re) estate to be apportioned, § 107 ZVG
Teilungsplan *m* (Re) scheme of apportionment, §§ 106 ff ZVG
Teilungsversteigerung *f* (Re) compulsory partition by public auction
Teilunwirksamkeit *f* (Re) = Teilnichtigkeit, qv
teilvariable Kosten *pl*
(KoR) semi-variable
– semi-fixed
– mixed
– borderline . . . costs
Teilvektor *m* (Math) component vector
Teilverlust *m* (SeeV) partial loss
Teilversand *m*
(com) part shipment
– partial mailing
Teilverschiffung *f* (com) = Teilversand
Teilvorgang *m* (IndE) job element
Teilwarteschlange *f* (OR) subqueue
teilweise Abgabenbefreiung *f* (Zo) partial exemption
teilweise Aussetzung *f* **der Zollsätze** (Zo) partial suspension of customs duties
teilweise Befriedigung *f*
(Re) partial payment
– satisfaction in part
– discharge in part
teilweise eingeschränkter Bestätigungsvermerk *m* (ReW) piecemeal audit opinion
teilweise eingezahlte Aktie *f* (Fin) partly paid-up share
teilweise Erfüllung *f* (Re) part performance
teilweise Nichterfüllung *f* (Re) incomplete performance
teilweise Nichtigkeit *f* (Re) partial nullity
teilweise Unmöglichkeit *f* (Re) partial impossibility of performance, § 280 BGB
teilweise zerlegt (IndE) semi-knocked down, SKD
Teilwert *m*
(StR) going-concern value
(ie, based on the assumption of the continuation of the business as a whole, not on the existence of a separate and isolated item of property; § 10 BewG, § 6 I 1 EStG)

Teilwertabschreibung *f*
(StR) write-off to the lower going-concern value
(ie, liegt der Buchwert über dem Teilwert und soll zum Teilwert bilanziert werden, so ist in Höhe der Differenz eine T. vorzunehmen; § 6 EStG; equal to the difference between book value and the going-concern value of the asset)
Teilwertberichtigung *f* **von Anlagegegenständen** (ReW) = Teilabschreibung
Teil-Wiederausfuhr *f* (Zo) split reexportation
Teil-Wiedereinfuhr *f* (Zo) split reimportation
Teilzahlung *f*
(com) part (*or* partial) payment
(Fin) installment
(IndE) progress payment
(ie, in plant engineering and construction)
Teilzahlungsbank *f* (Fin) installment sales financing institution
Teilzahlungsfinanzierung *f* (Fin) installment financing
Teilzahlungsforderungen *fpl* (Fin) installment debtors
Teilzahlungsgeschäft *n*
(Re) installment contract
(ie, seller agrees to deliver goods, while buyer agrees to make initial down payment and to pay balance in installments; type of customer financing; the strictly legal term is ‚Abzahlungsgeschäft')
(Fin) hire purchase business
Teilzahlungskauf *m*
(com) installment sale
(syn, Ratenkauf, Abzahlungskauf; see: Abzahlungsgeschäft)
Teilzahlungskredit *m*
(Fin) = installment credit *(syn, Ratenkredit)*
(ie, extended by Teilzahlungsbanken, Kreditbanken and Sparkassen)
(Fin) installment loan *(ie, available as A-Geschäft, B-Geschäft, and C-Geschäft)*
Teilzahlungskreditgeschäft *n* (Fin) installment lending
Teilzahlungskreditinstitut *n* (Fin) installment credit institution (*or* organization)
Teilzahlungskreditversicherung *f* (Vers) installment credit insurance
Teilzahlungsplan *m* (Fin) installment plan
Teilzahlungspreis *m* (com) total installment contract price
Teilzahlungsverkauf *m* (com) installment sale
Teilzahlungsvertrag *m* (com) credit sale agreement
Teilzeitarbeit *f* (Pw) part-time . . . job/work/ employment
Teilzeitbeschäftigung *f* (Pw) short-time work(ing)
Teilzeitkraft *f*
(Pw) part timer
– pro tem
Teilzeitkräfte *fpl* (Pw) part-time . . . employees/ timers/ workers
Teilziel *n*
(Bw) subgoal
– subobjective
Teilzusammenstellung *f*
(IndE) subassembly *(ie, in bills of material)*

Telearbeit *f*
(com) telework
(ie, Bürotätigkeiten werden aus dem Betrieb ausgegliedert: Sachbearbeiter, Schreibkräfte, Programmierer, Redakteure; Typen: Heimarbeitsplätze, Nachbarschaftsbüros, Regionalbüros, Satellitenbüros)
Tele-Einkauf *m* (Mk) teleshopping
Telefax *n*
(EDV) telefax
(ie, öffentlicher Kommunikationsdienst der Deutschen Bundespost; läuft über Fernsprechnetz (public telephone network); im internationalen Verkehr wird als Verb für ‚fernkopieren' ‚to fax' verwendet)
Telefon *n*
(com) telephone
– phone
– (GB, infml) blower
Telefonabsatz *m* (Mk) marketing by telephone
Telefonanruf *m* (com) (telephone) call
Telefonapparat *m* (com) telephone
Telefonaquisition *f* (Mk, infml) bell-sell
Telefonbuch *n*
(com) telephone . . . . directory/book
– (infml) phone book
Telefondienst *m* (com) telephone service
Telefongebühren *fpl* (com) telephone charges
Telefongespräch *n* **aufnehmen** (com) to tape a telephone conversation
Telefonhandel *m* (Bö) = Telefonverkehr
Telefonhörer *m*
(com, infml) receiver
(EDV) (telephone) handset
Telefonieren *n* **mit dem Computer** (EDV) computer telephone integration
telefonisch (com) by telephone
telefonische Anweisungen *fpl* (com) directives over the telephone
Telefonmarketing *n* (Mk) telephone marketing
Telefonnummer *f* (com) telephone (*or* phone) number
Telefonrechnung *f* (com) telephone bill
Telefonsprachspeichersystem *n* (EDV) speech filing
Telefonstecker *m* (EDV) modular jack
Telefonverkauf *m*
(Mk) telephone selling
(cf, persönlicher Verkauf)
Telefonverkehr *m*
(com) telephone traffic
(Bö) interoffice trading (*or* dealings)
(ie, 1. außerbörsliche Geschäfte zwischen Banken in Wertpapieren, auch Handel in unnotierten Werten genannt; trading in unlisted securities;
2. (selten) außerbörslicher Handel per Telefon in Effekten aller Art)
Telefonvermittlung *f* (com) telephone exchange
Telefonwerbung *f* (Mk, infml) bell-sell
Telefonzelle *f*
(com) telephone/phone . . . booth
– call box
– (GB *also*) telephone kiosk
– telephone/phone . . . box
Telefonzentrale *f* (com) telephone exchange

telegrafieren
(com) to telegraph
– to wire
telegrafisch
(com) by telegram
– by wire
telegrafische Auszahlung *f*
(Fin) telegraphic transfer, T.T.
– cable transfer
(ie, of money amounts)
telegrafische Mitteilung *f* (com) telegraphic message
telegrafisch überweisen
(Fin) to remit by telegraphic transfer
– to cable money
Telegramm *n* (com) telegram
Telegrammadresse *f* (com) telegraphic address
Telegrammannahme *f* (com) telegram reception
Telegrammanschrift *f* (com) cable/telegraphic . . . address
Telegramm *n* **aufgeben**
(com) to send off a telegram
– to dispatch a cable
Telegrammformular *n* (com) telegram form
Telegramm *n* **zustellen** (com) to deliver a telegram
Telekommunikation *f* (Bw) telecommunications
Telekonferenz *f* (com) teleconference
Telekopierer *m*
(EDV) telecopier
– facsimile terminal
Telemarketing *n*
(Mk) telemarketing
– teleselling
Teleoperator *m*
(IndE) teleoperator
(ie, remote-controlled manipulator without program control)
Telex *n* **mit Stichzahl** (Fin) tested telex *(cf, Stichzahl)*
Telexvermittlung *f*
(com) telex exchange
– teleprinter exchange service
tel quel
(com) sale as is
– sale with all faults
– run-of-mine
(ie, purchaser must take article for better or worse, unless seller contrives to conceal any fault)
Telquel-Kurs *m*
(Bö) tel quel rate
(ie, in foreign exchange trading)
Tempergießerei *f* (IndE) malleable (cast) iron foundry
Tempolimit *n* (com) speed limit
temporäre Auslagerungsdatei *f*
(EDV) temporary swap file
(opp, permanente Auslagerungsdatei = permanent swap file; syn, flüchtige Auslagerungsdatei)
temporäre Datei *f*
(com) scratch file
(EDV) temporary file
Tendenz *f*
(com) tendency
– trend
– general thrust of developments

Tendenzbetrieb *m*
(Bw) organization concerned with propagating attitudes *(ie, press, politics, churches)*
Tendenz *f* **überzeichnen** (Vw) to overstate a trend
Tendenzwende *f*
(Vw) trend reversal
– drastic reversal
– turnaround
Tenderergebnisse *npl* (Fin) allocations
Tendergruppe *f* (Fin) tender panel, TP
Tendertechnik *f* (Fin) offer for sale by tender
Tenderverfahren *n* (Fin) tender procedure
Tensor *m* (Math) tensor
Tensoralgebra *f*
(Math) tensor algebra (*or* analysis *or* calculus) *(syn, Tensorrechnung)*
Tensoranalyse *f* (Math) tensor analysis
Tensorgleichung *f* (Math) tensor equation
Tensorrechnung *f* (Math) = Tensoralgebra, qv
Tensor *m* **zweiter Stufe** (Math) tensor of valence two
Teppichboden *m*
(com) wall-to-wall carpeting
– (GB) fitted carpet
Term *m* (Math) term
Terme *mpl* **gruppieren** (Math) to group terms
Term *m* **e–s kategorischen Urteils** (Log) categorematic word
Termin *m*
(com) appointment
– (infml) time
(eg, let she give you a time to see me)
(com) deadline
– time limit
– appointed . . . day/time
– target date
Terminablage *f* (com) tickler file
Termin *m* **absagen** (com) to cancel an appointment
Terminabschlag *m* (Bö) forward discount
Terminabschluß *m* (Bö) forward contract
Terminal *n*
(EDV) terminal
(ie, Sammelbegriff, der folgende Geräte umfaßt: Geräte der dezentralen Datenerfassung, Arbeitsplatzsysteme im Bildschirmdialog, vernetzte Kleincomputer, Endgeräte von Teletex, Telefax od Bildschirmtext)
(EDV) terminal
– video display terminal *(syn, Datensichtgerät)*
Terminalüberwachungssystem *n* (EDV) terminal monitoring system
Termin *m* **anberaumen** (Re) to fix a hearing
Termin *m* **ansetzen** (Re) to set a case down for hearing
Terminanzeige *f* (Mk) fixed-date advertisement
Terminaufgeld *n* (Bö) forward premium
Terminauftrag *m*
(Mk) wait order *(ie, request to release an advertisement at some time in the future)*
(Bö) forward order
Termin *m* **ausmachen**
(com) to arrange an appointment
(eg, for me with the sales manager)
Terminbestand *m*
(Fin) portfolio of forward material
(ie, dient der kurzfristigen Liquiditätsdisposition; in der Regel nicht über 24 Monate)
Terminbörse *f* (Bö) forward exchange (*or* market)
Terminbüro *n* (IndE) progress control department (*or* office)
Termindevisen *pl*
(Bö) forward exchange
(ie, in Deutschland nicht an den Devisenbörsen, sondern im Telefonverkehr gehandelt)
Termindollars *mpl* (Fin) forward dollars
Termin *m* **einhalten**
(com) to meet a time target (*or* deadline)
– to meet a schedule
– keep a time limit
Termineinlagen *fpl*
(Fin) time deposits
(ie, feste Gelder od Festgelder + Kündigungsgelder, ohne Spareinlagen; opp, Sichteinlagen)
Termineinwand *m* (Bö) time plea
Terminengagements *npl* (Bö) commitments for future delivery
Termin *m* **festlegen**
(com) to fix a deadline
– to set a time limit for
termingebundene Bankguthaben *npl* (Fin) time balances at banks
Termingeldanlagen *fpl* (Fin) time deposit investments
Termingelder *npl* **unter 4 Jahren** (Fin) time deposits and funds borrowed for less than four years
Termingeldkonto *n*
(Fin) time deposit account
– term/fixed . . . account
Termingeldsatz *m* (Fin) time deposit rate
Termingeldzinsen *mpl* (Fin) interest rates on time deposits
termingemäß (com) on schedule *(eg, plans are going ahead . . .)*
termingerecht (com) (completed) on schedule
Termingeschäft *n*
(Bö) dealing in futures
– (GB) dealings for the account
(Bö) forward exchange transaction
(Bö) financial futures
(Bö) commodity futures
Termingeschäfte *npl* **in Aktienindizes**
(Fin) stock index futures trading
(ie, organized futures contract trading based on prices of selected stock levels, together with the usual features of commodity futures trading)
Termingeschäft *n* **in Aktienindizes**
(Bö) stock index futures trading
(ie, organized futures contract trading based on prices of selected stock index levels, together with the unusual features of commodity futures trading, including contract unit, minimum price change, daily price change limit (if any), specified delivery months, minimum customer margins, speculative limits (if any), and maturing contract trading termination and settlement)
Termingespräch *n*
(com) production scheduling meeting
– delivery dates discussion
Terminhandel *m*
(Bö) futures trading

– trading in futures
(ie, mostly in commodities)
terminieren (com) to fix a date
Terminierung *f* (com) setting a deadline (*or* time limit)
Terminierung *f* **in Zeitblöcken** (IndE) block scheduling
Terminjäger *m*
(com) expediter
– (infml) progress chaser
– accelerator
Terminkalender *m* (com) appointments diary
Terminkarte *f* (IndE) progress card
Terminkauf *m*
(Bö) forward buying
– purchase for forward delivery
Terminkäufer *m* (Bö) forward buyer
Terminkaufs-Deckungsgeschäft *n* (Bö) long hedge
Terminkauf *m* **tätigen** (Bö) to buy forward
Terminkommissionär *m* (Bö) futures commission broker
Terminkonten *npl* (Fin) time accounts
Terminkontrakt *m*
(Bö) futures contract
– contract for future delivery
– (pl) futures
(ie, geht auf Waren od Finanztitel als Basisgröße; Teilnehmer sind Spekulanten und Hedger)
Terminkontrakt *m* **auf Aktienindizes** (Bö) = Aktienindex-Terminkontrakt, qv
Terminkontrakte *mpl* **auf Börsenindizes** (Bö) stock index futures contract
Terminkontrakthandel *m* (Bö) futures trading
Terminkontrakt *m* **liquidieren** (Bö) to liquidate a futures contract
Terminkontraktmarkt *m*
(Bö) futures market
(ie, Typen:
1. Warenterminkontrakte = commodity futures;
2. Finanzterminkontrakte = financial futures;
3. Kontrakte in Devisen = currency futures;
4. Kontrakte in Geldmarktpapieren und Anleihen = interest rate futures;
5. Kontrakte in Aktienindizes = stock index futures;
6. Kontrakte in Edelmetallen = precious metal futures)
Terminkurs *m* (Bö) futures price (*or* rate)
terminlich festlegen (com) to schedule
Terminlieferung *f* (Bö) future delivery
Terminmarkt *m* (Bö) forward (*or* futures) market
Terminmaterial *n* (Bö) forward commodity
Terminnotierung *f*
(Bö) forward (*or* futures) quotation
– quotation for forward delivery
Terminologie *f*
(Log) terminology
(ie, Gesamtheit der Fachausdrücke, die in e–m Sachgebiet verwendet werden)
Terminologie-Datenbank *f*
(EDV) terminology data bank
– term bank
terminologisch (Log) terminological
terminologische Aufbereitung *f* (EDV) terminological editing

Terminpapiere *npl* (Bö) forward securities
Termin-Pfund *n* (Bö) future sterling
Terminplan *m*
(com) time (*or* due date) schedule
(IndE) schedule
Terminplanung *f* (com) time scheduling
Terminposition *f*
(Fin) official commitment
(ie, of monetary authorities from intervention in the futures market)
Terminpositionen *fpl* (Bö) forward commitments
Terminpuffer *m* (IndE) time buffer
terminrechtliche Regelungen *fpl* (Bö) regulations governing forward and futures transactions
Terminsicherung *f*
(Bö) futures hedging
– forward cover
– hedging in the forward market
Terminspekulation *f*
(Bö) forward speculation
– speculation in futures
Termintreue *f*
(com) faithfulness to deadlines
– schedule effectiveness
Termin *m* **überschreiten** (com) to miss a deadline
Terminüberwacher *m* (IndE) traffic manager
Terminüberwachung *f*
(com) progress control
(MaW) monitoring of inventory levels
– stockchasing
(IndE) expediting
(Fin) tracing of maturities
Terminüberwachungsliste *f*
(com) deadline control list
(Fin) maturities control list
Terminverbindlichkeiten *fpl* (Fin) time liabilities
Terminverkauf *m*
(Bö) forward sale
– (GB) sale for the account
Terminverkäufer *m* (Bö) forward seller
Terminverkaufs-Deckungsgeschäft *n* (Bö) short hedge
Terminverlagerung *f* (IndE) shifting of target dates
Termin *m* **versäumen** (com) to miss a cut-off date
Terminvorgabe *f* (com) scheduled date
Terminvorschau *f* (com) schedule outlook report
Terminware *f* (Bö) future commodity
Terminwechsel *m* (Fin) = Datenwechsel, qv
Terminwerbung *f* (Mk) fixed-date advertisement
Terminzahl *f*
(Math) number of terms *(syn, Zinsdauer, Laufzeit der Verzinsung)*
tertiäre Kennziffern *fpl*
(Bw) tertiary ratios
– (GB) explanatory ratios
(ie, combination of several elementary or advanced ratios used to promote corporate decision making)
tertiärer Sektor *m* (Vw) tertiary (*or* service) sector of the economy
Tesafilm *m* (com) transparent adhesive
Test *m* (EDV) test
Testament *n* (Re) last will and testament, §§ 1937 ff BGB
testamentarischer Erbe *m* (Re) testamentary heir

Testamentsvollstrecker *m*
(Re) executor *(ie, his authority rests upon the will of the testator)*
Testat *n* (ReW) = Bestätigungsvermerk, qv
Test auf *m* **alphabetisch** (EDV, Cobol) alphabetic test *(cf, DIN 66 028 Aug 1986)*
Testbefragung *f* (Mk) opinion survey
Testdaten *pl* (EDV) test data
Testdatengenerator *m* (EDV) test data generator
Test *m* **der Außerbetriebnahme**
(Bw) abandonment test *(ie, retirement of fixed assets)*
Testfrage *f* (Stat) probe question
Testgebiet *n* (Mk) test area
Testhilfe *f*
(EDV) debug
(EDV) debug monitor
Testhilfemodus *m* (EDV) debug mode
Testhilfen *fpl*
(EDV) program diagnostic routines
(ie, kann ein Debugger od ein Generator für Testdaten sein)
Testhilfeprogramm *n*
(EDV) animator
– debugger
Testhypothese *f* (Stat) alternate hypothesis
Testieren *n* (ReW) attestation
testierter Abschluß *m*
(ReW) audited financial statements
– (GB) audited accounts
Testinterview *n* (Mk) pre-test interview
Testladen *m* (Mk) audit store
Testlauf *m* (EDV) debugging run
Testmarke *f* (Mk) test brand
Testmarkt *m* (Mk) test market
Testmarktaktion *f* (Mk) sales test
Test *m* **mit minimaximalem Schärfeverlust** (Stat) most stringent test
Testmuster *n* (Mk) test specimen
Testprobe *f* (Stat) test sample
Testprogramm *n*
(EDV) check (*or* test) program
– debugging program
(EDV) program test routine
Teststärke *f* (Stat) strength of a test
Testversion *f*
(EDV) evaluation copy
(ie, demo version that allows testing main functionality of a software product before buying it)
(EDV) beta test version *(ie, pre-release version of a program; syn, Betaversion)*
Testwerbung *f* (Mk) pilot (*or* test) advertising
teuer
(com) expensive
– (US) high-priced
– (GB) dear
– (GB, infml) pricy/pricey
Teuerung *f* (Vw) general price increase
Teuerungsrate *f* (Vw) rate of inflation
Teuerungszulage *f*
(Pw) cost-of-living allowance (*or* bonus)
(ie, paid to offset expenses arising in high-cost living areas)
Teufelskreis *m*
(com) vicious circle
(ie, Ursache und Wirkung stehen in wechselseitigem Verhältnis: response to one difficulty creates a new problem that aggravates the original difficulty)
Teufelskreis *m* **dr Unterentwicklung**
(Vw) vicious circle of underdevelopment *(ie, due to low rates of capital formation)*
Teufelskreis-Theorem *n* (Vw) vicious-circle theorem
teure Konsumgüter *npl* (Mk) big-ticket items (*or* goods)
teures Geld *n*
(Fin) dear money
(ie, obtainable only at high interest rates)
Text *m* (Mk) copy
textabhängig (EDV) contextual
Textabteilung *f* (Mk) copy department
Textanalyse *f* (Mk) content analysis
Textbaustein *m*
(com) stored paragraph
(EDV) boilerplate
Textbearbeitungssystem *n* (EDV) text-editing system
textbezogene Fachwörterliste *f* (com) text-oriented glossary
Textblock *m*
(EDV) text block
(EDV, Unix) display
Text-Cursor *m*
(EDV) I-beam *(syn, Text-Mauszeiger)*
Textdatei *f* (EDV) document file
Texten *n* (Mk) = Werbetexten
Texter *m* (Mk) copy writer
Texterfassung *f* (EDV) text entry (*or* input)
Textfarbe *f*
(EDV) foreground color
(opp, background color)
Textfeld *n* (EDV, GUI) text box *(single- or multi-line; syn, Editierfeld)*
Textfenster *n* (EDV) text window
Textformatierer *m*
(EDV) text formatter
(eg, troff und nroff in Unix)
Textgeber *m*
(EDV) string device *(ie, in Computergrafik)*
Texthilfezeile *f* (EDV) debugging line *(cf, DIN 66 028, Aug 1985)*
Textierung *f* (com) = Text
Textilindustrie *f* (com) textile industry
Textilmesse *f* (com) textile goods fair
Textilwerte *mpl* (Bö) textiles
Textilwirtschaft *f* (com) textile industry
Textkörper *m* (EDV) body
Text-Mauszeiger *m*
(EDV) I-beam *(syn, Text-Cursor)*
Textsytem *n* (EDV) word processing system
Textur *f* (EDV) texture
Textverarbeitung *f*
(EDV) word processing, WP
(ie, computerized text creation, editing, and printing; there are four kinds of systems:
1. standalone (or dedicated) systems = Einplatzsysteme;
2. shared logic (or resource) systems = Mehrplatzsysteme;

3. distributed logic systems = verteilte Systeme; 4. mainframe-link terminals = Großrechner-Arbeitsplätze, ie, hooked into a large computer)

Textverarbeitungsgerät *n* (EDV) word processor

Textverarbeitungssystem *n* (EDV) text (*or* word) processing system

T-Gruppentraining *n* (Pw) sensitivity training

Thekenaufsteller *m* (Mk) counter display

Thekenverkauf *m* (Mk) over-the-counter selling

Themengruppe *f* (EDV) topic group

Theorem *n* (Math, Log) theorem

Theorem *n* **der komparativen Kostenvorteile** (AuW) theorem of comparative cost advantages

theoretische Maximalkapazität *f* (Bw) theoretical maximum plant capacity

theoretische Optimalkapazität *f* (Bw) theoretical optimum plant capacity

theoretisches Konstrukt *n* (Log) theoretical construct

theoretische Statistik *f* (Stat) theory of statistics

Theorie *f* **der absoluten Kostenvorteile** (AuW) theory of absolute cost advantages

Theorie *f* **der administrierten Preise** (Vw) administered price theory

Theorie *f* **der ausleihbaren Fonds** (Fin) theory of loanable funds

Theorie *f* **der Außenwirtschaft** (AuW) International Economics

Theorie *f* **der Bestimmung von Ersatzinvestitionen**
(Bw) replacement theory
– renewal theory

Theorie *f* **der Eigentumsrechte**
(Vw) theory of property rights
(ie, developed by Alchian/Demetz in 1966–73; Thema: Einfluß rechtlicher und institutioneller Regelungen auf das wirtschaftliche Verhalten von Entscheidungsträgern in Unternehmen; Ziel: Aufdekken von Bewertungspräferenzen)

Theorie *f* **der Einkommensverteilung** (Vw) theory of income distribution

Theorie *f* **der fallenden Profitrate** (Vw) falling-rate-of-profit theory

Theorie *f* **der Grenzproduktivität** (Vw) marginal theory of distribution

Theorie *f* **der großen Stichproben** (Stat) theory of large samples

Theorie *f* **der kleinen Stichproben** (Stat) theory of small samples

Theorie *f* **der Lagerhaltung** (OR) stockkeeping theory

Theorie *f* **der minimalen Nutzleistungskosten**
(Bw) unit cost theory
(ie, dient der Bestimmung der wirtschaftlichen Nutzungsdauer von Investitionsobjekten)

Theorie *f* **der öffentlichen Entscheidung** (Vw) theory of public choice

Theorie *f* **der öffentlichen Regulierung** (Vw) theory of government regulation of business

Theorie *f* **der öffentlichen Verschwendung** (FiW) theory of public-sector inefficiency

Theorie *f* **der rekursiven Funktionen** (Math) recursive function theory

Theorie *f* **der relativen Preise** (Vw) theory of relative prices

Theorie *f* **der Schätzung** (Stat) theory of estimation

Theorie *f* **der Spiele**
(Math) theory of games *(syn, Spieltheorie)*

Theorie *f* **der statistischen Inferenz** (Stat) theory of inference

Theorie *f* **der strategischen Spiele** (Math) theory of strategic games

Theorie *f* **der Verbraucherpräferenzen** (Vw) theory of consumer preference

Theorie *f* **der vollständigen materiellen Inzidenz** (FiW) diffusion theory of taxation

Theorie *f* **der vollständigen Steuerüberwälzung** (FiW) diffusion theory of taxation

Theorie *f* **der Wahlakte** (Vw) theory (*or* analysis) of choice

Theorie *f* **der Wahrheitsfunktionen** (Log) theory of truth-functions

Theorie *f* **der zeitlichen Zinsstruktur** (Fin) term structure theory of interest rates

Theorie *f* **des allgemeinen Gleichgewichts** (Vw) general equilibrium theory

Theorie *f* **des Haushalts** (Vw) consumer theory

Theorie *f* **des partiellen Gleichgewichts** (Vw) partial equilibrium theory

Theorie *f* **des Rationalverhaltens** (Vw, Bw) theory of rational behavior

Theorie *f* **des Sachbezugs** (Log) theory of reference

Theorie *f* **des Stichprobenverfahrens** (Stat) theory of sampling

Theorie *f* **öffentlicher Güter** (FiW) theory of public goods

Theorie *f* **zentraler Ordnung** (Vw) central place theory

Theory *f* **der quantitativen Wirtschaftspolitik**
(Vw) theory of quantitative economic policy
(ie, developed by J. Tinbergen and R. Frisch)

Thermodrucker *m* (EDV) thermal printer

Thermoschreibmaschine *f* (EDV) thermal typewriter

Thermotransferdrucker *m* (EDV) thermal transfer printer

Thermowachsdrucker *m* (EDV) thermal wax printer

thesaurieren
(ReW) to retain profits (*or* earnings *or* income)
– to reinvest profits
– to plow back profits into the business
– (GB) to plough back profits

thesaurierte Gewinne *mpl*
(Fin) earnings (*or* net income *or* profits) retained for use in the business
– retained earnings
– profit retentions
– undistributed profits
– (GB) ploughed-back profits

Thesaurierung *f*
(ReW) earnings (*or* income *or* profit) retention
– (GB) ploughing back of profits

Thesaurierungsfonds *m*
(Fin) cumulative
– growth
– non-dividend . . . fund *(syn, Wachstumsfonds; opp, Einkommensfonds)*

Tiefbau *m*
(com) civil engineering
(ie, planning, design, construction, and maintenance of fixed structures and ground facilities; opp, Hochbau = building construction)
Tiefbauprojekte *npl* (com) civil engineering projects
Tiefeninterview *n* (Mk) depth interview
Tiefgang *m*
(com) draft *(of a ship)*
– (GB) draught
Tiefgarage *f* (com) underground car park
tief gegliedert (com) highly structured
tiefgegliederte Schichtung *f* (Stat) deep stratification
tiefgestaffelte Gehaltsstruktur *f* (Pw) multi-grade salary structure
tiefgestellter Index *m*
(Math) lower index
– subscript
tiefgreifende Änderungen *fpl*
(com) far-reaching
– radical
– profound
– vast
– deep-seated . . . changes
Tiefkühlanlage *f* (com) freezer center
tiefkühlen (com) to deep freeze
Tiefkühlkost *f* (com) frozen food
Tiefkühltruhe *f* (com) deep freezer
Tieflader *m* (com) flat-bed trailer
Tiefpunkt *m* **der Rezession** *f* (Vw) bottom of the trough
Tiefseebergbau *m* (com) deep sea (*or* seabed) mining
Tiefseeboden *m* (com) deep ocean floor
Tiefseefischerei *f* (com) deep sea fishery
Tiefstand *m*
(com) bottom
– low
Tiefstand *m* **erreichen** (com) to hit a low
Tiefstkurs *m*
(Bö) lowest price
– all-time low
– low
Tiefstpreise *mpl*
(com) bottom
– lowest
– rock-bottom . . . prices
Tiefstpunkt *m*
(com) nadir
(ie, lowest point)
Tiefstwert *m* (Bö) low
Tierversuche *mpl* (com) animal testing
tilgbar
(Fin) amortizable
– redeemable
– repayable
tilgen
(Fin) to amortize
– to pay back
– to pay off
– to redeem
– to repay
– (infml) to wipe off a debt

Tilgung *f*
(Fin) amortization
– paying back/off
– redemption
– repayment
– sinking
Tilgung *f* **durch jährliche Auslosungen** (Fin) redemption by annual drawings
Tilgung *f* **e–r Anleihe** (Fin) redemption of a loan
Tilgung *f* **e–r Hypothek** (Fin) repayment of a mortgage
Tilgung *f* **in gleichen Raten** (Fin) straight-line redemption
Tilgungsabkommen *n* (Fin) redemption agreement
Tilgungsanleihe *f* (Fin) redemption bond
Tilgungsaufforderung *f* (Fin) call for redemption
Tilgungsaufgeld *n* (Fin) redemption premium
Tilgungsaufschub *m* (Fin) deferral of redemption payments
Tilgungsaussetzung *f* (Fin) suspension of redemption payments
Tilgungsbedingungen *fpl* (Fin) terms of amortization
Tilgungsdarlehen *n* (Fin) redeemable loan
Tilgungsdauer *f* (Fin) payback period
Tilgungsdienst *m* (Fin) redemption service
Tilgungserlös *m* (Fin) redemption yield
Tilgungsfälligkeit *f* (Fin) date of redemption
Tilgungsfonds *m*
(Fin) redemption
– sinking
– amortization . . . fund *(ie, set aside at regular intervals; syn, Amortisationsfonds)*
Tilgungsfondskredit *m* (Fin) sinking fund loan
tilgungsfreie Jahre *npl*
(Fin) redemption-free period
– capital repayment holiday
tilgungsfreie Zeit *f* (Fin) grace period for repayment of principal
Tilgungsgewinn *m* (Fin) gain on redemption
Tilgungsgrundschuld *f* (Re) real estate charge to secure a redemption loan
Tilgungshypothek *f*
(Fin) redemption mortgage
– (US) level-payment mortgage *(ie, mit gleichbleibenden Leistungen: Annuitäten bestehend aus Tilgung und Zinsen; provides for equal monthly payments covering both principal and interest during the term of the mortgage; part of each payment is applied to interest as earned, and the rest is credited to principal; syn, Annuitätenhypothek, Amortisationshypothek; cf, Verkehrshypothek)*
Tilgungskapital *n*
(Fin) sinking-fund capital
(ie, long-term borrowed capital repayable through depreciation or self-financing facilities)
Tilgungskredit *m* (Fin) amortizable loan
Tilgungskurs *m* (Fin) redemption price (*or* rate)
Tilgungslebensversicherung *f* (Vers) mortgage redemption life insurance
Tilgungsleistung *f* (Fin) redemption payment
Tilgungsmittel *pl* (Fin) redemption funds
Tilgungsmodalitäten *fpl*
(Fin) terms of redemption
– repayment terms

Tilgungsplan *m* (Fin) call/redemption/amortization . . . schedule

Tilgungsrate *f*
(Fin) redemption
– amortization
– sinking fund . . . installment

Tilgungsrechnung *f* (Math) sinking-fund calculations

Tilgungsrecht *n*
(Fin) call right
– right of redemption

Tilgungsrücklage *f*
(Fin) sinking fund/redemption . . . reserve
(ReW) amortization reserve

Tilgungsstreckung *f* (Fin) repayment deferral

Tilgungsstreckungsantrag *m* (Fin) request for repayment deferral

Tilgungstermin *m* (Fin) repayment date

Tilgungs- und Zinslast *f*
(Fin) debt-servicing burden
– repayment and service of existing debt

Tilgungsvereinbarung *f* (Fin) redemption agreement

Tilgungsverpflichtungen *fpl* (Fin) redemption commitments

Tilgungsvolumen *n* (Fin) total redemptions

Tilgungszahlung *f* (Fin) redemption payment

Tilgungszeit *f* (Fin) payback period

Tilgung *f* **von Verbindlichkeiten** *f* (Fin) payment of debts

Tintenkassette *f* (EDV) ink cartridge

Tintenstrahldrucker *m* (EDV) ink jet printer

Tippfehler *m* (com) typing mistake

Tischcomputer *m* (EDV) desk-top computer

Tischdrucker *m* (EDV) table-top printer

Tischkopierer *m* (com) desk-top copier

Tischplotter *m* (EDV) flat-bed plotter

Tischrechner *m* (EDV) desk calculator

Titel *m*
(EDV, GUI) caption *(ie, descriptive text that appears in the title bar, qv of a window)*

Titelbereich *m* (EDV) title area

Titelleiste *f* (EDV, GUI) title bar *(contains system icons and caption; syn, Titelzeile)*

Titelschrift *f* (EDV) display face

Titelzeile *f* (EDV, GUI) title bar *(contains system icons and caption; syn, Titelleiste)*

Tochterboard *n* (EDV) daughterboard

Tochtergesellschaft *f*
(com) (majority-owned) subsidiary
– (infml) offshoot of a company
– daughter company
(StR) (first-tier) subsidiary, § 102 II BewG *(ie, at present the simple ownership of 50% or more of a company is not enough to require it to be treated as a subsidiary. There is also a requirement that the company should come unter the unified financial management of the parent. Under the EEC's 7th Directive the Germans are more likely to be required to comply with a more rigid ownership criterion.)*

Tochtergesellschaft *f* **100%** (com) wholly-owned subsidiary

Tochtergesellschaft *f* **im Mehrheitsbesitz** (com) majority-owned subsidiary

Tochtergesellschaft *f* **unter 50 %**
(com) affiliate
– affiliated company

Tochterinstitut *n* (Fin) banking subsidiary

Todesanzeige *f* (com) death/obituary . . . notice

Todesfallrisiko *n* (Vers) death risk

Todesfallversicherung *f*
(Vers) straight-life/whole-life . . . insurance
– (GB) assurance payable at death

Token *n*
(EDV) token *(ie, spezielles Bitmuster)*

Token-Bus-Prinzip *n*
(EDV) token bus principle
(eg, in lokalen Breitbandnetzen; cf, MAP)

token method (EDV) Token-Verfahren *n*

token passing method (EDV) = token method

Token-Passing-Verfahren *n* (EDV) token passing scheme

Tokio-Runde *f*
(AuW) Tokyo Round
(ie, of multilateral trade negotiations; this GATT round started in 1973 and was concluded in 1979; comprehensive effort to eliminate, reduce, or control non-tariff barriers – nichttarifäre Handelshemmnisse – that restrict non-agricultural trade)

Toleranzgrenze *f* (Stat) tolerance limit

Toleranzintervall *n* (Stat) tolerance interval

Toleranzklausel *f* (Kart) minor-merger clause, § 24 VIII GWB

Tonnenfracht *f*
(com) ton freight
– freight charged by the ton

Tonnenkilometer *m* (com) ton kilometer

Tonnenverzerrung *f* (EDV) Stapelbetriebssitzung *f*

Tonwahlverfahren *n* (EDV) tone dialing

Top-Down-Programmierung *f*
(EDV) top-down programming
(ie, main skeleton of application is designed before coding detail routines; opp, bottom-up programming)

Top-Mann *m*
(Pw, infml) top man
– high achiever
– (sl) heavy hitter

Topologie *f*
(Math) analysis situs
– topology
(ie, collection of subsets pf a set X, which includes X and the empty set, and has the property that any union of finite intersection of its members is also a member)

topologische Eigenschaft *f*
(Math) topological property
(ie, holds true for any topological space homeomorphic to one possessing the property)

topologische Gleichung *f* (Math) topological equation

topologische Gruppe *f* (Math) topological group

topologischer Körper *m* (Math) topological field

topologischer Raum *m* (Math) topological space

topologische Skala *f* (Stat) topological scale

torsionsfreie Gruppe *f* (Math) torsion-free group

Torsionskurve *f* (Math) twisted curve

Tortengrafik *f* (EDV) pie chart

Totalanalyse *f* (Vw) general (*or* total) analysis

Totalausverkauf *m* (com) going-out-of-business sale
totale Ableitung *f* (Math) total derivative
totale Faktorvariation *f* (Vw) total factor variation
totale Partnerschafts-Ideologie *f* (Pw) full partnership ideology
totaler Grenzertrag *m* (Vw) total marginal return
Totalerhebung *f*
(Stat) full census
– complete-population survey *(syn, Vollerhebung)*
totales Differential *n* (Math) total differential
totale Simultanplanung *f* (Bw) comprehensive simultaneous planning
total geordnet (Math) nested
Totalgewinn *m*
(Bw) total profit
(ie, sum total of profits taken over the entire life of a business)
Totalgleichgewicht *n*
(Vw) complete
– total
– unique steady-state . . . equilibrium
Totalrechnung *f*
(ReW) total-life accounting
(ie, seeking to determine results of a business enterprise for its whole life from startup to discontinuance; opp, Periodenrechnung)
Totalschaden *m* (Vers) actual total loss
Totalverlust *m* (SeeV) total loss
toter Code *m* (EDV) dead code
toter Link *m* (EDV) stale link
toter Punkt *m*
(KoR) breakeven point
(syn, Gewinnschwelle, Nutzschwelle, Kostendeckungspunkt)
tote Saison *f* (Mk) dead (*or* off) season
totes Gleis *n*
(com) siding
– sidetrack
(ie, opening onto main track at both ends; opp, Stichgleis)
totes Inventar *n*
(Bw) farm equipment and machinery
– (GB) dead stock
totes Kapital *n* (Fin) idle funds
totes Konto *n* (ReW) inactive (*or* dormant) account
totes Papier *n* (Bö) inactive security
Totzeit *f*
(EDV) dead (*or* idle) time
(ie, piece of hardware is unused although in good operating condition; syn, ungenutzte Zeit)
Tourenplanung *f* (Mk) vehicle routing and scheduling
Tourismus *m* (com) tourist travel
Tourismusgewerbe *n* (com) tourist industry
Touristengepäckversicherung *f* (Vers) tourist baggage (*or* luggage) insurance
Touristenverkehr *m* (com) tourist traffic
Touristik *f* (com) tourist industry
Trabantenstation *f*
(EDV) tributory station *(syn, Unterstation)*
trabende Inflation *f* (Vw) trotting inflation
traditionelle Kostenrechnung *f*
(KoR) conventional (*or* traditional) cost accounting
(ie, stützt sich vor allem auf die direkten Arbeitskosten: Kostenkontrolle hierbei etwa: direkte Arbeitskosten 75 %, Materialkosten 15 %, Gemeinkosten 10 %; tatsächlicher Kostenanfall aber etwa im Verhältnis 10 % – 55 % – 35 %)
traditionelles Verfahren *n* **der Budgetaufstellung** (FiW) traditional budgeting
Traditionspapiere *npl*
(WeR) documents of title *(syn, Dispositionspapiere)*
tragbarer Computer *m* (EDV) portable computer
tragbares Telefon *n* (com) cellular (tele)phone
Tragbarkeit *f* **von Risiken** (Bw) acceptability of risks
tragende Grundsätze *mpl* (Re) general principles
träge Organisation *f* (Bw) sluggish organization
Tragepackung *f* (com) carry-home container
Träger *m*
(Re) supporting organization
(Re) supporting public authority
(com) sponsoring agency
(Vers) fund, § 4 d EStG
– insurance carrier
Trägerhaushalt *m* (FiW) government budget
Trägerkosten *pl* (KoR) cost of product, product group, etc.
Trägersprache *f* (EDV) host language
Träger *m* **von Rechten und Pflichten** (Re) subject of rights and duties
Tragetasche *f*
(com) shopping bag
– (GB) carrier bag
Tragfähigkeit *f*
(com) carrying/cargo . . . capacity
– deadweight *(ie, of a ship)*
Trägheitsmoment *n* (Stat) moment of inertia
Trägheitsverkauf *m*
(Mk) inertia selling
(ie, goods are delivered on a sale-or-return basis without the previous consent of the prospect; recipient need not retain or pay the goods)
Tragweite *f* (Re) application *(eg, of treaty rule)*
Trampgeschäft *n*
(com) tramping
– tramp shipping
Trampreeder *m* (com) tramp owner
Trampschiff *n* (com) tramp (steamer)
Trampschiffahrt *f*
(com) tramp navigation *(syn, Charterschiffahrt)*
Trampverkehr *m* (com) tramping trade
Tranche *f*
(Fin) tranche
(ie, Teilbetrag e–r Wertpapieremission)
(Vers) layer
(ie, Abschnitt e–r Haftstrecke in der Rückversicherung)
Tranche *f* **e–r Anleihe** (Fin) tranche of a bond issue
Tranche *f* **e–s Kontingents** (AuW) quota share
Transaktion *f*
(com) transaction
– operation
– deal
Transaktionsanalyse *f* (Pw) transactional analysis, qv

Transaktionskasse *f*
(Vw) transactions balance (*or* holdings)
(ie, amount of money an economic unit requires to settle its current transactions)

Transaktionskonto *n* (VGR) transactions account

Transaktionsmonitor *m*
(EDV) teleprocessing monitor
– TP monitor

Transaktionsmotiv *n* (Vw) transactions motive

Transaktionsnachfragefunktion *f* (Vw) transactions demand function

Transaktionsprotokoll *n* (EDV) transaction log

Transaktionsvolumen *n* (Vw) volume of economic transactions

Transaktionswährung *f* (AuW) transactions (*or* trading) currency

Transaktionswerte *mpl* (VGR) transaction values

Transaktionszeit *f* (Fin) transaction time

Transfer *m* (Vw) transfer

Transferabkommen *n* (AuW) transfer agreement

Transferausgaben *fpl* (FiW) transfer payments (*or* expenditure)

Transferbefehl *m* (EDV) transfer (*or* branch) instruction

Transferbeschränkungen *fpl*
(AuW) transfer restrictions
– restrictions on transfers

Transferbilanz *f*
(VGR) balance on transfer account
– (US) unilateral payments
(syn, Schenkungsbilanz, Übertragungsbilanz)

Transfereinkommen *n* (Vw) transfer (*or* nonfactor) income

Transfergarantie *f* (AuW) transfer guaranty

Transfergeschwindigkeit *f* (EDV) data transfer rate

transferieren (Fin) to transfer

Transferklausel *f* (AuW) transfer clause

Transferkosten *pl* (Fin) cost of transfer *(eg, capital, profits)*

Transferleistungen *fpl* **der Privatwirtschaft** (VGR) private transfers

Transferlockerung *f* (Fin) relaxation of transfer restrictions

Transfermechanismus *m*
(AuW) transfer mechanism
(ie, explains the aggregate effects of autonomous capital exports)

Transfermoratorium *n* (AuW) suspension of transfers

Transfermultiplikator *m* (FiW) transfer multiplier

Transferrisiko *n* (AuW) transfer risk *(syn, Konvertierungs- und Transferrisiko)*

Transferstraße *f*
(IndE) transfer line (*or* system)
– automated flow line

Transfertheorie *f* (AuW) theory of transfers

Transferwirtschaft *f* (FiW) transfer economy

Transferzahlungen *fpl*
(VGR) transfer payments
– interpersonal transfers
(ie, Zahlungen der öffentlichen Hand an private Haushalte (überwiegend im Rahmen der Sozialversicherungen) oder an Unternehmen (Subventionen) ohne marktliche Gegenleistung)

Transferzahlungen *fpl* **der Unternehmen** (VGR) business transfer payments

Transferzahlungen *fpl* **des Staates** (VGR) government transfer payments

transfinite Kardinalzahl *f* (Math) transfinite cardinal number

transfinite Menge *f* (Math) infinite set

transfinite Zahl *f*
(Math) transfinite number
– infinity

Transformation *f*
(Math) transformation
(ie, a function, usually between vector spaces)

Transformationsdeterminante *f* (Math) determinant of transformation

Transformationsfrist *f* (ReW) time limit for the adoption *(eg, of the 8th EC Directive)*

Transformationsgleichung *f* (Math) equation of transformation

Transformationskurve *f*
(Vw) product frontier
– product transformation curve
– production-possibility boundary (*or* curve *or* frontier)
– tradeoff curve
(syn, Produktionsmöglichkeitenkurve, Produktionsgrenze, effizienter Rand der Produktionsmöglichkeitenmenge)

Transformationsmatrix *f* (Math) matrix of transformation

Transformationsprogramm *n*
(EDV) transformation and clipping routine
(ie, in Computergrafik)

Transformierte *f*
(Math) transform *(ie, a conjugate of an element of a group)*

transformierte Matrix *f* (Math) transform of a matrix

Transitabfertigung *f* (Zo) transit clearance

Transitabgaben *fpl* (Zo) transit charges

Transitabkommen *n* (AuW) transit convention

Transitausfuhr *f*
(Zo) transit (*or* third-country) export
(ie, channeled through third countries)

Transitbescheinigung *f* (com) transit bond

Transiteinfuhr *f*
(AuW) transit (*or* third-country) imports *(ie, channeled through third countries)*

Transiterklärung *f* (Zo) transit declaration

Transitfracht *f* (com) through freight

Transitgüter *npl*
(com) goods in transit
– afloats

Transithafen *m*
(com) port of transit
– intermediate port

Transithandel *m*
(AuW) transit
– merchanting
– third-country . . . trade

Transithandelsgeschäfte *npl* (AuW) merchanting transactions

Transithandelsgüter *npl*
(AuW) transit goods
– goods in transit

Transithandelsland *n* (AuW) merchanting country
Transithändler *m* (AuW) transit (*or* merchanting) trader
Transitivitätsbedingung *f* (Math) transitivity requirement
Transitivitätsgebiet *n* **e–r Matrix** (Math) transitivity set
Transitkonnossement *n* (com) transit bill of lading
Transitladung *f* (com) transit cargo
Transitlager *n* (com) transit store
Transitland *n* (com) transit country
transitorische Aktiva *npl*
(ReW) prepaid . . . expense/cost
– deferred . . . charges/cost/expense/debit
– unexpired expense
– accounts paid in advance
transitorische Passiva *npl*
(ReW) prepaid income
– deferred . . . income/credit/revenue/liability/assets
– unearned . . . income/revenue
– accounts received in advance
transitorische Posten *mpl*
(ReW) deferrals
(ie, der Jahresabgrenzung; eg, deferred charges, deferred income)
transitorische Rechnungsabgrenzung *f*
(ReW) deferral
– deferment
transitorische Rechnungslegung *f*
(ReW) deferral accounting
(ie, Methode der Bilanzierung von Finanzinstrumenten, bei der die Erfolge aus dem Grund- und Sicherungsgeschäft in die Zukunft verschoben werden)
transitorischer Posten *m* (ReW) deferred item
Transit-Spediteur *m* (com) transit agent
Transitverkehr *m*
(AuW) transit trade (*or* traffic)
– international transit
Transitversand *m* (AuW) transit dispatch
Transitwaren *fpl* (AuW) transit goods
Transitweg *m* (AuW) transit route
Transitzoll *m* (Zo) duty on goods in transit
Translationsfläche *f* **mit gekrümmter Leitlinie** (EDV, CAD) curve driven surface
Translationsfläche *f* **mit gerader Leitlinie** (EDV, CAD) tabulated cylinder
Translationsrisiko *n*
(Fin) accounting risk
(ie, bei der Forderungsfinanzierung)
Transmissionskanal *m*
(AuW) link
(ie, durch den konjunkturelle Impulse übertragen werden; eg, Güteraustausch, Austausch von Schuldtiteln, internationaler Preis- und Lohnzusammenhang, Wanderung von Arbeitskräften und Kapital, Informationsaustausch und Konsultationen)
transnationale Unternehmungen *fpl*
(Bw) transnational corporation
(ie, preferred UN usage)
transparenter Modus *m* (EDV) transparent mode
Transparenzrichtlinie *f*
(Kart, EG) anti-raider directive
(ie, zum Schutz der Anleger und zur Koordinierung der Zulassungsbedingungen zur amtlichen Notierung an e–r Wertpapierbörse)
Transponierte *f* **e–r Matrix** (Math) transpose of a matrix
transponierte Matrix *f* (Math) transposed matrix
transponiertes Gleichungssystem *n* (Math) transposed set of equations
transponiertes Vektorsystem *n* (Math) transposed vector set
Transport *m*
(com, US) transportation
– (GB) transport
– carriage
– conveyance
– haulage
– shipping
Transportabteilung *f* (com) materials handling department
Transportalgorithmus *m* (OR) transport algorithm
Transportanlagen *fpl* (ReW) transportation equipment
Transportanweisung *f* (Bw) transport instruction
Transportarbeit *f* (Bw) transport operations
Transportart *f* (com) means of transport (ation)
Transportaufgabe *f* (Bw) transport assignment
Transportbedingungen *fpl*
(com) terms of transportation
– freight terms
Transportbehälter *m* (com) container
Transportbeschränkung *f* (Bw) transport constraint
Transportbilanz *f* (VGR) net position on transport
Transporteinheit *f* (Bw) unit of transport
Transportfunktion *f*
(Bw) transport function
– materials handling function
Transportgefährdung *f* (Re) intentional endangering of public transportation, § 315 StGB
Transportgeschäft *n*
(com) transport business
– shipping trade
Transportgewerbe *n*
(com) carrying
– haulage
– transport(ation) . . . industry (*or* trade)
Transportgut *n* (com) cargo
Transportgüter *npl* (com) goods in transit
Transporthaftung *f* (Re) carrier's liability
Transporthubschrauber *m* (com) cargo/transport . . . helicopter
transportintensive Güter *npl* (com) transport-intensive goods
Transportkapazität *f* (com) transport capacity
Transportkette *f*
(Mk) transport chain
(ie, integrated system of commodity transportation)
Transportkosten *pl*
(com) cost of transport
– carrying charges
– carriage
Transportleistungen *fpl* (Vw) transport services
Transportmakler *m* (com) freight broker
Transportmittel *n* (com) means of transportation (*or* conveyance)

Transportpapiere *npl* (com) shipping papers *(eg, Konnossement, Frachtbrief, Ladeschein)*
Transportplanung *f* (Bw) transport planning
Transportproblem *n*
(OR) transport problem *(syn, Verteilungs- od Distributionsproblem)*
Transportraum *m* (com) cargo space
Transportrisiko *n* (com) transport risk
Transportsachverständiger *m* (com) transportation expert
Transportschaden *m*
(com) transport damage (*or* loss)
– damage in transit
Transportunternehmer *m*
(com) carrier
– transport contractor
– haulier
Transportversicherung *f* (Vers) transport(ation) insurance
Transportversicherungspolice *f* **auf den Inhaber** (Vers) transport insurance policy made out to bearer
Transportvertrag *m* (com) contract of carriage
Transportvolumen *n*
(com) total transports
– freight volume
Transport *m* **von Rückfracht**
(com) backhauling
(ie, return-trip carriage of goods with what otherwise be an empty truck)
Transportvorschriften *fpl* (com) forwarding (*or* shipping) instructions
Transportweg *m* (com) transport route
Transportwesen *n* (com) transportation
Transportzeit *f*
(IndE) handling (*or* move) time *(ie, to and from work area)*
Transversalitätsbedingung *f*
(Math) transversality condition *(ie, in calculus of variation)*
transzendente Funktion *f* (Math) transcendental function
transzendente Zahl *f* (Math) transcendent number
Trassant *m* (WeR) drawer
Trassat *m* (WeR) drawee *(cf, Akzeptant)*
trassiert-eigener Scheck *m* (WeR) check where the drawer names himself as the drawee, Art. 6 III ScheckG
trassiert-eigener Wechsel *m* (WeR) bill of exchange where the drawer is identical with the drawee, Art, 3 II WG
Trassierungskredit *m*
(Fin) documentary acceptance credit
– draft credit
– drawing credit
– reimbursement credit
Tratte *f* (WeR) draft
Tratte *f* **ohne Dokumente** (Fin) clean draft
Travellerscheck *m*
(com) traveler's (*or* circular) check *(syn, Reisescheck)*
Trefferquote *f* (com) hit ratio
Trefferquote *f* **des Zwischenspeichers** (EDV) cache hit rate *(eg, a good hard disk cache system should have a hit rate over 80%)*

Treffgenauigkeit *f*
(Stat) accuracy
(syn, Richtigkeit, qv)
Treiber *m* (EDV) driver
(eg, device driver, video driver)
Treiberroutine *f* (EDV) driver routine
Treibhauseffekt *m* (com) greenhouse effect
Treibstoffpreis *m* (com) fuel price
Treibstoffsteuer *f*
(StR) fuel tax *(ie, a special form of the ‚Mineralölsteuer')*
Treibstoffverbrauch *m*
(IndE) fuel-burn rate *(ie, of jet engines)*
Trema *n* (com) diaresis
Trend *m* (com) trend
Trendanalyse *f* (Stat) trend analysis
Trendausschaltung *f* (Stat) trend elimination
trendbereinigte Zeitreihe *f* (Stat) trend-free time series
Trendbereinigung *f* (Stat) trend adjustment
Trenddiagramm *n* (EDV) trend diagram
Trendextrapolation *f* (Stat) extrapolating the trend line
Trendhochrechnung *f* (Stat) trend extrapolation
Trendschätzung *f*
(Stat) trend estimation
(cf, lineare Trendfunktion, exponentieller Trend, logistische Funktionen, Gompertzfunktionen)
Trendumkehr *f*
(Bö) trend reversal *(ie, in der technischen Aktienanalyse)*
Trend *m* **umkehren**
(com) to reverse a trend
– to turn the corner *(ie, reverse the trend of affairs)*
Trend *m* **verdecken** (com) to mask a trend
Trendverlauf *m* (Vw) trend path
Trendwende *f*
(com) trend reversal
– drastic reversal
– turnaround
Trennabschnitt *m* (Zo) voucher *(see: Anweisungsblatt)*
Trennanalyse *f* (Stat) discriminatory analysis
Trennbanksystem *n* (Fin) system of functional separation in the financial services sector
trennbare Präferenzen *fpl* (Vw) separable preferences
trennen
(EDV) to decollate
– to deleave
trennende Supposition *f* (Log) discrete supposition
trennen von, sich (Pw) to part company with *(eg, a chief executive)*
Trennfunktion *f*
(Math) discriminant function
– discriminator
trennscharf (Stat) powerful
Trennschärfe *f* (Stat) power
Trennschärfefunktion *f* (Stat) power function
trennscharfer Konfidenzbereich *m* (Stat) shortest confidence region
trennscharfes Konfidenz-Verfahren *n* (Stat) most accurate (*or* shortest) confidence process

trennschärfster Konfidenzbereich *m* (Stat) most selective confidence interval (*or* region)
trennschärfster kritischer Bereich *m* (Stat) most powerful critical region
trennschärfster Test *m* (Stat) most powerful test
Trennseite *f* (com) burst page
Trennsymbol *n*
(EDV) separator
– delimiter *(syn, Begrenzer)*
Trennung *f* **nach Funktionsmerkmalen** (Bw) functional grouping
Trennungsentschädigung *f*
(Pw) severance pay
– separation (*or* isolation) allowance
Trennungsvereinbarung *f* (Re) separation agreement
Trennzeichen *n*
(EDV, Cobol) delimiter
– separator
(syn, Begrenzer; cf, DIN 66 028, Aug 1985)
Treppendiagramm *n* (Stat) histogram
Treppeneffekt *m* (EDV) stairstepping
treppenförmig ansteigen (Math) to grow in stairlike progression
Treppenfunktion *f* (Math) step function
Treppenkredit *m* (Fin) graduated-interest loan
Treppenkurve *f* (Math) step curve
Treppenpolygon *n* (Stat) frequency polygon
Treppenverfahren *n* (KoR) step ladder method
Tresor *m*
(Fin) safe deposit vault *(syn, Stahlkammer)*
Treuerabatt *m*
(com) loyalty/fidelity . . . rebate
(ie, besondere Form des Mengenrabatts; § 7 RabattG; zusätzliche Lieferung od Preisnachlaß)
Treuevergütung *f* (com) = Treurabatt
Treugeber *m*
(Re) trustor *(ie, party creating a trusteeship)*
– transferor *(ie, in a ‚Treuhand' relationship)*
Treugiroverkehr *m* (Fin) = Treuhandgiroverkehr
Treuhand *f* (Re) = Treuhandgeschäft
Treuhandanstalt *f*
(Vw) Treuhandanstalt privatization agency
(ie, agency charged with privatizing former East German assets)
Treuhanddepot *n* (Fin) = Treuhänderdepot
Treuhandeigenschaft *f* (Re) fiduciary capacity
Treuhandeigentum *n* (Re) trust property
Treuhänder *m*
(Re) fiduciary
– trustee *(ie, charged with the management and preservation of the property which constitutes the trust estate; opp, Treugeber = trustor)*
Treuhänderausschuß *m* (Re) committee of trustees
Treuhänder *m* **bestellen** (Re) to appoint a trustee
Treuhänderdepot *n* (Fin) third-party security deposit
Treuhändereigenschaft *f* (Re) fiduciary capacity
treuhänderisch
(Re) fiduciary
– in trust
treuhänderisch besitzen (Re) to hold as a trustee
treuhänderischer Besitz *m* (Re) fiduciary possession
treuhänderischer Besitzer *m* (Re) holder in trust
treuhänderisches Eigentum *n* (Re) trust property
treuhänderische Verwaltung *f* (Re) trust administration
treuhänderisch verwalten (Re) to administer in a fiduciary capacity
Treuhandgelder *npl* (Fin) trust funds (*or* deposits *or* monies)
Treuhandgeschäft *n* (Re) trust transaction
Treuhandgeschäfte *npl* (Fin) trust business
Treuhandgesellschaft *f*
(Re) trust company
(ie, today mostly auditing and tax consulting firms)
Treuhandgiroverkehr *m*
(Fin) accounts receivable clearing transactions
(syn, Treugiroverkehr)
Treuhandkonto *n*
(Fin) escrow/trust . . . account
– (US) agency account *(ie, held in a bank by a trustee on behalf of third-party assets; nicht jedes Treuhandkonto ist ein Anderkonto)*
Treuhandkredite *mpl*
(Fin) loans in transit
– loans for third-party account
– conduit credits *(syn, durchlaufende Kredite)*
Treuhandschaft *f* (Re) trusteeship *(ie, Treuhänder hat nach außen Vermögensrechte als eigene Rechte, übt sie aber nach Treuhandvertrag ganz od teilweise im Interesse des Treugebers aus; mögliche Rechtsstellungen:*
1. Vollberechtigung, d. h. Treuhandverhältnis i.e.S.;
2. Ermächtigung nach § 185 BGB;
3. Bevollmächtigung aufgrund e–s Geschäftsbesorgungsvertrages, d. h. Treuhandverhältnis i.w.S.;
the term ‚trust' in Anglo-American law has no real counterpart in European Continental law; cf, trust, Vol I)
Treuhandsonderkonto *n* (Fin) special trust account
Treuhandstelle *f* (Re) trust agency
Treuhandverhältnis *n* (Re) trust relationship
Treuhandvermögen *n*
(Re) trust property
(Fin) trust . . . assets/estate/fund/property
(Fin) trust fund
Treuhandvertrag *m*
(Re) trust . . . agreement/indenture/instrument
– deed of trust
Treuhandverwaltung *f* (Re) fiduciary management
Treunehmer *m* (Re) trustee
Treurabatt *m*
(com) loyalty discount (*or* rebate)
– fidelity rebate
Treu und Glauben
(Re) good faith
– bona fide
Triade-Unternehmen *n* (Bw) company operating in Japan, USA and Europe
Trichterinterview *n* (Log) funnel-type interview
Trichtermodell *m*
(IndE) funnel model *(ie, belastungsorientierte Auftragsfreigabe)*

Triebfeder *f* (com) driving force *(eg, behind the upswing)*

Triebwerk *n*
(IndE) power plant
– engine *(ie, of aircraft)*

Triebwerksleistung *f* (IndE) engine efficiency *(of aircraft engine)*

triftige Gründe *mpl* (Re) good cause

Trigonometrie *f* (Math) trigonometry

trigonometrische Funktion *f* (Math) trigonometric function

trigonometrische Reihe *f* (Math) trigonometric (*or* Fourier) series

TRIM-Ansatz *m* (Vw) transfer income model approach

Trinkgelder *npl* (StR) tips and gratuities, § 3 No. 51 EStG

Triple-A-Adresse *f*
(Fin) triple A *(ie, zweifelsfreie Bonität; according to Standard & Poor's rating)*

Trittbrettfahrer *m*
(Vw) free rider *(syn, Freifahrer, Schwarzfahrer)*

trockener Wechsel *m*
(WeR) promissory note *(syn, eigener Wechsel, Solawechsel)*

trockene Stücke *npl* (Fin) mortgage bonds in circulation

Trockenfracht-Markt *m* (com) dry cargo market *(eg, coal or iron ore trade)*

Trockenschiff *n* (com) dry cargo ship

Trojanisches Pferd *n* (EDV) Trojan horse

Trommelscanner *m* (EDV) drum scanner

Tropenwald *m* (com) tropical forest

Tropenwälder *mpl* (com) tropical forestry

trübe Aussichten *fpl* (com) bleak outlook

true subset
(Math) echte Teilmenge *f (syn, proper subset)*

Trugschluß *m*
(Log) fallacy
(ie, any unsound step or process of reasoning: mistake of formal logic, suppression of an unacceptable premise, lack of adaptation of reasoning to its alleged purpose)

Trunkenheit *f* **am Steuer**
(Vers, US) drunk driving
– (GB) drunken driving
– (GB) drunk in charge

Trustfonds *m* (IWF) Trust Fund

Tschebyscheffsche Ungleichung *f* (Stat) Tschebycheff inequality

TSR-Programm *n*
(EDV) terminate and stay resident program
(ie, a program that installs itself into main memory and handles system events before they are passed from hardware or operating system to application programs and v. v.)

Tunnelboden *m* (AuW) floor

Tunneldecke *f* (AuW) ceiling

Tupel *n* (EDV) data set

turbulentes Vektorfeld *n* (Math) solenoidal vector field

turbulente Woche *f* (Bö, US) mixed and crazy week

Türöffnergeschäft *n* (com) door opener

TV-Maschinensteuerung *m*
(IndE) machine vision technology
(ie, a sensing technology that uses visual data from TV cameras to inspection, identifying parts, or increase guidance or control in the manufacturing process)

Twen-Markt *m* (Mk) youth market

Typenbanddrucker *m* (EDV) belt printer

Typenmuster *n* (com) representative sample

Typenrad *n* (EDV) print (*or* type) wheel

Typenraddrucker *m* (EDV) wheel printer

Typenschild *n* (IndE) identification plate

Typentheorie *f* (Math) theory of types

Typenverminderung *f* (IndE) variety reduction

typischer Markt *m* (Mk) representative market *(repräsentativer Markt)*

typischer stiller Gesellschafter *m*
(com) typical dormant partner
(opp, atypischer stiller Gesellschafter)

typisch stille Beteiligung *f* (com) typical silent participation

typographische Anführungszeichen *npl* (EDV) smart quotes

Typprüfung *f* (IndE) type verification and test

Typung *f* (IndE) standardization

Typungskartell *n* (Kart) standardization cartel

Typungsvorhaben *n* (Kart) standardization project, § 5 I GWB

TZ-Buchkredit *m* (Fin) installment book credit

TZ-Wechselkredit *m* (Fin) installment credit backed by promissory notes

U

U-Bahn *f*
(com) subway
– (GB) underground
– (GB, infml) tube
Überabschreibung *f*
(ReW) overprovision of depreciation, § 256 V AktG
(ReW) overdepreciation *(ie, writedown beyond the estimated zero value)*
überabzählbar (Math) nondenumerable
über alle Schranken *fpl* **zunehmen**
(Math) to grow large (*or* to increase) without bound
– to increase beyond bound (*or* all bounds)
überalterte Bevölkerung *f* (Stat) overaged population
Überangebot *n*
(Vw) excess supply
– oversupply
Überarbeit *f* (Pw) = Mehrarbeit
überarbeiten (com) to rework
Überbau *m* (Re) structure extending over a boundary, § 912 BGB
Überbeschäftigung *f*
(Vw) overemployment
– over-full employment
(opp, Unterbeschäftigung)
überbesetzt
(Pw) overstaffed
– overmanned
überbesetzter Markt *m* (com) overcrowded market
Überbesetzung *f*
(Pw) overmanning
– overstaffing *(ie, emphasis on white-collar workers)*
– excess staff
Überbestand *m*
(MaW) excessive stock (*or* inventory)
– oversupply
– long position
(StR) excess inventory of current assets, § 33 III BewG
Überbesteuerung *f* (FiW) excessive taxation
überbestimmt
(Math) overidentified
– overspecified
überbetriebliche Ausbildung *f* (Pw) extra-plant training
überbetriebliche Mitbestimmung *f*
(Pw) supra-plant codetermination
– codetermination beyond the enterprise
überbetrieblicher Streikausschuß *m* (Pw) umbrella strike committee
Überbevölkerung *f*
(Vw) overpopulation
(ie, Bestände an natürlichen Ressourcen und Kapital reichen nicht aus, um sämtliche Arbeitskräfte effizient einzusetzen)

überbewerten
(ReW) to overvalue
– to overstate
(Bö) to overprice
überbewertete Aktien *fpl* (Bö) overpriced (*or* top-heavy) shares
überbewerteter Dollar *m* (Fin, infml) overblown dollar
überbewertete Währung *f* (Vw) overvalued currency
Überbewertung *f*
(ReW) overstating *(ie, balance sheet items)*
(Bw) overvaluation *(ie, of assets)*
(Bö) overpricing *(ie, of securities)*
(Fin) overvaluation *(ie, of a currency)*
überbieten
(com) to outbid
– to overbid
Überbietung *f*
(com) outbidding
– overbidding
Überbord-Auslieferungsklausel *f* (com) overside-delivery clause
überbringen (com) to deliver acceptance to
Überbringer *m* (WeR) bearer *(cf, Inhaber)*
Überbringerklausel *f* (WeR) bearer clause
Überbringerscheck *m*
(WeR) bearer check
– check to bearer
überbrücken
(com) to bridge
– to tide over
Überbrückungsfinanzierung *f* (Fin) bridging (*or* interim) financing
Überbrückungshilfe *f* (Pw) temporary assistance
Überbrückungskredit *m*
(Fin) bridging/interim/intermediate . . . credit
– (infml) bridge over
Überbrückungsprogramm *n* (EDV) bridge program
überbuchen
(com) to overbook *(ie, issue reservations in excess of available space)*
Überdeckung *f*
(Fin) excess (*or* surplus) cover
(KoR) overabsorption
Überdenkungsfrist *f*
(Re) cooling-off period
(ie, mit Widerrufsrecht auch nach Vertragsschluß)
Überdividende *f*
(Fin) superdividend
(Fin) surplus dividend *(syn, Superdividende)*
überdurchschnittlich
(com) above average
– higher than average
(Pw) better than average
überdurchschnittliche Abgaben *fpl* (Bö) oversold positions

überdurchschnittliches Wachstum *n* (Vw) above-average growth
übereignen
(Re) to transfer ownership
– to pass title to
Übereignung *f*
(Re) transfer of ownership, § 929 BGB
(Re) conveyance, § 873 BGB *(ie, transfer of title to land)*
übereinkommen (Re) to agree
Übereinkunft *f*
(Re) agreement *(ie, zweiseitig = between two parties)*
Übereinkunft *f* **mit Gläubigern** (Re) arrangement with creditors
übereinstimmen (mit)
(com) to be in agreement with
– to conform to
– to be conformable to
– to answer to
Übereinstimmung *f*
(com) agreement
– conformity
(com) compliance
Übereinstimmungskoeffizient *m* (Stat) coefficient of agreement (*or* concordance)
Übereinstimmungs-Validität *f* (Bw) concurrent validity
Überemission *f*
(Bö) overissue of securities
– undigested securities
überfällig (com) past due
überfällige Aufträge *mpl* (IndE) jobs past due
überfällige Ausfuhrforderung *f* (AuW) export claim overdue (*or* past due)
überfällige Forderungen *fpl*
(Fin, US) delinquent accounts receivables
– (GB) overdue account
– claims past due
(Fin) stretched-out receivables *(ie, customers paying more slowly)*
überfälliger Betrag *m* (Fin) amount overdue
Überfischen *n*
(com) overfishing
– over-exploitation of fish
Überfließlager *n* (MaW) flow-over inventory
Überfracht *f* (com) extra freight
Überfremdung *f* (Bw) excessive foreign control
Übergabe *f* (Re) delivery, § 929 BGB
Übergabebescheinigung *f* (com) receipt of delivery
Übergabebilanz *f* (ReW) premerger balance sheet
Übergabestichtag *m*
(Bw) closing
(ie, in Unternehmens- und Beteiligungskaufverträgen: in diesem Zeitpunkt geht Unternehmen mit Nutzungen und Lasten auf den Käufer über)
Übergang *m*
(Re) transition
– transmission
Übergang *m* **der Ersatzansprüche**
(Vers) subrogation of claims
(ie, right of insurer to step into the shoes of the party whom it compensates)
Übergang *f* **der Gefahr** (Re) passage of a risk
Übergang *m* **des Eigentums** (Re) passage of ownership
Übergang *m* **kraft Gesetzes** (Re) assignment (*or* transfer) by operation of law
Übergangsbestimmungen *fpl* (Re) transitional provisions
Übergangsbudget *n* (FiW) transitional budget
Übergangs-Bundesergänzungszuweisungen *fpl* (FiW) transitional supplementary Federal grants
Übergangskonten *npl*
(ReW) suspense accounts
(ie, linking cost and financial accounting systems; syn, Spiegelbildkonten, reziproke Konten)
Übergangslösung *f*
(com) provisional solution
– temporary arrangement
Übergangsposten *m* (ReW) suspense (*or* transitory) item
Übergangsprüfung *f* (StR) transition/transitory . . . examination
Übergangsregelung *f* (Re) transitional . . . arrangements/provisions/rule
Übergangsstelle *f*
(EDV) connector *(ie, in flowcharting)*
Übergangsstellung *f*
(Pw) staging post *(ie, phase in career development)*
Übergangsstichtag *m*
(Bw) closing date
(ie, beim Unternehmens- und Beteiligungskaufvertrag; ‚closing' manchmal auch der Akt des Vertragsschlusses nach Vorlage aller Unterlagen)
Übergangsvorschriften *fpl* (Re) transitional provisions
Übergangswahrscheinlichkeit *f* (Stat) transition probability
Übergangswahrscheinlichkeits-Matrix *f* (Stat) transition probability matrix
Übergangszeit *f* (com) transitional period
übergeben
(com) to deliver
– to turn over
– to hand over
– to transfer
Übergebot *n* (Re) higher bid, § 72 ZVG
übergehen
(Pw) to pass over *(ie, sb in making appointments)*
(EDV) to skip *(ie, to ignore instructions in a sequence)*
– to omit
übergeordnete Datei *f* (EDV) parent file
übergeordnete Instanz *f*
(Re) court above
– next higher court
übergeordneter Buchungskreis *m* (ReW) parent set of books
übergeordnetes Fenster *n*
(EDV, GUI) parent window *(syn, Primärfenster; opp, child window)*
übergeordnete Stelle *f* (Bw) superior unit (*or* department)
Übergepäck *n* (com) excess baggage
Übergewicht *n* (com) overweight *(eg, parcel is 10kg overweight)*

Übergewinnsteuer *f* (FiW, US, GB) excess profits tax
Übergewinnverfahren *n*
(Bw) surplus profits method
(ie, the value of a limited sequence of expected surplus profits should be added to the net asset value; used in the valuation of a going concern [Unternehmensbewertung]; opp, Mittelwertverfahren)
übergreifender Satz *m* (EDV) spanned record
Übergruppenwechsel *m* (EDV) major control break
Überhitzung *f*
(Vw) overheating *(ie, of the economy)*
(Bö) wave of heavy selling
Überhitzung *f* **des Geschäftsklimas** (Vw) overheated business climate
überhöhte Bestände *mpl* (MaW) inflated inventory
überhöhte Gewinnthesaurierung *f* (Fin) excessive profits retained
überhöhter Preis *m*
(com) excessive
– heavy
– stiff . . . price
überholen
(com) to overhaul
(com) to rejuvenate *(eg, a building)*
Überholung *f*
(ReW) obsolescence *(ie, of fixed assets; subterms: wirtschaftliche/technische Überholung)*
(com) overhaul *(ie, through inspection and repair)*
Überholverbot *n*
(com) No Passing
– (GB) Do not overtake
überidentifiziert
(Math) overidentified
– multiply identified
Überinvestition *f* (Bw) overinvestment
Überinvestitionstheorie *f* (Vw) overinvestment theory
Überkapazität *f*
(Bw) excess
– surplus
– redundant . . . capacity
– overcapacity
– capacity overshoot
überkapitalisieren (Fin) to overcapitalize
überkapitalisiert
(Fin) overcapitalized
– (infml) top heavy
Überkapitalisierung *f*
(Fin) overcapitalization *(opp, Unterkapitalisierung)*
über Kassakurs (Bö) over spot
Überkreuzkompensation *f*
(ReW) cross compensation
(ie, spartenübergreifende Kompensation zwischen bestimmten Aufwendungen und Erträgen aus dem Kreditgeschäft und dem Wertpapiergeschäft = compensation across different lines of business between specific expenses and receipts in the lending and securities business)
Überkreuzmandat *n* (com) = Überkreuzverflechtung, qv
Überkreuzverflechtung *f*
(com) interlocking directorate, § 100 AktG
– (corporate) interlock
Überkreuz-Wiederholungsplan *m* (Stat) cross-over/switch-back . . . design
überladen (com) to overload
Überladung *f* (com) overloading
überlagern
(com) to conceal
– to fog over
überlagerte Häufigkeitsverteilung *f* (Stat) compound frequency distribution
überlagerte Poisson-Verteilung *f* (Stat) compound Poisson distribution
überlagerte Stichprobe *f* (Stat) interpenetrating sample
Überlagerung *f*
(Math) superposition
(EDV) overlay
Überlagerungsbaum *m* (EDV) overlay tree
Überlagerungseffekt *m* (Mk) carry-over effect
überlappende Brachzeit *f* (IndE) machine interference time
überlappende Fenster *npl*
(EDV, GUI) cascading windows *(syn, kaskadierende Fenster; multiple windows that are displayed overlapping)*
– overlaid windows
überlappende Planung *f*
(Bw) rolling budget *(syn, gleitende Planung, qv)*
überlappende Schichtarbeit *f* (IndE) coupling-up
überlappte Auswahleinheiten *fpl* (Stat) overlapping sampling units
überlappte Fertigung *f* (IndE) lap phasing
Überlappung *f* (EDV) overlap
Überlappungsmaß *n* (Stat) intensity of transvariation
Überlappungssegment *n* (EDV) overlay segment
Überlassung *f*
(Re) permitting the use of
(eg, mietzinsfreie Ü. e–s Grundstücks = permitting the rent-free use of a plot of land)
Überlassung *f* **von Wirtschaftsgütern** (StR) transfer of assets or the use thereof, § 15 I No. 3 EStG *(eg, to a partnership)*
Überlauf *m* (EDV) overflow
Überlaufmarke *f* (EDV) overflow index
Überlaufregister *n* (EDV) overflow register
Überlaufsatz *m* (EDV) overflow record
Überlaufstelle *f* (EDV) overflow position
überlebender Ehegatte *m* (StR) surviving spouse
Überlebensrate *f*
(Bw) survival rate *(opp, Sterberate = failure rate)*
Überlebensrente *f* (Fin) joint and survivor annuity
Überlebensversicherung *f* (Vers) survivorship insurance
Überlebenswahrscheinlichkeit *f* (Vers) survivorship probability
Überlegungen *fpl* ***anstellen*** (com) to put forward ideas
Überleitungsbestimmungen *fpl* (Re) transitional provisions
Überleitungsrechnung/-angaben *fpl* (ReW) reconciliation

überlesen
(EDV) to skip *(ie, to ignore instructions in a sequence)*
Überliegegeld *n* (com) demurrage (charges)
Überliegezeit *f*
(com) extra lay days *(ie, allowed for loading and unloading)*
Überliquidität *f* (Fin) excess liquidity
übermäßige öffentliche Defizite *npl* (EG, FiW) excessive government deficits
Übermittlungsabschnitt *m* (EDV) communications link
Übermittlungsfehler *m*
(Re) error in communicating a declaration, § 120 BGB
(EDV) error in transmission
Übermittlungsirrtum *m* (Re) mistake in communicating a declaration of intent, § 120 BGB
Übernachfrage *f* (Vw) excess (*or* surplus) demand
Übernachtliquidität *f* (EG, Fin) overnight liquidity
Übernachtungsgeld *n* (Pw) overnight accommodation allowance
Übernachtungskosten *pl* (com) hotel expense
Übernahme *f*
(com) takeover
– acquisition
– purchase
– *(also)* merger
– (infml) corporate marriage
– (infml) tie-up
(com) absorption *(eg, cost, freight)* – payment
(Fin) underwriting *(ie, of a loan)*
Übernahmeangebot *n*
(com) takeover . . . bid/solicitation
– corporate takeover proposal
– tender offer
– tender solicitation
(ie, Form des Beteiligungserwerbs außerhalb der Börse: in der Wirtschaftspresse wird ein Angebot zum Aufkauf unterbreitet; opp, öffentliches Abfindungsangebot nach § 305 AktG)
Übernahme *f* **des Ausfallrisikos** (Fin) assumption of credit risk
Übernahmegarantie *f* (Fin) underwriting guaranty
Übernahmegerüchte *npl* (com) takeover rumors
Übernahmegewinn *m*
(Fin) gain on takeover
– take-over profit
Übernahmegründung *f* (Bw) formation of a company where all shares are subscribed by the incorporators
Übernahmekandidat *m*
(com) takeover target
– target *(syn, Zielgesellschaft)*
Übernahmeklage *f* (Re) action brought to take over the business of a partnership, § 142 I HGB
Übernahmekonnossement *n*
(com) received (for shipment) bill of lading
(ie, bescheinigt dem Ablader nur den Empfang der Ware durch den Reeder zur Verschiffung; cf, § 642 HGB)
Übernahmekonsortium *n*
(Fin) underwriting . . .group/syndicate
– purchase group
– purchasing syndicate
Übernahmekriterien *npl* (com) acquisition criteria
Übernahmekurs *m*
(Fin) takeover price
(Fin) underwriting price
Übernahmeofferte *f* (com) = Übernahmeangebot
Übernahmeperiode *f*
(Mk, US) takeover time *(ie, Zeitspanne für die Verdrängung e–s älteren Produkts: time for a new and better product to go from 10% to 90% displacement of a predecessor product)*
Übernahmepolitik *f* (Bö) acquisition policy
Übernahmepreis *m* (Fin) = Übernahmekurs
Übernahmeprofil *n* (Fin) acquisition profile
Übernahmeprovision *f* (Fin) underwriting commission *(syn, Konsortialnutzen)*
Übernahmeschein *m* (com) dock receipt
Übernahmeschlacht *f*
(com) take-over . . . battle/struggle
– bidding war
– bid battle
– merger contest
Übernahmespezialist *m* (com) buy-out specialist
Übernahmestrategie *f* (com) acquisition strategy
Übernahmeverhandlungen *fpl* (com) takeover negotiations
Übernahmeverlust *m* (Fin) loss on takeover
Übernahmeverpflichtungen *fpl* (Fin) underwriting commitment
Übernahmevertrag *m*
(com) acquisition/takeover . . . agreement
(Fin) underwriting/subscription . . . agreement
– purchase contract
(ie, relating to securities issue)
Übernahme *f* **von Verbindlichkeiten**
(Re) assumption of debt
– assumption of liabilities as debtor
Übernahme-Vorurteil *n*
(Bw) transplant bias
(ie, bezieht sich auf die Dominanz US-amerikanischer Vorbilder)
Übernahmezeitpunkt *m*
(com) date of acquisition
(ie, in the case of a merger)
übernehmende Gesellschaft *f*
(com) acquiring
– purchasing
– absorbing
– transferee . . . company
(ie, beim Unternehmenskauf = in an M&A (merger & acquisition) transaction; syn, erwerbende Gesellschaft)
übernehmen, sich
(com) to overreach oneself
(ie, trying to oust his rival)
übernommene Gesellschaft *f*
(com) acquired
– purchased
– transferor . . . company
(opp, übernehmende Gesellschaft = acquiring company)
Überorganisation *f* (Bw) overorganization
überorganisiert (Bw) overorganized
über pari
(Fin) above par
– at a premium

Überpari-Emission *f* (Fin) issue . . . above par/at a premium
Überparität *f*
(Pw) supra parity
– union dominance
überparitätische Mitbestimmung *f* (Pw) overparity in representation
überplanmäßige Ausgaben *fpl* (FiW) excess expenditure *(Ausgaben, die Geldansatz eines Ausgabetitels überschreiten)*
Überproduktion *f* (com) overproduction
überproportionale Kosten *pl* (Bw) progressively rising variable cost
überproportionale Produktionskosten *pl*
(Bw) convex production cost
(syn, progressive Kosten)
Überprovision *f*
(Vers) overriding commission
(ie, in reinsurance)
Überprüfung *f*
(com) audit
– check
– review
überragende Marktstellung *f*
(Kart) superior market position
– commanding position over competitors
(cf, § 22 I 2 GWB: Kriterien: Marktanteil, Finanzkraft, Marktzugang, Verflechtung mit anderen Unternehmen, Marktzutrittsschranken und die Umstellungsflexibilität der Marktgegenseite; seit der 5. Novelle 1990)
überragendes Interesse *n* **der Allgemeinheit** (Re) overriding public interest
Überraschungsbesuch *m* (Mk) cold call
Überraschungsgewinne *mpl* (Vw) windfall profits
Überraschungsverluste *mpl* (Vw) windfall losses
überreden
(com) to persuade *(ie, doing th)*
– (infml) to talk into *(eg, doing sth)*
– (infml) to argue into *(eg, doing sth)*
– to entice *(ie, zu = to)*
überregional (com) nation-wide
überregionale Werbung *f* (Mk) national advertising
Überrollungsbudget *n* (FiW) rollover budget
übersättigter Markt *m* (com) glutted market
überschäumende Konjunktur *f* (Vw) runaway boom
Überschlagsrechnung *f* (com) rough estimate
überschneidungsfrei (Math) non-overlapping
überschreiben (EDV) to overwrite
Überschreibmodus *m*
(EDV) overwrite mode
(opp, insert mode)
Überschreibungsmodus *m* (EDV) typeover mode
Überschreiten *n* **der Binnengrenzen** (EG) crossing of internal frontiers
Überschreitung *f* (Fin) overrun
Überschuldung *f*
(Fin) debt overload
– excessive debt
– (GB) absolute insolvency
(ie, financial position where liabilities exceed assets)
Überschuldungsbilanz *f* (ReW) = Konkursbilanz

Überschuß *m* (FiW) surplus
Überschuß *m* **aus Zinsen und Provisionen** (Fin) net income from interest and commissions
Überschußberg *m* (EG) mountainous surplus *(eg, butter, wheat)*
Überschußbeteiligung *f*
(Vers) surplus sharing
(Vers) capital bonus
Überschuß *m* **der Dienstleistungsbilanz** (AuW) surplus on invisibles
Überschuß *m* **des Kaufpreises e–s Unternehmens über seinen Buchwert** (Fin) acquisition excess
Überschußdividende *f* (Fin) surplus dividend
Überschuß-Dumping *n* (AuW) surplus dumping
Überschußfinanzierung *f*
(Fin) cash flow financing *(ie, German term introduced by Hasenack)*
Überschußgelder *npl* (Fin) surplus funds
Überschußguthaben *n* (AuW) net accumulation of ECUs
überschüssige Arbeitskräfte *fpl* (Pw) slack labor
überschüssige Kasse *f* (Vw) excessive cash holdings
überschüssige Prämieneinnahmen *fpl* (Vers) surplus premiums
Überschußkasse *f* (Vw) liquidity of a bank
Überschußland *n* (AuW) surplus country
Überschußnachfrage *f* (Vw) excess demand
Überschußnachfrage-Inflation *f* (Vw) excess demand inflation
Überschußproduktion *f* (EG) surplus production
Überschußrechnung *f*
(StR) cash receipts and disbursement method, § 4 III EStG
– net income method
Überschußreserve *f*
(Fin) excess reserve
(ie, von den Banken über Mindestreserven hinaus gehaltene Zentralbankguthaben)
Überschuß-Risiko-Kriterium *n* (Fin) excess return risk criterion
Überschußrückstellung *f* (Vers) bonus reserve
Überschußtheorie *f*
(AuW) vent for surplus
(ie, progress spreads from industrial countries to LCDs by means of increasing demand for goods)
Überschwemmungsversicherung *f* (Vers) flood insurance
Überseecontainer *m*
(com) ISO container *(ie, von der International Standardization Organization genormt)*
Überseehandel *m*
(AuW) overseas trade
– deep sea trade
Überseemärkte *mpl* (AuW) overseas markets
Überseeverpackung *f*
(com) seaworthy packing
– packing for ocean shipment
übersenden
(com) to send
– to transmit
übersendende Bank *f* (Fin) remitting bank
Übersender *m*
(com) sender
– consignor

übersetzen
(com) to translate
(ie, texts from a source language into a target language)
(EDV) to assemble
– to compile
– to translate
Übersetzer *m*
(com) translator
(ie, a new invention is the German term ‚Translator' covering both translator and interpreter)
(EDV) translator (routine)
(ie, Programm, das Anweisungen in der Quellsprache in Anweisungen der Zielsprache umwandelt)
(EDV) translating program
(EDV) processor *(ie, in numerical control)*
Übersetzungsbüro *m*
(com) translation bureau
(syn, Übersetzungsdienst)
Übersetzungsfehler *m* (com) mistranslation
Übersicherung *f* (Re) excessive safety
Übersicht *f*
(com) general . . . picture/view
– overview *(eg, he gave us an . . . of the company's financial plans)*
übersichtlich
(com) easy-to-follow
– logically arranged
Übersichtsmodus *m* (EDV) browse mode *(for database systems: opp, edit mode, syn, Anzeigemodus)*
Übersichtszeichnung *f*
(com) general arrangement drawing
– layout plan
– outline drawing
Übersiedler *m* (Vw) resettler *(eg, from Eastern Europe)*
Überspannungsschutz *m*
(EDV) surge protector
– surge suppressor
Überspekulation *f* (Bö) overtrading
überstehen (com, infml) to sail through *(eg, the current recession unscathed)*
übersteigen
(com) to exceed
– to top *(eg, sales will top €2bn)*
überstimmen (com) to outvote
Überstunden *fpl* (Pw) overtime
Überstundenausgleich *m*
(Pw) compensatory time *(ie, by taking off instead of overtime pay)*
Überstunden *fpl* **kürzen** (Pw) to cut overtime
Überstunden *fpl* **machen** (Pw) to work overtime
Überstundenvergütung *f* (Pw) overtime pay
übertarifliche Leistungszulage *f* (Pw) excess merit bonus
Übertrag *m*
(ReW) carry forward
(ReW) brought forward
Übertrag *m* **auf neue Rechnung** *f* (ReW) brought forward to new account
übertragbar
(Re) assignable
(WeR) transferable
(WeR) negotiable
übertragbares Akkreditiv *n* (Fin) transferable letter of credit
übertragbares Wertpapier *n*
(WeR) transferable/assignable . . . security
(ie, Rektapapier/Namenspapier; opp, begebbares Wertpapier = negotiable instrument, qv)
Übertragbarkeit *f*
(Re) assignability
(WeR) transferability
(WeR) negotiability *(ie, of order and bearer instruments only)*
(SozV) portability
(ie, of pension benefits)
übertragen
(Re) to transfer
(Re) to assign
(Re) to convey *(ie, title in real estate)*
(WeR) to transfer *(ie, by assignment)*
(WeR) to negotiate *(ie, by consent and delivery)*
(EDV) to transmit
– to communicate
übertragende Gesellschaft *f*
(com) predecessor (*or* transferor) company *(ie, in takeover or merger)*
Übertragender *m* (Re) transferor
übertragende Umwandlung *f*
(Bw) transfer conversion
(ie, liquidationslos im Wege der Gesamtrechtsnachfolge; transfer of net worth by universal legal succession; opp, formwechselnde Umwandlung)
Übertragung *f*
(VGR) transfer *(ie, without specific consideration = Gegenleistung)*
(Re) transfer
(ie, in BGB terminology every transfer of a right arising from an obligation to another creditor, no matter whether the transfer is effected by agreement between the parties or takes place automatically by operation of law)
(Re) conveyance *(ie, of title in land)*
(WeR) transfer *(ie, by assignment)*
(WeR) negotiation *(ie, by consent and delivery)*
(OR) transmittance
(EDV) communication
Übertragung *f* **durch Abtretung** (Re) transfer by assignment
Übertragung *f* **durch Begebung** (WeR) transfer by negotiation
Übertragungen *fpl*
(VGR) transfer payments
– (US) unilateral transfers
Übertragungen *fpl* **zwischen Haushalten** (VGR) interpersonal transfers
Übertragung *f* **e–r Forderung** (Re) assignment of a claim
Übertragung *f* **e–r Sachgesamtheit** (Re) bulk transfer
Übertragung *f* **kraft Gesetzes** (Re) assignment by operation of law
Übertragungsanspruch *m*
(Re) claim to transfer of property, § 985 BGB
(syn, Herausgabeanspruch)
Übertragungsbilanz *f*
(ReW) transfer balance sheet
(VGR) balance on transfer account

– (US) unilateral payments
(syn, Transferbilanz, Schenkungsbilanz)
Übertragungscode *m* (EDV) transmission code
Übertragungsempfänger *m* (Re) transferee
Übertragungsende-Zeichen *n* (EDV) end-of transmission
Übertragungsfunktion *f* (Math) transfer (*or* admittance) function
Übertragungsgewinn *m*
(StR) transfer gain
(ie, difference between book value and fair market value – gemeiner Wert – of the assets of a transformed ‚Kapitalgesellschaft'; eg, AG, GmbH)
Übertragungskanal *m* (EDV) communications channel
Übertragungsleitung *f* (EDV) communications line
Übertragungsmodus *m*
(EDV) move mode *(opp, Lademodus)*
Übertragungsprozedur *f* (EDV) transmission line procedure
Übertragungssicherheit *f* (EDV) transmission reliability
Übertragungsstelle *f* (Fin) transfer agent
Übertragungssteuerzeichen *n* (EDV) transmission control character
Übertragungsurkunde *f* (Re) instrument of transfer
Übertragungsverfahren *n* (EDV) transmission method
Übertragungsvermerk *m* (WeR) indorsement
Übertragungsvertrag *m*
(Bw) divestment agreement
(ie, Übergang der Verfügungsmacht e–r ausländischen Tochter auf das Gastland)
Übertragungswirtschaft *f*
(Vw) grants economy
(ie, field of study in welfare economics, developed by K. Boulding)
Übertragung *f* **von Gütern** (Re) transfer of goods
Übertragung *f* **von Haushaltsmitteln** (FiW) transfer of budget funds
Übertragung *f* **von Vermögen** (Re) transfer of assets
Übertragung *f* **zu Lebzeiten** (Re) transfer inter vivos
übertreffen
(com) to beat
– to get ahead of
– to leave behind
– to outdistance
– to outperform
– to outstrip
übertreibende Werbung *f*
(Mk) puff advertising
– puffery
(syn, Superlativ-Werbung)
übertreten
(Re) to infringe
– to transgress
– to violate
Übertretung *f*
(Re) infringement
– transgression
– violation
übertriebene Werbung *f*
(Mk) extravagant advertising
– hype *(eg, media hype)*
überversichert
(Vers) overinsured
– insurance poor
Überversicherung *f*
(Vers) overinsurance
– (infml) insurance poor *(ie, carrying more insurance than is really needed)*
Überversorgung *f* (Fin) superabundance *(eg, of international liquidity)*
Übervölkerung *f* (Stat) overpopulation
überwachen
(Bw) to control
– to monitor
– to supervise
Überwacher *m* (EDV) checking program (*or* routine)
Überwachung *f*
(Bw) control
– follow-up
– monitoring
– supervision
– surveillance
Überwachung *f* **des Wareneingangs** (MaW) inspection of incoming merchandise
Überwachungsprogramm *n* (EDV) = Überwacher
Überwachungsrecht *n*
(Re) right of inspection
(ie, of limited partner, § 166 HGB; syn, Kontrollrecht)
Überwachungssoftware *f* (EDV) monitoring software
Überwachungszeit *f* (IndE) machine attention time
Überwachungszollstelle *f* (Zo) customs office of surveillance
Überwälzbarkeit *f* (FiW) shifting potential
überwälzen (auf)
(com, StR) to pass on to
– to pass along to *(ie, prices, taxes)*
(FiW) to shift *(ie, taxes to the ultimate consumer)*
Überwälzung *f* (FiW) shifting of taxes *(subterms: Vorwälzung, Rückwälzung)*
Überwälzungsspielraum *m*
(Vw) shifting potential
(ie, opportunities to pass price and wage increases on to the ultimate consumer)
überweisen
(Fin) to remit
– to transfer
(com) to refer *(eg, a dispute to arbitrators)*
Überweisung *f*
(Fin) remittance
– transfer
(com) referral
Überweisung *f* **durch Sammelverkehr** (Fin) bank giro
Überweisungen *fpl* **ausländischer Arbeitskräfte** (VGR) foreign worker remittances
Überweisungsabteilung *f* (Fin) giro department
Überweisungsauftrag *m*
(Fin) transfer instruction
– (GB) bank giro credit

Überweisungsbeschluß *m* (Re) transfer order, § 835 ZPO
Überweisungsempfänger *m* (Fin) credit transfer remittee
Überweisungsformular *n* (Fin) credit transfer form
Überweisungsgebühr *f* (Fin) remittance (*or* transfer) charge
Überweisungsscheck *m*
(Fin) transfer check
(ie, transfer instruction in Bundesbank transactions; no check in its legal sense)
Überweisungstermin *m*
(Fin) transaction date
(eg, für Überweisung an e–e Clearingzentrale)
Überweisungsträger *m* (Fin) transfer slip
Überweisungsverkehr *m*
(Fin) bank/cashless . . . transfer payments
– giro credit transfers
– money transmission service
(syn, Giroverkehr)
überwiegend schwächer (Bö) predominantly lower
überzahlen (com) to overpay *(eg, taxes)*
überzähliges Material *n* (MaW) surplus material
überzahlter Betrag *m* (StR) balance of tax overpayment, § 36 IV EStG
Überzahlung *f* (StR) overpayment of taxes
überzeichnen
(Bö) to oversubscribe *(ie, an issue)*
überzeichnete Emission *f*
(Bö) oversubscribed issue
(ie, there are applications for more shares than the total number in the issue)
Überzeichnung *f* (Bö) oversubscription
überziehen (Fin) to overdraw an account
Überziehung *f* (Fin) overdraft
Überziehungskredit *m* (Fin) overdraft facility (*or* loan)
Überziehungsprovision *f* (Fin) overdraft commission (*or* fee)
überzogene Einkommensansprüche *mpl* (Pw) excessive (*or* unjustified) claims to income rises
UBG (com) = Unternehmensbeteiligungsgesellschaft
Ubiquität *f*
(Vw) ubiquity
(ie, räumlich begrenzte Verfügbarkeit von Gütern und Produktionsfaktoren)
(Mk) ubiquity
(ie, Produkt soll überall erhältlich sein)
üble Nachrede *f* (Re) damaging a person's reputation, § 186 StGB
üblicher Handelswert *m* (com) common market value
üblicher Wettbewerbspreis *m* (com) ordinary competitive price
übrige Gegenstände *mpl* (ReW) other items
Übungsfirma *f*
(Pw) simulated business enterprise
– „paper" company
(ie, used as a training ground for apprentices and junior clerks; syn, Scheinfirma)
UCIT (Fin) = Undertaking for Collective Investment in Transferable Securities

Uferstaat *m*
(Re) littoral state *(ie, in Sea Law)*
U-Gruppe *f* (IndE) subassembly
Ultimo *m* (Bö) last trading day of a month
Ultimoabrechnung *f* (ReW) end-of-month settlement
Ultimoauschläge *mpl* (Bö) end-of-month fluctuations
Ultimoausgleich *m* (com) year-end adjustment
Ultimoausschläge *mpl* (Bö) end-of-month fluctuations
Ultimobedarf *m* (com) end-of-month requirements
Ultimodifferenz *f* (Bö) difference between forward and settlement rate
Ultimogeld *n* (Bö) end-of-month settlement loan
Ultimogeschäft *n*
(Bö) transaction for end-of-month settlement
(Bö) last-day business
Ultimoglattstellung *f* (Bö) squaring of end-of-month position
Ultimohandel *m* (Bö) = Ultimogeschäft
Ultimokurs *m* (Bö) end-of-month quotation
Ultimoregulierung *f* (Bö) end-of-month settlement
ultrahohe Integrationsdichte *f* (EDV) ultra-large-scale integration
umadressieren (com) to redirect
Umadressierung *f* (com) redirection
umarbeiten (com) to rework
Umbasierung *f* (Stat) rebasing of index numbers
Umbaufinanzierung *f* (Fin) financing the re-modeling of a property
umbenennen (com) to rename
umbilden
(Bw) to reorganize
– to reshuffle
Umbildung *f*
(Bw) reorganisation
– reshuffle
Umbruch *m* (EDV) (page) make-up
umbuchen
(ReW) to transfer to another account
– to reclassify
– to repost
Umbuchung *f*
(ReW) book transfer
– reclassification
– reposting
umcodieren (EDV) to translate
Umcodierung *f* (EDV) code translation
umdefinieren (Log) to redefine
Umdeutung *f*
(Re) conversion of a legal transaction
(ie, if transaction is void but requirements for the validity of another transaction of the same effect are complied with, such other transaction will be allowed to take the place of the intended transaction, § 140 BGB)
umdisponieren
(com) to modify arrangements
– to rearrange
Umdisposition *f* (com) rearrangement
Umdrehungswartezeit *f* (EDV) rotational delay
Umdruckbogen *m* (IndE) production order master form
Umfang *m* **der Charge** (IndE) batch size

Umfang *m* **der Haftung** (Re) scope of liability
Umfang *m* **der Vertretungsmacht** (Re) scope of power of representation
Umfang *m* **der Vollmacht** (Bw) scope of power of attorney
Umfang *m* **e–r Versicherung** (Vers) coverage of an insurance policy
Umfang *m* **e–s Patents** (Pat) scope of a patent
umfangreiche Abgaben *fpl* (Bö) spate of selling
Umfangswinkel *m* (Math) circumferential angle
umfassende Erfahrungen *fpl* (com) broadly-based experience
umfassende Menge *f* (Math) inclusive set
umfassende Reform *f* (com) top-to-bottom reform
umfassendes Patent *n* (Pat) broad patent
umfassende Vollmacht
(com) broad authority
(eg, ausstatten mit = to invest with . . .)
Umfeld *n*
(com) environment
– (infml) the outside world
Umfeldanalyse *f*
(Bw) environmental analysis
(ie, im Rahmen des strategischen Managements; Unterbegriffe: monitoring und scanning = Beobachtung bekannter Pänomene bzw. Suche nach neuen Phänomenen)
Umfeldverschmutzung *f* (Bw) pollution of environment
umfinanzieren
(Fin) to refinance
– to refund
– to switch funds
Umfinanzierung *f*
(Fin) switch-type financing
(ie, extension, substitution, and transformation of funds; opp, Neufinanzierung)
– refunding
– refinancing
(Fin) = Umschuldung
umfirmieren
(com) to change name of business
– to change corporate name
umformen (Fin) to transform into
umformulieren
(com) to rephrase
– to redraft
Umformulierung *f*
(com) rephrasing
– redrafting
Umformungsregel *f* (Log) transformation rule
Umfrage *f*
(Mk) opinion survey
– public opinion poll
Umfrageergebnisse *npl* (Mk) results of a survey
Umgebungsbasis *f* (Math) base consisting of neighborhoods
Umgebungsremission *f*
(EDV) background reflection
(ie, in optical character recognition)
Umgebungsspeicher *m*
(EDV) environment space *(ie, memory used for storing environment variables)*
Umgebungstemperatur *f* (com) environmental temperature
Umgebungsvariable *f*
(EDV) environment variable *(ie, variable set on system level; can be used by application programs; eg, SET TEMP=C:/TEMP in MS-DOS)*
umgedrehter Wechsel *m* (Fin) = Akzeptantenwechsel, qv
Umgehung *f*
(Re) circumvention
(eg, Abtretung des Gesellschafterdarlehens an e–n Dritten vor Konkurseröffnung; einfacher Gläubigerwechsel nach 404 BGB)
Umgehungsgeschäft *n* (Re) transaction for the purpose of evading a law
Umgehungstatbestand *m* (Re) (instance of) circumvention
umgekehrte Designierung *f* (AuW) reverse designation
umgekehrte Polnische Notation *f* (EDV) reverse Polish notation
umgekehrter Floater *m* (Fin) reverse floater
umgekehrter Schrägstrich *m* (EDV) backslash
umgekehrtes Dumping *n* (AuW) reverse dumping
umgekehrte Weiterleitung *f* (EDV) reverse path forwarding
umgekehrt proportional (Math) inversely proportional
umgesetzte Leistungen *fpl* (StR) goods and services sold
umgestalten
(com) to reorganize
(eg, an accounting system)
umgliedern
(ReW) to transfer
– to reclassify
(ie, to another account; syn, umbuchen)
Umgliederung *f* (ReW) reclassification
umgründen
(Re) to convert to another legal form *(ie, of business organization)*
Umgründung *f*
(Re) change of legal form
(ie, das bisherige Unternehmen wird liquidiert und ein neues Unternehmen gegründet; Übertragung durch Einzelrechtsnachfolge; involves liquidation, the re-establishment of the business and single succession)
umgruppieren
(com) to reclassify
– to reclass
Umhüllende *f* (Math) envelope
Umhüllungskurve *f* (Vw) envelope
umjweltverträglich (com) respecting the environment
Umkehranzeige *f*
(EDV) reverse . . . image/video *(ie, display effect created by swapping fore- and background color of a certain screen area)*
umkehrbar eindeutige Abbildung *f*
(Math) one-to-one mapping
– bijection
(syn, eineindeutige Abbildung, qv)
umkehrbar eindeutige Relation *f* (Log, Math) one-to-one correspondence
umkehrbarer Akzelerator *m* (Vw) reversible accelerator

Umkehrchart *n*
(Bö) reversal chart *(ie, in der Chartanalyse)*
Umkehrfunktion *f* (Math) inverse function
Umkehrkoeffizient *m* (Stat) tilling coefficient
Umkehrmatrix *f* (Math) inverse matrix
Umkehrpunkt *m*
(Bö) reversal point
(ie, in der Chartanalyse)
Umkehrschluß *m* (Log) argumentum e contrario
Umkehrwechsel *m* (Fin) = Akzeptantenwechsel, qv
Umladegebühren *fpl* (com) reloading charges
Umladehafen *m* (com) port of tran(s)shipment
Umladekonnossement *n* (com) trans(s)hipment bill of lading (*or* B/L)
umladen
(com) to reload
– to tran(s)ship
Umladeplatz *m* (com) reloading (*or* transfer) station
Umladestelle *f* (com) trans(s)hipment point
Umladung *f*
(com) reloading
– tran(s)shipment
Umlage *f*
(StR) levy
– contribution
(KoR) allocation
– charge
Umlagebetrag *m* (KoR) allocation amount
umlagefinanzierte gesetzliche Rentenversicherung *f*
(SozV) pay-as-you-go statutory pension insurance
Umlageprinzip *n* (SozV) principle of adjustable contributions
Umlagesatz *m* (FiW) rate of contribution
Umlageschlüssel *m* (KoR) allocation formula
Umlageverfahren *n*
(SozV) social insurance on a pay-as-you-go basis *(opp, fully-funded basis = Kapitaldeckungsverfahren)*
(Vers) current disbursement
(SeeV) proportionate contribution system
(KoR) method of cost allocation
Umlauf *m*
(com) please circulate
(Fin) bonds outstanding
Umlauf *m* **an Anleihen** (Fin) bonds outstanding
umlaufende Aktien *fpl* (Fin) shares outstanding
umlaufende Betriebsmittel *npl*
(StR) (normal inventory of) current assets
(ie, required for an orderly conduct of farming, § 33 II BewG)
umlaufende festverzinsliche Wertpapiere *npl* (Fin) bonds outstanding
umlaufende Lager *npl* (MaW) transportation inventories
umlauffähig
(Fin) negotiable
– marketable
umlauffähiges Wertpapier *n* (WeR) negotiable instrument
Umlauffähigkeit *f*
(Fin) marketability
– negotiability

Umlaufgeschwindigkeit *f* (Vw) cash transactions velocity
Umlaufgeschwindigkeit *f* **des Geldes**
(Vw) velocity of circulation
– transactions velocity
Umlaufgrenze *f* (Fin) issuing limit
Umlaufmarkt *m*
(Bö) market for securities outstanding
– secondary market
(ie, Markt der umlaufenden Wertpapiere nach Erstabsatz; opp, Emissionsmarkt, Primärmarkt)
Umlaufpapiere *npl*
(WeR) negotiable instruments
(ie, sind vom Grundgeschäft [underlying transaction] unabhängig und leicht übertragbar; cf, Wechsel und Scheck)
Umlaufrendite *f*
(Fin) yield on bonds outstanding
– running/flat . . . yield
Umlaufrichtung *f* (Math) direction of traversal
Umlaufsrendite *f*
(Fin) running (*or* flat) yield
– yield on bonds outstanding
(ie, Rendite Festverzinslicher im Umlauf; coupon payments on a security as a percentage of the security's market price; in many instances the price should be gross of accrued interest = Stückzinsen; opp, Emissionsrendite)
Umlaufvermögen *n*
(ReW) current assets
– (GB) floating assets
(opp, Anlagevermögen = fixed assets)
umlegen
(ReW) to allocate
– to distribute
– to apportion
(KoR) = verrechnen, qv
Umlegung *f*
(ReW) allocation
– distribution
– apportionment
umleiten (com) to redirect
Umleitung *f* **e–r Sendung** (com) reconsignment
Umlenkung *f* **der Handelsströme** (AuW) deflection of trade
umnumerieren (com) to renumber
umorientieren
(com) to reorient
– (infml) to refocus *(eg, one's basic thinking)*
umqualifizieren (Re) to requalify
Umrahmung *f*
(EDV) box *(syn, Feld)*
umrechnen
(ReW) to translate *(ie, currencies; not: to convert!)*
(Fin) to convert
Umrechnungsart *f* (com) conversion type
Umrechnungsfaktor *m* (ReW) translation ratio
Umrechnungsgewinn *m* (Fin) gain on currency translation
Umrechnungsgewinne *mpl* (ReW) translation gains
Umrechnungskurs *m*
(Fin) conversion rate
(ie, fester Devisenkurs, zu dem Börsenkurse in eigene Währung umgerechnet werden)

Umrechnungssätze *mpl* (Bö) conversion rates
Umrechnungstabelle *f* (Fin) table of exchange rates
Umrechnungsverhältnis *n*
(AuW) ratio of conversion
– exchange ratio
Umrechnung *f* **von Fremdwährungen**
(Fin) foreign currency translation
(ie, term is not synonymous with ‚conversion' which is the physical exchange of one currency for another)
Umrißplanung *f* (Bw) provisional overall planning
Umriß-Schriftschnitt *m* (EDV) outline font
Umrißzeichnung *f* (IndE) outline drawing
Umrüsten *n* (IndE) retrofit/retooling
umrüsten
(IndE) to retool
(IndE) to refit
– to retrofit
(ie, buildings are retrofitted with energy-saving gear)
Umrüstzeit *f*
(IndE) tear-down time
– change-over time
(ie, downtime of a machine following a given work order which usually involves removing parts such as jigs and fixtures and which must be completely finished before setting up for the next order)
Umsatz *m*
(com) business
– sales volume
– volume of trade
– (GB) turnover
– billings
(ReW) sales revenue
– sales
– revenues
– (GB) turnover
(Bö) activity
– dealings
– turnover
(Bö) trading volume
– volume of trade
(Mk) billings
(ie, of an advertising agency; eg, annual billings in excess of $2m)
Umsatzanalyse *f* (Bw) sales analysis
Umsatzaufwendungen *fpl* (ReW) = Umsatzkosten, qv
Umsatzausgleichsteuer *f*
(StR) turnover equalization tax on imported goods
(ie, superseded by VAT = value added tax)
Umsatzbelebung *f* (com) increase in turnover
Umsatzbesteuerung *f* (StR) taxation of turnover
umsatzbezogene Kapitalrentabilität *f*
(Fin) sales-related return on investment *(ie, pretax operating income to sales)*
Umsatzbilanz *f*
(ReW) statement of account transactions
(ie, listing of credit and debit sums of all accounts; syn, Summenbilanz)
Umsatzbonus *m*
(com) annual quantity discount *(ie, based on sales volume)*
Umsatzbonussystem *n* (Mk) sales-based bonus system

Umsatz *m* **bringen** (com) to pull in sales *(eg, product pulls in over €500m worth of sales this year)*
Umsätze *mpl*
(com) sales
– (GB) turnover
(Fin) movements
(Bö) trading
Umsatzeinbuße *f* (com) drop in sales
Umsätze *mpl* **in Kurzläufern** (Bö) dealings in shorts
Umsatzergiebigkeit *f* (Fin) = Umsatzrentabilität
Umsatzerlöse *mpl*
(ReW) sales
– sales revenues
– revenues
– (GB) turnover
– gross annual receipts
– gross income from sales and services, § 157 AktG
Umsatzerlöse *mpl* **oder sonstige betriebliche Erträge** *mpl* (ReW) sales or other operating revenue
Umsatzertrag *m*
(ReW) sales revenue
(opp, unrealized revenue from inventory additions)
Umsatz *m* **e–r Werbeagentur** (Mk) billings
Umsätze *mpl* **steigen** (com) sales are perking up
Umsatzgeschäfte *npl* (Re) commercial transactions
Umsatzgeschwindigkeit *f* (Bw) = Umschlagshäufigkeit
Umsatz-Gewinn-Diagramm *n* (KoR) profit-volume chart
Umsatzgewinnrate *f* (Fin) = Umsatzrentabilität
Umsatzgigant *m* (com) sales giant
Umsatzgrößen-Klasse *f* (Bw) turnover-size category
Umsatzhäufigkeit *f* (Bw) = Umschlagshäufigkeit
Umsatzkarte *f* (EDV) accounting detail card
Umsatzkasse *f* (Vw) transactions balances (*or* cash *or* holdings)
Umsatzkosten *pl*
(ReW) cost of goods sold
– cost of sales
(ie, die gesamten Herstellungskosten, die auf die verkauften Produkte entfallen; in der BRD ist seit langem die Gliederung der GuV nach dem Gesamtkostenverfahren üblich und aktienrechtlich vorgeschrieben; nach § 275 HGB kann zwischen Gesamtkosten- und Umsatzkostenverfahren gewählt werden; international ist das Umsatzkostenverfahren die vorherrschende Ausweisform der Ergebnisrechnung; opp, Gesamtkostenverfahren = expenditure style of presentation)
Umsatzkostenverfahren *n*
(ReW) cost-of-sales accounting format
(opp, Gesamtkostenverfahren = expenditure style of presentation; refers to profit and loss account)
(KoR) cost of sales type of short-term results accounting
(ie, gross sales revenue – sales deductions = net sales revenue – cost of sales = operating result = Betriebsergebnis; based on either full cost or marginal cost; opp, Gesamtkostenverfahren)
Umsatz-Leverage *n* (Fin) operating leverage

umsatzloser Markt *m* (Bö) flat (*or* inactive) market
umsatzloses Konto *n*
(ReW) dead
– dormant
– inactive . . . account
Umsatzprovision *f*
(com) sales commission
(Fin) account turnover fee
Umsatzrechnung *f* (ReW) = Gewinn- und Verlustrechnung
Umsatzrendite *f* (Fin) = Umsatzrentabilität
Umsatzrentabilität *f*
(Fin) percentage return on sales
(ie, component of RoI ratio system)
(Also:)
– net income percentage of sales
– net operating margin
– profit on sales
– profit percentage
– profit margin
– (GB) profit-turnover ratio
(syn, Umsatzrendite, Umsatzgewinnrate, Gewinn in % des Umsatzes)
Umsatzrückgang *m*
(com) decline
– drop
– slump . . . in sales
– faltering sales
umsatzschwacher Markt *m* (com) inactive market
Umsatzspitzenreiter *m* (Bö) volume leader
Umsatzsprung *m* (com) jump in sales
umsatzstarker Bereich *m* (Mk) hot-selling area
umsatzstärkstes Produkt *n*
(com) top seller
– top-selling product
Umsatzstatistik *f* (Mk) sales statistics
Umsatz *m* **steigern**
(com) to increase
– to boost
– to lift
– (infml) to beef up . . . sales (GB: turnover)
– to expand *(eg, from €1bn to €12bn in sales)*
Umsatzsteigerung *f*
(com) increase
– advance
– upswing . . . in volume sales
– (GB) turnover growth
Umsatzsteigerung *f* **durch Ein- und Verkauf billiger Waren** (Mk) trading down
Umsatzsteuer *f* (StR) turnover tax
Umsatzsteueranteil *m* (StR) turnover tax component (*or* element) *(ie, of a sales price)*
Umsatzsteuer *f* **auf Anzahlungen** (StR) VAT (value-added) tax on payments on account
Umsatzsteuer *f* **auf den Eigenverbrauch** (StR) turnover tax on appropriation of business property for nonbusiness purposes
Umsatzsteuerbefreiung *f* (StR) exemption from turnover tax
Umsatzsteuerbelastung *f* (StR) turnover tax burden
Umsatzsteuer-Durchführungsverordnung *f* (StR) Ordinance Regulating the Turnover (Value-Added) Tax, of 21 Dec 1979
Umsatzsteuererstattung *f* (StR) rebate of turnover tax
umsatzsteuerfrei
(StR) zero-rated
– nonchargeable
Umsatzsteuerfreiheit *f* (StR) exemption from turnover tax
Umsatzsteuer *f* **für den Eigenverbrauch** (StR) turnover tax on personal use by taxpayer
Umsatzsteuergesetz *n* (StR) Turnover (Value-Added) Tax Law, of 26 Nov 1979, as amended
Umsatzsteuerharmonisierung *f* (EG) harmonization of turnover tax
Umsatzsteuer-Identifikationsnummer *f* (StR, EG) turnover ID number
Umsatzsteuerpflicht *f* (StR) turnover tax liability
umsatzsteuerpflichtig (StR) subject to turnover tax
Umsatzsteuerprüfung *f* (StR) turnover tax audit
Umsatzsteuerrecht *n* (StR) law of the turnover tax
Umsatzsteuerreform *f* (StR) turnover tax reform (1968) *(ie, introducing the value-added tax)*
Umsatzsteuerrückvergütung *f* (StR) turnover tax refund
Umsatzsteuerschuld *f* (StR) turnover tax liability
Umsatzsteuerstatistik *f* (FiW) turnover tax statistics
Umsatzsteuervergütung *f* (StR) VAT refund
Umsatzsteuervoranmeldung *f* (StR) advance value-added tax return
Umsatzsteuerzahllast *f* (StR) amount of turnover tax payable *(ie, to the tax office)*
Umsatzstufe *f* (StR) turnover stage
Umsatzträger *m* (Mk) performer *(eg, strong, weak)*
Umsatzüberschuß *m*
(Fin) funds from operations
(ie, item in funds statement = Kapitalflußrechnung)
(Fin) cash flow
(ie, Geldzufluß aus Umsatz, if liquid funds are subtracted)
Umsatzüberschußrechnung *f* (Fin) cash flow statement
Umsatzverhältnis *n* (ReW) turnover ratio
Umsatzvolumen *n*
(com) sales volume
– volume of trade
– (GB) turnover
(Bö) trading volume
Umsatzzahlen *fpl* (Bw) turnover ratios
umschalten
(EDV) to shift
– to switch
Umschalttaste *f* (EDV) (case) shift key
Umschaltzeichen *n*
(EDV) escape character, ESC
– shift-out character, SO
umschichten
(Fin) to shift
– to switch
Umschichtung *f*
(Fin) shifting
– switching
Umschichtung *f* **des Sozialprodukts** (Vw) shifting of national product *(eg, to job-creating investments)*

Umschichtungsfinanzierung *f*
(Fin) debt restructuring (*or* rescheduling)
(ie, converting short-term into long-term debt)
Umschichtungshandel *m*
(AuW) switch trading
(ie, used in correcting imbalances in long-term bilateral agreements)
Umschichtungstransaktion *f*
(AuW) switching transaction
(eg, from $ in €)
Umschichtung *f* **von Ressourcen** (Vw) reallocation of resources
Umschichtung *f* **von Verbindlichkeiten**
(Fin) liability management
(ie, enables depository institutions to raise additional funds in wholesale markets, when they wish to increase their lending; opp, Vermögensverwaltung = asset management)
Umschlag *m*
(com) trans(s)hipment
(com) envelope
Umschlagdauer *f* **von Forderungen**
(Fin) days of receivables
(syn, Debitorenumschlag)
Umschlagdauer *f* **von Verbindlichkeiten** (Fin) days of payables
umschlagen
(com) to trans(s)hip
(ie, from one conveyance to another)
Umschlaghafen *m* (com) port of trans(s)hipment
Umschlagkennziffer *f* (Bw) = Umschlagshäufigkeit
Umschlagkennziffer *f* **der Debitoren**
(Fin) accounts receivable turnover ratio
(ie, average receivables outstanding to average daily net sales)
Umschlagplatz *m* (com) place of trans(s)hipment
Umschlagpunkt *m* (MaW) transshipment point
Umschlagsgeschwindigkeit *f* (Bw) = Umschlagshäufigkeit
Umschlagshäufigkeit *f*
(Bw) rate of turnover
– turnover rate
(ie, ratio of annual sales to 1. total capital; 2. equity capital; 3. average inventory; syn, Umsatzhäufigkeit)
Umschlagshäufigkeit *f* **des Eigenkapitals**
(Bw) rate of equity turnover
– equity-sales ratio
Umschlagshäufigkeit *f* **des Gesamtkapitals**
(Bw) rate of total capital turnover
– total capital-sales ratio
Umschlagshäufigkeit *f* **des Warenbestandes**
(Bw) rate of merchandise (*or* inventory) turnover
– inventory-sales ratio
Umschlagskennzahlen *fpl* (Bw) turnover ratios
Umschlagspesen *pl* (com) handling charges
Umschlagszeit *f* (Bw) replacement period
Umschlagzuführung *f* (EDV) envelope feeding device
Umschlagzyklus *m* (ReW) accounting cycle
umschreiben
(ReW) to transfer
(ie, to another account)
(Fin) to transfer *(ie, securities)*
(Re) to convey
(ie, property)
Umschreibung *f*
(ReW) book transfer
(Fin) transfer *(ie, of securities)*
(Re) conveyance *(ie, of property)*
umschulden
(Fin) to reschedule
– to restructure
– to roll over . . . debt
(Fin) to fund
– to refinance
Umschuldung *f*
(Fin) debt . . . rescheduling/restructuring
(ie, postponing payments of future debts)
(Fin) debt refunding (*or* conversion)
Umschuldungsaktion *f*
(Fin) rescheduling operation
(Fin) funding operation
Umschuldungsanleihe *f* (Fin) refunding bond issue
„Umschuldungskarussell" *n* (Fin, infml) refunding carousal
Umschuldungskredit *m* (Fin) refunding credit
Umschuldungsoperation *f* (Fin) rescheduling operation
Umschulung *f*
(Pw) job
– occupational
– vocational . . . retraining
Umschulungsbeihilfe *f* (Pw) retraining allowance
Umschulungsmaßnahmen *fpl* (Pw) retraining measures
Umschwung *m*
(Vw) turnaround *(ie, in the business cycle)*
umsetzen
(Pw) to reallocate
(eg, people to new jobs)
Umsetzung *f*
(Pw) transfer
– transferral
(Re) adoption *(eg, of an EC Directive)*
umsonst
(com) gratuitous
– at no charge
– (infml) for nothing
umspeichern (EDV) to restore
Umstände *mpl* **des Einzelfalles** (Re) circumstances of the case
Umstände *mpl* **liegen vor** (com) circumstances are present
Umstand *m* **tritt ein** (Re) contingency comes to pass
Umsteigebahnhof *m* (com) junction *(where lines meet, cross, or join)*
Umsteigefahrkarte *f* (com) transfer ticket
umsteigen
(Fin, com) to switch *(ie, into/to/out of)*
Umsteigeverbindung *f* (com) transfer connection
Umstellkosten *pl* (KoR) change-over costs
Umstellungsprozeß *m* (Vw) process of readjustment
Umstellungsverluste *mpl* (Bw) readjustment losses
Umstellungszuschlag *m* (IndE) change-over allowance
Umstellzeit *f* (IndE) changeover time

umstempeln
(Fin) to restamp *(ie, share certificates; eg, as worth only €50)*
Umstempelung *f* (Fin) restamping of share certificates
UmStG (StR) = Umsatzsteuergesetz
umstrittene Frage *f* (com) contentious issue
umstrukturieren
(Bw) to restructure
– to reorganize
– to reshape *(eg, one's business in Europe)*
– to reshuffle *(eg, business organization)*
Umstrukturierung *f*
(com) restructuring of operations
– restructuring and adjustment
– retrenchment *(eg, of a company)*
– structural transformation
– shake-up in the structure *(eg, of the electricity supply industry)*
– „corporate surgery" *(ie, to eliminate loss-making operations)*
Umstrukturierung *f* **der Staatsausgaben** (FiW) restructuring of government expenditures
Umstrukturierung *f* **des Gebührensystems** (Fin) restructuring of service charge pattern
Umstrukturierung *f* **von Anleihen** (Fin) repackaging of bonds
umstufen (com) to reclassify
Umstufung *f*
(com) reclassification
– regrading
Umtausch *m*
(Fin) exchange *(ie, of shares)*
Umtauschaktionen *fpl* (Fin) swap transactions
Umtauschangebot *n*
(Fin) exchange
– conversion
– tender . . . offer
umtauschen
(Fin) to change *(eg, money)*
– (more fml) to exchange *(eg, € for $)*
– (fml) to convert *(ie, foreign currency)*
Umtauschobligationen *fpl* (Fin) refunding bonds
Umtauschoperation *f* (Fin) repurchase operation
Umtauschquittung *f* (com) refund check
Umtauschrecht *n*
(Fin) conversion . . . right/privilege
– option to convert
– right of exchange
(ie, von Schuldverschreibungen in Aktien)
(Fin) exchange privilege *(ie, bei Investmentanteilen)*
Umtauschverhältnis *n*
(Fin) exchange ratio
(Fin) conversion ratio
Umtauschversicherung *f*
(Vers) versatile policy
– (GB) convertible assurance
umverteilen (Vw) to redistribute
Umverteilung *f*
(Vw) redistribution
(ie, altering the outcome of primary distribution; this is how economists talk about the problem: Allokationseffizienz und Verteilungsgerechtigkeit können so miteinander in Konflikt geraten, daß im Interesse der Verteilungsgerechtigkeit auf Effizienzverbesserungen od wegen Effizienzverlusten auf Distributionsverbesserungen verzichtet wird)
Umverteilungshaushalt *m* (Vw, EG) redistribution mechanism
Umverteilungs-Multiplikator *m* (Vw) redistribution multiplier
Umverteilungsvorteile *mpl* (Vw) redistributional benefits
Umwandlung *f*
(Bw) transformation
– conversion
(ie, change in legal form without change in identity; eg, from corporation to limited liability company)
Umwandlung *f* **in e–e andere Vermögensform** (Vw) asset transformation
Umwandlungsbilanz *f*
(ReW) reorganization balance sheet
(ie, bei Umwandlung Kapitalgesellschaft/Personengesellschaft, AG/KGaA, KGaA/GmbH)
Umwandlungsgebühr *f* (Pat) conversion fee
Umwandlungsgeschäft *n*
(Fin) reorganization business
(ie, of banks cooperating in changes of corporate legal forms)
Umwandlungsgesetz *n* (Re) Conversion Law, as amended on 15 Aug 1969
Umwandlungsgewinn *m*
(StR) reorganization gain
(eg, accruing to a dependent entity which is merged into the dominant enterprise)
Umwandlungsrecht *n* (Fin) commutation right
Umwandlungsrisiko *n*
(Fin) transaction risk
(ie, bei der Forderungsfinanzierung)
Umwandlungssteuergesetz *n*
(StR) Tax Reorganization Law
– law governing the taxation of conversions
Umwandlungsverkehr *m* (EG) processing under customs control
Umwandlung *f* **von Rücklagen** (StR) transfer of reserves
Umweglenkung *f*
(EDV) alternative routing *(ie, alternative communication path)*
Umwegproduktion *f* (Vw) indirect (*or* roundabout) production
Umwelt *f*
(com) environment
– (infml) outside world
Umweltabgabe *f* (com) environmental levy
Umweltagentur *f* (EG) environmental agency
Umweltaktivität *f* (Bw) environmental activity
Umweltanalyse *f* (Bw) environmental analysis
Umweltaspekte *mpl* (com) environmental considerations
Umweltaudit *m* (com) environmental audit
Umweltauflage *f* (com) environmental requirement
Umweltaufsicht *f* (Bw) environmental surveillance
Umweltausschuß *m* (Bw) environmental committee
Umweltbedingungen *fpl* (com) environmental forces
Umweltbedrohung *f* (com) ecological menace

umweltbeeinflussende Folgen *fpl* (com) environmental impact *(eg, of products)*
Umweltbeobachtung *f*
(com) monitoring/surveillance . . . of environment
– external surveillance
Umweltbewegung *f*
(com) environmentalism
– (infml) greenery *(eg, the base of support for . . . has broadened)*
umweltbewußt
(com) eco-sensitive
– (infml) green
– (iron) verdant
Umweltbewußtsein *n*
(com) environmental awareness
– awareness of environmental issues
umweltbezogene Flexibilität *f* (Bw) external flexibility
Umweltbilanz *f* (Bw) environmental balance sheet
Umwelt-Budget-Rechnung *f* (Bw) environmental budgeting
Umweltbundesamt *n* (Re) Federal Environment Agency
Umweltbürokratie *f* (com) eco-bureaucracy
Umwelt-Check-up *m* (com) environmental check-up
Umwelt-Controlling *n* (Bw) environmental controlling
Umweltdaten *pl* (com) environmental data
Umweltentlastung *f* (com) ecological relief
umweltfeindlich (com) ecologically harmful
Umweltforschung *f* (com) environmental research
umweltfreundlich
(com) ecologically . . . beneficial/acceptable
– environmentally friendly
– eco-friendly
umweltfreundlicher
(com) more environmentally friendly
(eg, when we talk about how best to produce a fast train line from the Chunnel tunnel to London)
umweltfreundliches Auto *n* (com, infml) green car
Umweltgesetzgebung *f* (Re) environmental legislation
Umweltgipfel *m* (com) Earth Summit *(eg, as that held in Rio)*
Umwelthaftung *f* (Re) liability for damage to the environment
Umwelthaftungsrecht *n* (Re) law relating to environmental issues
Umwelt-Image *n* (com) environmental image
Umweltindikator *m* (com) environmental indicator
Umweltindikatoren *mpl*
(com) environmental indicators
(eg, Schadstoffkonzentrationen, Ausmaß der Natur- und Landschaftszerstörung)
Umweltinformationssystem *n*
(com) environmental information system
(ie, betrieblich od überbetrieblich)
Umweltinvestition *f*
(com) investment into environmental projects
– environmental investment
– eco investment
Umwelt-Investitionsprogramm *n* (Bw) eco-investment program

Umwelt-Jahresbericht *m* (com) annual environment report
Umweltkatastrophe *f*
(com) environmental catastrophe
– ecocatastrophe
Umweltkennzeichnung *f*
(com) environmental labeling
(ie, system to provide consumers with accurate information about the environmental acceptability of products; cf, Umweltzeichen)
Umweltkonstellation *f* (com) combination of environmental forces
Umweltkontrolle *f* (com) environmental surveillance
Umweltkosten *pl* (Bw) costs relating to the environment
Umweltkrise *f* (com) ecological crisis
Umwelt-Krisenmanagement *n* (Bw) crisis management affecting the environment
Umwelt-Leitlinien *fpl* (Bw) enviropnmental guidelines
Umweltlizenz *f* (com) = Umweltzertifikat
Umweltmanagement *n* (Bw) management of environmental resources
Umweltmanager *m* (Bw) eco manager
Umweltmedien *npl*
(com) environmental media
(eg, Luft, Gewässer, Boden)
Umweltminister *m* (com) environment minister
Umweltnutzung *f*
(com) use of the environment
– use of environmental resources
Umweltnutzungsrecht *n* (Re) right of using environmental resources
Umweltökonom *m* (Vw) environmental economist
Umweltökonomie *f* (Vw) environmental economics
Umweltorientierung *f* (Bw) commitment to the environment
Umweltpolice *f*
(com) environmental policy
(ie, einheitliche Police wird angestrebt; z. Zt. lediglich Produkthaftpflicht und Gewässerschäden; angestrebt wird Gefährdungshaftung für alle Schäden, einschl. Boden- und Luftverseuchungen)
Umweltpolitik *f*
(com) environmental policy
– policy on the environment
Umweltportfolio *n* (Bw) environmental portfolio
Umweltprobleme *npl*
(com) environmental . . . issues/problems
– (infml) green issues
(ie, their essence is that they involve externalities and public goods, qv)
Umweltprogramm *n* (Bw) environmental program
Umweltprojekt *n*
(com) environmental scheme
(eg, as sponsored by Ökobank of Frankfurt)
Umweltqualität *f*
(com) environmental quality
– quality of the environment
Umweltrechnungslegung *f* (ReW) environmental accounting
Umweltrecht *n* (Re) law relating to the environment

Umweltressourcen *fpl* (Bw) environmental resources

Umweltrestriktionen *fpl* (Bw) environmental restrictions

Umweltrisiko *n* (com) environmental risk

Umwelt-Risikoanalyse *f* (Bw) analysis of environmental risks

Umweltschäden *mpl*
(com) environmental damage
– damage to the environment

Umwelt *f* **schädigen** (com) to harm the environment

umweltschädliches Produkt *n*
(com) polluting product
– environment-damaging product

umweltschädliche Substanz *f* (com) dangerous substance

Umweltschutz *m*
(com) environmental . . . protection/conservation
– protection of the environment

Umweltschutz-Audit *m* (Bw) environmental audit

Umweltschutzauflagen *fpl* (Bw) environmental restrictions

Umweltschutz-Controlling *n* (Bw) environmental controlling

Umweltschützer *m*
(com) environmentalist
– defender of the environment
– conservationist

Umweltschutzgesetzgebung *f* (Re) environmental legislation

Umweltschutzkosten *pl* (com) cost of environmetal protection

Umweltschutzmarkt *m* (com) eco-market

Umweltschutzmonopol *n* (com) monopoly of environmental protection

Umweltschutzniveau *n* (com) level of environmental protection

Umweltschutznorm *f*
(com) environmental standard
– eco-standard

Umweltschutzrecht *n*
(Re) law relating to the environment
– environmental law

umweltsensibler Markt *m* (Mk) eco-sensitive market

Umwelt-Sponsoring *n* (com) environmental/eco . . . sponsoring

Umweltstatistik *f* (Stat) environmental statistics

Umweltsünder *m* (com) polluter

Umwelt-Überwachungssystem *n* (Bw) environment surveillance system

Umweltverbrauch *m* (com) using up the environment

Umweltverhalten *n* (com) environmental performance

Umweltverschmutzer *m* (com) polluter *(ie, someone polluting the environment)*

Umweltverschmutzung *f*
(com) environmental pollution
– pollution of the environment

Umweltverschmutzungsrecht *n* (com) right to pollute the environment

Umweltversicherung *f* (Vers) environmental insurance

umweltverträglich
(com) environmentally sound
– (infml) green
(eg, product, such as biodegradable rubbish bag Bio-D)

umweltverträgliche Entwicklung *f*
(com) sustainable development
(ie, economic growth is managed is such a way as to do no irreparable damage to the environment)

Umweltverträglichkeit *f* (com) environmental acceptability *(eg, of products)*

Umweltverträglichkeitsprüfung *f*
(com) environmental impact analysis
– assessment of environmental impact
(ie, systematische und vollständige Ermittlung der ökologischen Folgen e–r umweltbeeinflussenden Maßnahmen)

Umweltverträglichkeitszertifikat *n*
(com) environmental certificate
(ie, stating that a certain project or measure does not harm the environment)

Umweltvorschriften *n* (com) environmental regulations

Umweltwirkungen *fpl*
(com) environmental . . . impact/effects
(eg, genehmigungsbedürftiger Vorhaben)

Umweltzeichen *n*
(com) environmental label
(ie, in Deutschland seit 1977: ‚blauer Umweltengel' der Vereinten Nationen)

Umweltzerstörung *f*
(com) destruction of the environment
– ecocide

Umweltzertifikat *n*
(com) environmental permit
(ie, verbrieft und überträgt Rechte zur Emission e–r bestimmten Menge Schadstoff [pollutants]; government gives companies permits to discharge a limited amount of pollution and then allows them to trade their permits with each other; syn, Umweltlizenz)

Umweltzustand *m*
(com) environmental constellation
(ie, denkbare Konstellation relevanter Umweltfaktoren)

Umworbene *pl*
(Mk) media public
– (GB) admass *(ie, especially the TV proletariat, as it were)*

Umzäunungspatent *n* (Pat) fencing-off patent

Umzugsbeihilfe *f*
(Pw) assistance with removal expenses
– relocation assistance (*or* allowance)

Umzugskosten *pl*
(StR) moving
– removal
– relocation . . . expenses

Umzugskostenbeihilfe *f* (Pw) = Umzugsbeihilfe

Umzugskosten-Entschädigung *f* (StR) relocation allowance, § 3 No. 16 EStG

unabdingbar
(Re) mandatory
– (infml) vital
(eg, that which cannot be set aside by contrary agreement)

Unabdingbarkeit *f* (Re) prohibition to change legal provisions by agreement
unabhängige Banken *fpl* (Fin) independent operators
unabhängige Bedürfnisse *npl* (Vw) independent needs
unabhängige Einrede *f* (Re) independent defense
unabhängige Pufferzeit *f* (OR) independent float
unabhängiger Berater *m* (com) outside consultant
unabhängiger Betrieb *m* (EDV) local mode
unabhängiger Händler *m* (com) independent trader
unabhängiger Prüfer *m* (ReW) external auditor
unabhängiger Schätzer *m* (com) external valuer
unabhängiger Softwareentwickler *m* (EDV) independent software vendor
unabhängiger Vertreter *m* (com) agent of an independent status
unabhängiger Vorgangspuffer *m* (OR) independent float
unabhängiger Wartezustand *m* (EDV) asynchronous disconnected mode, ADM
unabhängiges Ereignis *n* (OR) independent event
unabhängige Variable *f* (Math) independent variable
unabhängige Wirtschaftsprüfungsgesellschaft *f* (ReW) independent accounting firm
Unabhängigkeit *f* **der Bundesbank**
(Vw) autonomy of the Deutsche Bundesbank *(ie, its formal independent status)*
unabwendbar (Re) inevitable
unabwendbares Ereignis *n* (Re) inevitable . . . incident/ accident
unanfechtbarer Steuerbescheid *m* (StR) uncontestable tax assessment
unanfechtbare Verfügung *f* (Re) unappealable order *(eg, of the Federal Cartel Office)*
unangemeldeter Besuch *m* **e–s Verkaufsvertreters**
(Mk) cold call *(ie, without prior notice)*
unangreifbares Patent *n* (Pat) incontestable patent
unärer Operator *m* (EDV) unary (*or* monadic) operator
unaufgebbare Forderung *f* (com) nonnegotiable demand
unausgeglichener Haushalt *m* (FiW) unbalanced budget
unausgeglichene Zahlungsbilanz *f* (AuW) balance of payments in disequilibrium
unausgenutzte Arbeitskräfte *fpl* (Vw) slack labor
unausgenutzte Kapazität *f* (Bw) capacity reserve
unausweichliche Schlußfolgerung *f*
(Log) inescapable (*or* compelling) conclusion *(syn, zwingende Sch.)*
unbar (com) non-cash
unbare Geschäftsvorfälle *mpl* (ReW) noncash transactions
unbarer Zahlungsverkehr *m* (Fin) cashless money transfers (*or* payments)
unbeabsichtigte negative Handlung *f* (Re) omission
unbearbeiteter Markt *m* (Mk) virgin market
unbebaute Grundstücke *npl*
(ReW) land
– land not built-on
– undeveloped real estate
– vacant land
(StR) unimproved real property *(ie, carrying no building, or any building erected thereon is not ready for use, §§ 72, 73 BewG)*
Unbedenklichkeitsbescheinigung *f* (AuW) certificate of nonobjection
Unbedenklichkeitsbestätigung *f*
(com) clean report of findings
(ie, im Exportgeschäft für jede Sendung von unabhängigen Prüfgesellschaften ausgestellt)
unbedingte Annahme *f* (WeR) absolute acceptance
unbedingte Anweisung *f* (EDV, Cobol) imperative statement
unbedingte Meistbegünstigungsklausel *f* (AuW) unconditioned most-favored-nation clause
unbedingter Bindestrich *m* (EDV) required hyphen
unbedingter Programmsatz *m* (EDV, Cobol) imperative sentence
unbedingter Sprung *m* (EDV) unconditional jump
unbedingter Sprungbefehl *m* (EDV) unconditional branch (*or* jump) instruction
unbedingtes Indossament *n*
(WeR) absolute endorsement
(ie, Indossatar hat nur bei Ausfall der Vormänner zu zahlen)
unbedingtes Urteil *n* (Log) categorical proposition
unbefristete Exportförderung *f* (AuW) export promotion unlimited in time
unbefugter Besitz *m* (Re) unauthorized possession
unbefugter Firmengebrauch *m* (Re) unauthorized use of firm name, §§ 18–24, 30 HGB
unbegründet (Re) without just (*or* sufficient) cause
unbekannter Befehl *m*
(EDV) unavailable command
(ie, typical message)
unbekannter Empfänger *m* (EDV) unknown recipient
unbekannter Faktor *m* (Log) factor of disturbance
unbelastetes Grundstück *n* (Re) unencumbered real estate
unbenannte Zahl *f*
(Math) absolute/abstract . . . number
(syn, absolute od abstrakte Zahl; opp, benannte Zahl, qv)
unbequeme Zinsfüße *mpl* (Math) odd interest rates
unbereinigt (Stat) unadjusted
unbeschadet
(Re) without prejudice
(eg, to the provisions of Article 22)
– notwithstanding *(eg, any provisions to the contrary)*
unbeschädigt (com) undamaged
unbeschädigte Ladung *f* (com) sound cargo
unbeschäftigt
(Pw) unemployed
– out of work
unbeschränkt abzugsfähige Sonderausgaben *fpl* (StR) blanket allowance for special expenses
unbeschränkte Einkommensteuerpflicht *f* (StR) residents' income tax liability
unbeschränkte Geschäftsfähigkeit *f*
(Re) full capacity to contract
– full contractual capacity
(opp, beschränkte Geschäftsfähigkeit)

unbeschränkte Haftung *f*
(Re) full
– personal
– unlimited . . . liability
– unlimited exposure to liability
unbeschränkte Lizenz *f* (Pat) non-restricted license
unbeschränkte Meistbegünstigung *f* (AuW) unconditional most-favored-nation clause
unbeschränkte Nachschußpflicht *f* (Re) unlimited liability of members to make additional contributions
unbeschränkter Zugang *m* (Vw) unrestricted entry
unbeschränkte Steuerpflicht *f* (StR) unlimited tax liability
unbeschränkte Zuständigkeit *f*
(Re) general (*or* full) juristiction
(ie, complete jurisdiction over a given subject-matter or class of actions)
unbeschränkt haftbar (Re) absolutely liable
unbeschränkt konvertierbare Währung *f* (Fin) free currency
unbeschränkt steuerpflichtig
(StR) subject to unlimited tax liability
(ie, Steuerinländer = resident individual)
unbeschränkt steuerpflichtige Kapitalgesellschaft *f* (StR) resident corporation
unbeschränkt steuerpflichtige Körperschaft *f* (StR) resident corporate body
unbesetzes Amt *n* (Pw) vacancy
unbesetzter Arbeitsplatz *m*
(Pw) vacant job
– vacancy
– job opening
unbesetztes Amt *n* (Pw) vacancy
unbestätigtes Akkreditiv *n* (Fin) unconfirmed letter of credit
unbestätigtes unwiderrufliches Akkreditiv *n* (Fin) unconfirmed irrevocable letter of credit
unbestellte Sendung *f* (com) unsolicited consignment
unbestellte Ware *f* (com) unordered merchandise
unbestimmte Gleichung *f* (Math) indeterminate equation
unbestimmte Lösung *f* (Math) indeterminate solution
unbestimmter Rechtsbegriff *m* (Re) gray legal concept
unbestimmtes Gleichgewicht *n* (Vw) indeterminate equilibrium
unbestimmtes Integral *n*
(Math) antiderivative
– improper/indefinite . . . integral
(ie, in which either the integrand becomes unbounded on the domain of integration or the domain is itself unbounded)
Unbestimmtheitsmaß *n* (Stat) coefficient of nondetermination
unbestückte Platine *f* (EDV) unpopulated board
unbewegliche Güter *npl* (Re) immovable goods
unbewegliche Sache *f* (Re) immovable thing
unbewegliches Vermögen *n* (Re) real/immovable . . . property
unbewegtes Konto *n*
(ReW) dead
– dormant
– inactive . . . account
unbeweisbarer Ausgangssatz *m* (Log) primitive proposition
unbewiesene Behauptung *f* (com) unproved assertion
unbezahlte Freizeit *f* (Pw) time off without pay
unbezahlte Rechnungen *fpl* (Fin) unpaid bills
unbezahlter Urlaub *m* (Pw) leave without pay
unbillige Härte *f* (Re) undue hardship
unbillig eingeschränkt (Kart) inequitably restrained
Unbilligkeit *f* (StR) inequity *(eg, in assessing a tax, §§ 163, 227 AO)*
undefinierter Grundbegriff *m*
(Log) primitive
(ie, undefined concept or term; serves as a starting point in an effort to avoid circular reasoning; eg, primitives in accounting are transaction, claim, continuity; in the Peano system zero, number, and successor; a term undefined in one system may be defined in another)
UND-Funktion *f*
(EDV) AND operation
– logical conjunction
– logical multiply
– logical product
– meet *(syn, Konjunktion)*
UND-Gatter *n* (EDV) = UND-Schaltung
UND-Glied *n* (EDV) = UND-Schaltung
UND-Knoten *m* (EDV) AND node
UND-Konto *n*
(Fin) joint account *(ie, with the instruction „both or all to sign")*
UND-Schaltung *f*
(EDV) AND circuit (*or* element *or* gate)
– logical AND circuit
– coincidence gate
undurchsichtig (com) opaque
undurchsichtige Organisationsstruktur *f*
(Bw) muddled structure
– (infml) higgledy-piggledy organization structure
Undurchsichtigkeit *f* **der Bezeichnungsrelation**
(Log) referential opacity
UND-Verbindung *f* (Log) conjunction
UND-Verknüpfung *f* (EDV) = UND-Funktion
unechte Arbeitslosigkeit *f*
(Vw) fictitious rate of unemployment *(ie, due to illness, injury, strike)*
unechter Bruch *m* (Math) improper fraction
unechter Durchschnitt *m* (Stat) untrue average
unechtes Abladegeschäft *n* (com) import transaction where port of destination is deemed to be the place of performance
unechtes echtes Pensionsgeschäft *n* (Fin) agreement under which the assets are not counted towards the assets of the transferor even though the transferee undertook to return the assets *[ie, regulation now abolished])*
unechtes Factoring *n*
(Fin) partial factoring
– recourse factoring
(ie, Forderungseinzug unter zwischenzeitlicher Kreditierung und hat demnach Darlehenscharak-

ter; Delcredere wird nicht vom Factor übernommen; für Zahlungsausfälle wird vielmehr die Firma in Anspruch genommen; opp, echtes Factoring, qv)

unechtes Geschäft *n* (Fin) sale with an option to repurchase

uneigentliche Bedingung *f*
(Re) unreal condition
(ie, condition in appearance only: whenever it is absolutely certain that the specified event must happen or absolutely certain that it cannot happen)

uneigentliches Integral *n* (Math) infinite integral

uneinbringliche Forderungen *fpl*
(ReW) bad debts, § 40 III HGB
– uncollectibles
– uncollectible accounts (*or* receivables)
– unrecoverable accounts
– irrecoverable debts

uneingeschränkt
(Re) unrestricted
– unqualified

uneingeschränkter Bestätigungsvermerk *m* (ReW) unqualified . . . audit certificate/opinion

uneingeschränkter Handel *m* (AuW) unhampered trade

uneingeschränkter Wettbewerb *m*
(Vw) unbridled
– unfettered
– unlimited
– unrestrained
– unrestricted . . . competition

uneingeschränktes Akzept *n*
(WeR) general
– unconditional
– unqualified . . . acceptance

uneingeschränktes Eigentum *n*
(Re) absolute title *(ie, an = to)*

uneingeschränktes Recht *n*
(Re) absolute right
– full legal right

uneingeschränkte Zufallsstichprobe *f* (Stat) unrestricted random sample

uneinheitlich (Bö) mixed

uneinheitliche Leistungsgrade *mpl* (IndE) inconsistent ratings

uneinheitlich tendieren (Bö) to tend mixed

uneinklagbarer Anspruch *m* (Re) unenforceable claim

unelastische Nachfrage *f* (Vw) inelastic demand

unelastischer Bereich *m* **der Nachfragekurve** (Vw) inelastic range of demand

unelastisches Angebot *n* (Vw) inelastic supply

unendlich
(Math) infinite *(opp, endlich = finite)*

unendliche Abschreibung *f* (ReW) = Restwertabschreibung

unendliche Dezimalzahl *f* (Math) unending decimal fraction

unendliche Elastizität *f* (Vw) perfect elasticity

unendliche Folge *f* (Math) infinite sequence

unendliche Folge *f* **von Gliedern** (Math) infinite set of terms

unendliche Grundgesamtheit *f* (Stat) infinite population

unendliche Menge *f* (Math) infinite set

unendlicher Dezimalbruch *m* (Math) infinite (*or* nonterminating) decimal

unendliche Reihe *f*
(Math) infinite series
(ie, one in which the number of terms, n, can increase without limit: written $a_1 + a_2 + a_3 + \ldots$*; Unterbegriffe: convergent/nonconvergent . . . series, qv)*

unendlicher Graph *m* (OR) infinite graph

unendlicher periodischer Dezimalbruch *m*
(Math) repeating decimal
– recurring decimal fraction

unendlicher Regreß *m* (Math) infinite regress

unendliches Produkt *n* (Math) infinite product

unendliches Spiel *n* (OR) infinite game

unendliche Stichprobe *f* (Stat) infinite sample

unendliche Unstetigkeitsstelle *f* (Math) infinite discontinuity

unendliche Zahl *f*
(Math) infinite number
– infinitude
(ie, neither odd nor even; opp, endliche Zahl = finite number)

Unendlichkeit *f*
(Math) infinity *(ie, endless extent of space, time, or any series)*

unentdeckte Rohstoffreserven *fpl* (com) undiscovered (*or* untapped) raw materials reserves

unentgeltlich
(com) free
– free of charge
– at no charge
– without payment
(Re) without legal consideration
– gratuitous

unentgeltliche Dienstleistungen *fpl*
(com) gratuitous services
– services provided free of charge

unentgeltliche Einfuhren *fpl* (AuW) imports free of payment

unentgeltliche Leistungen *fpl*
(VGR) transfer payments
– unilateral transfers
(StR) gratuitous performances, § 1 UStG

unentgeltliche Lizenz *f* (Pat) royalty-free license

unentgeltlicher Erwerb *m* (Re) gratuitous acquisition

unentgeltlich erwerben (Re) to acquire gratuitously

unentgeltliches Rechtsgeschäft *n* (Re) legal transaction unsupported by quid pro quo

unentgeltliche Übertragung *f* (Re) gratuitous transfer

unentschlossener Kunde *m* (Mk) vacillating customer

unentschuldigtes Fehlen *n* (Pw) unauthorized absence (from work)

unerfahrener Spekulant *m*
(Bö) inexperienced speculator
– (infml) lamb

unerheblich (Re) immaterial

unerlaubte Handlung *f*
(Re) unlawful act
– tort

– tortious act *(ie, neben dem Schuldvertrag der wichtigste Grund für die Entstehung e–s Schuldverhältnisses; the civil-law term ‚delict', either intentional or negligent, as used in § 823 BGB, has a more restricted meaning)*
unerlaubter Nachbau *m*
(Pat) unlicensed reproduction
– unlawful imitation
unerlaubter Wettbewerb *m* (Kart) illegal competition
unerlaubtes Entfernen *n* **vom Unfallort** (Re) hit-and-run driving
unerlaubte Werbung *f* (Mk) illicit advertising
unerledigte Aufträge *mpl*
(com) active backlog of orders
– unfilled orders
unerledigter Auftrag *m*
(com) back
– open
– outstanding
– unfilled . . . order
unerledigter Fall *m* (Re) unsettled case
unerledigte Tagesordnungspunkte *mpl* (com) unfinished business
unerschlossene Grundstücke *npl* (com) raw (*or* undeveloped) land
unerschlossener Markt *m* (Mk) untapped (*or* virgin) market
unerwarteter Gewinn *m* (com) unexpected (*or* windfall) profit
unerwartetes Ereignis *n*
(Bw) unexpected event
– fallout
unerwünschter Parameter *m* (Stat) nuisance parameter
Unfähigkeit *f* (Bw) incapacity to manage a business in an orderly manner, § 117 HGB
Unfall *m* **außerhalb der Arbeitszeit** (Pw) off-the-job accident
Unfallbericht *m* (com) accident/collision . . . report
Unfallentschädigung *f*
(SozV) compensation for accidents
– accident benefit (*or* indemnity)
unfallfreies Fahren *n* (com) accident-free driving
unfallgeneigt (Pw) accident prone
Unfallhaftpflicht *f* (Re) accident liability
Unfallhäufigkeitsziffer *f*
(Pw) industrial
– injury
– work . . . accident rate
Unfallmeldung *f* (Pw) work accident notification
Unfallneigung *f* (Pw) accident proneness
Unfallrente *f*
(SozV) = Verletztenrente
(Vers) accident benefits
Unfallrisiko *n* (Pw) accident hazard (*or* risk)
Unfallursachenforschung *f* (Pw) accident analysis
Unfallverhütung *f* (Pw) industrial accident prevention
Unfallverhütungsbericht *m* (Re) annual government report on health and safety
Unfallverhütungsvorschriften *fpl* (Re) accident-prevention rules
Unfallversicherung *f*
(Vers) accident insurance
(SozV) employment injury insurance
– work-related injury insurance
– (US) workmen's compensation (insurance)
(ie, reimburses an employer for damages payable to an employee for injury occurring „in the course of his employment")
Unfallversicherungsgesetz *n* (SozV) Industrial Accidents Act of 1884
Unfallversicherungsneuregelungsgesetz *n* (Re) Amended Accident Insurance Regulation Act of 1963
Unfallziffer *f* (Pw, US) accident frequency rate
unfertige Erzeugnisse *npl*
(ReW, EG) work in process *(cf, § 266 HGB)*
– work in progress
(IndE) in-process items
– partly finished products
– semi-finished products
– unfinished products
unfertige Leistungen *fpl* (ReW, EG) work in process *(cf, § 266 HGB)*
unfrankiert (com) postage unpaid
unfrankierter Brief *m* (com) unpaid letter
unfrei
(com, US) freight collect (*or* forward)
– (GB) carriage forward, C/F
(com) postage not prepaid
unfreiwillige Arbeitslosigkeit *f* (Vw) involuntary unemployment
unfreundliche Übernahme *f*
(com) hostile takeover
(ie, unabgestimmter Übernahmeversuch)
unfundierte Schulden *fpl* (Fin, FiW) unconsolidated (*or* floating) debt
unfundiertes Einkommen *n*
(Vw) earned income *(opp, fundiertes Einkommen, Renteneinkommen)*
ungarisches Lösungsverfahren *n* (OR) Hungarian method
ungeachtet (Re) notwithstanding *(eg, the foregoing provisions of this Article)*
ungeachtet der vorstehenden Bestimmungen (Re) notwithstanding the foregoing provisions
ungebundener technischer Fortschritt *m* (Vw) disembodied technical progress
ungebundener Wechselkurs *m* (Fin) freely fluctuating (*or* flexible) exchange rate
ungedämpfte Cobweb-Oszillation *f* (Vw) undamped cobweb oscillation
ungedeckte Calls *pl* (Bö) uncovered calls
ungedeckte Kreditlinie *f*
(Fin) open line of credit *(syn, offene Kreditlinie)*
ungedeckte Option *f*
(Bö) naked option
(ie, grantor of option does not have the underlying asset or shares in case the option is exercised)
ungedeckter Blankovorschuß *m* (Fin) uncovered advance
ungedeckter Kredit *m* (Fin) open (*or* unsecured) credit
ungedeckter Scheck *m*
(Fin) bad
– uncovered
– false

– (infml) bum
– (infml) rubber . . . check
– (GB, infml) dud cheque
ungedeckter Wechsel *m* (Fin) uncovered bill of exchange
ungedeckte Zinsarbitrage *f* (Fin) uncovered interest arbitrage
ungeeignet
(com) unfit
– unsuitable
– unsuited
– unworkable *(eg, proposal)*
ungefährer Preis *m*
(com) approximate price
– (infml) ballpark price
ungehinderter Wettbewerb *m* (Kart) free and unfettered competition
ungeklärte Beträge *mpl*
(AuW) accommodating/balancing . . . items
– balance of unclassificable transactions
(ie, in balance of payments; syn, Restposten der Zahlungsbilanz, Saldo der statistisch nicht aufgliederbaren Transaktionen)
ungeklärte Eigentumsverhältnisse *npl* (Re) situation where it is unclear who really has title to what
ungelernter Arbeiter *m*
(Pw) unskilled worker *(ie, lacking technical training)*
– laborer *(ie, mostly heavy work; eg, builder's laborer)*
ungemilderte Steuerpflicht *f* (StR) unreduced tax liability
ungenutzte Kapazität *f*
(Bw) idle
– unused
– unutilized . . . capacity
– margin of spare capacity
ungenutzter Produktionsspielraum *m* (Vw) margin of underutilized capital
ungenutztes Kapital *n* (Fin) dead capital
ungenutzte Taktzeit *f* (IndE) balance time
ungeplante Desinvestition *f* (Vw) unintended disinvestment
ungeplantes Entsparen *n* (Vw) unintended dissaving
ungeplantes Sparen *n* (Vw) unintended saving
ungeprüftes Patent *n* (Pat) patent without examination
ungerade Funktion *f* (Math) odd function
ungerade Parität *f* (EDV) odd parity
ungerade Zahl *f*
(Math) odd number
(ie, natural number not divisible by 2; opp, gerade Zahl = even number)
ungerechtfertigte Bereicherung *f*
(Re) unjust (*or* undue) enrichment
– injustified benefit
(ie, the import of this concept of German law, §§ 812 ff BGB, is vastly greater than it is in English law; der Bereicherte hat das Erlangte ohne Rechtsgrund [causa] erhalten; Vorbild ist die römisch-rechtliche condictio)
ungerechtfertigte Steuervorteile *mpl* (StR) unjustified tax advantages
ungeregelter Freiverkehr *m*
(Bö) offboard trading
(ie, unterstes Börsensegment, das häufig mit Telefonhandel verwechselt wird; Handel findet – entgegen verbreiteter Ansicht – wie der geregelte Freiverkehr an der Börse statt)
ungerichtete Kante *f* (OR) undirected arc
ungerichteter Graph *m* (OR) undirected graph
ungesättigter Markt *m*
(Mk) unsaturated market *(opp, saturated/mature market)*
ungeschichtete Zufallsstichprobe *f* (Stat) simple random sample
ungeschirmtes Kabel *n* (EDV) unshielded cable
Ungesetzlichkeit *f* **des Vertragszwecks** (Re) illegality of purpose
ungesichert (Fin) unhedged
ungesicherte Anleihe *f* (Fin) plain (*or* unsecured) bond issue
ungesicherter Kredit *m* (Fin) unsecured credit
ungesicherter Schuldschein *m* (Fin) straight note
ungesicherte Schuldverschreibung *f*
(Fin) unsecured bond
– (GB) unsecured (*or* naked) debenture
ungesichertes Darlehen *n* (Fin) unsecured loan
ungesicherte Tratte *f* (Fin) unsecured (*or* clean) draft
ungesicherte Verbindlichkeit *f* (Fin) unsecured liability
ungestörter Besitz *m* (Re) quiet possession
ungestützte Erinnerung *f* (Mk) unaided recall
ungetilgte Obligationen *fpl* (Fin) outstanding bonds
ungewaschenes Geld *n* (com, infml) dirty money *(cf, laundered money)*
ungewisse Schulden *fpl* (ReW) contingent debt
ungewisse Verbindlichkeiten *fpl* (ReW) contingent liabilities
Ungewißheitsgrad *m* (Bw) state of ignorance
ungewogener geometrischer Mittelwertindex *m*
(Stat) simple geometric mean of relatives
ungewogener Index *m* (Stat) unweighted index
ungewogener Mittelwert *m* (Stat) simple average
ungewogener Summenindex *m* (Stat) aggregative relative
ungewollte Lagerbildung *f* (Vw) involuntary inventory buildup
ungezielte Kundenwerbung *f* (Mk) cold canvassing
ungezügelte Inflation *f* (Vw) wild inflation
ungleichartige Stichprobennahme *f* (Stat) mixed sampling
ungleiche Verhandlungsmacht *f* (Re) inequality of bargaining power
Ungleichgewicht *n* (Vw) disequilibrium
Ungleichgewicht *n* **der Leistungsbilanz** (AuW) external imbalance on current account
ungleichgewichtiges Wachstum *n* (Vw) unbalanced growth
Ungleichgewichtsmodell *n* (Vw) disequilibrium model
Ungleichheit *f* **von Matrizen** (Math) inequality of matrices
ungleichmäßige Konvergenz *f* (Math) nonuniform convergence

ungleichnamiger Bruch *m* (Math) dissimilar fraction
Ungleichung *f* (Math) inequality
Ungleichung *f* **von Fre|1chet** (Stat) information (*or* Cramèr-Rao) inequality
ungünstige Bedingungen *fpl* (com) unfavorable (*or* disadvantageous) terms
ungünstige Wirtschaftsentwicklung *f*
(Vw) weak performance of the economy
– sluggish economy
Unikat *n* (com) unique copy
unimodulare Matrix *f* (Math) unimodular matrix
Unimodularität *f* (Math) unimodular property
Unionspriorität *f* (Pat) Convention priority
Unionsvertrag *m* (EG) = Vertrag über die Europäische Union
unitäre Matrix *f* (Math) unitary matrix
Universalbank *f*
(Fin) universal/all-purpose . . . bank
(ie, befaßt sich mit allen Zweigen des Bankgeschäfts, außer Notenemission und Hypothekengeschäft; Spezialbankprinzip in GB, USA, Frankreich, Japan: Trennung von commercial banking und investment banking)
Universalbanksystem *n*
(Fin) universal bank system
– unibanking
Universalerbe *m*
(Re) sole legatee *(ie, named as such in a last will and testament)*
universales Urteil *n*
(Log) universal proposition
– *(short)* universal
Universalien *pl* (Log) universals
Universalmenge *f*
(Log, Math) universal set (of reference)
– universe
Universalrechner *m* (EDV) all-purpose (*or* general-purpose) computer
Universalsukzession *f* (Re) universal (*or* general) succession, § 1922 BGB
unkenntlich machen
(Re) to obliterate *(ie, make impossible to read)*
unklare Verantwortlichkeitsbeziehungen *fpl* (Bw) blurred lines of responsibility
unkontrolliertes Stichprobenverfahren *n* (Stat) accidental (*or* haphazard) sampling
unkonventionelles Problemlösen *n*
(Log) lateral thinking
(ie, bypassing disconcerting details; or changing approach; even reformulating the problem or forgetting all about it)
unkörperliche Gegenstände *mpl*
(Re) intangibles
– incorporeal objects
Unkosten *pl*
(com) charges
– expenses
(KoR) (outdated term) = Gemeinkosten
Unkostenzuschlag *m*
(Vers) loading *(ie, amount added to the pure insurance cost to cover the cost of operation of the insurer)*
unktionsfähiger Wettbewerb *m*
(Vw) workable competition
(ie, orientiert sich an den Kriterien: Marktstruktur, Marktverhalten, Marktergebnis = market structure, market behavior, market performance/results; syn, effektiver/wesentlicher/wirksamer . . . Wettbewerb)
unkündbar
(Fin) non-redeemable
– irredeemable
(Pw) not subject to termination
– tenured
unkündbare Rente *f* (Fin) non-terminable (*or* irredeemable) annuity
unkündbares Darlehen *n* (Fin) uncallable loan
unkündbare Wertpapiere *npl* (Fin) noncallable (*or* uncallable) securities
unlautere Mittel *npl* (Re) improper means
unlauterer Wettbewerb *m*
(Kart) unfair competition
– dishonest trading
unlauteres Geschäftsgebaren *n* (com) dishonest (*or* dubious) business practices
unlautere Wettbewerbshandlungen *fpl*
(Kart) unfair trade practices
– fraudulent trading
unlimitierter Auftrag *m*
(Bö) market order
(ie, executed at the best price available)
– order at best
unmittelbare Adresse *f* (EDV) immediate (*or* zero-level) address
unmittelbare Ausfuhr *f* (com) direct export
unmittelbare Beteiligung *f* (com) direct participation
unmittelbare Direktinvestition *f* (VGR) primary direct investment
unmittelbare Durchfuhr *f* (Zo) through transit
unmittelbare Folge *f* (Re) proximate consequence
unmittelbare Interessen *npl* (Log) ultimate (*or* direct) interests
unmittelbare Kreditvergabe *f* **an den Kunden** (Fin) straight lending
unmittelbarer Besitz *m* (Re) actual (*or* physical) possession
unmittelbarer Besitzer *m* (Re) actual (*or* direct) holder (*or* possessor) *(opp, mittelbarer Besitzer)*
unmittelbarer Bestimmungsgrund *m* (Vw) proximate determinant
unmittelbarer Brandschaden *m*
(Vers) direct fire damage *(opp, indirect fire damage)*
unmittelbare Rechtsbeziehung *f* (Re) privity of contract
unmittelbarer Schaden *m* (Re) direct damage (*or* loss)
unmittelbarer Vorgesetzter *m* (Pw) first-line (*or* immediate) supervisor
unmittelbarer Zwang *m* (StR) direct enforcement, § 331 AO
unmittelbare Stichprobennahme *f* (Stat) unitary sampling
unmittelbare Ursache *f*
(Re) proximate cause *(eg, of an injury)*
(Re) immediate cause *(ie, the last of a given chain of causes; not always synonymous with proximate cause)*

unmittelbare Verarbeitung *f*
(EDV) demand processing
– *(sometimes)* in-line processing *(syn, mitlaufende Verarbeitung)*
unmittelbare Ziele *npl* (Log) ultimate goals
Unmittelbarkeitsprinzip *n* (Re) principle of immediate recognition
unmittelbar konkurrierende Waren *fpl* (AuW) directly competitive products
unmodifizierte Wiederkauf-Situationen *fpl*
(Mk) straight rebuys
(opp, modifizierte W. = modified buys)
unmögliche Bedingung *f* (Re) impossible condition
Unmöglichkeit *f*
(Re) subsequent impossibility of performance
(ie, for which neither party is responsible; §§ 275 ff, 306 ff, 323 ff BGB)
Unmöglichkeit *f* **der Leistung** (Re) impossibility of performance
Unmweltnorm *f* (Bw) environmental standard
unnotierte Werte *mpl* (Bö) unlisted (*or* unquoted) securities
unparteiischer Gutachter *m* (com) nonpartisan expert
unpfändbar
(Re) exempt from execution
– non-leviable
– judgment proof
unpfändbare Bezüge *pl* (Pw) earnings exempt from garnishment
unpfändbare Forderung *f* (Re) claim exempt from judicial attachment, § 394 BGB
unpfändbare Sachen *fpl* (Re) non-attachable items
Unpfändbarkeit *f* (Re) exemption from execution
unplanmäßige Tilgung *f* (Fin) unscheduled redemption
unproduktiv
(com) unproductive
– idle
unproduktive Aktiva *npl* (ReW) dead assets
unproduktive Arbeit *f* (Bw) dead work
unqualifizierte Tätigkeit *f* (Pw) unskilled work
unquittierte Rechnung *f* (com) unreceipted bill (*or* invoice)
unrealisierter Ertrag *m* (ReW) unrealized revenue (from inventory additions) *(opp, Absatzertrag)*
unregelmäßiger Verwahrungsvertrag *m*
(Re) bailment in the nature of a loan, § 700 BGB
– *(civil law)* depositum irregulare
unregierbar (Re) ungovernable
unreines Konnossement *n*
(com) foul
– dirty
– claused . . . bill of lading (*or* B/L)
(ie, containing notation that goods received by carrier were defective)
unrentabel (com) unprofitable
unrentables Unternehmen *n* (Bw) marginal enterprise
unrentable Tochtergesellschaft *f* (Bw) marginal subsidiary
unrichtige Angaben *fpl*
(com) incorrect statements
(Re) misrepresentation

Unruhe *f* **auf den Geldmärkten** (Fin) volatility in the money markets
unsachgemäße Verwendung *f* (com) misuse
unschädlich
(Re) having no detrimental effect
– immaterial
unscharfe Logik *f*
(Bw) fuzzy logic
(ie, Erweiterung der klassischen 2-wertigen Wahr-Falsch-Logik durch mehr- bis n-wertige Logiken; dh, die diskreten Wahrheitswerte werden durch e-n stetigen Bereich, etwa 0 bis 1, ersetzt; industrielle Anwendungen: Regelung technischer Systeme, Analyse von Datenbeständen, etc)
unscharfe Mengen *fpl*
(Math) fuzzy sets
(ie, mit weichem Übergang zwischen voller Zugehörigkeit und Nichtzugehörigkeit; Teil der unscharfen Mathematik als Hilfsmittel der Planung unter Unsicherheit)
unschuldiger Dritter *m*
(Re) innocent bystander *(ie, in cases of product liability)*
unselbständige Arbeit *f* (StR, US) dependent personal services
unselbständige Bonds *pl* (Fin) conditional bonds
unselbständige Stiftung *f* (Re) endowment fund
unselbständiges Zeichen *n*
(Log) syncategorematic sign
(ie, having no meaning in isolation)
unselbständige Tätigkeit *f* (Pw) dependent employment
unsichere Sache *f*
(com, infml) iffy proposition
(ie, mit wenn und aber)
unsicheres Darlehen *n*
(Fin) iffy loan
(eg, to a shaky borrower)
Unsicherheitsmarge *f* (com) margin of uncertainty
unsichtbare Ausfuhr *f* (VGR) invisible exports
unsichtbare Einfuhr *f* (VGR) invisible imports
unsichtbare Ein- und Ausfuhren *fpl* (VGR) invisibles
unsichtbare Exporte *mpl* (VGR) invisible exports
unsichtbare Hand *f*
(Vw) invisible hand
(ie, phrase coined by Adam Smith, basic tenet upheld by all economic liberals)
unsichtbare Importe *mpl* (VGR) invisible imports
unsichtbarer Handel *m* (VGR) invisible trade
unsichtbarer Zoll *m* (AuW) invisible tariff
unsichtbare Transaktionen *fpl* (VGR) invisible transactions
unstabiles Cobweb *n* (Vw) explosive cobweb
unstabiles Gleichgewicht *n* (Vw) unstable equilibrium
unständig Beschäftigte *mpl* (Stat) temporarily employed persons
unständige Beschäftigung *f* (Pw) temporary employment
unstetige Funktion *f* (Math) discontinuous function
Unstetigkeit *f* (Math) discontinuity
Unstetigkeitsstelle *f*
(Math) (point of) discontinuity

– jump
– point break
Untätigkeitsklage *f*
(StR) complaint on the ground of excessive delay by the agency concerned
(ie, requires the lapse of six months from the time the administrative procedures were initiated, § 46 FGO)
untaxierte Police *f* (Vers) open (*or* untaxed) policy
unteilbare Leistung *f* (Re) indivisible performance, § 431 BGB
Unteilbarkeit *f* **der Produktionsfaktoren** (Vw) indivisibility of input factors
Unteilbarkeit *f* **von Gütern**
(Vw) indivisibility
– jointness
– nonappropriability . . . of goods
Unterabschreibung *f*
(ReW) underdepreciation
– underprovision of depreciation
Unterabteilung *f* (Bw) subdivision
Unterakkreditiv *n* (Fin) back-to-back credit
Unteranspruch *m*
(Re) subclaim
– subordinate claim
Unterauftrag *m* (com) subcontract
Unteraufträge *mpl* **vergeben**
(com) to subcontract
– to farm out work
Unterauslastung *f*
(IndE) underutilization of capacity
– idle capacity
Unterauswahl *f* (Stat) subsample
Unterbaugruppe *f* (IndE) subassembly
Unterbefehl *m* (EDV) subcommand
Unterbegriff *m*
(Log) subterm
(Log) minor term *(ie, the term that is the subject of the conclusion in a categorical syllogism)*
Unterbeschäftigung *f*
(Vw) underemployment
– less-than-full employment *(opp, Überbeschäftigung)*
(Bw) underutilization
– operating (*or* working) below capacity
Unterbeschäftigungseinkommen *n* (Vw) underemployment income
Unterbesetzung *f*
(Pw) undermanning
– understaffing *(ie, emphasis on white-collar workers)*
Unterbestellung *f* (com) suborder
Unterbeteiligung *f*
(com) subparticipation
– accessory participation
– participation in another's partnership
Unterbeteiligungsvertrag *m*
(Fin) subunderwriting agreement *(ie, in a syndicate group)*
Unterbevollmächtigter *m* (com) sub-agent
unterbewerten
(ReW) to undervalue
– to understate
(Bö) to underprice
unterbewertet (ReW) undervalued
Unterbewertung *f*
(ReW) understating *(ie, balance sheet items)*
(Bw) undervaluation *(ie, of assets)*
(Bö) underpricing *(ie, of securities)*
(Fin) undervaluation *(ie, of a currency)*
Unterbezahlung *f* (Pw) underpayment
unterbieten
(com) to undercut
– to undersell
(eg, a producer by unfairly low-priced imports)
(com) to underbid
Unterbietung *f*
(com) undercutting
– underselling
– underbidding
Unterbilanz *f*
(ReW) adverse (*or* deficit) balance
(ie, wenn ein Verlust in Höhe der Hälfte des Grundkapitals besteht)
Unterbilanzhaftung *f*
(Re) ‚Differenzhaftung' (qv) of all founders arising out of business transactions made by the ‚Vorgesellschaft'; *(syn, Vorbelastungshaftung)*
unterbrechbar (EDV) interruptable
unterbrechen (EDV) to interrupt
Unterbrechung *f* (EDV) interrupt
Unterbrechung *f* **der Verjährung**
(Re) interruption of the Statute of Limitations
– *(civil law)* interruption of prescription
(ie, a new period of limitations begins to run at the end of the interrupting event; § 217 BGB)
Unterbrechungsanforderung *f* (EDV) interrupt request
Unterbrechungsmaske *f* (EDV) interrupt mask (*or* trap)
Unterbrechungsmaskenregister *n* (EDV) interrupt mask register, IMR
Unterbrechungsregister *n* (EDV) interrupt register
Unterbrechungssteuerung *f* (EDV) interrupt control
Unterbrechungssystem *n* (EDV) interrupt system
Unterbrechungstaste *f*
(EDV) attention key *(syn, Abruftaste)*
– Break key
Unterbrechungszustand *m* (EDV) interrupt state
unterbringen (com, Fin) to place *(eg, purchase order, securities issue)*
Unterbringung *f* (com) accommodation *(eg, hotel accommodation)*
Unterbringung *f* **beim Publikum** (Fin) public placement (*or* placing)
Unterbringung *f* **von Aufträgen** (com) placing orders
unterbrochene Rente *f* (Fin) noncontinuous annuity
Unterdeklarierung *f* (com) short entry
unter dem Strich (ReW) below the line
Unterdeterminante *f*
(Math) minor
– subdeterminant
unterdotiert (Fin) insufficiently funded *(eg, company pension plan)*
unterdrücken
(com) to suppress
– (infml) to cut away *(eg, background noise)*

Unterdrückung *f* führender Nullen (EDV) suppression of leading zeros
unterdurchschnittlich
(com) below-average
– lower than average *(eg, growth)*
untere Behörde *f* (Re) lower government agency
untere Einkommensgruppen *fpl* (StR) lower income brackets (*or* ranges *or* groups)
untere Entscheidungsgrenze *f* (Stat) lower control limit
untere Gerichte *npl* (Re) inferior (*or* minor) courts
untere Grenze *f*
(Math) greatest lower bound
– limit inferior
Untereinkaufspreisverkäufe *mpl* (Mk) below-cost sales
untere Kontrollgrenze *f* (IndE) lower control limit, LCL
untere Leitungsebene *f* (Bw) lower management
untere Preisklasse *f* (Mk) low end *(eg, low end printer)*
unterer Goldpunkt *m* (AuW) gold import point
unterer Grenzwert *m* (Math) lower limit
unterer Interventionspunkt *m*
(Fin) bottom
– floor
– lower . . . support point
– floor
unterer Rand *m*
(EDV) bottom margin
(ie, empty area following the page body; cf, DIN 66 028, Aug 1985)
unterer Rand *m* **der Schlange** (AuW) the snake's lower limit
unterer Rand *m* **des Zielkorridors** (AuW) bottom (*or* lower) end of target range
unterer Wendepunkt *m*
(Vw) lower turning point *(ie, in the business cycle)*
untere Schranke *f*
(Math) lower bound
– minorant
(ie, of a point set)
unteres Marktsegment *n* (Mk) lower market segment
unteres Preissegment *n* (Mk) lower price segment
Unterfinanzierung *f* (Fin) (wrongly used instead of) Illiquidität
Unterfischen *n*
(com) underfishing
– under-exploitation of fish
Unterfrachtvertrag *m*
(com) subcontract of affreightment
– subcharter
– subchartering contract
Untergebene *mpl*
(Pw) subordinates
– (infml) (people) down the line
untergebenenbezogener Führungsstil *m* (Bw) employee-oriented style of leadership *(R. Likert)*
untergeordnet
(com) subordinated
– downstream
untergeordnete Instanz *f*
(Re) court below
– minor court
– lower-instance court
untergeordnetes Fenster *n*
(EDV, GUI) child window
(ie, smaller window limited to the boundaries of its parent window; opp, parent window; syn, Sekundärfenster)
untergeordnetes Menü *n* (com) child menu
untergeordnetes Organ *n* (EG) ancillary organ
untergeordnete Stelle *f* (Bw) subordinate unit (*or* department)
untergeordnetes Verzeichnis *n* (EDV) child directory
Untergesellschaft *f*
(Bw) sub-partnership
(Bw) subsidiary (company)
(Bw) controlled company
untergliederte Datei *f* (EDV) partitioned date file
Untergraph *m* **mit beschränktem Grad** (Math) degree-constrained graph
Untergrenze *f* (Math) lower limit
Untergrundbahn *f*
(com, GB, infml) tube
(syn, underground)
Untergruppensumme *f* (Math) minor total
Untergruppentrennung *f* (EDV) minor control change
Untergruppen-Trennzeichen *n* (EDV) record separator
Untergruppenwechsel *m* (EDV) minor control break
Unterhalt *m*
(Re, US) maintenance
– support
Unterhalt *m* **leisten**
(Re) to maintain *(eg, pay alimony to a divorced husband)*
– to pay support
unterhaltsberechtigte Person *f*
(StR) dependent *(ie, person entitled to support by others)*
Unterhaltsbezüge *mpl* **und Renten** *fpl* (StR) annuities
Unterhaltsgeld *n* (SozV) maintenance allowance
Unterhaltsleistungen *fpl*
(Re, US) support payments
(eg, alimony and child support)
(Re, GB) maintenance payments
Unterhaltspflicht *f* (StR) statutory support obligation
Unterhaltssicherungsgesetz *n* (Re) Law Guaranteeing and Securing Support
Unterhaltszahlungen *fpl*
(Re) maintenance/support . . . payments
– (US) alimony and child support
Unterhaltung *f*
(com) maintenance
– upkeep
Unterhaltungselektronik *f* (com) consumer electronics
Unterhaltungsindustrie *f* (com) entertainment industry
Unterhaltungskosten *pl* (com) maintenance expenses
Unterholding *f* (com) subholding

Unterkanal *m* (EDV) subchannel
Unterkapazität *f* (Bw) capacity shortage
unterkapitalisiert (Fin) undercapitalized
Unterkapitalisierung *f* (Fin) undercapitalization
unter Kassakurs (Bö) under spot
Unterklasse *f* (Math) subclass
Unterkonsorte *m* (Fin) sub-underwriter
Unterkonsortium *n* (Fin) sub-syndicate
Unterkonsumtionstheorie *f* (Vw) underconsumption theory
Unterkonto *n*
(ReW) adjunct
– auxiliary
– companion
– detail
– subsidiary . . . account
– subaccount
Unterkühlung *f* **des Geschäftsklimas**
(Vw) downward movement of business climate data
(ie, to undercool/supercool are scientific terms and cannot be used in this context)
Unterlagen *fpl*
(com) documents
– data and information
– papers
– material
Unterlagen *fpl* **einreichen** (com) to file documents
Unterlagenmaterial *n* (OR) book-up material
Unterlänge *f* (EDV) descender
unterlassen
(Re) to fail to do
– to refrain from doing
– to forbear from doing
– to omit to do/doing
unterlassene Abschreibungen *fpl* (ReW) depreciation shortfall
unterlassene Instandhaltung *f* (ReW) deferred maintenance
unterlassene Patentausübung *f* (Pat) non-use of a patent
unterlassene Wartung *f* **und Instandhaltung** (Bw) deferred repairs and maintenance
Unterlassung *f*
(Re) forbearance, § 241 BGB
(ie, an intentional negative act)
– omission *(ie, an unintentional negative act)*
– nonperformance of an activity
– failure to do sth
Unterlassungsklage *f*
(Re) action for restraint
– action for restraining the defendant from committing a ‚delict'
Unterlastung *f*
(IndE) derating *(ie, Verringerung der Ausfallwahrscheinlichkeit)*
unter Lebenden
(Re) inter vivos
(ie, between living persons; eg, gift inter vivos; opp, mortis causa: von Todes wegen)
unter lebenden Personen (EDV) among/between . . . living persons
Unterlieferant *m* (com) subcontractor
unterliegen (Re) to be subject to
Unterlizenz *f* (Pat) sublicense
Unterlizenzgeber *m* (Pat) sublicensor
Unterlizenznehmer *m* (Pat) sublicensee
Untermakler *m*
(com) intermediate broker
(syn, Zwischenmakler)
Untermatrize *f* (Math) submatrix
Untermenge *f* (Math) subset
Unternachfrage *f*
(Vw) underdemand
(com) shortfall in demand
Unternehmen *n*
(com) business enterprise
– business firm
– business undertaking
– firm
– undertaking
– concern
(ie, any economic unit!)
– (infml) company
(ie, this informal term does not necessarily connote incorporation in AmE or BrE; it often stands for a partnership or even a sole proprietorship)
(Bw, EG) untertaking
(ie, in EEC jargon used as a general term covering all legal forms of business organization; cf, 4th EEC Directive and others)
Unternehmen *n* **bewerten** (Bw) to price a company
Unternehmen *n* **der gewerblichen Wirtschaft**
(com) commercial enterprise
Unternehmen *n* **der Spitzentechnologie**
(com) high-tech enterprise *(syn, Hochtechnologie-Unternehmen)*
Unternehmen *n* **gründen**
(com) to form
– to organize
– to create
– to set up
– to establish . . . a business
Unternehmen *n* **in Familienbesitz** (com) family-owned business
Unternehmen *n* **mit hohem Fremdkapitalanteil**
(Fin) highly levered company
– (GB) highly geared company
Unternehmen *n* **mit hoher Dividendenausschüttung** (Fin) high payout firm
Unternehmen *n* **mit niedriger Gewinnausschüttung** (Fin) low payout firm
Unternehmensansatz *m*
(Bw) entity approach *(opp, Eigentümeransatz = proprietary approach)*
Unternehmensberater *m*
(com) management/business . . . consultant
– consultant to management
– management/business . . . counselor
Unternehmensberatung *f*
(com) mangement . . . consulting/consultancy
– business consulting firm
(com) business intelligence consulting
(ie, durch Informationsbeschaffung)
Unternehmensbereich *m*
(Bw) functional area
– operation
– operating group
– division
– group *(eg, inventory control, finance, sales)*

Unternehmensbeteiligungsgesellschaft *f* (Fin) = Kapitalbeteiligungsgesellschaft, qv
Unternehmensbeteiligungsgesellschaft *f*, **UBG** (com) company (AG) participating in non-listed companies
(ie, beteiligt sich offen od still an nicht börsennotierten Unternehmen und refinanziert sich als Kapitalsammelstelle durch die Ausgabe von Aktien mit amtlicher Notierung od im geregelten Markt; 1987 im UBGG geregelt; ist von VSt und GewSt freigestellt)
Unternehmensbewertung *f*
(Bw) valuation of an enterprise as a whole
– valuation of a going concern
– appraisal of business
Unternehmensbilanz *f* (ReW) corporate balance sheet
Unternehmensebene *f* (Bw) corporate level
unternehmenseigene Gesellschaft *f* **im Ausland** (Vers) offshore captive
Unternehmenseigenschaft *f* (Bw) entrepreneurial quality
Unternehmensergebnis *n*
(ReW) overall company result *(ie, operating result + nonoperating result)*
(Bw) business performance
Unternehmenserträge *mpl* (ReW) company earnings
Unternehmenserweiterung *f* (Bw) business expansion
Unternehmensethik *f* (Bw) corporate/business . . . ethics
Unternehmensfinanzierung *f*
(Fin) company
– corporate
– enterprise . . . finance
– company funding
Unternehmensformen *fpl* (com) forms of business organization
Unternehmensforschung *f*
(OR) operations research
– (GB) operational research
(ie, German operations researchers have meanwhile given up this misleading translation and returned to the original American or British term)
Unternehmensfortführung *f* (ReW) going concern concept, qv
Unternehmensfortführungsprinzip *n* (ReW) going concern principle
Unternehmensführung *f*
(Bw) management
– business administration
Unternehmensgewinn *m* (Fin) business/corporate . . . profit
Unternehmensgliederung *f* (Bw) departmental structure
Unternehmensgröße *f* (Bw) = Betriebsgröße, qv
Unternehmensgründung *f* (Bw) business . . . start-up/formation *(cf, Unternehmen gründen)*
Unternehmensgruppe *f* (Bw) group (of companies)
Unternehmenshaftung *f* (Re) enterprise liability
Unternehmenshierarchie *f* (Bw) corporate hierarchy
Unternehmens-Image *n* (Bw) corporate image
Unternehmensinsolvenz *f* (Bw) business insolvency
unternehmensinterne Berichterstattung *f* (Bw) internal reporting
unternehmensinterne Flexibilität *f* (Bw) internal flexibility
unternehmensinterne Konstellation *f* (Bw) internal configuration
Unternehmensinvestitionen *fpl* (Bw) corporate/ industrial . . . investments
Unternehmenskapital *n*
(Fin) total capital *(ie, equity capital + outside capital)*
Unternehmenskauf *m*
(com) mergers and acquisitions, M&A
(ie, durch Kauf von Wirtschaftsgütern und Kauf von Anteilen = purchase of assets and purchase of shares)
Unternehmenskaufvertrag *m* (com) acquisition agreement
Unternehmenskonzentration *f* (Kart) corporate concentration
Unternehmenskonzept *n* (Bw) corporate concept
Unternehmenskultur *f* (Bw) corporate culture
Unternehmensleitbild *n* (Bw) = Unternehmensphilosophie
Unternehmensleiter *m*
(Bw) business executive
– top manager
– top executive
– leader
(eg, of a large corporation)
Unternehmensleitung *f* (Bw) corporate management
Unternehmensliquidität *f* (Fin) corporate liquidity
Unternehmensmission *f* (Bw) business mission
Unternehmensmitbestimmung *f* (Pw) codetermination at business enterprise level
Unternehmensmodell *n*
(Bw) corporate model
(ie, Planungsmodell, das sich im Gegensatz zu Funktionsbereichsmodellen als Ganzes bezieht)
Unternehmensnetzwerk *n* (EDV) enterprise network
Unternehmensorganisation *f* (Bw) company organization
Unternehmensplanspiel *n*
(Bw) business
– management decision
– operational
– executive . . . game
Unternehmensplanung *f*
(Bw) business
– corporate
– company
– managerial . . . planning
Unternehmenspolitik *f*
(Bw) business
– company
– corporate . . . policy
Unternehmenssektor *m* (VGR) corporate sector
unternehmensspezifisch (Bw) . . . specific to the company
Unternehmensspitze *f*
(Bw) top management

– (infml) corporate summit
(eg, executives below the . . .)
Unternehmenssprecher *m*
(com) company spokesman
(syn, Firmensprecher)
Unternehmenssteuerung *f* (Bw) management control
Unternehmensstrategie *f*
(Bw) business
– corporate
– master . . . strategy
(ie, including purposes, objectives, policies)
Unternehmensstruktur *f* (Bw) corporate structure
Unternehmensteile *mpl* **abstoßen** (Bw) to spin off/hive off . . . operations
unternehmenstypischer Wert *m* (ReW) value to the business
Unternehmensübernahme *f*
(com) acquisition
– takeover
– merger
(ie, also as a general term)
– tie-up
Unternehmensumwelt *f* (Bw) business environment
Unternehmensverband *m* (Bw) federation of commercial or industrial enterprises
Unternehmensverfassung *f*
(Bw) corporate legal structure
(ie, term used in discussions of developments marked by ‚Betriebsverfassungsgesetz‘, ‚Mitbestimmungsgesetz‘ etc.)
(Bw) corporate governance
Unternehmensverflechtung *f*
(Bw) group relationships
– interpenetration of company structures
(eg, in a large diversified group of affiliated companies)
Unternehmensverschuldung *f* (Fin) corporate indebtedness
Unternehmensvertrag *m*
(Bw) affiliation agreement, §§ 291–307 AktG
(Bw) agreement between enterprises
– inter-company agreement
Unternehmenswachstum *n* (Bw) corporate growth
Unternehmenswerbung *f* (Mk) institutional advertising
Unternehmenszentrale *f* (Bw) head office
Unternehmensziele *npl* (Bw) corporate objectives
Unternehmenszusammenschluß *m*
(com) business combination
– *(as a general term also)* merger
– *(infml)* tie-up
(ie, je nach Bindungsintensität gibt es:
1. stillschweigende Kooperation = tacit cooperation;
2. Agreement = agreement;
3. Konsortium = consortium/syndicate;
4. Wirtschaftsverband = trade association;
5. Kartell = cartel;
6. Gemeinschaftsunternehmen = joint venture;
7. Konzern = group of companies;
8. Verschmelzung = merger and consolidation)
Unternehmenszweck *m* (Bw) nature/purpose . . . of a business

Unternehmen *n* **voll ausbauen**
(com, infml) to fully-fledge a company
(eg, it took 18 months to raise the capital needed . . .)
Unternehmer *m*
(Vw) entrepreneur
(com) businessman
– contractor
(StR) entrepreneur
(ie, not identical with the general understanding of the term: one who exercises a business, profession, or other continuing activity, independently and with the intent to realize receipts; § 2 I UStG)
Unternehmereinheit *f*
(StR) legally independent enterprises owned or controlled by the same interests are treated as an economic unit for turnover tax purposes
(ie, term no longer used in turnover tax law)
Unternehmereinkommen *n*
(VGR) entrepreneurial income
– income of entrepreneurs
– busines income
– earnings from the ownership of the enterprise
unternehmerfeindlich (com) antibusiness
unternehmerfreundlich (Bw) probusiness
Unternehmer *m* **für kombinierte Transporte** (com) combined transport operator
Unternehmergeist *m* (Bw) entrepreneurial spirit
Unternehmergewinn *m* (Bw) (corporate) profit
Unternehmerhaftpflicht *f* (Re) employer's liability
Unternehmerin *f* (com) businesswoman
unternehmerische Dynamik *f* (Vw) entrepreneurial dynamism
unternehmerische Entscheidungen *fpl* **unter Risiko** (Bw) entrepreneurial risk-taking decisions
unternehmerische Entscheidungsgrundsätze *mpl* (Bw) business/corporate/management . . . policies
unternehmerische Gesamtplanung *f* (Bw) corporate planning
unternehmerische Investitionsnachfrage *f* (Vw) investment demand of enterprises
unternehmerisches Potential *n* (Bw) operational capabilities
unternehmerisches Risiko *n* (Bw) business risk
unternehmerisches Wagnis *n* (Bw) business risk
unternehmerische Willensbildung *f* (Bw) managerial decision-making
Unternehmerlohn *m*
(Vw) proprietors' income
– wages of entrepreneurship
(ReW) entrepreneurial
– managerial
– management . . . wages (*or* income)
– owner's salary
(ie, hypothetical compensation for the services of the owner or owners)
Unternehmertätigkeit *f* (VGR) entrepreneurial activity
Unternehmerverband *m* (com) trade association
Unternehmerwagnis *n* (Bw) entrepreneurial risk
Unternehmerwechsel *m*
(StR) business changing hands

(ie, deemed to have been discontinued by the transferor and newly commenced by the transferee, § 5 II GewStG)
Unternehmung *f* (com) = Unternehmen
Unternehmungsaufspaltung *f*
(Bw) split of a (unitary) business
(ie, into a property-holding entity and an operating company; see: Betriebsaufspaltung)
Unternehmungsberater *m* (com) = Unternehmensberater
Unternehmungsbewertung *f* (Bw) valuation of an enterprise as a whole
Unternehmungsergebnis *n*
(ReW) overall business result
(ie, difference between revenue and expenditure: Betriebserfolg + neutraler Erfolg)
Unternehmungsformen *fpl* (com) forms of business organization
Unternehmungsgewinn *m*
(ReW) annual . . .profit/income *(ie, annual revenues – expenditure)*
Unternehmungsleiter *m*
(Bw) enterprise manager *(syn, Unternehmensleiter)*
Unternehmungsmehrwert *m* (Bw) (rare expression for) = Firmenwert
Unternehmungsneugründung *f* (Bw) startup
Unternehmungspolitik *f* (Bw) business policy
Unternehmungsrentabilität *f*
(Fin) overall return
(ie, ratio of net profit + interest on borrowed capital to total capital employed)
Unternehmungswert *m* (Bw) value of an enterprise as a whole
Unternehmungsziele *npl* (Bw) = Unternehmensziele
Unternehmungszusammenschluß *m* (com) = Unternehmenszusammenschluß
unter Nennwert
(Fin) below par
– at a discount
Unternetzplan *m* (OR) subnetwork
Unteroption *f* (EDV) suboption
Unterordnungskonzern *m*
(com) group of subordinated affiliates
– vertical group *(ie, unter der Leitung e–s herrschenden Unternehmens; cf, § 18 I AktG; opp, Gleichordnungskonzern)*
Unterorganisation *f* (Bw) underorganization
unter pari
(Fin) below par
– at a discount
Unterpari-Emission *f* (Fin) issue below par (*or* at a discount)
Unterposten *m* (com) subitem
Unterprogramm *n*
(EDV) subprogramm
– subroutine
Unterprogrammaufruf *m* (EDV) subroutine call
Unterprogrammbibliothek *f* (EDV) subroutine library
Unterprogramm *n* **weiter Stufe** (EDV) second remove subroutine
unterproportionale Kosten *pl* (KoR) degressively rising variable cost
unterproportionale Produktionskosten *pl*
(Bw) concave production cost
(syn, degressive Kosten)
Unterprozess *m*
(EDV) child process *(syn, Kindprozess, Sekundärprozess)*
unterqualifiziertes Personal *n* (Pw) underqualified personnel
Unterraum *m* (Math) subspace
Unterrichtsmaterial *n* (Pw) teaching materials
Unterroutine *f* (EDV) subroutine
Untersagungsverfahren *n* (Kart) prohibition proceedings, §§ 24, 37 a GWB
Untersagungsverfügung *f* (Kart) prohibition decree, § 24 II 4 GWB
Untersagungsvoraussetzungen *fpl* (Kart) prohibition requirements
Untersatz *m*
(Log) minor premise
(ie, containing the minor term in a categorical syllogism)
unterscheiden
(com) to distinguish
– to make a distinction
– to discriminate
Unterscheidungsmerkmal *n* (com) distinctive feature
Unterschiede *mpl* **in den Zollsätzen** (AuW) tariff differential
unterschiedliche Preisnachlässe *mpl* (Mk) differential discounts
unterschlagen
(Re) to embezzle
(cf, Unterschlagung)
Unterschlagung *f*
(Re) embezzlement, § 246 StGB
(ie, rechtswidrige Zueignung e–r fremdem beweglichen Sache = intentional and fraudulent appropriation or conversion of another's property or money; cf, § 264 I 1 Alt. StGB)
– defalcation *(ie, usually applied to public officials or officers of corporations)*
unterschreiben
(com) to sign
– to undersign
– to subscribe
Unterschreitung *f* (Fin) underrun
Unterschriftsberechtigter *m* (com) person lawfully authorized to sign
Unterschriftsberechtigung *f* (com) authority to sign
Unterschriftsprobe *f* (com) specimen signature
unterschriftsreif (com) ready for signature
Unterschriftsstempel *m* (com) signature stamp
Unterschriftsverzeichnis *n* (com) list of authorized signatures
Unterschriftsvollmacht *f* (com) authority to sign documents
Unterschriftszeichnung *f*
(com) specimen signature
– signature
unterschwellige Werbung *f* (Mk) subliminal advertising
Unterstation *f*
(EDV) tributory station *(syn, Trabantenstation)*

unterste Leitungsebene *f* (Bw) first-line management
unterstellter Mitarbeiter *m* (Pw) subordinate
unterstellte Transaktion *f* (VGR) imputation
unterstellt sein (Pw) to report to
unterstützen
(com) to support
– to throw support behind
unterstützende Werbung *f*
(Mk) accessory advertising *(syn, flankierende od Randwerbung)*
Unterstützung *f*
(com) support
– backing
– promotion
– patronage
(com) aid
– assistance
Unterstützungskasse *f*
(Pw) relief fund
(ie, does not give the potential beneficiaries a legal right to the benefits distributed by it, § 4 d EStG)
Unterstützungslinie *f*
(Bö) support line
(ie, in chart analysis)
Unterstützungszahlung *f* (com) maintenance payment
untersuchen
(com) to examine
– to analyze
– to study
– to investigate
– to scrutinize *(ie, examine in detail)*
– to inquire (into)
– to probe (into)
– to search (into)
– (infml) to take a look (at) *(adj: careful, close, good, hard, long)*
Untersuchung *f*
(com) examination
– analysis
– study
– investigation
– scruting
– inquiry
– search
Untersuchung der Werbewirksamkeit *f* (Mk) impact study
Untersuchungsgegenstand *m*
(Log) area under investigation
– study topic
Untersuchungsgeheimnisse *npl* (Re) investigatory secrets
Untersuchungshaft *f* (Re) pre-trial detention
Untersuchungspopulation *f* (Stat) survey population
Untersuchungsziel *n* (Log) study objective
Untertasse *f*
(Bö) saucer *(ie, in chart analysis)*
Unterteilung *f* **des Wertebereiches** (Stat) quantization of a variable
Untertitel *m* (com) subheading
unter üblichem Vorbehalt (Re) with the usual . . . proviso/reservation
Unterunternehmer *m*
(com) subcontractor
(syn, Subunternehmer)
Untervergabe *f*
(com) subcontracting
– farming out
Untervermietung *f* (Re) subletting
Unterversicherer *m* (Vers) subunderwriter
unterversichern (Vers) to underinsure
Unterversicherung *f* (Vers) underinsurance
Untervertreter *m* (com) subagent
Untervertretung *f* (com) subagency
Unterverzeichnis *n* (EDV) subdirectory
Untervollmacht *f* (Re) substitute power of attorney
unterwegs befindliche Güter *npl* (com) goods in transit
Unterwerfungsverfahren *n* (StR) voluntary submission to tax penalty proceedings
unterwertige Münze *f* (Fin) minor coin
unter Wert verkaufen (com) to sell below value
unterzeichnen
(com) to sign
– to subscribe *(ie, one's name to)*
– (infml) to write one's name on the dotted line
– (fml) to affix one's signature to
Unterzeichner *m* (com) signer
Unterzeichnerstaat *m* (EG) signatory state
Unterzeichneter *m* (Re) undersigned
Unterziel *n*
(Bw) subgoal
– subobjective
Unterziele *npl* (Bw) subgoals
unter zollamtlicher Überwachung befördern (Zo) to transport under customs control
unter Zollaufsicht (Zo) under customs supervision
unter Zollbegleitung befördern (Zo) to transport under customs escort
unter Zollverschluß
(Zo) in bond *(opp, duty paid)*
unter Zollverschluß *m* **einlagern** (Zo) to store in bonds
Untreue *f* (Re) breach of public trust, § 266 StGB
unübertragbar (Re) nontransferable
unübertragbarer Rentenanspruch *m* (SozV, Pw) unassignable pension right
Unübertragbarkeit *f* (Re) nontransferability
unverändert fest (Bö) continued firm
unverarbeitete Rohstoffe *mpl* (Vw) primary commodities
unverarbeitetes Rohöl *n*
(com) virgin crude oil
– straight-run stock
unveräußerliche Rechte *npl* (Re) inalienable rights
unverbindlich
(com) not binding
– non-committal
– without engagement
unverbindliche Antwort *f* (com) noncommittal . . . answer/reply
unverbindliche Indikation *f* (Re) non-committal indication
unverbindlich empfohlener Preis *m* (Kart) nonbinding recommended price
unverbindliche Preisempfehlung *f* (Kart) nonbinding price recommendation

unveredelte Ware *f* (Zo) goods in the unaltered state

unverfallbar
(Re) non-forfeitable
– unforfeitable
– vested *(eg, pension rights)*

unverfallbare Rentenanwartschaft *f* (Vers) non-forfeitable (*or* unforfeitable) expectancy of a pension

Unverfallbarkeit *f*
(Re) non-forfeitability
– unforfeitability
– vesting

unverhältnismäßige Kosten *pl* (com) unreasonable expense

unverjährbar (Re) not subject to the Statute of Limitations

unverjährbarer Anspruch *m* (Re) unbarrable claim

unverkäuflich
(com) unsalable
– not for sale

unverkäufliche Aktien *fpl* (Fin) sour stock

unverkäufliche Bestände *mpl* (com) dead stock

unverkäuflicher Artikel *m* (com) unsalable . . . article/item

Unverkäuflichkeit *f* (com) unsalability

unverkettbar (Math) nonconformable

unverkürzte Bilanz *f* (StR) unabbreviated commercial balance sheet

unverkürzte Gewinn- und Verlustrechnung *f*
(ReW) unabbreviated profit and loss statement
– full-size income statement

unverlangt eingesandtes Manuskript *n*
(com) over-the-transom manuscript
– unsolicited manuscrip

unverlangtes Angebot *n* (com) unsolicited offer

unverlangte Sendung *f* (com) unsolicited consignment

unverlangtes Manuskript *n* (com) unsolicited manuscript

unvermeidbares Risiko *n* (Fin) unavoidable (*or* systematic) risk

Unvermögen *n*
(Re) inability to perform
– subjective impossibility
(ie, performance impossible for debtor only; syn, subjektive Unmöglichkeit)

unverrechnete Beistellung *f* (KoR) uncharged provision of materials

unverriegelbar (EDV) non-locking

unverschuldete Verzögerung *f* (Re) excusable delay

unversicherbares Risiko *n* (Vers) prohibited risk

unversicherte Risiken *npl* (Vers) excepted risks

unversteuert (StR) untaxed

unverteilte Gewinne *mpl*
(ReW) retained earnings (*or* income *or* profits)
– retentions
– undistributed profits

unverteilter Reingewinn *m* (ReW) undistributed net income

Unverträglichkeit *f*
(com) incompatibility
(Log) = Exklusion, qv

unverzerrte Beratung *f* (Bw) unbiased counseling (activity) *(H. Steinmann)*

unverzerrte Stichprobe *f* (Stat) unbiased sample

unverzinslich
(Fin) bearing (*or* earning) no interest
– non-interest-bearing

unverzinsliche Einlagen *fpl* (Fin) non-interest-bearing deposits

unverzinsliche Forderungen *fpl* (StR) non-interest-bearing debts § 12 III BewG

unverzinslicher Kredit *m* (Fin) interest-free credit

unverzinsliche Schatzanweisungen *fpl* (Fin) Treasury discount paper

unverzinsliche Schuldverschreibungen *fpl* (Fin) interest-free bonds

unverzinsliches Darlehen *n*
(Fin) interest-free loan
– non-interest bearing loan

unverzögerte endogene Variable *f* (Stat) nonlagged endogenous variable

unverzögerte Funktion *f* (Math) unlagged function

unverzollt (com) duty unpaid

unverzollte Waren *fpl* (com) uncleared goods

unverzüglich
(Re) in due course, § 121 BGB
(ie, term only excludes culpable delay = schuldhaftes Verzögern)

unvollkommene Information *f* (Vw) incomplete information

unvollkommener Markt *m*
(Vw) imperfect market *(syn, unvollkommene Konkurrenz)*

unvollkommenes Recht *n* (Re) imperfect right

unvollkommene Verbindlichkeit *f* (Re) imperfect obligation

unvollkommen zweiseitiger Schuldvertrag *m*
(Re) imperfectly reciprocal contract
(ie, primarily intended to create an obligation on one side only, but incidentally resulting in the creation of an obligation on the other side)

unvollständige Angaben *fpl* (com) incomplete statements

unvollständige Buchung *f*
(ReW) blind entry *(ie, ohne Beschreibung des Geschäftsvorfalles)*

unvollständige Disjunktion *f* (Log) inclusive disjunction

unvollständige Gamma-Funktion *f* (Math) incomplete gamma function

unvollständige Konkurrenz *f* (Vw) imperfect competition

unvollständige Lieferung *f* (com) short delivery

unvollständiger Wettbewerb *m*
(Vw) imperfect competition
(ie, where at least one participant can materially affect the market price)

unvollständige Stichprobe *f* (Stat) defective sample

Unwägbarkeiten *fpl* (Re) unforeseeable events

unwesentliche Beteiligung *f* (com) immaterial holding

unwesentlicher Bestandteil *m* (Re) non-essential component part

unwesentlicher Wettbewerb *m* (Kart) insignificant competition, § 7 I GWB

unwesentliches Spiel *n* (OR) inessential game
unwiderlegliche Konzernvermutung *f* (Bw) irrebuttable/ conclusive . . . group presumption
unwiderlegliche Vermutung *f*
(Re) irrebuttable
– conclusive
– absolute . . . presumption
– praesumptio juris et de jure
– presumption of law and of right
(ie, no counter-evidence permitted: keine Widerlegungsmöglichkeit zugelassen; opp, widerlegliche Vermutung = rebuttable/inconclusive/disputable . . . presumption, qv)
unwiderruflich (com) irrevocable
unwiderrufliche Bezugsberechtigung *f* (Vers) irrevocable appointment of beneficiary
unwiderrufliche Refinanzierungszusage *f* (AuW) unqualified agreement to reimburse *(ie, by World Bank)*
unwiderrufliches Akkreditiv *n* (Fin) irrevocable letter of credit
unwiderrufliche Wechselkurse *mpl* (EG) irrevocable parities
unwirksam
(Re) null
– null and void
– invalid
– legally ineffective
– inoperative
– ineffectual
– not binding in law
– having no legal force
– having no binding effect
– nugatory *(eg, legislative act)*
unwirksame Rechtsgeschäfte *npl* (Re) void and voidable transactions, § 41 AO
Unwirksamkeit *f*
(Re) nullity
– invalidity
– inefficacy
– voidness
– inoperativeness
– nugacity
Unwirksamkeitserklärung *f* (Re) declaration of ineffectiveness
unwirtschaftlich
(com) uneconomical
– inefficient
unwirtschaftliche Frachtraten *fpl* (com) uncommercial rates
Unwirtschaftlichkeit *f*
(com) inefficiency
(ie, implies wasting scarce resources in all areas of economic activity; syn, Ineffizienz)
unwissentlich falsche Angaben *fpl* (Re) innocent misrepresentation
unzerlegbares Polynom *n* (Math) irreducible polynomial
unzulässige Operation *f* (EDV) illegal operation
unzulässiger Befehl *m* (EDV) illegal instruction
unzulässige Rechtsausübung *f*
(Re) inadmissible exercise of a right
(ie, violating the principle of equity and fair dealing; special cases: Verwirkung and Wegfall der Geschäftsgrundlage)
unzulässiges Zeichen *n* (EDV) illegal character
unzulässige Werbung *f* (Mk) forbidden advertising
unzumutbare Belastung *f* (Re) undue burden
unzumutbare Beschäftigung *f* (Pw) unacceptable employment
unzumutbare Härte *f* (Re) undue hardship
unzureichende Auslastung *f* (Bw) (plants) working at unsatisfactory levels
unzureichende Deckung *f*
(Fin) small/thin/shoestring . . . margin
(ie, narrow or insufficient margin that leaves the speculator's account in a precarious condition if the market declines)
unzustellbar
(com) undeliverable
– undelivered *(eg, if . . . return to)*
unzustellbarer Brief *m* (com) dead letter
Unzustellbarkeitsmeldung *f* (com) advice of non-delivery
unzuverlässiger Test *m* (Stat) biased test
unzweideutige Aufforderung *f* **zur Leistung** (Re) unconditional request for performance
UPC-Strichcode *m*
(Mk, US) Universal Product Code
(ie, a 10-digit code based on the ratio of printed bars to adjacent space, affixed to package and readable electronically or by laser beam; used by retail stores for inventory control and checkout; cf, EAN-Strichcodierung)
UP-System *n* (MaW) transshipment point system
Urabstimmung *f*
(Pw) strike vote (*or* ballot)
(ie, requires a three quarter majority of all union members of a single company or district)
Uraufzeichnungen *fpl* (ReW) records of original entry
Urbanistik *f*
(Vw) urban economics *(syn, Stadtökonomie)*
Urbeleg *m*
(EDV) original (*or* source) document
(syn, Originalbeleg)
Ureingabeprogramm *n* (EDV) bootstrap loader
Urerzeuger *m* (Bw) primary producer
Urerzeugung *f* (Bw) primary production
Urheber *m* (com) originator
Urheberrecht *n* (Pat) copyright
urheberrechtlich geschützer Bildschirm *m* (EDV) copyright screen
urheberrechtlich geschütztes Werk *n* (Pat) copyrighted publication
urheberrechtlich schützen (Pat) to copyright
Urheberrechtslizenzgebühren *fpl* (Pat) copyright royalties
Urheberrechtsschutz *m* (Pat) protection by copyright
Urheberrechtsschutzgesetz *n* (Pat) copyright law
Urheberrechtsverletzung *f* (Pat) infringement of copyright
Urheberrechtsverwertungsgesellschaft *f* (Pat) copyright association
Urkunde *f*
(Re) (legal) document
– (legal) instrument
Urkunde *f* **des Handelsverkehrs** (Re) commercial instrument

Urkundenbeweis *m* (Re) proof by documentary evidence
Urkundenfälschung *f* (Re) forgery of documents, § 267 StGB
urkundlicher Beweis *m* (Re) proof by documentary evidence
Urkundsbeamter *m*
(Re, US) Commissioner of Deeds
(Re, GB) Commissioner for Oaths
Urkundsbeamter *m* **der Geschäftsstelle** (Re, appr) clerk of court
urladen
(EDV) to boot
– to bootstrap
Urlader *m*
(EDV) initial program loader
– bootstrap loader
(ie, Systemprogramm, in dem Festwertspeicher des Rechners gespeichert ist)
Urlaub *m*
(Pw) vacation
– (GB) holiday
(ie, students in GB speak of ‚vacations'; Sommerferien: long vac, or long)
Urlaubsabsenzen *fpl* (IndE) number of employees on vacation
Urlaubsanspruch *m* (Pw) vacation entitlement
Urlaubsentgelt *n* (ReW) vacation pay – salaries and wages
Urlaubsgeld *n*
(ReW) = Urlaubsentgelt
(Pw) vacation bonus
– (GB) holiday (cash) bonus
Urlaubsplan *m* (Pw) vacation schedule, § 87 I 5 BetrVerfG
Urlaubsplanung *f* (Pw) scheduling vacations
Urlaubsrückstellungen *fpl* (ReW) vacation provisions
Urlaubsvertretung *f* (Pw) vacation replacement
Urliste *f* (Stat) raw data list
Urmaterial *n* (Stat) primary data
Urnenauswahl *f* (Stat) lottery sampling
Urproduktion *f* (Bw) primary production
Urproduktionsbetriebe *mpl* (Bw) extractive industries *(ie, includes water, gas, and power supply)*
Ursache *f* **e–s Maschinenausfalls** (IndE) force of mortality
Ursache *f* **haben in**
(com) to be due to
– to originate in
Ursache-Wirkungs-Diagramm *n*
(Bw) cause-and-effect diagram
– fishbone diagram
– Ishikawa diagram
(ie, statement of a problem, with a branching diagram leading to the kown potential uses)
ursächliche Variable *f* (Stat) cause variable
Ursprung *m* **des kartesischen Koordinatensystems** (Math) origin of Cartesian coordinates
ursprüngliche Akkumulation *f* (Vw) primary accumulation
ursprüngliche Gemeinschaft *f* (EG) original Community
ursprüngliche Informationsquelle *f* (Bw) original source of information
ursprüngliche Kostenarten *fpl* (KoR) primary cost types *(syn, einfache od primäre Kostenarten; entscheidend ist die Herkunft der Einsatzgüter)*
ursprünglicher Kapitalbetrag *m* (Math) original principal
ursprünglicher Kapitaleinsatz *m* (Fin) initial investment *(ie, in preinvestment analysis)*
ursprüngliche Unmöglichkeit *f*
(Re) initial (*or* original) impossibility
– impossibility at the time of making
– impossibility ab initio
(Note that the term ‚Unmöglichkeit' in German law is reserved for cases where performance is impossible for everybody, not for debtor only)
Ursprungsangabe *f* (com) statement of origin
Ursprungsbescheinigung *f* (com) = Ursprungsangabe
Ursprungsbezeichnung *f*
(com) mark of origin
(Zo) designation (*or* identification) of origin
Ursprungsdaten *pl*
(EDV, Stat) raw data
– source data
Ursprungsdrittland *n* (Zo) non-member country of origin
Ursprungserklärung *f*
(Zo) declaration of origin
(eg, submitted by exporter)
Ursprungserzeugnisse *npl* (Zo) originating products
Ursprungsfeld *n* (EDV) source field
Ursprungsfinanzierung *f* (Fin) initial finance
Ursprungskapital *n* (Fin) initial capital
Ursprungsland *n* (com) country of origin
Ursprungslandprinzip *n*
(StR) origin principle *(opp, Bestimmungslandprinzip)*
Ursprungslaufzeiten *fpl* (Fin) original maturities
Ursprungsnachweis *m* (com) documentary evidence of origin
Ursprungsnachweise *mpl* **anerkennen** (Zo) to accept the documentary evidence of origin
Ursprungspatent *n* (Pat) original patent
Ursprungsplatte *f* (EDV) parent disk
Ursprungsprogramm *n* (EDV) source program
Ursprungssprache *f* (EDV) source language
(syn, Quellsprache)
Ursprungswert *m* (com) original value
Ursprungswerte *mpl* (Stat) unadjusted figures
Ursprungszeugnis *n* (com) certificate of origin
Urstart *m*
(EDV) cold start
– initial start
– initial program loading
(syn, Kaltstart; opp, Warmstart = warm start, system restart)
Urteil *n* **aufheben**
(Re) to set aside
– to rescind
– to quash
– (US) to vacate . . . a judgment
– to reverse a court ruling
Urteiler *m*
(Pw) rater
(ie, in performance appraisal)

Urteilsfindung *f* (StR) deliberations leading to a court decision, § 16 FGO

Urteilslogik *f* (Log) logic of propositions (*or* judgments)

Urwahl *f*
(Pw) direct election
(ie, of the works council)

Usance *f*
(com) trade
– business
– commercial
– mercantile . . . usage
– custom of the trade
– mercantile custom
– usage of the market (*or* trade)
(Bö) rules and regulations

Usancenhandel *m* (Bö) cross dealing

Usancenkredit *m* (Fin) usage credit

Usancenkurs *m* (Fin) cross rate

U-Schätze *mpl* (Fin) = unverzinsliche Schatzanweisungen

USt (StR) = Umsatzsteuer

UStG (StR) = Umsatzsteuergesetz

utopisch-holistische Sozialplanung *f* (Vw) holistic social engineering

UWG (Re) = Gesetz gegen Unlauteren Wettbewerb

V

VA (Bö) = Vorzugsaktien
VADM (Mk) = Verkaufsaußendienstmitarbeiter
vagabundierende Gelder *npl*
(Fin) hot money
– footlose funds *(eg, marshaled by the oil exporting countries; syn, heißes Geld)*
vage Logik *f*
(Log) fuzzy logic
(syn, unscharfe Logik; diskrete Wahrheitswerte werden durch e–n stetigen Bereich, etwa von 0 bis 1, ersetzt)
vakant (Pw) vacant
Vakanz *f*
(Pw) vacancy
– vacant post
vakuumverpackt (com) vacuum packed
Vakuumverpackung *f* (com) vacuum packing
Valenz *f* (Log) biconditional
Validierung *f* (Log) validation
Validität *f* (Bw) validity
Valoren *pl*
(Fin) securities *(ie, including bank notes)*
Valuta *f*
(Fin) currency
(Fin) loan proceeds
(Fin) value date
Valutaakzept *n* (Fin) foreign currency acceptance
Valutaanleihe *f*
(Fin) foreign currency loan *(ie, floated by German issuer; syn, Valutabond, Auslandsbond)*
Valutadumping *n* (AuW) exchange dumping
Valuta-Exporttratte *f* (Fin) export draft in foreign currency
Valutageschäft *n*
(Fin) fixed settlement date
(Fin) foreign currency (*or* exchange) transaction
Valutagewinn *m* (Fin) gains on foreign exchange
Valutaguthaben *n* (Fin) foreign currency holding
Valutaklausel *f*
(Fin) foreign currency clause *(syn, Währungsklausel)*
Valutakonto *n*
(Fin) foreign currency account *(syn, Währungskonto)*
Valutakredit *m*
(Fin) foreign currency loan *(syn, Devisenkredit, Währungskredit)*
Valutakupon *m* (Fin) foreign currency coupon
Valutanotierung *f* (Fin) quotation of exchange
Valutapapiere *npl* (Fin) foreign currency securities
Valutarisiko *n* (Fin) exchange risk
Valutaschuld *f* (Fin) foreign currency debt, § 244 BGB
Valutatag *m*
(Fin) value date
(ie, on which bank account entry becomes effective)
Valutatrassierungskredit *m* (Fin) foreign currency acceptance credit
Valutaversicherung *f* (Vers) foreign currency insurance
Valutawechsel *m* (Fin) foreign exchange bill
Valuten *pl* (Fin) foreign currencies
Valutenarbitrage *f* (Fin) currency arbitrage
Valutengeschäft *n* (Fin) dealing in foreign notes and coin
Valutenkonto *n* (Fin) currency account
valutieren
(Fin) to fix (*or* state) the value date
(Fin) to extend a loan
Valutierung *f*
(Fin) fixing (*or* stating) the value date
(Fin) extension of a loan
Valutierungsgewinn *m* (Fin) = Wertstellungsgewinn, *qv*
Valutierungstermin *m*
(Fin) value date
(Fin) date of loan extension
variabel verzinslich (Fin) on a floating rate basis
variabel verzinsliche Anleihe *f*
(Fin) floating rate note, FRN
(ie, medium to long term, evidence by negotiable bearer notes – begebbare Inhaberschuldscheine – in denominations of a least $1,000, and with a coupon consisting of a margin usually over Libor for 3 or 6 months deposits, paid at the end of each interest period and then adjusted in line with current rates for the next period; market almost entirely by telephone or telex; Zinssatz wird alle 3 od 6 Monate der Rendite kurzfristiger Mittel am Eurogeldmarkt angepaßt; Bezugsgröße ist der Liborsatz, zu dem Termineinlagen unter Banken am Eurogeldmarkt verzinst werden; syn, variabel verzinslicher Schuldtitel)
Variabilität *f* (Stat) variability
Variabilitätskoeffizient *m* (Stat) = Variationskoeffizient
Variable *f* (Math) variable
variable Absatzgeschwindigkeit *f* (Mk) variable rate of selling
variable Arbeitszeit *f* (Pw) = gleitende Arbeitszeit
variable Bestellmenge *f* (MaW) variable-order quantity
variable Durchschnittskosten *pl* (Vw) average variable cost
variable Fertigungsgemeinkosten *pl* (KoR) variable factory overhead
variable Kosten *pl*
(KoR) variable cost (*or* expenses *or* charges)
(syn, veränderliche Kosten, beschäftigungsabhängige Kosten;
opp, fixe Kosten)
Variable *f* **mit konstantem Zeitverlauf** (Math) continuous time variable
Variablenkontrolle *f* (Stat) sampling by variables
variable Notierung *f*
(Bö) variable prices
– floating quotation

Variablenprüfung *f*
(IndE) inspection by variable
– variable gauge
variabler Beschaffungsrhythmus *m* (MaW) variable cycle
variabler Handel *m* (Bö) variable-price trading
variabler Markt *m* (Bö) variable-price market
variables Feld *n* (EDV) variable (length) field
variable Stückkosten *pl* (KoR) variable unit costs
variable Substitutionselastizität *f* (Vw) variable elasticity of substitution
variable Werte *mpl* (Bö) variable-price securities
variable Zinsen *mpl* (Fin) variable (*or* floating) rate
Varianz *f*
(Stat) variance O^2 *(ie, Minimum der mittleren quadratischen Abweichung; the square of the standard deviation; das wichtigste Streuungsmaß)*
Varianzanalyse *f*
(Stat) variance analysis
– analysis of variance, ANOVA
(ie, technique for segregating the causes of variability affecting a set of observations; zur Untersuchung der Abhängigkeit e–r metrisch skalierten abhängigen Variablen von e–r od mehreren als Kategorien/Faktoren bezeichneten nominalskalierten unabhängigen Variablen)
Varianz *f* **der Grundgesamtheit** (Stat) parent variance
Varianz *f* **der Stichprobe** (Stat) sampling variance
Varianz *f* **innerhalb der Gruppen** (Stat) within-group variance
Varianz *f* **innerhalb der Klassen** (Stat) intra-class variance
Varianzkomponente *f* (Stat) component of variance
Varianz-Kovarianz-Matrix *f*
(Stat) variance/covariance matrix
(ie, Ausgangspunkt vieler multivariater Verfahren)
Varianzquote *f* (Stat) variance ratio
Varianzquotentest *m*
(Stat) variance ratio test
– F test
Varianz-Quotientest *m* (Stat) variance-ratio test
Variate-Differenz-Methode *f*
(Stat) variate difference method
(ie, Verfahren zur Ermittlung der Korrelation zufallsbedingter Elemente zweier Zeitreihen; a technique for estimating the correlation between the random parts of two given time series)
Variation *f* **des Produktäußeren** (Mk) face-lifting of a product
Variationsbreite *f*
(Stat) range
(syn, Spannweite, Schwankungsbreite)
Variationskoeffizient *m* (Stat) coefficient of variation
Variationsrechnung *f* (Math) calculus of variation
Variator *m*
(KoR) factor of expense variability *(ie, in one-stage overhead planning)*
Vaterschaftsurlaub *m*
(Pw) birth leave
(ie, women necessarily take maternity leave)
Veblen-Effekt *m*
(Vw) conspicuous-consumption effect
(syn, externer Konsumeffekt)
Veblen-Gut *n* (Vw) prestige good (*or* merchandise)
Vektor *m* (Math) vector
Vektoranalyse *f* (Math) vector analysis
Vektorbildschirm *m* (EDV) stroke writer
Vektorbildschirm *m* **mit Bildwiederholung** (EDV) = kalligrafischer Bildschirm
Vektorbüschel *n* (Math) cluster of vectors
Vektoren *mpl* **mit gleichem Anfangspunkt** (Math) coterminous vectors
Vektorenrechner *m* (EDV) vector processor
Vektorfeld *n* (Math) vector field
Vektorgrafik *f* (EDV, CAD) vector graphics
vektorielle Schreibweise *f* (Math) vectorial notation
vektorielles Feld *n* (Math) vector field
vektorielles Produkt *n* (Math) vector (*or* cross) product
Vektorkomponente *f* (Math) vector component
Vektoroptimierung *f* (OR) vector optimization
Vektorraum *m*
(Math) vector (*or* linear) space *(ie, consists of elements which comprise a commutative group under addition, each of which is left unchanged under multiplication by the multiplicative identity of the field)*
Vektorrechner *m* (EDV) computer system specially suited to execute vector and matrix operations
Vektorrechnung *f*
(Math) calculus of vectors
(ie, concerned with differentiation and integration of vector-valued functions)
Vektorschar *f* (Math) cluster of vectors
Vektorschrift *f* (EDV) stroke font
Vektor-Schriftschnitt *m* (EDV) vector font
Vektorsystem *n* (Math) vector set
verabreden (com) to make an appointment
Verabredung *f* (com) appointment *(eg, I have an appointment to see Mr X)*
verallgemeinerter Mittelwertsatz *m* (Math) extended mean value theorem
veraltend (com) obsolescent
Veralten *n* **von Betriebstypen** (Mk) store erosion
veraltet (com) obsolete
veränderbarer Parameter *m* (EDV) tunable parameter
Veränderliche *f* (Math) variable
veränderliche Kosten *pl* (KoR) = variable Kosten
veränderlicher Auswahlsatz *m* (Stat) variable sampling fraction
Veränderung *f* **der Konzernrücklagen** (ReW) change in consolidated reserves
Veränderung *f* **der Rücklagen** (ReW) reserve transfers
Veränderungsrate *f* (com) rate of change
verankern (com) to incorporate
Verankerungsprinzip *n*
(Fin) anchor principle *(ie, DM-Auslandsanleihen sollen nur unter Führung e–s in Deutschland ansässigen Kreditinstituts begeben werden)*
veranlagende Behörde *f* (StR) tax assessing authority
veranlagte Steuern *fpl* (StR) assessed taxes

Veranlagung *f*
(StR) tax assessment
(ie, formal procedure by which the tax office determines the amount of income tax or corporate income tax for a particular taxable year, § 25 I EStG, § 49 I KStG)
Veranlagungsbescheid *m* (StR) tax assessment notice
Veranlagungsgrundlage *f* (StR) basis of assessment
Veranlagungsjahr *n*
(StR) year of assessment
– fiscal/tax . . . year
Veranlagungssteuern *fpl* (StR) = veranlagte Steuern
Veranlagungsverfahren *n* (StR) assessment procedure
Veranlagungszeitpunkt *m* (StR) effective assessment date
Veranlagungszeitraum *m* (StR) (tax) assessment period
veranlassen (com) to prompt *(eg, management to shut down a subsidiary)*
veranschlagen (com) to estimate
Veranstaltungsmarketing *n* (Mk) event marketing
verantwortlicher Außenprüfer *m* (ReW) accountant/field auditor . . . in charge
Verantwortlichkeit *f*
(com) responsibility
– accountability
Verantwortlichkeitsrechnung *f* (ReW) responsibility accounting
Verantwortungsbereich *m* (Pw) area of . . . responsibility/accountability
Verantwortungsbewußtsein *n* (Pw) acceptance of responsibility
verantwortungsorientiertes Rechnungswesen *n* (ReW) responsibility accounting
verantwortungsvolle Aufgabe *f* (Pw) position of broad responsibility
verarbeiten (IndE) to process
verarbeitende Industrie *f* (com) manufacturing (*or* processing) industry
verarbeitendes Gewerbe *n* (com) manufacturing sector
Verarbeiter *m* (IndE) processor
Verarbeitung *f*
(IndE) processing
– conversion *(ie, general and chemical)*
(IndE) finish *(ie, vor allem im Sinne von Oberflächengestaltung)*
Verarbeitungsart *f* (EDV, Cobol) processing mode
Verarbeitungsbereich *m* (EDV) processing area
Verarbeitungsbetrieb *m*
(IndE) processing plant *(opp, Substanzbetrieb)*
Verarbeitungserzeugnisse *npl* (EG) processed (farm) products
Verarbeitungsgeschwindigkeit *f* (EDV) processing speed
verarbeitungsintensiv (EDV) process-bound
Verarbeitungsklausel *f* (Re) processing clause; *cf,* § 950 BGB
Verarbeitungskosten *pl*
(KoR) processing cost
– conversion cost
(ie, covers labor, overhead, and materials outlay incurred in processing sth into intermediate or finished form)
Verarbeitungsprogramm *n* (EDV) processing program
Verarbeitungsschritt *m* (EDV) processing step
Verarbeitungsstufe *f* (Bw) production (*or* processing) stage
Verarbeitungszustand *m* (EDV) processing state
Verarmungswachstum *n* (Vw) immiserizing growth
Verausgabung *f* **von Mitteln** (Fin) disbursement of funds
Veräußerer *m*
(com) seller
– vendor
(Re) transferor *(ie, for a consideration)*
(Re) alienator *(ie, in real property law)*
veräußern
(com) to sell
– to dispose of
(Re) to transfer *(ie, for a consideration)*
(Re) to alienate *(ie, in real property law)*
veräußert werden
(com, infml) to go on the block *(ie, said of enterprises)*
Veräußerung *f*
(com) sale
– realization
– disposal/disposition
(ie, for a consideration)
(Re) transfer *(ie, for a consideration)*
(Re) alienation *(ie, in real property law)*
Veräußerung *f* **e–s Betriebes** (Bw) sale of an entire business
Veräußerungsbilanz *f*
(ReW) balance sheet set up for the purpose of selling a going concern
(ie, Grundlage für die Ermittlung des Preises bei Veräußerung von Unternehmen im Ganzen)
Veräußerungsgewinn *m*
(ReW) gain on disposal (*or* sale) or other transfer, § 17 EStG
(Fin) disposition gain
(StR) (capital) gain
Veräußerungspreis *m*
(Bw) current exit value
(ie, Tages- od Marktwert)
(StR) disposition (*or* transfer) price
Veräußerungs- und Zahlungsverbot *n* (Fin) order prohibiting disposals and payments, § 46 a KWG
Veräußerungsverlust *m*
(ReW) loss on disposal
(StR) capital loss
Veräußerungswert *m*
(ReW) recovery
– residual
– scrap . . . value
(ReW) value on realization
– proceeds on disposal
– exit value
(ie, used in ‚Liquidationsbilanzen'; syn, Realisationswert)
(ReW) realisable value
Veräußerung *f* **von Anlagen** (ReW) asset disposal

Veräußerung *f* **von Beteiligungen**
(Fin) sale of share holdings
– (GB) sale of trade investments
Verband *m*
(Bw) (trade/professional) association
– interest/pressure
(ie, bündelt Einzelinteressen und bringt sie in den politischen Prozeß ein; organized to influence public and esp. government policy; syn, Vereinigung)
(com) federation
(Math) lattice
(ie, algebraische Struktur mit zweistelligen inneren Verknüpfungen; kann als halbgeordnete Menge aufgefaßt werden; partially ordered set – poset – in which each pair of elements has both a greatest lower bound and least upper bound)
Verbandbetrieb *m*
(Bw) association headquarters
(ie, acts as central organization for all members of an association)
Verband *m* **der Automobilindustrie e. V.** (com) *(Frankfurt-based)* German Motor Industry Federation
Verband *m* **der Chemischen Industrie** (com) Chemical Industry Federation
Verband *m* **der Hochschullehrer für Betriebswirtschaft** (com) Association of University Teachers of Business Administration
Verband *m* **der Kreditwirtschaft** (Fin) banking association
Verbände *mpl* **des Kreditgewerbes** (Fin) banking associations
Verband *m* **für Arbeitsstudien und Betriebsorganisation – REFA** (Bw) Association for Work Studies and Manufacturing Organization
Verbandsanmeldung *f* (Pat) Convention application
Verbandsklage *f*
(Re) class action
(syn, Kollektivklage)
Verbandsland *n*
(Pat) Convention country
– member country of the Paris Convention
Verbandsmarke *f* (Pat) collective (*or* certification) mark
Verbandspreis *m* (Kart) price fixed by a cartel or syndicate
Verbandspriorität *f*
(Pat) Convention priority *(syn, Unionspriorität)*
Verbandsstruktur *f* (Math) lattice structure
Verbandstheorie *f* (Math) lattice theory
Verbandsübereinkunft *f* **zum Schutz des Gewerblichen Eigentums** (Pat) Convention for the Protection of Industrial Property
Verbandszeichen *n*
(Pat) collective mark
– certification trademark
(ie, trademark for use by members of a trade association)
Verbandszeitschrift *f* (com) trade journal
Verband *m* **zum Schutz des Gewerblichen Eigentums** (Pat) Union for the Protection of Industrial Property
verbegrifflichen (Log) to conceptualize
Verbegrifflichung *f* (Log) conceptualization
Verbesserung *f* **des Ausbildungsstandes** (Pw) educational upgrading
Verbesserungserfindung *f* (Pat) improvement invention
Verbesserungsinvestitionen *fpl*
(Vw) capital deepening
(ie, zur Steigerung der Kapitalintensität = made in order to improve the capital-labor ratio of production; opp, Erweiterungsinvestition = capital widening, qv)
Verbesserungspatent *n* (Pat) improvement patent
Verbesserungsvorschläge *mpl* (Bw) suggestions for improvement
verbilligter Kredit *m* (Fin) subsidized credit
verbinden
(EDV) to link(age) edit
– to compose
– to consolidate
(ie, to combine separately produced load or object modules into an executable phase)
verbindende Supposition *f* (Log) common supposition
verbindliche Entscheidung *f* (Re) binding decision
verbindliches Angebot *n* (com) firm/binding . . . offer/tender/bid/proposal
verbindliche Sprachregelung *f*
(Re) language of contract
(Re) authentic language
Verbindlichkeit *f*
(Re) obligation
(Re) binding force
– legal validity
Verbindlichkeiten *fpl*
(ReW) liabilities
– indebtedness
– debts
– due to
– accounts payable
– payables
(ReW, EG) creditors
Verbindlichkeiten *fpl* **aus Bürgschaften** (ReW) liabilities on guaranties
Verbindlichkeiten *fpl* **aus der Begebung von Wechseln** (ReW) contingencies resulting from the issue of bills
Verbindlichkeiten *fpl* **aus diskontierten Wechseln** (ReW) liabilities on bills discounted
Verbindlichkeiten *fpl* **aus Einbehaltung** (ReW) accrued withholdings
Verbindlichkeiten *fpl* **aus Gewährleistungsverträgen**
(ReW) liabilities under warranties
– contingent liabilities arising from guarantees and other warranties
Verbindlichkeiten *fpl* **aus Lieferungen und Leistungen**
(ReW, EG) trade creditors
(ReW) trade accounts payable
– accounts payable – trade
– accounts payable for goods and services
Verbindlichkeiten *fpl* **aus Pensionsansprüchen** (ReW) liabilities for pension rights
Verbindlichkeiten *fpl* **aus Umsatzsteuer** (Bw) VAT-payables

Verbindlichkeiten *fpl* **aus Währungstermingeschäften** (ReW) liabilities on forward exchange contracts
Verbindlichkeiten *fpl* **aus Wechseln** (ReW, EG) bills of exchange payable
Verbindlichkeiten *fpl* **eingehen**
(Re) to assume obligations
(Fin) to incur (*or* contract) debts
Verbindlichkeiten *fpl* **erfüllen**
(Re) to discharge obligations
(Fin) to repay debt
Verbindlichkeiten *fpl* **e–r Gesellschaft**
(ReW) partnership debts
(ReW) company debts
Verbindlichkeiten *fpl* **gegenüber Banken** (ReW) (amounts) due to banks
Verbindlichkeiten *fpl* **gegenüber Beteiligungsgesellschaften** (ReW) due to associated companies
Verbindlichkeiten *fpl* **gegenüber Konzernunternehmen** (ReW) due to affiliated companies
Verbindlichkeiten *fpl* **gegenüber Kreditinstituten** (ReW, WG) amounts owed to credit institutions
Verbindlichkeiten *fpl* **gegenüber verbundenen Unternehmen** (ReW, EG) amounts owed to affiliated undertakings
Verbindlichkeiten *fpl* **mit unbestimmter Fälligkeit** (Fin) indeterminate-term liabilities
Verbindlichkeit *f* **mit kurzer Restlaufzeit** (Fin) maturing liability
Verbindlichkeitserklärung *f* (Re) declaration of commitment
Verbindung *f*
(EDV) link
– linkage
Verbindung *f* **aufnehmen**
(com) to contact
– to liaise *(ie, to make or keep connection with/ about)*
Verbindungen *fpl* **ziehen**
(EDV, CAD) to route connections
(ie, beim Leiterplattenentwurf = circuit board design)
Verbindungsabbau *m* (EDV) connection cleardown
Verbindungsabbruch *m*
(EDV) break
– disconnection
(ie, in data transmission)
Verbindungsaufbau *m* (EDV) connection . . . setup/ buildup
Verbindungsdauer *f* (EDV) connect time
Verbindungsdiagramm *n* (EDV) cabling diagram
Verbindungskapazitätsmatrix *f* (OR) branch capacity matrix
Verbindungsmann *m*
(com) liaison *(eg, to act as . . . vis-a-vis IBM)*
– contact
Verbindungsprogramm *n* (EDV) subscriber connection program
Verbindungsstecker *m*
(EDV) connector *(ie, mechanical means of connecting one or more electrical circuits)*
verborgener Mangel *m*
(Re) hidden defect
– inherent vice
Verbot *n* **der Werbung** (com) prohibition to advertise
verbotene Eigenmacht *f* (Re) unlawful interference with possession *(cf, § 858 BGB)*
verbotene Kombination *f* (EDV) forbidden combination
Verbotsprinzip *n*
(Kart) rule of per se illegality
– per se approach
Verbrauch *m* (com) consumption
verbrauchen
(com) to consume
– to use up
Verbraucher *m*
(Mk) consumer
– final consumer
– ultimate consumer
Verbraucherausgaben *fpl* (Vw) consumer spending (*or* expenditure)
Verbraucherbedürfnisse *npl* (Vw) consumer wants
Verbraucherberatung *f*
(Vw) consumer counseling
– consumer advisory service
Verbraucherbewegung *f*
(Vw) consumer movement
– consumerism
Verbraucherdarlehen *n*
(Fin) consumer loan
(ie, unterscheidet sich von den herkömmlichen Formen durch e–e größere Variationsbreite; eg, Variokredit)
Verbraucher-Erwartungen *fpl*
(Vw) consumer sentiment
(eg, is steadily deteriorating)
Verbrauchergenossenschaft *f* (Bw) consumer cooperative
Verbrauchergewohnheiten *fpl* (Vw) consumer habits
Verbraucherinformation *f* (Mk) consumer information
Verbraucherinformationen *fpl* (com) consumer information
Verbraucherkredit *m* (Fin) consumer credit
Verbraucherkreditgesetz *n*
(Re) Consumer Credit Law, of 17 Dec 1990
(ie, Normzweck richtet sich auf den Verbraucherschutz auf den Kreditmärkten unter Einschluß der Kreditvermittlung; nicht verfolgt werden die Rechtsvereinheitlichung auf europäischer Ebene und die Förderung des freien Verkehrs kreditfinanzierter Waren und Dienstleistungen unter Errichtung e–s gemeinsamen Verbraucherkreditmarktes)
Verbraucherkreditmarkt *m* (Fin) consumer credit market
Verbraucherkredit-Richtlinie *f* (EG) Directive Relating to Consumer Credits, issued on 22 Dec 1986
Verbrauchermarkt *m* (Mk) shopping center
Verbrauchernachfrage *f* (Vw) consumer demand
Verbraucherpanel *n* (Mk) consumer panel
Verbraucherpolitik *f* (Vw) consumer policy
Verbraucherschutz *m* (Vw) consumer protection
Verbrauchersektor *m* (Vw) sector of consumption

Verbraucherverbände *mpl* (com) consumer associations
Verbraucherverhalten *n* (Mk) consumer behavior
Verbrauchervertrag *m* (Re) consumer contract
Verbrauchervertrauen *n* (Mk) consumer confidence
Verbraucherwerbung *f* (Mk) consumer advertising
Verbraucherzentrale *f*
(com) Consumers' Central Office
(com) consumer center
Verbrauch *m* **für zivile Zwecke** (VGR) public consumption for civil purposes
Verbrauchsabweichung *f*
(KoR) budget
– expense
– spending
– usage . . . variance
(syn, Budgetabweichung)
verbrauchsbedingte Abschreibung *f* (ReW) = Mengenabschreibung
verbrauchsbedingte Wertminderung *f* (ReW) physical depreciation
Verbrauchsfaktor *m* (KoR) power factor
Verbrauchsfläche *f* (Vw) commodity space
verbrauchsgebundene Bedarfsmengenplanung *f* (MaW) usage-based materials budgeting
Verbrauchsgerade *f* (Vw) consumption line
Verbrauchsgewohnheiten *fpl*
(Mk) consumer habits
– consumption patterns
Verbrauchsgüter *npl*
(com) consumer (*or* consumption) goods *(ie, either durables or nondurables)*
Verbrauchsgütergewerbe *n* (com) consumer goods sector
Verbrauchsgüterindustrie *f* (com) consumer goods industry
Verbrauchsgütermarkt *m* (Mk) consumer market
Verbrauchsgüterpanel *n* (Mk) consumer goods panel
Verbrauchsland *n* (AuW) country of consumption
Verbrauchsmaterial *n*
(IndE) expendable material
– expendables
– floor stock items
Verbrauchsort *m*
(AuW) place of final use
– place of consumption
Verbrauchsrate *f* (Bw) rate of usage
Verbrauchssektoren *mpl* (VGR) sectors of consumption
Verbrauchsstruktur *f* (Vw) pattern of consumption
Verbrauchsteuer *f* (StR) general tax on consumption
Verbrauchsteueraufkommen *n*
(FiW) consumer tax revenue
– revenue from excise duties
verbrauchsteuerpflichtig (StR) liable in consumer taxes
Verbrauchswirtschaftsplan *m* (Vw) purchase plan
verbrauchte Prämie *f* (Vers) earned premium
Verbreitung *f*
(Mk) diffusion process
(ie, manner in which a new concept evolves from idea to customer usage; syn, Diffusion)
Verbreitungsgebiet *n* (Mk) circulation area *(of a newspaper or magazine used for advertising purposes)*
verbriefen
(WeR) to embody
– to evidence ownership
(ie, Namens-/Rektapapiere = registered instruments; cf, verkörpern)
verbrieft (Fin) evidenced by certificates
verbriefter Anteil (Fin) evidenced share
verbriefter Geldmarkt *m* (Fin) securitized money market
verbrieftes Recht *n* (Re) vested title
verbriefte Verbindlichkeiten *fpl* (Fin) debts evidenced by certificates
Verbriefung *f* (Fin) securitization
Verbriefung *f* **von Forderungen**
(Fin) (lending) securitization
(1. Kreditinstitute vergeben zunehmend ‚Wertpapierkredite' anstelle traditioneller unverbriefter Kredite; sie übernehmen von Nichtbankenschuldnern emittierte Wertpapiere ins eigene Portefeuille;
2. Finanzierungsinstitute werden umgangen: Schuldner ersetzen unverbriefte Bankkredite durch direkte Plazierung von Wertpapieremissionen bei den Nichtbankenanlegern;
3. Wachstum des Verbriefungselements auch im Passivgeschäft der Banken: über verstärkte Eigenemissionen oder die Schaffung verbriefter Einlageformen)
VerbrKrG (Re) = Verbraucherkreditgesetz, qv
verbuchen
(ReW) to enter in/on *(cf, buchen)*
– to carry on
– to post to
– to recognize on *(ie, books of account)*
(Bö) to register *(eg, price gains)*
Verbuchung *f*
(ReW) entry
– posting
– accounting treatment
Verbund *m*
(Bw) association
– combination
– link (between)
– interconnection
Verbundabsatz *m* (Mk) cross selling
Verbundanalyse *f* (Mk) conjoint analysis
Verbundbeziehung *f* (Bw) corporate ties
Verbunddarlehen *n* (Fin) joint loan extension
Verbunddirektorium *n*
(Bw) interlocking directorate *(syn, Überkreuzverflechtung)*
Verbunddokument *n*
(EDV) compound document *(ie, document that contains data created by different applications)*
Verbunddokument-Konzept *n* (EDV) component object model
verbundene Datensätze *mpl* (EDV) concatenated data set
verbundene Kosten *pl* (KoR) related cost
verbundene Laufwerke *npl* (EDV) mapped drives

verbundene Lebensversicherung *f*
(Vers) joint life policy
(ie, life insurance written on two or more persons: benefits usually payable only at the first death)
verbundene Leistungen *fpl*
(KoR) joint products *(syn, Kuppelprodukte)*
verbundene Nachfrage *f* (Vw) joint demand
verbundene Produktion *f* (IndE) joint production
verbundene Rechtsgeschäfte *npl* (Re) linked legal transactions
verbundener Industriezweig *m*
(Bw) linked industry
(ie, one with many stages of manufacturing and supplies; eg, aircraft industry)
verbundenes Angebot *n* (Vw) joint supply
verbundenes Geschäft *n* (com) linked transaction
(eg, Bargeschäft und Darlehen)
verbundene Stichproben *fpl* (Stat) matched samples
verbundene Unternehmen *npl*
(com) related . . . companies/undertakings
– allied/associated . . . companies
(ie, defined in § 15 AktG; rechtlich selbständige Unternehmen, die sind 1. im Verhältnis zueinander in Mehrheitsbesitz stehende Unternehmen und mit Mehrheit beteiligte Unternehmen (§ 16); 2. abhängige und herrschende Unternehmen (§ 17); 3. Konzernunternehmen (§ 18); 4. wechselseitig beteiligte Unternehmen (§ 19); Vertragsteile e–s Unternehmensvertrages (§§ 291, 292))
verbundene Verteilung *f* (Stat) joint distribution
verbundene Warenzeichen *npl* (Pat) associated trademarks
Verbundenheitsmatrix *f* (OR) connectedness matrix
verbunden mit (com) through to *(eg, New York)*
Verbundgeschäft *n*
(AuW) linked deal
(ie, Austausch von Gütern und Diensten; gekoppelt sind Absatz und Beschaffung od Lieferung und Gegenlieferung; national od international; drei Hauptgruppen:
1. Barter = Austausch ohne Einbeziehung der jeweiligen Landeswährungen;
2. Countertrade = Absatz und Beschaffung sind verbunden; hierzu gehören:
(a) Kompensationsgeschäfte (Voll- und TeilK);
(b) Dreiecksgeschäfte;
(c) Rückkaufgeschäfte;
(d) Offset-Geschäfte;
(e) Sonderformen: Auflagengeschäfte; Swapgeschäfte;
3. Bilaterale Handelsabkommen: Evidenz-Konten-Abkommen, bilaterale Clearing-Abkommen)
Verbundklausel *f*
(Kart) inclusion clause
(ie, bei der Berechnung der Marktanteile, der Umsatzerlöse und der Beschäftigungszahlen sind die Umsätze verbundener Unternehmen nach § 23 I 2 GWB zu berücksichtigen)
Verbundkontenkonsolidierung *f* (ReW) consolidation of group accounts
Verbundlieferung *f* (com) intercompany shipment
Verbundmarketing *n*
(Mk) physical tie-in
(ie, simultaneous marketing of two or more new, physically complementary products)
Verbundnetz *n* (EDV) mixed network
Verbundpolitik *f*
(Mk) tie-in policy *(syn, Kooperationspolitik)*
Verbundschulden *fpl* (ReW) group liabilities
Verbundverarbeitung *f* (EDV) cooperative processing
Verbundverkehr *m*
(com) interlinked traffic systems
(IndE) intercompany traffic
Verbundvorteile *mpl*
(Vw) economies of scope
(ie, arise when assets can readily be shared among processes producing several outputs; syn, Diversifikationsvorteile; opp, economies of scale, scale economies, qv)
Verbundwerbung *f*
(Mk) association (*or* combined) advertising
(syn, Gemeinschaftswerbung)
(Mk) co-op advertising
Verbundwirtschaft *f* (Bw) vertical integration
Verdacht *m* **des abgestimmten Verhaltens** (Kart) charge of collusion
verdeckte Arbeitslosigkeit *f* (Vw) concealed unemployment
verdeckte Einlage *f*
(StR) ‚hidden' contribution
(ie, Zuwendung e–s Gesellschafters an s–e KapGes, die ein Nichtgesellschafter bei Anwendung der Sorgfalt e-s ordentlichen Kaufmanns der Gesellschaft nicht einräumen würde; zu den einlagefähigen Gegenständen gehören Sachen und Rechte)
verdeckte Gewinnausschüttung *f*
(StR) constructive dividend, § 8 III 2 KStG, Abschn. 31 KStR
– disguised/hidden . . . profit distribution
– non-deductible dividends
verdeckte Inflation *f* (Vw) camouflaged/hidden . . . inflation
verdeckte Kanten *fpl* (EDV, CAD) hidden lines
verdecktes Factoring *n* (Fin) nonnotification factoring
verdecktes Nennkapital *n*
(Fin) hidden nominal capital
(ie, Vergütungen hierfür gelten als verdeckte Gewinnausschüttungen)
verdecktes Rechtsgeschäft *n* (Re) concealed transaction, § 117 BGB
verdeckte Steuer *f* (FiW) hidden tax
verdeckte Verbindlichkeiten *fpl*
(Bw) hidden liabilities
(ie, noch nicht anhängig gemachte Schadensfälle mit nachfolgenden Produkthaftpflichtkosten, unterdotierter Pensionsplan, bevorstehender Produktrückruf, bevorstehende Untersuchung wegen Steuerhinterziehung usw)
verdichten
(EDV) to collate
– to merge
Verdichten *n* **von Netzplänen** (OR) reduction
Verdichtung *f*
(EDV) collation
– merger
(EDV) compaction

Verdichtungsebene *f* (ReW) level of consolidation
Verdichtungskurve *f* (Vw) wage curve
Verdichtungsprogramm *n* (EDV) condensing routine
verdienen
(com) to earn
– to gain
– (US, infml) to sack up
Verdienst *m* (Pw) earnings
Verdienstausfall *m* (Pw) loss of earnings
Verdienstgrenze *f*
(Mk) earnings cap
(ie, maximum earnings level of sales force)
Verdienstmöglichkeit *f* (Pw) potential earnings
Verdienstspanne *f* (com) (profit) margin
verdiente Prämie *f* (Vers) earned premium
verdingen, sich (com) to hire out one's services (to)
Verdingung *f*
(com) invitation to bid (*or* tender)
– request for bids
(ie, published notice that competitive bids are requested)
Verdoppelung *f* **der Lebensversicherungssumme bei Unfalltod** (Vers) double indemnity
verdrahten (EDV) to wire
Verdrahtung *f*
(EDV) wiring
– wirework *(eg, for new circuitry)*
Verdrahtungsdichte *f*
(EDV, CAD) routing grid
(ie, beim Leiterplattenentwurf = circuit board design)
verdrängen
(com) to drive
– to eliminate
– to put out of
– to squeeze
– (inmfl) to freeze *(ie, rivals out of the market)*
– to put out of business
(Fin) to crowd out
(Pw) to turn out of office
Verdrängung *f*
(FiW) crowding-out *(ie, of private borrowers from the credit markets)*
Verdrängungswettbewerb *m*
(Kart) destructive/predatory . . . competition
– predatory price cutting
– predatory pricing policy
– exclusionary conduct
(ie, auf den Ausschluß der Konkurrenz gerichtetes Verhalten)
(Fin) crowding-out competition
(ie, on the capital market: between government and private business)
veredeln (IndE) to process
veredelte Umsatzsteuer *f*
(FiW) refined turnover tax *(ie, phrase coined by W. v. Siemens)*
veredelte Ware *f* (Zo) processed goods
Veredelung *f*
(IndE) materials improvement
– processing
Veredelungsbetrieb *m* (IndE) processing plant
Veredelungsindustrie *f* (Vw) processing industry
Veredelungskosten *pl* (KoR) cost of materials improvement
Veredelungstechnologie *f*
(IndE) processing
– refining
– transformation . . . technology
Veredelungsverkehr *m* (AuW) across the border processing
Veredelungsvorschriften *fpl* (AuW) processing regulations
Veredelungswirtschaft *f* (com) processing industry
vereidigter Buchprüfer *m*
(StR) certified accountant
– sworn auditor
(ie, this title is now finally prohibited; cf § 132 WPO)
vereidigter Buchsachverständiger *m* (ReW) sworn accounting expert
vereidigter Dolmetscher *m* (com) sworn interpreter
vereidigter Makler *m* (com) sworn broker
Verein *m*
(Re) nonprofit association
(ie, as a legal person of private law, §§ 21 ff BGB)
vereinbaren
(Re) to agree upon
– to stipulate
vereinbart (Re) mutually agreed upon
vereinbarte Entgelte *npl*
(StR) consideration agreed upon
(ie, taxable turnovers reported on the accrual basis: Solleinnahmen; § 20 I UStG; opp, vereinnahmte Entgelte)
vereinbarte Frist *f*
(com) stipulated term (*or* time)
– time agreed upon
vereinbarte Kündigungsfrist *f* (Re) agreed notice
vereinbarte Qualität *f* (com) agreed quality
vereinbarter Betrag *m*
(com) agreed amount
– amount committed
vereinbarter Güterstand *m* (Re) contractual property system
vereinbarter Preis *m* (com) price agreed upon
vereinbarter Zinssatz *m* (Fin) contract rate of interest
vereinbarte Summe *f* (com) stipulated sum
Vereinbarung *f*
(Re) agreement
– stipulation
– undertaking
Vereinbarungsdarlehen *n*
(Fin) contractual loan *(ie, in § 607 II BGB geregelt)*
Vereinbarung *f* **treffen** (com) to reach (*or* to conclude) an agreement
Vereinbarung *f* **über gemeinsamen Einkauf** (com) agreement on joint purchase
Vereinbarung *f* **über gemeinsamen Verkauf** (com) agreement on joint sales
Vereinbarung *f* **zur Vermeidung der Doppelbesteuerung** (StR) double taxation agreement
Verein *m* **Deutscher Ingenieure, VDI** (com) Association of German Engineers

Verein *m* **Deutscher Maschinenbau-Anstalten** (com) *(Frankfurt-based)* Association of German Machinery Manufacturers, VDMA
Verein *m* **Deutscher Werkzeugmaschinenfabriken** (com) Association of German Machine Tool Makers
vereinfachen
(com) to simplify
– to make les cumbersome
vereinfachte Kapitalherabsetzung *f*
(Fin) simplified capital reduction *(ie, no repayment to shareholders)*
vereinfachter Scheck- und Lastschrifteinzug *m* (Fin) simplified check and direct debit collection procedure
vereinfachte Übertragung *f* (Re) simplified transfer of ownership
Vereinfachungseffekt *m* (com) effect of simplification
vereinheitlichter EGKS-Tarif *m* (Zo) unified ECSC-tariff
Vereinigung *f* (Bw) = Verband, qv
Vereinigung *f* **britischer Häfen** (com) Associated British Ports, ABP
Vereinigung *f* **britischer Handelskammern** (com, GB) Association of British Chambers of Commerce, ABCC
Vereinigungsmenge *f*
(Math) union
– sum
– join . . . of sets *(opp, Schnittmenge, qv)*
Vereinigung *f* **von Unternehmen** (Kart) association of enterprises
vereinnahmte Entgelte *npl*
(StR) consideration collected
(ie, taxable turnovers reported on the cash basis: Isteinnahmen; § 20 I UStG; opp, vereinbarte Entgelte)
vereinnahmte Mieten *fpl* (StR) rental income
Vereinsbörsen *fpl* (Bö) securities exchanges set up and maintained by private-law associations which act as institutional carriers: Bremen, Düsseldorf, Hannover, München, Stuttgart; *opp,* Kammerbörsen
Vereinsregister *n* (Re) Register of Associations
vereinzelte Kursgewinne *mpl* (Bö) scattered gains
vereiteln
(com) to prevent
– to thwart
– to frustrate
– (US, infml) to zap *(eg, a project)*
(Re) to frustrate
Verengung *f* **des Geldmarktes** (Fin) tight money market
vererbter Code *m*
(EDV) = Integrated Drive Electronics, qv
– inheritance code
Verewigung *f* (Re) perpetuation
Verfahren *n*
(Re) procedure
(Re) = Klage
(com) method
– technique
– operation
– process
Verfahren *n* **aussetzen** (Re) to stay/stop/suspend . . . legal proceedings
Verfahren *n* **der gleichen Abstände** (Stat) method of equal appearing intervals
Verfahren *n* **der kritischen Methode** (Stat) critical incident technique
Verfahren *n* **der transferierten Rahmenordnungen** (Stat) ordered metric scales
Verfahren *n* **der Vorratsbewertung** (KoR) costing method of inventories
Verfahren *n* **der zeitlichen Abgrenzung** (Bw) cut-off method
Verfahren *n* **des Beratenden Ausschusses** (EG) advisory committee procedure
Verfahren *n* **durchführen** (Re) to conduct proceedings
Verfahren *n* **einleiten** (Re) to open legal proceedings (against)
Verfahren *n* **einstellen**
(Re) to discontinue proceedings
– to drop a case
– to dismiss (*or* abate) a (civil) action
Verfahren *n* **eröffnen** (Re) to institute/open . . . legal proceedings
Verfahren *n* **gegen Unbekannt** (com) action against persons unknown
Verfahrensabweichung *f* (KoR) nonstandard operation variance
Verfahrensalternativen *fpl* (Re) alternative procedures
Verfahrensgestaltung *f* (Re) procedural aspects
Verfahrenskosten *pl* (Re) cost of proceedings
Verfahrensmangel *m* (Re) material defect of legal proceedings
verfahrensorientierte Programmiersprache *f* (EDV) procedure oriented language
Verfahrenspatent *n* (Pat) process patent
Verfahrensrecht *n*
(Re) procedural
– adjective
– remedial . . . law
(syn, formelles Recht; opp, materielles Recht, qv)
verfahrensrechtliche Beschränkung *f* (Re) procedural limitation
Verfahrenstechnik *f* (IndE) process engineering
verfahrenstechnische Auslegung *f* **von Anlagen** (IndE) process design
Verfahrenszuschlag *m*
(IndE) process
– controlled cycle
– excess work . . . allowance
Verfahren *n* **zur Ergänzung fehlender Werte** (Stat) missing plot technique
Verfahren *n* **zur Feststellung des Prioritätsrechts** (Pat) interference proceedings
Verfall *m*
(Re) forfeiture
(ie, loss of some right)
(Fin) maturity
(Vers) lapse
(ie, termination of policy because of failure to pay premium)
verfallbar (Vers) forfeitable
(eg, pension right)
Verfallbarkeit *f* (Vers) forfeitability

Verfalldatum *n*
(com) expiry date
(com) show off date
– save until
verfallen
(Re) to forfeit
(Re) to expire
– to lapse
(Fin) to mature
– to fall (*or* become) due
(Bö) to collapse
– bottom drops out of *(eg, market, prices)*
(Vers) to lapse
verfallene Mittel *pl*
(FiW) lapsed funds
(ie, ceased to be avilable for obligation because the period has expired for which it was available)
verfallener Scheck *m* (Fin) stale check
verfallenes Patent *n* (Pat) lapsed patent
verfallene Versicherungspolice *f* (Vers) lapsed policy
Verfallereignis *n* (com) expiry event
Verfall *m* **e–s Patents** (Pat) forfeiture of a patent
Verfallmitteilung *f*
(Vers) lapse notice
(ie, that insurance contract is terminated)
Verfallmonat *m* (Bö) expiration month
Verfallregelung *f* (Re) expiry provision
Verfallsdatum *n*
(Bö) expiration date *(ie, letztmöglicher Zeitpunkt der Optionsausübung)*
Verfallstag *m* (Bö) expiry date
Verfallstermin *m* (Bö) expiry date
Verfalltag *m*
(com) date of expiration (*or* expiry)
– cut-off date
– due date
– expiring date
– date of maturity
Verfälschung *f*
(com) adulteration *(ie, of a product)*
Verfassung *f*
(Bö) tone of the market
(Re) constituent document
(ie, charter, certificate of incorporation)
(Re) constitution
(ie, fundamental law that establishes the rules and institutions of the political system; may be written or unwritten; the English operate under an unwritten constitution that has never been comprehensively gathered in one document; American constitutions are written, but much fundamental law is unwritten and is in the form of custom and usage; the U.S. Constitution has been amended twenty-six times; the Bonn Basic Law (= Grundgesetz), promulgated on May 23, 1949, had in part been modelled upon the U.S. Constitution; cf, Bill of Rights of 1791)
Verfassungsbeschwerde *f*
(Re) constitutional complaint *(ie, extraordinary legal remedy)*
verfassungsmäßig berufene Vertreter *mpl*
(Re) properly constituted agents, § 31 BGB
– primary agents
Verfassungsorgan *n* (Re) constitutional body
verfassungsrechtliche Vorschrift *f* (Re) constitutional provision
verfassungswidrig
(Re) unconstitutional
(ie, violating basic constitutional principles; eg, für . . . erklären: to rule to be unconstitutional)
Verfassungswidrigkeit *f* (Re) unconstitutionality
verflachen
(Bö) to level off
– to slacken
verflechten
(com) to interlink
– to interlace
– to interpenetrate
Verflechtung *f*
(com) interdependence
– interlacing
– interlinking
– interpenetration
– linkage
– mutual dependence . . . of financial markets
Verflechtung *f* **der Volkswirtschaften** (AuW) interpenetration of national economies
Verflechtung *f* **mit nachgelagerten Sektoren** (Vw) forward linkage
Verflechtung *f* **mit vorgelagerten Sektoren** (Vw) backward linkage
Verflechtungsbilanz *f* (Vw) interlacing balance
Verflechtungskoeffizient *m* (Vw) input-output coefficient
verflüssigen
(Fin) to sell
– to liquidate
– to realize
Verfolgungsrecht *n*
(Re) right of stoppage in transit
(ie, right of seller or buying agent to resume possession of goods as long as they are in course of transit, § 44 KO)
verfrachten
(com) to freight (goods)
– to send as freight
Verfrachter *m*
(com) ocean carrier *(ie, called ‚Frachtführer' in river and land transport)*
Verfrachtung *f*
(com) ocean transport
– (GB) carriage of goods by sea
Verfrachtungsvertrag *m* (com) contract of affreightment
verfügbare Arbeitskräfte *fpl*
(Vw) manpower resources
– labor resources
verfügbare Benutzerzeit *f*
(EDV) available (machine) time *(syn, nutzbare Maschinenzeit)*
verfügbare Betriebszeit *f*
(EDV) available machine time
– uptime
(ie, during which equipment is producing work or is available for productive work)
verfügbare Mittel *pl*
(Fin) available cash
– liquid funds

verfügbare Mittel *pl* **ausgeben** (Fin) to disburse available funds
verfügbares Einkommen *n* (VGR) disposable income
verfügbares Einkommen *n* **der privaten Haushalte** (VGR) personal disposable income
verfügbares Realeinkommen *n* (VGR) real disposable income
Verfügbarkeitsklausel *f*
(Fin) availability clause
(ie, Banken schützen sich gegen das Risiko der grundlegenden Marktstörung bei Roll-over-Krediten ex Euromarkt; Kredit wird auf e–r anderen Basis weitergewährt; syn, Marktstörungsklausel)
Verfügbarkeitszeit *f* (EDV) availability time *(eg, of a host computer or a remote station)*
Verfügung *f*
(Re) disposition
(ie, transaction by which rights are transferred, altered, encumbered, or terminated)
verfügungsberechtigt (Re) free to dispose
Verfügungsberechtigung *f* (Re) authorization to draw
Verfügungsbeschränkung *f* (Re) restraint on disposal
Verfügungsbetrag *m*
(Fin) payout amount *(ie, of a loan: nominal amount less loan discount)*
Verfügungsfähigkeit *f* (Re) disposing capacity (*or* power)
Verfügungsfreiheit *f* (com) discretion
Verfügungsgeschäft *n* (Re) cf, Verfügung
Verfügungsmacht *f* (Re) power of control
Verfügungsrecht *n*
(Re) right of diposition
– right of free disposal
– *(civil law)* jus disponendi
Verfügungsverbot *n* (Re) restraint on disposition
Verfügungsvorbehalt *m* (Re) reservation of right of disposal
Verfügung *f* **unter Lebenden** (Re) disposition inter vivos
Verfügung *f* **von Todes wegen** (Re) disposition mortis causa
Vergabe *f*
(com) award of contract
– placing an order
(Fin) extension of a credit
(FiW) allocation of funds *(ie, Mittelvergabe)*
Vergabe im Submissionsweg *f* (com) allocation by tender
Vergeltungsmaßnahmen *fpl*
(AuW) reprisals
– retaliation
– retaliatory measures (*or* action) *(eg, potential threat of . . . against)*
Vergeltungsmaßnahmen *fpl* **ergreifen**
(AuW) to retaliate (against)
– to take retaliatory action
Vergeltungszoll *m* (AuW) retaliatory duty (*or* tariff)
vergemeinschaften (EG) to place under the responsibility of the Community
Vergleich *m*
(Re) debt composition proceedings
– preventive composition
(ie, procedure aimed at rehabilitation of an insolvent business by scaling down the indebtedness; a company must get agreement from a qualified majority of the creditors to a new plan of the company and pay back 35% of what it owes within 18 months; if creditors cannot agree terms with the company, it then goes bankrupt; affects only the rights of unsecured creditors)
– (US) corporate reorganization
(ie, requires that the whole debt structure be reconstituted; affects also secured creditors)
(Re) compromise
– settlement
(ie, mutual waiver made to put an end to a dispute, § 779 BGB; may be achieved in and out of court)
Vergleich *m* **anmelden**
(Re) to file a voluntary petition in bankruptcy
– (US) to file in court the German equivalent of Chapter 11
(ie, of the U.S. Federal Bankruptcy Law, for the reorganization of a company)
vergleichbar
(com) comparable *(ie, with/to)*
vergleichbare Waren *fpl* (com) comparable products
Vergleichbarkeit *f*
(com) comparability *(ie, with/to)*
(IndE) reproducibility *(cf, DIN 55 350. T11)*
Vergleich *m* **beantragen**
(Re) to apply for court protection from creditors
– to go to the courts for „composition" of debts
– to seek court protection from creditors
vergleichen
(com) to compare *(ie, with/to, qv)*
– to collate
– to contrast
– to set side by side
– to set against
(com) to liken
– to equate
– to match
vergleichende Rechtswissenschaft *f* (Re) comparative jurisprudence
vergleichender Warentest *m* (Mk) comparative product test
vergleichende Steuerlehre *f* (StR) comparative tax law
vergleichende Warenprüfung *f* (Mk) comparative shopping
vergleichende Werbung *f*
(Mk) comparative advertising
(ie, competitive claims inviting comparison with a group of products or other products in the same field)
Vergleichsabschlüsse *mpl* (ReW) comparative statements
Vergleichsantrag *m*
(Re) petition for the initiation of composition proceedings
– application for court protection from creditors
Vergleichsausschuß *m* (Re) board of conciliation
Vergleichsbasis *f*
(com) basis of comparison
– base-line comparison

Vergleichsbefehl *m* (EDV) compare instruction
Vergleichsbestätigung *f* (Re) court (*or* official) recognition of composition preceedings
Vergleichsbilanz *f* (Re) = Vergleichsstatus
Vergleich *m* **schließen**
(Re) to compromise
– to reach a settlement
Vergleichseröffnung *f* (Re) opening of composition proceedings
Vergleichsgericht *n* (Re) court in charge of composition proceedings
Vergleichsgewinn *m*
(ReW) composition gains *(ie, resulting from creditors' waiver of outstanding claims)*
Vergleichsgläubiger *m* (Re) creditor in composition proceedings
Vergleichsgruppenwechsel *m*
(EDV) comparing control change
– control change
Vergleichskalkulation *f* (KoR) comparative costing
Vergleichsmuster *n* (com) reference sample
Vergleichsoperator *m*
(EDV) = relationaler Operator, qv
(EDV) comparison operator
Vergleichsordnung *f* (Re) Court Composition Law, of 26 Feb 1935, as amended
Vergleichsparameter *m* (EDV) comparison parameter
Vergleichsquote *f*
(Re) dividend in composition
– settlement quota
Vergleichsrechnung *f* (KoR) comparative cost accounting
Vergleichsschlüssel *m* (EDV) match code
Vergleichsschuldner *m* (Re) debtor in composition proceedings
Vergleichsstatus *m*
(Re) statement of affairs
(ie, submitted in court composition proceedings)
Vergleichstest *m* (Math) comparison test
Vergleichs- und Schiedsordnung *f*
(com) Rules of Conciliation and Arbitration
(ie, laid down by the Paris-based International Chamber of Commerce, ICC)
Vergleichsverfahren *n*
(Bw) method of comparison
(Re) court composition proceedings
(Re) conciliation procedure
Vergleichsverwalter *m* (Re) trustee in composition proceedings, §§ 38–43 VerglO
Vergleichsvorschlag *m*
(Re) offer for a settlement
– (GB) scheme of arrangement
Vergleichszahl (com) benchmark figure
Vergleichszahlen *fpl* (Stat) benchmark figures
VerglO (Re) = Vergleichsordnung
Vergnügungsteuer *f* (StR) amusements (*or* entainment) tax
vergriffen
(com) out of stock
– sold out
(com) out of print *(ie, said of books)*
vergüten
(com) to compensate
– to remunerate
(com) to reimburse
– to refund
(com) to indemnify
Vergütung *f*
(com) pay
– fee
– compensation
– remuneration
(com) reimbursement
– refunding
(com) indemnity
Vergütung *f* **für Ausfallzeiten** (Pw) delay compensation
Vergütungsanspruch *m* (Re) right to compensation
Verhaltensanalyse *f*
(IndE) failures, modes, effects, and criticality analysis, FMECA
(ie, Ursachen und Folgen e–s Ausfalls werden analysiert und gewichtet)
Verhaltens-Cluster *m* (Mk) behavior cluster
Verhaltensflexibilität *f* (Bw) action flexibility
Verhaltensgitter *n* (Bw) managerial grid *(Blake/Mouton)*
Verhaltensgleichung *f* (Vw) behavioral equation
Verhaltenshypothese *f* (Bw) behavioral assumption
Verhaltenskodex *m*
(AuW) code of conduct
(ie, international instrument that lays down standards of behavior by nation states or multinational corporations deemed desirable by the international community; such as the Antidumping Code)
(Bw) code of ethics
– code of professional guidelines
(EDV) code of fair information practice
– Code of Good Practice
Verhaltensmodell *n* (Bw) behavioral model
verhaltensorientiertes Rechnungswesen *n* (ReW) behavioral accounting
Verhaltens-Portfolio *n*
(Mk) behavior portfolio
(ie, Optionen: resistent, attentistisch, adaptiv, innovativ-initiativ; cf, Huber 1991)
Verhaltensvariable *f*
(Bw) behavior variable
(ie, bei der Spitzenkatastrophe; syn, Zustandsvariable)
Verhaltensweise *f* (Bw) behavior pattern
(eg, of firms)
Verhältnis *n*
(com) relation
– relationship *(between, to)*
Verhältnis *n* **Geldmenge zu Geldbasis** (Vw) money multiplier
Verhältnis *n* **Gewinn/Dividende** (Fin) times covered, qv
Verhältnisgröße *f* (Vw) ratio variable
verhältnismäßiger Teil *m* (Re) proportionate part
Verhältnis *n* **Nettoumsatz zu Anlagevermögen ohne Abschreibung** (ReW) fixed-assets turnover
Verhältnis *n* **Reingewinn zu Festzinsen und Dividenden** (Fin) fixed interest cover

Verhältnis *n* **Reingewinn zu Nettoerlös** (ReW) net profit ratio
Verhältnisschätzer *m* (Stat) ratio estimator
Verhältnisschätzung *f* (Stat) ratio estimate
Verhältnisse *npl* (com) conditions
Verhältnis *n* **Standard-Lohneinzelkosten zu Istkosten** (KoR) labor-cost ratio
Verhältnis *n* **von Anlagevermögen zu langfristigen Verbindlichkeiten** (Bw) ratio of fixed assets to fixed liabilities
Verhältnis *n* **von Bestands- zu Stromgrößen** (Vw) stock-flow ratio
Verhältnis *n* **von Forderungen zu Einkäufen** (Bw) ratio of accounts payable to purchases
Verhältnis *n* **von Kapital zu Anlagevermögen** (Bw) ratio of capital to fixed assets
Verhältnis *n* **von Schuldwechsel zu Forderungen a. W. u. L.** (Bw) ratio of notes payable to accounts payable
Verhältnis *n* **Vorräte zur Gesamtproduktion** (Bw) stock-output ratio
Verhältniszahl *f*
(Math) ratio
(Stat) relative
Verhältnis *n* **zwischen Umsatzerlösen und variablen Kosten** (Bw) variable cost ratio
verhandeln
(com) to discuss
– to debate
(com) to negotiate (about/on)
– to bargain (for/about)
(Re) to negotiate
(Re) to hear *(ie, a case)*
Verhandlung *f*
(Re) hearing *(ie, oral proceeding in a law court)*
Verhandlung *f* **aussetzen**
(Re) to suspend a hearing
(*or* proceedings)
Verhandlungen *fpl*
(com) discussions
– talks
– bargaining
– negotiations
Verhandlungen *fpl* **abbrechen** (com) to break off negotiations
Verhandlungen *fpl* **beenden** (com) to terminate negotiations
Verhandlungen *fpl* **beginnen**
(com) to start
– to commence
– to open . . . negotiations (*or* talks)
Verhandlungen *fpl* **finden statt** (com) negotiations are under way
Verhandlungen *fpl* **führen** (com) to conduct negotiations
Verhandlungsangebot *n* (com) offer to negotiate
Verhandlungsauftrag *m* (com) negotiating mandate
Verhandlungsbereich *m*
(Bw) bargaining set *(ie, term used in decision theory)*
Verhandlungsführer *m* (com) (chief) negotiator
Verhandlungsgrundlage *f* (com) negotiating basis (*or* platform)
Verhandlungsmacht *f* (com) bargaining power
Verhandlungsmandat *n* (com) authority to negotiate
Verhandlungsniederschrift *f* (com) minutes of meeting
Verhandlungspaket *n* (com) package deal
Verhandlungspartner *m* (com) negotiating party
Verhandlungsposition *f* (com) negotiating position
Verhandlungsposition *f* **schwächen** (com) to weaken someone's bargaining hand
Verhandlungsprotokoll *n* (Pw) bargaining records
Verhandlungsrunde *f* (com) round of negotiations
Verhandlungsspielraum *m*
(com) negotiating range
– room to negotiate
(Pw) bargaining room (*or* range)
Verhandlungsstärke *f*
(com) negotiating strength
(Pw) bargaining power
Verhandlungsstruktur *f* (Pw) bargaining structure
Verhandlungsteam *n* (com) negotiating team
Verhandlungstisch *m*
(Pw) bargaining table
(com) negotiating table
Verhandlungsvollmacht *f* (com) authority to negotiate
verifizierte Tara *f* (com) verified tare
verjähren
(Re) to act as a bar
– to be struck by the statute of limitations
verjährt
(Re) time-barred
– statute-barred *(eg, claim, action)*
verjährte Forderung *f* (Re) statute-barred debt
verjährter Anspruch *m*
(Re) statute-barred debt
– stale claim
verjährte Verbindlichkeiten *fpl* (Re) statute-barred debt
Verjährung *f*
(Re) statutory limitation
– limitation of liability in time
– limitation on time of bringing suit
– prescription
(ie, a claim left dormant for a certain time ceases to be enforceable, §§ 194 ff BGB; opp, Ersitzung)
Verjährung *f* **hemmen** (Re) to suspend the limitation period
Verjährungsfrist *f*
(Re) period of limitation
– limitation period
– *(civil law)* period of prescription
(ie, the period of time the lapse of which acts as a bar to an action, §§ 194–197 BGB)
Verjährung *f* **unterbrechen** (Re) to interrupt the limitation period
verkalkulieren (com) to miscalculate
Verkauf *m* (com) sale
Verkauf *m* **auf Abruf** (Bö) buyer's call
Verkauf *m* **auf Baisse**
(Bö) bear/short . . . sale
(syn, Baisseverkauf, Leerverkauf)
Verkauf *m* **aufgrund e–r Ausschreibung** (com) sale by tender
Verkauf *m* **auf Kreditbasis** (com) credit sale

Verkauf *m* **auf Ziel**
(com) credit sale
– sale for the account
– (US) charge sale
Verkauf *m* **durch Submission** (Fin) sale by tender
Verkäufe *mpl* **an andere Wirtschaftssubjekte**
(VGR) sales to other economic units
verkaufen
(com) to sell
– to vend
– to cash out
Verkäufer *m*
(com) salesclerk
– salesman
– saleslady/saleswoman
(ie, to give equal weight to either sex the term, salesperson' is nowadays heard more often than not)
– (GB) (shop) assistant
– (GB, sl) counter jumper
Verkäufer *m* **e–r Kaufoption**
(Bö) writer of a call option
(ie, muß das Wertpapier zum Basiskurs liefern, wenn der Käufer die Option ausübt; syn, Stillhalter in Wertpapieren)
Verkäufer *m* **e–r Verkaufsoption**
(Bö) writer of a put option
(ie, muß das Wertpapier zum Basispreis abnehmen, wenn der Käufer der Verkaufsoption die Option ausübt; syn, Stillhalter in Geld)
Verkäufer *m* **gedeckter Optionen**
(Bö) covered (option) writer
(ie, er besitzt Basisobjekt od hat Gegensicherungsgeschäft abgeschlossen)
Verkäufermarkt *m*
(Mk) seller's market
(opp, Käufermarkt = buyer's market)
Verkäuferoption *f* (Bö) sellers' option
Verkauf *m* **gegen bar** (com) cash sale
Verkauf *m* **in Bausch und Bogen** (com) outright sale
Verkauf *m* **mit Preisoption**
(com) call sale
(opp, Kauf mit Preisoption, qv)
Verkauf *m* **mit Rückkaufsrecht** (com) sale with option to repurchase
Verkaufsabrechnung *f*
(com) sales accounting
(Bö) contract/sold . . . note
(ie, of consignee, broker, etc)
Verkaufsabschluß *m* (com) conclusion of a sale
Verkaufsagentur *f* (com) sales agency
Verkaufsangebot *n*
(com) offer to sell
(Bö) offer for sale *(ie, of new securities)*
Verkaufsauftrag *m* (Bö) order to sell
Verkaufsauftrag *m* **bestens** (Bö) sell order at market
Verkaufsaußendienst *m* (Mk) sales force
Verkaufsaußendienstmitarbeiter *m*, **VADM** (Mk) sales field worker
Verkaufsautomat *m*
(com) dispensing/vending . . . machine
– (automatic) vendor
– (infml) slot machine

Verkaufsbedingungen *fpl*
(com) terms and conditions
– conditions of sale and delivery
Verkaufsbezirk *m* (Mk) sales district
Verkaufsbüro *n*
(com) sales office
– selling agency
Verkaufsdatenerfassung *f* (Mk) sales data acquisition *(eg, through POS terminals)*
Verkaufserlöse *mpl*
(ReW) sales revenues
(com) sales proceeds
verkaufsfähige Erzeugnisse *npl* (Mk) salable products
Verkaufsfiliale *f* (Mk) branch store
Verkaufsfläche *f* (Mk) selling . . . area/space
Verkaufsförderung *f* (Mk) sales promotion
Verkaufsförderungs-Abteilung *f* (Mk) promotion services department
Verkaufsförderungspreis *m* (Mk) promotional price
Verkaufsfrist *f* (Fin) subscription period
Verkaufsgebiet *n* (com) sales territory
Verkaufsgemeinschaft *f* (com) selling association
Verkaufsgenossenschaft *f* (Bw) cooperative selling association
Verkaufsgespräch *n* (com) sales talk
Verkaufsgremium *n*
(Mk) selling center *(ie, e–s Unternehmens)*
Verkaufsgruppe *f* (Fin) selling group
Verkaufsgruppenvertrag *m* (Fin) selling group agreement
Verkaufshilfen *fpl*
(Mk) dealer aids *(ie, die Hersteller an Einzelhändler liefert)*
Verkaufsinformationssystem *n* (Mk) = Marketing-Informationssystem
Verkaufsjournal *n* (com) sales register
Verkaufskommissionär *m*
(com) factor
– commission agent (*or* merchant)
Verkaufskontor *n*
(Bw) independent selling subsidiary *(syn, Werkhandelsgesellschaft)*
Verkaufskraft *f* (com) sales clerk
Verkaufskurs *m*
(Bö) check rate
(Bö) offering price *(ie, of loan)*
(Fin, US) left-hand side
(ie, at which bank offers to sell foreign currency)
Verkaufsleistung *f* (com) sales performance
Verkaufsleiter *m* (Mk) sales manager
Verkaufsmethode *f* (Mk) selling technique
Verkaufsmuster *n* (Mk) pattern sample
Verkaufsniederlassung *f* (Mk) sales branch
Verkaufsnota *f* (com) bill of sale
Verkaufsnote *f* (com) sold note
Verkaufsoption *f*
(com) selling option
(Bö) put (option)
(ie, contract entitling the holder, at his option, to sell to the maker at any time within the life of the contract, a specified number of shares of a specific stock, at the price fixed in the contract; opp, Kaufoption = call)

Verkaufsorder *f* (Bö) order to sell
Verkaufsorganisation *f* (com) sales organization
Verkaufsort *m* (Mk) point of purchase, POP
Verkaufspersonal *n* (com) sales personnel (*or* staff)
Verkaufsprämie *f*
(com) sales premium
– (infml) push money *(ie, in retail trading)*
Verkaufspreis *m*
(com) selling price
(Fin) dispoal price
(ie, of bonds)
Verkaufsprospekt *m* (Bö) offering prospectus
Verkaufsprovision *f* (com) sales (*or* selling) commission
Verkaufspunkt *m* (Mk) point of sale, POS
Verkaufsquote *f* (Mk) sales quota
Verkaufsraum *m* (com) sales space
Verkaufsrechnung *f* (com) sales invoice
Verkaufsschlager *m*
(com) hot selling line
– top selling article
– (infml) runner
– (infml) hot number
– (sl) smash hit
(eg, the professional copycat's latest fake is an uncontestable . . .)
Verkaufsstelle *f*
(Mk) marketing outlet
(Fin) subscription agent
Verkaufssyndikat *n*
(Bw) selling syndicate
(Fin) distributing/selling . . . syndicate
(ie, brokerage firms and investment banks link up to sell a security issue)
Verkaufstage *mpl* (Bw) sales days
Verkaufs- und Lieferbedingungen *fpl* (com) conditions of sale and delivery
Verkaufsvergütung *f* (Fin) selling commission
Verkaufsvertrag *m* (Fin) selling agreement
Verkaufsvertreter *m*
(com) salesman
– saleswoman
– (esp. US) salesperson
– (fml) sales representative
Verkaufswert *m* (com) selling (*or* marketable) value
Verkaufswettbewerb *m* (Mk) sales contest
Verkaufswiderstand *m* (Mk) buying resistance
Verkaufsziffern *fpl* (Bw) sales figures
Verkauf *m* **unter Eigentumsvorbehalt** (Re) conditional sale, § 455 BGB
Verkauf *m* **unter Selbstkosten** (com) sale below cost price
Verkaufvorgang *m*
(Mk) checkout transaction *(ie, Kasse)*
Verkauf *m* **wegen Geschäftsaufgabe**
(com) closing-down sale
– winding-up sale
Verkauf *m* **zur sofortigen Lieferung** (com) sale for immediate delivery
Verkausförderungspreis *m* (Mk) promotional price
Verkehr *m*
(com) traffic
– (US) transportation
– (GB) transport
(com) commerce
(eg, placing goods in the stream of commerce = Waren in den Verkehr bringen)
– commercial transactions
Verkehr *m* **mit ungebrochener Fracht** (Zo) through traffic
Verkehrsabläufe *mpl* (com) traffic operations
Verkehrsampel *f*
(com) street crossing light
– traffic light
– (GB) Belisha beacon
Verkehrsanalyse *f*
(EDV) analysis of traffic
– performance analysis
Verkehrsauffassung *f*
(Re, com) generally accepted (commercial and legal) standards
(ie, siehe auch: Verkehrssitte und Verkehrssitten im Handelsverkehr)
Verkehrsaufkommen *n* (com) volume of traffic
Verkehrsauftrag *m*
(com) forwarding order *(syn, Speditionsauftrag, Speditionsvertrag)*
Verkehrsbedürfnisse *npl* (Re) requirements of ordinary intercourse
Verkehrsbilanz *f*
(ReW) preliminary balance sheet
(syn, Rohbilanz)
Verkehrsdichte *f*
(OR) traffic intensity
(com) traffic density
verkehrsfähig
(com) marketable
(WeR) negotiable
Verkehrsfähigkeit *f*
(com) marketability
(WeR) negotiability
Verkehrsflugzeug *n*
(com) commercial . . . aircraft/liner
– airliner
Verkehrsgewerbe *n* (com) transport(ation) industry
Verkehrsgleichung *f* (Vw) = Quantitätsgleichung, qv
Verkehrshypothek *f*
(Fin) ordinary mortgage
(ie, nach Art der Rückzahlung wird unterschieden: 1. Tilgungs- bzw. Annuitätenhypothek; 2. Kündigungs- od Fälligkeitshypothek; 3. Abzahlungshypothek; opp, Sicherungshypothek, qv)
Verkehrskreise *mpl*
(Re) groups of market participants
(ie, translation depends on the context; may be suppliers, customers, consumers, etc)
Verkehrslage *f* (Bw) location in respect of transport facilities
Verkehrsleistungen *fpl* (com) transportation services
Verkehrs-Management *n* (IndE) traffic management
Verkehrsmittelwerbung *f* (Mk) transit advertising
(eg, buses, railway cars)
Verkehrspapier *n* (WeR) negotiable paper
Verkehrspolitik *f* (Vw) transport(ation) policy

Verkehrssicherheit *f*
(Re) product safety *(ie, in product liability law)*
Verkehrssitte *f*
(Re) common
– general
– ordinary . . . usage
– local conventions
Verkehrssitten *fpl* **im Handelsverkehr** (Re) customary business practices
Verkehrsstau *m*
(com) traffic jam
– (GB) hold-up
Verkehrsströme *mpl* (com) patterns of traffic movement
Verkehrssystem *n*
(com, US) transit system
– (GB) transport system *(syn, Verkehrswesen)*
Verkehrstechnik *f* (com) transport(ation) engineering
Verkehrsteuern *fpl*
(StR) taxes on transactions
– transactions taxes
(eg, turnover tax, inheritance tax, federal excise taxes)
Verkehrstote *mpl* (com) road casualities
Verkehrsträger *m*
(com) traffic carrier
(ie, rail, road, air, inland waterways)
verkehrsübliche Sorgfalt *f*
(Re) ordinary care
– ordinary diligence
– due diligence
(ie, diligence and care required in ordinary dealings: diligentia quam in suis, § 276 BGB)
Verkehrsunfall *m* (com) road accident
Verkehrsverlagerung *f* (Zo) deflection of trade
Verkehrswert *m*
(com) current/fair . . . market value
– salable value
Verkehrswertschätzung *f* (com) estimate of current market value
Verkehrswesen *n* (com) = Verkehrssystem, qv
Verkehrswirtschaft *f*
(Vw) exchange economy
(Vw) transportation sector
Verkehrwesen *n* (com) transport system
Verkettbarkeit *f* (Math) conformability
Verketten *n*
(EDV) concatenation
(EDV) piping
verketten
(EDV) to chain
– to concatenate
verkettete Datei *f* (EDV) concatenated data file
verkettete Fertigungslinien *fpl* (IndE) interlinked production lines
verkettete Liste *f*
(EDV) linked list
(ie, data list where each element contains the address of the previous and/or next entry)
verketteter Ausdruck *m* (EDV) string expression
verkettete Rendite *f* (Fin) linked rate of return
verketteter Index *m* (Stat) chain index
Verkettung *f* (EDV) chaining
Verkettungsliste *f* (EDV) concatenated list
Verkettungsoperator *m*
(Math) concatenate operator
(EDV) concatenation operator
verklagen
(Re) to take (a person) to court
– to proceed against a person
– (infml) to bring charges against
– (GB, infml) to have someone up
– (GB, infml) to have the law on somebody
Verklarung *f*
(com) captain's protest, §§ 522 ff HGB
(syn, Seeprotest)
verkleinern
(com) to decrease
– to reduze in size
– to scale down
(EDV, CAD) to zoom in
Verklemmung *f* (EDV) deadly embrace
verknüpfte Liste *f* (EDV) chained list
verknüpftes Objekt *n* (EDV) linked object
Verknüpfung *f*
(EDV) logical operation
– shortcut
Verknüpfungsadresse *f* (EDV) linkage address
Verknüpfungsbefehl *m* (EDV) logical instruction
Verknüpfungsfeld *n*
(EDV) linkage field
– linkage data element
Verknüpfungsgleichung *f* (Math) coupling equation
Verknüpfungsglied *n* (EDV) logical element
Verknüpfungsindikator *m*
(EDV) link indicator
(ie, in information retrieval)
Verknüpfungszeichen *n*
(Log) logical connective
(ie, symbol linking mathematical statements; represents ‚and', ‚or', ‚implication', ‚equivalence', or ‚negation'; syn, Junktor)
(EDV) Konnektiv
verkörpern
(WeR) to embody
– to evidence ownership
(ie, Order- und Inhaberpapiere = order and bearer instruments; cf, verbriefen)
verkraften (com) to switch traffic from rail to road
verkrustete Organisation *f* (com) red-tape ridden organization
verkürzte Arbeitszeit *f* (Pw) reduced hours
verkürzte quadratische Form *f* (Math) abridged quadratic form
verkürzter Block *m* (EDV) short block
Verkürzung *f*
(com) abridgement
(syn, Beeinträchtigung)
Verkürzung *f* **der Arbeitszeit** (Pw) shortening of working hours
Verkürzung *f* **von Lieferfristen** (com) shortening of delivery periods
Verladeanweisung *f*
(com) shipping instruction
– (GB) broker's order
Verladeflughafen *m* (com) airport of dispatch
Verladehafen *m* (com) port of loading
Verladekosten *pl* (com) loading expenses

verladen
(com) to load
– to ship
Verladeort *m* (com) place of loading
Verladepapiere *npl* (com) shipping documents
Verlader *m*
(com) shipper
– forwarder *(ie, neither exporter nor carrier; syn, Ablader)*
(com, occasionally) freighter *(syn, Befrachter)*
Verladeschein *m* (com) shipping note
Verladung *f* (com) loading
Verladungskosten *pl* (com) loading charges
Verlag *m*
(com) publishers
– publishing firm (*or* house)
verlagern (com, EDV) to relocate
verlagerte Investitionen *fpl* (Vw) humped investment
Verlagerung *f* (com) shift
Verlagerung *f* **des Wohnortes** (Pw) change of residence
Verlagerung *f* **von Anwendungen auf kleinere Systeme** (EDV) downsizing
Verlagerung *f* **von Arbeitsplätzen** (Bw) job relocation
Verlagssystem *n* (Vw) domestic (*or* putting-out) system
Verlagsumsatz *m* (com) publishing sales
Verlagswesen *n*
(com) publishing trade
– book industry
verlängern
(com) to extend
– to renew
verlängerte Einfuhr *f*
(StR) extended imports *(ie, under the former Turnover Tax Law)*
verlängerter Eigentumsvorbehalt *m*
(Re) extended reservation of ownership
(ie, Fall der Weiterveräußerung und den der Verarbeitung)
Verlängerung *f*
(com) extension
– renewal
– prolongation
Verlängerung *f* **der Abgabefrist** (com) filing extension
Verlängerung *f* **der Gültigkeitsdauer** (Re) extension of validity
Verlängerung *f* **der Laufzeit** (Re) stretchout of term
Verlängerung *f* **der Lieferfrist** (com) extension of delivery period
Verlängerung *f* **e–s Patents** (Pat) renewal of a patent
Verlängerung *f* **e–s Wechsels** (WeR) prolongation of a bill of exchange
Verlängerungsanmeldung *f* (Kart) notification of extension, § 103 GWB
Verlängerungsgebühr *f* (Pat) renewal fee
Verlängerungsklausel *f* (SeeV) continuation clause
Verlängerungspolice *f* (Vers) extension policy
Verlängerungsrecht *n* (Re) right to renew
Verlängerungsvertrag *m*
(Fin) extension agreement *(ie, to extend the due date of debts)*
Verlängerung *f* **von Fristen** (StR) extensions of time for the filing of returns, § 109 AO
verlangsamen (Vw) to decelerate *(eg, food and housing costs)*
verlangsamtes Wachstum *n* (Vw) slower economic (*or* industrial) growth
Verlangsamung *f* (Vw) slowdown *(eg, in the rate of savings)*
verläßlich meßbar (com) reliably measureable
verlasten
(SozV) to shift
(ie, Bundesausgaben auf die sozialen Sicherungsträger = federal expenditure to social security carriers)
Verlauf *m* (Math) slope
Verlaufsziel *n* (Vw) year-on-year target
Verlautbarung *f* (com) pronouncement *(eg, of accounting associations)*
Verleger *m* (com) publisher
Verlegerbeilage *f* (Mk) suppplement
Verlegung *f* **der Geschäftsleitung** (Bw) transfer of place of management
Verlegung *f* **des Sitzes** (Bw) relocation of a registered office (*or* business premises)
Verlegung *f* **des Wohnsitzes** (StR) transfer of residence
Verlegung *f* **lohnintensiver Fertigungen in Niedriglohnländer** (AuW) offshore sourcing
verleihen
(Re) to lend
– to hire out
Verleiher *m* (Re) lender
verletzen
(com) to neglect
(eg, one's duties)
(Re) to violate
– to be violative of
– infringe on/upon
– to infract
– to contravene
– to disregard
Verletzung *f* **der Formvorschriften** (Re) non-compliance with formal requirements
Verletzung *f* **der Sorgfaltspflicht**
(Re) violation of the duty of care
(ie, neglect of supervisory duties or obligations, § 276 BGB)
Verletzung *f* **des Berufsgeheimnisses** (Re) violation of professional secrecy
Verletzung *f* **e–s gewerblichen Schutzrechts** (Pat) infringement of an industrial property right
Verletzung *f* **e–s Patents** (Pat) patent infringement
Verletzung *f* **von Vertragsbestimmungen** (Re) breach of treaty obligations
Verletzung *f* **wesentlicher Formvorschriften** (Re) non-observance of essential formalities
verlockende Anlage *f* (Fin) alluring investment
verlorener Baukostenzuschuß *m* (Re) non-repayable contribution to building costs (by tenant)
verlorener Mietzuschuß *m*
(com, GB) key money
(ie, premium paid by new tenant to the owner of the property before allowed to move in)

verlorene Streiktage *mpl* (Vw) total of working days lost through industrial disputes
verlorene Zuordnungseinheit *f* (EDV) lost cluster
Verlust *m* (ReW) loss
Verlust *m* **abdecken** (com) to cover (*or* to make good) a loss
Verlustabzug *m* (StR) net operating loss carryoyer and carryback, § 10 d EStG
Verlustattest *n* (SeeV) certificate of loss
Verlustaufträge *mpl* (ReW) loss orders
Verlustausgleich *m*
(Bw) = Quersubventionieren, qv
(StR) loss compensation, § 2 III EStG
Verlustausweis *m* (ReW) reporting a loss
Verlust *m* **ausweisen** (ReW) to report/to show . . . a loss
Verlustbringer *m* (Fin) loss maker
Verlust *m* **des Arbeitsplatzes** (Pw) loss of job (*or* employment)
Verlust *m* **des Geschäftsjahres** (ReW, EG) loss for the financial year
Verlust *m* **durch plötzliche Brauchbarkeitsminderung**
(StR, US) abandonment loss
(ie, difference between undepreciated cost und salvage value; IRC § 165)
Verluste *mpl* **abziehen** (StR) to offset losses
Verluste *mpl* **aus Anlageabgängen** (ReW) losses from fixed-asset disposals
Verluste *mpl* **ausgleichen** (ReW) to balance out losses *(eg, with earnings from other divisions)*
Verlust *m* **e–s Rechts** (Re) loss of a right
verlustfreie Komprimierung *f* (EDV) lossless compression
Verlustfunktion *f*
(Math) loss function
(ie, in decision theory)
Verlustgeschäft *n*
(com) money-losing deal
– losing bargain
Verlustquote *f* (Fin) charge off rate
verlustreiche Komprimierung *f* (EDV) lossy compression
Verlustrückstellung *f*
(ReW) contingency reserve
(ReW) loss reserve *(ie, set up for losses reported but not yet paid)*
Verlustrücktrag *m*
(StR) (tax loss) carryback
(ie, Verluste können mit den Einkünften des vergangenen Jahres kompensiert werden; § 10 d EStG, § 8 IV KStG; maximal 511 500 €; in U.S. net operating loss for a given year that may be deducted from the net income of three preceding years)
Verlustübernahme *f* (StR) transfer of losses
Verlustübernahmevertrag *m* (Bw) loss-sharing agreement
Verlustumlage *f* (Fin) loss apportionment
Verlustvortrag *m*
(ReW) accumulated losses brought forward
(StR) (tax loss) carryover (*or* carryforward)
(ie, Verluste, die im Jahr des Entstehens nicht mit positiven Einkünften ausgeglichen und auch nicht rückgetragen werden können, sind mit den Einkünften der folgenden fünf Jahre zu kompensieren; im Betrag nicht begrenzt; cf, § 10 d EStG, § 8 IV KStG; in the U.S. net operating loss that to the extent not absorbed as a carryback may be deducted from the taxable income of succeeding years)
Verlustvortrag *m* **aus dem Vorjahr** (ReW) loss carried forward from previous fiscal year
Verlustvortrag *m* **nach Verwendung** (ReW) appropriated accumulated losses brought forward
Verlustzeit *f* **durch Fehlbedienung**
(EDV) operating delays *(ie, time lost due to mistakes in operating)*
Verlustzone *f*
(KoR) loss wedge *(ie, in a breakeven chart)*
Verlustzuweisung *f* (StR) allocation of losses
Vermächtnisnehmer *m* (Re) specific legatee
vermarkten
(Mk) to market
– to put on the market
Vermarktung *f* (Mk) marketing
Vermarktungsbestimmungen *fpl* (AuW) marketing provisions
Vermehrungsstufe *f* (Kart) seed multiplication level
vermeidbares Risiko *n*
(Fin) avoidable risk
(cf, streuungsfähiges Risiko)
vermeidbare Verzögerung *f* (IndE) avoidable delay
Vermeidung *f* **der Doppelbesteuerung** (StR) prevention/relief from . . . of double taxation
Vermerkposten *m* (ReW) memo item
Vermerk *m* **unter dem Bilanzstrich** (ReW) off-balance-sheet memo item
Vermessungsamt *n* (Re) land surveying office
vermieten
(Re) to let *(eg, a house for payment of regular rent)*
– to let out *(eg, room or part of building)*
– (US) to rent out
– (US) to hire out
– to lease *(ie, convey to another by lease)*
Vermieter *m* (Re) lessor
vermietete Erzeugnisse *npl* (com) equipment leased to customers
Vermietung *f* (Re) lease
Vermietung *f* **und Verpachtung** *f*
(Re) letting and leasing
(StR) rentals or royalties, § 2 I 6 EStG
Vermietung *f* **vollständiger Betriebsanlagen** (Fin) plant leasing
Vermietung *f* **von Grundstücken** (Re) rental of real property
Vermietung *f* **von Investitionsgütern** (com) leasing of capital assets
verminderte Erwerbsfähigkeit *f* (Pw) partial disability
Vermischung *f* **vertretbarer Sachen** (Re) confusion/commingling . . . goods, § 948 BGB
vermitteln
(com) to go between
– to act as intermediary
– to bring together
– to bring to an understanding
– to use one's good offices
(Re) to mediate *(eg, in a wages conflict)*

– to arbitrate *(eg, between contending parties, workers and employers)*
– to intervene
Vermittler *m*
(com) go between
– intermediary
– middleman
(Re) conciliator
– mediator
Vermittlerprovision *f* (Vers) production cost
Vermittlung *f*
(Re) arbitration
– conciliation
– mediation
– good offices
Vermittlung *f* **der Befrachtung** (com) freight brokerage
Vermittlungsagent *m*
(Vers) application
– survey
– surveying . . . agent
(opp, Abschlußagent)
Vermittlungsangebot *n* (Pw) offer of mediation
Vermittlungsausschuß *m* (Re, US) conference committee
Vermittlungseinrichtung *f*
(EDV) switch
Vermittlungsgebühr *f* (com) introduction charges
Vermittlungsgehilfe *m* (Re) negotiator of deals, § 75 g HGB
Vermittlungsgeschwindigkeit *f* (EDV) switching speed
Vermittlungsmakler *m* (com) negotiating broker; cf, § 652 BGB
Vermittlungsmakler *m* **im Edelmetallhandel** (Fin) bullion broker
Vermittlungsperson *f* (com) middleman
Vermittlungsprovision *f*
(com) commission for business negotiated by commercial agent, § 87 HGB
(Fin) finder's fee
Vermittlungsverfahren *n*
(Re) joint committee procedure *(ie, for further discussion of proposed legislation)*
Vermittlungsvertreter *m*
(com) agent appointed to negotiate business transactions *(opp, Abschlußvertreter)*
Vermittlungsvorschlag *m* (com) compromise proposal
vermittlungswillige Arbeitslose *mpl* (Pw) available workers
Vermittlung *f* **von Geschäften**
(com) negotiation of business transactions
– business negotiation
Vermögen *n*
(com) assets
– wealth
(ReW) net worth (*or* assets)
Vermögen *n* **der Gesellschaft**
(Fin) partnership assets
(Fin) corporate assets
Vermögen *n* **des Haushalts** (Vw) household's stock of wealth
Vermögen *n* **e–r Unternehmung** (Fin) assets of a business (*or* enterprise)
Vermögen *n* **e–r Unterstützungskasse** (Pw) actual endowment of a relief fund, § 5 I No. 3 e KStG
Vermögen *n* **natürlicher Personen** (Fin) assets of natural persons
Vermögensabgabe *f*
(StR) capital levy *(ie, imposed under the Equalization of Burdens Law)*
Vermögensarten *fpl*
(StR) categories of assets, §§ 17 ff BewG
(ie, 1. land- und forstwirtschaftliches Vermögen; 2. Grundvermögen; 3. Betriebsvermögen; 4. sonstiges Vermögen)
Vermögensaufstellung *f* (StR) statement of net assets, Abschn. 4 VStR
Vermögensaufstellung *f* **e–s Konkursschuldners** (Re) statement of affairs
Vermögensauseinandersetzung *f* (Re) division of net assets
Vermögensauskehrungen *fpl* **bei Kapitalherabsetzung od Liquidation** (StR) assets paid out in connection with capital reduction or liquidation
Vermögensausweis *m* (ReW) financial statement
Vermögensberater *m* (Fin) asset consultant
Vermögensbestand *m* (Fin) asset/investment . . . base
Vermögensbesteuerung *f*
(FiW) capital taxation *(opp, Einkommensbesteuerung = income taxation)*
Vermögensbewertung *f* (StR) valuation of net assets
Vermögensbilanz *f* (ReW) asset and liability statement
Vermögensbildung *f*
(Vw) capital (*or* wealth) formation
– formation of wealth
Vermögensbildungsgesetz *n* (Pw) Law Promoting Capital Formation by Employees
Vermögensbildungspläne *mpl* (Pw) plans for the redistribution of wealth
Vermögenseinbuße *f*
(Re) actual loss or damage *(opp, future loss or expectancy)*
– (civil law) damnum emergens
– *(Scotch law)* damnum datum
Vermögenseinkommen *n* (Vw) unearned income
Vermögenseinlage *f*
(Fin) investment
(Fin) capital contribution
Vermögenserträge *mpl* (Fin) investment income
Vermögensgegenstand *m*
(Re) item of property
(Bw) asset
Vermögensinteresse *n* (Re) pecuniary interest
Vermögenslage *f*
(com) financial . . . situation/position
(Fin) net worth position
(ie, in einigen gesetzlichen Vorschriften verwendet, ohne exakt definiert zu werden; cf, 238, 264 II, 297 HGB; Einblick gewährt die Bilanz, die Vermögens- und Kapitalaufbau nach Art, Form und Fristigkeit der Vermögenswerte und Schuldteile zeigt)
Vermögensmasse *f* (StR) conglomeration of property, § 138 II AO
Vermögensmehrung *f* (StR) increase in net worth

Vermögensnachteil *m* (Re) pecuniary loss
Vermögensneuanlagen *fpl* (Fin) new investment of funds
Vermögensobjekt *n* (com) asset
Vermögensopfer *n* (Re) loss of property
Vermögensposition *f* (AuW) external assets
Vermögensrechnung *f*
(VGR) gross saving and investment account
– wealth statement
– asset and liability statement
(ReW) internal balance sheet
Vermögensrecht *n*
(Re) property
– proprietary
– economic . . . right
Vermögensschaden *m*
(Vers) economic loss
(ie, including, but not limited to ‚Personenschaden' = injury to persons, and ‚Sachschaden' = property damage or loss in property)
Vermögensschadenversicherung *f* (Vers) consequential loss insurance
Vermögensstatus *m* (ReW) statement of assets and liabilities as of a specified date
Vermögensstruktur *f* (Fin) assets and liabilities structure
Vermögensteuer *f*
(StR) net worth tax
– capital tax
(ie, individuals, partnerships, and companies are chargeable on their total movable and immovable capital situated inside and outside Germany; als Ergänzung zur ESt konzipiert)
Vermögensteuer-Durchführungsverordnung *f* (StR) Ordinance Regulating the Net Worth Tax Law
Vermögensteuererklärung *f* (StR) net worth tax return, § 19 VStG
Vermögensteuergesetz *n* (StR) Net Worth Tax Law, as amended 27 July 1978
Vermögensteuerpflicht *f* (StR) liability to pay net worth tax
Vermögensteuer-Richtlinien *fpl* **(StR) Net Worth** Tax Regulations, as of 31 Mar 1977
Vermögensübersicht *f* (ReW) statement of assets and liabilities
Vermögensübertragung *f*
(Re) asset transfer
– assignment of property
(eg, to creditors)
– transfer of net worth
Vermögensumschichtung *f*
(Fin) restructuring of assets
– asset redeployment
Vermögensumverteilung *f* (Vw) redistribution of wealth
Vermögens- und Ertragslage *f* (ReW) financial and earnings position
Vermögensveränderungskonto *n* (VGR) investment account
Vermögensvergleich *m*
(StR) regular method of net worth comparison, § 5 EStG
(StR) simplified method of net worth comparison, § 4 I EStG *(ie, also called ‚Bestandsvergleich')*
Vermögensverhältnisse *npl* (Fin) financial circumstances
Vermögensverteilung *f*
(Vw) distribution of wealth
(Re) division of assets
Vermögensverwalter *m*
(Re) manager (*or* administrator *or* custodian) of an estate
(Re) committee of the estate *(ie, of persons non compos mentis)*
(Fin) investment manager
(Fin) portfolio manager
Vermögensverwaltung *f*
(Re) property administration
– asset management
(Fin) asset/investment/portfolio . . . management
Vermögensverwaltungsgesellschaft *f* (Fin) property-management company
Vermögensvorteil *m*
(Re) financial (*or* pecuniary) benefit
– flow of value
Vermögenswerte *mpl*
(com) assets
(Fin) property or capital
(Bw) resources
(Re) property holdings
Vermögenswerte *mpl* **einbringen** (Fin) to bring asets to ...
vermögenswirksame Ausgaben *fpl* (FiW) asset-creating expenditure
vermögenswirksame Leistungen *fpl*
(Pw) employment benefits to encourage capital formation
– contributions to capital formation
– capital-forming payments
Vermögenszensus *m* (VGR) wealth census
Vermögenszuwachs *m*
(Bw) capital appreciation
(ie, increase in market value: property, shares)
(Fin) accession
– accretion
Vermögen *n* **übertragen** (Re) to transfer assets
Vermögen *n* **juristischer Personen** (Fin) corporate assets
VermStG (StR) = Vermögensteuergesetz
vermuten (com) = annehmen, qv
vermuteter Ausfall *m* (ReW) estimated loss of receivables
Vermutung *f*
(Re) presumption
(subterms: einfache, widerlegliche, unwiderlegliche Vermutung)
Vermutung *f* **begründen** (Re) to establish a presumption
Vermutungstatbestand *m* (Kart) presumption
verneinendes Urteil *n*
(Log) negative proposition
– negative
vernetzt (EDV) networked
vernetzte Märkte *mpl* (Mk) tightly knit markets
vernetzte Rechner *mpl* (EDV) networked computers
Vernetzung *f* (EDV) networking
Vernichtung *f* **von Arbeitsplätzen**
(Pw) job destruction

– job shedding
– abolition of jobs
vernünftige Auslegung *f* (Re) reasonable interpretation
vernünftige kaufmännische Beurteilung *f* (com) sound business judgment
veröffentlichter Abschluß *m* (ReW) published (*or* disclosed) accounts
Veröffentlichung *f*
(com) publication
(ReW) disclosure
Veröffentlichungsrechte *npl* (Re) publishing rights
Verordnung *f* **über den Lohnsteuer-Jahresausgleich** (StR) Ordinance Regulating the Annual Recomputation of the Wage Tax of Employees and Workers
Verordnung *f* **über die einkommensteuerliche Behandlung der freien Berufe** (StR) Ordinance Regulating the Income Tax Treatment of Free Professionals
Verordnung *f* **über die Führung e–s Wareneingangsbuches** (StR) Ordinance Regulating the Maintenance of a Merchandise Receiving Book
Verordnung *f* **zum Steuersäumnisgesetz** (StR) Ordinance Implementing the Law on Tax Arrears
Verordnung *f* **zur Regelung der Krankenhauspflegesätze** (SozV) Ordinance Regulating Hospital Per-Diem Charges
verpachten
(com) to lease *(ie, land or building)*
– to let on lease
– to hire out
(Note that ‚to lease‘ also means ‚pachten‘ in the sense of ‚to take on lease‘)
Verpächter *m* (Re) lessor
Verpachtung *f*
(Re) lease
– leasing
Verpachtung *f* **e–s Patents** (Pat) lease of a patent
Verpachtung *f* **von Grundstücken** (Re) rental of real property
Verpacken *n* (com) packing
verpacken
(com) to pack
– to package
Verpacker *m*
(com) packer
(com) packing agent
Verpackung *f*
(com) packing and packaging *(ie, generic term)*
Verpackungsanweisung *f* (com) packing instructions
Verpackungsbetrieb *m* (com) packer
Verpackungsdesign *n* (Mk) package design
Verpackungsgestaltung *f* (IndE) = Verpackungstechnik
Verpackungsgewicht *n* (com) tare
Verpackungsindustrie *f* (com) packaging industry
Verpackungskiste *f* (com) packing case
Verpackungskosten *pl* (com) packing charges (*or* expenses)
Verpackungsmaschine *f*
(IndE) packaging machine
– wrapping machine
– packer
Verpackungstechnik *f*
(IndE) package engineering *(syn, Verpackungsgestaltung)*
Verpackungstest *m* (Mk) pack test
Verpackungs- und Auszeichnungsbestimmungen *fpl* (AuW) packaging and labeling regulations
verpfänden
(Re) to pledge
– to pawn
– (infml) to hock
(eg, a company's physical assets and receivables, as security on a debt)
verpfändete Forderung *f*
(Fin) assigned account
– pledged account receivable
Verpfändung *f*
(Re) pledge
(eg, of marketable assets)
– pledging
Verpflegungsmehraufwand *m* (StR) additional food expenditures
verpflichten
(Re) to obligate
– to put under an obligation
– to commit
– to bind legally
verpflichten, sich
(Re) to undertake
– to engage
– to promise *(eg, to be answerable for debt)*
Verpflichteter *m*
(Re) obligor
(eg, person bound under a contract)
Verpflichtung *f*
(Re) commitment
– engagement
– obligation
– promise
– undertaking
Verpflichtung *f* **anfechten** (Re) to dispute an obligation *(eg, to meet a claim in full)*
Verpflichtung *f* **eingehen**
(Re) to assume (*or* enter into) an obligation
(com, Fin) to take on (new) commitments
Verpflichtung *f* **erfüllen**
(Re) to answer
– to discharge
– to fulfill
– to perform
– to meet
– to satisfy . . . an obligation
Verpflichtungserklärung *f*
(Re) formal obligation *(eg, to sign a . . .)*
(Zo) bond
Verpflichtungsermächtigung *f*
(Fin) commitment authorization
(EG) appropiation for commitment
Verpflichtungsgeschäft *n* (Re) obligatory contract *(eg, tax is imposed on the . . . rather than on the transfer itself)*
Verpflichtungsklage *f* (StR) action to enforce the issuance of an administrative decision, § 40 I FGO
Verpflichtungsschein *m*
(WeR) certificate of obligation

(ie, drawn up by a merchant in respect of money, securities or other fungible things, § 363 HGB)
Verpflichtung *f* **übernehmen** (Re) to assume an obligation
verrechnen
(com) to net (with)
– to set off (against)
– to offset (against)
(ReW) to absorb
(ie, spread through allocation)
(ReW) to charge *(eg, as an expense)*
(KoR) to allocate
– to apportion
– to assign
– to charge
– to distribute
– to identify
– to spread
– to trace (to)
(syn, verteilen, umlegen, zurechnen)
(Fin) to clear
– to settle
verrechnete Abweichungen *fpl* (KoR) allocated variances
verrechnete Gemeinkosten *pl*
(KoR) applied overhead
– (GB) absorbed overhead
(cf, hierzu Betriebsabrechnungsbogen)
verrechnete Kosten *pl* (KoR) allocated . . . cost/expense
verrechneter Betrag *m* (com) amount applied
Verrechnung *f*
(com) netting (with)
– setting off (against)
(ReW) (cost) absorption
(ReW) charging
(KoR) allocation
– apportionment
– distribution
(Fin) clearing
– settlement
Verrechnung *f* **betrieblicher Leistungen** (KoR) distribution of internal services
Verrechnung *f* **konzerninterner Leistungen** (ReW) intercompany (*or* intragroup) pricing
Verrechnungsabkommen *n*
(AuW) clearing agreement
(ie, in countertrade business: signed between two countries that agree to purchase specific amounts of each other's products over a period of time, using a designated clearing currency – Verrechnungswährung – in the transaction)
(Fin) clearing (*or* settlement) agreement
Verrechnungsabweichungen *fpl* (KoR) revisions variance
Verrechnungsdollar *m* (Fin) clearing/offset . . .
Verrechnungseinheit *f* (Fin) unit of account
Verrechnungsgeschäft *n* (com) offsetting transaction
Verrechnungsgrundlage *f*
(KoR) allocation base *(syn, Zuschlagsbasis)*
Verrechnungsguthaben *n* (Fin) clearing balance
Verrechnungsklausel *f* (AuW) offset clause
Verrechnungskonto *n*
(ReW) clearing/offset . . . account
(ReW) intercompany clearing account
(KoR) allocation account
Verrechnungskurs *m* (Fin) settlement price
Verrechnungsposten *m* (ReW) offsetting item
Verrechnungspreis *m*
(ReW) transfer (*or* internal) price *(syn, Transferpreis)*
Verrechnungssaldo *m* (Fin) clearing balance
Verrechnungssatz *m* (KoR) cost rate
Verrechnungsscheck *m* (Fin) collection-only check
Verrechnungsspitze *f* (Fin) clearing fraction
Verrechnungsstelle *f* (Fin) clearing office
Verrechnungstage *mpl* (Fin) clearing days
Verrechnungsverkehr *m* (Fin) clearing transactions
Verrechnungswährung *f*
(Fin) clearing currency
(Fin) agreement currency
Verrentung *f* (SozV) retirement
Verrentung *f* **der Steuerschuld**
(StR) payment of tax in annual installments
(ie, comprising amortization installments and interest, § 24 ErbStG)
Verrichtungsgehilfe *m*
(Re) vicarious agent *(ie, with respect to tort liability, § 831 BGB)*
verringern
(com) to cut down
– to downsize
(ie, economic output)
verringerter Investitionskoeffizient *m* (Vw) reduced investment coefficient
Verringerung *f* **des Bestandes** (ReW, EG) reduction in stocks
Verringerung *f* **des Spezialisierungsgrades** (IndE) despecialization
versagen
(com) to fail
– (infml) to fall down on a job
(Re) to deny *(eg, treaty protection)*
Versager *m*
(com, sl) total loss
– (GB) poor tool *(ie, at an activity)*
Versagung *f* **e–s Patents** (Pat) withholding of a patent
Versand *m*
(com) dispatch
– shipment
– shipping
– forwarding
– sending off
Versandabteilung *f* (com) shipping (*or* forwarding) department
Versandanmeldung *f* (Zo) transit declaration
Versandanschrift *f* (com) address for shipments
Versandanweisungen *fpl* (com) forwarding (*or* shipping) instructions
Versandanzeige *f*
(com) advice
– delivery
– dispatch
– shipping . . . note
– forwarding advice
– letter of advice

(com) advice of dispatch *(ie, in foreign trade: sent from exporter to buyer)*
Versandauftrag *m* (com) dispatch (*or* shipping) order
Versandausschuß *m* (EG, Zo) Committee on Community Transit
Versandbedingungen *fpl* (com) shipping terms
versandbereit (com) ready for shipment
Versandbereitstellungskredit *m*
(Fin) packing credit
– anticipatory credit
– advance against a documentary credit
(ie, Akkreditivbevorschussung: dem Exporteur wird unter bestimmten Bedingungen Vorauszahlung eingeräumt; syn, Vorschußkredit)
Versandbescheinigung *f* (com) shipping certificate
Versandbestellung *f*
(com) mail order buying
– (GB) postal shopping
Versand *m* **durchführen**
(com) to effect shipment
(syn, versenden = to dispatch, to forward, to send off, to ship)
(com) to mail
Versandetikett *n* (com) shipping label
Versandgebühr *f* (com) forwarding charge
Versandhafen *m*
(com) port of loading
– shipping port
Versandhandel *m* (Mk) mail order . . . business/selling/trade
Versandhaus *n*
(com) mail order house
– (GB) catalogue company
Versandhaushandel *m* (com) mail order selling
Versandhauskatalog *m* (Mk) mail order catalog
Versandhauswerbung *f* (Mk) mail order advertising
Versandhauswerte *mpl* (Bö) mail orders
Versandkosten *pl*
(com) delivery (*or* shipping) cost
(ie, cost of sending goods by mail, truck, rail or plane; an element of selling expense in cost accounting)
Versandleiter *m* (com) traffic manager
Versandliste *f* (com) packing list
Versandmeister *m* (com) shipping foreman
Versandmeldung *f* (com) ready-for-shipment note
Versandpapier *n* (Zo) movement document
Versandpapiere *npl*
(com) shipping documents
(ie, bill of lading, seller's invoice, consular invoice, certificate of analysis, certificate of origin, warehouse receipt, dock receipt)
Versandprobe *f* (Stat) shipping sample
Versandschachtel *f* (com, GB) shipping case
Versandscheck *m* (Fin) out-of-town check
Versandschein *m*
(Zo) transit bond note
(com, EG) transit document
(ie, im Handel zwischen EG-Ländern)
Versandspesen *pl* (com) forwarding (*or* shipping) expense
Versandtag *m* (com) date of dispatch
Versandtasche *f* (com) mailer
Versandtermin *m* (com) date of shipment
Versandverfahren *n* (Zo) transit procedure
Versandvorschriften *fpl* (com) forwarding (*or* shipping) instructions
Versandwechsel *m* (Fin) out-of-town bill
Versandweg *m* (com) shipping route
Versandwert *m*
(VGR) value of shipments *(ie, value of all products and services sold)*
Versandzeichen *n* (com) shipping mark
Versatzgeschäft *n*
(com) pawn broking, § 34 GewO *(syn, Pfandleihe)*
Versäumnisurteil *n* (Re) judgment by default, §§ 330–347 ZPO
verschachtelt (EDV) nested
verschachtelte Operation *f* (EDV) nested transaction
Verschachtelungsmethode *f* (Math) nesting method
Verschachtelungsniveau *n* (EDV) level of nesting
Verschaffung *f* **der Verfügungsmacht**
(Re) transfer of power to dispose of an asset
(ie, putting the recipient in a position to deal with a property in the manner of an owner)
verschärfen
(com) to aggravate
– to exacerbate
– (infml) to hot up *(eg, air fare war)*
(com) to sharpen
– to intensify *(eg, competition)*
(Fin) to tighten up *(eg, credit policy)*
verschärfte Prüfung *f* (IndE) tightened inspection
verschärfter Wettbewerb *m*
(com) heightened competition
(ie, exerts strong pressure on profit margins)
verschicken (com) to send out *(eg, offers, advertising materials)*
verschiebbar (EDV) relocatable
Verschiebbarkeit *f* **von Programmen** (EDV) program relocatability
Verschiebebahnhof *m*
(com) marshalling yard
(syn, Rangierbahnhof, qv)
Verschiebepraktiken *pl* (SozV) practice of shifting expenditures *(cf, verlasten)*
Verschiebung *f* (EDV) relocation
Verschiebung *f* **der Angebotskurve**
(Vw) shift in supply
– shifting of supply curve
Verschiebung *f* **der Einkommensverteilung** (Vw) distributional shift
Verschiebung *f* **der Nachfragekurve**
(Vw) shift in demand
– shifting of demand curve
Verschiebungsoperator *m* (Vw) shift operator
Verschiebungsparameter *m* (Stat) translation parameter
Verschiebungssatz *m* (Math) translation theorem *(cf, Laplace-Transformation)*
Verschiffung *f* (com) shipment
Verschiffungsauftrag *m* (com) shipping order
Verschiffungs-Bescheinigung *f*
(com) certificate of shipment
(ie, substituting a bill of lading)

Verschiffungsdokumente *npl* (com) shipping documents *(cf, Versandpapiere)*
Verschiffungsgewicht *n* (com) shipping weight
Verschiffungshafen *m* (com) port of dispatch (*or* shipment)
Verschiffungskonnossement *n* (com) shipped (*or* ocean) bill of lading
Verschiffungspapiere *npl*
(com) shipping documents
– commodity papers
Verschlechterung *f* **der Gewinnsituation** (com) weakening of earnings (*or* profits)
Verschlechterung *f* **der Zahlungsbilanz**
(AuW) deterioration of the balance of payments
– increase in the deficit of the balance of payments
– putting the balance of payments in a deficit position
verschleiertes Dumping *n* (AuW) hidden dumping
Verschleißanlagen *fpl* (Bw) depreciable assets (*or* property)
Verschleiß *m* **des Produktionsapparates** (VGR) capital consumption
verschleißfest
(com) hardwearing *(eg, slipcase)*
(IndE) resistant to wear
Verschleißfestigkeit *f* (IndE) resistance to wear
Verschleißfreiheit *f* (IndE) durability
verschleudern (com) to sell at ruinous prices
Verschleuderung *f* (com) selling at dumping (*or* ruinous) prices
verschlüsseln
(com) to encode
– to encrypt
verschlüsselt (com) keyed
Verschlüsselung *f*
(EDV) code
– encryption
Verschlüsselungsmatrix *f* (EDV) coding matrix
verschmelzende Umwandlung *f*
(Bw) merging conversion
(ie, Vermögen wird auf ein bestehendes Unternehmen übertragen; eg, changing a company into an existing firm)
Verschmelzung *f* **durch Aufnahme**
(com) merger
(ie, durch Übertragung des Vermögens e–r od mehrerer Gesellschaften als ganzes auf eine andere Gesellschaft gegen Gewährung von Aktien dieser Gesellschaft; cf, §§ 340–352c AktG; siehe auch: Fusion)
Verschmelzung *f* **durch Neubildung**
(com) consolidation *(cf, § 353 AktG)*
(cf, US, combination of two or more corporations into a new corporation, or transfer of substantially all the assets of two or more corporations to a new corporation; cf, Treas. Reg. § 1.368-2; in der dt. Praxis selten anzutreffen)
Verschmelzungsbilanz *f* (ReW) merger balance sheet
Verschmelzungsmehrwert *m*
(ReW) merger surplus
(ie, ergibt sich durch Übernahme der Bilanzwerte der übertragenden Gesellschaft in die Bilanz der aufnehmenden Gesellschaft; cf, § 348 II 2 HGB)

verschmutztes politisches Umfeld *n* (Bw) polluted political environment
Verschmutzungsrecht *n*
(com) right to pollute
– pollution right
Verschränkung *f* (EDV) = Speicherverschränkung, qv
verschreibungspflichtiges Medikament *n* (com) prescription drug
Verschrotten *n*
(com, US) junking
(ie, of old machinery)
verschrotten
(com) to scrap
– to break up
– to junk
Verschulden *n*
(Re) fault
(ie, der Begriff ist weiter als in der deutschen Systematik: it implies a failure, not necessarily culpable, to reach some standard of perfection; it may be shortcoming, impropriety, blame but also misdemeanor)
(Re, civil law) fault
(ie, Vorsatz + Fahrlässigkeit = intention and gross negligence)
Verschulden *n* **bei Vertragsschluß**
(Re) culpa in contrahendo
(ie, violation of mutual confidence in the preparation of a contract)
Verschuldenshaftung *f*
(Re) liability based on (proof of) fault
– liability for default
verschulden, sich (Fin) to incur debts
Verschuldensneigung *f* (Fin) propensity to incur debts (*or* liabilities)
verschuldensunabhängige Haftung *f* (Re) liability without fault
verschuldet
(Fin) indebted
– (infml) saddled by debt
– (infml) stuffed with debt
– (infml) running in the red
– (infml) debt-strapped
verschuldete Verkehrsuntauglichkeit *f* (Re) liability for dangerous chattels
Verschuldung *f*
(Fin) indebtedness
– level of debt
(Fin) contraction of debt
Verschuldung *f* **der öffentlichen Hand** (FiW) public debt
Verschuldungsbereitschaft *f* (Fin) propensity to take up credits
Verschuldungsgrad *m*
(Fin) debt-equity ratio
(Fin, US) leverage
(Fin, GB) gearing
Verschuldungsgrenze *f*
(Fin) debt . . . limitations/limit
– borrowing ceiling
(ie, ceiling placed on the amount of borrowings by individuals, corporations, or public authorities)
(Fin) borrowing allocation *(ie, festgelegt vom Vorstand)*

Verschuldungskoeffizient *m* (Fin) = Verschuldungsgrad
Verschuldungspolitik *f* **der öffentlichen Hand** (FiW) debt management
Verschuldungspotential *n* (Fin) borrowing . . . potential/power
Verschuldungsspielraum *m* (Fin) debt margin
Verschweigen *n* **rechtserheblicher Umstände** (Vers) material concealment
Verschweigen *n* **wichtiger Umstände** (Re) material misrepresentation
Verschwendung *f* **von Ressourcen** (Bw) dissipation (*or* wasting) of resources
versenden
(com) to mail
– (GB) to post
(com) to dispatch
– to forward
– to send off
– to ship
– to effect shipment
Versender *m*
(com) sender
– consignor
Versendung *f*
(com) dispatch
– shipment
Versendungskauf *m* (com) sale to destination according to buyer's instructions, § 447 BGB
Versendungskosten *pl* (com) cost of transportation (*or* carriage)
Versendungsort *m*
(com) place of consignment
– shipping point
versetzter Speicherzugriff *m* (EDV) interleaved memory
Versetzung *f*
(Pw) transfer
– transferral
– relocation
Versetzung *f* **ablehnen** (Pw) to turn down a transfer
versicherbar (Vers) insurable
versicherbarer Wert *m* (Vers) insurable value
versicherbares Interesse *n*
(Vers) insurable interest
– (GB) assurable interest
versicherbares Risiko *n* (Vers) insurable risk
Versicherer *m*
(Vers) insurance company
– insurer
– (GB) assurer
– underwriter
(SeeV) abandonee *(ie, als Eigentumsempfänger des abandonnierten Gegenstandes)*
Versicherer-Gruppe *f*
(Vers) fleet of companies *(ie, common ownership and management)*
versichern
(Vers) to insure against
– to cover against
– to indemnify against
– (GB) to assure against
– to underwrite
versicherte Gefahren *fpl* (Vers) risks covered
Versichertendividende *f* (Vers) bonus
Versicherter *m*
(Vers) insured (pl. insureds)
– (GB) assured (pl. assureds)
– insured party
– policyholder
versicherter Gegenstand *m* (Vers) subject matter insured
versicherter Wert *m* (Vers) insured value
versichertes Interesse *n* (Vers) interest insured
versichertes Kapital *n* (Vers) capital assured
Versicherung *f*
(Vers) insurance
– (GB) assurance
– underwriting
(cf, Stichwort ‚Privatversicherung')
(Vers) = Versicherungsunternehmen, qv
Versicherung *f* **abschließen** (Vers) to take out (*or* effect) insurance
Versicherung *f* **als Vielschutzpaket** (Vers) all-in (*or* all-risk) insurance
Versicherung *f* **an Eides statt**
(Re) affidavit
– (GB) statutory declaration
(ie, statement in lieu of an oath, signed and affirmed)
Versicherung *f* **auf den Todesfall**
(Vers) whole life insurance
(ie, either straight/ordinary, or single-premium, or limited-payment; opp, term insurance)
Versicherung *f* **auf den Todes- und Erlebensfall**
(Vers) endowment life insurance
(ie, zahlbar beim Tod des Versicherten, spätestens jedoch zum vereinbarten Ablaufzeitpunkt; payable to the insured at the end of contract or covered period or to beneficiary if insured dies prior to maturity date; syn, gemischte Lebensversicherung)
Versicherung *f* **auf Zeit** (Vers) time insurance
Versicherung *f* **für eigene Rechnung** (Vers) insurance for own account
Versicherung *f* **für fremde Rechnung** (Vers) insurance for third party account
Versicherung *f* **für Rechnung, für wen es angeht** (Vers) insurance for account of whom it may concern
Versicherung *f* **gegen außergewöhnliche Risiken** (Vers) contingency risk insurance
Versicherung *f* **läuft ab** (Vers) policy expires (*or* matures)
Versicherung *f* **mit abgekürzter Prämienzahlung** (Vers) insurance with limited premium
Versicherung *f* **mit Barausschüttung der Dividende** (Vers) participating insurance
Versicherung *f* **mit Gewinnbeteiligungsgarantie** (Vers) guaranteed dividend policy
Versicherung *f* **mit Selbstbehalt** (Vers) participating insurance
Versicherung *f* **ohne Gewinnbeteiligung** (Vers) insurance without profit
Versicherungsabschluß *m*
(Vers) taking out insurance
(Vers) contract of insurance
Versicherungsagent *m* (Vers) insurance agent
Versicherungsakquisiteur *m* (Vers) insurance canvasser

Versicherungsaktien *fpl* (Bö) insurance stocks
Versicherungsanspruch *m* (Vers) insurance claim
Versicherungsantrag *m* (Vers) application
Versicherungsaufsichtsamt *n* (Vers) Insurance Supervisory Office
Versicherungsaufsichtsbehörde *f* (Vers) Insurance Supervisory Authority
Versicherungsaufsichtsbehörden *fpl* **der Länder** (Vers) State Insurance Supervisory Agencies
Versicherungsaufsichtsgesetz *n* (Vers) Law on the Supervision of Insurance Companies
Versicherungsbedingungen *fpl*
(Vers) insurance conditions
– terms of a policy
Versicherungsbeginn *m* (Vers) commencement of insurance cover
Versicherungsbeitrag *m* (Vers) insurance premium
Versicherungsbestand *m*
(Vers) number of persons insured
– business in force
– insurance portfolio
Versicherungsbestätigung *f* (Vers) confirmation of cover
Versicherungsbetrug *m*
(Re) insurance fraud, § 265 StGB
– (infml) insurance scam
Versicherungsdarlehen *n* (Fin) actuarial loan
Versicherungsdauer *f*
(Vers) period insured
– period of cover
– term of insurance
Versicherungsdeckung *f*
(Vers) insurance cover
– (GB) assurance cover
(ie, indicates the aggregate risks covered by a particular policy)
versicherungsfähig
(Vers) insurable
– eligible for insurance
versicherungsfähige Gefahren *fpl* (Vers) insurable risks
Versicherungsfähigkeit *f* (Vers) insurability
Versicherungsfall *m*
(Vers) insured event
(eg, disability, age limit)
versicherungsfreie Beschäftigung *f* (SozV) insurance-exempt employment
Versicherungsgegenstand *m* (Vers) subject matter of insurance
Versicherungsgeschäft *n*
(Vers) insurance business
– underwriting
Versicherungsgesellschaft *f*
(Vers) insurance company
– carrier
– (US) insurer
(ie, it is desirable to use this term in preference to ‚carrier' or ‚company' since it is a functional word that applies without ambiguity to all types of individuals and organizations performing the insurance function; the word is generally used in statutory law)
Versicherungsgesellschaft *f* **auf Gegenseitigkeit** (Vers) mutual insurance company
Versicherungsgruppe *f*
(Vers) group of insurance companies
– (infml) fleet of companies
Versicherungsjahr *n* (Vers) year of coverage
Versicherungsjahre *npl* (SozV) years of coverage (*or* insurance)
Versicherungskonsortium *n* (Vers) insurers' syndicate
Versicherungskosten *pl*
(ReW) cost of insurance
– insurance charges (*or* expenses)
Versicherungskunde *m* (Vers) = Versicherter, qv
Versicherungsleistungen *fpl*
(Vers) insurance benefits
– assurance benefits
Versicherungsmakler *m* (Vers) insurance broker
Versicherungsmathematik *f*
(Math) actuarial theory
(ie, Grundlage Wahrscheinlichkeitstheorie und Finanzmathematik; syn, „Aktuarwissenschaft")
Versicherungsmathematiker *m* (Vers) actuary
versicherungsmathematisch (Vers) actuarial
versicherungsmathematische Grundlage *f* (Vers) actuarial basis
versicherungsmathematische Kostenermittlung *f* (Vers) actuarial valuation
versicherungsmathematischer Gegenwartswert *mpl* (Vers) present actuarial value
Versicherungsnehmer *m*
(Vers) person taking out insurance
– party contracting insurance
– insured
– policyholder
(syn, Versicherter, Versicherungskunde)
Versicherungsneugeschäft *n* (Vers) new insurance business
Versicherungspflichtgrenze *f*
(SozV, US) taxable wage base
(ie, monthly earnings ceiling for the assessment of social insurance contributions; syn, Jahresarbeitsverdienstgrenze)
versicherungspflichtige Beschäftigung *f* (SozV) covered (*or* contributory) employment
versicherungspflichtiger Arbeitnehmer *m* (SozV) covered employee
versicherungspflichtiges Entgelt *n* (SozV) eligible income (*or* earnings)
Versicherungspolice *f*
(Vers) insurance policy
(syn, Versicherungsschein)
Versicherungspool *m*
(Vers) insurance/insurers' . . . pool
– pool syndicate
(ie, BGB-Gesellschaft: organisiert die Versicherung bestimmter Risiken durch gemeinsame Mitod Rückversicherung bei den Poolmitgliedern in Deutschland zum Beispiel: Deutscher Luftpool, Deutsche Kernreaktor-Vsgemeinschaft, Pharma-RückVsGemeinschaft; syn, Pool)
Versicherungspraktiker *m* (Vers) insurance practitioner
Versicherungsprämie *f* (Vers) insurance premium
Versicherungsprodukt *n* (Vers) insurance product
Versicherungsrisiko *n* (Vers) insured risk
Versicherungsrückkauf *m* (Vers) redemption of policy

Versicherungsrückkaufwert *m* (Vers) surrender value

Versicherungsschein *m*
(Vers) insurance policy *(ie, Beweisurkunde über den Vertrag; syn, Versicherungspolice)*

Versicherungsschutz *m*
(Vers) insurance . . . cover/protection
– coverage

Versicherungssparen *n* (Vers) saving through insurance companies

Versicherungssparte *f*
(Vers) line of insurance business
– insurance class *(syn, Versicherungszweig)*

versicherungsstatistische Tabelle *f* (Vers) actuarial table

Versicherungssumme *f* (Vers) amount (*or* sum) insured

Versicherungstarif *m* (Vers) tariff

versicherungstechnisch (Vers) actuarial

versicherungstechnische Bilanz *f* (Vers) actuarial statement

versicherungstechnische Gewinn- und Verlustrechnung *f* (Vers) revenue account

versicherungstechnische Rückstellungen *fpl* (Vers) technical reserves

versicherungstechnisches Ergebnis *n* (Vers) underwriting result

Versicherungsteuer *f*
(StR) insurance tax
(ie, Sonderform der USt für Versicherungsentgelte in Höhe von 5 % (z. Zt. [1993] 5 %) = special turnover tax on insurance contributions)

Versicherungsteuer-Durchführungsverordnung *f* (Re) Ordinance Regulating the Insurance Tax Law, of 20 Apr 1960

Versicherungsteuergesetz *n* (StR) Insurance Tax Law, as republished on 24 July 1959

Versicherungsträger *m*
(Vers) insurer
– insurance carrier

Versicherungsunterlagen *fpl* (Vers) insurance papers (*or* records)

Versicherungsunternehmen *n*
(Vers) insurance company
– insurer
– underwriter
(syn, Versicherer, Versicherungsbetrieb)

Versicherungsurkunde *f* (Vers) insurance policy

Versicherungsverhältnis *n* (Vers) insurance relationship

Versicherungsverlängerung *f* (Vers) extension of policy

Versicherungsvermittler *mpl*
(Vers) insurance intermediaries
(ie, als Bindeglied auf dem VMarkt; eg, VVertreter, VMakler, qv)

Versicherungsvertrag *m* (Vers) contract of insurance

Versicherungsvertrag *m* **schließen** (Vers) to take out an insurance policy

Versicherungsvertrag *m* **über Einmalbetrag** (Vers) single-premium insurance policy, § 30 EStDV

Versicherungsvertreter *m*
(Vers) insurance agent *(ie, employee of the insurance company)*

Versicherungswert *m* (Vers) insurable value

Versicherungswert *m* **der Fracht** (Vers) freight insurance value

Versicherungswerte *mpl*
(Bö) insurance stocks
– insurances

Versicherungswirtschaft *f*
(Vers) insurance industry
– (infml) insurance fraternity

Versicherungszeit *f* (Vers) term of insurance

Versicherungszertifikat *n* (Vers) certificate of insurance

Versicherungszweig *m*
(Vers) line of insurance business (*or* class *or* line) *(syn, Versicherungssparte, Sparte)*

Versichungsverein *m* **auf Gegenseitigkeit** (Vers) mutual insurance society

versilbern (Fin, infml) to convert into money

Versionskontrolle *f* (EDV) version control

Versorgungsaufwand *m* **für vergangene Geschäftsjahre** (Fin) past service costs

Versorgungsausgleich *m* (SozV) pension rights adjustment

Versorgungseinrichtung *f* (Pw) pension organization

Versorgungsengpaß *m* (Vw, Bw) supply bottleneck

Versorgungsfall *m*
(SozV, Vers) insured event
(ie, in the case of social insurance or pension fund)

Versorgungsfreibetrag *m* (StR) personal exemption by way of statutory pensions or social security benefits, § 17 I ErbStG

Versorgungsgrad *m* (Vw) level of satisfaction (*or* utility)

Versorgungsgüter *npl*
(Vw) essential/convenience . . . goods
(ie, Güter des täglichen Bedarfs)

Versorgungskasse *f* (Pw) invalidity and survivor's pension plan

Versorgungslage *f* (com) supply situation

Versorgungsmanagent *n* (MaW) supply management

Versorgungsunternehmen *n*
(Bw) utility
– (US) public service corporation

Versorgungswerk *n* (Pw) company pension system

Versorgungswerte *mpl* (Bö) utilities

Versorgungswirtschaft *f* (com) utility industry

Versorgungszusage *f* (Pw) employer's pension commitment

verspätet
(com) late
– behind schedule

verspätete Lieferung *f* (com) delayed (*or* late) delivery

verspäteter Einspruch *m* (Pat) late opposition

Verspätungsschaden *m* (Re) damage due to delayed performance

Verspätungszuschlag *m*
(StR) delay penalty
(ie, up to 10% of the tax as finally determined or €25,000 if return is not filed within the prescribed period)

Versprechen *n*
(Re) promise
– engagement
– undertaking
Versprechensempfänger *m* (Re) promisee
Versprechensgeber *m* (Re) promisor
VerSt (Vers) = Versicherungsteuer
verstaatlichen
(Re) to nationalize
– to take into public ownership *(eg, the banking or steel industry)*
verstaatliche Wirtschaftszweige *mpl* (Re) nationalized industries
Verstaatlichung *f* (Re) nationalization (and municipalization)
Verständigungsverfahren *n*
(StR) mutual agreement procedure
Art 24 Doppelbesteuerungsabkommen USA/Bundesrepublik Deutschland
Verständlichkeit *f* (com) understandability
verstärken
(com) to reinvigorate
(eg, reform efforts)
– to strengthen
– to reinforce
verstärkte Absatzbemühungen *fpl* (Mk) intensified marketing efforts
Verstärkung *f* **der eigenen Mittel** (Fin) strenghtening of capital resources
verstauen (com) to stow (away)
versteckte Abwertung *f* (AuW) hidden devaluation
versteckte Arbeitslosigkeit *f*
(Vw) disguised
– hidden
– camouflaged
– fictitious . . . unemployment
versteckte Aufwertung *f* (Vw) shadow revaluation
versteckte Ausfuhrprämie *f* (AuW) hidden (*or* undisclosed) export bounty *(eg, duty drawback, tax cuts)*
versteckte Besteuerung *f* (FiW) hidden taxation
versteckte Inflation *f* (Vw) hidden inflation
versteckte Prämisse *f* (Log) hidden premise
versteckte Preissenkung *f* (com) covered price cut
versteckter Arbeitskräfteüberschuß *m* (Pw) concealed surplus of labor
versteckter Dissens *m*
(Re) latent ambiguity
– hidden disagreement
versteckter Mangel *m* (Re) hidden (*or* latent) defect
versteckter Streik *m* (Pw) hidden/camouflaged . . . strike
versteckte Subvention *f* (Vw) hidden subsidy
versteckte Überwälzung *f* (StR) hidden shifting of a tax
Versteifung *f* **des Geldmarktes** (Fin) tightening of the money market
Versteigerer *m*
(com) auctioneer *(ie, at public sales by auction)*
versteigern
(com) to auction off
(ie, at public sales; eg, materials, stocks, supplies)
versteigert (com) sold by public auction
Versteigerung *f*
(com) auction
– sale by public auction *(syn, Auktion, Gant, Vergantung)*
Versteigerungsbedingungen *fpl* (Re) terms governing forced sale of real property, § 66 ZVG
Versteigerungserlös *m* (com) proceeds of an auction
Versteigerungsgericht *n* (Re) court in charge of judicial sale
Versteigerungslimit *n* (com) limit for bidding
Versteigerungsort *m* (com) place of auction
Versteigerungspreis *m* (com) auction price
Versteigerungstermin *m* (Re) date of judicial sale, § 36 ZVG
Versteigerungsvermerk *m* (Re) entry of judicical sale in real estate register
verstetigen (com) to smooth out *(eg, cash flow, order intake)*
Verstetigung *f* (Vw) increasing steadiness
versteuerbar (StR) taxable
versteuern (StR) to pay tax (on)
versteuert
(StR) net of tax
– clear of taxes
– tax paid
versteuerte Pauschalwertberichtigungen *fpl* (ReW) taxed general value adjustments
Versteuerung *f* (StR) payment of tax (on)
verstimmen
(Bö) to unsettle *(ie, the market)*
Verstoß *m*
(Re) violation
– infringement
– contravention
– disregard
verstoßen gegen
(Re) to violate
– to infringe (on/upon)
– to contravene
– to disregard
– to run afoul (of) *(eg, of competition law)*
Verstoß *m* **gegen die guten Sitten** (Re) violation contra bonos mores
Verstrickung *f* (Re) attachment by execution *(cf, Pfandentstrickung)*
verstümmeln (com) to mutilate
Verstümmelung *f* (com) mutilation *(eg, of document)*
Versuch *m*
(Re) attempt *(eg, to commit an offense)*
(IndE) trial
– test
– experiment
Versuch *m* **der Steuerhinterziehung** (StR) attempt at tax evasion, § 370 II AO
Versuchsabteilung *f* (Bw) experimental station
Versuchsanlage *f* (IndE) pilot plant
Versuchsanordnung *f* (Stat) experimental layout
Versuchsanstalt *f* (IndE) research department (*or* center)
Versuchsaufbau *m*
(EDV) breadboard *(ie, experimental or mock-up model of any device)*
Versuchsauftrag *m* (IndE) experimental order

Versuchsballon *m*
(Mk) try-on
– trial baloon
Versuchsbetrieb *m*
(IndE) trial operation
– pilot plant scale production *(syn, Probebetrieb)*
Versuchsergebnisse *npl* (IndE) test results
Versuchsperson *f* (Mk) respondent
Versuchsplan *m* (Stat) experimental design
Versuchsplan *m* **mit Gittern** (Stat) lattice design
Versuchsstadium *n* (com) experimental stage
Versuchs- und Entwicklungskosten *pl* (ReW) cost of development and experiments
Versuchswerbung *f* (Mk) test marketing
Versuch *m* **und Irrtum** *m* (com) trial and error
versunkene Kosten *pl* (Vw) sunk costs *(cf. Bd, I)*
vertagen (com) to adjourn (for/till/until) *(eg, meeting, conference, trial)*
Vertagung *f* (Re) adjournment, § 227 ZPO
Vertagung *f* **auf unbestimmte Zeit** (Re) adjournment sine die
Vertauschung *f* (Math) interchange
Verteidiger *m* (Re) defense counsel
Verteidigungsausgaben *fpl*
(VGR) public consumption – defense
(FiW) defense expenditure (*or* outlays *or* spending)
Verteidigungsbeitrag *m* (FiW) defense contribution
Verteidigungsetat *m*
(FiW) defense budget
(FiW) defense appropriations
Verteidigungsinvestitionen *fpl* (FiW) capital outlays for defense purposes
verteilbarer Aufwand *m* **für Anlagegüter** (ReW) depreciable (*or* service) cost
verteilen
(com) to distribute
– to dole out *(eg, money for export financing)*
– (infml) to pass out *(eg, free samples of merchandise)*
(KoR) = verrechnen, qv
Verteiler *m*
(com) mailing/distribution . . . list
(com) share-out key
Verteilerkette *f* (Mk) distribution chain
Verteilerliste *f*
(com) = Verteiler
(EDV) distribution list
Verteilernetz *n* (Mk) distribution network
Verteilerschlüssel *m* (com) share-out key
Verteilerstelle *f* (com) distribution point
Verteilertabelle *f* (EDV) dispatch table
Verteilerzuschlag *m* (Vw) distribution markup
verteilte Datenverarbeitung *f*
(EDV) distributed data processing
(ie, Teilaufgaben werden auf mehrere Rechner verteilt, die über ein Netz verbunden sind)
– distributed computing
verteilte Dialogverarbeitung *f* (EDV) distributed transaction processing
verteilte Dienstverweigerungsattacke *f* (EDV) distributed denial of service attack
verteilte Intelligenz *f* (EDV) distributed intelligence
verteilte Kostenabweichungen *fpl* (KoR) redistributed cost
verteilte Materialbedarfsplanung *f* (MaW) distribution requirements planning, DRP
verteilter Systembetrieb *m*
(EDV) distributed system operation
(ie, Kopplung mehrerer Rechnersysteme zB über ein lokales Netz)
verteiltes Dateisystem *n*
(EDV) distributed file system
(ie, verknüpft Daten zu e–m Datenverbund)
verteiltes Datenbanksystem *n* (EDV) distributed data base system
verteiltes Netzwerk *n* (EDV) distributed network
verteiltes System *n*
(EDV) distributed system
(ie, mehrere Rechensysteme werden nicht über e-n gemeinsamen Speicher, sondern zB über ein lokales Netz verknüpft und von e–m Betriebssystem gesteuert)
verteilte zeitliche Verzögerung *f* (Vw) distributed lag
Verteilung *f*
(Vw, FiW) distribution
(EG) share-out
(eg, of the EEC's limited fish stocks to member states)
(Mk) distribution
(KoR) allocation
– assignment
– distribution
– apportionment
Verteilung *f* **der Anschaffungs- und Herstellungskosten**
(ReW) systematic, periodic allocation of cost *(ie, of limited-life assets)*
Verteilung *f* **des Nachlasses** (Re) distribution of the estate
Verteilung *f* **des Restvermögens**
(Bw) distribution of remaining assets *(ie, on liquidating a partnership, § 155 HGB)*
Verteilung *f* **des Volkseinkommens** (VGR) distribution of national income
Verteilungsdichte *f* (Stat) frequency of distribution
verteilungsfrei (Stat) distribution free
verteilungsfreier Test *m* (Stat) distribution-free method
verteilungsfreie Statistik *f* (Stat) nonparametric statistics
verteilungsfreies Testverfahren *n* (Stat) nonparametric testing
Verteilungsfunktion *f* (Stat) distribution function
Verteilungsfunktion *f* **des Preises** (Vw) distribution function of prices
Verteilungskampf *m* (Vw) struggle for income
Verteilungskonflikt *m* (KoR) allocation conflict
Verteilungsmaße *npl* (Stat) measures of distribution
Verteilungsmethode *f*
(KoR) method of allocating joint product costs *(syn, Proportionalitätsmethode)*
Verteilungsmodus *m* (com) distribution formula
Verteilungspolitik *f* (Vw) distributional policy
Verteilungsproblem *n* (OR) transport problem
Verteilungsquote *f* (Vw) distributive share

Verteilungsrechnung *f*
(VGR) incomes received method *(opp, Entstehungsrechnung, Verwendungsrechnung)*
Verteilungsschlüssel *m* (KoR) allocation . . . base/formula
Verteilungsseite *f* (VGR) earnings side
Verteilungsspielraum *m*
(Vw) distributive margin
– room for distributive policy moves
– scope for income redistribution
Verteilungstheorie *f* (Vw) theory of distribution
Verteilungsverfahren *n* (Re) distribution proceedings, §§ 105 ff ZVG
Verteilung *f* **von Kostenabweichungen** (KoR) circulation of costs
Verteilzeit *f* (IndE) unproductive time
Verteilzeitzuschlag *m* (IndE) delay allowance
verteuern (com) to raise prices
Verteuerung *f* (com) price increase
Vertikale *f* (Math) vertical line
vertikale Abtastrate *f* (EDV) vertical scan frequency *(eg, of a monitor)*
vertikale Arbeitsmobilität *f* (Pw) vertical labor mobility
vertikale Aufzeichnung *f* (EDV) perpendicular recording
vertikale Bildlaufleiste *f*
(EDV, GUI) vertical scrollbar *(opp, horizontal scroll bar)*
vertikale Diversifikation *f* (Bw) vertical diversification
vertikale Funktionssäule *f* (Bw) vertical functions
vertikale Gleichheit *f*
(FiW) vertical equity *(syn, vertikale Gerechtigkeit)*
vertikale Integration *f* (Bw) vertical (*or* upward) integration
vertikale Konkurrenz *f*
(Mk) vertical competition *(syn, sphärische Konkurrenz)*
vertikale Konzentration *f* (Bw) = vertikale Integration
vertikale Mobilität *f* (Vw) vertical (*or* upward) mobility
vertikale Preisbindung *f*
(Kart) resale price maintenance
– vertical price fixing
(ie, agreement between seller and buyer fixing the price at which the buyer may resell the product)
vertikale Prüfung *f* (EDV) vertical redundancy check, VRC
vertikaler Finanzausgleich *m*
(FiW) vertical distribution of tax revenue
(ie, operating on the principle of general and special fiscal grants)
vertikaler Kommunikationsweg *m* (Bw) vertical communication channel
vertikaler Zeilenvorschub *m* (EDV) vertical line spacing
vertikaler Zusammenschluß *m* (Bw) vertical combination
vertikales Synchronisationssignal *n* (EDV) vertical sync signal
vertikale Steuergerechtigkeit *f* (FiW) vertical equity
vertikales Wachstum *n* (Bw) vertical growth *(eg, forward or backward integration)*
vertikale Verflechtung *f* (Bw) vertical integration
vertikale Vorwärtsintegration *f* (Bw) forward vertical integration
vertikale Wettbewerbsbeschränkungen *fpl* (Kart) vertical restraints of competition
vertikale Wiederholungsrate *f* (EDV) vertical scan rate
Vertikalkonzern *m* (Bw) vertical group (of affiliated companies)
Vertikalregistratur *f*
(com) vertical filing *(syn, Steilablage)*
Vertikalverbund *m*
(Bw) vertical link *(ie, comprising all stages of production up to the final consumer)*
Vertrag *m*
(Re) agreement *(ie, general term)*
(Re) contract *(ie, schuldrechtlicher Vertrag)*
(Re) treaty *(ie, made between countries)*
Vertrag *m* **abschließen** (Re) = Vertrag schließen
Vertrag *m* **ändern** (Re) to reform a contract
Vertrag *m* **anfechten** (Re) to avoid a contract
Vertrag *m* **annehmen** (Re) to accept a contract
Vertrag *m* **annullieren** (Re) = Vertrag aufheben
Vertrag *m* **aufheben**
(Re) to cancel
– to annul
– to nullify
– to revoke
– to rescind
– terminate . . . a contract
Vertrag *m* **aufkündigen** (Re, infml) to pull out of an agreement
Vertrag *m* **auflösen** (Re) to cancel a contract
Vertrag *m* **aufsetzen** (Re) to draft/draw up . . . a contract
Vertrag *m* **aushandeln** (Re) to negotiate an . . . agreement/contract
Vertrag *m* **auslegen**
(com) to construe/interpret . . . the terms of a contract *(ie, to analyze it into its essential features)*
Vertrag *m* **beenden** (Re) to terminate a contract
Vertrag *m* **brechen** (Re) to break/violate . . . a contract
Vertrag *m* **einhalten**
(Re) to honor an agreement
– to meet the conditions of a contract
– to stand by a contract
– comply with the terms of a contract
Vertrag *m* **erfüllen**
(Re) to perform
– to fulfill
– to discharge . . . a contract
– to execute
– to perform one's duties under a contract
– to carry out the terms of a contract
Vertrag *m* **kündigen**
(Re) to terminate a contract
– (infml) to pull out of an agreement
Vertrag *m* **läuft ab** (Re) contract expires
vertraglich
(Re) contractual
– by contract
– by agreement

vertraglich binden (Re) to bind by contract
vertragliche Anreize *mpl* (Bw) contractual incentives
vertragliche Beziehungen *fpl* (Re) contractual relations
vertragliche Bindung *f* (Re) contractual commitment
vertragliche Einigung *f* (Re) contractual agreement
vertragliche Frist *f* (Re) time specified by a contract
vertragliche Garantie *f* (Re) contractual guaranty
vertragliche Haftung *f* (Re) contractual liability
vertragliche Indexklausel *f* (Re) contractual indexing clause
vertragliche Laufzeit *f*
(Re) contract period
– term of a contract *(cf, Laufzeit)*
vertragliche Lizenz *f* (Pat) contractual license
vertragliche Obliegenheiten *fpl* (Pw) (to carry out) duties as assigned under an agreement
vertragliche Pflichten *fpl*
(Re) contractual obligations
– duties under a contract *(eg, to assume, to carry out)*
vertraglicher Anspruch *m*
(Re) claim under a contract
– contract/contractual . . . claim
vertragliche Rechte *npl* **und Pflichten** *fpl* (Re) contractual rights and duties
vertragliche Regelung *f* (Re) contractual arrangement
vertraglicher Güterstand *m*
(Re) matrimonial regime elected by agreement *(ie, refers to marital property)*
vertraglicher Haftungsausschluß *m* (Re) contractual exclusion of liability
vertraglicher Unternehmenszusammenschluß *m* (Kart) contract combination
vertraglicher Zinssatz *m* (Fin) contract rate of interest
vertraglicher Zusammenschluß *m* (Re) contractual association
vertragliches Nutzungsrecht *n* (Re) contractual right to use property
vertragliche Vereinbarung *f* (Re) contractual arrangement
vertragliche Verpflichtungen *fpl* **eingehen** (Re) to contract liabilities
vertraglich festgelegt
(Re) contract . . .
– contracted
– stipulated by contract
vertraglich festgelegter Zinssatz *m* (Fin) contract rate of interest
vertraglich festlegen (Re) = vertraglich vereinbaren
vertraglich geschuldete Leistung *f*
(Re) contractual obligation
– contract debt
Verträglichkeit *f*
(com) compatibility
(EDV) compatibility
(ie, ability of one device to accept data handled by another device)

vertraglich sicherstellen (Re) to write into a contract
vertraglich vereinbaren
(Re) to agree
– to agree/stipulate . . . by contract
– to agree contractually
vertraglich verpflichten, sich (Re) to bind oneself by contract
vertraglich verpflichtet (Re) bound by contract
Vertrag *m* **mit Preisgleitklausel** (Mk) fluctuation price contract
Vertrag *m* **paraphieren** (Re) to initial an agreement
Vertragsablauf *m*
(Re) expiration
– termination . . . of contract
Vertragsabrede *f* (Re) contractual stipulation
Vertragsabschluß *m* (Re) conclusion of a contract
Vertragsänderung *f* (Re) alteration/modification . . . of a contract
Vertragsangebot *n*
(Re) offer of a contract *(syn, Offerte)*
Vertragsannahme *f*
(Re) acceptance of a contractual offer
(Vers) acceptance of proposal
(ie, agreement to give insurance cover against payment of premium)
Vertragsanspruch *m* (Re) contractual claim
Vertragsaufhebung *f* (Re) rescission of a contract
Vertragsauflösung *f*
(Re) cancellation
– discharge
– termination . . . of a contract
Vertragsaufsage *f*
(Re) anticipatory breach of contract
(ie, serious and final refusal to perform in the future; special case of ‚positive Vertragsverletzung')
Vertragsauslegung *f* (Re) interpretation/construction . . . of (the terms of) a contract
Vertragsbedingungen *fpl*
(Re) terms
– conditions
– provisions
– stipulations . . . of a contract
Vertragsbeendigung *f* (Re) termination of a contract
Vertragsbeginn *m* (Re) commencement of a contract
Vertragsbeitritt *m* (Re) accession to a treaty
Vertragsbestand *m* (Vers) total policies outstanding
Vertragsbestandteil *m* (Re) element of a contract
Vertragsbestimmung *f* (Re) contractual . . . provision/stipulation
Vertragsbeteiligter *m* (Re) party to an . . . agreement/contract
Vertragsbeziehungen *fpl* (Re) contractual relations
Vertragsbruch *m* (Re) breach of a contract
vertragsbrüchig werden (Re) to renege on a contract
Vertrag *m* **schließen**
(Re) to conclude
– to contract
– to enter into

– to make
– to sign . . . an agreement
Vertragsdauer *f*
(Re) contractual period
(ie, period for which the contract is to run)
Vertragsentwurf *m* (Re) draft . . . contract/agreement
Vertragserfüllung *f*
(Re) completion
– discharge
– fulfillment
– performance . . . of a contract
Vertragserfüllung *f* **ablehnen** (Re) to repudiate a contract
Vertragserneuerung *f* (Re) recontracting
Vertragsformeln *fpl* (com) trade terms *(see: Incoterms)*
Vertragsformen *fpl* (Vers) types of cover
Vertragsforschung *f*
(Bw) contract research *(ie, awarded to research institutes, universities, or other firms)*
Vertragsfreiheit *f* (Re) freedom of contract
Vertragsgebiet *n* (com) contractual territory
Vertragsgegenstand *m* (Re) subject matter of a contract
Vertragsgegner *m*
(Re) contracting party
– party to an . . . agreement/contract
vertragsgemäß
(Re) as per agreement
– conformable to the contract
– contractual
vertragsgemäße Erzeugnisse *npl* (Re) contract products
vertragsgemäße Güter *npl* (Re) conforming goods
vertragsgerechte Funktionstüchtigkeit *f* (Re) performance as stipulated
vertragsgerechte Ware *f* (Re) = vertragsgerechte Güter
Vertragsgrundlage *f*
(Re) basis of . . . agreement/contract
– basic terms of a contract
(Re) recitals *(ie, im Vertrag eingeleitet durch ‚Whereas'; as per recital)*
Vertragshaftung *f*
(Re) contract(ual) liability
(ie, liability founded upon the express or implied terms of a contract)
Vertragshändler *m*
(com) authorized dealer
– distributor
(ie, rechtlich selbständig, führt nur Produkte des Herstellers; Grundlagen: Ausschließlichkeitsbindung, Vorzugsrechte und Gebietsschutz)
Vertragshändlerschaft *f* (com) authorized dealership
Vertragshändlervertrag *m* (Re) dealer's contract
Vertragskonzern *m*
(com) contract-based group (of affiliated companies)
(cf, § 18 I 2 AktG; syn, Unterordnungskonzern, Einordnungskonzern)
Vertragslizenz *f* (Pat) contractual license
vertragsmäßiges Rücktrittsrecht *n* (Re) right of rescission under a contract, § 327 BGB
Vertragsparteien *fpl*
(Re) contracting parties
– parties to an . . . agreement/contract
– the parties hereto *(ie, in contract wording)*
Vertragspartner *m* (Re) cf, Vertragsparteien
Vertragspfandrecht *n*
(Re) contractual lien
(ie, arising by stipulation of the parties; opp, gesetzliches Pfandrecht)
Vertragspflichten *fpl*
(Re) contractual . . . duties/obligations
– duties under a contract
Vertragsprämie *f* (com, US) sign-up bonus
Vertragspreis *m* (com) contract price
Vertragsrecht *n* (Re) law of contracts
Vertragsrechte *npl*
(Re) contractual rights
– rights under a contract
vertragsrechtliche Haftung *f* (Re) contractual liability *(cf, §§ 823 BGB; opp, deliktische Haftung)*
Vertragsrückversicherung *f* (Vers) automatic treaty reinsurance, qv
Vertragsschluß *m*
(Re) conclusion
– formation
– making . . . of a contract
(ie, entsteht aus Antrag und Annahme, die beide empfangsbedürftige Willenserklärungen sind und mindestens beschränkte Geschäftsfähigkeit voraussetzen)
Vertragssparen *n* (Fin) scheme-linked saving
Vertragssprache *f*
(Re) language of contract
– authentic language
Vertragsstaat *m*
(Re) contracting state
– treaty state
Vertragsstrafe *f*
(Re) contract penalty
– penalty for nonperformance of contract
– time penalty under a contract
– (GB) liquidated damages
(ie, Versprechen, dem Gläubiger bei Nicht- od nicht gehöriger Erfüllung der Verbindlichkeit eine Geldsumme als Strafe zu zahlen; cf, §§ 339–345 BGB; § 348 HGB; promise to pay a stipulated sum of money if work is not completed on schedule; syn, Konventionalstrafe. Note that ‚liquidated damages' is a sum fixed as an estimate of the extent of the injury which a breach of contract will cause.)
Vertragstarif *m* (Zo) conventional tariff
Vertragsteil *m* (Re) = Vertragspartner
Vertragstermin *m*
(com) contract deadline
– deadline for performance of contract
vertragstreue Partei *f* (Re) nondefaulting/nonbreaching . . . party
Vertragstyp *m* (Re) type of contract
Vertrag *m* **sui generis** (Re) contract sui generis
Vertragsurkunde *f* (Re) contractual document
Vertragsverhältnis *n*
(Re) contractual relationship
– relation ex contractu
Vertragsverlängerung *f* (Re) extension/renewal . . . of a contract

Vertragsverletzung *f*
(Re) breach/violation . . . of contract
– breach of duty to perform
Vertragsverpflichtung *f* (Re) contractual obligation
Vertragswerk *n* (Re) set of agreements
vertragswidrig
(Re) contrary to
– not conforming to
– not conformable to
– not in keeping with
– in violation of . . . a contract
Vertragswidrigkeit *f*
(Re) contractual defect
– lack of conformity with the contract
Vertragswille *m*
(Re) meeting/union . . . contracting parties
– intention of the parties to a contract
Vertragszoll *m*
(AuW) conventional tariff *(ie, Ergebnis zwischenstaatlicher Vereinbarungen; gegenüber Ländern mit Meistbegünstigung; opp, autonomer Zoll)*
Vertragszollsatz *m* (Zo) contractual/conventional . . . rate of customs duty
Vertragszweck *m* (Re) purpose of contract
Vertrag *m* **über den Zuschlag** (com) purchase award contract
Vertrag *m* **über die Europäische Union**
(EG) Treaty on European Union
(ie, approved on Dec 9-10, 1991 in Maastricht)
Vertrag *m* **unterzeichnen** (Re) to sign a contract
Vertrag *m* **verlängern** (Re) to renew a contract
Vertrag *m* **verletzen** (Re) to violate/breach . . . a contract
Vertrag *m* **widerrufen** (Re) to repudiate a contract
Vertrag *m* **zugunsten Dritter** (Re) third-party beneficiary contract
Vertrag *m* **zur Erhaltung der Arten** (Re) biodiversity agreement
Vertrag *m* **zur Gründung der Europäischen Gemeinschaft für Kohle und** (EG) Treaty establishing the European Coal and Steel Community
Vertrag *m* **zur Gründung der Europäischen Wirtschaftsgemeinschaft** (EG) Treaty establishing the European Economic Community
Vertrauensarzt *m* (SozV) physician acting as medical referee under social insurance legislation, § 369 b RVO
Vertrauensbereich *m*
(Stat) confidence . . . belt/interval/range/region *(syn, Konfidenzbereich)*
Vertrauensbruch *m* (Re) breach of . . . faith/confidence
vertrauensempfindlich (com) sensitive to shifts in confidence
Vertrauensentzug *m* **durch die Hauptversammlung** (com) vote of no-confidence of a shareholders' meeting
Vertrauensgrenze *f* (Stat) confidence limit
Vertrauensinteresse *n*
(Re) negative interest, § 122 BGB
(ie, damage resulting from bona fide reliance on validity of contract; syn, negatives Interesse; opp, Erfüllungsinteresse, positives Interesse)
Vertrauensintervall *n* (Stat) = Vertrauensbereich
Vertrauenskoeffizient *m* (Stat) confidence coefficient
Vertrauensmänner *mpl* (Pw) union shop stewards
Vertrauensmißbrauch *m* (com) abuse of confidence *(Vertrauensbruch)*
Vertrauensniveau *n*
(Stat) confidence level *(syn, Konfidenzniveau)*
Vertrauensschaden *m* (Re) = Vertrauensinteresse
Vertrauensschaden-Versicherung *f* (Vers) commercial fidelity insurance
Vertrauensstellung *f* (Pw) confidential (*or* fiduciary) position
Vertrauensverhältnis *n* (Re) confidential (*or* fiduciary) relation
Vertrauenswerbung *f* (Mk) institutional advertising
vertraulich
(com) strictly confidential
– in strict confidence
vertraulich behandeln (com) to treat in confidence *(eg, responses to a questionanaire)*
vertraulicher Bericht *m* (com) confidential report
vertrauliches Schriftstück *n* (com) confidential document
vertretbar
(Re) justifiable
– defensible
– reasonable
(com) fungible
vertretbare Sachen *fpl* (Re) fungible goods, § 91 BGB
vertretbare Waren *fpl* (Re) fungible (*or* merchantable) goods
vertretbare Wertpapiere *npl* (Fin) fungible securities
Vertretbarkeit *f*
(Re) justifiability
(com) fungibility
vertreten
(com) to act for (*or* in place of)
– to deputize for
– to substitute for
(Re) to represent *(ie, said of lawyers)*
– (GB) to act for
(Re) to answer for
– to be responsible for
vertreten durch (Re) represented by
Vertretener *m*
(Re) principal *(ie, person for whom someone else acts as a representative, § 70 AO)*
Vertreter *m*
(Re) attorney-in-fact, § 164 BGB
– agent
(com) deputy
– substitute
– proxy
– alternate
(Mk) salesman (saleswoman)
– sales representative
(Mk) traveling salesman
– (GB) commercial traveller
(Vers) insurance agent
Vertreterbericht *m*
(com) agent's report
– call slip

Vertreterbesuch *m* (com) sales call
Vertreterbezirk *m* (com) agent's territory
Vertreterkosten *pl* (KoR) agency expenses
Vertreter *m* **ohne Vertretungsmacht** *f*
(Re) unauthorized agent
– *(civil law)* falsus procurator
(ie, attorney-in-fact without proper authority, § 179 BGB)
Vertreterorganisation *f* (Mk) sales force
Vertreterprovision *f*
(com) agency fee
– agent's commission
Vertreterstab *m* (com) staff of representatives
Vertreterversammlung *f* (Bw) Representatives' Assembly
Vertreterversandhandel *m*
(com) traveling salesman's trade *(ie, door-to-door canvassing of mail orders)*
Vertretervertrag *m* (Re) agency agreement
Vertretervollmacht *f* (Vers) commission of authority
Vertretung *f*
(com) substitution
– deputizing
– proxy
(Re) agency, § 164 BGB *(ie, used for cases in which agent is acting openly in the name of principal)*
(com) representation
Vertretung *f* **der Belegschaft** (Pw) staff/employee's representatives
Vertretung *f* **gemeinsamer Interessen** (com) promotion (*or* furtherance) of common interests
Vertretungsberechtigter *m*
(Re) person acting for and on/in behalf of
– autorized representative
Vertretungsgrundsatz *m* (Re) principle of representation
Vertretungsmacht *f*
(Re) power of . . . representation/to represent
(opp, Geschäftsführungsbefugnis)
Vertretungsmacht *f* **überschreiten**
(Re) to act in excess of authority
– to exceed one's instructions as an agent
(ie, to do an act outside the scope of the purpose for which agent has been appointed)
Vertretungsverhältnis *n* (Re) agency
Vertretungsvertrag *m*
(Re) contract of agency
(com) representative agreement
Vertretungszwang *m* (Re) mandatory representation
(ie, by lawyer in court)
Vertrieb *m*
(Mk) distribution
– selling
– marketing
(Mk) marketing department
Vertrieb *m* **landwirtschaftlicher Erzeugnisse** (Mk) agricultural marketing
Vertrieb *m* **nach dem Schneeballprinzip**
(Mk) multi-level distributorship
– pyramid selling
Vertriebsabteilung *f* (Mk) marketing department
Vertriebsaufwendungen *fpl* (ReW) selling expenses
Vertriebsbeauftragter *m* (Mk) marketing representative
Vertriebsberater *m* (Mk) marketing consultant
Vertriebsbereich *m* (Bw) sales function (*or* sector)
Vertriebsbindung *f* (Mk) distributional restraint
Vertriebsbüro *n* (com) selling agency
Vertriebseinrichtung *f* (Kart) selling organization, § 5 III GWB
Vertriebseinrichtungen *fpl* (Mk) distribution facilities
Vertriebsergebnis *n* (Bw) sales results
Vertriebsfunktion *f* (Mk) marketing function
Vertriebsgebiet *n* (Mk) sales territory
Vertriebsgemeinkosten *pl*
(KoR) selling overhead (*or* expense)
– (GB) marketing cost
(ie, cost identified with acquiring and maintaining markets for a company's products, and with collecting payments from customers)
Vertriebsgesellschaft *f*
(com) selling (*or* marketing) company
(ie, preferred form: Vertriebskapitalgesellschaft, either AG or GmbH)
Vertriebsinformationssystem *n* (Mk) = Marketing-Informationssystem
Vertriebskartell *n* (Kart) sales cartel
Vertriebskonsortium *n*
(Fin) selling group
– selling (*or* trading) syndicate
Vertriebskosten *pl*
(KoR) distribution (*or* selling) expense
– sales cost
Vertriebskostenanalyse *f* (Mk) distribution cost analysis
Vertriebskostenrechnung *f* (Mk) distributive costing
Vertriebskostenstelle *f*
(KoR) sales department cost center
(syn, Vertriebsstelle)
Vertriebslager *n* (Mk) sales depot
Vertriebsleiter *m* (Mk) sales (*or* marketing) manager
Vertriebsleitung *f* (Mk) sales (*or* marketing) management
Vertriebsmittel *npl* (Mk) marketing tools
Vertriebsnetz *n* (Mk) marketing network
Vertriebsorganisation *f* (Mk) marketing organization
Vertriebsplan *m*
(Mk) marketing plan
– sales budget
Vertriebsplanungssystem *n* (Mk) = Marketing-Informationssystem
Vertriebspolitik *f* (Mk) distribution (*or* marketing) policy
Vertriebsrecht *n* (Re) right of sale
Vertriebsrisiken *npl* (Mk) general marketing risks
Vertriebsschulung *f* (Mk) marketing training
Vertriebsspanne *f* (Mk) sales margin
Vertriebsstelle *f* (Mk) sales outlet
Vertriebsstrategie *f* (Mk) marketing strategy
Vertriebstochter *f* (Mk) marketing subsidiary
Vertriebs- und Verwaltungsgemeinkosten *pl*
(KoR) selling and administrative expense
– general operating expense

Vertriebswagnis *n*
(ReW) accounts receivable risk *(syn, Debitorenwagnis)*
Vertriebsweg *m*
(Mk) distributive channel
– channel of distribution
verunglückte Organschaft *f*
(StR) invalid integration arrangement
(ie, because one of its indispensable elements [financial, economic, and organizational integration] is missing)
veruntreuen
(Re) to misappropriate *(ie, implies breach of trust; cf, auch „unterschlagen")*
Verursacherprinzip *n*
(com) polluter principle
– „polluter-must-pay" principle
(ie, anybody who causes damage to the environment shall be liable for the resulting costs)
Verursachungsprinzip *n* (Vw) principle of causation
verurteilen
(com) to condemn *(ie, say sth is wrong or evil)*
(Re) to condemn *(eg, to spend the rest of his life in prison)*
– to pass judgment on
– to pass sentence on *(eg, judge passed a heavy sentence on her)*
verurteilen (zu) (Re) to hand down a sentence (to)
Verurteilung *f*
(Re) conviction *(opp, Freispruch = acquittal)*
vervielfältigen (com) to duplicate
Vervielfältiger *m*
(Math) multiplier
(com) duplicator
vervielfältigte Unterschrift *f* (com) facsimile signature
verwahren (com) to hold in safe custody
verwahrende Bank *f* (Fin) custodian bank
Verwahrer *m* (Re) depositary
Verwahrung *f*
(Re) custody
(Fin) safekeeping *(eg, of securities)*
– (GB) safe custody (*or* storage)
Verwahrungsbuch *n* (Fin) custody ledger
Verwahrungsgebühr *f* (Fin) custody fee
Verwahrungsgeschäft *n* (Fin) custody transactions
Verwahrungslager *n* (Zo) temporary store
Verwahrungsstücke *npl* (Fin) custody items
Verwahrungsvertrag *m*
(Re) custody agreement *(ie, for the safekeeping of movables, whether for reward or otherwise, § 688 BGB)*
Verwahrung *f* **über Clearingstelle** (Fin) central collective deposit *(eg, AKV, Cedel)*
verwalten
(Bw) to administer
– to manage
verwaltende Funktionen *fpl* (Bw) administrative (*or* custodial) functions
verwaltetes Vermögen *n* (Fin) agency fund
Verwaltung *f*
(Bw) administration
– management
(Bw) administrative department

Verwaltungsakademie *f* (com) academy of administration
Verwaltungsakt *m* (StR) administrative act (*or* decision)
Verwaltungsakt *m* **aufheben** (StR) to vacate an administrative decision
Verwaltungsaktien *fpl*
(Fin) management shares *(ie, held in treasury, usu by an underwriting group on behalf of company's management)*
Verwaltungsapparat *m* (Bw) administrative machinery
Verwaltungsarbeiten *fpl* (com) administrative work
Verwaltungsausschuß *m* (EG) management committee
Verwaltungsbehörde *f* (Re) administrative agency
Verwaltungsbeirat *m* (Re) advisory council
Verwaltungsbeschwerde *f* (Re) appeal taken against an administrative decision
Verwaltungsbudget *n*
(FiW) operating budget *(cf, § 11 BHO)*
Verwaltungseinrichtungen *fpl* (Re) administrative facilities
Verwaltungsentscheidung *f* (Re) administrative decision
Verwaltungsermessen *n* (Re) administrative discretion
Verwaltungsfachmann *m* (Bw) administrator
Verwaltungsgebäude *n*
(Bw) administrative building
– main office building
Verwaltungsgebühr *f*
(Re) administrative fee (*or* charge)
(Fin) management fee
Verwaltungsgemeinkosten *pl*
(KoR) general and administrative . . . expense/overhead
– (GB) administration . . . cost/expense
– establishment expense
Verwaltungsgericht *n*
(Re) first-instance administrative court
– administrative court of original jurisdiction
verwaltungsgerichtliche Klage *f* (Re) administrative proceedings *(eg, to bring . . .)*
Verwaltungsgerichtsbarkeit *f* (Re) system of administrative jurisdiction
Verwaltungsgerichtshof *m* (Re) appellate administrative court *(ie, term allowed under provincial law for ‚Oberverwaltungsgericht')*
Verwaltungsgerichtsordnung *f* (Re) Code of Administrative Procedure, of 21 Jan 1960
Verwaltungsgesellschaft *f*
(Fin) management company
– fund manager
Verwaltungsinvestitionen *fpl* (FiW) government capital expenditure
Verwaltungskosten *pl* (KoR) administrative expense
Verwaltungskostenanteil *m* (Vers) portion of administrative expense included in premium income
Verwaltungskostenstelle *f*
(KoR) administration cost center
(ie, dienen der Abrechnung der Kosten der allgemeinen Aufgaben; eg, accounting, management, personnel department)

Verwaltungskostenzuschlag *m* (Vers) (margin of) loading
Verwaltungskredit *m* (Fin) transmitted loan
Verwaltungskredite *mpl* (FiW) borrowing to smooth out budgetary irregularities
Verwaltungsökonomie *f* (Vw) administrative economics
Verwaltungsorgan *n* (Re) administrative body
Verwaltungspersonal *n* (com) administrative staff
Verwaltungspraxis *f* (Re) administrative practice
Verwaltungsrat *m*
(com) administrative board
– board of administration
(ie, of public bodies; opp, supervisory board of stock corporations)
(com) administrative board
(ie, nicht selten in der GmbH zu finden: kann überwachende als auch beratende und entscheidende Kompetenzen haben)
(com) board of directors *(ie, of companies outside Germany)*
Verwaltungsrechnungswesen *n* (ReW) governmental accounting
Verwaltungsrecht *n* (Re) administrative law
Verwaltungsrechtsweg *m*
(Re) recourse to administrative tribunals *(opp, recourse to ordinary courts)*
– administrative remedies
Verwaltungstreuhand *f* (Re) administrative trust
Verwaltungsverfahren *n* (Re) administrative procedural practise
Verwaltungsverfahrensgesetz *n* (Re) Law on Administrative Procedure, of 25 May 1976
Verwaltungsvermögen *n*
(Re) assets serving administrative purposes
– administrative assets
(ie, schools, hospitals, barracks, etc.)
Verwaltungsverordnung *f* (Re) administrative decree
Verwaltungsvertrag *m*
(Bw) business management agreement *(syn, Betriebsführungsvertrag)*
(Fin) investment contract
Verwaltungsvorschriften *fpl* (Re) administrative regulations
Verwaltungswirtschaftslehre *f* (Bw) economics of public administration and public enterprises
Verwaltungsziel *n* (Re) administrative objective
Verwaltungszwangsverfahren *n* (Re) administrative execution procedure
verwandte Erfindung *f* (Pat) cognate invention
verwässertes Grundkapital *n* (Fin) diluted (*or* watered) capital
Verwässerung *f* **des Aktienkapitals**
(Fin) dilution of equity
– stock watering
Verwässerungseffekt *m* (Fin) share dilution effect
Verwechslungsgefahr *f*
(Re) risk of confusion *(ie, of firm names)*
Verwechslung *f* **von Warenzeichen** (Pat) confusion of trade mark
Verweigerung *f* **des Bestätigungsvermerks** (ReW) disclaimer of audit opinion
Verweigerung *f* **des Prüfungsurteils** (Fin) disclaimer of opinion

Verweigerungsliste *f* (AuW, US) denial list
Verweigerungsquote *f* (Mk) refusal rate
Verweigerungsrate *f* (Stat) refusal rate
Verweildauer *f*
(SozV) length of stay
(ie, patient's stay in hospital; a measure of use of health facilities; reported as an average number of days spent in a facility per admission (Aufnahme) or discharge (Entlassung))
Verweilzeit *f*
(OR) expected waiting + service time
(EDV) elapsed (*or* job around) time *(syn, Auftragsumlaufzeit)*
Verweis *m* (ReW) censure, § 68 WPO
Verweisadresse *f* (EDV) chaining address
Verweisattribut *n* (EDV) = Zeiger, qv
verweisen an (Re) to refer to
Verweissammlung *f* (EDV) point listing
Verweisung *f* (Re) referral (an = to)
Verweisung *f* **an ein Schiedsgericht** (Re) reference to arbitration
verwendbares Eigenkapital *n*
(StR) distributable equity capital
– available net equity
(ie, generic term for all balance-sheet items that can be the object of a corporate distribution, § 27 KStG 1977)
Verwender *m* (com) user
Verwendung *f* **des BIP** (VGR) use of GDP (*or* gross domestic product)
Verwendung *f* **des Bruttosozialprodukts** (VGR) expenditure on gross national product
Verwendung *f* **des Reingewinns** (ReW) appropriation of net income
Verwendungen *fpl* (Re) outlays for the maintenance or improvement of property
Verwendungsdauer *f* (Bw) service life
Verwendungsrechnung *f*
(VGR) consumption-plus-investment method
– (GB) consumption-savings method
Verwendungsschein *m* (EG) document for temporary importation
Verwendungsseite *f* (VGR) expenditure side
Verwendungszwang *m* (AuW) mixing and tying requirements
Verwerfen *n*
(Stat) refusal
– final rejection
Verwerfung *f* **der Buchführung**
(StR) rejection of the accounting system *(ie, by tax authorities, Abschn. 29 II No. 6 EStR)*
verwerten
(com) to utilize
(Re) to realize
Verwertung *f*
(com) utilization
(Re) realization *(ie, by judicial sale or otherwise)*
Verwertung *f* **e–s Patents**
(Pat) exploitation
– use
– working . . . of a patent
Verwertungsaktien *fpl* (Fin) = Vorratsaktien
Verwertungsgesellschaft *f* (Bw) company or partnership exploiting third-party rights
Verwertungskonsortium *n* (Fin) selling syndicate

Verwertungsrechte *npl* (Pat) rights of exploitation, §§ 15 ff UrhG
verwirken
(Re) to forfeit
(Re) to incur *(eg, a penalty)*
Verwirklichung *f* **der Wirtschafts- und Währungsunion** (EG) attainment of economic and monetary union
verwirkte Strafe *f* (Re) forfeited penalty, § 343 BGB
Verwirkung *f*
(Re) forfeiture *(eg, of contractual rights, § 360 BGB)*
Verwirkung *f* **des Rücktrittsrechts** (Re) forfeiture of right of rescission
Verwirkungsklausel *f* (Re) = Verfallklausel, qv
verzahnen
(EDV) to interlace
– to interleave
verzahnt ablaufende Verarbeitung *f*
(EDV) concurrent processing
– multi-processing
Verzahnung *f*
(EDV) interlacing
– interleaving
Verzahnung *f* **zwischen System und Struktur** (Bw) crosswalk
verzeichnen
(com) to record
(com) to post *(eg, large increases in orders received)*
Verzeichnisdatei *f* (EDV) directory file
Verzeichnis *n* **der Patentklassen** (Pat) class index of patents
Verzeichniseintrag *m* (EDV) directory entry
Verzeichnisspiegelung *f* (EDV) directory replication
verzerrende Schätzfunktion *f* (Stat) biased estimator
verzerrte Auswahl *f* (Stat) selective bias
verzerrte Prüfung *f* (Stat) biased test
verzerrte Stichprobe *f* (Stat) biased sample
Verzerrung *f* (EDV) distortion
(eg, on a CRT screen)
Verzerrungen *fpl* **des internationalen Handels** (AuW) nontariff distortions of international trade *(ie, wider than ‚nontariff barriers')*
Verzerrung *f* **nach oben** (Stat) upward bias
Verzerrung *f* **nach unten** (Stat) downward bias
Verzicht *m*
(Re) disclaimer
– waiver
(Re) release agreement, § 397 I BGB *(syn, Erlaßvertrag, qv)*
Verzicht *m* **auf Ersatzansprüche** (Re) waiver of claims for damages
Verzicht *m* **auf Steuerbefreiungen** (StR) waiver of exemption, § 4 No. 6 ff UStG
Verzicht *m* **auf Stundungszinsen** (StR) waiver of interest on delinquent taxes, § 234 II AO
verzichten auf
(com) to pass up *(eg, cheap prices offered by subcontractors)*
(Re) to disclaim
– to waive
Verzichterklärung *f*
(Re) (notice of) disclaimer
– waiver
verzinsen
(Fin) to pay interest (on)
(Fin) to bear (*or* yield) interest
verzinslich (Fin) bearing interest
verzinsliche Forderung *f* (Fin) interest-bearing debt
verzinsliche Schatzanweisung *f* (Fin) interest-bearing Treasury paper
verzinsliche Schatzanweisungen *fpl* (Fin) treasury notes, not discounted
verzinsliches Darlehen *n* (Fin) interest-bearing loan
verzinsliches Guthaben *n* (Fin) money drawing interest *(ie, in a bank account)*
verzinsliches Sonderdarlehen *n* (Fin) special interest-bearing loan
verzinslich mit (Fin) bearing interest at the rate of
Verzinsung *f*
(Fin) rate of interest
(Fin) return
(Fin) interest payment
Verzinsung *f* **des eingesetzten Kapitals** (Fin) return on capital employed
Verzinsungsintensität *f*
(Fin) intensity of compounding convertible interest *(ie, Zinssatz i bei stetiger Verzinsung; wird die Zahl der Zuschlagsperioden in e–m Jahr unendlich groß und die Zuschlagsperioden entsprechend klein, so spricht man von stetiger od Momentanverzinsung, qv)*
Verzinsungsverbot *n*
(Vw) ban on interest payments *(ie, in deposits of nonresidents)*
verzögern
(com) to delay
– to retard
– to slow
– (infml) to hold up
– to put back *(eg, decision, production, delivery)*
verzögernde Einrede *f*
(Re) dilatory defense (*or* exception)
(ie, not tending to defeat an action, but only to retard its progress; syn, dilatorische Einrede)
verzögerte Anpassung *f* (Vw) lagged adjustment
verzögerte Ausstoßvariable *f* (Vw) lagged output term
verzögerte Auszahlung *f* **des Akkreditivbetrages** (Fin) deferred payment
verzögerte endogene Variable *f* (Stat) lagged endogenous variable
verzögerte Funktion *f* (Vw) lagged function
verzögerte Investitionsfunktion *f* (Vw) lagged investment function
verzögerte Konsumfunktion *f* (Vw) lagged consumption function
verzögerte Variable *f* (Vw) lagged variable
Verzögerung *f*
(com) delay
– retardation
(OR) slip
– slippage
Verzögerungsleitung *f* (EDV) delay line

Verzögerungstaktik *f* (com) delaying/stalling . . . tactics
Verzögerungsverzerrung *f* (EDV) delay distortion
Verzögerungszeit *f* (EDV) deceleration time
verzollen (Zo) to clear through the customs
verzollt
(com) cleared customs
– duty paid
verzollte Ware *f* (com) goods out of bond
Verzollung *f* (Zo) customs clearance
Verzollung *f* **bei Auslagerung** (Zo) clearance from bonded warehouse
Verzollungsförmlichkeiten *fpl* (Zo) customs clearance formalities
Verzollungsgebühren *fpl* (Zo) customs clearance charges
Verzollungskosten *pl* (Zo) clearance charges
Verzollungsmaßstäbe *mpl*
(Zo) bases of customs duties *(ie, percentages, quantities)*
Verzollungspapiere *npl* (Zo) clearance papers
Verzollungswert *m*
(Zo) customs (*or* declared) value
– current domestic value
Verzug *m*
(Re) delayed performance
– delay in performance
(ie, term unknown in English law; the legal consequences of delayed performance depend on ‚whether time is of the essense of the contract or not')
(Fin) default *(eg, on loan agreement)*
Verzugsfolgen *fpl* (Re) legal consequences of default
Verzugsklausel *f*
(Fin) default clause
(ie, Gläubiger e–s Euromarktkredits hat die Möglichkeit, das Kreditverhältnis im Falle des Zahlungsverzugs des Schuldners zu kündigen; cf, reziproke Verzugsklausel)
Verzugsschaden *m* (Re) damage caused by delayed performance, § 286 BGB
Verzugsstrafe *f* (Re) penalty for delayed delivery
Verzugszinsen *mpl*
(Fin) (penalty) interest on arrears, § 288 BGB
– interest on defaulted payment
– (US) penal interest
verzweigen
(EDV) to branch
– to jump
(ie, to depart from normal sequence of instructions)
verzweigte Phasenfolge *f* (OR) branched-phase sequence
Verzweigung *f*
(EDV) branch
– jump
(EDV) branching
Verzweigungsadresse *f*
(EDV) branch address *(syn, Sprungadresse)*
Verzweigungsbefehl *m*
(EDV) branch instruction
– jump/skip/transfer/conditional . . . instruction
– unconditional branch
Verzweigungspunkt *m*
(Math) branch/winding . . . point
(ie, of Rieman surface)
(EDV) branch(ing) point
Verzweigungsschnitt *m* (Math) branch cut
Verzweigungsvorhersage *f*
(EDV) branch prediction *(ie, technology used by microprocessors to speed execution time of programs)*
vGA (Re) = verdeckte Gewinnausschüttung, qv
VGH (Re) = Verwaltungsgerichtshof
Videobandbreite *f* (EDV) video bandwidth
Videokomprimierung *f* (EDV) video compression
Videokonferenz *f* (EDV) video conference
Video-Recorder *m* (com) video tape recorder, VTR
Videoröhre *f* (EDV) video display tube
Viehzucht *f* (com) livestock husbandry
vieldeutige Abbildung *f* (Math) relation
vieldeutige Funktion *f* (Math) many-valued function
Vieleck *n* (Math) polygon
vielfach beschreibbar (EDV) erasable *(eg, optical disk)*
Vielfaches *n* (Math) multiple
Vielfachleitung *f*
(EDV) highway
– bus
vielflächiger Graph *m* (Math) polyhedral graph
Vielkanten-Netzplan *m* (OR) multi-branch network
Vielschutzdeckung *f* (Vers) multiple-protection insurance
vielseitig (com) versatile
vielseitig ausgebildet
(Pw) well-rounded *(ie, with a broad general education)*
Vielseitigkeit *f* (com) versatility
Vieradreßbefehl *m* (EDV) three-plus-one address instruction
Vieradreßcode *m* (EDV) four address code
Vier-Farb-Separation *f* (EDV) four-color separation
Vierfeldertafel *f* (Stat) two-by-two table
Vierschaltungseinheit *f*
(EDV) quad *(ie, four separately insulated conductors twisted together)*
Vier-Sektoren-Wirtschaft *f* (VGR) four-sector economy
vierstelliger Junktor *m* (Log) quaternary connective
Vierteljahresbericht *m* (ReW) quarterly statement
Vierteljahresbeträge *mpl* (com) quarterly contributions
Vierteljahresdividende *f* (Fin) quarterly dividend
Vierteljahresgeld *n* (Fin) three-month (money)
Vierteljahresprämie *f* (Vers) quarterly premium
vierteljährliche Kreditnehmer-Statistik *f* (Fin) quarterly summary reports on credits extended to resident borrowers as per the end of each calendar quarter
Vierzig-Stunden-Woche *f* (Pw) forty-hour week
Vinkulationsgeschäft *n* (com) lending on goods in rail transit
vinkulieren (Fin) to restrict transferability
vinkuliert (Fin) registered
vinkulierte Namensaktie *f*
(Fin) registered share not freely transferable

(ie, vor allem bei Versicherungsgesellschaften und bei Familien-AGs anzutreffen: transfer inter vivos contingent upon the consent of the corporation, § 68)
Vinkulierung *f* (Fin) restriction of transferability
Virement *n* (FiW) virement
virtuelle Adresse *f*
(EDV) virtual address *(syn, real address)*
virtuelle Dateizuordnungstabelle *f*
(EDV) virtual file allocation table, VFAT
(ie, enhanced version of FAT; used by Windows 95)
virtuelle Gemeinde *f* (EDV) virtual community
virtuelle Maschine *f*
(EDV) virtual machine
(ie, durch Programme realisiertes Duplikat e–r realen Maschine)
virtueller Adreßraum *m* (EDV) virtual address space
virtueller Bildschirm *m*
(EDV) virtual screen *(ie, area that exceeds the physical limits of a monitor and is emulated by scrolling; eg, a virtual screen of 800 × 600 pixels can be emulated on a 640 × 480 pixels screen)*
virtuelle Realität *f* (EDV) virtual reality
virtueller Gerätetreiber *m* (EDV) virtual device driver
virtueller Laden *m* (EDV) virtual storefront
virtueller Speicher *m* (EDV) virtual storage *(ie, Auslagern von Seiten auf externe Speichermedien)*
(EDV) virtual memory
virtuelles Bild *n* (EDV)virtual image
virtuelles Gerät *n* (EDV) virtual device
virtuelles Stammverzeichnis *n* (EDV) virtual root
virtuelles System *n*
(EDV) virtual system
(ie, Betriebssystem, das e–n virtuellen Speicher verwaltet)
virtuelle Verbindung *f* (EDV) virtual circuit
Virus *m*
(EDV) virus
(ie, a self-reproducing program that designed to damage hard- and/or software)
Virus *m*, **zweiteilig** (EDV) Virus *m*, zweiteilig
Virussignatur *f* (EDV) virus signature
Visitenkarte *f*
(com) visiting
– calling
– business . . . card
visueller Trend *m* (Stat) visual trend
Vitationskonflikt *m* (Bw) minus-minus conflict
Vogel-Strauß-Politik *f* (com) ostrich approach
Volatilität *f*
(Bö) volatility
(ie, measures the degree of fluctuation in the share price during the previous 12 months; it is calculated on a standard deviation of the price, which is divided by the mean price, and the result may be translated into a scale from 1 to 20; the higher the value, the higher the volatility of the stock)
volkommene Elastizität *f* (Vw) perfect elasticity
Volksbank *f* (Fin) people's bank
Volkseinkommen *n*
(VGR) national income
(ie, net national product at factor cost)
Volkseinkommensgleichung *f* (Vw) income and expenditure equation
Volkshochschule *f* (Pw, appr) adult evening classes
Volksrente *f*
(SozV) universal pension
– demogrant
(ie, as practiced in Sweden and dreamt of by socialists all over the world)
Volksvermögen *n* (VGR) national wealth
Volksvermögensrechnung *f* (FiW) national balance sheet
Volkswirtschaft *f*
(Vw) economy
– economy as a whole
(Vw) = Volkswirtschaftslehre
Volkswirtschaft *f* **im Gleichgewicht** (Vw) balanced economy
volkswirtschaftlich (Vw) economic
volkswirtschaftliche Erträge *mpl* (Vw) social returns
volkswirtschaftliche Gesamtanalyse *f* (VGR) macroeconomic analsysis
volkswirtschaftliche Gesamtausgaben *fpl* (VGR) national expenditure
volkswirtschaftliche Gesamtgrößen *fpl*
(Vw) aggregates
(ie, of economic activity)
– broad totals
– economy-wide totals
volkswirtschaftliche Gesamtnachfrage *f* (Vw) aggregate demand
volkswirtschaftliche Gesamtplanung *f*
(Vw) overall economic planning
– ‚planification'
volkswirtschaftliche Gesamtrechnung *f*
(VGR) national accounting (system)
– national accounts
– macroeconomic accounting
volkswirtschaftliche Indifferenzkurve *f* (Vw) community indifference curve
volkswirtschaftliche Indikatoren *mpl* (Vw) social indicators
volkswirtschaftliche Kosten *pl* (Vw) social (*or* external) costs
volkswirtschaftliche Liquiditätsquote *f* (Vw) liquidity ratio of the economy
volkswirtschaftliche Nutzen *mpl* (Vw) social benefits
volkswirtschaftliche Planung *f* (Vw) economic planning
volkswirtschaftliche Rahmenbedingungen *fpl*
(Vw) general economic setting
– regulatory framework
volkswirtschaftlicher Produktionsprozeß *m* (Vw) aggregate production process
volkswirtschaftliche Sparquote *f* (VGR) aggregate savings ratio
volkswirtschaftliches Rechnungswesen *n* (VGR) aggregate economic accounting
volkswirtschaftliche Theorie *f* (Vw) economic theory (*or* analysis)
volkswirtschaftliche Theorie *f* **der Firma** (Vw) theory of the firm
volkswirtschaftliche Verflechtungsmatrix *f* (Vw) input-output table

volkswirtschaftliche Vermögensbildung *f* (Vw) aggregate wealth formation
volkswirtschaftliche Wertschöpfung *f* (VGR) aggregate value added
Volkswirtschaftslehre *f*
(Vw) economics
(syn, Wirtschaftswissenschaft, Nationalökonomie, Sozialökonomie, Politische Ökonomie)
Volkswirtschaftspolitik *f* (Vw) = Wirtschaftspolitik
Volkswirtschaftstheorie *f* (Vw) economic analysis
Volkszählung *f* (Stat) population census
Vollabschreibung *f* (ReW) immediate writeoff
Vollabtretung *f* (Re) complete assignment
voll abzugsfähig (FiW) fully tax deductible
voll abzugsfähige Sonderausgaben *fpl* (StR) fully deductible special expenses
Volladdierer *m*
(EDV) full adder *(opp, half adder)*
Vollamortisation *f* (Fin) full amortization
Vollamortisations-Leasing *n*
(Mk) full pay-out lease
(ie, sum of the lease rentals and contractual proceeds from disposition of the asset at the end of the lease term amortizes the original acquisition cost of the lessor)
Vollamortisationsvertrag *m* (Mk) full payout leasing contract
Vollanrechnung *f* (StR) full tax imputation system
Vollanrechnungssystem *n* (StR) full credit system
voll arbeitsfähig (com) fully . . . functional/operational
Vollarbeitskräfte *fpl* (Pw) full-time employees
voll ausgebildet (Pw) fully trained
Vollauslastung *f* (Bw) full capacity operation (*or* use)
Vollauslastung *f* **des Produktionspotentials** (Bw) full capacity use of capital stock
Vollausschüttung *f* (Fin) full profit distribution
vollautomatisch (IndE) fully automatic
vollautomatische Fabrik *f* (IndE) fully automatic plant
vollautomatische Fertigung *f* (IndE) fully automatic assembly
vollautomatischer Betrieb *m* (IndE) fully automatic operation
vollautomatisches Lagersystem *n* (MaW) fully automated storage system
Vollautomatisierung *f* (IndE) full automation
Vollbeendigung *f* **e–r Gesellschaft** (Re) final acts of liquidation, § 157 I HGB
Vollbeschäftigung *f*
(Vw) full employment
(ie, full utilization of resources; usu limited to labor)
(Bw) full capacity . . . utilization/use/operation
– capacity . . . working/output/production
Vollbeschäftigungsbudget *n* (FiW) full employment budget
Vollbeschäftigungsdefizit *n* (Vw) full employment deficit
Vollbeschäftigungsgrad *m*
(Vw) full employment ratio
(ie, effective use of labor force to 100% full employment)

Vollbeschäftigungslücke *f* (Vw) gross national product gap
Vollbeschäftigungs-Output *m* (Vw) potential gross national product
Vollbeschäftigungspolitik *f* (Vw) full employment policy
Vollbeschäftigungsüberschuß *m* (FiW) full employment budget surplus
Vollbeschäftigungsüberschußbudget *n* (FiW) full employment surplus budget
Vollbeschäftigungswirtschaft *f* (Vw) full employment economy
Vollbeschäftigungsziel *n* (Vw) full employment goal
Vollbild *n*
(EDV, GUI) full screen
(ie, data display uses all of the available screen size)
Vollcharter *f* (com) complete charter
Voll-Containerladung *f* (com) full container load, F.C.L.
volle Bedingungen (com) full terms, ft.
volle Bildschirmunterstützung *f* (EDV) full screen mode (*or* editing)
volle Deliktsfähigkeit *f* (Re) unlimited capacity to commit unlawful acts
volle Haftung *f*
(Bw) unlimited
– full
– personal . . . liability *(syn, unbeschränkte Haftung)*
Volleindeckung *f* (Fin) unqualified cover
voll eingezahlte Aktien *fpl* (Fin) fully paid-up shares
voll eingezahltes Kapital *n* (ReW) fully paid-up capital
voll eingezahlte Versicherung *f* (Vers) paid-up insurance (*or* policy)
volle Konvertierbarkeit *f* (AuW) full (*or* unrestricted) convertibility
Vollerhebung *f*
(Stat) full census *(ie, complete-population survey; opp, Teilerhebung)*
voller Lohnausgleich *m* (Pw) no loss of pay *(eg, when working time is cut)*
voller Satz *m* (com) full set *(eg, of bills of lading)*
voller Schluß *m* (Bö) full (*or* even) lot
volles Eigentum *n* (Re) unrestricted ownership
Vollfamilie *f*
(Stat) full family *(opp, Kernfamilie)*
Vollfinanzierung *f* (Fin) 100% outside financing
Vollgeschäftsjahr *n*
(com) full business year *(opp, Rumpfgeschäftsjahr)*
Vollgeviert *n* (EDV) em space
Vollgeviertstrich *m* (EDV) em dash
voll gezeichnete Anleihe *f* (Fin) fully subscribed loan
Vollhafter *m*
(com) general partner *(syn, Komplementär; opp, Teilhafter, Kommanditist)*
völlig neu (com) brand-new
Vollindossament *n*
(WeR) full indorsement
– indorsement in full *(opp, Blankoindossament)*

Volljährigkeit *f*
(Re) full (*or* legal) age
– majority
(ie, generally 18 years of age)
Volljährigkeitserklärung *f* (Re, US) decree of full emancipation
volljährig werden
(Re) to come of age
– to attain majority (*or* full age)
Volljurist *m*
(Re) fully trained lawyer
(opp, German facetious term: Schmalspurjurist)
Vollkasko *n* **mit Selbstbeteiligung** (Vers) deductible clause collision insurance
Vollkaskoversicherung *f*
(Vers) fully comprehensive cover *(opp, Teilkaskoversicherung)*
– full coverage insurance
– deductible clause collision insurance
Vollkaufmann *m*
(Re) full (*or* fully qualified) merchant
(ie, registered in the Commercial Register and subject to all provisions of the HGB)
vollkaufmännische Prorogation *f*
(Re) fully commercial prorogation
(ie, in der internationalen Gerichtsstandsvereinbarung)
vollkommene homogene Konkurrenz *f* (Vw) pure competition
vollkommene Information *f*
(Vw) complete information
(ie, of relevant events in past, present and future; opp, unvollkommene Information)
vollkommene Konkurrenz *f* (Vw) = vollständige Konkurrenz
vollkommen elastisch (Vw) perfectly elastic
vollkommener Markt *m* (Vw) perfect market
vollkommen unelastisch (Vw) perfectly inelastic
Vollkonsolidierung *f* (Bw) full consolidation, § 329 AktG
Vollkonvertibilität *f* (AuW) unrestricted convertibility
Vollkonzession *f*
(Re) full license
(ie, issued by the banking supervisory authority)
Vollkosten *pl*
(KoR) full cost
(entscheidend ist der Verrechnungsumfang; opp, Teilkosten)
Vollkostenbasis *f* (KoR) absorbed/full . . .cost
Vollkostenkalkulation *f*
(KoR) full cost pricing
– markup pricing *(ie, average variable cost + markup)*
Vollkostenprinzip *n*
(KoR) full cost principle
– markup principle
Vollkostenrechnung *f*
(KoR) absorption/full . . . *(ie, alle angefallenen Kosten werden auf die Kostenträger verrechnet; no distinction between fixed and variable costs is made in the accounts; opp, Teilkostenrechnung = direct costing, qv; man beachte: Ist-, Normal- und Plankostenrechnung können jeweils als Voll- od Teilkostenrechnung ausgestaltet werden)*

Vollkostenübernahme *f*
(Vers) comprehensive coverage
– (infml) „first-dollar" coverage
– provision of comprehensive benefits
Vollmacht *f* (Re) power of attorney *(ie, authority to act for and on/in behalf of)*
Vollmacht *f* **ausstellen** (Re) to execute a power of attorney (to)
Vollmachtsaktionär *m* (com) proxy shareholder, § 129 AktG
Vollmachtsformular *n* (com) form of proxy
Vollmachtsindossament *n*
(WeR) collection indorsement *(syn, Prokuraindossament)*
Vollmachtsinhaber *m* (Re) holder of a power of attorney
Vollmachtsstimmrecht *n* (com) proxy voting right
Vollmachtsurkunde *f*
(Re) power of attorney
– letter of . . . attorney/authorization
Vollmachtswiderruf *m*
(Re) rescission
– revocation
– withdrawal . . . of a power of attorney
Vollmacht *f* **überschreiten** (Re) to exceed (*or* overstep) one's authority
Vollmitglied *n* (com) full/regular . . . member
voll nutzen (com) to exploit to the fullest practicable extent
Volloperation *f* (EDV) complete operation
Vollprüfung *f*
(IndE) 100% (*or* screening) inspection
(ReW) general
– complete
– detail . . . audit
Vollsortiment *n* (Mk) full range of products
vollständig ausgezahlter Kredit *m* (Fin) fully paid-out loan
vollständig austauschen
(com) to replace completely
– (infml) to replace lock, stock and barrel
vollständige Abgabenbefreiung *f* (Zo) total exemption
vollständige Aussetzung *f* **der Zollsätze** (Zo) total suspension of customs duties
vollständige Disjunktion *f*
(Log) exclusive disjunction
– alternation
(ie, kontradiktorischer Gegensatz der klassischen Logik)
vollständige ganzzahlige Matrix *f* (OR) all-integer matrix
vollständige Induktion *f*
(Math) weak (*or* complete) induction
(ie, das 5. Peanosche Axiom heißt auch das Prinzip der vollständigen Induktion: folgt aus der Richtigkeit für e–e natürliche Zahl k stets die Richtigkeit für den Nachfolger k', dann ist die Aussage für alle natürlichen Zahlen richtig; opp, unvollständige Induktion = incomplete induction)
vollständige Invalidität *f* (SozV) complete disablement
vollständige Konkurrenz *f*
(Vw) perfect (*or* pure) competition
(syn, vollkommene Konkurrenz)

vollständige Operation *f* (EDV) complete operation
vollständiger Pfad *m* (EDV) full path
vollständiger Pfadname *m* (EDV) full pathname
vollständiger Satz *m* (com) = voller Satz
vollständiger Wettbewerb *m* (Vw) = vollständige Konkurrenz
vollständiges Integral *n*
(Math) complete integral
(ie, solution of a first-order partial differential equation is a complete integral if it depends on two independent parameters)
vollständiges Monopol *n* (Vw) absolute monopoly
vollständiges Programm *n* (EDV) complete routine
vollständiges System *n*
(EDV) turnkey system
(ie, complete as purchased, and ready to run when the boxes are opened)
vollständige Unelastizität *f*
(Vw) complete (*or* perfect) inelasticity *(ie, of supply and demand)*
vollständig ganzzahliger Algorithmus *m* (OR) all-integer algorithm
vollständig gezeichnete Anleihe *f* (Fin) fully subscribed loan
Vollständigkeit (com) completeness
Vollständigkeitsprüfung *f* (EDV) completeness check
vollständig zerlegt (IndE) completely knocked down, CKD
vollstreckbar (Re) enforceable by execution
vollstreckbare Ausfertigung *f* (Re) enforceable proof of indebtedness, § 724 ZPO
vollstreckbare Entscheidung *f*
(Re) decision capable of execution
– enforceable decision
vollstreckbare Forderung *f*
(Re) enforceable claim
– judgment debt
vollstreckbarer Titel *m* (Re) = Vollstreckungstitel
vollstreckbare Urkunde *f*
(Re) enforceable instrument
(ie, allowing creditor to have execution levied upon debtor, § 794 I 5 ZPO)
Vollstreckbarkeit *f* (Re) enforceability by execution
vollstrecken (Re) to enforce
vollstreckende Zuständigkeit *f*
(Re) executory jurisdiction
– (US) enforcement of judgment *(ie, power of a state to enforce its laws and judgments; opp, materielle Zuständigkeit = legislative jurisdiction)*
Vollstreckung *f*
(Re) judicial enforcement
– execution
Vollstreckung *f* **aussetzen** (Re) to stay execution of decision
Vollstreckungsabwehrklage *f* (Re) = Vollstreckungsgegenklage
Vollstreckungsbefehl *m* (Re) (obsolete) = Vollstrekkungsbescheid
Vollstreckungsbehörde *f*
(Re) law enforcement authority *(syn, Vollzugsbehörde)*

Vollstreckungsbescheid *m*
(Re) judicial order for execution *(ie, für vollstreckbar erklärter Mahnbescheid)*
Vollstreckungsgegenklage *f*
(Re) action opposing judicial enforcement, § 767 ZPO *(syn, Vollstreckungsabwehrklage)*
Vollstreckungsgericht *n* (Re) court in charge of enforcement procedures, § 764 ZPO
Vollstreckungsgläubiger *m*
(Re) execution creditor
– judgment creditor *(eg, has obtained a court judgment in respect of a debt)*
Vollstreckungsmaßnahme *f* (StR) forcible tax collection
Vollstreckungsschuldner *m*
(StR) execution debtor, § 253 AO
– judgment debtor
Vollstreckungsschutz *m* (Re) protection against unfair judicial execution, § 765 a ZPO
Vollstreckungstitel *m*
(Re) enforceable legal document *(ie, judgement, attachment order, arbitration award, temporary injunction, etc.; syn, Schuldtitel)*
Vollstreckungsvereitelung *f* (Re) frustration of a writ of execution, § 288 StGB
Vollstreckungsverfahren *n* (Re) execution proceedings
Volltextsuche *f* (EDV) full-text search
voll überwälzen
(com) to pass *(ie, rising costs)* on fully *(eg, in higher product prices)*
Vollversammlung *f*
(com) general assembly (*or* meeting)
(Re) plenary session
Vollversicherung *f* (Vers) = Vollwertversicherung
voll verwässerter Gewinn *m* **je Aktie** (Fin) fully diluted earnings per share
vollwertige Münze *f* (Vw) full-bodied coin
Vollwertversicherung *f*
(Vers) insurance at full value
– full value insurance
– insurance to value
(ie, die meisten Sachversicherungssparten, wie Feuer, Hausrat)
Vollzeitbeschäftigung *f* (Pw) full-time employment (*or* job)
Vollzeitkraft *f* (Pw) full-time employee
vollziehen
(Re) to enforce
– to execute
vollziehende Behörde *f* (Re) executive public agency
vollziehende Funktion *f* (Bw) operating function
Vollziehung *f* **aussetzen** (Re) to suspend enforcement
Vollzugsbehörde *f*
(Re) law enforcement authority
(syn, Vollstreckungsbehörde)
Vollzugsbudget *n* (Bw) operative budget
Vollzugsorgan *n* (Re) law enforcement agency
Volumen *n*
(Bw) volume
(Fin) total lendings
(Bö) turnover
– volume

Volumenbudget *n*
(Mk) volume budget *(syn, Absatzbudget)*
Volumenverluste *mpl* (com) losses in business volume
Vomhundertsatz *m* (com) percentage rate
vom Parteiwillen unabhängige Umstände *mpl* (Re) events beyond the reasonable control of the parties
von Amts wegen (Re) ex officio
von Anfang an nichtig (Re) void from the beginning (*or* ab initio)
von der Tagesordnung absetzen (com) to remove from the agenda
von Fall zu Fall (com) on a case-by-case basis
von Haus zu Haus (com) from warehouse to warehouse
von Lehre und Rechtsprechung entwickelt (Re) developed in and out of court
von links multiplizieren (Math) to premultiply
von Null verschiedener Wert *m* (Math) nonzero value
von rechts multiplizieren (Math) to postmultiply
von Rechts wegen (Re) as of right
von Todes wegen
(Re) mortis causa
(ie, by reason of death; eg, donation mortis causa: a gift under apprehension of death; opp, inter vivos: unter Lebenden)
Vorabausschüttung *f* (StR) advanced distribution (of profit)
Vorabbericht *m* (com) flash report
Vorabdruck *m* (com) advance publication
Vorabentscheidung *f* (Re) advance determination
Vorakten *fpl* (Re) previous files
Voranfrage *f* (com) preliminary inquiry
Voranmelder *m* (Pat) prior applicant
Voranmeldung *f*
(com) advance notice
(StR) monthly prepayment notice (*or* report), § 18 I UStG
(Pat) previous application
Voranmeldungszeitraum *m* (StR) current prepayment period, § 13 UStG
Voranschlag *m*
(com) cost estimate *(syn, Kostenvoranschlag)*
(Fin) preliminary budget *(ie, part of financial planning)*
Voranzeige *f* (com) advance notice
Vorarbeiten *fpl*
(com) preliminary work
– leads
Vorarbeiter *m*
(Pw) assistant/petty . . . foreman
– subforeman
– (infml) gang/straw . . . boss
(ie, Verbindungsmann zwischen Arbeiter und Meister; erhält Funktionszulage)
Vorausabtretung *f*
(Re) assignment in advance
(ie, ist e–e stille Sicherungszession)
(Re) anticipatory assignment
Vorausanzeige *f* (Re) advance notice *(eg, to the Ministry of Finance)*
Vorausbestellung *f* (com) advance order
vorausbezahlen (com) to pay in advance
vorausbezahlt (com) prepaid
vorausdisponieren
(com) to make arrangements in advance
(com) to buy ahead
Vorausdispositionen *fpl* (com) advance arrangements
vorauseilende Fehlerkorrektur *f* (EDV) forward error correction
vorauseilender Indikator *m*
(Vw) leader
– leading indicator *(syn, vorlaufender Konjunkturindikator; Frühindikator)*
Vorausentwicklung *f* (Bw) advance development
Vorausfestsetzung *f* (Zo) advance fixing
Vorausfestsetzungsbescheinigung *f* (Zo) advance fixing certificate
vorausgehende Anmeldung *f* (Pat) prior application
vorausgeschätzte Gesamtprojektkosten *pl* (OR) projection of costs to product completion
vorausgeschätzte Kosten *pl* (KoR) formula cost
Vorausinformation *f*
(com) upstream information
– advance feedback
– information obtained in advance
Vorausleistung *f* (com) advance performance
Vorausplazierung *f*
(Fin) advance selling *(ie, of a securities issue)*
Vorausprämie *f* (Vers) premium paid in advance
Vorausrechnung *f* (com) advance . . . invoice/bill
Voraussagespanne *f* (Stat) prediction interval
Voraussetzung *f*
(com) assumption
(com) condition *(eg, condition for signing; condition of continued support)*
– prerequisite *(ie, for/of)*
voraussetzungslos (Log) free of preconceptions
voraussichtliche Ausfälle *mpl* (ReW) contingent losses *(eg, on receivables)*
voraussichtliche Entwicklung *f*
(ReW) anticipated development *(ie, of a company)*
voraussichtlicher Bedarf *m* (com) anticipated requirements
Vorausveranlagung *f* (StR) advance assessment
Vorauswahl *f*
(Pw) preliminary screening *(ie, of job applicants)*
(Bw) screening *(ie, of certain action alternatives)*
Vorauswertung *f* (com) initial evaluation
Vorauszahlung *f*
(com) advance payment
– payment in advance
– prepayment
– (infml) upfront payment
(ie, against future delivery)
(Fin) cash before delivery, c.b.d.
Vorauszahlungen *fpl* (StR) tax prepayments
Vorauszahlungsbescheid *m*
(StR) notice of current prepayment of tax
– notice of tax prepayment *(ie, issued by local finance office, § 37 III EStG)*
Vorauszahlungsfinanzierung *f* (Fin) financing by customer advances

Vorauszahlungsgeschäft *n* (com) sale against cash in advance
Vorauszahlungskredit *m* (Fin) = Kundenanzahlung
Vorauszahlungsrabatt *m* (com) anticipation rebate
Vorbehalt *m*
(Re) limiting condition
– reservation
– proviso *(ie, with the proviso that . . .)*
Vorbehalt *m* **der Plazierbarkeit**
(Fin) best efforts clause
(ie, gilt für den von den Führungsbanken bei Roll-over-Krediten nicht fest übernommenen Kreditbetrag)
vorbehaltlich
(com) subject to
– with the proviso that . . .
– provided that
vorbehaltlose Abtretung *f* (Vers) absolute assignment
Vorbehaltskauf *m* (com) conditional sale
Vorbehaltskäufer *m* (com) conditional purchaser
Vorbehaltsklausel *f*
(StR) saving clause
(ie, Staatsangehörige und Gebietsansässige werden so besteuert, als sei ein Abkommen nicht in Kraft getreten = citizens and residents are taxed as if a convention had not come into effect)
Vorbehaltslieferant *m* (com) conditional supplier
Vorbehaltsurteil *n* (Re) final judgment issued subject to a proviso, § 219 BGB
Vorbehaltsverkäufer *m* (com) conditional seller
Vorbehaltsware *f* (com) conditional commodity
vorbeikommen
(com) to call by *(ie, in passing)*
Vorbemerkungen *fpl* (Log) preliminary notes
Vorbenutzungsrecht *n* (Pat) right of prior use, § 7 PatG
vorbereitende Arbeiten *fpl*
(IndE) make-ready work *(ie, prior to start of production)*
Vorbereitungshandlung *f* (StR) preparatory action
Vorbereitungsphase *f* (com) lead-up
Vorbereitungs- und Prüfzeit *f* (IndE) check time
Vorbescheid *m*
(StR) preliminary decree, § 90 III FGO
(Pat) preliminary ruling
Vorbesitzer *m* (Re) prior holder
Vorbesprechung *f*
(com) preliminary discussion
– preparatory conference
Vorbestellung *f* (com) advance booking
vorbestimmte Zeiten *fpl*
(IndE) predetermined times *(ie, in MTA, MTM, BMT)*
vorbeugende Instandhaltung *f* (IndE) preventive maintenance
vorbeugende Prüfung *f* (IndE) preventive inspection
vorbeugende Unterlassungsklage *f* (Pat) prohibitory suit, § 47 I PatG
Vorbildung *f* (Pw) educational background
Vorbörse *f*
(Bö) before-hour dealings
– market before official hours
vorbörslich (Bö) before opening of stock exchange
vorbörslicher Kurs *m* (Bö) pre-market price
Vorbuch *n*
(ReW) daybook
– (GB) waste book
(ie, in which the transactions of the day are entered in the order of their occurrence; syn, Kladde, Strazze)
vordatieren
(com) to postdate
– to date forward
(ie, to write a date following today's date; opp, nachdatieren = to antedate)
vordatierter Scheck *m*
(Fin) postdated (*or* forward-dated) check
(ie, cannot be cashed before the date appearing on its face)
Vorderansicht *f* (com) front view
Vorderflanke *f* (EDV) leading edge
Vordergrundfarbe *f*
(EDV) foreground color
(opp, background color)
Vordergrundprogramm *n* (EDV) foreground program
Vordersatz *m*
(Log) premise
– premiss
(Log) antecedent
– condition
vorderste Front *f*
(com, infml) leading edge
(eg, of technological development)
Vordividende *f* (Fin) interim (*or* initial) dividend
Vordruck *m* (com) form
Vordrucksatz *m* (com) multipart form
Vorentwicklung *f* (Bw) advance development
Vorentwurf *m* (com) preliminary draft
Vorerbe *m* (Re) first heir, §§ 2105 ff BGB
Vorerfinder *m* (Pat) prior inventor
Vorerhebung *f* (Stat) exploratory survey
Vorfakturierung *f* (com) prebilling
vor Fälligkeit
(Fin) ahead of schedule
(eg, repayment of loan)
– prior to . . . maturity/due date
Vorfälligkeitsgebühr *f*
(Fin) prepayment/termination . . . fee
(ie, bei Roll-over-Krediten am Euromarkt)
Vorfälligkeitsklausel *f*
(Fin) acceleration clause
(ie, calls for earlier payment of the entire balance due because of breach of some specified condition)
Vorfertigung *f* (IndE) parts manufacture
vorfinanzieren (Fin) to provide advance (*or* preliminary) financing
Vorfinanzierung *f*
(Fin) advance/preliminary . . . financing
(ie, by short-term funds, esp in the construction industry)
Vorfinanzierungskredit *m* (Fin) preliminary loan
Vorfinanzierungszusage *f*
(Fin) promise to grant preliminary credit
– assurance of interim credit
vorformatieren (EDV) to preformat

Vorfracht *f*
(com) original freight *(ie, up to a point of trans(s)hipment)*
vorführen
(Zo) to produce *(ie, goods to the customs: bei der Zollstelle)*
Vorführung *f* (com) demonstration
Vorgabe *f*
(Bw) performance target
– standard
(Mk) checklist *(syn, Standardvorgabe)*
Vorgabeermittlung *f* (KoR) determination of standards
Vorgabekalkulation *f* (IndE) determination of standard time
Vorgabekosten *pl*
(KoR) budgeted
– target
– attainable standard
– current standard
– ideal standard . . . cost *(syn, Soll- od Budgetkosten)*
Vorgaben *fpl* (com) specifications
Vorgabestunde *f* (IndE) standard hour
Vorgabewert *m* (EDV) default value
Vorgabezeit *f*
(IndE) standard
– standard operation
– all-in
– allowed
– incentive . . . time
Vorgabezeitkalkulation *f* (IndE) = Vorgabekalkulation
Vorgang *m*
(Bw) operation
(com) job file *(ie, in office organization)*
– job
(OR) activity *(DIN 69 900)*
Vorgänger *m*
(Re) predecessor
(Re) predecessor company
Vorgang *m* **mit Puffer** (OR) floater
Vorgangsakte *f* (com) case file
Vorgangsdatum *n* (com) action date
Vorgangselement *n* (IndE) job element
Vorgangspuffer *m* (OR) float
vorgegebene Hauptzeit *f* (IndE) standard running time
vorgegebene Variable *f*
(Stat) predictive
– predicated
– determining . . . variable
– regressor
Vorgehen *n* (com) operating procedure
vorgehen (Re) to rank prior to
vorgelagert (com) upstream
vorgelagerte Absatzstufe *f* (Mk) upstream stage of distribution
vorgelagerte Industriezweige *mpl* (Bw) upstream industries
vorgelagerte Preise *mpl* (com) prices charged at earlier stages
vorgeordnet
(Bw) up the line
– upstream
vorgeordnete Buchhaltung *f* (ReW) central accounting unit
vor Gericht bringen
(Re) to bring to trial
– to bring up
vorgeschobene Person *f* (com) interposed person
vorgesehener Beförderungsweg *m* (Zo) intended route
Vorgesellschaft *f*
(Bw) public limited company [AG] existing prior to registration, § 41 AktG
(ie, besteht in der Phase zwischen Gründung und Eintragung; Rechtsgebilde eigener Art: teilrechtsfähige Organisationsform sui generis; passiv parteifähig, grundbuchfähig und auch konkursfähig, qv; syn, Gründungsgesellschaft)
Vorgesetztenbeurteilung *f* (Pw) appraisal by subordinates
Vorgesetztenschulung *f* (Pw) supervisory training
Vorgesetzter *m* (Pw) superior
Vorgespräche *npl* **führen** (com) to hold preliminary (*or* exploratory) talks (with)
vorgezogener Ruhestand *m* (SozV) premature retirement
Vorgründungsgesellschaft *f*
(com) pre-formation company
(ie, entsteht mit notariell beurkundetem Vorvertrag der Gründer, e–e AG zu gründen; cf aber Vorgesellschaft, Gründungsgesellschaft)
Vorgründungsgewinn *m* (Fin) profit prior to company formation
Vorgründungsvertrag *m* (Re) pre-formation agreement
vorherbestimmte Variable *f* (Stat) predetermined variable
vorhergehendes Glied *n*
(Math) next preceding term
(eg, of a progression)
vorherige Anmeldung *f*
(Kart) advanced notice
(eg, of a proposed transaction to the Bundeskartellamt = Federal Cartel Office)
vorherige Mitteilung *f* (com) advance notification
vorherige schriftliche Zustimmung *f* (Re) prior written approval
vorherige Zustimmung *f* (Re) previous consent
Vorhersage *f*
(Bw) forecast
– prediction
Vorhersagefehler *m* (Stat) forecast error
Vorhersage-Validität *f* (Mk) predictive validity
Vorindossant *m* (WeR) previous indorser
Vorinstanz *f* (Re) lower court
Vorjahr *n* (com) previous year
Vorjahresergebnis *n*
(ReW) prior year result
– year-earlier result
Vorjahresgewinn *m* (ReW) prior year earnings (*or* income)
Vorjahresniveau *n* (com) prior-year level
Vorjahresvergleich *m* (com) year-on-year *(eg, mit e–m Wachstum von 3% im Vorjahresvergleich = with a year-on-year growth of 3%; sonst: prior year, previous year, a year earlier)*
Vorjahresvolumen *n* (Mk) prior-year volume

Vorkalkulation *f*
(KoR) preliminary costing
(KoR) cost estimating department
Vorkalkulationskarten *fpl* (KoR) estimated cost cards
Vorkalkulator *m*
(KoR) cost estimator
– costing clerk
vorkalkulierte Kosten *pl* (KoR) estimated cost
Vorkasse *f* (com) cash in advance
Vorkaufsrecht *n*
(Re) right of preemption
– preemptive right
– right of first refusal
(ie, see §§ 504 ff and §§ 1094 ff BGB)
Vorkommenshäufigkeit *f* (com) frequency of occurrence
Vorkommenswahrscheinlichkeit *f* (OR) probability of occurrence
Vorkompilierer *m* (EDV) preprocessor
Vorkonto *n* (ReW) preliminary account
Vorkosten *pl* (com) preliminary expense
Vorkostenstelle *f*
(KoR) indirect (*or* service) cost center
(syn, Hilfskostenstelle)
Vorlage *f*
(com) submission
– presentation
(WeR) presentation
– production
(Fin) advance
(EDV) artwork
(ie, für fotografische Verkleinerung von Schaltungen; syn, Druckvorlage, Ätzvorlage)
Vorlage *f* **des Jahresabschlusses** (ReW) presentation of year-end financial statement
Vorlagefrist *f* (com) time limit for submission (*or* presentation)
Vorlagen *fpl*
(Zo) manufacturing documents
(ie, plans, drawings, designs, patterns, manuscripts, etc.)
Vorlage *f* **von Dokumenten** (com) tender of documents
Vorlagezinsen *mpl*
(Fin) interest on outpayment of unmatured savings account
(syn, Vorschußzinsen, Zwischenzinsen)
Vorlage *f* **zum Inkasso** (Fin) presentation for collection
Vorlasten *fpl* (Re) prior charges
Vorlauf *m*
(com) pre-carriage
– on-carriage
(ie, in container traffic: to port of dispatch)
(EDV) leader
vorlaufender Konjunkturindikator *m*
(Vw) leader
– leading indicator *(eg, new orders, money supply, stock prices; syn, vorauseilender Indikator; Frühindikator, qv)*
vorläufige Berechnung *f* (com) provisional estimate
vorläufige Bescheinigung *f* (com) interim (*or* provisional) certificate
vorläufige Beschreibung *f* (Pat) provisional specification
vorläufige Bilanz *f* (ReW) trial balance sheet
vorläufige Deckungszusage *f*
(Vers) provisional cover
– cover note
– binder
– slip
vorläufige Ergebnisse *npl* (com) provisional figures
vorläufige Haushaltsführung *f* (FiW) interim management of the budget *(eg, nach Artikel 111 GG)*
vorläufige Patentschrift *f* (Pat) provisional patent specification
vorläufige Prämie *f* (Vers) provisional rate (*or* premium)
vorläufiger Abschluß *m* (ReW) preliminary financial statement
vorläufiger Bescheid *m* (Re) provisional ruling
vorläufiger Versicherungsschein *m* (Vers) insurance note
vorläufiges Aktienzertifikat *n*
(Fin) temporary stock certificate
– (GB) scrip
(ie, a scrip in US usage is a formal certificate representing a fraction of a share)
vorläufiges Budget *n* (Bw) tentative (*or* trial) budget
vorläufige Schätzung *f* (com) provisional estimate
vorläufiges Schutzrecht *n* (Pat) right of provisional protection
vorläufige Steuerfestsetzung *f* (StR) preliminary tax assessment, § 165 AO
vorläufige Tagesordnung *f* (com) provisional agenda
vorläufige Vereinbarung *f* (Re) interim (*or* provisional) agreement
vorläufige Versicherungspolice *f*
(Vers) binding receipt
– slip
– binder
vorläufige Vorauszahlung *f* (com) temporary prepayment
vorläufige Vorgabezeit *f* (IndE) temporary standard
vorläufige Zielfestsetzung *f* (Bw) preliminary setting of objectives
Vorlaufinformation *f* (com) header information
Vorlaufkosten *pl*
(KoR) preproduction cost *(ie, related to individual orders)*
Vorlaufprogramm *n* (EDV) preparatory program
Vorlaufzeit *f* **der Fertigung** (IndE) manufacturing lead time
vorlegen
(com) to submit *(eg, application, plan)*
– to put *(eg, plan to shareholders)*
(Re) to produce *(eg, written power of attorney)*
(WeR) to present *(ie, for acceptance or payment)*
(Fin) to advance *(eg, a certain amount of money)*
vorlegende Bank *f* (Fin) presenting bank
Vorlegung *f* **e–s Schecks** (WeR) presentation of a check
Vorlegung *f* **e–s Wechsels** (WeR) presentation of a bill

Vorlegungsfrist *f* (WeR) time for (*or* of) presentment
Vorlegungsort *m* (Fin) place of presentation
Vorlegungsverbot *n* (Fin) instruction not to present
Vorlegungsvermerk *m* (WeR) notice of dishonor
Vorlegung *f* **zum Akzept** (WeR) presentation for acceptance
Vorlegung *f* **zur Zahlung** (Fin) presentation for payment
Vorleistung *f* (Vw) intermediate input
Vorleistungen *fpl*
(VGR) purchased materials and services
(ie, current purchases of materials and services from other enterprises)
Vorleistungen *fpl* **erbringen** (com) to make advance deliveries or payments
Vorleistungskoeffizient *m* (Vw) input coefficient
Vorlieferant *m*
(com) (upstream) supplier
– in-supplier
(ie, im Investitionsgütermarketing und im Beschaffungsmarketing gebräuchlich)
vorliegender Fall *m* (Re) case at issue (*or* under consideration)
Vorlizenz *f* (Pat) preliminary license
Vormann *m*
(Re) predecessor in interest, § 65 AktG
(WeR) prior indorser
Vormaterial *n*
(IndE) feedstock
– start material
Vormerkbuchhaltung *f* (ReW) provisional accounting
vormerken
(com) to note
– to put down
– to put somebody's name down
(Pw, infml) to pencil in
(eg, for a job, task, advancement)
Vormerkkonto *n* (Fin) provisional registration account
Vormerkung *f* (Re) provisional entry in the real estate register, §§ 883–888 BGB
Vormieter *m* (Re) previous tenant
Vormund *m*
(Re) guardian
– (US) committée of the person
– (US) committée for incompetent
(ie, individual or trust institution)
Vormundschaft *f* (Re) guardianship, §§ 1773 ff BGB
Vormundschaftsgericht *n*
(Re) guardianship court
(ie, has the legal power to control the person and/or estate of a minor)
vornumeriert (com) prenumbered
vor Ort (com) on site
Vorpatent *n* (Pat) prior patent
Vorperiode *f*
(ReW) previous period
(Vw) prior period *(ie, t-1)*
Vorprämie *f*
(Bö) call
– call option
– premium for the call
Vorprämie *f* **kaufen** (Bö) to give for the call
Vorprämiengeschäft *n* (Bö) trading in calls
Vorprämienkäufer *m* (Bö) giver for the call
Vorprämienkurs *m* (Bö) call price
Vorprämien *f* **verkaufen** (Bö) to take for the call
Vorprodukte *npl*
(com) primary products
(IndE) feedstock
– intermediate products *(ie, used for further processing)*
Vorprojektierung *f* (com) preliminary study
Vorprüfer *m* (Pat) primary examiner
Vorprüfung *f*
(com) feasibility study
(ReW) preaudit
(StR) preliminary tax audit
Vorrangebene *f* (Bw) priority level
vorrangige Belastung *f* (Re) prior charge
vorrangige Hypothek *f* (Re) prior (*or* senior) mortgage
vorrangige Interessen *npl* (com) overriding interests
vorrangiges Pfandrecht *n* (Re) prior lien
vorrangiges Ziel *n* (Bw) prime (*or* priority) goal
vorrangige Verarbeitung *f*
(EDV) background processing
(ie, high priority processing which takes precedence over foreground processing)
Vorrangmatrix *f* (OR) precedence matrix
Vorrangregel *f* (OR) preference rule
Vorrangstellung *f*
(com) preeminence
(eg, as a financial center)
Vorrangsteuerung *f* (EDV) priority control
Vorräte *mpl*
(com) inventory
– stock of inventory
– inventory stocks
– goods on hand
– (GB) stock-in-trade
(ReW, EG) stocks
Vorräte *mpl* **abbauen**
(MaW) to cut
– to run down
– to reduce
– to liquidate . . . inventories
– to destock
Vorräte *mpl* **aufstocken** (com) to build up inventory
Vorrätekonto *n* (ReW) inventory account
Vorräte-Versicherung *f* (Vers) inventory insurance
vorrätig
(com) in stock
– ready for sale
– (infml) on tap
vorrätig halten
(com) to keep in stock
(com, infml) to keep in
– to have in
Vorratsabbau *m*
(MaW) destocking
– inventory reduction
– reduction in stocks
Vorratsaktien *fpl*
(Fin) company's own shares

(ie, held in treasury, § 71 AktG; syn, Verwertungsaktien)
Vorratsaufstockung *f* (MaW) inventory buildup
Vorratsbewertung *f* (ReW) inventory valuation (*or* pricing)
Vorratsbewertungs-Rückstellung *f* (ReW) stock adjustment reserve
Vorratsgrundstücke *npl*
(Bw) nonplant land
(ie, held for speculative purposes or for future plant extensions)
vorratsintensiv (Bw) inventory-intensive
Vorratsinvestition *f* (VGR) inventory investment
Vorratskäufe *mpl* **auf lange Sicht** (com) long-term stocking up
Vorratskredit *m* (Fin) inventory financing loan
Vorratsplan *m* (MaW) inventory budget
Vorratsproduktion *f*
(IndE) make-to-stock production
– production for inventory
Vorratsstelle *f* (Vw) storage agency
Vorratsstellenwechsel *m* (Fin) storage agency bill
Vorratsveränderung *f* (MaW) change in inventories (*or* stocks)
Vorratsvermögen *npl*
(ReW) inventories
– stock on hand
– (GB) stock-in-trade
Vorratswirtschaft *f* (MaW) inventory management
Vorrechner *m*
(EDV) host computer
– front-end computer
(ie, upon which depends a specialized computer that handles the input/output function in real-time systems)
(EDV) satellite computer
Vorrechtsaktien *fpl* (Fin) = Vorzugsaktien
Vorrechtsgläubiger *m* (Re) preferred creditor
Vorrichtungspatent *n* (Pat) device patent
Vorruhestand *m*
(Pw) early
– premature retirement
Vorruhestandsgeld *n* (Pw) early retirement pension
Vorruhestandsprogramm *n* (Pw, US) early-out program
Vorruhestandsregelung *f* (Pw) early retirement scheme
Vorsaison *f* (com) early season
Vorsatz *m*
(Re) intent
– intention
(ie, willful or intentional default made by the debtor with the consciousness of the consequences of his conduct)
(EDV) header record
– *(sometimes)* leader
(ie, contains common, constant, or identifying information for records that follow)
vorsätzliche Steuerumgehung *f* (StR) deliberate tax avoidance
vorsätzliche unerlaubte Handlung *f* (Re) intentional tort
Vorsatz und grobe Fahrlässigkeit *f* (Re) intention and gross negligence

Vorschaltdarlehen *n* (Fin) bridge-over loan
Vorschaltgesellschaft *f* (Bw) holding company
Vorschaubilanz *f* (ReW) projected balance sheet
Vorschauergebnisrechnung *f* (ReW) projected earnings statement
Vorschaurechnung *f*
(Bw) forecasting
(ReW) budgetary accounting
vorschießen
(com) to advance *(eg, money)*
Vorschlag *m*
(com) proposal
– suggestion
Vorschlag *m* **annehmen** (com) to accept a proposal
Vorschlag *m* **ausarbeiten**
(com) to draft
– to prepare
– to work out . . . a proposal
vorschlagen
(com) to propose
– to suggest
Vorschlag *m* **machen**
(com) to bring forward
– to put forward
– to put up . . . a proposal (*or* suggestion)
Vorschlagsentwurf *m* (com) draft proposal
Vorschlagswesen *n*
(Pw) suggestion system *(ie, company program providing employees the chance to present ideas, methods, or plans for the improvement of the company's products or services)*
Vorschlag *m* **unterbreiten** (com) to submit (*or* put) a proposal (to)
Vorschlag *m* **verwerfen** (com) to reject a proposal
Vorschrift *f*
(Re) provision
– regulation
– rule
Vorschriften *fpl* **des Einkommensteuerrechts** (StR) rules of income-tax law
Vorschriften *fpl* **entsprechen** (Re) to conform to (statutory) regulations
Vorschriften *fpl* **über die Bildung von Rücklagen** (ReW) reserve requirements
Vorschriften *fpl* **über die Kennzeichnung des Ursprungslandes** (Zo) marks of origin prescriptions
Vorschriften *fpl* **verletzen**
(Re) to violate (legal) rules
– to breach rules
Vorschrift *f* **e–s Vertrages**
(Re) provision of a contract
– contractual provision
Vorschrift *f* **verletzen** (Re) to disobey a rule
Vorschub *m* (EDV) feed
Vorschubbefehl *m* (EDV) feed instruction
Vorschuß *m*
(com) advance
(Fin) advance disbursement
(Pw) wage advance
Vorschußakkreditiv *n* (Fin) = Versandbereitstellungskredit
vorschüssige Rente *f*
(Fin) annuity due
(opp, nachschüssige Rente = ordinary annuity)

Vorschußkredit *n* (Fin) = Versandbereitstellungskredit, qv

Vorschuß *m* **leisten** (com) to make advance payment

Vorschuß *m* **verrechnen** (com) to apply advances

Vorschußwechsel *m*
(Fin) collateral bill *(syn, Depotwechsel)*

Vorschußzinsen *mpl* (Fin) = Vorlagezinsen

vorsehen für
(Pw) to mark out for
(eg, special training, quick promotion)

Vorserie *f* (IndE) pilot production

Vorsicht *f* (com) prudence

vorsichtige Dispositionen *fpl* (com) guarded market activities

vorsichtige Investitionspolitik *f* (Bw) defensive investment policy *(ie, low-risk policy)*

vorsichtiger Kostenansatz *m* (ReW) conservative cost estimate

vorsichtig eröffnen (Bö) to open cautiously

vorsichtiger Optimismus *m* (Bö) guarded optimism

vorsichtige Schätzung *f* (com) conservative estimate

Vorsichtskasse *f* (Vw) precautionary balances (*or* holdings)

Vorsichtsprinzip *n*
(ReW) principle of caution (*or* conservatism)
– prudence concept
(ie, es dürfen nur solche Vermögensgegenstände aktiviert werden, die sich konkretisiert, im Rechtsverkehr e–n feststehenden Inhalt haben und im Handelsverkehr e–n bestimmten Wert haben; der Betrieb sollte sich nie reicher, sondern ärmer rechnen als er ist; cf, § 252 I Nr. 4 HGB)

Vorsitz *m*
(com) chair
– chairmanship
– presidency

Vorsitzender *m*
(com) chairman
(ie, Americans now generally prefer ‚chairperson' if the term is understood to include both male and female)

Vorsitzender *m* **des Aufsichtsrats** (Bw) chairman (*or* head) of supervisory board

vorsitzender Richter *m* (StR) presiding judge, § 10 I FGO

Vorsitzer *m* (Bw) chief executive

Vorsitz *m* **führen**
(com) to chair *(eg, a meeting)*
– to be in the chair
– to act as chairman
– to preside over *(eg, a meeting)*

Vorsorgeaufwendungen *fpl*
(StR) expenses of a provident nature
(ie, insurance premiums and payments to business and loan associations, § 10 I Nos. 2, 3 EStG; deductible as blanket allowances)

Vorsorgepauschale *f*
(com) provisional lump sum *(ie, in construction contracts)*
(StR) blanket allowance for expenses incurred to safeguard the future of employee taxpayers, § 10 c III EStG

Vorsorgepauschbetrag *m* (StR) blanket allowance for expenses incurred to safeguard the future of taxpayers other than employees, § 10 c II EStG

Vorsorgereserven *fpl*
(ReW) prudential reserves
(ie, offengelegte versteuerte Pauschalwertberichtigungen = disclosed taxed general value adjustments)

Vorsorgeuntersuchung *f* (SozV) precautionary checkup

Vorsorgeversicherung *f* (Vers) insurance including future risks

Vorsorghereserven *fpl* (ReW) prudential reserves

vorsorgliche Kündigung *f* (Re) provisional notice of cancellation

vorsortieren (EDV) to presort

Vorspann *m*
(com) opening paragraph
(com) leader
(EDV) hanging label
(ie, in Unix; eg, indented paragraph with a . . .)

Vorspannband *n* (EDV) tape leader

Vorspanntext *m* (EDV) banner text

Vorspiegelung *f* **falscher Tatsachen**
(Re) misrepresentation
– false pretenses
(eg, to obtain goods by . . .)

Vorstand *m*
(Bw) managing board, §§ 76–94 AktG
– board of management
– auch: executive board
(ie, in charge of day-to-day operations of a company; US equivalent: top management executive committee)

Vorstand *m* **Produktion**
(Bw) production director
– (US) vice president production

Vorstandsaktien *fpl* (Fin) management shares

Vorstandsbericht *m* (Bw) management report

Vorstandsbeschluß *m* (Bw) resolution of managing board

Vorstandsbezüge *pl* (Pw) managing board members' remuneration

Vorstandsdezernent *m* (Bw) member of the managing board in charge of a specified operating area

Vorstandsetage *f* (com) executive floor

Vorstandsfunktion *f* (Bw) top-executive function

Vorstandsmitglied *n* (Bw) member of managing board

Vorstandssprecher *m*
(Bw) spokesman of managing board
– management board spokesman
– company spokesman

Vorstandsvorsitzender *m*
(Bw) chairman of managing/management board
(ie, chief operating officer)
– (US) chief executive officer, ceo, CEO
– (US) company president
– (GB) managing director

Vorstand *m* **Technik**
(Bw) technical director
– (US) vice president engineering

Vorstellungsgespräch *n* (Pw) selection interview

Vorstellungskosten *pl* (Pw) applicant's interview expenses

Vorsteuer *f*
(StR, VAT) prior (turnover) tax, § 15 I UStG
– input tax
Vorsteuerabzug *m*
(StR, VAT) input tax *(or prior-tax)* deduction
– deduction of input tax
Vorsteuergewinn *m* (ReW) prior-tax earnings
Vorsteuerverfahren *n*
(StR) prior-turnover-tax method
(ie, used in determining the actual amount of VAT to be paid)
Vorstrafe *f* (Re) previous conviction
Vorstudie *f*
(com) pilot
– preliminary
– feasibility . . . study
Vorstufenmaterial *n*
(EDV) design documentation
(syn, Entwicklungsdokumentation)
Vortagesnotierung *f* (Bö) previous quotation
Vorteil *m* (com) advantage, benefit
Vorteile *mpl* **der Massenfertigung** (Vw) economies of mass production
vorteilhafte Investition *f* (Fin) profitable investment
Vorteilhaftigkeit *f*
(Fin) profitability *(ie, of investment projects)*
Vorteilsausgleichung *f*
(Re) setoff of damage against benefits
(ie, compensatio lucri cum damno: ein schädigendes Ereignis bringt außer Nachteilen auch Vorteile mit sich; vermindert sich dadurch der Schadenersatzanspruch des Geschädigten?; Fallgruppen: 1. ersparte Aufwendungen; 2. Leistungen Dritter an den Geschädigten; 3. eigene Leistungen des Geschädigten; 4. V. im öffentlichen Recht)
Vorteilskriterium *n*
(Fin) yardstick of profitability
(ie, used in preinvestment analysis)
Vorteilsprinzip *n* (FiW) benefit (*or* benefits-received) principle
Vorteilsvergleich *m*
(Fin) comparison of profitabilities
(ie, made in preinvestment analysis)
Vortest *m* (Mk) pretest
Vortrag *m*
(com) paper
(ie, read a paper)
– talk
(ie, give a talk)
(ReW) (amount) carried forward
(ReW) (amount) brought forward
Vortrag *m* **auf neue Rechnung**
(ReW) balance carried forward (to new account)
– brought forward to new account
Vortrag *m* **aus letzter Rechnung** (ReW) balance brought forward
vortragen
(ReW) to carry . . . forward/over
– to bring forward
(ie, auf die nächste Seite = to the top of the next page)
Vortragskonto *n* (ReW) account brought forward
Vortragsreise *f*
(com) lecture tour
– tour to carry out speaking engagements
(eg, he is off on a . . .)
Vortransportsystem *n*
(com) downstream transport system
(eg, zu den Seehäfen)
vorübergehend Arbeitsloser *m* (Pw) transient unemployed
vorübergehende Ausfuhr *f* (Zo) temporary exportation
vorübergehende Ausfuhr *f* **zur passiven Veredelung** (Zo) temporary exportation for outward processing
vorübergehende Einfuhr *f*
(AuW) temporary importation
(Zo) temporary admission
vorübergehende Einfuhr *f* **zur aktiven Veredelung**
(Zo) temporary admission for inward processing
vorübergehende Einlagerung *f* (Zo) temporary warehousing
vorübergehende Erweiterung *f* **der Bandbreiten**
(AuW) temporary widening of the margins of fluctuation
vorübergehende Kapitalanlage *f* (Fin) temporary investment
vorübergehender Fehler *m* (EDV) transient error
vorübergehende Schließung *f*
(com) suspension
– temporary closing
vorübergehende Verwahrung *f* (Zo) temporary storage
vorübergehende Verwendung *f* (com) temporary use
vorübergehende Verwendung *f* **bei teilweiser Abgabenerhebung** (EG) temporary importation with partial payment of duty
Vorumsätze *mpl* (StR) prior turnovers (including imports)
Vorumsatzverfahren *n*
(StR) prior-turnover method
(ie, gross turnovers less prior turnovers = net turnovers on which applicable VAT rate is payable)
Vor- und Nachsaison *f* (com) off-season
Vor- und Nachteile *mpl* (com) assets and drawbacks
(eg, of a market-oriented economy)
Vor- und Nachteile *mpl* **abwägen** (com) to add up the benefits and disadvantages *(eg, of a contemplated merger)*
Vorvaluten *pl* (Fin) forward values
Vorverfahren *n* (Re) preliminary proceedings
Vorverhandlungen *fpl* (com) preliminary negotiations
Vorverkauf *m* (com) advance sale
vorverkaufte Schuldverschreibungen *fpl* (Fin) bonds sold prior to issue
Vorverlegung *f* **der Fälligkeit** (Fin) acceleration of maturity
Vorveröffentlichung *f*
(Pat) prior publication
– prior public printed description
vorverrechnete Auftragskosten *pl* (KoR) job order costs billed in advance
Vorversicherung *f* (Vers) previous insurance
Vorvertrag *m*
(com) letter of understanding
(Re) tentative

– preliminary
– provisional . . . agreement
vorvertragliche Rücklagen *fpl* (StR) reserves set up prior to effective date of agreement
vor Vertragsablauf (Re) prior to the time the contract is due to expire
Vorwahl *f*
(com, US) area code
(com, GB) dialing code
(ie, 3-digit number identifying service area)
Vorwälzung *f*
(FiW) forward shifting
(opp, Rückwälzung = backshifting)
vorwärtsdatieren (Math) to compound
Vorwärtsintegration *f*
(Bw) forward integration *(opp, Rückwärtsintegration)*
vorwärtskommen
(Pw) to get ahead
(eg, on the corporate ladder)
Vorwärtsregelung *f*
(IndE) feed forward control
(ie, in process automation)
Vorwärtsstrategie *f* (Mk) forward strategy
Vorwärtsterminierung *f* (com) forward scheduling
Vorwärtsverkettung *f*
(Bw) forward chaining
(syn, datengesteuerte Inferenz; opp, Rückwärtsverkettung)
vorwärtswälzen
(FiW) to pass/shift . . . forward *(ie, taxes)*
vorweggenommene Erfindung *f* (Pat) anticipated invention
vorweggenommener Gewinnanteil *m* (Vers) anticipated bonus
Vorwegkauf *m* (com) advanced purchase
Vorwegnahme *f* (Pat) anticipation
Vorwegnahme *f* **künftiger Wertschwankungen** (com) anticipated future value fluctuations
vorwiegende Schadensursache *f*
(Re) proximate
– decisive
– preponderant . . . cause of injury
Vorwort *n* (com) preface
Vorzeichen *n*
(Math) algebraic sign
(EDV, Cobol) operational sign
Vorzeichenbit *n* (EDV) sign bit
Vorzeichenregel *f* (Math) sign rule
Vorzeichenstelle *f* (EDV) sign position
Vorzeichentest *m* (Stat) sign test
Vorzeichenziffer *f* (EDV) sign digit
vorzeitige Abwicklung *f* (com) advance termination
vorzeitige Arbeitsunfähigkeit *f* (Pw) premature disablement (*or* incapacity)
vorzeitige Ausfuhr *f* (Zo) prior exportation
vorzeitige Beendigung *f*
(com) premature termination *(eg, of contract or agreement)*
(EDV) abnormal termination *(syn, Systemabsturz, Programmabsturz)*
vorzeitige betriebliche Abschreibung *f* (StR) accelerated company tax depreciation
vorzeitige Fälligkeit *f* (Fin) accelerated maturity
vorzeitige Kündigung *f* (Re) premature termination
vorzeitige Pensionierung *f* (Pw) early/premature . . . retirement
vorzeitiger Rückkauf *m* (Fin) repurchase prior to maturity
vorzeitige Rückzahlung *f* (Fin) advance . . . redemption/repayment
vorzeitiges Kündigungsrecht *n* (Fin) right to call a loan prior to maturity
vorzeitiges Veralten *n* (Bw) obsolescence
vorzeitige Tilgung *f* (Fin) = vorzeitige Rückzahlung
vorzeitige Zahlung *f* (Fin) payment before due date
vorzeitig rückrufbarer Schuldtitel *m* (Fin) retractable maturity bond
vorzeitig tilgbar (Fin) repayable in advance
vorzeitig zurückzahlen (Fin) to repay ahead of schedule
Vorzimmer *n*
(com) anteroom
– antechamber
Vorzüge *pl* (Fin) = Vorzugsaktien
Vorzugsaktien *fpl*
(Fin) preferred stock
– (GB) preference shares
(ie, auf dem dt Kapitalmarkt selten; syn, Stammprioritäten, Vorrechtsaktien, Prioritätsaktien)
Vorzugsaktien *fpl* **ohne Stimmrecht**
(Fin, US) non-voting preferred stock
– (GB) non-voting preference shares *(cf, 139 ff AktG)*
Vorzugsaktionär *m*
(Fin) preferred stockholder
– (GB) preference shareholder
Vorzugsangebot *n* (com) preference offer
Vorzugsbedingungen *fpl* (com) preferential conditions
Vorzugsbehandlung *f* (com) preferential arrangements
Vorzugsdividende *f*
(Fin) dividend on preferred stock
– preferred dividend
Vorzugsdividendendeckung *f* (Fin) times preferred dividend earned
Vorzugsgläubiger *m* (Re) preferred creditor
Vorzugskauf *m* (Mk) accommodation purchase
Vorzugskonditionen *fpl* (com) preferential/ concessionary . . . terms
Vorzugskurs *m*
(Bö) preferential price *(ie, below market quotation)*
Vorzugslieferant *m* (MaW) prime vendor
Vorzugsobligationen *fpl* (Fin) priority bonds
Vorzugspreis *m* (com) special price
Vorzugsrabatt *m* (com) preferential discount
Vorzugsrechte *npl* (Re) rights of priority
Vorzugssätze *mpl* (Fin) preferential rates
Vorzugsstammaktien *fpl*
(Fin) preferred ordinary shares
– (US) privileged common stock
Vorzugszeichnungsrecht *n* (Fin) preferential right of subscription
Vorzugszins *m* (Fin) preferential interest rate

Vorzugszoll *m*
(Zo) preferential duty (*or* tariff)
(syn, Präferenzzoll)

Vostrokonto *n*
(Fin) vostro account *(opp, Nostrokonto)*

Vredeling-Richtlinie *f*
(EG) Vredeling directive *(ie, EG-Richtlinienentwurf für international tätige Unternehmen zur Sicherung einer speziellen „Unterrichtung und Anhörung der Arbeitnehmer" = Worker Information and Consultation)*

V-Steuern *fpl* (StR) assessed taxes

VStG (StR) = Vermögensteuergesetz

VStR (Re) = Vermögensteuerrichtlinien

VVaG (Vers) = Versicherungsverein auf Gegenseitigkeit

W

wachsende Wirtschaft *f* (Vw) growing economy
Wachstum *n* (Bw) growth
Wachstumsaktien *fpl* (Fin) growth stocks
Wachstumsanleihe *f* (Fin) premium-carrying loan
Wachstumsansatz *m*
(FiW) aggregate investment approach
(cf, Diskussion der Lastenverschiebungshypothese im Zusammenhang mit der Aufnahme öffentlicher Kredite)
Wachstumsbranche *f* (com) growth/expanding . . . industry
Wachstumsfonds *m*
(Fin) growth
– cumulative
– no-dividend . . . fund
(syn, Thesaurierungsfonds; opp, Einkommensfonds)
Wachstumsgleichgewicht *n*
(Vw) steady growth
– golden age
balanced growth
(ie, zentraler Begriff der Wachstumstheorie; syn, Expansionsgleichgewicht)
Wachstumsgrenzen *fpl* (Vw) limits to growth
Wachstumsindustrie *f* (Bw) growth industry
Wachstumskurve *f* (Stat) growth curve
Wachstumsmarkt *m* (Mk) growth market
Wachstumsmodell *n* (Vw) growth model
Wachstumsmotor *m*
(Bw) engine of growth
(eg, transform a lackluster company into an . . .)
(Vw) engine of economic growth
Wachstumspfad *m*
(Vw) growth path
– pathway growth
Wachstumsphase *f*
(Mk) growth stage *(ie, of product life cycle)*
Wachstumspolitik *f* (Vw) growth policy
Wachstumsprojektion *f* (Vw) growth projection
Wachstumsprozeß *m* (Vw) growth process
Wachstumsrate *f* (Vw) rate of growth (*or* expansion)
Wachstumsschranken *fpl* (Vw) barriers to economic growth
Wachstumsschub *m* (com) surge in growth
wachstumsschwacher Wirtschaftszweig *m* (Bw) flat-growth industry
Wachstumsspielraum *m* (Vw) growth potential
Wachstumsstoß *m* (Vw) burst of growth
Wachstumsstufen *fpl*
(com) stages of expansion *(ie, refers to growth rate of business correspondence)*
Wachstumstheorie *f* (Vw) theory of economic growth
Wachstumstitel *mpl* (Fin) growth stocks
Wachstumstrend *m* (Vw) trend rate of growth
Wachstums- und Beschäftigungsförderungsgesetz *n* (Re) Growth and Employment Promotion Act
Wachstumswerte *mpl* (Fin) growth stocks
Wachstumsziel *n* (Vw) (numberized) growth target
Wafer *m*
(EDV) wafer *(syn, Halbleiterscheibe)*
Waffenexporte *mpl* (com) arms exports
Waffengleichheit *f* **der Tarifpartner** (Pw) balance of firepower of the bargaining partners
Wagenachskilometer *mpl*
(com) car axle kilometers *(ie, product of freight train axles and kilometers covered)*
Wagenladung *f*
(com) carload
– (GB) waggon-load
(ie, minimum weight 5,000 kgs; opp, Stückgut)
Wagen *m* **mieten** (com) to rent (*or* hire) a car
Wagenpark *m*
(com) car pool
– automobile fleet
– vehicles . . . fleet/park/pool
Wagenrücklauf *m* (EDV) carriage return, CR
Wagenrücklauftaste *f* (EDV) carriage return key
(usu key has symbol ↵)
Wagenstandgeld *n* (com) track storage charge
Wagenteilladung *f* (com) less-than-car-load, LCL
Waggon *m*
(com) freight car
– (GB) waggon *(US spelling: wagon)*
Waggonladung *f*
(com) carload lot *(opp, Stückgut)*
Wagnis *n*
(Bw) (business) risk
– hazard
Wagnisfinanzierungsgesellschaft *f* (Fin) venture capital company
Wagniskapital *n*
(Fin) venture capital
(ie, Grundformen sind:
1. seed financing;
2. start-up financing;
3. first-stage/second-stage/third-stage . . . financing;
4. bridge financing;
5. buyouts)
Wagnisse *npl* **wegen Schwankungen der Fremdwährungskurse** (Fin) risks due to fluctuation in currency exchange rates
Wagnisverluste *mpl* (ReW) encountered risks
Wagnisverzehr *m* (Bw) catastrophic losses of plant and inventory
Wagniszuschlag *m* (Vers) risk premium
Wahl *f*
(com) choice
– selection
– option
(com) election *(eg, by secret ballot = geheime Wahl)*
Wählbarkeit *f* (com) electability
Wahlbeteiligung *f* (com) voter turnout
Wahlbetrug *m* (com) electoral fraud

Wahl *f* **des Arbeitsplatzes** (Pw) job choice
wählen
(com) to choose *(ie, between, from)*
– to select *(ie, from, for)*
– opt *(eg, opt to receive, opt for, in favor of)*
(com) to elect
(eg, to elect to a committee; to elect sb (as) chairman)
Wahlfach *n*
(Pw) elective
– (GB) optional subject
wahlfreie Restrukturierung *f* (EDV) modify structure
wahlfreier Zugriff *m* (EDV) random (*or* direct) access
wahlfreie Verarbeitung *f* (EDV) random processing
Wahlhandlung *f* (Vw) choice
Wahlhandlungstheorie *f* (Vw) theory of choice
Wählleitung *f*
(EDV) dial (*or* switched) line *(opp, Standleitung = leased line)*
Wahlmann *m* (com) elector
Wählnetz *n* (EDV) switched network
Wahlparadoxon *n* (Vw) paradox of choice
Wahlpflichtfach *n* (Pw) required elective
Wahlrecht *n*
(Re) right of election
(ie, right to choose one of several promised acts, §§ 262, 263 BGB)
Wahlschuld *f*
(Re) alternative obligation
(ie, an obligation that allows obligor to choose which of two or more things he will do; § 262 BGB)
wahre mittlere Qualität *f*
(IndE) true process average *(ie, in der Fertigung)*
wahre mittlere Qualitätslage *f* **der Fertigung** (IndE) true process average
während der Gültigkeit des Angebots (com) during the continuance of the offer
während der Laufzeit (Re) during the term (*or* continuance *or* currency) *(eg, of contract or agreement)*
während der Vertragsdauer (Re) at all times during the term of this contract
wahrer Wert *m* (IndE) true value *(cf, DIN 55)*
wahrgenommenes Risiko *n* (Vw) perceived risk
Wahrheit *f* **in der Werbung** *f* (Mk) truth in advertising
Wahrheitsfunktion *f* (Log) truth function
Wahrheitsmatrix *f* (Log) truth table
Wahrheitsmenge *f* (Log) truth set
Wahrheitswert *m* (Log) truth value
Wahrheitswertetafel *f*
(Log) truth table
(EDV) Boolean operation table
Wahrheitswertfunktor *m* (Log) truth-functional connective (*or* operator)
Wahrnehmung *f* **von Aufgaben** (com) discharge of duties (*or* responsibilities)
Wahrnehmung *f* **von Interessen** (Re) safeguarding of interests
Wahrnehmung *f* **von Rechten** (Re) protection of rights

wahrscheinlich (com) probable
wahrscheinliche Abweichung *f* (Stat) = wahrscheinlicher Fehler
wahrscheinliche Lebensdauer *f* (Vers) life expectancy
wahrscheinliche Restnutzungsdauer *f* (ReW) probable life
wahrscheinlicher Fehler *m*
(Stat) probable error *(ie, 0.67449 σ)*
wahrscheinlicher Höchstschaden *m*
(Vers) probable maximum loss *(ie, under normal conditions)*
wahrscheinlicher Nutzungsgrad *m* (OR) interval availability (of machines)
wahrscheinliche Vorräte *mpl* (Vw) potential reserves *(eg, of mineral resources)*
Wahrscheinlichkeit *f* **des Rückgangs der Aktienkurse** (Bö) downside risk
Wahrscheinlichkeit *f* **e–s Ereignisses** (Stat) probability of an event
Wahrscheinlichkeitsaussage *f* (Stat) probability statement
Wahrscheinlichkeitsdichte *f*
(Stat) probability density
(syn, Dichte, Dichtefunktion)
Wahrscheinlichkeitsdichte *f* **der Ausfallzeit** (OR) rate of failure
Wahrscheinlichkeitsdichtefunktion *f* (Stat) probability density function
Wahrscheinlichkeitsdichte *f* **in e–m Punkt** (Stat) point density
Wahrscheinlichkeitsfunktion *f* (Stat) probability function
Wahrscheinlichkeitsgrad *m* (Stat) degree of probability
Wahrscheinlichkeitsgrenze *f* (Stat) probability limit
Wahrscheinlichkeitsintegral *n* (Math) probability integral
Wahrscheinlichkeitslimes *m* (Stat) probability limit
Wahrscheinlichkeitslogik *f* (Log) probability logic
Wahrscheinlichkeitsnetz *n* (Stat) probability grid
Wahrscheinlichkeitspapier *n* (Math) probability paper
Wahrscheinlichkeitsrechnung *f* (Stat) calculus of probability
Wahrscheinlichkeitssätze *mpl*
(Stat) probability theorems
(ie, some of them being axioms and definitions of modern probability theory)
Wahrscheinlichkeitsschluß *m* (Stat) probable inference
Wahrscheinlichkeitsstichprobe *f* (Stat) probability sample
Wahrscheinlichkeitstheorie *f* (Stat) theory of probability
Wahrscheinlichkeitsverteilung *f* (Stat) probability distribution
wahrscheinlichste Dauer *f*
(OR) most likely time
– most probable duration
Währung *f* (Vw) currency
Währung *f* **aufwerten** (AuW) to appreciate (*or* upvalue) a currency

Wahrung *f* **gesamtwirtschaftlicher Belange** (Vw) safeguarding interests of the national economy
Währungsabkommen *n* (AuW) currency (*or* monetary) agreement
Währungsabwertung *f*
(AuW) currency depreciation
– currency devaluation
– exchange depreciation
Währungsakzept *n* (Fin) foreign currency acceptance
Währungsanleihe *f* (Fin) foreign currency (*or* external) loan
Währungsaufwertung *f* (AuW) currency revaluation (*or* upvaluation)
Währungsausgleich *m*
(EG) Monetary Compensatory Amounts *(ie, in farm trade; syn, Grenzausgleich, qv)*
Währungsausschuß *m* (EG) Monetary Committee
Währungsbandbreiten *fpl* (AuW) currency bands
Währungsbehörden *fpl* (Vw) monetary authorities
Währungsbeistand *m* (AuW) monetary support
Währungsbestände *mpl*
(AuW) currency (*or* monetary) reserves
– holdings of currency
Währungsbezeichnung *f* (Fin) currency denomination *(cf, ISO Code)*
Währungsblock *m* (Fin) currency (*or* monetary) bloc
Währungsdeckung *f* (AuW) currency cover
Währungsdumping *n*
(AuW) exchange-rate dumping *(ie, through lower rate of foreign currency)*
Währungseinheit *f*
(Vw) unit of currency
– currency unit
Währungseinlagen *fpl* (Fin) foreign currency deposits
Währungsexperte *m* (Vw) expert on foreign exchange markets
Währungsfonds *m* (IWF) = International Monetary Fund
Währungsgebiet *n*
(AuW) currency area
(ie, countries whose reserve holdings are denominated primarily in the currency of another or whose currencies are more or less formally linked to another)
Währungsgeschäft *n* (Fin) currency transaction
Währungsgewinn *m*
(Fin) foreign exchange earnings
– exchange gain
Währungsgleichsfonds *m*
(AuW) equalization fund
– (GB) Exchange Equalization Account
Währungsguthaben *npl*
(Fin) foreign exchange balances *(syn, Fremdwährungsguthaben)*
Währungshüter *m*
(Vw, infml) guardian of the currency *(ie, the central bank)*
Währungsklauseln *fpl*
(Fin) currency clauses *(syn, Valutaklauseln)*
Währungskonto *n*
(Fin) foreign exchange account *(syn, Fremdwährungskonto, Devisenkonto)*
Währungskonvertibilität *f* (Vw) currency convertibility
Währungskorb *m*
(Fin) currency basket
– (infml) currency cocktail
(ie, methods of determining the value of a financial asset or currency as a weighted average of market exchange rates; a basket can contain two or more currency components; cf, Korbwährung)
– B-unit
(ie, großvolumige Handelseinheit)
Währungskorb *m* **des EWS** (AuW) ECU basket
Währungskredit *m*
(Fin) foreign currency loan
(syn, Devisenkredit, Valutakredit)
Währungskrise *f* (AuW) monetary (*or* currency) crisis
Währungskurs *m* (Fin) exchange rate
Währungskursstabilität *f* (Vw) exchange stability
Währungsmechanismus *m* (Vw) monetary mechanism
Währungsoption *f*
(Fin) currency option
(syn, Devisenoption)
Währungsordnung *f* (Vw) = Währungssystem
Währungsparität *f* (AuW) monetary (*or* currency) parity
Währungspolitik *f* (Vw, AuW) monetary policy
währungspolitisch (Vw) in terms of monetary policy
währungspolitische Befugnisse *fpl* (Vw) monetary policy powers
währungspolitisches Instrumentarium *n* (Vw) instruments of monetary policy
währungspolitische Zusammenarbeit *f* (AuW) monetary cooperation
Währungsreform *f* (Vw) currency reform
Währungsrelationen *fpl* (AuW) currency relations
Währungsreserven *fpl*
(AuW) currency/monetary . . . reserves
– foreign exchange . . . reserves/holdings
– reserve balances
– reserve (asset) holdings
(ie, gold, foreign exchange holdings, special drawing rights, and IWF reserve positions)
Währungsrisiko *n*
(Fin) currency exposure (*or* risk)
– foreign exchange risk
Währungsscheck *m* (Fin) foreign currency check
Währungsschlange *f* (AuW) currency snake
Währungsspekulant *m* (Fin) currency speculator
Währungsstabilität *f* (Vw) monetary stability
Währungsstabilitätszone *f* (EG) zone of monetary stability
Währungsswap *m*
(Fin) currency swap *(cf, Swap)*
Währungssystem *n*
(Vw) monetary system
– currency regime
Währung *f* **stützen**
(AuW) to support
– to prop up
– to underpin . . . a currency
Währungsumrechnung *f* (Fin) (foreign) currency translation

Währungsumrechnungsfaktor *m* (Fin) currency conversion rate
Währungsumstellung *f* (Vw) = Währungsreform
Währungsunion *f* (Fin) monetary/currency . . . union
Währungsverbund *m* (AuW) currency bloc
Währungsverfall *m* (Vw) currency erosion (*or* decline)
Währungsverlust *m* (AuW) loss on exchange
Währungsverluste *mpl* (Fin) currency losses
Währungszuschlag *m*
(com) exchange markup
(ie, added to base rates in ocean shipping)
Wahrung *f* **von Gläubigerinteressen** (ReW) protection of creditors' claims
Waisenbeihilfe *f*
(SozV) orphan's one-off allowance *(ie, in statutory accident insurance)*
Waisengeld *n*
(SozV) orphan's pension *(ie, paid under pension schemes for public employees and for farmers)*
Waisenrente *f*
(SozV) orphan's pension *(ie, paid under statutory pension and accident insurance schemes)*
Wald-Prinzip *n* (Bw) = Mini-Max-Prinzip
Wandelanleihe *f*
(Fin) convertible bond
– convertible
– (GB) convertible loan stock
(ie, verbrieft das Recht, die Schuldverschreibung in e–e Aktie der emittierenden Unternehmen umzutauschen; fixed-interest security that is convertible into the borrower's common stock; cf, § 221 I AktG)
Wandelgeschäft *n*
(Bö) callable forward transaction
(ie, formulas: „per ultimo täglich" or „per ultimo auf Kündigung")
wandeln
(Re) to cancel
– to rescind
– to set aside . . . a sale
Wandelobligation *f* (Fin) = Wandelanleihe, qv
Wandeloption *f* (Fin) conversion option
Wandelprämie *f* (Fin) conversion premium
Wandelrecht *n*
(Fin) conversion privilege
– right of conversion
Wandelschuldverschreibung *f* (Fin) = Wandelanleihe, qv
Wandelschuldverschreibung *f* **mit Aktienbezugsrecht** (Fin) detachable stock warrant
Wandelvorzugsaktien *fpl* (Fin) convertible preferred stock
Wanderarbeitnehmer *m* (Pw) migrant worker
Wandergewerbe *n* (com) ambulatory (*or* itinerant) trade
Wandergewerbeschein *m* (com) now = Reisegewerbekarte
Wandergewerbesteuer *f* (StR) = Reisegewerbesteuer
Wanderung *f* (Stat) migration
Wanderungssaldo *m* (Stat) migration balance
Wandlung *f*
(Re) cancellation of sale
(ie, right to rescind contract of sale, § 462 BGB)
(Re) cancellation of contract for work, § 634 BGB
Wandlungsaufgeld *n* (Fin) conversion premium
Wandlungsbedingungen *fpl* (Fin) conversion terms
Wandlungspreis *m* (Fin) conversion price
Wandlungsrecht *n*
(Fin) conversion privilege
– right of conversion
Wandlungsverhältnis *n* (Fin) conversion ratio
Ware *f* **abnehmen** (com) to take delivery of goods
Ware *f* **absenden**
(com) to send off
– to dispatch
– to ship . . . goods
– to dispatch an order
Ware *f* **liefern** (com) to deliver goods
Waren *fpl*
(com) goods
– commodities
– merchandise
(com) articles
– products
(ReW, EG) goods for resale
Warenakkreditiv *n* (Fin) documentary letter of credit
warenanalytischer Ansatz *m* (Mk) commodity approach of distribution
Warenanmeldung *f* (Zo) declaration of goods
Warenannahme *f*
(MaW) receipt of goods
(MaW) goods receiving department
Warenarbitrage *f* (Bö) commodity arbitrage
Warenausfuhr *f* (AuW) exportation of goods
Warenausfuhren *fpl* (AuW) merchandise exports
Warenausgang *m* (ReW) sale of withdrawal of goods
Warenausgangsbuch *n* (StR) merchandise sales book, § 144 AO
Warenausgangskontrolle *f* (Stat) outgoing-lot control
Warenausgangslager *n*
(MaW) outgoing merchandise inventory
– finished goods warehouse
Warenausstattung *f* (Mk) presentation of goods
Warenaustauschverhältnis *n* (Vw) commodity terms of trade
Warenautomat *m*
(com) vending machine
– (GB) slot machine
Warenbeförderung *f* **durch Rohrleitungen** (com) carriage of goods by pipeline
Warenbeförderung *f* **im Luftverkehr** (com) carriage of goods by air
Warenbeförderung *f* **unter Zollverschluß** (Zo) carriage of goods under customs seal
Warenbegleitschein *m*
(com) document accompanying goods
(AuW) accompanying document
(ie, may be used instead of ‚Ausfuhrgenehmigung', § 21 AWV)
(Zo) bond note
– customs warrant
– transshipment note
(syn, Zollbegleitschein)

Warenbeleihung *f*
(Fin) lending on goods *(syn, Warenlombard)*
Warenbeschaffungskosten *pl* (ReW) merchandise procurement cost
Waren *fpl* **beschauen** (Zo) to examine (*or* inspect) the goods
Warenbescheinigung *f* (EG) movement certificate
Warenbeschreibung *f* (com) description (*or* identification) of goods
Warenbestand *m*
(MaW) stock on hand
– stock in trade
Warenbestandskonto *n* (ReW) = Wareneinkaufskonto
Warenbevorschussung *f* (Fin) advance on commodities
Warenbewegungen *fpl* (Zo) movement of goods
Warenbezeichnung *f*
(com) description (*or* identification) of goods
(Mk) trade name
Warenbezug *m* (ReW) acquisition and receipt of goods
Warenbezugskosten *pl* (ReW) cost pertaining to the acquisition and receipt of goods
Warenbilanz *f*
(AuW) trade balance *(syn, Handelsbilanz)*
Warenbilanzdefizit *n* (AuW) visible trade deficit
Warenbilanzüberschuß *m* (AuW) visible trade surplus
Warenbörse *f*
(Bö) commodity exchange
(ie, the vast majority are markets in which a single item is traded, such as sugar, coffee, grain, cotton, jute, copper, tin, etc.)
Warenbruttogewinn *m* (com) = Warenrohgewinn
Warendelkredere-Versicherung *f* (Vers) accounts receivable insurance
Warendividende *f* (com) = Warenrückvergütung
Warendurchfuhr *f* (AuW) transit of goods
Wareneinfuhr *f* (AuW) importation of goods
Wareneinfuhren *fpl* (AuW) merchandise imports
Wareneingang *m*
(MaW) receiving
– receipt of goods
(MaW) incoming merchandise
Wareneingangsbescheinigung *f*
(AuW) delivery verification
(MaW) delivery receipt
Wareneingangsbuch *n* (StR) merchandise purchase book, § 143 AO
Wareneingangsdatum *n* (MaW) goods received date
Wareneingangskontrolle *f*
(MaW) inspection of incoming shipments
– incoming-lot control
Wareneingangsliste *f*
(MaW) incoming goods list
– (US) receiving apron *(ie, statement listing all date about an incoming consignment)*
Wareneingangsschein *m* (MaW) receiving slip (*or* ticket)
Wareneinheitsversicherung *f* (Vers) combined-risk insurance *(Einheitsversicherung)*
Wareneinkaufskonto *n* (ReW) merchandise purchase account
Wareneinsatz *m*
(com) sales input
(ie, volume of goods required to achieve a given turnover, valued at cost price)
Wareneinstandswert *m*
(com) cost of merchandise sold
(syn, Einstandspreis der verkauften Handelsware)
Wareneinzelspanne *f*
(Mk) item-related margin
(ie, difference between purchase and sales prices of a single article)
Warenerwerb *m* (StR) acquisition of goods
Warenexporte *mpl* (AuW) merchandise exports
Warenfluß *m* (com) item flow
Waren *fpl* **freigeben** (com) to release goods *(eg, to the importer on a trust receipt)*
Warenführer *m* (Zo) carrier
Warengeld *n* (Vw) commodity money
Warengeschäfte *npl*
(com) commodity trade
(ie, wholesale and retail, including external trade)
Warengleichheit *f* (StR) similarity of goods
Warengruppe *f*
(Mk) class of products
– products category
Warengruppenspanne *f* (Mk) profit margin of commodity group
Warengruppenverzeichnis *n* (AuW) schedule of 99 product groups
Warenhandel *m*
(AuW) commodity (*or* merchandise) trade
(Bö) commodities trading
Warenhandelsbetrieb *m* (com) trading establishment
Warenhändler *m* (com) trader
Warenhaus *n*
(com) department store
– (GB) departmental store
Warenhauskonzern *m* (com) department store chain (*or* group)
Waren *fpl* **im freien Verkehr**
(Zo) goods in free circulation
– goods cleared for home use
Warenimporte *mpl* (AuW) merchandise imports
Waren *fpl* **in Kommission verkaufen** (com) to sell goods on a consignment basis
Warenkalkulation *f* (KoR) costing of merchandise sold
Warenkonto *n* (ReW) merchandise account
Warenkorb *m*
(Vw) batch of commodities *(syn, Güterbündel, Gütermengenkombination)*
(Stat) basket/set . . .
Warenkredit *m*
(Fin) commodity (*or* trade) credit
(Fin) lending on goods *(syn, Warenlombard)*
Warenkreditversicherung *f* (Vers) credit sale insurance
Warenkunde *f* (Mk) merchandise technology
Warenlager *n*
(MaW) merchandise inventory
(MaW) field warehouse *(im Sinne eines Außenlagers, qv)*

Warenlombard *m*
(Fin) advance/lending . . . on goods
– loan collateralized by commodities
(ie, heute nahezu bedeutungslos: das deutsche Recht kennt – ausgenommen vom Vermieterpfandrecht – kein besitzloses Pfandrecht; stattdessen daher Sicherungsübereignung od Sicherungsabtretung, qv)
Warenmuster *n* (com) commercial sample
Warenmuster *n* **von geringem Wert** (com) sample of small value
Warennebenkosten *pl* (MaW) incidental procurement costs
Waren *fpl* **ohne Ursprungseigenschaft** (Zo) non-originating products
warenorientierter Ansatz *m* (Mk) commodity approach
Warenpapiere *npl*
(com) shipping documents
– documents of title
Warenpartie *f*
(com) parcel of goods
– lot
Warenpreisindex *m* (Stat) commodity price index
Warenpreisklausel *f*
(com) stable-value clause based on commodity price *(syn, Sachwertklausel)*
Warenproben *fpl* (com) merchandise samples
Warenrechnung *f* (Zo) commercial invoice
Warenreingewinn *m* (ReW) net profit on sales
Warenrembourskredit *m* (Fin) commercial acceptance credit
Warenreservewährung *f* (Vw) commodity reserve currency
Warenrohgewinn *m*
(com) gross profit on sales
– gross margin
(ie, in trading: net sales less merchandise costs; syn, Rohgewinn, Warenbruttogewinn)
Warenrücksendungen *fpl* (com) return of goods
Warenrückvergütung *f* (com) rebate on purchased goods
Warensendung *f* (com) consignment of goods
Warensortiment *n* (com) assortment (*or* line) of goods
Warensteuer *f* (FiW) commodity tax
Warenstrom *m* (Vw) flow of commodities
Warenterminbörse *f* (Bö) commodity futures exchange
Warentermingeschäft *n*
(Bö) commodity future (transaction)
(ie, agreement to buy or sell a given amount of a commodity at a future date, at a fixed price)
Warenterminhandel *m* (Bö) commodity forward dealings (*or* trading)
Warenterminkontrakt *m* (Bö) commodity futures contract
Warenterminmarkt *m* (Bö) commodity futures market
Warenterminoptionen *fpl*
(Bö) commodity options
(ie, to buy or sell commodity futures, similar to stock options)
Warentest *m* (com) comparative products test
Warenumsatz *m* (com) merchandise turnover
Warenumschließung *f*
(StR) packing
– packaging
(ie, term used in turnover tax law)
Waren *fpl* **unbestimmbaren Ursprungs** (Zo) products of undetermined origin
Waren- und Dienstleistungsverkehr *m* (AuW) movement of goods and services
Warenuntergruppe *f* (com) products subcategory
Waren *fpl* **unter Zollverschluß**
(Zo) bonded goods
– goods in bond
Warenursprung *m* (com) origin of goods
Warenverkaufskonto *n* (ReW) merchandise sales account
Warenverkehr *m*
(AuW) merchandise movements
(Zo) trade
Warenverkehrsbescheinigung *f* (EG) movement certificate
Warenverpfändung *f* (Re) pledge of goods
Warenversand *m*
(com) shipping of goods
(Zo) transit operation
Warenvertreter *m*
(com) agent dealing in commodities
(opp, Vertreter für Hilfsgeschäfte des Handels: Bankvertreter, Versicherungsvertreter)
Warenverzeichnis *n* (Stat) product classification
Warenvorräte *mpl*
(MaW) inventories
– goods (carried) in stock
– merchandise on hand
Warenvorschüsse *mpl* (Fin) advances on goods
Warenwährung *f* (Vw) commodity currency (*or* standard)
Warenwechsel *m*
(Fin) trade
– commercial
– commodity . . . bill *(syn, Handelswechsel)*
Warenwerbung *f* (Mk) product advertising
Warenwert *m* (com) invoiced value of goods
Warenwirtschaftssystem, WWS *n*
(Mk) merchandise information system, MIS
(ie, Informationssystem im Handel zur mengen- und wertmäßigen Erfassung, Speicherung und Verarbeitung der betrieblichen Waren- und Geldströme sowie der zugehörigen Bestände)
Warenzeichen *n*
(Pat) trademark, § 1 WZG
(Mk) brand *(syn, Handelsname)*
Warenzeichen *n* **anmelden** (Pat) to apply for registration of a trademark, § 2 WZG
Warenzeichenfälschung *f* (Pat) commercial counterfeiting, §§ 24, 26 WZG
Warenzeichengesetz *n* (Re) Trademark Law
Warenzeichenlizenz *f* (Pat) trademark license
Warenzeichenmißbrauch *m* (Pat) trademark infringement, § 24 WZG
Warenzeichenpolitik *f* (Mk) branding (policy)
Warenzeichenrecht *n* (Pat) law of trademarks, §§ 1–36 WZG
Warenzeichenrolle *f* (Pat) trademark register, § 3 WZG
Warenzeichenschutz *m* (Pat) trademark protection

Warenzeichenverletzung *f* (Pat) infringement of a trademark, § 24 WZG
Warenzeichenvorschriften *fpl* (Pat, US) Trademark Rules of Practice
Waren *fpl* **zollamtlich behandeln** (Zo) to clear goods through the customs
Waren *fpl* **zur Vermietung** (Zo) goods imported on hire terms
Ware *f* **verbringen** (com) to introduce products *(eg, into a market)*
Wärmestelle *f* (IndE) fuel control department
Warmstart *m*
(EDV) warm start
– system restart
– soft boot
Warngrenze *f*
(IndE) warning limit
– peril points
(ie, on quality control charts)
Warnmeldung *f*
(EDV) alert box *(ie, dialog box that warns user of the implications of a command or operation)*
Warnpflicht *f*
(Re) duty to warn *(syn, Aufklärungspflicht)*
Warnstreik *m*
(Pw) demonstration
– protest
– spontaneous
– token . . . strike *(eg, workers staged a . . .)*
– warning strike
(ie, to press an industry into granting higher wages, a shorter workweek, etc)
Warrantdiskont *m* (com) = Warrantlombard
Warrantlombard *m*
(Fin) lending on goods
(ie, against delivery of warrant; rarely used in Germany)
Warteaufruf *m* (EDV) wait call
Wartebelastung *f* (EDV) mean queue size
Wartekosten *pl*
(OR) cost of waiting time *(ie, often equal to opportunity costs)*
Warteliste *f*
(com) waiting list
– rooster
warten
(IndE) to maintain
– to service
Warteraum *m*
(OR) waiting space *(ie, in waiting-line models)*
Warteschlange *f*
(OR) waiting line
– queue
– line-up
Warteschlangendisziplin *f* (OR) queue discipline
Warteschlangenmodell *n* (OR) waiting-line (*or* queuing) model
Warteschlangentheorie *f*
(OR) waiting-line (*or* queuing) theory *(syn, Bedienungstheorie)*
Warteschlangenverlustfaktor *m* (OR) queuing loss factor
Wartesystem *n*
(OR) waiting-line system
– queuing system

Wartetheorie *f* (Vw) waiting theory of interest *(G. Cassel)*
Wartezeit *f*
(com) waiting period
(com) detention time *(ie, of a carrier, due to lack of loading or unloading equipment)*
(SozV) qualifying period *(ie, minimum period of credit for contributions needed to qualify for benefits, 180 calendar months)*
(Pw, Vers) qualifying (*or* waiting) period
(OR) waiting time
(Mk) latency period
Wartezeitminimierung *f* (IndE) minimization of waiting time
Wartezeitproblem *n* (OR) congestion problem
Wartezimmerverfahren *n*
(AuW) „waiting room" method
(ie, temporary suspense of transfer of fund to a given country)
Wartezustand *m*
(EDV) wait state
– disconnected mode, DM
Wartung *f*
(IndE) maintenance
– servicing
– upkeep
Wartung *f* **durch Fremdfirmen** (com) third-party maintenance (*or* service)
Wartungsdienst *m* (com) maintenance service
Wartungsdiskette *f* (EDV) diagnostic diskette *(eg, used to boot computer in maintenance mode)*
Wartungsfeld *n* (EDV) maintenance control panel
Wartungshandbuch *n* (IndE) maintenance manual
Wartungsjob *m* (com) service job
Wartungskosten *pl*
(KoR) maintenance cost (*or* charges)
– cost of upkeep
Wartungspersonal *n* (Pw) maintenance personnel (*or* staff)
Wartungsprogramm *n* (EDV) maintenance program
Wartungsrückstellung *f* (ReW) maintenance reserve
Wartungsunternehmen *n* (com) service contractor
Wartungsvertrag *m* (com) service (*or* maintenance) agreement
Wartungszeit *f* (com) maintenance time
Waschmittelgesetz *n*
(Re) Law on the Biodegradability of Detergents
– Detergent Law
(ie, protection of stretches of water and sewage plants against pollution by washing and cleaning agents)
Waschzettel *m*
(Mk) blurb *(ie, relating to books)*
Wasseraktien *fpl* (Bö) heavily diluted stocks
Wasserhaushaltsgesetz *n*
(Re) Water Resources Management Law
(ie, water management for the benefit of the entire community, no unavoidable contamination)
Wasserkosten *pl* (KoR) cost of water consumption
Wasserschaden *m* (Vers) damage by water
Wasserschadenversicherung *f* (Vers) water damage insurance
Wasserstraßen *fpl* (com) waterways

Wechsel *m*
(WeR) bill of exchange
(ie, vorwiegend als gezogener Wechsel [Tratte = draft]; cf, § 1 WG)
Wechselabrechnung *f* (Fin) bill discount note
Wechselabschrift *f*
(WeR) copy of a bill *(syn, Wechselkopie)*
Wechselabteilung *f* (Fin) bill discount and collection department
Wechselagent *m* (Fin) = Wechselmakler
Wechselakzept *n* (WeR) acceptance of a bill
Wechsel *m* **akzeptieren**
(WeR) to accept a bill
(syn, Wechsel . . . annehmen/mit Akzept versehen; querschreiben)
Wechselannahme *f* (WeR) acceptance of a bill
Wechselarbitrage *f*
(AuW) arbitration of exchange
– cross exchange
Wechsel *m* **auf kurze Sicht** (Fin) short (dated) bill
Wechselausfertigung *f* (WeR) duplicate of a bill *(eg, first, second, third of exchange)*
Wechsel *m* **ausstellen** (WeR) to make out (*or* draw) a bill
Wechselaussteller *m* (WeR) drawer of a bill
Wechselbad *n* (com, infml) continual alternations between good and bad years
Wechsel *m* **begeben** (WeR) to negotiate a bill
Wechselbestand *m* (Fin) bill holdings
Wechselbetrieb *m* (EDV) duplex transmission
Wechselbezogener *m* (WeR) drawee of a bill
Wechselbezüglichkeit *f* (Re) reciprocity; cf, § 2270 II BGB
Wechselblankett *n* (WeR) blank bill
Wechselbuch *n* (ReW) = Wechselkopierbuch
Wechselbürge *m*
(WeR) guarantor of a bill
– collateral acceptor
Wechselbürgschaft *f* (WeR) bill guaranty
Wechseldebitoren *pl* (ReW) bills receivable
Wechseldiskont *m* (Fin) bank discount
Wechsel *m* **diskontieren lassen** (Fin) to get a bill discounted
Wechseldiskontierung *f*
(Fin) discounting of a bill
– bill discounting
Wechseldiskontkredit *m* (Fin) discount credit
Wechseldiskontlinie *f* (Fin) discount line
Wechseldiskontsatz *m* (Fin) bill discount rate
Wechseldomizil *n*
(WeR) domicile of a bill
(ie, place where a bill is made payable)
Wechsel *m* **domizilieren** (WeR) to domicile a bill
Wechseldrittausfertigung *f* (WeR) third of exchange
Wechselduplikat *n* (WeR) duplicate of a bill *(eg, first, second, third of exchange)*
Wechsel *m* **einlösen**
(Fin) to discharge
– to honor
– to meet
– to pay
– to take up . . . a bill
Wechseleinlösung *f* (Fin) payment of a bill
Wechseleinreicher *m* (WeR) party presenting a bill
Wechseleinzug *m*
(Fin) collection of bill *(syn, Wechselinkasso)*
Wechseleinzugsspesen *pl* (Fin) bill collection charges
Wechselfähigkeit *f* (WeR) capacity to draw bills
Wechselfälligkeit *f* (WeR) maturity of a bill
Wechselfälschung *f* (WeR) counterfeit of a bill
Wechselforderungen *fpl* (ReW) bills (*or* notes) receivable
Wechselfrist *f* (WeR) time limit for payment of a bill
Wechselgeld *n*
(com) change
– small change
(Fin) change fund *(ie, at disposal of cashier)*
Wechselgeschäft *n* (Fin) bill business
wechselgeschäftsfähig (WeR) capable of drawing bills
Wechselgesetz *n* (WeR) Law on Bills of Exchange, of 1 Apr 1934
Wechselgirant *m* (WeR) indorser of a bill
Wechselgiro *n* (WeR) indorsement of a bill
Wechselgläubiger *m* (Fin) bill creditor
Wechselhaftung *f* (WeR) liability under a bill of exchange
Wechselhandel *m* (Fin) bill brokerage
Wechselhereinnahme *f* (Fin) acceptance of a bill
Wechsel *m* **hereinnehmen** (Fin) to accept a bill
Wechsel *m* **honorieren** (WeR) = Wechsel einlösen
Wechsel *mpl* **im Bestand** (ReW) bills of exchange on hand
Wechsel *mpl* **im Umlauf** (Fin) bills in circulation
Wechselinhaber *m* (WeR) holder of a bill
Wechselinkasso *n*
(Fin) collection of a bill *(syn, Wechseleinzug)*
Wechselklage *f*
(WeR) action on a dishonored bill
– suit upon a bill
– (GB) action under the Bills of Exchange Act
Wechselkommission *f* (Fin) bill broking
Wechselkonto *n* (ReW) acceptance account
Wechselkopie *f* (WeR) = Wechselabschrift
Wechselkopierbuch *n* (ReW) discount ledger
Wechselkredit *m* (Fin) acceptance (*or* discount) credit
Wechselkreditgeschäft *n* (Fin) bill-based lending operations
Wechselkreditvolumen *n* (Fin) total discounts
Wechselkurs *m*
(Fin) exchange rate
– rate of exchange
(ie, Austauschverhältnis zweier Währungen zueinander; cf, Geldkurs, Briefkurs, Mittelkurs)
Wechselkursabwertung *f* (Fin) exchange rate depreciation (*or* devaluation)
Wechselkurs-Adjustierung *f* (Fin) exchange rate realignment
Wechselkursänderung *f* (Fin) parity change
Wechselkursanpassung *f* (Fin) exchange rate . . . realignment/adjustmen/rearrangement
Wechselkursarbitrage *f* (Fin) = Wechselarbitrage
Wechselkursberichtigung *f* (Fin) = Wechselkursanpassung
Wechselkursbewegungen *fpl* (Fin) currency movements

Wechselkurse *mpl*
(Fin) currency rates
(ie, quoted as interbank exchange rates, excluding bank service charges)
Wechselkursfreigabe *f* (AuW) floating of the exchange rate
Wechselkursgarantie *f* (Fin) exchange rate guaranty
Wechselkursgefüge *n* (Fin) pattern of exchange rates
Wechselkursgewinne *mpl* (ReW) gains on currency translations
Wechselkurskorrektur *f* (Fin) = Wechselkursanpassung
Wechselkursmechanismus *m* (Fin) exchange rate mechanism, ERM
Wechselkursnotierung *f* (Fin) exchange rate quotation
Wechselkursparität *f* (Fin) exchange rate parity
Wechselkurspolitik *f* (Fin) exchange rate policy
Wechselkursregelungen *fpl* (Fin) exchange rate arrangements
Wechselkursregime *n* (IWF) exchange regime
Wechselkursrelationen *fpl*
(Fin) exchange rate relations
– currency parities
Wechselkursrisiko *n* (Fin) exchange risk
Wechselkursschwankungen *fpl*
(Fin) exchange rate/currency . . . fluctuations
– currency . . . movements/shifts
Wechselkurssicherung *f*
(Fin) currency hedge
– exchange rate hedging
Wechselkurssicherungskosten *pl* (Fin) cost of currency hedge
Wechselkursstabilisierung *f* (AuW) stabilizing the exchange rate
Wechselkursstabilität *f* (Fin) exchange rate stability
Wechselkurssystem *n* (Fin) exchange rate system
Wechselkursumrechnung *f*
(Fin) conversion of exchange rates
(ReW) currency translation
Wechselkursumrechnungsgewinne *mpl* (ReW) translation gains
Wechselkursverbund *m* (Vw) exchange rate . . . system/arrangement
Wechselkursverlust *m* (ReW) loss on exchange
Wechselkurszielzone *f* (Fin) exchange-rate target zone
Wechselkurtage *f* (Fin) bill brokerage
Wechsellagen *fpl* **der Konjunktur** (Vw) ups and downs of economic activity
Wechsellombard *m* (Fin) lending on bills
(ie, loans collateralized by notes outstanding)
Wechselmakler *m*
(Fin) discounter
– factor
– (GB) bill broker
Wechselmaterial *n* (Fin) bills (of exchange)
wechselnde Massenfertigung *f*
(IndE) alternative mass production *(opp, parallele Massenfertigung)*
Wechselnehmer *m*
(WeR) payee of a bill *(syn, Remittent)*
Wechsel *m* **nicht einlösen** (Fin) to dishonor a bill
Wechselobligo *n*
(ReW) notes payable
(Fin) bill commitments
– (liability on) bills discounted
– acceptance liabilities
(syn, Akzeptverbindlichkeiten)
Wechselparität *f* (Vw) parity of exchange
Wechselpensionsgeschäft *n* (Fin) presentment of bills at Bundesbank under prepurchase agreements
Wechselportefeuille *n* (Fin) bill holdings (*or* portfolio)
Wechselprolongation *f* (WeR) renewal of a bill
Wechsel *m* **prolongieren** (WeR) to renew a bill
Wechselprotest *m* (WeR) bill protest
Wechselprotestanzeige *f*
(WeR) mandate of protest
– notice of protest
– protest jacket
Wechselprotestkosten *pl* (WeR) protest fees
Wechselprovision *f* (Fin) bill brokerage
Wechselprozeß *m* (Re) legal proceedings related to a bill of exchange, § 602 ZPO
Wechselrechnung *f*
(Fin) computation of simple discount *(syn, Diskontrechnung)*
Wechselrecht *n* (WeR) legal provisions on bills of exchange and promissory notes
Wechselrediskont *m* (Fin) redisounting of bills
Wechsel *m* **rediskontieren** (Fin) to rediscount a bill
Wechselrefinanzierung *f* (Fin) rediscounting of bills of exchange
Wechselregreß *m* (WeR) recourse to a party liable on a bill
Wechselreiterei *f*
(WeR) bill jobbing
– kite flying
– kiting
Wechselrembours *m* (Fin) documentary acceptance credit
Wechselrückgriff *m* (WeR) = Wechselregreß
Wechselschicht *f*
(Pw) swing
– rotating
– alternate . . . shift
Wechselschicht-Arbeiter *m* (Pw) swing-shift worker
Wechselschicht-Gruppe *f* (Pw) alternating shift
Wechselschriftverfahren *n* (EDV) non-return-to-zero (*or* NRZ) recording
Wechselschuldner *m* (WeR) debtor on a bill
wechselseitig beteiligte Unternehmen *npl* (com) interlocking enterprises, § 19 AktG
wechselseitige Beteiligung *f* (com) cross holdings, § 160 I 7 AktG
wechselseitige Haftung *f* (Re) cross liability
wechselseitige Überlebensversicherung *f* (Vers) joint insurance
Wechselsekunda *f* (WeR) second of exchange
Wechselskontro *n* (Fin) bill ledger
Wechselspesen *pl* (Fin) bill charges
Wechselsteuer *f*
(StR) tax on drafts and bills of exchange

– stamp duty
(ie, ab 1.1.1992 abgeschafft)
Wechselsteuergesetz *n* (Re) Law regulating the Tax on Drafts, Bills of Exchange, and Acceptances, as republished on 24 Juli 1959
Wechselstube *f*
(Fin) exchange office *(ie, of a bank)*
Wechselstubenkurs *m* (Fin) exchange bureau rate
Wechseltaktschrift *f* (EDV) two-frequency recording mode
Wechselumlauf *m* (Fin) bills in circulation
Wechsel- und Scheckbürgschaften *fpl* (Fin) guaranties and warranties on bills and checks
Wechselverbindlichkeiten *fpl*
(ReW) bills payable
(Fin) acceptance commitments
Wechselverbindlichkeiten *fpl* **eingehen** (Fin) to enter obligations on a bill of exchange
Wechselverbindlichkeiten *fpl* **gegenüber Banken** (ReW) notes payable to banks
Wechselverpflichteter *m* (WeR) party liable on a bill of exchange
Wechselvorlage *f* (WeR) presentment of a bill
Wechsel *m* **vorlegen** (WeR) to present a bill
Wechselwähler *m*
(com) vote switcher
– swing voter
Wechsel *mpl* **weitergeben** (Fin) to rediscount bills of exchange
Wechselwinkel *m* (Math) alternate angle
Wechsel *m* **ziehen (auf)** (WeR) to draw a bill of exchange (on)
Wechselziehung *f* (WeR) drawing of a bill
Wechselzinsen *mpl* (Fin) interest paid on a bill
Wechsel *m* **zum Diskont einreichen** (Fin) to discount a bill with a bank
Wechsel *m* **zu Protest gehen lassen** (WeR) to have a bill protested
Wechsel *m* **zur Annahme vorlegen** (WeR) to present a bill for acceptance
Wechselzweitschrift *f* (WeR) second of exchange
Weg *m* (OR) path
Weg *m* **beschreiten** (com) to start down a path
Wegebefestigungen *fpl* (ReW) sidewalks, driveways
Wegegeld *n* (com) traveling expenses
Wegelagererpatent *n* (Pat) free-lance (*or* short-gun) patent
Wegerecht *n* (Re) right-of-way
Wegeunfall *m*
(Pw) travel accident
(ie, occurring to and from work)
Wegezeit *f*
(Pw) home-to-office time
(IndE) site-to-quarters time
Wegfall *m* **der Geschäftsgrundlage**
(Re) frustration of contract
– lapse of purpose
(ie, a vital change in circumstances assumed by the parties at the time the contract was concluded)
Wegfall *m* **von Anteilen** (Fin) retirement of shares
Wegintegral *n* (Math) contour integral
wegloben (Pw, infml) to kick sb up the stairs
Wegmatrix *f* (Math) path matrix
Wegnahmerecht *n*
(Re) jus tollendi
(ie, right to remove an article affixed to a thing, § 258 BGB)
Wegproblem *n* (OR) routing problem
wegrationalisieren (Pw) to abolish jobs by technological advance
wegsteuern (FiW) to skim off by taxation
Wegwerfbecher *m* (com) disposable cup
Wegwerfgesellschaft *f* (Vw, infml) throw-away society
Wegwerfgüter *npl*
(Mk) disposable products
– disposables
wegziehen
(com, infml) to move away
– to pull up one's roots
weibliche Führungskraft *f* (Pw) lady (*or* women) executive
Weichen *fpl* **stellen** (com) to set the future course (of)
weicher Bindestrich *m* (EDV) soft hyphen
weiches Interview *n* (Stat) permissive interview
weiche Technologien *fpl* (IndE) small-scale (*or* „soft") technologies
weiche Währung *f*
(Fin) soft currency
(ie, not freely convertible or fluctuating in the exchange markets)
weichsektorierte Diskette *f* (EDV) soft-sectored diskette
Weichwährungsland *n* (AuW) soft-currency country
Weihnachtsausgabe *f*
(Mk) Christmas number
(eg, of a newspaper or magazine)
Weihnachtsgeld *n*
(Pw, infml) X-mas bonus
(Pw) Christmas allowance
Weihnachtsgeschäft *n*
(com) Christmas trade
(syn, Weihnachtsumsatz)
Weihnachtsgratifikation *f* (Pw) = Weihnachtszuwendung
Weihnachtsumsatz *m* (com) Christmas trade
Weihnachtszuwendung *f*
(Pw) Christmas bonus
– cash bonus at Christmas
Weinbau *m* (com) viticulture
weiße Einkünfte *pl* (StR) zero-taxed income
weiße Ware *f*
(com) white goods
(ie, washing machines, freezers, cookers, dishwashers; opp, braune Ware)
Weißzone *f*
(EDV) clear area
(ie, in OCR: area to be kept free of printing)
Weisungen *fpl*
(Pw) instructions
– orders
weisungsgebunden
(Pw) bound by directives
– reporting to
– accountable to
Weisungsgewalt *f*
(Bw) authority
– competence to issue instructions

Weisungskompetenz *f* (Bw) managerial authority
Weisungsrecht *n* (Pw) right to issue instructions to employees
weisungsunabhängig
(com) independent of instructions *(eg, from the government, such as Deutsche Bundesbank)*
weit auslegen (Re) to put a broad (*or* liberal) construction upon
Weitbereichsnetz *n* (EDV) wide area network
weite Auslegung *f*
(Re) broad construction
– liberal interpretation
(opp, enge Auslegung = strict construction)
Weiterbegebung *f* (WeR) renegotiation
Weiterbehandlungsgebühr *f* (Pat) fee for further processing
Weiterbenutzung *f* (Pat) continued use
weiterbeschäftigen
(Pw) to continue to employ
– to keep on
Weiterbildung *f*
(com) advanced vocational training
– further (*or* ongoing) education
Weiterbildung *f* **in e–m nicht ausgeübten Beruf** (StR) reacquiring or updating skills used in a former profession, vocation, or business activity, § 10 I No. 7 EStG
Weiterbildungskosten *pl* (StR) retraining expenses
Weiterbildungspolitik *f* (Pw) (personnel) development policy
Weiterbildung *f* **von Führungskräften**
(Pw) executive development (*or* training)
– management development
weiterführender Zyklus *m* (OR) transition cycle
weiterführendes Thema *n* (com) advanced topic
Weitergabe *f* **von Handelswechseln** (Fin) rediscounting of commercial bills
weitergeleiteter Eigentumsvorbehalt *m* (Re) transferred reservation of ownership
weiterleihen
(Fin) to go on lending
(Fin) to on-lend money
(eg, deposited with banks)
weiterleiten (com) reroute *v*
weiterleiten an
(com) to pass on
– to transmit to
(com) forward to
– (GB) redirect to
(ie, instructions to post office on envelope)
Weiterleitungskredit *m* (Fin) flow-through credit
Weiterlieferung *f* (com) delivery (*or* supply) to third party
Weiterrückversicherer *m*
(Vers) retrocessionaire
(ie, the reinsurer of a reinsurer; syn; Retrozessionar)
Weiterrückversicherungsnehmer *m*
(Vers) retrocedent
(ie, reinsurer placing a retrocession; syn, Retrozedent)
weiterverarbeiten (com) to reprocess
Weiterverarbeiter *m*
(com) processing firm
– processor
Weiterverarbeitung *f*
(com) processing
(IndE) downstream operations
(eg, refining and petrochemical plants)
weiterveräußern (com) to resell
Weiterveräußerung *f* (com) resale
Weiterveräußerung *f* **an Dritte** (com) resale to third parties
Weiterveredelung *f* (com) supplementary processing
Weiterverkauf *m* (com) resale
weiterverkaufen (com) to resell
weitervermieten (Re) to re-let
Weitervermietung *f* (Re) re-letting
Weiterversendung *f* (com) redispatch
Weiterversicherung *f* (Vers) continued insurance
weites Oligopol *n*
(Vw) loose oligopoly
(ie, Unternehmen sind nicht wie im Polypol durch geringe absolute Größe und weitgehende Gewinnlosigkeit gekennzeichnet; es dominiert das kapitalkräftige Unternehmen, das hohe Risiken neuer Produkte und Verfahren bewältigen kann; opp, enges Oligopol = close oligopoly)
weitreichende Marktdurchdringung *f* (Mk) blanket market penetration
Weittechnik *f* (IndE) telecommunications
weit überwiegende Mehrzahl *f* (com) vast majority (of)
Weitverkehr *m* (IndE) = Weittechnik
„Wellblech-Konjunktur" *f* (Vw) saw-tooth pattern of economic activity
Welle *f*
(com) tidal wave *(eg, of bankruptcies)*
Wellpappe *f*
(com) corrugated fiberboard
– *(short form)* corrugated
Wellpappenfabrikant *m* (com) boxmaker
Weltabschluß *m*
(ReW) worldwide financial statements
– (GB) worldwide annual accounts
(ie, in den alle Konzernunternehmen mit Sitz im In- od Ausland einbezogen werden; syn, internationaler Konzernabschluß)
Welt-Aktien-Index *m*
(Fin) FT-A World Index
(ie, ‚A' für ‚Actuaries'; introduced in London on March 17, 1987; spiegelt die Entwicklung von 2400 Aktien in 23 Ländern wider; 70 % der gesamten Börsenwerte aller maßgeblichen Aktienmärkte der Welt)
Weltbank *f*
(Fin) World Bank
(short for: International Bank for Reconstruction and Development)
Weltbilanz *f*
(ReW) worldwide balance sheet
– global financial statement
(ie, verkürzte Bezeichnung für weltweiten handelsrechtlichen Konzernabschluß; cf, Weltabschluß)
Weltbruttosozialprodukt *n* (VGR) gross world product
Welteinkommensprinzip *n* (FiW) principle of income-source neutrality
Weltfangertrag *m* (com) world fish catch

Weltfischereiertrag *m*
(com) world harvest of fish
(ie, comprising demersal fish = Bodenfisch, caught near the ocean floor, and pelagic fish = pelagische Fische, caught near the surface)
Weltgeldmenge *f* (Vw) world-wide/global . . . money supply
Weltgetreidehandel *m* (AuW) world grain trade
Welthandel *m*
(AuW) world
– international
– global . . . trade
Welthandelsgespräche *npl* (AuW) world trade talks
Welthandelskonferenz *f* (AuW) UNCTAD: United Nations Conference on Trade and Development
Welthandelskonjunktur *f* (AuW) cyclical movements in world trade
Welthandelssystem *n* (AuW) world trading system
Weltindustriezensus *m* (Stat) worldwide industrial census
Weltkonjunktur *f*
(Vw) worldwide economic activity
(eg, in the absence of a revival of . . .)
Weltkonzernbilanz *f*
(ReW) consolidated world accounts
– worldwide consolidated financial statement
– global annual accounts
Weltmarke *f* (Pat) world brand
Weltmarkt *m*
(Bw) global
– international
– world . . . market
Weltmarktbedingungen *fpl* (Bw) conditions of world markets
Weltmarktpreis *m* (Bw) world market price
Weltmarktstrategie *f* (Bw) world-wide market strategy
Weltpatent *n* (Pat) universal patent
Welttextilabkommen *n* (AuW) = Multifaserabkommen, qv
Weltumsatz *m*
(Bw) worldwide sales
– sales worldwide
– world group sales
Weltunternehmen *n*
(Bw) international company (*or* corporation)
– globe-spanning business enterprise
Welt-Urheberrechts-Konvention *f* (Pat) Universal Copyright Convention, of 6 Sept 1952
Weltvorräte *mpl* (Vw) global reserves *(eg, minerals, petroleum)*
Weltwährungsfonds *m*
(IWF) International Monetary Fund, IMF *(syn, Internationaler Währungsfonds, qv)*
Weltwährungssystem *n* (AuW) international monetary system
Weltwarenmärkte *mpl* (com) world commodity markets
weltweite Fertigung *f*
(IndE) global manufacturing
(ie, in which components are made in one location and assembled in another)
weltweite Handelsbeziehungen *fpl* (Bw) far-flung trade connections *(ie, covering the whole world)*
weltweite Inflation *f* (Vw) worldwide inflation
weltweite Knappheit *f* (AuW) worldwide shortage (of)
weltweite Liquiditätsschwierigkeiten *fpl* (Fin) worldwide financial crunch
weltweiter Branchenführer *m* (com) world-wide industry leader
weltweite Rezession *f*
(AuW) global downturn
– world recession
Weltwirtschaft *f*
(Bw) global
– international
– world . . . economy
weltwirtschaftliche Lage *f* (AuW) international economic condition
weltwirtschaftliches Umfeld *n* (AuW) global economic setting
Weltwirtschaftsgipfel *m* (Vw) world economic summit
Weltwirtschaftsinstitut *n* (Vw) *(Kiel-based)* Institute for World Economics
Weltwirtschaftskrise *f*
(Vw) world-wide economic crisis
(Vw) the Great Depression
– the Depression years
(ie, limited to the crisis of the 1930 s)
Weltwirtschaftsordnung *f* (AuW) international economic order (*or* system)
Weltwirtschaftssystem *n* (AuW) = Weltwirtschaftsordnung
Wende *f* (com) turnaround
(eg, the industry's turnaround has grabbed the attention of investors)
Wende-Katalog *m* (Mk) flip-over catalog
Wendepunkt *m*
(Math) turning point
– point of inflection
Wendepunktfehler *m*
(Bw) turning point error *(ie, in PR-Diagrammen, qv)*
weniger gute Adresse *f*
(Fin) borrower of lesser standing
– lesser-rated borrower
Wenn-dann-Beziehung *f* (Log) action-consequence relation
Wenn-Satz *m* (Log) if statement
Werbeabteilung *f* (Mk) advertising department
Werbeagent *m*
(Mk) advertising man
– adman
Werbeagentur *f* (Mk) advertising agency
Werbeakquisiteur *m* (Mk) advertising canvasser
Werbeaktionen *fpl* (Mk) advertising measures
Werbeanalyse *f* (Mk) advertising analysis
Werbeantwort *f* (Mk) business reply
Werbeattacke *f*
(Mk) advertising attack *(syn, advertising campaign)*
Werbeaufwand *m*
(Mk) advertising expense *(syn, Werbeaufwendungen)*
Werbeaufwendungen *fpl*
(Mk) advertising expenditure *(syn, Werbeaufwand, Werbekosten, Reklamekosten)*

Werbebeilage *f* (Mk) stuffer
Werbeberater *m* (Mk) advertising consultant
Werbeberatung *f* (Mk) advertising agency
Werbebestimmungen *fpl*
(Mk) advertising regulations
(syn, Werbevorschriften)
Werbeblatt *n*
(Mk) admag
(syn, advertising magazine; syn, Anzeigenblatt)
Werbebotschaft *f* (Mk) advertising message
Werbebranche *f* (Mk) advertising industry
Werbebrief *m* (Mk) advertising letter
Werbebroschüre *f* (Mk) brochure
Werbebudget *n*
(Mk) advertising budget *(syn, Werbeetat)*
Werbedrucke *mpl*
(Mk) printed advertising material *(syn, Werbedrucksachen)*
Werbedrucksachen *fpl* (Mk) printed advertising material
Werbeeinahmen *fpl* (Mk) advertising revenue
Werbeeinnahmen *fpl* (Mk) advertising revenue
Werbeelastizität *f*
(Mk) advertising elasticity
(ie, Frage: wie entwickelt sich Absatz od Umsatz von e–r 1-prozentigen Veränderung der Werbeausgaben)
Werbeerfolg *m* (Mk) advertising effectiveness
Werbeerfolgskontrolle *f*
(Mk) control of advertising effectiveness
(Mk) advertising control *(syn, Anzeigenerfolgskontrolle)*
Werbeerfolgsprognose *f* (Mk) forecast of advertising effectiveness
Werbeerfüller *m* (Mk) adopter
Werbeetat *m*
(Mk) advertising budget *(syn, Werbebudget)*
Werbefachmann *m* (Mk) advertising . . . specialist/expert
Werbefachschule *f* (Mk) advertising trade school
Werbefeldzug *m* (Mk) advertising campaign
Werbefernsehen *n* (Mk) commercial television
Werbefläche *f*
(Mk) hoarding
– (GB) billboard
Werbeforschung *f* (Mk) advertising research
Werbegag *m* (Mk) advertising/publicity . . . stunt/gimmick
Werbegeschenk *n*
(Mk) advertising gift
– advertising specialty
(ie, low-cost item with logo of seller on it: pens, pocket calculaters, etc)
Werbegeschenke *npl* (Mk) give-away articles
Werbegestalter *m* (Mk) art designer
Werbegrundsätze *mpl*
(Mk) standards of advertising practice
(Mk) advertising principles
werbeintensive Produkte *npl* (Mk) highly advertised products
Werbeinvestitionen *fpl* (Mk) advertising investments
Werbejargon *m* (com) advertising argot
Werbekampagne *f* (Mk) advertising campaign
Werbekartell *n* (Mk) advertising cartel
Werbekonkurrenz *f* (Mk) competition through advertising
Werbekontrolle *f* (Mk) = Werbeerfolgskontrolle
Werbekosten *pl*
(Mk) advertising expense
(syn, Werbeaufwand)
Werbeleiter *m*
(Mk) advertising manager
– ad director
Werbemaßnahmen *fpl* (Mk) advertising efforts
Werbematerial *n* (Mk) advertising material
Werbemittel *n*
(Mk) advertising medium
(Mk) advertising device
Werbemittelanalyse *f*
(Mk) analysis of advertising media
– advertisement analysis
Werbemittel-Test *m* (Mk) copy test
Werbemix *m* (Mk) advertising mix
Werbemuster *n* (Mk) advertising sample
werben
(Mk) to advertise
– to promote
Werbenachlaß *m*
(Mk) advertising allowance
(ie, reduction of price to sellers to encourage local advertising)
werbende Aktiva *npl*
(Bw) earning assets
(Fin) interest-bearing assets
werbende Ausgaben *fpl*
(FiW) productive expenditure
(opp, transfer expenditure)
werbendes Kapital *n* (Vw) reproductive capital
werbendes Vermögen *n* (Fin) earning assets
Werbeplakat *n*
(Mk) show bill
– billboard advertisement *(ie, large panel designed for outdoor advertising)*
– (GB) hoarding
(Mk) advertising poster *(syn, Reklameplakat)*
Werbeplanung *f*
(Mk) planning of advertising
– account/media/advertising . . . planning
Werbepolitik *f* (Mk) advertising policy
Werbepreis *m* (Mk) advertising price
Werbeprospekte *mpl* (Mk) promotional literature
Werbepsychologie *f* (Mk) advertising psychology
Werbepublikum *n* (Mk) advertising audience
Werber *m* (Mk) solicitor
Werberabatt *m* (Mk) advertising rebate
Werberat *m* (Mk) advertising council
Werberendite *f* (Mk) advertising return
Werberevision *f* (Mk) review of promotional activities
Werberiese *m* (Mk) media tycoon
(eg, Kenneth Thompson)
Werberundschreiben *n* (Mk) advertising circular
Werbesektor *m* (Mk) advertising sector
Werbesendung *f*
(Mk) commercial
(ie, radio or TV; syn, Werbespot)
Werbesendungen *fpl*
(Mk) advertising mail
(Mk) broadcast of commercials

Werbeslang *m* (Mk) advertising slang
Werbeslogan *m*
(Mk) advertising slogan
(Mk) catch phrase
Werbespot *m*
(Mk) advertising spot
– commercial
Werbesteuer *f* (StR) advertising tax
Werbe-Stückkosten *pl* (Mk) unit advertising cost
Werbetarifliste *f* (Mk) advertising rate list
Werbetext *m* (Mk) advertising copy
Werbetexten *n*
(Mk) copy writing *(syn, Texten)*
Werbetexter *m* (Mk) copywriter
Werbetextstrategie *f*
(Mk) copy . . . strategy/thrust
(ie, message to be communicated)
Werbetracking *n*
(Mk) tracking studies *(ie, kontinuierlicher Post-Test im Rahmen von Standardinformationsdiensten)*
Werbeträger *mpl*
(Mk) advertising media *(syn, Werbemedia, Media)*
Werbeträgeranalyse *f* (Mk) media analysis
Werbetrara *n* (com, sl) ballyhoo *(syn, marktschreierische Werbung)*
Werbevertreter *m* (Mk) advertising salesman
Werbevorschriften *fpl*
(Mk) advertising regulations *(syn, Werbebestimmungen)*
Werbewirkung *f* (Mk) impact of advertising
Werbewirtschaft *f*
(Mk) advertising industry
(Mk) advertising business
Werbezensur *f* (Mk) advertising censorship
Werbung *f* (Mk) advertising
Werbung *f* **durch Postwurfsendungen** (Mk) direct mail advertising
Werbung *f* **einschränken** (Mk) cut advertising *v*
Werbung *f* **mit erzieherischem Anspruch** (Mk) educational advertising
Werbung *f* **ohne postalischen Werbemittelversand** (Mk) unmailed direct advertising
Werbungskosten *pl* (StR) income-related expenses, § 9 EStG
Werbungskosten-Pauschbetrag *m* (StR) blanket deduction for income-related expenses, § 9 a EStG
Werbungsmittler *m* (Mk) advertising agency (*or* office)
Werdegang *m*
(Pw) personal background
– career
Werk *n*
(IndE) production facility
– plant
– factory
Werkbahn *f* (IndE) plant-owned railroad feeder system
Werkfernverkehr *m*
(com) plant-operated long-distance traffic
(opp, Werkverkehr, Werknahverkehr)
Werkhandelsgesellschaft *f*
(Bw) independent selling subsidiary
(syn, Verkaufskontor)
Werkleistungsvertrag *m* (Re) contract under which goods are improved, processed or converted
Werklieferung *f*
(Re) sale under a contract for goods and services
(StR) sale for turnover tax purposes, § 3 IV UStG
Werklieferungsvertrag *m*
(Re) work performance contract
(ie, contract constituting mixture of sale and contract of work, § 651 BGB)
Werklohn *m* (Re) compensation for work, § 651 BGB
Werknahverkehr *m*
(com) plant-operated short-haul traffic
(opp, Werkverkehr, Werkfernverkehr)
Werknormen *fpl* (IndE) plant-developed standards
Werksabholung *f* (com) factory pickup
Werksanlagen *fpl* (IndE) plant facilities
Werksarzt *m* (Pw) plant . . . doctor/physician
Werksbescheinigung *f*
(com) works (*or* mill) certificate
(ie, Betriebsaufzeichnungen dienen als Unterlage; Lieferung braucht nicht geprüft zu werden; opp, Abnahmebescheinigung)
(IndE) statement of delivery standard
Werksbuchhaltung *f* (ReW) plant accounting department
Werkschutz *m* (Bw) plant security guard
werkseigener Güterverkehr *m* (com) private freight traffic
Werksferien *pl*
(Bw) vacation close-down
– plant holiday
(ie, complete stopping of work during the holidy period; syn, Betriebsferien)
Werksgebäude *n* (com) factory building
Werksgrundstück *n*
(com) plant site
– factory-site land
werksintern (com) intra-plant
Werkskantine *f* (Pw) works canteen
Werkskontrolle *f* (Stat) manufacturer's quality control
Werkskosten *pl*
(KoR) manufacturing cost *(ie, fixed cost + variable cost related to manufacturing)*
– in-plant costs
Werksleiter *m* (IndE) plant manager
Werksleitung *f* (IndE) plant management
Werksnorm *f* (IndE) company standard
Werksparkassen *fpl* (Bw) company savings banks
Werkspionage *f* (Bw) industrial espionage
Werksprüfung *f* (IndE) manufacturer's inspection
Werksprüfzeugnis *n* (IndE) works test certificate
Werksrabatt *m* (com) factory rebate
Werksselbstkosten *pl* (KoR) factory cost price
Werkstatt *f* (IndE) shop
Werkstattauftrag *m* (IndE) job shop order
Werkstattbestand *m* (MaW) work-in-process inventory
Werkstattfertigung *f*
(IndE) job shop operation
– cellular organization of production
– blocked operation *(ie, term taken over from chemical engineering)*

(ie, Zusammenfassung gleicher Maschinenarbeiten, wie Drehen, Schleifen, Fräsen, am gleichen Ort)

Werkstattfließfertigung *f* (IndE) job shop continuous production

Werkstattkreis *m* (Bw) = Qualitätszirkel

Werkstattleistungen *fpl* (IndE) production shop services

Werkstattmeister *m* (IndE) shop foreman

Werkstattmuster *n* (IndE) shop sample

Werkstattnummer *f* (IndE) shop order number

Werkstattprogrammierung *f* (IndE) shopfloor programming

Werkstattprüfung *f* (IndE) shop test

Werkstattsteuerung *f*
(IndE) shop floor control
(ie, eignet sich für auftragsbezogene Fertigung und für Serienfertigung)

Werkstattzeichnung *f* (IndE) (work)shop/working . . . drawing

Werkstoffe *mpl*
(IndE) materials
(ie, raw materials and supplies, small parts, bought-out standard parts, etc)

Werkstoffgemeinkosten *pl* (KoR) indirect material costs

Werkstoffkosten *pl*
(KoR) cost of materials
(ie, mit Preisen bewertete Verbrauchsmengen an Roh-, Hilfs- und Betriebsstoffen; syn, Materialkosten, Stoffkosten)

Werkstoffplanung *f* (Bw) materials planning

Werkstofftechnik *f* (IndE) materials application technology

Werkstoffverlust *m*
(IndE) loss of feedstock *(ie, difference between startup volume and finished weight)*

Werkstoffzeit *f* (IndE) door-to-door time

Werkstor *n* (com) plant gate

Werksvertreter *m*
(com) manufacturer's agent
– factory representative *(ie, not independent)*

Werkswohnung *f*
(Pw) factory-owned apartment
– factory-owned flat

Werkszeitschrift *f* (com) in-house journal

Werkszeitung *f*
(Bw) in-house
– company
– employee . . . magazine
– house organ

Werkszeugnis *n* (com) mill certificate

Werktag *m* (com) business day

Werkverkehr *m*
(com) plant-operated traffic *(ie, companies carrying their own goods)*
– (US) private carriage
(subterms: Werknahverkehr, Werkfernverkehr)

Werkverkehrsversicherung *f* (Vers) private carriage insurance

Werk *n* **verlegen** (Bw) to relocate a plant

Werkvertrag *m*
(Re) contract for work
(ie, one by which one party, the contractor, promises to produce a work and the other party, the customer, promises to pay for it, §§ 631 ff BGB; the chief criterion being that the contractor is not subject to any control by the customer)

Werkvertragsrecht *n* (Re) law on contracts for work and services

Werkverwaltungsgemeinkosten *pl* (KoR) plant management overhead

Werkzeichnung *f* (com) workshop drawing

Werkzeuganforderung *f* (IndE) tool (issue) order

Werkzeuge *npl*
(ReW) small tools
(EDV) tools
(ie, maschinell unterstützte Verfahren od Methoden, die dem Entwickler die Problemlösung erleichtern)

Werkzeugentnahmeschein *m* (MaW) tools requisition slip

Werkzeuge *npl* **zur schnellen Anwendungsentwicklung**
(EDV) RAD tools *(ie, term is fuzzy; who sells „slow application development tools"? At least all of them offer code generation)*

Werkzeugkosten *pl* (ReW) cost of tools

Werkzeuglager *n* (MaW) tools stores

Werkzeugleiste *f*
(EDV, GUI) toolbar *(ie, panel with icons; syn, Symbolleiste)*

Werkzeugmacher *m* (Pw) toolmaker

Werkzeugmaschine *f*
(IndE) machine tool *(ie, stationary power-driven machine for shaping, cutting, turning, boring, drilling, or polishing solid metal parts)*

Werkzeugmaschinenhersteller *m* (com) machine tool maker

Werkzeugwechselzeit *f* (IndE) tool allowance

Werkzeug *n* **zur Anwendungsentwicklung** (EDV) application design tool

Wert *m* (Vw, Bw) value

Wertaktivitäten *fpl*
(Bw) value-related activities
(ie, primäre W. sind: Eingangslogistik, Produktion, Marketing und Vertrieb, Ausgangslogistik, und Kundendienst)

Wertanalyse *f*
(Bw) value . . . analysis/engineering
(ie, Ziel: bestehende Produkte verbessern od bei gleichbleibenden Eigenschaften verbilligen; Förderung in der Bundesrepublik durch ‚Deutsches Institut für Wertanalyse', Frankfurt; examination of every constituent of a product to make sure that its cost is no greater than is necessary to carry out its function)

Wertansatz *m*
(com) amount stated
(ReW) valuation *(eg, of fixed assets; § 40 HGB)*

Wertaufbewahrungsmittel *n* (Vw) store of . . . value/purchasing power

Wertaufholung *f*
(ReW) reinstatement of original values
– value make-good
(ie, Pflicht zur Zuschreibung auf der Aktivseite, wenn die Gründe für bestimmte nicht planmäßige Abschreibungen weggefallen sind: where the reasons for earlier writedowns to a lower value have ceased to exist; cf, § 280 I BGB)

(StR) increased valuation on previous balance-sheet figures
Wertaufholungsgebot *n*
(ReW) requirement to reinstate original values *(syn, Zuschreibungsgebot)*
Wert *m* **beilegen** (ReW) to attribute value to
Wertberichtigung *f*
(ReW) valuation adjustment
(ie, Wertkorrektur als Posten auf der Passivseite e–r Bilanz für zu hoch angesetzte Aktiva; entry on the liabilities side of a balance sheet, made to offset overvaluation of assets)
Wertberichtigung *f* **auf Anlagevermögen** (ReW) value adjustment of fixed assets
Wertberichtigung *f* **auf Beteiligungen** (ReW) allowance for loss on investments
Wertberichtigung *f* **auf Finanzanlagevermögen** (ReW) (indirect) writedown of permanent investment
Wertberichtigung *f* **auf Forderungen** (ReW) discount on accounts receivable
Wertberichtigung *f* **auf Sachanlagevermögen** (ReW) (indirect) provision for depreciation, depletion, and amortization of plant, property and equipment
Wertberichtigung *f* **auf Substanzverringerung** (ReW) allowance for depletion
Wertberichtigung *f* **auf Umlaufvermögen** (ReW) current-asset valuation adjustment
Wertberichtigung *f* **auf uneinbringliche Forderungen** (ReW) allowance for uncollectible accounts
Wertberichtigung *f* **auf Vorratsvermögen** (ReW) inventory valuation adjustment
Wertberichtigung *f* **auf zweifelhafte Forderungen** (ReW, US) allowance for doubtful accounts
– (GB) provision for doubtful debts
Wertberichtigungen *fpl*
(ReW, EG) value adjustments
(ie, siehe ‚Wertberichtigung‘)
Wertberichtigungen *fpl* **auf Forderungen und Wertpapiere** (Fin) losses incurred or provided for on loans and securities
Wertberichtigungen *fpl* **im Kreditgeschäft** (Fin) losses on loans
Wertberichtigungsaktie *f* (Fin) = Gratisaktie, qv
Wertberichtigungskonto *n*
(ReW) valuation
– absorption
– offset . . . account
(ie, a reserve for depreciation, which contains amounts that will eventually be deducted from amounts in fixed asset accounts)
Wert *m* **der Grundgesamtheit** (Stat) parental value
Wert *m* **der Zentraltendenz** (Stat) central value
Wert *m* **des fortgeführten Unternehmens**
(Bw) going concern value
– enterprise value *(cf, Teilwert nach § 10 BewG)*
Wertebereich *m* (Math) range
Wert erhalten
(WeR) value received *(syn, Wert in Rechnung; obsolete phrase)*
Wertermittlung *f* **bei mehreren Beteiligten** (StR) valuation of an asset owned by more than one person, § 3 BewG
Werterneuerungsfonds *m*
(ReW) earmarked taxable reserve for future price increases of plant and machinery
(syn, Maschinenerneuerungskonto, Werterneuerungskonto)
Wert *m* **e–s Anlagegegenstandes bei Außerbetriebnahme** (ReW) exit price
Wert *m* **e–s Schnittes** (Math) capacity of a cut
Wertetafel *f* (Math) value matrix
Wertetupel *n* (Math) set of variables
Wertevorrat *m* (Math) range
Wertfortschreibung *f*
(StR) adjustment of assessed value, § 22 BewG
(eg, bei Grundstücken und Betriebsvermögen)
Wertgrenze *f* (Zo) value limit
Wertgrenzprodukt *n* (Vw) marginal product in terms of value
Wertgutachten *n* (com) valuation
werthaltige Aktiva *npl* (Fin) valuable assets
Wertkette *f*
(Bw, US) value chain
(ie, M. Porter's coinage: segment your activities into as many ‚value activities‘ as possible and see how each activity affects the others; helps determine what costs are in specific areas)
Wertkontingent *n* (Zo) quota by value
Wertkorrektur *m* (ReW) value adjustment
Wertlehre *f* (Re, Vw) axiology
wertlose Informationen *fpl* (EDV, infml) garbage
wertmäßig
(com) in terms of value
– in value *(eg, exports rose 16% in value)*
– by value *(eg, 30% of the market by value)*
wertmäßige Konsolidierung *f* (ReW) consolidation in terms of value
wertmäßige Verschiedenheit *f* (Re) difference in value
Wertmaßstab *m* (Vw) *(money as)* measure of value
Wertminderung *f*
(Bw) lost usefulness
– loss of serviceability
– decline in economic usefulness *(ie, of fixed-asset items)*
(ReW) impairment of value
Wertminderung *f* **durch Schwund** (com) shrinkage loss
Wertnachnahme *f* (com) delivery by forwarder against payment
Wertnachweis *m* (com) evidence of value
Wertpapier *n*
(WeR) security
– (US + GB) negotiable instrument
(ie, In Form e–r Urkunde verbrieftes Vermögensrecht, zu dessen Ausübung der Besitz der Urkunde erforderlich ist; the English concept is more restricted: English law speaks of it only if holder in due course is prejudiced neither by defects in title of previous holder nor by defenses which might be available against previous holders = Wertpapier i.e.S. = Order- und Inhaberpapier)
Wertpapierabrechnung *f*
(Fin) bought (sold) note
– contract note
Wertpapierabsatz *m* (Fin) marketing of securities

Wertpapierabschreibung *f* (ReW) securities write-off

Wertpapierabteilung *f* (Fin) securities department *(syn, Effektenabteilung)*

Wertpapieranalyse *f*
(Fin) security analysis *(ie, zwecks Bewertung von Kapitalanlagemöglichkeiten; Methoden: Fundamentalanalyse, technische Analyse und Analyse psychologischer Faktoren)*

Wertpapieranalytiker *m*
(Fin) security analyst
(Bö) technical analyst
– stock market analyst
– chartist
– technician
(ie, beurteilt Anlagequalität und inneren Wert sowie Kurschancen von Wertpapieren; evaluates information for the stock market as a whole, as well as for individual securities; syn, Analyst, Analytiker)

Wertpapieranlage *f* (Fin) investment in securities

Wertpapierarbitrage *f* (Fin) arbitrage in securities

Wertpapierart *f* (Fin) category of securities

Wertpapieraufsicht *f* (Fin) securities and investment supervision

Wertpapieraufstellung *f* (Fin) statement of securities

Wertpapierauftrag *m* **ohne Limit** (Bö) unlimited order

Wertpapierauslieferung *f* (Fin) delivery of securities

Wertpapierberatung *f* (Fin) investment counseling

Wertpapierbereinigungsgesetz *n* (Re) Securities Validation Act

Wertpapierbesitz *m* (Fin) security holdings

Wertpapierbesitzer *m* (Fin) security holder

Wertpapierbestand *m*
(Fin) security holdings (*or* portfolio)
– securities portfolio
(ie, may comprise: Anlagebestand, Terminbestand, Handelsbestand, qv)

Wertpapierbewertung *f* (Fin) valuation of securities

Wertpapierbörse *f*
(Bö) stock exchange
– stock market
– securities exchange
– market
(ie, exchanges on the European Continent are often called Bourses)

Wertpapierbranche *f* (Fin) securities industry

Wertpapierdarlehen *n* (Fin) loan on collateral securities

Wertpapierdepot *n*
(Fin) securities portfolio
(Fin) security deposit account

Wertpapierdienstleistungen *fpl* (Fin) securities-related services

Wertpapierdienstleistungsrichtlinie *f* (EG, Fin) Council Directive on Investment Services in the Security Field

Wertpapiere *npl*
(Fin) securities
(Fin, GB) stocks *(ie, includes bonds and equities)*
(ReW, EG) investments

Wertpapiere *npl* **aus dem Markt nehmen**
(Fin) to take up securities
– to take up on the market

Wertpapiere *npl* **beleihen** (Fin) to advance money on securities

Wertpapiere *npl* **der öffentlichen Hand** (Fin) public sector paper

Wertpapiere *npl* **des Anlagevermögens**
(ReW) long-term investments
(ReW, EG) investments held as fixed assets

Wertpapiere *npl* **des Umlaufvermögens**
(ReW) marketable securities
– temporary investments
– current investment
– investments held as current assets
(eg, Aktien, Kuxen, Genußscheine und festverzinsliche Wertpapiere)

Wertpapiere *npl* **i. e. S.**
(WeR) negotiable instruments *(ie, payable to order or bearer; syn, Order- und Inhaberpapiere)*

Wertpapiereigengeschäfte *npl* (Fin) securities transactions for own account

Wertpapiere *npl* **lombardieren** (Fin) to advance money on securities

Wertpapieremission *f* (Fin) security issue

Wertpapiere *npl* **mit Gewinnbeteiligungsansprüchen** (ReW) profit-sharing securities

Wertpapiere *npl* **mit kurzer Laufzeit**
(Fin) short-dated securities *(syn, Kurzläufer)*

Wertpapierengagement *n* (Fin) security portfolio

Wertpapiere *npl* **der Liquiditätsreserve** (Fin) securities included in the liquidity reserve

Wertpapiererträge *mpl* (ReW) income from securities

Wertpapiere *npl* **und Anteile** *mpl* (StR) securities and membership rights, § 11 BewG

Wertpapierfernscheck *m* (Fin) securities transfer order

Wertpapierfinanzierung *f* (Fin) financing through securities

Wertpapierfonds *m* (Fin) security-based investment fund

Wertpapiergeschäft *n*
(Fin) security transaction
(Fin) dealing (*or* trading) in securities
– securities business
– investment business

Wertpapiergiroverkehr *m* (Fin) securities clearing transactions

Wertpapierhandel *m* (Bö) securities trading

Wertpapierhandelsgesetz *n* (Re) Securities Trading Law

Wertpapierhandelshaus *n* (Fin) securities firm

Wertpapierhändler *m*
(Fin) securities . . . dealer/firm
– dealer/trade . . . in securities
– investment dealer

Wertpapierhändler *m* **im Freiverkehr** (Bö) securities dealer

Wertpapierinhaber *m* (Fin) holder of securities

Wertpapierkaufabrechnung *f* (Fin) bought note

Wertpapier-Kenn-Nummer *f*
(Fin) security code number
– security identification code
– (US) CUSIP number

(ie, im dt System Zahlen mit 6 Stellen; used to achieve uniformity in numerical identification; assigned to each security; CUSIP = Committee on Uniform Securities Identification Procedures)

Wertpapier-Kommissionsgeschäft *n* (Fin) stock broking business

Wertpapierkonto *n* (Fin) securities account

Wertpapierkredit *m*
(Fin) credit based on purchase of securities
– lending against securities

Wertpapierkurs *m* (Bö) security price (*or* quotation)

Wertpapierlieferung *f* (Fin) delivery of securities

Wertpapierlombard *m* (Fin) loan on securities

Wertpapiermakler *m* (Fin) stock broker

Wertpapiermarkt *m* (Fin) securities market

Wertpapier *n* **mit geringen Umsätzen** (Bö) low-volume security

Wertpapiernotierung *f* (Bö) quotation

Wertpapier *n* **öffentlichen Glaubens** (WeR) negotiable instrument

Wertpapierpensionsgeschäft *n*
(Fin) repurchase agreement
– repo, RP
(ie, acquisition of funds through the sale of securities, with simultaneous agreement by seller to repurchase them at a later date; rechtlich liegt ein Kaufvertrag mit Rückkaufvereinbarung vor)

Wertpapierplazierung *f* (Fin) placing of securities

Wertpapierportefeuille *n*
(Fin) security holdings
– investment/securities . . . portfolio

Wertpapierposition *f*
(Bö) position *(ie, current trading inventory of security dealer)*

Wertpapierrechnung *f*
(Fin) computation of effective interest rate *(syn, Effektenrechnung)*

Wertpapierrecht *n*
(WeR) law of negotiable instruments
(ie, umfaßt im Englischen nur Order- und Inhaberpapiere)

Wertpapierrendite *f*
(Fin) yield *(ie, on stocks or bonds)*

Wertpapierrückkauf *m* (Fin) repurchase of securities

Wertpapiersammelbank *f*
(Fin) securities clearing and depositing bank
– financial institution operating collective security deposits and giro transfer systems
(ie, an jedem der sieben Hauptbörsenplätze gibt es je e–e W.; verwahrt und verwaltet Wertpapierbestände; Abwicklung „stückelos", durch buchmäßige Übertragung = Effektengiroverkehr; durch die Sammelverwahrung werden gegenüber der Streifbandverwahrung [Einzelverwahrung] Kosten gespart; aus historischen Gründen auch Kassenverein genannt; dies sind:
(1) Bayerische Kassenverein AG;
(3) Frankfurter Kassenverein AG;
(4) Niedersächsische Kassenverein AG;
(5) Norddeutsche Kassenverein AG;
(6) Wertpapiersammelbank Nordrhein-Westfalen und
(7) die Stuttgarter Kassenverein AG)

Wertpapierscheck *m* (Fin) securities transfer order

Wertpapiersparen *n* (Fin) investment saving

Wertpapierstatistik *f* (Bö) securities statistics *(eg, as issued by Deutsche Bundesbank)*

Wertpapierstückelung *f* (Fin) denomination of securities

Wertpapiertausch *m* (Fin) exchange of securities

Wertpapiertermingeschäft *n* (Bö) forward deal in securities

Wertpapiertransaktion *f* (Fin) securities transaction

Wertpapierübertragung *f* (Fin) transfer of securities

Wertpapierumsatz *m* (Bö) volume of trading

Wertpapierumsätze *mpl* (Bö) turnover in securities

Wertpapierverkäufe *mpl* **des Berufshandels** (Bö) shop selling

Wertpapierverkaufsabrechnung *f* (Fin) sold note

Wertpapierverrechnungskonto *n* (Fin) securities clearing account

Wertpapierverwaltung *f* (Fin) portfolio management

Wertpapierzuteilung *f*
(Fin) allotment of securities
(Fin) scaling down

Wertparadoxon *n* (Vw) paradox of value

Wertrechtanleihe *f*
(FiW) government-inscribed debt *(syn, Wertschriftanleihe)*

Wertrechte *npl*
(Fin) loan stock rights
(ie, not evidenced by certificates; used, for instance, in ‚Treuhandgiroverkehr'; syn, Bucheffekten)

Wertrechtsanleihe *f*
(Fin) government-inscribed stock
(ie, Gläubiger werden in Schuldbüchern der Emittenten – Bund, Länder usw – eingetragen)

Wertschhöpfungsquote *f* (Bw) value added to gross turnover

Wertschöpfung *f*
(Bw) value added
– real net output
(ie, a business firm's contribution to the market value of a good or service; that is, output minus input, calculated as a firm's total sales [Verkaufserlöse] less expenditure on goods and services purchased from other firms services purchased from other firms [Vorleistungen])
(VGR) value added
(ie, net value added + nonfactor charges; Unterbegriffe: Bruttowertschöpfung und Nettowertschöpfung, qv)

Wertschöpfungsprozeß *m* (Bw) value-added activities

Wertschöpfungsquote *f* (Bw) value-added quota

Wertschöpfungsstruktur *f*
(Vw) value added pattern *(eg, of the total private sector of the economy)*

Wertschriftanleihe *f* (FiW) = Wertrechtanleihe

Wertschriften *fpl* (Fin) = Wertpapiere, qv

Wertschriftenclearing *n* (Fin) securities clearing

Wertschwankungen *fpl* (ReW) fluctuations in value

Wertsicherungsklausel *f*
(Fin) escalation
– index
– stable-value . . . clause
Wertsteigerung *f*
(com) appreciation
– increase/rise . . . in value
– gain (*or* rise)
(eg, in the value of the € against the $)
Wertsteigerung *f* **durch Neubewertung** (Bw) revaluation surplus
Wertsteigerungsklausel *f* (com) escalation clause
Wertstellung *f*
(com) value date of invoice
(Fin) value (date)
(syn, Valutierung: „Val. per . . .“ or „Wert per . . .“); ie, date on which bank account entry becomes effective)
Wertstellungsgewinn *m*
(Fin) float
(ie, profit from different value dates, created by (arbitrary) processing delays in fund transfers; syn, Valutierungsgewinn, Float)
Wertsteuer *f*
(FiW) ad valorem tax
(ie, Steuer, für die die Steuerbemessungsgrundlage definiert ist, zB, Einkommen, Vermögen, Verkaufspreis; opp, Mengensteuer)
Wertstoff *m*
(com) reusable waste (material)
(ie, obtained in disassembling scrapped equipment, collecting plastic waste, empty bottles, etc)
Werttheorie *f* (Vw) theory of value
Wertübergabe *f* (EDV) pass by value
Wertumsatz *m* (ReW) sales in terms of value
Wert- und Ursprungszertifikat *n* (com) certificate of value and origin
Wertungsgesichtspunkte *mpl* (com) factual criteria
Wertungskriterium *n* (Re) assessment criterion
Wertungswiderspruch *m* (Re) inconsistency in weighing facts
Werturteil *n* (Log) value judgement
Wertverlust *m*
(com) depreciation
– decrease in value
– loss (*or* fall)
(eg, in the value of the € against the $)
Wertzahlen *fpl* (StR) special factors applied to arrive at the fair market value of real property, § 90 BewG
Wertzeichen *n* (com) postage stamp
Wertzoll *m*
(Zo) customs duty ad valorem
– ad valorem duty
(ie, wird mit e–m Prozentsatz des Warenwerts bemessen; imposed at a rate percentage of value)
wertzollbare Waren *fpl*
(Zo) goods subject to ad valorem duty
– ad valorem goods
Wertzollrecht *n* (Re) valuation legislation
Wertzolltarif *m* (Zo) ad valorem tariff
Wertzuschlagklausel *f*
(Vers) premium escalator clause *(ie, to take account of later appreciations)*
Wertzuwachs *m*
(com) appreciation
– accretion
– increase in value
Wertzuwachssteuer *f* (FiW) property increment tax
Wesensgleichheit *f* (Pat) identity
wesentlich (Re) material
wesentlich Beteiligte *mpl* (com) substantial investors, § 17 EStG
wesentliche Bedingung *f* (Re) essential condition
wesentliche Bestandteile *mpl*
(com) essential features (*or* traits)
(Re) integral parts *(eg, of a contract)*
(Re) essential component parts, § 93 BGB
– immovable fixtures
wesentliche Beteiligung *f*
(com) substantial investment (*or* equity holding), § 17 EStG
(Bw) material stock interest *(syn, maßgebliche Beteiligung)*
wesentliche Formvorschriften *fpl* (Re) essential requirements of form
wesentlicher Inhalt *m* (Re) main provisions *(eg, of a contract)*
wesentlicher Wettbewerb *m* (Kart) substantial competition, § 5 a I GWB *(cf, funktionsfähiger Wettbewerb)*
wesentliches Beschaffenheitsmerkmal *n* **e–r Ware**
(Zo) essential character of an article
wesentliches Spiel *n* (OR) essential game
wesentliche Tochtergesellschaft *f* (com) major subsidiary
wesentliche Vereinbarungen *fpl* (Re) essential contract arrangements
wesentliche Vertragsverletzung *f* (Re) fundamental breach of contract
Wesentlichkeit *f*
(ReW) materiality
(ie, Bilanzierungsgrundsatz der Nichterfassung geringfügiger Vorgänge)
Westernstecker *m* (EDV) 8-pin ISDN plug
Westeuropäische Union *f* (EG) Western European Union, WEU
Westinghouse-System *n* (IndE) leveling system
Wettbewerb *m*
(com) competition
(syn, Konkurrenz; may be: tough, intense, powerful, stiff, fierce)
– contest *(eg, for market shares)*
Wettbewerb *m* **ausschalten** (com) eliminate competition
Wettbewerb *m* **beschränken** (com) to impair competition
Wettbewerb *m* **erhalten** (com) to preserve competition
Wettbewerb *m* **fördern** (com) to promote competition
Wettbewerb *m* **lähmen** (com) to render competition inoperative
wettbewerbliche Anreize *mpl* (Bw) competitive incentives
wettbewerbliche Verhaltensmotivation *f* (Vw) spirit of competition
Wettbewerb *m* **regeln** (com) to regulate competition

Wettbewerbsausschluß *m*
(Kart, US) foreclosure *(ie, rivals are unfairly shut out of markets)*
Wettbewerbsbehörde *f* (Re) competition authority
wettbewerbsbeschränkende Abrede *f*
(Kart, US) combination in restraint of trade
(Kart) combination in restraint of competition
wettbewerbsbeschränkender Vertrag *m* (Kart) agreement in restraint of competition
wettbewerbsbeschränkender Zusammenschluß *m*
(Kart) combination in restraint of competition
wettbewerbsbeschränkendes Verhalten *n*
(Kart) competition restraining activities
– (US) restraint of trade
– (GB) restrictive trade practices
wettbewerbsbeschränkende Vereinbarung *f* (Kart) agreement in restraint of competition
Wettbewerbsbeschränkung *f*
(Kart) restraint of competition
– (US) restraint of trade
– (GB) restrictive practices
Wettbewerbsbeschränkungen *fpl* (Vw) barriers to competition
wettbewerbsdämpfend (Kart) tending to restrain competition
Wettbewerbsdruck *m*
(com) competitive pressures
– pressures of competition *(eg, to be immune to . . .)*
wettbewerbsfähig (com) competitive
wettbewerbsfähig bleiben (com) to stay competitive
wettbewerbsfähiger Markt *m*
(Vw) contestable market
(ie, concept developed by Baumol, Panzar, Willing, 1982: unrestricted free entry and exit of market participants; characterized by high efficiency in allocation of factor input)
wettbewerbsfähiger Preis *m* (com) competitive price
Wettbewerbsfähigkeit *f*
(com) competitiveness
(eg, gegenüber = against)
– competitive strength
– competitive edge
– ability to compete (*or* to meet competition) effectively
Wettbewerbsfähigkeit *f* **erhalten**
(com) to keep one's competitive edge
– to retain competitiveness
Wettbewerbsfähigkeit *f* **stärken**
(com) to reinforce one's competitive position
(eg, domestically and internationally)
Wettbewerbsfähigkeit *f* **wiederherstellen** (com) to restore competitiveness
wettbewerbsfeindlich (Kart) detrimental to effective competition
wettbewerbsfeindliches Verhalten *n*
(Kart) anti-competitive . . . behavior/practices
(ie, practices calculated to prevent or distort competition)
Wettbewerbsförderung *f* (Vw) promotion of competition
Wettbewerbsfreiheit *f* (Vw) freedom of competition (*or* to compete)
Wettbewerbsfunktionen *fpl* (Vw) functions of competition
Wettbewerbsgesetz *n* (Kart) Law Against Restraints of Competition, 1957
Wettbewerbsgesetze *npl* (Kart) competition laws
Wettbewerbsgleichheit *f*
(Kart) equality in competition
– equal competitive positions
Wettbewerbsgrad *m* (Vw) level of competition
Wettbewerbshüter *mpl*
(Kart) competition watchdogs
(ie, Berlin-based Federal Cartel Office; Antitrust Division and Federal Trade Commission in U.S.A., Monopolies and Mergers Commission in Great Britain)
wettbewerbsintensiv (com) intensely competitive
Wettbewerbsklausel *f*
(Kart) restraint of competition clause
– non-competition clause
– exclusive service clause
– ancillary covenant against competition
(ie, in employment contracts; syn, Konkurrenzklausel)
Wettbewerbsklima *n* (Bw) competition (*or* competitive) climate
Wettbewerbslage *f* (Bw) competitive position
Wettbewerbsmarkt *m* (Vw) competitive market
Wettbewerbsnachteil *m*
(com) competitive drawback
(eg, to eliminate the . . . for German businesses)
wettbewerbsneutral (Bw) not affecting competition
Wettbewerbsneutralität *f* **herstellen** (StR) to eliminate competitive distortion
Wettbewerbsneutralität *f* **verletzen** (StR) to distort competition
Wettbewerbsnorm *f* (Kart) norm for competition
Wettbewerbspolitik *f* (Vw) competition (*or* competitive) policy
wettbewerbspolitische Gesichtspunkte *mpl* (Vw) aspects of market competition policy
Wettbewerbspreis *m*
(com) competitive price
– free market price
Wettbewerbspreisbildung *f* (Mk) competitive pricing
Wettbewerbsrecht *n*
(Re) competition law
(ie, neben dem Schutz vor unlauterem Wettbewerb (qv) das Recht der Wettbewersbeschränkungen sowie gewerbliche Schutzrechte = unfair competition, restraint in competition, industrial property law)
wettbewerbsrechtliche Konsequenzen *fpl* (Kart) competitive consequences *(eg, of corporate conduct)*
Wettbewerbsregelung *f* (Kart) regulations on competition
wettbewerbsschädigendes Verhalten *n* (Kart, US) competitive injury
wettbewerbsschädliche Kartelle *npl* (Kart) anticompetitive cartels
wettbewerbsschädlicher Zusammenschluß *m* (Kart) combination restraining competition
wettbewerbsschädliches Verhalten *n* (Kart, US) competitive injury

Wettbewerbsschutz *m* (Kart) protection of fair competition

wettbewerbsschwache Branchen *fpl* (Bw) industries ill-equipped to meet competition

Wettbewerbsschwächung *f* (Vw) decline of competitiveness

Wettbewerbsstrategie *f* (Mk) competitive strategy

Wettbewerbsstruktur *f* (Bw) pattern of competition

Wettbewerb *m* **stärken** (com) to reinforce/to strengthen . . . competition

Wettbewerbstheorie *f* (Vw) theory of competition

Wettbewerbsverbot *n*
(Re) prohibition to compete *(ie, applies to commercial clerks, voluntary apprentices, personally liable partners of OHG and KG, and managing board members, §§ 60, 82 a, 112 HGB, § 88 AktG)*

Wettbewerbsvereinbarungen *fpl* (Bw) agreements to limit competition

Wettbewerbsverfälschung *f* (Kart) distortion of competition

Wettbewerbsverhalten *n* (com) competitive behavior

Wettbewerbsverschiebung *f* (Bw) shift in competitive strength

Wettbewerbsverstoß *m* (Kart) anticompetitive violation

Wettbewerbsverzerrung *f*
(Vw) distortion of competitive positions
(eg, among the main industrial countries)
(Kart) distortion of competition
– distorted competition
– competitive distortion

Wettbewerbsvorschriften *fpl* **verletzen** (Kart) to violate (*or* fall foul of) competition rules

Wettbewerbsvorteil *m* (com) competitive advantage (*or* edge) (over)

wettbewerbswidrig (Kart) anticompetitive

wettbewerbswidriges Verhalten *n* (Kart) anticompetitive practice

wettbewerbswidrige Vereinbarung *f* (Kart) anticompetitive agreement

Wettbewerbswirtschaft *f* (Vw) competitive economy

Wettbewerb *m* **verdrängen** (com) to cut out (all) competition

Wettbewerb *m* **verhindern** (com) to block competition

Wettbewerb *m* **verschärfen** (com) to intensify competition

Wettbewerb *m* **verzerren** (com) to distort competition

Wettbewerb *m* **zwischen verschiedenen hierarchischen Ebenen** (Bw) vertical strain

wettmachen (com) to recover *(eg, earlier losses)*

WG (WeR) = Wechselgesetz

Wichte *f* (EDV) stroke weight

wichtiger Grund *m*
(com) substantial/compelling . . . reason
(Re) good cause
(ie, substantial reason; legally sufficient ground or reason)
(Pw) cause
(ie, as in the phrase ‚dimissed for cause' = aus wichtigem Grund entlassen)

wichtiger Kunde *m* (com) key customer

Wicksellscher Prozeß *m* (Vw) Wicksellian cumulative process

Wicksells Idealbank *f* (Vw) Wicksell's ideal bank

Widerklage *f* **erheben** (Re) to advance a counterclaim in legal proceedings, § 33 ZPO

Widerklagen *fpl* (Re) counter and cross claims

widerlegliche Vermutung *f*
(Re) rebuttable
– inconclusive
– disputable . . . presumption
(ie, may be invalidated by proof or stronger presumption; opp, unwiderlegliche Vermutung = absolute/irrebuttable/irrefutable . . . presumption, qv)

Widerlegung *f* (Log) refutation

widerrechtliche Aneignung *f* (Re) misappropriation

widerrechtliche Drohung *f* (Re) unlawful threat, § 123 BGB

widerrechtlicher Besitz *m* (Re) unlawful possession

Widerruf *m*
(Re) cancellation
– rescission
– revocation

Widerruf *m* **der Zulassung** (ReW) revocation of license to practise, § 11 WPO

widerrufen
(Re) to revoke
– to rescind
– to annul
– to nullify
– to void

Widerruf gültig (Bö) good till canceled

widerrufliche Bezugsberechtigung *f* (Vers) revocable appointment of beneficiary

widerrufliches Akkreditiv *n* (Fin) revocable letter of credit

Widerrufsrecht *n* (Re) right to . . . annul/cancel/revoke

Widerspruch *m* **einlegen** (Re) to file an objection

widersprüchliche Aussage *f* (Log) inconsistent statement

widersprüchliche Gleichungen *fpl* (Math) inconsistent equations

widerspruchsfrei (Log) consistent

widerspruchsfreie Gleichungen *fpl* (Math) consistent equations

Widerspruchsfreiheit *f*
(Log) consistency
(ie, a set of propositions is consistent when no contradiction can be derived from the joint assertion of the propositions in the set)

Widerspruchsklage *f* (StR) third-party action against execution, § 262 AO

Widerspruchsprinzip *n*
(Log) law of contradiction
(ie, p and q cannot be both true and false, at the same time and in the same respect)

Widmungsexemplar *n*
(com) complementary
– courtesy
– author's . . . copy
(syn, Autorenexemplar, Dedikationsexemplar)

wie besehen (com) = wie besichtigt
wie besichtigt
(com) as inspected *(opp, wie die Ware liegt und steht)*
Wiedekaufhäufigkeit *f* (Mk) rebuy frequency
Wiederanlage *f* (Fin) reinvestment
Wiederanlagerabatt *m* (Fin) reinvestment discount
Wiederanlagerecht *n* (Fin) reinvestment privilege
Wiederanlage *f* **von Ertragsausschüttungen** (Fin) reinvestment of distributed earnings
Wiederanlauf *m*
(EDV) rerun
– restart
wieder anlaufen lassen (EDV) to restart
wiederanlauffähig (EDV) restartable
Wiederanlaufkosten *pl* (Bw) restarting costs
Wiederanlaufpunkt *m* (EDV) restart point
Wiederanlaufroutine *f* (EDV) restart routine
wiederanlegen (Fin) to reinvest
wieder ansteigen
(com) to rebound
(eg, index, sales)
Wiederaufbaubank *f* (Fin) = Kreditanstalt für Wiederaufbau
Wiederaufbereitungsanlage *f*
(IndE) reprocessing plant
– reclamation mill
wiederauffinden (EDV) to retrieve
Wiederauffinden *n* **von Informationen**
(EDV) information retrieval *(ie, esp. through the use of a computerized system)*
wiederaufgelebt (com) revived
wiederaufgenommene Anmeldung *f* (Pat) renewal application
Wiederaufleben *n* **e–r Versicherung** (Vers) reinstatement of a policy
Wiederaufschwung *m* (Vw) economic recovery
Wiederaufstockung *f* **des Kapitals** (Fin) issue of additional stock
Wiederausfuhr *f*
(Zo) re-exportation *(syn, Re-Export)*
Wiederausfuhranmeldung *f* (Zo) re-export document
Wiederausfuhrbehandlung *f* (Zo) clearance on re-exportation
Wiederausfuhrbescheinigung *f* (Zo) re-exportation certificate
wiederausführen (Zo) to re-export
Wiederausführer *m* (Zo) re-exporter
Wiederausfuhrhandel *m*
(AuW) re-export trade
– entrepot trade
Wiederausfuhr-Kontrolle *f* (AuW) = Endanwender-Kontrolle, qv
Wiederberufung *f* (Re) reappointment
Wiederbeschaffung *f* (Bw) replacement
Wiederbeschaffungskosten *pl*
(ReW) replacement cost *(syn, Wiederbeschaffungswert)*
Wiederbeschaffungsmodell *n* (OR) replacement model
Wiederbeschaffungspreis *m*
(ReW) replacement price *(syn, Wiederbeschaffungskosten)*
Wiederbeschaffungsrestwert *m* (ReW) written-down current replacement cost
Wiederbeschaffungsrücklage *f*
(ReW) replacement reserve
– amount set aside for replacement
Wiederbeschaffungsversicherung *f* (Vers) replacement insurance
Wiederbeschaffungswert *m* (ReW) replacement value
Wiederbeschaffungszeit *f*
(Bw) reorder cycle
– lead time
Wiedereindeckungsrisiko *n* (Fin) replacement risk
Wiedereinfuhr *f* (Zo) re-importation
wieder einführen
(Vw) to reimpose *(eg, exchange controls)*
(Zo) to re-import
Wiedereinführer *m* (Zo) re-importer
Wiedereingliederung *f* **in das Erwerbsleben** (Pw) vocational reintegration
Wiedereinsetzung *f* **in den vorigen Stand**
(Re) restoration (*or* restitution) to the previous condition
– reinstatement
– *(civil law)* restitutio in integrum
wiedereinstellen
(Pw) to rehire
– to reinstate
– to reemploy
– to recall
Wiedereinstellung *f*
(Pw) rehiring
– re-engagement
– re-employment
Wiedererkennungsverfahren *n*
(Mk) recognition test
(syn, Wiedererkennungsprüfung)
wiedereröffnen (com) to reopen
Wiedereröffnung *f* (com) reopening
wiedererstatten
(com) to pay back
– to refund
– to reimburse
– to repay
– to return
Wiedererstattung *f*
(com) refund
– reimbursement
– repayment
– return
Wiederfangstichprobe *f* (Stat) capture-release sample
Wiedergewinnung *f*
(Fin) recovery
– payoff
Wiedergewinnungsfaktor *m*
(Fin) capital recovery factor *(ie, applied in preinvestment analysis = Investitionsrechnung; syn, Annuitätsfaktor, Kapitaldienstfaktor)*
Wiedergewinnungszeit *f*
(Fin) recovery time
– payback time (*or* period)
– payout time
Wiedergutmachungsleistungen *fpl* (Re) compensation for injury or damage sustained as a result of war hostilities or political persecutions

Wiederherstellungsklausel *f* (Vers) replacement clause
Wiederherstellungswert *m* (ReW) = Reproduktionswert
Wiederholbarkeitsvarianz *f* (Stat) repeatability variance
wiederholen (EDV) to rerun
Wiederholgenauigkeit *f* (IndE) = Präzision, qv
wiederholte Folgeausbildung *f* (Pw) recurrent education
Wiederholung *f* (EDV) retry
Wiederholungsadressierung *f* (EDV) repetitive addressing
Wiederholungsanforderung *f* (EDV) automatic request for repetition
Wiederholungsbefehl *m* (EDV) repetition instruction
Wiederholungsbudget *n* (FiW) rollover budget
Wiederholungsgenauigkeit *f* (Stat) = Präzision, qv
Wiederholungskäufe *mpl* (com) repeat buying
Wiederholungslauf *m* (EDV) rerun
Wiederholungsnachfrage *f* (Mk) repeat demand
Wiederholungsrabatt *m*
(Mk) rebate granted for repeat advertising *(syn, Malrabatt)*
Wiederholungsstichprobe *f* (Mk) replication
Wiederholungsverfahren *n* (Stat) test-retest technique
Wiederinkraftsetzung *f*
(Vers) reinstatement
– renewal
wiederkaufen (com) to repurchase
Wiederkäufer *m* (com) repurchaser
Wiederkaufrate *f*
(Mk) rebuy rate *(syn, Bedarfsdeckungsrate)*
Wiederkaufsrecht *n* (Re) right of repurchase, §§ 497 ff BGB
wiederkehrende Bezüge *pl* (StR) = wiederkehrende Leistungen
wiederkehrende Leistungen *fpl* (Re) recurrent . . . payments/benefits
wiederkehrende Nutzungen *fpl* **und Leistungen** *fpl* (StR) recurrent payments and other benefits, §§ 13–16 BewG
wiederkehrende Zahlungen *fpl* (Fin) periodical payments
Wiederverheiratung *f* (StR) remarriage
Wiederverkauf *m* (com) resale
wiederverkaufen (com) to resell
Wiederverkäufer *m* (com) reseller
Wiederverkäuferrabatt *m*
(com) trade discount
(Fin) re-allowance
Wiederverkaufspreis *m* (com) resale price
Wiederverkaufspreismethode *f* (StR) resale price method *(see: Fremdvergleich)*
Wiederverkaufsrecht *n* (com) right of resale
Wiederverkaufswert *m* (com) resale value
Wiederverwendbarkeit *f* (EDV) reusability
Wiederverwertung *f*
(com) recycling
– salvage
Wiederverwertungsquote *f* (com) recycling rate
Wiederverwertungsrate *f* (com) recycling rate
Wiedervorlage *f* (com) re-submission
Wiedervorstellung *f*
(Stat) re-submission *(ie, of an inspection lot)*
Wiederwahl *f*
(Pw) re-election
– recall
(eg, of an elected board member)
wie die Ware liegt und steht
(com) as is
(opp, wie besichtigt, wie gesehen; Handelsklausel: Haftung für alle [auch verborgene] Sachmängel ist ausgeschlossen)
Wiegegeld *n* (com) weighting charge
Wiegezertifikat *n* (com) weight certificate
Wiener Schule *f* (Vw) Austrian School of Economic Thought
wilder Eigenkapitalmarkt *m* (Fin) unorganized equity market
wilder Streik *m*
(Pw) illegal
– wildcat
– unauthorized . . . strike
wilde Schwingung *f* (EDV) race condition
Wille *m* **der Parteien** (Re) intention of the parties
Willensbildung *f* (Bw) decision making
Willensbildungszentrum *n* (Bw) decision-making center
Willenseinigung *f*
(Re) agreement
– mutual assent
– meeting (*or* union) of minds
– *(civil law)* assensio mentium
– consensus ad idem
(ie, necessary for the creation of a valid contract)
Willenserklärung *f*
(Re) declaration of intention
– manifestation of intent
Willensmängel *mpl*
(Re) defects of legal intent
(ie, gesetzlich geregelt: geheimer Vorbehalt, Scheingeschäft, Scherzerklärung, Irrtum, Übermittlungsirrtum, arglistige Täuschung, widerrechtliche Drohung, Formmangel, Gesetzwidrigkeit, Sittenwidrigkeit, fehlende/beschränkte Geschäftsfähigkeit; cf, §§ 116 ff BGB)
Willenstheorie *f*
(Re) doctrine of real intention
(ie, invoked in formation of contract)
Willensübereinstimmung *f* (Re) = Willenseinigung
Wille *m* **zum Wettbewerb** (Kart) spirit of competition
Willkürfreiheit *f* (com) neutrality
willkürliche Annahme *f* (Log) arbitrary assumption
willkürliche Auswahl *f*
(Stat) convenience sampling
(ie, Auswahl aufs Geratewohl)
willkürliche Benachteiligung *f* (Re) arbitrary discrimination
willkürliche Funktion *f* (Math) arbitrary function
willkürliche Konstante *f* (Math) arbitrary constant
willkürlicher Parameter *m* (Math) arbitrary parameter
willkürliche Umwidmung *f* (ReW) discretionary regrouping

Windfall-Profits *pl*
(com) windfall profits
(ie, im Erdöl- und Erdgassektor; siehe hierzu Problem der Förderabgabe nach § 31 BBergG)
Windhandel *m* (Bö) = Leerverkauf
Windhundverfahren *n*
(com) first-come-first-served technique
(FiW) allocation of funds on a first-come-first-served basis
(ie, vor allem Zuteilungsverfahren bei der Subventionsvergabe; Bearbeitung in der Reihenfolge ihres Eingangs)
windowed (EDV) mit Fensterfunktion
Window-Programm *n*
(EDV) window program *(syn, Programm mit Fenstertechnik)*
Windprotest *m*
(WeR) protest for absence (of drawer) *(syn, Abwesenheitsprotest)*
Windungspunkt *m*
(Math) branch point *(ie, of Rieman surface)*
Winkeltransformation *f* (Math) angular transformation
Winkelverwandtschaft *f* (Math) angular relationship
Winterbauförderung *f* (Vw) promotion of winter construction
Wintergeld *n* (Pw) winter bonus *(cf, § 83 AFG)*
Winterschlußverkauf *m* (com) winter sales
Winterzeit *f*
(com) standard time
(opp, Sommerzeit = daylight saving time)
wir behalten uns vor . . . (Re) we reserve the right to . . .
wirkliche Adresse *f*
(EDV) real address
(opp, virtual address)
wirkliche Tara *f*
(com) real tare *(syn, reelle Tara)*
wirksam
(Re) effective
– operative
wirksame Nachfrage *f* (Vw) effective demand
wirksamer Wettbewerb *m* (Vw) = funktionsfähiger Wettbewerb, qv
Wirksamkeit *f*
(Stat) effectiveness
(Bw) efficiency
– effectiveness
– efficacy
wirksam werden
(Re) to become effective (*or* operative)
– to take effect
– to come (*or* enter) into force
wirkt für und gegen (Re) is operative for and against
Wirkung *f* (com) effect *(ie, follows necessarily from a cause)*
– consequence *(ie, follows more remotely from a cause)*
– impact *(ie, impelling or compelling; eg, impact of high tech on society)*
– efficacy *(eg, of a drug)*
Wirkung *f* **e–s Vertrages** (Re) effect (*or* operation) of a contract
Wirkung *f* **gegenüber Dritten** (Re) effect (*or* operation) as against third parties
Wirkung *f* **kraft Gesetzes** (Re) operation by law
Wirkungsanalyse *f* (Bw) impact (*or* consequences) analysis *(eg, in project evaluation)*
Wirkungsvariable *f* (Stat) effect variable
Wirkungsverzögerung *f*
(Vw) operational
– policy-effect
– time . . . lag
Wirtschaft *f*
(Vw) economy (as a whole)
– trade and industry
– business sector
(Bw) business . . . community/world
(ie, all business enterprises as a whole)
Wirtschaft *f* **ankurbeln** (Vw) to give a boost to the economy *(eg, by fiscal action)*
Wirtschaft *f* **in Ordnung bringen** (Vw, infml) to put the economy to rights
wirtschaftlich
(Vw) economic
(ie, related to trade and industry and to economics)
(Bw) economical
– economy . . .
– cost-effective
– low-cost
– money-saving
wirtschaftlich abhängig (com) economically dependent
wirtschaftlich angemessene Darstellung *f* (ReW) fair representation
wirtschaftliche Abhängigkeit *f* (com) economic dependence
wirtschaftliche Abschreibung *f* (Bw) functional depreciation
wirtschaftliche Anreize *mpl* (com) economic incentives
wirtschaftliche Beratung *f*
(com) commercial consulting
– advisory services of a commercial nature
wirtschaftliche Betrachtungsweise *f*
(StR) economic approach
(ie, fundamental rule controlling the application and interpretation of all German tax laws, § 1 I StAnpG; vor formaljuristischer Form = over legal form)
(StR) substance over form
wirtschaftliche Bewegungsfreiheit *f*
(Kart) scope of economic activity, § 13 I GWB
– freedom of economic action
wirtschaftliche Druckmittel *npl* (Kart) economic pressure
wirtschaftliche Eingliederung *f* (Vw) economic integration
wirtschaftliche Einheit *f* (StR) economic unity *(ie, the object of valuation, consisting of one or several assets belonging to the same owner, § 2 BewG)*
wirtschaftliche Entwertung *f* (ReW) non-physical depreciation (of assets)
wirtschaftliche Entwicklung *f*
(Vw) economic development
(Vw) course of the economy
– general thrust of the economy

wirtschaftliche Erholung *f*
(Vw) economic recovery
– pickup in economic activity
– rebound (*or* upswing) in the economy
wirtschaftliche Gründe *mpl*
(com) commercial (*or* economic) reasons
(ie, depending on the context)
wirtschaftliche Hauptsektoren *mpl*
(Vw) main economic sectors
(ie, primary, secondary, and tertiary sectors)
wirtschaftliche Kapazität *f*
(Bw) economic capacity
(ie, output potential at the cost optimum, mostly 85 % of maximum capacity)
wirtschaftliche Konzentration *f* (Vw) economic (*or* industrial) concentration
wirtschaftliche Leistung *f* (Vw) economic performance
wirtschaftliche Losgröße *f* (IndE) minimum-efficient size, MES
wirtschaftliche Mobilität *f* (Vw) industrial mobility
wirtschaftliche Nutzungsdauer *f* (Bw) economic life
wirtschaftlicher Aufstieg *m*
(Vw) takeoff
(ie, of a developing economy, W. Rostow)
wirtschaftlicher Dualismus *m* (Vw) dual economy
wirtschaftliche Realität *f* (Vw) economic reality
wirtschaftliche Rechte *npl* (AuW) commercial claims
wirtschaftliche Rechtsstreitigkeiten *fpl* (Re) business disputes
wirtschaftlicher Eigentümer *m*
(Re) beneficial/equitable . . . owner
(opp, legal or nominal owner)
wirtschaftliche Restriktionen *fpl* (Bw) economic constraints
wirtschaftlicher Geschäftsbetrieb *m*
(StR) planned economic activities, § 2 III GewStG
(ie, wider in scope than the term ‚business'; it may include hospitals, homes for the aged or sick, and recreation centers operated by organizations)
wirtschaftlicher Sektor *m*
(Vw) branch of economic activity
– economic sector
– business sector
wirtschaftlicher Umsatz *m* (VGR) sales on an accrual basis
wirtschaftlicher Verein *m*
(Re) incorporated society established for economic purposes
(ie, this need not include the acquisition of profits, § 22 BGB)
wirtschaftlicher Wert *m*
(Vw) want-satisfying ability *(ie, of goods)*
wirtschaftlicher Zusammenbruch *m* (Vw) complete economic breakdown
wirtschaftlicher Zusammenhang *m* (StR) economic connection (*or* relationship), § 9 I No. 1 EStG
wirtschaftlicher Zwang *m* (Re, US) commercial compulsion
wirtschaftliche Sanktionen *fpl* (Vw) = Wirtschaftssanktionen
wirtschaftliches Eigentum *n* (StR) beneficial ownership
wirtschaftliches Ergebnis *n* (com) economic performance
wirtschaftliches Gut *n*
(Vw) economic good
– commodity
wirtschaftliches Klima *n* (Bw) economic climate
wirtschaftliches Risiko *n* (Bw) commercial risk
wirtschaftliche Streitigkeiten *fpl* (Re) commercial disputes
wirtschaftliche Struktur *f* (Vw) economic structure
wirtschaftliches Umfeld *n* (Bw) economic environment
wirtschaftliches Ungleichgewicht *n* (Vw) economic disequilibrium
wirtschaftliches Verhalten *n* (Vw) economic behavior
wirtschaftliche Tätigkeit *f*
(com) economic activity
(ie, of any person or entity)
wirtschaftliche Tätigkeit *f* **des Staates** (FiW) public-sector economic activity
wirtschaftliche Überholung *f*
(Bw) economic obsolescence *(ie, due to causes other than wear and tear)*
wirtschaftliche und monetäre Integration *f* (EG) economic and monetary integration
wirtschaftliche Untereinheit *f* (StR) economic subunit, § 19 BewG
wirtschaftliche Vergeltungsmaßnahmen *fpl* (Vw) economic reprisals
wirtschaftliche Vorgänge *mpl* (Vw) economic processes
wirtschaftliche Ziele *npl* (Vw) economic goals (*or* objectives *or* ends)
wirtschaftliche Zusammengehörigkeit *f* (StR) appropriation of several individual assets to a common economic purpose, § 2 BewG
Wirtschaftlichkeit *f*
(Bw) economic/operational . . . efficiency
– economics
(ie, income/expenditure or production/costs)
Wirtschaftlichkeitsanalyse *f*
(Bw) economic feasibility study
(Bw) economic analysis
Wirtschaftlichkeitsberechnung *f* (Bw) = Wirtschaftlichkeitsrechnung
Wirtschaftlichkeitsprinzip *n*
(Bw) efficiency rule
(ie, to produce at a given rate with lowest cost; or to produce at the highest rate with the same cost; syn, ökonomisches Prinzip, Rationalprinzip)
Wirtschaftlichkeitsrechnung *f*
(Bw) economy (*or* efficiency) calculation
– evaluation (*or* assessment) of economic efficiency
– estimate of operating economy
– feasibility study
(Fin) capital budgeting
– capital expenditure evaluation
– evaluation of investment alternatives
– investment appraisal
– preinvestment analysis

(ie, method of comparing the profitability = Vorteilhaftigkeit of alternative investment projects; syn, Rentabilitätsrechnung)
Wirtschaftlichkeitsstudie *f* (Bw) economic analysis
wirtschaftlich orientierte Prognose *f*
(Bw) economic forecast
(eg, in marketing or any other segment of corporate activity)
wirtschaftlich selbständig (Bw) economically independent
wirtschaftlich selbständige Teileinheit *f* (Fin) foreign entity
Wirtschaftsabkommen *n* (Re) economic accord *(eg, on cooperation in trade and science)*
Wirtschaftsablauf *m* (Vw) workings of the economy
Wirtschaftsaufschwung *m* (Vw) economic upswing
Wirtschaftsausschuß *m*
(com) committee on economic affairs
(Pw) joint management-employee economic committee
Wirtschaftsbarometer *n* (Vw) business barometer
Wirtschaftsbau *m* (com) commercial-construction sector
Wirtschaftsbauten *mpl*
(com) industrial and commercial buildings *(syn, gewerbliche-industrielle Bauten)*
Wirtschaftsbelebung *f* (Vw) economic recovery
wirtschaftsberatende Berufe *mpl* (Bw) business consulting professions
Wirtschaftsberater *m* (com) economic adviser
Wirtschaftsbereich *m*
(Vw) sector of the economy
– economic sector
– branch of the economy
– industry
(Vw) branch of economic activity
Wirtschaftsbereichspolitik *f* (Vw) sectoral economic policy
Wirtschaftsbetriebe *mpl* **der öffentlichen Hand**
(FiW) = öffentliche Wirtschaftsbetriebe
Wirtschaftsbeziehungen *fpl* (Vw) economic (*or* trade) relations
Wirtschaftsblockade *f* (AuW) economic blockade
Wirtschaftsdemokratie *f* (Vw) economic democracy
Wirtschaftseinheit *f*
(Vw) economic unit (*or* entity)
– business entity
(opp, legal entity)
Wirtschaftsentwicklung *f* (Vw) economic development
Wirtschaftsergebnis *n* (ReW) operating result
Wirtschaftsfachverband *m* (Bw) business association
Wirtschaftsflüchtling *m* (com) economic migrant
Wirtschaftsförderungsmaßnahmen *fpl* (Vw) measures to spur the economy
Wirtschaftsform *f* (Vw) economic system
Wirtschaftsforschung *f* (Vw) economic research
Wirtschaftsforschungsinstitut *n* (Vw) economic research institute
Wirtschaftsgebiet *n* (AuW) economic area
Wirtschaftsgebilde *n* (Bw) business/economic . . . entity
Wirtschaftsgenossenschaft *f* (Re) commercial cooperative
Wirtschaftsgeographie *f* (com) commercial (*or* economic) geography
Wirtschaftsgeschehen *n* (Vw) economic affairs (*or* matters)
Wirtschaftsgeschichte *f* (Vw) economic history
Wirtschaftsgesellschaft *f* (Vw) economic society
Wirtschaftsgesetz *n*
(Re) law affecting the economy as a whole
(opp, law regulating restricted areas, such as a tax law)
Wirtschaftsgipfel *m* (Vw) economic summit
Wirtschaftsgut *n*
(Vw) commodity
– (sometimes also) a good
(Bw) (income-producing) asset
– business asset
– economic good
(ie, all items of economic value that are appropriated to the use of a business and can be capitalized, including privileges, rights, concessions, § 2 BewG)
Wirtschaftsgüter *npl*
(ReW) assets and liabilities
(Mk) merchandise *(syn, Handelsgüter)*
Wirtschaftsgüter *npl* **zur Erzielung von Einkünften** (StR) income-producing assets
Wirtschaftsgut *n* **mit begrenzter Nutzungsdauer**
(Bw) limited-life asset
– wasting asset
Wirtschaftshilfe *f* (AuW) economic aid
Wirtschaftsinformatik *f*
(EDV) business data processing
(ie, a subset of computer science = Informatik)
Wirtschaftsjahr *n*
(com) business
– financial
– fiscal . . . year
(StR) taxable year
Wirtschaftsjargon *m*
(com) business jargon
– (sl) business speak
Wirtschaftsjournalist *m* (com) business journalist
Wirtschaftsjurist *m* (Re) industrial/business . . .
Wirtschaftskapitän *m*
(com) captain of industry *(syn, Großindustrieller)*
Wirtschaftskreise *mpl* (Bw) business community
Wirtschaftskreislauf *m* (Vw) circular flow
Wirtschaftskrieg *m* (Vw) economic warfare
Wirtschaftskriminalität *f* (Re) white-collar crime
Wirtschaftskrise *f* (Vw) economic crisis
Wirtschaftskurs *m* (Vw) general thrust of economic policy
Wirtschaftsleben *n* (Vw) economic life
Wirtschaftslehre *f* **der öffentlichen Unternehmung**
(Bw) economics of public enterprises
Wirtschaftslehre *f* **der öffentlichen Verwaltung**
(Bw) economics of public administration
Wirtschaftsleistung *f* (Vw) economic performance
Wirtschaftsmacht *f* (Vw) economic (*or* industrial) power

Wirtschaftsmagazin *n* (com) business magazine
Wirtschaftsmathemathik *f* (Math) business mathematics
Wirtschaftsministerium *n* (com) Economics Ministry
wirtschaftsnah (com) close to economic reality
Wirtschaftsordnung *f* (Vw) economic order *(ie, no conceptual equivalent in English; near-synonyms: Wirtschaftssystem, Wirtschaftsverfassung)*
Wirtschaftspädagogik *f*
(Pw, *roughly*) economic and business pedagogics *(ie, deals with principles and practice of training teachers for technical and vocational schools)*
Wirtschaftsplanung *f* (Vw) economic planning
Wirtschaftspolitik *f* (Vw) economic policy
Wirtschaftspolitiker *m* (Vw) economic policy-maker
wirtschaftspolitische Bedingungen *fpl* (Vw) economic policy conditions
wirtschaftspolitische Beratung *f* (Vw) economic counseling
wirtschaftspolitische Grundprobleme *npl* (Vw) fundamental issues concerning the management of the national economy
wirtschaftspolitisches Instrumentarium *n*
(Vw) instruments of economic policy
– economic policy mix
wirtschaftspolitisches Rezept *n* (Vw) economic policy solution
wirtschaftspolitische Ziele *npl*
(Vw) economic goals
(Vw) economic targets
(ie, usu numberized)
wirtschaftspolitische Zusammenarbeit *f*
(Vw) economic cooperation
– policy collaboration
Wirtschaftspotential *n* (Vw) economic strength
Wirtschaftspraxis *f*
(com) business *(eg, in actual business)*
(Bw) business practices
(Re) mercantile custom
Wirtschaftspresse *f*
(com) business press
(com) commercial press
Wirtschaftsprozeß *m* (Vw) economic process
Wirtschaftsprüfer *m*
(ReW) qualified auditor
(ReW, US) certified public accountant, CPA
(ReW, GB) chartered accountant, CA
Wirtschaftsprüferkammer *f* (ReW) Chamber of Auditors
Wirtschaftsprüferordnung *f* (ReW) ordinance for the public accounting profession
Wirtschaftsprüferverordnung *f* (Re) Law Regulating the Profession of Certified Public Accountants, of 24 July 1961
Wirtschaftsprüfung *f*
(ReW) auditing
(ReW) audit
Wirtschaftsprüfungsgesellschaft *f*
(ReW) auditing . . . company/firm
– CPA . . . partnership/company
– CPA firm
(ie, either incorporated or unincorporated)
– (loosely) certified accountants
Wirtschaftsprüfungsstelle *f* (ReW) auditing agency
Wirtschaftsrechnen *n* (com) business/commercial . . . arithmetic
Wirtschaftsrechnung *f*
(Stat) sample survey
(ie, made by the Federal Statistical Office)
Wirtschaftsrecht *n*
(Re) Law of the Economy
– Economic Law
(ie, the majority view in Germany is that ‚Wirtschaftsrecht' is to be a subdivision of Administrative Law)
Wirtschaftsredakteur *m*
(com) financial editor
– (GB) City editor
Wirtschaftsreform *f* (Vw) economic reform
Wirtschaftssanktionen *fpl*
(Vw) economic (*or* trade) sanctions
– economic reprisals
Wirtschaftssektor *m* (VGR) sector of economic activity
Wirtschaftsspionage *f*
(Bw) economic espionage
– industrial spying
Wirtschaftssprache *f*
(com) language of business
– (infml) business jargon
Wirtschaftsstabilität *f* (Vw) economic stability
Wirtschaftsstatistik *f* (Stat) business (*or* economic) statistics
Wirtschaftsstrafrecht *n* (Re) company criminal law
Wirtschaftsstraftat *f* (Re) white collar crime
Wirtschaftsstruktur *f* (Vw) economic structure
Wirtschaftsstufe *f* (Vw) stage in the economic process
Wirtschaftssubjekt *n*
(Vw) economic unit
– transactor
Wirtschaftssystem *n*
(Vw) economic system
(ie, Wirtschaftssystem and Wirtschaftsordnung are often used side by side; generally the term is variously defined, depending upon the school of economic thought)
Wirtschaftsteil *m*
(StR) operating properties *(ie, of an agricultural establishment, § 34 I BewG)*
Wirtschaftstheoretiker *m* (Vw) economic theorist
Wirtschaftstheorie *f* (Vw) economic theory
Wirtschaftstypen *mpl* (Bw) types of economic units
Wirtschafts- und Sozialausschuß *m* (EG) Economic and Social Committee
Wirtschafts- und Sozialwissenschaftlicher Fakultätentag *m* (com) Association of University Teachers of Business Administration
Wirtschafts- und Währungsintegration *f* (EG) economic and monetary integration
Wirtschafts- und Währungsunion *f* (EG) economic and monetary union, EMU
Wirtschaftsunion *f* (Vw) economic union
Wirtschaftsunternehmen *n* (Bw) business enterprise

Wirtschaftsverband *m*
(com) industrial (*or* trade) association
– federation of . . .
Wirtschaftsverbrechen *n* (Re) white-collar crime
Wirtschaftsverfassung *f*
(Re) constitution of the economy
(ie, covering relations between government and private enterprise, fundamental rights such as freedom of contract and of industrial/commercial activity, and the definition of public power)
Wirtschaftsverflechtung *f* (com) business complexity
Wirtschaftsverwaltung *f*
(Re) administration of the economy
(ie, concerned with the machinery and the procedures necessary for the exercise of public powers)
Wirtschaftswachstum *n*
(Vw) economic growth
– expansion of business activity
Wirtschaftswert *m*
(StR) economic value *(ie, of an agricultural establishment: assessed value reduced by the rental value of the residential buildings that belong to it)*
Wirtschaftswissenschaft *f*
(Vw) economics *(syn, Volkswirtschaftslehre, Nationalökonomie, Sozialökonomie)*
wirtschaftswissenschaftliche Fachsprache *f* (Vw) economic jargon
Wirtschaftswunder *n*
(Vw) economic miracle
(ie, the rapid rise in economic development, industrial production, and personal affluence that occurred in West Germany after World War II)
Wirtschaftszeitreihe *f* (Stat) economic time series
Wirtschaftszeitung *f* (com) business paper
Wirtschaftszweig *m*
(Vw) branch of economic activity
(Bw) industry
– branch of industry
– trade
(Kart, US) line of commerce *(cf, Sec 7 of Clayton Act 1914)*
(com) industry segment
Wirtschaft *f* **unterbeschäftigen** (Vw) to operate the economy below its supply capabilities
Wirtschaft *f* **wächst**
(Vw) economy expands
(eg, at a 1.7% rate)
wissensbasierter Konfigurator *m* (Mk) knowledge-based configurator
wissensbasiertes System *n* (EDV) knowledge-based system
Wissensbasis *f*
(EDV) knowledge base
(ie, Fundament e–s Espertensystems, qv; syn, Regelbasis)
Wissenschaftlicher Beirat *m*
(Vw) Scientific Advisory Council
(eg, attached to the Ministry of Economics)
wissenschaftlicher Rechner *m* (EDV) scientific computer
wissenschaftlicher Zoll *m* (Zo) scientific tariff
wissenschaftliche Unternehmensführung *f* (Bw) scientific management
Wissenschaftstheorie *f* (Log) general philosophy of science
Wissenserwerb *m* (EDV) knowledge acquisition
Wissensexplosion *f* (EDV) information explosion
wissensorientiertes System *n* (EDV) = Expertensystem
Wissensstand *m* (Log) present body of knowledge
Witteveen-Fazilität *f*
(IWF) Witteveen facility
(ie, official term „zusätzliche Finanzierungsvorkehrung")
Witwenabfindung *f* (SozV) lump-sum settlement paid to widows on remarriage
Witwengeld *n*
(SozV) widow's pension *(ie, paid to widows of public employees; 60% des Ruhegehalts)*
Witwenrente *f*
(SozV) widow's pension
(ie, paid under statutory social insurance and accident insurance schemes)
Wochenausweis *m* (Fin) weekly return
Wochengeld *n* (SozV) = (now) Mutterschaftsgeld
Wochenhilfe *f* (SozV) = (now) Mutterschaftshilfe
Wochenmarkt *m*
(com) weekly market
– (GB) market
wöchentlich (com) hebdomadary
wöchentliche Datensicherung *f* (EDV) hebdomadary backup *(syn, Datensicherung im Wochenturnus)*
wöchentliche EG-Ausschreibung *f* (EG) weekly EEC tender
Wochenübersicht *f* (com) weekly . . . schedule/statement
wohlerworbener Besitz *m* (Re) vested possession
wohlerworbene Rechte *npl*
(com) vested . . . rights/interests
– acquired rights
(syn, Besitzstand, legitimierte Privilegien, Sonderprivilegien)
Wohlfahrtseinrichtungen *fpl* (Pw) welfare facilities
Wohlfahrtserträge *mpl* (Vw) welfare returns
Wohlfahrtsimplikationen *fpl* (Vw) welfare implications
Wohlfahrtsökonomik *f*
(Vw) welfare economics
(ie, concerned with:
1. defining economic efficiency;
2. evaluating the economic efficiency of particular systems of resource allocation;
3. analyzing the conditions under which economic policies may be said to have improved social welfare)
Wohlfahrtsstaat *m*
(Vw) welfare state
(ie, mit bedeutendem staatlichem Interventionismus zur Umverteilung von Einkommen und Vermögen; es gibt keine akzeptable Definition noch eine geschlossene Konzeption; G. Myrdal (schwedischer sozialistisch geprägter Sozialwissenschaftler) nennt ihn „ein allgemein anerkanntes Ideal der Bevölkerung"; verbunden mit erheblicher Systemverschlechterung; syn, Wohlfahrtsökonomik, Allokationstheorie)

Wohlfahrtstheorie *f* (Vw) welfare economics *(syn, Wohlfahrtsökonomik, Allokationstheorie)*
wohlgeordnete Menge *f* (Math) well-ordered set *(ie, jede Teilmenge hat ein erstes Element; linearly ordered set where every subset has a least element)*
wohlhabend
(com) prosperous
– well-to-do
– well-off
– (infml) well-heeled
(eg, better-heeled customers)
Wohlordnungssatz *m* (Math) well-ordering theorem
Wohlstandsgesellschaft *f* (Vw) affluent society
Wohlstandsgrenze *f* (Vw) utility possibility curve in the situation sense
wohlstandsnegative Abschließungseffekte *mpl* (AuW) trade diversion
wohlstandspositive Aufschließungseffekte *mpl* (AuW) trade creation
Wohltätigkeitsorganisation *f*
(com) charitable organization
– (US, infml) do-good organization
Wohnanlage *f* (com) condominium
Wohnbevölkerung *f* (Stat) resident population
Wohneinheit *f*
(Stat, GB) accommodation unit
– dwelling unit
(ie, may house a single parent up to parents with several children)
Wohngebäude *npl* (com) residential buildings
Wohngeld *n*
(SozV) accommodation allowance
– housing assistance
Wohngrundstücke *npl* (com) residential real estate
Wohnheim *n*
(Pw) dormitory
– (GB) hall of residence
Wohnort *m* (Re) place of residence
Wohnsitz *m*
(StR) habitual . . . residence/home
(ie, place where an individual occupies a residence under circumstances which indicate that he will retain and use it not merely temporarily, § 8 AO)
Wohnsitz *m* **aufheben** (Re) to discontinue a residence
Wohnsitz *m* **begründen** (Re) to establish a residence
Wohnsitzbestätigung *f* (Re) residence certificate
Wohnsitzbesteuerung *f* (StR) residence taxation
Wohnsitzfinanzamt *n* (StR) local tax office for the taxpayer's residence or customary place of abode, § 19 AO
Wohnsitzprinzip *n* (FiW) principle of income-source neutrality *(ie, applied in double taxation)*
Wohnsitzstaat *m*
(StR) country of ordinary residence *(opp, Quellenstaat)*
Wohnsitzvoraussetzung *f* (StR) residence requirement
Wohnsitzwechsel *m* (Re) change in residence
Wohnteil *m* (StR) residential properties *(of an agricultural establishment)*, § 34 I BewG
Wohn- und Wirtschaftsgebäude *npl* (StR) residential and farm buildings, § 33 II BewG
Wohnungsbau *m*
(com) residential (*or* housing) construction
– construction of residential property
(com) residential construction industry
Wohnungsbaudarlehen *n*
(Fin) house-building loan
– housing loan
Wohnungsbaufinanzierung *f* (Fin) housing finance
Wohnungsbaugenossenschaft *f*
(com) residential building cooperative
– housing association
Wohnungsbaugesetz *n* (Re) Law on Public Subsidies for the Construction of Low-Rental Apartments
Wohnungsbaukredit *m* (Fin) housing loan
Wohnungsbaukreditanstalt *f* (Fin) housing finance institution
Wohnungsbaukreditnachfrage *f* (Fin) demand for housing loans
Wohnungsbau-Prämiengesetz *n* (Re) Law on the Payment of Premiums for Financing the Construction of Residential Properties
Wohnungseigentum *n*
(StR) home ownership
(StR) condominium property
– ownership right in a condominium, § 68 BewG
Wohnungseigentümergemeinschaft *f* (Re) condominium owners' association
Wohnungseigentumsgesetz *n* (Re) Law on Cooperative Apartments and Proprietary Leases, of 15 March 1951, as amended
Wohnungseigentumsverwalter *m* (Re) administrator of condominium
Wohnungsgrundstück *n* (com) residential real estate
Wohnungsknappheit *f* (Vw) housing shortage
Wohnungsmarkt *m* (Vw) housing market
Wohnungsneubauten *mpl*
(com) newly constructed housing
– new construction
Wohnungsprämiengesetz *n* (Re) Law on the Payment of Premiums for Financing the Construction of Residential Properties, as republished on 22 June 1979
Wohnungsunternehmen *n* (com) housing company
Wohnungswert *m* (StR) assessed value of residential properties, § 47 BewG
Wölbung *f*
(Stat) kurtosis *(syn, Exzeß)*
Woopies *pl* (Mk) Zielgruppe *f* von Rentnern mit e–m Monatseinkommen über 1.500 € *(ie, Well Off Older people)*
wortadressierter Speicher *m* (EDV) word addressed storage
Wortadressierung *f* (EDV) word addressing
Wörterbucheintrag *m* (EDV) dictionary entry
Wort *n* **erteilen** (com) to give the floor (to)
Wortlänge *f* (EDV) word length
Wortmarke *f* (EDV) word mark
Wortmaschine *f* (EDV) word-oriented computer
wortorganisierter Speicher *m* (EDV) word-organized storage
Wortprozessor *m* (EDV) word processor
Wortumbruch *m* (EDV) word wrap
Wucher *m* (Re) usury, § 138 II BGB

Wuchermiete *f*
(Re) extortionate rent
– (GB) rackrent *(see: Mietwucher)*
Wucherpreis *m* (com) exorbitant price
Wucherzinsen *mpl*
(Fin) usurious interest
– loan shark rates
– extortionate interest rate
Wuchsaktie *f* (Fin) growth stock
Wuchswerte *mpl* (Fin) = Wuchsaktien
Wurschtelquote *f* (com, sl) rate of muddling through
Wurzelgleichung *f* (Math) radical equation
Wurzelschreibweise *f* (EDV) base notation
Wurzelsegment *n* (EDV) root segment
Wurzelzeichen *n* (Math) radical sign
Wurzelziehen *n*
(Math) extracting
– finding
– computing . . . a root of a number
(syn, Radizieren)
WWS (Mk) = Warenwirtschaftssystem, qv
WWU (EG) = Wirtschafts- und Währungsunion
WZG (Pat) = Warenzeichengesetz

X

x-bar-Karte *f* (IndE) average control chart

xerografischer Drucker *m* (EDV) xerographic printer

Z

Zahl *f* (Math) number
zahlbar (com) payable
zahlbar an Inhaber (WeR) payable to bearer
zahlbar an Order (WeR) payable to order
zahlbar bei Aufforderung (Fin) payable on demand
zahlbar bei Fälligkeit
(Fin) payable at maturity
– payable when due
zahlbar bei Lieferung (com) payable on delivery
zahlbar bei Sicht (WeR) payable on demand *(ie, at sight or on presentation)*
zahlbar bei Vorlage (Fin) payable on presentation
zahlbar nach einem Jahr (ReW, EG) becoming due and payble after more than one year
zahlbar nach Sicht (WeR) payable after sight
zahlbar stellen (Fin) to domiciliate
Zahlbarstellung *f* (Fin) domiciliation
Zählbogen *m* (Stat) census paper
Zahl *f* **der Beschäftigten**
(Pw) number of employees (*or* of people employed)
– number of people on payroll
– labor force
Zahl *f* **der geschätzten Nutzungsjahre**
(ReW) number of years of expected life
(ie, in depreciation accounting)
Zahl *f* **der leerverkauften Aktien** (Bö) short interest (*or* position)
Zahl *f* **der Neuabschlüsse** (com) number of new contracts
zahlen
(com) to pay
– (infml) to ante up
– (sl) to cough up
– (infml) to pony up
(Fin) to effect
– to make
– to meet . . . payment
Zahlencode *m* (EDV) numeric (data) code
Zahlendarstellung *f* (Math) number notation (*or* representation)
Zahlendarstellung *f* **mit fester Basis** (EDV) fixed base notation
zahlende Mitglieder *npl*
(com) paid-in membership
– paid-up members
zahlende Person *f* (Fin) payor
Zahlengerade *f* (Math) real number axis
Zahlenschloßkombination *f* (com) combination lock

Zahlensystem *n* (Math) number system
Zahlentheorie *f*
(Math) number theory
(ie, the study of integers and relations between them)
Zahlen *fpl* **verfälschen** (com) to cook the numbers
Zahlenwerk *n* (com) set/system . . . of figures
Zähler *m*
(Math) numerator
(EDV) counter
(EDV, Cobol) tally
Zahlgrenze *f*
(com) bus fare zone limit
– (GB) fare stage
Zahlkarte *f* (Fin) postal money order
Zahllast *f* (FiW) regular tax burden
Zählregister *n* (EDV) counter register
Zahlstelle *f*
(WeR) domicile
(Fin) appointed . . . paying agent/payment office)
(ie, for dividend payout)
(Fin) branch office
Zahlstellenabkommen *n*
(Fin) paying agency agreement *(ie, between bond issuer and bank)*
Zahlstellengeschäft *n* (Fin) interest and dividend payout business
Zahlstellenprovision *f* (Fin) paying agency commission
Zahlstellenvereinbarung *f* (Fin) paying agency agreement
Zahlstellenverzeichnis *n* (Fin) list of paying agencies
Zahltag *m*
(Pw) payday
(WeR) date of payment, Art. 38 WG *(syn, Zahlungstag)*
Zahlung *f*
(Fin) payment
(ie, Übereignung von Geldstücken nach § 929 BGB; bare Zahlung, qv; cf, unbare Zahlung)
Zahlung *f* **ablehnen** (Fin) to refuse payment
Zahlung *f* **auf erstes Anfordern** (Re) payment upon first request
Zahlung *f* **aufschieben** (Fin) to defer payment
Zahlung *f* **bei Auftragserteilung** (Fin) cash with order, c.w.o.
Zahlung *f* **bei Bestellung** (Fin) = Zahlung bei Auftragserteilung
Zahlung *f* **bei Erhalt der Ware** (Fin) payment on receipt of goods

Zahlung *f* **bei Fälligkeit** (Fin) payment when due

Zahlung *f* **bei Lieferung**
(Fin) payment on delivery
(com) collection on delivery, COD *(syn, cash on delivery)*

Zahlung *f* **bei Verschiffung** (com) cash on shipment

Zahlung *f* **bei Vorlage** (Fin) payment on presentation

Zahlung *f* **durch Akzept** (Fin) payment by acceptance

Zahlung *f* **durch Dauerauftrag** (Fin) automatic bill paying *(ie, bank is authorized to pay regular bills monthly)*

Zahlung *f* **durch Dauerüberweisung** (Fin) automatic bill paying

Zahlung *f* **durch Scheck** (Fin) payment by check

Zahlung *f* **einstellen** (Fin) to stop (*or* suspend) payment

Zahlungen *fpl* **aus öffentlichen Kassen** (FiW) payments from public funds

Zahlungen *fpl* **wieder aufnehmen** (Fin) to resume payments

Zahlung *f* **gegen Dokumente** (Fin) payment against documents

Zahlung *f* **gegen Nachnahme** (Fin) cash on delivery, COD

Zahlung *f* **gegen offene Rechnung** (Fin) clean payment

Zahlung *f* **im voraus** (Fin) payment in advance

Zahlung *f* **in offener Rechnung** (Fin) payment on open account

Zahlung *f* **in Raten** (Fin) payment by installments

Zahlung *f* **leisten**
(Fin) to pay
(Fin) to effect
– to make
– to meet . . . payment

Zahlungsabkommen *n* (AuW) payments agreement

Zahlungsabwicklung *f* (Fin) handling of payments

Zahlungsanweisung *f* (Fin) instruction (*or* order) to pay

Zahlungsart *f* (Fin) disbursement type

Zahlungsaufforderung *f*
(Fin) demand for payment
– request to pay

Zahlungsaufschub *m*
(Fin) extension of time for payment
– respite *(ie, delay obtained for payment of sums owed)*

Zahlungsaufschub *m* **bewilligen** (Fin) to grant deferred payment

Zahlungsauftrag *m* (Fin) payment order

Zahlungsavis *n* (com) remittance advice

Zahlungsbedingungen *fpl*
(com) terms of payment
– terms *(eg, to sell at reasonable terms)*

Zahlungsbefehl *m* (Re) (replaced by the phrase ‚Mahnbescheid')

Zahlungsberechtigter *m* (Fin) party entitled to payment

Zahlungsbereitschaft *f* (Fin) ability to pay

Zahlungsbeschränkungen *fpl* (AuW) exchange restrictions on payments

Zahlungsbevollmächtigter *m* (Fin) principal responsible for payment

Zahlungsbilanz *f*
(VGR) balance of payments
– international balance of payments
– external accounts

Zahlungsbilanzausgleich *m*
(AuW) balance of payments adjustment
– adjusting the balance of payments

Zahlungsbilanz *f* **ausgleichen** (AuW) to adjust (*or* square) the balance of payments

Zahlungsbilanzdefizit *n*
(AuW) balance of payments deficit
– payments deficit
– external deficit

Zahlungsbilanz *f* **ex post** (AuW) accounting balance of payments

Zahlungsbilanzgleichgewicht *n* (AuW) balance of payments equilibrium

Zahlungsbilanzlücke *f*
(AuW) gap in the balance of payments
– payments gap *(eg, between the U.S. and its trading partners)*

Zahlungsbilanzmechanismus *m* (AuW) external payments mechanism

Zahlungsbilanzmultiplikator *m*
(AuW) balance of payments multiplier *(syn, Leistungsbilanzmultiplikator)*

Zahlungsbilanzpolitik *f* (AuW) balance of payments policy

Zahlungsbilanzsaldo *m*
(AuW) balance of payments outcome *(ie, surplus or deficit)*

Zahlungsbilanzsituation *f* (AuW) international payments situation

Zahlungsbilanzüberschuß *m*
(AuW) balance-of-payments surplus
– external surplus

Zahlungseingang *m* (Fin) receipt of payment

Zahlungseinstellung *f*
(Re) stoppage of payments
(ie, aus Mangel an Zahlungsmitteln; Indiz für den Konkursgrund der Zahlungsunfähigkeit, § 102 II KO)

Zahlungserinnerung *f*
(Fin) prompt note
(ie, sent to an importer to remind him that payment is going to be due shortly)

zahlungsfähig
(Fin) able to pay
– solvent

Zahlungsfähiger *m* (Fin) person able to pay

Zahlungsfähigkeit *f*
(Fin) ability/capacity . . . to pay
– debt paying ability
– solvency
(syn, Solvenz; opp, Zahlungsunfähigkeit)

Zahlungsfrist *f*
(com) period of payment
– time limit for payment

Zahlungsgarantie *f*
(Fin) payment guarantee
(ie, wird im Auftrag des Abnehmers der Ware zur Sicherung von Ansprüchen des Lieferanten hinausgelegt; beschränkt auf den Auslandsbereich)

Zahlungsgewohnheiten *fpl*
(Fin) payment behavior (*or* habits)
– prior payment pattern
zahlungshalber
(Re) on account of payment
Zahlungsintervalleffekt *m*
(Vw) payment interval effect
(ie, in liquidity theory)
Zahlungsklauseln *fpl*
(com) payment terms
(ie, bestimmen Zeitpunkt der Zahlung: netto Kasse, Kasse gegen Dokumente, cash on delivery; cf, Handelsklauseln)
(Fin) payment clauses
Zahlungsmittel *n*
(Vw) means of payment
(ReW) cash
Zahlungsmittelmenge *f* (Vw) quantity of money in the economy
Zahlungsmittel-Surrogat *n* (Vw) substitute for cash
Zahlungsmittelumlauf *m*
(Vw) money supply *(syn, Geldvolumen)*
Zahlungsmodalitäten *fpl* (Fin) payment . . . policies/terms *(eg, due within 30 days and 2% discount allowed if paid in less than 10 days)*
Zahlungsmodus *m* (Fin) method of payment
Zahlungsmoral *f* (Fin) payment . . . behavior/record
Zahlungsmoratorium *n* (Fin) standstill agreement
Zahlungsobergrenze *f* (Fin) maximum limit for payment
Zahlungsort *m* (Re) place of payment, § 270 BGB
Zahlungspapiere *npl* (Fin) financial documents
Zahlungspflicht *f* (Fin) obligation to pay
Zahlungspflichtiger *m* (Fin) party liable to pay
Zahlungsplan *m* (Fin) cash income and outgo plan
Zahlungsplanung *f* (Fin) cash planning
Zahlungspotential *f*
(Pw) ability to pay
(ie, argument used in pay talks = Lohnverhandlungen)
Zahlungsreihe *f*
(ReW) expenditure-receipts columns (*or* accounts)
(Fin) series of payments
Zahlungsrhythmuseffekt *m* (Vw) payment pattern effect
Zahlungsrückstände *mpl*
(Fin) backlog of payments
– payments in arrears
Zahlungsschwierigkeit *f* (Fin) temporary shortage of liquid funds
Zahlungssitten *fpl* (Fin) payment habits
Zahlungsstockung *f* (Fin) liquidity crunch
Zahlungssystem *n* (Fin) payments system
Zahlungstag *m* (WeR) day of payment, Art. 38 WG
Zahlungstermin *m* (Fin) payment date
Zahlung *f* **stunden** (Fin) to grant a respite for payment of debt
Zahlungsüberweisung *f* (Fin) payments transfer
zahlungsunfähig
(Fin) insolvent
– unable to meet one's obligations
(ie, äußert sich in der Zahlungseinstellung und ist Konkursgrund nach § 145 KO)
(Fin, GB) unable to comply with one's bargains
(esp in the matter of stock exchange firms)
zahlungsunfähiger Schuldner *m*
(Fin) defaulting/bad . . .
(Re) insolvent debtor
zahlungsunfähiger Spekulant *m*
(Bö) lame duck
(ie, an unsuccessful speculator)
Zahlungsunfähigkeit *f*
(Fin) inability to pay
– insolvency
(ie, allgemeiner Konkursgrund; syn, Insolvenz; opp, Zahlungsfähigkeit, Solvenz)
Zahlungsverhalten *n* (Fin) payment pattern
Zahlungsverjährung *f*
(StR) prescription of tax payments, § 228 AO
(opp, Festsetzungsverjährung)
Zahlungsverkehr *m*
(Fin) money
– monetary
– payment . . . transactions
– payments
Zahlungsverkehrabwicklung *f* (Fin) handling of payments
Zahlungsverkehr *m* **mit dem Ausland** (AuW) external payments
Zahlungsverkehrssystem *n* (Fin) funds transfer system
Zahlungsverkehr *m* **zwischen Banken** (Fin) interbank payment transactions
Zahlungsverpflichtung *f*
(Fin) obligation (*or* duty) to pay
– commitment to pay
– financial obligation
– payment undertaking
Zahlungsverpflichtung *f* **eingehen**
(com) to undertake a financial commitment
– to promise to pay
Zahlungsverpflichtungen *fpl* **nachkommen** (Fin) to meet one's payments
Zahlungsverschiebungen *fpl* (Fin) shift in the pattern of payments
Zahlungsversprechen *n* (WeR) promise to pay
Zahlungsverweigerung *f* (WeR) dishonor by nonpayment
Zahlungsverzug *m* (Fin) default (*or* delay) in payment
Zahlungsvorgang *m* (Fin) payments transaction
Zahlungswährung *f* (Vw) money of payment
Zahlungsweise *f* (Fin) method (*or* mode) of payment
Zahlungsziel *n*
(com) date of required payment
– period of payment
– time allowed for payment
Zahlungsziel *n* **einräumen**
(com) to allow time for payment
– to allow a time of credit for settlement
– to grant credit
Zahlung *f* **verweigern** (Fin) to refuse payment
Zahlung *f* **vor Fälligkeit** (Fin) payment before maturity
Zählwerk *n* (EDV) counter

Zangenpolitik *f*
(Vw) pincer-like policy *(ie, of central bank)*
Zauberschlüssel *m* (com, often humor) open sesame
ZAW (Mk) = Zentralausschuß der Werbewirtschaft
ZDH (com) = Zentralverband des Deutschen Handwerks
ZE (EDV) = Zentraleinheit
Zebrastreifen *m*
(com) crosswalk
– pedestrian crossing
(GB) Zebra (crossing)
Zechenstillegung *f*
(Bw) mine shutdown
– pit closure *(syn, Grubenschließung)*
Zedent *m*
(Re) assignor
(Vers) ceding company
– original insurer
– reinsured (*or* reassured)
(ie, in reinsurance; syn, Erstversicherer, Direktversicherer)
zedieren
(Re) to assign
– to make an assignment *(syn, abtreten)*
(Vers) to cede *(ie, to reinsurer)*
zedierende Gesellschaft *f*
(Vers) ceding company
(ie, in reinsurance)
Zehnergruppe *f*
(IWF) Group of Ten
– Paris Club
Zehnerkomplement *n* (EDV) ten's complement
Zehner-Logarithmus-Funktion *f* (EDV) log 10 function
Zehnertastatur *f* (EDV) numeric keyboard
Zeichen *n* (EDV) character
Zeichenabfühlung *f* (EDV) mark sensing
Zeichenbegrenzung *f* (EDV) character boundary
Zeichencode *m* (EDV) character code
Zeichendarstellung *f* (EDV) character representation
Zeichendichte *f* (EDV) character density
Zeichenerkennung *f* (EDV) character recognition
Zeichenfehlerwahrscheinlichkeit *f* (EDV) character error probability
Zeichenfolge *f*
(EDV, Cobol) character string
(ie, sequence of contiguous characters forming a COBOL word, a literal, etc; cf, DIN 66 028, Aug 1985)
(EDV) = Zeichenreihe
zeichengebunden (EDV) character oriented
Zeichengerät *n*
(EDV) data plotter *(opp, video terminal)*
Zeichengröße *f* (EDV) type font
Zeichengrößenänderung *f* (EDV) font change
Zeichenkette *f* (EDV) character string
Zeichenkettenvariable *f* (EDV) string variable
Zeichenkontur *f* (EDV) character outline
Zeichenleser *m*
(EDV) character reader
(EDV) mark sensing device
Zeichenmodus *m*
(EDV) character mode *(opp, graphics mode)*
zeichenorientierte Benutzeroberfläche *f*
(EDV) character oriented user interface
(opp, graphical user interface)
– character user interface
Zeichenpapier *n* **mit Maßeinteilung** (com) chart paper
Zeichenposition *f*
(EDV, Cobol) character position
(cf, DIN 66 028, Aug 1985)
Zeichenprogramm *n*
(EDV) paint program *(syn, Malprogramm)*
Zeichenrahmen *m* (EDV) character box
Zeichenreihe *f*
(EDV) string
(ie, normally a bit string or a character string; syn, String, Zeichenfolge)
Zeichenreihen *fpl* **bilden** (EDV) to generate strings
Zeichenreihenverknüpfung *f* (EDV) string concatenation
Zeichensatz *m* **mit fester Breite** *f* (EDV) fixed width font
Zeichenschablone *f*
(EDV) flowcharting template
(EDV) character template
Zeichenschutz *m* (Pat) protection of brand names
Zeichenstelle *f* (EDV) character position
Zeichensteuer *f*
(StR) revenue strip tax
– revenue stamp tax
Zeichenstift-Plotter *m* (EDV) pen plotter
Zeichentabelle *f* (EDV, GUI) character map *(showing all characters for a specific font)*
Zeichenteilmenge *f* (EDV) character subset
Zeichenverdichtung *f*
(EDV) character crowding
– digit compression
Zeichenvorrat *m* (EDV) character repertoire (*or* set)
Zeichenwechsel *m*
(Math) sign changes
(EDV) case shift *(syn, Groß-Klein-Umschaltung)*
zeichnen (Fin) to subscribe (for)
Zeichnerbank *f* (Fin) subscribing bank
Zeichner *m* **von Aktien** (Fin) subscriber to shares
Zeichnung *f*
(com) signature
(Fin) subscription
(ie, written obligation to buy a certain amount of newly issued bonds or shares)
(IndE) engineering drawing *(ie, from which bill of materials is prepared)*
Zeichnung *fpl* **neuer Aktien** (Fin) subscription for new shares
Zeichnungsagio *n* (Fin) subscription premium
Zeichnungsangebot *n* (Fin) subscription offer
Zeichnungsantrag *m* (Fin) subscription application
Zeichnungsbedingungen *fpl*
(Fin) terms of subscription
(eg, stating nominal rate, subscription rate, redemption, repayment, relating to newly issued shares)
zeichnungsberechtigt (com) authorized to sign
Zeichnungsberechtigung *f* (com) signature power
Zeichnungsbetrag *m* (Fin) share application money

Zeichnungsbevollmächtigter *m* (com) duly authorized signatory
Zeichnungsebene *f*
(EDV, CAD) layer
– level
– class
(cf, Ebenentechnik)
Zeichnungseinladung *f*
(Fin) invitation to prospective subscribers
– invitation to subscribe
Zeichnungsformular *n* (Fin) subscription blank
Zeichnungsfrist *f* (Fin) subscription period
Zeichnungsgebühr *f* (Fin) subscription charges
Zeichnungsgründung *f*
(Re) formation of an AG by incorporators subscribers *(syn, Stufengründung)*
Zeichnungskapazität *f* (Vers) underwriting capacity
Zeichnungskartei *f* (com) file of engineering drawings
Zeichnungskurs *m*
(Fin) offering price
– subscription rate
Zeichnungsprospekt *m* (Fin) issue prospectus
Zeichnungsrecht *n* (Fin) subscription right
Zeichnungsregistratur *f* (com) filing system for engineering drawings
Zeichnungsrendite *f* (Fin) yield on subscription
Zeichnungsschein *m*
(Fin) subscription slip
(ie, through which purchaser of new securities agrees to payment on stipulated conditions, to issue price, etc., § 185 AktG)
Zeichnungsschluß *m* (Fin) closing of subscription
Zeichnungsstelle *f*
(Fin) subscription agent
(ie, bank accepting subscriptions for newly issued securities)
Zeichnungsurkunde *f* (Fin) letter of subscription
Zeichnungsvollmacht *f*
(com) authority to sign *(eg, company documents with legally binding effect)*
Zeigen und Klicken (EDV) point-and-click
Zeiger *m*
(EDV) pointer
(ie, Kettfeld, das in Form physikalischer Adressen oder Schlüsselfeldinhalte auf andere Datensätze od Felder verweist; syn, Verweisattribut)
Zeile *f* **e–r Matrix** (Math) row of a matrix
Zeilenabstand *m*
(EDV) spacing between lines
– line spacing
– letter spacing
Zeilendifferenz *f* (Math) row difference
Zeilendruck *m*
(EDV) line printing
(ie, of an entire line as a unit)
Zeilendrucker *m* (EDV) line printer
Zeileneditor *m* (EDV) line editor
Zeilenlänge *f* (EDV) line length
Zeilenlineal *n* (EDV) ruler *(eg, in a text processor)*
Zeilenmerkmal *n* (Stat) line attribute
Zeilenmodus *m*
(EDV) line-by-line modus
– line modus
Zeilennummer *f* (EDV) line number
Zeilenpreis *m* (Mk) line rate
Zeilenschrägstellung *f* (EDV) line skew
Zeilensegment *n* (EDV) line segment
zeilensequentielle Datei *f* (EDV) line sequential file
zeilensequentielle Dateiorganisation *f* (EDV) line sequential file organization *(cf, DIN 66 028)*
Zeilenstandsanzeige *f* (EDV) line count
Zeilentransportunterdrückung *f* (EDV) space suppression
Zeilenumbruch *m* (EDV) word wrap
Zeilenvektor *m* (Math) row vector
Zeilenvorschub *m*
(EDV) line feed
(opp, Seitenvorschub = form feed, ff)
(EDV, Cobol) line skipping
Zeilenvorschubzeichen *n*
(EDV) new line character
– NL character
Zeilenzähler *m*
(EDV) linage counter
(cf, DIN 66 028)
Zeilenzwischenraum *m*
(EDV) vertical line space
– line spacing
Zeile *f* **verschieben** (EDV) to pan a line
zeitabhängige Kosten *pl* (KoR) time costs
Zeitablauf *m* (Bw) lapse (*or* passage) of time
Zeitabschnitt *m*
(Math) payment interval
(ie, in computation of annuities)
(IndE) bucket
(ie, Planungsperiode)
Zeitabschnittsbetrieb *m* (EDV) time slicing mode
Zeitabweichung *f* (KoR) time variance
Zeitallokation *f* (Vw) allocation of time
zeitanteilig (com) pro rata temporis
Zeitarbeit *f* (Pw) temporary work (*or* employment)
Zeitarbitrage *f* (AuW) time arbitrage
Zeitaufnahmebogen *m* (IndE) time observation (*or* study) sheet
Zeitbestimmung *f* (Re) stipulation as to time, § 163 BGB
Zeitbezugsmethode *f*
(ReW) temporal method (of currency translation)
(ie, der Währungsumrechnung in konsolidierten Bilanzen: bei Bilanzpositionen, bei denen durch Paritätsänderungen keine Wertänderungen im Sinne der Bewertungsregeln als realisiert anzusehen sind, soll die Umrechnung mit historischen Kursen, d. h. mit Kursen des Anschaffungszeitpunktes, erfolgen = method of translating foreign currency financial statements; SFAS 8 Standard was issued by FASB in 1975: assets and liabilities carried at past exchange prices would be translated at the historical exchange rates; superseded in December 1981 by SFAS 52; cf, Stichtagsmethode; die meisten deutschen Konzerne wenden e–e abgemilderte Form der Zeitbezugsmethode an)
Zeitbürgschaft *f*
(Re) suretyship/guaranty limited in time
(ie, definiert in § 777 BGB; cf, Bürgschaft)
Zeitcharter *f* (com) period time charter *(eg, two-year commitments)*

Zeit *f* **der Aussetzung**
(EG) suspension period *(ie, relating to the value of the unit of account)*
Zeitermittlung *f* (IndE) time measurement
Zeitfalle *f* (Bw) time trap
Zeitfracht *f* (com) time freight
Zeitfrachtvertrag *m* (com) time charter
Zeit *f* **für auftragsfremde Tätigkeit** (IndE) diverted time
Zeitgeber *m* (EDV) timer
Zeitgeberregister *n* (EDV) timer register
Zeitgeschäfte *npl*
(Bö) dealings in futures (*or* for the account)
– forward dealings (*or* transactions)
Zeithorizont *m*
(Bw) level of time
– time horizon (*or* shape)
Zeitkarte *f*
(com) season ticket
(IndE) time card *(syn, Istzeit-Meldung)*
Zeitkauf *m* (com) sale on credit terms
Zeitkomponenten *fpl* (Vw) temporal constructs
Zeitkosten *pl*
(KoR) period cost *(ie, independent of level of activity)*
zeitlich begrenzter Streik *m* (Pw) limited duration strike
zeitliche Abgrenzung *f* (ReW) allocation of expense unrelated to accounting period
zeitliche Beschränkung *f* (com) limitation in time
zeitliche Differenz *f* (com) timing difference
zeitliche Einsatzplanung *f* (Pw) manpower scheduling
zeitliche Lastenverschiebung *f* (FiW) intertemporal shifting of burdens
zeitlicher Ablauf *m* (Bw) time sequence
zeitlicher Absatzverbund *m*
(Mk) cross-period-dependency of sales activities *(ie, Abhängigkeit der Absatzaktivitäten e–r Periode von denen anderer Perioden)*
zeitlicher Bezug *m* (Bw) goal period
zeitlicher Korrekturfaktor *m* (Stat) time comparability factor
zeitlicher Verlauf *m* (Fin) time shape *(eg, of cash flows)*
zeitliche Umschichtung *f* **von Ausgaben** (Fin) rephasing of expenditures
zeitliche Unterschiede *mpl* (Bw) different time horizons
zeitliche Veränderung *f* (Vw) time change
zeitliche Veränderung *f* **von Variablen** (Vw) time path of variables
zeitliche Verteilung *f* (Vw) time distribution *(eg, of receipts and expenditures)*
zeitliche Verteilung *f* **von Arbeitsgängen** (IndE) balancing of works
zeitlich unbegrenzt
(com) unlimited in time
– permanent
Zeitlohnsatz *m* (Pw) time work rate
Zeitlohnstundenanteil *m* (IndE) time on daywork
Zeitmengenbestand *m* (MaW) inventory level as function of time
Zeitmengendefizit *n* (MaW) inventory stockout as function of time

Zeitmessung *f*
(IndE) time measurement
(EDV) timing
Zeitnähe *f* (com) timeliness
Zeitnehmer *m* (IndE) time study man
Zeitnorm *f* (IndE) standard time
zeitoptimales Programmieren *n*
(EDV) minimum access
– minimum delay
– minimum latency . . . coding
Zeitparameter *m* (OR) time parameter
Zeitplanung *f* (com) (time) scheduling
Zeitpräferenz *f* (Vw) time preference
Zeitpräferenzrate *f* (Vw) rate of time preference
Zeitprämie *f* (Vers) time premium
Zeit *f* **pro Stück**
(IndE) cycle time
– (GB) floor-to-floor time *(cf, Gesamtstückzeit, Taktzeit)*
Zeitpunkt *m* **der Anleihebegebung** (Fin) = Zeitpunkt der Emission
Zeitpunkt *m* **der Anmeldung** (Pat) filing date
Zeitpunkt *m* **der Besteuerung**
(StR) effective date
– (GB) tax point *(eg, tax point is the delivery date, not the date of the order)*
Zeitpunkt *m* **der Emission** (Fin) date (*or* time) of issue
Zeitpunkt *m* **der Fälligkeit** (Fin) date of maturity
Zeitpunkt *m* **der Lieferung** (com) time of delivery
Zeitpunkt *m* **der Versandbereitschaft** (com) ready date
Zeitpunkt *m* **des Inkrafttretens**
(Re) effective date
– date of entry into operation
Zeitrabatt *m* (com) time-based rebate
Zeitraffungsfaktor *m* (Stat) acceleration factor
Zeitrahmen *m* (com) timebox *(compare „timeboxing" in Bd. I)*
Zeitreihe *f* (Stat) time series
Zeitreihenanalyse *f* (Stat) time series analysis
Zeitrente *f*
(Fin) annuity certain
– temporary annuity *(opp, ewige Rente)*
Zeitscheibe *f* (EDV) time slice
Zeitscheibenverfahren *n* (EDV) time slicing
Zeitschriftenraum *m*
(com) periodical room
– (GB) news-room
Zeitsichtwechsel *m*
(WeR) bill payable at fixed period after sight *(syn, Nachsichtwechsel)*
Zeitspanne *f* **für die Verdrängung e–s älteren Produktes** (Mk) takeover time
Zeitstudie *f* (IndE) time study
Zeittrennzeichen *n* (EDV) time separator *(usu a double point (eg, 10:22))*
Zeitumkehrprobe *f* (Stat) time reversal test
Zeit- und Bewegungsstudien *fpl* (IndE) time and motion study
Zeitungsanzeige *f*
(Mk) newspaper advertisement (*or* ad)
– (GB) advert *(ie, stress on first syllable!)*
Zeitungsausschnittbüro *n*
(com) clipping bureau

– (GB) press cutting agency
– cutting service
Zeitungsente *f* (com, infml) hoax
Zeitungswerbung *f* (Mk) newspaper advertising
Zeitverhalten *n* (EDV) time behavior
Zeitverschleiß *m*
(ReW) depreciation based on time
(ie, if time value of money is recognized, which typically it is not, one of the compound interest methods is appropriate; opp, Gebrauchsverschleiß)
zeitverzögerte Verarbeitung *n* (EDV) deferred processing
Zeltverzögerung *f* (com) lag time
Zeitvorgabe *f* (IndE) time standard
Zeitwechsel *m* (WeR) time draft
zeitweilige Aussetzung *f* **der Zollsätze** (Zo) temporary suspension of customs duties
zeitweiliges Floaten *n* (AuW) temporary floating
zeitweiser Arbeitsplatzwechsel *m* (Pw) job rotation
Zeitwert *m*
(Math) end value
(ReW) current market value *(syn, Tageswert, qv)*
Zeit-Wirkungs-Verteilung *f* (Stat) response time distribution
Zeitzähler *m* (EDV) time counter
Zeitzuschlagfaktor *m* (IndE) allowances factor
Zeitzuschlag *m* **für Ausschuß** (IndE) reject allowance
Zelle *f*
(EDV) cell *(ie, smallest unit of a store)*
Zensur *f* (EDV) censorship
Zensus *m* (Stat) census
Zensusjahr *n* (Stat) census year
Zentralabteilung *f*
(Bw) central department
– staff department (*or* division *or* unit)
Zentralausschuß *m* **der Deutschen Werbewirtschaft** (Mk) *(Bonn-based)* Central Committee of the German Advertising Industry
Zentralbank *f* (Vw) central bank
zentralbankfähig (Vw) eligible for rediscount with the central bank
zentralbankfähige Aktiva *npl*
(Fin) eligible assets *(ie, assets which the central bank is willing to monetize)*
zentralbankfähiger Wechsel *m*
(Fin) eligible bill
– bill eligible for rediscount
zentralbankfähige Wechsel *mpl*
(Fin, GB) eligible paper *(ie, bank bills and fine trade bills)*
zentralbankfähige Wertpapiere *npl* (Fin) eligible paper
Zentralbankgeld *n*
(Vw) central bank money *(ie, central bank notes + current accounts with the central bank)*
Zentralbankgeldmenge *f* (Vw) central bank money supply (*or* stock)
Zentralbankgeldsteuerung *f* (Vw) central bank money control
Zentralbankguthaben *n* (Vw) uncommitted reserves
Zentralbank *f* **in Anspruch nehmen** (Fin) to have recourse to the central bank
Zentralbankrat *m* (Vw) Central Bank Council
Zentralbankrat *m* **der Deutschen Bundesbank**
(Vw) German Central Bank Council
(ie, the Bundesbank's policy-making committee)
Zentralbankreserven *fpl*
(Vw) central bank reserves *(ie, gold + own reserves)*
Zentralbearbeitung *f* (Bw) centralized processing *(eg, of transferred funds)*
Zentralbegriff *m* (Log) key concept
Zentralbereich *m* (Bw) central division
Zentralbörse *f* (Bö) leading stock exchange
Zentralbüro *n* (Bw) executive office
Zentrale *f* (com) (corpoate) headquarters
zentrale Abrechnungsstelle *f*
(ReW) accounting center
– central accounting unit
zentrale Arbeitszuweisung *f* (IndE) centralized dispatching
zentrale Auftragsbearbeitung *f* (Bw) central order processing system, COP
zentrale Auswertung *f* (Bw) central evaluation
zentrale Bearbeitung *f* (com) centralized processing *(eg, of transferred funds)*
zentrale Behörde *f* (Re) central authority
zentrale Datenbank *f*
(EDV) data center
– central data base
zentrale Haushalte *mpl* (FiW) central and regional authorities
Zentraleinheit *f*
(EDV) central processing unit, CPU
– central unit
Zentraleinkauf *m*
(Bw) central buying
– centralized purchasing
(Bw) central buying office
zentrale Investitionsplanung *f* (Vw) central investment planning
zentrale öffentliche Stellen *fpl* (FiW) central and regional authorities
zentraler Einkauf *m* (Bw) = Zentraleinkauf
zentrale Reserven *fpl* (AuW) official reserves
zentraler Grenzwertsatz *m* (Math) central limit law (*or* theorem)
Zentraler Kapitalmarktausschuß *m*
(Fin) Central Capital Market Committee
(ie, presently 11 members representing the largest German issue banks: advises one-time issuers on time, volume and terms of a loan issue; syn, Kapitalmarktkommission, Kleine Kapitalmarktkommission)
Zentraler Kreditausschuß *m* (Fin) Central Loans Committee
zentrales Lager *n* (MaW) central stores
zentrale Steuereinheit *f* (EDV) central control unit
zentrale Wartung *f* (IndE) centralized maintenance
zentralgeleitete Wirtschaft *f* (Vw) centrally administered economy *(W. Eucken)*
Zentralgenossenschaft *f* (com) central cooperative
Zentralgroßhandel *m* (Mk) central wholesaling
Zentralgrossier *m* (Mk) = Zentralgroßhandel
Zentralisierungsgrad *m* (Bw) degree of centralization
Zentralismus *m* (Bw) centralization

Zentralkartei *f* (com) central card index
Zentralkasse *f* (Fin) central organization of credit cooperatives
Zentrallager *n* (MaW) central . . . store/warehouse
Zentralmarkt *m* (com) central market
Zentralmarktausschuß *m*
(Fin) Central Market Committee
(ie, voluntary agency comprising representatives from commercial, savings, and mortgage banks + one observer from Deutsche Bundesbank)
Zentralnotenbank *f* (Vw) = Zentralbank
Zentralordinate *f*
(Stat) pivot *(ie, of a linear trend)*
Zentralplanwirtschaft *f* (Vw) centrally planned economy
Zentralrat *m* **der Bundesbank** (Fin) Bundesbank Central Council
Zentralrechner *m* (EDV) central computer
Zentralregistratur *f*
(com) central filing department
(syn, Hauptablage)
Zentralspeicher *m* (EDV) main memory
Zentralstelle *f* (com) central site
Zentralstelle *f* **für die Vergabe von Studienplätzen** (Pw) *(Dortmund-based)* Central Clearing-House for University Applicants
Zentralverband *m* **der Elektrotechnischen Industrie** (com) Central Association of the Electrical Industry
Zentralverband *m* **des Deutschen Handwerks** (com) National Association of German Skilled Crafts
Zentralverwaltungswirtschaft *f* (Vw) centrally planned economy
Zentralwert *m* (Stat) median
Zentralwertkarte *f* (IndE) = Mediankarte, qv
zentriertes Interview *n* (Mk) focussed interview
zentriertes Moment *n* (Math) central moment
Zentriwinkel *m* (Math) central angle
Zentroid *n* (Stat) centroid *(ie, Abweichung der Zeilen- bzw. Spalten-Punktprofile von ihrem jeweiligen durchschnittlichen Profil)*
zerbrechlich, mit äußerster Sorgfalt behandeln (com) fragile, handle with extreme care
Zerfällen *n* **der Tage**
(Math) breaking up the time element *(ie, in interest rate computation)*
zerlegen
(com) to apportion
– to break down
– to classify
to subclassify
– to itemize
to subdivide
(IndE) to disassemble
– to break down/apart (into)
Zerlegen *n* **e–r Sendung**
(com) breaking bulk
(ie, durch Großhändler: in einzelhandelsfähige Abmessungen oder Mengen)
zerlegte Vektoren *mpl* (Math) partitioned vectors
Zerlegung *f* (IndE) disassembly
Zerlegung *f* **des Steuermeßbetrages**
(StR) allocation of the tax base *(ie, among various municipalities, §§ 28 ff GewStG, § 22 GrStG)*
Zerlegung *f* **e–r Kantenmenge** (Math) edge partition
Zerlegung *f* **e–r Menge** (Math) partition of a set
Zerlegung *f* **e–r Menge gerichteter Kanten** (OR) arc partition
Zerlegungsalgorithmus *m* (OR) partitioning algorithm
Zerlegungsbescheid *m*
(StR) formal notice of apportionment
(ie, served by the tax office on the taxpayer, § 188 AO)
Zerlegung *f* **von Zeitreihen** (Stat) time series decomposition
Zermelosches Axiom *n* (Math) = Auswahlaxiom, qv
Zero Bonds *pl*
(Fin) zero (coupon) bonds
(ie, Abzinsungspapier ohne Zinskupon; Zinsen werden voll abdiskontiert, so daß der Ausgabepreis erheblich unter dem Rückzahlungskurs von 100 % liegt; sell at discounts of par until their final maturity, when payment of principal at par plus all compound interest is made in a lump sum; syn, Nullkuponanleihen, Nullprozenter)
zerrüttete Finanzen *pl* (Fin) shattered finances
Zerschlagungswert *m*
(ReW) breakup value
(ie, term turning up in ‚Liquidationsbilanzen')
zerstörende Einrede *f*
(Re) peremptory defense (*or* exemption)
(ie, insisting that plaintiff never had the right to institute the suit or that the original right is extinguished or determined)
zerstörende Funktionsprüfung *f*
(IndE) destructive testing
(ie, intentional operation of equipment until it fails, to reveal design weaknesses)
zerstörendes Lesen *n* (EDV) destructive read(ing)
zerstörende Werkstoffprüfung *f*
(IndE) destructive materials testing
(opp, zerstörungsfreie W. = nondestructive materials testing)
zerstörende Wirkung *f* (com) disruptive impact (on)
zerstörungsfreie Prüfung *f*
(IndE) nondestructive testing
(ie, test sample is not destroyed or damaged during the process; eg, x-rays, ultra-sonics, magnetic flux)
zerstörungsfreies Lesen *n*
(EDV) non-destructive read, NDR
– nondestructive readout
zerstörungsfreie Werkstoffprüfung *f* (IndE) nondestructive testing
Zertifikation *f* (EDV) certification
Zertifikatskapital *n*
(Fin) unit capital *(ie, of investment funds)*
Zession *f*
(Re) assignment of claim (*or* debt), §§ 398 ff BGB
(syn, Abtretung)
(Vers) cession *(ie, in reinsurance)*
Zessionar *m*
(Re) assignee
– assign
– *(Scot)* cessionary

(syn, Abtretungsempfänger)
(Vers) reinsurer, qv
Zessionskredit *m*
(Fin) advance on receivables
(Fin) assignment credit
Zessionsurkunde *f* (Re) instrument of assignment
Zessionsvertrag *m* (Re) assignment agreement
Zeta-Transformation *f* (Math) zeta transform
Zettelbuchhaltung *f*
(ReW) slip system of accounting *(syn, Belegbuchhaltung, qv)*
Zeugenbeweis *m* (Re) evidence by witness
Zeuge *m* **vom Hörensagen** (Re) witness submitting hearsay evidence
Zeugnis *n*
(Pw) testimonial
– letter of reference
– (GB) chit
ZG (Zo) = Zollgesetz
ziehen (com) to sample
Ziehen *n* **mit Zurücklegen** (Stat) sampling with replacements
Ziehen *n* **ohne Zurücklegen** (Stat) sampling without replacements
Ziehen und Ablegen (EDV, GUI) drag-and-drop
Ziehpunkt *m* (EDV) handle
Ziehung *f* (Fin) drawing
Ziehung *f* **auf das Generalkonto** (IWF) drawing on the General Account
Ziehungsavis *n* (Fin) draft advice
Ziehungsermächtigung *f*
(Fin) authority to draw
– drawing authorization
(ie, oft nur Refinanzierungsmöglichkeit des Exporteurs, ohne abstraktes Schuldversprechen der Bank; Hauptformen: authority to purchase und order to negotiate; syn, Negotiationskredit)
Ziehungsliste *f* (Fin) list of drawings
Ziehungsrechte *npl* (IWF) drawing rights
Ziel *n*
(Bw) goal
– objective
– target
(ie, the basic idea of each term is the same; target often means ‚numerisches Ziel')
(Fin) time for payment
Zieladresse *f* (EDV) destination address
Zielanalyse *f* (Bw) goal analysis
Zielantinomie *f* (Vw) conflicting goals
Zielanwendung *f* (EDV) destination application
Zielausmaß *n*
(Bw) targeted goal
– target range
Zielband *n*
(Vw) target range *(ie, of money supply growth)*
zielbedeutsame Kosten *pl* (KoR) = relevant cost, qv
Zielbestand *m* (MaW) target inventory
Zielbeziehungen *fpl*
(Vw) relations between economic policy goals *(ie, identity, neutrality, compatibility, inconsistency, conflict)*
Zielbildung *f* (Bw) goal (*or* objective) setting process
Zielcomputer *m* (EDV) target computer
Zieldatei *f* (EDV) target file
Zieldatenträger *m* (EDV) target disk
Zieldokument *n* (EDV) destination document
Zielentscheidungsprozeß *m* (Bw) goal formation process
Zielereignis *n* (OR) target event
Zielerfüllungsgrad *m* (Bw) degree of goal performance
Zielerreichung *f* (Bw) achievement of objectives
Zielerreichungsgrad *m* (Bw) degree of goal accomplishment
Zielerreichungs-Restriktion *f* (Bw) goal constraint (*or* restriction)
Ziele *npl* **überschreiten** (Vw) to overshoot targets *(eg, of monetary growth)*
Ziel *n* **festsetzen** (com) to set a goal
Zielfestsetzung *f*
(com) setting of goals
(Bw) establishment/setting. . . of company objectives
Zielformulierung *f*
(Bw) policy formulation
– statement of objectives
Zielfunktion *f*
(Bw) objective function *(ie, in der Unternehmenstheorie)*
(OR) objective function
(ie, Zusammenhang zwischen Entscheidungsvariablen und Zielkriterien e–s Optimierungsproblems)
zielgerichtet (Bw) goal-directed
Zielgesamtheit *f* (Mk) target population
Zielgesellschaft *f* (com) target (company) *(ie, the object of a takeover bid)*
zielgesteuerte Unternehmensführung *f* (Bw) management by objectives
zielgetriebene Strategie *f* (EDV) backward chaining
Zielgrößen *fpl* (com) target figures
Zielgruppe *f*
(com) target . . . group/audience
(Mk) (intended) audience
Zielgruppenindex *m* (Mk) Target Group Index, TGI
Zielharmonie *f*
(Vw) compatible (*or* complementary) goals *(syn, Zielkomplementarität od -kompatibilität)*
Zielhierarchie *f* (Bw) hierarchy of goals
Zielidentität *f* (Vw) identity of goals
Zielindifferenz *f*
(Vw) indifference (*or* neutrality) of goals *(syn, Zielneutralität)*
Zielinhalt *f* (Bw) goal content
Zielinkompatibilität *f* (Vw) = Zielkonflikt
Zielkatalog *m*
(Vw) goal system *(syn, Zielsystem)*
Zielknoten *m* (OR) terminal node
Zielkompatibilität *f* (Vw) = Zielkomplementarität
Zielkomplementarität *f*
(Vw) complementary (*or* compatible) goals *(syn, Zielharmonie, Zielkompatibilität)*
Zielkonflikt *m*
(Bw) goal conflict
– conflicting (*or* competing) goals
– inconsistency of goals

Zielkonkurrenz *f* (Vw) = Zielkonflikt
Zielkorridor *m* (Vw) target range *(eg, of monetary growth)*
Ziel-Kurs-Zonen *fpl* (IWF) target zones
Zielland *n* (Bw) target country
Zielmarkt *m* (Mk) target market
Ziel-Mittel-Dichotomie *f* (Vw) means-ends dichotomy
Zielnachfolge *f* (Bw) goal succession
Zielneutralität *f*
(Vw) neutrality (*or* indifference) of goals *(syn, Zielindifferenz)*
zielorientiertes Budget *n* (FiW) performance budget
Zielort *m* (com) final destination
Zielplanung *f*
(Bw) goal formation process
(Bw) target planning
Zielpreis *m*
(EG) target price
(Zo) norm price
Zielprogramm *n* (EDV, Cobol) target (*or* object) program
Zielprogrammierung *f* (OR) goal programming
Zielpunkt *m* (OR) arrival point
Ziel *n* **realisieren**
(Bw) to accomplish
– to achieve
– to attain . . . a goal
Zielrealisierung *f*
(Bw) accomplishment of goals
– achievement of objectives
Zielrevision *f* (Bw) goal analysis and review
Zielrichtung *f* (Bw) goal direction
Zielsetzung *f* (Bw) = Ziel
Zielspanne *f* (com) target range
Zielsprache *f* (EDV) target language
Zielstrebigkeit *f*
(Pw) tenacity of purpose
– single-minded determination
Zielsuche *f* (Bw) goal search
Zielsystem *n*
(Bw) system of objectives
– goal system
Zielüberprüfung *f* (Bw) = Zielrevision
Zielunabhängigkeit *f* (Vw) independence of goals
Zielvariable *f*
(Bw) goal variable
(OR) target variable
(Stat) explained variable
Zielvereinbarung *f* (Bw) agreement on (operational) targets
Zielverschiebung *f* (Bw) goal displacement
Zielvorgaben *fpl*
(Bw) defined goals and objectives
(FiW) public-sector goals and objectives
Zielwechsel *m* (Fin) time bill
Zielwidersprüchlichkeit *f*
(Vw) inconsistency of goals
– inconsistent goals
Zielzonen *fpl* (Vw) target zones
Ziffer *f*
(com) point *(eg, Ziffer 2.1.4)*
(EDV) digit
Ziffernanzeige *f* (EDV) digital display
Zifferncode *m* (EDV) numerical code
Zifferndarstellung *f* (EDV) digital notation
Ziffernrechner *m*
(EDV) digital computer *(opp, Analogrechner)*
Ziffernsicherungscode *m* (EDV) number protection code
Ziffernstelle *f* (EDV) digit place (*or* position)
Ziffernumschaltung *f* (EDV) figures shift
Zigarettensteuer *f* (StR) excise tax on cigarettes
Zillmerung *f*
(Vers) zillmering
(ie, die Deckungsrückstellung in der Lebensversicherung wird um den Teil der kalkulierten Abschlußkosten gekürzt, der erst während der Vertragslaufzeit durch Zuschläge zur monatlichen Prämie vereinnahmt wird; Höchstsatz 35 Promille der abgeschlossenen Versicherungssumme)
Zimmermiete *f* **am Arbeitsort** (StR) room rent at place of work
Zimmervermittlung *f* (com) accommodation agency
Zinnabkommen *n* (Vw) tin agreement (*or* accord)
Zins *m*
(Fin) interest
(Fin) interest rate
Zinsabbau *m* (Fin) lowering rates
Zinsabgabenquote *f* (FiW) interest expenditure ratio
zinsabhängiges Geschäft *n*
(Fin) interest-based business *(ie, of banks; opp, service-based business)*
Zinsabschlagsteuer *f* (FiW) interest discount tax
Zinsabstimmung *f*
(Fin) collusion (among banks) in changing their interest rates
(eg, delay in raising rates paid on savings deposits)
zinsähnliche Aufwendungen *mpl* (ReW) interest-related expenses
zinsähnliche Erträge *mpl* (ReW) interest-related income
Zinsanleihe *f*
(Fin) loan repayable on a fixed date
(ie, with or without premium; opp, Tilgungsanleihe)
Zinsanpassung *f* (Fin) interest rate adjustment
Zinsanstieg *m* (Fin) uptick in interest rates
Zinsarbitrage *f*
(Bö) interest arbitration
– interest-rate arbitrage
(ie, purchase and sale of spot and futures in money in order to take advantage of differences in interest rates between two countries)
Zinsarbitrage-Geschäft *npl* (Bö) interest-rate arbitrage dealings
Zinsauftrieb *m*
(Fin) improvement
– surge
– upsurge
– upswing
– upturn . . . in interest rates
Zinsaufwendungen *fpl* (ReW) interest paid (*or* expense)
Zinsausfall *m* (Fin) loss of interest
Zinsausfallrisiko *n* (Fin) interest loss risk

Zinsausgleichsteuer *f* (Fin) interest equalization tax *(US 1964)*
Zinsausschläge *mpl* (Fin) erratic rate movements
Zinsausstattung *f*
(Fin) rate of interest
(Fin) coupon rate
Zinsbeihilfen *fpl* (Fin) interest subsidies
Zinsbelastung *f* (Fin) interest load
Zinsbelastungsquote *f* (FiW) interest burden ratio
Zinsberechnung *f* (Fin) calculation of interest
Zinsberechnungsmethode *f*
(Fin) day-count convention
(eg, convention regulating the number of days included in the calculation of interest on credit; Methode, nach der die Anzahl der Tage für die Berechnung von Zinsen bestimmt wird)
Zinsbewußtsein *n* (Fin) interest-mindedness *(eg, of investors)*
Zinsbogen *m* (Fin) coupon sheet
Zinsbonifikation *f* (Fin) additional interest
zinsbringend (Fin) interest bearing
Zinsdauer *f* (Fin) number of terms
Zinsdeckel *m*
(Fin) cap *(ie, Höchstzins bei Cap-Floatern)*
Zinsdeckung *f*
(Fin) times interest earned ratio, qv
– coverage
Zinsdruck *m* (Fin) interest rate pressure
Zinseffekt *m*
(Vw) rate of interest effect *(ie, of open market operations)*
Zinseinkünfte *pl* (Fin) interest income
Zinselastizität *f* (Vw) interest-rate eleasticity *(ie, of money demand)*
zinsempfindlich (Fin) interest sensitive
Zinsen *mpl* **aus Bausparguthaben** (StR) interests from savings accounts with building associations
Zinsen *mpl* **aus Hypotheken und Grundschulden** (StR) interests from mortgages and other encumbrances of real property
Zinsen *mpl* **aus Sparanteilen bestimmter Versicherungsbeiträge** (StR) interest on savings portion of certain insurance premiums
Zinsen *mpl* **aus Teilschuldverschreibungen** (Fin) interest on bonds
Zinsen *mpl* **bei Aussetzung der Vollziehung** (StR) interest due while forcible collection of a tax is suspended, § 237 AO
Zinsen *mpl* **berechnen**
(Fin) to calculate interest
(Fin) to charge interest
Zinsen *mpl* **bezogen auf 360 Tage**
(Fin) ordinary interest
(ie, applied in German and French)
Zinsen *mpl* **bezogen auf 365 Tage**
(Fin) exact interest *(ie, used in Great Britain and in German Civil Code)*
Zinsen *mpl* **bringen** (Fin) = Zinsen tragen
Zinsendienst *m* (Fin) interest service
Zinsen *mpl* **für Festgeldanlagen** (Fin) time deposit rates
Zinsen *mpl* **senken**
(Fin) to ease back
– to bring down
– to relax . . . interest rates
Zinsen *mpl* **sinken** (Fin) interest rates decline *(or fall)*
Zinsenstamm *m* (Fin) renewal coupon *(syn, Talon, Erneuerungsschein)*
Zinsen *mpl* **tragen**
(Fin) to bear
– to yield
– to generate
– to produce . . . interest
(ie, on the principal = Kapital)
Zinsentspannung *f* (Fin) easing of interest rates
Zinsen *mpl* **und Tilgung** *f* (Fin) interest and repayment (of principal)
Zinsen *mpl* **und zinsähnliche Aufwendungen** *mpl* (Fin) interest and related expenses
Zinsergebnis *n* (ReW) net interest income
Zinserneuerungsschein *m* (Fin) renewal coupon
Zinserträge *mpl*
(Fin) interest income (*or* earnings)
– interest earned (*or* received)
(Vers) investment income
(ie, earned in shortterm money markets)
Zinserträge *mpl* **aus Darlehen** (Fin) interest yield on loans
Zinserträge *mpl* **aus Wertpapieren** (Fin) interest on securities
Zinsertragsbilanz *f* (Fin) interest income statement
Zinsertragskurve *f* (Fin) yield curve
(ie, spread between long-term and short-term interest rates)
Zinserwartungen *fpl* (Fin) interest-rate expectations
Zinseszins *m* (Fin) compound interest
Zinseszinsperiode *f* (Fin) accumulation/conversion . . . period
Zinseszinsrechnung *f* (Fin) compound interest calculation
Zinseszinstabelle *f* (Fin) compound interest table
Zinsfälligkeitstermin *m* (Fin) interest due date
Zinsflexibilität *f* (Fin) interest rate flexibility
Zinsforderungen *fpl* (ReW) interest receivable
zinsfrei
(Fin) free of interest
– paying no interest (on)
zinsfreies Darlehen *n*
(Fin) interest-free loan
– non-interest-bearing loan
zinsfreies Darlehen *n* **aufnehmen** (Fin) to borrow interest-free (from)
zinsfreies Darlehen *n* **gewähren** (Fin) to lend money interest-free (to)
Zins *m* **für Ausleihungen** (Fin) lending rate
Zins *m* **für Festgeld** (Fin) fixed period interest rate
Zins *m* **für Neukredit** (Fin) incremental borrowing rate
Zinsfuß *m*
(Fin) interest rate
– rate of interest
(ie, Zinsfuß q gibt die Verzinsung in Prozenten an, d. h. mit der Bezugsgröße 100; cf, Zinssatz)
Zinsgarantie *f* (Fin) interest payment guaranty
zinsgebundener Kredit *m* (Fin) fixed rate loan
Zinsgefälle *n*
(Fin) interest-rate
. . . differential/gap/spread

Zinsgefüge *n* (Fin) structure/pattern . . . of interest rates
Zinsgipfel *m* (Fin) interest peak
Zinsgleitklausel *f* (Fin) interest escalation clause
zinsgünstige Finanzierung *f* (Fin) reduced-interest financing
zinsgünstiger Festkredit *m* (Fin) low-fixed-rate loan
zinsgünstiger Kredit *m* (Fin) soft loan
zinsgünstiges Darlehen *n* (Fin) low-interest/reduced-interest . . . loan
Zinsgutschrift *f* (Fin) credit for accrued interest
Zinshedging *n*
(Fin) interest hedging
(ie, kompensatorischer Abschluß von variablen oder Festzins-Geschäften, um das Zinsänderungsrisiko auf beide Bilanzseiten gleich aufzuteilen)
Zinshöhe *f* (Fin) level of interest rates
Zinshypothek *f*
(Fin) redemption mortgage
(ie, debtor repays in equal annual installments; syn, Annuitätenhypothek, Tilgungshypothek, Amortisationshypothek)
zinsinduzierte Kapitalzuflüsse *mpl* (AuW) capital inflows triggered by interest rate differentials
Zinsinflation *f* (Vw) interest inflation
Zinsinstrument *n* (Fin) interest-rate tool
Zinskonditionen *fpl* (Fin) lending (*or* interest) terms
zinskongruent (Fin) at identical rates
Zinskontrakte *mpl*
(Fin) futures contracts in interest rates
– interest rates futures
– financial futures contracts
(ie, evidencing purchase or sale of a fixed amount of a financial commodity, at a price agreed at the present, on a specified future date; it facilitates the transfer of risks from parties that do not wish to bear it (hedgers) to those who are prepared to bear it (speculators); risk of loss – or possibility of gains – arises from movement in prices, interest rates, or exchange rates)
Zinskonversion *f*
(Fin) interest-rate reduction through conversion
(ie, not to be confounded with ‚Zinsreduktion' and, Zinssenkung')
Zinskosten *pl* (Fin) interest cost
Zins-Kredit-Mechanismus *m* (AuW) interest-credit mechanism
Zinskupon *m* (Fin) interest coupon
Zinslast *f* (Fin) interest burden (*or* load)
Zinsleiste *f* (Fin) renewal coupon
Zinsleistungen *fpl* (Fin) interest payments
zinslos (Fin) interest-free
zinsloses Darlehen *n*
(Fin) interest-free loan
– (infml) flat/gift . . . loan
zinsloses Guthaben *n* (Fin) free balance
Zinsmanagement *n*
(Fin) interest-rate management
(ie, mittels standardisierter börsengehandelter Kontrakte od frei vereinbarter, maßgeschneiderter (over-the-counter) Kontrakte)
Zinsmarge *f* (Fin) interest margin
Zinsniveau *n* (Fin) level of interest rates
Zinsniveau *n* **senken**
(Fin) to lower the interest rate level
– to peg interest rates at a lower level
Zinsnote *f*
(Fin) interest statement
(syn, Zinsrechnung)
Zinsobergrenze *f*
(Fin) interest rate ceiling
– (US) cap *(eg, in the case of adjustable rate mortgages; opp, Zinsuntergrenze = collar)*
Zinsoption *f* (Fin) interest rate option
Zinsparität *f*
(Vw) interest parity
(Fin) interest rate parity
(ie, forward margins equal the interest rate differentials on equivalent securities in two financial centers involved)
Zinsperiode *f* (Fin) interest (*or* conversion) period
Zinspolitik *f* (Fin) interest rate policy
zinspolitische Abstimmung *f* (Fin) = Zinsabstimmung
Zinsreagibel (Fin) interest sensitive
Zinsrechnung *f* (Fin) computation of interest
Zinsreduktion *f* (Fin) reduction of nominal interest rate
Zinsregulierungsklausel *f* (Fin) interest adjustment clause
Zinsrisiko *n*
(Fin) interest rate risk
(ie, risk of gain or loss, due to possible changes in interest rate levels)
Zinsrobust (Fin) insensitive to interest rate fluctuations
Zinssatz *m*
(Fin) interest rate
(ie, bezieht sich auf e–e Geldeinheit, so daß die Beziehung zwischen i und p lautet: i = p/100 oder p = 100i; cf, Zinsfuß)
Zinssätze *mpl* **bleiben hoch** (Fin) interest rates stay at present high levels
Zinssätze *mpl* **für Ausleihungen** (Fin) lending rates
Zinssätze *mpl* **für Bankkredite** (Fin) bank loan rates
Zinssätze *mpl* **für Eurodollareinlagen** (Fin) Eurodollar deposit rates
Zinssätze *mpl* **für Kurzläufer** (Fin) short rates
Zinssätze *mpl* **für Langläufer** (Fin) long rates
Zinssätze *mpl* **für Spareinlagen** (Fin) savings deposit rates
Zinssätze *mpl* **geben nach** (Fin) interest rates start moving down
Zinssatz *m* **für Festverzinsliche** (Fin) coupon rate
Zinssatz *m* **steigt**
(Fin) interest rate . . .
– moves up
– rises
– goes up
– increases
Zinsschein *m*
(Fin) interest coupon (*or* warrant)
– coupon
Zinsscheine *mpl* **einlösen** (Fin) to collect coupons
Zinsscheineinlösungsdienst *m* (Fin) coupon service

Zinsschwankungen *fpl* (Fin) interest rate fluctuations (*or* volatility)
Zinssenkung *f* (Fin) interest rate cut
Zinsspanne *f*
(Fin) interest spread (*or* margin)
– rate spread
(ie, difference between interest paid by banks on deposits and received for credits; eg, to make a buck on a thin interest spread)
Zinsspannenrechnung *f* (Fin) margin costing
Zinsspekulation *f* (Fin) interest rate speculation
Zinsspirale *f* (Vw) spiral of rising interest rates
Zinssteigerung *f*
(Fin) increase in interest rates
– (infml) run-up in interest rates
Zinsstopp *m* (Fin) interest freeze
Zinsströme *mpl* (ReW) interest flows
Zinsstruktur *f*
(Vw) interest rate regime
– term structure of interest rates
– interest rate structure
(syn, Fristigkeitsstruktur der Zinssätze, qv)
Zinsstrukturkurve *f* (Fin) yield curve
Zinssturz *m*
(Fin) nosedive of interest rates *(ie, sudden large drop)*
Zinssubvention *f* (Fin) interest subsidy
Zinssubventionierung *f* (Fin) subsidizing interest rates *(eg, for loans in foreign trade)*
Zinsswap *m*
(Fin) interest rate swap
(ie, klassischer Swap: zwei Parteien tauschen ihre Zinszahlungen auf e–n nominellen Kapitalbetrag – üblich ist Festsatz gegen variablen Satz –, ohne dabei den Kapitalbetrag auszutauschen; cf, Swap)
Zinstage *mpl* (Fin) interest days
Zinstermin *m*
(Fin) due date for interest payment
– interest (due) date
– coupon date
Zinsterminhandel *m* (Bö) interest rate futures trading
Zinsterminkontrakt *m*
(Bö) future rate agreement, FRA
– interest future
(ie, Zinssicherungsinstrument mit symmetrischer Risikoverteilung: Rechte und Pflichten für beide Parteien; (90 Tage), mittelfristig (10 Jahre), langfristig (20–30 Jahre))
Zinsterminkontrakte *mpl*
(Bö) interest futures
– interest rate futures contracts
Zinsterminmarkt *m* (Fin) interest rate futures market
Zinstheorie *f* (Vw) theory of interest
zinstragend
(Fin) interest . . . earning/yielding
– bearing interest
zinstragendes Aktivum *n* (Fin) interest earning asset
zinstragendes Wertpapier *n* (Fin) active paper
Zinsüberschuß *m*
(Fin) net interest received
– net interest revenue
– surplus on interest earnings
Zinsübertragungsmechanismus *m* (Vw) cost-of-capital channel
Zinsumschwung *m* (Fin) interest rebound
zinsunabhängige Geschäfte *npl* (Fin) non-interest business
zinsunelastisch (Fin) interest inelastic
Zinsuntergrenze *f*
(Fin) interest rate floor
– (US) collar *(opp, Zinsobergrenze = cap)*
zinsvariable Anleihe *f*
(Fin) floating rate note, FRN
– floater
(ie, Zinssatz wird alle 3 od 6 Monate der Rendite kurzfristiger Mittel am Eurogeldmarkt angepaßt; Bezugsgröße ist der Libor-Satz, zu dem Termineinlagen am Eurogeldmarkt verzinst werden; medium to long term, evidenced by negotiable bearer notes (begebbare Inhaberschuldscheine) in denominations of at least $1,000, and with a coupon consisting of a margin usually over Libor for 3 od 6 months deposits, paid at the end of each interest period and then adjusted in line with current rates for the next period; market almost entirely by telephone or telex; syn, variabel verzinsliche Anleihe)
zinsverbilligt (Fin) interest-subsidized
zinsverbilligter Kredit *m* (Fin) interest-subsidized loan
Zinsverbilligung *f* (Fin) subsidizing interest rates
Zinsverbindlichkeiten *fpl* (Fin) interest payable
Zinsverzicht *m*
(Fin) waiver of interest
– interest forgiveness
Zinswende *f* (Fin) turnaround in interest rate movements
Zinswettbewerb *m* (Fin) interest rate competition
Zinswettlauf *m* (Fin) interest rate war
Zinswucher *m* (Re) usurious interest
Zinszahlung *f* (Fin) interest payment
Zinszuschuß *m* (Fin) interest rate subsidy
Zinszyklus *m* (Vw) interest rate cycle
Zirkakurs *m* (Bö) approximate price
Zirkular *n* (com) circular letter
zirkulare Konkurrenz *f* (Vw) circular competition
Zirkularkreditbrief *m* (Fin) circular letter of credit
„Zitat" *n* (com) quote
(opp, „Zitat Ende" = unquote)
zivile Märkte *mpl*
(com) commercial markets
(opp, government military . . . markets)
Zivilflugzeug *m* (com) commercial airliner
Zivilkammer *f* (Re) Chamber for Civil Matters
Zivilluftfahrt *f*
(com) civil (*or* commercial) aviation
– commercial air travel
Zivilmakler *m*
(Re) civil-law broker
(ie, natürliche od juristische Person, auch OHG od KG; in §§ 652–656 BGB geregelt; vor allem Grundstücksmakler und die Ehevermittler)
Zivilprozeß *m* (Re) civil action (*or* litigation)
Zivilprozeßordnung *f* (Re) Code of Civil Procedure, of 12 Sept 1950
Zivilrecht *n*
(Re) private law

(ie, e–e andere Bezeichnung für das gesamte Privatrecht)
zivilrechtliche Haftung *f* (Re) civil liability
Z-Koordinate *f* (Math) z coordinate
zögerliche Aufwärtsentwicklung *f* (com) sluggish rise *(ie, in interest rates)*
zögernde Erholung *f* (Vw) fledgling recovery
zögernde Wiederbelebung *f* (Vw) hesitant economic revival
zolähnliche Handelshemmnisse *npl* (AuW) quasi-tariff barriers
Zölibatsklausel *m*
(Pw) celibacy clause
(ie, im Arbeitsrecht: Arbeitsverhältnis endet, wenn Arbeitnehmer/-in e–e Ehe eingeht)
Zoll *m*
(Zo) customs duty
– (US, also) custom duty
– duty
– tariff
(ie, levied on imports)
(Zo) customs
(ie, in the sense of Zollverwaltung)
Zollabbau *m*
(Zo) duty (*or* tariff) reduction
– tariff dismanting
– reduction in tariff rates
Zollabfertigung *f* (Zo) customs clearance
Zollabfertigungsförmlichkeiten *fpl* (Zo) customs clearance procedures
Zollabfertigungsgebühren *fpl* (Zo) customs clearance charges
Zollabfertigungshafen *m* (Zo) port of clearance (*or* entry)
Zollabfertigungsschein *m*
(Zo) customs declaration
– clearance certificate
Zollabfertigungsstatus *m* (Zo) customs clearance status, CCS
Zollabgabebescheid *m* (Zo) customs response
Zollabkommen *n*
(Zo) tariff agreement
– customs convention
Zolladungsverzeichnis *n* (Zo) customs manifest
Zollagent *m* (Zo) customs agent
Zollager *n* (Zo) bonded/customs . . . warehouse
Zollagergut *n* (Zo) bonded goods
Zollagerschein *m* (com) bonded/warehouse . . . warrant
Zollagerung *f* (Zo) customs warehouse procedure
zollähnliche Hemmnisse *npl* (AuW) quasi-tariff barriers
Zollamt *n* (Zo) customs office
zollamtlich abfertigen (Zo) to clear through the customs
zollamtlich deklarieren (Zo) to declare officially
zollamtliche Abfertigung *f* (Zo) customs clearance
zollamtliche Bearbeitung *f* (Zo) customs treatment
zollamtliche Bescheinigung *f* (Zo) customs certificate
zollamtliche Bewertung *f* (Zo) customs valuation
zollamtliche Erfassung *f* **der Waren** (Zo) customs treatment of goods
zollamtliche Überwachung *f* (Zo) customs control (*or* supervision)
Zollamtsvorsteher *m* (Zo) head of customs office
Zollanmelder *m* (Zo) declarant
Zollanmeldung *f* (Zo) customs . . . declaration/entry
Zollanmeldung *f* **berichtigen** (Zo) to amend the goods declaration
Zollanmeldung *f* **für die Abfertigung zum freien Verkehr** (Zo) entry for release for free circulation
Zollanpassung *f* (Zo) tariff adjustment
Zollanschlüsse *mpl* (Zo) customs enclaves, § 2 II ZG
Zollantrag *m* (Zo) customs application
Zollantrag *m* **für Inlandsverbrauch** (Zo) entry for home use
Zollantrag *m* **stellen** (Zo) to file an entry
Zollaufkommen *n* (Zo) customs revenue
Zollaufschlag *m* (Zo) customs surcharge
Zollaufsicht *f* (Zo) customs supervision
Zollausfuhrerklärung *f* (Zo) declaration outwards
Zollauskunft *f* (Zo) = Zolltarifauskunft
Zollausland *n* (Zo) foreign customs territories, § 2 ZG
Zollauslieferungsschein *m* (Zo) customs warrant
Zollausschluß *m* (Zo) part of the customs area of an adjacent country, § 2 ZG
Zollaussetzung *f* (Zo) suspension of customs duties
Zollbeamter *m* (Zo) customs officer
Zollbefreiung *f* (Zo) customs duty-free admission
Zollbefund *m*
(Zo) official certification of customs treatment, § 19 ZG
Zollbegleitpapiere *npl*
(Zo) customs documents accompanying a consignment
– bond papers
Zollbegleitschein *m*
(Zo) bond note
– customs warranty
– transshipment note *(syn, Warenbegleitschein)*
Zollbegünstigungsliste *f* (Zo) preferential tariff list
Zollbehandlung *f*
(Zo) customs treatment
– clearance of goods by customs
Zollbehörden *fpl* (Zo) customs authorities
Zollbelastung *f* (Zo) incidence of customs duties
Zollbelegnummer *f* (Zo) import entry registration number
Zollbeschau *f* (Zo) customs examination, §§ 16, 17 ZG
Zollbescheid *m* (Zo) notice of assessment, § 36 III ZG, § 155 I AO
Zollbeschränkung *f* (Zo) customs restriction
Zollbestimmungen *fpl* (Zo) customs provisions (*or* regulations)
Zollbewertung *f* (Zo) valuation for customs purposes
Zollbezirk *m* (Zo) customs district
Zollbinnenland *n* (Zo) inland customs territory, § 68 ZG
Zollbinnenlinie *f* (Zo) borderline between customs district and inland customs territory
Zollbürger *m* (Zo) customs guarantor
Zollbürgschaft *f* (Zo) customs guaranty

Zolldeklaration *f*
(Zo) customs declaration
– declaration
– bill of entry
Zolldisparitäten *fpl* (Zo) disparities of tariff structures
Zolldokument *n* (Zo) customs document
Zolldoppeltarif *m* (Zo) two-column tariff
Zölle *mpl*
(Zo) customs duties
– duties
– tariff
Zolleinfuhrdeklaration *f*
(Zo) declaration inwards
– inward manifest
Zolleinnahmen *fpl* (FiW) customs collections (*or* receipts *or* revenues)
Zolleinnahmeverlagerung *f* (Zo) deflection of customs receipts
Zollerhebung *f* (Zo) collection of customs duties
Zollerklärung *f* (Zo) customs declaration
Zollerlaß *m* (Zo) remission of duty, §§ 38 II, 40 ZG
Zollerleichterungen *fpl* (Zo) customs facilities
Zollermäßigung *f*
(Zo) abatement of customs duty
– tariff reduction
Zollermittlung *f* (Zo) duty assessment
Zölle *mpl* **und Abgaben** *fpl* **gleicher Wirkung** (Zo) customs duties and charges having equivalent effect
Zölle *mpl* **und Verbrauchsteuern** *fpl* (FiW) customs duties and excise taxes
Zollfahndung *f* (Zo) customs investigation
Zollfahndungsdienst *m* (Zo) customs investigation service, § 152 GVG
Zollfahndungsstelle *f* (StR) Customs Investigation Division
Zollfaktura *f* (Zo) customs invoice
Zollfestsetzung *f* (Zo) assessment of duty
Zollflughafen *m* (Zo) airport of entry
Zollformalitäten *fpl* (Zo) = Zollförmlichkeiten
Zollförmlichkeiten *fpl* (Zo) customs formalities
Zollformular *n* (Zo) customs form
zollfrei
(Zo) duty free
– free of duty
zollfreie Einfuhr *f*
(Zo) duty-free importation (*or* entry)
– free entry
zollfreies Jahreskontingent *n* (Zo) annual tariff quota free of customs duties
zollfreie Ware *f* (Zo) duty-free goods
zollfreie Waren *fpl* (Zo) duty-frees
zollfreie Wiedereinfuhr *f* (Zo) duty return
Zollfreigebiet *n* (Zo) free zone, § 2 III ZG
Zollfreiheit *f*
(Zo) customs exemption
– exemption from customs duties
zollfremde Hemmnisse *npl* (AuW) non-tariff barriers to trade
Zollgarantie *f* (Fin) customs guarantee
(ie, dient der finanziellen Absicherung ausländischer Zollbehörden gegen mögliche Risiken; meist in Form e–r Rückgarantie hinausgelegt)

Zollgebiet *n* (Zo) customs territory
Zollgebühren *fpl* (Zo) clearance charges
Zollgesetz *n* (Zo) Customs Law, of 14 June 1961, as amended
Zollgesetzgebung *f* (Zo) tariff legislation
Zollgewahrsam *m* (Zo) customs custody
Zollgewicht *n* (Zo) dutiable weight, § 34 ZG
Zollgrenzbezirk *m*
(Zo) customs district, §§ 68–72 ZG
– customs surveillance zone
Zollgrenze *f* (Zo) customs frontier
Zollgut *n* (Zo) dutiable goods, § 6 AZO
Zollgutlager *n* (Zo) customs warehouse
Zollgutlagerung *f* (Zo) customs warehousing
Zollgutumwandlung *f* (Zo) conversion of dutiable goods, § 54 ZG
Zollgutversand *m* (Zo) customs transit
Zollgutversandanmeldung *f* (Zo) customs transit declaration
Zollhafen *m*
(Zo) point of entry
– (US) port of entry
zollhängige Waren *fpl* (Zo) goods in process of clearing
Zollharmonisierung *f* (EG) tariff harmonization
Zollherabsetzung *f* (Zo) reduction of customs duties
Zollhinterlegung *f* (Zo) customs deposit
Zollhinterziehung *f*
(Zo) customs fraud
– evasion of customs duties
Zollhoheit *f* (Zo) customs (*or* tariff) jurisdiction
Zollinhaltserklärung *f* (Zo) customs declaration
Zollinland *n* (Zo) domestic customs territory
Zollinspektion *f* (Zo) customs inspection
Zollkartell *n* (Kart) customs cartel
Zollkennzeichnungs-Vorschriften *fpl* (Zo) marking (*or* marks-of-origin) requirements
Zollkontingent *n* (Zo) tariff (rate) quota
Zollkontingent *n* **ausschöpfen** (Zo) to exhaust a tariff quota
Zollkontingent *n* **eröffnen** (Zo) to grant a tariff quota
Zollkontrolle *f* (Zo) customs control (*or* inspection)
Zollkontrollzone *f* (com) customs supervision zone
Zollkonzession *f* (Zo) tariff concession
Zollkrieg *m* (Zo) tariff war
Zollmakler *m* (Zo) customs-house broker
Zollmaßnahme *f*
(Zo) tariff measure
– customs action
Zollmauer *f* (Zo) tariff wall
Zollnämlichkeitsbescheinigung *f* (Zo) certificate for entry of returned products
Zollniederlage *f* (Zo) public customs warehouse
Zollniederlassung *f* (Zo) customs/bonded . . . warehouse
Zollpapier *n* **bereinigen**
(Zo) to regularize
(eg, a temporary importation paper)
Zollpapiere *npl* (Zo) customs (*or* clearing) documents
Zollpapiere *npl* **für die vorübergehende Einfuhr**
(Zo) temporary importation paper

zollpflichtig
(Zo) dutiable
(Zo) liable to duty
zollpflichtiges Gewicht *n* (Zo) dutiable weight
zollpflichtige Waren *fpl*
(Zo) dutiable (*or* duty-bearing) goods
– bonded goods
Zollplafond *m* (Zo) tariff ceiling
Zollplombe *f* (Zo) customs seal
Zollpolitik *f* (AuW) tariff policy
zollpolitisches Gleichgewicht *n* (AuW) tariff equilibrium
Zollpräferenzen *fpl* (Zo) tariff preferences
Zollpräferenzregelung *f* (Zo) preferential tariff arrangement
Zollpräferenzspanne *f* (Zo) preference margin
Zollquittung *f*
(Zo) customs receipt (*or* voucher)
– (GB) customs-house docket
Zollrechnung *f* (Zo) customs' invoice
Zollrecht *n* (Zo) customs legislation
zollrechtliche Behandlung *f* (Zo) customs treatment
zollrechtliche Behandlung *f* **der Waren** (Zo) customs treatment applicable to goods
zollrechtliche Freigabe *f* **der Waren** (Zo) release of goods for free circulation
Zollrückerstattung *f*
(Zo) refund of customs duties
(Zo) abatement
(ie, on damaged imported goods)
Zollrückschein *m*
(Zo) customs debenture
– drawback
Zollrückvergütung *f* (Zo) (customs) drawback
Zollrunde *f* (AuW) round of tariff negotiations
Zollsatz *m*
(Zo) rate of customs duty
– tariff rate
Zollsätze *mpl* **angleichen** (Zo) to adjust (*or* align) tariff rates
Zollsatz *m* **Null anwenden** (Zo) to apply a zero rate
Zollsatz *m* **wiederanwenden** (Zo) to reimpose customs duties
Zollschloß *n* (Zo) customs lock
Zollschranke *f* (Zo) customs/duty . . . barrier
Zollschuld *f*
(Zo) customs debt
– due to customs
Zollschuppen *m* (Zo) customs shed
Zollschutz *m* (AuW) tariff protection
Zollsenkung *f*
(AuW) tariff cut (*or* reduction)
– duty reduction
Zollsenkungsrunde *f* (AuW, Gatt) round of tariff reductions
Zollsicherheit *f* (Zo) customs security
Zollstatus *m* (Zo) customs status
Zollstelle *f* **an der Grenze** (Zo) customs office at the frontier
Zollstelle *f* **der Bürgschaftsleistung** (EG) office of guaranty
Zollstelle *f* **im Landesinneren** (Zo) inland customs office
Zollstellen *fpl*
(Zo) customs authorities (*or* offices)
– (GB) customs stations
(ie, Hauptzollämter und Zollämter)
Zollstrafe *f* (Zo) customs penalty
Zollstraße *f* (Zo) customs route, § 3 II ZG
Zollsystem *n* (Zo) tariff structure
Zolltara *f* (Zo) customs tare
Zolltarif *m*
(Zo) customs tariff
– tariff schedule
– tariff
– tariff number
(Zo, US) Tariff Schedules of the United States *(ie, based on the Tariff Classification Act of 1962)*
Zolltarifangleichungen *fpl* (Zo) tariff adjustments
Zolltarifauskunft *f* (StR) ruling in a customs tariff classification matter, § 348 AO
Zolltarifbestimmungen *fpl* (Zo) tariff provisions
Zolltarife *mpl* **ausgleichen** (AuW) to harmonize tariffs
Zolltarifgesetz *n* (Zo) tariff law
Zolltarifierung *f* (Zo) customs classification
Zolltarifkennziffer *f* (Zo) tariff code
zolltarifliche Behandlung *f* **der Waren** (Zo) tariff treatment of goods
zolltarifliche Benennung *f* (Zo) tariff description
zolltarifliche Einstufung *f* (Zo) tariff classification
Zolltarifrecht *n* (Zo) tariff laws
Zolltarifschema *n* (Zo) tariff nomenclature
Zolltheorie *f* (AuW) customs tariff theory
Zoll *m* **umgehen** (Zo) to avoid customs duty
Zoll- und Verbrauchsteueraufsicht *f* (StR) duty and consumption tax control
Zollunion *f* (Zo) customs union
Zollveredelung *f* (Zo) processing in bond
Zollverfahren *n* (Zo) customs procedure
Zollverfahrensvorschriften *fpl* (Zo) customs procedural requirements
Zollverfahren *n* **zuführen** (Zo) to place under a customs procedure
Zollvergehen *n* (Zo) infringement of customs regulations
Zollvergünstigung *f* (Zo) tariff advantage
Zollverhandlungen *fpl* (AuW) tariff negotiations
Zollverkehr *m* (Zo) customs procedure (*or* system)
Zollversandgut *n* (Zo) goods in customs transit
Zollverschluß *m* (Zo) customs seal
Zollverschlüsse *mpl* **anlegen** (Zo) to affix customs seals
Zollverschlüsse *mpl* **beschädigen** (Zo) to damage the customs seals
Zollverschlußsystem *n* (Zo) customs sealing device
Zollvertrag *m* (Zo) tariff agreement
Zollverwaltung *f* (Zo) customs administration
Zollvollmacht *f* (Zo) customs power of attorney
Zollvorschriften *fpl* (Zo) customs regulations (*or* requirements)
Zollwarenverzeichnis *n* (Zo) tariff nomenclature
Zollwert *m*
(Zo) customs (*or* dutiable) value
– valuation for customs purposes
Zollwertabkommen *n* (AuW) Convention on the Customs Valuation of Goods

Zollwertanmelder *m* (Zo) declarant
Zollwertausschuß *m* (EG) Valuation Committee
Zollwertbemessung *f* (Zo) customs valuation
Zollwertbestimmung *f* (Zo) = Zollwertbemessung
Zollwertermittlung *f* (Zo) method of valuation for duty purposes
Zollwertkompendium *n* (Zo) Valuation Compendium
Zollwertnachprüfung *f* (Zo) verification of dutiable value
Zollzugeständnisliste *f*
(AuW) schedule of concessions
(ie, within GATT)
Zollzugeständnisse *npl* (AuW) tariff concessions
Zollzuschlag *m* (Zo) additional duty
Zollzuwiderhandlung *f* (Zo) offense against customs legislation
Zollzwecke *mpl* (Zo) duty payment purposes
Zollzweigstelle *f* (Zo) customs suboffice
Zonentarif *m* (com) zone rates
Zoomen *n* (EDV) zooming
zoomen (EDV) to zoom
ZPO (Re) = Zivilprozeßordnung
Zubehör *n*
(com) accessories
(Re) removable fixtures
– accessory property
(ie, not firmly attached to the realty, but serving the purpose of the latter, § 97 BGB, § 68 I BewG)
Zubehörteil *n* (com) supply item
zubilligen (com) to allow *(eg, reasonable time)*
Zubringeranlage *f* (EDV) feeder equipment
Zubringerlinie *f*
(com) feeder
– branch *(ie, branch transportation line or short railroad)*
Zubringerverkehr *m* (com) feeder traffic
zu Buche stehen (com) capitalized (mit = at)
Zubuße *f* (StR) contribution to a mining company
Zuckerabschöpfung *f* (Zo) levy on sugar
Zuckerbörse *f* (Bö) sugar exchange
Zuckerhersteller *m* (com) sugar producer
Zuckerindustrie *f* (com) sugar industry
Zuckerrübenernte *f* (com) sugar beet production
Zuckersteuer *f*
(StR) sugar tax
– excise duty on sugar
zueignen
(Re) to appropriate
– to convert to one's own use
Zueignung *f*
(Re) appropriation
– conversion to one's own use *(cf, Unterschlagung)*
Zueignungswille *f* (Re) intention to convert to one's own use
Zufahrtsweg *m*
(com) accommodation way
(ie, branches off a public road)
Zufall *m*
(Stat) random event
(com) chance
– coincidence
– accident
zufällige Ordnung *f* (Stat) randomization
zufälliger Benutzer *m* (EDV) casual user
zufälliges Unmöglichwerden *n* **der Leistung** (Re) accidental impossibility of performance
Zufälligkeitsgrad *m* (Stat) degree of randomness
Zufallsabweichung *f* (Stat) random variation
zufallsähnliches Stichprobenverfahren *n* (Stat) quasi-random sampling
Zufallsanordnung *f* (Stat) random order
Zufallsausfall *m* (IndE) chance failure
Zufallsauswahl *f*
(Stat) random . . . sampling/selection
(syn, Zufallsstichprobe)
zufallsbedingte Programmierung *f*
(EDV) chance-constrained programming
(ie, nonlinear programming wherein the deterministic constraints are replaced by their probabilistic counterparts)
Zufallsbeschränkungen *fpl* (Stat) chance constraints
Zufallseinflüsse *mpl* (Stat) random factors
Zufallsereignis *n* (Stat) random event
Zufallsexperiment *n*
(Stat) random experiment
(eg, do not always yield the same result when repeated under the same conditions; eg, Werfen e-s Würfels)
Zufallsfehler *m*
(Stat) random error *(ie, can be predicted only on a statistical basis)*
Zufallsfolge *f* (Math) random sequence
Zufallsfunktion *f* (Math) random function
Zufallsgewinn *m* (com) windfall profit
Zufallsgrenze *f* (Stat) critical ratio
Zufallskomponente *f* (Stat) random component
Zufallsparameter *m* (Stat) incidental parameter
Zufallsprozeß *m* (Stat) random process *(cf, stochastic process)*
Zufallsreihe *f* (Stat) random series
Zufallsstichprobe *f* (Stat) random sample
Zufallsstichprobenfehler *m* (Stat) random sampling error
Zufallsstreuung *f* (Stat) chance variation
Zufallstheorie *f* (Stat) chance theory
Zufallsvariable *f*
(Stat) random
– stochastic
– chance . . . variable
– variate
(ie, auf e–n Ereignisraum definierte reelle Funktion; syn, stochastische Variable)
Zufallsverteilung *f* (Stat) random distribution
Zufallszahl *f* (EDV) random number
Zufallszahlen *fpl*
(Stat) random . . . numbers/digits
– random sampling numbers
Zufallszahlengenerator *m* (EDV) random number generator
Zufallszahlentafel *f* (Stat) random number table
zufließen
(Re) to accrue
(Fin) to go *(eg, proceeds go to . . .)*
Zufluß *m* **von Kapital** (AuW) inflow (*or* influx) of capital
Zufriedenheitsniveau *n*
(Bw) aspiration level *(syn, Anspruchsniveau)*

zufriedenstellend
(com) satisfactory
– pleasing
Zuführeffekte *mpl* (Vw) injections
zuführen
(ReW) to carry
– to allocate
– to transfer
– to make appropriation
(ie, to reserves)
(EDV) to gate (to)
Zuführfehler *m* (EDV) misfeed
Zuführung *f*
(ReW) allocation
– appropriation
– carrying
– transfer *(ie, to reserves)*
(EDV) feed
Zuführungen *fpl* **zu Rückstellungen im Kreditgeschäft** (Fin) provision for possible loan losses
Zuführung *f* **mit mehrfachem Lesen** (EDV) multiread (*or* multi-cycle) feeding
Zuführung *f* **neuen Eigenkapitals** (Fin) injection of new equity capital
Zuführungsfehler *m* (EDV) misfeed
Zuführung *f* **von Finanzmitteln** (Fin) provision of finance
Zuführung *f* **zu Rückstellungen für Gewährleistungs- und Schadenersatz** (ReW) provision for warranty and liability claims
Zuführung *f* **zu Rückstellungen für Wechselobligo** (ReW) provision for accrued notes payable
Zugabe *f*
(com) bonus *(ie, sth in addition to what is usual or expected)*
(Mk) free gift
Zugang *m*
(com) accession *(syn, Neuanschaffung)*
Zugänge *mpl* (ReW) additions *(eg, of fixed assets)*
Zugänge *mpl* **bei den Beteiligungen** (Fin) additional investment in subsidiaries and associated companies
Zugänge *mpl* **im Sachanlagevermögen** (ReW) additions to property, plant, and equipment
Zugänger *m* (OR) branch leading into node
Zugang *m* **erleichtern** (com) to ease access (to)
zugangsbedürftig (Re) requiring communication
zugangsberechtigter Benutzer *m* (EDV) bona fide user
Zugangsberechtigung *f*
(EDV) access authorization *(syn, Zugriffsberechtigung)*
Zugangsbeschränkungen *fpl*
(Vw) barriers to entry
– restrictions of entry
(eg, product differentiation, scale economies, patents; syn, Marktzutrittsschranken)
Zugangsbeschränkungen *fpl* **zu Arbeitsplätzen** (Pw) barriers to jobs *(eg, in GB durch closed shop arrangements)*
Zugangseinheiten *fpl* (OR) input
Zugangserleichterungen *fpl* (Mk) greater ease of entry into a market
Zugangsjahr *n* (ReW) year of acquisition
Zugangsprozeß *m* (OR) arrival process

Zugangspunkt *m*
(EDV) access point *(ie, Transceiver in einem drahtlosen LAN, der dieses mit einem festen LAN verbindet)*
Zugangsrate *f* (OR) arrival rate
Zugangswert *m* (ReW) value of additions
Zugang *m* **zu Finanzmärkten** (Fin) access to the financial markets
Zugang *m* **zur Beschäftigung** (Pw) access to employment
Zugartikel *m* (Mk) = Lockartikel
zugelassener Empfänger *m* (EG) authorized consignee
zugelassener Satz *m* **der Ausfuhrabschöpfung** (EG) tendered rate of export levy
zugelassener Versender *m* (EG) authorized consignor
zugelassenes Wertpapier *n* (Bö) registered security
zugeordneter ungerichteter Graph *m* (Math) associated undirected graph
zugesagte Mittel *pl* (Fin) promised funds
zugesicherte Eigenschaft *f* (com) warranted quality
zugesicherte Qualität *f* (com) promised quality
Zugeständnis *n*
(com) concession
(com) shading *(ie, pricing and other conditions)*
Zugewinn *m* (StR) increase in the combined net worth of spouses during marriage, § 5 I ErbStG
Zugewinngemeinschaft *f*
(Re) statutory matrimonial property regime
– equalization of combined net worth
(ie, property regime = Güterstand by which each spouse retains ownership and management of his or her property during marriage, but the increase in the combined net worth of the spouses during marriage is distributed equally, § 1363 BGB, § 5 I ErbStG)
Zugewinnngemeinschaft *f* (Re) conjugal community of accrued gains
Zugkraft *f* (Mk) attention value
Zugpferd *n* (Mk, infml) popular article
zugreifen (EDV) to access *(eg, to file, option)*
Zugriff *m*
(EDV) access *(ie, auf = to)*
Zugriffsart *f*
(EDV, Cobol) access mode
(EDV) access method
(syn, Zugriffsmethode)
(EDV) access mechanism
zugriffsberechtigt (EDV) access authorized
Zugriffsberechtigung *f* (EDV) access . . . authority/privilege/right
Zugriffseinheit *f* (EDV) access unit
zugriffsfreie Speicherung *f* (EDV) zero access storage
Zugriffsgeschwindigkeit *f* (EDV) = Zugriffszeit
Zugriffskontrolle *f* (EDV) access control
Zugriffskontrollliste *f* (EDV) access control list
Zugriffsmechanismus *m* (EDV) access mechanism
Zugriffsmethode *f*
(EDV) access method *(ie, sequentiell, random od dynamisch)*
Zugriffsmöglichkeit *f* (EDV) accessability

Zugriffspfad *m* (EDV) access path
Zugriffsrate *f* (EDV) access rate
Zugriffsrecht *n*
(EDV) acess privilege
– access right
– access authority
Zugriffsrechte *npl* (EDV) account policy
Zugriffsstufe *f* (EDV) access level
Zugriffsverzögerung *f* **durch Umdrehung** (EDV) rational latency
Zugriffszeit *f* (EDV) access time *(ie, time required to get a byte from memory; in Millisekunden, Mikrosekunden od Nanosekunden)*
Zugruffsberechtigung *f* (EDV) access permission
zugrundeliegende Beteiligung *f* (Bw) underlying share
zugrundeliegendes Geschäft *n* (Re) underlying transaction
zugrundeliegendes Wertpapier *n*
(Bö) underlying security *(ie, security for which an option is written)*
Zug-um-Zug-Bedingung *f* (Re) concurrent condition
Zug-um-Zug-Geschäft *n* (Re) transaction requiring simultaneous performance
Zug um Zug leisten (Re) to perform contemporaneously (with) *(eg, delivery is to be concurrent with payment)*
Zug-um-Zug-Leistung *f* (Re) contemporaneous performance
Zug-um-Zug-Order *f*
(Bö) alternative order *(ie, gleichzeitige Leistung: Kassageschäft)*
zugunsten von
(ReW) to the credit of
– credited to
zu hoch ausweisen (ReW) to overstate
zu jeweiligen Preisen (VGR) at current/ruling . . . prices
Zukauf *m*
(com) complementary purchase
(Bö) fresh buying
zu konstanten Preisen
(VGR) at constant prices
– in real terms
– in volume terms
zukünftiger Schaden *m* (Re) future damage (*or* injury)
Zukunftserfolgswert *m*
(ReW) present value of future profits
(ie, used in valuation of enterprises as a whole; syn, Zukunftsertragwert)
Zukunftsforschung *f* (Vw) futurology
zukunftsträchtig (com) promising
zukunftsweisend (com) trendsetting
Zulage *f*
(Pw) bonus
– premium
– extra pay
zulassen (com) to certificate *(eg, aircraft for regular service)*
zulässige Abweichung *f*
(com) allowance
(IndE) tolerance
zulässige Ausschußzahl *f* (IndE) allowable defects
zulässige Bandbreite *f* (Fin) admissible range of fluctuations
zulässige Basis *f* (OR) admissible (*or* feasible) basis
zulässige Fangquote *f* (com) allowable catch
zulässige Gesamtfangquote *f* (com) total allowable catch
zulässige Hypothese *f* (Stat) admissible hypothesis
zulässige Lösung *f* (OR) feasible solution
zulässiger Gebrauch *m*
(Pat, US) fair use
(ie, justifiable use of copyrighted material = von urheberrechtlich geschütztem Material; cf, 18 USC § 107)
zulässiger Vektor *m* (OR) feasible vector
zulässiges Beweismaterial *n* (Re) competent evidence
zulässiges Kassenvermögen *n* (Pw) permissible endowment of a fund, § 4 d No. 2 EStG
zulässige Untergruppe *f* (Math) admissible subgroup
zulässige Werbung *f* (Mk) admissible advertising
zulässige Werte *mpl* **e–r Variablen** (Math) permissible values of a variable
zulässige Zahl *f* (Math) admissible number
Zulassung *f*
(com) admission
(ReW) admission to practice *(ie, as Wirtschaftsprüfer)*
(IndE) approval
– certification *(cf, zulassen)*
(IndE) homologation
Zulassungsantrag *m* (Bö) request for listing
Zulassungsausschuß *m* (Bö) Listing Committee
Zulassungsbedingungen *fpl*
(com) admission . . . requirements/standards
(Bö) listing requirements
(ie, requirements for having a security traded on a stock exchange)
Zulassungsbedingungen *fpl* **für die Einfuhr** (Zo) eligibility of goods for entry
Zulassungsbescheid *m*
(Bö) listing notice
(Pw) notice of admission *(ie, permitting applicant to enroll in University courses as a full-time student)*
Zulassungsbescheinigung *f* (IndE) certificate of . . . approval/conformity
Zulassungsbestimmungen *fpl* (Re) licensing requirements *(eg, for the establishment of new businesses)*
Zulassungsnummer *f* (com) registration number
Zulassungsprüfung *f* (Pw) entrance examination
Zulassungsstelle *f* (Bö) Listing Board, § 36 BörsG
Zulassungsverfahren *n*
(Bö) listing procedure
(Zo) approval procedure
Zulassungsvorschriften *fpl* (Bö) listing requirements
Zulassung *f* **von Kraftfahrzeugen** (com) car registration
Zulassung *f* **von Wertpapieren zum Börsenhandel** (Bö) admission to listing, §§ 36–49 BörsG
Zulassung *f* **zum Geschäftsbetrieb** (Re) license to conduct business

Zulassung *f* **zum Handel** (Bö) acceptance for trading on a stock exchange
Zulassung *f* **zur Börsennotierung** (Bö) admission to listing
zu Lasten
(ReW) to the debit of
– charged to
zulegen (Bö) to move ahead *(eg, security prices)*
Zuleitungsauftrag *m* (IndE) subsidiary order
Zulieferbetrieb *m* (com) = Zulieferer
Zulieferer *m*
(com) supplier
– component supplier
– outside supplier
Zulieferindustrie *f* (com) components supplying industry
Zulieferteile *npl* (com) supplied parts
Zulieferungen *fpl* (com) supplies
Zuliefervertrag *m* (com) subcontract
zum Akzept vorlegen (WeR) to present for acceptance
zum Anschaffungs- od Herstellungswert *m* (ReW) at cost
zum Diskont einreichen (Fin) to present for discount
zum Diskont gegebene Wechsel *mpl* (ReW) notes receivable discounted
zum Einzug
(Fin) for collection *(ie, form of indorsement on a note or check)*
zum freien Verkehr abfertigen (Zo) to clear for home use
zum freien Verkehr freigeben
(Zo) to release for (*or* put into) free circulation
– to put on the market
zum gemeinschaftlichen Versandverfahren abfertigen (Zo) to place under a Community transit procedure
zum Handel zugelassen (Bö) admitted to dealings
zum Inkasso (Fin) for collection
zum Inkasso vorlegen (Fin) to present for payment in cash
zum Kurswert ausweisen (Fin) to report at market value
zum Nennwert (Fin) at par
zum Nennwert ausweisen (Fin) to report at principal amount
zum Streik aufrufen (Pw) to call out on strike
zumutbare Belastung *f* (StR) amount of extraordinary expenditure *(= außergewöhnliche Belastungen)* which the taxpayer can reasonably be expected to bear himself, § 33 EStG
zumutbare Eigenbelastung *f* (StR) = zumutbare Belastung
Zumutbarkeit *f* (Re) equitableness
zum Verkauf anbieten (com) to offer for sale
zum Verkauf stehen (com) to be up for sale
zum zollrechtlich freien Verkehr anmelden (Zo) to enter for free circulation
Zunahme *f* **der Beschäftigung** (Vw) employment growth
Zunahme *f* **der Geldmenge** (Fin) run-up in the money supply
Zunahme *f* **der Lagerbestände** (MaW) inventory . . . buildup/pile-up

Zündwarenmonopol *n* (FiW) matches monopoly
Zündwarensteuer *f* (StR) excise tax on matches and tapers
zunehmende Niveaugrenzerträge *mpl* (Vw) = zunehmende Skalenerträge
zunehmender Grenznutzen *m* (Vw) increasing marginal utility
zunehmender Wettbewerb *m* (com) mounting competition
zunehmende Skalenerträge *mpl* (Vw) increasing returns to scale
zu niedrig ausweisen
(ReW) to understate
– to underreport
zu niedrig bewertete Aktie *f* (Bö) underpriced share
zuordnen
(com) to allocate
– to assign
– to attribute
Zuordnung *f*
(com) allocation
– assignment
– attribution
(Math) matching *(eg, of elements)*
Zuordnungsdefinition *f* (Log) ostensive (*or* applicative) definition
Zuordnungsfehler *m*
(Stat) error of reference
(EDV) allocation error
Zuordnungsmeßzahl *f* (Stat) classification statistic
Zuordnungsmethode *f* (EDV) allocation method
Zuordnungsproblem *n* (EDV) allocation/assignment . . . problem
Zuordnungstabelle *f*
(EDV) symbol table
(EDV) allocation table
(eg, file allocation table, FAT)
Zuordnung *f* **von Erwerbsaufwendungen** (StR) allocation of expenses
zu pari (Fin) at par
zu Protest gehen lassen (WeR) to dishonor a bill
zur Ansicht
(com) on approal
– (GB, infml) on áppro *(ie, accented on first syllable)*
zurechenbar
(KoR) allocable to
– chargeable to
– identifiable with
– traceable to
zurechenbare Fahrlässigkeit *f* (Re) imputed negligence
zurechenbare Kenntnis *f* (Re) constructive notice
zurechenbare Kosten *pl* (KoR) separable cost
zurechenbare Ursache *f* (Stat) assignable cause
zurechnen
(KoR) to allocate to
– to apportion to
– to assign to
– to charge to
– to identify with
– to trace to
Zurechnung *f*
(Vw) allocation

(KoR) allocation
– apportionment
– assignment
(StR) attribution *(ie, property is attributed to its owner for tax purposes, § 39 AO, §§ 108, 120 BewG)*

Zurechnungsfähigkeit *f* (Re) capacity to be responsible for civil delicts

Zurechnungsfortschreibung *f* (StR) adjustment of assessed values on account of changed conditions, § 22 BewG

Zurechnungskonflikt *m* (KoR) allocation conflict

Zurechnungsproblem *n* (Log) classification problem

Zurechnungsregeln *fpl*
(StR) attribution rules *(ie, applying to family foundations)*

zurechtfinden, sich
(com, US) to orient oneself
– (GB) to orientate oneself

zur Folge haben (com) to entail *(eg, the new project entails a lot of work)*

zur Konkurrenz abwandern
(com) to switch to a rival
– to take one's custom elsewhere

zur Sache kommen
(com, sl) to get down to brass tacks
– (GB) to get down to the put-to *(ie, taking action after all)*

zur Sprache bringen (com) to bring up

zur Tagesordnung übergehen (com) to pass to the order of the day

zur Tilgung aufgerufen (Fin) called for redemption

Zurückbehalt *m*
(Re) withholding delivery *(ie, of goods)*

Zurückbehaltungsrecht *n*
(Re) right of . . . retention/lien
– retaining lien
(ie, right to retain possession of property until claim is satisfied, § 273 BGB, § 369 HGB)

Zurückbehaltungsrecht *n* **beim gegenseitigen Vertrag**
(Re) right to refuse performance
– right of refusal to perform
(ie, unless the other party is willing to perform the whole of his promise at the same time, § 320 I BGB)

Zurückentwicklung *f*
(EDV) reverse engineering *(ie, reconstruction of source code; eg, by using a disassembler, qv; syn, Rückwärtsentwicklung)*

zurückerstatten
(com) to pay back
– to refund
– to reimburse
– to repay
– to return

Zurückerstattung *f*
(com) refund *(eg, on defective goods)*
– repayment
– reimbursement

zurückfordern
(com) to claim back
– to reclaim

zurückgehen
(com) to decline
– to decrease
– to fall (off)
– to come down
– to drop (off) *(eg, prices, demand)*

zurückgelegte Beitragszeiten *fpl* (SozV) periods of coverage completed

zurückgelegte Ware *f*
(com) layaway
(ie, downpayment is made, and the goods are picked up when the balance – or final installment – has been paid)

zurückgesandte Waren *fpl* (com) goods returned

zurückgestaute Inflation *f* (Vw) repressed (*or* suppressed) inflation

zurückgestaute Preiserhöhungen *fpl*
(Vw) bottled-up price increases *(ie, due to price controls)*

zurückgewiesene Lieferung *f* (Stat) rejected lot

zurückgewinnen
(com) to get back
– to regain
– to recover
– to recapture
– to recoup

zurückgreifen auf (com) to resort to

zurückhalten, sich (Bö) to move to (*or* stay on) the sidelines

Zurückhaltung *f* **der Anleger**
(Bö) buyers' resistance
– investor restraint

Zurückhaltung *f* **üben** (com) to take a wait-and-see attitude

zurückimportieren (EDV) to reimport

zurückkaufen
(com) to buy back
– to repurchase
– to purchase back
(Bö) to buy back
– to cover stock
(ie, buy a security which has previously been sold shortly)

zurücklegen
(com) to put aside
– to put on one side *(ie, article for customer)*

Zurücknahme *f* **e–s Angebots** (Re) revocation of offer

Zurücknahme *f* **e–s Patents** (Pat) withdrawal of a patent

zurücknehmen
(Re) to revoke *(eg, an offer)*
(Bö) to mark down *(ie, a stock)*

zurückrufen
(Fin) to recall
– to withdraw

zurücksenden
(com) to send back
– to return

zurücksetzen (EDV) to reset

zurückspringen (EDV) to backtrack

zurückspulen (EDV) to rewind

zurückstellen
(com) to put off
– to put aside (for the time being)

– to put on the shelf
– to shelve
– to pigeonhole
– to lay aside
zurückstufen (Pw) to downgrade
Zurückstufung *f*
(Pw) downgrading
– (fml) demotion
zurücktreten
(Re) to cancel
– to repudiate
– to rescind
– to withdraw (from)
– (infml) to pull out of
– (infml) to back out of . . . a contract
(Pw) to retire
– to resign
– to withdraw
– (infml) to step down (as/from)
zurücktreten von (Re) to cancel *(eg, a contract)*
zurückverweisen (Re) to remand a case, a decision
Zurückverweisung *f* **e–r Sache** (StR) remand of a case, § 126 III FGO
Zurückweisung *f* (Stat) rejection
Zurückweisung *f* **e–r Anmeldung** (Pat) refusal of a patent application
Zurückweisungswahrscheinlichkeit *f* (Stat) probability of rejection
Zurückweisungszahl *f* (Stat) rejection number
zurückzahlen
(com) to pay back
– (infml) to pay off (= pay back)
– to refund
– to reimburse
– to repay
– to return
– (GB) to pay off
(ie, the whole of a debt)
Zurückzahlung *f*
(com) reimbursement
– refund
– repayment
– return
zurückziehen
(com) to withdraw
– to abandon
(eg, a bid, proposal)
zurückziehen, sich
(com, US) to backtrack
– to backpedal *(eg, from plan, promise)*
zur Unterschrift vorlegen (com) to present for signature
zur Vertretung berufen (Re) appointed to act for
zur Vorlage (com) „please re-present"
zur weiteren Veranlassung (com) for further action
zur Zeichnung auflegen (Fin) to invite subscriptions
Zusage *f*
(com) promise
– commitment
– engagement
– undertaking
zusagen
(com) to promise *(to do/that)*
– to undertake *(to do)*
– to engage *(oneself, to do)*
– to commit *(to/to doing)*
Zusagen *fpl* **aus Eigenmitteln** (Fin) lendings from own resources
Zusageprovision *f* (Fin) commitment commission (*or* fee)
Zusammenarbeit *f* (com) cooperation
zusammenarbeiten
(com) to cooperate
– to collaborate
– to work together
– to act jointly (*or* in concert)
– to join forces
– to band together
– to team up
– to pull together
zusammenbrechen
(com) to collapse
– to breakdown
– to fail completely
Zusammenbruch *m*
(com) collapse
– complete failure
– breakdown
Zusammenbruch *m* **e–s Marktes** (com) collapse of a market
zusammenfassen
(com) to sum up
– to summarize
– to outline
– to cut down
– (infml) to boil down
– (infml) to wrap up
(com) to condense
– to combine
– to mold into
(eg, departmental budgets into a preliminary budget)
zusammenfassender Bericht *m*
(com) summary report
– summary statement
– condensed report
Zusammenfassung *f*
(com) summary
– brief outline
– précis
– résumé
(com) abstract
Zusammenfassung *f* **der Fehlerquadrate** (Stat) pooling of error
Zusammenfassung *f* **von Klassen** (Stat) pooling of classes
zusammengefaßte Buchung *f* (ReW) compound bookkeeping entry
Zusammengefaßte Europäische Einheit *f* (EG) European Composite Unit
zusammengefaßte Sektorenkonten *npl* (VGR) consolidated sector accounts
Zusammengehen *n* **zweier Marken** (Mk) co-trading
zusammengeschlossene Unternehmen *npl* (com) consolidated companies
zusammengesetzes Ereignis *n* (OR) composite event

zusammengesetzte Anweisung *f* (EDV) compound statement
zusammengesetzte Arbitrage *f* (Fin) compound arbitration
zusammengesetzte Ausdrücke *mpl* (Math) combination of terms
zusammengesetzte Bedingung *f*
(EDV, Cobol) combined condition
(ie, result of connecting two or more conditions with the AND or the OR logical operator; cf, DIN 66 028, Aug 1985)
zusammengesetzte Buchung *f* (ReW) compound entry
zusammengesetzte Dividende *f* (Fin) compound dividend
zusammengesetzte Größe *f* (Math) complex quantity
zusammengesetzte Häufigkeitsverteilung *f* (Stat) compound frequency distribution
zusammengesetzte Hypothese *f* (Stat) composite (*or* nonsimple) hypothesis
zusammengesetzte Kostenarten *fpl* (KoR) composite cost types
zusammengesetzte Nachfrage *f* (Vw) composite demand
zusammengesetzter Ausdruck *m* (Math) compound expression
zusammengesetzter Bruch *m* (Math) complex fraction
zusammengesetzter Buchungssatz *m*
(ReW) compound entry formula *(ie, in double-entry bookkeeping)*
zusammengesetzte Reise *f* (com) combined voyage
zusammengesetzter Index *m* (Stat) composite/concatenated . . . index
zusammengesetzter Multiplikator *m* (Vw) compound multiplier
zusammengesetzter Satz *m* (Log) compound proposition (*or* sentence)
zusammengesetzter Schlüssel *m* (EDV) composite key
zusammengesetztes Angebot *n* (Vw) composite supply
zusammengesetzte sekundäre Kostenarten *fpl*
(KoR) composite secondary cost types
zusammengesetztes Stabdiagramm *n* (Stat) component bar chart
zusammengesetzte Zahl *f* (Math) composite number
zusammenhängender Graph *m* (Math) connected graph
Zusammenlegung *f* **von Aktien** (Fin) grouping of shares, § 222 AktG
Zusammenlegung *f* **von Kapazitäten** (IndE) reduction and relocation of production capacities
zusammenreißen, sich
(com, infml) to pull oneself together
– to start moving
– to show more stuff
– (GB) to pull one's socks up
zusammenschließen, sich (com) = zusammenarbeiten
Zusammenschluß *m*
(Bw) combination
– joining of two companies
– (infml) business link
(Kart) merger *(ie, comprises mergers, acquisitions of assets or participations, as well as other forms of affiliations between enterprises, § 23 II GWB)*
Zusammenschlußkontrolle *f*
(Kart) merger control
(ie, introduced in 1973 to amend the GWB; cf, § 24 GWB; syn, Fusionskontrolle)
Zusammenschlußvorhaben *n*
(Kart) merger plan
– proposed merger
Zusammenstoß *m*
(EDV) contention *(ie, when more than one device wishes to use another device at the same time)*
zusammenstreichen
(com) to reduce steeply
– to slash
– to pare down *(eg, budgets)*
Zusammenveranlagung *f* (StR) joint assessment
Zusatz *m* (Re) addendum
Zusatzabschöpfung *f*
(EG) variable additional farm levy
(ie, collected for various farm products imported from nonmember countries)
Zusatzaktie *f*
(Fin) bonus share *(syn, Gratisaktie, qv)*
Zusatzanmeldung *f* (Pat) additional application
Zusatzauswertung *f* (com) additional evaluation
Zusatzbefehl *m* (EDV) additional instruction
Zusatzbestimmung *f* (Re) additional provision
Zusatzdatensatz *m*
(EDV) addition record
(ie, resulting from the creation of a new record during file processing)
Zusatzdividende *f* (Fin) additional dividend
Zusatzeinrichtung *f* (EDV) feature
Zusatzeinrichtungen *fpl* (IndE) auxiliary equipment
Zusatzerfindung *f* (Pat) additional invention
Zusatzfinanzierung *f* (Fin) front-end financing
Zusatzfunktion *f* (EDV) optional function
Zusatzgeräte *npl*
(EDV) auxiliary equipment *(ie, operated off-line)*
Zusatzinformation *f* (com) ancillary information
Zusatzkapazität *f*
(Bw) excess productive capability
(eg, for manufacturing on a real-time demand basis)
Zusatzkapital *n*
(Fin) additional capital
(ie, generated by self-financing; shown on the books as open reserves)
Zusatzklausel *f* (Re) additional clause
Zusatzkosten *pl* (KoR) additional cost
Zusatzlast *f* (FiW) excess burden *(eg, imposed by a special consumption tax)*
Zusatzleistung *f*
(Pw, infml) top-up
(ie, for the highest-paid employees, such as cash bonus, share options)
Zusatzleistungen *fpl*
(Pw) fringe benefits
– supplements
– (US) fringe packet *(eg, pension plans, etc)*

(ie, in accounting, fringe benefits are counted as ancillary or additional staff costs = Personalnebenkosten)
zusätzliche Finanzierungsvorkehrung *f*
(IWF) additional financing facility *(syn, Witteveen facility)*
zusätzliche Informationsschritte *mpl* (EDV) overhead bits
zusätzliche Mittel *pl* (Fin) fresh finance
zusätzlicher Aufschlag *m*
(Mk) additional markon *(ie, in retailing)*
zusätzlicher Urlaub *m* (Pw) extra leave
Zusatzlieferanten *mpl* (AuW) marginal contributors
Zusatzmarkt *m* (Mk) fringe market
Zusatznutzen *m*
(Mk) extra utility
(ie, zusätzlich zum zweckbestimmten Grundnutzen; eg, Prestige)
Zusatzpatent *n*
(Pat) additional/supplementary . . . patent
– patent of addition
(ie, improvement of a patented invention)
Zusatzpfad *m* (OR) flow augmenting path
Zusatzpfeil *m* (OR) additional branch
Zusatzprämie *f* (Vers) extra premium
Zusatzprogramm *n* (EDV) add-on program
Zusatzprovision *f* (com) extra commission
Zusatzprüfung *f*
(Stat) penalty test *(ie, in quality control)*
Zusatzrente *f* (SozV) supplementary pension
Zusatzspeicher *m* (EDV) auxiliary storage
Zusatzsteuer *f*
(FiW) additional tax
– surcharge
– surtax
Zusatzvergütung *f* (Pw) extra pay
Zusatzversicherung *f*
(Vers) additional
– collateral
– supplementary . . . insurance
– (infml) „gap filler" insurance
Zusatzversorgung *f* (SozV) supplementary benefits
Zusatzversorgungseinrichtungen *fpl* **im öffentlichen Dienst** (SozV) supplementary pension funds for public employees
Zusatzvertrag *m* (Re) collateral (*or* accessory) contract
Zuschätzung *f*
(StR) supplementary estimate
(ie, of missing or incorrect information in a taxpayer's accounting system, Abschn. 29 II No. 6 EStR)
Zuschlag *m*
(com) award of . . . contract/purchase order
– bid award
– acceptance of . . . bid/tender
(Pw) bonus
– premium
(StR) addition
(StR) surcharge
(IndE) allowance
Zuschlag *m* **an den Meistbietenden** (com) knockdown to the highest bidder
Zuschlag *m* **bei Auftragswechsel** (IndE) job change-over allowance
Zuschlag *m* **bei Serienwechsel** (IndE) batch change-over allowance
zuschlagen
(com) to award a contract
(com) to knock down *(ie, to the highest bidder)*
Zuschlag *m* **erhalten**
(com) to win/obtain . . . a contract
– be awarded a contract *(eg, for supplying a petrochemical plant)*
Zuschlag *m* **erteilen**
(com) to award a contract
– to let out a contract *(eg, to lowest bidder)*
– to accept a tender
Zuschlag *m* **für ablaufbedingte Wartezeit** (IndE) unoccupied-time allowance
Zuschlag *m* **für fixe und variable Gemeinkosten** (KoR) combined overhead rate
Zuschlag *m* **für zusätzliche Arbeiten** (IndE) extra work allowance
Zuschlagsatz *m*
(KoR) costing rate *(syn, Kalkulationszuschlag)*
Zuschlagsbasis *f*
(KoR) allocation base *(syn, Verrechnungsgrundlage)*
Zuschlagsempfänger *m* (EG) successful tenderer
Zuschlagsgrundlage *f* (KoR) allocation base
Zuschlagskalkulation *f*
(KoR) job order costing
Auch:
– job cost system
– order cost system
– specific-order cost system
– production-order accounting
(ie, die Kostenarten werden zum Zweck der Verrechnung auf die Kostenträger (Erzeugnisse) in Einzel- und Gemeinkosten aufgeteilt; auf der Basis von Ist-, Normal- od Plankosten werden die Herstellungskosten für die Bewertung der unfertigen und fertigen Erzeugnisse ermittelt; opp, Divisionskalkulation)
Zuschlagskosten *pl* (KoR) = Gemeinkosten
Zuschlagsprämie *f* (Vers) additional premium
Zuschlagsprozentsatz *m* (KoR) percentage overhead rate
Zuschlagssatz *m*
(KoR) costing rate
(ie, dient der Verrechnung der Gemeinkosten)
zuschneiden auf (com) to tailor to *(eg, individual requirements)*
Zuschnittproblem *n* (OR) trim problem
Zuschreibung *f*
(ReW) appreciation in value
– write-up
Zuschreibung *f* **aus Höherbewertung** (ReW) write-up due to appreciation of assets
Zuschreibungen *fpl*
(ReW) reinstated depreciation, § 265 II HGB
– reversals of depreciation or expense
Zuschreibung *f* **von Gegenständen des Anlagevermögens** (ReW) write-up of fixed assets
Zuschuß *m*
(FiW) grant
– subsidy

(com) contribution
– premium
– allowance
Zuschuß *m* **an Entwicklungsländer** (Vw) grant-in-aid to LDCs
Zuschußbetrieb *m*
(Bw) deficiency operation
(Bw) subsidized enterprise
Zuschüsse *mpl* **aus öffentlichen Mitteln** (StR) subsidies from public funds
zusichern (com) to warrant
Zusicherung *f* (Re) undertaking
Zusicherung *f* **e–r Eigenschaft** (Re) warranty of a quality
zuspielen (com) to lateral-pass *(eg, copy of a sensitive letter)*
Zustandekommen *n* **e–s Vertrages** (Re) formation of contract
zuständig
(com) be in charge of *(eg, of marketing)*
(com) competent
– responsible
– appropriate
zuständige Behörde *f* (Re) appropriate/competent ... authority
zuständige Organe *npl* (Re) appropriate organs
zuständiges Gericht *n*
(Re) court in charge
– court of competent jurisdiction
– appropriate court
zuständige Zollstelle *f* (Zo) competent customs office
Zuständigkeit *f*
(Re) jurisdiction
– jurisdictional reach *(eg, of laws)*
(Bw) responsibility
– scope of authority
– competence
(EG) competence *(eg, der Gemeinschaft)*
Zuständigkeit *f* **anfechten**
(Re) to challenge the authority
(eg, of a judge to hear a case)
Zuständigkeit *f* **des Finanzamts** (StR) jurisdiction of tax office, § 20 AO
Zuständigkeitsbereich *m*
(Bw) area of ... authority/discretion
(syn, Kompetenzbereich)
Zustandsaufzeichnung *f* (EDV) environment record
Zustandsbaum *m*
(Bw) stochastic tree
(ie, Hilfsmittel der flexiblen Investitionsplanung, die Aktionen nur bedingt festlegt; ermöglicht Planrevision)
Zustandsparameter *m* (Bw) state parameter
Zustandsraum *m* (Bw) stochastic decision space
Zustandsregister *n* (EDV) status register
Zustandsvariable *f* (Stat) state variable
Zustandswahrscheinlichkeit *f* (OR) state probability
Zustellbezirk *m* (com) postal delivery zone
zustellen
(com) to deliver
(Re) to serve upon
– to notify by service
Zustellgebühr *f*
(com) delivery fee
– postage
(com) carriage
– cartage
(Re) fee for service
Zustellpostamt *n* (com) delivery post office
Zustellung *f*
(com) delivery
(Re) service (upon)
– serving
– notice of service
Zustellung *f* **der Klageschrift** (Re) service of process
Zustellung *f* **e–r Ladung** (Re) service of a summons
Zustellungsadresse *f* (Re) address for service
Zustellungsbevollmächtigter *m*
(Re) person authorized to accept service
(StR) resident party to whom communications can be directed
Zustellungsnachweis *m* (Re) proof of service
Zustellungsurkunde *f* (Re) affidavit of service
zustimmen
(com) to agree (to)
– to accept
– to consent (to)
– (infml) to fall in with *(ie, proposal, suggestion, terms of contract)*
(com) to agree with *(ie, e–r Meinung sein mit)*
(Re, fml) to assent
– concur
Zustimmung *f*
(Re) approval, consent
(ie, die gesetzliche Terminonologie unterscheidet zwischen Einwilligung (= vorherige Zustimmung, § 183 BGB) und Genehmigung (= nachträgliche Zustimmung, § 184 BGB); die wörtlichen Übersetzungen previous consent/prior approval und subsequent approval/consent sind Notbehelfe, weil die deutsche Systematik dem englischen Recht fremd ist; auch die dt Rechtssprache ist nicht konsequent; so kann im Zusammenhang mit Erklärungen Minderjähriger auch immer der Ausdruck Zustimmung gebraucht werden)
Zustimmungsfrist *f* (Re) time allowed for final consent (*or* agreement)
Zustimmungsgläubiger *m* (Re) assenting creditor
zuteilen
(Fin) to allot
– to scale down *(syn, repartieren)*
Zuteilung *f*
(Fin) allotment
– scaling down *(syn, Repartierung)*
Zuteilung *f* **knapper Mittel über den Preismechanismus** (Vw) rationing by the purse
Zuteilungsanzeige *f* (Fin) allotment letter
Zuteilungsbetrag *m* (Fin) allotment money
Zuteilungsempfänger *m* (Fin) allottee
Zuteilungskurs *m* (Fin) allotment price
zuteilungsreif
(Fin) available for draw-downs *(ie, on building society deposits)*
Zuteilungssatz *m* (Fin) allotment rate
Zuteilungsschein *m* (Fin) certificate of allotment

Zuteilungsschlüssel *m* (com) allocation ratio
Zuteilungsstrategie *f* (EDV) scheduling discipline
Zuteilungssystem *n* (com) allocation system
Zuteilung *f* **von Fangquoten** (com) allocation of fishing
Zuteilung *f* **von Ressorts** (com, EG) allocation of portfolios
Zuteilung *f* **von Wertpapieren** (Fin) issuance of securities *(eg, to the first purchaser thereof)*
zuviel gezahlte Steuer *f* (StR) overpaid tax
zuverlässig
(com) reliable
– dependable
(EDV) fault-tolerant
Zuverlässigkeit *f*
(IndE) reliability
– dependability
(OR) reliability *(ie, mathematical probability that a product will function for a stipulated time)*
Zuverlässigkeitsangaben *fpl* (IndE) reliability data
Zuverlässigkeitsbewertung *f* (IndE) reliability . . . analysis/assessment
Zuverlässigkeitsgrad *m* (IndE) reliability level
Zuverlässigkeitsplanung *f* (IndE) reliability planning
Zuverlässigkeitsrechnung *f* (Stat) calculus of reliability
Zuverlässigkeitstheorie *f* (OR) reliability theory
zu versteuerndes Einkommen *n* (StR) taxable income, §§ 2 and 32 EStG
zu viel berechnen (com) to overcharge
zuvorkommen
(com) to win against *(ie, competitors)*
– (infml) to scoop *(eg, a trade and technology agreement with Russia, esp, by being faster than competitors)*
Zuwachs *m*
(com) growth
– addition
(Fin) appreciation
– gain
– increment
Zuwachsmindestreservesatz *m* (Vw) marginal reserve requirements
Zuwachsrate *f*
(Bw) growth rate
– rate of . . . growth/increase
zuweisen
(ReW) to allocate
(eg, to reserves)
(EDV) to allocate
– to assign
Zuweisung *f*
(ReW) allocation
– transfer
(eg, allocations from profit to reserves; provision for cost of replacing assets out of current revenues)
(FiW) transfer
Zuweisung *f* **bei Kompilierung** (EDV) compile-time binding
Zuweisungsformel *f*
(FiW) basic allocation formula
(ie, determining amounts distributed to other governmental entities)

Zuweisungsproblem *n* (OR) = Zuordnungsproblem
Zuweisung *f* **von Mitteln** (Fin) allocation (*or* appropriation) of funds
Zuweisung *f* **zu Rücklagen**
(ReW) allocation to reserves
– transfer to accruals
Zuwendung *f* (Re) legacy
Zuwendung *f* **aus Reingewinn** (Fin) allocation from profits
Zuwendungsempfänger *m*
(Re) donee beneficiary
(FiW) institutional recipients of allocations *(eg, Stellen außerhalb der Bundesverwaltung, die Leistungen aus dem Bundeshaushalt zur Erfüllung bestimmter Zwecke erhalten)*
Zuwendungsgesetz *n* (Re) Pension Contributions Law, 26 March 1952
Zuwiderhandlung *f* (Re) contravention
Zuzahlungen *fpl* (Fin) shareholder contributions
Zuzahlungen *fpl* **der Aktionäre** (Fin) additional contributions of shareholders
zuzurechnendes Einkommen *n* (StR) attributable income
zuzurechnendes Einkommen *n* **der Organgesellschaft** (StR) amount of income transferred by integrated company
zwangloses Treffen *n* (com) informal get-together
Zwangsanleihe *f*
(FiW) forced loan
(FiW) mandatory loan
– investment aid deduction
(ie, interest-free loan by high-income earners to the government, equal to 5% of income tax burden, to help encourage a general economic upswing; syn, Investitionshilfeabgabe)
Zwangsebene *f* (Math) constraint plane
Zwangseinziehung *f* (Fin) forced retirement of shares
Zwangsgeld *n* (Kart) enforcement fine
Zwangshypothek *f* (Re) forced registration of a mortgage, § 867 ZPO
Zwangskartell *n*
(Kart) compulsory cartel
(ie, Kartell höchster Ordnung; syn, Zwangssyndikat)
Zwangskonversion *f*
(Fin) forced conversion
(ie, gesetzlich verfügte Herabsetzung von Zinssätzen für Schuldverschreibungen)
zwangsläufige Bedienungsfolge *f* (EDV) enforced transaction sequence
Zwangsliquidation *f*
(Re) involuntary liquidation
– compulsory winding-up
Zwangslizensierung *f* (Kart) compulsory licensing
Zwangslizenz *f*
(Pat) compulsory license, § 15 I PatG *(ie, im Patent- und Urheberrecht)*
Zwangsmitgliedschaft *f* (com) compulsory membership *(eg, in chambers of industry and commerce)*
Zwangsmittel *npl* (StR) enforcement measures, § 328 AO
Zwangspensionierung *f*
(Pw) compulsory

– involuntary
– mandatory . . . retirement
Zwangsregulierung *f*
(Bö) forced settlement
(syn, Exekution)
Zwangsrücklauf *m* (Fin) compulsory redemption of bonds
Zwangsschlichtung *f*
(Re) compulsory arbitration
(Pw) compulsory settlement of disputes
Zwangssparen *n* (Vw) forced saving
Zwangssyndikat *n*
(Kart) government-enforced syndicate *(ie, prohibited after 1945; syn, Zwangskartell)*
Zwangsverfahren *n* (StR) enforcement procedure, §§ 328 ff AO
Zwangsvergleich *m* (Re) legal settlement in bankruptcy, §§ 173–201 KO
Zwangsverkauf *m* (Re) judicial sale
Zwangsversicherung *f*
(SozV) compulsory insurance
(syn, Pflichtversicherung, obligatorische Versicherung)
zwangsversteigern (Re) to sell by public auction
Zwangsversteigerung *f*
(Re) forced
– foreclosure
– execution . . . sale *(ie, by way of public auction, §§ 814–824 ZPO)*
Zwangsverwaltung *f* (Re) forced administration of property, §§ 146 ff ZVG
Zwangsverwertung *f* (Pat) compulsory working
Zwangsvollstreckung *f*
(Re) compulsory execution
– levy upon property
(ie, against/into property, §§ 704–945 ZPO)
Zwangsvollstreckung *f* **durchführen** (Re) to execute against (*or* levy upon) the judgment debtor's property
Zwangsvollstreckung *f* **in das bewegliche Vermögen** (Re) levy of execution on movable property
Zwangsvollstreckung *f* **in das Vermögen** (Re) execution against property
Zwangsvorsorge *f* (SozV) coercive system of social security
Zwangswahlverfahren *n* (Stat) forced choice method
zwangsweise (Re) enforced
zwangsweiser Erwerb *m*
(com) compulsory acquisition
(ie, of minority shareholders; not normally allowed under German law; but see § 305 AktG)
Zwangswirtschaft *f* (Vw) command economy
Zwanziger-Ausschuß *m*
(IWF) Committee of Twenty
(ie, set up to reform the International Monetary System; disbanded in 1974)
Zwanziger-Klub *m*
(IWF) Group of Twenty *(ie, constituting the Interim Committee of the IMF)*
Zweckbestimmung *f* (com) purpose which sth is appointed to serve
Zweckbindung *f*
(AuW) project tying *(ie, in granting economic aid to developing countries)*
(Fin, FiW) earmarking
– appropriation
zweckdienlich (com) relevant
zweckentfremden
(Fin) to divert
– to misuse *(eg, funds)*
zweckentfremdete Mittel *pl* (Fin) diverted/misused . . . funds
Zweckforschung *f* (Bw) applied research
zweckgebundene Einnahmen *fpl* (Fin) earmarked/restricted . . . receipts
zweckgebundene Mittel *pl* (Fin, FiW) earmarked funds
zweckgebundener Liquiditätsüberschuß *m* (Fin) reserve fund
zweckgebundene Rücklagen *fpl* (ReW) appropriated reserves
zweckgebundenes Kapital *n* (Fin) specific capital
zweckgebundenes Material *n* (MaW) earmarked material
Zweckgliederung *f*
(Bw) task structuring *(syn, Aufgaben- od Objektgliederung)*
zweckmäßig
(com) convenient
(com) suitable, useful
(com) appropriate, expedient
Zweck-Mittel-Beziehung *f* (Log) means-end relation
Zweck-Mittel-Hierarchie *f* (Bw) means-end hierarchy (*or* chain)
Zweckrationalität *f* (Bw) instrumental rationality
Zwecksparen *n* (Fin) special-purpose saving
Zwecksparunternehmen *n* (Fin) special-purpose savings bank
Zwecksteuer *f*
(FiW) nonrevenue regulatory tax
(ie, as an instrument of policy; syn, Ordnungssteuer)
Zweckverband *m* (Re) special-purpose association
Zweckvermögen *n*
(Fin) special-purpose fund
– assets earmarked for a special purpose
– conglomeration of property for a specific purpose
Zweckzuwendung *f* (StR) transfer of property for a particular purpose *(cf, § 1 I 3 ErbStG)*
Zwei-Behälter-System *n* (MaW) two-bin system
zweideutig
(com) ambiguous
(Log) equivocal
Zweideutigkeit *f*
(com) ambiguity
(Log) equivocation
zweidimensionale Verteilung *f* (Stat) bivariate distribution
Zweidrittelwert *m*
(StR) two-thirds appraisal of unmatured insurance claims
(ie, based on total premiums paid, § 12 IV BewG)
Zweiersystem *n* (EDV) binary system
Zweifachbestellung *f* (com) double ordering
zweifache Einteilung *f* (Log) two-way classification

zweifach teilbarer Graph *m* (Math) bipartite graph
Zweifamilienhaus *n*
(StR) two-family home
(ie, residential property with two apartments, § 75 VI BewG)
zweifelhafte Forderungen *fpl* (ReW) doubtful accounts receivable
zweifelhafte Rechtsgrundlage *f* (Re) dubious legal base
Zweiganstalt *f*
(Fin) branch office
(eg, Landeszentralbanken as branches of Deutsche Bundesbank)
Zweigbetrieb *m* (com) branch operation
Zweiggeschäft *n* (Mk) branch store
zweigipfelige Verteilung *f* (Stat) bimodal distribution
zweigleisiger Vertrieb *m* (Mk) marketing at two different price levels
Zweigleisigkeit *f* (com) dual system
zweigliedrige Gesellschaft *f* (Bw) = Zweimanngesellschaft
Zweigniederlassung *f*
(com) branch (establishment)
– regional office
Zweigniederlassungssteuer *f* (StR) branch profits tax
Zweigstelle *f* (com) branch office
Zweigstelle *f* **im Kreditwesen**
(Fin) branch
(ie, replacing the older term ‚Depositenkasse')
Zweigstellenleiter *m* (com) branch manager
Zweigstellennetz *n* (com) network of branch offices
(eg, widespread . . .)
Zweigstellenpolitik *f* (Fin) branching policy
Zweigstellensteuer *f*
(StR) branch tax *(ie, declared unconstitutional in 1967)*
Zwei-Güter-Fall *m* (Vw) two-commodity case
Zweigwerk *n*
(IndE) branch . . . plant/operations
– transplant
(ie, im Ausland)
Zweikreissystem *n*
(ReW) dual accounting system
(ie, financial accounting and cost accounting as two separate systems, connected by an offsetting account; syn, dualistisches System)
Zwei-Länder-Fall *m* (Vw) two-country case (*or* model)
Zwei-Länder-Zwei-Güter-Zwei-Faktoren-Modell *n* (AuW) two-by-two-by-two model
Zweilieferantenprinzip *n* (MaW) double sourcing
Zwei-mal-Zwei-Einteilung *f* (Stat) double dichotomy
Zweimanngesellschaft *f*
(Bw) two-man company, § 142 HGB *(syn, zweigliedrige Gesellschaft)*
Zweipersonen-Nullsummenspiel *n*
(Bw) two-person zero-sum game
(ie, mathematische Darstellung e–r besonderen Konkurrenzsituation zwischen zwei Akteuren; die Summe der Gewinne der beiden Konkurrenten ist Null)
Zweipersonenspiel *n* (OR) two-person game

Zwei-Phasen-Methode *f* (OR) two-phase method *(of linear programming)*
zweiphasiges Stichprobenverfahren *n* (Stat) double (*or* two-phase) sampling
Zweiprodukttest *m* (Mk) diadic product test
Zweireihenkorrelation *f* (Stat) biserial correlation
Zweischichtler *m*
(IndE) two-shift worker
(ie, working early and late shifts; opp, Einschichtler, Dreischichtler, Kontiarbeiter)
zweiseitige Ausgabe *f* (EDV) double-column output
zweiseitige exponentielle Verteilung *f* (Stat) double exponential distribution
zweiseitige Handelsgeschäfte *npl* (com) bilateral (*or* two-sided) commercial transactions
zweiseitige Leiterplatte *f*
(EDV, CAD) double-sided board *(syn, doppelt kaschierte Leiterplatte)*
zweiseitiger Prüfplan *m* (IndE) bilateral sampling
zweiseitiger Schuldvertrag *m* (Re) bilateral contract
zweiseitiger Test *m* (Stat) two-way test
zweiseitige Willenserklärung *f* (Re) bilateral act of the party
Zwei-Sektoren-Wirtschaft *f* (VGR) two-sector economy
Zweispaltenjournal *n* (ReW) two-column journal
Zweispaltentarif *m* (AuW) double-column tariff
zweistellig (Log) two-place
zweistellige Hypothek *f* (Re) second mortgage
zweistellige Inflation *f* (Vw) two-digit (*or* double-digit) inflation
zweistellige Inflationsrate *f* (Vw) double-digit inflation rate
zweistellige Relation *f* (Log) dyadic relation
zweistelliger Funktor *m* (Log) binary connective
zweistelliges Prädikat *n* (Log) binary predicate
Zweistufen-Markt *m* (Fin) two-tier exchange market
zweistufige Divisionskalkulation *f* (KoR) two-stage process costing *(cf, Divisionskalkulation)*
zweistufiger Stichprobenplan *m* (IndE) double-phase sampling plan
zweistufiges Besteuerungssystem *n*
(StR) two-tier system of taxing
(eg, corporate profits, designed to eliminate double taxation of business profits)
zweistufiges Leitungssystem *n*
(Bw) two-tier board structure (*or* system)
(ie, separates supervisory from executive functions)
zweistufiges Stichprobenverfahren *n* (IndE) = zweiphasiges Stichprobenverfahren
zweistufige Stichprobe *f* (IndE) two-stage (*or* double) sample
zweistufiges Unterprogramm *n* (EDV) two-level subroutine
zweistufiges Wechselkurssystem *n* (AuW) dual exchange rate system
zweistufige Unternehmensleitung *f*
(Bw) two-tier board system
(ie, as practiced in Germany: Vorstand + Aufsichtsrat = managing board + supervisory board)
Zweitakkreditiv *n* (com) back-to-back credit

Zweitausfertigung *f* (com) duplicate
zweitbeauftragte Bank *f*
(Fin) paying/intermediate . . . bank *(ie, in handling letters of credit)*
Zweitbegünstigter *m*
(Re) contingent beneficiary
(Vers) secondary beneficiary
Zweitbeschäftigung *f*
(Pw) double
– secondary
– subsidiary . . . employment
Zweitbest-Theorie *f* (Vw) second-best theory
zweite Ableitung *f* (Math) second-order derivative
zweite Alternative *f*
(Bw) challenger *(ie, in evaluating replacement investment alternatives)*
zweite Hypothek *f*
(Re) junior
– second
– secondary . . . mortgage
Zweiteilung *f*
(Log) two-way classification
– dichotomy *(syn, Dichotomie)*
Zweitemission *f* (Fin) secondary offering
zweite Originalausfertigung *f* (com) duplicate original
zweite partielle Ableitung *f* (Math) second-order partial derivative
zweiter Grenzwertsatz *m* (Stat) second limit theorem
zweiter Monitor *m* **zur Testhilfe**
(EDV) debug monitor *(ie, a second monitor shows code and debug information, while the program to be tested runs on the first monitor)*
Zweites Deutsches Fernsehen *n* (Mk) Second German Television Network
zweite Wahl *f*
(com) second-class quality
– (infml) seconds
Zweithand-Leasing *n* (Fin) second hand leasing
zweitklassig
(com) second rate
– second string *(eg, business school)*
zweitklassiges Unternehmen *n*
(com, infml) also-ran *(ie, one lagging behind)*
Zweitlieferant *m* (com) second-source supplier
Zweitmarke *f* (Mk) secondary brand (name)
Zweitmarkt *m*
(Bö) secondary market
(syn, Parallelmarkt, nicht amtlicher Markt)
Zweitname *m*
(EDV) alias *(syn, Alias)*
Zweitproduzent *m* (Bw) second source
Zweitschrift *f*
(com) duplicate
– second copy
Zweitschuldner *m* (Re) secondary debtor
Zweiweg-Drucken *n*
(EDV) bidirectional printing
(ie, from left to right, and continued from right to left with no carriage return)
Zwei-Weg-Kommunikation *f* (EDV) two-way communication
zweiwertig (Math) bivalent
zweiwertige Logik *f* (Log) two-valued logic
Zweiwertigkeit *f*
(Log) two-valuedness
– divalence
zweizeilig (com) double spaced
zweizeilig schreiben (EDV) to double-space
Zwerganteil *m* (Bw) small, insignificant share; cf, § 30 GmbHG
Zwillingsprüfung *f*
(EDV) duplication check
(syn, Doppelprüfung)
zwingende Bestimmung *f* (Re) mandatory provision
zwingende Notwendigkeit *f* (com) imperative need
zwingender Beweis *m*
(com) conclusive proof
– compelling evidence
zwingend erfüllte Bedingung *f* (Log) a fortiori satisfied condition
zwingende Schlußfolgerung *f* (Log) inescapable (*or* compelling) conclusion
zwingendes Interesse *n* (Re) compelling interest
zwingendes Recht *n*
(Re) binding law
– *(civil law)* jus strictum
(ie, legal obligations which cannot be excluded by agreement; opp, abdingbares/nachgiebiges/dispositives Recht = flexible law)
Zwischenablage *f* (EDV) clipboard
Zwischenabnahme *f*
(IndE) in-process inspection
– intermediate inspection
Zwischenabrechnung *f* (ReW) intermediate account
Zwischenabschluß *m*
(ReW) interim closing
(ReW) interim financial statement
– (GB) interim accounts
Zwischenankunftszeit *f* (OR) interarrival time
Zwischenausweis *m* (Fin) interim return
Zwischenbericht *m*
(com) intermediate (*or* interim) report
(ReW) half-yearly report
Zwischenberichterstattung *f* (ReW) interim financial reporting
Zwischenberichtsrichtlinie *f* (EG, Bö) EC Interim Report Directive
Zwischenbescheid *m* (com) interim comments, reply, statement, etc.
zwischenbetriebliche Kooperation *f* (Bw) interfirm/interplant . . . cooperation
zwischenbetriebliche Mobilität *f* (Pw) interplant mobility
zwischenbetrieblicher Arbeitsplatzwechsel *m* (Pw) = Arbeitskräftefluktuation, qv
zwischenbetrieblicher Gewinn *m* (Fin) intercompany profit
zwischenbetrieblicher Vergleich *m*
(Bw) comparative external analysis
– interfirm comparison
Zwischenbilanz *f* (ReW) interim balance sheet
Zwischencode *m* **testen** (EDV) to animate intermediate code
Zwischendividende *f*
(Fin) interim/quarter . . . dividend
– fractional dividend payment

(ie, paid in anticipation of the usual periodic dividend, usually each quarter; in USA üblich, nicht in Deutschland; syn, Abschlagsdividende, Interimsdividende)
(Vers) interim . . . bonus/dividend
Zwischenergebnis *n* (ReW) intermediate result
Zwischenergebniskonsolidierung *f* (ReW) elimination of unrealized results of intra-group transactions, § 304 HGB
Zwischenerzeugnisse *npl* (IndE) intermediate products
Zwischenfinanzierung *f*
(Fin) bridging
– interim
– intermediate . . . financing/finance
Zwischenfinanzierungskredit *m* (Fin) bridging loan
zwischengeschaltete Gesellschaften *fpl* (com) interposed companies
zwischengeschaltetes Kreditinstitut *n* (Fin) intermediary banking institution
Zwischengesellschaft *f* (StR) intermediate company
Zwischengewinne *mpl*
(ReW) intercompany profits
(ie, Differenz zwischen dem höheren Wertansatz in der Einzelbilanz des Konzernunternehmens [related company] und den Konzernanschaffungs- oder -herstellungskosten; cf, § 304 I HGB)
Zwischengewinneliminierung *f*
(ReW) elimination of intercompany profits
– intercompany elimination
– consolidation of earnings
(ie, Gewinne aus Lieferungen und Leistungen der Unternehmen des Konsolidierungskreises untereinander, ohne daß diese L.u.L. den Konsolidierungskreis verlassen haben, sind Zwischengewinne = Differenz zwischen dem höheren Wertansatz in der Einzelbilanz des Konzernunternehmens und den Konzernanschaffungs- od Herstellungskosten; cf, § 304 I HGB)
Zwischenglieder *npl* **e–r Folge od Reihe** (Math) intermediate terms of a sequence or series
Zwischengroßhandel *m* (com) intermediate wholesale
Zwischengruppenvarianz *f* (Stat) between-group variance
Zwischenhafen *m* (com) intermediate port
Zwischenhandel *m*
(AuW) transit trade
(com) intermediate (wholesale) trade
Zwischenhändler *m*
(com) intermediary
– intermediate dealer
– middleman
Zwischenholding *f* (com) intermediate holding company
Zwischenimporteur *m* (com) intermediate importer
Zwischenkalulation *f* (KoR) intermediate costing
Zwischen-Kompilat *n*
(EDV) P-code
(ie, intermediate code that is interpreted by a runtime system; eg, a lot of ‚Basic' dialects generate P-Code)
Zwischenkonsolidierung *f* (ReW) intercompany consolidation
Zwischenkonto *n* (ReW) intermediate (*or* suspense) account
Zwischenkredit *m*
(Fin) bridging
– bridge-over
– interim
– intermediate . . . loan
(syn, Überbrückungskredit)
Zwischenlager *n*
(MaW) intermediate . . . inventory/store
– in-process material stores
– operational stock
– bumper store
– entrepot facilities
(ie, als Fertigungslager od Umschlaglager)
Zwischenlagerung *f* (MaW) intermediate (*or* in-process) storage
Zwischenlandung *f* (com) stopover
Zwischenlösung *f* (com) interim arrangement
Zwischenmakler *m*
(com) intermediate broker
(ie, Beauftragter des Handelsmaklers; syn, Untermakler)
Zwischenmaterial *n* (com) intermediate materials
zwischenmenschliche Beziehungen *fpl* (Pw) human relations
Zwischenprodukt *n* (Bw) intermediate product
Zwischenprüfung *f*
(MaW) interim check
– intermediate examination
Zwischenraum *m*
(EDV) space character
– space
– blank
zwischenschalten (com) to interpose
Zwischenschein *m*
(Fin) interim (stock) certificate
– (GB) scrip
– (GB) letter of allotment
(ie, provisional stocks or bonds issued to buyers of a new issue; cf, § 10 AktG; opp, permanent securities)
Zwischenspediteur *m*
(com) intermediate forwarder
(ie, vom Hauptspediteur beauftragter Spediteur)
Zwischenspeicher *m*
(EDV) intermediate (*or* temporary) storage
(EDV) cache *(syn, der Cache)*
zwischenspeichern (EDV) to cache
zwischenstaatliche Einrichtung *f* (AuW) inter-governmental agency
zwischenstaatliche Konferenz *f* (EG) intergovernmental conference, IGC
zwischenstaatlicher Ausgleichsfonds *m*
(EG) interstate compensating fund
– cohesion fund
zwischenstaatlicher Ausschuß *m* (EG) intergovernmental committee
zwischenstaatliches Abkommen *n* (Re) inter-governmental agreement
zwischenstädtischer Güterverkehr *m* (com) domestic intercity freight traffic
Zwischenstufe *f* (Bw) intermediate level

Zwischensumme *f*
(com) subtotal
(EDV) batch total
Zwischentermin *m*
(com) provisional deadline
(Fin) intermediate maturity
(Fin) cock/broken . . . date
(ie, an off-the-run period in the Euromarket, such as 28 days; contrasts with a fixed date, which is 30, 60, 90 days etc days hence)
Zwischenurteil *n* (Re) interlocutory judgment, § 304 ZPO
Zwischenvariable *f* (Math) intermediate variable
Zwischenverkäufer *m* (com) intermediate seller
Zwischenverkauf vorbehalten (com) subject to sale
Zwischenverluste *mpl*
(ReW) unrealized intercompany losses
(ie, must be eliminated; § 304 HGB)
Zwischenvertrag *m* (Re) provisional agreement
Zwischenverwahrung *f* (Fin) = Drittverwahrung
Zwischenwert *m* (ReW) intermediate value
Zwischenzeugnis *n* (Pw) provisional testimonial
Zwischenziel *n* (Vw) intermediate target
Zwischenziele *npl* (Bw) intermediate goals
Zwischenzielvariable *f* (Vw) target variable
Zwischenzinsen *mpl*
(Fin) interim interest
(ie, Diskont bei vorzeitiger Rückzahlung der Schuld)
(Fin) = Vorlagezinsen
Zwischenzollstelle *f* (Zo) intermediate office
Zwölfmonatsstatistik *f* (Stat) 12-month history
zyklische Abschwächung *f* (Vw) cyclical downturn
zyklische Arbeitslosigkeit *f* (Vw) = konjunkturelle Arbeitslosigkeit
zyklische Bewegung *f* (Vw) cyclical movement
zyklische Blockprüfung *f*
(EDV) cyclic redunancy check, CRC
(ie, wide-spread error detection method)
zyklische Entwicklung *f* (Vw) cyclical movements
zyklische Konkurrenz *f* (Vw) cyclical competition
(R. Triffin)
zyklische Permutation *f*
(Math) cyclic (*or* circular) permutation
– *(or simply)* a cycle
zyklische Permutation *f* **vom Grade 2** (Math) transposition
zyklische Programmierung *f* (EDV) loop coding
zyklischer Budgetausgleich *m* (FiW) cyclical budgeting
zyklisches Verhalten *n* (Vw) cyclicality
zyklisches Wachstum *n* (Vw) cyclical growth
zyklische Verlaufsstruktur *f* (Vw) cyclical pattern
zyklische Verteilung *f* (Stat) circular distribution
Zyklus *m*
(OR) cycle
– closed chain
– loop
(IndE) cycle
Zykluszeit *f*
(IndE) cycle time
(ie, die ein Arbeitsgang bei Taktproduktion benötigt)
(EDV) cycle time
(ie, Zeitspanne zwischen Impulsen des Taktgebers; syn, Taktzeit)
Zylinder-Option *f*
(Bö) cylinder option
(ie, Kostenaufwand für den Erwerb e–r od mehrerer Optionen wird durch gleichzeitigen Verkauf e–r identischen Anzahl von Optionen nahezu ausgeglichen)

Anhang

6.1 Gesellschaftsrechtliche Bezeichnungen

Eines der leidigsten Probleme in Texten wirtschaftlicher oder rechtlicher Art sind gesellschaftsrechtliche Titel. Ihrer Übersetzung stellen sich oft deswegen unüberwindliche Hindernisse entgegen, weil es in der jeweils anderen Sprache keine begriffliche Entsprechung gibt. Beispiele: Die Figur des Prokuristen entzieht sich einer Wort-Wort-Entsprechung; um sie im handelrechtlichen System zu verstehen, müßten ihre Merkmale vollständig aufgezählt werden (siehe etwa S. 594 dieses Bandes); der zweistufigen Gesellschaftsführung der Aktiengesellschaft (Vorstand/Aufsichtsrat) steht das einstufige System im angloamerikanischen Recht gegenüber, in dem der Board of Directors Aufgaben der Geschäftsführung und der Überwachung wahrnimmt. Hinzu kommt, daß viele Titel rechtlich nicht definiert sind und damit der Phantasie der Sprachschöpfer keine Grenzen gesetzt sind. Schließlich ist die Benennungspraxis des amerikanischen im Vergleich zum englischen Gesellschaftsrecht nicht immer einheitlich.

Die folgende Übersicht gewohnheitsmäßiger Übersetzungen wurde von der Internationalen Handelskammer zusammengestellt und veröffentlicht. Die hier verwendeten Bezeichnungen entsprechen nicht immer der in diesem Band angebotenen Terminologie. Weitere Einzelheiten, auch zum französischen Gesellschaftsrecht, sind der unten angegebenen Quelle zu entnehmen.

Deutsche Terminologie	Amerikanische Terminologie	Englische Terminologie
Aktiengesellschaft (AG)	**Stock Corporation**	**Public Limited Company (Plc)**
Mitglied des Vorstandes	Member of the Executive Board Member of the Board of Management Executive Vice President	Member of the Board of Management
Stv. Mitglied des Vorstandes	Deputy Member of the Executive Board Deputy Member of the Board of Management	Deputy Member of the Board of Management
Vorsitzender des Vorstandes	President and Chief Executive Officer Chief Executive Officer President Chairman of the Executive Board Chairman of the Board Management	Managing Director Chief Executive Officer Chairman of the Board of Management
Stv. Vorsitzender des Vorstandes	Deputy Chairman of the Executive Board Deputy Chairman of Board of Management	Vice Chairman of the Board of Management
Sprecher des Vorstandes	President and Chief Executive Officer Chief Executive Officer, CEO President Chairman of the Executive Board Chairman of the Board of Management	Managing Director Chief Executive Officer Chairman of the Board of Management
Mitglied des Aufsichtsrates	Member of the Supervisory Board	Member of the Supervisory Board
Vorsitzender des Aufsichtsrates	Chairman of the Supervisory Board	Chairman of the Supervisory Board
Stv. Vorsitzender des Aufsichtsrates	Deputy Chairman of the Supervisory Board	Vice Chairman of the Supervisory Board
Generalbevollmächtigter	General Manager	General Manager
Arbeitsdirektor	Executive for Labor Relations	Director of the Labour Relations
Prokurist	Authorized Officer	Authorised Officer
Handlungsbevollmächtigter	Assistant Manager	Assistant Manager
Aufsichtsrat	Supervisory Board	Supervisory Board
Verwaltungsrat	Administrative Board	Administrative Board

Deutsche Terminologie	Amerikanische Terminologie	Englische Terminologie
Aktiengesellschaft (AG)	**Stock Corporation**	**Public Limited Company (Plc)**
Vorsitzender des Verwaltungsrates	Chairman of the Administrative Board	Chairman of the Administrative Board
Beirat	Advisory Board	Advisory Board
Hauptversammlung	Stockholders Meeting Shareholders Meeting	Shareholders Meeting General Meeting
GmbH	**Closed Corporation/Privately-Held Corporation**	**Private Limited Company**
Geschäftsführer	General Manager/Managing Director	Director
Vorsitzender der Geschäftsführung	Chief Executive Officer President Chairman of the Board of Management	Managing Director Chairman of the Board of Directors
Prokurist	Authorized Officer	Authorised Officer
Handlungsbevollmächtigter	Assistant Manager	Assistant Manager
Aufsichtsrat	Supervisory Board	Supervisory Board
Beirat	Advisory Board	Advisory Board
Gesellschafterversammlung	Stockholders Meeting	Shareholders Meeting/General Meeting
Gesellschafter	Shareholder/Stockholder	Shareholder/Member
OHG	**Partnership**	**Partnership**
Gesellschafter	Partner	Partner
Geschäftsführender Gesellschafter	Managing Partner	Managing Partner
Prokurist	Authorized Officer	Authorised Officer
Kommanditgesellschaft	**Limited Partnership**	**Limited Partnership**
Komplementär	General Partner	General Partner
Persönlich haftender Gesellschafter	General Partner	General Partner
Kommanditist	Limited Partner	Limited Partner
Geschäftsführender Gesellschafter	Managing Partner	Managing Partner
GmbH & Co. KG	**Limited Partnership with Limited Company as General Partner**	**Limited Partnership with Limited Company as General Partner**
Einzelkaufmann	**Sole Proprietor**	**Sole Proprietor/Sale Trader**
Geschäftsinhaber	Proprietor	Proprietor
Geschäftsteilhaber	Co-owner	Co-owner/Co-Proprietor
Alleininhaber	Sole Proprietor	Sole Proprietor
Prokurist	Authorized Officer	Authorised Officer
Verband	**Association**	**Association**
Geschäftsführer	Managing Director	Director
Hauptgeschäftsführer	General Executive Manager	Managing Director
Präsident	President	President
Vorstand/Präsidium	Board of Directors/Executive Board	Board of Directors/Executive Board
Ehrenvorsitzender	Honorary Chairman of the Board of Directors	Honorary Chairman of the Board of Directors
Vorsitzender	Chairman of the Board of Directors	Chairman of the Executive Board Chairman of the Board of Directors
Hauptausschuß	Executive Committee	Executive Committee

Deutsche Terminologie	Amerikanische Terminologie	Englische Terminologie
Aktiengesellschaft (AG)	**Stock Corporation**	**Public Limited Company (Plc)**
Sonstige Titel		
Präsident	President	President
Ehrenpräsident	Honorary President	Honorary President
Generaldirektor	General Manager	General Manager
Stv. Generaldirektor	Assistant General Manager	Assistant General Manager
Generalbevollmächtigter	General Manager	General Manager
Direktor	Manager	Manager
Abteilungsdirektor	Division Manager	Division Manager
Prokurist	Authorized Officer	Authorised Officer
Handlungsbevollmächtigter	Assistant Manager	Assistant Manager
Bevollmächtigter	Authorized Representative	Authorised Representative
Leiter der Rechtsabteilung	Head of Legal Department/General Counsel	Head of Legal Department
Leiter der Personalabteilung	Head of Personnel Department Personnel Manager	Head of Personnel Department Personnel Manager
Betriebsdirektor	Production Manager	Production Manager
Werksleiter	Plant Manager	Works Manager
Hauptabteilungsleiter	Head of Division	Head of Division
Bereichsleiter	Head of Department	Head of Department
Betriebsleiter	Production Manager	Product Manager

Quelle: Handelsblatt, 15. 11. 1990, S. 20.

6.2 Rentabilitätsbegriffe

1.0 Kapitalrentabilität

1.1 Gesamtkapitalrentabilität (GKR) $= \frac{\text{Kapitalgewinn}}{\text{Gesamtkapital}}$

1.2 Eigenkapitalrentabilität (EKR) $= \frac{\text{Jahresüberschuß vor Steuern}}{\text{Eigenkapital}}$

1.3 Umsatzbezogene Kapitalrentabilität $= \frac{\text{Betriebsergebnis vor Steuern}}{\text{Umsatzbezogener Kapitaleinsatz}}$

2.0 Umsatzrentabilität (UR) $= \frac{\text{Betriebsergebnis vor Steuern}}{\text{Umsatz}}$

3.0 Betriebsrentabilität (BR) $= \frac{\text{kalkulatorisches Betriebsergebnis vor Steuern}}{\text{betriebsnotwendiges Kapital}}$

6.3 Du Pont-(RoI)-Kennzahlensystem

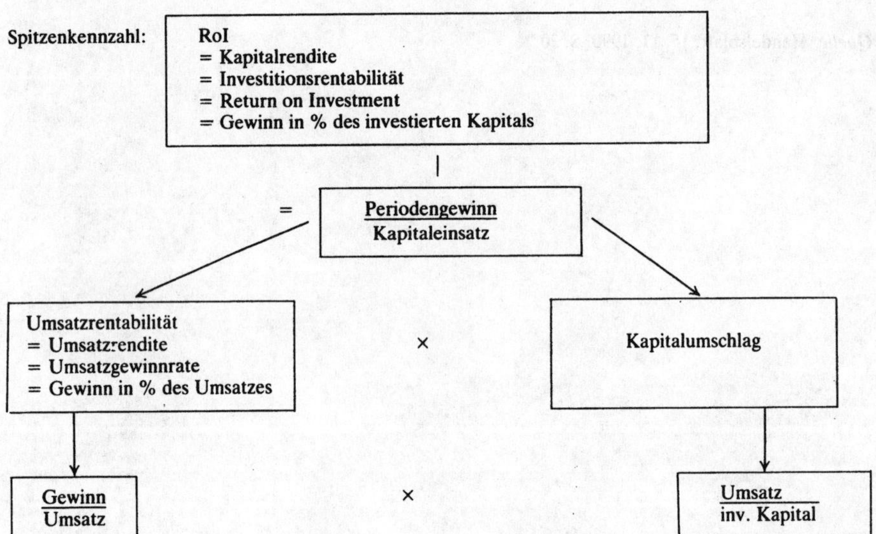

Erläuterungen:

1. Gewinn: Deckungsbeitrag – fixe Kosten
2. investiertes Kapital: Umlaufvermögen + Anlagevermögen
3. Umlaufvermögen: Zahlungsmittel + Forderungen + Bestände
4. Deckungsbeitrag: Nettoumsatz – variable Kosten
5. Nettoumsatz: Bruttoumsatz – Erlösschmälerungen

 Anhang

6.2 Profitability Concepts

1.0 Return on investment

1.1 Total return on investment $= \frac{\text{net income}}{\text{total capital}}$

1.2 Equity return (= rate of return on stockholders' equity) $= \frac{\text{pretax annual net income}}{\text{equity capital}}$

1.3 Sales-related return on investment $= \frac{\text{pretax operating income}}{\text{sales-related capital}}$

2.0 Percentage return on sales $= \frac{\text{pretax operating income}}{\text{sales}}$

3.0 Operating return $= \frac{\text{pretax ,,as if" operating income}}{\text{necessary operating capital}}$

6.3 Du Pont Ratio System of Financial Control

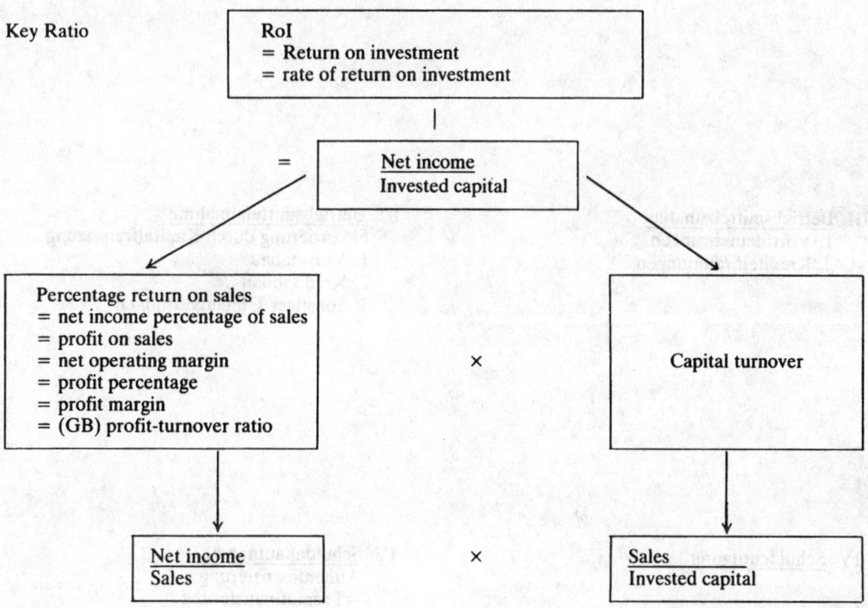

Definitions:

1. Net income:	Contribution margin – fixed expenses
2. Invested capital:	Current assets + fixed assets
3. Current assets:	Cash + receivables + inventories
4. Contribution margin:	Net sales – all variable expenses
5. Net sales:	Gross sales – deductions

6.4 Kapitalflußrechnung

Mittelverwendung	Mittelherkunft
I. Eigenkapitalminderung 1. Gewinnausschüttung 2. Kapitalentnahmen 3. Bilanzverlust	I. Kapitaleinlagen Außenfinanzierung – Innenfinanzierung
II. Investitionen 1. Anlagevermögen netto + Abschreibungen brutto 2. Finanzinvestition netto + Abschreibungen brutto	II. Cash Flow (Umsatzüberschuß) 1. Gewinn 2. Rücklagen 3. Abschreibungen 4. Rückstellungen
III. Betriebsmittelzunahme 1. Vorrätemehrungen 2. Krediteinräumungen	III. Betriebsmittelabnahme Finanzierung durch Kapitalfreisetzung 1. Vorrätebau 2. Kreditabbau 3. Sonstiges Umlaufvermögen
IV. Schuldentilgung	IV. Schuldenaufnahme Außenfinanzierung – Fremdfinanzierung
V. Erhöhung liquider Mittel	V. Minderung liquider Mittel

6.4 Funds Statement

Uses of funds

I. Decrease in equity
1. profit distribution
2. withdrawals
3. loss for the year

II. Capital spending
1. purchase of plant assets
net
+ depreciation
gross
2. financial investments
net
+ writeoff
gross

III. Current operations
1. increase in inventory
2. lendings

IV. Repayment of debt

V. Increase in net funds

Sources of funds

I. Increase in equity
external finance
– internal finance

II. Cash flow
1. net income
2. change in reserves
3. depreciation, depletion and amortization
4. change in provisions

III. Current operations
capital set free by
1. inventory destocking
2. loan repayment
3. other current assets

IV. New long-term debt
external finance
– borrowed capital

V. Decrease in net funds

6.5 Gliederung der Bilanz nach § 266 HGB

Aktivseite

A. Anlagevermögen:

I. Immaterielle Vermögensgegenstände:
1. Konzessionen, gewerbliche Schutzrechte und ähnliche Rechte und Werte sowie Lizenzen an solchen Rechten und Werten;
2. Geschäfts- oder Firmenwert;
3. geleistete Anzahlungen;

II. Sachanlagen:
1. Grundstücke, grundstücksgleiche Rechte und Bauten einschließlich der Bauten an fremden Grundstücken;
2. technische Anlagen und Maschinen;
3. andere Anlagen, Betriebs- und Geschäftsausstattung;
4. geleistete Anzahlungen und Anlagen im Bau;

III. Finanzanlagen:
1. Anteile an verbundenen Unternehmen;
2. Ausleihungen an verbundene Unternehmen;
3. Beteiligungen;
4. Ausleihungen an Unternehmen, mit denen ein Beteiligungsverhältnis besteht;
5. Wertpapiere des Anlagevermögens;
6. sonstige Ausleihungen.

B. Umlaufvermögen:

I. Vorräte:
1. Roh-, Hilfs- und Betriebsstoffe;
2. unfertige Erzeugnisse, unfertige Leistungen;
3. fertige Erzeugnisse und Waren;
4. geleistete Anzahlungen;

II. Forderungen und sonstige Vermögensgegenstände:
1. Forderungen aus Lieferungen und Leistungen;
2. Forderungen gegen verbundene Unternehmen;
3. Forderungen gegen Unternehmen, mit denen ein Beteiligungsverhältnis besteht;
4. sonstige Vermögensgegenstände;

III. Wertpapiere:
1. Anteile an verbundenen Unternehmen;
2. eigene Anteile;
3. sonstige Wertpapiere;

IV. Schecks, Kassenbestand, Bundesbank- und Postgiroguthaben, Guthaben bei Kreditinstituten

C. Rechnungsabgrenzungsposten

Passivseite

A. Eigenkapital:

I. Gezeichnetes Kapital;

II. Kapitalrücklage;

III. Gewinnrücklagen:
1. gesetzliche Rücklage;
2. Rücklage für eigene Anteile;
3. satzungsgemäße Rücklagen;
4. andere Gewinnrücklagen;

IV. Gewinnvortrag/Verlustvortrag;

V. Jahresüberschuß/Jahresfehlbetrag.

B. Rückstellungen:

1. Rückstellungen für Pensionen und ähnliche Verpflichtungen;
2. Steuerrückstellungen;
3. sonstige Rückstellungen.

C. Verbindlichkeiten:

1. Anleihen, davon konvertibel;
2. Verbindlichkeiten gegenüber Kreditinstituten;
3. erhaltene Anzahlungen auf Bestellungen;
4. Verbindlichkeiten aus Lieferungen und Leistungen;
5. Verbindlichkeiten aus der Ausnahme gezogener Wechsel und der Ausstellung eigener Wechsel;
6. Verbindlichkeiten gegenüber verbundenen Unternehmen;
7. Verbindlichkeiten gegenüber Unternehmen, mit denen ein Beteiligungsverhältnis besteht;
8. sonstige Verbindlichkeiten,
davon aus Steuern,
davon im Rahmen der sozialen Sicherheit.

D. Rechnungsabgrenzungsposten

6.5 Layout of Balance Sheet as itemized in § 266 HGB

Assets

A. Fixed Assets

I. Intangible assets:
1. Concessions, industrial property rights and similar rights and values, as well as licenses thereto;
2. Goodwill;
3. Payments on account;

II. Tangible assets:
1. Land and leasehold rights and buildings, including buildings on third-party land;
2. Plant and machinery;
3. Other fixtures and fittings, tools and equipment;
4. Payments on account and tangible assets in course of construction;

III. Financial assets:
1. Shares in affiliated undertakings;
2. Loans to affiliated undertakings;
3. Investments;
4. Due to undertakings with which the company is linked by virtue of participation;
5. Investments held as fixed assets;
6. Other loans;

B. Current assets

I. Inventories:
1. Raw materials and supplies;
2. Work in progress;
3. Finished goods and goods for resale;
4. Payments on account;

II. Accounts receivable and other assets:
1. Account receivable (trade debtors);
2. Due from affiliated companies;
3. Due from undertakings with which the company is linked by virtue of participating interests;
4. Other assets;

III. Investments:
1. Shares in affiliated companies;
2. Own shares [treasury stock];
3. Other investmensts;

IV. Checks, cash on hand and on deposit with Deutsche Bundesbank, postal giro balances, cash in other banking accounts;

C. Prepayments and accured income [prepaid expenses and deferred charges]

Liabilities

A. Capital stock:

I. Subscribed capital;

II. Capital reserve;

III. Revenue reserve:
1. Legal reserve;
2. Reserve for own shares;
3. Reserves required under company by-laws;
4. Other revenue reserves;

IV. Retained profits/accumulated losses brought forward

V. Net income/net loss for the year.

B. Accrued liabilities:

1. Provisions for pensions and similar obligations;
2. Provisions for taxation;
3. Other provisions.

C. Liabilities:

1. Loans, showing convertible loans separately;
2. Due to banks;
3. Advances from customers;
4. Accounts payable;
5. Notes payable;
6. Due to affiliates companies;
7. Due to undertakings with which the company is linked by virtue of participating interests;
8. Other liabilities including tax and social security.

D. Deferred income

6.6 Gliederung der GuV-Rechnung nach § 275 HGB

I. Bei Anwendung des **Gesamtkostenverfahrens** sind auszuweisen:

1. Umsatzerlöse
2. Erhöhung oder Verminderung des Bestands an fertigen und unfertigen Erzeugnissen
3. andere aktivierte Eigenleistungen
4. sonstige betriebliche Erträge
5. Materialaufwand:
   a) Aufwendungen für Roh-, Hilfs- und Betriebsstoffe und für bezogene Waren
   b) Aufwendungen für bezogene Leistungen
6. Personalaufwand:
   a) Löhne und Gehälter
   b) soziale Abgaben und Aufwendungen für Altersversorgungen und für Unterstützung, davon für Altersversorgung
7. Abschreibungen:
   a) auf immaterielle Vermögensgegenstände des Anlagevermögens und Sachanlagen sowie auf aktivierte Aufwendungen für die Ingangsetzung und Erweiterung des Geschäftsbetriebs
   b) auf Vermögensgegenstände des Umlaufvermögens, soweit diese die in der Kapitalgesellschaft üblichen Abschreibungen überschreiten
8. sonstige betriebliche Aufwendungen
9. Erträge aus Beteiligungen, davon aus verbundenen Unternehmen
10. Erträge aus anderen Wertpapieren und Ausleihungen des Finanzanlagevermögens, davon aus verbundenen Unternehmen
11. sonstige Zinsen und ähnliche Erträge, davon aus verbundenen Unternehmen
12. Abschreibungen auf Finanzanlagen und auf Wertpapiere des Umlaufvermögens
13. Zinsen und ähnliche Aufwendungen, davon an verbundene Unternehmen
14. Ergebnis der gewöhnlichen Geschäftstätigkeit
15. außerordentliche Erträge
16. außerordentliche Aufwendungen
17. außerordentliches Ergebnis
18. Steuern vom Einkommen und Ertrag
19. sonstige Steuern
20. Jahresüberschuß/Jahresfehlbetrag

II. Bei Anwendung des **Umsatzkostenverfahrens** sind anzuweisen:

1. Umsatzerlöse
2. Herstellungskosten der zur Erzielung der Umsatzerlöse erbrachten Leistungen
3. Bruttoergebnis vom Umsatz
4. Vertriebskosten
5. allgemeine Verwaltungskosten
6. sonstige betriebliche Erträge
7. sonstige betriebliche Aufwendungen
8. Erträge aus Beteiligungen, davon aus verbundenen Unternehmen
9. Erträge aus anderen Wertpapieren und Ausleihungen des Finanzanlagevermögens, davon aus verbundenen Unternehmen
10. sonstige Zinsen und ähnliche Erträge, davon aus verbundenen Unternehmen
11. Abschreibungen auf Finanzanlagen und auf Wertpapiere des Umlaufvermögens
12. Zinsen und ähnliche Aufwendungen, davon an verbundene Unternehmen
13. Ergebnis der gewöhnlichen Geschäftstätigkeit
14. außerordentliche Erträge
15. außerordentliche Aufwendungen
16. außerordentliches Ergebnis
17. Steuern vom Einkommen und Ertrag
18. sonstige Steuern
19. Jahresüberschuß/Jahresfehlbetrag

6.6 Layout of Income Statement as itemized in § 275 HGB

I. Type of expenditure format:

1. Sales revenues
2. Increase or decrease in finished goods inventories and work in process
3. Capitalized cost of self-constructed assets
4. Other operating income
5. Cost of materials:
   a) Cost of raw materials, consumables and supplies, and of purchased materials
   b) Cost of purchased services
6. Personnel expenses:
   a) Wages and salaries
   b) Social security and other pension costs, of which in respect of old-age pensions
7. Depreciation:
   a) Of intangible fixed assets and tangible assets, and of capitalized start-up and business expansion expenses
   b) Of current assets, to the extent that it exceeds normal company depreciation
8. Other operating expenses
9. Investment income, of which from affiliated companies
10. Income from other investments and long-term loans, of which relating to affiliated companies
11. Other interest and similar income, of which from affiliated companies
12. Amortization of financial assets and investments classified as current assets
13. Interest and similar expenses
14. Results from ordinary activities
15. Extraordinary income
16. Extraordinary expense
17. Extraordinary result
18. Taxes on income
19. Other taxes
20. Net income/net loss for the year

II. Operational format:

1. Sales
2. Cost of sales
3. Gross profit on sales
4. Selling expenses
5. General administrative expenses
6. Other operating income
7. Other operating expenses
8. Investment income, of which from affiliated companies
9. Income from other investments and financial assets, of which from affiliated companies
10. Other interest and similar income, of which from affiliated companies
11. Amortization of financial assets and investments classified as current assets
12. Interest and similar expenses, of which from affiliated companies
13. Results from ordinary activities
14. Extraordinary income
15. Extraordinary expense
16. Extraordinary result
17. Taxes on income
18. Other taxes
19. Net income/net loss for the year

6.7 VGR: Produktionskonto eines Unternehmers

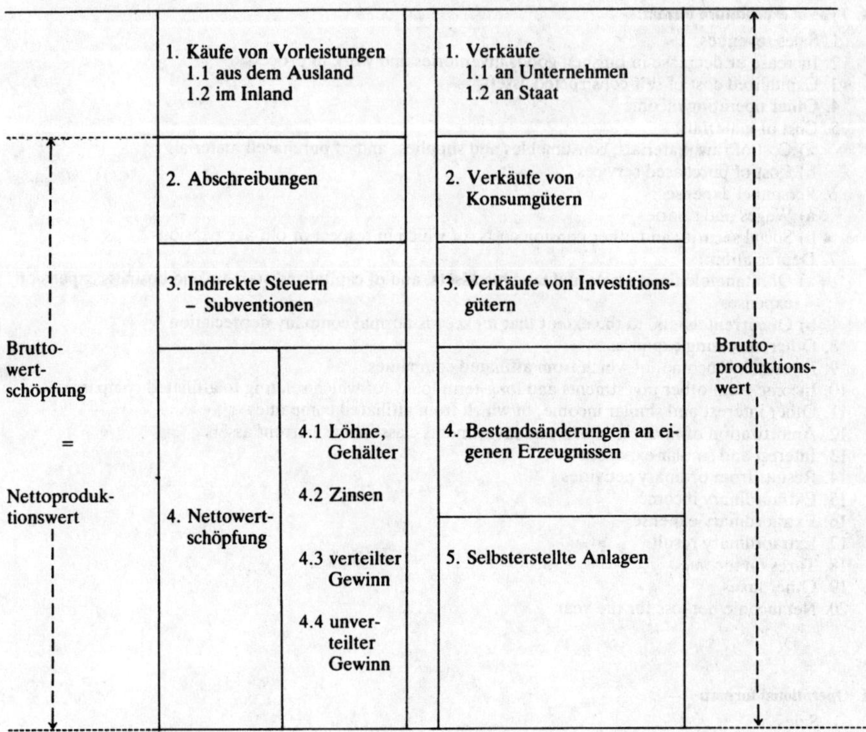

6.7 National Accounting: Product Account of a Business Enterprise

	1. Purchased materials and services 1.1 from abroad 1.2 domestic		1. Sales 1.1 to enterprises 1.2 to government	Business gross output
Gross value added	2. Depreciation		2. Sales of consumer goods	
	3. Indirect taxes less subsidies		3. Sales of capital goods	
=	4. Net value added	4.1 Wages, salaries	4. Increase in inventories	
Net output		4.2 Interest	5. Self-constructed assets (for own use of the enterprise)	
		4.3 Distributed profit		
		4.4 Undistributed profit		

6.8 VGR: Sozialprodukt und Volkseinkommen (1)

1 Einkommen aus unselbständiger Arbeit
2 Einkommen aus Unternehmertätigkeit und Vermögen
3 Abschreibungen
4 Indirekte Steuern
5 abzüglich: Subventionen

---

6 **Bruttoinlandsprodukt zu Marktpreisen**
7 + Saldo der Erwerbs- und Vermögenseinkommen zwischen Inländern und der übrigen Welt

---

8 **Bruttosozialprodukt zu Marktpreisen**
9 − Abschreibungen

---

10 **Nettosozialprodukt zu Marktpreisen**
11 − indirekte Steuern (abzüglich: Subventionen)

---

12 **Nettosozialprodukt zu Faktorkosten**
= Volkseinkommen

*

Sozialprodukt und Volkseinkommen (2)

I. Entstehung
1 Land- und Forstwirtschaft
2 Bergbau, Gewinnung von Steinen und Erden
3 Energieversorgung und Wasserversorgung
4 Verarbeitendes Gewerbe
5 Baugewerbe
6 Handel, Gaststätten- und Beherbergungsgewerbe
7 Verkehr und Nachrichtenübermittlung
8 Übrige Bereiche
9 Einfuhrabgaben

---

10 **Bruttoinlandsprodukt zu Marktpreisen**

II. Verteilung
1 Einkommen aus unselbständiger Arbeit
2 Betriebsüberschuß (Einkommen aus Unternehmertätigkeit und Vermögen)
3 Saldo der Erwerbs- und Vermögenseinkommen zwischen Inländern und der übrigen Welt
4 **Nettosozialprodukt zu Faktorkosten (= Volkseinkommen)**
5 Indirekte Steuern (abzüglich: Subventionen)
6 **Nettosozialprodukt zu Marktpreisen**
7 Saldo der laufenden Übertragungen zwischen inländischen Wirtschaftseinheiten und der übrigen Welt

---

8 **Verfügbares Einkommen**

III. Verwendung
1 Privater Verbrauch
2 Staatsverbrauch
3 Anlageinvestitionen
4 Vorratsveränderung
5 Außenbeitrag

---

6 **Bruttoinlandsprodukt zu Marktpreisen**

6.8 National Product and National Income (1)

1 Compensation of employees
2 Income from property and entrepreneurship
3 Capital asset consumption
4 Indirect taxes
5 less: subsidies

6 **Gross domestic product at market prices**
7 + Net factor income payments from the rest of the world

8 **Gross national product at market prices**
9 − Capital asset consumption

10 **Net national product at market prices**
11 − Indirect taxes (less: subsidies)

12 **Net national product at factor cost**
= National income

*

National Product and National Income (2)

I. Industrial origin of gross domestic product
1 Agriculture and forestry
2 Mining and quarrying
3 Electricitiy, gas, and water
4 Manufacturing
5 Construction
6 Wholesale and retail trade, hotels and restaurants
7 Transportation and communication
8 Others
9 Levies on imports

10 **Gross domestic product at market prices**

II. Distribution of national income
1 Compensation of employees
2 Operating surplus (income from property and entrepreneurship)
3 Net factor income from the rest of the world
4 **Net national income at factor cost (= national income)**
5 Indirect taxes (less: subsidies)
6 **Net national product at market prices**
7 Net current transfers from the rest of the world

8 **Disposable income**

III. Expenditure on gross national product
1 Private consumption expenditure
2 Government consumption expenditure
3 Gross fixed capital formation
4 Increase in stocks
5 Net export of goods and services

6 **Gross domestic product at market prices**

6.9 Schema der Zahlungsbilanz der Bundesrepublik Deutschland

A. **Leistungsbilanz**
  1.0 **Handelsbilanz**
    1.1 Ausfuhr (fob)
    1.2 Einfuhr (cif)
      Saldo
  2.0 **Dienstleistungsbilanz**
    2.1 Einnahmen
    2.2 Ausgaben
      Saldo
  3.0 **Übertragungsbilanz** (= Schenkungsbilanz, Bilanz der unentgeltlichen Leistungen)
    3.1 Privat
    3.2 Öffentlich
      Saldo
  Saldo der Leistungsbilanz

B. **Langfristiger Kapitalverkehr**
  1.0 Privat
    1.1 Direktinvestitionen
    1.2 Portfolioinvestitionen
    1.3 Kredite und Darlehen
  2.0 Öffentlich
  Saldo

C. **Grundbilanz** (A + B)

D. **Kurzfristiger Kapitalverkehr**
  1.0 Kreditinstitute
  2.0 Wirtschaftsunternehmen
  3.0 Öffentliche Hand
  Saldo

E. Saldo der statistisch nicht aufgegliederten Transaktionen (Restposten)

F. Ausgleichsposten zur Auslandsposition der Bundesbank
  1.0 Ausgleichsposten für zugeteilte Sonderziehungsrechte
  2.0 Bewertungsänderungen der Auslandspositionen
  Saldo

G. Auslandsposition der Bundesbank = Devisenbilanz
  1.0 Währungsreserven
    1.1 Gold
    1.2 Reserveposition im IWF und Sonderziehungsrechte
    1.3 Devisen und Sorten
    1.4 Verbindlichkeiten
    Änderung der Währungsreserven
  2.0 Kredite und sonstige Forderungen an das Ausland
  Änderung der Auslandsposition nach Bewertungsänderungen

6.9 System of Balance of Payments Accounts

A. **Current Account**
  1.0 **Trade Balance**
    1.1 Merchandise exports
    1.2 Merchandise imports
      Balance
  2.0 **Services**
    2.1 Receipts
    2.2 Expenditures
      Balance
  3.0 **Transfer (or Unilateral) Payments**
    3.1 Private
    3.2 Government
      Balance
  Balance on Current Account

B. **Long-term Capital**
  1.0 Private
    1.1 Direct investment
    1.2 Portfolio investment
    1.3 Advances and loans
  2.0 Government
  Balance

C. **Basic Balance** (A + B)

D. **Short-term Capital**
  1.0 Banks
  2.0 Business enterprises
  3.0 Government
  Balance

E. Statistical Discrepancies (Balancing Item)

F. Balancing Item to External Position of Bundesbank
  1.0 Balancing item to allocations of IMF special drawing rights
  2.0 Changes in valuation of external position
  Balance

G. External Position of Bundesbank
  1.0 Reserve assets
    1.1 Gold stock
    1.2 Reserve position in IMF and special drawing rights (SDRs)
    1.3 Foreign currency holdings
    1.4 Liabilities to foreigners
    Change in reserve assets
  2.0 Credits and other claims on foreigners
  Change in external position after valuation changes